KURZLEHRBÜCHER
FÜR DAS JURISTISCHE STUDIUM

OPPERMANN, EUROPARECHT

EUROPARECHT

EIN STUDIENBUCH

von

Dr. jur. Dr. h. c. THOMAS OPPERMANN

o. Prof an der Universität Tübingen
Mitglied des Staatsgerichtshofes für das
Land Baden-Württemberg

2., vollständig überarbeitete Auflage

C.H. BECK'SCHE VERLAGSBUCHHANDLUNG
MÜNCHEN 1999

Die Deutsche Bibliothek – CIP-Einheitsaufnahme

Oppermann, Thomas:
Europarecht: ein Studienbuch / von Thomas
Oppermann. – 2., vollst. überarb. Aufl.
München: Beck, 1999
(Juristische Kurzlehrbücher)
ISBN 3 406 39679 8

ISBN 3 406 39679 8

Satz: Satz- & Datentechnik, Gudrun Wagner, Ober-Ramstadt
Druck und Bindung: C. H. Beck'sche Buchdruckerei, Nördlingen
Gedruckt auf säurefreiem, alterungsbeständigem Papier
(hergestellt aus chlorfrei gebleichtem Zellstoff)

Der Begriff „Europa“ war uns lieb
und teuer,
etwas unserm Denken
und Wollen Natürliches.
Es war das Gegenteil
der provinziellen Enge,
des bornierten Egoismus,
der nationalistischen
Roheit und Unbildung.
Er meinte Freiheit, Geist und Güte.

Thomas Mann (1942)

Die Wurzeln der Gemeinschaft sind
jetzt stark, und sie reichen tief
in die Erde Europas.

Jean Monnet (1976)

Im Lichte all dessen,
was in der Weltpolitik geschieht,
hat Europa zu weiteren Schritten
in die Einheit keine reale Alternative.

Paul Kennedy (1993)

Vorwort

Die Neuauflage dieses Buches hat Zeit benötigt. In der ersten Auflage wurde die Europäische Gemeinschaft „vor Maastricht" bis Anfang 1991 dargestellt. Seitdem haben der Maastrichter Unionsvertrag 1992 und der Amsterdamer Vertrag 1997 die europäische Vertragsverfassung vielfältig umgestaltet und fortentwickelt. Die EU hat sich 1995 von 12 auf vorerst 15 Mitgliedstaaten erweitert. Der Mahlstrom des sekundären Gemeinschaftsrechts, der Rechtsprechung der europäischen Gerichtsbarkeit und des sie begleitenden Schrifttums ist weitergeflossen. 1998 hat die Mega-Entscheidung zugunsten des Beginns der Europäischen Währungsunion eine noch schwer abschätzbare neue Etappe des Einigungsprozesses eingeläutet. Nach der historischen Wende 1989–1991 ist die Europäische Union trotz aller Unvollkommenheiten und Malaisen mehr denn je Hoffnungsträger für die Zukunft Europas.

Die juristische Seite dieser Entwicklungen war in die Neuauflage einzuarbeiten. Trotz im wesentlichen unveränderter Grundstruktur des Buches stellt die 2. Auflage eine vollständige Neubearbeitung dar. Die Materialien (Rechtsgrundlagen, Rechtsprechung, Literatur) sind weitmöglichst auf den Stand Ende 1998 gebracht. Damit das Buch für Studierende, aber auch Praktiker eine handhabbare Gesamtdarstellung bleibt, wurde der Zuwachs an Länge so gering wie möglich gehalten. Bei den Schrifttumshinweisen mußte ältere gegen neuere Literatur weitgehend ausgetauscht werden. Die neue Numerierung der Artikel des EU- und EG-Vertrages aufgrund des Amsterdamer Vertrages 1997 wurde neben die bisherige gestellt (z. B. Art. 189 = 249 neu EGV), so daß der Text nach alter und neuer Lesart verständlich bleibt.

Wiederum habe ich ehemaligen und heutigen Mitarbeiterinnen und Mitarbeitern meines Tübinger Lehrstuhls für unentbehrliche Hilfe bei der Sammlung und Sichtung der Materialien, einzelne Recherchen, kritisches Mitlesen und manches Andere herzlich zu danken.

Vom Team der 1. Auflage wirkten zeitweilig Prof. Dr. *Claus-Dieter Classen,* Dr. *Christoph Palme* und besonders Privatdozent Dr. Frank Fechner mit. Die Hauptlast trugen dieses Mal *Christiane Freytag* und Dr. *Petra Rüffert.* Ebenso halfen *Christian Cascante, Dr. Thomas Grupp, Johannes Mayer, Andreas Rüger* und *Gerald G. Sander,* M. A., Mag. rer. Publ. tatkräftig mit. Den Text habe ich wieder selbst geschrieben und bin damit für alle Unvollkommenheiten verantwortlich. Das Manuskript wurde in größeren Teilen noch von Frau *Helga Reichert-Orlik* betreut. 1997 ist Frau *Marianne Spiegel* an ihre Stelle getreten. Beiden Damen gebührt mein besonderer Dank für dieses wichtige „Groundwork"!

Der C. H. Beckschen Verlagsbuchhandlung mußte ich wieder viel Geduld abverlangen. Ich danke Dr. *Hans Dieter Beck* und insbesondere Rechtsanwalt *Johannes Wasmuth* als verantwortlicher Lektor und seiner Umgebung für Zuspruch, gute Ratschläge und viele Hilfe bei der Erstellung der Neuauflage. – Nach der 1. Auflage gingen mir von vielen Seiten wichtige Anregungen zu, auch Hinweise auf mancherlei Fehlsamkeiten. Ich habe versucht, ihnen gerecht zu werden, soweit der neue Text dies anbot. Hierfür danke ich vielmals und bitte wiederum um entsprechende Nachrichten (Burgholzweg 122, D – 72070 Tübingen).

Vor allen anderen bin ich jedoch wieder meiner lieben Frau und der Familie für die Großzügigkeit zu Dank verpflichtet, mich für viele Stunden zum „fürchterlichen Buch" zurückziehen zu dürfen. Eigentlich rechtfertigt nur das immer wachsende Interesse am Europarecht in der jüngeren Generation und darüber hinaus ein solches Opfer. Auch diese Neuauflage ist der Überzeugung verpflichtet, daß ein Jus Commune Europaeum das beste Unterpfand für eine gute Zukunft unseres Kontinents darstellt.

Tübingen, im Herbst 1998 Thomas Oppermann

Vorwort zur 1. Auflage

Es hat geraume Zeit gedauert, dieses Buch abzuschließen. Außer den beruflichen Verpflichtungen eines Professors innerhalb und außerhalb der Massenuniversität unserer Tage lag es am Gegenstande selbst. Seit Jahrzehnten, verstärkt durch den Binnenmarktprozeß der achtziger Jahre, befindet sich das Europarecht in einem Prozeß ständiger inhaltlicher Ausweitung. Es birgt mittlerweile in sich nicht nur die meisten Disziplinen des nationalen Öffentlichen (Wirtschafts)rechts einschließlich vieler völkerrechtlicher Bezüge, sondern greift zunehmend auch in privatrechtliche Bereiche über, während seine strafrechtlichen Bestandteile sich noch in Grenzen halten.

Ein einzelner Autor vermag diesen Stoff heute nur noch mit Hilfe anderer zu bewältigen. Ich danke den ehemaligen und heutigen Mitarbeiterinnen und Mitarbeitern meines Tübinger Lehrstuhls, die es mir durch vielfältige Unterstützung über die Jahre hinweg ermöglicht haben, das Lehrbuch zu vollenden. Dr. *Claus Dieter Classen,* Dr. *Patricia Conlan* LL.M., Dr. *Claus Eiselstein* LL. M., Dr. *Frank Fechner, Claus Fehrenbacher, Werner Hiermaier,*

Prof. Dr. *Michael Kilian,* Dr. *Martin Klose, Christoph Palme, Jutta Teufel* und Dr. *Stefan Völker* haben wichtigen Anteil an diesem Europarecht. Geschrieben habe ich den Text letztlich im wesentlichen alleine, so daß die Verantwortung für alle Unvollkommenheiten bei mir verbleibt. Besonderer Dank gilt wieder einmal Frau *Helga Reichert-Orlik* für die umsichtige Erstellung des Manuskriptes, was für sich allein eine Sisyphusarbeit bedeutete.

Der C. H. Beck'schen Verlagsbuchhandlung und ihren Lektoren fühle ich mich für viel Geduld und Hilfe verbunden. Ich denke dabei besonders an den früheren Lektor Dr. *Klaus Tremel,* ohne dessen Zuspruch ich die Flinte möglicherweise ins Korn geworfen hätte. Wichtigen Antrieb aus meiner Hamburger akademischen Heimat bedeuteten die freundschaftlichen Nachfragen des deutschen Altmeisters des Europäischen Gemeinschaftsrechts *Hans Peter Ipsen,* ob denn das Buch immer noch nicht fertig sei.

Trotz aller Widrigkeiten habe ich dieses Europarecht besonders gerne geschrieben. Seit der Freiburger Universitätszeit Anfang der fünfziger Jahre gehört die europäische Idee zu meiner Lebensphilosophie. Das Gemeinschaftsrecht lernte ich in der Praxis der Europa-Abteilung des Bonner Bundeswirtschaftsministeriums 1960–1967 bei *Ulrich Everling* und *Ulrich Meyer-Cording,* eine mit vielen guten Erinnerungen verknüpfte Zeit. Seither gehört das Europarecht in Tübingen zu meinen liebsten Forschungsgegenständen, wozu viele anregende Gespräche mit Fakultäts- und Universitätskollegen beitragen. Sehr viel hat mir die Verbindung mit dem großen Europäer *Walter Hallstein* in seinem Stuttgarter Ruhesitz Ende der siebziger Jahre bedeutet, als er mir die Edition seiner 'Europäischen Reden' anvertraute. Ein ständiger Ansporn zum Schreiben ergab sich aus dem über die Jahre stetig wachsenden Interesse der Studenten am Europarecht. Möge das Buch künftig sein Scherflein dazu beitragen!

Vor allen anderen gebührt jedoch meiner Frau und unseren Kindern der Dank. Das Gespräch mit meiner Frau hat mich, so hoffe ich, vor zu viel juristischem Rigorismus bewahrt. Und ohne die Bereitschaft der ganzen Familie, mir die Zeit für diese Arbeit zu gewähren, hätte das Buch nicht geschrieben werden können.

Tübingen, im Herbst 1990 — Thomas Oppermann

Inhaltsübersicht

Inhaltsverzeichnis

Erster Teil. Europäische Organisationen

Zweiter Teil. Die Europäische Union

Abkürzungsverzeichnis

aaO ... am angeführten Orte
ABl. ... Amtsblatt der EG
Abs. ... Absatz
ACDSL ... Annuario di Diritto Comparato e di Studii Legislative
AdR ... Ausschuß der Regionen
AEI ... Arbeitskreis Europäische Integration
AFDI ... Annuaire Français de Droit International
AffSocInt ... Affari Sociali Internazionali
AFG ... Arbeitsförderungsgesetz
AfP ... Archiv für Presserecht
AG ... Aktiengesellschaft
AgrR ... Agrarrecht
AJCompL ... American Journal of Comparative Law
AJIL ... American Journal of International Law
AKP ... Afrikanisch/Karibisch/Pazifisch
ALA ... Asien-Lateinamerika
AN ... Arbeitnehmer
Ann.eur. ... s. EuYB
AnwBl. ... Anwaltsblatt
AöR ... Archiv für öffentliches Recht
APol ... Außenpolitik
APS ... Allgemeines Präferenzsystem für Entwicklungsländer
APUZ ... Aus Politik und Zeitgeschichte = Beilage zur Wochenzeitung 'Das Parlament'
ArbuR ... Arbeit und Recht
ArchPresseR ... Archiv für Presserecht
arg. ... Argument
ARG. ... Allgemeine Rechtsgrundsätze
ASEAN ... Association of South East Asian Nations
Ass.Eur ... Assurances Européennes
AStV ... Ausschuß der Ständigen Vertreter
AuRevIntEurLaw .. Austrian Review of International and European Law
AuWi ... Außenwirtschaft
AV ... Amsterdamer Vertrag 1997
AVR ... Archiv für Völkerrecht
AWD ... Außenwirtschaftsdienst des Betriebsberaters

BA ... Beratender Ausschuß der EGKS
BAA ... Bundesanstalt für Arbeit

BAnz .... Bundesanzeiger
BArbl. .... Bundesarbeitsblatt
BayVBl. .... Bayerisches Verwaltungsblatt
BB .... Betriebsberater
BDA .... Bundesverband Deutscher Arbeitgeber
BDI .... Bundesverband der Deutschen Industrie
BEI .... Banque Européenne d'Investissement (vgl. auch EIB)
Beschl. .... Beschluß
Betr. .... Betrieb
BFH .... Bundesfinanzhof
BFuP .... Betriebswirtschaftliche Forschung und Praxis
BGBl. .... Bundesgesetzblatt
BIFD .... Bulletin for International Fiscal Documentation
BIZ .... Bank für Internationalen Zahlungsausgleich
BMWi .... Bundesminister für Wirtschaft
BRAO .... Bundesrechtsanwaltsordnung
BRD .... Bundesrepublik Deutschland
BSB .... Beschäftigungsbedingungen für die sonstigen Bediensteten
Bsp. .... Beispiel
BSt. .... Beamtenstatut
Bull.EG .... Bulletin der EG
BusL .... Business Law
BVerfGE .... Entscheidungen des Bundesverfassungsgerichts
BVerwGE .... Entscheidungen des Bundesverwaltungsgerichts

CDE .... Cahiers de Droit Européen
CE .... Communauté(s) Européenne(s)
CECA .... Communauté Européenne du Charbon et de l'Acier
CEE .... Communauté Économique Européenne
CEMT .... Conférence Européenne des Ministres de Transport
CEPS .... Centre for European Policy Studies
CEPT .... Conférence Européenne des Postes et Téléphones
CMLR .... Common Market Law Reports
CMLRev .... Common Market Law Review
COMECON .... Council for Mutual Economic Cooperation (= RGW)
Coreper .... Comité des Représentants Permanents
CR .... Computer und Recht

DA .... Deutschland-Archiv
DAG .... Deutsche Angestellten-Gewerkschaft
DAngVers .... Deutsche Angestellten-Versicherung
DB .... Der Betrieb

DCSI .... vgl. Dir.Com.
DDR .... Deutsche Demokratische Republik
DGAP .... Deutsche Gesellschaft für Auswärtige Politik
DGB .... Deutscher Gewerkschaftsbund
DGV .... Deutsche Gesellschaft für Völkerrecht
Dir.Com .... Diritto Comunitario e degli Scambi Internazionali
Dir.Int .... Diritto Internazionale
DirLav .... Rivista di Diritto del Lavoro
DIW .... Deutsches Institut für Wirtschaftsforschung
DÖV .... Die Öffentliche Verwaltung
DP .... Diskussionspapier
DPCI .... Droit et Pratique du Commerce International
DR .... Décisions et Rapports der Europäischen Kommission für Menschenrechte
DrSoc .... Droit Social
DStR .... Deutsches Steuerrecht
DStZ .... Deutsche Steuerzeitung
DUZ .... Deutsche Universitätszeitung
DV .... Die Verwaltung
DVBl. .... Deutsches Verwaltungsblatt
DVerwPr. .... Deutsche Verwaltungspraxis
DZWiR .... Deutsche Zeitschrift für Wirtschaftsrecht

E .... Entscheidung
EA .... Europa-Archiv
EAG .... Europäische Atomgemeinschaft (EURATOM)
EAGFL .... Europäischer Ausrichtungs- und Garantiefonds für die Landwirtschaft
EAGV .... Vertrag über die EAG
EC .... European Community
ECE .... Economic Commission for Europe
ECF .... European Cultural Foundation
ECHO .... European Community Humanitarian Office
ECU .... European Currency Unit
ECV .... Energiechartavertrag
EEA .... Einheitliche Europäische Akte
EEC .... European Economic Community
EEF .... Europäischer Entwicklungsfonds
EFARev. .... European Foreign Affairs Review
EFLR .... European Food Law Review
EFRE .... Europäischer Fonds für regionale Entwicklung
EFTA .... European Free Trade Association
EFWZ .... Europäischer Fonds für währungspolitische Zusammenarbeit
EG(en) .... Europäische Gemeinschaft(en)

EGKS .... Europäische Gemeinschaft für Kohle und Stahl
EGKSV .... Vertrag über die EGKS
EGR .... Europäisches Gemeinschaftsrecht
EHI .... Europäisches Hochschulinstitut
EI .... Europäische Integration
EIB .... Europäische Investitionsbank
EIPASCOPE .... European Institute of Public Administration-SCOPE
EJIL .... European Journal of International Law
EL .... Entwicklungsländer
ELJ .... European Law Journal
ELRev .... European Law Review
ELU .... European Lawyers' Union
Empf. .... Empfehlung
EMRK.................... Europäische Menschenrechtskonvention
Entschl. .... Entschließung
EP .... Europäisches Parlament — oder: Entwicklungspolitik
EPA .... Europäisches Patentamt
EPG .... Europäische Politische Gemeinschaft
EPIL .... Encyclopedia of Public International Law
EPL .... European Public Law
EPZ .... Europäische Politische Zusammenarbeit
Erkl. .... Erklärung
ESF .... Europäischer Sozialfonds
EStZ .... Europäische Steuerzeitung
ESVI .... Europäische Sicherheits- und Verteidigungsidentität
ESZB .... Europäisches System der Zentralbanken
ETL .... European Transport Law
EU .... Europäische Union
EuG .... Europäisches Gericht (= Gericht 1. Instanz)
EuGE .... Entscheidungen des Gerichtes 1. Instanz
EuGH.................... Europäischer Gerichtshof (= Gerichtshof der Europäischen Gemeinschaften)
EuGHE .... Entscheidungen des Europäischen Gerichtshofes (= Slg.)
EuGHMR .... Europäischer Gerichtshof für Menschenrechte
EuGHMRE .... Entscheidungen des Europäischen Gerichtshofes für Menschenrechte (= Publications de la Cour Européenne des Droits de l'Homme/Série A)
EuGRZ .... Europäische Grundrechtszeitschrift
EuGVÜ .... Europäisches Gerichtsstands- und Vollstreckungsübereinkommen
EuR .... Europarecht
EuRatS .... Satzung des Europarates
EurEconRev........... European Economic Review

EurEnvLaw .... European Environmental Law
EuRevAgrEcon ...... European Review of Agricultural Economics
EurIntPropRev ...... European Intellectual Property Review
EurUm .... Europäische Umwelt
EurZfVerbrR .... Europäische Zeitschrift für Verbraucherrecht
EUV .... Vertrag über die Europäische Union
EuWG .... Europawahlgesetz
EuYB .... European Yearbook = Annuaire Européen
EuzÖffR .... Europäische Zeitschrift für Öffentliches Recht
EuZW .... Europäische Zeitschrift für Wirtschaftsrecht
EV .... Einigungsvertrag
EVG .... Europäische Verteidigungsgemeinschaft
EWF .... Europäischer Währungsfonds
EWG .... Europäische Wirtschaftsgemeinschaft
EWGV .... Vertrag über die EWG
EWI .... Europäisches Währungsinstitut
EWS .... Europäisches Währungssystem – oder: Europäisches Wirtschafts- und Steuerrecht
EWU .... Europäische Währungsunion
EZB .... Europäische Zentralbank

FA .... Freizügigkeit der Arbeitnehmer
FAZ .... Frankfurter Allgemeine Zeitung
FIAF .... Finanzinstrument zur Ausrichtung der Fischerei
FinArch. .... Finanzarchiv
FIW .... Forschungsinstitut für Wirtschaftsverfassung und Wettbewerb e.V., Köln
FK .... Fusionskontrolle
FS .... Festschrift
FTE .... Forschung und technologische Entwicklung
FuL .... Forschung und Lehre
FusV .... Fusionsvertrag
FW .... Friedenswarte

G .... Gesetz
GA .... General Assembly (UNO)
GAP .... Gemeinsame Agrarpolitik
GASP .... Gemeinsame Außen- und Sicherheitspolitik
GB .... Gesamtbericht – oder: Großbritannien
GBTE .... Groeben/Boeckh/Thiesing/Ehlermann, Kommentar zum EWGV, 2 Bde., 3. Aufl. 1983
GeschO .... Geschäftsordnung
GewArch. .... Gewerbearchiv
GFP .... Gemeinsame Fischereipolitik
GFS .... Gemeinsame Forschungsstelle

GFTP .... Gemeinsame Forschungs- und Technologiepolitik
GG .... Grundgesetz
GHP .... Gemeinsame Handelspolitik
G 1. I .... Gericht erster Instanz der Europäischen Gemeinschaften
GR .... Gemeinschaftsrecht
GRUR .... Gewerblicher Rechtsschutz und Urheberrecht
GS .... Gedächtnisschrift
GSP .... General System of Preferences
GTE .... Groeben/Thiesing/Ehlermann, Kommentar zum EWGV bzw. EU-/EGV, 4. Aufl. 1991, 5. Aufl. 1997
GVBl. .... Gesetz- und Verordnungsblatt
GVP .... Gemeinsame Verkehrspolitik
GYIL .... German Yearbook of International Law
GZT .... Gemeinsamer Zolltarif

HdbStR .... Handbuch des Staatsrechts
HdWW .... Handwörterbuch der Wirtschafts- und Sozialwissenschaften
HER .... Groeben/Thiesing/Ehlermann (Hrsg.): Handbuch des Europäischen Rechts (Losebl. Slg.)
HWB .... Handwörterbuch

ICAO .... International Civil Aviation Organisation
ICJ .... International Court of Justice
ICLQ .... The International and Comparative Law Quarterly
IDHEAP .... Institut de Hautes Etudes en Administration Publique (Lausanne)
i. d. R .... in der Regel
IGH .... Internationaler Gerichtshof
IL .... Industrieländer
ILM .... International Legal Materials
IMO .... International Maritime Organisation
IMP .... Integriertes Mittelmeerprogramm
Int.LabRev .... International Labour Review
Int.Pol .... Internationale Politik
Integr. .... Integration
IP .... Industriepolitik
IPrax .... Praxis des Internationalen Privatrechts
IRevIndPropCoR... International Review for Industrial Property and Copyright
i. V. m. .... in Verbindung mit
IWF .... Internationaler Währungsfonds

JA .... Juristische Arbeitsblätter
JbEI .... Jahrbuch der Europäischen Integration
JBL .... Journal of Bank Law
JBl .... Juristische Blätter
JBusL .... Journal of Business Law
JCMS .... Journal of Common Market Studies
JDI .... Journal du Droit International
JDrFisc .... Journal de Droit Fiscal
JIArb .... Journal of International Arbitration
JIL .... Journal of International Law
JIR .... Jahrbuch für Internationales Recht
JÖR .... Jahrbuch des öffentlichen Rechts
JR .... Juristische Rundschau
JRIA .... Japan Review of International Affairs
JRPol .... Journal für Rechtspolitik
JURA .... Jura
JUS .... Juristische Schulung
JWTL .... Journal of World Trade Law
JZ .... Juristenzeitung

KASt .... Konrad Adenauer-Stiftung
KJ .... Kritische Justiz
KMU .... Kleine und mittlere Unternehmen
KOM .... Europäische Kommission
Komm. .... Kommentar
KSE .... Kölner Schriften zum Europarecht
KSZE .... Konferenz für Sicherheit und Zusammenarbeit in Europa

LDC .... Least Developed Country

MA .... Mannheimer Akte
MdEP .... Mitglied des Europäischen Parlaments
MDR .... Monatsschrift für Deutsches Recht
MFA .... Multi Fibre Agreement = Welttextilabkommen
MgW .... Maßnahmen gleicher Wirkung wie mengenmäßige Beschränkungen
MittHV .... Mitteilungen des Hochschulverbandes
MLRev .... Modern Law Review
MOES .... Mittel- und osteuropäische Staaten
MP .... Mediaperspektiven
MPI .... Max-Planck-Institut
MS(en) .... Mitgliedstaat(en)
MW .... Mehrwert

m. w. N. .... mit weiteren Nachweisen
MwSt........................ Mehrwertsteuer

NATO .... North Atlantic Treaty Organisation
nEuGHMR............ neuer Europäischer Gerichtshof für Menschenrechte
NIC .... Newly Industrialised Country (= „Schwellenland")
NJ .... Neue Justiz
NJW .... Neue Juristische Wochenschrift
NLJ .... New Law Journal
NoJIL .... Nordic Journal of International Law
NPL .... Neue Politische Literatur
NuR .... Natur und Recht
NVwZ .... Neue Zeitschrift für Verwaltungsrecht
NwVBl. .... Nordrhein-Westfälisches Verwaltungsblatt
NZfArbuSozR .... Neue Zeitschrift für Arbeits- und Sozialrecht
NZV .... Neue Zeitschrift für Verkehrsrecht
NZZ .... Neue Zürcher Zeitung

ÖBGBl. .... Österreichisches Bundesgesetzblatt
ODE .... Observations et Diagnostiques Economiques
OECD .... Organisation for Economic Cooperation and Development
OEEC .... Organisation for European Economic Cooperation
OEuR .... Osteuroparecht
ÖstZf.ÖRVöR .... Österreichische Zeitschrift für Öffentliches Recht und Völkerrecht
ÖSZ .... Österreichische Juristenzeitung
ÖZAußPol .... Österreichische Zeitschrift für Außenpolitik
ÖZW .... Österreichische Zeitschrift für Wirtschaftsrecht
OSZE .... Organisation für Sicherheit und Zusammenarbeit in Europa

PARL .... Das Parlament
PersV .... Die Personalvertretung
Prot. .... Protokoll
PrVorrB .... Protokoll über Vorrechte und Befreiungen
PJZ .... Polizeiliche und justitielle Zusammenarbeit in Strafsachen
PVS .... Politische Vierteljahresschrift
PVÜ .... Pariser Verbandsübereinkunft

RabelsZ .... Rabels Zeitschrift
RAE .... Revue des Affaires Européennes
RBDI .... Revue Belge de Droit International
RBÜ .... Revidiertes Berner Übereinkommen

RdA	Recht der Arbeit
RDAI	Revue de Droit des Affaires Internationales
RdC	Recueil des Cours de l'Académie de Droit International de La Haye
RDE	Rivista di Diritto Europeo (oder: Recht der Energiewirtschaft)
RDI	Rivista di Diritto Internazionale
RdJB	Recht der Jugend und des Bildungswesens
RdLandw.	Recht der Landwirtschaft
RdNr	Randnummer
RDP	Revue de Droit Public
RDS	Revue Dalloz Sirey
REDC	Revista Española de Derecho Constitucional
REDP	Revue européenne de Droit public
Rev.hell.Dr.Europ	Revue Hellénique de Droit Européen
RevDrEurop	Revue de Droit Européen
RevDrInt	Revue de Droit International
RevFrScPol	Revue Française de Science Politique
RevInstEurop	Revista de Instituciones Europeas
RevIntegr.Europ	Revue d'Intégration Européenne
RevScFin	Revue de Science Financière
RFDA	Revue Française de Droit Aérien
RFECP	Revue Française des Etudes Constitutionnelles et Politiques
RGDIP	Revue Générale de Droit International Public
RGRE	Rat der Gemeinden und Regionen Europas
RGW	Rat für Gegenseitige Wirtschaftshilfe (= COMECON)
RH	Rechnungshof
RHDI	Revue Hellénique de Droit International
RiA	Recht im Amt
RIDC	Revue Internationale de Droit Comparé
RIDE	Revue Internationale de Droit Economique
RIE	Revue d'Intégration Européenne
RIT	Revue Internationale du Travail
RivItalDirPubCom	Rivista Italiana di Diritto Publico Comunitario
RIW/AWD	Recht der Internationalen Wirtschaft/ Außenwirtschaftsdienst
RL	Richtlinie
RLT	Raccolta delle Lezioni Triesti
RMC	Revue du Marché Commun
RMT	Rechtsgeleerd Magazijn Themis
RMUE	Revue du Marché Unique Européen
Rspr.	Rechtsprechung

RTDE .... Revue Trimestrielle de Droit Européen
RTDP .... Rivista Trimestrale Diritto Publico
RuF .... Rundfunk und Fernsehen
RuP .... Recht und Politik
RuP .... Recht und Politik
RVgl. .... Rechtsvergleichung
RW .... Rechtskundig Weekblad
Rz. .... Randziffer

Sart. II .... SARTORIUS II. Internationale Verträge – Europarecht (Losebl.-Slg.)
SchZStR .... Schweizer Zeitschrift für Staatsrecht
SEW .... Sociaal-Economische Wetgeving
SGb .... Sozialgerichtsbarkeit
Slg. .... Sammlung des Gerichtshofes der Europäischen Gemeinschaften – s. EuGHE
SP .... Subsidiaritätsprinzip
SRÜ .... Seerechtsübereinkommen
st. Rspr .... Ständige Rechtsprechung
Staat .... Der Staat
StL .... Staatslexikon
Stn. .... Stellungnahme
StT .... Städtetag
StuW .... Steuer und Wirtschaft
StZ .... Steuerzeitung
SZR .... Sonderziehungsrechte

TEN .... Transeuropäische Netze
ThürVBl. .... Thüringer Verwaltungsblätter
TR .... Transportrecht

UA .... Unterabsatz
UAE .... Union des Avocats Européens
UCLAF .... Unité de Coordination de la Lutte Antifraude
ÜLG .... Überseeische Länder und Gebiete
USt. .... Umsatzsteuer
ÜWTO .... Übereinkommen zur Errichtung der Welthandelsorganisation (WTO)

VBlBW .... Verwaltungsblätter für Baden-Württemberg
VersR .... Versicherungsrecht
VersRsch .... Versicherungsrundschau
VersW .... Versicherungswirtschaft
VIZ .... Zeitschrift für Vermögens- und Immobilienrecht
VO(en) .... Verordnung(en)

VRÜ .... Verfassung und Recht in Übersee
VSSR........................ Vierteljahresschrift für Sozialrecht
VVDStRL............... Veröffentlichungen der Vereinigung der Deutschen Staatsrechtslehrer

WA........................... Währungsausschuß
WAN .... Wanderarbeitnehmer
WäP .... Währungspolitik
WEGS .... Wohlfahrth-Everling-Glaesner-Sprung, Die EWG, Kommentar 1960
WEU .... Westeuropäische Union
WiD .... Wirtschaftsdienst
WIPO .... World Intellectual Property Organisation
WiR .... Wirtschaftsrecht
WiSt .... Wirtschaft und Steuern
WM .... Wertpapier-Mitteilungen
WRP .... Wettbewerb in Recht und Praxis
WRP .... Wettbewerb in Recht und Praxis
WSA .... Wirtschafts- und Sozialausschuß
WuR .... Wirtschaft und Recht
WuVerw .... Wirtschaft und Verwaltung
WuW .... Wirtschaft und Wettbewerb
WuWiss .... Wirtschaft und Wissenschaft
WVRK .... Wiener Vertragsrechtskonvention
WWU .... Wirtschafts- und Währungsunion

YB .... Yearbook of the European Convention on Human Rights
YbEL....................... Yearbook of European Law

ZaöRVR................. Zeitschrift für ausländisches öffentliches Recht und Völkerrecht
ZAR......................... Zeitschrift für Ausländerrecht
ZArbSozR .... Zeitschrift für Arbeits- und Sozialrecht
ZBR......................... Zeitschrift für Beamtenrecht
ZERP .... Zentrum für Europäische Rechtspolitik an der Universität Bremen
ZEUP...................... Zeitschrift für Europäisches Privatrecht
ZEUS .... Zeitschrift für europäische Studien
ZEuS .... Zeitschrift für europäische Studien
ZFA .... Zeitschrift für Arbeitsrecht
Zfd.gKrdW .... Zeitschrift für das gesamte Kreditwesen
ZfIP .... Zeitschrift für Internationale Politik
ZfP .... Zeitschrift für Politik
ZfParl .... Zeitschrift für Parlamentsfragen

ZFSH/SGB .... Zeitschrift für Sozialhilfe und Sozialgesetzbuch
ZfSozRef .... Zeitschrift für Sozialreform
ZfU .... Zeitschrift für Umweltpolitik
ZfV .... Zeitschrift für Versicherungswesen
ZfZ .... Zeitschrift für Zölle und Verbrauchssteuern
ZG .... Zeitschrift für Gesetzgebung
ZGR .... Zeitschrift für Gesellschaftsrecht
ZgStW .... Zeitschrift für die gesamte Staatswissenschaft
ZHR .... Zeitschrift für das gesamte Handelsrecht und Wirtschaftsrecht
ZIP .... Zeitschrift für Wirtschaftsrecht
ZJI .... Zusammenarbeit in den Bereichen Justiz und Inneres
ZKR .... Zentralkommission für die Rheinschiffahrt
ZLR .... Zeitschrift für das gesamte Lebensmittelrecht
ZLuft .... Zeitschrift für Luftrecht
ZLW .... Zeitschrift für Luft- und Weltraumrecht
ZP .... Zusatzprotokoll
ZPäd. .... Zeitschrift für Pädagogik
ZRP .... Zeitschrift für Rechtspolitik
ZRVgl. .... Zeitschrift für Rechtsvergleichung
ZSchwR .... Zeitschrift für Schweizer Recht
ZStW .... Zeitschrift für die gesamte Strafrechtswissenschaft
ZtschrUmwR .... Zeitschrift für Umweltrecht
ZUGR .... Zeitschrift für Unternehmens- und Gesellschaftsrecht
ZUM .... Zeitschrift für Urheber- und Medienrecht
ZUPol .... Zeitschrift für Umweltpolitik
ZVerkWiss .... Zeitschrift für Verkehrswissenschaft
ZVersWiss .... Zeitschrift für Versicherungswissenschaft
ZVP .... Zeitschrift für Verbraucherpolitik
ZWiPol .... Zeitschrift für Wirtschaftspolitik

Einführung in das Europarecht

A. Hinweise zur Benutzung dieses Lehrbuches

Dieses „Europarecht“ wendet sich an **Studierende,** möchte aber auch dem **Praktiker** einige Hilfen geben, wenn er zu bestimmten Fragen nach einer grundsätzlichen Orientierung sucht. Für denjenigen, der einen ersten Überblick im Europarecht gewinnen möchte, reichen im allgemeinen die in **Normaldruck** gesetzten Passagen des Buches. Das **„Engzeilige“** bietet einen weitergehenden Einblick in eine Reihe von Themen und Fragestellungen.

Die **Literaturhinweise** vor den einzelnen Paragraphen usf. beschränken sich in der Regel auf jeweils 20–30 Titel. Im Text findet sich neben der Rechtsprechung des Europäischen Gerichtshofes und des Gerichtes 1. Instanz noch der eine oder andere zusätzliche Titel. Die Literaturauswahl wurde chronologisch nach Thematik und Aktualität vorgenommen, wobei neben deutschem Schrifttum vor allem englische und französische Titel berücksichtigt wurden, daneben solche in weiteren Gemeinschaftssprachen. Angesichts der inzwischen vielerorts erreichten Uferlosigkeit der europarechtlichen Literatur sind die Angaben notwendigerweise begrenzt. Dafür werden öfters Hinweise auf Fundstellen weiterführender Literatur gegeben.

Die zahlreichen **Querverweise** innerhalb des Buches gemäß den Randziffern (Rz.) und das ausführliche **Sachverzeichnis** sollen die Erschließung des Inhaltes erleichtern.

Das Europarecht im engeren Sinne umfaßt zunächst einmal den übergreifenden **Vertrag über die Europäische Union (EUV),** das „Unionsrecht“. In den EUV eingebettet ist der „harte Kern“ des **Europäischen Gemeinschaftsrechts** („EG-Recht“). Es besteht im wesentlichen aus dem besonders wichtigen **Vertrag zur Gründung der Europäischen Gemeinschaft** (EGV, früher EWG-Vertrag), dem Vertrag zur Gründung der Europäischen Atomgemeinschaft (EAGV = „EURATOM“) und dem Vertrag über die Gründung der Europäischen Gemeinschaft für Kohle und Stahl (EGKSV = „Montanunion“).

Diese drei Verträge werden als **Primäres Gemeinschaftsrecht** („EG-Verfassung“) bezeichnet. Auf ihrer Grundlage ergeht das **Sekundäre Gemeinschaftsrecht** („Europäisches Gesetz“) in Gestalt von Verordnungen, Richtlinien, Entscheidungen usf.

B. Ratschläge für die Beschäftigung mit dem Europäischen Gemeinschaftsrecht

1. Rechtsgrundlagen

Das EG-Recht gilt einheitlich im Bereich der 15 Mitgliedsstaaten (A, B, D, DK, F, GB, GR, I, IR, L, NL, P, S, SF, SP) in der Form der grundsätzlich gleichberechtigten 12 Gemeinschaftssprachen. Es steht so als eine **eigenständige („europäische") Rechtsordnung** zwischen den nationalen Rechten der einzelnen Mitgliedstaaten und dem weltweit geltenden Völkerrecht.

a) Den **EU-Vertrag,** die **drei EG-Verträge** und weiteres primäres und sekundäres Gemeinschaftsrecht findet man in einer der gängigen Sammlungen z. B.:

– **Taschenbücher:** *Classen* (Hrsg.) Europarecht (dtv), z. B. 14. Aufl. 1997
Glaesner (Hrsg.) Europarecht (Nomos), z. B. 10. Aufl. 1997
Kahn (Hrsg.) EUV/EGV, Fassung Amsterdamer Vertrag (dtv), 1998

– **Große Sammlungen:** *Beutler/Bieber/Pipkorn/Streil,* Das Recht der Europäischen Union (Loseblattsammlung)
v. Borries u. a. Europäisches Wirtschaftsrecht (Loseblattsammlung)
Sartorius II, Internationale Verträge – Europarecht (Loseblattsammlung)

b) Das **sekundäre EG-Recht,** also die EG-Verordnungen, Richtlinien usf. findet sich vollständig im

Amtsblatt der Europäischen Gemeinschaften, Reihe L („Leges"), sozusagen das „Bundesgesetzblatt der EG". Teilweise sind diese sekundären Rechtsakte auch in den o. g. Sammlungen mitenthalten. **Zitiert** wird häufig wie folgt: z. B. die Verordnung (EWG) Nr. 404/93 des Rates vom 13. Februar 1993 über die gemeinsame Marktorganisation für Bananen im Amtsblatt der Europäischen Gemeinschaften. Nr. L 47 vom 25.2.1993, Seite 1 ff.: VO 404/93 (ABl. 1993, L 47/1) oder ähnlich.

Das Amtsblatt ist sehr voluminös (mehrere Bände jährlich, allerdings auch auf Mikrofiche erhältlich) und enthält zum guten Teil Rechtsakte (besonders Agrarrecht), die nur kurzfristig gelten. Wenn man wissen will, was z. Zt. europarechtlich wirklich „gilt", ist ein unentbehrliches Hilfsmittel das ebenfalls von der EG *(2 x jährlich)* herausgegebene

Fundstellenverzeichnis des geltenden Gemeinschaftsrechts.

Neben der Reihe L gibt es die Reihe C („Communicationes") des Amtsblattes. Hier findet man ähnlich wie im Bundesanzeiger verschiedene amtliche Mitteilungen (z. B. Nachrichten aus dem Europäischen Parlament usf.), die keine Rechtsakte sind. Für das EG-Recht wichtig sind die ebenfalls in der Reihe C abgedruckten vorbereitenden Rechtsakte (Vorschläge der Europäischen Kommission u. ä.).

c) Die gesamte EG-Gesetzgebung (deutsch/englisch/französisch) ist – gebührenpflichtig – abrufbar über die **Datenbank CELEX** („Gemeinschaftsrecht für alle"), seit 1970: http://europa.eu.int/celex – CELEX ist auch über die EuroLex-CD-ROM des Bundesanzeiger-Verlages recherchierbar. Außerdem baut die Europäische Kommission ihr gemeinschaftsrechtliches Angebot im Internet aus, u. a. EurLex = http://europa.eu.int/eur-lex/de (in deutscher Sprache).

2. Rechtsprechung

a) Für den EG-Bereich ist vor allem die amtliche
Sammlung der Rechtsprechung des Gerichtshofes der Europäischen Gemeinschaften 1954 ff.
zu beachten. Er wird informell in Deutschland meist **„Europäischer Gerichtshof" (EuGH)** genannt und hat seinen Sitz in Luxemburg. Die **Zitierweise** ist in der Praxis uneinheitlich. Hier wird in der Regel wie folgt zitiert:
z.B. EuGHE 1985, 593 ff. – RS 293/83 „Gravier".
E bedeutet Entscheidungssammlung, Jahr, Seite usf., RS = Rechtssache (also hier 293. Rechtssache aus dem Jahre 1983). „Gravier" ist ein wichtiges Kennwort aus dem Sachverhalt der Entscheidung. So wird bei besonders wichtigen Entscheidungen gerne näher gekennzeichnet.
Systematisch erschlossen wird die Rechtsprechung des EuGH durch: *Gerichtshof der EG* (Hrsg.), Nachschlagewerk der Rechtsprechung zum Gemeinschaftsrecht, 1977 ff. (Loseblattsammlung, vorher *Eversen/Sperl,* Europäische Rechtsprechung, bis 1976).

b) Seit 1990 erscheint in der amtlichen Sammlung als **Teil II** (ab 1993 in getrennten Bänden) die **Rechtsprechung des Gerichts erster Instanz der Europäischen Gemeinschaften,** hier meist informell **„Europäisches Gericht" (EUG)** genannt.
Seit 1990 werden die Entscheidungen des EuGH als **Teil I** der amtlichen Sammlung publiziert. Daraus ergibt sich seit dieser Zeit in der Praxis öfters folgende Zitierweise:
z.B. EuGHE 1994 I–4973 ff. RS C–280/93 „Bananen"
bzw. EuGE 1996 II–427 ff. RS T–162/94 „NMB France SARL"
C hinter der RS bedeutet „Curia" = EuGH, T „Tribunal" = EuG.

c) Seit 1994 werden die zahlreichen Entscheidungen des Gerichtes 1. Instanz in **„Beamtensachen"** in einer **weiteren Sonderabteilung** der amtlichen Sammlung publiziert:
Sammlung der Rechtsprechung – Öffentlicher Dienst (Slg. ÖD)
z.B. EuGE (Slg. ÖD), 1994, II – 23 ff. RS T–65/91 „George White"

Diese Urteile werden nur auf französisch (Arbeitssprache des EuG) publiziert, mit einer vorhergehenden Zusammenfassung (unter „I–A") in der entspr. anderen Amtssprache.

d) Wer nach einer „taufrischen" Entscheidung der europäischen Gerichtsbarkeit sucht, sollte zu den hektographierten Heften
„Tätigkeiten des Gerichtshofes und des Gerichts erster Instanz der Europäischen Gemeinschaften"
greifen. Hier erscheinen die Entscheidungen i. d. R. ganz wenige Wochen oder sogar Tage nach Verkündung in Kurzform. Die Hefte können in Luxemburg bestellt werden.
Wichtige neue EuGH/EuG-Entscheidungen findet man bald in einschlägigen Zeitschriften wie Europarecht (EuR), Neue Juristische Wochenschrift (NJW) usf.
Nationale Gerichte wie das BVerfG oder das BVerwG bringen öfters eigene Entscheidungen zum Europarecht, z. B. BVerfGE 89, 155 ff. „Maastricht".
Ferner sind im europäischen Bereich die (englisch/französischen) Entscheidungen des **„Straßburger" Europäischen Gerichtshofes für Menschenrechte** (EuGHMR) besonders zu beachten, vgl. dazu näher in § 2 dieses Lehrbuchs.

e) Für **Studierende** gibt es zwei nützliche **Sammlungen der Leitentscheidungen des EuGH:**
Godzierz/Odendahl, Europarecht, Sammlung höchstrichterlicher Rechtsprechung, 1997; *Koenig/Pechstein,* Entscheidungen des Europäischen Gerichtshofes, 1998.
Viele Rspr. enthalten die **Fallsammlungen mit Aufbauhilfen,** wie *Hummer/Simma/Vedder/Emmert,* Europarecht in Fällen, 2. Aufl. 1994;
Arndt/Fischer, Europarecht, 20 Fälle mit Lösungen, 1996;
Hoffmann/Odendahl, Europarecht – Fälle mit Lösungen, 1996;
Pieper, Fälle und Lösungen zum Europarecht, 1997;
Zacker/Wernicke, Examinatorium Europarecht, 1998;
Dazu auch: *Grams/Pitschas,* Prüfungsschemata Europarecht, 1994;

3. Schrifttum

a) Lehrbücher
Die Zahl der **deutschsprachigen Lehrbücher** des Europarechts ist in den letzten Jahren „explodiert". Eine ausführliche Übersicht und Würdigung findet man bei *Flint,* Neuere Studienliteratur zum Europarecht, JURA 1997, S. 231 ff. Es sei hingewiesen auf:
– **Kürzere und mittellange Darstellungen** (seit 1997):
H. G. Fischer, Europarecht, 2. Aufl. 1997;
Geiger/Kahn, Europarecht (Rechtsfälle mit Antworten), 1997;
Zacker, Kompendium Europarecht, 1997;
Arndt, Europarecht, 3. Aufl. 1998;

Koenig/Haratsch, Europarecht, 2. Aufl. 1998;
Pechstein/Koenig, Die Europäische Union, systematisch dargestellt, 2. Aufl. 1998;
Staebe, Europarecht, 1998.
Herdegen, Europarecht, 2. Aufl. 1999;
Rohde/Lorenz-Maier, Europarecht, 1999;
– **Ausführliche Darstellungen:**
Beutler/Bieber/Pipkorn/Streil, Die Europäische Union, 4. Aufl. 1993;
Bleckmann u. a., Europarecht, 6. Aufl. 1997;
Fischer/Köck, Europarecht, 2. Aufl. 1995 (Österreich);
Nicolaysen, Europarecht I, 1991; Europarecht II, 1996;
Schweitzer/Hummer, Europarecht, 5. Aufl. 1996.
– **Auf die deutsche Verfassung (Grundgesetz) bezogen:**
P. M. Huber, Recht der Europäischen Integration, 1996;
Schweitzer, Staatsrecht III (Staatsrecht/Völkerrecht/Europarecht), 6. Aufl. 1997;
Ein „Klassiker" ist *H. P. Ipsen,* Europäisches Gemeinschaftsrecht, 1972.

b) Kommentare

Als **große deutsche Kommentare** des EU- und EG-Rechts stehen insbesondere
Grabitz/Hilf (Hrsg.), Kommentar zur Europäischen Union (EUV/EGV), Loseblattsammlung, fortlaufend (2 Bände) und
Groeben/Thiesing/Ehlermann (Hrsg.), Kommentar zum EU-/EG-Vertrag, 5. Aufl. 1997 (5 Bände)
zur Verfügung.
Kurze und mittellange Kommentare:
Lenz (Hrsg.), EG-Vertrag, Kommentar, 1994;
Geiger, EG-Vertrag, Kommentar, 2. Aufl. 1995;
Hailbronner/Klein/Magiera/Müller-Graff, Handkommentar zum Vertrag über die Europäische Union (EUV/EGV), 1996 ff. (Losebl.).
Bergmann/Lenz (Hrsg.), Der Amsterdamer Vertrag, 1998;
Die EMRK kommentieren u. a. *Frowein/Peukert,* Europäische Menschenrechtskonvention, 2. Aufl. 1997;

c) Handbücher

Dauses (Hrsg.) Handbuch des EU-Wirtschaftsrechts, (Loseblatt, fortlaufend);
Groeben/Thiesing/Ehlermann, Handbuch des Europarechts (Loseblatt, fortlaufend);
Lenz (Hrsg.), EG-Handbuch, 2. Aufl. 1994;
Oppermann/Moersch (Hrsg.), Profi-Handbuch Wirtschaftsraum Europa, 3. Aufl. 1994 (Binnenmarktbezogen);
Klemmer (Hrsg.), Handbuch Europäische Wirtschaftspolitik, 1998.

d) Zeitschriften

An deutschen europarechtlich relevanten Zeitschriften seien genannt:
EG-Magazin (aktuelle Information
EUR-OP News (EG-Verlagshaus)
Europa-Archiv (EA, mehr europa- und außenpolitisch) bis 1994, ab 1995 *Internationale Politik* (IntPol)
Europäische Grundrechte-Zeitschrift (EuGRZ)
Europarecht (EuR)
Europäische Zeitschrift für Wirtschaftsrecht (EuZW)
Europäisches Wirtschafts- und Steuerrecht (EWS)
Integration (Integr.)
Auch in den allgemeinen Juristischen Zeitschriften, wie z. B. *DÖV, DVBl., JURA, JUS, JZ, NJW* usw. erscheinen fortlaufend immer wieder europarechtliche Aufsätze.

d) Sonstige Literatur

Die weitere Literatur zum Europarecht ist weit verzweigt und oftmals uferlos. Einen *systematischen „Einstieg"* ermöglichen:
Fundhefte für Öffentliches Recht / Teil Völkerrecht und Recht der EG, betreut von *Moessner* – Jährlich.
Bibliographie Europarecht, in jedem Heft der Zeitschrift Europarecht – Vierteljährlich (bis 1998).
Europäische Integration / Auswahlbibliographie, hrsg. von der Europäischen Kommission / Bonner Vertretung i. V. m. AEI – Fortlaufende Hefte.

e) Weitere EG-Materialien

Eine jährliche Information über die **EG-Entwicklung** findet sich in:
Europäische Kommission (Hrsg.), Gesamtbericht über die Tätigkeit der Europäischen Union. Daneben gibt es Spezialberichte, z. B. den Bericht über die **Wettbewerbspolitik** (jährlich)
oder
Weidenfeld/Wessels (Hrsg.), Jahrbuch der Europäischen Integration.
Die wichtigsten **statistischen Daten über die EG** finden sich in der jährlichen Veröffentlichung des Statistischen Amtes der EG:
Eurostat
Eine informative Reihe ist:
Europäische Kommission (Hrsg.), „Europa in Bewegung – Europa ... Fragen und Antworten! (früher: „Stichwort Europa"): z. B. Wie verwaltet die EU die Landwirtschaft und Fischerei?, 1996.
Viele amtliche Mitteilungen u. ä. werden regelmäßig im
Bulletin der EU (10 x jährlich)
publiziert.
Sehr viele **weitere Materialien zur EG** werden fortlaufend vom Amt für Veröffentlichungen der EG, Luxemburg herausgegeben. Einen Einblick in diese Publikationstätigkeit ermöglichen z. B. folgende Titel dieses Amtes:

Veröffentlichungen der Europäischen Gemeinschaften (vierteljährlich und jährlich)
Die Europäische Gemeinschaft als Verleger.

4. Ausländische Materialien zum Europarecht

Da das Europäische Gemeinschaftsrecht ein gemeinsames Recht der 15 EU-Staaten ist, erscheinen das Amtsblatt der EG, die amtliche Sammlung der Rechtsprechung des Gerichtshofes und die weiteren Publikationen der Gemeinschaft fortlaufend auch auf **Englisch/Französisch/Italienisch/Spanisch** usf.

Ebenso gibt es Lehrbücher, Zeitschriften und sonstige Europarechtsliteratur in den Sprachen anderer Mitgliedstaaten, beispielsweise:

Englisch: *Kapteyn/Verloren van Themaat,* Introduction to the Law of the European Communities, 9. Aufl. 1998; *Mathijsen,* A Guide to European Union Law, 6. Aufl. 1995; *Smit-Herzog,* Kommentar zum EGV, 1994 und Common Market Law Review (CMLRev) – Zeitschrift

Französisch: *Cartou,* L'Union Européenne, 1994; *Louis,* L'ordre juridique communautaire, 3. Aufl. 1995; *Constantinesco/Kovar/Simon* (Hrsg.), Traité instituant la CEE – Commentaire article par article, 1992; *„Commentaire Mégret"* (Hrsg.), Le droit de la CEE, 1./2. Aufl. 1979 ff. (15 Bände) und Revue du Marché Commun (RMC) sowie Revue Trimestrielle de Droit Européen (RTDE) – Zeitschriften

Griechisch: *Dagtoglou,* Europaïko koinotiko dikaio (Europäisches Gemeinschaftsrecht), 1985

Italienisch: *Lauria,* Manuale di diritto delle Comunità Europee, 1988 und *Diritto Comunitario* (DirCom) – Zeitschrift

Spanisch: *Molina del Pozo,* Manual de derecho de la Comunidad Europea, 1987 und *Comunidades Europeas* (CE) – Zeitschrift usf.

Auch in Nichtmitgliedstaaten der EU, z. B. in Jugoslawien, Polen oder in der Schweiz sind eine Reihe von Lehrbüchern u. ä. erschienen.

Die Fähigkeit, andere Gemeinschaftssprachen, insbesondere Englisch und/oder Französisch wenigstens lesen zu können, ist für die Beschäftigung mit dem Europarecht sehr nützlich.

§ 1. Die europäische Idee

Literatur: *Bluntschli,* Die Organisation des Europäischen Staatenvereins, 1878; *Coudenhove-Kalergi,* Paneuropa, 1923; *Spaak*-Bericht (Bericht der Delegationsleiter an die Außenminister, hrsg. vom Regierungsausschuß, eingesetzt von der Konferenz von Messina) 1956; *Foerster,* Europa. Geschichte einer politischen Idee mit einer Bibliographie von 182 Einigungsplänen aus den Jahren 1306 bis 1945, 1967; *Brugmans,* l'idée européenne 1920–1970, 3. Aufl. 1970; 1976; *Monnet,* Mémoires, 1976 (dt. 1988); *Lipgens,* Die Anfänge der europäischen Einigungspolitik 1945–1950, 1977; *Oppermann* (Hrsg.), In welches Europa führen die Direktwahlen? (Tübinger Europa-Colloquium), 1978; *Hallstein,* Europäische Reden, 1979; *Jansen/Mahncke* (Hrsg.), Persönlichkeiten der Europäischen Integration, 1981; *Lenz,* Gemeinsame Grundlagen und Grundwerte des Rechts der EG, ZRP 1988 S. 449 ff.; *Göldner,* Politische Symbole der Europäischen Integration, 1988; *Duroselle,* Europa. Eine Geschichte seiner Völker 1990; *Schulze,* Die europäische Rechts- und Verfassungsgeschichte – zu den gemeinsamen Grundlagen europäischer Rechtskultur 1991; *Buck* (Hrsg.) Europa: Ein Kontinent gewinnt Gestalt, 1992; *Seeler,* Die Europäische Einigung und das Gleichgewicht der Mächte 1992; *Trausch,* Die Europäische Integration vom Schuman-Plan bis zu den Verträgen von Rom, Bd. 4, 1993; *P. Kirchhof/Schäfer/Tietmeyer* (Hrsg.) Europa als politische Idee und als rechtliche Form, 2. Aufl. 1994; *v.d. Groeben,* Deutschland und Europa in einem unruhigen Jahrhundert, 1995; *Stolleis,* Europa – Seine historischen Wurzeln und seine künftige Verfassung, 1997; *Bärenbrinker/Sakubowski,* Die Geschichte der Europäischen Integration, Integr. 1998, S. 103 ff.

Die Gründung der Europäischen Gemeinschaften (EG), nämlich der 1
durch gemeinsame Organe verbundenen Europäischen Gemeinschaften für Kohle und Stahl (EGKS), der Europäischen Wirtschaftsgemeinschaft (EWG) und der Europäischen Atomgemeinschaft (EAG) 1953/58 hat in die zwischenstaatlichen Beziehungen zunächst Westeuropas einschließlich der Bundesrepublik Deutschland ein wesentlich neues Element eingefügt. Durch den Maastrichter Unionsvertrag und den Amsterdamer Vertrag entwickelte sich die EG seit 1993 zur Europäischen Union (EU) fort. Die EG bleibt die wichtigste der drei „Säulen" der EU, zu der außerdem die Gemeinsame Aussen- und Sicherheitspolitik (GASP) und die Zusammenarbeit in Justiz und Inneres gehören. Das durch die Gründungsverträge von Paris und Rom seit den fünfziger Jahren geschaffene Europäische Gemeinschaftsrecht, oft kurz „Europarecht" genannt, verbindet und bindet nicht nur die Mitgliedstaaten, sondern kraft seiner vielfach unmittelbaren Geltung im nationalen Bereich ebenso die Rechtssubjekte in den Staaten der EG. Das Europarecht muß als irgendwie „zwischen" Völkerrecht und Staatsrecht befindlich begriffen werden, weist dabei jedoch eine Reihe von Eigenschaften auf, die es stärker dem staatlichen als dem klassisch-internationalen Bereich zuordnen.

Während der Terminus **„Europäisches Gemeinschaftsrecht"** sich auf das Recht 2
der drei Gemeinschaften EGKS, EG und EAG beschränkt, zu dem das weitere *„EU-Recht"* der GASP u.s.f. tritt, bezieht **„Europarecht"** darüber hinaus die weit-

hin dem allgemeinen Recht internationaler Organisationen zurechenbaren sonstigen europäischen Zusammenschlüsse ein, die in einem zeitgeschichtlich-politischen Sinne ihrerseits als Bestandteile des europäischen Einigungswerkes seit dem Zweiten Weltkrieg verstanden werden müssen. Europarecht in diesem weiteren Sinne, wie es diesem Buch zugrundeliegt, zerfällt so einerseits in das **zwischenstaatliche (internationale) Recht der Europäischen Organisationen,** andererseits in das **überstaatliche (supranationale) Recht der Europäischen Gemeinschaft und Union.** Diese Trennung darf nicht überbetont werden. Zum einen hat das EG-Recht seine völkerrechtliche Seite. Im Recht sonstiger Europäischer Organisationen (Europarat, Europäischer Wirtschaftsraum) finden sich zu anderen Elemente, die man als supranational bezeichnen könnte. Im großen und ganzen werden mit jener Unterscheidung aber wesentliche Differenzierungen zwischen zwei Typen zwischenstaatlicher europäischer Einrichtungen zutreffend markiert.

Wer die Europäischen Gemeinschaften und Organisationen voll verstehen will, muß etwas von den geistigen und politischen Antriebskräften der europäischen Integration nach 1945 wissen. Man bezeichnet dies häufig *(Henri Brugmans* u. a.) als die **Geschichte der „europäischen Idee“.**

I. Der europäische Gedanke bis 1945

Literatur: *Philipps,* The confederation of Europe, 2. Aufl. 1920; *Hutchinson,* The United States of Europe, 1927; *Herriot,* Europe, 1930; *Renouvin,* Les idées et les projets d'Union europeéne au 19è siècle, 1931; *Jennings,* A federation of Western Europe, 1940; *Wehberg,* Ideen und Projekte betreffend die Vereinigten Staaten von Europa in den letzten 100 Jahren, Friedenswarte 41 (1941), S. 49 ff.; *Cucio,* Europa – storia di un'idea, 1958; *Rougemont,* Vingt-huit siècles d'Europe, 1961; *Puttkamer,* Der Briand-Plan, Vorbote der europäischen Integration?, FS Ophüls 1965, S. 143 ff.; *Roussakis,* Friedrich List, The Zollverein and the uniting of Europe, 1968; *Böttcher* (Hrsg.), Britische Europaideen 1940–1970, 1971; *Lützeler* (Hrsg.), Europa. Analysen und Visionen der Romantiker, 1982; *Lipgens,* 45 Jahre Ringen um die Europäische Verfassung. Dokumente 1939–1984, 1986; *Coing,* Von Bologna bis Brüssel, 1989; *Buck* (Hrsg.) Der Europa-Gedanke, 1992; *Isensee,* Europa – die politische Erfindung eines Erdteils, in: *P. Kirchhof/Schäfer/Tietmeyer,* Europa als politische Idee und als rechtliche Form, 2. Aufl. 1994, S. 103 ff.

3 Zu einem bewußten und dauernden Ziel der Politik der europäischen Staaten und Völker ist die europäische Einigung durch die Erfahrungen der beiden Weltkriege 1914–1918 und 1939–1945 geworden, die zu einem weitgehenden Niedergang Europas infolge der Gegensätze zwischen seinen Nationen führten. Das Bewußtsein jedoch, daß Europa über seine Staaten und Völker hinweg eine Einheit darstellt, reicht sehr viel weiter zurück.

1. Ältere Ideen und Realisationen europäischer Gemeinsamkeit

4 Der in der griechisch-römischen Kultur wurzelnde **Humanismus** und das **Christentum** sind ideengeschichtlich die beiden geistigen Antriebskräfte, welche durch die Jahrhunderte hindurch die Vorstellung von einer Gemeinsamkeit Europas hervorriefen und wachhielten. Ungefähr seit dem 19. Jahrhundert tritt der **Sozialismus** in seiner internationalistischen Ausprägung als dritte wesentliche Komponente hinzu.

Man mag die Zeiten des perikleischen Athens (480–430 v.Chr.) und der cäsarisch-augusteischen Kultur in Rom (100 v Chr.–100 n.Chr.) als die Geburtsstunde europäischen Geistes empfinden. In einem politischen Sinne waren freilich weder die geographisch begrenzten griechischen Städtebünde noch das nach Afrika und Asien ausgreifende Imperium Romanum bereits organisatorische Ausprägungen einer gesamteuropäischen Idee, wenngleich manche Denkfiguren des Römischen Rechtes und seiner Staatsidee später europäisches Gemeingut bis auf unsere Tage wurden.

a) Von der Kaiseridee des Mittelalters zum „Ewigen Frieden“

Bewußtes Denken und praktisches Planen und Handeln in gesamteuropäischen Kategorien ergab sich erst aus der transnationalen, christlich geprägten **Kaiseridee des Mittelalters,** die sich in kontroversen Deutungen der „Zwei-Schwerter-Lehre“ mit dem seinerseits universellen und spirituellen Machtanspruch des Papstes auseinanderzusetzen hatte. 5

Von besonderer Bedeutung für die Europabewegung nach 1945 wurde zeitweilig die Rückerinnerung an die Zeit und das Reich *Karls des Großen* (768–814 n.Chr.), dessen **karolingisches Europa** in der Tat geographisch weithin mit der „Sechsergemeinschaft“ 1952–1973 zusammenfiel. Freilich begegnete dieser Bezug in seiner religiös/räumlich „abendländischen“ Begrenztheit auch bisweilen der Kritik. In der jährlichen Verleihung des Aachener Karlspreises an einen hervorragenden meist europäischen Staatsmann ist jedoch die Besinnung auf Karl den Großen eine allseits bejahte glückliche Verbindung mit der modernen Europaidee eingegangen.

In den Ansprüchen des Kaisers als Haupt des **Heiligen Römischen Reiches Deutscher Nation,** das besonders nach Italien und später Spanien übergriff (10.–16. Jahrhundert, förmlich bis 1806), gleichzeitig aber auch z. B. in Konföderationsideen der christlichen Fürsten Europas unter Führung des „allerchristlichsten“ französischen Königs *(Pierre Dubois,* De recuperatione Terre Sancte, 1305–1307; P. D. war Ratgeber Philipps des Schönen von Frankreich) mischte sich eine christlich-gesamteuropäische Sicht mit unbewußten Vorformen des nationalen Sendungsbewußtseins bestimmter Völker. Auf ihre Weise gehören auch die päpstlichen Hegemonialansprüche (Vorrang des geistlichen Schwertes über das weltliche in der Auslegung der Bulla „Unam Sanctam“ des Papstes Bonifatius VIII., 1302 n.Chr.) in diesen Zusammenhang.

Im ausgehenden Mittelalter legt *König Georg Podebrad* von Böhmen bereits einen vollständigen Plan für ein europäisches Friedensbündnis vor, das mit Ansätzen zu einem Repräsentativsystem unter gemeinsamer Ausübung von Souveränitätsrechten sowie mit Streitschlichtung und Schiedsverfahren verfassungsrechtliche und judizielle Kategorien enthielt.

Interessanterweise ging der gesamteuropäische Ausblick auch in der „Geburtsstunde des souveränen Staates“ *(v. d. Heydte)* in **Renaissance und Absolutismus** nicht mehr verloren. Mit dem Wegfall der religiös bestimmten Einheit des Abendlandes seit der Reformation wurde das Bedürfnis nach politisch-organisatorischen Formen einer Verbindung der europäischen Staaten eher verstärkt gesehen. Motivationen ergaben sich dabei sowohl aus dem schon von Kaiser und Papst überkommenen Wunsche nach **„Ewigem Frieden“** im Inneren, als auch aus äußeren Bedrohungen (Türkengefahr des 17. Jahrhunderts). 6

Eine ganze Reihe von Plänen und Vorschlägen entstanden im 17.–18. Jahrhundert besonders in Frankreich und England. So entwirft *Sully,* Minister Heinrich IV. von Frankreich, 1617 sein „Grand dessein". An ihn knüpfen die Engländer *William Penn* (An Essay towards the Present and Future Peace of Europe, 1693) und *John Bellers* (Some Reasons for a European State, 1710) an. Ebenso wie *Rousseaus* späteres Projet pour la Paix Perpetuelle von 1760 und *Benthams* erst 1843 veröffentlichter Plan for a Universal und Perpetual Peace gewinnen solche Ideen aber kaum Einfluß auf die praktische Politik. In ihr wird Europa vielmehr als der Raum gesehen, über welchen Staaten und Fürsten wie die spanischen Habsburger (1492–1648/1659) und die französischen Bourbonen sowie Napoleon I. (1648–1815) die Vorherrschaft anstreben. Aus dem Scheitern dieser Ambitionen entwickelt sich allmählich jenes **„Europäische Gleichgewicht"**, das vor allem von Großbritannien bis ins 20. Jahrhundert hinein als eine Maxime der Friedenswahrung durch Machtbalancen auf dem Kontinent gepflegt wurde. Sie ermöglichte dem Inselreich, das sich gerne seiner „Festlandsdegen" (z.B. Preußen im 18. Jahrhundert) auf dem Kontinent bediente, in einer bis heute nachwirkenden Abwendung von Europa die Verfolgung seiner weltweiten imperialen Interessen. Das Heilige Römische Reich Deutscher Nation verlor im Dreißigjährigen Krieg endgültig seine europäische Bestimmung und löste sich im Friedensschluß von Münster und Osnabrück 1648 in 253 mehr oder weniger souveräne Gebiete nebst dem Vielvölkerstaat Österreich-Ungarn auf. Immerhin entstand dann 1795 im preußischen Königsberg *Immanuel Kants* bis heute bekannt gebliebener Plan vom „Ewigen Frieden", der in weltbürgerlicher Gesinnung auf eine allgemeine Konföderation der europäischen Staaten unter einer republikanischen Verfassung zielte. In einer wahrhaft europäisch zu nennenden Weise verbanden sich hier der menschenrechtlich-weltbürgerliche Geist der Französischen Revolution von 1789 mit dem rechtsstaatlichen Ethos eines Preußen, das bald in seiner Reformzeit 1806 ff. und später durch *Bismarck* die Grundlagen für einen Wiedereintritt des geeinten Deutschlands in die europäische Völkerfamilie legen sollte.

b) Das „Europäische Konzert" des 19. Jahrhunderts

7 Nach der Niederlage Napoleons I. kam es im Wiener Kongreß insbesondere durch *Metternich* zu einer Neuordnung der europäischen Staatenwelt, in der wieder eine gemeinsame Verantwortung der Staaten für das Geschick des Kontinents sichtbar wurde. Sie führte einmal zu einem ephemeren Versuch, über die regelmäßige Konferenzdiplomatie der **Heiligen Allianz** (England, Frankreich, Österreich, Preußen, Rußland) die Idee des monarchischen Legitimismus gegen „revolutionäre Umtriebe" dauerhaft zu sichern. Jedoch entwickelte sich hieraus das sogenannte **„Europäische Konzert"** der fünf Großmächte, zu denen später noch die Türkei trat. Im Sinne einer lockeren, aber immer wieder wirksamen Staatenzusammenarbeit hat das Europäische Konzert im 19. Jahrhundert zwar nicht stets den europäischen Frieden zu wahren vermocht, aber doch wesentliche friedensfördernde Beiträge durch seine Fähigkeit erbracht, auf dem Konferenzwege die einzelstaatlichen Interessen im Sinne der Erhaltung des europäischen Gleichgewichts abzustimmen (u. a. Regelung der Unabhängigkeit Griechenlands 1830/32, Gründung des neutralen Belgiens 1831/39; Dardanellenvertrag 1841; Londoner Vertrag über Dänemark 1852; Beendigung des Krimkrieges im Pariser Frieden 1856; Neutralisierung Luxemburgs 1867; Berliner Kongreß 1878 über Balkanfragen). Die Einigung Italiens 1859/70 und vor

allem Deutschlands 1871 brachte dann jedoch neuartige Ungleichgewichte in die europäische Kräftebalance. So löste sich das europäische Konzert allmählich in den antagonistischen Teilallianzen zwischen England/Frankreich/Rußland einerseits und den Mittelmächten Deutschland und Österreich-Ungarn andererseits auf. In den Zerstörungen des Ersten Weltkrieges „gingen in Europa die Lichter aus" *(Lord Grey).* Der Krieg wurde 1917/1918 wesentlich durch das Eingreifen der USA als außereuropäischer Macht zugunsten der Westalliierten entschieden, die zusammen mit anderen Drittstaaten in den Pariser Vorortverträgen von 1919 Einfluß auf den neuen europäischen Status nahmen.

Der nicht selten gesamteuropäisch planenden und handelnden Kabinettspolitik 8
der Großmächte im 19. Jahrhundert liefen in der politischen Theorie verstärkte **gedankliche Bemühungen um eine institutionalisierte Organisation des europäischen Staatensystems** parallel. Nicht zufällig erschienen gleichzeitig mit dem Wiener Kongreß 1814 *Karl Christian Friedrich Krauses* „Entwurf eines europäischen Staatenbundes" und von besonders weitreichender Bedeutung die Schrift „De la réorganisation de la société européenne ou de la nécessite et des moyens de rassembler les peuples de l'Europe en un seul corps politique en conservant à chacun son indépendaner nationale" des Grafen *C. H. Saint-Simon* und *A. Thierry.* Im Saint-Simonismus verband sich der europäische Gedanke erstmals über die politisch-machtmäßige Komponente hinaus mit der sozialen Idee. Als Endziel rückte für die Schüler Saint-Simons und bald für die Sozialistische Internationale sogar über Europa hinaus der pazifistische, soziale Weltstaat in den Gesichtskreis, dessen Aufgaben entscheidend in der Verbesserung der wirtschaftlich-sozialen Verhältnisse seiner Bürger liegen sollten. – Immer wieder wurden Strukturen einer gesamteuropäischen Organisation konzipiert, wie etwa die Organisation eines „europäischen Staatenvereins" durch den Schweizer Staats- und Völkerrechtler Bluntschli 1878. Dabei standen die praktischen Erfahrungen vor Augen, welche in der Gründung des deutschen Zollvereins 1834 *(Friedrich v. List)* als Vorläufer der deutschen Einheit sichtbar geworden waren.

Die Gründung einer ganzen Reihe vornehmlich europäisch geprägter internationaler Organisationen („Verwaltungsunionen") seit dem 19. Jahrhundert zeigte, daß jenes europäisch geprägte Staatsdenken letztlich Ausdruck praktischer Notwendigkeiten des heraufziehenden modern-industriellen Zeitalters war. Seine Erfindungen und Techniken ließen einen Raum wie den europäischen im Sinne der gegenseitigen Erreichbarkeit zunehmend zusammenschrumpfen. Die im Gefolge des Wiener Kongresses von 1815 entstandenen Internationalen Flußkommissionen waren die Vorboten. Mit der zweiten Hälfte des 19. Jahrhunderts begann dann die Gründungszeit der großen **Internationalen Organisationen,** die damals noch weithin europäisch geprägt waren. Über die Internationale Fernmeldeunion (1865), den Weltpostverein (1874), die Interparlamentarische Union (1888) und viele weitere Gründungen erfolgten nicht unwesentliche Vertiefungen der Staatenkooperation. Ihren Höhepunkt fand diese Ära der klassisch-völkerrechtlichen Staatenzusammenarbeit in den beiden von Zar Nikolaus II. einberufenen **Haager Friedenskonferenzen** (1899/1907), an denen alle europäischen Staaten sich beteiligten. Sie führten freilich nicht zu einer dauerhaften Organisationsgründung, sondern zur Institutionalisierung von Verfahren friedlicher Streitbeilegung bis zur Schiedsgerichtsbarkeit und schwerpunktmäßig charakteristischerweise zur Verbesserung des Kriegsrechtes (Haager Landkriegsordnung u. a.). – Weitsichtige Politiker, wie der deutsche Industrielle *Walther Rathenau* 1913, sprachen sich für eine „Verschmelzung der Wirtschaft und Politik Europas zur Gemeinschaft" aus.

2. Europäische Bewußtseinsbildung zwischen den beiden Weltkriegen

a) „Paneuropa“ und „Locarno“

9 Die Zeit zwischen den beiden Weltkriegen 1919–39 erwies sich für die Schaffung einer europäischen Friedensordnung nur in einigen Ansätzen als fruchtbar. Auch sie waren aber letztlich zum Scheitern verurteilt. Mit dem Wegfall der monarchischen Solidaritäten zwischen vielen Staaten Europas am Ende des Ersten Weltkrieges verlor sich ein wichtiges übernationales Band. Das Aufkommen des nationalen Prinzips in Gestalt des von *Woodrow Wilson* auch für Europa proklamierten Selbstbestimmungsrechtes der Völker verstärkte zunächst einmal die zentrifugalen Kräfte. Die Gründung des **Völkerbundes** 1919 als System kollektiver Friedenssicherung stand im Schatten von Entscheidungen des Versailler Friedensvertrages, die mehr auf die Niederhaltung der besiegten Seite als auf eine dauerhafte Aussöhnung der Kriegsgegner gerichtet waren. Jedoch hatten die Schrecknisse des Krieges 1914–18 weitsichtigen Denkern und Politikern die Augen dafür geöffnet, daß Europa nur über eine innere Befriedung und Einigung seine Wohlfahrt und gleichzeitig Bedeutung in der Welt wiedererlangen konnte.

10 Unter den mancherlei politischen Stimmen, die sich nach 1919 für eine europäische Einigung aussprachen, verschaffte sich die 1923 in Wien gegründete **Paneuropäische Bewegung** des österreichischen Grafen *Coudenhove-Kalergi* die stärkste Resonanz. Sie unterhielt in den einzelnen Staaten „Nationale Gruppen“ und setzte sich in dem entschiedenen Sinne der Schrift „Paneuropa“ (1923) ihres Gründers für die Schaffung eines echten **Bundesstaates „Vereinigte Staaten von Europa“** ein. Ohne Großbritannien und Rußland sollte in dieser Konzeption ein „europäisches Kraftfeld“ neben das amerikanische, britische, russische und ostasiatische treten. Wie manche kühne Vision ließ sich die Paneuropa-Idee nicht realisieren. Sie übte aber in ihrer ideellen Kraft Einflüsse auf die Politik der zwanziger Jahre und auf die Wiedergeburt der Europäischen Bewegung nach 1945 aus, in der Coudenhove sich erneut engagierte. Den Anschein ernsthafter Verwirklichungsmöglichkeit erhielt die Europa-Idee in ihrer heutigen Form erstmals während der Anfänge der deutsch-französischen Annäherung unter *Briand* und *Stresemann.* Der deutsch-französische Nichtangriffsvertrag von Locarno 1925, der Eintritt Deutschlands in den Völkerbund 1926 und ebenso weltweit ausgreifend die allgemeine Kriegsächtung im *Briand/Kellogg*-Pakt von 1928 waren Schritte, die allmählich das Projekt einer allgemeinen politischen Zusammenarbeit in Europa möglich erscheinen ließen. Sie wurde Inhalt eines 1929 dem Völkerbund vorgelegten **Briand-Planes für eine Europäische Föderation** innerhalb des Völkerbundes. 1930 zu einem Memorandum ausgebaut, ging der Plan bei Lichte besehen allerdings noch nicht über eine staatenbündische Zusammenarbeit hinaus („Une sorte de lien fédéral“). Der Tod *Stresemanns* und die Weltwirtschaftskrise 1929 ff. verhinderten ein ernsthaftes Aufgreifen dieser Ideen. Im Rückblick erscheinen gleichwohl die Bemühungen von *Briand* und *Stresemann* in den zwanziger Jahren als die Frühzeit einer europäischen Bewegung, die ihre volle Kraft nach 1945 entfalten sollte.

b) Das Zerrbild der „Neuen Ordnung“

11 Die Kulminationszeit des italienisch/deutschen Faschismus-Nationalsozialismus in den dreißiger Jahren bedeutete unter europapolitischem Blick-

winkel den Rückfall in einen extremen Nationalismus. *Hitlers* und *Mussolinis* **„Neue Ordnung" Europas,** in den Anfangsjahren des 2. Weltkrieges ephemer verwirklicht, erschöpfte sich in dem Zerrbild eines militärisch-hegemonial von den Achsenmächten beherrschten und ausgebeuteten Großraumes vom Atlantik bis weit nach Rußland hinein. Die („herren")rassische Komponente der nationalsozialistischen Europaideologie machte sie a priori unfähig zu einer gleichberechtigt-föderalen Ordnung dieses Raumes und schloß jede übernationale Rezeption solcher Ideen aus.

An diesem Bilde änderten auch die Anklänge nur unwesentlich etwas, welche das antibolschewistische Element der NS-Ideologie in den faschistischen Gruppierungen der verschiedenen westeuropäischen Staaten zeitweilig fand („Kollaborations"regierungen – Fremde Truppenkontingente in der deutschen Armee im Rußlandfeldzug 1941 ff. u. ä.). In der Rückschau bleibt freilich interessant zu vermerken, daß selbst eine so nationalistische Weltanschauung wie der Faschismus/Nationalsozialismus der Grundströmung der Zeit insofern Tribut zu zollen hatte, daß auch er nicht ohne „europäische Fassade" auskam. – Gewisse makabre Parallelen wurden seit den siebziger Jahren sichtbar, in denen der links- und rechtsextremistische Terrorismus in den westeuropäischen Ländern sich in einer gewissen „europaweiten" Verbindung und in stark gemeinsamer Ideologie zu organisieren sucht.

In der Niederlage Frankreichs 1940 ging auch das Angebot *Churchills* an die französische Regierung unter, eine vollständige **Union zwischen Frankreich und Großbritannien** mit gemeinsamer Staatsbürgerschaft und gemeinsamen Institutionen zu bilden („Ein Parlament, ein Kabinett, eine Armee").

II. Die europäische Bewegung nach dem Zweiten Weltkrieg

Literatur: *Cornides,* Die Anfänge des europäischen föderalistischen Gedankens in Deutschland 1945–1949, EA 1951, S. 4243 ff.; *Mosler,* Die Wendung zum supranationalen Gedanken im Schuman-Plan, Recht/Staat/Wirtschaft 1951, S. 245 ff.; *Carstens,* Die Errichtung des Gemeinsamen Marktes in der Europäischen Wirtschaftsgemeinschaft, Atomgemeinschaft und Gemeinschaft für Kohle und Stahl, ZaöRVR 18 (1958), S. 459 ff.; *Kaiser,* Das Europarecht in der Krise der Gemeinschaft, EuR 1966, 54 ff.; *Focke,* Europa-Politik nach Den Haag, EA 1970, S. 267 ff.; *Müller-Armack,* Auf dem Weg nach Europa, 1971; *Müller-Roschach,* Die deutsche Europapolitik, 1974; *Weidenfeld/Wessels,* Jahrbuch der Europäischen Integration, 1980 ff. (Jährlich); *Ipsen,* Europäisches Gemeinschaftsrecht in Einzelstudien, 1984; *Hrbek/Laufer,* Die Einheitliche Europäische Akte, EA 1986, S. 173 ff; *Poidevin* (Hrsg.), Histoire des Débuts de la Construction Européenne, 1948– 1950, 1986; *Hrbek,* 30 Jahre Römische Verträge, Aus Politik und Zeitgeschichte 18/1987 S. 18 ff; *Sattler,* Die Entwicklung der EG vom Ende der Übergangszeit bis zur Erweiterung auf 12 Mitgliedstaaten, JÖR 1987, S. 365 ff.; *Schwabe* (Hrsg.), Die Anfänge des Schuman Plans 1950/51, 1988; *Magiera,* Die Einheitliche Europäische Akte und die Fortentwicklung der EG zur Europäischen Union, GS Geck, 1989, S. 507 ff.; *Gaddum,* Die deutsche Europapolitik in den 80er Jahren, 1994; *Mosler,* Die europäische Integration aus der Sicht der Gründungsphase, FS Everling, 1995, S. 911 ff; *Duchêne,* Jean Monnet, 1996; *Loth,* Die Verhandlungen über die Römischen Verträge, Integr. 1997, S. 1 ff.; *Horn/Baur/Stern,* 40 Jahre Römische Verträge, 1998.

1. Die Europaidee von Zürich 1946 bis Messina 1955

a) Der Weg zum Europarat

12 Der Niedergang der europäischen Nationalstaaten am Ende des Zweiten Weltkrieges wurde gleichzeitig zur Stunde der allgemeinen Besinnung auf die **Notwendigkeit einer Einigung Europas.** Der „Eiserne Vorhang", den Stalin nach 1945 mitten durch Europa niedergehen ließ, schärfte das Bewußtsein, daß jedenfalls der westliche, nichtkommunistische Teil des Kontinents nur dann wieder eine eigenständige Rolle in der Weltpolitik spielen konnte, wenn die europäischen Staaten aufeinander zugingen. *Winston Churchill* brachte in seiner Zürcher Rede vom 19.9.1946 die politische Stimmung und die Hoffnungen der damaligen Zeit exemplarisch zum Ausdruck:

„In ausgedehnten Gebieten Europas starrt eine Menge gequälter, hungriger, sorgenerfüllter und verwirrter Menschen die Ruinen ihrer Städte und Heime an ... Trotzdem gibt es ein Heilmittel ... Dieses Mittel besteht in der Erneuerung der europäischen Völkerfamilie ... und in ihrem Neuaufbau unter einer Ordnung, unter der sie in Freiheit, Sicherheit und Frieden leben kann. Wir müssen eine Art **Vereinigter Staaten von Europa** errichten. ... Der erste Schritt bei der Neubildung der europäischen Familie muß ein Zusammengehen zwischen Frankreich und Deutschland sein ... Es gibt kein Wiedererstehen Europas ohne ein geistig großes Frankreich und ein geistig großes Deutschland. Die Struktur der Vereinigten Staaten von Europa wird, wenn sie richtig und dauerhaft errichtet werden soll, so geartet sein müssen, daß die materielle Stärke einzelner Staaten an Bedeutung einbüßt. Kleine Nationen werden so viel wie große gelten und sich durch ihren Beitrag für die gemeinsame Sache Ruhm erringen können ..."

13 Wenn Churchill auch damals noch die eigentliche Rolle Englands im Commonwealth sah und nur als „wohlwollender Freund" dieses neuen Europas, war damit doch der Ton für das europäische Einigungswerk nach dem Zweiten Weltkrieg gesetzt. Die zweite Hälfte der vierziger Jahre war geprägt durch eine Fülle von Aktivitäten verschiedener nicht-staatlicher Verbände, die sich für die Europäische Einigung in den westeuropäischen Staaten einsetzten.

In Deutschland wurde insbesondere die 1946 gegründete **Europa-Union** (*Hermes* u. a.) ein wichtiger gesellschaftlicher Träger der Europa-Idee. Zusammen u. a. mit dem italienischen Movimento Federalista Europeo (1943 – Spinelli u. a.) und anderen Gruppen vereinigte sie sich 1946 zur Union Européenne des Féderalistes *(Brugmans).* Die Europäischen Föderalisten standen ihrerseits zunächst in Konkurrenz z. B. zu sozialistisch-europäischen Verbänden, aber etwa auch zum britischen United Europe Movement (1947 – *Churchill, Sandys),* dem Conseil Français pour l'Europe Unie (1947 – *Herriot* u. a:) und der 1947 gegründeten Europäischen Parlamentarierunion, in welcher die alte Pan-Europa-Union von 1923 aufging. *Coudenhove-Kalergi* wurde zum Generalsekretär der Parlamentarierunion. Ende 1947 kam es dann zu einer umfassenden Koordinierung vieler dieser Europaverbände im Internationalen Komitee der Bewegung für die Einheit Europas *(Sandys).* Die wichtigste Aktion des Komitees war die Einberufung eines großen **Europa-Kongresses im Haag 1948** (u. a. *Churchill, Van Zeeland, Herriot).* Der entschlossene Appell des Haager Kongresses zugunsten der Föderierung Europas gab einen wesentlichen Anstoß zur Gründung des Europarates 1949. Ende 1948 gründete sich das Internationale Komitee unter maßgeblicher Mitwirkung von *Léon*

Blum, Winston Churchill, Alcide de Gasperi und *Paul-Henri Spaak* in die **Europäische Bewegung** um, die seitdem die maßgebliche Dachorganisation für die verschiedenen Europaverbände geblieben ist (Sitz: Brüssel). Daneben spielte 1955–1975 das von *Jean Monnet* unter Mitwirkung maßgeblicher Politiker (u. a: *Fanfani, Kiesinger, Mollet, Pleven, Wehner,* später *Brandt, Heath, Tindemans)* gegründete **Aktionskomitee für die Vereinigten Staaten von Europa** eine wichtige Rolle. Das Komitee inspirierte maßgeblich die „Relance Européenne" von 1955 mit, die nach dem Scheitern der Europäischen Verteidigungsgemeinschaft 1954 zur Gründung der EWG und von EURATOM führte.

Das allgemeine Europabewußtsein der frühen Nachkriegszeit und der 14 Eindruck der unmittelbaren Bedrohung durch die Sowjetunion in den Jahren der kommunistischen Machtübernahme in der Tschechoslowakei und der Berliner Blockade 1948 veranlaßte die Regierungen und Parlamente Westeuropas zu konkreten Schritten im Sinne des europäischen Einigungswerkes. Der erste Schritt mit der Gründung der **Organisation für Europäische Wirtschaftliche Zusammenarbeit (OEEC)** in Paris 1948 war noch eine Folge des amerikanischen Angebotes großzügiger Wirtschaftshilfe an Europa (Marshall-Plan 1947). Die 17 Gründungsmitglieder umfaßten nahezu den gesamten westeuropäischen Wirtschaftsraum. Die OEEC wurde zusammen mit ihrer „Filiale", der Europäischen Zahlungsunion (EZU) 1950 und dem ihr nachfolgenden Europäischen Währungsabkommen (EWA) 1955/59 zum Zentrum der handelspolitischen Liberalisierung Westeuropas in den fünfziger Jahren.

Allgemeinpolitisch markierte jedoch vor allem die **Gründung des Europarates** mit Sitz in Straßburg 1949 eine erste wichtige Etappe auf Dauer 15 angelegter Staatenzusammenarbeit im westlichen Europa. Vom „Europa der Zehn" bei seiner Gründung hat sich der Europarat mittlerweile zum „Europa der Vierzig" erweitert (zuletzt Beitritt Kroatiens 1996). Mit seinen ost- und südosteuropäischen Mitgliedern ist der Europarat seit der Wende 1989 ff. eine gesamteuropäische Organisation geworden, der u. a. Rußland angehört. Mit Frankreich, Großbritannien und Italien waren die großen Staaten Westeuropas von Anfang an dabei, bzw. traten wie die Bundesrepublik Deutschland 1950/51 kurz darauf hinzu.

Neben der vielfältigen Herstellung engerer politischer Verbindungen zwischen seinen Mitgliedern hat der Zusammenschluß im Europarat die Bedeutung eines Bekenntnisses zu den Grundwerten der parlamentarischen Demokratie und des Rechtsstaates gewonnen. Dies manifestiert sich besonders in der **Europäischen Konvention zum Schutz der Menschenrechte von 1950,** welche die Mitglieder des Europarates miteinander verbindet. In Gestalt der Europäischen Kommission für Menschenrechte und des Europäischen Gerichtshofes für Menschenrechte sind in Straßburg zwei weitere europäische Institutionen entstanden, die ihre Tätigkeit in enger Verbindung mit dem Europarat ausüben. Dadurch, daß auch Einzelpersonen in begrenztem Umfang Menschenrechtsschutz begehren können, wird in den Straßburger Einrichtungen ein gewisses **überstaatliches Element** spürbar (näher unter Rz. 76).

16 Den europäischen Zusammenschlüssen liefen im regionalen Rahmen ähnliche Anstrengungen parallel. So bauten Belgien, die Niederlande und Luxemburg von 1944 bis 1958 eine Wirtschaftsunion **(Benelux)** auf, die dann weitgehend im Gemeinsamen Markt aufging, als Instrument der engeren politischen Zusammengehörigkeit aber nützlich blieb. Dänemark, Finnland, Island, Norwegen und Schweden begründeten 1952/56 im **Nordischen Rat** ein Organ enger parlamentarischer Zusammenarbeit des skandinavischen Raumes. Der politisch im Kommunismus ganz anders strukturierte Osten Europas vermochte sich auf seine Weise der Sachlogik der großräumigen Staatenkooperation nicht zu entziehen. Nachdem die Sowjetunion 1947 für sich und die von ihr abhängigen Staaten die Mitarbeit in der OEEC abgelehnt hatte, gründeten die Ostblockstaaten 1949 den **Rat für gegenseitige Wirtschaftshilfe** (RGW oder COMECON) zur Abstimmung ihrer Planwirtschaften. Mit dem Ende der kommunistischen Planwirtschaft löste sich der RGW 1991 auf.

17 Eine bis heute nachwirkende Sonderentwicklung im europäischen Einigungswerk nahm von Anfang an der **Verteidigungsbereich.** Hier sollte der britisch-französische Dünkirchen-Pakt 1947, in den 1948 als Brüsseler Vertrag („Westunion") die Beneluxstaaten einbezogen wurden, anfänglich noch Sicherheitsbedürfnisse gegenüber Deutschland befriedigen. Gegen die sowjetische Bedrohung im Kalten Krieg erfolgte die Gründung des kollektiven Sicherheitssystems im **Nordatlantikvertrag** (NATO) 1949 zwischen 10 Staaten Westeuropas und den USA sowie Kanadas. Der seit 1950 unternommene Versuch, den Wiedereintritt der Bundesrepublik Deutschland in die westeuropäische Staatengemeinschaft mit einer supranationalen Lösung der Verteidigungsstruktur in Gestalt der **Europäischen Verteidigungsgemeinschaft** (EVG) zu verbinden, scheiterte 1954 an Frankreich. Wenngleich Deutschland und Italien daraufhin in den Brüsseler Vertrag aufgenommen wurden, der sich 1954 in die **Westeuropäische Union** (WEU) umgründete, blieb das Atlantische Bündnis der NATO die wichtigste Verteidigungsorganisation. In sie wurden 1952 Griechenland und die Türkei, 1955 die Bundesrepublik Deutschland, 1982 Spanien und 1998 Polen, Tschechien und Ungarn aufgenommen. Diese verschlungene verteidigungspolitische Sonderkonstruktion bedeutete eine dauernde Hypothek bei allen Anstrengungen zu einer vollen Politischen Union Westeuropas (unten Rz. 2068). Die Sowjetunion wandelte ihrerseits 1955 anläßlich des Eintritts der BRD in die NATO ihre bilateralen Verteidigungspakte mit den übrigen Ostblockstaaten einschließlich der DDR in das kollektive Sicherheitssystem des Warschauer Paktes um, der strukturell der NATO weitgehend nachgebildet wurde. Mit dem Ende des kalten Krieges löste sich der Warschauer Pakt 1991 auf. Die NATO sucht in den 90er Jahren ihre neue Rolle als Kern eines gesamteuropäischen Sicherheitssystems („Partnerschaft für den Frieden" u. a.) unter Erweiterung ihrer Mitgliedschaft nach Osten (unten Rz 2073). Die EU will ihrerseits seit Maastricht 1992 den Sicherheits- und Verteidigungsbereich im Rahmen der Gemeinsamen Außen- und Sicherheitspolitik (GASP) allmählich integrieren. Dabei soll die der EU verbundene WEU zum „europäischen Pfeiler der NATO" werden (unten Rz 2071).

18 So bedeutsam die Gründung des Europarats 1949 für den politischen und ideellen Zusammenhalt der westeuropäischen Staatenfamilie war, stellte er doch keineswegs die Vereinigten Staaten von Europa dar, zu deren Errichtung *Winston Churchill* 1946 in Zürich aufgerufen hatte. Dazu umfaßte der Europarat von Anfang an zu viele und heterogene Mitglieder. Neben Frankreich, das damals zu weitreichenden Föderationsschritten bereit war, stand Großbritannien, welches seinen Platz vor allem im Commonwealth sah. Ferner waren neutralitätsbewußte Staaten wie Schweden und bald Öster-

reich und die Schweiz Mitglieder des Europarates. So blieb die Intensität der politischen Zusammenarbeit in Straßburg notwendig begrenzt.

b) Die Entstehung der Europäischen Gemeinschaft

Es bleibt das historische Verdienst des französischen Außenministers *Robert Schuman,* in seiner vor allem an Deutschland gerichteten Regierungserklärung vom 9.5.1950 den Aufruf *Churchills* aus Zürich 1946 in einer konkreten Form aufgegriffen zu haben. Der Vorschlag des sog. Schuman-Planes, die deutsche und französische Kohle- und Stahlindustrie in einer neuartigen **Europäischen Gemeinschaft für Kohle und Stahl** („Montanunion") zusammenzufassen, verfolgte nicht nur wirtschaftspolitische und indirekt sicherheitspolitische Interessen, sondern verstand sich vor allem anderen ausdrücklich als „erste Etappe der Europäischen Föderation": 19

„... Die Vereinigung der europäischen Nationen erfordert, daß der jahrhundertelange Gegensatz zwischen Frankreich und Deutschland ein Ende nimmt ... Die französische Regierung schlägt vor, die Gesamtheit der französisch-deutschen Produktion von Kohle und Stahl unter eine gemeinsame oberste Autorität innerhalb einer Organisation zu stellen, die der Mitwirkung anderer Staaten Europas offensteht. Die Zusammenlegung der Produktion von Kohle und Stahl wird sofort die Errichtung gemeinsamer Basen der wirtschaftlichen Entwicklung als **erste Etappe der Europäischen Föderation** sicherstellen ... Auf diese Weise wird einfach und schnell die Interessen-Fusion verwirklicht, die für die Schaffung einer wirtschaftlichen Gemeinschaft unentbehrlich ist, und das Ferment einer **viel größeren und tieferen Gemeinschaft** zwischen Staaten gelegt, die sich lange im blutigen Streit entgegenstanden. Durch die Zusammenlegung der Basis-Produktionen und die Errichtung einer neuen Oberbehörde, deren Entscheidungen Frankreich, Deutschland und die Länder, die daran teilnehmen, verpflichten, wird dieser Vorschlag die ersten konkreten Etappen einer europäischen Föderation verwirklichen, die für eine Aufrechterhaltung des Friedens unentbehrlich ist."

Nachdem *Konrad Adenauer* für Deutschland „aus ganzem Herzen", *Alcide de Gasperi* für Italien und ebenso die Beneluxstaaten den Schuman-Plan positiv aufgriffen, begann in der bald so genannten „Sechsergemeinschaft" jener **Prozeß überstaatlich gemeinter europäischer Integration,** der seither dem europäischen Einigungsprozeß vor allem anderen den Stempel aufgedrückt hat. England versagte sich 1950 wegen seiner überseeischen Verpflichtungen der französischen Einladung. Juristisch führte die Integration zur Herausbildung des supranational verpflichtenden Rechtes der Europäischen Gemeinschaften („Europarecht"). 1951 wurde als erstes der Vertrag über die Gründung der Europäischen Gemeinschaft für Kohle und Stahl (EGKS) mit Sitz in Luxemburg unterzeichnet, der 1952 in Kraft trat. Erster Präsident der Hohen Behörde wurde *Jean Monnet,* der geistige Vater des Schuman-Planes. 20

Den ersten Realisationen der europäischen Idee nach dem 2. Weltkrieg folgten bald die ersten Rückschläge. Die im Schatten der Koreakrise 1950 geborenen weiteren Pläne fortschreitender Teilintegration in Gestalt der Europäischen Verteidigungsgemeinschaft (EVG) und einer **Europäischen Politischen Gemeinschaft** (EPG) scheiterten beide 1954. Während die EPG 21 als zu ehrgeizig noch im Verhandlungsstadium ad calendas graecas „verschoben“ wurde, verwarf eine heterogene Mehrheit in der französischen Nationalversammlung den bereits unterzeichneten Vertrag über die „Europa-Armee“ im Ratifikationsstadium. Das Souveränitätsopfer in einem der neuralgischsten Bereiche der Staatlichkeit war für Frankreich zu groß (unten Rz. 2069).

22 Nachdem sich am Beispiel der EGKS der wirtschaftliche Bereich als derjenige erwiesen hatte, in dem Fortschritte des europäischen Einigungswerkes am ehesten machbar erschienen, kam es auf Initiative der Benelux-Staaten am 1.6.1955 zur **Außenministerkonferenz von Messina.** Sie beauftragte einen Studienausschuß unter Leitung von *Paul-Henri Spaak* mit der Prüfung der Möglichkeit weiterer Wirtschaftsintegration einschließlich der Atomenergie. Unter der energischen Leitung des belgischen Außenministers, der bei der Gründung des Gemeinsamen Marktes und von EURATOM eine ähnlich bedeutsame Rolle spielte wie *Monnet* für die Montanunion, wurde der Spaak-Bericht 1956 vorgelegt. Er empfahl eine wirtschaftliche Gesamtintegration mit Sonderregeln für die friedliche Nutzung der Atomenergie. Nach einem weiteren Jahr Verhandlungen konnte die „Relance Européenne“ 1957 mit der Unterzeichnung der Verträge zur Gründung von EWG und EAG in Rom **(„Römische Verträge“)** abgeschlossen werden. 1958 nahmen die beiden neuen Integrationsgemeinschaften neben der fortexistie-renden EGKS die Arbeit auf *(Borchardt,* Die europäische Einigung, 1986). Als erster Präsident der EWG-Kommission führte *Walter Hallstein* die junge Wirtschaftsgemeinschaft sehr bald zu raschen Erfolgen. Großbritannien, in Messina von den Sechs zur Mitarbeit aufgefordert, optierte 1955 zum zweiten Mal für das Commonwealth und hielt sich fern. Bald sollte es anderen Sinnes werden.

23 Da *Spaak* die Verhandlungen über die Römischen Verträge leitete, wurde Konferenzort bald das Schloß Val-Duchesse bei Brüssel. Aus dieser Tatsache entwickelte sich auch in der Folge Brüssel zum hauptsächlichen **„vorläufigen“ Arbeitsort der Europäischen Gemeinschaften,** allerdings in ständiger Konkurrenz und Teilung vor allem mit *Luxemburg* (seit der Fusion der Exekutiven 1967 Sitz des Gerichtshofes, der Europäischen Investitionsbank und eines Teiles der Ministerrats- und Parlamentssitzungen, sowie Verwaltungssitz des Europäischen Parlamentes) und *Straßburg* (Teile der Parlamentssitzungen). (Art. 37 FusV i. V. m. Beschluß der Vertreter der Regierungen der Mitgliedstaaten über die vorläufige Unterbringung bestimmter Organe und Dienststellen der Gemeinschaften v. 8.5. 1965, ABl. 1967, Nr. 152, S. 18 ff. *Beutler,* EuR 1983, S. 284 ff). Nach langen Rivalitäten beschloß der Europäische Rat gemäß Art. 216 = Art. 289 neu EGV/189 EAGV/77 EGKSV am 12.12.1992 und 30.11.1993 über den Sitz der meisten EG/ EU-Organe (ABl. 1992, C 341/1; 1993, C 323/1). Danach bleibt *Brüssel* das eigentliche EU-Zentrum (Rat/Kommission/WSA/Ausschuß der Regionen/EP-Ausschüsse). In *Luxemburg* haben EuGH/-EIB/Rechnungshof ihren Sitz, und der Rat hält dort einige Tagungen ab. *Frankfurt a. M.* wird Sitz der Zentralbank (EZB). Das EP bleibt in *Straßburg* ansässig, sein Generalsekretär in Luxemburg. Die Ausschüsse und gelegentlich das Plenum tagen in Brüssel.

Dieser „Wanderzirkus“ des Parlaments zwischen drei Orten ist unpraktisch, kostspielig und der Selbstdarstellung Europas abträglich. Durch die Rspr. ist er aber ziemlich festgeschrieben (EuGHE 1983, 255 ff., RS 230/81 – „Parlamentssitz“ u. a., später etwa EuGHE 1991, 5643 ff. – Verb.RS C-213/88 u. 39/89). Das Fehlen einer europäischen Hauptstadt sagt Manches über das Wesen der EU aus (unten Rz. 919, *Bieber/Palmer,* JCMS 1977, S. 1 ff.). – Die Sitz-Festlegung ist als Anknüfungspunkt (u. a. „Sitzrecht“, diplomatische Vorrechte und Befreiungen) bedeutsam.

2. Vom Föderalismus zum Pragmatismus: Wandel der „EG-Philosophie“ 1958–1969

a) Auf dem Wege zum Europäischen Bundesstaat?

Mit der seit 1958 gestellten Aufgabe, das „Pactum de contrahendo“ *(v. d. Heydte)* der Römischen Verträge durch Schaffung der Zoll- und Wirtschaftsunion mit Leben zu erfüllen, war an sich der Weg zur weiteren europäischen Einigung in Gestalt der **fortschreitenden sektoralen Teilintegration** vorgezeichnet. Nach der Vorstellung mancher europäischer Föderalisten und Funktionalisten sollten die so in Gang gesetzten wirtschaftlich-sozialen Sachzwänge allmählich wie von selbst zu einem „Point of no return“ der Wirtschaftsgemeinschaft führen, in der sie in die Qualität einer unauflöslichen (vor)bundesstaatlichen Verbindung umschlägt. 24

So wurde die These des neo-funktionalistischen Integrationstheoretikers *Ernest B. Haas* vom **„Spill-over-effect“** bekannt. Hiernach führt sektorale Integration zur Verflechtung immer weiterer Sektoren und schließlich zum Endstadium einer allgemeinpolitischen Föderation.

Die Praxis der Entwicklung der EG hat mittlerweile gezeigt, daß in einer solchen Sicht das politisch-voluntative Element unterschätzt worden ist. Markante politische Sonderentwicklungen in einzelnen Mitgliedstaaten vermögen ebenso wie Außeneinflüsse allem Anschein nach dem Prozeß der gegenseitigen Annäherung und Durchdringung der westeuropäischen Staatenwelt immer wieder neuartige, unerwartete Wendungen zu geben und ihn ebenso zeitweilig aufzuhalten.

In den Römischen Verträgen von 1957/58 war das supranationale Modell einer unabhängigen europäischen Behörde im Vergleich zum EGKS-Vertrag von 1951 bereits etwas zugunsten einer stärkeren **Balance zwischen Gemeinschaftsinteresse und mitgliedstaatlichen Vorstellungen** (Kommission/Ministerrat) zurückgenommen worden. Die Erfahrung mit der Hohen Behörde der Montanunion 1952–1955 hatte gezeigt, daß der technokratische Sachverstand als alleinige Legitimationsbasis für breiteren politischen Fortschritt nicht ausreichte. Die Konstruktion des EWG-Vertrages, die **Kommission** als „Motor, Wächter und ehrlichen Makler des Vertrages“ *(Walter Hallstein)* bis auf weiteres mit der Endentscheidung des jedenfalls in einem nationalen Sinne demokratisch verantwortlichen **Ministerrates** zu verbinden, erwies sich 1958–1965 als politisch fruchtbar. Freilich nur solange, wie dieser Ministerrat in europäischem „Gemeinschaftsgeist“ zu handeln vermochte. So wurde in der Aufbruchstimmung der frühen 25

EWG-Jahre nach 1958 über die Initiativen der *Hallstein*-Kommission der freie Warenverkehr einschließlich einer Gemeinsamen Agrarpolitik im Gemeinsamen Markt beschleunigt verwirklicht, ferner die Freizügigkeit des Personenverkehrs in der EWG hergestellt und die Gemeinschaft zu geschlossenem Auftreten in ihren Außenbeziehungen (Gemeinsame Handelspolitik, Assoziierung und Beitritt) fähig gemacht *(v. d. Groeben,* Aufbaujahre der EG, 1982).

b) Über die Krise ins „Europa der Vaterländer“

26 Schon seit Anfang der sechziger Jahre zeigte sich jedoch, daß dieser erfolgreiche Aufbau der Wirtschaftsgemeinschaft nicht auf der Grundlage einer gemeinsamen „europäischen Philosophie“ aller Partner zustandekam. Bei dem auf französisches Betreiben seit 1959/60 wiederaufgenommenen Versuch, die politische Einigung der EWG-Staaten vorwärtszubringen, traten die supranationalen Integrationsvorstellungen der europäischen Föderalisten bald in Konflikt mit der Sicht des französischen Staatspräsidenten *De Gaulle* von einem **„Europa der Vaterländer“,** das auf der Zusammenarbeit souveräner Nationalstaaten beruht. Auf einer Pressekonferenz am 5.9.1960 legte De Gaulle erstmals ausführlich seine grundsätzlichen Vorstellungen von einer künftigen **Europäischen Politischen Union** dar:

> „Die Schaffung Europas, das heißt seine Einigung, ist sicher eine wichtige Sache. ... Warum sollte dieser große Herd der Zivilisation, der Stärke, der Vernunft und des Fortschrittes unter seiner eigenen Asche erlöschen? Allerdings darf man auf einem solchen Gebiet nicht Träumen nachhängen, sondern muß die Dinge so sehen, wie sie sind. Welches sind die Realitäten Europas und die Eckpfeiler, auf denen man weiterbauen könnte? In Wirklichkeit sind es die Staaten ... Es ist eine Schimäre, zu glauben, man könne etwas Wirksames schaffen und daß die Völker etwas billigen, was außerhalb oder über dem Staat stehen würde ... Gewiß trifft es zu, daß, bevor man das Europa-Problem in seiner Gesamtheit behandelt hat, gewisse mehr oder weniger supranationale Einrichtungen geschaffen werden konnten. Diese Einrichtungen haben ihren technischen Wert, aber sie haben und können keine Autorität und politische Wirksamkeit besitzen. ... Frankreich hält die Gewährleistung der regelmäßigen Zusammenarbeit der europäischen Staaten für wünschenswert, möglich und praktisch auf dem Gebiet der Politik, der Wirtschaft, der Kultur und der Verteidigung. ... Das erfordert ein **organisiertes, regelmäßiges Einvernehmen der verantwortlichen Regierungen** und die Tätigkeit von den Regierungen unterstellten Spezialorganisationen auf jedem der gemeinsamen Gebiete.“

27 Verschiedene nach dem französischen Chefdelegierten so genannte **„Fouchet-Pläne“** für eine konföderative Politische Union, die auf der gaullistischen Doktrin beruhten, scheiterten 1960–1962 letztlich an der Sorge anderer EWG-Partner vor einer herabstufenden Eingliederung der drei Integrationsgemeinschaften in eine solche Staatenunion. Ferner gab es Differenzen über die Rolle Großbritanniens in der politischen Zusammenarbeit. Als Torso der *Fouchet*-Pläne kam es 1963 zum Abschluß des deutsch-französischen Zusammenarbeitsvertrages **(„Elysee-Vertrag“)**. Er hat seither die zweiseitigen deutsch-französischen Beziehungen nützlich vertieft, für eine weitere europäische Zusammenarbeit jedoch keine Impulse ausgelöst.

28 Auch ohne übergeordnete Politische Union suchte die V. Französische Republik im Sinne ihrer Europaphilosophie die Fortentwicklung der drei existierenden Gemeinschaften EGKS, EWG und EAG dem hegemonialen Willen der Mitgliedstaaten zu unterwerfen, nicht zuletzt Frankreichs. Besonders sichtbar wurde dies zunächst an der dreimaligen Weigerung Frankreichs 1958, 1963 und 1967, das **Verhältnis Großbritanniens zum Gemeinsamen Markt** positiv regeln zu lassen.

Nachdem die EWG entgegen der anfänglichen britischen Prognose eine Realität zu werden begann, suchte Großbritannien rasch nach einem Zugang zum Gemeinsamen Markt. Zunächst sollte dies in Gestalt einer **„Großen Freihandelszone“** zwischen der EWG und den übrigen elf OEEC-Partnern erfolgen. Diese sog. *Maudling*-Verhandlungen scheiterten Ende 1958 an der von Frankreich offen erklärten Weigerung, eine Verwässerung des EWG-Konzeptes zulassen zu wollen. – Nachdem die daraufhin 1960 vorgenommene Ersatzgründung der **„Kleinen Freihandelszone“** EFTA durch 7 OEEC-Staaten einschließlich Großbritanniens sich als nicht hinreichend erwies, stellte England zusammen mit Dänemark und Irland 1961 einen **Beitrittsantrag** zur EWG gem. Art. 237 EWGV. 1963 ließ *De Gaulle* diese ersten Beitrittsverhandlungen negativ enden, nachdem er in einer Pressekonferenz jenem „Inselstaat, ausgerichtet auf die See“ vorläufig die Fähigkeit abgesprochen hatte, sich den Regeln des Gemeinsamen Marktes voll zu unterwerfen. Nicht anders erging es dem zweiten britischen Antrag auf EWG-Mitgliedschaft von 1967, mit dem *Wilson* das zu erreichen hoffte, was *Macmillan* und *Heath* versagt geblieben war. *De Gaulle* wies noch vor der Eröffnung eigentlicher Verhandlungen Ende 1967 diesen zweiten britischen Annäherungsversuch mit ähnlicher Begründung wie 1963 zurück. Erst nach dem Rücktritt *De Gaulles* wurde über die Haager EG-Gipfelkonferenz 1969 der Weg für *Edward Heath* frei, schließlich doch im vierten Anlauf sein Land sowie Dänemark und Irland mit Wirkung ab 1973 in die Gemeinschaft zu führen. – Europapolitisch demonstrierte das dreimalige französische Veto, das jeweils im souveränen Alleingang ohne jede Konsultation der übrigen EG-Staaten ausgesprochen wurde, wie eine politische Zusammenarbeit im „Europa der Vaterländer“ in Wirklichkeit aussehen konnte.

29 Auch gegenüber den fünf anderen EWG-Mitgliedstaaten und vor allem der Brüsseler EWG-Kommission unter der Präsidentschaft *Hallsteins,* die ihre supranationale Rolle in den ersten Jahren nach 1958 voll auszuschöpfen suchte, brachte Frankreich bald sehr deutlich seine Doktrin von der unaufgebbaren Letztverantwortung der Mitgliedstaaten als den eigentlichen Herren der Gemeinschaft zur Geltung. Gemäß dem EWG-Vertrag hätte der Ministerrat ab 1966 in wichtigen Vertragsbereichen (u. a: Landwirtschaft und Gemeinsame Handelspolitik) mit qualifizierter Mehrheit zu entscheiden gehabt, was die Möglichkeit der Überstimmung einzelner Mitgliedstaaten voraussetzte. Bevor diese Regelung in Kraft trat, löste Frankreich Mitte 1965 eine ernste **Verfassungskrise der Gemeinschaft** aus. Vordergründig wegen behaupteter Nichteinhaltung von Vereinbarungen über die Finanzierung der Gemeinsamen Agrarpolitik und über die künftigen Haushaltsbefugnisse des Europäischen Parlaments zog sich Frankreich über ein halbes Jahr von den Arbeiten des Ministerrates zurück und blockierte diese Einrichtung auf diese Weise („Politik des leeren Stuhles“). Bald stellte sich heraus, daß es in Wahrheit um die prinzipielle Ablehnung des Mehrheits-

prinzips im Rat zugunsten der Beibehaltung der Einstimmigkeit ging und ebenso um die Beschneidung des eigenständigen politischen Handlungsspielraumes der Kommission. Der Konflikt zwischen den europapolitischen Prinzipien eines praeföderalistisch voranschreitenden Integrationsprozesses und der klassisch-internationalen Staatenzusammengehörigkeit unter strikter Souveränitätswahrung war voll zum Ausbruch gekommen. In den **Luxemburger Beschlüssen der EWG-Außenminister vom 29.1.1966,** welche die Krise beilegten, wurden schließlich kunstvolle Kompromißformeln gefunden. An entscheidenden Punkten, vor allem bei der Mehrheitsentscheidung/Einstimmigkeit, setzten sich die französischen Vorstellungen weithin durch.

30 In der Frage der **Mehrheitsentscheidung** erhielten die Luxemburger Beschlüsse zwar ein „Agreement to disagree" (*Lahr,* EA 1983, S. 223 ff.). Bei Beschlüssen, die vitale Interessen eines Mitgliedstaates berührten, vereinbarte man, daß einvernehmliche Regelungen gesucht werden sollten. Offen blieb, was geschehen würde, wenn dies nicht sofort erreichbar war. Praktisch bewirkte diese Position lange Zeit eine Scheu vor der Mehrheitsentscheidung im Rat. Außerdem wurden die **Befugnisse der Kommission** in den Luxemburger Beschlüssen restriktiv ausgelegt. Insgesamt brachten die Beschlüsse in das bisher ausgewogene Verhältnis Rat/ Kommission eine wenig glückliche Gleichgewichtsverschiebung zugunsten des Rates und zu Lasten von Kommission und Europäischem Parlament. Hinzu kam, daß sich Frankreich gleichzeitig mit seinem Wunsche durchsetzte, daß die Präsidentschaft der durch den Fusionsvertrag von 1965 gemeinsamen Kommission von EGKS/EWG/EAG („EG-Kommission") ab 1967 in zweijährigem Wechsel zwischen den Mitgliedstaaten rotieren sollte. Auch personell trat so an die Stelle eines kontinuierlichen europäischen Gemeinwillens, wie ihn die *Hallstein*-Kommission 1958–1967 repräsentiert hatte, der raschere Wechsel eines von den Mitgliedstaaten stärker beeinflußbaren hohen Funktionärstums. Insgesamt markieren die Luxemburger Beschlüsse von 1966 das Ende der erfolgreichen Integrationsphase in der Frühzeit der Europäischen Gemeinschaft und den Übergang zu schwierigeren und langwierigeren Prozeduren der Fortentwicklung.

Zwar war es *De Gaulle* auf diese Weise in der zweiten Hälfte der sechziger Jahre gelungen, wesentliche Fortschritte auf dem Wege zu einem sich föderal integrierenden Westeuropa zu verhindern und gleichzeitig Großbritannien der EG fernzuhalten. Dieser Erfolg blieb indessen weitgehend destruktiv, da die EG-Partner sich ihrerseits die französischen Vorstellungen einer reinen Staatenkooperation nicht zu eigen machten.

3. In kleinen Schritten zur Europäischen Union?

31 Die Periode des Stillstandes im europäischen Einigungswerk Mitte der sechziger Jahre wurde Ende 1969 nach dem Rücktritt *De Gaulles* in der **Haager Gipfelkonferenz der Regierungschefs der EG-Staaten** überwunden. Anlaß der Konferenz war der Ablauf der 12jährigen vertraglichen Aufbauphase der EWG (Art. 8 EWGV). Es stellte sich so automatisch die Frage nach der Fortsetzung des Einigungsprozesses. Nach den Erfahrungen blieb der Wiederbeginn zwar vorsichtig, zumal auch das Frankreich *Pompidous* grundsätzlich an der Doktrin des Europa der Vaterländer festhielt. Von

bleibender Bedeutung wurde die Haager Konferenz jedoch dadurch, daß sie mit Willensbekundungen zugunsten einer Finanzverfassung der Gemeinschaft mit eigenen EG-Einnahmen, der Schaffung einer Wirtschafts- und Währungsunion und einer Europäischen Politischen Zusammenarbeit (EPZ) sowie erneuter Beitrittsverhandlungen alle wichtigen europapolitischen Themen der siebziger Jahre benannte und in Bewegung setzte. Auch eine Prüfung direkter Wahlen zum Europäischen Parlament gehörte dazu. Als Grundlage ihres Neuanfangs, der die europaideologischen Fragen ausklammerte, bekräftigten die Staats- und Regierungschefs ihren „Glauben an die politischen Zielsetzungen, die der Gemeinschaft ihren ganzen Sinn und ihre Tragweite verleihen". Gesamtziel sollte eine noch nicht näher definierte **„Europäische Union"** in den achtziger Jahren werden.

a) Europäischer Rat und Direktwahl zum Parlament – Demokratisierung der Gemeinschaft in den siebziger Jahren

Der Erfolg der verschiedenen in Den Haag 1969 angesprochenen Zielsetzungen in den siebziger Jahren war unterschiedlich. Die neue **Finanzverfassung der EG** wurde seit 1970 fortschreitend verwirklicht. Die EG lebt inzwischen in bemerkenswerter finanzieller Unabhängigkeit von den Mitgliedstaaten, durch eigene Einnahmen aus dem Gemeinsamen Zolltarif, den Agrarabschöpfungen und aus einem Anteil am Mehrwertsteueraufkommen der Mitgliedstaaten. (Näher unten Rz. 830).– **32**

Zum Übergang in eine *Wirtschafts- und Währungsunion* fand die EG dagegen lange trotz verschiedener Initiativen (*Barre*-Plan 1969, *Werner*-Plan 1970, *Jenkins*-Initiative 1977) nicht die politische Kraft. Tiefverwurzelte Unterschiede in der Art der Ausübung der Wirtschafts- und Finanzhoheit in den Mitgliedstaaten wirkten dem politischen Ziel der Vergemeinschaftung hier noch stark entgegen. Am deutlichsten waren die Fortschritte im währungspolitischen Bereich. Über Vorstufen wie die Gründung des Europäischen Währungsfonds 1973 und die „Mini-Schlange" fester Wechselkurse einiger EG-Mitglieder gelang *Giscard d'Estaing* und *Helmut Schmidt* 1978 die Gründung des **Europäischen Währungssystems (EWS)** Dieser feste Wechselkursverbund der meisten EG-Mitgliedstaaten erfüllte eine wichtige Voraussetzung für binnenmarktähnliche Verhältnisse in der Gemeinschaft. Das EWS enthielt bereits erste Ansätze zur EG-Währungsunion, die 1992 im Maastrichter Unionsvertrag aufgegriffen wurden. – (Näher unten Rz. 991). – In Gestalt der Gründung des Europäischen Regionalfonds 1975 wurde ferner ein Stück finanziellen Ausgleiches unterschiedlicher Lebensverhältnisse zwischen den MSen versucht. – **33**

Die **Europäische Politische Zusammenarbeit (EPZ)** konstitutierte sich seit 1970 zunächst auf der formlosen Grundlage des *Davignon*-Berichtes in Gestalt einer sich intensivierenden regelmäßigen Zusammenarbeit der Außenministerien der EG-Staaten im Gesamtbereich der Außenpolitik außerhalb der Vertragsbereiche. In Art. 30 der Einheitlichen Europäischen Akte 1986 wurde die EPZ erstmals auf eine vertragliche Grundlage gestellt. In Maastricht 1992 entwickelte sich die EPZ zur gemeinsamen Außen- und Sicherheitspolitik (GASP) fort. Mit wechselndem Erfolg im einzelnen ist es der EG so zunehmend gelungen, ein gewisses Maß politischer Identität und eine gemeinsame Stimme Europas zu wichtigen weltpolitischen Problembereichen zu entwickeln (EG-Zusammenarbeit in den Vereinten Nationen und in der KSZE, gemeinsame Haltungen in der Nahost- **34** frage, zu Problemen Zyperns, Portugals, Jugoslawiens, Euro-arabischer Dialog, Südafrika, u. a. m.). (Unten Rz. 1688).

35 Die **Beitrittsverhandlungen** mit Großbritannien, Irland und Dänemark (Norwegen scherte 1972 letztlich wieder aus) wurden 1970 wieder aufgenommen und führten mit Wirkung ab 1973 zur ersten **Umwandlung der Sechser- in die Neunergemeinschaft.** Wenngleich die drei Beitrittskandidaten das seit 1958 entstandene primäre und sekundäre Gemeinschaftsrecht nach einer 5jährigen Übergangsfrist grundsätzlich voll übernehmen mußten, hat sich die politische Binnenstruktur der EG vor allem durch die britische Mitgliedschaft nicht unerheblich geändert. Einerseits erfüllten sich die Hoffnungen auf eine stärker weltweite Inspiration der EWG-Handelspolitik unter englischer Beteiligung jedenfalls teilweise (Abkommen von Lomé 1975, 1979, 1984 und 1989). Europapolitisch erhielten andererseits diejenigen Kräfte in der Gemeinschaft durch Großbritannien eine wesentliche Verstärkung, welche wie die Gaullisten die Zukunft einer Europäischen Union bestenfalls in konföderativen Kooperationsformen zu sehen vermögen und den Weg der föderalen Integration ablehnen. Klassischen Ausdruck fand diese britische „Europaphilosophie" in der Brügger Rede von *Margret Thatcher* am 20.9.1988, in der die Premierministerin Europa als „Family of nations" begriff, die auf die Wahrung der nationalen Identität ebenso starken Wert legt wie auf gemeinsame europäische Anstrengungen.

36 Als Leitungsinstanz des seit 1969 wieder angelaufenen Prozesses vertiefter europäischer Zusammenarbeit entwickelte sich zunächst eine Gewohnheit jährlicher „Gipfelkonferenzen" der EG-Staats- und Regierungschefs von Den Haag 1969 bis Paris 1974. Diese Konferenzen nahmen die Aufgabe vorausschauender Initiative und grundlegender politischer Beschlußfassung sowohl in Bereichen der drei Gemeinschaftsverträge als auch in der weiteren EPZ-Sphäre für sich in Anspruch. Mindestens im Vertragsbereich war das nicht unproblematisch, da auf diese Weise in einer späten Rechtfertigung *De Gaulles* die Rolle der EG-Kommission besonders sichtbar auf Exekution anstelle eigener Initiative beschränkt wurde. Als die wichtigste institutionelle Neuerung im EG/EPZ-Gesamtsystem der siebziger Jahre wurden die „Gipfelkonferenzen" auf Vorschlag *Giscard d'Estaings* („Le sommet est mort, vive le Conseil Européen") 1974 in einen mindestens zweimal jährlich tagenden **„Europäischen Rat" der Staats- und Regierungschefs** und des Kommissionspräsidenten nebst Außenministern umgewandelt. In Art. 2 EEA 1987 und später Art. D = 4 neu EUV 1992/97 wurde der Europäische Rat inzwischen vertraglich abgesichert. (Unten Rz. 299).

37 In gewissem Sinne ist der Europäische Rat eine glücklichere Konstruktion als die „Gipfel". – In EG-Fragen kann er als eine vertragsgemäße Ratstagung in besonderer Zusammensetzung begriffen werden. In der bisherigen Praxis möglichst informellen Zwiegespräches der Regierungschefs unter faktischem Verzicht der Kommission auf ihr Vorschlagsrecht ist der Europäische Rat freilich eine Art regelmäßiger Regierungskonferenz nicht nur in Fragen der GASP und inneren Zusammenarbeit, sondern auch innerhalb des Kompetenzbereiches der drei Integrationsverträge. So gesehen wirkt er ebenso wie die Gipfelkonferenzen wie ein **politisches Superorgan,** das in problematischer Hierarchie vor allem in die Initiativfunktion der EG-Kommission eingreift. Aber auch gegenüber den verschiedenen Ministerräten ergeben sich die Probleme einer letzten „Ebene", die den Entscheidungsprozeß verlängert. Unter den vorläufig gegebenen Umständen europapolitischer Bewußtseinsbildung

in vielen EG-Staaten wird man die Gründung des Europäischen Rates dennoch positiv bewerten müssen. Die früher dem Integrationsprozeß in den drei Gemeinschaften weithin „entrückten" Regierungschefs sind nunmehr halbwegs in die Vertragsstruktur einbezogen. Sie können so bei entsprechender Willensbildung ihr politisches Gewicht und ihre spezifische demokratische Legitimität zugunsten von Fortschritten im Einigungsprozeß einsetzen.

Mit der 1976 erfolgten Einigung der Regierungschefs, endlich die von Art. 138 Abs. 3 EWGV vorgesehenen **direkten Wahlen der bisher von den nationalen Parlamenten bestimmten 198 (inzwischen über 600) Abgeordneten des Europäischen Parlamentes** einzuführen, leitete der Europäische Rat eine institutionelle Reform des EG-Systems ein, der hohe europapolitische Bedeutung zukam. Damit wurde nach 18 Jahren endlich der Auftrag des EWGV erfüllt, die bisher indirekte Repräsentation des EP aus den nationalen Parlamenten durch eine europaweite Volkswahl der „EG-Bürger" abzulösen. Obwohl die meist nur konsultative Kompetenz des Europäischen Parlamentes im Zuge der seit 1979 alle 5 Jahre erfolgenden europäischen Direktwahlen zunächst nicht verändert wurde, erhielten die EG-Institutionen in einem allgemeinpolitischen Sinne nunmehr eine unmittelbare demokratische Legitimation. Demokratisch verantwortungsfähige Institutionen, die weitreichende politische Kompetenzen übernehmen können, gibt es nach der unmittelbaren Volkswahl eines Europäischen Parlamentes nicht mehr nur in den EG-Mitgliedstaaten, sondern ebenso auf Gemeinschaftsebene. An dieser grundsätzlichen Lage ändert nichts, daß die Parlamentspraxis in Straßburg seit 1979 beileibe nicht alle Hoffnungen erfüllte. (unten Rz. 247). 38

b) Einheitliche Europäische Akte 1986 und Binnenmarktprozeß 1985–1992

Mit der Fortbildung der EG in den siebziger Jahren, **war der Reformbedarf nicht erschöpft.** Nachdem das Programm der Verträge allmählich zum größeren Teil erfüllt war, stellte sich nicht nur das Problem der dauerhaften Erhaltung und des Ausbaues des erreichten Integrationsstandes, sondern die Gemeinschaftsaktion weitete sich im Sinne des „Spill-over-Effektes" auf neue Tätigkeitsfelder aus (Umweltschutz, Forschung und Technologie, Bildungspolitik u. a., vgl. unten Rz. 1899ff). Mit vertragsinternen Mitteln wie Art. 235 EWGV war diese Ausdehnung der EG-Bereiche auf die Dauer nicht zu bewältigen. Auf der institutionellen Seite blieb die Lage des zwar seit 1979 direkt gewählten, aber kompetenzmäßig weiterhin eingeschränkten EP unbefriedigender denn je. Schließlich stellten sich durch die **zweite (Süd)erweiterung der Gemeinschaft** schwerwiegende institutionelle und sachliche Probleme. 39

Nach der Assoziierung 1961–1980 und fünfjährigen Beitrittsverhandlungen wurde **Griechenland** ab 1981 zehntes EG-Mitglied. Im Falle **Spaniens und Portugals,** die vorher durch Handelsabkommen mit der Gemeinschaft verbunden gewesen waren, bedurfte es sogar seit 1977 siebenjähriger Verhandlungen, bis beide Länder ab 1986 die EG zur **Zwölfergemeinschaft** machten. In den nahezu drei 40

Jahrzehnten ihrer Existenz hatten sich die MSen der Gemeinschaft damit verdoppelt, und die EG war mit **320 Millionen Marktbürgern** zu einer der größten Wirtschaftseinheiten der Erde geworden. Politisch wurde die Süderweiterung durch den Übergang von der Diktatur zur Demokratie in den drei Ländern möglich. Wirtschaftlich stellte sie die EG vor erhebliche Probleme, da die drei neuen Mitglieder (mit Irland) über ein deutlich niedrigeres Bruttoinlandsprodukt als die „alte" Gemeinschaft verfügen. Mit bis zu 10 Jahren reichenden Übergangsregelungen und einer durch ein „integriertes Mittelmeerprogramm" ergänzten Regionalpolitik soll eine allmähliche Angleichung der EG-Lebensverhältnisse erfolgen. Dennoch hat die EG durch die **Schwerpunktverlagerung in Richtung Süden** in mancherlei Weise ihren Charakter verändert. Letztlich war dieser Prozeß freilich nur folgerichtig und sinnvoll, hätte „Europa" nicht seine mediterranen Ursprünge verleugnen wollen. – Verfassungsmäßig bedeutete die Zwölfergemeinschaft vor allem eine **Herausforderung an die Willensbildung** innerhalb der EG. Die seit Luxemburg 1966 eingeschliffenen Einstimmigkeitsprozeduren wurden fragwürdiger. Nicht selten wurden Konzepte **„abgestufter Integration"** („Intégration à deux vitesses, Europe à géométrie variable, Europa à la carte" u. a.) empfohlen, um den wirtschaftlich stärkeren EG-Ländern eine „Lokomotivfunktion" zu ermöglichen.

41 Aus diesen Gründen war der Weg zu einer **Reform der Gemeinschaftsverfassung** seit Ende der siebziger Jahre vorgezeichnet. Hinzu kam, daß das Fernziel der weiteren Einigung in Gestalt der **Europäischen Union,** sollte es nicht aufgegeben werden, nach einer Stärkung der inneren Kohärenz der Gemeinschaft verlangte. Mit der Einigung über die **„Einheitliche Europäische Akte" 1986** wurde der nächste wesentliche Schritt auf dem Wege zur Europäischen Union getan.

Die Stationen dorthin waren vielgestaltig. Der hochfliegenden „Europarhetorik" entsprach nur zu oft ein sehr geringer sachlicher Ertrag. Mit dem Bericht des belgischen Ministerpräsidenten *Leo Tindemans* **(„Tindemans-Bericht"),** den sich der Europäische Rat 1975 erbeten hatte, wurde ein „gemeinsames Leitbild für Europa" entworfen. Konkret beschränkte sich der Bericht auf wenige „machbare" Reformen im Bereich der Wirtschafts- und Währungsunion und beiden Institutionen. Das verdienstvolle Dokument „versandete" rasch im ständigen Konferenzgetriebe der Gemeinschaft. Stattdessen setzte der Europäische Rat 1978 einen Ausschuß der **„drei Weisen" (Biesheuvel/Dell/Marjolin)** ein, der 1979 einen weiteren – ebensowenig wirksamen – Bericht zu praktischen (d. h. ohne Vertragsänderungen möglichen) Reformen im Funktionieren der Institutionen erstattete. – Den ersten Anstoß zu tatsächlicher Vertrags(„Verfassungs")reform an den drei Integrationsgemeinschaften brachte erst 1981 die von zwei Außenministern ausgehende **Genscher/Colombo-Initiative.** Mit dem Bekenntnis zur Mehrheitsentscheidung im Rat, zur Stärkung der Rolle des Parlamentes und der Kommission, einer Erweiterung der Tätigkeitsbereiche von EG und EPZ sowie ihrer Verzahnung als Vorform der Europäischen Union wurden hier die Themen angeschlagen, welche die anschließende Reformdiskussion bis zu ihrem Abschluß 1985 bestimmen sollten. Ihr eigentlicher Ort wurde bald wieder der Europäische Rat **(Stuttgarter „Feierliche Deklaration zur Europäischen Union" 1983,** Einsetzung seines **„DOOGE-**Komitees für institutionelle Fragen"). Daneben brachte jedoch auch das EP seit 1980 über seinen von *Altiero Spinelli* und den **„Krokodil-Club"** inspirierten institutionellen Ausschuß wesentliche Konzeptionen ein, die in einem Vertragsentwurf zur Gründung der Europäischen Union von 1984 gipfelten. Die Ausarbeitung der „Einheitlichen Europäischen Akte" (EEA), in die das Reformwerk ausmündete, vollzog sich 1985/86 auf einer vom Europäischen Rat eingesetzten Regierungskonferenz, die einen „doppelfunktionellen" völkerrechtlichen Vertrag (Änderungsvertrag zu den drei EG-Verträgen und originärer völkerrechtlicher Vertrag zur Institutionalisierung der EPZ) entwarf. Vom Stand des europäischen Einigungswerkes her gesehen, blieb wesentlich festzuhalten, daß auch dieser Schritt zur Europäischen Union sich letztlich im **klassisch-völkerrechtlichen Konsens zwischen den Mitgliedstaaten** und nicht als „konstitutioneller Sprung" über das Europäische Parlament vollzog, wenngleich dank *Spinelli* dessen Stimme im Gesamtkonzert vernehmlich wurde. *(Brugmans,* Integr. 1987, S. 3 ff.) Unter den Zeichnern der EEA 1986 in Luxemburg befanden sich mit *Hans-Dietrich Genscher* und *Leo Tindemans* immerhin zwei der Initiatoren des Reformprozesses.

Der Inhalt der „Einheitlichen Europäischen Akte" 1986 ist inzwischen 42
Bestandteil der heutigen Rechtsgestalt der EG und wird daher im Folgenden bei den einschlägigen Abschnitten des Buches mit berücksichtigt. Grundsätzlich verstand sich die EEA in ihrer Präambel als Weiterführung des EG-Werkes und gleichzeitige Bekundung des Willens, die Gesamtheit der Beziehungen zwischen den MSen **in eine Europäische Union umzuwandeln.**

Dazu setzte vor allem Art. 8a EWGV (inzwischen Art. 7a = 14 neu EGV) den 31.12.1992 als Termin für die **schrittweise Verwirklichung des Binnenmarktes** fest, als ein

„Raum ohne Binnengrenzen, in dem der freie Verkehr von Waren, Personen, Dienstleistungen und Kapital gemäß den Bestimmungen dieses Vertrages gewährleistet ist". Diese rechtsverbindlich formulierte Terminierung sollte allerdings nach der Schlußakte zur EEA „keine automatische rechtliche Wirkung" mit sich bringen (unten Rz. 1267).

Dieser bereits mit dem Weißbuch der DELORS-Kommission „Vollendung des Binnenmarktes" 1985 angestoßene Binnenmarktprozeß gab der Europapolitik der achtziger und frühen neunziger Jahre ungeahnten Auftrieb und befreite sie von der vorherigen „Eurosklerose". Er bedeutete im Kern einen großen europäischen Rechtsetzungsprozeß mit anschließender mitgliedstaatlicher Umsetzung *(Seidel,* FS Steindorff, 1990, S. 1455 ff.). Die Kommission hatte **282 EG-Rechtsakte in allen Binnenbereichen** (insbesondere technische Handelshemmnisse, öffentliches Auftragswesen, Telekommunikation, Grenzkontrollen, Kapital- und Dienstleistungsverkehr, Verkehr und Steuern) vorgeschlagen. Sie mündeten in ca. 500 Maßnahmen aus. Zum 1.1.1993 war tatsächlich der größte Teil des Binnenmarktprogrammes auf europäischer Ebene verwirklicht und die nationale Umsetzung auf gutem Wege (Ratsentschließung v. 7.12.1992, ABl. C 334/1 ff.).

Von den EG-Rechtsakten waren am 1.1.1993 95 % in Brüssel verabschiedet worden und die Umsetzungsrate in den Mitgliedsstaaten betrug 85 %. Die gleichzeitige Umsetzung der Richtlinien in allen MS lag allerdings niedriger. „Musterknabe" in der Umsetzung war Dänemark mit 94 %, während Deutschland mit 81 % vor Griechenland (80 %) den 11. Rang belegte (Eur. Kommission, White Paper Statistics v. 2.3.1994).

Wirtschaftlich bewirkten die Binnenmarktanstrengungen eine neue Dy- 43
namik und Wettbewerbsfähigkeit in der Gemeinschaft, auch wenn nicht alle Prognosen des optimistischen CECCHINI-Berichtes (1988) in Erfül-

lung gingen, der einen Gesamtnutzen aus der Vollendung des Binnenmarktes von 200 Mia ECU errechnet hatte.

Eine perfekte „Vollendung" des Binnenmarktes konnte allerdings auch seit 1993 nicht erreicht werden. Erheblicher Liberalisierungs- bzw. Angleichungsbedarf besteht weiterhin vor allem bei der Steuerharmonisierung, der Europäisierung des Telekommunikationssektors und beim völligen Abbau der Personenkontrollen. Ferner gehört zum Binnenmarkt eine **Währungsunion.** (unten Rz. 982). Binnenmarktgleiche Verhältnisse bedürfen auch künftig einer ständigen Wirtschafts- und Sozialpolitik auf europäi scher Ebene. Die Kommission leistete dazu 1993 einen konzeptionellen Beitrag mit dem Weißbuch „Wachstum, Wettbewerbsfähigkeit, Beschäftigung – Herausforderungen der Gegenwart und Wege ins 21. Jahrhundert" (EG-Bulletin 6/1993, gen. „DELORS II"). Letztlich hängt die Bewahrung des Binnenmarktes eng mit den Fortschritten der Gemeinschaft zur Politischen Union zusammen. Ob es auf Dauer „Markt ohne Union" geben kann, ist zweifelhaft. Aus dieser Einsicht erklärte sich die Gründung einer „immer engeren Union der Völker Europas" auf der Maastrichter Regierungskonferenz 1991/92.

c) Gründung und Erweiterung der Europäischen Union seit Maastricht 1991/92 und Amsterdam 1997

Literatur: *Möschel,* Politische Union für Europa: Wunschtraum oder Alptraum? JZ 1992, S. 877 ff; *Oppermann,* European Unity in the Nineties – a Mirage? St. Thomas Law Review 1992, S. 141 ff.; *Pescatore,* Die „neue europäische Architektur" – Maastricht und danach, Cahiers de l'IDHEAP 1992, S. 19 ff.; *Delors,* Entwicklungsperspektiven der EG, APUZ B 1/1993, S. 1 ff.; *Oppermann/Classen,* Die EG vor der EU, NJW 1993, S. 5 ff.; *Dehousse* (Hrsg.), Europe after Maastricht – an ever closer Union?, 1994; *Hommelhoff/P. Kirchhof,* Der Staatenverbund der EU, 1994; *Trumpf,* Vom Binnenmarkt zur Politischen Union, 1995; *Club von Florenz* (Hrsg.), Der unmögliche Status Quo, 1996; *Hrbek* (Hrsg.) Die Reform der EU, 1997; *Piepenschneider* (Hrsg.) Der Vertrag von Amsterdam, 2. Aufl. 1997; *Ehlermann,* The new Provosions of the Amsterdam Treaty, 1998; *Hilf/Pache,* Der Vertrag von Amsterdam, NJW 1998, S. 705 ff.; *Lecheler,* Die Fortentwicklung des Rechts der EU durch den Amsterdamer Vertrag, JUS 1998, S. 392 ff.; *Padoa-Schioppa,* The institutional reforms of the Amsterdam Treaty, The Federalist 1998, S. 8 ff.; *Streinz,* Der Vertrag von Amsterdam, JURA 1998, S. 57 ff.; – Literatur zur Währungsunion unten vor § 13, zur EU-Erweiterung 1995 unten vor § 28.

44 Der **Vertrag über die Europäische Union (EUV)** v. 7.2.1992, der politisch vom Europäischen Rat in *Maastricht* am 9.–11.12.1991 verabschiedet wurde und nach einem schwierigen Ratifikationsverfahren in den 12 EG-MSen am 1.11.1993 in Kraft trat, ist die bedeutendste Vertragsergänzung und -erweiterung seit den Römischen Verträgen von 1957/58 (oben Rz. 22). Mit der **förmlichen Gründung der Europäischen Union,** deren Grundlage die drei Gemeinschaften EG (≙ früher EWG), EGKS und EAG sind (Art. A = 1 neu EUV), sollte nicht nur der Binnenmarktprozeß vor allem durch die **Perspektive einer Währungsunion** weiter vertieft und politisch durch eine **Gemeinsame Außen- und Sicherheitspolitik** sowie durch Zu-

sammenarbeit in den **Bereichen Justiz und Inneres** ergänzt werden. Die damit auf **„drei Pfeiler"** gegründete EU war vor allem anderen die politische Willensbekundung ihrer MSen (einschließlich des 1990 wiedervereinigten Deutschlands), daß die europa- und weltpolitische „Wende" 1989-91 mit dem Zusammenbruch des europäischen Kommunismus und der Auflösung der Sowjetunion den europäischen Einigungsprozeß nicht überflüssig gemacht hatte. Vielmehr wurde sein weiterer Ausbau mit dem **Ziel einer größeren europäischen Friedensordnung** angesagt.

Der Maastrichter Unionsvertrag 1992 ist mit seinen **zahlreichen Ergänzungen des EGV** (neben der Währungsunion insbesondere Unionsbürgerschaft, Industriepolitik, Transeuropäische Netze, Sozialpolitik, Bildung, Kultur, Gesundheit, Verbraucherschutz sowie institutionelle Weiterentwicklungen und Einführung des Subsidiaritätsprinzips – näher *Oppermann/Classen,* NJW 1993, S. 5 ff.) in dieses Buch eingearbeitet.

In den EU-Außenbeziehungen ließ sich an dem ungebrochenen Wunsch **45**
zahlreicher europäischer Staaten, Mitglied der Europäischen Union werden zu wollen, ihre fortbestehende Attraktivität auch nach den Umwandlungen von Maastricht ablesen. Nach der Nord- und Süderweiterung in den siebziger und achtziger Jahren (oben Rz. 35, 40) kam es 1994/95 zur **„EFTA-Erweiterung" der Union um Finnland, Österreich und Schweden,** während Norwegen den Beitritt 1994 zum zweiten Male nach 1972 ablehnte (unten Rz. 1865). Die in den Beitrittsreferenden vor allem in Finnland und Österreich deutlichen Mehrheiten zeigten, welcher wirtschaftliche und sicherheitspolitische Hoffnungsträger die EU seit der „Wende" besonders für die aus dem früheren sowjetischen Einflußbereich entlassenen Staaten Mittel- und Osteuropas geworden war.

Trotz der Maastrichter Entscheidungen von 1991/92 war die Rechtsgestalt der EU in wesentlichen Punkten **unvollendet** geblieben. Von den drei „Pfeilern" der EU stellt nur die integrierte EG einen wirklichen Stützpfeiler dar. Die **Wirtschaftsunion** wurde zudem durch die in Maastricht beschlossene **Währungsunion** gemäß dem „Fahrplan" der Art. 102 a ff. = 98 ff. neu EGV in einem zentralen Punkt vollendet. Dagegen **blieb die Politische Union** in Gestalt der Gemeinsamen Außen-, Sicherheits- und Innenpolitik **Stückwerk.** Hier wurden im Rahmen des intergouvernementalen EUV lediglich erste Ansätze beschlossen (Art. J ff., K ff. EUV). Mitgliedstaaten wie Deutschland hielten jedoch eine Wirtschafts- und Währungsunion ohne weitere Stärkungen der Politischen Union auf Dauer nicht für lebensfähig.

In dieser Lage wurde in Maastricht über Art. N Abs. 2 = 48 Abs. 2 neu **46**
EUV für 1996/97 eine **weitere Regierungskonferenz** beschlossen, welche die Politische Union fortentwickeln sollte **(„Maastricht II").** Eine zusätzliche große Aufgabe für diese Folgekonferenz ergab sich aus den sich bald abzeichnenden **Beitrittswünschen einer größeren Zahl mittel- und osteuropäischer sowie mittelmeerischer Staaten.** Eine künftige EU von 20–30 MSen schuf einen unabweisbaren institutionellen Handlungsbedarf. *(Jopp/Schmuck* (Hrsg.), die Reform der EU, 1996).

Die Folgekonferenz „Maastricht II" wurde am 29. März 1996 in Turin einberufen, vom Europäischen Rat in Amsterdam am 16./17. Juni 1997 abgeschlossen und am 2.10.1997 unterzeichnet **(„Amsterdamer Vertrag")**. Er ist ebenso wie der Maastrichter Vertrag 1992 im Folgenden in dieses Buch eingearbeitet.

Der EUV und der EGV werden sollständig neu numeriert. Im Folgenden werden jeweils die alte und die neue Numerierung nebeneinander gestellt,
z. B. – Art A = 1 neu EUV
– Art. 189 = 249 neu EGV.
Vollständige „Übereinstimmungstabellen" (Art. 12 AV) z. B. in der Sonderbeilage März 1998 zu den Zeitschriften NJW/EuZW/NVwZ und JuS.

Der Amsterdamer Vertrag hat **die Politische Union** als Gegenstück zur Wirtschafts- und Währungsunion **nur begrenzt fortentwickelt.** Die institutionelle Vorbereitung auf die Osterweiterung wurde im wesentlichen auf die nächste „Verfassungskonferenz" nach 2000 vertagt.

47 Wichtigste **Amsterdamer Neuerungen im Gefüge des EUV und EGV** (näher *Hilf/Pache,* NJW 1998, S. 705 ff.) sind gewisse **Stärkungen der Rechte des Europäischen Parlamentes,** vor allem im Rechtsetzungsverfahren der EG, die Überführung wesentlicher Teile der **„dritten Säule"** der EU (Justiell-innenpolitische Zusammenarbeit mit den Schengen-Verträgen) **in den EGV** und **begrenzte Verbesserungen der außenpolitischen Handlungsfähigkeit der EU** im Rahmen der weiterhin wesentlich intergouvernementalen Gemeinsamen Außen- und Sicherheitspolitik (GASP). Um mehr „Bürgernähe" der Gemeinschaft bemüht sich der AV durch den **neuen Beschäftigungstitel des Vertrages** und durch die Einbeziehung des Abkommens zur Sozialpolitik in den EGV, nunmehr mit Großbritannien. Diese sozialpolitischen Maßnahmen sind ein Gegenstück zu den Entscheidungen zugunsten monetärer Stabilität bei der Vorbereitung der Währungsunion **(„Stabilitäts- und Wachstumspakt" 1997, unten Rz.** 1012*)*. Der AV ermöglicht schließlich in Grenzen eine differenzierte Integration im Sinne eines „Europa à la carte" durch eine sog. **„Flexibilitätsklausel"** (Art. 5a = 11 neu EGV). Ein Inkrafttreten des AV ist 1999 zu erwarten.

48 Mit dem Beschluß der Staats- und Regierungschefs vom 3.5.1998 zur **Einführung der Währungsunion zwischen 11 EG-MSen ab 1999** wurde der Maastrichter „Fahrplan" der Art. 102a ff. = 98 ff. neu EGV entgegen mancher Skepsis und Widerstände in den Msen eingehalten (unten Rz. 982). Der Erfolg und die Auswirkungen dieser wichtigsten Grundentscheidung seit dem Abschluß der Römischen Verträge 1957/58 (oben Rz. 22) hängt von der nunmehr **vergemeinschafteten EG-Geld- und Währungspolitik** durch die neue Europäische Zentralbank (EZB) ab. Aufgrund wirtschaftlich-sozialer Sachzwänge aus der Währungsunion kann sich die Frage einer stärker föderalisierten Endgestalt der EU nunmehr neu stellen (unten Rz. 922).

III. Ausblick

Literatur: *Maclay,* Multi-Speed Europe?, 1992; *Prunskiene/Habsburg* (Hrsg.) Europa: Ein Kontinent gewinnt Gestalt, 1992; *Arnold,* Europa am Ende? 1993; *Weissmann,* Wiederkehr eines Totgesagten: Nationalstaat am Ende des 20. Jahrhunderts, Apuz B 14/1993, S. 3 ff.; *Rittberger,* Europa am Ende vor der Jahrhundertwende?, in: *Ruloff* (Hrsg.), Europäische Antagonismen, 1994, S. 3 ff.; *Borchardt,* Die europäische Einigung, 1995; *Wilding,* Institutionelle Konsequenzen einer Erweiterung der EU, 1995; *Andreatta* u. a., Gleichheit für alle Staaten in einer erweiterten EU?, 1996; *Hänsch,* Perspektiven der Stärkung und Erweiterung der EU, 1996; *Pechstein,* Osterweiterung – Zukunftsperspektiven der EU, ZRVgl. 1996, S. 108 ff.; *Rengeling* (Hrsg.), Europäisierung des Rechts, 1996; *Oppermann,* Perspektiven der Europäischen Rechtsordnung nach „Maastricht II", Fakultätstag „EU-Recht" Univ. Graz, 1997, S. 35 ff.; *Pippan,* Die EU nach Amsterdam, APUZ B 47/1997, S. 30 ff.; *Schneider,* Von Amsterdam in die Zukunft, Integr. 1997, S. 197 ff.; *Weidenfeld,* Europas neues Gesicht, IntPol 1997, S. 1 ff.; *Jochimsen,* Europa 2000 – Herausforderungen für die EU nach dem Vertrag von Amsterdam, Integr. 1998, S. 1 ff.; *Lahnstein,* Europas Zukunft im Zeitalter der Globalisierung, IntPol 8/98, S. 39ff.; *Schwarze,* Das schwierige Geschäft mit Europa und seinem Recht, JZ 1998, S. 1077ff..

Zur Jahrtausendwende ist aus der ursprünglichen „Sechsergemeinschaft 49 von 1952/58 eine **Europäische Union von 15 MSen** geworden. Mit Blick auf das Jahr 2000 und darüber hinaus suchen **weitere mittel-, osteuropäische und Mittelmeerstaaten** den Beitritt zur EU. Mit einer Gruppe dieser Kandidaten, der weitere später folgen sollen, wurden 1998 Verhandlungen aufgenommen (Unten Rz. 1868). Angesichts der Komplexität der Probleme ist die nächste EU-Erweiterung erst nach 2000 zu erwarten. Sieht man vom Sonderfall der jugoslawischen Nachfolgestaaten ab (von denen Slowenien bereits einen Beitrittsantrag stellte) befinden sich in West- und Mitteleuropa nur noch **Island, Norwegen, die Schweiz und Liechtenstein** ohne konkrete Beitrittsabsichten außerhalb der EU. Während Island und Norwegen seit 1994 über den **Vertrag über den Europäischen Wirtschaftsraum (EWR,** unten Rz. 137) in einem Naheverhältnis zur EU stehen, bleibt die Schweiz seit der Ablehnung des EWR 1992 vorläufig in selbstgewählter Isolierung, die sie durch bilaterale Arrangements erträglich zu gestalten sucht.

Die Beziehungen **Rußlands und der anderen Nachfolgestaaten der Sowjetunion** (bis auf die baltischen Beitrittskandidaten zur EU) sollen nach vorherrschender Auffassung weiter vertraglich geregelt werden (Unten Rz. 1898). Beitritte scheinen sich wegen der besonderen Größenordnung dieses Raumes zu verbieten. Mitglieder des „Europäischen Hauses" sind Rußland und andere GUS-Staaten durch ihre Zugehörigkeit zum **Europarat** (unten Rz. 53).

Die wahrscheinliche Vergrößerung der EU von 15 auf 20–30 MSen im 50 21. Jahrhundert hat die Frage nach der **institutionellen und sonstigen Handlungsfähigkeit** einer „Groß-EU" immer dringlicher auf die Tagesordnung des europäischen Einigungsprozesses gesetzt. Nur wenn die innere Vertiefung der EG/EU mit der Erweiterung einigermaßen Schritt hält, kann die Union ihren spezifischen Charakter einer **staatsähnlichen, in-**

tensiven und dauerhaft verbundenen „Rechtsgemeinschaft" (unten Rz. 891) wahren. Anderenfalls läuft sie Gefahr, sich in einen nur locker gefügten Wirtschaftsraum klassisch-internationalen Zuschnitts zurückzuentwickeln. Der Beschluß zur Schaffung einer **Währungsunion** von zunächst elf MSen ab 1999 (unten Rz. 982) hat einerseits neue Sachzwänge zur Stärkung der Integrationsstruktur geschaffen, andererseits den Eini-gungsprozess durch die Bildung einer **neuen Art von Kerneuropa („Euro-Land")** ein weiteres Mal kompliziert. In Amsterdam 1997 haben die MSen die drängende institutionelle Reform noch einmal auf die Zeit nach dem Beitritt des 20. MSes vertagt. Auf die Dauer ist ein Ausweichen nicht möglich, wenn die Beitritte nicht scheitern sollen.

In engem Zusammenhang sowohl mit der Erweiterung als auch mit der Lastenverteilung innerhalb der bisherigen EU steht die **nächste EU-Finanzreform,** die für 1999 vorgesehen ist (unten Rz. 881). Zum einen ist die Osterweiterung nicht zum Nulltarif zu haben. Andererseits verlangen MSen wie Deutschland ähnlich wie früher Großbritannien die Revision einer nach ihrer Auffassung nicht mehr tragbaren Nettozahlerposition. In diesem schwierigen Konflikt stehen die MSen ein weiteres Mal vor der Frage, welche Opfer ihnen eine Europäische Union wert ist, die sich als handlungsfähige Staatengemeinschaft bemüht, das europäische Gemeininteresse bei der Bewältigung transnational gewordener Aufgaben aufzufinden und durchzusetzen.

51 Bei alledem geht es letztlich um die Frage, wie **„Europas neues Gesicht"** *(Werner Weidenfeld)* nach der weltpolitischen Wende 1989/91 im 21. Jahrhundert aussehen wird. Wird es trotz aller schlechten Erinnerungen eine Rückkehr zur intergouvernementalen Zusammenarbeit der lange totgesagten Nationalstaaten geben? Oder bleibt die nach 1945 entstandene „Europa-Idee" weiter anziehend und kraftvoll genug, um mit den neuartigen Mitteln des europäischen Gemeinschaftsrechts eine dauerhafte Ordnung zu stiften und auszubauen, die mittlerweile schon während eines halben Jahrhunderts Frieden, Sicherheit und Wohlstand ihrer Mitglieder zu gewährleisten vermochte?

Bei allen Abstrichen gegenüber den Gründungshoffnungen der Europäischen Bewegung Ende der vierziger und in den fünfziger Jahren ist die **europäische Einigung** heute das **große politische Ziel der europäischen Staaten und Völker** geblieben. Die jahrhundertealte gemeinsame Geschichte und Kultur weist ebenso wie die Sachlogik einer großräumiger gewordenen technisch-industriellen Zeit in die Richtung weitergehenden europäischen Zusammenschlusses. Sowohl in den mehr klassisch-internationalen Organisationen des „größeren Europas" (Europarat, OSZE, usf.) wie vor allem in der EU hat sich eine früher nie gekannte Intensität der täglichen staatlich-gesellschaftlichen Zusammenarbeit herausgebildet. Sie macht die Europäische Gemeinschaft nach allen Erfahrungen wohl kaum zur Vorstufe eines künftigen Europäischen Bundesstaates, aber doch zu einer Art **parastaatlichen Superstruktur** zwischen ihren Mitgliedern. Die EU-Binnenbeziehungen befinden sich mittlerweile in einer Gemengelage zwischen klassischer Außenpolitik und innenpolitischen Elementen mit einer Tendenz zur Anreicherung des internen Charakters.

Zu der Umgießung des Europagedankens aus den Sphären idealistischer Pläne und Hoffnungen in die Realität des alltäglichen Lebens der Gemeinschaft hat maßgeblich ihr Recht beigetragen, das *Europarecht* mit dem Europäischen Gemeinschaftsrecht als Kern. Da den europäischen Institutionen die Attribute staatlicher Zwangsgewalt wie Polizei und Militär abgehen, vermag die Europäische Gemeinschaft sich nur als **Rechtsgemeinschaft** gegenüber zeitbedingter Erosion zu erhalten und fortzuentwickeln. *(Mestmäcker,* European Review 1994, S. 1 ff.) Das bedingt eine sich europaweit stetig erneuernde gemeinsame Rechtsüberzeugung und Rechtsbefolgung. Der **Rule of Law** kommt bei der schrittweisen Verwirklichung der europäischen Idee eine entscheidende Bedeutung zu.

Erster Teil
Europäische Organisationen

§ 2. Europarat und europäische Menschenrechtskonvention

Literatur: Die Literatur zum Recht des Europarates und zur Europäischen Menschenrechtskonvention ist sehr umfangreich. Der Juristische Dienst des Europarates gibt regelmäßig Publikationslisten heraus. Zur EMRK-Literatur einschließlich der amtlichen Materialien umfangreicher Überblick bei *Frowein/Peukert,* EMRK-Kommentar, 2. Aufl. 1997 (hinten).

Partsch, Die Entstehung der EMRK, ZaöRVR 1954, S.631 ff.; *Carstens,* Das Recht des Europarates, 1956; *Verdross,* Die Stellung der EMRK im Stufenbau der Rechtsordnung, JBl. 1966, S. 1 ff.; *Duclos,* Le Conseil de l'Europe, 3. Aufl. 1970; *Ritsch,* Origins of the Council of Europe, Pol. 1971, S. 69 ff., 201 ff.; *Waldock,* Die Wirksamkeit des Systems der EMRK, EuGRZ 1979, S. 599 ff.; *Lässing,* Der Europarat und die Bundesrepublik Deutschland, 1984; *Burban,* Le Conseil de l'Europe, 1985; *Fawcett,* Application of the European Convention of Human Rights, 2. Aufl. 1987; *Fischer,* 40 Jahre Europarat, Integr. 1989, S. 119 ff.; *Lalumière,* Le Conseil de l'Europe dans la construction de la grande Europe, AE 1989, Art. 33; *Schmuck* (Hrsg.), 40 Jahre Europarat, 1990; *Delmas-Marty*, The European Convention for the Protection of Human Rights, 1992; *Meyer-Ladewig,* Strukturreform und Erweiterung der materiellen Reichweite des Europäischen Menschenrechtsschutzes, 1994; *Bernhardt,* Reform of the control machinery under the European Convention on Human Rights Protocol No. 11, AJIL 1995, S. 145 ff.; *Meyer-Ladewig,* Ein neuer ständiger Europäischer Gerichtshof für Menschenrechte, NJW 1995, S. 2813 ff.; *Rodriguez Iglesias,* Die Stellung der EMRK im europäischen Gemeinschaftsrecht, FS Bernhardt, 1995, S. 1269 ff.; *Schroeder,* Die Rechtsordnung Rußlands und die Anforderungen der EMRK, 1996; *Tarschys,* Wandel in Mittel- und Osteuropa und die Stellung des Europarates, 1996; *Frowein/Peukert,* EMRK-Kommentar, 2. Aufl. 1997; *Gimbal,* Europarat in Bedrängnis, IntPol 12/1997, S. 45 ff.

Tätigkeitsberichte über die Arbeit des Europarates finden sich regelmäßig u. a: im European Yearbook, im Jahrbuch der Europäischen Integration, im German Yearbook of International Law und in der EuGRZ.

In Gestalt des Straßburger Europarates hat sich das westliche Europa **52**
bald nach dem Zweiten Weltkrieg seine **große, allgemeinpolitische Regionalorganisation** gegeben. Besonders in seiner Anfangszeit wurde der Europarat zu einem wichtigen Forum, von dem wesentliche Impulse für die europäische Integration ausgingen.

Später trat besonders der **Menschenrechtsschutz** über die Europäische Konvention zum Schutze der Menschenrechte und Grundfreiheiten von 1950 (EMRK) in den Vordergrund. Nach der „Wende" 1989/91 ist der Europarat durch den Beitritt der meisten mittel- und osteuropäischen Staaten zu einer gesamteuropäischen Organisation geworden.

I. Rechtsgrundlagen und Organisation des Europarates

Literatur: *Weber,* Die Bemühungen der Beratenden Versammlung des Europarates um Effektivität, EA 1968, S. 717 ff.; *Europarat* 1949–1969, Struktur und Tätigkeit der Beratenden Versammlung, 1969; *Werbke,* Kann die Beratende Versammlung des Europarates einzelne Abgeordnete ausschließen?, ZaöRVR 1969, S. 356 ff.; *Council of Europe* (Hrsg.), The Consultative Assembly, 1973; *Golsong,* The role of specialized ministers in European Cooperation, FS Monaco, 1977, S. 261 ff.; *Plate,* Le droit de pétition à l'Assemblée Parlementaire du Conseil de l'Europe, AFDI 1977, S. 868 ff.; *Plasa,* L'expérience d'intégration au sein du Conseil de l'Europe, RGDIP 1977, S. 667 ff.; *Zanghi,* L'ammissione del Liechtenstein al Consiglio d'Europa, RDE 1980, S. 240 ff.; *Karasek,* Der Europarat – seine Rolle, seine Möglichkeiten, Europäische Rundschau 1985 2/S. 23 ff.; *Kremaier,* Das Europäische Parlament der EG und die Parlamentarische Versammlung des Europarates, 1986; *Haller,* Europarat und Ombudsmann-Institutionen, FS Schindler, 1989, S. 515 ff.; *Hausmann,* Im Osten schließt sich Europas demokratischer Sicherheitgürtel, PARL. 47/1994, S. 11;*Petzold,* Die Reform des Systems des Europäischen Menschenrechtsschutzes, 1994; *Klebes,* Die Rechtsstruktur des Europarates und insbesondere der Parlamentarischen Versammlung, 1996; *Frankenberger,* Der Europarat hat seine Unschuld verloren, FAZ, 12.5.1996.

1. Entstehung und Rechtsgrundlagen

53 Der Europarat wurde am 5. Mai 1949 gegründet (Satzung BGBl. 1950 II, S. 163, Änderungen = Sart. II, Ziff. 110, zur Entstehungsgeschichte oben Rz. 53). Von ursprünglich 10 wuchs die Zahl der Mitgliedstaaten bis 1996 auf 40 (Liste in Art. 26 Satzung Europarat). Es sind mittlerweile praktisch alle Staaten Westeuropas vertreten und seit der Wende 1989 ff. allmählich auch die meisten mittel- und osteuropäischen Staaten, darunter seit 1996 Rußland. Man kann den Europarat mittlerweile als gesamteuropäische Organisation bezeichnen. Die Bundesrepublik Deutschland trat dem Europarat im Jahre 1950/51 als 14. Mitglied bei. Der Sitz der Organisation ist das für die deutsch-französische Aussöhnung symbolträchtige Straßburg (Palais de l'Europe).

Mitglied kann jeder europäische Staat werden (Art. 4 EuRatS), der die in Art. 3 EuRatS verankerten **Grundsätze des Europarates** akzeptiert, nämlich die Herrschaft des Rechts sowie die Achtung der Menschenrechte und Grundfreiheiten. Aus dieser Voraussetzung ergaben sich in den 90er Jahren Probleme bei der Aufnahme mancher mittel- und osteuropäischen Staaten (zuletzt Rußland und Kroatien 1996). Die Organe des Europarates rangen sich in der Hoffnung auf günstige Entwicklungen zu großzügiger Auslegung der Art. 3 f. der Satzung durch. Es wurde der Vorwurf erhoben, der Europarat „habe seine Unschuld verloren" *(Gimbal,* IntPol 12/1997, S. 45 ff.)

Der Beitritt erfolgt auf Einladung des Ministerkomitees. Auch eine Assoziation ist möglich (vgl. Art. 5 EuRatS). Schließlich kann ein Mitglied durch Erklärung austreten (Art. 7 EuRatS) oder bei Verletzung der Grundsätze des Art. 3 EuRatS ausgeschlossen werden (Art. 8 EuRatS).

Dem Europarat und seinen Repräsentanten stehen im Verhältnis zu seinen Mitgliedstaaten die für die Erfüllung der Aufgaben erforderlichen Immunitäten und Vorrechte zu (Art. 40 EuRatS); Einzelheiten sind durch ein besonderes Protokoll geregelt (vom 2.9.1949, BGBl. 1954 II, S. 494). Hieraus ergibt sich auch, daß der Europarat in den Mitgliedstaaten rechtsfähig ist. Da der Europarat eine klassische internationale Organisation ist, die aus mehreren Mitgliedstaaten besteht und nach außen handlungsfähige Organe besitzt (vgl. Art. 10 ff. EuRatS), erfüllt er auch die für Völkerrechtssubjektivität notwendigen Voraussetzungen; ihr Ausmaß hängt von der Anerkennung durch die übrigen Staaten ab.

2. Organe des Europarates

Organisatorisch folgt der Europarat weitgehend dem Strukturmuster Internationaler Organisationen, jedoch mit dem bemerkenswerten Zusatz eines parlamentarischen Organs. Nach Art. 10 EuRatS besitzt er zwei Organe, das Ministerkomitee und die Parlamentarische Versammlung. Beide werden in ihrer Arbeit vom Sekretariat unterstützt. 54

a) In das **Ministerkomitee** entsendet jedes Mitglied einen Vertreter (zu deren Rechtsstellung siehe Art. 9 ff. des erwähnten Protokolls). Grundsätzlich ist dies der **Außenminister.** Werden jedoch fachspezifische Fragen diskutiert, werden die Mitgliedstaaten durch die jeweiligen Fachminister vertreten – bei Menschenrechtsfragen die Justizminister, bei Umweltfragen die Umweltminister etc. *(Golsung,* FS Monaco, 1977, S. 261 ff.). Zum Teil werden die Staaten auch von ihren **ständigen Vertretern beim Europarat** repräsentiert. Das Komitee beschließt die für die Erfüllung der Aufgaben des Europarates notwendigen Maßnahmen (Art. 15 EuRatS); insbesondere empfiehlt es den Abschluß von Abkommen. Unmittelbar in den Mitgliedstaaten „supranational" wirkende Akte kann der Europarat im Gegensatz zu den EGen nicht erlassen. *(Albanese,* RTDE 1986, S. 391 ff.) Im übrigen können entsprechende Empfehlungen an die Regierungen der Mitgliedstaaten gerichtet und Berichterstattung über die daraufhin getroffenen Maßnahmen verlangt werden. Weitere Zuständigkeiten sind die Regelung der inneren Organisation (vgl. Art. 16 EuRatS) und die Beschlußfassung über den Haushalt (Art. 38 EuRatS; dazu unten Rz. 58). Für die Beschlußfassung in **„wichtigen Fragen"**, die in Art. 20 EuRatS aufgeführt sind, ist Einstimmigkeit erforderlich. Hierzu gehören insbesondere die Empfehlungen an die Regierungen. Im übrigen ist die Zweidrittelmehrheit ausreichend. Das Ministerkomitee kann auch weitere Ausschüsse einsetzen, wie es etwa im Hinblick auf die Zusammenarbeit in Strafrechtsfragen geschehen ist (unten Rz. 70, Art. 17 EuRatS). 55

b) In der **Beratenden,** seit 1974 **Parlamentarisch** genannten **Versammlung** werden die Mitgliedstaaten durch eine in Art. 26 EuRatS bestimmte, jeweils unterschiedliche Zahl von Vertretern repräsentiert, die Bundesrepublik mit 18 von insgesamt 286 (zu deren Rechtsstellung siehe Art. 13 ff. des oben erwähnten Protokolls, näher *Kremaier,* Das EP der EG und die Parlamentarische Versammlung des Europarates, 1986). Die Abgeordneten der Parlamentarischen Versammlung werden von den nationalen Parlamenten nach deren Recht bestellt (in der Bundesrepublik werden sie vom Bundestag aus seiner Mitte bestimmt; vgl. Gesetz vom 11.6.1951, BGBl. 1951, S. 397) und sind in politischen Fraktionen zusammengeschlossen. Die Versammlung hat die Aufgabe, alle Fragen, die in die Zuständigkeit des Europarates fallen, zu **diskutieren** und gegebenenfalls **Empfehlungen** zu verabschieden (Art. 23 EuRatS). Zur Beschlußfassung ist grundsätzlich eine Zweidrittelmehrheit erforderlich (Art. 29 EuRatS). Die Versammlung kann wie der Ministerrat Ausschüsse einsetzen (Art. 24 EuRatS) und sich eine Geschäftsordnung geben 56

(Art. 28 EuRatS); diese sieht u. a. ein Petitionsrecht für die Bürger vor (Art. 56). In der Parlamentarischen Versammlung, deren Debatten die Formulierung „europäischer" Positionen erlaubt, spiegelt sich der allgemeinpolitische Charakter des Europarates besonders deutlich wider.

57 c) Das **Sekretariat** hat die Aufgabe, Ministerkomitee und Versammlung bei deren Arbeit als dauerndes Organ am Sitz zu unterstützen (Art. 10, Art. 36 f., EuRatS). Es wird geleitet vom **Generalsekretär des Europarates,** der von der Versammlung auf Empfehlung ernannt wird. Die Generalsekretäre sind i. d. R. bekannte ehemalige Politiker aus den MS. Seit 1994 ist dies der Schwede David Tarschys. Ihm steht eine Stab von über 1000 Mitarbeitern zur Seite. Alle Angehörigen des Sekretariat sind von nationalen Weisungen unabhängig und nur dem Europarat verpflichtet Insbesondere dürfen sie nicht bezahlte Stellungen bei der nationalen Regierung innehaben (Art. 36 lit. c, d EuRatS).

58 **Finanziert** wird die Organisation klassisch-völkerrechtlich durch **Beiträge der Mitgliedstaaten** entsprechend ihrer jeweiligen Bevölkerungszahl. Das Haushaltsvolumen ist verhältnismäßig bescheiden. Ende der neunziger Jahre beläuft es sich einschließlich einiger Nebenhaushalte auf gute 1 Mia FFRs. Dementsprechend sind die Aktionsmöglichkeiten der Organisation beschränkt.

II. Aufgaben des Europarates und ihre Verwirklichung seit 1949

Literatur: *Menzel,* Zur Geltung der Europaratskonventionen, DÖV 1967, S. 109 ff.; *Haigh,* Cultural diplomacy in Europe, 1974; *Messer,* Arbeiten des Europarats zur Harmonisierung des Lebensmittelrechts, ZfgLR 1976, S. 249 ff.; *Council of Europe,* Action for equality between women and men 1980.; *Lacoste*, Die Europäische Terrorismuskonvention, 1982; *Harris,* The European Social Charta, 1984; *Rengeling,* Die Zusammensetzung der Ständigen Konferenz der Gemeinden und Regionen des Europarates, DVBl. 1985, S. 600 ff.; *Henke,* Die Datenschutzkonvention des Europarates, 1986; *Corbett,* Die Zusammenarbeit von Jugendorganisationen im Rahmen von EG und Europarat, Integr. 1988, S. 116 ff.; *Göldner,* Politische Symbole der europäischen Integration, 1988; *Knemeyer* (Hrsg.), Die Europäische Charta der kommunalen Selbstverwaltung, 1989; *Ergec,* Le Conseil de l'Europe et les réfugiés, RBDI 1989, S. 121 ff.; *Gueydan,* Le Conseil de l'Europe et l'audiovisuel, RIDC 1989, S. 377 ff.; *Brillat,* La participation de la Communauté Européenne aux conventions du Conseil de l'Europe, AFDI 1991, S. 819 ff.; *Friehe,* Der Konventionsentwurf des Europarats über die zivile Haftung für Schäden, die aus umweltgefährlichen Aktivitäten herrühren, NUR 1992, S. 249 ff.; *Vogler,* Die strafrechtlichen Konventionen des Europarats, JURA 1992, S. 586 ff.; *Heinrich,* Der Europarat zwischen Integration und Transformation Europas am Beispiel des Umweltschutzes, 1994; *Lörcher,* Das Beschwerdeprotokoll zur Europäischen Sozialcharta, ArbuR 1996, S. 48 ff.; *Council of Europe* (Hrsg.), Fundamental Social Rights – Case Law of the European Social Charter, 1997; *Council of Europe* (Hrsg.), Convention on Human Rights and Biomedicine, 1997;

Historisch entstand der Europarat 1949 als **Antwort der westeuropäi-**
59 **schen parlamentarischen Demokratie** auf die Herausforderung der Gründung der osteuropäischen Volksdemokratien und ihrer Expansionsbestrebungen.

1. Friedenswahrung und die gemeinsamen politischen Ideale 60

Gegründet wurde der Europarat als umfassende Organisation demokratischer Staaten Europas. Grundlage seiner Arbeit sind die **gemeinsamen politischen Ideale der Mitgliedstaaten,** insbesondere die Menschenrechte und Grundfreiheiten sowie die Herrschaft des Rechts, die die persönliche und politische Freiheit der Bürger garantieren (vgl. Präambel, Art. 3 EuRatS; dazu auch oben Rz. 15). Ziele sind die Festigung des Friedens und – dem dienend – ein **engerer Zusammenschluß der Mitgliedstaaten.** Dies soll durch Diskussion von gemeinsam interessierenden Fragen, durch den Abschluß von Abkommen sowie durch Kooperation insbesondere in wirtschaftlicher, sozialer, kultureller und wissenschaftlicher Hinsicht erreicht werden. Auch soll die Arbeit der Organisation der Verbesserung des **Menschenrechtsschutzes** dienen (vgl. Art. 1 EuRatS). Nicht zu seiner Zuständigkeit gehören Fragen der Verteidigung (Art. 1 lit. d. EuRatS). Man wollte auch den neutralen Staaten Europas (Schweden, Schweiz, Österreich) die Mitgliedschaft ermöglichen.

Mit Ausnahme einiger spezialisierter Organisationen und der OSZE (unten 61
Rz. 61) ist der Europarat die einzige europäische Organisation, in der **fast alle demokratischen Staaten Europas** vereinigt sind. Seine Funktion lag anfänglich besonders darin, Anstöße für die Weiterentwicklung der europäischen Einigung zu geben. Unmittelbare Entscheidungskompetenzen besitzt er nicht. Die von ihm gegebenen Anstöße müssen erst durch die Mitgliedstaaten aufgegriffen werden – „Il peut tout faire mais rien décider“ *(Pinto).* Ferner hat er bislang eine große Anzahl von **bedeutsamen Abkommen** unter den MS ausgearbeitet. Er war die „Keimzelle“ für die Gründung der Europäischen Gemeinschaften und erfüllt heute noch die wichtige Klammerfunktion zwischen den MS der EGen und den übrigen Staaten Europas. Durch **„Europasymbole“** sucht er zur inneren Integration unter den MS und Völkern beizutragen: **Europaflagge** (Blau, mit 12 goldenen Sternen im Kreis, 1955, seit 1986 auch EG-Flagge); **Europatag** (9. Mai, nationale Beflaggung, seit 1964); **Europahymne** („An die Freude“, 1972).

Aufgrund der genannten Zielsetzungen ist der Europarat eine **Regionalorganisation im Sinne von Art. 52 f. der UN-Charta,** ähnlich wie anderwärts die Organisation Amerikanischer Staaten oder die Arabische Liga. Danach besteht für die MS des Europarates im Falle von regionalen Konflikten die Pflicht, nach Lösungen zunächst in dessen Rahmen zu suchen. Auch kann (theoretisch) der UN-Sicherheitsrat den Europarat für die Durchführung von Zwangsmaßnahmen nach Art. 39 ff. der UN-Charta in Anspruch nehmen.

2. Die Aktion des Europarates

a) Die politische Phase 1949–1955

Zwei Phasen lassen sich in der Arbeit des Europarates unterscheiden. 62
Die erste, bis etwa Mitte der fünfziger Jahre dauernde **„große politische Phase“** war gekennzeichnet von dem Impetus der Nachkriegszeit im Hinblick auf die **europäische Einigung.** Wie erwähnt, gingen nicht zuletzt vom

Europarat die Initiativen zur Gründung von EGKS, EWG und EAG mit aus. Dies galt besonders für die „Relance Européenne", die 1955 ff. über die Messinakonferenz zu den Römischen Verträgen führte (oben Rz. 22). Auch um eine Lösung des deutsch-französischen Saarkonfliktes hat der Europarat sich bemüht. Schließlich ist die Schaffung der **Europäischen Menschenrechtskonvention 1950** hervorzuheben. Durch die Errichtung der Menschenrechtskommission und des Gerichtshofes, durch die Möglichkeit sogar einer Individualbeschwerde (dazu unten Rz. 84) ging diese Konvention in der Schaffung von Durchsetzungsmöglichkeiten weit über das bislang in anderen Menschenrechtskonventionen Übliche hinaus. Sie enthält sogar gewisse „supranationale" Elemente.

63 Die Gründung von EWG und EAG im Jahre 1958 markierte sodann jedoch einen **entscheidenden Wendepunkt** für die Aktion des Europarates. Diese beiden Organisationen waren viel „ehrgeiziger" angelegt, mit erheblich größeren Kompetenzen ausgestattet und entwickelten daher bald eine europapolitische Dynamik, die zu Lasten der Initiativen aus Straßburg ging. Auch die Ausweitung des Aktionsbereiches der EGen über den wirtschaftlichen Bereich hinaus in die Außenpolitik (EPZ und nunmehr GASP) sowie in jüngster Zeit sogar zur kulturellen Zusammenarbeit minderten die Funktion des Europarates als allgemeinpolitisches Forum. Außerdem relativierte die geographische Ausweitung der EGen seit den siebziger Jahren die Bedeutung des Europarates als Klammer aller europäischen Staaten. Seit Ende der achtziger Jahre spielt der Europarat erneut eine gewisse allgemeinpolitische Rolle bei der Heranführung der reformierten osteuropäischen Staaten an die plurale Demokratie.

b) Die fachliche Phase seit 1955

64 Der Europarat hat sich seit den fünfziger Jahren in stärkerem Maße **einzelnen konkreten Sachbereichen** zugewandt, in denen die EGen keine Aktivitäten entfalten. Hier versucht er insbesondere durch **die Ausarbeitung einzelner Abkommen,** von denen die wichtigsten nachfolgend angesprochen werden, die politische Entwicklung Europas im Sinne der Annäherung zu beeinflussen. Mittlerweile sind bereits über 100 Abkommen von seinen Organen ausgearbeitet worden, die in den „European Treaties Series" veröffentlicht werden (Council of Europe (Hrsg.), Chart showing signatures and ratifications of conventions and agreements concluded within the Council of Europe, erscheint in regelmäßigen Abständen).

65 aa) Vor allem der **Menschenrechtsschutz** bildet inzwischen einen wesentlichen Aspekt der Arbeit des Europarates (*Palm-Risse,* JbEJ 1991/92, S. 409 ff.). Hervorzuheben ist hier insbesondere die Schaffung der EMRK (dazu unten Rz. 76). Fortgeschrieben wird diese durch eine Reihe von Zusatzprotokollen. Daneben werden aber auch von der EMRK unabhängige Konventionen ausgearbeitet, so etwa die Konvention zum Schutz von Inhaftierten (EuGRZ 1984, S. 164 ff.).

66 bb) **Sozialen Fragen** widmete sich der Europarat zunächst mit der Ausarbeitung des Europäischen Fürsorgeabkommens (vom 11.12.1953, BGBl. 1956 II, S. 564 = Sart. II, Ziff. 113) und vor allem der **Europäischen Sozialcharta** (vom 18.10.1961, BGBl. 1964 II, S. 1262 = Sart. II, Ziff. 115; Geänd. Fassung v. 3.5.1996 ILM 1997, S. 31 ff.). Das Fürsorgeabkommen bestimmt, daß die Angehörigen eines jeden Vertragsstaates in den anderen Staaten gewisse Sozialleistungen erhalten (Art. 1), wenn sie sich in diesem Lande legal (Art. 11 ff.) aufhalten. Eine Ausweisung wegen der Hilfsbedürftigkeit soll grundsätzlich nicht erfolgen (Art. 6 ff.). In einem Zusatzprotokoll werden die Vorschriften auch für Flüchtlinge nach der Genfer Flüchtlingskonvention für anwendbar erklärt. Mit dem **Flüchtlings- und Asylproblem** hat sich der Europarat auch sonst beschäftigt (vgl. etwa Empfehlung R (81)16, AVR 1982, S. 490 ff.; *Uibopuu,* AVR 1983, S. 60 ff.).

Die Sozialcharta soll im Sinne des modernen Grundrechtsverständnisses das „soziale Gegenstück" zur „liberalen" EMRK bilden. Sie beinhaltet einen **Katalog von sozialen Grundrechten.** Im einzelnen enthält sie zunächst – nach einigen allgemeinen Verpflichtungen – eine Reihe von arbeitsrechtlichen Bestimmungen, so das Recht auf Arbeit (Art. 1) und auf gerechte, sichere und gesunde Arbeitsbedingungen (Art. 2 ff.), den Schutz der Koalitionsfreiheit (Art. 5 f.) und von besonderen Personengruppen (Kindern, Jugendlichen, Arbeitnehmerinnen, Wanderarbeitern, Art. 7 f., 18 f.) sowie Garantien für die Berufsausbildung (Art. 9, 10). Weiterhin wird eine effektive soziale Absicherung verlangt (Art. 12 ff.), insbesondere für bestimmte sozial schwache Gruppen (Behinderte, Familien, Mütter und Kinder, Art. 15 ff.).

Alle diese Garantien können jedoch unter mannigfachen Bedingungen **eingeschränkt** werden. Sie zeichnen sich – insbesondere im Vergleich zur EMRK – durch recht „weiche" Formulierungen aus. Diese beinhalten in aller Regel keine subjektiven Rechte der Bürger, sondern nur **generalklauselartige Verpflichtungen der Vertragsstaaten.** Bei dem „Recht auf Arbeit" (Art. 1) etwa verpflichten sich die Staaten unter Ziff. 1 nur, die Erreichung bzw. Aufrechterhaltung eines möglichst hohen Beschäftigungsgrades zu einem ihrer wichtigsten Ziele zu machen. Als Durchsetzungsmechanismus ist lediglich das regelmäßige Abfassen von Berichten durch die Vertragsstaaten vorgesehen (Art. 21 ff.). Diese werden dann von einem Sachverständigenausschuß geprüft (Art. 25) und der Parlamentarischen Versammlung (Art. 28) und schließlich dem Ministerkomitee (Art. 29) vorgelegt; letzteres kann dann Empfehlungen beschließen. Einem Vergleich mit der Prozedur vor Kommission und Gerichtshof für Menschenrechte, wie sie für die EMRK geschaffen wurden, hält dieses Verfahren nicht stand. Seit 1995 bietet ein **Beschwerdeprotokoll** etwas verbesserte Rechtsschutzmöglichkeiten *(Lörcher,* ArbuR 1996, S. 48 ff.). Es steht den Sozialpartnern offen.

Abschließend ist noch auf die **Europäische Ordnung der Sozialen Sicherheit** hinzuweisen (vom 16.4.1964, BGBl. 1970 II, S. 909), die ärztliche Betreuung sowie Leistungsgewährung im Falle von Krankheit, Arbeitslosigkeit, Alter, Berufs-/Erwerbsunfähigkeit und Mutterschaft sowie gegenüber Hinterbliebenen regelt. 67

cc) Für bessere Bedingungen für die **Freizügigkeit** innerhalb Europas wurde das **Europäische Niederlassungsabkommen** (vom 13.12.1955, BGBl. 1959 II, S. 997 = Sart. II, Ziff. 117) geschaffen. Danach besteht für kurze Aufenthalte grundsätzlich Einreisefreiheit (Art. 1). Soweit nicht wichtige 68 wirtschaftliche oder soziale Gründe dem entgegenstehen, soll auch die Aufnahme einer Erwerbstätigkeit möglich sein (Art. 10). Die Möglichkeiten der Ausweisung werden beschränkt. Z. T. werden insoweit auch Verfahrensgarantien geschaffen. Infolge der viel weitergehenden EG-Niederlassungs- und Dienstleistungsfreiheit (unten Rz. 1580) ist die Bedeutung des Abkommens gering geblieben.

69 dd) In jüngerer Zeit widmet sich der Europarat auch den Herausforderungen an die Menschenrechte durch die **wirtschaftlich-technische Entwicklung.** 1981 legte er die inzwischen in Kraft getretene **Datenschutzkonvention** vor (BGBl. 1985 II, S. 539; *Henke,* Die Datenschutzkonvention des Europarates, 1986). Diese Konvention regelt die automatisierte Verarbeitung personenbezogener Daten und bestimmt, daß ihre Speicherung nur möglich ist, wenn die Daten rechtmäßig erworben sind.

Die Verwendung wird auf den ursprünglich vorgesehenen Zweck beschränkt (Art. 5). Gegen Mißbrauch sind Vorkehrungen zu treffen (Art. 7); der Betroffene erhält ein Zugangsrecht (Art. 8). Besondere Bestimmungen gelten für den grenzüberschreitenden Datenverkehr (Art. 12). Auch der Entwicklung von **Gentechnologie und Reproduktionsmedizin** hat sich der Europarat gestellt. Die **Bioethik-Konvention** (Convention on Human Rights and Biomedicine v. 4.4.1997, Text ILM 1997, S. 821 ff.) legt einen verbindlichen Verhaltenskodex für den Umgang mit Gentechnik, Embryonenforschung und Organtransplantationen fest. Umstritten ist in D die Zulässigkeit der Forschung an menschlichen Embryonen bei ausdrücklicher, widerrufbarer Einwilligung der betroffenen Personen wegen des Verhältnisses Menschenwürde/Forschungsfreiheit nach Art. 1, 2, 5 deutsches GG. Die Konvention ist noch nicht in Kraft getreten. – In diesen Zusammenhang gehört auch die Paraphierung eines Protokolls zur **Untersagung des Klonens von Menschen** 1997 und einer **Europäischen Anti-Doping-Konvention.**

70 ee) Weiterhin bemüht sich der Europarat erfolgreich um eine Zusammenarbeit im Bereich der **Strafverfolgung,** seit den siebziger Jahren insbesondere mit dem Ziel der Bekämpfung des **Internationalen Terrorismus** (*Vogler,* JURA 1992, S. 586 ff.). Er hat hierfür einen eigenen Ausschluß (Europäischen Ausschuß für Strafrechtsfragen) eingesetzt. In diesem Rahmen sind zusätzlich das **Auslieferungsabkommen** (vom 13.12.1957, BGBl. 1964 II, S. 1369) und das **Rechtshilfeabkommen** (vom 20.4.1959, BGBl. 1964 II, S. 1386) zu erwähnen. Ersteres verpflichtet die Staaten, von einem anderen Staat wegen schwerer, in beiden Staaten strafbarer Handlungen gesuchte Straftäter auszuliefern (Art. 1 f.). Ausnahmen gibt es aus Gründen politischer Sensibilität (politische, militärische, fiskalische Straftaten, Art. 3 ff.). Letzteres verpflichtet grundsätzlich zur Rechtshilfe bei der Strafverfolgung. Ausnahmen sind insbesondere für politische und fiskalische Straftaten vorgesehen (Art. 2). Anwendung findet das Abkommen auf alle Formen von Untersuchungen (Art. 3 ff.) und Zustellungen (Art. 7 ff.). Weitere Vorschriften regeln Form und Verfahren. Die Entwicklung des Terrorismus führte zur **Europäischen Terrorismus-Konvention** (vom 27.7.1977, BGBl. 1978 II, S. 322; *Stein,* ZaöRVR 1977, S. 668 ff.). In ihr verpflichten sich die Staaten, bei bestimmten, näher bezeichneten Straftaten diese entweder selbst zu verfolgen oder die Täter an andere Staaten auszuliefern. Insbesondere dürfen diese Taten auch nicht als politische Taten bewertet werden. Schließlich wurde die Pflicht zur Rechtshilfe schärfer gefaßt *(Riedel,* DÖV 1979, S. 27 ff.). In Kraft ist die **Europäische Antifolterkonvention** vom 26.11.1987 (BGBl. 1989 II, S. 947 = Sart II Ziff. 140), die eine präventive Kontrolle durch eine unabhängige Kommission ermöglicht (dazu *Ginther,* GYIL 1991, S. 69 ff.)

Auch über das Strafrecht hinaus fördert der Europarat die Zusammenarbeit der MS **juristischen Bereich** *(Bartsch,* YFL 1988, S. 279 ff.). Diese ist ebenfalls in einem entsprechenden Ausschuß institutionalisiert. Ziel ist vor allem die **Rechtsangleichung,** die sich auf alle Bereiche des Rechts erstreckt, so etwa auf den des Verwaltungsrechts (Ermessensausübung (dazu Empfehlung R (80) 2 vom 11.3. 1980); Amtshaftung; Lebensmittelrecht etc.), des Zivilrechts (Verbraucherschutz, aber auch des Familienrechts.) u. a. m. – Der Europarat ruft auch die Dekane der Rechtsfakultäten der MS zu regelmäßigen Konferenzen zusammen. 71

ff) Da eine gesunde wirtschaftliche Entwicklung von Grenzregionen nur bei Zusammenarbeit der Nachbarn möglich ist, wurde 1980 auch ein **Abkommen für die grenzüberschreitende Zusammenarbeit** vorgelegt. Darin verpflichten sich die Staaten, eine solche Kooperation zu erleichtern, jedoch nur, soweit nationale Verfassungsbestimmungen dem nicht entgegen stehen; im Anhang finden sich Mustervereinbarungen. 1995 erging ein Zusatzprotokoll zur Förderung grenzüberschreitender Verträge. Bereits 1951 war eine **Konferenz der Gemeinden und Regionen von Europa** einberufen worden *(Bengeling,* DVBl. 1985, S. 600 ff.). 1961 wurde sie als ständige Einrichtung vom Ministerkomitee nach Art. 17 EuRatS institutionalisiert („Rat der Gemeinden u. d. Regionen Europas“ (RGRE). Inzwischen gilt eine **„Charta der kommunalen Selbstverwaltung“ (1985).** Der RGRE soll auf der einen Seite dazu beitragen, den Europagedanken in den Kommunen und Regionen populär zu machen („Europa der Bürger“), auf der anderen Seite aus der Sicht der Kommunen die Arbeit der Organe des Europarates beeinflussen. Regelmäßig werden beispielhafte Gemeinden als „Commune d'Europe“ ausgezeichnet. 72

gg) Ein weiterer Schwerpunkt der Arbeit des Europarates liegt im **kulturellen Bereich.** *(Haigh,* Cultural diplomacy in Europe, 1974). Zwei Abkommen über die **Gleichwertigkeit von Reifezeugnissen** (vom 11.12.1953, BGBl. 1955 II, S. 599, wonach nationale Hochschulzugangsberechtigungen grundsätzlich auch in den anderen Staaten Gültigkeit haben sollen) und über die **Anerkennung von Studienzeiten** (vom 15.12.1956, BGBl. 1964 II, S. 1289, unmittelbar gültig jedoch nur für Sprachstudien) wurden geschlossen. Hinzu trat das Übereinkommen über die allgemeine Gleichwertigkeit der Studienzeiten an Universitäten v. 6.11.1990 (BGBl. 1994 II, S. 3606). Die Gründung des **Councils of Cultural Cooperation** (1962) leitete eine 73 wesentliche Verstärkung der Kulturtätigkeit des Europarates ein. Der Europarat verabschiedet regelmäßig Empfehlungen zur Koordination der Bildungspolitik in den MS. Der Bewahrung des archäologischen Kulturgutes soll die Konvention vom 6.5.1969 dienen (BGBl. 1974 II S. 1285 – rev.)

Seit 1993 ist das **Europäische Übereinkommen über das grenzüberschreitende Fernsehen** vom 7.12.1989 (Text MP 1989/II, S. 96 ff.; dazu *Engel,* ZRP 1988 S. 240 ff.) in Kraft. Es steht z. T. in komplizierter Konkurrenz zu den Fernsehregelungen der EG (unten Rz. 1604), die kraft EG-Vorrang grundsätzlich vorangehen. – Ein Übereinkommen über Urheberrechtsfragen beim grenzüberschreitenden Satellitenrundfunk ist vorbereitet.

74 hh) Schließlich bildet der **Umweltschutz** einen neueren Schwerpunkt der Arbeit des Europarates *(Heinrich,* Der Europarat zwischen Integration und Transformation Europas am Beispiel des Umweltschutzes, 1994). Mehrere Konventionsentwürfe wurden ausgearbeitet, etwa zum Schutz der internationalen Wasserwege (1974), der besonders für die Bekämpfung der Rheinverschmutzung bedeutsam ist. Für den Tierschutz gibt es bereits eine Reihe von Abkommen (etwa vom 13.12.1968, BGBl. 1973 II, S. 271; vom 10.3.1976, BGBl. 1978 II, S. 114; vom 19.11.1979, BGBl. 1984 II, S. 620). Ferner liegt ein Konventionsentwurf über die zivilrechtliche Haftung für Schäden durch ein umweltgefährdendes Verhalten vor (1991; *Friehe,* NUR 1992, S. 249 ff.). Regelmäßig verabschiedet der Europarat zahlreiche Empfehlungen zu den genannten Themen, aber auch zur organisatorischen Verbesserung des Umweltschutzes (Verfahrensbeteiligung der Bürger, grenznahe Kooperation etc.).

75 Neben dieser vielgestaltigen fachlichen Arbeit diskutiert der Europarat aber auch heute noch in erheblichem Ausmaß in der Parlamentarischen Versammlung und im Ministerkomitee **allgemein-politische Fragen,** von dem Reformprozeß in Osteuropa bis hin zum Nord/Süd-Konflikt. Bedeutungsvoll ist seine Arbeit vor allem für Fragen von besonderem europäisch-regionalem Gewicht, wie etwa der OSZE (dazu allgemein unten Rz. 147) und der Zypernfrage. So wurde die Türkei vom Ministerkomitee wegen der Anerkennung des türkischen Nordstaates auf Zypern heftig kritisiert und zum Rückzug aufgefordert (Doc. 5165, 2–3, Tagung vom 24.11.1983). – Die Zusamenarbeit mit der EG/EU, die nach Art. 230 = Art. 303 neu EGV die Verbindung mit dem Europarat zu pflegen hat, bleibt regelmäßige Aufgabe des Rates *(Karasek,* EA 1980, S. 1 ff.). Sie wird durch enge Verbindungen zwischen den beiderseitigen Institutionen gepflegt (Briefwechsel EG/Europarat, ABl. 1987, L 273/35 ff.).

Auch in dieser allgemeinpolitischen Diskussion spielt der **Schutz der Menschenrechte** eine besondere Rolle. In Anlehnung an die durch die EMRK gesetzten Standards empfindet sich der Europarat als das **„rechtsstaatlich-menschenrechtliche Gewissen“** Westeuropas. In der Zeit der griechischen Militärdiktatur 1967 bis 1974 wurde auf dieses Land erheblicher Druck ausgeübt, die Menschenrechte zu beachten. Einem Ausschlußverfahren kam Griechenland zuvor, indem es 1970 austrat *(Kiss,* AFDI 1971, S. 889 ff.). Nach Überwindung der Diktatur trat es wieder ein. In jüngerer Zeit war es die Türkei. deren Situation vom Europarat kritisch beobachtet wurde. Mehrfach wurde die türkische Regierung seit den achtziger Jahren aufgefordert, alles zu tun, um demokratisch-rechtsstaatliche Verhältnisse zu gewährleisten. Es kam zu Staatenbeschwerden (Art. 24 EMRK, unten Rz. 84) gegen die Türkei und 1992 prangerte die Antifolterkommission (oben Rz. 70) Menschenrechtsverletzungen in der Türkei an.

So erfüllt der Europarat neben EG/EU und OSZE heute noch wichtige allgemeinpolitische Funktionen.

III. Europäischer Menschenrechtsschutz

Zum sehr großen Umfang der Literatur zur EMRK vgl. schon oben bei den einführenden Literaturnachweisen zu diesem § 2, insbesondere den Hinweis auf die Übersicht bei *Frowein/Peukert,* EMRK-Kommentar 2. Aufl. 1997 (hinten).

Golsong, Das Rechtsschutzssystem der EMRK, 1958; *Partsch,* Die Rechte und Freiheiten der EMRK, 1966; *Bartsch,* 25 Jahre europäischer Menschenrechtsschutz, EuR 1979, S. 105 ff.; *Mosler,* Der Europäische Gerichtshof für Menschenrechte nach 20 Jahren, FS Huber 1981, S. 595 ff.; *Schellenberg,* Das Verfahren vor der Europäischen Kommission und dem Europäischen Gerichtshof für Menschenrechte, 1983; *Ros,* Die unmittelbare Anwendbarkeit der EMRK, 1984; *Schmid,* Rang und Geltung der EMRK in den Vertragsstaaten, 1984; *Frowein,* Der europäische Menschenrechtsschutz als Beginn einer europäischen Verfassungsrechtsprechung, JuS 1986, S. 845 ff.; *Murswiek,* Die Individualbeschwerde vor den Organen der EMRK, JuS 1986, 58 ff., 175 ff.; *Golsong* u. a. (Hrsg.), Internationaler Kommentar zur EMRK 1986 ff. (Losebl.); *Schaupp-Haag,* Die Erschöpfung des innerstaatlichen Rechtsweges und Art. 26 EMRK und das deutsche Recht, 1987; *Cohen-Jonathan,* La Convention des droits de l'homme, 1989; *Sudre,* La Convention Européenne des droits de l'homme, 1990; *Ginther,* The European Convention for the prevention of torture and inhuman or degrading treatment or punishment, EJIL 1991, S. 123 ff.; *Frowein,* Übernationale Menschenrechtsgewährleistungen und nationale Staatsgewalt, HdbStR VII, 1992, S. 731 ff.; *Langenfeld/Zimmermann,* Interdependenzen zwischen nationalem Verfassungsrecht, EMRK und Europäischem Gemeinschaftsrecht, ZaöRVR 1992, S. 259 ff.; *Ehricke,* Auswirkungen der EMRK auf das deutsche Kollisionsrecht, EuGRZ 1993, S. 113 ff.; *MacDonald/ Matscher/Petzold* (Hrsg.), The European System for the Protection of Human Rights, 1993; *Bleckmann,* Verfassungsrang der EMRK?, EuGRZ 1994, S. 149 ff.; *Schermers,* The merger of the Commission and Court of Human Rights, 1994; *Bernhardt,* Probleme eines Beitritts der EG zur EMRK, FS Everling, 1995, S. 103 ff.; *Harris/ O'Boyle/Warbrick,* Law of the European Convention on Human Rights, 1995; *Hilf,* EU und EMRK, FS Bernhardt, 1995, S. 1193 ff.; *Meyer-Ladewig,* Ein neuer ständiger Gerichtshof für Menschenrechte, NJW 1995, S. 2813 ff.; *Meyer-Ladewig,* Die Zukunft des europäischen Menschenrechtssystems, EuGRZ 1996, S. 374 ff.; *Ress,* Wirkung und Beachtung der Urteile und Entscheidungen der Straßburger Konventionsorgane, EuGRZ 1996, S. 350 ff.; *Schröder,* Die Rechtsordnung Rußlands und die Anforderungen der EMRK, 1996; *Krüger,* Die Auswahl der Richter für den neuen EuGHMRe, EuGRZ 1997, S. 397 ff.; *Compendium de la CEDH* – Les principes directeurs de la jurisprudence relative à la Convention européenne des droits de l'homme, 1998; *Council of Europe* (Hrsg.). Short Guide to the Europ. Conv. on Human Rights, 2. Aufl. 1998.

Berichte über die Entwicklung des europäischen Menschenrechtsschutzes und über die Entscheidungspraxis der Europäischen Kommission und des Gerichtshofes für Menschenrechte finden sieh regelmäßig u. a. in den Cahiers de Droit Européen, in der European Human Rights Law Review, in der Europäischen

Grundrechtszeitschrift und in der Neuen Juristischen Wochenschrift. Seit den 50er Jahren erscheint das Yearbook of the Convention on Human Rights.

An neueren Rechtssprechungssammlungen vgl. etwa *Berger* (Hrsg.), Case Law of the European Court of Human Rights, seit 1989 (mehrere Bände); *van Dijk/van Hoff*, Theory and Practice of the European Convention on Human Rights, 2. Aufl. 1990; *Kempees* (Hrsg.) A systemic Guide to the Case Law of the European Court of Human Rights, seit 1996 (mehrere Bände).

76 Die wichtigste Konvention, die der Europarat bislang ausgearbeitet hat, ist die **Konvention zum Schutze der Menschenrechte und Grundfreiheiten** vom 4.11.1950 (BGBl. 1952 II, S. 686, 953, Änderungen = Sart. II, Ziff. 130, zur Entstehung *Partsch*, ZaöRVR 1954, S. 631 ff.). Die Konvention wurde später durch bislang 11 Zusatzprotokolle (ZP) ergänzt.

Über den individuellen Menschenrechtsschutz hinaus befaßt sich der Europarat inzwischen auch mit dem **Schutz nationaler Minderheiten.** Das Rahmenabkommen zum Schutz nationaler Minderheiten v. 1.2.1995 (BGBl. 1997 II, S. 1408 = Sart. II Ziff. 120) und die Europäische Charta der Regional- und Minderheitensprachen (1992) sind 1998 in Kraft getreten. (*Ermacora*, Grundrechte der europäischen Volksgruppen, 1992). Diese Regelungen sind allerdings noch flexibel gehalten, mit schwachen Überwa-chungsmechanismen und ohne Statuierung einklagbarer Gruppenrechte.

Die allgemeinen Bestimmungen der Konvention, insbesondere auch diejenigen, welche die Durchsetzung der Konventionsrechte mittels Menschenrechtskommission und Gerichtshof betreffen, gelten auch für die Garantien der ZP, die jedoch zum Teil noch nicht in Kraft getreten sind. Die Konvention selbst ist mittlerweile von den **meisten** (1998 auch von Rußland) **MS des Europarates** ratifiziert worden, die Zusatzprotokolle aber von einer geringeren Zahl. Jedoch gestattet Art. 64 das Einlegen von Vorbehalten (Übersicht bei *Frowein/Peukert*, EMRK-Komm., 2. Aufl. 1997), soweit zum Unterzeichnungs- oder Ratifizierungszeitpunkt mit der Konvention unvereinbares nationales Recht in Kraft ist. Dieses ist dann im Vorbehalt anzugeben (Abs. 2.) Von dieser Möglichkeit wurde in der Praxis reichlich Gebrauch gemacht. Die Konventionsorgane haben diese Vorbehalte jedoch immer selbst auf ihre Reichweite untersucht (*Cameron/Horn*, GYIL 1991, S. 69 ff.).

77 Seit längerem wird über einen **Beitritt der EG/EU zur EMRK** gesprochen, da die Gemeinschaft keinen geschriebenen Grundrechtskatalog besitzt (unten Rz. 489 und *Bernhardt*, FS Everling, 1995, S. 103 ff.). Der Gerichtshof der EGen bezieht aber die Grundregeln der EMRK als „allgemeine Rechtsgrundsätze" des Gemeinschaftsrechts in seine Rechtsprechung ein, da die Konvention von allen EG-MSen ratifiziert ist. Seit 1993 verpflichtet Art. F Abs. 2 = 6 Abs. 2 neu EUV die EU förmlich auf die Achtung der EMRK-Grundrechte. Die Gerichtsbarkeit des EuGH gemäß Art. 46 neu EUV erstreckt sich seit dem Amsterdamer Vertrag 1997 auch auf diesen Art. 6 Abs. 2. Inzwischen hat der Gerichtshof 1996 klargestellt (EuGHE 1996, I-1759 ff. Gutachten 2/94), daß ein Beitritt der EG zur EMRK mangels einer allgemeinen Menschenrechtszuständigkeit einer Vertragsänderung bedürfte und nicht über Art. 235 = 308 neu EGV erfolgen kann (Theuren, Das Verhältnis der EG zur EMRK, 1998).

An weiteren **EMRK-Rechtsgrundlagen** sind die **Verfahrensordnungen** der Europäischen Kommission für Menschenrechte v. 4.9.1990 (BGBl. 1991 II, S. 839 = Sart. II Ziff. 136) und des EUGHMR v. 27.5.1993, ÖBGBl. 1994, S. 927 = Sart. II Ziff. 137) sowie das Übereinkommen v. 6.5.1969 über die **Beteiligten** an den EMRK-Verfahren (BGBl. 1977 II, S. 1445 = Sart. II Ziff. 138) hervorzuheben. 78

Die EMRK gewährt dem einzelnen eine Reihe von Freiheitsrechten. Nachhaltig ist sie, wie insbesondere ihre Präambel zeigt, von der durch den Franzosen *René Cassin* maßgeblich konzipierten Allgemeinen Erklärung der Menschenrechte der UNO vom 10. Dezember 1948 (Resolution GA 217/ III = Sart. II, Ziff. 19) inspiriert worden. Französisches Gedankengut von 1789 ist hier tradiert worden. Ähnliche Konventionen sind in der Folge von den Organisationen amerikanischer (1969, ILM IX [1970], S. 99 ff.) bzw. afrikanischer Staaten (1982, ILMXXI [1982], S. 59 ff.) ausgearbeitet worden. In der Intensität ihres Rechtsschutzes ist die EMRK international unübertroffen. 79

Ihrer Rechtsnatur nach ist die EMRK ein **völkerrechtlicher Vertrag.** In welcher Form dieser in das nationale Recht umgesetzt wird, bleibt jedem Staat überlassen *(Seidel,* DVBl. 1975, S. 743 ff.). Die Konvention enthält keine Transformationspflicht. Es reicht aus, daß das nationale Recht inhaltlich gleiche Garantien enthält. (Vgl. etwa Großbritannien). Selbst wenn die EMRK transformiert wird, ergibt sich daraus kein besonderer Rang. In Österreich gilt sie zwar mit Verfassungsrang, doch ist dies in einem entsprechenden Gesetz vorgesehen. In der **Bundesrepublik Deutschland** gelten Verträge, denen durch Bundesgesetz zugestimmt wurde, **im Range eines einfachen Bundesgesetzes** (Art. 59 Abs. 2 GG). Dies ist auch die Praxis der deutschen Gerichte für die EMRK (BVerwGE 52, 313, 334, näher *Frowein,* HdbStR VII, 1992, S. 735 ff.). Die Konvention kann daher auch nicht mit einer Verfassungsbeschwerde vor dem BVerfG angegriffen werden (seit BVerfGE 10, 271 st. Rspr., etwa wieder 34, 284, 395). Dies ist sehr bedauerlich, da der ihrem menschenrechtlichen Inhalt nach so bedeutsamen Konvention damit spätere Bundesgesetze vorgehen. Immerhin sieht BVerfGE 74, 370; 82, 120 die EMRK im Verständnis des EuGHMR als Auslegungshilfe für das GG an. Für das Recht der EGen läßt sich der Vorrang des Gemeinschaftsrechts über Art. 23f. GG begründen (unten Rz. 615). Da auch die EMRK ein eigenes Rechtsschutzsystem geschaffen hat, läßt sich dieser Gedanke vielleicht übertragen. Doch ist zu bedenken, daß die EGen unmittelbar Hoheitsgewalt ausüben können, während sich die Urteile des EuGHMR in der Feststellung des Kon-ventionsverstoßes erschöpfen und gegebenenfalls eine Entschädigung gewähren (unten Rz. 89). Soweit Konventionsbestimmungen allgemeine Regeln des Völkerrechts im Sinne von Art. 25 GG enthalten, kann sich hieraus ein **übergesetzlicher Rang** ergeben (vgl. auch *Bleckmann,* EuGRZ 1994, S. 149 ff.). Für die **Auslegung der EMRK** gelten einige Besonderheiten. EuGHMR und Kommission zeigen sich reserviert gegenüber einer historischen Interpretation und ziehen eine objektive Betrachtung vor. Die Konvention sei ein „living instrument" *(Cossey,* EuGHMRE 184, Ziff. 42). Ähnlich wie auch vom Gerichtshof der EG (dazu unten werden interpretationsbedürftige Begriffe zumeist nicht unter Rückgriff auf das jeweilige nationale Recht, sondern „autonom" ausgelegt. Wohl aber wird auf andere Normen des Volkerrechts zurückgegriffen (Kommission, Irland ./. Großbritannien, YB 19, 512, 750) 80

1. Europäische Kommission und Europäischer Gerichtshof für Menschenrechte – Neuer Europäischer Gerichtshof für Menschenrechte (11. EMRK-Protokoll)

81 Wesentliches Merkmal der EMRK ist insbesondere, daß die Konvention für die Sicherstellung der Einhaltung zwei von nationalen Instanzen unabhängige Organe mit Entscheidungskompetenzen geschaffen hat, **die Europäische Kommission und den Europäischen Gerichtshof für Menschenrechte,** beide mit Sitz in Straßburg (Palais des Droits de l'homme). Die normalen Mechanismen zur Durchsetzung des Völkerrechts sind demgegenüber ausgeschlossen (Art. 62 EMRK). Bevor die Straßburger Instanzen mit einem Fall befaßt werden, müssen jedoch wie auch sonst im Völkerrecht die **innerstaatlichen Rechtsmittel erschöpft sein** (Art. 26 EMRK) (*Schaupp-Haag,* Die Erschöpfung des innerstaatlichen Rechtsweges und Art. 26 EMRK und das deutsche Recht, 1987).

Hierzu zählen alle Rechtsbehelfe, ggf. etwa auch Verfassungsbeschwerden oder Strafanzeigen. Auch müssen die als verletzt behaupteten europäischen Garantien dort bereits geltend gemacht worden sein (*Cardot,* EuGHMRE 200, Ziff. 34 ff.). Grenzen findet dieser Grundsatz, wenn das Rechtsmittel nicht effektiv ist, weil es wegen der gegenläufigen ständigen Rechtsprechung der entsprechenden Instanzen aussichtslos oder wegen überlanger Verfahrensdauer nicht zumutbar ist (DR 10, 5 Ziff.3). Nach Art. 13 EMRK haben die Konventionstaaten sogar die Pflicht, gegen Verletzungen der Konvention auf nationaler Ebene wirksamen Rechtsschutz zu gewähren, gegebenenfalls auch eine Entschädigung. Voraussetzung ist eine „vertretbare“ Behauptung der Verletzung von EMRK-Rechten („Plattform Ärzte für das Leben“, EuGHMRE 139, Ziff. 27). Es muß sich bei der Beschwerdeinstanz nicht notwendigerweise um ein Gericht handeln, doch muß das Entscheidungsorgan in jedem Fall eine gewisse Unabhängigkeit gegenüber der ursprünglichen Entscheidungsinstanz besitzen. Weiterhin muß der Verletzte ein Recht auf rechtliches Gehör haben (vgl. *Klass* u. a., EuGHMRE 28, Ziff. 67) Weitergehend ist insoweit der allerdings nicht in allen Fällen anwendbare Art. 6 EMRK (dazu unten Rz. 115). Systematische Einschränkungen von Art. 13 EMRK ergeben sich bei Konventionsverletzungen unmittelbar durch Gesetz, da die EMRK keine Verfassungsgerichtsbarkeit gebietet, sowie durch die Gerichte, da ein Instanzenzug nicht gewährleistet wird (dazu unten Rz. 113 ff.).

a) Kommission und Gerichtshof

82 Die **Mitglieder der Kommission** (dazu Art. 20 ff. EMRK) – in ihrer Zahl derjenigen der EMRK-Vertragsparteien entsprechend – werden vom Ministerausschuß des Europarates auf Vorschlag der jeweiligen Vertreter in der Parlamentarischen Versammlung grundsätzlich für 6 Jahre gewählt. Die Kommission ist zwar nach ihren Prozeduren kein Gericht, seine Mitglieder sind aber trotzdem von Weisungen ihrer Heimatstaaten unabhängig (*Krüger,* EuGRZ 1980, S. 238 ff.). Durch das 8. ZP wird das Verfahren vor der Kommission stärker gerichtsförmig gestaltet. Die Sekretariatsaufgaben der Kommission werden von dem Sekretariat des Europarates wahrgenommen. Jedoch ist die Kommission kein Organ des Europarates, sondern „an seinem Rande“ angesiedelt.

Die **Mitglieder des Gerichtshofes** (dazu Art. 38 ff. EMRK) entsprechen in ihrer Zahl den Mitgliedern des Europarates *(Trechsel,* GS Noll, 1984, S. 385 ff.). Sie werden von der Parlamentarischen Versammlung des Europarates grundsätzlich für 9 Jahre gewählt. An der Spitze des Gerichtshofes stand bis 1998 der Deutsche Rudolf Bernhardt. Die Verwaltung des Gerichtshofes (Kanzlei) wird von dessen Kanzler geleitet (vgl. Art. 11 ff. VerfO des EuGHMR). Kommission und Gerichtshof geben sich selbst ihre Geschäftsordnung (Art. 36 bzw. 55 EMRK). Beide Organe veröffentlichen ihre Entscheidungen bzw. Urteile regelmäßig in den Entscheidungssammlungen „Décisions et Rapports" (DR) bzw., Publications de la Cour Européenne des Droits de l'homme / Série A" (= EuGHMRE). Die Série B enthält die Kommissionsentscheidungen und die Plädoyers. Vielfach sind Entscheidungen auch im Yearbook of the European Convention (YB) und in der EuGRZ abgedruckt. 83

b) Die Verfahren

Die Kommission kann in zweierlei Verfahren mit angeblichen Verletzungen der Konvention befaßt werden: **Staatenbeschwerde (Art. 24 EMRK)** und **Individualbeschwerde (Art. 25 EMRK).** Bei der **Staatenbeschwerde** macht ein Konventionsstaat geltend, ein anderer MS habe die Konvention verletzt *(Hold,* Die Staatenbeschwerde im Rahmen der EMRK, 1975). Hervorzuheben ist dabei, daß in diesem Falle Vorbehalte des Antragstellers bei der Ratifikation kein Hindernis bedeuten (Kommissionsbericht im Verfahren gegen die Türkei, ZaöRVR 1984, S. 350 ff.), da der Kontrollmechanismus kollektiven Charakter habe, die übernommenen Verpflichtungen keinen gegenseitigen, sondern objektiven Charakter hätten und im übrigen die Konvention in anderen Fällen die Relevanz dieses Arguments ausdrücklich bestimmt habe. Das „schwere Geschütz" der Staatenbeschwerde ist in der Praxis nur selten erhoben worden, von denen alleine vier Beschwerden die Situation in Zypern betrafen. Weitere bedeutsame Verfahren wurden durch die Militärputsche in Griechenland 1967 und der Türkei 1980 ausgelöst (vgl. auch oben Rz. 75). Schließlich ist das Verfahren, das Irland gegen Großbritannien 1972 wegen der Behandlung von Terroristen im Königreich anstrengte, hervorzuheben. Insgesamt stehen der Erhebung von Staatenbeschwerden immer noch etwas die traditionellen „Souveränitätsskrupel" entgegen. 84

Die mit einem „Hauch von Supranationalität" ausgestattete **Individualbeschwerde** kann von jeder natürlichen Person, nichtstaatlichen Organisationen oder Personenvereinigungen (also insbesondere nicht von einer juristischen Person des öffentlichen Rechts) erhoben werden. (Näher *Rogge,* EuGRZ 1996, S. 341 ff.). 85

Voraussetzung ist, daß die Person selbst verletzt ist; eine mittelbare Verletzung ist bei schutzwürdigem Interesse ausreichend (DR 19, 244, Ziff. 2). Es kann nur die Verletzung durch einen Staat (einschließlich des „eigenen") geltend gemacht werden, nicht eine Mißachtung der Rechte durch

Private. Doch ist der Staat verantwortlich für seine Gesetzgebung, die Privaten ein bestimmtes Verhalten ermöglicht *(Young, James* und *Webster,* EuGHMRE 44, Ziff. 49). Die Individualbeschwerde setzt zunächst eine entsprechende **Unterwerfungserklärung** seitens des die Konvention u. U. verletzenden Staates voraus (Art. 25 EMRK). Diese Erklärung ist inzwischen von den meisten MSen abgegeben worden, wenn auch meist nur befristet. Seit 1955 wurden ca. 25 000 registrierte Individualbeschwerden eingereicht. Insgesamt wurden jedoch weniger als 5 % der Beschwerden für zulässig erklärt. In diesen Zahlen spiegelt sich eine bemerkenswerte transnationale Annahme dieses modernen völkerrechtlichen Rechtsschutzinstrumentes, das wie wenige andere dem Menschenrechtsgedanken zum praktischen Durchbruch verhilft.

86 Im Grundsatz laufen Staaten- und Individualbeschwerde weitgehend parallel. Zulässigkeitsvoraussetzung ist die **Erschöpfung innerstaatlicher Rechtsmittel** (oben Rz. 81). Individualbeschwerden müssen innerhalb von 6 Monaten nach der letzten innerstaatlichen Entscheidung erhoben werden (Art. 26). Sie werden, wenn sie anonym gestellt oder bereits früher bearbeitet worden sind, zurückgewiesen. Gleiches gilt, wenn sie offensichtlich unbegründet oder mißbräuchlich sind (Art. 27 EMRK). Zunächst wird die **Kommission** mit der Angelegenheit befaßt *(Trechsel,* ZSchwR 1975, S. 407 ff.). Nach der Prüfung der Zulässigkeit ermittelt die Kommission von Amts wegen den Sachverhalt und versucht gegebenenfalls nach einer mündlichen Verhandlung, einen **„freundschaftlichen Ausgleich auf der Grundlage der Menschenrechte“** herbeizuführen (Art. 28 EMRK). Um einen Vergleich im eigentlichen Sinne handelt es sich bei dieser staatliche Empfindlichkeit schonenden Prozedur nicht, da für die Zukunft Konventionsverletzungen ausgeschlossen sein müssen. In aller Regel dürfte es vor allem um die Entschädigung gehen. In der Praxis führt diese Regelung zu erheblichen und bedenklichen **Verfahrensverzögerungen.** Die Verfahren (vor Kommission und Gericht zusammen) dauern heute im Schnitt 6 Jahre und mehr. Kommt es zu keiner Einigung, muß die Kommission einen **Bericht** zur Frage erstellen, ob tatsächlich die Konvention verletzt ist. Dabei steht nur die konkrete Situation zur Beurteilung. ob eine implizit angegriffene Rechtsnorm allgemein mit der Konvention vereinbar ist, darf nicht untersucht werden. Der erstellte Bericht ist in diesem Falle dem **Ministerkomitee** des Europarates und den beteiligten Staaten vorzulegen (Art. 31 EMRK).

87 Anschließend bestehen für die Kommission, wenn sie eine Konventionsverletzung angenommen hat, zwei Möglichkeiten. Entweder unterbreitet sie den Fall binnen 3 Monaten dem **Gerichtshof** (dazu unten Rz. 88) oder es obliegt dem **Ministerkomitee,** mit Zweidrittelmehrheit (künftig gemäß 10. ZP einfache Mehrheit) über die Frage der Konventionsverletzung zu entscheiden (Art. 32 EMRK, *Golsong,* EuGRZ 1975, S. 448 ff.). Diese Entscheidung ist für den betroffenen Staat bindend. Obwohl der Ausschuß ein politisches Organ ist, ist er in der Praxis bislang regelmäßig der Kommission gefolgt. Der betroffene Staat muß dann in einem festzusetzenden Zeitraum der Verletzung abhelfen, sonst wird der Bericht veröffentlicht. Letzteres erfolgt jedoch in der Praxis ohnehin meistens. Außerdem kann der Ministerausschuß verbindlich über eine etwaige Vollstreckung gegen den MS entscheiden. Eine solche ist in der Praxis jedoch noch nicht vorgekommen, ja nicht einmal im Verfahrensrecht des Ministerkomitees vorgesehen Es bleibt also bei einem **„moralischen Pranger“** durch die Veröffentlichung, was in der Regel zur Abstellung der Verletzung ausreicht.

Effektiver ist in aller Regel die **Anrufung des Gerichtshofes.** Seit 1975 88 verfahrt die Kommission überwiegend so. Die Anrufung kann durch die Kommission und die am Verfahren beteiligten **Vertragsstaaten** geschehen sowie seit dem 9. ZP v. 6.11.1990 (BGBl. 1994 II, S. 491) durch verfahrensbeteiligte Einzelpersonen (Art. 48 EMRK nF.). Der Gerichtshof hatte bis 1995 schon über 500 Urteile gefällt, die Tendenz ist steigend (EuGRZ 1994, S. 353 ff.).

Der Gerichtshof entscheidet in der Regel in **Kammern von 9 Mitgliedern,** zu 89 denen immer die Richter aus den betroffenen Staaten gehören (Art. 43 EMRK) (*Petzold,* EuGRZ 1978, S. 500 ff.). Ggf. kann ein ad hoc Richter bestellt werden. Fälle, die ein schwerwiegendes, die Auslegung der Konvention betreffendes Problem betreffen, können an das **Plenum** abgegeben werden. **Parteifähig** sind seit dem 9. ZP 1990 (oben Rz. 88) die MSen, die Kommission und verfahrensbeteiligte Einzelpersonen (Art. 44 EMRK nF.). Die Urteile des Gerichtshofes sind für alle Beteiligten endgültig und verbindlich (Art. 52 f. EMRK). Zur europaweiten Akzeptans der Urteile bedarf es einer sorgfältigen Begründung (*Matscher,* FS Bernhardt, 1995, S. 503 ff.). Stellt der Gerichtshof eine Verletzung der Konvention fest, kann er der verletzten Partei – gemeint ist hier das verletzte Individuum (Belgischer Landstreicherfall, EuGHMRE 14, Ziff. 16 ff.) – eine **Entschädigung** gewähren, wenn die innerstaatlichen Vorschriften nur eine unvollkommene Wiedergutmachung gestatten (Art. 50 EMRK). Voraussetzung ist ein – auch immaterieller – Schaden, der durch den Konventionsverstoß verursacht wurde. Problematisch ist dies, wenn nur Verfahrensvorschriften verletzt wurden, da Kausalität des Schadens nachgewiesen werden muß. Dagegen fehlt dem Gerichtshof die Kompetenz, einen nationalen Akt aufzuheben. Wie das Urteil **vollstreckt** wird, ist Sache der nationalen Behörden, doch werden sie vom Ministerkomitee dabei überwacht. Eine wirksame Vollstreckung setzt Autorität der Urteile voraus, die aus einer überzeugenden Begründung erwachsen muß (*Cohen-Jonathan,* FS Eissen, 1995, S. 38 ff.). Nach den Verfahrensregeln des Ministerkomitees beschrankt sich die Vollstrekkung jedoch darauf, spätestens jeweils alle 6 Monate den verurteilten Staat über die Durchführung der getroffenen Maßnahmen berichten zu lassen. Eine nach Art. 50 EMRK verhängte Entschädigung ist in der Praxis bislang immer bezahlt worden. – Den in Verfahren vor Kommission und EuGHMR auftretenden Personen werden bestimmte **Befreiungen und Erleichterungen** gewährt (Abkommen v. 6.5.1969, BGBl. 1977 II, S. 1445 = Sart. II, Ziff. 138).

Mit diesem „supranationalen“ Überwachungsmechanismus bietet die 90 EMRK seit den fünfziger Jahren einen **sehr dynamischen Menschenrechtsschutz,** der insbesondere solche Länder, die stark auf ihre nationale Souveränität bedacht oder in denen auf nationaler Ebene eine Verfassungsgerichtsbarkeit nicht oder nur in engen Grenzen bekannt ist, vor nicht unerhebliche Akzeptanzprobleme stellen kann. Dennoch hat sich der regionale europäische Zusammenhalt von Island bis Malta im allgemeinen als eng genug erwiesen, um die Standards der EMRK zur Geltung zu bringen.

c) Neuer Europäischer Gerichtshof für Menschenrechte (11. EMRK-Protokoll)

91 Ab Ende 1998 wird der Rechtsschutz der EMRK einem grundlegenden Wandel unterzogen. Gemäß dem **11. Zusatzprotokoll zur EMRK** von 1993/94 (BGBl. 1995 II S. 578) tritt mit Wirkung vom 1. November 1998 an die Stelle von Kommission und Gerichtshof ein **neuer ständiger Europäischer Gerichtshof für Menschenrechte** (nEuGHMR). Der Sitz bleibt Straßburg. Ähnlich wie beim Luxemburger Gerichtshof der EGen (unten Rz. 372) ist das Richteramt am nEuGHMR eine Vollzeitbeschäftigung. Die Richter sind bedienstete des Europarates *(Meyer-Ladewig,* NJW 1995, S. 2813 ff.).

Der nEuGHMR wird von einem **Menschenrechtskommissar** des Europarates unterstützt. Das 11. ZP beendet eine bis in die 80er Jahre zurückreichende Reformdiskussion. Mit der in den 90er Jahren stark wachsenden Zahl der EMRK-Staaten ging ein **Anschwellen der Individualbeschwerden** einher (oben Rz. 85). Zu ihrer Bewältigung wurde 1993 die **Fusion Kommission/EuGHMR** beschlossen. Als Ersatz für die damit entfallende 2. Instanz wurde für bedeutsame Fälle die Möglichkeit einer **Zweitentscheidung durch die „Große Kammer"** des nEuGHMR geschaffen (Art. 45 ZP). Mit der Hauptberuflichkeit der Richter soll gleichzeitig die Qualität der Rechtsprechung weiter verbessert werden.

92 Der nEuGHMR tritt insgesamt in die bisherigen Zuständigkeiten von Kommission/EuGHMR einschließlich Staaten- und Individualbeschwerden (oben Rz. 84) ein. Die **Zahl der Richter** entspricht nunmehr derjenigen der EMRK-Staaten (bisher EuRat-Staaten). (Art. 20 ZP). Sie werden wie bisher von der Parlamentarischen Versammlung auf 6 Jahre gewählt. Das Gericht wird von einer Kanzlei mit einem **Kanzler** an der Spitze unterstützt (Art. 25 f. ZP).

Der nEuGHMR tagt in **Ausschüssen** (3 Richter), **Kammern** (7) und als **Große Kammer** (17). Das **Plenum** regelt organisatorische Fragen und wählt die Leitung des Gerichts, insbes. den Präsidenten (Art. 27 ZP).

Die Ausschüsse prüfen vor allem die Zulässigkeit von Individualbeschwerden („Filterfunktion"). Die Kammern sind der **eigentliche Spruchkörper des Gerichts.** Sie entscheiden über die Beschwerden i.d.R. abschließend. Die „eigenartige Regelung" *(Meyer-Ladewig)* der Großen Kammer soll die **Einheitlichkeit der Rspr.** des Gerichts sichern und eine Art **„2. Ersatz-Instanz"** innerhalb des einen Gerichts schaffen. Die Große Kammer entscheidet über Sachen, die von einer Kammer vor ihrer E an sie abgegeben worden sind („Grundsatzvorlage", Art. 30 ZP) oder solche, die nach einem Urteil der Kammer von dieser wegen der besonderen Bedeutung an die Große Kammer verwiesen werden („Ersatz-Rechtsmittel", Art. 43 ZP).

93 **Individualbeschwerden** (Art. 34 ZP) und **Staatenbeschwerden** (Art. 33 ZP) werden im wesentlichen nach den bisherigen Verfahrensgrundsätzen (oben Rz. 84 ff.) nunmehr unmittelbar beim nEuGHMR erhoben. Es bedarf keiner besonderen Unterwerfungserklärung der betroffenen Staaten mehr.

Insgesamt ist durch die Reform des EMRK-Rechtsschutzes eine **wesentliche Verbesserung des Menschenrechtsschutzes** in Europa zu erwarten. Man erhofft eine Bewältigung der jährlich erwarteten 3000–4000 Beschwerden in angemessener Frist und eine überzeugende Begründungsqualität der Entscheidungen des nEuGHMR. Die ersten Wahlen 1998 von 39 Richtern (zum Verfahren *Krüger,* EuGRZ 1997, S. 397 ff.) scheinen diese Hoffnungen zu bestätigen. In Organisation und Zuständigkeiten knüpft der ständige Straßburger Menschengerichtshof nunmehr an die Standards des Luxemburger Gerichtshofes der Europäischen Gemeinschaften an (unten Rz. 372).

2. Der Menschenrechtskatalog der EMRK

Literatur: *Wildhaber,* Die Koalitionsfreiheit gemäß Art. 11 EMRK, GYIL 1976, S. 238 ff.; *Salvia,* La notion de proportionnalité dans la jurisprudence de la Commission et de la Cour européenne des droits de l'homme, Dir. com. e degli scambi internazionali 1978, S. 463 ff.; *Trechsel,* Die Garantie der persönlichen Freiheit (Art. 5 EMRK) in der Straßburger Rechtsprechung, EuGRZ 1980, S. 514 ff.; *Eiselstein,* Staatliches Bildungsmonopol und Art. 2 der Europäischen Menschenrechtskonvention, FS Oppermann, 1981, S. 178 ff.; *Kitz,* Die Notstandsklausel des Art. 15 der Europäischen Menschenrechtskonvention, 1983; *Hailbronner,* Die Einschränkungen von Grundrechten in einer demokratischen Gesellschaft, FS Mosler, 1983, S. 359 ff.; *Kühl,* Unschuldsvermutung und Einstellung des Strafverfahrens, NJW 1984, S. 1264 ff.; *Bleckmann,* „Berufsverbote" und die Europäische Menschenrechtskonvention, DÖV 1984, S. 565 ff.; *Schroth,* Europäische Menschenrechtskonvention und Ordnungswidrigkeitenrecht, EuGRZ 1985, S. 557 ff.; *Breitenmoser,* Der Schutz der Privatsphäre gemäß Art. 8 EMRK, 1986, *Engel;* Der Zusammenhang zwischen Sende- und Empfangsfreiheit unter der EMRK, ZUM 1988, S. 511 ff.; *Blum,* Die Gedanken-, Gewissens- und Religionsfreiheit nach Art. 9 der EMRK, 1990; *Brötel,* Der Anspruch auf Achtung des Familienlebens, 1991; *Geppert,* Zum „Fair Trial-Prinzip" und Art. 6 Abs. 1 S. 1 EMRK, JURA 1992, S. 597 ff.; *Schwarze,* Der Beitrag des Europarates zur Entwicklung von Rechtsschutz und Verfahrensgarantien im Verwaltungsrecht, EuGRZ 1993, S. 377 ff.; *Dannemann,* Schadensersatz bei Verletzung der EMRK, 1994; *Leuprecht* u. a., Der Europarat und die Religionsfreiheit, Gewissen und Freiheit, Nr. 43/1994, S. 25 ff.; *Lambert,* La liberté de la presse, la protection de la réputation d'autrui e la Convention européenne des droits de l'homme, FS Eissen, 1995; *Partsch,* Wertet die neue Straßburger Judikatur das Diskriminierungsverbot auf?, FS Everling, 1995, S. 1049 ff.; *Petiti,* Liberté d'expression et nouvelles technologies de l'audiovisuel, FS Eissen, 1995; *Schermers,* Inhuman treatment by police officers, FS Eissen, 1995; *Callewaert,* Die EMRK und die Verfahrensgarantien, EuGRZ 1996, S. 366 ff.; *Fiedler,* Die EMRK und der Schutz des Eigentums, EuGRZ 1996, S. 354 ff.; *Gelinsky,* Der Schutz des Eigentums gemäß Art. 1 des 1. ZP zur EMRK, 1996; *Kloepfer,* Innere Pressefreiheit und Tendenzschutz im Lichte des Art. 10 EMRK, 1996 (engl. 1997).

a) Vorbemerkungen

Bevor die einzelnen Rechte der EMRK behandelt werden, ist zunächst **94**
auf allgemeine Fragen des **personellen und sachlichen Schutzbereiches** sowie der **Einschränkbarkeit** einzugehen. Geschützt werden durch die EMRK alle der Hoheitsgewalt einer Vertragspartei unterstehenden Personen (Art. 1 EMRK). Jeder Staat ist dabei verantwortlich für die Tätigkeit aller seiner Organe (Irland ./. Großbritannien, EuGHMRE 25, Ziff. 159), auch dann, wenn die Handlungen im Ausland stattfinden (Zypern ./. Türkei, DR 2, 125, Ziff. 8). Art. 14 EMRK **verbietet** auch in personaler Hin-

sicht **jede Diskriminierung** im Hinblick auf den Genuß der in der Konvention garantierten Rechte *(Barth,* BB 1994, S. 1474 ff.). Darüberhinaus enthält die Konvention keinen allgemeinen Gleichheitssatz. Doch müssen auch die zulässigen Einschränkungen der Konventionsrechte den Anforderungen von Art. 14 EMRK genügen (Belgischer Sprachenstreit, EuGHMRE 6 Ziff. 9), so daß im Ergebnis aufgrund des umfassenden Kataloges von Freiheitsrechten in der EMRK **weitgehend ein allgemeines Diskriminierungsverbot** erreicht wird *(Matscher,* FS Klecatsky, 1980, S. 627 ff.). Wie in den meisten nationalen Rechtsordnungen wird damit keine schematische Gleichbehandlung aller Fälle verlangt, vielmehr ist nur Gleiches gleich zu behandeln. Ungleiche Situationen dürfen, ggf. müssen sie ihrer Ungleichheit entsprechend ungleich geregelt werden. Werden bestimmten Gruppen Konventionsrechte vorenthalten, ist zum Vergleich auf die allgemeine Situation in den verschiedenen Staaten zurückzugreifen *(Rasmussen,* EuGHMRE 87, Ziff. 39). Ausdrücklich wird bestimmt, daß die politische Betätigung von Ausländern Beschränkungen unterworfen werden darf (Art. 16 EMRK). Auch juristische Personen können sich auf die in der EMRK garantierten Rechte berufen, soweit diese auf sie anwendbar sind. Dies ergibt sich insbesondere aus Art. 25 EMRK (oben Rz. 85).

95 Im Falle eines Krieges oder eines ähnlich gravierenden Notstandes kann der Staat sich von der Beachtung der Freiheitsrechte – mit Ausnahme der „grundlegenden" Art. 2, 3, 4 Abs. 1 und 7 EMRK – dispensieren, soweit dies zur Behebung der Lage unbedingt erforderlich ist (Art. 15 EMRK; *Kitz,* Die Notstandsklausel des Art. 15 der EMRK, 1982). Ob die Voraussetzungen dieser **Notstandsklausel** vorliegen, ist im Grundsatz durch Kommission und Gerichtshof überprüfbar (Irland ./. Großbritannien, EuGHMRE 25, Ziff. 207). Auf jeden Fall muß ein Staat bei einem solchen Vorhaben den Generalsekretär des Europarates vorher informieren (Art. 3). Weiterhin dürfen die in der Konvention vorgesehenen **Einschränkungsmöglichkeiten** nur zum jeweils vorgesehenen Zweck genutzt werden (Art. 18 EMRK). Schließlich wird die Berufung auf die EMRK insofern eingeschränkt, daß man dies nicht mit dem Ziel der Einschränkung der Rechte tun darf (Art. 17 EMRK). Das bedeutet jedoch nicht, daß von der Beachtung der rechtsstaatlichen Verfahrensgarantien der Art. 5 ff. EMRK (unten Rz. 113 ff.) dispensiert wird: nur kann sich niemand auf die materiellen Garantien berufen. Andernfalls wären Freiheitsfeinde generell „vogelfrei", was mit den Grundsätzen der Konvention nicht zu vereinbaren wäre. *(Lawless,* EuGHMRE 3, Ziff. 7). Durch Art. 17 EMRK verhindert werden soll nur die Berufung auf die Freiheitsrechte mit dem Ziel, diese abzuschaffen.

96 Die in der Konvention geschützten Freiheitsrechte lassen sich wie im nationalen Grund-rechtsbereich unterscheiden in Rechte aus dem **status negativus/libertatis** (Abwehr- oder Freiheitsrechte), dem **status positivus** (Leistungsrechte), dem **status activus** (staatsbürgerliche Rechte)' und dem **status activus processualis** (Verfahrensgarantien). Einen allgemeinen Gleichheitssatz enthält die Konvention zwar nicht, doch erfaßt Art. 14 EMRK (oben Rz. 94) in der Praxis so gut wie alle Fälle.

b) Freiheitsrechte

Entsprechend seiner stark „klassisch-französisch" *(René Cassin)* inspirierten Grundkonzeption entfaltet der Katalog der EMRK besonders stark die **Freiheitsrechte des einzelnen.** 97

aa) In den Art. 2–4 EMRK enthält die Konvention zunächst einige **grundlegende Freiheitsrechte,** die die Voraussetzung für eine menschenwürdige Existenz darstellen *(Trechsel,* EuGRZ 1980, S. 514 ff.). Art. 2 EMRK schützt das **Recht auf Leben** und postuliert sogar eine ausdrückliche staatliche Schutzpflicht; ob dieser Schutz bereits das vorgeburtliche Leben umfaßt und damit die Abtreibung weitgehend verbieten würde, hat die Kommission ausdrücklich offengelassen *(Brüggemann / Scheuten,* DR 10, 100 Ziff. 60). Wohl zu Recht hat aber der österreichische Verfassungsgerichtshof (Erkenntnis 7400, EuGRZ 1975, S. 74) aus der fehlenden Erwähnung der Abtreibung in den Ausnahmebestimmungen geschlossen, daß das vorgeburtliche Leben hier nicht geschützt sei. Diese sehen nur vor

- die Todesstrafe, die jedoch durch das 6. Zusatzprotokoll vom 28. April 1983 grundsätzlich verboten wird *(Hartig,* EuGRZ 1980, S. 340 ff.). Bisher kennen verschiedene MSen besonders in Ost- und Südeuropa noch die Todesstrafe. Die EU-Erklärung Nr. 1 zur Schlußakte der Amsterdamer Konferenz 1997 bekräftigt und einmal das Ziel des 6. ZP.
- die Notwehr gegenüber Angriffen auf Menschen;
- die Festnahme und die Fluchtverhinderung;
- die Verhinderung von Aufruhr oder Aufstand.

Umstritten ist insbesondere, inwieweit dadurch das **nationale Notwehrrecht der Bundesrepublik** (§ 32 StGB) eingeschränkt wird, das eine Güterabwägung nicht voraussetzt und daher eine Tötung grundsätzlich auch etwa bei Eigentumsdelikten erlaubt. Angesichts der in Art. 2 EMRK ausdrücklich angeordneten Schutzpflicht des Staates, die im wesentlichen nur gegenüber Eingriffen von privater Seite Bedeutung erlangen kann, da vor staatlichen Maßnahmen schon das Abwehrrecht schützt, läßt sich Art. 2 EMRK kaum auf das Verhältnis Staat – Bürger beschränken, wie zum Teil behauptet wird, und verbietet daher ein über Art. 2 hinausgehendes Notwehrrecht.

bb) Art. 3 EMRK verbietet **Folter, unmenschliche oder erniedrigende Strafe oder Behandlung.** Eine unmenschliche Behandlung liegt vor, wenn absichtlich angesichts der Schwere des Falles unangemessene, schwere psychische oder physische Leiden zugefügt werden, etwa besondere Verhörmethoden (*Tomasi*./.Frankreich, EuGHMRE 241–A) Folter ist eine unmenschliche Behandlung, die Leiden von besonderer Intensität und Grausamkeit verursacht (ebd.) Demgegenüber liegt eine erniedrigende Behandlung bereits bei schwächeren Eingriffen vor, etwa bei besonderen Haftbedingungen oder Verhörmethoden. Gegebenenfalls ergibt sich aus Art. 3 EMRK auch ein Abschiebungshindernis, wenn nämlich im anderen Land eine gegen Art. 3 EMRK verstoßende Behandlung droht (*Vilvarajah,* EuGHMRE 214, Ziff. 103). Art. 3 wird nunmehr durch die Europäische Antifolterkonvention verfahrensmäßig ergänzt (oben Rz. 70). 98

cc) Art. 4 EMRK verbietet **Sklaverei, Leibeigenschaft und Zwangsarbeit.** Praktische Bedeutung hat bisher nur letzteres Verbot erlangt Dabei 99 ging es insbesondere um die Frage, inwieweit Angehörige eines bestimmten Berufes im Rahmen ihrer Tätigkeit zu bestimmten Aufgaben verpflichtet werden können. Der Gerichtshof hat jeweils einen Verstoß abgelehnt *(Iversen,* YB 6, 278); da die EMRK keine Garantie der Berufsfreiheit, erst recht keine der Berufsausübung enthält, ist dies konsequent. Daneben liegt auch keine Zwangsarbeit vor, wenn die Gewährung von Arbeitslosenunterstützung verweigert wird, wenn ein zumutbarer Arbeitsplatz bereitsteht (DR 7, 161, Ziff. 1) Nicht verboten sind im übrigen Arbeiten im Rahmen von Haft, Militardienst, zivilem Ersatzdienst, Notstand und „normalen Bürgerpflichten" (Abs. 3; zum zivilen Ersatzdienst DR 44, 155).

100 dd) Weiterhin wird die **Privatsphäre des Einzelnen** geschützt *(Breitenmoser,* Der Schutz der Privatsphäre gemäß Art 8 EMRK, 1986). Nach Art. 8 EMRK hat jedermann Anspruch auf Achtung seines Privatlebens im allgemeinen. Dieses umfaßt die Sphäre, die ein Individuum zur Entwicklung und Erfüllung seiner Persönlichkeit benötigt, soweit es nicht in Kontakt mit der Öffentlichkeit oder in Konflikt mit anderen geschützten Interessen kommt *(Brüggemann / Scheuten,* DR 10, 100, Ziff. 56). Daher werden die Sammlung und Speicherung persönlicher Daten (DR 24, 103, Ziff. 2 c) und das Abhören von Telefongesprächen (*Klass* u. a., EuGHMR 28, Ziff. 40) von Art. 8 EMRK ebenso erfaßt wie der Datenschutz *(Gaskin,* EuGHMRE 160, Ziff. 39) oder Beschränkungen der Transsexualität (B./Frankreich, EuGHMRE 232 C, Ziff. 51 ff.), nicht dagegen etwa die Entscheidung über einen Schwangerschaftsabbruch *(Brüggemann / Scheuten,* a.a.O.) oder die Verpflichtung zum Tragen eines Sicherheitsgurtes (DR 18, 255).

101 Liegt ein Eingriff in die Privatsphäre vor, so kann dieser trotzdem **nach Abs. 2 gerechtfertigt** sein *(Hoffman/Remy,* Die Möglichkeit der Grundrechtseinschrankung und Art. 8–11 Abs. 2 EMRK 1976) Voraussetzung hierfür ist zunächst eine hinreichend bestimmte gesetzliche Grundlage *(Hurig,* EuGHMRE 176 B, Ziff. 33). Auch ungeschriebenes Recht ist Insoweit ausreichend was vor allem für die common-law-Staaten wichtig ist *(Sunday Times,* EuGHMRE 30, Ziff. 46 ff.). Weiterhin kann ein Eingriff nur zum Schutz im einzelnen aufgeführter Rechtsgüter erfolgen. Schließlich muß die Einschränkung **„in einer demokratischen Gesellschaft"** notwendig („pressing social need") sein, insbesondere auch verhältnismäßig (dazu *Campbell,* EuGHMRE 233, Ziff. 44, st. Rspr. und *Hailbronner* FS Mosler, 1983, S. 359 ff.). Insbesondere bei Überwachungsmaßnahmen muß ein Schutz gegen Mißbrauch gewahrleistet sein *(Gashin,* EuGHMRE 160, Ziff. 49; *Engel,* ÖstZfÖRVöR 1986, S. 261 ff.). Die Kontrollkompetenz des Gerichtshofes ist aber insoweit nur begrenzt.

102 ee) Weiterhin wird in Art. 8 EMRK das **Familienleben** geschützt. *(Brötel,* der Anspruch auf Achtung des Familienlebens, 1991). In diesem Zusammenhang garantiert Art. 12 EMRK explizit die Freiheit, gemäß den nationalen Gesetzen **zu heiraten und eine Familie zu gründen.** Ein Recht auf Scheidung (und anschließende Wiederheirat) ergibt sich daraus allerdings nicht. Die Gleichberechtigung der Ehepartner wird durch Art. 5 des 7. ZP geschützt. Familie im Sinne von Art. 8 EMRK sind nicht nur Ehepaare mit ihren Kindern; auch die Beziehungen zwischen nichtehelichem Kind und

beiden Eltern werden geschützt („familie naturelle", DR 11, 160 Ziff. 2), ebenso die „Großfamilie", wenn ein enger Kontakt vorhanden ist *(Marckx,* EuGHMRE 31, Ziff.45). In Verbindung mit Art. 14 EMRK ergibt sich weiterhin für ein nichteheliches Kind ein Anspruch auf Gleichbehandlung mit ehelichen Kindern *(Marckx, a.a.O.).* Ein Recht auch alleinstehender Personen, Kinder zu adoptieren, ergibt sich aus Art. 12 EMRK nicht (DR 7, 75, Ziff. 2). Für die **Einschränkbarkeit** von Art. 8 EMRK gilt das oben Gesagte; die Freiheit der Eltern wird insbesondere von Gesichtspunkten des Kindeswohls begrenzt (DR 11, 160 Ziff. 2). Ausweisungen von ausländischen Ehepartnern sind an Art. 8 EMRK zu messen (*Beldjoudi*./.Frankreich, EuGHMRE 234–A) und müssen verhältnismäßig sein *(Moustaquim,* EuGHMRE 193, Ziff. 43 ff.). Schwere Straftaten können eine Ausweisung trotzdem rechtfertigen. Ein Nachzugsrecht bei ausländischen Familien wird durch Art. 8 EMRK dagegen nicht gewährt *(Abdulaziz,* EuGHMRE 34, Ziff 68; *Huber,* NJW 1985, S. 1247 ff.).

In diesem Zusammenhang ist auch auf Art. 2 S. 2 des 1. Zusatzprotokolls hin- **103**
zuweisen. Dieser garantiert den **Vorrang des Elternrechtes gegenüber dem Staat** hinsichtlich der **Kindererziehung,** insbesondere auch im Bildungswesen *(Kjeldsen,* EuGHMRE 23, Ziff. 54 ff.; zum Recht auf Bildung siehe unten Rz. 111). Hierfür reicht es nicht, wenn das Recht zur Privatschulgründung besteht; auch im staatlichen Schulwesen darf keine Indoktrination erfolgen *(Eiselstein,* FS Oppermann, 1981, S. 1 78 ff.). Insbesondere hat der Staat kein Recht der körperlichen Züchtigung, wenn dies die Eltern nicht wünschen *(Campell* und *Cosans,* EuGHMRE 48 Ziff. 32 ff.). Umgekehrt besteht eine Verpflichtung der Eltern, den Kindern eine angemessene Schulbildung zukommen zu lassen (ebd., Ziff. 36, dazu im übrigen unten Rz. 111).

ff) Weiterhin erfaßt Art. 8 EMRK die **Wohnung.** Diese Garantie schützt **104**
Privat-, u. U. auch Geschäftsräume (EuGHE 1989, 2858 ff., 2924 ff. – Verb. RS 46/87 u. 227/88 „Hoechst", Niemitz/Deutschland, EuGHMRE 251–B). Ein Richtervorbehalt für Durchsuchungen besteht nicht, doch müssen in jedem Fall Vorkehrungen gegen Mißbrauch vorhanden sein *(Klass,* EuGHMRE 28, 23, vgl. auch oben Rz. 100). Dies gilt in besonderem Maße auch für die letzte Garantie von Art. 8 EMRK – die **Freiheit des Briefverkehrs,** die auch die Telefongespräche umfaßt (zur Gefängnispost *Campbell,* EuGHMRE 236, Ziff. 43).

gg) In Art. 9 EMRK wird die **Gedanken-, die Glaubens- und Gewis-** **105**
sensfreiheit geschützt *(Leuprecht,* u. a. Gewissen und Freiheit, 43/1994, S. 20 ff.). Erstere beinhaltet ein generelles, vor allem für den Schulunterricht bedeutungsvolles Indoktrinationsverbot *(Kjeldsen,* EuGHMRE 23, Ziff. 53). Weiterhin schützt sie die negative Glaubensfreiheit. Das Verbot einer in mehreren Konventionsstaaten bestehenden Staatskirche läßt sich dagegen hieraus nicht ableiten (DR 5, 157 Ziff. 1). Nur eine zwangsweise Mitgliedschaft wäre unzulässig, da ausdrücklich das Recht zum Religionswechsel garantiert wird. Weiterhin wird auch die Ausübung aller dieser Freiheiten gewährleistet, und zwar auch für juristische Personen (*Church of Scientology,* DR 16, 68 Ziff.2). Die Ausübung dieser Rechte ist jedoch **nach Abs. 2 ein-**

schränkbar, der im Wortlaut weitgehend mit Art. 8 Abs. 2 EMRK identisch ist. Über das dazu oben bereits Gesagte hinaus ist darauf hinzuweisen, daß „neutralen" Pflichten, die jeden Staatsbürger treffen, etwa der Steuerpflicht, grundsätzlich nicht unter Berufung auf die Gewissensfreiheit entgegengetreten werden kann. Für die Wehrpflicht ergibt sich dies auch aus Art. 4 Abs. 3 lit. b EMRK, wonach sich offenbar aus der Konvention selbst kein Recht auf Kriegsdienstverweigerung ergibt (DR 9, 196, Ziff. 1).

106 hh) Weiterhin enthält die EMRK einige Freiheitsrechte, die insbesondere, aber nicht allein für die **politische Betätigung der Bürger** von Bedeutung sind. Hierzu gehört vor allem die in Art. 10 EMRK garantierte **Meinungsfreiheit** *(Engel,* AfP 1994, S. 1 ff.). Diese umfaßt alle Arten von Äußerungen, einschließlich der Werbung, sowie künstlerische Äußerungen *(Müller,* EuGHMRE 133, Ziff. 27). Die Meinungsfreiheit ist in einer demokratischen Gesellschaft von besonderer Bedeutung *(Castells,* EuGHMRE 236, Ziff. 43). Daher hat der EuGHMRE mit E v. 26.9.1995 die Entlassung einer deutschen DKP-Lehrerin aus dem Schuldienst als unverhältnismäßige Einschränkung des Art. 10 EMRK angesehen (EuGRZ 1995, S. 590 ff.). Weiterhin wird auch die **Freiheit von Presse, Rundfunk, Fernsehen und Film** von Art. 10 EMRK umfaßt. *(Astheimer,* Rundfunktfreiheit, 1995). Geschützt ist weiterhin auch die Informationsfreiheit. Für die **Einschränkung dieser Garantien** betont Abs. 2 zunächst die Verantwortung und die Pflichten, die mit der Ausübung der Freiheit verbunden sind, und greift dann die Formulierung von Art. 8 Abs. 2 EMRK (dazu oben Rz. 102) auf. U. a. sind staatliche Maßnahmen zur Sicherung des Meinungspluralismus nach Art. 10 Abs. 2 gerechtfertigt (EuGHE 1991–T–4007 ff., RS–C 288/89). Der Katalog der Einschränkungsgründe wird noch um einige Punkte erweitert, so hinsichtlich von Beleidigungen sowie des Schutzes der Moral, vertraulicher Nachrichten und der Unabhängigkeit der Rechtsprechung. Welche Maßnahmen im einzelnen zum Schutze der Moral erforderlich sind, ist grundsätzlich von den nationalen Behörden zu entscheiden, da hier die Traditionen in den einzelnen Vertragsstaaten zum Teil sehr unterschiedlich sind *(Handyside,* EuGHMRE 24, Ziff. 57). Ein Informationsverbot über Abtreibungsmöglichkeiten im Ausland ist in einer demokratischen Gesellschaft nicht notwendig und verstößt gegen Art. 10 *(Opendoor and Dublin well women* /Irl, EuGHMRE 246–A; *Langenfeld/Zimmermann,* EuGRZ 1992, S. 335 ff.).

107 ii) Art. 11 EMRK schützt dann die **Freiheit, sich friedlich zu versammeln.** Weiterhin wird die **Vereinigungs- einschließlich der Koalitionsfreiheit** garantiert *(Wildhaber,* GYIL 1976, S. 238 ff.). Letztere beinhaltet nicht nur das Verbot staatlicher Zwangsgewerkschaften; auch der Beitrittszwang zu privaten Gewerkschaften („closed shop") ist zumindest dann konventionswidrig, wenn keine effektive Wahlmöglichkeit besteht *(Young, James, Webster,* EuGHMRE 44, Ziff. 52 und *Scholz,* AöR 1981, 79 ff.; 1982, S. 126 ff.). Besteht eine Gewerkschaft, so muß ihr auch bei einschlägigen Fragen ein gewisses Maß an Gehör zugestanden werden (Belgische Polizeigewerkschaft, EuGHMRE 19, Ziff. 39). Für die **Einschränkungen** gilt ähnliches wie für

Art. 8 EMRK. Hinzuweisen ist aber auf die zusätzliche prinzipielle Beschränkbarkeit dieser Rechte für die Angehörigen des öffentlichen Dienstes.

kk) In Art. 1 des 1. Zusatzprotokolles wird darüberhinaus das **Recht auf** 108
„Achtung des Eigentums" anerkannt *(Frowein,* FS Rowedder, 1994, S. 49 ff.). Dieses umfaßt alle vermögenswerten privaten Rechte, auch Forderungen und etwa den eingerichteten und ausgeübten Gewerbebetrieb *(van Merle,* EuGHMRE 101, Ziff. 41), einschließlich der Verfügungsbefugnis über diese Rechte, auch von Todes wegen, und schützt somit auch das Erbrecht *(Marckx,* EuGHMRE 31, Ziff. 63). Unklar ist, inwieweit auch öffentlich-rechtliche Positionen, insbesondere Sozialversicherungsansprüche zumindest dann, wenn sie auf eigenen Beiträgen beruhen, geschützt sind (zurückhaltend, ohne klare Äußerung *Müller,* DR 3, 25, Ziff. 28 ff.); die konkreten Beschränkungen wurden von der Kommission als zulässig angesehen.

Hinsichtlich der **Einschränkungen des Eigentums** ist ähnlich wie im deutschen Verfassungsrecht zu unterscheiden die Beschränkung der Nutzung des Eigentums von seinem Entzug. Letzterer umfaßt nicht nur formelle Enteignungen, sondern alle Eigentumsbeschränkungen. die den Eigentümer in gleicher Weise in seinen Rechten beeinträchtigen *(Sporrong & Lönnroth,* EuGHMRE 52, Ziff. 63); zu einer solchen Feststellung ist es in der Praxis bislang jedoch noch nicht gekommen. Im übrigen darf ein Eigentumsentzug nur im öffentlichen Interesse und nur unter den gesetzlich und nach Völkerrecht vorgesehenen Bedingungen erfolgen. Trotz zum Teil ähnlicher Formulierung geht das Ermessen der nationalen Behörden hier weiter als etwa bei Art. 8 ff. EMRK *(Marckx,* EuGHMRE 31, Ziff. 64). Da sich auf das Völkerrecht nur Ausländer berufen können, können sich Inländer auf die dort geltende Entschädigungspflicht nicht berufen. Grundsätzlich folgt für Inländer eine solche Pflicht jedoch aus der allgemeinen Eigentumsgarantie, da ein Eingriff ohne jede Entschädigung oft unverhältnismäßig ist. Doch besteht dann immer noch ein weites Ermessen der nationalen Behörden, insbesondere bei Nationalisierungen *(Lithgow,* EuGHMRE 102, Ziff. 120). Bei der Beschränkung des Eigentums ist schließlich eine Abwägung zwischen den Interessen der Allgemeinheit und denen des Einzelnen vorzunehmen („Fair balance": EuGHMR, ÖJZ 1991, S. 514 ff.). Grundsätzlich gedeckt von Abs. 2 ist das Erheben von Steuern und Abgaben.

ll) Die **Freizügigkeit** wird in Art. 2 des 4. ZP garantiert; sie umfaßt auch 109
die Ausreisefreiheit; Schutz vor Ausweisungen aus dem eigenen Land sowie die Einreisefreiheit in dieses werden vom nachfolgenden Artikel geschützt. Hinsichtlich Ausländern verbietet Art. 4 des 4. ZP Kollektivausweisungen. Weitergehender Schutz vor Ausweisungen kann sich aus Art. 3 und 8 EMRK ergeben. Die Schranken gleichen denen von Art. 8 ff. EMRK.

c) Teilhaberechte

Grundsätzlich enthalten die EMRK und ihre Zusatzprotokolle **keine** 110
sozialen Grundrechte: diese sind vielmehr in der Europäischen Sozialcharta von 1961 verankert (siehe oben Rz. 66). Für Art. 2, das Recht auf Leben, enthält jedoch die Konvention nicht nur ein Ahwehrrecht, sondern auch eine Schutzpflicht des Staates. Da ein Staat auch für seine Gesetzgebung

verantwortlich sei, hat der Gerichtshof mehrfach, insbesondere im Hinblick auf die in Art. 8 EMRK geschützte Privatsphäre, betont, daß die in der ERMK garantierten Rechte auch über Art. 2 ERMK hinaus nicht nur Freiheitsrechte für den einzelnen beinhalten, sondern auch **Schutzpflichten des Staates,** wenn dies eine effektive Wahrnehmung der Rechte erfordere *(Marckx,* EuGHMRE 31, Ziff. 31; *Young, James* und *Webster,* EuGHMRE 44, Ziff. 4920). Gegebenenfalls können sich sogar Pönalisierungspflichten ergeben (X und Y ./. Niederlande, EuGHMRE 91, Ziff. 27).

111 Als eigenständiges Teilhabegrundrecht gibt es nur das **Recht auf Bildung** (Art. 2 des 1. ZP; *Bannwart-Maurer,* Das Recht auf Bildung und das Elternrecht, 1975). In ständiger Rechtsprechung wird dieses Recht jedoch restriktiv dahingehend interpretiert, daß es nur gebiete, staatliche Bildungseinrichtungen bei Vorliegen der entsprechenden Voraussetzungen – Qualifikationen und Kapazitäten – auch besuchen zu können, also nicht aus unsachlichen Gründen abgewiesen zu werden *(Nørgaard,* EuGRZ 1981, S. 633 ff.). Grundsätzlich läßt sich hieraus nicht das Recht auf Schaffung bestimmter Einrichtungen ableiten (Belgischer Sprachenfall, EuGHMRE 6, Ziff. 3). Es handelt sich also nur um ein abgeleitetes Recht. Doch besteht die grundsätzliche Pflicht des Staates, ein leistungsfähiges und weltanschaulich plurales Bildungswesen zu schaffen *(Kjeldsen,* EuGHMRE 23, Ziff. 50). Dies kann das Recht auf Betreiben einer Privatschule einschließen (DR 51, 125).

d) Staatsbürgerliche Rechte

112 Als einziges staatsbürgerliches Recht ist in Art. 3 des 1. ZP in einer bemerkenswerten, an die MS gerichteten Formulierung das **aktive und passive Wahlrecht** verankert. Es bezieht sich nur auf die gesetzgebenden Körperschaften, auch in Bundesländern (EuGHMRE 113, Ziff. 53), nicht dagegen auf die Kommunalparlamente (DR 6, 13). Verlangt wird von den MS, **in angemessenen Zeitabständen freie und geheime Wahlen unter Bedingungen abzuhalten,** welche die freie Äußerung der Meinung des Volkes bei der Wahl der gesetzgebenden Körperschaften gewährleisten. Angesichts der Möglichkeit, eine ungültige Stimme abzugeben, verletzt die in einigen Staaten bestehende Wahlpflicht diese Bestimmung nicht (YB 8, 169, 172 f.). Auch ein bestimmtes Wahlsystem ist nicht vorgeschrieben; insbesondere wird kein gleicher Erfolgswert der abgegebenen Stimmen verlangt (DR 21, 211 Ziff. 1).

Art. 3 des 1. ZP enthält so über die Gewährleistung des individuellen Wahlrechts hinaus die fundamentale Verpflichtung der MS, in ihren nationalen Verfassungen **die plurale Demokratie parlamentarischen oder präsidialen Typus zu gewährleisten.** Diktaturen können nicht Mitglieder des Europarates und der EMRK sein. Die Wahrung dieses „politischen Standards" spielte beim zeitweiligen Austritt Griechenlands 1970–1974 und bei den Schwierigkeiten mit der Türkei in den achtziger Jahren eine besondere Rolle (oben Rz. 75).

e) Verfahrensgarantien

113 Besondere Bedeutung innerhalb der EMRK haben angesichts ihrer Ausführlichkeit die **grundlegenden rechtsstaatlichen Verfahrensgarantien** („Sta-

tus activus processualis"; *Callewaert,* EuGRZ 1996, S. 366 ff.). In einem erheblichen Teil der Beschwerden wird eine Verletzung dieser Artikel geltend gemacht. Art. 7 EMRK enthält den Grundsatz nulla poena sine lege, Art. 6 EMRK Rechte für das Gerichtsverfahren und Art. 5 EMRK Schutz vor Verhaftungen. Ausgeweitet werden diese Bestimmungen durch das seit 1988 in Kraft getretene 7. ZP. Auch aus materiellem Konventionsrecht können Verfahrensgarantien und Folgerungen für die Handhabung nationalen Verfahrensrechts abgeleitet werden *(R ./. Großbritannien,* EuGHMRE 121, Ziff. 73). Die allmähliche Etablierung eines **gemeineuropäischen Standards des „Fair Trial"**, der fortlaufend weiterentwickelt wird, muß als eine besondere Leistung von Kommission und Gerichtshof bei der Anwendung der EMRK angesehen werden.

aa) Im einzelnen verbietet Art. 7 EMRK eine Bestrafung, wenn die Straf- **114**
barkeit zum Zeitpunkt der Tat noch nicht bestimmt war **(nulla poena sine lege)**. Dies schließt das Verbot analoger Anwendung von Strafgesetzen ein (YB 8, 190, 198). Ähnlich wie in anderen Fällen, in denen die EMRK gesetzliche Bestimmungen verlangt, reicht auch hier ungeschriebenes „common law" aus, doch müssen Tatbestand und Strafmaß durch die Rechtsprechung hinreichend klar bestimmt sein. Nicht erfaßt werden Disziplinarmaßnahmen. Die Ausnahme des Abs. 2 betrifft im Kern die Folgen des Zweiten Weltkrieges.

bb) Für **zivilrechtliche Ansprüche und Verpflichtungen** sowie für **Straf- 115**
verfahren enthält Art. 6 EMRK besondere **Verfahrensgarantien** *(Matscher,* ÖstZfÖRVöR 1980, 51 ff. und EuGRZ 1982, S. 498 ff., 517 ff.). Beide Begriffe sind grundsätzlich nicht wie im jeweiligen nationalen Recht zu verstehen, sondern unter Berücksichtigung der in den Konventionsstaaten im allgemeinen herrschenden Auffassung *(König,* EuGHMRE 27, Ziff. 89). Art. 6 EMRK gilt auch für solche Verfahren, die eine direkte Auswirkung auf zivilrechtliche Verpflichtungen besitzen. Dies wurde etwa auch bei der Untersagung der Fortsetzung geschäftlicher Tätigkeiten durch eine Behörde bejaht *(Pudas,* EuGHMRE 125 A, Ziff. 37), für die Anwaltszulassung (H ./. Belgien, EuGHMRE 127, Ziff 47) und für die Amtshaftung *(Neves e silva,* EuGHMRE 153 A, Ziff. 37). Auch sozialversicherungsrechtliche Ansprüche unterfallen Art. 6 EMRK *(Deumeland,* EuGHMRE 100, Ziff. 60 ff.). Ob ein Strafverfahren vorliegt, hängt nicht nur von der Einstufung im nationalen Recht, sondern auch von Art und Schwere der Zuwiderhandlung und der Sanktion in den übrigen Staaten ab. Disziplinarmaßnahmen fallen grundsätzlich nicht unter Art. 6 EMRK *(Engel,* EuGHMRE 22, Ziff 81), wohl aber Ordnungswidrigkeiten *(Öztürk,* EuGHMRE 73, Ziff 53). Die Verfahrensgarantien des Art. 6 EMRK gelten auch bei **Verfassungsgerichten** (EuGHMR v. 1.7.1997, NJW 1997, S. 2809 ff. „Probstmeier") – Zu der reichen Judikatur zu Art. 6 EMRK vgl. die fortlaufenden Rspr.-Berichte in der EuGRZ.

Ist Art. 6 EMRK anwendbar, so besteht zunächst einmal ein **Recht auf Zugang 116**
zu einem Gericht *(Golder,* EuGHMRE 18, Ziff. 32 ff.), nicht dagegen auf einen

Instanzenzug (*Delcourt,* EuGHMRE 11, Ziff. 25). Dieser wird allerdings für Strafverfahren durch Art. 2 des 7. ZP garantiert. Dieser Zugang darf nicht nur auf dem Papier bestehen, sondern muß insbesondere auch wirtschaftlich schwachen Personen offen stehen, denen durch Gewährung von Prozeßkostenhilfe zur Bestellung eines Anwalts oder entsprechend einfache Gestaltung des Verfahrens geholfen werden muß (*Airey,* EuGHMRE 32, Ziff.24). Das Gericht muß auf gesetzlicher Grundlage bestehen. Es muß weiterhin unabhängig sein; dies erfordert Garantien gegen äußere Beeinflussung, insbesondere im Hinblick auf Ernennung, Amtsdauer und Unabsetzbarkeit (*Pauwels,* EuGHMRE 135, Ziff. 38 st. Rspr.). Weiterhin muß das Gericht unparteiisch sein. Daher sind insbesondere befangene Richter von einem Verfahren ausgeschlossen, etwa wenn sie im gleichen Verfahren als Staatsanwalt (wenn auch nur indirekt) mit dem Fall befaßt waren (*Piersack,* EuGHMRE 85, Ziff. 30 ff.).

117 Neben der Öffentlichkeit, die ähnlich wie im deutschen Recht eingeschränkt werden kann, verlangt Art. 6 EMRK insbesondere **Fairness für das gerichtliche Verfahren** (*Moitry,* JJArb 1989, S. 115 ff.). Dies setzt zunächst korrekte Ladung, die Gelegenheit zu ausreichender Stellungnahme sowie insbesondere Waffengleichheit zwischen den Parteien voraus (*Bönisch,* EuGHMRE 92, Ziff 32; *Delcourt,* EuGHMRE 11, Ziff. 28). Dieser Grundsatz erfordert aber auch, daß Informationen anonymer Gewährsleute nur verwertet werden, wenn diese die Verurteilung nicht alleine stützten und die Informationen anders nicht zu bekommen sind (*Lüdi,* EuGHMRE 238). Für das Strafverfahren gebietet Art. 2 die **Unschuldsvermutung für den Angeklagten,** die auch durch Kostenentscheidungen (*Englert,* EuGHMRE 123, Ziff. 39 f.) und Presseveröffentlichungen (*Ensslin* u. a., DR 14, 94 Ziff. 15) nicht beeinträchtigt werden darf (*Frowein,* FS Huber, 1981, S. 553 ff.) Abs. 3 gewährt einem Angeklagten zusätzliche Rechte im Interesse vor allem einer effizienten Verteidigung (*Trechsel,* SchwZStR 1979, S. 337 ff.). Die dort genannte Information über die Anklage schließt eine Belehrung über andere mögliche Verurteilungen ein. Die Möglichkeit der Vorbereitung der Verteidigung setzt die Möglichkeit von Kontakt mit einem Anwalt voraus (*Spaniol,* Das Recht auf Verteidigerbeistand, 1990). Darüberhinaus erfordert ein faires Strafverfahren grundsätzlich auch die Präsenz des Angeklagten (*Colozza* und *Rubinat,* EuGHMRE 89, Ziff. 27). Schließlich ist eine Entscheidung, gegen die ein Rechtsmittel gegeben ist, auch zu begründen.

118 Ferner gewährt Art. 6 EMRK einen **Anspruch auf Entscheidung in angemessener Frist** (*Peukert,* EuGRZ 1974, S. 261 ff.). Diese beginnt in Zivilsachen mit der Klageerhebung, in Strafsachen durch die Eröffnung der Ermittlungen (und wird dort durch Art. 5 Abs. 3 EMRK ergänzt, unten Rz. 119). Sie endet mit dem letztinstanzlichen Urteil (*Ulsamer,* FS Faller, 1984, S. 373 ff.). Hinsichtlich der Länge der Angemessenheit sind keine generellen Aussagen möglich. Insbesondere sind entscheidend der Umfang und die Schwierigkeit des jeweiligen Falles, die Behandlung durch die befaßten Behörden sowie das Verhalten des Beschwerdeführers. Für **Zivil**streitigkeiten besteht die Pflicht der Parteien zur Verfahrensbeschleunigung. Beispielsweise sah der EuGHMR verwaltungsgerichtliche und Strafverfahren als mit Art. 6 EMRK nicht mehr vereinbar an, die 10 Jahre und länger dauerten (*König,* EuGHMRE 27, 33, Ziff. 98; (*Tomasi,* EuGHMRE 241–A; EuGHMR v. 1.7.1997, NJW 1997, S. 2809 ff. „Probstmeier" sah bei einem Verfassungsgericht – hier BVerfG – eine Verfahrensdauer von mehr als sieben Jahren nicht mehr im Einklang mit Art. 6 Abs. 1 EMRK).

119 ee) Art. 5 EMRK schützt, wie sich aus den Ausnahmebestimmungen ergibt, nur die **körperliche Bewegungsfreiheit.** Dabei wird nur vor Freiheitsentziehung geschützt (*Guzzardi,* EuGHMRE 39, Ziff. 92). Ein besonderer Problembereich ist die Überweisung von **Geisteskranken** in Heilanstalten

(*Wachenfeld,* NorJIL 1991, S. 109 ff.). Im übrigen ist die Garantie der Freizügigkeit (Art. 2 Abs. 1 des 4. ZP, oben Rz. 109) einschlägig. Der Unterschied liegt aber nur in Intensität und Dauer der Maßnahme, nicht in qualitativer Hinsicht. Der weiterhin in Art. 5 EMRK genannten **Sicherheit** kommt, da sie ausgehend vom französischen Begriff der „sûreté" nur als Schutz vor staatlicher Willkür, als Recht auf Rechtssicherheit verstanden wird, keine eigenständige Bedeutung zu, denn auch die Freiheit darf nur in der gesetzlich vorgesehenen Weise eingeschränkt werden. Insbesondere läßt sich daher aus Art. 5 EMRK kein Recht auf eine effektive Garantie der persönlichen Sicherheit des einzelnen gegenüber Dritten ableiten (CD 44, 121). 119

In allen Fallen der **Inhaftierung** sind Rechtmäßigkeit und Haftgrund Voraussetzung; hierbei wird grundsätzlich auf das nationale Recht verwiesen. Jedoch muß diese Bestimmung des nationalen Rechts hinreichend bestimmt und für den einzelnen erkennbar sein. Dies bedeutet nicht, daß jede fehlerhafte Anwendung nationalen Rechts zugleich einen Konventionsverstoß darstellt. Vielmehr besteht nur die Möglichkeit der Mißbrauchskontrolle (*Winterwerp,* EuGHMRE 33, Ziff. 39). Gegebenenfalls liegt jedoch eine Konventionsverletzung bereits dann vor, wenn eine ihrer sonstigen Garantien nicht verletzt, also nur das nationale Recht mißachtet wurde.

Die einzelnen **Haftgründe** sind in Art. 1 lit. a bis f aufgeführt. In Ergänzung zur in lit. b erwähnten Erzwingungshaft zur Durchsetzung von gerichtlich festgesetzten oder gesetzlichen Pflichten verbietet Art. 1 des 4. ZP die Inhaftierung allein aus dem Grunde der mangelhaften Vertragserfüllung, den „Schuldturm".

In allen Fällen besteht ein Recht des Inhaftierten auf **Information (Abs. 2) über Haftgrund und über erhobene Beschuldigungen.** Beides dient einer besseren Haftkontrolle sowie einer wirksamen Verteidigung, vor allem bei einer Untersuchungshaft. Weiterhin hat er das Recht auf unverzügliche gerichtliche Kontrolle in formeller und materieller Hinsicht (Abs. 4), im Falle der **Untersuchungshaft** auf unverzügliche Vorführung vor einem Richter (4 Tage zuviel!, *Brognan,* EuGHMRE 145 B, Ziff. 62) sowie auf Aburteilung in einer angemessenen Frist. Hierbei sind – ohne Verstoß gegen die Unschuldsvermutung – die zu erwartende Dauer der Strafe und die Frage, ob der Haftgrund, insbesondere die Fluchtgefahr noch fortbesteht, sowie die **bisherige Dauer der Haft** zu berücksichtigen (*Neumeister,* EuGHMRE 8, Ziff. 2; vgl. dazu auch oben Art. 6 Abs. 1 EMRK). Die Frist beginnt hier mit der Festnahme und endet mit der erstinstanzlichen Verurteilung (*Wemhoff,* EuGHMRE 7, Ziff 9). Für die Angemessenheit stellt der Gerichtshof auf ähnliche Kriterien wie bei Art 6 EMRK ab (d.h. Einzelfallprüfung:*Birou,* EuGHMRE 232–B: 5 Jahre U-Haft sind Verstoß, W./CH, EuGHMRE 235–C: 4 Jahre U-Haft vereinbar). Art. 5 EMRK sieht die Freilassung gegen eine Kaution vor. Von dieser Möglichkeit muß Gebrauch gemacht werden, wenn nur Fluchtgefahr den Haftgrund bildet und diese durch die Kaution ausgeschlossen werden kann (ebd.).

Wird eine Bestimmung des Art. 5 EMRK verletzt, kann der Betroffene **Schadenersatz** verlangen (Art. 5; nach der Rechtsprechung des Gerichtshofes keine Spezialvorschrift zu Art. 50 EMRK). Dies kann auch dann der Fall sein, wenn das nationale Recht weiterreichende Garantien als die EMRK enthält und nur ersteres verletzt ist, da in diesem Falle trotzdem „rechtmäßiges" Verhalten der nationalen Behörden vorliegt (dazu oben). 120

Ausländern gewährt Art. 1 des 7. ZP einen Anspruch auf – nicht notwendigerweise gerichtliche – Überprüfung einer Ausweisung.

Insgesamt hat die seit den fünfziger Jahren immer weiter fortentwickelte und verfeinerte Rechtsprechung der Europäischen Kommission und des Gerichtshofs für Menschenrechte die EMRK in den MS des Europarates zu einem ernstgenommenen und praktizierten „Ius Publicum Europeum" gemacht *(Ermacora,* DVBl. 1968, S. 961 ff.). Der Straßburger Menschenrechtsschutz verkörpert auf diese Weise in besonderem Maße jene „gemeinsamen politischen Ideale" (oben Rz. 60), welche die eigentliche **Legitimierung des Europarates** darstellen.

§ 3. Sonstige Europäische Zusammenarbeit außerhalb der Europäischen Union (OECD – EFTA und EWR – OSZE)

Literatur: *Hymans,* L'OCDE et les relations avec les Communautés Européennes, RMC 1970, S. 77 ff.; *Fink,* Sozialistisches internationales Wirtschaftsrecht, 1974; *Camps,* Beziehungen der Ersten Welt: Die Rolle der OECD, 1976; *Müller,* EFTA: past and future, 1980; *Fikentscher,* Wirtschaftsrecht, Bd. 1, Weltwirtschaftsrecht/ Europäisches Wirtschaftsrecht, 1983; *Bethkenhagen/Machowski,* Integration im Rat für gegenseitige Wirtschaftshilfe, 3. Aufl. 1984; *Putnam/Bayne,* Weltwirtschaftsgipfel im Wandel, 1985; *Zarges,* EG und RGW, 1988; *OECD* (Hrsg.), The OECD in brief, 1990; *Gwiazda,* Die Desintegration des Rates für gegenseitige Wirtschaftshilfe, APuZ B 45/1990, S.35 ff.; *Ropers/Schlotter,* Die KSZE, 1992; *Senti,* EG-EFTA-Binnenmarkt, 2. Aufl. 1992; *Streit,* Das Abkommen über den Europäischen Wirtschaftsraum, NJW 1994, S. 555 ff.; *Kühnhardt,* Menschenrechte, Minderheitenschutz und der Nationalstaat im KSZE-Prozeß, APuZ B 47/1994, 11 ff.; *Doswald,* The Future of EFTA, GYBIL 1995, S. 40 ff.; *Bertloff,* Die OSZE, 1996; – Für die westeuropäischen Organisationen enthält u. a. das European Yearbook regelmäßig Tätigkeitsberichte.

Neben dem Europarat und der EG/EU gibt es eine **Reihe weiterer europäischer Organisationen** meist klassisch-internationalen Typus, z. T. mit gewissen Integrationsansätzen. Soweit sich diese mit Wirtschaftsfragen befassen, sind sie für die EGen von erheblicher Bedeutung. Das **gesamteuropäische Wirtschaftssystem** besteht aus allen Organisationen zusammen. 121

So will der 1994 in Kraft getretene **Europäische Wirtschaftsraum (EWR)** zwischen den EGen und ihren MSen einerseits, den EFTA-Staaten andererseits binnenmarktähnliche Verhältnisse schaffen. Durch die Beitritte der EFTA-Staaten Finnland, Österreich und Schweden 1995 zur EU (unten Rz. 1864) wurde der EWR allerdings schon wieder weitgehend überflüssig. Die Funktion der bis 1960 westeuropäischen OECD ist seit dem Beitritt Australiens, Japans, Kanadas, der USA und anderer außereuropäischer Mitglieder diejenige der Repräsentanz der „westlichen“ Industriestaaten insgesamt geworden.

Nach der Auflösung des kommunistischen **Rates für gegenseitige Wirtschaftshilfe (RGW)** 1991 im Zuge der europäischen „Wende“ 1989–91 sind die mittel- und osteuropäischen Reformstaaten großenteils Mitglieder des Europarates geworden (oben Rz. 52 ff.) und suchen sich den westeuropäisch-atlantischen Organisationen anzunähern, insbesondere EU und NATO. Gesamteuropäisch und unter Einschluß der USA und Kanadas werden die Ost-Westbeziehungen seit der Helsinkikonferenz 1975 von der **Organisation für Sicherheit und Zusammenarbeit in Europa (OSZE, bis 1994 KSZE)** überwölbt. Ihre Bedeutung liegt weniger in rechtlichen Bindungen als in der Schaffung eines institutionalisierten Forums für die gesamteuropäische Kooperation. Schließlich bilden die vier größten EU-Staaten (D, F, I, GB) zusammen mit den USA, Kanada und Japan auf weltweiter Ebene die

„Siebenergruppe“ (G 7), die sich auf den jährlichen **Weltwirtschaftsgipfeln** seit 1975 in der Beurteilung und Beeinflussung der mondialen Wirtschaftslage abstimmen. Sie erweitert sich um Rußland zur „G 8“.

Ähnlich wird schon seit 1947 die europäische Zoll- und Handelspolitik über das GATT in einen weltweiten Rahmen eingebunden. 1995 wandelte sich das GATT in die umfassendere **Welthandelsorganisation (WTO).**

Das Organisationsrecht von OECD, EFTA/EWR und auch der OSZE kann ähnlich wie das Recht des Europarates als eine Art **Europarecht im weiteren, mehr völkerrechtlichen Sinne** verstanden werden. Es liegt „am Rande“ des EG/EU-Rechts und ist für das Verständnis der Einbettung der EG in das Netz der Internationalen Organisationen wichtig. Daher wird es im Folgenden umrissen. GATT/WTO werden später in Verbindung mit der EG-Handelspolitik angesprochen (unten Rz. 1798 ff.), die **europabezogenen Verteidigungsorganisationen (WEU, NATO)** zusammen mit der EU-Sicherheitspolitik (unten Rz 2064 ff.). Außer Betracht bleiben lokale und besonders spezialisierte Organisationen (z.B. Benelux, ESA, Eutelsat).

I. Organisation für wirtschaftliche Zusammenarbeit und Entwicklung (OECD)

Literatur: *Hahn,* Die Organisation für wirtschaftliche Zusammenarbeit und Entwicklung – Das Wirtschaftsrecht des Verbandes und seine Systematik, AVR 1966/67, S. 153 ff.; *Köpernick,* Die Organisation für wirtschaftliche Zusammenarbeit (OECD), JuS 1976, S. 705 ff.; *Hahn/Weber,* Die OECD, 1976; *Blanplain,* The OECD Guidelines for Multilateral Enterprises and Labour Relations, 1979; *Lantzke,* Die Aktivität der Internationalen Energieagentur bei der Sicherung der westeuropäischen Energieversorgung, 1979; *Roggen,* die Internationale Energie-Agentur, 1979; *Becker,* Die OECD-Leitlinie zur Preisgestaltung zwischen verbundenen Unternehmen, Finanz-Rundschau 1980, S. 478 ff.; *Strobl,* Kritische Anmerkungen zum Bericht des OECD-Steuerausschusses über Verrechnungspreise im Konzern, RIW/AWD 1980, S. 497 ff.; *Reyners,* L'Agence de l'OCDE pour l'énergie nucléaire: ses relations avec l'AEIA et Euratom, EuYB 1984, S. 1 ff.; *Krüger,* Die Inländerbehandlung der OECD-Staaten bei Direktinvestitionen, ZIP 1986, S. 609 ff.; *Laubrock,* Europarat/OECD-Konvention zur steuerlichen Rechts- und Amtshilfe, BB 1987, S. 1224 ff.; *OECD* (Hrsg.), The OECD in brief, 1990; *BMBild. Wiss.* (Hrsg.), OECD – Ein Fenster in die Welt, Informationen Bildung/Wissenschaft 1994, S. 104 ff.; *Schütterle,* Der Energiecharta-Vertrag, 1996; OECD in figures, 1997 (erscheint jährlich); *Breier,* Le CAD, peut-il encore être sauvé?, Développement et coopération 2/1998, S. 4 ff.;

Über die OECD unterrichten regelmäßig der zweimonatliche OECD-Observer und das vierteljährliche „OECD-Info“ des Bonner OECD-Zentrums.

1. Von der OEEC zur OECD – Entstehung und Wandel 1948–1960

122 Die Organisation für Wirtschaftliche Zusammenarbeit und Entwicklung (OECD) hat zum Ziel eine **verstärkte wirtschaftliche Zusammenarbeit** unter den Mitgliedstaaten. Ihr Sitz befindet sich in Paris (Art. 18 OECDV).

Im engeren Sinne kann sie nicht als europäische Organisation betrachtet werden, da nicht nur die meisten europäischen Staaten unter ihren 29 Mitgliedern (1998) sind, darunter jüngst Polen, Tschechien und Ungarn, sondern auch außereuropäische Industriestaaten wie Australien, Japan, Kanada, Korea und die USA. So ist die OECD heute der „Club der Ersten Welt". Die OECD ist jedoch hervorgegangen aus der **Organisation für Europäische Wirtschaftliche Zusammenarbeit** (OEEC, Konvention von 16. April 1948). Auch heute noch liegt der Schwerpunkt der OECD in Europa. Die nichteuropäischen Mitgliedstaaten weisen darüberhinaus eine Westeuropa sehr ähnliche Wirtschaftsstruktur auf.

Die OEEC wurde am 16. April 1948 von 16 europäischen Staaten gegründet. **123**
Ihr Ziel war „der **Aufbau einer gesunden europäischen Wirtschaft** durch wirtschaftliche Zusammenarbeit ihrer Mitglieder (Art. 11 OEECV). Anlaß war die Notwendigkeit, ein Instrument für die sachgerechte Verteilung der amerikanischen Wirtschaftshilfe in Europa nach dem 2. Weltkrieg (**„Marshall-Plan"**) zu schaffen. In der Praxis bedeutete dies vor allem, diese Mittel dem Wiederaufbau der europäischen Wirtschaft nach dem Kriege nutzbar zu machen. In der OEEC konnten nur europäische Staaten Mitglieder werden (Art. 25 OEECV).

In den fünfziger Jahren bemühte sieh die OEEC sehr erfolgreich ferner um den **Abbau nichttarifärer Handelshemmnisse** in Europa. insbesondere um einen Abbau der mengenmäßigen Beschränkungen durch einen Liberalisierungscodex (1951). Ende der fünfziger Jahre wurden Fragen des Dienstleistungs- und des Kapitalverkehrs geregelt. Zollfragen wurden dagegen schwerpunktmäßig vom GATT behandelt.

Eine Reform der OEEC wurde durch die Gründung der EWG in den Jahren 1957/58 ff. erforderlich, da diese zu Konflikten zwischen den Mitgliedstaaten der EWG und den übrigen OEEC-Mitgliedern führte. Nachdem die Schaffung einer „großen", ganz Europa umfassenden Freihandelszone („Brückenschlag" zur EWG) 1959 vor allem am Widerstand Frankreichs gescheitert war, mußte die OEEC, wollte sie nicht zerbrechen, ihren Aufgabenkreis umgestalten. Unter formeller Wahrung der Identität erfolgte dies mit Inkrafttreten der neuen OECD-Konvention am 30. September 1961. Die von der OEEC gefaßten Beschlüsse wurden jedoch nur zum Teil übernommen (vgl. Art. 15 OECDV). Mit dieser Umgründung, bei der deutsche Initiative eine wesentliche Rolle spielte, öffnete sich die OECD zu weltweiter Mitgliedschaft. Regelmäßige Prüfungen der nationalen Wirtschaftspolitik ihrer Mitglieder und Koordinierung der Entwicklungshilfe wurden neue, wichtige Aufgabenfelder.

2. Rechtsgrundlagen und Organisation seit 1960

Die OECD ist wie ihre Vorgängerin eine **klassische internationale** **124**
Organisation und damit auch Völkerrechtssubjekt. Rechtsgrundlage ist der OECDV vom 14. Dezember 1960 (BGBl. 1961 II, S. 1151 = Sart. II, Ziff. 70). Daneben hat die OECD eine **Reihe von Codices** beschlossen. Ihr Sitz befindet sich in Paris (Art. 18 OECDV), jeder beitrittswillige Staat kann aufgenommen werden (Art. 16 OECDV), jeder Mitgliedstaat kann ohne Probleme auch wieder austreten (Art. 17 OECDV).

Die wesentlichen **Organe der OECD** sind der Rat (Art. 7 OECDV), der Exekutivausschuß, die Nebenorgane (Art. 8 OECDV) sowie der Generalsekretär (Art. 10 OECDV). **Der Rat** ist das Organ, von dem alle Rechtshandlungen der Organisation ausgehen. Er setzt sich aus Vertretern aller Mitgliedstaaten – Minister oder Ständige Vertreter – zusammen. **Der Exekutivausschuß,** in dem nur einige Staaten vertreten sind, unterstützt den Rat bei dessen Tätigkeit. Er fungiert insbesondere als „Scharnier" zwischen dem Rat und den **Nebenorganen.** Letztere lassen sich in die operationellen Dienste sowie drei Arten von Ausschüssen unterteilen. Unter den über 150 Ausschüssen gibt es solche mit allgemeinen volkswirtschaftlichen Aufgaben, Fachgruppenausschüsse, die sich mit den Problemen eines bestimmten Wirtschaftszweiges beschäftigen – beide sind jeweils mit Vertretern aller Mitgliedstaaten besetzt – und die nach Fachkompetenz zusammengesetzten Direktorien. **Der Generalsekretär,** seit 1996 der Kanadier *Donald Johnston*, mit 4 Stellvertretern, unterstützt den Rat bei seiner Arbeit, hat aber auch ein eigenes Initiativrecht. Ihm steht ein Sekretariat mit rund 1.900 Mitarbeitern zur Seite. Schließlich wurden im Laufe der Zeit etliche verselbständigte Nebenorgane und Sonderorgane geschaffen.

125 Die **Kompetenzen der OECD** sind recht schwach ausgestaltet. In Art. 3 OECDV sind gegenseitige Unterrichtung, Konsultationen und gegebenenfalls Koordinationen vorgesehen. Hierunter fallen auch die „Länderexamen", regelmäßige Bewertungen der Wirtschaftspolitik der MS durch die OECD (unten Rz. 128). Daneben können **Beschlüsse** gefaßt und **Empfehlungen** gegeben werden (Art. 5 OECDV), für die Einstimmigkeit erforderlich ist, sofern nicht für Sonderfälle (einstimmig) etwas anderes beschlossen wird (Art. 6 Abs. 1 OECDV; *Rohde-Liebenau,* AWD 1970, S. 304 ff.). Ein Mitglied kann sich der Stimme enthalten, dann ist es auch nicht an den Beschluß gebunden (Art. 6 OECDV). Schließlich enthält Art. 6 Abs. 3 OECDV einen Vorbehalt zugunsten nationaler Verfassungsvorschriften. **Finanziert** wird die Organisation, wie international üblich, durch Beiträge der MS nach einem vom Rat zu beschließenden Schlüssel. Hierbei wird grundsätzlich das nationale Volkseinkommen zugrunde gelegt. Jedoch trägt kein Staat mehr als 25 %. Der Rat beschließt auch über den Haushalt. Der **Gesamthaushalt** der OECD umfaßt jährlich über 1 Mia. FFr.

3. Die Aufgaben: Wirtschaftspolitik – Welthandel – Entwicklungshilfe

126 Die OECD ist die Wirtschaftsorganisation, in der **alle westlichen Industrieländer** zusammengefaßt sind. Kraft dieses Faktums, das eine Art wirtschaftlichen „Basiskonsens" der MS andeutet, besitzt sie trotz ihrer geringen Kompetenzen ein erhebliches, vor allem auch auf internationaler Ebene bedeutsames politisches Gewicht (als „clearing house" der westlichen Welt). So fungiert die OECD als „informeller Arbeitsstab der Industriestaaten" *(Fikentscher,* Wirtschaftsrecht, Bd. 1, 1983, S. 384) z. B. in der UNO oder als „institutionalisiertes Forum" der Aussprache beispielsweise seit 1990 mit den mittel- und osteuropäischen Reformstaaten (Gründung des „Centre for Economic Cooperation with the European Economies in Transition").

Ziele der Organisation sind finanzielle Stabilität, optimale Wirtschaftsentwicklung und Beschäftigung sowie steigender Lebensstandard in den Mitgliedstaaten, gesundes Wirtschaftswachstum in den Entwicklungsländern sowie eine Ausweitung des Welthandels (Art. 1 OECDV). Hierfür wollen die MS u. a. sich um mehr Freiheit für den Waren-, Dienstleistungs- und Zahlungsverkehr untereinander einsetzen, aber auch Forschung und Berufsausbildung fördern. Den Entwicklungsländern soll vor allem durch Kapitalzufuhr sowie durch Gewährung technischer Hilfe und Unterstützung bei der Schaffung von Auslandsmärkten geholfen werden. 127

Regelmäßig nimmt die OECD **„Länderexamen"** vor, in denen die Perspektiven der nationalen Volkswirtschaften der MS beurteilt und gegebenenfalls Empfehlungen für ihre Regierungen zur Gestaltung der Wirtschaftspolitik gegeben werden („beobachtende Aufsicht", *Hahn/Weber,* Die OECD, 1976, S. 281). Weiterhin hat die OECD eine Reihe von **wirtschaftsrechtlichen Codices** erarbeitet. Von der OEEC wurden die Codices zum Dienstleistungs- und zum Kapitalverkehr übernommen; 1968 hat man Regeln für wettbewerbsbeschränkende Praktiken verabschiedet. 1976 wurde ein Verhaltenscodex für multinationale Unternehmen beschlossen *(Grossfeld/Hübner,* ZfUGR 1978, S. 156 ff.). Ebenso wurden Fragen der Besteuerung solcher Unternehmen geregelt. Schließlich gibt es Regelungen in den Bereichen der Beschäftigungspolitik und des Umweltschutzes. Ein internationales Investitionsabkommen wird vorbereitet. Die Beschlüsse und Empfehlungen der OECD in diesen Bereichen üben regelmäßig infolge ihres guten qualitativen Standards spürbare Wirkungen in den MS aus. 128

Mit Beschluß vom 15.11.1974 wurde die **Internationale Energieagentur** (IEA, BGBl. 1975, II, S. 739 = Sart. II, Ziff. 75 und Übereinkommen über ein Internationales Energieprogramm v. 18.11.1974, BGBl. 1975, II, S. 702 = Sart. II, Ziff. 76) von 16 OECD-Mitgliedstaaten gegründet *(Roggen,* Die IEA, 1979). Sie stellt die Reaktion der OECD auf die damalige Ölkrise dar. Ihre Aufgabe ist es, Pläne und Vorsorgemaßnahmen für die Sicherheit der Ölversorgung der MS im Falle einer erneuten Knappheit zu treffen. Insbesondere hat sie die beteiligten Staaten zur Anlegung von Notstandsreserven veranlaßt. Weiterhin soll sie zu einer Verminderung der Abhängigkeit vom Öl beitragen *(Lantzke,* EA 1975, S. 313 ff.). Rechtlich ist die IEA nicht eigenständig, doch besitzt sie zum Teil eigene Organe, sowie einen Exekutivdirektor mit Personal. Über die OECD hinaus soll mit dem **Energiechartavertrag** v. 17.12.1994 (ECV) zwischen den EGen und ihren MSen, den mittel- und osteuropäischen Staaten und den meisten außereuropäischen OECD-Mitgliedern (ohne USA/Kanada) eine **langfristige Ost-West-Energiekooperation** erreicht werden. In Brüssel wurde 1996 ein ECV-Sekretariat errichtet, das die regelmäßigen **Energiechartakonferenzen** vorbereitet *(Schütterle,* Der ECV, 1996, vgl. auch unten Rz. 1346). 129

Der Koordinierung der Entwicklungspolitik der MS schließlich dient 130
der **Ausschuß für Entwicklungshilfe** (DAC, früher Development Assistance Group = DAG). Sein Ziel ist es, eine Entwicklungshilfe in Höhe der UNO-Vorgabe von 1 % des Bruttosozialprodukts der jeweiligen Staaten allmählich zu erreichen. Auch bemüht er sich, die Entwicklungsländer von Liefer-

bindungen bei der Entwicklungshilfe zu befreien und die Entwicklungshilfe der Industriestaaten zu koordinieren. Speziellen Entwicklungsproblemen widmet sich seit 1976 der **„Club du Sahel“** in Verbindung mit den afrikanischen Staaten der Sahel-Zone.

4. Mit der OECD verbundene Sonderorgane und Spezialorganisationen

131 Der OECD locker verbunden sind einige mehr oder weniger verselbständigte Sondergebilde. In der Öffentlichkeit weniger bekannt, erfüllen sie wichtige wirtschaftliche Koordinierungsfunktionen innerhalb Westeuropas.

a) Europäisches Währungsabkommen (EWA)

Am 14.9.1950 wurde die **Europäische Zahlungsunion** (EZU) gegründet, deren Ziel die Schaffung der Konvertibilität der westeuropäischen Währungen wurde. Daneben diente die EZU als Verrechnungsstelle für den multilateralen Zahlungsausgleich. Nachdem dies erreicht worden war, wurde die EZU am 27.12.1958 in das **Europäische Währungsabkommen** (EWA) umgewandelt. Dieses sollte vor allem einen Rückfall in den Bilateralismus verhindern und das System des multilateralen Zahlungsausgleichs fortführen. Bedeutendstes Element des Systems war der mit Mitteln der EZU geschaffene **Europäische Fonds,** der durch Kreditvergabe den MS bei Störungen der Zahlungsbilanz beistehen sollte. De facto entwickelte sich hieraus ein System längerfristiger Kredite für einige wirtschaftlich schwache Staaten. Daraufhin wurde der Fonds zum 31.12.1972 liquidiert. Die Zentralbanken verpflichteten sich zu einer gewissen Kooperation, schließlich wurde 1974/75 im Gefolge der ersten Ölkrise ein **finanzieller Beistandsfonds** (als eigene Rechtspersönlichkeit mit eigenen Organen) gegründet, der als „Sicherheitsnetz“ (Presse- und Informationsamt der Bundesregierung vom 9.4.1975, EA 1976, S. D 277) in monetären Notsituationen dienen soll. (*Louis,* Studia Diplomatica 1975, S. 357 ff.) Abgewickelt wurden und werden die jeweiligen Geschäfte durch die **Bank für internationalen Zahlungsausgleich** (BIZ) in Basel. Vor allem seit der Gründung des Europäischen Währungssystems (EWS) der EG 1978 (unten Rz. 991 ist die Tätigkeit des EWA praktisch zum Stillstand gekommen.

b) Kernenergieagentur (NEA)

132 Der friedlichen Nutzung der Kernenergie widmet sich die 1954 gegründete und 1964 der OECD angeschlossene **Kernenergieagentur** (NEA, *Reyners,* EuYB 1984, S. 1 ff.). Ihre Aufgabe ist neben einer Liberalisierung des Handels mit kernphysikalischen Stoffen vor allem die Koordination der einschlägigen Forschung. Hierzu dient vor allem das **Kernforschungszentrum CERN in Genf,** dessen eine Untergliederung DESY (Deutsches Elektronen-Synchrotron – Teilchenbeschleunigungsgerät) sich in Hamburg befindet. Ferner gehen auf die NEA eine Reihe von Strahlenschutzverordnungen zurück.

c) Zentrum für Bildungsforschung und Innovation (CERI)

133 Diese seit 1968 bestehende autonome Einrichtung für vergleichende Bildungsforschung und Innovationstransfer hat durch seine Studien öfter

dem Bildungswesen der OECD-Staaten und seinen Zusammenhängen mit dem Wirtschaftssystem Impulse gegeben.

d) Ständige Konferenzen der europäischen Verkehrs- und Postminister (CEMT/CEPT)

Seit 1953 gibt es die **Ständige Konferenz der europäischen Verkehrsminister** (CEMT), in der die meisten westeuropäischen OECD-Mitgliedstaaten sowie einige andere Staaten vertreten sind. Hier werden Maßnahmen zur Koordinierung der Verkehrspolitik (Fernstraßen, Eisenbahnstrecken, Wasserstraßen), insbesondere auch zur Angleichung von Vorschriften etwa des Straßenverkehrs in Europa beschlossen, z.T. über den Abschluß von Konventionen. Ähnlich gibt es die **Konferenz der europäischen Postminister** (CEPT), die die Arbeit der nationalen Postverwaltungen koordiniert und im übrigen auch die jährlichen Europa-Briefmarken herausgibt. Die OECD übernimmt die Sekretariatsdienste von CEMT/CEPT. 134

Die Bedeutung der OECD liegt somit vor allem in der Schaffung eines wirtschaftspolitischen Verbundsystems der westlichen Industriestaaten mit europäischem Schwerpunkt.

II. Europäische Freihandelszone (EFTA) und Europäischer Wirtschaftsraum (EWR)

Literatur: *Rieber,* Die Stockholmer Konvention über die Europäische Freihandelszone (EFTA), 1960; *Mori,* Rechtsetzung und Vollzug in der EFTA, 1965; *Wacker,* Die Tätigkeit der EFTA auf anderen Gebieten als denjenigen der klassischen Zoll- und Handelspolitik, Außenwirtschaft 1971, S. 66 ff.; *Schulz,* Ursprungsregelung des Freihandelsabkommens EWG-EFTA-Staaten, 3. Aufl. 1977; *EFTA* (Hrsg.), The EFTA, 1980; *Friedrich,* Die Freihandelsabkommen der EG mit den EFTA-Staaten, NJW 1983, S. 1237 ff.; *Baldi,* The direct applicability of the Free Trade Agreements between EEC and EFTA-countries, Swiss Revue of International Competition Law 1985, S. 31 ff.; *Koppensteiner* (Hrsg.), Rechtsfragen der Freihandelsabkommen der EG mit den EFTA-Staaten, 1987; *Weiss,* EC-EFTA-Relations: Towards a Treaty creating a European Economic Space, YbEL 9 (1989/90), S. 329 ff.; *Duric,* Die Freihandelsabkommen EG-EFTA: die rechtliche Problematik, 1991; *Burtscher,* EFTA und EG: Rechtliche Probleme eines Europäischen Wirtschaftsraumes (EWR), 1991; *Senti,* EG-EFTA-Binnenmarkt, 2. Aufl. 1992; *Thürer,* Das schweizerische Nein zum EWR, 1993: *Bundesministerium für Wirtschaft* (Hrsg.), Der EWR, 1994: *Drolsheimer/Walter,* Die Schweiz und die Gestaltung ihrer Beziehungen zur EG nach dem 6.12.1992, EuZW 1994, S. 549 ff.; *Streit,* Das Abkommen über den EWR, NJW 1994, S. 555 ff.; *Treumer,* The EFTA Court, EIPASCOPE 2/1994, S. 2 ff.; *Doswald,* The Future of EFTA, GYIL 1995, S. 40 ff.; *Bieber,* Zur Rolle der Schweiz am Rande der EU, 1996; *Hummer,* Sonderbeziehung EG-EFTA, in: Dauses (Hrsg.), Hdb. EU-WirtschR (1997), K. III; *Baudenbacher,* 4 Jahre EFTA-Gerichtshof, EuzW 1998, S. 391 ff; *Gittermann,* Das Beschlußverfahren des Abkommens über den EWR, 1998.

1. Von der „Großen Freihandelszone" zur „Rest-EFTA"

Nachdem Ende der fünfziger Jahre die Schaffung einer „großen" Freihandelszone zwischen der EWG und ihren Nachbarn gescheitert war (oben Rz 28) gründeten die von der EWG ausgeschlossenen „Äußeren 7", Däne- 135 mark, Großbritannien, Norwegen, Österreich, Portugal, Schweden und die Schweiz am 4.1.1960 die **Europäische Freihandelsassoziation (EFTA) mit Sitz in Genf.** Später trat noch Island der EFTA bei, Finnland und Liechtenstein wurden assoziiert. Ziel der EFTA war zum einen der Aufbau einer **Freihandelszone** zwischen ihren Mitgliedern, ohne weitergehende politische Zielsetzungen. Weiterhin wurde zusammen mit der EWG die Schaffung einer umfassenden europäischen Freihandelszone angestrebt.

Aufgrund ihres erfolgreichen Aufbaues als Zoll- und Wirtschaftsunion mit darüber hinausgehenden politischen Perspektiven übte die EG seit den sechziger Jahren eine starke Anziehungskraft auf die EFTA-Staaten aus. Mit den EG-Beitritten von Großbritannien und Dänemark (1973), Portugal (1986), sowie Finnlands, Österreichs und Schwedens (1995) zur EG/EU gingen die entsprechenden Austritte aus der EFTA einher. Die **„Rest-EFTA“** umfaßt 1998 nur noch Island, Norwegen und die Schweiz sowie Liechtenstein. Vor allem durch das **Abkommen über den Europäischen Wirtschaftsraum (EWR)** von 1992 (unten Rz 137), welches diese restlichen EFTA-Staaten (bis auf die Schweiz) in Gestalt einer verbesserten Freihandelszone mit der EG verbindet, hat die EFTA als eigener Wirtschaftsraum keine Zukunft mehr.

136 Rechtsgrundlage der EFTA ist das **Übereinkommen vom 4.1.1960** (ÖGBl. S. 893). Organe sind der **Rat** (Art. 32), der grundsätzlich einstimmig entscheidet, ein **Sekretariat** (Art. 34) und der erst 1992 eingerichtete **EFTA-Gerichtshof** (Art. 108 Abs. 2 EWRV; Verf.O v. 4.1./1.2.1994, ABl. EG L 278/1 ff., Änderungen; Gerichtshofabk., ABl. EG 1994, L 344/1 ff.; *Treumer,* EIPASCOPE 1994, S. 2ff). Sitz der EFTA ist Genf.

In den sechziger Jahren hatte die EFTA zwischen ihren Mitgliedern die **Freihandelszone** gemäß dem Vertrage vollendet. Ferner gab es gewisse Ansätze der Beschränkung von Beihilfen und wettbewerbsbeschränkenden Praktiken. Die Landwirtschaft/Fischerei und die Finanz- und Wirtschaftspolitik blieben im Gegensatz zur EG ausgenommen.

In den siebziger Jahren schlossen die EFTA-Staaten mit der EWG zahlreiche Abkommen zur gegenseitigen Handelsliberalisierung *(Duric,* Die Freihandelsabkommen EG/EFTA, 1991). Sie schufen insgesamt in komplizierter Konstruktion eine Art **„Große Freihandelszone EG/EFTA“** *(Koppensteiner* (Hrsg.), Rechtsfragen der Freihandelsabkommen der EG mit den EFTA-Staaten, 1987). Zur Geltung der Abkommen in der EG, die sich im wesentlichen auf den Warenverkehr beschränkten, gibt es eine umfängliche Rechtsprechung des EuGH *(Veelken,* RIW 1988, S. 112 ff.) – Seit 1994 sind die Regelungen dieser Freihandelsabkommen im Verhältnis EFTA/EG weitgehend durch das **vorrangige EWR-Abkommen** verdrängt worden (Art. 120 EWR-Abk.).

2. Der Europäische Wirtschaftsraum (EWR)

137 Nachdem die EG in den achtziger Jahren die Vollendung ihres Binnenmarktes bis 1993 in Angriff nahm (oben Rz. 39 ff.), bestand die Gefahr neuer Diskrepanzen zwischen dem EG- und dem EFTA-Raum. Die Gemeinschaft schlug daher den EFTA-Staaten 1989 Verhandlungen über ein Abkommen vor, mit dem diese so weit als möglich in die Regelungen des Binnenmarktes einbezogen werden sollten *(EG-Kommission* (Hrsg.), Der

EWR, 1992). Diese Verhandlungen über die Schaffung eines **„Europäischen Wirtschaftsraumes" (EWR)** im Sinne einer Vertiefung der bisherigen Freihandelsbeziehungen wurden 1990 aufgenommen und zunächst 1992 abgeschlossen. Da der von der EG nach Art. 228 Abs. 1 UA 2 EWGV (inzwischen Art. 228 Abs. 6 = Art. 300 Abs. 6 neu EGV) um ein Gutachten gebetene EuGH zweimal (EuGHE 1991, I-6079 ff. – Gutachten 1/91; EuGHE 1992, I-2821 ff. – Gutachten 1/92, dazu *Bleckmann,* JZ 1992, S. 790 ff.) zur Wahrung der Unabhängigkeit der EG-Ordnung und der Stellung des EuGH Nachbesserungen des EWR-Vertrages verlangte, trat das **EWR-Abkommen v. 2.5.1992** in der Fassung eines Anpassungsprotokolls v. 17.3.1993 (Text u. a. Sart. II, Ziff. 310, ferner EG-DurchfVO 2894/94 zum EWR v. 28.11.1994, ABl. L 305/6 ff.) erst zum 1.1.1994 in Kraft. Aus EG-Sicht handelte es sich dabei um ein **Assoziationsverhältnis nach Art. 238 = 310 neu EGV,** welches zwischen den Vertragsparteien eine Art **vertiefter Freihandelszone** begründen sollte. Auf der EG-Seite war es ein „gemischter Vertrag" (unten Rz. 1711 ff.), an dem sich EWG/EGKS sowie wegen bestimmter politischer Verpflichtungen alle damaligen 12 EG-MSen beteiligten. Auf der EFTA-Seite nahmen die 6 EFTA-Staaten von 1993 teil. Durch die EG-Beitritte von Finnland, Österreich und Schweden wechselten diese drei Staaten als nunmehrige EG-MSen gewissermaßen die Seite. EFTA-Partner des EWR sind seit 1995 nur noch Island, Liechtenstein und Norwegen. Die **Schweiz** hatte 1992 den EWR zunächst unterzeichnet. Das Schweizervolk lehnte jedoch am 6.12.1992 in einer Volksabstimmung den Beitritt mit 50,3 % Neinstimmen und dem Nein von 16 der 23 Kantone ab *(Thürer,* Das Schweizerische Nein zum EWR, 1993). Sie sucht nunmehr nach bilateralen Arrangements mit der EG *(Duric,* Die Freihandelsabkommen EG/Schweiz, 3. Aufl. 1998).

In seinen Dimensionen (372 Mio. Einwohner auf 3,6 Millionen Quadrat- 138
kilometern von der Arktis bis zum Mittelmeer und einer jährlichen Wirtschaftsleistung von über 7500 Mio. Dollar) ist der EWR zur Zeit die **größte Wirtschaftszone der Welt.** In ihm vollzieht sich ungefähr die Hälfte des Welthandels.

Inhaltlich zielt das EWR-Abkommen auf eine **vertiefte Freihandelszone** zwi- 139
schen der Gemeinschaft einerseits und den EFTA-Partnern des EWR andererseits *(Streit,* NJW 1994, S. 555 ff.). Im EWR soll weitgehend **das EG-Recht gelten,** welches insoweit von den EFTA-Partnern übernommen wird. Es ist eine „EG-konforme" Auslegung des EWR-Rechtes vorgesehen (Art. 6). Die EFTA-Staaten haben etwa 1400 Verordnungen und Richtlinien der EG übernommen.

EWR-weit gelten insbesondere die **„vier Freiheiten"** des Waren-, Personen-, Dienstleistungs- und Kapitalverkehrs, mit Sonderregelungen für Agrarwaren. Als Freihandelszone bleiben Drittlandswaren über Ursprungsregelungen ausgeschlossen. Ferner enthält das EWR-Abkommen Wettbewerbs- und einige sonstige gemeinsame Regeln sowie „horizontale" Bestimmungen (Sozialpolitik, Verbraucherschutz, Umwelt, Statistik, Gesellschaftsrecht) im Zusammenhang mit den vier Freiheiten. Institutionell (Art. 89 ff.) werden ein **EWR-Rat** und für die laufenden Geschäfte ein **Gemeinsamer EWR-Ausschuß** eingerichtet. **Gemeinsame Parlamentarische und Beratende EWR-Ausschüsse** (GeschOen v. 8./24.2.1994, ABl. EG L

247/34 ff., L 301/10 ff.) sind entfernt dem Europäischen Parlament und dem Wirtschafts- und Sozialausschuß nachempfunden. Für Differenzen ist ein kompliziertes **Streitbeilegungsverfahren** vorgesehen, in dem der EuGH eine starke Position hat (Art. 111).

Nachdem die EFTA-Seite im EWR 1995 bis auf Island, Liechtenstein und Norwegen „ausgedünnt" ist, bleibt es eine offene Frage, ob sich die aufwendige „gesamteuropäische Architektur" des EWR *(Krenzler,* Integration 1992, S. 61 ff.) überhaupt noch rechtfertigt oder ob vereinfachte Lösungen gesucht werden sollten.

III. Exkurs: Rat für gegenseitige Wirtschaftshilfe (RGW/COMECON) 1949–1991

Literatur: *Klinkmüller,* Gemeinsamkeiten und Unterschiede der wirtschaftlichen Integration in West- und Osteuropa, EA 1966, S. 577 ff.; *Faddejew,* Der RGW, 1975; *Seiffert,* Das Rechtssystem des RGW, 1982; *Sobell,* The red market, 1984; *Bailey-Wiebecke,* Die EG und der RGW, 1989; *Gwiazda,* Die Desintegration des RGW, Aus Politik und Zeitgeschichte, B 45/1990, S. 35 ff.; Ein stilles Begräbnis für das Comecon, FAZ 28.6.1991; *Baldassari/Mundell,* Eastern Europe's Transition to a Market Economy, 1992; *Meissner,* Der RGW und die „sozialistische Gemeinschaft", FS Börner, 1992, S. 247 ff.

140 Transnationale europäische Wirtschaftsorganisation beschränkte sich nach 1945 nicht auf Westeuropa. Zu den Zeiten des Kalten Krieges war 1949 auf Initiative der hegemonialen Sowjetunion in Osteuropa als ein Gegenstück zur damaligen westeuropäischen OEEC (oben Rz. 122 f.) und später zur EG der **Rat für gegenseitige Wirtschaftshilfe** (RGW, englisch COMECON) gegründet worden. In diesem „sozialistischen Commonwealth" des Ostblocks wurde auf der Grundlage der marxistisch-leninistischen Staats- und Wirtschaftstheorien vier Jahrzehnte planwirtschaftliche Wirtschaftsinte-gration betrieben.

141 Die **RGW-Verträge von 1959/60 und 1974** *(Rüster,* Grunddokumente des RGW, 1978) vereinten die meisten damaligen Ostblockstaaten, darunter seit 1950 die DDR. 1962 kam die Mongolei, 1972 Kuba und 1978 Vietnam hinzu. Die Organisation, deren Sitz in Moskau lag, wurde stark von der Sowjetunion dominiert.

Grundziel des RGW war die enge Verflechtung der Planwirtschaften dieser Staatshandelsländer durch eine **„sozialistische ökonomische Integration"** *(Uschakow* (Hrsg.), Integration im RGW, 2. Aufl. 1983). Sie ging bis zu „sozialistischer Arbeitsteilung" in der Produktion, was die Abhängigkeit der kleineren RGW-Staaten von der Sowjetunion akzentuierte. In seinen besten Zeiten entfielen ungefähr 20 % des Welt-Sozialproduktes auf den Comecon. Gegenüber der EG verfolgte der RGW bis in die siebziger Jahre eine strikte Nichtanerkennungspolitik, die aber nicht durchzuhalten war. Unter der „Perestroika" *Gorbatschows* kam es 1988 zur „Luxemburger Erklärung", mit welcher EG und RGW offizielle Beziehungen aufnahmen.

142 Nachdem 1989-1991 in der europa- und weltpolitischen „Wende" zunächst der Ostblock und schließlich auch die Sowjetunion zerfielen, verlor der Rat für gegenseitige Wirtschaftshilfe rasch seine Existenzberechtigung. Die DDR wurde 1990 mit der deutschen Einheit Teil der EG (unten Rz. 187). Bei ihrem Übergang in marktwirtschaftliche Strukturen suchten auch die übrigen mitteleuropäischen „Reformstaaten" vom Baltikum bis Bulgarien vertragliche Annäherungen an die EU mit Beitrittsperspektive (oben Rz. 1868 ff.). Für Rußland und seine unmittelbaren Nachbarn in oder außerhalb der „Gemeinschaft unabhängiger Staaten" (GUS) ergaben sich undeutliche Konturen einer eigenen Wirtschaftsgemeinschaft. Der RGW löste sich Mitte 1991 auf einer **letzten Konferenz in Budapest** offiziell auf (Texte: EA 1991, D 575 ff.).

IV. Organisation für Sicherheit und Zusammenarbeit in Europa (OSZE)

Literatur: *van Well,* Strukturelemente eines neuen europäischen Staatensystems in der Diskussion, EA 1974, S. 643 ff.; *Henze,* Neue Aufgaben der Entspannungspolitik, EA 1975, S. 567 ff.; *Mates,* Europa und die KSZE, EA 1976, S. 357 ff.; *Blumenwitz,* Die KSZE und die Menschenrechte, 1977; *Simma/Blenk-Knocke,* Zwischen Intervention und Zusammenarbeit, 1979; *Wellenstein,* Wirtschaftliche Ost-West-Zusammenarbeit im Rahmen der KSZE, EA 1980, S. 599 ff.; *Kavass/Granier/Dominick,* Human Rights, European Politics and the Helsinki Accord, 6 Bde., 1981; *Bloed/van Dijk,* Essays on Human Rights in the Helsinki Process, 1985; *Bruns,* Bilanz und Perspektiven des KSZE-Prozesses, APUZ B 10/1988, S. 27 ff.; *Reichel,* Die Bonner Wirtschaftskonferenz und die Zukunft der KSZE, EA 1990, S. 461 ff.; *Schneider,* Vom KSZE-Prozeß zum gesamteuropäischen Kooperationssystem, Integr. 1990, S. 150 ff.; *Hilgenberg,* Der KSZE-Mechanismus zur friedlichen Regelung von Streitfällen, GYIL 1991, S. 122 ff.; *Oellers-Frahm,* Die KSZE –Hoffnungsträger für Frieden und Sicherheit in Europa, 1992; *Ropers/Schlotter,* Die KSZE, 1992; *Hafner,* Die Streitbeilegungsübereinkommen der KSZE: Cui Bono?, FS Zemanek, 1994, S. 115 ff.; *Künhardt,* Menschenrechte, Minderheitenschutz und der Nationalstaat im KSZE-Prozeß, APUZ B 47/1994, S. 11 ff.; *Honsowitz,* Die Neugestaltung zwischen UN und OSZE, VN 1995, S. 49 ff.; *Schweisfurth,* Die juristische Mutation der KSZE, FS Bernhardt, 1995, S. 213 ff.; *Bertloff,* Die OSZE, 1996; *Kokott,* Vergleichs- und Schiedsgerichtsbarkeit der OSZE, Symposium Boldt, 1997, S. 253 ff.; *FSH* (Hrsg.) OSZE-Jahrbuch 1998, 1998;

Anfang der siebziger Jahre kam es im Zuge der damals anhebenden **Entspannungspolitik** zwischen Ost und West zu einem großangelegten, ständigen Kooperationsprozeß in allgemeinpolitischer und auch wirtschaftlicher Hinsicht, der **„Konferenz für Sicherheit und Zusammenarbeit in Europa"** (KSZE). Seit der weltpolitischen Wende 1989/91 wandelte sich die KSZE zu einem großregionalen europäisch-nordamerikanischen Friedenssicherungssystem. Ab 1995 nennt sie sich **„Organisation für Sicherheit und Zusammenarbeit in Europa" (OSZE).** 143

1. Die Schlußakte von Helsinki 1975

Die KSZE wurde 1973 in Helsinki eröffnet. Die eigentlichen Verhand- 144
lungen fanden anschließend in Genf statt. Das Abschlußdokument (EA 1975,

S. D 437 ff., die „Schlußakte") wurde am 1.8.1975 in Helsinki unterzeichnet. Die Initiative zu dieser Konferenz war von der Sowjetunion ausgegangen. Ihr ging es damals vor allem darum, die Unverletzlichkeit der Grenzen und das Nichteinmischungsverbot abzusichern, um so eine Garantie für den territorialen Status quo Europas zu erhalten, wie er sich am Ende des Zweiten Weltkrieges ergeben hatte. An der Konferenz waren 35 Staaten beteiligt, alle damaligen Staaten Europas (mit Ausnahme von Andorra) sowie die USA und Kanada *(van Well,* EA 1974, S. 643 ff.). Verhandelt wurden alle Fragen der Zusammenarbeit in Europa, und zwar in drei sog. „Körben", nämlich **Friedenssicherung, wirtschaftliche Zusammenarbeit sowie Menschenrechte.** Die Schlußakte von Helsinki enthält nur begrenzt völkerrechtliche Verpflichtungen, vor allem durch die Wiederholung bereits ohnehin geltenden Gewohnheits- und Vertragsrechtes. Ihre wesentliche Bedeutung liegt in einer **halbpolitischen Bindungswirkung („Soft law"),** die sich insbesondere auch auf die Bereitschaft zur Teilnahme an dem weiteren, seit 1975 anhebenden „KSZE-Prozeß" (unten Rz. 146) erstreckt.

145 Zu **„Korb 2"** enthielt das Schlußdokument der Konferenz eine Fülle von Absichtserklärungen, die einen **Ausbau des Handels und der industriellen Kooperation** im Auge hatten. Zur Verwirklichung des „Korbes 2" wurden gelegentliche KSZE-Wirtschaftskonferenzen veranstaltet (z.B. Bonn 1990). Seit der „Wende" hat die wirtschaftliche Bedeutung der KSZE zugunsten der EU-Kooperation mit Osteuropa stark abgenommen (Unten Rz. 1893).

In **„Korb 3",** an dem die westliche Seite 1975 besonders interessiert war, bekunden die Staaten vor allem die Bedeutung der Achtung der **Gedanken-, Gewissens-, Religions- und Überzeugungsfreiheit** und wollen daneben auch einen Ausbau der menschlichen Kontakte, insbesondere eine Erweiterung der Familienzusammenführung erleichtern *(Blumenwitz,* Die KSZE und die Menschenrechte, 1977). Weiterhin soll eine Verbesserung der Informationsmöglichkeiten erfolgen. Schließlich wird eine Zusammenarbeit in den Bereichen Kultur und Bildung in Aussicht genommen. „Korb 3" hat sich seit 1975 als politisch außerordentlich bedeutsam für die Entwicklung der **„Bürgerrechtsbewegung"** in Osteuropa erwiesen („Helsinki-Komitees" u. ä.).

2. Der „KSZE-Prozeß" 1975–1989

146 Die Staaten verpflichteten sich in Helsinki, durch weitere regelmäßige Treffen den Prozeß der Zusammenarbeit zu vertiefen. Solche **Folgetreffen** fanden bis zur Wende in Belgrad (1977/78), Madrid (1980/83) und Wien (1986/89) statt. Dabei wurde zwischen Ost und West jeweils lange und hartnäckig verhandelt, vor allem über Verbesserungen der Menschenrechtssituation in Osteuropa, aber auch über die gesamteuropäische Abrüstung.

Die Dokumente der KSZE-Folgekonferenzen *(Fastenrath* (Hrsg.), Die KSZE-Dokumente, 1994 ff.) sind keine völkerrechtlich verbindlichen Verträge. Mit ihnen werden keine „definitiv endgültigen" Lösungen, sondern Richtlinien und Meinungsäußerungen *(Mates,* EA 1976, S. 361) geschaffen. Die Bedeutung der KSZE liegt weniger im völkerrechtlichen Bereich als darin, daß mit ihr ein **geographisch umfassendes europäisches Verhand-**

lungsforum geschaffen wurde, auf dem alle Europa betreffenden Fragen offiziell zwischen den MSen diskutiert werden können. Entscheidend ist, daß die Arbeitsgrundlage der Konferenzen das **„Konsens-Prinzip"**, also die Einstimmigkeit, bildet. Mit der KSZE wurde nach 1945 erstmals wieder ein „Dach" über den zahlreichen, jedoch geographisch und aufgabenmäßig begrenzten europäischen Organisationen geschaffen und gleichzeitig eine Brükke zu den USA und Kanada geschlagen.

3. Von der KSZE zur OSZE 1990 ff.

Der **politische Umbruch in Osteuropa 1989–91** mit dem Übergang von 147
den kommunistischen Herrschaftssystemen zur Demokratie sowie der Auflösung der Sowjetunion und Jugoslawiens veränderte die Bedeutung der KSZE grundlegend, ohne sie überflüssig zu machen. Mit dem Beitritt der Nachfolgestaaten in Ost- und Südosteuropa zur KSZE wuchs die Mitgliedschaft erheblich. An die Stelle der Kooperation zwischen zwei grundverschiedenen politischen Systemen trat als Hauptaufgabe die **Friedenssicherung** im gesamteuropäisch-nordamerikanischen Raum („Von Vancouver bis Wladiwostok"; *Oellers-Frahm,* Die KSZE, Hoffnungsträger für Frieden und Sicherheit in Europa, 1992). Neben der fortbestehenden Sorge um die **Menschenrechte** kümmerte sich die KSZE angesichts der neu aufbrechenden Nationalismen zunehmend um den **Minderheitenschutz.** *(Kühnhardt,* APuZ B 47/1994, S. 11 ff.). Institutionell verstetigte sich die Konferenz mehr und mehr in Richtung einer Internationalen Organisation, was in der ab 1995 gültigen Umbenennung in **„Organisation für Sicherheit und Zusammenarbeit in Europa" (OSZE)** Ausdruck fand. Sie hat 53 Mitglieder, einschließlich der USA und Rußland (1998).

Neben den zweijährigen **„Gipfelkonferenzen"** der Staats- und Regierungschefs 148
der OSZE kennt die Organisation den jährlichen **Ministerrat,** den **Höchsten Rat** in Prag, bisher Ausschuß der Hohen Beamten, den **Ständigen Rat** der bei der OSZE in Wien akkreditierten Botschafter und eine **Parlamentarische Versammlung.** Der Ständige Rat ist das permanente Beschluß- und Entscheidungsorgan. Für die Beschlußpraxis der OSZE gilt weiter das Konsensprinzip. In Wien befindet sich auch das 1992 geschaffene **Sekretariat** (Erster Generalsekretär seit 1993 war HÖYNK/Deutschland). Ferner ist das Amt eines **OSZE-Hochkommissars für nationale Minderheiten** geschaffen worden. Auch das **„Büro für Demokratische Institutionen und Menschenrechte"** in Warschau ist der OSZE angegliedert. Zu diesem lockeren Instrumentarium rechnen ferner seit 1992 in verschiedene ost- und südosteuropäische Staaten entsandte KSZE/OSZE-**Friedensmissionen** mit meist beobachtenden Aufgaben. Geplant sind multilaterale **Friedenstruppen** der OSZE (zur OSZE-Organisation *Bortloff,* Die OSZE, 1996, S. 370 ff.).

Zeitlich vollzog sich diese Entwicklung von der KSZE zur OSZE über 149
die zweijährigen („Gipfel")Folgekonferenzen seit Paris 1990. Mit der 1990 beschlossenen **„Charta von Paris für ein neues Europa"** (Text: EA 1990, S. D 656 ff.) stellten die damals 34 KSZE-Staaten ihren durch die „Wende" erreichten politisch-ökonomischen Konsens über eine menschenrechtlich fundierte, plurale Demokratie einschließlich marktwirtschaftlicher Grund-

sätze als gemeinsame Verfassungsgrundlage fest. In der Folgezeit belasteten die neuen Nationalitätenkonflikte im ehemaligen Jugoslawien, im Baltikum und im Kaukasus die Arbeit der KSZE/OSZE. Dabei sucht sich die Organisation durch einen 1991 vereinbarten Streitschlichtungsmechanismus (Text: ZaöRVR 1991, S. 89 ff.; *Kokott,* Symp. Boldt 1997, S. 253 ff.) und durch die Entsendung beobachtender Friedensmissionen konfliktregulierend zu bewähren. Die praktischen Erfolge sind jedoch begrenzt. Auch nach dem Ende des Kommunismus bleibt es schwierig, zusammen mit Rußland eine gemeinsame „KSZE/OSZE-Philosophie" zu entwickeln. Geplant ist eine „Europäische Sicherheitscharta". (ILM 1998, S. 693 ff.). Während Rußland die OSZE gerne zu Lasten der NATO (unten Rz. 2073) zur zentralen europäischen Sicherheitsorganisation machen würde, setzen Westeuropa und die USA eher auf den Fortbestand einer gewandelten und erweiterten NATO als des eigentlichen Militärbündnisses, dem die OSZE friedenssichernde Aufträge in solchen europäischen Krisengebieten erteilen kann, in denen sich die Vereinten Nationen nicht unmittelbar engagieren möchten. Im „Stabilitätspakt" von Paris 1995 bekannte sich die OSZE zur Achtung der bestehenden Grenzen und zum Schutz von Minderheiten. Im Verhältnis zur UNO ist die OSZE eine **Regionale Abmachung** im Sinne von Art. 52 ff. UNCh (*Honsowitz,* VN 1995, S. 49 ff.).

150 Im **Abrüstungsbereich** hat die KSZE/OSZE 1994 einen bemerkenswerten **„Verhaltenskodex** über politisch-militärische Aspekte der Sicherheit" gebilligt. Hier erkennen die Mitgliedstaaten erstmalig politisch verbindliche Prinzipien für ihr Verhältnis zu den Streitkräften an, insbesondere die Notwendigkeit der demokratisch/parlamentarischen Kontrolle der Armee. Auch wenn solche Beschlüsse wie die meisten OSZE-Regeln nicht als verbindliches Recht gemeint sind, sondern **halbpolitische Leitlinien („Soft law")** darstellen, deuten sich auf diese Weise zunehmend übereinstimmende Verfassungsgrundlagen zwischen den Mitgliedstaaten an, welche der Aufgabe gemeinsamer Friedenssicherung den Boden bereiten.

Insgesamt stellt die OSZE mittlerweile eine gesamteuropäische Institutionalisierung unter Einschluß der USA und Kanadas dar, die in Gestalt eines **ständigen flexiblen Forums** wichtige Grundlagen für die Arbeit der anderen europäischen Organisationen schafft. Unter diesen kommt seit langem der **Aktion der Europäischen Gemeinschaft,** die sich zur **Europäischen Union** erweitert und vertieft, ganz besondere Bedeutung zu.

Zweiter Teil
Die Europäische Union

Erster Abschnitt. Organisation und Struktur der Europäischen Union und Gemeinschaft

§ 4. Grundstatus der Europäischen Union und Gemeinschaft

Literatur: *Noël,* La fusion des institutions et la fusion des Communautés européennes, 1966; *Salomon,* Les Communautés en tant que personnes de droit interne et leurs privilèges et immunautés, in: Ganshof van der Meersch, Les Novelles, 1969, S. 121 ff.; *Soldatos,* Durée et dénonciation des Traites de Rome, RevDrInt. 1969, S. 257 ff.; *Bothe,* Die Stellung der EG im Völkerrecht, ZaöRVR 1977, S. 122 ff.; *Bleckmann,* Die Einheit der Europäischen Gemeinschaftsrechtsordnung – Einheit oder Mehrheit der Europäischen Gemeinschaften?, EuR 1978, S. 95 ff., *Zuleeg,* Der Bestand der EG, GS Sasse, Bd. I 1981; *Everling,* Die Erstreckung des Europäischen Gemeinschaftsrechts auf das Gebiet der ehemaligen DDR, 1991; *v. Simson,* Was heißt in einer Europäischen Verfassung „Das Volk"?, EuR 1991, S. 1 ff.; *Braselmann,* Übernationales Recht und Mehrsprachigkeit, EuR 1992, S. 55 ff.; *Huber,* Deutsch als Gemeinschaftssprache, BayVBl. 1992, S. 1 ff.; *Everling,* Überlegungen zur Struktur der EU und zum neuen Europa-Artikel des GG, DVBl. 1993, S. 936 ff.; *Hilf/Stein/Schweitzer/Schindler,* Europäische Union: Gefahr oder Chance für den Föderalismus in Deutschland, Österreich und der Schweiz?, VVDStRL 53 (1994), S. 7 ff.; *Hrbek* (Hrsg.), Bürger und Europa, 1994; *Oppermann,* Zur Eigenart der EU, in: Hommelhoff/P. Kirchhof (Hrsg.), Der Staatenverbund der EU, 1994, S. 87 ff.; *Robbers,* Europarecht und Kirchen, HdbStKiR der BRD, I, 1994, S. 315 ff.; *Sack,* Das Seerechtsübereinkommen der VN und die Beteiligung der Gemeinschaft, EuZW 1994, S. 673; *Everling,* Zur Stellung der MSen der EU als „Herren der Verträge", FS Bernhardt, 1995, S. 1161 ff.; *Mouton,* La citoyenneté de l'Union, 1996; *Pernice,* Deutschland in der EU, HdbStR, VIII, 1996, S. 225 ff.; *Classen,* Les Etats Membres de l'Union Européenne, 1997; *Müller-Graff,* Die europäischen Regionen in der Verfassung der EG, Integr. 1997, S. 145 ff.; *Zimmermann-Wienhues,* Kommunale Selbstverwaltung in einer EU, 1997; *Bruha/Seeler,* Die EU und ihre Sprachen, 1998; – Literatur zur **Haftung der EG** nur unten bei I, 2.

Während die Europäischen Organisationen vom Europarat bis zur OSZE **151**
im wesentlichen Internationale Organisation im klassischen Sinne des allgemeinen Völkerrechts darstellen, geht die Bedeutung der **Europäischen Union (EU)** darüber hinaus. In der EU sind seit dem 1.11.1993 die **drei Europäischen Gemeinschaften** EG (früher EWG), EGKS und EAG zusammengefaßt. Die EGen sind Völkerrechtssubjekte, während die EU keine eigene Rechtspersönlichkeit besitzt. Die Union ist nur ein „Dach" über den drei Gemeinschaften, der intergouvernementalen Gemeinsamen Außen- und Sicherheitspolitik (GASP) und der ebenfalls zwischenstaatlichen innenpolitischen Zusammenarbeit. Man spricht von den „drei Säulen" der

EU. Die Europäische Union versteht sich nicht als Endzustand, sondern als eine „Stufe bei der Verwirklichung einer immer engeren Union der Völker Europas" (Art. A Abs. 1 = 1 Abs. 1 neu EUV).

152 Kern der Union ist die EG (früher EWG, näher *v. Bogdandy/Nettesheim,* in: Grabitz/Hilf (Hrsg.), EUV/EGV-Komm. (1994), Art. 1 EGV). Die Union handelt im wesentlichen durch die EG-Organe. Die Besonderheit der EG und von EGKS und EAG besteht darin, daß die öffentliche Gemeinschaftsgewalt vielfältig unmittelbar in die Mitgliedstaaten hineinzuwirken vermag (vgl. unten Rz. 616 ff.). Ferner umfaßt der im EUV, in den drei Gemeinschaftsverträgen und in weiteren Rechtsakten niedergelegte Auftrag der EU ein wirtschaftliches, teilweise aber auch allgemeinpolitisches Programm von solcher Tragweite, daß sich Union und Gemeinschaften als eine **besondere Kategorie intensiver, staatsnaher Verbindung** zwischen ihren Mitgliedern darstellen. Der künftige Umschlag der bisher im Kern noch zwischenstaatlichen EU-Beziehungen in eine eher staatsrechtliche Verbindung bei der weiteren Vertiefung der Union ist denkbar (vgl. Präambel EUV). Vorläufig steht die EU/EG und ihr Recht irgendwie „zwischen" der internationalen und der staatlichen Ebene.

Diese Sonderstellung von Union und Gemeinschaft wird bereits äußerlich in mannigfachen institutionellen Ausprägungen sichtbar.

I. Rechtspersönlichkeit der Europäischen Gemeinschaft

Literatur: *Udina,* La personalità internazionale della CECA, FS Menotti, 1957, II, S.71 ff.; *Pescatore,* Les Communautés en tant que personnes de droit international, Les Novelles 1969, S. 107 ff.; *Rosenbach,* Status und Vertretung der EG in internationalen Organisationen, 1979; *Kusterer,* Das Sprachenproblem in den Europäischen Gemeinschaften, EA 1980, S. 693 ff.; *Bernhardt,* Die EG als neuer Rechtsträger im Geflecht der traditionellen zwischenstaatlichen Rechtsbeziehungen, EuR 1983, S. 199 ff.; *Nöll,* Die Völkerrechtssubjektivität der Europäischen Gemeinschaften und deren Bindung an das allgemeine Völkerrecht, 1986; *Henrichs,* Die Vorrechte und Befreiungen der EG, EuR 1987, S. 75 ff.; *Manin,* The EC's and the Vienna convention on the Law of the Treaties between States, CMLRev 1987, S. 457 ff.; *Bieber,* Die Flagge der EG, GS Geck, 1989, S. 59 ff.; *Lieres,* Der EGKSV und das Jahr 2002, EuR 1990, S. 305 ff.; *Coulmas* (Hrsg.), A Language Policy for the EC, 1991; *Puissochet,* L'affirmation de la personalité internationale des Communautés Européennes, FS Boulouis, 1991, S. 437 ff.; *Schmidt,* Le protocole sur les privilèges et immunités des Communautés Européennes, CDE 1991, S. 67 ff.; *Seidl-Hohenveldern,* L'immunité de juridiction des Communautés Européennes, Marché Commun 338/1991, S. 475 ff.; *Ress,* Die EU und die neue juristische Qualität der Beziehungen zwischen den EGen, JuS 1992, S. 985 ff.; *Pliakos,* La nature juridique de l'Union Européenne, RTDE 1993, S. 187 ff.; *Schuster,* Der Sonderstatus Dänemarks im Vertrag über die EU, EuZW 1993, S. 177 ff.; *Fastenrath,* Die Struktur der erweiterten EU, EuR 1994, S. 101 ff.; *P. Fischer,* Is the EC an International Organization?, FS Zemanek 1994, S. 179 ff.; *Bogdandy/Nettesheim,* Die Verschmelzung der EGen in der EU, NJW 1995, S. 2324 ff.; *Dörr,* Die EU und die EGen, NJW 1995, S. 3162 ff.; *Sack,* Die EG als Mitglied Internationaler Organisationen, GS Grabitz, 1995, S. 631 ff.; *Köck,* Questions relating to the Recognition of the EC's, AuRevIntEurLaw 1997, S. 49 ff.; *v. Bogdandy,* Die EU als ein einheitlicher Verband, EuR 1998, Beih. 2, S. 165 ff.; *Loehr,* Mehrsprachigkeitsprobleme in der EU, 1998. – Literatur zur **Haftung** der EG und ihrer MSen nur vor Ziff. 2.

1. Die Europäischen Gemeinschaften als Völkerrechtssubjekte und als internationale juristische Personen

a) Europäische Union, Europäische Gemeinschaft oder Europäische Gemeinschaften?

Die drei Europäischen Gemeinschaften sind durch das Abkommen über gemeinsame Organe für die Europäischen Gemeinschaften (v. 25.3.1957, BGBl. II, S. 1156 = Sart. II, Ziff. 220) und durch den Vertrag zur Einsetzung eines gemeinsamen Rates und einer gemeinsamen Kommission der Europäischen Gemeinschaften v. 8.4.1965 (BGBl. II, S. 1454 = Sart. II, Ziff. 220a, sog. **„Fusion der Exekutiven"**) in ihren Organen vereinheitlicht worden. Seit 1993 finden sich die Regelungen über die gemeinsamen Organe in Art. D = 4 neu EUV und in Art. 127–188c = 189–248 neu EGV. 153

Schon seit 1958 gab es nur ein Europäisches Parlament, einen Gerichtshof und einen Wirtschafts- und Sozialausschuß in den EGen. Durch den Fusionsvertrag wurden ab Mitte 1967 Rat und Kommission zusammengelegt sowie die Beamten und sonstigen Bediensteten in einer einzigen Verwaltung der EG vereinigt. Der Europäische Rat der Staats- und Regierungschefs trat seit 1975 als „Superorgan" der Union hinzu. Seit 1993 ist der Rechnungshof gemeinsames EG-Organ.

Die Ende der sechziger Jahre zunächst in Angriff genommene **Fusion der drei Verträge** zu einem einheitlichen Vertragswerk mit gleichmäßigen Befugnissen und damit zu einer einzigen „Europäischen Gemeinschaft" blieb jedoch liegen. 154

Über die Einheitliche Europäische Akte 1986 und vor allem über den Maastrichter Unionsvertrag 1992 bleiben formal die drei Gemeinschaften bestehen. Sie sind über das „Dach" der Europäischen Union und die Hervorhebung der früheren EWG als EG faktisch eng zusammengewachsen. In der Öffentlichkeit wird mehr und mehr das Kürzel „EU" für die Gesamtheit der Gemeinschaftskonstruktion verwendet. Daneben spricht man mit Recht von der „Europäischen Gemeinschaft" (EG) als der „Hauptsäule" der EU. Juristisch handelt es sich weiterhin um drei „Europäische Gemeinschaften" (EG, EKGS, EAG). Eine Fusion hat – auch durch den Amsterdamer Vertrag 1997 – noch nicht stattgefunden (aA *Bogdandy/Nettesheim,* NJW 1995, S. 2324 ff., vgl. aber *Dörr,* NJW 1995, S. 3162 ff.).

Für die **Hauptorgane** bürgern sich die Bezeichnungen „Europäisches Parlament", „Rat" (mit „Euroäischer Rat" für die Zusammenkünfte der Staats- und Regierungschefs), „Europäische Kommission" und „Europäischer Gerichtshof" ein. Sie stimmen nicht immer mit den genauen amtlichen Bezeichnungen überein.

b) Wirkungen der Völkerrechtsfähigkeit und der Privatrechtsfähigkeit der Europäischen Gemeinschaften

Die selbständige Rechtspersönlichkeit der EGKS einerseits als völkerrechtlich rechts- und handlungsfähiges, auch haftungsfähiges Subjekt im zwischenstaatlichen Verkehr, andererseits als rechts- und geschäftsfähige „internationale juristische Person" innerhalb der einzelnen Mitgliedstaaten, ist 155 in Art. 6 EGKSV festgehalten. Gleiches gilt nach Art. 210, 211 = 281, 282 neu EGV für die EG und nach Art. 184, 185 EAGV für die EAG.

Die **Völkerrechtsfähigkeit** der durch Art. A = 1 neu EUV, Art. 1 EGV/EAGV/EGKSV gegründeten EG/EU gegenüber Drittstaaten und Internationalen Organisationen reicht hiernach in funktionalem Verständnis soweit, wie es zur Durchführung ihrer Aufgaben und Erreichung ihrer Ziele im Sinne der Verträge jeweils erforderlich ist. Dabei ist das Maß der verliehenen Kompetenzen in Rechnung zu stellen *(Schwarze,* NJW 1979, S. 457 ff.).

156 Die **Privatrechtsfähigkeit der EGen** in den Mitgliedstaaten ist „weitestgehend“ und erfaßt insbesondere Erwerb und Veräußerung von beweglichem und unbeweglichem Vermögen, Abschluß aller Rechtsgeschäfte und die Parteifähigkeit der EGen vor den nationalen Gerichten. Den weitreichenden Zielen, welche die EGen nach dem Willen ihrer Mitgliedstaaten verfolgen sollen, entspricht eine grundsätzlich großzügige Auslegung des Umfanges ihrer innerstaatlichen Rechtspersönlichkeit.

Privatrechtlich werden EG und EAG durch die **Kommission** vertreten (Art. 211 letzter Satz = 282 neu EGV = Art. 185 EAGV), in der EGKS durch das jeweils zuständige Organ (Art. 6 Abs. 4 EGKSV).

c) Die Anerkennung der Europäischen Gemeinschaft

157 Nach vorherrschendem allgemeinem Völkerrecht sind die Europäischen Gemeinschaften durch die originäre Verleihung der Völkerrechtspersönlichkeit seitens ihrer Mitgliedstaaten zunächst **„inter se“ in Existenz getreten.** Die **Anerkennung** dieser Völkerrechtssubjektivität der EGen durch Drittstaaten und andere Internationale Organisationen unterlag im Sinne der subjektiven Anerkennungstheorie deren außenpolitischem Ermessen *(Köck,* AuRevInt.EurLaw 1997, S. 49 ff.).

Heute sind die EGen durch Errichtung diplomatischer Vertretungen in Brüssel von etwa **150 Staaten** anerkannt. Ebenso bestehen offizielle Beziehungen zu den meisten **Internationalen Organisationen,** zu GATT/WTO, OECD, Europarat usf. Art. 93, 94 EGKSV, Art. 229, 230 = 302, 303 neu EGV und Art. 199, 200 EAGV, die der Gemeinschaft solche Beziehungen als Aufgabe auferlegen, werden so angewandt.

158 Das **passive Gesandtschaftsrecht** von Drittstaaten bei der EG ist in Art. 17 des Protokolls über die Vorrechte und Befreiungen der EGen v. 8.4.1965 (BGBl. II, S. 1482 = Sart. II. Ziff. 265) ausdrücklich festgehalten. Nach allgemeinem Völkerrecht (ICJ-Reports 1949, S. 174 ff. = Gutachten des IGH über die im Dienste der Vereinten Nationen erlittenen Schäden) dürften die EGen als anerkannte und mit hinreichenden Kompetenzen ausgestattete Völkerrechtssubjekte grundsätzlich auch über das **aktive Gesandtschaftsrecht** verfügen. In der Praxis wird dieses Recht bislang über einige EG-Verbindungsbüros (Außenstellen der Kommission) in nationalen Hauptstädten (z. B. Washington, Tokyo, Canberra, auch in über 40 AKP-Staaten) und bei Internationalen Organisationen verhalten wahrgenommen. Über den Botschafter der jeweiligen Ratsmacht findet eine weitere EG-Repräsentanz in Drittstaaten statt *(Sauvignon,* RMC 1978, S. 179 ff., unten Rz. 1691 ff.).

d) Vorrechte und Befreiungen der Europäischen Gemeinschaften

Die EGen verfügen als zwischenstaatliche Einrichtungen nach allgemeinem Völkerrecht über diejenigen Vorrechte und Befreiungen bei der Erfüllung ihrer Aufgaben, die ihnen **vertraglich ausdrücklich verliehen sind.** Insoweit gilt seit dem 1.7.1967 für die EGen einheitlich Art. 28 FusV = 291 neu EGV (bisher Art. 218) i. V. m. dem oben genannten Protokoll über die Vorrechte und Befreiungen der EGen v. 8.4.1965. **159**

Der Grundgedanke dieser Regelung ist die Gewährung der sog. **„funktionalen" Vorrechte und Befreiungen,** d. h. all derjenigen, die zur Erfüllung der Gemeinschaftsaufgaben erforderlich sind (Art. 291 neu EGV). Die Europäische Investitionsbank sowie die EZB wird dabei den EGen gleichgestellt. Die einzelnen Privilegien und Immunitäten sind im Protokoll enumerativ aufgezählt, bei Zweifelsfragen kann auf den Funktionalitätsgrundsatz zurückgegriffen werden (näher *Schweitzer,* in: Grabitz/Hilf (Hrsg.), Komm. EUV/EGV (1995), zu Art. 218).

Sinn der Regelung ist der **Schutz des Gemeinschaftsinteresses.** Hervorzuheben sind die Unverletzlichkeit der Räumlichkeiten, Gebäude und Archive der Gemeinschaften, sowie ihrer Vermögensgegenstände (Art. 1, 2 Protokoll). Ferner werden weitgehende Befreiungen der EGen von Steuern und Abgaben zugesichert (Art. 3, 4 Prot.). In der amtlichen Nachrichtenübermittlung sind die Gemeinschaften den diplomatischen Vertretungen gleichgestellt (Art. 6 Prot.). Der bevorrechtigte Personenkreis wird über besondere Ausweise der EG kenntlich gemacht (Art. 7 Prot. i. V. m. VO 1826/69, ABl. 1969, L 74 S. 1 ff.). **160**

Den **Abgeordneten des Europaparlamentes** steht ein Indemnitäts- und Immunitätsschutz zu (Art. 8 ff. Prot.). Ferner genießen **nationale Bedienstete,** die sich an der Arbeit der EG-Organe beteiligen, die üblichen Vorrechte, Befreiungen und Erleichterungen (Art. 11 Prot.), während den diplomatischen Vertretungen der Mitgliedstaaten am Sitz der Organe die diplomatischen Vorrechte und Befreiungen gewährt werden (Art. 17 Prot.).

Zu den in Art. 12 ff. des Protokolls den **EG-Beamten** gewährten Vorrechten und Befreiungen vgl. unten Rz. 796. Denselben Status genießen auch die Mitglieder der Kommission, Richter, Generalanwälte u. a. (Art. 20, 21 Prot.).

Insgesamt gesehen sind die Vorrechte und Befreiungen der EGen **recht ansehnlich,** ohne den staatlich/diplomatischen Immunitätsschutz voll zu erreichen.

2. Haftung der Europäischen Gemeinschaft und ihrer Mitgliedstaaten

Literatur: Die Literatur zur Haftung der EG und ihrer MSen ist seit der EuGH-Rspr. der 90er Jahre („Francovich" u. s. f.) uferlos angeschwollen. Ausführliche Übersichten bei *v. Bogdandy,* in: Grabitz/Hilf (Hrsg.), EUV/EGV-Komm. (1997) zu Art. 215 EGV und *Gilsdorf/Oliver,* in: GTE, Komm. EU-/EGV, 5. Aufl. 1997, S. 5/217 ff.

Much, Die Amtshaftung im Recht der EGKS 1952; *Heldrich,* Art. 215 Abs. 2 des EWGV, JZ 1960, S. 681 ff.; *Fuß,* Grundfragen der Gemeinschaftshaftung, EuR 1968, S. 353 ff.; *Goffin,* La responsabilité contractuelle des Communautés, Droit des Communautés Européennes, 1969, S. 141 ff., 335 ff.; *Mackenzie-Stuart,* The non-contractual liability of the EEC, CMLRev 1975, S. 493 ff.; *Weis,* Die außervertragliche Haftung der EWG gemäß Art. 215 Abs. 2 EWGV, JZ 1980, S. 480 ff.; *Aubin,*

Die Haftung der EWG und ihrer MS bei gemeinschaftsrechtswidrigen nationalen Verwaltungsakten, 1982; *Herdegen,* Die Haftung der EWG für fehlerhafte Rechtsetzungsakte, 1983; *Conze,* Die völkerrechtliche Haftung der EG, 1987; *Schmitz,* Die Haftung der EWG für Verordnungsrecht im Abgaben- und Beihilfenrecht, 1987; *Hailbronner,* Staatshaftung bei säumiger Umsetzung von EG-Richtlinien, JZ 1992, S. 284 ff.; *Ossenbühl,* Der gemeinschaftsrechtliche Staatshaftungsanspruch, DVBl. 1992, S. 993 ff.; *Tomuschat,* Völkerrechtliche Schadensersatzansprüche vor dem EuGH, FS Börner, S. 441 ff.; *Hartwig,* Die Haftung der MSen für internationale Organisationen, 1993; *Schockweiler,* Die Haftung der EG-MSen gegenüber den Einzelnen bei Verletzung des Gemeinschaftsrechts, EuR 1993, S. 107 ff.; *Gellermann,* Staatshaftung und Gemeinschaftsrecht, EuR 1994, S. 342 ff.; *Tomuschat,* Das Francovich-Urteil des EuGH – Ein Lehrstück zum Europarecht, FS Everling, 1995, S. 1585 ff.; *Zenner,* Die Haftung der EG-MSen für die Anwendung europarechtswidriger Rechtsnormen, 1995; *Huff,* Eine erste Bewertung des EuGH-Urteils Dillenkofer, NJW 1996, S. 3190 ff.; *Bröhmer,* Die Weiterentwicklung des europäischen Staatshaftungsrechts, JUS 1997, S. 117 ff.; *Saenger,* Staatshaftung wegen Verletzung europäischen Gemeinschaftsrechts, JUS 1997, S. 865 ff.; *Binia,* Das Francovich-Urteil des EUGH im Kontext des dt. Staatshaf-tungsrechts, 1998; *Hermes,* Der Grundsatz der Staatshaftung für Gemeinschaftsrechtsverletzungen, DV 1998, S. 371 ff..

161 Eine wichtige Konsequenz aus der Rechtspersönlichkeit der EG ist die **Haftungsfähigkeit** für eigenes Fehlverhalten. Auch insoweit ist die völkerrechtliche Haftung der EGen gegenüber anderen Völkerrechtssubjekten (Drittstaaten, Internationale Organisationen) von der vertraglichen und außervertraglichen Haftung zu unterscheiden, der die Gemeinschaft innerhalb ihrer Mitgliedstaaten gegenüber den Rechtssubjekten der nationalen Rechtskreise unterliegt. Infolge der unmittelbaren Anwendbarkeit des Gemeinschaftsrechts in den Mitgliedstaaten mit Durchgriff bis zum Unionsbürger spielt die letztgenannte Haftungsart eine besondere Rolle. Seit den 90er Jahren hat der Gerichtshof auch die **EG-Mitgliedstaaten** als Glieder der Gemeinschaft für die Verletzung bestimmter gemeinschaftsrechtlicher Pflichten haftbar gemacht („Francovich-Rspr.").

a) Völkerrechtliche Haftung der EG

162 Die völkerrechtliche Haftung der EG ist in den Verträgen nicht ausdrücklich angesprochen. Es gelten daher die für die internationalen Organisationen als Völkerrechtssubjekte allgemein geltenden Rechtsgrundsätze. Daher **haften die EGen für völkerrechtliche Delikte ihrer Organe.** Als solche gelten schuldhafte, (Vorherrschende Lehre, vgl. etwa *Ginther,* FS Zemanek, 1994, S. 335 ff.; – „Culpa levissima" genügt) ein anderes Völkerrechtssubjekt schädigende Verletzungen von Völkerrechtsregeln. Läßt sich die Haftung der EG mangels hinreichender Vermögenssubstanz oder aus anderen Gründen nicht realisieren, haften gegenüber Drittstaaten, welche die EG nicht anerkannt haben, subsidiär die Mitgliedstaaten in einer Art von Gesamtschuldnerschaft, weil sie die EGen geschaffen haben und sie tragen. Ansonsten bleibt die Haftung auf die EG als solche beschränkt (*Tomuschat,* FS Börner, 1992, S. 441 ff.). Die völkerrechtliche Haftung der EG ist in der Praxis erstmals anläßlich der Zahlungsunfähigkeit des Internationalen Zinnrates erörtert worden (*Ehenroth/Fuhrmann,* RIW 1989, S. 593 ff.). Die EG, die Mitglied des Zinnrates war, hat prozessual als Internationale Organisation völkergewohnheitsrechtlich absolute Immunität für sich beansprucht (*Seidel-Hohenveldern,* Ecolex 1990, S. 263 ff.).

b) Innergemeinschaftliche Haftung

163 Von erheblicher tatsächlicher Bedeutung ist dagegen die **innergemeinschaftliche Haftung der EG.** Wichtigste Rechtsgrundlage ist hierfür **Art. 215 = 288 neu EGV**

(wortgleiche Regelung in Art. 188 EAGV). Art. 34 und 40 EGKSV enthalten demgegenüber für die Montanunion Sonderregelungen, die stark vom französischen Recht geprägt sind.

aa) **Diese Rechtsgrundlagen sind unvollständig.** Es besteht keine Regelung der Gemeinschaftshaftung für außerhalb der Amtstätigkeit von Bediensteten entstandene außervertragliche Schäden und ebensowenig über das Problem der persönlichen Haftung von Gemeinschaftsbediensteten gegenüber dem Geschädigten. Es wäre nicht rechtsstaatlich, insoweit a priori Haftungen zu verneinen. Daher ist in diesem Bereich analog Art. 215 Abs. 2 = 288 Abs. 2 neu EGV in concreto die Haftungsfrage nach ungeschriebenem Gemeinschaftsrecht zu prüfen, das aus den gemeinsamen Rechtsgrundsätzen der Mitgliedstaaten zu finden ist. (Vgl. die entspr. Methode in EuGHE 1970, 1125 ff. – RS 11/70 bei der Findung von Gemeinschaftsgrundrechten, unten Rz. 489 ff.). Für die **außervertragliche Haftung der Gemeinschaften außerhalb der Amtstätigkeit** vor nationalen Gerichten ist daher auf die allgemeinen IPR-Regeln zurückzugreifen. Es gilt so Tatortrecht („Lex delicti commissi"). 164

bb) Die **vertragliche Haftung von EG und EAG** bestimmt sich nach dem **nationalen Recht,** das auf den betreffenden Vertrag anzuwenden ist (Art. 215 Abs. 1 = 288 Abs. 1 neu EGV, Art. 188 Abs. 1 EAGV, für den EGKS-Bereich heute wohl analoge Anwendung *(Goffin,* Droit des CE, 1969, S. 141 ff., 333 ff.). Diese Klausel bezieht sich vor allem auf die Fülle der (privat oder öffentlich-rechtlichen) Verträge, mit denen die EGen bewegliches und unbewegliches Vermögen erwerben, Mietverträge abschließen u. s. f. (EuGHE 1986, 222 ff. – RS 251/84). Derlei Streitigkeiten fallen regelmäßig in die Zuständigkeit der nationalen Gerichte (arg. Art. 183 i. V. m. 178 = 240 neu i. V. m. 235 neu EGV. Eine denkbare schiedsgerichtliche Zuständigkeit des EuGH nach Art. 181 = 238 neu EGV kommt in diesen Fällen in der Praxis kaum vor). 165

Das auf die Vertragshaftung anzuwendende Recht muß nach den **Regeln des Internationalen Privatrechts** bestimmt werden. Nach den insoweit weithin übereinstimmenden IPR-Grundsätzen (vgl. *Firsching/v. Hoffmann,* IPR, 4. Aufl. 1995, S. 354 ff; EuGHE 1985, 3706 ff. – RS 318/81) läuft es hiernach bei den im Vordergrund stehenden schuldrechtlichen Verträgen meist auf die Bestimmung des (ausdrücklich oder stillschweigend) erklärten Parteiwillens hinaus. Bei immobilienbezogenen Schuldverträgen läuft der Parteiwille i. d. R. auf das Recht der belegenen Sache (lex rei sitae) hinaus. In der Praxis führt die Anwendung der IPR-Regeln überwiegend zur Maßgeblichkeit des nationalen Rechts am Sitz der EG-Organe (Art. 216 = 289 neu EGV, vgl. oben Rz. 23). Auf diese Weise spielt bis auf weiteres das **belgisch-luxemburgische Recht** für die vertragliche Haftung der EGen eine besondere Rolle.

cc) Nach **Gemeinschaftsrecht** bestimmt sich dagegen die **außervertragliche Amtshaftung von EG und EAG,** soweit sie in Art. 215 Abs. 2 = 288 Abs. 2 neu EGV (= Art. 188 Abs. 2 EAGV) geregelt ist (z. B. Schadenszufügung an Dritten bei Dienstfahrt eines EG-Bediensteten). Daher ist hierfür als selbständiger Rechtsbehelf (EuGHE 1984, 1969 ff. – RS 281/82 st. Rspr.) auch der **Rechtsweg zum EuGH** eröffnet (Art. 178 = 235 neu EGV = Art. 151 EAGV). Hiernach ersetzt die Gemeinschaft den durch ihre Organe oder Bediensteten in Ausübung ihrer Amtstätigkeit verursachten Schaden nach den **„allgemeinen Rechtsgrundsätzen, die den Rechtsordnungen der Mitgliedstaaten gemeinsam sind".** Der Vertrag bietet so nur eine „Rahmen- und Orientierungsregelung" *(Ipsen,* EGR 1972, S. 538), die durch Richterrecht des EuGH ausgefüllt werden muß. Das ist inzwischen in einer Reihe von Entscheidungen geschehen, ohne daß die Dogmatik der EG-Amtshaftung bereits beschlossen wäre. Der EuGH ist durch Art. 215 Abs. 2 = 288 166

Abs. 2 neu EGV aufgerufen, diese Dogmatik im Wege der Rechtsvergleichung zu finden. Im Interesse einer sinnvollen und allseits akzeptablen Gemeinschaftshaftung kann das weder die Übernahme des minimalen noch des maximalen nationalen Haftungsstandards bedeuten. Nötig ist vielmehr die Methode der **„wertenden Rechtsvergleichung“**, bei der die nationalen Lösungen unter Mitbedenken der spezifischen Gemeinschaftsbedürfnisse geprüft werden, wie sie in den Vertragszielen und in den Besonderheiten der Gemeinschaftsstruktur sichtbar sind (vgl. *GA Roemer* in EuGHE 1971, 990 – RS 5/71 „Schöppenstedt“). Ob der EuGH solchen methodischen Standards immer gerecht wird, ist bei seinem apodiktischen Urteilsstil kaum nachprüfbar. Es ergeben sich gelegentlich Zweifel.

167 Inzwischen hat der EuGH immerhin die **Voraussetzungen für die Amtshaftung der EG** etwas näher umrissen (vor allem EuGHE 1971, 337 – RS 4/69 „Lütticke“). Es muß ein Tatbestand vollständig (EuGHE 1982, 3057 ff., – RS 26/81) erfüllt sein, dessen Merkmale das Vorliegen eines Schadens, das Bestehen eines Kausalzusammenhanges zwischen dem geltendgemachten Schaden und dem den Organen oder Bediensteten zur Last gelegten Verhalten und die Rechtswidrigkeit dieses Verhaltens sind. Ob darüber hinaus ein Verschulden gegeben sein muß, ist nach der Rspr. des EuGH noch unklar. Im Ganzen tendiert sie begrüßenswerterweise im Interesse der Geschädigten eher dahin, das oft schwer nachweisbare Organverschulden nicht zu fordern. – Im einzelnen eingehende Kommentierung des Art. 215 Abs. 2 *v. Bogdandy,* in Grabiz/Hilf (Hrsg.), EUV/EGV-Komm. (1997) zu Art. 215 EGV, Rz. 25 ff. oder *Gilsdorf/Oliver,* in: GTE, Komm. EU-/EGV, 5. Aufl. 1997, S. 5/224 ff..

168 aaa) **Schaden:** Es muß ein Schaden an geschützten Rechtsgütern (einschließlich Vermögensschaden) eingetreten sein. Obwohl Naturalherstellung denkbar bleibt, steht **Schadensersatz in Geld** im Vordergrund (bei Art. 40 Abs. 1 EGKSV zwingend). Substantiierbarer entgangener Gewinn gehört zum Schaden (EuGHE 1967, 359 – RS 5, 7 und 13–24/66 „Kampffmeyer“). Ebenso wird Ersatz immateriellen Schadens nicht ausgeschlossen (EuGHE 1957, 135 – RS 7/56 u. 3–7/57 st. Rspr.). Andererseits ist mitwirkendes Verschulden des Geschädigten einschl. seiner Schadensabwendungs- und verringerungspflicht zu berücksichtigen. Die **Höhe der Entschädigung** ist nach den allgemeinen Rechtsgrundsätzen im Recht der MS zu bestimmen (EuGHE 1982, 3271 ff. – RS 261/78 „Quellmehl“), sie kann grundsätzlich Zinsansprüche mitumfassen (EuGHE 1983, 1707 ff. – RS 245/819 st. Rspr.).

169 bbb) **Das Organ oder Bediensteten-Verhalten: Haftbare Organe** der EGen sind nur Rat, Kommission (diese beiden stehen praktisch ganz im Vordergrund), Europäisches Parlament, EuGH, Rechnungshof und EZB (Art. 215 Abs. 2–3 = 288 neu EGV), nicht z. B. der Wirschafts- und Sozialausschuß oder die Europäische Investitionsbank (arg. Art. 4 = 7 neu EGV). **Bedienstete** sind die Beamten und sonstigen Bediensteten im Sinne des EG-Beamtenstatus (Art. 24 FusV, vgl. näher unter Rz. 775 ff.). Der Schaden muß „in Ausübung“ (nicht nur „gelegentlich“) der Amtstätigkeit verursacht sein. Die „Amtstätigkeit“ wird z. T. unter Rückgriff auf den französischen „faute de service“ weiter als im deutschen Recht (Art. 34 GG: „Ausübung eines öffentlichen Amtes“) verstanden. Da die Organtätigkeit von Rat und Kommission weithin in **Gesetzgebung** besteht (Erlaß von VOen, RLen, Een), stellt sich bei Art. 215 Abs. 2 = 288 neu EGV) öfters die Frage der Haftung für sog. **„legislatives (normatives) Unrecht“** (Erlaß rechtswidriger VOen u. s. f. oder vertragswidrige legislative Untätigkeit). Der EuGH hat nach anfänglichem Zögern seit EuGHE 1971, 325 ff. – RS 4/69 „Lütticke“ und EuGHE 1971, 975 ff. – RS 5/71 „Schöppenstedt“ auch insoweit die Schadensersatzklage für zulässig erachtet und das Argument zurückgewiesen, es werde hier entgegen dem Sinn des Art. 173 Abs. 4 = 230 neu EGV eine Art von Popularklage gegen VOen zugelassen. (Zum Agrarbereich *Beutler/Bieber/Pipkorn/Streit,* Die EU, 4. Aufl. 1993, S. 274 f.). Die

Schadensersatzklage hat vielmehr gegenüber der Anfechtungsklage eine unterschiedliche und selbständige Funktion. Jedoch muß eine „hinreichend qualifizierte Rechtsnormverletzung" vorliegen (EuGHE 1982, 2885 ff. – RS 106/81, st. Rspr.). – Unentschieden ist noch, ob nach französischem Vorbild auch außergewöhnlicher und besonderer Schaden bei **legalen Rechtsakten** ersetzt werden kann, also im Enteignungssinne. Dies würde auch deutschen Grundsätzen entsprechen. Schließlich verlangt der EuGH (EuGHE 1961, 427 ff. – RS 9 u. 12/60 st. Rspr.) ähnlich wie die deutsche Rspr. zu § 839 BGB, daß die Norm verletzt wurde, die „den Schutz der Interessen des Geschädigten bezweckt". Doch wird dieses Merkmal großzügig gehandhabt, der Schutz allgemeiner Interessen schließt den gleichzeitigen individuellen Interessenschutz nicht aus. (Näher *Beutler/Bieber/Pipkorn/Streit,* Die EU, 4. Aufl. 1993, S. 277 f.).

ccc) **Kausalzusammenhang** zwischen Schaden und Organverhalten: Der EuGH arbeitet praktisch ähnlich wie die deutschen Gerichte mit der Adaequanztheorie, d. h. es geht um den nach der Lebenserfahrung „normalerweise" eintretenden Schaden. Der Kausalzusammenhang muß direkt sein (EuGHE 1979, 3091 ff. – Verb. RS 64 u. 113/76 u. a.). **170**

ddd) **Rechtswidrigkeit/Verschulden:** Grundsätzlich ergibt sich die **Rechtswidrigkeit** aus dem Vorliegen der Tatbestandsmäßigkeit („Indizierung" der Rechtswidrigkeit). Während EuGHE 1967, 331, 354 und 386, 401 – RS 5, 7, 13–24/66 „Kampffmeyer" ursprünglich von der Notwendigkeit eines **Verschuldens** des handelnden Organs bzw. Bediensteten ausgingen, hat der EuGH in späteren Entscheidungen dieses Erfordernis nicht mehr gesondert aufgestellt *(Gilsdorf/Oliver,* in: GTE, Komm. EU-/EGV, 5. Aufl. 1997, S. 5/244 ff.). Dies ist im Interesse der schwierigen Beweislage des Geschädigten zu begrüßen *(Conzinet,* RTDE 1986, S. 367 ff.). Der Unterschied zu dem gelegentlich *(Ipsen,* EGR 1972, S. 539) geforderten „objektivierten Verschulden" ist minimal. Der EuGH „steuert" im übrigen auf der Ebene der **Rechtswidrigkeit** die Schadensersatzpflicht durch gewisse zusätzliche Anforderungen wie z. B. die „hinreichend qualifizierte" Normverletzung, etwa in Gestalt einer Notwendigkeit „offenkundiger und erheblicher" Kompetenzüberschreitung seitens des Organs (EuGHE 1978, 1209 ff. – RS 83 u. 94/76, 4, 15 u. 40/77 „Magermilchpulver" st. Rspr.). **171**

eee) **Sonstiges:** Die Haftung der EG besteht auch dann, wenn zugleich ein **Mitgliedstaat** den Schaden mitverursacht hat und nach seinem nationalen Recht (z. B. die BRD nach § 839 BGB/Art. 34 GG) haftet. Nach allgemeinen Rechtsgrundsätzen besteht insoweit **gesamtschuldnerische Haftung EG/Mitgliedstaat,** d. h. der Geschädigte kann sich an einen der Haftungsschuldner halten und diese gleichen sich anschließend intern aus (Rechtsgedanke des § 426 BGB). Der EuGH hat seinen anfänglichen Irrtum, die EG hafte in solchen Fallen nur subsidiär (EuGHE 1967, 331 ff. – RS 5, 7 u. 13–24/66 „Kampffmeyer", dazu kritisch *Ipsen,* EuR 1968, S. 405 ff.) inzwischen revidiert (EuGHE 1973, 1055 ff. – RS 43/72 „Merkur") – Die Ansprüche aus außervertraglicher Haftung der EG nach Art. 215 Abs. 2 = 288 neu EGV verjähren in 5 Jahren nach Eintritt des Ereignisses, das ihnen zugrundeliegt (Art. 43 Satzung EWG-Gerichtshof (EuGHE 1982, 117 ff. – RS 51/81)). Vor einer Amtshaftungsklage nach Art. 215 = 288 neu EGV braucht nicht eine Nichtigkeitsklage gemäß Art. 173 Abs. 4 = 230 neu EGV erhoben werden (unten Rz. 755). **172**

dd) Für den **EGKS-Bereich** eröffnen Art. 34, 40 EGKSV ihrerseits eine Amtshaftung dieser Gemeinschaft und die Zuständigkeit des EuGH. Seit dem FusV ist die EGKS-Haftung der Regelung der Art. 215 Abs. 2, 178 = 288, 235 neu EGV weitgehend angeglichen worden (Näher *Ipsen,* EGR 1972, S. 537). **173**

ee) Die **Bediensteten der Gemeinschaft,** die Amtsfehler begangen haben, haften den **Geschädigten** neben der Gemeinschaft nicht auch noch persönlich. Dies **174** ergibt sich im Umkehrschluß aus Art. 215 Abs. 4 = 288 neu EGV i. V. m. Art. 12 Protokoll Vorrechte und Befreiungen v. 8.4.1965 (str.) (= Art. 188 Abs. 3 EAGV, ebenso jetzt Art. 40 Abs. 2 S. 2 EGKSV), wonach sich eine persönliche Haftung der Bediensteten der Gemeinschaft **nur im Verhältnis zur EG** nach den Vorschriften des Beamtenstatus ergibt. Nach Art. 179 = 236 neu EGV ist der Gerichtshof (inzwischen der EuG in 1. Instanz) für die Regressklagen zuständig. Insoweit erlaubt Art. 22 des Statuts den Rückgriff bei „schwerwiegendem Verschulden" des EG-Bediensteten. Dagegen haften die **Bediensteten der EG** persönlich gegenüber dem Betroffenen für Schäden, die sie nur „gelegentlich" oder unabhängig von der Amtstätigkeit verursachen, (z. B. bei Privatfahrten der Bediensteten) nach der lex delicti commissi. (Zu dem von Art. 215 = 288 neu EGV u. s. f. nicht geregelten Haftungsbereich eingehend *Gilsdorf/Oliver,* in: GTE, Komm. EU-/EGV, 5. Aufl. 1997, S. 5/277 ff.).

175 ff) **Zusammenfassend** gesehen hat der EuGH seine Aufgabe der Ausfüllung der Art. 215 Abs. 2 = 288 neu EGV, Art. 188 Abs. 2 EAGV und Art. 40 EGKSV durch fortgebildetes Richterrecht in weitem Umfang erfüllt. Im Ergebnis sind dabei allerdings die Mehrzahl der Schadensersatzklagen **erfolglos** geblieben. Der EuGH wurde daher bereits zu weitgehender „Gemeinschaftsfreundlichkeit" geziehen (u. a. *Much,* Die Haftung der EGen für das rechtswidrige Verhalten ihrer Organe, 1967, S. 723 ff.).

Insgesamt spiegelt sich in der dogmatisch ausgebauten innergemeinschaftlichen Haftungsfähigkeit der EG, die weithin aus Analogien zur staatlichen Amtshaftung ihrer MS entwickelt worden ist, der grundsätzlich **staatsnahe Charakter der Gemeinschaft** eindrucksvoll wider. Internationale Organisationen des normalen Typus kennen nicht ein derart entwickeltes Amtshaftungsrecht.

c) Haftung der Mitgliedstaaten für Verletzung gemeinschaftsrechtlicher Verpflichtungen („Francovich-Rechtsprechung")

176 Während die Haftung der **Gemeinschaft** über Art. 215 = 288 neu EGV ausdrücklich geregelt ist, fehlt es an einer entsprechenden Norm für Schadensersatz anläßlich von Verstößen gegen gemeinschaftsrechtliche Verpflichtungen, welche den **Mitgliedstaaten** zurechenbar sind. Soweit deren nationales Staatshaftungsrecht nicht für Abhilfe sorgt, bestand hier eine Lücke. Für die besonders gravierenden Fälle der Nichtumsetzung von EG-Richtlinien durch Mitgliedstaaten (unten Rz. 556) hat der Europäische Gerichtshof in einer bahnbrechenden Entscheidung (EuGHE 1991 I–5403 ff. – Verb. RS C–6/90 und C–9/90 „Francovich") zugunsten geschädigter Privater „aus dem Wesen der mit dem EWGV geschaffenen Rechtsordnung" einen **ungeschriebenen gemeinschaftsrechtlichen Entschädigungsanspruch gegen die Mitgliedstaaten** entwickelt.

177 **Der Fall „Francovich"**

In der RS „Francovich" verlangten die Kläger 1990 vor italienischen Gerichten vom italienischen Staat gemäß der Richtlinie 80/987/EWG (Schutz der Arbeitnehmer bei Zahlungsunfähigkeit des Arbeitgebers) Schadensersatz für entgangenen Lohn. Italien hatte die Richtlinie nicht fristgerecht umgesetzt und war deshalb vom Europäischen Gerichtshof 1989 wegen Verstoßes gegen den EWGV verurteilt worden. Auf Vorlage der italienischen Gerichte nach Art. 177 = 234 neu EGV erkannte der EuGH im Wege der Rechtsfortbildung für Recht, daß ein Mitgliedstaat den Einzelnen die Schäden zu ersetzen habe, die ihnen durch Nichtumsetzung der RL entstanden seien. **Er leitete diese Staatshaftung unmittelbar aus dem Gemeinschaftsrecht „unter Berücksichtigung des allgemeinen Systems und der wesentlichen Grundsätze des EWGV"** ab u. a. mit Verweis auf Art. 5 = 10 neu EGV/ – Art. 86 EGKSV. Voraussetzung der Ansprüche war im Falle „Francovich" zunächst, daß die Kläger mangels hinreichender Genauigkeit der RL 80/987 nicht unmittelbar aus ihr Ansprüche gegen Italien herleiten konnten. Kerngedanke des gemeinschaftsrechtlichen Entschädigungsanspruches Privater gegen einen MS war das Vorliegen eines **dem Staat zurechenbaren Verstoßes gegen Gemeinschaftsrecht.** Im Falle der Nichtumsetzung von RLen muß diese erstens als **Ziel** die Verleihung von Rechten an Einzelne beinhalten, zweitens der **Inhalt** der Rechte aufgrund der RL bestimmbar sein und drittens **Kausalität** zwischen dem staatlichen Verstoß und dem Schaden des Einzelnen bestehen. Die nähere Ausgestaltung dieses Entschädigungsanspruches obliegt nach dem EuGH den Mitgliedstaaten mit Rahmen ihres nationalen Haftungsrechts. Dabei darf der gemeinschaftsrechtlich begründete Anspruch nicht ungünstiger geregelt sein wie die entsprechende nationale Staatshaftung.

Das Urteil „Francovich" hat viel Aufsehen und z. T. Kritik hervorgerufen *(Jarass,* 178
NJW 1994, 881 ff. m. w. N.). Die konkrete Entscheidung, säumige MSen zur Verantwortung zu ziehen, wird meist begrüßt.

Seit 1991 hat der Gerichtshof die „Francovich-Rechtsprechung" mehrfach **bekräftigt und ausgebaut** (u. a. EuGHE 1994, I–3325 ff. – RS C–91/92 „Dori"; EuGHE 1996, I–1029 ff. – Verb. RS C–49/93 u. C–48/93 „Brasserie du Pêcheur/Factortame II"; EuGHE 1996, I–4845 ff. – Verb. RS C–178/94 u. a. „Dillenkofer" oder „MP Travel Line", vgl. insgesamt *Saenger,* JUS 1997, S. 865 ff.). Solange der nationale Geseltzgeber die „Francovich-Ansprüche" nicht ausdrücklich regelt, bleiben die **nationalen Behörden und Gerichte** gehalten, im Sinne der „Francovich-Doktrin" zu handeln (EuGHE 1990, I–2433 ff. – RS C–313/89 „Factortame I"; *Schockweiler,* EuZW 1993, S. 107 ff.). Es bleibt der Verdienst des Gerichtshofes, mit der „Francovich-Rechtsprechung" im Interesse des Individualrechtsschutzes zur Schließung einer wesentlichen Lücke im gemeinschaftsrechlichen Haftungssystem beigetragen zu haben.

3. Sprachenregelung der Europäischen Gemeinschaft

Alle offiziellen Akte der EG müssen in bestimmten Sprachen ausgedrückt 179
werden. Die Sprachenregelung ist gleichzeitig unmittelbar von beträchtlicher integrationspolitischer Bedeutung. Zu unterscheiden ist einerseits die **sprachliche Geltung der Gemeinschaftsverträge,** andererseits die **Regelung der Amtssprache** in der täglichen Praxis des Gemeinschaftslebens.

a) Sprachliche Geltung der Gemeinschaftsverträge

Der **EGKSV** wurde nur in einem einzigen Exemplar in französischer Sprache abgeschlossen (Art. 100 EGKSV). Fassungen in anderen Sprachen (auch amtliche Übersetzungen wie in BGBl. 1952, II, S. 448) sind textlich nicht verbindlich. Entsprechendes gilt auch für die Änderungen des EGKSV anläßlich der Beitritte 1973, vgl. Art. 2 Abs. 1 Beitrittsbeschluß EGKS. Andere Änderungen am EGKSV wie bei der Fusion der Exekutiven sowie die Änderungen bei den Beitritten 1981, 1986 und 1995 wurden dagegen in allen Gemeinschaftssprachen verbindlich gemacht. Derlei Ungereimtheiten zeigen, wie überholt und revisionsbedürftig Art. 100 EGKSV im Grunde ist.

Der **EWGV** und der **EAGV** wurden dagegen 1957 in je einer **deutschen, französischen, italienischen und niederländischen Urschrift** abgefaßt, deren Wortlaut gleichermaßen verbindlich ist (Art. 248 = 314 neu EGV und Art. 225 EAGV). Seit den Beitritten 1973/1981/1986/1995 gelten der EUV von 1992/1997 und der EGV i. d. F. v. 1997 jeweils in **zwölf gleichermaßen verbindlichen Sprachfassungen** (Art. 53 neu EUV und Art. 314 neu EGV).

b) Regelung der Amtssprachen

180 In der täglichen Praxis der Gemeinschaft bedarf es aus vielfältigen Gründen einer verbindlichen Regelung darüber, welche Sprachen in welchem Zusammenhang offizielle **„Amtssprachen“** sind. Sie sind über verschiedene Rechtsakte

Protokoll über die Sprachenregelung der EGKS, 1952; Art. 217 = 290 neu EGV und Art. 190 EAGV; VO Nr. 1 zur Regelung der Sprachenfrage für die EWG v. 15.4.1958, ABl. 1958, S. 386. (Gleiche Regelung für die EAG, ABl. 1958, S. 401, Änderungen nach den Beitritten 1973, 1981, 1986 und 1995. – Art. 29 ff. VerfO des Gerichtshofes der EG, ABl. 1991 L 176/7; Art. 79 u. a. GeschO EP i. d. F. 1992; Erklärung Nr. 28 zum EUV 1992 zum Sprachgebrauch in der GASP (*Schweitzer,* in: Grabitz/Hilf (Hrsg.), EUV/EGV-Komm. (1995) zu Art. 217 EGV).

im Sinne einer **grundsätzlichen Gleichberechtigung** der dänischen, deutschen, englischen, finnischen, französischen, griechischen, italienischen, niederländischen, portugiesischen, schwedischen und spanischen Sprache entschieden worden. Aus praktischen Gründen ist die irische (gälische) Sprache nicht allgemein zur Amtssprache erklärt worden. Das Irische ist jedoch eine der **Verfahrenssprachen** vor dem EuGH. Es gibt also 11–12 Amtssprachen in der Gemeinschaft (näher *A. Weber,* in: GTE, Komm. EU-/EGV, 5. Aufl. 1997, S. 5/289 ff.).

Nach Art. 29 ff. VerfO EuGH wählt grundsätzlich der **Kläger** die Verfahrenssprache in Prozessen beim EuGH, soweit nicht Sonderregelungen bestehen (z. B. ist bei Klagen gegen einen Mitgliedsstaat dessen Amtssprache Verfahrenssprache, bei Vorabentscheidungen nach Art. 177 = 234 neu EGV die Sprache des innerstaatlichen Gerichts, welches dem EuGH vorlegt (*Riese,* FS Dölle, Bd. 2, 1963, S. 507 ff.). Beratungssprache im EuGH ist Französisch.

Bei der EZB (unten Rz. 415 ff.) ist die Arbeitssprache Englisch. Bei der Übertragung von EZB-Texten in die anderen Amtssprachen ist eine besonders schnelle Übersetzung erforderlich.

181 Die Anerkennung als Amtssprache hat zur Folge, daß die EGen grundsätzlich verpflichtet sind, **allgemeingültige Hoheitsakte** gleichzeitig in allen Amtssprachen zu erlassen. Auch die offiziellen **Publikationen der EGen** (ABl., Slg. Rspr. EuGH u. a.) erscheinen in allen Amtssprachen. Die Amtssprachen sind Verfahrenssprachen der Gemeinschaftsorgane (Kommission, Rat, Europäisches Parlament, Rechnungshof, auch WSA, Ausschuß der Regionen), wobei grundsätzlich Anspruch auf Simultanübersetzung in den Beratungen besteht. Die Unionsbürger sind berechtigt, sich im Verkehr mit den Gemeinschaftseinrichtungen einer Amtssprache ihrer Wahl zu bedienen und haben Anspruch auf Antwort in dieser Sprache. Im inneren Dienstbetrieb der EG-Institutionen ist es freilich aus Gründen der Arbeitsökonomie unvermeidlich, daß **„Arbeitssprachen“** vorherrschen, deren Gebrauch dienstintern z. T. auch vorgeschrieben wird. In der EU-Praxis herrschen Englisch und Französisch vor. Deutsch, obwohl seit 1995 die verbreitetste Muttersprache in der EU, hat es demgegenüber schwer *(Huber,* BayVBl. 1992, S. 1 ff.). In der Kommission ist Deutsch neben Französisch und Englisch dritte Arbeitssprache, tritt aber faktisch trotz Bemühungen der Bundesregierung bisher zurück *(Schweitzer,* in: Grabitz/Hilf (Hrsg.), EUV/EGV-Komm. (1998), Art. 248).

Aus dem **„Sprachenbabylon"** der EG (z. B. bei 9 Amtssprachen 81 Übersetzungskombinationen beim Simultandolmetschen!) ergeben sich **viele praktische Probleme** (Lösung von Textdivergenzen, Auslegungsmethoden bei mehrsprachigen Texten, Auslegungsmethoden des nationalen Richters u.a. Die EU hat den **größten Sprachendienst der Welt.** Alleine bei der Kommission bestehen über 3000 Planstellen für Dolmetscher und Übersetzer. Die jährlichen Gesamtkosten des Sprachendienstes belaufen sich auf über 1,5 Mia. DM. **182**

Die gleichrangige Verbindlichkeit der in der EG vorhandenen nationalen Amtssprachen ist **integrationspolitisch zu begrüßen.** Die hierdurch entstehenden, z. T. immensen Übersetzungs- und Interpretationsprobleme einschließlich des finanziellen und Verwaltungsaufwandes wiegen gering gegenüber dem **politischen Vorteil,** daß die fremdsprachenunkundigen nationalen Verwaltungen und vor allem die Bürger der Gemeinschaft sich sprachlich in der EG „zu Hause" fühlen können. *(Beierwaltes,* Sprachenvielfalt in der EU, 1998). **183**

II. Geltungsbereich der Europäischen Union und Gemeinschaft

Literatur: *Carstens,* Die kleine Revision des Vertrages über die EGKS, ZaöRVR 1961, S. 1 ff.; *Dagtoglou,* Recht auf Rücktritt von den Römischen Verträgen?, FS Forsthoff, 1972, S. 77 ff.; *Gauland/Meier,* Die Beendigung der Mitgliedschaft in der EG, NJW 1974, S. 391 ff., 1034 ff.; *Meier,* Die Einzelperson und das Europäische Recht, NJW 1976, S. 1557 ff.; *Deliège-Séquaris,* Révision des traités européens en dehors de procédures prévues, CDE 1980, S. 539 ff.; *Bernhard,* Der Festlandsockel im Recht der EG, 1982; *Hrbeck/Thaysen* (Hrsg.), Die Deutschen Länder und die EG, 1986; *Vitzthum,* The EEC, the Law of the Sea-development and a New International Economic Order, in: Oppermann/Petersen (Hrsg.), Reforming the International Economic Order, 1987, S. 243 ff.; *Asin CaBrera,* Islas y Archipielagos en las Communidades Europeas, 1988; *Rengeling,* Das vereinte Deutschland in der EG, DVBl. 1990, S. 1307 ff.; *Tomuschat,* A united Germany within the EC, CMLRev 1990, S. 415 ff.; *Everling,* Die Erstreckung des EG-Rechts auf das Gebiet der ehemaligen DDR, 1991; *H. G. Fischer,* Die Unionsbürgerschaft, 1992; *Oppermann,* Das Bund-Länder-Verhältnis im Europäischen Einigungsprozeß, DGAP (Hrsg.), Carstens-Symposium, 1992, S. 7 ff., *Barcelo I Serramalera,* EG und Autonome Gemeinschaften, 1993; *Wegner,* Die neuen Bundesländer in der EG, 1993; *Rüfner,* Zum deutschen Staatskirchenrecht im vereinten Europa, FS Heymanns Verlag, 1995, S. 485 ff.; *Mouton,* La citoyenneté de l'Union; *Wiedmann,* Idee und Gestalt der Region in Europa, 1996; *Eckart/Kowalke* (Hrsg.), Die Euroregionen im Osten Deutschlands, 1997; *Müller-Graff,* Die europäischen Regionen in der Verfassung der EG, Integr. 1997, S. 145 ff.; *Starck* u. a.) Die Staat-Kirche-Ordnung im Blick auf die EU, Essener Gespräche (31), 1997; *v. Zimmermann/Wienhues,* Kommunale Selbstverwaltung in einer EU, 1997.

1. Räumlicher Geltungsbereich

184 Die besondere Rechtsordnung der drei Gemeinschaftsverträge und des EUV, welche die EG/EU konstituieren, ist (noch?) nicht staatlich. Die EGen verfügen nicht über das Attribut einer umfassenden Gebietshoheit. Sie kennen vielmehr im Sinne des für die Gemeinschaft fundamentalen **Grundsatzes der beschränkten Einzelzuständigkeiten (unten Rz. 513) lediglich einen „räumlichen Geltungsbereich"** der Verträge,

Art. 79 EGKSV; Art. 227 = 299 neu EGV, Art. 198 EAGV

innerhalb dessen sich die Gemeinschaftsgewalt in dem Ausmaß entfalten kann, den die Verträge ihr zuweisen. In diesem Sinne gelten die Verträge je nach dem staats- und völkerrechtlichen Status der mitgliedstaatlichen Gebiete in unterschiedlichem Ausmaß.

a) Europäische Hoheitsgebiete der Mitgliedstaaten

185 Die Verträge gelten zunächst – mit gewissen Ausnahmen – vollen Umfanges in den **europäischen Hoheitsgebieten** der zwölf Mitgliedstaaten.

Was **Hoheitsgebiet der Mitgliedstaaten** in diesem Sinne ist, richtet sich nach **Völkerrecht.** Soweit durch besondere oder allgemeine Regelungen des Völkerrechts den Mitgliedstaaten europäisches Hoheitsgebiet zuwächst (und vice versa), verändert sich der räumliche Geltungsbereich der Verträge entsprechend **(Prinzip der beweglichen Vertragsgrenzen,** Art. 29 WVRK, vgl. *Verdross/Simma,* Universelles Völkerrecht, 3. Aufl. 1984, §§ 976, 982 ff. und auch EuGHE 1978, 417 ff. – RS 61/77 „Seefischerei").

In diesem Sinne veränderte sich das **Hoheitsgebiet** der **Bundesrepublik Deutschland** und damit der räumliche Geltungsbereich der Gemeinschaftsverträge seit den fünfziger Jahren mehrfach:

186 – Das **Saarland** ist seit dem 1.1.1957 **wieder voll in Deutschland eingegliedert** und so unmittelbarer Geltungsbereich der Verträge. Art. 79 Abs. 1, Ende EGKSV ist obsolet.

187 – Die **ehemalige DDR** ist durch ihren Beitritt zur Bundesrepublik Deutschland gemäß Art. 23 a. F. GG in den Modalitäten des Einigungsvertrages BRD/DDR v. 31.8.1990 (BGBl. II, S. 885 ff = Sart. II, Ziff. 605) mit Wirkung vom 3.10.1990 als Teil der BR Deutschland („neue Bundesländer") **räumlich in die EG/EU einbezogen worden.** Das frühere Protokoll über den innerdeutschen Handel v. 25.3.1957, mit dem die EG-Partner Deutschlands damals den Nicht-Auslandcharakter der Beziehungen BRD/DDR anerkannt hatten, trat außer Kraft. Die EG-Staaten hatten bereits auf dem Europäischen Rat in Dublin am 28.4.1990 (EA 1990, D 284 ff.) politisch anerkannt, daß die damalige DDR mit dem Beitritt zur Bundesrepublik „automatisch" als Teil des vergrößerten Deutschlands in die Gemeinschaft aufgenommen werden sollte. Daraus folgte zugleich ohne Weiteres **die Erstreckung des gesamten Gemeinschaftsrechts** (Primär- und Sekundärrecht sowie die von der Gemeinschaft geschlossenen Verträge) auf Ostdeutschland. Art. 10 EV, der diesen völkerrechtlichen Grundsätzen Rechnung trug, hatte nur deklaratorische und im Näheren klarstellende Bedeutung. In der Praxis bedurfte es freilich zur Ablösung der bisherigen Rechtslage mannigfacher **Übergangs- und Anpassungsregelungen** seitens der Gemeinschaft (vgl. z. B. die E 90/481 der Kommission v. 27.9.1990 über vorläufige Maßnahmen im Zusammenhang mit der deutschen Einigung, Abl. 1990, L 267/37, *näher Pernice,* Deutschland in der EU, HdbStR VIII, 1995, S. 225 ff. m. w. N.).

– Durch den Beitritt der früheren DDR zur BR Deutschland 1990 gehört auch **Berlin** vollständig zum Geltungsbereich der Gemeinschaftsverträge. Schon vor 1990 hatten die Verträge nach bundesdeutscher und im wesentlichen auch westalliierter Auffassung bereits für **(West)Berlin** gegolten (näher zu der früheren komplexen Rechtslage *Schramm,* Die Einbeziehung Berlins in die EG, 1986). Da nach Art. 1 des Vertrages über die abschließende Regelung in bezug auf Deutschland v. 12.9.1990 (BGBl. II, S. 1318 = Sart. II, Ziff. 610, sog. **„Zwei plus Vier-Vertrag)** das vereinte Deutschland u. a. „ganz Berlin" umfaßt, gilt spätestens seit dem Inkrafttreten dieses Vertrages am 15.3.1991 für die Zugehörigkeit Berlins zur Gemeinschaft nichts Anderes als für das übrige Deutschland. 188

Gemäß dem Prinzip der beweglichen Vertragsgrenzen gehört zum EG-Bereich der **Festlandsockel** (Kommissionsmemorandum v. 24.9.1970, ILM 1970, S. 202 ff.; näher *Bernhardt,* Der Festlandsockel im Recht der EG, 1982) und die **Eigen- und Küstengewässer** der Mitgliedstaaten sowie die von den MS in Anspruch genommenen Wirtschaftszonen (EuGHE 1976, 1279 ff. – RS 3, 4 und 6/76 „Kramer"; *van der Mensbrugghe,* RMC 1989, S. 360 ff.). Im Sinne der Entwicklungstendenzen des Internationalen Seerechts hat der Rat der EG durch Entschließung vom 30.10./3.11.1976 (vgl. Bull – EG 10/76, Ziff. 1501 ff.) für die Gemeinschaft eine **200-Seemeilen-Wirtschaftszone** an allen Küsten der EG an Atlantik und Nordsee in Anspruch genommen *(Vitzthum,* AöR 1986, S. 33 ff.). In der Ostsee und im Mittelmeer bedarf es noch einer Regelung der EG-Seegrenzen über Verhandlungen mit den sonstigen Anrainerstaaten *(Krämer,* EA 1979, S. 221 ff.). Allgemeine Rechtsgrundlage für die „Seeseite" der EG/EU ist das am 16.11.1994 in Kraft getretene **UN-Seerechtsübereinkommen (SRÜ)** v. 10.12.1982 (Text: Sart II, Ziff. 350). Die EG hat das SRÜ 1984 unterzeichnet und ratifiziert (AB1. 1998, LI 79/1; *Sack,* EuZW 1994, S. 673). Das SRÜ gilt auch für Deutschland (BGBl. 1994 II, S. 1798). 189

Einbeziehungen der **seewärtigen Hoheitsgebiete der Mitgliedstaaten** in den Geltungsbereich der EG-Verträge bedeutet, daß die Gemeinschaft dort ihre Kompetenzen wie auf dem Lande wahrnimmt. Das hat praktische Bedeutung insbesondere für die Regeln der Gemeinsamen Agrarpolitik, der Niederlassungsfreiheit und des freien Dienstleistungsverkehrs sowie der Freizügigkeit der Arbeitnehmer im Hinblick auf die wirtschaftliche Nutzung des Festlandsockels und Meeresbodens (Erdölgewinnung) sowie der Fischerei. Besonders in Fischereifragen ist verschiedentlich (Art. 84 Abs. 2 = 80 Abs. 2 neu EGV, Art. 102 Beitrittsakte 1972, VO Nr. 101/76, ABl. 1976, L 20, S. 19, Haager Ratsentschließungen v. 30.10./3.11.1976, EuGHE 1978, 417 ff. – RS 61/77) die **nichtdiskriminierende Geltung des Gemeinschaftsrechts jenseits der EG-Landesgrenzen** offiziell anerkannt worden. Irgendwelche Präferenzen für einzelne Mitgliedstaaten oder Drittstaaten bedürfen besonderer gemeinschaftsrechtlicher bzw. vertraglicher Zulassung (vgl. auch unten Rz. 1400 ff.).

Zum Hoheitsbereich der Mitgliedstaaten rechnet völkerrechtlich auch die **Luftsäule** über den Land- und Seegebieten. Insoweit gegebene Gemeinschaftskompetenzen (bes. Art. 84 Abs. 2 = 80 Abs. 2 neu EGV für die Luftfahrt) können dort ausgeübt werden. 190

Gemäß Art. 79 Abs. 1, 2 EGKSV, Art. 227 Abs. 4 = 299 neu EGV, Art. 198 Abs. 2 EAGV bestehen gewisse Sonderregelungen für die Vertragsgeltung **bei bestimmten europäischen Hoheitsgebieten, deren auswärtige Beziehungen ein Mitgliedstaat wahrnimmt.** An sich soll der Vertrag auf diese Gebiete Anwendung finden. Die Vorschrift tauscht indessen, weil es solche Gebiete z. Z. kaum noch gibt *(Gibraltar* fällt hierunter, hier gilt aber einschränkend Art. 28 Beitrittsakte 1972). *Monaco* und *San Marino* sind trotz enger Bindungen an Frankreich und Italien grundsätzlich selbständige Staa- 191 ten, die ihre auswärtigen Beziehungen selbst wahrnehmen. Aufgrund der bilateralen Verträge mit Frankreich und Italien sind die beiden Mikrostaaten jedoch in die Zollunion (einschl. des Verbotes mengenmäßiger Beschränkungen) eingeschlossen, *Monaco* auch in die Liberalisierung des Kapitalverkehrs. Der souveräne *Vatikanstaat* gehört der EG überhaupt nicht an.

192 Ausdrücklich ist in den o. g. drei Artikeln festgelegt, daß die Verträge nicht auf die *Färöer*-Inseln Anwendung finden. Dänemark hat von seinem bis Ende 1975 gewährten Recht auf nachträgliche Einbeziehung nicht Gebrauch gemacht (vgl. auch Protokoll Nr. 7 zur Beitrittsakte 1972, Spezialregelung inzwischen im Abkommen EG-DK/Färöer v. 6.12.1996, ABl. 1997, L 53/2). Ferner gelten die Verträge nicht für die britischen Hoheitszonen auf *Zypern*. Die *britischen Kanalinseln* und die *Insel Man* sind im wesentlichen nur in die Zollunion eingeschlossen (Protokoll Nr. 3 zur Beitrittsakte 1972).

193 Aufgrund des spanisch-portugiesischen Beitrittes 1986 wurden die *Kanarischen Inseln* (sowie *Ceuta und Melilla)* formal Teil der EG, jedoch mit außerordentlich großen Ausnahmen. Insbesondere sind sie aus der Zollunion ausgegliedert (Art. 25 Beitrittsakte 1985 i. V. m. Prot. Nr. 2, näher *Gilsdorf/Poensgen,* Am Vorabend des Eintritts Spaniens und Portugals in die EG, 1986, S. 29). Auch für die ebenfalls einbezogenen *Azoren* und *Madeira* bestehen einige Sonderregelungen (Gemeinsame Erklärung über die Azoren/Madeira in der Schlußakte zur Beitrittsakte 1985). Für das französisch-spanische Kondominium *Andorra,* das der EG nicht angehört, wird ein Handelsregime EG–Andorra angestrebt (Gemeinsame Erklärung über Andorra in der Schlußakte zur Beitrittsakte 1985). Für die **Åland-Inseln** zwischen Finnland und Schweden gelten einige Ausnahmen von EG-Recht (Prot. Nr. 2 zur Beitrittsakte 1994).

194 Das **Zollgebiet der Gemeinschaft** ist zwar grundsätzlich, aber nicht in jeder Einzelheit identisch mit den Hoheitsgebieten der Mitgliedstaaten, da einige ältere Regelungen weiter gültig sind. (vgl. unten Rz. 1279).

b) Außereuropäischer Geltungsbereich der EG-Verträge

195 Da verschiedene EG-Mitgliedstaaten bis heute über **überseeische Territorien** verfügen, war die Geltung der Gemeinschaftsordnung in diesen Gebieten zu regeln. Dabei wurde zwischen den Gebieten mit **mutterlandsähnlichem Dauerstatus** und denjenigen unterschieden, die sich in einem mehr **abhängigen Regime** befinden.

Nach Art. 227 Abs. 2 = 299 Abs. 2 neu EGV galten wesentliche Vertragsbestimmungen (u. a. Warenverkehr, Landwirtschaft, Wettbewerb, Organbestimmungen) für die **französischen überseeischen Departements** (Guadeloupe, Guyana, Martinique, Réunion, seit 1976 auch St. Pierre und Miquelon). Weitere Vertragsbestimmungen konnten durch einstimmige Ratsentscheidungen auf Kommissionsvorschlag (autonome Vertragsergänzung) für diese Gebiete anwendbar gemacht werden. Dies geschah in größerem Umfang auch nach der in Art. 227 Abs. 2 = 299 Abs. 2 neu EGV genannten Zweijahresfrist. Inzwischen entschied der Gerichtshof (EuGHE 1978, 1787 ff. – RS 148/77 „Hansen und Balle"), daß der Vertrag und Sekundärrecht in den überseeischen Departements uneingeschränkt gälten, da sie integrierende Bestandteile der Französischen Republik seien.

Das in Art. 227 Abs. 2 = 299 Abs. 2 neu EGV bis 1993 ebenfalls erwähnte *Algerien* ist durch die Verträge von Evian ab 1.7.1962 ein unabhängiger Staat geworden und aus dem Geltungsbereich des Vertrages ausgeschieden. 196

Für die „halbabhängigen" **überseeischen Länder und Hoheitsgebiete der EG-Mitgliedstaaten** (ÜLG) gilt gemäß Art. 227 Abs. 3 = 299 Abs. 3 neu EGV das besondere **Assoziierungssystem der Art. 131 ff = 182 ff. neu EGV** i. V. m. den hier vorgesehenen besonderen Assoziierungsbeschlüssen des Rates. (Faktisch weitgehend Übernahme der Abkommen mit den inzwischen unabhängigen AKP-Staaten). In der Sache bedeutet dies eine abgeschwächte Geltung des EG-Systems in diesen Gebieten (Zollregelungen und einige sonstige Kooperationsformen) (unten Rz. 1820 ff.). 197

Die **Zahl der ÜLG** hat sich seit 1958 im Zuge der Dekolonialisierung drastisch verringert. Die unabhängig gewordenen Staaten sind aus dem Geltungsbereich des EGV ausgeschieden, haben jedoch i. d. R. vertragliche Beziehungen mit der EG nach Art. 238 = 310 EGV aufgenommen (jetzt 4. Abkommen von Lomé 1989, vgl. unten Rz. 1816). Die abhängigen Überseegebiete sind in Anhang IV des EGV i. V. m. dem Anhang I des Ratsbeschlusses 86/283/EWG v. 30.6.1986 (= Sart. II, Ziff. 150, Ende) aufgezählt. Es handelt sich im wesentlichen um niederländisch/französisch/britischen Inselbesitz in allen Weltmeeren sowie um sonstige Klein- und Antarktisgebiete. Anhang IV hat durch die Lomé-Abkommen stark an Bedeutung verloren (Unten Rz. 1814 ff.).

Ein großes neues ÜLG ist seit 1985 Grönland (Art. 136 a = 188 neu EGV). Ursprünglich als Teil Dänemarks 1973 in die EWG einbezogen, erhielt Grönland von Dänemark 1979 Autonomiestatus und optierte 1982 für Beendigung der EG-Mitgliedschaft (*Johansen/Sørensen,* EA 1983, S. 399 ff.) Mit dem Änderungsvertrag bezüglich Grönlands v. 13.3.1984 nebst weiteren Rechtsakten (ABl. 1985, L 29/1 ff.) erhielt Grönland ÜLG-Status mit bestimmten Sonderregelungen seiner Fischereiexporte in die EG und der EG-Fischereirechte um Grönland. 198

Die in der Liste nicht enthaltenen unabhängigen Überseegebiete von EG-MS fallen aus dem Anwendungsbereich des Vertrages hinaus. Das gilt z. B. für einen so wichtigen Industrie- und Handelsplatz wie *Hongkong.*

Der EAGV findet nach Art. 198 Abs. 1 grundsätzlich ganz allgemein auf die den Mitgliedstaaten „unterstehenden außereuropäischen Hoheitsgebiete" Anwendung. Der EGKSV gilt nach Art. 79 nur für die europäischen Gebiete der Mitgliedstaaten. Jedoch enthält Art. 79 Abs. 2 EGKSV eine grundsätzliche Gleichbehandlungsklausel hinsichtlich Vergünstigungen bei Kohle und Stahl, die der Mutterstaat in seinen außereuropäischen Gebieten genießt. 199

2. Personeller Geltungsbereich

Ebensowenig wie über eine umfassende Gebietshoheit verfügen die nichtstaatlichen EGen und die EU über eine entsprechende **Personalhoheit.** Vor allem fehlt das Band einer unmittelbaren „Unions-Staatsangehörigkeit" zwischen der Union bzw. der Gemeinschaft und den Bürgern ihrer Mitgliedstaaten. Jedoch gibt es seit längerem die Entwicklung eines unmittelbaren „europäischen Status" des Einzelnen, der über die Staatsangehörigkeit der EU-Staaten vermittelt wird. In diesem Sinne sprach man ursprünglich vom 200

„Marktbürger“ oder vom „EG-Bürger“. Seit 1993 gilt Art. 8 = 17 neu EGV, der eine **Unionsbürgerschaft** einführt. Sie bleibt ihrerseits an die Staatsangehörigkeit eines EU-Staates geknüpft. Die Unionsbürger werden nicht vollständig über ihre Heimatstaaten im Verhältnis zur Gemeinschaft mediatisiert. Die Entscheidungen der Union sollen „bürgernah“ getroffen werden (Art. A = 1 neu EUV).

Die EGen stehen somit in Beziehungen zu zwei Arten personeller Mitglieder, nämlich einerseits zu den Mitgliedstaaten, andererseits zu den natürlichen und juristischen Personen in den Mitgliedstaaten. Seit dem Maastrichter Unionsvertrag 1992 werden die **regionalen und lokalen Gebietskörperschaften** (Art. 198 a = 263 neu EGV : „Regionen“) besonders hervorgehoben. Ferner trägt die EG/EU wie ihre MSen der besonderen Autonomie der **Kirchen** Rechnung. Von **nationalen Minderheiten** (Volksgruppen) nimmer die EG bisher kaum Kenntnis.

a) Die Staaten als Mitglieder der Europäischen Gemeinschaft und Union

201 Die EG/EU ist zunächst einmal völkerrechtlich als eine **Organisation von inzwischen fünfzehn Staaten** geschaffen worden, **die ihre Mitglieder sind.** Das bedeutet insbesondere, daß die EU-Staaten vielfältig Adressaten der in den Verträgen enthaltenen Gebote sind, aber ebenso von Normen des sekundären Gemeinschaftsrechts (Verordnungen, Richtlinien, Entscheidungen).

Bei den Richtlinien nennt Art. 189 Abs. 3 = 249 neu EGV ausdrücklich die Mitgliedstaaten als Adressaten. Die Mitgliedstaaten haben ihre innere Organisation so einzurichten, daß sie stets zur Erfüllung ihrer gemeinschaftsrechtlichen Verpflichtungen in der Lage sind.

202 Nach Art. F Abs. 1 = 6 Abs. 1 neu EUV achtet die Union die **nationale Identität ihrer Mitgliedstaaten.** Im Sinne des Subsidiaritätsprinzips (unten Rz. 518 ff.) sollen übermäßige Eingriffe der EG/EU in die nationale Ebene („Regelungswut“) unterbleiben. Art. F Abs. 1 = 6 Abs. 1 neu EUV ist zugleich ein wichtiges Indiz dafür, daß die Staatlichkeit der EU-Mitglieder nicht zur Disposition steht. Der perfekte Europäische Bundesstaat ist keine Zielvorstellung des EUV (unten Rz. 914 ff.).

203 Neben den Staaten treten die **Völker der Mitgliedstaaten** bis zu einem gewissen Grade ins Blickfeld der Verträge. Die EU ist eine **„immer engere Union der Völker Europas“** (Art. A Abs. 2 = 1 Abs. 2 neu EUV). Hier wird der über das Internationale Recht hinausweisende staatsähnliche Charakter der Union und Gemeinschaft sichtbar (unten Rz. 922). Dieser ambivalente Status spiegelt sich besonders im Europäischen Parlament, welches aus „Vertretern der Völker der in der Gemeinschaft zusammengeschlossenen Staaten“ besteht (Art. 127 = 189 neu EGV, unten Rz. 249). Es gibt zwar kein einheitliches europäisches Staatsvolk, aber die Völker der MSen stehen zumindest über die Direktwahl zum EP in einer unmittelbaren Beziehung zur Gemeinschaft (H. H. Klein, FAZ 17.10.1994, S. 12).

Im Falle der **Bundesrepublik Deutschland,** dem einzigen vollausgebildeten **Bundesstaat** der Union, hat nur die **Bundesrepublik als Gesamtstaat** Mitgliedsstatus (arg. Präambel, Art. 20, 23 Abs. 1, 32 GG, *Scholz,* NVwZ 1993, S. 817 ff.). Das schließt nicht aus, daß die deutsche Verfassung, wie insbesondere in Art. 23 Abs. 2, 4–7 GG geregelt (unten Rz. 651 ff.) **den Bundesländern Mitwirkungsrechte in EU-Angelegenheiten ermöglicht.** Das betrifft vor allem die Setzung und Ausführung des europäischen Rechtes. Die Länder können auch in sie besonders betreffenden Angelegenheiten in unmittelbare Beziehungen zu den Instanzen der Gemeinschaft treten (EG-Büros der Länder in Brüssel, Mitgliedschaften im Ausschuß der Regionen, Wahrnehmung bestimmter deutscher Rechte im Rat nach Art. 23 Abs. 6 GG i. V. m. Art. 146 = 203 neu EGV u. a.). Art. 23 GG n. F. hat klargestellt, daß EU-Angelegenheiten nicht mehr reine „auswärtige Beziehungen" im Sinne des Art. 32 Abs. 1 GG sind. *(Oppermann,* Das Bund-Länder-Verhältnis im europäischen Einigungsprozeß, DGAP (Hrsg.), Carstens-Symposium 1992, S. 7 ff.). Bei dieser Mitwirkung in Brüssel müssen die Länder im Sinne des Verfassungsprinzips der **Bundestreue** stets die gesamtstaatliche Verantwortung des Bundes wahren (vgl. etwa Art. 23 Abs. 5, 6 GG). Die EG/EU kann von der Bundesrepublik als Gesamtstaat die Erfüllung der Gemeinschaftspflichten seitens aller deutscher Instanzen (einschließlich der rechtsprechenden Gewalt) verlangen. 204

b) Untergliederungen in den Mitgliedstaaten: Regionen, Kirchen, nationale Minderheiten

Insbesondere seit dem Maastrichter Unionsvertrag von 1992 sieht die EG/ 205
EU bestimmte Untergliederungen der Mitgliedstaaten als Einheiten an, mit denen die Gemeinschaft in direkten Beziehungen steht. Das gilt besonders für die **„Regionen".** Ferner außerdem treten allmählich traditionell autonome Einheiten in den MSen wie die **Kirchen** auf der europäischen Ebene auf. Vor allem auf Betreiben Deutschlands und Spaniens wurde die **regionale Ebene** vorsichtig in den EUV eingefügt. Dies geschah in Konsequenz des in Art. 3 b = 5 neu EGV aufgenommenen **Subsidiaritätsprinzips** (unten Rz. 518 ff.) und der „Bürgernähe der Union (Art . A Abs. 2 = 1 neu EUV). In Art. 198 a = 263 neu EGV wurde ein **beratender Ausschuß aus Vertretern der regionalen und lokalen Gebietskörperschaften („Ausschuß der Regionen" = AdR)** eingerichtet. Er ist kein Organ der EG, sondern ähnlich wie der Wirtschafts- und Sozialausschuß eine Rat und Kommission unterstützende Einrichtung (näher zum AdR unten Rz. 406 ff.).

aa) Die somit als Untergliederung („dritte Ebene") der MSen anerkannten **„Regionen"** sind unter sich vielgestaltig. Da sich in der EG/EU mehr oder weniger dezentralisierte Einheitsstaaten (F, GB, I, SP u. a.) und Bundesstaaten (D, A) vereinen, deckt der Regionenbegriff sehr unterschiedliche Gebilde ab *(Hrbek/Weyand,* Das Europa der Regionen, 1994). 206

Wie an Art. 198 a = 263 neu EGV und an der Zusammensetzung des AdR (unten Rz. 406) ablesbar, kann Region im deutschen Verständnis vor allem **Bundesland** sein (Art. 60 Verf. Saarland: „eigenständige Region"), aber gelegentlich auch **Gemeinde** oder **Gemeindeverband** („lokale Gebietskörperschaft"). Art. 24 Abs. 1 a GG erkennt **„grenznachbarschaftlichen Einrichtungen"** (Grenzregionen) Hoheitsqualität zu. In anderen MSen wie z. B. Frankreich oder Spanien gibt es ausdrückliche **Regionen** oder **Autonome Gemeinschaften.** *(Villard,* Etat, Nation, Région, 1993). Auch dort werden z. T. die Kommunen einbezogen.

207 Ein anderer Regionenbegriff als bei Art. 198 a = 263 neu EGV wird bei der **Regionalpolitik** der EG im Sinne von Art. 130 a ff. = 158 ff. neu EGV zugrundegelegt, die maßgeblich durch die Fonds für regionale Entwicklung (Art. 130 c = 160 neu EGV) bestimmt wird (unten Rz. 975). Die hier von der EG festgelegten Regionen (näher EUROSTAT, Regionen-1993 (1994)) bestimmen sich nach der **Entwickeltheit/Förderungswürdigkeit** bestimmter Gebiete innerhalb der Gemeinschaft *(Schweitzer,* JURA 1992, S. 584).

Neben der EG/EU gibt es lockere regionale Zusammenschlüsse wie z. B. die „Versammlung der Regionen Europas" (VRE). Sie stehen z. T. dem Europarat nahe (oben Rz. 52 ff.) und sind gesamteuropäisch orientiert.

Insgesamt gesehen sind die Regionen unterschiedlicher Ausgestaltung keine Mitglieder der EG/EU, sondern **Untergliederungen der MSen.** Sie haben jedoch nach Maßgabe der Verträge begrenzte europäische Befugnisse und stellen so **Ansätze eines europäischen Regionalismus** dar *(A. Weber,* FS Heymanns Verlag, 1995, S. 681 ff.). – Auch die **kommunale Selbstverwaltung** kann gemeinschaftsrechtlich relevant werden, z. B. beim Rechtsschutz der Gemeinden *(Gern,* NVwZ 1996, S. 352 ff.).

208 bb) Nach der **11. Erklärung zur Schlußakte** des Amsterdamer Vertrages 1997 achtet die EU den **Status der Kirchen,** religiösen und weltanschaulichen Gemeinschaften nach nationalem Recht und beeinträchtigt ihn nicht. Obwohl nicht Vertragsnorm, ist die Erklärung als offizielle Willensbekundung für die Anwendung des EG-Rechts im religiös/weltanschaulichen Bereich wesentlich *(v. Campenhausen,* Rhein. Merkur, 2.1.1998). Der kirchliche Status ist auf nationaler Ebene öffentlich- oder privatrechtlich sehr unterschiedlich geregelt. (Zu Deutschland *Müller-Volbehr,* ZRP 1991, S. 345 ff.). Im Falle der katholischen Kirche sind dabei die übernationalen Konkordatsbeziehungen zum Heiligen Stuhl/Vatikanstaat zu beachten, der als Nichtmitglied der EG/EU eine Art „Drittstaat" darstellt (bes. Art. 234 = 307 neu EGV). Aus der Sicht der Gemeinschaft sind die Kirchen und ihre Beziehungen zu den MSen **Teil der nationalen Identität der Mitgliedstaaten,** welche die EU achtet (Art. F Abs. 1 = 6 neu EUV, *Robbers,* Europarecht und Kirchen, in: *Listl/Pirson,* Hdb StaatskirchenR, Bd 1, 2. Aufl. 1994, S. 315 ff. m. w. N.). Zu diesem „Status negativus" der Kirchen innerhalb der Gemeinschaft gehört insbesondere die Respektierung der **Religionsfreiheit** als eine gemeinsame Verfassungsüberlieferung der MSen (Art. F Abs. 2 = 6 neu EUV i. V. m. Art. 9 EMRK, oben Rz. 105). Aber auch sonst wird das Gemeinschaftsrecht für die Kirchen und ihr Handeln zunehmend relevant (näher *Robbers* a. a. O.).

209 cc) Das Recht der EG/EU befaßt sich bislang kaum mit **nationalen Minderheiten (Volksgruppen)** als besonderen Einheiten. Diese Thematik, die vor allem durch die Wende in Osteuropa 1989–91 an Bedeutung gewonnen hat, wird bisher vom Rahmenabkommen des Europarates zum Schutz internationaler Minderheiten v. 1. 2. 1995 (BGBl. 1997 II, S. 1408 = Sart. II, Ziff. 120) aufgegriffen. Auch unter Gesichtspunkten des Minderheitenschutzes bleibt jedoch der **„individuelle Ansatz" des Gemeinschaftsrechts** fundamental, wonach im Anwendungsbereich des EGV für alle Unionsbürger

grundsätzlich jede Diskriminierung aus Gründen der Staatsangehörigkeit verboten ist (Art. 6 = 12 neu EGV). 1996 erstellte die Kommission eine interne Studie der Minderheiten-Sprachgemeinschaften in der EU (Dok. „EUROMOSAIC", 1996).

c) Die Unionsbürger

Der von der deutschen Wissenschaft *(H. P. Ipsen – Grabitz)* zunächst geprägte Ausdruck des **„Marktbürgers"** bringt ebenso wie derjenige den „EG-Bürgers" oder jetzt offiziell des **„Unionsbürgers"** (Art. 8 = 17 neu EGV) plastisch zum Ausdruck, daß die EGen nicht nur Zusammenschlüsse der Staaten, sondern auch der Völker sein sollen, die im Zuge fortschreitender Integration sich ihres gemeinsamen „Europäertums" stärker bewußt werden. 210

Wie Art. 8 Abs. 1 = 17 neu EGV erkennen läßt, ist die Unionsbürgerschaft keine „EU-Staatsangehörigkeit". Unionsbürger ist, wer die Staatsangehörigkeit eines MS besitzt. Die MSen regeln weiterhin ihr Staatsangehörigkeitsrecht (Erklärung 2 Schlußakte EUV). Die Union übt keine personelle Souveränität über die Unionsbürger aus. Zwischen der Union und ihren Bürgern **bestehen unmittelbare, aber enumerativ im EGV begrenzte Rechts- und Pflichtenbeziehungen** (Art. 8 Abs. 2 = 17 neu EGV). Jedoch ist positiv festzuhalten, daß die EU ein **„Europa der Bürger"** und nicht nur der Staaten sein will. *(Hrbek* (Hrsg.), Bürger und Europa, 1994 und unten Rz. 1548 ff.). Auch personell bleibt es bei der Staatsähnlichkeit und nicht Staatlichkeit der Union (ähnlich BVerfGE 89, 155 ff. (184 f.) – „Maastricht").

Das primäre und sekundäre Gemeinschaftsrecht führt in den erwähnten Grenzen zu einer Fülle unmittelbarer **Rechtsbeziehungen** zwischen den EGen und den natürlichen und juristischen Personen in den Mitgliedstaaten, die in ihrer Summe beim Unionsbürger als dessen **„europäischer Status"** begriffen werden können. In diesem Sinne sprechen die Verträge die Einzelpersonen verschiedentlich direkt als Träger von Rechten und Pflichten innerhalb der Gemeinschaftsordnung an. Außerdem führt die dem Gemeinschaftsrecht verliehene Qualität, unmittelbar in jedem Mitgliedstaat gelten zu können, zur Ausbildung solcher individualbezogener Rechtsbeziehungen.

Die **hauptsächlichen Rechte der Unionsbürger** (Unionsweite Freizügigkeit und Aufenthaltsrecht, Kommunalwahlrecht und Wahlrecht zum Europäischen Parlament im Wohnsitz-Mitgliedstaat, diplomatisch-konsularischer Schutz in Drittstaaten durch alle MSen, Petitionsrecht beim EP) **sind in Art. 8 a–d = Art. 18–21 neu EGV niedergelegt** (hierzu näher unten Rz. 1548 ff. und *Everling,* in: Hrbek (Hrsg.), Bürger und Europa, 1994, S. 49 ff.). Auf der Grundlage von Berichten der Kommission kann der Rat diese Unionsbürgerrechte auf Vorschlag der Kommission und nach Anhörung des EP durch einstimmigen Beschluß ergänzen und den MSen zur Ratifikation empfehlen. (**Evolutivklausel** des Art. 8 a = 19 neu EGV). Als Bestandteil des EGV unterliegen die Rechte und Pflichten der Unionsbürger der Kontrolle des EuGH (Art. 164 = 220 neu EGV). 211

Die Rechte und Pflichten des Unionsbürger erschöpfen sich nicht in den Art. 8 a–d = Art. 18–21 neu EGV. Sie verfügen über **alle in den Verträgen vorgesehenen Rechte und Pflichten (Art. 8 Abs. 2 = 17 neu EGV).** Diese können auch in sekun- 212 därem Gemeinschaftsrecht niedergelegt sein, das auf der Grundlage der Verträge ergangen ist. Besonders der EGV, aber auch der EAGV definiert öfters als Normadressaten die **„natürlichen Personen, die Angehörige der MSen sind“**, ferner „die nach den Rechtsvorschriften eines MSes gegründeten **Gesellschaften**“ oder die **„Unternehmen und Unternehmensvereinigungen“** (z. B. Art. 58, 85, 173 Abs. 2 = 48, 81, 230 Abs. 2 neu EGV, 196 EAGV oder auch Art. 80 EGKSV). Um festzustellen, wer natürliche oder juristische Person und damit Unionsbürger i. w. S. ist, verweist das EGR ausdrücklich oder stillschweigend auf das nationale Recht.

213 Das Gemeinschaftsrecht gilt unmittelbar für und gegen Unionsbürger vor allem durch die **EG-VO des Art. 189 Abs. 2 = 249 Abs. 2 neu EGV.** Auch Entscheidungen können sich an den Einzelnen richten (Art. 189 Abs. 4 EGV = 249 Abs. 4 neu EGV, vgl. auch Art. 14 EGKSV, 161 EAGV). Durch die Rechtsprechung des Gerichtshofes (seit EuGHE 1963, 3 ff. – RS 26/62 – „Van Gend & Loos“, st. Rspr.) sind Normen des Primärrechts wie z. B. Art. 12, 52 EGV = 25, 43 neu EGV in der Weise für **„unmittelbar anwendbar“** erklärt worden, daß sie individuelle Rechte begründen (näher unten Rz. 629 ff.). – Die Gemeinschaft bemüht sich, mittels mancherlei „Äußerlichkeiten“ wie die **Angleichung der Paßformulare** („lila Europapaß“) oder einen einheitlichen **europäischen Führerschein** und **europäische Kfz-Nummernschilder** die gemeinsame Unionsbürgerschaft sichtbar zu machen (unten Rz. 1434).

214 Ob es eines Tages über die Summe der in den Verträgen enthaltenen Rechte und Pflichten der Unionsbürger hinaus zu einer **„EU-Angehörigkeit“** im vollen Sinne kommt, muß bezweifelt werden. (*Oppermann,* FS Doehring, 1989, S. 713 ff. und unten Rz. 1566). Die Staatsangehörigkeit ist ein umfassendes Verhältnis besonderer Verbundenheit zum Gemeinwesen (EuGHE 1980, 3881 ff. - RS 149/79). Eine wirkliche EU-Angehörigkeit würde den Übergang zum Europäischen Bundesstaat voraussetzen, der wenig wahrscheinlich ist (unten Rz. 915). Gleichwohl unterscheidet sich die EU von Internationalen Organisationen wesentlich dadurch, daß zwischen ihr und den Bürgern in erheblichem Umfang **unmittelbare personelle Beziehungen** bestehen.

3. Zeitlicher Geltungsbereich

215 In ihrer zeitlichen Geltung läßt die EG/EU wiederum ihre besondere Lage zwischen einer völkerrechtlichen Organisationsform und staatsähnlicher Verbindung ihrer Mitglieder erkennen. Art. Q = 51 neu EUV, 240 = 312 neu EGV und Art. 208 EAGV formulieren positiv, daß die Römischen Verträge und die Union **„auf unbegrenzte Zeit“** gelten. Das ist weniger als bundesstaatliche „Unauflöslichkeit“, bedeutet aber andererseits einen erheblich intensiveren und dauerhafteren Bindungswillen als die normalen völkerrechtlichen Vertragslösungsmöglichkeiten. Art. 240 = 312 neu EGV ist vor dem Hintergrund eines sich vertiefenden Integrationsprozesses zu verstehen, der auf eine **„immer engere Union der Völker Europas“** zielt (Präambel, Art. A = 1 neu EUV).

216 Art. 97 EGKSV, der eine **50jährige Geltung** dieses Vertrages vorsieht, dürfte wegen der unbegrenzten Geltung des EUV, der von der Existenz der EGKS ausgeht, obsolet geworden sein. (Art. Q i. V. m. A Abs. 3 = 51 i. V. m. 1 Abs. 3 neu EUV). Auch die EGKS besteht auf unbegrenzte Zeit.

a) Fortentwicklungsmöglichkeiten der Europäischen Union

Auf diese Weise spricht zunächst alles dafür, daß eine „negative" Auflösung der EU so gut wie ausgeschlossen sein soll. Bei erfolgreicher Integration wäre dagegen eine novierende (Art. 59 Wiener Vertragsrechtskonvention v. 23.5.1969, BGBl. 1985 II, S. 926 = Sart. II, Ziff. 320) Ersetzung der drei Verträge durch eine abschließende **„Europäische (Vertrags)verfassung"** o. ä. völker- und gemeinschaftsrechtlich zulässig und läge in der Logik der europäischen Einigung. Die **Einheitliche Europäische Akte 1986,** der **Maastrichter Unionsvertrag 1992** und der **Amsterdamer Vertrag 1997** wählten vorerst den Weg größerer Ergänzungen der drei Verträge, die hierdurch immer unübersichtlicher wurden. In **Amsterdam 1997** wurde eine **„Konsolidierung" der Gemeinschaftsverträge und des EUV** beschlossen, die vor allem zu einer neuen Durchnumerierung des EUV und des EGV führte. Zu einer wirklichen Vereinfachung ist es nicht gekommen. 217

Eine solche „positive" Fortentwicklung der EG kann sich in den Formen des Art. N = 48 neu EUV vollziehen, muß es aber nicht in jedem Fall. Bei aller Eigenständigkeit der EG/EU hat sie nicht „souveräne" Staatsqualität erlangt, sondern bleibt in einem letzten Sinne kraft Völkerrecht kreiertes Geschöpf ihrer Mitgliedstaaten. Die EU-Staaten sind so bis auf weiteres **„Herren der Verträge"** (bes. *Carstens,* ZaöRVR 1961, S. 1 ff., zurückhaltender *Everling,* FS Bernhardt, 1995, S. 1161 ff., vgl. auch unten Rz. 887 ff.) und können mindestens Umwandlungen großen Stiles auch jenseits Art. N = 48 neu EUV einstimmig nach den regulären völkerrechtlichen Prozeduren der Wiener Vertragsrechtskonvention vornehmen (a. M. *Louis,* CDE 1980, S. 553 ff. mit EuGHE 1976, 455 ff. – RS 53/75 – „Defrenne II"). – Die andere Alternative „positiver" Fortentwicklung der EG wäre eine künftige Ablösung der Verträge durch eine konsentierte oder „freie" **Ausübung europäischer verfassungsgebender Gewalt,** etwa des direkt gewählten Europäischen Parlamentes. Dies entspräche nicht dem Buchstaben, wohl aber dem „Geist der Verträge". Ein solcher Umschlag vom Völkerrecht ins Staatsrecht könnte zum oft voreilig bemühten **„Point of no return"** im Sinne einer Unauflöslichkeit der Gemeinschaftsgewalt führen. Eine solche Perspektive ist freilich nicht ernsthaft in Sicht. Immerhin schaltete sich das EP mit seinen Entwürfen zur Gründung der Europäischen Union 1984 und für die Maastrichter Folgekonferenz 1994 *(„Spinelli/Herman")* in die Diskussion über die Fortentwicklung der EU ein (oben Rz. 41 ff.). 218

b) Auflösungsmöglichkeiten der Europäischen Union?

Der bisher staatsnahe, aber in seinem Grundverhältnis letztlich noch völkerrechtlich legitimierte Status der EU widerstrebt in seiner „unbegrenzten" Geltung einer gänzlichen oder teilweisen **Auflösung,** schließt sie jedoch nicht zwingend aus. Gegenüber dem vertraglich erklärten Willen, normalerweise die Integration weiter vertiefen zu wollen, sind Auflösungsgründe freilich nur in unvorhersehbaren, völlig extremen Ausnahmesituationen anerkennbar (str., für rechtliche Unauflöslichkeit der EG u. a. *Ipsen,* EGR, 1972, S. 100 f. und weitgehend auch *Hilf,* in: GTE, Komm. EU-/EGV, 5. Aufl. 1997, Art. 240, S. 5/782 ff. m. w. N. – Zu undifferenziert zugunsten „souveräner" Auflösungsmöglichkeit BVerfGE 89, 190 – „Maastricht", ähnlich *Schweitzer* in Grabitz/Hilf (Hrsg.) EUV/EGV-Komm. (1998), Art Q EUV). 219

220 Daher erscheint eine beliebige Auflösung der EU durch einstimmigen Actus contrarius i. S. des Art. 54 Wiener VRK nicht zulässig. Übrig bleibt nur der überaus seltene Ausnahmefall eines **unvorhersehbaren grundlegenden Wandels von Umständen,** die eine wesentliche Voraussetzung für den Bindungswillen der Parteien waren, wie heute Art. 62 Wiener VRK den Gedanken der **„Clausula rebus sic stantibus"** umreißt. (Str., noch enger *Everling,* DVBl. 1993, S. 942 m. w. N.). Selbst hier wären bei der erreichten Integrationsdichte der EGen die Anforderungen besonders hoch zu setzen und vorher alle milderen Zwischenlösungen (Analogiefall: „Ruhen" der Assoziierung EWG-Griechenland 1967–1974) auszuschöpfen. Praktisch-politisch erscheint so eine Totalauflösung der Union kaum mehr denkbar. In dieser Begrenzung muß die unnötig weite Formulierung in BVerfGE 89, 190 gemeinschaftskonform verstanden werden, die MSen könnten die EU-Zugehörigkeit als „Herren der Verträge" letztlich wieder aufheben (Vgl. auch *Heintzen,* AöR 1994, S. 564 ff.).

221 Aber auch für **partielle Auflösungsakte** (Austritt oder Ausschluß einzelner EG-Mitglieder) haben vergleichbar strenge Maßstäbe zu gelten. Weder die Unzufriedenheit *De Gaulles* mit der EWG-Entwicklung 1965 noch der britischen Regierung 1974 mit den gerade ausgehandelten Beitrittsbedingungen wären Clausula-Fälle i. S. des Art. 62 Wiener VRK gewesen. Sie wurden zu Recht im Rahmen des inneren Konfliktlösungssystems der EGen beigelegt. Vorstellbar sind eigentlich nur radikale **Umwälzungen der parlamentarisch-demokratischen Sozialstruktur** in einem Mitgliedstaat, die ihn hindern würden, die Vertragspflichten zu erfüllen und seine Rolle in den Institutionen der EU zu spielen. Auch hier gilt aber die Pflicht, zunächst nach weniger einschneidenden Zwischenlösungen („Einfrieren" oder „Ruhen" der Mitgliedschaft u. ä.) zu suchen, bevor an die ultima ratio des Austrittes oder Ausschlusses gedacht werden darf. (Vgl. auch *Dagtoglou,* FS Forsthoff 1972, 577 ff.) – Denkbar ist eine **„Verkleinerung" der EG,** wenn ein MS einem Teil seines Gebietes Autonomie gewährt oder ihn in die Unabhängigkeit entläßt (Bsp. Frankreich/Algerien 1962 und Dänemark/Grönland 1982 ff., oben Rz. 185 ff.) oder auch ihre „Vergrößerung" durch Gebietszuwachs eines MS wie im Falle der deutschen Wiedervereinigung 1990. (oben Rz. 187). Damit erledigte sich zugleich der Sonderfall einer **vorangekündigten möglichen Clausula-Situation** durch Nichtanwendung. Die BRD hatte sich am 28.2.1957 bei Abschluß der Römischen Verträge ohne Widerspruch der Partner einer **„Überprüfung der Verträge"** im Falle der Wiedervereinigung vorbehalten, kam aber 1990 nicht darauf zurück.

c) Übergangszeiten

222 Unions- und Gemeinschaftsverträge enthalten zum guten Teil kein fertiges und abgeschlossenes Normenwerk, sondern im Sinne einer **„Planungsverfassung"** *(Ophüls)* ein integrationspolitisches Programm, das zeitlich fortschreitend zu verwirklichen ist. Hierfür sahen die Verträge verschiedentlich Übergangsfristen vor, während denen bestimmte Vertragsbestimmungen noch nicht oder anders galten.

223 Der EGKSV trat am 23.7.1952 in Kraft, galt jedoch nach Art. 85 EGKSV zunächst nur modifiziert durch das hier vorgesehene Abkommen über die Übergangsbestimmungen. Nachdem die hier vorgesehene Anlaufzeit bis zur Errichtung des Gemeinsamen Kohle- und Stahlmarktes sowie die anschließende 5jährige Übergangszeit verstrichen sind, ist das Übergangsabkommen obsolet geworden und **der EGKSV findet volle Anwendung.**

224 Der EWGV enthielt (Art. 8, später Art. 7 EGV, inzwischen aufgehoben) eine **12jährige Übergangszeit,** die aus drei Stufen von je 4 Jahren bestand (1.1.1958

–31.12.1961; 1.1.1962–31.12.1965; 1.1.1966–31.12.1969). Innerhalb jeder Stufe war ein Gesamtprogramm zu verwirklichen, z. T. änderten sich institutionelle Regeln (ab 1.1.1966 z.T. Übergang von der Einstimmigkeit zum Mehrheitsbeschluß, faktisch aus politischen Gründen wenig vollzogen, vgl. oben Rz. 29 ff.) Die EWG erfüllte teilweise über **„Beschleunigungsbeschlüsse"** das Programm des Art. 8 vorzeitig (insbes. Zollunion, Freizügigkeit). Seit 1.1.1970 befindet sich die EWG in ihrer Endphase *(Rambow,* CMLRev 1969, S. 439 ff.). – Die EEA 1986 hatte mit der **Schaffung des Binnenmarktes** als „Raum ohne Binnengrenzen" bis Ende 1992 (Art. 7a = 14 neu EGV) eine neuere wichtige Übergangsperiode markiert. Der Maastrichter EUV 1992 brachte mit dem Stufenplan zur Währungsunion bis 1999 (Art. 105 ff. = 105 ff. neu EGV) eine weitere Übergangsregelung.

Der EAGV enthält in den Art. 209 ff. eine Reihe spezieller Übergangsbestim- **225**
mungen.

Beim **Beitritt der neuen Mitgliedstaaten** 1973, 1981, 1986 und 1995 wurden grundsätzlich keine allgemeinen Übergangsfristen vorgesehen. Jedoch gab es in bestimmten Fällen laut speziellen Bestimmungen der Beitrittsakten 1972, 1979, 1985 und 1994 Sonderregelungen die inzwischen im wesentlichen ausgelaufen sind.

4. Sachlicher Geltungsbereich

Die Gemeinschaftsverträge und der Unionsvertrag enthalten in ihrem **226**
sachlichen Anwendungsbereich keine umfassende Regelung aller öffentlichen Angelegenheiten wie in einem Staatswesen, sondern regeln einen konkret abgegrenzten Bereich meist wirtschaftlich bestimmter **sektoraler Teilintegration.** Es gilt auch insoweit der Grundsatz der begrenzten Einzelermächtigung (Art. E = 5 neu EUV und unten Rz. 513 ff.), d. h. die EU und die EGen können grundsätzlich nur in denjenigen Sachbereichen tätig werden, die in den Verträgen angesprochen sind und sie nehmen hier lediglich die ihnen verliehenen Kompetenzen wahr.

Andererseits bleibt zu bedenken, daß die EU kraft ihrer ganzen „Philosophie" der Schaffung einer immer engeren Union der Völker Europas (Präambel EUV) auf einen **immer weiter ausgreifenden Einigungsprozeß** hin angelegt wird. Es entspricht daher nur grundlegenden Auslegungsprinzipien des Gemeinschaftsrechtes, den Grundsatz der begrenzten Einzelermächtigungen nicht zu engherzig zu verstehen, sondern die Zusammenhänge im Auge zu behalten, die sich bei fortschreitender Integration zwischen kraft ausdrücklicher Zulassung bereits vergemeinschafteten Bereichen und hierbei berührten bisher nationalen Bereichen ergeben.

Vgl. z. B. die Auswirkungen, die sich aus der Herstellung der Freizügigkeit der Arbeitnehmer nach Art. 48 ff. = 39 ff. neu EGV für das nationale Polizeirecht oder für die berufliche Bildung ergeben, oder aus der Gewährung der Niederlassungsfreiheit gemäß Art. 52, 57 = 43, 47 neu EGV für das Berufsrecht der Mitgliedstaaten

Die Verträge tragen dieser Problematik z. T. durch wichtige **„Kompetenz-** **227**
abrundungsklauseln" wie besonders Art. 235 = 308 neu EGV Rechnung. Ferner gründen sich solche **„Ausweitungen** der Gemeinschaftsaktion" (näher unten Rz.1899 ff.) auf Vertragsänderungen nach Art. O = 49 neu EUV

oder auf zusätzliche völkerrechtliche Verträge „am Rande der EG" (z. B. Gemeinschaftspatentabkommen 1975). Außerdem ist für Maßnahmen mit geringerer Normintensität an Beschlüsse der im Rat vereinigten Vertreter der Mitgliedstaaten (unten Rz. 584), an Empfehlungen, Entschließungen oder sonstige lockere Vereinbarungen zu denken.

a) Die Sachbereiche des EUV und der drei Gemeinschaftsverträge

228 Der Unionsvertrag definiert als „Dachvertrag" die gesamten Tätigkeiten der EU. Dabei sollen die drei EGen die **Grundlage** der Union sein, während die Gemeinsame Außen- und Sicherheitspolitik und die polizeilich-justitielle Zusammenarbeit die Tätigkeit der Union **ergänzen** (Art. A Abs. 3 = 1 Abs. 3 neu EUV). Es wird so sichtbar, daß die EGen die bei weitem bedeutsamsten Bestandteile der EU darstellen. Die **Ziele,** welche sich die Union in diesen drei Hauptbereichen setzt, werden in Art. B = 2 neu EUV näher aufgelistet. Ihre Verwirklichung soll unter Beachtung des Subsidiaritätsprinzips (Art. 3 b = 5 neu EGV) erfolgen.

229 Unterhalb dieses „Daches" des EUV ist der EGV (früher: EWGV) der bei weitem umfassendste der drei Gemeinschaftsverträge. **Gegenstand der EG** ist nach Art. 2 EGV „die Errichtung eines **Gemeinsamen Marktes und einer Wirtschafts- und Währungsunion."** Im Katalog der Art. 3 und 3a = 4 neu EGV wird näher erläutert, was das bedeuten soll. Insgesamt möchte der EGV in einem umfassenden Sinne die wirtschaftlich-sozialen Tätigkeiten im Verkehr zwischen den MSen, gegenüber Dritten und im Verhältnis zur Union regeln. Dies schließt eine Währungsunion ein. Dabei wird der leitende **„Grundsatz einer offenen Marktwirtschaft mit freiem Wettbewerb"** formuliert (Art. 3a Abs. 2 = 4 neu EGV). Trotz aller Allgemeinheit und Unbestimmtheit sind die Ziele der Art. 3, 3a = 4 neu EGV normativ definiert. Wie weit die EG-Kompetenz in dem jeweiligen Einzelbereich (z. B. Gemeinsame Handelspolitik oder Politik auf dem Gebiet der Umwelt) reichen soll, muß aus den Spezialnormen des Vertrages herausgelesen werden **(Prinzip der begrenzten Einzelermächtigung** (Art. 3b Abs. 1 = 5 neu EGV, unten Rz. 513 ff.)), wobei dieses in bestimmtem Umfang nochmals durch das **Subsidiaritätsprinzip** (Art. 3b Abs. 2 = 5 Abs. 2 neu EGV, unten Rz. 518 ff.) eingeschränkt wird.

230 Der **Sachbereich des EGKSV** ist dagegen über Art. 80, 81 eingrenzend als die Tätigkeit der Unternehmen definiert, **die auf dem Gebiete von Kohle und Stahl eine Produktionstätigkeit ausüben,** ferner fallen z. T. gewisse Vertriebstätigkeiten für diese beiden Produkte unter den Vertrag. Was „Kohle und Stahl" ist, wurde in der (durch Ratsbeschluß ergänzbaren) Anlage I zum EGKSV enumerativ festgelegt. Die Anlage umfaßt die typischen Kohle- und Stahlerzeugnisse bis zu bestimmten Weiterverarbeitungsstufen, einschließlich Eisenerz und Schrott.

231 Ähnlich speziell eingegrenzt ist nach Art. 196, 197 EAGV der **Anwendungsbereich von EURATOM.** Er umfaßt die Tätigkeit von Personen und Unternehmen **im Bereich der Nuklearindustrie.** In detaillierten Einzelbestimmungen werden die zulässigen Interventionen der öffentlichen Hand (Gemeinschaft und Mitgliedstaaten) in diesem Bereich umschrieben (z. B. Forschungsförderung nach Art. 4 ff. EAGV) bzw. der Gemeinsame Markt

auf dem Kerngebiet (Art. 92 ff.) begründet. In Art. 197 EAGV wird im einzelnen definiert, welche „spaltbaren Stoffe" dem Anwendungsbereich des EAGV unterfallen.

b) Das Verhältnis des EUV zu den Gemeinschaftsverträgen und dasjenige des EGV zum EGKSV und EAGV

Die Europäische Union und die drei Gemeinschaften als „Hauptsäule" der EU sind eng aufeinander bezogen. Jedoch sind der EUV einerseits, die drei Gemeinschaftsverträge andererseits **von unterschiedlicher Rechtsqualität. Der EUV ist ein im wesentlichen völkerrechtlich geprägter „Dachvertrag"**, der großenteils außerhalb der Gemeinschaftsrechtsordnung im engeren Sinne steht. Insbesondere ist der EUV weithin der Kontrolle des Gerichtshofe entzogen (Art. L = 46 neu EUV). **Andererseits beansprucht der EUV keinen Vorrang gegenüber den Gemeinschaftsverträgen.** Gemäß Art. M = 47 neu EUV läßt der Unionsvertrag den EGV, EGKSV und EAGV unberührt. Zwar werden in einem politischen Sinne durch die Leitaufgabe des Europäischen Rates der Staats- und Regierungschefs (Art. D = 4 neu EGV, und unten Rz. 299 ff.) die „bündischen" Elemente des europäischen Zusammenschlusses gestärkt *(Everling,* DVBl. 1993, S. 940). Rechtlich bleibt jedoch durch Art. M = 47 neu EUV die Eigenständigkeit und Unabhängigkeit der Gemeinschaftsordnung gewahrt *(Pache,* in: Grabitz/ Hilf (Hrsg.), EUV/EGV-Komm. (1995), Art. M, Rz 1 ff.). 232

Zum Gemeinschaftsrecht im eigentlichen Sinne gehören über die drei Hauptverträge hinaus insbesondere der sog. **Fusionsvertrag** v. 8.4.1965 (= Sart. II Ziff. 220 a) und die **Einheitliche Europäische Akte** v. 28.2.1986 (= Sart. II Ziff. 151), beide durch Art. P = 50 neu EUV z. T. aufgehoben. Durch die verschiedenen Vertragsänderungen und -ergänzungen der letzten Jahrzehnte ist die Gemeinschaftsrechtsordnung leider **sehr unübersichtlich** geworden.

Leitgedanke des Verhältnisses der drei Gemeinschaftsverträge untereinander ist die **Anerkennung des EGV als der umfassenden Lex generalis,** welcher die beiden Leges speciales des EGKSV und des EAGV gegenüberstehen. Das bedeutet zum einen, wie es Art. 232 = 305 neu EGV ausdrücklich regelt, die vorrangige Anwendbarkeit der montan- und nuklearrechtlichen Spezialregelungen in ihren Sonderbereichen („Lex specialis derogat legi generali"). 233

Es gibt also keinen Vorrang des EGV als Lex posterior von 1958 gegenüber dem EGKSV von 1952, sondern es gilt der **Spezialitätsvorrang.** Die besonderen Strukturen des EGKSV als einer begrenzten Teilintegration dürfen nicht verwischt werden (EuGHE 1960, 518 – RS 27–29/58).

Andererseits legt die funktionelle Einheit der EGen nahe, eine **ergänzende Anwendbarkeit des allgemeinen EGV** bei Schweigen des EGKSV und EAGV jedenfalls nicht grundsätzlich auszuschließen. Freilich bedarf es im Einzelfall gesonderter Auslegung und einer Gesamtabwägung, ob dem Sinn der Verträge in concreto eine solche subsidiäre Anwendung von EG-Recht entspricht oder eher die Annahme einer „Sperrwirkung zugunsten 234 der nationalen Zuständigkeiten" (*Petersmann,* in: GTE, Komm. EU-/EGV, 5. Aufl. 1997, S. 5/550 ff.). In der Gemeinschaftspraxis ist diese Frage denn auch in verschiedenen Anwendungsfällen durchaus **unterschiedlich beantwortet** worden (u. a. EuGHE 1987, 5119 ff. – RS 328/85).

So werden z. B. EG-Regelungen der Freizügigkeit, der Niederlassungs- und Dienstleistungsfreiheit und der Rechtsangleichung auch im EGKS- und EAG-Bereich angewendet. Andererseits gelten die Verkehrs- und Wettbewerbsregelungen des EGKSV (Art. 65 ff., 70) als abschließende Sonderregelungen, neben denen das entsprechende EG-Recht nicht herangezogen werden darf. In der Handelspolitik für EGKS-Waren ist die nationale Kompetenz nach Art. 71 EGKSV zwar gewahrt geblieben und ist nach vorherrschender (uneinheitlicher) Praxis auch nicht in der Gemeinschaftskompetenz der Art. 10 ff. EUV = 131 ff. neu EGV aufgegangen. Der allgemeine Entwicklungsstand der EG-Außenbeziehungen (unten Rz. 1684 ff., 1732 ff.) spricht allerdings für eine verstärkte ergänzende Anwendung der Art. 110 ff. = 131 ff. neu EGV auf EGKS-Produkte (EuGHE 1975, 1355 ff. – Gutachten 1/1975 „lokale Kosten"; *Petersmann,* a.a.O.).

Beim EAGV ist oftmals die entstehungsgeschichtliche Nähe zum ursprünglichen EWGV mit zu berücksichtigen. So gelten die handelspolitischen Art. 110 ff. = 131 ff. neu EGV vorbehaltlich einiger EAG-Sonderklauseln auch im Euratom-Bereich, und die „EAG-Waren" (Anhang IV zum EAGV) sind in den Gemeinsamen Zolltarif der EG einbezogen.

235 Übergreifend ist bei den Interpretationen zur Abgrenzung und Verbindung der drei Integrationsverträge stets mit zu berücksichtigen, daß der EGV nicht nur in einem formaljuristischen Sinne die Lex generalis ist.

Gemäß seiner Präambel, Art. 2, aber auch in der Gesamtkompetenz der EG, die tief in das Wirtschafts- und Sozialleben der Gemeinschaftsvölker hineinreicht und in Regelungen wie Art. 235 = 308 neu EGV zukunftsoffene Dynamik erkennen läßt, gibt der „Geist des EGV" im Sinne einer **positiven Grundeinstellung zum Vergemeinschaftungsprozeß** für das Verständnis des Europäischen Gemeinschaftsrechts insgesamt den Ton an. In gleichem Sinne kann inzwischen die Präambel und Art. A = 1 neu EUV herangezogen werden, wonach weitere Schritte getan werden müssen, um die „immer engere Union der Völker Europas" zu verwirklichen.

§ 5. Institutionen

Literatur: *Noël,* La fusion des institutions et la fusion des Communautés Européennes, 1966; *Lagrange,* L'Europe institutionnelle, réflexions d'un témoin, RMC 1971, S. 216 ff.; *Frowein,* Zur institutionellen Fortentwicklung der Europäischen Gemeinschaften, EA 1972, S. 623 ff.; *Lecourt,* Les problèmes institutionnels de la Communauté, 1978; *Hummer,* Das „institutionelle Gleichgewicht" als Strukturelement der EG, FS Verdross 1980, S. 459 ff.; *Bieber,* Elemente einer Theorie des internen Organisationsrechts der EG, GS Sasse 1981, I, S. 327 ff.; *Hilf,* Die Organisationsstruktur der EG, 1982; *Ehlermann,* Die Reform der Organe/Zur Einheitlichen Europäischen Akte, Integr. 1986, S. 101 ff.; *Hailbronner,* Europa 1992: Das institutionelle System der EG, JuS 1990, S. 263 ff., 439 ff.; *Constantinesco,* La structure du traite instituant l'union Européenne, CDE 1993, S. 251 ff.; *Curtin,* The constitutional structure of the Union, CMLRev. 1993, S. 19 ff.; *Hartley,* Constitutional and institutional aspects of the Maastricht agreement, ICLQ 1993, S. 213 ff.; *Hobe,* Die Zentralelemente der EU nach dem Maastrichter Vertrag, JA 1993, S. 229 ff.; *Winter,* Institutionelle Strukturen der EU, DÖV 1993, S. 173 ff.; *Fastenrath,* Die Struktur der erweiterten EU, EuR 1994, Beih. 1, S. 101 ff.; *Moersch,* Die Institutionen und das Recht der EGen, in: Oppermann/Moersch, Profi-Hdb Wirtschaftsraum Europa, 3. Aufl. 1994, S. 19 ff.; *Decker,* Die Organe der EGen und der EU, JuS 1995, S. 883 ff.; *EG* (Hrsg.), Interinstitutionelles Verzeichnis der Europäischen Union, 1995; *Epping,* Grundstrukturen der EU, JURA 1995, S. 449 ff.; *Europ. Kommission,* Die Organe und Institutionen der EU, 1995; *Odendal,* Die Organe der EU, JA 1995, S. 121 ff., 222 ff.; *Schwarze,* Möglichkeiten und Grenzen interinstitutioneller Vereinbarungen nach Maastricht, EuR 1995, Beih. 2, S. 49 ff.; *Möschel,* Institutionelle Veränderungen auf Gemeinschaftsebene, in: Zohlnhöfer (Hrsg.), Europa auf dem Wege zur Politischen Union?, 1996, S. 175 ff.; *Streinz,* Der Vertrag von Amsterdam. Die institutionellen Veränderungen für die EU und die EG, JURA 1998, S. 57 ff.; *Timmermann* (Hrsg.), Subsidiarität und Föderalismus in der EU, 1998.

Berichte über die Arbeit der einzelnen Institutionen finden sich in den jährlichen Gesamtberichten der Europäischen Kommission über die Tätigkeit der EU oder in *Weidenfeld/Wessels* (Hrsg.), Jahrbuch der Europäischen Integration (ebenfalls jährlich).

Der Charakter der Europäischen Gemeinschaft und Union als besondere Kategorie intensiver, staatsnaher Verbindung zwischen ihren Mitgliedern wird im Umfang ihres institutionellen Ausbaues sichtbar. **236**

In den politischen Leitprinzipien, die das Verhältnis der EG-Institutionen zueinander regeln, spiegelt sich in abgewandelten Formen viel von dem Ideengut der nationalen Verfassungen der MS wider. Vor allem anderen gilt dies für die Grundgedanken der freiheitlichen, rechtsstaatlichen Demokratie, auf denen der Basiskonsens der MS über die EG/EU beruht.

1. Die Europäische Union als eine Gemeinschaft von Demokratien

Literatur: *Kruse,* Strukturelle Kongruenz und Homogenität, FS Kraus 1954, S. 112 ff.; *Pescatore,* Les exigences de la démocratie et la légitimité de la Communauté Européenne, CDE 1974, S. 499 ff.; *Oppermann,* Parlamentarisierung der EG?, FS v. d. Heydte, 1977, S. 449 ff.; *Kohler,* Der Abgeordnete als Vertreter des europäischen Volkes?, EuR 1978, S. 333 ff.; *Müller-Graff,* Die politischen Parteien im Demokratisierungsprozeß der EG, NJW 1979, S. 471 ff.; *Hilf,* Die rechtliche Bedeutung des Verfassungsprinzips der parlamentarischen Demokratie für den europäischen Integrationsprozeß, EuR 1984, S. 9 ff.; *Hänsch,* Europäische Integration und parlamentarische Demokratie, EA 1986, S. 191 ff.; *Ress,* Über die Notwendigkeit der parlamentarischen Legitimierung der Rechtsetzung der EG, GS Geck, 1989, S. 625 ff.; *Bieber,* Democratization of the EC through the European Parliament, Außenwirtschaft 1991, S. 391 ff.; *Lewaerts,* Some reflections on the separation of powers in the EC, CMLRev. 1991, S. 11 ff.; *Merten* (Hrsg.), Föderalismus und EGen, 1993, *v. Borries,* Das Subsidiaritätsprinzip im Recht der EU, EuR 1994, S. 263 ff.; *Classen,* Europäische Integration und demokratische Legitimation, AöR 1994, S. 238 ff.; *Frowein,* Demokratie und Völkerrecht in Europa, FS Zemanek, 1994, S. 365 ff.; *Knipping* (Hrsg.), Federalism in EU member states, 1994, *Piris,* Après Maastricht, les institutions communautaires sont-elles plus efficaces, plus démocratiques et plus transparentes?, RTDE 1994, S. 1 ff.; *Hrbek,* Federal Balance and the Problem of Democratic Legitimacy in the EU, AuWi 1995, S. 43 ff.; *Kluth,* Die demokratische Legitimation der EU, 1995, *Schmidhuber,* Föderalistische und demokratische Grundlagen des Europäischen Unionsrechts, FS Everling 1995, S. 1265 ff.; *Graf Kielmannsegg,* Integration und Demokratie, in: Jachtenfuchs/Kohler-Koch, Europäische Integration, 1996, S. 47 ff.; *Buchwald,* Zur Rechtsstaatlichkeit der EU, Staat 1998, S. 189 ff.; *Scheuing* (Hrsg.), Europäische Demokratie, 1998.

1. Institutioneller Überblick

237 Aufgrund des **Abkommens über gemeinsame Organe** für die EGen v. 25.3.1957 (BGBl. 1957 II, S. 1156 = Sart II, Ziff. 220 und des **(„Fusions")-Vertrages** zur Einsetzung eines gemeinsamen Rates und einer gemeinsamen Kommission der EGen v. 8.4.1965 (BGBl. 1965 II, S. 1454 = Sart. II, Ziff. 220a), jeweils mit Änderungen durch die Einheitliche Europäische Akte 1986, den Maastrichter Unionsvertrag 1992 und den Amsterdamer Vertrag 1997, besitzen die EU, EG, EGKS und EAG **gemeinsame Organe,** die in den Bereichen der drei Verträge nach deren z. T. unterschiedlichen Regelungen handeln (Art. 4 = 7 neu EGV, Art. 3 EAGV, Art. 7 EGKSV, Art. C, D = 3, 4 neu EUV, näher *Nettesheim* in: Grabitz/Hilf, EUV/EGV-Komm. (1994), zu Art. 4). Dies sind das Europäische Parlament, der Rat der Europäischen Union (mit dem „Superorgan" Europäischer Rat der Staats- und Regierungschefs), die Europäische Kommission, der Gerichtshof der EGen und der Europäische Rechnungshof *(Odendal,* JA 1995, S. 121, 222 ff.).

238 Neben ihnen gibt es als **beratende Einrichtungen** den Wirtschafts- und Sozialausschuß (Art 4 Abs. 2 = 7 Abs. 2 neu EGV, Art. 3 Abs. 2 EAGV, Art. 18 f. EGKSV – bes. Beratender Ausschuß) und den Ausschuß der Regionen (Art. 4 Abs. 2 = 7 Abs. 2 neu EGV). Selbständige Sonderinstitutionen sind

die Europäische Zentralbank (Art. 106 = 107 neu EGV), die Europäische Investitionsbank (Art 129 f. = 152 f. neu EGV) und die Versorgungsagentur von *Euratom* (Art. 52 ff. EAGV). Aufgrund ihrer **Organisationsgewalt** einschließlich der Handhabung des Art 235 = 308 neu EGV haben die Gemeinschaften inzwischen sowohl **weitere abhängige ausgegliederte Behörden** (z. B. Statistisches Amt, Amt für amtliche Veröffentlichungen) errichtet als auch **selbständige juristische Personen** unter enger Kontrolle der EG (u. a. Europäische Stiftung zur Verbesserung von Lebens- und Arbeitsbedingungen, Europäisches Zentrum für die Förderung der Berufsbildung). Schließlich stehen weitere **Einrichtungen „am Rande der EG"** in sachlichem Zusammenhang mit der Gemeinschaft, gründen sich jedoch auf selbständige völkerrechtliche Verträge (z. B. Europäisches Patentamt, Europäisches Hochschulinstitut, Europäische Schulen u. a., vgl. unten Rz. 449) Diese institutionelle Auffächerung unterschiedlichen Grades dürfte sich im Maße der Aufgabenmehrung der Gemeinschaften fortsetzen. Schließlich bedingte die **Erweiterung der Zahl der Mitglieder der EG/EU** (unten Rz. 1856) jeweils Vergrößerungen der Institutionen unter Erhaltung ihres politischen und sachbedingten inneren Gleichgewichtes.

Politisch heikel und umstritten war und ist die Verteilung der **Sitzorte** für die 239
verschiedenen Gemeinschaftsinstitutionen. Sie wurde mittlerweile durch Beschlüsse der Regierungen der MSen bzw. des Europäischen Rates von 1965, 1992, 1993 und 1997 (oben Rz. 23) weithin geregelt. Danach gibt es keine **„Hauptstadt Europas"**, wenngleich vor allem **Brüssel**, daneben **Luxemburg** und **Straßburg** historische Schwerpunkte der Gemeinschaftstätigkeit (Rat/Kommission/Parlament/Gerichtshof) bleiben. Neuerdings ist **Frankfurt a. M.** als Sitz der Europäischen Zentralbank hinzugetreten. Im übrigen wurden die Sitze der Gemeinschaftseinrichtungen möglichst ausgewogen über die MSen verteilt.

2. Politische Leitprinzipien der Gemeinschaft und Union

Die EG/EU stellt eine **Zusammenfassung parlamentarisch-rechtsstaat-** 240
licher Demokratien (z. T. präsidialen Typus) dar. (Jetzt Präambel und Art. F Abs. 1 = 6 neu EUV). In den Leitprinzipien ihres institutionellen Aufbaues spiegelt sich daher in einem weitgefaßten Sinne eine Art **„strukturelle Homogenität"** zwischen der Gemeinschaftsordnung und der ihrer Mitgliedstaaten wider. Abweichungen sind freilich aufgrund der besonderen Aufgaben der EU und ihres unvollendeten Entwicklungsstandes zulässig (*Winter*, DÖV 1993, S. 173 ff.). Die in Art. F Abs. 1 = 6 neu EUV feierlich benannten **„allgemeinen Grundsätze der Union"** (Freiheit, Demokratie, Menschenrechte, Rechtsstaatlichkeit) sind gemäß Art. F. 1 = 7 neu EGV **sanktionsbewehrt.**

BVerfGE 89, 155 ff. – „Maastricht" verlangt als Voraussetzung der deutschen Mitgliedschaft in der Gemeinschaft, daß eine vom Volk ausgehende Legitimation innerhalb der Gemeinschaft gesichert ist und daß die demokratischen Grundlagen der Union schritthaltend mit der Integration ausgebaut werden.

Fundamental gesehen, müssen auf Gemeinschaftsebene dieselben Grund- 241
anschauungen der **pluralen, liberalen und sozialen Demokratie sowie des**

gewaltenteilenden Rechtsstaates wie innerhalb der Mitgliedstaaten sichtbar werden, wenn diese der EG/EU wesentliche Bestandteile ihrer bisher staatlichen Befugnisse anvertrauen. Ebensowenig wie nichtdemokratische Staaten Mitglied der Union werden oder auf Dauer bleiben können (Art. F Abs. 1 = 6 neu EGV), kann die Gemeinschaft im Kern wesensmäßig anders strukturiert sein als ihre Glieder (Kopenhagener „Erklärung zur Demokratie" der EG-Staats- und Regierungschefs 1978, Bull. EG 1978/3, S. 5 f. und Präambel, Abs. 3 EUV).

242 a) **Parlamentarische Demokratie:** Das Bekenntnis zur parlamentarischen Demokratie wird vor allem in Gestalt des seit 1979 von den EG-Bürgern direkt gewählten Europäischen Parlamentes sichtbar. *(Europ. Kommission* (Hrsg.), Praktizierte Demokratie in der EU, 1994). Seine Rechte entsprechen zwar auch nach den Stärkungen über die EEA 1987 und den EUV 1992/97 noch nicht denjenigen nationaler Parlamente (unten Rz. 263 ff.). Doch ist zweifelhaft, ob das anders sein kann, solange die EU kein Bundesstaat ist. Zu beachten bleibt, daß die Vertreter der MSen im Rat auf nationaler Ebene demokratisch legitimiert sind *(Classen,* AöR 1994, S. 238 ff.). BVerfGE 89, 155 ff. („Maastricht") sieht die demokratische Legitimation der EU sogar „zuvörderst" durch die Rückkoppelung des Handelns europäischer Organe an die nationalen Parlamente gewahrt. Die Vermittlung demokratischer Legitimation durch das EP tritt hiernach im Maße des Zusammenwachsens der europäischen Nationen „zunehmend hinzu". Auf jeden Fall kommt aber dem EP schon heute für die „Inspiration" der Gemeinschaftsaktion neben dem „Superorgan" des Europäischen Rates wesentliche Bedeutung zu *(Magiera,* FS Ever-ling, 1995, S. 789 ff.). Mancherlei weitere Anklänge an den Demokratiegedanken finden sich auch sonst u. a. in der Repräsentation organisierter Interessen im WSA, in der Gewährleistung gemeinschaftsweiter Rechtsgleichheit (Art. 6 = 11 neu EGV) und in der vielfältigen sozialen Aktion der EG (unten Rz. 1629 ff.).

243 b) **Gewaltenteilung:** Der Gewaltenteilungsgedanke kann in der EU mindestens solange nicht in der klassischen Verteilung der gesetzgebenden vollziehenden und rechtsprechenden Gewalt auf besondere Organe verwirklicht werden, wie sich die Gemeinschaft nicht zur eigenen Staatlichkeit entwickelt, sondern in der Ambivalenz einer noch starken Abhängigkeit von ihren Gründern verbleibt. So erklärt sich die **„spezifisch gemeinschaftsrechtliche Funktionsordnung"** *(Achterberg)* einer Aufteilung sowohl der wesentlichen legislativen als auch der gouvernemental/exekutiven Befugnisse auf die „genuin europäische" Kommission und vor allem den mitgliedstaatlich geprägten Rat, unter Verweisung des Parlamentes bislang auf eine begrenzte Mitwirkung. Nur in der Judikative des Gerichtshofes vereinigt sich in der sonst bekannten Weise Funktion und Institution. Bis das direkt gewählte Parlament sich die national üblichen Kontrollfunktionen mindestens in einem politischen Sinne erkämpft hat, bleibt die Rechtskontrolle des EuGH über den Rat das Gegengewicht zu dessen Vorhandstellung. Der eigentliche Sinn des Gewaltenteilungsgedankens, durch Funktionen- und Machtverteilung auf unterschiedliche Organe die politische Gewalt zu mäßigen, in den Bahnen des Rechts zu halten sowie Freiheit zu stiften („Checks and balances") ist freilich in diesen besonderen Formen auch in der Gemeinschaft verwirklicht. Verbesserungen vor allem bei der Kontrolle des Rates bleiben denkbar. Wenig hilfreich ist die gelegentlich auch vom EuGH verwendete Vorstellung eines **„institutionellen Gleichgewichts"** der Organe. Es kommt immer auf die konkrete Kompetenzverteilung nach den Verträgen an.

244 c) **Rechtsstaat (mit Grundrechten):** Auch über die Gewaltenteilung hinaus erweist sich die EU als rechtsstaatlich verfaßt. Die Wahrung des Rechts bei der Auslegung und

Anwendung der Gemeinschaftsverträge ist über die im mitgliedstaatlichen Vergleich bemerkenswert starken Kompetenzen des Gerichtshofes gewährleistet (Art. 164 = 220 neu EGV, Art. 136 EAGV, Art. 31 EGKSV). Die Konfliktregelungsmechanismen der Verträge sind abschließend gemeint und lassen die einseitige Aktion des einzelnen Mitgliedes nicht mehr zu (insbes. Art. 219 = 292 neu EGV). In einer ganzen Reihe von Einzelregelungen wie z. B. bei der gemein-schaftsinternen Haftung für am Marktbürger begangenes Unrecht (oben Rz. 163) prägt sich die **Rule of Law im materiellen Sinne** aus. Teilweise ausdrücklich (Art. 6 = 12 neu EGV), ansonsten „ungeschrieben" über die Rspr. des EuGH (unten Rz. 709) kennt die Gemeinschaftsordnung wie nationale Verfassungen und die EMRK Grundrechte und ähnliche Rechtsstaatsverbürgungen wie z. B. den Ver-hältnismäßigkeitsgrundsatz (Art. 3 b Abs. 3 = 5 Abs. 3 neu EGV) im Sinne unabdingbarer und individuell einklagbarer Positionen des Unionsbürgers gegenüber der Gemeinschaltsgewalt (Art. F Abs. 2 = 6 Abs. 2 neu EUV). In dem rechtsstaatlichen Gesamtschutz ihrer staatlichen und individuellen Mitglieder vor öffentlicher Willkür braucht die EG/EU den Vergleich mit der Rechtsstaatlichkeit der Mitgliedstaaten nicht zu scheuen. Diese europäische Rechtsstaatlichkeit muß ungefähr dem gemeinschaftsweiten Standard ihrer MSen entsprechen (BVerfGE 73, 339 ff. – „Solange II"). Nicht erforderlich ist die Wiederkehr jeder nationalen Besonderheit auf europäischer Ebene. Am deutschen Rechtsstaatswesen braucht Europa nicht zu genesen.

d) Subsidiarität

Zu den Leitprinzipien der Gemeinschaft gehört seit dem Inkrafttreten des EUV **245**
1992 das Subsidiaritätsprinzip (Präambel EUV, Abs. 11, Art. B Abs. 2 = 2 Abs. 2 neu EUV und insbes. Art. 3 b Abs. 2 = 5 Abs. 2 neu EGV, näher zu ihm unten Rz. 518 ff.). Hiernach darf die Gemeinschaft in den Bereichen, die nicht in ihre ausschließliche Zuständigkeit fallen, nur dann tätig werden, wenn die dortigen Ziele durch Maßnahmen auf Gemeinschaftsebene „besser" erreicht werden können. Die Einführung des Subsidiaritätsprinzips aufgrund deutscher Initiative in Maastricht war eine Reaktion auf den fortschreitenden Ausbau der EG-Befugnisse seit den 50er Jahren zu Lasten der MSen. Der Subsidiaritätsgedanke steht in enger Verbindung zur Achtung der nationalen Identität der MSen durch die Union (Art. F Abs. 1 = 6 Abs. 1 neu EUV) sowie zur „Bürgernähe" der innerhalb der Union zu treffenden Entscheidungen (Art. A Abs. 2 = 1 Abs. 2 neu EUV). Art 3 b = 5 neu EGV stellt das Subsidiaritätsprinzip außerdem zwischen das Prinzip der begrenzten Einzelermächtigung und den Verhältnismäßigkeitsgrundsatz (unten Rz. 516 ff.). In der bisherigen Gemeinschaftspraxis begegnen die Versuche, das Subsidiaritatsprinzip juristisch operabel zu machen zwar manchen Schwierigkeiten (Amsterdamer Protokoll 1997 über Subsidiarität und Verhältnismäßigkeit). Als allgemeiner Rechtsgrundsatz ist es gleichwohl von großer gemeinschaftspolitischer Bedeutung *(Bieber,* Subsidiarität im Sinne des Vertrages über die EU, 1995). Die Rechtsetzungstätigkeit der EG hat in den 90er Jahren abgenommen. Das Subsidiaritätsprinzip ruft die Gemeinschaft auf, die Befugnisse und legitimen Interessen der MSen zu respektieren. Es ist aber nicht als Hemmschuh für den europäischen Einigungsprozeß mißzuverstehen. Die Verpflichtung der MSen zur Gemeinschaftstreue und zur Erleichterung der Gemeinschaftsaktion (Art. 5 = 10 neu EGV) bleibt gleichrangig neben dem Subsidiaritätsprinzip des Art. 3 b = 5 neu bestehen. – Für *Deutschland* betont Art. 23 Abs. 1 GG seit 1992 den „Grundsatz der Subsidiarität" als verfassungsrechtlich unerläßliches Strukturelement der EU *(Oppermann,* JUS 1996, S. 569 ff.).

Insgesamt gesehen erscheint die langjährige Sorge um das „demokrati- **246**
sche Defizit der EG/EU zwar verständlich *(Kluth,* Die demokratische Legitimation der EU, 1995). Jedoch haben EEA 1986 und EUV 1992/97 gezeigt, daß die Rechte des EP erweitert und die demokratischen Grundlagen der Union „schritthaltend mit der Integration ausgebaut werden" (BVerfGE

89, S. 155 – „Maastricht"). Zu engherzige Vergleiche zwischen den Mitgliedstaaten und der Gemeinschaft müssen vermieden werden. Die besondere institutionelle Ordnung der EG/EU ist Ausdruck einer spezifischen, vorläufig noch begrenzten Aufgabenstellung. Berücksichtigt man dies, kehren die politischen Leitprinzipien der Mitgliedstaaten in hinreichendem, d.h. verfassungs- und gemeinschaftsrechtlich unbedenklichem Maße auf Gemeinschaftsebene wieder (*Frowein,* FS Zemanek, 1994, S. 365 ff.).

II. Organe der europäischen Gemeinschaft und Union

1. Europäisches Parlament

Literatur: Die Literatur zum Europäischen Parlament ist uferlos, besonders seit der Einführung der Direktwahlen in der zweiten Hälfte der siebziger Jahre. Umfangreiche Zusammenstellung bei *Läufer* in: Grabitz/Hilf (Hrsg.), EUV/EGV-Komm. (1995), Art. 137.

Boisson, L'Assemblée des Communautés Européennes, 1958; *Kapteyn,* L'Assemblée commune de la CEA, 1962; *Pescatore,* Reconnaissance et contrôle judiciaire des actes du Parlement Européen, RTDE 1978, S. 581 ff.; *Bieber,* Der Abgeordnetenstatus im Europäischen Parlament, EuR 1981, S. 124 ff.; *Oppermann/Kilian,* Vergangenheit und Zukunft des EP, EuR 1981, S. 366 ff.; *Bieber,* Das Gesetzgebungsverfahren der Zusammenarbeit gemäß Art. 149 EWGV, NJW 1989, S. 1395 ff.; *Bieber,* Democratic control of European Foreign Policy, Europ. Journal of Int. Law 1990, S. 148 ff.; *Hilf,* Das Klagerecht des EP im Organstreit, EuR 1990, S. 273 ff.; *Boest,* Die Beteiligungsrechte des EP bei der Rechtsetzung nach dem EUV, EuR 1992, S. 182 ff.; *Bieber/Haag,* Das EP, 1994; *Boettcher,* EuropawahlG, EuropawahlO (Handkomm.), 1994; *Dürig,* Das neue Wahlrecht für Unionsbürger bei den Wahlen zum EP, NVwZ 1994, S. 1180 ff.; *Marias,* The right of petition to the European Parliament after Maastricht, ELRev 1994, S. 169 ff.; *Matscher* (Hrsg.), Ombudsmann in Europa, 1994; *Oppermann,* Noch mehr Rechte für das EP?, in: Clever/Schulte (Hrsg.), Bürger Europas 1994, S. 5 ff.; *Tsatsos,* Europäische Politische Parteien?, EuGRZ 1994, S. 45 ff.; *v. Wogau,* Das neue Gesetzgebungsverfahren der Mitentscheidung nach dem EUV, FS Helmrich, 1994, S. 459 ff.; *Dauses/Fugmann,* Die politisch-institutionelle Stellung des EP nach dem Maastricht-Vertrag, APUZ 3–4/1995, S. 24 ff.; *Jansen,* Zur Entwicklung eines europäischen Parteiensystems, Integr. 1995, S. 157 ff.; *Lenz,* Ein einheitliches Verfahren für die Wahl des EP, 1995; *Bieber,* Struktur und Befugnisse des EP, Hdb Europ. Integration, 2. Aufl. 1996, S. 148 ff.; *Suski,* Das EP – Volksvertretung ohne Volk und Macht?, 1996; *Wägenbaur,* „Mitentscheidung": Stärkung der Rechte des EP?, EuZW 1996, S. 587 f.; *Kühner,* Rechtsetzung in der EG. Die Verfahren nach Art. 189 b und Art. 189 c EGV, 1997; *Maurer,* Die Bilanz des EP nach 5 Jahren Mitentscheidung, Integr. 1998, S. 212 ff..

247 Nach Art. 137 = 189 neu EGV (= Art 107 EAGV, 20 EGKSV – im Folgenden wird i. d. R. nur auf den EGV verwiesen) i. V. m. dem Abkommen über gemeinsame Organe für die EGen v. 25.3.1957 verfügen die drei Gemeinschaften über ein gemeinsames parlamentarisches Organ, das **Europäische Parlament.**

Der EUV (insbesondere Art. D, E, J.7, K.6 und O = 4, 5, 17, 34, 49 neu) versteht das EP gleichzeitig als **Unionsorgan.** Ursprünglich „Versammlung" genannt, hat sich die Bezeichnung „Europäisches Parlament" mit dem Ausbau parlamentarischer Befugnisse in der Gemeinschaft seit der EEA 1986 und dem EUV 1992/97 endgültig amtlich durchgesetzt.

Unbefriedigend ist bis heute der **Sitz des Europäischen Parlamentes** geregelt. Praktische Gründe und der Gesichtspunkt einer „Europäischen Hauptstadt" würden für Brüssel sprechen, wo Rat und Kommission ihren Sitz haben. Aus der Gemeinschaftsgeschichte und durch die Regierungen zuletzt 1997 in Amsterdam bestätigt, wurde jedoch **Straßburg** Sitz und **Luxemburg** Verwaltungssitz (Generalsekretariat) des EP. Der EuGH hat in mehrfacher Rechtsprechung (zuletzt EuGHE 1991, I-5643 ff., RS C–213/88 und C–39/89 sowie EUGHE 1997, I – 5215 ff., RS C–345/95) das Bestimmungsrecht der Regierungen nach Art. 216 = 289 neu EGV gegen Änderungswünsche aus dem EP kraft parlamentarischer Organisationsgewalt betont. 248

Durch das 2. Amsterdamer Protokoll zum EUV/EGV v. 2.10.1997 wurde der Sitz des EP in Straßburg festgeschrieben. Dort finden die 12 regulären Plenarsitzungen im Jahr statt. Zusätzliche Plenartagungen und die Ausschußsitzungen erfolgen in Brüssel. Das Generalsekretariat des EP verbleibt in Luxemburg. Auf diese Weise bleibt der kostspielige und dem Ansehen der EU abträgliche „Wanderzirkus" zwischen den drei Städten erhalten. Mittlerweile verfügt das EP über nicht weniger als drei Tagungsgebäude in Straßburg, Brüssel und Luxemburg.

a) Wahl und Organisation des Europäischen Parlaments

Nach dem Beitritt Finnlands, Österreichs und Schwedens 1995 setzt sich das Europäische Parlament aus 626 von den Völkern der in der Gemeinschaft vereinigten Staaten auf 5 Jahre gewählten Abgeordneten zusammen. (Art. 190 neu EGV). Die Anzahl der Mitglieder des EP darf künftig 700 nicht überschreiten. Künftige Anpassungen bei Beitritten müssen insgesamt eine angemessene Vertretung der Völker der MSen gewährleisten (Art. 189, 190 neu EGV). 249

Zum „ernannten" Europäischen Parlament bis 1979 vgl. oben Rz. 38 und *Bieber,* Das Parlament, 1974.

Rechtsgrundlage für das unmittelbar gewählte EP ist der Beschluß und Akt des Rates der EG zur Einführung allgemeiner unmittelbarer Wahlen der Abgeordneten einer Versammlung v. 20.9.1976 (ABl. L 278, S. 1 ff.; Änderungen = Sart. II, Ziff. 266). Dieser Akt war Bestandteil des in Art. 138 Abs. 3 = 190 Abs. 4 neu EGV (107 Abs. 3 EAGV, 21 Abs. 3 EGKSV) vorgesehenen spezielle Vertragsänderungsverfahrens und wurde in den Mitgliedstaaten ratifiziert (vgl. u a. BGBl. 1977 II, S. 734). 250

Im übrigen enthalten die Art. 137 ff. = 189 ff. neu EGV und die Geschäftsordnung des Europäischen Parlaments i. d. F. v. 19.2.1997 (ABl. L 49/1) = Sart. II, Ziff. 260) die wesentlichen Regelungen des **Parlamentsrechts,** das sich z. T. gewohnheitsrechtlich fortgebildet hat. Insbesondere sucht man durch ausführliche Verfahrensregeln (Art. 49 ff., 101 ff. GeschO) die Plenartätigkeit des national und politisch so vielgestaltigen EP wirksam zu halten.

Art. 7 Direktwahlakt schöpfte den Art. 138 Abs. 3 = 190 Abs. 4 neu EGV noch nicht voll aus. Er beließ es für das **Verfahren der ersten Direktwahlen** bei mitgliedstaatlichen Vorschriften. Trotz verschiedener Anläufe seit den 80er Jahren (ABl. 182, C 87/61; 1993, C 115/122) hat der Rat noch keinen Entwurf des EP für ein einheit- 251 liches Wahlverfahren verabschiedet *(Lenz,* Ein einheitliches Verfahren für die Wahl des EP, 1995). Die Auffassungen über das zu wählende System gehen bisher auseinander. 1998 hat das EP dem Rat grundsächlich ein europaweit einheitliches Verhältniswahlrecht vorgeschlagen. Art. 8b = 19 neu EGV i. V. m. RL 93/109 v. 6.12.1993 (ABl. L 329/34) hat ab 1994 für die Wahlen zum EP europaweit das Wohnsitzprinzip für alle Unionsbürger unabhängig von der Staatsangehörigkeit eingeführt *(Borchmann,* NJW 1994, S. 1522 ff.) Für die BRD regeln das Europawahlgesetz i. d. F. v. 8.3.1994 (BGBl. I, S. 424) und die Europawahlordnung v. 27.7.1988 (BGBl. I, S. 1453, Änderungen) die Wahl der 99 deutschen Abgeordneten. *(Partella/Dahlen,* Europawahlrecht, Komm. 1994). Es gilt insoweit Verhältniswahl mit entweder (verbindbaren) Landeslisten oder einer Bundesliste. Nach § 2 Abs. 6 EuWG gilt in der BRD (ebenso in Frankreich) auch bei der Europawahl eine 5 %-Klausel. BVerfGE 51, 222 ff. hat diese Klausel unter Berufung auf die Willensbildungsfunktion des EP gegenüber der Wahlgleichheit gerechtfertigt. Im Interesse der Gewinnung politischer Persönlichkeiten ist vorläufig die Mitgliedschaft im Deutschen Bundestag (wie in anderen nationalen Parlamenten) mit dem Mandat im EP vereinbar, aus Gewaltenteilungsgesichtspunkten nicht jedoch Regierungsämter, Mitgliedschaft in der EG-Kommission u. ä. (näher Art. 6 Direktwahlbeschluß, § 22 EuWG). Das Europaabgeordnetengesetz v. 6.4.1979 (BGBl. I, S. 413, Änderungen; *Sträter,* ZBR 1979, S. 221 ff.) regelt schließlich den **persönlichen Rechtsstatus des deutschen MdEP** im klassisch-parlamentarischen Sinne des freien Mandates, des Indemnitäts- und Immunitätsschutzes, der Diätenregelung usf. Im Kern ist dieser Status bereits durch Art. 8 ff. des Protokolls über die Vorrechte und Befreiungen der EGen v. 8.4.1965 (BGBl. II, S. 1482) und auch durch Art. 2 GeschO EP gemeinschaftsweit garantiert. *(Sieglerschmidt,* EuGRZ 1986, S. 445 ff.; EuGHE 1986, 2391 ff. – RS 149/85).

aa) Zusammensetzung

252 Die Aufteilung der 626 Abgeordneten des EP auf die Mitgliedstaaten erfolgte im Sinne eines Kompromisses zwischen dem völkerrechtlichen Prinzip der **Staatengleichheit** und dem bundesstaatlich-demokratischen der **Proportionalität zur Bevölkerungszahl:**

Belgien	25 Sitze	(10,1 Mio. Einwohner)
Dänemark	16 Sitze	(5,2 Mio. Einwohner)
Deutschland	99 Sitze	(81,3 Mio. Einwohner)
Griechenland	25 Sitze	(10,4 Mio. Einwohner)
Spanien	64 Sitze	(39,2 Mio. Einwohner)
Frankreich	87 Sitze	(57,8 Mio. Einwohner)
Irland	15 Sitze	(3,6 Mio. Einwohner)
Italien	87 Sitze	(57,2 Mio. Einwohner)
Luxemburg	6 Sitze	(0,4 Mio. Einwohner)
Niederlande	31 Sitze	(15,3 Mio. Einwohner)
Österreich	21 Sitze	(7,8 Mio. Einwohner)
Portugal	25 Sitze	(9,9 Mio. Einwohner)
Finnland	16 Sitze	(5,0 Mio. Einwohner)
Schweden	22 Sitze	(8,7 Mio. Einwohner)
Vereinigtes Königreich	87 Sitze	(58,3 Mio. Einwohner)
Insgesamt	626 Sitze	(370,2 Mio. Einwohner)

253 Bei diesem Schlüssel bleiben mit Rücksicht auf die Staatengleichheit die kleineren Mitgliedstaaten z. T. erheblich begünstigt. Bei strikter Proportionalität ständen Deutschland 131 statt 99 Sitze zu, Irland z.B. nur 6 Sitze statt 15. Dies würde aber bundesstaatliche Verhältnisse voraussetzen. Ande-

rerseits wird der **europäisch-gemeinsame Charakter des Parlamentes** durch seine interne Gliederung nicht in nationale Delegationen, sondern in transnationale parteipolitische Fraktionen (Art. 29 GeschO) betont, die sich mittlerweile ihrerseits aus übernationalen Parteibünden herleiten, in denen sich die den Mitgliedstaaten mehr oder weniger gemeinsamen großen „politischen Familien" widerspiegeln. So gliedert sich das Parlament inzwischen im wesentlichen in folgende Fraktionen *(Nessler,* EuR 1997, S. 311 ff.).

- Sozialdemokratische Partei Europas (SPE)
- Europäische Volkspartei (EVP-CD)
- Liberale und Demokratische Partei Europas (ELDR)
- Grüne (GR)
- Sammlungsbewegung der Europäischen Demokraten (RDE) = Gaullisten
- Konföderale Gruppe der Europäischen Linken (GUE) = Kommunisten
- Europa der Nationen (EN) = EU-Gegner

Hinzu kommen einige weitere Gruppen und Fraktionslose.

Die Vielfalt der Fraktionen spiegelt noch mancherlei nationale Partei- 254
traditionen in den MS *(Tsatsos,* EuGRZ 1994, S. 45 ff.). An **übernationalen Parteibünden** haben sich bisher besonders der Bund der Sozialdemokratischen Parteien in der EG – SPE (1974/1992), die Europäische Liberale und Demokratische Refompartei – ELDR (1976/1993), die Europäische Volkspartei – EVP (1976/1990) und die Europäischen Grünen (1993) konstituiert. Die früheren Konservativen sind weithin in der EVP aufgegangen *(Jansen,* Integr. 1995, S. 157 ff.). Durch Art. 138 a = 191 neu EGV sind Politische Parteien auf europäischer Ebene seit 1993 als „Faktor der Integration in der Union" anerkannt. Das EP repräsentiert die **„Völker der in der Gemeinschaft vereinigten Staaten"** (Art. 1 Direktwahlbeschluß), also heute zwar in einem unmittelbaren Sinne die Unionsbürger, aber unter Mitberücksichtigung ihrer nationalen Formierung („Völker", nicht „Volk"!). Diese Kompromißformel entspricht vorläufig in angemessener Weise dem tatsächlichen Integrationsstand. – Die Direktwahlen von 1979 bis 1994 haben bei einer Wahlbeteiligung zwischen 55 – 65 % noch keine feste europäische Parteienstruktur hervorgebracht. Allenfalls rechnerisch lassen sich heterogene „bürgerliche" beziehungsweise „linke" Mehrheiten ausmachen. In der Praxis ergeben sich nicht so sehr starre Frontenbildungen, sondern wechselnde Mehrheiten. Öfter arbeiten die beiden größten Fraktionen (Sozialdemokraten und Volkspartei) zusammen, um der Stimme des EP gegenüber Rat und Kommission Gehör zu verschaffen *(Hrbek,* Integr. 1994, S. 157 ff.).

bb) Parlamentsrecht

Dem EP ist nach Art. 139 ff. = 196 ff. neu EGV in herkömmlicher Weise 255
die **innere Autonomie** eingeräumt worden (Organisationsgewalt, EuGHE 1986, 2391 ff. – RS 149/85). Es hat davon besonders durch den Erlaß der **Geschäftsordnung** (oben Rz. 250) Gebrauch gemacht (näher *Bieber,* Hdb Europ. Integr. 2. Aufl. 1996, S. 148 ff.).

256 aaa) **Wahl- und Sitzungsperiode:** Das EP hält eine jährliche Sitzungsperiode jeweils ab März ab. Diese umfaßt ein **Dutzend öffentlicher Plenartagungen** von jeweils einer Arbeitswoche. Daneben stehen zahlreiche Ausschuß- und Fraktionssitzungen. Ferner können außerordentliche Plenarsitzungen einberufen werden (Art. 139 = 196 neu EGV, Art. 10 GeschO) – Am Ende der 5jährigen Wahlperiode gelten alle Vorlagen etc. als erledigt („Diskontinuitätsgrundsatz", Art. 167 GeschO EP).

257 bbb) **Präsidium (Art. 12 ff. GeschO):** Das Parlament wählt aus seiner Mitte den Parlamentspräsidenten und 14 Vizepräsidenten als **Präsidium auf 2 ½ Jahre.** Dem erweiterten Präsidium gehören ferner beratend 5 Quästoren für Verwaltungsaufgaben an. In der Größe des Präsidiums spiegeln sich Rücksichten auf die nationale und politische Vielfalt des EP. Der Präsident leitet die Arbeiten des EP und seiner Organe und verfügt hierfür, z.T. i. V. m. dem erweiterten Präsidium, über die nötigen Befugnisse (Entwurf der Tagesordnung, Sitzungsleitung, Hausrecht, Benennungsrechte gegenüber den Ausschüssen und dem Sekretariat, Außenvertretung des EP u. a. m.) (Art. 140 = 197 neu EGV, Art. 12 ff., 21 ff. GeschO). Trotz seiner begrenzten Befugnisse ist der **Präsident des EP** neben denjenigen von Rat, Kommission und EuGH einer der wichtigsten politischen Repräsentanten der Gemeinschaft. Es wurden öfters bekannte Politiker gewählt *(Simone Veil, Pierre Pflimlin,* 1997–1999 *José Marin, Gil-Robles).*

258 ccc) **Fraktionen und Ausschüsse:** Art. 29 ff. GeschO ermöglichen die Bildung von Fraktionen im EP entsprechend der „politischen Zugehörigkeit" der Abgeordneten (zu den einzelnen Fraktionen oben Rz. 254). Zur Fraktionsbildung bedarf es mindestens 14 Abgeordneter, wenn sie aus 4 oder mehr MSen stammen, 18 Abgeordneter, wenn sie aus 3 Mitgliedstaaten stammen, 23 bei Herkunft aus 2 Mitgliedstaaten und 29 aus einem. Auch fraktionslose Mitglieder des EP erhalten einen gewissen Status (Art. 30 GeschO). Die Fraktionen verfügen über **keine eigene Rechtsfähigkeit** (EuGHE 1977, 1729 – RS 25/68). In den Fraktionen findet die politische Willensbildung des EP vornehmlich statt, zumal die europäischen Parteibünde (oben Rz. 254) noch recht locker gefügt sind. Auch die transnationalen Fraktionen des EP haben noch nicht die Festigkeit wie in nationalen Parlamenten erreicht, sind aber ein wichtiger Ansatz für die Bildung eines europäisch-integrierten Gemeinwillens.

Nach Art. 135 ff. GeschO bildet das EP (über 20) **Ausschüsse** verschiedener Art. Insbesondere vollzieht sich die vorbereitende Parlamentsarbeit in einem guten Dutzend ständiger Ausschüsse, die z. T. nach klassischen Aufgaben Auswärtiger Verwaltungs- und Haushalts-, Rechtssausschuß), z. T. gemäß den Kompetenzen der Vertrage (Landwirtschaftsausschuß, Außenwirtschaftsausschuß usf.) gebildet werden. Nach Art. 138 c = 193 neu EGV können nichtständige **Untersuchungsausschüsse** eingerichtet werden (Beschluß EP/Rat/KOM, ABl. 1995, C 113/2; *Beckedorf,* Das Untersuchungsrecht des EP, 1995). Bei der Zusammensetzung der Ausschüsse hat das Präsidium der „gerechten Vertretung nach Mitgliedstaaten und politischen Richtungen" Rechnung zu tragen (Art. 137 GeschO). Die Ausschüsse tagen grundsätzlich nicht öffentlich.

259 ddd) **Bürgerbeauftragter:** Nach Art. 8 d, 138 e = 21, 195 neu EGV, Art. 159 ff. GeschO wählt das EP für jeweils eine Wahlperiode einen **unabhängigen Bürgerbeauftragen („Ombudsmann").** Er kann von sich aus oder aufgrund von Beschwerden der Unionsbürger bzw. EU-ansässiger natürlicher und juristischer Personen Mißständen bei der Ausübung der Gemeinschaftstätigkeit (mit Ausnahme der europäischen Rechtsprechung) nachgehen. Er kann damit die betreffenden Gemeinschaftsorgane befassen und berichtet anschließend dem Organ, dem EP, und dem Beschwerdeführer über seine Untersuchungen. Ferner erstattet der Bürgerbeauftragte dem EP einen Jahresbericht (Näher Beschluß vom 9.3.1994, ABl. L 113/15 und *Matscher* (Hrsg.), Ombudsmann in Europa, 1994).

eee) **Petitionsrecht:** Gemäß Art. 138 d = 194 neu EGV, Art. 156 ff GeschO haben jeder Unionsbürger, aber auch sonstige EU-ansässige natürliche und juristische Personen im Rahmen der EG-Zuständigkeiten das Recht der Petition an das EP, soweit sie unmittelbar betroffen sind *(Marias,* ELRev. 1994, S. 169 ff.). 260

fff) **Generalsekretariat:** Die öffentliche verwaltungsmäßige Vorbereitung und Durchführung der Parlarmentsarbeit (u. a. Sprachendienst!) werden von dem Sekretariat des EP getragen (Art. 164 ff. GeschO). An seiner Spitze steht ein **Generalsekretär.** Das Sekretariat wird vom Präsidium eingesetzt. Es umfaßt z. Z. vor allem wegen der Sprachenarbeit annähernd 4 000 Personen, deren Dienststellen sich größtenteils in Luxemburg befinden *(Legrand-Lané,* RMC 1988, S. 29 ff.). 261

ggg) **Interparlamentarische Zusammenarbeit:** Verschiedentlich (Europarat, Lomé-Abkommen, vgl. unten Rz. 1814 ff.) arbeitet das EP mit anderen parlamentarischen Organen zusammen. Dies kann in Berichten für diese Organe erfolgen, aber auch durch **interparlamentarische Delegationen,** mit denen das EP von seiner Seite gemeinsam Parlamentsorgane beschickt, wie im Falle der Lomé-Zusammenarbeit (Art. 153 ff. GeschO EP). – Von besonderer Wichtigkeit für die demokratische Legitimation des europäischen Einigungsprozesses sind die Verbindungen des EP zu den **nationalen Parlamenten der MSen.** Sie werden in 2 Erklärungen der Maastrichter Schlußakte 1992 und im 3. Amsterdamer Protokoll zum EUV/EGV 1997 betont. Hier wird insbesondere die regelmäßige Unterrichtung der nationalen Parlamente durch die EG/EU zugesagt. Eine seit 1989 bestehende **Konferenz der Europa-Ausschüsse** *(Cosac)* kann die EU-Organe mit nichtbindenden Beiträgen befassen. In Maastricht 1992 war außerdem für Grundsatzfragen an eine **Konferenz der Parlamente** („Assises") gedacht. 262

b) Die Aufgaben des Europäischen Parlaments

Da der EG/EU staatliche Souveränität und Kompetenz-Kompetenz noch fehlen (unten Rz. 902 ff.), ist der Gedanke demokratischer Parlamentssouveränität auf das EP nicht voll übertragbar. Nach Art. 127, 138 b = 189, 190 neu EGV (Art. 107 ff. EAGV, 20 ff. EGKS) übt das EP nur diejenigen Befugnisse aus, die ihm nach den Verträgen zustehen. Insbesondere ist es am **europäischen Rechtsetzungsprozeß** nicht vollparlamentarisch beteiligt, sondern durch Anhörung (Abgabe einer Stellungnahme), durch die Verfahren der Zusammenarbeit (Art. 189 c = 252 neu EGV) oder Mitentscheidung (Vermittlung, Art. 189 b = 252 neu EGV) und nur selten durch die Erteilung seiner Zustimmung *(Bieber,* ZG 1994, S. 297 ff.). Allerdings bedeutet die Gesamtheit der Befugnisse des EP gemäß dem EUV 1992/97 verglichen mit den Anfangszeiten der „Versammlung" nach 1958, eine **nennenswerte Stärkung der parlamentarischen Komponente unter den EG-Institutionen** *(Dauses/Fugmann,* APuZ B 3–4/1995, S. 24 ff.). Der Amsterdamer Vertrag hat die Rechte es EP 1997 noch einmal gestärkt *(Nickel,* Integr. 1997, S. 200 ff.). Weitere Vermehrungen der Rechte des BP durch künftige Vertragsänderungen werden oft politisch eingefordert. Dennoch hängt die Finalität des EP unlösbar mit dem Endzustand der EU zusammen (unten Rz. 922). Nur in dem unwahrscheinlichen Falle eines Europäischen Bundesstaates gebührt dem EP eine nationalen Parlamenten vergleichbare Position. Bleibt die Union auf Dauer eine Gemeinschaft („Staatenverbund", unten Rz. 889), dürfte eine **„demokratische Balance" zwischen Parlament und** 263

(Europäischem) Rat auf Dauer angemessen sein *(Oppermann,* in: Clever/Schulte, Bürger Europas, 1995, S. 5 ff.).

aa) Demokratische Gesamtleitung?

264 Da das EP grundsätzlich die Völker der Gemeinschaft repräsentiert (Art. 137 = 189 neu EGV, stellt sich seit der Direktwahl die Frage, inwieweit es über die Einzelkompetenzen hinaus jene „demokratische Gesamtleitung der Gemeinschaft auszuüben vermag, wie nach verbreiteter Auffassung (Klassisch *Bagehot,* für Deutschland *Konrad Hesse)* die Summe der parlamentarischen Funktionen genannt wird.

In vorsichtiger Form hat die 1. Präsidentin des direkt gewählten EP *Simone Veil* bereits 1979 von der Aufgabe einer **demokratischen Kontrollinstanz** und eines **Impulsgebers** für die „allgemeine Politik der Gemeinschaft" gesprochen und daß das EP die „institutionellen Begrenzungen seiner Befugnisse überwinden" müsse. Bisher ist das EP freilich noch keineswegs wie ein nationales Parlament institutioneller Mittelpunkt des politischen Lebens der EG. Die politische Initiative liegt schwerpunktmäßig bei der Kommission und neuerdings vor allem beim (Europäischen) Rat. Jedoch ist es dem Parlament in jahrelanger zäher Kleinarbeit gelungen, an der allgemeinen europapolitischen Initiative und Kontrolle stärker zu partizipieren, als es die Verträge ursprünglich vorsahen („Initiativberichte" des EP, Erweiterungen der Rechtsetzungsbefugnisse, Ausdehnung der Beratungsrechte auf die Bereiche GASP, Justiz und Inneres, Unterrichtswesen, Kultur und Forschung, Ausbau des Budgetrechtes u. a. m., vgl. unten bei bb) cc) und *Bieber/Haag,* Das EP, 1994). Das direkt gewählte Parlament, welches die öffentliche Meinung der Mitgliedsvölker artikulieren sollte und auch stärker als bisher einer Rückkoppelung seiner Tätigkeit zu den organisierten Interessen in der EG und zu den Unionsbürgern bedarf, ist bestrebt, sich in die politische Leitungsfunktion noch stärker einzuschalten. Infolge seiner begrenzten Befugnisse tut das EP sich jedoch schwer, das „Europa-Bewußtsein" der EG-Bürger zu wecken und wachzuhalten, was u. a. in der begrenzten Wahlbeteiligung bei den Direktwahlen (nur die gute Hälfte der Wähler nahm seit 1979 an den Wahlen teil) sichtbar wird. Es bestehen zwar demokratische Formen, doch fehlt noch viel an der demokratischen Substanz *(Dieter Grimm).*

bb) Rechtsetzung

265 Bei der Rechtsetzung ist das EP im wesentlichen auf die Mitwirkung in den oben (Rz. 263) genannten Formen der **Anhörung/Zusammenarbeit/Mitentscheidung/Zustimmung** gemäß der näheren Regelung in den Verträgen beschränkt (*Götz,* JA 1997, S. 990 ff.). Zum „Vollparlament" fehlen dem EP vor allem das **Gesetzgebungsinitiativrecht** und die Befugnis zur abschließenden Beschlußfassung über die Rechtsakte (**„Gesetzessanktion"**). Das Initiativrecht steht in Gestalt des Vorschlagsrechtes grundsätzlich der Kommission zu (Art. 189 a Abs. 1, 189 b Abs. 2 = 250 Abs. 1, 251 Abs. 2 neu EGV), der Rechtsetzungsbeschluß im wesentlichen dem Rat. Beim **Mitentscheidungsverfahren** muß der Text auch vom EP akzeptiert werden („Vetorecht"). Bei einigen Rechtsakten besonderer Tragweite bedarf der Rat zur Beschlußfassung der ausdrücklichen **Zustimmung des EP**. Bei den Mitwirkungsrechten des EP, auch bereits bei der nichtbindenden Anhörung, handelt es sich um wesentliche Formerfordernisse, deren Nichteinhaltung zur **Nichtigkeit des Rechtsaktes** führt (EuGHE 1980, 3333 ff. – RS 138/79 st. Rspr.). – Die **parlamentsrechtliche Binnenregelung** für die verschiedenen Rechtsetzungsverfahren findet sich in Art. 49 ff. GeschO EP.

266 aaa) **Initiativberichte:** Die Kommission orientiert sich bei der **Ausübung ihres Vorschlagsrechtes** (Art. 189 a Abs. 1 = 250 neu EGV) nicht nur am wirklichen oder

vermuteten Willen des Rates (Art. 152 = 208 neu EGV), sondern auch an „Initiativberichten" des EP, mit denen es Rechtsetzungsinitiativen der Kommission fordert (Art. 148 GeschO EP, *Nicoll,* RMC 1988, S. 240 ff.).

bbb) **Anhörung:** Neben der seltenen (z. B. Art. 103 Abs. 2 = 99 Abs. 2 neu EGV) nachträglichen **Unterrichtung** des EP ist die Anhörung die schwächste Form der Mitwirkung. Sie gilt immer noch für wichtige Politikfelder (z. B. Art. 43 Abs. 2, 87 Abs. 1, 228 Abs. 3 = 37 Abs. 2, 83 Abs. 1 300 Abs. 3 neu EGV). Hat die Kommission ihren förmlichen Vorschlag vorgelegt (der meist i. V. m. Experten der Mitgliedstaaten ausgearbeitet wird), leitet sie ihn dem Rat zu, der dann das EP und gegebenenfalls den WSA und den AdR offiziell konsultiert. Obwohl diese **Anhörung des EP** im EGV und EAGV nur in dort ausdrücklich genannten Fällen obligatorisch ist (im EGKSV weithin überhaupt nicht), hat sich in der Praxis die **„fakultative" Anhörung des EP** bei allen wesentlichen Rechtsakten und Programmen gewohnheitsrechtlich eingebürgert. Die Kommission schlägt diese Anhörung seit einer „Selbstverpflichtung" v. 30.5.1973 regelmäßig vor und der Rat folgt dem meistens. Die Stellungnahme des EP (und gegebenenfalls des WSA) wird dem **Rat** zugeleitet, der erst nach ihrem Eingang **beschließen** kann. Der Rat beschließt über den Vorschlag der Kommission, von dem er nur einstimmig abweichen kann (Art. 189 a Abs. 1 = 250 Abs. 2 neu EGV). Bis zum Ratsbeschluß kann die Kommission jedoch ihren Vorschlag der im Sinne der Stellungnahme des EP (Art. 189 a Abs. 2 = 250 Abs. 2 neu EGV. Der Rat ist an die Stellungnahmen des EP und des WSA zwar nicht gebunden. Verändern Rat oder Kommission jedoch nach der Stellungnahme des EP den Beschlußtext wesentlich, ist vor der Verabschiedung eine neue Konsultation des EP erforderlich (EuGHE 1970 S. 661 ff. – RS 41/69 – „Chemifarma" st. Rspr.). – Außerdem haben sich Rat/Kommission/EP seit 1975 auf ein **„Konzertierungsverfahren"** verständigt, wenn der Rat bei Anhörungsverfahren von allgemeiner (bes. finanzieller) Tragweite von der Stellungnahme des EP abweichen möchte (ABl. 1975, C 89/1 ff. und Art. 63 GeschO EP, *Bieber,* ZG 1994, S. 311). Danach verpflichten sich die drei Institutionen, in einem gemeinsamen Gremium („Dreierausschuß") binnen 3 Monaten ihre Standpunkte anzunähern. Gelingt das, gibt das EP eine neue Stellungnahme über das Ergebnis des Dreierausschusses ab und der Rat beschließt dann endgültig. Der Rechtsakt wird **im Amtsblatt** verkündet. Das Konzertierungsverfahren hat die Verfahren der Zusammenarbeit und der Mitentscheidung wesentlich vorbereitet, die durch die EEA 1986 bzw. dem EUV 1992 eingeführt wurden. 267

ccc) **Zusammenarbeitsverfahren (Art. 189 c = 252 neu EGV):** Hier sind die Befugnisse des EP stärker als bei der Anhörung, aber schwächer als beim Mitentscheidungsverfahren des Art. 189 b = 251 neu EGV. Seit der Einführung der Mitentscheidung durch den EUV 1992 und ganz besonders seit dem Amsterdamer Vertrag 1997 **hat das Zusammenarbeitsverfahren stark an Bedeutung verloren.** Es gilt nur noch in seltenen Fällen, z. B. bei der Wirtschafts- und Währungspolitik (etwa Art. 103 Abs. 5 = 99 neu EGV). Im Zusammenarbeitsverfahren legt der Rat aufgrund des Kommissionsvorschlages und der EP-Stellungnahme einen „gemeinsamen Standpunkt" fest. Zu ihm kann sich das Parlament noch einmal äußern. In einem komplizierten Zusammenspiel (Art. 189 c, lit. b)– g) = 252 neu EGV) kann das EP selbst im Falle der Ablehnung des gemeinsamen Standpunktes **den Rechtsakt nicht verhindern,** wenn der Rat letztlich einstimmig zustimmt (näher *Bieber,* ZG 1994, S. 309 f.). 268

ddd) **Mitentscheidungsverfahren (Art. 189 b = 251 neu EGV):** Neben der Anhörung ist die „Kodezision" EP/Rat seit Maastricht und Amsterdam zum **wichtigsten Rechtsetzungsverfahren** geworden. Hier hat das EP ein **Vetorecht,** kann jedoch gegen den Willen des Rates nicht selbst Recht setzen. Das Mitentscheidungsverfahren kommt in weiten Bereichen des Binnenmarktes, aber auch bei vielen an- 269 deren EG-Zuständigkeiten zur Anwendung. Zu den bisherigen 15 Fällen im EGV kamen in Amsterdam 1997 23 weitere hinzu (Das EP als „Gewinner von Amsterdam"). Das Verfahren ist im neuen Art. 251 EGV gegenüber Art. 189 b a.F. im Kern gleich geblieben, aber straffer gefaßt worden. Es ist eine **Zweikammer-Gesetzgebung** (näher *v. Wogau,* FS Helmrich 1994, S. 459 ff. und *Nickel,* Integr. 1997, S. 220 ff.). Sind sich Rat und EP über den Vorschlag der Kommission nicht sogleich einig, legt der Rat einen gemeinsamen Standpunkt fest. Ergibt sich auch über ihn Dissens zwischen Rat und EP, wird ein aus Rats- und EP-Mitgliedern paritätisch besetzter **Vermittlungsausschuß** angerufen *(Foster,* ELRev 1994, S. 185 ff.). Kann dieser sich nicht einigen oder verwerfen Rat oder EP dessen gemeinsamen Entwurf, ist der Rechtsakt gescheitert (näher Art. 251 neu Abs. 2–7 EGV). Das **Gewicht des EP** bei der Rechtsetzung der Gemeinschaft ist durch die Kode-zision **bemerkenswert gesteigert worden.**

270 eee) **Zustimmung des EP:** Als **gleichberechtigter Partner des Rates** muß das EP bei einigen Beschlußfassungen des Rates von besonderer Tragweite mit einfacher oder qualifizierter Mehrheit zustimmen. Dies gilt insbesondere in den Außenbeziehungen beim Beitritt zur EU (Art. O = 49 neu EUV) sowie bei Assoziierungsabkommen und gewichtigen Kooperationsabkommen (Art. 228 Abs. 3 = 300 Abs. 3 neu EGV, unten Rz. 1715), aber auch z. B. Art. 105 Abs. 6, 130 d, 138 = 105 Abs. 6, 161, 190 neu EGV. Trotz gewisser Probleme *(Gosalbo,* YEL 1992, S. 85 ff.) handelt es sich hier um eine **wichtige Positionsstärkung des EP**, um die das Parlament seit den 60er Jahren gerungen hat.

271 fff) **Besondere Rechtsetzungsbefugnisse:** Aufgrund spezieller Vertragsregeln beim **Erlaß einiger besonderer Rechtsakte** über zusätzliche oder veränderte Befugnisse:

α) **Haushaltsrecht:** Es ist bezeichnend, daß sich die Rechte des EP, ähnlich wie früher diejenigen nationaler Parlamente, am raschesten bei der **Budgetgewalt** („Power of the purse") entwickelt haben *(Magiera,* FS Schlochauer 1981, S. 829 ff.). Anläßlich der Ersetzung der Finanzbeiträge der Mitgliedstaaten durch eigene Mittel der Gemeinschaften (Zölle, Abschöpfungen u. a.) 1970/75 wurde die Beschlußfasssung über den Haushaltsplan nach Art. 203 = 272 neu EGV (ähnlich Art. 177 EAGV, Art. 78 EGKSV) in dem Sinne einer **stärkeren Mitbeteiligung des EP** bei Haushaltsbeschlüssen geregelt. In dem sehr differenzierten Verfahren des Art. 203 = 272 neu (näher unten Rz. **848 ff.**, vgl. auch Art. 85 ff. GeschO EP i. V. m. Anlage IV) ist die Grundposition des EP diejenige **wesentlicher Mitsprache im Verhältnis zum Rat** im Rahmen einer **engen gegenseitigen Konzertierung.** Letztlich bleibt die Beschlußbefugnis des **Rates** vorläufig noch **stärker.** Jedoch wird durch verschiedene Beschlußtechniken dafür gesorgt, daß den Änderungsvorschlägen des EP erleichterte Durchsetzungsmöglichkeit gewährt wird. Während bei den **obligatorischen Ausgaben der EG** (bei weitem der größte Teil des Haushalts) die Vorhand des Rates deutlicher bleibt, hat das EP bei den **nicht-obligatorischen Ausgaben** innerhalb bestimmter Margen das letzte Wort. (EuGHE 1986, 2155 ff. – RS 34/86). Diese Ansätze eines Budgetrechtes sucht das Parlament über mancherlei interinstitutionelle Absprachen auszuhauen (Näher *Walder,* The budgetory procedure of the EEC, 1992). Auf der **Einnahmeseite** kann das EP auf die Höhe der sich außerhalb des Haushaltes bildenden Zoll- und Abschöpfungsmittel keinen Einfluß nehmen. Dagegen wird über den Gemeinschaftsanteil an der Mehrwertsteuer (unten Rz. 831) im Verfahren des Art. 203 = 272 neu EGV beschlossen. Ferner wird das EP bei **Gemeinschaftsanleihen** (unten Rz. **859 ff.**) konsultiert, allerdings nur, soweit diese über Art. 235 = 308 neu EGV grundsätzlich beschlossen werden.

272 β) **Sonstiges:** Bei der Vorbereitung der **Direktwahl** als einer „ureigenen" Parlamentsangelegenheit verfügt das EP ausnahmsweise über ein **Initiativrecht zur Vertragsergänzung** (Art. 138 Abs. 3 = 190 Abs. 3 neu EUV, inzwischen über Art. 13

Direktwahlakt 1976 fortentwickelt). Im allgemeinen Vertragsänderungsverfahren des Art. N = 48 neu EUV ist dagegen die Rolle des EP auf eine Konsultation über das „Ob" der Vertragsänderung beschränkt. 1995 hat das EP mit der Kommission einen **„Verhaltenskodex"** ausgehandelt. Hierin verpflichtet sich die Kommission insbesondere Änderungswünsche des EP zu ihren Vorschlägen „soweit irgend möglich" zu berücksichtigen und dem Rat vorzulegen.

cc) Kreations- und Kontrollrechte:

Ähnlich wie nationale Parlamente, wenn auch schwächer entwickelt, übt das EP im Sinne der beiden Leitgedanken **parlamentarischer Investitur** und **parlamentarischer Kontrolle** gegenüber den anderen EG-Organen Kreations- und Kontrollrechte aus. Auch in ihrem z. Zt. noch „unterentwickelten" Zustand sind diese Rechte von der Grundidee aus geboten, daß die Gemeinschaft wesentliche Handlungslegitimation unmittelbar aus dem Willen ihrer im EP repräsentierten Völker herleitet. 273

aaa) **Kreationsrechte:** Ein guter Teil des **„Demokratiedefizits"** des EP liegt in der Schwäche **parlamentarischer Einsetzungs(Wahl)rechte** gegenüber den „regierenden" und verwaltenden Instanzen der EG (Rat und Kommission). Das parlamentarische Prinzip bleibt mangels Einsetzung einer europäischen Regierung durch das EP entscheidend verkürzt. Die Ratsmitglieder erlangen ihre Funktion „automatisch" kraft nationalen Amtes ohne gemeinschaftsrechtliche Legitimierung. Die Kommission wird zwar von den Regierungen der Mitgliedstaaten ernannt. Sie suchte jedoch bereits seit längerem durch faktische Übung (Vorstellung der neuernannten Kommission beim EP, Einführungsdebatte) Anklänge an eine parlamentarische Investitur herzustellen. Seit dem Inkrafttreten des EUV 1992 und verstärkt über den Amsterdamer Vertrag 1997 hat das EP **wichtigen Einfluß auf die Besetzung der Europäischen Kommission** gewonnen. Die Benennung des neuen Kommissionspräsidenten, die von den Regierungen der MSen vorgenommen wird, bedarf nunmehr der **Zustimmung des EP**. (Art. 214 neu EGV geg. Art. 158 Abs. 2 a. F.). Die Benennung der übrigen Kommissionsmitglieder bedarf dann des **Einvernehmens** mit dem designierten Kommissionspräsidenten. Anschließend bedarf das Gesamtkollegium der neuen Europäischen Kommission eines **Zustimmungsvotums des EP**, bevor die abschließende Ernennung durch die Regierungen der MSen erfolgen kann (Art. 158 Abs. 2 = 214 Abs. 2 EGV). Da die Regierungen auf diese Weise für das Parlament akzeptable Personen als Kommissionsmitglieder präsentieren müssen, ist ein bedeutender Schritt zur Anerkennung des parlamentarischen Prinzips getan. Freilich liegen die wichtigsten „Regierungsbefugnisse in der Gemeinschaft nicht bei der Kommission, sondern beim Rat. Auch kann das EP nach Art. 158 Abs. 2 = 214 Abs. 2 neu EGV nur über die Gesamtkommission („Kollegium") abstimmen. Nach Art. 33 GeschO verlangt das EP allerdings vorher eine Einzelvorstellung der benannten Kommissionsmitglieder. Nach der ersten Erfahrung bei der Investitur der Kommission *Santer* 1995 ist das Verfahren als Beitrag zur Reduzierung des Demokratiedefizits der Gemeinschaft gewertet worden *(Maurer,* Integr. 1995, S. 88 ff.). 274

Das Parlament ist ferner vor der Ernennung der Mitglieder des **Rechnungshofes** und des **Direktoriums der Europäischen Zentralbank** anzuhören (Art. 188 b Abs. 3, 109 a Abs. 2 b) = 247 Abs. 3, 112 Abs. 2 neu EGV).

bbb) **Kontrollrechte: Kontrollbefugnisse** sind dem EP im Sinne einer klassischen parlamentarischen Funktion **nach Art. 137 ff. = 189 ff. neu EGV ausdrücklich zugesprochen.** Nach dem institutionellen System der EG ist primärer Adressat der Kontrolle die **Kommission,** sehr viel geringer der Rat. Angesichts der zentralen Entscheidungs- und Regierungsbefugnisse des Rates mag dies eine „falsche Orientierung" *(Constantinesco)* des Vertrages sein. Ihr liegt freilich der bewußte politische 275

Wille der Mitgliedstaaten zugrunde, in der grundsätzlichen Ausrichtung der Gemeinschaftspolitik bis auf weiteres das letzte Wort behalten zu wollen. Für die Fortentwicklung der EG bleibt entscheidend, inwieweit der (Europäische) Rat diese Suprematie auch gegenüber dem direkt gewählten EP zu behaupten vermag.

276 α) **Kontrolle gegenüber der Kommission:** Nach Art. 140 Abs. 3 = 197 neu EGV, Art. 40 ff. GeschO EP beantwortet die Kommission mündliche oder schriftliche **Anfragen aus dem EP** (im Anhang bzw. in Teil C des ABl. veröffentlicht jährlich über 5 000 Anfragen; *Schwed,* RMC 1970, S. 365 ff.). Ferner erörtert das EP den **jährlichen Gesamtbericht der Kommission** (Art. 143 auch 122 = 200, 145 neu EGV), inzwischen gewohnheitsrechtlich auch das laufende jährliche Tätig-keitsprogramm der Kommission. Seit 1973 eingeführte Fragestunden mit der Kommission (Art. 41 GeschO EP) und Einladungen der Parlamentsausschüsse an Kommissionsmitglieder zu bestimmten Fragekomplexen runden mittlerweile das Bild der **Interpellationsrechte des EP** ab. Mit ihnen korrespondiert das Recht der Kommission auf Zutritt und Rederecht in den Sitzungen des EP (Art. 140 Abs. 2 = 197 neu EGV). – Die Interpellation gegenüber der Kommission bis hin zu Resolutionen an sie wird seit langem lebhaft genutzt *(Palmieri,* RDE 1974, S. 133 ff.). Dabei erweist sich die Kommission regelmäßig als sehr kooperativ zum EP, das seinerseits die Kommission als natürlichen Verbündeten im gemeinsamen Streben gegenüber dem Rat um Kompetenzerweiterungen meist behutsam anfaßt. So entsteht öfters eine „schiefe Schlachtordnung" EP/Kommission – (Europäischer) Rat.

„Fundament der Kontrollrechte" des EP *(Bieber)* ist das **Mißtrauensvotum des EP** an die Adresse der **Kommission,** die bei einer Annahme mit 2/3 der Parlamentsmitglieder zurücktreten muß (Art. 144 = 201 neu EGV, Art. 34 GeschO EP) – *(Bieber,* NJW 1973, S. 405 ff.). Dieses bisher nur selten und erfolglos praktizierte Instrument parlamentarischer Sanktion muß wenig effektiv bleiben, solange die Neuernennung auch nach einem Kommissionssturz das Recht der nationalen Regierungen bleibt. Vor allem bietet i. d. R. nicht die vorbereitende Tätigkeit der Kommission sondern die Entscheidungsgewalt des Rates den Gegenstand parlamentarischen Mißtrauens. Der Rat kann jedoch nicht vom EP „gestürzt" werden. Art. 144 = 201 neu EGV ist so gesehen tatsächlich **„falsch orientiert".**

Ein weiteres Kontrollrecht des EP gegenüber der Kommission ist die **Entlastung in der Ausführung des Haushaltsplanes** (Art 206 = 276 neu EGV, Art. 86 GeschO EP). Es hat seit 1977 durch die Errichtung des insoweit unterstützenden EG-Rechnungshofes (unten Rz. 389 ff.) an Effektivität gewonnen. Gelegentlich verbindet das Parlament die Ablehnung der Entlastung mit einer „Rücktrittserwartung" (unten Rz. 852)

277 β) **Kontrolle gegenüber dem Rat:** Während die Verträge ausdrücklich Ansätze einer Parlamentskontrolle über die Kommission vorsehen, **fehlen analoge Vorkehrungen** im **Verhältnis zum Rat.** Das mochte solange angehen, als in der „praeföderalen" Sicht der Vertragsväter die Kommission als Nukleus der künftigen europäischen Regierung war, neben welcher der Rat allmählich in den Hintergrund einer 2. Kammer zurücktreten sollte. Seitdem der Rat auf nicht absehbare Zeit zum eigentlichen Entscheidungszentrum und spätestens seit 1974 (Gründung des Europäischen Rates) auch zum (Mit)inspirator der großen Linien der Gemeinschaftspolitik geworden ist, bedeutet Demokratisierung der EG immer stärker die Herstellung einer Balance zwischen direkt gewähltem EP und (Europäischem) Rat *(Oppermann/Kilian,* EuR 1981, S. 389 ff.). Hierbei kann auf konsentierte, z. T. bereits **gewohnheitsrechtliche Ansätze parlamentarischer Kontrollrechte im Verhältnis zum Rat** zurückgegriffen werden, die sich seit den 60er Jahren entwickelt haben. Sie sind freilich **erheblich geringer und rechtlich fragiler** als gegenüber der Kommission *(Pasetti-Bombardella,* RDE 1987, S. 67 ff.)

Interpellationsrechte des EP gegenüber dem **Rat** sehen die Verträge nicht ausdrücklich vor. Sie betonen umgekehrt das Rederecht des Rates im EP (Art. 140 Abs. 4= 197 Abs. 4 neu EGV i. V. m. Art. 37 GeschO EP). In einer seit 1958 anhebenden, vor allem durch einen „Ratsvermerk" v. 16.10.1973 institutionalisierten Praxis hat sich jedoch der Rat zur **Beantwortung parlamentarischer Anfragen** verpflichtet (Art. 40 ff. GeschO EP).

γ) Seit dem EUV 1992/97 ist die Mitwirkung des EP in der **Gemeinsamen Außen- und Sicherheitspolitik (GASP)** verstärkt worden (vorher Art. 30 EEA). Das Parlament wird hier vom Ratsvorsitz regelmäßig unterrichtet und angehört. Es kann Anfragen oder Empfehlungen an den Rat richten. Einmal jährlich findet eine Aussprache über die GASP statt (Art. J. 7 = 21 neu EUV). Die gleichen Mitwirkungsmöglichkeiten hat das EP in der **Zusammenarbeit in den Bereichen Justiz und Inneres (polizeilich-justitielle Zusammenarbeit)** nach Art. K. 6 = 39 neu EUV.

Auch im **Rechtsetzungsverfahren** (oben Rz. 265) hat sich der Rat seit 1970/73 im Wege der Selbstverpflichtung zur regelmäßigen Berichterstattung über die Behandlung der Stellungnahmen des EP bereiterklärt. Zwar sind die verschiedenen Entgegenkommen des Rates gegenüber dem EP nicht in einem streng juristischen Sinne festgeschrieben. Mit zeitlicher Verfestigung dieser Praxis und insbesondere der stillschweigenden Billigung der entsprechenden Geschäftsordnungsregelungen des EP ist jedoch eine zunehmende **gewohnheitsrechtliche Konsolidierung** dieser Praxis eingetreten. – Mangels eines effektiven Mißtrauensvotums müssen die Kontrollrechte des EP gegenüber dem Rat freilich entscheidend **begrenzt** bleiben.

δ) **Klagerechte beim Gerichtshof:** Als äußerstes Mittel der Kontrolle gegenüber 278
Kommission und Rat steht dem EP seit 1993 gemäß Art. 173 Abs. 3 = 230 Abs. 3 neu EGV (vorher schon richterrechtlich: EuGHE 1990, I–2041 ff. RS C–70/88; *Hilf*, EuR 1990, S. 273 ff.) die **Nichtigkeitsklage** beim EuGH zur Verfügung, soweit es um die Wahrung seiner eigenen Rechte geht. Ferner kann das EP nach Art. 175 = 232 neu EGV **Untätigkeitsfeststellungsklage** beim EuGH dahingehend erheben, daß Kommission oder Rat es unter Verletzung des Vertrages unterlassen haben, einen Beschluß zu fassen. Der Nachweis einer solchen Situation ist in der Gemeinschaftspraxis freilich sehr schwierig. Immerhin hat der EuGH 1985 einer Untätigkeitsklage des EP wegen bestimmter Aspekte der Verkehrspolitik stattgegeben (EuGH 1985, 1513 ff. – RS 13/83 und *Erdmenger*, EuR 1985, S. 375 ff. – Vgl. auch unten Rz. 1428).

c) Die Stellung des Parlaments unter den Organen der Gemeinschaft und gegenüber den nationalen Parlamenten

Insgesamt bleibt auch das direkt gewählte EP nach seinen Aufgaben und 279
Befugnissen vorläufig noch erheblich von der Rolle entfernt, die der Volksvertretung unter staatlichen parlamentarischen Verfassungen zusteht. Das EP spiegelt für seinen Teil den Zustand einer Gemeinschaft, die sich auf dem Wege befindet (unten Rz. 919 ff.).

Die innere Entwicklung des europäischen Parlamentsrechtes seit 1979 läßt erkennen, daß das EP weiter um seinen politischen Rang ringen wird. Wie dieser aussehen kann, hängt von der Finalität der EU insgesamt ab. Wenn die Union sich endgültig zur fest integrierten Staatengemeinschaft („Staatenverbund"), aber nicht bis zum Europäischen Bundesstaat entwikkelt (unten Rz. 914 ff.), ergeben sich **Grenzen für die Ausweitung der Be-**

fugnisse des EP. Die demokratische Legitimation der Union würde doppelt über die Beteiligung der nationalen Parlamente an der Tätigkeit der Union und über die Ausübung der Befugnisse des Europäischen Parlaments erfolgen (in dieser Richtung die Erklärungen der Maastrichter und Amsterdamer Konferenz 1992/97 zur Rolle der einzelstaatlichen Parlamente in der EU und auch BVerfGE 89, 155 ff., „Maastricht"). Dies ergäbe unter den Gemeinschaftsorganen eine **„demokratische Balance" zwischen dem (Europäischen) Rat und dem Parlament,** mit der Kommission als einem eigenständigen Vermittlungsorgan. Die Befugnisse vor allem in der europäischen Rechtsetzung wären entsprechend gleichgewichtig auszugestalten. Vor allem das Fehlen eines europäischen Staatsvolkes spricht dafür, daß die Verfassungsentwicklung der EU diesen pragmatischen Weg geht.

2. Rat der Europäischen Union (Mit Europäischem Rat und Organisation der Gemeinsamen Außen- und Sicherheitspolitik GASP) und der Polizeilich-Justitiellen Zusammenarbeit (PJZ)

Literatur: Zusammenstellung der umfangreichen Literatur zum Rat der EU bei *Schweitzer,* in: Grabitz/Hilf (Hrsg.), EUV/EGV-Komm. (1995), vor Art. 145 EGV.

Kaiser, Die im Rat vereinigten Vertreter der Regierungen der Mitgliedstaaten, FS Ophüls, 1965, S. 107 ff.; *Rummel/Wessels,* Die Europäische Politische Zusammenarbeit, 1979; *Lahr,* Die Legende vom „Luxemburger Kompromiß", EA 1983, S. 223 ff.; *Streinz,* Die Luxemburger Vereinbarung, 1984; *Nuallein* (Hrsg.), The Presidency of the European Council of Ministers, 1985; *Bulmer/Wessels,* The European Council, 1987; *Oppermann,* Europäischer Rat und EPZ nach der Einheitlichen Europäischen Akte, FS Pescatore, 1987, S. 537 ff.; *Heintzen,* Die Frage der Grundrechtsbindung der deutschen Mitglieder des Ministerrats, Staat 1992, S. 367 ff.; *Akmann,* Justiz und Inneres als „3. Säule" des Maastrichter Unionsvertrages, JA 1994, S. 33 ff.; *Egger,* Das Generalsekretariat des Rates der EU, 1994; *Dashwood,* The Role of the Council of the EU, FS Schermers, II, 1994, S. 117 ff.; *Glaesner,* Der Europäische Rat, EuR 1994, S. 22 ff.; *Burghardt/Tebbe,* Die GASP der EU, EuR 1995, S. 1 ff.; *v. Butlar/Gutermuth,* Der 3. Pfeiler der EU, Integr. 1995, S. 172 ff.; *Goetz,* Mehrheitsbeschlüsse des Rats der EU, FS Everling, 1995, S. 339 ff.; *Poensgen,* Das Paradox von Ioannina, FS Everling, 1995, S. 1133 ff.; *Mentler,* Der Ausschuß der Ständigen Vertreter bei den EGen, 1996; *Pini,* Der Ministerrat der EU, 1996; *Regelsberger/Wessels,* The CFSP Institutions and Procedures, EFARev 1996, S. 29 ff.; *Seidl-Hohenveldern,* National Mandatory Orders for Voting in the EU/EC Council, Legal Issues of Europ. Integr. 1996, S. 71 ff.; *Konow,* Die Beschlußfassung des Rates und die Erweiterung der EGen, ZRP 1997, S. 323 ff.

280 Gemäß Art. 145 ff. = 202 ff. neu EGV (= Art. 115 ff. EAGV, etwas schwächer Art. 26 ff. EGKSV) i. V. m. Art. 1 ff. des Vertrages zur Einsetzung eines gemeinsamen Rates und einer gemeinsamen Kommission der EGen v. 8. 4. 1965 (BGBl. II, 1965, S. 1454 = Sart II, Ziff. 220a) sind die gesetzgebende Gewalt, aber auch wichtige Regierungs- und Verwaltungsbefugnisse der EGen seit dem 1. 7. 1967 wesentlich im **Rat der Europäischen Union** (so die Bezeichnung seit 1993) vereinigt. Seit den 70er Jahren wurde der Rat um den **Europäischen Rat der Staats- und Regierungschefs** erweitert (Art. D = 4 neu EUV). Er ist das „Superorgan" der gesamten Union einschließlich der Gemeinsamen Außen- und Sicherheitspolitik (GASP) und der Polizeilich-Justitiellen Zusammenarbeit (PJZ). In der Gemeinschaftswirklichkeit ist der Rat das **wichtigste EU-Organ.**

Gemäß der Regelung der Sitzfrage 1992 (oben Rz. 23) ist der Rat mit dem Aus- **281**
schuß der Ständigen Vertreter und seinem Generalsekretariat in **Brüssel** ansässig (insgesamt ca. 2500 Bedienstete). 3 Monate im Jahr tagt er in Luxemburg (Zum „Wandern" des Europäischen Rates, unten Rz. 299).

a) Organisation des Rates

Der Rat ist ein **Gemeinschaftsorgan,** in welches jede Regierung der **282**
Mitgliedstaaten einen handlungsbefugten Vertreter entsendet (Art. 146 Abs. 1 = 203 Abs. 1 neu EGV). Dies sind in großzügigem Verständnis des nationalen Verfassungsrechts für Deutschland Bundesminister, Parlamentarische Staatssekretäre (Staatsminister), beamtete Staatssekretäre, aber auch bevollmächtigte Landesminister (Art. 23 Abs. 6 GG). Die Ständigen Vertreter der Mitgliedstaaten bei der EG können ihr Regierungsmitglied vertreten aber nicht abstimmen (Möglichkeit der Stimmrechtsübertragung nach Art. 150 = 206 neu EGV, Art. 7 Abs. 3 GeschO Rat v. 7. 12. 1993, ABl. L 304/1 = Sart. II, Ziff. 237).

In die jeweilige Ratssitzung wird i. d. R. der zuständige **Fachminister** (Außen-, Finanz-, Wirtschafts-, Agrarminister usf.) entsandt. Es gibt auch Tagungen unter Beteiligung mehrerer Ressorts. Nach den Regierungschefs im Europäischen Rat fällt den **Außenministern** eine besondere „impulsgebende und koordinierende Rolle zu (Pariser Schlußerklärung 1974). Insgesamt ergibt sich so eine große Anzahl von Ratstagungen (70–80 jährlich, teilweise mehrtägig). – Die Ratstagungen sind grundsätzlich nichtöffentlich.

aa) Präsidentschaft

Der **Vorsitz im Rat** und seinen nachgeordneten Gremien (unten Rz. 285) **283**
wechselt halbjährlich gemäß einer vom Rat beschlossenen Reihenfolge (Art. 146 Abs. 2 = 203 Abs. 2 neu EGV i. V. m. ABl. 1995, L 1/220: ab 1. 1. 1995 F, SP, I, IRL, NL, Lux, UK, Ö, D, SF, P, F, S, B, SP, DK, GR). Neuerdings arbeitet die jeweilige Präsidialmacht mit ihrer Vorgängerin und Nachfolgerin eng zusammen („Troika", vgl. auch Art. J.5 Abs. 3 = 18 Abs. 4 neu EUV). Dem **Ratspräsidenten** obliegt die Einberufung, Vorbereitung und Leitung der Sitzungen (Art. 147 = 204 neu EGV, Art. 1 ff. GeschO). Er ist aber auch der Repräsentant des Rates und damit vielfältig der Union nach außen (Zeichnung der Rechtsakte, Verkehr mit dem EP, häufig Vertretung der EG/EU gegenüber Drittländern u. a., vgl. Art. 11 ff. GeschO und unten Rz. 1691 ff.). In der Gemeinschaftspraxis kommt dem Ratspräsidenten noch vor den Präsidenten des EP und der Kommission öfters die **Funktion des ersten Repräsentanten der EG/EU** zu *(Vornbäumen,* Die Präsidentschaft im Ministerrat der EG als Führungsinstrument, 1985). Die Präsidentschaft ist unparteiisch im Sinne der Willensbildung im Rat auszuüben.

bb) Der Rat als Gemeinschaftsorgan

284 Der Rat ist **Gemeinschaftsorgan.** Alle Mitgliedstaaten sind verpflichtet, ihn funktionsfähig zu halten (Art. 5 = 10 neu EGV). Dem widersprach eine „Politik des leeren Stuhls" im Rat, wie z. B. Frankreich in der EWG-Krise 1965. Andererseits sind im Rat die **nationalen Interessen** zum Ausgleich zu bringen. Die Ratsmitglieder unterliegen nach mitgliedstaatlichem Verfassungsrecht den Weisungen ihrer Regierungen. Da der Rat Gemeinschaftseinrichtung ist, sind jedoch hiervon abweichende Stimmabgaben rechtsgültig, wenn sie ohne Vorbehalt abgegeben werden. Nachdem die Rechtsetzungstätigkeit des Rates immer mehr zugenommen hat, stellt sich die Frage der **demokratischen Legitimation** seiner Entscheidungen stärker als früher. Da die Kontrolle des Rates durch das EP bisher begrenzt geblieben ist (oben Rz. 277), muß diese Legitimation im wesentlichen durch eine hinreichende **Rückbindung der Ratsvertreter an die nationalen Parlamente** erfolgen (BVerfGE 89, 155 ff., „Maastricht"; *Heintzen,* Staat 1992, S. 367 ff.). In Deutschland wirken demgemäß in EU-Angelegenheiten Bundestag und durch den Bundesrat die Länder mit (Art. 23 Abs. 2, 3 GG i. V. m. dem G über die Zusammenarbeit BReg/BT v. 12. 03. 1993, BGBl. I S. 311 = Sart I, Ziff. 96 und – insgesamt – *Rojahn,* in: v. Münch/Kunig (Hrsg.), GG-Komm., 3. Aufl. 1995, Art. 23). Insbesondere sind die Beteiligungsrechte der Länder eingehend geregelt worden, wenn innerstaatliche Länderzu-ständigkeiten berührt werden (Art. 23 Abs. 2, 4–6 GG i. V. m. dem Gesetz über die Zusammenarbeit BReg/BRat v. 12. 3. 1993, BGBl. I, S. 313 = Sart. I, Ziff. 97). Die Bundesregierung hat eine umfassende **Unterrichtungspflicht** gegenüber BT und BRat. Stellungnahmen des BT muß sie bei den Verhandlungen **berücksichtigen,** diejenigen des Bundesrates in bestimmten Fällen sogar **„maßgeblich berücksichtigen"** und die Verhandlungsführung im Rat einem Ländervertreter übertragen. Andererseits muß bei alledem die **gesamtstaatliche Verantwortung des Bundes** gewahrt werden. In diesen Formelkompromissen spiegelt sich die Spannungslage, daß der deutsche Vertreter im Rat sowohl seiner gemeinschaftsrechtlichen Verantwortung (Art. 5 = 10 neu EGV) als auch seinen verfassungsrechtlichen Verpflichtungen gerecht werden soll. Im Konfliktfalle ist die deutsche Stimmabgabe im Rat gemäß dem Vorrang des Gemeinschaftsrechts grundsätzlich rechtsgültig. Sollte darin ein verfassungswidriges Verhalten liegen, bedarf es des Versuches eines anschließenden gütlichen Ausgleiches im Geiste der gegenseitigen Gemeinschaftstreue (vgl. hierzu BVerfGE 92, 203 ff. – „Fernsehrichtlinie", und *Everling,* DVBl. 1993, S. 936 ff.). Auch in anderen MSen (z. B. Dänemark, England) gibt es Verfahren zur parlamentarischen Rückbindung der Ratsvertreter.

cc) Die im Rat vereinigten Vertreter der Mitgliedstaaten

285 Im weiteren Sinne gehören auch die **„im Rat vereinigten Vertreter der Mitgliedstaaten"** zur Gemeinschafts(rats)struktur (*Kaiser,* FS Ophüls, 1965, S. 197 ff.). Dies sind Beschlußfassungen, bei denen die Ratsmitglieder nicht organschaftlich,

sondern als Konferenz von Staatenvertretern (mit „anderem Hut") handeln. Diese **„uneigentlichen Ratsbeschlüsse"** sind z. T. in den Verträgen vorgesehen (z. B. Ernennung der Kommissionsmitglieder und Richter des EuGH durch die Regierungen nach Art. 158 Abs. 2, 167 Abs. 1 = 214 Abs. 2, 223 Abs. 1 neu EGV) Es gibt aber auch über die Verträge hinausführende, EG-relevante Beschlüsse, Entschließungen und sonstige Willensbildungen „im Rat" (z. B. Beschlüsse zur Beschleunigung der Zollunion in den 60er Jahren Dagegen sind die nichtjustiziablen (Art. L = 46 neu EUV) Ratsbeschlüsse der GASP verbindliches Gemeinschaftsrecht (unten Rz. 1689). Soweit Rechtsbindungen gewollt sind, sind solche Beschlüsse der „Vereinigten" **im Kern völkervertragsrechtlicher Natur.** Es stellt sich daher jeweils die Frage der Ratifikationsbedürftigkeit nach nationalem Recht. Da es sich um Willensbildung „im Dunstkreis" des Gemeinschaftsrechtes handelt, die z. T. von diesem selbst verlangt wird, und außerdem „in" einem Gemeinschaftsorgan beschlossen wird, muß im Zweifel bei der Annahme der Bindungsmöglichkeit „im Rat" großzügig geurteilt werden. So sind die Beschlüsse der „Vereinigten" zwar nicht „Recht" im Sinne Art. 164 = 220 neu EGV, aber z. B. Bestandteil des „Acquis communautaire" bei Beitritten (unten Rz. 1847).

dd) Beschlußfassung

Bei der **Beschlußfassung des Rates** geht Art. 148 Abs. 1 = 205 Abs. 1 neu EGV (Art. 118 Abs. 1 EAGV, Art. 28 EGKSV) grundsätzlich von der Möglichkeit des Beschlusses mit einfacher Mehrheit der Mitglieder aus. 286

Bei **einfacher Mehrheit** hat jedes Ratsmitglied eine Stimme. Mangels Festlegung eines Quorums im Vertrag oder in der GeschO können rechtlich 8 (von 15) anwesenden Mitgliedern einen gültigen Mehrheitsbeschluß fassen, falls die übrigen ordnungsgemäß informiert waren. Besonderheiten enthält Art. 28 EGKSV.

Tatsächlich sehen die Verträge in der großen Mehrzahl qualifiziert-mehrheitliche oder einstimmige Beschlüsse vor. In seiner „vorbundesstaatlichen" Tendenz bleibt der in Art. 148 Abs. 1 = 205 Abs. 1 neu EGV enthaltene Grundsatz der einfachen Mehrheitsentscheidung dennoch eine wichtige Absage der Verträge an den Geist eines rein völkerrechtlich geprägten Staatengleichheitsdenkens.

Beschlüsse mit **qualifizierter Mehrheit** (Art. 148 Abs. 2 = 205 Abs. 2 neu EGV, 118 Abs. 2 EAGV) sind in den Verträgen seit 1966 und verstärkt gemäß den Reformen der EEA 1986 und des EUV 1992/97 vorgesehen (z. B. Agrar- und Handelspolitik sowie Rechtsangleichung im Binnenmarkt). Hier wird der Vertragswille zur Schaffung verfassungsähnlicher Binnenstrukturen deutlich. In der Gemeinschaftspraxis hat sich die Mehrheitsentscheidung trotz der „Luxemburger Vereinbarung" von 1966 (unten Rz. 289) vor allem seit Anfang der 80er Jahre **weithin durchgesetzt** (Näher *Götz,* FS Everling, 1995, S. 339 ff.). Eine 15er-Gemeinschaft kann ohne sie nicht mehr leben. Auch große MSen wie Deutschland sind nicht selten überstimmt worden (z. B. Bananenmarktordnung 1993). 287

Bei **qualifizierter Mehrheit** werden die Stimmen der 15 MSen (insgesamt 87) gewogen. Die vier „Großen" (D, F, I, UK) verfügen über je 10, das „beinahe große" SP über 8, vier „Mittlere" (B, GR, NL und P) über je 5, Ö und S über je 4, DK, IRL und SF über je 3 und LUX über 2 Stimmen. Für den Mehrheitsbeschluß reichen an sich 62 Stimmen. Nach dem **„Beschluß von Ioannina"** v. 29. 3. 1994 288

(ABl. C 105/1 i. V. m. ABl. 1995, C 1/1, zu ihm *Poensgen,* FS Everling 1995, S. 1133 ff.) einigte sich der Rat politisch, möglichst Beschlüsse mit mindestens 65 Stimmen anzustreben. Damit sollte auf englischen und spanischen Wunsch die frühere nördliche bzw. Mittelmeerische Sperrminorität erhalten bleiben. – Ein qualifizierter Mehrheitsbeschluß muß, wenn ohne Vorschlag der Kommission beschlossen wird, die Zustimmung von mindestens 10 MSen umfassen. So soll eine Ma-jorisierung der Gemeinschaft durch die großen Mitglieder vermieden werden, indem entweder das Vorschlagsrecht der Kommission oder Stimmpositionen kleinerer MSen als moderierendes Element eingebaut sind.

289 In der **Luxemburger Vereinbarung** v. 29. 1. 1966 (Text EuR 1966, S. 73; *Streinz,* Die Luxemburger Vereinbarung, 1984) hatten sich die Außenminister auf Drängen Frankreichs verständigt, bei Mehrheitsbeschlüssen auf Vorschlag der Kommission, die **„sehr wichtige Interessen" der Mitglieder** berührten, „innerhalb eines angemessenen Zeitraumes" sich zu bemühen, zu **einstimmigen Beschlüssen zu kommen.** Obwohl juristisch nur eine freiwillige Selbstbeschränkung, verhinderte dieses „Vetorecht" bis Anfang der 80er Jahre in der Gemeinschaftspraxis weithin die Mehrheitsentscheidung. Anschließend kamen jedoch die Ratsmitglieder mehr und mehr von der Luxemburger Vereinbarung ab und gingen oft zu Mehrheitsbeschlüssen über *(Götz,* a. a. O.). In bestimmten Fällen gehört jedoch die politische Vetodrohung wegen Berührung vitaler nationaler Interessen weiter zur Gemeinschaftspraxis (z. B. seitens Frankreichs 1992/93 beim Abschluß der GATT-Uruguayrunde).

290 **Einstimmige Beschlußfassung** ist in den Verträgen bei wichtigen Angelegenheiten oft vorgesehen (vgl. etwa Änderungen von Kommissionsvorschlägen gemäß Art. 189a = 250 neu EGV oder die Steuerharmonisierung und Art. 99 = 93 neu EGV. Einstimmigkeit bedeutet grundsätzlich die Zustimmung aller Mitglieder, wobei jedoch erleichternd nach Art. 148 Abs. 3 = 205 Abs. 3 neu EGV die Stimmenthaltung anwesender oder vertretener Mitglieder der Beschlußfassung nicht entgegensteht. – Beschlüsse der „im Rat vereinigten Vertreter der Mitgliedstaaten" (oben Rz. 285) bedürfen nach völkerrechtlichen Grundsätzen der Zustimmung aller Mitgliedstaaten.

291 Technische Erleichterungen für die Beschlußfassung im Rat bietet die Abstimmung im **schriftlichen Verfahren,** die Art. 8 GeschO in dringenden Angelegenheiten zuläßt. Eine praktische Arbeitserleichterung bedeutet ferner die summarische Verabschiedung der sog. **„A-Punkte"** (= unstrittiger entscheidungsreifer Beschlußvorlagen) bei Ratstagungen vor Eintritt in die eigentliche Tagesordnung (Art. 2 Abs. 6, 7 GeschO).

ee) Arbeitsweise des Rates

292 Für die **Arbeitsweise im Rat** ist die Geschäftsordnung v. 6. 12. 1993 (ABl. L 304/1 = Sart II, Ziff. 237) maßgebend, die gemäß Art. 151 Abs. 3 = 207 Abs. 3 neu EGV erlassen wurde. Sie regelt im einzelnen den prozeduralen Ablauf der Ratstagungen, aber auch gewisse Förmlichkeiten bei Erlaß der Rechtsakte und die Aufgaben des Ausschusses der Ständigen Vertreter der Mitgliedstaaten und des Generalsekretariats des Rates (unten Rz. 295). Ferner regelt die GeschO in Ausführung des Rechtes der Unionsbürger auf **Zugang zu Dokumenten des Rates** (Art. 255 neu EGV) die Möglichkeiten und Grenzen dieses Zuganges (Art. 207 Abs. 3 neu EGV).

Die **Kommission** ist nach Art. 4 Abs. 2 GeschO zur Teilnahme an den Ratstagungen eingeladen. Dies entspricht der allgemeinen Kooperationsverpflichtung zwischen Rat und Kommission nach Art. 162 Abs. 1 = 218 Abs. 2 neu AGV. Der Rat kann aber auch in Abwesenheit der Kommission beraten. 293

Im Verhältnis zum **Europäischen Parlament** wird der Rat nach Art. 25 GeschO durch seinen Präsidenten (oder andere Mitglieder) vertreten (Zu der grundlegenden institutionellen Balance Rat/EP oben Rz. 277).

Praktisch bedeutsam ist die **Sprachenregelung** des Art. 10 GeschO, die eine Beschlußfassung des Rates auf der Grundlage von Schriftstücken in jeweils allen Amtssprachen der EG (oben Rz. 179) sicherstellen will. Im „Sprachenbabylon" der Gemeinschaft ist das nicht immer voll durchführbar.

In der Gemeinschaftswirklichkeit hat sich der Rat mit den Ständigen Vertretern und dem Generalsekretariat im Laufe der Zeit zu einem vielgliedrigen, in seiner raschen Tagungsfrequenz in immer wieder anderer Zusammensetzung schwer überschaubaren **Führungsorgan der EG** entwickelt. Die **Schwerfälligkeit des Entscheidungsprozesses** wird oft beklagt, aber ohne den Rat geht in der Gemeinschaft nichts. Über die klassische internationale Staatenkonferenz weit hinausgehend, hat sich zwischen den EU-Regierungschefs, Außen-, Wirtschafts-, Finanz-, Agrar-, Arbeits-, Verkehrs-, Forschungs-, Justizministern usf. und ihren sie ständig nach Brüssel begleitenden nationalen Beamten eine Intimität der täglichen Begegnung und Zusammenarbeit entwickelt, die ihrerseits ein **wichtiges Stück gouvernementales Europa** im Sinne einer „parastaatlichen Superstruktur" (unten Rz. 922) darstellt. Zugleich charakterisiert sich die Europapolitik im Rat durch eine Fülle wechselnder, aber auch z. T. festerer Konstellationen und Koalitionen unter den Mitgliedstaaten (z. B. die nicht seltene deutsch-französische Kooperation, der besondere Zusammenhalt der Beneluxstaaten oder der Mittelmeerländer u. ä.). Auch in diesem tatsächlichen Sinne ist der Rat ein echtes Gemeinschaftsorgan. 294

ff) Der Ausschuß der Ständigen Vertreter

Der **Ausschuß der Ständigen Vertreter der Mitgliedstaaten** (AStV – Art. 151 Abs. 1 = 207 Abs. 1 neu EGV, Art. 19 f. GeschO Rat) bereitet die Arbeiten des Rates vor und führt ihm vom Rat übertragene Aufträge aus *(Mentler,* ZfRV 1991, S. 401 ff.). Der AStV kann gemäß der GeschO Verfahrensbeschlüsse fassen. Er ist Teil der Ratsorganisation. In der Gemeinschaftspraxis kommt diesem „kleinen Ministerrat" *(Bleckmann),* der von den EG-Botschaften der Mitgliedstaaten geleitet wird, infolge seiner ständigen Präsenz in Brüssel, seines hohen fachlichen Standards und weil sich in ihm die offizielle Haltung der Mitgliedstaaten verkörpert, eine erstrangige Bedeutung bei der Bildung des Gemeinschaftswillens zu *(Zwaan,* The Permanent Representatives Committee, 1996). 295

Der Ausschuß gliedert sich in das **Botschafterkollegium** (Grundsatzfragen, auch Vorbereitung des Europäischen Rates), den Ausschuß der **Stellvertreter** (sonstige Bereiche) und den **Sonderausschuß Landwirtschaft.** Die Arbeit der Ständigen Vertreter wird ihrerseits in einer Fülle von (ca. 100) Arbeitsgruppen und Untergruppen vorbereitet, die i. d. R. von nationalen Beamten der Mitgliedstaaten beschickt werden (Art. 19 Abs. 2 GeschO). Die Kommission nimmt auf allen Ebenen an den Arbeiten des Ausschusses teil.

Die Ständigen Vertreter arbeiten nach **Weisungen ihrer Mitgliedstaaten.** Hieraus ergibt sich die Notwendigkeit einer laufenden **europapolitischen Koordinierung** in den Hauptstädten. In Bonn ist damit seit 1958 das Bundeswirtschaftsministerium (Europaabteilung) für die mehr fachlichen Fragen betraut, für die politischen Entscheidungen der vom Staatsminister für Europafragen im AA geleitete Staatssekretärausschuß für Europafragen.

296 Die Ständigen Vertreter suchen über einen möglichst großen Teil der für den Rat anstehenden Entscheidungen (oftmals Vorschläge der Kommission) bereits unter sich Konsens zu erzielen. Soweit das gelingt, wird die Angelegenheit vom Rat im formalen „A-Punkt-Verfahren" (oben Rz. 291) verabschiedet. Auch die übrigen Entscheidungen werden so weit als möglich für den Rat aufbereitet. In dem sehr großen Arbeitsvolumen des Ausschusses mischt sich das fachliche, diplomatische und politische Element. Rechtlich sind die Ständigen Vertreter auf die Vorbereitungs- und Ausführungsfunktion im Verhältnis zum Rat beschränkt. **Der Rat kann (mit Ausnahme von Verfahrensbeschlüssen) keine Zuständigkeiten auf den Ausschuß delegieren (arg. Art. 151 Abs. 1 = 207 Abs. 1 neu EGV).** Auch so kann die europapolitische Bedeutung der Ständigen Vertreter als „Gehilfe, Auge und Ohr der Regierungen" *(Emile Noël)* kaum überschätzt werden.

gg) Generalsekretariat

297 Das **Generalsekretariat des Rates** (Art. 151 Abs. 2 = 207 Abs. 2 neu EGV, Art. 21 GeschO) unterstützt den Rat einschließlich der Ständigen Vertreter **im verwaltungsmäßigen Sinne** (Vorbereitung der Sitzungen, Protokollführung, Dolmetscherdienste, Veröffentlichung der Ratsbeschlüsse, aber auch Rechtsberatung des Rates, Abfassung der Ratsberichte an das EP, Aufstellung und Verwaltung des Ratshaushaltes *(Egger,* Das Generalsekretariat des Rates der EU, 1994). Das Generalsekretariat hat so eine dienendneutrale Funktion gegenüber dem Rat. Von der Qualität seiner Vorbereitungstätigkeit hängt aber auch die Arbeits- und Kompromißfähigkeit des Rates mit ab. Angesichts der immensen Sitzungstätigkeit der vielen „(Fach)Ministerräte" und der unzähligen Ratsausschüsse ergibt sich beim Generalsekretariat ein sehr großer Geschäftsanfall. (Zum Ausschußverfahren unten Rz. 346 ff.).

Das Generalsekretariat (Sitz Brüssel) gliedert sich in Generaldirektionen und einen Juristischen Dienst mit über 2300 Bediensteten. Das frühere EPZ-Sekretariat ist eingegliedert (unten Rz. 305). An der Spitze steht der **Generalsekretär,** der gleichzeitig die Aufgabe eines **„Hohen Vertreters für die GASP"** wahrnimmt (Art. 18 Abs. 3, 26 neu EUV). Für die organisatorische Leitung steht ihm ein Stellvertreter zur Seite. Beide werden vom Rat einstimmig benannt (Art. 207 Abs. 2 neu EGV). Sie sorgen unter Aufsicht des Rates für das reibungslose Arbeiten des Generalsekretariates (Art. 21 Abs. 2 GeschO). Der Rat entscheidet über dessen Organisation (Art. 207 Abs. 2 neu EGV).

298 Im Entscheidungsprozeß der EG stellt das Generalsekretariat des Rates eine Art „Gegenbürokratie" zur Kommission (unten Rz. 330 ff.) dar. Trotz mancherlei Rivalitäten ist die Existenz eines starken Generalsekretariates für eine effektive Willensbildung der EG sehr wesentlich. Als europäische Behörde hilft das Sekretariat wirksam mit, die sich im Rat begegnenden nationalen Interessen zu „vergemeinschaften".

hh) Europäischer Rat

Seit 1975 tagt der Rat mindestens zweimal, faktisch in der Regel dreimal jährlich (einmal in Brüssel und je einmal im Lande der halbjährigen Präsidialmacht (oben Rz. 283) als **„Europäischer Rat" der Staats- und Regierungschefs** zusammen mit dem Präsidenten der EG-Kommission, die von den Außenministern und einem Kommissionsmitglied unterstützt werden (*Glaesner,* EuR 1994, S. 22 ff.). Durch Art. D = 4 neu EUV (früher Art. 2 EEA) ist der Europäische Rat vertraglich verankert. Er ist auf diese Weise **Organ der gesamten EU,** nicht nur der EG. Der Europäische Rat kann aber auch als EG-Rat (z. B. Art. 109 j Abs. 4 = 121 neu EGV) oder als im Rat vereinigte Regierungsvertreter (z. B. Art. 109 a Abs. 2 = 112 neu EGV) tätig sein. Als Unionsorgan ist der Europäische Rat für die GASP (Art. J.3 = 13 neu EUV) und die PJZ zuständig. Mit dieser komplexen und lockeren Sonderregelung hat die Europäische Union sich die oberste Regierungsgewalt in den Mitgliedstaaten in einer regularisierten Form eingegliedert (*Everling,* EuR 1995, Beih. 2, S. 41 ff.). 299

Die Errichtung des Europäischen Rates wurde auf dem „Gipfeltreffen" der EG-Staats- und Regierungschefs in Paris v. 9./10. 12. 1974 beschlossen. (Vgl. das Kommuniqué, EA 1975, D 41 ff.). Die Initiative ging von *Giscard d'Estaing* aus, der damit auf frühere Ideen in den *Fouchet*-Plänen von 1969/62 zurückgriff. Der Europäische Rat fügte zugleich die seit Den Haag 1969 häufiger gewordenen EG-Gipfelkonferenzen in die Vertragsstruktur ein. Mit der Einheitlichen Europäischen Akte 1986 und dem EUV 1992 wurde diese Entwicklung abgeschlossen. 300

Die Aufgabe des Europäischen Rates ist vor allem diejenige eines **Führungs- und Inspirationsorganes der Gemeinschaft** (*Oppermann,* FS Pescatore, 1987, S. 537 ff.). Er gibt der EU die für ihre Entwicklung erforderlichen Impulse und legt dafür die allgemeinen politischen Zielvorstellungen fest (Art. D Abs. 1 = 4 Abs. 1 neu EUV). Er fällt **wichtige politische Grundsatzentscheidungen** (z. B. Direktwahlen zum EP 1974/75, Errichtung des Europäischen Währungssystems 1978, Finanzreform 1984, Maastrichter-Konferenz 1991), die von den „normalen" Räten rechtsverbindlich gemacht werden. Ferner stellt er allgemeine Leitlinien als richtungsweisende Anstöße auf, oft in feierlicher Form. Dies können Aufträge an die Kommission im Sinne von Art. 152 = 208 neu EGV sein. Grundsätzlich sind die Beschlüsse des Europäischen Rates politischer Natur und nichtjustitiabel (Art. L = 46 neu EUV, näher *Koenig/Pechstein,* Die EU, 1995, S. 69 ff.). Gelegentlich wird er dem allgemeinen Rat ausdrücklich übergeordnet (Art. 103 Abs. 2 = 99 Abs. 2 neu EGV, Art. J.3 Ziff. 1 = 13 neu EUV). Nicht selten schlichtet der Europäische Rat Konflikte, die auf niedriger Ebene nicht zu überwinden waren. 301

Dem Europäischen Parlament erstattet der Europäische Rat nach jeder

Tagung und einmal jährlich Bericht (Art. D Abs. 3 = 4 Abs. 3 neu EUV). Hier wird die **Unabhängigkeit des EP gegenüber dem Europäischen Rat** sichtbar.

302 Mit der Errichtung des Europäischen Rates hat vorerst ein folgenreicher **Verfassungswandel** innerhalb der EG/EU seinen Abschluß gefunden. Die alte „Vertragsphilosophie", nach der die EG-Kommission als „Motor des Vertrages" allmählich in die Funktion einer Europäischen Regierung hineinwachsen sollte, ist nicht realisiert worden. Die Kommission bleibt zwar ein eigenständiges Organ und soll auch weiterhin der Gemeinschaftsaktion Impulse geben (unten Rz. 352 ff.). Die großen Richtlinien der Gemeinschaftspolitik fallen indessen im Europäischen Rat als „Antriebsstelle" *(Giscard d'Estaing)*. Für die Weiterentwicklung der EU dürfte entscheidend sein, wie sich künftig die Gewichte in der **„neuen Balance" zwischen Rat und Europäischem Parlament** als den beiden politisch primären Gemeinschaftsorganen (oben Rz. 263) verteilen werden. Wahrscheinlich bedeutet dieser Verfassungswandel den Abschied von der Vision des sich immer fester fügenden Europäischen Bundesstaates zugunsten einer „Europäischen Union" im Sinne einer flexibleren parastaatlichen Superstruktur, die freilich die klassischen internationalen Verbindungen an Intensität weit übertrifft (unten Rz. 887 ff.).

303 Aus der Rolle des Europäischen Rates als „Superorgan" erklärt sich auch, daß die Kommission zwar an den Sitzungen teilnimmt, der Europäische Rat aber Entscheidungen auf Vorschlag der Kommission vermeidet. Seiner Rolle als politisches Führungsorgan entsprechen auch die am Rande der Hauptsitzungen üblichen Zusammenkünfte der Regierungschefs, im kleinsten Kreise. Ihr Sinn liegt weniger in der förmlichen Beschlußbildung als in **Austausch und Verständigung auf höchster Ebene.** Für die Gemeinschaftspolitik im weitesten Sinne ist solches regelmäßige Bemühen der politischen Spitzen um einen „European out-look" von essentieller Bedeutung *(Everling,* EuR 1995, Beih. 2, S. 41 ff.).

ii) ***Exkurs:*** *Organisation der Gemeinsamen Außen- und Sicherheitspolitik (GASP) und der Polizeilich-Justitiellen Zusammenarbeit (PJZ).*

304 Der Maastrichter Unionsvertrag 1992 und der Amsterdamer Vertrag 1997 haben es noch nicht vermocht, die **Politische Union** organisatorisch gleichrangig mit der **Wirtschafts- und Währungsunion** zu vergemeinschaften. Der weit entwickelten Integration im ökonomischen Bereich (EGV/EAGV/EGKSV) steht in der **Gemeinsamen Außen- und Sicherheitspolitik (GASP – Art. J-J.11 = Art. 11–28 neu EUV,** vgl. auch unten Rz. 1688 ff.) sowie in der **Zusammenarbeit in den Bereichen Justiz und Inneres,** seit Amsterdam in „Polizeilich-Justitielle Zusammenarbeit in Strafsachen" (PJZ) umbenannt (Art. K–K.9 = 29–39 neu EUV) im wesentlichen eine **intergouvernementale Zusammenarbeit** gegenüber. Sie bedient sich bis zu einem gewissen Grade der **Gemeinschaftsinstitution,** insbesondere des **Rates.** Diese mehr völker- als europarechtliche Konstruktion des 2. und 3. „Pfeilers" der EU erklärt sich daraus, daß es bei der allgemeinen Außenpolitik, bei der Sicherheits- und Verteidigungspolitik sowie bei der Wahrung der inneren Sicherheit und der Rechtsordnung um **elementare Staatsaufgaben** geht. Ihre volle Übertragung auf die Union würde das Ende der Souveränität der Mitgliedstaaten

und die Errichtung des Europäischen Bundesstaates bedeuten. Da diese Perspektive unwahrscheinlich geworden ist, behilft sich die Organisation von GASP und PJZ mit komplizierten und wenig effizienten Mischkonstruktionen *(Koenig/Pechstein,* Die EU, 1995, S. 191 ff., 113 ff.).

aaa) **Gemeinsame Außen- und Sicherheitspolitik (GASP)** 305
Die GASP hatte ihren Vorläufer in der seit 1969 begonnenen **Europäischen Politischen Zusammenarbeit (EPZ)** der MSen. Sie wurde in der Einheitlichen Europäischen Akte (insbes. Art. 30 EEA) 1986 erstmals vertraglich institutionalisiert. Die PJZ ist dagegen im wesentlichen eine Neuschöpfung des EUV *(v. Buttlar/Gutermuth,* Integr. 1995, S. 172 ff.). Einrichtungen der EPZ waren seit 1974 der **Europäische Rat** i. V. m. den sich im Rat vereinigenden Außenministern. Ihnen arbeitete das **Politische Komitee** der Leiter der Politischen Abteilungen der Außenministerien zu. In Brüssel war seit Ende der 80er Jahre ein **EPZ-Sekretariat** eingerichtet, das nunmehr in das Generalsekretariat des Rates eingegliedert ist (oben Rz. 297). Die Anbindung der EPZ an die EG war nach der EEA locker. – In der Sache dehnten sich die intergouvernementalen EPZ-Konsultationen und gemeinsamen Abstimmungen seit den 70er Jahren immer mehr aus (z. B. Nahost-Standpunkte, Euro-Arabischer Dialog (unten Rz. 1748), Standpunkte zu Südafrika u. a. m.).

In der GASP, wie sie vom Maastrichter Unionsvertrag 1992 begründet 306
und durch den Amsterdamer Vertrag 1997 fortentwickelt wurde, bestimmt der **Europäische Rat** die Grundsätze und allgemeinen Leitlinien, einschließlich Fragen mit verteidigungspolitischen Bezügen (Art. 13 neu EUV, *Regelsberger/Wessels,* EFARev 1996, S. 29 ff.). Er konkretisiert sie in **gemeinsamen Strategien,** die von der Union durchzuführen sind. Im einzelnen obliegt diese Durchführung dem **Rat.** Er trifft hierfür die erforderlichen **Entscheidungen** und kann auch dem Europäischen Rat **gemeinsame Strategien** empfehlen (Art. 13 Abs. 3 neu EUV).

Instrumente der Durchführung der GASP sind die vom Rat zu beschließen- 307
den **gemeinsamen Aktionen** (= operative Aktionen, Art. 14 neu EUV) und **gemeinsamen Standpunkte** (= Konzepte der EU zu bestimmten Fragen, Art. 15 neu EUV). Beide Handlungsformen, die im Kern gemeinschaftsnahe völkerrechtliche Beschlüsse im Unionsbereich darstellen, sind für die MSen bindend gemeint.
Der Rat beschließt grundsätzlich **einstimmig,** in begrenzten Bereichen mit qualifizierter Mehrheit (Art. 23 neu EUV). Im Bereich der Mehrheitsabstimmung können jedoch Ratsmitglieder „aus wichtigen Gründen der nationalen Politik" die Abstimmung über einen Mehrheitsbeschluß verhindern.

Die außenpolitische Vertretung der EU und die Durchführung der Be- 308
schlüsse im Rahmen der GASP **obliegt der jeweiligen Präsidialmacht im Rat („Vorsitz",** Art. 18 neu EUV). Der Vorsitz wird vom Generalsekretär des Rates als **„Hoher Vertreter für die GASP"** sowie von einem **Politischen Komitee** (Politische Direktoren der Außenministerien) unterstützt (Art. 18 Abs. 3, 25, 26 neu EUV).

In dieser besonderen Organisation der GASP im EUV wird die **Abweichung** 309
von der Gemeinschaftskonstruktion des EGV sichtbar. Die **Kommission** wird zwar nach Art. 18 Abs. 4, 27 neu EUV in vollem Umfang an der GASP „beteiligt" und hat nach Art. 22 ein Vorschlagsrecht gegenüber dem Rat (nicht im förmlichen Sinne des

EGV). Die Kommission hat sich interne Dienste für die „Politischen Außenbeziehungen" geschaffen. Der Rat hört das **EP** zu grundlegenden Fragen der GASP an und achtet auf eine „gebührende Berücksichtigung" der Auffassungen des Parlamentes (Art. 21 neu EUV). Der Rat beschließt jedoch letztlich im intergouvernementalen Sinne, ohne an etwaige Vorschläge der Kommission gebunden zu sein. Auch finden die besonderen Beteiligungsverfahren des EP nach Art. 189 b)–c) = 251, 252 neu EGV (Mitentscheidung, Zusammenarbeit) im GASP-Bereich keine Anwendung. Ebensowenig gibt es eine **Rechtskontrolle durch den EuGH** in der GASP (Art. L = 46 neu EUV).

310 Eine wirklich „gemeinsame" Außenpolitik in einem bundesstaatsähnlichen Sinne ist mit der GASP bisher nicht beabsichtigt *(Hurd,* Int. Affairs 1994, S. 421 ff.).

In der GASP-Praxis seit 1993 sind zwar eine Reihe gemeinsamer Standpunkte und Aktionen zustande gekommen (z. B. Förderung des Friedensprozesses im Nahen Osten (ABl. 1994, L 119/1), Embargo gegen serbisch Bosnien-Herzegowina (ABl. 1994, L 266/1). Insgesamt wirkt die GASP aber bisher **wenig effizient,** wie eine „Fortsetzung der EPZ mit anderen Mitteln" *(Burghardt/Tebbe).* Wenn die außenpolitischen Auffassungen der MSen in wichtigen Fragen – wie z. B. oft im Jugoslawien-Konflikt seit 1991 – auseinandergehen, kann die intergouvernementale GASP nicht wirksam funktionieren. Nicht alle MSen wünschen überhaupt eine starke GASP. Es ist zweifelhaft, ob der Amsterdamer Vertrag 1997 hieran Entscheidendes geändert hat.

311 bbb) Die **Polizeilich-Justitielle Zusammenarbeit in Strafsachen (PJZ)** (vorher seit 1992 „Zusammenarbeit in den Bereichen Justiz und Inneres" genannt) ist mit dem Amsterdamer Vertrag 1997 einer **gewissen Vergemeinschaftung** unterzogen worden, bleibt jedoch weiter im Kern intergouvernemental (Art. 29–39 neu EUV anstelle der bisherigen Art. K.–K.9 EUV, zu ihnen v. *Buttlar/Gutermuth,* Integr. 1995, S. 172 ff.).

Grundsätzliches Ziel der PJZ ist, den Bürgern in einem **„Raum der Freiheit, der Sicherheit und des Rechts"** ein hohes Maß an Sicherheit zu bieten (Art. 29 neu EUV). Das gemeinsame Vorgehen der PJZ bezieht sich auf eine größere Zahl enumerativ in Art. 30–31 neu EUV benannter Sachbereiche. (Näher unten Rz. 1575 ff.).

Institutionell vollzieht sich die PJZ im wesentlichen über den Rat im Sinne einer Unterrichtung, Konsultation und Koordinierung (Art. 34 neu EUV). Er kann eine **grenzüberschreitende Tätigkeit** der nationalen Behörden festlegen (Art. 32 neu EUV). Ferner kann der Rat auf Initiative eines MSes oder der Kommission folgende **Maßnahmen ergreifen (Art. 34 Abs. 2 neu EUV):**

- **Gemeinsame Standpunkte,** die verbindlich gemeint sind
- Rechtsangleichende **Rahmenbeschlüsse,** die der Richtlinie i. S. von Art. 189 = 249 neu EGV ähneln
- **Beschlüsse,** die verbindlich, aber nicht unmittelbar wirksam sind
- Empfehlung des Abschlusses von **Übereinkommen** durch die MSen.

312 Trotz gewisser Anleihen beim Instrumentarium des Gemeinschaftsrechts **bleiben diese Maßnahmen wesentlich noch völkerrechtlicher Natur.** Der Rat entscheidet grundsätzlich **einstimmig** (vgl. aber auch Art. 34 Abs. 3–4 neu EUV). Er kann die „Initiativen" eines MSes oder der Kommission abändern, ohne an die Einstimmigkeit des Art. 189 a = 250 neu EGV gebunden zu sein. Der **Gerichtshof** kann seit dem Amsterdamer Vertrag eine **Rechtskontrolle im Wege der Vorabentscheidung** über die Rechtsakte des Art. 34 Abs. 2 neu EUV ausüben, falls ein MS diese Zuständigkeit ausdrücklich anerkennt („Fakultativklausel", Art. 35 neu EUV).

Diese Zuständigkeit des EuGH ist in Art. 35 neu EUV kompliziert mit verschiedenen Einschränkungen versehen, unten Rz. 381 ff..

Das **Europäische Parlament** wird im Rechtsetzungsverfahren des Art. 34 neu EUV lediglich angehört und wird über die PJZ durch Rat und Kommission unterrichtet. Einmal jährlich findet im EP eine Aussprache über die Fortschritte der PJZ statt (Art. 39 neu EUV). Die **Kommission** wird über ihr Initiativrecht nach Art. 34 neu EUV in vollem Umfang an den Arbeiten der PJZ beteiligt (Art. 36 Abs. 2 neu EUV). Eigentliche Hilfseinrichtungen des Rates sind in der PJZ jedoch ein **Ausschuß hoher Beamter** und das Generalsekretariat des Rates (Art. 36 Abs. 1 neu EUV). In **internationalen Organisationen und Konferenzen** halten sich die MSen im Rahmen der PJZ-Standpunkte (Art. 37 neu EUV). **313**

Insgesamt ist auf diese Weise trotz der Bemühungen um gewisse Vergemeinschaftung im Amsterdamer Vertrag 1997 die Entscheidungsgewalt in der PJZ bei dem **intergouvernemental operierenden Rat** mit der Präsidialmacht als „Vorsitz" verblieben. In der Logik der Integration liegt es allerdings, auf diesem **mit der EG-Freizügigkeit eng verbundenen Tätigkeitsbereich** allmählich zu weiteren Stärkungen gemeinschaftlichen Handelns zu gelangen (vgl. auch unten Rz. 1579). **314**

Bisher ist die **tatsächliche Entwicklung der PJZ** seit ihrer Einführung im Maastrichter Unionsvertrag 1992 als Zusammenarbeit in den Bereichen Justiz und Inneres **begrenzt geblieben.** **315**

In diesen innenpolitisch sensiblen Bereichen zögern die MSen, wirkliche Gemeinschaftsmaßnahmen zu ergreifen. Im Vordergrund stand bisher intergouvernementale Zusammenarbeit in Arbeitsgruppen wie „Juristische Zusammenarbeit" oder GAM '92 (Amtshilfe in Zollsachen). – Der Amsterdamer Vertrag 1997 bietet nunmehr die **Möglichkeit von Fortschritten bei der innenpolitischen Vergemeinschaftung** (Einbeziehung des „Schengen-Bestandes" in die EU, Abschluß der EUROPOL-Konvention, Visapolitik, vgl. unten Rz. 1553 ff.). Eine volle Einbeziehung der PJZ in das supranationale Gemeinschaftssystem ist jedoch noch nicht in Sicht.

Wenn die EU eine Politische Union werden will, die diesen Namen verdient, bedürfen sowohl GASP als auch PJZ bei künftigen Revisionen des EUV **weiterer organisatorischer Vergemeinschaftung.** Es ist jedoch fraglich, ob alle MSen in diesen Kernbereichen nationaler Souveränität zu erneuten Europäisierungen bereit sind. Dennoch sind GASP und PJZ wichtige Errungenschaften der EU. Sie führen vor allem zur **Transparenz der klassischen Außen- und Innenpolitik zwischen den MSen** und gegenüber der EG/EU sowie zu einem gewissen Maß an ständiger Kooperation. **316**

317 *jj) Assoziationsräte u. ä.*

Bei der Durchführung der Assoziierungs- und Entwicklungsabkommen der Gemeinschaft (unten Rz. 1816, 1573) werden die Mitglieder des EG-Ministerrates regelmäßig als „EG-Seite" in den paritätischen (Assozia-tions-)Ministerrat aufgenommen, der das oberste Lenkungsorgan der Assoziationen oder ähnlicher Entwicklungskooperationen darstellt. So kennt z. B. das Abkommen von Lomé IV von 1989 zwischen der EG und den AKP-Staaten (unten Rz. 1814 ff.) einen **Ministerrat,** in dem die EG durch die Ratsmitglieder und durch Kommissionsmitglieder vertreten ist, die AKP-Staaten jeweils durch ein Regierungsmitglied (Art. 30). Die Beschlußfassung erfolgt hier durch Übereinstimmung der beiden „Seiten", wobei die EG-Mitglieder ihre gemeinsame Position nach Maßgabe eines **„Internen Protokolles"** festlegen. Die Arbeit dieser selten tagenden Assoziationsministerräte beschränkt sich i. d. R. auf einige grundlegende Beschlüsse und Leitlinien zur Durchführung der Abkommen. Die laufenden Geschäfte liegen in den Händen eines analog strukturierten **Botschafterausschusses** (z. B. Art. 31 Lomé IV), dem der Ministerrat im Vergleich mit dem Ausschuß der Ständigen Vertreter (oben Rz. 295) erweiterte Befugnisse übertragen kann.

b) Aufgaben und Funktionen des Rates

aa) Regierung

318 Aus der Gesamtheit der Aufgaben und Befugnisse des Rates läßt sich ablesen, daß er das **primäre gemeinschaftspolitische Steuerungsorgan der EG/EU** darstellt. Diese nach der „Gründungsphilosophie" der Verträge eher zeitweilig gemeinte Rolle hat sich im Verfassungswandel seit Mitte der 60er Jahre entscheidend verfestigt. Insbesondere seit der Gründung des Europäischen Rates (oben Rz. 299) **liegt die „Regierung" der Union weitgehend in den Händen des Rates.** Ein wesentliches politisches Gegengewicht sollte dem Rat allmählich in einer „neuen Balance" mit dem seit 1979 direkt gewählten Europäischen Parlament (oben Rz. 247 ff.) entstehen.

Die grundlegende Entscheidungsbefugnis zur „Verwirklichung der Vertragsziele" ist dem Rat in Art. 145 = 202 neu EGV (ähnlich Art. 115 EAGV, Art. 26 EGKSV) zugesprochen. Dabei wird zugleich die Notwendigkeit der Abstimmung mit der nationalen (Wirtschafts)politik der Mitgliedstaaten betont. Der Rat ist in der Tat als „praeföderal" konstruiertes Gemeinschaftsorgan die eigentliche Naht- und Transformationsstelle zwischen dem europäischen und den mitgliedstaatlichen Gemeinwillen.

bb) Rechtsetzung

319 Die EG ist wesentlich „Rechtsgemeinschaft" auch in dem Sinne, daß die Akte der gesetzgebenden Gemeinschaftsgewalt verwaltungsmäßig i. d. R. nicht von ihr selbst, sondern vom „Unterbau" der nationalen Administrationen ausgeführt werden (unten Rz. 635 ff.). Sowohl aus politischen als auch aus bürokratischen Gründen erklärt sich so, daß dem Rat regelmäßig die abschließende Entscheidungsgewalt im Sinne der **Gesetzessanktion beim**

Erlaß von Verordnungen, Richtlinien, Entscheidungen u. ä. der EG (vgl. unten Rz. 539 ff.) anvertraut ist (vgl. z. B. Art. 43 Abs. 2 = 37 Abs. 2 neu EUV bei der Agrargesetzgebung und *Breier,* in: Lenz (Hrsg.), EGV-Komm., 1994, Art. 145, RdNr. 3). Da die abschließende Fassung der Rechtsakte oft erst im Ratsbereich festgelegt wird, ergibt sich eine materielle und nicht nur formale Vorhand des Rates bei der Gemeinschaftsrechtsetzung im Verhältnis zu den anderen beteiligten Instanzen (Kommission, Europäisches Parlament, Wirtschafts- und Sozialausschuß). Seit Maastricht spricht jedoch das EP vor allem im Mitentscheidungsverfahren des Art. 189 b = 259 neu EGV (oben Rz. 265, 269) verstärkt mit.

Allerdings ist das formelle Initiativrecht zum Erlaß von Rechtsakten dem Rat regelmäßig dadurch versagt, daß die meisten wesentlichen Beschlüsse nur **„auf Vorschlag der Kommission"** ergehen dürfen. Diese Vorschläge kann der Rat nur einstimmig abändern (Art. 189 a Abs. 1 = 250 Abs. 1 neu EGV). Aus dieser Regelung ergibt sich eine eigene politische Mitgestaltungsrolle der Kommission im Spiel der Institutionen (unten Rz. 352 ff.). Art. 152 = 208 neu EGV (ebenso Art. 122 EAGV, 26 Abs. 3 EGKSV) gibt dem Rat jedoch die Möglichkeit, die Kommission zur Wahrnehmung ihres Initiativrechts in einer vom Rat gewünschten Richtung aufzufordern. Hierin liegt zwar keine rechtliche Bindung der Kommission an eine solche **„Aufforderung".** Eine politische Abhängigkeit liegt indessen darin, daß der Rat später die Kommissionsvorschläge annehmen soll. Selbst in ihren besten Zeiten bis Mitte der 60er Jahre hat die Kommission nie im „luftleeren Raum" gearbeitet, sondern bei der Formulierung ihrer Vorschläge den erklärten oder vermuteten Ratswillen auf das Genaueste mit ins Kalkül gezogen. Inzwischen ist Art. 152 = 208 neu EGV neben Art. D = 4 neu EUV die vertragliche Legitimation für die Führungs- und Inspirationsrolle des Europäischen Rates (oben Rz. 301) auch gegenüber der Kommission geworden. Aus der Letztentscheidung des Rates ergibt sich andererseits auch **Verantwortung.** Blockiert der Rat Kommissionsvorschläge, die ein gemeinschaftliches Vorgehen vorsehen, können sich aus Art. 5 = 10 neu EGV Pflichten zu einem **Verfahren der Zusammenarbeit zwischen Kommission und MSen** ergeben, damit die Gemeinschaft ihre Verantwortlichkeit wahrnehmen kann (EuGHE 1987, 5143 ff. – RS 332/85 „Seefischereiquoten" st. Rspr., vgl. auch unten Rz. 354). 320

Im **Bereich der EGKSV** ist die Rolle der Kommission (Hohe Behörde) zur selbständigen Rechtsetzung ohne abschließende Beschlußfassung des Rates ausgeprägter (bes. Art. 14 EGKSV). Jedoch nimmt auch hier der Rat die politische Steuerungsfunktion im Sinne des Art. 26 EGKSV wahr. 321

cc) Haushalt

Die **Budgetgewalt der EG** liegt bisher trotz einer gewissen Stärkung der Mitsprache des EP seit 1970/75 (oben Rz. 271) wesentlich beim Rat. Er stellt auf Vorschlag der Kommission den Entwurf des Haushaltsplanes auf (Art. 203 Abs. 3 = 272 Abs. 3 neu EGV, Art. 177 Abs. 3 EAGV, ähnlich Art. 78 Abs. 3 EGKSV). Der Haushalt kommt zustande, wenn das EP ihm in 45 Tagen zustimmt oder ihn weder abändert (nichtobligatorische Ausgaben) noch Änderungen vorschlägt (obligatorische Ausgaben). Im Falle von Änderungen durch das EP kommt das in den o. g. Vertragsbestimmungen vorgesehene komplizierte Konzertierungsverfahren zum Zuge. In ihm hat letztlich wiederum der Rat die Vorhand (näher unten Rz. 848 ff.). Die endgültige Feststellung des Haushalts obliegt allerdings inzwischen dem EP, das 322 auch auf Empfehlung des Rates der Kommission Entlastung zur Ausführung des Haushaltsplanes erteilt (Art. 203 Abs. 7, 206 Abs. 1, 272 Abs. 7, 276 Abs. 1 neu EGV, Art. 177 Abs. 7, 180 b Abs. 1 EAGV, Art. 78 § 7, 78 g EGKSV).

dd) Außenbeziehungen

323 Die Außenkompetenz der EG (unten Rz. 1674 ff.) liegt ihrerseits in den entscheidenden Akten in der Hand des Rates. Über die grundsätzliche **Konzipierung der Gemeinsamen Handelspolitik** (Art. 113 Abs. 2 = 133 Abs. 2 neu EGV), die Erteilung von Verhandlungsmandaten an die Kommission (Art. 113 Abs. 3 = 133 Abs. 3 neu EGV, ähnlich Art. 101 Abs. 2 EAGV), den Abschluß der Abkommen (Art. 228 = 300 neu EGV, Art. 101 Abs. 2 EAGV) befindet der Rat. Gleiches gilt für den **Abschluß der Assoziierungsabkommen** (Art. 238 = 310 neu i. V. m. Art. 228 = 300 neu EGV, Art. 206 EAGV). Beim **Beitritt** zur Union (unten Rz. 1841 ff.) beschließt der Rat anfangs über die Annahmefähigkeit („Recevabilité") des Beitrittsantrages nach Zustimmung des EP; anschließend geht die Verhandlung bei diesem „Grund-Akt" auf eine Staatenkonferenz der EU-Mitglieder über (Art. 0 = 49 neu EUV).

Die GASP vollzieht sich im wesentlichen intergouvernemental im Rat bzw. im Europäischen Rat (oben Rz. 305 ff.).

ee) Vertragsergänzungen und -änderungen

324 Der gemeinschaftspolitische Primat des Rates wird ferner in seiner Befugnis sichtbar, hart unterhalb der Grenze zur Vertragsänderung als **„vertragsergänzende Legislative"** *(Peter Badura)* zugunsten der Gemeinschaftszuständigkeit Lückenfüllungen und Kompetenzabrundungen vorzunehmen (Art. 235 = 308 neu EGV, Art. 203 EAGV, Art. 95 EGKSV; näher unten Rz. 500 ff.). Wie andererseits das **förmliche Vertragsänderungsverfahren** des Art. N = 48 neu EUV zeigt, bedeuten die „Implied powers" *(Nicolaysen,* EuR 1966, S. 129 ff.) des Rates keine Kompetenz-Kompetenz. Bei der Vertragsänderung beschränkt sich die Ratsrolle auf den Beschluß, ob der Zusammentritt einer Staatenkonferenz der Mitglieder opportun sei. Diese befinden dann als letztliche „Herren der Verträge" (oben Rz. 218) über die Umformung des primären Gemeinschaftsrechts.

ff) Ernennungen und sonstige personalrechtliche Befugnisse

325 Neben der legislatorischen ist auch die **Personalhoheit der EG** im Kern beim Rat (bzw. den im Rat vereinigten Vertretern der Mitgliedstaaten) konzentriert. Mit Ausnahme des direkt gewählten EP werden die wesentlichen Organe und Institutionen der EG in ihrer leitenden personellen Zusammensetzung vom Rat bzw. den sich in ihm vereinigenden Regierungsvertretern bestimmt.

Der Rat ernennt aufgrund von Listen der Mitgliedstaaten bzw. der Berufsverbände die **Mitglieder des Wirtschafts- und Sozialausschusses der EG/EAG** sowie des ihn in der EGKS korrespondierenden **Beratenden Ausschusses** (Art. 194 = 258 neu EGV, 166 EAGV, 18 EGKSV). Das gleiche Verfahren gilt beim **Ausschuß der Regionen** (Art. 198 = 262 neu EGV). Ferner ernennt der Rat (nach

Anhörung des EP) die Mitglieder des **EG-Rechnungshofes** (Art. 188 b = 247 neu EGV).

Beim **Präsidenten und den Mitgliedern der Kommission** haben die Regierungen mit Benennung und abschließender Ernennung ebenfalls das entscheidende Wort. Jedoch bedarf die Benennung des Präsidenten und das Kommissionskollegium seit 1993/97 zugleich des Zustimmungsvotums des EP (Art. 158 = 214 neu EGV, oben Rz. 274). Dagegen werden die **Richter des EuGH und des EuG** sowie die **Generalanwälte** weiterhin ausschließlich von den Regierungen ernannt (Art. 167, 168 a = 223, 225 neu EGV, 139, 140 a EAGV, Art. 32 b, 32 d EGKSV). Der Rat kann auf Antrag des Gerichtshofes in autonomer Vertragsänderung die Zahl der Richter und Generalanwälte erhöhen (Art. 165 Abs. 4, 166 Abs. 3 = 221, 222 neu EGV). Auch die Besoldungsbefugnis hinsichtlich Kommission und EuGH liegt beim Rat (Art. 15 = 210 neu EGV).

Schließlich regelt der Rat mittels seiner gesetzgeberischen Kompetenz (Art. 24 FusV, näher unten Rz. 793 ff.) den Status und die sonstigen Beschäftigungsbedingungen für die Bediensteten der EG.

Insgesamt gesehen gibt es in den Gemeinschaften keine wesentliche Personalentscheidung, die nicht mittelbar oder unmittelbar vom Rat beeinflußt wäre.

gg) Rechtskontrolle und sonstige Kontrolle

Durch **Klagen beim EuGH** gegen andere Gemeinschaftsorgane nach 326
Art. 173, 175 = 230, 232 neu EGV kann der Rat Rechtskontrolle initiieren (vgl. auch die Ratsbefugnisse beim EuG nach Art. 168 = 225 neu EGV). Seine eigenen Handlungen können allerdings derselben Kontrolle unterzogen werden. Bei der **Durchführung des Gemeinschaftsrechts,** das im wesentlichen der Kommission obliegt (Art. 145 = 202 neu EGV), kann der Rat bestimmte Modalitäten festlegen oder sich in spezifischen Fällen die Durchführung selbst vorbehalten.

hh) Sonstiges

- Die Bedeutung des Rates als entscheidender Gesetzgeber der Gemeinschaft 327
spiegelt sich auch in verschiedenen „Verwaltungskompetenzen" (Erlaß des **Beamtenstatuts,** Rahmen für das **Auskunftsrecht,** Erstellung der **Gemeinschaftsstatistik, Datenschutz,** Art. 283–286 neu EGV).
- Im Zusammenhang mit der im Jahrzehnt nach 2000 anstehenden **Ost- und Mittelmeererweiterung der EU** (unten Rz. 1868 ff.) auf über 20 MSen ergeben sich für die künftige Funktionsfähigkeit des Rates **grundlegende Reformen bei der Stimmenverteilung.** Mit dem 1. Protokoll zum EUV/EGV von Amsterdam 1997 ist diese schwierige Frage auf den künftigen **Beitritt eines 21. MSes** vertagt worden *(Konow,* ZRP 1997, S. 321 ff.).

c) Die Bedeutung des Rates im institutionellen Gefüge der Union

Im tatsächlichen Verfassungswandel der EG/EU seit den 60er Jahren ist 328
der Rat (einschl. Europäischem Rat) entgegen den Gründungserwartungen zur **politisch primär bestimmenden Gemeinschaftseinrichtung** geworden. Da der Rat, obwohl Unionsorgan, in seinen Entscheidungsträgern faktisch eine Konferenz jeweils nur kurzfristig aus den Hauptstädten zusammentretender nationaler Minister darstellt, ergeben sich daraus **schwerwiegende**

Hemmnisse im Entscheidungsprozeß der EG. Der Ausschuß der Ständigen Vertreter (oben Rz. 295) ist als der permanente Teil der Ratsorganisation anstelle des Rates selbst zum „ständigen Gesprächspartner" der Kommission *(Constantinesco)* geworden, der die endgültige Gestalt der dem Rat vorgelegten Kommissionsvorschläge entscheidend mit beeinflußt. Die Kommission selbst büßte gleichzeitig viel von ihrer Funktion als politisches Initiativorgan ein und wurde stärker als früher in eine Position gedrängt, in der sie oft auf die politischen Vorgaben des Rates reagierte. Die Rolle des EP wurde begrenzt verstärkt.

329 Auf diese Weise charakterisiert sich das institutionelle Gefüge der EG bis auf weiteres durch die **„Ratsherrschaft".** In der „Entscheidungsbefugnis" des Rates (Art. 145 = 202 neu EGV, 115 EAGV) liegt der Kern politischer und rechtlicher Willensbildung innerhalb der EG/EU. Wenn die Union (unten Rz. 912 ff.) als künftige Vision der Gemeinschaft mehr sein soll als eine schwerfällig-staatenbündische Konstruktion, bedarf es neben Verbesserungen im Entscheidungsprozeß des Rates **eines genuin „europäischen" Gegenspielers unter den EG-Institutionen.** Das kann nur das direkt gewählte EP (oben Rz. 247 ff.) sein. Es ist aufgerufen, noch stärker als bisher in einer neuen Balance der Institutionen seine Rolle als Initiator europäischer Politik sowie kontrollierender Einflußnahme auf Rat und Kommission zu finden.

3. Kommission

Literatur: *Hallstein,* The EEC-Commission, ICLQ 1965, S. 727 ff.; *Noël,* The Commission's Power of Initiative, CMLRev. 1973, S. 123 ff.; *Krenzler,* Die Rolle der Kabinette in der Kommission der EG, EuR 1974, S. 75 ff.; *Miert,* La répartition des portefeuilles au sein de la Commission et le problème de la collégialité, FS Dehousse, Bd. 2, 1979, S. 175 ff.; Ehlermann, Das schwierige Geschäft der Kommission, EuR 1981, S. 335; *Gilsdorf,* Die Rolle der Kommission bei der gemeinschaftlichen Rechtsetzung, Forschungsbericht 32/KASt. 1984, S. 117 ff.; *Karge,* Das Informationswesen der Kommission, 1984; *Bruha/Münch,* Stärkung der Durchführungsbefug-nisse der Kommission, NJW 1987, S. 542 ff.; *Blumann,* Le pouvoir exécutif de la Commission à la lumière de l'Acte unique européen, RTDE 1988, S. 23 ff.; *Ehler-mann,* Compétences d'exécution conférées à la Commission – la nouvelle décision-cadre du Conseil, RMC 1988, S. 232 ff.; *Schramm,* Rechtsetzung durch die EG-Kommission bei Untätigkeit des Rates?, 1988; *Louis/Waelbroeck,* La Commission au coeur du système institutionnel des Communautés Européennes, 1989; *Bleckmann,* Das Verhältnis des Gerichtshofes zur Kommission der EG, RIW 1991, S. 218 ff.; *Dietz/Glatthaar,* Das Räderwerk der EG-Kommission, 1991; *Winterfeld,* Ermittlungsbefugnisse der EG-Kommission gegenüber Unternehmen am Beispiel der Kartellrechts, RIW 1992, S. 524 ff.; *Van Risn,* The investigative and supervising Powers of the Commission, FS Schermers 1994, II, S. 409 ff.; *Hummer/Obwexer,* Die neue „Europäische Kommission 1995–2000", EuR 1995, S. 129 ff.; *Europäische Kommission* (Hrsg.), Die Europäische Kommission 1995–2000, 1995; *Metcalfe,* The future Role fo the Commission, EIPASCOPE 1996/2, S. 2 ff.; *Nass,* Eine Institution im Wandel: Die Europäische Kommission, FS Mestmäcker, 1996, S. 411 ff.; *Haibach,* Comitology after Amsterdam, EIPASCOPE 1997/3, S. 2 ff.

Nach Art. 155 = 211 neu EGV, Art. 9 FusVO (= Art. 124, 134 f. EAGV, dagegen stärkere Position der früheren Hohen Behörde in Art. 8, 14 ff. EGKSV) sind Teile der gesetzgebenden Gewalt der EGen, Ansätze von Regierungs- und ein Großteil der Verwaltungsbefugnisse sowie die kontrollierende Funktion einer „Hüterin der Verträge" der gemeinsamen **Europäischen Kommission** zugewiesen worden. Nach den Gründungsvorstellungen der 50er Jahre sollte die Kommission **unabhängiger „Motor, Wächter und ehrlicher Makler"** *(Walter Hallstein)* der Gemeinschaft sein und in europaföderalistischer Sicht allmählich in die Aufgaben einer europäischen Regierung hineinwachsen. Im tatsächlichen Verfassungswandel in der EG seit 1965 ist die Kommission dagegen zu einem gegenüber dem (Europäischen) Rat sekundären Organ zurückgestuft worden. Auch als solches erfüllte sie jedoch so bedeutsame Aufgaben, daß sie etwas anderes und mehr darstellt als das übliche Sekretariat internationaler Organisationen *(Europäische Kommission* (Hrsg.) Die Europäische Kommission 1995–2000, 1995). In einigen Bereichen (z. B. Wettbewerb) übt die Kommission erheblichen Einfluß auf die Politik in den MSen aus. 330

Die Mitglieder der Kommission und ein Großteil ihrer Dienststellen (insgesamt über 15.000 Bedienstete) residieren in Brüssel, daneben vor allem in Luxemburg und in EAG-Forschungseinrichtungen innerhalb der Gemeinschaft. In der landläufigen Vorstellung steht die Kommission für „Brüssel" und „Eurokratie". 331

a) Organisation der Kommission

Die Kommission ist im Gegensatz zum Rat, der die mitgliedstaatlichen Interessen in die Gemeinschaft einbringt, das **„genuin europäische" Organ.** Ihr obliegt es im wesentlichen, das Gemeinschaftsinteresse zu definieren. Gemäß dieser grundsätzlichen Aufgabe ist die Organisation der Kommission angelegt. 332

aa) Zusammensetzung

Nach Art. 157 = 213 neu EGV setzt sich die EG-Kommission aus **20 Mitgliedern** zusammen, die Staatsangehörige der Mitgliedstaaten sein müs-sen. Die Amtszeit beträgt 5 Jahre, Wiederernennung ist zulässig (Art. 158 Abs. 1 = 214 Abs. 1 neu EGV). Jeder Mitgliedstaat muß mindestens über ein Kommissionsmitglied verfügen, kein Mitgliedstaat darf mehr als zwei „Kommissare" seiner Staatsangehörigkeit in Brüssel haben (Art. 157 Abs. 2 = 213 Abs. 2 neu EGV). Faktisch verfügen die größeren MS (Deutschland, Spanien, Frankreich, Italien und England) über je zwei Kommissionsmitglieder, die übrigen über je eines. Die wünschenswerte Verkleinerung der Kommission ist bisher nicht möglich gewesen. An der Spitze der Kommission steht **ein Präsident.** Er wird von den **Regierungen der MSen benannt und nach Zustimmung des EP ernannt.** Die übrigen Kommissionsmitglieder werden im Einvernehmen mit dem designierten Präsidenten von den Regierungen benannt und ernannt. Vor der Ernennung bedarf jedoch das gesamte Kommissionskollegium eines **Zustimmungsvotums des EP** (Art. 158 = 214 neu EGV, oben Rz. 274). Die Kommission kann aus ihrer Mitte 1–2 **Vizepräsidenten** ernennen (Art. 161 = 217 neu EGV). 333

334 Mit der **Osterweiterung der EU** nach 2000 auf mehr als 20 MSen ist eine Begrenzung der Zahl der Kommissionsmitglieder dringend geboten. Nach dem 1. Amsterdamer Protokoll zum EUV/EGV 1997 zeichnet sich eine Grenze von nicht mehr als **einem Kommissionsmitglied** für jeden MS ab.

335 Art. 157 Abs. 2 = 213 neu EGV betont stark, daß die Mitglieder der Kommission ihre Tätigkeit **„in voller Unabhängigkeit zum allgemeinen Wohl der Gemeinschaft"** auszuüben haben. Die Mitglieder sollen daher aufgrund ihrer allgemeinen Befähigung ausgewählt werden und volle Gewähr für ihre Unabhängigkeit bieten. Der **unabhängige Status der Kommission** wird in Art. 157 Abs. 2 = 213 neu EGV durch weitere Begleitregelungen (Weisungsunabhängigkeit von den Mitgliedstaaten, Verbot gleichzeitiger Berufstätigkeiten u. a.) verstärkt. In der Praxis gilt dies nicht für wissenschaftliche und gewisse ehrenamtliche Betätigung. Auch sind enge Verbindungen der Kommissionsmitglieder mit dem nationalen politischen Leben (bis zu Wahlkandidaturen für politische Parteien) nicht nur zulässig, sondern eine Vorbedingung für die Wirksamkeit der Kommissionsarbeit. Die Kommissionsmitglieder verfügen nach Art. 20 i. V. m. 12 ff. des Protokolls über die Vorrechte und Befreiungen der EG v. 8. 4. 1965 (BGBl. II, S. 1482 = Sart II, Ziff. 265) über einen Privilegien- und Immunitätenschutz.

336 Trotz dieses Gesamtstatus ist die Kommission in der Gemeinschaftswirklichkeit nicht zu dem ebenbürtigen Partner des Rates und der Mitgliedstaaten geworden, den manche der Gründer der EG zu schaffen erhofften. Ein Grund hierfür liegt in Art. 158 = 214 neu EGV, der die **Ernennung der Kommission durch die nationalen Regierungen** trotz der Mitwirkung des EP im Kern aufrechterhalten hat. Trotz mancher bedeutender Kommissionsmitglieder verblieben so politische Abhängigkeiten. Vor allem wirkt die Gesamtentwicklung der EG/EU zur **Staatengemeinschaft** und nicht zum Europäischen Bundesstaat (unten Rz. 914 ff.) entscheidend einer allmählichen Aufwertung der Kommission zur Europäischen Regierung entgegen.

337 Eine große Rolle als „Motor des Vertrages" spielten die ersten Kommissionen unter der **nahezu zehnjährigen Präsidentschaft *Hallsteins* 1958–1967.** Mit „europäischen" Persönlichkeiten wie z. B. *Mansholt* und *Rey* besetzt, leistete die Kommission damals Entscheidendes für den Aufbau der EWG (Zollunion, Agrarpolitik, Freizügigkeit, Handelspolitik u. a.). Doch führte gerade die Absicht der Kommission, ihre vertragsgemäße Rolle voll auszuschöpfen, im Konflikt mit der gaullistischen Europadoktrin (oben Rz. 29) zur EG-Krise 1965. Über die Luxemburger Vereinbarung 1966 (oben Rz. 30) kam es zu einer **politischen Zurückstufung der Kommission in Vergleich zum Rat.** Die Gründung des Europäischen Rates der Staats- und Regierungschefs als „Superorgan" verstärkte seit 1974 diese Entwicklung. Erst die **erfolgreiche Amtsführung von *Delors*** 1985–1994 (Ausbau des Binnenmarktes, Erweiterung der EU von 10 auf 15 MSen, Eingliederung der DDR in die Gemeinschaft 1990) verschaffte der Kommission neues Ansehen.

338 Üblicherweise werden als Kommissionsmitglieder **politische Persönlichkeiten aus den Mitgliedstaaten** (ehemalige Minister, Parlamentarier u. ä.) oder **hohe Beamte** bestellt.

Der Kommissionspräsident ist regelmäßig ein Politiker von Rang. Faktisch verkörpert sich in ihm in den Augen der europäischen Öffentlichkeit am stärksten die Gemeinschaft.

Bisherige Kommissionspräsidenten waren *Walter Hallstein* (Deutschland, 1958–1967), *Jean Rey* (Belgien, 1967–1970), *Franco Malfatti* (Italien 1970–1971), *Sicco Mansholt* (Niederlande, 1971–1972), *François Ortoli* (Frankreich, 1973–1976), *Roy Jenkins* (Großbritannien, 1977–1980), *Gaston Thorn* (Luxemburg, 1981–1984), *Jacques Delors* (Frankreich, 1985–1994), *Jacques Santer* (Luxemburg, 1995–).

Infolge der unterschiedlichen Praxis der Mitgliedstaaten, Personen ihrer jeweiligen Regierungsmehrheit oder auch der Opposition zu benennen, ist die Kommission meist in einem politischen Sinne weit gefächert. Die Regierungen üben das **gegenseitige Einvernehmen** i. S. d. Art. 158 = 214 neu EGV bei der Ernennung im allgemeinen behutsam aus. Seit Mitte der 60er Jahre herrscht jedoch eine Art unausgesprochener Konsens, die Kandidatur allzu eigenwilliger Persönlichkeiten als Mitglied und insbesondere Präsident der Kommission zu vermeiden.

Das Amt der Kommissionsmitglieder **endet** im Falle eines erfolgreichen **339**
Mißtrauensvotums des Europäischen Parlamentes nach Art. 144 = 201 neu EGV (oben Rz. 276). Es kann nur gegen die ganze Kommission ausgesprochen werden. Daneben bestehen die normalen Beendigungsgründe wie Zeitablauf, Todesfall und Rücktritt (Art. 159 = 215 neu EGV). Bei schweren Amtsverfehlungen u. ä. kann der Gerichtshof auf Antrag des Rates oder der Kommission ein Mitglied der Kommission seines Amtes entheben (Art. 160 = 216 neu EGV). Die **Unabhängigkeit des Kommissionsamtes** ist auch dadurch geschützt, daß die nationalen Regierungen, der Rat oder die Kommission ein einmal ernanntes Kommissionsmitglied während seiner Amtszeit nicht aus dem Amt entfernen können. Abgesehen von der Amtsenthebung bleiben Kommissionsmitglieder bei Beendigung des Amtes bis zur Neubesetzung geschäftsführend im Amt (Art. 159 Abs. 4 = 215 Abs. 4 neu EGV).

bb) Die Behörden der Kommission

Der quantitative Umfang der Aufgaben der Kommission (unten Rz. 352 ff.) **340**
bedingt einen großen **Verwaltungsapparat** (ca. 15 000 Kommissionsbedienstete, davon ein Viertel Sprachendienst). Gelegentlich als „Eurokratie" oder „aufgeblähter Brüsseler Wasserkopf" gescholten (vgl. etwa *Fischer,* EA 1976, S. 717 ff.), gibt erst die Existenz dieser kraft der Organisationsgewalt der Kommission geschaffenen, hinreichend schwergewichtigen, qualifizierten Behörden der Aktion der Gemeinschaft die nötige Konstanz, Stabilität und Sachautorität *(Dietl/Glatthaar,* Das Räderwerk der EG-Kommission, 1991). Verglichen mit nationalen Ministerialverwaltungen ist die 370 Millionen EG-Bürgern gegenüber verantwortliche Kommissionsverwaltung keineswegs zu groß. Zu ihr gehört auch ein **europäisches Personalrecht,** das die Rekrutierung geeigneter „Europabeamter" ermöglicht (unten Rz. 775 ff.). Neben der fachlichen Qualifikation darf bei den neuartigen und schwierigen Integrationsaufgaben die Bedeutung des **persönlichen Engagements der**

Bediensteten für das „allgemeine Wohl der Gemeinschaft" (Art. 157 Abs. 2 = 213 Abs. 2 neu EGV) nicht unterschätzt werden *(Hallstein,* Zum Ethos des Europa-Beamten, in: Europäische Reden, 1979, S. 441 ff.).

aaa) Die Dienststellen (Organisationsplan)

341 Die Dienststellen der Kommission sind zur Vorbereitung ihrer Beschlußfassung **ressortmäßig geordnet.** Präsident und Mitglieder der Kommission teilen bei Neuernennungen des Kommissionskollegiums in einem politisch schwierigen Prozeß „Zuständigkeitsbereiche" unter sich auf. Die Dienststellen gliedern sich in die: **Generaldirektionen** und in **gleichgestellte Dienste** (Art. 18 GeschO Komm.). Sie gliedern sich weiter in **Direktionen und Referate.** Zur unmittelbaren Beratung und Koordinierung steht jedem Kommissionsmitglied ferner ein **Kabinett** aus einigen mehr politischen Beamten (i. d. R. Staatsangehörigkeit des Kommissionsmitgliedes) zur Verfügung *(Krenzler,* EuR 1974, S. 75 ff.). Im wesentlichen ergibt sich so folgende Organisation:

342 ***Kommission*** **(mit Kabinetten)**

Generalsekretariat
Generalinspektion
Juristischer Dienst
Dienst des Sprechers
Gemeinsamer Dolmetscher-Konferenzdienst
Statistisches Amt
Übersetzungsdienst
Sicherheitsbüro

Generaldirektionen (GD)

GD I/IA –	Auswärtige Beziehungen
GD II –	Wirtschaft und Finanzen
GD III –	Industrie
GD IV –	Wettbewerb
GD V –	Beschäftigung, Arbeitsbeziehungen und soziale Angelegenheiten
GD VI –	Landwirtschaft
GD VII –	Verkehr
GD VIII –	Entwicklung
GD IX –	Personal und Verwaltung
GD X –	Information, Kommunikation, Kultur, Audiovisuelle Medien
GD XI –	Umwelt, nukleare Sicherheit und Katastrophenschutz
GD XII –	Wissenschaft, Forschung und Entwicklung (Gemeinsame Forschungsstelle)
GD XIII –	Telekommunikation, Informationsmarkt und Nutzung der Forschungsergebnisse
GD XIV –	Fischerei
GD XV –	Binnenmarkt und Finanzdienste
GD XVI –	Regionalpolitik und Zusammenhalt
GD XVII –	Energie
GD XVIII –	Kredit und Investitionen
GD XIX –	Haushalt
GD XX –	Finanzkontrolle
GD XXI –	Zoll und indirekte Steuern
GD XXII –	Allgemeine und berufliche Bildung und Jugend
GD XXIII –	Unternehmenspolitik, Handel, Tourismus und Sozialwirtschaft

GD XXIV – Dienst „Verbraucherpolitik"
Amt für humanitäre Hilfen der EG
Euratom-Versorgungsagentur
Amt für amtliche Veröffentlichungen der EGen
(Die Kommissionsorganisation unterliegt immer wieder kurzfristigen Änderungen)

Außerdem verfügt die Kommission über **Dienststellen in den einzelnen** 343
Mitgliedstaaten (z.B. eine Vertretung in Bonn) und in **Drittstaaten** (hier insbesondere zahlreiche ständige „Delegationen" in den AKP-Staaten und in den südlichen Mittelmeerländern). Es handelt sich dabei um Informations- und Kontaktstellen, nicht jedoch um nachgeordnete Behörden zur Durchführung der Gemeinschaftsaktion (vgl. z.B. *Europäische Kommission/Vertretung in Deutschland* (Hrsg.), Jahresbericht 1996 (1997)). Diese obliegt grundsätzlich den Behörden der Mitgliedstaaten (unten Rz. 635 ff.).

Unter den besonderen Dienststellen kommt dem **Generalsekretariat** be- 344
sondere Bedeutung zu. Es koordiniert (mit einem Generalsekretär an der Spitze) die Arbeit der Gesamtkommission und hält die Verbindung zu den anderen EG-Organen. Ferner ist der **Juristische Dienst** für die Tätigkeit der Kommission sehr wichtig. Da die EG (nur) „Rechtsgemeinschaft" ohne wesentliche eigene Zwangsgewalt ist, ist es für die Kommission als Initiator der Gemeinschaftsaktion (unten Rz. 352) in den häufigen Auseinandersetzungen mit den Mitgliedstaaten von essentieller Bedeutung, jeweils von gesicherter Rechtsgrundlage aus zu operieren. Auch als justitieller „Hüter der Verträge" gegenüber den Mitgliedstaaten im Sinne von Art. 169 = 226 neu EGV bedarf die Kommission qualifizierter Rechtsberatung und Vertretung vor dem Gerichtshof. Für neue Schwerpunkte bildet die Kommissionsverwaltung nichtständige **„Task-forces"**.

bb) Ausschüsse bei der Kommission

Die Kommission läßt sich zur Vorbereitung ihrer Tätigkeit, insbesonde- 345
re in der Ausübung ihres Vorschlagsrechtes, häufig in **Beratenden Ausschüssen** von Sachverständigen oder Bediensteten der Mitgliedstaaten beraten. Diese Einbeziehung der nationalen Regierungs- und Verwaltungserfahrung in die Kommissionsarbeit ist von großer Bedeutung *(Schmitt v. Sydow,* EuR 1974, S. 62 ff.). Es gibt über 1000 Ausschüsse bei der Kommission.

Beratende Ausschüsse sind z. T. in den **Verträgen** selbst vorgesehen (Art. 83 = 79 neu EGV – Ausschuß für Verkehrspolitik; Art. 109 = 114 neu EGV – Währungsausschuß u. a.), z. T. kraft **Organisationsgewalt der EG-Organe** geschaffen (z. B. Beratender Ausschuß für öffentliche Aufträge 1971 kraft Ratsbeschluß). Es gibt so eine Unzahl flukturierender Ausschüsse (ein Klassifikationsversuch bei *Ayval,* RMC 1975, S. 330 ff.). Je nach der Einzelregelung ist die Anhörung obligatorisch oder fakultativ ausgestaltet (vgl. auch unten Rz. 451).

Schließlich hat der Rat in wichtigen Vertragsbereichen (insbesondere 346
Landwirtschaft, Rechtsangleichung) zunehmend dazu geneigt, die Durchführung der von ihm erlassenen Rechtsakte nicht im Sinne von Art. 155 Unterabsatz 4 = 211 Abs. 4 neu EGV ganz der Kommission zu überlassen,

sondern in diese Durchführung Ausschüsse nationaler Beamter einzuschalten. Auf diese Weise sind der Kommission durch sekundäres Gemeinschaftsrecht zahlreiche **kontrollierende Ausschüsse** („Verwaltungsausschußverfahren", dazu etwa *Schmitt v. Sydow,* EuR 1974, S. 62 ff.) beigegeben worden. Nach Art. 145, 3. Spiegelstrich = 202 neu EGV ist diese Beteiligung des Rates an der Durchführung des Gemeinschaftsrechts vertraglich sanktioniert. Der Rat hat vor allem durch seinen **„Comitologie-Beschluß"** (ABl. 1987, L 197/33 ff., dazu *Meng,* ZaöRVR 1988, S. 208 ff.) es verstanden, vorerst seine Vorhand im Ausschußverfahren zu wahren.

347 Grundgedanke der im näheren vielgestaltigen **Verwaltungsausschußverfahren** ist, daß die Kommission bei der Durchführung des Gemeinschaftsrechts nicht alleine entscheiden kann, sondern sich zunächst der Zustimmung des Ausschusses (i. d. R. reicht dazu qualifizierte Mehrheit i. S. Art. 148 Abs. 2 = 205 Abs. 2 neu EGV) versichern muß. Fehlt sie, variieren die Konsequenzen von einem Letztdurchsetzungsrecht der Kommission (so meist im Agrarbereich) bis zur Möglichkeit der endgültigen Hemmung von nationaler (Rats)Seite. (So z. B. öfters in der Rechtsangleichung).

Das Verwaltungsausschußverfahren ist als eine Art von Übertragung speziell ausgestalteter Durchführungsbefugnisse an die Kommission i. S. v. Art. 155 = 211 neu EGV grundsätzlich zulässig (EuGHE 1970, S. 1161 ff. – RS 25/70, „Köster, Berodt & Co."). Es darf jedoch keine Verfälschung der Gemeinschaftsstruktur und des institutionellen Gleichgewichts eintreten, d. h. die Letztdurchführungskompetenz muß entweder bei der Kommission oder beim Rat liegen, nicht aber „gemischt" beim Ausschuß.

348 Seit 1987 gilt für die Bildung neuer Ausschüsse der **„Comitologie-Beschluß" des Rates** von 1987, wonach zunächst der Rat die Regeln für Durchführungsmaßnahmen durch Rechtsakt festlegt, zu ihm auch *Never,* Integr. 1997, S. 24 ff. Nach ihm werden Beratende Ausschüsse, Verwaltungsausschüsse und Regelungsausschüsse unterschieden. Während im **Beratenden Ausschuß** nur eine Meinungsäußerung über von der Kommission erbetene Stellungnahmen erfolgt, bleibt in den Varianten des **Verwaltungsausschußverfahrens** trotz starker Stellung der Kommission das Letztentscheidungsrecht des Rates möglich. Ähnliches gilt für das **Regelungsausschußverfahren,** welches u. a. für die Übertragung von Befugnissen zum Beschluß von **Schutzmaßnahmen** vom Rat auf die Kommission gelten soll. Bereits 1987 existierende Ausschüsse bleiben unberührt, können aber an den Comitologie-Beschluß angepaßt werden (Art. 4). Der Beschluß gilt nicht für Rechtsakte, die von Rat/EP im Mitentscheidungsverfahren (Art. 189 b = 251 neu EGV) erlassen wurden. – Insgesamt ist der „Geist" des Art. 145 = 202 neu EGV mit dem Comitologie-Beschluß teilweise wieder zugunsten des Rates verändert worden. Seine Vereinbarkeit mit Art. 145 = 202 neu EGV wurde bestätigt (EuGHE 1988, 5615 ff. – RS 302/87).

cc) Willensbildung und Arbeitsweise der Kommission

349 Art. 157 ff. = 213 ff. neu EGV haben die Kommission als grunsätzlich unabhängiges Organ gestaltet. Dementsprechend ist ihre **interne Willensbildung und Arbeitsweise** weitgehend autonom ausgestaltet *(Knöpfle,* EuR 1968, S. 30 ff.). Die Kommission hat sich gemäß Art. 162 Abs. 2 = 218 Abs. 2 neu EGV eine Geschäftsordnung gegeben (v. 17. 2. 1993, ABl. L 230/15 = Sart II, Ziff. 235, Änderungen, näher *Geiger,* EGV-Komm., 2. Aufl. 1995, vor Art. 163).

Die Kommission arbeitet als **Kollegialorgan** (Art. 1 GeschO), die ihre Beschlüsse mit der Mehrheit ihrer Mitglieder faßt und gemeinsam verantwortet (Art. 163 Abs. 1 I = 219 neu EGV – EuGHE 1986, 2585 ff. – RS 5/85 „AKZO"). Anderenfalls ist der Beschluß nichtig (EuGHE 1994, I–2555 ff. – RS C 137/92 „BASF"). Zur Beschlußfähigkeit der Kommission müssen mindestens 11 ihrer 20 Mitglieder anwesend sein. Daneben gibt es die Möglichkeit der Beschlußfassung im schriftlichen Verfahren (Art. 10 GeschO), wovon in der Praxis inzwischen erheblicher Gebrauch gemacht wird. Aufgrund der Kollegialverfassung der Kommission kommt ihrem **Präsidenten** eigentlich nur die Rolle des sitzungsleitenden „Primus inter Pares" zu. Faktisch erwächst ihm aus der Leitungsfunktion und vielfältiger Einzelrepräsentanz der Kommission nach innen und außen gleichwohl eine **besondere politische Position** als einer der maßgeblichen Repräsentanten der EG/EU neben dem Ratspräsidenten (oben Rz. 283) und dem Präsidenten des EP (oben Rz. 257). Ebenso kommt der **„Ressortzuständigkeit"** des einzelnen Kommissionsmitgliedes („Agrarkommissar" usf.) mit dem Unterbau der entsprechenden Generaldirektionen und gleichgestellter Dienste (oben Rz. 341) ungeachtet des Kollegialprinzips gewohnheitsgemäß eine große Bedeutung bei der Willensbildung zu *(Miert,* FS Dehousse, Bd. 2, 1979, S. 175 ff.). 350

Das Art. 163 = 219 neu EGV innewohnende Kollegialprinzip steht in einem Spannungsverhältnis zur praktischen Notwendigkeit täglicher, ja stündlicher Beschlußfassung der Kommission, insbesondere im Agrarbereich (unten Rz. 1379 ff.). Bei der Zulässigkeit **vereinfachter Beschlußverfahren** (Ermächtigung einzelner Kommissionsmitglieder, nach Fristablauf vermutete Zustimmungen u. ä., vgl. den – sehr weitgehenden – Art. 11 GeschO und *Schindler,* DVBl. 1970, S. 605 ff.) ist daher Großzügigkeit am Platze. Grenze bleibt jedoch, daß das Kommissionskollegium mindestens virtuell die Beschlußfassung im Einzelfall wieder an sich ziehen kann. Das vertragskräftige Kollegialprinzip **erlaubt keine echte Delegation der Organzuständigkeit** (Kompetenzübertragung) auf nachgeordnete Stellen (EuGHE 1958, 13 ff. (43) – RS 9/56 „Meroni I" st. Rspr., vgl. auch EuGHE 1972, 787 ff. (824) – RS 52/69 „Geigy", eingehend *Ehlermann,* EuR 1981, S. 335 ff.). 351

Aufgrund der **Permanenz ihrer Arbeit und Willensbildung** (i. d. R. mindestens einmal wöchentliche Sitzungen der Kommission (Art. 3 Abs. 2 GeschO, daneben die schriftlichen und vereinfachten Beschlußverfahren), aber auch im Mehrheitsprinzip unterscheidet sich die ständige Tätigkeit der Kommission deutlich von der mehr sporadischen des Rates.

b) Aufgaben und Funktionen der Kommission

Die Europäische Kommission nimmt ihre Funktion und Aufgaben **unterschiedlich nach Maßgabe der 3 Verträge** wahr. Auf diese Weise verfügt die Kommission als ehemalige Hohe Behörde im Bereich der EGKS über weitergehende Befugnisse als im EG- und EAG-Bereich. 352

aa) Politische Rolle

Zusammenfassend gesehen, liegen die Schwerpunkte der Kommissionstätigkeit in **Initiativrechten bei der Rechtsetzung** der Gemeinschaft, in der mehr verwaltenden **Durchführung des Gemeinschaftsrechts** und in einer quasi-justitiellen **Kontrolle der Legalität der Gemeinschaftsordnung** („Hüterin der Verträge"). Insbesondere an der Initiativ- und Kontrollfunktion zeigt sich, daß das gerne gezeichnete Bild von der rein „technokratischen" Rolle der Kommission unrichtig ist. Obwohl seit längerem im Verhältnis zum Rat etwas zurückgestuft (oben Rz. 337), verbleibt ihr eine **bedeutsame „politische Rolle"** *(Étienne Davignon)* bei der Definition des europäischen Gemeinwillens.

353 *bb) Rechtsetzung (einschließlich Haushalt)*

In aller Regel (vgl. z. B. Art. 43 = 37 neu EGV) erläßt der Rat die Rechtsakte der EG **„auf Vorschlag der Kommission".** Da der Rat Änderungen des Vorschlages nur einstimmig beschließen kann, die Kommission aber ihrerseits bis zur Beschlußfassung seitens des Rates ihren ursprünglichen Vorschlag ändern kann (Art. 189 a = 250 neu EGV), ergibt sich hieraus eine technisch/politische Schlüsselrolle der Kommission bei der Rechtsetzung der EG *(Noël,* CML Rev. 1973, S. 123 ff.). In der bekannten Formel *Hallsteins* ist sie so zum **„Motor des Vertrages"** berufen.

354 Im Näheren ergeben sich freilich **einige Modifikationen dieses Bildes.** Art. 152 = 208 neu EGV gibt dem Rat die Befugnis, die Vorlage erwünschter Vorschläge von der Kommission zu verlangen. Darüber hinaus erwarten die Mitgliedstaaten aufgrund der Luxemburger Vereinbarungen von 1966 (oben Rz. 29 f.), daß die Kommission bei einem „Vorschlag von besonderer Bedeutung" über die Ständigen Vertreter vorherige Sondierungen mit den Mitgliedstaaten aufnimmt. Ferner begutachtet die Kommission im Wege der Selbstverpflichtung die sog. „Initiativberichte" des Europäischen Parlaments (oben Rz. 266). Schließlich ist die Kommission in sehr vielen Fällen darauf angewiesen, vor Abgabe eines Vorschlages in eingehende Beratung mit den (i. d. R. beamteten) Sachverständigen der Mitgliedstaaten einzutreten, um einen sowohl qualitativ geeigneten als auch politisch durchsetzbaren Vorschlag zu erstellen. Dennoch kommt es immer wieder vor, daß Kommissionsvorschläge im Rat unerledigt „steckenbleiben". Eine Erzwingung der Beschlußfassung durch den Rat ist der Kommission nicht möglich. Allerdings hat der EuGH neuerdings der Kommission in bestimmten Fällen bei Untätigkeit des Rates „ersatzorganschaftliches Handeln" *(Hartmut Schramm)* zusammen mit den MS zugestanden (EuGHE 1987, 5143 ff. – RS 332/85 „Seefischerei" st. Rspr. Vgl. oben Rz. 320).

355 Auf diese Weise ist das Vorschlagsrecht der Kommission **mancherlei Einflüssen unterworfen.** Dennoch verbleibt der Kommission die **eigentliche Initiativbefugnis über den Inhalt des Vorschlages.** Ihre zentrale Aufgabe liegt darin, in den jeweiligen Sachfragen das „genuin europäische" Interesse zu definieren (arg. Art. 157 Abs. 2 = 213 neu EGV) und im Vorschlag zum Ausdruck zu bringen. Zur politischen Rolle der Kommission gehört gleichzeitig, den Vorschlag so zu gestalten, auch in etwaiger Abänderung nach der Mitwirkung des EP, WSA oder des AdR, daß er vom Rat akzeptiert wird. In der Gemeinschaftswirklichkeit ist die Kommission dieser Aufgabe unterschiedlich gerecht geworden.

356 Besondere Beteiligungen an Rechtsetzungsbefugnissen hat die Kommission im Haushaltsrecht, wo sie den Vorentwurf des Haushaltsplanes erstellt und dem Rat vorlegt (Art. 203 Abs. 2, 3 = 272 Abs. 2, 3 neu EGV). Ferner hat sie nach Art. N = 48 neu EUV neben den Regierungen der Mitgliedstaaten

das Initiativrecht zur **Vertragsänderung.** In der Polizeilich-Justitiellen Zusammenarbeit (PJZ) verfügt die Kommission über Initiativrechte (oben Rz. 311).

Neben der Beteiligung der Kommission an der „großen" Rechtsetzung der EG über ihr Vorschlagsrecht stehen ihe **selbständigen Rechtsetzungsbefugnisse** (Art. 155 Unterabsatz 3 i. V. m. 189 Abs. 1 = 211, 249 neu EGV). Sie verfügt zum einen **in den Verträgen** über eine größere Zahl an **Beschlußkompetenzen** *(Breier,* in: Lenz (Hrsg.), EGV-Komm., 1994, Art. 155, RdNr. 7). Ferner hat sie inzwischen über das **sekundäre EG-Recht** zahllose Befugnisse für den Erlaß von **Durchführungsvorschriften** u. ä. (Art. 155 Unterabsatz 4 = 211 UA 4 neu EGV) erhalten. Durch Art. 145 = 202 neu EGV muß die Kommission allerdings die Mitwirkung des Rates hinnehmen („Comitologie", unten Rz. 451). In wichtigen Vertragsbereichen, insbesondere in der Landwirtschaft, besteht die EG-Rechtsetzung heute zum allergrößten Teil aus einer Fülle kurzfristig wechselnder Durchführungsregelungen (Preisbestimmungen usf.), zu deren Erlaß i. d. R. die Kommission in den Grundakten des sekundären Gemeinschaftsrechts vom Rat ermächtigt worden ist. Der Rat pflegt sich dabei allerdings eine gewisse Mitwirkung in Gestalt des Verwaltungsausschußverfahrens vorzubehalten (oben Rz. 346). – Nach dem EGKSV ist die Kommission (Hohe Behörde) sogar das Hauptrechtsetzungsorgan für das sekundäre Gemeinschaftsrecht. 357

Schließlich ist die Kommission befugt, generell nach eigenem Ermessen nicht bindende (Art. 189 Abs. 5 = 249 Abs. 5 neu EGV) **Empfehlungen und Stellungnahmen** auf allen Vertragsgebieten abzugeben (Art. 155 Unterabsatz 2 = 211 UA 2 neu EGV). Die Kommission pflegt von dieser Befugnis u. a. in vielfältigen Plänen, Programmen und Memoranden Gebrauch zu machen, die der Aktion der Gemeinschaft des öfteren Impulse gaben. Auch hierin kommt die „politisch-motorische" Funktion der Kommission zum Ausdruck. 358

cc) Außenbeziehungen

Als das permanente und den europäischen Gemeinwillen besonders repräsentierende Organ hat die Kommission **wesentlichen Anteil an der EG-Außenkompetenz** (unten Rz. 1674 ff.). Zwar werden die entscheidenden Akte in der Gemeinsamen Handels- und Entwicklungspolitik, bei Assoziierungen und Beitritten vom Rat getroffen (vgl. oben Rz. 323), jedoch hat die Kommission durch ihre Vorschläge zur Durchführung der Handelspolitik (Art. 113 Abs. 2 = 133 Abs. 2 neu EGV), durch ihre vertragliche Rolle als „geborener" Verhandlungsführer der Gemeinschaft (Art. 113 Abs. 2, 228 = 133 Abs. 3, 300 neu EGV, 101 Abs. 2 EAGV) und auch durch eine Kontrollfunktion hinsichtlich der EG-Konformität der einschlägigen mitgliedstaatlichen Abkommen (Art. 102, 103 EAGV, ähnliche Regelungen bei der EG-Handelspolitik im sekundären Gemeinschaftsrecht, vgl. unten Rz. 1714 ff.) einen maßgeblichen Anteil an der EG-Außenkompetenz. Das gilt auch für die Assoziierungen (Art. 238 i. V. m. 228 = 310 i. V. m. 300 neu EGV). Beim Beitritt beschränkt sich die Aufgabe der Kommission auf die Abgabe einer Stellungnahme zum Beitrittsantrag (Art. 0 Abs. 1 = 49 Abs. 1 neu EUV). Faktisch hat die Kommission aber auch bei allen Beitrittsverhandlungen infolge ihrer Sachkompetenz eine wichtige Rolle gespielt. In Einzelfällen (Art. 359

229 = 302 neu EGV, Art. 101 Abs. 2, 3 EAGV, Art. 93 EGKSV) kann die Kommission selbst für die EG Abkommen mit Drittstaaten und Internationalen Organisationen schließen. – Zur Beteiligung der Kommission an der **gemeinsamen Außen- und Sicherheitspolitik** (GASP) oben Rz. 305 ff..

360 Auch im **Protokollarischen** wird die **Partizipation der Kommission an der Außenkompetenz** sichtbar. Der Kommissionspräsident pflegt neben dem Ratspräsidenten die bedeutsamen Verträge der Gemeinschaft mit Drittstaaten zu unterzeichnen. Die diplomatischen Vertreter von Drittstaaten bei der EG/EU werden bei Rat und Kommission gemeinsam akkreditiert. (Ziff. 3 der Luxemburger Vereinbarungen v. 29. 1. 1966, Text u. a. EuR 1966, S. 73 ff.). Auch die in Drittstaaten von der Kommission unterhaltenen Verbindungsbüros und „Delegationen" (oben Rz. 343) gehören in diesen Zusammenhang.

dd) Verwaltung

361 Obwohl die ausführende Anwendung des Gemeinschaftsrechts grundsätzlich Sache der nationalen Behörden der Mitgliedstaaten ist (unten Rz. 635 ff.), obliegt es nach besonderer Maßgabe der Verträge auch der Kommission, für die „**Anwendung der Verträge** Sorge zu tragen" (Art. 155 Unterabsatz 1 i. V. m. 145 = 211 UA 1, 202 neu EGV, ähnlich 124 EAGV, 8 EGKSV). Die bereits erwähnten (oben Rz. 356) selbständigen Rechtsetzungsbefugnisse der Kommission gemäß den Verträgen und in Durchführungsermächtigungen des sekundären Gemeinschaftsrechts sind die Instrumente für eine umfängliche („eurokratische") **Verwaltungstätigkeit** der Kommissionsdienststellen. Jährlich ergehen über 20.000 Beschlüsse. (Bewertungen, Feststellungen, Zustimmungen, Genehmigungen, Finanzmaßnahmen, Schutzmaßnahmen u. ä.). Öfter muß die Kommission allerdings diese Verwaltungstätigkeit über Vereinbarung von **Ausschußverfahren** (oben Rz. 346 f.) mit dem Rat teilen, der nach Art. 145 = 202 neu EGV und den „Comitologie-Beschluß" von 1987 (unten Rz. 451) seinen Einfluß gewahrt hat. – In diesem Zusammenhang gehören auch die **Ausführung des Haushaltes** und Art. 205 = 274 neu EGV und die großen jährlichen **Gesamtberichte über die Tätigkeit der EG,** welche die Kommission gemäß Art. 156 = 212 neu EGV dem EP (und der Öffentlichkeit) erstattet.

362 Im **EG-Bereich** verfügt die Kommission über **zahlreiche** (z. T. inzwischen obsolete) **Einzelbefugnisse** bei der Herstellung und Aufrechterhaltung des freien Warenverkehrs nach Art. 9 ff., 30 ff. = 23 ff., 28 ff. neu EGV ebenso meist über das sekundäre Recht im Agrarbereich und bei der Freizügigkeit und im sozialen Sektor (Art. 38 ff., 48 ff., 117 f .= 32 ff., 39 ff., 136 ff. neu EGV). Im Verkehrssektor (Art. 74 ff. = 70 ff. neu) sind der Kommission nach dem Vertrage verschiedene Prüfungsbefugnisse u. ä. übertragen. Ganz wesentliche Verwaltungsbefugnisse besitzt die Kommission im Sinne einer permanenten Kontrollinstanz in der **Wettbewerbspolitik** einschließlich der staatlichen Beihilfen (Art. 85 ff., 92 ff. = 81 ff., 87 ff. neu). Ähnliches gilt bei der Steuerangleichung (Art. 95 ff. = 90 ff. neu) und der allgemeinen Rechtsangleichung (Art. 100 = 94 ff. neu) wo die Kommission u. a. die nationale Rechtsentwicklung fortlaufend beobachtet. In der **Forschungs- und Bildungspolitik** (Art. 126 ff., 130 f ff. = 149 ff., 163 ff. neu) obliegt der Kommission die Verwaltung der Gemeinschaftsprogramme. Eine wichtige Schlüsselrolle spielt die Kommission bei der Frage der **Gewährung von Schutzmaßnahmen in Krisensi-**

tuationen (z. B. Art. 115 = 134 neu). Auch in den Außenbeziehungen (Art. 110 ff., 228, 238 = 131 ff., 300, 310 neu EGV, Art. 0 = 49 neu EUV) ergeben sich für die Kommission neben ihrer verhandlungsführenden Funktion mancherlei Ausführungs- und Kontrollaufgaben bei abgeschlossenen Verträgen mit Drittstaaten. Die Kommission vertritt die EG im privatrechtlichen Verkehr (Art. 211 = 282 neu EGV) und bei internationalen Organisationen (Art. 229 = 302 neu EGV). Schließlich ist die **Verwaltung der Gemeinschaftsfonds** (Agrar-, Sozial-, Regional-, Überseefonds u. a.) eine Domäne der Kommission.

Auch im **EAG-Bereich** ergeben sich wesentliche Exekutivfunktionen der Kom- **363**
mission, wie z. B. bei der Verbreitung der technischen Kenntnisse (Art. 12 ff. EAGV), der Aufsicht über die Euratom-Versorgungsagentur (Art. 52 ff.) oder bei der Überwachung der nuklearen Sicherheit (Art. 77 ff.). Im **EGKS-Bereich** sind der Kommission (Hohe Behörde) infolge ihrer allgemein etwas stärkeren Position gegenüber dem Rat quer durch den Vertrag weitgespannte Verwaltungsbefugnisse zugewiesen, die u. a. auch finanzielle Befugnisse (Abgabenerhebung, Darlehnsgewährung, Preiskontrolle u. a.) umfassen.

Zur Erfüllung ihrer Verwaltungsaufgaben verfügt die Kommission auf- **364**
grund ihrer Organisationsgewalt und z. T. auch kraft Vertrages über die nötigen „technischen" Verwaltungsbefugnisse. Eine wichtige Befugnis in diesem Zusammenhang ist ihr **Auskunftsrecht** gegenüber den Mitgliedstaaten und Privaten (Art. 213 = 284 neu EGV, z. T. noch weitgehend 187 EAGV, 47 Abs. 1 EGKSV). Gegenüber Privaten (Individuen, Unternehmen) bedarf seie Ausübung näherer Ausgestaltung durch den Rat, die inzwischen im speziellen Sekundärrecht vielerorts erfolgt ist. (Näher *Hummer,* in: Grabitz/Hilf (Hrsg.), EUV/EGV Komm. (1995), Art. 213 m. w. N.). – Umgekehrt unterliegt die Kommission im Interesse der Mitgliedstaaten und Privater verschiedenen **Geheimhaltungspflichten.** *(Hummer,* a. a. O., Art. 214 EGV).

ee) Kontrollrechte (Die Kommission als „Hüterin der Verträge")

Im **„Sorgetragen" für die Anwendung des Vertrages** (Art. 155 Unter- **365**
absatz 1 = 211 UA 1 neu EGV, 124 EAGV, ählich 8 EGKSV) liegt die zusätzliche Aufgabe für die Kommission, die Respektierung der Gemeinschaftsordnung durch alle Beteiligten, insbesondere die Mitgliedstaaten, sicherzustellen. Die Kommission ist in diesem Sinne **„Hüterin der Verträge".** *(Van Rijn,* FS Schermers II, 1994, S. 409 ff.).

Diese Kontrollfunktion ist für den Bestand der EG ebenso wichtig wie in der Praxis schwer zu erfüllen. Anders als beim Verfassungsschutz im Bundesstaat, dem Zwangsbefugnisse wie Reichsexekution oder Bundeszwang zur Verfügung stehen, beschränken sich in der allenfalls staatsähnlichen „Rechtsgemeinschaft" EG die Schutzbefugnisse der Kommission im wesentlichen auf **justitielle Maßnahmen,** vor allem die **Klagerechte** der Art. 169 ff. = 226 ff. neu EGV. Der Respekt vor dem EuGH ist die Ultima Ratio des Vertragsschutzes in der Gemeinschaft. Gegen einen MS, der eine Entscheidung des Gerichtshofes nicht respektiert, kann die Kommission beim EuGH die Verhängung eines **Pauschalbetrages oder Zwangsgeldes** beantragen (Art. 171 = 228 neu EGV, unten Rz. 692).

366 Zur Ausübung ihrer „Hüterfunktion" verfügt die Kommission gegenüber **Individuen** über **zahlreiche Unterrichtungs- und Untersuchungsrechte** in den Verträgen und im Sekundärrecht (z. B. im Kartellbereich, auch Art. 21 = 284 neu EGV; *Guerrin,* Petites affiches 1988, 39/S. 31 ff.). Auf Wunsch des EP erstattet die Kommission Jahresberichte über die Kontrolle der Anwendung des EGR (z. B. ABl. 1986, C 220/1 ff.). Im Rahmen der Wettbewerbs- und Verkehrspolitik und im Montanbereich kann die Kommission sogar ausnahmsweise **Sanktionen** gegen Individuen erlassen, die sich vertragswidrig verhalten *(Harding,* Investigations and Sanctions in the EC, 1992, unten Rz. 1072).

367 Die **Mitgliedstaaten** unterliegen ähnlich wie Gliedstaaten im Bundesstaate einer **grundlegenden Loyalitätspflicht gegenüber der Gemeinschaft** (Art. 5 = 10 neu EGV, 192 EAGV, 86 EGKSV – „Gemeinschaftstreue", *Bleckmann,* DVBl. 1976, S. 483 ff.). Die Kommission kann sich wiederum durch zahlreiche Unterrichtungsrechte über das Verhalten der Mitgliedstaaten informieren. Stellt sie Vertragsverstöße durch einen Mitgliedstaat fest, hat sie in bestimmten Ausnahmefällen die Befugnis, diesen mittels zwingender Rechtsakte (Entscheidungen, Richtlinien, vgl. Art. 89 Abs. 2 = 85 neu EGV) zu begegnen. Allgemein bleibt ihr die Möglichkeit, das **Vertragsverletzungsverfahren** der Art. 169 = 226 neu EGV, 141 EAGV (etwa anders 88 EGKSV) gegen Mitgliedstaaten einzuleiten *(Ehlermann,* FS Kutscher, 1981, S. 135 ff.). In seiner ersten Phase (Erlaß einer begründeten Stellungnahme der Kommission) können die Meinungsverschiedenheiten zwischen Gemeinschaft und Mitgliedstaat noch gütlich beigelegt werden. Nötigenfalls obliegt es der Kommission nach pflichtgemäßem Ermessen den Gerichtshof anzurufen (vgl. näher unten Rz. 733 ff.). – Auch die Klagerechte der Kommission nach Art. 173, 175 = 230, 232 neu EGV gegen den Rat gehören zu ihren „Vertragshütungsrechten", die sie als die besondere Vertreterin des Gemeinschaftsinteresses wahrzunehmen hat.

c) Die Stellung der Kommission unter den Organen der Gemeinschaft

368 Insgesamt gesehen, ist die Rolle der Kommission im institutionellen Gefüge der EG/EU im Verfassungswandel der Gemeinschaft seit den 60er Jahren schwieriger geworden. Die sich allmählich abzeichnende **„neue Balance der Institutionen"** hat aus dem (Europäischen) Rat bis auf weiteres die politisch primär bestimmende Gemeinschaftseinrichtung gemacht (oben Rz. 328). Daneben sucht das seit 1979 direkt gewählte EP seine kontrollierende und initiierende Funktion im Rahmen eines europäischen parlamentarischen Systems zu finden (oben Rz. 279). Es mehren sich die Stimmen, welche die Kommission in diesem Dualismus nur noch als **„Diener der Regierungen"** *(Heinz Stadlmann),* d. h. als verlängerten Arm des Rates sehen. Obwohl rechtlich und politisch eine gewisse Vorhand des Rates gegenüber der Kommission unbestreitbar ist, wird jenes Bild der Position der Kommission nicht gerecht.

369 In verschiedenen Regelungen deutet sich **rechtlich** an, daß die Kommission im Rahmen **entscheidender „Vorgaben" des Rates (und des EP)** existiert und handelt. Hierzu gehört die Ernennung der Kommissionsmitglieder durch die Regierungen (Art. 158 = 214 neu EGV), also durch dieselben Kräfte, die den Rat konstituieren, ferner die Möglichkeit für den Rat, die Zahl der Kommissionsmitglieder zu ändern (Art. 157 Abs. 2 = 213 Abs. 2 neu EGV). Inhaltlich kann der Rat nach Art. 152 = 208 neu EGV, 122 EAGV, 26 Abs. 3 EGKSV die Arbeitsrichtung der Kommission in einem grundsätzlichen Sinne beeinflussen. Daneben stehen einige mehr punktuelle Weisungsrechte (z. B. Art. 113 = 133 neu EGV. – Das EP kann seinerseits gemäß

Art. 144 = 201 neu EGV, 114 EAGV, 24 Abs. 2, 3 EGKSV die Kommission durch ein Mißtrauensvotum stürzen.

Europapolitisch gesehen ergeben sich seit dem Auslaufen des Elans der „Gründerjahre" **zwangsläufige Grenzen für die Wirkungskraft der Kommission** aus dem Fehlen einer unmittelbaren demokratischen Legitimation und „Hausmacht". Im wesentlichen von den Regierungen ernannt, dem EP bis zu einem gewissen Grade politisch verantwortlich, stehen die Kommissionsmitglieder in einer prekären Zwischenlage ohne nennenswertes politisches Eigengewicht. Da der Rat letztlich über die Kommissionsvorschläge entscheidet, ergab sich allmählich ein „Anlehnungsbedürfnis" der Kommission an den Rat.

Neben diesen Abschwächungen einer ursprünglich erhofften „Regierungsrolle" **370**
der Kommission stehen aber weiterhin Faktoren, die ihre Funktion und Position als **eigenständiges EG-Organ und „neues Element im internationalen Leben"** (*Walter Hallstein,* Europäische Reden, 1979, S. 545 ff.) betonen und sichern. Die Garantie der Unabhängigkeit der Kommission und ihre Verpflichtung auf das „allgemeine Wohl der Gemeinschaften" (Art. 157 Abs. 2 = 213 Abs. 2 neu EGV ermöglichen ihr in Verbindung mit der Eifersucht der Mitgliedstaaten untereinander bei einiger Geschicklichkeit eine selbständige Rolle ungefähr auszufüllen. Auch Art. 162 Abs. 1 = 218 Abs. 1 neu EGV, der bei der Zusammenarbeit zwischen Rat und Kommission „Einvernehmlichkeit" voraussetzt, deutet an, daß es kein allgemeines Subordinationsverhältnis der Kommission unter den Rat gibt (*Hummer,* in: Grabitz/Hilf (Hrsg.), EUV/EG-Komm. (1988), Art. 162, RdNr. 2). Die Funktion als „Hüterin der Verträge" auch und gerade gegenüber den Mitgliedstaaten (oben Rz. 218) gehört ebenfalls in diesen Zusammenhang. Für das Verhältnis der Kommission zu Rat und Parlament (und umgekehrt) bleibt auf diese Weise insgesamt die Verpflichtung zur loyalen Zusammenarbeit im Rahmen der gegenseitigen Zuständigkeiten maßgeblich. Hieraus ergibt sich jenes gemeinschaftsrechtliche **Prinzip des institutionellen Gleichgewichts,** das der Gerichtshof öfter entwickelt hat (EuGHE 1984, 1751 ff. – RS 37/84 st. Rspr., *Hummer,* in: Grabitz/Hilf (Hrsg.), EUV/EGV-Komm. (1988), vor Art. 155, RdNr. 14).

Sucht man nach griffigen Formeln, wäre vielleicht statt der „Dienerrolle" **371**
eher die Vorstellung von der Kommission als **„Juniorpartner" des Rates und der Regierungen** am Platze. Damit klänge zugleich etwa von den Zukunftshoffnungen an, die trotz aller skeptischen Erfahrungen im institutionellen Gesamtgefüge der EG zugunsten der Kommission angelegt bleiben. Da im Europäischen Rat die nationalen Interessen notwendig stark artikuliert werden und das Europäische Parlament zur geschlossenen Willensbildung nur begrenzt fähig ist, bedarf die Gemeinschaft und Union eines Organs, **das europäischen Gemeinwillen wirksam herstellt.** Hierfür ist die Europäische Kommission unersetzlich.

4. Gerichtshof (EuGH) und Gericht erster Instanz (EuG)

Literatur: Die Literatur zum Gerichtshof der EG ist sehr umfangreich. Eine eingehende Zusammenstellung bei *Rengeling/Middeke/Gellermann,* Rechtsschutz in der EU, 1994, S. VII ff. Vgl. hier auch die Literaturangaben im § 8 Rechtsschutz. *Bebr,* Judicial Control of the European Communities, 1962; *Colin,* Le gouvernement des juges dans les Communautés Européennes, 1963; *Donner,* Le rôle de la Cour de Justice dans l'élaboration du droit européen, 1964; *Hammes,* Gedanken zu Funktion und Verfahren des Gerichtshofes des EG, EuR 1968, S. 1 ff.; *Pescatore,* Rôle et chance du droit et des juges dans la construction de l'Europe, RIDC 1974, S. 5 ff.; *Lecourt,* L'Europe des juges 1976; *Lagrange,* La Cour de Justice du Plan Schuman à l'Union Européenne, RTDE 1978, S. 1 ff.; *Kutscher,* Der Gerichtshof der Europäischen Gemeinschaften 1952–1982, Integr. 1983, S. 149 ff.; *Schwarze* (Hrsg.), Der Europäische Gerichtshof als Verfassungsorgan und Rechtsschutzinstanz, 1983; *Everling,* Richterrecht in der EG, 1988; *Joliet/Vogel,* Le tribunal de première instance des CE, RMC 1989, S. 423 ff.; *Klinke,* Der Gerichtshof der EG, 1989; *Lenz,* The Court of Justice of the European Communities, ELRev 1989, S. 127 ff.; *Rabe,* Das Gericht 1. Instanz der EG, NJW 1989, S. 3041 ff.; *Jung,* Funktion, Arbeitsweise und Zukunft des Gerichts erster Instanz der EGen, 1992; *Vesterdorf,* The Court of First Instance after two full years in operation, CMLRev 1992, S. 897 ff.; *Rodrigues Iglesias,* Der Gerichtshof der EGen als Verfassungsgericht, 1992; *Everling,* Die Stellung der Judikative im Verfassungssystem der EG, ZSchwR 1993, S. 337 ff.; *Niemeyer,* Erweiterte Zuständigkeiten für das Gericht 1. Instanz der EGen, EuZW 1993, S. 529 ff.; *Oppermann,* Die 3. Gewalt in der EU, DVBl. 1994, S. 901 ff.; *Lenz,* Das Amt des Generalanwalts am Europäischen Gerichtshof, FS Everling 1995, S. 719 ff.; *Wechsler,* Der Europäische Gerichtshof in der EG-Verfassungswerdung, 1995; *Kirschner/Klüpfel,* Das Gericht 1. Instanz der EGen, 2. Aufl. 1998; *Sieber,* Die Auswahl der Richter am Gerichtshof der EGen, 1997; *Sander,* Der Europäische Gerichtshof als Förderer und Hüter der Integration, 1998.

372 Als staatsähnliche Gemeinschaft rechtsstaatlich-gewaltenteilenden Typus (oben Rz. 240) erweist sich die EG auch dadurch, daß in ihr die rechtsprechende („dritte") Gewalt bemerkenswert ausgebildet ist. Sie ist dem Gerichtshof der EGen (oft **„Europäischer Gerichtshof"** = EuGH genannt) anvertraut. Der EuGH war zunächst 1952–1957 Gerichtshof der EGKS, seit 1958 ist er gemäß Art. 3 f. des Abkommens über gemeinsame Organe für die EGen v. 25. 3. 1957 (BGBl. II, S. 1156 = Sart II, Ziff. 220) i. V. m. Art. 164 ff = 220 ff. neu EGV, 136 ff, EAGV, 31 ff. EGKSV **gemeinsamer Gerichtshof der drei Gemeinschaften.** Bei der Schaffung des Gerichtshofes gingen Vorstellungen deutscher und italienischer Verfassungsgerichtsbarkeit und die Traditionen des französischen Conseil d'Etat eine glückliche Ehe ein *(Mosler,* ZaöRVR 1951, S. 1 ff; *Lagrange,* FS Dehousse, Bd. 2, 1979, S. 127 ff.). Infolge der Überlastung des EuGH ist seit 1989 ein **Gericht erster Instanz (EuG)** an seine Seite getreten *(Lenaerts,* EuR 1990, S. 228 ff.). Der EuGH hat die tatsächliche Entwicklung der EG durch seine Rechtsprechung nachhaltig beeinflußt. Sie stabilisierte nicht nur den erreichten Integrationsstand, sondern hatte des öfteren vorwärtsweisenden Charakter, was dem Gericht gelegentlich den Vorwurf des „Gouvernement des Juges" eintrug. Bisweilen wird der EuGH als das „einzige wirklich funktionierende Gemeinschaftsorgan" *(Ulrich Everling)* bezeichnet (näher *Oppermann,* DVBl. 1994, S. 901 ff.).

EuGH und EuG haben ihren Sitz in **Luxemburg.** Einschließlich aller Bediensteten sind dort über 700 Personen tätig, ein großer Teil im Sprachendienst.

a) Die Träger der rechtsprechenden Gemeinschaftsgewalt

373 Die rechtsprechende (Gemeinschafts)gewalt ist in letzter Instanz den **15 Richtern des EuGH** anvertraut, die von den Regierungen der Mitgliedstaaten im gegenseitigen Einvernehmen auf 6 Jahre ernannt werden, wobei eine partielle Neubesetzung des EuGH alle 3 Jahre stattfindet (Art. 165, 167 = 221, 223 neu EGV, 137, 139 EAGV, 32, 32 b EGKSV). Wiederernennungen sind zulässig. Ohne rechtlichen Zwang wird dieses Verfahren so gehandhabt, daß jeder Mitgliedstaat über einen Richter seiner Nationalität im EuGH verfügt. Ernennungsvoraussetzungen sind die Gewähr für richterliche Unabhängigkeit und hervorragende juristische Befähigung. Meist sind die Richter des EuGH ehemalige hohe Richter, Politiker, Beamte oder Professoren ihrer Mitgliedstaaten. In Akzentuierung der Unabhängigkeit des Gerichtes wählen die Richter aus ihrer Mitte den **Präsidenten des EuGH** für jeweils 3 Jahre (Art. 167 = 223 neu EGV).

Bisherige Präsidenten des EuGH waren *Massimo Pilotti* (Italien, 1952–1958), **374** *A. M. Donner* (Niederlande, 1958–1964), *Charles Léon Hammes* (Luxemburg, 1964–1967), *Robert Lecourt* (Frankreich, 1967–1976), *Hans Kutscher* (Deutschland, 1976–1980), *J. Mertens de Wilmars* (Belgien, 1980–1985), *Lord Mackenzie Stewart* (Großbritannien, 1985–1988), *Ole Due* (Dänemark, 1988–1994), *G. C. Rodriguez Iglesias* (Spanien, 1994–). Bei aller grundsätzlichen Freiheit der Präsidentenwahl steht auch diese Position ein wenig mit in der nach Nationalitäten „auszuwiegenden" **Verteilung der europäischen Spitzenämter** (Parlament-, Rats-, Kommissions- und Gerichtspräsident). Der Rat kann auf Antrag des Gerichtshofes einstimmig die Anzahl der Richter erhöhen und die Verträge entsprechend anpassen (Art. 165 = 221 neu).

Der Gerichtshof tagt nach Art. 165 Abs. 23 = 221 neu EGV in **Vollsit-** **375** **zungen,** wenn ein MS oder ein EG-Organ dies verlangen. Ansonsten kann er **Kammern** von 3, 5 oder 7 Richtern bilden, die nach besonderer Regelung (Art. 15 Satzung, Art. 9 VerfO) bestimmte Aufgaben und Rechtssachen erledigen. So ist heute entgegen früher die Vollsitzung zur Ausnahme und die **Kammerentscheidung zur Regel geworden** *(Rengeling/Middeke/Gellemann,* Rechtsschutz in der EU, 1994, S. 16 ff.).

Um die Überlastung des Gerichtshofes abzuhelfen, hat der Rat 1989 dem EuGH **376** ein **Gericht erster Instanz (EuG)** beigeordnet (Art. 168 a = 225 neu EGV, 140 a EAGV, 32 d EGKSV und **Ratsbeschluß** 88/591, ABl. 1988, L 319/1 ff. = Sart II, Ziff. 220 b). Es hat sich eine **Verfahrensordnung** v. 2. 5. 1991 gegeben (ABl. L 136/ 1 ff., Änderungen gemäß Art. 168 a Abs. 4 = 225 Abs. 4 neu EGV = Sart. II, Ziff. 252). Nach 168 a Abs. 2 = 225 Abs. 2 neu EGV finden im Zweifel Art. 164 ff. = 220 ff. neu und das sekundäre EuGH-Recht auf das EuG Anwendung. – Das EuG hat seinen Sitz ebenfalls in **Luxemburg** *(Kirschner,* Der Rechtsschutz vor dem Gericht 1. Instanz der EGen, 1995). Ihm gehören 15 Richter an. Sie werden – wie beim EuGH – von den Regierungen der MSen auf 6 Jahre ernannt und wählen ihren Präsidenten auf 3 Jahre. Die Funktion der Generalanwälte (unten Rz. 379) wird von den Richtern mit wahrgenommen (Art. 168 a Abs. 3 = 225 Abs. 3 neu EGV, Art. 2 Ratsbeschluß). Das EuG tagt meist in **Kammern** von 3 oder 5 Richtern (Art. 2 Ratsbeschluß).

Das EuG ist gemäß Art. 3 Ratsbeschluß in erster (Tatsachen)instanz für die **377** Streitsachen zwischen der EG und ihren **Bediensteten („Beamtenklagen",** unten Rz. 798), für **Anfechtungs- und Untätigkeitsklagen Privater** nach dem EGV, EAGV und EGKSV (Schwerpunkte: **Wettbewerbsrecht,** handelspolitisches **Antidumping- und Subventionsrecht** (unten Rz. 1772) sowie für hierzu **akzessorische Schadensersatzklagen** (insbes. Art. 178, 215 Abs. 2 = 235, 288 neu EGV, oben Rz. 166) zuständig. Dagegen bleiben Verfahren, die von MSen und EG-Organen angestrengt werden, sowie Vorabentscheidungen nach Art. 177 = 234 neu EGV (unten

Rz. 757 ff.) beim EuGH (*Rabe,* NJW 1989, S. 3041 ff.). **Rechtsmittel** gegen die EGen des EuG sind nach Art. 168 a Abs. 1 = 225 Abs. 1 neu EGV auf Rechtsfragen beschränkt und haben grundsätzlich keine aufschiebende Wirkung. Insgesamt hat das EuG den Charakter eines **Verwaltungsgerichts** (*Jung,* Funktion, Arbeitsweise und Zukunft des Gerichts 1. Instanz in den EGen, 1992). Das EuG soll den EuGH entlasten und in seinem Bereich **bessere Sachaufklärung** leisten. Seit 1989 hat die Rspr. des EuG diese Aufgaben zunehmend gemeistert (*Brown,* CMLRev. 1995, S. 743 ff.). – Die Entscheidungen des EuG werden in einer gemeinsamen Entscheidungssammlung mit dem EuGH herausgegeben, wobei die Rechtssachen des EuG mit „T" (= Tribunal), diejenigen des EuGH mit „C" (= Cour) gekennzeichnet werden (Zitierweise hier: „EuGE" bzw. „EuGHE").

378 Die **Rechtsstellung der Richter** (Immunität, Verbot anderer Berufstätigkeiten usf.) ist im einzelnen in Art. 2 ff. der Satzung des Gerichtshofes der EG v. 17. 4. 1957 (BGBl. II, S. 1166 = Sart II, Ziff. 221) geregelt. Zur Unterstützung ihrer Tätigkeit können ihnen Hilfsberichterstatter **(„Attachés")** beigegeben werden (Art. 12 Satzung i. V. m. Art. 24 VerfO des EuGH v. 19. 6. 1991, ABl. L 176/7 ff., Änderungen = Sart II, Ziff. 250.

379 Der Gerichtshof wird von **8 Generalanwälten** unterstützt (bis 2000 von 9) Art. 166 = 222 neu EGV, 32 a EGKSV, 138 EAGV (*Lenz,* FS Everling 1995, S. 719 ff.). Ein Generalanwalt wird jeweils auf 1 Jahr vom Gerichtshof zum **Ersten Generalanwalt** gewählt. Er koordiniert die Arbeit der Generalanwälte (Art. 10 VerfO EuGH). Die Ernennung, Amtszeit und übrige Rechtsstellung der Generalanwälte ist weitgehend derjenigen der Richter angeglichen. Aufgabe der Generalanwälte ist es, „in völliger Unparteilichkeit und Unabhängigkeit" begründete Schlußanträge zu den Verfahren vor dem EuGH zu stellen. Ähnlich den französischen Commissaires du gouvernement beim Conseil d'Etat und den Vertretern des öffentlichen Interesses im deutschen Verwaltungsgerichtsverfahren, aber etwas unabhängiger als diese, beurteilen sie die Rechtslage aus ihrer (europäischen) Sicht (*Lenz,* Aus der Praxis des Generalanwalts am EuGH, 1985). Die meist eingehend begründeten Schlußanträge der Generalanwälte, denen der EuGH in der Praxis in der Mehrzahl der Fälle zu folgen pflegt, sind von hohem juristischen Rang. Ihr Vorhandensein bestärkt freilich die nicht immer glückliche Neigung des EuGH, seinerseits in einem überaus apodiktischen Urteilsstil zu verharren (unten Rz. 384).

380 In seiner Verwaltung, z. T. aber auch im gerichtlichen Verfahren, wird der Gerichtshof durch einen **Kanzler („Greffier")** unterstützt. Er wird vom Gerichtshof auf jeweils 6 Jahre ernannt und unterliegt seinen Weisungen (Art. 168 = 224 neu EGV, 32 c EGKSV, 140 EAGV) i. V. m. Art. 12 ff. VerfO EuGH und der Dienstanweisung für den Kanzler, ABl. 1982, C 39/1 ff.). Beim EuG ist die Regelung ähnlich (Art. 20 ff. VerfO EuG).

Zur Gerichtsverfassung und zum Verfahren vor dem EuGH und EuG unten Rz. 720 ff.

b) Aufgabe des Europäischen Gerichtshofes

381 Dem EuGH obliegt „die **Wahrung des Rechts bei der Auslegung und Anwendung" der Verträge** (Art. 164 = 220 neu EGV, 31 EGKSV, 136 EAGV).

Damit ist zunächst die klassische rechtsprechende Funktion der verbindlichen, streitentscheidenden Feststellung der Rechtslage angesprochen. Das „Recht", welches der EuGH zu wahren hat, ist das **Gemein-schaftsrecht (in einem weiten Sinne,** also nicht nur die Verträge und das sekundäre Gemeinschaftsrecht, sondern auch ungeschriebene Bestandteile wie z. B. Allgemeine Rechtsgrundsätze, Vergleichung des Rechtes der MSen sowie gewisse völkerrechtliche Elemente, näher *Borchardt,* in: Lenz (Hrsg.), EGV-Komm., 1994, Art. 164, RdNr. 6 ff.). Der EuGH judiziert dagegen grundsätzlich nicht über das nationale Recht der Mitgliedstaaten. Dagegen ist der Unionsvertrag bisher in problematischer Weise der Rechtskontrolle durch den EuGH weithin entzogen (Art. L = 46 neu EUV). Allerdings hat der Amsterdamer Vertrag 1997 im Rahmen der Polizeilich-Justitiellen Zusammenarbeit und bei der Flexibilitätsklausel (unten Rz. 531) einige begrenzte Zuständigkeiten des EuGH im Rahmen des EUV geschaffen.

In der Art seiner Gerichtsbarkeit ist der EuGH zum einen **Verfassungs- 382 gericht** zur Erledigung von Streitigkeiten, an denen Mitgliedstaaten und Gemeinschaftsorgane beteiligt sind. Als **Verwaltungsgericht** entscheidet er ferner Streitigkeiten zwischen Einzelpersonen (einschl. Gemeinschaftsbediensteten) und der EG bzw. ihren Organen. Verschiedene **sonstige Verfahren** haben z. T. ebenfalls verfassungsrechtlichen Einschlag wie z. B. das Vorabentscheidungsverfahren oder sind spezieller, meist ebenfalls öffentlich-rechtlicher Natur (Amtshaftungsverfahren,Gutachten u. a.). **Zivilrechtlicher und zivilprozessualer** Art sind die Zuständigkeiten des EuGH nach dem Europäischen Gerichtsstands- und Vollstreckungsübereinkommen in Zivil- und Handelssachen (EuGVÜ) von 1968 (unten Rz. 713). Insgesamt ist der EuGH der **„Supreme Court"** der Gemeinschaft

Zu den Zuständigkeiten und Funktionen des Gerichtshofes im einzelnen unten Rz. 709 ff.

Obwohl der EuGH keinen umfassenden Rechtsschutz gewährt, sondern 383 nur über **enumerierte Zuständigkeiten** verfügt (unten Rz. 710), sind diese in ihrer Gesamtheit von bemerkenswertem Umfang. Der seit den fünfziger Jahren **stark gewachsene Geschäftsanfall** des Gerichtshofes legt davon Zeugnis ab.

Von ca. 20–50 Verfahren jährlich in den sechziger Jahren ist die Zahl der neu anhängigen Sachen in den neunziger Jahren auf 400–500 gestiegen. Es ergehen jährlich über 200 Urteile des EuGH, die in der Sammlung des Gerichtshofes („EuGHE") in allen Gemeinschaftssprachen veröffentlicht werden. Hinzu tritt inzwischen die Tätigkeit des EuG. Infolge der zahlreichen Individualklagen hat sich der Geschäftsanfall in der 1. Instanz sprunghaft erhöht (1997 über 600 Neueingänge).

Beim EuGH stehen nunmehr die **Vorabentscheidungen** im Vordergrund. Aber auch unter den weniger zahlreichen **„verfassungsrechtlichen" Streitigkeiten** (Aufsichtsklagen der Kommission, Klagen von MSen u. ä.) finden sich gemeinschaftsrechtlich und -politisch oft wichtige Sachverhalte und Rechtsfragen. – Das EuG steht allmählich in Gefahr, in der Flut der Individualklagen (Beamtensachen, Wettbewerbs- und Außenhandelsrecht) zu „ertrinken". Unter diesen Umständen bleibt es eine große Leistung des EuGH, daß die Verfahren bei ihm immer noch in überschaubarer Zeit (i. d. R. unter 2 Jahren) erledigt werden.

384 Das europäische Gemeinschaftsrecht, das der EuGH zu wahren hat, ist ein junges, immer noch in der Entwicklung begriffenes Recht. Es kann seine Autorität und seinen Platz „zwischen" den überkommenden und gefestigten Rechtsschichten der mitgliedstaatlichen Rechte und dem Völkerrecht erst allmählich erringen. Gleichzeitig ist die EG als Rechtsgemeinschaft ohne wesentliche Zwangsgewalt auf strikte Rechtsbefolgung essentiell angewiesen. Aus diesen Erfordernissen hat es der Gerichtshof insbesondere seit der Entwicklung der EWG in den sechziger Jahren als seine Aufgabe angesehen, durch gelegentlich **kühn vorwärtsweisende Grundsatzentscheidungen** die Geltung des Gemeinschaftsrechtes unzweideutig zu sichern und zu stabilisieren *(Monaco,* RDE 1987, S. 147 ff.). Über die traditionelle Rolle eines Gerichtes hinaus hat sich der EuGH in dieser Weise mehrfach rechts(fort)bildend als **„Integrationsfaktor erster Ordnung"** *(Schlochauer,* FS Hallstein, 1966, S. 431 ff.) verstanden.

385 In verschiedenen „Causes célèbres" hat sich diese integrationsfördernde Rolle des EuGH besonders manifestiert, die seine Rechtsprechung lange charakterisierte *(Sander,* Der Europäische Gerichtshof als Förderer und Hüter der Integration, 1998, S. 81 ff.). In EuGHE 1963, 3 ff. – RS 26/62 „Van Gend & Loos" entwickelte er in markanter Abwendung von völkerrechtlicher Betrachtungsweise die **Doktrin der unmittelbaren Anwendbarkeit („Durchgriffswirkung") bestimmter Normen des primären Gemeinschaftsrechts** und verbreiterte damit zugleich den individuellen Rechtsschutz. EuGHE 1964, 1251 ff. – RS 6/64 „Costa/ENEL" – brachte erstmals die geschlossene Vision von der Gemeinschaftsordnung als eigenständiger Rechtsordnung, die vom Völkerrecht geschieden und einheitlich in die Rechtsordnungen der Mitgliedstaaten aufgenommen ist. Hieraus ergibt sich der Grundsatz eines **unbedingten Vorranges des Gemeinschaftsrechtes vor den nationalen Rechten der Mitgliedstaaten** einschließlich ihrer Verfassungen. Dieses Prinzip hat der EuGH seither immer wieder hartnäckig verteidigt und ausgebaut. Seit EuGHE 1969, 419 ff. – RS 29/69 „Stauder/Ulm" hat der Gerichtshof sodann **ungeschriebene Gemeinschaftsgrundrechte** im Sinne von allgemeinen Rechtsgrundsätzen der Gemeinschaftsordnung in ständiger Rechtsprechung „gefunden". – Für die **auswärtige Gewalt der EG** entwickelte EGHE 1971, 263 ff. – RS 22/70 „AETR" – in entschlossener Rechtsfortbildung erstmals, daß eine ausschließliche Vertragsschließungskompetenz der Gemeinschaft nicht nur bei ausdrücklich gewährter Zuständigkeit in den Verträgen besteht, sondern zunehmend überall dort, wo bestimmte Materien innergemeinschaftlich durch das Gemeinschaftsrecht geregelt worden sind. – Verschiedentlich zeigte sich der EuGH Versuchen zugänglich, das Prinzip der enumerativen Einzelzuständigkeit der Gemeinschaft im Hinblick auf die **dynamische Ausweitung der Gemeinschaftsaktion** nicht zu eng zu verstehen, so in EuGHE 1985, 594 ff. – RS 293/83 „Gravier" bei den Zusammenhängen zwischen Freizügigkeit und Bildungspolitik im Interesse eines „Europas der Bürger".

386 In solchen Fällen erfuhr der EuGH öfters lebhafte Kritik, daß er seine richterlichen Kompetenzen zugunsten eines **„Gouvernement des Juges"** überschreite *(Dänzer-Vanotti,* RIW 1992, S. 733 ff.). Lange Zeit wurden die rechtsfortbildenden Vorstellungen des EuGH aber letztlich azeptiert, zumal sie regelmäßig mit dem integrationspolitischen „Soft Law" regierungsamtli-

cher Entschließungen, Erklärungen u. ä. konform gingen. Seit den Erweiterungen der Gemeinschaftszuständigkeiten über den Maastrichter EUV 1992 hat jedoch insbesondere **das deutsche Bundesverfassungsgericht** deutliche Vorbehalte gegen größtmögliche Ausschöpfungen der Gemeinschaftsbefugnisse („Effet utile") durch den EuGH angemeldet.

In BVerfGE 89, 155 ff. – „Maastricht" hat das BVerfG unter Verweis auf die begrenzte Kompetenzübertragung an die EG/EU aufgrund der deutschen Zustimmungsgesetze die Unterscheidung zwischen Vertragsänderung nach Art. N = 48 neu EUV und Vertragsauslegung durch den EuGH scharf betont. Es nimmt Gerichtsbarkeit über die Anwendung von sekundärem Gemeinschaftsrecht in Deutschland „in Kooperation" mit dem EuGH in Anspruch und ist der Auffassung, daß eine zu kühn „vertragserweiternde" Auslegung – z. B. mit Art. 235 = 308 neu EGV – für Deutschland keine Bindungswirkung entfalte. Die Problematik dieser Thesen liegt darin, daß durch eine nationale Sonderauslegung des EG-Rechts seine **„allgemeine" (europaweite) Geltung im Sinne von Art. 189 = 249 neu EGV** in Frage gestellt würde. Das müßte das Gemeinschaftsrecht ins Mark treffen *(Oppermann,* DVBl. 1994, S. 901 ff.). Zur Entscheidung darüber, ob der EG-Gesetzgeber ultra vires gehandelt hat, ist der EuGH zuständig, dem letztinstanzlich nationale Gerichte solche Fragen nach Art. 177 Abs. 3 = 234 Abs. 3 neu EGV vorzulegen haben. Allenfalls bei einer evidenten „Fehlauslegung" des EuGH erscheint die vom BVerfG angesprochene nationale Auslegungssouveränität gerechtfertigt. 387

Möglicherweise lassen sich solche Konflikte dadurch vermeiden, daß der EuGH in jüngerer Zeit von seinem früheren Selbstverständnis als „Kämpfer für die Integration" *(A. M. Donner)* stärker zu demjenigen eines **ehrlichen Maklers zwischen Gemeinschaft und Mitgliedstaaten** übergeht. Jüngere Rechtsprechung – wie z. B. zur Abgrenzung der handelspolitischen Befugnisse (EuGHE 1994, 5267 ff. – Gutachten 1/94 „WTO") – scheint in diese Richtung zu weisen. Sie entspräche dem Reifegrad des europäischen Einigungsprozesses. 388

Zu den Aufgaben und Funktionen des EuGH im Näheren vgl. unten Rz. 709 ff.

5. Rechnungshof

Literatur: *Leygues,* La Commission de Contrôle des Communautés Européennes, RMC 1974, S. 59 ff.; *Gräfe,* Auf dem Weg zu einem Rechnungshof der EG, FS Hans Schäfer, 1975, S. 34 ff.; *Ehlermann,* Der Europäische Rechnungshof, 1976; *Reister,* Parlamentarisches Budgetrecht und Rechnungshof der EG, EuR 1976, S. 69 ff.; *Brück/Kühne,* Die Neuregelung der Finanzkontrolle der EG, DÖV 1977, S. 23 ff.; *Aigner,* Finanzkontrolle der EG: Entwicklung und Perspektiven, ZfParl. 1978, S. 186 ff.; *Parisis,* La Cour des Comptes Européenne et le contrôle budgétaire et financier, FS Dehousse 1979, Bd. 2, S. 147 ff.; *Orsoni,* La Cour des Comptes des Communautés Européennes, 1983; *Kok,* The Court of Auditors of the EC, CMLRev. 1989, S. 345 ff.; *Magiera,* Finanzkontrolle in der EG, in: v. Arnim (Hrsg.), Finanzkontrolle im Wandel, 1989, S. 221 ff.; *Ries,* Die Finanzkontrolle des Europäischen Rechnungshofes und Evaluation, DÖV 1992, S. 293 ff.; *O'Keefe,* The Court of Auditors, FS Schermers 1994, II, S. 177 ff.; *Europ. RH* (Hrsg.), Europäischer Rechnungshof, 1996;

389 Eine Organisation von der Größenordnung der EG/EU bedarf einer Kontrolle ihres Finanzgebarens. Nach anfänglichen, mehr internationalen Regelungen wurde angesichts der enormen Steigerungen des EG-Haushaltsvolumens mit Wirkung ab 1977 ein **gemeinsamer Rechnungshof (RH) der drei Gemeinschaften** errichtet. Seit 1993 ist er ein **Organ** der EGen (Art. 4 = 7 neu EGV, Art. 3 EAGV, Art. 7 EGKSV). Seine **Grundaufgaben** sind gemäß Art. 188 a – 188 c, 206 = 246–248, 276 neu EGV (Art. 160 a ff. EAGV, Art. 45 a ff. EGKSV, **GeschO RH** v. 22./23. 2. 1995 die Prüfung der Rechnung über alle Einnahmen und Ausgaben der Gemeinschaft und die Unterstützung des Europäischen Parlamentes bei der Entlastung der Kommission zur Ausführung des Haushaltsplans (*Schmidt-Gerritzen,* in: Lenz (Hrsg.), EGV-Komm., 1994, Art. 188 a ff.). Die Maastricht-Konferenz hat 1991 betont, daß sie diesen Aufgaben des RH „besodere Bedeutung" beimißt (Erklärung zum RH in der Schlußakte zum EUV). Der Amsterdamer Vertrag 1997 hat dem RH ein Klagerecht beim EuGH zuerkannt (Art. 230 Abs. 3 neu EGV).

Der Rechnungshof hat seinen Sitz in **Luxemburg.** In seiner Verwaltung sind inzwischen ca. 500 Bedienstete beschäftigt.

a) Organisation

390 Der Rechnungshof **besteht aus 15 Mitgliedern,** die vom Rat nach Anhörung des Europäischen Parlamentes einstimmig auf 6 Jahre ernannt werden (Art. 188 b Abs. 3 = 247 Abs. 3 neu EGV). Sie wählen ihren **Präsidenten** auf 3 Jahre. Wiederwahl ist bei den Mitgliedern und dem Präsidenten zulässig. Die Mitglieder müssen „jede Gewähr für Unabhängigkeit" bieten. Für die Verwaltung des Hofes ernennt der RH einen Generalsekretär (Art. 12 GeschO). Der RH hat die Form eines **Kollegialorgans** (Art. 1 GeschO).

Ähnlich wie bei nationalen Rechnungshöfen ist die Gewährleistung einer **„richterähnlichen" persönlichen und sachlichen Unabhängigkeit** der Mitglieder des RH im Interesse sachgerechter Aufgabenerfüllung der Leitgedanke der Organisationsregelungen. Dem entsprechen sowohl die allgemeine Pflicht zur unabhängigen Amtsführung „zum allgemeinen Wohl der Gemeinschaft" und Weisungsfreiheit, das Verbot anderweitiger Berufstätigkeit und die Anwendbarkeit der für die Richter des EuGH geltenden Bestimmungen des Protokolls über die Vorrechte und Befreiungen der EG auf die Mitglieder des RH (Art. 188 b, Abs. 4–9 = 247 Abs. 4–9 neu EGV). Ferner wird um der sachverständigen Qualifikation willen für die Mitglieder des RH frühere Tätigkeit bei nationalen Rechnungsprüfungsorganen oder sonstige „besondere Eignung" gefordert (Art. 188 b Abs. 2 = 247 Abs. 2 neu EGV). Eine Amtsenthebung des RH-Mitgliedes kann nur auf Antrag des RH durch den EuGH stattfinden (Art. 188 b Abs. 7 = 247 Abs. 7 neu EGV).

In der **Anhörung des EP** bei der Ernennung der Mitglieder des RH kommt nicht nur die generell gestiegene Bedeutung des EP als Kreationsorgan zum Ausdruck, sondern auch die aufgabenmäßig enge Anbindung des RH an das Parlament im Rahmen der Finanzkontrolle (unten Rz. 393).

Bei seiner Aufgabenerfüllung (Verabschiedung der jährlichen Prüfungsberichte, sonstige Stellungnahmen, vgl. unten Rz. 392) entscheidet der RH in der Regel mit **Mehrheitsbeschluß** (Art. 24 GeschO).

b) Aufgaben und Befugnisse

Der Auftrag des RH liegt im klassischen Sinne externer öffentlicher Finanzkontrolle in der **Prüfung des Finanzgebarens der EG** als solcher sowie grundsätzlich aller von der Gemeinschaft geschaffenen Organe (Art. 188 c Abs. 1 = 248 neu EGV, früher *Magiera,* in: Grabitz/Hilf (Hrsg.), EUV/EGV-Komm. (1994) zu Art. 188 a–c). Der RH legt dabei die Maßstäbe der **Rechtmäßigkeit** und **Ordnungsmäßigkeit** beim Aufkommen und bei der Verwendung der Gemeinschaftsmittel an und prüft in engem Zusammenhang hiermit die **Wirtschaftlichkeit** (und damit die **Sparsamkeit)** der Haushaltsführung *(Ries,* DÖV 1992, S. 293 ff.). 391

Für die Effektivität der Prüfung ist wesentlich, daß dem RH die Prüfung „vor Ort" bei den Organen der Gemeinschaft, aber auch in den Mitgliedstaaten (dort i. V. m. den nationalen Behörden) ausdrücklich gestattet ist (Art. 188 c Abs. 3 = 248 Abs. 3 neu EGV).

Die Prüfung mündet in den amtlichen **Jahresbericht** des RH, den er nach Abschluß jenes Haushaltsjahres erstattet und den Organen vorlegt *(Bsp.:* Jahresbericht zum Haushaltsjahr 1993, ABl. v. 24. 11. 1994). Wesentlich ist auch, daß dem RH im Sinne des Grundsatzes möglichster Zeitnähe der Prüfung neben dem Jahresbericht jederzeit gestattet ist, **„Bemerkungen zu besonderen Fragen"** vorzulegen und auf Antrag eines Organs **Stellungnahmen** abzugeben. (Art. 188 c Abs. 4 = 248 neu EGV). Diese laufende Begleitkontrolle aus eigener oder fremder Initiative gilt als eine wichtige Intensivierung moderner Finanzkontrolle. 392

Wiederum dem Vorbild staatlicher Rechnungsprüfung folgend, ist der RH in besonderem Maße dem **Europäischen Parlament** verbunden *(Hecker,* in: Lenz (Hrsg.), EGV-Komm., 1994, Art. 206). Das EP erteilt der Kommission auf Empfehlung des Rates die Entlastung zur Ausführung des Haushaltsplanes (Art. 188 c, Ende, 206 = 248, 276 neu EGV). Wesentlichstes Hilfsmittel der parlamentarischen Haushaltskontrolle ist dabei der **Jahresbericht des RH** nebst den Antworten der kontrollierten Organe und den abschließenden Bemerkungen des RH. Da das EP ferner zu den Organen gehört, die jederzeit spezielle Stellungnahmen des RH zu „besonderen Fragen" anfordern können, sind durch die enge Verbindung EP/RH die Voraussetzungen für ein parlamentarisches Haushaltsentlastungsverfahren von vergleichbarer Intensität wie im staatlichen Bereich geschaffen worden. 393

Wie notwendig die Einführung einer institutionalisierten externen Finanzkontrolle innerhalb der EG durch die Einrichtung des RH geworden war, zeigen die regelmäßigen **Jahresberichte** des RH zu den Haushaltsjahren seit 1978 immer wieder. Trotz fortwährender Kritik des Hofes weist das Finanzmanagement der Kommission weiterhin **erhebliche Schwachstellen** auf, wodurch unnötige Verluste öffentlicher Gelder in Milliardenhöhe entstehen, besonders im Agrarbereich. (vgl. etwa Einleitung des Jahresberichtes zum Haushaltsjahr 1993, ABl. v. 24. 11. 1994, S. 5 f.). Die Finanzkontrolle der EG bedarf noch erheblicher Verbesserung. In diese Richtung geht u. a. die Koordinierung der MSen zur Bekämpfung gemeinschaftsschädlicher Betrügereien (Art. 209 a = 280 neu EGV, unten Rz. 853). 394

III. Sonstige Institutionen der Europäischen Gemeinschaft

1. Wirtschafts- und Sozialausschuß

Literatur: *Zellentin,* Der Wirtschafts- und Sozialausschuß der EWG und Euratom, 1962; *Hallstein,* Der Wirtschafts- und Sozialausschuß als Faktor der europäischen Integration, in: Gewerkschaften, Wirtschaft, Gesellschaft, 1963, S. 384 ff.; *Fischer,* Die institutionalisierte Vertretung der Verbände in der EWG, 1965; *Pflaumer,* Der Wirtschafts- und Sozialausschuß im Rahmen der EG, NJW 1966, S. 285 ff.; *Laval/Hys,* Le Comité économique et social, 1972; *McLaughlin,* The work and aims of the Economie and Social Committee of the EEC and Euratom, JCMS 1976, S. 9 ff.; *Brüske,* Der Wirtschafts- und Sozialausschuß, 1979; *Schwaiger/Kirchner,* Die Rolle der Europäischen Interessenverbände, 1981; *Burkhardt-Reich/Schumann,* Agrarverbände in der EG, 1982; *Kirchner,* Interessenverbände im EG-System, Integr. 1986, S. 156 ff.; *Del Vecchio,* Discrezionalità e rappresentatività nelle nomine del membri del Comitato Economico e Sociale DCSI 1988, S. 87 ff.; *Wirtschafts- und Sozialausschuß* (Hrsg.), Die beratende Funktion in Europa, 1989; *Catling,* Organisation und Politik des Wirtschafts- und Sozialausschusses, Mdb Europ. Integr. 1991, S. 128 ff.; *Morgan,* The consultative function of the Economic and Social Council of the EC, 1991; *Kohler-Koch,* Interessen und Integration, 1992; *Pieper,* Der Wirtschafts- und Sozialausschuß der EG, Internat. Wirtschaftsbriefe 1993, S. 19 ff.; *Amt für Amtl. Veröff.* (Hrsg.), Verzeichnis der Interessenverbände, 1996; *Kohler-Koch,* Die Gestaltungsmacht Organisierter Interessen, in: Jachtenfuchs/Kohler-Koch, Europ. Integr. 1996, S. 193 ff.; *Staratzke,* Der WSA der EU; Orientierungen 6/1996, S. 73;

395 Den nationalen Verfassungstraditionen der meisten Gründerstaaten der EG (mit Ausnahme Deutschlands) entsprach es, die **„Repräsentation organisierter Interessen"** *(Joseph H. Kaiser)* trotz ihrer Problematik im Verhältnis zur parlamentarischen Volksrepräsentation in Wirtschaftsräten institutionell abzusichern. In der wirtschaftlich geprägten und parlamentarisch anfänglich schwach entwickelten EG ergaben sich zusätzliche Argumente dafür, die betroffenen Wirtschaftssubjekte im weitesten Sinne unmittelbar an der Aktion der Gemeinschaft zu beteiligen. Aus solchen Impulsen kam es 1958 zur Gründung eines **Wirtschafts- und Sozialausschusses (WSA)** für EWG/EG und EAG. (Art. 4 Abs. 2, 193 ff. = 7 Abs. 2, 257 ff. neu EGV, Art. 3 Abs. 2, 165 ff. EAGV, eingehend *Hummer,* in: Grabitz/Hilf (Hrsg.), EUV/EGV-Komm. (1994), zu Art. 193 ff.). Er hat seinen Sitz in **Brüssel.** Unglücklicherweise ist daneben der **„Beratende Ausschuß" (BA) der EGKS** erhalten geblieben (Art. 7, 18 f. EGKSV).

a) Organisation

396 Der WSA setzt sich nach einem **„doppelten Proporz" der Nationalitäten** und der **„verschiedenen Gruppen des wirtschaftlichen und sozialen Lebens"** (Art. 193 Abs. 2 = 257 Abs. 2 neu EGV) zusammen. Er umfaßt 222 Mitglieder, von denen die 4 „großen" Mitgliedstaaten (D, F, GB, I) je 24 stellen, Spanien 21, Belgien, Griechenland, Niederlande, Österreich, Portugal und Schweden je 12, Dänemark, Finnland und Irland je 9 und Luxemburg 6. Die Mitglieder werden vom Rat auf 4 Jahre ernannt, auf der Grundlage mitgliedstaatlicher Vorschlagslisten und nach Anhörung der

Kommission sowie (fakultativ) der maßgeblichen europäischen Verbände (Art. 194, 195 = 258, 259 neu EGV). Dabei hat der Rat nach Art. 195 Abs. 2 = 259 Abs. 2 neu EGV für eine angemessene Vertretung der verschiedenen Interessengruppen zu sorgen. In der Praxis bedeutet dies in Anlehnung an Art. 18 Abs. 1 EGKSV **je ein Drittel Vertreter der Arbeitgeber, Arbeitnehmer und „Sonstiger"** (Landwirtschaft, Verkehr, Handel und Handwerk, freie Berufe, Verbraucher). Die Mitglieder des WSA haben ein „freies Mandat" (Art. 194 Abs. 3 = 258 Abs. 3 neu EGV). Diese Weisungsungebundenheit relativiert sich freilich in der Praxis, da die Mitglieder, oftmals Verbandsfunktionäre, im WSA unvermeidlich und meist sogar erwünscht ihre „Verbandsmeinung" vertreten und nicht höchstpersönliche Auffassungen äußern.

Die **deutsche WSA-Delegation** umfaßt regelmäßig Vertreter des BDI, BDA, DAG, DGB, verschiedener großer Industriegewerkschaften, Vertreter von Bauern-, Handels- und Handwerksverbänden, der Versicherungswirtschaft, Kammern der freien Berufe, Banken- und Sparkassenverbände u. a. Es findet ein gewisser Wechsel zwischen den vertretenden Verbänden von Wahlperiode zu Wahlperiode statt. Ihrer Funktion nach sind die deutschen WSA-Mitglieder meist Mitglieder der betreffenden Verbandsvorstände (einschließlich Präsidenten oder Geschäftsführer (*Pieper,* Internat. Wirtschaftsbrief 1993, S. 19 ff.). **397**

Der **Beratende Ausschuß der EGKS** besteht nach Art. 18 EGKS aus mindestens 84 und höchstens 108 Mitgliedern. Hier besteht kein strikter Nationalitätenproporz, sondern der Rat ernennt die Mitglieder auf 2 Jahre aus Vorschlagslisten, welche vom Rat bestimmte Arbeitgeber- und Arbeitnehmerorganisationen einreichen. Es gilt für die Verteilung der Mitglieder jedoch eine ähnliche „Drittelparität" wie für den WSA. **398**

Der WSA (BA) wählt aus seiner Mitte einen **Präsidenten und ein Präsidium** (beim BA **„Büro"**) für 2(1) Jahr(e) (Art. 196 Abs. 1 = 260 Abs. 2 neu EGV bzw. 18 Abs. 4 EGKSV). Die Stellung des Präsidenten und des Präsidiums, welche im wesentlichen die üblichen Leitungs- und Außenvertretungsrechte umfaßt, ist in der **GeschO WSA** v. 6. 7. 1995 (ABl. L 82/1) in Art. 3 ff. näher umrissen. Für den BA gilt eine gesonderte GeschO. Der WSA verfügt über ein **Generalsekretariat** zur Führung der laufenden Geschäfte (Art. 60 ff. GeschO) mit ca. 500 Bediensteten, der BA seinerseits über ein Sekretariat. **399**

Der WSA beschließt mit der einfachen Mehrheit seiner Mitglieder (Art. 49 GeschO).

In seiner **Binnengliederung** ist der WSA (anders als der „ständische" BA) **„parlamentarisch" organisiert.** Zum einen gliedert sich der WSA im Sinne seiner Aufgabenerfüllung in **Fachgruppen,** die Parlamentsausschüssen entsprechen. Die Fachgruppen sind den Hauptsachgebieten des EGV und EAGV gemäß gebildet. Die Fachgruppen für Landwirtschaft, Verkehr und EAG-Angelegenheiten sind bereits in den Verträgen vorgesehen (Art. 197 Abs. 2 = 261 Abs. 2 neu EGV, 5 Abs. 2 Abk. Gem. Org.), im übrigen werde sie nach Bedürfnis gebildet (Art. 197 Abs. 1 = 261 Abs. 1 neu EGV), so z. B. für Wirtschaftsfragen, Sozialfragen oder für selbständige Tätigkeiten. Die Fachgruppen arbeiten ausschließlich innerhalb des WSA dem Plenum zu (Art. 197 Abs. 3 = 261 Abs. 2 neu EGV).

Den parlamentarischen Fraktionen entsprechen im WSA die **„Gruppen"**. In ihnen vereinigen sich aus freien Stücken die einander nahestehenden intermediären Kräfte, wie sie im WSA repräsentiert sind. Auf diese Weise gibt es je eine **„Fraktion" der Arbeitgeber, Arbeitnehmer** sowie der **„Selbständigen und sonstigen Interessen"**.

400 WSA und BA sind Institutionen der EG im allgemeinen Sinne, aber gehören nicht, wie sich aus Art. 4 = 7 neu EGV, 3 EAGV, 7 EGKSV unzweideutig ergibt, zu den eigentlichen Organen der Gemeinschaft. (EuGHE 1982, 267 ff. – RS 828/79; vgl. auch *Hilf,* Die Organisationsstruktur der Europäischen Gemeinschaften, 1982, S. 302 ff.). Sie haben den Charakter **unterstützender Einrichtungen** für Rat und Kommission (Art. 4 Abs. 2 = 7 Abs. 2 neu EGV). Die fehlende Organeigenschaft hat Konsequenzen insbesondere bei den Klagebefugnissen und Haftungsfragen (Art. 175, 215 Abs. 2 = 232, 288 Abs. 2 neu EGV). Andererseits können WSA und BA kraft ausdrücklicher besonderer Regelung „organgleich" gestellt werden (näher *Hummer,* in: Grabitz/Hilf (Hrsg.), EUV/EGV-Komm. (1994), vor Art. 193, RdNr. 5).

b) Aufgaben und Befugnisse

aa) Die Funktion des Wirtschafts- und Sozialausschusses und des Beratenden Ausschusses innerhalb der Gemeinschaften

401 Die grundsätzliche Aufgabe von WSA und BA liegt darin, zum einen den in diesen Institutionen repräsentierten **Sachverstand** der von der Gemeinschaftsaktion besonders betroffenen Wirtschaftskreise, aber auch die hier gebildete **„Verbandsmeinung"** offiziell und unmittelbar in den Willensbildungsprozeß (vor allem in die Rechtsetzung) der EG einzubringen. Dies gilt allerdings nur **in einem „beratenden" Sinne** (arg. Art. 193 Abs. 1 = 257 Abs. 1 neu EGV). WSA und BA verfügen nicht über ein Mitentscheidungsrecht und ursprünglich auch nicht über ein Initiativrecht. Während die Verträge beim Europäischen Parlament deutlich die Tendenz aufzeigen, allmählich über den Konsultativstatus hinaus das parlamentarische Prinzip voll zu verwirklichen (oben Rz. 263), ist der beratende Status des WSA offenbar definitiv gedacht. So haben auch EEA und EUV 1986/92/97 den Status des WSA nicht geändert. In der Tat kann in einer parlamentarisierten Gemeinschaft dem korporativen Gedanken nur eine begleitende Rolle zufallen *(Kohler-Koch,* Interessen und Integration, 1992).

402 In dieser Begrenzung ist andererseits die Rolle von WSA und BA für die Gemeinschaft **von wesentlicher Bedeutung.** Als bisher weithin wirtschaftlich orientierte Unternehmung bedarf die EG vor vielem anderen eines grundlegenden Konsenses in ihrer Aktion mit den betroffenen Wirtschaftssubjekten im weitesten Sinne. Dabei ist neben dem indirekten Kontakt über die Mitgliedstaaten die unmittelbare **Verbindung zu den organisierten Interessen** mittels WSA und BA integrationspolitisch für die EG von besonderer Bedeutung. WSA und BA haben durch ihre Existenz gleichzeitig nachhaltig zur Entstehung einer **übernational-europäischen Verbandsebene**

beigetragen *(WSA* (Hrsg.), Die europäischen Interessenverbände und ihre Beziehungen zum WSA, 1980).

Vom **EG-Industrieverband UNICE** und dem **Europäischen Gewerkschaftsbund** oder der **Europäischen Agrarorganisation COPA** angefangen, haben mittlerweile eine große Zahl der organisierten Interessen in den Mitgliedstaaten ihre **EG-Dachorganisation** (meist in Brüssel) gegründet. (Zusammenstellung z. B. in: *Amt für Amtl. Veröff.* (Hrsg.), Verzeichnis der Interessenverbände, 1996). Sie können bei der Ernennung der WSA-Mitglieder von der Kommission angehört werden (Art. 195 Abs. 2 = 259 Abs. 2 neu EGV). Diese europäischen Verbände nehmen nicht nur an der Arbeit des WSA Anteil, sondern entfalten eine **generelle Lobby-Tätigkeit** gegenüber allen Gemeinschaftsorganen *(Kirchner,* Integr. 1986, S. 156 ff.). **403**

Zu unterscheiden ist die Tätigkeit des WSA und BA von **anderen beratenden Ausschüssen,** wie z. B.: Beratender Ausschuß für Verkehrsfragen bei der Kommission (Art. 83 = 79 neu EGV), Beratender Währungsausschuß (Art. 109 c = 114 neu EGV) oder Ausschuß zur Unterstützung der Kommission bei der Verwaltung des Europäischen Sozialfonds (Art. 124 Abs. 2 = 147 Abs. 2 neu EGV). Während es sich hier ausschließlich um spezialisierte sachverständige Unterstützung handelt, sind WSA und BA über die ganze Breite der Vertragskompetenz tätig. Außerdem ist der WSA eben nicht nur Expertengremium, sondern hat mindestens ebenso die Funktion, die fachpolitische Auffassung der organisierten Interessen in den Prozeß der Bildung des Gemeinschaftswillens einzubringen *(Morgan,* The consultative function of the ESCE, 1991). **404**

bb) Die Befugnisse des Wirtschafts- und Sozialausschusses und des Beratenden Ausschusses

WSA und BA verfügen im Rahmen der Gemeinschaftstätigkeit über einen **beratenden Status.** Sie müssen von Rat oder Kommission in allen im Vertrag vorgesehenen Fällen gehört werden (Art. 198 Abs. 1 = 262 Abs. 1 neu EGV, 170 EAGV, ähnlich 19 Abs. 1 EGKSV). Eine Unterlassung der Anhörung hätte Nichtigkeit des Rechtsaktes zur Folge. Neben dieser **obligatorischen Anhörung,** bei welcher der WSA im Rechtsetzungsverfahren öfters eine dem EP parallele Stellung hat, gibt es auch die Möglichkeit der **fakultativen Konsultation** des WSA. Von dieser Möglichkeit ist in der Gemeinschaftspraxis zunehmend Gebrauch gemacht worden. Der WSA kann vom EP gehört werden (Art. 262 Abs. 4 neu EGV). Seit der Pariser Gipfelkonferenz von 1972 ist dem WSA in „vertragsfortbildender" Weise darüber hinaus die Befugnis zugestanden worden, aus **eigener Initiative** Stellungnahmen im Zuständigkeitsbereich der Verträge abzugeben *(WSA* (Hrsg.), Das Initiativrecht des WSA der EG, 2. Aufl. 1982). **405**

Der WSA gibt jährlich über 100 Stellungnahmen ab. Er wird zunehmend auch zur Erstattung anderer Äußerungen, wie z. B. sog. Informationsberichte, Stellungnahmen, Studien u. ä. in Ausnutzung seiner sachverständigen Funktion aufgefordert.

Die Stellungnahmen von WSA und BA binden weder den Rat noch die Kommission. Angesichts der repräsentativen Zusammensetzung der beiden Gremien, d. h. des faktischen Gewichtes der dort vertretenen Interessen **kommt der Stimme des WSA und BA gleichwohl erhebliches Gewicht zu.** Manchmal sind es allerdings weniger die offiziellen Stellungnahmen als mancherlei andere „Lobby-Wege", auf denen die großen Wirtschafts- und Sozialverbände sich auf Gemeinschaftsebene Gehör verschaffen.

Für die **künftige Entwicklung von WSA und BA** dürfte entscheidend sein, welchen Einfluß das direkt gewählte EP allmählich erringt. Je mehr dieses in eine zentrale Rolle im Rechtsetzungsverfahren der EG hineinwächst, umso mehr besteht die Gefahr, daß die organisierten Interessen im Parlament selbst Fuß fassen und dann Bedeutungsverminderungen von WSA und BA eintreten.

2. Ausschuß der Regionen

Literatur: Umfassende Übersicht bei *Blanke,* in: Grabitz/Hilf (Hrsg.), EUV/EGV Komm. (1995), vor Art. 198 a–c EGV...

Bassot, Le comité des régions, régions francaises et Länder allemands face à un nouvel organe communautaire, RMC 1993, S. 729 ff.; *Clement,* Der Regionalausschuß – mehr als ein Alibi?, Staatswissenschaften und Staatspraxis 1993, S. 159 ff.; *Wuermeling,* Der Ausschuß der Regionen nach dem neuen EGV, EuR 1993, S. 196 ff.; *Fischer,* Der Ausschuß der Regionen nach dem neuen EGV, NwVBl. 1994, S. 161 ff.; *Herberlein,* Maastricht – ein Erfolg für die kommunale Selbstverwaltung?, DVBl. 1994, S. 1213 ff.; *Hrbek,* Der Ausschuß der Regionen, Jb Europ. Integr., seit 1993/94 jährlich; *Tomuschat* (Hrsg.), Mitsprache der 3. Ebene in der europäischen Integration, 1995; *Hasselbach,* Der Ausschuß der Regionen in der EU, 1996; *Theissen,* Der Ausschuß der Regionen, 1996; *Tauras,* Der Ausschuß der Regionen, 1997; *Mietzsch,* Eine Bilanz des Ausschusses der Regionen, APUZ B 25/1998, S. 34 ff.

406 Mit dem Maastrichter Unionsvertrag 1992 wurde unterhalb der mitgliedstaatlichen die **regionale Ebene** in die Gemeinschaftsstruktur eingefügt (oben Rz. 206 f.). Institutionell führte dies zur Schaffung eines **Ausschusses der Regionen (AdR),** der ähnlich wie der Wirtschafts- und Sozialausschuß kein Organ der Gemeinschaft ist, sondern eine **unterstützende Einrichtung für Rat und Kommission** (Art. 4 Abs. 2, 198 a ff. = 7 Abs. 2, 263 ff. neu EGV). Der AdR ist ein beratender Ausschuß der regionalen und lokalen Gebietskörperschaft. Der flexible Begriff der „Region" umfaßt im deutschen Verständnis sowohl Bundesländer als auch Gemeinden, in anderen MSen Regionen, Autonome Gemeinschaften u. ä. In Deutschland haben die Bundesländer die Einrichtung des AdR als „Ende der Länderblindheit" der EG/EU begrüßt *(Wuermeling).*

a) Organisation

407 Der AdR umfaßt wie der WSA **222 Mitglieder,** die sich in derselben Weise wie dort (oben Rz. 396) auf die MSen verteilen (Art. 198 a Abs. 2 = 263 Abs. 2 neu EGV). Die Mitglieder und eine gleiche Zahl von Stellvertretern werden auf Vorschlag der MSen vom Rat einstimmig auf 4 Jahre ernannt. Es besteht Inkompatibilität mit einer Mitgliedschaft im EP. Unter den deutschen Mitgliedern befinde sich 21 Länder- und 3 Gemeindevertreter *(Hrbek/*

Weyand, Das Europa der Regionen, 1994, S. 197 f.). Die AdR-Mitglieder sind wie im WSA nicht an Weisungen gebunden und handeln „in voller Unabhängigkeit zum allgemeinen Wohl der Gemeinschaft" (Art. 198 a Abs. 4 = 263 Abs. 4 neu EGV). Das schließt regionale und parteipolitische Bindungen nicht aus. Gemäß Art. 198 b Abs. 2 = 264 Abs. 2 neu EGV hat sich der AdR eine vom Rat genehmigte **GeschO v. 25. 5. 1994 (ABl. L 132/49 ff.)** gegeben. Sitz des AdR ist Brüssel.

In seiner **Binnenstruktur** kennt der AdR ein **Präsidium,** dem der Präsident, **408**
Vizepräsidenten und insgesamt 30 Mitglieder angehören (Art. 198 b Abs. 1 = 264 Abs. 1 neu EGV, *Fischer,* NWVBl. 1994, S. 161 ff.). Präsident und Präsidium werden auf zwei Jahre gewählt. Die weiteren Organe des AdR sind die i. d. R. vierteljährlich tagende **Plenarversammlung** und eine Reihe von **Fachkommissionen** (z. B. Städtepolitik, Regionalpolitik-Wirtschaftsentwicklung, Bildung-Ausbildung, vgl. *Hrbek/Weyand,* a. a. O., S. 199). Es gibt weitere Untergliederungen. Der AdR hat ein eigenes **Generalsekretariat** mit eigenem **Generalsekretär** (Art. 29 GeschO).

Insgesamt spiegelt sich in der Organisationsstruktur die außerordentliche **regionale Vielfalt** in den MSen.

b) Aufgaben und Befugnisse

Der EGV regelt die Aufgaben und Befugnisse des AdR teilweise wort- **409**
gleich mit denjenigen des WSA *(Wuermeling,* EuR 1993, S. 196 ff.). Er nimmt gegenüber Rat und Kommission besonders im EG-Rechtsetzungsverfahren in den vertraglich vorgesehenen Fällen (z. B. Art. 130 d = 161 neu EGV) **beratend Stellung.** Rat und Kommission können ihn von sich aus zu einer Stellungnahme auffordern oder der AdR kann aus eigener Initiative tätig werden (Art. 198 c Abs. 1–4 = 265 Abs. 1–4 neu EGV), insbesondere bei Fällen grenzüberschreitender Zusammenarbeit. Der AdR kann vom EP gehört werden (Art. 265 Abs. 4 neu EGV). Unterbleibt eine obligatorische Anhörung des AdR, wäre dies eine Formverletzung nach Art. 173 Abs. 2 = 230 Abs. 2 neu EGV, die über eine Klage beim EuGH zur Nichtigkeit des Rechtsaktes führt. Leitender Gesichtspunkt für die Stellungnahmen des AdR sind **„spezifische regionale Interessen"** (vgl. Art. 198 c Abs. 3 = 265 Abs. 3 neu EGV), jedoch unter dem Blickwinkel des allgemeinen Wohles der Gemeinschaft. Nicht nur wegen der Begrenzung auf Beratung, sondern vor allem wegen der großen **Unterschiedlichkeit der regionalen und kommunalen Strukturen und Gesichtspunkte** innerhalb der 15 EG-MSen hat es der AdR nicht leicht, zu einer geschlossenen und wirksamen Willensbildung zu finden. Dennoch ist es von großer integrationspolitischer Bedeutung, daß die EG/EU, welche **Bürgernähe und Subsidiarität** auf ihre Fahnen geschrieben hat (Art. A Abs. 2, B Abs. 2 = 1 Abs. 2, 2 Abs. 2 neu EUV), für ihre Gliederungen unterhalb der nationalen Ebene im AdR ein **offizielles Sprachrohr** besitzt (ähnlich *Blanke,* in: Grabitz/Hilf (Hrsg.), EUV/EGV-Komm. (1995), vor Art. 198 a–c EGV, RdNr. 20 ff.). Insgesamt ist die Zahl und Wirksamkeit der Stellungnahmen des AdR bei Rat und Kommission im Zunehmen begriffen *(Mietzsch,* APUZ B 25/1998, S. 34 ff.).

3. Europäische Zentralbank (EZB)

Literatur: *Hahn,* The European Central Bank, CMLRev 1991, S. 783 ff.; *Hasse,* Europäische Zentralbank, APUZ 7–8/1992, S. 23 ff.; *Gleske,* Über einige institutionelle Aspekte der Europäischen Währungsunion, FS Semler, 1993, S. 895 ff.; *Potacs,* Nationale Zentralbanken in der Wirtschafts- und Währungsunion, EuR 1993, S. 23 ff.; *Studt,* Rechtsfragen einer Europäischen Zentralbank, 1993; *Tietmeyer,* Probleme einer Europäischen Währungsunion und Notenbank, in: Isensee (Hrsg.), Europa als politische Idee und als rechtliche Form, 1993, S. 35 ff.; *Lamfalussy,* Stand und Perspektiven der Europäischen Währungsintegration, 1994; *Roth,* Der rechtliche Rahmen der Wirtschafts- und Währungsunion, EuR Beih. 1/1994, S. 45 ff.; *Lelart,* La construction monétaire européenne, 1994; *Slot,* The institutional provisions of the EMU, FS Schermers, 1994, II, S. 229 ff.; *Gormley/De Haan,* The democratic deficit of the European Central Bank, ELRev 1996, S. 95 ff.; *EWI* (Hrsg.), Das Europäische Währungsinstitut, 1997; *Heun,* Die EZB in der EWG , JZ 1998, S. 866 ff.; *Schönfelder/Thiel,* Stabilitätspakt und Euro-X-Gremium, Integr. 1998, S. 69 ff.; *Möschel,* An der Schwelle zur Europäischen Währungsunion, JZ 1998, S. 217 ff.; *Weber*, Das Europäische System der Zentralbanken, WM 1998, S. 1465 ff..

410 Mit dem Maastrichter Unionsvertrag 1992 wurde die Einführung einer **Europäischen Währungsunion (EWU)** in 3 Stufen (3. (End)stufe spätestens 1. 1. 1999) grundsätzlich beschlossen (Präambel EUV, Art. 1, 3a und Art. 109 j Abs. 4 = 1, 4, 121 Abs. 4 neu EGV).

Zum Weg zur EWU und zu ihrem Inhalt unten Rz. 982 ff..

Zur Vorbereitung und zur Durchführung der EWU wurden zwei Einrichtungen vorgesehen, das **Europäische Währungsinstitut (EWI)** (Art. 109 f = 117 neu EGV i. V. m. Protokoll über die Satzung des EWI = Sart. II, Ziff. 152 a) und die **Europäische Zentralbank (EZB)** (Art. 4 a, 106 ff. = 8, 107 ff. neu EGV i. V. m. Protokoll über die Satzung des ESZB und der EZB = Sart II, Ziff. 152 a, *Pernice,* in: Grabitz/Hilf (Hrsg.), EUV/EGV-Komm. (1996), zu Art. 4 a EGV). Die EZB ist um ihrer Unabhängigkeit willen nicht unter die Organe der Gemeinschaft i. S. v. Art. 4 = 7 neu EGV aufgenommen worden. Ansonsten ist sie den Organen weitgehend gleichgestellt.

Das EWI hat Ende 1998 die Vorbereitung der Währungsunion beendet und ging in der EZB auf. Der Rat hat am 3. 5. 1998 in Zusammensetzung der Staats- und Regierungschefs gemäß Art. 109 j Abs. 4 = 121 neu EGV **elf EG-Mitgliedstaaten** (A, Benelux, D, F, IRL, I, P, SF, SP) **als Mitglieder der EWU festgelegt,** die damit am 1. 1. 1999 „automatisch" entstanden ist.

Dieses **„Euroland"** schließt 290 der 370 Mio. Unionsbürger ein. Die ihm nicht angehörenden 4 MSen (DK, GR, S, UK) sind mit der EWU über das „EWS II" verbunden. Sie können grundsätzlich der Währungsunion zu einem späteren Zeitpunkt beitreten. Mit dem Dollar-Raum ist „Euroland" eines der beiden wichtigsten Währungsgebiete der Erde.

411 Mit der ebenfalls am 3. 5. 1998 beschlossenen **ersten Besetzung** des **Direktoriums** hat die **Europäische Zentralbank** Mitte 1998 ihre Arbeit aufgenommen.

Die EZB ist das Leitungsorgan des **Europäischen Systems der Zentralbanken (ESZB),** welches aus der EZB und den nationalen Zentralbanken besteht (Art. 106

= 107 neu EGV). Diese handeln in ESZB-Angelegenheiten nach den Weisungen der EZB (Art. 14 Satzung). Das System ist bis zu einem gewissen Grade dem Verhältnis zwischen der Deutschen Bundesbank und ihren Landeszentralbanken nachempfunden. Es beläßt aber den weiterhin national organisierten Zentralbanken der MSen mehr Eigenständigkeit.

Die EZB hat ihren **Sitz in Frankfurt a. M.** (Sitzbeschluß des Europäischen Rates v. 29. 10. 1993, ABl. C 323/2). Das EWI hat die EZB 1994–1998 „schlüsselfertig aufgebaut" *(Lamfalussy)* und ist mit der Errichtung des ESZB/EZB in Liquidation gegangen (Art. 109 e = 116 neu EGV, Art. 23 Satzung EWI). 412

Die Regelungen zum ESZB/EZB und zum EWI in Art. 105 ff. = 105 ff. neu EGV i. V. m. den Satzungen sind leider **kompliziert und wenig übersichtlich.**

a) Das Europäische Währungsinstitut (EWI) als Verläufer der EZB

Das 1994 in Tätigkeit getretene EWI, dessen Mitglieder die **Zentralbanken der MSen** waren (Art. 109 f = 117 neu EGV, Art. 1 Satzung EWI) wurde von einem Rat aus den Präsidenten der nationalen Zentralbanken geleitet. An seiner Spitze stand der von den Staats- und Regierungschefs ernannte Präsident des EWI (1994–97 *Lamfalussy/Belgien,* 1997–98 *Duisenberg/Niederlande).* Das EWI besaß Rechtspersönlichkeit (Näher *EWI* (Hrsg.), Das Europäische Währungsinstitut, 1997). Der Sitz war Frankfurt a. M. 413

Das EWI übernahm die Aufgaben des früheren Ausschusses der Präsidenten der Zentralbanken und des für das EWS operierenden Europäischen Fonds für währungspolitische Zusammenarbeit (EFWZ). Diese wurden aufgelöst (unten Rz. 1001). Ein **Beratender Währungsausschuß** begleitete die Arbeit des EWI (Art. 109 c = 114 neu EGV).

Das EWI arbeitete in **Unabhängigkeit** von den MSen und der Gemeinschaft (Art. 8 Satzung EWI).

Die **Aufgabe des EWI** (Art. 109 f = 117 neu EGV, Art. 4–7 Satzung) war zweifach *(Lamfalussy,* Stand und Perspektiven der Europäischen Währungsintegration, 1994). Zum einen hatte es in Zusammenarbeit mit den Zentralbanken das **Funktionieren des EWS** zu überwachen. 414

Hauptaufgabe des EWI war die **fachliche Vorbereitung der Europäischen Währungsunion** ab 1999. Dazu gehörte der organisatorische Aufbau der EBZ (Art. 109 f Abs. 3 = 117 Abs. 3 neu EGV), eine Stärkung der Zusammenarbeit zwischen den nationalen Zentralbanken während der 2. Stufe der EWU ab 1994 durch eine Reihe von Maßnahmen und die Vorbereitung der 3. Stufe, insbesondere mit Blick auf die künftige einheitliche Geldpolitik des ESZB/EBZ. Der Beschluß der Staats- und Regierungschefs vom 2. 5. 1988 über die Teilnehmer an der Währungsunion erfolgte auf der Grundlage eines Berichtes des EWI (Art. 109 j = 121 neu EGV). Dabei hatte das EWI ein Gesamturteil über die währungspolitische Konvergenz der MSen, die Preisstabilität und die Finanzlage der öffentlichen Haushalte der MSen abzugeben. Mit seinem grundsätzlich positiven Votum übernahm das EWI **wesentliche Mitverantwortung für den Beginn der EWU ab 1999.**

In der kurzen Zeit seiner Existenz 1994–98 hat sich das EWI hohes bankmäßiges Ansehen erworben.

b) Die Europäische Zentralbank

415 Die wesentlichen Regelungen über die **Organisation, Befugnisse und Aufgaben der EZB** in der Endstufe der EWU ab 1999 wurden bereits im Maastrichter Unionsvertrag 1992 getroffen (Art. 105–108 a, 109 a–b, 109 l = 105–110, 112–113, 123 neu EGV i. V. m. der Satzung des ESZB und der EZB (Sart. II, Ziff. 152 a, *Slot,* FS Schermers II, 1994, II, S. 229 ff.). Die EZB hat Mitte 1998 ihre Tätigkeit aufgenommen. Der Erfolg der Währungsunion wird wesentlich von der Qualität der von ihr gestalteten gemeinsamen EURO-Geldpolitik abhängen.

aa) Organisation der EZB

416 ESZB und EZB sind keine Organe der Gemeinschaft, sondern ähnlich wie die Europäische Investitionsbank (EIB, unten Rz. 431 ff.) organähnliche unabhängige **EG-Sondereinrichtungen** mit spezifischen Befugnissen (Art. 4 a = 8 neu EGV). Zu den politischen Gemeinschaftsorganen (Rat/EP/Kommission) steht die unabhängige EZB in einer sensiblen Beziehung (unten Rz. 426 ff., *Studt,* Rechtsfragen einer EZB, 1993).

Die EZB hat **Rechtspersönlichkeit** und leitet das ESZB, welches aus der EZB und den nationalen Zentralbanken besteht (Art. 106 = 107 neu EGV). Noch schärfer als bei der Deutschen Bundesbank wird in Art. 107 = 108 neu EGV, Art. 7 Satzung die **Unabhängigkeit der EZB** und auch der nationalen Zentralbanken in ESZB-Angelegenheiten **von den MSen und der Gemeinschaft** definiert *(Roth,* EuR Beih. 1/1994, S. 45 ff.).

417 Hauptorgan ist der **EZB-Rat** mit 17 Mitgliedern (11 Präsidenten der nationalen Zentralbanken und die 6 Mitglieder des Direktoriums, Art. 109 a = 112 neu EGV, Art. 10 Satzung). Die ständige Exekutive der EZB ist das **Direktorium** mit 6 Mitgliedern (Präsident/Vizepräsident und vier weitere Mitglieder, Art. 109 a = 112 neu EGV, Art. 11 Satzung). Sie werden von den Staats- und Regierungschefs der MSen auf Empfehlung des Rates und nach Anhörung des EP und des EZB-Rates auf 8 Jahre (ohne Wiederwahl) aus anerkannten und erfahrenen Persönlichkeiten des Währungs- und Bankwesens einvernehmlich ausgewählt und ernannt. Bei der ersten Ernennung des Direktoriums 1998 kamen 4 Mitglieder aus den größeren MSen (D, F, I, SP) und zwei aus kleineren (NL, SF). Die Direktoriumsmitglieder geniessen Diplomatenstatus (Sitzungsabkommen D/EZB 1998).

Die aufwendige Prozedur spiegelt die **zentrale fachliche und politische Bedeutung des Direktoriums** für die EZB wieder. Die erste Ernennung 1998 wies auf, daß trotz aller Sicherungen der Unabhängigkeit politische Erwägungen eine große Rolle spielen. Der erste Präsident der EZB *(Duisenberg/Niederlande)* konnte erst benannt werden, nachdem er schriftlich „aus freien Stücken" bekundet hatte, aus Altersgründen nicht seine volle achtjährige Amtszeit anzustreben. Sein Nachfolger soll ein Franzose werden. Die Regelung nimmt zwar Rücksicht auf den Wortlaut des Art. 109 a = 112 neu EGV, nicht aber auf dessen Geist.

Die EZB verfügt über **eigenes Personal** (Art. 36 Satzung).

418 Nach Art. 108 = 109 neu EGV, Art. 14 Satzung müssen alle am ESZB beteiligten **nationalen Zentralbanken** eine der EZB vergleichbare **unabhängige Organisationsstruktur** aufweisen. In einem **bemerkenswerten Prozeß europäischer Rechtsangleichung** haben inzwischen bisher regierungsabhängige Zentralbanken wie z. B. die Banque de France oder die spanische Zentralbank mit jeweils nationalen Besonderheiten dem Art. 14 Satzung Rechnung getragen.

Mit dem endgültigen Eintritt in die EWU (3. Stufe) wird der Beratende Währungsausschuß durch einen **Wirtschafts- und Finanzausschuß** ersetzt (Art. 109 c Abs. 2 = 114 Abs. 2 neu EGV). In ihm sind die MSen sowie die Kommission und die EZB vertreten. Er begleitet die vergemeinschaftete Währungspolitik mit etwas stärkeren Befugnissen als der Vorgängerausschuß. 419

c) Exkurs: Stimmrechte in der EZB: Unter europapolitischen Gesichtspunkten 420
ist die Stimmrechtsverteilung in der EZB der wichtigste Gesichtspunkt. Europäische Währungsunion bedeutet **Vergemeinschaftung der Währungssouveränität.** Sie geht von den Instanzen der MSen im wesentlichen auf die ESZB über. Insbesondere für größere und währungspolitisch starke MSen wie Deutschland bringt dies die Aufgabe eines essentiellen Teiles ihrer bisherigen nationalen Handlungsfreiheit zugunsten der Gemeinschaft mit sich. Der staatsähnliche Charakter der EG/EU wird mit der Verwirklichung der EWU verfassungsmäßig weiter festgeschrieben (unten Rz. 982).

Sowohl der **EZB-Rat** mit seinen 17 Mitgliedern (Art. 10.2 Satzung) als auch 421
das **Direktorium** (Art. 11.5 Satzung) beschließen grundsätzlich **mit einfacher Mehrheit.** Bei Stimmengleichheit gibt die Stimme des Präsidenten den Ausschlag. Beschlüsse über das Kapital und die Währungsreserven des EZB und einige andere werden mit einer nach den nationalen Kapitalanteilen berechneten Stimmenwägung getroffen (Art. 10.3 Satzung) oder auch mit qualifizierter Mehrheit. Insgesamt ergibt sich auf diese Weise ein **entscheidender Souveränitätstransfer der MSen an die Gemeinschaft.** Auch große MSen wie Deutschland verfügen im EZB-Rat und Direktorium nur noch über 1–2 Stimmen.

Grundsätzlich nehmen an der EZB nur die 11 Mitglieder der EWU teil („MSen, 422
für die keine Ausnahmeregelung gilt", Art. 109 k Abs. 1 = 122 neu EGV). Die EZB kennt jedoch einen **Erweiterten Rat** (Art. 45 ff. Satzung) unter Einschluß aller Präsidenten der nationalen Zentralbanken als drittes Beschlußorgan. Er hat deutlich begrenzte Befugnisse. Auf diese Weise wird die Perspektive künftiger Beitritte der „außenstehenden" MSen (DK, GR, S, UK) zur EWU deutlich. Sie können sich für die EWU-Mitgliedschaft „nachqualifizieren" (Art. 109 k Abs. 2 = 122 neu EGV).

bb) Kapital und Währungsreserven der EZB

Die EZB verfügt über ein eigenes Kapital von zunächst 5 Mia. ECU und 423
eine Ausstattung mit Währungsreserven der nationalen Zentralbanken in Höhe von 50 Mia. ECU. Der Anteil der hieran beteiligten MSen berechnet sich nach einem Schlüssel, der zu je 50 % auf den Bevölkerungsanteil und auf das Bruttoinlandsprodukt des MS innerhalb der Gemeinschaft abstellt (Art. 28 ff. Satzung).

cc) Aufgaben und Befugnisse der EZB

Unter den Befugnissen der EZB gemäß Art. 105 ff. = 105 ff. neu EGV, 424
Art. 17, 34 ff. Satzung ist das ausschließliche Recht hervorzuheben, **die Ausgabe von Banknoten innerhalb der Gemeinschaft zu genehmigen** (näher Art. 105 a = 106 neu EGV, Art. 16 Satzung. Mit der 3. Stufe der EWU ab 1999 wird die einheitliche Währung (EURO) eingeführt (Art. 109 j = 121 neu EGV). In der technischen Durchführung vollzieht sich diese Währungsumstellung bis Ende 2002.

Zu den grundlegenden Aufgaben des ESZB gehört die **Festlegung und Ausführung der EG-Geldpolitik** und das Halten der offiziellen Währungsreserven der MSen (Art. 105 = 105 neu EGV, Art. 3 Satzung).

425 Rechtlich verfügt die EZB über eine **eigene Rechtsetzungsbefugnis,** die bis zum Erlaß allgemein geltender **EZB-Verordnungen** geht (Art. 108 a = 110 neu EGV, Art. 34 Satzung). Die Handlungen/Unterlassungen der EZB unterliegen der **Rechtskontrolle durch den EuGH** (Art. 173 = 230 neu EGV, Art. 35 Satzung).

Obwohl die EZB grundsätzlich eine unabhängige Sondereinrichtung der Gemeinschaft ist, bleibt sie Bestandteil des EG-Systems. Daher bedürfen ihre **Beziehungen zu den anderen Gemeinschaftsorganen,** insbesondere zum Rat, einer Regelung.

dd) Beziehungen der EZB zu den anderen Gemeinschaftsorganen

426 Die Beziehungen der EZB zu den anderen Gemeinschaftsorganen sind z. T. in Art. 109 b = 113 neu EGV ausdrücklich geregelt. Andererseits haben die MSen über die **wirtschaftspolitische Koordination** im Rat mit Blick auf den EURO informelle Vereinbarungen getroffen. Dabei soll die Unabhängigkeit der EZB nicht angetastet werden **(„Euro-X-Gremium" oder „G 11").**

427 Der **Ratspräsident** und ein **Mitglied der Kommission** können ohne Stimmrecht an den Sitzungen des EZB-Rates teilnehmen (Art. 109 b Abs. 1 = 113 neu EGV) und Anträge vorlegen. Umgekehrt wird der Präsident der EZB bei währungspolitischen Fragen zu den Ratssitzungen eingeladen. Außerdem steht die EZB auf der Grundlage eines Jahresberichtes über ihre Tätigkeit **mit dem Rat, dem Europäischen Rat, dem Europäischen Parlament und der Kommission** in einem **ständigen Dialog** (Art. 109 b Abs. 3 = 113 neu EGV).

Ferner beobachtet der in Nachfolge des Beratenden Währungsausschusses ab 1999 eingesetzte **Wirtschafts- und Finanzausschuß** (Bis zu 2 Mitglieder aus jedem MS, der Kommission und der EZB) die Wirtschafts- und Finanzlage der MSen und der Gemeinschaft und erstattet Rat/Kommission Bericht (näher Art. 109 c Abs. 2–4 = 114 Abs. 2–4 neu EGV).

428 Hauptgesprächspartner der EZB ist der **Rat der Wirtschafts- und Finanzminister („Ecofin-Rat").** Ihm obliegt nach Art. 102 a ff. = 98 ff. neu EGV die Koordinierung der Wirtschaftspolitik der MSen und der EG einschließlich ihrer Finanz- und Haushaltspolitik. Im Besonderen geht es dabei um die Durchführung des 1997 beschlossenen **Stabilitäts- und Wachstumspaktes,** der die Nachhaltigkeit der 1998/99 erreichten wirtschaftspolitischen Konvergenz der „EURO-Staaten" sichern soll (unten Rz. 1012). Der Erfolg dieser Politik ist von wesentlicher Bedetung für die EG-Geldpolitik der EZB. Entgegen gewissen Vorstellungen einer problematischen „Wirtschaftsregierung" des Rates gegenüber der EZB einigte sich der Europäische Rat 1997 auf eine behutsame Formel für das **Verhältnis Ecofin-Rat und EZB** (*Schönfelder/Thiel,* Integr. 1998, S. 69 ff.).

Der **Econfin-Rat** bleibt im Sinne des EGV das **zentrale Beschlußorgan** für die EG-Wirtschaftskoordinierung. Im Verhältnis zur EZB bleibt er vertragsgemäß ein Dialogpartner. Die EURO-Staaten erörtern besondere Fragen im Zusammenhang mit der gemeinsamen Währungspolitik in einem **informellen Koordinierungsgremium** vor den Ecofintagungen **(„G 11-Formel"** oder **„EURO-X-Gremium").** Hierzu können Kommission und EZB eingeladen werden. „Fragen von gemeinsamem Interesse" werden von den Ministern aller 15 MSen behandelt. Eine Beschlußfassung ist nur im Econfin-Rat gemäß dem EGV möglich.

Während auf diese Weise die „Innenseite" der EG-Geldpolitik im Wesentlichen bei der unabhängigen EZB verbleibt, sind die Befugnisse der Zentralbank bei der **„Außenpolitik des ESZB"** eingeschränkt. Für die **Währungs- und Wechselkurspolitik gegenüber Drittländern** ist nach Art. 109 = 111 neu EGV letztlich **der Rat zuständig.** Er kann insbesondere „allgemeine Orientierungen" für die Wechselkurspolitik gegenüber dritten Währungen aufstellen, an denen Kommission und EZB nur empfehlend beteiligt sind. Auch der Rat ist hierbei auf das vorrangige Ziel des ESZB verpflichtet, die Preisstabilität zu gewährleisten. 429

Nach informellen Vorabsprachen soll der Rat solche Orientierungen allerdings nur in „besonderen Ausnahmefällen" abgeben. Ohnehin erscheint fraglich, inwieweit sich die **mächtigen Wirkkräfte der globalen Finanzmärkte** durch gouvernemental/administrative Entscheidungen beeinflussen lassen.

Insgesamt sind die **institutionellen Voraussetzungen der Europäischen Währungsunion** durch Art. 105 ff. = 105 ff. neu EGV i. V. m. den einschlägigen Maastrichter Protokollen zum EGV in beeindruckender Perfektion geschaffen worden. Dabei standen die erfolgreichen Erfahrungen mit dem deutschen System einer unabhängigen Zentralbank wesentlich Pate. Die eigentliche Aufgabe des ESZB und der EZB liegt darin, in Ausübung ihrer Befugnisse und im Dialog insbesondere mit dem Rat im Sinne des Vertrages eine gemeinschaftsweite „Stabilitätskultur" inhaltlich durchzusetzen (unten Rz. 1023). 430

4. Europäische Investitionsbank

Literatur: Die Europäische Investitionsbank publiziert zahlreiche amtliche Materialien (z. B. Jahresbericht, EIB-Informationen u. a. m.).

Meyer-Cording, Die Aufgaben der Europäischen Investitionsbank, 1966; *Steffe,* Die Europäische Investitionsbank, Versicherungswirtschaft 1976, S. 1167 ff.; *Luchaire,* La Banque Européenne d'investissement, Revue juridique et politique 1979, S. 21 ff.; *Schmidt,* Die Europäische Investitionsbank im Gefüge der Gemeinschaft, Die Bank 1981, S. 330 ff.; *Lewenhak,* The role of the European Investment Bank, 1982; *Meyer,* Die Europäische Investitionsbank zwischen Markt und Lenkung, 1984; *Käser,* The European Investment Bank, YBEL 1985, S. 303 ff.; *Bermejo,* La banque européenne d'investissement: une banque de développement, RIDE 1987, S. 97 ff.; *Tabary,* La Banque européenne d'investissement, 1989; *Shihata,* The European Bank für Reconstruction and Development, 1990; *Bröder,* Die Europäische Investitionsbank, 1991; *Dunnett,* The European Bank for Reconstruction and Development, CMLRev 1991, S. 571 ff.; *Gilibert/Greppi* u. a., La Banca Europea per glie Investimenti, 1991; *Saunier/Touscouz,* La Banque Européenne pour la Réconstruction et le Développement, RMC 1991, S. 22 ff.; *Eib* (Hrsg.), 35 Jahre 1958–1993, 1993; *Le Portz,* La Banque Européenne d'Investissement et l'intégration européenne, FS Werner, 1993, S. 105 ff.; *EIB* (Hrsg.), 40 Jahre im Dienste der Europäischen Integration, 1998.

Nach Art. 4 b, 198 d–e = 9, 266, 267 neu EGV steht die 1958 gegründete **Europäische Investitionsbank (EIB)** als eine weitere finanzielle Sondereinrichtung neben den EG-Organen *(Krämer,* in: Grabitz/Hilf (Hrsg.), EUV/EGV-Komm. (1992), Art. 129 EWGV). Ihre seit der Gründungszeit allmäh- 431 lich erweiterte Aufgabe ist es, mit eigenen und Kapitalmarktmitteln **„zu einer ausgewogenen und reibungslosen Entwicklung des Gemeinsamen Marktes im Interesse der Gemeinschaft beizutragen“** (Art. 198 e = 267 neu EGV). Die EIB ist auch außerhalb der Gemeinschaft tätig. Eigentliche Rechtsgrundlage für ihre Tätigkeit ist das Protokoll über die Satzung der EIB v. 25. 3. 1957 (BGBl. II, S. 964, Änderungen = Sart II, Ziff. 153), das nach Art. 239 = 311 neu EGV Bestandteil des Vertrages ist.

Sitz der EIB ist Luxemburg (mit Außenstellen in Athen, Brüssel, Lissabon, London, Madrid und Rom). Insgesamt sind bei der Bank ca. 1000 Personen tätig.

a) Status der Europäischen Investitionsbank

432 Als eine mit besonderen Aufgaben betraute Bank ist die EIB **mit eigener Rechtspersönlichkeit** ausgestattet (Art. 198 d Abs. 1 = 266 Abs. 2 neu EGV, Art. 28 Satzung). Ihre Entscheidungsorgane und die Verwaltung sind von den allgemeinen Gemeinschaftsinstitutionen getrennt, also noch deutlicher separiert als im Falle des Wirtschafts- und Sozialausschusses und des Rechnungshofes (*Krämer,* in: Grabitz/Hilf (Hrsg.), EUV/EGV-Komm. (1994), Art. 198 d–e).

Nachdem die **interne Rechtsfähigkeit der EIB** in den Mitgliedstaaten durch Art. 28 Satzung von Anfang an klargestellt war, ist es der EIB inzwischen im Rahmen ihrer Tätigkeit auch gelungen, die in Art. 198 d Abs. 1 = 266 Abs. 1 neu mitschwingende **externe Völkerrechtssubjektivität gegenüber Drittstaaten** allmählich zur Geltung zu bringen (insbes. völkerrechtliche Anerkennung der EIB durch die Schweiz im Art. 1 der Vereinbarung v. 24. 3. 1972 zwischen der Schweiz und der EIB über deren rechtliche Stellung in der Schweiz). Art. 22 des Protokolls über die Vorrechte und Befreiungen der EG v. 8. 4. 1965 erstreckt dessen Geltung auch auf die EIB und ihr Personal.

433 Obwohl in keiner Weise Organ der EG, wird die EIB ähnlich wie der WSA in bestimmten Zusammenhängen, z. B. bei Rechtsstreitigkeiten mit ihren Bediensteten vor dem EuGH, als eine „vom Vertrag vorgesehene und mit Rechtspersönlichkeit ausgestattete Gemeinschaftseinrichtung“ **organgleich gestellt** (EuGH 1976, 955 ff. – RS 110/75 – „John Mills/EIB“).

434 **Mitglieder** der Bank sind die fünfzehn Mitgliedstaaten der EG. Leitendes Organ der EIB ist der **Rat der Gouverneure,** der aus den (Finanz-)Ministern der Mitgliedstaaten besteht (Art. 8–10 Satzung EIB). Der Rat trifft die für die Bank **grundlegenden Entscheidungen** in sachlicher und personeller Hinsicht. So erläßt er insbesondere die allgemeinen Richtlinien für die Kreditpolitik der Bank und entscheidet über Kapitalerhöhungen. Ferner ernennt er die Mitglieder der übrigen Bankorgane (Verwaltungsrat, Direktorium, Prüfungsausschuß). Der Rat entscheidet mit einer spezifischen qualifizierten Mehrheit (Mehrheit der Mitglieder und mindestens von 58 % des gezeichneten Kapitals). Den die EIB besonders tragenden Mitgliedstaaten ist so ein angemessener, aber auch nicht zu weit gehender Einfluß gesichert.

Der **Verwaltungsrat** umfaßt nach Art. 11 der Satzung 25 Mitglieder (je 3 aus den 4 großen Mitgliedstaaten, 2 aus Spanien, je 1 aus den übrigen sowie ein Mitglied der Kommission). Es handelt sich meist um hohe Beamte der nationalen Finanz- und Wirtschaftsministerien. Ferner werden 13 Stellvertreter ernannt. Der Verwaltungsrat fällt insbesondere die **wesentlichen finanziellen Einzelentscheidungen** im Rahmen der Bank (Gewährung von Darlehen und Bürgschaften, Aufnahme von Anleihen und die Festsetzung der Zinssätze der Bank). Der Verwaltungsrat entscheidet seinerseits mit einfacher oder qualifizierter (17 Stimmen) Mehrheit, vgl. Art. 12 Satzung. Der Einfluß der Mitgliedstaaten auf das finanzielle Gebaren der EIB ist so offenkundig. 435

Das sachlich unabhängige **Direktorium** der EIB nimmt gemäß Art. 13 der Satzung die laufenden Geschäfte der Bank unter der Kontrolle des Verwaltungsrates wahr. Es besteht aus dem **Präsidenten der EIB** und sechs Vizepräsidenten, die vom Rat der Gouverneure auf Vorschlag des Verwaltungsrates für sechs Jahre bestellt werden. Die laufenden Geschäfte umfassen insbesondere die Ausarbeitung von Empfehlungen für die Entscheidungen des Verwaltungsrates und die anschließende Durchführung dieser Entscheidungen. Beim Direktorium als der „Triebfeder" der EIB konzentriert sich so die eigentliche Banktätigkeit. 436

Das Direktorium wird bei seinen Aufgaben von der **Verwaltung der Bank** unterstützt, die sich in ein Generalsekretariat und Direktionen gliedert. Die Bediensteten der Bank werden nach persönlich/fachlicher Eignung, aber auch in angemessenem Nationalitätenproporz eingestellt (Art. 13 Abs. 7 Satzung). 437

Schließlich besteht gemäß Art. 14 Satzung ein **Prüfungsausschuß,** der die Finanzkontrolle der EIB wahrnimmt. Er besteht aus drei vom Rat der Gouverneure kraft ihrer (Rechnungsprüfungs-)Befähigung ernannten Mitgliedern, meist hohen Beamten von Rechnungshöfen der Mitgliedstaaten.

b) Das Kapital der Bank

Das EIB verfügt nach Art. 4 Satzung über ein **von den Mitgliedstaaten gezeichnetes Kapital** von inzwischen 100 Milliarden ECU (EURO) (= dieselbe Rechnungseinheit wie diejenige der EG, vgl. unten Rz. 993). 438

Die Zeichnungsquoten sind nach der **Finanzkraft der Mitgliedstaaten** gestaffelt.

Den größten Teil der Mittel (Satzungsmäßige Obergrenze der EIB-Darlehen: 155 Mia. ECU, *EIB* (Hrsg.), 40 Jahre Finanzierungstätigkeit, 1998) beschafft sich die EIB jedoch über **Anleihen auf den Kapitalmärkten.** Dies ist möglich, da die EIB als unabhängige Institution nach strikten Bankgrundsätzen geführt wird und so ein erstklassiges Kreditstanding (sog. „AAA-Standing" in den USA) genießt. 439

c) Aufgaben

Nach Art. 198 e = 267 neu EGV fördert die EIB im Rahmen ihrer Grundaufgabe der Entwicklung zurückgebliebener Gebiete innerhalb der EG Erschließungsvorhaben, Umstellungs- und Modernisierungsprojekte oder auch 440 größere Gemeinschaftsvorhaben mehrerer Mitgliedstaaten. Ferner hilft die EIB bei der Finanzierung von Investitionsprogrammen der Strukturfonds der Gemeinschaft.

Ganz im Vordergrund stehen dabei die **Förderung der Regionalentwicklung wirtschaftsschwacher Gebiete** (Süditalien, Irland, Wales, Schottland, Nordirland, Nordskandinavien, Ostdeutschland, Westfrankreich, Griechenland, Portugal u. a.). Weiter gehören die Unterstützung mittlerer und kleinerer Unternehmen, die Entwicklung fortgeschrittener Technologien, Ausbau von Infrastrukturanlagen wie der transeuropäischen Netze (unten Rz. 1471 ff.) und Umweltschutzvorhaben in den Tätigkeitsbereich der EIB (*EIB* (Hrsg.), 40 Jahre Finanzierungstätigkeit, 1998).

Bei vielen Projekten arbeitet die EIB mit anderen Finanzeinrichtungen der Gemeinschaft wie den EG-Strukturfonds und den Finanzeinrichtungen von EGKS/EAG zusammen. 1994 wurde der **Europäische Investment Fonds** (EIF) als eine „Public/Private Partnership" von EIB, EG und Finanzeinrichtungen der MSen gegründet. Der EIF soll Privatkapital für Projekte der Transeuropäischen Netze gewinnen und kleinen und mittleren Unternehmen (KMU's) günstige Investitionsmittel erschließen.

441 Insgesamt hat die EIB Ende der 90er Jahre über 140 Mia. ECU für Entwicklungsprojekte vergeben. Die jährlichen Darlehenssummen befinden sich in kräftiger Steigerung. Seit 1963 beteiligt sich die Bank außerdem an **Projekten außerhalb des EG-Raumes** in Mittelmeerländern, in den überseeischen Ländern und Gebieten sowie in den überseeischen Staaten Afrikas, der Karibik und des Pazifik („AKP-Staaten"), die durch die Abkommen von Lomé (unten Rz. 1814 ff.) nach Maßgabe verschiedener Assoziations- und Kooperationsabkommen der Gemeinschaft verbunden sind. Auch in Asien und Lateinamerika ist die EIB aufgrund von Abkommen tätig. Sie spielt so auch eine bedeutende Rolle in der Entwicklungspolitik der EG (*EIB* (Hrsg.), 40 Jahre Finanzierungstätigkeit, 1998, S. 22 ff.).

442 Seit der Wende 1989/91 ist die Förderung von Projekten in **Mittel- und Osteuropa** ein wichtiges Tätigkeitsfeld der EIB geworden. Leitender Gesichtspunkt ist dabei die allmähliche Heranführung dieser Staaten an die EU, insbesondere durch Unterstützung von Infrastrukturprojekten. Die EIB arbeitet in diesem Zusammenhang mit der 1991 gegründeten in London ansässigen **Europäischen Bank für Wiederaufbau und Entwicklung (EBWE, „Osteuropabank")** zusammen. Die EBWE hat 59 Mitglieder auf der ganzen Welt, darunter 57 Staaten sowie die EU als solche und die EIB. (Text EBWE-Übereinkommen in ABl. Gem 1990, L 372/4 ff.). Als internationale öffentliche Regionalbank konzentriert sich die Osteuropabank zunehmend auf die Förderung des privaten Wirtschaftssektors in diesem Teile des Kontinents (*Winkelmann,* FAZ 14. 3. 1995, S. 21), während die EIB vornehmlich im öffentlichen Bereich tätig ist.

443 In ihrer Gesamttätigkeit arbeitet die Europäische Investitionsbank als ein Instrument des **bundesstaatsähnlichen Finanzausgleiches** zugunsten der Entwicklung der „ärmeren" Teile der EU (Prinzip des wirtschaftlichen und sozialen Zusammenhalts oder der **„Kohäsion"** der EG gemäß Art. 130 a ff. = 150 ff. neu EGV, unten Rz. 975). Eine finanzielle Disparität zwischen

Einzahlungs- und Empfängerländern (kein „juste retour") entspricht dem Auftrag der EIB *(Le Portz,* FS Werner, 1993, S. 195 ff.).

5. Weitere Einrichtungen der Europäischen Gemeinschaft (Ausschüsse, Ämter, juristische Personen)

Literatur: *Everling,* Zur Errichtung nachgeordneter Behörden der Kommission der EWG, FS Ophüls, 1965, S. 33 ff.; *Strohmaier,* Die Befugnis von Rat und Kommission zur Einsetzung von Ausschüssen, 1972; *Pourvoyeur,* L´Office des Publications Officielles des Communautés Européennes, RMC 1973, S. 380 ff.; *Ayral,* Essai de Classification des Groupes et Comités, RMC 1975, S. 33 ff.; *Hilf,* Die abhängige juristische Person des Europäischen Gemeinschaftsrechts, ZaöRVR 36 (1976), S. 551 ff.; *Scholten,* The European Cultural Foundation 1954–1979, 1978; *Monetary Committee* (Hrsg.), 20 years of Monetary Committee 1958–1978, 1979; *Priebe,* Entscheidungsbefugnisse vertragsfremder Einrichtungen im Europäischen Gemeinschaftsrecht, 1979; *Weis,* Außervertragliche Institutionen der Gemeinschaft, EuR 1980, S. 273 ff.; *Schweitzer,* Die Verwaltung der EG, DV 1984, S. 137 ff.; *Böning,* Zehn Jahre Europäisches Hochschulinstitut Florenz, DUZ 1986, Nr. 22/ 18 ff.; *Brändli,* Europäisches Patentamt, 1986; *Nicoll,* Qu'est-ce que la comitologie? RWC 1987, S. 185 ff.; *Meng,* Die Neuregelung der EG-Verwaltugsausschüsse – Streit um die „Comitologie", ZaöRVR 1988, S. 208 ff.; *Schermers,* International Institutional law, 1989; *Beltran,* Die Europäische Umweltagentur nimmt ihre Arbeit auf, EUROP-NEWS 3/1994, S. 1; *Hahlen,* Herausforderungen und Perspektiven der europäischen Statistik, 1996.

Neben den Organen (oben Rz. 247 ff.) und den sonstigen Institutionen 444
(oben Rz. 395 ff.) bedarf die EG/EU zur Erfüllung ihrer Aufgaben **einer großen Anzahl weiterer Einrichtungen „kleinerer Dimension".** Teilweise hatten die Verträge sie bereits **ausdrücklich vorgesehen,** wie den Ausschuß der Ständigen Vertreter (Art. 151 Abs. 1 = 207 neu EGV), den Beratenden Währungsausschuß (Art. 109 c = 114 neu EGV), den Ausschuß des Europäischen Sozialfonds (Art. 124 Abs. 2 = 147 Abs. 2 neu EGV, die Gemeinsame Kernforschungsstelle (Art. 8 Abs. 1 EAGV) oder den wirtschaftswissenschaftlichen Ausschuß (Art. 16 Abs. 2 EGKSV) u. a. m. In anderen Fällen sehen die Verträge **Errichtungsermächtigungen** vor, wie z. B. bei den kerntechnischen Fachschulen und der „Anstalt im Range einer Universität" gemäß Art. 9 Abs. 2 EAGV.

Soweit die Verträge schweigen, ergibt sich aus dem Umfang der **Organisationsgewalt der EG,** inwieweit sie selbst oder sonst nötigenfalls ihre Mitgliedstaaten fähig sind, notwendige organisatorische Einrichtungen zu schaffen.

a) Die Organisationsgewalt der Gemeinschaft

Es ist seit längerem insbesondere durch die Rechtsprechung (EuGHE 445
1958, S. 9 ff. (42 ff.) – RS 9/56 „Meroni"; EuGHE 1977, 741 ff. – Gutachten 1/76 „Stillegungsfonds Rheinschiffahrt", st. Rspr.) anerkannt worden, daß die EG ähnlich wie staatliche oder bis zu einem gewissen Grade auch internationale Organisationen **über organisatorische Befugnisse verfügt, um für ihre Aufgabenerfüllung funktionsfähig zu sein.** Jedoch ist nach Art und

Ausmaß bei der Handhabung der Organisationsgewalt der Gemeinschaft zu differenzieren.

446 aa) Relativ unproblematisch ist die Befähigung der EG-Organe, insbesondere von Rat und Kommission, im Rahmen der Wahrnehmung ihrer Aufgaben, z. B. bei der Rechtsetzung, ohne **besondere Formalerfordernisse die erforderlichen vorbereitenden Gremien (Ausschüsse u. ä.)** zu schaffen. Soweit es sich um ständige Ausschüsse u. ä. handelt, wird üblicherweise die Form eines Rechtsaktes i. S. von Art. 189 = 249 neu EGV gewählt. Bei den Ausschüssen handelt es sich um nichtselbständige Einrichtungen, die Teil des Hauptorgans bleiben. Dessen vom Vertrag vorgesehene Letztkompetenz muß gewahrt bleiben. Es muß ferner das institutionelle Gleichgewicht zwischen den EG-Organen so erhalten bleiben, wie der Vertrag es vorsieht. Es dürfen also nicht neuartige „Mischkompetenzen" z. B. zwischen Rat und Kommission über Beschlußausschüsse entstehen, wie inzwischen bei der Schaffung der sog. Verwaltungsausschüsse insbesondere im Agrarbereich geklärt wurde. (EuGHE 1970, S. 1161 ff. – RS 25/70 „Köster, Berodt & Co.", vgl. auch oben Rz. 346, 361 und *Meng,* ZaöRVR 1988, S. 208 ff.).

447 bb) Soweit Einrichtungen über den Charakter als mehr oder weniger ephemere, ausschußmäßige Hilfsorgane hinaus als **„nachgeordnete Behörde", Ämter o. ä.** verfestigt werden sollen (dazu *Everling,* FS Ophüls 1965, S. 33 ff.), sind die vom EuGH in seiner „Meroni-Doktrin" anhand der früheren Schrottausgleichskasse der Hohen Behörde der EGKS gezogenen Grenzen zu beachten. Solche Behörden, Ämter u. ä. können, soweit nicht von den Verträgen vorgesehen, zwar grundsätzlich durch Rechtsakt des betreffenden Organs (meist der Kommission) errichtet werden, z. B. das Statistische Amt der EG. Um das vertraglich vorgesehene institutionelle Gleichgewicht der EG nicht zu verfälschen, hat sich ihre Tätigkeit aber auf die **Vorbereitung oder Durchführung von Beschlüssen der eigentlichen Organe der Gemeinschaft** zu beschränken. Ferner ist die Übertragung von Befugnissen mit Ermessensspielraum unzulässig. Kontrolle und Verantwortlichkeit des übertragenden Organs muß sichergestellt sein.

448 cc) Die Schaffung von Einrichtungen, deren Befugnisse über diejenigen solcher „Ämter" hinausgehen, aber sich noch in verhältnismäßig starker Anbindung an die zentrale Gemeinschaftsorganisation halten, war vertraglich ursprünglich nur in Art. 45 ff. EAGV vorgesehen, inzwischen auch nach Art. 130 n = 171 neu, EGV bei der EG-Forschungspolitik („Abhängige juristische Personen", näher *Hilf,* ZaöRVR 1976, S. 551 ff.).Sie wurde aber darüber hinaus über die Anwendung der **„Kompetenzabrundungsklausel"** des **Art. 235 = 308 neu EGV** möglich. Im Zuge der seit der Willensbekundung des Pariser EG-Gipfels von 1972 großzügigeren Handhabung des Art. 23 = 208 neu ist inzwischen anerkannt, daß die Gründung solch verselbständigter, mit Rechtsfähigkeit beliehener Institutionen (wie z. B. die Europäische Umweltagentur) zur vertraglichen Zielverwirklichung i. S. von Art. 235 = 308 neu „erforderlich und geeignet" sein kann. *(Everling,* EuR 1976 (Sonderheft), S. 2 ff.). Das Erfordernis der einstimmigen Ratsentscheidung ist dabei Bremse genug gegen ein Ausufern solcher Organisationsbefugnisse. Die so entstehenden Einrichtungen sind **juristische Personen des Gemeinschafts- (nicht des Völker-)Rechts** und unterliegen der Kontrolle der EG-Organe einschließlich des EuGH.

449 dd) Noch weitergehende Verselbständigungen **„unabhängiger juristischer Personen"** sind vertraglich gelegentlich vorgesehen (Europäische Zentralbank, Europäische Investitionsbank, EAG-Versorgungsagentur). Soweit solche mit erheblichen Eigenbefugnissen dotierte Institutionen darüber hinaus „am Rande des EG-Spektrums" angesiedelt werden sollen (z. B. das Europäische Hochschulinstitut in Florenz), bedürfen sie der Legitimierung durch den Willen der Mitgliedstaaten in Gestalt einer **Vertragsänderung** nach Art. N = 48 neu EUV oder mittels des

Abschlusses besonderer völkerrechtlicher Verträge „neben" den EG-Verträgen. Nach Maßgabe der Entschlüsse der Vertragspartner besteht dabei die Möglichkeit, solche unabhängigen juristischen Personen ähnlich wie die „Muttergemeinschaft" (Art. 210 = 281 neu EGV, vgl. oben Rz. 155) zur Rechtspersönlichkeit nicht nur des Europäischen, sondern auch des Internationalen Rechtes zu machen. Meist gehen die Abmachungen aber noch nicht so weit, sondern belassen auch diese besonders selbständigen Einrichtungen im Forum Internum der EG.

b) Zur tatsächlichen Gründung „weiterer Einrichtungen"

Die Gemeinschaft hat im Laufe der Zeit immer wieder tatsächlichen **450** Gebrauch von ihrer oben umrissenen Organisationsgewalt im engeren und weiteren Sinne gemacht. Über die in den Verträgen vorgesehenen Einrichtungen hinaus gliedern sich die EG und ihre Organe inzwischen organisatorisch in einer Vielfalt zusätzlicher Institutionen auf.

aa) Ausschüsse

Die Notwendigkeit der Einrichtung von ausschußmäßigen Hilfsorganen **451** vor allem bei der Kommission und dem Rat ist bereits **von den Verträgen z. T. vorgesehen worden** (z. B. beratender Ausschuß für Verkehr nach Art. 8 = 79 neu EGV, vgl. auch oben Rz. 446). Daneben sind in großem Stil Ausschüsse über **Rechtsgrundlagen des sekundären Gemeinschaftsrechts** eingerichtet worden, insbesondere die Verwaltungsausschüsse im Bereich der Gemeinsamen Agrarpolitik und bei der Rechtsangleichung aufgrund der einschlägigen Rechtsakte gemäß Art. 43, 100, 100 a = 37, 94, 95 neu EGV. Eine kaum überschaubare Zahl sonstiger vorbereitender, mitwirkender und durchführender Ausschüsse (Arbeitsgruppen, Sachverständigengruppen u. ä.) kurz- und längerfristiger Dauer werden bei Rat und Kommission vor allem im Zuge der Rechtsetzungsarbeit durch informelle Organisationsbeschlüsse nach Bedürfnis fortlaufend geschaffen und gegebenenfalls wieder aufgelöst („Comitologie", *Nicoll,* RMC 1987, S. 185 ff.).

Die laufend sich ändernde **Gesamtzahl dieser lockeren Gremien** wird auf über 1000 geschätzt. In ihnen arbeiten in unterschiedlicher Zusammensetzung Bedienstete der EG, nationale Beamte aus den Mitgliedstaaten und hinzugezogene unabhängige Sachverständige u. ä. Die anonyme Unübersichtlichkeit dieser „Ausschußwelt", die allenfalls in Umrissen an monatlichen „Brüsseler Terminkalendern" ablesbar ist (einiges bei *Strohmaier,* Die Befugnisse von Rat und Kommission der EG zur Einsetzung von Ausschüssen, 1972) und in der oftmals wichtige Entscheidungen von Rat und Kommission Gestalt gewinnen, trägt nicht wenig zur landläufigen Vorstellung des „Brüsseler bürokratischen Wasserkopfes" bei.

bb) Ämter (Nachgeordnete Behörden u. ä.)

Die Verträge hatten ursprünglich an die Erforderlichkeit von „Ämtern" **452** oder nachgeordneten Behörden u. ä. nur im Bereich des EAG-Vertrages gedacht. Solche ständigen, einem Hauptorgan (i. d. R. Kommission) zugehörigen, aber bis zu einem gewissen Grade ausgegliederten Einrichtungen erwiesen sich jedoch im Maße der zunehmenden Verwaltungsaufgaben der EGen hier und dort als notwendig. Ihre Errichtung erfolgt z. T. durch **interne Organisationsentscheidung des Hauptorgans** im Rahmen der Organisationsgewalt der Gemeinschaft i. e. S., z. T. werden solche Ämter u. ä. auch über **Akte des sekundären Gemeinschaftsrechts** errichtet. Hinsichtlich ihrer Befugnisse ist die „Meroni-Doktrin" des EuGH (oben Rz. 445) zu beachten.

453 **aaa) Gemeinsame Kernforschungsstelle:** Im EAG-Bereich rechnet die von der Kommission gemäß Art. 8 EAGV errichtete **Gemeinsame Kernforschungsstelle** mit ausgegliederten Zentren in Mol, Ispra, Karlsruhe und Petten hierher. Sie wurde in die **Gemeinsame Forschungsstelle (GFS)** mit über 2000 Mitarbeitern erweitert und reorganisiert (ABl. 1985, L 373/6 ff.) – Die Kommission kann in diesem Zusammenhang auch **Fachschulen** gründen (Art. 9 Abs. 1 EAGV), hat diese Kompetenz aber noch nicht ausgenutzt.

454 **bbb) Statistisches Amt:** Das älteste kraft Organisationsgewalt gegründete Amt der EG ist das **Statistische Amt der Europäischen Gemeinschaften („Eurostat").** (Sitz Luxemburg). Es wurde 1958 in Fortführung und Erweiterung des bereits früher bestehenden Statistischen Amtes der EGKS durch gemeinsamen internen Organisationsakt von EWG/EAG (Kommission und Hoher Behörde der EGKS) gegründet und ist heute der Europäischen Kommission zugeordnet. An der Spitze des Statistischen Amtes steht ein Generaldirektor. Das Amt arbeitet mit den nationalen Statistischen Ämtern zusammen und sucht durch eine Koordinierung von deren Arbeitsweisen die Statistik im EG-Raum vergleichbar zu machen und selbst gewisse Gemeinschaftsstatistiken zu erlassen. Das Statistische Amt der EG hat keine verbindliche Rechtsgewalt nach außen, sondern arbeitet insoweit im Wege empfehlender Verwaltungspraxis bzw. Freiwilliger Übereinkünfte mit den Partnern. (Näheres in der VO 322/97, ABl. 1997, L 52/1 und im Beschluß 97/281 der Kommission, ABl. 1997, L 112/56).

455 **ccc) Amt für amtliche Veröffentlichungen:** 1969, wurde durch eine gemeinsame Entscheidung der EG-Organe (Entsch. v. 16. 1. 1969, ABl. L 13/19) das **Amt für amtliche Veröffentlichungen der EGen** errichtet. Es hat seinen Sitz in Luxemburg. Das Amt, an dessen Spitze ein Direktor steht, besorgt insbesondere **alle rechtlich erforderlichen Publikationsaufgaben der EG** (vgl. insbesondere Art. 191 = 254 neu hinsichtlich des Amtsblattes der Gemeinschaften i. V. m. dem Beschluß v. 15. 9. 1958, ABl. S. 390). Daneben werden über das Amt zahlreiche „andere Publikationen" der EG veröffentlicht (vgl. die monatlichen und jährlichen Kataloge des Amtes). Da die offiziellen Publikationen und auch viele der übrigen in allen Amtssprachen der EG erscheinen, ergeben sich neben einem großen Druckvolumen zugleich **beträchtliche Übersetzungsaufgaben.** Das Amt, das vorangegangene Veröffentlichungsdienste der drei Gemeinschaften zentralisierte, dient allen Organen der EG, die im Leitungsausschuß des Amtes vertreten sind; institutionell/verwaltungsmäßig ist das Amt der Kommission zugeordnet (näher *Pourvoyeur,* RMC 1973, S. 380 ff.). Auch das Amt für amtliche Veröffentlichungen ist so eine gemeinschaftsinterne Hilfseinrichtung ohne Außengewalt.

456 **ddd) Verwaltungskommission für die soziale Sicherheit der Wanderarbeitnehmer:** Zu den nachgeordneten Behörden zählt auch die **Verwaltungskom-mission der EG für die soziale Sicherheit der Wanderarbeitnehmer,** die schon 1958 durch VO als gleichzeitige Sondereinrichtung der Kommission und intergouvernementales Koordinierungsgremium errichtet wurde (Art. 80 f. VO 1408/71 v. 14. 6. 1971, ABl. L 149/2, näher *Priebe,* Entscheidungsbefugnisse vertragsfremder Einrichtungen im EGR, 1979, S. 38 ff.).

457 **eee) Weitere Pläne:** Ferner werden von Zeit zu Zeit immer wieder Pläne für die **Errichtung weiterer Ämter** (nachgeordneter Behörden) laut, so z. B. für ein Europäisches Kartellamt, ein Europäisches Landwirtschaftsamt, ein Europäisches Warentestinstitut. Sie wurden indessen bisher nicht verwirklicht. Die Bezeichnung „Amt" wird im übrigen auch in einer nicht glücklichen Vielfalt gleichzeitig

für abhängige und unabhängige juristische Personen der EG (oben Rz. 448 f.) mitverwendet, so im Falle des Europäischen Patentamtes in München und des Europäischen Markenamtes in Alicante (unten Rz. 459, 462, 1249).

cc) Abhängige juristische Personen (Unternehmen, Zentren, Agenturen u. ä.)

Solche rechtlich begrenzt selbständigen Einrichtungen sah **bereits der** 458
EAGV von Anfang an vor. Seit Anfang der siebziger Jahre hat die Gemeinschaft begonnen, mit Hilfe der **Setzung von sekundärem Gemeinschaftsrecht** auf der Grundlage des Art. 235 = 308 neu EGV gelegentlich für neue, ergänzende Aufgaben ausgegliederte juristische Personen des Gemeinschaftsrechts zu errichten, die gleichwohl im Rahmen der „Meroni-Doktrin" des EuGH (oben Rz. 445) der EG eng attachiert blieben. Es beginnt mit Hilfe dieser sog. „abhängigen" juristischen Personen eine Art **„mittelbare Gemeinschaftsverwaltung"** zu entstehen.

Zu diesen abhängigen juristischen Personen gehören: 459

- Die **Gemeinsamen Unternehmen** zur Entwicklung der Kernindustrie in der Gemeinschaft nach Art. 45 ff. EAGV. (Verschiedene Kernkraftwerke wie z. B. KKW Lingen GmbH, gemäß Ratsentscheidung 64/64/EAG v. 12. 12. 1964, ABl. S. 3642, unten Rz. 1335).
- Das **Europäische Zentrum für die Förderung der Berufsbildung in Saloniki** (bis 1993 Berlin) errichtet durch die VO Nr. 337/75 v. 10. 2. 1975, ABl. L 39/1 ff. Das Zentrum unterstützt die Kommission bei ihren berufsbildenden Aufgaben im Rahmen von Freizügigkeit und Sozialpolitik (unten Rz. 1650).
- Die **Europäische Stiftung zur Verbesserung der Lebens- und Arbeitsbedingungen in Dublin** errichtet durch VO Nr. 1365/75 v. 26. 5. 1975, ABl. L 139/1 ff. Die Stiftung ist als eine Art Informationszentrale der Kommission für die mittel- und längerfristige gesellschaftliche Entwicklung innerhalb der EG gedacht (unten Rz. 1648).
- Die **Europäische Agentur für Zusammenarbeit,** errichtet durch VO 3245/81 v. 26. 10. 1981, ABl. L 328/1 ff. Mit der Agentur betreut die Kommission Personal, das sie über ihre überseeischen Delegationen im Rahmen der Kooperation mit den AKP-Staaten (unten Rz. 1814 ff.) einsetzt.
- Die **Europäische Umweltagentur in Kopenhagen** (VO 1210/90 v. 7. 5. 1990, ABl. L 120/1). Sie soll Informationen zum Umweltschutz sammeln und verbreiten (unten Rz. 2022).
- Die **Europäische Stiftung für Berufsbildung in Turin** (VO 1360/90 v. 7. 5. 1990, ABl. L 131/1. Im Unterschied zu dem o. g. Berufsbildungszentrum in Saloniki soll die Stiftung eine Art Informationszentrale für längerfristige Reformüberlegungen sein (unten Rz. 1907).
- Die **Europäische Drogenbeobachtungsstelle in Lissabon** (VO 302/93 v. 8. 2. 1993, ABl. L 36/1). Sie unterstützt die Antidrogen-Politik der Gemeinschaft (unten Rz. 2054).
- Das **Europäische Markenamt in Alicante** (VO 40/94 v. 20. 12. 1993, ABl. L 11/1 ff., unten Rz. 1249). Gemeinsam mit dem Europäischen Patentamt in München (unten Rz. 462) ist das Harmonisierungsamt für den Binnenmarkt (Marken, Muster und Modelle) („Europäisches Markenamt") die **gewichtigste der europäischen Sondereinrichtungen.** Das Amt soll zunächst ca. 250 Mitarbeiter umfassen und sein Budget allmählich aus den Gebühreneinnahmen für die ab 1996 möglichen Eintragungen bestreiten. Mit den Ämtern in München und Alicante hat der Europäische gewerbliche Rechtsschutz seine organisatorische Infrastruktur gefunden (unten Rz. 1087 ff.).

- Die **Europäische Agentur für die Beurteilung von Arzneimitteln in London** (VO 2309/93 v. 22. 7. 1993, ABl. L 214/1). Die Agentur unterstützt die Kommission bei der wissenschaftlichen Beurteilung von Arzneimitteln zur gemeinschaftsweiten Genehmigung.
- Das **Übersetzungszentrum für die Einrichtungen der EU in Luxemburg** (VO 2965/94 v. 28. 11. 1994, ABl. L 31/1). Das Zentrum leistet die Übersetzungsdienste für die meisten o. g. Sondereinrichtungen der EG/EU.
- Die **Europäische Stelle zur Beobachtung von Rassismus und Fremdenfeindlichkeit in Wien** (VO 1035/97 v. 2. 6. 1997, ABl. L 151/1).

Diese Liste ist nicht vollständig. Es bestehen im Zuge des weiteren Ausbaues der EG/EU Pläne zur Errichtung zusätzlicher abhängiger juristischer Personen auf der Grundlage von Art. 235 = 308 neu EGV.

460 Bei den **Sitzentscheidungen** (insbes. 2. Amsterdamer EUV/EGV-Sitzprotokoll 1997) stand die verständliche Überlegung im Vordergrund, im Interesse der Integration **möglichst alle MSen mit Sitzorten auszustatten.** Kostspieliger Nachteil dieser Dezentralität ist, daß auf diese Weise sachlich eng zusammengehörige Einrichtungen (z. B. gewerblicher Rechtsschutz in München und Alicante, Berufsbildung in Saloniki und Turin) geographisch auseinandergerissen werden.

dd) Unabhängige juristische Personen

461 Die Verträge lassen erkennen, daß zum institutionellen Spektrum der EG/EU auch der Typus der weitgehend gemeinschaftsrechtlichen, u. U. auch mit Ausstrahlung ins Völkerrecht **verselbständigten („unabhängigen") juristischen Person** „am Rande der EG" gehören kann. Über den von den Verträgen bereits begründeten Bestand hinaus haben die Mitgliedstaaten inzwischen meist durch **besondere völkerrechtliche Verträge** (oben Rz. 449) die Zahl dieser „außervertraglichen Institutionen der Gemeinschaft" *(Robert Weis)* vermehrt.

462 Zu den „ursprünglichen" juristischen Personen stark verselbständigter Art, rechnen das **Europäische Währungsinstitut** (bis 1998), die **Europäische Zentralbank** (Art. 109 f, 106 = 117, 107 neu EGV, oben Rz. 410 ff.), die **Europäische Investitionsbank** (Art. 198 d = 266 neu EGV, oben Rz. 431 ff.) und die **EAG-Agentur zur Versorgung der Gemeinschaft mit spaltbarem Material** (Art. 53 ff. EAGV, unten Rz. 1333).

Eine seit langem bestehende besondere Rechtspersönlichkeit ursprünglich kraft völkerrechtlichen Vertrages „am Rande der EG" stellen die **Europäischen Schulen** (im wesentlichen für die Kinder der EG-Bediensteten) dar. (Zu ihnen unten Rz. 1925).

Ähnlich wurde die **„Anstalt im Range einer Universität,** die ursprünglich gemäß Art. 9 Abs. 2 EAGV durch Ratsbeschluß gegründet werden sollte, schließlich völkerrechtlich in gewandelter Form durch das Übereinkommen über die Gründung eines **Europäischen Hochschulinstituts** in Florenz v. 19. 4. 1972 (BGBl. II 1974, S. 1137) errichtet (unten Rz. 1926). Auch das **Europäische Patentamt** in München, das als selbständige Rechtspersölichkeit die doppelten Aufgaben des Europäischen und des Gemeinschaftspatentübereinkommens v. 5. 10. 1973 bzw. 15. 12. 1989 (BGBl. 1976 II, S. 826 bzw. ABl. 1989, L 401/1 ff.) erfüllt, verdankt seine Gründung diesen völkerrechtlichen Instrumenten (unten Rz. 1962 ff. und *Brändli,* Europäisches Patentamt, 1986). Das EPA hat inzwischen annähernd 4000 Mitarbeiter, ein Budget von mehr als 1 Mia. DM jährlich. Seit der Gründung hat das Amt bis 1997 über 1 Mio. Patentanmeldungen entgegengenommen und 400.000 europäische Patente erteilt.

1982 wurde von den EG-Staaten ein Abkommen über die Gründung einer **Europäischen Kulturstiftung** mit Sitz in Paris unterzeichnet. Sie geht auf einen Beschluß des Europäischen Rates von 1977 zurück (*EG-Kommission (Hrsg.)*, Europäische Stiftung, Bull. EG 1977, Beilage 5). – Insgesamt erweist sich das Verfahren der Gründung von zusätzlichen „Rand-Institutionen" bei der EG durch völkerrechtliche Verträge als zeitraubend und schwerfällig.

Nicht mehr zu den weiteren Einrichtungen der EG aufgrund oder „am **463** Rande" der Verträge, wohl aber in einem sachlichen Sinne der europäischen Integration zugeordnet, können auf „europäischer Ebene" gemäß **öffentlicher oder auch z. T. privater Grundlage** manche weiteren Institutionen benannt werden, die sozusagen „im Dunstkreis" der Gemeinschaften ähnliche Aufgaben erfüllen. Beispielsweise seien hierfür das 1949 vom Europarat in Brügge als Postgraduierteninstitut gegründete **Europakolleg** oder die 1954 von bekannten europäischen Persönlichkeiten als „Non-Gouvernemental International Organisation" gegründete, seit 1960 in Amsterdam ansässige **Europäische Kulturstiftung** genannte *(Scholten,* The European Cultural Foundation 1954–1979, 1978, unten Rz. 1981). In der organisatorischen Vielfalt der weiteren Einrichtungen der EG und um sie herum spiegelt sich so insgesamt manches von der inzwischen erreichten Breite der Gemeinschaftsaktion und des europäischen Zusammenschlusses im weiteren Sinne.

§ 6. Quellen und Rang des Unions- und Gemeinschaftsrechts

Literatur: Die Literatur zu den Rechtsquellen, zum Vorrang und Vollzug des Gemeinschaftsrechts ist Legion. Umfangreiche Zusammenstellungen bei *Bleckmann/Pieper,* Rechtsquellen, in: Dauses (Hrsg.), Hdb EG Wirtschaftsrecht, B. I (1997) und bei *Müller-Graff,* Verfassungsziele der EG/EU a. a. O. A. I (1997);

H. Krüger, Über die Herkunft der Gewalt der Staaten und der sog. supranationalen Organisationen, DÖV 1959, S. 721 ff.; *Hallstein,* Die EWG – Eine Rechtsgemeinschaft (1962), in: Europäische Reden, 1979, S. 341 ff.; *Giscard d'Estaing,* L'Europe et le mythe de la supranationalité, Politique internationale, 1979, S. 189 ff.; *Carstens,* u. a., Der Beitrag des Rechts zum europäischen Einigungsprozeß, 1984; *Druesne,* Droit matériel et politique de la Communauté Européenne 1986; *Fiedler,* Die Funktion des Rechts in der europäischen Einigungsbewegung, JZ 1986, S. 60 ff.; *Everling,* Auf dem Wege zu einem Europäischen Verwaltungsrecht, NVwZ 1987, S. 1 ff.; *Lenz,* Gemeinsame Grundlagen und Grundwerte des Rechts der EGen, ZRP 1988, S. 449 ff.; *Schollmeier,* Die Rechtsquellen der EG, JA 1990, S. 375 ff.; *Bieber,* Wandel und Unveränderlichkeit als Strukturmerkmale des Europarechts, ZSchwR 1993, S. 327 ff.; *Bleckmann,* Die Rechtsquellen des Europäischen Gemeinschaftsrechts, NVwZ 1993, S. 824 ff.; *Louis,* Rechtsordnung der EGen, 1993; *Berchthold,* Die Herrschaft des Rechts als europäisches Erbe, FS Schambeck, 1994, S. 907 ff.; *Häberle,* Europäische Rechtskultur, 1994; *Zuleeg,* Die EG als Rechtsgemeinschaft, NJW 1994,, S. 545 ff.; *Curtin,* The Shaping of a European Constitution and the 1996 IGC, AuWi 1995, S. 237 ff.; *Grimm,* Braucht Europa eine Verfassung? JZ 1995, S. 581 ff.; *Koenig/Pechstein,* Die EU 1995; *Magiera,* Zur Reform der Normenhierarchie im Recht der EU, Integr. 1995, S. 197 ff.; *Bogdandy/Ehlermann,* Consolidation of the European Treaties, CMLRev 1996, S. 1107 ff.; *Schäuble/Heintzen,* Die Entwicklung des Rechts in der EU, 1996; *Schwartze* (Hrsg.), Das Verwaltungsrecht unter europäischem Einfluß, 1996; *Püls,* Der Vollzug von Gemeinschaftsrecht, 1997; *Winter* (Hrsg.)*, Sources and categories of the EU-Law, 1996; Müller-Graff/Riedel,* (Hrsg.), Gemeinsames Verfassungsrecht in der EU, 1998; *Scholz/Hofmann,* Perspektiven der europäischen Rechtsordnung, ZRP 1998 S. 295 ff,; *Schwarze,* Das Konzept des europ. Gemeinschaftsrechts, in: *Horn/Baur/Stern* (Hrsg.), 40 Jahre Römische Verträge, 1998, S. 29 ff..

(Im jährlichen Gesamtbericht der Kommission über die Tätigkeit der Europäischen Union ist regelmäßig ein Teil „Das Gemeinschaftsrecht" enthalten).

Vorbemerkung: Unionsrecht und Europäisches Gemeinschaftsrecht

464 Seit dem Inkrafttreten des Maastrichter Unionsvertrages (EUV) am 1.11. 1993 muß das Recht dieses Vertrages **(EU-Recht oder Unionsrecht)** von dem **Europäischen Gemeinschaftsrecht** der drei Integrationsverträge (EGV, EAGV, EGKSV) unterschieden werden *(Koenig/Pechstein,* Die EU, 1995, S. 3 ff.). Diese Unterscheidung ist jedoch relativ, denn der EUV stellt nach seinen Artikeln A–B = 1–2 neu einen „Dachvertrag" über den drei „Säulen" der Union (EGen, GASP und PJZ, oben Rz. 44) dar. Er setzt für die gesamte Union gemeinsame Ziele und einen einheitlichen institutionellen Rahmen (Art. A–F = 1–6 neu EUV). Auf diese Weise soll die Aktion der EU „kohärent" sein (Art. C = 3 neu EUV). Sie ist auf weitere Vergemeinschaftungen hin angelegt (Art. N Abs. 3 = 48 Abs. 3 neu EUV), wie sie

begrenzt im Amsterdamer Vertrag 1997 erfolgten. So gesehen, mag man das überwölbende EU-Recht als eine Art **Gesamtverfassung der Union** begreifen.

Andererseits ist eine **Zäsur innerhalb des Unionsrechts** nicht zu übersehen. 465
Von den drei „Säulen" der Europäischen Union enthält nur der – bei weitem gewichtigste – Gemeinschaftsteil **europäisches Gemeinschaftsrecht im eigentlichen Sinne.** Der EUV ändert über seine Art. G–I = 8–10 neu die drei Gemeinschaftsverträge, wobei der bisherige EWGV in den EGV umbenannt wurde. Die EU ist damit zu einem guten Teil Europäische Gemeinschaft und nimmt an dem besonderen Charakter ihres Rechts teil. Andererseits betont Art. M = 47 neu EUV, **daß die drei Gemeinschaftsverträge,** abgesehen von den über Art. G–I = 8–10 neu EUV vorgenommenen Änderungen, **durch den EUV unberührt bleiben.** Nur Vertragsänderungen vollziehen sich gemäß Art. N = 48 neu EUV gemeinsam auf Unionsebene.

Die 2. und 3. Säule der Union (GASP und PJZ) und ihr Recht ist in den Art. J–J. 11 = 11–21 neu sowie Art. K–K.9 = 29–37 neu EUV **weitgehend völkerrechtlich (intergouvernemental) organisiert worden. Die hier niedergelegten Verpflichtungen richten sich an die MSen** und entfalten keine unmittelbaren Rechtswirkungen für die Unionsbürger. Die Rechtsetzungskompetenz der EG zum Erlaß von Verordnungen, Richtlinien und Entscheidungen (Art. 189 = 249 neu EGV, unten Rz. 535 ff.) gilt nicht für den GASP/PJZ-Bereich. Ebenso ist eine Rechtskontrolle durch den Europäischen Gerichtshof im GASP-PJZ-Sektor des EUV weitgehend ausgeschlossen worden (Art. L = 46 neu EUV). Trotz gewisser „kohärenzbegünstigender Brückenkonstruktionen" *(Koenig/Pechstein)* zwischen den europarechtlichen und den völkerrechtlichen Teilen des EUV verbleibt das Unionsrecht bis auf weiteres in einer unglücklichen **Zwitterstellung zwischen Supranationalität und Internationalität.** Europäisches Gemeinschaftsrecht i. e. S. und völkerrechtlich geprägtes Unionsrecht müssen innerhalb des EUV bei der Rechtsanwendung voneinander abgegrenzt und jeweils für sich nach den einschlägigen Regeln ausgelegt und angewandt werden.

Vom Umfang und von der materiellen Bedeutsamkeit her steht das **Europäische Gemeinschaftsrecht (EGR)** von EG, EAG und EGKS als „harter Kern" des Europarechts innerhalb der EU ganz im Vordergrund. Es ist in seiner Entwicklung seit den 50er Jahren eine **Rechtsmasse eigener Art „zwischen" dem nationalen Recht der EG-Mitgliedstaaten (insbesondere ihrem Staatsrecht) und dem Völkerrecht** geworden. So wie die EGen eine besondere Kategorie staatsähnlicher Verbindungen unter ihren Mitgliedern darstellen (unten Rz. 887 ff.), ist auch ihr Recht zwischen der internationalen und der nationalen Sphäre einzuordnen. Der förmlichen Entstehung nach ist es als das Recht vor allem des EGKS-, EG- und EAG-Vertrages ursprünglich völkerrechtlicher Herkunft. Mit ihrer ehrgeizigen inhaltlichen Zielsetzung, durch umfängliche Übertragung vorher staatlicher Hoheitsrechte auf die Gemeinschaft eine autonome Rechtsordnung zu gründen (EuGHE 1964, 1251 ff. [1269] – RS 6/64 „Costa/ENEL" st. Rspr.; ähnlich BVerfGE 22, 292 ff. st. Rspr.), schaffen die Verträge jedoch Rechtsgrundlagen, deren Ansprüche und normative Kraft sie wesensmäßig nationalem Recht annähern. Diese Feststellung gilt unabhängig von der Frage, ob die Gemeinschaften sich in einer vorbundesstaatlichen Finalität 466 befinden oder – wahrscheinlicher – als eine Art parastaatliche Superstruktur eine neuartige, definitive Verbindungsform ihrer Mitglieder darstellen (unten Rz. 912 ff.).

467 Oftmals (früher ausdrücklich Art. 9 EGKSV) wird dieser ambivalente Wesenszug des EGR als **überstaatlich („supranational")** umschrieben. Damit wird zum einen der grundsätzliche Vorrang des EGR im Verhältnis zum Recht der Mitgliedstaaten angedeutet (unten Rz. 616 ff.). Zum anderen wird damit der Versuch unternommen, in einer griffigen Kurzformel das Spezifische des „Europarechts" zum Ausdruck zu bringen. Führt man das vielerörterte Vorstellungsbild der Supranationalität auf seine einzelnen Elemente zurück, wird sichtbar, daß hier nichts absolut Neues geschaffen wurde. Vielmehr entstand durch eine bestimmte Häufung von Befugnissen bei einer „überstaatlichen" Organisation ein „immer engerer Zusammenschluß" (Präambel EGV) zwischen den Mitgliedern. So charakterisiert sich das EGR als die Ordnung einer „Gemeinschaft", die bis auf weiteres irgendwo in der Grenzzone zwischen „ewiger" Bundesstaatlichkeit und widerrufbarer internationaler Organisiertheit steht. Ihre spezifischen Merkmale sind insbesondere:

468 a) Die eigentlich **endgültig „verliehene"** ***(Louis)*** **und nicht nur „übertragene" Gemeinschaftsgewalt,** deren **Vorrang** gegenüber der nationalen, staatlichen Gewalt in den Grenzen der beiderseitigen Kompetenzen nötigenfalls mittels der **direkten Anwendbarkeit des EGR** in den Mitgliedstaaten und im unmittelbaren Durchgriff bis auf den Unionsbürger geltend gemacht werden kann. (Etwa EuGHE 1978, 629 ff. – RS 106/ 77 st. Rspr., *Ipsen,* HdbStR VII, 1992, S. 770 ff.).

469 b) Die besonderen **institutionellen Vorkehrungen,** mittels deren die EG als **unabhängige („Rechts")gemeinschaft** ihren Rang gegenüber den Mitgliedstaaten unterstreicht. Die selbständigen Handlungsmöglichkeiten der EG-Organe (notfalls über Mehrheitsentscheidungen), die sich besonders im eigenständigen Rechtsschutz vor dem EuGH ausprägende **Rechtsstaatlichkeit der EG** (EuGHE 1979, 623 ff. – RS 101/78 st. Rspr.) und schließlich auch die fortschreitende **Finanzautonomie der Gemeinschaft** (unten Rz. 830) weisen in diese Richtung.

470 Da die EGen (nur) **Rechtsgemeinschaften** sind und ihnen elementare staatliche Eigenschaften wie die Fähigkeit zur zwangsweisen Durchsetzung (Polizei, Militärgewalt, aber weithin auch gerichtliche Zwangsvollstreckung) abgehen, kommt der normativen Kraft des EGR für Existenz und politischen Rang der Gemeinschaft eine erstrangige Funktion zu. Es wundert daher nicht, daß sowohl die EG-Organe (besonders die Kommission und der EuGH) als auch unabhängige wissenschaftliche Beobachter der Gemeinschaft in der **Wahrung des „supranationalen" Charakters des EGR** die allererste Vorbedingung für eine den Gründungsabsichten entsprechende Fortentwicklung der EG sehen. Entsprechend betont Art. 164 = 220 neu EGV die „Wahrung des Rechts" als eine elementare Voraussetzung des Einigungsprozesses.

Die seit längerem zu beobachtende **„Normenflut"** beim Erlaß von EGR (über 12 000 förmliche Rechtsakte der EG jährlich seit Mitte der achtziger Jahre) bestätigt auf ihre Weise die elementare Angewiesenheit der Gemeinschaft auf die Kraft ihres Rechtes und seine Befolgung. 471

Negativ kommt in dieser eingegrenzten Bedeutung der „Supranationalität" zum Ausdruck, daß das EGR ein nach Maßgabe der **mitgliedstaatlichen Verleihung eingegrenztes Recht** bleibt. Mag man die EGen als auf ihren Gebieten „teilsouverän" bezeichnen, so verbleibt doch die letzte Kompetenz/Kompetenz bei den Mitgliedstaaten, den „Herren der Verträge" (oben Rz. 891 ff., BVerfGE 89, 157 ff. „Maastricht"). Wie nationales Verfassungsrecht und Völkerrecht, ist auch das EGR „politisches (politik-nahes) Recht". Sinnvolle, d. h. effektive Auslegung des Europarechts bedarf immer wieder der Rückbesinnung auf die übergreifenden Ziele des EG-Prozesses *(Müller-Graff,* Verfassungsziele der EG/EU, in: Dauses (Hrsg.), Hdb EG WirtschR A. I (1997)), die ihrerseits vor dem Hintergrund der Europapolitik stehen. Die in erster Linie dem EuGH anvertraute „Wahrung" des EGR (Art. 164 = 220 neu EGV) kann freilich nicht bedeuten, die Entscheidungen der Verträge und des aus ihnen abgeleiteten sekundären Rechts jeder tagespolitischen Schwankung auszusetzen. Die rechte Mitte zu finden zwischen dem Ansinnen, das EGR zur Magd allfälliger politischer Wünsche zu machen, und einer europarechtlich-dogmatischen Starre, welcher die nötige europaweite Rechtsüberzeugung fehlt, bleibt die „staatsmännische Aufgabe" *(Herbert Krüger)* europäischer Rechtsfindung, zu der in erster Linie der Gerichtshof aufgerufen ist *(Bieber,* ZschwR 1993, S. 327 ff.). 472

I. Primäres Gemeinschaftsrecht („Verfassung" der EG)

Literatur: *Hallstein,* Europäische Integration als Verfassungsproblem (1958), in: Europäische Reden. 1979, S. 70 ff.; *Pescatore*, Die Gemeinschaftsverträge als Verfassungsrecht, FS Kutscher, 1981, S. 319 ff.; *Schepers,* The legal force of the preamble of the EEC-treaty. ELRev. (1981), S. 356 ff.; *Pescatore*, The doctrine of ‚Direct Effect': An infant disease of Community law, ELRev. 1983, S. 155 ff., *Glaesner,* Die Einheitliche Europäische Akte – Versuch einer Wertung, in: Schwarze (Hrsg.), Der Gemeinsame Markt, 1987, S. 9 ff.: *Nicolaysen,* Ansichten zur Gemeinschaftsverfassung, EuR 1987, S. 299 ff.; *Pescatore*, Some critical remarks on the 'Single European Act', CMLRev 1987, S. 9 ff.; *Ruyt,* L'acte unique européen. Commentaire, 2. Aufl. 1989; *Hahn,* Der Vertrag von Maastricht als völkerrechtliche Übereinkunft und Verfassung, 1992; *Corbett,* The Treaty of Maastricht – a comprehensive guide, 1993; *Weber,* Zur Verfassungsstruktur der EG nach Maastricht, in Hrbek (Hrsg.), Der Vertrag von Maastricht in der wissenschaftlichen Kontroverse, 1993, S. 121 ff.; *Heintzen,* Hierarchisierungsprozesse innerhalb des Primärrechts der EG, EuR 1994, S. 35 ff.; *Zuleeg,* Die Verfassung der EG in der Rspr. des EuGH, BB 1994, S. 581 ff.; *Bieber,* Steigerungsform der EU: eine europäische Verfassung, FS Heymanns Verlag, 1995, S. 291 ff.; *Ehi* (Hrsg.), Vereinheitlichtes und vereinfachtes Modell der Verträge über die EGen und des Vertrags über die EU in nur einem Vertrag, 1996; *Rodriguez Iglesias,* Zur „Verfassung" der EG, 1996; *v. Bogdandy/Ehlermann* (Hrsg.) Konsolidierung und Kohärenz des Primärrechts und Amsterdam, EuR 1998 1998, Beil. 2.; *Hilf/Pache,* Der Vertrag von Amsterdam, NJW 1998, S. 705 ff.

473 Seit langem geläufig ist die Unterscheidung zwischen dem **primären Gemeinschaftsrecht** (hauptsächlich der drei Integrationsverträge) und dem **sekundären Gemeinschaftsrecht** (insbesondere der aus der EG-Rechtsetzungsgewalt abgeleiteten Verordnungen, Richtlinien, Entscheidungen usf.). Völkerrechtlich gesprochen, wäre dies die Differenzierung zwischen den Gründungsverträgen und dem gemäß ihren Regeln abgeleiteten „internen Staatsgemeinschaftsrecht“. Dem staatsnahen Charakter der EG entspricht es aber eher, insoweit die Unterscheidung zwischen der „verfassungsrechtlichen Rolle der Verträge“ (EuGHE 1991, I–6079 ff. Gutachten 1/91) und einer Art einfachen Gesetzesebene usw. des sekundären Gemeinschaftsrechts zu betonen. Daneben wird von einem **„Europäischen Verwaltungsrecht“** gesprochen, das aber inhaltlich sowohl primäres wie sekundäres EGR umfaßt *(Schwarze,* Public Law 1993, S. 229 ff.).

474 Insgesamt ist es wesentlich, den einheitlichen Charakter des **primären Gemeinschaftsrechts** und seine besondere Ranghöhe innerhalb des EGR zu erkennen. Obwohl der Form nach uneinheitlich (neben den Verträgen vor allem ungeschriebenes Gemeinschaftsgewohnheitsrecht, Allgemeine Rechtsgrundsätze des EGR u. ä. (vgl. unten Rz. 482), ist das primäre Gemeinschaftsrecht grundsätzlich eine einheitliche Rechtsmasse, die in sich keinen qualitativen Differenzierungen zugänglich ist. Das primäre Gemeinschaftsrecht steht vielmehr insgesamt im normalen hierarchischen Vorrang der Rechtsquellenlehre gegenüber dem sekundären Gemeinschaftsrecht, ähnlich wie im innerstaatlichen Verhältnis die Unterscheidung zwischen Verfassung und Gesetz. Dieser innergemeinschaftsrechtliche Vorrang ist zu unterscheiden von dem „Vorrang des Gemeinschaftsrechts“ insgesamt (primäres und sekundäres) gegenüber dem nationalen Recht der Mitgliedstaaten (dazu unten Rz. 616).

1. Die Gemeinschaftsverträge

475 Wichtigster Bestandteil des primären Gemeinschaftsrechts sind die **Verträge über die Gründung der EGKS v. 18.4.1951** (BGBl. 1952 II, S. 447), zur **Gründung der EWG v. 25.3.1957** (BGBl. II, S. 766) **und zur Gründung der EAG v. 25.3 1957** (BGBl. II, S. 1014), inzwischen verschiedentlich geändert und ergänzt, zuletzt insbesondere durch den („Maastrichter“) **Vertrag über die EU** v. 7.2.1992, (BGBl. II, S. 1253) und den („Amsterdamer“) **Änderungsvertrag zum EUV und den EG-Verträgen** v. 2.10.1997 (BGBl. 1998 II, S. 386). Um diese drei EG-Gründungsverträge und den EUV ranken sich eine **größere Zahl weiterer völkervertraglicher, ratifizierter Rechtsakte,** die man ihrerseits als **Stück der „EG-Verfassung“** begreifen kann. Dazu gehören zum einen die verschiedenen Annexe zu den Verträgen (Protokolle, Abkommen, Übereinkommen u. ä.), die kraft Art. 239 = 311 neu EGV, 207 EAGV und 84 EGKS als Bestandteile der Verträge gelten oder kraft ihres fundamentalen Inhaltes dem primären GR zuzuordnen sind (z. B. Abkommen über die gemeinsamen Organe der EG von 1957, Fusi-

onsvertrag von 1965, Direktwahlbeschluß von 1976 und Einheitliche Europäische Akte von 1986). Auch die Beitrittsverträge von 1972 (UK, Dänemark, Irland), 1979 (Griechenland), 1985 (Portugal, Spanien) und 1994 (Finnland, Österreich, Schweden) gehören hierher, dagegen nicht jeder beliebige „gemischte" Vertrag in Ausführung der Gründungsverträge, an dem sich neben der EG auch die Mitgliedstaaten beteiligen (z. B. AKP-EG-Abkommen von Lomé, vgl. unten Rz. 1814 ff.).

Einen Überblick über das primäre Vertragsrecht der EG vermitteln die verschie- 476
denen Textsammlungen zum Europarecht, z. B. die dtv-Sammlung Europarecht 14. Aufl. 1997 (mit Einf. *Classen),* dtv-Sammlung EUV/EGV i. d. F. Maastricht/Amsterdam, 4. Aufl. 1998 (mit Einf. *Khan),* Nomos-Textausgabe Europarecht, 10. Aufl. 1997 (mit Einf. *Glaesner).* Das Primärrecht und wichtige Teile des Sekundärrechts enthalten die Loseblattsammlungen *Sartorius II,* Internationale Verträge-Europarecht (fortlaufend) und *Beutler/Bieber/Pipkorn/Streil,* Das Recht der EU (fortlaufend). – Zum Verhältnis der drei EG-Gründungsverträge untereinander (Vertragskonkurrenz) vgl. oben Rz. 228 ff..

Die zersplitterte und unübersichtliche Fassung des Primärrechts ist seinem Verfassungscharakter höchst abträglich. Zwei Arbeitsgruppen („*Bieber*-Gruppe" und „*Bogdandy*-Gruppe") haben 1996/97 für das EP **„konsolidierte Fassungen"** des Primärrechts in einem einzigen Vertrag vorgelegt *(v. Bogdandy/Ehlermann,* CMLRev 1996, S. 1107 ff.). Ob es gelingen kann, die zahllosen Sachkompromisse, die sich in dem „gewachsenen" Primärrecht verbergen, in eine knappe „EU-Verfassung" zu überführen, ist sehr zweifelhaft. Die **42. Erklärung zur Amsterdamer Schlußakte 1997** begrüßt zwar diese „technischen Arbeiten", spricht ihnen aber gleichzeitig Rechtswirkung ab.

Inhaltlich lassen sich im vertraglichen Primärrecht der EG vor allem 477
Grundsatzvorschriften und sachgebietsbezogene Vertragsvorschriften unterscheiden. Die **Grundsatznormen** benennen die allgemeinen Zielsetzungen der Gemeinschaften (z. B. Art. 2 = 2 ff. neu EGV), die daraus abgeleiteten grundsätzlichen Aufgaben (z.B. Art. 3 = 3 neu EGV) und setzen grundlegende Gebote und Verbote (z. B. Art. 5–6 = 10, 12 neu EGV). Diese Vorschriften beanspruchen Gültigkeit für den gesamten Anwendungsbereich der Verträge.

Die Grundsatznormen sind verbindliches Recht, nicht nur Programmsätze (EuGHE 1963, 154 – RS 24/62).

Die **sachgebietsbezogenen Vertragsvorschriften** regeln demgegenüber in 478
erster Linie die Grundsätze der gemeinchaftsrechtlichen Aktion in dem betreffenden Teilbereich (z. B. Art. 38 ff. = 32 ff. neu EGV – Agrarmarkt oder Art. 85 ff. = 81 ff. neu EGV – Wettbewerbspolitik) Dabei grenzen sie insbesondere die Gemeinschaftskompetenz von den insoweit weiterbestehenden mitgliedstaatlichen Zuständigkeiten ab.

Grundsatznormen und sachgebietsbezogene Vertragsvorschriften haben den gleichen Rechtsrang. Ihr Verhältnis untereinander regelt sich im Einzelfalle nach den allgemeinen Auslegungsregeln (lex generalis/lex specialis usf.).

2. Ungeschriebenes primäres Gemeinschaftsrecht

Literatur: (Zu den Grund- und Menschenrechten vgl. unten bei c))

Riegel, Die Rechtsstaatlichkeit der europäischen Gemeinschaftsordnung, BayVBl. 1976, S. 353 ff., 395 ff.: *Pescatore,* Le recours, dans la jurisprudence de la CJE, à des normes déduites de la comparaison des droits des États membres, RIDC 1980, S. 337 ff.; *Bleckmann,* Zur Funktion des Gewohnheitsrechts im Europäischen Gemeinschaftsrecht, EuR 1981, S. 101 ff.; *Bothe,* „Soft Law" in den Europäischen Gemeinschaften?, FS Schlochauer 1981, S. 761 ff.; *Lasok,* Unwritten principles of Community Law, 1982; *Gilsdorf,* Vertrauensschutz, Bestandsschutz und Rückwirkungsbegrenzung im Gemeinschaftsrecht, RIW 1983, S. 22 ff.; *Gündisch,* Allgemeine Rechtsgrundsätze in der Rechtsprechung des Europäischen Gerichtshofes, in: Schwarze, Das Wirtschaftsrecht des Gemeinsamen Marktes, 1983, S. 97 ff.; *Lamoureux,* The retroactivity of Community Acts in the case of Law of the Court of Justice, CMLRev. 1983, S. 269 ff.; *Schiller,* Der Verhältnismäßigkeitsgrundsatz im Europäischen Gemeinschaftsrecht nach der Rechtsprechung des Europäischen Gerichtshofes, RIW 1983, S. 928 ff.; *Rengeling,* Die Entwicklung verwaltungsrechtlicher Grundsätze durch den Gerichtshof der EG, EuR 1984, S. 331 ff.; *Schwarze,* Der Schutz des Gemeinschaftsbürgers durch allgemeine Verwaltungsrechtsgrundsätze im EG-Recht, NJW 1986, S. 1067 ff.; *Constantinesco,* L 'article 5 CEE: De la bonne foi à la loyauté communautaire, FS Pescatore, 1987, S. 97 ff.; *Borchardt,* Der Grundsatz des Vertrauensschutzes im Europäischen Gemeinschaftsrecht, 1988: *van der Woude,* Soft-law in het Gemeenschapsrecht, SEW 1988, S. 243 ff.; *Frowein,* Die Herausbildung europäischer Verfassungsprinzipien, FS Maihofer, 1988, S. 149 ff.; *Schöne,* Die ‚umgekehrte Diskriminierung' im EWGV nach der Rspr. des EuGH, RIW 1989, S. 450 ff.; *Arnull,* The General Principles of EEC Law and the Individual, 1990; *Häberle,* Gemeineuropäisches Verfassungsrecht, EuGRZ 1991, S. 261 ff.; *Due,* Der Grundsatz der Gemeinschaftstreue in der EG nach der neueren Rspr. des Gerichtshofs, 1992; *Lück,* Die Gemeinschaftstreue als allgemeines Rechtsprinzip im Recht der EG, 1992; *Hofmann/Marko* u. a. (Hrsg.), Rechtsstaatlichkeit in Europa, 1996; *Jacoby,* Allgemeine Rechtsgrundsätze, 1997; *Puissochet,* La Cour de Justice et les Principes Généraux du Droit, in: UAE/ELU (Hrsg.), Der Rechtsschutz in der EU, 1997, S. 1 ff.

479 EGR kann nicht nur kraft ausdrücklicher Rechtsetzung entstehen, sondern ebenso wie in anderen Rechtsbereichen „ungeschrieben", d. h. entweder kraft **Gewohnheit** oder „sachlogisch" durch gemeinschaftsrechtlichen Rückgriff auf den Mitgliedstaaten gemeinsame **allgemeine Rechtsgrundsätze,** insbesondere die Existenz von Grund- und Menschenrechten *(Lenz,* ZRP 1988, S. 449 ff.).

Solches **ungeschriebenes Gemeinschaftsrecht** kann sich grundsätzlich sowohl als primäres als auch als sekundäres bilden. In der Praxis zeigt sich die Notwendigkeit der Lückenschließung durch ungeschriebenes Recht vor allem auf der Ebene der Verträge. Sekundäres Gemeinschaftsrecht enthält i. d. R. angesichts des „Brüsseler Perfektionismus" vollständige Normierung seiner Gegenstände. Prinzipiell können die Überlegungen zum ungeschriebenen primären Gemeinschaftsrecht aber auch auf den sekundären Bereich übertragen werden.

a) Gemeinschaftsgewohnheitsrecht

480 Im Sinne der allgemeinen Rechtsquellenlehre kann auch im EGR **durch ständige Übung in Rechtsüberzeugung Gewohnheitsrecht entstehen** (Ansätze in EuGHE 1978, 189 ff. – RS 72/77). Ähnlich wie im Völkerrecht

(ICJ Reports 1969, S. 1 ff. – „Nordseefestlandsockel") wird man dabei in unserer schnellebigen Zeit die Anforderungen an die Dauer der Übung nicht übersteigern dürfen und kann sich unter Umständen mit einigen Jahren begnügen („Instant customary law"). Träger der Übung sind in erster Linie die Gemeinschaftsorgane, wobei entsprechenden Qualifizierungen in der Rspr. des EuGH eine besondere Bedeutsamkeit zukommt (EuGHE 1970, 1209 – RS 30/70; näher *Ostertun,* Gewohnheitsrecht in der EU, 1996). Daneben ist auch die Praxis der Mitgliedstaaten zu beachten. Der Schwerpunkt des nach mehreren Jahrzehnten EG-Existenz wichtiger werdenden primären Gemeinschaftsgewohnheitsrechtes liegt im vertragsergänzenden Bereich. Vertragsänderndes Gewohnheitsrecht ist zwar theoretisch möglich, doch dürfte ein entsprechender Konsensus in der Gemeinschaftspraxis nur selten nachweisbar sein. Prinzipiell ist das primäre Gemeinschaftsgewohnheitsrecht ranggleich mit dem Vertragsrecht.

Beispiele für primäres Gemeinschaftsgewohnheitsrecht sind etwa die Möglichkeit der Vertretung der Mitgliedstaaten durch Staatssekretäre (und nicht nur durch Minister) im Rat und die Anerkennung unmittelbarer Anwendbarkeit von Richtlinien über Art. 189 = 249 neu EGV hinaus. Nur tatsächliche Praxis aller Mitgliedstaaten (gerade nicht in „Rechts"überzeugung!) war dagegen die langjährige Vermeidung der Mehrheitsentscheidung im Rat gemäß den Luxemburger Beschlüssen von 1966 (oben Rz. 29).

Vom Gemeinschaftsgewohnheitsrecht zu unterscheiden ist das auch im **481**
EGR zunehmend anzutreffende **„Soft Law"**, d. h. solche Regelungen, die lediglich eine Art politische („soziale") Verhaltenserwartung begründen, dagegen nicht verbindliches Recht darstellen *(Bothe,* FS Schlochauer, 1981, S. 761 ff.). Diese Art Soft Law tritt in zahlreichen nichtverbindlichen Handlungsformen der EG (Empfehlungen, Stellungnahmen, sonstige Beschlüsse, vgl. unten Rz. 577) und unter einer **verwirrenden Fülle von Titulaturen** auf.

Statt vieler etwa: Programm, Aktionsprogramm, Erklärung, Kommuniqué, Übereinkommen, Feststellung, Entschließung, Grundsatzentscheidung, Absprache, Gentlemen's agreement usf. Gemeinsames Charakteristikum ist einerseits das Fehlen juristischer Verbindlichkeit, andererseits der **faktische Konsensus**, sich zunächst einmal in bestimmter Weise gemeinsam zu verhalten. Die einseitige Abweichung vom Soft Law ist rechtlich möglich, mag sich aber als eine Art politisch-moralischer Treubruch oder zumindest als unfreundlicher Akt darstellen. Je nach Fortdauer und Qualität der sich im Soft Law manifestierenden Übung kann es u. U. zu Gemeinschaftsgewohnheitsrecht erstarken.

b) Allgemeine Rechtsgrundsätze

Ungeschriebenes primäres Gemeinschaftsrecht bildet sich auch aus den **482**
allgemeinen Rechtsgrundsätzen, die den Rechtsordnungen der Mitgliedstaaten gemeinsam sind (ARG): Es ist inzwischen anerkannt, daß die ausdrückliche Erwähnung dieser Rechtsquelle des EGR in Art. 215 Abs. 2 = 288 Abs. 2 neu EGV, 188 Abs. 2 EAGV für die außervertragliche Haftung beispielhaften Charakter hat, d. h. daß solche allgemeinen Rechtsgrundsät-

ze überall im EGR „gefunden" werden können. Eine solche verbindliche „Findung" obliegt in erster Linie der Rspr. des Gerichtshofes, der sich dieser Aufgabe seit längerem entschlossen verschrieben hat (*Gündisch,* ARG in der Rspr. des EuGH, in: Schwarze (Hrsg.), Das Wirtschaftsrecht des Gemeinsamen Marktes in der aktuellen Rechtsentwicklung, 1983, S. 97 ff.). Es können aber auch andere Gemeinschaftsorgane solche Grundsätze anwenden, wenn sie sie als gegeben erachten. Auch der EG-Bürger mag sich auf sie berufen.

483 Es bedarf einer **strikten und anerkannten Methode** bei der Auffindung der ARG, um diese für die Gemeinschaft hochbedeutsamen Prinzipien zu wirklicher Geltungskraft zu bringen und ihnen jeden „schillernden" oder „nebelhaften" Charakter zu nehmen. Der EuGH hat sich insofern mehr und mehr zur sog. „wertenden" Rechtsvergleichung (*Zweigert*) bekannt, bei der wesentliche Lücken im EGR nicht einfach durch die Suche nach dem kleinsten gemeinsamen Nenner der mitgliedstaatlichen Rechtsord-nungen geschlossen werden, sondern in Ermittlung der „besten" Lösung, die im nationalen Recht auffindbar ist (ein Beispiel in EuGHE 1973, 1481 f. – RS 120/73 – Findung der Zweimonatsfrist für Stellungnahmen der Kommission in Beihilfesachen als Ausdruck des Rechtsstaatsprinzips). Natürlich gibt es Grenzen dieser „Suche" nach ARG. Es muß eine wesentliche Lücke im gesetzten EGR bestehen, das in seiner Anwendbarkeit ohne den Rückgriff auf einen ARG empfindlich gestört würde, und es muß in den nationalen Rechtsordnungen tatsächlich ein solcher Grundsatz „gefunden" (und nicht etwa „erfunden"!) werden können. Ferner dürfen sich der Richter oder sonstige Rechtsanwendende nicht an die Stelle des Gemeinschaftsgesetzgebers setzen, wenn dieser rasch aktionsfähig ist. Daher ist die Ergänzung des sekundären Gemeinschaftsrechts durch ARG im allgemeinen nicht gebräuchlich.

484 In der Sache sind inzwischen vor allem über die Rspr. des Gerichtshofes eine **ganze Reihe von ARG** herausgearbeitet worden (*Lasok,* Unwritten Principles of Community Law, 1982). Es handelt sich dabei letztlich stets um solche Grundsätze, die mit den erkennbaren Strukturprinzipien der EU wie Freiheit, Demokratie, Achtung der Menschenrechte und Grundfreiheiten und Rechtsstaatlichkeit (Art. 6 Abs. 1 neu EUV) eng verbunden sind und sich aus ihnen ableiten lassen.

Diese **„Grundsätze" des Art. 6 Abs. 1 neu EUV** stellen besonders fundamentale Prinzipien dar, auf denen die EU ruht. Ihre Verletzung durch einen MS kann den besonderen Sanktionsmechanismus des Art. 7 neu EUV auslösen, der auf Feststellung des Rates in der Zusammensetzung der Staats- und Regierungschefs schließlich zur Aussetzung von bestimmten Vertragsrechten beim Verletzerstaat führen kann.

485 Ferner sind die gemeinsamen Verfassungsüberlieferungen der Mitgliedstaaten und auch die allgemeinen Rechtsgrundsätze des Völkerrechts zu beachten, das in Art. 38 Abs. 1 c IGH-Statut ein ähnliches „Einfallstor" für diese ungeschriebene Rechtsquelle kennt (*Bieber/Kahil-Wolff/Müller,* Cours général de droit communautaire, 1994).

In diesem Sinne wurden als ARG des Gemeinschaftsrechts beispielsweise anerkannt wichtige **rechtsstaatliche Prinzipien** wie der Gedanke der Verhältnismäßigkeit (Übermaßverbot) (z. B. EuGHE 1979, 677 ff. – RS 122/78 oder EuGHE 1994, I–3681 ff. – RS C 359/92) dazu *Emiliou,* The principle of proportionality in European Law, 1997), die Rechtsklarheit (EuGHE 1980, 2403 ff. – RS 32/79); die Rechtssicherheit (EuGHE 1980, 617 ff. – RS 265/78) in diesem Zusammenhang auch verschiedene **„allgemeine Grundsätze ordentlicher Verwaltung"** (EuGHE 1980, 1677 ff. – Verb. RS 33 u. 75/79 u. d. *Rengeling,* VVDStRL 53 (1994), S. 224 ff., wie das Prinzip des Vertrauensschutzes (EuGHE 1978, 169 ff. – RS 78/77 u. a. *Borchardt,* Der Grundsatz des Vertrauensschutzes im EGR, 1988), des rechtlichen Gehörs, auch in Gestalt der Gelegenheit zur Stellungnahme bei beeinträchtigenden Maßnahmen (EuGHE 1979, 461 ff. – RS 85/76 und EuGHE 1980, 1677 ff. – Verb. RS 33 u. 75/79); der Begründungszwang bei Rechtsakten (EuGHE 1978, 1991 ff. – RS 125/77); auch die Berufung auf „höhere Gewalt" (EuGHE 1978, 353 ff. – RS 68/77) rechnet hierher. Diese ARG erweisen sich so als Fundament eines „Europäischen Verwaltungsrechts im Werden" *(Schwarze).* In **sozialstaatliche Richtung** weisen etwa die Anerkennung des Prinzips der Solidarität (EuGHE 1980, 907 ff. – Verb. RSen 154 u. a. /78, sowie 39 u. a./ 79) oder die Fürsorgepflicht der Behörde gegenüber ihren Bediensteten (EuGHE 1980, 1677 ff. – Verb. RS 33 u. 75/79). – Zur Anerkennung **bundesstaatlicher Bindungen** innerhalb der EG rechnen die oftmalige Betonung des Grundsatzes der Zusammenarbeit unter den Mitgliedstaaten und ihrer Mitwirkungspflichten im Verhältnis zur Gemeinschaft. Unter gleichzeitiger Heranziehung von Art. 5 = 10 neu EGV haben Gerichtshof und Theorie das Prinzip der **gegenseitigen Gemeinschaftstreue** entwickelt (EuGHE 1981, 1045 – RS 804/79 st. Rspr., *Due,* Der Grundsatz der Gemeinschaftstreue in der EG, 1992). Gemeinschaft und MSen schulden sich über den Buchstaben der Verträge hinaus beiderseitige Loyalität. Überhaupt hat die Literatur (bahnbrechend für die Rspr. des EuGH insbesondere *Pescatore,* seit CDE 1968, S. 629 ff., später RIDC 1980, S. 337 ff.) die ARG des Gemeinschaftsrechts über die punktuellen Anerkennungen der Rspr. hinaus in systematischen Zusammenhang zu bringen gesucht. 486

Die **allgemeinen Regeln des Völkerrechts** sind ihrerseits eine ergänzende Rechtsquelle zur Lückenschließung im Gemeinschaftsrecht, da zum einen die EG ihnen als Völkerrechtssubjekt unterliegt, ihre Respektierung andererseits aber auch zu den Verfassungsüberlieferungen der Mitgliedstaaten gehört (für Deutschland arg. Art. 25 GG). In der Rspr. des Gerichtshofes werden diese Völkerrechtsregeln ziemlich unbefangen im Sinne wesentlicher Sätze des Völkergewohnheitsrechts verstanden, also in einem weiteren Verständnis als die „allgemeinen Rechtsgrundsätze" des Art. 38 Abs. 1 c ICH-Statut (zu ihnen *Mosler,* General Prinziples of Law, EPIL, Vol. 2 (1995), S. 511 ff.). 487

Inhaltlich handelt es sich bei diesen grundlegenden Völkerrechtsregeln, die auch dem EGR zugrundeliegen, ausweislich der Rspr. des EuGH vor allem um sozialethisch und rechtslogisch allerorts **„notwendige" Prinzipien,** wie etwa allgemein anerkannte Vertragsauslegungsregeln (EuGHE 1955/56, 312 – RS 8/55); das Prinzip der Rechtssicherheit als Vertragsanwendungsprinzip (EuGHE 1974, 1351 – RS 41/74). Z. T. überschneiden sich so die allgemeinen Völkerrechtsregeln inhaltlich mit den ARG des EGR, was bei so grundlegenden Normen durchaus naheliegend und eine indirekte Bestätigung ihrer Geltungskraft ist.

In ihrem **Rang** stehen die ARG einschließlich der allgemeinen Völkerrechtsregeln mit dem sonstigen primären Gemeinschaftsrecht gleich, das 488 sie ergänzen. Sie sind letztlich ihrerseits Gemeinschaftsgewohnheitsrecht und kein „Überverfassungsrecht“, ein Konzept, das dem EGR fremd ist. Jedoch entziehen sich viele der ARG infolge ihrer „fundamentalen Richtigkeit“ und Akzeptanz sowohl der Notwendigkeit ausdrücklicher Normierung als auch abändernder Gewohnheit. Das gilt besonders für den vornehmsten Bestandteil der ARG, die ungeschriebenen Grund- und Menschenrechte im EGR.

c) Grund- und Menschenrechte im Gemeinschaftsrecht

Literatur: Das Schrifttum zu den Grundrechten der EG/EU ist uferlos. Umfangreiche Nachweise bei *Rengeling,* Grundrechtsschutz in der EG, 1993 und bei *Bleckmann/Pieper,* Rechtsquellen, in: Dauses (Hrsg.), Hdb des EU-WirtschR (1997), B. I S. 2–4.

Pescatore, Die Menschenrechte und die europäische Integration, Integr. 1969, S. 103 ff.; *Stadler,* Die Berufsfreiheit im Gemeinsamen Markt, 1980; *Feger,* Die Grundrechte in den übrigen Mitgliedstaaten der EG einschließlich der Rechte der EMRK, JURA 1987, S. 6 ff.; *Schwarze,* Rechtsstaatlichkeit und Grundrechtsschutz als Ordnungspostulate der EG, FS Maihofer, 1988, S. 529 ff.; *Everling,* Der Beitrag des EuGH zur europäischen Grundrechtsgemeinschaft, in: Stern (Hrsg.), 40 Jahre GG, 1990, S. 167 ff.; *Giegerich,* Luxemburg-Karlsruhe-Straßburg – dreistufiger Grundrechtsschutz in Europa? ZaöRVV 1990, S. 836 ff.; *Mähring,* Das Recht auf informationelle Selbstbestimmung im Europäischen Gemeinschaftsrecht, EuR 1991, S. 369 ff.; *Spannowsky,* Deutscher Datenschutz und Datenschutz der EG, REDP 1991, S. 31 ff.; *Thiel,* Grundrechtlicher Eigentumsschutz im EG-Recht, JUS 1991, S. 274 ff.; *Traimer,* Freiheit der Meinungsäußerung im EG-Recht, Economy 1991, S. 242 ff.; *Bast,* Rechtliches Gehör im Gemeinschaftsrecht, RIW 1992, S. 742 ff.; *Lenaerts,* Grundrechtsschutz in den EGen und im Rahmen der EMRK, ZRVgl. 1992, S. 281 ff.; *Zuleeg,* Der Schutz der Menschenrechte im Gemeinschaftsrecht, DÖV 1992, S. 937 ff.; *Grzybek,* Prozessuale Grundrechte im Europäischen Gemeinschaftsrecht, 1994; *Lörcher,* Das Verhältnis des Europäischen Gemeinschaftsrechts zu den Grundrechten des GG, JUS 1994, S. 1011 ff.; *Milczewski,* Der grundrechtliche Schutz des Eigentums im Europäischen Gemeinschaftsrecht, 1994; *Persaud,* Fundamental Rights in the Post-Maastricht Legal Order, 1994; *Schilling,* Gleichheitssatz und Inländerdiskriminierung, JZ 1994, S. 8 ff.; *Tietje,* Europäischer Grundrechtsschutz nach dem Maastricht-Urteil, „Solange III“?, JUS 1994, S. 197 ff.; *Classen,* Auf dem Weg zu einer einheitlichen Dogmatik der EG-Grundfreiheiten? EWS 1995, S. 97 ff.; *Kokott,* Der Grundrechtsschutz im Gemeinschaftsrecht, AÖR 1996, S. 599 ff.; *Kischel,* Zur Dogmatik des Gleichheitssatzes in der EU, EuGRZ 1997, S. 1 ff.; *Kugelmann,* Grundrechte in Europa, 1997; *Lenz,* Ein Grundrechtskatalog für Europa, NJW 1997, S. 3289 ff.; *Ress,* Menschenrechte, europäisches Gemeinschaftsrecht und nationales Verfassungsrecht, FS Winkler, 1997, S. 897 ff.; *Selmer,* Die Gewährleistung der unabdingbaren Grundrechtsstandards durch den EuGH, 1998; *Wetter,* Die Grundrechtscharta des EuGH, 1998;

489 Zu den Allgemeinen Rechtsgrundsätzen, die den Verfassungsüberlieferungen der EG-Mitgliedstaaten gemeinsam sind, gehören die **Grund- und Menschenrechte der Unionsbürger,** die sie im Verhältnis zur Gemeinschaftsgewalt geltend machen können und die von der EG bei ihrer Rechtsetzung und sonstigen Ausübung von Gemeinschaftsgewalt stets zu respektieren sind. Die praktische Bedeutung solcher Grundrechte mag innerhalb der EG infolge ihrer begrenzten, primär wirtschaftlichen Zuständigkeit geringer sein als in den virtuell souveränen Mitgliedstaaten. Doch sind die Befugnisse der EG umfassend genug und auch potentiell entwicklungsfähig, so daß die Gemeinschaftsstruktur, ähnlich wie diejenige ihrer Mitglieder, der rechtsstaatlichen Bändigung durch die Anerkennung grundlegender Rechte der Einzelperson bedarf. Gerade hierdurch erweist sich die EG als eine strukturell mit ihren Mitgliedern homogene Gemeinschaft parlamentarisch-rechtsstaatlicher Demokratien in Anlehnung an die große westeuropäisch-amerikanische Tradition.

Dementsprechend bekennt sich der EUV in seiner Präambel und in Art. F Abs. 2 = 6 Abs. 2 neu ausdrücklich zur Achtung der Menschenrechte und Grundfreiheiten, wie sie in der EMRK von 1950 gewährleistet sind und sich aus den gemeinsamen Verfassungsüberlieferungen der MSen als allgemeine Grundsätze des Gemeinschaftsrechts ergeben *(Rengeling,* Grundrechtsschutz in der EG, 1993). Nach Art. 46 d) neu EUV unterliegt Art. 6 Abs. 2 neu EUV seit dem Amsterdamer Vertrag der Kontrolle des Gerichtshofes.

Einige Grundrechtspositionen sind bereits **ausdrücklich in die Verträge** 490
aufgenommen worden:

Hierher rechnet vor allem das Verbot jeder **Diskriminierung aus Gründen der Staatsangehörigkeit** (Art. 6 = 12 neu EGV). Der Amsterdamer Vertrag 1997 hat das Diskriminierungsverbot durch eine **Ratskompetenz** erweitert, mit der im EG-Bereich geeignete Vorkehrungen getroffen werden können, um Diskriminierungen aus Gründen von Geschlecht/Rasse/ethnischer Herkunft/Religion/Weltanschauung/Behinderung/Alter/sexueller Ausrichtung zu bekämpfen (Art. 13 neu EGV). Zusammen mit dem Grundsatz des gleichen Entgelts für Männer und Frauen bei gleicher Arbeit (Art 119 = 141 neu EGV) hat die Rspr. des EuGH (insbes. EuGHE 1978, 2004 – RS 125/77 „Isoglukose" st. Rspr.) diese beiden Positivierungen (ferner auch Art. 40 Abs. 3 S. 2 = 34 neu EGV) im Sinne der **Anerkennung des allgemeinen Gleichheitssatzes** als ein Grundprinzip des EGR erweitert *(Kischel,* EuGRZ 1997, S. 1 ff.). Dieses allgemeine Diskriminierungsverbot des Art. 6 = 12 neu EGV entfaltet nach der Rspr. inzwischen wichtige Auswirkungen in der Bildungs- und Ausbildungspolitik als Bestandteil der EG-Freizügigkeit (EuGHE 1983, 2323 ff. – RS 152/82 „Forcheri" und EuGHE 1985, RS 293/83 „Gravier"). Auch die **persönlichen Grundfreiheiten des Binnenmarktes** (Freizügigkeit des Arbeitnehmers nach Art. 48 = 39 neu EGV, Niederlassungs- und Dienstleistungsfreiheit nach Art. 52, 59 = 43, 49 neu EGV, *Classen,* EWSt 1995, S. 97 ff.) gehören in diesen Zusammenhang. Ihre unmittelbare Geltung ist durch den EuGH klargestellt worden (Unten Rz. 556).

Darüber hinaus hat der Gerichtshof in einer seit 1969 ständig ausgebau- 491
ten und inzwischen gemeinschaftsweit im wesentlichen akzeptierten bahnbrechenden Rspr. das Vorhandensein von „Grundrechten der Person" zu den **ungeschriebenen allgemeinen Grundsätzen der Gemeinschaftsrechtsordnung** gerechnet *(Schermers,* The protection of human rights in the EC, 1993). Er „findet" diese Grund- und Menschenrechte im Sinne einer sich allmählich vervollkommnenden „offenen" Rechtsprechung in den **gemeinsamen Verfassungsüberlieferungen der Mitgliedstaaten,** wobei er auch hier

im Sinne der wertenden Rechtvergleichung (oben Rz. 483) prüft, ob sich die allfällige Grundrechtsposition in die Struktur und Ziele der Gemeinschaften einfügt. Außerdem bedient er sich des wertenden Seitenblicks auf andere internationale/europäische Abkommen über Menschenrechte, an denen die Mitgliedstaaten beteiligt sind (besonders EMRK, Europäische Sozialcharta, aber auch UN-Pakte und Allgemeine Erklärung) als **„Quellen der Inspiration"** bei seiner Grundrechtsfindung für den EG-Bereich.

492 Diese Rspr. setzte mit den inzwischen „klassischen" Entscheidungen EuGHE 1969, 425 – RS 29/69 „Stauder/Ulm", EuGHE 1970, 1135 – RS 11/70 „Internationale Handelsgesellschaft", EuGHE 1974, 507 – RS 4/73 „Nold" ein und wurde inzwischen in zahlreichen weiteren Urteilen ausgebaut (*Everling,* Der Beitrag des EuGH zur europäischen Grundrechtsgemeinschaft, 1995). Im Vordergrund steht bisher die bereits eben Rz. 490 erwähnte Anerkennung des **allgemeinen Gleichheitssatzes** über die ausdrücklichen Diskriminierungsverbote der Verträge hinaus. (Statt vieler etwa EuGHE 1980, 2747 ff. – RS 810/79 – „Deutsche Freiwillige Versicherung"). Er wird als Differenzierungsverbot bei vergleichbaren Sachverhalten verstanden, es sei denn, daß eine Differenzierung objektiv gerechtfertigt wäre. Das Diskriminierungsverbot wirkt grundsätzlich nach zwei Seiten, d. h. ebenso wie die Ausländer- ist auch die „umgekehrte" Inländerdiskriminierung in aller Regel untersagt *(Fastenrath,* JZ 1987, S. 170 ff.). – Ferner ist das **Eigentumsrecht** als Gemeinschaftsgrundrecht bezeichnet worden (EuGHE 1980, 1979 ff. – Verb. RS 41, 121 u. 796/79 st. Rspr., *v. Milczewski,* Der grundrechtliche Schutz des Eigentums im EGR, 1994). Frühe Erwähnung fanden die **Handels- und Wirtschaftsfreiheit** (EuGHE 1970, 1135 ff. RS 11/70) und später die **Wettbewerbsfreiheit** (EuGHE 1985, 531 ff. – RS 240/83 „Altöl"). Auch auf die **Berufsfreiheit** nimmt der Gerichtshof seit längerem Bezug (EuGHE 1986, 2897 ff. – RS 234/85 „Keller" st. Rspr.) Ebenso wurde die **allgemeine Handlungsfreiheit** herangezogen (EuGHE 1987, 2289 ff. – RS 133/85 „Rau"). Über die rein wirtschaftliche Sphäre weisen hinaus die Anerkennung des **Schutzes der Wohnung und der Privatsphäre** (EuGHE 1980, 2033 ff. – RS 136/79 „National Panasonic"), der **Glaubens- und Religionsfreiheit** (EuGHE 1976, 1589 ff. – RS 130/75 „Prais"), der **Meinungsfreiheit** (EuGHE 1985, 2605 ff. Verb RS 60, 61/84) und weiterer Grundrechtspositionen *(Rengeling,* Grundrechtsschutz in der EG, 1993). Verfahrensmäßig wurde das **Recht auf einen fairen Prozeß** (EuGHE 1980, 691 – RS 98/79 „Pecastaing") und **auf effektiven Rechtsschutz** (EuGHE 1987, 4097 ff. – RS 222/86) anerkannt. Als Grundrechtsträger werden neben natürlichen Personen auch Unternehmen erwähnt (EuGHE 1980, 2033 ff. – RS 136/79). – Trotz dieser umfangreichen Heranziehung national bekannter Grund- und Menschenrechte wird öfters kritisiert, daß der Gerichtshof im Rahmen seiner „Grundrechtsfindung" noch keine verläßliche **Schrankensystematik** entwickelt habe, sondern sich insoweit mit pauschalen Feststellungen begnüge (VG Frankfurt a. M., NJW 1997, S. 1225 ff. dazu *Vachek,* ZRVGl. 1997, S. 136 ff. im „Bananenstreit", vgl. zu ihm unten Rz. 1391 ff.)

493 Art. F Abs. 2 = 6 Abs. 2 neu EUV hat mit dem **Verweis auf die EMRK und die gemeinsamen Verfassungsüberlieferungen** seit 1993 den europäischen Grundrechtsschutz soweit verallgemeinert, daß man umfassend von **Grundrechten der Person im EGR** sprechen kann *(Schwarze,* NJ 1994, S. 53 ff.). Damit bedarf es nicht mehr des Rückgriffes auf frühere Grundrechtserklärungen wie diejenige von EP, Rat und Kommission vom 05.04.1977 (ABl. C 103/1) oder die Entschließung des EP von 1989 (ABl. C 120/51 ff.). Eine Reihe sozialer Zielvorgaben enthält die **Gemeinschaftscharta der sozialen Grundrechte der Arbeitnehmer** des Europäischen Rates von 1989 (Text: EG-Kommission (Hrsg.), Die Gemeinschaftscharta

der sozialen Grundrechte der Arbeitnehmer, 1990, S. 3 ff., vgl. auch unten Rz. 1633).

Wichtig für die gemeinschaftsrechtliche Grundrechtsgeltung und Auslegung ist vor allem die in Art. F Abs. 2 = 6 Abs. 2 neu EUV ausgesprochene **Achtung der Grundrechte der EMRK von 1950** (oben Rz. 76 ff.). Damit hat der Unionsvertrag eine langjährige Rechtsprechung des EuGH vertraglich verankert, in welcher der Gerichtshof den Inhalt zahlreicher Grundrechte der EMRK als ARGe im Gemeinschaftsrecht angewendet hat. Die EMRK-Grundrechte werden damit mehr und mehr Bestandteil auch des EGR. Das schließt nicht aus, daß der EuGH sie durch die Berücksichtigung der **gemeinsamen Verfassungsüberlieferungen** der MSen (oben Rz. 491) gemäß den spezifischen Bedürfnissen der EG-Ordnung ergänzt und abwandelt (*Pauly*, EuR 1998, S. 242 ff.). 494

Schon 1969 hat sich der Gerichtshof erstmals bei der Findung von Gemeinschaftsgrundrechten auf die EMRK berufen (EuGHE 1969, 419 – RS 29/69 „Stauder", EuGHE 1975, 1219 ff. – RS 36/75 „Rutili", st. Rspr.). Seitdem hat er in zahlreichen Urteilen insbesondere die Freiheiten der Art. 8–11 EMRK, den Eigentumsschutz nach Art. 1 ZP und die Verfahrensgarantien nach Art. 6–7 EMRK in die Gemeinschaftsordnung einbezogen (oben Rz. 489 und *Beutler/Bieber/Pipkorn/Streil*, Die EU, 4. Aufl. 1993, S. 243 f.).

Mit dieser Integration der EMRK-Grundrechte in die Gemeinschaftsordnung über Art. F Abs. 2 = 6 Abs. 2 neu EUV ist die frühere Forderung zurückgetreten, daß die EG/EU **förmlich der EMRK beitreten solle.** Der Gerichtshof hat dazu inzwischen klargestellt, daß ein solcher Beitritt einer Vertragsänderung bedürfe (EuGHE 1996, I–1759 ff., Gutachten 2/94, oben Rz. 77). Ähnliches gilt für die öfters erhobene Forderung, die Gemeinschaft solle im Vertrag einen **eigenen Grundrechtskatalog ausformulieren** *(Hilf,* EuR 1991, S. 19 ff.). Vielleicht kommt hierfür künftig einmal der Zeitpunkt, wenn die richterrechtliche Entfaltung der Gemeinschaftsgrundrechte zum Abschluß gekommen ist. 495

Die vom Gerichtshof als ARG „gefundenen" Gemeinschaftsgrundrechte stehen in ihrem **Rang** wie die anderen ARGe dem primären Gemeinschaftsrecht gleich. 496

d) Exkurs: Gemeinschaftsgrundrechte und Grundrechte des deutschen Grundgesetzes

Der **Anwendungsvorrang des EGR** gegenüber dem nationalen Recht (unten Rz. 615 ff.) gilt grundsätzlich auch im Verhältnis zwischen den Gemeinschaftsgrundrechten, wie sie vom EuGH festgestellt worden sind und den Grundrechten, wie sie in nationalen Verfassungen der MSen niedergelegt sind, beispielsweise im deutschen Grundgesetz (Art. 1 ff. GG). Jedoch sind hier gewisse Besonderheiten zu beachten. Da die ungeschriebenen Gemeinschaftsgrundrechte weithin aus den gemeinsamen Verfassungsüberlieferungen der MSen als allgemeine Grundsätze des EGR entwickelt worden sind (Art. F Abs. 2 = 6 Abs. 2 neu EUV), besteht in aller Regel kein Über- und Unterordnungsverhältnis, sondern eine **komplementäre Lage.** Für Deutschland spricht das BVerfG (E 89, 155 ff. – „Maastricht") von einem **Kooperationsverhältnis EuGH/BVerfG** *(Gersdorf,* DVBl. 1994, 497

S. 664 ff.). Danach soll der EuGH den Grundrechtsschutz im gesamten EG-Gebiet gewährleisten, während das BVerfG sich in Deutschland bei der Anwendbarkeit von sekundärem Gemeinschaftsrecht auf den Schutz der „unabdingbaren Grundrechtsstandards" des GG beschränkt, soweit diese auf europäischer Ebene einmal nicht gewährleistet sein sollten (BVerfGE 73, 387 – „Solange II"). Nach den bisherigen Erfahrungen darf man hoffen, daß es zu einem solchen evidenten Defizit im Kernbereich des europäischen Grundrechtsbestandes, dem der EuGH nicht abhilft, in der Praxis nicht kommen wird (ähnlich *Ipsen,* HdbStR VII (1992), S. 797 ff.). Art. 23 Abs. 1 GG erwartet verfassungsrechtlich aus deutscher Sicht, daß die EU über einen „im wesentlichen vergleichbaren" (also nicht identischen) Grundrechtsschutz wie Deutschland verfügt.

498 Insgesamt sind die nur teilweise in den Verträgen niedergelegten, im übrigen durch die Rechtsprechung des Gerichtshofes aus den gemeinsamen Verfassungsüberlieferungen der Mitgliedstaaten und der EMRK „gefundenen" Gemeinschaftsgrundrechte zu einem **besonders wesentlichen Bestandteil des primären EGR** geworden.

3. Vertragsänderungen und Vertragsergänzungen

Literatur: *Carstens,* Die kleine Revision des Vertrages über die EGKS, ZaöRVR 1961, S. 1 ff.; *Kaiser,* Grenzen der EG-Zuständigkeit, EuR 1980, S. 97 ff.; *Louis,* Quelques considérations sur la révision des traités instituant les Communautés, CDE 1980, S. 553 ff.; *Nickel,* Zur Revision des Euratom-Vertrages, GS Sasse 1981 S. 565 ff.; *Steindorff,* Grenzen der EG-Kompetenzen, Abhandl. a. d. ges. bürg. Recht, HandR und WirtschR, Heft 65 (1990); *Kirchner/Haas,* Rechtliche Grenzen für Kompetenzübertragungen auf die EG, JZ 1993, S. 760 ff.; *Lenz,* Immanente Grenzen des Gemeinschaftsrechts, EuGRZ 1993, S. 57 ff.; *Häde/Puttler,* Zur Abgrenzung des Art. 235 EGV von der Vertragsänderung, EuZW 1997, S. 13 ff.; *Koenig/Pechstein,* Die EU-Vertragsänderung, EuR 1998, S. 130 ff.; *Vedder/Folz,* in: Grabitz/Hilf (Hrsg.), EUV/EGV-Komm. (1998), zu Art. N EUV (m.w.N.);

499 Sowohl als völkerrechtliche Verträge wie auch als „Verfassung" der EG bedürfen die Gemeinschaftsverträge der Möglichkeit von **Änderungen und Ergänzungen.** Neue grundlegende Probleme können nicht nur durch fortbildende Auslegung des vorhandenen Vertragstextes („Verfassungswandel") oder durch Erlaß von sekundärem Gemeinschaftsrecht gelöst werden, sondern verlangen gelegentlich nach ausdrücklichen Textänderungen. Die Verträge tragen diesen Bedürfnissen Rechnung.

a) Vertragsänderung („Verfassungsänderung")

Seit dem Maastrichter Vertrag 1992 gibt es im Interesse der Einheit der Europäischen Union ein **einheitliches Verfahren zur Änderung von EGV, EAGV, EGKSV und EUV** (Art. N = 48 neu EUV, *Koenig/Pechstein,* EuR 1998, S. 130 ff.). Vorher bestanden gleichlautende Regelungen in den drei Gemeinschaftsverträgen. Ein Spezialfall zwangsläufiger Vertragsänderung ist das ebenfalls durch den EUV vereinheitlichte Verfahren beim **Beitritt** neuer Mitglieder (Art. O = 49 neu EUV, näher unten Rz. 1841 ff.). Der Beitritt ist nur zur Union insgesamt möglich. Spezielle Vertragsänderungsbefugnisse finden sich ferner in Art. 201 = 269 neu EGV (Eigene Einnahmen) und in Art. 138 Abs. 3 = 190 neu EGV, Art. 108 Abs. 3 EAGV, Art. 21 Abs. 2 EGKSV (Direktwahl des EP).

Es handelt sich in diesen Fällen um ein im Grundlegenden ähnliches Verfahren. Kennzeichnend ist die Mischung aus Gemeinschaftselementen (Initiativrechte und Stellungnahme der Kommission, Stellungnahme des Rates, z. T. Initiativ- und Anhörungsrechte des Parlamentes und der EZB) und mitgliedstaatlicher Beteiligung (Initiativrechte auch der nationalen Regierungen, Vereinbarung der Änderungen auf einer Regierungskonferenz der Mitgliedstaaten, Ratifikation durch die nationalen Parlamente). Bei aller praktischen Bedeutsamkeit etwa der Stellungnahmen von Parlament, Rat und Kommission **werden die entscheidenden Akte der Vertragsänderung noch national gesetzt.** Mindestens in diesem Sinne erweisen sich die Mitgliedstaaten als die „Herren der Verträge" oder, anders ausgedrückt, liegt die „verfassungsgebende Gewalt" bis auf weiteres bei ihnen. **501**

Von diesen Vertragsänderungsbefugnissen wurde öfters Gebrauch gemacht. Zum einen vor allem bei der Zusammenlegung der Exekutiven durch den Fusionsvertrag vom 8.4.1965 oben Rz. 237), ferner durch die Verträge von Luxemburg vom 21./22.4.1970 und von Brüssel vom 22.7.1975 zur Erweiterung der Eigeneinnahmen der EG und der Haushaltsbefugnisse des EP (unten Rz. 818). Auch der Direktwahlbeschluß vom 20.9.1975 (oben Rz. 250) bezüglich des EP gehört hierher. In großem Stil wurden die Gemeinschaftsverträge durch die **Einheitliche Europäische Akte** 1986, den **Maastrichter Unionsvertrag 1992** und durch den **Amsterdamer Vertrag 1997** fortentwickelt (oben Rz. 39 ff.). Andererseits ist auf die Beitrittsverträge/Beitrittsakte der ursprünglichen Mitgliedstaaten mit Dänemark/Großbritannien/Irland v. 22.1.1972 bzw. mit Griechenland v. 28.5.1979, mit Portugal und Spanien vom 12.6. 1985 sowie mit Finnland, Österreich und Schweden v. 24.6.1994 hinzuweisen (unten Rz. 1856 ff.). **502**

Nach den Absichten der „Vertragsväter" und inzwischen auch gemäß den allgemeinvölkerrechtlichen Regeln der Wiener Vertragsrechtskonvention v. 23.5.1969 – insbesondere Art. 40 WVRK – sind diese ausdrücklichen Revisionsbestimmungen **abschließend** gemeint. Die EG-Mitgliedstaaten haben sich verpflichtet, ihre vertragsändernde („verfassungsgebende") Gewalt nur in den besonderen Formen des Art. N = 48 neu EUV auszuüben. Dies hat auch der Gerichtshof (EuGHE 1971, 1003 ff. – RS 7/71; EuGHE 1976, 455 ff. – RS 43/75 „Defrenne II") mehrfach betont. Insoweit ist die „Vertragsherrschaft" der Mitgliedstaaten über die EU nur in den dort vorgesehenen besonderen Formen möglich. Dieser Regelfall dürfte allerdings aus z. T. praktischen, z. T. grundsätzlichen Erwägungen **zweierlei Ausnahmen** zugänglich sein. **503**

Zum einen hat sich in der Gemeinschaftspraxis ab und zu ergeben, daß bei völkervertragsrechtlichen Regelungen **„am Rande der EG-Verträge"** (z. B. EGKSV-Änderungen beim Anschluß des Saarlandes an die BR Deutschland, näher *Carstens,* ZaöRVR 21 [1961], S. 1 ff. oder der EWGV-Änderungen durch den Fusionsvertrag 1965) kleinere Vertragsänderungen „beinahe versehentlich" im regulären völkerrechtlichen Verfahren ohne Beachtung der Spezialregeln des damaligen Art. 236 EWGV (jetzt Art. N = 48 neu EUV) abgeschlossen wurden. In solchen Fällen hat die Gemeinschaftspraxis die Änderung unter stillschweigendem Rekurs auf **504** die Letztsouveränität der Mitgliedstaaten im Sinne einer Praktikabilitätserwägung mit Recht gebilligt, d. h. über den Formmangel hinweggesehen. – Andererseits wird man in einem tieferen integrationspolitischen Sinne **Umwandlungen der EG/EU „großen Stiles"** etwa in eine bundesstaatliche Europäische Union jenseits Art. N = 48 neu EUV einstimmig gemäß Völkerrecht oder u. U. sogar „staatsrechtlich" über den Pouvoir constituant einer direkt gewählten Europäischen „Nationalversammlung" nicht a limine ausschließen können. Bei solchen – vorläufig utopischen – Situationen wären freilich die Grenzen zwischen Europarecht und Europapolitik erreicht. In diesem eingegrenzten Sinne bleibt das Vorstellungsbild von den Mitgliedstaaten (und vielleicht eines Tages ihren Völkern) als „Herren der Verträge" sinnvoll. (Vgl. auch oben Rz. 218, und *P. Kirchhof*, HdbStR VII (1992), S. 877 m. w. N.).

505 Im **Range** rechnet das nach dem normalen Vertragsänderungsverfahren oder außerordentlich erneuerte Vertragsrecht genauso zum primären Gemeinschaftsrecht wie der „alte" Vertragstext.

b) Gemeinschaftsautonome Vertragsergänzungen und -anpassungen

506 Angesichts des weitgespannten und in ständiger Entwicklung bzw. Veränderung stehenden Tätigkeitsbereiches der EG ergibt sich hier und dort das praktische Bedürfnis nach **einfacheren Verfahren der Vertragsergänzung und -anpassung** ohne die schwergewichtige und zeitraubende Einschaltung der Mitgliedstaaten. Solche gemeinschaftsinternen („autonomen") Vertragsänderungen sind in den Verträgen gelegentlich an „änderungsträchtigen" Stellen vorgesehen.

Hierher rechnen u. a. Art. 157 Abs. 2 = 213 neu EGV (Änderung der Zahl der Kommissionsmitglieder durch einstimmigen Ratsbeschluß); Art. 165 Abs. 4 = 221 neu; Art. 166 Abs. 3 = 222 neu EGV; Art. 137 Abs. 4, Art. 138 Abs. 3 EAGV; Art. 32 Abs. 4, Art. 32a Abs. 3 EKGSV (Erhöhung der Zahl der Richter und Generalanwälte durch einstimmigen Ratsbeschluß, ferner gehört die – zu kompliziert gestaltete – sog. „kleine Revision" des EGKSV nach Art. 95 Abs. 3, 4 sowie Art. 76 EAGV (Änderung Kapitel VI EAGV durch einstimmigen Ratsbeschluß) in diesen Zusammenhang. Leitgedanke dieser öfters praktizierten autonomen Änderungs- und Anpassungsklauseln ist i. d. R. die Verlagerung der Änderungskompenz auf den **einstimmig entscheidenden Rat** als das „mitgliedstaatsnächste" Gemeinschaftsorgan. So kommt es zu einem Kompromiß zwischen rascherer Gemeinschaftsaktion und Wahrung der nationalen Interessen.

507 Auch die auf diese Weise autonom geänderten Vertragsbestimmungen müssen dem Sinne dieser Änderungsklauseln gemäß in den **Rang primären Gemeinschaftsrechts** hineinwachsen.

c) Sonstige Kompetenzen zur Vertragsfortentwicklung

508 In noch weiterem Umfang als bei der förmlichen Vertragsänderung ergibt sich in einer dynamischen und zugleich in ihren Zuständigkeiten vielfach begrenzten Gemeinschaft wie der EG die Notwendigkeit, gewisse **Lücken** bei der Verwirklichung der Ziele der EG **zu schließen** oder die Kompetenzen der Gemeinschaft in einer begrenzten sinnvollen Weise **abzurunden,** ohne jedes Mal das „schwere Geschütz" der Vertragsänderung bemühen zu müssen. Für solche Fälle haben die Verträge die sog. **„Sweeping**

Clauses" *(Louis)* der Art. 235 = 308 neu EGV, Art. 203 EAGV, Art. 95 Abs. 1 EGKSV vorgesehen, die an anderer Stelle näher zu behandeln sind (unten Rz. 523). Seit Anfang der 70er Jahre haben diese Klauseln, vor allem Art. 235 = 308 neu EGV, in der Gemeinschaftspraxis außerordentliche Bedeutung gewonnen. Dabei bedarf es der schwierigen Bestimmung der Grenze zwischen zulässiger inhärenter Vertragsfortentwicklung und einer deutlichen Vertragserweiterung, die der förmlichen Vertragsänderung vorbehalten ist (BVerfGE 89, 210 „Maastricht", *Häde/Puttler,* EuZW 1997, S. 13 ff.).

Auch die in bestimmten Situationen, wie z. B. beim Grundrechtsschutz **509**
(oben Rz. 489 ff.), denkbare und zulässige rechtsergänzende **Vertragsauslegung durch den Gerichtshof,** gelegentlich unter Anwendung der Implied Powers-Theorie (unten Rz. 527 ff.) gehört in diesen Zusammenhang sonstiger Kompetenzen zur Vertragsfortentwicklung. Die Grenzen zur Bildung von Gemeinschaftsgewohnheitsrecht (oben Rz. 480) sind öfters flüssig.

Rechtsquellenmäßig gehört die Inanspruchnahme der Vertragsergänzungsklausel zum **sekundären EGR.** Dies ergibt sich schon formell aus der Tatsache, daß diese Rechtsakte in den regulären Rechtsformen des abgeleiteten Rechts (Verordnungen, Richtlinien usf.) ergehen. Beim Richterrecht des EuGH bleibt es der jeweiligen Einzelbeurteilung seiner Sprüche überlassen, wie solche Aussagen rangmäßig einzuordnen sind.

II. Sekundäres Gemeinschaftsrecht (Das „Europäische Gesetz")

Literatur: Insbesondere das Schrifttum zum **Subsidiaritätsprinzip** ist kaum mehr überschaubar. Viele Nachweise bei *Nörr/Oppermann* (Hrsg.), Subsidiarität, 1996.

Nicolaysen, Zur Theorie von den implied powers in den EGen, EuR 1966, S. 129 ff.; *Everling/Schwartz/Tomuschat,* Die Rechtsetzungsbefugnisse der EWG in Generalermächtigungen, insbesondere in Art. 235 EWGV, EuR 1976 (Sonderheft); *Autexier,* L'hétérogénité du droit communautaire dérivé, RIDC 1982, S. 337 ff.; *Feger,* Die Rechtsetzung in den EGen: Interorganvereinbarungen als weitere Rechtsquelle, JA 1985, S. 437 ff.; *Dorn,* Art. 235 EWGV-Prinzipien der Auslegung, 1986; *Köck,* Die „implied powers" der EGen als Anwendungsfall der „implied powers" internationaler Organisationen überhaupt, FS Seidl-Hohenveldern, 1988, S. 279 ff.; *Magiera,* Die Rechtsakte der EG-Organe, JURA 1989, S. 595 ff.; *Krausser,* Das Prinzip der begrenzten Ermächtigung im Gemeinschaftsrecht als Strukturprinzip des EWGV, 1991, *Toth,* The Prinziple of Subsidiarity in the Maastricht Treaty, CMLRev 1992, S. 1079 ff.; *Ipsen,* Zur Exekutiv-Rechtsetzung in der EG, FS Lerche 1993, S. 425 ff.; *Möschel,* Zum Subsidiaritätsprinzip im Vertrag von Maastricht, NJW 1993, S. 3025 ff.; *Lecheler,* Das Subsidiaritätsprinzip, 1993; *Riklin/Batliner* (Hrsg.), Subsidiarität – Ein interdisziplinäres Symposium, 1994; *Pieper,* Subsidiarität – ein Beitrag zur Begrenzung der Gemeinschaftskompetenz, 1994; *v. Borries,* Zum Subsidiaritätsprinzip im Recht der EU, EuR 1994, S. 263 ff.; *Lenaerts/Ypersele,* Le principe de subsidiarité, CDE 1994, S. 3 ff.; *Möschel,* Wird die effet utile-Rechtsprechung des EuGH inutile? NJW 1994, S. 1709 ff.; *Pescatore,* Mit der Subsidiarität leben, FS Everling, 1995, S. 1071 ff.; *Breier,* Der Streit um die richtige Rechtsgrundlage in der Rechtsprechung des EuGH, EuR 1995, S. 46 ff.; *Calliess,* Der Schlüsselbegriff der „ausschließlichen" Zuständigkeit im Subsidiaritätsprinzip des Art. 3 b II EGV, EuZW 1995, S. 693 ff.; *Hirsch,* Die Auswirkungen des Subsidiaritätsprinzips auf die Rechtsetzungsbefugnis der EGen, 1995; *Schwartz,* Art. 235 EGV nach „Maastricht", FS Mestmäcker, 1996, S. 467 ff.; *Rilinger,* Partielles engeres Zusammenwirken einzelner Mitgliedstaaten, ZRP 1997, S. 400 ff.; *Kenntner,* Das Subsidiaritätsprotokoll des Amsterdamer Vertrags, NJW. 1998, S. 2871 ff..

510 In der Rangordnung der Quellen des EGR stehen die aus der vertraglich begründeten EG-Rechtsetzungsgewalt abgeleiteten Rechtsakte (Verordnungen, Richtlinien, Entscheidungen usf.) als **sekundäres Gemeinschaftsrecht** unter dem Primärrecht. In der jahrzehntelangen Entwicklung der EG ist diese abgeleitete Rechtsmasse infolge des Grundcharakters der Gemeinschaft als vor allem anderen Rechtsgemeinschaft in ungeheuerer und im einzelnen nicht mehr überschaubarer, sich zudem täglich ändernder Art und Weise angeschwollen. Das sekundäre Gemeinschaftsrecht ist größtenteils im **Amtsblatt der EG** auffindbar. Die jeweils geltenden Rechtsakte können über den **„Fundstellennachweis des geltenden Gemeinschaftsrechts"** (2 Bände) erschlossen werden, der in regelmäßigen Abständen vom Amtsblatt neu herausgegeben wird.

511 Die Verträge sind für das sekundäre EGR nach einer klassischen Formel des Gerichtshofes (z.B. EuGHE 1978, 1771 ff. – RS 26/78 st. Rspr.) „Grundlage, Rahmen und Grenze" der Rechtsetzungsgewalt der EG. Damit klingen gleichzeitig Ähnlichkeiten und Unterschiede zu dem staatlichen Verhältnis zwischen Verfassung und einfachem Gesetz an. Wie dort, hat sich die **„Gesetzgebungsbefugnis der Gemeinschaft"** (EuGHE 1978, 629 ff. – RS 106/77 „Simmenthal") im Rahmen der Vorgaben der Verträge und ihres Vorranges zu halten, welche insofern die „Verfassung" der EG bilden, denen das sekundäre Recht im wesentlichen als das „europäische Gesetz" gegenübersteht. Aber schon aus der andersartigen, oft leider unübersichtlichen Begriffswahl für die Rechtsakte des abgeleiteten Rechts in den drei Verträgen („Verordnung", „Empfehlung", „Richtlinie" usf.) wird sichtbar, daß nicht alle staatlichen Grundsätze zwischen Verfassungs- und Gesetzesebene auf das Verhältnis Primär-/Sekundärrecht der EG übertragbar sind. Vor allem im **„Prinzip der begrenzten Einzelzuständigkeiten"** der Art. E = 5 neu EUV, Art. 3 b Abs. 1 = 5 Abs. 1 neu EGV (Compétence d'attribution", unten Rz. 513 ff.), wonach jeder verbindliche abgeleitete Rechtsakt grundsätzlich einer ausdrücklichen Rechtsgrundlage in den Verträgen bedarf, wird sichtbar, daß die Rechtsetzungsgewalt der EG qualitativ und quantitativ ungleich **eingeschränkter** ist als diejenige eines souveränen Staates. Sie ist bereits durch die Begrenzungen der Verträge als Teilintegration prinzipiell beschränkt und nicht mit einer zwar rechtsstaatlich gebändigten („verfaßten"), aber virtuell „grenzenlosen" Staatsgewalt vergleichbar.

512 Während die Nachrangigkeit des Sekundärrechtes gegenüber dem primären EGR eindeutig ist, kann nicht in derselben Weise wie innerhalb des Primärrechtes von einer Gleichrangigkeit des abgeleiteten Rechts „unter sich" gesprochen werden. Obwohl die Akte des Sekundärrechtes grundsätzlich einer gemeinsamen Rechtsmasse angehören, ergibt sich unter ihnen nach allgemeinen rechtstheoretischen Grundsätzen und auch prak-

tischen Bedürfnissen die Notwendigkeit **„gewisser hierarchischer Verhältnisse und weiterer Abstufungen“** *(Heintzen,* EuR 1994, S. 35 ff.). Da insoweit ausdrückliche rechtsförmliche Aussagen des EGR fehlen, bedarf es jeweils im Einzelfall konkreter Entscheidung. Immerhin dürften im allgemeinen normative Akte (z. B. eine VO der EG Individualakten (z. B. einer EG-Entscheidung) im Kollisionsfalle vorgehen. Ebenso sind sog. „Grundverordnungen“ (z. B. landwirtschaftliche Marktordnungen) gegenüber „Durchführungsverordnungen“ (z. B. Abschöpfungsregelungen im Rahmen dieser Marktordnung) vorrangig, die aufgrund einer in der Grundverordnung enthaltenen Ermächtigung (unten Rz. 656) ergehen. Solche DVOen dürfen die GrundVO weder ändern noch von ihr materiell abweichen (EuGHE 1971, 145 ff. – RS 38/70 und EuGHE 1971, 163 ff. – RS 58/70 st. Rspr.). Dagegen sind Rats- und Kommissionsrechtsakte prinzipiell gleichrangig, soweit nicht Ermächtigungen vorliegen. Es gibt keinen „Institutionenvorrang“. Die auf der Maastrichter Konferenz 1992 für Amsterdam 1997 formulierte Aufgabe, eine „angemessene Rangordnung“ der EG-Normen herzustellen, wurde bisher nicht eingelöst.

1. Das Prinzip der begrenzten Einzelzuständigkeit zum Erlaß sekundären Gemeinschaftsrechts und das Subsidiaritätsprinzip

Die Gemeinschaften sind bei aller „Staatsnähe“ keine souveränen Staa- **513**
ten mit virtuell unbegrenzter Rechtsetzungsgewalt. Sie leiten bis auf weiteres ihre Existenz aus dem fortdauernden Willen ihrer Mitgliedstaaten ab, der gemäß den in den Verträgen getroffenen Entscheidungen die EG-Rechtsetzungsbefugnisse begründet und begrenzt. Nach dem sog. **„Prinzip der begrenzten Einzelzuständigkeiten“** („Principe de compétence d'attribution“, Art. E = 5 neu EUV, Art. 3 b Abs. 1 = 5 Abs. 1 neu EGV) benötigen die Gemeinschaften für jeden Rechtsakt einer ausdrücklichen oder mindestens auslegungsmäßig nachweisbaren Rechtsgrundlage innerhalb der Verträge. Die „richtige“ Rechtsgrundlage ist nach objektiven, iustiziablen Kriterien mit Blick auf Ziel und Inhalt des Rechtsaktes auszuwählen und zu benennen (EuGHE 1993, I–939 – RS C–155/91 st. Rspr., *Breier,* EuR 1995, S. 46 ff.). Nicht neu auftretende Aufgaben und Bedürfnisse im Rahmen der EG, sondern die den Gemeinschaften gemäß den Verträgen verliehenen Zuständigkeiten begründen ihre Rechtsetzungsbefugnisse. Dieser gelegentlich auch **Prinzip der begrenzten oder enumerativen Einzelermächtigung** genannte Grundsatz darf allerdings nicht allzu eng mißverstanden werden. Angesichts der sich im einzelnen häufig wandelnden Aufgabenfülle der EG bedarf es seit längerem hinreichend flexibler **Möglichkeiten zur Ergänzung und „Abrundung“ der Gemeinschaftsaktion** in Gestalt der Setzung von sekundärem Gemeinschaftsrecht in Randzonen. Auch hierfür stellen die Verträge mit Klauseln wie Art. 235 = 308 neu EGV oder mit der Theorie der Implied powers oder des Effet utile notwendige Abhilfen zur Verfügung, welche die EG vor schädlich/starren „Verkapselungen“ bewahren. Doch ändert das nichts an der grundsätzlichen Geltung des Enumerationsprinzips,

welches Änderungen und Ergänzungen größeren Stiles nur durch Vertragsänderung zuläßt (oben Rz. 500).

514 Seit Maastricht 1992 ist die **Wahrnehmung der Gemeinschaftskompetenzen noch komplizierter geworden.** Soweit eine nicht ausschließliche EG-Zuständigkeit vorliegt, muß nach Maßgabe des Art. B = 2 neu EUV, Art. 3 b Abs. 2 = 5 Abs. 2 neu EGV zunächst geprüft werden, ob die betreffenden Maßnahmen nach dem **Subsidiaritätsprinzip** nicht auf der Ebene der MSen ausreichend erreicht werden können (unten Rz. 518 ff.). Diese Subsidiaritätsprüfung dient der Achtung der nationalen Identität der MSen (Art. F Abs. 1 = 6 Abs. 1 neu EUV). Falls ausschließliche Gemeinschaftskompetenzen gegeben sind oder wenn bei nicht ausschließlichen Kompetenzen die Maßnahmen besser auf EG-Ebene verwirklicht werden können, müssen sich die Gemeinschaftsmaßnahmen im Maße des Erforderlichen halten **(Verhältnismäßigkeitsprinzip des Art. 3 b = 5 neu EGV).** Durch Art. 3 b = 5 neu EGV ist auf diese Weise die Anwendbarkeit des Art. 235 = 308 neu EGV, der eine nicht ausschließliche EG-Kompetenz darstellt, sowie der ihn begleitenden Theorien der 'Implied powers' und des 'Effet utile' unter schärfere Voraussetzungen gestellt worden (von BVerfGE 89, 210 ff., „Maastricht" besonders betont). Jedoch gilt Art. 235 = 308 neu EGV weiter und Art. F Abs. 3 = 6 Abs. 3 neu EUV, Art. 5 = 10 neu EGV betonen ihrerseits in einem gemeinschaftsfreundlichen Sinne, **daß die Union sich mit den Mitteln ausstattet**, die zum Erreichen ihrer Ziele und zur Durchführung ihrer Politiken erforderlich sind, und **daß die MSen der Gemeinschaft die Erfüllung ihre Aufgaben erleichtern.**

Insgesamt halten sich die vertraglichen Hinweise auf die Begrenztheit der EG-Aktion einerseits und auf die Notwendigkeit angemessener Handlungsfähigkeit der Gemeinschaft andererseits so weit die Waage, **daß dem politischen Willen des Gemeinschaftsgesetzgebers ein ansehnlicher Spielraum verbleibt.**

515 Der Amsterdamer Vertrag 1997 hat mit seinen Bestimmungen über eine **„verstärkte Zusammenarbeit" bestimmter MSen** durch Erlaß nur zwischen ihnen geltenden sekundären Gemeinschaftsrechts (Art. 40, 43 ff. neu EUV, Art. 11 neu EGV, sog. **„Flexibilisierung")** eine weitere neue Kategorie des Sekundärrechts geschaffen. Durch die Aktion besonders integrationswilliger MSen kann auf diese Weise ein **„Europa verschiedener Geschwindigkeiten"** aufgebaut werden (unten Rz. 531).

a) Begrenzte Einzelzuständigkeit/Subsidiarität/Verhältnismäßigkeit

516 aa) Schon vor dem Inkrafttreten des Maastrichter Unionsvertrages 1992 **war das Prinzip der begrenzten Einzelzuständigkeit ein struktureller Grundsatz der EG.** Dies läßt sich aus verschiedenen Bestimmungen ablesen (Art. 3, 4, 145, 155, 189 = 3, 7, 202, 211, 249 neu EGV, ähnlich EAGV und EGKSV). Die Gemeinschaften erfüllen ihnen „zugewiesene" Aufgaben „nach Maßgabe des Vertrages". Durch den EUV ist das Einzelzuständigkeitsprinzip noch grundsätzlicher und deutlicher hervorgehoben worden. Die Union verfolgt ihre Ziele nach Maßgabe des EUV und entsprechend seinen Bedingungen (Art. B = 2 neu EUV). Die EG

wird innerhalb der Grenzen der ihr im EGV zugewiesenen Befugnisse und gesetzten Ziele tätig (Art. 3 b Abs. 1 = 5 Abs. 1 neu EGV).

Der Grundsatz der begrenzten Einzelzuständigkeit ist zunächst in dem Sinne **517** zu verstehen, daß die EG verbindliche Rechtsakte in den einzelnen Vertragsbereichen jeweils nur in denjenigen allgemein zugelassenen **Rechtsformen** (Art. 189 = 249 neu EGV, Art. 161 EAGV, Art. 14 EGKSV, näher unten Rz. 535 ff.) erlassen darf, die bei der betreffenden Einzelkompetenz zugelassen sind. Rechtsangleichung nach Art. 100 = 94 neu EGV darf so nur in Gestalt von Richtlinien betrieben werden, während bei der Agrarpolitik nach Art. 43 = 37 neu EGV Verordnungen, Richtlinien und Entscheidungen zugelassen sind, bei der Gemeinsamen Verkehrspolitik nach Art. 75 Abs. 1 c = 71 Abs. 1 c neu EGV gar „alle" zweckdienlichen Vorschriften.

Im letzteren Fall gilt das Prinzip der „Wahlfreiheit der Rechtsakte" *(Constantinesco);* unter den gegebenen Handlungsformen (unten Rz. 1730 ff.) darf das zuständige Organ aber nicht willkürlich auswählen, sondern muß die Wahl des Rechtsaktes am zu erreichenden Vertragsziel orientieren (vgl. auch Art. 14 Abs. 5 EGKSV).

Die Praxis hat sich freilich inzwischen durch Kombination mehrerer Rechtsgrundlagen u. ä. manche Flexibilität geschaffen. Auch gilt die enumerative Kompetenzbegrenzung nicht bei unverbindlichen Stellungnahmen, Empfehlungen oder auch bei Rechtsakten, die nur „organisationsspezifisch" wirken, d. h. weder die Mitgliedstaaten noch Individuen binden *(Feger,* JA 1985, S. 437 ff.).

bb) Das **Subsidiaritätsprinzip (SP) des Art. 3 b Abs. 2 = 5 Abs. 2 neu EGV** **518** (Präambel, Art. B = 2 neu EUV) bedeutet eine Verschärfung des Einzelzuständigkeitsprinzips in bestimmten Fällen. Wenn eine nicht ausschließliche (konkurrierende oder parallele/gemischte) Gemeinschaftskompetenz vorliegt, darf diese von der EG nur dann ausgenutzt werden, wenn der „Subsidiaritätstest" ergeben hat, daß die in Betracht gezogenen Maßnahmen wegen ihres Umfangs und ihrer Wirkungen besser auf Gemeinschaftsebene erreicht werden können. Das Vorhandensein einer **wirklich „ausschließlichen" EG-Kompetenz** ist jedoch bei näherer Betrachtung höchst unsicher (*Everling*, FS Stern, 1997, S. 1227 ff.). Selbst im Bereich der Gemeinsamen Handelspolitik (unten Rz. 1730 ff.), wo die Kommission eine ausschließliche Zuständigkeit gerne beansprucht, bestehen nach der neueren Rechtsprechung (u. a. EuGHE 1994, I–5267 ff., Gutachten 1/94 „WTO" und Art. 133 Abs. 5 neu EGV) auch parallele (gemischte) Kompetenzverteilungen zwischen EG und MSen. Man wird eine ausschließliche Zuständigkeit daher nur dann annehmen können, wenn die Gemeinschaft einen Bereich durch Setzung sekundären EGR soweit „besetzt" hat, daß die nationale Zuständigkeit vollständig und abschließend verdrängt worden ist *(Calliess,* EuZW 1995, S. 693 ff.). Das ist selten der Fall. Der Anwendungsbereich des SP ist in der Praxis daher grundsätzlich weit *(v. Bogdandy/Nettesheim,* in: Grabitz/Hilf (Hrsg.), Komm. EUV/EGV (1994), Art. 3 b, Rz. 28 ff.; *Geiger,* FS Gitter, 1995, S. 267 ff.).

Die Gemeinschaft hat das Subsidiaritätsprinzip nach mehreren Anläufen (Ge- **519** samtkonzept Europäischer Rat Edinburgh 1992, Interinstitutionelle Vereinbarung EP/Rat/Kommission 1993) mit dem **Amsterdamer Protokoll 1997 zum EGV** über die Anwendung der Grundsätze der Subsidiarität und der Verhältnismäßigkeit verbindlich (Art. 239 = 311 neu EGV) näher definiert und operabel gemacht. Die deutsche Regierung hat 1993/94 ein „Prüfraster" entwickelt (unveröff.), um den in BVerfGE 89, 210 ff. statuierten Pflichten nachzukommen. Ob diese wortreichen und komplizierten Instrumente die praktische Anwendbarkeit des SP erleichtern, ist fraglich. Bei der Anwendung des SP ist hiernach besonders zu beachten:

– Die **Kommission** rechtfertigt ihre Vorschläge (Art. 189 a = 250 neu EGV) in der Begründung im Hinblick auf das SP. Ebenso verfahren **EP und Rat** bei Änderungen. Die Kommission erstellt einen jährlichen Bericht über die Beachtung des SP, der im EP erörtert wird. Seit 1993 wurden manche Vorschläge für

Rechtsakte aus Gründen der Subsidiarität zurückgezogen (vgl. EuZW 1995, S. 558).

– Die Prüfung der Frage, ob die EG tätig werden darf, weil die Ziele der in Betracht gezogenen Maßnahmen **„besser" auf Gemeinschaftsebene** und **„nicht ausreichend" auf Ebene der MSen** erreicht werden können, wird mit mancherlei **„Tests"** durchgeführt. Entscheidend bleibt dabei letztlich eine Gesamtabwägung der beteiligten EG-Organe, in welche die vertraglichen Ziele der Gemeinschaft, die Interessen der MSen und diejenigen der Unionsbürger einzufließen haben. Nur wenn diese Prüfung positiv ausfällt, kann die EG handeln. Handelt die Gemeinschaft trotz negativer Prüfung, ist der Rechtsakt angesichts des eindeutigen Wortlautes von Art. 3 b Abs. 2 = 5 Abs. 2 neu EGV („wird") grundsätzlich **nichtig.**

520 – Da Adressat des SP nur die EG-Organe sind, können Unionsbürger aus Art. 3 b Abs. 2 = 5 Abs. 2 neu EGV **keine unmittelbaren Rechte ableiten** (Europäischer Rat Edinburgh 1992, a. a. O.). Die Norm ist jedoch im Rahmen der allgemeinen Zuständigkeiten des EuGH **gerichtlich überprüfbar** (*Zuleeg,* Justitiabilität des Subsid. Prinzips, in: Nörr/Oppermann (Hrsg.), Subsidiarität, 1997, S. 185 ff.). Angesichts der Allgemeinheit und Komplexität der Kriterien des SP wird der Gerichtshof die Konkretisierung durch die EG-Organe im allgemeinen respektieren und nur im unwahrscheinlichen Fall offenkundiger Fehleinschätzungen einschreiten. (So erstmals EuGHE 1997, I – 2405 ff., – RS C-233/96 und *Hirsch,* Die Auswirkungen des SP auf die Rechtssetzungsbefugnis der EGen, 1995, S. 15 f.).

Im Verständnis des Subsidiaritätsprinzips **ist im Einzelnen noch manches strittig** (zur bereits uferlosen Literatur bei *v.Bogdandy/Nettesheim* (1994), a. a. O., vor Rz. 1).

521 cc) Wenn die Gemeinschaft aufgrund ihrer begrenzten und subsidiären Zuständigkeit nach Art. 3 b Abs. 1–2 = 5 Abs. 1–2 neu EGV tätig wird, **muß sie verhältnismäßig handeln** (Art. 3 b Abs. 3 = 5 Abs. 3 neu EGV). Nachdem das Verhältnismäßigkeitsprinzip vom Gerichtshof in Anlehnung an deutsche Rechtstraditionen schon länger als ARG anerkannt worden war (oben Rz. 514), ist es nunmehr als Voraussetzung des Gemeinschaftshandelns vertraglich vorgeschrieben. In Erfüllung der bekannten Unterkriterien **Geeignetheit, Erforderlichkeit und Verhältnismäßigkeit i. e. S.** dürfen die EG-Organe nur solche Maßnahmen treffen, die nicht über das Maß hinausgehen, welches für die Erreichung der Ziele des Vertrages erforderlich ist (seit EuGHE 1979, 713 ff. – RS 138/78 „Stölting" st. Rspr., näher *v.Bogdandy/Nettesheim* a. a. O., Rz. 50 ff.).

522 Obwohl die **Grenzen** zulässiger Gemeinschaftsaktion durch die Einfügung des Art. 3 b = 5 neu in den EGV 1992 betont worden sind, bleibt die EG/EU für ihre Handlungsfähigkeit auf der anderen Seite auf eine **nicht zu kleinliche Handhabung der Gemeinschaftszuständigkeiten** angewiesen. Die Union soll in Kohärenz und Kontinuität handeln und ihre Ziele verwirklichen (Art. B, C, F Abs. 3 = 2, 3, 6 Abs. 3 neu EUV). Die MSen haben alle geeigneten Maßnahmen zur Vertragserfüllung zu treffen (Art. 5 = 10 neu EGV – **„Gemeinschaftstreue"**). Der Subsidiaritätsgedanke will die nationale Identität der MSen wahren, aber keine „Balkanisierung der EG" fördern (*Pescatore,* FS Everling, 1995 S. 1071 ff.). Daher behalten die **Vertragsabrundungsklauseln** wie vor allem Art. 235 = 308 neu EGV, sowie die Anerkennung stillschweigend mitgeschriebener EG-Zuständigkeiten (**„Implied powers"**) und der Gedanke der vollen Ausschöpfung gegebener Zuständigkeiten **(„Effet utile")** ihre Bedeutung, auch wenn die

Abgrenzung zur nötigen Vertragsänderung gemäß Art. N = 48 neu EUV seit Maastricht 1992 stärker als vorher mitbedacht werden muß.

b) Abrundungsklauseln (insbesondere Art. 235 = 308 neu EGV)

Diese Klauseln (Art. 235 = 308 neu EGV, 203 EAGV, 95 Abs. 1, 2 **523**
EGKSV), ermöglichen eine in der Gemeinschaftspraxis immer wichtiger gewordene **vertragsimmanente Fortentwicklung des Gemeinschaftsrechts** „unterhalb" der förmlichen Vertragsänderung. Danach kann der Rat einstimmig auf Kommissionsvorschlag und nach Anhörung des EP „die geeigneten Vorschriften" erlassen, wenn dies zur Zielverwirklichung der EG erforderlich erscheint und in diesem Zusammenhang die hierfür erforderlichen Befugnisse nicht vorgesehen sind. Anfängliche Versuche, diese Art von Generalermächtigung zur Rechtsetzung in einem engen Sinne auf die Schließung von Lücken am Rande gegebener Spezialkompetenzen zu beschränken, ließen sich seit den 70er Jahren nicht mehr aufrechterhalten, als die Gemeinschaft immer wieder mit einer Vielzahl neuer Situationen fertig werden mußte, (z. B. Energiepolitik, Umweltschutz, Gemeinschaftsanleihen, Finanzausgleich innerhalb der EG, institutionelle Ergänzung der Gemeinschaftsorganisation, vgl. oben Rz. 448). Der Pariser „Gipfel" der Staats- und Regierungschefs Ende 1972 empfahl daraufhin ausdrücklich eine angemessen **großzügige Handhabung des Art. 235 = 308 neu EGV** im Sinne einer „Vertragsabrundungskompetenz" zur Bewältigung von solchen neuen Aufgaben, die noch hinreichend mit der ursprünglichen Gemeinschaftszuständigkeit verbunden waren, um das Bedürfnis nach förmlicher Vertragsänderung verneinen zu können.

Im Zusammenhang mit den bedeutsamen Kompetenzerweiterungen der **524**
EG durch den Maastrichter Unionsvertrag 1992 wurde verschiedentlich eine zurückhaltendere Praxis des Art. 235 = 308 neu EGV angemahnt (insbesondere BVerfGE 89, 155 ff. (210) „Maastricht"). Das Vertragsänderungsverfahren des Art. N = 48 neu EUV dürfe nicht durch eine ausufernde Anwendung von Art. 235 = 308 neu EGV unterlaufen werden (zur Abgrenzung *Häde/Puttler,* EuZW 1997, S. 13 ff.). Der Gerichtshof hat bei elementaren, von erheblicher politischer Bedeutung getragenen Vorhaben die Anwendbarkeit von Art. 235 = 308 neu EGV abgelehnt und auf die Vertragsänderung verwiesen (EuGHE 1996, I–1759 ff. Gutachten 2/94 „Beitritt EG zur EMRK", oben Rz. 77).

Im Näheren wird für eine Anwendung von Art. 235 = 308 neu EGV in der Gemeinschaftspraxis vor allem vorausgesetzt (*Schwartz,* in: GTE, Komm. EU-/EGV, 5. Aufl. 1997, Bd. 5, Art. 235 (umfassend):

(1) Die **„Erforderlichkeit"** des Tätigwerdens der Gemeinschaft. Insoweit han- **525**
delt es sich um eine sehr flexible Ermessensklausel, die vom EuGH nur in äußersten Grenzen überprüfbar ist. Mit fortschreitendem Ausbau der EG haben sich diese „Erforderlichkeiten" ungemein vermehrt z. B. bei der Ermöglichung von Gemeinschaftsanleihen. Im Einzelfall kann eine gewisse Abweichung von Vertragsvorschriften „erforderlich" werden (EuGHE 1973, 897 ff. – RS 8/73 „Massey-Ferguson").

(2) Das Tätigwerden muß der **Verwirklichung eines der Ziele der Gemeinschaft** dienen, womit insbesondere auf Art 2, 3 = 2, 3 neu EGV verwiesen wird. Hiermit wird die Grenze zur Vertragsänderung markiert. Über Art. 235 = 308 neu könnte also z. B. keine gemeinsame Verteidigungspolitik der EG begründet werden. Er enthält keine Kompetenz-Kompetenz zugunsten der EG.

(3) Im Vertrag müssen die **erforderlichen Befugnisse** zu solcher Zielverwirklichung **fehlen** (EuGHE 1987, 1493 ff. – RS 45/86). Hier liegt eine heikle, nur in der Einzelfallabwägung auflösbare Begrenzung. Liegt eine echte Vertragslücke vor, so stellt Art. 235 = 308 neu („geeignete Vorschriften") alle Handlungsformen von der Verordnung bis zur Empfehlung zur Verfügung. Andererseits ist es nicht im Sinn des Art. 235 = 308 neu, als jederzeit verfügbarer „Notnagel" das Prinzip der begrenzten Einzelzuständigkeit (oben Rz. 513 ff.) aus den Angeln zu heben, also z. B. Niederlassungsregelungen über Art. 54 = 44 neu EGV durch Verordnungen zu ermöglichen. Die „Erforderlichkeit" der zusätzlichen Befugnisse über Art. 235 = 308 neu muß daher **zwingend feststehen.**

Selbst wenn diese und die anderen Tatbestandsmerkmale des Art. 235 = 308 neu EGV vorliegen, muß noch anhand des **Subsidiaritätsprinzips** (oben Rz. 518 ff.) geprüft werden, ob die gegebene Zuständigkeit in concreto auch ausgeübt werden darf *(Schwartz,* FS Mestmäcker, 1996, S. 467 ff.).

526 Insgesamt hat sich die „Abrundungsklausel" des Art. 235 = 308 neu EGV seit den 70er Jahren und auch weiterhin zu einem **unentbehrlichen Instrument** sinnvoll erweiterter Gemeinschaftsaktion im Sekundärrecht entwickelt (vgl. z. B. die Liste der Anwendungsfälle 1993–98 in BR-Drucks. 359/98). Mit dem Ausbau und der Grenzziehung der Gemeinschaftsbefugnisse in Maastricht 1992 und Amsterdam 1997 ist jedoch die Inanspruchnahme der Norm **zurückgegangen.** Auch die Abwägung zur Vertragsänderung wird sorgfältiger als früher vorgenommen *(Häde/Puttler,* a. a. O.).

c) Implied-Powers-Lehre und „Effet utile"

527 Neben den Abrundungsklauseln wie Art. 235 = 308 neu EGV ermöglichen die dem allgemeinen internationalen Organisationsrecht entlehnte „Implied-Powers-Lehre" und die teleologische Auslegungsmaxime des „Effet utile" **zusätzliche Ausdehnungen bei Erlaß von sekundärem Gemeinschaftsrecht** in Ausnahme vom Prinzip der begrenzten Einzelzuständigkeit der EGen *(Köck,* FS Seidl-Hohenvelden, 1988, S. 279 ff.).

Der dem bundesstaatlichen Prinzip ungeschriebener Zuständigkeiten kraft Sachzusammenhanges verwandte **Gedanke inhärenter Zuständigkeiten („implied powers") der EG** besagt, daß die Bestimmungen völkerrechtlicher Verträge wie hier der drei Gründungsverträge im Zusammenhang mit den ausdrücklich gegebenen Gemeinschaftskompetenzen „zugleich diejenigen Vorschriften beinhalten, bei deren Fehlen sie sinnlos wären oder nicht in vernünftiger und zweckmäßiger Weise zur Anwendung gelangen könnten" (EuGHE 1955/56, 311 ff. – RS 8/55 st. Rspr.).

In dem o. g. Falle hat der EuGH im Zusammenhang mit einer gegebenen EGKS-Übergangsregelung eine stillschweigend mitgeschriebene Preisfestsetzungsbefugnis der Hohen Behörde kraft Implied powers angenommen. – Der Unterschied zu Art. 235 = 308 neu EGV liegt darin, daß die Zusatzkompetenz hier aus dem engen Sachzusammenhang mit einer bereits vorhandenen EG-Zuständigkeit und nicht, wie dort, aus den allgemeinen Vertragszielen abgeleitet wird. Die Implied-

Powers-Kompetenzen sind somit ein **„Art 235 = 308 neu in Kleinformat“** und nur von begrenzter Bedeutung. (Näher *Nicolaysen,* EuR 1966, S. 129 ff.).

Seit dem „Usus modernus“ der Abrundungskompetenzen gemäß Art. 235 = 308 neu EGV 1972 (oben Rz. 523) hat die Implied-Powers-Lehre in der Gemeinschaftspraxis an Bedeutung verloren.

In oftmals engem Zusammenhang mit Abrundungsklauseln und Implied- 528
Powers-Lehre steht der für die Auslegung des EGR (unten Rz. 680 ff.) insgesamt bedeutsame Grundsatz, daß die Vertragskompetenzen (ausdrückliche, kraft Art. 235 = 308 neu EGV oder über Sachzusammenhang begründete) jeweils auch **teleologisch auszulegen sind,** mit dem Ziel voller Sinnentfaltung der Vorschrift, anders ausgedrückt, **der Erzielung ihrer „nützlichen Wirksamkeit“ (effet utile)** dergestalt, daß die allfällig denkbaren Gemeinschaftsbefugnisse wirklich voll ausgeschöpft werden sollen (EuGHE 1960, 708 – RS 20/59 st. Rspr.).

Der Effet-utile-Gedanke ist so die **instrumentale Auslegungsmaxime,** mittels 529
deren sowohl „Abrundungen“ der EG-Kompetenz über Art. 235 = 308 neu EGV als auch Implied powers zu maximaler Auswirkung gebracht werden. Er spielt aber darüber hinaus ganz allgemein bei der Auslegung des Gemeinschaftsrechts eine Rolle. So hat der EuGH z. B. die über Art. 189 = 249 neu EGV hinausführende unmittelbare Wirkung gewisser EG-Richtlinien (unten Rz. 556) damit begründet, daß sie ohne Not ihres „effet utile“ beraubt würden, wenn aus sich heraus in ihren Verpflichtungen klare Bestimmungen unbedingt noch vom nationalen Gesetzgeber in sein Recht umgesetzt werden müßten (EuGHE 1979, 1629 ff. – RS 148/78 st. Rspr.).

Zusammenfassend ist festzuhalten, daß der EG mit Art 235 = 308 neu 530
EGV Implied-Powers-Lehre und Effet-Utile-Maxime hinreichende Rechtsinstrumente und -techniken zur Verfügung stehen, die dem Regelprinzip der begrenzten Einzelzuständigkeit der Gemeinschaft bei der Setzung sekundären Gemeinschaftsrechts diejenige Geschmeidigkeit verleihen, welcher die EG zur angemessenen Erfüllung ihrer weitgespannten Aufgaben bedarf. Dieses Bedürfnis besteht auch unter dem EUV seit 1992 fort, wenngleich die ausdrückliche Zuweisung neuer EG-Kompetenzen (z. B. in der Währungspolitik) „Abrundungen“ dort entbehrlich macht.

d) ***Exkurs:*** *Verstärkte Zusammenarbeit bestimmter Mitgliedstaaten („Flexibilisierung“)*

Beim Fortschreiten des europäischen Einigungsprozesses ergeben sich 531
von Zeit zu Zeit Situationen, in denen bestimmte, stärker integrationswillige MSen zu neuen Vergemeinschaftungen bereit sind, während andere zögern. Hier stellt sich die Frage, ob sich Fortschritte des Einigungsprozesses nach der Bereitschaft des zurückhaltendsten MSes richten sollen oder ob ein engerer Kreis zunächst einmal voranschreiten darf. Obwohl ein **„Europa verschiedener Geschwindigkeiten“** („Europa à la carte“) gemeinschaftsrechtlich zusätzliche Komplikationen bereitet, ist man in der Vergangenheit verschiedentlich diesen Weg gegangen. Im Maastrichter Unionsvertrag nahm Großbritannien 1992 an der verstärkten **Sozialintegration** zunächst nicht

teil. Die übrigen 11 MSen regelten diese Materie daraufhin durch ein besonderes Protokoll und Abkommen über die Sozialpolitik unter sich (unten Rz. 1634). Mit dem Amsterdamer Vertrag 1997 übernahm Großbritannien diese Sozialvorschriften für sich. Bei der Konzipierung der Europäischen Währungsunion in Maastricht 1992 wurde Großbritannien und Dänemark gestattet, auch bei Erfüllung der Konvergenzkriterien an der EWU nicht teilnehmen zu müssen (Protokolle Nr. 11 und 12 zum EUV, unten Rz. 1019).

532 Während diese Ausnahmeregelungen auf der Ebene des primären Gemeinschaftsrechts getroffen wurden, hat der Amsterdamer Vertrag in Anerkennung solcher Bedürfnisse, aber auch mit Blick auf die Kohärenz der Gemeinschaft in den Art. 40, 43–45 EUV und Art. 11 EGV ein **Verfahren über eine verstärkte Zusammenarbeit** bestimmter MSen entwickelt, welches die **Setzung partiellen Sekundärrechts** unter integrationsfreudigen Mitgliedern ermöglichen soll. Dabei bleibt die Tür für den späteren Beitritt der übrigen MSen zu diesem „Sonderrecht" offen.

533 **Art. 43–45 EUV ist die lex generalis** für die verstärkte Zusammenarbeit, die das Gemeinschaftsrecht „flexibilisiert". Die beteiligten MSen dürfen unter bestimmten Voraussetzungen (Beteiligung einer Mehrheit der MSen, Ausrichtung an den Zielen und Grundsätzen der Verträge, keine Antastung des Acquis communautaire, Anschlußmöglichkeit für die übrigen MSen u. a.) die Organe, Verfahren und Mechanismen der EG in Anspruch nehmen und **entsprechende Rechtsakte und Beschlüsse setzen** (Art. 43 EUV). An der Beschlußfassung im Rat nehmen nur die beteiligten MSen teil, welche zugleich die verstärkte Zusammenarbeit für sich finanzieren (Art. 44).

Art. 11 neu EGV und Art. 40 EUV ergänzen die Art. 43–45 EUV für den EG- und den PJZ-Bereich durch einige **spezielle Vorschriften.** Der Rat ermächtigt die zur verstärkten Zusammenarbeit bereiten MSen mit qualifizierter Mehrheit auf Vorschlag der Kommission und nach Anhörung des EP (Art. 11 Abs. 2 EGV, ähnlich Art. 40 Abs. 2 EUV). Aus wichtigen Gründen der nationalen Politik kann jedoch ein Ratsmitglied letztlich diese Ermächtigung blockieren (Art. 11 Abs. 2 neu EGV, Art. 40 Abs. 2 EUV, mit weiteren Spezialregelungen).

534 Insgesamt sind die Bestimmungen über die verstärkte Zusammenarbeit **kompliziert geraten** und mit einer Reihe von Kautelen versehen worden. In ihnen spiegelt sich das Mißtrauen verschiedener MSen gegen solche „Alleingänge" einer Mehrheit. Ob die Flexibilisierungsregelung unter diesen Bedingungen praktische Bedeutsamkeit erlangen wird, erscheint nicht sicher (*Gil-Robles* EuZW 1997, S. 353). Andererseits steht integrationswilligen MSen weiterhin die Möglichkeit offen, unabhängig von den Art. 43 ff. EUV **mittels völkerrechtlichen Vertrages inter se** Regelungen zu treffen.

2. Handlungsformen

Literatur: *Börner,* Die Entscheidungen der Hohen Behörde, 1965; *Bebr/Pescatore/Schermers,* Beschlüsse der im Rat Vereinigten Vertreter der Regierungen der Mitgliedstaaten, SEW 1966, S. 529 ff., 545 ff., 579 ff.; *Möller,* Die Verordnung der Europäischen Gemeinschaften, JÖR NF 1969, S. 1 ff.; *Ayral,* La transposition des directives dans les droits nationaux, RevMC 1977, S. 411 ff.; *Everling,* Zur rechtlichen Wirkung von Beschlüssen, Entschließungen, Erklärungen und Vereinbarungen des Rates und der Mitgliedstaaten der EG, GS Constantinesco, 1983, S. 133 ff.; *Beyerlin,* Umsetzung von EG-Richtlinien durch Verwaltungsvorschriften? EuR 1987, S. 126 ff.; *Bieber,* Verfahrensregeln – Skizze einer verborgenen Quelle des Gemeinschaftsrechts, FS Pescatore, 1987, S. 25 ff.; *Gauweiler,* Die rechtliche Qualifikation interorganschaftlicher Absprachen im Europarecht, 1988; *Magiera,* Die Rechtsakte der EG-Organe, JURA 1989, S. 595 ff.; *Arnull,* The legal Status of Recommandations, ELRev 1990, S. 318 ff.; *Pechstein,* Die Bedeutung von Protokollerklärungen zu Rechtsakten der EG, EuR 1990, S. 249 ff.; *Grief,* Direct Effect of Directives and Organs of the State, ELRev 1991, S. 136 ff.; *Götz,* Europäische Gesetzgebung durch Richtlinien, NJW 1992, S. 1849 ff.; *Scherzberg,* Mittelbare Rechtsetzung durch Gemeinschaftsrecht, JURA, 1992, S. 572 ff.; *Emmert/Pereira de Azevedo,* L'effet horizontal des directives, RTDE 1993, S. 503 ff.; *Schneider,* Effektiver Rechtsschutz Privater gegen EG-Richtlinien nach dem Maastricht-Urteil des BVerfG, AöR 1994, S. 294 ff.; *Ress,* Die richtlinienkonforme „Interpretation" innerstaatlichen Rechts, DÖV 1994, S. 489 ff.; *E. Klein,* Objektive Wirkungen von Richtlinien, FS Everling, 1995, S. 641 ff.; *Lutter,* Zum Umfang der Bindung durch Richtlinien, FS Everling, 1995, S. 765 ff.; *Gassner,* Horizontale Wirkung von EG-Richtlinien, JuS 1996, S. 303 ff.; *Prechal,* Directives in EC-Law, 1996; *Spannowsky,* EG-Richtlinie, LdR 80 (1996), 7/185; *Taschner,* Richtlinie oder internationale Übereinkommen? 1996; *Bockey,* Die Entscheidung der EG, 1998; *Luttermann,* Die „mangelhafte" Umsetzung europ. RLen, EuZW 1998, S. 264.

Das Prinzip der begrenzten Einzelzuständigkeit der EG zur sekundären Rechtsetzung gilt auch in dem Sinne, daß sich die Gemeinschaftsorgane bei gegebener Kompetenz **ganz bestimmter Handlungsformen (-typen)** zu bedienen haben, die in den Verträgen (Art 189 = 249 neu EGV, 161 EAGV, 14 EGKSV) als Verordnungen, Richtlinien usf. jeweils allgemein festgelegt sind. Es gibt kein „Typenerfindungsrecht" der Gemeinschaftsorgane. Infolge der zeitlich unterschiedlichen Entstehung zwischen EGKS einerseits, EWG und EAG andererseits weichen die verwendeten Begriffe leider etwas voneinander ab. So entspricht z. B. die „Allgemeine Entscheidung" der EGKS der „Verordnung" in der EG/EAG. Infolge der Besonderheiten des EG-Rechtsetzungsverfahrens (z. B. schwache Rolle des EP) entsprechen ferner die Bezeichnungen der EG-Rechtsakte nur begrenzt der national üblichen Terminologie. Die EG-"Verordnung" ist beispielsweise gleichzeitig das europäische „Gesetz" und findet auf die Funktionen nationaler „Durchführungs(Rechts)verodnungen" Anwendung. **535**

Der grundsätzliche Anwendungszwang der von den Verträgen exklusiv vorgegebenen Handlungsformen kennt seinerseits gewisse Ausnahmen in den **„Rechtsakten sui generis"**, die teilweise in den Verträgen angelegt sind, z. T. sich in der Gemeinschaftspraxis entwickelt haben (unten Rz. 577 ff.). **536**

Vor der Behandlung der einzelnen Handlungsformen erscheint es zweckmäßig, sie in ihrer Gesamtheit in einem **knappen Überblick** vorzustellen (vgl. auch *Magiera,* JURA 1989, S. 595 ff.). **537**

Die EG-Rechtsakte

(Ohne Rechtsakte sui generis)

Gemäß Art. 189 = 249 neu EGV und Art. 161 EAGV	**Gemäß Art. 14 EGKSV**	**Rechtswirkungen**	**Mögliche Adressaten des Rechtsaktes**
Verordnung	Allgemeine Entscheidung	Unmittelbare und allgemeine Geltung, in allen Teilen verbindlich	Mitgliedstaaten und individuelle Personen
Richtlinie	Empfehlung	Verbindlichkeit hinsichtl. des zu erreichenden Zieles, Wahlfreiheit hinsichtl. Form und Mitteln	Grunds. Mitgliedstaaten (bei EGKS auch individuelle Personen), aber nach EuGH u.U. auch unmittelbare Wirkung für individuelle Personen
Entscheidung	Individuelle Entscheidung	In allen Teilen verbindlich (Aber nur für die Adressaten!)	Mitgliedstaaten, individuelle Personen, je nach Bezeichnung im Rechtsakt
Empfehlung/Stellungnahme	Stellungnahme	Nicht verbindlich	Grundsätzlich Mitgliedstaaten, gelegentlich auch individuelle Personen, sonstige unbestimmte Adressatenkreise oder andere Gemeinschaftsorgane

Wichtig festzuhalten bleibt, daß nach ständiger Rechtsprechung des Gerichtshofes (EuGHE 1955/56, 224 – RS 8/55, später etwa EuGHE 1963, 211 – RS 25/62; EuGHE 1981, 2639 ff. – RS 60/81 und EuGHE 1991, I–2867 ff. – RS C–300/89) im Zweifelsfalle der **objektive Gegenstand und Inhalt des Rechtsaktes,** seine „juristische Substanz" über die Einordnung in die Handlungsformen entscheidet und nicht etwa die subjektive Auffassung des erlassenden Organs bzw. die formale Bezeichnung des Rechtsaktes bei der Rechtsetzung. Eine „falsa demonstratio" ist also nicht maßgebend, kann aber zur Nichtigkeit des Aktes führen. 538

a) Verordnung (Allgemeine Entscheidung der EGKS)

Gemäß Art. 189 Abs. 2 = 249 Abs. 2 neu EGV, 161 Abs. 2 EAGV sind die Verordnungen des Rates und der Kommission diejenigen Rechtsakte, welche **allgemeine Geltung haben, in allen ihren Teilen verbindlich sind** und **unmittelbar in jedem Mitgliedstaat gelten.** Die allgemeine Entscheidung der EGKS ist zwar in Art. 14 Abs. 2 i. V. m. 15 Abs. 3 EGKSV etwas knapper und undeutlicher charakterisiert. Doch besteht mittlerweile Einigkeit, daß sie in ihrem Rechtscharakter mit der VO so gut wie gleichzusetzen ist (insbes. EuGHE 1958/59, 111 f. – RS 18/57 st. Rspr., *Kovar,* Le pouvoir réglementaire de la CECA, 1963). 539

In der Verordnung verkörpert sich wie in keinem anderen Rechtsakt die „wahre europäische Befugnis" *(Savary).* Mittels dieses Rechtsinstrumentes vermag die Gemeinschaft unmittelbar („supranational") für die Mitgliedstaaten und ihre Bürger verbindliches Recht zu schaffen, das keiner Umsetzung durch nationale Instanzen bedarf. Infolge der besonderen institutionellen Struktur der EG (oben Rz. 243) kann die VO zwar nicht mit dem nationalen Gesetz gleichgesetzt werden. Insbesondere fehlt dem EG-System die innerstaatliche Unterscheidung zwischen Gesetz und RechtsVO. Es werden aber auf europäischer Ebene durch die VO die gleichen Bedürfnisse nach generell/abstrakter Rechtsetzung gegenüber einem unbestimmten Personenkreis erfüllt wie auf nationaler Ebene durch das einfache Gesetz. **In diesem Sinne ist die EG-VO (auch) das „Europäische Gesetz".** Der Gerichtshof bezeichnet denn auch die VO (Allgemeine E) gerne in einem prinzipiell richtigen und integrationspolitisch verständlichen Sinne als „fast Gesetzgebungsakte", „quasi-legislatorische Maßnahmen" u. ä. (seit EuGHE 1955/56, 227 – RS 8/55 st. Rspr.). 540

Für die **Gemeinschaftspraxis** kann die Bedeutung der VO in ihrer Doppelfunktion als grundlegendes europäisches Gesetz, aber auch als kurzlebige „DurchführungsVO" (zu ihr EuGHE 1979, 2749 ff. – RS 230/78) gar nicht überschätzt werden *(Rabe,* Das Verordnungsrecht der EWG, 1963). Nur mittels dieses Rechtsinstrumentes, vor dem alle anderen verblassen, konnte die EG in der Praxis als „Rechtsgemeinschaft" im Verhältnis zu den Mitgliedstaaten einen real respektierten, politischen Status erringen. – So sind zum einen grundlegende und langfristig bedeutsame Rechtsakte des sekundären EGR als VO ergangen, wie z. B. der Gemeinsame Zolltarif, die landwirtschaftlichen Marktordnungen, die Regelung der Freizügigkeit für die Arbeitnehmer, das EG-Wettbewerbs(Kartell)recht, grundlegende Normen der Verkehrs- und der Handelspolitik. Andererseits besteht die 541 tagtägliche Rechtsetzungspraxis der EG, wie ein beliebiger Blick in das Amtsblatt zeigt, im Erlaß einer ununterbrochenen Fülle „kleiner" und kurzlebiger Durchführungsverordnungen vor allem im Agrarbereich über Preis-, Abschöpfungsfestsetzungen usw. (unten Rz. 1374).

Seit Gründung der Gemeinschaft sind Abertausende dieser „kleinen" VOen erlassen worden und wieder außer Kraft getreten. Die begriffliche Zusammenfassung dieser inhaltlichen unterschiedlichen Rechtsakte in der einen VO i. S. des Art. 189 Abs. 2 EWGV ist unglücklich und sollte bei einer institutionellen Reform der Gemeinschaft, die dem EP stärkere Gesetzgebungsbefugnisse gäbe, geändert werden.

542 aa) **Verordnungsgeber** sind gemäß Art. 189 = 249 neu EGV, 161 EAGV Rat und Kommission gemeinsam oder getrennt (nach dem EGKSV nur die Kommission/früher Hohe Behörde). In den Verträgen ist jeweils konkret bestimmt, wer legisferiert. Typischerweise ist der auf Vorschlag der Kommission entscheidende Rat der eigentliche „Gesetzgeber" der EG, während die Kommission im Sinne von Art. 155 Unterabs. 4 = 211 Abs. 4 neu EGV, 124 Unterabs. 4 EAGV eher im Rahmen von GrundVOen („Gesetzen") Durchführungsverordnungen („Rechtsverordnungen") erläßt (EuGHE 1987, 2671 ff. – RS 46/86). Jedoch gibt es nicht bereits „von der erlassenen Institution her" eine Vorrangigkeit der Rats- gegenüber den Kommissions-VOen.

543 bb) Die VOen haben **allgemeine Geltung** und sind **in allen ihren Teilen verbindlich**. Damit wird zum einen gesagt, daß die VO ihre Rechtsverbindlichkeit für eine unbestimmte Zahl objektiv bestimmter Fälle im Gesamtgebiet der Gemeinschaft entfaltet (EuGHE 1977, 797 ff. – RS 101/ 76; EuGHE 1981, 693 ff. – RS 64/80 st. Rspr.). Die generell-abstrakte, gemeinschaftsweit geltende Regelung gegenüber einem unbestimmten Personenkreis ist das wesentliche Charakteristikum der VO (Allgemein E. *Möller*, JÖR NF 1969, S. 1 ff.).

VOen, die nur in einem Teil der EG oder in einem einzelnen Mitgliedstaat gelten, sind daher grundsätzlich unzulässig bzw. in Entscheidungen umzudeuten (str.). Etwas anderes ist es, wenn gemeinschaftsweit geltende VOen rein tatsächlich nur regionale Anwendung finden können (z. B. eine Beihilfeverordnung). – Allgemeine Entscheidungen brauchen dagegen nicht notwendig in allen Mitgliedstaaten zu gelten (EuGHE 1955/56, 223 ff. – RS 8/55).

Mit der Feststellung, daß die VO in allen ihren Teilen verbindlich ist, wird die VO insbesondere von der Richtlinie abgegrenzt, die nur „hinsichtlich des zu erreichenden Zieles" zu beachten ist.

544 cc) Die VOen gelten **unmittelbar in jedem Mitgliedstaat.** Mittels dieser „Durchgriffswirkung" wird klargestellt, daß sie mit ihrer Veröffentlichung im Amtsblatt (unten Rz. 665) automatisch, also ohne irgendein Dazwischentreten nationaler Rechtsetzung ihre Rechtswirkungen entfalten, d.h. den Mitgliedstaaten einschließlich ihrer Behörden, Gerichte usf. sowie den Einzelpersonen Rechte gewähren und Pflichten auferlegen (EuGHE 1985, 1057 ff. – RS 272/83). Der EuGH hat in ständiger Rechtsprechung zu Recht immer wieder diesen von den Mitgliedstaaten „unabdingbaren" Rechtscharakter der VO betont und dabei festgestellt, daß nationale Nachformungen des VO-Inhaltes („Durchführungsgesetze u. ä.) angesichts der

Durchgriffswirkung grundsätzlich überflüssig und wegen der Doppelung des Rechtes schädlich sind (EuGHE 1971, 1049 – RS 43/71; EuGHE 1973, 114 ff. – RS 39/72). Auf jeden Fall geht im Konfliktfalle der VO-Text, so wie er im Amtsblatt steht, vor.

Entgegenstehendes nationales Recht wird von der EG-VO verdrängt. Es 545
findet keine Anwendung, solange die VO gilt **(„Anwendungsvorrang").** Ob das die endgültige Nichtigkeit des nationalen Rechts bedeutet, ist in dessen Rahmen zu entscheiden. Im praktischen Regelfall ist es so. Die unmittelbare Geltung der VO schließt auch ein, daß die Anwendung später erlassenen nationalen Rechts ausgeschlossen ist, welches mit dem Inhalt der VO nicht vereinbar ist. Mit anderen Worten gilt insofern der absolute Vorrang des EGR (unten Rz. 615). Für die allgemeine Entscheidung der EGKS gilt wieder Entsprechendes.

dd) **Adressaten** der VOen (Allgemeine Een) sind in Konsequenz ihrer 546
eben geschilderten umfassenden Geltungskraft grundsätzlich gleichermaßen die **Gemeinschaft und ihre Institutionen,** die **Mitgliedstaaten** einschließlich ihrer behördlichen Ausprägungen in allen drei Gewalten und schließlich die **natürlichen und juristischen Einzelpersonen** innerhalb der EG (Unionsbürger). Dabei ist es möglich, daß sich im Einzelfall eine VO kraft Natur der Sache, d. h. ihres Inhaltes nur an einen Teil der grundsätzlich denkbaren Adressaten richtet, z. B. das in Verordnungsform ergangene Beamtenstatut der EG nur im engeren Sinne gemeinschaftsintern wirkt (EuGHE 1981, 693 ff. – RS 64/80). Infolge des begrenzten Kreises der zugelassenen Handlungsformen innerhalb der EG muß die Formenwahlfreiheit hier gelegentlich etwas großzügig gehandhabt werden. Die VO wird so gelegentlich zur Setzung verbindlichen „Binnenrechtes" der EG mitverwendet, d. h. die Trennung zwischen Verwaltungsvorschrift und Rechtssatz nicht mit der Schärfe beispielsweise des deutschen Rechtes vollzogen. Auch „richtliniennahe" VOen, die sich praktisch nur an die Mitgliedstaaten richten (z. B. im Agrarbereich) sind zulässig.

b) Richtlinie (Empfehlung der EGKS)

Art. 189 Abs. 3 = 249 Abs. 3 neu EGV, 161 Abs. 3 EAGV charakterisiert 547
die Richtlinie (RL) als denjenigen Rechtsakt der Gemeinschaft, der für jeden **Mitgliedstaat**, an den er gerichtet ist, **hinsichtlich des zu erreichenden Zieles verbindlich ist**, den innerstaatlichen Stellen jedoch die **Wahl der Form und der Mittel überläßt.** Art. 14 Abs. 3 EGKSV trifft hinsichtlich der dort so genannten „Empfehlung" eine ganz ähnliche Regelung, die lediglich den denkbaren Adressatenkreis über die Mitgliedstaaten hinaus offenläßt (EuGH EuZW 1991, S. 26 ff. RS 221/88).

Die Richtlinie ist ein „eigentümlicher Rechtsakt des Gemeinschaftsrechts" *(Constantinesco),* mit einer entfernten Ähnlichkeit zum Rahmengesetz im deutschen Bundesstaat und – noch begrenzter – zur französischen Loi-Cadre. Mit ihm wird der Tatsache Rechnung getragen, daß die EG als noch verhältnismäßig lockerer Staatenverbund nicht nur Instrumente zur direkt vereinheitlichenden Rechtsetzung bedarf, sondern auch eines geschmeidigeren Rechtsaktes. Die Richtlinie begnügt sich damit, den angesprochenen Mitgliedstaaten verbindliche „Zielsetzungen" im Sinne der Verpflichtung zu deren vollständiger Umsetzung in das nationale Recht aufzuerlegen, ihnen bei der Art und Weise dieser Umsetzung aber freie Hand zu lassen. In der Gemeinschaftspraxis ist die RL allerdings sehr häufig über eine perfektionistische Ausformung der „Ziele" und gleichzeitig über die Rspr. des EuGH, der bestimmte Unmittelbarkeitswirkungen von Richtliniennormen anerkennt, **in die Nähe der VO gerückt worden** (unten Rz. 551).

548 Eigentlich sollte die RL zwar gemeinschaftsweit materiellrechtlich harmonisieren, aber zugleich die Vielfalt nationaler Rechtsformen und -traditionen möglichst respektieren. Daher sind der EG Richtlinienkompetenzen besonders in solchen Sachbereichen wie Rechtsangleichung (Art. 100 = 94 neu EGV), Herstellung der gemeinschaftsweiten Freiheiten in Bereichen wie Niederlassung, freier Dienstleistungsverkehr (Art. 54, 63 = 44, 52 neu EGV) verliehen worden, wo es um **Angleichungen,** aber nicht notwendig um Vereinheitlichungen nationalen Rechtes geht. Aber auch bei allgemeinen Gemeinschaftskompetenzen wie z. B. in Art. 43, 75, 87 = 37, 71, 83 neu EGV kann die EG statt VOen auch Richtlinien erlassen. Die Gemeinschaftspraxis ist freilich seit langem durch eine starke Tendenz gekennzeichnet, bei Formenwahlfreiheit **„im Zweifel" lieber eine VO als eine RL zu erlassen** bzw. im Falle des „Zwanges zur RL" diese möglichst so detailliert als **„Loi uniforme"** zu formulieren, daß sich daraus zwangsläufig gleichförmiges Recht in den Mitgliedstaaten ergibt (falls nicht der RL sogar Unmittelbarkeitswirkung im Sinne der EuGH-Rechtsprechung zukommt!). Es ist zuzugeben, daß diese problematische „Einebnung" mancher Unterschiede zwischen VO und RL weniger einer „Unitarisierungssucht" der EG-Organe entsprungen ist, als vielmehr gewissen Sachzwängen in bestimmten Bereichen (Notwendigkeit der Detailpräzision z. B. im Interesse des Abbaues technischer Handelshemmnisse über Rechtsangleichung, vgl. unten Rz. 1239).

549 Ferner gab es immer wieder schlechte Erfahrungen mit überaus schleppender Umsetzung der RLen durch Mitgliedstaaten (bis zu 5–10 Jahren!). – Dennoch erscheint übertrieben, wenn gelegentlich von einem „Mißerfolg der RL" gesprochen wird. Sie bleibt **ein sehr wichtiges Gemeinschaftsinstrument,** das in den o. g. Sachbereichen in zahlreichen Fällen (auch z. B. bei der Steuerharmonisierung, unten Rz. 1175) zu einer noch niemals gekannten Annäherung der materiellen Rechtslage unter den EG-Staaten geführt hat. Insgesamt werden regelmäßig annähernd 90% aller RLen irgendwann umgesetzt (vgl. auch Erklärung der Regierungskonferenz 1991 zur Anwendung des Gemeinschaftsrechts).

550 aa) **Richtliniengeber** sind, wie bei der VO, entweder der Rat oder die Kommission, je nach Regelung der Einzelkompetenz. Dabei steht im **EG/EAG-Bereich** regelmäßig der **Rat** im Vordergrund, während die Empfehlung der EGKS von der Kommission (früher Hohe Behörde) erlassen wird.

bb) Die Richtlinien haben **Rechtsverbindlichkeit für ihre Adressaten** (unten Rz. 562) in dem doppelten Sinne, daß das mit ihnen jeweils verfolgte **Ziel** (weit zu verstehen, vgl. französisch „Résultat") maßgeblich ist und daß die Mitgliedstaaten als die typischen Adressaten von RLen eine **Umsetzungspflicht** hinsichtlich ihres Inhaltes in das nationale Recht trifft. Rechtswirksam werden die RLen mit der Bekanntgabe an die Adressaten (Art. 191 Abs. 2 = 254 Abs. 2 neu EGV). Die Veröffentlichung im Amtsblatt erfolgt nur zur

Information. Ebenso ergibt sich der räumliche Geltungsbereich der RL vom Adressaten her. Da RLen nicht notwendig an alle Mitgliedstaaten gerichtet werden müssen, können sie einen begrenzten Geltungsbereich haben. Doch ist dies praktisch selten.

Die **„Zielverbindlichkeit"** der RL wird in der Gemeinschaftspraxis mittlerweile großzügig verstanden. In Fortentwicklung der ursprünglichen Absicht der Verträge, die den RL-Adressaten einen merklichen Umsetzungsspielraum belassen wollten (näher *Oldekop,* JÖR NF 1972, S. 55 ff.) hat sich aufgrund der o. g. praktischen Notwendigkeiten und in Deutung des „Zieles" im Sinne von Art. 189 Abs. 3 = 249 Abs. 3 neu EGV als „Ergebnis" *(Ipsen,* FS Ophüls 1965, S. 67 ff.) die Zulässigkeit auch der **„perfektionierten", inhaltlich verordnungsähnlichen RL („Loi uniforme")** längst durchgesetzt. Das gilt besonders für Rechtsangleichung in „technischen" Bereichen, während anderwärts der Umsetzungspielraum öfters größer bleibt. 551

In jedem Fall gilt das **Gebot vollständiger Umsetzung der RL** in das nationale Recht (EuGHE 1991, I–791 ff. – RS C–360/87 st. Rspr.). Bei der „perfekten", regelungsintensiven RL reduziert sich diese Pflicht mehr oder weniger auf ein „Abschreiben" des RL-Inhalts, das dann meist die nationale Exekutive durch RechtsVO o. ä. besorgt. Soweit Umsetzungsspielraum gegeben ist, die Mitgliedstaaten also im Sinne von Art. 189 Abs. 3 = 249 Abs. 3 neu EGV über die „Wahl der Form und der Mittel" verfügen, ergibt sich aus dem nationalen Recht, ob die Umsetzung (z. B. einer gegenseitigen Anerkennung von Befähigungsnachweisen bei der Herstellung der Niederlassungsfreiheit gemäß Art. 57 Abs. 1 = 47 Abs. 1 neu EGV am besten durch Gesetz, Verordnung oder u. U. auch durch Verwaltungsvorschriften (str., *Beyerlin,* ECR 1987, S. 126 ff.) vorzunehmen ist. Leitlinie der Umsetzung muß stets das Bemühen bleiben, den RL-Inhalt so wirksam wie möglich in das mitgliedstaatliche Recht überzuleiten („Effet-utile"-Gedanke, vgl. EuGHE 1983, 449 – RS 300/81). Die Umsetzungsnorm muß daher der vorher geltenden nationalen Rechtsnorm mindestens ranggleich sein. 552

Das **Umsetzungsverfahren** wird im Interesse zügiger und effektiver Erreichung der Richtlinienziele regelmäßig formalisiert. In der Richtlinie wird den Mitgliedstaaten eine **angemessene Frist** eingeräumt, innerhalb deren die Umsetzung vorgenommen sein muß. Die Kommission überwacht die RL-Durchführung (Art. 155 = 211 neu EGV). Im Falle von Verstößen kann die Kommission ein Vertragsverletzungsverfahren gemäß Art. 169 = 226 neu EGV einleiten. Die Liste solcher „Sündenfalle" ist in der EG-Praxis mittlerweile lang, obwohl der EuGH in einer ständigen Rspr. (statt vieler EuGHE 1984 236 ff. – RS 280/83) immer wieder die Unzulässigkeit von Fristüberschreitungen unter Berufung auf angebliche Schwierigkeiten der internen nationalen Rechtsordnung festgestellt hat. Die Kommission kann auch beim Gerichtshof beantragen, gegen den säumigen MS einen Pauschalbetrag oder ein **Zwangsgeld** zu verhängen (Art. 171 = 228 neu EGV unten Rz. 726). – Die RLen enthalten ferner regelmäßig **Informationspflichten** der Mitgliedstaaten gegenüber der Kommission, die dieser die Umsetzungskontrolle erleichtern sollen. 553

cc) Ist die RL einmal gemeinschaftlich erlassen und national umgesetzt, entfaltet sie eine **„Sperrwirkung"** in dem Sinne, daß es für den nationalen Gesetzgeber auch für die Zukunft, solange die RL gilt, gemeinschaftsrechtlich unzulässig ist, mitgliedstaatliches Recht zu erlassen, das dem RL-Inhalt widerspricht. 554

Dies wäre eine Vertragsverletzung, gegen welche die Kommission nach Art. 169 = 226 neu EGV vorgehen könnte.

Da die RL jedenfalls im Regelfall keine unmittelbare Wirkung innerhalb der Mitgliedstaaten entfaltet wie die VO, wird man allerdings richtlinienwidriges späteres Recht der Mitgliedstaaten nicht per se als nichtig ansehen können (hL, vgl. *Zuleeg,* ZGR 1980, S. 446 ff.; a. A. *Riegel,* BayVBl. 1974, S. 33 ff.). Es obliegt dem nationalen Gesetzgeber, den EG-konformen Zustand seiner Rechtsordnung wiederherzustellen. – Anderes freilich gilt in denjenigen Fällen, in denen ausnahmsweise bestimmten RLen eine verordnungsähnliche unmittelbare Wirkung zukommt (unten Rz. 556).

555 dd) Nach dem aus Art. 189 Abs. 3 = 249 Abs. 3 neu EGV, 161 Abs. 3 EAGV, 14 Abs. 3 EGKSV eindeutig ablesbaren Willen der Verträge ist die RL im Gegensatz zur VO grundsätzlich **als ein zweistufiger Rechtsakt konzipiert.** Er bindet die Mitgliedstaaten als Regeladressaten der RL zunächst einmal direkt, erzeugt innerhalb der nationalen Rechtsbereiche aber nur über die Aktion des mitgliedstaatlichen Gesetzgebers „indirekte" gemeinschaftsrechtliche Wirkungen. An dieser unzweideutigen Entscheidung der Verträge ist prinzipiell festzuhalten, will man eine rechtsstaatlich nicht erträgliche Formenverwischung vermeiden (u. a. *Rambow,* DVBl. 1971, S. 44 ff., 355 ff.).

556 In begrenzten Ausnahmefällen ist allerdings eine **unmittelbare Wirkung bestimmter Richtlinien(vorschriften),** ähnlich wie bei VOen, gemeinschaftsrechtlich legitim und über die Rspr. des EuGH (seit EuGHE 1970, 1213 ff. – RS 33/70 „Spa SACE" st. Rspr.; vgl. etwa später statt vieler EuGHE 1982, 53 ff. – RS 8/81 „Wirkung der Richtlinien") seit Anfang der 70er Jahre anerkannt worden. Um Formenmißbrauch zu vermeiden, sind dabei zwei Voraussetzungen streng zu beachten. Es handelt sich um solche Fälle, in denen erstens eine RL oder einzelne Bestimmungen in ihr so **„perfekt" regelungsintensiv** ausgestaltet sind (oben Rz. 548), daß die Umsetzung der RL in nationales Recht sich mehr oder weniger in einem „Abschreiben" des RL-Inhalts erschöpfen müßte. Zweitens ist Voraussetzung, daß der zur Umsetzung dieser „Loi uniforme" verpflichtete Mitgliedstaat die Anpassung seines nationalen Rechtes **frist- und damit rechtswidrig nicht vorgenommen hat.** In solchen „krassen" Fällen erscheint es bei einer Abwägung zwischen „Formentreue" und evident gegebenen, ohne weiteres vollziehbaren und verletzten materiellen Gemeinschaftsverpflichtungen gerechtfertigt, ausnahmsweise verordnungsähnliche Direktwirkungen solcher RL-Bestimmungen zuzulassen; in dem Sinne, daß sich der einzelne EG-Bürger vor den innerstaatlichen Behörden und Gerichten auf die RL-Bestimmungen berufen kann, die so ihre volle, vom Vertrag gewollte Wirkung („Effet utile") entfalten. (Inzwischen hL, vgl. etwa *Pescatore,* Recueil Dalloz 1980, S. 171 ff.; *Leitao,* RTDE 1981, S. 425 ff.; *Forgach,* DB 1985, S. 1217 ff.) **Pflichten** vermag eine RL jedoch dem Einzelnen nicht aufzuerlegen, da sie sich nur an die MS richtet. Das gilt auch in den Fällen unmittelbarer Wirksamkeit (EuGHE 1987, 3969 ff. – RS 80/86 st. Rspr.).

557 Entgegen anfänglichem Widerstand nationaler Gerichte gegen diese richterliche Rechtsfortbildung durch den EuGH (Französischer Conseil d'Etat, EuR 1979, S. 292 – „Cohn-Bendit"; Deutscher Bundesfinanzhof BFHE 143, 383 ff.) hat sie

sich inzwischen **durchgesetzt** (für Deutschland bes. BVerwGE 74, 241 ff. und BVerfGE 75, 223 ff.).

In einer zweiten Etappe der Fortentwicklung des EG-Richtlinienrechts ist sodann die Frage gestellt worden, inwieweit RLen, insbesondere unmittelbar wirkende, nicht nur **„vertikal"** zwischen EG und MSen, sondern auch bei Rechtsbeziehungen zwischen den Unionsbürgern (Unternehmen) Wirkungen entfalten können (**„horizontale Wirkung von RLen"**, *Gassner,* JUS 1996, S. 303 ff.). 558

Diese Frage ist ein Ausschnitt des weiteren Problems, inwieweit das EGR überhaupt unmittelbare Wirkungen im Verhältnis zwischen Privatpersonen zu entfalten vermag **(„Drittwirkung" des EGR)**. Dies ist je nach dem Inhalt der Vorschrift beim **primären Gemeinschaftsrecht** denkbar, z. B. beim Diskriminierungsverbot der Art. 6, 119 = 12, 141 neu EGV (EuGHE 1974, 1405 ff. – RS 36/74 „Walrave" st. Rspr.) Auch **Verordnungen** eigenen sich infolge ihrer allgemeinen Geltung grundsätzlich zu einer Drittwirkung.

Es gibt Argumente zugunsten einer horizontalen Wirkung von RLen (Verbesserung der Rechtslage des Einzelnen im Sinne des Effet utile, *Steindorff,* FS Everling, 1995, S. 1455 ff.). Dennoch hat der Gerichtshof verschiedentlich **die horizontale Wirkung im Prinzip abgelehnt**, weil sich Art. 189 = 249 neu EGV auf das vertikale Verhältnis EG-MS beschränkt, was auch von den nationalen Gerichten zu beachten ist. Auch müßte der horizontale Effekt zu systemwidrigen Verpflichtungen von Einzelpersonen führen, an die sich die RL nicht gerichtet hat (EuGHE 1986, 732 ff. – RS 152/84 „Marshall" st. Rspr., *Classen,* EuZW 1993, S. 83 ff.). 559

Dennoch wird zunehmend eine Art **indirekter Drittwirkung von EG-RLen im Privatrechtsverkehr** anerkannt (EuGHE 1994, I–3325 ff. – RS C–91/92 „Dori" st. Rspr., *Iglesias/Riechenberg,* FS Everling 1995, S. 1213 ff.). Da das EGR in einem grundsätzlichen Sinne bei der Auslegung und Anwendung des innerstaatlichen Rechts auch im Verhältnis zwischen Privaten zu berücksichtigen ist, kommt es zu objektiven horizontalen „Auswirkungen" der RLen oder anders ausgedrückt zur **Notwendigkeit der richtlinienkonformen Auslegung des nationalen Rechts** *(Brechmann,* Die richtlinienkonforme Auslegung, 1994). 560

Eine weitere Möglichkeit, die rechtzeitige und umfassende Umsetzung von EG-RLen in das nationale Recht und damit die Beachtung des RL-Inhaltes zu erwirken, liegt in dem **Entschädigungsanspruch geschädigter Privater gegen ihren MS** wegen vertragswidriger Nichtumsetzung der RL (EuGHE 1991 I–5403 ff. – Verb. RS C–6/90 und C–9/90 „Francovich" st. Rspr., zu diesem Anspruch näher oben Rz. 556). Der Anspruch ist eine Konsequenz aus der Anerkennung der unmittelbaren Wirkung von RLen *(Ukrow,* NJW 1994, S. 2469 ff.). 561

ee) **Adressat** der Richtlinien sind im EG/EAG-Bereich gemäß der eindeutigen Regelung der Art. 189 Abs. 3 = 249 Abs. 3 neu EGV, 161 Abs. 3 EAGV **jeder Mitgliedstaat,** an den sie gerichtet werden. Der Adressatenkreis der RLen ist in diesem Rahmen also variabel. In der Praxis stehen allerdings 562 die RLen im Vordergrund, die an **alle** Mitgliedstaaten gerichtet sind. Im EGKS-Bereich ermöglicht Art. 14 Abs. 3 EGKSV Empfehlungen sowohl an Mitgliedstaaten als auch an **Einzelpersonen** (Unternehmen i. S. von Art. 80 EGKSV und damit auch an natürliche Personen, vgl. *Ulmer,* Der Unternehmensbegriff im EGKSV, 1960, S. 140).

Die über Direktwirkungen von EG/EAG-Richtlinien im Sinne der EuGH-Rechtsprechung (oben Rz. 556) ausnahmsweise unmittelbar berechtigten und verpflichteten **Einzelpersonen** kann man nicht als förmliche Adressaten jener RLen bezeichnen. Hier handelt es sich um gewohnheitsrechtlich zugelassene „Erstreckungswirkungen", die nicht die reguläre Adressateneigenschaft begründen.

c) Entscheidung (Individuelle Entscheidung der EGKS)

563 Neben den mehr allgemein (normativ) wirkenden VOen und RLen stellen Art. 189 Abs. 4 = 249 Abs. 4 neu EGV, 161 Abs. 4 EAGV, 14 Abs. 2 EGKSV die Entscheidung (E) als denjenigen Rechtsakt des sekundären Gemeinschaftsrechts zur Verfügung, der zur **verbindlichen Einzelfallregelung** dienen soll *(Bockey,* Die E der EG, 1998). Die E ist in allen ihren Teilen für diejenigen verbindlich, die sie bezeichnet, wobei es sich sowohl um **Einzelpersonen** als auch um **Mitgliedstaaten** handeln kann. In der Gemeinschaftspraxis geht es bei Een regelmäßig um „typisch exekutivisches Handeln" *(Nicolaysen),* also etwa in einer gegen Unternehmen gerichteten E der Kommission um die Feststellung der Nichtigkeit einer Kartellvereinbarung nach Art. 85 ff. = 81 ff. neu EGV unter Festsetzung von Geldbußen oder z. B. um die E der Kommission an einen oder mehrere Mitgliedstaaten, handelspolitische Schutzmaßnahmen nach Art. 115 = 134 neu EGV treffen zu dürfen. In der Gemeinschaftspraxis ist die E ein außerordentlich wichtiges und häufig verwendetes Rechtsinstrument.

564 aa) Entscheidungen können wiederum entweder vom **Rat** oder von der **Kommission** (bei zulässiger Delegation – oben Rz. 351 – ausnahmsweise von einem Kommissionsmitglied) **erlassen werden.** Das „typische" Organ für den Erlaß von Een ist die Kommission als die mehr ausführende Gemeinschaftsinstanz (oben Rz. 330). Im EGKS-Bereich ist die Kommission sogar ausschließlicher Autor der Een.

565 bb) Für die Rechtswirkung der Een ist charakteristisch, daß sie **„in allen ihren Teilen"** für ihre Adressaten verbindlich sind (Art. 189 Abs. 4 = 249 Abs. 4 neu EGV). Stärker als die Richtlinie hat die E also nicht nur Zielverbindlichkeit (oben Rz. 551). Eingeschränkter als die VO besitzt die E nicht allgemeine und unmittelbare Geltung in jedem Mitgliedstaat (oben Rz. 543 ff.), sondern lediglich individualisierte unmittelbare Adressatenverbindlichkeit. Die an **Private gerichtete E** ist weithin mit dem **Verwaltungsakt des deutschen Rechtes** vergleichbar. An Mitgliedstaaten gerichtete Een (z. B. bei der Beihilfenaufsicht nach Art. 93 Abs. 2 = 88 neu EGV) betreffen zwar auch konkrete Tatbestände, weisen aber infolge der Notwendigkeit, die E national umzusetzen, öfters „richtliniennahe" normative Elemente auf.

Entscheidungen im EG/EAG Bereich werden wie RLen nach Art. 191 Abs. 3 = 254 Abs. 3 neu EGV durch (schriftliche) **Bekanntgabe** an den Adressaten wirksam, Art 15 Abs. 2 EGKSV verlangt **Zustellung.** Ihr räumlicher Geltungsbereich ergibt sich von Fall zu Fall aus dem des Adressaten. Een an Private mit Zahlungsverpflichtungen sind **vollstreckbare Titel.** (Näher zur Zwangsvollstreckung Art. 192 = 256 neu EGV).

Da Rechtsakte, die Een im materiellen Sinne sind, nicht nur von Mitgliedstaaten, sondern nach Art. 173 Abs. 4 = 230 Abs. 4 neu EGV, 146 Abs. 4 EAGV, 33 Abs. 2 EGKSV von den durch sie betroffenen **natürlichen und juristischen Personen vor dem Gerichtshof angegriffen werden können**, spielt in der Gemeinschaftspraxis die Frage eine große Rolle, wie die „echte" E zum einen von der bloß vorbereitenden Verlautbarung o. ä. abzugrenzen ist, zum anderen von der „echten" (normativen) VO: **566**

Von **vorbereitenden Verlautbarungen, internen dienstlichen Maßnahmen** u. ä. unterscheidet sich die E durch ihre nach außen gerichtete, abschließend rechtsgestaltende Wirkung (EuGHE 1958/59, 9 – RS 17/57 st. Rspr., später etwa EuGHE 1979, 1299 – RS 133/79, näher *Constantinesco,* Recht der EGen I, 1977, S. 630). – Der **Unterschied zur VO** liegt darin, daß die E sich nicht an eine unbestimmbare Vielzahl von Adressaten richtet, sondern an einen Einzelnen, an Einzelne oder wenigstens an eine nötigenfalls konkret bestimmbare („überschaubare") Gruppe (EuGHE 1965, 566 – Verb. RS 106 u. 107/63 „Töpfer"; EuGHE 1971, 421 f. – Verb. RS 41–44/70 „Fruit Company" st. Rspr.). Nur dieser Personenkreis kann als **unmittelbar und individuell** i. S. von Art. 173 Abs. 4 = 230 Abs. 4 neu EGV **betroffen** gelten. Es waltet also auch hier eine materielle und nicht formale Betrachtungsweise. Es können sich auch förmlich als VOen bezeichnete Rechtsakte in der Sache als (anfechtbare) („Sammel")Een entpuppen (EuGHE 1979, 1185 ff. – RS 113/77 „Kugellager"). Die E kann ferner über ihren ausdrücklichen Adressatenkreis hinaus Dritte unmittelbar und individuell treffen, die dann ihrerseits als „materielle Adressaten" klagen können. – Die Prüfung muß entweder zum VO- oder zum E-Charakter des Rechtsaktes führen, Akte mit „Doppelwirkung sind aus Gründen der Formenklarheit abzulehnen. (Näher *Ipsen,* EGR 1972, S. 453) **567**

cc) Die **unmittelbare Rechtsverbindlichkeit** von Een, die an Private gerichtet sind, ergibt sich aus der Natur der Sache. Bei an Mitgliedstaaten gerichteten Een kann sich dagegen ähnlich wie bei Richtlinien ausnahmsweise die Frage stellen, ob sie über ihren förmlichen Adressaten hinaus unter bestimmten Voraussetzungen „verordnungsähnlich" **unmittelbare Rechtswirkungen für und gegen Einzelpersonen** in den Mitgliedstaaten zu erzeugen vermögen. Unter denselben, bereits oben (Rz. 556) bei den RLen geschilderten Gründen und Bedingungen (rechtswidrige Nichtumsetzung einer „perfekt", d. h. direkt vollziehbaren E seitens eines Mitgliedstaates) hat es die Rspr. (seit EuGHE 1970, 825 ff. – RS 9/70 –„Leberpfennig") in diesen Fällen für zulässig gehalten, daß sich Einzelpersonen unmittelbar gegenüber nationalen Behörden und Gerichten auf derartige Een berufen. Wie bei den RLen ist allerdings auch hier zu betonen, daß diese Abweichung von den grundlegenden Formenregeln des Art. 189 = 249 neu EGV **sich auf jene krassen Ausnahmefälle beschränken muß.** **568**

dd) **Adressaten** der Een sind einerseits die **privaten natürlichen und juristischen Personen,** andererseits ein oder mehrere **Mitgliedstaaten.** Bei **569** den Einzelpersonen kann es neben den förmlichen Adressaten, an welche die E offiziell gerichtet ist, u. U. noch indirekt, aber unmittelbar und individuell betroffene Drittpersonen geben („materielle Adressaten"), die dann ihrerseits über Art. 173 Abs. 4 = 230 Abs. 4 neu EGV rechtsschutzberechtigt sind (unten Rz. 750 und EuGHE 1988, 219 ff. – Verb. RS 67, 68 und 70/85). Die **EG und ihre Organe und Behörden** können dagegen nicht E-Adressaten sein, weil die E rechtsgestaltende Außenwirkung haben muß.

570 ee) **Nebenbestimmungen** zu EG-Een (Befristung, Bedingung, Auflage, Widerrufsvorbehalt u. a.) sind gemeinschaftsrechtlich zulässig, wie aus einzelnen Bestimmungen der Verträge ablesbar ist.

d) Empfehlung und Stellungnahme

571 Neben den bisher behandelten verbindlichen Rechtsakten (VO, RL, E) kennen Art. 189 Abs. 5 = 249 Abs. 5 neu EGV 161 Abs. 5 EAGV, 14 Abs. 4 EGKSV das **nicht verbindliche Rechtsinstrument der Empfehlungen und Stellungnahmen**. Der EGKSV spricht nur von Stellungnahmen, da er den Empfehlungsbegriff für verbindliche Rechtsakte, ähnlich der EG-VO und RL, „verbraucht" hat (oben Rz. 547). Die Unterscheidung zwischen Empfehlung und Stellungnahme ist im EG/EAG-Bereich nicht sonderlich bedeutsam. Im allgemeinen ergehen Empfehlungen mehr auf Eigeninitiative des erlassenden Organs, während Stellungnahmen eher Reaktionen auf das Verhalten eines anderen Gemeinschaftsorgans oder eines Mitgliedstaates darstellen. (Näher *Arnull,* ELRev. 1990, S. 318 ff.)

Empfehlungen und Stellungnahmen sind für die Gemeinschaftspraxis **häufig gebrauchte** und oftmals gerade infolge ihrer fehlenden rechtlichen Verbindlichkeit gerne benutzte Instrumente. Für die Fortentwicklung der EG entfalten sie nicht selten **„politisch-psychologische" Wirkungen** *(Schweitzer/Hummer),* da es sich hier immerhin um offizielle Verlautbarungen der Gemeinschaft handelt, denen gegenüber die Loyalitätspflichten der Mitgliedstaaten gemäß Art. 5 = 10 neu EGV in einer „Soft-Law"-ähnlichen Weise mitzubedenken sind.

572 aa) Empfehlungen/Stellungnahmen im o. g. Sinne werden in erster Linie **vom Rat oder der Kommission erlassen**, im EGKS-Bereich wiederum nur von der Kommission. Die Empfehlungsbefugnisse der Kommission stehen dabei im Vordergrund. Im Sinne ihrer allgemeinen Rolle als „Motor und Hüterin der Verträge" (oben Rz. 354) weist Art. 155 2. Unterabs. = 211, 2. Unterabs. neu EGV, 124, 2. Unterabs. EAGV ihr ganz allgemein die Aufgabe zu, Empfehlungen und Stellungnahmen im Rahmen der Verträge nicht nur bei ausdrücklicher Zuweisung abzugeben, sondern auch, soweit sie es für notwendig erachtet. Der Grundsatz der begrenzten Einzelzu-ständigkeit (oben Rz. 513 ff.) wird insoweit verlassen.

Die Kommissions**empfehlungen** sind von dem normalisierten **Vorschlagsrecht** der Kommission im Rechtsetzungsverfahren im Sinne von Art. 189 a = 250 neu EGV (oben Rz. 353) zu unterscheiden. Das wird z.B. bei Art. 113 Abs. 2, 3 = 133 Abs. 2, 3 neu EGV deutlich.

Dem **Rat** ist eine vergleichbar weite Empfehlungsermächtigung zwar nicht verliehen, doch hält man ihn in der Gemeinschaftspraxis grundsätzlich über ausdrückliche Empfehlungszuständigkeiten hinaus für befugt, überall dort sich unverbindlich äußern zu können, wo ihm verbindliche Rechtskompetenzen zugewiesen sind. Gelegentlich weicht der Rat in solchen Fällen auf sonstige Rechtsakte (unten Rz. 577) wie „Entschließungen" o. ä. aus, was in der Sache kaum etwas ändert. 573

Art. 189 = 249 neu EGV, 161 EAGV, 14 EGKSV beziehen sich nur auf die Empfehlungen/Stellungnahmen von Rat und Kommission. Jedoch kennen die Verträge ebenso bedeutsame Stellungnahmen des **Europäischen Parlamentes** und des **Wirtschafts- und Sozialausschusses**, vor allem aufgrund ihrer Anhörung im Rechtsetzungsverfahren (z. B. Art. 43 Abs. 2 = 37 Abs. 2 neu EGV). Darüber hinaus ist auch der EuGH z. B. bei der „kleinen Revision" des EGKSV in Art. 95 Abs. 4 zu einer rechtsgutachtlichen Stellungnahme aufgerufen.

bb) Der **Rechtscharakter** der Empfehlungen/Stellungnahmen besteht somit grundsätzlich darin, daß es sich hier zwar um **offizielle Verlautbarungen** der Gemeinschaft handelt, die aber **nicht verbindlich sind** (Art. 189 Abs. 5 = 249 Abs. 5 neu EGV). Gleichwohl entfalten sie **„gewisse Rechtswirkungen"** *(Louis)*. Die Stellungnahme des Rates, der Kommission, aber auch gerade des EP ist häufig in einem mehrstufigen Verfahren ein notwendiger Bestandteil. Wird sie nicht abgegeben, ist das betreffende Verfahren rechtsfehlerhaft, was u. U. bis zur Nichtigkeit des abschließenden Aktes gehen kann. 574

Vgl. etwa die begründende Stellungnahme der Kommission nach Art. 169 = 226 neu EGV als Voraussetzung der Anrufung des EuGH, diejenige des Rates nach Art. N Abs. 2 = 48 Abs. 2 neu EUV bei der Vertragsänderung und insbesondere diejenige des Europäischen Parlaments im Rechtsetzungsverfahren. Der Gerichtshof hat letztere in st. Rspr. (vgl. etwa EuGHE 1982, 269 ff. – RS 828/79) zur **wesentlichen Formvoraussetzung** für das rechtsgültige Zustandekommen der betreffenden Rechtsakte erklärt. – Ein positives Ergebnis der rechtsgutachtlichen Stellungnahme des EuGH nach Art. 95 Abs. 4 EGKSV ist Voraussetzung für das Zustandekommen der kleinen Vertragsrevision.

Ferner können Empfehlungen/Stellungnahmen bestimmte **Beurteilungen von Sachfragen enthalten** (vgl. Art. 138 neu EGV in der Sozialpolitik). Wenn sich aus solchen amtlichen Beurteilungen (z. B. bei Investitionsprogrammen nach Art. 54 EGKSV) die Empfehlung bestimmter wirtschaftlicher Maßnahmen ergibt, kann die EG unter Umständen aus Gesichtspunkten des Vertrauensschutzes als eines allgemeinen Rechtsgrundsatzes des EGR (oben Rz. 486) an solchen Stellungnahmen bis hin zu Schadensersatzpflichten festgehalten werden. 575

cc) Auch im Hinblick auf ihre **Adressaten** erweisen sich die Empfehlungen/Stellungnahmen als flexibel handhabbare Rechtsakte. Häufig richten sie sich an die **Mitgliedstaaten**, wie z. B. in der Sozialpolitik nach Art. 140 neu EGV. Doch sind Empfehlungen an **Privatpersonen/Unternehmen** denkbar, wie bei den Stellungnahmen zu Investitionsprogrammen, nach Art. 54 EGKSV. Die Stellungnahmen des EP und WSA im Rahmen des Recht- 576 setzungsverfahrens der EG haben ihrerseits **andere Gemeinschaftsorgane** (Rat, Kommission) als Adressaten.

e) Sonstige Rechtsakte („Akte sui generis") der EG/EU und der Gesamtheit der Mitgliedstaaten

577 Die Verträge lassen erkennen, daß sie neben dem Regelfall der in Art. 189 = 249 neu EGV; 161 EAGV, 14 EGKSV typenmäßig für das sekundäre EGR festgelegten Handlungsformen noch **sonstige Rechtsakte „sui generis"** kennen oder wenigstens zulassen. So spricht etwa Art. 145 = 202 neu EGV ganz allgemein von einer „Entscheidungsbefugnis" des Rates oder Art. 173 = 230 neu EGV von den „Handlungen" des Rates, der Kommission, des EP und der EZB. Die Gemeinschaftspraxis kennt denn auch seit langem einen umfänglichen, vielgestaltigen und rechtsdogmatisch noch wenig erschlossenen Bestand solcher „unbenannten", „unspezifischen", „ungekennzeichneten", „uneigentlichen" Rechtshandlungen oder wie die Kennzeichnungen sonst noch lauten mögen. (Näher *Everling,* GS Constantinesco, 1983, S. 123 ff.) Gemeinsam ist ihnen im wesentlichen nur, daß die Gemeinschaft oder gemeinschaftsnahe Stellen mit ihnen entweder **gewisse Rechtswirkungen** erzielen möchten oder aber wenigstens **politische Effekte**. Nach der erlassenden Instanz, dem Grad und der Art der Wirkung und auch nach den Adressaten sind diese sonstigen Rechtsakte dagegen sehr unterschiedlich und nur einer begrenzten Systematisierung fähig.

578 Grundsätzlich bleibt zunächst festzuhalten, daß die sonstigen Rechtsakte häufig dasjenige Instrumentarium darstellen, mittels dessen die EG weithin ihr **„Binnenrecht"** (Organisationshandlungen, Inter-Organ-Beziehungen, Verfahrensregeln, sonstige innerdienstliche Handlungen u. ä.) regelt. Diesem Binnenrecht kommt normalerweise nur interne Rechtswirkung zu. Daneben fallen unter die sonstigen Rechtsakte aber auch bestimmte „Beschlüsse" u. ä. mit **extern gemeintem Verbindlichkeitsanspruch** (z. B. eine Reihe der Beschlüsse der im Rat vereinigten Vertreter der Regierungen der Mitgliedstaaten (unten Rz. 584). In solchen Fällen stellt sich die Frage des Rechtsschutzes.

579 Eine Einteilung der unübersichtlichen Fülle der sonstigen Rechtsakte bietet sich nach dem **Grade ihrer Verbindlichkeit** an. So mag man die stringent gemeinten **„Beschlüsse"** von den flexibleren **„Entschließungen"** o. ä. trennen und kann darüber hinaus noch eine Reihe **weiterer unbenannter Rechtsakte** erkennen (Erklärungen, Programme, Kommuniqués u. a. m.).

aa) Nicht selten wird der **Beschlußbegriff** ganz umfassend für jedes Rechtshandeln der Gemeinschaft verwendet, also einschließlich der Handlungstypen des Art. 189 = 249 neu EGV (z. B. *Wagner,* Grundbegriffe des Beschlußrechts der EGen, 1965). Hier ist lediglich von den „unbenannten", verbindlich gemeinten Beschlüssen die Rede, die **außerhalb jenes Kataloges** ergehen.

Die Terminologie erschwert sich ferner dadurch, daß andere Gemeinschaftssprachen manche deutschen Differenzierungen nicht mitvollziehen. So kennt das

Französische z. B. nur die „décision" und nicht die deutsche Unterscheidung zwischen Beschluß und Entscheidung.

aaa) **Verbindlich gemeinte, unbenannte Beschlüsse** verschiedener Art werden zum einen von den **Gemeinschaftsorganen** (EP, Rat, Kommission und EuGH) öfters erlassen. 580

Hierher rechnen etwa **Ratsbeschlüsse** zur Änderung der Zahl der Kommissionsmitglieder, Richter, Generalanwälte (Art. 157 Abs. 2, 165 Abs. 4, 166 Abs. 3 = 213 Abs. 2, 221 Abs. 4, 222 Abs. 3 neu EGV), über den Erlaß von Vorschriften für Seeschiffahrt und Luftfahrt (Art. 84 Abs. 2 = 80 Abs. 2 neu EGV) sowie der Erlaß vieler binnenrechtlicher („innerdienstlicher") Akte wie Gemeinschaftsordnungen, Genehmigung der Verfahrensordnung des EuGH u. a. m. – Auch der **Europäische Rat** der Regierungschefs erläßt Beschlüsse bindenden Charakters für andere Organe („allgemeine politische Zielvorstellungen" nach Art. D Abs. 1 = 4 Abs. 1 neu EUV) z. B. bei der Schaffung des EWS 1978 (unten Rz. 992) oder bei der Vorbereitung der Direktwahlen zum EP 1976 (oben Rz. 249). – Die **Kommission** erläßt ihrerseits u. a. zahlreiche innerdienstliche Richtlinien u. ä. Der EuGH hat sie gelegentlich als „Verhaltensnormen" qualifiziert, die mindestens unter dem Gesichtspunkt nichtdiskriminierender Anwendung Rechtswirkungen entfalten. (EuGHE 1974, 81 ff. – RS 148/73).

EP und EuGH kennen ihrerseits vergleichbare Beschlüsse. Bei der **Form** der unbenannten Beschlüsse muß nach ihrem Inhalt und rechtsstaatlichen (einschließlich rechtsschutzmäßigen) Erfordernissen unterschieden werden. Ergeben sich Außenwirkungen für die Mitgliedstaaten oder sogar für die EG-Bürger, ist regelmäßig **Begründung und Veröffentlichung** (unten Rz. 664) angezeigt. Auch die „freiwillige" Wahl einer der Formen des Art. 189 = 249 neu EGV ist nicht ausgeschlossen (vgl. etwa die Ratsentscheidung v. 15.9.1958 (ABl. S. 390, 419) über die Einrichtung des Amtsblattes der Gemeinschaften). 581

bbb) Der **Unionsvertrag 1992, 1997** hat im Bereich der **Gemeinsamen Außen- und Sicherheitspolitik** (GASP) und in der **Polizeilich-Justitiellen Zusammenarbeit (PJZ)** weitere Beschlußformen des Rates eingeführt. Nach Art. J.2 Abs. 2 und Art. K.3 Abs. 2, a) = 12 neu EUV kann der Rat in außen- und sicherheitspolitischen Fragen von allgemeiner Bedeutung sowie im PJZ-Bereich (Art. K.1 = 34 neu EUV) **gemeinsame Standpunkte** festlegen. Sie dokumentieren einen gemeinsamen politischen Willen der MSen und der EU. Im Sinne des Standpunktes soll politisch gehandelt werden, ohne daß eine strikte Rechtsbindung vorliegt (Art. J.2 Abs. 2–3 = 15 neu EUV; für Wirtschaftssanktionen ist der Rat nach Art. 228 a = 301 neu EGV an den Standpunkt gebunden). 582

Eine Steigerung des Gemeinsamen Standpunktes ist die **Gemeinsame Aktion** der GASP (Art. J.3 = 14 neu EUV) und die ihr vergleichbaren Beschlüsse der PJZ (Art. K.3 Abs. 2 b) = 34 neu EUV). Diese Beschlüsse sind für die MSen **bindend** (Art. J.3 Ziff. 4 = 14 Abs. 3 neu EUV), allerdings in einem intergouvernemental-völkerrechtlichen und nichtjustiziablen Sinne (Art. L = 46 neu EUV). Nur der Form, nicht dem Inhalt nach handelt es sich hier um eine wirkliche Gemeinschaftsaktion. 583

ccc) Von besonderer Bedeutung für die Gemeinschaftsaktion und ihre Fortbildung sind die Beschlüsse der **im Rat vereinigten Vertreter der Regie-** 584

rungen der Mitgliedstaaten (*Kaiser,* FS Ophüls, 1965, S. 107 ff.; *Mor-telmans,* CMLRev 1974, S. 62 ff.). Diese **„uneigentlichen" Ratsbeschlüsse** sind verbindlich gemeinte Rechtsakte, die nicht vom Rat als Organ gefaßt werden, sondern von dessen Mitgliedern „anläßlich" einer Ratssitzung. Dabei handeln die Ratsmitglieder nicht als solche, sondern in einer Art Rollenwechsel als Regierungsvertreter in einer diplomatischen Konferenz. Der Bezug zur Gemeinschaft ist aber institutionell und vom Inhalt der Beschlüsse her so eng, daß man diese Beschlüsse den sonstigen Rechtsakten der EG zurechnen kann (*Bebr;* SEW 1966, S. 529 ff.).

585 Die Beschlüsse der Vereinigten Regierungsvertreter sind z. T. in den **Verträgen selbst vorgesehen** (z. B. Vereinbarungen zur Vertragsänderung nach Art. N Abs. 2 = 48 neu EUV). Manche haben **„vertragsabrundenden" Charakter** im Grenzbereich zwischen Völker- und Gemeinschaftsrecht. Daher stellt sich hier einerseits je nach Inhalt der Beschlüsse die Frage der Ratifikationsbedürftigkeit nach nationalem Recht, andererseits sind diese Beschlüsse „im Dunstkreis" des EGR zum Besitzstand der Gemeinschaften zu rechnen, der von neuen Mitgliedstaaten zu übernehmen ist (Art. 3 Abs. 1 Beitrittsakte von 1972 und 1979). Ihr Charakter als **„Mischfiguren"** (*Ipsen*) wird auch dadurch unterstrichen, daß die Kommission öfters bei ihrem Zustandekommen informell mitwirkt und diese Beschlüsse im Amtsblatt zur Information veröffentlicht werden. Jedoch sind die vertraglichen Regeln der 145 ff., 189 ff. = 202 ff., 249 ff. neu EGV auf die Beschlüsse der Vereinigten Regierungsvertreter wegen ihrer völkerrechtlichen Grundstruktur nicht direkt anwendbar. Insbesondere bedarf es **einstimmiger Beschlußfassung.** (Vgl. auch oben Rz. 290 und unten Rz. 591, 742 zum Rechtsschutz).

Die uneigentlichen Ratsbeschlüsse der „Vereinigten" sind für die Fortführung der Gemeinschaftsanktion sehr bedeutsam (*Pescatore,* SEW 1966, S. 379 ff.). Im Zweifel sollte allerdings bei der Rechtsetzung zunächst geprüft werden, ob nicht „echtes" Gemeinschaftsrecht (z. B. über Art. 235 = 308 neu EGV erlassen werden kann. (So auch der „Ausschuß der Weisen" 1979). In jüngerer Zeit nehmen die Beschlüsse der „Vereinigten" zugunsten von „Entschließungen" des Rates u. ä. ab.

586 bb) Den eben behandelten, irgendwie verbindlich gemeinten Beschlüssen stehen flexiblere **sonstige Rechtsakte verschiedener Bezeichnung** gegenüber, die sich ungefähr unter dem Begriff der **„Entschließungen"** zusammenfassen lassen. Sie beanspruchen nicht volle rechtliche Verbindlichkeit, wohl aber – was sie von diffuseren Äußerungen unterscheidet (unten Rz. 588) – eine Art von **selbstaufgelegter politischer Verpflichtung.** Sie stehen so in einer gewissen Nähe zur Empfehlung/Stellungnahme im Sinne von Art. 189 Abs. 5 = 249 Abs. 5 neu EGV. (Näher *Everling,* GS Constantinesco 1983, S. 133 ff. [138]).

587 Träger solcher „Entschließungen" können die verschiedenen Gemeinschaftsorgane sein, aber auch die im Rat vereinigten Regierungsvertreter (oben Rz. 584). In der Gemeinschaftspraxis stehen **Entschließungen des Rates** (öfters im Amtsblatt zur Information veröffentlicht) und solche des **EP** im Vordergrund, mit denen das letztere von seiner „parlamentarischen Souveränität" (oben Rz. 277) wenigstens in eingegrenztem Sinne gerne Gebrauch macht. Auch der Rat geht zu einer immer reicheren Entschließungspraxis über. In diesen Zusammenhang gehören seit 1993

auch die Gemeinsamen Standpunkte der GASP (oben Rz. 304 ff.). Ratsentschließungen, die wie z. B. diejenige über die Fischerei vom 30.10.1976 allgemeine Gemeinschaftspflichten aus Art. 5 = 10 neu EGV konkretisieren, kommt **normative Kraft** zu (EuGHE 1979, 2923 ff. – RS 141/78 „Seefischerei"). Die Grenzen sind bei den sonstigen Rechtsakten flüssig. Das geltende Gemeinschaftsrecht i. e. S. ist allerdings eindeutige Grenze für jede Rechtswirkung „sonstiger" Rechtsakte (EuGHE 1976, 455 ff. – RS 43/75 „Defrenne" anhand der Entscheidung der Vereinigten Regierungsvertreter v. 30.12.1961 über die Angelegenheit der Löhne für Männer und Frauen im Verhältnis zu Art. 119 = 141 neu EGV).

cc) Schließlich ergeben sich in der Gemeinschaftspraxis tagtäglich eine 588
Fülle von **weiteren Akten sowohl der Organe** als auch anhand der Vereinigten Regierungsvertreter unter **wechselnden Bezeichnungen** (Erklärungen, Kommuniqués, Memoranden, Pläne, Mitteilungen, Programme u. a. m.). Unmittelbare Rechtswirkungen werden mit ihnen normalerweise nicht angestrebt, doch wären sie erreichbar. Auch ihr „politischer Bindungswert" ist meist noch geringer zu veranschlagen als bei den Beschlüssen und Entschließungen. Gelegentlich bezwecken einige dieser Akte aber doch verwirrenderweise wieder gewisse Rechtswirkungen, was sie in die Nähe von Beschlüssen rückt. Auch werden gelegentlich grundlegende politische Aussagen in einer flexiblen Form gefaßt.

So etwa bei den Programmen zur Niederlassungs- und Dienstleistungsfreiheit 589
nach Art. 54 Abs. 1, 63 Abs. 1 = 44 Abs. 1, 52 Abs. 1 neu EGV oder gemäß Art. 40 Abs. 1 EAGV im Kernenergiebereich, die eine Art von **Selbstbindung der Gemeinschaftsorgane** darstellten. Im politischen Sinne sind öfters die **„Erklärungen"** bedeutsam, die z. B. der Europäische Rat als Leitlinien für weitere Gemeinschaftsaktionen abgibt oder in denen mehrere Gemeinschaftsorgane eine gemeinsame politische Selbstbindung eingehen. (Erklärung des Europäischen Rates zur europäischen Identität von 1973, Bull. EG 1973, 9/13; Gemeinsame Erklärung über das Konzertierungsverfahren von 1975, ABl. C 89/1; Gemeinsame Erklärung der Organe über den Schutz der Grundrechte von 1977, ABl. C 103/1; Erklärung des Europäischen Rates zur Demokratie von 1971, Bull. EG 1978/3, S. 5 ff.; vgl. auch *Bleckmann,* NVwZ 1993, S. 824 ff.).

Einer sinnvollen Systematik bei den sonstigen Rechtsakten sind enge Grenzen gesetzt. Es bedarf immer wieder der Einzelprüfung des in Frage stehenden Aktes anhand seines Inhaltes.

dd) Als eine besondere Gruppe stellen sich die sog. **Fiskalhandlungen** 590
der EGen dar. Hier handelt es sich um die auch sonst aus dem internationalen Organisationsrecht bekannte Tatsache, daß die Gemeinschaften ihre Verwaltungsaufgaben neben der Ausübung von völkerrechtlicher Gemeinschaftshoheit auch mit **zivilrechtlichen Mitteln** erfüllen. Hierfür haben einerseits Art. 210, 211, = 281, 282 neu EGV, 184, 185 EAGV, 6 Abs. 1, 3 EGKSV die entsprechende Rechtsfähigkeit geschaffen (oben Rz. 155), andererseits Art. 181 = 238 neu EGV, 153 EAGV, 42 EGKSV die Vertragsschließungsbefugnis.

ee) Ungeachtet ihrer „Formlosigkeit" sind die sonstigen Rechtsakte den 591
grundlegenden **rechtsstaatlichen Erfordernissen** des Gemeinschaftshandelns unterworfen. Wesentlich ist dabei auch hier, ob der Akt nach außen

gerichtete Rechtswirkungen zu erzeugen geeignet ist oder nicht. Ist dies der Fall, gelten grundsätzlich sowohl die **Veröffentlichungs-** als auch die **Begründungspflicht** analog Art. 190, 191 = 253, 254 neu EGV (unten Rz. 672). Ausgehend von dem Grundsatz des Art. 173 = 230 neu EGV, der erkennbar vom Gedanken des **Rechtsschutzes** gegen alles individuell und unmittelbar mit Rechtswirkung treffende Gemeinschaftshandeln unabhängig von seiner Form ausgeht, unterliegen „unspezifische" Rechtsakte der EG der Rechtskontrolle des Gerichtshofes (EuGHE 1971, 263 ff. – RS 22/70 = „AETR"; EuGHE 1973, 583 f. – RS 81/72). Anders steht es mit den nicht verbindlichen Akten, wie denn auch Art. 173 Abs. 1 = 230 Abs. 1 neu EGV die Empfehlungen und Stellungnahmen ausdrücklich ausnimmt (EuGHE 1980, 1299 ff. – RS 133/79). Auch die Beschlüsse der im Rat vereinigten Regierungsvertreter sollen grundsätzlich vom EuGH nicht kontrolliert werden, da es sich hier nicht um „Handlungen des Rates" im Sinne von Art. 173 = 230 neu EGV handelt. Ausnahmen mögen in Rückgriff auf Art. 164 = 220 neu EGV („Wahrung des Rechts") bei besonders enger Gemeinschaftskonnexität des Beschlußinhaltes denkbar sein. Für den **Bereich des EUV** ist weithin der ausdrückliche Ausschluß der Zuständigkeit des EuGH gemäß Art. L = 46 neu EUV zu beachten.

III. Gemeinschaftsrecht und Völkerrecht

Literatur: Jährlich kommentierter Überblick über die Rspr. des EuGH zum Völkerrecht im EJIL (Survey of principal decisions of the ECJ pertaining to International Law).

Oppermann, Europarecht und Völkerrecht, AöR 1966, S. 114 ff.; *Pescatore,* L'apport du droit communautaire au droit international public, CDE 1970, S. 501 ff.; *Schermers,* Community law and international law, CMLRev 1975, S. 77 ff.; *Krück,* Völkerrechtliche Verträge im Recht der Europäischen Gemeinschaften, 1977; *Bleckmann,* Die Rechtsnatur des Europäischen Gemeinschaftsrechts – Zur Anwendbarkeit des Völkerrechts im Europäischen Rechtsraum, DÖV 1978, S. 391 ff.; *Schwartz,* Übereinkommen zwischen den EG-Staaten: Völkerrecht oder Gemeinschaftsrecht?, FS Grewe, 1981, S. 551 ff.; *Jacobs,* European Community Law and Public International Law – two different legal orders?, 1983; *Schwarze,* Das allgemeine Völkerrecht in den innergemeinschaftlichen Rechtsbeziehungen, EuR 1983, S. 1 ff; *Bernhardt,* Die Europäische Gemeinschaft als neuer Rechtsträger im Geflecht der traditionellen zwischenstaatlichen Beziehungen, EuR 1983, S. 199 ff.; *Leenen,* Gemeenschapsrecht en Volkenrecht, 1984; *Groux/Manin,* Les communautés européennes dans l'ordre international, 1985; *Arnold,* Interne Wirkung völkerrechtlicher Verträge der EG, FW 1986, S. 54 ff.; *Verloren van Themat,* The interaction between European Community Law and Public International Law, FS Pescatore, 1987, S. 759 ff.; *Puissochet,* L'affirmation de la personalité internationale des CE, FS Boulouis, 1991, S. 437 ff.; *Boulouis,* Le droit des CE dans ses rapports avec le droit international général, RdC 1992, IV, S. 9 ff.; *Oehmichen,* Die unmittelbare Anwendbarkeit der völkerrechtlichen Verträge der EG, 1992; *Gärtner,* Zu Inhalt und unmittelbarer Anwendbarkeit der Europa-Abkommen der EG mit den ostmitteleuropäischen Staaten, RIW 1993, S. 332 ff.; *Pellet,* Les fondements juridiques internationaux du droit communautaire, Coll. Courses Academy Europ.

Law V–2, 1994, S. 193 ff.; *Sack,* Die EG als Mitglied Internationaler Organisationen, GS Grabitz, 1995, S. 631 ff.; *Berman,* Community Law and International Law, The Clifford Chance Lectures, Vol. I, 1996, S. 241 ff.; *Petersmann,* Darf die EG das Völkerrecht ignorieren? FS Fikentscher, 1998, S. 966 ff.; *Puissochet,* La place du droit international dans la jurisprudence de la Cour de Justice des CE, FS Mancini, 1998, S. 779 ff.

Die Europäischen Gemeinschaften EG/EAG/EGKS sind gemäß den Verträgen **Völkerrechtssubjekte.** Über das „Dach" der EU und auch durch die Hervorhebung der früheren EWG als EG wachsen sie faktisch immer enger zusammen (oben Rz. 153). 592

Trotz gewisser Ansätze ist es aber noch zu früh, nur der EU und nicht mehr den EGen die Rechtspersönlichkeit zuzusprechen (so aber *v. Bogdandy/Nettesheim,* NJW 1995, S. 2334 ff. – „Verschmelzung").

Das Völkerrecht ist vor allem für das Verhältnis der EG/EU nach außen zu dritten Staaten und Internationalen Organisationen von Bedeutung. Bis zu einem gewissen Grade spielt es aber auch innerhalb der Gemeinschaft als relevante Rechtsquelle eine Rolle. Es ist dabei von vornherein zu beachten, daß die EGen nicht Internationale Organisationen im überkommenen völkerrechtlichen Sinne sind, auf die das internationale Organisationsrecht schlechthin Anwendung fände. Die Gemeinschaften sind vielmehr **staatsnahe Gebilde besonderer Art** (unten Rz. 922), deren Recht intern eigenständige normative Anforderungen stellt, die über das allgemeine Völkerrecht hinausgehen. Im Bereich der **internen Beziehungen** zwischen der EG und ihren Mitgliedstaaten einschließlich der Unionsbürger und auch im Verkehr zwischen den Mitgliedstaaten in den Gemeinschaftsbereichen **hat das EGR weithin als ein spezielles besonderes Recht das Völkerrecht verdrängt.** Bedeutung hat das Völkerrecht für die EG vor allem im Hinblick auf ihre **externe Verpflichtbarkeit** im Rahmen der EG-Außenkompetenz (unten Rz. 1674 ff.). 593

In diesem „allgemeinen Völkerrechtsraum" *(Bleckmann)* des Verhältnisses zwischen der EG und Drittländern (sowie Internationalen Organisationen) gelten die Völkerrechtsregeln für die Gemeinschaft in deren Kompetenzbereich wie für ein sonstiges Völkerrechtssubjekt. Insoweit gilt der grundsätzliche **„Vorrang des Völkerrechts"** als des universalen Rechtes auch gegenüber dem EGR wie gegenüber sonstigem „Landesrecht". Völkerrechtswidriges EGR ist in diesem Zusammenhang im Sinne des sog. „gemäßigten Dualismus" nicht automatisch nichtig, doch ist die EG dazu verpflichtet, einen völkerrechtsgemäßen Zustand ihrer Rechtsordnung herzustellen *(Petersmann,* EuZW 1997, S. 325 ff.). Dies hat auch der Gerichtshof in st. Rspr. grundsätzlich anerkannt *(Puissochet,* FS Mancini, 1998, S. 779 ff.). 594

Es ist vor allem zwischen der Geltung des Allgemeinen Völkerrechts und der völkerrechtlichen Verträge im Hinblick auf die Gemeinschaften zu unterscheiden.

1. Geltung des Allgemeinen Völkerrechts

Hier handelt es sich im Sinne der völkerrechtlichen Rechtsquellenordnung in Anlehnung an Art. 38 IGH-Statut vor allem um das **Völker-** 595

gewohnheitsrecht und die „sachnotwendig" universell anerkannten **„Allgemeinen Rechtsgrundsätze"**. Dabei kann weiter zwischen abdingbarem und zwingendem („Ius cogens") allgemeinem Völkerrecht unterschieden werden.

a) In den EG-Außenbeziehungen

Eindeutig ist zunächst, daß das Allgemeine Völkerrecht in den Außenbeziehungen für die EG vollen Umfanges wie für andere Völkerrechtssubjekte gilt (EuGHE 1972, 1226 – Verb. RSen 21–24/72 „International Fruit Company"; EuGHE 1976, 1279 ff. – Verb RSen 3, 4 u. 6/78 „Kramer" st. Rspr.; *Puissochet,* FS Mancini 1998, S. 779 m. w. N.).

596 Das gilt nicht nur für ungeschriebene Regeln, sondern ebenso für die in den großen **multilateralen Konventionen** (z.B. Wiener Diplomaten- und Konsularrechtskonventionen 1961/63). Wiener Vertragsrechtskonvention 1969, UN-Seerechtskonvention 1982, unabhängig von ihrem Unterzeichnungs- und Ratifikationsstand, enthaltenen völkergewohnheitsrechtlichen Bindungen.

Grundsätzlich bedürfen diese Sätze des Allgemeinen Völkerrechts keiner besonderen Übernahme in das EGR. **Sie gelten vielmehr unmittelbar.** Der Gerichtshof spricht öfters davon, daß bestimmte Teile des Völkerrechts „integrierender Bestandteil der Gemeinschaftsordnung" sind (unten Rz. 1806).

b) Im EG-Binnenraum

597 Im **„EG-Binnenraum"** gilt dagegen zunächst einmal grundsätzlich das **Gemeinschaftsrecht**, das insoweit die Regeln des Allgemeinen Völkerrechts, soweit möglich, verdrängt bzw. überlagert (*Arnold,* FS Küchenhoff, 1987, S. 165 ff.).

Beispielsweise gelten EG-intern das Rechtsschutzssystem der Verträge und nicht völkerrechtliche Streitschlichtungsgrundsätze (arg. Art. 219 = 292 neu EGV). Die Auslegung des EGR geht z. T. andere Wege als diejenige des Völkerrechts (unten Rz. 680).

598 Jedoch bleibt zweierlei zu beachten. Zum einen muß sich die „interne" Ausgestaltung des EGR im Rahmen der (freilich eng begrenzten und z. T. umstrittenen) Sätze des **zwingenden Völkerrechts** halten. Das spielt hinsichtlich der Allgemeinen Rechtsgrundsätze des EGR einschließlich seiner ungeschriebenen Grund- und Menschenrechte eine Rolle (oben Rz. 479 ff.). Zum anderen gibt es im EGR gelegentlich **Lücken**, die zwar in erster Linie durch Fortentwicklung des EGR unter Rückgriff auf seine eigenen Prinzipien, notfalls aber auch durch Inanspruchnahme von Inhalten des Allgemeinen Völkerrechts gefüllt werden können (vgl. auch EuGHE 1974, 1337 ff. (1357) – RS 41/74 „Van Duyn"). Insoweit spielt das Allgemeine Völkerrecht die Rolle eines „Annexrechtes" zum EGR und bestätigt so dessen ambivalente Position „zwischen" Völkerrecht und Landesrecht (str. Übersicht bei *Schwarze,* EuR 1983, S. 1 ff., der selbst eine ausschließliche Geltung des EGR in den innergemeinschaftlichen Rechtsbeziehungen befürwortet).

So bleibt trotz Art. N = 48 neu EUV, 240 = 312 neu EGV bei der Frage der Fortentwicklungs- und Auflösungsmöglichkeiten der EG die völkerrechtliche Lehre der Clausula rebus sic stantibus mit zu beachten, jetzt in der Form der WVRK (oben Rz. 220). Ebenso könnten in dem Falle, daß ein Mitgliedstaat sich einem Spruche des EuGH nicht beugen würde, nach Ausschöpfung aller gemeinschaftsrechtlichen Möglichkeiten (Art. 171 = 228 neu EGV) letztlich völkerrechtliche Regeln über Streitschlichtung einschließlich Selbsthilfe (Retorsion, Repressalie) anwendbar werden. Solche „Extrembeispiele" zeigen, daß auch die staatsnahe EG in Grenzsituationen vorläufig noch **am „völkerrechtlichen Lebensfaden"** hängt. Freilich handelt es sich hier um letzte Eventualitäten, die für das alltägliche „Regelverhältnis" zwischen EGR und Allgemeinem Völkerrecht nicht charakteristisch sind. 599

Im **Rang** gehen die Regeln des Allgemeinen Völkerrechts (Völkergewohnheitsrecht und Allgemeine Rechtsgrundsätze), soweit es sich um zwingendes Recht handelt, kraft des grundsätzlichen Primats des Völkerrechts dem Gemeinschaftsrecht jeder Stufe vor. Ansonsten ist im Einzelfall zu prüfen, ob die Völkerrechtsregel (und ggf. wie) abbedungen worden ist. 600

2. Geltung der völkerrechtlichen Verträge

Hinsichtlich der Geltung der **völkerrechtlichen Verträge**, der praktisch im Vordergrund stehenden Rechtsquelle des Völkerrechts (Art. 38 Abs. 1 Ziff. a IGH-Statut), im Verhältnis zur EG, ist vor allem zwischen den von der Gemeinschaft selbst und den von ihren Mitgliedstaaten abgeschlossenen Abkommen zu unterscheiden. 601

a) EG-Abkommen

Die von der **Gemeinschaft** im Rahmen ihrer Außenkompetenz – besonders Art. 228 = 300 neu EGV (unten Rz. 1674 ff.) – mit Drittpartnern abgeschlossenen **Verträge** sind natürlich für sie und die Mitgliedstaaten verpflichtend (Art. 228 Abs. 7 = 300 Abs. 7 neu EGV). Eine andere Frage ist es, ob solche Verträge für die Gemeinschaft und in ihr **unmittelbare Wirkung** entfalten. Dies wird meist verneint, soweit sich nicht aus besonderen Umständen im Einzelfall ein so weitgehender Bindungswille erkennen läßt (*Oehmichen,* Die unmittelbare Anwendung der völkerrechtlichen Verträge der EG, 1992). 602

Näheres zu dieser Bindungswirkung und dem **Rang der Verträge** zwischen Primär- und Sekundärrecht unten Rz. 1718 bei der Außenkompetenz der EG.

In diesen Zusammenhang gehören auch die **„gemischten Abkommen"**, an deren Abschluß auf Gemeinschaftsseite neben der EG auch ihre Mitgliedstaaten beteiligt sind (unten Rz. 1711). Sie spielen in der Gemeinschaftspraxis eine große Rolle. Zur Bindung der EG und dem Rang dieser Abkommen gilt hinsichtlich ihres Gemeinschaftsteiles dasselbe wie bei den „reinen" EG-Abkommen. Bei etwaigen „nationalen Bestandteilen" ist zu ihrer Qualifikation nötigenfalls nationales Recht ergänzend heranzuziehen, doch darf die einheitliche Geltung der Abkommen darunter nicht leiden. Im Zweifel gilt auch insoweit ein **„Vorrang der Gemeinschaftsbetrachtung"** (so auch EuGHE 1994, I–5267 ff. Gutachten 1/94 „WTO"). 603

Auch EG-Abkommen, die unter Verletzung von EGR geschlossen werden (Bsp.: Kompetenzüberschreitung) bleiben völkerrechtlich gültig, sofern die Verletzung nicht offensichtlich war (Art. 46 ILC-Entwurf für Vertragsabschlüsse IOen von 1979, *Bernhardt,* EuR 1983, S. 199 ff.).

b) Abkommen der Mitgliedstaaten

604 Solche **nationalen Abkommen mit Drittstaaten** berühren die Gemeinschaftsordnung dann, wenn es sich um alte Verträge handelt, die vor der Gründung der EGen geschlossen worden sind. Ferner interessiert der Fall nationaler Abkommen, die gemeinschaftswidrig unter der Geltung der Verträge in deren Außenkompetenzbereich geschlossen werden. Schließlich mag es Verträge zwischen Mitgliedstaaten „parallel" zur Gemeinschaftsordnung oder, sie ergänzend, „an ihrem Rande" geben.

605 aa) **Alte**, von den Mitgliedstaaten vor den EG-Verträgen mit Drittpartnern eingegangene **völkerrechtliche Verträge** gelten gemäß dem fundamentalen Grundsatz „Pacta sunt servanda" zunächst einmal weiter. (Art. 234 Abs. 1 = 307 Abs. 1 neu EGV, vgl. auch Art. 105, 106, 222, 223 EAGV und unten Rz. 1709 ff.). Soweit sie die Gemeinschaftskompetenz nicht berühren (z. B. ein Verteidigungspakt), ändert sich daran auch künftig nichts. Aber auch im EG-Bereich binden insbesondere alte multilaterale Verträge der Mitgliedstaaten die Gemeinschaft (EuGHE 1972, 1219 ff. – Verb. RSen 21–24/72 „International Fruit Company", betr. das GATT). Die Gemeinschaft kann dabei im Rahmen ihrer Kompetenzentwicklung anstelle der Mitgliedstaaten in Positionen solcher Verträge eintreten, und die dritten Vertragspartner müssen damit rechnen (EuGHE 1981, 2961 ff. - RS 181/80 „Fischerei – Rechte der Drittländer").

Bei der fortdauernden Anwendung alter Verträge mit Drittstaaten haben die EG-Mitgliedstaaten allerdings zu berücksichtigen, daß ihre nunmehrigen Rechte und Pflichten **als Mitglieder einer Wirtschaftsunion** nicht unbesehen z.B. über Meistbegünstigungsklauseln an Drittstaaten weitergegeben werden dürfen (Art. 234 Abs. 3 = 307 Abs. 3 neu EGV).

606 Soweit die alten Verträge mit der Gemeinschaftsordnung von Anfang an oder mit ihrem fortschreitenden Aufbau **nicht (mehr) vereinbar sind**, verpflichtet die „Anpassungsklausel" des Art. 234 Abs. 2 = 307 Abs. 2 neu EGV den oder die Mitgliedstaaten, das Erforderliche zu unternehmen, um die nationalen Verträge entweder gemeinschaftskonform umzugestalten oder sie nötigenfalls zu beenden.

Diese Problematik ergab sich vor allem im Bereich der **EG-Handelspolitik** nach Art. 110 ff. = 131 ff. neu EGV, wo seit 1958 und besonders 1968/70 zahlreiche nationale Handelsverträge der Mitgliedstaaten durch allmähliches Auslaufen der Gemeinsamen Handelspolitik gemäß Art. 113 = 133 neu EGV zu weichen hatten. Näher unten Rz. 1784.

607 Hinsichtlich des **Verhältnisses der drei Gemeinschaftsverträge untereinander** (vgl. schon oben Rz. 232) legt Art. 232 = 305 neu EGV den Grundsatz der allseitigen Nichtänderung bzw. Nichtbeeinträchtigung fest. Hin-

sichtlich der **Benelux-Wirtschaftsunion** sollen nach Art. 233 = 306 neu EGV, 202 EAGV deren über die EG-Verträge hinausreichenden Bindungen gültig bleiben.

bb) Infolge des Aufbaues der Gemeinschaft, insbesondere in der Gemeinsamen Handelspolitik (näher unten Rz. 1732 ff.) haben die Mitgliedstaaten **Teile ihrer nationalen Außenkompetenz an die EG verloren**. Es wäre gemeinschaftswidrig, auch im Hinblick auf Art. 5 = 10 neu EGV, wenn sie insoweit noch mitgliedstaatliche Abkommen mit Drittländern abschließen wollten. Tun sie es doch, stellt sich, ungeachtet ihrer gemeinschaftsrechtlichen Pflicht, einen solchen Zustand so bald als möglich wieder zu beseitigen, zunächst die Frage nach der völkerrechtlichen Gültigkeit entsprechender „defekter" Verträge. Sie ist nach den allgemeinen völkerrechtlichen Regeln über die **Gültigkeit verfassungs (hier: gemeinschafts) widriger Verträge** zu beurteilen. Danach ist im Interesse der Verkehrssicherheit im Zweifel von der Gültigkeit auszugehen, soweit nicht der Mangel der Abschlußbefugnis dem dritten Partner evident einsichtig gewesen sein mußte. (Näher Art. 46 WVRK, *Bernhardt,* EuR 1983, S. 199 ff.). 608

Eine solche „evidente" Unzuständigkeit der MS dürfte freilich im EG-Bereich z. B. seit Einführung des GZT hinsichtlich nationaler **Zollabkommen** anzunehmen sein. In anderen Bereichen, in denen eine Gemengelage nationaler und Gemeinschaftskompetenz gegeben ist (z. B. Verkehrspolitik, unten Rz. 1419 ff.) aber auch bei Dienstleistungen und Geistigem Egientum, EuGHE 1994, I–5267 ff. Gutachten 1/94 „WTO") mag dagegen meist die Gültigkeitsvermutung Platz greifen. 609

cc) **Verträge zwischen den Mitgliedstaaten** sind dort, wo EG-Zuständigkeiten mit entsprechenden Rechtsetzungsbefugnissen der Organe gegeben sind, grundsätzlich nicht mehr zulässig. Die Rechtsetzung der Gemeinschaft verdrängt das „Paktieren". Gelegentlich verweisen allerdings die Verträge selbst ausdrücklich auf den Abschluß von Vereinbarungen zwischen den Mitgliedern. 610

z. B. in Art. 69 EGKSV (Sozialversicherungsvereinbarungen).

Andererseits ist der Abschluß **zusätzlicher völkerrechtlicher Verträge** durch die Mitgliedstaaten **„am Rande" der EG-Verträge,** d. h. in ihrer sachlichen Nähe, aber im bislang noch nationalen Kompetenzbereich nicht nur zulässig, sondern von **außerordentlicher Bedeutung** für eine sinnvolle Fortentwicklung der Gemeinschaftsaktion. Einerseits steht den Mitgliedstaaten das Instrumentarium der Vertragsänderung oder auch der „Abrundung" gegebener Kompetenzen durch Inanspruchnahme des Art. 235 = 308 neu EGV zur Verfügung (oben Rz. 523). Daneben können die EG-Staaten aber jederzeit durch Abschluß von Übereinkommen zwischen ihnen, die sachlich eng mit der Tätigkeit der Gemeinschaft zusammenhängen, den politischen Gesamtstatus der EG weiter fördern. Die Verträge weisen z. T. ausdrücklich auf diese Möglichkeit hin. In der Gemeinschaftspraxis spielen derartige Abkommen zur Ausweitung der Gemeinschaftsaktion inzwischen eine große Rolle (*Wuermeling,* Kooperatives Gemeinschaftsrecht, 1988). 611

612 Zum einen ist hier auf diejenigen **Beschlüsse der im Rat vereinigten Vertreter der Regierungen** der Mitgliedstaaten hinzuweisen, die in der Sache völkerrechtliche Vereinbarungen darstellen (oben Rz. 585). – **Art. 220 = 293 neu EGV** benennt seinerseits verschiedene Bereiche, vornehmlich des Steuer-, Gesellschafts- und Prozeßrechts, in denen die MS zu Vereinheitlichungsabkommen aufgefordert werden. Dieser Auftrag des Art. 220 = 293 neu EGV ist durch die Vorbereitung und z. T. auch Abschluß verschiedener Übereinkommen ernst genommen worden. Über Art. 220 = 293 neu EGV hinaus gehört auch das Gemeinschaftspatentübereinkommen von 1975 in diesen Zusammenhang. (Näherer Überblick über die Praxis der zusätzlichen Übereinkommen bei *Schwartz,* FS Grewe, 1981 S. 551 ff.). – Nach **Art. K. 3 Abs. 2 c) = 34 neu EUV** kann der Rat im Bereich Justiz/Inneres (Asylpolitik, polizeiliche Zusammenarbeit u. a. m. völkerrechtliche Übereinkommen ausarbeiten, welche die MSen ratifizieren.

613 Trotz der „Nähe" dieser Übereinkommen zu den EG-Verträgen werden sie nicht zu Gemeinschaftsrecht. Es handelt sich hier um (zu den Verträgen „paralleles") **Völkervertragsrecht**, das zwischen den Mitgliedstaaten gilt und innerstaatlich nach den allgemeinen Umwandlungsregeln behandelt wird. Das schließt nicht aus, daß dieses völkerrechtliche Parallelvertragsrecht kraft entsprechender Regelung inhaltlich gelegentlich **„gemeinschaftsrechtsähnliche Züge"** annimmt (Begründung neuer Zuständigkeiten des EuGH in diesen Bereichen, Vorrang solchen Vertragsrechtes vor späterem nationalem Recht, Anwendung der gemeinschaftsrechtlichen Auslegungsgrundsätze u. a. m., vgl. *Schwartz,* a. a. O.).

614 Insgesamt gesehen, erweist sich so die Bedeutung des Völkerrechts für das Europäische Gemeinschaftsrecht als eine neuartige, facettenreiche Variation der sich für jedes Völkerrechtssubjekt zwangsläufig stellenden Thematik des Verhältnisses zwischen Völkerrecht und „Landesrecht" *(Verloren van Themaat,* FS Pescatore 1987, S. 759 ff.).

IV. Verhältnis des Gemeinschaftsrechts zum Recht der Mitgliedstaaten

Literatur: (Vgl. unten bei 1. und 2.)

615 Geltungskraft und Rang des Europäischen Gemeinschaftsrechts haben sich vor allem bei seiner Durchsetzung gegenüber und in den nationalen Rechtsordnungen der Mitgliedstaaten zu bewähren. Die besondere Position, welche der EG/EU kraft des Willens ihrer Gründer im Interesse fortschreitender europäischer Einigung zugewiesen wurde, kann nur dann tatsächlich eingenommen und ausgebaut werden, wenn die Gemeinschaft, die nicht Staat, sondern nur „Rechtsgemeinschaft" ist, über ein **effektives Instrumentarium** zur Durchsetzung der Programme der Verträge verfügt. Nur ein unbedingter und als solcher von den Mitgliedstaaten allseits akzeptierter und befolgter **Vorrang des EGR vor den nationalen Rechten der MS** konnte der EG jene Art von politischer Autorität verschaffen, deren sie zur Verwirklichung des Auftrages der Verträge bedurfte. In diesem Sinne schälte

sich allmählich seit Anfang der sechziger Jahre aus einer kaum noch überschaubaren Flut von Stellungnahmen zur Vorrangfrage

Überblick etwa bei *Everling,* DVBl. 1985, S. 1201 ff.; *P. Kirchhof/Ehlermann,* EuR 1991, Beih. 1, S. 11 ff.; *Lenz,* NJ 1993, S. 193 ff.; *Engel,* APUZ B 15–16/1997, S. 33 ff.

vor allem durch die entschlossene Haltung des Gerichtshofes seit 1964 die inzwischen gemeinschaftsweit vorherrschende Auffassung heraus, daß ein **konsequenter Vorrang des EGR im nationalen Raum** im weitestmöglichen Umfang anerkannt werden muß.

1. Vorrang des Gemeinschaftsrechts

Literatur: Das Schrifttum zum Verhältnis des EG/EU-Rechts zum nationalen Recht ist uferlos. Umfassende Darstellungen aus deutscher Sicht (mit Lit.) bei *Ipsen,* Die BR Deutschland in den EGen, *P. Kirchhof,* Der deutsche Staat im Prozeß der europäischen Integration und *Pernice,* Deutschland in der EU, HdbStR VII (1992), S. 767 ff.; 855 ff. und VIII (1995), S. 225 ff.

Ipsen/Bülow, Das Verhältnis des Rechts der Europäischen Gemeinschaften zum nationalen Recht, Abh. a. d. Ges.Bürg.R., HandR u. WirtschR, H. 29 (1965), S. 7 ff.; *Grabitz,* Gemeinschaftsrecht bricht nationales Recht, 1966; *Paone,* Primato dell diritto comunitario e disapplicazione del diritto degli stati membri, RivDirInt 1978, S. 429 ff.; *Everling,* Zum Vorrang des EG-Rechts vor nationalem Recht, DVBl. 1985, S. 1201 ff.; *Kakouris,* La relation de l'ordre juridique communautaire avec les ordres juridiques des Etats membres, FS Pescatore, 1987, S. 319 ff.; *Müller-Graff,* Privatrecht und europäisches Gemeinschaftsrecht: Gemeinschaftsprivatrecht, 1989; *Lenz,* Entwicklung und unmittelbare Geltung des Gemeinschaftsrechts, DVBl. 1990, S. 903 ff.; *ders.,* Der Vertrag von Maastricht nach dem Urteil des BVerfG, NJW 1993, S. 3038 ff.; *Oppermann/Classen,* EU: Erfüllung des GG, APUZ B 28/1993, S. 11 ff.; *Commichau,* GG und EU, JA 1994, S. 600 ff.; *Frowein,* Das Maastricht-Urteil und die Grenzen der Verfassungsgerichtsbarkeit, ZaöRVR 1994, S. 1 ff.; *Heintzen,* Die „Herrschaft" über die Europäischen Gemeinschaftsverträge – BVerfG und EuGH auf Konfliktkurs? AöR 1994, S. 564 ff.; *Henrichs,* Der Vertrag über die EU und seine Auswirkungen auf die Verfassungen der MSen, DÖV 1994, S. 368 ff.; *P. Kirchhof,* Das Maastricht-Urteil des BVerfG, in: Hommelhoff/Kirchhof, Der Staatenverbund der EU, 1994, S. 11 ff.; *Oppenheimer,* The Relationship between European Community Law and National Law: The Cases, 1994; *Penski,* Bestand nationaler Staatlichkeit als Bestandteil der Änderungsgrenzen in Art. 79 III GG, ZRP 1994, S. 192 ff.; *Schwarze/Becker/Pollak* (Hrsg.), Die Implementation von Gemeinschaftsrecht in den MSen der EG, 1994; *Streinz,* Das Maastricht-Urteil des BVerfG, EuZW 1994, S. 329 ff.; *Winkelmann* (Hrsg.), Das Maastricht-Urteil des BVerfG (Dokumentation), 1994; *Lerche,* „Kompetenz-Kompetenz" und das Maastricht-Urteil des BVerfG, FS Heymanns-Verlag, 1995, S. 409 ff. ; *Zuleeg,* Deutsches Verfassungsrecht als Bremsklotz der europäischen Einigung? Europ. Zeitung, Juni 1995, S. 1 ff.; *Engel,* Die Wirksamkeit europäischen und nationalen Rechts, APUZ B 15–16/1997, S. 33 ff.; *Giegeric,* Europarecht und deutsches Recht, JuS 1997, S. 619 ff.; *P. Kirchhof,* Das Recht Europas und das der Staaten, KAS/Ausl. Inform. 8/1997, S. 12 ff.; *Scheuing,* Deutsches Verfassungsrecht und europ. Integration, EuR 1997, S. 7. ff.; *P. Kirchhof,* Die Gewaltenbalance zwischen staatlichen und europäischen Organen, JZ 1998, S. 965 ff..

a) Die „genuin europarechtliche" Begründung des Vorranges

616 Entscheidend für eine „europäisch" inspirierte Lösung der Vorrangfrage ist die Anerkennung des Grundgedankens, daß das Europäische Gemeinschaftsrecht eine **eigenständige Rechtsordnung mit einer autonomen Gemeinschaftsgewalt** darstellt. Sie ist von derjenigen der Mitgliedstaaten unabhängig, d. h. das EGR entsteht aus sich selbst heraus gemäß seinen besonderen Grundregeln. Es bedarf demgemäß keiner mitgliedstaatlichen Transformation, um gegenüber den jeweiligen Adressaten wirksam zu werden.

617 Dieser axiomatische Grundansatz für den Vorrang des EGR gilt für das **primäre wie für das sekundäre Gemeinschaftsrecht**. Die EG-Verträge erscheinen über ihren rechtsförmlichen Charakter als ratifizierte völkerrechtliche Verträge hinaus als eine **verfassungsrechtliche „Gründungsakte" der Gemeinschaft**. In der parlamentarisch-demokratischen Zustimmung zur Errichtung der EG/EU als einer selbständigen, mit eigenständig durchsetzbaren Hoheitsrechten und Kompetenzen ausgestatteten Staatengemeinschaft lag so nicht nur die übliche Zustimmung zu einem völkerrechtlichen Vertrag (in Deutschland i. S. des Art. 59 Abs. 2 GG). Darüber hinaus war dies eine Art definitiv gemeinte konsentierte „Verfassungsgebung", mittels deren die Gemeinschaft mit ihren Hoheitsbefugnissen konstitutiv „er-
618 richtet" wurde (nicht nur „Übertragung" von Befugnissen). Nationale Verfassungsklauseln wie die Präambel, Abs. 2 und Art. 23 GG

ähnlich u. a. Präambel Art. 1 französ. Verfassung von 1958 i. V. m. Abs. 15 der Präambel der Verfassung von 1946 und Art. 88–1 bis 88–4 (Verfassungsergänzung 1992); Art. 11 italienische Verfassung von 1947, Art. 25 belgische, § 20 dänische, Art. 29 Abs. 4 Nr.3 irische, Art. 49 luxemburger, Art. 67, 94 niederländische, Art. 8 Abs. 2–3 griechische Verfassung; Art. 8 protugiesische Verfassung, Art. 93 spanische Verfassung

erleichtern solche kreative Neuschöpfungen zwischenstaatlicher Rechtspersönlichkeiten. Aber auch, wo sie fehlen (z. B. in Großbritannien) sind solche „Entäußerungen" nationaler Staatsgewalt kraft der inneren und äußeren Souveränität der MS möglich.

619 Es ist nur konsequent, daß nach der Gründung das von der EG selbständig erlassene **sekundäre Recht** an dieser Eigenständigkeit der Gemeinschaftsgewalt teilnimmt.

aa) Diese **„genuin europarechtliche"** Lösung der Vorrangfrage, die bei Lichte besehen auf einer grundlegenden Analogie zum „Urvorgang" nationaler Verfassungsgebung beruht, herrscht seit den sechziger Jahren in der EG-Praxis und Theorie in der einen oder anderen Variante vor. Es gibt freilich immer noch hier und da „Rückfälle" in traditionelles Denken, das entweder zu sehr in Kategorien des Völkerrechts oder auch des Bundesstaates verharrt. Ein Beispiel ist BVerfGE 89, 155 ff. „Maastricht", wo in Schärfe auf das deutsche Zustimmungsgesetz zum EUV als Grenze der Gemeinschaftsbefugnisse abgehoben wird. Hierdurch können Fortentwicklungen des EGR in einheitlicher, europaweiter Geltung zu sehr eingeschränkt werden (oben Rz. 523). Auf der anderen Seite bringen schneidige, föderale Axiome („Gemeinschaftsrecht bricht nationales Recht") das europäische

Recht in einen unnötigen, realitätsfernen Gegensatz zu den nationalen Rechtsordnungen.

Bahnbrechend für die Grundidee der europarechtlichen Lösung, daß die EG über eine eigenständige, in den MS einheitlich, unmittelbar und vorrangig einwirkende Rechtsordnung verfügt, war die **Rspr. des Gerichtshofes seit 1963**. Von EuGHE 1963, 1 ff. – RS 26/62 „Van Gend & Loos" und EuGHE 1964, 1251 ff. – RS 6/64 „Costa/ENEL" über insbesondere EuGHE 1970, 1125 ff.- RS 11/70 „Internationale Handelsgesellschaft", EuGHE 1978, 629 ff. – RS 106/77 „Simmenthal" und EuGHE 1979, 2729 ff.- RS 237/78 „Schaffleisch" hat der Gerichtshof den Grundsatz eines Vorranges des EGR, der das nationale Recht im Kollisionsfalle ohne weiteres unanwendbar macht, immer weiter bekräftigt und ausgebaut. Zwei wichtige Aspekte sind dabei, daß der Vorrang **gegenüber dem nationalen Recht jeder Rangstufe gilt,** also einschließlich der Verfassungen der MS mit ihren Grundrechten (oben Rz. 489 ff.) und zweitens, daß auch neue, mit Gemeinschaftsrecht kollidierende staatliche Gesetzgebungsakte unanwendbar bleiben, **also die Lex-posterior-Regel nicht gilt.** 620

An der geistigen Vorbereitung und allmählichen Akzeptierung dieser entschlossenen und kühnen Rspr. des EuGH in der Praxis hatte aufgeschlossene **europarechtliche Theorie** in den MS maßgeblichen Anteil. In **Deutschland** bereitete *Ipsen* (Das Verhältnis des Rechts der EG zum nationalen Recht, 1964/65) der „Costa/ENEL" – Doktrin wesentlich den Boden. Bis zur Debatte um die Ratifikation des EUV 1992 ff. war die Vorrangthese in der deutschen Lehre weithin angenommen *(Ipsen,* FS Börner, 1992, S. 163 ff.). Infolge der – übertriebenen – Sorge, durch die Kompetenzübertragung des Maastricht-Vertrages werde die in Art. 79 Abs. 3 GG verankerte Staatlichkeit Deutschlands angetastet, wurden gelegentlich die „Grenzen des Vorrangs" betont *(Schilling,* Staat 1994, S. 555 ff.). Zu einer „verfassungsrechtlichen Wende" *(Ossenbühl,* DVBl. 1993, S. 629 ff.) kam es indessen nicht. Das Bewußtsein um die europäische Dimension des deutschen wie anderen mitgliedstaatlichen Verfassungsrechts, welches die Anerkennung des Vorranges der Gemeinschaftsordnung einschließt, blieb vorherrschend *(Schwarze,* FS Everling, 1995, S. 1355 ff.). 621

In **Frankreich** fand die den Vorrang akzeptierende nationale Rspr. (unten Rz. 625) in der Lehre weithin Unterstützung *(Cohen,* ELRev. 1991, S. 144 ff.; *Jacque,* RTDE 1992, S. 251 ff.; *Fromont,* DÖV 1995, S. 481 ff. *Dubouis,* FS Schwob, 1998, S. 331 ff.). Gleiches gilt für **Italien** *(Monaco,* RDE 1978, S. 287 ff.; *Capelli,* Die Anwendung des Gemeinschaftsrechts in Italien, 1993; *Chiti,* Staat 1994, S. 1 ff.). 622

Auch die **englische Doktrin** akzeptierte den „Auslegungsvorrang" des EuGH *(Lord Stuart,* The acceptance of Community Law in the English legal order, 1991; *Oppenheimer,* The relationship between European Community Law and National Law: The cases, 1994; *Schmidt-Steinhauser,* Geltung und Anwendung von EGR im Vereinigten Königreich, 1994). – Maßgebliche Beiträge zur Begründung und Entwicklung der Vorrangthese kamen aus den **Beneluxländern** *(Pescatore,* EuR 1970, S. 307 ff.; *Ganshof van der Mersch,* RTDE 1971, S. 432 ff; *Verloren van Themaat,* SEW 1992, S. 367 ff; *Wytink,* CMLRev. 1993, S. 981 ff.). – Für **Dänemark** ähnlich *Rasmussen,* EuR 1985, S. 66 ff., für **Griechenland** *Antoniou,* Europäische Integration und die griechische Verfassung, 1985, und für **Spanien** *Sanchez Legido,* REDC 1991, S. 175 ff. sowie *De Albornoz,* DV 1995, S. 225 ff. Auch die **österreichische Lehre** übernimmt die Vorrangdoktrin *(Schäffer,* DÖV 1994, S. 181 ff.; *Öhlinger,* FS Rill, 1995, S. 359 ff.). 623

bb) Die Gefolgschaft der **MS, insbesondere ihrer Gerichte,** gegenüber der ebenso einfachen wie strengen Doktrin des EuGH zum Vorrang des Gemeinschaftsrechts ist immer noch etwas uneinheitlich, aber im wesentlichen gesichert. In der **Bundesrepublik Deutschland** hatte das BVerfG schon seit dem Ende der 60er Jahre 624 sich der Grundkonzeption von der EG als autonomer, grundsätzlich vorrangiger Rechtsordnung angeschlossen (BVerfGE 22, 292 ff. st. Rspr.). In der „Fehlentscheidung" BVerfGE 37, 271 ff. („Solange-Beschluß") schränkte es 1974 zwar die Vorrangthese in Unterschätzung des bestehenden Grundrechtsschutzes auf EG-Ebene (oben Rz. 497) dahingehend ein, daß es sich die Prüfung der Konformität des sekundären EGR mit den deutschen Grundrechten vorbehielt, „solange" die Gemeinschaft nicht über einen eigenen ausformulierten Grundrechtskatalog verfüge. Nach vehementer Kritik am „Solange-Beschluß" (statt vieler *Ipsen,* EuR 1975, S. 1 ff. zustimmend dagegen z. B. *H. H. Rupp,* NJW 1974, S. 2153 ff.) fand es aber weitgehend zur Anerkennung des Vorrangprinzips zurück (BVerfGE 52, 187 ff. und E 73, 339 ff. „Solange II", dazu *Ipsen* EuR 1987, S. 1 ff.). BVerfGE 89, 155 ff. „Maastricht" reaktivierte dagegen vorsichtig-sibyllinisch den früheren „Prüfungsvorbehalt". In „Kooperation" mit dem EuGH möchte sich das BVerfG in Deutschland auf eine generelle Gewährleistung der unabdingbaren Grundrechtsstandards gegenüber dem sekundären Gemeinschaftsrecht beschränken und im Sinne einer „Brückenhäuschentheroie" exzessive Ausdehnungen der Gemeinschaftskompetenzen ohne Vertragsänderung hintanhalten. Angesicht des erreichten EG-Grundrechtsstandards (oben Rz. 490 ff.) und der Betonung des Subsidiaritätsprinzips seit Maastricht (oben Rz. 518 ff.) sollten übermäßige Ausnutzungen des Vorrangprinzips in der Gemeinschaftspraxis nicht zu erwarten sein *(Tomuschat,* EuGRZ 1993, S. 489 ff.; *Steinberger,* FS Bernhardt, 1995, S. 1313 ff.). Im Verhältnis BVerfG/EuGH ist es vorrangige Aufgabe der „Kooperation" (BVerfG), eine für das deutsche wie für das europäische Gericht gleichermaßen schädliche Konfrontation der beiden Rechtsordnungen durch verständnisvollen Umgang zu vermeiden *(Graf Vitzthum,* JZ 1998, S. 161 ff. und *P. Kirchhof,* JZ 1998, S. 965 ff.).

625 In **Frankreich** hat trotz mancherlei Schwierigkeiten der Verfassungslage und z. T. fehlender richterlicher Prüfungskompetenz seit 1975 vor allem die Cour de Cassation (Urteile v. 24.5. und 15.12.1975, EuR 1975, S. 326 bzw. Recueil Dalloz 1976, S. 33 ff.) den Vorrang des EGR aus der Eigenart der Gemeinschaftsordnung erklärt.

Der Conseil d'Etat hat sich nach längerem Zögern angeschlossen (E 20.10.1989 „Nicolo", EuGRZ 1990, S. 99 ff., dazu *Manin,* CMLRev 1991, S. 499 ff. Wesentlich ist, daß der Conseil Constitutionnel durch seine „A priori-Kontrolle" (zeitlich vor der Ratifikation von Änderungen der europäischen Verträge) rechtzeitig allfällige Änderungen der französischen Verfassung im Interesse ihrer EG-Konformität bewirkt (u. a. E 30.12.1980, J. O. S. 3242 ff. und insbes. E „Maastricht" v. 9.4.1992, Recueil, S. 55. – Insgesamt *Gundel,* EuR 1998, S. 371 ff.). Für **Italien** scheint seit der Entscheidung seines Verfassungsgerichtshofes v. 27.12.1973, EuR 1974, S. 259 ff. (nach früheren Unsicherheiten inzwischen st. Rspr.) die Vorrangthese in der europarechtlichen Sicht endgültig akzeptiert zu sein. In **Großbritannien** stand ursprünglich der Grundsatz der Parlamentssouveränität der Vorrangthese im Wege. Das britische Beitrittsgesetz bemühte sich jedoch, seinerseits den Vorrang „anzuordnen", und vor allem erkannte das House of Lords als höchstes Gericht (Derby & Henn, Urteil v. 27.3.1980, CMLR 1980, S. 229 ff.) den Auslegungsvorrang des EuGH für das Gemeinschaftsrecht uneingeschränkt an. (Weitere Rspr. in *Oppen-heimer,* The relationship between European Community Law and national Law: The cases, 1994). In den **kleineren MS** (Belgien, Dänemark, Griechenland, Irland. Luxemburg, Niederlande, Finnland, Österreich, Schweden) ist der Vorrang des EGR vor dem nationalen Recht bisher nicht ernsthaft in Frage gestellt worden. Die belgische Cour de Cassation hat sogar frühzeitig die „europarechtliche" Vorrangthese aus der Eigenart des Gemeinschaftsrechts auch gegenüber jüngerem belgischem Recht durchgesetzt (Urteil v. 27.5.1971, EuR 1971 S. 261 – „Le Ski"). In Dänemark hat das Oberste Gericht 1998 die Verfassungsmäßigkeit der dänischen Ratifikation des EUV 1992 (nach 2 Referenden!) festgestellt.

Insgesamt gesehen, erscheint somit die „Rechtsgemeinschaft EG" durch eine mittlerweile **hinreichende Akzeptanz der Vorrangthese** in Gemeinschaftspraxis und -theorie einigermaßen gesichert. Gleichwohl darf nicht übersehen werden, daß die Rechtsüberzeugung, mit der nicht nur die Organe der Gemeinschaft, sondern vor allem auch Behörden und Gerichte der MS der Vorrang-Doktrin des EuGH Gefolgschaft leisten, keine ein für allemal feststehende Größe ist. Wie schon anderwärts bei den Fortentwicklungs- und Auflösungsmöglichkeiten der EGen festgestellt wurde (oben Rz. 217 ff.), widerstrebt zwar der einmal erreichte, definitiv gemeinte „Gemeinschaftsbestand" in starkem Maße jedem Rückschritt. Dennoch bleiben die Gemeinschaften und ihr Recht bis auf weiteres **fragilere Gebilde** als ihre MS und in ihrer Entwicklung von deren politischem Willen und dem „europäischen Erfolg" abhängig. 626

Die langwierige und schwierige Akzeptanz des Maastrichter EUV seit 1992 (in Deutschland mit BVerfGE 97, 350 ff. „EURO" abgeschlossen) hat gezeigt, daß der juristisch seit langem entwickelte Vorrang des Gemeinschaftsrechts in einer ständigen Auseinandersetzung mit den Instanzen der MSen immer wieder verteidigt werden muß (*Engel,* APUZ B 15–16/1997, S. 33 ff.).

b) Einheitliche und unmittelbare Geltung des Gemeinschaftsrechts

Ein zentraler Aspekt der „europarechtlich" gemeinten Vorrangthese ist die Aussage, daß das Gemeinschaftsrecht als eine aus autonomer Quelle fließende Ordnung **einheitlich und unmittelbar** in den Mitgliedstaaten gelten muß, wenn die EG/EU die ihr gestellten Aufgaben soll erfüllen können (sog. **„Vorbehalt der Fusionsfähigkeit"** der Gemeinschaft). Dabei können Art. 189 = 249 neu EGV, 161 EAGV, 14 EGKSV mit ihren verschiedenen Aussagen über die „allgemeine Geltung unmittelbar in jedem" oder „für jeden" Mitgliedstaat u. ä. als positiv-rechtliche Belege für solche Qualitäten des EGR herangezogen werden. 627

aa) Die Notwendigkeit der grundsätzlich **einheitlichen, d. h. gemeinschaftsweit uniformen Geltung des EGR,** 628

soweit sich nicht z. B. bei Entscheidungen (oben Rz. 563) aus der Natur der Sache eingegrenztere Adressatenkreise ergeben,

versteht sich eigentlich von selbst, wenn die Vorstellung eines eben „gemeinschaftlichen" europäischen Wirtschaftsraumes und z. T. auch darüber hinausgehender politischer Vereinheitlichungen ernst gemeint sein soll. Für eine solch „allgemeine Geltung" wäre es unerträglich, wenn nationales Recht gleich welcher Rangstufe mit irgendwelchen, noch so „fundamentalen" Begründungen erfolgreich beanspruchen könnte, partikular in Teilen der EG im Widerspruch zu erlassenem Gemeinschaftsrecht fortzugelten. Die **„Gleichheit vor dem (europäischen) Gesetz"** für alle MS und Unionsbürger ist eine elementare Voraussetzung für die Existenz und Akzeptanz der Gemeinschaft.

Aus diesen Gründen gilt das EGR in **Bundesstaaten** wie z. B. der BR Deutschland einheitlich in dem Sinne, daß es sich gleichermaßen unmittelbar gegenüber **Bundesrecht und Länderrecht** durchsetzt. Genau wie im Völkerrecht ist der Bundesstaat europarechtlich ein „Einheitsstaat" (näher *Rudolf,* FS Schlochauer, 1981, S. 117 ff., *Malanczuk,* CMLRev 1985, S. 237 ff.). Davon zu unterscheiden ist allerdings die seit 1992 in Art. 23 GG n. F. positiv entschiedene Frage, ob z. B. die deutschen Bundesländer nach der Kompetenzverteilung des GG am Willensbildungsprozeß der EG auf deutscher Seite beteiligt werden können. Das betrifft z. B. die Mitwirkung der Länder über den Bundesrat beim Rechtsetzungsverfahren im Ministerrat, die Umsetzung von EG-Richtlinien in Bundes- oder Landesrecht oder die Eröffnung von „EG-Büros" der Länder in Brüssel. Das alles ist nach deutschem Verfassungsrecht, nicht nach EGR zu lösen. (Näher oben Rz. 621 ff. und unten Rz. 651 ff.).

629 bb) Die **unmittelbare Geltung** des EGR für den jeweiligen Adressaten, d. h. oftmals zugleich der unmittelbare **„Durchgriff"** der Gemeinschaftsnorm auf den einzelnen EG-Bürger stellt gewissermaßen die instrumentale Eigenschaft des EGR dar, mittels deren es seinen Vorrang im nationalen Raum zu begründen und zu behaupten vermag. Seit EuGHE 1963, 1 ff. – RS 26/62 „Van Gend & Loos"' st. Rspr. hat der Gerichtshof daran festgehalten, daß alle Normen des Gemeinschaftsrechts (dort Art. 12 = 25 neu EGV), die der Sache nach abschließend, vollständig, rechtlich perfekt sind, d. h. zu ihrer Anwendbarkeit keiner weiteren Ausführungsakte bedürfen, für ihre denkbaren Adressaten einschließlich der Einzelpersonen unmittelbar wirksam sind. Diese **funktionale Betrachtungsweise** ist jeweils entscheidend und nicht der Wortlaut der Norm (Art. 12 = 25 neu EGV war z. B. wörtlich nur an die Mitgliedstaaten adressiert). Ebensowenig ist entscheidend, ob es sich um Unterlassungspflichten (z. B. bei Art. 12 = 25 neu EGV hinsichtlich Zollerhebung) oder um positive Handlungspflichten der MS handelt (z. B. bei Art. 95 Abs. 3 = 90 Abs. 3 neu EGV hinsichtlich Aufhebung von Steuern, dazu EuGHE 1966, 257 – RS 57/65 „Lütticke"). Für den einzelnen hat die unmittelbare Wirksamkeit einer Norm die wichtige praktische Bedeutung, daß er sich vor den mitgliedstaatlichen und EG-Behörden und Gerichten auf sie berufen kann. (Besonders EuGHE 1978, 629 ff. – RS 106/77 „Simmenthal"). Ebenso kann sie ihm freilich als Pflicht unmittelbar entgegengehalten werden. Durch eine derartige **Schaffung subjektiv-öffentlicher Rechte und Pflichten** wird der Einzelne als Unionsbürger persönlich in die gemeinschaftliche Rechtsordnung einbezogen. Durch den wesentlichen Umfang, in dem dies praktisch geschieht, unterscheidet sich die EG-Ordnung markant vom „Staatengemeinschaftsrecht" Internationaler Organisationen und nähert sich innerstaatlichen („binnenmarktähnlichen") Verhältnissen an. Die individuelle Berufung auf solche Rechte und Pflichten ist zugleich das wichtigste Vehikel, mittels dessen der Vorrang des Gemeinschaftsrechtes im nationalen Raum „in kleiner Münze" quantitativ immer mehr ausgedehnt und praktiziert wird.

630 Die **Verordnungen** (oben Rz. 539 ff.) sind sozusagen der Typfall der unmittelbar wirksamen Gemeinschaftsnorm. Durch die inzwischen umfangreiche Rspr. des EuGH zur unmittelbaren Wirksamkeit von EG-Normen (vgl. zusammenfassend

etwa *Riegel*, RIW 1978, S. 295 ff.) ist aber längst klargestellt, daß eben auch zahlreiche Bestimmungen des **primären Gemeinschaftsrechts** (eine Liste mit der Rspr. bei *Nicolaysen,* EGR 1979, S. 11) im eben umrissenen Sinne direkte Wirksamkeit entfalten. Das gilt u. a. für eine Reihe von Vertragsvorschriften, wie z. B. Art. 37 Abs. 1–2 = 31 Abs. 1–2 neu bei den staatlichen Handelsmonopolen und Art. 48, 52, 53, 59, 60 = 39, 43, 49, 50 neu bei der Freizügigkeit der Personen, die mit dem Ende der Übergangszeit 1968/70 die Aufhebung diskriminierenden nationalen Rechts bzw. das Verbot seiner Neuerlassung voraussetzten. Hier kann sich inzwischen jeder Unionsbürger auf die „primäre Grundnorm" des EGR berufen und die Verdrängung der entgegenstehenden nationalen Vorschriften feststellen lassen. Vergleichbares gilt, wenn „perfekte" **Richtlinien** oder an Mitgliedstaaten gerichtete **Entscheidungen** von den MS nicht fristgemäß durchgeführt werden. (Näher oben Rz. 556).

Mittels der einheitlichen und unmittelbaren Geltung, die den unbedingten Vorrang des Europäischen Gemeinschaftsrechtes gegenüber dem Recht der Mitgliedstaaten erst ermöglicht, erhält das Europarecht somit seine **besondere Identität und Qualität** gegenüber dem „klassischen" internationalen Raum einerseits, der nationalen Sphäre andererseits. **631**

c) Konsequenzen des Vorrangs: Unanwendbarkeit des nationalen Rechts („Anwendungsvorrang")

Die Folgen des gemeinschaftsrechtlichen Vorranges in Bezug auf das jeweils entgegenstehende nationale Recht sind grundsätzlich in **zweierlei Weise** vorstellbar. Der radikalste Ansatz, der die Gemeinschaft zugleich bemerkenswert „(vor)bundesstaatlich" gedeutet hätte, wäre das „Brechen" des nationalen Rechtes im bekannten föderalen Sinne (z. B. des Art. 31 GG) mit der **Konsequenz der Nichtigkeit des nachrangigen Rechtes** gewesen. **632**

Dies war u. a. der Vorschlag von *Grabitz,* Gemeinschaftsrecht bricht nationales Recht, 1966.

Die Gemeinschaftspraxis, insbesondere die Rspr. des Gerichtshofes (EuGHE 1968, 373 – RS 34/67 st. Rspr., später u. a. besonders deutlich in EuGHE 1978, 629 ff. – RS 106/77 „Simmenthal") ist indessen den **behutsameren Weg** gegangen, die gemeinschaftsrechtswidrige nationale Norm lediglich für **„ohne weiteres unanwendbar"** zu erklären. Das meint die „Überlagerung", „Verdrängung" des mitgliedstaatlichen Rechtes in dem Sinne, daß die nationale Norm, solange das entsprechende Gemeinschaftsrecht gilt, zwar in jeder Beziehung „automatisch" außer Anwendung und Betracht bleibt. Sie ist aber nicht schlechthin nichtig, sondern könnte in dem (praktisch höchst seltenen) Falle eines Außerkrafttretens der Gemeinschaftsbestimmung wieder „aufleben". Der Unterschied zur o. g. „radikalen" Sicht ist in der praktischen Anwendung des EGR kaum irgendwie spürbar. Er liegt mehr in der „politisch-psychologischen" Sphäre, in dem Sinne, daß die noch verhältnismäßig junge und neuartige EG ihre sachnotwendige Suprematie gegenüber den MS nur in dem strikt gebotenen Umfange ausübt. Andernfalls drohen, wie die Gemeinschaftsgeschichte mehrfach ge- **633** zeigt hat, lediglich unnötige Gefahren, daß sich die EG im Verhältnis zu ihren sie noch weithin tragenden Mitgliedern „überhebt". Der Anwendungsvorrang entspricht auch grundsätzlich dem Subsidiaritätsprinzip.

Das Konzept des Anwendungsvorrangs ist heute gemeinschaftsweit unumstritten, vgl. etwa *Fischer/Köck,* Europarecht, 2. Aufl. 1995, S. 330 ff.; *Mathijsen,* European Union Law, 6. Aufl. 1995, S. 153 ff.; *Koenig/Haratsch,* Europarecht, 2. Aufl. 1998, S. 45 ff.

634 Entscheidend spricht schließlich für die Beschränkung auf die sog. Unanwendbarkeitswirkung, daß der Vorrang des EGR um der Funktionsfähigkeit der Gemeinschaft willen **„rangunabhängig"** in dem weiten Sinne gelten muß, daß Gemeinschaftsrecht jeglicher Stufe nationale Normen ihrerseits jeden Ranges überlagert (vgl. schon oben Rz. 615 ff.). Also nicht nur die „unproblematischen" Fälle sind ins Auge zu fassen, daß primäres und sekundäres EGR mitgliedstaatlichen Gesetzen, VOen u. ä. vorgeht, sondern ebenso die „schwierigen" des Vorranges sowohl des primären Gemein-schaftsrechtes als auch sogar des sekundären im Verhältnis zu den nationalen Verfassungen einschließlich deren Grundrechte. (Näher *Ipsen,* HdBStR VII, 1992, S. 792 ff.). Auch wer den Vorrang in allen diesen Fällen um des Bestandes und der Entwicklung der EG willen für zwangsläufig hält, wird anerkennen müssen, daß z. B. der Vorrang einer beliebigen Vorschrift aus einer EG-Niederlassungsrichtlinie vor dem Grundrecht der Berufsfreiheit gemäß Art. 12 GG (dazu *Oppermann/Fleischmann,* JuS 1972, S. 527 ff.) ein außergewöhnlicher „Kraftakt" ist. In solchen „Extremfällen" erscheint es nicht nur unnötig, sondern im Hinblick auf die Dignität und allgemeine Geltungskraft der nationalen Verfassungsnorm schädlich und unannehmbar, ihre auch nur partielle Nichtigkeit um der Geltung einer möglicherweise nur ephemeren sekundären Regelung des EGR behaupten zu wollen. Eine **„blokkierende Wirkung"** *(Louis)* ist erforderlich und ausreichend.

2. Vollzug des Gemeinschaftsrechts (insbesondere durch die Mitgliedstaaten)

Literatur: *Rengeling,* Rechtsgrundsätze beim Verwaltungsvollzug des Europäischen Gemeinschaftsrechts, 1977; *Tetzel,* Anwendbares Verwaltungsverfahrensrecht beim Vollzug von Europäischem Gemeinschaftsrecht, RIW 1982, S. 336 ff.; *Azzi/Deibry,* Application du droit communautaire par les Etats membres, 1985; *Schiller,* Weisungsrechte der EG nach dem EWGV bei nationalem Verwaltungsvollzug von EG-Recht?, RIW 1985, S. 36 ff.; *Siedentopf/Ziller,* L'Europe des administrations? La mise en œuvre de la législation communautaire dans les Etats membres, 2 Bde, 1987 (auch englisch); *Hauschild,* Anwendung von EG-Recht in den Mitgliedstaaten, ZG 1988, S. 87 ff.; *Kössinger,* Die Durchführung des europäischen Gemeinschaftsrechts im Bundesstaat, 1989; *Siedentopf,* Die Umsetzung des Gemeinschaftsrechts durch die Verwaltungen der MSen, 1990; *Cassese,* Il sistema amministrativo europeo e la sua evoluzione, RTDP 1991, S. 769 ff.; *Schweitzer* (Hrsg.), Europäisches Verwaltungsrecht 1991; *Streinz,* Vollzug des Europäischen Gemeinschaftsrechts durch deutsche Staatsorgane, HdbStR VII, 1992, S. 817 ff.; *Bleckmann,* Methoden der Bildung europäischen Verwaltungsrechts, DÖV 1993, S. 837 ff.; *Klein,* Der Einfluß des EGR's auf das Verwaltungsrecht der MSen, Staat 1994, S. 39 ff.; *Scheuing,* Europäisierung des Verwaltungsrechts? 1994; *Schmidt-Assmann,* Zur Europäisierung des allgemeinen Verwaltungsrechts, FS Lerche, 1993, S. 513 ff.; *Zuleeg/Rengeling,* Deutsches und Europäisches Verwaltungsrecht – Wechselseitige Einwirkungen, VVDStRL 53 (1994) S. 154 ff.; *Classen,* Strukturunterschiede zwischen deutschem und europäischem Verwaltungsrecht, NJW 1995, S. 2457 ff.; *Gassner,* Rechtsgrundlagen und Verfahrensgrundsätze des Europäischen Verwaltungsverfahrensrechts, DVBl. 1995, S. 16 ff.; *Burgi,* Verwaltungsprozeß und Europarecht, 1996; *v. Danwitz,* Verwaltungsrechtssystem und europäische Integration, 1996; *Kahl,* Europäisches und nationales Verwaltungsorganisationsrecht, DV 1996, S. 341 ff.; *Schwarze,* Das Verwaltungsrecht unter europäischem Einfluß, 1996; *Pühs,* Der Vollzug von Gemeinschaftsrecht, 1997; *Classen,* Das nationale Verwaltungsverfahren im Kraftfeld des Europ. Gemeinschafsrechts, DV 1998, S. 307 ff.; *Stern*, Die Einwirkung des europ. Gemeinschaftsrecht auf die Verwaltungsgerichtsbarkeit, JuS 1998, S. 769 ff..

Das Europäische Gemeinschaftsrecht, das in dem geschilderten vorrangigen Sinne (oben Rz. 615 ff.) einheitlich und unmittelbar anwendbar in den MS gilt, bedarf schließlich zu seiner praktischen Wirksamkeit der „tagtäglichen" **Anwendung** gegenüber den der Gemeinschaftsgewalt unterworfenen Stellen und Personen. Bei diesem Vollzug des EGR ergeben sich vor allem zwei grundsätzlich bedeutsame Fragen. Nämlich zum einen die **Bestimmung der Instanzen** in der EG selbst, andererseits in den Mitgliedstaaten, die zur Ausführung des Gemeinschaftsrechts berufen sind **(„Wer vollzieht das EGR?")**. Zum zweiten die Beantwortung der Frage, in welcher Weise sich die Anwendung des europäischen Rechts abspielt **(„Wie wird das EGR vollzogen?)**. **635**

a) Gemeinschaft und Mitgliedstaaten als Vollzieher des Gemeinschaftsrechts

Ähnlich wie in Bundesstaaten (vgl. z. B. Art. 83 ff. des deutschen Grundgesetzes) stellt sich auch hinsichtlich der drei Gemeinschaften die Frage, inwieweit die Ausführung des EGR den **Instanzen der EG selbst** (Organe, sonstige Institutionen, weitere Einrichtungen, vgl. oben Rz. 444 anvertraut ist und in welchem Maße den **Behörden der Mitgliedstaaten**. Man spricht in diesem Zusammenhang auch vom **„direkten Vollzug"** des EGR (durch die Gemeinschaftsinstanzen = „Europäisches Verwaltungsrecht i. e. S.") und vom **„indirekten Vollzug"** (durch die Behörden der MSen). Anders als manche nationalen Verfassungen enthalten die Verträge keine ausdrück-liche Regelung hierfür. Gemäß dem Prinzip der begrenzten Einzelzustän-digkeit der Gemeinschaft (oben Rz. 513 ff.), das man auch insoweit entsprechend heranziehen darf, ist davon auszugehen, daß die EG zur unmittelbaren Ausführung des von ihr gesetzten Rechtes nur insoweit zuständig ist, als behördliche Stellen auf Gemeinschaftsebene errichtet und ihnen zulässigerweise der Vollzug von EGR zugewiesen werden konnte (EuGHE 1989, 3481 ff. – RS 16/88). Soweit das nicht der Fall ist, obliegt den MS gemäß ihren grundlegenden Kooperationspflichten als Teile der Gemeinschaft (Art. 5 = 10 neu EGV, 192 EAGV, 86 Abs. 1, 2 EGKSV – „Gemeinschaftstreue") die Anwendung des Gemeinschaftsrechts über ihren nationalen Behördenapparat. – Da es EG-Behörden mit gesetzesausführend- **636** verwaltungsmäßigen Befugnissen nur in recht begrenztem Umfang gibt (oben Rz. 444), bedeutet diese Grundregel für die Gemeinschaftspraxis, daß der unmittelbare Vollzug des EGR **durch die Gemeinschaft selbst die Ausnahme darstellt, die Anwendung des Europarechts durch die Behörden der MS dagegen die Regel** (so auch für die Zukunft: Europäischer Rat 1994: Bulletin BReg 1994, S. 1072).

637 aa) Wie schon bei der Darstellung der **EG-Institutionen** näher ausgeführt (oben Rz. 280), bestehen deren Aufgaben in weitem Umfang darin, europäische Politik zu betreiben und in deren Konsequenz Gemeinschaftsrecht zu erlassen. Insbesondere die Funktion der zentralen Gemeinschaftsorgane (Europäisches Parlament, Rat und auch Kommission) ist auf diese mehr **„regierende" Tätigkeit** ausgerichtet, für die ihr „Apparat" (Parlamentsverwaltung, Generalsekretariat des Rates, Dienststellen der Kommission) vor allem anderen die nötige Vorbereitung zu leisten hat.

638 In begrenztem Umfang sind **EG-Behörden** aber auch am Vollzug des Gemeinschaftsrechts beteiligt.

Vor allem ist die **Europäische Kommission**, in engen Grenzen auch der **Rat** „verwaltend" mit dem Vollzug von EGR befaßt (Art. 145, 3. Art. 145, – Art. 155, 4. Spiegelstrich = Art. 202, 3. Spiegelstrich Art. 211, 4. Spiegelstrich neu EGV, 124 EAGV L. v. Borries, FS Everling, 1995, S. 127 ff.). **Schwerpunkte dieses unmittelbaren Gemeinschaftsvollzuges** liegen im Bereich der Rechtsangleichung (aufgrund sekundären EGR), in der Wettbewerbspolitik (Art. 87, 89, 93 = 83, 85, 88 neu EGV, VO Nr. 17), in der Haushaltsführung einschließlich der verschiedenen Fonds (Art. 205 = 274 neu EGV), in der Sozialpolitik (Art. 121 = 144 neu EGV), bei Auskunftsrechten (Art. 213 = 284 neu EGV) u. a. m. Hierbei kann es sich sowohl um **internen Gemeinschaftsvollzug** handeln (z. B. Personalsachen) als auch um **externe** Verwaltung gegenüber den MSen und Einzelpersonen (z. B. Beihilfenkontrolle). – Von der Möglichkeit, kraft ihrer **Organisationsgewalt** durch die Errichtung weiterer Einrichtungen (nachgeordnete Behörden, abhängige und unabhängige Personen des EGR, oben Rz. 444) Verwaltungsbefugnisse auszuüben, hat die EG bisher nur begrenzten Gebrauch gemacht. Die „Meroni-Doktrin" des Gerichtshofes (EuGHE 1958, 9 ff. – RS 9/56 st. Rspr., vgl. oben Rz. 542) setzt insoweit enge Grenzen. Immerhin entstand bei der Durchführung der Gemeinsamen Agrarpolitik und der Rechtsangleichung über die Einführung der **Verwaltungsausschußverfahren** („Comitologie", oben Rz. 451) in größerem Umfang ein neuartiger Typus zwischen Rat und Kommission kombinierter Gemeinschaftsverwaltung. Die Regelung erfolgt durch den Rat (Art. 153 = 209 neu EGV).

639 Die Theorie hat den Inhalten dieses **Europäischen Verwaltungsrechts** i. e. S. in seinen Verzahnungen mit denjenigen der MSen eingehende Aufmerksamkeit gewidmet (*Schwarze,* Europäisches Verwaltungsrecht, 2 Bde., 1988 (engl. 1992); *Schweitzer* (Hrsg.), Europäisches Verwaltungsrecht, 1991; *Zuleeg/Rengeling,* VVDStRL 53 (1994), S. 154 ff.). Grundsätzlich wäre es möglich, diese direkte Gemeinschaftsverwaltung, die allmählich sehr ungeordnet gewachsen ist, über Art. 235 = 308 EGV im Interesse besserer Funktionsfähigkeit und Übersichtlichkeit des Gemeinschaftshandelns zu **kodifizieren** (*Schwarze,* Europ. VerwR I, 1988, S. 49).

640 bb) Zum allergrößten Teil wird das Gemeinschaftsrecht durch die **Behörden der Mitgliedstaaten** ausgeführt. Der Vollzug des EGR obliegt den MS, soweit die Gemeinschaft nicht unmittelbar tätig wird, als Konsequenz ihrer

Mitgliedschaft. Art. 5 = 10 neu EGV, 192 EAGV, 86 Abs. 1, 2 EGKSV sprechen diese sich bereits aus dem Wesen der Gemeinschaft ergebende Kooperationspflicht noch einmal ausdrücklich an.

Bei dieser mitgliedstaatlichen Durchführung des Gemeinschaftsrechts sind zwei Grundsätze zu beachten. Zum einen ist es das **„Prinzip der institutionellen Eigenständigkeit"** der MS. Welche nationalen Behörden das EGR vollziehen und in welchen Verfahren, ist grundsätzlich zunächst Angelegenheit der jeweiligen nationalen Rechtsordnung (EuGHE 1971, 49 ff. – RS 39/70 st. Rspr., *v. Danwitz,* Verwaltungsrechtssystem und europäische Integration, 1996). **641**

Blickt man auf die **Staatspraxis** nach jahrzehntelanger Existenz der EG, wird rasch sichtbar, daß die Behörden der Mitgliedstaaten inzwischen **in ganz erheblichem Umfang Gemeinschaftsrecht vollziehen**. So sind ganz besonders die Zollverwaltungen der MS unter dem Regime des GZT eine Art von „Gemeinschaftszoll im nationalen Gewande" geworden. Ähnliches gilt für die Agrarbehörden, welche die gemeinsamen Marktordnungen zu praktizieren haben, für die Arbeits- und Sozialverwaltungen, welche die Freizügigkeitsregelungen und das gemeinsame System für die soziale Sicherheit der Wanderarbeitnehmer ausführen u. a. m. – Im weiteren Sinne gehört zum „Vollzug" des Gemeinschaftsrechts auch der **Rechtsschutz**, den die an das EGR gebundenen **nationalen Gerichte** „unterhalb" des EuGH gemäß der jeweiligen mitgliedstaatlichen Ausformung der dritten Gewalt zu gewährleisten haben *(Erichsen/Frenz,* JURA 1995, S. 422 ff.). **642**

Bleibt das „Wie" des indirekten Vollzuges des Gemeinschaftsrechts auf diese Weise zunächst einmal nationaler Entscheidung vorbehalten, ist andererseits als zweites Prinzip zu beachten, daß die Durchführung im Ergebnis so zu erfolgen hat, daß an der vollständigen Erfüllung der gemeinschaftsrechtlichen Forderungen kein Zweifel besteht. Auch insoweit gilt der Gedanke des „Effet utile" (oben Rz. 527 ff.) in dem Sinne, daß die MS dem Gemeinschaftsrecht zu einer **umfassenden („perfekten") Wirksamkeit** zu verhelfen haben (EuGHE 1970, 1208 – RS 30/70 „Scheer", *Streinz,* HdbStR, VII, 1992, S. 820 ff.). Das kann positive Verpflichtungen (z. B. nötige Umgestaltungen nationaler Rechtsnormen oder auch behördliche Umorganisationen) genauso umfassen wie das Unterlassen gemeinschaftswidrigen Verhaltens. **643**

Auf diese Weise ist die Notwendigkeit einer allmählichen **„Europäisierung" des nationalen (deutschen) Verwaltungsrechts** im Interesse seines gleichmäßigen Vollzuges in allen MSen nach vorherrschender Auffassung gegeben *(Schwarze,* DVBl. 1996, S. 883 ff.). Auch der indirekte Vollzug des EGR durch die Behörden der MSen ist ein Gemeinschaftsrechtsvollzug, der einen europaweit gleichen, nichtdiskriminierenden Standard zu gewährleisten hat (EuGHE 1983, 2633 ff. – Verb. RS 205–213/82 „Milchkontor"). Die Angleichung der nationalen Verwaltungsrechte trägt zum Funktionieren des Binnenmarktes und der Gemeinschaft insgesamt bei. Andererseits muß eine solche Angleichung in jedem Fall nachweisbar hierfür erforderlich oder mindestens vorteilhaft sein, da die Verwaltungshoheit grundsätzlich bei den MSen verblieben ist (str., ähnlich *Classen,* NJW 1995, S. 2457 ff., a. A. u. a. *Kokott,* **644**

DVBl. 1993, S. 1235 ff.). In diesem Sinne besitzt die Gemeinschaft aus verschiedenen Spezialkompetenzen (u. a. Art. 43, 100, 100 a, 130 s = 37, 94, 95, 175 neu EGV) die Möglichkeit, sachbezogen bestimmte Teilkodifikationen im Verwaltungsrecht vorzunehmen (*Kahl,* NVwZ 1996, S. 865 ff., vgl. auch EuGHE 1994, I–3698 ff. – RS C 359/92). Nötigenfalls kann Art. 235 = 308 EGV ergänzend herangezogen werden. Bei alledem bleibt das Prinzip der begrenzten Einzelermächtigung i. V. m. dem Subsidiaritäts- und Verhältnismäßigkeitsprinzip (oben Rz. 516 ff.) zu beachten. Eine Angleichung der nationalen Verwaltungsrechte in voller Breite gehört nicht zu den Aufgaben der Gemeinschaft.

645 Zur Europäisierung des nationalen Vollzuges von Gemeinschaftsrecht gehört schließlich auch die Beachtung der **Allgemeinen Rechtsgrundsätze des Gemeinschaftsrechts** wie z. B. Verhältnismäßigkeit, Vertrauensschutz u. a. m., welche der Gerichtshof in seiner Rspr. anerkannt und entwickelt hat (oben Rz. 482 ff.). Da diese Grundsätze z. B. in Deutschland weithin eigenen Rechtsprinzipien entsprechen, ergibt sich ein wünschenswerter Gleichklang zwischen dem Vollzug nationalen und europäischen Rechts. (*Kadelbach,* Allg. Verwaltungsrecht unter europäischem Einfluß, 1998).

b) Art und Weise des Vollzuges des Gemeinschaftsrechts

646 Im einzelnen richtet sich die Art und Weise, „wie" das EGR in den MS durch deren Behörden oder – seltener – unmittelbar durch EG-Behörden angewendet wird, nach der **Qualität der in Frage stehenden Gemeinschaftsnorm.** Dabei ist vor allem zwischen denjenigen europäischen Rechtsvorschriften zu unterscheiden, die sofort unmittelbar für und gegen alle denkbaren Adressaten gelten (insbesondere EG-Verordnungen) und den anderen, die für ihre vollständige Geltung grundsätzlich einer Umsetzung in nationales Rechts bedürfen (insbesondere Richtlinien).

In beiden Fällen richtet sich das Handeln der Verwaltung und das Verwaltungsverfahren zunächst – bis zu etwaigen künftigen Kodifikationen und Angleichungen – nach nationalem Recht. Das sind in Deutschland insbesondere die Verwaltungsverfahrensgesetze des Bundes und der Länder.

647 aa) **Unmittelbar geltende Vorschriften des Gemeinschaftsrechts** (insbes. EG-VOen) können ohne weiteres vollzogen werden. So ist die „Umsetzung" einer EG-Verordnung in ein nationales Gesetz nicht nur entbehrlich, sondern in aller Regel auch gemeinschaftsrechtswidrig, denn sie beeinträchtigt auf jeden Fall infolge ihres partikularen Anwendungsbereiches die allgemeine Geltung der VO in jedem Mitgliedstaat i. S. von Art. 189 = 249 neu EGV.

648 Etwas anderes gilt jedoch für die sog. **„hinkenden VOen"** *(Constantinesco)*, d. h. solche (z. B. eine ZollVO, zu deren Ausführung es organisatorischer Umgestaltungen in einem MS bedarf), die sich in einer so engen inhaltlichen Symbiose mit Regelungen des nationalen Rechts befinden, daß die praktische Durchführung der VO Änderungen oder Ergänzungen des nationalen Rechtes bedarf. Hier folgt wiederum aus der allgemeinen Kooperationspflicht der MS gegenüber der EG, daß sie ihr nationales Recht unverzüglich so einrichten, daß die unmittelbar geltende Gemeinschaftsnorm auch praktisch „perfekt" wird. Dabei haben sie zu beachten, daß die Durchführung in einer solchen Weise sichergestellt wird, die eine ungleiche Behandlung der EG-Bürger in den verschiedenen MS ausschließt (EuGHE 1971, 49 ff. – RS 39/70).

bb) Bei den **staatengerichteten EG-Normen** (besonders Richtlinien, Entscheidungen, vgl. oben Rz. 547 ff.) ist ihre **Umsetzung durch die jeweils zuständigen nationalen Instanzen** (meist der Gesetzgeber) in nationales Recht dagegen eine notwendige Voraussetzung zur vollen Wirksamkeit des Gemeinschaftsrechts. Im Sinne möglichster Effektuierung der EG-Ordnung hat die Rspr. des Gerichtshofes allerdings ausnahmsweise den **„Umschlag"** der durchführungsbedürftigen EG-Norm in unmittelbare Geltung „wie eine VO" dann anerkannt, wenn die MS ihrer Vollzugspflicht nicht nachkommen und die RL/E inhaltlich einer direkten Anwendung fähig ist (oben Rz. 556). In jedem Falle muß vom nationalen Gesetzgeber und der Verwaltung auch hier der **vollständige und nichtdiskriminierende Vollzug der RL/E** gemäß den allgemeinen Grundsätzen des Europäischen Verwaltungsrechts (*E. Klein,* Staat 1994, S. 39 ff.) gewährleistet sein. 649

Zusammenfassend gesehen, stehen so die Grundsätze der Ausführung des EGR, ähnlich wie diejenigen zu seinem Vorrang, gegenüber dem nationalen Recht unter dem Leitgedanken, die **reale Verwirklichung der „Rechtsgemeinschaft" EG** so leicht, vollständig und dauerhaft wie irgend möglich zu machen, nicht zuletzt in Gestalt weitgehender Garantien für die Eigenständigkeit und Unabhängigkeit der EG-Ordnung. 650

c) ***Exkurs:*** *Deutsche Bundesländer und Gemeinden gegenüber dem europäischen Gemeinschaftsrecht*

Literatur: Das Schrifttum ist seit den 80er Jahren kaum noch überschaubar. *Nass,* Staaten oder Regionen? FS v. d. Groeben 1987, S. 285 ff.; *Borchmann,* Verbindungsbüros der Bundesländer bei der EG, NVwZ 1988, S. 218 ff.; *Schütz,* Die EG-Kammer, NJW 1989, S. 2160 ff.; *Blanke,* Föderalismus und Integrationsgewalt, 1991; *Häberle,* Föderalismus, Regionalismus, Kleinstaaten in Europa, DV 1992, S. 1 ff.; *Heberlein,* Kommunale Europapolitik, BayVBl. 1992, S. 417 ff.; *Zuleeg,* Die Stellung der Länder und Regionen im europäischen Integrationsprozeß, DVBl. 1992, S. 1329 ff.; *Gerster,* Die Europaministerkonferenz der deutschen Länder, Integr. 1993, S. 61 ff.; *Badura,* Perspektiven der Landesverwaltung im vereinten Europa, NdsVBl. 1994, S. 25 ff.; *Beyerlin,* Zur Übertragung von Hoheitsrechten im Kontext dezentraler grenzüberschreitender Zusammenarbeit. Ein Beitrag zu Art. 24 Abs. 1 a GG, ZaöRVR 1994, S. 587 ff.; *Borchmann,* Neue Bund-Länder-Vereinbarung über die Zusammenarbeit in Angelegenheiten der EU, EuZW 1994, S. 172 ff.; *Dästner,* Zur Aufgabenverteilung zwischen Bundesrat, Landesregierung und Landesparlamenten in Angelegenheiten der EU, NWVBl. 994, S. 1 ff.; *Hilf/Stein/Schweitzer/Schindler,* EU: Gefahr oder Chance für den Föderalismus in Deutschland, Österreich und der Schweiz? VVDStRL 53 (1994), S. 8 ff.; *Mombaur,* Kommunalpolitik in der EU, 3. Aufl. 1994; *Nessler,* Die „neue Ländermitwirkung" nach Maastricht, EuR 1994, S. 216 ff.; *Schede,* Bundesrat und EU, 1994; *Rengeling,* Rechtsetzung der EG und Kommunen, ZG 1994, S. 277 ff.; *Schwarze,* Die Übertragung von Hoheitsrechten auf grenznachbarliche Einrichtungen im Sinne von Art. 24 I a GG, FS Benda, 1995, S. 311 ff.; *Weber,* Die Bedeutung der Regionen für die Verfassungsstruktur der EU, FS Heymanns-Verlag, 1995, S. 681 ff.; *Meissner,* Die Bundesländer und die EGen, 1996; *Hrbek,* Die Auswirkungen der EG-Integration auf den Föderalismus in Deutschland, APUZ B 24/1997, S. 12 ff.; *Lang,* Die Mitwirkungsrechte des Bundesrates und des Bundestages in Angelegenheiten der EU gemäß Art. 34 Abs. 2–7 GG, 1997, *H. Ress,* Die Beteiligung der deutschen Bundesländer am Rechtsetzungsprozeß der EG, JuS 1998, S. 17 ff.

Das Prinzip der institutionellen Eigenständigkeit hat für Bundesstaaten wie Deutschland die Konsequenz, daß es **der nationalen Verfassungsordnung überlas-** 651

sen bleibt, ob Gemeinschaftsrecht durch Bundes-, Landes- oder kommunale Behörden auszuführen ist. Von der EG her gesehen ist auch ein Bundesstaat ein einheitliches Staatswesen *(Schröder,* JÖR NF 1986, S. 83 ff. und oben Rz. 204). So werden in der BRD die Länderbehörden nach Maßgabe der Art. 83 ff. GG genauso von der Kooperationspflicht angesprochen wie der Bund *(Grabitz,* AöR 1986, S. 1 ff.). Ähnliches gilt für **Österreich** *(Staudigl/Fischler,* Die Teilnahme der Bundesländer am europ. Einigungsprozeß, 1996).

652 Verfassungsrechtlich ergibt sich die **Pflicht der deutschen Länder gegenüber dem Bund zum loyalen Vollzug des EGR** aus Art. 23 GG i. V. m. der Bundestreue (BVerfGE 92, 203 ff.), gemeinschaftsrechtlich zugleich aus Art. 5 = 10 neu EGV („Gemeinschaftstreue"). Umgekehrt hat die EG/EU die Verfassungsordnung der MSen zu respektieren, sofern der Vollzug des EGR gewährleistet ist.

653 Die deutschen Bundesländer sind bereits bei der **Setzung des EGR** vom Integrationsprozeß betroffen. Schon bei der Gründung der Gemeinschaft in den 50er Jahren und später bei Vertragsänderungen gingen auch **Länderkompetenzen** nach Art. 24 Abs. 1 GG (jetzt Art. 23 n. F.) auf die EG/EU über (Diplomanerkennung nach Art. 57 = 47 neu EGV, Forschungs- und Technologiepolitik nach Art. 130 f = 163 neu EGV, Bildungs- und Kulturzuständigkeiten nach Art. 126 ff. = 149 ff. neu EGV). Verständlicherweise suchten die Länder daher von Anfang an Einfluß auf die deutsche Mitwirkung am Rechtsetzungsprozeß in Brüssel zu gewinnen, insbesondere im Rat. Seit 1992 ist diesem Anliegen durch Art. 23 GG n. F. i. V. m. dem G über die Zusammenarbeit Breg/BRat v. 12.3.1993, BGBl. I S. 313 = Sart. I Ziff. 97 voll Rechnung getragen worden (oben Rz. 204, *Oschatz/Risse,* DÖV 1995, S. 437 ff.). Für eine unmittelbare europäische Mitsprache der Länder und Gemeinden wurde durch den EUV 1992 außerdem der **Ausschuß der Regionen** geschaffen (Art. 198 a ff. = 263 ff. neu EGV, oben Rz. 406 ff.). Ferner haben inzwischen alle Bundesländer über die Einrichtung von **EG-Büros in Brüssel** den direkten Kontakt zur Gemeinschaft hergestellt *(Fastenrath,* DÖV 1990, S. 128 ff.). Das ist verfassungsrechtlich möglich, da Beziehungen zur EG/EU nicht mehr reine „Außenpolitik" sind und Art. 32 GG daher modifiziert verstanden werden muß. Die Länder haben bei Direktkontakten zur Gemeinschaft die **Bundestreue** zu beachten *(Rudolf,* FS Partsch, 1989, S. 357 ff.).

654 Mittelfristig werden die **deutschen Bundesländer und Gemeinden** ebenso wie die Regionen anderer MSen bei der europäischen Verfassungsentwicklung zu einer staatsähnlichen EU eine zunehmende Rolle spielen. Wenn eine „Mega-Einheit" wie die EG/EU auf Dauer von den Unionsbürgern akzeptiert werden soll, muß sie sich noch stärker als bisher auf die Untergliederung ihrer MSen abstützen. Art. A Abs. 2, F Abs. 1 = 1 Abs. 2, 6 Abs. 1 neu EUV und Art. 3 b = 5 neu EGV sind mit ihrer Berufung auf **Bürgernähe, nationale Identität und Subsidiarität** richtige Ansätze in dieser Richtung. Föderale Subsidiarität und kommunale Selbstverwaltung sind unentbehrliche Strukturprinzipien einer lebensfähigen europäischen Verfassungsstruktur *(Scholz,* NVwZ 1993, S. 817 ff.; *Knemeyer,* Europa der Regionen – Europa der Kommunen, 1994). In diesen Zusammenhang gehört auch die zunehmende Kooperation **transnationaler Grenzregionen**, auf welche nach Art. 24 Abs. 1 a GG Hoheitsrechte übertragen werden können. *(Gross/Schmidt-Egner,* Europas kooperierende Regionen, 1994).

§ 7. Entstehung, Geltung und Außerkrafttreten des Gemeinschaftsrechts

Literatur: *Runge*, Die Zwangsvollstreckung aus Entscheidungen der Europäischen Gemeinschaften, AWD 1962, S. 337 ff.; *Bleckmann,* Zwangsmittel im Gemeinsamen Markt?, RIW/AWD 1978, S. 91 ff.; *Bleckmann,* Der Beurteilungsspielraum im Europa- und Völkerrecht, EuGRZ 1979, S. 485 ff.; *Bleckmann*, Zum Ermessensmißbrauch im Europäischen Gemeinschaftsrecht, FS Kutscher, 1981, S. 25 ff.; *Gilsdorf,* Vertrauensschutz, Bestandsschutz und Rückwirkungsbegrenzung im Gemeinschaftsrecht, RIW/AWD 1983, S. 22 ff.; *Schweitzer,* Die Verwaltung der Europäischen Gemeinschaften, DV 1984, S. 137 ff.; *Klein,* Unmittelbare Geltung, Anwendbarkeit und Wirkung von Europäischem Gemeinschaftsrecht, 1988; *Heukels,* Die Rückwirkungsjudikatur des EuGH, 1992; *Schwarze/Becker/Pollak,* Die Implementation von Gemeinschaftsrecht, 1993; *Tiedemann,* Gemeinschaftsrecht und Strafrecht, NJW 1993, S. 23 ff.; *Meyer,* Die Grundsätze der Auslegung im Europäischen Gemeinschaftsrecht, JURA 1994, S. 455 ff.; *Gassner,* Rechtsgrundlagen und Verfahrensgrundsätze des Europäischen Verwaltungsverfahrensrechts, DVBl. 1995, S. 16 ff.; *Mecking,* Sanktionen als Mittel zur Durchsetzung des Gemeinschaftsrechts, EuR 1995, S. 141 ff.; *Böse,* Strafen und Sanktionen im europäischen Gemeinschaftsrecht, 1996; *Gröblinghoff,* Die Verpflichtung des deutschen Strafgesetzgebers zum Schutz der Interessen der EGen, 1996; *Rohe,* Notwehr gegen Europa? Zur Bindungswirkung von Gemeinschaftsrecht, EuZW 1997, S. 491 ff.

Das Europäische Gemeinschaftsrecht (EGR) ist als „supranationales" **655**
Recht (oben Rz. 467) besonders durchschlagskräftig, wie sich insbesondere in seinem unbedingten Vorrang gegenüber dem Recht der Mitgliedstaaten zeigt (oben Rz. 616). Auf der anderen Seite ist die EG nur Rechtsgemeinschaft in dem Sinne, daß sie ihr Recht nicht wie ein Staat selbst notfalls zwangsweise durchsetzen kann. Für den notwendigen Respekt der MS vor dem Gemeinschaftsrecht sind daher **klare und allgemein anerkannte Regeln** von besonderer Bedeutung, die sich auf **die Entstehung, die Art der Geltung und schließlich auf die verschiedenen Möglichkeiten des Außerkrafttretens von EGR** beziehen. Im Rahmen der Geltung kommt dabei einheitlichen Grundsätzen, wie das Gemeinschaftsrecht **auszulegen** ist, besondere Bedeutung zu. Solche Regeln sind, soweit sie nicht in den Verträgen ausdrücklich festgelegt wurden, seit geraumer Zeit in der Gemeinschaftspraxis, über die Rechtsprechung des EuGH und auch mit Hilfe der europarechtlichen Theorie entwickelt worden. Sie helfen zugleich, der öfters beklagten „Bürgerferne" der EG *(Ulrich Everling)* entgegenzuwirken, indem sie dem Einzelnen das Vorhandensein des EGR hier und da bewußtmachen.

I. Ermächtigung zur Rechtsetzung

Literatur: *Däubler,* Die Delegation von Rechtsetzungsbefugnissen im Recht der EWG, DVBl. 1966, S. 660 ff.; *Schumacher,* Die Ausfüllung von Kompetenzlücken im Verfassungsrecht der Europäischen Gemeinschaften, AWD 1970, S. 539 ff.; *Schindler,* Die Delegation von Zuständigkeiten in der EG, 1971; *Meyer zu Brickwede,* Die Ermächtigung zum Erlaß von Rechtsverordnungen nach Art. 80 GG zur Ausführung von Europäischem Gemeinschaftsrecht, 1987; *Bruha/Münch,* Stärkung der Durchführungsbefugnisse der Kommission, NJW 1987, S. 542 ff.; *Nentwich,* Institutionelle und verfahrensrechtliche Neuerungen im Vertrag über die EU, EuZW 1992, S. 235 ff.

656 Für die Setzung von sekundärem Gemeinschaftsrecht gilt zunächst das **Prinzip der begrenzten Einzelzuständigkeit** in dem Sinne, daß jeder Rechtsakt des EGR einer ausdrücklichen oder mindestens sonstwie nachweisbaren Rechtsgrundlage innerhalb der Verträge bedarf, also z. B. die Rechtsangleichung sich im Rahmen der Art. 100 ff. = 94 ff. neu EGV zu halten hat.

Näher zum „Principe de compétence d'attribution" in seiner Verschränkung mit dem Subsidiaritäts- und dem Verhältnismäßigkeitsgrundsatz oben Rz. 513.

Dieser Grundsatz gilt sowohl hinsichtlich der Frage, ob überhaupt eine Gemeinschaftskompetenz gegeben ist, als auch für die Wahl der im jeweiligen Fall nach den Verträgen zugelassenen Handlungsformen (VO, RL usf.).

Nach diesem grundsätzlichen Ansatz ist die Frage nach der Zulässigkeit weiterer Delegationen von Rechtsetzungsbefugnissen im EGR zu stellen.

1. Durchführungsbefugnisse der Kommission vom Rat

657 Das EGR kennt zwar keine klare Hierarchie der Rechtsakte (oben Rz. 535). Aus der Natur der Sache ergibt sich gleichwohl die Notwendigkeit zu gewissen Abstufungen, z. B. im Agrarrecht zwischen Grund- und Durchführungsverordnungen. Nach dem institutionellen System der Verträge weisen Art. 145, 155 = 202, 211 neu EGV (ähnlich Art. 115, 124 EAGV, anders Art. 26, 8 EGKSV) primär der **Kommission** die Aufgabe zu, für die **Durchführung** der vom Rat erlassenen Vorschriften zu sorgen *(Däubler,* DVBl. 1966, S. 66 ff.). Darin liegt zwar keine allgemeine Ermächtigung der Kommission zum Erlaß von Durchführungsverordnungen, sondern es bedarf jeweils ausdrücklicher Einzeldelegationen des Rates in den Grundakten. Art. 145 i. d. F. der Einheitlichen Europäischen Akte von 1986 stellt jedoch klar, daß solche Spezialdelegationen des Rates an die Kommission der Regelfall sein sollen, eine Beteiligung des Rates an der Durchführung sich dagegen auf „spezifische Fälle" beschränken soll.

Damit soll das verbreitete Verwaltungsausschußverfahren eingeschränkt werden, bei dem sich der Rat gewisse Mitwirkungsbefugnisse auch auf der Durchführungsebene vorbehält (vgl. aber zur Praxis der „Comitologie" oben Rz. 638).

658 Indem die **Kommission die eigentliche „Durchführerin" des EGR** sein soll, ist es dem Rat untersagt, beliebig auf andere Einrichtungen (z. B. die Verwaltungskommission im Recht der Wanderarbeitnehmer [EuGHE 1981, 1241 ff. – RS 98/80]) zu delegieren.

Die Art und Weise der Ausübung der Delegationsbefugnisse der Kommission hat sich stets im Rahmen des vom Rat gesetzten Grundaktes zu halten (EuGHE 1987, 2686 ff. – RS 46/86 „Romkes"). **Der Rat ist der vorrangige Verordnungsgeber.** Andererseits hat sich bei den Durchführungsermächtigungen des EGR nicht eine die Ermächtigungen so präzise nach „Inhalt, Zweck und Ausmaß" einschränkende Doktrin entwickelt, wie sie z. B. in Deutschland zu Art. 80 GG besteht. Der Gerichtshof hat vielmehr im Interesse effektiver Umsetzung des EGR stets die Möglichkeit großzügiger Auslegungen der Durchführungsermächtigungen betont (EuGHE 1975, 1279 ff. – RS 23/75 st. Rspr.). Ferner ist zu beachten, daß die Kommission neben ihren vom Rat delegierten Befugnissen oftmals zugleich im Rahmen ihres **allgemeinen „Verwaltungsauftrages"** *(Ipsen)* nach Art. 155 UA I = 211 UA I neu EGV, 124 UA I EAGV handeln kann, wonach sie für die Anwendung des Vertrages sowie der von den Organen aufgrund des Vertrages getroffenen Bestimmungen Sorge zu tragen hat.

2. Delegationen an Mitgliedstaaten oder Private

Da Gemeinschaftordnung und nationale Rechtsordnung grundsätzlich **659**
zwei getrennte Kreise darstellen und das EGR außerdem um möglichst gleichmäßige Durchsetzung in allen MS bemüht ist, gibt es **keine allgemeine Delegationsbefugnis** von Rechtsetzungsgewalt der EG an ihre **Mitgliedstaaten.** Zwar haben die MS das Gemeinschaftsrecht zu vollziehen (oben Rz. 635 ff.). Sie haben auch im Rahmen der „Gemeinschaftstreue" nach Art. 5 = 10 neu EGV, 192 EAGV, 86 Abs. 1, 2 EGKSV alle geeigneten Maßnahmen zur Erfüllung ihrer gemeinschaftsrechtlichen Verpflichtungen zu treffen bzw. insoweit gefährdende Maßnahmen zu unterlassen. Besondere Ermächtigungen der EG an MS zur näheren Durchführung von EGR in Gestalt nationalen Rechtes sind dagegen unüblich und wären auch systemfremd.

Die Umsetzung der RL gemäß Art. 189 Abs. 3 = 249 neu EGV in Gestalt nationalen Rechtes ist keine Delegation, sondern eine Konsequenz, die sich aus dem „Umsetzungsbefehl" der RL unmittelbar ergibt.

Auch die Delegation von Gemeinschaftsbefugnissen an **Private (Individuen oder Unternehmen/Verbände)** ist der Gemeinschaftsordnung fremd, **660**
die sich grundsätzlich über die „dazwischenstehenden" MS im Verhältnis zum Einzelnen verwirklicht. Lediglich im „unternehmensnahen" EGKS-Bereich gab es in Gestalt der früheren Brüsseler Schrottausgleichskasse (einer finanziellen Einrichtung mehrerer Unternehmen) eine bemerkenswerte Ausnahme. Sie beruhte auf der ausdrücklichen Ermächtigung des Art. 53 a EGKSV. Der EuGH hat selbst diese Möglichkeit in seiner „Meroni"-Rspr. (EuGHE 1958 [IV], 9 ff., 51 ff. – RS 9 u. 10/56) an strenge Voraussetzungen geknüpft.

Insbesondere darf sich der „Beliehene" keinerlei weitergehende Befugnisse anmaßen, als sie dem delegierenden Gemeinschaftsorgan zustehen, muß die Beleihung immer ausdrücklich zugelassen sein und der Beliehene unter steter Kontrolle des Gemeinschaftsorgans stehen.

3. Unechte Delegationen?

661 Über die bisher erwähnten Delegationsmöglichkeiten hinaus steht das EGR beliebigen internen Zuständigkeitsverschiebungen, Unterermächtigungen u. ä. **grundsätzlich ablehnend gegenüber.** Die Rechtsetzungsgewalt der EG ist in ihrem komplizierten Zusammenspiel gemeinschaftlicher und nationaler Interessen in den Verträgen bewußt und ausdrücklich konstituiert worden. Dies verträgt prinzipiell nicht Abweichungen aus Gründen der Praktikabilität, zeitlicher Verkürzungen u. ä. zu Lasten jener Grundentscheidungen. Dies gilt insbesondere für die **Kollegialentscheidung im Rat und in der Kommission.** Weder im Rat noch bei der Kommission können dem Organ insgesamt übertragene Rechtsetzungsbefugnisse im Sinne einer Selbstermächtigung auf einzelne Mitglieder des Organs (z. B. auf den Präsidenten) übertragen oder andere Erleichterungen des Rechtsetzungsverfahrens beschlossen werden. Dahinter steht der Gedanke, daß ein multinationales Organ gemeinsam Verantwortung tragen sollte. Lediglich im Rahmen interner Verwaltung oder zur Vorbereitung späterer Kollegialbeschlüsse können einzelne oder mehrere Kommissionsmitglieder zu bestimmten Maßnahmen ermächtigt werden (Art. 11 GeschO KOM, vgl. auch oben Rz. 349 ff.).

II. Formfragen bei der Entstehung von Gemeinschaftsrecht

Literatur: *Ehle,* Inkrafttreten von EWG-Verordnungen und Rückwirkungsverbot, DVBl. 1970, S. 600 ff.; *Tomuschat,* Normenpublizität und Normenklarheit im Recht der EG, FS Kutscher, 1981, S. 461 ff.; *Magiera,* Die Rechtsakte der EG-Organe, Jura 1989, S. 595 ff. (603 f.); *Scheuing,* Der Rechtsgrundlagenstreit vor dem Gerichtshof, FS Börner, 1992, S. 877 ff.; *Kugelmann,* Zur Transparenz des Handelns der EU, EuR 1996, S. 207 ff.

662 Auch verschiedene **formale Entscheidungen** sorgen für möglichste Rechtsklarheit bei der Entstehung von EGR, nicht zuletzt im Interesse des Bürgers.

1. Regeln im Rechtsetzungsverfahren

a) Beteiligung und Mitwirkung

Ein wichtiges Element des Rechtsetzungsverfahrens stellen die vertraglich vorgesehenen **Beteiligungs- und Mitwirkungsregeln** dar. Sie bezwekken eine genaue und umfassende Vorbereitung des beabsichtigten Rechtsaktes (EuGHE 1960, 743 – RS 25/59 st. Rspr.). Von besonderer Bedeutung sind in diesem Zusammenhang das **Vorschlagsrecht der Kommission** (z. B. Art. 43 Abs. 2 = 37 neu EGV), die **Anhörung des Europäischen Parlamentes,** die Zusammenarbeit mit ihm oder seine Mitentscheidung (z. B. Art. 235 = 308 neu EGV, Art. 130 s = 175 neu EGV oder Art. 100 a = 95 neu EGV), des Wirtschafts- und Sozialausschusses (z. B. Art. 49 Abs. 1 = 40 Abs. 1 neu EGV) oder auch eines MS (Art. 93 Abs. 2 = 88 Abs. 2 neu

EGV). Hinsichtlich der Beteiligung des EP hat der Gerichtshof inzwischen entschieden (EuGHE 1995, I–1185 ff. – RS C–417/93, st. Rspr.), daß es sich um ein so wesentliches Formgebot handele, daß der Rechtsakt bei Verletzung **nichtig** sei. Dies dürfte auch bei den anderen Beteiligungsrechten zutreffen.

b) Bezeichnung der Rechtsakte

Die Verträge enthalten nur in Art. 15 Abs. 4 EGKSV eine Regelung, welche die Kommission zu **Ausführungsvorschriften u. ä. hinsichtlich der Form (einschl. Bezeichnung) der Rechtsakte** ermächtigt. Sie hat auf dieser Grundlage die E 22/60 v. 7. 9. 1960 (ABl. S. 1248) erlassen. Die E enthält für die EGKS-Akte Regelungen hinsichtlich Bezeichnung, Datierung und Signierung. Inzwischen hat sich in der Gemeinschaftspraxis gewohnheitsmäßig ganz allgemein eine feste äußere Form der Rechtsakte etabliert (vgl. auch Art. 11 ff. GeschO Rat v. 6. 12. 1993, ABl. L 304/9 ff. und Art. 16 GeschO KOM v. 17. 2. 1993, ABl. L 230/15 ff.). Die Rechtsakte werden jeweils nach Art, Inhalt und Bezifferung identifiziert. In der Überschrift wird angegeben, ob es sich um einen Rechtsakt des Rates allein, um einen gemeinsamen Rechtsakt von Rat und EP (Mitentscheidungsverfahren) oder um einen Akt der Kommission handelt. In der Präambel werden die Rechtsgrundlagen benannt, ferner die Beteiligungen, die Gründe für den Erlaß des Aktes und Ort/Datum des Erlasses. Ferner werden in Abschlußklauseln bei VOen und RLen deren vertragsmäßige Wirkung angegeben. Schließlich gilt die Verpflichtung, die Rechtsakte in allen Sprachen der Gemeinschaft zu veröffentlichen. – Diese verschiedenen Form- und Bezeichnungsvorschriften und -praktiken werden jedoch von der Rspr. nicht als so wesentlich angesehen, daß ihre Nichtbeachtung Nichtigkeit zur Folge hätte (EuGHE 1963, 517 ff. – Verb. RS 53–54/63). Nichtdestoweniger kommt einer korrekten und ständigen Handhabung solcher Formvorschriften für die tägliche Praxis des EGR eine wichtige Bedeutung zu. Vor allem die **richtige Wahl und Bezeichnung der Rechtsgrundlage** des Aktes kann die Klagebefugnis eines hierdurch benachteiligten Organs herbeiführen („Rechtsgrundlagenstreit" EuGHE 1994, I–2857 ff., RS C–187/93, *Scheuing*, FS Börner, 1992, S. 377 ff. und Art. 53 GeschO EP). 663

2. Veröffentlichung, Bekanntgabe und Inkrafttreten

Die **eindeutige Publizität fertiger Rechtsakte** gehört ihrerseits zu den wichtigen Formerfordernissen bei der Entstehung von EGR. (*Tomuschat*, FS Kutscher 1981, S. 461 ff.). Die Gemeinschaftspraxis ist hier in rechtsstaatlich begrüßenswertem Sinne z. T. über die ausdrücklichen Erfordernisse der Verträge hinausgegangen. 664

a) Veröffentlichung und Bekanntgabe

Gemäß Art. 191 Abs. 1–2 = 254 Abs. 1–2 neu EGV i. V. m. Art. 15 GeschO Rat sind **die Verordnungen** der EG, an alle MSen gerichtete **Richtlinien** 665 und die nach dem Mitentscheidungsverfahren des Art. 189 b = 251 neu EGV ergangenen Verordnungen, Richtlinien und Entscheidungen zu **veröffentlichen** (näher *Hetmeier,* in: Lenz (Hrsg.), EGV-Komm. 1994, Art. 191). Ähnliche Regelungen enthalten Art. 163 EAGV und Art. 15 EGKSV für die dortigen Rechtsakte. Publikationsorgan ist das **Amtsblatt der EGen.**

666 Das ABl. erschien ursprünglich vom 30. 12. 1952 bis zum 13. 5. 1958 als Amtsblatt der EGKS. Sodann wurde es als ABl. der EWG bzw. EAG umgegründet (Een der Räte von EWG und EAG v. 15. 9. 1958, ABl. Nr. 390 und 419 v. 6. 10. 1958). Bis zum 31. 12. 1967 erschien das ABl. einheitlich, ab 1. 1. 1968 in den beiden Teilen L (Legislatio) = Rechtsvorschriften und C (Communicatio) = Mitteilungen und Bekanntmachungen (vgl. ABl. 1968, L 30). Das ABl. erscheint parallel in den verschiedenen Gemeinschaftssprachen (oben Rz. 179 ff.).

667 Die Veröffentlichung hat **konstitutive Wirkung** für die Gültigkeit des Rechtsaktes (EuGHE 1974, 607 ff. – RS 185/73). Für den Zeitpunkt der Veröffentlichung ist dabei im Zweifel das Datum maßgebend, das auf der betreffenden Nummer des ABl. vermerkt ist (EuGHE 1979, 69 ff. – RS 98/78), notfalls das Datum der tatsächlichen Verfügbarkeit der Nummer des ABl., falls diese mit dem aufgedruckten Datum auseinanderfällt. **Andere Richtlinien und Entscheidungen** der EG bedürfen zur Wirksamkeit der **Bekanntgabe** an denjenigen, für den sie bestimmt sind (Art. 191 Abs. 3 = 254 Abs. 3 neu EGV, ähnlich Art. 163 EAGV, 15 Abs. 2 EGKSV). In der Gemeinschaftspraxis werden diese Rechtsakte darüber hinaus regelmäßig auch im ABl. **veröffentlicht.** (Näher Art. 15 ff. GeschO Rat, auch zu den gemeinsamen Standpunkten nach Art. 189 b, c = 251, 252 neu EGV bzw. den gemeinsamen Standpunkten/Aktionen gemäß Art. J.2, K.3 = 12, 34 neu EUV). Um der Eindeutigkeit der Rechtswirkung willen kann jedoch die Veröffentlichung die gezielte Bekanntgabe an den Adressaten nicht ersetzen (EuGHE 1970, 661 ff. – RS 41/69 „Chemiefarma" st. Rspr.). – Auch sonst sind in **speziellen Vorschriften** gelegentlich Veröffentlichungspflichten festgelegt, z. B. in Art. 162 = 218 neu EGV hinsichtlich der GeschO der Kommission. Ferner werden aus Informationsgründen ohne Rechtspflicht viele Beschlüsse, Entschließungen u. ä. von Gemeinschaftsorganen im ABl. veröffentlicht. Die EG ist aus integrationspolitischen Gründen **ausgesprochen publikationsfreundlich** eingestellt.

b) Inkrafttreten

668 Nicht schon mit der Veröffentlichung bzw. Bekanntgabe, sondern erst mit dem Zeitpunkt des **Inkrafttretens** entfalten die EG-Rechtsakte rechtliche Wirkungen, entstehen insbesondere die in ihnen festgelegten Rechte und Pflichten.

Art. 191 Abs. 1–2 = 254 Abs. 1 – 2 neu EGV (ähnlich EAG- und EGKSV) regelt wiederum für **VOen** und an alle MSen gerichtete **Richtlinien** der EG und die gemäß Art. 189 b = 251 neu EGV ergangenen VOen, RLen und Een, daß sie zum **festgelegten Zeitpunkt,** bzw. sonst am 20. Tag nach der Veröffentlichung **in Kraft treten.** Die sich hierdurch für die Gemeinschaftorgane ergebende grundsätzliche Freiheit, den Zeitpunkt des Inkrafttretens zu bestimmen, wird durch das

Verbot echter und unechter Rückwirkung sowie durch das Verhältnismäßigkeitsprinzip eingeschränkt (unten Rz. 514 ff.; *Ehle,* DVBl. 1970, S. 600 ff.). Der Gerichtshof nimmt insoweit Kontrollfunktionen wahr (EuGHE 1967, 591 ff. – RS 17/67).

Insbesondere wird für den Normalfall eine **angemessene Frist** – wie die o. 669
g. 20 Tage – zwischen Veröffentlichung und Inkrafttreten zu liegen haben, damit die Rechtsunterworfenen sich auf die Rechtslage einrichten können (EuGHE 1979, 101 ff. – RS 99/78). Ein rascheres Inkrafttreten bedarf jedenfalls des Vorliegens zwingender Gemeinschaftsinteressen.

Gemäß Art. 191 Abs. 3 = 254 Abs. 3 neu EGV, Art. 163 Abs. 2 EAGV treten **Richtlinien und Entscheidungen** der EG/EAG mit **Bekanntgabe** in Kraft, nach Art. 15 Abs. 2 EGKSV **individuelle EGKS-Entscheidungen** und **Empfehlungen** mit **Zustellung.** Sachlich ist das jedoch dasselbe, der französische Text spricht in beiden Fällen von „notification". Bekanntgabe/Zustellung liegt vor, wenn der Rechtsakt ordnungsgemäß in den Herrschaftsbereich des Empfängers gelangt ist (EuGHE 1957, 189 ff. – RS 8/56).

c) Exkurs: Transparenz des Gemeinschaftshandelns (Zugang zu Dokumenten)

Zu Rechtsstaatlichkeit und Bürgernähe des Handelns der EG/EU gehört 670
seine **Durchschaubarkeit („Transparenz") für den Unionsbürger** (Art. A Abs. 2 = 1 neu EUV). Insbesondere skandinavische Staaten wie Finnland und Schweden sowie Dänemark legen hierauf großen Wert. Geheimhaltungen bedürfen immer einer besonderen Legitimation. Durch den Amsterdamer Vertrag 1997 ist das in diesen Zusammenhängen zentrale **Recht auf Zugang zu Dokumenten** in Art. 255 neu EGV aufgenommen worden.

Hiernach haben jeder Unionsbürger und auch natürliche juristische Personen mit Sitz in den MSen das Recht auf Zugang zu Dokumenten des EP, des Rates und der Kommission nach Maßgabe näherer Grundsätze und Bedingungen, die in Abwägung der öffentlichen und privaten Interessen vom Rat und in den Geschäftsordnungen der Organe festgesetzt werden (Art. 255 Abs. 2–3 neu EGV). Die Rechtsprechung (EuGE 1995, II–2765 ff., RS T–194/94 „Guardian Newspapers", dazu *Kugelmann,* EuR 1996, S. 207 ff., st. Rspr.) hat dabei das Auskunftsinteresse der Presse betont. Vgl. auch schon den Beschluß des EP über den Zugang der Öffentlichkeit zu seinen Dokumenten, ABl. 1997, L263/27.

In diesen Zusammenhang gehören auch **Rechte auf Akteneinsicht,** die 671
u. a. im EG-Kartell- und Antidumpingverfahren bedeutsam sind (*Hix*, Das Recht auf Akteneinsicht im europäischen Wirtschaftsverwaltungsrecht, 1992 und unten Rz. 1072 ff., 1771 ff.).

III. Begründungspflicht

Literatur: *Le Tallec/Ehlermann,* Die Begründungspflicht für Rechtsakte der Europäischen Gemeinschaften, AWD 1966, S. 149 ff.; *Schott,* Der Begründungszwang für Akte der Exekutiven der Europäischen Gemeinschaften, 1971; *Scheffler,* Die Pflicht zur Begründung von Maßnahmen nach den Europäischen Gemeinschaftsverträgen, 1974; *Hen,* La motivation des actes des institutions communautaires, CDE

1977, S. 49 ff.; *Müller-Ibold,* Die Begründungspflicht im europäischen Ge-meinschaftsrecht und im deutschen Recht, 1990.

672 Ein wichtiges rechtsstaatliches Erfordernis bei der Entstehung von EGR ist die **Begründung der Rechtsakte.** Sie dient zum einen den Interessen der Adressaten des Rechtsaktes im Sinne von Überprüfungsmöglichkeiten. Zum andern soll die Begründung auch dem Gerichtshof im Streitfalle die Kontrolle der Rechtmäßigkeit möglichst umfassend ermöglichen (zu beidem EuGHE 1958–1959, 89 ff. – RS 18/57 „Nold").

Art. 190 = 253 neu EGV, Art. 162 EAGV und Art. 15 Abs. 1 EGKSV statuieren daher beim Erlaß von Verordnungen, Richtlinien und Entscheidungen eine **Begründungspflicht** (im EGKS-Bereich auch für unverbindliche Stellungnahmen). Der Umfang der Begründung hat grundsätzlich dem Erfordernis zu entsprechen, daß in ihr die wesentlichen rechtlichen und tatsächlichen Erwägungen wiederzugeben sind, auf denen der betreffende Rechtsakt beruht *(Hen,* CDE 1977, S. 49 ff.).

Diesen schon früh formulierten (EuGHE 1954–1955, 213 ff. – RS 6/54) Grundsatz legte der EuGH anfänglich verhältnismäßig streng aus. (Näher *Le Tallec-Ehlermann,* AWD 1966, S. 149 ff.) Später (insbesondere seit EuGHE 1968, 127 ff. – RS 5/67) hat der Gerichtshof in plausibler Weise seine Haltung abgemildert und die Begründungspflicht nach der Rechtsnatur des einschlägigen Aktes (individuelle Maßnahmen/Normativakte) gestuft. Stärker als bei Individualakten ist insbesondere bei Verordnungen (allgemeinen EGKS-Entscheidungen) zu berücksichtigen, daß hier eine allgemeine Situation abstrakt zu regeln ist, so daß nicht auf alle Einzelheiten eingegangen zu werden braucht, sondern eine Benennung der Gesamtlage und der allgemeinen Ziele des Rechtsaktes in der Regel ausreicht. (Seit der o. g. E des EuGH st. Rspr., später etwa EuGHE 1978, 2457 ff. – RS 87/78 oder EuGHE 1995, I–3799 ff. – RS C–466/93).

673 Die Konsequenzen von Mängeln bei der Begründung hängen vom Ausmaß des Verstoßes ab. Bei gravierenden Verletzungen kann der Rechtsakt fehlerhaft und nichtig sein (EuGHE 1984, 777 ff. – RS 325/82 „Butterschiffe"). In der EG-Gerichtsbarkeit ist die Rüge mangelhafter Begründung i. s. Art. 190 = 253 neu EGV ein oftmaliger Klagegrund nach Art. 173 Abs. 2 = 230 neu EGV.

IV. Geltung und (Rück)wirkung des Gemeinschaftsrechts

Literatur: *Pescatore,* L'applicabilité directe des traités européens par les jurisdictions nationales, RTDE 1969, S. 697 ff.; *Bebr*, Directly applicable provisions of community law. The development of a Community concept, JCLQ 1970, S. 257 ff.; *Ehle,* Inkrafttreten von EWG-Verordnungen und Rückwirkungsverbot, DVBl. 1970, S. 600 ff.; *Kovar,* L'applicabilité directe du droit communautaire, RDE 1973, S. 279 ff.; *Riegel,* Zum Ausmaß der unmittelbaren Wirkung gemeinschaftsrechtlicher Bestimmungen im innerstaatlichen Recht, RIW/AWD 1978, S. 295 ff.; *Heukels,* Intertemporales Gemeinschaftsrecht. Rückwirkung, Sofortwirkung und Rechtsschutz in der Rspr. des EuGH, 1990; *Everling,* Der Ausschluß der Rückwirkung bei der Feststellung der Ungültigkeit von Verordnungen durch den Gerichtshof der EG, FS Börner, 1992, S. 57 ff.; *Gilsdorf/Bardenhewer,* Das EuGH-Urteil im Fall „Chrispoltini" und die Rückwirkungsproblematik, EuZW 1992, S. 267 ff.; *Heukels,* Die Rückwirkungsjudikatur des EuGH, 1992; *Pietzcker,* Zur Nichtanwendung europarechtswidriger Gesetze seitens der Verwaltung, FS Everling, 1995, S. 1095 ff.; *Rohe,* Notwehr gegen Europa? Zur Bindungswirkung von Gemeinschaftsrecht, EuZW 1997, S. 491 ff.

Seit 1983 erstattet die Kommission dem Europäischen Parlament jährlich einen Bericht über die Kontrolle der Anwendung des Gemeinschaftsrechts (z. B. 14. Bericht, ABl. 1997, C 332/1); dazu *Ehlermann,* FS Pescatore, 1987, S. 205 ff. Die Erklärung der Maastrichter Regierungskonferenz 1991/92 zur Anwendung des Gemeinschaftsrechts (ähnlich Ratsentschließung v. 29. 6. 1995, ABl. C 188/1 ff.) betont die Notwendigkeit der wirksamen und strengen Anwendung des EGR, besonders bei der Umsetzung von Richtlinien. **674**

1. Geltung

Einmal entstanden, entfaltet das EGR die bindende, normative Geltungskraft, die das Wesen jeglicher regulärer Rechtsnorm ausmacht. Dabei stellt sich im Näheren jeweils die Frage, wem gegenüber die EG-Norm gilt, insbesondere, ob sie nur gegenüber den Mitgliedstaaten Wirkung entfaltet, oder auch umfassende und unmittelbare Wirkungen gegenüber dem Unionsbürger. Diese Frage ist nach dem Charakter des Rechtsaktes (VO, RL, E usw.) und den hierfür in den Verträgen (insbesondere Art. 189 = 249 neu EGV, Art. 161 EAGV, Art. 14 EGKSV) festgelegten Regeln einschließlich ihrer Fortentwicklung über die Rspr. des Gerichtshofes zu beantworten. **675**

Hier ist insbesondere noch einmal an die bereits oben Rz. 629 ff. behandelte Doktrin über die **unmittelbare Anwendbarkeit des EGR** im innerstaatlichen Bereich zu erinnern. Während der VO nach Art. 189 Abs. 2 = 249 Abs. 2 neu EGV eine solche allgemeine und unmittelbare Geltungskraft ausdrücklich zugeschrieben worden ist, hat der Gerichtshof vergleichbare Unmittelbarkeitswirkungen auch für eine Reihe von Bestimmungen in den Verträgen selbst entwickelt (EuGHE 1963, 1 ff. – RS 26/62 „Van Gend & Loos", EuGHE 1978, 629 ff. – RS 106/77 „Simmenthal" st. Rspr., vgl. oben Rz. 620). Gleiches gilt nach der Rspr. für „perfekte" Richtlinien und Entscheidungen, die von den MS nicht fristgemäß durchgeführt werden (EuGHE 1970, 1213 ff. – RS 33/70 „Spa SACE", EuGHE 1982, 53 ff. – RS 8/81 „Wirkung der Richtlinien" st. Rspr., oben Rz. 556. Schließlich hat der EuGH bestimmten Regelungen in **EG-Abkommen mit Drittstaaten** in einer allerdings noch nicht voll ausgebauten Rspr. gelegentlich unmittelbare Wirkung zugesprochen (z. B. im Assoziierungsabkommen von Jaunde: EuGHE 1976, 129 ff. – RS 87/75 „Brescia"; im Art. 53 Assoziierungsabkommen mit Griechenland: EuGHE 1982, 1331 – RS 17/81). Im externen Vertragsrecht findet die Unmittelbarkeitsdoktrin allerdings oft natürliche Grenzen, da die Auffassung des jeweiligen auswärtigen Vertragspartners mitbedacht werden muß. **676**

Einmal entstandenes Gemeinschaftsrecht erheischt grundsätzlich Befolgung. Wenn Bedenken gegen seine Rechtmäßigkeit bestehen, müssen diese in den vertraglich vorgesehenen Formen verfolgt werden, vor allem durch **677**

Inanspruchnahme der europäischen Gerichtsbarkeit (Art. 219 = 292 neu EGV). Eine einseitige Nichtbeachtung aufgrund einer behaupteten „Notsituation" o. ä. ist nicht zulässig. Nur wenn mitgliedstaatliche Zuständigkeiten durch Handeln der Gemeinschaft vor aller Augen evident verletzt würden, könnte die Anwendung solchen „Nicht-Rechtes" außer Acht gelassen werden.

Zur gelegentlich bedenklichen Staatenpraxis behaupteter „Notwehr gegen Europa" *Rohe,* EuZW 1997, S. 491 ff.

Als (nur) „Rechtsgemeinschaft" ist die EG/EU elementar darauf angewiesen, daß ihre Mitglieder rechtstreu bleiben. Die Akzeptanz der Gemeinschaftsordnung setzt andererseits ein Handeln der Gemeinschaftsorgane voraus, welches von den Rechtsunterworfenen nachvollziehbar und für sie einsehbar ist. Auch in diesem Zusammenhang ist die Gemeinschaftstreue (Art. 5 = 10 neu EGV) eine gegenseitige.

2. Rückwirkung

678 Im Zusammenhang mit der Geltung stellt sich auch für das EGR gelegentlich die rechtsstaatliche Frage, ob und inwieweit EG-Normen **rückwirkende Kraft** entfalten können. Dabei sind verschiedene Tatbestände zu unterscheiden.

a) Echte (retroaktive) Rückwirkung

Am fühlbarsten für die Adressaten des Rechtsaktes ist der Fall, wenn die Norm (z. B. durch ein Inkrafttreten, das zeitlich vor der Veröffentlichung liegt) auf **abgeschlossene, in der Vergangenheit liegende Sachverhalte einwirkt** (echte oder retroaktive Rückwirkung). Hier ist zwischen **begünstigenden** und **belastenden Regelungen** zu unterscheiden. Erstere sind grundsätzlich zulässig, ja unter Umständen sogar infolge des Gleichbehandlungsgrundsatzes geboten *(Ehle,* DVBl. 1970, S. 600 ff.). Umgekehrt lassen die Prinzipien des Vertrauensschutzes und der Rechtssicherheit es grundsätzlich unzulässig erscheinen, daß belastende Rechtsakte rückwirken. Ausnahmen können nach st. Rspr. des Gerichtshofes (etwa EuGHE 1983, 2539 ff. – RS 224/82) allerdings dann geboten sein, wenn das angestrebte Ziel es verlangt und das berechtigte Vertrauen des Betroffenen gebührend beachtet ist. Es geht mit anderen Worten dabei oftmals um eine Abwägung zwischen der Schutzwürdigkeit des Vertrauens des Betroffenen im Einzelfall und den in Frage stehenden Gemeinschaftsinteressen (sog. „Recke"-Formel; *Heukels,* Die Rückwirkungsjudikatur des EuGH, 1992, S. 22).

b) Unechte (retrospektive) Rückwirkung

679 Hier geht es um den „milderen" Fall, daß der Rechtsakt **formal zwar nur in die Zukunft wirkt** (das Inkrafttreten also zeitlich nach der Veröffentlichung liegt), er in seiner **Wirkung** aber auch Vorgänge mit erfaßt, die **vor** Inkrafttreten und Veröffentlichung liegen und noch fortdauern. Diese unechte (retrospektive) Rückwirkung ist infolge der Konnexität des Gesamt-

vorganges öfters unvermeidlich. Sie wird daher grundsätzlich sowohl bei begünstigenden wie bei belastenden Akten für zulässig gehalten (EuGHE 1973, 723 ff. – RS 1/73 st. Rspr.). Ausnahmen mögen im Einzelfall allerdings bei belastenden Maßnahmen auch hier denkbar sein, wenn das Vertrauen des Betroffenen in die frühere Rechtslage eindeutig überwiegt.

Insgesamt gelten so im EGR zur Rückwirkung ganz ähnliche Grundsätze wie im innerstaatlichen Recht. Dies überrascht nicht, handelt es sich doch um allgemeine rechtsstaatliche Grundsätze.

V. Auslegung des Gemeinschaftsrechts

Literatur: *Ophüls,* Über die Auslegung der Europäischen Gemeinschaftsverträge, FS Müller-Armack, 1961, S. 279 ff.; *Monaco,* Auslegungsgrundsätze des Gerichtshofes der Europäischen Gemeinschaften, 1965, S. 177 ff.; *Dickschat,* Problèmes d'interprétation des traités européens résultant de leur plurilinguisme, RBDI 1968, S. 40 ff.; *Zuleeg,* Die Auslegung des Europäischen Gemeinschaftsrechts, EuR 1969, S. 97 ff.; *Mathijsen,* Teleologische interpretatie des Europese Verdragen, 1970; *Riese,* Das Sprachenproblem in der Praxis des Gerichtshofes der Europäischen Gemeinschaften, FS Doelle, 1963, Bd. II, S. 507 ff.; *Kutscher/Hamson/Dumon,* Methoden der Auslegung des Gemeinschaftsrechts, in: Gerichtshof der EG (Hrsg.), Begegnung von Justiz und Hochschule, 1976; *Bredimas,* Methods of interpretation and Community Law, 1978; *Bleckmann,* Zu den Auslegungsmethoden des Europäischen Gerichtshofes, NJW 1982, S. 1177 ff.; *Mertens de Wilmars,* Réflexions sur les méthodes de la Cour de Justice des Communautés Européennes, CDE 1986, S. 5 ff.; *Bieber,* Zur Rolle der Mitgliedstaaten bei der Ausfüllung von Lücken im Europäischen Gemeinschaftsrecht, in: Bieber/Ress (Hrsg.), Die Dynamik der EGR, 1987, S. 283 ff.; *Groux,* Divergences et conflits dans l'interprétation du traité CEE, FS Pescatore, 1987, S. 275 ff.; *Everling,* Rechtsanwendungs- und Auslegungsgrundsätze des Gerichtshofes der EG, in: Kruse (Hrsg.), Zölle, Verbr. Steuern, europ. Marktordnungsrecht, 1988, S. 51 ff.; *Pechstein,* Die Bedeutung von Protokollerklärungen zu Rechtsakten der EG, EuR 1990, S. 249 ff.; *Herdegen,* Auslegende Erklärungen von Gemeinschaftsorganen und Mitgliedstaaten zu EG-Rechtsakten, ZNR 1991, S. 52 ff.; *Bleckmann,* Probleme der Auslegung europäischer Richtlinien, ZUGR 1992, S. 376 ff.; *Wägenbaur,* Zur Klarheit der Gesetzessprache in der EG, EuZW 1993, S. 713; *Nettesheim,* Auslegung und Fortbildung nationalen Rechts im Lichte des Gemeinschaftsrechts, AöR 1994, S. 261 ff.; *Meyer,* Die Grundsätze der Auslegung im Europäischen Gemeinschaftsrecht, JURA 1994, S. 455 ff.; *Streinz,* Der „effet utile" in der Rspr. Des Gerichtshofes der EGen, FS Everling, 1995, S. 1491 ff.; *Schilling,* Die Auslegung der Ausnahme in der Rspr. des EuGH, EuR 1996; *Bleckmann/Pieper,* Die Auslegungsmethoden des Gemeinschaftsrechts, in: Dauses (Hrsg.), Hdb EG-Wirtschaftsrecht B I, 3. (1997); *Buck,* Über die Auslegungsmethoden des Gerichtshofs der EG, 1998;

1. Gemeinschaftsrechtliche Auslegungsmethoden zwischen Völkerrecht und Verfassungsrecht

So, wie das Europäische Gemeinschaftsrecht irgendwie zwischen Völ- 680
kerrecht und staatlichem Recht steht, muß auch bei der Auslegung des geltenden Europarechts sowohl auf die **völkerrechtlichen Auslegungsregeln**

zurückgegriffen werden, wie sie sich insbesondere in Art. 31 ff. der Wiener Vertragsrechtskonvention von 1969 finden, als auch auf die **Methoden der Verfassungsinterpretation** in den MS. Angesichts des „Verfassungs"charakters der Verträge (oben Rz. 475) und dem ihnen insgesamt zu entnehmenden Ziel des Aufbaues einer kohärenten Gemeinschaftsrechtsordnung legt sich bei der Interpretation des EGR **grundsätzlich eher das Vorbild der innerstaatlichen Auslegungsgrundsätze nahe.** Dabei ist gleichzeitig zu sehen, daß auch bei der völkerrechtlichen Interpretation – insbesondere im Recht der Internationalen Organisationen – eine gewisse Abwendung von den alten stark subjektiv-souveränitätsbezogenen Maximen zugunsten der Suche nach dem „objektiven Sinn" der Norm eingesetzt hat und damit eine gewisse Angleichung in Richtung der verfassungsrechtlichen Auslegungsgrundsätze *(Bernhardt,* FS Kutscher 1981, S. 17 ff).

681 Angesichts der inzwischen jahrzehntelangen Praxis des Gerichtshofes, der nach Art. 164 = 220 neu EGV, Art. 136 EAGV, Art. 31 EGKSV der eigentliche autoritative Ausleger des EGR ist, hat sich mittlerweile im Zusammenspiel völkerrechtlicher und verfassungsrechtlicher Auslegungsmaxime eine **eigene gemeinschaftsrechtliche Interpretation** mit selbständigen Grundsätzen entwickelt *(Meyer,* JURA 1994, S. 455 ff.). Sie knüpft an die bekannten Auslegungsarten an, gewichtet sie jedoch in einer spezifisch gemeinschaftsrechtlichen Weise und bringt z. T. neuartige Auslegungsregeln mit ein. Im Wesentlichen werden dabei primäres und sekundäres Gemeinschaftsrecht gleich ausgelegt *(Mertens de Wilmars,* CDE 1986, S. 5 ff.). Aus Ranggründen ist sekundäres EGR möglichst so auszulegen, daß es mit dem Primärrecht vereinbar ist (EuGHE 1991, I–1647 ff. – RS C–314/89).

2. Wörtliche Auslegung

682 Im Gemeinschaftsrecht gilt wie im Völker- und innerstaatlichen Recht als erster Grundsatz, daß der Text **in seinem Wortlaut zunächst einmal aus sich selbst heraus auszulegen ist.** Der normale und natürliche Sinn der Worte in ihrem unmittelbaren Zusammenhang des Satzes usf. ist festzustellen. Der Gerichtshof hat sich dabei gelegentlich zu der aus Frankreich kommenden Doktrin des „acte clair" in dem Sinne bekannt, daß bei einem eindeutigen („klaren") Wortlaut gar nicht weiter auf andere Auslegungsprinzipien zurückzugreifen ist (EuGHE 1978, 611 ff. (619), RS 79/77 st. Rspr.). Ferner ist zu beachten, daß es um **gemeinschaftsrechtliche Wortbedeutungen** geht (Bsp. „Öffentliche Verwaltung"), die zwar vor dem Hintergrund der mitgliedstaatlichen Vorstellungsbilder zu sehen sind, denen sie entstammen, die aber letztlich zu einem gemeinsamen „EG-Wortsinn" verschmolzen werden müssen, um die Einheit des EGR zu wahren *(Groux,* FS Pescatore, 1987, S. 275 ff.).

683 Diese Aufgabe wird dadurch ungemein schwierig (und die Wortbedeutung relativiert), daß es nach der **Sprachenregelung der EG** (oben Rz. 180) jeweils zwölf authentische Texte gibt (deutsch, französisch, italienisch, niederländisch, englisch, dänisch, irisch, griechisch, spanisch, portugiesisch, finnisch und schwedisch). Nur

der EGKSV kennt die französische Fassung als einzig autorative. Auch die häufige Verwendung einer „Arbeitssprache" (insbes. Englisch und Französisch) bei der Herstellung eines Rechtstextes vermag angesichts der Gleichrangigkeit der Sprachen nur begrenzte Hilfe zu leisten (*Riese,* FS Doelle, 1963, Bd. II, S. 507 ff.). Es muß daher für den gemeinschaftsrechtlichen „Wortlaut", wenn die sprachlichen Fassungen von einander abweichen, irgendwie eine Synthese gefunden werden (EuGHE 1988, 3845 ff. – RS 55/87; *Meyer,* JURA 1994, S. 456). Der Gerichtshof stellt dabei vor allem auf den **wirklichen Willen der Urheber** und der von ihnen verfolgten Zwecke im Lichte der Fassung in allen Sprachen ab. Im Zweifel ist die für den Adressaten am wenigsten belastende Auslegung zu wählen (EuGHE 1969, 419 ff. – RS 29/69 „Stauder/Ulm"). In solchen Fällen befindet man sich dann rasch jenseits einer rein textuellen Auslegung und wendet in der Angleichung der Sprachen bereits systematische oder teleologische Methoden mit an (EuGHE 1985, 1169 ff. – RS 100/84).

3. Systematische Auslegung

Führt die wörtliche Auslegung, wie es sehr häufig der Fall ist, noch nicht **684**
zu einem eindeutigen Ergebnis, ist der **Sinn der Norm aus der Systematik des Vertrages** herauszufinden. Diese sowohl völkerrechtlicher wie verfassungsrechtlicher Interpretation bekannte Methode wird vom Gerichtshof ständig praktiziert (EuGHE 1964, 417 ff. – RS 101/63 st. Rspr., *Bleckmann-Pieper,* in: Dauses (Hrsg.), Hdb EG-WirtschR B. I., RdNr. 28 ff. (1997) m. w. N.). Eine Besonderheit im Europarecht ist, daß der EuGHE bei dieser Auslegung aus dem Zusammenhang der Verträge gerne auf eine Reihe **allgemeiner Grundsätze** in den Verträgen (oben Rz. 482) zurückgreift, denen er jeweils im konkreten Einzelfall gerecht werden möchte. Hier geht es insbesondere um die Prinzipien der Gleichheit, Freiheit, Solidarität und Einheit der Verträge (näher *Pescatore,* Mélanges W. J. Ganshof van der Meersch 1972, S. 325 ff.). Ferner bedient sich der EuGH bei der Suche nach systematischer Geschlossenheit öfters der **Rechtsvergleichung,** sowohl zwischen den Verträgen als auch im Vergleich der nationalen Rechtsordnungen untereinander. Er bevorzugt dabei die „wertende" Rechtsvergleichung in dem Sinne, daß er nicht einfach die nationalen Lösungen nach ihrer Häufigkeit „abzählt", sondern nach der „besten" Lösung in dem Sinne wiederum der möglichsten Annäherung an die allgemeinen Vertragsziele sucht (Bsp. „Maßnahme mit gleicher Wirkung wie mengenmäßige Beschränkungen").

4. Sinnauslegung

Auch die systematische Auslegung führt nicht immer zu unzweideuti- **685**
gen Ergebnissen oder ist manchmal mangels Vergleichsmöglichkeiten gar nicht durchführbar. Dann kommt die teleologische Methode zu ihrem Recht, die auf den **Sinn und Zweck der einschlägigen Gemeinschaftsrechtsnormen** als solche abstellt (statt vieler EuGHE 1983, 378 ff. – RS 292/82). Diese Suche nach dem **„Geist der Verträge"** ist in praxi manchmal kaum von der systematischen Auslegung unter Einbeziehung allgemeiner Grundsätze

zu unterscheiden. Überhaupt gehen die verschiedenen Auslegungsmethoden in der Rspr. des Gerichtshofes nicht selten unvermittelter ineinander über, als es im Sinne der Auslegungstheorie eigentlich der Fall sein dürfte (*Kutscher,* in: EuGH (Hrsg.), Begegnung Justiz/Hochschule, 1976, S. I–5 ff.). Die teleologische Methode ist eigentlich eher in der Verfassungsrechtsprechung beheimatet. Ihre häufige Benutzung durch den EuGH unterstreicht so den „Verfassungs"charakter der drei Grundverträge. (Näher *Bleckmann-Pieper,* Hdb EG-WirtschR B. I., RdNr. 15 ff. (1997)). Sie ist auch dem dynamischen Charakter der Verträge als Rahmen eines vorwärtszutreibenden Integrationsprozesses besonders angemessen (EuGHE 1963, 24 – RS 26/62 – „Van Gend & Loos"). Im Wege stark teleologisch geprägter Auslegung hat der EuGH immer wieder „kühne Sprünge nach vorn" gewagt, wie bei der Rspr. zur Direktwirkung bestimmter Normen der Verträge, zum unbedingten Vorrang des EGR (oben Rz. 620) oder zum Umfang der Außenkompetenz der EG. Andererseits gibt es auch „Grenzen der Teleologie" in dem Sinne, daß sie nicht dazu führen darf, Wortlaut und Systematik von Normen „voluntaristisch" umzubiegen oder gar in ihr Gegenteil zu verkehren. Auch und gerade der europäische Richter und sonstige Rechtsanwender ist dem objetivierten Willen des Gesetzes unterworfen. Auch die allgemeinen Ziele der EG/EU sind in Art. B = 2 neu EUV, Art. 2, 3 EGV eingängig umrissen.

686 Im Rahmen der teleologischen Methode bedient sich der Gerichtshof gerne bestimmter teils dem Völkerrecht, teils innerstaatlichem Recht entlehnter **Auslegungsfiguren und -lehren,** die der Sinnauslegung nähere Legitimation verleihen, sie aber zugleich auch näher konkretisieren und damit berechenbarer machen.

Hierzu rechnet die Lehre von den **„implied und resulting powers"** im Sinne der Ergänzung vorhandener Gemeinschaftskompetenzen der EG (EuGHE 1960, 681 ff. – RS 20/59 st. Rspr., näher oben Rz. 527 ff.) sowie die **autonome Vertragsergänzung** über Art. 235 = 308 neu EGV in Anlehnung an die Vertragsziele (oben Rz. 523). Auch der **Effektivitätsgrundsatz** („Effet utile"), wonach die Norm „ergiebig", mit „größter Nutzwirkung" auszulegen und auszuschöpfen ist, ist gerade im EGR wegen der Entfaltung der allgemeinen Vertragsziele von großer Bedeutung (EuGHE 1955/56, 312 – RS 8/55 – „Fédéchar", st. Rspr., *Streinz,* FS Everling, 1995, S. 1491 ff.). In ähnliche Richtung weist das von *Ipsen* (EGR 1972, S. 199 f.) entwickelte **„Prinzip der Funktionsfähigkeit der Gemeinschaften".** Zur Sinnerfassung rechnet seit 1993 andererseits auch das jederzeitige Mitbedenken von **Subsidiarität** und **Verhältnismäßigkeit** der Gemeinschaftsaktion (Art. 3 b = 5 neu EGV, oben Rz. 514 ff. und *Emiliou,* ELRev 1992, S. 383 ff.). Dagegen gibt es im EGR keine gesonderte „wirtschaftliche Betrachtungsweise" wie z. B. im deutschen Steuerrecht, die unter Hintanstellung vieles anderen ganz bewußt auf bestimmte Erfolge abzielt.

5. Historische Auslegung

Der Erforschung des Willens des historischen Vertrags- oder Gesetzgebers kommt im EGR im Vergleich zur wörtlichen, systematischen und Sinnauslegung **nur eine begrenzte Rolle zu.** Da zunächst nach dem normalen und natürlichen Sinn des Textes gesucht wird (wörtliche Auslegung, oben Rz. 682), ist die möglichst genaue Kenntnis dessen, was die Schöpfer der Norm bei ihrer Entstehung wollten, durchaus von Bedeutung (ähnlich EuGHE 1961, S. 239 ff. – RS 15/60 und EuGHE 1973, S. 575 ff. – RS 1/72). Aber doch im wesentlichen im Sinne eines **Hilfsmittels oder Fingerzeiges,** wie der objektive Sinn der Norm zu verstehen sein könnte und nicht im Sinne einer absoluten Bindung an die subjektive Meinung der „Vertrags- oder Gesetzesväter". Das gilt auch für auslegende Erklärungen von Gemeinschaftsorganen und MSen zu EG-Rechtsakten *(Herdegen,* ZHR 1991, S. 52 ff.). 687

Auch bei der historischen Auslegung erweisen sich die Prinzipien des EGR denjenigen des Verfassungsrechts näherstehend als denen des Völkerrechts, wo lange um der Souveränität der Vertragspartner willen deren subjektive Meinung zur Zeit des Vertragsabschlusses, soweit aus der Entstehungsgeschichte ablesbar, eine große Rolle spielt *(Bernhardt,* Die Auslegung völkerrechtlicher Verträge, 1963). Allerdings gibt es inzwischen in Auswirkung von Art. 31 ff. Wiener VRK auch hier mancherlei Objektivierungen.

6. Sonstiges

Im Näheren sind dem EGR noch eine **Reihe spezifischer Auslegungshilfen** bekannt, die aus dem nationalen Recht stammen. So bekennt sich der EuGH etwa zum **Prinzip der gemeinschaftsrechtskonformen Auslegung im sekundären EGR** in dem Sinne, daß bei verschiedenen Auslegungsmöglichkeiten im konkreten Fall derjenigen der Vorzug zu geben ist, bei der die Bestimmung des Sekundärrechts mit dem Vertrag als vereinbar angesehen werden kann (EuGHE 1983, 4063 ff. – RS 218/82). 688

Unter den verschiedenen Grundprinzipien, die bei der systematischen Auslegung besonders zu beachten sind (oben Rz. 684), spielt die **Einheitlichkeit der Auslegung des EGR** eine ganz besondere Rolle, da hiermit letztlich ein überzeugender Geltungsanspruch des EGR steht und fällt (EuGHE 1980, 75 ff. – RS 69/79). Andererseits müssen die Interpreten des EGR, also allen voran der Gerichtshof, immer wieder bedenken, daß die Exegese des EGR stärker als im nationalen Bereich **innerer Überzeugungskraft** bedarf, da die EG als Rechtsgemeinschaft ohne nennenswerte Zwangsgewalt (unten Rz. 689) auf den Rechtsbefolgungswillen ihrer Mitglieder angewiesen ist. Hier den rechten Weg zwischen wünschenswerter Stärkung des Integrationswillens und einer Überforderung der Rechtsunterworfenen zu finden, wird immer wieder eine heikle Aufgabe bleiben.

VI. Sanktionen und Vollstreckung des Gemeinschaftsrechts

Literatur: *Barthels,* Befugnisse und Zwangsmittel der EGKS- und EWG-Organe gegenüber Mitgliedstaaten und Unternehmen, Europ. Wirtschaft 1961, S. 6 ff.; *Johannes,* Das Strafrecht im Bereich der Europäischen Gemeinschaften, EuR 1968, S. 63 ff.; *Winkler,* Die Rechtsnatur der Geldbuße im Wettbewerbsrecht der EWG, 1971; *Schniewind,* Vollstreckung und Vollstreckungsbehelfe im Recht der Europäischen Gemeinschaften, 1972; *Heermans,* La sanction des règlements agricoles de la CEE, Mélanges Dehousse, 1979, Bd. II, S. 219 ff.; *Dieblich,* Der strafrechtliche Schutz der Rechtsgüter der EG, 1985; *Hildebrandt,* Der Irrtum im Bußgeldrecht der EGen, 1990; *Fourgoux,* La fraude communautaire, Rec. Dalloz Sirey, chron. 1992, S. 187 ff.; *Steindorff,* Sanktionen des staatlichen Privatrechts für Verstöße gegen EG-Recht, JURA 1992, S. 561 ff.; *Teske,* Die Sanktion von Vertragsverstößen im Gemeinschaftsrecht, EuR 1992, S. 265 ff.; *Harding,* European Community investigations and sanctions, 1993; *Pache,* Zur Sanktionskompetenz der EWG, EuR 1993, S. 173 ff.; *Tiedemann,* Gemeinschaftsrecht und Strafrecht, NJW 1993, S. 23 ff.; *Spannowsky,* Wettbewerbsverzerrende Defizite des gemeinschaftsrechtlichen Vollstreckungs- und Sanktionssystems, JZ 1994, S. 326 ff.; *Mecking,* Sanktionen als Mittel zur Durchsetzung des Gemeinschaftsrechts, EuR 1995, S. 141 ff.; *Böse,* Strafen und Sanktionen im europäischen Gemeinschaftsrecht, 1996; *van Gerven/Zuleeg,* (Hrsg.), Sanktionen als Mittel zur Durchsetzung des Gemeinschaftsrechts, 1996; *Heitzer,* Punitive Sanktionen im europäischen Gemeinschaftsrecht, 1997;

689 Die Frage, mit welchen **Sanktionen** der tatsächliche Vollzug des EGR belegt und wie er letztlich gegebenenfalls **vollstreckungsmäßig erzwungen** werden kann, rührt an die Grundfrage nach der Rechtsnatur der EG (unten Rz. 884). Daß die Gemeinschaft nur „Rechtsgemeinschaft" in dem Sinne eines zwar in manchem staatsähnlichen Gebildes, aber ohne elementare Attribute der Staatlichkeit ist, zeigt sich gerade daran, daß ihr weitgehend die Macht fehlt, nötigenfalls den Respekt der Gemeinschaftsordnung **selbst zu erzwingen.** Sie bleibt insoweit auf den – in der Praxis regelmäßig vorhandenen! – Willen der MS angewiesen, den Normen der von ihnen geschaffenen und getragenen EG zu entsprechen bzw. ihnen gegenüber den eigenen Staatsbürgern = Unionsbürgern zur Durchsetzung zu verhelfen. Die Verträge setzten diesen „guten Willen" der MS voraus, indem in Art. 219 = 292 neu EGV, Art. 193 EAGV und (etwas eingegrenzter) Art. 87 EGKSV die **Streitregelungsmechanismen der Verträge,** also insbesondere das Rechtsschutzsystem des EuGH (unten Rz. 709) bis hin zur Vollstrekkung für **ausschließlich anwendbar** erklärt werden. Damit werden insbesondere „urtümliche" Durchsetzungsmechanismen wie das Repressalienrecht des Völkerrechts, aber auch die Bundesexekution im Bundesstaat ausgeschlossen. Im Dunkeln bleibt dabei allerdings, was geschehen soll, wenn ein MS im konkreten Fall jenen „aufgeklärten Rechtsbefolgungswillen" beispielsweise gegenüber einem Urteil des EuGH letztlich doch nicht an den Tag legt. Solche betrübliche Perspektiven können insbesondere nach den verschiedenen Erweiterungen der EG/EU nicht mehr a priori ausgeschlossen werden. Als erstes ist es in einem solchen Fall Aufgabe sowohl der EG-Organe als auch der übrigen MS, die Respektierung des EGR auf dem **Verhandlungswege**

doch noch sicherzustellen. Als ultima ratio mag man letztendlich dann doch talionsartige völkerrechtliche Reaktionen der Betroffenen nicht ausschließen.

„Unterhalb" dieser grundsätzlichen Erwägungen kennt das Gemeinschaftsrecht freilich in einer Reihe von Spezialregelungen ein **begrenztes System von Sanktionen und Vollstreckungsmöglichkeiten.** Sie sind seit dem Maastrichter Unionsvertrag 1992 ausgebaut worden.

1. Sanktionen

Sanktionen, also die Möglichkeit unmittelbaren zwangsweisen Vorgehens 690
zur Durchsetzung abschließend festgestellter Rechtsverpflichtungen sind seitens der Gemeinschaft gegenüber den MS und gegenüber den Unionsbürgern (natürliche und juristische Personen) einschließlich Drittlandsausländern denkbar.

a) Sanktionen gegenüber Mitgliedstaaten

Aus den eben dargelegten Gründen (oben Rz. 689) sind Sanktionen der 691
Gemeinschaft gegenüber MSen **nur sehr begrenzt denkbar** *(Teske,* EuR 1992, S. 265 ff.). Nach Art. 171 EGV und Art. 143 EAGV hat der MS sofort die Maßnahmen zu ergreifen, die sich aus einem Urteil des EuGH ergeben, in dem eine Vertragsverletzung festgestellt worden ist (EuGHE 1993, I–201 ff. – RS C 101/91). Die **Einsicht des Staates,** rechtmäßig handeln zu müssen und nicht Maßnahmen der EG ist die „Sanktion im höheren Sinne". Dabei spielt für den MS die Erwägung eine wichtige Rolle, daß die Nichtbefolgung eines Urteils leicht „Kettenreaktionen" anderer MSen zur Folge haben könnte, die das Gemeinschaftssystem insgesamt beschädigen müßten.

Seit 1992 sind die Sanktionsmöglichkeiten der Gemeinschaft jedoch **ein Stück** 692
vorangetrieben worden. Hintergrund war ein Anstieg nicht ausgeführter EuGH-Urteile in den 80er Jahren (1990: 86 Urteile, vgl. *Borchardt,* in: Lenz (Hrsg.), EGV-Komm. 1994, Art. 171). Während die Kommission diesen Mißstand zunächst durch „Zweitverurteilungen" des MS zu bekämpfen suchte, kann sie gemäß Art. 171 Abs. 2 = 228 Abs. 2 neu EGV nunmehr dem MS durch eine begründete Stellungnahme noch einmal vor Augen führen, inwieweit er das Urteil bisher mißachtet hat. Reagiert der MS auch hierauf nicht, kann sie den MS mit einer besonderen Klage beim EuGH verklagen und zur Zahlung eines angemessenen **Pauschalbetrages oder Zwangsgeldes** verurteilen lassen. Die Mißachtung auch noch eines solchen Urteils wäre eine **besonders gravierende Rechtsverletzung des MSes** *(Karpenstein,* in: Grabitz/Hilf (Hrsg.), EUV/EGV-Komm. (1994) zu Art. 171 = 228 neu EGV). Die Kommission hat über ihre Praktizierung des Art. 171 = 228 neu EGV und die Berechnung des Zwangsgeldes **offizielle Mitteilungen** publiziert (ABl. 1996, C 242/6 und 1997, C 63/2). Danach wird das Zwangsgeld um „abschreckender Wirkung" willen nach der „Zahlungsfähigkeit des betr. MSes" gestaffelt berechnet. Danach ergeben sich für Deutschland die höchsten Tagessätze.

Anläßlich der Nichtumsetzung von Umweltrichtlinien berechnete die Kommission hiernach 1997 bei vergleichbaren Tatbeständen für Deutschland ein Zwangsgeld von DM 900.000 und für Italien von DM 550.000 pro Tag der Nichtumsetzung der Richtlinien.

Der neue Art. 171 Abs. 2 = 228 Abs. 2 neu EGV ist bis zu einem gewissen Grade einer früheren Regelung des EGKSV nachempfunden worden.

Der „frühe" Art. 88 EGKSV gab der Kommission (Hohe Behörde) im Montanbereich die Möglichkeit, vor der Einschaltung des EuGH die Rechtsverletzung des MS festzustellen. Klagte der Staat hiergegen nicht binnen 2 Monaten bzw. Wurde die Klage abgewiesen, konnte die Kommission Sanktionsmaßnahmen gemäß Art. 88 Abs. 3 a und b ergreifen, insbesondere Zahlungen an den MS aussetzen, wogegen der MS nochmals eine besondere „Sanktionsklage" beim Gerichtshof erheben konnte. Blieb auch diese erfolglos, blieb der Kommission nur noch der Bericht an den Rat, der sich insoweit als der eigentliche „Souverän" innerhalb der EGKS erwies.

693 In der Gemeinschaftspraxis hat das gemeinsame Interesse an der Rechtsbefolgung und die innere Kohärenz zwischen den MS bisher einigermaßen ausgereicht, die Befolgung des EGR durch dieselben sicherzustellen. Seit den 80er Jahren hat allerdings die Neigung der MSen insbesondere bei der Durchführung von Richtlinien zugenommen, Urteile des Gerichtshofes zunächst einmal schleppend zu behandeln. Es bleibt zu hoffen, daß die verbesserten Sanktionsmechanismen des reformierten Art. 171 = 228 neu EGV diesem Übelstand wieder abhelfen. Ungenügende Rechtsbefolgung berührt die Rechtsgemeinschaft EG/EU an ihrer empfindlichsten Stelle (Statistiken über das Ausmaß von Vertragsverletzungen durch die MSen und die Tätigkeit von Kommission und EuGH als „Hüter der Verträge" z.B. im 14. Jahresbericht der Kommission über die Kontrolle der Anwendung des Gemeinschaftsrechts, ABl. 1997, C 332/72 ff.).

Exkurs: *Verletzung fundamentaler Grundsätze der EU durch einen Mitgliedstaat*

694 Mit Blick auf die wachsende Heterogenität der EU-Mitgliedschaften durch die verschiedenen Erweiterungen der Union ist mit dem Amsterdamer Vertrag 1997 vorsorglich eine **„große Sanktion"** gegen einen MS geschaffen worden, der die **fundamentalen Grundlagen der Union** i. S. von Art. 6 neu EUV (Freiheit, Demokratie, Achtung der Menschenrechte und Rechtsstaatlichkeit) **schwerwiegend und anhaltend verletzt** (Art. 7 neu EUV i. V. m. Art. 309 neu EGV).

Auf Vorschlag eines Drittels der MSen oder der Kommission und nach Zustimmung des EP mit Zweidrittelmehrheit kann der Rat in Zusammensetzung der Staats- und Regierungschefs eine entspr. **Feststellung** einstimmig treffen. Der betroffene MS ist von der Beschlußfassung ausgeschlossen. Die Sanktion besteht in der **Aussetzung bestimmter Vertragsrechte** einschl. vom Stimmrechten. Die Sanktion kann ggf. mit qualifizierter Mehrheit wieder aufgehoben werden. Art. 309 neu EGV übernimmt die Regelung des Art. 7 neu EUV für seinen Bereich.

Die Anwendung einer solchen „großen Sanktion" erscheint nur im Falle einer **schwerwiegenden revolutionären o. ä. Abkehr von den verfassungsmäßigen Zuständen in einem MS** denkbar. Die Regelung erinnert etwas an das „Einfrieren" der Assoziierung Griechenlands mit der EWG während der dortigen Militärherrschaft 1967–74 (unten Rz. 1890). Als „fleet in being" ist Art. 7 neu EUV eine Vorsorgemaßnahme, die mithelfen soll, ihre Anwendung möglichst hintanzuhalten.

b) Sanktionen gegenüber Privaten

695 Gegenüber den **Einzelnen und Unternehmen** ist die Sanktionsgewalt der EG **stärker.** Art. 172 = 229 neu EGV setzt grundsätzlich voraus, daß in den EG-VOen Zwangsmaßnahmen zur Durchsetzung ihrer Gebote vorgesehen werden können und gibt dem EuGH insoweit gewisse Kontrollbefugnisse. In einem Spezialfall sieht Art. 87 Abs. 2 = 83 neu EGV die Verhängung von Geldbußen und Zwangsgeldern zur Durchsetzung der wettbewerbsrechtlichen Grundsätze der Art. 85, 86 = 81, 82 neu EGV (unten Rz. 1061) vor. Eine noch breitere Palette spezieller Zwangsmaßnahmen gegen Personen und Unternehmen bei Vertragsverletzungen sehen Art. 81 Abs. 3 und Art. 83 EAGV vor. Auch der EGKSV kennt in den Art. 47 Abs. 3, Art. 50 § 3, Art. 54 Abs. 6, Art. 64, Art. 91 eine Reihe ähnlicher Spezialermächtigungen. Sanktionsmittel sind in allen drei Verträgen jeweils **Geldbußen** (bei Verstoß gegen primäres oder sekundäres Gemeinschaftsrecht), **Zwangsgelder** (zur Erzwingung eines vertragskonformen Verhaltens) oder **Verzugszuschläge** (bei Nichterfüllung finanzieller Verpflichtungen).

Insbesondere im EG-Bereich ist von der Möglichkeit öfters Gebrauch gemacht **696** worden, bei Erlaß sekundären Gemeinschaftsrechts (VOen) Zwangsmaßnahmen vorzusehen. Wichtige Beispiele hierfür sind die „Kartell-VO" Nr. 17 (ABl. 1962, S. 204) und im Agrarsektor die Einrichtung zahlreicher **Kautionsregelungen** in den Agrar-VOen in dem Sinne, daß derartige Kautionen, die im voraus zu entrichten sind, bei Nichtbeachtung gemeinschaftsrechtlicher Verpflichtungen durch Individuen verfallen können. Ähnlichen Zwecken dienen dort Wiedereinziehungszuschläge zu Unrecht erlangter Beiträge, Kürzungen/Verlust von Zahlungsansprüchen, Leistungssperren u. v. m. (*Heitzer,* Punitive Sanktionen im Europ. Gemeinschaftsrecht, 1997).

2. Vollstreckung

Auch bei der Zwangsvollstreckung i. e. S., also der effektiven Durchset- **697** zung und Eintreibung vollstreckbarer Titel (vor allem Zahlungstitel) **liegt die eigentliche Zwangsgewalt bei den MS** und nicht bei der EG. Zunächst einmal findet Zwangsvollstreckung nur gegenüber Individuen statt, nicht im Verhältnis zu MS (Art. 192 Abs. 1 = 256 neu EGV gilt entsprechend im EAG- und EGKS-Bereich). Die EG erläßt zwar insoweit die Entscheidung über den Vollstreckungstitel als solchen, beispielsweise in Gestalt einer Entscheidung des Rates oder der Kommission, die eine Zahlung auferlegt, oder eines entsprechenden Urteils des Gerichtshofes. Die hoheitliche Zwangsgewalt, mittels deren die Vollstreckung effektuiert werden kann, ist dagegen bei den MS verblieben. Gemäß Art. 192 Abs. 2–4 = 256 neu EGV, Art. 163 EAGV, und, im wesentlichen ähnlich, Art. 92 EGKSV wird auf das nationale Prozeßrecht der MS verweisen. So wird die Vollstreckungsklausel von einer staatlichen Behörde erteilt, die den EG-Instanzen von den MS benannt wird.

In der Bundesrepublik ist dies der Bundesminister der Justiz, vgl. für den EGKS-Bereich Bekanntmachung v. 25. 8. 1954 (BGBl. II, S. 1030) und für den EG/EAG-Bereich Bekanntmachung vom 3. 2. 1961 (BGBl. II, S. 50).

Allerdings beschränkt sich die nationale Prüfung hier lediglich auf die Echtheit des Titels. Wird der Bestand des Titels aus anderen Gründen in Zweifel gezogen, so berührt das die GrundE über den Vollstreckungstitel, die bei der Gemeinschaft liegt, und ist daher auch von dieser zu entscheiden (vgl. Art. 192 Abs. 4 = 256 neu EGV, Art. 164 Abs. 3 EAGV, Art. 92 Abs. 3 EGKSV). Abgesehen vom „schieren Zwang" gilt der gemeinschaftliche und nicht der nationale Ordre Public. (Näher *Schniewind,* Vollstreckung und Vollstreckungsbehelfe im Recht der EGen, 1972).

3. Strafrechtliche Sanktionen

698 Der Gemeinschaft **ist grundsätzlich keine Strafgewalt anvertraut worden.** Das ist verständlich, denn die ihrer Natur nach „personalisierte" Strafgewalt muß in parlamentarischen Demokratien wohl einem unmittelbar vom Volke legitimierten Gesetzgeber und unabhängigen Strafrichtern überantwortet sein, beides Voraussetzungen, die in der EG bisher nicht gegeben sind. Auch insoweit muß die Gemeinschaft daher auf ihre MS zurückgreifen, die freilich wohl im Sinne der „Gemeinschaftstreue" (Art. 5 = 10 neu EGV, Art. 192 EAGV, Art. 86 EGKSV) zur „Leihe" verpflichtet sind. (Ähnlich EuGHE 1976, 1921 – RS 41/76 – „Donckerwolke".) Gelegentlich verweist das EGR ausdrücklich auf die Anwendbarkeit nationalen Strafrechts (Art. 194 Abs. 2 EAGV – Geheimhaltungsvorschriften; Art. 27 Protokoll Satzung Gerichtshof EG-Eidesverletzung). Ferner besteht die Möglichkeit, daß in sekundärem Gemeinschaftsrecht eine Verpflichtung ausgesprochen wird (z. B. Art. 29 VO 1619/68, ABl. 1968, L 258/1).

Im Rahmen der EG-Reform sind seit den 70er Jahren verschiedentlich Pläne zur Ergänzung der Verträge, u. U. durch neue „Parallelverträge" lautgworden, mit denen der strafrechtliche Schutz der Verpflichtungen aus dem EGR insbesondere im finanziellen Bereich und hinsichtlich der Verantwortlichkeit der EG-Bediensteten verstärkt werden soll. (Näher *Isaac,* Droit communautaire géneral, 1983, S. 205 f. m. w. N.).

VII. Bestandskraft und Außerkrafttreten von Gemeinschaftsrecht

Literatur: *Gossmann,* Der Widerruf begünstigender Verwaltungsakte im Recht der Europäischen Gemeinschaften, 1964; *Däubler,* Der Widerruf von Verwaltungsakten im Recht der Europäischen Gemeinschaften, NJW 1965, S. 1646 ff.; *Wiessner,* Der Widerruf individueller Entscheidungen der Hohen Behörde der EGKS, 1966; *Gleiss-Kleinemann,* Keine Verjährung von Ordnungswidrigkeiten im europäischen Kartellrecht, NJW 1967, S. 2097 ff.; *Lyklema,* La gravité des infractions au droit communautaire en rapport avec la préscription de leurs poursuites, CDE 1971, S. 52 ff.; *Vincent,* Le retrait des actes administratifs unilatéraux, RTDE 1974, S. 31 ff.; *Gilsdorf,* Vertrauensschutz, Bestandsschutz und Rückwirkungsbegrenzung im Gemeinschaftsrecht, RIW/AWD 1983, S. 22 ff.; *Sack,* Die Folgenbeseitigung im Gemeinschaftsrecht, EuR 1986, S. 241 ff.; *Haratsch,* Zur Dogmatik von Rücknahme und Widerruf von Rechtsakten der EG, EuR 1998, S. 388 ff.; *Müller-Franken,* Gemeinschaftsrechtliche Fristenhemmung, richtlinienkonforme Auslegung und Bestandskraft von Verwaltungsakten, DVBl. 1998, S. 758 ff.

699 Von der **Bestandskraft gemeinschaftsrechtlicher Handlungen** kann man in einem doppelten Sinne sprechen. Zum einen wird damit einfach die **Gültigkeit** regulär erlassener Gemeinschaftsakte angesprochen, die solange gelten, wie es der „Autor" des Rechtsaktes festgelegt hat und keine beson-

deren Umstände vorliegen, die zu einer vorzeitigen Revision dieser Geltung nötigen. In einem spezifischen Sinne spricht man aber auch im EGR, ähnlich wie im nationalen Recht, von „Bestandskraft", wenn festgestellt werden soll, daß das erlassene Organ **rechtlich daran gehindert ist, die Geltung des Aktes einseitig wieder aufzuheben.** Bei dieser Art von Be-standskraft ist zwischen normativem Gemeinschaftsrecht und Einzelakten zu unterscheiden. Während bei gemeinschaftsrechtlicher Gesetzgebung aus Gründen der „souveränen" Äußerung der Gemeinschaftsgewalt die Kassierung oder Änderung der Erstentscheidung grundsätzlich möglich sein muß, bleibt bei den Einzelakten zu bedenken, daß sie sich in der Regel an durch sie begünstigte oder belastete Adressaten richten. Hier bedarf es der jeweiligen Einzelabwägung nach Maßstäben des individuellen Vertrauensschutzes einerseits, des Gemeinschaftsinteresses andererseits, ob die Bestandskraft des Aktes oder vorrangige Gesichtspunkte zugunsten einer Änderung als maßgeblich erachtet werden. Die Bestandskraft in diesem engeren Sinne steht so „im Vorfeld" der formellen bzw. materiellen Rechtskraft, ist aber von ihr zu unterscheiden. (Näher *Ipsen,* EGR 1972, S. 525).

1. Änderung von Gemeinschaftsrechtsakten

Grundsätzlich steht einmal erlassenes Gemeinschaftsrecht **zur Disposition** desjenigen Gemeinschaftsorganes, welches den ersten Rechtsakt erlassen hat. Es liegt grundsätzlich in der „Souveränität" des Gemeinschaftsgesetzgebers, den einmal erlassenen Akt zurückzunehmen oder ihn abzuändern. So gesehen, gibt es keine Bestandskraft. Allerdings unterliegt dieses Prinzip nicht unerheblichen **Einschränkungen.** 700

Zum einem ist das **Vertrauen des Unionsbürgers** zu beachten, der sich auf den Bestand der Maßnahme eingerichtet hat. Dies gilt ganz besonders bei an ihn gerichteten Einzelakten, kann aber auch bei allgemein-normativen Rechtsakten von Bedeutung sein. Das ist insbesondere die Thematik von **Widerruf und Rücknahme von EG-Akten** (näher unten Rz. 702, 703). Zumindest bedarf es jeweils der Abwägung dieses Vertrauens mit dem Gemeinschaftsinteresse an der Änderung des etablierten Rechtszustandes *(Gilsdorf,* RIW/AWD 1983, S. 22 ff.). Daraus folgt u. a., daß die nicht vorher absehbare Änderung einer allgemeinen Regelung aus Gründen des Vertrauensschutzes des Erlasses von Übergangsvorschriften bedarf, welche die Änderung allseits erträglich gestalten (EuGHE 1979, 1801 ff. – RS 84/78).

Ferner sind bei Änderungen die allgemeinen Grundsätze der **Normenhierarchie** zu beachten, hier in den Besonderheiten des EGR. So müssen Änderungen den Rechtscharakter der ursprünglichen Maßnahmen aufweisen. Trotz des Fehlens einer ausdrücklichen Kategorie der DVO in den Verträgen (oben Rz. 540) kann eine GrundVO nicht durch eine auf ihr beruhende DVO abgeändert werden (EUGHE 1971, 169 ff. – RS 58/70).

2. Berichtigung von Gemeinschaftsrecht

701 Berichtigungen, d. h. die Korrektur offensichtlicher, „technischer" Schreib- oder Rechenfehler oder vergleichbarer Unrichtigkeiten sind auch im EGR ohne weiteres möglich. Das erlassene Organ kann nach allgemeinen Grundsätzen insoweit ohne weiteres handeln und die Berichtigung vornehmen, die ex tunc wirkt. Aus rechtsstaatlichen Gründen bedarf es einer Veröffentlichung der Berichtigung analog zum ursprünglichen Rechtsakt, damit der definitive Text bekannt ist.

3. Widerruf fehlerfreier Rechtsakte

702 Der Widerruf im Sinne der Außerkraftsetzung rechtmäßiger und die Rücknahme im Sinne der formalen Beseitigung rechtswidriger Normen ist hinsichtlich allgemeiner Regelungen (VOen usf.) unproblematisch. Grundsätzlich liegen Widerruf und a fortiori Rücknahme in der Souveränität des erlassenden Organs. Soweit Gesichtspunkte des Schutzes des Vertrauens derjenigen, die sich auf den Bestand der Norm verlassen haben, zu beachten sind, finden dieselben Grundsätze Anwendung, die auch für die Rückwirkung des EGR gelten (oben Rz. 678).

Das eigentliche Thema des Widerrufes liegt bei den **Individualrechtsakten.**

Der Gerichtshof unterscheidet terminologisch nicht immer streng zwischen „Widerruf" (bei rechtmäßiger Maßnahme) und „Rücknahme" (bei rechtswidriger Maßnahme, s. o.) (EuGHE 1976, 1097 – RS 56/76). Doch macht er in der Sache Unterschiede hinsichtlich der Aufhebung rechtmäßiger und rechtswidriger Individualrechtsakte, die jener Terminologie entsprechen, wie sie sich national, etwa im deutschen Verwaltungsverfahrensrecht, eingebürgert hat. Daher kann man sie ohne weiteres auch für das EGR anwenden.

Beim Widerruf rechtmäßiger individueller Rechtsakte (Een usf.) ist ähnlich wie beim nationalen Recht zu differenzieren, ob die Maßnahme **belastend** oder **begünstigend** war. Im ersten Falle ist der Widerruf grundsätzlich zulässig, da die Aufhebung in solchen Fällen regelmäßig im Interesse des Betroffenen liegt. Anderes gilt nur, wenn eine Verpflichtung zum Erlaß des Aktes bestand (EuGHE 1982, 249 ff. – RS 1/59 „Mannesmann" und allgemein *Wiesner,* Der Widerruf individueller Entscheidungen der Hohen Behörde der EGKS, 1966).

Dagegen gilt der Widerruf begünstigender Akte wegen des Vertrauensschutzes des Begünstigten und der Rechtssicherheit überhaupt in der Regel als rechtswidrig. Dies ist insbesondere der Fall, wenn dem Begünstigten subjektive Rechte eingeräumt wurden oder er im Vertrauen auf die Dauerhaftigkeit des Rechtsaktes Vermögensdispositionen getroffen hat (EuGHE 1957, 83 ff., 117 ff. – RS 7/56 und verb. RS 3–7/57 „Algera" st. Rspr.).

Gelegentlich ist der Widerruf ausdrücklich in den Verträgen vorgesehen, vgl. etwa Art. 58 § 3 und Art. 59 § 6 EGKSV.

4. Rücknahme fehlerhafter Rechtsakte

Bei fehlerhaften Rechtsakten ist naturgemäß das öffentliche Interesse an ihrer Aufhebung sehr stark. So sind solche Rechtsakte mit **belastende Wirkung** unbedingt aufzuheben, da hier der Grundsatz der Rechtsmäßigkeit des Gemeinschaftshandelns und das Individualinteresse parallel laufen. (Näher *Haratsch, EuR 1998, S. 387 ff.* und EuGHE 1987, 1995 ff. – RS 15/85). Akte, die mit besonders schweren Fehlern behaftet sind, können als „inexistent" ohne weiteres unbeachtet bleiben. 703

Auch bei der Rücknahme fehlerhafter **begünstigender** Rechtsakte ist dem Prinzip der Rechtmäßigkeit des Gemeinschaftshandelns gebührend Rechnung zu tragen. Daher sind solche Akte jedenfalls ex nunc für die Zukunft **frei rücknehmbar** und in der Regel auch zurückzunehmen (EuGHE 1978, 585 – RS 54/77 st. Rspr.). – Bei der Rücknahme für die Vergangenheit (ex tunc) bedarf es allerdings auch hier einer Abwägung mit dem Individualinteresse im Sinne des Vertrauens auf die scheinbare Gültigkeit des Rechtsaktes (EuGHE 1965, 893 ff. – RS 111/63 „Lemmez"). Dabei ist zu prüfen, in welcher Sphäre der Fehler entstanden ist, bzw. welcher Seite er füglicherweise zuzurechnen ist (Bsp. des „Erschleichens"). Auch eine Gewichtung der beiderseitigen Interessen unter Berücksichtigung der Umstände des Einzelfalles kann vorgenommen werden.

Die bisher zu Widerruf und Rücknahme dargelegten Grundsätze bezogen sich auf individuelle Rechtsakte mit Einzelpersonen als Adressaten. Sie sind mutatis mutandis auch auf **Een der EG gegenüber Mitgliedstaaten** anwendbar. In aller Regel ergeben sich hier aber kaum praktische Probleme. In einzelnen Fällen sehen die Verträge den Rat ausdrücklich zum Widerruf oder zur Abänderung von der Kommission getroffener Maßnahmen ermächtigt an. 704

5. Nebenregelungen

Nebenregelungen, wie Bedingungen, Auflagen, Widerrufsvorbehalt und Befristungen sind auch im EGR **grundsätzlich denkbar.** Gelegentlich sind sie in den Verträgen ausdrücklich vorgesehen (vgl. z. B. Art. 70 Abs. 4 EGKSV für bedingte oder befristete Genehmigungen). Ebenso kann ein Gemeinschaftsorgan, dem zum Erlaß einer Rechtshandlung ein Ermessen eingeräumt ist, dieses u. a. auch zum Erlaß des Aktes zusammen mit einer Nebenbestimmung ausnützen. 705

a) Fristsetzung

Die Fristsetzung spielt im EGR bei der „indirekten" Rechtsetzung über **Richtlinien oder Empfehlungen der EGKS** (oben Rz. 547) eine sehr wichtige Rolle. Hier wird die Umsetzung der Anforderungen des EGR an die nationalen Rechtsordnungen an bestimmte Fristen geknüpft, innerhalb deren die MS die RL durchzuführen haben. Die Einhaltung der Fristen ist hier von essentieller Bedeutung für die einheitliche Geltung des Gemein-schaftsrechtes in den MS (EuGHE 1976, 1359 ff. – RS 10/76 „Kommission/Italien"). Daher hat der Gerichtshof in einer st. Rspr. immer wieder betont, daß 706 die Nichtbeachtung von Fristen niemals mit dem Verweis auf Schwierigkeiten eines MS innerhalb seiner internen Rechtsordnung gerechtfertigt werden kann. (EuGHE 1979, 3837 ff. – RS 93/79 „Kommission/Italien").

In der EG-Praxis hat freilich auch diese „fristenstärkende" strenge Rspr. des EuGH zur Durchsetzung der RL-Gebote des öfteren gegenüber unwilligen oder auch einfach nur „trägen" MS ihr Ziel verfehlt. Dies führte schließlich maßgeblich zu der weiteren Rspr. des Gerichtshofes, mit der er solchen fristmäßig endgültig „abgelaufenen" RL, so weit als möglich **Direktwirkung** zusprach (oben Rz. 556). Die Kommission hat solche Schwierigkeiten bei der RL-Erfüllung ihrerseits zum Anlaß genommen, dort, wo ihr die Wahl der Rechtsform offenstand (oben Rz. 516), im Zweifel der VO den Vorzug vor der RL zu geben.

b) Verjährung

707 Außerkrafttreten von EGR kann schließlich durch Verjährung erfolgen. Auch das Europarecht kann dieses allgemeingültigen Rechtsinstituts nicht entbehren, das dem Rechtsfrieden durch die Gültigkeit des Erfahrungssatzes dient, daß lange Zeit nicht in Anspruch genommene Rechte nicht mehr schutzwürdig sind und daher als verfallen gelten.

Eindeutig ist dies bei einer **ausdrücklich festgelegten Verjährung,** wobei eine genaue Verjährungsfrist bestimmt worden ist. Derartige unproblematische Fälle kennen sowohl die Verträge als auch das sekundäre Gemeinschaftsrecht.

Art. 43 der Satzungen des Gerichtshofes der EG und EAG und Art. 40 der Satzung des Gerichtshofes der EGKS legen bei außervertraglicher Haftung der Gemeinschaft bzw. bei Schadensersatzforderungen eine fünfjährige Verjährungsfrist fest. Ferner gibt es inzwischen **besondere Verjährungsregelungen des sekundären Gemeinschaftsrechts** wie die E 5/65/EGKS v. 17. 3. 1965, ABl. S. 695 über die Verjährung von Forderungen nach Maßgabe des EGKSV oder die VO Nr. 2988/74 der EWG v. 26. 11. 1974, ABl. L 319, S. 1 über die Verfolgungs- und Vollstreckungsverjährung im Verkehrs- und Wettbewerbsrecht der EWG. Es handelt sich hier jeweils um Rechtsgebiete, in denen ein intensiver Rechtsverkehr zwischen der EG und ihren Bürgern stattfindet und die daher auf Rechtsklarheit auch im Hinblick auf das Außerkrafttreten des EGR besonders angewiesen sind.

708 Fehlt es an einer ausdrücklichen Verjährungsregelung, gilt der in Frage stehende Rechtssatz grundsätzlich **auf unbestimmte Zeit.** Auch hier sind aber im Einzelfall zu beurteilende Situationen denkbar, in denen die EG, nachdem sie von Befugnissen über einen langen Zeitraum keinerlei Gebrauch gemacht hat, dieser Position **durch Verjährung verlustig gegangen ist** (EuGHE 1972, 287 ff. – RS 52/69 „Geigy/Kommission"). Ab welchem Zeitraum eine solche aus Rechtssicherheitsgründen anzunehmende Änderung der Rechtslage sich vollzieht, kann wiederum nur aus den Umständen des Einzelfalles ermittelt werden. Die „klassische" Verjährungsfrist von 30 Jahren bedeutet insofern einen sicheren Anknüpfungspunkt. Doch sind in unserer kurzlebigen, gerade im EGR oft durch rasche Rechtsänderungen charakterisierten Zeit auch kürzere ungeschriebene Verjährungsfristen denkbar.

§ 8. Rechtsschutz

Literatur: Die Literatur zum europäischen Rechtsschutz ist uferlos. **Umfangreiche Zusammenstellungen** bei *Pernice,* in: Grabitz/Hilf (Hrsg.), EUV/EGV-Komm. (1995), zu Art. 164 = 220 neu EGV und bei *Borchardt/Dauses/Stotz,* Gerichtsbarkeit der EG, in: Dauses (Hrsg.), Hdb EG-WirtschR, P (1997)

Gesamtdarstellungen: *Gündisch,* Rechtsschutz in der EG, 1994; *Lasok,* The European Court of Justice. Practice and Procedure, 2. Aufl. 1994; *Rengeling/Middeke/Gellermann,* Rechtsschutz in der EG, 1994; *Koenig/Sander,* Einführung in das EG-Prozeßrecht, 1997; – Vgl. auch die Literaturangaben oben § 5 II 4. (vor Rz. 372).

Die **Rechtsprechung des Gerichtshofes** 1953–1976 ist systematisch erschlossen in: *Eversen/Sperl,* Europäische Rspr. 1962 ff., von 1977–1985, in: Gerichtshof der EG (Hrsg.), Nachschlagewerk der Rspr. zum Gemeinschaftsrecht, 1982 ff. (Losebl.). – In den in- und ausländischen Fachzeitschriften (z. B. EuGRZ, EuZW) erscheinen immer wieder **Berichte** über die Rspr. von EuGH/EuG. Unentbehrlich zur raschen Orientierung über die **allerjüngste Rspr.** sind die **wöchentlichen hektographierten Tätigkeitsberichte** von EuGH/EuG nebst Vorabdruck von Urteilen u. ä. – Der EuGH gibt regelmäßig einen **Jahresbericht** über die Entwicklung bei EuGH/EuG heraus.

Börner/Carstens (Hrsg.), 10 Jahre Rspr. des Gerichtshofes der EG, 1965; *Börner/Carstens* (Hrsg.), Die europäische Rspr. nach 20 Jahren Gemeinschaftsleben, 1976; *Joliet,* Le système de protection juridictionelle dans la CEE, Recueil Dalloz 1985, S. 65 ff.; *Erichsen/Weiss,* System des Europäischen Rechtsschutzes, JURA 1990, S. 588 ff.; *Rodriguez Iglesias,* Der Gerichtshof der EGen als Verfassungsgericht, 1992; *Schermers/Waelbroeck,* Judicial Protection in the EC, 1992; *Rasmussen,* European Community Case Law, 1993; *Dauses,* Die Rolle des EuGH als Verfassungsgericht der EU, Integr. 1994, S. 215 ff.; *Kapteyn,* The Court of Justice of the EC's after the year 2000, FS Schermers, 1994, II, S. 135 ff.; *Lenz,* Rechtsschutz im Binnenmarkt, NJW 1994, S. 2063 ff.; *Oppermann,* Die dritte Gewalt in der EU, DVBl. 1994, S. 901 ff.; *Zuleeg,* Die Rolle der rechtsprechenden Gewalt in der europäischen Integration, JZ 1994, S. 1 ff.; *Brown,* The first 5 years of the Court of 1995, S. 743 ff.; *Cruz Vilaca,* L'évolution du système juridistionel communautaire avant et après Maastricht, FS Everling, 1995, S. 181 ff.; *Pernice,* Die 3. Gewalt im europäischen Verfassungsverbund, EuR 1996, S. 27 ff.; *Everling,* Die Zukunft der europäischen Gerichtsbarkeit in einer erweiterten Europäischen Union, EuR 1997, S. 398 ff.; *Wolf-Niedermaier,* Der EuGH zwischen Recht und Politik, 1997; *Cour de Justice des Communautès Européennes,* Notes (Réferences des notes de doctrine aux arrêts de la CdJ et du Tribunal de première instance des CE's 1953 – 28. 2. 1998, 1998; *Hirsch,* Die Rolle des EuGH bei der Weiterentwicklung des Gemeinschaftsrechts, in: Horn/Baur/Stern (Hrsg.), 40 Jahre Römische Verträge, 1998; *Kirschner/Klüpfl,* Das Gericht 1. Instanz der EGen, 2. Aufl. 1998; *Sander,* Der EuGH als Förderer und Hüter der Integration, 1998.

Ein wesentlicher Aspekt für die Geltung und Durchsetzung des Europäischen Gemeinschaftsrechts liegt in der Gewährung von Rechtsschutz im Streitfalle. Auf diese Weise wahrt die EG als Rechtsgemeinschaft ihre Autorität. Der **Gerichtshof der Europäischen Gemeinschaften** (EuGH) ist in Verbindung mit dem **Gericht 1. Instanz der EGen** (EuG) nach Art. 164 = 220 neu EGV (Art. 31 EGKSV, Art. 136 EAGV) verpflichtet, die Wahrung des geschriebenen und ungeschriebenen Rechts bei der Auslegung und An- **709** wendung der Gemeinschaftsverträge zu sichern. Ihm obliegt es vor allem, in Erfüllung des Rechtsstaatspostulats subjektiven Rechtsschutz zu gewährleisten und zur Wahrung der objektiven Gemeinschaftsordnung die einheitliche Durchführung des Gemeinschaftsrechts in allen MS sicherzustellen. Eine empfindliche Lücke im Rechtsschutzsystem der EG/EU liegt darin, daß der Maastrichter **Unionsvertrag 1992** auch nach der Revision von Amsterdam 1997 nur sehr begrenzt der Rechtskontrolle des EuGH unterliegt (Art. L = 43 neu EUV).

Zum Gerichtshof und zum EuG als Institution (Gerichtsorganisation, Status der Richter, Generalanwälte, grundsätzliche Aufgaben und ihre Erfüllung, vgl. bereits oben in § 5 II 4 = Rz. 376 ff. (Institutionen).

I. Zuständigkeiten der europäischen Gerichtsbarkeit

Literatur: *Vandersanden/Barav,* Contentieux communautaire, 1977; *Bülow,* Die Gutachtentätigkeit des EuGH, FS Kutscher 1981, S. 55 ff.; *Greimer,* Das Nebeneinander und Miteinander von europäischem und nationalem Zivilprozeßrecht, NJW 1986, S. 2989 ff.; *Hilf,* The role of comparative law in the jurisprudence of the Court of Justice of the European Communities, in: de Mestral/Birks/Cotler/Klinck/Morel, The limitations of human rights in comparative constitutional law, 1986, S. 550 ff.; *Nicoleysen,* Vertragsverletzung durch mitgliedstaatliche Gerichte, EuR 1986, S. 368 ff.; *Diez de Velasco,* La compétence consultative de la Cour de Justice des CE, FS Pescatore, 1987, S. 177 ff.; *Kropholler,* Europäisches Zivilprozeßrecht: Kommentar zum EuGVÜ, 1987; *Dänzer-Vanotti,* Unzulässige Rechtsfortbildung des EuGH, RIW 1992, S. 733 ff.; *Schwarze,* Grundzüge und neuere Entwicklung des Rechtsschutzes im Recht der EG, NJW 1992, S. 1065 ff.; *Everling,* Zur Funktion des Gerichtshofs der EGen als Verwaltungsgericht, FS Redeker 1993, S. 293 ff.; *Kohler,* Die Funktion des EuGH bei der Auslegung europäischen Einheitsrechts nach dem Gutachten über den EWRV, FS Schwind 1993, S. 303 ff.; *Niemeyer,* Erweiterte Zuständigkeiten für das Gericht 1. Instanz der EGen, EuZW 1993, S. 529 ff.; *Koenig,* Institutionelle Überlegungen zum Aufgabenzuwachs beim EuGH in der Währungsunion, EuZW 1993, S. 661 ff.; *Brandt,* Der EuGH und das Europäische Gericht 1. Instanz (EuG) – Aufbau, Funktion und Befugnisse, JUS 1994, S. 300 ff.; *Burgi,* Deutsche Verwaltungsgerichte als Gemeinschaftsgerichte, DVBl. 1995, S. 772 ff.; *Erichsen/Frenz,* Gemeinschaftsrecht vor deutschen Gerichten, JURA 1995, S. 422 ff.; *Kirschner,* Der Rechtsschutz vor dem Gericht 1. Instanz der EGen, 1995; *Sedemund/Heinmann,* Rechtsschutzdefizite in der EG, DB 1995, S. 1161 ff.; *Ukrow,* Richterliche Rechtsfortbildung durch den EuGH, 1995; *Wägenbaur,* Die Prüfungskompetenz des EuGH im Rechtsmittelverfahren, EuZW 1995, S. 199 ff.; *Rodriquez Iglesias,* Zu den Grenzen der verfahrensrechtlichen Autonomie der MSen bei der Anwendung des Gemeinschaftsrechts, EuGRZ 1997, S. 289 ff.; *Hirsch,* EuGH und nationale Gerichtsbarkeit, NVwZ 1998, S. 907 ff..

710 Der Bedeutung des Rechtsschutzes für die Gemeinschaftsordnung entsprechen die weiten und unabdingbaren Zuständigkeiten des Gerichtshofes (insbes. Art. 219 = 292 neu EGV, vgl. auch EuGHE 1995, I – 1093 ff. – RS C–314/91 „Beate Weber").

1. Zum Zuständigkeitskatalog des Gerichtshofes und des Gerichtes 1. Instanz

Die herausragende Stellung des gemeinsamen Gerichtshofes der drei Gemeinschaften (vgl. Art. 3 ff. des Abkommens über gemeinsame Organe für die europäischen Gemeinschaften vom 25. 3. 1957, BGBl. II, 1156 = Sart. II, Ziff. 220) geht bereits deutlich aus den drei Gemeinschaftsverträgen hervor, die ihn mit den **typischen Kontrollfunktionen einer „Dritten Gewalt" ausstatten.** Der EuGH ist nicht nur zuständig zur Schlichtung von Konflikten zwischen den Organen der Gemeinschaft, bzw. zwischen der Gemeinschaft und den Mitgliedstaaten, sondern unter bestimmten Voraussetzungen auch zur autoritativen Entscheidung bei Klagen von Unionsbürgern, die dem EG-Recht unmittelbar unterworfen sind. In der letztgenannten Aufgabe wird er inzwischen weithindurch das Gericht 1. Instanz entlastet. Er unterscheidet sich insofern eindeutig von den klassischen völkerrechtlichen Gerichten, die grundsätzlich nicht unmittelbar von Privatpersonen angerufen werden können. Während zudem im allgemeinen Völkerrecht streitschlichtende Tätigkeit oft von ad-hoc-(Schieds-)Gerichten ausgeübt wird, deren Zuständigkeit von beiden streitenden Parteien zuvor vereinbart werden muß, sind die Mitgliedstaaten auf Grund der Vertragsbestimmungen **obligatorisch der Rechtsprechungsgewalt der europäischen Gerichtsbarkeit unterworfen (Art. 219 = 292 neu EGV). Zwar hat der EuGH nur enumerativ aufgeführte Einzelzuständigkeiten** („compétences d'attribution"), doch belegen die Summe und Intensität der Rechtsschutzmöglichkeiten auch von dieser Seite den staatsnahen Charakter der Gemeinschaftsorganisation (*Oppermann,* Staat 1967, S. 445 ff.). Seit 1989 verschränken sich die Zuständigkeiten des EuGH mit denjenigen des **Gerichts 1. Instanz der EGen** (EuG, oben Rz. 372).

Die Zuständigkeit des Gerichtshofes der EG entsprechen denjenigen eines **711**
bundesstaatlichen Verfassungs- und Verwaltungsgerichtes. So ähneln z. B. die Verfahren der Art. 169 und 170 = 227 und 228 neu EGV den Bund-Länder-Streitverfahren bzw. den verfassungs- und verwaltungsrechtlichen Streitigkeiten zwischen einzelnen Bundesstaaten. Prozesse zwischen einzelnen Bundesorganen bzw. zwischen Bundesstaat und Zentralstaat entsprechen in etwa den Klagearten der Art. 173 und 175 = 230 und 232 neu EGV, die zudem die Möglichkeit einer **abstrakten Normenkontrolle** beinhalten. (Vgl. in diesem Zusammenhang auch die Amtsenthebungsklagen z. B. auf Grund Art. 157 Abs. 2 = 213 neu EGV und die Möglichkeit zur Gutachtererstattung nach Art. 228 Abs. 6 = 300 neu EGV. Mit Eintritt in die Währungsunion werden auch die Rechtsbeziehungen zwischen Geschäftsbanken und **Europäischer Zentralbank** sowie das Weisungsverhältnis zwischen EZB und nationalen Zentralbanken der Kontrolle durch den EuGH unterworfen (Art. 173, 175, 180 d, 178/215 Abs. 3, 184 = 230, 232, 237 d, 235/288 Abs. 3, 241 neu EGV und näher *Koenig,* EuZW 1993, S. 661 ff.). Art. 177 = 234 neu EGV sieht u. a. eine Art **konkreter Normenkontrolle** vor. Wie ein **nationales Verwaltungsgericht** ist der EuGH ferner zuständig für Streitsachen, die sich aus öffentlich-rechtlichen Verträgen ergeben (Art. 181 = 238 neu EGV) und für Anfechtungsklagen der von „Verwaltungsakten" unmittelbar betroffenen Bürger (Art. 173 Abs. 4 = 230 Abs. 4 neu EGV). In diesem mehr verwaltungsgerichtlichen, Individualschutz gewährenden

Bereich ist das EuG weithin dem EuGH vorgeschaltet, der hier als Rechtsmittelinstanz tätig wird (Art. 49 ff. Satzung EuGH, Art. 11 b ff. VerfO EuGH).

712 Als **„Zivilgericht"** urteilt der EuGH über Schadensersatzklagen (Art. 178 i. V. m. Art. 215 Abs. 2 = 235 i. V. m. 288 Abs. 2 neu EGV) und auf Grund von Schiedsklauseln über Ansprüche aus privatrechtlichen Verträgen der Gemeinschaft (Art. 181 = 238 neu EGV). Das EuG ist für Streitigkeiten aus Geistigem Eigentum (Europ. Marke u. a.) zuständig (Art. 130 VerfO EuG, unten Rz. 1962 ff.).

713 Eine wichtige Funktion in diesem Zusammenhang ist dem Gerichtshof ferner durch das **EG-Gerichtsstands- und Vollstreckungsübereinkommen** v. 27. 9. 1968 (ABl. 1972, L 299/32 ff. = Sart II, Ziff. 160 und unten Rz. 1251) übertragen worden, das in Ausführung von Art. 220 UA 4 = 293 UA 4 neu EGV abgeschlossen wurde. Mit diesem EuGVÜ werden im Interesse der Errichtung des Binnenmarktes die Förmlichkeiten für die gegenseitige Anerkennung und Vollstreckung nationaler richterlicher Entscheidungen vereinfacht. Die Auslegung des EuGVÜ ist dem Gerichtshof anvertraut (Näher *Coester-Waltjen,* Jura 1989, S. 611 ff.). Es wird ergänzt durch das Luganer Übereinkommen über die gerichtliche Zuständigkeit und die Vollstrekkung gerichtlicher Een in Zivil- und Handelssachen v. 16. 9. 1988, ABl. L 319/9 ff.

714 Außerdem übt der EuGH die Funktion eines **Dienst- und Disziplinargerichtes** aus und entscheidet z. B. über Klagen der Gemeinschaftsbeamten gegen statusbeeinträchtigende Maßnahmen der Gemeinschaftsbehörden, über Anfechtungen von Personalratswahlen u. ä. (Art. 179 = 293 neu EGV) i. V. m. dem Beamtenstatut v. 29. 2. 1968, ABl. L 56/1 ff.; dazu *Lindemann,* Allgemeine Rechtsgrundsätze und europäischer öffentlicher Dienst. Zur Rechtsprechung des Europäischen Gerichtshofs in Personalsachen, 1986, und unten Rz. 798 f.). Seit 1989 ist das Gesetz 1. Instanz für Beamtenklagen im ersten Rechtszug zuständig (oben Rz. 376).

715 Die Aufgaben eines **internationalen Schiedsgerichtes** werden dem EuGH durch Art. 182 = 239 neu EGV zugewiesen. Völkerrechtliche „Restpositionen" haben im übrigen bei der Ausgestaltung einiger Verfahrensarten, z. B. in Art. 169 und 170 = 226 und 227 neu EGV) ihren Niederschlag gefunden. Der Gedanke der Staatssouveränität konnte bei der Regelung der Urteilsvollstreckung sogar stark die Oberhand gewinnen (Art. 187 i. V. m. Art. 192 = 244 i. V. m. 256 neu EGV).

In der immer noch wesentlich intergouvernementalvölkerrechtlich gestalteten
716 2. und 3. „Säule" der EU **(Gemeinsame Außen- und Sicherheitspolitik, Polizeilich-Justitielle Zusammenarbeit** = Art. 11 ff., 29 ff. neu EUV und unten Rz. 1688 ff., 1575 ff.) ist die Zuständigkeit des EuGH auch nach einigen Änderungen durch den Amsterdamer Vertrag 1997 immer noch weithin ausgeschlossen (Art. L = 46 neu EUV, näher *Pache,* in: Grabitz/Hilf (Hrsg.), EUV/EGV-Komm. (1995), Art. L = 46 neu EUV).

717 Das Rechtsschutzsystem der Gemeinschaft stellt sich somit insgesamt gesehen als eine an den Integrationszustand der EG angepaßte **Synthese (bundes-)staatlicher und völkerrechtlicher Elemente** dar. Daraus folgt zugleich zwingend, daß mit fortschreitender Integration strengere, am Rechtsstaatsprinzip orientierte Maßstäbe an das Klagesystem der Gemeinschaft angelegt werden müssen. Mit der Vergemeinschaftung weiterer Sachbereiche und der Zunahme der Zahl unmittelbar geltender Rechtsakte der EG muß notwendig eine Verbesserung des individuellen Rechtsschutzes Hand in Hand gehen – etwa durch Zulassung von Rechtsmitteln zum EuGH bei divergierender Auslegung des Gemeinschaftsrechts durch nationale Gerichte oder durch Einführung einer Art Verfassungsbeschwerde bei Grundrechtsverstößen. Im einzelnen müssen dabei Lösungen gefunden werden, die sich mit den gewachsenen Rechtsordnungen der Mitgliedstaaten

vereinbaren lassen und vor allem die Kompetenz der innerstaatlichen Gerichte zur Auslegung und Anwendung des nationalen Rechts wahren, dem Gerichtshof der Gemeinschaften jedoch erweiterte Befugnisse zur Auslegung und Gültigkeitskontrolle des EG-Rechts übertragen (zu künftige Reformen in der europäischen Gerichtsbarkeit *Everling,* EuR 1997, S. 398 ff.).

2. Verhältnis europäischer und nationaler Gerichtszuständigkeit

Die dem EuGH kraft Vertrages zugewiesenen Rechtsprechungskompetenzen sind **ausschließliche Zuständigkeiten,** d. h. insoweit sind die innerstaatlichen Gerichte von jeder Rechtsprechungstätigkeit, insbesondere von der Gültigkeitskontrolle europäischen Rechts, ausgeschlossen. Eine nationale Verfassungsbeschwerde zur Überprüfung einer EG-Verordnung am Maßstab des deutschen Verfassungsrechts ist deshalb bereits nach dem EGV ausgeschlossen (BVerfGE 22, 293 ff.). Auf Grund dieser strikten Zuständigkeitstrennung kann es keine Kompetenzüberschneidung geben (so bereits EuGHE 1960, 1163 ff. – RS 6160). Nur im Rahmen eines Vorabentscheidungsverfahrens (Art. 177 = 234 neu EGV) ist eine arbeitsteilige Kooperation von EuGH und nationaler Gerichtsbarkeit zulässig. (Näher *Erichsen/Frenz,* JURA 1775, S. 422 ff.). Zum Gemeinschaftsrecht gebührt dabei auch hier – von unwahrscheinlichen Fällen evident unhaltbarer Kompetenzanmaßung der EG abgesehen – das „letzte Wort" dem EuGH *(Hirsch,* NJW 1996, S. 2457 ff. gegenüber BVerfGE 89, 155 ff. „Maastricht"). 718

Soweit jedoch keine ausdrückliche vertragliche Zuständigkeit des EuGH begründet ist, sind die **einzelstaatlichen Gerichte** zur Streitentscheidung berufen *(Jarass,* DVBl. 1095, S. 154 ff.). Dieser Grundsatz, der, soweit die Gemeinschaft selbst Partei ist, in Art. 183 = 240 neu EGV Ausdruck gefunden hat, gilt vor allem auch für gerichtliche Entscheidungen bei Widersprüchen zwischen nationalen und Gemeinschaftsrecht. So kann grundsätzlich jedes nationale Gericht, unter Beachtung der Regeln über die Vorabentscheidung (Art. 177 = 234 neu EGV) die Unvereinbarkeit bzw. Rechtswidrigkeit eines nationalen Rechtsaktes wegen Verstoßes gegen unmittelbar geltendes EG-Recht feststellen (BVerfGE 31, 145 ff.; EuGHE 1990, I–2433 ff., RS C-213/87 „Factortame"). Wegen der Autorität des Gesetzgebers muß aber der Ausspruch über die Nichtanwendbarkeit eines Gesetzes im formellen Sinne analog Art. 100 Abs. 1 GG in Deutschland dem Bundesverfassungsgericht vorbehalten bleiben. Selbständige nationale Durchführungsmaßnahmen unterliegen jedoch in vollem Umfang der Prüfungs- und Verwerfungskompetenz der nationalen Gerichte (s. EuGHE 1976, 65 ff. – RS 46/75 st. Rspr.).

Allerdings darf eine auf solche Art begründete nationale Gerichtszuständigkeit nicht zum Anlaß genommen werden, die Vereinbarkeit der gemeinschaftsrechtlichen Rechtsgrundlage **mit nationalen Verfassungsbestimmungen,** insbes. mit nationalen Grundrechten zu überprüfen. Solange der EuGH mittels seiner Grundrechts-Rechtsprechung (oben Rz. 489 ff.) einen dem deutschen im wesentlichen vergleichbaren Grundrechtsschutz gewährleistet (Art. 23 Abs. 1 GG), gilt der Anwendungsvorrang des Gemeinschaftsrechts und damit in diesem Zusammenhang 719 die Auslegungszuständigkeit des Gerichtshofes über Art. 177 = 234 neu EGV auch gegenüber dem nationalen (deutschen) Verfassungsrecht (vgl. auch oben Rz. 620 ff. und unten Rz. 725 f.). Der italienische VerfGH hat betont, daß nationale Gerichtskontrolle insoweit allenfalls eingreifen kann, wenn äußerste Grenzen offenkundig verletzt werden (EuR 1974, S. 255 ff.). Auch die Sicht von BVerfGE 89, 155 ff. (210) über die Kooperation mit dem EuGH im Grundrechtsbereich kann sinnvoll nur so verstanden werden *(Graf Vitzthum,* JZ 1988, S. 161 ff.).

II. Das Verfahren vor der europäischen Gerichtsbarkeit

Literatur: *Gutsche,* Die Bindungswirkung der Urteile des EuGH, 1967; *André,* Zur Rechtskraft und Gestaltungswirkung der Urteile des EuGH im Anfechtungsprozeß, EuR 1967, S. 97 ff.; *Degenhardt,* Die Auslegung und Berichtigung von Urteilen des Gerichtshofs der EG, 1969; *Koenig,* Die Tatsachenermittlung im Verfahren vor dem Gerichtshof der EG, 1972; *Möller,* Die Klageänderung im Verfahren vor dem Gerichtshof der EG, 1976; *Brealy,* The burden of proof before the European Court, ELRev. 1985, S. 250 ff.; *Schockweiler,* L'exécution des arrêts de la Cour, FS Pescatore 1987, S. 613 ff.; *Berteloot,* Babylone à Luxembourg, Jurilinguistique à la Cour de Justice, 1988; *Klinke,* Der Gerichtshof der EG. Aufbau und Arbeitsweise, 1989; *Dine/Douglas-Scott/Persaud,* Procedure and the European Court, 1991; *Hubeau,* Changement des règles de procédure devant les juridictions communautaires de Luxembourg, CDE 1991, S. 499 ff.; *Happe,* Lauf und Berechnung der Fristen bei Anfechtungen vor dem EuGH, EuZW 1992, S. 297 ff.; *Berrang,* Vorbeugender Rechtsschutz im Recht der EGen, 1994; *Everling,* Zur Begründung der Urteile des Gerichtshofs der EGen; *Wagner,* Der einstweilige Rechtsschutz gegen Mitgliedstaaten nach dem EWGV, 1994; *Glaesner/Wegen/Metzlaff,* Die anwaltliche Praxis im Gemeinschaftsrecht, 1995; *Wägenbaur,* Zur Nichtbefolgung von Urteilen des EuGH durch die Mitgliedstaaten, FS Everling, 1995, S. 1611 ff.; *Hakenberg/Stix-Hackl,* Hdb zum Verfahren vor dem EuGH, 1996; *B. Wägenbaur,* Die jüngere Rechtsprechung der Gemeinschaftsgerichte im Bereich des vorläufigen Rechtsschutzes, EuZW 1996, S. 327 ff.; *Jannasch,* Vorläufiger Rechtsschutz und Europarecht, VBl. BW 1997, S. 361 ff.; *B. Wägenbaur,* Das Kostenfestsetzungsverfahren vor den Gemeinschaftsgerichten, EuZW 1997, S. 197 ff.; *Gerichtshof EGen* (Hrsg.), Hinweise für die Prozeßvertreter (Man. o.J.)
Vgl. auch die Literaturangaben oben in § 7, VI (vor Rz. 689).

720 Ein gesicherter und anerkannter europäischer Rechtsschutz setzt ein ausgebildetes **Gerichtsverfassungsrecht** (insbesondere Status der Richter, Generalanwälte und des Kanzlers, dazu oben Rz. 373) sowie eine eindeutige Regelung der **Gerichtsverfahren** vor dem EuGH und dem EuG voraus.

1. Prozeßverfahren

721 Auf der Grundlage der **Satzungen**

Protokoll über die Satzung des Gerichtshofes der EGKS v. 18. 4. 1951, BGBl. 1952 II, S. 482, Änderungen = Sart. II, Ziff. 222; Protokoll über die Satzung des Gerichtshofes der EWG v. 17. 4. 1957, BGBl. II, S. 1166, Änderungen = Sart II, Ziff. 221, gleichlautend Satzung EAG-Gerichtshof, zum Gericht 1. Instanz Ratsbeschluß 88/591 v. 24. 10. 1988, ABl. L 319/1, Änderungen = Sart II, Ziff. 220 b.

und der **Verfahrensordnung des EuGH und des EuG** 722

Verfahrensordnung des Gerichtshofes der EGen v. 19. 6. 1991, Änderungen (ABl. L 176/7 ff. = Sart. II, Ziff 250), der zusätzlichen Verfahrensordnung v. 4. 12. 1974 i. d. kodifizierten Fassung v. 15. 2. 1982 (ABl. C 39/31 ff., Änderungen = Sart. II, Ziff. 250 a), der Dienstanweisung für den Kanzler v. 4. 12. 1974/13. 2. 1982 (ABl. C 39/1 ff.) und der Verfahrensordnung des Gerichts 1. Instanz der EGen v. 2. 5. 1991 Änderungen (ABl. L 136/1 ff. = Sart. II, Ziff. 252)

hat sich in Anlehnung an nationale Prozeßrechte ein **komplexes europäisches Verfahrensrecht** herausgebildet. Kennzeichnend hierfür ist die Gliederung des Verfahrens in einen schriftlichen und einen mündlichen Teil (Art. 18 Satzung EG; Art. 21 Satzung EGKS; Art. 37 ff. und 55 ff. VerfO; *(Koenig/Sander,* Einf. in das EG-Prozeßrecht, 1997, S. 40 ff.).

Das **schriftliche Verfahren** dient der intensiven Aufbereitung des Prozeßstoffes durch den Austausch von Schriftsätzen, die Vorlage von Beweismitteln, Einholung von Auskünften etc., um den Rechtsstreit möglichst in **einer** mündlichen Verhandlung abschließen zu können. (Vgl. auch die strengen Präklusionsvorschrif-ten in Art. 42 VerfO.) Verglichen mit Prozessen vor nationalen Obergerichten ist die Dauer der beim EuGH anhängigen Verfahren – trotz des erheblich größeren technischen Aufwandes (Übersetzungen!) relativ kurz. 723

Das **mündliche Verfahren** (grds. öffentliche Verhandlung) umfaßt den Bericht des Berichterstatters (auf dessen Verlesung jedoch in der Regel verzichtet wird), gegebenenfalls eine Beweisaufnahme (Zum Beweisverfahren s. Art. 45 ff. VerfO), die Anhörung und Plädoyers der Parteien, bzw. ihrer Vertreter sowie den Schlußantrag des Generalanwaltes. Die Urteile des Gerichtshofes werden nach geheimer Beratung in einem gesonderten Termin in öffentlicher Sitzung verkündet. Sie zeichnen sich oft durch eine für deutsche Verhältnisse **apodiktische Kürze** aus. Es gibt auch nicht die Möglichkeit der Veröffentlichung von „dissenting opinions". Das ist verständlich, da gerade der junge EuGH sich nach außen geschlossen darstellen muß (*Everling,* EuR 1994, S. 127 ff.). Die Urteile des EuGH werden, da es keine Rechtsmittelinstanz gibt, sofort rechtskräftig. Zu den Urteilen des EuG Art. 83 seiner VerfO. Alle Endurteile und verfahrensbeendenden Beschlüsse enthalten eine **Kostenentscheidung.** Zwar ist das Gerichtsverfahren grundsätzlich gebührenfrei (nur vermeidbare und unverhältnismäßige Auslagen sowie die Kosten einer Beweisaufnahme müssen von den Parteien getragen werden), doch hat die unterlegene Partei die Kosten der obsiegenden Partei in angemessenem Umfang zu erstatten (Art. 69 ff. VerfO). (Näher *B. Wägenbaur,* EuZW 1997, S. 197 ff.). 724

2. Vollstreckung der Urteile und Respekt vor dem Gemeinschaftsrecht

Die **Vollstreckung der Urteile des Gerichtshofs** erfolgt nach Art. 187 i. V. m. Art. 192 = 244 i. V. m. 256 neu EGV (vgl. dagegen Art. 44 i. V. m. Art. 92 EGKSV und Art. 159 i. V. m. Art. 164 EAGV) durch die Organe und nach den Vorschriften des Zivilprozeßrechts des Staates, in dessen Hoheitsgebiet sie stattfindet. **Die eigentliche Zwangsgewalt liegt also insoweit bei den MS** (vgl. auch oben Rz. 697 und *Borchardt/Klinke,* in: Grabitz/Hilf (Hrsg.), EUV/EGV-Komm. (1998), zu Art. 187). Die Entscheidung über die Aussetzung der Zwangsvollstreckung bleibt allerdings dem EuGH vorbehalten. – Der Gerichtshof hat in st. Rspr. immer wieder betont, daß im Falle des festgestellten **Verstoßes eines Mitgliedstaates** gegen eine Verpflichtung aus dem Vertrage es keiner Vollstreckung bedarf, wie es indirekt aus Art. 171 725

Abs. 1 = 228 neu EGV hervorgeht. Hierbei ergibt sich aus dem rechtskräftigen Urteil ohne weiteres das Verbot, vertragswidrige nationale Vorschriften weiter anzuwenden beziehungsweise die Pflicht, im jeweiligen nationalen Zuständigkeitsbereich die Durchführung des Urteils zu gewährleisten (EuGHE 1980, 1319 ff.; Verb. RS 24 und 97/80 R „Schaffleisch", EuGHE 1988, 2271 ff. – Rz. 225/86 st. Rspr., vgl. auch *Schockweiler,* FS Pescatore 1987, S. 613 ff.).

726 In der Gemeinschaftswirklichkeit ist es leider um den tatsächlichen **Respekt vor dem Gemeinschaftsrecht** nicht immer gut bestellt. Nachdem sich MSen in nicht unerheblicher Zahl bei der Ausführung von EuGH-Urteilen entgegen Art. 171 Abs. 1 = 228 Abs. 1 neu EGV passiv verhielten (1990: 86 Fälle) und auch die Praxis von „Zweitverurteilungen" keine wirksame Abhilfe schuf, hat der EGV mit der Möglichkeit einer „mahnenden" begründeten Stellungnahme der Kommission (Art. 171 Abs. 2 = 228 Abs. 2 neu EGV) und der Verurteilung des MSes zur Zahlung eines Pauschalbetrages oder Zwangsgeldes (Art. 171 Abs. 4 = 228 Abs. 3 neu) erleichterte Sanktionsmöglichkeiten eingeführt (oben Rz. 692). Andererseits darf nicht übersehen werden, daß 80–90 % der Streitigkeiten zwischen Kommission und MSen schon vor einer Klage beim Gerichtshof **gütlich beigelegt** werden. Seit 1983 erstattet die Kommission jährlich dem EP einen Bericht über die Kontrolle der Anwendung des Gemeinschaftsrechts. Er wird im ABl. Teil C veröffentlicht.

3. Besondere Verfahrensarten (u. a. vorläufiger Rechtsschutz)

727 Die Satzungen des Gerichtshofs enthalten eine Reihe von **besonderen Klagearten** (Näher *Koenig/Sander,* Einf. in das EG-Prozeßrecht, 1997, S. 67 ff.). Hier sind besonders die Drittwiderspruchsklage, die Urteilsauslegung durch den Gerichtshof, das Wiederaufnahmeverfahren und der vorläufige Rechtsschutz zu nennen.

728 Das europäische Verfahrensrecht kennt neben der üblichen Intervention **(Streithilfe** zur Unterstützung einer Partei, Art. 37 Satzung EWG, Art. 93 VerfO EuGH, *Ehle/Schiller,* EuR 1982, S. 48 ff.) mit der **Drittwiderspruchsklage** („Tierce opposition") gemäß Art. 39 Satzung-EWG und Art. 36 Satzung-EGKS (jeweils mit Art. 97 VerfO) eine „nachgeholte Intervention", die nach Erlaß des Urteils zu einer Wiederaufnahme des Verfahrens führt (EuGHE 1962, 289 ff. – Verb. RS 42 und 49/59 und EuGHE 1962, 347 ff. – Verb. RS 9 und 12/60).

729 Bei „Zweifeln über Sinn und Tragweite eines Urteils" des EuGH besteht nach Art. 40 Satzung-EWG beziehungsweise Art. 37 Satzung-EGKS i. V. m. Art. 102 VerfO bei Darlegung eines berechtigten Interesses die Möglichkeit, **das Urteil dem Gerichtshof zur Auslegung vorzulegen.** (EuGHE 1955, 275 ff. – RS 5/55; *Hellner,* MDR 1966, S. 807 ff.). Wegen des nicht selten gegebenen Fehlens einer Rechtsmittelinstanz kommt ferner dem **Wiederaufnahmeverfahren** des Art. 98 ff. VerfO besondere Bedeutung zu (EuGHE 1960, 357 ff. – RS 1/60; EuGHE 1992, 993 ff. – RS C-185/90; *Blouvier,* CDE 1971, S. 428 ff.).

730 Das europäische Rechtsschutzsystem ermöglicht wie nationale Rechtsordnungen **vorläufigen Rechtsschutz,** um Rechte der Parteien bis zur abschließenden Entscheidung in der Hauptsache zu wahren *(Jannasch,* VBl. BW 1997, S. 361 ff.). Hierzu rechnen insbesondere die Entscheidung über die vorläufige Aussetzung des Vollzuges einer angefochtenen Handlung (Art. 185 S. 2 = 242 S. 2 neu EGV, Art. 157 S. 2 EAGV, Art. 39 Abs. 2 EGKSV) und die **einstweilige Anordnung** zur vorläufigen Regelung streitiger Rechtsverhältnisse (Art. 186 = 243 neu EGV, Art. 158 EAGV, Art. 39 Abs. 3 EGKSV). Nach Art. 4 Ratsbeschluß 88/591 gilt die eA auch für das Verfahren beim EuG. Zur Begründung der Dringlichkeit einer eA bedarf es bei den Gerichten des Nachweises eines schweren und nicht wiedergutzumachenen Schadens (EuGHE 1991, II–679 ff. – T 51/91 st. Rspr.; näher *Rengeling* u.a., Rechtsschutz in der EU, 1994, S. 276 ff.; 298 ff., ebenso zu einigen weiteren Sonderverfahren S. 272 ff.).

4. Rechtsmittel gegen Entscheidungen des EuG beim EuGH

Gegen abschließende Entscheidungen des Gerichts 1. Instanz (EuG) kann ein **auf Rechtsfragen beschränktes Rechtsmittel** beim EuGH eingelegt werden (Art. 168 a = 225 neu EGV, Art. 49–54 Satzung-EWG, Art. 110–123 VerfO EuGH). Grundsätzlich hat ein solches Rechtsmittel **keine aufschiebende Wirkung** (Art. 53 Satzung-EWG, mit gewissen Ausnahmen, insbes. bei EuG-Een, die eine VO für nichtig erklären). Zur Einlegung eines Rechtsmittels sind die unterlegenen Prozeßparteien sowie MSen und Gemeinschaftsorgane sowie unmittelbar betroffene sonstige Streithelfer befugt (Art. 49 Satzung EWG). 731

Die **Einlegungsfrist** beträgt 2 Monate nach Zustellung der angefochtenen Entscheidung (Art. 49 Abs. 1 S. 2 Satzung-EWG).

Das Rechtsmittel ist auf **Rechtsfragen** beschränkt, wobei bestimmte **Rechtsmittelgründe** angeführt werden müssen (Art. 51 Satzung-EWG).

Ist das Rechtsmittel zulässig und begründet, hebt der EuGH die E des EuG auf. Bei Entscheidungsreife entscheidet der EuGH selbst endgültig, anderenfalls verweist er an das EuG zurück (Art. 54 Satzung-EWG). Weist der EuGH das Rechtsmittel zurück, wird die angefochtene E rechtkräftig. (näher zum Rechtsmittelverfahren Art. 110 ff. VerfO EuGH und *Rengeling* u. a., Rechtsschutz in der EU, 1994, S. 392 ff.). 732

III. Vertragsverletzungsverfahren gegen Mitgliedstaaten

Literatur: *Däubler,* Die Klage der EWG-Kommission gegen einen Mitgliedstaat, NJW 1968, S. 325 ff.; *Ferrière,* Le contrôle de la legalité des actes étatiques par la Cour de Justice des Communautés Européennes, 1968; *Tomuschat,* La contribution de la Cour de Justice des Communautés Européennes au règlement des conflicts entre Etats membres, RGDIP 1974, S. 40 ff.; *Barav,* Failure of member states to fulfil their obligations under Community law, CMLRev. 1975, S. 369 ff.; *Karpenstein,* Zur Wiedergutmachung von Vertragsverstößen der Mitgliedstaaten gegen das Gemeinschaftsrecht, DVBl. 1977, S. 61 ff.; *Nafiliyan,* La position des Etats membres et les recours en manquement des Articles 169 CEE et 141 CECA, RDE 1977, S. 214 ff.; *Eans,* The enforcement procedure of art. 169 EEC, ELRev. 1979, S. 442 ff.; *Ehlermann,* Die Verfolgung von Vertragsverletzungen der Mitgliedstaaten durch die Kommission, FS Kutscher 1981, S. 135 ff.; *Everling,* Die Mitgliedstaaten der EG vor dem Gerichtshof, EuR 1983, S. 101 ff.; *Ortlepp,* Das Vertragsverletzungsverfahren als Instrument zur Sicherung der Legalität im Europäischen Gemeinschaftsrecht, 1987; *Jacob,* Sanktionen gegen vertragsbrüchige Mitgliedstaaten der EG, 1998; *Dashwood,* Enforcement actions under Articles 169 and 170 EEC, ELRev 1989, S. 388 ff.; *Tsikrikas,* Die Wirkungen der Urteile des EuGH im Vertragsverletzungsverfahren (Art. 169 ff. EuGV), 1990; *Bernhardt,* Das Vertragsverletzungsverfahren gemäß Art. 169 EWGV, in: Seidl-Hoheneldern (Hrsg.), Auf dem Weg nach Europa 1991, S. 93 ff.; *Timmermans,* Judicial protection against the Member States, Art. 169 and 177 revisited, FS Schermers 1994, II, S. 391 ff.; *Kort,* Verstoß eines MS gegen europäisches Recht, DB 1996, S. 1323 ff.

Unter den Klagearten, welche die Verträge beim Gerichtshof zur Verfügung stellen, sind einige in der Gemeinschaftspraxis **von besonderer Bedeutung.** Sie sollen im Folgenden etwas ausführlicher dargestellt werden. Zu ihnen gehört zunächst das Vertragsverletzungsverfahren, welches die Kommission gegen Mitgliedstaaten einleiten kann.

1. Klagevoraussetzungen

733 Während die Möglichkeit der Klage eines MS gegen einen anderen gem. Art. 170 = 227 neu EGV (Art. 89 EGKSV, Art. 142 EAGV) wegen der Vertragsverletzung bislang ohne größere praktische Bedeutung geblieben ist, spielt **das von der Kommission eingeleitete Vertragsverletzungsverfahren nach Art. 169 = 226 neu EGV** (Art. 88 EGKSV, Art. 141 EAGV) eine wichtige Rolle bei der Aufrechterhaltung und Durchsetzung der Gemeinschaftsrechtsordnung *(Karpenstein,* in: Grabitz/Hilf (Hrsg.), EUV/EGV-Komm. (1994), zu Art. 169 EGV). Die Kommission, als Hüterin der Gemeinschaftsinteressen, ist nach Art. 155 = 211 neu EGV berufen, für die allgemeine und einheitliche Beachtung des EG-Rechts Sorge zu tragen. Sie ist deshalb verpflichtet, gegen objektive Verletzungen des Gemeinschaftsrechts durch Organe der Mitgliedstaaten einzuschreiten (EuGHE 1988, 1835 ff. – RS 240/86).

734 In Betracht kommen dabei primär **Verstöße gegen Bestimmungen des Vertrags- und Sekundärrechts** oder gegen Allgemeine Rechtsgrundsätze der Gemeinschaft durch Handlungen nationaler Exekutivbehörden. Zu den staatlichen Stellen, die an das Gemeinschaftsrecht gebunden sind, gehören jedoch auch verfassungsmäßig unabhängige Organe, wie etwa Gerichte oder Parlamente (EuGHE 1970, 237 ff.; RS 77/69; 1976, 277 ff. – RS 52/75). So liegt auch dann ein Pflichtverstoß des verantwortlichen Mitgliedstaates vor, wenn z. B. eines seiner Gerichte den Vorrang des Gemeinschaftsrechts nicht beachtet und einschlägige unmittelbar anwendbare Gemeinschaftsvorschriften nicht anwendet oder ein zuständiges Länderparlament eines Bundesstaates sich weigert, eine staatengerichtete Richtlinie innerhalb der ausdrücklich festgesetzten Frist oder innerhalb eines angemessenen Zeitraums in ein Gesetz zu transformieren.

Der Mitgliedstaat, der eine Handlungspflicht nicht erfüllt oder einer Unterlassungspflicht zuwiderhandelt (EuGHE 1970, 25 ff. – RS 31/69), kann sich zu seiner Entschuldigung nicht nachträglich auf Schutzklauseln des Vertrages oder darauf berufen, daß andere MS oder ein Gemeinschaftsorgan ebenfalls Pflichtverstöße begehen (EuGHE 1961, 693 ff. – RS 7/61 st. Rspr.). Es zeigt sich auch hier, daß der EGV kein gegenseitiger Vertrag traditioneller völkerrechtlicher Art ist, **sondern eine „neue Rechtsordnung" aufgestellt hat,** (EuGHE 1964, 1329 ff. – Verb. RS 90 und 91/63). – Bei Verletzung einer Bestimmung des sekundären Gemeinschaftsrechts kann sich der MS grundsätzlich nicht auf die Fehlerhaftigkeit eines nicht angefochtenen und damit „bestandskräftig" gewordenen Rechtsaktes berufen. Der Gerichtshof hat jedoch die Möglichkeit, die Unanwendbarkeit einer fehlerhaften VO nach Art. 184 = 241 neu EGV, der einen allgemeinen Grundsatz ausdrückt, inzidenter festzustellen. (EuGHE 1958, 9 ff. – RS 9/56; 1960, 121 ff. – RS 3/59). Darüber hinaus hat der beklagte MS das Recht, die absolute Nichtigkeit anderer Rechtsakte der Gemeinschaft, auf deren Gültigkeit es im Rechtsstreit ankommt, trotz Versäumnisse der Klagefrist des Art. 173 Abs. 5 = 230 Abs. 5 neu noch im Verfahren nach Art. 169 = 226 neu EGV geltend zu machen. Zum Fall der Nichtigkeit wegen Kompetenzverletzung durch Organe der Gemeinschaft EuGHE 1969, 523 ff. – Verb. RS 6 und 11/69.

2. Gang des Verfahrens

Bei drohender oder bereits eingetretener Vertragsverletzung eines Mitgliedstaates wird die Kommission meist nicht sofort das Verfahren nach Art. 169 = 226 neu EGV einleiten, sondern zunächst auf dem Verhandlungsweg eine **„gütliche" Einigung** zu erzielen versuchen. Da sie oft schon vor Erlaß einer nationalen Norm von den einzelstaatlichen Behörden unterrichtet wird (z. T. bestehen ausdrückliche Informations- und Konsultationspflichten), hat sie die Möglichkeit, rechtzeitig – also etwa noch im Stadium des Normerlaßverfahrens – ihre Rechtsansicht zu äußern und auf mögliche Vertragsverstöße hinzuweisen. Führen ihre Bemühungen zu keinem Erfolg, hat sie das Recht, das Verfahren nach Art. 169 = 226 neu EGV zu eröffnen, das in ein **Vorverfahren und ein gerichtliches Verfahren** unterteilt ist. Entgegen dem Wortlaut des Art. 169 = 226 neu („gibt") besteht ein Ermessen der Kommission zur Verfahrenseinleitung, u. a. um Bagatellstreit zu vermeiden (EuGHE 1989, 291 ff. – RS 247/87 st. Rspr.). Hinsichtlich der Klageerhebung geht dies aus Art. 169 Abs. 2 = 226 Abs. 2 neu EGV hervor („kann"). 735

a) Vorverfahren

Das **außergerichtliche Vorverfahren** ist Zulässigkeitsvoraussetzung für die spätere Klageerhebung beim Gerichtshof (vgl. aber Art. 93 und 225, Art. 100 a IV UA 3 = 88 und 298, 95 IV UA 3 neu EGV). Es dient hauptsächlich der weiteren Aufklärung des Sachverhalts und der förmlichen Anhörung des Mitgliedstaates („Rechtliches Gehör"). Es wird, nach ergebnisloser Anhörung und bei fortdauernder Zuwiderhandlung des MS gegen das EG-Recht, abgeschlossen mit der **Abgabe einer mit Gründen versehenen Stellungnahme der Kommission,** in welcher der Vertragsverstoß festgestellt und der Mitgliedstaat unter Angabe des Mittels für die Abhilfe zur Beseitigung des Verstoßes innerhalb einer bestimmten (angemessenen) Frist aufgefordert wird. Diese Stellungnahme hat keinen konstitutiven Charakter und ist deshalb nicht selbständig anfechtbar (EuGHE 1966, 27 ff. – RS 48/65 „Lütticke" st. Rspr.). Das Ziel des Vorverfahrens, eine außergerichtliche Einigung unter möglichster Schonung der Souveränität der MS zu erzielen, wird in den meisten Fällen erreicht (oben Rz. 726). 736

Die vorprozessuale Phase des Vertragsverletzungsverfahrens ist **grundsätzlich formfrei.** So sind z. B. in der Regel keine bestimmten Fristen zu wahren (EuGHE 1984, 1861 ff. – RS 324/82). Andererseits gelten allgemeine Verfahrensgrundsätze. So hat etwa das an den MS gerichtete **Mahnschreiben** das Ziel, den Gegenstand des Rechtsstreites einzugrenzen und dem MS die notwendigen Angaben zur Vorbereitung seiner Verteidigung an die Hand zu geben. Die Gelegenheit zur Äußerung, die dem MS zu gewähren ist, bedeutet eine wesentliche Garantie des Verfahrens und ist Voraussetzung für seine Ordnungsmäßigkeit (EuGHE 1982, 4547 ff. – RS 211/81). 737

b) Klageverfahren

738 Wenn der MS der Vertragsverletzung innerhalb gesetzter Fristen und nach Gelegenheit zur Äußerung nicht abhilft, kann die Kommission das Klageverfahren gemäß Art. 19 Satzung EWG einleiten (*Kort,* DB 1996, S. 1323 ff.). Dabei müssen Klage und Stellungnahme der Kommission auf dieselben Gründe und Angriffsmittel gestützt werden, Vorverfahren und gerichtliches Verfahren müssen also denselben Streitgegenstand haben (EuGHE 1970, 111 ff. – RS 7/69 st. Rspr.).

Die Kommission braucht bei Klageerhebung kein besonderes **Klageinteresse** darzutun. Sie ist als Wahrerin der Gemeinschaftsinteressen „kraft Amtes" aktivlegitimiert (vgl. EuGHE 1974, 359 ff. – RS 167/73). Auch die Beseitigung der Vertragsverletzung nach Klageerhebung läßt – schon wegen möglicher späterer Schadensersatzklagen – die Zulässigkeit der Klage grundsätzlich unberührt (EuGHE 1976, 1359 ff. – RS 10/76 st. Rspr.). Eine Erledigung der Hauptsache tritt in solchen Fällen nicht ein, wenn bereits eine frühere gerichtliche Verurteilung des MS wegen desselben Verstoßes vorliegt (EuGHE 1972, 529 ff. – RS 48/71). In der Gemeinschaftspraxis sind die Vertragsverletzungsverfahren, die von der Kommission nach Art. 169 = 226 neu EGV angestrengt werden, ein **zunehmend wichtiges Instrument** ihrer Rolle als „Wächterin des Vertrages" (oben Rz. 365) geworden.

739 Im Falle der **Verurteilung des Mitgliedstaates** (in der großen Mehrzahl der von der Kommission angestrengten Verfahren kommt es zu einer solchen Verurteilung) stellt der Gerichtshof in seiner Entscheidung die Nichtvereinbarkeit des inkriminierten konkreten nationalen Aktes mit dem EG-Recht fest (Feststellungsurteil), hebt also die vertragswidrige Maßnahme nicht selbst auf. Die **Verpflichtung des verurteilten Staates zur Abhilfe** (Rückgängigmachung des fehlerhaften Aktes und Behebung der rechtswidrigen Folgen/Schadensersatz) folgt aus Art. 171 = 228 neu EGV. Die Gemeinschaft hat nötigenfalls die begrenzten Möglichkeiten des Art. 171 Abs. 2 = 228 neu EGV, Art. 88 Abs. 3 EGKSV (oben Rz. 691 ff.), ihren Willen durchzusetzen.

IV. Nichtigkeitsklage und Untätigkeitsklage

Literatur: *Steindorff,* Die Nichtigkeitsklage im Recht der EGKS, 1951; *Clever,* Ermessensmißbrauch und détournement de pouvoir nach dem Recht der EG im Lichte der Rechtsprechung ihres Gerichtshofes, 1967; *Neri,* Le recours en annulation dans les Communautés Européennes, RMC 1967, S. 452 ff.; *Czasche,* Die Untätigkeitsklage vor dem EuGH, 1969; *Meister,* Ermessensmißbrauch oder détournement de pouvoir als Fehlertatbestand der Nichtigkeitsklage des Montanvertrages, 1971; *Reuter,* Le recours en carence de l'article 175 du Traité de la CEE dans la jurisprudence de la Cour de Justice des Communautés Européennes, CDE 1972, S. 159 ff.; *Barav,* Considérations sur la specificité de recours en carence en droit communautaire, RTDE 1975, S. 53 ff.; *Bleckmann,* Zum Ermessensmißbrauch im Europäischen Gemeinschaftsrecht, FS Kutscher, 1981, S. 25 ff.; *Daig,* Nichtigkeits- und Untätigkeitsklage im Recht der EG, 1985; *Bebr,* Direct and indirect judicial control of Community acts in practice, FS Stein, 1987, S. 91 ff.; *Paulis,* Les effets d'annulation de la Cour de Justice des CE, CDE 1987, S. 243 ff.; *Silvia de Lapuerta,* Légitimación activa del Parlamento Europeo en un recurso de anulación, Noticias

CEE 1988, Nr. 39, S. 21 ff.; *Boulouis,* La qualité du Parlement Européen pour agir en annulation, RMC 1989, S. 119 ff.; *Giegerich,* Organstreit vor dem Gerichtshof der EGen, ZaöRVR 1990, S. 812 ff.; *Gesser,* Die Nichtigkeitklage nach Art. 173 EGV, 1995

Neben dem Vertragsverletzungsverfahren gegen MS sind die besonders 740
im EGV ausgebildete **Nichtigkeitsklage** mit dem Ziel der Überprüfung des rechtmäßigen Handelns von Europäischem Parlament, Rat, Kommission und EZB bei der Rechtsetzung sowie die **Untätigkeitsklage** mit der Rüge vertragswidriger Untätigkeit von Europäischem Parlament, Rat und Kommission in der Gemeinschaftspraxis sehr wichtige Verfahrensarten. Während beim Vertragsverletzungsverfahren nach Art. 169 = 226 neu EGV die Kommission als Wächterin der Verträge das Handeln der MS überwacht, haben hier umgekehrt die MS, aber auch Gemeinschaftsorgane untereinander und in Grenzen Privatpersonen die Möglichkeit, eine gerichtliche Kontrolle über die Aktion der Gemeinschaft herbeizuführen.

1. Nichtigkeitsklage

a) Klagevoraussetzungen

Die **Nichtigkeitsklage des Art. 173 Abs. 1 = 230 Abs. 1 neu EGV** (vgl. 741
Art. 33 EGKSV, Art. 146 EAGV) eröffnet den Klageberechtigten die Möglichkeit, eine rechtsverbindliche Handlung des Europäischen Parlaments (gemeinsam mit dem Rat oder mit Drittwirkung), von Rat, Kommission und EZB auf ihre Rechtmäßigkeit gerichtlich überprüfen zu lassen. Sie stellt somit eine (entsprechend dem französischen „recours pour excès de pouvoir" ausgestaltete) **Anfechtungsklage** dar, die aber zugleich – im Sinne einer abstrakten Normenkontrolle – eine **Gültigkeitskontrolle von Verordnungen der EG** erlaubt. Da Schutzziel dieser Klage die Einhaltung der objektiven Gemeinschaftsrechtsordnung ist, brauchen Mitgliedstaaten, Rat und Kommission als Kläger kein besonderes Rechtsschutzinteresse geltend zu machen. (EuGHE 1985, 873 ff. – RS 41/83 st. Rspr.; zu den Individualklagen unten Rz. 749 ff.).

Anfechtbares Handeln von EP, Rat, Kommission und EZB i. S. v. Art. 173 = 230 742
neu EGV ist **jeder Hoheitsakt der Gemeinschaft,** der (nach außen) Rechtswirkungen erzeugt. Es braucht sich dabei nicht unbedingt um Rechtsakte gem. Art. 189 = 249 neu EGV zu handeln (EuGHE 1994, I–625 ff. – RS C-316/71). Auch „einfache" Beschlüsse des Rates, die z. B. eine Kompetenzfestlegung gegenüber der Kommission beinhalten oder eine Präjudizierung späterer Normsetzung zur Folge haben, können mit der Nichtigkeitsklage angefochten werden (vgl. EuGHE 1971, 263 ff. – „AETR"). Insoweit hat die Nichtigkeitsklage den **Charakter eines Organstreitverfahrens** *(Giegerich,* ZoöRVR 1990, S. 812 ff.). Nicht angefochten werden können jedoch die nicht verbindlichen Empfehlungen und Stellungnahmen der EG, rein innerdienstliche oder vorbereitende Akte sowie bestätigende Zweitbescheide, die keine neue Beschwerde enthalten (EuGHE 1971, 669 ff. – RS 2/71 st. Rspr.).

Die Nichtigkeitsklage des EG-Vertrages, die innerhalb einer Ausschluß- 743
frist von 2 Monaten erhoben werden muß (Art. 173 Abs. 5 = 230 Abs. 5 neu

EGV) läßt wie ihr französisches Vorbild nur **bestimmte abschließend aufgezählte Anfechtungsgründe** („cas d'ouverture") zu: Unzuständigkeit, Verletzung wesentlicher Formvorschriften (insbesondere Verletzung von Mitwirkungs- und Anhörungsrechten, fehlende oder mangelhafte Begründungen von Einzelakten), Vertragsverletzung oder Verstoß gegen eine sonstige Rechtsquelle der Gemeinschaft und Ermessensmißbrauch. Der Kläger muß sich zwar nicht ausdrücklich auf einen dieser Klagegründe berufen. Seine Klageschrift muß aber den behaupteten Mangel mit Tatsachen belegen und den Anfechtungsgrund zumindest „erkennen lassen" (so EuGHE 1961, 611 ff. – Verb. RS 19/60, 21/60, 2/61 und 3/61).

744 Die **Aufzählung der Anfechtungsgründe** zeigt bereits, daß diese breit gefächert sind und folglich nur eine geringe Begrenzungsfunktion haben. Es ist deshalb müßig, die im französischen Prozeßrecht übliche Kategorisierung der Klagen nach „recours pour excès de pouvoir" und „contentieux de pleine juridiction" auf die Gemeinschaftsebene zu übertragen, zumal für jede Klageart wiederum gemeinschaftsspezifische Besonderheiten gelten *(Plouvier,* RMC 1973, S. 365 ff.). Eine Zweckmäßigkeitskontrolle oder eine vollständige Ersetzung des angegriffenen Aktes sind auch in den vermeintlich typischen Fällen des „plein contentieux" (Art. 172, 178, 179 = 229, 235, 236 neu EGV) nur in eng begrenzten Ausnahmefällen möglich. Bei der Regelung wirtschaftlicher Sachverhalte steht den Gemeinschaftsorganen ohnehin ein weiterer Beurteilungs- und Gestaltungsspielraum in der Art eines Planungsermessens zu (EuGHE 1975, 421 ff. – RS 78/74), das vom Gerichtshof lediglich daraufhin überprüft werden kann, ob dem betreffenden Organ kein „offensichtlicher Irrtum oder Ermessensmißbrauch" unterlaufen ist oder ob die Grenzen des Ermessensspielraums nicht „offensichtlich überschritten" sind (EuGHE 1976, 19 ff. – RS 55/75 st. Rspr.; *Mackenzie-Stuart,* RIDC 1974, S. 61 ff.; *Asso,* RTDE 1976, S. 21 ff., 177 ff.).

745 Die **Auslegung der „cas d'ouverture"** des Gemeinschaftsrechts folgt weitgehend den von der französischen Verwaltungsrechtsprechung aufgestellten Grundsätzen *(Becker,* Der Einfluß des französischen Verwaltungsrechts auf den Rechtsschutz in den europäischen Gemeinschaften, 1963). Dies ist vor allem bei der Feststellung eines **Ermessensmißbrauchs** zu beachten. Hier fordert der EuGH in Anlehnung an die Rechtsprechung französischer Gerichte zum „détournement de pouvoir" eine bewußte Verfolgung rechtswidriger Ziele oder zumindest einen „schwerwiegenden Mangel an Voraussicht oder Umsicht", der einer „Verkennung des gesetzlichen Zweckes gleichkommt" (EuGHE 1965, 595 ff. – Verb. RS 3 und 4/64 st. Rspr.). Wenn auch oft objektive Indizien den Nachweis eines subjektiven Zweckmißbrauchs erleichtern mögen (vgl. EuGHE 1966, – Verb. RS 18 und 35/65), so wird doch angesichts der engen Auslegung des Begriffs Ermessensmißbrauch in der Praxis eine Berufung auf einen objektiven Vertragsverstoß – dazu zählt auch eine Verletzung der Vertragsziele – meist größeren Erfolg versprechen.

b) Gang des Verfahrens

746 Die Nichtigkeitsklage wird durch **Einreichung einer an den Kanzler des Gerichtshofs zu richtenden Klageschrift** erhoben (Art. 19 Satzung EWG, Art. 37 ff. VerfO). Da die Nichtigkeitsklage, ebenso wie die anderen Klagearten, keine aufschiebende Wirkung hat, besteht für den EuGH die Möglichkeit, unter sehr engen Voraussetzungen, nämlich

„bei Gefahr eines schweren, nicht wiedergutzumachenden Schadens" (EuGHE 1977, 1411 ff. – RS 61/77 R)

gemäß Art. 185 = 242 neu EGV die Durchführung der angefochtenen Handlung auszusetzen, beziehungsweise eine sonstige einstweilige Anordnung zu treffen *(Ehle,* AWD 1964, S. 39 ff.).

Im Falle einer **Verurteilung des Gemeinschaftsorgans** – die nach der 747
bisherigen Rechtsprechung des Gerichtshofs erfahrungsgemäß nur in einer Minderheit der Klagen erfolgt – erklärt der EuGH die angefochtene Maßnahme für von Anfang an (ex tunc) nichtig (Art. 174 Abs. 1 = 231 Abs. 1 neu EGV). Das Urteil bindet nicht nur die Prozeßparteien, sondern entfaltet allgemeine Bindungskraft (Art. 174 = 231 neu EGV, näher *André,* EuR 1967, S. 97 ff.). Bei Verordnungen gibt Art. 174 Abs. 2 = 231 Abs. 2 neu EGV jedoch dem Gerichtshof die Möglichkeit, den Zeitpunkt ihrer Unanwendbarkeit hinauszuschieben (EuGHE 1973, 575 ff. – RS 81/72). Dies ist ein Verfahren, das aus rechtsstaatlichen Gründen nur ausnahmsweise zum Schutz des Vertrauens der Rechtsunterworfenen auf eine bisher bestehende, dann als vertragswidrig erkannte Rechtslage Anwendung finden sollte (Bsp. Wahrung der Kontinuität einer Besoldungsregelung, vgl. auch *Gleiss/Kleinmann,* NJW 1966, S. 1591 ff.).

2. Untätigkeitsklage

Art. 175 = 232 neu EGV (vgl. auch Art. 35 EGKSV, Art. 148 EAGV) 748
regelt einen Sonderfall der Vertragsverletzung durch Gemeinschaftsorgane, nämlich den **der vertragswidrigen Untätigkeit von Parlament, Rat oder Kommission.** Untätigkeit bedeutet Unterlassung einer Beschlußfassung, die vertraglich geboten gewesen wäre. Ergeht auf Antrag eines Berechtigten eine ablehnende oder eine andere als die geforderte Entscheidung, muß Nichtigkeitsklage erhoben werden (EuGHE 1971, 705 ff. – RS 8/71). Der bloße Hinweis, ein bestimmter Antrag werde geprüft, stellt dagegen keine ausreichende Reaktion der Gemeinschaftsbehörden dar.

Klageberechtigt sind, nach erfolglosem Abschluß des Vorverfahrens über die in Art. 173 Abs. 1 = 230 Abs. 1 neu EGV genannten Stellen hinaus alle Organe der Gemeinschaft (EuGHE 1985, 1513 ff. – RS 13/83 „Gemeinsame Verkehrspolitik"), mit Ausnahme des Gerichtshofes selbst. Somit hat auch das **Europäische Parlament** das Recht, Untätigkeitsklage bei vertragswidriger Verzögerung einer Gemeinschaftsmaßnahme z. B. durch den Rat zu erheben. Diese Möglichkeit bietet einen (schwachen) Ausgleich der unvollkommenden Legislativrechte des EP.

Im Falle der Verurteilung von Rat oder Kommission lautet die Entscheidung des EuGH auf **Feststellung einer konkreten Rechtsverletzung.** Die Handlungspflicht des verurteilten Gemeinschaftsorgans folgt dann aus Art. 176 = 233 neu EGV i. V. m. der speziellen Handlungspflicht des Vertrages.

3. Besonderheiten der Nichtigkeitsklage natürlicher und juristischer Personen

Literatur: *Daig,* Zum Klagerecht von Privatpersonen nach Art. 173 Abs. 2 EWGV, 146 Abs. 2 EAGV, FS Riese 1964, S. 187 ff.; *Neri,* La protection juridictionelle des particuliers dans les Communautés Européennes, 1965; *Riese,* Über den Rechtsschutz von Privatpersonen und Unternehmen in der EWG, FS Hallstein 1966, S. 414 ff.; *Bebr,* Judicial remedy of private parties against normative acts of the European Communities, CMLRev 1966/67, S. 7 ff.; *Barav,* Direct and individual concern, CMLRev. 1974, S. 191 ff.; *Toth,* Legal protection of individuals in the European Communities, 2 Bde., 1978; *Koch,* Die Klagebefugnis Privater gegenüber Entscheidungen gemäß Art. 173 Abs. 2 EWGV, 1981; *Schwarze,* Rechtsschutz Privater gegenüber normativen Rechtsakten im Recht der EWG, FS Schlochauer, 1981, S. 927 ff.; *Bleckmann,* Zur Klagebefugnis für die Individualklage vor dem EuGH, FS Menger 1985, S. 871 ff.; *Müller-Huschke,* Verbesserung des Individualrechtsschutzes durch das neue Europäische Gericht 1. Instanz, EuGRZ 1989, S. 213 ff.; *Burchard,* Der Rechtsschutz natürlicher und juristischer Personen gegen EG-Richtlinien gemäß Art. 173 Abs. 2 EWGV, EuR 1991, S. 140 ff.; *Schneider,* Effektiver Rechtsschutz Privater gegen EG-Richtlinien nach dem Maastricht-Urteil des BVerfG, AöR 1994, S. 294 ff.; *Allkemper,* Der Rechtsschutz des Einzelnen nach dem EGV, 1995; *Moitinno de Almeida,* Le recours en annulation des particuliers (art. 173, deuxième alinéa, du traité CE): nouvelles réflextions sur l'expression „la concernant .. individuellement", FS Everling 1995, S. 849 ff.; *Cooke,* Locus standi of private parties under Article 173 (4) ECT, 1996; *Gern,* Rechtsschutz der Kommunen in der EU, NVwZ 1996, S. 532 ff.; *Mulert,* Die deutschen Bundesländer vor dem EuGH, 1996; *Schwarze,* Der Rechtsschutz von Unternehmen im Europäischen Gemeinschaftsrecht, RIW 1996, S. 893 ff.; *Classen,* Der Einzelne als Instrument zur Durchsetzung des Gemeinschaftsrechts?, VerwArch 1997, S. 645 ff.

749 Eine wichtige Eigenschaft des Rechtsschutzes im Rahmen der Europäischen Gemeinschaft liegt darin, daß auch **Privatpersonen und juristische Personen** in bestimmtem Umfang den Gerichtshof anrufen können. Auch an dieser Stelle bestätigt sich der staatsnahe Charakter der Gemeinschaftsordnung.

a) Klagevoraussetzungen

750 Die Klagebefugnisse von **Privatpersonen und juristischen Personen** sind im EGV allerdings nur begrenzt vorgesehen.

Jedoch hat die europäische Rspr. den klageberechtigten Personenkreis weit zu fassen gesucht. Meist werden neben den **natürlichen Personen** auch **„jede juristische Person"** angesprochen (z. B. Art. 173 Abs. 4 = 230 Abs. 4 neu EGV). Damit sind die entspr. Personen **unabhängig von Staatsangehörigkeit und Wohnsitz** gemeint, also z. B. auch ein japanisches Unternehmen (EuGHE 1985, 1621 ff., – RS 1621 ff. „Allied Corporation"). Der Begriff der juristischen Person wird als ein gemeinschaftsrechtlicher umfassend verstanden und umfaßt alle diejenigen, denen nach innerstaatlichem Recht ein personaler Rechtsstatus zusteht *(Schwarze,* RIW 1996, S. 895 m. w. N.). Inzwischen neigt die Rspr. dazu, im Interesse effektiven Rechtsschutzes auch **juristische Personen des öffentlichen Rechts** grundsätzlich einzubeziehen (Kommunen, Regionen, Gliedstaaten eines Bundesstaates, EuGHE 1984, 2889 ff., RS 223/83 „Differdange"; EuGHE 1988, 1573 ff., Verb. RS 62 und 72/87 „Executif régional wallon" st. Rspr.; *Gern,* NVwZ 1996, S. 532 ff.; *Mulert,* Die deutschen Bundesländer vor dem EuGH, 1996); *Dauses,* BayVBl. 1996, S. 582 ff. – Regionen –).

751 Neben Art. 175 Abs. 3, 178 = 232 Abs. 3, 235 neu EGV bietet insbesondere die **Nichtigkeitsklage des Art. 173 Abs. 4 = 230 Abs. 4 neu EGV** (vgl. auch Art. 33 Abs. 2 EGKSV, Art. 146 Abs. 4 EAGV) dem einzelnen die Möglichkeit einer direkten Anrufung der europäischen Gerichtsbarkeit.

Gemäß Art. 3, b)–d) Ratsbeschluß 88/591 i. V. m. Folgebeschlüssen 1993/94 sind diese Nichtigkeitsklagen Privater **in erster Instanz generell dem EuG zugewiesen worden (oben Rz. 376 f.)**. Die Klagebefugnis von Privatpersonen (zu den übrigen Klagevoraussetzungen oben Rz. 741) ist hierbei jedoch nach dem eindeutigen Wortlaut des Art. 173 Abs. 4 = 230 Abs. 4 neu EGV (EuGHE Art. 189 = 249 neu EGV) **beschränkt.** Sie umfaßt also grundsätzlich nicht die Kontrolle von Normativakten der EG (EuGHE 1977, 797 ff. – RS 101/76 st. Rspr.). Auch nach Art. 175 Abs. 3 = 232 Abs. 3 neu EGV kann nur auf Erlaß einer Entscheidung geklagt werden.

Da die Zulässigkeit der Klage vom **Rechtscharakter der angegriffenen Maßnahmen** abhängt, wobei sich dieser nach dem Inhalt und nicht nach der Form des Rechtsaktes bestimmt, kommt der **Unterscheidung von Verordnung und Entscheidung** (i. S. v. Art. 189 = 249 neu EGV) für die Klagebefugnis entscheidende Bedeutung zu. Nach der Rechtsprechung des EuGH liegt ein Normativakt immer dann vor, wenn die betreffende Maßnahme **nach ihrem Inhalt auf objektiv bestimmte Sachverhalte anwendbar** ist und Rechtswirkungen für allgemein und abstrakt umrissene Personengruppen zeitigt (EuGHE 1987, 941 ff. – RS 26/86 und Gesamtüberblick bei *Moitinho de Almeida,* FS Everling, 1995, S. 849 ff.). Kennzeichnend für die individuelle Entscheidung ist dagegen, daß der von ihr betroffene Personenkreis von Anfang an „bestimmt" ist. Liegt somit nach dem materiellen Gehalt einer als „Verordnung" erlassenen Maßnahme ein individueller Rechtsakt vor, so kann diese **„Scheinverordnung"**, die aber in Wirklichkeit eine Entscheidung darstellt, von der betroffenen Privatperson mit der Nichtigkeitsklage angefochten werden. Steht der Kreis der durch eine „Verordnung" Betroffenen schon bei deren Erlaß fest, so kann eine solche „Verordnung" durchaus – trotz der falschen Bezeichnung und des entsprechend unrichtigen Erlaßverfahrens – als „ein Bündel individueller, in die Form einer Verordnung gekleideter Entscheidungen" anzusehen sein (EuGHE 1971, 411 ff. – Verb. RS 41–44/70 – „Interfruit"). Auch kann eine im ganzen als Verordnung zu qualifizierende Maßnahme einzelne individuelle Bestimmungen (Entscheidungen) enthalten, gegen welche die betroffenen Gemeinschaftsbürger mit der Nichtigkeitsklage vorgehen können (EuGHE 1975, 1393 ff. – Rs 100/74 „CAM" st. Rspr.; später etwa EuGHE 1985, 849 ff. – RS 264/82 „Antidumpingzoll"). 752

Ob diese mit dem Gedanken der Rechtssicherheit begründete **Beschränkung der Anfechtungsklage** Privater auf Entscheidungen angesichts der von der Gemeinschaft zunehmend in Anspruch genommenen Möglichkeiten, durch Normativakte unmittelbar in Rechte des einzelnen Marktbürgers einzugreifen, **heute rechtspolitisch noch gerechtfertigt ist,** erscheint zweifelhaft. Nicht in allen Fällen bedürfen die Verordnungen der Gemeinschaft der innerstaatlichen Durchführung und eröffnen damit den innerstaatlichen Rechtsweg mit der Möglichkeit der Vorabentscheidung nach Art. 177 = 234 neu EGV. Auch Art. 184 = 241 neu EGV bietet nur einen unvollkommenen Schutz. Allerdings wird eine Erweiterung des individuellen Rechtsschutzes wohl kaum durch eine Fortentwicklung der Rechtsprechung – ähnlich der erweiternden Auslegung des Art. 33 Abs. 2 EGKSV, dessen Wortlaut jedoch nicht so eng ist – sondern nur durch eine **Vertragsänderung** erfolgen können, wie sie auch der Gerichtshof selbst gefordert hat (Vorschläge des Gerichtshofes zur Europäischen Union, Bull. EG Beil. 9/75, S. 18). 753

Freilich steht der Verwirklichung solcher Reformgedanken wohl noch auf längere Zeit der in Frankreich, aber auch England aus der Volks- beziehungsweise Parlamentssouveränität entwickelte Grundsatz der gerichtlichen Unüberprüfbarkeit von Legislativakten entgegen.

754 Bei Entscheidungen, die an Dritte gerichtet sind und bei bestimmten Verordnungen muß der Kläger dartun, durch diese Maßnahmen **unmittelbar und individuell** in seinen wirtschaftlichen Interessen (Verletzung einer geschützten Rechtsposition ist also nicht erforderlich) betroffen zu sein. Dabei ist die **unmittelbare Betroffenheit** dann gegeben, wenn die angegriffene Maßnahme die Beeinträchtigung des Klägers ohne ein Dazwischentreten weiterer Akte bewirkt. Die **individuelle Betroffenheit** wird bejaht, wenn die Entscheidung den Kläger wegen bestimmter persönlicher Eigenschaften oder besonderer, ihn aus dem Kreis aller übrigen Personen heraushebender Umstände berührt und ihn daher in ähnlicher Weise individualisiert wie den Adressaten (EuGHE 1963, 211 ff. – RS 25/62 „Plaumann" st. Rspr.). Die **„Plaumann-Formel"** wurde von späterer Rspr. immer wieder etwas variiert und ermöglicht nicht immer trennscharfe Ergebnisse (*Allkemper,* Der Rechtsschutz des Einzelnen nach dem EGV, 1995). Auch durch eine **staatengerichtete Entscheidung** kann ein Privater unmittelbar und individuell in seinen Interessen betroffen sein (näher *Donner,* Die Klagemöglichkeit privater Personen gegen Maßnahmen der Kommission, die an MS gerichtet sind, 1965). Dieser Fall liegt besonders vor, wenn die Betroffenen im Zeitpunkt des Erlasses der E der Zahl und Person nach individualisiert sind, die nationalen Behörden bei der Ausführung der E keinen Ermessensspielraum mehr haben und so die materielle Regelung praktisch von der Gemeinschaft selbst getroffen wird (EuGHE 1965, 547 ff. – RS 106 und 107/63 „Töpfer" und EuGHE 1971, 897 ff. – 62/70 „Bock").

755 *b) Verhältnis zur Amtshaftungsklage*

Neben der Nichtigkeitsklage des Art. 173 Abs. 4 = 230 Abs. 4 EGV (bzw. der Untätigkeitsklage) kann der durch einen Rechtsakt der EG geschädigte Private **Klage auf Schadenersatz** nach Art. 178 i. V. m. 215 = 235 i. V. m. 288 neu EGV erheben (zur innergemeinschaftlichen Haftung oben Rz. 163 ff.). Beide Klagearten stellen „selbständige Rehtsbehelfe mit eigener Funktion" dar (EuGHE 1971, 325 ff. – RS 4/69 „Lütticke"; *Roth* ZHR 1974, S. 80 ff.). Die Nichtigkeitsklage hat die Beseitigung einer bestimmten rechtswidrigen Maßnahme zum Ziel, die Schadensersatzklage ist dagegen auf den Ausgleich des durch ein Gemeinschaftsorgan in Ausübung seiner Amtstätigkeit verursachten Schadens gerichtet (zur Amtshaftungsklage oben Rz. 166 ff.). Die Amtshaftungsklage setzt daher nicht die vorherige Anfechtung und Aufhebung des schädigenden Rechtsaktes voraus. Man wird allerdings aus dem Aspekt der allgemeinen Pflicht zur Vermeidung bzw. Minderung eines drohenden Schadens eine Obliegenheit zur Ausschöpfung gegebener Rechtsmittel ableiten müssen (EuGHE 1967m 487 ff. – RS 4/67). Es kann also im Rahmen einer Schadensersatzklage die Rechtmäßigkeit **jeder schädigenden Handlung eines Gemeinschaftsorgans** einschließlich VOen geprüft werden. Damit schafft die Amtshaltungsklage einen gewissen Ausgleich für die fehlende Möglichkeit der Anfechtung von Normativakten.

V. Vorabentscheidungen

Literatur: *Tomuschat,* Die gerichtliche Vorabentscheidung nach den Verträgen über die EG, 1964; *Lagrange,* L' action préjudicielle dans le droit interne des Etats membres et en droit communautaire, RTDE 1974, S. 268 ff.; *Daig,* Auslegung und Anwendung von Art. 177 EWGV durch den Gerichtshof der EG, FS Kutscher 1981, S. 79 ff.; *Bebr,* Arbitration tribunals and Art. 177 of the EEC-Treaty, CMLRev. 1985, S. 489 ff.; *Arnold,* Gesetzlicher Richter und Pflicht zur Vorlage an den EuGH, FS Neumayer, 1986, S. 17 ff.; *Everling,* Das Vorabentscheidungsverfahren vor dem Gerichtshof der EG, 1986; *Liber,* Über die Vorlagepflicht des Art. 177 EWGV und deren Mißachtung, 1986; *Pescatore,* Das Vorabentscheidungsverfahren nach Art. 177 EWGV und die Zusammenarbeit mit nationalen Gerichten, BayVBl. 1987, S. 33 ff., 68 ff.; *Schiller,* Willkürliche Verletzung der Vorlagepflicht an den EuGH, RIW 1988, S. 452 ff.; *Schwarze,* Die Befolgung von Vorabentscheidungen des EuGH durch deutsche Gerichte, 1988; *Pietrek,* Verbindlichkeit von Vorabentscheidungsverfahren nach Art. 177 EWGV, 1989; *Lenz,* Einschränkung des Vorlagerechts nach Art. 177 EWGV auf letztinstanzliche Gerichte?, NJW 1993, S. 2664 ff.; *Mankowski,* Einstweiliger Rechtsschutz und Vorlagepflicht nach Art. 177 Abs. 3 EWGV, JR 1993, S. 402 ff.; *Levaerts,* Form and substance of the Preliminary rulings procedure, FS Schermers 1994 II, S. 355 ff.; *Terkuile,* To refer or not to refer: about the last paragraph of Art. 177 of the EC-Treaty, FS Schermers 1994 II, S. 381 ff.; *Dauses,* Das Vorabentscheidungsverfahren nach Art. 177 EGV, 2. Aufl. 1995; *Funck-Brentano,* Schiedsgerichtsbarkeit und Europarecht, EuZW 1995, S. 65; *Lenz,* Die Rolle und der Wirkungsmechanismus des Vorabentscheidungsverfahrens, DRiZ 1995, S. 213 ff.; *Reiche,* Kompetenzwidrige EuGH-Rechtsprechung zu Art. 177 II EGV?, EuZW 1995, S. 569 ff.; *Hirsch,* EuGH und BVerfG – Kooperation oder Konfrontation? NJW 1996, S. 2457 ff.; *Huber,* Das Kooperationsverhältnis zwischen BVerfG und EuGH in Grundrechtsfragen, EuZW 1997, S. 517 ff.; *Graf Vitzthum,* Ge-meinschaftsgericht und Verfassungsgericht, JZ 1998, S. 161 ff.

Der Gerichtshof entscheidet ferner nach Art. 177 = 234 neu EGV im **756**
Wege der **Vorabentscheidung** auf Vorlage von Gerichten der Mitgliedstaaten über **Fragen der Auslegung und Gültigkeit von Gemeinschaftsrecht.** Dieses Vorabentscheidungsverfahren hat in der Gemeinschaftspraxis immer wichtigere und umfänglichere Bedeutung gewonnen. Ungefähr die Hälfte aller beim Gerichtshof anhängigen Verfahren sind inzwischen solche Fragen um Vorabentscheidung. Durch diese Tätigkeit des Gerichtshofes wird die Verzahnung zwischen Gemeinschaftsrecht und nationalem Recht entscheidend gefördert *(Lenz,* DRiZ 1995, S. 213 ff.).

1. Funktion des Vorabentscheidungsverfahrens

a) Verzahnungsfunktion

Der Gerichtshof der Europäischen Gemeinschaften ist nicht in die na- **757**
tionalen Rechtszüge eingeordnet. EuGH und nationale Gerichte üben ihre rechtsprechende Tätigkeit vielmehr auf Grund unterschiedlicher Zuständigkeiten nebeneinander aus. Um aber eine divergierende Auslegung und Anwendung des Gemeinschaftsrechts durch die Gerichte der einzelnen Mitgliedstaaten zu verhindern, mußte eine Verfahrensart gefunden werden, die zur Wahrung der Rechtseinheit innerhalb der Gemeinschaft zumindest

eine gewisse Kooperation zwischen nationaler und europäischer Gerichtsbarkeit ermöglicht. Diese Verzahnungsfunktion erfüllt das **Vorabentscheidungsverfahren** (eingehend *Dauses,* Das Vorabentscheidungsverfahren nach Art. 177 EGV, 2. Aufl. 1995). Es ist in Art. 177 = 234 neu EGV, Art. 41 EGKSV und Art. 150 EAGV vorgesehen, findet aber auch Eingang in zwischenstaatliche Abkommen der MS (z. B. Protokoll vom 3. 6. 1971 betr. die Auslegung des Übereinkommens vom 27. 9. 1968 über die gerichtliche Zuständigkeit und die Vollstreckung gerichtlicher Entscheidungen in Zivil- und Handelssachen durch den Gerichtshof (Satzung-GVÜ), ABl. 1975, L 204/28 ff. = Sart II, Ziff. 160 b, hierzu *Geimer,* EuR 1977, S. 366 ff.; *Schlosser* in RIW/AWD 1975, S. 534 ff. und NJW 1977, S. 457 ff.; Art. 73 des Luxemburger Abkommens über das Gemeinschaftspatent, vom 15. 12. 1975, ABl. 1976 L 17/1 ff., hierzu *Brändel,* GRUR 1977, S. 294 ff.). Das Vorabentscheidungsverfahren ist „von entscheidender Bedeutung dafür, daß das vom Vertrag geschaffene Recht wirklich gemeinsames Recht bleibt", und es gewährleistet, daß „dieses Recht in allen Mitgliedstaaten der Gemeinschaft immer die gleiche Wirkung hat" (EuGHE 1974, 33 ff. – RS 166/73). Es stellt aus diesem Grunde das für die europäische Rechtspraxis **wichtigste Verfahren der EG** dar. Zur Wirksamkeit des Vorabentscheidungsverfahrens und damit der europaweit gleichen Geltung des Gemeinschaftsrechts gehört, daß das Verfahren des Art. 177 = 234 neu EGV von den Gerichten aller Instanzen der MSen angewendet und die hierüber ergehende Rechtsprechung des EuGH anschließend respektiert wird.

b) Auslegung und Gültigkeitskontrolle

758 **Art. 177 = 234 neu EGV**, die wichtigste Rechtsgrundlage des Vorabentscheidungsverfahrens, überträgt dem EuGH die Zuständigkeit zur **Auslegung** des gesamten primären und sekundären Gemeinschaftsrechts sowie zur **Gültigkeitskontrolle** von Handlungen der Gemeinschaftsorgane. Zum einen erlaubt Art. 177 = 234 neu EGV somit – aus Anlaß konkreter Rechtsstreitigkeiten vor nationalen Gerichten – eine **volle Rechtmäßigkeitskontrolle** aller entscheidungserheblichen Rechtsakte der Gemeinschaft (nicht nur der unmittelbar geltenden!, vgl. EuGHE 1976, 657 ff. – RS 111/75) am Maßstab des Vertragsrechts, der allgemeinen Rechtsgrundsätze (Grundrechte!) sowie der die Gemeinschaft bindenden Quellen des allgemeinen Völkerrechts (EuGHE 1974, 449 ff. – RS 181/73 – Assoziierungsabkommen). Zum anderen begründet er die Zuständigkeit des EuGH zu **autoritativen Entscheidung von Auslegungsfragen des EG-Rechts** und gibt damit zugleich einem zentralen Rechtsprechungsorgan die Befugnis zur interpretativen, die Einheit des Gemeinschaftsrechts wahrenden Rechtsfortbildung. Es ist jedoch nach Art. 177 = 234 neu EGV nicht Aufgabe des EuGH, über die Rechtmäßigkeit innerstaatlicher Maßnahmen zu befinden oder innerstaatliches Recht auszulegen (EuGHE 1977, 2203 ff. – RS 38/77 st. Rspr.). Schwierige Fragen können sich dabei ergeben, wenn Rechtsfortbildung durch den Gerichtshof in Kollision mit nationalem Verfassungsrecht gerät. Das

Bundesverfassungsgericht (BVerfGE 89, 155 ff. (210) „Maastricht" hat die Respektierung der Grenze zwischen Vertragsauslegung und Vertragsänderung durch den EuGH betont und in solchen Fällen von einem „Kooperationsverhältnis" von BVerfG und EuGH gesprochen *(Streinz,* FS Heymanns Verlag 1995, S. 663 ff.). Jedoch weist die Vorlagepflicht für letztinstanzliche nationale Gerichte nach Art. 177 Abs. 3 = 234 Abs. 3 neu EGV grundsätzlich dem EuGH die Aufgabe zu, diese Grenze zu markieren *(Hirsch,* NJW 1996, S. 2457 ff. und oben Rz. 497).

2. Vorlagerechte und -pflichten mitgliedstaatlicher Gerichte

Vorlageberechtigt sind gemäß Art. 177 Abs. 2 = 234 Abs. 2 neu EGV 759 **alle Gerichte der Mitgliedstaaten.** Gerichte im Sinne des Gemeinschaftsrechts sind dabei alle unabhängigen Organe, die in einem rechtsstaatlich geordneten Verfahren Rechtsstreitigkeiten mit Rechtskraftwirkung zu entscheiden haben *(Pepy,* CDE 1966, S. 21 ff.).

Hierunter fallen auch die **Verfassungsgerichte** der Mitgliedstaaten (zur Vor- 760 lagepflicht des BVerfG vgl. *Trautwein,* JuS 1997, S. 893 ff.). Auch **Schiedsgerichte** können unter bestimmten Voraussetzungen (u. a. gesetzliches Schiedsverfahren und Dauerhaftigkeit des Schiedsgerichts, EuGHE 1994, I–1477 ff., RS C-393/92 „Almelo" und *Funck-Brentano,* EuZW 1995, S. 65) Gerichte im Sinne von Art. 177 Abs. 2 = 234 Abs. 2 neu EGV sein. Vorlegen kann ein Gericht jeder Gerichtsbarkeit in jedem Stadium eines schwebenden Prozesses. Im Verfahren des **einstweiligen Rechtsschutzes** kommt jedoch nur eine Vorlage in Betracht, wenn sie im Einzelfall mit dem summarischen Charakter des Verfahrens vereinbar ist (EuGHE 1971, 1039 ff. – RS 43/71). Eine Vorlagepflicht von Obergerichten besteht jedoch in Verfahren des einstweiligen Rechtsschutzes grundsätzlich nicht, da die nur vorläufige Anordnung im Hauptverfahren erneut überprüft werden kann (EuGHE 1977, 957 ff. – RS 107/76).

Während bei **unterinstanzlichen Gerichten** die Entscheidung über eine 761 eventuelle Vorlage im **Ermessen** des jeweiligen Spruchkörpers steht, sind gem. Art. 177 Abs. 3 = 234 Abs. 3 neu EGV **letztinstanzliche Gerichte,** deren Entscheidungen nicht mehr mit Rechtsmitteln (die Verfassungsbeschwerde stellt allerdings kein ordentliches Rechtsmittel in diesem Sinne dar) angefochten werden können, zur Anrufung des Gerichtshofes **verpflichtet.** In der Gemeinschaftspraxis sind die letztinstanzlichen Gerichte bisher nicht immer dieser Verpflichtung gerecht geworden (näher: *Ter Kuile,* FS Schermers 1994, II, S. 381 ff.).

– **Letztinstanzliche Gerichte** sind im Sinne der inzwischen vorherrschenden **„konkreten Theorie"** (EuGHE 1982, 3415 ff., RS 283/81 *„Cilfit")* nicht nur die „abstrakt" in jedem Falle letzten Instanzen (in D das BVerfG, BGH, BVerwG, BFH, BAG, BSG), sondern **jedes Gericht,** dessen E im konkreten Rechtsstreit nicht mehr mit Rechtsmitteln angegriffen werden kann (z.B. ein AG, wenn der Streitwert nicht die Berufungsgrenze erreicht). Für die konkrete Betrachtungsweise spricht, daß so der Sinn des Vorabentscheidungsverfahrens effektiver erreicht wird, nämlich eine einheitliche und gleichmäßige Anwendung des Gemeinschaftsrechts europaweit zu gewährleisten. (Zum Streitstand *Rengeling* u.a., Rechtsschutz in der EU, 1994, S. 206 ff. – Die Befürwortung der „abstrakten Theorie" in der 1. Aufl. dieses Buches wird aufgegeben).

762 – **Vorlagepflichten** bestehen ferner in jedem Falle, wenn ein nationales Gericht von der Rspr. des EuGH abweichen möchte (**„Divergenzvorlage“**, EuGHE 1982, 3415 ff., RS 283/81 *„Cilfit“)* oder wenn es den Vollzug eines nationalen Verwaltungsaktes aussetzen möchte, der auf Gemeinschaftsrecht beruht (näher *Koenig/Sander,* Einführung in das EG-Prozeßrecht, 1997, S. 243). Ferner müssen nationale Gerichte jeder Instanz vorlegen, wenn sie sekundäres Gemeinschaftsrecht für **ungültig** halten und daher nicht anwenden wollen (EuGHE 1987, 4199 ff., RS 314/85 „Foto Frost“).

763 – Andererseits erkennt der EuGH (a. a. O.) **Ausnahmen von der Vorlagepflicht** an, wenn die gemeinschaftsrechtliche Frage bereits durch Rspr. des Gerichtshofes geklärt ist oder wenn die richtige Auslegung des Gemeinschaftsrechts **offensichtlich („klar“** = „acte clair-Doktrin“, *Steindorff,* ZHR 156 (1992), S. 4 ff.) ist. An die „Klarheit“ ist aber ein strenger Maßstab anzulegen.

Verletzt ein einzelstaatliches Gericht seine Vorlagepflicht, liegt hierin ein Verstoß des verantwortlichen Mitgliedstaates gegen eine Vertragspflicht mit den möglichen Folgen der Art. 169. 170 = 226, 227 neu EGV.

3. Vorlagevoraussetzungen im Einzelnen

764 Voraussetzung für die Stellung eines Ersuchens um Vorabentscheidung ist zunächst die **Erheblichkeit** der EG-Norm für die Entscheidung des konkreten Falles *(Rengeling* u.a., Rechtsschutz in der EU, 1994, S. 202 ff.). Die Beurteilung dieser Voraussetzung obliegt dabei grundsätzlich den nationalen Gerichten (EuGHE 1977, 163 ff. – RS 52/76 st. Rspr.). Eine Zurückweisung des Ersuchens wird der EuGH nur im Falle einer „offensichtlich irrtümlichen“ Heranziehung der auszulegenden Vorschrift erwägen (EuGHE 1968, 679 ff. – RS 13/68). Gleiches gilt bei Mißbrauchsfällen („Konstruierte Vorlagen“), in denen der EuGH als Gutachter dienen soll.

765 Ferner muß das vorlegende Gericht die zur Anwendung kommende Bestimmung des Gemeinschaftsrechts für **auslegungsbedürftig** halten, bzw. **berechtigte Zweifel an der Rechtmäßigkeit** einer einschlägigen Bestimmung des Gemeinschaftsrechts haben. Bei der Beurteilung der Auslegungsbedürftigkeit einer Bestimmung ist dabei größte Vorsicht am Platze. Da die Auslegung des Gemeinschaftsrechts oft nicht nationalen Auslegungskriterien folgt, würde eine schlichte Behauptung der Eindeutigkeit einer Vertragsvorschrift im Sinne einer strikten Anwendung der „acte-clair“-Doctrin *(Lagrange* in CMLRev. 1971, S. 313 ff.) zu einer Umgehung der Vorlagepflicht und letzten Endes zu einer Aushöhlung des Gemeinschaftsrechts führen. – Die Auslegungsbedürftigkeit ist jedoch in der Regel dann zu verneinen, wenn der EuGH zu einem bestimmten Rechtsproblem bereits in einem früheren Verfahren Stellung bezogen hat – wobei aber auch in solchen Fällen der Gerichtshof das Vorabentscheidungsersuchen eines nationalen Gerichtes nicht als unzulässig zurückweisen, sondern allenfalls auf die einschlägige frühere Entscheidung verweisen wird (EuGHE 1963, 63 ff. – RS 28–30/62 „Da Costa“ st. Rspr.). Hat eine Vorabentscheidung keine hinreichende Klärung gebracht, kann ein erneutes Verfahren eingeleitet werden (EuGHE 1969, 165 ff. – RS 29/68, vgl. unten Rz. 771).

766 Schließlich ist zu beachten, daß dem EuGH nach Art. 177 = 234 neu EGV nur die **Auslegung** des Gemeinschaftsrechts, nicht aber dessen **Anwendung auf den konkreten Einzelfall** obliegt. Das Vorabentscheidungsverfahren beruht insofern auf einer **Aufgabenverteilung** zwischen den nationalen Gerichten und dem EuGH bei der Anwendung des EGR (EuGHE 1983, 2973 ff. – RS 2–4/82). Der Gerichtshof kann also nur einen abstrakten Obersatz herausarbeiten, allerdings unter Berücksichtigung der Merkmale des Vorlagefalles. Er nimmt jedoch keine Wertung

des Sachverhaltes vor oder spricht bestimmte Rechtsfolgen aus. Das ist Aufgabe der nationalen Gerichte, die diese Aufgabenverteilung schon bereits bei der Formulierung der Vorlagefrage in Rechnung zu stellen haben. Bei falsch oder unvollständig gestellter Frage wird der EuGH jedoch das Ersuchen nicht als unzulässig zurückweisen, sondern die Fragen **„herausschälen"**, welche die Auslegung des Vertrages betreffen (EuGHE 1980, 2823 ff. – RS 4/79 st. Rspr.). Andererseits hat der Gerichtshof bei Art. 177 = 234 neu EGV nicht die Aufgabe, zu allgemeinen und hypothetischen Fragen Stellung zu nehmen, sondern zur Rechtspflege in den MS im Zusammenhang mit den ihm vorgelegten konkreten Fällen beizutragen (EuGHE 1983, 171 ff. – RS 149/82).

4. Verfahren der Vorabentscheidung

Das Verfahren der Vorabentscheidung ist nicht als Streit-, sondern als **objektives prozessuales Zwischenverfahren** ausgestaltet *(Lenaerts,* FS Schermers, 1994, II, S. 355 ff.). Das nationale Gericht setzt durch Beschluß den Prozeß aus und teilt die Vorlagefrage, zusammen mit einer kurzen Schilderung des Faktenhintergrundes dem EuGH mit. Die Verträge schreiben keine bestimmte Form der Vorlage vor. Eine Begründung der Vorlage legt sich indessen von der Sache her nahe. (Näher zum Verfahren im prozeduralen Sinne *Everling,* Das Vorabentscheidungsverfahren vor dem Gerichtshof der EG, 1986, S. 56 ff.). 767

Wegen des objektiven Charakters des Vorabentscheidungsverfahrens ist der Vorlagebeschluß **selbst nicht anfechtbar** (undeutlich EuGHE 1974, 33 ff. – RS 166/73, klar dagegen *GA Warner* aaO, S. 48 ff., insgesamt *Kalbe,* RIW 1987, S. 458 ff.). Wird die Entscheidungsrelevanz einer Auslegungs- oder Gültigkeitsfrage erst in der Rechtsmittelinstanz erkannt und die Rechtssache zur erneuten Entscheidung an ein Untergericht zurückverwiesen, so ist dieses Gericht nicht an die Auslegung des einschlägigen EG-Rechts durch das Obergericht gebunden. Insoweit geht die in Art. 177 = 234 neu EGV festgelegte Befugnis eines Gerichts, in jedem Stadium eines Verfahrens den EuGH anrufen zu können, vor (EuGHE 1974, 33 ff. – RS 166/73). 768

Die **prozessuale Stellung der Parteien im Verfahren** vor dem EuGH ist – wiederum auf Grund des objektiven Charakters des Vorabentscheidungsverfahrens – relativ schwach. Sie besitzen weder Initiativrechte noch können sie die Vorlagefrage inhaltlich ändern oder für gegenstandslos erklären lassen (EuGHE 1972, 443 ff. – RS 5/72). Sie haben lediglich das Recht der Einreichung schriftlicher Erklärungen und zur einmaligen mündlichen Äußerung. Ferner wird auch allen MSen, der Kommission und u.U. dem Rat durch Übersendung des Vorlageersuchens die Möglichkeit gegeben, innerhalb von 2 Monaten Stellung zu nehmen (Art. 20 Satzung-EWG i. V. m. Art. 103 ff. VerfO). 769

Der Gerichtshof entscheidet **aufgrund mündlicher Verhandlung durch Urteil,** wobei die Kostenentscheidung, zusammen mit dem Ausspruch über die konkreten Rechtsfolgen, den nationalen Gerichten überlassen bleibt. Das Vorlageverfahren selbst ist gebührenfrei. 770

Rechtliche Bindungswirkung entfaltet die Entscheidung des EuGH nach Art. 177 nur inter partes. Bei der Auslegung und Rechtmäßigkeitsprüfung **normativer Akte** der Gemeinschaft tritt indessen eine faktische Bindung der Gemeinschaftsorgane und der MS ein (EuGHE 1981, 1191 ff. – RS 66/80). Das nationale Gericht kann den EuGH jedoch in derselben Frage erneut anrufen (EuGHE 1986, 947 ff. – RS 69/85). 771

5. Gesamtbeurteilung des Vorabentscheidungsverfahrens

772 Das Vorabentscheidungsverfahren hat sich auf der Grundlage der geschilderten strikten Kompetenzabgrenzung zwischen EuGH und nationaler Gerichtsbarkeit in der bisherigen Praxis im wesentlichen bewährt und einen **großen Beitrag zur Durchsetzung und einheitlichen Geltung des EGR** erbracht (ähnlich *Everling* aaO, 1986, S. 73 ff.). Das zeigt sich nicht zuletzt daran, daß die Vorlagepraxis inzwischen von den Gerichten nahezu aller MS in zunehmenden Maße geübt wird, wenngleich noch nationale Unterschiede bestehen. Zwar gibt es immer noch Beispiele der „Verweigerung" gebotener Vorlagen.

773 Auch das **deutsche BVerfG unterliegt der Vorlagepflicht nach Art. 177 Abs. 3 = 234 Abs. 3 neu EGV**, hat sich aber bisher (1998) noch nicht hierzu veranlaßt gesehen. Entgegen seiner 1993 (BVerfGE 89, 210 „Maastricht") geäußerten Auffassung dürfte es – abgesehen von unwahrscheinlichen „Evidenzfällen" – auch nicht die Bindungswirkung einer Gemeinschaftsnorm wegen behauptete Kompetenzanmaßung der EG in Frage stellen, sondern hätte den entsprechenden Sachverhalt dem Gerichtshof vorzulegen (So grundsätzlich früher bereits BVerfGE 52, 201). Noch mehr gilt dies für eine entsprechende Auffassung im Verfahren unterinstanzlicher nationaler Gerichte. Es hieße den europaweiten Geltungsanspruch des Gemeinschaftsrechts ins Mark treffen, wenn die nationalen Gerichte das Prüfungs- und Verwerfungsmonopol des EuGH ernsthaft in Frage stellen wollten.

774 Jedoch sind dies insgesamt Ausnahmen innerhalb einer breiter werdenden Akzeptanz der Vorabentscheidung. Auch sind Vorabentscheidungen, wenn sie einmal ergangen sind, soweit bekannt, immer befolgt worden (zu Vorlagepraxis und Konsequenzen instruktiv *Voss,* EuR 1986, S. 95 ff.).

Verschiedentlich sind **Vorschläge zur Verbesserung des Vorlageverfahrens** gemacht worden (Recht der Parteien des Ausgangsverfahrens, den EuGH anzurufen, wenn das nationale Gericht nicht vorlegt, Erweiterung des Kreises der Vorlageberechtigten, z. B. an Generalstaatsanwälte u. a.). Davon ist bisher nichts aufgegriffen worden. Tatsächliche Verbesserungen und noch breitere Akzeptanz des Verfahrens nach Art. 177 = 234 neu EGV sind daher am ehesten durch eine **Vertiefung der tatsächlichen Verbindungen** und des gegenseitigen Vertrauens zwischen EuGH und der nationalen Gerichtsbarkeit zu erwarten. *(Koopmans,* FS Pescatore, 1987, S. 347 ff.).

§ 9. Personal

Literatur: Umfassende Information findet man bei *Rogalla,* Dienstrecht der EGen, 2. Aufl. 1992. – Seit 1994 erscheint die umfangreiche Rechtsprechung des EuG und des EuGH in Personalsachen in der besonderen amtlichen Sammlung der Rechtsprechung Öffentlicher Dienst (Slg. ÖD) –

Partsch, Die Rechtsbeziehungen zwischen den europäischen Bediensteten und ihren Anstellungsgemeinschaften, DÖV 1961, S. 281 ff.; *Lassalle,* Aspects de la fonction publique européenne, RGDIP 1965, S. 682 ff.; *Holtz,* Handbuch des Europäischen Dienstrechts, 1964 ff. (Losebl.); *Euler,* Europäisches Beamtenrecht, 1966; *Tekülve,* Das Beamtenrecht der EG, BayVBl. 1968, S. 184 ff., 1969, S. 8 ff.; *Manzanarès,* Der europäische öffentliche Dienst, DÖV 1971, S. 73 ff.; *Schröder,* Der europäische Dienst im Spannungsfeld staatlicher und überstaatlicher Konzeptionen, ZBR 1974, S. 173 ff.; *Commer/Weinstock,* Verwaltung und Beamte der EG, EA 1975, S. 227 ff.; *Hallstein,* Zum Ethos des Europa-Beamten, in: Europäische Reden, 1979, S. 441 ff.; *Rogalla,* Fonction publique européenne, 1982; *Thiele,* Nationale Beamte, „Eurokraten“ und „Unokraten“, DVBl. 1983, S. 211 ff.; *Dubouis,* L'évolution de la fonction publique communautaire, concorde-t-elle avec celle de la Communauté Européenne?, FS Teitgen, 1984, S. 127 ff.; *Schweitzer,* Die Verwaltung der EG, DV 1984, S. 137 ff.; *Milas,* Eléments d'une théorie de la continuité du service public communautaire, RMC 1985, S. 570 ff.; *Lindemann,* Allgemeine Rechtsgrundsätze und europäischer öffentlicher Dienst, 1986; *Ried,* Neuere Entwicklungen im Dienstrecht der EG, ZBR 1987, S. 231 ff.; *Neuss,* Europa mit der linken Hand? Die deutschen Personalentscheidungen für die Kommission der EG, 1988; *Siedentopf/Hauschild,* Europäische Integration und die öffentlichen Verwaltungen der Mitgliedstaaten, DÖV 1990, S. 445 ff.; *Mantl,* Europäische Integration und öffentlicher Dienst, FS Adamovich 1992, S. 372 ff.; *Rogalla,* Die Entwicklung des europäischen Dienstrechts, 1992; *Magiera/Siedentopf* (Hrsg.), Das Recht des Öffentlichen Dienstes in den Mitgliedstaaten der EG, 1994; *Badura,* Die Organisations- und Personalhoheit des Mitgliedstaates in der EU, FS Everling 1995, S. 33 ff.; *Rogalla,* in: Grabitz/Hilf (Hrsg.), EUV/EGV-Komm. (1997) zu Art. 212 (= 283 neu) EGV – Europäisches Beamtenrecht; *Siedentopf,* Der öffentliche Dienst in Europa, GS Schnur, 1997, S. 327 ff..

Die Europäische Gemeinschaft und Union hat als eine staatsnahe Organisation besonderer Art kraft ihrer ausgedehnten Zuständigkeiten eine Fülle ständiger Aufgaben zu bewältigen. Hierzu verfügt sie über entsprechend stabil und differenziert ausgebildete Institutionen (oben Rz. 237 ff.). Gleichzeitig bedarf die EG einer diesen Aufgaben **zahlenmäßig und qualitativ gewachsenen Verwaltung auf europäischer Ebene.** Der übliche begrenzte Arbeitsstab der Sekretariate Internationaler Organisationen wäre insoweit nicht ausreichend gewesen. Auf diese Weise kam es rasch nach der Gründung der Gemeinschaften zur Errichtung und zum kräftigen Ausbau eines **europäischen öffentlichen Dienstes,** mit Schwerpunkt in den Diensten der EG-Kommission als dem Verwaltungszentrum der EG *(Rogalla,* Die Entwicklung des Europäischen Dienstrechts, 1992). Inzwischen ist der Personalbestand nicht zuletzt durch zusätzliche Aufgaben und die mehrfache Erweiterung der Gemeinschaft von 6 auf 15 Mitgliedstaaten auf bald 30.000 Dauer- und Zeitplanstellen angewachsen. Bei dieser Zahl sind die erhebli- 775 chen personellen Bedürfnisse des Sprachendienstes in einer Gemeinschaft mit 11 Amtssprachen mit zu bedenken (oben Rz. 179).

776 Bei genauerer Berücksichtigung der Größe und des Aufgabenbereiches der Gemeinschaft gibt es so am Umfang der „Brüsseler Eurokratie" weniger auszusetzen, als dies gelegentlich in der öffentlichen Diskussion geschieht. Entscheidend für die Aufgabenbewältigung bleibt freilich die **Qualität des EG-Personals.** Hier ergeben sich aus der nationalen Vielgestaltigkeit einer überstaatlichen Verwaltung, ihrem gelegentlich schwierigen Verhältnis zu den öffentlichen Diensten der MS und der relativen „Ferne" der EG-Ebene von den praktischen Auswirkungen der europäischen Verwaltungstätigkeit manche Probleme. Um so wichtiger bleibt, daß sich das EG- Personal etwas von jenem „Ethos des Europa-Beamten" *(Hallstein,* Europäische Reden, 1979, S. 441 ff.) bewahrt, wie es in Art. 11 des EG-Beamtenstatuts niedergelegt ist, nämlich sich **ausschließlich von den Interessen der Gemeinschaft leiten zu lassen.** Eine solche „vocation communautaire" in der nicht selten grauen und tristen Gemeinschaftswirklichkeit wachzuhalten, ist nicht leicht, gleichwohl aber eine wichtige Voraussetzung für eine erfolgreiche Tätigkeit der EG/EU *(Dubouis,* FS Teitgen 1984, S. 127 ff.).

I. Grundlagen des Europäischen Dienstrechts

Literatur: *Bruns,* Das Beamtenstatut der EG, ZBR 1962, S. 310 ff., 341 ff.; *Fischer,* Die „Eurokratie", EA 1976, S. 717 ff.; *Käser,* Kündigungsstreit zwischen Europäischer Investitionsbank und Angestellten, RIW 1977, S. 289 ff.; *Henrichs,* Grundzüge des Europäischen Dienstrechts, ZBR 1989, S. 40 ff.; *Kalbe,* Anforderungen an Juristen im Dienst der EG-Kommission, Recht und Politik 1990, S. 103 ff.; *v. Senger und Etterlin,* Das Europa der Eurokraten, APUZ B 42/1992, S. 16 ff. (vgl. im übrigen die Literatur oben zu Beginn von § 9).

777 Aus den Verträgen selbst läßt sich die tatsächliche Bedeutung des europäischen öffentlichen Dienstes nur sehr begrenzt entnehmen.

1. Notwendigkeit und Grenzen der EG-Verwaltung

a) Einstufigkeit der Gemeinschaftsorganisation

Die Gründungsverträge der Europäischen Gemeinschaften haben zur Durchführung des Europäischen Gemeinschaftsrechts grundsätzlich **keinen eigenen vollausgebauten Verwaltungsunterbau** vorgesehen. Dies war auch nicht erforderlich, denn die Integrationsverträge, vor allem der EG-Vertrag, beschränken die Kompetenzen der Gemeinschaften im wesentlichen auf die Koordinierung und Harmonisierung der bestehenden nationalen Rechtssysteme. Organisatorisch beschränken sich die Institutionen der Gemeinschaft weithin auf eine „oberste", vor allem regierungsähnlich und legislativ ausgerichtete Ebene. Verwaltungsbefugnisse im engeren Sinne bestehen daneben in eingegrenztem Umfang. Die Organisationsgewalt der Gemeinschaft zur Bildung sonstiger Ämter, Juristischer Personen o. ä. ist nur schwach ausgebildet (oben Rz. 445). Man kann von einer im wesentlichen **einstufigen Gemeinschaftsorganisation** sprechen, was den Umfang der erforderlichen Verwaltung einschränkt.

Die Mitgliedstaaten verpflichtende Bestimmungen des Gemeinschaftsrechts 778
(Bsp. Richtlinien) werden nach ihrer Umsetzung von den **nationalen Behörden** als innerstaatliches Recht angewandt. Nur in wenigen, allerdings nicht unbedeutenden Teilbereichen (z. B. Zollrecht) werden die nationalen Rechtssätze weitgehend durch Normen des Gemeinschaftsrechts verdrängt. Soweit, insbesondere auf diesen Gebieten, vollzugsbedürftige gemeinschaftsrechtliche Bestimmungen in den Mitgliedstaaten unmittelbar gelten, werden sie wiederum von den Verwaltungen der Mitgliedstaaten „im Auftrag" der Gemeinschaften durchgeführt (oben Rz. 635).

Durch den Verzicht auf einen eigenen Verwaltungsunterbau nehmen die Gemeinschaftsverträge zugleich unter größtmöglicher Schonung der nationalen Souveränitäten Rücksicht auf die historisch gewachsenen einzelstaatlichen Verwaltungssysteme und vermeiden unnötige Reibungsverluste zwischen Ämtern der Gemeinschaft und der Mitgliedstaaten.

b) Personalbedürfnisse auf EG-Ebene

Andererseits kann eine supranationale Gemeinschaft aus 15 Mitglied- 779
staaten mit insgesamt 370 Millionen Unionsbürgern, die sich so weite Ziele wie die EG/EU gesteckt hat, nicht mit einem kleinen Sekretariat auskommen. Die Gemeinschaftsorgane bedürfen bei der Erfüllung ihrer umfänglichen vertraglichen Aufgabe jeweils der Unterstützung durch **angemessene eigene Mitarbeiterstäbe („Dienste")**.

Es müssen Planungen erstellt und Beschlußvorlagen ausgearbeitet werden. Entscheidungen der Organe müssen in alle Amtssprachen übersetzt und veröffentlicht werden. Die Anwendung normativer Regelungen erfordert den Erlaß einer Fülle von Einzelentscheidungen. Die Erfüllung der Pflichten durch die Rechtsunterworfenen ist zu überwachen, und die ordnungsgemäße, einheitliche Durchführung des europäischen Gemeinschaftsrechts durch die zuständigen nationalen Stellen mit ihren oft divergierenden Verwaltungsverfahrensrechten ist sicherzustellen. Da die Europäischen Gemeinschaften auch **eigene Forschungstätigkeiten** ausüben (Bsp. Kernforschung), wird auch hierfür entsprechend qualifiziertes Personal benötigt. Schließlich kommt eine größere Behörde nicht ohne Bedienstete aus, die den **internen Verwaltungsbetrieb** aufrechterhalten (Personalabteilung, technischer Dienst usf.). Neben der Kommission, dem eigentlichen Verwaltungsschwerpunkt der EG, bedürfen vor allem Parlament, Rat, Wirtschafts- und Sozialausschuß sowie Gerichtshof, Rechnungshof und die Europäische Zentralbank eines größeren Personals.

Die Notwendigkeit eines größeren personellen Apparates zur Unterstützung der Gemeinschaftsorgane ist so evident. Gleichzeitig wird sichtbar, daß den unterschiedlichen Zuständigkeiten der Organe nur durch eine entsprechend **differenzierte Personalstruktur** Rechnung getragen werden kann.

2. Zur Grundstruktur des Europäischen öffentlichen Dienstes

780 Das Dienstrecht der EG ist in Anlehnung an die entsprechenden Regelungen der MS entwickelt worden, wobei besonders auf das deutsche und französische Recht des öffentlichen Dienstes zurückgegriffen wurde. Eine wichtige erste Grundentscheidung bestand darin, **daß im Regelfall Dauerplanstellen geschaffen wurden**. Der typische „Europabeamte" steht also in einem dauernden, prinzipiell unlösbaren Dienstverhältnis zur Gemeinschaft (EuGHE 1988, 3491 ff. – RS 124/87). Neben diesen Beamten gibt es sonstige Bedienstete, die durch Vertrag auf bestimmte oder unbestimmte Zeit an die EG gebunden sind, ferner Hilfskräfte.

781 Sinn der Entscheidung für den grundsätzlich auf Dauer der Gemeinschaft verbundenen Europabeamten war, der EG auf diese Weise einen ihr **in Loyalität verbundenen Verwaltungskörper** zu schaffen. Damit wurde das denkbare Gegenmodell der **geregelten „Rotation"** zwischen den nationalen und der Brüsseler Verwaltung für den Regelfall abgelehnt. Die Diskussion darüber, welches der beiden Modelle für die Gemeinschaft das bessere ist, lebt immer wieder auf (vgl. etwa *Fischer,* EA 1976, S. 717 ff.). Den Vorteilen eines genuin „europäischen", ganz der Gemeinschaft verpflichteten Dienstes stehen die Nachteile der „Abschottung" zwischen europäischer und nationaler Verwaltung gegenüber, die sich aus dem Verzicht auf einen regelmäßigen Wechsel zwischen den verschiedenen Verwaltungsebenen ergeben.

a) Rechtsgrundlagen

782 Die Kategorisierung des Personals der Europäischen Gemeinschaften findet ihren Ausdruck in unterschiedlichen Rechtsgrundlagen, die der Rat auf der Grundlage des Art. 24 Abs. 1 S. 2 des Fusionsvertrages v. 8. 4. 1965 erlassen hat. Art. 24 FusV, der Art. 212 EGV ersetzt hatte, wurde 1997 gekürzt in Art. 283 neu EGV überführt.

Das Recht der Beamten ist im **Statut der Beamten der Europäischen Gemeinschaften** (BSt.) VO 259/68 v. 29. 2. 1968 (ABl. L 56/1 ff., Änderungen) geregelt, das an die Stelle der getrennten Personalstatute der EGKS von 1956 und der EWG/EAG von 1961 trat und diesen inhaltlich weitgehend entspricht. Die Einzelverträge der Nicht-Beamten gestalten sich dagegen nach Rahmenbedingungen, die in den **Beschäftigungsbedingungen für die sonstigen Bediensteten** (BSB) niedergelegt sind (VO 259/68, ABl. L 56/1 ff., Änderungen, vgl. näher Fundstellennachweis des geltenden Gemeinschaftsrechts, 01.50). – Für die Bediensteten der Europäischen Investitionsbank gilt eine besondere Personalordnung, Art. 13 Abs. 7, 8 Satzung EIB und *Käser,* RIW 1977, S. 289 ff.). Ebenso legt die Europäische Zentralbank die Beschäftigungsbedingungen für ihr Personal fest (Art. 36 Prot. ESZB). Zu weiteren EG-"Satellitenorganisationen" *Rogalla,* Dienstrecht der EGen, 2. Aufl. 1992, S. 16 ff. – Wie jede VO gilt das BSt. in allen Mitgliedstaaten (EuGHE 1987, 2029 ff. – RS 186/85).

b) Zuordnung des Personals und Personalbestand

Seit der Fusion der Exekutiv- und Beschlußorgane der drei Integrationsgemeinschaften im Jahre 1967 gehören alle Bediensteten der **einzigen Verwaltung dieser Gemeinschaften** an (Art. 24 Abs. 1 S. 1 FusV). Dies bedeutet jedoch nicht, daß auch das gesamte Personal der Europäischen Gemeinschaften eine administrative Einheit bildet. Die Bediensteten sind vielmehr, entsprechend der in den Verträgen festgelegten Funktionstrennung zwischen den Organen, jeweils einem bestimmten Organ zugeordnet und unterstützen dieses bei der Erfüllung seiner Aufgaben. **Anstellungsbehörden** (mit dem Recht der Delegation von Befugnissen, etwa auf eine spezielle Personalabteilung, vgl. Art. 2 BSt.) sind somit: das Europäische Parlament, der Gerichtshof, der Rat, die Kommission, der Rechnungshof sowie der – insoweit verselbständigte – Wirtschafts- und Sozialausschuß (Art. 1 Abs. 2 BSt.; hierzu auch EuGHE 1971, 689 ff. – RS 79/70). 783

Der **Personalbestand** der in den Gesamthaushaltsplan der EU einbezogenen Organe (ABl. 1996, L 22/1 ff.) betrug 1996 27.779 Dauerplanstellen und 1.869 Stellen auf Zeit, also zusammen annähernd 30.000 Stellen. Hiervon entfielen 4.105 Stellen auf das Parlament, 2.529 auf den Rat. 727 auf WSA/AdR, 953 auf den Gerichtshof und 503 auf den Rechnungshof. Das Gros des europäischen öffentlichen Dienstes, nämlich 20.831 Stellen sind der **Kommission** zugeordnet. 784

c) Nationalitätenproporz

Das ständige Anwachsen des europäischen Beamtenapparates zu einem eurokratischen „Leviathan" (*v. Senger und Etterlin,* APUZ B 42/1992, S. 16 ff.) erklärt sich nur zum Teil aus einer Zunahme der Mitglieder, sowie der Kompetenzen und Aufgaben der EG. Es ist nicht zuletzt auch Folge des **institutionalisierten Nationalitätenproporzes,** der als **„Prinzip der geographischen Ausgewogenheit"** bei der Einstellung von Bediensteten in Art. 27 BSt. und Art. 12 Abs. 1 BSB verankert ist. Der Nationalitätenproporz fordert aber nicht nur bei der Einstellung von Beamten aller Dienstgrade Beachtung. Er steht als beharrendes Moment jeder internen Mobilität bei Beförderungen, Versetzungen und ganz generell jeder organisatorischen Neustrukturierung der Verwaltung hindernd im Wege. (Zu den Auswirkungen bei der Stellenbesetzung unten Rz. 792). 785

Obwohl sich vieles gegen den Nationalitätenproporz sagen läßt, ist er für die Verwaltung einer „multinationalen" Gemeinschaft wie der EU **unvermeidbar.** Auf diese Weise finden sich alle MS in der EG-Verwaltung einigermaßen „gerecht" wieder. Es wird ihnen hiermit auch eine Art **mittelbarer politischer Einflußnahme auf die EG-Verwaltung** gesichert. Dies ist angesichts der Grundentscheidung für ein auf Dauer angestelltes europäisches Beamtenkorps und gegen die Rotation (oben Rz. 781) von besonderer Bedeutung. Der Proporzschlüssel ist zugleich Garant für eine Ausbalancierung und Kontrolle nationaler Einflüsse unterhalb der Organebene und dient so der Objektivität der Amtsführung der Gemeinschaftsbehörden. 786

II. Prinzipien des Europäischen Beamtenrechts

Literatur: *Ophüls,* Einigungsprinzip oder Nationalitätenproporz? DÖV 1964, S. 588 ff.; *Oertzen,* Die Entsendung von Beamten in die EG, DÖV 1966, S. 533 ff.; *Kummer,* Die Problematik der Auswahlverfahren bei der Ernennung europäischer Beamter und die Rechtsstellung entsandter deutscher Beamter, EuR 1976, S. 31 ff.; *Bieber,* Regelung und Praxis des Zugangs zum und der Entlassung aus dem Öffentlichen Dienst der EG, in: Böckenförde/Tomuschat/Umbach, Extremisten im Öffentlichen Dienst, 1981, S. 601 ff.; *Henrichs,* Das Laufbahn- und Besoldungssystem der Beamten der EG, ZBR 1981, S. 112 ff.; *Hatse,* Der Rechtsschutz der Stellenbewerber im europäischen Beamtenrecht, 1988; *Büchner/Gramlich,* Das Beamtenrecht im Internationalen, vor allem Europäischen Kontext, RiA 1992, S. 110 ff.; *Oppermann,* Berufsbeamtentum: In Deutschland und Europa noch zeitgemäß?, 1995 (vgl. im übrigen die Literatur oben zu Beginn von § 9).

787 Das im Beamtenstatut von 1968 geregelte Recht der europäischen Beamten beruht auf **einigen Grundprinzipien**, die meist dem deutschen oder französischen öffentlichen Dienstrecht entlehnt sind *(Rogalla,* Die Entwicklung des europäischen Dienstrechts, 1992). Grundsätzlich gilt das Prinzip der ordnungsgemäßen Verwaltung (EuGE 1990, II–619 ff. – RS T-73/89).

1. Laufbahnprinzip

788 Die Dienstposten der europäischen Verwaltung sind nach Art und Bedeutung der ihnen entsprechenden Aufgaben in **4 Laufbahngruppen** zusammengefaßt, die jeweils mehrere z. T. wiederum in sog. „Laufbahnen" gebündelte **Besoldungsgruppen** umfassen (Art. 5 BSt. i. V. m. Anhang I A zum Statut, näher *Rogalla,* Dienstrecht der EGen, 2. Aufl. 1992, S. 32 ff.).

Die **Laufbahngruppe A** (Höherer Dienst; A1/Generaldirektor – A8/Verwaltungsreferendar) umfaßt die Dienstposten mit Weisungsbefugnis oder Referententätigkeit, die Hochschulbildung oder gleichwertige Berufserfahrung erfordern.

Zur **Laufbahngruppe B** (Gehobener Dienst: B1/Verwaltungsamtsrat – B5/Sekretariatsinspektor) gehören die Dienstposten mit Sachbearbeitertätigkeit, die höhere Schulbildung oder gleichwertige Berufserfahrung erfordern.

Die **Laufbahngruppe C** (Mittlerer Dienst: C1/Hauptsekretär – C5/Verwaltungsassistent) enthält die Dienstposten mit ausführenden Aufgaben, die Mittelschulbildung oder gleichwertige Berufserfahrung erfordern.

Zur **Laufbahngruppe D** (Einfacher Dienst: D1/Amtsmeister – D4/Amtsgehilfe) zählen die Dienstposten mit manuellen oder Hilfstätigkeiten, die Hauptschulbildung, gegebenenfalls ergänzt durch technische Kenntnisse erfordern.

Neben diesen allgemeinen Laufbahngruppen sieht das BSt. Entsprechend untergliederte Sonderlaufbahngruppen für die **wissenschaftlichen und technischen Beamten** (Art. 92 BSt. i. V. m. Anhang I B zum Statut) sowie eine Sonderlaufbahn SL für den **Sprachendienst** (Art. 5 Abs. 2 BSt.) vor.

2. Beförderungssystem

Die einzelnen Laufbahngruppen und Laufbahnen sind hierarchisch gegliedert und eröffnen somit den Beamten der Gemeinschaften **Karrieremöglichkeiten** innerhalb der Organisation. Auch dies ist ein wesentliches Element der Eigenständigkeit des Beamtenapparates der EG. Durch die **Garantie individueller Aufstiegschancen** sichert das Statut zugleich die Unabhängigkeit der Beamten und bindet diese an die Gemeinschaft. 789

Der Gerichtshof und seit 1989 das EuG haben durch ihre **umfangreiche beamtenrechtliche Rechtsprechung** gemäß besonders Art. 179 = 236 neu EGV und Art. 3 Ratsbeschluß 88/591 die Wahrung dieser und anderer dienstrechtlicher Prinzipien besorgt. Bei den Beförderungen wie auch sonst kommt dabei den **Prinzipien der Gleichbehandlung** fundamentale Bedeutung zu (EuGHE 1984, 3411 ff. – RS 80–83/81 und 182–185/82 „Beamte – Beförderungen", vgl. auch *Lindemann,* Allgemeine Rechtsgrundsätze und europäischer öffentlicher Dienst, 1986, S. 81 ff.).

Der institutionellen Abstützung dieser Karrieremöglichkeiten dient eine ganze Reihe spezieller Vorschriften des BSt. So sorgt ein **genauer Besetzungsschlüssel** dafür, daß eine bestimmte Anzahl von Beförderungsstellen freigehalten und nicht von „Outsidern" blockiert wird (Art. 31 BSt.). Bei der Neubesetzung freigewordener Planstellen haben Beamte, die bereits im Dienst der Gemeinschaften stehen, Vorrang vor außenstehenden Bewerbern **(Karrierevorbehalt**, Art. 29 Abs. 1 BSt., vgl. auch Art. 4 Abs. 2, 3 BSt.). Beförderungen in die nächsthöhere Besoldungsstufe können dabei von der jeweiligen Anstellungsbehörde nach Abwägung der Verdienste des Bewerbers unter Berücksichtigung seiner Beurteilungen (Regelbeurteilung: alle 2 Jahre) ausgesprochen werden (Art. 45 Abs. 1 BSt.). Bei Beförderungen in eine höhere als die nächsthöhere Besoldungsstufe, insbes. auch bei Beförderungen in eine höhere Laufbahngruppe, muß die erforderliche Qualifikation in einem internen Auswahlverfahren nachgewiesen werden (Art. 45 Abs. 2 BSt.). Erst wenn eine vakante Stelle weder durch Beförderung oder Versetzung noch auf dem Wege organ- oder gemeinschaftsinterner Auswahlverfahren besetzt werden kann, darf ein allgemeines Auswahlverfahren durchgeführt werden. Insgesamt verfügt die Kommission bei Beförderungen über einen weiten, nur sehr begrenzt überprüfbaren **Ermessensspielraum** (EuGHE 1992, I–157 ff. – RS C 107/90 P).

3. Auswahlverfahren

Das **Auswahlverfahren**, das dem französischen Concours nachgebildet ist, stellt das Regelverfahren zur Besetzung freier Beamtenstellen oder zur Bildung einer Einstellungsreserve der Gemeinschaft dar. (Art. 29 ff. BSt. i. V. m. Anhang III zum Statut; näher *Rogalla,* in: Grabitz/Hilf (Hrsg.), EUV/EGV-Komm. (1997) zu Art. 212 EGV, RdNr. 34 ff.). Ausnahmen gelten nur bei der Besetzung der „politischen" Beamtenstellen A1/A2 und von Dienstposten, die besondere Fachkenntnisse erfordern [Art. 29 Abs. 2 BSt., der 790 aber als Ausnahmebestimmung eng auszulegen ist, EuGHE 1971, 465 ff. – RS 45 und 49/70; 1974, 1361 ff. – RS 176/73]). Das Auswahlverfahren soll durch einen **Stellenwettbewerb** gewährleisten, daß nur Beamte ernannt werden, „die in Bezug auf Befähigung, Leistung und Integrität höchsten Ansprüchen genügen" (Art. 27 Abs. 1 S. 1 BSt.).

791 Besondere Einstellungsnotwendigkeiten haben sich jeweils bei den **Erweiterungen der Gemeinschaften** (unten Rz. 1839 ff.) ergeben. Hier mußte zur annähernden Wahrung des Nationalitätenproporzes rasch eine bestimmte Anzahl von Bediensteten aus den neuen MS eingestellt werden. Dies war nur durch gleichzeitige Schaffung neuer Stellen und vorzeitige, finanziell großzügige Pensionierungen („golden handshake") von Stelleninhabern möglich (vgl. etwa die VOen 3517 und 3518/85 v. 12. 12. 1985, ABl. L 335/55 ff. sowie VO 2274/87 v. 23. 7. 1987, ABl. L 209/1 ff. i. V. m. dem Beitritt Spaniens und Portugals).

792 Das normale Auswahlverfahren wird durch die **Veröffentlichung einer Stellenbekanntgabe**, bzw. -ausschreibung der Anstellungsbehörde (bei allgemeinen Ausschreibungen im Amtsblatt C der EG) eingeleitet, in der insbesondere der Auswahlmodus und die erforderlichen Qualifikationen genau umschrieben sein müssen (EuGHE 1972, 163 ff. – RS 78/71). Da kein Dienstposten den Angehörigen eines bestimmten Mitgliedstaates vorbehalten werden darf (Art. 27 Abs. 3 BSt., vgl. auch Art. 7 Abs. 1 BSt.), **darf eine bestimmte Staatsangehörigkeit nicht zur Bewerbungsbedingung gemacht werden** (so bereits EuGHE 1964, 61 ff. – RS 15/63 „Lassalle"). Wohl aber dürfen die Anstellungsbehörden nach der nicht immer ganz unbedenklichen, vom Gerichtshof jedoch gebilligten Praxis der Gemeinschaften gemäß den dienstlichen Erfordernissen gewisse praktische Erfahrungen oder Sprachkenntnisse auf dem Gebiet einer staatlichen Rechtsordnung als Einstellungsvoraussetzung verlangen und so mittelbar die Bewerber einer bestimmten Nation bevorzugen (EuGHE 1968, 189 ff. – RS 33/67; 1975, 1247 – RS 81–88/74 st. Rspr.). Die Durchführung des Auswahlverfahrens obliegt einem **speziellen Prüfungsausschuß**. Er stellt auf der Grundlage von Befähigungsnachweisen oder Prüfungen (Tests, die für alle Bewerber unter den gleichen Bedingungen stattfinden müssen, EuGHE 1976, 1589 ff. – RS 130/75) oder auf Grund von Befähigungsnachweisen und Prüfungen ein **Verzeichnis der geeigneten Bewerber** auf, aus dem die plazierten Bewerber zwar kein subjektives Recht auf Ernennung ableiten können (EuGHE 1970, 145 ff. – RS 26/68), an das die Anstellungsbehörde jedoch grundsätzlich gebunden ist. Nur aus wichtigen Gründen (EuGHE 1966, 843 ff. – RS 62/65 „Serio") darf die Anstellungsbehörde von der Rangfolge der vom Prüfungsausschuß aufgestellten Einstellungsliste abweichen. Bei weitgehender Gleichwertigkeit der Befähigungsnachweise kann vor allem das in Art. 27 Abs. 1 S. 2 BSt. verankerte Prinzip des bestmöglichen geographischen Gleichgewichts als entscheidender Maßstab herangezogen werden (EuGHE 1964, 78 „Lassalle", 1969, 61 ff. – RS 17/68 „Reinarz", hierzu auch *Ophüls,* DÖV 1964, S. 588 ff.). Dabei müssen jedoch in jedem Einzelfall die **Gebo-**

te des **dienstlichen Interesses** und der Berücksichtigung der persönlichen Verdienste der internen Bewerber **(Anwartschaft auf Beförderung)** mit den Postulaten des Nationalitätenproporzes in Einklang gebracht werden. Keineswegs kann der Nationalitätenproporz generellen Vorrang beanspruchen (EuGHE 1975, 1247 ff. – RS 81–88/74). – Schließlich gehört auch der Grundsatz der **Gleichbehandlung der Geschlechter** zu den allgemeinen Gemeinschaftsgrundrechten (unten Rz. 1660 ff.), die auch im Rahmen des Beamtenstatus gelten (EuGHE 1984, 1509 ff. – RS 75 u. 117/82).

III. Status der Europabeamten

Literatur: *Schröder,* Die „wohlerworbenen Rechte" der Bediensteten in der Rechtsprechung des Gerichtshofes der EG, 1969; *Brückner,* Die Befugnis des Gerichtshofes der EG zu „unbeschränkter Ermessensnachprüfung" nach Art. 91 Nr. 1 S. 2 des Beamtenstatus der EG, ZBR 1972, S. 44 ff.; *Schröder,* Dienstrechtliche Rechtsprechung des Gerichtshofs der EG 1955–1971, ZBR 1972, S. 35 ff.; *Herzog,* Doppelte Loyalität, 1975; *Läufer,* Gespaltete Loyalität im europäischen Dienst, EuR 1977, S. 182 ff.; *Weber,* Die Grundrechte im europäischen Beamtenrecht, ZBR 1978, S. 326 ff.; *Cougnon,* Répertoire pratique de la jurisprudence de la Cour de Justice des Communautés Européennes en matière de fonction publique européenne, 2. Aufl. 1980; *Rogalla,* Soziale Sicherung der Bediensteten der EG, in: Zacher/Bullinger/Igl, Soziale Sicherheit im Öffentlichen Dienst in der BR Deutschland, den Niederlanden, Schweden, Belgien und den EG, 1982; *Dubouis,* Fonctionnaires et agents des Communautés Européennes, RTDE 1972, S. 376 ff., 1975, S. 280 ff., 1978, S. 467 ff., 1981, S. 710 ff., 1983, S. 86 ff., 1987, 133 ff., 1990, S. 127 ff.; *Vandersanden,* Considérations sur la proposition de créer un tribunal de contentieux du personnel, GS Constantinesco, 1983, S. 841 ff.; *Died,* Das System der Besoldung der Beamten der EG, ZBR 1984, S. 330 ff.; *Henrichs,* Die Rechtsprechung des EuGH in Personalsachen, EuR 1980, S. 134 ff., 1982, S. 231 ff., 1985, S. 171 ff., 1988, S. 302 ff.; *Henrichs,* Die Vorrechte und Befreiungen der Beamten der EG, EuR 1987, S. 75 ff.; *Ucieda Somoza,* Derecho com. de la seguridad social de los funcionarios de las CEE, RevInstEurop 1987, S. 95 ff.

Ausgehend von den eben behandelten Grundprinzipien ist der **Status** 793
der Europabeamten im Statut wiederum in Anlehnung an nationale Dienstrechte eingehend geregelt.

Man unterscheidet:

- **Lebenszeitbeamter** (Regeltypus)
- **Beamter auf Probe** (Vor Ernennung zum Beamten auf Lebenszeit, mit Ausnahme der Kategorien A 1 und A 2)
- **Politischer Beamter** (Ein Begriff der Praxis für die Kategorien A 1 und A 2. Hier gelten erleichterte Regeln für Einstellung und Ausscheiden).
- **„Wahlbeamter"** (Begriff der Praxis für die gewählten obersten Positionen wie Mitglieder der Kommission oder des EuGH/EuG). Für sie gelten Sonderregelungen.
- **Ehrenbeamter** (Sich auf Titelführung beschränkende Ernennung nach ARt. 54 BSt. für verdiente ausscheidende Beamte, z. B. „Generaldirektor e. h.").

(Näher *Rogalla,* Dienstrecht der EGen, 2. Aufl. 1992, S. 59 ff.)

1. Begründung des Beamtenverhältnisses

794 Die Beamten der Gemeinschaft werden auf Grund eines Beschlusses der zuständigen Anstellungsbehörde durch **Aushändigung der Ernennungsurkunde** unter Einweisung in eine im Haushaltsplan ausgebrachte freie Planstelle ernannt (Art. 1 BSt.) und nach Bewährung innerhalb einer Probezeit auf Lebenszeit angestellt (Art. 34 BSt.). Die **einseitig hoheitliche Begründung** des Dienstverhältnisses (im Gegensatz zum vertraglichen Charakter der Beschäftigungsverhältnisse bei den traditionellen internationalen Organisationen) entspricht kontinental-europäischen, u. a. deutschen Ernennungsprinzipien (EuGHE 1975, 463 ff. – RS 28/74; 1976, 1777 ff. – RS 102/75). Auch die sich aus dem Status ergebenden Rechte und Pflichten der europäischen Beamten gleichen weitgehend denjenigen ihrer nationalen Beamtenkollegen (Art. 11 ff. BSt.).

2. Loyalitätspflichten und Disziplinarrecht

795 Die Beamten der Gemeinschaft stehen zu ihrem Dienstherren in einem **Dienst- und Treueverhältnis** (EuGHE 1966, 653 ff. – RS 3/66). Sie sind den Weisungen ihrer Vorgesetzten unterworfen, und sie sind zu unparteiischer Amtsführung und zu **Loyalität** zu den Europäischen Gemeinschaften verpflichtet. Hier können sich gewisse Probleme daraus ergeben, daß die Europabeamten grundsätzlich weiterhin Staatsangehörige ihrer MS sind.

Die Problematik einer solchen „doppelten Loyalität" *(Läufer,* EuR 1977, S. 182 ff.) stellt sich bei allen europäischen Bediensteten, die ja nach wie vor der Personalhoheit ihrer Heimatstaaten unterliegen. Sie tritt aber verschärft zu Tage bei Beamten, die zu den Europäischen Gemeinschaften entsandt und dabei nicht aus ihrem nationalen Dienstverhältnis entlassen worden sind *(v. Oertzen,* DÖV 1966, S. 533 ff.; deutsche Beamte erhalten i. d. R. für die Zeit der Entsendung Sonderurlaub unter Wegfall der Dienstbezüge, hierzu kritisch *Kummer,* EuR 1976, S. 31 ff.). Hier fordert Art. 11 Abs. 1 BSt. **absoluten Vorrang der Loyalität zu den Europäischen Gemeinschaften.** Der Beamte hat sich bei der Ausübung seines Amtes und in seinem Verhalten ausschließlich von den Interessen der Gemeinschaft leiten zu lassen. Im Statut festgelegte Inkompatibilitäts- und Befangenheitsregeln, Neutralitätsgrundsätze, Genehmigungs- und Anzeigepflichten (für die Ausübung von Nebentätigkeiten, Entgegennahme von Ehrungen etc.) versuchen, schon das Entstehen von Loyalitäts- und Interessenkonflikten zu verhindern.

Bei Pflichtverstößen kann die Anstellungsbehörde **Disziplinarmaßnahmen** ergreifen, die vom einfachen Verweis und der Verwarnung bis – nach Durchführung eines förmlichen Disziplinarverfahrens – zur Entfernung aus dem Dienst reichen.

3. Statusrechte 796

Neben strafbewehrten Verboten und Kontrollmechanismen ist vor allem eine statusmäßige Absicherung geeignet, die Integrität sowie persönliche und sachliche Unabhängigkeit der Europabeamten zu gewährleisten *(Rogalla,* Dienstrecht der EGen, 2. Aufl. 1992, S. 152 ff.). Zu diesen **Statusrechten** gehören in erster Linie die grundsätzliche Unkündbarkeit, die Aufstiegschancen sowie die Ansprüche auf Erholungsurlaub, angemessene Besoldung und Versorgung (dazu *Died,* ZBR 1984, S. 330 ff.) und auf sozialen Schutz (Unfallfürsorge, Familienhilfen, Beihilfen im Krankheitsfall, usf.). Der Beistands- und Fürsorgepflicht des Dienstherrn entspringt auch der Anspruch auf Haftungsfreistellung bei Schäden, die ein Beamter in Ausübung seiner Amtstätigkeit einem Dritten zufügt (Art. 215 Abs. 2 = 288 Abs. 2 neu EGV, jedoch Regreßmöglichkeit bei „schwerwiegendem Verschulden" des Beamten, Art. 215 Abs. 3 = 288 Abs. 3 neu EGV i. V. m. Art. 22 BSt., vgl. auch oben Rz. 163).

Das Protokoll über die **Vorrechte und Befreiungen der Europäischen Ge- 797 meinschaften** v. 8. 4. 1965 (oben Rz. 159) räumt den europäischen Beamten darüber hinaus Vorrechte ein, die im allgemeinen nur Angehörigen diplomatischer Vertretungen zustehen *(Henrichs,* EuR 1987, S. 75 ff.). Neben den Zollbefreiungen und Immunitätsrechten (Art. 12 des Protokolls) sei hier nur die Freiheit der Gehälter, Löhne und Bezüge von innerstaatlichen Steuern erwähnt (Art. 13 Abs. 2 des Protokolls, hierzu EuGHE 1960, 1163 ff. – RS 6/60). Jene unterliegen dafür jedoch der **Besteuerung durch die Gemeinschaft** (VO 260/68 v. 29. 9. 1968, ABl. L 56/8 ff.). Das Steueraufkommen fließt zusammen mit den Beiträgen der Beamten zur Alters- und Krankenversicherung als Einnahme in den allgemeinen Haushalt der Europäischen Gemeinschaften.

4. Rechtsschutz

Die Beamten der Gemeinschaft können sich jederzeit mit **Anträgen und 798 Beschwerden an ihre Anstellungsbehörde wenden** (Art. 90 BSt.). Lehnt die Anstellungsbehörde die Beschwerde eines Beamten ausdrücklich oder stillschweigend ab, so hat dieser das Recht, das **Gericht 1. Instanz und später gegebenenfalls** den **Gerichtshof der Europäischen Gemeinschaften anzurufen** (Art. 179 = 236 neu EGV i. V. m. Art. 91 BSt. und Art. 3 Ratsbeschluß 88/591). Von dieser Möglichkeit ist bislang reger Gebrauch gemacht worden. Die Beamtenklagen stellen das zahlenmäßig am meisten benutzte Verfahren der europäischen Gerichtsbarkeit dar. Seit 1994 werden die Entscheidungen des EuG/EuGH in einer besonderen **„Sammlung der Rechtsprechung öffentlicher Dienst (Slg. ÖD)"** veröffentlicht.

Die **umfangreiche Rechtsprechungstätigkeit des EuG/EuGH in Sachen des eu- 799 ropäischen Dienstrechts** (vgl. bes. *Rogalla,* in: Grabitz/Hilf (Hrsg.), EUV/EGV-Komm. (1997), Art. 212 EGV, passim) erstreckte sich insbesondere auf Fragen des Ernennungs-, Beförderungs- und Besoldungsrechts. Hier ist es inzwischen durch die Judikatur zur **Ausbildung allgemeiner Rechtsgrundsätze** gekommen *(Lindemann,* Allgemeine Rechtsgrundsätze und europäischer öffentlicher Dienst, 1986). –

Maßnahmen, die ausschließlich innerdienstliche Angelegenheiten oder die Führung der Verwaltungsgeschäfte betreffen, können von den Bediensteten nicht angefochten werden (EuGHE 1968, 435 ff./449 – RS 16/67). Der EuGH kann im Verfahren des Art. 91 BSt. nicht nur die Nichtigkeit einer Verfügung aussprechen, sondern die Gemeinschaft auch zur **Zahlung einer Entschädigung** verurteilen („recours de pleine juridiction", EuGHE 1977, 291 ff. – RS 48/76, vgl. hierzu *Brückner,* ZBR 1972, S. 44 ff.). Soweit der Anstellungsbehörde jedoch ein Beurteilungs- oder Ermessensspielraum zusteht – praktisch ist dies bei allen mit Werturteilen verbundenen Entscheidungen über Beurteilungen, Beförderungen etc. der Fall –, kann der Gerichtshof die angefochtenen Maßnahmen nur auf **Ermessensfehler** überprüfen (Richtigkeit der festgestellten Tatsachen, Einhaltung der Verfahrensvorschriften, kein Verstoß gegen Denkgesetze usf., EuGHE 1984, 2447 ff. – RS 69/83 st. Rspr.).

5. Beendigung des Beamtenverhältnisses

800 Das Dienstverhältnis der europäischen Beamten **endet**, wie das ihrer nationalen Kollegen, durch Tod, Entlassung auf Antrag, Versetzung in den Ruhestand u. a. (Art. 47 ff. BSt.). Art. 49 BSt. eröffnet darüber hinaus den Anstellungsbehörden unter engen Voraussetzungen, insbes. bei einer Verringerung der Zahl der Planstellen (Art. 41 Abs. 4, 5 BSt.), die **Möglichkeit einer Entlassung von Beamten von Amts wegen**. (Zur Stellenenthebung von Beamten der Besoldungsgruppe A 1 und A 2 nach Art. 50 BSt. EuGHE 1971, 623 ff. – RS 19/70). Besondere Probleme, die aber i. d. R. auf der Basis der Freiwilligkeit gelöst wurden, ergaben sich im Zusammenhang mit der mehrmaligen Erweiterung der Gemeinschaften und der dadurch bedingten Notwendigkeit, freie Stellen zu schaffen (oben Rz. 791).

IV. Status der sonstigen Europabediensteten

Literatur: (Vgl. oben zu Beginn von § 9 und zu III.).

801 Während der Europabeamte den Regeltypus des EG-Bediensteten darstellt, gibt es neben ihm **sonstige Bedienstete,** deren Verhältnisse aus bestimmten Gründen vertraglich geregelt sind (*Rogalla* (1997) aaO., RdNr. 19 ff.).

1. Kategorien der sonstigen Bediensteten

Die Gruppe der sonstigen Bediensteten (etwa 10 % des EG-Personals) umfaßt Vertragsangestellte unterschiedlicher Qualifikation und mit verschiedenartigen Betätigungsfeldern, welche entweder nur **vorübergehend** bei der Gemeinschaft beschäftigt sind oder auf die, wegen ihrer **örtlichen Verwurzelung**, nicht das „fremde" (in vielerlei Hinsicht jedoch großzügigere) europäische Beamtenrecht, sondern weitgehend das am Dienstort geltende Recht zur Anwendung kommen soll. Das lokale Arbeitsrecht muß dabei jeweils durch Ratsverordnungen, bzw. Organbeschluß auf die Bediensteten der Gemeinschaft für anwendbar erklärt werden. Es gilt also nicht automatisch, sondern dient, vor allem bei Besoldungsanpassungen, nur als „Richtschnur" für die Regelung der Beschäftigungsbedingungen der EG-Bediensteten (EuGHE 1975, 1003 ff. – RS 50/74).

Für die sonstigen Bediensteten gelten spezielle Beschäftigungsbedingungen (BSB, oben Rz. 782).

Zur oben erwähnten **ersten Kategorie** dieser Gruppe (vorübergehend bei der EG Beschäftigte) gehören: 802

- Die **Bediensteten auf Zeit**, die vorübergehend eine Planstelle verwalten oder unmittelbar der Spitze eines Organs oder einer Gemeinschaftseinrichtung zugeordnet sind und entsprechend der Einstufung ihres Dienstpostens besoldet werden (Art. 2, 8 ff. BSB, vgl. auch EuGHE 1983, 347 ff. – RS 225–241/81);
- Die **Hilfskräfte**, die maximal 1 Jahr Hilfs- oder Verwaltungsfunktionen ausüben und aus pauschal bereitgestellten Mitteln bezahlt werden (Art. 3, 51 ff. BSB);
- Die **Sonderberater**, die ohne eine Planstelle innezuhaben auf Grund ihrer außergewöhnlichen Qualifikation einem der Organe ihre Dienste während bestimmter Zeitabschnitte zur Verfügung stellen (Art. 5, 82 ff. BSB).

Zur **zweiten Kategorie** (Ortskräfte) rechnen:

- Die **örtlichen Bediensteten**, die zur Verrichtung von manuellen Tätigkeiten oder Hilfstätigkeiten (Instandhaltung von Gebäuden und technischen Anlagen, Betrieb von Kantinen u. ä.) eingestellt werden und ebenfalls aus pauschal bereitgestellten Mitteln entlohnt werden (Art. 4 Abs. 1, 79 ff. BSB);
- Die **Atomanlagenbediensteten** der Gemeinsamen Forschungsstelle, die bei der Einstellung ihren Wohnsitz im Lande ihrer dienstlichen Verwendung oder in der Nähe ihres Dienstortes haben und im Haushaltsplan ausgebrachte Dauerplanstellen der Gruppen C und D innehaben (Art. 4 Abs. 3, 84 ff. BSB).

2. Zum Status

Für alle Angestelltengruppen stellen die Beschäftigungsbedingungen 803
Rahmenbedingungen für die Gestaltung der individuellen Dienstverträge auf. (Entsprechendes gilt für die Personalordnung der EIB, EuGHE 1976, 955 ff. – RS 110/75). Kennzeichnend für diese Verträge ist, daß sie, sofern sie nicht von vornherein zeitlich befristet sind, Kündigungsmechanismen unterliegen. Soweit nicht lokales Arbeitsrecht unmittelbar Anwendung findet oder wegen des Charakters der i. d. R. kurzfristigen Arbeitsverhältnisse Sonderregelungen erforderlich sind (Versorgungsansprüche!), entsprechen die Rechte und Pflichten der sonstigen Bediensteten weitgehend denjenigen ihrer beamteten Kollegen. Die Bestimmungen des BSB können sich daher zum großen Teil darauf beschränken, das Beamtenrecht der EG für entsprechend anwendbar zu erklären.

V. Kollektives Dienstrecht

Literatur: *Rogalla,* Beteiligung und Mitsprache im europäischen Dienstrecht, FS Hefermehl, 1972, S. 213 ff.; *Rogalla,* Partnerschaft durch Organbeschluß, EuR 1974, S. 325 ff.; *Leister,* Das Koalitions- und Streikrecht der Beamten und sonstigen Bediensteten der EG, DVBl. 1975, S. 281 ff.; *Vandersanden,* Fonction publique européenne et syndicalisme, RMC 1975, S. 296 ff.; *Rogalla,* Beamten-Mitsprache im Neuner-Europa, 1978; *Kitschenberg,* Zur Frage des Streikrechts der Beamten der EG aufgrund Gewohnheitsrechts, ZBR 1979, S. 144 ff.; *Betten,* Right to strike in community law, 1985; *Schröder,* Zwischenbilanz zum Streikrecht der Europäischen

Beamten, ZBR 1984, S. 1 ff.; *Seidl-Hohenveldern,* Die Rechtsstellung der Internationalen Beamten, 1987; *Rogalla,* in: Grabitz/Hilf (Hrsg.), EUV/EGV-Komm. (1997), Art. 212 EGV, RdNr. 89 ff.

804 Das Dienstrecht der EG räumt den Bediensteten der Gemeinschaft **umfangreiche kollektive Mitwirkungsrechte in Personalfragen** ein, die z. T. weit über manche nationalen Standards hinausgehen. Sicher sind diese Rechte in den meisten Fällen auf eine **konsultative Mitwirkung** beschränkt. Eine „paritätische" Mitbestimmung gibt es praktisch nur im Bereich der Verwaltung und Kontrolle der sozialen Einrichtungen der Gemeinschaft. Doch ist durch ein **Netz prozeduraler Vorschriften** gewährleistet, daß die Bediensteten vor der Regelung aller sie unmittelbar betreffenden Probleme gehört werden und ihre Vertreter in zahlreichen Ausschüssen und Konsultativgremien unmittelbaren Einfluß auf die Regelung von Personalfragen nehmen können. (Im einzelnen *Rogalla,* Dienstrecht der EGen, 2. Aufl. 1992, S. 229 ff.).

Dabei stehen vor allem die Fragen der Personalvertretung sowie des Koalitions- und Streikrechtes im Vordergrund.

1. Personalvertretung

805 Die gewählten **Personalvertretungen** bei den einzelnen Organen der Gemeinschaft (bei der Kommission bestehen daneben örtliche Sektionen) sind die **zentralen Vertretungsgremien aller Personalgruppen**, der Beamten ebenso wie der sonstigen Bediensteten (hierzu im einzelnen Art. 9 BSt., Art. 7 BSB; zu den Wahlgrundsätzen EuGHE 1977, 471 ff. – RS 54/75). Sie nehmen die Interessen des Personals gegenüber den Organen wahr und sorgen durch die Entsendung von Vertretern in Kontaktausschüsse oder im direkten Gespräch mit dem Dienstherrn für eine ständige Verbindung zwischen dem Organ und seinem Personal (Mittlerfunktion, zu den einzelnen Aufgaben vgl. Art. 9 Abs. 3 BSt.). Vor allem aber entsenden sie Delegierte als **gleichberechtigte Mitglieder in zahlreiche personalrechtliche Ausschüsse**, die, wie z. B. die Paritätischen Ausschüsse, bei der Einstellung und Entlassung von Beamten beratend mitwirken, oder, wie die paritätisch besetzten Disziplinarräte, vor der Verhängung schwerer Disziplinarstrafen begründete Stellungnahmen abgeben müssen. Als Beurteilungsausschüsse erarbeiten sie ferner Entscheidungsgrundlagen für fachliche Beurteilungen (vgl. die nähere Regelung in Art. 9 ff. BSt. i. V. m. Anhang II zum Statut).

2. Koalitionsrecht

806 Das **Koalitionsrecht** der Bediensteten der Europäischen Gemeinschaften ist in Art. 24 a BSt. und Art. 7 a BSB verankert. Mit der Aufnahme dieser Bestimmungen in das Dienstrecht der Gemeinschaft im Jahre 1972 erkannte der Rat die bestehenden Fakten an und zog den rechtlichen Schlußstrich unter die sich über Jahre hinziehenden Auseinandersetzungen mit dem Personal, denn schon lange zuvor hatten sich Beamte und sonstige Bedienstete in Gewerkschaften und Berufsverbänden organisiert. (Die größte Gewerkschaft [„Union syndicale – Service public européen"] zählt heute mehrere tausend Mitglieder.) Schon seit Beginn der siebziger Jahre besprachen Organe und gewerkschaftliche Vertreter **in regelmäßig stattfindenden „Dialogen" oder „Konzertierungen"** alle wichtigen das Personal betreffenden Fragen. Dabei haben es sich die Gewerkschaften und Berufsverbände zur Aufgabe gemacht, durch geschlossenes Auftreten als Vertreter der Bediensteten aller Organe – Gewerkschaften und Berufsverbände sind in einer **intersyndikalen Arbeitsgemeinschaft** zusammengeschlossen – im direkten Kontakt mit den Beschlußorganen der Gemeinschaft Verbesserungen in allen arbeits- und sozialpolitischen Fragen, die über die Anwendung der einzelnen Statusbestimmungen hinausgehen, zu erreichen.

Obwohl die Gewerkschaften und Berufsverbände rechtlich anerkannt **807** sind, lassen sich ihre Kompetenzen nicht mit den Rechten einer nationalen Gewerkschaft vergleichen. Sie sind zwar **parteifähig** und unter den – allerdings sehr engen – Voraussetzungen des Art. 173 Abs. 4 = 230 Abs. 4 neu EGV klagebefugt. Sie können aber weder die Interessen ihrer Mitglieder – gewissermaßen in Prozeßstandschaft – gerichtlich geltend machen (EuGHE 1975, 401 ff. – RS 72/74), noch Klage gem. Art. 91 BSt. erheben, da dieses Verfahren auf individuelle Streitsachen zugeschnitten ist (EuGHE 1974, 917 ff. – RS 175/73 und EuGHE 1989, 1045 ff. – Verb. RS 193–94/87 st. Rspr.; kritisch *Vandersanden,* RMC 1975, S. 296 ff. – Zur Lückenhaftigkeit des Klagesystems auch EuGHE 1977, 305 ff. – RS 66/76). Da das Dienstverhältnis der Beamten statutärer Natur ist, bleibt **kein Raum für tarifvertragliche Vereinbarungen.** Das Dienstrecht, einschließlich des sog. Folgerechts, wird nach wie vor vom Rat einseitig festgesetzt. Er beschließt auch allein über die Anpassung der an verschiedene Indices gebundenen **Gehälter der Bediensteten** (zum Verfahren s. Art. 65 BSt.).

Mit der rechtlichen Garantie des Koalitionsrechts und der Verbesserung **808** der Konsultationsmechanismen war nicht automatisch die Anerkennung eines **Streikrechts** verbunden. Beamtenstatut und Beschäftigungsbedingungen der sonstigen Bediensteten **lassen die Frage des Streikrechts vielmehr ausdrücklich ungeregelt.** (Vgl. hierzu *Leister,* DVBl. 1975, S. 281 ff.; *Seidl-Hohenveldern,* FS Langrod, Paris 1969, S. 257 ff.; *Vandersanden,* RMC 1971, S. 466 ff.). Trotz des Schweigens des Dienstrechts haben die Gewerkschaften von Anfang an das Streikrecht als ein angeblich im Arbeitsrecht der Mitgliedstaaten anerkanntes **allgemeines Rechtsprinzip** für sich in Anspruch genommen. (Zum Charakter des Streikrechts *Schröder,* ZBR 1974, S. 173 ff.). Seit Mitte der sechziger Jahre kam es insbesondere im Verlauf der alljährlichen Beratungen des Rates über die Besoldungsanpassungen, aber zum Teil auch aus allgemeinpolitischen Anlässen, zu mehreren Streikaktionen. Standen die Organe einem Streikrecht der Beamten zu Beginn noch weitgehend ablehnend gegenüber, wurden solche Aktionen allmählich **faktisch geduldet**. Insbesondere der Rat hat es jedoch abgelehnt, sich auf eine Legalisierung des Streikrechtes z. B. im Beamtenstatut einzulassen.

So ist es rechtlich zweifelhaft, das Streikrecht der europäischen Bediensteten als allgemeinen Rechtsgrundsatz oder als Gewohnheitsrecht ansehen zu wollen (Für Gewohnheitsrecht *Rogalla,* Dienstrecht der EGen, 2. Aufl. 1992, S. 240). Die Zulässigkeit des Streiks in diesem Zusammenhang **muß als offen bezeichnet werden** *(Schröder,* ZBR 1984, S. 1 ff.). Bei der Zurückhaltung des Rates spielt eine Rolle, daß der Beamtenstreik auf nationaler Ebene, z. B. in Deutschland, nach herrschender Auffassung abgelehnt wird.

809 Etwas flexibler hat sich die **Kommission** als die in der Gemeinschaftspraxis hauptbetroffene Einrichtung gezeigt. Sie unterbreitete bereits 1974 (ABl. C 88/25 ff.) dem Rat einen entsprechenden Vorschlag zur Änderung des BSt. und der BSB, der u. a. die Legalisierung des Streikrechts im bisher üblichen, in etwa der Tradition des französischen Beamtenrechts entsprechenden Rahmen durch die Einfügung einer neuen Bestimmung (§ 24 b) in das Statut vorsah. Außerdem schloß sie am 20. 9. 1974 mit den europäischen Gewerkschaften und Berufsverbänden ein **Abkommen**, das u. a. die Modalitäten für die Ausübung gewerkschaftlicher Rechte regelt. Durch die Festlegung eines rechtlichen Rahmens für das Streikrecht sollen dessen Ausübung an gewisse prozedurale „Spielregeln“ gebunden und vor allem die Aufrechterhaltung eines Notdienstes sichergestellt werden (Möglichkeit der Dienstverpflichtung von leitenden Beamten, Dolmetschern, Technikern, Druckern u. a.). Außerdem soll das Recht der Organe bestätigt werden, für die Zeit der Arbeitsniederlegung einen **anteiligen Abzug von den Dienstbezügen** vornehmen zu dürfen. (Zur bisherigen Geltung dieses Prinzips als allgemeiner Rechtsgrundsatz EuGHE 1975, 383 ff. – RS 44, 46 und 49/47. Allgemein zur Rspr. zum Streikrecht *Rogalla,* in: Grabitz/Hilf (Hrsg.), EUV/EGV-Komm. (1997), Art. 212 EGV, RdNr. 93 ff.).

810 Im Bereich des kollektiven Dienstrechts wie anderswo zeigt sich auf diese Weise der **Grundcharakter des Dienstrechtes der Europäischen Gemeinschaft** als ein Normenkomplex, der zwar nicht die Intensität und Striktheit nationaler Dienstrechte erreicht, sich aber in seinen vielfältigen Anleihen an das mitgliedstaatliche (besonders deutsche und französische) öffentliche Dienstrecht deutlich vom klassischen Dienstrecht internationaler Organisationen abhebt (zu ihm *Meron,* Civil Service, International, EPIL 5 (1983), S. 4 f.). Insgesamt gesehen **steht der „europäische Beamte“ seinem nationalen Kollegen näher** als einem Angehörigen der „Fonction Publique Internationale“.

§ 10. Finanzordnung

Literatur: *Weides,* Das Finanzrecht der EGKS, 1960; *Cartou,* Droit financier et fiscal européen, 1972; *Nittka,* Das Finanzierungssystem der Europäischen Gemeinschaften, 1979; *Timmann,* Die Europäischen Rechnungseinheiten. Von der RE zum ECU, 1979; *Isaac* (Hrsg.), Les ressources financières de la CE, 1986; *Messal,* Das neue Finanzsystem der EG, WiD 1988, S. 210 ff.; *Bleckmann/Hölscheidt,* Gedanken zur Finanzierung der EG, DÖV 1990, S. 853 ff.; *Flores/Zangl,* La structure financière de la Communauté face aux défis présents et futurs, 1991; *Messal,* Das Eigenmittelsystem der EG, 1991; *Strasser,* Die Finanzen Europas, 7. Aufl. 1991 **(Standardwerk)**; *Drake,* European financing Laws, 1992; *Reichenbach,* Ausgewählte Probleme der Europäischen Finanzverfassung, 1992; *Eckhoff,* „Delors II" und die europäische Finanzverfassung, FS Bleckmann, 1993, S. 13 ff.; *Häde,* Die Finanzverfassung der EGen – ein Überblick, EuZW 1993, S. 401 ff.; *Europ. Kommission,* Die öffentlichen Finanzen der Gemeinschaft, 1995; *Europ. Kommission* (GD Haushalt), Die Finanzverfassung der EU, 1995; *Heinemann,* Die Finanzverfassung und Kompetenzausstattung der EU nach Maastricht, 1995; *Fugmann/Theato,* Finanzordnung und Haushalt der EU, in: Dauses (Hrsg.), Hdb WirtschR EG (1996), A III; *Henke,* Die Finanzierung der EU, WiD 1997, S. 45 ff.; *Ohler,* Die fiskalische Integration in der EG, 1997; *Folkers,* Finanz- und Haushaltspolitik, in: Klemmer (Hrsg.), Europ. Wirtschaftspolitik, 1998, S. 559 ff.; *Giese,* Die Finanzierung der EU, EUR 1998, S. 462 ff..

Für eine Gemeinschaft wie die EG/EU, die ihrem Wesen nach bis auf **811**
weiteres irgendwie zwischen dem internationalen und dem staatlichen Bereich verortet ist (unten Rz. 884), stellt sich auch die zentrale Frage der **Finanzierung ihrer Existenz und Tätigkeiten** in besonderer Weise. Weder die übliche Finanzierungsweise Internationaler Organisationen, die „Kostgänger" ihrer MS in Gestalt fester und beschränkter **Beitragsüberweisungen** sind, noch die **staatliche Finanzsouveränität,** aufgrund derer sich die Staaten die erforderlichen Finanzmittel vor allem über eine grundsätzlich nicht begrenzte Abgabenhoheit verschaffen können, erscheinen der Lage der EG/EU angemessen. Gemäß der fortschreitenden Integration seit den fünfziger Jahren ist die Gemeinschaft von der ursprünglichen Beitragsfinanzierung auf eine seit 1995 **vollständige Finanzierung aus Eigenmitteln** (Steueranteile, Zölle und andere Abgaben) umgestellt worden. Hinzu treten außerhalb des Haushalts Einnahmen aus Gemeinschaftsdarlehen (Art. 201 Abs. 1 = 269 neu EGV).

Grundsätzlich zu beachten bleibt hierbei, daß das **Prinzip der begrenzten Einzelzuständigkeit** der Gemeinschaftsgewalt (oben Rz. 513 ff.) auch für den Finanzbereich gilt. Die EU-Finanzgewalt, wie sie in Art. 199–209 a = 268–280 neu EGV, Art. 171–183 a EAGV, in Art. 49–56, 78–78 i EGKSV, Art. 20–22 FusV und in Art. 29 EEA sowie in zahlreichen Rechtsakten des Sekundärrechts ausgestaltet ist, bleibt durch diesen Rechtsrahmen begrenzt. Soweit die hieraus der EU zufließenden Finanzmittel zur Bedarfsdeckung nicht ausreichen, kann sich die Gemeinschaft nicht aus eigener Kraft neue Geldquellen erschließen, sondern es bedarf erneuter einstimmiger Beschlußfassung der MS, die zwar im Rat handeln, aber der Zustimmung der nationalen Parlamente bedürfen (Art. 201 Abs. 2 = 269 Abs. 2 neu EGV i. V. m. dem Ratsbeschluß v. 31. 10. 1994, ABl. L 293/9 ff.). Über diese Ausübung des nationalen parlamentarischen Budgetrechts bleiben die MS bis auf weiteres **finanziell Herren der Gemeinschaft** und tragen andererseits finanzielle Verantwortung für sie. Auch die **Finanzverwaltungshoheit** liegt noch weithin bei den nationalen Behörden, welche die der EU zustehenden Abgaben einziehen und nach Brüssel überweisen (EuGHE 1977, 851 ff. – RS 110/76 „Pretura Cento").

812 Andererseits zeigt sich auch und gerade finanziell, etwa im Vergleich mit Internationalen Organisationen, welches **Eigengewicht** die EG/EU seit ihren Anfängen bereits gewonnen hat. Während die EWG 1958 mit einem Haushalt von 44 Mio. DM begann, umfaßt der Gesamthaushalt der EU für 1999 ein Volumen von ungefähr **85 Milliarden EURO (etwa 170 Mia. DM).** Daneben steht noch der gesondert finanzierte (unten Rz. 855) Funktionshaushalt der EGKS mit über 500 Mio. EURO und der Haushalt des Europäischen Entwicklungsfonds, der für die Periode des 4. Lomé-Vertrages 1995–1999 auf insgesamt 13 Milliarden ECU festgelegt ist. Allein aus diesem Haushaltsumfang, der die Gemeinschaft deutlich von allen anderen Internationalen Organisationen absetzt, ist die „Staatsnähe" der EG ein weiteres Mal ablesbar.

813 Vergleichsweise umfaßt der **Gesamthaushalt der Vereinten Nationen** mit ihren 180 Mitgliedstaaten Ende der neunziger Jahre Ausgaben von ungefähr 2,6 Milliarden US-Dollar jährlich. Verglichen mit staatlichen Haushalten der EU-MS zeigt sich andererseits die **Begrenztheit des EU-Finanzvolumens.** Der EU-Gesamthaushalt ist ungefähr mit demjenigen des Landes Nordrhein-Westfalen vergleichbar, oder mit der guten Hälfte des belgischen Staatshaushalts. Er entspricht etwa 3 % der Summe der mitgliedstaatlichen Haushaltsvolumen oder etwa 1 % des Bruttosozialprodukts der Gemeinschaft, das von ca. 370 Millionen Unionsbürgern erwirtschaftet wird.

814 Die Grundaufgabe des EU-Haushaltes liegt in einem **begrenzten europaweiten Ressourcentransfer** zwischen den nationalen Volkswirtschaften mit dem Ziel, gewisse angleichende Strukturänderungen auszulösen. Problematisch ist dabei seit langem die **„Agrarlastigkeit"** der Ausgaben; die knappe Hälfte aller Ausgaben fließen in die Gemeinsame Landwirtschaftspolitik, mit weitem Abstand vor den nächstgrößten Ausgaben der Regional- und Strukturpolitik (ein knappes Drittel). In der allmählichen Korrektur dieser Einseitigkeit, die sich markant von der Vielseitigkeit der Finanzverteilung in staatlichen Haushalten unterscheidet, liegt eine Hauptaufgabe der EU-Haushaltspolitik.

815 **Außerhalb des EU-Haushaltes** nimmt die Gemeinschaft schließlich mit Hilfe verschiedener Finanzierungsinstrumente (unten Rz. 854) in größerem Umfang **Anleihen** auf und vergibt **Kredite** für bestimmte Vorhaben. Insbesondere der auf Art. 235 = 308 neu EGV gestützte Grundsatzbeschluß des Europäischen Rats vom 6. 12. 1977 (ABl. 1978, L 298/9 ff.) machte den Weg frei für diese Erweiterung der EG-Finanzkompetenz. Insgesamt wurden seit 1954 auf diesem Wege bisher mehr als 70 Milliarden ECU für Aktio-

nen der Gemeinschaft bereitgestellt. Zusammen mit den Haushaltsmitteln verfügt die EU damit über Gesamt-Finanzmittel, die ihr auch von dieser Seite wirksamen Einfluß auf den Fortgang des Integrationsprozesses eröffnen. Die Anklänge an **bundesstaatliche Formen des Finanzausgleiches** im Interesse der Förderung „gleichwertiger Lebensverhältnisse" (Art. 72 GG) sind unübersehbar.

I. Haushalt der Europäischen Union

Literatur: *Morawitz,* Die eigenen Mittel der Europäischen Gemeinschaften, EuR 1970, S. 232 ff.; *Reister,* Parlamentarisches Budgetrecht und Rechnungshof der Europäischen Gemeinschaften, EuR 1976, S. 74 ff.; *Magiera,* Die Haushaltsbefugnisse des Europäischen Parlaments, FS Schlochauer, 1981, S. 829 ff.; *Bieber,* Die Ausgaben der Europäischen Gemeinschaften, EuR 1982, S. 115 ff.; *Glaesner,* Haushaltsbefugnisse des Parlaments und Rechtsschutz, FS Carstens, 1984, S. 115 ff.; *Scherer,* Das Rechnungsabschlußverfahren, EuR 1986, S. 52 ff.; *Bieber,* Rechtswirkung und gerichtliche Kontrolle des EG-Haushalts, DVBl. 1986, S. 961 ff.; *Kolte,* The Community budget: new principles for finance, expenditure planning and budget discipline, CMLRev 1988, S. 487 ff., 503 ff.; *Hölscheidt,* Das Haushaltsrecht der EG, DÖV 1989, S. 537 ff.; *Magiera,* Finanzkontrolle in der EG, in: v. Arnim (Hrsg.), Finanzkontrolle im Wandel, 1989, S. 221 ff.; *Timmann,* Haushaltsdisziplin und politische Entscheidungsmechanismen in der EG, EuR 1991, S. 121 ff.; *Messal,* Konzeptionelle Elemente des EG-Eigenmittelsystems, in: Häberle (Hrsg.), Anwendungsbereiche der Ordnungspolitik in der Sozialen Marktwirtschaft, 1992,S. 63 ff.; *Vervaele,* Fraud against the Community, 1992; *Walder,* The budgetary Procedure of the EEC, 1992; *Fugmann,* Der Gesamthaushalt der EG, 1993; *Niehaus,* Der Haushalt der EGen, APUZ B 18/1993, S. 28 ff.; *Strohmeier,* Aktuelle Fragen des Haushaltsrechts der EG, DÖV 1993, S. 217 ff.; *Pache,* Der Schutz der finanziellen Interessen der Gemeinschaft, 1994; *Stoffers,* Der Schutz der EU-Finanzinteressen durch das deutsche Straf- und Ordnungswidrigkeitenrecht, EuZW 1994, S. 304 ff.; *Theato/Graf,* Das Europäische Parlament und der Haushalt der EG, 1994; *Europäische Kommission* (Hrsg.), Haushaltsvademecum, 1995; *Fernandez-Fabegras/Lentz,* Le déroulement de la procédure budgétaire, RMC 1995, S. 284 ff.; *Kannengiesser,* Die Entlastung im Haushaltsrecht der EG, DÖV 1995, S. 55 ff.; *Lettieri,* Wirksamere Maßnahmen zum Schutz der finanziellen Interessen der EU, EuZW 1995, S. 193 ff.; *Altmaier/Friedmann/Schüler/Theato,* Finanzkontrolle und Betrugsbekämpfung in der EU, 1996; *Europ. Kommission,* Der Haushalt der EU, 1996; *White,* Protection of the financial interests of the EC, 1998;

Die heutige Haushaltsregelung in der EG/EU läßt sich nur in Verbin- **816**
dung mit ihrer Entstehungsgeschichte seit den fünfziger Jahren verstehen.

1. Entwicklung des EG/EU-Haushaltswesens

Der EGKSV von 1951 sah im Sinne seiner ausgeprägten Supranationalität eine bemerkenswerte finanzielle Unabhängigkeit der Montanunion von den MS vor. Die EGKS sollte sich über eine **steuerähnliche Umlage** auf die Erzeugung von Kohle und Stahl bei den Unternehmen finanzieren, sowie durch **Aufnahme von Anleihen** (Art. 49 EGKSV), also nicht durch Beiträge der MS.

817 Die Umlage wird durch eine jährliche **Belastung der verschiedenen EGKS-Erzeugnisse** nach ihrem Durchschnittswert festgestellt und darf grundsätzlich 1 % hiervon nicht übersteigen (Art. 50 § 2 EGKSV). Dieser Spielraum hat bisher immer ausgereicht (seit 1972 ca. 0,3 %). Die Umlage dient zur Deckung der Verwaltungsausgaben und bestimmter operativer Ausgaben (u. a. Anpassungsbeihilfen, Forschungsförderung), die Anleihenaufnahme weiteren Kreditinvestitionen im Montanbereich (Näher *Strasser,* Die Finanzen Europas, 7. Aufl. 1991, S. 77 ff., sowie unten Rz. 855).

818 Die Haushaltsregelung des EWGV von 1957 (Art. 199 ff. = 268 ff. neu) bedeutete demgegenüber zunächst einen Schritt zurück in Richtung der klassischen Finanzierung Internationaler Organisationen. Der EWG-Haushalt

ähnlich mit gewissen Abweichungen der EAG-Haushalt (Art. 171 ff.)

finanzierte sich zunächst aus **Finanzbeiträgen der MS,** die nach einem festen Aufbringungsschlüssel (Bsp. Deutschland 28 %) bestimmt wurden (Art. 200 EWGV). Jedoch sah Art. 201 EWGV von Anfang an vor, daß dieses System allmählich durch **eigene Mittel der Gemeinschaft,** insbesondere durch Einnahmen aus dem Gemeinsamen Zolltarif, ersetzt werden konnte. Hierüber entscheidet der Rat einstimmig auf Vorschlag der Kommission und nach Anhörung des Europäischen Parlamentes, wobei jedoch die abschließende (parlamentarische) Zustimmung der MS nach den nationalen Verfassungen wegen des Eingriffs in die mitgliedstaatliche Finanzsouveränität erforderlich ist.

819 Mit der Schaffung des Europäischen Ausrichtungs- und Garantiefonds für die Landwirtschaft (EAGFL) ab 1962, der Milliardenbeträge bewegen sollte, schuf sich die EWG ein Finanzierungsinstrument, hinsichtlich dessen sich die Gründung eines Systems eigener Einnahmen der Gemeinschaft zwangsläufig stellte (unten Rz. 821). Gleichzeitig wurde damit das Problem **europäisch-demokratischer Kontrolle solcher Einnahmen,** d. h. durch das EP, aufgeworfen (*Hallstein,* Zur zukünftigen Finanzverfassung der Gemeinschaft (1965), in: Europäische Reden, 1979, S. 560 ff.). Als die Kommission derartige, in der Logik der Entwicklung liegende Vorschläge machte, stieß sie auf den „ideologischen" Widerstand des gaullistischen Frankreichs und löste die erste große EG-Krise aus (oben Rz. 29).

820 Zuvor hatten sich die MS im sog. Fusionsvertrag vom 8. 4. 1965 (BGBl. II, S. 1454 ff. = Sart II, Ziff. 220 a) auf die **Zusammenfassung der drei Haushalte** geeinigt. Er sollte nach Art. 20 FusV im wesentlichen die Verwaltungshaushalte aller drei Gemeinschaften sowie die operationellen Finanzen von EWG und EAG umfassen, während der Funktionshaushalt der EGKS wegen ihrer besonderen Finanzierungsquellen getrennt blieb.

821 Nach der Beilegung der EG-Krise in Luxemburg 1966 gab schließlich die Haager Gipfelkonferenz der Staats- und Regierungschefs 1969 die wesentlichen Impulse, die im Sinne von Art. 201 EWGV zu einer **grundlegenden Umgestaltung der EG-Finanzverfassung** führten. Mittels des **Luxemburger Beschlusses vom 21. 4. 1970** (ABl. 1971, L 271 ff. – in der Sache ein völkerrechtlicher Vertrag) über die Ersetzung der Finanzbeiträge der MS durch eigene Mittel der Gemeinschaften wurde die graduelle Abschaf-

fung der Finanzbeiräge zugunsten der EG-Eigenmittel in die Wege geleitet. In diesen Zusammenhang gehörte ferner der Vertrag vom 22. 7. 1975 zur Änderung bestimmter Finanzvorschriften der Verträge (ABl. 1977, L 359/1 ff.) und die VO (EWG/Euratom, EGKS) 2891/77 v. 19. 12. 1977 (ABl. L 336/1 ff. = Sart. II, Ziff. 225 a), die die näheren Einzelheiten regelte. Mit dem Vertrag von 1975 wurde u. a. der **Europäische Rechnungshof** (oben Rz. 389 ff.) geschaffen und das **Budgetrecht des EP** in gewissem Umfang verstärkt. (Zu dem Umgestaltungsprozeß der EG-Finanzverfassung in den siebziger Jahren näher *Magiera,* in: Grabitz/Hilf (Hrsg.), EUV/EGV-Komm. (1994), Art. 201, RdNr. 1 ff.) Gleichzeitig gab sich die Gemeinschaft ihre **Haushaltsordnung** v. 21. 12. 1977 (ABl. L 356/1 ff, Konsolidierter Text v. 13. 3. 1990, ABl. C 70/1 ff.).

Das 1970 geschaffene System der Eigenmittel umfaßte anfangs lediglich **Zölle** 822
und Abschöpfungen. Diese deckten in der zweiten Hälfte der siebziger Jahre jedoch nur die Hälfte der EG-Ausgaben, während für die andere Hälfte noch Finanzbeiträge der MS berechnet wurden. Für die vollständige Eigenfinanzierung sollte die Gemeinschaft zusätzlich einen **Anteil aus dem Mehrwertsteueraufkommen der MS** erhalten. Hierfür bedurfte es jedoch zunächst gemeinsamer Mehrwertsteuer-Bemessungsgrundlagen in den MS. Sie wurden durch die 5. Richtlinie zum gemeinsamen Mehrwertsteuersystem v. 17. 5. 1977 (ABl. L 145/1 ff.) und durch die VO 1553/89 v. 29. 5. 1989 über die endgültige einheitliche Regelung für die Erhebung der Mehrwertsteuereigenmittel (ABl. L 155/9 ff.) geschaffen. In den Reformen 1988 und 1994 („Delors I und II") wurde das System der Eigenmittel weiter ausgebaut.

Auf diese Weise **wurde die EG seit 1980 zunehmend unabhängig von** 823
den Beiträgen der MS und finanziert sich seit 1995 ganz aus Eigenmitteln. Dies bedeutet indessen keine vollständige „Finanzsouveränität" der Gemeinschaft. Die Steigerungsmöglichkeiten bei den Einnahmen bleiben durch die „Ratsbeschlüsse" (völkerrechtliche Verträge) begrenzt. Die Finanzverwaltungshoheit (insbesondere die Einnahmeneinziehung) liegt weiter bei den MS. Ferner haben die MS in langjährigen Auseinandersetzungen, die sich vor allem an der Höhe des **britischen Anteils an der EG-Finanzierung** entzündeten (unten Rz. 869), rechtsgültig festgelegt, daß MS, die gemessen an ihrem relativen Wohlstand zu große Haushaltslasten tragen, in den Genuß von **Korrekturmaßnahmen** gelangen können. Ungeachtet solcher Eingrenzungen der EG-Finanzautonomie bleibt die **haushaltliche Emanzipation der Gemeinschaft von den MS** seit den achtziger Jahren beachtlich. Diese komplizierte und differenzierte „Zwischensituation" entspricht der eigengeprägten Rechtsnatur der EG/EU (unten Rz. 919).

2. Grundlinien des EU-Haushaltsrechts

In der Ausgestaltung des EU-Haushaltsrechts finden sich weithin die 824
aus dem nationalen Budgetrecht bekannten Rechtsinstrumente und Grundsätze wieder *(Europ. Kommission,* Der Haushalt der EU, 1996).

a) Rechtsgrundlagen, insbesondere die Haushaltsordnung

Wesentliches Rechtsinstrument für das Haushaltswesen der Gemeinschaft ist die nach Art. 209 = 279 neu EGV, 183 EAGV, 78 h EGKSV vom Rat erlassene **EG-Haushaltsordnung** v. 21. 12. 1977 (ABl. L 356/1 ff., Änderungen). Ihre Grundentscheidungen sind in den Art. 199 ff. = 268 ff. neu EGV, 171 ff. EAGV, Art. 78 ff. EGKSV vorstrukturiert. Für die Haushaltseinnahmen (unten Rz. 830) ist der Beschluß des Rates über das System der Eigenmittel der EGen 94/728 v. 31. 10. 1994 (ABl. L 293/9 ff.) maßgeblich, der die früheren Beschlüsse von 1970, 1985 und 1988 ersetzt hat. Schließlich hat der Gerichtshof gelegentlich auch im Haushaltsrecht die **Geltung allgemeiner Rechtsgrundsätze** (oben Rz. 482) wie des allgemeinen Gleichheitssatzes anerkannt (EuGHE 1980, 617 ff. – RS 265/78).

825 Auf diesen Rechtsgrundlagen wird nach Art. 20 FusV der **jährliche Gesamthaushalt der EU** erstellt. (Vgl. z. B. Gesamthaushaltsplan 1994, ABl. 1994, L 369/1 ff.). Er ist ein **besonderer Rechtsakt,** der zum einen die Verpflichtung der MS zur Erbringung finanzieller Leistungen an die EG/EU konkretisiert (Art. 17 Abs. 2 HaushO), die voraussichtlichen Einnahmen und Ausgaben der Gemeinschaft für das Haushaltsjahr veranschlagt und im voraus bewilligt (Art. 1 HaushO). Die Verabschiedung des Haushalts führt daher nur zu einer Ermächtigung, Mittel zu binden, so daß individuelle Personen hiervon nicht unmittelbar betroffen sind, allenfalls von Durchführungsmaßnahmen (EuGHE 1984, 3325 ff. – RS 216/83 „Les Verts"; vgl. *Glaesner,* FS Carstens, 1984, S. 115 ff.). Nur die Kommission (u. U. mit dem EP) könnte einen Haushaltsplan als verbindlichen Akt i. S. v. Art. 189 = 249 neu EGV gemäß Art. 173 = 230 neu EGV vom Gerichtshof überprüfen lassen.

Außerhalb des Gesamthaushaltsplanes stehen als gesonderte EG-Finanztätigkeiten der **Funktionshaushalt der EGKS,** der **Europäische Entwicklungsfond** sowie die **Anleihen und Darlehen** der Gemeinschaft (unten Rz. 854). Die übrigen EG-Fonds sind in den Haushaltsplan integriert.

826 Haushaltsjahr ist das **Kalenderjahr** (Art. 203 Abs. 1 = 272 Abs. 1 neu EGV, Art. 6 HaushO). Es sind unter besonderen Umständen **Nachtrags- oder Berichtigungshaushaltspläne** denkbar (Art. 10 HaushO). Der Haushaltsplan gliedert sich in den Ausgaben nach Organen, wobei der Einzelplan der Kommission wegen der Fülle ihrer operationellen Ausgaben ganz im Vordergrund steht. (Zur Haushaltsgliederung näher Art. 19 ff. HaushO). Der Haushalt wird seit 1980 in der **Europäischen Währungseinheit ECU** aufgestellt (Art. 207 = 277 neu EGV), ab 1999 in EURO. Da die MS ihre Finanzleistungen an die EU in ihrer Landeswährung zur Verfügung stellen, bedarf es für das „Fahren" des EU-Haushaltes bis 1999 der fortlaufenden amtlichen Feststellung der Tagesumrechnungskurse der einzelnen Landeswährungen. Sie werden im Amtsblatt veröffentlicht.

Infolge der öfters verspäteten Verabschiedung der EU-Haushalte ist die Regelung des Nothaushaltsrechts wichtig (Art. 204 = 273 neu EGV, Art. 9 HaushO). Nach dieser sog. **„Zwölftelregelung"** können bis zur Verabschiedung des Haushalts im bereits laufenden Haushaltsjahr monatliche Ausgaben zunächst nur in Höhe eines Zwölftels der entsprechend im abgelaufenen Haushaltsplan bereitgestellten Mittel vorgenommen werden *(Pipkorn,* CMLR 1981, S. 141 ff.). Gewisse Abweichungen sind möglich.

b) Haushaltsgrundsätze

Gemäß den Verträgen und der Haushaltsordnung gelten für den EU-Haushalt im wesentlichen dieselben **haushaltsmäßigen („kameralistischen") Grundsätze,** wie sie auch für das öffentliche Finanzgebaren der MS maßgeblich sind *(Europäische-Kommission* (Hrsg.), Haushaltsvademecum der Gemeinschaft, 1995). Die Grundsätze sind geltendes, einklagbares Recht (EuGHE 1988, 5323 ff. – RS 204/86). 827

aa) **Jährlichkeit** (Art. 199 = 268 neu EGV, Art. 1 HaushO): Die Einnahmen und Ausgaben werden grundsätzlich für jedes Haushaltsjahr veranschlagt und in den Plan eingesetzt. Allerdings sind viele Mittel auf das folgende Jahr übertragbar. Dabei ist die Unterscheidung zwischen **Verpflichtungs- und Zahlungsermächtigung** (Art. 1 Abs. 4 HaushO) wesentlich. Verpflichtungsermächtigungen sind die Gesamtkosten der rechtlichen Verpflichtungen, die über das laufende Haushaltsjahr hinaus verbindlich eingegangen worden sind. Zahlungsermächtigungen sind die Ausgaben, die im Haushaltsjahr aufgrund laufender oder früherer Verbindlichkeiten tatsächlich geleistet werden müssen. Mit dieser Haushaltstechnik können mehrjährige Programme, z. B. bei den Fonds, „gefahren" werden. Andererseits kann sich eine Summierung von Verpflichtungsermächtigungen ergeben, die als **„Altlasten"** den künftigen Haushaltsausgleich (unten Rz. 829) gefährden. 828

bb) **Vorherigkeit** (Art. 203 Abs. 3 = 272 Abs. 3 neu EGV, Art. 1, 12 ff. HaushO): Der Haushaltsplan ist grundsätzlich vor Beginn des neuen Haushaltsjahres zu verabschieden, um Ausgabenklarheit zu schaffen. Die Einhaltung dieses Grundsatzes begegnet oft praktischen und politischen Schwierigkeiten. Die „Zwölftelregelung" oder Nachtragshaushalte (oben Rz. 826) stellen Aushilfsmaßnahmen dar.

cc) **Einheit und Vollständigkeit** (Art. 199 = 268 neu EGV, Art. 4 HaushO): Es sind sämtliche Einnahmen und Ausgaben der Gemeinschaft in den Haushalt einzusetzen (zu den Ausnahmen oben Rz. 825). In diesen Zusammenhang gehört auch das **Bruttoprinzip,** wonach Einnahmen und Ausgaben in voller Höhe und nicht gegenseitig saldiert aufzuführen sind.

dd) **Spezialität** (Art. 19 ff. HaushO): Die Ausgaben sind in enger Zweckbestimmung zu veranschlagen und nicht global. Diese Haushaltsansätze sind verbindlich. **Mittelübertragungen** bedürfen einer besonderen Rechtsgrundlage (Art. 205 Abs. 3 = 274 Abs. 3 neu EGV).

ee) **Haushaltsausgleich** (Art. 199 Abs. 3 = 268 Abs. 3 neu EGV): Diesem **fundamentalen Prinzip,** daß der Haushaltsplan in Einnahmen und Ausgaben auszugleichen ist, kommt in der EG/EU besondere Bedeutung zu, da die Eigenmittel der EG rechtlich begrenzt sind und die Gemeinschaft über keine Finanzsouveränität verfügt (oben Rz. 823). Art. 201 a = 270 neu EGV verpflichtet die Kommission, keine Vorschläge zu machen, die nicht durch die vorhandenen EG-Eigenmittel gedeckt sind (**„Haushaltsdisziplin"**, unten Rz. 838 ff.). Die Kommission darf auch nicht zur Deckung eines Haushaltsdefizits **den Kapitalmarkt in Anspruch nehmen.** Bei Gefährdungen des Ausgleichs können **Nachtrags- oder Berichtigungshaushalte** eingebracht werden. Eine andere, rechtlich nicht unbedenkliche („vertragsnah": *Magiera,* EuR 1985, S. 273 ff.) Notlösung sind grundsätzlich rückzahlbare **„Vorschüsse"** der MS zur Überbrückung von Haushaltsdefiziten. 829

ff) **Sparsamkeit und Wirtschaftlichkeit** (Art. 2 HaushO): Vergleichbar mit nationalen Haushaltsgrundsätzen sind auch die EU-Haushaltsmittel nach den Grundsätzen der Sparsamkeit und Wirtschaftlichkeit der Haushaltsführung zu verwenden.

3. Haushaltseinnahmen der Europäischen Union

830 Wie bereits erwähnt (oben Rz. 823), finanziert sich die EG/EU seit 1980/1995 vollständig aus **eigenen Einnahmen,** die der Gemeinschaft, wenn auch von den MS verwaltungsmäßig eingezogen, rechtsgültig zustehen. Maßgebliches Rechtsinstrument hierfür ist der **Ratsbeschluß** über das System der Eigenmittel der EGen 94/728 v. 31. 10. 1994 (ABl. L 293/9 ff. mit Durchführungsvorschriften). Er löste den entsprechenden Ratsbeschluß 88/376 von 1988 ab. Der Beschluß von 1994 behielt das 1970/88 eingeführte System bei und entwickelte es gemäß den Bedürfnissen des EUV weiter. 1999 ist die nächste Überprüfung vorgesehen (Art. 10 Ratsbeschluß 1994). Zur Durchführung des Beschlusses 94/728 gilt die VO 1552/89 (ABl. L 155/1, Änderungen).

a) Die Eigenmittel

831 Nach diesen Rechtsgrundlagen (besonders Art. 2 Ratsbeschluß 1994) bestehen die eigenen Mittel der EU im wesentlichen aus

aa) den **Zöllen des Gemeinsamen Zolltarifs** der EG sowie aus den **Agrarabschöpfungen** und den **Abgaben für Zucker und Isoglucose.** Diese Einnahmen machten Ende der neunziger Jahre ca. 20 % der Gesamteinnahmen aus.

bb) dem **EG-Anteil am Mehrwertsteueraufkommen der MS** (*Hidien,* EuR 1997, S. 95 ff.). Er trug in derselben Zeit ca. 50 % zum Finanzaufkommen der Gemeinschaft bei (hierzu VO 1553/89 v. 29. 5. 1989, ABl. L 155/9 ff.). Der MWSt-Anteil wird durch fallende Berechnungssätze und Bemessungsgrundlagen bis 1999 degressiv gestaltet und der Leistungsfähigkeit der MSen angepaßt (näher Art. 2 Ratsbeschluß 1994).

cc) Seit der Haushaltsreform 1988 verfügt die EG über eine zusätzliche Einnahmequelle in Gestalt eines unter Berücksichtigung der sonstigen Einnahmen festzulegenden Satzes auf den Gesamtbetrag des Bruttosozialproduktes (BSP) aller MSen. Diese **„Mittel aufgrund des BSP"** tragen zunehmend zu den Einnahmen der EG/EU bei (Ende der neunziger Jahre: über 30 %). Sie werden nach Art. 2 Ratsbeschluß 1994 i. V. m. der Richtlinie 89/139 v. 13. 2. 1989, ABl. L 49/26 ff. berechnet. Der Grundgedanke ist hierbei, daß die Höhe der BSP-Mittel der tatsächlichen Leistungsfähigkeit der einzelnen MSen Rechnung trägt.

Um die Gemeinschaft zur Sparsamkeit zu zwingen, legt Art. 3 Ratsbeschluß 1994 eine **Gesamtobergrenze der Eigenmittel** fest. Die Eigenmittel dürfen in einem gleitenden Verfahren zwischen 1995 und 1999 nicht mehr als 1,21 % (1995) bis 1,27 % (1999) des BSP der Mitgliedstaaten betragen.

832 Die Wahl dieser Art von eigenen Einnahmen entsprach z. T. der **Logik des Gemeinsamen Marktes,** da sich die Waren- und Agrargütereinfuhr in die EG nach seiner Herstellung über die geographisch günstigsten Häfen oder Bahnstationen an den Außengrenzen abwickelt, so daß die entsprechenden Einfuhrabgaben „gerechterweise" nicht mehr den betreffenden MS, sondern der EG zustehen. Da diese Zolleinnahmen usf. nicht zur Finanzierung der Gemeinschaftsausgaben ausreichten, legte es sich nahe, wie national üblich, auf **Steuereinnahmen** zurückzugreifen. Ob die Anknüpfung an das Mehrwertsteueraufkommen der MS auf die Dauer die beste Lösung im Sinne gerechter Heranziehung wohlhabender und weniger wohlhabender MS darstellt, ist zweifelhaft. Daher tritt die Anknüpfung an das BSP stärker in den Vordergrund. Auch sie wirft schwierige Berechnungsfragen auf.

Grundsätzlich denkbar wäre auch die Erhebung von **Gemeinschaftssteuern,** deren Begründung allerdings wegen des Eingriffes in die nationale (parlamentarische) Budgetgewalt bis auf weiteres der Zustimmung der MS nach ihren verfassungsrechtlichen Normen bedarf. Bisher gibt es lediglich eine **Gemeinschaftssteuer auf die Bezüge des EG-Personals** (Art. 13 Protokoll über die Vorrechte und Befreiungen der EGen v. 6. 4. 1965, BGBl. II, S. 1482 i. V. m. VO 260/68 v. 29. 2. 1968, ABl. L 56/8 ff., Änderungen). Erörtert wurden gelegentlich Fett (Margarine)- und Energiesteuern der Gemeinschaft (unten Rz. 1158). 833

Mit dem gemäß Art. 201 = 269 neu EGV erfolgten Übergang zur Eigenfinanzierung der EG/EU ist die Rückkehr zu Finanzbeiträgen der MS im Sinne des aufgehobenen Art. 200 EWGV ausgeschlossen, da diese „ersetzt" worden sind. Gewähren die MS jedoch der Gemeinschaft nicht Eigenmittel in hinreichender Höhe zur Deckung der von ihnen im Rat mitbeschlossenen Ausgaben, ergeben sich haushaltsrechtlich nicht unbedenkliche **Zwänge zur Nachfinanzierung** über Berichtigungshaushalte, „Vorschüsse" der MS u. ä. Mittels der 1988 eingeführten „Haushaltsdisziplin" (unten Rz. 839) sollen solche Probleme hintangehalten werden. 834

b) Sonstige Haushaltseinnahmen

Neben den eben genannten Eigenmitteln verfügt die Gemeinschaft zur Haushaltsdeckung noch über einige **Einnahmen geringeren Umfanges.** Hierher gehört insbesondere die Montanumlage sowie Einnahmen aus der Erhebung von Zwangsgeldern, Geldbußen u. ä., vor allem im EG-Wettbewerbsrecht (unten Rz. 1073). 835

aa) Die **steuerähnliche Montanumlage** (oben Rz. 816 f.) im Rahmen der EGKS wird im wesentlichen zur Deckung der operativen Ausgaben der Montanunion verwendet, die in einem besonderen EGKS-Funktionshaushalt außerhalb des EU-Gesamthaushaltes (unten Rz. 855) geführt werden. Jedoch wird ein fester Teil der Montanumlage zur Deckung der EGKS-Verwaltungskosten an den EU-Gesamthaushalt abgeführt (Art. 20 Abs. 2 FusV). 836

bb) Eine andere außerordentliche Einnahmequelle für den EU-Haushalt sind die **Zwangsgelder, Geldbußen u. ä.,** welche die Kommission Unternehmen auferlegen kann, die gegen bestimmte Vertragsbestimmungen verstoßen (z. B. Art. 66 EGKSV, Art. 87 = 83 neu EGV i. V. m. der VO 17, Art. 171 = 228 neu EGV, oben Rz. 835 und unten Rz. 1073).

Keine Einnahmen des EU-Haushaltes stellen die erheblichen Zuwendungen dar, die in den Europäischen Entwicklungsfonds fließen oder in Gestalt von Gemeinschaftsanleihen aufgenommen werden (zu ihnen unten Rz. 856 ff.).

4. Haushaltsausgaben der Europäischen Union

Die Ausgaben der EU haben sich nach dem Grundsatz des Haushaltsausgleichs (oben Rz. 829) **im Rahmen der Einnahmen der Gemeinschaft** zu halten. Mehrausgaben, die bei Haushaltsvollzug entstehen, sind über Nachtrags- und Berichtigungshaushalte auszugleichen. Faktisch wird ein solcher Ausgleich bisweilen auch über „Vorschüsse" der MS vorgenommen (oben Rz. 834), deren Rückzahlung nicht in jedem Falle deutlich ist. Haushaltsrechtlich korrekter ist in einer solchen Lage die Einsparung über die Verhängung einer globalen Minderausgabe (Gesamteinsparungen in einer pauschal festgelegten Höhe während des Haushaltsvollzuges). Mit der 1988/94 beschlossenen 837

„Haushaltsdisziplin" (unten Rz. 838 ff.) soll künftig ein regulärer Ausgleich gesichert sein.

a) Die wesentlichen Gemeinschaftsausgaben im Rahmen der Haushaltsdisziplin

838 Anders als in einem virtuell allzuständigen Staatswesen konzentrieren sich die EG-Ausgaben gemäß der begrenzten Einzelzuständigkeit (oben Rz. 513 ff.) der Gemeinschaft auf die **Aufgabenfelder der Gemeinschaftsaktion,** die in der Gemeinschaftspraxis gelegentlich in großzügiger Weise durch gewisse **„Fondskompetenzen"** abgerundet werden. In diesem eingegrenzten Rahmen sind gemäß den politischen Entscheidungen innerhalb der Kommission, des Parlamentes und vor allem des Rates wesentliche finanzielle Akzentuierungen im EU-Ausgabengebaren möglich. Hierzu gehört vor allem die **„Agrarlastigkeit" des Gemeinschaftshaushalts.** Infolge der Begrenztheit der EU-Finanzgewalt vermag der EU-Haushalt vorläufig kaum irgendwelche europaweiten fiskalpolitischen Steuerungsfunktionen (konjunktureller Ausgleich, strukturelle Umverteilung u. a., näher *Bieber,* EuR 1982, S. 115 ff.) auszuüben.

839 Nachdem die Gemeinschaftsausgaben in den achtziger Jahren im Agrarbereich erheblich gestiegen waren und der Maastrichter EUV ab 1993 finanzwirksam wurde, führten die **EG-Finanzreformen 1988 und 1993/94 („Delors I und II")** eine **Vorprogrammierung der EU-Ausgaben bis 1999** ein (Interinstitutionelle Vereinbarung EP/Rat/Kommission v. 29. 10. 1993, ABl. C 331/1 ff. und Entscheidung des Rates v. 31. 10. 1994 betreffend die Haushaltsdisziplin, ABl. L 293/14 ff.). Mit einer verbindlichen **„Agrarleitlinie"** soll die jährliche Steigerung der Agrargarantieausgaben eingegrenzt bleiben. Mittels der zwischen EP/Rat/Kommission verbindlich vereinbarten **finanziellen Vorausschau 1993–1999** werden die jährlichen Ausgabensteigerungen sowohl für die einzelnen Politikbereiche (unten Rz. 840) als auch global festgeschrieben. Ferner gilt die „Deckelung" der jährlichen EU-Eigenmittel von 1,21 % des BSP der MSen 1995 bis 1,27 % 1999 gemäß dem Ratsbeschluß 1994 (oben Rz. 830). Die Haushaltsdisziplin sieht im jährlichen Gesamthaushaltsplan eine **Währungsreserve** von 500 Mio. ECU zum Ausgleich von Schwankungen der ECU/Dollar-Parität und innerhalb des EWS vor. Im Agrarbereich wird die Kommission zu der **besonderen Sanktion** ermächtigt, die monatlichen Vorauszahlungen an unkorrekte MSen zu kürzen oder vorübergehend auszusetzen. – Für notwendige Änderungen der finanziellen Vorausschau (z. B. durch Beitritte zur EG/EU) sind besondere Verfahren vorgesehen.

840 Seit den achtziger Jahren haben sich mit der vollständigen Eigenfinanzierung der EU im Haushalt folgende wesentlichen **„Ausgabenblöcke"** herausgebildet:

aa) Seit den sechziger Jahren nehmen die **Agrarausgaben** (Ausrichtungs- und Garantiefonds, Fischerei) mit heute noch der knappen Hälfte der **EU-Gesamtausgaben** markant den ersten Platz ein. Innerhalb dieses Aufgabenteils macht wiederum die **Garantie der Agrarpreise** den größten Posten aus. Diese „Agrarlastigkeit", die auf Grundentscheidungen der Gemeinsamen Landwirtschaftspolitik (unten Rz. 1364 ff.) beruht, wird viel kritisiert und hat bereits zu einer prozentualen Abnahme des Agrarhaushaltsteiles geführt. Andererseits spiegelt sich in diesem großen Ausgabenblock die Tatsache, daß die Agrarpolitik in stärkerem Umfang vergemeinschaftet wurde als andere EG-Tätigkeitsbereiche.

bb) Den zweiten großen Ausgabenblock des EU-Haushalts bilden mit 30–40 % inzwischen die Aufwendungen für die **EG-Regional-, Sozial- und Strukturpolitik** (unten Rz. 976 ff., 1667 ff.). Seit der EEA 1986 ist die Stärkung des wirtschaftlichen und sozialen Zusammenhalts der Gemeinschaft über die Tätigkeit der Strukturfonds (vor allem Europäischer Regionalfonds (EFRE) – unten Rz. 975 ff. –, Europäischer Agrarfonds (EAGFL), Abteilung Ausrichtung – unten Rz. 1381 ff., 1409 ff. –, Europäischer Sozialfonds (ESF) – unten Rz. 1667 ff. – sowie Kohäsionsfonds – unten Rz. 977 gemäß Art. 130 a ff = 158 ff neu EGV ein vorrangiges Ziel der finanziellen Gemeinschaftsaktion. Vor allem die britisch/irischen und die Interessen der Mittelmeerländer haben seit den Erweiterungen der EG 1973/1986 diese Haushaltsentwicklung eingeleitet. 841

cc) Die Kosten für auswärtige Aktionen mit **Entwicklungsländern und anderen Drittstaaten** (ohne den gesonderten, den AKP-Staaten gewidmeten EG-Entwicklungsfonds, unten Rz. 856 ff.) machen ca. 7 % des EU-Haushalts aus. Hieraus werden die Nahrungsmittelhilfe der EG für die Dritte und Vierte Welt, sowie Maßnahmen zugunsten des Mittelmeerraums, Osteuropas und für Länder Asiens und Lateinamerikas finanziert. 842

dd) Die **Verwaltungskosten** der EG sind mit **ca. 5 %** des Haushalts, verglichen mit nationalen Budgets, sehr begrenzt. Dabei ist zu berücksichtigen, daß die großzügige **Sprachenregelung** der Gemeinschaft (oben Rz. 179) kostenaufwendig ist (Übersetzungs- und Publikationsaufwand). Dies ist bei der beliebten Kritik an der „Brüsseler Eurokratie" mitzubedenken. Andererseits ist das **EG-Personal** mit ca. 30.000 „Europa-Beamten" (oben Rz. 784) in Relation zu 370 Millionen Unionsbürgern zahlenmäßig sehr gering, da der Vollzug der Gemeinschaftsaktion, insbesondere des Gemeinschaftsrechts, unterhalb der oberen „Brüsseler Ebene" fast ausschließlich durch **Behörden der MS** erfolgt, deren Verwaltungskosten grundsätzlich den nationalen Haushalten zur Last fallen. 843

ee) Auf die Förderung von **Forschung und Technologie** im Sinne von Art. 130 f ff. = 163 ff. neu EGV werden ungefähr 4 % der EU-Haushaltsausgaben aufgewendet.

ff) Der **Rest** der Haushaltsausgaben von insgesamt noch einmal 4 % entfällt auf **alle übrigen Bereiche der Gemeinschaftsaktion,** darunter Bildung, Jugend, Kultur, Energie, Umwelt, Verbraucherschutz, Binnenmarkt, Industrie und transeuropäische Netze, sowie die GASP. Hierbei handelt es sich zum guten Teil um die Liberalisierungs- und Regulierungsbereiche, bei denen die finanzielle Förderung nicht im Vordergrund steht. Ferner sind in den 4 % noch Garantien und Reserven der Gemeinschaft enthalten. 844

Insgesamt läßt sich an der Aufteilung der EU-Ausgaben, vergleicht man sie mit den wesentlichen Budgetposten nationaler Haushalte, der punktuelle und in vielem noch unfertige Charakter der Gemeinschaftsaktion ablesen.

b) Obligatorische und nichtobligatorische Ausgaben

Seit der Neufassung der Art. 203 EWGV, Art. 177 EAGV und Art. 78 EGKSV im Jahre 1975 wird bei den EU-Ausgaben zwischen **„obligatorischen"**, d. h. solchen, die sich zwingend aus den Verträgen oder sonstigen Rechtsakten ergeben, und **„nichtobligatorischen"** unterscheiden, also solchen, bei denen die haushaltsgebenden Organe einen Gestaltungsspielraum haben. 845

Die grundsätzlich klare Unterscheidung ist im Einzelfall nicht selten zwischen Kommission und Rat umstritten (näher *Strasser,* Die Finanzen Europas, 7. Aufl. 1991, S. 186 ff. und EuGHE 1988, 5223 ff. – RS 204/86).

Die Entwicklung der **obligatorischen Ausgaben** bestimmt sich naturgemäß aus der Summe der rechtsverbindlichen, finanzrelevanten EG-Beschlüs- 846 se im weitesten Sinne. Aufgrund der „Haushaltsdisziplin 1994" (oben Rz. 839) haben sich jedoch Rat, Kommission und EP in der interinsti-tutionellen Vereinbarung vom 29. 10. 1993 **feste Steigerungsgrenzen** bei dieser Ausgabenart auferlegt.

847 Naturgemäß stellen vor allem die **nichtobligatorischen Ausgaben,** die sich auf ca. 30–40 % der EU-Gesamtausgaben belaufen, unter europapolitischen Gesichtspunkten den interessanten Teil des Haushaltes dar **(„Nährboden der Integration").** Dem entspricht auch, daß die Mitwirkungsrechte des Parlaments nach Art. 203 Abs. 9 = 272 Abs. 9 neu EGV hier etwas weitergehen als im sonstigen Haushaltsverfahren (oben Rz. 824 und unten Rz. 849). Andererseits sieht Art. 203 Abs. 9 = 272 Abs. 9 neu EGV im nichtobligatorischen Bereich eine wichtige „Bremse" gegen beliebige Ausgabensteigerungen vor (EuGHE 1986, 1085 ff. – RS 23/86). Die nichtobligatorischen Ausgaben dürfen jährlich **nur um einen Höchstsatz gesteigert werden,** der aus einigen wirtschaftlichen Grunddaten errechnet wird. Die Kommission stellt diesen Höchstsatz fest, an den sich alle im Haushaltsverfahren beteiligten Organe der Gemeinschaft zu halten haben. Nur durch übereinstimmenden Willen von Rat und Parlament darf der Höchstsatz überschritten werden (Art. 203 Abs. 9 = 272 Abs. 9 neu, letzter U. A.). Auch bei den nichtobligatorischen Ausgaben haben sich die drei Haushaltsorgane mit der „Haushaltsdisziplin 1994" im Wege bindender Selbstbeschränkung über die interinstitutionelle Vereinbarung zur **Einhaltung von Höchstsätzen** für die Erhöhung dieser Ausgaben verpflichtet.

5. Haushaltsverfahren, Haushaltsvollzug und Finanzkontrolle

848 Bei der **Aufstellung des jährlichen EU-Haushaltsplanes** wirken Kommission (Generaldirektion Haushalt), Parlament und Rat in einem komplizierten Verfahren zusammen (Art. 203 = 272 neu EGV, Art. 177 EAGV, Art. 78 EGKSV). Dabei bleibt auch nach den verschiedenen Reformen seit den siebziger Jahren der **Wille des Rates** weithin maßgeblich. Außerdem ist zu bedenken, daß sich das Haushaltsverfahren von vornherein innerhalb der allgemeinen Grenzen der EU-Finanzgewalt abspielt (oben Rz. 811). Im Näheren sind folgende **Etappen des Haushaltsverfahrens** zu unterscheiden (*Häde,* EuZW 1993, S. 401 ff):

849 a) **Vorbereitung des Haushaltsplanes** (Art. 203 = 272 neu EGV und Art. 11 HaushO). Die Organe der Gemeinschaft stellen bis zum 1. Juli **Voranschläge** für ihre Ausgaben auf. Hieraus erstellt die Kommission bis zum 1. September den **Vorentwurf** des nächstjährigen Haushaltsplanes, wobei sie sich an der finanziellen Vorausschau einschließlich der „Agrarleitlinie" (oben Rz. 839) orientieren muß. Gleichzeitig übermittelt der Rat der Kommission einen Bezugsrahmen für obligatorische Ausgaben außerhalb der Agrarpreisgarantien, der zu berücksichtigen ist. – Der Haushaltsvorentwurf der Kommission wird sodann dem Rat vorgelegt, der auf dieser Grundlage mit qualifizierter Mehrheit den **Entwurf** des Haushaltsplanes erstellt, den er dem Parlament bis zum 5. Oktober zuleitet. Bei Abweichungen setzt sich der Rat mit den anderen Organen ins Benehmen. – Das Parlament kann dem Haushaltsentwurf ausdrücklich oder durch Nichtäußerung **zustimmen,** er ist dann

festgestellt (Art. 203 Abs. 4 = 272 Abs. 4 neu, vor 1. U. A.). Es kann aber auch – was regelmäßig der Fall ist – dem Rat bei den obligatorischen Ausgaben **Änderungsvorschläge** machen oder den Entwurf bei den nichtobligatorischen Ausgaben **selbst ändern.** Der Entwurf geht in diesem Falle an den Rat zurück. Der Rat kann nun seinerseits die **Änderungen** des EP ausdrücklich oder durch Nichtäußerung **akzeptieren** und so die Feststellung des Haushalts bewirken (Art. 203 Abs. 5 = 272 Abs. 5 neu EGV). – Er kann aber auch (wiederum die Regel) in einem komplizierten Verfahren die Änderungsvorschläge bzw. Änderungen des Parlamentes seinerseits durch Beschlüsse **modifizieren** (Art. 203 Abs. 5 = 272 Abs. 5 neu EGV). In der durch die Beschlüsse des Rates geänderten Fassung geht der Entwurf zum zweiten Male an das EP. Bei den obligatorischen Ausgaben hat das Parlament nunmehr die Entscheidung des Rates hinzunehmen. Bei den nichtobligatorischen Ausgaben behält dagegen das Parlament das letzte Wort, d. h. es kann mit qualifiziertem Beschluß die 2. Fassung des Ratsentwurfes erneut abändern und insoweit den Haushalt feststellen (Art. 203 Abs. 6 = 272 Abs. 6 neu EGV). – Schließlich kann das Parlament auch mit Zweidrittelmehrheit „aus wichtigen Gründen" den Ratsentwurf **insgesamt ablehnen** und die Vorlage eines neuen Entwurfes verlangen (Art. 203 Abs. 8 = 272 Abs. 8 neu EGV). Gewisse Ansätze zu **eigenen Haushaltsrechten des EP** sind hiermit gegeben, wenngleich von einer voll ausgebildeten parlamentarischen Budgetgewalt nicht gesprochen werden kann (*Nienhaus,* APUZ B 18/1993, S. 28 ff.). In der Haushaltspraxis der Gemeinschaft hat sich die Position des Parlamentes seit den siebziger Jahren durch verschiedene offiziöse Praktiken etwas verbessert (oben Rz. 271). Das sehr komplizierte Haushaltsvorbereitungsverfahren der EU, in dem insbesondere das Parlament seine Rolle öfters als unbefriedigend ansieht, hat andererseits in der Praxis seit den siebziger Jahren des öfteren zu **Haushaltskrisen zwischen Rat und Parlament** geführt, bis zur Ablehnung von Ratsentwürfen (*Läufer,* EA 1981, S. 545 ff.). Letztlich kam es unter dem Zwang der bei Nichteinigung zunächst anwendbaren „Zwölftellösung" des Art. 204 = 273 neu EGV (oben Rz. 826) zu Kompromissen. Der Gerichtshof hat die Haushaltsregelungen regelmäßig strikt interpretiert (EuGHE 1986, 2155 ff. – RS 34/86: Aufhebung der Haushaltsfeststellung 1986 durch den Präsidenten des EP; EuGHE 1995, I–4411 ff. – RS C–41/95: Ungültigkeit des Haushaltes 1995 wegen rechtswidriger Änderungen durch das EP).

b) **Feststellung des Haushaltsplanes** (Art. 203 Abs. 7 = 272 Abs. 7 neu EGV, Art. **850**
14 HaushO). Wie dargelegt, kann der Haushalt in verschiedenen Phasen des Verfahrens nach Art. 203 = 272 neu EGV zur Feststellung im Sinne der **Einigung zwischen Rat und Parlament** gelangen. Im Interesse der Rechtsklarheit stellt der Präsident des EP gemäß Art. 203 Abs. 7 = 272 Abs. 7 neu EGV aber in jedem Falle ausdrücklich fest, daß der Haushaltsplan eines bestimmten Jahres **endgültig festgestellt** ist. Damit ist der Plan **rechtsverbindlich** geworden, d. h. jeder MS ist verpflichtet, der Kommission die festgestellten Beträge gemäß den Bedingungen der HaushO zur Verfügung zu stellen (*Bieber,* DVBl. 1986, S. 961 ff.).

c) **Haushaltsvollzug** (Art. 205 = 274 neu EGV, Art. 18 ff. HaushO). Der Voll- **851**
zug (Ausführung) des Haushaltes obliegt nach Art. 205 = 274 neu EGV der **Kommission** in Zusammenarbeit mit den MSen. Dabei ist der Rechtscharakter des Haushaltsplanes als lediglich einer Ermächtigung zur Mittelausgabe (oben Rz. 825) zu beachten. Es bedarf zur effektiven Mittelbindung und -ausgabe einer **gesonderten Rechtsgrundlage,** i. d. R. Durchführungsrechtsakte des Rates mindestens in einem grundsätzlichen Sinne (näher *Ehlermann/Minch,* EuR 1981, S. 23 ff.).

d) **Rechnungslegung, Rechnungsprüfung und Entlastung** (Art. 205 a – 206 = **852**
275–276 neu EGV, i. V. m. Art. 188 a–c = 246–248 neu EGV). Wie im nationalen Haushaltsrecht unterliegt der vollzogene EU-Haushaltsplan des abgelaufenen Jahres **nachträglichen Kontrollen.** Die Kommission legt zunächst Rat und EP jährlich

die Rechnung des abgelaufenen Haushaltsjahres für die Rechnungsvorgänge des Haushaltsplans vor **(Rechnungslegung).** Hierzu bedarf es zugleich der Vorlage einer Übersicht über Vermögen und Schulden der Gemeinschaft (näheres in Art. 73 ff. HaushO und *Kannengiesser,* DÖV 1995, S. 55 ff.). – Gleichzeitig prüft der 1975 geschaffene **Rechnungshof** der EG (zu ihm näher oben Rz. 389 ff.) die Rechtsmäßigkeit und Ordnungsmäßigkeit der Einnahmen und Ausgaben und überzeugt sich von der Wirtschaftlichkeit der Haushaltsführung. Diese Prüfung mündet in den **Jahresbericht des Rechnungshofes** ein, der den Organen der EG vorgelegt und im ABl. veröffentlicht wird. Der Rechnungshof unterstützt so Parlament und Rat bei der Kontrolle der Ausführung des Haushaltsplanes (näher *Ries,* DÖV 1992, S. 293 ff.). Seine Prüfungen i. V. m. der Tätigkeit des Haushaltskontrollausschusses des EP sind für eine Regularisierung des noch im Aufbau befindlichen EU-Haushaltsgebarens sehr wesentlich. – Aufgrund der Rechnungslegung und Rechnungsprüfung obliegt es abschließend dem Parlament, dem der Rat vorher eine mit qualifizierter Mehrheit beschlossene Empfehlung zuleitet, über die **Entlastung der Kommission** zur Ausführung des Haushaltsplanes zu beschließen (Art. 206 = 276 neu EGV, *Kannengiesser,* DÖV 1995, S. 55 ff.). In diesem Zusammenhang kann das Parlament einzelne Haushaltsmaßnahmen beanstanden, d. h. um Nichtwiederholung ersuchen oder sogar um Abänderungen der Maßnahme (vgl. auch Art. 85 HaushO). In schwerwiegenden Fällen kann die Entlastung verweigert werden. Dies hat das EP 1984 für den Haushalt 1982 und 1987 für den Haushalt 1985 getan und mit einer (erfolglosen) Rücktrittserwartung an die Kommission verbunden. Beanstandete Organe haben die Pflicht, den Beanstandungen nachzukommen. Nötigenfalls können Rat und Parlament bei der Feststellung künftiger Haushaltspläne auf Abstellung von Versäumnissen drängen.

853 e) **Schutz der finanziellen Interessen der EU (Betrugsbekämpfung)**
Seit längerem entstehen der Gemeinschaft durch **Betrügereien zu Lasten des Gemeinschaftshaushaltes** besonders bei Zöllen, Agrarsubventionen und den Strukturfonds Schäden in jährlicher Milliardenhöhe (1997 ca. 2 % des EU-Haushaltes !). Gemeinschaft und Mitgliedstaaten sind nach Art. 5 = 10 neu EGV gleichermaßen verpflichtet, solche Betrügereien zu bekämpfen und u. a. strafrechtlich zu ahnden (EuGHE 1989, 2965 ff. – RS 68/88). Seit 1992 ist diese Pflicht in Art. 209 a EGV (dazu VO 3508/92, ABl. 1992, L 355/1, *Priess/Spitzer,* EuZW 1994, S. 297 ff. und VO 2185/96, dazu *Kuhl/Spitzer,* EuZW 1998, S. 37 ff.) normiert worden. Durch den Amsterdamer Vertrag 1997 **wurde die Regelung als Art. 280 neu EGV erweitert.** Gemeinschaft und MSen treffen Maßnahmen gegen diese „gegen die finanziellen Interessen der Gemeinschaft gerichteten rechtswidrigen Handlungen". Die Maßnahmen sollen abschreckend wirken und in den MSen einen effektiven Schutz bewirken. In erster Linie ist das **nationale Strafrecht** gefordert, da ca. 80 % der EU-Ausgaben über Behörden der MSen abgewickelt werden *(Korte,* NJW 1998, S. 1463 ff.). Art. 280 Abs. 4 neu EGV begründet außerdem eine **Ratskompetenz zur Betrugsbekämpfung.** MSen und Gemeinschaft koordinieren ihre Aktionen *(Fischler,* ÖJZ 1997, S. 521 ff.). Die Kommission hat eine besondere Direktion (UCLAF) zur Betrugsbekämpfung eingerichtet.

Insgesamt läßt das sehr differenzierte und schwerfällige Haushaltsver-fahren der Gemeinschaft noch viele Wünsche offen. In der komplizierten Verteilung der „power of the purse" zwischen Rat und Parlament **befindet sich die EU-Haushaltsverfassung in einer Übergangsphase,** die den labilen Gesamtzustand der EG/EU (unten Rz. 884) widerspiegelt.

II. Gemeinschaftsfinanzierungen außerhalb des Haushaltes, insbesondere Anleihen und Darlehen der EG/EU

Literatur: *Seidel,* Ausgestaltung und rechtliche Begrenzung der Anleihebefugnis der Europäischen Gemeinschaften, RIW 1977, S. 665 ff.; *Couzinet,* Les Communautés Européennes et l'emprunt, RMC 1979, S. 55 ff., 121 ff., 207 ff.; *André,* Le nouvel instrument communautaire d'emprunts et de prêts, RMC 1980, S. 66 ff.; *Brückner,* Finanzielle Instrumente der Europäischen Gemeinschaften, AöR 1982, S. 561 ff.; *Maillet,* L'activité d'emprunt et de prêt de la Communauté, RMC 1985, S. 3 ff.; *Möser,* La empresa y los instrumentos financieros de las Communidades Europeas, 1985; *Drygalski,* Die Fonds der EG, 1988; *Scheibe,* Die Anleihekompetenz der Gemeinschaftsorgane nach dem EWGV, 1988; *Münch,* Die Verschuldungstätigkeit der EG, 1989; *Caesar,* Die Verschuldung als Finanzierungsinstrument der EGen, in: Biehl/Pfennig (Hrsg.), Zur Reform der EG-Finanzverfassung, 1990, S. 221 ff.; *Eurofi* (Hrsg.), 1994 Guide to European Community Grants and Loans, 1994;

Nicht alle Finanzierungen der Gemeinschaft sind in den Gesamthaushalt **854**
nach Art. 20 FusV einbezogen. Insbesondere der Funktionshaushalt der EGKS und der Europäische Entwicklungsfonds werden außerhalb des Haushaltes abgewickelt. Die Anleihen und Darlehen, welche die Gemeinschaft aufnimmt bzw. vergibt, werden nur unvollständig in den EU-Haushalt aufgenommen. Die Gründe für diese Praxis sind nicht immer überzeugend.

1. Funktionshaushalt der EGKS

Während der Verwaltungshaushalt der EGKS in den EU-Gesamthaushalt **855**
einbezogen ist (oben Rz. 824 f.), werden die meisten **operativen Ausgaben der Montanunion** in einem besonderen Funktionshaushalt zusammengefaßt. Er wird aus der Montanumlage nach Art. 49 ff. EGKSV (oben Rz. 816 f.) finanziert.

Im wesentlichen umfaßt der EGKS-Funktionshaushalt die Bereiche der **Anpassungsbeihilfen** nach Art. 56 EGKSV, den **Anleihedienst** der EGKS und die Förderung der **technisch-wissenschaftlichen Forschung** im Montanbereich einschließlich der Betriebssicherheit (Art. 55 EGKSV) *(Brückner,* AöR 1982, S. 564 ff.). Das Finanzvolumen dieses besonderen Haushalts beläuft sich inzwischen auf über 500 Millionen ECU jährlich.

Infolge der Umlagenfinanzierung ist für den EGKS-Funktionshaushalt das Denken vom Finanzbedarf der EGKS her die grundlegende Haushaltslinie. Je nach der Höhe dieses Bedarfs wird die Montanumlage jährlich neu festgesetzt. So ähnelt der EGKS-Funktionshaushaltsplan eher der **Bilanz eines Privatunternehmens** als dem regulären Haushalt öffentlicher Einheiten. Auch in seiner Aufstellung und im Vollzug werden hier z. T. gewohnheitsmäßige Prozeduren verfolgt, die auf die Gründungszeit der EGKS zurückgehen *(Strasser,* Die Finanzen Europas, 7. Aufl. 1991, S. 46, 77 ff., 357). Eine parlamentarische Kontrolle ist nicht vorgesehen, wird aber vom EP in Ansätzen versucht.

2. Europäischer Entwicklungsfonds

856 Außerhalb des normalen EU-Haushaltsverfahrens wird ferner ein **wichtiger Teil der Entwicklungspolitik** (früher: Assoziierungspolitik) der Gemeinschaft finanziert, nämlich die finanzielle Zusammenarbeit mit der Gruppe der Staaten Afrikas, des karibischen Raumes und des Pazifischen Ozeans („AKP-Staaten"). Obwohl diese Sonderfinanzierung dem Grundsatz der Vollständigkeit des EU-Haushalts zuwiderläuft, wird sie aus politisch/finanziellen Gründen beibehalten (Erklärung zum Europäischen Entwicklungsfonds in der Schlußakte zum EUV 1992). Die Entwicklungsfinanzierung EU-AKP-Staaten regelt sich nach Art. 220 ff. 4. AKP-EWG-Abkommen von Lomé v. 15. 12. 1989 (ABl. 1991, L 229/3 ff., unten Rz. 1814 ff.) sowie nach gemeinschaftsinternen Regelungen *(Strasser,* Die Finanzen Europas, 7. Aufl. 1991, S. 116 ff.). Das 4. Lomé-Abkommen gilt bis Ende 1999. In seinem Rahmen wird die Finanzhilfe über den **8. Europäischen Entwicklungsfonds 1995–99** in einer Gesamthöhe von ca. 13 Mia. ECU geleistet. Der Fonds speist sich aus besonderen Finanzbeiträgen der MSen, wobei Deutschland und Frankreich die größten Beitragszahler sind.

857 Die Finanzseite der EG-Entwicklungs(Assoziierungs)politik geht auf Art. 131 ff. = 182 ff. neu EGV zurück. In dem Durchführungsabkommen zu dieser ersten Asso-ziierungsregelung wurde 1958 ein Entwicklungsfonds für die überseeischen Länder und Gebiete gegründet, dessen Haushalt die Kommission nach der VO Nr. 5 v. 2. 12. 1958 (ABl. S. 681) verwaltete. Für den Fonds wurde ein **Sonderhaushaltsplan** aufgestellt. Entsprechende Fonds mit allmählich wachsendem Finanzvolumen wurden im Zusammenhang mit den Nachfolgeabkommen von Jaunde I (1963), Jaunde II (1969), Lomé I (1975), Lomé II (1979) und Lomé III (1984) aufgelegt, wobei sich der Kreis der externen Abkommenspartner entsprechend den EG-Erweiterungen auf nunmehr 70 AKP-Staaten ausdehnte *(Brigaldino,* APUZ B 20/1994, S. 26 ff.).

858 Neben den Beiträgen der MSen stellt die **Europäische Investitionsbank** aus ihren eigenen Mitteln **Darlehen** zur Verfügung. Die Fondsmittel werden für die im Lomé-Abkommen näher definierte finanzielle und technische Zusammenarbeit (Investitionsvorhaben, sektorielle Programme, technische Zusammenarbeit, Unterstützung kleiner Gemeinden u. a.), für die Stabilisierung landwirtschaftlicher und bergbaulicher Ausfuhrerlöse („Stabex", „Sysmin", vgl. unten Rz. 1818) in Form von Zuschüssen, haftendem Kapital, Darlehen u. ä. verwendet. Obwohl der EEF weiterhin als eine Art **Sonderhaushalt der Kommission** unter Mitwirkung der EIB und eines Ausschusses aus Vertretern der MS verwaltet wird, wendet man das Kontrollverfahren der Art. 205 a ff. = 275 ff. neu EGV (Entlastung durch das EP auf Empfehlung des Rates) entsprechend auf den EEF an.

3. Anleihen und Darlehen der Gemeinschaft

859 Als eine weitere Einnahmequelle der EG/EU kommen von ihr aufzunehmende **Anleihen** in Betracht, deren Mittel gewöhnlich in Gestalt der Vergabe von **Darlehen für produktive Gemeinschaftszwecke** Verwendung finden sollen. Dies setzt allerdings voraus, daß die Gemeinschaft über eine

entsprechende Verschuldungsfähigkeit verfügt *(Caesar,* Die Verschuldung als Finanzierungsinstrument der EG, in: Biehl/Pfennig (Hrsg.), Zur Reform der EG-Finanzverfassung, 1990, S. 221 ff.).

a) Zur Verschuldungskompetenz der EG/EU

Grundsätzlich sind Internationale o. ä. Organisationen befugt, Anleihen aufzunehmen und Kredite zu vergeben. Dies gilt jedoch nur nach **Maßgabe der jeweiligen Satzung** der Organisationen, d. h., diese Befugnis muß der Organisation von ihren Gründern verliehen werden. Für die EG/EU gilt insofern auch für die Befugnis zur Geldaufnahme und Geldausgabe das fundamentale **Prinzip der begrenzten Einzelermächtigung** (oben Rz. 513 ff.). Es muß durch Auslegung der Einzelregelungen der Verträge jeweils ermittelt werden, inwieweit in ihnen Finanzkompetenzen ausdrücklich oder wenigstens sinngemäß enthalten sind. Haushaltsvorschriften reichen wegen ihres nur formalermächtigenden Charakters hierfür nicht aus. Es kann also nicht durch die Begründung eines neuen Haushaltstitels die Finanzkompetenz der Gemeinschaft erweitert werden *(Scheibe,* Die Anleihekompetenzen der Gemeinschaftsorgane nach dem EWGV, 1988). **860**

In den Verträgen finden sich verschiedene **spezielle Anleihebefugnisse** (z. B. Art. 54 EGKSV – Anleihen für Investitionen bei Kohle- und Stahlunternehmen; Art. 198 d–e = 266, 267 neu EGV – Gründung und Anleihebefugnis der Europäischen Investitionsbank, vgl. oben Rz. 431 ff.; Art. 172 Abs. 4 EAGV – Anleihen zur Finanzierung von Forschung und Investitionen im Euratom-Bereich). Während ursprünglich im Umkehrschluß aus solchen Spezialregelungen gefolgert wurde, daß der EG darüber hinaus keine Anleihe- und Kreditierungsbefugnisse zustanden, wurde der Gemeinschaft im Zuge der großzügigeren Anwendung des Art. 235 = 308 neu EGV/Art. 203 EAGV seit der Pariser Gipfelkonferenz 1972 (oben Rz. 523) und einem Beschluß des Europäischen Rates 1977 die **Kompetenz zur Aufnahme von Anleihen und zu entsprechender Darlehensgewährung** aus dieser Norm dann zuerkannt, wenn die Verwirklichung ihrer Ziele im Rahmen des Gemeinsamen Marktes eine solche Finanzierung erforderlich machen. Dies wurde in der Gemeinschaftspraxis seither besonders bei **Strukturmaßnahmen** bejaht. Seit 1990 bedient sich die Gemeinschaft jedoch vor allem der **Europäischen Investitionsbank** (oben Rz. 431 ff.) zur Anleihenfinanzierung. **861**

Auf der Grundlage des Art. 235 = 308 neu EGV wurde der Gemeinschaft zunächst seit den siebziger Jahren die Möglichkeit eröffnet, durch Gemeinschaftsanleihen **Zahlungsbilanzschwierigkeiten** einzelner MS ursprünglich aufgrund der Ölverteuerung, inzwischen aus anderen Gründen, zu überwinden. – Von zentraler Bedeutung für die Anleihepolitik der EG wurde 1978–1990 die Schaffung des **„Neuen Gemeinschaftsinstruments“ (NGI,** anfangs auch *„Ortoli*-Fazilität“ genannt), d. h. die Ermächtigung der Kommission, Anleihen zur Gemeinschaftsförderung von Investitionen in den Bereichen Industrie, Energie und Infrastruktur aufzunehmen. Seit 1990 wurde das auf Art. 235 = 308 neu EGV gestützte NGI abgeschafft. Die EG/EU bedient sich seither der Anleihemöglichkeiten der EIB. **862**

Auf diese Weise ist die Finanzierungskompetenz der EG/EU entscheidend **erweitert worden.** Durch die zunehmende Einschaltung der EIB wurde dabei gleichzeitig der **Einfluß der MS** gewahrt und die **bankmäßige Bonität** der Gemeinschaft als Anleiheschuldnerin sichergestellt. Die EU bietet ihren Haushalt als Garantie für Anleihen und Darlehen den Gläubigern an. – Andererseits bleibt problematisch, daß die Anleihe- und Darle-henstätigkeit der EG/EU **vom allgemeinen Haushaltsgebaren stark getrennt wird** und eine parlamentarische Kontrolle kaum stattfindet.

b) Die Finanzierungsinstrumente der EG/EU

863 Auf der Grundlage dieser „Finanzierungsdoktrin" hat die Gemeinschaft seit den siebziger Jahren mit Hilfe ihrer verschiedenen Finanzierungsinstrumente in größerem Umfang Anleihen auf dem Kapitalmarkt aufgenommen und diese Gelder für eine breite Palette von Investitionen darlehensmäßig vergeben. Nach den **Finanzierungsinstrumenten** gegliedert, ergibt sich folgendes Bild:

864 aa) **EG-Zahlungsbilanzanleihen/Darlehen an MS (oben Rz. 862):** Diese Finanzierung ist ein **Fremdkörper** in der sonst auf produktive Investitionen ausgerichteten Anleihepolitik der Gemeinschaft. Sie steht in sachlichem Zusammenhang mit dem seit 1971/78 begründeten mittelfristigen währungspolitischen Beistand zwischen den MS, mit dem das Europäische Währungssystem (EWS) abgesichert wurde (unten Rz. 991 ff.). Die EG hat Zahlungsbilanzdarlehen u. a. bereits an Italien (1976), Irland (1977), Frankreich (1983) und Griechenland (1985) vergeben, z. T. erheblicher Größenordnung (Frankreich 1983 = 4,2 Milliarden ECU).

865 bb) **Europäische Investitionsbank (EIB):** Die EIB ist in ihrer Aufgabenerfüllung innerhalb der Gemeinschaft nach Art. 198 d) – e) = 266, 267 neu EGV (oben Rz. 431 ff.) und durch die Übertragung zusätzlicher Aufgaben außerhalb der Gemeinschaft das **wichtigste Finanzierungsinstrument der EG/EU** außerhalb des Haushaltes geworden. Seit 1990 ist die EIB in die vorher mit dem Neuen Gemeinschaftsinstrument (NGI) verfolgten industriepolitischen Finanzierungsfunktionen eingetreten. Seit den sechziger Jahren ist die Bank an der Entwicklungsfinanzierung der Gemeinschaft im Mittelmeerraum und in den AKP-Staaten beteiligt. Nach 1989 trat die Förderung von Projekten in Mittel- und Osteuropa im Rahmen der Gemeinschaftsaktionen hinzu. Aufgrund dieser Anforderungen hat die EIB ihre Kapitalaufnahme ständig gesteigert, ohne an ihren bankmäßigen Standards Abstriche zu machen. Die EIB ist inzwischen neben der Weltbank der weltweit größte institutionelle Anleihenehmer (Über 140 Mia. ECU Mittelvergabe für Entwicklungsprojekte Ende der neunziger Jahre).

cc) **Europäische Gemeinschaft für Kohle und Stahl (EGKS):** Die EGKS hat aufgrund ihrer ausdrücklichen Anleihekompetenzen (oben Rz. 816) seit 1954 ungefähr 20 Mia. ECU aufgenommen und darlehensmäßig wieder vergeben. Der Schwerpunkt liegt bei produktiven Investitionen in der Kohle- und Stahlindustrie sowie in sonstigen Umstellungsinvestitionen und Sozialmaßnahmen. Die Kommission verwaltet die EGKS-Darlehen.

866 dd) **Europäische Atomgemeinschaft (EAG):** Die Darlehenszusagen von Euratom aufgrund der ausdrücklichen EAG-Kompetenzen und ihrer Erweiterung nach Art. 203 EAGV (oben Rz. 862) belaufen sich seit 1963 auf ca. 5 Mia. ECU, mit denen vor allem die Entwicklung der Kernenergieproduktion in den MS gefördert wird. Die Abwicklung erfolgt im Zusammenwirken von Kommission und EIB.

867 Insgesamt bietet die Anleihen- und Darlehensfinanzierung der Gemeinschaft auf diese Weise ein **vielgestaltiges Bild.** Obwohl z. T. aus der unter-

schiedlichen Entstehungsgeschichte der Verträge und als Antwort auf Herausforderungen (Ölkrise) herrührend, verschafft die Mehrzahl und Flexibilität der Finanzierungsinstrumente der EG/EU **gewisse Vorteile,** indem auf spezifische Bedürfnisse gezielt reagiert werden kann. Die ständige Ausweitung dieser Finanzierungstätigkeiten, besonders seit den siebziger Jahren, ist u. a. auch ein **sichtbarer Vertrauensbeweis des internationalen Kapitalmarktes** in die Solidität der Gemeinschaftskonstruktion und -aktion. Dennoch bleibt die Aufgabe gestellt, die Anleihen und Darlehen der Gemeinschaft stärker in die allgemeine Haushaltskontrolle der EG/EU einzufügen.

III. Finanzielle Probleme einzelner Mitgliedstaaten

Literatur: *Denton,* Der Beitrag Großbritanniens zum EG-Haushalt, Integr. 1979, S. 149 ff.; *Bywater,* Le problème anglais: une fin ou une continuation?, RMC 1980, S. 279 ff.; *Casy,* Le problème de la contribution britannique au budget des communautés, Politique Etrangère 1980, S. 389 ff.; *Mayne,* Das „britische Problem" der Europäischen Gemeinschaft, EA 1980, S. 337 ff.; *Wartenweiler,* Ungleichgewichte in den EG-Finanzstrukturen, EA 1980, S. 251 ff.; *Tonelli,* Le juste retour – loi communautaire?, RMC 1981, S. 230 ff.; *May,* Der deutsche Beitrag zum Gemeinschaftshaushalt – Die „Nettozahler"-Diskussion, in: Hrbek/Wessels, EG Mitgliedschaft: Ein vitales Interesse der Bundesrepublik Deutschland?, 1984, S. 357 ff.; *May,* Kosten und Nutzen der deutschen EG-Mitgliedschaft, 2. Aufl. 1985; *Laun,* Der Finanzbedarf der EG und die deutschen Abführungen und Übertragungen, ZWiPol 1987, S. 221 ff.; *Ardy,* The national incidence of the European Community budget, JCMS 1988, S. 401 ff.; *Westerhoff,* EG-Finanzen aus deutscher Sicht, Orientierungen zur Wirtschafts- und Gesellschaftspolitik 1993, S. 56 ff.; *Weise,* Polen als Testfall der EU-Erweiterung, Integr. 1995, S. 177 ff.; *Häde,* Finanzausgleich, 1996; *Molsberger,* Schulmeister Europas? Zahlmeister Europas?, 1996; *Stark,* Die künftige Finanzierung des EU-Haushaltes und der Beitrag der BRD, Integr. 1996, S. 159 ff.; *Walthes,* Europäischer Finanzausgleich, 1996;

Die Finanzordnung der Gemeinschaft innerhalb und außerhalb des **868**
Haushalts hat sich parallel zur allmählichen Ausweitung der Gemeinschaftsaktion seit den fünfziger Jahren **schrittweise entwickelt.** Mit der Begründung und Verfeinerung des Haushaltsrechts, den Ansätzen zu einer Budgetgewalt des EP sowie mit der Ausbildung der Anleihe- und Darlehensbefugnis der EG/EU wurden wichtige Etappen einer selbständigen europäischen Finanzordnung erreicht. In der gleichen Zeit vervielfachte sich das absolute EU-Finanzvolumen. Dennoch blieb und bleibt das Thema der **Finanzreform der Gemeinschaft** fortdauernd gestellt. Dazu trug zum einen die mehrmalige Erweiterung der EG 1973–1995 von 6 auf 15 MSen bei. Bei einer künftigen „Osterweiterung" der EU wird die Finanzregelung das schwierigste Problem bilden. Einnahmen und Ausgaben müssen jeweils unter dem größeren Mitgliederkreis neu verteilt werden – dies setzt „vorbundesstaatliche" Leitgedanken **rational vergleichbarer Belastungen** der einzelnen MS voraus. Daraus ergaben und ergeben sich besondere Finanzprobleme verschiedener Neumitglieder. Die **gerechte Bestimmung des britischen Finanz-**

beitrages wurde seit Mitte der siebziger Jahre zu einem Dauerthema der EG-Finanzreform. Später trat die richtige Lastenverteilung zwischen dem alten und neuen **„Süden"** der EU im Verhältnis zum **„Norden"** hinzu. Hier geht es um die nähere Bestimmung einer **grundsätzlichen Entwicklungspflicht** der Gemeinschaft zugunsten ihrer weniger wohlhabenden MS und Regionen. Für MS wie Deutschland, das ständig mehr Geld an „Europa" leistet als von dort unmittelbar zurückfließt, ergeben sich schließlich Überlegungen zur angemessenen Höhe einer solchen **„Nettozahlerposition".** Neben den wichtigen Sonderproblemen bestimmter MS stellt sich seit der Eigenfinanzierung der EG als Grundproblem der Finanzreform immer wieder die Frage des dauerhaften und „gerechten" **Haushaltsausgleiches** in Gestalt von Reformvorstellungen zur künftigen Gestalt der Gemeinschaftseinnahmen, aber auch im Hinblick auf eine bessere Ausgabendisziplin.

1. Der britische EU-Finanzanteil

869 Beim Beitritt Englands, Irlands und Dänemarks zur Gemeinschaft 1973 war einvernehmlich geregelt worden, daß die neuen MS zunächst Finanzbeiträge und dann ab 1974 außerdem einen zunehmenden Anteil an den eigenen Mitteln der EG zahlen sollten, bis sie ab 1978 grundsätzlich in ihren vollen Finanzierungsanteil „hineingewachsen" wären. Schon Mitte der siebziger Jahre stellte jedoch Großbritannien diese Regelung wieder in Frage, weil das Eigenmittelsystem zu einer „unannehmbaren Situation" für England in Gestalt einer unangemessen hohen finanziellen Belastung führe. Als maßgebliche Faktoren in diesem Vergleich der britischen Lasten mit denjenigen anderer MS wurde dabei auf das **Bruttosozialprodukt und seine Wachstumsrate** sowie auf die **„Nettozahlerposition"** (Vergleich der vom MS an die EG abgeführten Finanzmittel mit den Ausgaben der Gemeinschaft in dem betreffenden MS) abgestellt (*Whitby,* The net cost and benefit of EEC membership, 1979). Ferner wurde darauf verwiesen, daß wegen der verhältnismäßig geringen britischen Agrarerzeugung nur ein geringer Teil der Mittel des Agrarfonds nach England flösse. In langjährigen schwierigen Verhandlungen zunächst bis 1976, dann Ende der siebziger Jahre und noch einmal 1982–1988 gelang es Großbritannien, einen **„Korrekturmechanismus"** zur Erzielung einer „gerechten" Verteilung der Finanzlasten unter den MS in mehreren Regelungen und schließlich dauerhaft zu verankern. Dabei zeigte sich, daß auch andere MS, wie Deutschland, an solchen Änderungen ihrer finanziellen Verpflichtungen gegenüber der EG interessiert waren. Entgegen gewissen britischen und anderen Vorstellungen („I want my money back") war jedoch ein vollständiger Ausgleich von Einnahmen und Ausgaben nicht denkbar. Ein solcher **„juste retour"** (*Tonelli,* RMC 1981, S. 220 ff.) hätte dem praeföderalen gemeinschaftsweiten Finanzausgleich durch Transfers von wohlhabenderen an weniger wohlhabende MS den Boden entzogen und die Funktion eines operativen EU-Haushaltes grundsätzlich in Frage gestellt.

870 Die erste Korrektur erfolgte bereits 1976 mit der VO 1172/76 (ABl. 1976, L 131/ 7 ff.) über die **Einführung eines Finanzmechanismus.** Dieser knüpfte an die ge-

nannten Faktoren (Wachstum des BSP, Nettoleistungen) an und führte bei Überschreitungen bestimmter Grenzen zu Ausgleichszahlungen der EG an den benachteiligten MS (näher *Usher,* 30 Jahre Gemeinschaftsrecht, 1981, S. 226 ff.).

Besonders in der auf weitere britische Kritik seit 1980 revidierten Form (insbesondere VO 2744/80, ABl. 1980, L 284/1 ff. und VOen 624 und 625/83, ABl. 1983, L 73/6 ff.) bewirkte der „Finanzmechanismus" eine spürbare **Verringerung der britischen Zahlungsverpflichtungen** in einer Größenordnung von zeitweilig deutlich über 1 Mia. ECU jährlich. Großbritannien vermochte damit in jährlichen Schwankungen jeweils zwischen 40 % und 100 % seines „Negativsaldos" gegenüber der Gemeinschaft erstattet zu erhalten.

Anders ausgedrückt, verringerte sich der **britische Anteil an der EG-Haushaltsfinanzierung,** der nach den ursprünglichen Regelungen auf über 20 % gestiegen wäre, zu Lasten anderer MS auf durchschnittlich etwas über 15 %. Damit lagen die britischen Finanzüberweisungen an die EG noch an dritter Stelle, nach Deutschland und Frankreich *(Jenkins,* CMLR 1980, S. 493 ff.). Da die Gesamtlastenaufteilung immer noch als unbefriedigend empfunden wurde und infolge der Beitritte Griechenlands, Spaniens und Portugals neue Verteilungen anstanden, kam es zu dritten Neuverhandlungen, die schließlich auf dem **Europäischen Rat 1984 in Fontainebleau** zur heute gültigen Regelung führten.

Nach dem **Ratsbeschluß über das System der eigenen Mittel der Gemeinschaften v. 7. 5. 1985** (ABl. L 128/15 ff.) wurde festgelegt, daß jeder MS, der, gemessen an seinem relativen Wohlstand, eine zu große Haushaltslast trägt, zu gegebener Zeit in den Genuß einer **Korrekturmaßnahme** gelangen kann (Präambel, vorletzter Absatz). Trotz wachsender Kritik an dieser Art der Korrektur wurde das 1985 beschlossene Prinzip beibehalten und zuletzt in **Art. 4 f. des Ratsbeschlusses v. 31. 10. 1994** über das System der Eigenmittel der EGen (ABl. L 293/9) bestätigt. Hiernach werden die von Großbritannien an die EU abzuführenden MWSt- und BSP-Eigenmittel zu Lasten der anderen MSen gekürzt. Danach ergab sich 1995 eine weitere Entlastung Englands. Großbritannien wurde hinter Deutschland, Frankreich und Italien zum viertgrößten Beitragszahler zu den Eigenmitteln. Bei der Finanzreform 1999 soll diese Haushaltskorrektur neu überprüft werden. Ihre Grundsätze sind nicht auf England beschränkt. Sie können von anderen MSen, die sich ihrerseits in einer **„unannehmbaren Situation" hinsichtlich ihrer Belastungen** zu befinden glauben (zu Deutschland unten Rz. 875 ff.), geltend gemacht werden. 871

2. Angemessene Lastenverteilung innerhalb der Gemeinschaft nach den Erweiterungen

Mit der **Süderweiterung der Gemeinschaft** um Griechenland (1981), Portugal und Spanien (1986) stellten sich neue grundsätzliche Finanzprobleme. Griechenland und Portugal verfügen nach den relevanten statistischen Daten über **ein besonders geringes Bruttosozialprodukt** unter den MS, und auch Spanien befindet sich (mit Irland) in der niedrigsten Kategorie. (Näher *A. P. Müller,* Portugal und Spanien in der EG, Aus Politik und Zeitgeschichte B 8/1986, S. 3 ff.). Da nach Art. 2 EGV die **harmonische und ausgewogene Entwicklung des Wirtschaftslebens innerhalb der Gemeinschaft** zu ihren Grundaufgaben gehört und die EG sich nach Art. 130 872 a = 158 neu EGV das Ziel setzt, den Abstand zwischen den verschiedenen Regionen und den Rückstand der am stärksten benachteiligten Gebiete zu verringern, ergibt sich für die Finanzpolitik der Gemeinschaft im weitesten Sinne die immense Herausforderung der **wirtschaftlich-sozialen Annäherung zwischen „Süd und Nord"**. Diese Aufgabe differenziert sich dadurch weiter, daß neben den „armen" Neumitgliedern die traditionellen Entwicklungsregionen der EG, wie insbesondere Irland, Süditalien und Südfrankreich, berücksichtigt werden müssen. Mit dem **Beitritt der DDR zur Bundesrepublik 1990 und damit zur EG** (oben Rz. 187) ist mit Ostdeutschland eine weitere Entwicklungsregion hinzugekommen. Grundsätzlich sucht die Gemeinschaft eine gerechte Lastenverteilung zwischen dem Mittelmeerraum und anderen Entwicklungsregionen und dem „Norden" im EG-Rahmen über die **allgemeine Haushaltspolitik** (Einnahmeseite) und die Art der Tätigkeit ihrer verschiedenen **Finanzierungsinstrumente** (Ausgabeseite) anzupacken.

873 Bei den Haushaltseinnahmen der Gemeinschaft sorgt bereits das **Eigenmittelsystem** als solches (oben Rz. 831) für eine geringere Belastung weniger wohlhabender MS, insbesondere durch die Anknüpfung an das nationale Mehrwertsteueraufkommen und an das Bruttosozialprodukt. Außerdem wurde in den **Beitrittsregelungen mit Griechenland, Portugal und Spanien** (Art. 124 ff. griechische Beitrittsakte, ABl. 1979, L 291/17 ff. und Art. 184 ff., 371 ff. spanisch-portugiesische Beitrittsakte, ABl. 1985, L 302/7 ff.) den Neumitgliedern, ähnlich wie schon beim britisch/dänisch/irischen Beitritt, in mehrjährigen Übergangsfristen durch **degressive Erstattungen** u. ä. der geschuldeten Finanzleistungen zeitweilig Erleichterungen beim „Hineinwachsen" in die Finanzordnung der Gemeinschaft gewährt.

Auf die Dauer am wichtigsten für den Nord-Süd-Ausgleich innerhalb der EU ist jedoch der **Ressourcentransfer über die verschiedenen Finanzierungsinstrumente** zugunsten der entwicklungsbedürftigen MSen und Regionen. Dies betrifft besonders die **Ausgaben der Fonds** (Europäischer Ausrichtungs- und Garantiefonds für die Landwirtschaft, Sozialfonds, Fonds für regionale Entwicklung, Kohäsionsfonds), die Tätigkeit der **Europäischen Investitionsbank** in diesen Regionen sowie die **weiteren Finanzierungsinstrumente** (oben Rz. 859). Vor allem die seit Mitte der siebziger Jahre verstärkte Europäische Regionalpolitik (unten Rz. 986 ff.s) hat als eine ihrer wichtigsten Aufgaben die Förderung des weniger entwickelten Südens der EG und anderer Entwicklungsregionen. In Gestalt des integrierten Mittelmeerprogrammes der Gemeinschaft 1986–1993 wurde in diesem Zusammenhang ein quantitativ bedeutsamer, spezifischer Akzent gesetzt.

Gemessen an den Bedürfnissen der weniger entwickelten MSen und Regionen der EU stellt allerdings auch die Summe dieser finanziellen Anstrengungen nur eine **deutlich eingegrenzte Aktion** dar, der vor allem die Funktion von „Initialzündungen" zukommt. Die Herstellung einheitlicher wirtschaftlich-sozialer Lebensverhältnisse in der Gesamtgemeinschaft kann nur sehr beschränkt von Brüssel aus gesteuert werden. Entscheidend bleibt bis auf weiteres die Weckung der Produktivkräfte durch die **nationalen Wirtschafts- und Entwicklungspolitiken.**

874 Ein künftiger **Beitritt ostmitteleuropäischer Staaten** (Osterweiterung, unten Rz. 1868 ff.) würde den innergemeinschaftlichen Finanzausgleich und Ressourcen-

transfer vor neue erhebliche Probleme stellen. Nach bestimmten Berechnungen (*Weise,* Integr. 1995, S. 177 ff.) würde allein der Beitritt der sog. Visegrad-Staaten (Polen, Tschechien, Ungarn) bei Fortschreibung des gegenwärtigen EU-Finanzierungssystems agrar- und strukturpolitische Zusatzkosten von ca. 25 Mia. ECU jährlich verursachen. Der **Interessenkonflikt** mit den bisher privilegierten „Süd-MSen", aber auch mit den Entlastungswünschen eines MSes wie Deutschland ist offensichtlich. Vorbereitende Lösungen müssen im Rahmen der Finanzreform 1999 (unten Rz. 881) gesucht werden.

3. Die deutsche Nettozahlerposition

a) Der Tatbestand

Die Finanzposition der Bundesrepublik Deutschland in der EG ist seit **875** längerem durch die Grundtatsache geprägt, **daß sie den größten Anteil aller MS zum EU-Haushalt beiträgt.** Dieser Anteil entsprach lange ungefähr dem Anteil des deutschen Bruttosozialproduktes am EU-Gesamtbruttosozialprodukt. Seit Anfang der neunziger Jahre hat sich diese Relation jedoch zu Lasten Deutschlands verändert.

Im EU-Haushalt 1996 trug Deutschland zu den EU-Einnahmen von ca. 80 **876** Mia. ECU beispielsweise ca. 30 % bei. Das deutsche BSP belief sich gleichzeitig auf knapp 27 % des EU-BSP. Diese „Schere" soll sich allerdings nach Berechnungen der Kommission durch die Berücksichtigung des BSP bei den Eigenmitteln (oben Rz. 831) in den Folgejahren zugunsten Deutschlands verringern. 1996 leisteten die nächsthöchsten Beiträge zum EU-Haushalt Frankreich mit ca. 18 %, Italien mit ca. 11 % und Großbritannien mit ca. 10 %.

Das zweite wesentliche Faktum, das in Deutschland oftmals Anlaß zur Kri- **877** tik an der EU-Finanzierung gibt, liegt in der besonders umfangreichen **„Nettozahlerposition"** Deutschlands. Der „Negativsaldo", der sich bei einem Vergleich des deutschen Anteils an den EU-Haushaltseinnahmen mit der Summe der Rückflüsse von Gemeinschaftsgeldern nach Deutschland ergibt, ist in den neunziger Jahren erheblich angestiegen. Während er 1989 noch unter 10 Mia. DM lag, steigerte er sich für 1996 auf über 20 Mia. DM, mit weiter steigender Tendenz. Bei anderen Nettozahler-Mitgliedstaaten (u. a. Großbritannien, Frankreich, Italien und die Niederlande) ist dieser Negativsaldo wesentlich geringer. Der Grund für diese – aus deutscher Sicht – ungünstige Entwicklung liegt vor allem darin, daß die Finanzierung der strukturschwachen Gebiete der EU, insbesondere im Süden der Gemeinschaft, ausgeweitet wurde (oben Rz. 972). Trotz des EU-Fördergebiets Ostdeutschland hat die Bundesrepublik an dieser Förderung unterdurchschnittlichen Anteil.

Für die Finanzreform 1999 fordert Deutschland daher eine **substantielle** **878** **Verminderung des Negativsaldos durch geeignete Korrekturmechanismen,** ohne grundsätzlich die deutsche Nettozahlerposition in Frage zu stellen (*Stark,* Integr. 1996, S. 159 ff.).

b) „Gesamtwert" der deutschen EU-Mitgliedschaft

Auch unter Berücksichtigung dieser Zahlen bedarf es einer **umfassen-** **879** **den Kosten/Nutzen-Analyse der deutschen EU-Mitgliedschaft,** wenn man den wirklichen „Wert" der deutschen Beteiligung an der EG/EU ermessen will. Dabei sind deutsche „Integrationsgewinne" mit zu berücksichtigen, die jenseits des Haushaltsdenkens liegen.

880 aa) Wie alle MSen hat Deutschland bei der EU-Finanzierung das fundamentale Prinzip des **bundesstaatsähnlichen gemeinschaftsweiten Finanzausgleichs** akzeptiert. Wohlhabendere MSen, zu denen Deutschland als größter MS auch nach der Wiedervereinigung 1990 mit ihren Folgelasten gehört, tragen in begrenztem Umfang dazu bei, das wirtschaftlich-soziale Gefälle innerhalb der Gemeinschaft im Sinne von Art. 130 a = 158 neu EGV zu verringern. In der Logik dieses Systems liegt, daß Deutschland geringere Rückflüsse an EU-Mitteln aus dem Sozial-, Regional- und Kohäsionsfonds erhält als bestimmte andere MSen. Daran ändert insgesamt auch nichts, daß Ostdeutschland inzwischen in die EU-Strukturförderung einbezogen worden ist (unten Rz. 972). Freilich könnte sich für Deutschland wie früher bei England eine **„unannehmbare Situation" im Sinne eines zu starken Auseinanderklaffens** zwischen dem deutschen Anteil am EU-BSP und dem deutschen Anteil an der Finanzierung der Gemeinschaft ergeben. Das Prinzip eines Korrekturmechanismus (oben Rz. 869) ist nicht auf Großbritannien beschränkt (*Molsberger,* Schulmeister Europas? Zahlmeister Europas? 1996).

bb) Ferner müssen die Haushaltszahlen mit anderen **materiellen und „immateriellen" Vorteilen** abgewogen werden, die sich aus der deutschen EU-Mitgliedschaft ergeben (*Hrbek/Wessels,* EG-Mitgliedschaft: ein vitales Interesse der Bundesrepublik Deutschland?, 1984). Für einen exportabhängigen Staat wie Deutschland sind die **wirtschaftlichen Vorteile des europäischen Binnenmarktes** von erstrangiger Bedeutung. Über 60 % der deutschen Ausfuhren gehen in den EU-Raum. Sie tragen wesentlich zu den hohen deutschen Exportüberschüssen bei, die eine Ursache des günstigen BSP Deutschlands sind.

cc) Schließlich darf auch nach der Einheit Deutschlands und der Wiedererlangung seiner Souveränität 1990 nicht vergessen werden, daß es politisch zu einer aktiven und in gewissem Umfang „gebenden" Rolle Deutschlands als EU-Mitglied keine sinnvolle Alternative gibt. Die Mitbegründung der EGen hatte der Bundesrepublik nach dem Ende des Hitler-Regimes 1945 die historische Chance der **allmählich gleichberechtigten Aufnahme in die demokratische Staatengemeinschaft Westeuropas** geboten. Bis 1989 war diese Mitgliedschaft zugleich Unterpfand der politisch/militärischen Sicherheit der Bundesrepublik gegenüber der damaligen Sowjetunion. Ohne das Vertrauenskapital, welches die Bundesrepublik durch ihre jahrzehntelange konstruktive Europapolitik in Westeuropa angesammelt hatte, wäre die friedliche Wiedervereinigung 1990 im Einverständnis der Nachbarn nicht möglich gewesen. Für das vereinte Deutschland eröffnet eine **sich allmählich nach Osten erweiternde EU** heute besser als jede andere Alternative die Möglichkeit, die ihm gemäße Rolle innerhalb der europäischen Staatengemeinschaft zu spielen.

Solche über das Fiskalische hinausgehende Überlegungen müssen in eine politische Gesamtabwägung über die Kosten und den Nutzen der deutschen EU-Mitgliedschaft einfließen.

IV. Reform der EU-Finanzverfassung

Literatur: *Franzmeyer/Seidel,* Überstaatlicher Finanzausgleich und europäische Integration, 1976; *Magiera,* Die Finanzierungsgrenzen der EG und ihre Erweiterung, FS Carstens, 1984, S. 185 ff.; *Stubbe,* De quelques considérations économiques de l'intégration budgetaire dans la CEE, RMC 1984, S. 416 ff.; *Bieber,* Die Erschließung neuer Finanzierungsmittel der EG, Entwicklungsperspektiven der EG, 1985, S. 37 ff.; *Seeler,* Entwurf einer Finanzverfassung der Europäischen Union, EuR 1985, S. 406 ff.; *Pfennig,* Der Entwurf einer Finanzverfassung für die Europäische Union, EuR 1986, S. 284 ff.; *Rufian-Lizana,* La financiación futura de la CEE, Noticias CEE 1988, Nr. 39, S. 139 ff.; *Ungar,* Vorschläge für eine neue EG-Finanzverfassung auf dem Prüfstand, Integr. 1990, S. 126 ff.; *Biehl/Pfennig* (Hrsg.), Zur Reform der EG-Finanzverfassung, 1990; *Schmidhuber,* Die Notwendigkeit einer neuen Finanzverfassung der EG, EuR 1991, S. 329 ff.; *Brouwer* u.a., Do we need a new EU Budget Deal? 1995; *Steindorff,* Währungsunion, Beitritt, Finanzausgleich und Maastricht II, EuZW 1996, S. 6 ff.; *Walter,* EU-Finanzierung auf dem Prüfstand, Integr. 1996, S. 164 ff.; *Rudzio,* EU-Finanzen und Strukturfonds vor der Reform, Integr. 1997, S. 180 ff.; *Spirou,* Finanzierungsmechanismen für die Europäische Integration, ZfRVgl. 1998, S. 152 ff.

1. Perspektiven der EU-Finanzreform 1999

Die beiden Reformen der EG/EU-Finanzverfassung 1988 und 1994 („Delors I und II") versetzten die Gemeinschaft in die Lage, die Zuständigkeitserweiterungen durch die Einheitliche Europäische Akte 1986 und durch den Maastrichter Unionsvertrag 1992 sowie die neuerliche Erweiterung 1995 zur „Fünfzehner-EU" finanziell zu bewältigen. Durch die **Erweiterung und Veränderung der Eigenmittel** (oben Rz. 831) wurde einerseits die Stärkung des wirtschaftlich-sozialen Zusammenhalts gemäß Art. 130 a = 158 neu EGV über die Aktion der Strukturfonds (oben Rz. 841) ermöglicht, andererseits nach einer Verbesserung der gerechten Lastenteilung unter den MSen gesucht. Mit der **Haushaltsdisziplin 1988/94** und der **finanziellen Vorausschau bis 1999** soll ein unkontrolliertes Ausgabenwachstum besonders im Agrarbereich verhindert und die Belastung der MSen durch den EU-Haushalt insgesamt in Grenzen gehalten werden (oben Rz. 839). 881

Gegen Ende des Jahrhunderts ergeben sich gleichwohl weitere finanzrelevante Herausforderungen für die EU, die voraussichtlich **erneute Reformen ihrer Finanzverfassung** erforderlich machen werden.

a) Mit der Verwirklichung der Währungsunion ab 1999 kann sich die Frage stellen, ob es eines neuen Finanzausgleichs zwischen den MSen bedarf, wenn auch wirtschaftlich schwächere Staaten in die „Währungsunion" einbezogen werden oder in ihr dauerhaft stabile Partner bleiben sollen (**„Transferunion"** – *Steindorff,* EuZW 1996, S. 6 ff.) 882

b) Weitgehende Einigkeit besteht darüber, daß ein **Beitritt mittel- und osteuropäischer Staaten** wie u. a. Polen, Slowakei, Tschechien und Ungarn erhebliche agrar- und strukturpolitische Ansprüche an den EU-Haushalt stellen wird. Wesentliche Reformen des jetzigen Systems dürften auf der Tagesordnung stehen *(Weise,* Integr. 1995, S. 177 ff.).

c) Institutionell hat das **Europäische Parlament** seit den achtziger Jahren immer wieder Vorstellungen entwickelt, die auf seine stärkere Beteiligung am Haushaltsverfahren und auf eine Art **föderale Finanzverfassung** abzielen. Sie gehen bis zu einer teilweisen Übertragung der Abgabenhoheit auf das EP (u.a. Gemeinschaftssteuern). Bisher haben die MSen sich diesen Plänen widersetzt *(Biehl,* FS v. d. Groeben, 1987, S. 51 ff.).

d) Neue Aufgaben wie die Osterweiterung werfen die Frage nach einer weiteren **Steigerung der EU-Einnahmen** auf. Dies könnte nur durch eine Änderung des

Systems der EU-Eigenmittel geschehen. Gleichzeitig stellt sich bereits bei einer Fortschreibung des heutigen Systems über 1999 hinaus das Problem der **gerechten Lastenverteilung zwischen den MSen,** nicht zuletzt im Hinblick auf die Höhe des deutschen Haushaltsanteils (*Stark,* Integr. 1996, S. 159 ff. und oben Rz. 875 ff.).

Die 1999 anstehende Revision der EU-Finanzverfassung von 1994 wird auf diese Weise mit einer Reihe grundsätzlicher Fragen konfrontiert, die wesentliche Fortentwicklungen der Finanzverfassung der Gemeinschaft nahelegen. Eine Politische Union, die diesen Namen verdient, ist ohne solides finanzielles Fundament und eine gerechte Lastenverteilung nicht vorstellbar.

2. Ausblick

883 Begreift man die Finanzordnung der Gemeinschaft mit einem in der Finanzwissenschaft beliebten Ausdruck als das **„Lebensbuch der EU“**, erweist sich ihr **budgetärer Status** insgesamt trotz aller Unvollkommenheiten und Entwicklungsbedürftigkeit als **beachtlich.** Mit einem übernational erhobenen und ausgegebenen Haushaltsvolumen in der Größenordnung des Landes Nordrhein-Westfalen oder der Hälfte des belgischen Staatshaushaltes kann die Gemeinschaft außerhalb des Landwirtschaftsbereiches zwar bisher nur finanzielle **Anstoßfunktionen** übernehmen.

Das EU-Haushaltsvolumen entspricht knapp 3 % der Summe der nationalen Etats der MS.

Andererseits sind diese Mittel der Gemeinschaft von einer soweit spürbaren Höhe, daß das finanzielle Engagement der EG in ihren verschiedenen Tätigkeitsbereichen jeweils eine **„europäische Dimension“** eröffnet, die aus der Sicht der Unionsbürger und ihrer Unternehmen die Gemeinschaft zu einer konkreten Realität werden läßt. Wie in der nationalen Politik treten in der EU-Finanzpolitik die Interessengegensätze zwischen den MS besonders scharf hervor. In kaum einem anderen Bereich sind aber bereits so viele Entscheidungen gefallen, die gemeinschaftsweit wirksame Kompromisse beinhalten, die nur vor dem Hintergrund eines Verständnisses der EU erklärbar sind, das deutliche Anklänge an **eine Art vorbundesstaatlicher europäischer Solidarität** enthält. Dabei ist an die deutsche föderale Erfahrung seit dem 19. Jahrhundert zu erinnern, wo es vom Zollverein 1834 bis zur Erzbergerschen Finanzreform 1920 bald eines Jahrhunderts bedurfte, um die Schaffung der Reichsfinanzverfassung abzuschließen. So gesehen wird man die bisherige EU-Finanzordnung zu einem „Acquis communautaire“ rechnen dürfen, auf dem weitergebaut werden kann.

§ 11. Rechtsnatur der Europäischen Union

Literatur: Die Literatur zum Wesen der EU ist uferlos. Ausführliche Zusammenstellungen bei *Hilf/Pache,* in Grabitz/Hilf (Hrsg.), EUV/EGV-Komm. (1995), Vorbemerkung zum EUV; *v. Bogdandy/Nettesheim,* ebda, vor Art. 1 EGV und bei *Müller-Graff,* Verfassungsordnung der EG/EU, in: Dauses (Hrsg.), Hdb EU-Wirtsch. Recht (1996), A. I. *Lagrange,* Die Rechtsnatur der EGKS und der EWG, ZHR 1961, S. 67 ff.; *Hallstein,* Die EWG – Eine Rechtsgemeinschaft (1962), in: *Ders,* Europäische Reden, 1979, S. 341 ff.; *Kohnstamm/Hager* (Hrsg.), Zivilmacht Europa – Supermacht oder Partner?, 1973; *Oppermann,* Die Europäische Gemeinschaft als parastaatliche Superstruktur, FS Ipsen, 1977, S. 685 ff.; *Bernhardt,* Die Europäischen Gemeinschaften als neuer Rechtsträger im Geflecht der zwischenstaatlichen Beziehungen, EuR 1983, S. 199 ff.; *Spinelli,* Auf dem Wege zur Europäischen Union, 1983; *Weidenfeld* (Hrsg.), Die Identität Europas, 1986; *Lutton,* La légitimité dans la CEE, RDP 1987, S. 899 ff.; *Bieber,* Über das Verhältnis zwischen europäischer und deutscher Verfassungsentwicklung, Recht und Politik 1991, S. 204 ff.; *P. Kirchhof,* Der deutsche Staat im Prozeß der europäischen Integration, HdbStR VII, 1992, S. 855 ff.; *Badura,* Der Bundesstaat Deutschland im Prozeß der europäischen Integration, 1993; *P. Kirchhof/Schäfer/Tietmeyer/Isensee* (Hrsg.), Europa als politische Idee und als rechtliche Form, 1993; *Oppermann/Classen,* Europäische Union: Erfüllung des Grundgesetzes, APUZ B 28/1993, S. 11 ff.; *Pliakos,* La nature juridique de l'Union Europénne, RTDE 1993, S. 188 ff.; *Everling* (Hrsg.), Von der EG zur EU, EuR Beiheft 1/1994; *Hommelhoff/P. Kirchhof* (Hrsg.), Der Staatenverbund der EU, 1994; *Lübbe,* Abschied vom Superstaat. Vereinigte Staaten von Europa wird es nicht geben, 1994; *Huber,* Das Ziel der europäischen Integration, 1995; *E. Klein,* Staatliche Souveränität im Europa der Gegenwart, Welttrends 8/1995, S. 135 ff.; *König/Pechstein,* Die EU, 1995; *Pernice,* Deutschland in der EU, HdbStR VIII, 1995, S. 225 ff.; *Schroeder,* Die Rechtsnatur der EU und verwandte Probleme, in: Hummer/Schweitzer (Hrsg.), Österreich und das Recht der EU, 1996, S. 3 ff.; *Böckenförde,* Welchen Weg geht Europa?, 1997; *Marschik,* Subsysteme im Völkerrecht. Ist die EU ein „Self-Contained Regime?, 1997; *Lang,* Die Bürokratisierung eines Abenteuers, IntPol. 5/1998, S. 41 ff.; *Schwarze,* Das schwierige Geschäft mit Europa und seinem Recht, NJZ 1998, S. 1077 ff.

Das ein gutes halbes Jahrhundert währende Ringen um eine dauerhafte 884
Einigung Europas (oben Rz. 12 ff.) wird von Anfang an von Überlegungen begleitet, wie die seit den fünfziger Jahren geschaffene Europäische Gemeinschaft und Union in einer Gesamtbetrachtung als Phänomen des zwischenstaatlichen Lebens in Europa zu begreifen ist. Das ist die **Frage nach der Rechtsnatur der EG/EU.** Man stellt sie, weil sich so zum einen nützliche Schlußfolgerungen bei Einzelfragen ergeben. Gleichzeitig kann man sich durch die Erkenntnis des Wesens der Europäischen Union besser über die **künftigen Ziele des europäischen Einigungsprozesses** schlüssig werden.

Die drei Gemeinschaften, die seit 1992 durch den Maastrichter Unions- 885
vertrag bis zu einem gewissen Grade als Europäische Union vereinigt worden sind (oben Rz. 44 ff.), sind die **wichtigste Realisation der „Europäischen Idee“,** welche die Geschichte Europas nach dem zweiten Weltkrieg nachhaltig geprägt hat. Die Mitgliedstaaten der Gemeinschaft machten mit

der formellen Gründung der EU in Maastricht 1992 (Präambel Abs. 13, Art. A = 1 neu EUV) deutlich, daß die europäische Integration sich mit dem Zusammenbruch des europäischen Kommunismus 1989/91 nicht erschöpft hatte. Die EU begreift sich als neue Stufe bei der **Verwirklichung einer immer engeren Union der Völker Europas** (Art. A Abs. 2 = 1 Abs. 2 neu EUV). Maastricht und anschließend Amsterdam 1997 legten neues Zeugnis von dem **dynamischen Charakter** ab, der die Entwicklung der EG/EU seit ihren Anfängen 1953/58 gekennzeichnet hatte (Fusion der Exekutiven, Beitritte, Gründung des Europäischen Rates mit Beginn politischer Zusammenarbeit, Direktwahl des Europäischen Parlaments, Europäisches Währungssystem, Einheitliche Europäische Akte). Mit der Gründung der EU, zu deren Programm die Schaffung einer **Wirtschafts- und Währungsunion** und eine Verstärkung **gemeinsamer Außenpolitik** gehört, wurden gleichzeitig gewisse Konturen der **künftigen Finalität** des Einigungsprozesses sichtbar. In dem neuartigen Bekenntnis zur Achtung der **nationalen Identität der Mitgliedstaaten** in ihrer Geschichte, Kultur und Tradition (Präambel Abs. 4, Art. F Abs. 1 = 6 Abs. 1 neu EUV) sowie zum **Subsidiaritätsprinzip** des Art. 3 b = 5 neu EGV (oben Rz. 518 ff.) wurden zum ersten Mal in den Verträgen **Grenzen des Integrationsprozesses** niedergelegt. Der schwierige Ratifikationsprozeß des Maastrichter Vertragswerkes in mehreren Mitgliedstaaten bestätigte 1992/93 auf seine Weise, daß in der Zeit nach der „Wende" Behutsamkeit in der Fortführung der europäischen Einigung angesagt war. Der Amsterdamer Vertrag 1997 beschränkte sich auf punktuelle Fortschritte in einzelnen Vertragsbereichen, ohne einen „Durchbruch" zur Politischen Union zu versuchen. Die **fortschreitende Erweiterung** der EU auf zunächst 15 Mitglieder 1995 mit der Perspektive einer „20er-EU" mittels des Beitritts mittel- und osteuropäischer Staaten nach 2000 beweist zwar die fortdauernde Anziehungskraft der Gemeinschaftsidee. Diese Perspektive macht aber ebenso sichtbar, daß das Ziel einer demnächst gesamteuropäischen Union nicht mehr die Verschmelzung in einem gemeinsamen Bundesstaat sein kann. Wer die Frage nach der Rechtsnatur der EG/EU stellt, muß sich dieser Rahmenbedingungen bewußt sein.

I. Schaffung einer Gemeinschaft und Union als Konzept der Verträge

Literatur: *Schlochauer,* Der übernationale Charakter der EGKS, JZ 1951, S. 290 ff.; *v. Simson,* Der politische Wille als Gegenstand der Europäischen Gemeinschaftsverträge, FS Riese, 1964, S. 83 ff.; *Mosler,* Die Entstehung des Modells supranationaler und gewaltenteilender Staatenverbindungen in den Verhandlungen über den Schumanplan, FS Hallstein, 1966, S. 355 ff.; *Ophüls,* Zur ideengeschichtlichen Herkunft der Gemeinschaftsverfassung, FS Hallstein, 1966, S. 387 ff.; *Ipsen,* Über Supranationalität, FS Scheuner, 1973, S. 211 ff.; *Ress,* Souveränitätsverständnis in den Europäischen Gemeinschaften, 1980; *Everling,* Sind die Mitgliedstaaten der Europäischen Gemeinschaft noch Herren der Verträge?, FS Mosler, 1983, S. 173 ff.; *Brevin,* The EC: a Union of states without unity of government, JCMS 1987, S. 1 ff.; *Lenz,*

Gemeinsame Grundlagen und Grundwerte des Rechts der EG, ZRP 1988, S. 449 ff.; *Zuleeg,* Wandlungen des Begriffs der Supranationalität, Integr. 1988, S. 103 ff.; *Nicolaysen,* Die Entwicklung der EG zur Politischen Union und Wirtschafts- und Währungsunion, EuR 1992, S. 96 ff.; *Pescatore,* Die „neue europäische Architektur" – Maastricht und danach? Cahiers de l'IDHEAP 90/1992, S. 19 ff.; *Everling,* Überlegungen zur Struktur der EU und zum neuen Europa-Artikel des Grundgesetzes, DVBl. 1993, S. 936 ff.; *Rigaldis* (Hrsg.), Le Traité de Maastricht, 1994; *Zuleeg,* Die Verfassung der EG in der Rechtsprechung des EuGH, BB 1994, S. 581 ff.; *Huber,* Der Staatenverbund der EU, 1995; *Lecheler,* Der Rechtscharakter der „EU", FS Heymanns-Verlag 1995, S. 383 ff.; *Roth/van Gerven/Frowein,* Die Verfassung der EU, 1995; *Steinberger,* Die EU im Lichte der Entscheidung des BVerfG vom 12. Oktober 1993, FS Bernhardt, 1995, S. 1313 ff.; *Bleckmann,* Die Währung der „nationalen Identität" im Unions-Vertrag, JZ 1997, S. 265 ff.; *v. Bogdandy/Nettesheim,* Die EU: Ein einheitlicher Verband mit eigener Rechtsordnung, EuR 1996, S. 3 ff.; *Cromme,* Spezifische Verfassungselemente des Staatenverbundes, 1997; *Bernhardt,* Europ. Gemeinschaftsrecht und Recht der Internationalen Organisationen, FS Seidl-Hohenveldern, 1998, S. 25 ff..

Bei der Umschreibung der Rechtsnatur der EG/EU ist nicht so sehr auf die große Zahl theoretischer oder auch politisch inspirierter Konzeptionen abzustellen, die seit den fünfziger Jahren und zuletzt im Anschluß an den Maastrichter EUV seit 1992 verstärkt immer wieder an die Gemeinschaft angelegt wurden. Oft spiegeln sich in ihnen nichts anderes als vorauseilende oder auch bewußt hemmende europapolitische Wunschvorstellungen. Grundlage für eine wirklichkeitsbezogene rechtliche Analyse kann nur das **Konzept der Verträge** als der „Verfassung" der Union (EuGHE 1991, I–6079 ff. (6080) – Gutachten 1/91 „EWR") selbst sein, unter Mitberücksichtigung der Änderungen und Ergänzungen und der **konsentierten Gemeinschaftspraxis** in einer mittlerweile fünfzigjährigen Geschichte. 886

1. Die Europäische Gemeinschaft und Union als neuartige Form zwischenstaatlicher Verbindung

Wesentlich ist als erstes die Erkenntnis, daß sich die EG/EU in ihrer konzipierten und gewachsenen Eigenart nicht sinnvoll in das klassische Schema der völker- und staatsrechtlichen Staatenverbindungen (Internationale Organisation, Staatenbund, Bundesstaat usf.) pressen läßt, sondern dieses **um eine neue Variante bereichert, nämlich die „Gemeinschaft".** Diese auf den deutschen Schumanplanunterhändler *Carl Friedrich Ophüls* 1950/51 zurückgehende Begriffswahl hat sich als eine glückliche Fügung erwiesen, zumal das Wort in den verschiedenen Gemeinschaftssprachen (Communauté, Comunità, Community usf.) ähnliche begrifflich-emotionale Assoziationen auslöst. 887

Auch nach dem Maastrichter Unionsvertrag bleibt „Gemeinschaft" anwendbar, da die Europäischen Gemeinschaften die Grundlage der Union darstellen (Art. A Abs. 3 = 1 Abs. 3 neu EUV). Wenn daneben zunehmend von **„Union"** gesprochen wird, ist dies gemäß dem EUV eine **Dachbezeichnung,** in der sich die eigentlich kommunautären Elemente mit intergouvernemental/völkerrechtlichen mischen, die sich aus der Einbeziehung von GASP und PJZ als „Ergänzungen" der Union (Art. A Abs. 3 = 888

1 Abs. 3 neu EUV) ergeben. Stilprägend für die Union, die über keine eigene Rechtspersönlichkeit verfügt (oben Rz. 151), bleiben die Gemeinschaftsprinzipien. **Die Gemeinschaften tragen die Union,** die ohne sie nicht lebensfähig wäre.

Angesichts der komplizierten und nicht glücklichen Vertragslage kann daher bisher nicht von einer Verschmelzung der EGen in einer einzigen Völkerrechtspersönlichkeit EU ausgegangen werden (a. A. *v. Bogdandy/Nettesheim,* NJW 1995, S. 2324 ff., vgl. auch oben Rz. 154).

889 In Deutschland hat das Bundesverfassungsgericht (BVerfGE 89, 155 ff. „Maastricht") für die EG/EU seit 1993 die Wortprägung **„Staatenverbund"** in Umlauf gebracht. Sie ist für alle praktischen Bedürfnisse weitgehend synonym mit „Gemeinschaft" beziehungsweise „Union".

Zeitgeschichtlich läßt sich feststellen, daß es einen der europäischen Integration nach 1945 vergleichbaren umfassenden und gleichzeitig irgendwo begrenzten Einigungsprozeß einer großen regionalen Staatengruppe in dieser Form bisher noch nicht gegeben hat. Ähnliche Unterfangen in Europa (EFTA, EWR, OECD, vgl. oben Rz. 121), in anderen Kontinenten (OAU, ASEAN, NAFTA u. a.) oder weltweit (GATT/WTO) bleiben nach dem Umfang der gestellten Aufgaben oder der Intensität der Zielverfolgung hinter den europäischen Bestrebungen jeweils nicht unerheblich zurück. Die EG/EU erweist sich als ein „neuer Rechtsträger im Geflecht der zwischenstaatlichen Beziehungen" *(Rudolf Bernhardt).*

890 Stellt man die Frage, was die **Besonderheit der Europäischen Gemeinschaft und Union** in ihrer Mischung und Verschmelzung aus staatlichen und internationalen Strukturelementen ausmacht, wird häufig auf die **Überstaatlichkeit („Supranationalität")** der EG/EU verwiesen. Dies stellt eine nützliche Chiffre dar, wenn man den übersteigerten Gebrauch des Supranationalen vermeidet, der früher bei europäischen Föderalisten üblich war.

a) Zur Überstaatlichkeit (Supranationalität) der EG/EU

891 In einer sehr sinnvollen, weil behutsamen und der Offenheit des Einigungsprozesses Raum gebenden Definition hat das deutsche Bundesverfassungsgericht (BVerfGE 22, 296; st. Rspr.) die EG charakterisiert als „eine im Prozeß fortschreitender Integration stehende Gemeinschaft eigener Art, ... auf die die Bundesrepublik Deutschland – wie die übrigen Mitgliedstaaten – bestimmte Hoheitsrechte ‚übertragen' hat". Diese Umschreibung betont zutreffend mit der Erwähnung der Übertragung von Hoheitsrechten die im Vergleich zu anderen Internationalen Organisationen **stärkeren Eigenzuständigkeiten** der EG, die es rechtfertigen, von einer „Gemeinschaftsgewalt" zu sprechen. Ferner wird der bis auf weiteres **prozeßhafte, in fortschreitender stärkender Entwicklung stehende Wesenszug der Gemeinschaftsgewalt** hervorgehoben. Mit der Betonung, daß nur „bestimmte" Hoheitsrechte von den Mitgliedstaaten auf die EG übertragen wurden, soll andererseits an die **Begrenztheit der Befugnisse** der EG erinnert werden, ein Merkmal, das sie essentiell von Formen der Staatlichkeit unterscheidet.

Die relative Kompetenzfülle der EG/EU ist gewöhnlich gemeint, wenn von ihrer **Überstaatlichkeit („Supranationalität")** die Rede ist. Das Wort war in den fünfziger und beginnenden sechziger Jahren zeitweilig zu einer Schlüsselvorstellung der europäischen Föderalisten *(Monnet, Hallstein* u. a.) geworden, die auf eine bundesstaatliche Zukunft der Gemeinschaft hinweisen sollte. Dies rief seit den sechziger Jahren mancherorts die souveränitätsbewußte Gegenreaktion des „Europas der Vaterländer" *(De Gaulle, Thatcher)* hervor. Für die in Maastricht Anfang der neunziger Jahre gefundene Rechtsgestalt der EU sind inzwischen in der Staatspraxis Definitionen typisch geworden wie die „Union européenne, constituée d'Etats qui ont choisi librement, en vertu des traités qui les ont institués, d'exercer en commun certaines de leurs compétences" (Art. 88-1 Französische Verfassung) oder ähnlich als **„Staatenverbund** zur Verwirklichung einer immer engeren Union der – staatlich organisierten – Völker Europas" (BVerfGE 89, 156 – „Maastricht"). 892

Auch wenn hier etwas stärker als früher die staatliche Herkunft der Gemeinschaftsgewalt betont wird, bleibt gültig, daß der Union von ihren Mitgliedstaaten eine bemerkenswerte Zahl bisher staatlicher Befugnisse übertragen worden ist. Bei deren Ausübung muß die EG/EU notwendig „über" ihren Mitgliedern im Sinne des **Vorranges der Gemeinschaftsgewalt** (oben Rz. 615 ff.) stehen. Zu diesen supranationalen Elementen der EG/EU gehören insbesondere: 893

aa) **Die Breite der Aufgabenbereiche der Union.** Der EU sind **weite Teile des öffentlichen Wirtschaftsrechts** ihrer Mitgliedstaaten zur gemeinsamen Verantwortung überantwortet worden. Basisbereiche (Kohle, Stahl, Kernenergie), die Handels(Zoll)politik im weitesten Sinne, Wirtschafts-, Industrie- und Regionalpolitik, Landwirtschaft, Verkehr, freier Personen-, Dienstleistungs- und Kapitalverkehr, Währungs-, Steuer-, Wettbewerbs-, Beschäftigungs- und Sozialpolitik, Forschung/Technologie, Bildung, Kultur und Umweltpolitik unterfallen in unterschiedlichem Umfang der Gemeinschaftskompetenz. Ebenso verfügt die Union mittlerweile über Zuständigkeiten in der **Außenpolitik** (Handels- und Entwicklungspolitik, allgemeine Außenpolitik und Sicherheitspolitik). In der klassischen **Innenpolitik** bestehen mit der Polizeilich-Justitiellen Zusammenarbeit Ansätze gemeinschaftlichen Handelns. Vor allem über die „Gemeinsamen Politiken" hat die EG/EU eine große Zahl früher rein staatlicher Aufgabenfelder europäisiert. 894

bb) **Die Verpflichtung der Union auf gemeinsame politische Grundwerte.** Die EU ist nicht nur Wirtschaftsraum, sondern bereits heute in wesentlichem Umfang eine **Politische Union.** Sie bekennt sich zu politischen Grundwerten, die den gemeinsamen Überlieferungen der Verfassungen ihrer Mitgliedstaaten entnommen sind. Hierzu rechnen gemäß den Aussagen in den Präambeln und Zielbestimmungen der Verträge Demokratie, Gewaltenteilung, Rechtsstaat, Menschenrechte und Grundfreiheiten, Solidarität, Subsidiarität, Frieden, Sicherheit u. a. m. Ähnlich wie ihre Mitgliedstaaten legitimiert sich die Union durch ihr Bekenntnis zu Wertvorstellungen sozialethischer Natur. 895

cc) **Die autonome und intensive Rechtsetzungsgewalt der EG/EU.** Ein Spezifikum der EG liegt nicht nur in der Breite, sondern auch in der Tiefe ihrer Tätigkeit. Kern der Supranationalität ist die in den drei Gemeinschaftsverträgen den EG-Organen übertragene Befugnis, gegenüber und in ihren Mitgliedstaaten mit **unmittelbarer Verbindlichkeit** Gemeinschaftsrecht setzen zu können. Im unbeding- 896 ten „Vorrang des Gemeinschaftsrechts" (oben Rz. 615 ff.) prägen sich Unabhängigkeit und Befolgungsanspruch der Gemeinschaftsgewalt bis hin zum einzelnen Unionsbürger unmißverständlich aus. Als autonom „europäische" Rechtsordnung unterscheidet sich die EU so von den völkerrechtlichen Staatenverbindungen.

897 dd) **Die Selbständigkeit der EG-Organe.** Alle Organe der Gemeinschaft sind als von den Mitgliedstaaten selbständige Einrichtungen in dem Sinne zu begreifen, daß ihr grundlegender Auftrag die Findung des gemeinsamen europäischen Interesses und die **Bildung des europäischen Gemeinwillens** ist. Zur Erleichterung dieser Aufgabe sehen die Verträge öfters die Möglichkeit souveränitätsüberspringender Mehrheitsentscheidungen vor. Mag auch die Europäisierung in der Entscheidungsfindung bei den einzelnen Organen (Rat, Kommission, Europäisches Parlament, Gerichtshof) Abstufungen kennen und sind in der Gemeinschaftspraxis bei der genuin europäischen Willensbildung nicht selten Abstriche zu machen, bleibt doch der gemeinschaftsrechtliche Anspruch an die Selbständigkeit der Organe unabdingbar.

898 ee) **Die finanzielle Selbständigkeit der Gemeinschaft.** Die Union ist inzwischen nicht mehr Kostgänger ihrer Mitgliedstaaten, sondern **finanziert sich vollständig aus eigenen Einnahmen** (Zölle, Agrarabschöpfungen, sonstige Abgaben, Mehrwertsteuereinnahmenanteil, BSP-Mittel, Montanumlage, Gemeinschaftsanleihen, Gemeinschaftssteuern, vgl. näher oben Rz. 811 ff.). Sowohl diese staatsähnlichen Formen der Finanzierung als auch das für eine zwischenstaatliche Einrichtung ganz **ungewöhnlich hohe Haushaltsvolumen** (1999 ca. 85 Mia. EURO oder 170 Mia. DM) verleihen der Gemeinschaft ein bedeutsames Eigengewicht sowohl gegenüber ihren Mitgliedstaaten als auch international.

899 ff) **Der umfängliche Rechtsschutz.** Die intensive Rechtsetzungsgewalt der EG (oben Rz. 655 ff.) wird im Interesse der Rechtsunterworfenen (Mitgliedstaaten, Unternehmen, Einzelpersonen u. a.) durch einen **breit und effektiv ausgestalteten Rechtsschutz** ergänzt. Dabei ist nicht nur an die umfänglichen Zuständigkeiten des Gerichtshofes der EG und des Gerichtes 1. Instanz verfassungs-, verwaltungsrechtlicher und sonstiger Ausrichtung zu denken (oben Rz. 710). Da das Gemeinschaftsrecht in den MS unmittelbar gilt, sind gleichzeitig die nationalen Gerichte zur Rechtsschutzgewährung verpflichtet. Die Harmonisierung der beiden Rechtsschutzebenen erfolgt über das Vorabentscheidungsverfahren des Art. 177 = 234 neu EGV. Der Rechtsschutz ist zugleich für die EG ein sehr wichtiges Instrument, die Entscheidungen der Gemeinschaftsgewalt gegenüber retardierenden Kräften in den Mitgliedstaaten duchzusetzen.

900 gg) **Die Unvollendetheit und Dauerhaftigkeit der Union.** Bisher ist für die EU der offene, prozeßhafte Grundcharakter ihrer Tätigkeit kennzeichnend. Die Union ist noch nicht vollendet, sondern strebt einer **Finalität** zu, die erst in Umrissen erkennbar wird. Auf der anderen Seite ist die europäische Einigung in Gestalt der EU **dauerhaft gemeint.** Ähnlich wie eine nationale Verfassung gelten die Verträge „auf unbegrenzte Zeit" (Art. Q = 51 neu EUV, Art. 240 = 312 neu EGV).

901 Diese vielleicht wichtigsten Züge der Europäischen Union als eines neuartigen, intensiven „Staatenverbundes" sind jeweils für sich genommen nicht originär. Über breite Aufgabenfelder verfügen auch die Vereinten Nationen. Unmittelbar geltendes Recht vermochte die Donauschiffahrtskommission schon nach dem Ersten Weltkrieg zu setzen. Überstaatlichen Rechtsschutz gewährt der Europäische Gerichtshof für Menschenrechte im Rahmen der Straßburger Menschenrechtskonvention und eine Eigenfinanzierung ist beim Internationalen Währungsfonds gegeben. Was die EU als neue überstaatliche Verbindung ihrer Mitglieder aus den sonstigen zwischenstaatlichen Organisationen heraushebt, ist die Zusammenfassung dieser fortgeschrittenen Organisationsbefugnisse in einer einzigen Einrichtung. **Die spezifische Akkumulation und „Mischung" starker Kompetenzen** macht die Eigenart der Union als einer besonders intensiven Staatenverbindung sui generis aus.

b) Zur Nichtstaatlichkeit der EG/EU

Auch wenn man der EG/EU in bestimmten Zusammenhängen gewisse 902
„Staatsähnlichkeiten" zuspricht, **ist sie selbst kein Staat, auch kein (Vor-) Bundesstaat.** Das schließt nicht aus, daß sie hier und da (z. B. in der Finanzordnung, oben Rz. 815) einzelne praeföderale Züge aufweist. Es fehlen der Union insbesondere folgende wesentliche Eigenschaften von Staatlichkeit, wie sie nach den herkömmlichen Kriterien der Staatslehre, (etwa *Zippelius,* Allgemeine Staatslehre, 12. Aufl. 1994, S. 52 ff.) für den Staat moderner Prägung gefordert werden:

aa) Keine umfassende Gebietshoheit. Die EU besitzt keine umfassende, d. h. 903
virtuell unbegrenzte Verfügungsgewalt über ein „EU-Gebiet" im Sinne eines grundlegenden Elementes der Staatlichkeit. Gemäß dem Prinzip der begrenzten Einzelzuständigkeiten übt die Gemeinschaft vielmehr im **„räumlichen Geltungsbereich" der Verträge** (insbes. Art. 227 = 299 neu EGV) die ihr verliehenen Einzelzuständigkeiten punktuell aus (vgl. oben Rz. 184).

bb) Keine umfassende Personalhoheit. Auch nach der Einführung der **Unions-** 904
bürgerschaft (Art. 8 = 17 neu EGV, oben Rz. 210 ff.) übt die EG/EU keine umfassende Personalhoheit über diesen Personenkreis aus. Entscheidend bleibt die Staatsangehörigkeit der MSen, welche die Unionsbürgerschaft vermittelt. Der Unionsbürger wird nur punktuell von der Gemeinschaftsgewalt erfaßt (z. B. als Adressat einer VO oder als Wahlbürger bei der Direktwahl zum EP). Immerhin ist die Union nicht nur ein Staatenzusammenschluß, sondern eine Vereinigung der Völker Europas (Art. A = 1 neu EUV). Dies schließt bestimmte „europäische" Rechte und Pflichten der Unionsbürger ein, wie sie z. T. in Art. 8 ff. = 17 ff. neu EGV zusammengefaßt sind.

cc) Begrenztheit der Gemeinschaftsgewalt. Vor allem an dem die Rechtsetzungs- 905
gewalt der EG/EU beherrschenden **Prinzip der begrenzten Einzelzuständigkeit** (Art. E = 5 neu EUV, Art. 3 b Abs. 1 = 5 neu EGV)zeigt sich der qualitative Unterschied der Gemeinschaftsgewalt zur plenitudo potestatis klassischer Staatsgewalt. Dies gilt in mehrfacher Hinsicht. Zum einen ist die Gemeinschaftstätigkeit auf die ihr ausdrücklich (einschließlich der wichtigen, aber ihrerseits begrenzten Möglichkeiten der Vertragsfortentwicklung wie über Art. 235 = 308 neu EGV eingeräumten Sachbereiche beschränkt. So ist eine Gemeinsame Agrarpolitik der EG möglich, nicht aber eine Gemeinsame Schulpolitik.

Die Union ermangelt, mit anderen Worten, der Kompetenz-Kompetenz und ist insoweit auf zusätzliche Übertragungen von Hoheitsrechten seitens der MS im Wege der Vertragsergänzung (insbes. Art. N = 48 neu EUV) angewiesen. – Eine zweite Begrenzung ergibt sich daraus, daß die Gemeinschaft „nur" als **Rechtsgemeinschaft** *(Walter Hallstein)* angelegt ist, d. h. selbst kaum über irgendwelche Zwangsgewalt polizeilicher, militärischer oder auch nur justiziell-zwangsvollstreckungsmäßiger Art verfügt (oben Rz. 725). Auch insoweit ist sie auf die Unterstützung ihrer MS angewiesen. – Insgesamt gesehen ist die Gemeinschaft daher **bislang nicht „souverän"** in dem elementaren Sinne, daß ihre eigenen Mittel rechtlicher und politisch/tatsächlicher Art zur Bewältigung von Grenzsituationen (Krisen, aber auch Konstellationen politischer Fortentwicklung) ausreichen dürften. Die EG/EU verfügt als Rechtsgemeinschaft nicht über die Souveränitätsreserve eigener politischer Macht. So bleiben die Mitgliedstaaten in einem letzten Sinne die **„Herren der Verträge".**

Dabei bleibt freilich zu bedenken, daß sie als Glieder der Union im Sinne der Verfolgung der konsentierten Vertragsziele gleichzeitig deren Diener *(Ulrich Everling)* sind. – Das Bewußtsein um solche (möglicherweise nie zu mobilisierenden) Letzt-kompetenzen sollte aber nicht die langjährige und fortdauernde **Normalsituation** verdunkeln, in der sich die Union über den MS als eine wesentliche und dauerhafte Rechts- und Organisationsebene zur gemeinsamen Bewältigung einer großen Zahl transnational gewordener Aufgaben etabliert hat.

906 Auch wenn die Gemeinschaft die Schwelle zu eigener, von den MS gelöster Staatlichkeit nicht überschreitet, stellt sie in der Dichte und Unmittelbarkeit ihrer kommunautären Existenz im Verhältnis zu den Mitgliedstaaten und zu den privaten Rechtssubjekten eine **neuartige, intensive Verbindungsform** dar, die ihresgleichen sucht. Ebenso spielt die EU in den internationalen Beziehungen mittlerweile eine aktive Rolle, die über diejenige der herkömmlichen internationalen Organisationen erheblich hinausreicht. In der Union verkörpert sich eine bestimmte Identität Europas in der Welt.

2. Andere Deutungen

907 Immer wieder ist versucht worden, die Gemeinschaften in der einen oder anderen Form in den aus dem Völker- und Staatsrecht bekannten **Kanon der Staatenverbindungen** oder auch in bekannte Organisationsfiguren des innerstaatlichen Rechts einzufügen. Aus solchen Deutungsversuchen ist im einzelnen mancherlei Gewinn für die Erkenntnis des Wesens der EG/EU abgefallen. Letztlich hat es sich aber stets als irgendwie unbefriedigend und unzulänglich erwiesen, das im Kern neuartige Phänomen der Gemeinschaft ausschließlich an diesem überkommenen Begriffsarsenal zu messen.

a) Internationale Organisation

908 Zweifelsfrei sind die Europäischen Gemeinschaften (nicht die EU als ihr „Dach") **Völkerrechtssubjekte,** d. h. zwischenstaatliche Organisationen, die nach Maßgabe ihrer Außenkompetenz an den internationalen Beziehungen zu dritten Staaten und anderen Internationalen Organisationen teilnehmen. Ebenso sind sie **privatrechtsfähige internationale juristische Personen** innerhalb ihrer MS (vgl. bes. Art. 210, 211 = 281, 282 neu EGV und näher oben Rz. 151 ff.). Das erlaubt aber nicht, die EGen oder die EU in einer rein völkerrechtlichen Sicht unter die klassischen Internationalen Organisationen aufzunehmen, mit lediglich der Besonderheit einer „stärker integrierten internationalen Organisation" *(Seidl-Hohenveldern).* Eine solche Sicht würde der Summe der staatsähnlichen Befugnisse nicht hinreichend Rechnung tragen, welche den spezifisch überstaatlichen Charakter der Gemeinschaft ausmachen (oben Rz. 892). Die autonom „Europäische" Rechtsordnung der EG/EU mit ihrem spezifischen Vorrangsanspruch gegenüber dem nationalen Recht unterscheidet sich grundlegend von einer völkerrechtlichen Verbindung. Nach völkerrechtlichen Deutungen kann die EG als **„offenes (d. h. ggf. durch Völkerrecht zu stärkendes) Subsystem"** begriffen werden, d. h. als mehr als eine klassische Internationale Organisation *(Marschlik,* Subsysteme im Völkerrecht, 1997).

b) Staatenbund/Verwaltungsunion

909 Aus ähnlichen Gründen sind auch Deutungen der EG/EU ungenügend, die sie unter besondere Formen völkerrechtlich geprägter Staatenverbindung einordnen

möchten, wie den **Staatenbund** oder die **Verwaltungsunion.** Zwar zeigt das europäische Einigungswerk, besonders auf der allgemeinpolitischen Seite (GASP, PJZ), **gelegentlich konföderative Züge.** Mit seiner Konzeption eines „Europas der Vaterländer" hatte *De Gaulle* in den sechziger Jahren die föderalistisch inspirierten Pläne zur weiteren Integration entscheidend gehemmt. Dennoch assoziiert sich der historische Begriff des Staatenbundes zu stark mit Vorstellungen einer primär völkerrechtlich gemeinten, klassisch-diplomatischen Staatenzusammenarbeit bar weiterer politischer Finalitäten, als daß er der Neuartigkeit und Intensität des EU-Zusammenschlusses gerecht würde. Auch die Erinnerung an die völkerrechtliche Verwaltungsunion im Stile des 19. Jahrhunderts *(Constantopoulos)* vernachlässigt sowohl die über den wirtschaftlichen Bereich hinausweisenden Aspekte der europäischen Vergemeinschaftung als auch den unbedingten Befolgungsanspruch des Gemeinschaftsrechts. Verwendbar ist dagegen die neuere Definition der EU als **Staatenverbund** (oben Rz. 889), wenn man sich bewußt bleibt, daß dies gerade nicht Konföderation meint, sondern einen intensiveren Rechts- und Handlungsverbund. **Staatengemeinschaft** („Union of States") wäre wahrscheinlich eine Wortwahl, die über die deutschen Sprachgrenzen hinaus leichter verständlich gemacht werden könnte (ebenso *Ipsen,* EuR 1994, S. 8 f.).

c) Zweckverband funktioneller Integration

Einen wichtigen Beitrag zum Verständnis der EG stellte die in Anlehnung an die amerikanische Theorie des Funktionalismus *(Deutsch, Haas, Lindberg* u. a., oben Rz. 24) seit den siebziger Jahren vor allem von *Hans Peter Ipsen* (insbes. EGR 1972, S. 196 ff., GS Constantinesco 1982, S. 283 ff. und EuR 1987, S. 195 ff.) aufgestellte Deutung der Gemeinschaft als eines **„Zweckverbandes funktioneller Integration"** dar. Diese Begriffswahl akzentuierte den unpolitischen („nüchternen") Charakter der EG als einer zu bestimmten, vor allem wirtschaftlichen Zwecken gebildeten Organisation, die mit den ihr verliehenen begrenzten Befugnissen ihre transnationalen Aufgaben verwirklicht. Mittels der „spill-over"-Effekte einer quasi-automatisch fortschreitenden **sektoralen Teilintegration** verstärkt sich allmählich die wirtschaftliche Vereinigung Europas immer weiter, bis der vielbeschworene **„point of no return"** erreicht ist. Dabei betonte *Ipsen* gleichzeitig stark den besonderen Charakter des Europarechts als **eigenständiger „dritter" Rechtsordnung** zwischen Staats- und Völkerrecht und auch den **offenen Zug** des Integrationsprozesses, dessen spätere staatliche oder sonstige Finalität er nicht vorzeitig präjudizieren wollte. *Ipsens* funktionale Zweckverbandstheorie ermöglichte in weiten Bereichen der wirtschaftlichen Integration ein vertieftes Verständnis der Gemeinschaftsaktion und trug gleichzeitig in vielen Fragen zur Erkenntnis des eigenständigen Charakters und zur Wirkungskraft des EGR entscheidend bei. Mit ihrer „entpolitisierenden" Zielrichtung half sie zugleich nicht unwesentlich mit, der Gemeinschaft eine Position außerhalb des langen, unfruchtbaren Streites zwischen den europäischen „Föderalisten der ersten Stunde" *(Robert Schuman, Walter Hallstein* u. a.) und der „gaulistischen" (bald auch britischen) Gemeinschaftsphilosophie zu ermöglichen. **910**

In dieser „technokratischen" Selbstbeschränkung lag aber zugleich die Schwäche und Gefahr der funktionalen Betrachtungsweise. Die EG/EU ist keine einem rein wirtschaftlich-rationalen Zweckdenken entsprungene Gründung, sondern die **bisher wichtigste Verwirklichung einer „europäischen Idee"** (oben Rz. 1 ff.), welche in einem wie immer gearteten **allgemeinpolitischen Zusammenschluß Europas** die Zukunft des alten Kontinents sieht. Die Texte der Gemeinschaftsverträge und des Unionsvertrages legen eindeutiges Zeugnis davon ab, daß sich die Europäische Union als integralen Bestandteil jenes Einigungsprozesses begreift, der von *Churchills* Züricher Rede 1946 über *Schumans* Erklärung 1950, *De Gaulles* Pressekonferenz 1960 und die Haager EG-Gipfelkonferenz 1969 bis zuletzt hin zu den

Maastrichter und Amsterdamer Regierungskonferenzen 1991/97 und zum Beschluß zugunsten der Währungsunion 1998 reicht. Diese **politische Finalität** ist ständiger Bestandteil der Rechtsnatur der Gemeinschaft. Diese Seite auszublenden ist nicht nur zeitgeschichtlich unrichtig, sondern verkürzt die Union um das Element jenes „politischen Willens“ *(Werner v Simson),* der ungeachtet aller Schwierigkeiten, Krisen und Rückschläge als eine Art Lebenselixier und Faszinosum den gründenden Grund des europäischen Einigungsprozesses wirtschaftlich und allgemeinpolitisch darstellt.

d) (Vor)Bundesstaat

911 Während die nur völkerrechtlichen oder zweckrationalen Deutungen des Wesens der Gemeinschaft die Fülle ihrer Rechtsgestalt und fortdauernde Aktion nur ungenügend erfassen, legen die **staatsrechtlichen Interpretationen,** die in der EG/EU einen in der Entstehung begriffenen **europäischen Bundesstaat** sehen, vorauseilend bestimmte europapolitische Zielvorstellungen in die Gemeinschaft hinein, über die längst kein Konsens mehr zwischen den MS und den in ihnen wirkenden politischen Kräften besteht. Daß die EG kein einheitliches Staatswesen darstellt, ist völlig offensichtlich. Sie ist aber ebensowenig bereits ein **Bundesstaat** oder auch nur auf dem Wege dorthin, da ihr die entscheidenden Merkmale der Staatlichkeit, wie Gebiets- und Personalhoheit sowie souveräne Staatsgewalt (näher oben Rz. 902) fehlen. Richtig ist, daß es seit dem *Briand*-Plan für eine Europäische Föderation von 1929 über den Appell des Haager Europa-Kongresses 1948 und das Projekt einer Europäischen Politischen Gemeinschaft 1950 ff. (näher oben Rz. 21) immer wieder Ansätze zu einer Föderierung Westeuropas gegeben hat. Sie scheiterten aber sämtlich. Spätestens seit den sechziger Jahren haben sich die nunmehr erörterten Zielvorstellungen von einer **Europäischen Union** als Vollendung des Einigungswerkes soweit von föderalistischen Vorstellungen entfernt, daß es nicht mehr angängig ist, die EU im Sinne des Visionen der fünfziger Jahre *(Adenauer, De Gasperi, Schuman)* als einen „unvollendeten Bundesstaat“ *(Hallstein)* zu begreifen. Die Erweiterungen von der Sechser- zur Fünfzehnergemeinschaft und die nach dem Zusammenbruch des Kommunismus künftig mögliche Einbeziehung Mittel- und Osteuropas in die Union haben ihrerseits bundesstaatliche Modelle aus den Planungen der praktischen Politik entfernt. Die politische Finalität der EU erweist sich aus der Sicht der neunziger Jahre als begrenzter und komplexer zugleich. Die **Währungsunion** mag freilich ab 1999 gewisse „föderierende Zwänge“ zur stärkeren Vergemeinschaftung der nationalen Wirtschafts-, Finanz- und Sozialpolitiken ausüben. Es erscheint aber ziemlich ungewiß, daß sich hieraus bereits der „qualitative Sprung“ in einen Europäischen Bundesstaat ergibt.

II. Zur Finalität der Europäischen Union

Literatur: Die Publikationen über die Finalität der EU sind unerschöpflich, besonders seit dem Maastrichter Unionsvertrag 1992. Reichhaltige Liste z. B. bei *Kaufmann,* Europäische Integration und Demokratieprinzip, 1997, S. 487–515.

Dahrendorf, Plädoyer für eine Europäische Union, 1972; *Tindemans,* Die Europäische Union (Bericht), 1976; *Ipsen,* Die Stuttgarter Feierliche Erklärung zur Europäischen Union, EuR 1984, S. 1 ff.; *EG-Kommission,* Vollendung des Binnenmarktes (Weißbuch), 1985; *v. d. Groeben,* Legitimationsprobleme der EG, 1987; *Magiera,* Die EEA und die Fortentwicklung der EG zur Europäischen Union, GS Geck, 1989, S. 507 ff.; *Maillet,* A la recherche d'une nouvelle vision de l'intégration économique européenne, RMC 1990, S. 370 ff.; *Oppermann,* European Unity in the Nineties – a Mirage?, St. Thomas Law Review, 1992, S. 141 ff.; *v. Simson,* Die künftige Rolle des Staates in der EG, EuR Beiheft 1/1992, S. 37 ff.; *v. Bogdandy,* Supranationale Union als neuer Herrschaftstypus, Integr. 1993, S. 210 ff.; *Blanke,* Der Unionsvertrag von Maastricht – Ein Schritt auf dem Weg zu einem Europäischen Bundesstaat? DÖV 1993, S. 412 ff.; *Dehousse* (Hrsg.), Europe after Maastricht – an ever closer Union?, 1994; *Kahl,* Bundesstaat-Staatenbund-Staatenverbund? Staat 1994, S. 241 ff.; *P. Kirchhof,* Die Staatenvielfalt – ein Wesensgehalt Europas, FS Schambeck, 1994, S. 947 ff.; *Bieber,* Steigerungsform der EU: eine Europäische Verfassung, FS Heymanns Verlag 1995, S. 291 ff.; *Grimm,* Braucht Europa eine Verfassung, JZ 1995, S. 581 ff.; *Isensee,* Integrationsziel Europastaat? FS Everling, 1995, S. 567 ff.; *Oeter,* Souveränität und Demokratie als Pobleme in der „Verfassungsentwicklung" der EU, ZaöRVR 1995, S. 659 ff.; *Weiler/Grimm/Habermas,* Does Europe need a Constitution? ELJ 1995, S. 219 ff.; *Laufer/Fischer,* Föderalismus als Strukturprinzip für die EU, 1996; *Iglesias,* Zur „Verfassung" der EG, 1996; *Weiler,* Der Staat „über alles", JÖR 1996, S. 91 ff.; *Curtin,* Postnational Democracy, 1997; *Weidenfeld,* Europas neues Gesicht, Int. Pol 1/1997 S. 1 ff.; *Mäder,* Europa ohne Volk, Deutschland ohne Staat, 1998; *Pfetsch,* Die Problematik der europäischen Identität, APUZ B 25–26/1998, S. 3 ff.; *Hertel,* Verfassunggebung für Europa, 1999

Mit der **Gründung der Europäischen Union** über den Maastrichter Unions- 912
vertrag von 1992 haben die EU-Mitgliedstaaten ihren politischen Willen bekundet, den seit den fünfziger Jahren eingeschlagenen Einigungsprozeß nach der Wende in Osteuropa 1989/91 fortzusetzen und zu vertiefen. Der EUV hat freilich die vertraglichen Grundlagen der Union und Gemeinschaft noch unübersichtlicher als vorher gestaltet. Die Union ist in ihrer Komplexität bisweilen mit dem Heiligen Römischen Reich deutscher Nation vor 1806 („Monstro simile") verglichen worden. Dennoch lassen sich gewisse Grundentscheidungen erkennen, in welcher Weise durch die Gründung der EU **„feste Grundlagen für die Gestalt des künftigen Europas"** (Präambel EUV, 2. Absatz) geschaffen werden sollen.

Hierzu gehört vor allem der in Maastricht und in Amsterdam 1997 erst 913
unvollkommen gelungene Ansatz, die EG/EU über das Wirtschaftliche hinaus zu einer **Politischen Union** zu entwickeln. Während die Wirtschaftsunion im EUV durch das Projekt der **Währungsunion** im Gemeinschaftsrahmen deutlich weitergeführt wurde, blieben die Konturen europäischer **Außen-, Sicherheits- und Innenpolitik** in Gestalt von GASP und PJZ deutlich zurück. Immerhin wurde sichtbar, in welchen Bereichen die Gemeinschaftsaktion fortgesetzt werden muß, um die Union im 21. Jahrhundert in eine sich allmählich vollendende Rechtsgestalt zu überführen.

Allerdings steht der in Maastricht und Amsterdam zum Ausdruck gekommene Wille zur **weiteren Vertiefung der Gemeinschaftskonstruktion** in einem Spannungsverhältnis zur **Erweiterung der EU auf über 20 Mitgliedstaaten** nach 2000 im Zuge des ins Auge gefaßten Beitrittes ostmitteleuropäischer Staaten. Insgesamt erscheint es immer weniger möglich, das sich abzeichnende Bild der EU unter die **herkömmlichen Begriffe der Staatenverbindungen** einzuordnen *(Oppermann,* Zur Eigenart der EU, in: Hommelhoff/P. Kirchhof (Hrsg.), Der Staatenverbund der EU, 1994, S. 87 ff.).

1. Wandel des Leitbildes: Vom Europäischen Bundesstaat zur Europäischen Union

914 Für die Einschätzung der politischen Finalität der europäischen Integration sind vor allem anderen die mehr oder weniger **amtlichen Leitvorstellungen** maßgeblich, die in Gestalt von Programmsätzen in den Präambeln der abgeschlossenen Verträge, in offiziellen (oftmals gescheiterten) Plänen und Entwürfen sowie auch in politischen Äußerungen der am Einigungsprozeß beteiligten führenden Politiker sichtbar werden. In diesen Gesamtprozeß gehen gleichzeitig ihn begleitende **Theorien rechts-, wirtschafts- und sozialwissenschaftlicher Art** in den verschiedenen Mitgliedstaaten ein. Verfolgt man dieses Bild, wird ziemlich deutlich eine **tiefe Zäsur** in der europäischen „Verfassungspolitik" Mitte der sechziger Jahre sichtbar. Konnte man bis zur EG-Krise 1965/66 noch die Vision vom Europäischen Bundesstaat für die herrschende „Philosophie" halten, wandelte sich dieses Leitbild anschließend zu der offeneren Formel von der Europäischen Union.

a) Föderalistische Europapolitik 1945–1965

915 In den beiden ersten Jahrzehnten der europäischen Einigungspolitik nach 1945 herrschte bei den maßgeblichen politischen Kräften die Überzeugung vor, das **Fernziel** des Integrationsprozesses müsse die Schaffung eines **Europäischen Bundesstaates** sein. *Churchills* Beschwörung der „Vereinigten Staaten von Europa" 1946 (oben Rz. 12) setzte früh den Ton. Im Haager Kongreß 1948, in der *Schuman*-Erklärung 1950 über die Gründung der Montanunion („erste Etappe der Europäischen Föderation") und in den Präambeln des EGKSV und EWGV („immer engerer Zusammenschluß der europäischen Völker") fand die föderalistische Sicht deutlichen Niederschlag. Auch die Europäische Bewegung der fünfziger Jahre war wieder ganz auf dieses Ziel ausgerichtet. In gleichem Geiste sah die EWG-Kommission unter *Walter Hallstein* 1958–1965 im zügigen Aufbau der Wirtschaftsgemeinschaft die erste Etappe einer sektoralen Teilintegration mit allmählichem Übergang in umfassendere Föderierungen. Dieses ehrgeizige Unterfangen weckte jedoch gleichzeitig die seit längerem **latenten Gegenkräfte,** die nur eine behutsamere Gangart des Einigungsprozesses zulassen wollten. Als die *Hallstein*-Kommission 1965 wichtige Fortschritte in der Gemeinsamen Agrarpolitik mit einer Stärkung der Rechte des Europäischen Parlamentes koppeln wollte, löste das Frankreich *De Gaulles* die schwere Verfassungskrise der EG aus. In ihr wurde, wie sich im Rückblick inzwischen erkennen läßt, der Europäische Bundesstaat als Ziel der Integration aus der praktischen Politik weithin verbannt. Daran änderten gelegentliche Wiederbelebungsversuche der föderalistischen Idee nichts (z. B. Verfassungsentwurf *„Herman"* im Europäischen Parlament 1994).

b) Pragmatische Europapolitik seit 1966

916 Frankreich, ein weiteres Mal der eigentliche Ideenspender der Europapolitik, hatte unter *De Gaulle* schon seit 1959/60 Pläne eines **konföderativen „Europas der Vaterländer"** propagiert, dessen Politische Union die Souveränität der Mitgliedstaaten im Kern unangetastet lassen sollte (oben Rz. 26). Bei den die EG-Krise 1966 beendenden Luxemburger Beschlüssen setzte sich diese Sicht im Ergebnis weithin durch. In der politischen Gewichtung innerhalb der EG/EU rückte der (grund-

sätzlich einstimmig entscheidende) Rat seither eindeutig in den Vordergrund, während der Kommission eine Art Juniorpartnerrolle verblieb. Die viermalige **Erweiterung der Gemeinschaft** 1973, 1981, 1986 und 1995 um oftmals souveränitätsbewußte Neumitglieder wie Großbritannien, Dänemark und Griechenland schrieb diesen inneren Verfassungswandel weiter.

Die zeitweilige Lähmung der Gemeinschaft in der Krise 1965/66 wurde erst in **917**
der Haager Gipfelkonferenz der Regierungschefs 1969 (oben Rz. 31) überwunden. Sie markierte den **Neubeginn einer pragmatischen Europapolitik ohne „ideologisches" Leitbild,** anstelle dessen nunmehr die bewußt neutrale und offene Formel von der **„Europäischen Union"** trat. Dabei wurde die politische Finalität des Einigungsprozesses verstärkt, wie die Einrichtung der Politischen Zusammenarbeit in der EPZ 1970 ff., die Errichtung des Europäischen Rates der Regierungschefs seit 1975 und vor allem die Einführung der Direktwahlen zum Europäischen Parlament 1976 ff. zeigten (oben Rz. 32 ff.). Vom Endziel eines Europäischen Bundesstaates wurde dabei jedoch kaum mehr gesprochen. Ebensowenig bei dem **permanenten Weg der EG-Verfassungsreform,** der vom *Tindemans*-Bericht 1975 über den „Bericht der drei Weisen" *Biesheuvel/Dell/Marjolin* 1979, die *Genscher-Colombo*-Initiative und die Stuttgarter „Feierliche Deklaration zur Europäischen Union" von 1983, den *Dooge*-Bericht und den Vertragsentwurf des EP zur Gründung der Europäischen Union von 1984 zunächst zu der **begrenzten Realisation der „Einheitlichen Europäischen Akte"** von 1986 führte (oben Rz. 39 ff.). Demgegenüber bedeutete der **Maastrichter Unionsvertrag** 1992 mit der Gründung der EU die weitreichendste Fortentwicklung der Gemeinschaftskonstruktion. Trotz aller Unübersichtlichkeit und rechtlichen Unvollkommenheit des rasch beschlossenen EUV spiegelt die „Dachkonstruktion" EU mit den drei „Säulen" EG, GASP und ZJI den politischen Willen der MSen wider, die Wirtschaftsunion durch die Politische Union allmählich zu vervollständigen. Aus den Entscheidungen des EUV ist aber keinerlei Bekenntnis zu einem föderalen Europa ablesbar. **Stärkungen** der eigentlichen Gemeinschaftskonstruktion vor allem durch das Projekt Währungsunion stehen neuartige Betonungen der **Grenzen der Unionsgewalt** gegenüber (Achtung der nationalen Identität der MSen, Subsidiaritätsprinzip u. a.). Die EU stellt sich in ihrer Maastrichter Gestalt als ein weiteres Werk des europapolitischen Pragmatismus dar, der mit ausdeutungsfähigen und kompromißhaften Formulierungen die unterschiedlichen „Europaphilosophien" in den MSen für eine Weile zu versöhnen sucht. Der Amsterdamer Vertrag 1997 hat an diesem Ergebnis nichts Wesentliches verändert.

Größter Übelstand dieser pragmatischen Fortentwicklung der Verfassung **918**
Europas ist mittlerweile ihre **totale Unübersichtlichkeit,** nicht nur für den normalen Unionsbürger, sondern auch für Sachkenner.

Das immer komplizierter gewordene Geflecht der Verträge und sonstigen Rechtsakte macht Gemeinschaft und Union für den Bürger undurchschaubar und entfremdet Europa den Europäern. Oftmals wird der „große Wurf" einer **knappen und verständlichen Verfassung der EU** gefordert.

1996/97 haben zwei Arbeitsgruppen (*„Bieber"*- und *„Bogdandy*-Gruppe", oben Rz. 476) nichtamtliche **„konsolidierte Fassungen" eines einzigen EU-Vertrages** vorgelegt. In Amsterdam 1997 (42. Erklärung zur Schlußakte) wurden diese Arbeiten begrüßt. Sie sollen zu einer „konsolidierten Fassung aller einschlägigen Verträge" führen. Dabei ist offensichtlich an – begrüßenswerte – „technische" Verbesserungen gedacht, aber nicht an die „Vision" einer neuen, lesbaren europäischen Verfassung, mit der sich der „Unionsbürger auf der Straße" identifizieren könnte (*v. Bogdandy/Ehlermann* (Hrsg.) Konsolidierung und Kohärenz des Primärrechts nach Amsterdam, EuR 1998, Beih. 2).

2. Erkennbare Elemente der Europäischen Union

919 So undeutlich und offen das Vorstellungsbild von der Europäischen Union als Ziel des Einigungsprozesses vorläufig auch erscheinen mag, lassen sich doch aus der Gemeinschaftspraxis mehrerer Jahrzehnte und insbesondere aus dem EUV **gewisse Elemente ablesen,** die, wenn nicht vieles täuscht, für den weiteren Entwicklungsprozeß in Richtung auf die Europäische Union konstitutiv sein werden. Ähnlich wie bei dem Versuch, die gegenwärtige Rechtsgestalt der EG/EU als neuartige Form zwischenstaatlicher Verbindung zu umreißen (oben Rz. 887), geben bei ihrer Verlängerung in die Zukunft hinein **aktiv weiterführende** und andererseits **retardierende Faktoren** ein spannungsvolles Gesamtbild ab.

a) Von der Wirtschaftsunion zur Politischen Union

920 Mit dem Maastrichter EUV 1992 wurde ein erster, unvollkommener Schritt auf dem Wege zu einer **allgemeinpolitischen Europäischen Union** unternommen, die über das Wirtschaftliche hinaus, ähnlich wie ein nationales Gemeinwesen, über Zuständigkeiten in allen klassischen Politikbereichen verfügen soll. Dies entspricht sowohl den ursprünglichen Zielsetzungen der europäischen Föderalisten („We are in politics, not only in economics" – *Walter Hallstein),* als auch späterer pragmatischer Europapolitik („Politische Zielsetzungen, die der Gemeinschaft ihren ganzen Sinn und ihre Tragweite verleihen" = Ziff. 4 des Kommuniqués der Haager Gipfelkonferenz von 1969). EPZ 1970 ff. und vor allem die EEA 1986 nahmen diese Ziele auf. Im Maastrichter EUV 1992/97 verkörpern **die drei „Säulen" EG, GASP und PJZ, die das „EU-Dach" tragen,** diesen allgemeinpolitischen Anspruch der Union. **Tragpfeiler** dieses Gebäudes bleibt freilich bis auf weiteres die EG mit ihrem in Jahrzehnten gewachsenen Besitzstand („Acquis communautaire"). Die noch weitgehend intergouvernemental/völkerrechtlichen Konstruktionen von GASP und PJZ (oben Rz. 304 ff. und unten Rz. 1575 ff.) stehen für das Prinzip Hoffnung auf eine künftige Politische Union, die diesen Namen voll verdient.

b) Intensität und Dynamik der Zusammenarbeit in der Europäischen Union

921 Da die EG „harter Kern" der sich anbahnenden EU bleiben dürfte, bringt sie hier ihre **spezifischen „Gemeinschaftsmerkmale"** wie Autonomie der Rechtsordnung, Selbständigkeit der Organe, finanzielle Eigenständigkeit usf. (oben Rz. 895), mit ein. Diese jahrzehntelang eingespielte spezifische Form intensiver Kooperation im Rahmen der EG bezieht sich auf breite, über EEA und EUV nochmals erweiterte Aufgabenfelder und ist alles andere als abgeschlossen. Ihr wohnt vielmehr ein **dynamischer Zug** inne, der über die ständigen Verflechtungen der Politikfelder innerhalb der EG, aber auch mit GASP und PJZ zu fortlaufenden **Ausweitungen der Gemeinschaftsaktion** (näher unten Rz. 1899) drängt (Bsp. Einbeziehung der Bildungspolitik in die Freizügigkeit, unten Rz. 1903). Die Rechtsprechung des Gerichtshofes hat von Anfang an das ihre dazu getan, solche Integrationsfortschritte entschlossen zu legitimieren (oben Rz. 385).

c) Das „Staatsähnliche" der Europäischen Union

922 Zwar ist der Europäische Bundesstaat keine realistische Perspektive auch für die Endphase der Europäischen Union. Andererseits wäre es ebenso verkürzend, **gewisse „staatsähnliche" Formen** der bereits erreichten und in weiterem Ausbau befindlichen Zusammengehörigkeit innerhalb der Gemeinschaft zu übersehen, die

sich aus der eben geschilderten besonderen Intensität und Dynamik des EG-Prozesses ergeben. Den Bemühungen um eine gemeinsame europäische Außenpolitik entspricht nach innen eine inzwischen eingetretene Öffnung und gegenseitige Verflochtenheit der Gemeinschaftsmitglieder untereinander, die über das „Binnenmarktähnliche" hinaus manche **Züge innenpolitischer Familiarität** anzunehmen beginnt. Vor allem gilt dies für die der Gemeinschaft eigenen **politischen Leitprinzipien,** die in einer Art struktureller Homogenität sämtlich **staatlichen Vorstellungsbildern** entlehnt sind und es so verbieten, sich die EU als eine klassisch internationale oder auch ausschließlich intergouvernementale Organisationsform vorzustellen. Die Union ist eine **Gemeinschaft von Demokratien,** die sich ihrerseits den Prinzipien der Parlamentarischen Demokratie, des Rechtsstaates, einschließlich eines umfassenden Schutzes der Grund- und Menschenrechte, verpflichtet fühlt (näher oben Rz. 240). Dieses überall hindurchschimmernde „verfassungspolitische Element" der Union gibt ihren Strukturen seit längerem und wahrscheinlich künftig verstärkt eine Art parastaatliches Gepräge. Sollte die Währungsunion gelingen, würde dies die Verlagerung einer essentiellen Staatsfunktion auf die europäische Ebene bedeuten und die staatsanalogen Elemente innerhalb der EG/EU weiter stärken. In jedem Fall hat die Gemeinschaft mit ihren tief in den nationalen Bereich hineinwirkenden Gemeinsamen Politiken mehr und mehr Konturen einer **neuartigen staatsähnlichen Superstruktur** angenommen, die ihre Mitglieder auf unbegrenzte Zeit verbindet („Staatenverbund"). – Dennoch steht nach allen Entwicklungen in den neunziger Jahren der qualitative Sprung in die Staatlichkeit eines Europäischen Bundesstaates nicht auf der Tagesordnung. Nach dem Wegfall des Außendrucks durch den Kalten Krieg und mit der Perspektive einer gesamteuropäischen Erweiterung der EU bleibt der politische Wille der MSen vorherrschend, ihre nationale Identität zu wahren (Art. F Abs. 1 = 6 Abs. 1 neu EUV). Auf diese Weise verbleibt die **Souveränität** im Sinne letztentscheidender Kompetenz-Kompetenz und machtmäßiger Durchsetzungsfähigkeit bei den MSen als „Herren der Verträge" (oben Rz. 218). In der **„Normallage"** der Rechtsgemeinschaft, die den europäischen Einigungsprozeß seit einem halben Jahrhundert bestimmt, haben die MSen allerdings erhebliche Teile ihrer Staatsgewalt in Gemeinschaftshoheit überführt, ohne sich den Rückruf vorzubehalten. Für diese Normallage mag daher die Vorstellung angemessen sein, die **Souveränität** sei zwischen der Union und den MSen geteilt und **„in der Schwebe"** *(Helmut Steinberger).* Das hat in der täglichen Gemeinschaftspraxis wichtige Konsequenzen bei der Bestimmung des möglichen Umfangs der Gemeinschaftszuständigkeiten („Effet utile", oben Rz. 527 ff.) und vor allem in der Anerkennung des **Vorrangs des Gemeinschaftsrechts** (oben Rz. 615 ff.).

3. Ausblick: Zur Legitimierung der EU im 21. Jahrhundert

Stellt man als letztes die Frage nach der **künftigen Legitimation** einer 923
solchen „staatsnahen", aber nicht staatlichen Europäischen Union, muß man auf **dreierlei** zurückgreifen. **Zum einen** hat die funktionale Theorie (oben Rz. 910) richtig herausgearbeitet, daß die europäische Einigung sich von Anfang an bis heute in einem objektiven Sinne aus der **„Bewältigung gemeinsamer Aufgaben in der modernen technisch-industriellen Welt"** *(Roman Herzog)* legitimiert. Die „Schrumpfung" Europas durch die gesteigerten Erreichbarkeiten mittels der technologisch-verkehrsmäßigen Möglichkeiten einer sich immer mehr regionalisierenden und globalisierenden Welt stellt eine der Vorbedingungen und gleichzeitig der ständigen Herausforderungen für den Integrationsprozeß dar. Schon aus diesem Grunde hat Europa zu weiteren Schritten in dauerhafte Einigung keine reale Alternative, es sei

denn, es wolle sich zu den Verlierern der Entwicklung der internationalen Gemeinschaft im 21. Jahrhundert gesellen.

924 Der **zweite Legitimationsstrang der EU** liegt in der Verbundenheit ihrer Mitglieder durch **gemeinsame politische Überzeugungen und Ideale.** Sie haben in den Verweisen des EUV auf Freiheit und Demokratie, Menschenrechte, Rechtsstaat, Solidarität und manches andere mehr (oben Rz. 240 ff.) verfassungsmäßigen Niederschlag gefunden. Diese Grundwerte der Union sind aus **gemeinsamen Verfassungsüberlieferungen ihrer MSen** erwachsen. So gesehen legitimiert sich die Union geschichtlich durch das dauerhafte Bekenntnis zu den Ideen, die aus der französischen und amerikanischen Revolution Ende des 18. Jahrhunderts für die gesamteuropäische Verfassungsentwicklung prägend geworden sind. In der Aktion der EU obliegt es besonders dem direkt gewählten **Europäischen Parlament** und dem seinerseits national und europäisch verantwortlichen **Europäischen Rat,** demokratische Legitimität in die Union hineinzutragen.

925 Seit dem Ende des Kalten Krieges in der Wende 1989/91 fällt der Europäischen Union schließlich **als drittes** die historische Aufgabe zu, dem zukünftigen **Gesamteuropa** jene feste Rechtsgestalt zu geben, die **Frieden und Sicherheit des Kontinents** nach innen und außen ebenso sichert wie das **wirtschaftlich-soziale Wohlergehen.** Wie seit Jahrzehnten für Westeuropa bietet sich die europäische Idee in Gestalt der EU nunmehr auch für den östlichen Teil Europas als fruchtbare Antwort auf die bitteren Erfahrungen zweier Weltkriege an. Die Beitrittswünsche der mittel- und osteuropäischen Staaten bestätigen diese Einsicht. Der EU erwächst hieraus die Herausforderung, eines Tages für eine Gemeinschaft mit über 20 Mitgliedern handlungsfähige Strukturen zu schaffen und den Mitgliedstaaten gleichzeitig den Spielraum zu belassen, der sich aus der Vielfalt der nationalen Kulturen und Traditionen nahelegt. Vereinigte Staaten von Europa nach dem Muster der USA erweisen sich nach allen Erfahrungen des europäischen Integrationsprozesses nicht als erstrebenswertes Modell. Ebensowenig jedoch, wenn aus der Geschichte Lehren gezogen werden, ein lockerer Staatenbund oder eine „Minimalgemeinschaft" *(Wernhard Möschel),* in denen die Mitglieder erneut ihren nationalen Egoismen nachgehen. Um die Gespenster der Vergangenheit endgültig zu bannen, bedarf die Union **fester Verfassungsgrundlagen und Handlungsmöglichkeiten,** wie sie von den Gründern der Europäischen Gemeinschaft seit den fünfziger Jahren mit Erfolg entwickelt worden sind. Freilich können die besten Strukturen niemals Selbstzweck sein. Gründender Grund der Union bleibt auch künftig die Einsicht ihrer Völker, daß Frieden und Wohlergehen Europas auch nach 2000 den Umgang seiner Glieder untereinander **im Geiste der Gemeinsamkeit und Gerechtigkeit** voraussetzen.

Zweiter Abschnitt.
Grundlagen der Wirtschaftsordnung der Gemeinschaftsverträge

§ 12. Wirtschaftsverfassung und Wirtschaftspolitik (Mit Industrie-, Regional/Struktur- und Beschäftigungspolitik)

Literatur: Umfangreiche Zusammenstellungen bei *Bandilla,* in: Grabitz/Hilf (Hrsg.), EUV/EGV-Komm. (1996), zu Art. 3 a und 102 a EGV.

Günther, Die ordnungspolitischen Grundlagen des EWGV, WuW 1963, S. 191 ff.; *Colonna di Paliano,* Die Industriepolitik der Gemeinschaft, 1969; *Everling,* Eigentumsordnung und Wirtschaftsordnung in der EG, FS Raiser, 1974, S. 379 ff.; *Klisch,* Die Konjunkturpolitik in der EWG, 1974; *v. d. Groeben,* Zur Wirtschaftsordnung der EG, Integr. 1981, S. 3 ff.; *EG-Komm.* (Hrsg.), Vollendung des Binnenmarktes/ Weißbuch der Kommission an den Europäischen Rat, 1985; *Mestmäcker,* Auf dem Wege zu einer Ordnungspolitik für Europa, FS v. d. Groeben, 1987, S. 9 ff.; *Oppermann,* Europäische Wirtschaftsverfassung nach der Einheitlichen Europäischen Akte, in Müller-Graff/Zuleeg (Hrsg.), Staat und Wirtschaft 1987, S. 53 ff.; *Cecchini,* Europa '92 – Der Vorteil des Binnenmarktes, 1988; *Barents,* Some reflections on the Economic Constitution of the Community, GYIL 1991, S. 9 ff.; *Joerges,* Markt ohne Staat? Die Wirtschaftsverfassung der Gemeinschaft und die Renaissance der regulativen Politik, 1991; *Ress,* Wirtschaftslenkung in den EGen, in: Rill/Griller (Hrsg.), Europäischer Binnenmarkt und Österreich. Wirtschaftsverwaltungsrecht, 1991, S. 81 ff.; *Basedow,* Von der deutschen zur europäischen Wirtschaftsverfassung, 1992; *Grossfeld,* Europäisches Wirtschaftsrecht und europäische Integration, 1993; *Petersmann,* Grundprobleme der Wirtschaftsverfassung der EG, Außenwirtschaft 1993, S. 389 ff.; *Vollmer,* Wirtschaftsverfassung und Wirtschaftspolitik der EG nach „Maastricht", DB 1993, S. 25 ff.; *Mestmäcker,* Zur Wirtschaftsverfassung in der EU, FS Willgerodt, 1994, S. 263 ff.; *Schmidt,* Die neue Subsidiaritätsregelung des Art. 72 GG in der deutschen und europäischen Wirtschaftsverfassung, DÖV 1995, S. 657 ff.; *Everling,* Wirtschaftsverfassung und Richterrecht in der EG, FS Mestmäcker, 1996, S. 365 ff.; *Kantzenbach,* Die Wirtschaftsordnung der EU, in: Caesar/ Ohr (Hrsg.), Maastricht und Maastricht II, 1996, S. 55 ff.; *Baur/Watrin* (Hrsg.), Recht und Wirtschaft der EU, 1997; *Schulze -Steinen,* Rechtsfragen zur Wirtschaftsunion, 1998.

Die EG/EU stellt, ökonomisch gesehen, den Versuch dar, ihre Mitglied- **926**
staaten einem gemeinsamen Wirtschaftsraum („Binnenmarkt") zusammenzuschließen. Mag auch das Ausmaß der Vergemeinschaftung in den einzelnen Wirtschaftsbereichen vom freien Warenverkehr bis zur Sozialpolitik unterschiedlich sein, bedeutet das Konzept der sich in den drei Verträgen manifestierenden „Wirtschaftsgemeinschaft" insgesamt einen hohen Grad binnenmarktähnlicher Zusammengehörigkeit.

Unter diesen Umständen stellt sich auch auf europäischer Ebene die in Deutschland national vielerörterte **Frage nach der Wirtschaftsverfassung der EG/EU** in dem Sinne, inwieweit man bei einem Überblick über die wirtschaftlichen Aktionsmöglichkeiten der Gemeinschaft von einem „verfassungsmäßigen" Gesamtkonzept sprechen kann, das dieser Aktion die Richtung weist und Grenzen setzt *(Mestmäcker,* FS Willgerodt, 1994, S. 263 ff.). Richtig verstanden, ist die Frage nach der Wirtschafts„verfassung" der Gemeinschaft diejenige nach den vertraglichen Grundlagen im primären Gemeinschaftsrecht sowie Allgemeinen Rechtsgrundsätzen, die als Eckwerte zusammengesehen das **wirtschaftsrechtliche Leitbild der EG** ergeben. Von „Verfassung" ist hier also wiederum in dem begrenzten Sinne die Rede, der allgemein den Verfassungscharakter des primären EGR ausmacht (oben Rz. 473).

927 **EU-Wirtschaftsverfassung** ist, so gesehen, etwas Engeres als die **„Wirtschaftsordnung"** der Gemeinschaft, als welche man den Gesamtkomplex des primären und sekundären Gemeinschaftsrechtes einschließlich theoretisch-"ordnungspolitischer" Grundvorstellungen begreifen mag, der sich auf die grundlegende Regulierung und Steuerung des Wirtschaftsprozesses bezieht. (Wiss. Beirat BMWi, Ordnungspolitische Orientierung für die EU, BAnz 1994, S. 10357 ff.) Eine solche **Ordnungspolitik,** wie sie etwa in Gestalt der „Freiburger Schule" nach 1949 in der deutschen Wirtschaftspolitik als „soziale Marktwirtschaft" *(Alfred Müller-Armack)* eine entscheidende Rolle spielte, gibt es auf EG-Ebene nur sehr begrenzt. Deutschen Bestrebungen in dieser Richtung *(Ludwig Erhard, Karl Heinz Narjes)* standen und stehen wirtschaftspolitische Traditionen in anderen MS entgegen, die ein solches „Modelldenken" nicht kennen *(Mestmäcker,* FS v. d. Groeben, 1987, S. 9 ff.). So ist schon das Wort „Ordnungspolitik" nahezu unübersetzbar in andere Gemeinschaftssprachen. Dagegen ist die **Wirtschaftsverfassung** in dem engeren Sinne der **nachweisbaren vertraglichen grundlegenden Festlegungen der MS** eine allgemeinverständliche Kategorie. Ihre Erkenntnis trägt wesentlich zum Verständnis der Eigenart der Gemeinschaft bei.

I. Offene EG-Wirtschaftsverfassung auf marktwirtschaftlichen Grundlagen

Literatur: *Müller-Armack,* Die Wirtschaftsordnung des Gemeinsamen Marktes, Wirtschaftspolitische Chronik 1964, S. 7 ff.; *Winkel,* Die Vereinbarkeit staatlicher Preislenkungsmaßnahmen mit dem EWGV, NJW 1976, S. 2048 ff.; *Weis,* Verstaatlichungen aus gemeinschaftsrechtlicher Sicht, NJW 1982, S. 1910 ff.; *Zuleeg,* Demokratie und Wirtschaftsverfassung in der Rechtsprechung des EuGH, EuR 1982, S. 21 ff.; *Müller-Graff,* Ordnungspolitische Divergenzen und wettbewerbliche Lauterkeit im Gemeinsamen Markt, FS Carstens, 1984, S. 209 ff.; *Vandersanden,* Community Order and National Economic Policies, 1984; *Bleckmann,* Zum Begriff des Gemeinsamen Marktes im EWGV, MDR 1986, S. 5 ff.; *Vandamme/de la Rocher,* Interventions publiques et droit communautaire, 1987; *Starbatty* (Hrsg.), Europäische Integration: Wieviel Wettbewerb – wieviel Bürokratie?, 1990; *Bleckmann,* Wirtschaftslenkung und Europäische Wirtschafts- und Währungsunion, 1992; *v. d. Groeben,* Probleme einer europäischen Wirtschaftsordnung, FS Börner, 1992, S. 99 ff.; *Feldmeier,* Ordnungspolitische Perspektiven der europäischen Integration, 1993; *Gröner,* Die europäische Integration als ordnungspolitische Aufgabe, 1993; *Bundesminister für Wirtschaft* (Hrsg.), Ordnungspolitische Orientierung für die EU (= Gutachten Wiss. Beirat), BAnz. 1994, S. 10357 ff.; *Gerken* (Hrsg.), Europa zwischen Ordnungswettbewerb und Harmonisierung, 1995; *Hartmann,* Öffentliche Finanzpolitik in der EU, EuZW 1996, S. 133 ff.; *v. Scherpenberg,* Ordnungspolitische Konflikte im Binnenmarkt, in: Jachtenfuchs/Kohler-Koch (Hrsg.), Europ. Integration, 1996, S. 345 ff.; *Vollmer,* Die Wirtschaftsverfassung der EU aus rechtlicher Sicht, in: Caesar/Ohr (Hrsg.), Maastricht und Maastricht II, 1996, S. 83 ff.; *Möschel,* Einflüsse der europäischen auf die deutsche Wirtschaftsordnung, 1998; *Mussler,* Die Wirtschaftsverfassung der EG im Wandel, 1998.

Bei der Bestimmung der EG/EU-Wirtschaftsverfassung in dem eben umrissenen Sinne ist zunächst zu beachten, daß es sich nur um eine **unvollständige „Verfassung"** handeln kann, da die Intensität der Gemeinschaftsgewalt in den verschiedenen Wirtschaftsbereichen sehr unterschiedlich ausgeprägt ist. Einer weitgehenden Gemeinschaftsaktion etwa bei der Herstellung des freien Warenverkehrs, in der Gemeinsamen Agrarpolitik oder in der Außenhandelspolitik (unten Rz. 1267 ff., 1349 ff., 1730 ff.) stehen deutlich begrenzte und z. T. nicht voll ausgenutzte Gemeinschaftsbefugnisse z. B. im finanziellen Sektor einschließlich der Steuerpolitik, in der Energiepolitik oder im Verkehrsbereich gegenüber. Hinzu kommen unterschiedliche Grundkonzeptionen zwischen den drei Verträgen, wobei die EG eine weithin liberal ausgestaltete Handelsordnung aufweist, während im EGKSV und EAGV zwei typische Interventionsbereiche zu regeln waren. 928

Wie praktisch jede Wirtschaftsverfassung, weist diejenige der EG/EU eine **Mischung aus marktwirtschaftlich/freiheitlichen** („liberalen") und **interventionistischen** („dirigistischen") **Elementen** auf. Dies ist auf EG-Ebene um so weniger überraschend, als im Vertragssystem grundlegende Kompromisse zwischen durchaus unterschiedlichen nationalen Wirtschaftsordnungen in den MS zu finden waren. Hier ergaben sich ursprünglich insbesondere Kontraste zwischen der deutschen sozialen Marktwirtschaft und den französischen und z. T. auch italienischen Planifikationstraditionen (*Kloten,* Marktwirtschaft, Staatslexikon, 1960, Bd. 5, Sp. 557 ff.; *Hirsch,* Die französischen Planungsmethoden und ihre Ausdehnung auf den Gemeinsamen Markt, 1962). Entscheidend für das „Profil" der EU-Wirtschaftsverfassung ist somit nicht die Tatsache der „Mischung" als solcher, sondern ihre Ausgestaltung im Näheren. Für sie ist vor allem charakteristisch, daß ihr Leitbild der **„Grundsatz einer offenen Marktwirtschaft mit freiem Wettbewerb"** ist (Art. 3 a, 102 a = 4, 98 neu EGV). Eingriffe hierin bedürfen jeweils besonderer Legitimation, die insbesondere in einer Verbesserung der Wettbewerbsbedingungen liegen kann. 929

1. Europäische Marktfreiheit

Insoweit ist wesentlich, daß ein Grundziel der Verträge **die Herstellung eines Gemeinsamen „Marktes"** im Sinne eines im Kern freien und nach innen offenen europäischen Wirtschaftsraumes (Art. 2 EGV) ist (*Petersmann,* NJW 1993, S. 593 ff.). Obwohl damit nicht eine umfassende Entscheidung zugunsten einer marktwirtschaftlichen Gesamtordnung verbunden ist, gehen die Verträge in wichtigen Sektoren zunächst einmal von der Vorstellung der **„Liberalisierung"** im Sinne eines vom Grundsatz des redlichen Wettbewerbs (Präambel EGV) beherrschten Wirtschaftsaustausches aus. Dies drückt sich in den Regelungen zugunsten einer den gesamten Warenaustausch umfassenden Zollunion (Art. 9 ff. = 23 ff. neu EGV), in den weiteren Freiheiten des Personen-, Kapital- und Zahlungsverkehrs (Art. 48 ff., 52 ff., 59 ff., 73 b ff. = 39 ff., 43 ff., 49 ff., 56 ff. neu EGV) aus. Die Wettbewerbs- 930 regeln, die grundsätzliche Ablehnung von Beihilfen, das Prinzip der Steuerharmonisierung und die auf das „Funktionieren" des Gemeinsamen Marktes ausgerichtete Rechtsangleichung (Art. 85 ff., 92 ff., 95 ff., 100 ff. = 81 ff., 87 ff., 90 ff., 94 ff. neu EGV) stellen wesentliche flankierende Maßnahmen zugunsten der **grundlegenden europäischen „Marktfreiheit"** dar. Auch in der Rechtsprechung des EuGH finden sich „Bausteine" dieser Sicht (Zusammenstellung bei *Langguth/Lenz,* in: Lenz (Hrsg.), EGV-Komm., 1994, Art. 2, RdNr. 5 ff.). Mit der Schaffung des europäischen Binnenmarktes als einem **„Raum ohne Binnengrenzen"** (Art. 7 a = 14 neu EGV) wird dieses grundlegende Ziel der EG-Wirtschaftsverfassung nochmals vertieft. Auch in der stärker interventionistischen Ordnung von EGKS/EAG bleibt die Schaffung eines tendenziell freien Gemeinsamen Marktes für die dortigen Erzeugnisse ein oberstes Vertragsziel (Art. 1 EGKSV, Art. 2 g EAGV). In der Außenhandelspolitik der Gemeinschaft entspricht dem Bekenntnis zum offenen Binnenmarkt das Ziel einer prinzipiell nichtprotektionistischen, den **freien Welthandel** fördernden Aktion der EG (Präambel, Art. 110 Abs. 1 = 131 Abs. 1 neu EGV).

2. Bereiche der Intervention

931 Die „liberale" Seite der EU-Wirtschaftsverfassung ist andererseits immer wieder mit **Möglichkeiten staatlichen Eingriffes** verwoben, so daß sich das Gesamtbild einer „gemischten" Ordnung ergibt. So zeigt sich bereits in der allgemeinen Wirtschaftspolitik (insbes. Konjunkturpolitik, mittelfristige Wirtschaftspolitik, Währungspolitik), in der die MS zusammenarbeiten, der Grundansatz **staatlicher Globalsteuerung des Wirtschaftsgeschehens** (Art. 102 a – 104 c, 105 ff. = 98 – 102, 105 ff. neu EGV) (näher unten Rz. 933). Er äußert sich darüber hinaus allgemein etwa in den Maßnahmen einer EG-Forschungs- und Technologiepolitik, Industrie- und Regionalpolitik (Art. 130 ff. = 157 ff. neu EGV; näher unten Rz. 947 ff., 1941 ff.). In bestimmten „schwierigen" Wirtschaftsbereichen wie Kohle/Stahl, Kernenergie, Landwirtschaft, Verkehr (Art. 2/3 EGKSV, Art. 2 EAGV, Art. 39 = 33 neu EGV, Art. 75 = 71 neu EGV) enthalten die Verträge nähere Zielsetzungen für die als selbstverständlich vorausgesetzte **öffentliche Intervention.** Ebenso erscheint die – allerdings weithin den MS verbleibende – Sozialpolitik legitimer Gegenstand der Gemeinschaftsbetätigung (Art. 117 ff. = 136 ff. neu EGV). Hier modifiziert die in Amsterdam 1997 eingeführte Beschäftigungspolitik (Art. 125 ff. neu EGV) den marktwirtschaftlichen Ansatz. – Auch die Eigentumsordnung, neuralgischer Punkt jeder Wirtschaftsverfassung, verbleibt grundsätzlich in nationaler Verantwortung (Art. 222 = 295 neu EGV; *Everling,* FS Raiser, 1974, S. 379 ff.). Dies bedeutet allerdings angesichts der spezifischen Aussagen der Verträge, wie z.B. in Art. 37, 85 ff., 92 ff. = 31, 81 ff., 87 ff. neu EGV, keinen gemeinschaftsrechtlichen Freibrief für branchenweite Verstaatlichungen *(Weis,* NJW 1982, S. 1910 ff.). Der **Liberalismus der EG-Wirtschaftsverfassung** ist insgesamt ein **„gemäßigter"** *(Ophüls).*

932 Gleichwohl erscheint es unscharf, die Wirtschaftsverfassung der Gemeinschaft lediglich als offen oder „neutral", als einen rechtlichen Rahmen für verschiedene Wirtschaftssysteme o. ä. zu umschreiben. Zwar ist sie „offen" in dem Sinne, daß in allen Vertragsbereichen in der einen oder anderen Form die Möglichkeit des Eingriffes seitens der Gemeinschaftsgewalt gegeben ist, soweit nicht bereits der Rekurs auf die unterschiedlichen nationalen Wirtschaftspolitiken verbleibt. Als eigentliches „Programm", wie es Art. 2, 3 a, 102 a = 2, 4, 98 neu EGV entnehmbar ist, bleibt die EG jedoch primär auf die Herstellung und Bewahrung eines grundsätzlich freien, dem **„Wettbewerbsprinzip"** verpflichteten Binnenmarktes ausgerichtet. Insofern beruht die EG-Wirtschaftsverfassung bei aller Offenheit, wie auch der Gerichtshof bestätigt hat (EuGHE 1970, 1125 ff. – RS 11/70 „Internationale Handelsgesellschaft"; *Vollmer,* DB 1993, S. 25 ff.) letztlich auf marktwirtschaftlichen Grundlagen, zumindest in dem Sinne, daß der ordnungspolitisch überwachte Wett-

bewerb die Regel ist, die planerische Intervention im weitesten Sinne dagegen prinzipiell einer ordnungsfördernden Legitimation bedarf. Gleichzeitig setzt sich die Wirtschaftspolitik der Gemeinschaft **gemeinsame Ziele** wie die Errichtung des Binnenmarktes und der Wirtschafts- und Währungsunion. In diesem Zusammenhang sind „richtungsweisende Grundsätze" (Art. 3 a Abs. 3 = 4 Abs. 3 neu EGV) wie stabile Preise und gesunde öffentliche Finanzen zu beachten. Auf diese Weise mischen sich wiederum die Marktfreiheiten mit staatlich und europäisch vorgegebenen und gesteuerten Zielsetzungen (*Mestmäcker,* Von der Wirtschaftsgemeinschaft zur Wirtschafts- und Währungsunion, in: *Hommelhoff/P. Kirchhof,* Der Staatenverbund der EU 1994, S. 113 ff.). Bei alledem bleibt zu beachten, daß die EG/EU nicht über eine Vollkompetenz in der Wirtschaftspolitik verfügt, sondern daß diese auf einer engen Koordinierung der Wirtschaftspolitik der MSen beruht (Art. 3 a Abs. 1 = 4 Abs. 1 neu EGV). Dabei soll fortschreitend mit der Errichtung der Währungsunion eine **„dauerhafte Konvergenz** der Wirtschaftsleistungen der MSen" erreicht werden (Art. 103 Abs. 4 = 99 Abs. 4 neu EGV).

II. Gemeinschaftliche Wirtschaftspolitik im engeren Sinne

Literatur: *Kantzenbach,* Möglichkeiten und Grenzen der Konjunkturpolitik in der EWG, 1959; *Baumann,* Mittelfristige Wirtschaftspolitik für die EG, 1969; *Tietmeyer,* Europäische Wirtschafts- und Währungsunion, EA 1971, S. 409 ff.; *Armand/Ameller,* Vers une politique conjoncturelle commune, 1974; *Lahnstein,* Über die Währungsunion zur Wirtschaftsunion?, EA 1978, S. 263 ff.; *Moussis,* Le cadre juridique de la politique économique II – Politique économique, RMC 1982, S. 482 ff.; *Börner,* Studien zum deutschen und europäischen Wirtschaftsrecht Bd. 1–4, 1973–1985; *Krämer,* Rechtliche Aspekte und Probleme der Vollendung des EG-Binnenmarktes, 1987; *Delors,* Bericht zur Wirtschafts- und Währungsunion in der EG, EA 1989, D 283 ff.; *Meyer,* Die rechtliche Beschränkung der Wirtschaftspolitik der Mitgliedstaaten durch die Wirtschaftspolitik der Gemeinschaft, 1992; *Thiel,* Europäische Wirtschafts- und Währungsunion – Von der Marktintegration zur politischen Integration, APUZ B 7–8/1992, S. 3 ff.; *EurKommission* (Hrsg.), Wachstum, Wettbewerbsfähigkeit, Beschäftigung (Weißbuch), BullEG, Beilage 6/1993; *Krägenau/Wetter,* Europäische Wirtschafts- und Währungsunion. Vom Werner-Plan zum Vertrag von Maastricht, 1993; *Nürk,* Die Koordinierung der Konjunkturpolitik in der EG, 1993; *Mestmäcker,* Von der Wirtschaftsgemeinschaft zur Wirtschafts- und Währungsunion, in: Hommelhoff/P. Kirchhof (Hrsg.), Der Staatenverbund der EU, 1994, S. 113 ff.; *Jochimsen,* Perspektiven der europäischen Wirtschafts- und Währungsunion, 1994; *Roth/Pipkorn,* Der rechtliche Rahmen der Wirtschafts- und Währungsunion, EuR Beiheft 1/1994, S. 45 ff., 85 ff.; *Weber,* Die Wirtschafts- und Währungsunion nach dem Maastricht-Urteil, JZ 1994, S. 53 ff.; *Louis* u. a., Union Économique et Monétaire, Cohésion Economique et sociale, Politique Industrielle et Technologique Européenne, 1995; *Vogel,* Industriepolitik und Wettbewerbsrecht aus französischer Sicht, 1995; *Häde,* Ein Stabilitätspakt für Europa, EuZW 1996, S. 138 ff.; *Streit,* Systemwettbwerb im europ. Integrationsprozeß, FS Mestmäcker, 1996, S. 521 ff.; *Seidel,* Beschluß- und Entscheidungsverfahren in der Wirtschafts- und Währungsunion, Integr. 1998, S. 197 ff..

Die **allgemeine Wirtschaftspolitik** im Sinne der Summe der gestaltenden Maßnahmen des Staates im Hinblick auf Wirtschaftsprozeß, Wirtschaftsstruktur und Wirtschaftsordnung (*Tuchtfeldt,* HdWW 9 (1982), S. 179 ff.) ist immer noch wesentlich bei den **Mitgliedstaaten** verblieben. Gemäß Art. 2, 3a, 6, 102 a ff., 145 = 2, 4, 12, 98 ff., 202 neu EGV sind diese **933** nationalen Wirtschaftspolitiken jedoch eine **Angelegenheit gemeinschaftlichen Interesses** im Rahmen der EG. Die Gemeinschaft und in ihr insbesondere der Rat (Art. 145 = 202 neu EGV) ist der Ort, in dem diese Politik koordiniert wird, um zu ihrer „engen Koordinierung" (Art. 3 a Abs. 1 = 4 Abs. 1 neu EGV) zu gelangen. Zugleich üben die Herstellung und Bewahrung des **Binnenmarktes** und die Durchführung der **Währungsunion** Zwänge in Richtung stärkerer Vergemeinschaftung der nationalen Wirtschaftspolitik aus. Art. 102 a ff. = 98 ff. neu EGV enthalten eine umfängliche Prozedur, wie mittels einer „multilateralen Überwachung" durch die Gemeinschaft die dauerhafte Konvergenz der mitgliedstaatlichen Wirtschaftspolitiken erreicht werden soll. Dabei spielen gemeinschaftsrechtliche Gebote und Verbote eine besondere Rolle, welche **„gesunde öffentliche Finanzen"** (Art. 3 a Abs. 3 = 4 Abs. 3 neu EGV) gewährleisten sollen.

934 In die gleiche Richtung dauerhafter Konvergenz will der 1997 bei der Vorbereitung der Währungsunion geschlossene **„Stabilitäts- und Wachstumspakt"** wirken (*Häde,* EuZW 1996, S. 138 ff., unten Rz. 1012). Ob diese komplizierten Vertragsregelungen tatsächlich imstande sein werden, die vielfältigen politischen Kräfte in den MSen, die auf das nationale Wirtschafts- und Finanzgebaren einwirken, in einem stabilen Gemeinschaftsrahmen dauerhaft zu bändigen, ist noch nicht ausgemacht. Ein Rückblick auf ehrgeizige frühere Pläne, die sich nicht verwirklichten, mahnt zu Vorsicht.

Exkurs: Anläufe zur Errichtung einer Wirtschafts- und Währungsunion seit 1970

935 Bei dem Ende der Übergangszeit 1970 empfanden Gemeinschaft und MS die verhältnismäßig schwache Position der EG in der allgemeinen Wirtschaftspolitik angesichts des erreichten Integrationsstandes als ungenügend. Insbesondere währungspolitische Schwankungen 1969 (Abwertung in Frankreich, Aufwertung in Deutschland) führten die negativen Auswirkungen des Status Quo auf den Gemeinsamen Markt vor Augen. Die europapolitische Antwort hierauf war der Versuch, **die Gemeinschaft in einem festen Zeitplan zur Wirtschafts- und Währungsunion fortzuentwickeln,** d.h. die wirtschafts- und währungspolitischen Befugnisse der Gemeinschaft zu Lasten der MS entscheidend zu stärken. Nachdem die Kommission in ihrem ***Barre*-Plan** 1969 erste Vorstellungen entwickelt hatte, beschlossen die Regierungschefs auf der Haager Gipfelkonferenz 1969 als Schritt auf dem Wege zur Europäischen Union, daß ein Stufenplan für die Errichtung einer Wirtschafts- und Währungsunion ausgearbeitet werde (Abs. 8 Abschlußkommuniqué, ABl. 1971, C 94/9). Auf der Grundlage der Schlußfolgerungen einer amtlichen, vom luxemburgischen Ministerpräsidenten geleiteten Arbeitsgruppe **(„*Werner*-Plan"**, ABl. 1970, C 136/1 ff.) faßten Rat und Regierungen der MS am 22.3.1971 eine **Entschließung zur Errichtung der WWU,** die sich in 3 Stufen (1971–1973, 1974–1979, ab 1980) vollziehen sollte (ABl. 1972, C 38/3 ff., begleitende Beschlüsse, vgl. *Ehlermann,* EuR 1972, S. 16 ff.). Sie bedeutete einen Kompromiß im Streit zwischen **„Monetaristen" (Frankreich/Belgien)** und **„Ökonomisten" (Bundesrepublik/Niederlande).** Während die Monetaristen primär den Währungsverbund als Vorreiter der WWU stärken wollten, hielten die Ökonomisten zunächst gemeinsame Maßnahmen in der Wirtschafts- und Haushaltspolitik für nötig, bevor die Währungsunion als „Krönung" denkbar würde. (Näher *Hellmann,* Europäische Wirtschafts- und Währungsunion, 1971). Die Entschließung v. 22.3.-1971 setzte demgegenüber auf Parallelität in der Entwicklung eines einheitlichen Wirtschaftsraumes (faire Binnenliberalisierung), einer einheitlichen Wirtschaftspolitik (Schaffung entsprechender Gemeinschaftsbefugnisse) und eines einheitlichen Währungsraumes (Annäherung der Wechselkurse, endgültige Paritätenfixierung, gemeinschaftliches Zentralbankensystem und schließlich „Unwiderruflichkeit", durch eine einheitliche europäische Währung).

Der ehrgeizige Plan scheiterte schon 1971/72 infolge der weltweiten Dollar- **936**
Krise (Freigabe der DM, Lösung des Dollars von der Goldparität u. a.). 1974 stellten die Regierungschefs fest, daß der Übergang zur 2. Stufe der WWU nicht möglich gewesen sei. (Dazu *Gleske,* EuR 1974, S. 24 ff.) Es kam lediglich auf der währungspolitischen Seite am 24.4.1972 zur zeitweiligen, schlecht funktionierenden Begründung eines **Europäischen Wechselkursverbundes („Schlange")** und damit im Zusammenhang zur Begründung des **Europäischen Fonds für währungspolitische Zusammenarbeit** (VO 907/73 v. 3.4.1973, ABl. L 89/2 ff.; vgl. *Ehlermann,* EuR 1973, S. 193 ff.). Erst die deutsch-französische Initiative 1978 zur Schaffung des **Europäischen Währungssystems (EWS)** verwirklichte später einen ersten dauerhaften Ansatz zu einem EG-weiten Währungsverbund (hierzu näher unten Rz. 991 ff.). In den siebziger Jahren stagnierte die Entwicklung zur WWU im übrigen trotz einiger Versuche zu Neuansätzen (*Marjolin*-Bericht 1974, *Tinde-mans*-Bericht 1976, *Jenkins*-Initiative 1977). Entscheidend hierfür war letztlich die sehr unterschiedliche tatsächliche Wirtschaftsentwicklung in den MS, die sie immer wieder vor dem Wagnis zurückschrecken ließ, wesentliche Teile ihrer wirt-schafts- und währungspolitischen Souveränität auf schwer berechenbare Gemein-schaftsinstanzen zu übertragen (näher *Lahnstein,* EA 1978, S. 263 ff.). Neben der Errichtung des EWS 1978 kann man eigentlich erst wieder den Aufbruch zur **Verwirklichung des europäischen Binnenmarktes** in den achtziger Jahren (Weißbuch der Kommission 1985 und Art. 7 a–c) = 14 f. neu EGV) und vor allem das im Maastrichter EUV angelegte Projekt **Wirtschafts- und Währungsunion** (Art. 2, 3 a, 102 a ff., 105 ff., 130 ff. = 2, 4, 98 ff., 105 ff., 157 ff. neu EGV) als den zweiten großangelegten Versuch begreifen, die Wirtschafts- und Währungsunion als ein Kernstück der Europäischen Union voll zu errichten (*Franzmeyer,* Integr. 1993, S. 95 ff.).

1. Europäische Koordinierung der Wirtschaftspolitik der Mitgliedstaaten

Durch den Maastrichter EUV 1992 sind die früheren Vertragsregelungen **937**
über die gemeinschaftliche Wirtschaftspolitik grundlegend umgestaltet worden.

Bis zur Überführung des früheren EWGV in den Maastrichter EGV mittels des EUV setzte Art. 2 EWGV lediglich das Ziel der „schrittweisen Annäherung der Wirtschaftspolitik der MSen". Es wurde über die Art. 102a – 109 EWGV durch die Behandlung der **Konjunkturpolitik** der MSen als Angelegenheit von gemeinsamem Interesse (Art. 103 EWGV) sowie durch Festlegungen der **mittelfristigen Wirtschaftspolitik** innerhalb der EG (Art. 104 ff. EWGV) verfolgt.

Demgegenüber ist das Grundziel des EGV die **Errichtung einer Wirt-** **938**
schafts- und Währungsunion in Verbindung mit der Errichtung des Gemeinsamen Marktes und der Verfolgung der einzelnen gemeinsamen Politiken oder Maßnahmen (Art. 2 EGV). **Wirtschafts- und Währungspolitik**

werden eng miteinander verzahnt, weil der Übergang zur Europäischen Währungsunion (EWU) mit dem Beginn der 3. Stufe der Verwirklichung der Wirtschafts- und Währungsunion (Art. 109 j Abs. 3 = 121 Abs. 3 neu EGV und unten Rz. 1017 ff.) von einem **„hohen Grad an dauerhafter Konvergenz"** der nationalen Wirtschafts- und Haushaltspolitiken abhängig gemacht wird (Art. 109 j Abs. 1 = 121 Abs. 1 neu EGV i. V. m. dem Protokoll über die Konvergenzkriterien; *Roth/Pipkorn,* EuR, Beih. 1/1994, S. 45 ff., 85 ff.).

939 Art. 2 und 3 a = 2 und 4 neu EGV umschreiben wortreich dieses Doppelziel einer harmonischen und ausgewogenen Entwicklung des Wirtschaftslebens innerhalb der Gemeinschaft sowie der Einführung einer einheitlichen Währung. Dabei werden sowohl das Leitbild einer **„offenen Marktwirtschaft mit freiem Wettbewerb"** definiert, als auch hierfür **„richtungweisende Grundsätze"** aufgestellt (stabile Preise, gesunde öffentliche Finanzen und monetäre Rahmenbedingungen sowie eine dauerhaft finanzierbare Zahlungsbilanz). Über Art. 102 a – 103 a = 98 – 100 neu EGV wird zur Durchführung einer solchen gemeinschaftlichen Wirtschaftspolitik ein **Instrumentarium** bereitgestellt. Im Gegensatz zu der beabsichtigten vollständigen Vergemeinschaftung der Währungspolitik sieht der EGV **für die Wirtschaftspolitik nur einen vergleichsweise niedrigen Grad der Vergemeinschaftung vor** und beläßt sie vorläufig weithin unter der nationalen Verantwortung der MSen (*Schill,* in: Lenz (Hrsg.), EGV-Komm., 1994, Vorbem. Titel VI, RdNr. 2 ff.). Allerdings ergeben sich aus der Haushalts- und Konvergenzpolitik mit Blick auf die Währungsunion zunehmende Zwänge für gemeinschaftliche Abstimmungen der Wirtschaftspolitiken.

940 In Zusammenarbeit mit der Kommission und nach Erörterung im Europäischen Rat verabschiedet der Rat jährlich nach Art. 103 Abs. 2 = 99 Abs. 2 neu EGV eine **Empfehlung zu den Grundzügen der Wirtschaftspolitik der MSen und der Gemeinschaft** (vgl. z. B. ABl. Gem. 1995, L 191/24 ff.). Das EP wird hierüber unterrichtet. Zur Durchführung dieser Empfehlungen im Sinne enger Koordinierung und dauerhafter Konvergenz der nationalen Wirtschaftspolitiken sieht Art. 103 Abs. 3 – 5 = 99 Abs. 3 – 5 neu EGV eine **multilaterale Überwachung** durch Rat und Kommission vor. Nötigenfalls kann der Rat auf Vorschlag der Kommission über der Wirtschaftslage angemessene Maßnahmen **einstimmig entscheiden.** Bei gravierenden Schwierigkeiten eines MSes kann ihm auf diese Weise **finanzieller Beistand** gewährt werden (Art. 103 a = 100 neu EGV).

2. Europäische Überwachung der Haushaltspolitik der Mitgliedstaaten

941 Das Verfahren der europäischen Koordinierung der mitgliedstaatlichen Wirtschaftspolitiken gemäß Art. 103 = 99 neu EGV ist im wesentlichen **„weich"**, unter Schonung der nationalen Zuständigkeiten, ausgestaltet. Es erfährt jedoch in Art. 104 – 104 c = 101 – 104 neu EGV, die in Verbindung mit den Übergangsbestimmungen zur Währungsunion nach Art. 109 e – j = 116 – 121 neu EGV gesehen werden müssen, für den Bereich der **nationalen Haushaltspolitiken** eine **stringenter ausgestaltete Ergänzung** *(Ban-*

dilla, in: Grabitz/Hilf (Hrsg.), EUV/EGV-Komm. (1996), zu Art. 104 c, RdNr. 1 ff.).

Zentral für diese Regelungen ist das in Art. 104 c Abs. 1 = 104, Abs. 1 neu EGV ausgesprochene grundsätzliche Gebot, daß **die Mitgliedstaaten übermäßige öffentliche Defizite vermeiden.** Dieses Gebot gilt in vollem Sinne erst mit dem Beginn der 3. Stufe zur EWU. Vorher sind die MSen „bemüht", übermäßige öffentliche Defizite zu vermeiden (Art. 109 e Abs. 4 = 116 Abs. 4 neu EGV). Was ein solches **„übermäßiges" Defizit** ist, wird nach Art. 104 c Abs. 2 ff. = 104 Abs. 2 ff. neu EGV i. V. m. einem Protokoll zum EUV und der VO 3605/93 v. 22.11.1993 (ABl. L 332/7 ff.) in einem komplizierten, Kommission und Rat anvertrauten Überwachungsverfahren festgestellt. Letztlich bleibt der seitens der Gemeinschaft auf die MSen auszuübende Zwang zur Defizitvermeidung jedoch ein politischer. Nach Art. 104 c Abs. 10 = 104 Abs. 10 neu EGV werden Klagen zum Gerichtshof in diesem Zusammenhang ausdrücklich ausgeschlossen. Andererseits sucht der **„Stabilitäts- und Wachstumspakt"**, der 1997 i. V. m. der Vorbereitung der Währungsunion beschlossen wurde (unten Rz. 1020), mit eigenen Sanktionen die Vermeidung übermäßiger Defizite durchzusetzen. 942

Neben dem Gebot der Defizitvermeidung enthalten Art. 104 – 104 b = 101 – 103 neu EGV bestimmte **Verbote der Kreditaufnahme** sowie **des bevorrechtigten Zugangs** für öffentliche Körperschaften bei den nationalen Zentralbanken und später bei der EZB und **Haftungsverbote** der Gemeinschaft gegenüber den MSen und der MSen untereinander. **Sinn dieser vielverästelten Regelungen** ist es, einerseits die nationalen Finanzpolitiken soweit unter Gemeinschaftsdisziplin zu stellen, wie es für die Einführung einer stabilitätsorientierten Währungsunion erforderlich ist, andererseits aber die nationalen Zuständigkeiten auch in der Finanzpolitik möglichst zu wahren (näher *Schill,* in: Lenz (Hrsg.), EGV-Komm., Art. 104 – 104 c, RdNr. 1 ff.). 943

Grundlegendes Ziel der gemäß Art. 102 a – 104 c = 98 – 104 neu EGV zu koordinierenden und bis zu einem gewissen Grade unter gemeinschaftliche Disziplin gestellten Wirtschafts- und Haushaltspolitik der MSen bleibt, den **„hohen Grad an dauerhafter Konvergenz"** zu erreichen, der den Übergang in die 3. und endgültige Stufe der Europäischen Währungsunion rechtfertigt und künftig einzuhalten ist (unten Rz. 1017 ff.). 944

Auf diese in Art. 2, 3 a, 102 a ff. = 2, 4, 98 ff. neu EGV vertraglich ausgeklügelten Mechanismen einer globalen Beeinflussung der Wirtschaftspolitik wirken gleichzeitig in unterschiedlicher Weise die einzelnen **sektoralen Politiken der Gemeinschaft** im Sinne von Art. 3 EGV ein (Gemeinsame Handels-, Landwirtschafts-, Verkehrs-, Wettbewerbs-, Sozial- und Umweltpolitik u. a. m.) ein. Neben der Währungspolitik beeinflussen vor allem **Wettbewerbs-, Industrie- und Regionalpolitik** die Daten der allgemeinen Wirtschaftspolitik. Durch die Einheitliche Europäische Akte 1986 und den EUV von 1992 sind insbesondere Industrie- und Regionalpolitik auf Gemeinschaftsebene als wesentliche Bestandteile der Wirtschaftspolitik weiter ausgebaut worden. Der Amsterdamer Vertrag 1997 hat ferner der **Beschäftigungspolitik** einen besonderen Rang innerhalb der allgemeinen wirtschaftspolitischen Ziele zugewiesen. 945

III. Weitere Aspekte gemeinschaftlicher Wirtschaftspolitik

946 Während die Koordinierung der allgemeinen Wirtschaftspolitik innerhalb der Gemeinschaft sich ungeachtet aller tatsächlichen Abweichungen tendenziell an den marktwirtschaftlichen Grundlagen der EU-Wirtschaftsverfassung (oben Rz. 930) orientiert, stellen **Industrie-, Regional/Struktur- und neuerdings Beschäftigungspolitik** drei wirtschaftspolitische Aktionsfelder der Gemeinschaft dar, bei denen aufgrund besonderer Gegebenheiten **interventionistische Eingriffe im Sinne einer bewußt lenkenden Gemeinschaftsaktion** in stärkerem Umfang erfolgen. Auch solche, aufgrund der Offenheit der EU-Wirtschaftsverfassung mögliche und sich aus ihrer spezifischen Zielsetzung legitimierende Gemeinschaftspolitiken haben sich jedoch der im Kern liberalen Gesamtausrichtung der EG-Wirtschaftspolitik bewußt zu bleiben. So betont Art. 130 Abs. 1 = 157 Abs. 1 neu EGV, daß sich die industriepolitische Tätigkeit der Gemeinschaft in einem System offener und wettbewerbsorientierter Märkte abspielt.

1. Industriepolitik

Literatur: Ausführliche Zusammenstellung der in den 90er Jahren stark angewachsenen Literatur zur Industriepolitik bei *Berg/Schmidt*, Industriepolitik, in: Klemmer (Hrsg.), Hdb. Europ. Wirtschaftspolitik, 1998, S. 937 – 943.

Everling, Rechtsfragen einer Industriepolitik im Gemeinsamen Markt, EuR 1968, S. 175 ff.; *Toulemon/Flory,* Une politique industrielle pour l'Europe, 1974; *Sprung/Watrin,* Die Industriepolitik in der EG, in: Die Zukunft der EG, 1986, S. 101 ff.; *EG-Kommission* (Hrsg.), Industriepolitik in einem offenen und wettbewerbsorientierten Umfeld, 1990; *Frees,* Das neue industriepolitische Konzept der EG, EuR 1991, S. 281 ff.; *Bangemann,* Pour une politique industrielle européenne, RMC 1992, S. 367 ff.; *Schmidt,* EG-Integration: Industriepolitik vs. Wettbewerbspolitik, in: Bareis/Ohr (Hrsg.), Europäische Integration auf Abwegen, 1992, S. 21 ff.; *v. Kunitzki,* L'avenir de la sidérurgie dans le Marché Unique, FS Werner, 1993, S. 47 ff.; *Starbatty/Vetterlein,* Europäische Technologie- und Industriepolitik nach Maastricht, APUZ B 10–11/1992, S. 16 ff.; *Möschel,* Industriepolitik auf dem Vormarsch?, FS Beusch, 1993, S. 593 ff.; *Steindorff,* Industriepolitik in der EG, FS Deringer, 1993, S. 175 ff.; *EurKomm* (Hrsg.), Eine Politik der industriellen Wettbewerbsfähigkeit für die EU, BullEG, Beilage 3/1994; *Immenga,* Wettbewerbspolitik contra Industriepolitik nach Maastricht, EuZW 1994, S. 14 ff.; *Reve/Mathiesen,* European industrial competitiveness, 1994; *Starbatty,* Europäische Industriepolitik und die Folgen, in: Graf Vitzthum (Hrsg.), Europäische und internationale Wirtschaftsordnung aus der Sicht der BR Deutschland, 1994, S. 153 ff.; *Winter,* Interdependenzen zwischen Industriepolitik und Handelspolitik in der EG, 1994; *Hellmann,* Europäische Industriepolitik, 1995; *Engel,* Europarechtliche Grenzen für die Industriepolitik, in: Rengeling (Hrsg.), Europäisierung des Rechts, 1995, S. 35 ff.; *Europ. Kommission,* Die Wettbewerbsfähigkeit der europäischen Industrie, 1996; *Schmidt,* Europäische Industriepolitik – ein Widerspruch zur Wettbewerbsordnung?, in: Caesar/Ohr (Hrsg.), Maastricht und Maastricht II, 1996, S. 69 ff.; *Conrad,* Europäische Stahlpolitik zwischen politischen Zielen und ökonomischen Zwängen, 1997; *Berg/Schmidt,* Industriepolitik, in: Klemmer (Hrsg.), Hdb. Europ. Wirtschaftspolitik, 1998, S. 849 ff.

947 Der Begriff „Industriepolitik" (IP) tauchte bis zur Einführung des Art. 130 = 157 neu EGV in den Verträgen nicht auf. In der Sache hat die EG in begrenztem Umfang ungefähr seit 1970 IP zu betreiben versucht (unten

Rz. 952 ff.). Auf Gemeinschaftsebene wurden darunter von Angang an Maßnahmen zur **Stärkung der Leistungsfähigkeit der Industrie** verstanden. Art. 130 Abs. 1 = 157 Abs. 1 neu EGV spricht i. V. m. Art. 3, lit. 1 EGV von der Gewährleistung der „notwendigen Voraussetzungen für die Wettbewerbsfähigkeit der Industrie der Gemeinschaft". Dies soll innerhalb eines **„Systems offener und wettbewerbsorientierter Märkte"** geschehen (Art. 130 Abs. 1 und Abs. 2 = 157 Abs. 1 und Abs. 2 neu EGV i. V. m. Art. 3 Abs. 1 lit. g EGV).

In Art. 130 Abs. 1 = Art. 157 Abs. 1 neu EGV wird näher erläutert, was solche **IP im gemeinschaftsrechtlichen Sinne** bedeuten soll. Dabei steht die Erleichterung der Anpassung der Industrie an strukturelle Veränderungen, sowie die Schaffung eines wettbewerblich „günstigen Umfeldes" für kleine und mittlere Unternehmen und für die Unternehmenszusammenarbeit im Vordergrund, ferner eine bessere Nutzung des industriellen Potentials der Politik in den Bereichen Innovation, Forschung und technologische Entwicklung. Die Formulierungen des Art. 130 = 157 neu EGV zielen – nicht zuletzt aufgrund deutscher Vorstellungen – darauf hin, **IP grundsätzlich markt- und wettbewerbsorientiert auszurichten und zu begrenzen.** Dirigistische und protektionistische Eingriffe sollen ausgeschlossen sein. *(Hommelhoff,* IP vs. Wettbewerbspolitik im Maastricht-Vertrag, in: Hommelhoff/P. Kirchhof, (Hrsg.), Der Staatenverbund der EU, 1994, S. 131 ff.). 948

Art. 130 Abs. 2 = 157 Abs. 2 neu EGV beläßt die **IP grundsätzlich in der Zuständigkeit der MSen.** Sie konsultieren einander und koordinieren erforderlichenfalls in Zusammenarbeit mit der Kommission ihre Maßnahmen. Es besteht keine Verpflichtung für einen MS, IP zu betreiben, wenn er das Ziel der Wettbewerbsfähigkeit der Industrie auf andere Weise erreicht.

Mit der **„Querschnittklausel"** des Art. 130 Abs. 3 = 157 Abs. 3 neu EGV wird die industriepolitische Aufgabe der Gemeinschaft dahingehend definiert, durch ihre sonstigen Politiken und Maßnahmen auf der Grundlage des Vertrages die Wettbewerbsfähigkeit der Industrie der Gemeinschaft zu sichern. Hierfür kann der Rat auf Vorschlag der Kommission nach Anhörung von EP und WSA **„spezifische Maßnahmen"** zur Unterstützung der nationalen Anstrengungen beschließen. Damit wird deutlich, daß die Zuständigkeit der EG ergänzender Art ist und nicht eine eigenständige IP in voller Breite umfaßt. Art. 130 letzter Satz = 157 letzter Satz neu EGV fordert außerdem, daß die Gemeinschaftsmaßnahmen nicht zu Wettbewerbsverzerrungen führen dürfen. Da nahezu jede industriepolitische Maßnahme sich irgendwie förderlich auf die begünstigte Branche auswirkt, können hiermit nur Maßnahmen untersagt sein, die die Wirtschaftsstruktur besonders nachhaltig beeinflussen *(Breier,* in: Lenz (Hrsg.), EGV-Komm., 1994, Art. 130, RdNr. 15).

Trotz dieser Eingrenzungsversuche des Art. 130 = 157 neu EGV ist vor und nach 1992 vor allem in Deutschland und anderen besonders marktwirtschaftlich orientierten MSen die Sorge nie verstummt, daß Industriepolitik in ihrer praktischen Auswirkung als „Gemisch aus Protektion und Subvention" *(Wernhard Möschel)* **der Wettbewerbsfähigkeit der Industrie in der EG notwendig abträglich sein muß** (Zusammenfassung der Kritik bei *Lecheler,* in: Grabitz/Hilf (Hrsg.), EUV/EGV-Komm. (1995), zu Art. 130 EGV). Diesen ordnungspolitischen Befürchtungen steht seit jeher in der Gemeinschaft die Sicht anderer MSen, insbesondere Frankreichs gegenüber, in denen öffentliche Einwirkung auf die Unternehmen in verschiedenster Form üblich ist und wo eine EG-Industriepolitik als „Partie intégrante de la mission confiée 949

à la Communauté" angesehen wird *(Beraud/Ventura,* RMC 1971, S. 317 ff.). Von dieser Seite wurde die Einfügung des Art. 130 EGV betrieben *(Möschel,* FS Nirk, 1992, S. 709). Bei Lichte besehen, wird auch in D in erheblichem Umfang IP betrieben (unten Rz. 955 ff.). Es hängt entscheidend von der **praktischen Handhabung des Art. 130 = 157 neu EGV in der Gemeinschaftspraxis** ab, ob die dort enthaltenen marktwirtschaftlichen Grenzziehungen der IP beachtet bleiben. Die Einstimmigkeit der Beschlußfassung im Rat bietet hierzu eine Handhabe. Dagegen dürfte die Rechtskontrolle der allgemeinen Zielbestimmungen in Art. 3 Ziff. 1, 130 = 3 Ziff. 1, 157 neu EGV durch den Gerichtshof begrenzt bleiben. Der EuGH überläßt in solchen Zusammenhängen den politischen Gemeinschaftsorganen einen wei-
950 ten Beurteilungsspielraum (Nachweise bei *Everling,* WuW 1989, S. 877 ff.). Auch der seit der EEA 1986 in den EGV eingefügte Art. 130 a = 158 neu EGV mit der Zielsetzung der **„Stärkung des wirtschaftlichen und sozialen Zusammenhalts"** innerhalb der EG verschafft der Gemeinschaft industriepolitischen Spielraum. Wie es die Querschnittklausel des Art. 130 Abs. 3 = 157 Abs. 3 neu EGV nahelegt, kann die EG-Kompetenz in den verschiedensten Vertragssektoren, etwa in der Wettbewerbs- und Steuerpolitik, Rechtsangleichung, oder in der Energiepolitik bei Kohle und Kernenergie gemäß dem EGKSV und EAGV, sowie in der Handelspolitik im Lichte jener allgemeinen Zielsetzungen **im Einzelfall industriepolitisch eingesetzt werden.** In ganz besonderem Maße steht die neuerdings (Art. 130 f = 163 neu EGV) in den Vertrag einbezogene **Forschungs- und Technologiepolitik** im Dienste der Industrieförderung. Ihr Ziel ist gemäß Art. 130 f = 163 neu EGV ausdrücklich, die wissenschaftlichen und technischen Grundlagen der europäischen Industrie zu stärken und die Entwicklung ihrer internationalen Wettbewerbsfähigkeit zu fördern. (Näher zur FT-Politik unten Rz. 1941 ff.). Ferner hat der Aufbau **Transeuropäischer Netze** (Art. 129 b = 154 neu EGV, unten Rz. 1471 ff.) viel mit infrastruktureller IP zu tun. Auch die nunmehr in Art. 130 r = 174 neu EGV formulierte **Umweltpolitik** führt zu industriepoli-tischen Konsequenzen (Auswirkungen der Schadstoffbekämpfung z. B. in der Automobilindustrie oder auf die Herstellung von Energiegewinnungsanlagen). Nahezu jede Gemeinschaftsbefugnis im gewerblich/industriellen Sektor kann in der einen oder anderen Weise industriepolitisch aktiviert werden. (Näher *Everling,* EuR 1968, S. 175 ff.). Allerdings verbleibt die in Art. 130 = 157 neu EGV gezogene Grenze zu beachten, daß die IP jedenfalls in ihrer gesamtwirtschaftlichen Zielsetzung sich auf **die Förderung einer im Kern bei den MS verbliebenen Aktion zu beschränken hat.**

951 Bei den tatsächlichen industriepolitischen Maßnahmen der EG seit dem Ende der sechziger Jahre ist zwischen der **allgemeinen, insbesondere strukturellen Betätigung** der Gemeinschaft und einer größeren Zahl auf einzelne Wirtschaftsbereiche bezogenen **(sektorellen) Maßnahmen** zu unterscheiden. Bei letzteren heben sich die großen industriepolitischen Interventionsregelungen des EGKSV (Eisen- und Stahlpolitik) von dem sonstigen behutsamen Vorgehen der EG ab.

a) Allgemeine, insbesondere strukturelle Industriepolitik

Der Beginn **bewußter allgemeiner IP auf Gemeinschaftsebene** erfolgte 952
in der zweiten Hälfte der sechziger Jahre. 1967 nahm die Kommission die IP erstmals in ihre internen Aufgabenbenennungen auf. Gleichzeitig definierte sie in einem ersten Memorandum diese Aufgabenstellung mit einem stark gesamtwirtschaftlich/strukturellen Akzent. 1970 formulierte die Kommission in einem zweiten umfassenden Memorandum an den Rat **(„*Colonna*-Memorandum“)** ausführlich ihr industriepolitisches Grundkonzept. Es empfahl vor allem die entschlossene Durchführung bestimmter Vorhaben des Vertrages (Beseitigung technischer Handelshemmnisse, Nichtdiskriminierung bei der Vergabe öffentlicher Aufträge, Wegfall der Steuerschranken, Förderung der Entstehung transnationaler europäischer Unternehmen u. a.), um dadurch günstige Rahmenbedingungen für die Gemeinschaftsindustrie, insbesondere auch für technologische Spitzenindustrien, zu schaffen und sie im weltweiten Wettbewerb zu optimieren. Hintergrund dieser Initiativen war der sich verschärfende internationale **Konkurrenzkampf vor allem mit den amerikanischen und japanischen Unternehmen** *(Servan-Schreiber,* Le défi américain, 1968). Bald zeigte sich jedoch, daß auf das voreilig als „industrieller *Mansholt*-Plan“ gefeierte Kommissionsmemorandum im schwierigen Dialog mit dem Rat nur sehr begrenzt Taten folgten, ja teilweise gar nicht gewünscht wurden.

Der **Pariser Gipfel der Regierungschefs 1972** stimmte der Konzeption des 953
Colonna-Memorandums in den wesentlichen Punkten zu (Schlußerklärung v. 21.10.1972) und forderte eine **gemeinsame industrielle Ausrichtung** innerhalb der EG. Mit der Schaffung eines „Büros zur Förderung der zwischenbetrieblichen Zusammenarbeit“ am 16.4.1973 (Bull. EG 1973, S. 47) suchte der Rat die gemeinschaftsweite Kooperation kleiner und mittlerer Unternehmen zu fördern. Solche **Mittelstandsförderung** wurde ein dauernder Aspekt der IP (u. a. Ratsbeschluß v. 28.7.1989, ABl. L 239/33 ff.) und *Carl,* EuZW 1995, S. 141. – Mit der Ratsentschließung v. 17.12.1973 über die IP der Gemeinschaft (ABl. C 117/2 ff.) sollten die Zielsetzungen von Paris in einen konkreten Zeitplan umgesetzt werden. Die Verwirklichung dieser Pläne erwies sich in vielem jedoch als überaus schwierig und zeitraubend. Einerseits gab es gewisse Fortschritte bei der Liberalisierung des öffentlichen Vergabewesens (Richtlinien v. 26.7.1971/21.12.1976 zur Koordinierung des Vergabewesens bei öffentlichen Bau- und Lieferaufträgen (ABl. 1971, L 185 und ABl. 1977, L 13, Änderungen; vgl. auch unten Rz. 1619). In den für eine übergreifende gemeinsame IP besonders wichtigen Feldern der Steuerpolitik und der Harmonisierung des Gesellschaftsrechts (Projekt der „Societas Europaea“, vgl. unten Rz. 1246) wurde ein entscheidender Durchbruch dagegen bisher nicht erzielt.

Die Kommission hielt jedoch, unterstützt von MSen wie Frankreich, an der Entwicklung einer EG-Industriepolitik fest (Memorandum „Politik der industriellen Innovation“, 1981; Mitteilung über „Industriepolitik in einem offenen und wettbewerbsorientierten Umfeld“, 1990; Ratsentschließung v. 21.11.1994, ABl. C 343/1; Aktionsprogramm v. 25.6.1996, ABl. L 167/55 u. a. m.) Unter dem Eindruck der Skepsis gegenüber IP in MSen wie Deutschland wurde als Zielsetzung immer stärker die **Verbesserung der Wettbewerbsbedingungen** herausgestellt. IP solle **horizontal** z. B. durch Beherrschung von Schlüsseltechnologien die industriell/technologische Basis der EG stärken und sie damit für den globalen Wettbewerb rüsten *(Bangemann,* Wege zu einer europäischen IP, 1992).

954 Im Maastrichter EUV wurde dieses marktorientierte Konzept der europäischen IP ausdrücklich in den Vertrag eingefügt (Art. 130 = 157 neu EGV, oben Rz. 947 f.). 1993/1995 hat die Kommission mit dem Weißbuch „Wachstum, Wettbewerbsfähigkeit, Beschäftigung" und weiteren Vorschlägen **das Konzept einer solchen horizontalen IP zu entwickeln gesucht,** mit der nach der Vollendung des Binnenmarktes neue Ziele und Prioritäten festgelegt werden sollten **(„4. Phase der Europäischen IP",** *Schmitt v. Sydow,* EG-Magazin 7–8/1995, S. 8 ff.). Dabei wird besonders auf den Ausbau des Informationsmarktes als Schlüsselbereich und auf die Anpassung der Unternehmen an den globalen Wettbewerb abgehoben. Bei Lichte betrachtet, gehen diese allgemeinen Aktivitäten der Europäischen Kommission im Dialog mit dem Rat aber kaum über eine planerische Begleitung der Fülle des tatsächlichen Wirtschaftsgeschehens im gewerblichen/industriellen Bereich hinaus, mit dem Ziel, diese vielen Einzelschritte in einem größeren Zusammenhang steuern zu helfen. Geltende Rechtsakte enthalten i. d. R. nur punktuelle Regelungen (vgl. Fundstellennachweis des geltenden Gemeinschaftsrechts, 13.10.). Die **Skepsis der Ordnungspolitiker** gegenüber den Chancen allgemeiner IP bleibt bestehen *(Berg/Schmidt,* Hdb. Europ. Wirtsch. Pol., 1998, S. 934 ff. m. w. N.). Sucht man nach konkreten industriepolitischen Maßnahmen der EG, ist man weithin auf ihr Vorgehen im zweiten Hauptbereich, der **sektoriellen IP** verwiesen.

b) Bereichsbezogene (sektorelle) Industriepolitik

955 Ähnlich wie in den MS äußert sich konkrete IP auf Gemeinschaftsebene entscheidend in der **Bewältigung von Anpassungs- und Umstellungsaufgaben in bestimmten Industriebranchen.** Sowohl aus Strukturänderungen infolge technischen Fortschritts (Bsp. Stahl), aufgrund der besonderen Entwicklungslasten (Forschungsaufwand u. ä.) in weltwirtschaftlich wichtigen Innovations- und Wachstumsbranchen (Bsp. Luft- und Raumfahrt), aber auch infolge Ungleichheiten in einem international verfälschten Wettbewerb (Bsp. Textilindustrie) können sich immer wieder **Situationen besonderer wirtschaftlicher Bedrängnis** bestimmter Industriesektoren ergeben. Unbeschadet der in einem marktwirtschaftlichen System grundsätzlich vom Unternehmer selbst zu fordernden ständigen Anpassungsleistung kann die krisenhafte Zuspitzung gelegentlich Formen annehmen, bei denen ohne die helfende Hand des Staates, bzw. transnational abgestimmt, auch auf Gemeinschaftsebene ernsthafter gesamtwirtschaftlicher Schaden unvermeidbar würde. In solchen Lagen haben es sich auch marktwirtschaftlich orientierte Regierungen selten versagt, **durch sektorelle IP ordnend oder fördernd zu intervenieren.** Zur Problematik solcher Maßnahmen gehört freilich, daß sie, einmal eingeführt, zur Verfestigung tendieren. Hier gehört zur industriepolitischen Aufgabe die ständige Kontrolle, ob auf zeitweilige Unterstützungsaktionen im ordnungspolitischen Interesse wieder verzichtet werden kann.

Primär wird sektorelle IP von den MS betrieben (z. B. in D die Förderung der Magnet-Schnellbahn „Transrapid"). Die Möglichkeiten der Gemeinschaftsaktion sind je nach der Rechtslage in den Verträgen **von Branche zu Branche unterschiedlich.** Während etwa Eisen und Stahl durch die **besonderen Regelungen des EKGSV** in starkem Umfange gemeinschaftlicher industriepolitischer Kontrolle unterstellt sind, sind die Kompetenzen der EG etwa in der Textilbranche auf die Ausnutzung des allgemeinen wettbewerbsrechtlichen oder handelspolitischen Instrumentariums beschränkt. Näher betrachtet, sucht die Gemeinschaft ihre Aktionsmöglichkeiten zu bereichsbezogener IP jedoch weitgehend auszunutzen. 956

aa) Eisen und Stahl: Im Unterschied zum EGV ist die wirtschaftspolitische Ausrichtung des EGKSV ungeachtet des Grund freien Gemeinsamen Marktes (Art. 1, 4 EGKSV) stärker auf **ordnende und fördernde Eingriffe der Gemeinschaft** gegenüber den Unternehmen abgestellt als im EG-Bereich. Der Kommission (Hohe Behörde) fällt nicht nur die allgemeine Rolle des Wettbewerbshüters zu (Art. 4, 5, 65 ff.), sondern ihr obliegt es ausdrücklich, **direkt in die Erzeugung und in den Markt einzugreifen,** wenn es die Umstände erfordern, sowie den Unternehmen Finanzierungsmittel für Investitionen und Anpassungslasten zur Verfügung zu stellen (Art. 5 EGKSV). Neben der wirtschaftlichen ist die preis-, sozial- und industriepolitische Zielsetzung des EGKSV unverkennbar (Art. 3). Hier hat sowohl das Vorbild der französischen Planifikation der Nachkriegszeit als auch der Umstand Pate gestanden, daß es sich bei Kohle und Stahl aus verschiedenen Gründen in allen MS um **Interventionsbereiche par excellence** handelt (*Funck,* CDE 1989, S. 251 ff.). 957

Im Eisen- und Stahlbereich bedurfte es insbesondere seit Mitte der siebziger Jahre industriepolitischer Maßnahmen der EG, nachdem Stahlnachfrage und Stahlproduktion seit der ersten Ölkrise innergemeinschaftlich und weltweit z. T. dramatisch zurückgingen. (Näher *Gieseck,* Kriesenmanagement in der Stahlindustrie, 1995). In Ausnutzung des interventionistischen Instrumentariums des Vertrages (Art. 46: Zusammenarbeit Kommission/Regierungen/Unternehmen; Art. 54 ff.: Finanzierung von Investitionsprogrammen und sozialpolitischen Maßnahmen durch die EGKS; Art. 57 ff.: Eingriffe in die Erzeugung, insbesondere Festsetzung von Erzeugungsquoten; Art. 60 ff.: Preisfestsetzungen; Art. 65 ff.: Kartellpolitik) hat die Kommission neben **Zielsetzungen** („Allgemeine Ziele der Eisenhüttenindustrie", „Allgemeine Ziele Stahl") zeitweilig **Mindestpreise für Stahlprodukte** eingeführt, verbunden mit Anti-Dumping-Zöllen auf Drittlandseinfuhren (Art. 74, 86). Zum wichtigsten Bestandteil der EG-Stahlpolitik wurde seit den 80er Jahren die Festsetzung eines **Systems von Erzeugungsquoten** für bestimmte Erzeugnisse der Stahlunternehmen gemäß Art. 58 EGKSV, nachdem die Kommission den Nachfragerückgang als „offensichtliche Krise" im Sinne dieser Vorschrift bewertet hatte (*Soenens,* RMC 1986, S. 251 ff.). Der von Unternehmen hiergegen öfters angerufene Gerichtshof bestätigte im wesentlichen die industriepolitische Zulässigkeit des Handelns der EG im Sinne einer notwendigen Solidaraktion (EuGHE 1980, 907 ff.– Verb. RS 154/78 u. a. – „Betonstahl", st. Rspr.; später etwa EuGHE 1983, 3949 ff. – RS 235/82 „Quotenregelung für Stahlerzeugnisse"; EuGHE 1980, 3753 ff. – RS 1252/79 „Mindestpreise Stabstahl", st. Rspr.; vgl. aber auch *Säcker,* RIW 1985, S. 952 ff.). 1988 erließ die EG mit der VO 328/88 (ABl. L 33/1 ff.) ein Stahlumstellungsprogramm RESIDER, in das u. a. der Regionalfonds eingeschaltet wurde. 958

Wettbewerblich soll durch die Zulassung des Stahlkartels „Eurofer" die freiwillige Stillegung von Überkapazitäten seitens der größten Erzeuger gefördert werden. Die Kommission sieht ihre Unterstützungsmaßnahmen nur als **vorübergehende Umstrukturierungsmaßnahmen** an, um die europäische Stahlindustrie intern und auf dem Weltmarkt wettbewerbsfähig zu halten. Dazu dienen auch Abkommen mit den USA oder osteuropäischen Staaten, die durch Selbstbeschränkungen einen „Stahlkrieg" entschärfen sollen. – Ungeachtet zeitweiliger Erfolge ist die industriepolitische Aktivität der Kommission im Stahlbereich ein Lehrbeispiel für die Grenzen, die behördlichen Maßnahmen im Wirtschaftsgeschehen gesetzt sind *(v. Kunitzki,* L'avenir de la sidérurgie dans le Marché Unique, FS Werner, 1993, S. 47 ff.). Ende 1994 scheiterte ein erneuter **Plan der Kommission zur Restrukturierung der europäischen Stahlindustrie,** nach dem die Unternehmen durch Gewährung von Beihilfen zum Abbau überflüssiger Kapazitäten veranlaßt werden sollten („Stahlplan"). Ob dies einen grundsätzlichen Rückzug der Kommission aus einer aktiven Stahl-IP bedeutet, bleibt abzuwarten *(Europ. Kommission* (Hrsg.), Gesamtbericht über die Tätigkeit der EU 1994, 1995, S. 88 ff.). Das Auslaufen des EGKSV im Jahre 2002 könnte ein Datum setzen, das den Übergang zu stärkerem Leistungswettbewerb in der Stahlindustrie im Sinne der Grundausrichtung der EG-Wirtschaftspolitik erleichterte *(Conrad,* Europ. Stahlpolitik zwischen politischen Zielen und ökonomischen Zwängen, 1997, S. 88 ff.).

959 **bb) Kohle und Kernenergie:** Zur Gemeinschaftsaktion in diesen Primärbereichen gemäß dem EGKSV und EAGV vgl. unten Rz. 1323 ff., 1331 ff. im Abschnitt Energiepolitik.

960 **cc) Schiffbau:** Zu den kritischen Branchen in der EG infolge starker wirtschaftlicher Konkurrenz gehört seit längerem die **Werftindustrie** in der Gemeinschaft. Die unmittelbar entlastenden industriepolitischen Maßnahmen (Beihilfen, Steuerentlastungen u. ä.) werden hier von den MS getroffen. Die Aufgabe der Gemeinschaft besteht in der übergreifenden **wettbewerbspolitischen und steuerpolitischen Kontrolle** (Art. 92 ff., 95 ff. = 87 ff., 90 ff. neu EGV) des nationalen Vorgehens im Lichte der weltweiten Strukturkrise. Außerdem vermag die EG über ihren Regional- und Sozialfonds flankierende Unterstützungen zu gewähren, sowie in ihrer handelspolitischen Rolle im kritischen Dialog mit den Hauptkonkurrenten auf dem Weltmarkt zu bleiben (u. a. Umstellungsprogramm „RENAVAL" für die Schiffbaugebiete, ABl. 1988, L 225/24 ff.).

961 **dd) Automobilindustrie:** Diese grundsätzlich über den Markt regulierte Branche ist infolge ihrer **überragenden gesamtwirtschaftlichen Bedeutung** (Abnahme von 20 % der Stahlproduktion, direkte und indirekte Beschäftigung von ca. 15 % der EG-Industriearbeitnehmer) Gegenstand industriepolitischer Aufmerksamkeit (EG-Komm., Mitteilung über die Zukunft der Automobilindustrie, 1994). Die Gemeinschaft vermag hier zum einen **handelspolitisch Einfluß zu nehmen** (Vereinbarung EG-Japan 1991 über „freiwillige" Einfuhrbeschränkungen, unten Rz. 1793). Sodann erfordern die **zunehmenden umweltpolitischen Anforderungen** (Bekämpfung der Schadstoffemissionen u. a. über die Art der Benzinherstellung, Verringerung schädlicher Abgase durch Katalysatoren) Gemeinschaftsaktionen, bei denen gleichzeitig die industriepolitischen Konsequenzen mit abzuwägen sind (näher unten Rz. 2001).

962 **ee) Textil- und Bekleidungsindustrie:** Diese ebenfalls gesamtwirtschaftlich bedeutsame Branche sieht sich vor allem infolge des starken Aufkommens von internationaler Konkurrenz in **Niedriglohnländern der Dritten Welt** seit den siebziger Jahren einem ständigen Anpassungs- und Umstrukturierungsdruck (technologische Veränderungen) ausgesetzt. Die industriepolitische Antwort der EG auf diese Strukturprobleme ist einerseits **handelspolitisch** in Gestalt des Abschlusses verschiedener Einfuhrvereinbarungen mit den hauptsächlichen Exportländern, bis Ende 1994 in Gestalt des **Welttextilabkommens (MFA)** im Rahmen des GATT. Seit 1995 wird es durch ein liberaleres Folgeabkommen innerhalb der WTO ersetzt. Intern sucht die Gemeinschaft über ihre **Wettbewerbspolitik** Verzerrungen inner-

halb der EG zu steuern, sowie Forschungs- und Entwicklungsprogramme im Rahmen der **FT-Politik** zur Stärkung der Wettbewerbsfähigkeit der europäischen Textilindustrie zu initiieren und zu finanzieren. Entscheidender Faktor der allmählichen Anpassung an die neuen Verhältnisse bleibt jedoch gerade in diesem Sektor das Marktgeschehen als solches.

ff) Luftfahrt und Raumfahrt: Vor allem infolge der hohen Forschungs- und Entwicklungskosten, aber auch von der Nachfrage her, ist dieser Industriebereich weltweit nur mit **erheblicher öffentlicher Hilfe** existenzfähig. Die notwendigen staatlichen Engagements bewegen sich in einer Größenordnung, die in Europa die transnationale Zusammenarbeit bei den zivilen Projekten (Concorde, Airbus, Spacelab, Columbus, Hermes u. a.) zwangsläufig macht. **Dennoch ist die industriepolitische Rolle der EG in diesem Bereich marginal** (EuZW 1998, S. 420). Dies liegt z.T. an der begrenzten Einbeziehung der Luftfahrt in den Vertrag (Art. 84 Abs. 2 = 80 Abs. 2 neu EGV, vgl. unten Rz. 1465 ff.). Im Rahmen der Forschungs- und Technologiepolitik nach Art. 130 f = 163 neu EGV (unten Rz. 1941 ff.) unterstützt die EG Entwicklungen in der Luftfahrtindustrie. Die transnationale Zusammenarbeit vollzieht sich hier im wesentlichen durch **unmittelbare Industriekooperation** mit Regierungsbeteiligung (Airbus-Konsortium/Konzern) und über die selbständige **Europäische Weltraumorganisation (ESA)** (*Mehdorn,* Die Zukunft der zivilen europäischen Luftfahrtindustrie, 1994). 963

gg) Neue Telekommunikations- und Informationstechnologien: Dieser durch das Computerwesen, neue elektronische Bauelemente, Datenbanken, moderne Fernmeldetechniken charakterisierte innovative Industriesektor hat seit den siebziger Jahren stark expandiert und ist von **erheblicher gesamtwirtschaftlicher Bedeutung** geworden. Die der Gemeinschaft und den MS gestellte industriepolitische Aufgabe liegt darin, durch geeignete Maßnahmen den starken Vorsprung der USA und Japans in der Informationstechnologie zu verringern (*Bangemann* (Hrsg.), Europa und die globale Informationsgesellschaft, 1994). Dazu gehört seitens der EG **Rechtsangleichung zur Normenharmonisierung** auf dem europäischen Markt sowie zur Herstellung der Chancengleichheit bei den öffentlichen Aufträgen und eine sinnvolle **Koordinierung der nationalen Wettbewerbs(subventions)politiken.** Vor allem aber kommt einer gemeinschaftlichen **Forschungs- und Technologiepolitik** in diesem Bereich industriepolitische Bedeutung zu. Über Ratsentschließungen und -entscheidungen seit 1974 (Fundstellenverzeichnis des geltenden Gemeinschaftsrechts, 13.20.60) wurden Gemeinschaftsaktionen in der Datenverarbeitung, Mikroelektronik-Technologie und Telekommunikation initiiert, die sich insbesondere in mehrjährigen Forschungs- und Entwicklungsprogrammen der EG (*Esprit, Euronet* u. a., vgl. näher unten Rz. 1945 ff.) niederschlugen. Angesichts der Begrenzungen des EU-Haushaltes liegt der Schwerpunkt der Anstrengungen in diesem wichtigen Sektor jedoch immer noch auf der mitgliedstaatlichen Ebene. 964

hh) Sonstige Industriebereiche: Auch in **anderen gewerblich/industriellen Sektoren** (z. B. pharmazeutische Industrie, Energieerzeugung, Zellstoff, Papier und Pappe, Werkzeugmaschinenbau, Petrochemie, Holzwirtschaft u. a.) ist die Gemeinschaft zeitweilig und punktuell immer wieder mit industriepolitischer Zielsetzung tätig geworden. Dabei wurde insbesondere das Instrumentarium der EG-Wettbewerbs(beihilfen)politik eingesetzt. (Vgl. die geltenden Rechtsakte im Fundstellenverzeichnis des geltenden Gemeinschaftsrechts, 13.20). 965

ii) Zum „Querschnittcharakter" der IP: Die EG soll nach Art. 130 Abs. 3 = 157 Abs. 3 neu EGV durch ihre gesamte Politik die notwendigen Voraussetzungen für die Wettbewerbsfähigkeit der Industrie der Gemeinschaft gewährleisten. Daher beschränkt sich industriepolitisches Handeln der EG nicht auf den industriellen Sektor i. e. S., sondern kann als Motivation in allen Zuständigkeitsbereichen der Ge- 966 meinschaft wirksam werden. So sind Industriepolitik und **Handelspolitik** eng miteinander verbunden *(Winter,* Interdependenzen zwischen Industriepolitik und Handelspolitik der EG, 1994). Industriepolitischer Impetus fördert hier allerdings entgegen Art. 110 = 131 neu EGV meist den Protektionismus. Gemäß der Querschnittsklausel des Art. 130 Abs. 3 = 157 Abs. 3 neu EGV legitimiert sich industriepolitisches Denken auch in Bereichen wie dem Aufbau **transeuropäischer Netze,** in der **Biotechnologie (insbes. Gentechnik)** und in weiteren Bereichen. Als Instrumentarium wird meist auf Akte der Rechtsangleichung oder auf den Einsatz der Mittel der Forschungs- und Technologiepolitik zurückgegriffen.

967 Insgesamt kann man die sektorelle IP als eine inzwischen **etablierte Gemeinschaftsaktion** bezeichnen, mittels derer sich die EG in inhaltlicher und zeitlicher Begrenzung bemüht, von den Unternehmen nicht zu vertretenden und zu bewältigenden Sondersituationen des Marktgeschehens gegenzusteuern. Von ihrem Grundsatz her werden solche Interventionen lediglich als **zeitweilige Aushilfen** begriffen. Sie sollen sich durch ihren Erfolg überflüssig machen. Unübersehbar sind allerdings auch gewichtige **„Flops" der sektorellen IP** (z. B. das JESSI-Projekt eines Mega-Chips oder die Förderung der überholten HDTV-Technik für das Fernsehen). In der Gemeinschaftspraxis besteht die Gefahr, daß durch eine Vielzahl unkoordinierter Maßnahmen der Industriepolitik eine unübersichtliche „Balkanisierung" *(Joachim Starbatty)* der Gemeinschaftsaktion eintritt. Die Abschaffung verfehlter oder überflüssig gewordener Maßnahmen wird so erschwert. Grundsätzlich zeigen Art. 3 Abs. 1 lit. g) und lit. m) EGV an, daß ein **System unverfälschten Wettbewerbs** die eigentliche Zielsetzung des Vertrages darstellt. Die **Stärkung der Wettbewerbsfähigkeit der Industrie der Gemeinschaft** hat ihm gegenüber Hilfsfunktion *(Engel,* in: Rengeling (Hrsg.), Europäisierung des Rechts, 1995, S. 35 ff.).

2. Regional- und Strukturpolitik

Literatur: Umfangreiche Zusammenstellung von Literatur zur EG-Regional/Strukturpolitik bei *Klemmer,* Regionalpolitik, Hdb. Europ. Wirtsch. Pol., 1998, S. 511–517.

Wäldchen, Grundfragen der Regionalpolitik in der EWG, AWD 1966, S. 353 ff.; *Romus,* La création du fonds européen de développement régional, RMC 1975, S. 149 ff.; *Albrecht/Faber,* Ziele, Instrumente und Ergebnisse der EG-Regionalpolitik, DV 1983, S. 353 ff. = PVS 1983, S. 203 ff.; *Curall,* Le fonds européen de développement régional des origines jusqu'à l'Acte unique Européen, CDE 1988, S. 39 ff.; *Lyberis,* Rechtliche Bindungskraft des Prinzips sozialer Kohäsion nach der EEA, 1988; *Steffani,* La politica regionale della CEE e i fondi strutturale, DirCom 1989, S. 255 ff.; *Glaesner,* Der Grundsatz des wirtschaftlichen und sozialen Zusammenhalts im Recht der EWG, 1990; *Püttner,* Die flankierenden Politiken zur Vollendung des Binnenmarktes, insbesondere die Regionalpolitik, in: Die EGen und die Europäische Ordnung, 1991, S. 35 ff.; *EurKomm* (Hrsg.), Strukturfonds der Gemeinschaft 1994 – 1999 – Verordnungstexte und Erläuterungen, 1993; *Biehl,* Die Rolle des EG-Regionalfonds bei der Regionalpolitik und ihre Finanzierung in den neuen Bundesländern, in Hansmayer (Hrsg.), Finanzierungsprobleme der deutschen Einheit, 1993, I, S. 11 ff.; *Franzmeyer,* Ausbau der gemeinschaftlichen Kohäsionspolitik, Integr. 1993, S. 95 ff.; *Franzmeyer/Seidel/Weise,* Die Reform der EG-Strukturfonds von 1988, 1993; *Hölscheidt,* Regionalpolitik der EG in den neuen Ländern und Ost-Berlin, EuZW 1993, S. 474 ff.; *Klodt/Stehn,* Die Strukturpolitik der EG, 1993; *Schäfers,* Die

Kohäsionspolitik der EG, 1993; *EurKomm* (Hrsg.), Strukturfonds der Gemeinschaft 1994 – 1999, Leitfaden der Gemeinschaftsinitiativen, 1994; *Bachtler/Turok,* The Coherence of EU Regional Policy, 1997; *Bollen,* Cohesion Policy in an ever larger Union, EIPASCOPE 1997/3, S. 19 ff.; *Holtzmann,* Regionalpolitik der EU, 1997; *Klein/Haratsch,* Mitgliedstaatliche Regionalförderung zugunsten KMU aus der Sicht des EG-Rechts, EWS 1997, S. 410 ff.; *Siedentopf/Scholle/Schleberger,* (Hrsg.), Europäische Regionalpolitik, 1997; *Klemmer,* Regionalpolitik, Hdb. Europ. Wirtsch. Pol., 1998, S. 459 ff.; *Wulf-Mathies,* Europ. Regionalpolitik, FS Jochimsen, 1998, S. 57 ff.;

Als **gezielte Förderung der Wirtschaft in bisher zurückgebliebenen** 968 **Regionen der Gemeinschaft** bedeutet die EG-Regionalpolitik neben der sektorellen Industriepolitik die zweite bewußte Abweichung großen Stils von der grundsätzlich marktwirtschaftlich inspirierten allgemeinen Wirtschaftspolitik (oben Rz. 931). Es wird als eine Aufgabe von Gemeinschaft (und MS) angesehen, zur Verringerung des Abstandes zwischen einzelnen Gebieten und des Rückstandes weniger begünstigter Gebiete beizutragen (Art. B = 2 neu EUV, Präambel, Art. 2 EGV). Nachdem sich herausstellte, daß ein solcher Ausgleich regionaler Unterschiede durch den freien Waren- und Wirtschaftsverkehr im Gemeinsamen Markt nicht herbeigeführt wurde, ergab sich seit Ende der sechziger Jahre die Forderung nach einer **kohärenten, regionalfördernden Gemeinschaftsaktion.** Massive britische und irische Forderungen nach Regionalmaßnahmen anläßlich des Beitrittes 1973 brachten den Durchbruch zur Einrichtung der Regionalpolitik als eines ständigen Betätigungsfeldes der EG/EU. Inzwischen sind die EG-Mittelmeerstaaten und seit 1990 Ostdeutschland in besonderem Maße Begünstigte dieser Politik. Bei einem Beitritt ostmitteleuropäischer Staaten nach 2000 ist die entsprechende Erweiterung der Regional-/Strukturpolitik ein zentrales Thema.

a) Rechtsgrundlagen und Grunddaten

Gewisse Schwierigkeiten ergaben sich dadurch, daß die Verträge nur ver- 969 streute und indirekte regionalpolitische Kompetenzen enthielten. Erst durch die Einheitliche Europäische Akte 1986 wurde die **harmonische Entwicklung der EG als Ganzes** („Wirtschaftlicher und sozialer Zusammenhalt") als ausdrückliches Vertragsziel festgeschrieben.

Durch Art. 130 a – e = 158 – 162 neu EGV werden die bislang punktuellen regionalpolitisch bedeutsamen Vertragsregelungen unter das **allgemeine Ziel des regionalen Ausgleiches** (Art. 130 a Abs. 2 = 158 Abs. 2 neu EGV) gestellt. Dieses Ziel ist bei der Koordinierung der allgemeinen Wirtschaftspolitiken zu beachten (Art. 130 b = 159 neu EGV). Die Gemeinschaftsaktion verwirklicht sich in diesem Zusammenhang vor allem über die finanzierende Tätigkeit ihrer **„Strukturfonds"** (Agrarfonds, Abt. Ausrichtung (EAGFL-A) – Europäischer Sozialfonds (ESF) – Europäischer Fonds für regionale Entwicklung **(„Regionalfonds"**/EFRE), sowie EIB und andere Finanzierungsinstrumente, u.a. Fischereifinanzierungsinstrument FIAF sowie der Kohäsionsfonds). Im Zentrum steht dabei nach Art. 130 c = 160 neu EGV der Regionalfonds (unten Rz. 975 ff.).

Von Anfang an enthielten die Verträge regionalpolitisch eine **Reihe einzelner** 970 **Bestimmungen,** die aufgrund der EEA nunmehr den grundsätzlichn Zielen dienstbar zu machen sind. So wurde in der Beihilfepolitik (Art. 92 Abs. 2, 3 = 87 Abs. 2, 3 neu EGV-Zulässigkeit regionalfördernder Beihilfen), Agrarpolitik (Art. 39 Abs. 2 = 33 Abs. 2 neu EGV – Berücksichtigung regionaler Unterschiede), Verkehrspolitik (Art. 80 Abs. 2 = 76 Abs. 2 neu EGV – Regionalpolitische Rechtfertigung von Beförderungsbedingungen) der Ausgleichsgedanke in besonderen „Regionalvorbehalten" *(H.P Ipsen)* festgehalten. Gleiches gilt nach Art. 49 d EGKSV für soziale Hilfen bei Entlassung von Arbeitnehmern der Kohle- und Stahlindustrie und gemäß Art. 40, 46 Abs. 2 EAGV für die Investitionspolitik von Euratom, die bei der Standortwahl die regionale Komponente mitzubedenken hat. Bei Abschluß des EUV 1992 wurde die besondere Bedeutung der Regionalpolitik für die Aktion der EG/EU noch einmal im **Protokoll über den wirtschaftlichen und sozialen Zusammenhalt** und in der EUV-Schlußakte mit den Erklärungen zu den Gebieten in äußerster Randlage der Gemeinschaft unterstrichen.

971 Ungeachtet dieser inzwischen eindeutigen und starken Verankerung der Regionalpolitik als EG-Aufgabe bedeutet dies nicht ihre volle Vergemeinschaftung. Die Regionalpolitik ist **eine von der EG und den MS gemeinschaftlich zu betreibende Tätigkeit.** Dabei liegt das Schwergewicht sowohl von der Planung her, als auch gemessen am beiderseitigen Mitteleinsatz weiterhin bei den MS. Die Gemeinschaft unterstützt diese nationalen Politiken, koordiniert sie bis zu einem gewissen Grade vor allem mittels der Fondspolitik und trägt so mit ihren Kräften zur regionalpolitischen Gesamtentwicklung bei (Art. 130 b – c = 159 – 160 neu EGV). Von allgemeiner Bedeutung ist nicht zuletzt die von der EG in verschiedenen Zusammenhängen (besonders über die „Strukturfonds-VO" 1988/93, ABl. 1988 L 185/9 ff., Änderungen) vorgenommene Einteilung des Gemeinschaftsgebietes in verschiedene Arten von „Regionen", die unter bestimmten Gesichtspunkten förderungswürdig sind (Näher *Stabenow,* in: Grabitz/Hilf (Hrsg.), EUV/EGV-Komm. (1995), Art. 130 d, RdNr. 5 ff.). Zu beachten ist, daß es sich bei diesen „Förderungsregionen" um einen **anderen Regionenbegriff** handelt, als er der Repräsentanz der regionalen und lokalen Gebietskörperschaften im Ausschuß der Regionen nach Art. 198 a ff. = 263 ff. neu EGV zugrundeliegt (oben Rz 406 ff.).

972 So definiert Art. 1 Strukturfonds-VO 1988/93 eine Reihe von **Zielen,** die aus den verschiedenen Fonds bezuschußt werden. Einige dieser Ziele sind regional definiert, insbesondere das **wichtigste „Ziel 1" der Förderung der „Regionen mit Entwicklungsrückstand".** Dies sind GR, IR und P insgesamt sowie im Falle von A, B, D, F, IT, L, SP und UK bestimmte Gebiete, darunter ganz Ostdeutschland. Andere Ziele stellen auf Regionen mit rückläufiger industrieller Entwicklung oder auf die Entwicklung des ländlichen Raumes ab und kommen so zu anderen Grenzziehungen. Als regionalpolitisch besonders förderungswürdig schält sich auf diese Weise insgesamt vor allem der **Mittelmeerraum, Irland, Portugal, sowie bestimmte Teile Deutschlands (neue Bundesländer) und Großbritanniens** heraus. Umgekehrt verfügen Deutschland und Frankreich über die größte Ausdehnung „reicher" Gebiete (u.a. Hamburger und Frankfurter Raum, Pariser Region/Ile de France) und werden so regionalpolitisch zu Geberländern.

973 Diese Einteilungen der Fondspolitik sind im einzelnen umstritten. So wird die „Gießkannenförderung" bemängelt, die bewirkt, daß nicht weniger als 51 % aller Unionsbürger in der einen oder anderen Form in Fördergebieten leben. Da die Einkommensunterschiede innerhalb der EU z. B. zwischen Westirland/Portugal einerseits, Hamburg/Ile de France andererseits 1:6 und mehr betragen, ist jedoch der Grundgedanke der Regionalpolitik verständlich, eine **begrenzte, langfristige Umverteilung von Ressourcen** im Interesse einer Annäherung der Lebensverhältnisse in der EU zu betreiben. Allerdings ist die Effizienz mancher Regionalförderungen umstritten *(Holtzmann,* Regionalpolitik der EU, 1997, S. 153 ff.).

b) Entstehung und Entwicklung der EG-Regional-/Strukturpolitik

Die Regionalpolitik der Gemeinschaft hat sich **seit den sechziger Jahren** entwickelt, vielfach parallel zu entsprechenden nationalen Anstrengungen (z.B. Gemeinschaftsaufgabe „Verbesserung der regionalen Wirtschaftsstruktur" in Art. 91 a GG seit 1969). Es stellte sich bald heraus, daß Konsequenz des entstehenden Gemeinsamen Marktes nicht eine gemeinschaftsweite gleichmäßige Wirtschaftsentwicklung war, **sondern daß die industriellen Ballungsgebiete z. T. zu Lasten schwacher Regionen weiteren Aufschwung nahmen** *(Ridinger,* EG-Regionalpolitik, 1992). Ferner näherten sich mit Großbritannien und Irland zwei Beitrittskandidaten mit erheblichen Regionalproblemen der EG. Aus diesen und weiteren Gründen verstärkte sich die regionalpolitische Aktivität der Gemeinschaft rasch. 974

Der Grundgedanke der Regionalpolitik wurde schon in Art. 2 EWGV („Harmonische Entwicklung des Wirtschaftslebens innerhalb der Gemeinschaft") angelegt. In den sechziger Jahren war Italien die treibende Kraft zum Aufbau einer EG-Regionalpolitik. Die Kommission richtete 1967 eine Generaldirektion für Regionalpolitik ein und entwickelte anschließend erste Konzepte. (Näher *Stabenow,* in: Grabitz/Hilf (Hrsg.), EUV/EGV-Komm. (1995), vor Art. 130a EGV, RdNr. 5 ff. m. w. N.). Der wirkliche Beginn der EG-Regionalpolitiker erfolgte über die **Pariser EG-Gipfeltreffen von 1972 und 1974** in Verbindung mit dem britisch-irischen Beitritt. Mit einer auf Art. 235 EWGV gestützten VO v. 18.3.1975 (ABl. L 73/1 ff.), wurde der **Europäische Fonds für regionale Entwicklung (EFRE)** errichtet und ein **Ausschuß für Regionalpolitik** eingesetzt (Ratsbeschluß v. 18.3.1975, ABl. L 73/47 ff.). Grundgedanke war dabei, daß die Fondspolitik und sonstige Maßnahmen der EG **die Regionalpolitik der MSen** ergänzen und nicht eine unabhängige EG-Regionalpolitik begründen sollte. Mit der Einfügung der Art. 130 a – e = 158 – 162 neu EGV (unter dem **Prinzip des „wirtschaftlichen und sozialen Zusammenhalts" (Kohäsion)** durch die EEA 1986 und den EUV 1992 erhielt die Regionalpolitik einen festen Platz und Rang im primären Gemeinschaftsrecht. Die finanzielle Förderung als ihr Rückgrat wurde durch die **Reform der Strukturfonds 1988/93** („Strukturfonds-VO", ABl. 1988, L 185/9 ff, und ABl. 1993, L 193/5 ff., Änderungen; *Franzmeyer/Seidel/Weise,* Die Reform der EG-Strukturfonds von 1988, 1993) auf eine neue, kohärente Rechtsgrundlage gestellt. Sie stimmte die Aktion des EFRE mit derjenigen des EAGFL-A, des ESF sowie der EIB und anderer Finanzierungsinstrumente nach gemeinsamen Zielen ab. Durch die Beitritte Griechenlands 1981, Portugals und Spaniens 1986 und durch die Einbeziehung Ostdeutschlands in die EG 1990 erweiterte sich der Kreis förderungswürdiger MSen und Regionen beträchtlich. Die EG begegnete dem durch Aufstockungen der Fördermittel und durch spezifische Maßnahmen besonders für die **Mittelmeerländer, Portugal und Irland** (Integriertes Mittelmeerprogramm 1986–93, **Errichtung des Kohäsionsfonds** 1993/94 gemäß Art. 130 d Abs. 2 = 161 Abs. 2 neu EGV (unten Rz. 977) und *Schäfers,* Die Kohäsionspolitik der EG, 1993). 975

c) Instrumentarium der EG-Regional- und Strukturpolitik

976 Die EG-Regionalpolitik verwirklicht sich seit 1988 im wesentlichen über die Tätigkeit der **Strukturfonds** (EFRE, EAGFL-A, ESF) der EIB und sonstiger Finanzierungsinstrumente gemäß der **Strukturfonds-VO** 1988/93 (oben Rz. 841). Für diese Tätigkeit gelten die in Art. 130 a, 130 b Abs. 1 = 158, 159 Abs. 1 neu EGV niedergelegten Grundsätze *(Klodt/Stehn,* Die Strukturpolitik der EG, 1993). Regional-/Strukturpolitik bleibt hiernach im Kern ein **Bestandteil der nationalen Wirtschaftspolitik der MSen.** Diese sind jedoch auf das **gemeinsame Ziel des wirtschaftlichen und sozialen Zusammenhalts der Gemeinschaft („Kohäsion")** im Sinne von Art. 130 a = 158 neu EGV verpflichtet. Die EG wird hierbei nach Art. 130 b Abs. 1 S. 3 = 159 Abs. 1 S. 3 neu EGV „unterstützend" durch die Politik der Strukturfonds tätig. Die Kommission unterrichtet nach Art. 130 b Abs. 2 = 159 Abs. 2 neu EGV die anderen Gemein-schaftsorgane sowie WSA und AdR in dreijährigen Abständen über die Fortschritte im wirtschaftlich/sozialen Zusammenhalt. Der Rat kann auf Vorschlag der Kommission einstimmig spezifische Aktionen außerhalb der Fonds beschließen (Art. 130 b Abs. 3 = 159 Abs. 3 neu EGV). Auch hier ist der Ausschuß der Regionen eingeschaltet.

977 Die Strukturfonds-VO 1988/93 **definiert die Ziele und Aufgaben der Fonds in einem komplizierten Zusammenspiel.** In Art. 1 werden **5 Ziele** festgelegt (1. Entwicklung der Regionen mit Entwicklungsrückstand, 2. Umstellung von rückläufiger industrieller Entwicklung schwer betroffener Regionen, 3. Bekämpfung von Langzeit- und Jugendarbeitslosigkeit, 4. Anpassung der Arbeitskräfte an industrielle Wandlungsprozesse, 5. Entwicklung des ländlichen Raumes). Je nach Zielsetzung werden die einzelnen Strukturfonds eingesetzt (Art. 2). Die VO legt im einzelnen fest, welche Arten finanzieller Interventionen und Förderungen von den Fonds zu leisten sind (Art. 3). Dabei **ist der EFRE das Hauptinstrument** der Regional/Strukturpolitik (Art. 130 c = 160 neu EGV, Präambel VO). Im wesentlichen beteiligen sich die Strukturfonds an nationalen Maßnahmen der MSen. Ca. 10 % der Verpflichtungsermächtigungen sind jedoch für Gemeinschaftsinitiativen vorgesehen, mit denen die Kommission, welche die Fonds i. V. m. dem Ausschuß für Regionalpolitik verwaltet, die MSen „anreizen" kann, europäisch wichtige Strukturprobleme aufzugreifen. Für die Periode 1994–1999 stehen den Fonds **ca. 150 Mia ECU zur Verfügung,** die über den EU-Haushalt aufgebracht werden *(Fabian/Fonger,* EG-Strukturfondsmittel 1994–1999, 1994). Beinahe 70 % davon sind für die **„Ziel 1-Gebiete"** (oben Rz. 972) bestimmt. Ihre Förderung stellt den eigentlichen Schwerpunkt der EG-Regionalpolitik dar. Die Regional/Strukturpolitik bildet mit ca. 30 % nach der Agrarfinanzierung den **zweitgrößten Ausgabenposten des EU-Haushaltes** (oben Rz. 816 ff.). – Der nach Art. 130 d Abs. 2 = 161 Abs. 2 neu EGV 1993/94 über die VO 1164/94 v. 16.5.1994, ABl. L 130/1 ff. errichtete spezielle **Kohäsionsfonds bezweckt eine Sonderförderung besonders „armer" MSen** (= mit einem BSP unterhalb 90 % des EG-Durchschnitts) in den Bereichen Umwelt und transeuropäische Netze auf dem Gebiet der Verkehrsinfrastruktur *(Europ.Komm.* (Hrsg.), Der Kohäsionsfonds der EU, 1994). Vorläufig kommen diese Mittel GR, IRL, P und SP zugute. Der Kohäsionsfonds wird 1994–99 mit Haushaltsmitteln von insgesamt ca. 15 Mia ECU ausgestattet. – Gelegentlich hat die EG aufgrund besonderer Rechtsakte **spezifische Gemeinschaftsmaßnahmen bei Naturkatastrophen** finanziert (z.B. in Friaul-Julisch-Venetien). Sie trugen ihrerseits regionalpolitischen Charakter.

Ein wichtiger Aspekt der EG-Regionalpolitik neben der Tätigkeit der Regionalfonds besteht ferner in der **Koordinierung und Kontrolle staatlicher regionaler Beihilfen** unter den Gesichtspunkten der Art. 92 ff. = 87 ff. neu EGV (unten Rz. 1132). Dabei sind die verschiedenen „Regionalvorbehalte" der Verträge (oben Rz. 970) in die Kommissionsentscheidungen einzubringen. 978

d) Bewertung der Regional-/Strukturpolitik – Reformen

Insgesamt gesehen, bedeutet die seit 1975 begründete und verstärkt fortentwickelte EG-Regionalpolitik als eine besondere Form gemeinschaftlicher Wirtschaftspolitik einen bemerkenswerten **Ansatz gemeinschaftsweiten Solidaritätsdenkens.** Es wird hier eine Art **vorbundesstaatlicher Finanzausgleich** zugunsten strukturschwacher Regionen betrieben, der von Sachkriterien regionaler Bedürftigkeit und nicht etwa von einem Gedanken des „juste retour" o. ä. ausgeht. Freilich liegt es in der Natur finanziell bestimmter Gemeinschaftspolitik, daß beim Wettbewerb um die Regionalförderungsmittel der Gemeinschaft **der Sacro Egoismo der MS** nicht selten eine beherrschende Antriebskraft darstellt. Die Entstehung und Ausgestaltung des Integrierten Mittelmeerprogrammes 1986–1993 und anschließend des Kohäsionsfonds seit 1994 machten die Gefahr deutlich, daß einmal eingeleitete Förderprogramme zugunsten bestimmter MSen und Regionen zu Dauereinrichtungen werden, zumal die Meßbarkeit der Erfolge oftmals schwierig ist und Fehlinvestitionen nicht ausbleiben (*Holtzmann,* Regionalpolitik der EU, 1997). Andererseits stellen sich im Falle des **Beitrittes ostmitteleuropäischer Staaten zur EU** für die Gemeinschaft Förderungsbedürfnisse einer so erheblichen Größenordnung, daß eine Neukonzeption der EG-Regional-/Strukturpolitik zwingend erforderlich erscheint. Die Kommission möchte in Verbindung mit der Finanzreform 1999 daher eine wesentliche Konzentration der Fördermittel durch Verringerung der Förderkategorien (oben Rz. 971 ff.) auf die **„wirklich armen" Regionen der Gemeinschaft erreichen („Agenda 2000").** Damit sind erhebliche Verteilungskämpfe zwischen den bisherigen „Nehmerländern" vor allem am Mittelmeer und den Kandidaten der Osterweiterung absehbar, zumal bisherige „Geberländer" wie D wesentliche Aufstockungen der Fondsmittel ablehnen (*Axt,* Strukturpolitik der EU. Reformmodelle im Vorfeld der Osterweiterung, 1997). 979

Ungeachtet solch gravierender Schwierigkeiten hat die bisherige EG-Strukturpolitik insgesamt zur **Stärkung des Zusammenhalts der Gemeinschaft** im Sinne von Art. 130 a = 158 neu EGV beigetragen. In Irland ist das Bruttoinlandprodukt 1988–94 von 63 auf 88 % des EU-Durchschnitts angewachsen, in Spanien von 72 auf 76 %, in Portugal von 61 auf 67 % und in Griechenland von 58 auf 65 % (EUROSTAT-Untersuchung 1997). In Ostdeutschland belief sich die Zunahme 1990–94 von 40 auf ca. 60 %. Der Beitrag der EG-Regionalpolitik zu diesen Entwicklungen ist zwar lediglich ein minoritärer, jedoch in der „Anreizfunktion" nicht unbedeutend. Neben der zahlenmäßigen Entwicklung muß in diesen Zusammenhängen zugleich der 980

Solidaritätsfaktor mitbedacht werden. Materiell wie ideell ist eine zunehmende „Kohäsion" der EU-Mitgliedstaaten von erstrangiger Bedeutung für die künftige Stabilität der Gemeinschaftskonstruktion insgesamt.

3. Beschäftigungspolitik

981 Infolge der seit den 70er Jahren immer mehr gestiegenen **Massenarbeitslosigkeit** in der EG (Mitte der 90er Jahre annähernd 20 Mio. Personen ohne Beschäftigung) ist Beschäftigungspolitik von den MSen und der Gemeinschaft immer stärker als eine ihrer politischen Hauptaufgaben bezeichnet worden. Während der EGV zunächst nur geringe Zuständigkeiten der Gemeinschaft hierzu kannte (unten Rz. 1645) hat der **Amsterdamer Vertrag 1997** die europäische Wirtschaftsverfassung mit der Einfügung eines **neuen Titels Beschäftigung (Art. 125 – 130 neu EGV)** modifiziert *(Feldmann,* Integr. 1998, S. 43 ff.). Das Vertragsziel der Förderung eines hohen Beschäftigungsstandes (Art. 2, 127 neu, 136 neu EGV) steht nunmehr neben den Zielen der offenen Marktwirtschaft mit freiem Wettbewerb und der Preisstabilität (Art. 3 a = 4 neu EGV). Die Auflösung dieser konfligierenden Zielsetzung bleibt der praktischen Wirtschafts- und Sozialpolitik vorbehalten. Die Wirksamkeit des Amsterdamer Beschäftigungstitels ist umstritten *(Wolter/Hasse,* WiD 1997, S. 386 ff.).

Zur Beschäftigungspolitik, die im Kern **Sozialpolitik** ist, näher unten Rz. 1644 ff..

§ 13. Währungsunion

Literatur: Das Schrifttum zur europäischen Währungspolitik und zur Währungsunion ist Legion, insbesondere in den 90er Jahren. – Vgl. oben bei § 5 III. 3. (S. 162) die Literaturangaben zum EWI und zur EZB. – Umfangreiche Schrifttumsliste bei *Bandilla,* in: Grabitz/Hilf (Hrsg.), EUV/EGV-Komm. (1996), zu Art. 3 a, 4 a, 102 a, 105 EGV; (1997) zu 109 g, 109 h EGV. – Kommentiertes Verzeichnis wirtschaftswissenschaftlicher Literatur bei: *Thieme/Michler,* Geld- und Währungspolitik, in: Klemmer (Hrsg.), Europ. Wirtsch. Pol., 1998, S. 793–798.

Cartou, La politique monétaire de la CEE, 1970; *Hahn,* Das EWS, EuR 1979, S. 337 ff.; *Everling,* Geld und Währung in der Rechtsprechung des EuGH, EuR 1984, S. 361 ff.; *Delors,* Bericht zur Wirtschafts- und Währungsunion in der EG v. 17.4.1989, EA 1989, D 283 ff.; *Ungerer,* The European Monetary System and the International Monetary System, JCMS 1989, S. 231 ff.; *Weber* (Hrsg.), Europa auf dem Weg zur Währungsunion, 1991; *Theurl,* Eine gemeinsame Währung für Europa. 12 Lehren aus der Geschichte, 1992; *Tietmeyer,* Die Europäische Wirtschafts- und Währungsunion. Eine deutsche Sicht, 1992; *Ypersele/Koeune,* Das EWS, 2. Aufl. 1992; *Smeets,* Die Krise des EWS und die Folgen, WiD 1993, S. 457 ff.; *P. Kirchhof,* Die verfassungsrechtlichen Voraussetzungen für eine Europäische Währungsunion, 1. Petersberger Gespräche (Bundessteuerkammer), 1995, S. 5 ff.; *v. Borries/Repplinger-Hach,* Rechtsfragen der Einführung der Europawährung, EuZW 1996, S. 492 ff.; *Hahn,* Das Entstehen der Europawährung, JZ 1996, S. 321 ff.; *Meier,* Die Europäische Währungsunion als Stabilitätsgemeinschaft und das GG, NJW 1996, S. 1027 ff.; *Michaelis,* Der Weg zur Währungsunion nach dem Vertrag von Maastricht, JA 1996, S. 987 ff.; *Tietmeyer,* Währungsstabilität für Europa, 1996; *Hahn,* Der Stabilitätspakt für die Europäische Währungsunion, 1997; *Morgenthaler,* Der Euro, JUS 1997, S. 673 ff.; *Tettinger,* Das Schicksal der Deutschen Mark, FS Stern, 1997, S. 1365 ff.; *Collignon/Mundschenk,* Die internationale Bedeutung der Währungsunion, Integr. 1998, S. 77 ff.; *Franke/Ketzel/Kotz* (Hrsg.), Europäische Währungsunion, 1998; *Issing,* Von der D-Mark zum Euro, 1998; *Martenczuk,* Der Europäische Rat und die Währungsunion, EuR 1998, S. 151 ff.; *Möschel,* An der Schwelle zur Währungsunion, JZ 1998, S. 217 ff.; *Glomb/Lauk* (Hrsg.), Euro-Guide, 1998 ff. (Losebl.). – Die Europäische Kommission gibt seit 1996 den „Newsletter Inf-EURO" in unregelmäßigen Abständen heraus.

Vorbemerkung: Zur Bedeutung der Währungsunion für den europäischen Einigungsprozeß

Gemäß dem „Fahrplan" zu einer Europäischen Währungsunion (EWU), 982
wie er in Art. 105 ff. = 105 ff. neu EGV in Maastricht 1991/92 beschlossen worden war, hat der Rat in der Zusammensetzung der Staats- und Regierungschefs am 3.5.1998 **elf Mitgliedstaaten als Mitglieder der EWU festgelegt** (A, Benelux, D, F, I, IRL, P, SF, SP – E 98/317 und VO 974/98 v. 3.5.1998, ABl. L 139/1,30). Die Europäische Währungsunion ist damit am 1.1.1999 „automatisch" entstanden (Art. 109 j Abs. 4 i. V. m. 109 l Abs. 4 = 121, 123 neu EGV). Sie wird in einer Übergangszeit v. 1.1.1999 – 31.12.2002 „technisch" vollendet. Zugleich wurde über die **erste Besetzung des Direktoriums der Europäischen Zentralbank** entschieden, die damit ihre Arbeit aufnahm (Empf. 98/318 v. 3.5.1998, ABl. L 139/36 und Beschluß 98/345 v. 26.5.1998, ABl. L 154/33 – Vgl. auch oben Rz. 421).

983 Die Entscheidungen vom 3.5.1998 sind in ihrer Bedeutung für den europäischen Einigungsprozeß mit den Gründungen der EGKS und der EWG/EAG 1953/58 vergleichbar (oben Rz. 19 ff.). Nachdem dort wesentliche Teile der nationalen Rechtsetzungs- und der Justizgewalt in einem fortschreitenden Prozeß europäisiert worden waren, vollzieht sich nunmehr eine **Vergemeinschaftung der Geldgewalt.** Wenngleich die EG/EU auch hiermit noch kein Bundesstaat geworden ist (oben Rz. 902), verstärkt die Währungsunion mit ihren Auswirkungen auf die nationalen Wirtschafts- und Fiskalpolitiken wesentlich die „Staatsnähe" der Gemeinschaftskonstruktion.

984 Der **Geltungsbereich der Europäischen Währungsunion („Euroland")** umfaßt zunächst 290 der 370 Mio. Unionsbürger. Mit dem Dollarraum ist „Euroland" eines der beiden wichtigsten Währungsgebiete der Erde.

Vier MSen (DK, GR, S, UK) gehören der EWU aus eigenem Entschluß oder wegen vorläufiger Nichterfüllung der Aufnahmekriterien **bisher nicht an.** Sie sind mit der Währungsunion über das „EWS II" verbunden (unten Rz. 1019). Grundsätzlich können sie der EWU zu einem späteren Zeitpunkt beitreten. Dasselbe gilt für künftige Neumitglieder der EU.

985 Mit den Beschlüssen vom 3.5.1998 ist das mittel- und langfristige Gelingen der Währungsunion noch nicht garantiert. Sie ist im EGV als **Stabilitätsgemeinschaft** konzipiert und für Deutschland nur als solche verfassungskonform (BVerfGE 89, 155 ff. „Maastricht"; BVerfGE 97, 350 ff. „Euro"). Die Einführung der Währungsunion begegnete aus Stabilitäts- und Souveränitätsbesorgnissen in manchen MSen, insbesondere in D, in weiten Kreisen einem latenten Unbehagen. Die Europäische Zentralbank steht im Zusammenspiel mit den Gemeinschaftsinstitutionen, den nationalen Zentralbanken und den Mitgliedstaaten vor der Aufgabe, das **„vorrangige Ziel der Preisstabilität"** (Art. 105 EGV) dauerhaft zu erreichen.

986 Der Verwirklichung der Währungsunion 1998/99 ging eine **lange Vorgeschichte** voraus. Die Herstellung eines europäischen Binnenmarktes mit freiem Waren-, Personen-, Zahlungs- und Kapitalverkehr setzte von Anfang an mindestens eine **koordinierte Währungspolitik der MSen** im Sinne eines hinreichenden Maßes gemeinsamer Währungsdisziplin voraus. Daher befaßte sich der EWG-Vertrag seit 1958 mit Währungsfragen (Art. 104 ff. EWGV, unten Rz. 987 ff.). Regelmäßig sich wiederholende währungsmäßige Probleme in einzelnen MSen, die sich störend auf das Funktionieren des Binnenmarktes auswirkten, setzten bereits seit dem Ende der 60er Jahre das Projekt Währungsunion auf die europapolitische Tagesordnung. Dabei stritten die **Konzepte der „Monetaristen"** (oft aus Frankreich) mit der in Deutschland stark vertretenen **„ökonomistischen" Philosophie.** Während die Monetaristen die Vergemeinschaftung der Währungen als entscheidenden „Motor" für die Wirtschaftsintegration einsetzen wollten, begreift die ökonomische Theorie die Währungsunion als „Krönung" mehr oder weniger vollendeter wirtschaftspolitischer Harmonisierung (*De Grauwe,* The economics of monetary integration, 1992). Der **„Maastrichter Fahrplan" zur EWU** (unten Rz. 1008 ff.) ist einen **pragmatischen mittleren Weg** zwischen diesen Theorien gegangen (*Michaelis,* JA 1996, S. 987 ff.).

I. Gemeinschaftliche Währungspolitik im EWG-Vertrag bis 1978

Literatur: *Marjolin,* La CEE et les questions monétaires internationales, RTDE 1965, S. 207 ff.; *Barre,* Die währungspolitische Zusammenarbeit der EWG, EA 1969, S. 563 ff.; *v. Horn,* Zahlungsbilanzschwierigkeiten und Zahlungsbilanzkrise nach dem EWGV, EuR 1969, S. 37 ff.; *Oppermann,* Währungsparitätsänderungen und Gemeinsamer Markt, EuR 1970, S. 32 ff.; Louis, Le fonds européen de coopération monétaire, CDE 1973, S. 255 ff.; *Zuleeg,* Die Währungspolitik im Lichte der Rechtsprechung des EuGH, EuR 1975, S. 196 ff.; *Trummer,* Die Harmonisierung der Geldpolitik in der EG, 1984; *Matthes,* Einige Grundfragen der monetären Integration, WiD 1985, S. 413 ff.; *Kees,* The Monetary Committee of the EC, Kredit und Kapital 1987, S. 258 ff.; *Nydegger,* Monetary cooperation within the EC, Intereconomics 1987, S. 38 ff.; *Maier,* Monetäre Kooperation in Europa, WiD 1988, S. 47 ff.; *Meyronneinc,* Du serpent à l'UEM, RAE 1992, S. 65 ff.; *Krägenau/Wetter,* Europäische Wirtschafts- und Währungsunion. Vom Werner-Plan zum Vertrag von Maastricht, 1993;

Der EWG-Vertrag von 1958 trug der besonderen Bedeutsamkeit einer gemeinschaftlichen Währungspolitik (WäP) für den wirtschaftlichen Integrationsprozeß nur unvollkommen Rechnung.

1. Rechtsgrundlagen

Die ursprünglichen Art. 104 ff. EWGV begriffen die Währungspolitik (WäP) vor allem als Problem der **Zahlungsbilanzen der MSen.** 987

Ein 1958 gegründeter **Beratender Währungsausschuß** aus Vertretern der MSen und der Kommission suchte die Koordinierung der WäP der MSen in dem für das Funktionieren des Gemeinsamen Marktes erforderlichen Umfang zu fördern *(Barre,* EA 1969, S. 563 ff.). Seit 1964 trat ihm ein **Ausschuß der Präsidenten der Zentralbanken** zur Seite. Mittels der **Wechselkurspolitik,** die als Angelegenheit von gemeinsamem Interesse definiert wurde, sollte die Verpflichtung der MSen zur Liberalisierung des Zahlungs- und Kapitalverkehrs (frühere Art. 106 i. V. m. 67 ff. EWGV, unten Rz. 1484 ff.) eingelöst werden. Art. 108 – 109 EWGV enthielten ein Instrumentarium zur Bewältigung von **Zahlungsbilanzschwierigkeiten und -krisen** *(Horn,* EuR 1969, S. 37 ff.). Es reichte bis zu Verfahren des kurz- und mittelfristigen **Währungsbeistandes** zwischen den MSen beziehungsweise ihren Zentralbanken. Für diese Zwecke wurde 1973 in Luxemburg ein **Europäischer Fonds für währungspolitische Zusammenarbeit (EFWZ)** gegründet *(Louis,* CDE 1973, S. 255 ff.). Trotz zeitweiliger Erfolge erwiesen sich diese Rechtsgrundlagen einer begrenzten währungspolitischen Zusammenarbeit beim Zusammenwachsen des Gemeinsamen Marktes bald als unzureichend.

Das **Beistandverfahren bei Zahlungsbilanzschwierigkeiten und bei einer Zahlungsbilanzkrise** nach Art. 108 – 109 EWGV ist durch den Maastrichter EUV vorläufig **unverändert in Art. 109 h – i = 119 – 120 neu EGV übernommen worden,** da solche Ausnahmesituationen bis zum Beginn der Europäischen Währungsunion nicht ausgeschlossen bleiben *(Schill,* in: Lenz (Hrsg.), EGV-Komm. 1994, zu Art. 109 h – i EGV). Für die Teilnehmer an der EWU endet die Geltungsdauer der Art. 109 h – i = 119 – 120 neu EGV gemäß Abs. 4. 988

2. Währungspolitische Zusammenarbeit 1958–1978

989 Die entscheidende **Schwäche der währungspolitischen Zusammenarbeit** nach Art. 107 ff. EWGV lag darin, daß sie den MSen weiterhin Abwertungen und Aufwertungen und auch den Übergang zu flexiblen Wechselkursen 1971/72 („Floaten") ermöglichte (EuGHE 1972, 391 ff. – Verb.RS 9 – 11/71). Dies bedeutete ein **ständiges Element der Instabilität im innergemeinschaftlichen Handel** und gefährdete insbesondere die auf einem System einheitlicher Preise beruhende **Gemeinsame Agrarpolitik** (EuGHE 1973, 1091 ff. – RS 5/73 und unten Rz. 1349 ff.). Um die untragbaren Schwankungen der Agrarpreise in den jeweiligen Währungen zu unterbinden, entwickelte die Gemeinschaft seit 1971 ein **ständiges Währungsausgleichsystem.**

Diese bis heute praktizierten, komplizierten agrarmonetären Regelungen (Fundstellenverzeichnis des geltenden Gemeinschaftsrechts, 03.40.10) belasten ständig das Funktionieren des Gemeinsamen Agrarmarktes. Der EuGH hat das System als „notwendiges Übel" geduldet (Näher *Everling,* EuR 1984, S. 361 ff. und unten Rz. 1384).

990 Nach dem Zusammenbruch des weltweiten Systems fester Wechselkurse („Bretton-Woods-System") 1971/72 bedurfte der Gemeinsame Markt insgesamt der Vereinbarung verbesserter währungspolitischer Disziplin, wenn die europäische Wirtschaftsintegration nicht scheitern sollte *(Ensthaler,* JUS 1994, S. 26 f.). 1972 wurde zunächst ein **Europäischer Wechselkursverbund („Währungsschlange")** ins Leben gerufen. Die MSen und ihre Zentralbanken verpflichteten sich, die Bandbreiten ihrer Währungen untereinander zu stabilisieren. Es zeigte sich jedoch in den siebziger Jahren rasch, daß in der EWG nur Deutschland und die Beneluxstaaten dieses Engagement durchzuhalten vermochten. Ein neuer Anlauf in Gestalt des EWS war nötig.

II. Das Europäische Währungssystem (EWS) 1978–1998

Literatur: *Seidel,* Das EWS, EuR 1979, S. 13 ff.; *Kloten,* Zur Endphase des EWS, EA 1981, S. 21 ff.; *Schlüter,* Die ECU und der Europäische Währungsfonds, Integr. 1982, S. 54 ff.; *Delville,* The European monetary system and the European Currency Unit, 1986; *Kiel,* The EMS 1979–1987: Why has it worked?, Intereconomics 1987, S. 216 ff.; *Pöhl,* The EMS, a model for a stable international monetary order?, Dt. Bundesbank 1987, Nr. 33, S. 5 ff.; *Triffin,* Le système monétaire international et le système monétaire européen, EFTA-Bulletin 1987, Nr. 3, S. 10 ff.; *Louis,* From EMS to Monetary Union, 1990; *Siebelt/Häde,* Die ECU im deutschen Recht, NJW 1992, S. 10 ff.; *Gäckle,* Die Weiterentwicklung des EWS zur Europäischen Währungsunion, 1992; *Ypersele/Koene,* Das EWS, 2. Aufl. 1992; *Pfister,* Ist das EWS am Ende?, EA 1993, S. 693 ff.; *Thygesen,* Towards Monetary Union in Europe-Reforms of the EMS in the perspective of Monetary Union, JCMS 1993, S. 447 ff.; *Ensthaler,* Das EWS, JUS 1994, S. 26 ff.; *Herz,* Währungspolitische Asymmetrie im EWS, 1994; *Siebelt,* Die ECU, JUS 1996, S. 6 ff.

Der politischen Voraussicht und Entschlußkraft von *Valéry Giscard d'Estaing* und *Helmut Schmidt* – beide ökonomisch erfahrene Staats- und Regierungschefs – war es zu verdanken, daß die Europäische Währungspolitik 1978 in Gestalt der **Gründung des Europäischen Währungssystems** entgegen pessimistischen Prognosen ihrem ersten wichtigen Ziel innergemeinschaftlicher Währungsstabilität wesentlich näher kam. Neben der Errichtung des Europäischen Rates und der Einführung der Direktwahlen zum Europäischen Parlament bedeutete die Gründung des EWS den wichtigsten europapolitischen Fortschritt der siebziger Jahre. 991

1. Errichtung und Funktionieren des EWS seit 1978

Die politische Einigung über die Errichtung des EWS erfolgte auf den Tagungen des Europäischen Rates in Bremen am 6./7.7.1978 und in Brüssel am 4./5.12.1978, wo die Entschließung über die Errichtung des EWS und damit zusammenhängende Fragen (Text u. a. in *Scharrer/Wessels,* Das EWS, 1983, S. 526 ff.) gefaßt wurde. Der Europäische Rat wurde in diesem Falle seiner Inspirationsfunktion (oben Rz. 295) gerecht. 992

a) Gründung des EWS

In der Brüsseler Entschließung waren bereits die zentralen Elemente des EWS benannt und konzipiert. Neu am EWS war vor allem die **Einführung einer „Europäischen Währungseinheit"** als feste Bezugsgröße für die Wechselkurs-, Interventions- und Kreditmechanismen des Systems. Rasch bürgerte sich die **englische Abkürzung ECU** („European Currency Unit") für dieses Kunstgeld ein. 993

Da ECU auch eine in Frankreich 1214–1653 umlaufende Goldmünze hieß, entzündete sich an dem Wort leicht währungspolitische Phantasie in Richtung auf die spätere Einführung einer einheitlichen europäischen Währung. Tatsächlich hat die ECU über ihre Rolle im EWS hinaus seit 1978 begrenzte währungsähnliche Funktionen übernommen, vor allem nach Art. 207 Abs. 1 = 277 Abs. 1 neu EGV und weiteren Rechtsakten als Rechnungseinheit der EG („offizielle ECU") und im privaten Anleihengeschäft („private ECU", näher *Siebelt,* JUS 1996, S. 6 ff.).

Neben der Einführung des über die ECU gerechneten und durch Beistand abgesicherten **Systems stabiler innergemeinschaftlicher Wechselkurse** sollte das EWS eine **verstärkte Koordinierung der Außenwährungspolitik der MS** mit sich bringen. In der Praxis des EWS stand indessen seit 1978 der EG-interne Wechselkurs- und Interventionsmechanismus ganz im Vordergrund. 994

Eigentliche **Rechtsgrundlagen des EWS** waren die **VO 3181/78** v. 18.12. 1978 (ABl. L 379/2, Änderungen) **über das EWS** und die VO 3320/94 v. 22.12.1994 (ABl. L 350/27) zur Definition der ECU nach Inkrafttreten des EUV (Sie löste die VO 3180/78 ab – Vgl. im übrigen Fundstellennachweis des geltenden Gemeinschaftsrechts 10.20). Das EWS wurde auf diese Weise als eine **lockere Konstruktion des sekundären Gemeinschaftsrechts** be- 995 gründet (Näher *Ensthaler,* JUS 1994, S. 26 ff. und *Siebelt,* JUS 1994, S. 448, JUS 1996, S. 6 ff.). Im EGV wird die Existenz des EWS in Art. 109 f Abs. 2, Art. 109 g Abs. 1, Art. 109 l Abs. 4 und in Art. 109 m = 117, 118, 123 und 124 neu EGV unmittelbar vorausgesetzt. Mit dem Beginn der Europäischen Währungsunion ab 1999 (oben Rz. 982, unten Rz. 1017 ff.) tritt das EWS für die Teilnehmerstaaten außer Kraft. Es findet eine gewisse Fortsetzung im „EWS II", d. h. dem Währungsverbund zwischen der EWU einerseits und den 4 EG-MSen, die an der Währungsunion bisher nicht teilnehmen („Pre-ins").

996 Beide EWS-VOen sind auf der **Grundlage von Art. 235 = 308 neu EGV** ergangen Es war umstritten, ob diese „Kompetenzabrundungsklausel" (oben Rz. 523) ausreichte, die mit dem EWS verbundenen währungspolitischen Zuständigkeitsverlagerungen von den MS auf die EG (insbesondere die erweiterten Beistandspflichten der Zentralbanken sowie die geplante Fortentwicklung des EWS mit Schaffung eines Europäischen Währungsfonds sowie verstärkter Rolle der ECU abzudecken.

Manchen erschien das Souveränitätsopfer der MS so stark, daß eine **Vertragsergänzung über den damaligen Art. 236 EWGV** für notwendig erachtet wurde (näher *Strohmeier,* GYIL 1982, S. 352 ff.). Doch blieben die beiden VOen in der Gemeinschaftspraxis letztlich unangefochten, zumal der eigentlich nach 2 Jahren vorgesehene Übergang in die „Endstufe" des EWS verschoben wurde.

b) Funktionsweise des EWS

997 Zentrales Prinzip des EWS war die **Einführung „einer stabilen Währungszone in Europa"** über grundsätzlich festgelegte Wechselkurse zwischen den EG-Währungen, die nur in engen Bandbreiten schwanken und nötigenfalls durch Interventionen der Zentralbanken stabilisiert werden. Allerdings blieben Neufestsetzungen der Leitkurse im EWS möglich.

Die Zahl der MSen, die sich am Verbund ihrer Währungen über das EWS beteiligten, hat seit 1978 mehrfach gewechselt. 1998 waren es 13 der 15 EU-MSen (bis auf Großbritannien und Schweden).

998 Kern des EWS war die Einführung der **„künstlichen" Europäischen Währungseinheit ECU** und auf sie bezogener fester Leitkurse aller EG-Währungen.

In die ECU wurden zuletzt seit 1994 (endgültige Festsetzung durch die VO 3320/94) die 12 Währungen der damaligen EU-MSen in der Form eines **„Währungskorbes"** einbezogen (ohne Finnmark, österreichischer Schilling und Schwedenkrone). In diesem „Korb" wurden die einzelnen Währungen **ungefähr entsprechend der relativen Bedeutung der Wirtschaft des jeweiligen MSes innerhalb der EG „gewichtet".** Der Wert der ECU entsprach mit anderen Worten der Wertsumme der Korbwährungen (*Siebelt,* JUS 1996, S. 6 ff.). Gegenüber der DM hat sich die ECU von ca. DM 2.50 im Jahre 1979 auf unter DM 2,– 1998 ermäßigt. 1999 wird die ECU grundsätzlich im Verhältnis 1 : 1 durch den Euro ersetzt.

Jeder EG-Währung war ein festgelegter Leitkurs zur ECU zugeordnet. Auf diese Weise entstand zwischen den EG-Währungen ein „Gitter" bilateraler Wechselkurse („Paritätengitter"). Diese Wechselkurse durften gemäß der Marktnachfrage in Bandbreiten nach oben oder unten schwanken, bis sie 1994 endgültig fixiert wurden. Die Zentralbanken sorgten durch **Interventionen** für die Einhaltung der Leitkurse. Ließen sich die Währungsrelationen aufgrund tiefergehender wirtschaftlicher Verschiebungen mittelfristig nicht halten, wurden die Leitkurse zwischen den MS (Zentralbanken) einvernehmlich neu festgelegt **(„Realignment")**. Dies war seit der Gründung des EWS 1979 mehrfach der Fall gewesen. Jedoch hat das System trotz einiger Krisen (besonders 1992/93, dazu *Walter,* Integr. 1994, S. 30 ff.) zur relativen Wechselkursstabilität im EG-Raum wesentlich beigetragen. Dies war von großer Bedeutung, da die EWS-Länder einen großen Teil ihres Außenhandels untereinander abwickelten.

Die für die europäische Währungsstabilität sehr wichtigen Zentralbank- 999
interventionen bedürfen einer entsprechend **umfangreichen gegenseitigen Kreditfazilität.** Sie wurde – zweites grundlegendes Element des EWS – durch die **Übertragung von 20 % der Goldbestände und Dollarreserven der Zentralbanken an den Europäischen Fonds für währungspolitische Zusammenarbeit, seit 1994 an das Europäische Währungsinstitut** (Art. 109 f Abs. 2 = 117 Abs. 2 neu EGV, Art. 6 Satzung EWI) fundiert. Auf diese Weise wurde eine in der Höhe unbegrenzte sehr kurzfristige Fazilität geschaffen, deren Salden 45 Tage nach Ende des Monats der Interventionen wieder ausgeglichen werden sollten. So war das EWS gegen „künstliche" spekulative Einflüsse weitgehend immunisiert.

Gleichzeitig mit dem Inkrafttreten des EWS wurden die seit 1970/71 bestehen- 1000
den Systeme kurz- und mittelfristigen finanziellen Beistandes (oben Rz. 988) auf 14 Milliarden ECU (kurzfristiger Währungsbeistand) bzw. 11 Milliarden ECU (mittelfristiger finanzieller Beistand) erhöht und auf diese Weise das Funktionieren des EWS gegen **Zahlungsbilanzschwierigkeiten bzw. -krisen einzelner MS** besser abgesichert. Zusammenfassend gesehen bedeuteten diese inzwischen weiter gesteigerten Beistandsengagements insbesondere für die EG-Hartwährungsländer **einen bemerkenswerten Akt europäischer finanzieller Solidarität.** Dahinter stand die Einschätzung, daß die so erreichte Währungsstabilität eine essentielle Voraussetzung für das Florieren des innergemeinschaftlichen Warenverkehrs darstellte, an dem dieselben wirtschaftlich „starken" MS ein besonderes Interesse hatten.

Die **Verwaltung des EWS** erfolgte 1994–98 durch das **Europäische Wäh-** 1001
rungsinstitut (EWI) in Frankfurt a. M. (oben Rz. 413 ff.), teilweise auch unmittelbar zwischen den Zentralbanken der MSen. Das EWS hat seine „vorläufige Phase" seit 1979 nicht verlassen. Es hatte keine feste institutionelle Verankerung und eigene Rechtspersönlichkeit. Mit Beginn der 3. Stufe der Europäischen Währungsunion ab 1999 (unten Rz. 1017 ff.) **fand das EWS sein Ende.** Die bisher anhand des Währungskorbes definierte ECU entwickelt sich seither unter anderem Namen („Euro") zu einer eigenständigen Währung in einem einheitlichen Währungsraum. – Zur Vermeidung von Spekulation wurden die nach Art. 109 l Abs. 4 = 123 neu EGV erst am 1.1.1999 festzulegenden **unwiderruflichen Umrechnungskurse für den Euro** zwischen den Währungen der 11 EWU-Teilnehmerstaaten bereits am 3.5. 1998 festgesetzt („Kommuniqué" Rat/KOM/EWI 98/C 160/01, ABl. 1998, C 160/1).

2. Das EWS in den internationalen Währungsbeziehungen

1002 Die EG-Währungspolitik hat neben ihrer innergemeinschaftlichen **eine internationale Seite.** Da das EWS seit 1979 der festen Institutionalisierung ermangelte und in ihm die nationalen Währungshoheiten der MSen grundsätzlich unangetastet blieben, spielte die EG/EU bisher nur eine sehr begrenzte Rolle in den weltweiten Währungsbeziehungen mit dem **internationalen Währungsfonds (IWF) in Washington** als zentraler Einrichtung. Art. 109 m = 124 neu EGV beließ die Zuständigkeit für die Wechselkurspolitik bis zum Beginn der Währungsunion 1999 bei den MSen. Sie behandelten diese Politik als Angelegenheit von gemeinsamem Interesse.

1003 Das EWS stellte ein **regionales Währungssystem** dar, das nach Art IV Abs. 2 des IWF-Übereinkommens als solches zulässig ist. Mit seinen begrenzten Zielsetzungen nach außen entwickelte das EWS jedoch **keine gemeinsame EG-Außenwährungspolitik.** Der Europäische Rat hatte zwar in der Entschließung vom 18.12.1978 von der Notwendigkeit einer Koordinierung der Wechselkurspolitik gegenüber Drittländern gesprochen. Dies wurde indessen kaum realisiert, vor allem nicht in der wichtigsten Ausprägung einer **gemeinsamen Dollarpolitik des EWS** (*Thiel,* Das EWS im internationalen Währungssystem, in: Scharrer/Wessels, Das EWS, 1983, S. 355 ff.). Anstelle eines „verbundenen Floatens" der EWS-Währungen gegenüber dem Dollar bestanden flexible Wechselkurse der einzelnen EG-Währungen gegenüber der amerikanischen. Die ECU war im wesentlichen lediglich ein innergemeinschaftliches Reservemedium (oben Rz. 993). Weltweit stand ihm in den **„Sonderziehungsrechten" (SZR) des IWF,** der aus den 5 wichtigsten internationalen Währungen (US-Dollar, Pfund Sterling, Französischer Franken, Deutsche Mark und Japanischer Yen) gebildeten, von allen internationalen Währungsbehörden akzeptierten Reserve- und Transaktionswährung ein starker Konkurrent gegenüber.

Mit dem **Beginn der Europäischen Währungsunion 1999** ergibt sich die **Notwendigkeit einer gemeinsamen Wechselkurspolitik der EWU** gegenüber Drittlandswährungen. Art. 109 = 111 neu EGV weist hierfür dem **Rat** in einem komplizierten Zusammenspiel mit der **Europäischen Zentralbank** eine Führungsrolle zu (unten Rz. 1021).

III. Europäische Währungsunion (EWU) ab 1999

Literatur: Das Schrifttum zur EWU ist in den 90er Jahren nahezu unübersehbar angeschwollen. – Literatur zur EWI/EZB oben bei § 5, III, 3.

Kloten, Der „Delors-Bericht", EA 1989, S. 251 ff.; *EG-Kommission,* Wirtschafts- und Währungsunion, 1990; *Herz/Nürk,* Die erste Phase der Europäischen Wirtschafts- und Währungsunion, WiD 1990, S. 313 ff.; *Ensthaler,* Die Maastrichter Beschlüsse zur Wirtschafts- und Währungsunion, ZRP 1992, S. 426 ff.; *Häde,* Die Europäische Wirtschafts- und Währungsunion, EuZW 1992, S. 171 ff.; *Tietmeyer,* Währungsunion – ein Weg ohne Umkehr, Integr. 1992, S. 17 ff.; *Jochimsen,* Die Europäische Währungsunion. Chancen und Risiken, EA 1993, S. 377 ff.; *Potacs,*

Nationale Zentralbanken in der Wirtschafts- und Währungsunion, EuR 1993, S. 23 ff.; *Franzmeyer* (Hrsg.), Das Konvergenzproblem, 1994; *De Grauwe,* Alternative strategies towards Monetary Union in Europe, 1994; *Weber,* Die Kompetenzverteilung im ESZB bei der Festlegung und Durchführung der Geldpolitik, 1995; *Becker,* Stabilität, Konvergenz und Solidarität, Integr. 1996, S. 58 ff.; *Emmerich-Fritsche,* Wie verbindlich sind die Konvergenzkriterien?, EWS 1996, S. 77 ff.; *Hahn,* Das Entstehen der Europawährung, JZ 1996, S. 321 ff.; *Kortz,* Die Entscheidung über den Übergang in die Endstufe der WWU, 1996; *Schmidhuber,* Die Geldpolitik in der 3. Stufe der WWU, 1996; *Schönfelder,* Die Verhandlungen zur Europäischen WWU, 1996; *Wölker,* Zum Übergang in die 3. Stufe der WWU, EuR 1996, S. 321 ff.; *Bofinger,* Der Euro vor der Einführung, APUZ B 47/1997, S. 11 ff.; *Hahn,* Der Stabilitätspakt für die Europäische Währungsunion, JZ 1997, S. 1133 ff.; *Hasse,* Zur Analyse der Budgetkriterien des Vertrages von Maastricht, 1997; *Heinemann/Schröder,* Europäische Währungsunion und Kapitalmärkte, 1997; *Issing,* Die Rolle des Euro im Weltwährungssystem, KAS/Ausl. Inf. 11/1997, S. 24 ff.; *Louis,* Union monétaire européenne et Fonds monétaire international, FS Hahn, 1997, S. 201 ff.; *Morgenthaler,* Der Euro, JUS 1997, S. 673 ff.; *Blumenwitz/Schöbener,* Stabilitätspakt für Europa, 1998; *Collignon/Mundschenk,* Die internationale Bedeutung der Währungsunion, Integr. 1998, S. 77 ff.; *Diersdorf,* Neugestaltung der Währungsverfassung, NJW 1998, S. 3145 ff.; *Issing,* Von der D-Mark zum Euro, 1998; *Martenczuk,* Der Europäische Rat und die WWU, EuR 1998, S. 151 ff.; *Möschel,* An der Schwelle zur EWU, JZ 1998, S. 217 ff.; *Uebersohn,* Zu den Rechtsgrundlagen der Wirtschafts- und Währungsunion, Recht und Politik 1998, S. 80 ff.;

1. Gründe für eine Europawährung

Sowohl aus währungspolitischen und allgemeinwirtschaftlichen als auch **1004**
aus politischen Gründen wurden in den achtziger Jahren Pläne zur Schaffung einer Europäischen Währungsunion (EWU) weiterverfolgt.

a) **Das EWS** sollte nach den Vorstellungen seiner Gründer bereits 1981 **in ein endgültiges System umgewandelt werden** *(Scharrer/Wessels,* Integr. 1982, S. 19 ff.). Hierbei sollte der EFWZ in einen zentralbankähnlichen „Europäischen Währungsfonds" (EWF) umgewandelt werden. Die ECU sollte sich zu einer Art Reservewährung und einem Zahlungsmittel entwikkeln. Diese Pläne verwirklichten sich nur insoweit, als die ECU gemeinschaftsweit in begrenztem Umfang zur **privaten Verwendung** freigegeben wurde *(Swings,* ECU im Privatgebrauch, 1986).

Seit 1985 war Dritthaltern der Erwerb und das Halten von ECU gestattet (ABl. 1985, L 290/1 ff., *Lelart,* RMC 1988, S. 526). In Deutschland fand die ECU vor allem im Anleihengeschäft **fremdwährungsähnliche Verwendung** seit 1987 *(Siebelt/Häde,* NJW 1992, S. 10 ff.).

Insgesamt **blieb die Bedeutung der ECU für das EWS gering.** Vor allem **1005**
bezogen sich entgegen ursprünglichen Plänen die Interventionsverpflichtungen der Zentralbanken innerhalb des EWS nicht auf die ECU, sondern auf die bilateralen Leitkurse der nationalen Währungen. Daraus ergab sich ein Zwang für die EWS-MSen, ihre Geldpolitik an derjenigen der Deutschen Bundesbank als Hüterin der stärksten Währung auszurichten **(DM als „Ankerwährung" im EWS,** *Siebelt,* JUS 1996, S. 7). Für MSen wie Frankreich erschien dieser Abhängigkeitsstatus ihrer Zentralbanken auf die Dauer schwer erträglich. Aus dieser Sicht legte sich die Europäisierung der Geldpolitik über eine EWU nahe.

1006 b) **Allgemeinwirtschaftlich ergaben sich aus dem Binnenmarktprozeß seit Mitte der achtziger Jahre neue Anstöße zugunsten einer EWU.** Vor allem die EG-Finanzreform 1988 (oben Rz. 830 ff.) mit den gleichzeitigen Beschlüssen zur **Kapitalmarktliberalisierung** („Einheitlicher europäischer Finanzraum", unten Rz. 1498) und die sich mit der Vollendung des freien Waren- und Personenverkehrs immer mehr verstärkende Bedeutung eines möglichst **einfachen und ungehinderten Zahlungsverkehrs** ließen die Währungsunion als „Krönung des Binnenmarktes" erscheinen *(Stark,* Auf dem Weg zur EWU, in: Hommelhoff/P. Kirchhof (Hrsg.), Der Staatenverbund der EU, 1994, S. 143 ff.).

1007 c) Außerdem gab es seit der **Einheit Deutschlands** durch die „Wende" 1989/91 **politische Gründe** dafür, das größer und souverän gewordene Gesamtdeutschland durch einen Fortgang des europäischen Einigungsprozesses **endgültig in die EG/EU „einzubinden".** Die Vergemeinschaftung der Währungssouveränität, eines Kernstückes bisher staatlicher Befugnisse, erschien hierfür ein geeignetes Mittel, zumal die genannten wirtschaftlichen Gründe in die gleiche Richtung wiesen.

2. Der Maastrichter Stufenplan zur Europäischen Währungsunion

1008 Aus diesen unterschiedlichen, aber im Ergebnis gleichlaufenden Motiven wurde auf der Maastrichter Regierungskonferenz ein Stufenplan zur Schaffung einer Wirtschafts- und Währungsunion bis ungefähr zum Jahre 2000 **in die Art. 102 a – 109 m = 98 – 124 neu EGV i. V. m. einigen Protokollen und Erklärungen zur Schlußakte des EUV** eingefügt. Diese integrationspolitisch weitreichende Festlegung („Schritt über den Rubikon") rief mancherlei **politische und wirtschaftswissenschaftliche Widerstände** hervor *(Caesar/Scharrer* (Hrsg.), Maastricht: Königsweg oder Irrweg zur WWU?, 1995).

Dänemark und Großbritannien behielten sich über Protokolle zum EUV ausdrücklich das Recht vor, über die endgültige Teilnahme an der EWU eigenständig zu entscheiden. In Deutschland hat BVerfGE 89, 155 ff. (199 ff.) den Stufenplan zur EWU nicht als unüberschaubaren „Automatismus", sondern als einen Prozeß verstanden, der von weiteren, parlamentarisch zu beeinflussenden Zustimmungen der Regierungen abhing.

a) Erste Stufe 1990–93

1009 Der Maastrichter Stufenplan wurde weitgehend durch eine vom Europäischen Rat 1988 unter Vorsitz des EG-Kommissionspräsidenten DELORS eingesetzte Sachverständigengruppe vorbereitet **(„DELORS-PLAN",** Text EA 1989, D 283 ff., dazu *Kloten,* EA 1989, S. 251 ff.).

„Philosophie des Delors-Planes" und des Maastrichter Stufenplanes ist im Anklang an den früheren **„Werner-Plan"** (oben Rz. 935) die Verzahnung der makroökonomischen **Wirtschaftspolitik** einschließlich verbindlicher Regeln für die Haushaltsdisziplin innerhalb der Gemeinschaft (oben Rz. 838 ff.) mit der **Währungsintegration.** Der Streit zwischen „Monetaristen" und „Ökonomen" (oben Rz. 935) sollte im Sinne der **„Konvergenz"** oder **„Parallelität"** beigelegt werden *(Vaubel,* WiD 1989, S. 276 ff.). Auf diese Weise sollte u.a. deutschen Besorgnissen im Hinblick auf die „Härte" der künftigen europäischen Währung begegnet werden.

Noch vor der Maastrichter Konferenz beschloß der Europäische Rat im 1010
Sinne des Delors-Planes das Inkrafttreten der **1. Stufe zur Verwirklichung der Wirtschafts- und Währungsunion zum 1.7.1990.** In einer gewissen Vorwegnahme der später in Maastricht beschlossenen Art. 102a ff. = 98 ff. neu EGV wurden am 3.3.1990 eine **Verstärkung der Koordinierung der Wirtschaftspolitiken der MSen** und eine **multilaterale Überwachung der nationalen Haushaltspolitiken** beschlossen (ABl. 1990, L 78/23 ff. , näher oben Rz. 941).

b) Zweite Stufe 1994–1998

Die **2. Stufe zur Verwirklichung der WWU** begann nach Art. 109 e = 1011
116 neu EGV kraft Vertrages am 1.1.1994 ohne weitere Beschlußfassung. Ihr grundsätzliches Ziel ging dahin, durch eine Reihe nationaler und gemeinschaftlicher Maßnahmen ein **solches Maß an wirtschaftlicher Konvergenz** zwischen möglichst vielen MSen herzustellen, daß anschließend mit der 3. Stufe der eigentliche Übergang in die Währungsunion verantwortet werden konnte. Art 109 j Abs. 1 = 121 Abs. 1 neu EGV i. V. m. zwei Protokollen zum EUV über das Verfahren bei einem übermäßigen Defizit und über die Konvergenzkriterien legten **vier Konvergenzkriterien** fest, welche die Teilnehmer an der EWU erfüllen sollten:

1. Ein **hoher Grad an Preisstabilität,** der anhand der drei MSen mit der geringsten Inflation ermittelt wird.
2. Eine **auf Dauer tragbare Finanzlage der öffentlichen Hand,** ohne übermäßiges Defizit im Sinne von Art. 104 c Abs. 6 = 104 Abs. 6 neu EGV (Keine höhere jährliche Nettoverschuldung als 3 % des Bruttoinlandsproduktes und kein höherer Gesamtschuldenstand als 60 % des BIP). Dies ist das wichtigste Konvergenzkriterium.
3. **Einhaltung der Bandbreiten des EWS-Wechselkursmechanismus** seit mindestens zwei Jahren.
4. **Dauerhaftigkeit** der von den MSen erreichten Konvergenz und ihre Teilnahme am EWS-Wechselkursmechanismus. Dies wird am Niveau der langfristigen Zinssätze abgelesen.

Um die Dauerhaftigkeit der o. g. Konvergenz nach dem Beginn der Wäh- 1012
rungsunion zu sichern, wurde insbesondere auf deutsche Initiative in Amsterdam 1997 der sog. **„Stabilitäts- und Wachstumspakt"** beschlossen *(Kuschnik,* DZWiR 1997, S. 315 ff.).

Der **Stabilitätspakt** besteht aus einer Entschließung des Europäischen Rates über den Stabilitäts- und Wachstumspakt v. 17.6.1997 (ABl. C 236/1) und den VOen 1466/97 über den Ausbau der haushaltspolitischen Überwachung und der Überwachung und Koordinierung der Wirtschaftspolitiken v. 7.7.1997, ABl. L 209/1 sowie VO 1467/97 über die Beschleunigung und Klärung des Verfahrens bei einem übermäßigen Defizit v. 7.7.1997, ABl. L 209/6 *(Hahn,* JZ 1997, S. 1133 ff.). Die auf

Art. 103 Abs. 5 = 99 neu EGV bzw. Art. 104 c Abs. 14 = 104 neu EGV gestützten Regelungen haben einerseits zum Ziel, die MSen durch Vorlage jährlicher „Stabilitätsprogramme" zu veranlassen, **übermäßige öffentliche Haushaltsdefizite zu vermeiden** und mittelfristig ausgeglichene Haushalte zu erreichen. Zum anderen wird die **Möglichkeit von Sanktionen in Gestalt bestimmter Finanzleistungen an die Gemeinschaft** eröffnet, wenn ein MS ein übermäßiges öffentliches Defizit aufweist. Allerdings greifen die Sanktionen nicht automatisch, sondern sind der Beschlußfassung des Rates unterworfen.

1013 Während der 2. Stufe 1994–98 erfolgte tatsächlich in vielen MSen eine bemerkenswerte Annäherung an die Konvergenzkriterien bzw. sogar ihre Erfüllung (Zahlen in: Konvergenzbericht *Europ. Kommission* v. 25.3.1998, S. 45 f.). Jedoch bedurfte dieser Prozeß so viel Zeit, daß die Gemeinschaftsinstitutionen sich nicht in der Lage sahen, über den Eintritt in die 3. Stufe der WWU bis zum 31.12.1996 zu beschließen, wie es in Art. 109 j Abs. 3 = 121 neu EGV vorgesehen war. Nach dem vom Europäischen Rat Ende 1995 beschlossenen **„Szenario für die Einführung einer einheitlichen Währung"** (ABl. 1996, C 22/2) wurde daher auf das „Zweitverfahren" des Art. 109 j Abs. 4 = 121 neu EGV zurückgegriffen und diese Entscheidung in die 1. Jahreshälfte 1998 verlegt. Der Beginn der 3. Stufe war vom Vertrag (Art. 109 j Abs. 4 = 121 neu i. V. m. dem Protokoll zum Übergang zur 3. Stufe) „unwiderruflich" auf den 1.1.1999 festgelegt worden.

1014 Ende 1995 erfolgte zugleich die politische Entscheidung (inzwischen Art. 2 VO 1103/97, ABl. 1997, L 162/1) **die Europawährung „EURO" zu nennen.** 1 EURO gliedert sich in 100 CENTS. Der EGV war noch an verschiedenen Stellen von der Bezeichnung ECU ausgegangen. Die ECU hatte sich trotz ihres historischen Anklanges (oben Rz. 993) nicht gemeinschaftsweit durchsetzen können. Das überall verständliche Kunstwort EURO wurde anderen Vorschlägen (Florine, Franken, Krone, Solidor, Taler) vorgezogen. Rechtlich wurde die Entscheidung zugunsten EURO anstelle ECU als „Ersetzung einer Bezugnahme im EGV" (vgl. bes. Art. 109 g = 118 neu EGV) definiert (VO 1103/97 a.a.O, vgl. auch EuGE 1998 II – 509 ff. – RS T 207/97).

1015 Im Verlaufe der 2. Stufe 1994–1998 kam es infolge des in den meisten MSen ausgeprägten politischen Willens, an der EWU ab 1999 teilzunehmen, zu **zwei bemerkenswerten Entwicklungen. Organisatorisch** wurden in einem großen Prozeß europäischer Rechtsangleichung, soweit erforderlich, bisher regierungsabhängige Zentralbanken wie z. B. die Banque de France gemäß Art. 108 – 109 = 109 – 111 neu EGV, Art. 14 Satzung ESZB/EZB ähnlich wie die EZB in eine weitgehende Unabhängigkeit entlassen, um der nach Art. 107 = 108 neu, Art. 7 Satzung geforderten **Unabhängigkeit des ESZB** zu genügen (oben Rz. 416).

In der Sache unternahmen die MSen in der 2. Stufe erhebliche wirtschafts- und fiskalpolitische Anstrengungen, um den **Konvergenzkriterien des Art. 109 j Abs. 1 = 121 neu EGV** (oben Rz. 1011) zu genügen, insbesondere mit Blick auf die „dauerhaft tragbare Finanzlage der öffentlichen Hand". Hierdurch ergab sich bis 1998 eine **vorher nicht bekannte Annäherung des Haushaltsgebarens und der Wirtschaftspolitik** zwischen den meisten MSen.

Angesichts früherer Diskrepanzen in der Wirtschafts- und Finanzlage zwischen einer Reihe von MSen verblieben freilich **mancherlei Unterschiede und Abstände von den Konvergenzkriterien, insbesondere im Gesamtschuldenstand der öffentlichen Hand.** Hier verfehlten z. B. Belgien und Italien mit ca. 120 % des Bruttoinlandsproduktes die Marke von 60 % (Art. 1 Protokoll über das Verfahren bei einem übermäßigen Defizit) deutlich (Näher *Franzmeyer* (Hrsg.), Das Konvergenzproblem, 1994).

In einer Gesamtbewertung der Konvergenzerfüllung setzte sich bei der hierfür zuständigen *Europäischen Kommission* und dem EWI (Art. 109 j Abs. 1 = 121 neu EGV) im Laufe der 2. Stufe zunehmend eine **großzügige Auslegung der Konvergenzerfordernisse** durch. Obwohl diese Auslegung nicht über jeden Zweifel erhaben sein mochte *(Häde,* JZ 1998, S. 1095 ff.) und Rat und Kommission zunächst übermäßige Defizite bei den meisten MSen festgestellt hatten (Art. 104 c = 104 neu EGV), wurden allmählich die Vorteile eines größeren Teilnehmerkreises zu Beginn der EWU höher eingeschätzt als ein besonders striktes Verständnis der Konvergenzkriterien. Diese Sicht ließ sich halbwegs mit Ansätzen im EGV (insbes. Art. 104 c = 104 und Art. 109 j = 121 neu) stützen, die es erlaubten, in bestimmtem Zusammenhang auch bei größerer Differenz Tendenzen „in Richtung" auf die Konvergenzkriterien in die Abwägung einfließen zu lassen. **1016**

c) Dritte Stufe ab 1999

Im 1. Halbjahr 1998 wurde das Verfahren über den Beginn der 3. Stufe des EWU ab dem 1.1.1999 gemäß Art. 109 j Abs. 4 = 121 neu EGV durchgeführt. Kommission und EWI kamen in ihren **Konvergenzberichten vom 25.3.1998** ungeachtet von Kritikpunkten im Sinne der o. g. großzügigen Auslegung letztlich dazu, die Konvergenzkriterien bei elf MSen als hinreichend erfüllt anzusehen und zu empfehlen, daß diese an der EWU teilnehmen sollten. **1017**

In Deutschland hielt die **Bundesbank** in einem von der Bundesregierung erbetenen Konvergenzbericht v. 27.3.1998 den Eintritt Deutschlands in die EWU „stabilitätspolitisch für vertretbar", äußerte jedoch hinsichtlich einiger anderer Teilnehmerstaaten „ernsthafte Besorgnisse". Das **Bundesverfassungsgericht** sah unter diesen Voraussetzungen in seinem „Euro-Beschluß" v. 31.3.1998 (E 97, 350 ff.) keine verfassungsrechtlichen Hindernisse gegen die erklärte Absicht der Bundesregierung, den Empfehlungen von Kommission und EWI im Sinne eines Beginnes der EWU mit 11 Teilnehmerstaaten am 1.1.1999 zu folgen (Die grundrechtlichen Bedenken der Antragsteller der Verfassungsbeschwerde gegen den Euro als „Weichwährung" bei *Hankel/Nölling/Schachtschneider/Starbatty,* Die Euro-Klage, 1998).

Am 3.5.1998 bestätigte der Rat in der Zusammensetzung der Staats- und Regierungschefs zum Abschluß des Verfahrens nach Art. 109 j Abs. 4 i. V. m. Art. 109 l Abs. 4 = 121, 123 neu EGV in Gestalt der **VO 974/98 (ABl. 1998, L 139/1) über die Einführung des Euro den empfohlenen Teilnehmerkreis von 11 MSen (A, Benelux, D, F, IRL, I, P, SF, SP) als Mitglieder der EWU („Euroland") und bestimmte den Euro ab 1.1.1999 zur Währung der teilnehmenden MSen.** Der „technische" Übergang auf die neue Währung voll- **1018** zieht sich in einer Übergangszeit zwischen 1.1.1999 und 31.12.2002. Insbesondere werden die Euro-Banknoten und Münzen in der 1. Jahreshälfte 2002 ausgegeben (Dazu VO 975/98, ABl. 1998 L 139/6). Zum Ende des Jahres 2002 verlieren die nationalen Zahlungsmittel (u. a. die deutsche DM) ihre Gültigkeit. Schon ab 1999 sind die Wechselkurse zwischen den Währungen der Teilnehmer unwiderruflich festgelegt (Art. 109 g = 118 neu EGV und vorl. „Kommuniqué" Rat/KOM/EWI, ABl. 1998, C 160/1).

1019 Dänemark und Großbritannien hatten von ihrem Optionsrecht aufgrund des Maastrichter EUV Gebrauch gemacht, sich trotz Erfüllung der Konvergenzkriterien nicht an der EWU beteiligen zu müssen. Bei Griechenland und Schweden hatte die Kommission aus unterschiedlichen Gründen die Erfüllung der Kriterien verneint. **Die vier Nichtteilnehmerstaaten haben einen Ausnahmestatus nach Art. 109 k = 122 neu EGV.** Sie sind von den Rechten und Pflichten der EWU im wesentlichen ausgeschlossen und haben insbesondere innerhalb der ESZB/EZB keine Stimmrechte bei der gemeinschaftlichen Geld- und Währungspolitik (Näher *Schill,* in: Lenz (Hrsg.), EGV-Komm. 1994, zu Art. 109 k). Soweit diese vier „Pre-Ins" die Konvergenzkriterien erfüllen, können sie sich später für die EWU „nachqualifizieren". Sie sind mit der Währungsunion über das „EWS II" verbunden, um den freien Kapital- und Zahlungsverkehr in der gesamten EG/EU zu gewährleisten (Abk. v. 1. 9. 1998, ABl C 345/6).

1020 Die **Durchführung der Währungsunion** hat sowohl auf europäischer Ebene wie in den Teilnehmerstaaten **eine Fülle von Konsequenzen im Einzelnen** zur Folge.

In der EG wurden insbesondere die VO 1103/97 v. 17.6.1997 über bestimmte Vorschriften im Zusammenhang mit der Einführung des Euro (ABl. 1997, L 162/1, dazu *v. Borries/Repplinger-Hach,* NJW 1996, S. 3111 ff.) und die Empfehlungen der Kommission 98/286 zu Bankentgelten im Zusammenhang mit der Umstellung auf den Euro, 98/287 zur doppelten Angabe von Preisen und sonstigen Geldbeträgen und 98/288 zu Dialog, laufender Beobachtung und Information zur Erleichterung des Übergangs zum Euro, jeweils v. 23.4.1998 (ABl. L 130/22, 26, 29) erlassen.

In Deutschland wie in den anderen Teilnehmerstaaten müssen eine große Zahl zivil- und öffentlich-rechtlicher Regelungen als „Euro-Konsequenz" getroffen werden. (*Fischer,* Vorschriften zur Einführung des EURO in D, 1998). Die **Bundesregierung** hat 1997 einen „Bericht zur Einführung des Euro in Gesetzgebung und öffentlicher Verwaltung veröffentlicht (BR-Drucks. 327/97). 1998 wurde das **Euro-Einführungsgesetz** (BGBl. 1998, I, S. 1242 ff.) beschlossen, das insbesondere zivil- und verfahrensrechtliche Regelungen für die Übergangszeit 1999 – 2002 enthält (*Hakenberg,* BB 1998, S. 1491 ff.). Weithin wird freigestellt, sich vorläufig außerhalb des Bargeldverkehrs (oben Rz. 1018) wahlweise des Euro oder weiter der DM zu bedienen.

Literatur zu weiteren „Euro-Konsequenzen" in Deutschland: *Entzian/Linden,* Vertragskontinuität und Währungsunion, VersR 1997, S. 1182 ff.; *Hartenfels,* Die vorzeitige Umstellung von Schuldverschreibungen auf den Euro, 1997; *Heller,* EWU und ihre Auswirkungen auf die Sozialversicherung, SGb 1997, S. 509 ff.; *Kampmann,* Kommunen im Vorfeld der EWU, ZG 1997, S. 166 ff.; *Schwung,* Rechtliche Vorwirkungen des Euro, WiB 1997, S. 113 ff.; *Westermann,* L'introduction de l'Euro et ses implications en droit civil, in: Facultés de Droit Aix/Tübingen (Hrsg.), La coopération Franco – Allemande en Europe à l'aube du 21e siècle, 1998 S. 217 ff.; *Wisskirchen,* Die Einführung des Euro und ihre Auswirkungen auf privatrechtliche, internationale und völkerrechtliche Verträge, DB 1998, S. 809 ff.

Für die **Außenbeziehungen der Europäischen Währungsunion** zu anderen Währungsgebieten und -räumen gilt ab 1999 Art. 109 = 111 neu EGV, der den bisher maßgeblichen Art. 109 m = 124 neu EGV ablöst. Insoweit geht die Währungs- und Geldsouveränität von den Teilnehmerstaaten nicht wie intern weitgehend auf die EZB über, sondern der **Rat** erhält insoweit i. V. m. ESZB und EZB letztentscheidende Zuständigkeiten. 1021

In der Sache **entsteht mit dem Euro-Raum** neben dem Dollarraum und dem Yen-Raum **ein drittes weltweit bedeutsames Währungsgebiet.** Es wird z. T. erwartet, daß der Euro neben dem Dollar im Weltwährungssystem des IWF die Rolle einer weiteren „Ankerwährung" übernimmt *(Collignon-Mundschenk,* Integr. 1998, S. 77 ff.).

3. Ausblick

Literatur: *Issing,* Europa: Politische Union durch gemeinsames Geld?, 1995; *Berthold,* Währungsunion, Sozialunion, Politische Union, Bankhist. Archiv, Beiheft 30, 1996, S. 62 ff.; *Randzio-Plath* (Hrsg.), Der Euro – mehr als ein Symbol, 1996; *Horn,* Währungsunion als Instrument der Integration?, FS Mestmäcker, 1996, S. 381 ff.; *Hasse,* Wieviel Politische Union braucht eine EWU?, 1997; *Herz,* Geld- und Währungspolitik in der EWU, ORDO 48 (1997), S. 595 ff.; *Scheer,* Die WWU als Herausforderung für Europa, Integr. 1997, S. 53 ff.; *Endler,* EZB und Preisstabilität, 1998; *Francke/Ketzel/Kotz* (Hrsg.), Europ. Währungsunion. Von der Konzeption zur Gestaltung, 1998; *Franzmeyer,* Europa mit dem Euro, Integr. 1998, S. 133 ff.; *Jochimsen,* Perspektiven der Währungsunion, 2. Aufl. 1998; *Kloten,* Der Euro: Folgen für Deutschland und Europa, 1998 (unveröff. Man.); *Schulte-Brauchs,* Ist die Einführung des EURO auf gutem Wege? EUZW 1998, S. 545;

Die Europäische Währungsunion ist mit dem „Fahrplan" des Maastrichter Unionsvertrages (oben Rz. 1008 ff.) in den neunziger Jahren **so umfassend vorbereitet worden,** wie dies unter den politischen Bedingungen innerhalb der Gemeinschaft praktisch möglich war. Mit dem Konzept, die gemeinsame Währungs- und Geldpolitik einer „unpolitischen" Europäischen Zentralbank anzuvertrauen, wurde an die erfolgreichen deutschen Erfahrungen seit 1948 angeknüpft. Gelegentliche Vorschläge, insbesondere in Deutschland, 1022

z. B. *Hasse/Starbatty,* (Hrsg.), WWU auf dem Prüfstand, 1997; *Neumann,* Ist Europa schon reif für die Währungsunion?, APUZ B 47/1997, S. 3 ff.

den Eintritt in die 3. Stufe um **einige weitere Jahre zu verschieben,** bis eine strikte Konvergenz der Teilnehmerstaaten erreicht würde, hätten eine kaum erreichbare Änderung des EGV vorausgesetzt. In der politischen Wirklichkeit wäre ein solcher Aufschub einer Vertagung ad calendas graecas gleichgekommen.

Somit steht die EZB ab 1999 vor der Aufgabe, mit der von ihr zu verantwortenden gemeinsamen Geld- und Währungspolitik (gegebenenfalls mit den Mitteln des Stabilitätspaktes, oben Rz. 1012) die EWU als „Stabilitätsgemeinschaft" dauerhaft zu etablieren. Als Hauptproblem, ihre **primäre Aufgabe der Preisstabilität (Art. 105 EGV)** zu erfüllen, kann sich für die EZB dabei der **unvollkommene Stand der Politischen Union** erweisen. 1023

Geschichtliche Erfahrungen (Lateinische Münzunion, skandinavische Münzunion 1865–1927 einerseits, Schweizerische Währungsunion seit 1848 oder deutsche Währungsunionen 1871 und 1990 andererseits) belegen oftmals, **daß eine erfolgreiche Währungsintegration hinreichender Begleitung mittels Vergemeinschaftung der übrigen öffentlichen Sektoren bedarf** *(Theurl,* Eine gemeinsame Währung für Europa. 12 Lehren aus der Geschichte, 1992).

1024 Obwohl die EWU auf dem Gemeinsamen Binnenmarkt für Waren, Dienstleistungen, Kapital und Personen aufbauen kann, bleiben **Wirtschafts-, Finanz- und Sozialpolitik** trotz gewisser europäischer Koordinierungen und Überwachungen wie mittels des Stabilitätspaktes im Kern noch in nationaler Hand. In der **Außen- und klassischen Innenpolitik** herrscht auch nach dem Amsterdamer Vertrag 1997 die völkerrechtlich-intergouvernementale Linie vor (unten Rz. 1688). Die **eigentliche Frage an die EWU** wird auch nach Eintritt in die 3. Stufe bleiben, ob das bisherige Maß an Vergemeinschaftung im Umfeld der Währungspolitik ausreicht, mittels der gemeinsamen Geldpolitik der EZB die zentrifugalen Fliehkräfte zu bändigen, wie sie sich beispielsweise aus zwischen den MSen divergierenden Haushalts- und Sozialpolitiken ergeben können. Der alte Streit zwischen „Monetaristen" und „Ökonomisten" (oben Rz. 935) wird sich in der Praxis der EWU entscheiden müssen. Wird die Vergemeinschaftung der Geldgewalt allmählich zur **Übertragung weiterer substantieller Befugnisse in der Wirtschafts-, Finanz- und Sozialpolitik** nötigen, d. h. den Beginn einer wirklichen Politischen Union einläuten? *(Tietmeyer,* EA 1994, S. 457 ff.) Oder ergeben sich Gefahren für die EWU aus **übermächtigen Schubkräften nationaler Gewohnheiten und Egoismen?** An künftige Vertragsrevisionen dürfte sich die Frage stellen, ob die EWU-Teilnehmerstaaten willens und fähig sind, im Interesse einer „Stabilitätskultur" weitere Bereiche ihrer wirtschaftlich-sozialen Binnenstrukturen zu staatsähnlicher Homogenität zu vereinigen. Trotz aller gemeinschaftsrechtlicher Vorsorge in Gestalt der „Maastricht-Konstruktion" und ihrer Ergänzungen seit 1992 bleibt die Währungsunion ein Gang ins Ungewisse. An ihrem Erfolg wird sich viel von der Dauerhaftigkeit des europäischen Einigungsprozesses insgesamt ablesen lassen.

§ 14. Wettbewerb I: Regeln für Unternehmen

Literatur: Das Schrifttum zum EG-Wettbewerbsrecht ist Legion. Umfassende Nachweise insbesondere vor den einzelnen Abschnitten von *Immenga/Mestmäcker* (Hrsg.), EG-Wettbewerbsrecht, 2 Bände mit Erg.Ordner, 1997. – Vgl. auch *Kommission* der EGen (Hrsg.), Sammlungen der Entscheidungen der Kommission auf dem Gebiet des Wettbewerbsrechts: Art. 85, 86 u. 90 EWGV, 1964–1980, 2 Bände, 1993.

Die *Kommission* gibt jährlich einen „Bericht über die Wettbewerbspolitik" heraus. Seit 1995 erscheint ferner dreimal jährlich: *GD Wettbewerb* der *Europäischen Kommission* (Hrsg.), Competition Policy Newsletter.

Einige Gesamtdarstellungen: *Knöpfle,* Kartellrecht der EGKS, in: Müller-Henneberg/Schwartz (Hrsg.), GWB und Europäisches Wettbewerbsrecht, 1974; *An Bael/Bellis,* Competition Law of the EEC, 2. Aufl. 1990; *Ritter/Braun/Rawlinson,* EEC Competition Law, 1990; *Wiedemann,* Komm. zu den Gruppenfreistellungsverordnungen des EWG-Kartellrechts, Bd. 1, 1989, Bd. 2 Bes. Teil, 1990; *Miersch,* Komm. zur EG-VO Nr. 4064/89 über die Kontrolle von Unternehmenszusammenschlüssen, 1991; *Geneste,* Droit Communautaire de la Concurrence, 1993; *Gleiss/Hirsch,* Komm. zum EG-Kartellrecht, Bd. 1: Art. 85 und Gruppenfreistellungsverordnungen, 1993; *Goyder,* EC Competition Law, 1993; *Langen,* Komm. zum deutschen und europäischen Kartellrecht, 1994; *Singleton,* EC Competition Law, 1994; *Zäch,* Wettbewerbsrecht der EU, 1994; *Rittner,* Wettbewerbs- und Kartellrecht, 5. Aufl. 1995; *Emmerich* u.a., Wettbewerbsregeln, in: Dauses (Hrsg.), Hdb EU-WirtschR (1993–1996), H. I-II.; *Jestaedt,* EU-Kartellrecht - ein Leitfaden für deutsche und österreichische Unternehmen, 1996; *Immenga/Mestmäcker* (Hrsg.), EG-Wettbewerbsrecht, 1997 (2 Bde mit Ergänzungsordner, bes. ausführlich); *Waelbroeck/Frigani,* Le droit de la CE – Concurrence, 2. Aufl. 1997 (= Comm. Mégret, Bd. 4); *Schmidt/Binder,* Wettbewerbspolitik, in: Klemmer (Hrsg.), Europ. Wirtsch.Pol., 1998, S. 1229 ff.

Grundsätzliches: *Günther,* Wege zur europäischen Wettbewerbsordnung, 1965; *Markert,* Wettbewerb und Wirtschaftspolitik in der EWG, EuR 1970, S. 349 ff.; *Nass,* Über das Verhältnis zwischen europäischem und deutschem Kartellrecht, 1970; *Bernini/Jaeger/Matthies,* Kartellverbot und Fusionskontrolle in der Montanunion, 1972; *Meessen,* Der räumliche Anwendungsbereich des EWG-Kartellrechts und das allgemeine Völkerrecht, EuR 1973, S. 18 ff.; *Hintermayer,* Der Beitrag der deutschen Rechtsprechung zu Art. 85 und 86 EWGV, 1984; *Bary,* Das Mißbrauchsverbot des Art. 86 EWGV, 1986; *Väth,* Die Wettbewerbskonzeption des EuGH, 1987; *Waelbroeck,* Rapports entre les règles sur la libre circulation des marchandises et les règles de concurrence, FS Pescatore, 1987, S. 781 ff.; *Bourgeois,* Antitrust and Trade Policy, Int. Business Lawyer, 1989, 58/3, S. 115; *Beck,* Extraterritoriale Anwendung des EG-Kartellrechts, RIW 1990, S. 91 ff.; *Everling,* Die Rechtsprechung des EuGH in Wettbewerbsfragen, in: Groener (Hrsg.), Wettbewerbsfragen der EG 1990, S. 17 ff.; *Druesne,* Le développement du droit et de la politique de la concurrence en Europe, 1992; *Kaufmann,* Das italienische Kartellgesetz von 1990 und sein Verhältnis zum europäischen Recht der Wettbewerbsbeschränkungen, 1993; *Diem,* Das Kartellrecht nach dem EWR-Abkommen, DB 1994, S. 823 ff.; *Ehlermann,* Zur Wettbewerbspolitik und zum Wettbewerbsrecht der EU, 1994; *Ebenroth/Strittmatter,* Französisches Wettbewerbs- und Kartellrecht am Markt der EU, 1995; *Van Miert,* Die Wettbewerbspolitik der neuen Kommission, WuW 1995, S. 553 ff.; *Rittner,* Das europäische Kartellrecht, JZ 1996, S. 377 ff.; *Dreher,* Der Rang des Wettbewerbs im europäischen Gemeinschaftsrecht, in: Dörr/Dreher (Hrsg.), Europa als Rechtsgemeinschaft, 1997, S. 105 ff.; *Gormley,* Current and future perspectives on EC-Competition Law, 1997; *Stockenhuber,* Europäisches Kartellrecht, 1998.

1025 Zu den in den Verträgen enthaltenen Grundentscheidungen gehört diejenige zugunsten einer offenen Marktwirtschaft mit freiem Wettbewerb (Art. 3 n = 4 neu EGV, oben Rz. 926 ff.). Sie leitet sich wesentlich von dem Ziel eines von inneren Beschränkungen immer mehr befreiten Gemeinsamen Marktes ab („Europäischer Binnenmarkt"). Insoweit obliegt der EG vor allem zur Sicherung des freien Warenverkehrs im Gemeinsamen Markt die Wächteraufgabe, daß nicht die zwischen den MS abgebauten Grenzen durch private Vereinbarungen wieder indirekt errichtet werden (EuGHE 1966, 322 ff. – Verb. RS 56 u. 58/64 – „Consten/Grundig"). Neuerdings werden auch **staatliche Dienstleistungsmonopole** (z. B. Telekommunikation) am Wettbewerbsprinzip des EGV gemessen. Diese Öffnung der nationalen Märkte für die Waren, Dienstleistungen usf. aus den anderen MS führt zwangsläufig zu **Wettbewerb im Handel zwischen den MS.** Damit stellt sich wie auf nationaler Ebene auch für die „aufgeklärte" Wirtschaftspolitik der Gemeinschaft die Aufgabe, ein System zu errichten, das den Wettbewerb innerhalb des Gemeinsamen Marktes **vor Verfälschungen schützt** (Art. 3 lit g) EGV).

In dem begrenzteren Rahmen der **Montanunion** findet sich in Art. 3 c), 4 b)–d) EGKSV ein ähnlicher Grundansatz. Der EAGV enthält keine Wettbewerbsregeln. Sein Grundsystem unterscheidet sich insoweit deutlich von den beiden anderen Verträgen (insbes. Versorgung mit Grundstoffen durch die Agentur nach Art. 52 ff. EAGV, starke Unternehmenskooperation in der Kernenergiewirtschaft u. a.). Auch unter Berücksichtigung dieser Besonderheiten wird man im Sinne von Art. 232 Abs. 2 = 305 Abs. 2 neu EGV (oben Rz. M) die EG-Wettbewerbsregeln als subsidiäre lex generalis **auf den EURATOM-Bereich anzuwenden haben**. Art. 53 ff. EWR übernehmen die Art. 85 ff. = 81 ff. neu EGV weitgehend für den **Europäischen Wirtschaftsraum** (*Diem,* DB 1994, S. 823 ff.).

Im EG-Vertrag sind Wettbewerbsregeln in den Art. 85–94 = 81–89 neu vorgesehen, im Montanbereich in Art. 65–67 EGKSV. Zu diesen Normen gibt es inzwischen **umfangreiches sekundäres Gemeinschaftsrecht,** sowohl allgemeine Regelungen wie vor allem die „EG-Kartell-Verordnung" Nr. 17 v. 6. 2. 1962 (ABl. S. 204, Änderungen) und die „Fusionskontrollverordnung" 4064/89 v. 21. 12. 1989 (ABl. L 395/1, Änderungen) als auch zahlreiche Einzelentscheidungen der Kommission gegenüber Unternehmen. (Gesamtüberblick des geltenden EG-Wettbewerbsrechtes in: Fundstellennachweis des geltenden Gemeinschaftsrechts, 08.10–08.90). Ebenso haben der EuGH und seit 1989 das EuG eine **breite Rechtsprechung in Wettbewerbssachen** entfaltet. (Hierzu etwa *v. Winterfeld,* EuR 1987, S. 68 ff. und *Everling,* WuW 1990, S. 795 ff.). Die **Literatur zum EG-Wettbewerbsrecht** ist auch für Spezialisten kaum noch überschaubar (Hinweise oben vor Rz. 1025). Dieser besonders große Umfang des Wettbewerbsrechtes innerhalb des EGR erklärt sich daraus, daß hier die Gemeinschaft infolge der breiten Zuständigkeiten der Kommission und des Gerichtshofes (unten Rz. 1072) in **ständiger regelnder Verbindung** zu den „Marktsubjekten" (insbes. Unternehmen) steht.

1026 In seiner Grundlinie folgt das EG-Wettbewerbsrecht ähnlich wie entsprechende nationale Regelungen der **neoliberalen wirtschaftspolitischen „Phi-**

losophie", daß dem Wohle der Wirtschaft einschließlich des Verbrauchers mit einem „unverfälschten", d. h. von privaten und öffentlichen Einschränkungen und Vermachtungen möglichst befreiten Wettbewerb am besten gedient ist. (Klassisch etwa *Böhm,* Wettbewerb und Monopolkampf, 1933). Im Näheren läßt sich dieses ordnungspolitische Konzept nur begrenzt und unter Eingehung von **vielerlei Kompromissen** durchhalten. Zum einen erzwingen „besondere" Bereiche (Bsp. Landwirtschaft, Verkehr) Ausnahmen. Aber auch im eigentlichen industriell/gewerblichen Sektor werden bestimmte Formen wirtschaftlicher Kooperation zwischen Unternehmen, die der Förderung des technischen oder wirtschaftlichen Fortschrittes dienen (Art. 85 Abs. 3 = 81 Abs. 3 neu EGV) als legitim erachtet. Insgesamt besteht eine grundsätzliche **Problematik der EG-Wettbewerbspolitik** seit dem Inkrafttreten des Maastrichter EUV 1993 darin, daß mit den Stärkungen der Industrie- und Regionalpolitik (oben Rz. 947 ff., 968 ff.), der Sozialpolitik (unten Rz. 1629 ff.) und mit bestimmten Tendenzen der Handelspolitik *(Vosgerau,* Handels- und Wettbewerbspolitik in Europa, 1993) **die Wettbewerbspolitik ihren besonderen Rang unter den Vertragszielen verlieren könnte.** Das wäre nicht nur wirtschaftlich, sondern auch rechtlich falsch. Zwar sind die Vertragsziele des Art. 3 EGV grundsätzlich **gleichrangig** und müssen im konkreten Zusammenhang gegebenenfalls in einen praktischen Ausgleich gebracht werden. Das gilt z. B. bei der Anwendung sog. **„Querschnittklauseln"** des Vertrages (Kultur, Umwelt, vgl. Art. 128 Abs. 4, 130 r Abs. 2 = 151, 174 neu EGV). Es gibt innerhalb der Ziele des Art. 3 EGV kein „Superprinzip". Inhaltlich enthält Art. 3 lit g EGV mit der Schaffung eines Systems, das den Wettbewerb innerhalb des Binnenmarktes vor Verfälschungen schützt, jedoch einen **unbedingten Auftrag,** ohne dessen Erfüllung der in Art. 3 a = 4 neu EGV hervorgehobene „Grundsatz einer offenen Marktwirtschaft mit freiem Wettbewerb" nicht zu verwirklichen ist. Diesem im Interesse des Binnenmarktes vorrangigen Auftrag gegenüber haben Ziele wie die Stärkung des wirtschaftlichen und sozialen Zusammenhalts, die Stärkung der Wettbewerbsfähigkeit der Industrie der Gemeinschaft oder der Forschungs- und Technologieförderung (Art. 3, lit. k, m, n neu EGV) unterstützende Funktion *(Mestmäcker,* in: Immenga/Mestmäcker (Hrsg.), EG-Wettb. R, 1997, S. 1 ff.).

Das **Subsidiaritätsprinzip des Art. 3 b Abs. 2** = 5 Abs. 2 neu EGV (oben Rz. 518 ff.) berührt grundsätzlich die in Art. 85 ff. = 81 ff. neu EGV für die europäische Ebene begründeten ausschließlichen Gemeinschaftskompetenzen nicht. Dagegen ist es von einer gewissen Bedeutung für die Abgrenzung der Befugnisse der Europäischen Kommission als EG-Kartellbehörde zu denjenigen nationaler Kartellbehörden (z. B. deutsches Bundeskartellamt, näher *Möschel,* NJW 1995, S. 281 ff.). **1027**

Alles in allem hat sich die europäische Wettbewerbspolitik seit 1953/58 zu einer **besonders wichtigen Gemeinschaftsaktion** entwickelt, die zum Florieren des Gemeinsamen Marktes wesentlich beigetragen hat. Von Brüssel gehen zugleich immer wieder Anstöße zum Ausbau der nationalen Wettbewerbsordnungen aus *(Ehlermann,* EuZW 1994, S. 647 ff.).

I. Das Konzept der Europäischen Wettbewerbspolitik

Literatur: *P. Ulmer,* Der Unternehmensbegriff im EGKSV, 1960; *Johannes,* Zum Begriff der Wettbewerbsbeschränkung in Art. 85 EWGV, AWD 1968, S. 409 ff.; *Scheufele,* Über den sogenannten relevanten Markt, AWD 1969, S. 169 ff.; *Canenbley,* Das Diskriminierungsverbot im EWG-Kartellrecht, AWD 1971, S. 164 ff.; *Scheufele,* Zum Mißbrauchsverbot des Art. 86 EWGV, RIW 1979, S. 813 ff.; *Henjes,* Zur Freistellung vom Kartellverbot des Art. 85 EWGV für Vereinigungen landwirtschaftlicher Erzeugerbetriebe, Agrarrecht im Wandel 1986, S. 49 ff.; *Baur,* Schadensersatz- und Unterlassungsansprüche bei Verstoß gegen die Kartellvorschriften des EWGV, EuR 1988, S. 257 ff.; *Koenigs,* Die Beeinträchtigung des Handels zwischen MS als Abgrenzungskriterium europäischen und nationalen Kartellrechts, FS Pfeiffer, 1988, S. 569 ff.; *Piroche,* Les mesures provisoires de la Commission des CE dans le domaine de la concurrence, RTDE 1989, S. 439 ff.; *Jickeli,* Marktzutrittschancen im EG-Kartellrecht, WuW 1992, S. 101 ff., S. 195 ff.; *Dreher,* Kartellrechtsvielfalt und Kartellrechtseinheit in Europa? AG 1993, S. 437 ff.; *Greaves,* EC-Block Exemption Regulations, 1993; *Seidl-Hohenveldern,* Eurocontrol und EWG-Wettbewerbsrecht, FS Zemanek, 1994, S. 251 ff.; *Steinberger,* Staatliche Wirtschaftsinterventionen als Verstoß gegen die Wettbewerbsregeln des EGV, 1994; *Bunte,* Empfehlungen im europäischen Kartellrecht, FS Everling, 1995, S. 163 ff.; *Winterfeld,* Verpflichtungserklärungen in europäischen Kartellverträgen, FS Everling, 1995, S. 1685 ff.; *Brüning,* Windows 95 und Microsoft: Internet-Verstoß gegen das europäische Kartellrecht? CR 1996, S. 65 ff.; *Everling,* Remailing und Europäisches Gemeinschaftsrecht, EuR 1996, S. 58 ff.; *Rehbinder,* Der Vorrang des EG-Kartellrechts vor nationalem Kartellrecht bei Freistellungen, FS Mestmäcker, 1996, S. 711 ff.; *Schäfer-Kunz,* Strategische Allianzen im deutschen und europäischen Kartellrecht, 1996; *Schwarze,* Die Auswirkungen des Vorrangs des europäischen Gemeinschaftsrechts auf das deutsche Kartell- und Wettbewerbsrecht, JZ 1996, S. 57 ff.; *Veelken,* Zum Verhältnis der Gruppenfreistellungsverordnungen zueinander, FS Mestmäcker, 1996, S. 789 ff.; *Winkler,* Die neue Gruppenfreistellungsverordnung für Technologietransfervereinbarungen, EuZW 1996, S. 364 ff.; *Altvater,* Kartellbildung durch Abstimmung? Ein Beitrag zur Auslegung des Tatbestands der aufeinander abgestimmten Verhaltensweisen in Art. 85 Abs. 1 EGV, 1997; *Duisberg,* Die Anwendung der Art. 85 u. 86 EGV in den Fällen der staatlichen Einflußnahme auf Unternehmensverhalten, 1997; *Nolte,* Beurteilungsspielräume im Kartellrecht der EGen und der BRD, 1997; *Wallwitz,* Das Kooperationsabkommen zwischen der EU und den USA, EuZW 1997, S. 525 ff.; *Basedow,* Weltkartellrecht, 1998;

Literatur zur Europäischen Fusionskontrolle unten vor Rz. 1044, zu den **Öffentlichen Unternehmen und Monopolen** unten vor Rz. 1050 und zum **Wettbewerbsverfahren/Rechtsschutz** unten Rz. 1070.

1028 **Entstehungsgeschichtlich** war es ein höchst bemerkenswerter Vorgang, daß sich die EG in den fünfziger Jahren ein profiliertes Wettbewerbsregime gab. Eine gemeineuropäische Tradition bestand in dieser Richtung bislang nicht.

1. Zur Entstehung

Die Einrichtung eines detaillierten und „scharfen" Wettbewerbsrechtes in Art. 65–67 EGKSV bei der Gründung der **Montanunion** 1951/53 war noch eine unmittelbare Folge der in Potsdam 1945 festgelegten Dekartellierung der deutschen Wirtschaft Ende des Zweiten Weltkrieges. Da die deutsche Kohle- und Stahlindustrie mit dem EGKSV aus dem Besatzungswettbewerbsrecht entlassen wurde, ergab sich ein französisch-amerikanisches Interesse, durch eine Europäisierung solcher Antikartell- und -konzentrationsregelungen in der Hand der Hohen Behörde (Kommission) vermeintliche Gefahren einer Reverflechtung der „Ruhr" unter Kontrolle zu halten. *(E. R. Huber,* Wirtschaftsverwaltungsrecht, 2. Aufl. 1953, Bd. 1, S. 335 ff.).

Solche zeitgebundenen Motive bestanden bei der Ausarbeitung des EWG- **1029**
Vertrages nicht mehr. Die Konzipierung der eigentlichen **EG-Wettbewerbspolitik** auf der Konferenz von Messina 1955 und im *Spaak*-Bericht 1956 (oben Rz. 19 ff.) war ein historischer Beitrag der deutschen Verhandlungsdelegation zu den Römischen Verträgen *(Ludwig Erhard/Alfred Müller-Armack).*

Eine glückliche zeitliche Koinzidenz wollte es, daß in der Bundesrepublik Deutschland Mitte der fünfziger Jahre die Etablierung eines **deutschen Wettbewerbsrechtes** aus der eigenen Wurzel der „Freiburger Schule" *(Walter Eucken/Franz Böhm/Wilhelm Röpke)* betrieben wurde. Sie fand mit dem Gesetz gegen Wettbewerbsbeschränkungen (GWB) ihren Abschluß, das an demselben 1. Januar 1958 in Kraft trat wie die Art. 85 ff. EWGV. So war das deutsche Interesse verständlich, auf europäischer Ebene für eine vergleichbare Wettbewerbsordnung zu sorgen, wie man sie gerade zu Hause einführte.

Erstaunlicher war, daß die anderen fünf EWG-Mitbegründer eine solche Regelung akzeptierten, obwohl niemand von ihnen national ein ähnlich prononciertes Antikartellrecht kannte (vgl. näher *Möschel,* Recht der Wettbewerbsbeschränkungen, 1983, S. 26 ff.). Möglicherweise wurde die Tragweite der Art. 85 ff. innerhalb des großen Verhandlungspaketes in Val Duchesse gar nicht überall erkannt. So wurde der (zunächst umstrittene) **rechtlich bindende Charakter der EG-Wettbewerbsordnung erst viel später durch den Gerichtshof klargestellt** (EuGHE 1962, 97 ff. – RS 13/61 „De Geus/Bosch").

Inzwischen hat die Idee rechtlich fundierter wettbewerbspolitischer Aktion des Staates mittels der europäischen Erfahrungen **auch in anderen EG-MSen Wurzeln geschlagen.** Hierzu trug das Wirken Brüsseler „Wettbewerbskommissare" wie *Sutherland, Brittan* und *Van Miert* ebenso bei wie das Aufkommen wettbewerblich orientierter nationaler Wirtschaftsphilosophien (z. B. in England unter *Margaret Thatcher).*

2. Wesentliche Rechtsgrundlagen und Ziele

Die Art. 85 ff. = 81 ff. neu EGV verfolgen das **Ziel,** den innergemein- **1030**
schaftlichen Handel über eine gewisse Kontrolle durch die Gemeinschaftsgewalt **in freiem Wettbewerb zwischen den privaten und öffentlichen Unternehmen** in den MS zu ermöglichen. Waren und Dienstleistungen sollen dem Verbraucher zu optimalen Bedingungen angeboten werden. Ferner geht der Gedanke dahin, daß miteinander im Wettbewerb stehende Unternehmen zu ständiger Erneuerung im Sinne technisch/wirtschaftlichen Fortschrittes veranlaßt werden, wiederum letztlich im Interesse des Marktbürgers.

a) Das Kartellverbot des Art. 85 = 81 neu EGV und seine Ausnahmen

1031 Aus solchen Erwägungen spricht Art. 85 Abs. 1 = 81 Abs. 1 neu EGV ein **grundsätzliches Verbot** bestimmter Vereinbarungen, Beschlüsse und aufeinander abgestimmter Verhaltensweisen zwischen Unternehmen und Unternehmensvereinigungen aus **(„Kartellverbot")**. Unter a)–e) des Art. 85 Abs. 1 = 81 Abs. 1 neu EGV werden einige **wichtige Typfälle** solcher verbotenen Vereinbarungen (z. B. Preisabsprachen, Marktaufteilungen) näher benannt. (Zu diesem „Beispielskatalog" *Emmerich,* in: Immenga/Mestmäcker (Hrsg.), EG-Wettb. R. 1997, S. 123 ff.). Das Kartellverbot ist **unmittelbar geltendes Gemeinschaftsrecht** und macht die betreffenden Vereinbarungen usf. nichtig (Art. 85 Abs. 2 = 81 Abs. 2 neu EGV und EuGHE 1962, 97 ff. – RS 13/61 „De Geus/Bosch" st. Rspr.). Es wird durch die gemäß Art. 87 = 83 neu EGV erlassene **Verordnung Nr. 17** und weitere Vorschriften näher ausgeführt. Das Kartellverbot erfährt jedoch bereits in Art. 85 Abs. 1 = 81 Abs. 1 neu EGV die beiden wichtigen Einschränkungen, daß es

– nur gilt, wenn die Vereinbarungen usf. den Handel zwischen MS zu beeinträchtigen geeignet sind **(„Zwischenstaatsklausel"),**
– sowie, daß die Vereinbarungen usf. eine Verhinderung, Einschränkung oder Verfälschung des Wettbewerbs innerhalb des Gemeinsamen Marktes bezwecken oder bewirken **(„Wirkungsklausel")**.

1032 Ferner ermöglicht Art. 85 Abs. 3 = 81 Abs. 3 neu EGV, an sich unter das Verbot des Abs. 1 fallende Vereinbarungen usf. hiervon wieder **freizustellen,** entweder im Einzelfalle oder auch für Gruppen von Vereinbarungen **(„Gruppenfreistellung")**. Hierbei ist vor allem an Vereinbarungen gedacht, die Verbesserungen der Warenerzeugung im Interesse des Verbrauchers bewirken und dem technisch/wirtschaftlichen Fortschritt dienen. Von dieser Möglichkeit der Gruppenfreistellung ist inzwischen verschiedentlich Gebrauch gemacht worden (unten Rz. 1038), u. a. auch aus praktischen Gründen (1958 ff. gab es z. B. über 40 000 Ausschließlichkeitsverträge in der EG, die eigentlich nach Art. 85 Abs. 1 = 81 Abs. 1 neu EGV verboten gewesen wären).

1033 Adressaten des Kartellverbotes sind **Unternehmen und Unternehmensvereinigungen** in dem weiten, wirtschaftlich verstandenen Sinne rechtlich handlungsfähiger Wirtschaftsträger und ihrer Zusammenschlüsse (EuGHE 1995, I–637 ff. – RS C–159f./91 und unten Rz. 1038). Dabei können die Gemeinschaftsorgane auch gegen Unternehmen vorgehen, deren Sitz sich in einem Drittstaat befindet, wenn sich die Wirkungen der Vereinbarungen usf. im Geltungsbereich der EG-Verträge bemerkbar machen. Bei diesen **extraterritorialen Bezügen des EG-Wettbewerbsrechtes** ergeben sich allerdings völkerrechtliche Grenzen für die Gemeinschaftsgewalt aus der Territorialhoheit der Drittstaaten (zum räumlichen Geltungsbereich des EG-Wettbewerbsrechtes näher unten Rz. 1080 ff.). Auch **Mitgliedstaaten** sind aus Art. 85, 86 = 81, 82 neu EGV verpflichtet, keine kartellbegünstigenden Maßnahmen zu erlassen (EuGHE 1987, 3801 ff. – RS 311/85 st. Rspr.: *Schwintowski,* RabelsZ 1994, S. 232 ff.).

Zu den einzelnen Entscheidungen und Begriffen innerhalb Art. 85 = 81 neu EGV hat sich während der jahrzehntelangen Wettbewerbspraxis der Gemeinschaft eine **detaillierte Rechtsdogmatik** entwickelt, die hier nur in wenigen grundsätzlichen Punkten angesprochen werden kann.

aa) **Zum Kartellbegriff:** Im Sinne eines möglichst effektiven Wettbewerbs- 1034
schutzes werden die Vereinbarungen, Beschlüsse und aufeinander abgestimmten Verhaltensweisen in einem **eher wirtschaftlichen als streng juristischen Sinne** weit verstanden. Es bedarf nicht förmlicher Verträge, ein faktisches Verhalten, nur „moralische" gentlemen's agreements, eine aufeinander abgestimmte Verhaltensweise („meeting of the minds") kann ausreichen. (Hierzu etwa EuGE 1992, II–1021 ff. – RS T-13/89 „Polypropylen"). Andererseits ergeben sich schwierige Abgrenzungsfragen zum bloßen (freiwilligen oder erzwungenen) **Parallelverhalten,** insbesondere auf oligopolistischen Märkten (vgl. etwa EuGHE 1972, 713 ff. – RS 49/69 „BASF"; näher zum Kartellbegriff insgesamt etwa *Zäch,* Wettbewerbsrecht der EU, 1994, S. 10 ff mit der EuGH-Rspr.).

bb) **Zur Zwischenstaatsklausel:** An sich sind nur diejenigen Vereinbarungen usf. 1035
nach Art. 85 Abs. 1 = 81 Abs. 1 neu EGV verboten, die geeignet sind, **den Handel zwischen MS zu beschränken.** Nur national oder nur im Verhältnis zu Drittstaaten wirkende Maßnahmen werden daher nach nationalem Wettbewerbsrecht behandelt. Der Gerichtshof stellt bei der Beurteilung der innergemeinschaftlichen Auswirkung besonders darauf ab, ob **Nachteile für die Verwirklichung der Ziele** eines einheitlichen zwischenstaatlichen Marktes zu erwarten sind (EuGHE 1969, 295 ff. – RS 5/69 „Völk/Vervaecke"). In seiner Rechtsprechung geht der Gerichtshof dabei **außerordentlich weit** und bezieht z. B. auch nationale „weitverbreitete" Vereinbarungen (Bsp. Bier-Alleinbezugsverträge) ein (EuGHE 1967, 543 ff. – RS 23/67 „Brasserie de Haecht"). Auch der Begriff des „Handels" wird im Sinne des gesamten Wirtschaftsverkehrs weit verstanden (EuGHE 1987, 405 – RS 45/85). Auf diese Weise verringert sich die eingrenzende Funktion der Zwischenstaatsklausel außerordentlich (insgesamt näher *Koenigs,* FS Pfeiffer, 1988, S. 569 ff.).

cc) **Zur Wirkungsklausel:** Die Vereinbarungen usf. müssen die innergemein- 1036
schaftliche Wettbewerbsverfälschung **„bezwecken oder bewirken",** um unzulässig zu sein. Die Absicht der Wettbewerbsverfälschung usf. führt also unbedingt zum Verbot, aber ebenso die absichtslose „Bewirkung". (Näher EuGHE 1966, 281 ff. – RS 56/65 „Société technique minière/Maschinenbau Ulm"). Es ist an einen umfassenden Wettbewerbsschutz gedacht, sowohl gegen subjektive wie gegen effektive Gefährdungen. In der Gemeinschaftspraxis wird allerdings darüber hinaus eingrenzend gefordert, daß die Wettbewerbsbeeinträchtigung **„spürbar"** sein muß. Sogenannte **„Bagatellkartelle"** sollen nicht unter das Verbot fallen. Die Kommission hat die „Spürbarkeitsgrenze" ab einem Markt(Umsatz)anteil der beteiligten Parteien von 5 % im Gemeinsamen Markt bei horizontalen und von 10 % bei vertikalen Vereinbarungen festgelegt (Bekanntmachung 97/C 372/04 über Vereinbarungen von geringer Bedeutung, ABl. 1997, C 372/13). – Die spürbaren Auswirkungen der Wettbewerbsbeeinträchtigungen müssen **innerhalb des Gemeinsamen Marktes** erfolgen, wobei gleichgültig ist, ob sie von in der EG oder in Drittstaaten ansässigen Unternehmen ausgehen („Wirkungsprinzip", vgl. EuGHE 1971, 949 ff. – RS 22/71 „Béguelin" st. Rspr.). Freilich können sich aus dem völkerrechtlichen Territorialitätsprinzip Grenzen des EG-Geltungsanspruches ergeben *(Knebel,* EuZW 1991, S. 265 ff. und unten Rz. 1080).

dd) **Zu den Folgen des Kartellverbotes:** Unter Art. 85 Abs. 1 = 81 Abs. 1 neu 1037
EGV fallende Vereinbarungen sind gemäß Abs. 2 ipso iure nichtig (oben Rz. 1031). Diese Nichtigkeit entfaltet **zivil- und öffentlichrechtliche Folgen.** Zivilrechtlich

können sich nach nationalem Recht schwierige Rechtsfragen im Zusammenhang mit den nach Art. 85 Abs. 3 = 81 Abs. 3 neu EGV möglichen individuellen und Gruppenfreistellungen vom Verbot ergeben (unten Rz. 1038 und insgesamt *Grill,* in: Lenz (Hrsg.), EGV-Komm. 1994, zu Art. 85, RdNr. 33 ff.). Öffentlichrechtlich kann das Verbot zu **verwaltungsrechtlichen Sanktionen** seitens der Kommission (Abstellungsanordnung, Zwangsgeld, Bußgeld – vgl. unten Rz. 1073) führen.

1038 ee) **Zur Freistellung vom Kartellverbot:** Die nach Art. 85 Abs. 3 = 81 Abs. 3 neu EGV aus Gründen der Verbesserung der Warenerzeugung und des technisch/wissenschaftlichen Fortschrittes mögliche **individuelle oder Gruppenfreistellung vom Kartellverbot** hat in der Gemeinschaftspraxis inzwischen eine erhebliche Rolle gespielt *(Greaves,* EC-Block Exemption-Regulations, 1993). Voraussetzung ist zunächst, daß an sich Fälle des Kartellverbotes vorliegen. Dies unterscheidet die Freistellung vom sog. **„Negativattest"**, mit dem die Kommission auf Antrag feststellt, daß kein Verbotsfall vorliegt (Art. 2 VO 17). Gelegentlich erfolgt dies nicht unbedenklich durch einfache **Verwaltungsschreiben/"Comfort letters"**, *Ehricke,* ZHR 1994, S. 170 ff.). Die **Einzelfreistellung** ergeht auf Anmeldung als Kommissionsentscheidung (begünstigender VA) und kann bedingt/befristet sein (Art. 4 ff. VO 17). Sie nimmt das Kartell konstitutiv vom Verbot aus. (Bsp. EuGHE 1977, 1875 ff. – RS 26/76 „METRO"). Von praktischer Bedeutung ist die Einzelfreistellung besonders bei den **„selektiven Vertriebssystemen"** (Alleinvertriebsvereinbarungen). Zur umfangreichen Entscheidungspraxis der Kommission vgl. Fundstellennachweis des geltenden Gemeinschaftsrechts, 08.20.20 und *Zäch,* Wettbewerbsrecht der EU, 1994, S. 94 ff.). Die **Gruppenfreistellung** erfolgt über Verordnungen. Der Rat hat die Kommission in den VOen 19/65 (ABl. S. 553), 2821/71, ABl. L 285/46 ff. und 1983/83, ABl. 1983, L 173/1, Änderungen, ermächtigt, im Sinne der Legitimationen des Art. 85 Abs. 3 = 81 Abs. 3 neu EGV bestimmte Gruppen von Vereinbarungen vom Kartellverbot freizustellen. Dies hat die Kommission inzwischen in einer Reihe von VOen getan. (Näher *Veelken,* in: Immenga/Mestmäcker (Hrsg.), EG-Wettb. R., 1997, S. 395 ff.; zuletzt etwa VO 1475/95 (ABl. 1995, L 145/25 (Kfze), dazu *Creutzig,* EuZW 1995, S. 723 ff. und VO 240/96 über Technologietransfer-Vereinbarungen, ABl. 1996, L 31/2, dazu *Kleinmann,* EWS 1996, S. 149 ff.) – Durch die Summe solcher Gruppenfreistellungen wird das grundsätzliche Kartellverbot des EGV allmählich **merklich modifiziert.** Die Wirkungen der Gruppenfreistellungen (konstitutive Ausnahmen) entsprechen denjenigen der Einzelfreistellung. Differenzierungen ergeben sich zwischen **Alt- und Neukartellen,** d. h. vor oder nach der VO 17 (1962) zustandegekommenen Vereinbarungen. – Insgesamt ist die Praxis der EG-Gruppenfreistellung wenig konsequent. Es wird von einem „Chaos der EG-Gruppenfreistellungs-VOen" gesprochen *(Martinek/Habermeier,* ZHR 1994, S. 107).

1039 ff) **Zu den Adressaten des Kartellverbotes:** Das Kartellverbot bezieht sich auf private und öffentliche **Unternehmen und Unternehmensvereinigungen,** ohne diese näher zu definieren. In der Gemeinschaftspraxis wird der Unternehmensbegriff schon angesichts der unterschiedlichen nationalen Rechtslage flexibel verstanden, ohne aber auf rechtliche „Eckwerte" zu verzichten. Wesentlich ist das **Vorhandensein einer juristischen Persönlichkeit,** der als selbständigem Rechtssubjekt Sachen und Rechte zugeordnet werden können. Die ausdrückliche Erklärung zur „juristischen Person" ist aber nicht entscheidend (EuGHE 1991, 1979 ff. – RS C-41/90 „Höfner und Elser" st. Rspr.). Das Unternehmen muß am **Wirtschaftsverkehr** teilnehmen. Keine Unternehmen sind Handelsvertreter. Art. 80 EGKSV enthält für den Montanbereich eine etwas eingehendere Begriffsbestimmung. Für **Unternehmensvereinigungen** ist wesentlich, daß sie gemäß ihrer Organstruktur beschlußfähig sind. (Näher zum Unternehmensbegriff *Grill,* in: Lenz (Hrsg.), EGV-Komm. 1994, Vorbem. Art. 85–99, RdNr. 29 ff.; *Slot,* FS Everling, 1995, S. 1413 ff.). Besonderdere kartellrechtliche Fragen ergeben sich bei **Gemeinschaftsunternehmen** i. S. eines von zwei oder mehr Unternehmen gemeinsam kontrollierten Unternehmens (bes. Tochtergesellschaften), ein häufiger Tatbestand. (Näher *Ilio-poulos,* Gemeinschaftsunternehmen im EGKS- und EWG-Kartellrecht, 1985, *Kurz,* WuW 1986, S. 765 ff.).

b) Mißbrauch einer den Markt beherrschenden Stellung nach Art. 86 = 82 neu EGV

Neben dem Kartellverbot des Art. 85 = 81 neu EGV ist auch die **miß-** 1040
bräuchliche Ausnutzung einer beherrschenden Stellung auf dem Gemeinsamen Markt oder auf einem wesentlichen Teil desselben durch Unternehmen gemäß Art. 86 = 82 neu EGV unmittelbar verboten. (Näher *Möschel,* in: Immenga/Mestmäcker, EG-WettbR, 1997, S. 681 ff.). Auch dies gilt allerdings nur dann, wenn dieser Mißbrauch dazu führen kann („Eignung"), den Handel zwischen MS zu beeinträchtigen. Diese „Zwischenstaatsklausel" hat in Art. 86 = 82 neu EGV denselben Sinn wie bei Art. 85 = 81 neu EGV (oben Rz. 1035). Art. 86 = 82 neu EGV bezweckt den Schutz des Wettbewerbs innerhalb des Gemeinsamen Marktes, und zwar im Sinne einer **Bekämpfung von Machtmißbrauch durch Monopole und Oligopole.** Art. 85 und 86 = 81 und 82 neu EGV sind je nach Fallage kumulativ oder alternativ anwendbar (EuGHE 1972, 619 ff. – RS 48/69 „Imperial Chemical Industries"; EuGHE 1975, 1663 ff. – Verb. RS 40–48/73 u. a. „Suiker"). Angesichts der verschiedenen subjektiv geprägten oder auf schwer bestimmbare Fakten abstellenden Tatbestandselemente des Art. 86 = 82 neu EGV nimmt es nicht wunder, daß die Kommission in ihrer Praxis zu Art. 86 = 82 neu EGV seit der ersten GEMA-Entscheidung 1971 (ABl. L 314/15 ff.; vgl. im übrigen Fundstellennachweis des geltenden Gemeinschaftsrechts, 08.30) auf sehr schwierige Rechtsfragen stößt. Immerhin haben sich aufgrund ihrer Beschlüsse und der Spruchpraxis des Gerichtshofes inzwischen gewisse Konturen für die wesentlichen Begriffe des Art. 86 = 82 neu EGV herausgeschält. Art. 86 S. 2 a)–d) = 82 S. 2 a)–d) neu EGV definiert im übrigen einige **wichtige Mißbrauchsfälle** wie die Erzwingung unangemessener Preise, Erzeugungseinschränkungen zum Schaden der Verbraucher, Treuerabatte, Koppelungsgeschäfte u.a. Zur Auslegung des Art. 86 = 82 neu EGV mit der EuGH-Praxis näher *Zächs* Wettbewerbsrecht der EU, 1994, S. 235 ff. und *Möschel* a.a.O.).

aa) **Zur Marktbeherrschung:** Das objektive Merkmal des Art. 86 = 82 neu EGV 1041
liegt zunächst in der **„beherrschenden Stellung auf dem Gemeinsamen Markt** oder auf einem wesentlichen Teil desselben" durch ein (Monopol) oder mehrere Unternehmen (Oligopol). Der Unternehmensbegriff ist derselbe wie bei Art. 85 = 81 neu EGV (oben Rz. 1039). Eine solche **„Beherrschung"** ist oft schwer feststellbar, da sie vom Gesamturteil über eine Reihe von Faktoren abhängig ist (Marktanteil, Zahl der Wettbewerber, Marktverhalten u. a.). Der Gerichtshof stellt insbesondere auf die objektive Befähigung des oder der Unternehmen ab, einen wirksamen Wettbewerb auf dem Markt für die betreffenden Erzeugnisse zu verhindern. Dabei bedarf es keiner unbedingten tatsächlichen Beherrschung, sondern es reicht die latente Möglichkeit aus, in diesem Sinne wettbewerbshindernd vorzugehen (EuGHE 1971, 487 ff. – RS 78/70 „Deutsche Grammophon/Metro"; EuGHE 1973, 313 ff. – RS 6/

72 „Continental Can"; EuGHE 1988, 5987 ff. – RS 247/86 „Alsatel".). Bei einem Marktanteil eines Unternehmens von 40–75 % liegt jedoch i. d. R. eine beherrschende Stellung vor (EuGHE 1991, II–1439 ff. – RS T30/89 „Hilti").

Die beherrschende Stellung muß sodann **auf dem „Gemeinsamen Markt oder auf einem wesentlichen Teil desselben"** gegeben sein. Dabei ist weniger die geographische Komponente des Gemeinsamen Marktes (= Betätigung in der gesamten Gemeinschaft) oder des wesentlichen Teiles (= Betätigung in einem oder mehreren MS oder bereits in einzelnen großen Regionen oder wichtigen Häfen der Gemeinschaft, vgl. EuGHE 1974, 313 ff. – RS 127/73 „BRT-II"; EKomm., ABl. 1994, L 15/8 ff. „Sea Containers") problematisch. Schwieriger ist die Bestimmung des produktmäßigen „Marktes", d. h. welches der **„relevante Markt"** der in Frage stehenden Erzeugnisse ist, auf dem die Beherrschung ausgeübt wird. Wesentlich ist dabei die Frage, ob und inwieweit bestimmte Waren mit gleichartigen oder auch ähnlichen in einem Austauschwettbewerb stehen. Auf diese Weise sind sehr spezialisierte „Märkte" im Sinne einer intensiven Anwendung des Art. 86 = 82 neu EGV denkbar (z. B. bei Vitaminprodukten ein besonderer Markt für jede Vitamingruppe, EuGHE 1979, 461 ff. – RS 85/76 „Hoffmann – La Roche"; näher Bekanntmachung 97/C 372/03 der Kommission über die Definition des relevanten Marktes im Sinne des Wettbewerbsrechts der Gemeinschaft, ABl. 1997, C 372/5).

1042 bb) **Zur mißbräuchlichen Ausnutzung:** Die bloße Innehabung einer beherrschenden Stellung führt noch nicht zum Verbot im Sinne des Art. 86 = 82 neu EGV. Hinzutreten muß die **„mißbräuchliche Ausnutzung"** dieser Stellung. Bei diesem subjektiven Element geht es nicht um eine Art moralischer Mißbilligung des Marktverhaltens. Art. 86 = 82 neu EGV ist keine unerlaubte Handlung und setzt auch nicht Verschulden voraus. Auch ist zu bedenken, daß Art. 86 = 82 neu EGV durchaus nicht erfolgreichen Wettbewerb aufgrund höherer unternehmerischer Effizienz unterbinden will, der notwendigerweise zur Stärkung von Machtpositionen führt. So geht es letztlich um die schwierige Findung eines **objektiven Marktverhaltens,** das zu solchen Vorteilen des beherrschenden Unternehmens im Wettbewerb führt, die zu einer durch sachliche Interessen nicht gerechtfertigten nachhaltigen Beeinträchtigung der Marktpartner führen. (Näher zur Auslegung mit der Rspr. von EuGH und EuG *Möschel,* in: Immenga/Mestmäcker, EG-WettbR 1997, S. 720 ff.). Die in Art. 86 S. 2 a)–d) = 82 S. 2a)–d) neu EGV genannten Fälle können in diesem Zusammenhang als typisch gelten. In der Rechtsprechung des Gerichtshofes sind etwa ungerechtfertigte Lieferverweigerungen (EuGHE 1974, 223 ff. – Verb. RS 6 u. 7/73 „Istituto Chemiterapico"), die Auferlegung überhöhter und ungleicher Preise (EuGHE 1978, 207 ff. – RS 27/76 „United Brands") oder die unsachliche Koppelung von Leistungen und Bedingungen (EuGHE 1974, 51 ff. – RS 127/73 „BRT-I" und die exzessive Ausnutzung eines Urheberrechts)EuGHE 1995, I – 743 ff. – Verb. RS P u. C-242/91 „RTE/ITP", *Eilmannsberger,* EuZW 1992, S. 625 ff.) als Fälle mißbräuchlicher Marktausnutzung angesehen worden. Öfters werden „Ausbeutungsmißbrauch" und „Behinderungsmißbrauch" unterschieden (EuGHE 1994, I–1477 ff. – RS C 393/92 „Almelo" und insgesamt zum Mißbrauchmerkmal *Scheufele,* RIW 1979, S. 813 ff. und *Singleton,* NLJ 1992, S. 1000 ff.).

1043 cc) **Zu den Folgen eines Mißbrauches marktbeherrschender Stellung:** Art. 86 = 82 neu EGV enthält wie Art. 85 = 81 neu EGV **ein unmittelbar wirksames Verbot** (vgl. auch Art. 1 VO 17). Die möglichen Untersagungsverfügungen der Kommission haben daher deklaratorischen Charakter. Die Kommission kann auch positive Anweisungen geben, z. B. zu üblichen Konditionen zu liefern. Bei **schuldhaften Verstößen** gegen Art. 86 = 82 neu EGV kann die Kommission **Geldbußen** verhängen (Art. 15 VO 17), die in diesen Fällen oft hoch sind (z. B. im Falle AKZO-Chemie 1985 10 Mio. ECU). Die **zivilrechtlichen Folgen** eines Verstoßes gegen Art 86 = 82 neu EGV regeln sich nach nationalem Recht, also z. B. die Nichtigkeit eines aufgezwungenen Vertrages nach § 134 BGB. Dagegen ist Art. 86 = 82 neu EGV als allgemeine Ordnungsnorm des Gemeinsamen Marktes kein Schadensersatz auslösendes Schutzgesetz i. S. von § 823 Abs. 2 BGB (str.). Eine Freistellung vom Verbot des Art. 86 = 82 neu EGV scheidet wegen des Mißbrauchscharakters aus. Die Erteilung eines Negativattestes nach Art. 2 VO 17 ist dagegen denkbar. (Näher *Cerexhe,* CDE 1972, S. 272 ff.).

Zusammenfassend gesehen, hat die Gemeinschaft bei der Bekämpfung von Marktmißbrauch bereits **gewisse Erfolge** zu verzeichnen. Jedoch bleiben die Schwierigkeiten in der Anwendung dieser neben Art. 85 = 81 neu EGV „zweiten tragenden Säule des Europäischen Wettbewerbsrechts" *(Wernhard Möschel)* nicht zu übersehen.

c) Fusionskontrolle (FK)

Literatur: *Brittan,* Competition Policy and Merger Control in the Single European Market, 1991; *Langheine,* Judicial Review in the field of Merger Control, JBusL 1992, S. 121 ff.; *Subiotto,* Le contrôle des opérations de concentration au niveau européen, RTDE 1992, S. 51 ff.; *Fine,* Mergers and Joint Ventures in Europe: the Law and Policy of the EEC, 1993; *Immenga,* Die europäische Fusionskontrolle im wettbewerbspolitischen Kräftefeld, 1993; *Kurz,* Das Verhältnis der EG-FusionskontrollVO zu Art. 85 und 86 EWGV, 1993; *Veelken/Karl/Richter,* Die Europäische Fusionskontrolle – Grundzüge und Einzelfragen zur VO Nr. 4064/89, 1993; *Drauz,* Praxis der europäischen Fusionskontrolle, 2. Aufl. 1994; *Kerber,* Die europäische Fusionskontrollpraxis und die Wettbewerbskonzeption der EG, 1994; *Ebenroth/Lange,* Zukunftsmärkte in der europäischen Fusionskontrolle, EWS 1995, S. 1 ff.; *Happe,* Die Fristen im EG-Fusionskontrollverfahren, EWS 1995, S. 303 ff.; *Mülbert,* Zusagen im deutschen und europäischen Fusionskontrollrecht, ZIP 1995, S. 699 ff.; *Kronast,* Die „Philip-Morris-Doktrin" und die europäische Fusionskontrolle, 1995; *Stockenhuber,* Die europäische Fusionskontrolle, 1995; *Bechthold,* Abwägung zwischen wettbewerblichen Vor- und Nachteilen eines Zusammenschlusses in der europäischen Fusionskontrolle, EuZW 1996, S. 389 ff.; *Sedemund/Montag,* Fusionskontrolle, in: Dauses (Hrsg.), Hdb EU-Wirtsch. R. (1996), H. I. 10 (ausführlich); *Fuchs,* Widerruf der Genehmigung und nachträgliche Untersagungsmöglichkeit nach der Fusionskontroll-Verordnung, EuZW 1996, S. 263 ff.; *Karl,* Der Zusammenschlußbegriff in der Europ. Fusionskontrollverordnung, 1996; *Körber,* Konkurrentenklagen in der europäischen Fusionskontrolle, EuZW 1996, S. 267 ff.; *Canenbley/Hölzler/Wiedemann,* Fallsammlung zur Europ. Fusionskontrolle (EC Merger Control Monitor), 1997 ff. (Losebl.); *Broberg,* The European Commission's Jurisdiction to scrutinise mergers, 1998; *Hirsbrunner,* Die revidierte EG-Fusionskontroll-Verordnung, EuZW 1998, S. 69 ff.; *Karl,* Zur Änderung der Europäischen Fusionskontrolle, EuR 1998, S. 219 ff.; *Niewiearra,* Die novellierte Europ. Fusionskontrollverordnung, EWS 1998, S. 113 ff.;

Ein weiteres wettbewerbsrechtlich wichtiges Instrument (vgl. z. B. in **1044**
Deutschland §§ 23 ff. GWB) ist die **Fusions(Zusammenschluß)kontrolle.** Sie beruht auf der Überlegung, daß Zusammenschlüsse vorher selbständiger Unternehmen zwar einerseits rationalisierenden Charakter haben und wettbewerbsdienlich sein können, aber auch die Gefahr besteht, daß sich **Monopole/Oligopole** bilden, die den Wettbewerb außer Kraft setzen. In Art. 85 ff. = 81 ff. neu EGV (anders Art. 66 EGKSV, unten Rz. 1067) ist die Fusionskontrolle nicht ausdrücklich geregelt. Da Art. 3 lit g EGV jedoch die Errichtung eines Systems verlangt, das den Wettbewerb insgesamt vor

Verfälschung schützt, müssen Art. 85 ff. = 81 ff. neu EGV auch zur Abwehr einer gänzlichen Ausschaltung des Wettbewerbs durch Fusion eingesetzt werden (ähnlich EuGHE 1973, 215 ff. – RS 6/72 „Continental Can"). Dabei **steht Art. 86 = 82 neu EGV im Vordergrund.** 1987 hat allerdings der Gerichtshof (EuGHE 1987, 4487 ff. – Verb. RS 142 und 154/84 „Philip Morris", *Immenga/Fuchs,* NJW 1988, S. 3052 ff.) in einer ziemlich „dunklen" Entscheidung auch Art. 85 = 81 neu EGV auf den Beteiligungserwerb an anderen Unternehmen für anwendbar erklärt. – Die Anwendung der Art. 85 f. = 81 f. neu EGV setzte jedoch der europäischen Fusionskontrolle **dogmatische Grenzen** *(Bechthold,* RiW 1985, S. 442 ff.). Bei Art. 86 = 82 neu EGV mußten seine verschiedenen Voraussetzungen erfüllt sein (oben Rz. 1040 ff.). Damit beschränkte sich die Fusionskontrolle nach Art. 86 = 82 neu EGV notwendig auf bereits vollzogene Zusammenschlüsse, was unbefriedigend war.

1045 Seit 1973 bemühte sich die Kommission daher um eine Regelung **vorbeugender Fusionskontrolle** (d. h. über geplante Zusammenschlüsse). Sie wurde lange durch das Problem erschwert, inwieweit innerhalb der **„Wettbewerbsphilosophie"** der Fusionskontrolle Spielraum für **gesamtwirtschaftlich oder industriepolitisch motivierte Ausnahmen** belassen werden sollte *(Mestmäcker,* EuR 1988, S. 349 ff.). Ferner bestand besonders von deutscher Seite Interesse daran, daß die nationale Fusionskontrolle der §§ 23 ff. GWB nicht zu sehr ausgehöhlt würde. Im Zuge des Binnenmarktprozesses wurde 1989 schließlich mit der auf Art. 87, 235 = 83, 308 neu EGV gestützten VO 4064/89 (ABl. 1989, L 395/1 ff., Änderungen) ein Kompromiß gefunden und mit Wirkung vom 21. 9. 1990 eine **umfassende europäische Fusionskonrolle** begründet. (Näher *Immenga,* in: Immenga/Mestmäcker (Hrsg.), EG-Wettb. R., 1997, S. 775 ff.). Die VO 3384/94 (ABl. 1994, L 377/1) regelt Fristen und Anhörungsverfahren bei der FK. Seit dem 1. 1. 1994 gilt die EG-FK grundsätzlich auch im **EWR-Raum** *(Diem,* WuW 1994, S. 522 ff.). Mit einer **größeren Revision der VO 4064/89 im Jahre 1997** (VO 1310/97, ABl. 1997, L 180/1, dazu *Hirsbrunner,* EuZW 1998, S. 69 ff.) wurden die Kontrollbefugnisse der Kommission etwas gestärkt. In ihrer revidierten Fassung gilt die VO 4064/89 seit dem 1. 3. 1998.

1046 Mit der VO 4064/89 wurde eine **im wesentlichen wettbewerblich orientierte Lösung** gefunden. *(Drauz,* Praxis der europ. FK, 2. Aufl. 1994). Erfaßt werden **„Zusammenschlüsse von gemeinschaftsweiter Bedeutung"** (weltweiter Gesamtumsatz von mehr als 5 Mia. ECU und gemeinschaftsweiter Gesamtumsatz von mehr als 250 Mio. ECU, näher Bekanntmachung Komm. über den Begriff des Zusammenschlusses, ABl. 1994, C 385/5). Seit der Revision 1997 sind auch Zusammenschlüsse mit einem Weltumsatz von 2,5 Mia. ECU einbezogen, wenn der Gesamtumsatz der beteiligten Unternehmen in mindestens 3 MSen je 100 Mio. ECU übersteigt und weitere nähere Bedingungen erfüllt sind (Art. 1 Abs. 3 revVO 4064/89). Ferner wurde die Kontrolle von **Gemeinschaftsunternehmen** verstärkt. Man rechnet künftig mit bis zu 150 jährlich zu prüfenden Fusionsfällen.

1047 Bei der Beurteilung der Zusammenschlüsse ist das **primäre Kriterium** die Notwendigkeit, im Gemeinsamen Markt **wirksamen Wettbewerb aufrechtzuerhalten**

(Art. 2 VO). Daneben ist der Gesichtspunkt der Entwicklung des technischen und wirtschaftlichen Fortschritts relevant, sofern diese dem Verbraucher dient und den Wettbewerb nicht behindert. Zusammenschlüsse, bei denen die Wettbewerbsfrage negativ beantwortet wird, sind für **unvereinbar mit dem Gemeinsamen Markt zu erklären,** anderenfalls für vereinbar. Verfahrensmäßig müssen entspr. Zusammenschlüsse **bei der Kommission angemeldet werden,** die mit allen notwendigen Befugnissen ausgestattet ist und das Verfahren in jedem Fall mit einer Entscheidung abschließt (Art. 4 ff. VO). Gegen die E der Kommission **kann das EuG mit Berufungsmöglichkeit beim EuGH angerufen werden,** der die Befugnis zu unbegrenzter Ermessensnachprüfung im Sinne von Art. 172 = 229 neu EGV hat *(Langeheine,* BusL 1992, S. 121 ff.). Die Zuständigkeit der Kommission ist ausschließlich und das Verfahren nach der VO 4064/89 eine Spezialregelung zur VO 17. Mit der **„deutschen Klausel"** des Art. 9 wird jedoch die Möglichkeit eröffnet, daß bestimmte gemeinschaftsweite Zusammenschlüsse an die nationalen Behörden (in Deutschland: Bundeskartellamt) abgegeben werden können. Dies geschieht nur selten. Neben der VO 4064/89 sind Art. 85, 86 = 81, 82 neu EGV im Sinne der EuGH-Rspr. (oben Rz. 1045) weiter unmittelbar auf Zusammenschlüsse anwendbar, dürften aber in der Praxis hinter die VO zurücktreten *(Niemeyer,* RiW 1991, S. 448 ff.). Für **Fusionen im Montanbereich** ist weiter Art. 66 EGKSV maßgeblich.

Angesichts der hohen Umsatzschwellen beschränkt sich die europäische 1048 FK auf **gemeinschaftsrelevante „Großfusionen".** Infolge der Konzentrationstendenz in der europäischen Wirtschaft hat sich seit 1990 gleichwohl eine **nennenswerte Anwendungspraxis zur VO 4064/89** entwickelt (bisher über 3000 Een der Kommission, vgl. Fundstellenverzeichnis des geltenden Gemeinschaftsrechts, 08.40 und *Canenbley/Hölzler/Wiedemann,* Fallsammlung zur Europ. FK, 1997 ff.). Auch erste Rspr. des EuG/EuGH ist ergangen. In den meisten Fällen wurden die beantragten Zusammenschlüsse schon im 1. Teil des zweistufigen Verfahrens nach Art. 6 Abs. 1 b) FK-VO („VereinbarkeitsE ohne Verfahrenseinleitung") genehmigt, z. T. unter **Zusagen** *(Heidenhain,* EuZW 1994, S. 135 ff.) der Beteiligten. Nur eine Minderheit der Anträge gelangte in das förmliche Verfahren und wurde meist unter **Auflagen** genehmigt. Untersagungen von Zusammenschlüssen sind selten (z. B. Medienallianz Bertelsmann/Kirch 1998).

In der wettbewerbspolitischen Diskussion wird der Kommission verschiedent- 1049 lich der Vorwurf gemacht, „ohne Biß" *(Peter Hort)* vorzugehen und anstelle des von Vertrag und FK-VO gewollten **Primates der Wettbewerbspolitik** (oben Rz. 1025 ff.) industriepolitischen o.ä. Erwägungen zu viel Raum zu geben. Die Berechtigung dieses Vorwurfes ist umstritten *(Kerber,* Die europäische Fusionskontrollpraxis und die Wettbewerbskonzeption der EG, 1994).

Kritisiert wird ebenso eine zu seltene Anwendung der **„deutschen Klausel"** des Art. 9 FK-VO, d. h. mangelnde Bereitschaft der Kommission, geeignete Fälle an die nationalen Kontrollbehörden abzugeben, die mittlerweile in den meisten MSen existieren. Die Kommission rechtfertigt ihre Haltung mit der Gefahr von Rechtsunsicherheit angesichts unterschiedlicher nationaler Kontrollpraxis.

Insgesamt hat die EG-Fusionskontrolle seit 1990 immer mehr an Gewicht gewonnen. Neben der Anwendung der VO 17 ist sie ein **zweiter Schwerpunkt** der europäischen Wettbewerbspolitik gegenüber Unternehmen geworden *(Sedemund/Montag,* FK, in: Dauses (Hrsg.), Hdb.EU-Wirtsch. Pol. (1996), H. I. 10).

d) Öffentliche Unternehmen und Wettbewerbsordnung (Art. 90 = 86 neu EGV)

Literatur: *Eichenhofer,* Das Arbeitsvermittlungsmonopol der Bundesanstalt für Arbeit und EG-Recht, NJW 1991, S. 2857 ff.; *Hailbronner,* Öffentliche Unternehmen im Binnenmarkt, NJW 1991, S. 593 ff.; *Slot,* Commission versus Public Enterprises, 1991; *Ehlermann,* Telekommunikation und Europäisches Wettbewerbsrecht, EuR 1993, S. 134 ff.; *Ehricke,* Art. 90 EWGV – Eine Neubetrachtung, EuZW 1993, S. 211 ff.; *Mestmäcker,* Gemeinschaftsrechtliche Schranken für die Begründung und Ausübung besonderer oder ausschließlicher Rechte nach Art. 90 Abs. 1 EWGV, FS Deringer, 1993, S. 79 ff.; *Wachsmann/Berrod,* Les critères des justifications des monopoles, RTDE 1994, S. 339 ff.; *Basedow,* Ansätze zur europäischen Regulierung der Postdienste, EuZW 1996, S. 143 ff.; *Cox* (Hrsg.), Perspektiven öffentlicher Unternehmen in der Wirtschafts- und Rechtsordnung der EU, II, 1996; *Edward,* Art. 90 EC-Treaty and the Deregulation, Liberalisation and Privatisation of Public Enterprises and Public Monopolies, 1996; *Emmerich,* Monopole und öffentliche Unternehmen, in: Dauses (Hrsg.), Hdb. EU-WirtschR (1996), H. II (ausführlich); *Fesenmair,* Öffentliche Dienstleistungsmonopole im europäischen Recht, 1996; *Heinemann,* Grenzen staatlicher Monopole im EGV, 1996; *Herbig,* Die Deutsche Telekom AG: Ein nationales Monopol auf dem Weg in den europäischen Wettbewerb, 1996; *Burgi,* Die öffentlichen Unternehmen im Gefüge des primären Gemeinschaftsrechts, EuR 1997, S. 261 ff.; *Chan-Mo Chung,* Art. 90 of the Treaty of Rome in Telecommunications, Post and Air Transport, REDP 1997, S. 41 ff.; *Delacour,* Services publics et concurrence communautaire, RMC 1997, S. 501 ff.; *Europ. Kommission,* Der Wettbewerb im Telekommunikationsbereich, 1997; *Tettenborn,* Die neuen Informations- und Telekommunikationsdienste im Kontext der EU, EuZW 1997, S. 462 ff.; *Sullivan,* The US, the EU, the WTO and Telecommunication Competition, FS Fikentscher, 1998, S. 1062 ff.

1050 Wie Art. 90 = 86 neu EGV klarstellt, gelten die Wettbewerbsvorschriften der Art. 85 ff. = 81 ff. neu EGV auch für **Öffentliche Unternehmen** und solche, denen die MS besondere oder ausschließliche Rechte gewähren. Die Verleihung ausschließlicher Rechte oder die Begründung eines öffentlichen Monopols verstößt zwar nicht per se gegen Art. 86 = 82 neu EGV, bedarf aber einer **objektiven öffentlichen Rechtfertigung** (EuGHE 1993, I–2533 ff. – RS C–320/91 „Corbeau"). Der Sinn des Art. 90 = 86 neu EGV geht sehr verständlich dahin, daß das in den MS gemäß ihrer nationalen Eigentumsordnung (Art. 222 = 295 neu EGV!) unterschiedlich geregelte Verhältnis zwischen privatem und öffentlichem Sektor der Wirtschaft nicht zu einer unterschiedlichen Geltung der Wettbewerbsordnung innerhalb der Gemeinschaft führen soll. Öffentliche und private Unternehmen sollen wettbewerblich **grundsätzlich gleichbehandelt werden.** (Näher *Emmerich,* Monopole und öffentliche Unternehmen, in: Dauses (Hrsg.), Hdb EU-WirtschR (1996) H.II). Die MS dürfen auch nicht ihren besonderen Einfluß auf öffentliche Unternehmen zu einem wettbewerbswidrigen Verhalten ausnutzen. Ziel des Art. 90 = 86 neu EGV ist ein „gemeinschaftsweiter, unverfälschter Wettbewerb" (EuGHE 1976, 461–RS 85/76 „Hoffmann La Roche"). Zu diesem Zwecke sind der Kommission nach Art. 90 Abs. 3 = 86 Abs. 3 neu EGV gegenüber den MS **besondere Entscheidungs- und Richtlinienbefugnisse** eingeräumt worden *(Burchard,* EuZW 1991, S. 339 ff.). Die Kommission ist nicht auf das langwierige Vertragsverletzungsverfahren nach Art. 169 = 226 neu EGV (oben Rz. 733) in diesem Bereich angewiesen. Im übrigen kann die Kommission im Rahmen des allgemeinen Kartellverfahrens (unten Rz. 1072) ein sich wettbewerbswidrig verhaltendes Öffentliches Unternehmen unmittelbar ansprechen.

Zur effektiven Wahrnehmung ihrer Befugnisse aus Art. 90 = 86 neu EGV gegenüber den MS hat die Kommission 1980 die Richtlinie 80/723/EWG über die Transparenz der finanziellen Beziehungen zwischen den MS und den Öffentlichen Unternehmen erlassen (ABl. 1980, L 195/35 ff., zu ihr *Ress,* GS Constantinesco 1983, S. 599 ff.). Sie betrifft insbesondere die **Kapitalzuweisungen und sonstigen Finanzverbindungen** zwischen den MS und „ihren" Unternehmen und gewährt der Kommission insoweit Auskunftsrechte. Der Gerichtshof hat die Rechtmäßigkeit dieser Kommissionsbefugnisse bestätigt (EuGHE 1982, 2545 ff. – RS 188–190/80, dazu *Nicolaysen,* EuR 1983, S. 61 ff.). 1051

In Art. 90 Abs. 2 = 86 Abs. 2 neu EGV wird allerdings die grundsätzliche Anwendung der EG-Wettbewerbsordnung auf öffentliche Unternehmen für die besondere Kategorie der Unternehmen, die mit **Dienstleistungen** von allgemeinem wirtschaftlichen Interesse betraut sind oder den Charakter eines **Finanzmonopols** haben, durch eine **Legalausnahme** wieder eingeschränkt. Hier gelten der EGV und seine Wettbewerbsregeln nur, soweit ihre Anwendung nicht die Erfüllung der diesen besonderen Unternehmen übertragenen speziellen Aufgaben rechtlich oder tatsächlich verhindert. Für die Tragweite des Art. 90 = 86 neu EGV sind daher zunächst diese verschiedenen Schattierungen des öffentlichen Unternehmesbegriffes wesentlich *(Pernice,* in: Grabitz/Hilf (Hrsg.), EUV/EGV-Komm. (1994), Art. 90 RdNr. 30 ff.). 1052

aa) **Zum öffentlichen Unternehmen:** Der Unternehmensbegriff als solcher ist in Art. 90 = 86 neu EGV zunächst einmal in demselben gemeinschaftsweit flexiblen Sinne zu verstehen wie bei Art. 85 = 81 neu EGV (oben Rz. 1039). Auch der Begriff des öffentlichen Unternehmens ist als ein **gemeinschaftsrechtlicher Sammelbegriff** weit zu verstehen, der die einschlägigen nationalen Begrifflichkeiten umfassend einfangen möchte. Entscheidender Ansatzpunkt ist nicht die Rechtsform, sondern der **tatsächliche staatliche Einfluß** auf das Unternehmen. Daher sind sowohl Unternehmen des öffentlichen Rechts (in Deutschland also Eigenbetriebe, Sondervermögen oder Körperschaften, Anstalten und Stiftungen des Öffentlichen Rechts – Bsp. Rundfunkanstalten, BfArbeit – als auch privatrechtliche Unternehmen unter beherrschendem öffentlichen Einfluß wie GmbH, AG – Bsp. Rheinisch-Westfälische Elektrizitätswerke AG, Deutsche Bahn AG, Telekom AG – öffentliche Unternehmen i. S. von Art. 90 = 86 neu EGV). Wie bei Art. 85 = 81 neu EGV muß das öffentliche Unternehmen am Wirtschaftsverkehr teilnehmen (EuGHE 1987, 2599 ff. – RS 118/85). 1053

bb) **Zu den Unternehmen, denen die MSen besondere oder ausschließliche Rechte gewähren („privilegierte Unternehmen"):** Diese Erweiterung des öffentlichen Unternehmensbegriffes umfaßt gemäß der Rspr. (EuGHE 1991, I–1223 ff. – RS C–202/88 „Endgeräte" st. Rspr.) Unternehmen mit echten Monopolrechten **(„ausschließliche"** Rechte, z. B. für die Organisation von Hafenarbeiten) oder solche, die kraft Hoheitsgewalt und unter besonderem staatlichen Einfluß (EuGHE a.a.O.) über eine Vorzugsstellung im Wettbewerb verfügen. Diese mit **„besonde-** 1054

ren" Rechten ausgestattete Gruppe ist weitgehend identisch mit den Dienstleistungsunternehmen i. S. von Art. 90 Abs. 2 = 86 neu Abs. 2 EGV.

1055 cc) **Zu den Unternehmen, die mit Dienstleistungen von allgemeinem wirtschaftlichen Interesse betraut sind oder den Charakter eines Finanzmonopols haben (Art. 90 Abs. 2 = 86 Abs. 2 neu EGV:** Diese im Sinne der Legalausnahme des Abs. 2 innerhalb der öffentlichen Unternehmen herausgehobene spezielle Gruppe umfaßt zum einen **öffentliche Dienstleistungsbetriebe** wie Bahn, Post, Telekommunikation, Elektrizitäts-, Gas-, Wasserwerke, öffentlichrechtliche Kreditinstitute (zu ihnen 37. Erklärung zur Amsterdamer Schlußakte 1997). Es muß sich um **wirtschaftliche** (also z. B. nicht kulturelle) **Dienstleistungen** handeln und das Unternehmen muß von der öffentlichen Hand ausdrücklich mit der Dienstleistung **„betraut"** worden sein. – **Finanzmonopole** sind solche öffentlichen Unternehmen, die durch die Monopolübertragung Einnahmen für den Staatshaushalt erzielen sollen (Bsp. Tabak-, Branntwein-, Zündwaren-, Sprengstoffmonopole). Meist sind sie gleichzeitig **Handelsmonopole** und unterliegen so auch Art. 37 = 31 neu EGV (unten Rz. 1309).

1056 Inhaltlich verlangt Art. 90 = 86 neu EGV von den MS, daß sie gegenüber den öffentlichen Unternehmen usf. i.S.v. Abs. 1 keine vertrags- und insbesondere wettbewerbswidrigen Maßnahmen treffen. Damit ist neben der Geltung der Art. 85 ff. = 81 ff. neu EGV etwa auch das **allgemeine Diskriminierungsverbot des Art. 6 = 12 neu EGV** angesprochen. Die MS haben demnach wettbewerbswidrige Eingriffe in „ihre" Unternehmen zu unterlassen (z. B. finanzielle Vorteile), aber auch einzugreifen, wenn das Unternehmen seinerseits Wettbewerbsverstöße begeht. (Näher zu den weit zu verstehenden Pflichten der MSen i. S. Art. 90 Abs. 1 = 86 Abs. 1 neu EGV *Mestmäcker,* in: Immenga/Mestmäcker (Hrsg.), EG-Wettb. R., 1997, S. 1516 ff.). Art. 90 Abs. 1 = 86 Abs. 1 neu EGV hat **unmittelbar anwendbaren Charakter** (EuGHE 1974, 409 ff. – RS 155/73 „Sacchi").

1057 Die **Ausnahme des Art. 90 Abs. 2 = 86 Abs. 2 neu EGV** für die wirtschaftlichen Dienstleistungsunternehmen und Finanzmonopole ist **ambivalent** gefaßt. Grundsätzlich unterliegen auch diese öffentlichen Unternehmen dem Vertrag und seinen Wettbewerbsregeln. Eine Ausnahme gilt aber dann, wenn die Anwendung dieser Vorschriften die **Erfüllung der besonderen Aufgaben** dieser Unternehmen tatsächlich oder rechtlich **verhindert.** Der mit dem Amsterdamer Vertrag 1997 neu eingefügte Art. 16 neu EGV verstärkt diese Ausnahme mit der Betonung, daß Gemeinschaft und MSen dafür Sorge tragen, daß die Grundsätze und Bedingungen für das Funktionieren der Dienste von allgemeinem wirtschaftlichen Interesse so gestaltet sind, daß diese ihren Aufgaben nachkommen können. Gleichwohl bleibt die Klausel als Ausnahme vom allgemeinen Wettbewerbsprinzip **eng auszulegen.** Es muß insbesondere eine „Verhinderung" und nicht nur eine Erschwerung der Aufgabenerfüllung vorliegen (EuGHE 1974, 313 – RS 127/73). Schließlich setzt Art. 90 Abs. 2 S. 2 = 86 Abs. 2 S. 2 neu EGV der Ausnahme die Grenze, daß durch sie nicht der Handelsverkehr in einem dem Gemeinschaftsinteresse zuwiderlaufenden Maße beeinträchtigt werden darf. – Mit seinem komplizierten Geflecht von Ausnahmen und Gegenausnahmen u. ä. eröffnet Art. 90 Abs. 2 = 86 Abs. 2 neu EGV mittlerweile Kommission und Gerichtshof ein breites Auslegungsermessen.

Jedenfalls ermöglicht Art. 90 Abs. 2 = 86 Abs. 2 neu EGV, der **besonderen Lage öffentlicher Unternehmen Rechnung** zu tragen, die aus Gründen des Allgemeinwohls unrentable Dienstleistungen erbringen müssen (Bsp. Bahn/Post). Hier dürfen private Konkurrenten nicht ungehindert nur im rentablen Bereich tätig sein (Verbot des „Rosinenpickens", EuGHE 1993, I–2533 – RS C–320/91 „Corbeau"). Auch Art. 90 Abs. 2 = 86 Abs. 2 neu EGV ist **unmittelbar anwendbar** (str., vgl. aber EuGE 1992, II–2417 – RS T–16/91 „Rendo").

In der **Gemeinschaftspraxis** entwickelt sich Art. 90 = 86 neu EGV trotz be- 1058
trächtlicher Widerstände **zu einer Norm mit zunehmender gemeinschaftsweiter Liberalisierungskraft** (Fundstellenverzeichnis des geltenden Gemeinschaftsrechts, 08.50). Die Kommission hat ihre Befugnisse aus Art. 90 Abs. 3 und 85 ff. = 86 Abs. 3 und 81 ff. neu EGV insbesondere benützt, um im Bereich der **Telekommunikation** gemeinschaftsweiten Wettbewerb durchzusetzen. Im Sinne von Art. 90 Abs. 2 = 86 Abs. 2 neu EGV sollen dabei die genuin hoheitlichen Befugnisse (insbes. Zulassung und Überwachung von Gerät) von der zu liberalisierenden Unternehmerischen Tätigkeit getrennt werden (RLen 88/301, ABl. 1988, L 131/73 über den Wettbewerb auf dem Markt für Telekommunikationsendgeräte und 90/388, ABl. 1990, L 192/10 sowie 96/19, ABl. 1996, L 74/13 zur Einführung des vollständigen Wettbewerbs auf den Telekommunikationsmärkten, Leitlinien für die Anwendung der EG-Wettbewerbsregeln im Telekommunikationsbereich, ABl. 1991, C 233/2). Obwohl der EuGH (E 1992, I–5833 – RS C–271, 281 und 289/90) einige besondere Dienste aus der EG-Liberalisierungsbefugnis ausschloß, ist eine **weitgehende Liberalisierung des Telekommunikationsbereiches** (insbes. Öffnung der Telefon- und Fernsehkabelnetze) 1996 bzw. 1998 erfolgt (Mitteilung *Kommission,* ABl. 1998, C 265/2). Gesichtspunkten des Gemeinwohls werden durch besondere Regelungen zugunsten der Sicherung telekommunikativer Grundversorgung (**„Universaldienste"**) Rechnung getragen (Insgesamt *Europ. Kommission,* Der Wettbewerb im Telekommunikationsbereich, 1997 – Vgl. auch die Ratsentschließung v. 18. 9. 1995 zum künftigen ordnungspolitischen Rahmen für die Telekommunikation, ABl. C 258/1).

Auch im **Postsektor** strebt die Kommission die Anwendung der Wettbewerbs- 1059
regeln an (ABl. 1998, C 39/2, allgemein *Basedow,* EuZW 1994, S. 359 ff.). Aus legitimen Bedürfnissen der Daseinsvorsorge können den nationalen Postdiensten nach Art. 90 Abs. 2 = 86 Abs. 2 neu EGV bestimmte wettbewerbsbeschränkende Ausschließlichkeitsrechte belassen werden (*Everling,* EuR 1994, S. 386 ff.). Umstritten ist bisher, ob die Untersagung des sog. **„Remailing"** (Versendung von Post deutscher Unternehmen aus portogünstigeren anderen EG-MSen) durch die Deutsche Post-AG gegenüber Art. 90 Abs. 2 = 86 Abs. 2 neu EGV, aber auch im Verhältnis zu Art. 86 = 82 neu EGV und der Dienstleistungsfreiheit des Vertrages zulässig ist, näher *Everling,* EuR 1996, S. 58 ff.). – Die Liberalisierung der wesentlichen Postleistungen ist zunächst einmal bis 2003 vertagt worden.

Das Vermittlungsmonopol für Führungskräfte der **Bundesanstalt für Arbeit** war als übermäßige Wettbewerbsbeschränkung mit Art. 86, 90 Abs. 2 = 82, 86 Abs. 2 neu EGV unvereinbar (EuGHE 1991, I–1979 ff. – RS C–41/90; *Basedow,* WiD 1992, S. 180 ff.).

Insgesamt stellt die zunehmende Anwendung des Art. 90 = 86 neu EGV ein wichtiges Beispiel dafür dar, wie sich über gemeinsame Wettbewerbsgrundsätze im europäischen Binnenmarkt **die nationalen Strukturen in**

bisherigen Reservatbereichen der MSen angleichen und allmählich gegenseitig öffnen *(Scott/Audéoud,* Die Zukunft des EG-Telekommunikationsrechts, 1996).

e) Die Rechtsetzungs- und Aufsichtskompetenz der Gemeinschaft im Wettbewerbsrecht (Art. 87/89 = 83/85 neu EGV) – Insbesondere die „Kartell-Verordnung" Nr. 17

1060 Zur näheren Durchführung des EG-Wettbewerbsrechtes i. e. S. (Kartellverbot und Verbot des Mißbrauches marktbeherrschender Stellung im Sinne von Art. 85/86 = 81/82 neu EGV ist dem Rat auf Vorschlag der Kommission in Art. 87 Abs. 1 = 83 Abs. 1 neu EGV die **Zuständigkeit zum Erlaß von Verordnungen oder Richtlinien** übertragen. Er kann seit 1961 mit qualifizierter Mehrheit entscheiden.

Art. 87 Abs. 2 a)–e) = 83 Abs. 2 a)–e) neu EGV enthält einen **Beispielskatalog wesentlicher Materien,** die vom EG-Kartellrecht zu erfassen sind (Sanktionen, Freistellungen, Regelungen für einzelne Wirtschaftszweige, Aufgaben von Kommission und Gerichtshof im Wettbewerbsrecht, Abgrenzung des europäischen vom nationalen Wettbewerbsrecht. (Näher *Pernice,* in: Hilf/Grabitz, EUV/EGV-Komm. (1997), Art. 87, RdNr. 17 ff.).

Rat und Kommission haben seit den sechziger Jahren die Zustädigkeit des Art. 87 = 83 neu EGV durch **Erlaß sekundären EG-Wettbewerbsrechts** in bemerkenswertem Umfang ausgenützt. Dabei stand aus praktischen Gründen der **Erlaß von VOen** im Vordergrund (vgl. Fundstellennachweis des geltenden Gemeinschaftsrechts, 08.10). Vor allem in Gestalt der **„Kartell-Verordnung Nr. 17"** und einiger ergänzender Regelungen (u. a. VO 3385/94, ABl. 1994, L 377/28 zu den Förmlichkeiten des Kartellverfahrens) hat das wettbewerbsschützende „System" des EGV i. S. von Art. 3 f.) seine Gestalt gefunden. (Näher *Grill,* in: Lenz (Hrsg.), EGV-Komm. 1994, Art. 87, Rz. 3 ff.).

1061 **Die VO Nr. 17** = Erste Durchführungsverordnung zu den Art. 85 und 86 des Vertrags v. 6. 2. 1962 (ABl. S. 204 ff., Änderungen) ist das **„europäische Wettbewerbsgesetz".** Sie stellt noch einmal die Unmittelbarkeit der Verbote in Art. 85/86 = 81/82 neu EGV fest (Art. 1). Ferner wird das **Verfahren zwischen Kommission und den Unternehmen** im näheren geregelt (Negativattest, Abstellung von Zuwiderhandlungen, Anträge und Anmeldungen, Freistellungen vom Verbot – Art. 2–8, i. V. m. VO 3385/94). Die **ausschließliche Zuständigkeit** von Kommission und Gerichtshof für die Verbotsentscheidungen wird festgehalten (Art. 9/17) und der Kommission die entsprechenden **Verfahrensrechte** eingeräumt (Verbindung mit den MS, Auskunfts-, Untersuchungs-, Prüfungs- und Anhörungsrechte – Art. 10–14, 19; vgl. *Winterfeld,* RIW 1992, S. 524 ff.). Den Kommissionsbefugnissen stehen seitens der Unternehmen die **„Rechte der Verteidigung"** (z. B. auf Akteneinsicht) als Allgemeiner Rechtsgrundsatz (EuGHE 1989, 2859 ff. – RS 46/87 u. 227/88 „Hoechst I") gegenüber. Außerdem erhält die Kommission **Sanktionsgewalt** (Art. 15). Schließlich kann sie **Ausführungsbestimmungen** erlassen (Art. 24). Auf diese Weise wurde die „Anhörungs-VO" Nr. 99/63 der Kommission v. 25. 7. 1963 (ABl. S. 2268 ff.) erlassen, ferner die o. g. VO 3385/94 zu den Anträgen/Anmeldungen. Sie regelt die Anhörung von Unternehmen durch die Kommission sowie durch den nach Art. 10 Abs. 3 VO 17 gebildeten **Beratenden Ausschuß für Kartell- und Monopolfragen,**

der sich aus nationalen Beamten zusammensetzt. (Zur VO 17 und ihren Ergänzungsregelungen die Kommentierung bei *Pernice,* in: Grabitz/Hilf (Hrsg.), EUV/EGV-Komm. (1997), nach Art. 87 EGV).

Die Rechtsetzungskompetenz der Gemeinschaft in Art. 87 = 83 neu EGV wird in Art. 89 = 85 neu EGV durch eine allgemeine Zuständigkeit der Kommission zur **Überwachung und Aufsicht** über die Verwirklichung der Grundsätze der Art. 85/86 = 81/82 neu EGV ergänzt, eine Art von Konkretisierung ihres allgemeinen Rechtes aus Art. 155 = 211 neu EGV (EuGHE 1962, 99 ff. – RS 13/61 „Bosch/van Rijn"). Hier sind jene Untersuchungs-, Feststellungs- und Abstellungsrechte in Gestalt einer **Entscheidungskompetenz** vertraglich verankert, die dann in der VO 17 näher ausformuliert werden. Art. 88 = 84 neu EGV definiert die Befugnisse der Behörden der MSen zur Anwendung der Art. 85 ff. = 81 ff. neu EGV, soweit noch keine Gemeinschaftsvorschriften gemäß Art. 87 = 83 neu EGV erlassen sind. Der Anwendungsbereich der Art. 88, 89 EGV ist inzwischen **sehr begrenzt.** (Näher *Pernice* a.a.O. (1997), zu Art. 88, 89 EGV). 1062

f) Ausnahmebereiche

Ähnlich wie national gelten die EG-Wettbewerbsregeln zwar grundsätzlich **allgemein für alle wirtschaftlichen Bereiche.** Infolge bestimmter tatsächlicher oder rechtlicher **„Besonderheiten"** ist die Geltung des europäischen Wettbewerbsrechts jedoch in einigen Sektoren ausgesetzt oder modifiziert worden. Die Legitimität der Berufung auf derartige „Besonderheiten", hinter denen sich gelegentlich wirtschaftliche Sonderinteressen verbergen können, ist wettbewerbspolitisch oftmals umstritten. Innerhalb der EG sind Sondersituationen vor allem für die **Landwirtschaft und den Verkehr** bis zu einem gewissen Grade anerkannt. 1063

Ein spezielles, im Vergleich zu Art. 85 = 81 neu EGV z. T. noch strengeres Wettbewerbsregime gilt aus entstehungsgeschichtlichen Gründen (oben Rz. 1028) für **Kohle und Stahl** in Gestalt der Art. 65 ff. EGKSV. Hierzu gesondert unten Rz. 1067 ff..

aa) Landwirtschaft

Mit Rücksicht auf den stark „administrierten" Charakter des Agrarbereiches legt Art. 42 = 36 neu EGV fest, daß die EG-Wettbewerbsregeln auf Produktion und Handel mit landwirtschaftlichen Erzeugnissen nur insoweit Anwendung finden, als dies der Rat **unter Berücksichtigung der agrarpolitischen Ziele des Art. 39 = 33 neu EGV** (unten Rz. 1364 ff.) nach Art. 43 = 37 neu EGV beschließt. Insbesondere kann der Rat struktur- und entwicklungspolitische **Beihilfen** im Agrarbereich genehmigen. Die Agrarpolitik hat so in ihrem Bereich grundsätzlich **Vorrang** vor der Wettbewerbspolitik (EuGHE 1980, 3393 ff. – RS 138 u. 139/79 „Isoglucose"). Allerdings hat der Rat mit der **VO Nr. 26** v. 4. 4. 1962 (ABl. S. 993 ff.) grundsätzlich die Art. 85 ff. = 81 ff. neu EGV auf Produktion und Handel mit landwirtschaftlichen Erzeugnissen für anwendbar erklärt. Auch in der Landwirtschaft 1064 gilt grundsätzlich das Wettbewerbsprinzip (EuGHE 1979, 2169 ff. – RS 177/78).

Jedoch wird das Wettbewerbsprinzip innerhalb der VO Nr. 26 durch verschiedene Ausnahmen wiederum **wesentlich eingeschränkt** (Vorbehalte u. a. zugunsten Art. 39 = 33 neu EGV, sowie zugunsten landwirtschaftlicher Erzeugerbetriebe, näher *Winkler,* in: Immenga/Mestmäcker, EG-Wettb. R., 1997, S. 2160 ff.). Die gemeinsamen Marktordnungen für Agrarerzeugnisse (unten Rz. 1376 ff.) erklären regelmäßig das grundsätzliche **Beihilfeverbot** der Art. 92–94 = 87–89 neu EGV (unten Rz. 1108 ff.) für anwendbar. Die Kommission verfolgt in ihrer Genehmigungspraxis einen eher zurückhaltenden Kurs. Sie verfügt mit der Verweigerung von Ausgaben aus dem Agrarfonds über ein wirksames Druckmittel.

Trotz der verschiedenen Bemühungen zugunsten von Wettbewerb auch in der Landwirtschaft finden die Art. 85 ff. = 81 ff. neu EGV hier insgesamt eine **deutlich eingeschränkte Anwendung.**

bb) Verkehr

1065 Auch das Verkehrswesen gehört bereits national zu denjenigen Wirtschaftsbereichen, in denen die öffentliche Hand über Preis-, Zulassungsregelungen usf. **stark zu intervenieren** pflegt, soweit sie nicht über öffentliche Unternehmen (Bahn) selbst Verkehr betreibt. Auch der EGV verlangt bei der Gemeinsamen Verkehrspolitik (unten Rz. 1419 ff.) die „Berücksichtigung der Besonderheiten des Verkehrs" (Art. 75 Abs. 1 = 71 Abs. 1 neu EGV). Grundsätzlich **gelten** aber die Vertragsregeln und damit auch **die Wettbewerbsregeln auch für den Verkehr** (ursprüngl. str., vgl. aber EuGHE 1974, 359 ff. – RS 167/73 „Kommission/Frankreich"; *Stabenow,* SEW 1963, S. 379 ff.). Daher galt die VO 17 bei ihrem Erlaß auch für den Verkehr. Sie wurde jedoch im Sinne von Art. 75 Abs. 1 = 71 Abs. 1 neu EGV durch die VO Nr. 141 v. 28. 11. 1962 (ABl. S. 2751 ff.) für das Verkehrswesen für nicht anwendbar erklärt. Die in Art. 2 der VO 141 angekündigten **besonderen Wettbewerbsvorschriften** für den Schienen-, Straßen- und Schiffsverkehr wurden mit der VO Nr. 1017/68 (ABl. 1968, L 175/1 ff., näher *Wägenbaur,* AWD 1968, S. 415 ff.) erlassen. Sie befaßt sich insbesondere mit den Beförderungsregelungen einschließlich der Entgelte und der Überwachung des Angebotes von Verkehrsleistungen. (Insgesamt *Basedow,* in: Immenga/Mestmäcker (Hrsg.), EG-Wettb. R., 1997, S. 1993 ff.).

In der Entwicklung befindlich ist die wettbewerbliche Lage in der **See- und Luftschiffahrt** (vgl. auch unten Rz. 1457 ff. und *Basedow,* a.a.O. (1997), S. 2035 ff.). Der Gerichtshof hatte in der o. g. Entscheidung die **unmittelbare Geltung der Art. 85, 86 = 81, 82 neu EGV** angenommen, da die VO 1017/68 insoweit eine Lücke lasse. Daraufhin wurden mit der VO 4056/86 (ABl. 1986, L 378/4 ff.) Art. 85 und 86 = 81 und 82 neu EGV unter einer Reihe von Freistellungen auf den **Seeverkehr** näher angewendet und auch bereits weitere Regelungen zu Preisbindungspraktiken und dem freien Zugang zu Ladungen erlassen *(Werner,* NJW 1988, S. 2159 ff.). – Der Gerichtshof hat ferner Art. 85 = 81 neu EGV bereits auf **Flugtarife** angewendet (EuGHE 1986, 1425 ff. – Verb. RS 209–213/84 – „Nouvelles frontières", dazu *Emmerich,* JuS 1987, S. 231 ff.). Seit 1986 wurden verschiedene weitere EG-Wettbewerbsregelungen im See- und Luftverkehr erlassen, darunter verschiedentlich **Freistel-**

lungen im Sinne Art. 85 Abs. 3 = 81 Abs. 3 neu EGV (Fundstellenverzeichnis des geltenden Gemeinschaftsrechts, 07.30.10 und 07.40.10).

Insgesamt befindet sich die Wettbewerbspolitik im Verkehrsbereich ähnlich wie die Gemeinsame Verkehrspolitik noch in einem **weiter ausbaubedürftigen Zustand.** *(Dolfen,* Verkehr im europäischen Wettbewerb, 1991).

cc) Sonstige „Sonderbereiche"?

Während bei Landwirtschaft und Verkehr im EG-Vertrag ausdrückliche **1066** Anknüpfungspunkte für wettbewerbliche Sonderregelungen gegeben sind, ist dies bei anderen Wirtschaftssektoren nicht der Fall. Gleichwohl gibt es auch anderwärts gelegentliche Berufungen auf **„Sondersituationen".** So gibt es Stellungnahmen insbesondere im Sinne von Ausnahmen für das **Banken- und Versicherungswesen,** das z. T. national (vgl. § 102 GWB) eine spezielle wettbewerbliche Behandlung erfährt (vgl. *Börner,* Die vorläufige Nichtanwendbarkeit des Art. 85 EWGV auf die Assekuranz, 1984). Die Kommission hat demgegenüber daran festgehalten, daß für solche Bereichsausnahmen die Rechtsgrundlagen fehlen und der Gerichtshof hat dies für den **Versicherungsbereich** bestätigt (EuGHE 1987, 405 ff. – RS 45/85 „Feuerversicherung"). Es sind bisher auch **keine Sonderwettbewerbsvorschriften** für solche Bereiche über Art. 87 Abs. 2 c) = 83 Abs. 2 c) neu EGV erlassen worden, die Voraussetzung für zusätzliche Ausnahmen wären *(Ehlermann,* RTDE 1993, S. 457 ff.).

g) Zum Wettbewerbsrecht im Montanbereich (Art. 65 ff. EGKSV)

Wie schon gesagt (oben Rz. 1028), enthält der EGKSV aus der besonde- **1067** ren Situation der unmittelbaren Nachkriegszeit heraus in den Art. 65–67 EGKSV ein **gegenüber den Art. 85 ff. = 81 ff. neu EGV spezielles,** in seinen Grundaussagen z. T. noch **strengeres Wettbewerbsregime** *(Deringer,* BB 1955, S. 113 ff.); *Zimmermann,* ZRVgl. 1967, S. 205 ff.). Bei der Beurteilung dieser Regeln ist heute grundsätzlich zu berücksichtigen, daß ihre **Geltungskraft** infolge des grundlegenden Wandels einschließlich krisenhafter Zuspitzungen im Kohle- und Stahlbereich seit den fünfziger Jahren (Absatzprobleme mit sozialpolitischen Folgen im Montansektor) **Einschränkungen erfahren hat.** Die wesentlichen Zielvorstellungen der Gemeinschaftsaktion ist hier seit längerem nicht mehr die Herstellung eines möglichst ungehinderten gemeinschaftsinternen Wettbewerbes, sondern eine **industriepolitische Krisen- und Umstrukturierungsstrategie,** die über Zusammenschlüsse, Stillegungen, Erzeugungsquoten u. ä. eine Verbesserung der weltweiten Wettbewerbsfähigkeit der Unternehmen in der Gemeinschaft und ein günstiges Gleichgewicht zwischen Angebot und Nachfrage herzustellen sucht. Dies bedingt häufig eine **behutsame Wettbewerbspolitik,** die sich mit gewissen oligopolistischen Strukturen nicht nur abfindet, sondern sie für erforderlich hält (vgl. etwa *Kommission,* (Hrsg.), Grundzüge einer Wettbewerbspolitik hinsichtlich der Strukturen in der Stahlindustrie, ABl. 1970, C 12/5 ff.; *Mestmäcker,* FS Stein, 1987, S. 261 ff.).

1068 An sich enthält Art. 65 EGKSV ein **weitreichendes Kartellverbot** für die Unternehmen des Kohle- und Stahlsektors i. S. von Art. 80 EGKSV. Es führt nach Art. 65 § 4 zur **Nichtigkeit der betreffenden Vereinbarungen** usf. Auch hier sind Kommission (Hohe Behörde) und Gerichtshof ausschließlich zur Beurteilung zuständig (Art. 65 § 4). Der Kommission sind die nötigen **Durchsetzungs- und Sanktionsrechte** verliehen (Art. 65 §§ 3, 5). Anders als im EG-Vertrag gibt es in Art. 65 § 2 einen Numerus Clausus der ausnahmsweisen Genehmigung von Montankartellen. Er hat sich längst als zu eng erwiesen. In der Montanpraxis ist der **allmähliche Wandel** vom wettbewerbsrechtlichen Rigorismus zur stärkeren Berücksichtigung der oligopolistischen Notwendigkeiten auch an der Rechtsprechung ablesbar (EuGHE 1960, 859 ff. – Verb. RS 36–38, 40/59 „Präsident" = Ablehnung der gemeinsamen Ruhrkohlenverkaufsgesellschaft einerseits, später EuGHE 1964, 1047 – RS 66/63 „Niederlande" = Rechtfertigung von nur noch zwei gemeinsamen Verkaufskontoren im Ruhrrevier; näher zu der Entwicklung *Bernini,* 30 Jahre Gemeinschaftsrecht, 1981, S. 355 ff.).

1069 Anders als der EG-Vertrag kennt Art. 66 EGKSV eine **vorherige Zusammenschlußkontrolle** durch die Kommission, mit der Möglichkeit der Genehmigung „unschädlicher" Fusionen oder ihrer Ablehnung durch Entscheidung (Art. 66 §§ 2, 5). Auch hier ist ein detailliertes System mit starken Befugnissen der Kommission im Vertrage entwickelt. Art. 66 § 7 EGKSV kennt ähnlich wie Art. 86 = 82 neu EGV Maßnahmen der Kommission gegen den **Mißbrauch marktbeherrschender Stellungen,** die für öffentliche und private Unternehmen gelten. Art. 66 ist im Montanbereich zu einem wichtigen Instrument der Kommission geworden, die durch eine großzügige Genehmigungspraxis (besonders seit den Entscheidungen 67/25 EGKS, ABl. 1967, L 154/11 ff. und 78/2495 EGKS, ABl. 1978, L 300/21 ff.) eine **Umstrukturierung** der Kohle- und Stahlunternehmen in größere, zu „wirksamem Wettbewerb" fähigen Einheiten förderte. Art. 67 EGKSV enthält Meldepflichten der MS an die Kommission über nationale Wettbewerbsmaßnahmen, die eine fühlbare Auswirkung auf die Wettbewerbsbedingungen in der Kohle- und Stahlindustrie haben. Bei Störungen kommt es zu einem Konzertierungsverfahren zwischen Kommission, Beratendem Ausschuß und Rat, das in Empfehlungen der Kommission ausmünden kann, die im EGKSV (Art. 14) Richtliniencharakter haben (oben Rz. M).

Im Zweifel gilt das EGKS-Wettbewerbsrecht gemäß Art. 232 = 305 neu EGV als **lex specialis** im Verhältnis zu Art. 85 ff. = 81 ff. neu EGV. Dieser Grundsatz wird **weit** verstanden. So findet vorzugsweise Art. 65 EGKSV auch bei Vereinbarungen usf. zwischen Montanunternehmen und Unternehmen aus dem Geltungsbereich des EGV Anwendung.

3. Europäische Wettbewerbsbehörden, Verfahren und Rechtsschutz

Literatur: *Königs,* Das Verfahren der EWG in Kartellsachen, EuR 1973, S. 289 ff.; *Jacobs,* Civil enforcement of EEC antitrust law, FS Stein, 1987, S. 226 ff.; *Lukes,* Behördenzuständigkeit im Wettbewerbsrecht des EWGV, BB 1987, S. 1198 ff.; *Behrens,* EEC Competition Rules in National Courts, 1992; *Everling,* Die Mitwirkung nationaler Behörden in der EG-Wettbewerbspraxis, WUW 1993, S. 709 ff.; *Dietze,* Verfahrensbeteiligung und Klagebefugnis im EG-Recht. Zur Dogmatik der Klagebefugnis verfahrensbeteiligter Dritter im Kartell-, Beihilfenaufsichts-, Fusionskontroll- und Außenhandelsrecht, 1995; *Ehlermann,* Reflections on a European Cartel Office, CMLRev. 1995, S. 471 ff.; *Blaise,* Quelques remarques sur l'activité du Tribunal de première instance dans le domaine de la concurrence, EuZW 1996, S. 225; *Braun,* Die Wettbewerbsregeln vor nationalen Gerichten (III) – Deutschland, 1996; *Odersky,* Art. 85/86 EG-Vertrag und die nationalen Gerichte, FS Mestmäcker, 1996, S. 699 ff.; *Weiss,* Die Verteidigungsrechte im EG-Kartellverfahen, 1996; *Merker,* Subsidiarität und Delegation. Anwendung des Art. 85 und 86 EGV durch die nationalen Kartellbehörden, Problematik des Art. 85 III EGV und der „comfort letters", 1997; *Weitbrecht,* Die Kronzeugenregelung in EG-Kartellsachen, EuZW 1997, S. 555 ff.; *Gillessen,* Lockerung des Freistellungsmonopols zugunsten der EU-Staaten, 1998;

Wie bereits gezeigt, ist die verbindliche Praktizierung des EG-Wettbe- **1070**
werbsrechtes weitgehend der **Kommission (Generaldirektion Wettbewerb)** anvertraut (Art. 89 = 85 neu EGV i. V. m. Art. 9 VO 17; Art. 65, 66 EGKSV – *Ritter,* in: Immenga/Mestmäcker (Hrsg.), EG-Wettb. R., 1997, S. 1481 ff.). Das Handeln der Kommission unterliegt der **Kontrolle des Gerichtshofes bzw. des EuG,** Art. 173 = 230 neu EGV, Art. 17 VO 17). Daneben ist das EG-Wettbewerbsrecht wie allgemein das EGR auch von den nationalen Kartellbehörden und von den nationalen Gerichten anzuwenden und zu respektieren. Einzelne Befugnisse, wie insbesondere die Freistellung nach Art. 85 Abs. 3 = 81 Abs. 3 neu EGV (oben Rz. 1038) sind indessen bei der Kommission konzentriert. Der Wettbewerbsbereich führt auf diese Weise wie kaum ein anderer EG-Bereich zu **umfangreichen unmittelbaren Kontakten** zwischen den Gemeinschaftsorganen und den Marktsubjekten.

Besonders von deutscher Seite wird öfters die Errichtung eines **Europäi-** **1071**
schen Kartellamtes als nachgeordnete Behörde der Kommission gefordert, um Politisierungen auf der Kommissionsebene zugunsten fachlich-unabhängiger Wettbewerbspolitik zurückzudrängen *(Lambsdorff,* FAZ 31. 10. 1995). Von Brüsseler Seite werden demgegenüber die Vorteile der schnelleren einstufigen und politisch abgesicherten Entscheidungspraxis betont („One stop shop" – *Ehlermann,* EuZW 1994, S. 647 ff.). Jedoch ist die GD Wettbewerb in der Praxis stark überlastet (*Johannes,* NZZ 24./25. 10. 1998).

Zusammenfassend nimmt die Kommission in ihren **jährlichen Wettbewerbsberichten** Stellung und faßt ihre grundsätzliche Haltung zusammen.

a) Das Verwaltungsverfahren der Kommission

Einige tragende Grundsätze des **Kartell-Verwaltungsverfahrens** der **1072**
Kommission sind bereits in den Art. 87–89 = 83–85 neu EGV enthalten. Näher ausgestaltet ist dieses Verfahren sodann in der VO 17 und weiteren Regelungen des sekundären Gemeinschaftsrechts *(Ritter,* in: Imenga/Mestmäcker (Hrsg.), EG-Wettb. R., 1997, S. 1469 ff., 1625 ff. und oben Rz. 1060 ff.). Grundsätzlich wird der **Kommission** hier in Verbindung mit den zuständigen Behörden der MS, die Amtshilfe zu leisten haben (Art. 89 Abs. 1 = 85 Abs. 1 EGV), eine starke, Prüfungs- und Sanktionsbefugnisse einschließende Stellung gegenüber den Unternehmen eingeräumt. Andererseits handelt es sich um ein rechtsstaatliches Verfahren, das auch den Betroffenen Befugnisse einräumt, die gelegentlich in einem allgemeinen **„Recht auf Vertei-digung"** *(Giorgio Bernini)* zusammengefaßt werden. (Näher *Lauwaars,* FS Schermers, 1994, II, S. 497 ff.).

1073 Die Kommission kann **von Amts wegen** oder **auf Anträge** von MS und betroffenen Personen und Personenvereinigungen tätig werden (Art. 89 = 85 neu EGV, Art. 3 VO 17), um Zuwiderhandlungen gegen das Kartellverbot abzustellen. Sie stellt ferner auf Antrag Negativatteste (oben Rz. 1038)aus, nimmt bestimmte Anmeldungen entgegen und erteilt Freistellungserklärungen (Art. 4–8 VO 17 i. V. m. VO 3385/94, ABl. 1994, L 377/28). Bei den verschiedenen Verfahrensarten handelt die Kommission **in enger Verbindung mit den Behörden der MS,** die ihrerseits Stellung nehmen können. (Bekanntmachung Kommission 97/C 31303, ABl. 1997, C 313/3; *Behrens,* FS Everling 1995, S. 83 ff.). Diese Zusammenarbeit vollzieht sich besonders über den Beratenden Ausschuß für Kartell- und Monopolfragen (Art. 10 VO 17, vgl. auch oben Rz. 1061). Eingehend sind die **Auskunfts- und Nachprüfungsrechte** der Kommission geregelt (Art. 11, 13, 14 VO 17). Sie gehen bis zu „überraschenden" **Visitations- und Kontrollrechten** der Kommissionsbediensteten in den Unternehmen (EuGE 1992, II–629 ff. – RS T–10/89 „Hoechst II"; *Winterfeld,* RiW 1992, S. 524 ff). Bei Zuwiderhandlungen kann die Kommission gegen die Unternehmen **Geldbußen** verhängen, die in bestimmten Fällen bis zu 1 Mio. RE oder 10 % des Jahresumsatzes gehen können (Art. 15 VO 17). In Einzelfällen verhängt die Kommission Geldbußen zwischen 200 – 300 Mio. ECU (VW, Schiffahrt). Diese Bußen ahnden rechtswidrig/schuldhaftes Verhalten, sind aber keine Kriminalstrafen, sondern **Ordnungsmaßnahmen** *(Winkler,* Die Rechtsnatur der Geldbuße im Wettbewerbsrecht der EWG, 1971). Doppelahndungen aufgrund nationalen Rechtes und EGR sind denkbar, jedoch bedarf es rechtsstaatlicher Berücksichigung der Erstbuße bei der Höhe der zweiten (EuGHE 1969, 1 ff. – RS 14/68 „Walt Wilhelm", ähnlich auch Art. 90 Abs. 2 EGKSV). Die Geldbußen verjähren nach 3–5 Jahren (näher VO 2988/74, ABl. 1974, L 319/1). – Zur Verhinderung von Zuwiderhandlungen u. a. kann die Kommission ferner **Zwangsgelder** festsetzen (Art. 16 VO 17).

Erscheinen bestimmte Wirtschaftszweige wettbewerblich als „gefährdet", kann die Kommission auch eine **allgemeine Untersuchung** dieser Branche vornehmen, wobei sie wiederum über die entsprechenden Auskunftsrechte usf. verfügt (Art. 12 VO 17; *Kommission* (Hrsg.), Die Untersuchungsbefugnisse der EG-Kommission auf dem Gebiete des Wettbewerbs, 1985).

1074 Das **„Recht auf Verteidigung"** betroffener Unternehmen in Kartellverfahren (grundsätzlich *Weiss,* Die Verteidigungsrechte im EG-Kartellverfahren, 1996) konkretisiert sich insbesondere in **Anhörungsrechten** (Art. 19 VO 17) seitens der Kommission *(Thompson,* JWTL 1982, S. 443 ff.), in der möglichsten Respektierung von **Berufsgeheimnissen** (Art. 20 VO 17, *Lieberknecht,* WuW 1988, S. 843 ff.), die auch bei den Veröffentlichungspflichten der Kommission nach Art. 21 VO 17 zu beachten sind. Das „Recht auf Verteidigung" ist aber über diese Einzelfälle hinaus ein **allgemeiner ungeschriebener Verfahrensgrundsatz** und im rechtsstaatlichen Sinne stets mitzubedenken. Auch der Gerichtshof nimmt dieses Erfordernis ernst (etwa EuGHE 1980, 2125 ff. – Verb. RS 209ff./78 „FEDETAB" und EuGHE 1983, 1825 ff. – RS 100–103/80 „Hi-Fi-Geräte" – zu Begründungszwang und zum rechtlichen Gehör vgl. auch oben Rz. 672). Problematisch ist nicht selten die lange Dauer mancher Kartellverfahren.

b) Zum Rechtsschutz

1075 Der Rechtsschutz, den EuG und EuGH insbesondere nach Art. 164 ff. = 220 ff. neu EGV gewähren (oben Rz. 372 ff.), ist angesichts der umfangreichen Rechtsetzung und Spruchpraxis der EG in Wettbewerbsangelegenheiten von besonderer Bedeutung. Gemäß der Ermächtigung in Art. 87 Abs. 2 d) = 83 Abs. 2 d) neu EGV hat Art. 17 VO 17 dem Gerichtshof bei

Klagen gegen Entscheidungen der Kommission, in denen Geldbußen oder Zwangsgelder festgesetzt wurden, eine **unbeschränkte Nachprüfungsbefugnis** gemäß Art. 172 = 229 neu EGV verliehen. Er kann u. a. die Geldbußen/Zwangsgelder ändern. Die Rechtsprechung des Gerichtshofes in Wettbewerbsfragen ist inzwischen umfangreich, wobei er ohne „Ideologie" die Grundentscheidungen der Art. 85 ff. = 81 ff. neu EGV konsequent durchzusetzen sucht *(Zäch,* Wettbewerbsrecht der EU. Praxis von Kommission und Gerichtshof, 1994). – Seit 1989 ist das **Gericht 1. Instanz der EGen** für Anfechtungs- und Untätigkeitsklagen Privater in Wettbewerbssachen und für damit zusammenhängende Schadensersatzklagen im ersten Rechtszug zuständig geworden. Die zunehmende Zahl und Komplexität dieser Wettbewerbsprozesse stellt das EuG mittlerweile vor ernsthafte Probleme der Gewährung rechtzeitigen Rechtsschutzes *(Blaise,* EuZW 1996, S. 225).

Neben EuGH und EuG leistet auch die **Rechtsprechung der nationalen Gerichte** einen ständigen und wesentlichen Beitrag zur Entfaltung und Entwicklung der europäischen Wettbewerbsordnung *(Behrens* (Hrsg.), Die EG-Wettbewerbsregeln vor nationalen Gerichten: I Vereinigtes Königreich und Italien *(Shaw/Ligustro),* 1992; II Benelux und Irland *(Noirfalisse/Sevinga/Maher),* 1994; III Deutschland *(Braun),* 1995).

4. Europäisches und nationales Wettbewerbsrecht

Da neben dem europäischen Wettbewerbsrecht des EGV und EGKSV 1076 **nationales Wettbewerbsrecht** besteht (in Deutschland das GWB), stellt sich in der Praxis öfters die Frage des **gegenseitigen Geltungsverhältnisses** der beiden Rechtsordnungen. Dies insbesondere dann, wenn auf denselben Sachverhalt nationale und EG-Normen anwendbar sind. Es ist aber auch zu bedenken, daß das nationale Recht z. T. (z. B. bei der Fusionskontrolle, oben Rz. 1044 ff.) weitergehende, strengere Regelungen enthält als die europäische Wettbewerbsordnung. Ferner ist zu berücksichtigen, daß das EGR sich nur auf den **zwischenstaatlichen Handel** bezieht („Zwischenstaatsklausel", oben Rz. 1035), während das nationale Recht den **innerstaatlichen Handel** regelt, je nach Geltungsanspruch aber u. U. auch zwischenstaatliche Sachverhalte einbeziehen kann *(Möschel,* Recht der Wettbewerbsbeschränkungen, 1983, S. 82 ff., 88 ff.).

An sich sieht Art. 87 Abs. 2 e) = 83 Abs. 2 e) neu EGV vor, daß die Rangfrage autoritativ durch Vorschriften gemäß Art. 87 = 83 neu EGV geregelt wird. Dazu ist es bisher nicht gekommen, was bei einer so komplexen Auslegungsfrage zu begrüßen ist.

a) Vorrangtheorie (Modifizierte Zweischrankentheorie)

Nach inzwischen insbesondere durch die Rechtsprechung des Gerichts- 1077 hofes (EuGHE 1969, 1 ff. – RS 14/68 „Walt Wilhelm", EuGHE 1994, I–15 ff. – RS C–376/92 „Metro/Cartier" st. Rspr.) gesicherter Auffassung ist die Rangfrage im Wettbewerbsrecht nur ein **Unterfall des allgemeinen Ver-**

hältnisses zwischen EGR und nationalem Recht (oben Rz. 615 ff.). Leitender Gesichtspunkt muß so sein, daß der unbedingte **Vorrang des Gemeinschaftsrechts** auch in diesem Bereich sichergestellt wird. Anderenfalls wäre die gleichmäßige Geltung des EG-Wettbewerbsrechtes in allen MS durch unterschiedliche nationale Wettbewerbsnormen in rechtlich und wirtschaftlich abträglicher Weise in Frage gestellt. Andererseits kommt das nationale Recht jederzeit dann zur Anwendung, wenn diese einheitliche Anwendung des EGR mangels Kollision nicht gefährdet ist. (Näher zu dieser Vorrang- oder „modifizierten" Zweischrankentheorie *Walz,* Der Vorrang des europäischen vor dem nationalen Kartellrecht, 1994).

1078 Die EuGH-Rechtsprechung erteilt damit vor allem der ursprünglichen **„Zweischrankentheorie"** eine Absage, wie sie zunächst insbesondere in der deutschen Theorie entwickelt worden war (u. a. *Koch,* BB 1959, S. 241 ff.). Diese hatte auf die unterschiedlichen Anwendungsbereiche der Rechtsordnungen (nationaler/zwischenstaatlicher Handel) abgestellt und auf diese Weise denkbare Kollisionen zwischen den beiden Rechtsordnungen geleugnet. Wettbewerbsbeschränkungen unterlägen auf diese Weise den „zwei Schranken" nationalen und EG-Rechts und wären nur zulässig, falls sie beiden Rechtsordnungen entsprächen. Danach hätte jedoch in bestimmten Fällen strengeres nationales Recht die Geltung von Maßnahmen verhindern können, die nach EG-Wettbewerbsrecht für zulässig erklärt wurden. Damit hätte sich eine **unterschiedliche Geltung des EGR** von MS zu MS ergeben, die dem allgemeinen Verhältnis zwischen europäischem und nationalem Recht zuwidergelaufen wäre. Die rein wettbewerbspolitisch vielleicht effektivere ursprüngliche Zweischrankentheorie bedurfte daher der **Modifikation** (vgl. auch *Schwarze,* JZ 1996, S. 57 ff.).

1079 Auch die **herrschende Vorrangtheorie** muß jedoch im einzelnen mit einer gewissen **Flexibilität** angewendet werden, um nicht aus dogmatischen Gründen die wettbewerbspolitisch erwünschte Effektivität des nationalen Wettbewerbsrechts zu sehr zu beschneiden *(Rehbinder,* in: Immenga/Mestmäcker (Hrsg.), EG-Wettb. R., 1997, S. 95 ff.). So dürfen zwar die nationalen Kartellbehörden kein Verhalten verbieten, das europäisch eindeutig erlaubt ist, und umgekehrt kann kein nach EG-Wettbewerbsrecht verbotenes Verhalten national zulässig sein. Die europäische Rechtslage muß aber jeweils sicher geklärt sein. So mag bei Fragestellungen nach Art. 85 Abs. 3 = 81 Abs. 3 neu EGV (oben Rz. 1038) grundsätzlich die Anwendung nationalen Rechts ausgeschlossen sein (str., vgl. *Klaue,* WuW 1969, S. 593 ff.). Diese Anwendung ist aber möglich, wenn „nur" ein Negativattest der Kommission i. S. von Art. 2 VO 17 oder noch informellere „comfort letters" vorliegen, oder wenn die Kommission gegen die Vereinbarung nur deswegen nicht vorgeht, weil sie die Zwischenstaatsklausel nicht als erfüllt ansieht. Bei solchen und anderen schwierigen Abgrenzungsfällen bleibt prinzipiell zu beachten, daß zwar unter europäischen Gesichtspunkten der Vorrang des Gemeinschaftsrechts nicht ernsthaft berührt werden darf, das EG-Wettbewerbsrecht aber andererseits auch nicht die Funktion hat, eine im nationalen Rahmen gewollte gesetzliche Wettbewerbspolitik im Zweifelsfalle immer aufzuweichen (vgl. auch *Wolf,* EuZW 1994, S. 233 ff.). In Deutschland ist die 6. Novelle des GWB v. 7. 5. 1998 (Geltung seit 1. 1. 1999 – *Kahlenberg,* BB 1998, S. 1593 ff.) trotz Sorgen um die Intensität der deutschen Wettbewerbspolitik *(Möschel,* EuZW 1995, S. 225 ff.) den Weg gegangen, die möglichen Kollisionen zwischen nationalem und europäischem Wettbewerbsrecht durch eine **materielle Angleichung des GWB an die europäischen Standards** zu entschärfen.

b) ***Exkurs:*** *Räumlicher Anwendungsbereich des EG-Wettbewerbsrechts*

Auch das europäische Recht unterliegt grundsätzlich dem im allgemei- **1080**
nen Völkerrecht immer noch weithin anerkannten **Territorialitätsprinzip.** Danach ist die Vornahme von Hoheitsakten auf der Grundlage einer bestimmten Rechtsordnung regelmäßig auf den räumlichen Geltungsbereich dieser Ordnung begrenzt. *(Meessen,* EuR 1973, S. 18 ff.). Der Geltungsanspruch des EGR beschränkt sich daher grundsätzlich auf den **räumlichen Geltungsbereich der Verträge** (oben Rz. 184 und auch EuGHE 1972, 1219 ff. – RS 21–24/72 „Fruit Company" – zur Bindung der EG an das Völkerrecht). **Extraterritoriale Jurisdiktionsausübungen** über Sachverhalte in einem fremden räumlichen Hoheitsbereich sind die Ausnahme und bedürfen spezifischer Legitimation.

Solches Handeln mit extraterritorialer Wirkung spielt allerdings im europäischen (und nationalen, vgl. § 98 Abs. 2 GWB) Wettbewerbsrecht eine besondere Rolle, da angesichts der heutigen **weltweiten Wirtschaftsverflechtungen** jede Wettbewerbspolitik erheblich beeinträchtigt würde, die das Territorialitätsprinzip „lupenrein" anwenden wollte. Das Kartellverbot des Art. 85 = 81 neu EGV geht daher davon aus, daß seine Anwendung bereits gegeben ist, wenn sich der Verstoß innerhalb des Gemeinsamen Marktes auswirkt **(„Wirkungsprinzip"**, vgl. auch oben Rz. 1036). Es kommt also nicht darauf an, daß das handelnde Unternehmen seinen Sitz innerhalb der EG hat, sondern darauf, ob sich sein Verhalten (z. B. Vertragsabschlüsse in Drittstaaten ansässiger Unternehmen) spürbar im Gemeinsamen Markt auswirkt. Dieses Wirkungsprinzip ist grundsätzlich mit dem völkerrechtlichen Territorialitätsprinzip vereinbar, solange sich der extraterritoriale Anspruch der EG-Wettbewerbsgewalt auf den **normativen Bereich** beschränkt, d. h. die EG nicht einseitige Hoheitsmaßnahmen (z. B. Vollstreckung eines Bußgeldes) im Gebiet dritter Staaten unternimmt. In dieser Begrenzung hat insbesondere der Gerichtshof das Wirkungsprinzip ständig vertreten (EuGHE 1971, 949 ff. – RS 22/71 „Béguelin"; EuGHE 1988, 5193 ff. – Verb. RSen 89 u. a./85 „Zellstoff" st. Rspr.).

Noch „näher" zum Territorialitätsprinzip liegen die Sachverhalte, in denen das **1081**
Verhalten von **in der EG ansässigen Tochtergesellschaften** der im Drittstaat befindlichen Muttergesellschaft zugerechnet wird, da diese ihre Tochter beherrscht (EuGHE 1972, 619 ff. – RS 48/69 „Imperial Chemical"). – Schwierige Fragen der räumlichen Geltung des EG-Wettbewerbsrechts ergeben sich ferner aus **„Strategischen Allianzen"** von Luftverkehrsgesellschaften aus EU-MSen mit US-Airlines *(Fiebig,* Strategische Allianzen und ihre Herausforderungen an das Wettbewerbsrecht der EU, 1996, vgl. auch unten Rz. 1470).

1082 Sind auch diese Grundsätze in der Gemeinschaftspraxis inzwischen ziemlich unangefochten, ergeben sich für die extraterritoriale Anwendung des EG-Wettbewerbsrechtes im Näheren (Anknüpfungsprinzipien, Unternehmenseinheit, Verfahren bei drittlandsbezogenen Verstößen u. a.) schwierige Anwendungsfragen. *(Campell/Grundmann,* in: Immenga/Mestmäcker (Hrsg.), EG-Wettb. R. 1997, S. 1963 ff.).

Die EGen und die USA haben 1991 ein **Abkommen über die gegenseitige Anwendung ihrer Wettbewerbsrechte** abgeschlossen (ABl. 1995, L 95/45 ff., *Wallwitz,* EuZW 1997, S. 525). Durch Vereinbarungen über gegenseitige Notifizierungen von Maßnahmen der Wettbewerbsaufsicht, Unterstützung beim „enforcement" solcher Maßnahmen, gegenseitige Rücksichtnahmen u. a. m. sollen die Wettbewerbspolitik von EG/USA im gesamten euro-amerikanischen Raum effizient gemacht und Extraterritorialitätskonflikte vermieden werden. 1998 wurde diese Zusammenarbeit mit einem weiteren „Vertrag des guten Einvernehmens" zwischen der EU und den USA verstärkt (ABl. 1998, L 173/26).

II. Weitere Aspekte Europäischer Wettbewerbspolitik

Literatur: *Mailänder,* Alleinvertriebsverträge im EWG-Kartellrecht, BB 1966, S. 834 ff. – *Fingergut,* Alleinvertriebsverträge nach dem EGKSV, RIW 1972, S. 120 ff.; *Leigh/Banton,* Art. 86 EEC and Copyright, ELRev. 1982, S. 499 ff.; *Brandt,* Der wettbewerbsbeschränkende Einsatz von Warenzeichen im zwischenstaatlichen Handel in der EWG, 1984; *Möschel,* Ausschließlichkeitsvereinbarungen im EG-Kartellrecht, JURA 1985, S. 449 ff.; *Reinhart,* Vertikale Verträge im Wettbewerbsrecht der EG, 1987; *Schaub,* EG-kartellrechtliche Zulässigkeit von Nichtangriffsabreden über gewerbliche Schutzrechte, RIW 1987, S. 95 ff.; *Schrödermeier,* Einige Anmerkungen zum Verhältnis von Art. 30 und 85 EWGV, GRUR 1987, S. 85 ff.; *Korah,* Know-How Licensing Agreements and the EEC-Competition Regulation 556/89; *Wedekind,* Die Anwendung der Kartellvorschriften des EWGV auf Patentlizenzverträge, 1989; *Weltrich,* Die EG-GruppenfreistellungsVO für Franchisevereinbarungen, RIW 1989, S. 90 ff.; *Beier,* Die Vereinheitlichung des gewerblichen Rechtsschutzes und der freie Warenverkehr im Europäischen Binnenmarkt, FS Steindorff 1990, S. 1109 ff.; *Ebenroth/Rapp,* Alleinbezugsverträge und EG-Kartellrecht, JZ 1991, S. 962 ff.; *Möschel,* La distribution sélective d'automobiles en droit eropéen de la concurrence, RTDE 1991, S. 1 ff.; *Deslaers,* Selektiver Vertrieb und Kontrahierungszwang nach Art. 85 EWGV, 1992; *Gottwald,* Die EG-GruppenfreistellungsVO für Patentlizenzvereinbarungen (2349/84) als Instrument zur Förderung der Wettbewerbsfähigkeit der europäischen Industrie, 1992; *Klotz,* Der selektive Vertrieb von Luxusartikeln in der aktuellen Entwicklung des Europarechts, EuR 1993, S. 72 ff.; *Gieseke,* Die Untersagung von Parallelimportbeschränkungen durch EG-Kommission und EuGH, 1994; *Ullmann,* Die EU und das nationale Wettbewerbs- und Urheberrecht, JZ 1994, S. 928 ff.; *Hawk,* System failure: Vertical Restraints and EC Competition Law, CMLRev 1995, S. 973 ff.; *Brüning,* Windows 95 und Microsoft: Internet-Verstoß gegen das europäische Kartellrecht? CR 1996, S. 65 ff.; *Gamet-Pol,* Franchise agreements in the EU, 1996; *Ackermann,* Die Zukunft vertikaler Vertriebsvereinbarungen im EG-Kartellrecht, EuZW 1997, S. 271 ff.; *Montag,* Gewerbliche Schutzrechte, wesentliche Einrichtungen und Normung im Spannungsfeld zu Art. 86 EGV, EuZW 1997, S. 71 ff.; *Creutzig,* Zum Fortbestand des selektiven und exklusiven Vertriebssystems der VW AG nach der Kartellentscheidung der Kommission, EuZW 1998, S. 293 ff.

Die europäische Wettbewerbspolitik, deren grundsätzliches Konzept oben unter I. umrissen wurde, wirkt sich in der wirtschaftlichen Realität meist in **typischen Schwerpunktbereichen** aus. Diesen entsprechen teilweise bestimmte Normen des EG-Wettbewerbsrechtes, wie Art. 86 = 82 neu EGV im Hinblick auf die Bekämpfung des Mißbrauches marktbeherrschender Stellungen und (begrenzt) bezüglich der Fusionskontrolle (oben Rz. 1044 ff.). Hinsichtlich des allgemeinen Kartellverbotes nach Art. 85 = 81 neu EGV unterscheidet man herkömmlicherweise seine Anwendung im Bereich der **„horizontalen“** Absprachen zwischen tatsächlichen oder potentiellen Wettbewerbern von derjenigen bei **„vertikalen“** Absprachen *(Möschel,* JA 1986, S. 7 ff.). Bei letzteren spielt in der EG-Wettbewerbspraxis der Komplex der **Alleinvertriebs- und selektiven Vertriebssysteme** eine besondere Rolle. Ferner stehen die **gewerblichen Schutzrechte** (Patent-, Urheberrechte usf.) wegen des ausschließlichen Charakters des hiermit vermittelten „geistigen Eigentums“ in einem notwendigen Spannungsverhältnis zur Wettbewerbsordnung *(Ullrich,* in: Immenga/Mestmäcker (Hrsg.), EG-Wettb.R., 1997, S. 1101 ff.). Auf diese besonderen Aspekte der europäischen Wettbewerbspolitik ist im folgenden einzugehen. 1083

1. Horizontale und vertikale Vereinbarungen im EG-Wettbewerbsrecht

Beide Typen von Vereinbarungen sind gemäß Art. 85 = 81 neu EGV und auch Art. 65 EGKSV **grundsätzlich untersagt,** da das europäische Kartellverbot insoweit nicht differenziert. Entsprechend gibt es nach Art. 85 Abs. 3 EGV auch horizontale und vertikale (Gruppen)Freistellungen (oben Rz. 1038 und *Rittner,* JZ 1996, S. 381 ff.). 1084

a) Horizontale Vereinbarungen

Hierunter versteht man wettbewerbliche Vereinbarungen usf. zwischen Unternehmen der **gleichen Produktions- oder Handelsstufe.** Ein bekannter Fall war 1969 die gemeinsame **Preisabsprache** der Farbstoffhersteller, die bei 80 % europäischem Marktanteil in unmittelbarem zeitlichen Zusammenhang Preiserhöhungen vorgenommen hatten (EuGHE 1972, 619 ff. – RS 48, 49, 51–57/69 „Farbenfälle“). Ebenso gehören hierher die nicht seltenen Vereinbarungen über **Marktaufteilungen,** die eine spezifische Gefahr für den Gemeinsamen Markt darstellen, wenn sie an die nationalen Grenzen der MS anknüpfen. (Vgl. etwa die Maßnahmen gegen das Kartell der Zuckererzeuger von 1973, EuGHE 1975, 1663 ff. – Verb. RS 40–48 u. a. /73 „Suiker“). Solche horizontalen Wettbewerbsbeschränkungen werden vom unmittelbaren Kartellverbot ebenso erfaßt wie etwa Gruppenboykotte, Absprachen über Diskriminierungen, gemeinsame Koppelungsverträge.

Zu den möglichen Ausnahmen im System des Art. 85 = 81 neu EGV oben Rz. 1038 und *Sutherland,* EG-Nachrichten 1987, Nr. 5, S. 4.

b) Vertikale Vereinbarungen (insbesondere Alleinvertriebs- und selektive Vertriebssysteme)

1085 Vertikale Wettbewerbsvereinbarungen sind solche zwischen Unternehmen auf **verschiedenen Stufen des Wirtschaftsprozesses.** Oftmals handelt es sich um Absprachen zwischen produzierenden Unternehmen und ihren Abnehmern auf der Handelsstufe. *(Ackermann,* EuZW 1997, S. 271 ff.). Solche vertikalen Abreden werden von Art. 85 = 81 neu EGV ebenfalls erfaßt. Dies ist seit 1964/66 klargestellt, als der Gerichtshof die Beanstandung einer Vereinbarung bestätigte, mit welcher der französische Vertriebshändler Consten das absolute Alleinvertriebsrecht für den Verkauf deutscher Grundig-Elektroerzeugnisse in Frankreich erhalten hatte (EuGHE 1966, 322 ff. – Verb. RS 56 u. 58/64 „Consten/Grundig"). Solche vertikalen Vereinbarungen, die in unterschiedlichen Formen sowie in großer Zahl bestehen, stellen insbesondere dann **„Todsünden" gegen den Wettbewerb im Gemeinsamen Markt** dar, wenn damit das Gebiet ganzer MS gegen parallele Einfuhren aus anderen MS abgeschottet werden soll *(Gieseke,* Die Untersagung von Parallelimportbeschränkungen durch EG-Kommission und EuGH, 1994). Andererseits können manche vertikalen Absprachen – die ein Massenproblem für die EG-Kartellbehörden darstellen – mangels Spürbarkeit oder aus anderen Gründen hingenommen werden. In diesen Fällen bedient sich die Kommission der Gruppenfreistellung nach Art. 85 Abs. 3 = 81 Abs. 3 neu EGV (näher *Möschel,* JURA 1985, S. 449 ff.).

1086 In der Regel handelt es sich hier, ähnlich wie im Falle Consten/Grundig, um Vereinbarungen über den **Alleinvertrieb** oder den **Alleinbezug** bestimmter Waren zwischen Unternehmen unterschiedlicher Wirtschaftsstufen, ferner um **Alleinbelieferungsverpflichtungen.** Problematisch können Bierbezugsverträge sein (EuGHE 1991, I–936 ff. – RS C–234/89 „Henninger Bräu"; *Jehle,* EuZW 1991, S. 372 ff.). Auch **„selektive Vertriebssysteme"**, bei denen aufgrund bestimmter Kriterien nur eine begrenzte Anzahl von Weiterverkäufern mit der Ware beliefert werden, gehören in diesen Zusammenhang *(Pawlikowski,* Selektive Vertriebssysteme, 1983 und EuGHE 1986, 3021 ff. – RS 75/84 „Metro"), ferner **Franchise-Vertriebssysteme,** bei denen ein etabliertes Unternehmen unabhängigen Händlern gegen Vergütung die Verwendung seines Namens und seiner Geschäftsmethoden gestattet. Sie sind in Grenzen zulässig (EuGHE 1986, 353 ff. – RS 161/84 „Pronuptia") und haben eine Gruppenfreistellung erfahren *(Weltrich,* Franchising im EG-Kartellrecht, 1992). In der EG-Wettbewerbspraxis wird vor allem die erwähnte Verhinderung von Paralleleinfuhren über Gebietsschutz bekämpft. (Statt vieler EuGHE 1983, 4173 ff. – RS 319/82 „Kerpen u. Kerpen" und zum „Fall VW" *Creutzig,* EuZW 1998, S. 293). Andererseits hat die Kommission verschiedentlich in Gruppenfreistellungen gewisse **quantitative Untergrenzen** für das Verbot vertikaler Absprachen festgelegt, die insbesondere kleine Unternehmen freistellen (Rechtsgrundlagen oben Rz. 1038). Bei den selektiven Vertriebssystemen werden solche zugelassen, denen nichtdiskriminierende qualitative Kriterien (z. B. fachliche Qualität des Weiterverkäufers) zugrundeliegen (EuGHE 1983, 3151 ff. – RS 107/82 „AEG-Telefunken" st. Rspr., vgl. auch *Joerges,* GRUR 1984, S. 222 ff., 279 ff.). Für den Automobilsektor, in dem exklusiv/selektiver Vertrieb üblich ist, besteht seit 1985 eine besondere Gruppenausnahme, die 1995 unter Einschränkungen verlängert wurde (VO 1475/95, ABl. 1995, L 145/25, dazu *Möschel,* RTDE 1991, S. 1 ff. und *Bothe,* in: AK Europarecht Osnabrück (Hrsg.), WirtschR und WirtschPol in Europa 1995, S. 21 ff.).

Insgesamt ist der Bereich der vertikalen Absprachen eines der wichtigsten Felder, auf denen die EG-Wettbewerbspolitik in ihrem ständigen Ablauf von Entscheidungen der Kommission und des Gerichtshofes ihre Wirksamkeit zu beweisen hat (*Ackermann,* EuZW 1997, S. 271 ff.).

2. Gewerbliche Schutzrechte und europäischer Wettbewerb

Ein anderer wettbewerblicher Problemkreis ergibt sich seit längerem aus **1087** den in den nationalen Rechtsordnungen überall bekannten **gewerblichen Schutzrechten** (Patente, Warenzeichen, Gebrauchsmuster, Sorten, Urheberrechte u. ä.). Dieses **„kommerzielle Eigentum"** gewährt den jeweiligen Inhabern Ausschließlichkeitsrechte im Hinblick auf die Herstellung und den Vertrieb von Waren. Durch Verträge (z. B. Lizenzvereinbarungen) kann der Inhaber gegenüber Dritten in bestimmter Weise über das Recht verfügen und dabei dem Vertragspartner Rechte gewähren und Pflichten auferlegen. Es ist offensichtlich, daß durch das **Vorhandensein** solcher gewerblicher Schutzrechte und vor allem durch die Art und Weise ihrer **Ausübung** in den wirtschaftlichen Wettbewerb eingegriffen werden kann. Es stellt sich daher die Frage nach dem Verhältnis solcher Rechte zu den Wettbewerbsregeln der Art. 85 ff. = 81 ff. neu EGV (*Beier,* FS Steindorff, 1990, S. 1109 ff.).

a) Anwendbarkeit der EG-Wettbewerbsregeln auf gewerblich/kommerzielles Eigentum

Zunächst ist aus gemeinschaftsrechtlicher Sicht an der **Legitimität des** **1088** **Vorhandenseins nationaler Schutzrechte** nicht zu zweifeln. Dieses gewerbliche und kommerzielle Eigentum ist Bestandteil der nationalen Eigentumsordnung, die nach Art. 222 = 295 neu EGV grundsätzlich unberührt bleibt. Auch Art. 36 = 30 neu EGV stellt für den freien Warenverkehr in der Gemeinschaft (unten Rz. 1302 ff.) klar, daß sich insoweit Beschränkungen aus den Wirkungen dieses „geistigen" Eigentums ergeben können. Jedoch läßt bereits Art. 36 = 30 neu EGV selbst erkennen, daß das gewerblich/kommerzielle Eigentum **keine absolute Freistellung** von den grundsätzlichen Geboten des EGR erfahren soll. Nur aus den Schutzrechten „gerechtfertigte" Verbote und Beschränkungen des freien Warenverkehrs sind aus EG-Sicht hinzunehmen. Sie dürfen nach Art. 36 S. 2 = 30 S. 2 neu EGV **keine willkürliche Diskriminierung oder verschleierte Beschränkung** des Gemeinschaftshandels darstellen. Nach längeren Kontroversen in den sechziger Jahren (etwa *Gotzen,* GRUR 1958, S. 224 ff.; *Monnet,* SEW 1964, S. 181 ff.; *Verloren van Themaat,* GRUR 1964, S. 21 ff.; *Johannes,* Gewerblicher Rechtsschutz und Urheberrecht im EGR, 1973) ist insbesondere über die Rechtsprechung des Gerichtshofes (seit EuGHE 1966, 322 ff. – Verb. RS 56 u. 58/64 „Consten/Grundig" st. Rspr.) gesichert, daß **die Wettbewerbsregeln der Art. 85 ff. = 81 ff. neu EGV neben Art. 36 = 30 neu EGV** bei der Anwendung der Schutzrechte im innergemeinschaftlichen Handel zu beachten sind und nicht etwa durch Art. 36 = 30 neu EGV als lex specialis ausgeschlossen werden. In einer immer wiederkehrenden, zentralen Formulierung wird zwischen dem **„Bestand“** der Schutzrechte, also ihrem durch die nationale Gesetzgebung garantierten Vorhandensein und ihrer **„Ausübung“**, d. h. der Wahrnehmung der aus ihnen fließenden Rechte unterschieden. Während der Bestand durch Art. 36, 222 = 30, 295 neu EGV gesichert und nur durch allmähliche **Rechtsangleichung** (Bsp. Europäische Marke, unten Rz. 1249) gemeinschaftsweit harmonisierbar ist, bleibt die **Ausübung des gewerblich/kommerziellen Eigentums** gemeinschaftsrechtlich nur soweit erlaubt, als sie zur Wahrung der Rechte legitim ist, die den spezifischen Gegenstand dieses Eigentums ausmachen (EuGHE 1974, 731 ff. – RS 192/73, „HAG I“ st. Rspr.). In der Konkretisierung dieser etablierten Formel angesichts der Vielfalt unterschiedlicher und nach nationalem Recht divergierender Schutzrechte liegt eine schwierige Aufgabe. Die Gemeinschaftsorgane müssen dabei einen **tragfähigen Ausgleich** zwischen den Forderungen eines von ungerechtfertigten Hindernissen zu befreienden Gemeinschaftshandels und einer zu weitgehenden „Verwässerung“ der Eigentumsrechte auf niedrigstem Schutzniveau suchen (*Ullrich,* GRUR 1984, S. 89 ff.).

b) Gemeinschaftsrechtliche Grenzen der Ausübung gewerblicher Schutzrechte

1089 Wesentlich ist dabei immer die Frage, inwieweit die Ausübung von Schutzrechten im einzelnen Falle mit den besonderen Integrationszielen der Verträge, also vor allem mit der **Freiheit des Warenverkehrs** im Gemeinsamen Markt kollidiert.

aa) Bei **Patenten** darf z. B. der Inhaber von Parallelpatenten in mehreren MS seine Schutzrechte nicht zur Verhinderung von Einfuhren patentierter Ware benutzen, die in anderen MS mit seiner Zustimmung in Verkehr gebracht worden sind (EuGHE 1974, 1147 ff. – RS 15/74 „Centrafarm“ st. Rspr.). Ebenso wie hier wird das patentrechtliche Territorialitätsprinzip durch den vorrangigen Grundsatz des wettbewerblich freien Warenverkehrs bei Einfuhren eingeschränkt, die aus einem patentschutzfreien MS in den ursprünglichen patentgeschützten MS erfolgen, falls der Patentinhaber die Ware im „freien“ MS in Verkehr gebracht hatte (EuGHE 1981, 2063 ff. – RS 187/80 „Merck“). – Inzwischen werden allerdings die durch diese Rechtsprechung nach manchen Auffassungen zu sehr „enteigneten“ Patentrechte über eine **Gruppenfreistellung für Patentlizenzvereinbarungen** wieder stärker geschützt (ABl. 1984, L 219/15 ff.; *Gottwald*, die EG-GruppenfreistellungsVO für Patentlizenzvereinbarungen als Instrument zur Förderung der Wettbewerbsfähigkeit der europäischen Industrie, 1992, vgl. auch oben Rz. 1038). – Das – noch nicht in Kraft getretene – Gemeinschaftspatentübereinkommen von 1975 (oben Rz. 462) läßt seinerseits das Recht aus einem nationalen Patent sich erschöpfen, wenn die Ware in einem MS vom Rechtsinhaber oder mit seiner Zustimmung in Verkehr gebracht wurde (Art. 81).

1090 bb) Bei **Warenzeichen** darf das Zeichenrecht nicht dazu verwendet werden, Dritte am Warenverkehr in der Gemeinschaft zu hindern, die rechtmäßig über ein identisches Warenzeichen verfügen (EuGHE 1974, 731 ff. – RS 1192/73 „HAG I“). Jedoch darf der Zeicheninhaber gemäß dem nationalen Recht gegen Einfuhren von Waren mit verwechslungsfähigen Zeichen vorgehen, sowie gegen die unerlaubte Verwendung des eigenen Zeichens oder gegen die Umfüllung in andere Packungen, bei denen das Warenzeichen ohne Erlaubnis verwendet wird (EuGHE 1976, 1039 ff. – RS 119/75 „Terrapin"; EuGHE 1978, 1139 ff. – RS 102/77 „Hoffmann-La Roche"). – In diesen und anderen Fällen wird immer wieder der **Maßstab des Art. 36 S. 2 = 30 S. 2 neu EGV** angelegt, sowie der Grundgedanke, daß das Warenzeichenrecht nicht zu **wettbewerbswidrigen Zwecken** verwendet werden darf (EuGHE 1985, 363 ff. – RS 35/83 „BAT" und *Hohmann,* JA 1985, S. 381 ff.). – Die Rechte aus der 1994 geschaffenen **Gemeinschaftsmarke** (unten Rz. 1249) erschöpfen sich konsequenterweise europaweit (aber nicht international, str.), wenn sie vom Inhaber innerhalb der EG weitergegeben wurden (EuGH v. 16. 7. 98, RS C–355/96 „Silhouette"; Sosnitza, WRP 1998, S. 951 ff.).

cc) Im Fall von **Urheberrechten** ist der normale Schutz solcher Rechte, etwa bei 1091 der Verwertung in Form der Lizenzvergabe gemeinschaftsrechtlich legitim. *(Ebel,* WRP 1985, S. 387 ff.). Nach Art. 36 S. 2, 85, 86 = 30 S. 2, 81, 82 neu EGV unzulässig ist es dagegen, sich dieser Rechte zur **Verhinderung von Einfuhren** eines Werkes aus anderen MS zu bedienen, die von dem Rechtsinhaber bzw. mit seiner Zustimmung dort auf den Markt gebracht worden sind (EuGHE 1981, 147 ff. – Verb. RS 55 u. 57/80 „GEMA"; *Deringer,* NJW 1985, S. 513 ff; *Ullmann,* JZ 1994, S. 928 ff.). Auch darf der Inhaber sich nicht ausschließliche Vervielfältigungsrechte zu mißbräuchlicher Marktbeherrschung i. S. von Art. 86 = 82 neu EGV vorbehalten (EuGE 1991, II–485 ff. – RS T-69/89 „RTE" und ähnlich EuGHE 1995, I–743 ff. – RS C–241 u. 242/91 „RTP/ITP". – In den Anfängen steht noch die Beurteilung von **EDV-Sachverhalten** urheberrechtlicher Art (u. a. i. V. m. dem Internet) unter wettbewerblichen Gesichtspunkten *(Brüning,* CR 1996, S. 65 ff.).

1092

dd) Auch in den Fällen von **Mustern und Modellen** oder von **Sortenschutzrechten** findet die Ausübung solchen grundsätzlich nach Art. 36 = 30 neu EGV legitimen gewerblichen Eigentums dort ihre gemeinschaftsrechtliche Grenze, wo es Gegenstand, Mittel oder Folge eines Kartells darstellt und zur **künstlichen Aufrechterhaltung getrennter nationaler Märkte** beiträgt (EuGHE 1982, 2015 ff. – RS 258/78 „Nungesser"; EuGHE 1982, 2853 ff. – RS 144/81 „Keurkoop BV").

Zusammenfassend gesehen, wird die allseits zufriedenstellende Findung der Grenzen EG-konformer Ausübung gewerblicher Schutzrechte über eine kasuistische Rechtsprechung bis zu einem gewissen Grade immer problematisch bleiben. Sie muß stets Zweifel an der vollen Validität des gewerblich/kommerziellen Eigentums wecken, solange insoweit stärkere nationale Divergenzen bestehen. Die Forderungen des freien EG-Warenverkehrs und besonders eines wirklichen Binnenmarktes führen notwendig dazu, die **gemeinschaftsweite Harmonisierung der nationalen Schutzrechte,** insbesondere über EG-Rechtsangleichung (unten Rz. 1247 ff.) auf der Tagesordnung der Europapolitik zu belassen. Die Einführung der **Gemeinschaftsmarke** 1994/96 (unten Rz. 1249) war ein wichtiger Schritt in dieser Richtung.

3. Bekämpfung innergemeinschaftlichen Dumpings (früherer Art. 91 EGV)

Bis zum Amsterdamer Vertrag 1997 war die **Anti-Dumping-Norm des** 1093 **damaligen Art. 91 EGV** im Vertrag enthalten. Hiernach konnte die Kommission bis zum Ende der Übergangszeit (1970) **Dumping-Praktiken** innerhalb des Gemeinsamen Marktes abstellen.

Hierunter waren Einfuhren aus einem MS in einen anderen zu Preisen unter dem normalen Wert bzw. dem Inlandspreis zur Umgehung von Zollschranken und anderen Einfuhrhindernissen zu verstehen. Es handelte sich insoweit um wettbewerbshindernde Vorgänge.

Art. 91 EGV spielte schon bis 1969 praktisch kaum eine Rolle. Ab 1970 wurde er obsolet. Mit Blick auf Übergangsfristen bei Beitritten neuer EU-Mitglieder wurde die Norm im Vertrag belassen. Anläßlich des Amsterdamer Vertrages 1997 **wurde Art. 91 EGV gestrichen.**

Näher zum früheren Art. 91 EGV *Pernice,* in: Grabitz/Hilf (Hrsg.), EUV/EGV-Komm. (1997), Art. 91.

Bei **Drittlandseinfuhren in die EG** spielt die Bekämpfung von Dumping-Praktiken im Rahmen der **Gemeinsamen Handelspolitik der EG** nach Art. 110 ff. = 131 ff. neu EGV (unten Rz. 1771) eine bedeutsame Rolle.

III. Ausblick: Wettbewerbspolitik als Kern der EG-Wirtschaftsverfassung

Literatur: *Korah,* EEC competition policy: legal form or economic efficiency? Current legal problems 1986, S. 185 ff.; *Sutherland,* EG-Wettbewerbspolitik: Ein Rückblick und Ausblick, EG-Nachrichten 1987, Nr. 5; *Hawk,* La révolution antitrust américaine: leçon pour la CEE? RTDE 1989, S. 5 ff.; *Schlecht,* Die Bedeutung des Wettbewerbs für die europäische Integration, FS Benisch, 1989, S. 49 ff.; *Starbatty* (Hrsg.), Europäische Integration: Wieviel Wettbewerb – wieviel Bürokratie? 1990; *Ehlermann,* Zukünftige Entwicklungen des Europäischen Wettbewerbsrechts, EuZW 1994, S. 647 ff.; *Möschel,* Reform des europäischen und des deutschen Kartellrechts, EWS 1995, S. 249 ff.; *Van Miert,* Die Wettbewerbspolitik der neuen Kommission, WuW 1995, S. 553 ff.; *Schlecht,* Europäische Wettbewerbspolitik zwischen Harmonisierung und Subsidiarität, FS Mestmäcker, 1996, S. 747 ff.; *Gormley,* Current and future perspectives on EC Competition Law, 1997; *Van Miert,* Die Zukunft der Wettbewerbspolitik in der EU, 1997; *Gerber,* The European Competition Law Story. Some German roles, FS Fikentscher, 1998, S. 666 ff.

1094 Abschließend und zusammenfassend gesehen, erscheint die europäische Wettbewerbspolitik seit den fünfziger Jahren als ein ungeachtet vieler Unvollkommenheiten **kühnes und zukunftsweisendes Experiment.** Diese „European antitrust experience", mittels deren auf übernationaler Ebene in eine Reihe von MS überhaupt erstmals ernsthafte Anstrengungen ordnungspolitisch geprägter Marktwirtschaft hineingetragen wurden (oben Rz. 1029), ist in ihrer Dimension nur mit der amerikanischen Antitrustpolitik vergleichbar. Der Rat als wettbewerblicher Gesetzgeber, die Kommission als EG-Kartellbehörde und der Gerichtshof in der Wächterfunktion haben die Wettbewerbsregeln des EG-Vertrages und des EGKSV über das Sekundärrecht und die Entscheidungspraxis wirksam als ein **Kernstück der EG-Wirtschaftsverfassung gemäß dem Grundsatz einer offenen Marktwirtschaft mit freiem Wettbewerb** (Art. 3 a = 4 neu EGV) entfaltet *(Mestmäcker,* in: Immenga/Mestmäcker (Hrsg.), EG-Wettb. R., 1997, S. 1 ff.). In vielen

Punkten war und ist freilich **wettbewerbliche „Realpolitik"** der EG unvermeidlich. Nicht nur angesichts der **unterschiedlichen „Wirtschaftsphilosophien"** in den MS, die bei der nationalen Politik gegenüber Kartellen, im Verhältnis des privaten zum öffentlichen Sektor der Wirtschaft, der Behandlung öffentlicher Unternehmen oder in der Subventionsplitik markante Unterschiede aufweisen. Ebenso haben europaweite, also auf Gemeinschaftsebene zu behandelnde **wirtschaftspolitische Entwicklungen** wie die Einführung einer EG-Industrie-, Regional- und Technologiepolitik (oben Rz. 947, 968, unten Rz. 1941 ff.), Bereichsausnahmen wie bei der Landwirtschaft, **mittelfristige Krisensituationen** wie bei Kohle und Stahl seit 1953/58 viel dazu beigetragen, die „reine Lehre" neoliberaler Ordnungspolitik in der Praxis zu einem buntgewirkten Regel-Ausnahme-Verhältnis abzuschleifen *(Ehlermann,* EuZW 1994, S. 647 ff.). Gleichwohl hat die EG-Wettbewerbspolitik durch ihre Anstrengungen, übermäßige private und auch öffentliche Wirtschaftsmacht im Interesse der Marktbürger und des Florierens der europäischen Wirtschaft zu bändigen, **Wesentliches zum ökonomischen Erfolg der EG beigetragen.** In jüngerer Zeit setzt die Gemeinschaft diese Politik verstärkt durch Schwerpunktsetzungen mit Blick auf die **Liberalisierung öffentlich regulierter Märkte** (Telekommunikation, Post, Verkehr, Energie u. a.) fort. International hat die Gemeinschaft in der Welthandelsorganisation (WTO) 1996 einen ersten Vorstoß zugunsten einer künftigen Aufnahme von Wettbewerbsgrundsätzen in das WTO-System unternommen **(„Weltkartellrecht",** *Europ. Kommission,* Competition Policy in the New Trade Order, 1995 = Dok. KOM(95)359 endg.). Diese und andere Aufgaben der europäischen Wettbewerbspolitik bleiben im 21. Jahrhundert ständig gestellt. Vom „élan vital" dieser Politik bleibt die Gesamtlage der Gemeinschaft abhängig *(Van Miert,* Die Zukunft der Wettbewerbspolitik in der EU, 1997).

§ 15. Wettbewerb II: Staatliche Beihilfen

Literatur: Ausführliche Liste der vielfältigen Literatur zum EG-Beihilfenregime bei *Götz,* Subventionsrecht, in: Dauses (Hrsg.), Hdb. EU-Wirtsch. R. (1996), H.III.

Hochbaum, Das Diskriminierungs- und Subventionsverbot in der EGKS und EWG, 1962; *Ipsen,* Subventionen im Gemeinsamen Markt, DÖV 1977, S. 613 ff.; *Kretschmer,* Das Antidumping- und Antisubventionsrecht der EG, 1980; *Rengeling,* Europäisches Gemeinschaftsrecht als Ordnungsrahmen für staatliche Subventionen, JZ 1984, S. 795 ff.; *Caspari,* Subventions- und Antisubventionsrecht der EG, 1985; *Vogelaar,* State Aids, Swiss Review of International Competition Law 1985, S. 31 ff.; *Schina,* State Aids under the EEC-Treaty, 1987; *Matthies,* Grundlagen des Subventionsrechts und Kompetenzen aus EG-rechtlicher Sicht, ZHR 1988, S. 442 ff.; *Hoischen,* Die Beihilferegelung in Art. 92 EWGV, 1989; *Blumann,* Régime des aides d'Etat, RMC 1992, S. 721 ff.; *Seidel,* Das Subventionsrecht der EGen, Orientierungen zur Wirtschafts- und Sozialpolitik, 1992, S. 25 ff.; *Ciresa,* Beihilfenkontrolle und Wettbewerbspolitik in der EG, 1993; *Hancher/Ottervanger/Slot,* EC State Aids, 1993; *Harden,* Staatliche Beihilfen, 1993; *Classen,* Das Recht der Beihilfen, in: Oppermann/Moersch (Hrsg.), Profi-Handbuch Wirtschaftsraum Europa, 3. Aufl. 1994, S. 280 ff.; *Baudenbacher,* A brief guide to European State Aid Law, 1997; *Evans,* European Community Law of State Aid, 1997; *Schohe/Hoenike,* Die Rspr. von EuGH und EuG zu staatlichen Beihilfen in den Jahren 1996 und 1997, EuZW 1997, S. 741 ff.; *Püttner/Spannofsky,* Beihilfenrecht und Beihilfenaufsicht, in: Klemmer (Hrsg.), Europ. Wirtschaftspolitik, 1998, S. 319 ff.

Über die laufende Beihilfepolitik der EG-Kommission unterrichten ihre jährlichen Wettbewerbsberichte, ferner seit 1995 der dreimal jährlich erscheinende „Competition Policy Newsletter" der GD Wettbewerb.

1095 Die Europäische Wettbewerbspolitik im weiteren Sinne umfaßt nicht nur die Bekämpfung wettbewerbsverfälschender Kartelle und wirtschaftlicher Machtkonzentrationen. Der Wettbewerbsschutz als Vertragsziel im Sinne von Art. 3 lit. g) EGV bedarf ebenso Vorkehrungen, durch die solche **wettbewerbsverzerrende Beihilfen (Subventionen) der öffentlichen Hand an einheimische Unternehmen** vermieden oder mindestens kontrolliert werden, welche den zwischenstaatlichen Handel im Gemeinsamen Markt beeinträchtigen. Daher enthält das Kapitel „Wettbewerbsregeln" der Art. 85 ff. = 81 ff. neu EGV einen 2. Abschnitt „Staatliche Beihilfen" – Art. 92–94 = 87–89 neu EGV. In ihm **werden solche Beihilfen als grundsätzlich unvereinbar mit dem Gemeinsamen Markt erklärt,** gleichzeitig jedoch Ausnahmen zugelassen (Art. 92 = 87 neu EGV). Verfahrensmäßig wird zu diesem Zweck ein vor allem von der Kommission verwaltetes **Beihilfenaufsichtsregime** eingeführt (Art. 93 = 88 neu EGV). Nach Art. 94 = 89 neu EGV kann die Beihilfenpolitik inhaltlich und verfahrensmäßig durch Durchführungsverordnungen des Rates näher gestaltet werden. Solche Verordnungen sind allerdings bisher kaum erlassen worden. Die EG-Beihilfenpolitik verwirklicht sich vielmehr in einer **umfänglichen Entscheidungspraxis der Kommission,** die sich auf Art. 93 = 88 neu EGV stützt (Nachweise im Fundstellennachweis des geltenden Gemeinschaftsrechts, 08.60). Außerdem klärte der **Gerichtshof** inzwischen eine Reihe wichtiger Fragen in diesem Zusammenhang *(Schohe/Hoenike,* EuZW 1997, S. 741 ff.).

Für den **Montanbereich** enthält an sich Art. 4 c) EGKSV ein **striktes Verbot** von den Staaten bewilligter „Subventionen oder Beihilfen" oder von ihnen auferlegten „Sonderlasten" (*Hausner,* Die Zulässigkeit von Subventionen nach Art. 4 c) EGKSV, 1987). Angesichts der Strukturprobleme der Kohle- und Stahlindustrie (oben Rz. 957 f.) ließ sich dieses absolute Verbot jedoch nicht durchhalten. Mit Hilfe Art. 95 EGKSV hat die Kommission inzwischen Regelungen, insbesondere einen Beihilfekodex, erlassen, die ihr auch im Montanbereich die **Genehmigung** bestimmter, im Sinne der Vertragsziele liegender Beihilfen ermöglichen. Auf diese Weise hat sich die Montanregelung faktisch an das flexiblere System der Art. 92 ff. = 87 ff. neu EGV angeglichen (*Mertens De Wilmars,* FS Pescatore, 1987, S. 421 ff.). **Der EAGV** enthält kein Beihilfenregime. Nach Art. 232 Abs. 2 = 305 Abs. 2 neu EGV finden die Art. 92 ff. = 87 ff. neu EGV subsidiär Anwendung (oben Rz. 232). Jedoch wird in dem stark administrierten kernindustriellen Bereich die Ausnahme vom Beihilfeverbot tatsächlich zur Regel. Verschiedentlich spricht der EAGV Gemeinschaftsbeihilfen an (Art. 6, 70). **1096**

Territorial gilt das EG-Beihilfenregime nur für Subventionen, die im Geltungsbereich des EGV vergeben werden. Ferner kontrolliert die EFTA-Aufsichtsbehörde **Beilhilfen in den EFTA-Staaten, die dem EWR angehören** (Island, Liechtenstein, Norwegen, oben Rz. 137 ff.) gemäß den EG-Bestimmungen. Als **Mitglied von GATT/WTO** (unten Rz. 1798 ff.) kann die EG gemäß dem Antisubventionsrecht der Welthandelsorganisation auf **Drittlandsbeihilfen** einwirken oder diese einseitig über handelspolitische **Maßnahmen** bekämpfen. International, insbesondere im Verhältnis EG/USA, gibt es Bemühungen um vertragliche Kontrolle der Subventionierung des **Flugzeug- und Schiffbaues** sowie der **Stahlproduktion** (*Rawlinson,* in: Lenz (Hrsg.), Komm. EGV, 1994, Vorbem. Art. 92–94). **1097**

I. Das Konzept der Europäischen Beihilfepolitik

Literatur: *Börner,* Diskriminierungen und Subventionen, in: Zehn Jahre Rechtsprechung des EuGH, 1965, S. 216 ff.; *Koppensteiner,* Das Subventionsverbot im Vertrag über die EGKS, 1965; *Bleckmann,* Die Beihilfekompetenz der EG, DÖV 1977, S. 615 ff.; *Lefèvre,* Staatliche Ausfuhrförderung und das Verbot wettbewerbsverfälschender Beihilfen im EWGV, 1977; *Gilsdorf,* Gemeinschaftssubventionen im Bereich der Landwirtschaft, in: *Börner/Bullinger* (Hrsg.), Subventionen im Gemeinsamen Markt, 1978, S. 216 ff.; *Götz,* Subventionen aus Gemeinschaftsmitteln, in: *Börner/Bullinger* (Hrsg.), Subventionen im Gemeinsamen Markt, 1978, S. 371 ff.; *Fide* (Hrsg.), Gemeinschaftsbeihilfen, staatliche Beihilfen und Anti-Dumping-Maßnahmen (Berichte), 1986; *EG-Kommission* (Hrsg.), Règles de concurrence dans la CEE et la CECA applicables aux aides d'Etat, 1987; *Mertens de Wilmars,* Aides CECA et Aides CEE, FS Pescatore, 1987, S. 421 ff.; *Caspari,* The Aid rules of the EEC-Treaty and their application, in: Schwarze (Hrsg.), Discretionary Powers of the Member States in the Field of Economic Policies, 1988, S. 37 ff.; *Götz,* Beihilfeaufsicht der EG über staatliche Agrarsubventionen, AgrarR 1992, S. 285 ff.; *Im-menga,* Nationale Beihilfen an Unternehmen im Widerspruch zur europäischen Wettbewerbspolitik, FIW-Schriftenreihe 146/1992, S. 19 ff.; *Bleckmann/Koch,* Gedanken zum europäischen Beihilfeverbot, AK Europarecht Univ. Osnabrück (Hrsg.), Wirtsch.Recht u. Wirtsch.Politik in Europa, 1995, S. 1 ff.; *Bleckmann/Koch,* Das Verhältnis zwischen dem Beihilfeverbot und den Umweltbestimmungen des EGV, FS Everling, 1995, S. 113 ff.; *Steindorff,* Beihilfen für Stahl, RIW, Beilage 2, 3/1995; *Cremer,* Das Verhältnis der Beihilferegeln gemäß Art. 92 f. EGV zur Warenverkehrsfreiheit, EuR 1996, S. 225 ff.; *Wieberneit,* Europarechtlicher Ord-nungsrahmen für Umweltsubventionen, 1997; *Zivier,* Grundzüge und aktuelle Probleme des EU-Beihilferechts unter Berücksichtigung der Bezüge zum deutschen Verwaltungsrecht, JURA 1997, S. 116 ff.; *Deckert/Schroeder,* Öffentliche Unternehmen und EG-Beihilferecht, 1998;

1098 Wenngleich die europäische Kontrolle nationaler Beihilfen ein **wichtiges Stück der EG-Wettbewerbspolitik** darstellt, ergeben sich doch grundsätzliche **Unterschiede** zur Wettbewerbspolitik im engeren Sinne der Begrenzung privaten Wirtschaftsverhaltens (Kartelle usf.). Bei der Beihilfepolitik geht es um europäische Aufsicht **staatlichen Handelns,** also um die Kontrolle derselben Rechtssubjekte, die Träger der Gemeinschaft sind. Bei ihnen darf eigentlich die Einhaltung der materiellen Gebote des Gemeinschaftsrechts, wie hier der grundsätzlichen Unvereinbarkeit bestimmter Subventionen mit der EG-Wirtschaftsordnung gemäß Art. 92 = 87 neu EGV, vermutet werden. Ferner können nationale Beihilfen **legitime Bestandteile der allgemeinen Wirtschaftspolitik von MS** sein. In Deutschland hat beispielsweise die Aufgabe des wirtschaftlichen Wiederaufbaues Ostdeutschlands nach der Wiedervereinigung 1990 zu einer mittelfristigen Vergabe von Beihilfen in jährlich zweistelliger DM-Milliardenhöhe in dieses Gebiet geführt. Die EG verwendet selbst **Gemeinschaftsbeihilfen** in erheblichem Umfang als Instrument gemeinsamer Politiken wie z. B. im Agrar- oder Forschungsbereich. Insgesamt gesehen ist das Konzept der EG-Beihilfepolitik nicht dasjenige des maximalen Abbaues nationaler Beihilfen, sondern ihre **Prüfung, Koordinierung und Begrenzung unter Maßstäben des Gemeinschaftsinteresses.** Während Beihilfen, die den Wettbewerb im Gemeinschaftshandel verfälschen, zu beseitigen sind, können andere legitim sein, welche z. B. die Wettbewerbsfähigkeit europäischer Industrien im Weltmarkt fördern.

1. Mitgliedstaatliche und Gemeinschaftsbeihilfen

a) Wettbewerbsschutz als Motiv europäischer Kontrolle nationaler Beihilfen

1099 Art. 3 g) EGV trägt der Gemeinschaft auf, den Wettbewerb innerhalb des Gemeinsamen Marktes vor Verfälschungen zu schützen. Gefahren drohen dem Grundsatz des freien innergemeinschaftlichen Wettbewerbs von solchen nationalen Unterstützungsmaßnahmen, die den einheimischen Unternehmen zum Nachteil der Konkurrenz aus anderen MSen wirtschaftliche Vorteile verschaffen. Zunehmend nach dem Abbau der Binnenzollschranken, etwa im Bereich der Textil- und der Stahlindustrie, war die EG wiederholt solchen Gefährdungen ausgesetzt. Die Verträge müssen deshalb **unter dem Aspekt des Wettbewerbsschutzes** die Zulassung der grundsätzlich mit dem Gemeinsamen Markt unvereinbaren nationalen Beihilfen reglementieren und dabei jeweils einen **„Gemeinschaftsrahmen" oder „Leitlinien"** (*Jestaedt/Häsemeyer,* EuZW 1995, S. 784 ff.) für die „Gemeinschaftsverträglichkeit" bestimmter staatlicher Beihilfen aufstellen. Berechtigten sozial- und wirtschaftspolitischen Interessen der Mitgliedstaaten an Subventionierungen kann im Rahmen der Ziele der europäischen Wirtschaftsintegration durch ein flexibel zu handhabendes gemeinschaftliches Über-

wachungs- und Beanstandungsverfahren Rechnung getragen werden. Die Art. 92–94 = 87–89 neu EGV sind so Ordnungsrahmen für das unter Gemeinschaftsgesichtspunkten erträgliche Maß nationaler Subventionierung (*Dickersbach,* NVwZ 1993, S. 846 ff.). Da die Beihilfenpolitik ein integrierter Bestandteil der allgemeinen Wirtschaftspolitik ist, welche wesentlich noch bei den MS verbleibt (oben Rz. 933), muß auch die Kontrolle der Gemeinschaft in diesem Bereich auf den Aspekt des Wettbewerbsschutzes im Gemeinsamen Markt konzentriert bleiben (EuGHE 1987, 871 ff. – **1100**
RS 304/85).

b) Zulässigkeit von Gemeinschaftsbeihilfen

Die besondere Aufmerksamkeit des Gemeinschaftsrechts gilt nur **nationalen Unterstützungsmaßnahmen,** nicht aber Subventionen, die von der **Gemeinschaft selbst** oder von den Mitgliedstaaten in Ausführung gemeinschaftlicher Regelungen mit mehr oder weniger starker finanzieller Beteiligung der EG gewährt werden (EuGHE 1980, 1205 ff. [1228] – RS 61/71, st. Rspr.).

Überblick über die Gemeinschaftsbeihilfen bei *Wenig,* GTE-Komm. EWGV, 4. Aufl. 1991, Vorbem. Art. 92 ff., RdNr. 4f. – Die **gemeinschaftsunmittelbare** Subventionierung von Unternehmen ist die Ausnahme. Schwerpunkte der **gemeinschaftsmittelbaren** (durch die MSen vollzogenen) Subventionierungen liegen im Agrar-, Forschungs- und Regionalbereich durch das Wirken der entspr. EG-Fonds. (Insgesamt *Götz,* Subv.Recht, in: Dauses (Hrsg.), Hdb. EU-Wirtschaftsrecht (1996), H.III, RdNr. 2 ff.).

Die Gefährdung des innergemeinschaftlichen Wettbewerbs erscheint in- **1101**
soweit wegen der Verpflichtung der EG-Organe auf das überstaatliche Interesse und deren Bindung an die allgemeinen und besonderen Ziel- und Aufgabenregelungen der Verträge sowie an die Allgemeinen Rechtsgrundsätze (Gleichheitssatz) weniger groß. Allerdings stellt sich auch auf Gemeinschaftsebene, ähnlich wie im nationalen Recht, das **Problem eines ausreichenden Konkurrentenschutzes** (*Rengeling,* FS F. Klein, 1977, S. 416 ff.). – Die gemeinschaftlichen Subventionsmaßnahmen, wie z. B. die Förderung von Forschungs- und Investitionsvorhaben im Energiebereich im Rahmen sog. indirekter Aktionen (unten Rz. 1338) beruhen zum großen Teil unmittelbar auf vertraglicher Grundlage. (Zur Beihilfenkompetenz der EG näher *Bleckmann,* DÖV 1977, 615 ff.).

Haushaltsrechtlich werden gemeinschaftliche Unterstützungsmaßnahmen meist über die „Strukturfonds" (Art. 130 b ff. = 159 ff. neu EGV: Agrar-, Sozial-, Regional-, Kohäsionsfonds, EIB) abgewickelt, wobei die Gemeinschaftsbeihilfe grundsätzlich auf quotenmäßig festgelegte Zuschüsse zu nationalen Förderungsmaßnahmen beschränkt ist (Näher *Götz* (1996), aaO).

2. Wesentliche Rechtsgrundlagen

a) Unvereinbarkeitsgrundsatz des Art. 92 = 87 neu EGV

Die Art. 92 ff. = 87 ff. neu EGV stecken den Rahmen für die Ausgestal- **1102**
tung der nationalen Beihilfesysteme ab. Insbesondere Art. 92 Abs. 1 = 87

Abs. 1 neu EGV spricht den Grundsatz der Unvereinbarkeit von Beihilfen mit dem Gemeinsamen Markt aus, welche den Handel zwischen den MS beeinträchtigen. Art. 92 ff. = 87 ff. neu EGV stellen so die **vertraglichen Grundsatzbestimmungen für alle wettbewerbsverzerrenden staatlichen Beihilfen** gleich welcher Art dar. Sie erfassen den gesamten Waren- und Dienstleistungsverkehr (für das Niederlassungsrecht speziell Art. 54 Abs. 3 lit. h) = 44 Abs. 2 lit. h) neu EGV) zwischen den Mitgliedstaaten und gelten somit auf allen Gebieten der Gemeinschaftspolitik, soweit ihr sachlicher Anwendungsbereich nicht durch spezielle Vorschriften modifiziert oder eingeschränkt wird.

b) Regelungen für Sonderbereiche

1103 Ähnlich wie im EG-Wettbewerbsrecht im engeren Sinne (oben Rz. 1025 ff.) enthält auch das EG-Beihilfenregime in Abweichung vom Unvereinbarkeitsgrundsatz **Sonderregelungen für bestimmte Sachbereiche.** Zum Teil handelt es sich dabei um dieselben „neuralgischen" Bereiche wie dort.

aa) So enthält Art. 42 = 36 neu EGV für den wichtigen Bereich der **Agrarpolitik** einen generellen Regelungsvorbehalt, der allerdings heute praktisch nicht mehr relevant ist, erklären doch inzwischen fast alle Agrarmarktorganisationen die Art. 92 ff. = 87 ff. neu EGV auf die Produktion und den Handel mit Agrarerzeugnissen für anwendbar. (Bereits seinerzeit Art. 4 der VO Nr. 26 v. 4. 4. 1962, ABl. 1962, S. 993). Sofern nationale Beihilfen ein marktordnungsrechtliches Preissystem beeinträchtigen, verstoßen sie im übrigen schon deshalb gegen das Gemeinschaftsrecht, ohne daß es einer besonderen Feststellung durch ein Gemeinschaftsorgan bedarf (EuGHE 1975, 79 ff. – RS 51/74, st. Rspr.). Die Marktordnung geht dann als Spezialgesetz Art. 92 ff = 87 ff. neu EGV vor (EuGHE 1979, 216 ff. –RS 177/78, st. Rspr.). Jedoch gilt das Verfahren nach Art. 93 = 88 neu EGV. Im übrigen hat die EG durch Rahmenregelungen und Mitteilungen an die MSen ihre Genehmigungspraxis für nationale Agrarbeihilfen näher definiert. Ähnlich ist die Praxis in der **Fischerei.**

Die Anwendung der Art. 92 ff. = 87 ff. neu EGV im Agrarbereich bedeutet freilich keine Subventionsfeindlichkeit der Gemeinschaft in diesem Sektor, sondern lediglich die teilweise Ablösung der nationalen Beihilfen durch ein **umfängliches System von Gemeinschaftssubventionen,** vor allem durch die Interventionen des EG-Ausgleichs- und Garantiefonds (unten Rz. 1381 und *Götz,* AgrarR 1992, S. 285 ff.).

1104 bb) Weitgehende Sonderregelungen enthalten die **verkehrsrechtlichen Vorschriften des Vertrages,** die den traditionellen öffentlichen Verpflichtungen der Verkehrsunternehmen Rechnung tragen *(Lemmens,* RMC 1966, S. 195 ff.). So finden zwar die Art. 92 ff. = 87 ff. neu EGV im Grundsatz auch auf das Verkehrswesen Anwendung (Art. 2 der VO 1107/70 v. 4. 6. 1970 über Beihilfen im Eisenbahn-, Straßen- und Binnenschiffsverkehr, ABl. L 130/1; EuGHE 1978, 1881 ff. [1895] – RS 156/77 – Kommission/Belgien). Doch erklärt Art. 77 = 73 neu EGV ganz generell Koordinierungsbeihilfen (zum Ausgleich von Wegekosten, Forschungsausgaben etc.) sowie die Abgeltung gewisser im überwiegenden öffentlichen Interesse auferlegter Leistungen (Aufrechterhaltung bestimmter Streckennetze, Gewährung von Sozialtarifen u. ä.) für zulässig. (S. in diesem Zusammenhang VO 1191/69 und VO 1192/69 v. 26. 6. 1969, Al. 156/1 bzw. 8). Aufgrund dieser **weitgefaßten Ausnahmetatbestände,** die den Mitgliedstaaten einen großen Gestaltungsspielraum belassen, sowie mangels ausreichender Transparenz der Finanzbeziehungen zwischen den einzelstaatlichen Gebietskörperschaften und ihren Verkehrsunternehmen, ist die effektive Durchsetzung des vertraglichen Beihilfeverbots für Verkehrsträger in der Praxis mit erheblichen Schwierigkeiten verbunden. Für den **Schiffbau** bestehen Sonderregelungen, die vorläufig und in begrenzter Höhe Betriebsbeihilfen ermöglichen (vgl. unten Rz. 1133, 1136). – Staatliche Unterstützungsmaßnah-men in Form von Frachtvorteilen für bestimmte Wirtschaftsunternehmen oder Industrien werden von Art. 80 = 76 neu EGV (entspr. Art. 70 EGKSV) erfaßt und einem – bisher restriktiv gehandhabten – gemeinschaftlichen Genehmigungsverfahren unterworfen. (Zu den Genehmigungsvoraussetzungen im EGKS-Bereich EuGHE 1960, 372 ff. – Verb. RS 3–18, 25 u. 26/58 –„Barbara Erzbergbau AG"; 1968, S. 1 ff. – RS 28/66 –„Saartarife"). Einfallstor für Umgehungen des grundsätzlichen Verbots von Unterstützungstarifen ist hierbei jedoch Art. 80 Abs. 3 = 76 Abs. 3 neu EGV, der nicht nur Wettbewerbstarife, sondern auch auf einen potentiellen Wettbewerb ausgerichtete Tarife erlaubt (*Ress,* FS Kutscher, 1981, S. 339 ff.). – Soweit die Ausnahmen der Art. 77, 80 = 73, 76 neu EGV nicht greifen, **gelten Art. 92 ff. = 87 ff. neu EGV im Verkehrsbereich,** mangels Regelungen nach Art. 84 Abs. 2 = 80 Abs. 2 neu EGV auch für die **Seeschiffahrt und Luftfahrt** (EuGHE 1989, 4441 ff. – RS C–49/89 und unten Rz. 1457 ff.).

cc) Beihilfen für die **Ausfuhr in Drittländer** (EuGHE 1988, 4193 ff. – RS 188/85 „Fediol") werden hinsichtlich wettbewerbsverfälschender Auswirkungen zwischen den Gemeinschaftsunternehmen alleine von der Sondervorschrift des Art. 112 = 132 neu EGV erfaßt, wie Art. 92 Abs. 1 S. 1 = 87 Abs. 1 S. 1 neu EGV („Soweit in diesem Vertrag nicht etwas anderes bestimmt ist") textlich eindeutig erkennen läßt (str., vgl. unten Rz. 1766). Seit dem Ende der Übergangszeit wird die ausweislich Art. 112 = 132 neu EGV grundsätzlich legitime Ausfuhrförderungspolitik der EG und ihrer MS bei Ausfuhren in Drittländer als Teil der Gemeinsamen Handelspolitik über Art. 113 = 133 neu EGV entwickelt. Ihre ordnungspolitischen Grenzen liegen in Art. 112 = 132 neu EGV selbst sowie in internationalen Vereinbarungen (GATT-WTO/OECD, *Adamantopoulos,* Das Subventionsrecht des GATT in der EWG, 1988). Nur bei einer „gemischt" innergemeinschaftlichen und weltweit wirksamen Ausfuhrförderung, die tatsächlich ganz besonders den Binnenhandel berührt, mögen gelegentlich ergänzend die Art. 92 ff. = 87 ff. neu EGV eingreifen (ähnlich EuGHE 1990, I–959 ff. – RS C 142/87). **1105**

dd) Für den **Montanbereich** gelten nicht die Art. 92 ff. = 87 ff. neu EGV, sondern Art. 4 c) EGKSV, dessen **absolutes Beihilfeverbot** jedoch inzwischen über Art. 95 EGKSV „genehmigungsfähig" gemacht worden ist, um der Krisenlage im Kohle- und Stahlbereich Rechnung zu tragen (oben Rz. 1096 und *Hausner,* Die Zulässigkeit von Subventionen nach Art. 4 EGKSV, 1987). **1106**

Obwohl die Kommission in diesen **Stahl- und Kohlebeihilfe-„Kodices"** (Nachweise bei *Rawlinson,* in: Lenz (Hrsg.), Komm. EGV 1994, Vorbem. Art. 92–94, Rz. 5) grundsätzlich um einen allmählichen Abbau der Montansubventionen bemüht ist, kam es infolge des hohen nationalen Stellenwertes solcher Beihilfen (z. B. deutscher „Jahrhundertvertrag" zur Verstromung von Steinkohle, *Leisner,* GewArch 1990, S. 377 ff.) immer wieder zu deren Verlängerung. Bei der wirtschaftlichen Umstrukturierung Ostdeutschlands 1990 ff. sprachen regionalpolitische Gründe für bestimmte Beihilfegewährungen (z. B. Subventionsfall EKO Stahl AG/Eisenhüttenstadt).

Im **Kernenergiebereich** wendet die Kommission die grundsätzlich gemäß Art. 232 Abs. 2 = 305 Abs. 2 neu EGV anwendbaren Art. 92 ff. = 87 ff. neu EGV (oben Rz. 232 ff.) unter Berücksichtigung des Auftrages von Art. 1, 2 EAGV an, wonach EURATOM die für die Entwicklung von Kernindustrien erforderlichen Voraussetzungen zu schaffen hat. Dies setzt sowohl Gemeinschaftsbeihilfen voraus als auch eine Beihilfenaufsicht, die an diesem Ziel orientierte nationale Beihilfen zuläßt.

ee) Einer beihilfenrechtlichen Sonderbehandlung bedarf auch der **Umweltschutz.** **1107**
Wirksame Umweltschutzmaßnahmen bedürfen aus vielfältigen Gründen öffentli-

cher finanzieller Unterstützung. Zwar beziehen sich die Beihilferegelungen der Art. 92 ff. = 87 ff. neu EGV grundsätzlich auch auf diesen Bereich. Bei der Prüfung, ob bestimmte Umweltbeihilfen im Sinne von Art. 92 Abs. 3 = 87 Abs. 3 neu EGV genehmigungsfähig sind, muß die Kommission jedoch gemäß Art. 130 r Abs. 2 = 174 Abs. 2 neu EGV die Umweltprinzipien angemessen berücksichtigen. Dabei spielt das kostenintensive Verursacherprinzip eine besondere Rolle. Die Kommission hat einen „Gemeinschaftsrahmen für staatliche Umweltschutzbeihilfen" erlassen (ABl. 1994, C 72/3), mit dem sie sich in ihrer einschlägigen Auslegung des Beihilferechts selbst bindet (näher *Wieberneit,* Europarechtlicher Ordnungsrahmen für Umweltschutzsubventionen, 1997).

II. Verbotene und erlaubte Beihilfen

Literatur: *Obernolte,* Bestimmungen über staatliche Beihilfen im EWGV – Verhältnis zu den Steuerbestimmungen, AWD 1961, S. 68 ff.; *Ehring,* Zur Abgrenzung des Beihilfeverbots vom Verbot zollgleicher Abgaben und inländischen Abgaben, welche die Einfuhr höher belasten als die inländische Erzeugung, EuR 1974, S. 108 ff.; *Heinze,* Zur Vereinbarkeit von Investitionszulagen mit dem EWG-Subventionsverbot, AWD 1974, S. 128 ff.; *Kessler,* Zur Auslegung des Art. 92 Abs. 1 EWGV, DÖV 1977, S. 619 ff.; *Nicolaysen,* Subventionen für öffentliche Unternehmen und Wettbewerb im Gemeinsamen Markt, in: *Börner/Neundörfer,* Recht und Praxis der Beihilfen im Gemeinsamen Markt, 1984, S. 111 ff.; *Flynn,* Can misapplication of fiscal measures constitute state aid?, ELRev 1986, S. 232 ff.; *Hellingman,* State participation as state aid under Art. 92 of the EEC-Treaty: the Commission's guidelines, CMLRev 1986, S. 171 ff.; *Reszel,* Die Feststellung der Schädigung im Antidumping- und Antisubventionsrecht der EG, 1986; *Haussner,* Die Zulässigkeit von Subventionen nach Art. 4 EGKSV, 1987; *Quigley,* The notion of a state aid in the EEC, ELRev 1988, S. 242 ff.; *Ehlermann,* Les entreprises publiques et le contrôle des aides d'Etat, RMC 1992, S. 613 ff.; *Evans/Martin,* Socially acceptable distortion of competition, Community policy of state aids, ELRev 1992, S. 79 ff.; *Friesinger/Behr,* Staatsbürgschaften, Banken und EU-Beihilfenrecht, RIW 1995, S. 708 ff.; *Garbar,* Aides d'Etat: Pratique décisionnelle de la Commission Européenne, RMC 1995, S. 36 ff.; *Habersack,* Staatsbürgschaften und EG-vertragliches Beihilfeverbot, ZHR 1995, S. 663 ff.; *Jestaedt/Häsemeyer,* Die Bindungswirkung von Gemeinschaftsrahmen und Leitlinien im EG-Beihilferecht, EuZW 1995, S. 784 ff.; *Slotboom,* State Aid in Community Law: a broad or narrow definition?, ELRev 1995, S. 289 ff.; *Dickersbach,* Die Entwicklung des Subventionsrechts seit 1993, NVwZ 1996, 962 ff.; *Schroeder,* Vernünftige Investition oder Beihilfe? Gemeinschaftsrechtliche Optionen zur Finanzierung öffentlicher Unternehmen, ZHR 1997, S. 805 ff.; *Zivier,* Grundzüge und aktuelle Probleme des EU-Beihilfenrechts unter Berücksichtigung der Bezüge zum deutschen Verwaltungsrecht, JURA 1997, S. 116 ff.; *Koenig,* Die Privilegien öff.-rechtl. Einstandspflichten zugunsten der Landesbanken vor den Schranken der EG-Beihilfenaufsicht, EWS 1998, S. 149 ff; *Deckert/Schroeder,* Öffentliche Unternehmen und Beihilferecht, EuR 1998, S. 291 ff.

Literatur zu den Ausnahmen vom Beihilfeverbot (insbes. zu **Ostdeutschland)** unten vor 2. und 2. a).

1108 Vorbehaltlich der oben erwähnten (Rz. 1103) speziellen Sachbereichsregelungen legt Art. 92 = 87 neu EGV die materiellen Bedingungen für die eventuelle Gemeinschaftskonformität nationaler Beihilfen fest. Er erklärt zunächst **als Regel die prinzipielle Unvereinbarkeit wettbewerbsverfälschender Beihilfen mit dem Gemeinsamen Markt** (Abs. 1), sieht jedoch in seinen beiden folgenden Absätzen zahlreiche Ausnahmemöglichkeiten vor. Art. 92 Abs. 2 = 87 Abs. 2 neu EGV enthält zunächst einige **Legalausnahmen** vom Beihilfeverbot, während gemäß Abs. 3 weitere Arten von Beihilfen von der Kommission oder dem Rat gemäß den Verfahren nach Art. 92, 93 = 87, 88 neu EGV als vereinbar mit dem Gemeinsamen Markt angesehen werden können (unten Rz. 1119).

1. Die grundsätzliche Unvereinbarkeitsklausel des Art. 92 Abs. 1 = 87 Abs. 1 neu EGV

In genereller Form erklärt Art. 92 Abs. 1 = 87 Abs. 1 neu EGV alle Bei- **1109**
hilfen gleich welcher Art, die den Wettbewerb verfälschen oder zu verfälschen drohen, für unvereinbar mit dem Gemeinsamen Markt, soweit sie den innergemeinschaftlichen Handel beeinträchtigen (dazu EuGHE 1988, 219 ff. – Verb. RS 67 ff./85). Dieses **grundsätzliche Beihilfeverbot** ist für die Mitgliedstaaten bindend (Bereits EuGHE 1964, 1251 ff. [1272] – RS 6/64 „Costa/ENEL"). Allerdings folgt aus der Gesamtschau der Beihilferegeln, daß das vertragliche Beihilfeverbot insbesondere wegen der Fakultativausnahmen des Art. 92 Abs. 3 = 87 Abs. 3 neu EGV und der verfahrensrechtlichen Vorbehalte des Art. 93 = 88 neu EGV (unten Rz. 1128) **keine unmittelbare Wirkung hat** (EuGHE 1977, 595 ff. – RS 78/76 – „Steinike", st. Rspr.). Es genügt nicht den Anforderungen der Absolutheit und Unbedingtheit, die Voraussetzungen für die Erzeugung unmittelbarer Wirkungen und die Begründung individueller Rechte sind. (Vgl. dagegen die dem Wortlaut nach strikte Regelung des Art. 4 c) EGKSV). Art. 92 Abs. 1 = 87 Abs. 1 neu EGV vermag daher erst nach Konkretisierung in Durchführungsverordnungen oder Einzelfallentscheidungen seine volle rechtliche Wirkung in den Rechtsordnungen der Mitgliedstaaten zu entfalten (EuGHE 1973, S. 611 ff. – RS 77/72 „Capolongo", st. Rspr.). Jedoch ist Art. **93 Abs. 3 S. 3 = 88 Abs. 3 S. 3 neu EGV unmittelbar anwendbar.** Dies eröffnet die **„Konkurrentenklage"** benachteiligter Dritter vor nationalen Gerichten oder der europäischen Gerichtsbarkeit (unten Rz. 1147).

a) Tatbestandsvoraussetzungen des Art. 92 Abs. 1 = 87 Abs. 1 neu EGV

Der **Begriff der Beihilfe** ist außerordentlich schillernd, wird er doch in **1110**
den Verträgen nicht naher erläutert. Wortlaut und Zweck des Art. 92 Abs. 1 = 87 Abs. 1 neu EGV sprechen für eine **weite Auslegung des Begriffes** (EuGHE 1988, 2855 ff. – RS 57/86, näher *v. Wallenberg,* in: Grabitz/Hilf (Hrsg.), EUV-EGV-Komm. (1996), Art. 92, RdNr. 5 m. w. N.). Beihilfen sind demnach nicht nur zweckgebundene finanzielle Zuwendungen des Staates (Subventionen i. e. S.), sondern alle Arten unmittelbarer oder mittelbarer wirtschaftlicher Förderung *(Slotboom,* ELRev 1995, S. 289 ff.). Hierunter fallen die Gewährung von Zinsverbilligungen (EuGHE 1969, 523 ff. – verb. RS 6 u. 11/69 –"Vorzugsrediskontsatz" und die völlige oder teilweise Befreiung von Abgaben (vgl. EuGHE 1974, 709 ff. – RS 173/73 „Familienzulagen") ebenso wie die Übernahme von Bürgschaften zu besonders gün-

stigen Bedingungen, die Lieferung von Gütern und die Erbringung von Dienstleistungen zu Vorzugsbedingungen oder die Übernahme von Verlusten (Kommission, ABl. 1963, S. 2235).

1111 Eine Beihilfe muß dem Empfänger einen **spezifischen Vorteil (Begünstigung) verschaffen** (EuGHE 1961, 1 ff. – RS 30/59 st. Rspr.). Daran fehlt es bei Gebühren (z. B. Rundfunkgebühren), wenn das empfangende Unternehmen zu einer der Beihilfe entsprechenden Gegenleistung („öffentliche Dienstverpflichtung“) angehalten ist *(Oppermann,* Dt. Rundfunkgebühren und europ. Beihilferecht, 1997, S. 34 ff. m. w. N.).

Subventionen und Beihilfen bedeuten im Sinne der Verträge dasselbe. Daran ist trotz des mißglückten Wortlauts von Art. 4 c) EGKSV („Subventionen oder Beihilfen“) festzuhalten.

1112 aa) Der unentgeltliche Vorteil, den die begünstigten Unternehmen empfangen, muß unmittelbar oder mittelbar aus **staatlichen Mitteln** stammen. Dies bedeutet, daß wirtschaftspolitische Maßnahmen des Staates, die „nur“ eine Umverteilung der Lasten zwischen verschiedenen Unternehmensgruppen oder zwischen Verkäufern und Verbrauchern bewirken, nicht als Beihilfen anzusehen sind (vgl. EuGHE 1978, 22 ff. – RS 82/77 „Mindestpreisregelung“). Auch staatliche Kapitalzuweisungen unter normalen Marktbedingungen sind keine Beihilfen (EuGHE 1991, I–4437 ff. – RS C–261/89). Dagegen ist es unerheblich, auf welche Weise die staatlichen Unterstützungsmaßnahmen finanziert werden und von welcher staatlichen Stelle, oder vom Staat beauftragten öffentlichen oder privaten Einrichtung (Körperschaft, Anstalt, Fonds, Bank etc.) sie gewährt werden (EuGHE 1977, 595 ff. – RS 78/76 „Steinike u. Weinlig“, EuGHE 1984, 3809 ff. – RS 323/82). – Auch eine **Staatsbeteiligung an einem Unternehmen** kann Beihilfe sein (EuGHE 1986, 2263 ff. – RS 234/84). In der neueren Rspr. (u. a. Fälle SFEI, Air France, Neue Maxhütte, Nachweise bei *Schohe/Hoenike,* EuZW 1997, S. 741 ff.) grenzen EuG und EuGH die begünstigende Beihilfe von der wirtschaftlich sinnvollen Investition ab, die nicht unter Art. 92 = 87 neu EGV fällt **(„Private investor test“).**

Grundsätzlich nicht unter den gemeinschaftlichen Beihilfebegriff fallen schließlich auch allgemeine staatliche Konjunkturförderungsprogramme oder Infrastrukturmaßnahmen, da durch sie nicht selektiv „bestimmte“ Unternehmen oder Produktionszweige begünstigt werden. Zu beachten sind dabei jedoch die steuerrechtlichen und wirtschaftspolitischen Bestimmungen des Vertrages und Art. 101 und 102 = 96 und 97 neu EGV.

1113 bb) Als **Beihilfeempfänger** kommen alle Wirtschaftsunternehmen mit allen ihren Produktionszweigen in Betracht. **Art. 92 Abs. 1 = 87 Abs. 1 neu EGV gilt also gleichermaßen für private (auch beliehene) wie für öffentliche Unternehmen** *(v. Wallenberg* aaO, (1996), RdNr. 12). Allein Institutionen, die mit Dienstleistungen von allgemeinem wirtschaftlichem Interesse (vor allem im Bereich der sog. Daseinsvorsorge) betraut sind, sowie Finanzmonopole sind nach Art. 90 Abs. 2 = 86 Abs. 2 neu EGV unter bestimmten Voraussetzungen vom vertraglichen Grundsatzverbot staatlicher Beihilfen freigestellt (oben Rz. 1050). Jedoch gilt diese Freistellung nur insoweit, wie die Anwendung der Wettbewerbsregeln die Erfüllung der besonderen öffentlichen Aufgaben verhindern würde. (Art. 90 Abs. 2 = 86 Abs. 2 neu i. V. m. Art. 16 neu EGV). Diesem „Verhinderungstest“ sind auch die **deutschen öffentlich-rechtlichen Kreditinstitute** mit Blick auf die sie stützende Gewährsträgerhaftung und Anstaltslast weiterhin ausgesetzt (37. Erklärung zur Amsterdamer Schlußakte 1997, näher *Deckert/Schroeder,* EuR 1998, S. 291 ff.).

Die **gemeinschaftsrechtliche Überwachung** der vielschichtig ausgestalteten Finanzbeziehungen der öffentlichen Hand zu den von ihr beherrschten Unternehmen ist allerdings mit besonderen Schwierigkeiten verbunden. Wie sich auch im Verkehrssektor zeigt, lassen sich bei enger wirtschaftlicher Verflechtung von Beihilfegeber und -empfänger wettbewerbsverfälschende Subventionen nur sehr schwer von rein unternehmerisch bedingten Kapitalzuführungen bzw. wettbewerbsneutralen Ausgleichszahlungen abgrenzen. Das Bestreben der Gemeinschaft ist daher primär darauf gerichtet, die **Transparenz dieser Finanzbeziehungen herzustellen** und durch Konkretisierung der staatlichen Mitwirkungspflichten die Erfassung und rechtliche Einordnung finanzieller Zuwendungen zu erleichtern (RL 80/723 der Kommission v. 25. 6. 1980, ABl. L 195/35; hierzu *Gyselen,* CDE 1993, S. 417 ff. und schon oben Rz. 1051).

cc) Als zusätzliche Tatbestandsvoraussetzung für die Unvereinbarkeit staatlicher Beihilfen mit dem Gemeinsamen Markt fordert Art. 92 Abs. 1 = 87 Abs. 1 neu EGV die Verfälschung bzw. drohende **Verfälschung des innergemeinschaftlichen Wettbewerbs.** 1114

Eine Wettbewerbsverfälschung ist anzunehmen, wenn die Beihilfe den Ablauf des Wettbewerbs ändert, i. d. R. dadurch, **daß die Lage des begünstigten Unternehmens gegenüber Konkurrenten verstärkt wird** (EuGHE 1980, 2671 ff. (2688) – RS 730/79 „Philip Morris", st. Rspr., näher *v. Wallenberg,* aaO (1996), Art. 92, RdNr. 23 ff.). Dabei ist gegebenenfalls festzustellen, auf welchem Markt sich diese Verbesserung des begünstigten Unternehmens vollzieht („relevanter Markt", oben Rz. 1041). Zur „Verfälschung" bedarf es im Näheren einer „künstlichen" Beeinträchtigung der Marktbedingungen der betroffenen Unternehmen, mit anderen Worten eines „unverdienten" Kostenvorteils des Begünstigten. In der Regel indiziert allerdings das Vorliegen einer Beihilfe einen solchen Vorteil, Gegengründe sind denkbar. In jedem Fall hat die Kommission als Prüfbehörde **die Verfälschung mittels einer sorgfältigen Marktanalyse zu begründen.**

Der Wettbewerb muß nicht tatsächlich verfälscht sein, es reicht die konkret abschätzbare Möglichkeit des Eintretens der Verfälschung aus (arg. „zu verfälschen droht", sog. **potentielle Wettbewerbsverfälschung).**

dd) Beihilfen, welche die Wettbewerbsposition bestimmter Unternehmen einseitig verändern, haben zwangsläufig in irgendeiner Form **protektionistische Auswirkungen auf den Waren- oder Dienstleistungsverkehr zwischen den Mitgliedstaaten** und verstoßen somit gegen das Leitprinzip eines gemeinsamen EG-Binnenmarktes. Dabei setzt Art. 92 Abs. 1 = 87 Abs. 1 neu EGV mit der **„Zwischenstaatsklausel"** nicht voraus, daß die staatlichen Maßnahmen unmittelbar die Einfuhren erschweren und die Ausfuhren begünstigen (EuGHE 1988, 4067 ff. – RS 102/87). Auch Förderungsmaßnahmen, die – wie etwa gewisse Erzeugerbeihilfen – eine Erhöhung der Produktionskapazität bezwecken, sind geeignet, die Stellung eines Unternehmens gegenüber anderen Wettbewerbern innerhalb des Gemeinsamen Marktes zu verstärken und die Entwicklung des innergemeinschaftlichen Handels zu seinem Vorteil zu beeinflussen (EuGHE 1980, 2617 ff. – RS 730/79 „Philip Morris"). Nur in Ausnahmefällen werden sich somit die Wirkungen einer Beihilfe auf den innerstaatlichen Handel beschränken lassen. (So etwa bei Subventionen an Einzelhändler, Kleinhandwerker, Freiberufler etc., deren Tätigkeiten auf einen lokalen Markt beschränkt sind, anders aber bereits die Situation von Betrieben in Grenzgebieten.) 1115

ee) Obwohl der Gerichtshof es für möglich hält, daß auch geringfügige Beihilfen den Handel zwischen MSen beeinträchtigen können (EuGHE 1990, I–959 ff. – RS C–142/87), wird zunehmend aus praktischen Gründen vorausgesetzt, daß Art. 92 = 87 neu EGV nur **„spürbar"** wettbewerbsverfälschende Beihilfen untersagen möchte (vgl. auch oben zu Art. 85 –81 neu EGV Rz. 1036). Es ist Politik der Kommission, **Beihilfen geringen Umfanges** (an kleinere Unternehmen, die be- 1116 stimmte Größenordnungen nicht überschreiten, vgl. ABl. 1990, C 40/2 ff.) in bestimmten Branchen (u. a. Kohle, Stahl, Schiffbau, Landwirtschaft) zügig zu genehmigen. Großzügig werden Beihilfen an **kleine und mittlere Unternehmen** (KMU: Bis 250 Arbeitskräfte, Jahresumsatz bis 40 Mio. ECU oder Bilanzsumme bis 27 Mio. ECU, ABl. 1996, L 107/8) gemäß einem „Gemeinschaftsrahmen" behandelt (ABl. 1992, C 213/2 ff.). Einmalige Beihilfen bis 100.000 ECU gelten generell auf Gemeinschaftsebene nicht als „spürbar" (**„De Minimis"**-Regelung, ABl. 1992, C 213/5, ABl. 1996, C 68/9). – Entscheidend für die Beurteilung der Wettbewerbsverfälschung bleiben in jedem Falle die **objektiven Auswirkungen (Effekte) der Beihilfe** (EuGHE 1974, 709 ff. – RS 173/73 „Familienzulagen", st. Rspr.).

b) Konkurrenzen mit anderen Vertragsregelungen

1117 Die Weite des Tatbestandes des Art. 92 = 87 neu EGV wirft unmittelbar die Frage seiner **Abgrenzung vom Verbot der Maßnahmen gleicher Wirkung** (Art. 30 ff. = 28 ff. neu EGV) sowie von den **steuer- und zollrechtlichen Vorschriften des Vertrages** (Art. 95 bzw. 9 u. 12 = 90 bzw. 23 u. 25 neu EGV) auf.

Grundsätzlich kann man davon ausgehen, daß **der für Beihilfen typische Zuwendungszweck** allein von den Bestimmungen der Art. 92 ff. = 87 ff. neu EGV erfaßt wird. Einzelne Modalitäten einer Beihilfe, die zur Erreichung des Beihilfezwecks oder zu ihrem Funktionieren nicht erforderlich sind, können jedoch selbständig beurteilt und **für sich gesondert unter die speziellen Verbotsnormen des Vertrages subsumiert werden** (EuGHE 1977, 557 ff. – RS 74/76 –"Ianelli" und EuGHE 1990, I–889 ff. – RS C–21/88 –"Du Pont de Nemours", st. Rspr., zu Art. 30 = 28 neu EGV; vgl. auch EuGHE 1979, 935 ff. – RS 91/78 – "Handen", st. Rspr., zu Art. 37 = 31 neu EGV als Sondervorschrift). Insbesondere kann und muß etwa bei der Koppelung einer Subventionsregelung zugunsten einheimischer Unternehmen mit einer allgemeinen Abgabenregelung das der Subventionsfinanzierung dienende Abgabensystem nicht nur im Rahmen der Art. 92 ff. = 87 ff. neu EGV geprüft, sondern auch am Maßstab der steuerlichen Diskriminierungsverbote gemessen werden (EuGHE 1970, 487 ff. – RS 47/69 – "Französische Textilabgabe"; 1980, 1533 ff. – RS 73/79 – "Sopravezzo", st. Rspr., vgl. auch *Obernolte,* AWD 1961, S. 68 ff.). Beihilfen, die ausschließlich einheimischen Unternehmen in Form von Steuervorteilen gewährt werden, verstoßen schon wegen ihrer die ausländischen Anbieter diskriminierenden Wirkung gegen das zwingende Verbot des Art. 95 = 90 neu EGV (unten Rz. 1159 ff.). Sie können auch nicht durch beihilferechtliche Ausnahme- oder Befreiungsvorschriften gerechtfertigt werden (EuGHE 1981, 1413 ff. – verb. RS 142 u. 143/80; kritisch *Wägenbaur,* RIW/AWD 1980, S. 134 ff.). Praktisch folgt hieraus ein **gewisser Anwendungsvorrang der unmittelbar wirksamen Diskriminierungsverbote,** so daß es sich empfiehlt, Steuerbefreiungen, Steuerermäßigungen und sonstige steuerliche Vorteile vorrangig unter den Aspekten abgabenrechtlicher Diskriminierung zu prüfen und die Beihilfemaßnahmen, soweit sie nach dieser Prüfung noch Bestand haben, erst anschließend unter die allgemeinen beihilferechtlichen Vorschriften der Art. 92 ff. = 87 ff. neu EGV zu subsumieren. (*Ehring,* EuR 1974, S. 108 ff.; zu den verfahrensrechtlichen Folgerungen *Gilmour,* CMLRev 1981, S. 63 ff.). Rückerstattungen z. B. von Gebühren sind dagegen keine Beihilfen (EuGHE 1980, 1205 ff. – RS 61/79).

Weiterhin kann eine Beihilferegelung, die das allgemeine **Diskriminierungsverbot des Art. 6 = 12 neu EGV** verletzen würde, nicht genehmigt werden (KommE ABl. 1989, L 208/38 „Filmbeihilfen"). 1118

Wenn in einem Sachverhalt sowohl eine Beihilferegelung als auch eine **Absprache im Sinne von Art. 85 = 81 neu EGV** enthalten sein können, ist eine parallele Prüfung nach beiden Normen denkbar (EuGHE 1993, I–3202 ff., RS C–225/91).

2. Ausnahmen und Befreiungsmöglichkeiten vom Beihilfeverbot

Literatur: *Carl,* Hilfen der EG für Problemregionen, EuZW 1992, S. 301 ff.; *Faber,* Europarechtliche Grenzen kommunaler Wirtschaftsförderung, 1992; *Nussbaum,* Parafiskalische Abgaben und EG-Wettbewerbsrecht, DVBl. 1994, S. 1174 ff.; *Selmer/Gersdorf,* Die Finanzierung des Rundfunks in der BRD auf dem Prüfstand des EG-Beihilfenregimes, 1994; *Slot,* State Aids in the cultural sector, 1994; *Cremer,* Forschungssubventionen im Lichte des EGV, 1995; *Jestaedt/Miehle,* Rettungs- und Umstrukturierungsbeihilfen für Unternehmen in Schwierigkeiten, EuZW 1995, S. 659 ff.; *Ress,* Die Zulässigkeit von Kulturbeihilfen in der EU, GS Grabitz, 1995, S. 595 ff.; *v. Wallenberg,* Die Vereinbarkeit der staatlichen Finanzierung öffentlich-rechtlicher Fernsehanstalten mit Art. 92 EGV, GS Grabitz, 1995, S. 867 ff.; *Dörr/Closs,* Die Vereinbarkeit der Gebührenfinanzierung des Österreichischen Rundfunks mit dem EG-Beihilferecht, ZUM 1996, S. 105 ff.; *Engel,* Europarechtliche Grenzen für öffentlich-rechtliche Spartenprogramme?, 1996; *Kruse,* Das gemeinschaftsrechtliche Beihilfeverbot und die für „Kultur" und „kulturelles Erbe" bestehenden Befreiungsmöglichkeiten, EWS 1996, S. 113 ff.; *Ress,* Kultursubventionen und Rundfunkfreiheit in der EU, in: Fechner/Oppermann/Prott (Hrsg.), Prinzipien des Kulturgüterschutzes, 1996, S. 123 ff.; *Leibrock,* Rechtliche und wirtschaftliche Fragen der EG-Kontrolle staatlicher Beihilfen zugunsten der Luftfahrtindustrie, 1996; *Oppermann,* Deutsche Rundfunkgebühren und europäisches Beihilferecht, 1997; *Damm,* Gebührenprivileg und Beihilferecht, 1998; *Uerpmann,* Die Gemeinschaftsrahmen für staatliche Beihilfen, EuZW 1998, S. 331 ff.;

Literatur zum **Beihilfenregime für Ostdeutschland** unten vor a)

Staatliche Beihilfen sind nach Art. 92 Abs. 1 = 87 Abs. 1 neu EGV nur insoweit mit dem Gemeinsamen Markt unvereinbar, als im Vertrage „nicht etwas anderes bestimmt ist". 1119

Der Vertrag selbst enthält jedoch eine ganze Reihe weitreichender **Ausnahme- und Befreiungstatbestände,** die Abweichungen vom grundsätzlichen Beihilfeverbot des Art. 92 Abs. 1 = 87 Abs. 1 neu EGV zulassen. Er trägt damit den wirtschaftspolitischen Kompetenzen der Mitgliedstaaten Rechnung. Im einzelnen sind nach der Systematik des Vertrages **generelle Ausnahmetatbestände,** die in bestimmten Fällen eine Abweichung bereits „kraft Gesetzes" rechtfertigen (Legalausnahmen i. S. von Abs. 2) und **fakultative Befreiungstatbestände** (Abs. 3) zu unterscheiden, die unter Vorgabe gewisser Richtlinien die Entscheidung über die Vereinbarkeit einzelner Beihilfen mit dem Gemeinsamen Markt in das Ermessen der Gemeinschaftsorgane stellen.

1120 Die Unterscheidung zwischen den Legalausnahmen des Art. 92 Abs. 2 = 87 Abs. 2 neu EGV und den fakultativen Befreiungstatbeständen des Abs. 3 ist für das **Ausmaß der Prüfungsbefugnisse der Kommission** nach Art. 93 = 88 neu EGV bedeutsam. Grundsätzlich ist die Kommission in beiden Fällen prüfungsbefugt. **Ihr Handlungsspielraum ist jedoch bei den Legalausnahmen begrenzter.** Stellt sie einen Tatbestand gemäß Abs. 2 fest (z. B. Schäden durch Naturkatastrophen), gilt die entspr. Beihilfe kraft Vertrages als zulässig, d. h. **es bedarf keiner Genehmigung durch die Kommission.** Bei der **fakultativen Befreiung vom Beihilfeverbot** im Rahmen der Tatbestände des Abs. 3 verfügt die Kommission dagegen über ein **weites Ermessen,** dem wirtschafts-, sozial- oder kulturpolitische Erwägungen zugrundeliegen können (EuGHE 1991, I–1433 ff. – RS C–303/88, st. Rspr.).

a) Legalausnahmen (Art. 92 Abs. 2 = 87 Abs. 2 neu EGV)

1121 Zu den **Legalausnahmen** gehören neben den Bereichsausnahmen, die insbesondere **mit der Erfüllung öffentlicher Aufgaben zusammenhängen** (vgl. Art. 77 und 90 Abs. 2 = 73 und 86 Abs. 2 neu EGV, s. o. Rz. 1113), vor allem die in Art. 92 Abs. 2 = 87 Abs. 2 neu EGV genannten Tatbestände. Trotz ihrer wettbewerbsverfälschenden und handelsbeeinträchtigenden Wirkung sind diese Beihilfen gemeinschaftsrechtlich zulässig. Der spezifische Beihilfezweck wird in diesen Fällen als so legitim angesehen, daß er gegenüber den möglichen wettbewerbsverzerrenden Wirkungen in jedem Falle überwiegt.

1122 Diese **„per-se mit dem Gemeinsamen Markt vereinbaren Beihilfen"** *(v. Wallenberg)* umfassen 3 Gruppen:

- **Sozialbeihilfen** an Verbraucher, die nach der Herkunft der Waren nichtdiskriminierend gewährt werden (Art. 92 Abs. 2 a) = 87 neu EGV). Die Ausnahme spielt in der Gemeinschaftspraxis bisher praktisch keine Rolle.
- Beihilfen zur Beseitigung von Schäden aus **Naturkatastrophen** (z. B. Hilfe für Erdbebengebiete) oder aus sonstigen **außergewöhnlichen Ereignissen** (z. B. Krieg oder Terroranschläge, nicht eine wirtschaftliche Rezession) (Art. 92 Abs. 2 b) = 87 neu EGV). Gemeint sind diejenigen Beihilfen, welche die unmittelbaren Schäden ausgleichen sollen (EuGHE 1993, I–2097 ff., RS C–364/90 „Italien/Kommission").
- Beihilfen für die Wirtschaft bestimmter **durch die Teilung Deutschlands betroffener Gebiete der BRD,** soweit sie zum Ausgleich der durch die Teilung verursachten wirtschaftlichen Nachteile erforderlich sind (sog. **„Teilungs- oder Deutschland-Klausel"**, Art. 92 Abs. 2 c) = 87 neu EGV). Der Anwendungsbereich dieser Klausel ist seit der **Wiedervereinigung Deutschlands 1990** und der umfangreichen finanziellen Förderung des wirtschaftlichen Wiederaufbaues Ostdeutschlands (Ex-DDR) in Abgrenzung zur Anwendung fakultativer Befreiungsmöglichkeiten nach Art. 92 Abs. 3 = 87 Abs. 3 neu EGV zwischen der Kommission und der deutschen Regierung umstritten (vgl. den folgenden Exkurs).

Exkurs: Öffentliche Wirtschaftsförderung für Ostdeutschland und EG-Beihilferecht

Literatur: *Müller-Graff,* Regionalförderung im vereinigten Deutschland vor dem Hintergrund des Beihilfenrechts der EG, in: Zippel (Hrsg.), Deutsch-deutsche Wirtschafts-, Währungs- und Sozialunion im Rahmen der EG, 1991, S. 37 ff.; *Schütterle,* EG-Beihilfenkontrolle über die Treuhandanstalt, EuZW 1991, S. 662 ff.; *Sinz,* Wirtschaftsförderung in den neuen Bundesländern und EG-Beihilfenrecht, VIZ 1992, S. 426 ff.; *Schümann,* Wirtschaftsförderung für die neuen Bundesländer im Lichte des EGV, 1993; *Schütterle,* Die Rechtsgrundlage für die Beihilfen zur Überwindung der wirtschaftlichen Folgen der Teilung Deutschlands, EuZW 1994, S. 715 ff.; *Schütz,* Die Eingliederung der DDR in die EG unter dem Aspekt der staatlichen Beihilfen, 1994; *Götz,* Europäische Beihilfenaufsicht über die staatlichen Finanzhilfen für die Wirtschaft im Beitrittsgebiet, FS Everling, 1995, S. 319 ff.; *Schütte/Hix,* The application of the EC state aid rules to privatization: the East German example, CMLRev 1995, S. 215 ff.; *Falkenkötter,* Der Streit um die sächsischen VW-Beihilfen, NJW 1996, S. 2689 ff.; *Meixner,* Der Subventionsstreit zwischen Sachsen und der EU-Kommission, ZIP 1996, S. 2105 ff.; *Nicolaysen,* Der Streit um die VW-Beihilfen aus juristischer Sicht, WiD 1996, S. 503 ff.; *Pechstein/Damm,* EG-Beihilfeverbot und Flächenerwerbsprogramm des § 3 Ausgl. LeistG, EWS 1996, S. 333 ff.; *Waniek,* Die Beihilfenaufsicht der EU im Lichte des Falles Volkswagen Sachsen, WiD 1996, S. 464 ff.; *Perry,* State Aids to the former East Germany, ELRev 1997, S. 85 ff.; *Wendenburg,* Das Flächenerwerbsprogramm auf dem Prüfstand des EU-Beihilferechts, Off. Vermögensfragen Spezial, 11/1997, S. 174 ff.; *Kruse,* Ist die „Teilungsklausel" als Rechtsgrundlage für Beihilfen zum Ausgleich teilungsbedingter Nachteile obsolet?, EuZW 1998, S. 229 ff.; *Uerpmann,* Der europarechtliche Rahmen für staatliche Subventionen in Ostdeutschland, DÖV 1998, S. 226 ff.

Die Teilungsklausel des Art. 92 Abs. 2 c) = 87 neu EGV war bei ihrer **1123** Einführung 1958 notwendigerweise vor allem auf das sog. **„Zonenrandgebiet"** der Bundesrepublik beschränkt. 1964 unterfielen jedoch auch Beihilfen zur wirtschaftlichen Eingliederung des 1955/56 Deutschland wieder beigetretenen **Saarlandes** dem damaligen Art. 92 Abs. 2 c) EWGV. Bei der Revision des EWGV durch den Maastrichter EUV 1991/92 nach der deutschen Wiedervereinigung **wurde Art. 92 Abs. 2 c) bewußt im EGV belassen** (näher *Kruse,* EuZW 1998, S. 230). Auch der Amsterdamer Vertrag 1997 änderte hieran nichts. Der vertragliche Wille war damit offenkundig, die Deutschlandklausel für Beihilfenfragen mit Blick auf Teilungsfolgen nach der Wiedervereinigung anwendbar zu halten *(Genscher, Welt am Sonntag,* 1. 9. 1996). Die **grundsätzliche Anwendbarkeit des Art. 92 Abs. 2 c) = 87 neu EGV auf die neuen Bundesländer** als durch die Teilung Deutschlands betroffene Gebiete liegt auch wegen der Besonderheit der dortigen Regionalförderung nahe. Im Gegensatz zu anderen EG-Fördergebieten (unten Rz. 1134) handelt es sich hier um Wiederaufbau bereits vor der Teilung Deutschlands industriell geprägter Gebiete, die infolge der Teilung erhebliche wirtschaftliche Nachteile erlitten (ähnlich *Götz,* Subventionsrecht, in: Dauses (Hrsg.), Hdb EU-Wirtsch. R. (1996), H. III, RdNr. 79: **„historisch einmalige Sondersituation")**.

Die Kommission erkennt zwar die Fortexistenz der Teilungsklausel nach **1124** 1991/92 an, möchte sie jedoch im Interesse einer möglichst umfassenden Beihilfeaufsicht i. S. des Art. 92 Abs. 3 = 87 neu EGV nur ausnahmsweise auf fortbestehende **Problemfälle in dem früher sog. „Zonenrandgebiet" beschränken** (z. B. E 92/465, ABl. 1992, L 263/15 „Potsdamer Platz"). Die Fülle der deutschen Beihilfemaßnahmen zugunsten der neuen Bundesländer, darunter zahlreiche „große Fälle" (Opel-Eisenach, VW-Sachsen, SKET, Leuna u. a., vgl. Fundstellenverzeichnis des gelt. Gemeinschaftsrechts, 08.60) hat die Kommission dagegen als **Befreiungsfälle gemäß Art. 93 Abs. 3 a) und insbes. c) = 87 neu EGV** (Förderung bes. rückständiger Gebiete bzw. gewisser Wirtschaftszweige und -gebiete) behandelt. Da die Kommission bei dieser Rechtspraxis den Wiederaufbau Ost im allgemeinen verständnisvoll behandelte, konnte die Rechtsfrage um die Anwendung der Deutschlandklausel längere Zeit dahingestellt bleiben. Seit der restriktiven E 96/666, ABl. 1996, L 308/46 der Kommission, welche die Fortsetzung großer VW-Investitionen in Sachsen gefährdete, beschäftigt die Auslegung des Art. 92 Abs. 2 c) EGV die europäische Gerichtsbarkeit *(Falkenkötter,* NJW 1996, S. 2689 ff.).

1125 Da sich die Legalausnahme des Art. 92 Abs. 2 c) = 87 neu EGV auf teilungsbedingte wirtschaftliche Nachteile beschränkt, nimmt die Bedeutung der Deutschlandklausel mit wachsendem zeitlichen Abstand zur Wiedervereinigung 1990 ab **(„auslaufendes Modell").** Je mehr die wirtschaftliche Gesundung Ostdeutschlands fortschreitet, desto geringer wird die Zahl der Fälle, in denen die Teilung eigentliche Ursache für wirtschaftliche Schwierigkeiten darstellt, die mit Beihilfen auszugleichen sind *(Kruse,* EuZW 1998, S. 232). Solange es jedoch noch „Teilungsfälle" gibt, ist Art. 92 Abs. 2 c) = 87 neu EGV in den neuen Bundesländern auf sie anwendbar und die Praxis der Kommission gemeinschaftsrechtlich anfechtbar, die Deutschlandklausel auf Ausnahmefälle im ehemaligen Zonenrandgebiet zu beschränken (ähnlich schon *Schütterle,* EuZW 1994, S. 715 ff.).

1126 Im übrigen sind von Anfang an **nicht alle wirtschaftlichen Probleme in Ostdeutschland Teilungsfolgen** i. S. des Art. 92 Abs. 2 c) = 87 neu EGV. Soweit die Voraussetzungen der Teilungsklausel nicht vorliegen, müssen Beihilfefälle gemäß den fakultativen Befreiungsmöglichkeiten des Art. 92 Abs. 3 = 87 neu Abs. 3 EGV geprüft werden *(Uerpmann,* DÖV 1998, S. 226 ff.).

z. B. ist im anderen „großen Fall" des **agrarischen Flächenerwerbsprogrammes** nach § 3 Ausgl. LeistG (BGBl. 1994, I 2624 ff.) anerkannt, daß die unter Beihilfegesichtspunkten zu prüfende Bevorrechtigung sog. Neueinrichter/LPG-Nachfolgebetriebe neben 1945 ff. enteigneten Alteigentümern nicht auf einer Lage beruht, die sich als teilungsbedingter wirtschaftlicher Nachteil verstehen läßt *(Pechstein/Damm,* EWS 1996, S. 333 ff.). Zwischen Bundesregierung und Kommission unstreitig erfolgt die Beihilfeprüfung hier nach Art. 93 Abs. 3 = 87 Abs. 3 neu EGV.

1127 Neben den deutschen Beihilfen zugunsten des wirtschaftlichen Wiederaufbaues Ostdeutschlands, die nach Art. 92 Abs. 2 c) bzw. 92 Abs. 3 a) –c) = 87 neu EGV im Beihilfeprüfungsverfahren des Art. 93 = 88 neu EGV (unten Rz. 1137 ff.) zu beurteilen sind, wurden die neuen Bundesländer von der Gemeinschaft seit 1992 im Rahmen der **EG-Regionalpolitik** (oben Rz. 968 ff.) aufgrund ihrer schwierigen wirtschaftlichen Lage **als „Ziel 1-Gebiet" anerkannt.** Damit wird nicht nur wie bei anderen zurückgebliebenen EG-Regionen ein **vorrangiger Zugang zum EG-Regionalfonds eröffnet,** sondern gleichzeitig unter den Gesichtspunkten des Art. 93 Abs. 3 a) –c) = 87 neu EGV die **deutsche Regionalförderung** (Investitionszuschüsse über die Gemeinschaftsaufgabe „Verbesserung der regionalen Wirtschaftsstruktur" (Art. 91 a GG) sowie Investitionszulagen nach dem InvZulG und Sonderabschreibungen) grundsätzlich legitimiert *(Götz* aaO). Europäische und deutsche Regionalhilfe sind miteinander abzustimmen.

Insgesamt hat die Gemeinschaft in ihrer Beihilfenpolitik gegenüber dem seit 1990 plötzlich aufgetretenen „Mega-Problem" des wirtschaftlichen Wiederaufbaues der neuen Bundesländer nach ihrer Eingliederung in die EG (oben Rz. 187) ungeachtet mancher Einzelprobleme **europäische Solidarität** bewiesen.

b) Befreiungsmöglichkeiten (Art. 92 Abs. 3 = 87 Abs. 3 neu EGV)

Die **Befreiungstatbestände,** die in Art. 92 Abs. 3 a) –e) = 87 Abs. 3 a) –e) **1128**
neu EGV enumerativ aufgeführt sind, machen die Einführung bzw. Aufrechterhaltung einzelstaatlicher Beihilfen von der ausdrücklichen oder stillschweigenden Anerkennung ihrer Gemeinschaftsverträglichkeit durch die zuständigen EG-Behörden abhängig. Aufgrund ihrer Flexibilität erlauben diese fakultativen Ausnahmeklauseln der Gemeinschaft in besonderem Maße, den berechtigten sozial-, wirtschafts- und kulturpolitischen Interessen der Mitgliedstaaten Rechnung zu tragen. Aufgabe der EG-Organe ist es gleichzeitig, im Rahmen der Ermessensausübung und der Beurteilung der jeweiligen Umstände des Einzelfalles die Einheit des Gemeinsamen Marktes zu wahren und insbesondere darauf zu achten, daß das Gleichgewicht der vertraglichen Ziele nicht gestört und der Grundsatz der Wettbewerbsfreiheit nicht mehr als unbedingt nötig beeinträchtigt wird. (Zur Ermessensfreiheit der Kommission EuGHE 1991, I–1433 – RS C–303/88). Dabei hat die Kommission jeweils nicht nur auf die nationalen Verhältnisse, sondern auch auf die **Gesamtlage in der EG** abzustellen (Bsp.: Unterbeschäftigung). Für eine Befreiung vom Beihilfeverbot ist grundsätzlich erforderlich, daß wettbewerbsverzerrende Wirkungen von einer im Gemeinschaftsinteresse liegenden **Gegenleistung** ausgeglichen werden *(Mortelmans/Kamiel,* CMLRev 1984, S. 405 ff.).

In einer Reihe von Wirtschaftszweigen und besonderen Bereichen (z. B. **1129**
Kfz-Industrie, Chemiefaser-, Textil-, Schiffbau-, Eisen- und Stahlindustrie, aber auch für den Umweltschutz, kleine und mittlere Unternehmen, staatliche Forschung und Entwicklung, Rettung und Umstrukturierung von Unternehmen in Schwierigkeiten u. a. m. (näher *Götz,* Subventionsrecht, in: Dauses (Hrsg.), Hdb EU-Wirtsch. R. (1996) H. III, RdNr. 50 ff.) hat die Kommission (z. T. in Zusammenarbeit mit den MSen) **sog. „Gemeinschaftsrahmen" oder „Leitlinien"**, „Codices", „Koordinierungsgrundsätze" u. ä. erlassen. Es handelt sich dabei um **allgemeine Ermessensrichtlinien,** mit denen die Kommission die Grundsätze ihrer Prüfung entspr. nationaler Beihilfen im Rahmen des Art. 93 Abs. 1 = 88 Abs. 1 neu EGV vorweg erläutert. Dies sind keine Rechtsakte i. e. S. (Veröffentlichung im ABl., Teil C!), wohl

aber **Formen der Selbstbindung,** auf die sich die Betroffenen im Regelfalle im Prüfungsverfahren und gegebenenfalls vor Gericht unter dem Gesichtspunkt des **Vertrauensschutzes und der Gleichbehandlung** berufen können (EuGHE 1987, 901 ff. – RS 310/85 „Deufil", *Jestaedt/Häsemeyer,* EuZW 1995, S. 787 ff. m. w. N.). Da Art. 93 Abs. 1 = 88 neu Abs. 1 EGV für die Prüfung der Kommission die Zusammenarbeit mit den MSen voraussetzt, bedarf zumindest die Überprüfung bestehender Beihilfen gemäß einem Gemeinschaftsrahmen u. ä. der Mitwirkung der MSen bei den hierfür maßgeblichen Regeln (EuGHE 1995, I–1651 ff. – RS C–135/93 „Spanien/Kommission I", EuGHE 1997, I–1931 ff. – RS C–292/95 „Spanien/Kommission II".

Die Gemeinschaft erleichtert durch ihre Verlautbarung der Gemeinschaftsrahmen, Leitlinien u. ä. die einzelstaatliche Planung und stellt sicher, daß sich die nationalen Beihilfeprogramme in den Gesamtzusammenhang der gemeinschaftlichen Industrie-, Regional-, Sozial-, Energie- oder Umweltpolitik einfügen. (Zu den Schwerpunkten dieser Gemeinschaftsaktion vgl. die jährlichen Wettbewerbsberichte der Kommission sowie die Entscheidungen der Kommission aufgrund Art. 92 = 87 neu EGV im Fundstellennachweis des geltenden Gemeinschaftsrechts, 08.60). Grundsätzlich ist die Befreiungsmöglichkeit des Art. 92 Abs. 3 = 87 Abs. 3 neu EGV im ordnungspolitischen Interesse **eng auszulegen** (EuGHE 1987, 4013 ff. – RS 284/84). Andererseits hat die Kommission stets zu prüfen, ob nationale Beihilfen deshalb gerechtfertigt sind, weil sie Gemeinschaftsinteressen dienen.

1130 aa) Dem Gedanken gemeinschaftlicher Solidarität entsprechend können staatliche Beihilfen insbesondere dann als mit dem Gemeinsamen Markt vereinbar angesehen werden, wenn sie der **Behebung besonderer wirtschaftlicher Schwierigkeiten** dienen. Dies ist der Fall bei Entwicklungsbeihilfen für Gebiete, in denen – wie etwa im italienischen Mezzogiorno und in weiten Teilen der Republik Irland, Portugals oder Griechenlands – der Lebensstandard, gemessen am Gemeinschaftsniveau, **außergewöhnlich niedrig ist oder eine erhebliche Unterbeschäftigung herrscht** (Art. 92 Abs. 3 a) = 87 Abs. 3 a) neu EGV, d. h. im Sinne von Grundsätzen der gemeinschaftlichen Regionalpolitik. Darüber hinaus räumt Art. 93 Abs. 2, 3. U. A. = 88 Abs. 2, 3. U. A. neu EGV **dem Rat als „Oberinstanz"** die Möglichkeit ein, im Einzelfall bei Vorliegen außergewöhnlicher Umstände (auch nichtwirtschaftlicher Art) nationale Beihilfen für zulässig zu erklären und durch einstimmig zu treffende Entscheidung Dispens vom Beihilfeverbot des Art. 92 = 87 neu EGV oder von evtl. nach Art. 94 = 89 neu EGV erlassenen Durchführungsverordnungen zu gewähren. Das Ermessen der Gemeinschaftsorgane ist in diesem ebenso komplizierten wie flexiblen Verfahren verhältnismäßig groß. Es wird in der Gemeinschaftspraxis jedoch bisher nicht angewendet.

1131 bb) Wettbewerbsverfälschende staatliche Beihilfen können ferner dann gemeinschaftsrechtlich legitimiert sein, wenn die geförderten Vorhaben nicht nur im nationalen Interesse, sondern auch und gerade im wohlverstandenen **europäischen (also nicht unbedingt nur gemeinschaftlichen) Gesamtinteresse** liegen. Art. 92 Abs. 3 b) 1. Alt. = 87 Abs. 3 b) 1. Alt. neu EGV läßt folglich bereits im Vorfeld rechtlich befestigter Unterstützungsaktionen der EG die einzelstaatliche Förderung von Projekten (z. B. des „Airbus"-Programms oder von Vorhaben zur Entwicklung alternativer Energien) zu, die der Verwirklichung der europäischen Wirtschaftsintegration und der Schaffung eines eigenständigen europäischen Binnenmarktes dienlich sind. Konkreten Ausdruck findet das „gemeinsame europäische Interesse" dabei innerhalb der Gemeinschaftspolitik oft in Aktionsprogrammen der Kommission oder in Entschließungen des Rates oder des Europäischen Parlamentes, die insoweit eine „influenzierende" Wirkung auf die einzelstaatliche Planung ausüben. – Eng zu verstehen ist dagegen die weitere Ausnahme des Art. 92 Abs. 3, b), 2. Alt. = 87 Abs. 3, b), 2. Alt. neu EGV **(„Behebung einer beträchtlichen Störung im Wirtschaftsleben eines MS").** Wegen gefährlicher Präjudizwirkungen hat die Kommission hierunter nur besonders gravierende Fälle – wie die Erdölkrise 1973/74 – in verschiedenen MSen gerechnet (näher *Rawlinson,* in: Lenz (Hrsg.), EGV-Komm. 1994, Art. 92 Rz. 31). Eine Anwendung auf Ostdeutschland ist nicht generell ausgeschlossen.

cc) Die praktisch wichtigste Gruppe von Beihilfen, die dem gemeinschafts- 1132
rechtlichen Anerkennungsvorbehalt unterliegen, bilden die **sektoralen und regionalen Entwicklungsbeihilfen.** Solche können nach Art. 92 Abs. 3 c) = 87 Abs. 3 c) neu EGV zugelassen werden, soweit sie die Handelsbedingungen nicht in einer Weise verändern, die dem gemeinsamen Interesse zuwiderläuft.

aaa) **Sektorale Beihilfen** werden von den Mitgliedstaaten meist als wirtschafts- 1133
politisches Steuerungsmittel zugunsten bestimmter Industriezweige eingesetzt, die mit **strukturellen Anpassungsschwierigkeiten** zu kämpfen haben (Bsp.: Textilindustrie, Schiffbau, Stahl). Oft treten diese Strukturprobleme erst in Zeiten allgemeiner wirtschaftlicher Rezession hervor und werden durch Krisenfaktoren wie Arbeitslosigkeit, geringeres Wirtschaftswachstum, Inflation etc. noch erheblich verstärkt. Für die Regierungen der Mitgliedstaaten ist dann die Versuchung besonders groß, durch die Gewährung von Betriebssubventionen die Marktanteile der einheimischen Industrie zu Lasten konkurrenzfähiger Unternehmen in anderen Mitgliedstaaten (künstlich) zu erhalten und industrielle Probleme und Arbeitslosigkeit auf die anderen Mitgliedstaaten abzuwälzen. Aufgabe der Gemeinschaft ist es daher, protektionistische Eingriffe in die Freiheit des innergemeinschaftlichen Wettbewerbs zu unterbinden und die nationalen Beihilfen soweit wie möglich in den Dienst gemeinschaftlicher Ziele zu stellen.

Soweit nicht die Legalausnahme des Art. 92 Abs. 2 c) = 87 Abs. 2 c) EGV einschlägig ist (oben Rz. 1122 ff.), kann die privatisierende Umstrukturierung wichtiger **ostdeutscher Wirtschaftszweige** (Schiffsbau, Chemie, Braunkohle, Stahl u. a.) 1990 ff. mit finanzieller Hilfe der öffentlichen Hand Fälle genehmigungsfähiger sektoraler Beihilfen im Sinne des Art. 93 Abs. 3 c) = 88 Abs. 3 c) neu EGV darstellen *(Schütterle,* EuZW 1991, S. 662 ff.). Dabei können sich Überschneidungen mit Regionalbeihilfen im Sinne derselben Norm ergeben.

Die **allgemeinen Kriterien für die Bewilligung sektoraler Beihilfen der Mitgliedstaaten** hat die Kommission immer wieder über Gemeinschaftsrahmen, Leitlinien u. ä. (oben Rz. 1129) bekanntgegeben. Für bestimmte Krisensektoren, z. B. Schiffbau-, Textil-, Kunstfaser-, Stahlindustrie, sowie für einzelne international (noch) nicht konkurrenzfähige Industriezweige (etwa in den Bereichen Computer-Technologie, Elektronik, Luftfahrt) wurden **spezielle Förderrichtlinien** erlassen. Danach dürfen sektorale Beihilfen zur Vermeidung von Wettbewerbsverfälschungen grundsätzlich nur in Form **degressiver Überbrückungshilfen** gewährt werden, die den status quo nicht verfestigen. Diese sollen die Durchführung der notwendigen sozialen und wirtschaftlichen Anpassungsmaßnahmen erleichtern und dadurch langfristig die Lebensfähigkeit der betreffenden Industrien wiederherstellen. Voraussetzung für die gemeinschaftsrechtliche Zulässigkeit einer **„Entwicklungsbeihilfe"** ist ferner, daß nicht bereits die Marktkräfte allein und ohne staatliche Interventionen eine ausreichende Weiterentwicklung gewährleisten (EuGHE 1980, 2692 – RS 730/79 „Philip Morris"). Als genehmigungsfähig können unter diesen

Umständen gelten: die Hilfestellung beim Abbau von Überkapazitäten, die Förderung der Umstellung auf alternative Energien, die Unterstützung von Rationalisierungsinvestitionen, nicht jedoch, wenn ein Betrieb diese Investitionen aus Rentabilitätsgründen ohnehin vornehmen würde, u. ä. (Näher *Götz,* Subventionsrecht, in: Dauses (Hrsg.), Hdb EU-WirtschR (1996) H. III, RdNr. 53 ff.).

1134 bbb) Die Bewilligungspraxis der Kommission hinsichtlich **regionaler staatlicher Beihilfen** ist primär darauf gerichtet, in Abstimmung mit den Grundsätzen der gemeinschaftlichen Regionalpolitik (oben Rz. 968 ff.) die Schaffung neuer Arbeitsplätze und die Vornahme von Erstinvestitionen in bestimmten abgegrenzten Fördergebieten zu ermöglichen *(Carl,* EuZW 1992, S. 301 ff.).

Ihre **allgemeinen Grundsätze für die Koordinierung der regionalen Beihilferegelungen** hat die Kommission in **Leitlinien** zusammengefaßt (ABl. 1998 C 74/9; *Erlbacher,* EuZW 1998, S. 517 ff.).

Im Näheren ist bei den Regionalbeihilfen die Förderung **besonders rückständiger Gebiete** im Sinne von Art. 92 Abs. 3 a) = 87 Abs. 3 a) neu EGV (zu denen seit 1992 **Ostdeutschland** als „Ziel 1-Gebiet" der EG-Regionalpolitik automatisch gehört) von der **allgemeinen Regionalförderung** nach Art. 92 Abs. 3 c) = 87 Abs. 3 c) neu EGV zu unterscheiden. Für letztere hat die Kommission in ihren allgemeinen Grundsätzen seit 1978 ein **detailliertes Prüfungsverfahren** mit mehreren Prüfungsschritten entwickelt. (Näher *v. Wallenberg,* in: Grabitz/Hilf (Hrsg.), EUV/EGV-Komm. (1996), Art. 92, RdNr. 55 ff.). Hierin werden insbesondere gemeinschaftliche Bemessungskriterien und abgestufte Förderhöchstgrenzen festgesetzt, die Voraussetzungen regionaler Besonderheiten definiert (geographische, demographische oder sonstige qualitative Abgrenzung der Fördergebiete), die sektoralen Auswirkungen von Beihilfen mit regionaler Zielsetzung eingegrenzt sowie ein gemeinschaftliches Überwachungssystem begründet. Hierbei sind sehr leicht **Konflikte mit regionalpolitischen Förderungsabsichten in Mitgliedstaaten** möglich. „Arme" Regionen „reicher" Mitgliedstaaten mögen auf Gemeinschaftsebene verglichen mit den wirtschaftlich schwachen EG-Regionen nur begrenzt als förderungsfähig erscheinen, um Wettbewerbsverzerrungen zu vermeiden und die allmähliche Angleichung der Lebensverhältnisse in der EG (Art. 130 a = 158 neu EGV) voranzubringen. *(Sutherland,* EG-Nachrichten 1987, Nr. 5, S. 7 ff.).

1135 dd) Seit dem Maastrichter EUV 1992 können Beihilfen zur **Förderung der Kultur und der Erhaltung des kulturellen Erbes** als gemeinschaftskonform angesehen werden, wenn sie die Handels- und Wettbewerbsbedingungen in der EG nicht in einem dem gemeinsamen Interesse zuwiderlaufenden Maß beeinträchtigen (Art. 92 Abs. 3 d) = 87 Abs. 3 d) neu EGV, *Ress,* GS Grabitz, 1995, S. 595 ff.). Schon vorher wurden nichtdiskriminierende Kulturbeihilfen (Filmförderung, Denkmalschutz, z. B. E ABl. 1989, L 208/28) als sektorale Beihilfen im Sinne von lit. c) genehmigt. **„Kultur"** meint hier wie in Art. 128 = 151 EGV (unten Rz. 1968 ff.) umfassend (EuGHE 1994, I-4795 ff., RS C-23/93 „TV 10") Literatur, Schöne Künste, Architektur, Massenmedien, Kulturaustausch, dagegen nicht die Bereiche Bildung und Forschung. **„Erhaltung des kulturellen Erbes"** zielt auf den Kulturgüterschutz. Da der Kulturbereich weithin in nationaler Zuständigkeit verbleibt (Art. 128 = 151 EGV: „Kulturen der MSen"), spielt auch beim gemeinschaftsrechtlichen Kulturbegriff die jeweilige „nationale Färbung" eine besondere Rolle.

Kulturbeihilfen i. S. von Art. 92 Abs. 3 d) = 87 neu EGV unterliegen nur der Beihilfenaufsicht, wenn sie **in einem wirtschaftlichen Sinne** an Unternehmen oder Produktionszweige i. S. von Art. 92 Abs. 1 = 87 neu EGV vergeben werden und den **grenzüberschreitenden Wettbewerb** kultureller Dienstleistungsunternehmen berühren *(Kruse,* EWS 1996, S. 113 ff.). Ferner muß es sich um **gezielte („selektive") Maßnahmen** und nicht um allgemeine Kulturförderung handeln. Auf diese

Weise fallen große Teile der klassischen nationalen Kulturförderung zugunsten Theater, Archive, Bibliotheken, Museen aus dem Anwendungsbereich der Art. 92 ff. = 87 ff. neu EGV heraus. Bei deutschen öffentlichen Rundfunkgebühren fehlt es u. a. an der „Begünstigung" i. S. des Beihilfebegriffes (*Oppermann,* Dt. Rundfunkgebühren und europ. Beihilferecht, 1997; aA *Selmer/Gersdorf,* Die Fin. des Rf in der BRD auf dem Prüfstand des EG-Beihilfenregimes, 1994).

Soweit Kulturbeihilfen in den Anwendungsbereich von Art. 92 Abs. 3 d) = 87 neu EGV fallen, **werden sie in der Prüfungspraxis der Kommission grundsätzlich positiv gesehen,** da es Aufgabe der EG gemäß Art. 128 = 151 neu EGV ist, die Kulturen der MSen zu „entfalten" (*Slot,* State aids in the cultural sector, 1994). Gemeinschaftswidrig werden Kulturbeihilfen erst, wenn sie das gemeinsame Interesse im Binnenmarkt „beeinträchtigen" (und nicht bereits, wie bei lit. c) „verändern"). **Kulturförderung ist eine privilegierte Zwecksetzung der Gemeinschaft** (*Götz* aaO, RdNr. 80).

ee) Art. 92 Abs. 3 e) = 87 Abs. 3 e) neu EGV **ermächtigt schließlich in einer** **1136**
Generalklausel den Rat, durch qualifizierte Mehrheitsentscheidung mit vertragsergänzender Wirkung den Katalog der in Art. 92 Abs. 3 a) –d) = 87 Abs. 3 a) –d) neu EGV aufgeführten Befreiungstatbestände **um weitere Gruppen zu erweitern.** Von dieser weitreichenden Befugnis wurde bisher nur sparsam Gebrauch gemacht, erwiesen sich doch die vertraglich vorgesehenen Ausnahmeregelungen durchweg als ausreichend. Verschiedentlich wurde von Art. 92 Abs. 3 e) = 87 Abs. 3 e) neu EGV (die „Schiffbauklausel" des Art. 92 Abs. 3 c) S. 2 EGV wurde in Amsterdam 1997 gestrichen) für die Zulässigkeit von **Beihilfen für den Schiffbau und ihre degressive Verminderung** Gebrauch gemacht (Nachweise bei *v. Wallenberg,* in: Grabitz/Hilf (Hrsg.), EUV/EGV-Komm. (1996), Art. 92, RdNr. 86). Mit einer VO von 1998 werden die Schiffbauhilfen letztmalig bis 2003 (ab 2001 nur noch in EG-Fördergebieten wie z. B. Ostdeutschland) verlängert. Hintergrund ist der Wettbewerb der europäischen Werften mit oft subventionierter internationaler Konkurrenz.

Infolge der irgendwie wettbewerbsbeeinträchtigenden Wirkung nahezu jeder sektoralen oder regionalen Beihilfe versucht die Kommission grundsätzlich der Verfestigung solcher Beihilfen **durch Befristungen, degressive Gestaltung** u. ä. gegenzusteuern. Dem wirken jedoch in allen Mitgliedstaaten langjährige, oft allgemeinpolitisch bedingte Subventionsgewohnheiten entgegen.

III. Europäische Beihilfeaufsicht

Literatur: *Rengeling,* Europäischer Rechtsschutz bei Subventionen, Jura 1979, S. 236 ff.; *Flynn,* Commission Communication on cumulation of aids, ELRev 1985, S. 130 ff.; *Seidel,* Das Verwaltungsverfahren in Beihilfesachen, EuR 1985, S. 22 ff.; *Schwarze,* Subventionen im Gemeinsamen Markt und der Rechtsschutz des Konkurrenten, GS Martens, 1987, S. 819 ff.; *Steindorff,* Rückabwicklung unzulässiger Beihilfen nach Gemeinschaftsrecht, ZHR 1988, S. 474 ff.; *Leibrock,* Der Rechtsschutz im Beihilfeaufsichtsverfahren des EWGV, EuR 1990, S. 20 ff.; *Slot,* Procedural aspects of State aids, CMLRev 1990, S. 741 ff.; *Ciresa,* Beihilfenkontrolle und Wettbewerbspolitik in der EG, 1992; *Löw,* Der Rechtsschutz des Konkurrenten gegenüber Subventionen aus gemeinschaftsrechtlicher Sicht, 1992; *Bast/Blank,* Beihilfen in der EG und Rechtsschutzmöglichkeiten für Wettbewerber, WuW 1993, S. 181 ff.; *Schernthammer,* Das materielle Beihilfeaufsichtsrecht nach dem EWGV,

1993; *Winter,* Supervision of State aid: Art. 93 in the Court of Justice, CMLRev 1993, S. 311 ff.; *Pache,* Rechtsfragen der Aufhebung nationaler Beihilfebescheide, NVwZ 1994, S. 318 ff.; *Soukup,* Öffentliche Unternehmen und die Beihilfeaufsicht der EU, 1994; *Schütterle,* Die Beihilfekontrollpraxis der EU, EuZW 1995, S. 391 ff.; *Sinnaeve,* Der Konkurrent im Beihilfeverfahren nach der neuesten EuGH-Rspr., EuZW 1995, S. 172 ff.; *Ehlermann/Schütterle,* Vollzugsdefizit der europäischen Beihilfekontrollregeln?, EuZW 1996, S. 234 ff.; *Müller-Ibold,* The AEA proposal for a regulation on State aid procedure, EuZW 1996, S. 677 ff.; *Polley,* Die Konkurrentenklage im europäischen Beihilferecht, EuZW 1996, S. 300 ff.; *Reufels,* Europäische Subventionskontrolle durch Private, 1996; *Schneider,* Konkurrentenklagen als Instrument der europäischen Beihilfeaufsicht, DVBl. 1996, S. 1301 ff.; *Schroeder,* Rechtsprobleme der Beihilfenkontrolle durch die Kommission, ZIP 1996, S. 2097 ff.; *Ossenbühl,* Europarechtliche Beihilfenaufsicht und nationales Gesetzgebungsverfahren DÖV 1998, S. 444 ff.; *Sinnaeve,* Der Kommissionsvorschlag zu einer Verfahrensverordnung für die Beihilfenkontrolle, EuZW 1998, S. 268 ff.

(Literatur zur **Rückforderung EG-widrig gezahlter Beihilfen unten vor Rz. 1144**).

1137 Da der EG-Vertrag kein absolutes, unmittelbar wirksames Verbot wettbewerbsverfälschender staatlicher Beihilfen normiert, muß er ein **spezielles Verfahren zur Durchführung des materiellen EG-Beihilferechts festlegen.** In diesem Verfahren ist zu prüfen, ob eine Beihilfe mit dem Gemeinsamen Markt unvereinbar i. S. d. Art. 92 Abs. 1 = 87 Abs. 1 neu EGV ist, ob gegebenenfalls vertragliche Ausnahmevorschriften eingreifen oder die Anerkennung eines Befreiungstatbestandes i. S. d. Art. 92 Abs. 3 = 87 Abs. 3 neu EGV in Betracht kommt. Nach der Systematik der Vertragsvorschriften ist dabei nicht erforderlich, daß jede einzelne nationale Beihilfe von den zuständigen EG-Organen durch einen förmlichen Rechtsakt genehmigt wird. Die Beihilfebestimmungen gehen vielmehr von der **grundsätzlichen Vertragskonformität der einzelstaatlichen Regelungen** bis zur ausdrücklichen Feststellung des Gegenteils durch die Gemeinschaft aus *(Dashwood,* CMLRev. 1975, S. 43 ff.).

1. Zuständigkeitsverteilung zwischen Kommission und Rat

1138 Die Feststellung der Unvereinbarkeit staatlicher Beihilfen mit dem Gemeinsamen Markt **obliegt gemäß Art. 93 = 88 neu EGV der EG-Kommission** *(Seidel,* EuR 1985, S. 22 ff.). Sie hat über die Anwendung und Einhaltung der in Art. 92 = 87 neu EGV niedergelegten Grundsätze zu wachen, wobei ihr ein Ermessen nach Maßgabe der im Vertrag erkennbaren wirtschaftlichen und sozialen Wertungen zusteht (EuGHE 1980, 2671 ff. – RS 730/79 „Philip Morris“). Dem **Rat** kommt dagegen nur eine Normsetzungsbefugnis (Art. 92 Abs. 3 e) = 87 Abs. 3 e) neu EGV: Erweiterung des Kataloges der Befreiungstatbestände; Art. 94 = 89 neu EGV: Erlaß von Durchführungsverordnungen) sowie eine Reservefunktion in außergewöhnlichen Fällen (Art. 93 Abs. 2 3. U. A. = 88 Abs. 2 3. U. A. neu EGV) zu. Eine wichtige Rolle spielt auch bei der Beihilfenaufsicht der **Gerichtshof** durch seine rechtliche Kontrolle vor allem des Handelns der Mitgliedstaaten (Art. 93 Abs. 2 2. U. A. = 88 Abs. 2 2. U. A. neu EGV).

2. Vorprüfungsphase

1139 Hauptaufgabe der Kommission bei der Durchführung der gemeinschaftsrechtlichen Beihilfevorschriften ist es, die einzelstaatlichen Unterstützungsmaßnahmen möglichst **bereits in einem frühen Stadium zu erfassen** und einer ersten Prüfung zu unterziehen (Vorprüfungsphase).

a) Bestehende Beihilfen

Bei **bestehenden Beihilferegelungen,** d. h. Regelungen, die bereits bei Inkrafttreten des EWG-Vertrages 1958 bestanden oder die zu einem späteren Zeitpunkt von der Kommission genehmigt wurden (EuGHE 1992, I–4145 ff. – RS C 47/91), ist die Kommission auf eine **nachträgliche Bestandsaufnahme und Kontrolle** angewiesen (Art. 93 Abs. 1 S.1 = 88 neu EGV). Sie darf sich dabei jedoch nicht auf eine einmalige „Momentaufnahme" beschränken. Sie hat vielmehr **fortlaufend** die Rechtmäßigkeit und die vertragsmäßige Anwendung aller bestehenden nationalen Subventionen zu überprüfen, da aufgrund der Änderung von tatsächlichen Umständen und Durchführungsmodalitäten oder wegen der Fortentwicklung des Gemeinsamen Marktes die Voraussetzungen für die Vertragskonformität zwischenzeitlich entfallen sein können.

Selbstverständlich kann die Erfassung und Überprüfung der staatlichen Beihilfen nur **in engem Zusammenwirken zwischen Gemeinschafts- und einzelstaatlichen Behörden** erfolgen (EuGHE 1995 I–1651 ff. – RS C–135/93, st. Rspr.). Dabei sind die Regierungen der Mitgliedstaaten insbesondere verpflichtet, der Gemeinschaft die erforderlichen **Auskünfte** über ihre Beihilferegelungen zu erteilen (Art. 93 Abs. 3 = 88 Abs. 3 neu EGV). Die Kommission ist gehalten, primär auf gütlichem Wege eine Einigung herbeizuführen und zunächst mit Hilfe von Anregungen, Empfehlungen u. ä. auf die betreffenden Mitgliedstaaten einzuwirken. Sie hat nach Art. 93 Abs. 1 = 88 Abs. 1 neu EGV auch die Möglichkeit, **Mitteilungen allgemeiner Art** zu erlassen, um so ihre Rechtsauffassung über bestimmte Fallgruppen den Beteiligten zur Kenntnis zu bringen (Gemeinschaftsrahmen, Leitlinien u. ä., oben Rz. 1129). Kommen die Mitgliedstaaten diesen Empfehlungen nicht nach, muß die Kommission das **förmliche Verfahren** nach Art. 93 Abs. 2 = 88 Abs. 2 neu EGV einleiten. Bis zur Entscheidung im Hauptprüfungsverfahren dürfen bestehende Beihilfen weiter gewährt werden.

b) Neue Beihilfen

1140 Die **Erfassung neuer Beihilferegelungen,** d.h. von völlig neuen Vorhaben und von geplanten Novellierungen bestehender Beihilfen, wird durch die in Art. 93 Abs. 3 = 88 Abs. 3 neu EGV konkretisierte **Mitwirkungspflicht der Mitgliedstaaten** erheblich erleichtert. Danach ist die Kommission von jeder beabsichtigten Einführung oder Umgestaltung von Beihilfen so rechtzeitig zu unterrichten, daß sie innerhalb einer angemessenen Bedenk- und Untersuchungsfrist bereits **vorbeugend** die geplante Regelung auf ihre Vereinbarkeit mit dem Gemeinsamen Markt überprüfen und das Wirksamwerden vertragswidriger Beihilfen unterbinden kann. (EuGHE 1984, 3435 ff. – RS 91 u. 127/83). Die Kommission hat mit gebotener Eile zu prüfen. Analog Art. 173 u. 175= 230 u. 232 neu EGV wird für diese Vorprüfung eine Frist von zwei Monaten als ausreichend angesehen. Während der Vorprüfungsphase **besteht für den MS eine Sperre,** die geplante Beihilfe einzuführen. (EuGHE 1973, 1471 ff. – RS 120/73 „Investitionszulage"; EuGHE 1984, 1451 ff. – RS 84/82 „Textilbeihilfe", st. Rspr.).

1141 Leider kommen die Mitgliedstaaten ihrer Informationspflicht nicht selten **nur in höchst unzureichendem Maße nach.** Da jedoch der Abschluß des gemeinschaftlichen Prüfungsverfahrens (entweder durch abschließende Entscheidung der Kommission oder durch Nichteinleitung des förmlichen Verfahrens innerhalb der 2-Monats-Frist) die zwingende gemeinschaftsrechtliche Voraussetzung für die innerstaatliche Anwendbarkeit der nationalen Beihilferegelung bildet (Art. 93 Abs. 3 S. 3 = 88 Abs. 3 S. 3 neu EGV), ist es nicht zuletzt **Aufgabe der nationalen Gerichte,** dieser unmittelbar wirksamen Sperrvorschrift des EG-Vertrages in den Rechtsordnungen der Mitgliedstaaten Geltung zu verschaffen (grundlegend EuGHE 1973, 1471 ff. – RS 120/73 „Investitionszulage", *Goose,* AWD 1974, S. 74 ff.).

Die Kommission kann ihrerseits bei Mißachtung der mitgliedstaatlichen Informations- und Stillhaltepflicht unmittelbar rechtsaufsichtliche Maßnahmen nach Art. 93 Abs. 2 = 88 Abs. 2 neu EGV ergreifen und die **sofortige Aufhebung oder Umgestaltung** einer mit dem Gemeinsamen Markt unvereinbaren Beihilfe verlangen, ohne dem betreffenden Staate hierfür eine Frist zu setzen oder zunächst auf das umständlichere Verfahren des Art. 169 = 226 neu EGV zurückgreifen zu müssen (EuGHE 1974 – RS 173/73 „Familienzulagen"; zu den erleichterten Voraussetzungen einer einstweiligen Anordnung nach Art. 186 = 243 neu EGV in solchen Fällen schwerer Verfahrensverletzung EuGHE 1977 – RS 31/77 R u. 53/77 R).

1142 Im Regelfall wird die Kommission, wenn sie nach Würdigung der gesamten tatsächlichen und rechtlichen Umstände des Einzelfalles ein Beihilfeprojekt mit dem Gemeinsamen Markt für **vereinbar** hält, eine **positive Stellungnahme** abgeben, die in der Reihe „C" des ABl. publiziert wird. Zwar ist sie hierzu vertraglich nicht verpflichtet, doch entspricht dies „gutem Verwaltungsstil" (EuGH in den Entscheidungen zur Investitionszulage). Eine solche Einstellung des Verfahrens kann sowohl von negativ betroffenen MS als auch von **Konkurrenzunternehmen** der Beihilfeempfänger vor dem Gerichtshof angefochten werden (EuGHE 1984, 1451 ff. – RS 84/82; EuGHE v. 28. 1. 1986, RS 169/84; st. Rspr.; *Polley,* EuZW 1996, S. 300 ff.; näher unten Rz. 1147). Auch wenn die Kommission eine mit unverbindlichen Änderungsvorschlägen versehene Stellungnahme erläßt oder innerhalb der zweimonatigen Vorprüfungsfrist Schweigen bewahrt, darf der betreffende Mitgliedstaat (nach vorheriger Ankündigung) die der Gemeinschaft angezeigte Beihilfemaßnahme in Kraft setzen. Diese ist dann als „bestehende Beihilferegelung" i. S. d. Art. 93 Abs. 1 = 88 Abs. 1 neu EGV anzusehen und unterliegt der (nachträglichen) fortlaufenden Überwachung durch die Gemeinschaftsbehörden. Gelangt jedoch die Kommission im Rahmen ihrer Vorprüfung zum Ergebnis, daß die geplante Beihilfemaßnahme mit dem Gemeinsamen Markt **unvereinbar** ist, muß sie das Verfahren nach Art. 93 Abs. 2 = 88 Abs.

2 neu EGV einleiten und eine **rechtsförmliche Entscheidung** erlassen (EuGHE 1993, I–3203 ff. – RS C–225/91 „Metro").

3. Hauptprüfverfahren

Das **förmliche Verfahren** nach Art. 93 Abs. 2 = 88 Abs. 2 neu EGV („Hauptprüfverfahren") ist in einen außergerichtlichen Verfahrensabschnitt, der zugleich das Vorverfahren gemäß Art. 169 = 226 neu EGV ersetzt, und ein gerichtliches Verfahren unterteilt (Eingehend *Rawlinson,* in: Lenz (Hrsg.), EGV-Komm., 1994, Art. 93, RdNr. 9 ff.). 1143

a) Außergerichtliches Verfahren

Die Kommission hat, wenn sie zu einer **negativen Beurteilung** bestehender oder geplanter Beihilferegelungen gelangt (zur Notentscheidungskompetenz des Rates bei Vorliegen außergewöhnlicher Umstände Art. 93 Abs. 3 3. U. A. = 88 Abs. 3 3. U. A. neu EGV), zunächst allen Beteiligten, den MS wie den betroffenen Unternehmen und auch interessierten Konkurrenten unter Fristsetzung (meist 4 Wochen) **Gelegenheit zur Äußerung** zu geben. In der Regel geschieht dies in Form einer Mitteilung, die im Amtsblatt Nr. C veröffentlicht wird. Erst nach Fristablauf darf die Kommission, falls sich nicht doch noch (wie in der Gemeinschaftspraxis in vielen Fällen) eine einvernehmliche Lösung erzielen läßt, eine **negative förmliche Entscheidung** i. S. d. Art. 189 = 249 neu EGV erlassen. Hierin wird sie unter Darlegung ihrer Ermessenserwägungen die Unvereinbarkeit einer Beihilfe mit dem Gemeinsamen Markt feststellen und dem betreffenden MS aufgeben, die geplante Regelung nicht oder nur unter gewissen Auflagen in Kraft zu setzen bzw. eine bestehende Maßnahme innerhalb einer gewissen Frist völlig aufzuheben oder umzugestalten und etwa bereits gewährte Beihilfen **zurückzufordern.**

Exkurs: Rückforderung EG-widriger Beihilfen:

Literatur: *Magiera,* Rückforderung gemeinschaftswidriger staatlicher Beihilfen, FS Börner, 1992, S. 213 ff.; *Borde,* La restitution des aides d'Etat, RTDE 1993, S. 477 ff.; *Croizier,* La recupération des aides nationales octroyées en violation du traité CEE, 1993; *Schulze,* Vertrauensschutz im EG-Recht bei der Rückforderung von Beihilfen, EuZ 1993, S. 279 ff.; *Jestaedt,* Das Rückzahlungsrisiko bei „formell rechtswidrigen" Beihilfen, EuZW 1993, S. 49 ff.; *Heiermann,* Rückzahlungsverpflichtungen bei gemeinschaftswidrig gewährten Beihilfen, 1994; *Richter,* Die Rückforderung staatlicher Beihilfen nach §§ 48, 49 VerwVfG bei Verstoß gegen Art. 92 ff. EGV, 1995; *Beckmann,* Die Rückforderung gemeinschaftswidriger staatlicher Beihilfen, 1996; *Hopt/Mestmäcker,* Die Rückforderung staatlicher Beihilfen nach europäischem und deutschem Recht, WM 1996, S. 753 ff., 802 ff.; *Kahl,* Die Rückabwicklung europarechtswidriger Beihilfen, JA 1996, S. 857 ff.; *Sinnaeve,* Die Rückforderung gemeinschaftsrechtswidriger nationaler Beihilfen, 1997; *Happe,* Rückforderung von Zuwendungen nach negativer Kommissionsentscheidung im Beihilfeverfahren, NVWZ 1998, S. 27 ff.;

Die **Rückforderung von Beihilfen, die gemeinschaftswidrig national ausgezahlt wurden,** ist eine notwendige Konsequenz zur Wiederherstel- 1144 lung eines rechtmäßigen Zustandes. Sie wird in der Gemeinschaftspraxis seit den 80er Jahren systematisch praktiziert (eingehend *Sinnaeve,* Die Rückforderung gemeinschaftsrechtswidriger nationaler Beihilfen, 1997).

Die Rechtswidrigkeit kann sich aus der Mißachtung des Verbotes der Auszahlung **vor Erlaß der abschließenden Kommissionsentscheidung** gemäß dem unmittelbar wirksamen Art. 93 Abs. 3 S. 3 = 88 Abs. 3 S. 3 neu EGV ergeben **(„formelle Rechtswidrigkeit")** oder aus der **Verletzung der abschließenden Kommissionsentscheidung** gemäß Art. 93 Abs. 2 S. 1 = 88 Abs. 2 S. 1 neu EGV **(„materielle Rechtswidrigkeit").** Auch in diesem Falle besteht ein unmittelbar wirksames Beihilfeverbot. In beiden Fällen **ist das begünstigte Unternehmen verpflichtet, die Beihilfe an die nationale Stelle zurückzuzahlen.** Der beihilfegewährende Staat ist zur Rückforderung berechtigt und verpflichtet. Die Kommission kann als Beihilfeaufsicht von diesem Staat in Fällen formeller Rechtswidrigkeit in ihrer abschließenden Entscheidung die Rückforderung vom begünstigten Unternehmen verlangen. Bei materieller Rechtswidrigkeit kann sie das vereinfachte Vertragsverletzungsverfahren gemäß Art. 93 Abs. 2 U. A. 2 = 88 Abs. 2 U. A. 2 neu EGV gegen den MS einleiten. In ihm kann der MS gegen seine Rückforderungspflicht nur noch Einwände „absoluter Unmöglichkeit" der Rückforderung geltend machen, die nicht in Schwierigkeiten des nationalen Rechts bestehen dürfen (Zur umfangreichen Rückforderungs-Rspr. des EuGH seit EuGHE 1973, 813 ff. – RS 70/72 „Kommission/Deutschland" *v. Wallenberg,* in: Grabitz/Hilf (Hrsg.), EUV/EGV-Komm. (1996), Art. 93, RdNr. 70 ff. und ergänzend *Schohe/Hoenike,* EuZW 1997, S. 746 f.).

In Fällen formeller Rechtswidrigkeit kann sich das begünstigte Unternehmen in engen Grenzen auf **Vertrauensschutz** gegen die Rückzahlung berufen (EuGHE 1990, 3437 ff. – RS C–5/89, st. Rspr., *Schulze,* EuZW 1993, S. 279 ff. und *Dickersbach,* NVwZ 1996, S. 968).

1145 Nähere gemeinschaftliche Regeln für das Rückforderungsverfahren **(„europäisches Verwaltungsrecht") fehlen bisher.** Die Kommission hat 1998 einen Verordnungsvorschlag gemäß Art. 94 = 89 neu EGV zum Beihilfeverfahren vorgelegt (ABl. 1998, C 116/13, *Sinnaeve,* EuZW 1998, S. 268 ff.). Bis zum Erlaß solchen Sekundärrechts regelt sich die Rückforderung zwischen dem MS und dem Unternehmen nach **nationalem Recht,** in Deutschland insbesondere nach §§ 48, 49 VerwVfG *(Richter,* DÖV 1995, S. 846 ff.). Im Zusammenhang mit der Prüfung des Vertrauensschutzes erkennt der Gerichtshof Gesichtspunkte des Gutglaubensschutzes und ungerechtfertigter Bereicherung gemäß nationalem Recht als relevant an (EuGH 1998, RS C–366/95, C–298/96).

Im Näheren befindet sich die Rückforderungsproblematik weiterhin in lebhafter Diskussion.

b) Verfahren vor der europäischen Gerichtsbarkeit

1146 Kommt der betreffende MS der Entscheidung der Kommission nach Art. 93 Abs. 2 = 88 Abs. 2 neu EGV bis zu dem gesetzlichen Termin (Bei unter

Verletzung der Sperrwirkung des Art. 93 Abs. 3 S. 3 = 88 Abs. 3 S. 3 neu EGV eingeführten Beihilfen ist allerdings keine Fristsetzung erforderlich) nicht nach, kann die Kommission oder jeder betroffene Staat **den Gerichtshof der Europäischen Gemeinschaften** unmittelbar, also ohne ein erneutes Vorverfahren nach Art. 169 bzw. 170 = 226 bzw. 227 neu EGV durchführen zu müssen, **gegen den betreffenden MS anrufen.** Der MS kann seinerseits gemäß Art. 173 = 230 neu EGV gegen die Kommissionsentscheidung beim EuGH klagen, ebenso das von der Kommissionsentscheidung unmittelbar und individuell betroffene **Unternehmen** beim EuG gemäß Art. 173 Abs. 4 = 230 Abs. 4 neu EGV i. V. m. Art. 3 Ratsbeschluß 88/591 zum Gericht 1. Instanz.

Aber auch unmittelbar und individuell betroffene **Konkurrenzunternehmen** verfügen nach denselben Anspruchsgrundlagen über Rechtsschutz. 1147

Die sog. **„Konkurrentenklage"** *(Polley,* EuZW 1996, S. 300 ff.) rügt an der E der Kommission, daß die Genehmigung der Beihilfe an das begünstigte Unternehmen rechtswidrig gewesen sei oder daß die Kommission untätig geblieben sei. (Grundsätzliche Anerkennung seit EuGHE 1986, 391 ff. – RS 169/84 „Cofaz", zur neueren Entwicklung *Sinnaeve,* EuZW 1995, S. 172 ff m. w. N.). **Schadensersatzansprüche** des Konkurrenten gegen das begünstigte Unternehmen gewährt das EG-Recht nicht (EuGHE 1996, I–3547 ff. – RS C–39/94 „SFEI").

Noch ungesichert ist eine Konkurrentenklage gegen den beihilfegewährenden Staat nach nationalem Recht *(Götz,* Subventionsrecht, in: Dauses (Hrsg.), Hdb. EU-WirtschR. (1996), H. III, RdNr. 116).

Durch die verschiedenen Rechtsschutzmöglichkeiten haben EuG und EuGH mittlerweile eine umfangreiche Judikatur zum EG-Beihilferecht entwickelt *(Schohe/Hoenike,* EuZW 1997, S. 741 ff.).

IV. Ausblick: Disziplinierung der „Beihilfenflut"

Literatur: *Börner,* Subventionen – Unrichtiges Europarecht, FS Carstens, 1984, S. 63 ff.; *Caspari,* Subventionen in der EG – Gefahr für den Gemeinsamen Markt?, in: Mehr soziale Marktwirtschaft, weniger Subventionswirtschaft, 1984, S. 17 ff.; *Seidel,* Beihilfen und Strukturveränderungen in der EG, in: Strukturwandel in der EG, 1985, S. 117 ff.; *Caspari,* Die Beihilferegeln des EWGV und ihre Anwendung, FS v. d. Groeben, 1987, S. 69 ff.; *BDI* (Hrsg.), EG-Beihilfenpolitik im Prozeß der Integration, 1993; *Dickersbach,* Die Entwicklung des Subventionsrechts seit 1984/1993, NVwZ 1993, S. 846 ff.; NVwZ 1996, S. 962 ff.; *Kokott,* Nationales Subventionsrecht im Schatten der EG, DVBl. 1993, S. 1235 ff.; *Van Miert,* Die Zukunft der Wettbewerbspolitik in der EU, 1997; *Sinnaeve,* Der Kommissionsvorschlag zu einer Verfahrensverordnung für die Beihilfenkontrolle, EuZW 1998, S. 268 ff.

(Die laufende Subventionskontrolle läßt sich im Teil „Beihilfen" des jährlichen **Wettbewerbsberichtes der Kommission** verfolgen.)

Die Entwicklung und Durchsetzung einer kohärenten Beihilfenaufsicht 1148
ist für Kommission und Rat aus verschiedenen Gründen **schwierig.** Grundsätzlich handelt es sich, wie gezeigt, in diesem Bereich nicht um die Erzwingung eines strikten Verbotes, sondern um die immer wieder neu zu findende **Unterscheidung zwischen gemeinschaftsrechtlich erlaubter oder untersagter Subventionierung.** Ein nie gänzlich auflösbares Dilemma liegt

in diesem Zusammenhang darin, daß die Aufgabe der Kommission auf die Wahrung des innergemeinschaftlichen Wettbewerbs begrenzt ist (oben Rz. 1099), während die Beihilfepolitik als Bestandteil der allgemeinen Wirtschaftspolitik grundsätzlich den MS zusteht. Diese betrachten die Möglichkeit von Subventionierungen aus allgemeinpolitischen Erwägungen oft als einen essentiellen Bestandteil ihrer wirtschafts- und sozialpolitischen Befugnisse. Da andererseits die (potentielle) Wettbewerbsbeeinträchtigung durch Beihilfegewährung verhältnismäßig einfach und häufig gegeben ist, entstehen notwendig **Zielkonflikte zwischen Gemeinschaft und MS.**

Trotz solcher Probleme hat die Beihilfenaufsicht durch die EG-Kommission im Laufe der Zeit Fortschritte gemacht und insbesondere mit Hilfe der begleitenden Rechtsprechung des Gerichtshofes **allmählich festere Maßstäbe gewonnen.**

1149 Die Kommission prüft mittlerweile jährlich weit über 500 Beihilfefälle. Mit immer neuen Gemeinschaftsrahmen, Leitlinien u. ä. (oben Rz. 1129) sucht sie die Berechenbarkeit ihrer Beihilfepraxis zu verbessern. Allerdings ist ihre Prüfungskapazität personell begrenzt. Dennoch wird die Errichtung eines **„EG-Beihilfenamtes"** als nachgeordnete Behörde der Kommission wegen des hochpolitischen Charakters vieler Beihilfefälle überwiegend abgelehnt (Business Law Europe, 24/1994, S. 1 ff.).

Stattdessen sucht die Kommission durch **Rationalisierung ihrer Verfahren** der „Beihilfenflut" Herr zu werden. In diesen Zusammenhang gehören ihre Vorschläge, auf der Grundlage von Art. 94 = 89 neu EGV nach dem Vorbild der Wettbewerbsregeln für Unternehmen (oben Rz. 1032) mit einer **VO für Gruppenfreistellungen „unbedenklicher" Beihilfen** (EuZW 1997, S. 578 f.) Entlastung zu schaffen und mittels des Vorschlages für eine **Verfahrensverordnung** (ABl. 1998, C 116/13) die Beihilfeprüfung nach Art. 93 = 88 neu EGV transparenter und rechtssicherer zu gestalten. Hintergrund dieser Initiativen ist das Anliegen der Kommission, ihre Kräfte auf die **großen und wichtigen Fälle** von Beihilfen mit wirklicher Binnenmarktrelevanz konzentrieren zu können (*Van Miert,* Die Zukunft der Wettbewerbspolitik in der EU, 1997, S. 18 ff.).

1150 Trotz aller Bemühungen der Gemeinschaft um Beihilfendisziplin im Gemeinsamen Markt **hat sich das globale Beihilfenvolumen in der EG im Laufe der 90er Jahre wieder erhöht.** 1992–1994 wurden allein in der verarbeitenden Industrie der 12er-EU jährlich 43 Mia. ECU nationale Beihilfen von den MSen aufgewendet. Deutschland entwickelte sich dabei hauptsächlich durch die Aufwendungen zugunsten des Wiederaufbaues Ostdeutschland sowie für Landwirtschaft und Kohle zum **„Beihilfeneuropameister"** *(Van Miert)* mit durchschnittlich 1476 ECU je Beschäftigtem im jährlichen Durchschnitt 1992–1994 gegenüber 715 ECU im Gemeinschaftsdurchschnitt. Der Gemeinschaft bleibt die Aufgabe gestellt, diesem finanz- und ordnungspolitisch höchst unbefriedigenden Zustand gegenzusteuern. Das Bemühen der Kommission um eine stärkere Konzentration ihrer Kon-trollpraxis auf Fälle von wesentlicher wirtschaftlicher Bedeutung kann hierfür alleine nicht ausreichen. Ebenso ist der Rat gefordert, eine **„europäische Beihilfenphilosophie"** zu entwickeln und mit den ihm gemäß Art. 94 = 89 neu EGV zur Verfügung stehenden Befugnissen durchzusetzen.

§ 16. Steuern

Literatur: Das Schrifttum zum Europäischen Steuerrecht ist kaum mehr überschaubar. Umfangreiche Zusammenstellungen (im wes. identisch) bei *Voss,* Steuerliche Vorschriften, in: Dauses (Hrsg.), Hdb. EU-WirtschR. (1997), J und *Voss,* in: Grabitz/Hilf (Hrsg.), EUV/EGV-Komm. (1998), vor Art. 95 EGV.
Vedel, Die steuerlichen Gesichtspunkte des Gemeinsamen Marktes, StuW 1959, S. 529 ff.; *Runge,* Die europäischen Verträge und die Steuerhoheit der Mitgliedstaaten, AWD 1963, S. 225 ff.; *Wägenbaur,* Les fondements juridiques d'une politique fiscale des CE, RevScFin 1975, S. 5 ff.; *Moussis,* Le cadre juridique de la politique fiscale communautaire, RMC 1983, S. 168 ff.; *Becker,* Die steuerlichen Sekundärwirkungen auf den europäischen Binnenmarkt, DB 1989, S. 2041 ff.; *Voss,* Steuern in Europa, DStR, 1991, S. 925 ff.; *Lüdemann,* EG-Recht und nationales Steuerrecht, BB 1992, S. 1606 ff.; *Easson,* Taxation in the EC, 1993; *Herzig,* Steuergestaltung im Binnenmarkt, DB 1993, S. 1 ff.; *Voss,* Europäisches und nationales Steuerrecht, StuW 1993, S. 155 ff.; *Bierwagen,* Die Steuern im Binnenmarkt, in: Oppermann/Moersch (Hrsg.), Profi-Hdb Wirtschaftsraum Europa, 3. Aufl. 1994, S. 257 ff.; *Endres,* Steuerliche Aspekte der europäischen Integration, RIW 1994, S. 572 ff.; *Farmer/Lyal,* EC Tax Law, 1994; *Terra/Wattel,* European Tax Law, 1994; *Vanistendael,* The limits of the New Community Tax Order, CMLRev 1994, S. 293 ff.; *Birk* (Hrsg.), Hdb. des Europäischen Steuerrechts, 1995; *Weerth,* Der gegenwärtige Stand des Gemeinschaftsrechts und das Steuerrecht, RIW 1995, S. 395 ff.; *E. Klein,* Der Einfluß des Europarechts auf das deutsche Steuerrecht, in: Lehner (Hrsg.), Steuerrecht im Europäischen Binnenmarkt, 1996, S. 7 ff.; *Balke,* Steuerliche Gestaltungsmöglichkeiten der Mitgl. Staaten und freier Warenverkehr im europ. Binnenmarkt, 1998; *Takacs,* Das Steuerrecht der EU, 1998.

Für die Schaffung eines gemeinsamen Binnenmarktes muß sich die EG **1151**
notwendigerweise in mehrfacher Hinsicht mit den nationalen Steuerordnungen der Mitgliedstaaten befassen, da sich deren Unterschiedlichkeiten ganz wesentlich auf das Funktionieren des Gemeinsamen Marktes auswirken. Zu einem „Raum ohne Binnengrenzen" (Art 7 a = 14 neu EGV) gehört auch der **Wegfall der Steuergrenzen** *(Voss,* in: Grabitz/Hilf (Hrsg.), EUV/EGV-Komm. (1998), vor Art. 95, RdNr. 38). – In den Zusammenhang der Entwicklung der Finanzordnung der Gemeinschaft (oben Rz. 811) gehört ferner die Frage der **Erhebung von Gemeinschaftssteuern** zur Deckung von Gemeinschaftsausgaben, die bisher allerdings in der Gemein-schaftspraxis nur marginal aufgeworfen wurde.

I. Abbau der Steuergrenzen und Gemeinschaftssteuerhoheit im EG-Vertrag

Literatur: *Flume/Schmidt,* Die steuerliche Behandlung des grenzüberschreitenden Verkehrs nach Montanunion- und EWG-Vertrag, 1962; *v. d. Groeben,* Die Bedeutung der Steuerangleichung für die Europäische Integration, 1968; *Genot,* Fiscal harmonisation and European Integration, ELRev 1978, S. 355 ff.; *Magiera,* Die Finanzierungsgrenzen der EG und ihre Erweiterung, FS Carstens, 1984,

S. 185 ff.; *Biehl,* Die Beseitigung der Steuergrenzen in der EG. Die neue Strategie der Kommission, WirtschDienst 1986, S. 518 ff; *Easson,* The elimination of fiscal frontiers, 1986; *EG-Kommission* (Hrsg.), Die Angleichung der nationalen Steuersysteme, 1986; *Börner,* Die Unzulässigkeit einer Steuer auf Nichtbutterfette nach dem EWGV, 1987; *Berlin,* L'élimination des frontières fiscales dans la CEE, Droit et pratique du commerce international, 1989, S. 85 ff.; *Klein,* Zur Frage der künftigen Steuerhoheit der EG, FS Wöhe, 1989, S. 191 ff.; *Randzio-Plath* (Hrsg.), Zur Steuerpolitik der EG im Binnenmarkt, 1993; *Scheffler,* Besteuerung grenzüberschreitender Unternehmenstätigkeit, 1995.

1152 Die beiden Aufgaben der Beseitigung der innergemeinschaftlichen Steuergrenzen einerseits und des evtl. künftigen Ausbaues einer EG-Steuergewalt sind wesentlich unterschieden *(Denton,* JCMS 1978, S. 283 ff.). Im ersten Falle handelt es sich um den **Ausschluß steuerlicher Diskriminierungen und weiterer Unterschiedlichkeiten im innergemeinschaftlichen Warenverkehr,** der nach den Art. 7 a, 95 – 99 = 14, 90 – 93 neu EGV unmittelbar durch geeignete Verbote, später grundlegend durch eine mittelfristige Steuerharmonisierung innerhalb der EG erreicht werden soll. Die evtl. **Schaffung und Nutzung einer europäischen Steuerhoheit** ist dagegen ein grundsätzliches europapolitisches Thema, das in engem Bezug zur Finanzierung der EU steht (oben Rz. 919). Hier bedarf es nach Art. 201 = 269 neu EGV und Art. N = 48 neu EUV jeweils neuer Übertragung von Hoheitsrechten der MSen auf die Gemeinschaft.

1. Verbot der Steuerdiskriminierung und Gebot der Steuerharmonisierung

1153 Die Steuergewalt zählt als einer der wichtigsten Bestandteile der Finanzhoheit zu den Kernbereichen **mitgliedstaatlicher Souveränität** *(Klein,* FS Wöhr, 1989, S. 191 ff. und EuGHE 1985, 683 ff. – RS 55/83). Das **Budgetrecht** war und ist eine der vornehmsten Befugnisse der nationalen Parlamente. Aus solchen Gründen berührt der EGV

EGKSV und EAGV enthalten ihrerseits keine steuerlichen Vorschriften

den Steuerbereich in Verbindung mit der Errichtung des Gemeinsamen Marktes nur im Maße des Notwendigen. So werden in Art. 2 und 3 EGV die Beseitigung steuerlicher Diskriminierungen oder die Steuerharmonisierung **nicht als selbständige Ziele und Aufgaben der Gemeinschaft genannt.** Die Grundsatzbestimmungen und die einschlägigen steuerrechtlichen Vorschriften (Art. 95 ff. = 90 ff. neu EGV) beziehen steuerpolitische Maßnahmen vielmehr nur insoweit in das Tätigkeitsfeld der Gemeinschaft ein, als diese Mittel für die Beseitigung von Hindernissen für die vertraglichen Grundfreiheiten und für die Aufrechterhaltung eines Systems des freien Wettbewerbs darstellen. Den steuerpolitischen Maßnahmen kommt somit im Rahmen der EG vor allem eine **Hilfs- und Ergänzungsfunktion** im Hinblick auf die Verwirklichung der übrigen Vertragspolitiken, vor allem des Prinzips des freien Warenverkehrs, zu (EuGHE 1962, 867 ff. – verb. RS 2 u. 3/62 „Lebkuchen"; EuGHE 1980, 347 ff. – RS 168/78 „Besteuerung von Branntwein"). Dieser im Vertrag festgelegte funktionale Rahmen begrenzt zugleich prinzipiell Inhalt und Ausmaß aller steuerlichen Regelungen der Gemeinschaft *(Wägenbaur,* RevSCFin 1975, S. 5 ff.).

Im Vertragskapitel über „Steuerliche Vorschriften" (Art. 95 ff. = 90 ff. neu 1154
EGV), das in **Diskriminierungsverbote und Handlungsermächtigungen für den Erlaß von Rechtsangleichungsmaßnahmen** unterteilt ist, finden sich folglich fast ausschließlich Bestimmungen über die **indirekten, d.h. produktbezogenen Abgaben.** Diese können unmittelbar auf die Preise abgewälzt werden und sind somit geeignet, nach dem Abbau der Binnenzollschranken den freien Warenverkehr zwischen den MS nachhaltig zu stören. Die Errichtung der Zollunion (unten Rz. 1267 ff.) ließ die Existenz der z. T. erheblich divergierenden einzelstaatlichen Steuersysteme unberührt, so daß zwar die Zollgrenzen innerhalb der Gemeinschaft beseitigt sind, wegen der steuerlichen Ausgleichsmechanismen aber nach wie vor Steuergrenzen bestehen. Diese Steuerschranken können nur im Wege einer weitgehenden, durch Art. 99 = 93 neu EGV vorgezeichneten **Harmonisierung der wichtigsten indirekten Steuern** aufgehoben werden *(Krawitz,* Steuer und Studium, 1993, S. 93 ff.). Bis dahin versuchen die **abgabenrechtlichen Diskriminierungsverbote der Art. 95 – 98 = 90 – 92 neu EGV** diskriminierende und protektionistische Elemente inländischer Abgabensysteme in bezug auf den innergemeinschaftlichen Handel zu unterbinden.

Die **direkten Steuern,** die als **faktorbezogene Abgaben** nicht ohne wei- 1155
teres auf die Preise überwälzbar sind, schienen unter den Aspekten steuerlicher Wettbewerbsneutralität weniger bedeutsam zu sein. Sie werden ausdrücklich nur in dem bislang nicht zur Anwendung gekommenen Art. 98 = 92 neu EGV (Genehmigungsvorbehalt für Steuerrückvergütungen bei der Ausfuhr und für die Erhebung von Ausgleichsabgaben bei der Einfuhr) und in Art. 220, 2. UA = 293, 2. UA neu EGV **(Beseitigung der Doppelbesteuerung)** angesprochen. Willkürlich an die Staatsangehörigkeit des Steuerpflichtigen anknüpfende Tatbestände werden jedoch z. T. von den **allgemeinen Diskriminierungsverboten des Vertrages** mit erfaßt *(Bachmann,* RIW 1994, S. 849 ff.). Als rechtliche Grundlagen für die **Harmonisierung gewisser direkter Steuern** kommen die allgemeinen Rechtsangleichungsvorschriften des Vertrages, insbes. Art. 100 = 94 neu EGV, in Betracht *(Hellinger,* RIW 1976, S. 363 ff.).

Art. 100 = 94 neu EGV bleibt im Steuerbereich neben Art. 99 = 93 neu EGV auch nach Erlaß der EEA 1986 die maßgebliche Harmonisierungsnorm (vgl. Art. 100 a Abs. 2 = 95 Abs. 2 neu EGV).

Denkbar erscheint in Einzelfällen auch der **Rückgriff auf ungeschriebe-** 1156
ne Kompetenzen („Implied powers", oben Rz. 527) oder auf Art 235 = 308 neu EGV (oben Rz. 523), wenn die Verwirklichung einer Vertragspolitik (Durchführung der gemeinsamen Verkehrspolitik, Harmonisierung des Gesellschaftsrechts zur Herstellung der Niederlassungsfreiheit, usf.) die Einbeziehung von Fragen mit steuerrechtlichem Bezug sachlogisch erfordert. Andererseits beansprucht das **Subsidiaritätsprinzip** des Art. 3 b = 5 neu

EGV (oben Rz. 518 ff.) im Steuerbereich Geltung. Nur diejenigen Harmonisierungsmaßnahmen sind durchzuführen, die steuerlich für das Funktionieren des Binnenmarktes wirklich erforderlich sind (*Klein/Wolffgang,* in: Lenz (Hrsg.), EGV-Komm., 1994, Vorbem. Art. 95, Rz. 26).

Trotz der begrenzten Zielsetzung des Vertrages ist die praktische Bedeutung der gemeinschaftsrechtlichen steuerlichen Vorschriften für den innergemeinschaftlichen Handel nicht zu unterschätzen. Dies beweist nicht zuletzt die umfangreiche Rechtsprechung des EuGH, der in einer Vielzahl von Entscheidungen zu Steuerfragen allgemein und zu den abgabenrechtlichen Diskriminierungsverboten im besonderen den steuerlichen Vorschriften des EG-Vertrages Geltung verschafft hat (*Wouters,* Maastricht Journal of Europ. and Comp. Law 1994, S. 179 ff.).

2. Gemeinschaftssteuern

1157 Die Frage, ob und inwieweit die EG zur Deckung ihres allgemeinen Finanzbedarfs **Gemeinschaftssteuern von den EG-Bürgern erheben darf,** gehört in den Zusammenhang der EG-Finanzordnung (oben Rz. 811). Grundsätzlich finanziert sich die staatsnahe Gemeinschaft in Ausnützung des Art. 201 = 269 neu EGV seit 1980 vollständig aus eigenen Einnahmen (oben Rz. 891). **Zu den eigenen Mitteln im Sinne von Art. 201 = 269 neu EGV können auch Gemeinschaftssteuern gehören.** Jedoch bedarf es zu ihrer Einführung jeweils eines Ratsbeschlusses gemäß Art. 201 Abs. 2 = 269 Abs. 2 neu EGV, der nach den verfassungsrechtlichen Vorschriften der MS angenommen werden muß, also i. d. R. der **Ratifikation durch die nationalen Parlamente** bedarf. Bisher hat die Gemeinschaft von dieser Möglichkeit nur ganz am Rande Gebrauch gemacht und sich im wesentlichen auf die Eigenfinanzierung aus Zöllen/Abschöpfungen, den EG Anteil am Mehrwertsteueraufkommen der MS und auf die BSP-Mittel beschränkt (oben Rz. 831).

1158 Sieht man von der steuerähnlichen **EGKS-Umlage auf die Montanunternehmen** nach Art. 50 EGKSV ab, gibt es bisher nur die **Gemeinschaftssteuer auf die Bezüge des EG-Personals** aufgrund der Ermächtigung in Art. 13 Protokoll Vorrechte/Befreiungen der EGen v. 6.4.1965, BGBl. II, S. 1482, die nach der VO 260/68 (ABl. 1968, L 56/8 ff., Änderungen) aus Gründen der Gleichbehandlung von Europa- und nationalen Beamten erhoben wird (oben Rz. 833). Eine gelegentlich erörterte **Fett (Margarine) Steuer** wurde nicht eingeführt. Wegen ihres punktuellen Charakters werden gegen sie gemeinschaftsrechtliche Einwände erhoben (*Börner,* Die Unzulässigkeit einer Steuer auf Nichtbutterfette nach dem EWGV, 1987). Vor „Maastricht" legte die Kommission 1991 erstmals Vorschläge zur Erhebung von Gemeinschaftssteuern vor. Obwohl sie nicht angenommen wurden, dürfte die „Europasteuer" bei künftigen Revisionen der EG-Finanzordnung (oben Rz. 881 ff.) wieder auf der Tagesordnung stehen.

Ob es eines Tages zum Ausbau eines nennenswerten, auf Einnahmeerzielung größeren Stiles gerichteten **Gemeinschaftssteuersystems** kommt, hängt von der Fortentwicklung der Gemeinschaftsausgaben und letztlich von der künftigen Gestalt der Europäischen Union ab (näher *Voss,* in:

Grabitz/Hilf (Hrsg.), EUV/EGV-Komm. (1998), vor Art. 95, RdNr. 24 ff., auch zu den einzelnen Aspekten der Steuerhoheit).

II. Verbot der Steuerdiskriminierung

Literatur: *Ulmer,* Das Verbot der steuerlichen Diskriminierung von Einfuhrwaren in Art. 95 des EWGV und seine Auswirkungen auf das nationale Abgabenrecht, AWD 1966, S. 277 ff.; *Möller,* Ursprungs- und Bestimmungslandprinzipien, FinArch 1968, S. 385 ff.; *Wägenbaur,* Das Verbot steuerlicher Diskriminierung nach dem EWGV im Lichte der Rspr. des Gerichtshofs, EuR 1969, S. 20 ff.; *Kuch,* Art. 95 des EWGV in der Rspr. des BFH und des Gerichtshofes der EGen, 1974; *Canu,* Sui limiti posti dall'art. 95 I del Trattato CEE alla politica fiscale degli Stati membri, DirCom 1977, S. 309 ff.; *Wägenbaur,* Die Beseitigung steuerlicher Diskriminierungen im innergemeinschaftlichen Warenverkehr, RIW 1980, S. 121 ff.; *Barents,* The prohibition of fiscal discrimination in art. 95 of the EEC-Treaty, CMLRev 1981, S. 521 ff.; *Wägenbaur,* Elimination of discriminatory state taxation in Intra-Community trade: the contribution of the European Court of Justice, in: *Sandalow/Stein* (Hrsg.), Courts and free markets, 1982, S. 480 ff.; *Barents,* Art. 95 en de gemeenschappelijke markt, SEW 1983, S. 438 ff.; *Vandencasteele,* L'article 95 du traité CFE, CDE 1984, S. 543 ff.; *Barents,* Recent case law on the prohibition of fiscal discrimination under art. 95, CMLRev 1986, S. 641 ff.; *Stumpf,* Neuere Entwicklungen bei Diskriminierungsverbot und Harmonisierungsgebot im europäischen Mehrwertsteuerrecht, EuZW 1991, S. 713 ff.; *Hilpold,* Neuere Tendenzen in der europäischen Mehrwertbesteuerung: Ursprungslandprinzip vs. Bestimmungslandprinzip, EWS 1992, S. 337 ff.; *Bachmann,* Diskriminierungsverbote bei direkten Steuern im Regelungsbereich des EGV, RIW 1994, S. 849 ff.; *Steichen,* Der Gleichheitssatz im europäischen Steuerrecht, 1996; *Trautwein,* Das gemeinschaftsrechtliche Verbot diskriminierender und protektIonistischer Abgaben nach Art. 95 EGV – dargestellt anhand der Rspr. des EuGH, JA 1996, S. 813 ff.; *Wassermeyer,* Steuerliche Gleichbehandlung der EU-Mitgliedstaaten in Deutschland, EuZW 1998, S. 225.

Um steuerliche Wettbewerbsverzerrungen beim innergemeinschaftlichen 1159
Handel so weit als möglich sofort auszuschalten, **sehen Art. 95 – 98 = 90 – 93 neu EGV Diskriminierungsverbote vor.** Der Vertrag spricht dabei generell von „Abgaben", im wesentlichen geht es dabei um die Steuerbelastung von Waren bei der Aus- und Einfuhr.

1. Das Diskriminierungsverbot des Art. 95 = 90 neu EGV

a) Grundsätzliche Bedeutung des Art. 95 = 90 neu EGV

Solange die einzelstaatlichen Abgabensysteme noch differieren, insbesondere in den MS der EG noch unterschiedliche Steuersätze gelten, ist an den Grenzen der nationalen Steuergebiete die Aufrechterhaltung gewisser Mechanismen zum Ausgleich der unterschiedlichen Abgabenbelastungen unvermeidbar. Die speziellen abgabenrechtlichen Diskriminierungsverbote des EG-Vertrages (Art. 95 = 90 ff. neu) setzen diesem Grenzausgleich bei der Ein- und Ausfuhr von Waren jedoch enge Schranken. Sie haben die **Funktion,** die abgabenrechtliche Benachteiligung grenzüberschreitender Warenbewegungen zu verhindern und so im Interesse eines freien gemeinschaftlichen Binnenhandels **die Wettbewerbsneutralität der inländischen Abgaben-**

systeme sicherzustellen (EuGHE 1978, 1543 ff. – RS 142/77 „Stratens Kontrol", EuGHE 1980, 347 ff. – RS 168/78 „Besteuerung von Branntwein", st. Rspr.). Als spezielle Ausprägung des in Art. 6 = 12 neu EGV niedergelegten allgemeinen Diskriminierungsverbotes stellt Art. 95 = 90 neu EGV mit den ergänzenden Bestimmungen der Art. 96 ff. = 91 ff. neu EGV auf dem Gebiet der produktbezogenen Abgaben eine **„unerläßliche Grundlage des Gemeinsamen Marktes"** dar (EuGHE 1966, 257 ff. – RS 57/65 Lütticke"). Während nämlich der Fortgang der Steuerrechtsangleichung nach Art. 99, 100 = 93, 94 neu EGV (unten Rz. 1175) weitgehend vom politischen Willen der betroffenen MS abhängt, entfalten die Diskriminierungsverbote des Art. 95 = 90 neu EGV mit den ergänzenden Bestimmungen der Art. 95 ff. = 90 ff. neu EGV bereits seit dem Beginn der zweiten Stufe (1.1.1962) ihre volle Wirkung. **Sie sind unmittelbar anwendbar** und verdrängen somit entgegenstehende nationale Vorschriften. Sie begründen zudem **individuelle Rechte,** so daß sich jeder einzelne Unionsbürger gegenüber den nationalen Behörden und Gerichten ohne weiteres auf sie berufen kann. (Grundlegend EuGHE 1966, 257 ff. – RS 57/65 „Lütticke", zu Art. 95 Abs. 1 = 90 Abs. 1 neu EGV; EuGHE 1968, 333 ff. – RS 27/67 „Fink-Frucht", zu Art. 95 Abs. 2 = 90 Abs. 2 neu EGV st. Rspr.). Europarechtswidrig erhobene Steuern werden nach nationalem Recht erstattet (EuGHE 1988, 1799 ff. – RS 104/86).

b) Bestimmungslandprinzip/Ursprungslandprinzip

1160 Die steuerlichen Vorschriften des Vertrages basieren auf dem sog. (fakultativen) **Bestimmungslandprinzip,** das sich als steuerliches Ordnungsprinzip, das die steuerliche Wettbewerbsneutralität im grenzüberschreitenden Warenverkehr weitgehend garantiert, weltweit durchgesetzt hat (vgl. etwa Art. III des GATT 1994). Hiernach sollen Importwaren grundsätzlich **im Land ihrer Bestimmung (= Importland) nach dessen Steuersystem belastet werden,** während es dem Exportland freisteht, die ausgeführten Waren von seinen indirekten Steuern zu entlasten. In der Praxis erfolgt der an den Steuergrenzen vorzunehmende Belastungsausgleich im Wege der Steuerrückerstattung bei der Ausfuhr und der **Erhebung von Einfuhrausgleichsabgaben bei der Einfuhr von Waren.** Mit dem Wegfall der Grenzkontrollen im Binnenmarkt (unten Rz. 1553 ff.) kann das Bestimmungslandprinzip mangels Einfuhrtatbestandes auf Dauer nicht aufrechterhalten werden. Ursprünglich sollte es bis Ende 1997 durch das **Ursprungslandprinzip** ersetzt werden (RL 680/91, ABl. 1991, L 376/1). Der Termin konnte jedoch nicht eingehalten werden. Man erwartet die Umstellung erst nach 2000. Beim Ursprungslandprinzip ist die „Anschaffung" der Ware durch den importierenden Abnehmer maßgeblich, der die Umsatzsteuer des Ursprungslandes schuldet (*Hilpold,* EWS 1992, S. 337 ff.).

c) Zulässige Abgabenhöhen nach Art. 95, 96 = 90, 91 neu EGV

1161 In Ausführung und Erweiterung des fakultativen Bestimmungslandprinzips legt Art. 95 = 90 neu EGV **die Obergrenzen für die Erhebung von indirekten Abgaben auf Einfuhren aus anderen Mitgliedstaaten** und – in entsprechender Anwendung – auf Ausfuhren in andere Mitgliedstaaten (EuGHE 1978, 1543 ff. – RS 142/77 „Statens Kontrol") fest, indem er die Höhe der Abgabenbelastung dieser Waren durch das Niveau der auf entsprechende einheimische Erzeugnisse erhobenen Abgaben begrenzt. Er stellt somit ein **Schlechterstellungsverbot** dar, fordert jedoch nicht die absolute steuerliche Gleichbehandlung von einheimischen und ein- bzw. ausgeführten Produkten *(Vandencasteele,* CDE 1984, S. 543 ff.). Eine – in der Praxis wohl seltene – steuerliche Privilegierung von Importwaren wird folglich durch den EG-Vertrag nicht verboten (EuGHE 1979, 897 ff. – RS 86/78). Dies kann, zumindest theoretisch, dazu führen, daß eine solche Ware völlig steuerfrei bleibt, denn Art. 95 = 90 neu EGV läßt entsprechend den Regeln des Bestimmungslandprinzips die vollständige steuerliche Entlastung von Exportwaren im Ausfuhrland zu. Art. 96 = 91 neu EGV verbietet allerdings **Subventionen in Form überhöhter Rückerstattungen** (EuGHE 1965, 1125 ff. – RS 45/64 „Rückvergütung für Exportgüter der Maschinenindustrie"). Da der EG-Vertrag jedoch keine Pflicht der Exportstaaten zur Erstattung der von ihnen erhobenen indirekten Abgaben begründet, ist es andererseits nicht ausgeschlossen, daß exportierte Waren doppelt, nämlich sowohl im Einfuhrland als auch – etwa aus wirtschaftspolitischen Gründen – im Ausfuhrland nach den jeweiligen Abgabensystemen besteuert werden (EuGHE 1974, 1037 ff. – RS 27/74). Solche unerwünschten, gemeinschaftsrechtlich aber zulässigen Doppelbesteuerungseffekte können nur durch entsprechende zwischenstaatliche Absprachen oder durch gemeinschaftliche Regelungen im Zuge der Steuerrechtsharmonisierung beseitigt werden (Art. 220 = 293 neu EGV).

d) Der Anwendungsbereich des Art 95 = 90 neu EGV im Näheren

Die in den steuerlichen Vorschriften des Vertrages normierten Diskri- **1162**
minierungsverbote haben **unterschiedliche Anwendungsbereiche** *(Stumpf,* EuZW 1991, S. 713 ff.). Art. 95 Abs. 1 = 90 Abs. 1 neu EGV, der den Kern der steuerlichen Diskriminierungsverbote bildet, regelt den Normalfall der Konkurrenz von Importwaren aus anderen Mitgliedstaaten **mit gleichartigen Waren inländischer Produktion** (vgl. auch Art. III § 2 des GATT). Er untersagt allen öffentlich-rechtlichen Körperschaften, Waren aus anderen Mitgliedstaaten unmittelbar oder mittelbar mit höheren inländischen Abgaben gleich welcher Art zu belasten, als gleichartige inländische Waren unmittelbar oder mittelbar zu tragen haben. Ziel des Art. 95 = 90 neu EGV ist die **vollkommene Wettbewerbsneutralität der Besteuerung** für einheimische/eingeführte Erzeugnisse (EuGHE 1987, 3299 ff. – RS 356/85).

aa) Abgaben i. S. von Art. 95 = 90 neu EGV

Art. 95 = 90 neu EGV erfaßt grundsätzlich **alle indirekten inländischen Abga-** **1163**
ben, neben den **indirekten Steuern** (EuGHE 1977 247 ff. – RS 20/76) somit also auch **produktbezogene Beiträge** (etwa in Prozentsätzen des Warenwerts bemessene, an bestimmte öffentlich-rechtliche Körperschaften, Fonds u. ä. zu entrichtende „taxes parafiscales" (EuGHE 1975, 699 ff. – RS 94/74; EuGHE 1977, 557 ff. – RS 74/76 „Ente Nazionale per la Cellulosa e per la Carta"; EuGHE 1977 595 ff. – RS 78/76 – „Absatzfonds der deutschen Agrarwirtschaft"; *Götz,* FS Friauf, 1996, S. 37 ff.) und **Gebühren** (etwa für generell durchgeführte gesundheitspolizeiliche Untersuchungen; vgl. EuGHE 1976, 1871 ff. – RS 35/76; EuGHE 1977, 5 ff. – RS 46/76). Gleichwohl liegt sein Schwerpunkt auf dem Gebiet der indirekten Steu-

ern seit der Angleichung der Mehrwertsteuersysteme in der EG (unten Rz. 1178), vor allem der Verbrauchssteuern, so daß man ihn durchaus auch als „steuerliches" Diskriminierungsverbot bezeichnen kann.

bb) Gleichartigkeit der Waren

1164 Waren sind **gleichartig** i. S. d. Art. 95 Abs. 1 = 90 Abs. 1 neu EGV, wenn sie „auf der gleichen Produktions- oder Vertriebsstufe in den Augen des Verbrauchers die **gleichen Eigenschaften haben und denselben Bedürfnissen dienen"** (EuGHE 1976, 181 ff. – RS 45/75 „Deutsches Branntweinmonopol", st. Rspr.). Als Anhaltspunkte für die Beurteilung der gleichen oder vergleichbaren Verwendbarkeit kann dabei die gleiche oder verschiedene steuerrechtliche, zollrechtliche oder statistische Bezeichnung und Einordnung der betreffenden Ware dienen (EuGHE 1968, 333 ff. – RS 27/67 Fink-Frucht", st. Rspr.). Solange die steuerlichen Bemessungsgrundlagen in der EG noch nicht harmonisiert sind, steht den Mitgliedstaaten der Gemeinschaft bei der steuerrechtlichen Klassifizierung von Waren und der damit verbundenen Definition der im steuerrechtlichen Sinne gleichartigen Warengruppen ein gewisser Gestaltungsspielraum zu, der jedoch durch das Gemeinschaftsrecht begrenzt wird. So darf nach der Rechtsprechung des EuGH eine differenzierende Besteuerung von Waren, die dem gleichen wirtschaftlichen Zweck dienen, nur nach **„objektiv gerechtfertigten Kriterien"** erfolgen, die ohne Unterschied auf einheimische Erzeugnisse und solche aus anderen Mitgliedstaaten Anwendung finden (st. Rspr. EuGHE 1980, 1 ff. – RS 21/79 „Aufbereitete Mineralölerzeugnisse"). Ihre sachliche Rechtfertigung kann eine solche differenzierte steuerliche Behandlung gleichartiger Erzeugnisse aus **legitimen wirtschafts-, fiskal- oder sozialpolitischen Erwägungen** erfahren, die eine willkürliche, allein auf den Schutz der inländischen Produktion abzielende Diskriminierung von Einfuhren aus anderen Mitgliedstaaten ausgeschlossen erscheinen lassen (EuGHE 1976, 1079 ff. – RS 127/75 „Bobie"; EuGHE 1987, 1597 ff. – RS 196/85 „Süßer Wein", st. Rspr.).

cc) Zur Berechnung des Steuerausgleiches

1165 Ob ein- bzw. ausgeführte Waren **höher als entsprechende Erzeugnisse auf dem einheimischen Markt besteuert werden,** läßt sich im Regelfall ohne weiteres nach rein formalen Kriterien durch einen rechnerischen Vergleich der auf ihnen lastenden Abgaben feststellen, wobei es keine Rolle spielt, ob sich eine Höherbelastung im Endpreis der Waren niederschlägt oder nicht (EuGHE 1976, 181 ff. – RS 45/75 „Deutsches Branntweinmonopol").

Unterschiede in der steuerlichen Belastung beruhen allerdings nur in den seltensten Fällen **auf der Anwendung evident diskriminierender Steuersätze.** Da nach Art. 95 Abs. 1 = 90 Abs. 1 neu EGV Einfuhren entsprechend auch mit solchen Abgaben belegt werden dürfen, die einheimische Erzeugnisse nur **mittelbar,** d. h. „auf allen Fertigungs- und Vertriebsstufen, die denjenigen der Einfuhr gleichartiger Erzeugnisse aus anderen Mitgliedstaaten vorangehen oder entsprechen, tatsächlich und spezifisch treffen" (EuGHE 1968, 215 ff. – RS 28/67 „Molkereizentrale"), treten Schwierigkeiten bei der Berechnung des gemeinschaftsrechlich zulässigen Grenzausgleichs wohl allenfalls **beim Ausgleich steuerlicher Gesamtbelastungen** auf *(Easson,* CMLRev 1981, S. 521 ff.). Liegt erst einmal das fertige Endprodukt vor, sind die auf den einzelnen Verarbeitungsstufen angefallenen Steuerteilbeträge oft nur schwer rekonstruierbar. (Der mit der Abschaffung des kumulativen Mehrphasenumsatzsteuersystems obsolet gewordene und in Amsterdam 1997 gestrichene, frühere Art. 97 EGV hatte aus diesem Grunde eine Pauschalierung der Ausfuhrerstattungen zugelassen.) Die MS könnten unter diesen Umständen versucht sein, die auszugleichende mittelbare Steuerbelastung zu hoch anzusetzen oder außersteuerliche Kostenfaktoren in den steuerlichen Grenzausgleich einfließen zu lassen. Durch die gemeinschaftsweite Einführung des Mehrwertsteuersystems mit der Möglichkeit des Vorsteuerabzugs ist diese Gefahr für die praktisch wichtigste Steuerart zwar weitgehend gebannt. Sie besteht aber für die anderen indirekten Steuern fort. Insoweit sind vor allem die nationalen Gerichte aufgerufen, dem vertraglichen Verbot des allgemeinen Preisausgleichs Geltung zu verschaffen (EuGHE 1962, 867 ff. – verb. RS 2 u. 3/62 „Lebkuchen"; EuGHE 1976, 181 ff. – RS 45/75 „Deutsches Branntweinmonopol").

Zumeist folgen steuerliche Diskriminierungen von Erzeugnissen jedoch aus 1166 der unterschiedlichen Ausgestaltung der oft sehr subtilen **Steuertatbestände,** insbesondere der steuerlichen Bemessungsgrundlagen sowie der Befreiungs- und Privilegierungstatbestände, oder des **Besteuerungsverfahrens.** Ausschlaggebend ist dabei nicht unbedingt die formalrechtliche Gleichbehandlung vergleichbarer in- und ausländischer Warengruppen. Ein nationales Abgabensystem, das etwa Rohmaterialien oder Halbfertigprodukte besteuert, kann nicht ohne weiteres auf eingeführte Verarbeitungserzeugnisse übertragen werden. Auch können Steuertatbestände so zugeschnitten sein, daß sie zwar eingeführte und einheimische Waren nach formal gleichen Kriterien erfassen, faktisch aber ausschließlich oder vorwiegend ausländische Produkte benachteiligen bzw. einheimische Produkte begünstigen (EuGHE 1985, 1367 ff. – RS 112/84 „Les belles étrangères"; EuGHE 1990, I – 1567 ff., RS C–132/88, st. Rspr.). Es kommt deshalb entscheidend auf die „tatsächlichen Auswirkungen der jeweiligen Abgabe" an (EuGHE 1980, 481 ff. – RS 55/79 „Besteuerung von Branntwein"). Die steuerliche Belastung der Importe darf trotz Anwendung unterschiedlicher Abgabensysteme jedenfalls **im Ergebnis nicht höher sein** als die der vergleichbaren inländischen Produkte (vgl. EuGHE 1976, 1079 ff. – RS 127/75 „Bobie"). Werden gewisse nationale Erzeugergruppen steuerlich privilegiert, so muß ein „Äquivalent" zu der für die inländische Erzeugung geltenden Regelung auch für die ausländische Produktion geschaffen werden. Das gemeinschaftsrechtliche Diskriminierungsverbot wird verletzt, wenn Einfuhren nach pauschalen, einheimische Produkte dagegen nach differenzierten Bemessungskriterien besteuert werden, so daß die Einfuhren – wenn auch vielleicht nur in Einzelfällen – effektiv stärker belastet werden als entsprechende inländische Erzeugnisse. (Näher *Barents,* CMLRev 1986, S. 641 ff.)

dd) Konkurrenz ähnlicher Waren (Substitutionswettbewerb)

Der von Art. 95 Abs. 1 = 90 Abs. 1 neu EGV geforderte arithmetische 1167 Vergleich der steuerlichen Effektivbelastung von aus anderen MS eingeführten und einheimischen Erzeugnissen ist allerdings dann nicht durchführbar, **wenn eine nennenswerte vergleichbare inländische Produktion fehlt.** Dies kann natürlich nicht zur Folge haben, daß nun mangels direkter Vergleichsmöglichkeit solche Importe in beliebiger Höhe besteuert werden dürften. Steuerliche Maßnahmen können u. U. auch dann Wettbewerbsverzerrungen sein, wenn die Importwaren im Hinblick auf eine oder mehrere wirtschaftliche Verwendungsmöglichkeiten mit bestimmten „ähnlichen" Erzeugnissen des Einfuhrlandes teilweise oder potentiell konkurrieren (Bsp. Bier und Wein in Großbritannien, EuGHE 1983, 2265 ff. – RS 170/78 oder Ouzo und Whisky in Griechenland, EuGHE 1991, I–1909 ff. – RS C–230/89). In solchen Fällen der **Konkurrenz substituierbarer Erzeugnisse** muß eine gemeinschaftsrechtliche Bestimmung sicherstellen, daß der steuerliche Grenzausgleich keine hemmende Wirkung auf den grenzüberschreitenden Warenverkehr ausübt. Art. 95 Abs. 2 = 90 Abs. 2 neu EGV verbietet deshalb Abgabenbelastungen von Waren aus anderen Mitgliedstaaten insoweit, als jene geeignet sind, **unmittelbar** (d. h. zugunsten konkurrierender einheimischer Erzeugnisse) oder **mittelbar** (d. h. zugunsten von Tätigkeiten, die zur Herstellung der eingeführten Waren nicht gedient haben) **eine protektionistische Wirkung zu entfalten** (EuGHE 1968, 333 ff. – RS 27/67 „Fink-Frucht"; EuGHE 1982, 2701 ff. – RS 216/81 „Whisky", st. Rspr., näher *Voss,* in: Grabitz/Hilf (Hrsg.), EUV/EGV-Komm. (1998), Art. 95, RdNr. 42 ff.).

1168 Die **Abgrenzung von gleichen/gleichartigen und nur konkurrierenden/substituierbaren Erzeugnissen** ist in der Praxis nicht immer einfach (Bsp. Whisky – Cognac, hierzu EuGHE 1980, 347 ff. – RS 168/77), zumal der Begriff der Gleichartigkeit vom EuGH weit ausgelegt wird. Der EuGH hat vielfach das tatsächliche Verhältnis der zu vergleichenden Warengruppen offengelassen und allein Art. 95 Abs. 2 = 90 Abs. 2 neu EGV als eine Art Auffangtatbestand oder gar Art. 95 Abs. 1 und Abs. 2 = 90 Abs. 1 und Abs. 2 neu EGV **nebeneinander angewandt** (EuGHE 1978, 1787 ff. – RS 148/77 „Hansen"). Entscheidend für die Annahme von Substitutionswettbewerb im Sinne von Art. 95 Abs. 2 = 90 Abs. 2 neu EGV ist meist **die Sicht des Verbrauchers,** d. h. ob es trotz der Unterschiede die eine Ware statt der anderen kaufen würde (z. B. Rum statt Wein und Trester, EuGHE 1989, 2275 ff. – RS 323/87).

Ebenfalls mit erheblichen Schwierigkeiten verbunden ist die Prüfung, ob eine bestimmte Abgabe geeignet ist, **eine verbotene Schutzwirkung zugunsten der einheimischen Produktion auszuüben.** Hier sind – im Gegensatz zu Art. 95 Abs. 1 = 90 Abs. 1 neu EGV, der einen einfachen Vergleich der Belastungen erlaubt – alle Umstände des jeweiligen Einzelfalles abzuwägen. Dabei spielt die Homogenität des betreffenden nationalen Abgabensystems eine entscheidende Rolle, doch auch legitime wirtschaftspolitische Erwägungen sind anzuerkennen (näher *Klein/Wolffgang,* in: Lenz (Hrsg.), Komm. EGV, 1994, Art. 95, RdNr. 33).

ee) Fehlen gleichartiger und ähnlicher Waren

1169 Art. 95 = 90 neu EGV kann jedoch nach seinem Wortlaut dann nicht mehr eingreifen, wenn **kein Wettbewerb** zwischen gleichartigen bzw. substituierbaren in- und ausländischen Erzeugnissen **besteht** (z. B. bei der Einfuhr von Zitronen oder Gemüsepaprika nach Deutschland, vgl. EuGHE 1968, 333 ff. – RS 27/67). Soweit Erzeugnisse aus Ländern der Gemeinschaft betroffen sind, ist jedoch auch insoweit die Steuerhoheit der Mitgliedstaaten beschränkt. Die in Art. 95 = 90 neu EGV normierten und in den vertraglichen Bestimmungen über die Freiheit des Warenverkehrs zum Ausdruck kommenden Grundsätze **verbieten eine Abschottung der nationalen Märkte,** die durch eine über den „allgemeinen Rahmen des nationalen Abgabensystems" hinausgehende Besteuerung solcher Importe einträte (EuGHE 1985, 3237 ff. – RS 249/84).

2. Konkurrenzen mit anderen Vertragsregelungen

a) Zollabgaben

1170 Inländische Abgaben auf ausländische Erzeugnisse werden in der Regel bei deren Einfuhr in Form eines steuerlichen Grenzausgleichs erhoben und erscheinen deshalb rein äußerlich als **zollgleiche Abgaben,** die ja ebenfalls an den Vorgang der Grenzüberschreitung anknüpfen. Die **Abgrenzung zwischen den Anwendungsbereichen des Art. 95 = 90 neu und des Art. 12 = 25 neu EGV** wirft deshalb zuweilen komplizierte Probleme auf, die nicht zuletzt Anlaß zur Entwicklung einer umfangreichen Kasuistik geboten haben (*Kohler,* Abgaben zollgleicher Wirkung, 1978, insbes. S. 71 ff. m. w. N. und unten Rz. 1280 ff.).

Da Anlaß und Form der Erhebung einer Abgabe für ihre rechtliche Qualifizierung nicht ausschlaggebend sein kann, ist für die Abgrenzung zwischen Abgaben i. S. v. Art. 95 = 90 neu EGV und zollgleichen Abgaben entscheidend darauf abzustellen, ob eine Abgabe **unterschiedslos im- bzw. exportierte Produkte und auf dem inländischen Markt vertriebene Erzeugnisse erfaßt oder nicht.** Während nämlich Abgaben zollgleicher Wirkung ausschließlich grenzüberschreitende Warenbewegungen treffen, stellen die Abgaben i. S. d. Art. 95 = 90 neu EGV grundsätzlich **Teile eines allgemeinen Abgabensystems** dar, das inländische und ein-/ausgeführte Waren gleichermaßen, wenn auch u. U. in unterschiedlicher Höhe, besteuern will (EuGHE 1982, 1409 ff. – RS 15/81). Art. 12 = 25 neu und Art. 95 = 90 neu EGV regeln somit verschiedene Sachverhalte, so daß sich ihre Tatbestände gegenseitig ausschließen (st. Rspr. EuGHE 1965, 635 ff. – RS 10/65 „Deutschmann"; EuGHE 1979, 1923 ff. – RS 132/78 „Denkavit").

b) Maßnahmen gleicher Wirkung wie mengenmäßige Beschränkungen

Auch von **Maßnahmen gleicher Wirkung wie mengenmäßige Beschränkungen** unterscheiden sich steuerliche Maßnahmen nach Funktionsweise und Zweck so sehr, daß Art. 30 ff. und Art. 95 ff. = 28 ff. und 90 ff. neu EGV nicht auf denselben Tatbestand angewandt werden können (EuGHE 1968, 333 ff. – RS 27/67 „Fink-Frucht"; zum Verhältnis Art. 37 – Art. 95 = 31 – 90 neu EGV s. EuGHE 1978, 1787 ff. – RS 148/77 „Hansen", jeweils st. Rspr.). 1171

c) Beihilfen

Dagegen sind die vertraglichen Bestimmungen über die **staatlichen Beihilfen** (Art. 92 ff. = 87 ff. neu EGV) und die steuerlichen Vorschriften des EG-Vertrages **grundsätzlich nebeneinander anwendbar** (vgl. oben Rz. 1117). Werden z. B. Beihilfen, in deren Genuß nur einheimische Unternehmen kommen können, zumindest teilweise durch zweckgebundene, bei der Einfuhr von Waren erhobene Abgaben finanziert, so sind die (protektionistischen) Wirkungen einer solchen Finanzierungsweise nicht nur im Verfahren nach Art. 92 ff. = 87 ff. neu EGV zu berücksichtigen, sondern auch am Maßstab der abgabenrechtlichen Vorschriften zu messen (st. Rspr. EuGHE 1970, 487 ff. – RS 47/69 „Französische Textilabgabe"; EuGHE 1992, I–1847 ff. RS C–78/90 u. a. „Abgaben auf Erdöl"). Wegen des **zwingenden Charakters der steuerlichen Diskriminierungsverbote** besteht für alle Beihilfen, die den einheimischen Unternehmen unter Ausschluß ihrer ausländischen Konkurrenten in Form unmittelbarer Steuervergünstigungen gewährt werden, ein praktischer Anwendungsvorrang der Art. 95 ff. = 90 ff. neu EGV (vgl. EuGHE 1978, 1787 ff. – RS 148/77 „Hansen"; EuGHE 1981, 1413 ff. – verb. RS 142 u. 143/80 „Essevi und Salengo"). Zusätzlich ist in diesem Zusammenhang zu beachten, daß nach der Rspr. des EuGH solche Abgaben in bestimmten Fällen sogar eine „zollgleiche Wirkung" i. S. d. Art. 9 und 12 = 23 und 25 neu EGV haben können, wenn ihr Ertrag im Wege eines „juste retour" ausschließlich den einheimischen Abgabenpflich- 1172 tigen zugutekommt, so daß durch die Subventionierung der einheimischen Erzeugnisse die auf ihnen ruhenden Belastungen vollständig ausgeglichen werden (EuGHE 1977, 987 ff. – RS 77/76 und EuGHE 1977, 1029 ff. – RS 105/76; bei nur teilweisem Belastungsausgleich greift dagegen u. U. Art. 95 = 90 neu EGV ein [EuGHE 1980, 1533 ff. – RS 73/79 – „Sopravezzo", st. Rspr.]).

d) Andere Diskriminierungsverbote

1173 Art. 95 = 90 neu EGV erfaßt alle produktbezogenen Abgaben und schließt als **steuerrechtliche Sondervorschrift** insoweit die Anwendung allgemeiner Diskriminierungsverbote aus. Den faktorbezogenen, d. h. **direkten Steuern** wie Einkommen-, Körperschafts- und Vermögenssteuern mißt der EG-Vertrag keine so eminente Bedeutung für die Wirtschaftsbeziehungen zwischen den Mitgliedstaaten zu, wie sie die unmittelbar auf die Preise abwälzbaren, indirekten Steuern für den innergemeinschaftlichen Warenverkehr haben. Nur so erklärt sich im Bereich der direkten Steuern das **Fehlen spezieller Vertragsregelungen** – sieht man von Art. 98 und 220 = 92 und 293 neu EGV einmal ab – und insbesondere das Fehlen eines Art. 95 = 90 neu EGV entsprechenden strikten Diskriminierungsverbotes. Dennoch sind die Steuerpflichtigen aus anderen Mitgliedstaaten der Gemeinschaft nicht schutzlos der Willkür ihres Aufenthalts-/Tätigkeitsstaates ausgeliefert. Soweit die Aufgabenbereiche der Gemeinschaft berührt sind, greifen **andere spezielle Diskriminierungsverbote** bzw. subsidiär **die allgemeinen Diskriminierungsverbote** des Vertrages ein. Die Rechtsprechung des Gerichtshofes hat insbesondere seit längerem Art. 6 = 12 neu EGV zur Abstellung von Diskriminierungen Angehöriger anderer MSen im Steuerbereich eingesetzt (EuGHE 1990, I–1789 – RS C–175/88 „Biehl", näher *Steichen,* Der Gleichheitssatz im europäischen Steuerrecht, 1996).

1174 So fordert insbesondere der „effektiv" ausgelegte Art. 48 Abs. 2 = 39 Abs. 2 neu EGV (unten Rz. 1520 ff.) die vollkommene Gleichbehandlung der betroffenen ausländischen Arbeitnehmer hinsichtlich der **steuerlichen Behandlung ihrer Einkommen** (Ausdrücklich Art. 7 Abs. 2 der VO 1612/68, ABl. 1968, L 257/2). Vorbehaltlich der besonderen Bestimmungen des Vertrages verbietet Art. 6 = 12 neu EGV jede – d. h. auch jede steuerliche – Diskriminierung aus Gründen der Staatsangehörigkeit natürlicher Personen bzw. in entsprechender Anwendung der Staatszugehörigkeit juristischer Personen (s. o.). Mögliche **Doppelbesteuerungseffekte** oder steuerrechtliche Differenzierungen nach Wohn-, Aufenthalts- oder Niederlassungsort werden hierdurch zwar grundsätzlich nicht ausgeschlossen. Werden jedoch Angehörige anderer Mitgliedstaaten durch solche Regelungen im Vergleich zu eigenen Staatsangehörigen materiell benachteiligt, stellt sich die Frage der **Umgehung der vertraglichen Diskriminierungsverbote.** Die Mitgliedstaaten sind deshalb gehalten, in jedem Einzelfall einen sachlichen Rechtfertigungsgrund für die Ungleichbehandlung von Personen bzw. Unternehmen anderer Mitgliedstaaten nachzuweisen.

III. Steuerrechtsangleichung

Literatur: *Mesenberg,* Zur Aufhebung der Steuergrenzen in der EWG, AWD 1962, S. 213 ff.; *Debatin,* Das Problem der Steuerharmonisierung im Gemeinsamen Markt, Betr. 1966. S. 1321 ff.; *Verloren van Themaat,* Die Steuerharmonisierung in der EWG, Betr. 1966, S. 834 ff.; *Fischer,* Harmonisierung der Steuergesetzgebung in der EWG, NJW 1968, S. 231 ff.; *Vogelaar,* Steuerharmonisierung in der EG, AWD 1970, S. 198 ff.; *Oberson,* Harmonisation fiscale dans la CEE, 1972; *Hellinger,* Harmonisierung der Steuern nach den allgemeinen Rechtsangleichungsvorschriften der EWG?, RIW 1976, S. 363 ff.; *Höppner,* Die EG-Steuerharmonisierung, EuR 1977, S. 122 ff.; *EG-Kommission* (Hrsg.), Bericht an den Rat über die Aussichten für eine Angleichung der Steuersysteme in Europa, Bull. EG 1980, Beilage 1 = „*Burke*-Bericht"; *Andel,* Directions of tax harmonisation, FS Goode, 1983, S. 295 ff.; *Tugendhat,* The state of tax harmonisation in the EC, Intertax 1983, S. 6 ff.; *Choosen,* Tax harmonization in the EC, BIFD 1986, S. 545 ff.; *Laule,* Basic problems of harmonizing Tax Law in the EC, 1992; *Krawitz,* Stand der EG-Steuerharmonisierung, Steuern und Studium 1993, S. 93 ff.; *Sass,* Steuerharmonisierung in der EG, DB 1993, S. 113 ff.; *Schön,* Die Auslegung des europäischen Steuerrechts, 1993; *Schön,* Gestaltungsmißbrauch im Europäischen Steuerrecht, 1996; *Sapusek,* Ökonomische und juristische Analyse der Steuerharmonisierung in der EU, 1997; *Trzaskalik,* Der Einfluß des Europarechts auf das nationale Steuerrecht, in: Dörr/Dreher (Hrsg.), Europa als Rechtsgemeinschaft, 1997, S. 123 ff.

Gemeinschaftliche Regelungen zur Angleichung der einzelstaatlichen **1175** Steuersysteme erweisen sich als notwendig, weil sich die Ziele des Vertrages, vor allem ein Binnenmarkt als „Raum ohne Binnengrenzen" (Art. 7 a Abs. 2 = 14 Abs. 2 neu EGV) nur durch ergänzende steuerliche Maßnahmen erreichen lassen (*Sass,* DB 1993, S. 113 ff.). Nur über eine erfolgreiche Steuerharmonisierung kann allmählich das komplizierte System der Art. 95 ff. = 90 ff. neu EGV, d. h. in der Praxis die Erhebung von Abgaben an den „Steuergrenzen" der Gemeinschaft, beseitigt werden. Die Verfasser des EG-Vertrages hatten dies erkannt und schufen **in Art. 99 = 93 neu EGV (Neufassung durch die EEA 1986 und den EUV 1992) eine spezielle Rechtsgrundlage für die Harmonisierung** – nicht Vereinheitlichung! – **der indirekten Steuern.** Maßnahmen zur Angleichung bestimmter **direkter Steuern** können über die allgemeinen Rechtsangleichungsbestimmungen (vor allem Art. 100 = 94 neu EGV, unten Rz. 1188) getroffen werden. (Zum Verhältnis Art. 99 – 100 ff. = 93 – 94 ff. neu EGV *Hellinger,* RIW 1976, S. 363 ff.)

Da Steuerrechtsangleichungen wegen ihrer fiskalischen Auswirkungen die nationalen Finanzhoheiten der MS empfindlich berühren können, bleibt in diesem Bereich der Rechtsangleichung die **einstimmige Beschlußfassung** im Rat erhalten (Art. 99, Art. 100 a Abs. 2 = 93, 95 Abs. 2 neu EGV). Auch ist wegen des hier geltenden **Subsidiaritätsprinzips** (Art. 3 b = 5 neu EGV) Steuerharmonisierung nur insoweit angesagt, als sie um des Binnenmarktes willen notwendig ist.

Bei der Erfüllung ihrer vertraglichen Aufgabe sehen sich die Gemeinschaftsorgane mit einer **Vielzahl komplexer Probleme** konfrontiert, die in Unterschieden in den einzelstaatlichen Wirtschafts- und Sozialpolitiken – vor allem in bezug auf die Funktion der öffentlichen Haushalte und der Steuern im Rahmen der Investitionslenkung und der Vermögensverteilung – liegen, ferner in Ungleichheiten der Verteilung der Steuereinnahmen auf die verschiedenen Steuerarten und der Struktur der nationalen Steuersysteme.

1176 So schwankte beispielsweise in den achtziger Jahren die nationale Gesamtsteuerbelastung zwischen 28 % des Bruttoinlandsproduktes in Spanien und 47 % in Dänemark. Aus Einkommen- und Vermögenssteuern der Haushalte flossen in Frankreich 15 % des gesamten Steueraufkommens, in Deutschland 26 % und in Dänemark 54 %. Aus Mehrwert und Umsatzsteuer wurden dagegen in Frankreich 32 % der Steuereinnahmen bestritten, in Deutschland 27 % und in England 18 %. Diese Beispiele **unterschiedlicher nationaler Steuertraditionen und Steuermentalitäten** lassen sich beliebig vermehren.

Wirkliche Fortschritte bei der Steuerrechtsangleichung lassen sich angesichts dieser disparaten Ausgangslage zwischen den MS **nur langsam erzielen.** Wichtig sind in diesem Zusammenhang auch parallele Ergebnisse in der Koordinierung der allgemeinen Wirtschafts- und Konjunkturpolitik. Auch die **Währungsunion** dürfte mit der hierdurch geschaffenen Transparenz finanzieller Belastungen der Steuerharmonisierung Vorschub leisten (oben Rz. 982 ff., *Krawitz,* Steuern und Studium 1993, S. 93 ff.). Durch **Austausch und Schulung der Finanzbeamten** der EU-MSen sollen Voraussetzungen für vergleichbare Steuersysteme in der EU geschaffen werden (Aktionsprogramm FISCALIS ABl. 1998, L 126/1).

1. Harmonisierung der indirekten Steuern

Literatur: Die Literatur ist Legion – *Juretzek,* Die Harmonisierung der Kapitalverkehrssteuern, DStZ 1962, S. 109 ff.; *Alsen,* Die Harmonisierung der Gesellschaftssteuern, AWD 1964, S. 221 ff.; *Schröter,* Der Weg zur Harmonisierung der Tabaksteuer in der EWG, Die Tabakzeitung 1970, Nr. 44, S. 4 ff.; *Wachweger,* Die 6. Richtlinie zur Harmonisierung der Umsatzsteuern in den EGen, 1977; *Müller-Baumgarten,* Europarecht und Gesellschaftssteuer, 1983; *EG-Kommission* (Hrsg.), Steuerbefreiungen der Einfuhr durch Privatpersonen, 1987; *Guieu/Bonnet,* Completion of the internal market and indirect taxation, JCMS 1987, S. 209 ff.; *Cornillaud,* L'harmonisation de la TVA dans la perspective du grand marché européen, ODE 1988, Nr. 22, S. 10 ff.; *Cova,* Les difficultés de l'harmonisation de la fiscalité indirecte, RMC 1988, S. 502 ff.; *Clemens/Paulini,* Harmonisierung der indirekten Steuern im Europäischen Binnenmarkt, 1991; *Lohses,* Die Rspr. des EuGH zur 6. EG-Umsatzsteuerrichtlinie, 1991; *Coopers/Lybrand,* The 1993 EC VAT System, 1992; *Grünberg,* Die Weinsteuer und ihre Harmonisierung in den EGen, 1992; *Metzlaff,* Die Mehrwertsteuerharmonisierung in der EG, RIW 1992, S. 656 ff.; *Rondorf,* Das Umsatzsteuer-Binnenmarktgesetz, 1992 (kurz: EuZW 1992, S. 727 ff.); *Schlienkamp,* Die EG-Binnenmarkt-Richtlinie vom 16.12.1991, UR 1992, S. 157 ff.; *Birkenfeld,* Umsatzbesteuerung im Binnenmarkt, 1993; *Jatzke,* Das neue Verbrauchssteuerrecht im EG-Binnenmarkt, BB 1993, S. 41 ff.; *Nieskens,* Die EG-Vereinfachungsrichtlinie vom 14.12.1992, BB 1993, S. 623 ff.; *Schlienkamp,* Die EG-Richtlinie vom 19.10.1992 zur Annäherung der Mehrwertsteuersätze, UR 1993, S. 3 ff.; *Birkenfeld,* Die Regelungen der 7. Mehrwertsteuer-Richtlinie, EuZW 1994, S. 421 ff.; *Mette,* Europäischer Binnenmarkt und Mehrwertsteuerharmonisierung, 1994; *Nieskens* (Hrsg.), Europäisches Steuerrecht. Umsatzsteuer (Losebl.), 1994 ff.; *Peffekoven,* Nichts drängt zur einheitlichen Mehrwertsteuer, FAZ, 28.8.1996;

Während die abgabenrechtlichen Diskriminierungsverbote die Wettbewerbsneutralität der einzelstaatlichen Steuersysteme sicherstellen, die durch den Grenzausgleich errichteten Steuergrenzen selbst jedoch nicht beseitigen, ist es im Bereich der indirekten Steuern (insbesondere Mehrwert- und Verbrauchssteuern) das langfristige Ziel der Rechtsangleichungsmaßnahmen der Gemeinschaft, neben die Zollunion **einen steuerlichen Binnenmarkt zu stellen,** der die steuerliche Entlastung von Ausfuhren, die Erhebung von Grenzausgleichsabgaben und steuerliche Grenzkontrollen überflüssig werden läßt (*Burke*-Bericht der EG-Kommission, Bull. EG 1980, Beilage 1 Z, 17 u. 18). Erst wenn in allen Mitgliedstaaten **ein ungefähr gleiches Abgabenniveau** besteht und ein Mechanismus für den zwischenstaatlichen Ausgleich verlagerter Steuereinnahmen geschaffen ist, wird es möglich sein, vom Bestimmungslandprinzip abzugehen und Leistungen jeweils in dem Mitgliedstaate zu besteuern, in dem sie tatsächlich erbracht werden. Angesichts der gleichzeitig zu lösenden wirtschaftspolitischen Probleme wird sich dieses Endziel nur schrittweise erreichen lassen. Mittelfristig wird sich das Harmonisierungsprogramm der EG auf solche „wesentlichen" Einzelmaßnahmen beschränken müssen, die entsprechend dem jeweiligen Integrationsstand zur Errichtung oder zum guten Funktionieren des Gemeinsamen Marktes notwendig sind. Auch nach dem Beginn des Binnenmarktes 1993 und nach dem Vertrag von Amsterdam 1997 sind noch viele Probleme bei der Steuerharmonisierung nach Art. 99 = 93 neu EGV ungelöst und z. T. auf die Zeit nach 2000 verschoben worden. Während die Kommission 1997 mit einem „Maßnahmenpaket" (Dok KOM (97) 564) die Koordinierung bzw. Harmonisierung bei den indirekten Steuern zu beleben sucht, wird finanzwissenschaftlich die Schädlichkeit eines Wettbewerbs der nationalen Steuersysteme z. T. grundsätzlich bezweifelt (*Prosi,* FAZ 23.3.1996; *Peffekoven,* FAZ 28.8.1996). 1177

a) Mehrwert(Umsatz)steuern

Am weitesten fortgeschritten ist die Rechtsangleichung innerhalb der Gemeinschaft im Bereich der **Umsatzsteuer, der für die Masse der Handelsgeschäfte wichtigsten Steuerart.** Der Umsatzsteuer unterliegen prinzipiell alle Lieferungen von Gegenständen, alle Dienstleistungen, die ein Steuerpflichtiger im Inland gegen Entgelt ausführt, sowie die Einfuhr von Gegenständen. Die grundsätzliche Vereinheitlichung der allgemeinen Umsatzsteuer in Gestalt der Mehrwertsteuer stellte nicht nur einen notwendigen ersten Schritt in Richtung auf die Beseitigung der Steuergrenzen dar. Sie bildete zugleich eine **Grundvoraussetzung für die Ersetzung der Finanzbeiträge der Mitgliedstaaten u. a. durch eigene Einnahmen der EG** (ursprünglich Beschluß des Rates v. 21.4.1970, ABl. L 94/19; oben Rz. 821). 1178

Die Gemeinschaft hatte sich schon in ihren ersten beiden Harmonisierungsrichtlinien v. 11.4.1967 (RL 67/227 u. 67/228; ABl. 1967/1301 u. 1303) grundsätzlich für die Einführung des bereits in Frankreich bewährten **Systems der Mehrwertsteuer (Nettoallphasensteuer)** entschieden, das die unterschiedlichen Umsatz- 1179 steuersysteme der Mitgliedstaaten ablöste. Im Gegensatz zur Bruttoallphasensteuer, die in Deutschland seit dem Ersten Weltkrieg erhoben worden war, vermeidet die nur die jeweilige Wertschöpfung erfassende Mehrwertsteuer eine Kumulation der Steuerbelastungen, die zu erheblichen Wettbewerbsverzerrungen zwischen den Unternehmen führen kann. – Die Einführung des gemeinschaftlichen Umsatzsteuersystems konnte natürlich nur schrittweise erfolgen. Allerdings bedurfte es mehrerer Fristverlängerungen, bis endlich am 1.1.1973 (Großbritannien: 1.4.1973) die beiden Grundsatzrichtlinien in allen MS umgesetzt und Struktur sowie gewisse Anwendungsmodalitäten der Mehrwertsteuer vereinheitlicht waren. Später beitretende MSen müssen jeweils das EG-System der MwSt übernehmen, soweit es bei ihnen noch nicht besteht.

1180 Im Hinblick auf die Durchführung des Ratsbeschlusses v. 21.4.1970 (Einführung der Eigenmittel) waren weitere Harmonisierungsschritte erforderlich, insbesondere sollte nach Art. 4 Abs. 1 des Beschlusses spätestens bis zum 1.1.1975 **eine einheitliche „steuerliche Bemessungsgrundlage"** eingeführt werden. Die entsprechende **(6.) Umsatzsteuer-Richtlinie** 77/388 (ABl. 1977, L 145/1 ff., Änderungen) konnte allerdings erst am 17.5.1977 erlassen werden. *(Bette,* RevMC 1977, S. 233 ff.; *Reuge-Brink,* CMLRev 1978, S. 309 ff.) Die Verzögerung ihrer Verabschiedung und die Langwierigkeit ihrer Transformation in nationales Recht hatten zur Folge, daß erst der Gemeinschaftshaushalt 1980 voll mit Eigenmitteln der EG finanziert werden konnte (oben Rz. 830).

Die 6. Umsatzsteuer-Richtlinie, die die 2. Grundsatzrichtlinie von 1967 ersetzt hat, hat durch die Definition der sachlichen, räumlichen und personellen Anwendungsbereiche, der Festlegung der steuerbaren Umsätze und Steuerbefreiungen etc. eine **weitgehende Angleichung der steuerlichen Bemessungsgrundlagen bewirkt.** Insbesondere dürfen die MSen nicht mehr mehrwertsteuerpflichtige Ware mit sonstiger Umsatzsteuer belegen (EuGHE 1988, 1343 ff. – RS 252/86, st. Rspr.).

1181 Die 6. Umsatzsteuerrichtlinie bedurfte der **Durchführung und Ergänzung durch weitere Regelungen** (Fundstellenverzeichnis des geltenden Gemeinschaftsrechts, 09.30.10 und *Forst,* DStZ 1992, S. 651 ff.). Vor allem die **Herstellung des Binnenmarktes am 1.1.1993** erforderte zumindest Fortschritte beim Wegfall der Steuergrenzen. Die **„Binnenmarkt-RL"** 91/680, ABl. 1991, L 376/1, Änderung Ende 1992: ABl. 1992, L 384/47, sog. **„Vereinfachungs-RL")** brachte für den EG-Binnenhandel eine zunächst auf Ende 1996 befristete Übergangsregelung (Verlängerungsmöglichkeit), die weiter vom Bestimmungslandprinzip (oben Rz. 1160) ausgeht *(Springsguth,* BB 1992, S. 747 ff. und *Nieskens,* BB 1993, S. 623 ff.; in D: **USt.-Binnenmarktgesetz** v. 25.08.1992, BGBl. I S. 1548, Änderungen). Inzwischen ist der Übergang zum Ursprungslandprinzip weiter auf die Zeit nach 2000 verschoben worden.

Auch die **Harmonisierung der Umsatzsteuersätze** hat erst zu gewissen Annäherungen geführt. Sie differierten vorher zwischen 12 % (z. B. Spanien) und 25 % (Irland). Die **„Steuersatz-RL"** 92/77, ABl. 1992, L 316/1 hat zwar einen Normaltarif mit einem **Mindestsatz von 15 %** eingeführt. Es sind aber zahlreiche Abweichungen und Ausnahmen möglich *(Schlienkamp,* USt.-Rundschau 1993, S. 3 ff.).

Insgesamt sind noch erhebliche weitere Anstrengungen notwendig, um den Abbau der Umsatzsteuergrenzen im Binnenmarkt zu vollenden.

b) Sonstige Verbrauchssteuern und Verkehrssteuern

1182 Neben der Umsatzsteuer als der vom Steueraufkommen und von der Zahl der erfaßten steuerbaren Geschäfte bedeutendsten Verbrauchssteuer gibt es in den MS der EG nach wie vor **eine Vielzahl sonstiger Verbrauchs- und Verkehrssteuern,** die zwar jeweils nur bestimmte Teilmärkte treffen, deren Wirkung auf den grenzüberschreitenden Warenverkehr und auf die Wettbewerbsposition der Unternehmen gleichwohl nicht zu unterschätzen ist. Andererseits sind diese Steuern in manchen MS von wichtiger fiskalischer Bedeutung. Aus den Gesichtspunkten des Binnenmarktes bedürfen insbesondere **die Kfz-Steuern, die Versicherungsvertrags- und Kapitalverkehrssteuern sowie die Verbrauchssteuern auf Tabakwaren, auf Alkohol, Wein und Bier sowie auf Mineralölerzeugnisse** der Harmonisierung. Lokal begrenzte Steuern (z.B. Vergnügungssteuer) oder Bagatellsteuern (z.B. Salz-, Essig-, Kaffeesteuer) können dagegen unter Gemeinschaftsgesichts-punkten vernachlässigt oder abgeschafft werden.

Nachdem die Harmonisierung der Verbrauchs- und Verkehrssteuern in- 1183
folge der in den MSen sehr unterschiedlichen Rechtslage lange stagniert hatte, brachte der **Beginn des Binnenmarktes am 1.1.1993** Fortschritte. Die **„System-RL"** 92/12 (ABl. 1992, L 76/1, Änderungen) ermöglichte eine Einigung auf ein „Konzept der Flexibilität" (Mindeststeuersätze und Bandbreiten) und eine Reihe von **„Steuersatz- und Struktur-RLen"** (Fundstellennachweis des geltenden Gemeinschaftsrechts 09.30.20) brachten Kompromisse bei den einzelnen Steuern *(Sievert,* RIW 1992, S. 98 ff.).

aa) Spezielle Verbrauchssteuern: Eine Harmonisierung durch die o. g. RLen er- 1184
folgte bei den Verbrauchssteuern auf **Tabakwaren, Alkohol, alkoholische Getränke und Mineralöl.** Andere, weniger „grenzübertrittrelevante" Steuern wie in D die Kaffee- und Erdgassteuer blieben im Gegensatz zu Bagatellsteuern erhalten. Die sehr ausdifferenzierten Einzelregelungen (näher *Klein/Wolffgang,* in: Lenz (Hrsg.) EGV-Komm. 1994, Art. 99, Rz. 27 ff.) führten bisher zu einer recht begrenzten Harmonisierung. Bei den Steuersätzen bleiben zahlreiche Unterschiede zwischen den MSen bestehen. In D ist das **Verbrauchssteuer-Binnenmarktgesetz** v. 21.12.1992, BGBl. I, 2150 maßgeblich *(Rendels,* DStR 1993, S. 113 ff.).

bb) Verkehrssteuern: Wegen der Auswirkungen der **Kapitalverkehrs-, Versiche-** 1185
rungs- und Kfz-Steuern auf die EG-Niederlassungsfreiheit, die Freiheit des Kapitalverkehrs und die gemeinsame Verkehrspolitik (unten Rz. 1419 ff.) befaßt sich die Gemeinschaft mit Harmonisierungen. Mit der RL 69/335 (ABl. 1969, L 249/25, Änderungen) sollten vor allem bei den Gesellschafts- und Börsenumsatzsteuern Diskriminierungen und Doppelbesteuerungen verhindert werden, um den Zusammenschluß und die Entwicklung gemeinschaftsweit operierender Unternehmen zu begünstigen. Die Auswirkungen blieben in den MSen jedoch begrenzt und uneinheitlich (in D z. B. Abschaffung der Börsenumsatzsteuer, vgl. auch EuGHE 1993, I–1915 ff., RS C–71/91 u. C 178/91). Die Harmonisierung der **Versicherungssteuern** *(Hicks,* UVR 1990, S. 271 ff.) steht noch in den Anfängen, ebenso die Überlegungen bei der **Kfz-Steuer** *(Hofmann,* UPR 1992, S. 331 ff.).

Die Verbrauchssteuerharmonisierung ist insgesamt noch lange nicht abgeschlossen.

c) Drittlandshandel

Da es weltweit üblich ist, viele Einfuhren nicht nur von Zoll-, sondern 1186
auch von steuerlichen Einfuhrabgaben zu befreien, hat die EG für die Ein-

fuhrumsatzsteuer und Einfuhrverbrauchssteuer bei Drittlandseinfuhren in die Gemeinschaft entsprechende Regelungen geschaffen (näher *Klein/Wolffgang,* in: Lenz (Hrsg.), EGV-Komm. 1994, Art. 99, Rz. 44).

d) Steuerbefreiungen für private Ein- und Verkäufe

1187 Schon vor dem Binnenmarkt 1993 gab es innergemeinschaftlich besondere Steuerbefreiungstatbestände für sog. „nichtkommerzielle Einfuhren" (Touristeneinkäufe, private Geschenksendungen). Der Unionsbürger sollte „Europa" bei seinen privaten Besuchsreisen erleben. Seit dem Beginn des Binnenmarktes und dem grundsätzlichen Wegfall der Grenzkontrollen gilt für den innergemeinschaftlichen nichtkommerziellen Reiseverkehr und für private Geschenksendungen bereits das **Ursprungslandprinzip.** Der Privatmann kann Waren in anderen MSen für seinen persönlichen Gebrauch grundsätzlich ohne wert- und mengenmäßige Beschränkung erwerben und in einen anderen MS verbringen. Es findet für ihn andererseits keine Steuerentlastung mehr statt (Zu gewissen Sonderregelungen *Europ. Kommission,* Unterwegs in Europa, 1998 (Faltblatt).

Bei privaten Einfuhren aus **Drittländern** gelten Umsatzsteuerfreigrenzen (grundsätzlich DM 350.- pro Person). Ebenso gibt es noch Freigrenzen für Käufe in **Duty-Free-Läden** in Flug- und Seehäfen bzw. bei entsprechenden Reisen. Diese im Widerspruch zum Binnenmarkt stehenden Läden sollen 1999 geschlossen werden. (Dazu EuGHE 1997, I–6315 ff. – RS C–408/95). Sog. **„Butterfahrten"** auf Ausflugsschiffen in internationale Gewässer werden dagegen für die Wahrnehmung der o. g. Steuerfreigrenzen grundsätzlich nicht mehr anerkannt (EuGHE 1994, 777 ff. – RS 325/82, st. Rspr., vgl. auch unten Rz. 1275, 1279).

2. Harmonisierung der direkten Steuern

Literatur: *Reindl,* Die Problematik der Harmonisierung der direkten Steuern in der EWG unter besonderer Berücksichtigung der Körperschaftssteuern, 1968; *Börner/Carstens* (Hrsg.), Die Harmonisierung der Unternehmensbesteuerung im Gemeinsamen Markt, 1972; *Snoy,* Taxes on direct investment income in the EEC, 1975; *Lutz,* Die Körperschaftssteuer in der EG, 1984; *Zeitler/Jüptner,* Europäische Harmonisierung und direkte Steuern, BB 1988, Beilage 17; *Goergen,* Unternehmensbesteuerung aus europäischer Sicht, 1990; *Dautzenberg,* Der EWGV und die Doppelbesteuerungsabkommen, DB 1992, S. 2519 ff; *EG-Kommission,* (Hrsg.), Report of the Commission of independent experts on Company Taxation, 1992 („Ruding-Report"); *Knobbe-Keuk,* Die beiden Unternehmensbesteuerungs-Richtlinien, EuZW 1992, S. 336 ff.; *Sass,* Der Einfluß neuerer Urteile des EuGH auf die direkten Steuern in Deutschland, 1992; *Vanistendael,* Corporate Income Tax Harmonisation in the EC after Ruding and Maastricht, 1992; *Fantozzi,* Besteuerung von Gesellschaften, FS Beusch, 1993, S. 167 ff.; *Förster,* Die Harmonisierung der direkten Steuern in den EGen, FS Bleckmann, 1993, S. 77 ff.; *Förster,* Das EG-Schiedsübereinkommen, BFuP 1993, S. 487 ff.; *Odenthal,* Besteuerung von Kapitalerträgen in der EG, Steuer und Studium 1993, S. 15 ff.; *Sass,* Perspektiven der Annäherung der direkten Steuerbelastung der Unternehmen in der EG, 1993; *Scheuchzer,* Konzernbesteuerung in der EU, 1994; *Wouters,* The case-law of the European Court of Justice on Direct Taxes, Maastricht Journal of European and Comparative Law, 1994, S. 179 ff.; *Sass,* Die Besteuerung von in Deutschland nicht ansässigen EG-Bürgern, 1995; *Scherer,* Doppelbesteuerungsabkommen und Gemeinschaftsrecht,

1995; *De Weerth,* EG-Recht und direkte Stuern, RIW 1995, S. 395 ff., 928 ff.; RIW 1997, S. 482 ff; *Mössner,* Einwirkungen des Gemeinschaftsrechts auf die direkten Steuern, in: Rengeling (Hrsg.), Europäisierung des Rechts, 1996, S. 113 ff.; *Bieg,* Der Gerichtshof der EGen und sein Einfluß auf das deutsche Staatsrecht, 1997 (betr. direkte Steuern); *Spatscheck,* Die Besteuerung der EWIV, 1997; *Tsourouflis,* Die Harmonisierung der Körperschaftssteuer in der EU, 1997; *Weiser,* Rechtsprechung und Rechtsetzung auf dem Gebiet der direkten Besteuerung in der EU, 1998.

a) Leitgedanken

Direkte Steuern, also solche, die von den wirtschaftlich Betroffenen unmittelbar erhoben werden, wirken sich zwar nicht so fühlsam auf den innergemeinschaftlichen Warenverkehr aus wie indirekte Steuern. Sie sind daher **nicht in die Harmonisierungskompetenz des Art. 99 = 93 neu EGV einbezogen worden.** Gleichwohl sind auch direkte Steuern unter einem doppelten Aspekt gemeinschaftsrechtlich relevant und **bedürfen der allmählichen Angleichung über Art. 100 = 94 neu EGV, u. U. auch über Art. 101, 235 = 96, 308 neu EGV** (unten Rz. 1209), wenn im Gemeinsamen Markt auf Dauer binnenmarktähnliche Verhältnisse hergestellt werden sollen *(De Weerth,* RIW 1995, S. 395 ff., 928 ff.). Allerdings ist im Bereich der direkten Steuern das **Subsidiaritätsprinzip** des Art. 3 b = 5 neu EGV, oben Rz. 518 ff. und hier *Voss,* in: Grabitz/Hilf (Hrsg.), EUV/EGV-Komm. (1998), vor Art. 95, RdNr. 36) besonders zu beachten. Art. 100 a Abs. 2 = 95 Abs. 2 neu EGV schließt die erleichterte „Binnenmarkt-Rechtsangleichung" (unten Rz. 1212 ff.) im Steuerbereich aus. 1188

Direkte Steuern stellen zum einen **unmittelbar greifende Lenkungsmittel** der mitgliedstaatlichen Haushalts-, Konjunktur- und Sozialpolitik dar. Will man mit einer Wirtschafts- und Währungsunion Ernst machen, setzt dies eine gewisse Kongruenz der steuerlichen Instrumentarien voraus. 1189

Als faktorbezogene Steuern beeinflussen direkte Steuern zum anderen ganz wesentlich **Standortwahl und Investitionsverhalten der Unternehmen.** Die Aufnahme selbständiger Tätigkeiten oder der Transfer von Kapital innerhalb der Gemeinschaft kann durch gezielte steuerliche Interventionen behindert oder gar verhindert werden. Doch auch unabhängig von ihrem Einfluß auf die vertraglich garantierten wirtschaftlichen Freiheiten erweist sich allein die Existenz unterschiedlicher Steuersysteme mit unterschiedlichen Steuersätzen in den Mitgliedstaaten der EG als ein **wettbewerbsfremdes Element.** Hierdurch werden z. B. Unternehmen in Ländern mit hohen direkten Steuern benachteiligt und ausschließlich aus Gründen steuerlicher Kostenvorteile vorgenommene Kapital- und Produktionsverlagerungen provoziert. Im Gegensatz zu indirekten Steuern dürfen direkte Steuern nach Art. 98 = 92 neu EGV an der Grenze grundsätzlich nicht ausgeglichen werden. Der Harmonisierung bedürfen somit vor allem diejenigen direkten Steuern, die den Wettbewerb zwischen den Unternehmen innerhalb des Gemeinsamen Marktes verzerren oder die sich in sonstiger Weise „unmittelbar auf die Errichtung oder das Funktionieren des Gemeinsamen Marktes auswirken" (Art. 100 = 94 neu EGV). Vorschläge hierzu hat der von der Kommission eingesetzte *„Ruding*-Ausschuß" 1992 entwickelt

(Leitlinien zur Unternehmensbesteuerung, DB 1992, Beil. 5/1 ff., dazu *Sass,* DB 1993, S. 113 ff.).

1190 Weitgehend ausgeklammert bleiben unter diesen Vorzeichen die **Steuern auf die Einkünfte natürlicher Personen.** Ihre Anpassung ist aus sozialpolitischen Gründen nur insoweit erforderlich, als durch grenzübergreifende Anknüpfungspunkte einzelner steuerlicher Regelungen Wanderarbeitnehmer und Grenzgänger im Vergleich zu anderen steuerpflichtigen Arbeitnehmern benachteiligt werden. Neuerdings sucht der EuGH allerdings über die Anwendung des **Diskriminierungsverbotes des Art. 6 = 12 neu EGV** die Gleichbehandlung der Unionsbürger im Steuerrecht allgemein durchzusetzen (EuGHE 1995 I–225 ff. RS C–279/93 „Schumacker", st. Rspr., *Steichen,* Der Gleichheitssatz im europ. Steuerrecht, 1996).

1191 Im Vordergrund des Gemeinschaftsinteresses stehen demgemäß Maßnahmen zur Herstellung der Steuerneutralität grenzüberschreitender Unternehmenstätigkeit, u. a. durch die **Harmonisierung der Kapitalertrag- und Körperschaftssteuern.** Hierbei müssen nicht nur die Steuerstrukturen und Bemessungsgrundlagen, insbesondere die Gewinnermittlungsvorschriften *(Grasmann,* FS Bärmann, 1975, S. 343 ff.), stufenweise angeglichen, sondern auch mögliche **Doppelbesteuerungseffekte** vermieden werden. Der Plan, ein multilaterales Übereinkommen gemäß Art. 220, 2. UA = 293 2. UA neu EGV zu schließen, wurde aufgegeben, da das zwischen den Mitgliedstaaten bestehende Geflecht bilateraler Doppelbesteuerungsabkommen als vorläufig ausreichend angesehen wurde. *(Scherer,* Doppelbesteuerungsabkommen und Gemeinschaftsrecht, 1995). Einige spezielle Doppelbesteuerungsregelungen ergingen innerhalb von Richtlinien nach Art. 100 = 94 EGV sowie über das EG-Schiedsabkommen 1990 (unten Rz. 1193) und *Voss,* Steuerrecht, in: Dauses (Hrsg.), Hdb. EU-Wirtsch.R. (1995), J, RdNr. 52), Art. 220, 2. UA = 293 2. UA neu EGV entfaltet keine unmittelbaren Wirkungen (EuGH v. 12.5.98 – RS C–336/96 *„Gilly"*, EWS 1998, S. 263 ff.). – Erst auf einer späteren wirtschaftlichen Integrationsstufe, wenn die Probleme eines europäischen Finanzausgleichs gelöst sind, wird man darangehen können, durch die Festlegung von Steuerspannen eine **gewisse Angleichung der Steuerbelastungen** – eine absolute Belastungsgleichheit gibt es ja auch in einem Bundesstaat nicht – herbeizuführen, die den MS noch genügend finanzpolitische Spielräume läßt.

b) Zum Stand der Harmonisierung

1192 Ungeachtet ihrer Bedeutsamkeit für den Binnenmarkt ist die Harmonisierung der direkten Steuern bisher **begrenzt geblieben.** Ein Rahmenprogramm der Kommission von 1967 (Bull. EG 1967, Sonderbeilage 8) blieb weitgehend unverwirklicht. Seit 1993 besteht zwischen Kommission und MSen grundsätzliche Einigkeit, daß die MSen im Sinne des Subsidiaritätsprinzips in ihrer nationalen Steuerpolitik souverän bleiben, soweit nicht eindeutige Wettbewerbsverzerrungen vorliegen *(Krawitz,* Steuer und Studium 1993, S. 99 ff. und zur Kirchensteuer *Starck,* FS Everling 1995, S. 1427 ff.).

1193 In diesem Sinne wurden 1990 in Vorbereitung auf den Binnenmarkt 1993 drei von der Kommission schon länger vorgeschlagenen Rechtsakte verabschiedet (näher *Voss,* Steuerrecht, in: Dauses (Hrsg.) Hdb. EU-WirtschR. (1995), J, RdNr. 76 ff.).

aa) Fusionsrichtlinie 90/434 (ABl. 1990, L 225/1): Mit ihr wird in den MSen materiell gleiches Recht bei Verschmelzungen/Spaltungen von Unternehmen in verschiedenen MSen eingeführt. Hierdurch sollen unternehmerische Umstrukturierungen im Binnenmarkt erleichtert werden *(Sass,* DB 1993, S. 1892 ff.).

bb) Mutter/Tochter-Richtlinie 90/435 (ABl. 1990, L 225/6): Sie bezweckt die Abschaffung der Doppelbesteuerung bei grenzüberschreitenden Gewinnausschüttungen innerhalb von verbundenen Unternehmen. Die RL ist ebenso wie die Fusionsrichtlinie auf Art. 100 = 94 neu gestützt *(Knobbe-Keuk,* EuZW 1992, S. 336 ff.).

cc) EG-Schiedsabkommen (Übereinkommen 90/436, ABl. 1990, L 225/10): Es richtet ein Einigungsverfahren zwischen den Finanzverwaltungen der MSen ein. Mit ihm sollen einheitliche Verrechnungspreise bei Gewinnberichtigungen zwischen verbundenen Unternehmen in verschiedenen MSen sichergestellt werden (näher *Förster,* BFuP 1993, S. 487 ff.).

Eine weitergehende Harmonisierung direkter Steuern ist umstritten. Der EG-Ministerrat hat die RUDING-Vorschläge (oben Rz. 1189) sehr zurückhaltend aufgenommen.

Seit längerem liegen Kommissionsvorschläge zur **Unternehmensbesteuerung,** zur **Besteuerung der Kapitalerträge** und **gegen Diskriminierungen von Nichtansässigen und „Grenzgängern"** vor. 1994 scheiterte der Versuch, mittels eines gemeinsamen Mindestsatzes von 15 % bei der Quellen-Zinsbesteuerung einen Beitrag zur Kapitalmarktliberalisierung zu leisten *(Odenthal,* Steuer und Studium 1993, S. 15 ff. und unten Rz. 1490 ff.). Insbesondere **Luxemburg und Großbritannien** wollen ihre besonderen Standortvorteile wahren. Es bedürfte eines **starken integrationspolitischen Willens** der MSen, nennenswerte weitere Fortschritte bei der Angleichung der direkten Steuern zu erzielen. 1194

3. Zusammenarbeit der Finanzverwaltungen

Literatur: *Jones,* Tax havens and measures against tax evasion and avoidance in the EEC, 1974; *Sass,* Zur Richtlinie über den Auskunftsaustausch zwischen den Steuerverwaltungen der EG auf dem Gebiet der direkten Steuern, DB 1978, S. 2236 ff.; *Bette,* L'assistance mutuelle en tant que moyen pour lutte contre la fraude et l'évasion fiscales internationales, RMC 1980, S. 301 ff.; *Funck-Brentano,* EWG: Harmonisierung der Besteuerung und Kooperation der nationalen Steuerbehörden, RIW 1982, S. 816 ff.; *Krabbe,* Das EG-Amtshilfegesetz, RIW 1986, S. 126 ff.; *Runge,* Das Steuerbereinigungsgesetz 1986: EG-Amtshilfe-Gesetz, DB 1986, S. 191 ff.; *Everling,* Aktuelle Fragen der europäischen Steuergerichtsbarkeit, Die Steuerberatung 1988, S. 281 ff.; *Schön,* Gestaltungsmißbrauch im europäischen Steuerrecht, 1996; *Sass,* Verhältnis der steuerrechtlichen Antiumgehungsvorschriften zu den EU-Grundfreiheiten, DB 1997, S. 2250 ff.; *Voss,* in: Grabitz/Hilf (Hrsg.), EUV/EGV-Komm. (1998), vor Art. 95 EGV, RdNr. 47 ff.

Die Angleichung des materiellen Steuerrechts der Mitgliedstaaten bedingt 1195
zugleich eine **gewisse Harmonisierung des Steuerverwaltungsrechts.** Nur die einheitliche Anwendung der Steuervorschriften und die regelmäßige Durchführung steuerlicher Kontrollen, etwa im Rahmen von Betriebsprüfungen, gewährleisten eine gleiche steuerliche Effektivbelastung der Steuerpflichtigen. Bestimmungen über das Steuerverfahren sind in den gemeinschaftsrechtlichen Harmonisierungsrichtlinien allerdings nur sehr vereinzelt enthalten.

Das Hauptaugenmerk der Gemeinschaft galt bisher noch nicht dem Aufbau einer steuerlichen „Binnenverwaltung“, sondern vielmehr der Förderung der **Zusammenarbeit zwischen den Finanz(Steuer)verwaltungen** der MS (*Voss,* in: Grabitz/Hilf (Hrsg.), EUV/EGV-Komm. (1998), vor Art. 95, RdNr. 47 ff.). Mit Hilfe eines umfassenden **Informations- und Erfahrungsaustausches** und der **raschen Gewährung von Amtshilfe** bei der Vollstreckung von Steuerschulden („Eurofisc“) soll, nicht zuletzt auch im Interesse der Steuergleichheit und der Sicherung der Eigeneinnahmen der Gemeinschaft, der internationalen Steuerflucht und Steuerumgehung ein Riegel vorgeschoben werden. Bemühungen gelten über die illegale Steuerhinterziehung hinaus der Entwicklung eines **allgemeinen Verbotes der Steuerumgehung** als Grundsatz des Gemeinschaftsrechts (*Schön,* Gestaltungsmißbrauch im europäischen Steuerrecht, 1996).

1196 Die EG-Rechtsakte zur Amtshilfe (Fundstellennachweis des geltenden Gemeinschaftsrechts 09.50) wurde in D im **EG-Amtshilfegesetz** 1985 (BGBl. I, 2436, 2441, Änderungen, *Krabbe,* RIW 1986, S. 126 ff.) zusammengefaßt. Für die gemeinschaftsweite Vollstreckung nationaler Steuerbescheide hat das deutsche **EG-Beitreibungsgesetz** 1979 (BGBl. I, 1429, Änderungen, *Runge,* RIW 1979, S. 73 ff.) das EG-Recht umgesetzt. Besonders weit (u. a. elektronische Vernetzungen) geht die VO 218/92 (ABl. 1992, L 24/1) im Hinblick auf eine gemeinsame Verwaltungskontrolle bei den **Umsatzsteuerzahlungen** seit Beginn des Binnenmarktes am 1.1.1993. (Im übrigen näher, auch zum Rechtsschutz *Voss* a. a. O.).

IV. Ausblick: Ziele und Grenzen der EG-Steuerregulierung

Literatur: *EG-Kommission* (Hrsg.), Vollendung des Binnenmarktes. Weißbuch der Kommission an den Europäischen Rat, 1985, S. 39 ff.; *Dibout,* Fiscalité et achèvement du marché intérieur, RDAI 1988, S. 107 ff.; *Schrömbges,* EG-Binnenmarkt und Steuerharmonisierung, DB 1989, S. 2558 ff.; *Breuer,* Umweltrechtliche und wirtschaftslenkende Abgaben im europäischen Binnenmarkt, DVBl. 1992, S. 485 ff.; *Hilf,* Umweltabgaben als Gegenstand von Gemeinschaftsrecht und -politik, NVwZ 1992, S. 105 ff.; *Mattausch,* Europa – steuerpolitisch am Scheideweg? FS Beusch, 1993, S. 557 ff.; *Schröder,* Zusammenwirken von Gemeinschaftsrecht und nationalem Recht auf dem Gebiet der Umweltabgaben, in: F. Kirchhof (Hrsg.), Umweltschutz im Abgaben- und Steuerrecht, 1993, S. 87 ff.; *Seidel,* Umweltrechtliche und wirtschaftslenkende Abgaben aus EG-Sicht, NVwZ 1993, S. 105 ff.; *Müller-Franken,* Verfassungsrechtliche und europarechtliche Fragen der Einführung nationaler Öko-Steuern, JUS 1997, S. 872 ff.; *Ohler,* Mehr Mut zur Steuerpolitik in Europa, EuZW 1997, S. 370;

1197 Insgesamt gesehen befindet sich die Gemeinschaftsaktion im steuerlichen Bereich bisher **in einem noch wesentlich unvollendeten Stadium.** Beim **Verbot der Steuerdiskriminierung** nach Art. 95 ff. = 90 ff. neu EGV als der zunächst drängendsten Aufgabe zugunsten der Freiheit des innergemeinschaftlichen Warenverkehrs wurden die wesentlichsten Regeln des Gemeinschaftsrechts in einer sich immer mehr verfeinernden Auslegung durchgesetzt (oben Rz. 1153). Daran hatte der Gerichtshof besonderen Anteil. Bei der „großen Aufgabe" des **allmählichen Abbaues und Wegfalls der Steuergrenzen im Gemeinsamen Markt** im Sinne von Art. 99, 100 = 93, 94 neu EGV stehen dagegen wesentliche Fortschritte noch aus (Abschluß der Harmonisierung der indirekten Steuern und Einstieg in die Angleichung der direkten Steuern, oben Rz. 1177 u. 1188). Seit der Einheitlichen Europäischen Akte 1986 sind die MS ein grundsätzlich bindendes Engagement eingegangen, auch steuerlich in Ausschöpfung des Art. 99 = 93 neu EGV den Binnenmarkt zu vollenden.

Andererseits hat seit „Maastricht 1992" die neue Subsidiaritätsphilosophie des Art. 3 b = 5 neu EGV vielerorts die Neigung verstärkt, mehr auf den **Wettbewerb der EU-Steuersysteme** als auf eine perfekte EG-Steuerharmonisierung zu setzen *(Prosi,* FAZ 23.03.1996). Dies gilt vor allem für die direkten Steuern.

Exkurs: Europäische Öko-Steuern?

Neue Antriebe für EG-Steuerharmonisierungen könnten sich aus der **EG-Umweltpolitik** (unten Rz. 2005 ff.) ergeben. In Aufnahme einer internationalen Diskussion um die Verringerung von Emissionen, die für den global schädlichen **„Treibhauseffekt"** verantwortlich sind, hat die Kommission 1992 Vorschläge für eine **Steuer auf Kohlendioxyd-Emissionen (CO_2) und Energie** vorgelegt (ABl. 1992, C 196/1, rev. 1995). Sie sind auf Art. 99 und 130 s = 93 und 175 neu EGV im Sinne einer Art besonderer Verbrauchssteuer gestützt. Ziel ist die Förderung eines rationellen Energieeinsatzes unter Bevorzugung umweltfreundlicher Energiequellen. Energien fossilen Ursprungs (Kohle/Erdgas/Mineralöl) sollen belastet werden *(Seidel,* NVwZ 1993, S. 105 ff.). – Rechtliche Bedenken gegen die EG-Pläne ergeben sich aus ihrer „rechtsschöpferischen" Natur, die von Art. 99 = 93 neu EGV nicht gedeckt sei und ebenso aus der mangelnden Umweltspezifität, die Art. 130 s = 175 neu EGV voraussetze *(Breuer,* DVBl. 1992, S. 485 ff. und unten Rz. 2016 ff.). 1198

Gravierend ist ferner der wirtschaftliche Aspekt, daß eine fühlbare CO_2- und Energiesteuer der EG die Wettbewerbsfähigkeit der Gemeinschaft im Verhältnis zu anderen Industriestaaten in Mitleidenschaft ziehen würde. Auch die Kommission hält bei grundsätzlicher Sympathie für EG-Ökosteuern eine vorherige Harmonisierung auf OECD-Niveau für erforderlich. – Im EG-Rat hat sich bereits eine Mehrheit der MSen grundsätzlich für EG-Energiesteuern ausgesprochen.

Andererseits ist die in Deutschland seit 1998 begonnene Einführung **nationaler Öko-Steuern** nicht nur wirtschafts(standort)politisch, sondern auch europarechtlich nicht problemlos. Solche Gesetze müßten an Art. 95 = 90 neu EGV sowie an den Regelungen über den freien Warenverkehr (Art. 12 = 25 neu, Art. 30 ff. = 28 ff. neu EGV) und an den Beihilferegelungen (Art. 92 ff. = 87 ff. neu EGV) gemessen werden *(Europ. Kommission,* ABl. 1997, C 224/6; *Müller-Franken,* JUS 1997, S. 872 ff.).

1199 Die Einführung gemeinschaftlicher Umweltabgaben wäre ein wichtiger Schritt auf dem Wege zur Etablierung einer **Abgaben(Steuer)gewalt der Gemeinschaft.** Sie bedürfte nach vorherrschender Auffassung (oben Rz. 1157) zumindest eines ratifikationsbedürftigen Ratsbeschlusses gemäß Art. 201 = 269 neu EGV, wenn nicht einer Vertragsänderung nach Art. N = 48 neu EUV (str., z. T. wird hier die Anwendung von Art. 235 = 308 neu EGV für möglich gehalten). In diesem und in anderen Zusammenhängen zeigt sich, daß die Frage nach der **Entwicklung einer EU-Steuergewalt** im Zusammenhang mit künftigen Reformen auf der europapolitischen Tagesordnung bleiben dürfte.

§ 17. Rechtsangleichung

Literatur: Das Schrifttum zur EG-Rechtsangleichung ist vielverästelt und Legion. Umfangreiche Liste zur Überblicksliteratur bei *Langeheine,* in: Grabitz/Hilf (Hrsg.), EUV/EGV-Komm. (1994), vor Art. 100 EGV.

David, Die Zukunft der Europäischen Rechtsordnungen: Vereinheitlichung oder Harmonisierung?, in: Europäische Zusammenarbeit im Rechtswesen, 1955, S. 1 ff.; *Zweigert,* Grundsatzfragen zur europäischen Rechtsangleichung, FS Doelle II, 1963, S. 401 ff.; *Hallstein,* Angleichung des Privat- und Prozeßrechts in der EWG, RabelsZ 1964, S. 211 ff.; *Verloren van Themaat,* Rechtsangleichung als Integrationsinstrument, FS Ophüls, 1965, S. 243 ff.; *Kegel,* Sinn und Grenzen der Rechtsangleichung, in: Angleichung des Rechts der Wirtschaft in Europa, 1979, S. 9 ff.; *Twitchett* (Hrsg.) Harmonization in the EEC, 1981; *Kötz,* Rechtsvereinheitlichung – Nutzen, Kosten, Methoden, Ziele, RabelsZ 1986, S. 1 ff.; *Schwartz,* 30 Jahre Rechtsangleichung, FS v. d. Groeben 1987, S. 333 ff.; *Müller-Graff,* Die Rechtsangleichung zur Verwirklichung des Binnenmarktes, EuR 1989, S. 107 ff.; *Seidel,* Rechtsangleichung und Rechtsgestaltung in der EG, 1990; *Grossfeld/Bilda,* Europäische Rechtsangleichung, ZRVgl. 1992, S. 421 ff.; *Zimmermann,* Das römisch-kanonische ius commune als Grundlage europäischer Rechtseinheit, JZ 1992, S. 8 ff.; *Badinter,* L 'Europe du droit, Collected Courses of the Academy of European Law, III – 1 (1994), S. 33 ff.; *Schwarze,* Towards a Common European Law, EPL 1995, S. 227 ff.; *Tomuschat/Kötz/Maydell* (Hrsg.) Europäische Integration und nationale Rechtskulturen, 1995; *Knütel,* Jus commune und Römisches Recht vor den Gerichten der EU, JUS 1996, S. 768 ff.; *Rengeling* (Hrsg.), Europäisierung des Rechts, 1996; *Dörr/Dreher* (Hrsg.), Europa als Rechtsgemeinschaft, 1997; *Everling,* Rechtsvereinheitlichung durch Rechtsprechung, ZEUP 1997, S. 796 ff.; *Kreuzer/Scheuing/Sieber* (Hrsg.), Die Europäisierung der mitgliedstaatlichen Rechtsordnungen in der EU, 1997; *Rabe,* Die Europäisierung der Rechtsordnung, NJW 1997, S. 2631 ff.; *Grundmann,* Jus Commune und Jus Communitatis – ein Spannungsverhältnis, FS Fikentscher, 1998, S. 671 ff.

Unter „Rechtsangleichung", im EGV an ungefähr 20 verschiedenen Stellen erwähnt, öfters auch als „Harmonisierung" oder „Koordinierung" von Rechtsvorschriften o. ä. bezeichnet, versteht man die **Beseitigung von für das ordnungsgemäße Funktionieren des Gemeinsamen Marktes abträglichen Unterschiedlichkeiten** in bestimmten Rechtsgebieten innerhalb der nationalen Rechtsordnungen der einzelnen MS. Bereits vor der Gründung der EG gab es vielfältige Bemühungen, die Rechtsordnungen verschiedener Staaten zur Erleichterung des grenzüberschreitenden Rechts- und Wirtschaftsverkehrs einander anzugleichen. Sie werden auch heute noch im Rahmen verschiedener internationaler Organisationen und Konferenzen fortgesetzt (z. B. Europarat, oben Rz. 64, Haager IPR-Konferenz, UN-Ausschuß für Internationales Handelsrecht (UNCITRAL), Internationale Arbeitsorganisation [ILO] u. a.). Im Gegensatz zu den dort geschlossenen Vereinbarungen werden die rechtsangleichenden Maßnahmen der EG jedoch meist nicht durch völkerrechtlichen Vertrag, sondern mit Hilfe der durch das EGR vorgesehenen Instrumente vorgenommen und verfolgen spezifisch integrationsbezogene Zwecke. *(Langeheine,* in: Grabitz/Hilf (Hrsg.), EUV-EGV-Komm. (1994), Art. 100, RdNr. 4 f.). **1200**

1201 Insgesamt ist die Aufgabe der EG-Rechtsangleichung seit den sechziger Jahren **immer wichtiger und vielgestaltiger, aber auch schwieriger geworden.** Die von der Kommission und Rat auf der Grundlage eines Weißbuches der Kommission (Dok. KOM (85) 310) 1985–1992 betriebene **Vollendung des Binnenmarktes** war im wesentlichen ein großer Rechtsangleichungsprozeß. Durch den Erlaß von ca. 300 Rechtsakten wurden die materiellen und technischen Schranken für den freien Waren-, Personen-, Dienstleistungs- und Kapitalverkehr im Sinne von Art. 7 a = 14 neu EGV weitgehend beseitigt. Unvollendet ist u. a. die Beseitigung der Steuerschranken geblieben (oben Rz. 1197).

Andererseits hat sich ein perfektes Zusammenwachsen der unterschiedlichen Rechtssysteme in Europa seit längerem als nicht möglich und auch nicht erstrebenswert erwiesen.

1202 Durch die Erweiterung der EG von ursprünglich sechs auf inzwischen 15 MSen – mit der Perspektive weiterer Beitritte – ist es immer schwieriger geworden, bei Harmonisierungsmaßnahmen den gemeinsamen Nenner der nationalen Rechtsordnungen zu finden. Man kann ungefähr **vier Rechtskreise** in der 15er-EG unterscheiden: **den römisch/deutschen Raum,** den **romanischen Raum,** das **Common Law** und das **skandinavische Recht.** Die Unterschiede reichen in die **Tiefen des Rechts- und Verwaltungsdenkens** (z. B. kontinentale Systematik und Abstraktion gegenüber „insularem" pragmatisch-konkretem Rechtsdenken, geschriebenes gegenüber ungeschriebenem Recht u. a. m.). Andererseits wird für die EU-Rechtsangleichung die Vision **gemeineuropäischen Rechtsdenkens** im Sinne einer Re-Europäisierung der verschiedenen Rechtskreise beschworen („Von Bologna bis Brüssel", vgl. etwa *Schwartz,* EPL 1995, S. 227 ff.).

1203 Im Zuge des Aufbaues des Binnenmarktes seit den achtziger Jahren sind die **Grenzen der Harmonisierung nationalen Rechts durch Rechtsangleichung** mehr und mehr sichtbar geworden. Nachdem der Gerichtshof durch seine **„Cassis-Rechtsprechung"** (unten Rz. 1299 ff.) die **gegenseitige Anerkennung** nationaler Produktstandards als eine **Alternative zur Harmonisierung** eröffnet hatte, schob sich die Herstellung eines **Zustandes zueinander geöffneter, aber weiterhin national regulierter Märkte** in vielen Fällen in den Vordergrund. Von wirtschaftswissenschaftlicher Seite wird ein solcher **„Wettbewerb der Systeme"** öfters als das überlegene Modell im Vergleich zur europaweiten Harmonisierung empfohlen *(Hauser,* AuWi 1993, S. 459 ff.). Die Europäische Kommission bevorzugt inzwischen einen **kumulativen Ansatz („Neue Strategie").** Die harmonisierende Rechtsangleichung wird auf die allgemeinen Fragen beschränkt, die einer Produktkategorie gemeinsam sind („Horizontale Harmonisierung"). Im übrigen soll das Prinzip gegenseitiger Anerkennung („Vertrauensprinzip") die Freiverkehrsfähigkeit von Produkten und auch die Freizügigkeit von Personen sicherstellen (näher *Streinz,* Mindestharmonisierung im Binnenmarkt, 1996).

Diese vorsichtige Strategie entspricht auch dem **Subsidiaritätsprinzip** des Art. 3 b = 5 neu EGV. Dieses ist bei der Rechtsangleichung anwendbar, da es sich bei Art. 100 ff. = 94 ff. EGV nicht um eine ausschließliche Gemeinschaftszuständigkeit handelt (str., wie hier *Schwartz,* FS Everling 1995, S. 1331 ff. (1347) m. w. N.).

I. Funktion und Konzeption der Rechtsangleichung in der Gemeinschaft

Literatur: *Lochner,* Was bedeuten die Begriffe Harmonisierung, Koordinierung und gemeinsame Politik in den Europäischen Verträgen?, ZgStW 1962, S. 35 ff.; *Leleux,* Le rapprochement des législations dans la CFE, CDE 1968, S. 129 ff.; *Vogelaar,* The Approximation of the Laws of Member States under the Treaty of Rome, CMLRev 1975, S. 211 ff.; *Everling,* Möglichkeiten und Grenzen der Rechtsangleichung in der Europäischen Gemeinschaft, FS Reimer Schmidt, 1976, S. 165 ff.; *Close,* Harmonisation of Laws: Use or Abuse of the Powers under the EEC-Treaty?, ELRev 1978, S. 461 ff.; *Seidel,* Ziele und Ausmaß der Rechtsangleichung in der EWG. Zur britischen Auffassung, EuR 1979, S. 171 ff.; *Langeheine,* Abgestufte Integration, EuR 1983, S. 227 ff.; *Taschner,* Rechtsangleichung in der Bewährung?, GS Constantinesco, 1983, S. 765 ff.; *Bruha,* Rechtsangleichung in der EWG – Deregulierung durch „Neue Strategie"?, ZaöRVR 1986, S. 1 ff.; *Everling,* Zur Funktion der Rechtsangleichung in der EG, FS Pescatore, 1987, S. 221 ff.; *Pelkmans,* The new approach to technical harmonization and standardization, JCMS 1987, S. 249 ff.; *Taschner,* Mittelbare Rechtsangleichung?, FS v. d. Groeben 1987, S. 407 ff.; *Everling,* Zur Funktion des Gerichtshofes bei der Rechtsangleichung in der EG, FS Lukes, 1989, S. 359 ff.; *Hayder,* Neue Wege zur europäischen Rechtsangleichung? Die Auswirkungen der Einheitlichen Europäischen Akte, RabelsZ 1989, S. 622 ff.; *Hauser/Hösli,* Harmonization or regulatory competition in the EC (and the EEA)?, AuWi 1991, S. 497 ff.; *Hauser,* Harmonisierung oder Wettbewerb nationaler Regulierungssysteme in einem integrierten Wirtschaftsraum, AuWi 1993, S. 459 ff.; *Schwartz,* EG-Kompetenzen für den Binnenmarkt: Exklusiv oder konkurrierend/subsidiär?, FS Everling 1995, S. 1331 ff.

Seit dem Aufbau des Gemeinsamen Marktes ab Ende der fünfziger Jahre 1204
hat die EG-Rechtsangleichung ihre Aufgaben in fortschreitender Entwicklung erweitert.

1. Funktion und Entwicklung der Rechtsangleichung seit der Errichtung des Gemeinsamen Marktes 1958

Gemäß Art. 3 h EGV ist die Angleichung der innerstaatlichen Rechtsvorschriften Aufgabe der Gemeinschaft, „soweit dies für das ordnungsmäßige Funktionieren des Gemeinsamen Marktes erforderlich ist". Die Rechtsangleichung ist also eine selbständige Aufgabe der EG, die ein sehr breites Spektrum von Rechtsgebieten betrifft. Ihre **Generalnormen sind Art. 100–102 = 94–97 neu EGV.** Daneben treten zahlreiche Spezialregelungen wie z.B. Art. 57 = 47 neu EGV. Allerdings ergibt sich aus der Formulierung von Art. 3 h EGV auch bereits, daß die EG-Rechtsangleichung im Gegensatz zur „klassischen" Rechtsangleichung kein Selbstzweck, kein „Wert an sich" sein soll, sondern eine **dienende und integrationsbezogene Funktion** gegenüber den materiellen Vertragszielen hat *(Everling,* FS Steindorff 1990, S. 1155 ff.). Sie soll insbesondere eine verbesserte Ausübung der Grundfreiheiten des Gemeinsamen Marktes ermöglichen, Funktionsstörungen des Marktes ausschalten und Wettbewerbsverzerrungen durch Beseitigung legislativer Disparitäten vermeiden und spielt so auch für die gemeinsamen Politiken (Agrar- und Verkehrspolitik usf.) eine bedeutsame Rolle. Der in redlichem Wettbewerb funktionierende Gemeinsame Markt ist der zentrale Bezugspunkt der Rechtsangleichung (EuGHE 1966, S. 63 ff.- RS 32/65).

1205 Darüber hinaus hat sich im Laufe der Zeit, besonders seit Anfang der siebziger Jahre, neben Anwendung des Art. 100 = 94 neu EGV, nach 1987 auch des Art. 100 a = 95 neu EGV und der Ausnutzung der Spezialnormen eine über die ursprünglichen Kompetenzen hinausgehende **„weitergehende Rechtsangleichung"** entwickelt, die zum Teil auf Art. 235 = 308 neu EGV gestützt wurde, teils in besonderen Verträgen außerhalb des eigentlichen Gemeinschaftsrechts geregelt wurde, wie dies für gewisse Bereiche in Art. 220 = 293 neu EGV vorgesehen ist (unten Rz. 1261). Diese Erweiterungen über den „Kernbereich" hinaus verleihen der Rechtsangleichung dynamische Züge, weil durch sie neue Materien in den Integrationsprozeß einbezogen werden, was der Philosophie der fortschreitenden Teilintegration entspricht. In diesem Sinne dient die Rechtsangleichung durch die Schaffung einheitlicher Rechtsgrundlagen in anderen, zum Teil in Art. 2 EGV umrissenen wirtschafts- und gesellschaftspolitisch relevanten Bereichen als Ausgangspunkt für eine **weitergehende Verflechtung und Verfestigung der Gemeinschaft** mit dem Fernziel eines harmonisierten, wenn auch nicht uniformen **„Europäischen Rechtsraums"**. Insoweit nimmt die Gemeinschaft über die integrationspolitische Funktion der Rechtsangleichung hinaus in gewissem Umfang die Kompetenz zur Entwicklung einer eigenständig gestaltenden Rechtspolitik für sich in Anspruch. Als Beispiel für diese Entwicklung wäre etwa das europäische Patentrecht oder das EuGVÜ zu nennen (unten Rz. 1248, 1251). Seit den neunziger Jahren wird diese weitergehende Rechtsharmonisierung oftmals als **„Europäisierung der Rechtsordnung"** angesprochen (z. B. *Rabe,* NJW 1997, S. 2631 ff.)

Im engeren wirtschaftsrechtlichen Bereich hat die frühere Neigung der Kommission, den Europäischen Rechtsraum durch umfanggreiche Rechtsharmonisierung herzustellen, seit den siebziger Jahren oftmals Kritik erfahren, anfänglich besonders aus England. Dies führte allmählich zu einer **gewissen Umorientierung der Rechtsangleichungspolitik** im Sinne der „neuen Strategie" (oben Rz. 1203), Angleichung auf das Notwendige zu beschränken und im übrigen der schonenderen Alternative gegenseitiger Anerkennung nationaler Standards den Vorzug zu geben *(Hauser/Hösli,* AuWi 1991, S. 497 ff.).

2. Mittelfristige Perspektiven der Rechtsangleichung bei der Vollendung des einheitlichen Binnenmarktes

1206 Mit der Harmonisierung von **Rechtsnormen, die unmittelbar handelshemmend** wirken, ist ein einheitlicher Wirtschaftsraum noch keineswegs geschaffen. Wettbewerbsverzerrungen können sich auch aus unterschiedlichen arbeits-, steuer-, sozial- und umweltschutzrechtlichen Bestimmungen u. a. m. ergeben, durch die Unternehmen in verschiedenen MS unterschiedlich stark belastet werden. Auch derartige **indirekte Wettbewerbsverzerrungen** werden mit Hilfe rechtsangleichender Harmonisierung bekämpft, soweit man sich auf Gemeinschaftsebene über die jeweils zu verfolgende Politik geeinigt hat.

Diese Entwicklung wird allerdings durch die häufig divergierenden Interessen und Wertvorstellungen der einzelnen MS, ihre unterschiedlichen wirtschaftlichen und sozialen Strukturen und ihre verschiedenartigen Rechtstraditionen erschwert (oben Rz. 1202). Ein besonderes Problem ergibt sich daraus, daß der EGV (z. B. Art. 36, 56 = 30, 46 neu) den MS die Möglichkeit gibt, durch allgemeine Vorschriften zum Schutze bestimmter Rechtsgüter Maßnahmen zu treffen, die die Freiheit des Wirtschaftsverkehrs einschränken. **Diese allgemeinen Maßnahmen unterliegen jedoch ihrerseits wieder einer Pflicht zur Angleichung,** um eine uneingeschränkte Ausübung der Grundfreiheiten zu gewährleisten (Art. 57, 63 = 47, 62 neu EGV), nunmehr auch Art. 100 a Abs. 4 = 95 Abs. 4 neu EGV, der in diesem Bereich die Kontrollbefugnisse der Kommission verstärkt). Wurden die Vorschriften zum Schutz der in Art. 36, 56 = 30, 46 neu EGV genannten Rechtsgüter bereits harmonisiert, können die MS nicht mehr auf diese Vorschriften zurückgreifen *(Langeheine,* in: Grabitz/Hilf (Hrsg.), Komm. EUV/EGV (1994), Art. 100, RdNr. 69 ff.). Die zu ergreifenden Schutzmaßnahmen ergeben sich dann allein aus der RL (EuGHE 1979, 3369 ff. [3388 ff.] – RS 251/78 „Denkavit").

Bei echtem Bedarf nach europaweit angeglichenem Recht ist gemäß dem **1207**
Sinn von Art. 100 ff. = 94 ff. neu EGV auch eine **präventive Rechtsangleichung** zulässig, d. h. in einem Bereich, in dem es bisher noch keine entsprechenden Rechtsvorschriften in den MSen gab (str. vgl. *Röttinger,* in: Lenz (Hrsg.), EGV-Komm. 1994, Art. 100, RdNr. 4).

Neue Impulse hat die Rechtsangleichung durch die **Einheitliche Europäische Akte 1986, den Maastrichter EUV 1992 und durch den Amsterdamer Vertrag 1997** erfahren. Sie wurde hiermit als wichtiges Instrument zu Schaffung und Vervollkommnung des einheitlichen Binnenmarktes weiter ausgebaut *(Rengeling* (Hrsg.), Europäisierung des Rechts, 1996).

Im EAGV und im EGKSV hat die Rechtsangleichung keine wesentliche, ihrer Rolle im EGV vergleichbare Bedeutung erlangt, da es in diesen Verträgen keine den Art. 3 h und 100–102 = 94–97 neu EGV entsprechenden Regelungen gibt. Nach dem Kernkraftunfall von Tschernobyl ist die Grundnorm-Kompetenz der Art. 30 ff. EAGV für Regelungen zur Harmonisierung zulässiger Strahlenwerte eingesetzt worden *(Grunwald,* EuR 1986 S. 3151 ff. und EuGHE 1991 I–4529 ff. – RS C–70/88).

II. Kompetenzen und Instrumente der EG-Rechtsangleichung, insbesondere Art. 100 ff. = 94 ff. neu EGV

Literatur: *Megret,* La technique Communautaire d'harmonisation des législations RMC 1967, S. 181 ff.; *Schatz,* Zur rechtlichen Bedeutung von Art 189 Abs. 3 EWGV für die Rechtsangleichung durch Richtlinien, NJW 1967, S. 1694 ff.; *De Ripainsel-Landy* u. a., Les instruments du rapprochement des législations dans la CEE, 1976; *Ehlermann,* Approximation of Laws under Art. 100 of the EEC-Treaty, CMLRev 1978, S. 4 ff.; *Schwartz,* Wege zur EG-Rechtsvereinheitlichung: Verordnungen der Europäischen Gemeinschaft oder Übereinkommen unter den Mitgliedstaaten?, FS v. Caemmerer, 1978, S. 1067 ff.; *Eiden,* Die Rechtsangleichung gemäß Art. 100 EWGV, 1984; *Gormley,* Harmonisation of laws. Art. 100 EEC-Treaty, ELRev 1985, S. 132 ff.; *Collins/Hutchins,* Articles 101 and 102 of the EEC-Treaty, CMLRev 1986, S. 191 ff.; *Everling,* Rechtsvereinheitlichung durch Richterrecht in der EG, RabelsZ 1986, S. 193 ff.; *Flynn,* How will Article 100 A (4) work?, CMLRev 1987, S. 689 ff.; *Langeheine,* Rechtsangleichung unter Art. 100 a EWGV, EuR 1988, S. 235 ff.; *Grabitz,* Stillhalteverpflichtungen vor dem Binnenmarkt, 1988; *Müller-Graff,* Die Rechtsangleichung zur Verwirklichung des Binnenmarktes, EuR 1989, S. 107 ff.; *Matthies,* Zur Anerkennung gleichwertiger Regelungen im Binnenmarkt der EG (Art. 100 b EWG-V), FS Steindorff 1990, S. 1287 ff.; *Mohr,* Technische Normen und freier Warenverkehr in der EWG, 1990; *Everling,* Abgrenzung der Rechtsangleichung zur Verwirklichung des Binnenmarktes nach Art. 100 a EWGV durch den Gerichtshof, EuR 1991, S. 179 ff.; *Breulmann,* Normung und Rechtsangleichung in der EWG, 1993; *Happe,* Überlegungen zur Rolle von Art. 100 b EWGV im System der Warenverkehrsfreiheit des EWGV, FS Bleckmann, 1993, S. 119 ff.; *Rönck,* Technische Normen als Gestaltungsmittel des Europäischen Gemeinschaftsrechts, 1995; *Schwartz,* EG-Kompetenzen für den Binnenmarkt: Exklusiv oder konkurrierend/subsidiär?, 1995; *Beyer,* Rechtsnormanerkennung im Binnenmarkt (zu Art. 100 b EGV), 1998.

1. Die allgemeinen Vorschriften des Kapitels Rechtsangleichung

1208 Die Art. 100 – 102 = 94 – 97 neu EGV stellen die „lex generalis" der Rechtsangleichung im EG-Vertrag dar. Dabei **ist Art. 100 die allgemeine Handlungsermächtigung** für die Rechtsangleichung im Sinne des Art. 3 h. Die EEA 1986 hat in Art. 100 a, 100 b = 95 neu EGV ein erleichtertes Verfahren für die **„Binnenmarkt-Rechtsangleichung"** eingeführt. Dieses wichtige spezielle Verfahren hat seitdem Art. 100 = 94 neu EGV in den Hintergrund gerückt. Die Rechtsangleichung wettbewerbsverzerrender Vorschriften nach Art. 101 f. = 96 f. neu EGV spielt in der Gemeinschaftspraxis eine geringe Rolle.

a) Die Rechtsangleichungs-Grundnorm des Art. 100 = 94 neu EGV

1209 Art 100 = 94 neu EGV gibt dem Rat die Kompetenz für den **einstimmigen Erlaß von RL auf Vorschlag der Kommission und nach Anhörung von EP/WSA** (*Eiden,* Die Rechtsangleichung gemäß Art. 100 EWGV, 1984). Diese kontrolliert anschließend deren spätere Umsetzung und Anwendung in den MS und kann sie notfalls durch ein Vertragsverletzungsverfahren (Art 169 = 226 neu EGV) erzwingen. Die RL-Vorschläge, durch welche die jeweiligen Verfahren eingeleitet werden, beruhen in der Regel auf **rechtsvergleichenden Vorarbeiten der Kommission** in Zusammenarbeit mit Sachverständigen der MS, der Wissenschaft und unter Anhörung von Interessenvertretern der Wirtschaftsverbände. Die RLen können sich auf alle Rechtsbereiche und auf alle Arten von Normen der MS beziehen, soweit sie in einem **unmittelbaren Funktionszusammenhang mit dem „Gemeinsamen Markt"** stehen. Zu den Komponenten des Gemeinsamen Marktes zählen dabei vor allem die grundlegenden Prinzipien des EGR, also insbesondere die vier Grundfreiheiten, die gemeinsame Agrar-, Verkehrs- und Außenhandelspolitik, einschließlich der Zollunion. Darüber hinaus ist der **„Gemeinsame Markt" im Sinne des Art. 100 = 94 neu EGV** aber inzwischen dynamisch als die **Summe der in Art. 2 – 3 a = 2 – 4 neu EGV angesprochenen Tätigkeit zu verstehen,** soweit sie wirtschaftsrelevant sind („Markt"). In diesem Umfang dient Rechtsangleichung der Schaffung eines wirklichen Binnenmarktes (Ähnlich *Röttinger,* in: Lenz (Hrsg.), EGV-

Komm. 1994, Art. 100, RdNr. 4 ff.). Gegenstand der Rechtsangleichung sind grundsätzlich alle Normen des nationalen Rechts, die den betreffenden Bereich regeln, also neben Gesetzen, Rechtsverordnungen und dem Gewohnheitsrecht etwa auch Kollektivverträge, die ständige Rechtsprechung, interne Verwaltungsanweisungen und die Verwaltungspraxis, soweit sie eine „unmittelbare Auswirkung" auf das Funktionieren des Gemeinsamen Marktes haben. Dabei müssen diese Normen in den einzelnen MS keineswegs überall unterschiedlich sein, um einer „Angleichung" zugänglich zu sein.

Besonders bedeutsam für die Abgrenzung der Kompetenzen der Gemein- **1210**
schaft in diesem Bereich ist die schwierige und bislang noch nicht abschließend geklärte Frage, unter welchen Voraussetzungen eine solche **„unmittelbare Auswirkung"** nationaler Rechtsvorschriften auf das Funktionieren des Gemeinsamen Marktes vorliegt. Legt man diese wenig aussagekräftige Formulierung mit Rücksicht auf die generalklauselartige Formulierung des Art. 100 = 94 neu EGV und die dynamische Funktion der Rechtsangleichung richtigerweise **weit** aus, so sind rechtsangleichende Maßnahmen nach Art. 100 = 94 neu EGV zulässig, wenn sich Rechtsnormen in den einzelnen MS in spürbarer Weise negativ auf das Funktionieren des Gemeinsamen Marktes, insbesondere auf die Ausübung der Grundfreiheiten, auswirken, ohne daß die Kausalkette zwischen diesen Normen und der negativen Wirkung auf den Gemeinsamen Markt weitere Zwischenglieder enthält. Wann dies der Fall ist, läßt sich kaum in allgemeingültiger Weise festlegen. Die Art und Intensität der rechtsangleichenden Maßnahme kann vielmehr nur nach Maßgabe der Erfordernisse des Gemeinsamen Marktes im jeweiligen Einzelfall und in Abhängigkeit vom bereits erreichten Integrationsstand bestimmt werden. Diese extensive Auslegung gewährleistet einen flexiblen, gerichtlich nur sehr begrenzt überprüfbaren **Ermessensspielraum für die Gemeinschaftsorgane** bei der Bestimmung der nach dem jeweiligen Stand der Integration notwendigen Ziele der Rechtsangleichung (EuGHE 1991, I–3069 ff. – RS C–39/90 st. Rspr.). Allerdings müssen sie sich dabei von dem allgemeinen Grundsatz der Verhältnismäßigkeit leiten lassen (grundlegend *v. d. Groeben,* NJW 1970, S. 359 ff.). – Die **restriktivere Auffassung** (z.B. *Bruha,* ZaöRVR 1986, S. 1 ff.) hält dagegen Rechtsangleichung nur dann für „erforderlich" (Art. 3 h EGV), wenn sich für das wettbewerbsgerechte Funktionieren des Gemeinsamen Marktes ernsthafte Schwierigkeiten ergeben. Solche Restriktionen mögen zeitweilig für eine praktikable Rechtsangleichungspolitik der Gemeinschaft nützlich sein. Rechtlich geboten sind sie nicht, zumal die enge Auslegung der Konzeption des zu vollendenden Binnenmarktes i. S. von Art. 7 a = 14 neu EGV widerspricht. Jedoch ist der Prüfstein der „unmittelbaren Auswirkung" generell nützlich, um „Brüsseler Regulierungswut" (oft von interessierten MSen angeregt!) hintanzuhalten. In diesem Zusammenhang ist ferner das **Subsidiaritätsprinzip** des Art. 3 b = 5 neu EGV (oben Rz. 518 ff.) zu beachten. Ist Art. 100 = 94 neu EGV gegeben, hat die Gemeinschaft jedoch grundsätzlich eine **Pflicht zum Handeln** (arg. „erläßt").

1211 Nach überwiegender Auffassung kann die jeweilige RL in ihrem Regelungsgehalt **über die einzelstaatlichen Vorschriften hinausgehen,** ist also nicht an das bislang in den MS Erreichte gebunden *(Ipsen,* EGR, 1972, S. 694). Der jeweilige Rechtsbereich muß nicht in allen Staaten rechtlich geregelt sein. Bestehen in einem MS beispielsweise noch keine naturschutzrechtlichen Bestimmungen zu einer bestimmten Frage, muß nicht erst abgewartet werden, bis auch dieser Staat eine entsprechende Vorschrift erlassen hat. Es soll eine rechtsangleichende Tätigkeit sogar möglich sein, wenn der betreffende Lebensbereich noch in keinem MS geregelt ist *(Ipsen,* a. a. O.), etwa um drohenden Wettbewerbsverzerrungen vorzugreifen. Diese Möglichkeit **„präventiver Rechtsangleichung"** (oben Rz. 1207) sollte bei Art. 100 = 94 neu EGV jedenfalls für Fälle anerkannt werden, wo es darum geht, konkret absehbaren Funktionsstörungen des Gemeinsamen Marktes vorzubeugen. Vor Exzessen dieser Auffassung bewahrt die nötige Einstimmigkeit in Art. 100 = 94 neu EGV. Zudem wird eine „Angleichung" auch von inhaltlich gleichwertigen innerstaatlichen Bestimmungen für möglich gehalten, soweit sie sich auf das Funktionieren des Gemeinsamen Marktes negativ auswirken *(Langeheine,* in: Grabitz/Hilf (Hrsg.), EUV/EGV-Komm. (1994), Art. 100, RdNr. 10).

Dieses Kriterium ist also letztlich von größerer Bedeutung als die Disparität der innerstaatlichen Rechtsordnungen.

Für den Beschluß von RL nach Art. 100 = 34 neu EGV ist **Einstimmigkeit im Rat** erforderlich. Die sich hieraus in der Praxis öfters ergebenden Schwierigkeiten führten in der EEA 1986 zu einem zusätzlichen Verfahren erleichterter Rechtsangleichung *(Langeheine,* EuR 1988, S. 235 ff.).

b) Erleichterte Binnenmarkt-Rechtsangleichung nach Art. 100 a = 95 neu EGV

1212 Die durch die EEA 1986 **neu eingefügten Vorschriften des Art. 100 a i. V. m. Art. 189 b = 95 i. V. m. 251 neu EGV** ermöglichen bei der **Einrichtung und dem Funktionieren des Binnenmarktes** im Sinne von Art. 7 a = 14 neu EGV eine **erleichterte Rechtsangleichung** einschließlich gegenseitiger Anerkennung. Art. 100 a = 95 neu EGV geht als „spezielle Generalklausel" Art. 100 = 94 neu EGV vor. Mit dem Verweis auf Art. 7 a = 14 neu EGV deckt er in den Grenzen von Art. 100 a Abs. 2 = 95 Abs. 2 neu EGV große Teile des bisherigen Anwendungsbereiches von Art. 100 = 95 neu EGV ab. („Gemeinsamer Markt", oben Rz. 1204). Art. 100 a = 95 neu EGV gilt über das nur programmatische Datum des 31.12.1992 hinaus *(Langeheine,* in: Grabitz/Hilf (Hrsg.), EUV-EGV-Komm. (1994), Art. 100 a, RdNr. 10).

1213 Andererseits gehen **spezielle Rechtsangleichungszuständigkeiten** wie z. B. Art. 57 = 47 neu EGV oder – bei einem Umweltschwerpunkt – auch Art. 130 s = 175 neu EGV (unten Rz. 1256) Art. 100 a = 95 neu EGV genauso vor wie vorher bereits Art. 100 = 94 neu. Art. 100 a Abs. 2 = 95 Abs. 2 neu EGV schließt die **Steuerangleichung** nach Art. 99, 100 = 93, 94 neu EGV (oben Rz. 1175 ff.), die Harmonisierung bei der **Freizügigkeit** gemäß Art. 6, 48 ff., 52 ff. = 12, 39 ff., 43 ff. neu und ggf. Art. 100 = 94 neu (unten Rz. 1242) und Regelungen zugunsten der **Arbeitnehmer** Art. 100 a = 95 neu EGV ausdrücklich aus, um hier die einstimmige Beschlußfassung zu sichern. Dennoch kann es gelegentlich zu schwierigen Abgrenzungsfragen zwischen Art. 100 a = 95 neu EGV und speziellen Rechtsangleichungskompetenzen kommen. Es gilt dann eine **„Schwerpunkttheorie".** Wenn die speziellen Regelungen gegenüber der Binnenmarktrelevanz nebensächlich sind, ist Art. 100 a = 95 neu EGV anwendbar (*Röttinger,* in: Lenz (Hrsg.), EGV-Komm. 1994, Art. 100 a RdNr. 2 m. w. N.). – Art. 235 = 308 neu EGV ist gegenüber Art. 100 a = 95 neu EGV subsidiär.

Insgesamt ist eine **nicht zu kleinliche Auslegung des Art. 100 a = 95 neu EGV** geboten, um den Binnenmarkt zu sichern (EuGHE 1994, I–3681 ff., RS C–359/92 „Produktsicherheits-RL" und *Everling,* EuR 1991, S. 179 ff.). De facto steht inzwischen die Anwendung des Art. 100 a = 95 neu EGV ganz im Vordergrund der EG-Rechtsangleichung. 1214

Art. 100 a = 95 neu ermöglicht im Gegensatz zu Art. 100 = 94 neu eine **erleichterte Beschlußfassung mit qualifizierter Mehrheit.** Außerdem können alle Rechtsakte **einschließlich Verordnung und auch Einzelmaßnahmen** gewählt werden (EuGHE 1994, I–3681 ff. – RS C–359/92). Für Art. 100 a = 95 neu EGV gilt das **Mitentscheidungsverfahren** des Art. 189 b = 251 neu EGV, so daß das EP stärker als bei Art. 100 = 94 neu mitwirkt (oben Rz. 269).

In bestimmten Bereichen besteht die Gefahr, daß MSen mit einem **hohen Schutzniveau** durch eine nivellierende Rechtsangleichung Verschlechterungen ihrer Rechtsordnung in Kauf nehmen mußten. Dem wirken Art. 100 a Abs. 3 und 4 (als **Art. 95 Abs. 3 – 10 neu EGV** durch den Amsterdamer Vertrag 1997 erweitert) entgegen. Sie verpflichten die Kommission auf qualitative Maßstäbe („hohes Schutzniveau" unter jeweiliger Berücksichtigung neuer wissenschaftlicher Erkenntnisse). Zugleich erhalten die MSen eine **„Escape Clause"** für bestimmte nationale Sonderregelungen. 1215

In den Bereichen **Gesundheit, Sicherheit, Umweltschutz und Verbraucherschutz** ist die Kommission verpflichtet, von einem **hohen Schutzniveau auszugehen** und dabei neue, wissenschaftlich gestützte Entwicklungen zu berücksichtigen (Art. 95 Abs. 3 neu EGV). Die Einhaltung dieser Pflichten unterliegt der Kontrolle des EuGH, bei weitem Ermessungsspielraum des Gemeinschaftsgesetzgebers.

Die seit dem Amsterdamer Vertrag 1997 überaus kompliziert gestaltete **„Escape Clause"** der Art. 95 Abs. 4 – 10 neu EGV ermächtigt dissentierende MSen bei Harmonisierungsmaßnahmen, die mit qualifizierter Mehrheit getroffen wurden, nationale Bestimmungen weiter anzuwenden (und wohl auch neu einzuführen), die nach **Art. 36 = 30 neu EGV** oder zum Schutz der **Arbeitsumwelt** beziehungsweise zum Umweltschutz gerechtfertigt sind. Diese Bestimmungen unterliegen der Rechtskontrolle durch die Kommission, die in festen Fristen entscheiden muß (Art. 95 Abs. 5 – 6 neu EGV). Die Kommission kann ihrerseits im Interesse einer Gemeinschaftsregelung Anpassungen vorschlagen (Art. 95 Abs. 7 neu EGV). Für den Gesundheitsbereich bestehen Sonderregelungen (Art. 95 Abs. 8 neu EGV).

Die „Escape Clause" unterliegt einer **erleichterten Mißbrauchskontrolle durch den EuGH** (Art. 95 Abs. 9 neu EGV). In dem harmonisierten EG-Recht können **Schutzklauseln** enthalten sein, welche die MSen zu vorläufigen Maßnahmen unter Gemeinschaftskontrolle ermächtigen (Art. 95 neu Abs. 10 EGV).

In der schwierig handhabbaren Sonderbereichsregelung des Art. 95 Abs. 3 – 10 EGV spiegelt sich gleichermaßen die **Sorge einiger MSen mit entwickelter Schutzgesetzgebung,** nicht durch Mehrheitsbeschlüsse im Rat auf ein niedrigeres Gemeinschaftsniveau „heruntergezogen zu werden", wie das Mißtrauen der EG, daß eine solche Schutzgesetzgebung zu protektionistischen Zwecken mißbraucht werden könnte.

1216 Auch nach Einführung der Binnenmarkt-Rechtsangleichung des Art. 100 a = 95 neu EGV bleibt das **Prinzip gegenseitiger Anerkennung nationaler Regelungen als „zweitbeste Rechtsangleichung" gleichrangig neben dem Harmonisierungskonzept des Vertrages** bestehen. Neben dem Warenverkehr hat es inzwischen auch bei der Freizügigkeit der Personen Einzug gehalten (RL über die gegenseitige Anerkennung der Hochschuldiplome von 1989, unten Rz. 1620). Zwar ist ein niedrigerer Rechtsstandard u. U. ein gewisser Standortvorteil. Andererseits erweisen sich aber Produkt- und Ausbildungsqualitäten im Wettbewerb der Systeme mittelfristig als wichtige Trümpfe. Sie üben einen indirekten Zwang zur „Angleichung nach oben" aus. Im übrigen läßt Art. 100 a Abs. 3 = 95 Abs. 3 neu EGV erkennen, daß die Harmonisierung vor allem in besonders sensiblen Bereichen wie Gesundheit, Sicherheit und Umweltschutz unverzichtbar bleibt.

Der erst mit dem Maastrichter EUV 1992 geschaffene **Art. 100 b EGV** *(Happe,* FS Bleckmann, 1993, S. 119 ff.) wurde in Amsterdam 1997 wieder **aufgehoben.** Der dortige Versuch, bis Ende 1992 die gegenseitig anzuerkennenden nationalen Regelungen abschließend zu erfassen, war in der Gemeinschaftspraxis gescheitert. Es ist weiterhin der **fortlaufenden Rechtsprechung der europäischen Gerichtsbarkeit** zu Art. 30 ff. = 28 ff. neu EGV überlassen („Cassis de Dijon-Doktrin", unten Rz. 1299 ff,), die Einzelprobleme gegenseitiger Anerkennung zu lösen.

c) Gemeinsame Visapolitik (Frühere Art. 100 c) – d) EGV)

1217 Als eine Art „Fremdkörper" hatte der Maastrichter EUV 1992 zwei neue Art. 100 c) – d) EGV in das Kapitel Rechtsangleichung eingefügt. Sie übertrugen den Gemeinschaftsorganen i. V. m. den Instanzen der Zusammenarbeit in den Bereichen Justiz und Inneres (unten Rz. 1575 ff. und oben Rz. 311 ff.) gewisse Zuständigkeiten für eine **gemeinsame Visapolitik gegenüber Angehörigen von Drittstaaten,** welche die Außengrenzen der MSen überschreiten. Mit dem **Amsterdamer Vertrag 1997** ist diese Materie in den **neuen Titel IV des EGV** („Visa, Asyl, Einwanderung und andere Politiken des freien Personenverkehrs" **= Art. 61 – 69 neu EGV) überführt worden.**

Dazu unten Rz. 1569 ff.

Die Art. 100 c) – d) EGV wurden mit dem Amsterdamer Vertrag 1997 **aufgehoben.** Da die neuen Art. 61 ff. EGV den Aufbau einer einheitlichen Visapolitik erst binnen 5 Jahren nach Inkrafttreten des Vertrages von Amsterdam vorsehen, befindet sich die Visapolitik vorläufig in einer **undeutlichen Zwischenlage.**

Auf der bisherigen Grundlage der Art. 100 c) – d) EGV hatte die Angleichung der nationalen Visapolitiken nur **geringe Fortschritte** gemacht. Mit der VO 1683/95 (ABl. 1995, L 164/1) wurde eine einheitliche Visagestaltung festgelegt. Die VO 2317/95, ABl. 1995, L 234/1 bestimmte dritte Länder, deren Staatsangehörige beim Überschreiten der Außengrenzen der EU-Staaten visapflichtig sind (Zur Wirksamkeit der VO aber EuGHE 1997, I – 3213 ff. RS C–392/95).

d) Art. 101, 102 = 96, 97 neu EGV

1218 **Wenig praktische Bedeutung** haben bislang die ergänzenden Rechtsangleichungsvorschriften der Art. 101, 102 = 96, 97 neu EGV – parallel zu Art.

67, §§ 1, 2 EGKSV erlangt (näher *Langeheine,* in: Grabitz/Hilf (Hrsg.), EUV/EGV-Komm. (1996/97), zu Art. 101, 102).

Diese Vorschriften beziehen sich auf bestehende (Art. 101 = 96 neu EGV) oder geplante (Art. 102 = 97 neu EGV) nationale Rechtsvorschriften, die **zu beseitigungsbedürftigen Wettbewerbsverzerrungen** fuhren, weil etwa ein bestimmter Wirtschaftssektor eines MS im Verhältnis zur selben Branche in anderen MS durch die Heranziehung zu gewissen Sozialleistungen in nachhaltiger Weise benachteiligt ist. Diese Vorschriften verdeutlichen in anschaulicher Weise den engen Zusammenhang zwischen den Aufgaben der Rechtsangleichung (Art. 3 h EGV und den in Art. 3 g EGV angegebenen Vertragszielen des Wettbewerbsschutzes (oben Rz. 1025). Wirkt eine bereits bestehende nationale Regelung objektiv wettbewerbsverzerrend, tritt die Kommission mit dem betreffenden MS in Beratungen ein. Führen die Verhandlungen zu keinem Erfolg, kann der Rat ohne Anhörung des Parlaments und des WSA eine RL zur Beseitigung der Wertbewerbsverzerrung erlassen (Art 101 = 96 neu EGV).

Bei **geplanten wettbewerbsverzerrenden Vorschriften** setzt sich die Kommission mit dem MS ins Benehmen und gibt ihm (unverbindliche) Empfehlungen zur Vermeidung der Verzerrung (Art. 102 = 97 neu EGV). Folgt der MS diesen präventiven Empfehlungen nicht und erläßt die Vorschrift, kann nach Maßgabe des Art. 102 Abs. 2 = 97 Abs. 2 neu EGV in bezug auf diesen MS nach Art. 101 = 96 neu EGV, gegebenenfalls auch nach Art. 100 = 94 neu EGV oder einer einschlägigen Spezialvorschrift verfahren werden, soweit dieser MS sich durch die verursachte Verzerrung nicht lediglich selbst schadet. Die in diesen Vorschriften vorgesehenen, gegenüber Art. 100 = 94 neu vereinfachten Verfahren – im Gegensatz zu Art. 100 = 94 neu EGV ist gemäß Art. 101 Abs. 2 = 96 Abs. 2 neu EGV nur eine qualifizierte Ratsmehrheit erforderlich – sind bislang von der Kommission nur bei drei Empfehlungen in den sechziger Jahren in Anspruch genommen worden. Das hängt vor allem mit der **Schwierigkeit der Bestimmung von „Verzerrungen"** im Sinne von Art. 101 = 96 neu EGV zusammen. 1219

Hier muß zunächst eine **Wettbewerbsverfälschung** vorliegen (dazu EuGHE 1980, 2671 ff. – RS 730/79 „Philip Morris"). Durch sie wird die **„Verzerrung"** im Sinne einer **besonders intensiven Auswirkung** der Verfälschung auf die Wettbewerbslage verursacht, die es zu beseitigen gilt. In der Praxis ist eine solche Kumulation negativer Faktoren kaum jemals sicher nachweisbar *(Röttinger,* in: Lenz (Hrsg.), EGV-Komm. 1994, zu Art. 101, 102).

2. Besondere Rechtsangleichungsvorschriften außerhalb Art. 100 ff. = 94 ff. neu EGV und der Beitrag des Gerichtshofes

Neben der Generalklausel des Art. 100 = 94 neu enthält der EG-Vertrag noch **eine größere Zahl besonderer Rechtsangleichungsvorschriften,** durch die für gewisse Bereiche der Funktionszusammenhang mit dem Gemeinsamen Markt bereits durch den Vertrag anerkannt ist und die der Generalklausel des Art. 100 = 94 neu insoweit vorgehen. Allerdings sind diese Vorschriften keine Spezialregelungen im üblichen Sinne. Wenn sie nämlich zur 1220

Sicherung der Funktionsfähigkeit des Gemeinsamen Marktes in dem betreffenden Bereich nicht ausreichen, sind grundsätzlich immer noch rechtsangleichende Maßnahmen nach Art. 100 = 94 neu möglich (*Langeheine,* in: Grabitz/Hilf (Hrsg.), EUV/EGV-Komm. (1994), Art. 100, Rz. 72 ff.). Andererseits ermöglichen die Spezialregelungen z. T. die Verordnung neben der RL als Handlungsform der Rechtsangleichung.

a) Spezielle Rechtsangleichungszuständigkeiten

1221 Im einzelnen sind für die Rechtsangleichung außerhalb Art. 100 ff. = 94 ff. neu EGV insbesondere folgende Regelungen zu beachten:

- Art. 30 ff. = 28 ff. neu EGV **(Verbot von MgW)** steht in Zusammenhang mit Art. 100 = 94 neu EGV. **Zwar sind Art. 30/100 = 28/94 neu gleichzeitig anwendbar,** da sie unterschiedliche Ziele verfolgen, nämlich einerseits die Beseitigung von MgW (Art. 30 = 28 neu), andererseits den Abbau von zulässigen Hindernissen aus unterschiedlichen Vorschriften (EuGHE 1981, 3019 ff. – RS 193/80). Seit der **„Cassis-Doktrin"** (EuGHE 1979, 649 ff. – RS 120/78 „Cassis de Dijon" st. Rspr., abgeschwächt seit EuGHE 1993, S. 700 ff. – RS C 267/91 „Keck", vgl. unten Rz. 1293) sind jedoch nur noch diejenigen nationalen Vorschriften über Art. 100 ff. = 94 ff. neu EGV harmonisierungsbedürftig, die nach Art. 36 = 30 neu EGV oder aus sonstigen „zwingenden Allgemeinerfordernissen" vorranginger Art gerechtfertigt bleiben. Ansonsten lösen sich die Probleme ohne Harmonisierung über das „Vertrauensprinzip" gegenseitiger Anerkennung (näher *Langeheine,* in: Grabitz/Hilf (Hrsg.), EUV/EGV-Komm. (1994), Art. 100 Rz. 75 f.).

1222 – Art. 43 = 37 neu EGV wird z. T. zu rechtsangleichenden Maßnahmen **im Bereich der Landwirtschaft** herangezogen. Nach herrschender Auffassung und Praxis bedurfte es lange zu Maßnahmen der – umfangreichen – Agrarrechtsangleichung der gleichzeitiges **Heranziehung von Art 100 = 34 neu EGV,** d. h. der Wahl der RL als Handlungsform und einstimmiger Verabschiedung (EuGHE 1977 1555 ff. – RS 5/77 „Denkavit", st. Rspr.). Art. 100 a = 95 neu EGV ist gegenüber Art. 43 = 37 neu EGV subsidiär (EuGHE 1989, 3743 ff. – RS – C–131/87). Inzwischen soll bei der Angleichung von Agrarproduktions- und Vermarktungsnormen Art. 43 = 37 neu EGV als Rechtsgrundlage ausreichen (EuGHE 1988, 835 ff. – RS 68/86 st. Rspr.).

1223 – Art 49 i. V. m. Art 189 b = 40 neu i. V. m. 251 neu EGV und Art. 100 a Abs. 2 = 95 Abs. 2 neu EGV ermächtigt den Rat zum Erlaß von VO und RL **zur Herstellung der Freizügigkeit der Arbeitnehmer,** was auch Rechtsangleichung einschließt. Die dazu ergangenen Rechtsakte betreffen beispielsweise die Vereinheitlichung von Verwaltungsverfahren und -praxis für Aufnahme, Beschäftigung und Aufenthalt der Arbeitnehmer und ihrer Familienangehörigen und die Aufhebung von Reise- und Aufenthaltsbeschränkungen für die genannten Personengruppen (unten Rz. 1536) sowie die Systeme der sozialen Sicherheit. Bei den Freizügigkeitsmaßnahmen beschließt der Rat im Bereich der Rechtsangleichung weiter einstimmig (Art. 100 a Abs. 2 = 95 Abs. 2 neu).

1224 – Art. 54, 56–58, 63, 66 = 44, 46–48, 52, 55 neu EGV betreffen Harmonisierungsmaßnahmen **zur Verwirklichung der Niederlassungs- und Dienstleistungsfreiheit** (unten Rz. 1612). Vor allem die **weite Anerkennungs- und Koordinierungskompetenz des Art. 57 = 47 neu EGV im Berufsrecht** ist neben Art. 100 ff. und 235 = 94 ff. und 308 neu EGV die wohl praktisch bedeutsamste Angleichungskompetenz des Vertrages. Durch die Einheitliche Europäische Akte und den EUV wurde auch hier die Rolle des Europäischen Parlaments im Rahmen der Art. 54, 56 und 57 = 44, 46, 47 neu EGV gestärkt. Es gilt das Mitentscheidungsverfahren des Art. 189 b = 251 neu EGV.

- Art. 75, 84 Abs. 2 = 71, 80 Abs. 2 neu EGV ermöglichen mit weitgefaßten Kompetenzen zur gemeinsamen Verkehrspolitik rechtsangleichende Akte (unten Rz. 1437).

- Art. 99 n. F., 100 = 93, 94 neu EGV betreffen die **Harmonisierung der indirekten und direkten Steuern.** Ihre Angleichung ist für die Schaffung gleichartiger Wettbewerbsbedingungen im Wirtschaftsgefüge der EG und für die effektive Verwirklichung der Grundfreiheiten von besonderer Bedeutung (oben Rz. 1177). An der einstimmigen Beschlußfassung wird festgehalten (Art. 100 a Abs. 2 = 94 Abs. 2 neu EGV). 1225

- In der Gemeinsamen Handelspolitik enthalten Art. 112, 113 = 132, 133 neu EGV Möglichkeiten zur Angleichung der nationalen Außenwirtschaftsrechte (unten Rz. 1732).

- Im **Bereich der Sozialpolitik** eröffnen nach den mehrfachen Änderungen des Vertrages in Maastricht 1992 und Amsterdam 1997 (näher unten Rz. 1633 ff.) nunmehr besonders Art. 137 Abs. 2 – 5 neu EGV begrenzte Angleichungsmaßnahmen (Mindestvorschriften). Schon früher waren punktuelle Maßnahmen nach Art. 100 = 94 neu EGV möglich gewesen (EuGHE 1976, 455 ff. RS 43/75 „Defrenne II"). Neben Art. 100 = 94 neu EGV ist Art. 100 a = 95 neu EGV zu beachten, wenn die Voraussetzungen vorliegen. 1226

- Der durch die EEA geschaffene Art. 130 s = 175 neu EGV ermöglicht Rechtsangleichungsmaßnahmen im neuen Vertragsbereich **Umwelt** (zu den hier schwierigen Abgrenzungen zu den Art. 100 ff. = 94 ff. neu EGV unten Rz. 2018).

- Bei genauerer Analyse lassen sich auch noch aus **weiteren Sondernormen der Verträge** Zuständigkeiten zur Rechtsharmonisierung entnehmen (vgl. die Liste bei *Schwartz,* FS v. d. Groeben, 1987, S. 333 ff.). Sachregelung und begleitende Rechtsangleichung gehen öfters ineinander über.

- **Art. 235 = 308 neu EGV:** Soweit die Handlungsermächtigung des Art. 100 = 94 neu oder die genannten Spezialermächtigungen nicht zur Verwirklichung der Vertragsziele ausreichen, **kann auch auf dem Gebiet der Rechtsangleichung auf Art. 235 = 308 neu zurückgegriffen werden.** Dies ist zum Beispiel 1968 bei dem Erlaß einer VO über den Zollwert von Waren geschehen (EuGHE 1973, 897 (907 f.) – RS 8/73 „Massey/Ferguson"), wenn auch mit der Maßgabe, daß rechtsangleichende Maßnahmen auf der Grundlage von Art. 235 = 308 neu EGV nur zulässig sind, wenn Art. 100 = 94 neu oder die Spezialermächtigungen nicht ausreichen oder wenn statt einer RL eine VO zwingend erforderlich ist. 1227

Seit 1972 findet Art. 235 = 308 neu EG verstärkte Anwendung bei RL zur Rechtsangleichung, z. B. im Bereich des Sozialrechts, des Umwelt- und Verbraucherschutzes (unten Rz. 1644 ff., 2016 ff., 2038 ff.) oder im Gesellschaftsrecht, (Europäische Wirtschaftliche Interessenvereinigung, dazu unten Rz. 1246). An der Bestimmung des näheren Verhältnisses zwischen der Rechtsangleichung nach Art. 100 ff. = 94 neu EGV bzw. gemäß den sonstigen Spezialvorschriften und Art. 235 = 308 neu EGV **ist noch Manches ungeklärt.** Nur, wo ein klarer abschließender Vertragswille bei bestimmten Regelungen nachweisbar ist, bleibt Art. 235 = 308 neu a priori ausgeschlossen. Andererseits ist jeweils zu prüfen, ob das **Subsidiaritätsprinzip** des Art. 3 b = 5 neu EGV dem Rückgriff auf Art. 235 = 308 neu entgegensteht (oben Rz. 518 ff.).

b) Richterrechtliche Rechtsangleichung durch den Gerichtshof?

1228 Über diese vertraglich vorgesehenen Instrumente der Rechtsangleichung hinaus führt die **Rechtsprechung des EuGH** nicht selten mittelbar oder unmittelbar zu einer fallbezogenen **„richterrechtlichen Rechtsangleichung"** *(Everling,* RabelsZ 1986, S. 193 ff. und ZEUP 1997, S. 796 ff.). Dies geschieht nicht nur durch die Auslegung der Rechtsangleichungs-RL selbst (z. B. EuGHE 1982, 2771 ff. [2784 f.] – RS 270/81 „Rickmers-Linie"), sondern auch durch die Auslegung von Vertragsbestimmungen, die nach seiner Rechtsprechung in den MS unmittelbar gelten (beispielsweise das Diskriminierungsverbot des Art. 6 = 12 neu EGV), mit der Folge, daß entgegenstehendes nationales Recht, auch soweit es bisher keiner Angleichung unterlag, keine Anwendung mehr finden kann (EuGHE 1985, 593 ff. – RS 293/83 „Gravier"). Diese Methoden sind angesichts des zeitweiligen integrationspolitischen Impetus des Gerichtshofes (oben Rz. 384) gelegentlich problematisch *(Oppermann,* Von der EG-Freizügigkeit zur Gemeinsamen Europäischen Ausbildungspolitik?, 1988).

3. Die Technik der EG-Rechtsangleichung

a) Richtlinien und intensivere Formen der Rechtsangleichung

1229 Die Richtlinien schaffen kein einheitliches, unmittelbar anwendbares Gemeinschaftsrecht, sondern verpflichten die MS zu einer entsprechenden Umgestaltung ihrer Rechtsordnungen (Art 189 Abs. 3 = 249 Abs. 3 neu EGV). **Die RL ist wegen ihrer Flexibilität das typische Instrument der Rechtsangleichung,** dessen Einsatz insbesondere im Bereich der Generalklausel des Art. 100 = 94 neu ausschließlich vorgesehen ist (anders Art. 100 a = 95 neu EGV, vgl. oben Rz 1212). Das durch sie bedingte zweistufige Verfahren schränkt die Kompetenz der MS zur autonomen Rechtsetzung zwar ein, beläßt ihnen jedoch in gewissem Umfang die Wahl der Formen und Mittel zur Umsetzung der RL, wodurch die jeweiligen nationalen Besonderheiten berücksichtigt werden können. Angestrebt wird kein Unitarismus, sondern eine bloße Rechts"angleichung" im eigentlichen Wortsinne. **Das angeglichene Recht bleibt „europäisch geprägtes" nationales Recht** und unterliegt weiterhin der Auslegung durch die nationalen Gerichte. *(Lutter,* JZ 1992, S. 593 ff.). Über seine Richtlinienkonformität kann gegebenenfalls der Gerichtshof nach Art. 177 = 234 neu EGV entscheiden. Nur in ausdrücklich zugelassenen Fällen (z. B. aufgrund Art. 100 a = 95 neu oder 235 = 308 neu EGV) kann durch Verordnung eine unmittelbar geltende einheitliche Regelung getroffen werden. Ferner kann die Geltung von Harmonisierungs-RL, falls erforderlich, auf bestimmte MS beschränkt werden *(Megret,* RMC 1967, S. 181 ff.), soweit die RL einzelne MS noch gar nicht berührt.

1230 Bei der Ausgestaltung der RL sind **verschiedene Techniken** möglich (EuGHE 1980, 3583 ff. [3607 f.] – RS 815/79 „Cremoni"). Beispielsweise können die rechtlichen Voraussetzungen für das Inverkehrbringen eines bestimmten Produkts **völlig**

vereinheitlicht werden (totale Angleichung) oder aber nur gewisse Voraussetzungen bestimmt werden, unter denen ein MS die Einfuhr des Produktes in sein Hoheitsgebiet gestatten muß. Weiterhin ist es möglich. daß die Gemeinschaftsregelung neben die nationalen Vorschriften tritt und den Produzenten und Händlern eine **wahlweise Orientierung** an einer der beiden Lösungen ermöglicht **(optionelle oder fakultative Angleichung,** näher *Schmeder,* Die Rechtsangleichung als Integrationsmittel der EG, 1978, S. 69 ff.). Insbesondere in technischen Materien, im Lebensmittel- und Arzneirecht, aber auch im Zollrecht **sind RL häufig so detailliert,** daß für den nationalen Gesetzgeber kein Gestaltungsspielraum mehr bleibt, während in gesellschaftspolitischen Fragen durch vergleichsweise offene Regelungen den unterschiedlichen kultur- und traditionsgebundenen Gegebenheiten in den einzelnen MS Rechnung getragen wird. Hier wird oft nur ein **Mindeststandard** festgelegt, dem die Rechtsordnungen der MS genügen müssen, oder es werden verschiedene Gestaltungsmöglichkeiten angeboten, die dem nationalen Gesetzgeber eine Auswahl gestatten. Schließlich besteht noch die Möglichkeit, die MS durch RL zum Beitritt zu einem internationalen Abkommen innerhalb einer bestimmten Frist zu verpflichten. Dies kann insbesondere in Bereichen sinnvoll sein, wo über den Rahmen der EG hinaus weltweit einheitliche Standards notwendig sind.

Soweit die Harmonisierungs-RL des EGR nur Mindestanforderungen aufstellen, sind dadurch **weitergehende Rechtsvorschriften der MS** nicht ausgeschlossen. Eine aus rechtsvergleichender Sicht besonders zweckmäßige und fortschrittliche einzelstaatliche Lösung kann ihrerseits auf das EGR zurückwirken und diesem in einem dialektischen Prozeß neue Impulse für die Fortentwicklung des angeglichenen Rechts geben. **1231**

Soweit ein Rechtsgebiet noch nicht von rechtsangleichenden Maßnahmen betroffen ist, bleibt die Gesetzgebungskompetenz der MS grundsätzlich ungeschmälert, soweit sich nicht aus der unmittelbaren Anwendbarkeit etwa der Freizügigkeitsregelungen Verpflichtungen zum Abbau von Beschränkungen ergeben. Im übrigen sind die MS lediglich nach Art. 5 Abs. 2 = 10 Abs. 2 neu EGV verpflichtet, den Erfolg bereits durch konkrete Vorarbeiten angestrebter rechtsangleichender Maßnahmen auf einem bestimmten Gebiet nicht zu gefährden. Darüber hinaus bestehen solche Stillhalteverpflichtungen **(„stand-still"-Verpflichtungen)** nur in durch den Vertrag oder Sondervereinbarungen besonders vorgesehenen Fällen (z. B. die Stillhaltevereinbarung bezüglich technischer Handelshemmnisse vom 28.5.1969, ABl. C 76/9). Aus Art. 100 = 94 neu EGV selbst ergibt sich nach allgemeiner Auffassung kein Stillhaltegebot, u. U. aber aus Art. 102 = 97 neu EGV, näher *Grabitz,* Stillhalteverpflichtungen vor dem Binnenmarkt, 1988).

b) Zur Fortentwicklung angeglichenen Rechtes (insbesondere europäische Normung)

Die **„Gesetzgebungssouveränität"** der MS, die nach Art. 189 Abs. 3 = 249 Abs. 3 neu EGV zur Umsetzung der RL verpflichtet sind (oben Rz. 550), **wird mit Fortschreiten der Rechtsangleichung auf Gemeinschaftsebene eingeengt,** wobei sich die Kompetenzen der Gemeinschaft im selben Maße erweitern. Insbesondere können nationale Rechtsvorschriften, die inhaltlich einer RL zur Rechtsangleichung entsprechen, nicht mehr in einer Weise abgeändert werden, die in Widerspruch zu Inhalt und Zweck der RL steht, **1232** soweit nicht die RL selbst noch Abänderungsmöglichkeiten vorsieht. Auch nach einer einmal erfolgten Umsetzung der RL bleiben die nationalen Rechtsetzungsorgane bei künftigen Gesetzesvorhaben durch die RL gebunden.

1233 Diese Sperrwirkung kann – als typisches Problem jeder Rechtsvereinheitlichung – **zu einer gewissen „Starrheit des angeglichenen Rechts"** führen *(Pipkorn),* was sich insbesondere bei **technischen Standards,** die ständiger Wandlung unterworfen sind, nachteilig auswirken kann. Zudem sind Änderungen nicht auf Initiative einzelner MS, sondern nur auf Vorschlag der Kommission möglich. Daher übertrugen die RL in derartigen Bereichen zunehmend **auf der Grundlage von Art. 155 = 211 neu EGV** der **Kommission die Befugnis,** in enger Zusammenarbeit mit den jeweils zuständigen Behörden oder einem **aus Vertretern der MS gebildeten Ausschuß** die notwendigen Anpassungen vorzunehmen (Verwaltungsausschußverfahren, vgl. die Entschließung des Rates vom 28.5.1969 über die Anpassung der RL zur Beseitigung der technischen Hemmnisse im Warenverkehr, die sich aus Unterschieden in den Rechts- und Verwaltungsvorschriften der MS ergeben, an den technischen Fortschritt, ABl. 1967, C 76/8, Änderungen). Die grundlegenden Entscheidungen müssen jedoch stets in der Grund-RL des Rates getroffen werden (EuGHE 1970, 1161 ff. (1172) – RS 25/79 *„Köster")*. Durch die RL des Rates vom 28.3.1983 über ein Informationsverfahren auf dem Gebiet der Normen und technischen Vorschriften (ABl. L 109/8, Änderungen) wurde die **Zusammenarbeit der Kommission** mit den MS, den Sachverständigen und **den europäischen Normungsinstituten CEN und CENELEC** schließlich umfassend geregelt und die MS verpflichtet, alle Entwürfe für technische Normen der Kommission vorzulegen. Zudem wurde ein ständiger Ausschuß aus Vertretern der MS eingesetzt, dessen Vorsitzender ein Vertreter der Kommission ist *(Nicolas/Repussard,* Gemeinsame Normen für die Unternehmen, 2. Aufl. 1995). Um die flexible Angleichung und Anpassung technischer Normen weiter zu vereinfachen und unnötige Detailregelungen zu vermeiden, streben Kommission und Rat die **Ausdehnung solcher Verweisungen auf die Normungen durch Normeninstitute** auf andere Felder der Rechtsangleichung an (Entschließung des Rates vom 7.5.1985 für eine **neue Konzeption auf dem Gebiet der technischen Harmonisierung und der Normung,** ABl. C 136/1; Ratsentschließung v. 18.6.1992 zur Funktion der europäischen Normung in der europäischen Wirtschaft, ABl. C 173/1). Ziel der neuen Strategie ist neben der Beschränkung der Angleichung auf das Grundsätzliche und Notwendige die Übertragung der Normung auf private Gremien. Im Sinne des Demokratieprinzips und des Bestimmtheitsgrundsatzes ist das nicht unproblematisch *(Rönck,* Technische Normen als Gestaltungsmittel des EGR, 1995). Dennoch trägt europäische Normung wesentlich zum Funktionieren des Binnenmarktes bei.

1234 Darüber hinaus gibt Art. 155 = 211 neu EGV der Kommission auch in diesem Bereich die Möglichkeit, durch – allerdings unverbindliche – **Empfehlungen und Stellungnahmen** die MS zu einer Angleichung bestimmter Rechtsvorschriften oder zur gegenseitigen Anerkennung von Rechts- und Verwaltungsvorschriften zu bewegen. Durch Stellungnahmen werden gelegentlich auch bereits erlassene Harmonisierungs-RL näher konkretisiert.

III. Zum tatsächlichen Stand der EG-Rechtsangleichung

Literatur: Aus der Fülle des Schrifttums zur europäischen Rechtsangleichung in den verschiedenen Sachbereichen sind im folgenden einige **Überblickstitel** benannt, die weitere Nachweise enthalten.

Singer, Das neue Europäische Patentsystem, 1979; *Beier/Haertel/Schricker,* Europäisches Patentübereinkommen (Komm.), 1984 ff.; *Beier,* Die Zukunft des geistigen Eigentums in Europa, GRUR Int. 1990, S. 675 ff.; *Müller-Graff,* Europäisches Gemeinschaftsrecht und Privatrecht, NJW 1993, S. 13 ff.; *Jaeger,* Die Europäische AG europäischen oder nationalen Rechts, 1994; *Streinz,* Europäisches Lebensmittelrecht, ZRVgl. 1994, S. 59 ff.; *Hagen-Eck,* Die Europäische Genossenschaft, 1995; *Krieger,* Das Gemeinschaftspatent – ein essential des europäischen Binnenmarkts, FS Everling, 1995, S. 701 ff.; *Schwarze/Starck,* (Hrsg.), Vereinheitlichung des Verwaltungsverfahrensrechts in der EG, EuR Beiheift 1/1995; *Selbherr/Manz* (Hrsg.), Kommentar zur Europäischen Wirtschaftlichen Interessenvereinigung (EWIV), 1995; *Strub,* Das Europäische Konkursübereinkommen EuZW 1995, S. 71 ff.; *Zimmermann,* Konturen eines Europäischen Vertragsrechts, JZ 1995, S. 477 ff.; *v. Bar,* Gemeineuropäisches Deliktrecht, 1996; *IT Law Group/Europe,* European Computer Law, 1996; *Langner,* Technische Vorschriften und Normen, in: Dauses (Hrsg.), Hdb. EU-Wirtsch.R. (1996), C. VI; *Lutter,* Europäisches Unternehmensrecht, 4. Aufl. 1996; *Schlosser,* EUGVÜ-Kommentar, 1996; *Schwarze,* Konvergenz im Verwaltungsrecht der EU-Mitgliedstaaten, DVBl. 1996, S. 883 ff.; *Tonner,* Die Rolle des Verbraucherrechts bei der Entwicklung eines europäischen Zivilrechts, JZ 1996, S. 433 ff.; *Berlit,* Die Gemeinschaftsmarke und das Markenrechtsänderungsgesetz 1996, EWS 1997, S. 9 ff.; *Behrens,* Gesellschaftsrecht, in: Dauses (Hrsg.), Hdb. EU-WirtschR (1997), E III; *Konzen,* Die Entwicklung des Europäischen Arbeitsrechts, in: Dörr/Dreher (Hrsg.), Europa als Rechtsgemeinschaft, 1997, S. 53 ff.; *Sieber,* Memorandum für ein Europäisches Modellstrafgesetzbuch, JZ 1997, S. 269 ff.; *Coester/Waltjen,* Europäisierung des Privatrechts, JURA 1998, S. 320 ff.; *Hopt,* Europäisches Gesellschaftsrecht – Krise und neue Anläufe, ZIP 1998, S. 96 ff.; *Reinbothe,* Entwicklungen auf dem Gebiet des Urheberrechts in der EU, FS Fikentscher, 1998, S. 695 ff.; *Sonnenberger,* Der Ruf unserer Zeit und einer europäischen Ordnung des Zivilrechts JJ 1998, S. 982 ff.; *Stern,* Einwirkung des Europ. Gemeinschaftsrechts auf die Verwaltungsgerichtsbarkeit, JUS 1998, S. 769 ff..

Vgl. im übrigen die Angaben bei den einzelnen Bereichen, insbesondere zum **Zollrecht** (unten Rz. 1285), zur **Landwirtschaft** (unten Rz. 1349), zu den **Steuern** (oben Rz. 1151) und zum **Umweltschutz** (unten Rz. 1993).

Die Angleichung der nationalen Rechtsordnungen stellt angesichts ihrer 1235
Unterschiedlichkeit und der rechtspolitischen Schwierigkeiten (Eingriff in die gesetzgeberische Souveränität der MS) hohe Anforderungen an die Organe der Gemeinschaft. Es gibt daher **keine einheitliche Vorgehensweise auf dem Gebiet der Rechtsangleichung** und kein „Allgemeines Programm“ wie in anderen Tätigkeitsbereichen der EG. Vielmehr muß für jeden Teilbereich eine nach Art und Umfang jeweils angemessene und konsensfähige Lösung gefunden werden, ein langwieriges und mühseliges Verfahren, dessen Ergebnisse häufig hinter ursprünglich weiter gespannten Erwartungen zurückbleiben.

Insgesamt gesehen werden hinter den vielgestaltigen rechtsangleichenden Bemühungen in den einzelnen Vertragsbereichen gleichwohl **erste Ansätze einer „Rechtsunion" oder eines „europäischen Rechtsraumes"** sichtbar. Das Bemühen, über die tiefreichenden Unterschiede der verschiedenen Rechtskulturen in Europa hinweg zu einem gemeinsamen Rechtsbewußtsein innerhalb der EG zu finden, stellt eine nur in längeren Jahrzehnten meßbare Aufgabe ersten Ranges dar *(Kreuzer/Scheuing/Sieber* (Hrsg.), Die Europäisierung der mitgliedstaatlichen Rechtsordnungen in der EU, 1997).

1. Ursprüngliche Schwerpunkte der Rechtsangleichung

1236 Immerhin ist es im Laufe der Zeit in vielen Vertragsbereichen gelungen, wichtige Rechtsgebiete – sei es eher punktuell, sei es in mehr oder weniger systematischer Weise – zu harmonisieren. Die unter II. dargestellten Kompetenzen wurden von der EG zum Erlaß von Hunderten **von RLen, VOen, Empfehlungen usf.** in den verschiedensten Bereichen genutzt (Übersichten im Fundstellennachweis des geltenden Gemeinschaftsrecht zu den einzelnen Sachbereichen, besonders 13.30). Neben das i. e. S. gemeinschaftsrechtliche Instrumentarium der Rechtsangleichung nach Art. 100 ff. = 94 ff. neu EGV und die Spezialkompetenzen des Vertrages traten öfters **völkerrechtliche Formen** (Verträge, Modellentwürfe u. ä., unten Rz. 1261 ff.) Dabei läßt die häufig sehr detaillierte Regelung gewisser Einzelfragen nicht immer eine übergreifende Gesamtkonzeption erkennen und ab und zu Zweifel daran aufkommen, ob der betriebene legislative Aufwand stets in einem angemessenen Verhältnis zum erreichten Ziel steht.

1237 Im folgenden kann nur ein **kurzer Einblick in die wichtigsten Bereiche der rechtsangleichenden Gemeinschaftstätigkeit** gegeben werden, die querschnittartig den gesamten Vertrag durchzieht.

Den Ausgangspunkt rechtsangleichender Bemühungen der EG bildete das **Zoll-, Wirtschafts- und Steuerrecht** einschließlich der Beseitigung der sog. „technischen Handelshemmnisse", der **Agrarbereich** und die **Freizügigkeitsregelungen** für Arbeitnehmer und Selbständige. Von übergreifender Bedeutung sind ferner die oft mittelfristig angelegten Harmonisierungen im **materiellen und prozessualen Privatrecht im weitesten Sinne,** einschließlich des Gesellschafts- und Unternehmensrechts und der gewerblichen Schutzrechte. Sie dienen z. T. unmittelbar der Verbesserung des freien Warenverkehrs, besonders in Gestalt des allmählichen Abbaues von Ausnahmeklauseln wie Art. 36 = 30 neu EGV(unten Rz. 1302).

Der Gesamtbereich der EG-Rechtsangleichung ist in keiner Weise „kanonisiert". Er folgt in der **Inangriffnahme neuer Aufgaben** dem weiteren Ausbau des Gemeinsamen Marktes, aber auch weitergehender Aktivitäten der Gemeinschaft im Zuge des Einigungsprozesses zur Europäischen Union (oben Rz. 912). So sind seit dem Ende der 80er Jahre Harmonisierungsarbeiten beim **Umwelt-, Verbraucher- und Gesundheitsschutz** in Bewegung gekommen. Auch im **Verwaltungs- und Strafrecht** ergeben sich Ansätze zur Europäisierung dieser bisher klassisch nationalen Rechtsgebiete.

a) Zollrecht

1238 Da die Zollunion Grundlage der Gemeinschaft ist (Art. 9 = 23 neu EGV), ergab sich aus dem innergemeinschaftlichen Abbau der Zölle und zollgleichen Schranken sowie aus dem Aufbau eines gemeinsamen Außenzolltarifs (GZT) und anderer Außenmaßnahmen **ein großer Harmonisierungsbedarf** in diesem Bereich. Die Zahl der angleichenden und z. T. auch vereinheitlichenden Regelungen ist umfangreich (Fundstellennachweis des geltenden Gemeinschaftsrechts 02). Sie werden seit längerem vor allem aufgrund der Art. 28, 100 ff., insbes. Art. 100 a, 113, 235 = 26, 34 ff., insbes. Art. 95, 133, 308 neu EGV erlassen (oben Rz. 1208). Im Grunde ist bereits die Einführung des GZT durch die (inzwischen ersetzte) VO 950/69 (ABl. 1968, L 172/1 ff.) ein eminenter Akt der Rechtsvereinheitlichung gewesen. Ähnliches gilt für andere grundlegende Zollnormen wie z. B. den **Zollkodex** der EGen, der das geltende Zollrecht zusammenfaßt (VO 2930/92, ABl. 1992, L 302/1, Änderungen und DVO L 454/93 ABl. 1993, L 253/1). Der umfängliche Prozeß der EG-Zollrechtsharmonisierung hat inzwischen zu einer weitgehenden Rechtsvereinheitlichung in einem der Kernbereiche der EG geführt (vgl. auch unten Rz. 1288 und *Bartsch,* JURA 1993, S. 347 ff.).

b) Harmonisierung technischer Normen

1239 Die Angleichung der technischen Standards der in der Gemeinschaft hergestellten Waren ist **wegen ihrer direkten Bedeutsamkeit für die Freiheit des Warenverkehrs** (Beseitigung von Maßnahmen mit gleicher Wirkung wie mengenmäßige Beschränkungen nach Art. 30 ff. = 28 ff. neu EGV, unten Rz. 1289) ein praktisch **besonders wichtiges Tätigkeitsfeld der Rechtsangleichung** (näher *Langner,* Technische Vorschriften und Normen, in: Dauses (Hrsg.), Hdb. EU-WirtschR (1996), C. VI). Infolge des schnellen Wechsels der technischen Anforderungen ist besonders die **„europäische Normung"** eine rechtlich schwierige Aufgabe und bedarf flexibler Techniken, die Kommission und MS allmählich entwickelt haben (oben Rz. 1233 und *Breulmann,* Normung und Rechtsangleichung in der EWG, 1993). Schwerpunkte sind neben vielem anderen die Angleichung technischer Normen und Sicherheitsvorschriften bei Kraftfahrzeugen, Maßen und Meßgeräten sowie elektrischen Geräten. Es existieren hierzu und zu anderen Bereichen eine **Fülle von Angleichungsvorschriften** (Fundstellennachweise des geltenden Gemeinschaftsrechts, 13.30). Auch wenn es hier gelegentlich zu einer „Normenflut" kommt, die in der Öffentlichkeit belächelt wird (Bsp. Angleichung der zulässigen Schalleistungspegel bei Rasenmähern), geht es regelmäßig um die wichtige **Abwehr „neuer Protektionismen"** in den MS im Interesse des freien Binnenmarktes *(Müller-Graff* (Hrsg.), Technische Regeln im Binnenmarkt, 1991). Meist geben die MSen den Anstoß zu solcher Rechtsangleichung.

c) Landwirtschaft

1240 Wie beim freien Verkehr mit sonstigen Waren, stellen sich auch im Gemeinsamen Agrarmarkt eine Fülle von Angleichungsfragen. Sie ergeben sich aus der grundsätzlichen Aufgabe, die in den verschiedenen MS hergestellten Agrarerzeugnisse in ihrer Beschaffenheit so vergleichbar zu machen, daß sich **keine ernsthaften Bedenken gegen ihren Freiverkehr** in der Gemeinschaft mehr ergeben können. Dies ist sowohl wegen der engen Zusammenhänge zwischen Landwirtschaft und dem sensiblen Gesundheitsbereich als auch infolge mancherlei Neigungen in den MS zum Agrarprotektionismus nicht einfach *(Müller-Graff,* Rechtsangleichung, in: HWB des Agrarrechts, 1982, II, Sp. 649 ff.). Im häufigen Zusammenspiel der Art. 43 und 100 ff. = 37 und 94 ff. neu EGV als Rechtsgrundlagen (oben Rz. 1222) ist mittlerweile eine kaum noch überschaubare **Fülle an Agrarrechtsangleichung** in Bereichen wie Futtermittelrecht, Pflanzenschutz, Veterinärwesen und Tierzucht,

Saat- und Pflanzgut u. a. ergangen (Fundstellennachweis des geltenden Gemeinschaftsrechts, 03.50). – Im weiteren Sinne ist in diesem Zusammenhang auf den großen Angleichungsbedarf zu verweisen, der sich aus ähnlichen Gründen wie bei den eigentlichen Landwirtschaftsprodukten bei den **Lebensmitteln** als verarbeiteter Ware ergibt Die Angleichung des Lebensmittelrechts einschließlich Regelungen für Farbstoffe, Konservierungsmittel usf. stellt ihrerseits einen wichtigen EG-Harmonisierungsbereich dar *(Streinz,* ZRVgl. 1994, S. 59 ff.), zu den bisher erlassenen Rechtsakten Fundstellennachweis des geltenden Gemeinschaftsrechts, 13.30.14). Im Lebensmittelrecht berühren sich Agrar- und Gesundheitspolitik (unten Rz. 2050 ff.). Gemeinsame Agrarpolitik ist inzwischen zu einem guten Teil Rechtsangleichungspolitik (unten Rz. 1397). Seit Ende der 80er Jahre ist die EG-weite Zulassung mit Mitteln der **Gentechnik** veränderter Agrarerzeugnisse und Lebensmittel **(„Novel Food")** zu einem zusätzlichen, wichtigen Thema der Agrarrechtsangleichung und der Gesundheitspolitik geworden *(Gorny,* ZLR 1993, S. 105 ff.) und RL 98/44 (ABl. 1998, L 213/13).

d) Steuern

1241 Zur Bedeutsamkeit der Steuerrechtsangleichung für den Binnenmarkt und zu ihren Konzepten bei den indirekten und direkten Steuern vgl. oben Rz. 1175 ff..

e) Freizügigkeit/Soziales/Arbeit

1242 Vielfältige Angleichungs(Koordinierungs-, Harmonisierungs-)fragen ergeben sich aus der **Freizügigkeit der Arbeitnehmer** (unten Rz. 1520) der **freien Niederlassung/Dienstleistungserbringung** der Selbständigen (unten Rz. 1612) sowie im Bereich der **Sozialpolitik** (unten Rz. 1644). Schon die Herstellung der eigentlichen Freizügigkeit erforderte Koordinierungen im Ausländer(polizei)recht der MS, sodann vor allem die Herstellung eines EG-weiten **koordinierten Systems der sozialen Sicherheit der „Wanderarbeitnehmer"** gemäß Art. 51 = 42 neu EGV in Gestalt insbesondere der zentralen VO 1408/71 (ABl. 1971, L 149/2 ff., näher unten Rz. 1544). Im Niederlassungs- und Dienstleistungsrecht bedingte die Herstellung der Freizügigkeit vielfältige Angleichungsmaßnahmen u. ä. bei den beruflichen Befähigungsnachweisen, im Berufsrecht überhaupt, aber auch im Recht der öffentlichen Sicherheit und Ordnung. Art. 56 = 46 neu und vor allem 57 = 47 neu EGV gehören so zu den wichtigsten Rechtsangleichungsnormen des Vertrages. Weiterhin ermöglicht der Vertrag mittlerweile auch im Bereich der in Maastricht 1992 und Amsterdam 1997 ausgebauten Sozialpolitik Rechtsangleichung (unten Rz. 1644 ff.) und *Konzen*, Die Entwicklung des europäischen Arbeitsrechts, in: Dörr/Dreher (Hrsg.), Europa als Rechtsgemeinschaft, 1997, S. 53 ff.) Darüber hinaus ist der Ausbau des **Status der Unionsbürgerschaft** (u. a. Kommunalwahlrecht) und der allgemeinen Personenfreizügigkeit im Sinne des in Amsterdam 1997 geplanten **„Raumes der Freiheit, der Sicherheit und des Rechts"** (Art. 61 neu EGV) nicht ohne weitere Harmonisierungen durchführbar (unten Rz. 1570 ff.)

In allen erwähnten Bereichen, besonders bei der Niederlassung und den Dienstleistungen, **kam es in der Gemeinschaftspraxis zum Erlaß zahlreicher Rechtsakte,** vor allem RLen (Fundstellennachweis des geltenden Gemeinschaftsrechts, 05 und 06).

f) Gesellschafts- und Unternehmensrecht u. ä.

1243 Im Bereich der Niederlassungs- und Dienstleistungsfreiheit sind die Gesellschaften Staatsangehörigen der MS grundsätzlich gleichgestellt (Art. 58, 66 = 48, 55 neu EGV). Daher besteht, seitdem diese Kapitel des EGV nach Ablauf der Übergangszeit unmittelbar anwendbar geworden sind, eine besondere Verpflichtung, rechtliche und tatsächliche Beschränkungen dieser Freiheiten auch für Gesellschaften abzubauen. Andererseits sollen Gesellschaften wegen natürlicher Standortvorteile und nicht nur im Hinblick auf unterschiedlich strenge Vorschriften des Gesellschaftsrechts und unterschiedliche Ausgestaltungen der Gesellschaftsformen in den verschiedenen MS mobil sein. Zudem müssen noch die in Art. 2, 3 h und 117 = 136 neu EGV angesprochenen wirtschaftlichen und sozialen Ziele berücksichtigt werden. Gegenstand der Rechtsangleichung über Art. 58, 100 ff., 235 = 48 ff., 94 ff, 308 neu EGV ist daher grundsätzlich das gesamte Gesellschafts- und Unternehmensrecht in seiner Auswirkung auf den Gemeinsamen Markt, da alle Vorschriften letztlich dem Schutz entweder der Gesellschaft oder Dritter dienen, die mit einer Gesellschaft rechtliche Beziehungen unterhalten, einschließlich der Mitbestimmungsvorschriften zugunsten der Arbeitnehmer *(Hopt,* ZIP 1998, S. 96 ff.).

Als **Rechtsgrundlagen für die Verwirklichung eines harmonisierten europäischen** 1244
Gesellschafts- und Unternehmensrechts kommen zunächst Art. 54 Abs. 3 g, 100 ff. = 44 Abs. 3 g; 94 ff neu EGV in Frage. Sie werden durch Art 220 Abs. 3 = 293 Abs. 3 neu EGV ergänzt, der Übereinkommen zwischen den MS für bestimmte grundlegende gesellschaftsrechtliche Fragen vorsieht und schließlich Art. 235 = 308 neu EGV für einige wichtige „Abrundungen" der in Art. 54 Abs. 3 g = 44 Abs. 3 g neu EGV liegenden Kompetenz. – In der Praxis haben Kommission und MS inzwischen die Angleichung des Gesellschaftsrechts durch RL **bereits bemerkenswert gefördert** *(Lutter,* Europ. Unternehmensrecht, 4. Aufl. 1996). Auf der Grundlage von Art. 54 Abs. 3 g = 44 Abs. 3 g neu EGV hat die Kommission dem Rat **über zehn gesellschaftsrechtliche Richtlinienvorschläge gemacht,** von denen bisher der größere Teil verabschiedet wurde. Hinzuweisen ist neben der 1. RL v. 9.3.1968 (ABl. L 65/8 ff.; zu ihr *Fischer-Zernin,* Der Rechtsangleichungserfolg der 1. gesellschaftsrechtlichen RL der EG, 1986) insbesondere auf die 2. RL über die Gründung, Erhaltung und Änderung des Kapitales v. 13.12.1977 (ABl. L 26/1 ff.), die 3. RL über die innerstaatliche Verschmelzung von AGen v. 20.10.1978 (ABl. L 295/36 ff.), die 4. RL über den Jahresabschluß von Gesellschaften v. 25.7.1978 (ABl. L 222/11 ff., dazu *Niessen,* RabelsZ 1984, S. 81 ff.) und die 7. RL über den konsolidierten Jahresabschluß bei zusammengeschlossenen Unternehmen v. 13.6.1983 (ABl. L 193/1 ff., zu ihr *Bolin/Zündorf,* BB 1983, S. 1447 ff.). Ferner regelt die 8. RL v. 10.4.1984 (ABl. L 126/20 ff.) die Anforderungen an die Abschlußprüfer *(van Hulle,* Das europäische Bilanzrecht, 1994). In Deutschland wurden die 4., 7. und 8. RL durch das **Bilanzrichtliniengesetz** v. 19.12.1985 (BGBl. I, S. 2355) im wesentlichen umgesetzt *(Kloos,* Die Transformation der 4. EG-RL in den MSen der EG, 1993).

Verschiedene Vorschläge befinden sich noch im Diskussionsstadium; die Har- 1245
monisierung des Gesellschafts- und Unternehmensrechts ist ein **komplizierter und langwieriger Prozeß** (näher *Blaurock,* ZEUP 1998, S. 460 ff.). Das gilt besonders für den Vorschlag der Kommission von 1972/83 für eine 5. RL über die Struktur der AG und die Entscheidungsbildung ihrer Organe. **Weitere noch nicht abgeschlossene Arbeiten** betreffen die Schaffung des Statuts eines **Europäischen Vereins,** einer **Europäischen Genossenschaft** *(Hagen-Eck,* Die Europäische Genossenschaft, 1995) sowie einer **Europäischen Gegenseitigkeitsgesellschaft,** Angleichungen im **GmbH-Recht der MSen** *(Behrens* (Hrsg.), Die GmbH im int. und europ. Recht, 2. Aufl. 1996), die Gestaltung eines **Europäischen Konzernrechts** *(Gäbelein,* FS Quack, 1991 S. 211 ff., eines **europäischen Unternehmenssicherheitsrechts** *(Wiesner,* EuZW 1993, S. 500 ff., eines europäischen **Take-over-Rechts** *(Sandberger,* DZWiR 1993, S. 319 ff.) und sonstiger Aspekte grenzüberschreitender Unternehmensbetätigung (zu Europa-AG und EWIV unten Rz. 1246). – In vielen Fällen trug die Problematik einer EG-weiten Regelung für die **Mitbestimmung der Arbeitnehmer** in den verschiedenen Gesellschaftsformen dazu bei, daß die Arbeiten öfters ins Stocken

gerieten. Die Auffassungen in den MSen gehen hierzu stark auseinander. Die Kommission hatte sich in ihrem Grünbuch 1975 prinzipiell zu einer **gemeinschaftsrechtlichen Verankerung des Mitbestimmungsgedanken** bekannt. Dies kommt auch in der Gemeinschaftscharta der sozialen Grundrechte der Arbeitnehmer v. 9.12.1989 (unten Rz. 1633) und in Art. 137 Abs. 3 neu EGV zum Ausdruck. Am 30.9.1994 wurde die **„Euro-Betriebsrats-RL"** 94/45 (ABl. L 254/64) verabschiedet, die einen weiteren Schritt im Sinne des Mitbestimmungsgedankens bedeutet. Es bleibt dennoch fraglich, ob damit bereits der entscheidende Durchbruch zur Verabschiedung der verschiedenen gesellschaftsrechtlichen Vorschläge erzielt wurde *(Kolvenbach,* EuZW 1996, S. 229 ff.).

Weiterhin sind auf der Grundlage von Art. 220 Abs. 3 = 293 Abs. 3 neu EGV Entwürfe für **völkerrechtliche Abkommen der MSen** über die gegenseitige Anerkennung von Gesellschaften und juristischen Personen v. 28.2. 1968 und über die internationale Verschmelzung von AGen von 1972 *(Koppensteiner,* RabelsZ 1975, S. 405 ff.) ausgearbeitet worden.

In den Zusammenhang der Schaffung eines **gemeinsamen europäischen Kapitalmarktes** gehören die mannigfachen Angleichungsmaßnahmen im **Banken- und Börsenrecht** *(Assmann,* in: Hadding/Hopt/Schimansky (Hrsg.), Deutsches und europäisches Bank- und Börsenrecht, 1994, S. 61 ff. und unten Rz. 1494, 1617).

1246 Das **weitreichendste Projekt** eines vereinheitlichten europäischen Gesellschafts- und Unternehmensrechts stellt das seit 1970 von der Kommission in Gestalt eines zunächst auf Art. 235 = 308 neu EGV, inzwischen auf Art. 100 a = 95 neu EGV gestützten VO-Vorschlages konzipierte Statut **einer Europäischen Aktiengesellschaft („Societas Europaea = SE,** Text ABl. 1991, C 176/1) dar. Hiermit soll großen, grenzüberschreitend tätigen Gesellschaften das Angebot einer einheitlichen Organisationsform europäischen Rechts gemacht werden. Die SE soll organisatorisch unter einem Regime des Gemeinschaftsrechts stehen und vom EuGH kontrolliert werden. Obwohl dieser „kühne Wurf" in den Vorschlägen von 1991 bereits durch viele Verweisungen auf die nationalen Rechtsordnungen abgemildert wurde, kam es noch nicht zur Verabschiedung (näher *Hopt,* ZIP 1998, S. 99 ff.). Hauptstreitpunkt bleibt die (deutsche) Mitbestimmungsregelung. – Dagegen wurde mit der VO 2137/85 vom 25.7.1985 (ABl. L 199/1 ff.) als erste europäische Unternehmensform die **„Europäische Wirtschaftliche Interessenvereinigung" (EWIV)** geschaffen, die ab 1989 zur Verfügung steht *(Müller-Guggenberger/Schotthöfer* (Hrsg.), Die EWIV in Europa, 1995). Diese flexible, einer „Arbeitsgemeinschaft" ähnliche Kooperationsform soll besonders für kleine und mittlere Tätigkeiten grenzüberschreitender Art die Zusammenarbeit von Unternehmen und Personen aus mehreren MS erleichtern (Dt. EWIV-Ausf.G. v. 14.4.1988, BGBl. I, 514; *Selbherr/Manz* (Hrsg.), Komm. zur EWIV, 1995). Aber auch der deutsch-französische Fernsehsender ARTE wird z. B. in der Rechtsform der EWIV betrieben. 1998 gab es in Europa annähernd 1000 EWIV's.

Insgesamt **ist die EG-Gesellschaftsrechtsangleichung in den 90er Jahren ins Stocken geraten.** Dazu trug das Mitbestimmungsproblem (oben Rz. 1245) und – seit 1993 – die Bremswirkung des Subsidiaritätsprinzips des Art. 3 b = 5 neu EGV bei *(Buck,* Subsidiaritätsprinzip und Europäisierung des Gesellschaftsrechts, in: Hrbek (Hrsg.), Das SP in der EU, 1995, S. 73 ff.). Auch im Gesellschafts- und Unternehmensrecht gewinnt der Gedanke des „Wettbewerbs der nationalen Systeme" als **legislativer Wettbewerb** um die europäisch besten gesellschaftsrechtlichen Lösungen an Boden. Ein „neuer Gemeinschaftsansatz" wird gefordert *(Behrens,* EuZW 1996, S. 193; *Hopt,* ZIP 1998, S. 96 ff.).

g) Geistiges Eigentum

Diese Rechte, vor allem aus nationalen **Patenten, Marken und Urheberrechten,** stehen kraft der Territorialitäts- und sonstigen Schutzwirkungen, die sich aus diesen „geistigen Eigentumsrechten" (so EuGE 1991, II – 600 RS T–76/89 „ITP-Kommission" in Anknüpfung an das „gewerblich-kommerzielle Eigentum" des Art. 36 = 30 neu EGV) ergeben, dem freien Warenverkehr öfters entgegen und üben wettbewerbshindernde Wirkungen aus. Der Gerichtshof hat sich zwar bemüht, durch gemeinschaftskonforme Auslegung dieser Rechte im Zusammenhang mit Art. 30 ff., 85 ff.; = 28 ff., 81 ff. neu EGV (oben Rz. 1087 ff. und unten Rz. 1962 ff.) Abschottungen nationaler Märkte durch geistige Schutzrechte möglichst hintanzuhalten, doch es verbleiben Probleme. Ihre endgültige Lösung könnte durch die Schaffung europäischer Patente und Marken sowie durch eine Angleichung des Urheberrechts erleichtert werden. (*Beier,* GRUR Int. 1990, S. 675 ff.). 1247

aa) Europäisches- und Gemeinschaftspatent

Seit 1977 besteht in Durchführung des **Übereinkommens über die Erteilung eines europäischen Patents v. 5.10.1973** (BGBl. II, S. 792; Partner: EG-MS und weitere europäische Staaten) die Möglichkeit, solche Patente beim Europäischen Patentamt in München (oben Rz. 462) zu beantragen. Dieses Europäische Patent entfaltet seine Rechtswirkungen jedoch immer noch nach dem Patentrecht des jeweils relevanten MS des Übereinkommens (näher: *Brandi-Dohrn,* Europ. und Int. Patentrecht, 4. Aufl. 1998). Daneben bleiben nationale Patente fortbestehen. – Darüber hinaus sieht das zusätzliche **Übereinkommen über das europäische Patent für den Gemeinsamen Markt („Gemeinschaftspatent")** v. 15.12.1975 (ABl. 1989, L 401/1 ff.; vgl. auch das deutsche Gemeinschaftspatentgesetz v. 26.7.1979, BGBl. I, S. 1267 vor, daß vom Europäischen Patentamt erteilte Europäische Patente einheitliche Geltung im EG-Gebiet erhalten (*Demaret,* RTDE 1977, S. 1 ff.). Das Gemeinschaftspatentübereinkommen ist noch nicht in Kraft getreten (näher *Krieger,* FS Everling 1995, S. 701 ff.) – Inzwischen wird ein **EG-Gebrauchsmusterschutz** erörtert (Grünbuch der *Kommission* „Gebrauchsmusterschutz im Binnenmarkt", 1995) 1248

bb) Gemeinschaftsmarke

Ähnlich wie beim Patent werden auch im Markenrecht die dem Binnenmarkt hinderlichen Wirkungen nationaler Marken durch die Schaffung einer **Gemeinschaftsmarke** überwunden. Während nationale Marken nur im jeweiligen Land geschützt sind, ist es die Gemeinschaftsmarke in der gesamten EG. Zunächst war 1989 das nationale Markenrecht EG-weit angeglichen worden (RL 89/104 v. 21.12. 1988, ABl. 1989, L 40/1 ff., in D durch das Markenrechtsreformgesetz v. 25.10.1994, BGBl. I S. 3082 ff. umgesetzt, dazu *Ingerl/Rohnke,* NJW 1994, S. 1247 ff.). Mit der auf Art. 235 EGV gestützten VO 40/94 v. 20.12.1993, ABl. 1994, L 11/1 ff. i. V. m. der DVO 2868/95 v. 13.12.1995, ABl. L 303/1 ff. (näher *Lindner/Schrell,* EWS 1996, S. 7 ff.) wurde anschließend die Gemeinschaftsmarke mit einheitlicher Wirkung für die gesamte EG geschaffen. Die Gemeinschaftsmarke wird vom **Europäischen Markenamt** („Harmonisierungsamt für den Binnenmarkt (Marken, Muster und Modelle") **in Alicante / Spanien** verwaltet, das 1996 seine Arbeit aufgenommen hat. Das Amt ist eine EG-Einrichtung mit eigener Rechtspersönlichkeit unter Rechtsaufsicht der Kommission (Art. 11 ff. VO 40/94). Das auf 350 Mitarbeiter angelegte Amt erwartet jährlich ca. 25.000 Anmeldungen und soll sich mittelfristig aus den Anmeldungsgebühren selbst finanzieren. Seit 1995 gibt das Amt ein **eigenes Amtsblatt** heraus (ABl. HABM). Inzwischen wurde auch die Angleichung des Schutzes von Mustern und Modellen aufgenommen (RL 98/71 ABl. 1998, L 289/28) 1249

1250 *cc) Angleichung des Urheberrechts*

Beim nationalen Urheberrecht ergeben sich ähnliche Probleme der „abschottenden“ Wirkung im Gemeinsamen Markt wie bei Patenten und Marken. Angesichts der Komplexität der Materie waren **umfangreiche Voruntersuchungen** notwendig *(Dietz,* Das Urheberrecht in der EG, 1982). Ein Urheberrechts-Grünbuch der Kommission von 1988 wurde als zu technologie- und industriepolitisch orientiert kritisiert *(Schricker,* FS Steindorff 1990, S. 1437 ff.). Die Kommission bemühte sich in einer **„Initiative zum Grünbuch“ 1991** daraufhin um Nachbesserung im Sinne der vermißten soziokulturellen Aspekte und des Urheberpersönlichkeitsrechts sowie um einen Kompromiß zwischen dem kontinentalen Urheberrechtsdenken und englischer „Copyright-Philosophie“ *(Möller,* ZUM 1990, S. 65 ff.). Die Rechtsangleichungsstrategie der Kommission geht dahin, über Einzelmaßnahmen zu einer europäischen Harmonisierung des Urheberrechts in einem **Gesamtsystem** zu gelangen. Inzwischen ist über verschiedene Rechtsakte eine vergleichsweise **ansehnliche Europäisierung des Urheberrechts der MSen** erfolgt (Fundstellennachweis des geltenden Gemeinschaftsrechts 17.20). Hervorzuheben sind die **Halbleiter-Richtlinie** v. 16.12.1986 (ABl. 1987, L 24/36 ff., mit Durchführungsregelungen), die Richtlinie 91/250 v. 14.5.1991 (ABl. L 122/42 **zum Schutz von Computerprogrammen** *(Koitz,* WiR 1992, S. 297 ff.), die Richtlinie 92/100 v. 19.11.1992 (ABl. L 346/61), zum **Vermiet- und Verleihrecht** *(Lewinski,* GRUR Int. 1991, S. 104 ff), die Koordinierungsrichtlinie 93/83 v. 27.9.1993 (ABl. L 248/15) beim **Satelliten- und Kabelrundfunk** *(Vogel,* ZUM 1992, S. 21 ff.), die **Schutzdauerharmonisierungsrichtlinie** 93/98 v. 29.10.1993 (ABl L 290/9), zu ihr *Lewinski,* GRUR Int. 1992, S. 724 ff.) und die RL zum **urheberrechtlichen Schutz von Datenbanken** 96/9 v. 11.3.1996 (ABl. L 77/20). Im wesentlichen wurden diese Regelungen bereits in den MSen umgesetzt.

Grundsätzlich steht die EG bei der Urheberrechtsharmonisierung im Spannungsverhältnis **„zwischen Industrie- und Kulturpolitik“** *(Schricker,* GRUR 1992, S. 242 f.). Sie ist dabei um Ausgleich zwischen den Interessen des freien Binnenmarktes und des Urheberschutzes bemüht. Dabei wird nicht immer nach dem kleinsten gemeinsamen Nenner gesucht, sondern auch „Harmonisierung nach oben“ betrieben, z. B. bei der Anhebung der Schutzdauern auf 70 bzw. 50 Jahre durch die RL 93/98. **Weitere Harmonisierungsschritte** werden angestrebt (Datenbanken, private Überspielung, Reprographie, Urheberpersönlichkeitsrechte, Verwertungsgesellschaften). Innerhalb des globalen Rahmens der Revidierten Berner Übereinkunft 1886 (RBÜ) nimmt ein **europäischer Urheberrechtsraum** Konturen an *(Reinbothe,* FS Fikentscher, 1998, S. 695 ff., vgl. auch oben Rz. 1091 und unten Rz. 1962 f.).

Insgesamt bedeutet die fortschreitende Rechtsangleichung im Bereich des geistigen Eigentums ein **imponierendes Stück europäischen Zusammenwachsens** in einem rechtlich diffizilen Gebiet. Sie stellt eine wichtige Voraussetzung für einen vollendeten Binnenmarkt dar. *(Buck,* EWS 1991, S. 329 ff.). Diese europäische Entwicklung steht im Einklang mit den universalen Bemühungen um den Schutz handelsbezogenen geistigen Eigentums im Rahmen der Genfer Welthandelsorganisation WTO **(TRIPS-Übereinkommen** v. 15.4.1994, ABl. EG C 241/22 ff., dazu *Oppermann/Baumann,* ORDO 44 (1993), S. 121 ff.).

h) Europäisches Privat- und Prozeßrecht

1251 Die wachsende grenzüberschreitende Verbindung innerhalb der Gemeinschaft sowohl über den freien Waren- wie Personenverkehr schafft zunehmend Bedürfnis nach Angleichungen zwischen den Rechtsordnungen der MS im Europäischen Privat- und Prozeßrecht, damit die EG-Bürger ihre individuellen Rechte im täglichen Geschäftsverkehr unkompliziert, unverzüglich und wirksam wahrnehmen können. (Grundlegend *Steindorff,* EG-Vertrag und Privatrecht 1996, bes. S. 385 ff.). Auch hier wird allerdings anzunehmend neben der Harmonisierung das Konzept gegenseitiger Anerkennung (**„Legislativer Wettbewerb“**, oben Rz. 1216) empfohlen. Diese z. T. von der Kommission angenommene „neue Strategie“ bedeutet für das Privatrecht eine Hinwendung zum **Kollisionsrecht (IPR)** – „Soviel Kollisionsrechtsvereinheitlichung wie möglich, soviel Sachrechtsverein-heitlichung wie nötig“ *(Taupitz,* Privatrechts- oder Kollisionsrechtsvereinheitlichung in Europa?, 1995). Gleichwohl bleiben **Vereinheitlichungen** vielerorts sinnvoll, wie diejenige eines **Europäischen Vertragsrechts** als Voraussetzung für die Überwindung der „Markthindernisse“ nationalen Privatrechts *(Basedow,* Europäisches Ver-tragsrecht für europäische Märkte, 1996).

Ein wichtiger praktischer Aspekt ist die gemeinschaftsweite Anerkennung und Vollstreckungsmöglichkeit gerichtlicher Entscheidungen, die vom Bürger vor dem Gericht eines MSes erstritten worden sind (**„Freier Urteilsverkehr“**). Diesen Problemen widmet sich das **Europäische Gerichtsstands- und Vollstreckungsübereinkommen (EuGVTÜ)** v. 27.9.1968 (Konsolidierte Fassung ABl. 1998, C 27/1; *Schlosser,* Komm. EuGVÜ, 1996). Das EuGVÜ wird vom Gerichtshof in einem **besonderen Vorabentscheidungsverfahren** gemäß dem 1. Auslegungsprotokoll interpretiert (Konsolid. Fassung ABl. 1998, C 27/28, zu ihm *Schlosser,* AWD 1975, S. 534 ff.). Es erging bereits eine **reiche Judikatur des EuGH zum EuGVÜ** *(Kropholler,* Europ. Zivilprozeßrecht, 6. Aufl. 1998; *Dietze/Schnichels,* EuZW 1998, S. 485 ff.). 1988 wurde zwischen den damaligen EG- und EFTA-Staaten ein Parallelabkommen zum EuGVÜ abgeschlossen (**„Luganer Abkommen“,** *Bajons/Mayr/Zeiler* (Hrsg.), Die Übereinkommen von Brüssel und Lugano, 1997).

Außerdem gibt es private Arbeiten an einem **Modellgesetz für eine europäische ZPO** („STORME-Gruppe“, *Prütting,* Die Entwicklung eines europ. Zivilprozeßrechts, 1992).

Grundlinie des EuGVÜ ist die **regelmäßige Anerkennung** der in einem Vertragsstaat ergangenen gerichtlichen Entscheidungen in den anderen MS. Die **„Gleichwertigkeit des Rechtsschutzes“** in der EG wird so vorausgesetzt *(Geimer,* NJW 1986, S. 2991 ff.). Die **Vollstreckung** eines Urteils in einem anderen MS bedarf einer dortigen **Vollstreckungsklausel,** die auf Antrag des Berechtigten grundsätzlich zu gewähren ist. – Ausgeschlossen vom EuGVÜ sind Bereiche wie das Personenstands-, Erb- und Ehegüterrecht, sowie das Konkurs- und Vergleichsverfahren.

Eine Ergänzung des EuGVÜ bedeutet das 1995 von den EU-Staaten paraphierte Übereinkommen über Insolvenzverfahren (**„Europäisches Konkursübereinkommen“,** *Strub,* EuZW 1996, S. 71 ff.). Sein Ziel ist es, nationalen Insolvenzverfahren im Gläubigerinteresse eine möglichst weitgehende grenzüberschreitende Wirkung zu verschaffen.

Im materiellen **Europäischen Privatrecht** gibt es verschiedene Initiativen zur 1252
Rechtsangleichung, wobei die erwähnten Grundtendenzen umfassender Sachrechtsvereinheitlichung *(Schwartz,* ZEuP 1994, S. 559 ff.) und des „legislativen Wettbewerbs“ über gegenseitige Anerkennung *(Ulmer,* JZ 1992, S. 1 ff.) miteinander streiten. In der Praxis ist keine geschlossene, übergreifende Konzeption zu erkennen. Für den Binnenmarkt ist das wirtschaftsnahe Zivilrecht (**„Europäisches Wirtschaftsrecht“**, *Tilmann,* ZRP 1992, S. 28 ff.) von besonderer Bedeutung. In diesem Zusammenhang gehört das **Römische Übereinkommen über das auf vertragliche Schuldverhältnisse anwendbare Recht** v. 19.6.1980 (EVÜ), das ebenfalls gemäß 2 Protokollen vom EuGH ausgelegt wird (Konsolid. Fassung des Abk. und der Prot. ABl. 1998, C 27/34). Das EVÜ bedeutet eine gewisse kollisionsrechtliche Ergänzung des EuGVÜ. Es ist für D seit 1991 in Kraft. (Zum EVÜ *Lando,* CMLRev 1987, S. 159 ff.). Der deutsche Gesetzgeber hat das EVÜ in fragwürdiger Weise in das EGBGB inkorporiert (BGBl. 1986 I S. 1142, *Böhmer,* RabelsZ 1986, S. 646 ff.).

In Fortentwicklung des EVÜ hat 1995 die private, von der Kommission unterstützte **„LANDO-Kommission über Europäisches Vertragsrecht"** den 1. Teil von **„Prinzipien des europäischen Vertragsrechts"** vorgelegt *(Zimmermann,* JZ 1995, S. 477 ff.). Ähnlich wie bei den US-Restatements werden allgemeine Grundsätze des europäischen Privatrechts kodifikationsähnlich zusammengefaßt. Ferner bestehen Vorüberlegungen zur Angleichung des **Deliktsrechts** innerhalb der EU *(v. Bar,* ZRVgl. 1994, S. 221 ff.).

1253 Einen konkreten Schritt in einem für den freien Warenverkehr indirekt wichtigen Punkt unternahm die Gemeinschaft mit der Verabschiedung der **Produkthaftungsrichtlinie v. 25.7.1985** (ABl. L 210/29 ff.). Mit ihr wird in Angleichung bzw. Ergänzung des nationalen Rechtes *(Brüggemeier/Reich,* WM 1986, S. 149 ff.) eine vertraglich nicht abdingbare Gefährdungshaftung für den Hersteller eines fehlerhaften Produktes bei Folgen des Todes, der Körperverletzung und der Beschädigung privat genutzter Sachen eingeführt *(Taschner;* Produkthaftung, 1986). Zur Umsetzung in D erging das **Produkthaftungsgesetz** v. 15.12.1989 (BGBl. I S. 2198, *Schmidt-Salzer/Hollm,* Komm. EG-Produkthaftung, 2 Bde., 1990). Die **EG-Verbraucherkreditrichtlinie** 87/102 und 90/88 v. 22.12.1986/22.2.1990 (ABl. 1987, L 42/48 und 1990, L 61/14) wurde durch das **Verbraucherkreditgesetz** v. 17.12.1990 (BGBl. I S. 2840) in deutsches Recht überführt (vgl. auch unten Rz. 1258, 2098 ff.). Zu weiterer EG-Privatrechtsangleichung vgl. die Textsammlung *Hommelhoff/Jayme* (Hrsg.), Europäisches Privatrecht, 1993.

Insgesamt werden hinter dieser Vielzahl unterschiedlicher und auch unterschiedlich erfolgreicher Bemühungen um die europäische Privat- und Prozeßrechtsangleichung erste Umrisse eines **europäischen „Jus Commune et Jus communitatis"** sichtbar *(Grundmann,* FS Fikentscher, 1998, S. 671 ff.).

2. Neuere Bereiche der Rechtsangleichung

1254 Da die Harmonisierung der nationalen Rechtsvorschriften praktisch in allen Tätigkeitsbereichen der EG dem Funktionieren des Gemeinsamen Marktes förderlich ist, finden sich für die rechtsangleichende Gemeinschaftsaktion je nach den Fortschritten der Integration **immer wieder neue Tätigkeitsfelder.** Als Rechtsgrundlagen kommen je nach Sachverhalt Art. 100 ff., 235 = 94 ff., 308 neu EGV oder aber alte und auch neue Spezialermächtigungen in Betracht.

a) Verkehr

1255 Im Rahmen der Gemeinsamen Verkehrspolitik sind Angleichungen aufgrund Art. 75 Abs. 1 d) = 71 Abs. 1 d neu EGV und Art. 84 Abs. 2 = 80 Abs. 2 neu EGV möglich. Seit den 80er Jahren werden diese Harmonisierungszuständigkeiten zunehmend ausgenützt (unten Rz. 1436 ff.).

b) Umweltschutz

1256 Die zunächst ohne ausdrückliche Zuständigkeit in den Verträgen seit den siebziger Jahren entwickelte **EG-Umweltpolitik** besteht zu einem guten Teil aus rechtsangleichenden Maßnahmen, z. B. in der Abfallwirtschaft, bei Umweltverträglichkeitsprüfungen, Luftverschmutzung, Wasserverschmutzung, gefährlichen Stoffen. Geräuschemissionen u. a. (Fundstellennachweis des geltenden Gemeinschaftsrechts, 15.10). Soweit es sich dabei um förmliche Rechtsakte, insbesondere RL, handelte, wurden zunehmend Art. 100, 235 = 94, 308 neu EGV als Rechtsgrundlage gewählt. Mit der Einheitlichen Europäischen Akte 1986 erhielt die Gemeinschaft in Gestalt der neuen Art. 130 r–t = 174–176 neu EGV **eine zusammenhängende Umweltkompetenz.** Es ergeben sich damit für Umweltrechtsangleichungen die beiden Kompetenzen aus Art. 100 a = 94 neu und aus Art. 130 s = 175 neu EGV, was Abgrenzungsschwierigkeiten bereitet (*Nettesheimer,* JURA 1994, S. 337 ff.). Im wesentlichen wird Art. 130 s = 175 neu EGV für die Standards der **natürlichen Umwelt** angewendet (z. B. Wasserqualität), Art. 100 a = 94 neu EGV für umweltrelevante **Produkt- und Produktionsnormen,** z. B. Bleigehalt des Benzins oder Normen zur Behandlung der Abfälle der Titandioxyd-Industrie, EuGHE 1991, I–2867 ff., RS C–300/89 „Titandioxyd" und *Jarass,* EuZW 1991, S. 530 ff.). Im übrigen gehen spezielle Rechtsangleichungskompetenzen auch bei Umweltbezug den Art. 100 a / 130 s = 94 / 175 neu EGV vor (z. B. Regelung von Umweltabgaben über Art. 99 = 93 neu EGV, oben Rz. 1198 f.).

– Näher zur **Umwelt-Rechtsangleichung** unten Rz. 2021 ff. –

c) Gesundheit

Seit dem Maastrichter EUV 1992 und verstärkt ausgebaut über den Amsterda- 1257
mer Vertrag ist das **Gesundheitswesen** als ein Bereich anerkannt, in dem die Gemeinschaft neben den MSen einen Beitrag zur Sicherstellung eines **hohen Gesundheitsschutzniveaus** leistet (Art. 3, lit. o) = lit. p) neu, Art. 129 = 152 neu EGV). Diesen Beitrag leistet die EG nicht unerheblich über Rechtsangleichung. Gesundheitsbezogene Rechtsangleichung wird einerseits über Art. 129 Abs. 4 = 152 Abs. 4 neu EGV ermöglicht, andererseits aber in erheblichem Umfang i. V. m. anderen Vertragskompetenzen wie Landwirtschaft, freier Waren- und Personenverkehr, Arbeitsschutz, Forschung und Umwelt (u. a. Art. 43, 56 f., 100, 100a, 118, 130 r)–s) = 37, 46 f., 94, 95, 137, 174 f. neu EGV; *Berg,* Gesundheitsschutz als Aufgabe der EU, 1997).

Näher zur **Gesundheitsschutzrechtsangleichung** (unten Rz. 2056 ff.).

d) Verbraucherschutz

In enger Beziehung zu Gesundheitswesen und Umweltschutz steht der **Verbrau-** 1258
cherschutz auf europäischer Ebene. Er wurde ebenfalls in Maastricht 1992 im Vertrag verankert und in Amsterdam 1987 gestärkt (Art. 3 lit. s) = lit. t) neu, Art. 129 a = 153 neu EGV).

Während bei Gesundheits- und Umweltschutz die Allgemeinheit im Vordergrund steht, ist es beim Verbraucherschutz der **Konsument,** der als Privatperson für eigene Bedürfnisse Waren oder Leistungen erwirbt (*Micklitz/Reich,* EuZW 1992, S. 593 ff.). Dennoch bestehen enge Zusammenhänge zwischen Verbraucherschutz-, Gesundheits- und Umweltregelungen. Beim europäischen Verbraucherschutz ist wiederum die **Rechtsangleichung** ein wichtiges Betätigungsfeld (z. B. Kennzeichnungs- und Verpackungsregelungen im Lebensmittelrecht, bei gefährlichen Stoffen, Kosmetik u. a., Fundstellenverzeichnis des geltenden Gemeinschaftsrechts 15.20). Neben den sich hier ergebenden speziellen Rechtsangleichungszuständigkeiten verweist Art. 129 a Abs. 1 lit. a) = 153 Abs. 1 lit. a) neu EGV nunmehr ausdrücklich auf verbraucherschützende Rechtsangleichungsmaßnahmen nach Art. 100 a = 95 neu EGV. Dabei ist auch hier von einem hohen Verbraucherschutzniveau auszugehen (Art. 129 a Abs. 1, Art. 100 a Abs. 3 = 153 Abs. 1, 95 Abs. 3 neu EGV). Ein wichtiger Schwerpunkt liegt auf Angleichungen des **Werberechts** der MSen im Verbraucherinteresse (*Wägenbaur,* Die Praxis der Kommission auf dem Gebiet des Werberechts, 1992).

Näher zur **Verbraucherschutzrechtsangleichung** unten Rz. 2038 ff..

e) Öffentliches Recht

1259 Zunehmende Rechtsangleichungsinitiativen bestehen im Gesamtbereich des **Öffentlichen Rechts.** Im grundsätzlichen geht es um die Schaffung eines „Europäischen Rechtsraumes", dessen Verfassungs- und insbesondere Verwaltungsrecht allmählich angeglichen werden soll *(Rengeling* (Hrsg.), Europäisierung des Rechts, 1996, bes. S. 1 ff. m. w. N. und oben Rz. 644). Allerdings ist der öffentlich-rechtliche Bereich besonders mit der nationalstaatlichen Souveränität verknüpft, woraus sich bremsende Wirkungen ergeben. Dennoch gibt es nennenswerte Fortschritte in verschiedenen Bereichen wie der Europäisierung des nationalen (deutschen) **Verwaltungsrechts** im Interesse des gleichmäßigen Vollzuges des Gemeinschaftsrechts in allen MSen *(Schwarze,* DVBl. 1996, S. 883 ff.). Soweit hierfür eine Angleichung der Verwaltungsstrukturen erforderlich ist, kann die EG ihre allgemeinen und besonderen Rechtsangleichungszuständigkeiten einsetzen.

Näher oben Rz. 1208 ff..

Andere wichtige Harmonisierungen im öffentlichen Recht erfolgten mit der RL 94/80 (ABl. 1994, L 368/38) in Gestalt der Durchsetzung des aktiven und passiven **Kommunalwahlrechts für Unionsbürger** oder bei den Bemühungen um ein **EU-Datenschutzrecht** *(Rupke,* ZRP 1995, S. 185 ff.).

f) Strafrecht

1260 Auch im **Strafrecht,** das enger als andere Bereiche mit der nationalen Souveränität verknüpft ist, ergeben sich mit zunehmender wirtschaftlicher und politischer Integration Rechtsangleichungserfordernisse *(Dannecker,* JZ 1996, S. 869 ff.). Straf- und Strafverfahrensrecht bleiben zwar grundsätzlich in der Zuständigkeit der MSen (EuGHE 1989, 195, 221 f. – RS 186/87 „Cowan"). Jedoch kann z. B. das Diskriminierungsverbot des Art. 6 = 12 neu EGV **Harmonisierungsansprüche an die nationalen Strafrechte** stellen. Da unterschiedliche Strafrechtssysteme den Wettbewerb zwischen den MSen beeinflussen können, erscheint eine Rechtsangleichung nach Art. 100 ff. = 94 ff. neu EGV nicht ausgeschlossen. Richtlinien können die MSen zur Einführung von Strafgesetzen zum Schutz von EG-Rechtsgütern verpflichten. In bestimmten Bereichen, besonders bei Ordnungswidrigkeiten im Rahmen der Art. 85 ff. = 81 ff. neu EGV, bestehen bereits spezielle Gemeinschaftsregelungen (Art. 87 Abs. 1 = 83 Abs. 1 neu EGV i. V. m. der VO Nr. 17, vgl. oben Rz. 695 f.). Ein wichtiger Sektor wird in Art. 209 a = 280 neu EGV i. V. m. der VO v. 26.12.1995, ABl. L 312/1 mit der sanktionierenden Bekämpfung von Betrügereien angesprochen (oben Rz. 853). Grundsätzlich bedeuten Annäherungen im Strafrecht ein wichtiges einigendes Band in einem europäischen Rechtsraum *(Perron,* Strafrechtsvereinheitlichung in Europa, in: Dörr/Dreher (Hrsg.), Europa als Rechtsgemeinschaft, 1997, S. 135 ff.).

Zusammenfassend gesehen zeigen die Bemühungen um die Schaffung eines „Europäischen Rechtsraumes" über Rechtsangleichung auf der Grundlage der Vertragskompetenzen **ein sehr vielgestaltiges Bild,** mit unterschiedlichen Realisationen in den einzelnen Harmonisierungsbereichen.

IV. Rechtsangleichung außerhalb der Verträge und Ausblick

Literatur: *Vignes,* Unification du droit et droit international ou sein de la CE, RMC 1975, S. 391 ff.; *Limpens-Meinertzhagen,* La coordination ou l'unification du droit par voie de convention entre es Etats membres, in: Les Instruments du rapprochement des législations dans la CEE, 1976, S. 153 ff.; *Vogel,* Die EG auf dem Wege der Rechtsunion, NJW 1977, S. 977 ff.; *Schwartz,* Wege zur EG-Rechtsvereinheitlichung: Verordnungen der EG oder Übereinkommen unter den Mitgliedstaaten?, FS v. Caemmerer, 1978, S. 1067 ff.; *Schwartz,* Übereinkommen zwischen den EG-Staaten: Völkerrecht oder Gemeinschaftsrecht?, FS Grewe, 1981, S. 551 ff.; *Knoche* (Hrsg.), Wege zur europäischen Rechtsgemeinschaft, 1987; *Würmeling,* Kooperatives Gemeinschaftsrecht – Die Rechtsakte der Gesamtheit der EG-MSen, insbesondere die Gemeinschaftskonventionen nach Art. 220 EWGV, 1988; *Götz,* Auf dem Wege zur Rechtseinheit in Europa?, JZ 1994, S. 265 ff.; *Hinz,* Das Interesse der Wirtschaft an einer Europäisierung des Wirtschaftsrechts, ZEUP 1994, S. 553 ff.; *Kreuzer/Scheuing/Sieber* (Hrsg.), Die Europäisierung der mitgliedstaatlichen Rechtsordnungen in der EU, 1997; *Kreuzer/Wagner,* Europ. Internat. Zivilverfahrensrecht, in: Dauses (Hrsg.), Hdb. Eu-WirtschR (1997), Q.; *Schwartz,* in: GTE Komm. EU/EG-Vertrag, 5. Aufl. 1997, Art. 220 EGV.; *Zulegg,* Rechtsangleichung innerhalb und außerhalb der EG, ZEUP 1998, S. 506 ff..

Neben der „genuinen“ EG-Rechtsangleichung aufgrund der Gemeinschafts- **1261**
kompetenzen (oben Rz. 1208) steht der EG und ihren MS der klassische Weg internationaler Rechtsvereinheitlichung **über den Abschluß völkerrechtlicher Verträge** offen. Teilweise ist dieser Weg in den Verträgen selbst im Sinne einer Abrundung der eigentlichen Gemeinschaftsaktionen vorgezeichnet (Art. 220 = 293 neu EGV). Hier handelt es sich um gesonderte Verträge unter den MS. Außerdem kann sich die EG an umfassenderen Bemühungen beteiligen. Beide Wege sind in der Gemeinschaftspraxis beschritten worden.

1. Völkerrechtliche EG-Rechtsvereinheitlichung (Art. 220 = 293 neu EGV)

Art. 220 = 293 neu EGV, der eine Ergänzung zur eigentlich gemein- **1262**
schaftsrechtlichen Angleichung über Art. 100 ff. = 94 ff. neu EGV darstellt, enthält eine Absichtserklärung der MS (ähnlich EuGHE 1985, 2681– RS 137/84), soweit erforderlich Verhandlungen zur vertraglichen Regelung bestimmter mit dem Aufbau des Gemeinsamen Marktes verknüpfter Sachbereiche aufzunehmen, die infolge ihrer besonderen Komplexität dem Verfahren des Art. 100 = 94 neu EGV nicht unterworfen werden sollten. Art. 220 = 293 neu EGV ist nicht unmittelbar anwendbar (EuGH v. 12.5.1998, RS C–336/96). Erwähnt sind ausdrücklich der **Personenschutz** im allgemeinen Sinne der Inländergleichbehandlung, die **Beseitigung der Doppelbesteuerung, die gegenseitige Anerkennung der Gesellschaften und weitere gesellschaftsrechtliche Fragen** sowie die **gegenseitige Anerkennung und Vollstreckung der richterlichen Entscheidungen und Schiedssprüche.** Natürlich enthält die Aufzählung in Art. 220 = 293 neu EGV keinerlei Exklusivität, sondern nur den Hinweis der besonderen Dringlichkeit der Behandlung der erwähnten Gebiete. Die MS können jederzeit untereinander andere Bereiche, die noch nicht der Angleichung über Art. 100 = 94 neu EGV und Spezialkompetenzen unterliegen, im Wege völkerrechtlicher Rechtsvereinheitlichung aufgreifen.

Allerdings steht diese in **Konkurrenz zu der Möglichkeit des Einsatzes des Art. 235 = 308 neu EGV** als Instrument der Rechtsangleichung, soweit dessen Voraussetzungen gegeben sind (oben Rz. 523). Die EG suchte z. B. bei der Europäischen Aktiengesellschaft (SE) zeitweilig diesen Weg zu gehen und hat die Europäische Wirtschaftliche Interessenvereinigung in dieser Weise gegründet (oben Rz. 1246). Zugunsten des Einsatzes des Art. 235 = 308 neu EGV spricht neben der erleichterten Verabschiedung ohne Ratifikationsverfahren und der unmittelbaren Geltungskraft, wenn die VO als Rechtsform gewählt wird, vor allem die **vollständige Einbettung in das Gemeinschaftsgefüge** einschließlich der Kontrolle durch den Gerichtshof. Die **völkerrechtliche Rechtsangleichung** schafft dagegen jeweils gesonderte Regelungen, deren Verbindung mit der Gemeinschaft von der konkret im Angleichungsvertrag gewählten Lösung abhängt. Auch die erschwerte Abänderbarkeit völkerrechtlicher Verträge kann zu unerwünschten „Blockierungen" *(Ivo Schwartz)* der Gemeinschaftsaktion führen. Die klassische völkerrechtliche Methode bleibt andererseits dann empfehlenswert, wenn eine **Angleichung über den EG-Rahmen** hinaus angestrebt wird (ähnlich *Duden,* EuR 1972, S. 213 ff.). So spricht manches für eine Präferenz, so weit als möglich über Art. 235 = 308 neu EGV vorzugehen. Ganz allgemein sollen die MSen den Weg der „gemeinschaftsnahen" Übereinkommen nach Art. 220 = 293 neu EGV nur wählen **„soweit es erforderlich ist".** Wenn aufgrund **einer eigentlichen Gemeinschaftskompetenz gehandelt werden kann, ist dieser Weg grundsätzlich zu präferieren** (Für strikte Subsidiarität des Art. 220 = 293 neu EGV *Schwartz,* in: GTE, EU/EGV-Komm., 5. Aufl. 1997, Art. 220, RdNr. 4 m. w. N.). Mindestens bedarf es einer Abstimmung zwischen Kommission und MSen, ob die Kommission ihr Vorschlagsrecht z. B. bei Art. 235 = 308 neu EGV ausüben sollte oder ob der Weg des Art. 220 = 293 EGV gewählt wird. An ihm kann die Kommission beteiligt werden.

1263 Nach Art. 220 = 293 neu EGV sind bisher insbesondere das Übereinkommen über die gegenseitige Anerkennung von Gesellschaften und juristischen Personen v. 29.2.1968 (BGBl. 1972 II, 370 – noch nicht in Kraft), das EuGVÜ vom 29.2.1968 mit der „Lugano-Erweiterung" (oben Rz. 1251), das EVÜ vom 19.6.1980 (oben Rz. 1252) und ein spezielles Doppelbesteuerungsabkommen v. 23.6.1990 (ABl. L 225/10) ergangen. Andere Abkommen, wie insbesondere das Europäische Konkursübereinkommen (oben Rz. 1251) sind noch nicht endgültig verabschiedet. Bei einer Reihe weiterer Abkommen haben die MSen sich nicht ausdrücklich auf Art. 220 = 293 neu EGV bezogen, beziehungsweise handelt es sich um vertragliche Rechtsangleichung der MSen außerhalb von Art. 220 = 293 neu EGV (vgl. bei *Schweitzer,* in: Grabitz/Hilf (Hrsg.), EUV/EGV-Komm. (1995), Art. 220 RdNr. 7 ff.). – Wegen des **zeitaufwendigen völkerrechtlichen Verfahrens** wird öfters (EWIV, Markenrecht u. a.) auf Art. 235 oder 100 a = 308 oder 95 neu EGV „umgeschaltet".

2. EG-Beteiligung an umfassenderen Rechtsangleichungen

1264 Nicht nur innerhalb der EG läßt die zunehmende Ausweitung der internationalen Handelsbeziehungen eine Angleichung von Rechtsvorschriften als sinnvoll und notwendig erscheinen. Daher bemühen sich beispielsweise auch der **Europarat, verschiedene Ausschüsse der Vereinten Nationen** (z. B. der Ausschuß der Vereinten Nationen für Handelsrecht, UNCITRAL) und zahlreiche andere internationale Organisationen um Rechtsvereinheitlichung auf den verschiedensten Rechtsgebieten. Im Gegensatz zur EG besteht hier keine inhaltliche Beschränkung auf bestimmte, von vornherein festgelegte Bereiche, Aufgaben und Ziele der Rechtsangleichung. **Das Verfahren entspricht völkerrechtlichen Grundsätzen,** d. h. die Übereinkommen werden im Einvernehmen aller Mitgliedstaaten der jeweiligen Organisation ausgearbeitet und von diesen angenommen, ohne daß – wie in der EG – besondere Organe für die Beschlußfassung oder die spätere Auslegung des vereinheitlichten Rechts bestehen. Die MS können sich auch im Rahmen solcher Organisationen an rechtsangleichenden Abkommen beteiligen, wobei sie jedoch den **grundsätzlichen Vorrang der EG** für dortige rechtsangleichende Maßnahmen, soweit im EGR vorgesehen, zu beachten haben.

Ist die Gemeinschaft allerdings erkennbar nicht willens, in einem bestimmten Bereich Rechtsangleichung durchzuführen, steht nichts im Wege, daß die MS sich ohne unmittelbare Anbindung an das Gemeinschaftssystem an umfassenderen Unternehmen internationaler Rechtsvereinheitlichung beteiligen. Andererseits ist es nach den allgemeinen Lehren über die Außenkompetenz der EG („AETR-Doktrin“, unten Rz. 1703) nicht ausgeschlossen, daß sich **die Gemeinschaft als solche** an solchen weiteren Aktionen beteiligt. Denkbare Komplikationen und Konflikte in der Konkurrenz zwischen der EG und ihren MS werden in diesem Zusammenhang letztlich kaum praktisch, da im Vertragsabschlußverfahren der Gemeinschaft ebenso wie bei Art. 235 = 308 neu EGV es letztlich dieselben Staaten sind, die entweder im Rat die entscheidenden Akte eines EG-Engagements in der Rechtsangleichung setzen oder sich entschließen, außerhalb des Gemeinschaftssystems völkerrechtlich tätig zu werden.

Zu bisherigen EG-Beteiligungen an umfassenderen Rechtsangleichungen gehört insbesondere der Abschluß **des Übereinkommens über die Erteilung eines Europäischen Patents** v. 5.10.1973 (oben Rz. 1248). Die MS als solche sind in vielfältiger Weise an Rechtsharmonisierungen innerhalb des Europarates und bei den Vereinten Nationen engagiert.

3. Ausblick: Rechtsangleichung – eine „unendliche Geschichte“

Zusammenfassend gesehen erscheint die Rechtsangleichung als möglicherweise **der umfassendste Aspekt der Gemeinschaftsaktion überhaupt.** 1265
Nicht so spektakulär und unmittelbar wirkend wie manch anderes Handeln der EG, werden über die langsame Harmonisierung der nationalen Rechtsgrundlagen in den verschiedenen Vertragsbereichen zu einem **„Europäischen Rechtsraum“** bleibende Fundamente der Gemeinschaft gelegt. Mit einer stabilen angeglichenen Rechtsordnung wird ein wichtiger Beitrag zur Herstellung eines Marktes ohne Binnengrenzen geleistet und die harmonische Entwicklung des Wirtschaftslebens in der EG insgesamt gefördert. Darüber hinaus läßt sich jedoch an den Fortschritten der EG-Rechtsangleichung im engeren gemeinschaftsrechtlichen wie im weiteren völker-

rechtlichen Sinne ablesen, inwieweit der zunächst wirtschaftlich gemeinte Weg zur europäischen Integration kraft immer weitergehenden Sachzusammenhanges (Bsp. Freizügigkeit – Bildungspolitik) in die **„Europäisierung" immer neuer Rechtsbereiche** ausmündet. In der Rechtsangleichung spiegelt sich auf ihre Weise jene auch sonst zu beobachtende Ausdehnung der Gemeinschaftsaktion auf dem Wege vom Gemeinsamen Markt zur Europäischen Union *(Götz,* JZ 1994, S. 265 ff.).

1266 Bis dahin ist der Weg gerade in der Rechtsharmonisierung freilich noch **lang und steinig.** Der sehr unterschiedliche Stand der Arbeiten in den einzelnen Vertragssektoren läßt dies erkennen (oben Rz. 1235 ff.). Dabei ist freilich zu bedenken, daß es auch in viel homogeneren Bundesstaaten als der EG, wie in den USA seit 1787 oder in Deutschland ab 1871, **jahrzehntelanger Anstrengungen bedurfte,** um die föderal gewünschte Angleichung der Lebensverhältnisse im ganzen Bundesgebiet herzustellen So gesehen bedarf es **innerhalb der nach ihren Rechtskulturen viel unterschiedlicheren EG eines höheren Maßes an Geduld.** Auch wenn die europäische Rechtsangleichung eine Art „unendlicher Geschichte" ist, bleibt zu vermerken, daß die Zahl qualifizierter Initiativen der Gemeinschaftsorgane und aus den MSen in den verschiedenen Sachbereichen des Einigungsprozesses im Laufe der Jahre immer mehr gewachsen ist, **die sich um die Schaffung des Jus commune Europaeum als Basis der Gemeinschaft bemühen.**

Dritter Abschnitt. Binnenmarkt I: Warenverkehr, Verkehr und Finanzverkehr

§ 18. Freier Warenverkehr

Literatur: Umfangreiche Listen des uferlosen Schrifttums zum freien Warenverkehr in der EG bei *Matthies/v. Borries,* in: Grabitz/Hilf (Hrsg.) EUV/EGV-Komm. (1996), vor Art. 30–37 EGV und *Müller/Graff,* in: GTE, Komm. EU-/EGV, 5. Aufl. 1997, Vorbem. zu Art. 30–37 EGV.

Fischer, Der deutsche Zollverein, die EWG und die Freihandelszone, EA 1961, S. 105 ff.; *Ehle,* Die Zollunion der EG, NJW 1969, S. 1509 ff.; *Matthies,* Die Verantwortung der Mitgliedstaaten für den freien Warenverkehr im Gemeinsamen Markt, FS Ipsen, 1977, S. 669 ff.; *Christiansen,* Vom deutschen Zollverein zur Europäischen Zollunion, 1978; *Dauses,* Dogmatik des freien Warenverkehrs in der Gemeinschaft, RIW 1984, S. 197 ff.; *Masclet,* La libre circulation des marchandises dans les Communautés Européennes, RTDE 1986, S. 243 ff.; *Nicolaysen,* Die rechtliche Bedeutung des Schlußtermins zur Errichtung des Binnenmarktes, 1991; *Reich,* Binnenmarkt als Rechtsbegriff, EuZW 1991, S. 203 ff.; *Baur,* Der Europäische Binnenmarkt – normative Grundlagen, JA 1992, S. 65 ff.; *Schmidt,* Freier Warenverkehr innerhalb der EG, in: Rengeling/v. Borries (Hrsg.), Aktuelle Entwicklungen in der EG, 1992, S. 57 ff.; *Lenz* (Hrsg.), EG-Hdb. Recht im Binnenmarkt, 2. Aufl. 1994; *Classen,* Auf dem Weg zu einer einheitlichen Dogmatik der EG-Grundfreiheiten, EWS 1995, S. 97 ff.; *Jarass,* Elemente einer Dogmatik der Grundfreiheiten, EuR 1995, S. 202 ff.; *Müller-Graff,* Binnenmarktauftrag und Subsidiaritätsprinzip? ZHR 1995, S. 34 ff.; *Oliver,* Free movement of goods in the EC, 3. Aufl. 1995; *Zuleeg,* Die Grundfreiheiten des Gemeinsamen Marktes im Wandel, FS Everling, 1995, S. 1717 ff.; *Odendahl,* Die Grundfreiheiten des Waren-, Kapital- und Zahlungsverkehrs, JA 1996, S. 221 ff.; *Tesauro,* The internal market of the EC in the light of the recent case-law of the Court of Justice, 1996; *Dauses,* Warenverkehr/Grundregeln, in: Dauses (Hrsg.), Hdb. EU-WirtschR. (1997), C. I.; *Everling,* Zum Begriff der Ware im Binnenmarkt der EG und sein Verhältnis zu den Dienstleistungen, FS Hahn, 1997, S. 365 ff.; *Weyer,* Freier Warenverkehr und nationale Regelungsgewalt in der EU, 1997; *Weise* u. a. in: DIW (Hrsg.), Wirkung und Wirksamkeit der EU-Binnenmarktmaßnahmen, 1998; *Schorkopf,* Neuer Interventionsmechanismus der Kommission zur Gewährleistung der Warenverkehrsfreiheit, EuZW 1998, S. 237 ff.; *Weyer,* Freier Warenverkehr, rein innerstaatlich. Sachverhalte und umgekehrte Diskriminierung, EUR 1998, S. 435 ff.

Vorbemerkung: Gemeinsamer Markt und Binnenmarkt

Zentrale Aufgabe der Gemeinschaft war es nach dem ursprünglichen **1267** Wortlaut des jetzigen Art. 2 EGV, einen **Gemeinsamen Markt** zu errichten. Durch die Reformen der Einheitlichen Europäischen Akte 1986, des Maastrichter Unionsvertrages 1992 und des Amsterdamer Vertrages 1997 ist dieser Auftrag im Sinne der Schaffung eines **Binnenmarktes** weiter intensiviert worden *(Reich,* EuZW 1991, S. 203 ff.). Darunter ist nach Art. 7 a Abs. 2 = 14 Abs. 2 neu EGV ein „Raum ohne Binnengrenzen" zu verstehen, in dem der freie Verkehr von Waren, Personen, Dienstleistungen und Kapital gewährleistet ist. Art. 2 EGV spricht nunmehr als grundlegende Aufgabe der

EG an, einen Gemeinsamen Markt und eine Wirtschafts- und Währungsunion zu errichten sowie die gemeinsamen Politiken gemäß Art. 3, 3 a = 3, 4 neu EGV durchzuführen. Dabei betonen Art. 3, lit. a und c EGV das Verbot von (Binnen)zöllen, mengenmäßigen Beschränkungen und Maßnahmen gleicher Wirkung sowie die Errichtung eines Binnenmarktes, in dem die innergemeinschaftlichen Hindernisse für den freien Waren-, Personen-, Dienstleistungs- und Kapitalverkehr beseitigt sind.

Während hiermit ein ganzes Bündel von Maßnahmen angesprochen wird, stellt die Grundlage dieses Binnenmarktes weiterhin nach Art. 9 = 23 neu EGV die **Freiheit des Warenverkehrs** über die Gewährleistung einer **Zollunion** dar, die sich auf den gesamten Warenaustausch erstreckt, also auf die Waren, die aus den Mitgliedstaaten der Gemeinschaft stammen oder aus Drittstaaten, soweit sie in den freien Verkehr eines MS aufgenommen worden sind(EuGHE 1985, 3317 ff. – RS 199/84).

1268 **Ware** im europarechtlichen Sinne der Art. 9 – 36 = 23 – 30 neu EGV sind alle beweglichen Sachen, die Gegenstand rechtmäßiger Handelsgeschäfte sein können, einschließlich landwirtschaftlicher Waren (in den Grenzen der Art. 39 – 46 = 33 – 38 neu EGV), mit Ausnahme gesetzlicher Zahlungsmittel, Ausweispapiere u. ä. (EuGHE 1995, I–361 ff., RS C–358/93, 416/93). Auch wiederverwertbarer Abfall ist Ware i. S. des Art. 30 EGV (EuGHE 1992, I–4431 ff. – RS C–2/90, unten Rz. 2031). **Nichtkörperliche Energien** wie Elektrizität und Gas sowie Wasser unterliegen ebenfalls grundsätzlich der Warenverkehrsfreiheit (unten Rz. 1329), ebenso der **„Rechtehandel"** mit Schutzrechten des gewerblichen/kommerziellen Eigentums (unten Rz. 1295). Mit der **Dienstleistungsfreiheit** kann es zu Überschneidungen kommen, doch besteht insoweit nach Art. 59 ff. = 49 ff. neu EGV eine vergleichbare Liberalisierungsverpflichtung (unten Rz. M und *Everling,* FS Hahn, 1997, S. 365 ff.).

1269 Die EG-Zollunion umfaßt gemäß den Art. 9 – 36 = 23 – 30 neu EGV die **Abschaffung der Zölle zwischen den MSen** („Binnenzölle") sowie der zollgleichen Abgaben (Art. 12 ff. = 25 neu EGV), die **Aufstellung des Gemeinsamen Zolltarifs (GZT) gegenüber Drittstaaten** („Außenzoll", Art. 18 ff. = 26 f. neu EGV), die Beseitigung der mengenmäßigen Beschränkungen sowie aller Maßnahmen gleicher Wirkung zwischen den MS (Art. 30 ff. = 28 ff. neu EGV) und den Ausschluß von Diskriminierungen zwischen den Angehörigen der MS durch das Vorhandensein nationaler staatlicher Handelsmonopole (Art. 37 = 31 neu EGV). Im Verhältnis zu Drittstaaten bedingt der Gemeinsame Markt eine **Gemeinsame Handelspolitik** (Art. 110 – 115 = 131 – 134 neu EGV, unten Rz. 1730 ff.), mittels derer die Handhabung des GZT bestimmt wird sowie die gemeinsame Politik gegenüber Dritten auf dem Gebiet der Kontingente.

1270 Auch der EGKSV geht nach Art. 1, 2 EGKSV von der Schaffung eines **Gemeinsamen Marktes im Montanbereich** aus. Dabei ist die Vergemeinschaftung nach außen in der Handelspolitik nach Art. 71 ff. EGKSV etwas zurückhaltender angelegt. In der Praxis haben sich diese Unterschiede stark abgeschliffen (unten Rz. 1745). – EURATOM begründet nach Art. 2 g), 92 ff. EAGV einen **Gemeinsamen Markt auf dem Kerngebiet,** der ähnlich wie im EGV als ein nach außen und innen einheitlicher Wirtschaftsraum ausgestaltet ist (EuGHE 1978, 2151 ff. – Beschl. 1/78 „IAEO").

Der Aufbau des Gemeinsamen Marktes 1958–1968, der in teilweiser Beschleunigung des Zeitplanes nach dem damaligen Art. 8 EWGV erfolgte, gehört zu den **eindrucksvollsten Leistungen der Gemeinschaft** und ihrer MS in der Frühphase. In der Zollunion verkörpert sich die Persönlichkeit der EG als ein neuer Rechtsträger in den internationalen Beziehungen besonders sichtbar. Mit der Entscheidung 66/532/EWG (ABl. 1966, S. 2971) wurde der 1. Juli 1968 als Termin für die vollständige Abschaffung der Binnenzölle und die Anwendung des GZT auf die gewerblichen Waren in Gestalt der VO Nr. 950/68 vom 28.6.1968 (ABl. 1968, L 172/1 ff.) festgesetzt und dann eingehalten, anstelle des ursprünglich auf Ende 1969 terminierten Ablaufes der Übergangszeit *(Ehle,* NJW 1969, S. 1509 ff.). 1271

War so die Zollunion ab 1968 für die ursprünglichen sechs EG-Mitgliedstaaten hergestellt, bedurfte es infolge der **Beitritte** der mehrfachen „Nachholung" der entsprechenden Maßnahmen innerhalb der erweiterten Gemeinschaft. So erfolgten innerer Zollabbau und Übernahme des GZT für Dänemark, Großbritannien und Irland in den Jahren 1973–1977, für Griechenland 1981–1986 und für Spanien/Portugal 1986–1992. Auch für die Beitritte Finnlands, Österreichs und Schwedens ab 1995 ist eine mehrjährige differenzierte Übergangsregelung festgelegt worden.

Mit der Vollendung der Zollunion 1970 war der Gemeinsame Markt im Sinne der Herstellung eines vollständig freien Warenverkehrs indessen noch nicht abgeschlossen. Mannigfache Hemmnisse, insbesondere durch die unterschiedlichen nationalen Regelungen der Produktion und Vermarktung der Waren sowie infolge der „Steuergrenzen" bestanden fort. Auf der Grundlage des vom Rat gebilligten **Binnenmarkt-Weißbuches** der Kommission von 1985 (Dok. KOM (85) 310 endg. „DELORS-Plan") legte daher 1987 Art. 7 a = 14 neu EGV die schrittweise Verwirklichung des Binnenmarktes auf den 31.12. 1992 fest. Dieser Binnenmarktprozeß verlief 1985–1992 ähnlich erfolgreich wie der anfängliche Aufbau des Gemeinsamen Marktes 1958–1968. Anfang 1993 waren von den 282 Liberalisierungsvorschlägen der Kommission gemäß dem Weißbuch 95 % vom Rat verabschiedet und ca. 80 % bereits von den MSen in ihr nationales Recht umgesetzt worden. (Dazu auch Entschließung des Rates v. 7.12.1992 zum erfolgreichen Funktionieren des Binnenmarktes, ABl. C 334/1). Damit war der „Raum ohne Binnengrenzen" zwar noch nicht perfekt, aber eine entscheidende Vertiefung erreicht. Bestimmte Unterschiede zwischen den MSen (u. a. im Arbeitsmarkt, bei Umwelt, Energie, z. T. auch Steuern) sollen nicht über eine EG-weite Harmonisierung beseitigt, sondern einem **ordnungspolitisch begrüßenswerten „Wettbewerb der Systeme"** ausgesetzt werden *(Ehlermann,* RMC 1995, S. 220 ff.). Der Termin des 31.12.1992 galt als prozedurale Verpflichtung der Gemeinschaft der MSen, machte jedoch verbleibende Beschränkungen nicht unmittelbar hinfällig *(Müller-Graff,* EuR 1989, S. 107 ff. (141), str.). Auch im Bereich der im Grundsatz bereits vollendeten Zollunion besteht weiter ein **ständiger Handlungsbedarf der EG.** Infolge der Tätigkeit der Gesetzgebungen der MS sowie ihrer Verwaltungspraktiken bleibt insbesondere die Durchsetzung des Verbotes der Maßnahmen gleicher Wirkung wie Zölle oder mengenmä- 1272 ßige Beschränkungen eine sich täglich stellende Aufgabe. Der Kommission als „Hüterin der Verträge" und nötigenfalls auch dem Gerichtshof obliegt insoweit eine permanente Verantwortung. Der EuGH hat in langjähriger Rechtsprechung sich bemüht, die tragenden Grundsätze der Zollunion soweit als möglich zur unmittelbaren, justiziablen Geltung zu bringen und den **freien Warenverkehr zu einem Recht des einzelnen EG-Bürgers** zu machen (EuGHE 1983, 203 ff. – RS 124/81; *Dauses/Roth,* ZLR 1996, S. 507 ff.).

1273 Durch diese Rspr. wurde die **Warenverkehrsfreiheit** ebenso wie diejenige des Personen-, Kapital- und Zahlungsverkehrs (unten Rz. 1482, 1510) im Laufe der Zeit immer stärker als individuelle, grundrechtsähnliche **„Grundfreiheit"** begriffen, meist in Verbindung mit der Privatautonomie *(Roth,* FS Everling, 1995, S. 1231 ff.). Die Theorie bemüht sich um eine Dogmatik dieser Grundfreiheiten, u. a. in ihrem Verhältnis zu den Gemeinschaftsgrundrechten (oben Rz. 489 ff., *Classen,* EWS 1995, S. 97 ff.; *Jarass,* EuR 1995, S. 202 ff.). Zu den noch nicht abschließend geklärten Fragen gehört die **Drittwirkung** dieser Grundfreiheiten *(Steindorff,* FS Lerche, 1993, S. 575 ff.).

Da die Regelungen der Warenverkehrsfreiheit wohl in die ausschließliche EG-Zuständigkeit fallen, kommt das **Subsidiaritätsprinzip** des Art. 3 b = 5 neu EGV hier nicht zur Anwendung (str., näher *Müller-Graff,* ZHR 1995, S. 34 ff.).

1274 Schließlich bleibt in den **Außenbeziehungen der Gemeinschaft** die Festlegung der Höhe des GZT in seinen einzelnen Positionen gemäß einseitigen („autonomen") Entscheidungen der Gemeinschaft über Art. 28 = 26 neu EGV oder nach bi- und multilateralen Verhandlungsergebnissen vor allem in GATT/WTO (Art. 113, 114 = 133 neu EGV, näher unten Rz. 1799 ff.) ein Betätigungsfeld der EG, das nach der Natur der Sache niemals „beendet" sein kann *(Oliver,* Free Movement of goods in the EC, 3. Aufl. 1995).

I. Abschaffung der Binnenzölle und Abgaben gleicher Wirkung

Literatur: *Ehle,* EWG-Vertrag und Gebührenerhebung im Anwendungsbereich der Art. 12 und 95 EWGV, AWD 1965, S. 281 ff.; *Vaulont,* Das Zollgebiet der Gemeinschaft, ZfZ 1971 S. 105 ff.; *Schall,* Gebühren bei Gelegenheit der Einfuhr als Abgabe zollgleicher Wirkung, AWD 1973, S. 489 ff.; *Grabitz,* Das Recht auf Zugang zum Markt nach dem EWGV, FS Ipsen, 1977, S. 645 ff.; *Rahn,* Ausfuhrabgaben nach EWG-Recht, RIW 1977, S. 481 ff.; *Kohler,* Abgaben zollgleicher Wirkung im Recht der EG, 1978; *Vaulont,* Die Vereinfachung der Verfahren und Förmlichkeiten im innergemeinschaftlichen Warenverkehr im Lichte der Rechtsprechung des EuGH zum Verbot der Erhebung von Abgaben zollgleicher Wirkung im Recht der EG, 1978; *Blanc-Uchan,* Les taxes d'effet équivalent à un droit de douane et les impositions intérieures discriminatoires dans la CEE, 1979; *Pingel,* Weitere Entwicklung der Europäischen Zollunion, ZfZ 1979, S. 130 ff.; *Müller,* Zollgebiet, Küstengewässer, Grenzgebiet, ZfZ 1985, S. 290 ff.; *Masclet,* La libre circulation des marchandises dans les Communautés Européennes, RevDrEurop 1986, S. 243 ff.; *Defalque,* Le concept de discrimination en matière de libre circu-ation des marchandises, CDE 1987, S. 471 ff.; *Meier,* Europäische Amtshilfe – Ein Stützpfeiler des Europäischen Binnenmarktes, EuR 1989, S. 237 ff.; *Amt für Amtl. Veröff.* (Hrsg.), Die Abschaffung der Grenzschranken und Steuerkontrollen, 1993; *Europ. Rechnungshof* (Hrsg.), Das Zollgebiet der Gemeinschaft und damit zusammenhängende Handelsregelungen, 1993; *Böttcher,* Exportkontrollen im Lichte des EG-Binnenmarktes, 1994; *Europ. Kommission,* Unterwegs in Europa (Inf. für Reisende), 1998.

Zur **Herstellung der Zollunion nach innen** gehörte die vollständige Beseitigung aller Zölle zwischen den EG-Mitgliedstaaten sowie der Abgaben gleicher Wirkung wie Zölle. 1275

Mit dem Beginn des Binnenmarktes Anfang 1993 **endeten die Warenkontrollen an den EG-Binnengrenzen** gemäß den „Schengen"-Abkommen (unten Rz. 1553 ff.). Die Zollämter an den Binnengrenzen wurden weitgehend geschlossen. Schwerpunkte der Zollkontrollen sind seither die Flughäfen und die Grenzübergänge zu Drittstaaten einschließlich der Seehäfen. Jedoch erfolgen weiter gewisse Stichproben an den Binnengrenzen sowie mobile Fahndungen und Kontrollen innerhalb der MSen, da insbesondere die Steuergrenzen zwischen ihnen noch nicht voll beseitigt sind (oben Rz. 1177). Ferner ist zwischen den nationalen Behörden Amtshilfe eingerichtet worden (Übereinkommen über Amtshilfe und Zusammenarbeit der Zollverwaltungen, ABl. 1998, C 24/1 – noch nicht in Kraft). Der Amsterdamer Vertrag 1997 hat in Art. 135 neu EGV für die Zusammenarbeit im Zollwesen eine **Gemeinschaftszuständigkeit** begründet.

In einer befristeten Ausnahme von Binnenmarktprinzip haben die EG-Regierungen den zoll- und steuerfreien Duty-Free-Verkauf auf Flughäfen und Fähren im innergemeinschaftlichen Verkehr bis Mitte 1999 verlängert (RL 92/12, ABl. 1992, L 76/1;vgl. auch EuGHE 1997, I–6315 ff. – RS C–408/95). Im Verkehr mit Drittländern bleibt er unbegrenzt erhalten.

Zum praktischen Funktionieren des Binnenmarktes ist eine umfängliche **Angleichung des nationalen Zollrechts** erforderlich. Sie hat in einem langjährigen, komplizierten Prozeß 1992 mit dem Erlaß des **Zollkodex der Gemeinschaften** einen gewissen Abschluß gefunden (oben Rz. 1238 und unten Rz. 1288).

1. Freier Binnenzollraum

a) Abschaffung der Binnenzölle

Grundgebot der inneren Seite der Zollunion ist das **Verbot** gemäß Art. 9 Abs. 1 = 23 Abs. 1 neu EGV, zwischen den Mitgliedstaaten **Ein- und Ausfuhrzölle zu erheben** (EuGHE 1978, 927 ff. – RS 80 und 81/77). Dieses Verbot wurde bis 1968 gemäß dem „Fahrplan" der inzwischen erfüllten und mit dem Amsterdamer Vertrag 1997 aufgehobenen Art. 12 – 17 EGV durchgeführt. Das Verbot der Erhebung von Binnenzöllen nach Art. 9, 12 EGV wurde vom Gerichtshof als eine der **grundlegenden, unmittelbare Wirkungen erzeugenden** und individuelle Rechte begründenden Regelungen des Vertrages definiert (EuGHE 1963, 7 ff.- RS 26/62 „Van Gend & Loos", st. Rspr.). 1276

b) Gemeinschaftswaren und Freiverkehrswaren

In den Genuß dieser Binnenzollfreiheit kommen nach Art. 9 Abs. 2 = 23 Abs. 2 neu EGV einerseits **die aus den MS stammenden Waren,** andererseits diejenigen Waren aus dritten Ländern, die sich in den MS **im freien Verkehr** 1277

befinden. Hierfür gibt Art. 10 Abs. 1 = 24 neu EGV eine Legaldefinition (zu ihr EuGHE 1968, 642 ff. – RS 7/68).

Für die Bestimmung des Warenbegriffes vgl. VO 3390/91, ABl. 1991, L 316/1, Änderungen, näher *Voss,* in: Grabitz/Hilf (Hrsg.) EUV-EGV Komm. (1994) zu Art. 9, RdNr. 10 ff.). Die Gemeinschaftsware charakterisiert sich wesentlich durch die vollständige oder mindestens überwiegende Herstellung in einem MS (Näher *Voss,* a. a. O., RdNr. 14). – In den **Freiverkehr innerhalb der EG** ist eine Ware nach Art. 10 = 24 neu EGV eingetreten, wenn in einem MS die Einfuhr-Förmlichkeiten erfüllt sowie die vorgeschriebenen Zölle und Abgaben erhoben und nicht rückvergütet worden sind. Zur verfahrensmäßigen Feststellung der Qualität einer Ware als Gemeinschaftsware im Sinne von Art. 9 Abs. 2 = 23 Abs. 2 neu EGV in Zusammenarbeit der nationalen Zollverwaltungen dienen seit dem Wegfall der Kontrollen an den Binnengrenzen der EG bestimmte Papiere und Förmlichkeiten gemäß dem sekundären EG-Zollrecht (näher *Voss* a. a. O.). Die zahlreichen weiteren Spezialregelungen in diesem Zusammenhang in Fundstellennachweis des geltenden Gemeinschaftsrechts 02.20 ff.).

c) Ausnahmen vom Freiverkehr

1278 Die Zollunion wird grundsätzlich zugunsten der EG-Waren begründet.

Zunächst einmal finden nach Art. 232 = 305 neu EGV auf die **dem EGKSV und dem EAGV unterliegenden Waren** deren Sondervorschriften Anwendung (insbesondere Art. 4, 71 ff. EGKSV, Art. 92 ff. EAGV). Hier ist ebenfalls der Abbau der Binnenzollschranken vorgesehen. – Für die **Landwirtschaft** gelten die Regelungen über den freien Warenverkehr nach Art. 38 Abs. 2 = 32 Abs. 2 neu EGV nur insoweit, als Art. 39 – 46 = 33 – 38 neu EGV nichts anderes bestimmen. – Der **Handel mit Waffen, Munition und Kriegsmaterial** kann gemäß Art. 223 Abs. 1 b), Abs. 2, 3 = 296 Abs. 1 b, Abs. 2, 3 neu EGV von den MS unter Berufung auf ihre wesentlichen Sicherheitsinteressen beschränkt werden.

Beschränkungen des freien innergemeinschaftlichen Warenverkehrs aufgrund von **Schutzklauseln** sind seit dem Ende der Übergangszeit grundsätzlich nicht mehr möglich (näher *Oppermann,* EuR 1969, S. 231 ff.). Insbesondere ist Art. 226 EGV seither obsolet und mit dem Amsterdamer Vertrag 1997 aufgehoben worden. Die Schutzklausel des Art. 115 = 234 neu EGV gilt nur für Drittlandseinfuhren (unten Rz. 1777). Insgesamt kann die **Binnenzollfreiheit** als eine fest etablierte Errungenschaft des Gemeinsamen Marktes gelten.

2. Zollgebiet

1279 Das **Zollgebiet der Gemeinschaft** deckt sich aufgrund historischer und geographischer Besonderheiten nicht völlig mit dem räumlichen Geltungsbereich der Verträge nach Art. 227 = 299 neu EGV (oben Rz. 184). Der Rat hat das Zollgebiet in der VO 2151/84 vom 23.7.1984 (ABl. L 197/1 ff., Änderungen), die eine frühere VO von 1968 ablöste, ausdrücklich definiert. Wenn dieses Gebiet auch im großen und ganzen dem räumlichen Anwendungsbereich der Verträge entspricht, gibt es gewisse Abweichungen. (Einzelheiten in: *Europäischer Rechnungshof* (Hrsg.), Sonderbericht 2/1993 über das Zollgebiet der Gemeinschaft). Die Sonderregelungen betreffen u. a. Andorra,

Monaco, San Marino, die Kanarischen Inseln, Büsingen, Helgoland, Gibraltar, den Berg Athos, die Vatikanstadt und überseeische Gebiete.

Weitere Besonderheiten des Zollgebiets im **Küstenbereich** ergeben sich aus der seerechtlichen Entwicklung (näher *Müller,* ZfZ 1985, S. 290 ff.). Sog. „Butterfahrten" auf Fährschiffen führen nicht mehr zu Zoll- und Abgabenbefreiungen (EuGHE 1996 I – 2675 ff., RS C–331/94, Rspr. vgl. auch oben Rz. 1187).

Das Bestehen der durch den freien Warenverkehr gekennzeichneten Zollunion innerhalb des Zollgebietes der Gemeinschaft beinhaltet außerdem eine gemeinschaftsrechtliche **Durchfuhrfreiheit** (EuGHE 1983, 731 ff. – RS 266/81). Sie verbietet es grundsätzlich, auf Transitwaren Abgaben zu erheben.

3. Abschaffung der Abgaben zollgleicher Wirkung

Das Zollverbot des EGV könnte umgangen, ein freier, von finanziellen 1280
Belastungen unbehinderter Warenverkehr auf dem Binnenmarkt nicht hergestellt werden, wenn nicht sichergestellt wäre, daß neben der klassischen Form der Ein- und Ausfuhrbelastungen, den Zöllen, auch alle **Abgaben zollgleicher Wirkung** abgeschafft würden *(Barents,* CMLRev 1978, S. 415 ff.). Art. 9, 12 ff. = 23, 25 neu EGV verbieten daher als notwendige Ergänzung des Zollverbots seit dem 1.1.1970 mit unmittelbarer Wirkung (EuGHE 1980, 2545 ff. – RS 811/79) die Erhebung solcher Abgaben im Warenverkehr zwischen den Mitgliedstaaten (vgl. auch Art. 4 a EGKSV, Art. 93 EAGV).

Die volle Tragweite und wirtschaftlich-fiskalische Bedeutung der unter verschiedenen Bezeichnungen erhobenen zollgleichen Abgaben wurde nach dem Abbau der Zollschranken offensichtlich.

a) Zum Begriff der zollgleichen Abgaben

Nach dem Ablauf der Übergangszeit 1970 fand der Gerichtshof vermehrt 1281
Gelegenheit, den **Begriff der „Abgabe zollgleicher Wirkung"** näher zu definieren und abzugrenzen.

Während er anfangs (EuGHE 1962, 867 ff. – RS 2 und 3/62) mehr an die formelle abgabenrechtliche Diskriminierung ein- oder ausgeführter Waren als ausschlaggebendes Kriterium einer „zollgleichen Wirkung" anknüpfte, stellte er später zunehmend (seit EuGHE 1975, 79 ff. – RS 51/74 st. Rspr., später etwa EuGHE 1992 I–1847 ff., RS C–78/90) auf die **materielle (wirtschaftlich-finanzielle) Ungleichbehandlung von Ein- und Ausfuhren** gegenüber einheimischen Waren ab (Näher *Kohler,* Abgaben zollgleicher Wirkung im Recht der EG, 1978).

Danach kann man als Abgaben zollgleicher Wirkung qualifizieren alle nicht als Zölle bezeichneten finanziellen Belastungen, die ein- oder ausgeführten Waren anläßlich des Grenzübertritts einseitig ohne entsprechende Gegenleistung auferlegt werden. Das gilt auch bei nur geringfügiger finanzieller Belastung. Es genügt, *wenn die Abgaben „geeignet" sind,* restriktive Wirkungen auf den EG-Freiverkehr auszuüben. Nicht entscheidend ist nach der Rspr. des EuGH die diskriminierend/

protektionistische Wirkung (EuGHE 1969, 200 ff. – RS 24/68), die Bezeichnung der Abgabe als Gebühr, Steuer, Beitrag o. ä., die Art der Erhebung (EuGHE 1975, 710 ff. – RS 94/74) oder der Verwendungszweck der erzielten Einnahmen (Näher *Dauses,* Warenverkehr/Grundregeln, in: Dauses (Hrsg.), Hdb. EU-WirtschR. (1997), C. I., RdNr. 20 ff.).

b) Konkurrenz mit dem Verbot steuerlicher Diskriminierung

1282 Eine wichtige Abgrenzung besteht zwischen den Abgaben zollgleicher Wirkung nach Art. 9, 12 = 23, 25 neu EGV und Abgaben steuerlicher Art, die im Rahmen eines inländischen Abgabensystems erhoben werden. Letztere fallen tatbestandlich ausschließlich unter Art. 95 = 90 neu EGV und sind nach dessen Kriterien (oben Rz. 1162) zu beurteilen (seit EuGHE 1965, 642 ff. – RS 10/65 st. Rspr.). Dabei ist entscheidend darauf abzustellen, **daß Abgaben zollgleicher Wirkung ausschließlich grenzüberschreitende Warenbewegungen betreffen,** während steuerliche Abgaben unterschiedslos importierte und inländische Produkte erfassen (näher oben Rz. 1170). Dennoch verbleiben gelegentlich schwierige Grenzfälle (vgl. etwa EuGHE 1995 I–479 ff., RS C–345/93 „Kfz-Steuer“).

c) Abgaben als Entgelt für besondere Leistungen

1283 Keine ungleiche finanzielle Belastung und damit auch keine unrechtmäßige Verteuerung von Im- und Exporten tritt ein, wenn die Ein- und Ausfuhrabgabe **als Entgelt für eine besondere Verwaltungsleistung** erhoben und somit die Belastung durch ein **wirtschaftliches Äquivalent** aufgehoben wird. Das Verbot der Art. 9, 12 = 23, 25 neu EGV ist dann nicht einschlägig. Es muß sich dabei jedoch um einen tatsächlich gewährten Vorteil handeln, der **speziell dem Im- oder Exporteur** im Sinne von Wettbewerbsvorteilen, erhöhten Absatzchancen u. ä. zugutekommt. Verwaltungsleistungen, die ausschließlich oder vorwiegend im Interesse des Staates oder des gesamten Handels liegen, müssen auch von der Gesamtheit der Steuerpflichtigen, beziehungsweise der durch eine staatliche Einrichtung Begünstigten finanziert werden (näher, auch zum folgenden *Dauses,* a. a. O. (1997), RdNr. 27 ff).

So dient z. B. die Erteilung von Einfuhrgenehmigungen und die Tätigkeit der Zollbebörden allgemein der staatlichen Ein- und Ausfuhrkontrolle und bringt den ein- und ausgeführten Erzeugnissen selbst weder unmittelbar noch mittelbar Vorteile auf dem in-/ausländischen Markt (EuGHE 1983, 1649 ff. – RS 132/82 st. Rspr.). Statistische Erhebungen sind für die gesamte Wirtschaft und die Verwaltung von Nutzen (vgl. EuGHE 1973, 981 ff. – RS 34/73). Sanitäts- und Pflanzenschutzkontrollen werden im Interesse der Volksgesundheit vorgenommen (EuGHE 1973, 1039 ff. – RS 39/73) Die Instandhaltung von Hafenanlagen kommt der gesamten Handelsschiffahrt zugute (EuGHE 1973, 981 ff. – RS 34/73).

Bei all diesen Maßnahmen stellt sich zugleich die Frage ihrer Zulässigkeit nach Art. 30 ff. = 28 ff. neu EGV. Es ist dabei zu berücksichtigen, daß Art. 36 = 30 neu EGV als eng auszulegende Ausnahmebestimmung für gewisse mengenmäßige Beschränkungen in keinem Fall zur Rechtfertigung von Abgaben zollgleicher Wirkung herangezogen werden kann (EuGH a. a. O.).

d) Zollgleiche Abgaben im Handel mit Drittstaaten

Art. 9, 12 = 23, 25 neu EGV gelten eigentlich nur für den **Binnenhandel** 1284
innerhalb der Gemeinschaft. Bei der Einführung des Gemeinsamen Zolltarifs (unten Rz. 1285 ff.) und in den Regelungen der Art 110 ff. = 131 ff. neu EGV für die Gemeinsame Handelspolitik (unten Rz. 1730 ff.) ist ein Verbot der Abgaben mit zollgleicher Wirkung nicht vorgesehen, wenngleich es dort über sekundäres Gemeinschaftsrecht eingeführt werden könnte. Dennoch hat der Gerichtshof in ständiger Rechtsprechung bereits jetzt aus der grundsätzlichen Zielsetzung der Gemeinsamen Handelspolitik einschließlich der Handhabung des GZT geschlossen, daß die MS **bei unmittelbaren Drittlandeinfuhren** nicht einseitig neue Abgaben einführen oder bestehende erhöhen dürften (etwa EuGHE 1983, 847 ff. – RS 290/81 „Singer und Geigy", st. Rspr.). So sehen denn auch die Handelsabkommen der EG ebenso wie die Gemeinsamen Agrarmarktorganisationen regelmäßig ein Verbot der Erhebung zollgleicher Abgaben im Drittlandshandel vor. Jedoch können kostendeckende Gebühren für Verwaltungsleistungen u. ä. hier grundsätzlich erhoben werden (EuGHE 1984, 349 ff. – RS 1/83 „Intercontinentale Fleischhandelsgesellschaft").

II. Einführung und Anwendung des Gemeinsamen Zolltarifs

Literatur: *Meade,* The theory of custom unions, 1955; *Horn,* Die Erstellung des Außentarifs der EWG, AWD 1959, S. 51 ff.; *Laubereau,* Zur Auslegung des Art. 28 EWGV, ZfZ 1967, S. 193 ff.; *Cludius,* Gemeinschaftszollkontingente, ZfZ 1969, S. 321 ff. und 1970, S. 132 ff.; *Kalbe,* Grundsatzfragen der Auslegung des Gemeinsamen Zolltarifs, AWD 1971, S. 374 ff.; *D'Orville,* Die rechtlichen Grundlagen für die gemeinsame Zoll- und Handelspolitik der EWG, 1973; *Rahn,* Stand und Perspektiven der EG-Zollunion, RIW 1977, S. 341 ff.; *Michaelis,* Die besonderen Zollverfahren und ihre wirtschaftlichen Grundlagen, ZfZ 1981, S. 354 ff.; *Vaulont,* L'union douanière de la CEE, 2. Aufl. 1985; *Kelley/Onkelinx,* EEC customs law, 1986 ff. (Losebl.); *Danzer/Vanotti,* Gemeinschaftliches und nationales Zollrecht, ZfZ 1988, S. 98 ff.; *Kalbe,* Anwendungsbereich und Gültigkeit von Zollaussetzungen der EG, RIW 1988, S. 235 ff.; *Glashoff/Kühle,* Rechtsschutz in Zollsachen, 1991; *Bartsch,* Zollrecht – Meilenstein auf dem Weg zur europäischen Integration, JURA 1993, S. 347 ff.; *Dorsch,* Das neue Zollrecht ab 1.1.1993, 1993; *Witte,* Das Neue am neuen Zollkodex der Gemeinschaft, ZfZ 1993, S. 162 ff.; *Müller-Eiselt,* EG-Zollrecht (Losebl.), 1994 ff.; *Witte,* Lehrbuch des europäischen Zollrechts, 2. Aufl. 1995; *Olbertz,* Zollrechtsprechung des EuGH im Jahre 1997, EuZW 1998, S. 11 ff. (entspr. Jahresaufsätze für die Vorjahre); *Lasok,* The Trade and Customs Law of the EU, 3. Aufl. 1998.

Die zweite grundsätzliche Maßnahme zur Herstellung der Zollunion 1285
neben der Abschaffung der Binnenzölle bestand in der **Einführung des Gemeinsamen Zolltarifs (GZT)** der EG im Warenverkehr mit Drittländern und in der fortlaufenden Handhabung dieses GZT im Sinne der Ausrichtung der Gemeinsamen (Außen)Handelspolitik der Gemeinschaft.

1. Gemeinsamer Zolltarif (GZT)

a) Bildung des GZT

In der Übergangszeit der EWG seit 1958 wurden die Außenzölle der einzelnen Mitgliedstaaten einander schrittweise angeglichen und schließlich der Gemeinsame Zolltarif ähnlich wie die Beseitigung der Binnenzölle im Jahre 1968 vorzeitig in Kraft gesetzt (Ursprünglich VO 950/68, ABl. L 172/1 ff.). Inzwischen ist der GZT als **„Integrierter Tarif der EG" (TARIC)** auf der Grundlage einer Kombinierten Warennomenklatur (KN) umgebildet worden, die zugleich der EG-Außenhandelsstatistik dient (VO 2658/87, ABl. 1987, L 256/1 ff., fortlaufende Änderungen, vgl. Fundstellenverzeichnis des geltenden Gemeinschaftsrechts, 02.20.10.10).

Die Begründung des GZT war zusammen mit der Beseitigung der Binnenzölle der **entscheidende Rechtsakt zur Schaffung der Zollunion** als Grundlage der Gemeinschaft überhaupt (Art. 9 = 23 neu EGV). Der GZT umfaßt **etwa 3000 Tarifpositionen** mit Zollsätzen, die in der Regel in Prozentsätzen des Warenwertes ausgedrückt werden. Die anfängliche Höhe der Zollsätze des GZT 1968 ergab sich gemäß Art. 19 Abs. 1 EWGV i. V. m. Art. XXIV 5a GATT aus dem arithmetischen Mittel der in den ursprünglichen Zollgebieten innerhalb der Gemeinschaft angewandten Zollsätze.

b) Änderung des GZT

1286 Seit Einführung des GZT sind seine Zollsätze öfters sowohl autonom (Art. 28 = 26 neu EGV) als auch völkerrechtlich durch Abkommen mit Drittstaaten (Art. 113, 228 = 133, 300 neu EGV) abgeändert worden (grundsätzlich *Laubereau,* EuR 1968, S. 192 ff.). Die vertraglichen Änderungen erfolgten vor allem multilateral auf den Welthandelskonferenzen („Runden") von GATT/WTO, etwa in der Tokyo-Runde 1973–1979 und der Uruguay-Runde 1986–1993. In der Regel wurde auf diese Weise die Höhe des GZT spürbar gesenkt. Die EG gehört insbesondere im gewerblichen Bereich entsprechend dem handelspolitischen Auftrag des Art. 110 = 131 neu EGV (unten Rz. 1733) zu den **Niedrigzollregionen der Welt.** Der aktuelle Stand des GZT ist gegen Ende jeden Jahres neu aus einer die GrundVO 2658/87 ändernden RatsVO ablesbar. Auch das **Zolltarifschema** ist über Art. 28 = 26 neu EGV seit 1968 vielfältig geändert und verfeinert worden. Die EG ist dabei jedoch an das multilaterale Brüsseler Abkommen vom 15.12.1950 gebunden *(Dorsch,* ZfZ 1985, S. 294 ff.). Für die Auslegung der Positionen des GZT sind die gemeinsamen **„Erläuterungen zum Zolltarif"** als maßgebliche Erkenntnismittel von Bedeutung (EuGHE 1974, 607 ff. – RS 185/73 st. Rspr.).

Anders ausgedrückt ist auf diese Weise mit Ablauf der Übergangszeit (vorzeitig 1968) **die Zolltarifhoheit endgültig auf die Gemeinschaft übergegangen.** Den einzelnen Mitgliedstaaten stehen in diesem Bereich keine Rechtsetzungsbefugnisse mehr zu (EuGHE 1970, 80 ff. – RS 40/69 st. Rspr.). Die Einnahmen aus den Zöllen und den ihnen im Agrarbereich entsprechenden

Abschöpfungen fließen seit dem 1.1.1975 voll in den Haushalt der EU (oben Rz. 830).

Das Bedürfnis nach mengenmäßig und zeitlich begünstigten speziellen Zollsätzen wird durch die Gewährung von **Gemeinschaftszollkontingenten** in Anwendung von Art. 28 = 26 neu EGV gedeckt. Ihre Festlegung ist ein wichtiger Aspekt der Gemeinsamen Handelspolitik (unten Rz. 1762). Sie müssen den meistbegünstigten Handelspartnern im GATT gleichmäßig offenstehen und sind nichtdiskriminierend zu handhaben (Näher *Cludius,* ZfZ 1969, S. 321 ff., 1970, S. 132 ff.). Begünstigt sind nicht einzelne MS, sondern die Gemeinschaft. 1287

2. Sonstige EG-Zollrechtsangleichung

Die Einführung eines gemeinsamen Außenzolltarifs bietet noch lange keine Gewähr dafür, daß dieser Tarif in allen Mitgliedstaaten einheitlich angewandt wird und daß die Zollabfertigung überall nach denselben oder zumindest vergleichbaren Kriterien erfolgt. Um Verkehrsverlagerungen und Wettbewerbsverzerrungen zu vermeiden, sind deshalb der Erlaß gemeinschaftsrechtlicher Durchführungsbestimmungen und eine Angleichung der nationalen Zollrechts- und Verwaltungsvorschriften unbedingt notwendig *(Bartsch,* JURA 1993, S. 347 ff.). 1288

Nach einer längeren Übergangsperiode ist diese Angleichung durch die VO 2454/93 (ABl. 1993, L 253/1, Änderungen) zur Festlegung des **Zollkodex der Gemeinschaften** vorgenommen worden. Dieser seit 1994 gültige Kodex schuf eine Zusammenfassung des geltenden Zollrechts in der EU (näher *Witte/Wolffgang* (Hrsg.), Lehrbuch des europäischen Zollrechts, 2. Aufl. 1995).

Rechtsgrundlagen der EG-Zollrechtsangleichung sind inzwischen Art. 28, 113 und 235 = 26, 133 und 308 neu EGV. Neben VOen, die hierauf gestützt sind, ergehen auch Harmonisierungsrichtlinien gemäß Art. 100 a = 95 neu EGV (näher *Voss,* in: Grabitz/Hilf (Hrsg.), EUV/EGV-Komm. (1994), Art. 9 – 29 EGV).

Die Regelungen über die erstmalige Aufstellung des GZT 1958 ff. in Art. 18 – 27 EGV sind mit dem Amsterdamer Vertrag aufgehoben worden.

III. Verbot mengenmäßiger Beschränkungen und Maßnahmen gleicher Wirkung

Literatur: (Spezielles Schrifttum zur „Dassonville/Cassis de Dijon/Keck"-Rechtsprechung unten vor 2.).

Ehle, Maßnahmen mit gleicher Wirkung wie mengenmäßige Beschränkungen und ihre Abschaffung im Gemeinsamen Markt, AWD 1967, S. 453 ff.; *Ehlermann,* Die Bedeutung des Art. 36 EWGV für die Freiheit des Warenverkehrs, EuR 1973, S. 1 ff.; *Matthies,* Herkunftsangaben und Europäisches Gemeinschaftsrecht, FS Schiedermair, 1976, S. 391 ff.; *Verloren van Themaat,* De artikelen 30–36 van het EEG-verdrag, RMT 1980, S. 378 ff.; *Danielle,* Réflexions d'ensemble sur la notion des mesures ayant un effet équivalent à des restrictions quantitatives, RMC 1984, S. 477

ff.; *Gormley,* Prohibiting restrictions on trade within the EEC, 1985; *Freier,* Der Einfluß von Art. 30 und 36 EWGV auf die Geltendmachung von gewerblichen Schutzrechten, 1987; *Moench,* Reinheitsgebot für Bier, NJW 1987, S. 1109 ff.; *Schaefer,* Die unmittelbare Wirkung des Verbots der nichttarifären Handelshemmnisse, 1987; *Kleier,* Freier Warenverkehr (Art. 30 EWGV) und die Diskriminierung inländischer Erzeugnisse, RIW 1988, S. 623 ff.; *Everling,* Die Rspr. des EuGH zum Freien Warenverkehr im Binnenmarkt, ZLR 1989, S. 304 ff.; *Nicolaysen,* Inländerdiskriminierung im Warenverkehr, EuR 1991, S. 95 ff.; *Beier/Knaak,* Der Schutz geographischer Herkunftsangaben in der EG, GRUR Int. 1992, S. 411 ff.; *Uhl,* Der Handel mit Kunstwerken im europäischen Binnenmarkt, 1993; *Martin-Ehlers,* Freier Warenverkehr und gewerbliche Schutzrechte, JA 1994, S. 108 ff.; *Perau,* Werbeverbote im Gemeinschaftsrecht, 1994; *Schwarze,* Der Schutz nationaler Kulturgüter im europäischen Binnenmarkt, JZ 1994, S. 111 ff.; *Hartei-Bavendamm,* Ende der geographischen Herkunftsbezeichnungen, GRUR 1996, S. 717 ff.; *Lichtenwalder,* Die Anwendung von Art. 30 EGV in der mitgliedstaatlichen Rechtsprechung, 1996; *Meyer,* Europäischer Binnenmarkt und produktspezifisches Werberecht, GRUR Int. 1996, S. 697 ff.; *Seidl-Hohenveldern,* Kulturgüterschutz durch die EU versus Warenverkehrsfreiheit, in: Fechner/Oppermann/Prott (Hrsg.), Prinzipien des Kulturgüterschutzes, 1996, S. 113 ff.; *Rohe,* Binnenmarkt oder Interessenverband? RabelsZ 1997, S. 1 ff.; *Schwarze,* Zum Anspruch der Gemeinschaft auf polizeiliches Einschreiten der MSen bei Störungen des grenzüberschreitenden Warenverkehrs durch Private, EuR 1998, S. 53 ff.

1289 Die Herstellung und Sicherung des freien Warenverkehrs innerhalb der Gemeinschaft erfordern nicht nur die Beseitigung der Zollschranken, sondern darüber hinaus die Abschaffung aller sonstigen Handelsbeschränkungen. Art. 30 und 34 Abs. 1 = 28 und 29 neu EGV verbieten daher alle **mengenmäßigen Beschränkungen und Maßnahmen gleicher Wirkung** bei der Einfuhr und Ausfuhr zwischen den MS.

Ähnliche Verbote enthalten Art. 4 a, b EGKSV und Art. 93 EAGV. Die neuen MS haben diese Verpflichtungen mit gewissen Übergangsfristen übernommen.

1. Beseitigung der mengenmäßigen Beschränkungen

1290 **Mengenmäßige Beschränkungen** sind staatliche Begrenzungen der Menge oder des Wertes von Ein- und Ausfuhren, die eine vollständige oder teilweise Untersagung von Ein-, Aus- oder Durchfuhren zur Folge haben können (EuGHE 1968, 644 ff. – RS 7/68 st. Rspr.). Meist handelt es sich dabei um bilaterale oder globale Kontingente oder entsprechende Verbote der Ein- oder Ausfuhr. Der Abbau dieser Beschränkungen vollzog sich während der Übergangszeit ohne Schwierigkeiten. Die inzwischen „erfüllten" Art. 31 – 33, 35 EGV wurden durch den Amsterdamer Vertrag 1997 aufgehoben. Ausnahmen vom Verbot der Art. 30 ff. = 38 ff. neu EGV sind nur noch im Rahmen der „Ordre-Public-Klausel" des Art. 36 = 30 neu EGV denkbar (unten Rz. 1302 ff.).

Die Umformung mengenmäßiger Beschränkungen der MSen gegenüber **Drittländern** ist Aufgabe der Gemeinsamen Handelspolitik nach Art. 110 ff. = 131 ff. neu EGV (EuGHE 1971, 1117 ff. – RS 54/71 und unten Rz. 1762).

Seit dem Eintritt in die Endphase des Gemeinsamen Marktes (ab 1.1.1970) entfalten die Verbote der Art. 30 und 34 Abs. 1 = 28 und 29 neu EGV sowohl hinsichtlich der mengenmäßigen Beschränkungen als auch bei Maßnahmen gleicher Wirkung ihre volle Wirksamkeit. Sie begründen **unmittelbare, notfalls gerichtlich durchsetzbare Rechte der einzelnen Marktbürger** (EuGHE 1969, 679 ff. – RS 13/68 st. Rspr., insgesamt *Schaefer,* Die unmittelbare Wirkung des Verbots der nichttarifären Handelshemmnisse, 1987).

2. Verbot der Maßnahmen gleicher Wirkung wie mengenmäßige Beschränkungen (MgW)

Literatur: (zu a) und b)). – Ausführliche Liste bei *Matthies/v. Borries,* in: Grabitz/Hilf (Hrsg.) EUV/EGV-Komm. (1996) vor Art. 30–37, 2.–4.

Mattera, L'arrêt „Cassis de Dijon", RMC 1980, S. 805 ff.; *Verloren van Themaat,* La libre circulation des marchandises après l'arrêt „Cassis de Dijon", CDE 1982, S. 123 ff.; *Meier,* Die Cassis-Rspr. des EuGH, (Losebl.), 3. Aufl. 1990 ff.; *Ackermann,* Warenverkehrsfreiheit und „Verkaufsmodalitäten", RIW 1994, S. 189 ff.; *Arndt,* Warenverkehrsfreiheit in der EU: der Fall „Keck". JUS 1994, S. 469 ff.; *Becker,* Von „Dassonville" über „Cassis" zu „Keck", EuR 1994, S. 162 ff.; *Chalmers,* The ramification of the Keck-Judgement, ELRev 1994, S. 385 ff.; *Möschel,* Kehrtwende in der Rspr. des EuGH zur Warenverkehrsfreiheit, NJW 1994, S. 429 ff.; *Moore,* Revisiting the limits of art. 30 EEC, ELRev 1994, S. 195 ff.; *Roth,* Staatliche Regelungen sog. „Verkaufsmodalitäten" und Art. 30 EGV, EWS 1994, S. 37 ff.; *Wainwright/Melgar,* Bilan de l'art. 30 après 20 ans de jurisprudence de Dassonville à Keck et Mithouard, RMUE 1994, S. 533 ff.; *Lüder,* Mars: zwischen Keck und Cassis, EuZW 1995, S. 609 ff.; *Matthies,* Art. 30 EGV nach Keck, FS Everling, 1995, S. 803 ff.; *Gormley,* 2 years after Keck, Fordham Int. Law Journal, 1996, S. 866 ff.; *Koenig/Sander,* Bleibt der EuGH dem Keck'schen Telos treu?, EuZW 1996, S. 8 ff.; *Lüder,* Die Grenzen der Keck-Rspr., EuZW 1996, S. 615 ff.; *Odendahl,* Die „Cassis-de-Dijon"-Entscheidung, JA 1996, S. 18 ff.; *Ahlfeld,* Zwingende Erfordernisse im Sinne der Cassis-Rspr. des EuGH zu Art. 30 EGV, 1997;

Ähnlich wie Art 9 und 12 = 23 und 25 neu EGV neben das Verbot der **1291**
Zölle das der zollgleichen Abgaben stellen (oben Rz. 1280 ff.), verbieten Art. 30 und 34 Abs. 1 = 28 und 29 neu EGV zur vollständigen Sicherung des freien Warenverkehrs neben den mengenmäßigen Beschränkungen auch die **Maßnahmen gleicher Wirkung (MgW).** Dieses Verbot erweist sich als für die reale Herstellung eines freien Binnenmarktes innerhalb der Gemeinschaft **von ganz besonderer Bedeutung.** Während die Beseitigung von mengenmäßigen Beschränkungen angesichts der Klarheit des Tatbestandes verhältnismäßig einfach anzuordnen und zu kontrollieren ist, hat sich die Definition und Abgrenzung des Begriffes der MgW und damit im Zusammenhang die effektive Durchsetzung des Verbotes in der Gemeinschaftspraxis als sehr schwierig herausgestellt. Immerhin ist es der Praxis der Kommission, einer sich immer mehr ausweitenden und verfeinernden Rechtsprechung des Gerichtshofs und wesentlichen Bemühungen der europarechtlichen Theorie zu verdanken, daß über die Konturen der MgW heute Einverständnis besteht.

Dennoch bleibt die Verwirklichung des Verbotes von MgW eine ständige Aufgabe der Gemeinschaftsorgane, besonders von Kommission und Gerichtshof.

a) Definition und Eingrenzung der Maßnahmen gleicher Wirkung („Von Dassonville zu Keck")

1292 Nachdem die Kommission schon Ende der sechziger Jahre nach einer Definition der MgW gesucht hatte (RL 70/50, ABl. 1970, L 13/29), entwikkelte der Gerichtshof bald darauf im Interesse einer möglichst umfassenden Durchsetzung des Verbotes in Art. 30 = 28 neu EGV eine **extensive Begrifflichkeit der MgW:** „Jede Maßnahme, die geeignet ist, den innergemeinschaftlichen Handel unmittelbar oder mittelbar, tatsächlich oder potentiell zu behindern" (EuGHE 1974, 837 ff. – RS 8/74 **„Dassonville").** Sie ist bis heute von wesentlicher Bedeutung geblieben *(Wainwright/Melgar,* RMUE 1994, S. 533 ff.).

1293 Der Gerichtshof operierte lange mit dieser im Zweifel stets weit interpretierten „Dassonville-Formel". So bezog er u. a. Regelungen im „Umfeld" eines Produktes (z. B. Werberegeln) in das Verbot ein *(Lüder,* EuZW 1996, S. 615 ff.). **1993 vollzog der EuGH mit der sog. „Keck-Formel" jedoch eine wesentliche Einschränkung des Tatbetandes von MgW** (EuGHE 1993, I–6097 ff. – RS C–267/91, „Keck"). Er hat diese „Keck"-Rspr. anschließend verschiedentlich ausgebaut (Nachweise bei *Matthies,* FS Everling, 1995, S. 803 ff.), mit dem Ziel, die überhandnehmenden Berufungen auf die „Dassonville"-Formel auf die Fälle einzugrenzen, in denen eine **Beeinträchtigung des zwischenstaatlichen Handels** erkennbar ist.

Mit der „Keck"-Formel unterscheidet der EuGH seitdem zwischen **Produktanforderungen** (z. B. Bezeichnung, Form, Abmessung, Gewicht, Zusammensetzung, Aufmachung, Etikettierung oder Verpackung einer Ware) und **Vertriebsanforderungen** (z. B. nationale Verkaufsmodalitäten hinsichtlich des Preises, der Werbung, der Verkaufszeiten und der Verkaufsorte). **Produktanforderungen fallen grundsätzlich in den Anwendungsbereich des Verbotes von MgW.** Sie sind bei unterschiedlicher Behandlung von eingeführten und einheimischen Waren regelmäßig verboten und selbst bei unterschiedsloser Behandlung nur in den engen Grenzen der **„Cassis-Formel"** (unten Rz. 1299) bzw. der Ausnahmen des Art. 36 = 30 neu EGV (unten Rz. 1302) zulässig. Dagegen sind nach der „Keck-Formel" **Vertriebsanforderungen grundsätzlich nicht geeignet, den Handel zwischen den MSen i. S. des Art. 30 = 28 neu EGV zu behindern,** solange sie alle betroffenen Wirtschaftsteilnehmer in gleicher Weise treffen und ausländische Erzeugnisse nicht diskriminieren. – Allerdings hat der EuGH 1994/95 die „Keck-Formel" in dem praktisch besonders wichtigen Bereich der **grenzüberschreitenden Werbung** dahingehend eingeschränkt, daß solche Werbung, die sich unmittelbar auf das physische Erscheinungsbild eines Produkts auswirkt, an Art. 30 = 28 neu EGV gemessen werden muß (EuGHE 1995, I–1923 ff. – RS C–478/93, „Mars" st. Rspr., dazu *Lüder,* EuZW 1995, S.

609 ff.). Sonstige Werbung fällt als Verkaufsmodalität dagegen nicht unter Art. 30 = 28 neu EGV, sondern wird an der Dienstleistungsfreiheit des Art. 59 = 49 neu EGV gemessen (*Idot,* CMLRev 1996, S. 113 ff.). – Insgesamt ist der Begriff der MgW auf dem Wege von „Dassonville zu Keck und Mars" eher **diffuser** geworden und bedarf weiterer Klärungen (eingehend *Dauses,* Warenverkehr/Grundregeln, in: Dauses (Hrsg.), Hdb. EU-WirtschR. (1997), C. I. RdNr. 119 ff.).

Unter das Verbot der MgW fallen nach diesem inzwischen herrschenden Verständnis nur öffentlich-rechtliche Maßnahmen (Rechts und Verwaltungsvorschriften, Verwaltungspraktiken u. ä.). Privatrechtliches Handeln wird von den Art. 85 ff. = 81 ff. neu EGV erfaßt. Das Verbot von MgW nach Art. 30 = 28 neu EGV im Sinne der Dassonville-Formel kann i. V. m. den Unterstützungspflichten der MSen gegenüber der EG (Art. 5 = 10 neu EGV) auch ein **unzureichendes oder unterlassenes polizeiliches Einschreiten bei Störungen des freien Warenverkehrs durch Private umfassen,** z. B. durch Zerstörung landwirtschaftlicher Einfuhrgüter (EuGHE 1997, I–6959 ff. – RS C–265/95, dazu *Schwarze,* EuR 1998, S. 53 ff.). Die EG möchte solche privaten Behinderungen des Warenverkehrs mit einer speziellen VO wirksamer bekämpfen. 1294

Auch die **Ausübung gewerblicher Schutzrechte** z. B. mit Hilfe innerstaatlicher Gerichte kann unter das Verbot der MgW nach Art. 30, 34 Abs. 1 = 28, 29 neu EGV fallen (*Martin-Ehlers,* JA 1994, S. 108 ff.). Zwar können sich Beschränkungen des freien Warenverkehrs aus dem Vorhandensein **(„Bestand")** von gewerblich/kommerziellem Eigentum gemäß Art 36 = 30 neu EGV ergeben. Doch bedeutet das nach Art. 36 S. 2 = 30 S. 2 neu keine absolute Freistellung von den Geboten des freien Warenverkehrs, sondern nur insoweit, als in der **Ausübung dieser Rechte** keine willkürliche Diskriminierung oder verschleierte Beschränkung des Warenverkehrs liegt. Dies festzustellen und dabei zu unterscheiden, inwieweit einerseits Verstöße gegen das Verbot von MgW, andererseits gegen das Wettbewerbsrecht der Art. 85 ff. = 81 ff. neu EGV vorliegen, ist Aufgabe einer inzwischen vielverzweigten Praxis der Kommission und des EuGH zu den einzelnen gewerblichen Schutzrechten (Dazu etwa EuGHE 1989, 79 ff. – RS 341/87 „Electrola" und *Ebenroth,* Gewerblicher Rechtsschutz und europäische Warenverkehrsfreiheit, 1992, sowie oben Rz. 1087 ff.). 1295

Kennzeichnend für die MgW ist nach der o. g. etablierten Formel des Gerichtshofs, daß die Maßnahme zur Handelsbeschränkung **(nur) „geeignet" ist.** Es bedarf also nicht des Nachweises tatsächlich erfolgter Behinderungen des Freiverkehrs, was für Kommission und Gerichtshof in den einschlägigen Verfahren eine beträchtliche prozedurale Erleichterung bedeutet. Auch nur **„potentielle" Behinderungen** reichen aus. 1296

Auf diese Weise kommt eine ganze Fülle nicht nur von Rechts- und Verwaltungsvorschriften, sondern eben auch von tatsächlichen Praktiken der Verwaltung in die Reichweite des Verbotes der MgW. Aus der Gemeinschaftspraxis seien etwa erwähnt verzögernde Praktiken der Grenzabfertigung, gesundheitspolizeiliche Untersuchungen, Anforderungen zum Ursprung und zur Echtheit von Waren, Vermarktungsregelungen, Preisregelungen u. a. m. (*Moench,* NJW 1982, S. 2689 ff.).

1297 Ein Verstoß gegen das Verbot von MgW legt sich besonders dann nahe, wenn die einschlägige Regelung oder Praxis **in- und ausländische Waren ungleich behandelt.** Allerdings gilt auch dies nicht unterschiedslos, wie vor allem Art. 36 = 30 neu EGV erkennen läßt. Die Rechtsetzungskompetenz für die Art und Weise der Warenerzeugung ist auch unter dem EGV grundsätzlich bei den MS verblieben. Handelshindernisse, die sich aus der legitimen Anwendung solcher nationaler Zuständigkeiten ergeben, müssen grundsätzlich im Wege der Rechtsangleichung nach Art. 100 ff. = 94 ff. neu EGV und sonstigen EG-Kompetenzen harmonisiert und beseitigt werden.

Allerdings hat solche nationale Rechtsetzung unter Berücksichtigung von Art. 5 Abs. 2 = 10 Abs. 2 neu EGV und in Anwendung des Rechtsgedankens aus Art. 36 S. 2 = 30 S. 2 neu EGV **„gemeinschaftsfreundlich"** zu erfolgen, d. h., solche Produktions- und Vermarktungsregelungen haben in sich legitime (z. B. umweltpolitische) Ziele zu verfolgen und müssen in dem Sinne **verhältnismäßig** sein, daß sie nach Mitteln und Wegen suchen, die den freien Warenverkehr innerhalb der Gemeinschaft nicht mehr als notwendig berühren. Außerhalb des Verbotes von MgW liegen dagegen Maßnahmen, die nach **spezielleren anderen Vorschriften der Verträge** zu beurteilen sind, wie z. B. Sozialvorschriften (Art. 117 ff. = 136 ff. neu EGV) oder auch konjunkturpolitische Maßnahmen mit einfuhrdämpfendem Charakter (Art. 102 a ff. = 98 ff. neu EGV, vgl. EuGHE 1981, 1993 ff. – RS 155/80).

1298 **Immanente Schranken** des Verbotes von MgW ergeben sich in der Gemeinschaftspraxis vor allem aus **„zwingenden Erfordernissen"** im Sinne der vom Gerichtshof entwickelten **„Cassis-Doktrin"** (unten Rz. 1299 ff.). Daneben statuiert Art. 36 = 30 neu EGV bestimmte **ausdrückliche Ausnahmen** vom Verbot des Art. 30 = 28 neu EGV.

b) Erweiterung und immanente Schranken des Verbotes von Maßnahmen gleicher Wirkung: die „Cassis-de-Dijon-Doktrin"

1299 Mit dem Fortschreiten des Binnenmarktes hat sich die Problematik der Beurteilung, ob eine MgW vorliegt, mehr und mehr auf das Feld solcher Maßnahmen verlagert, **die in einem formalen Sinne in- und ausländische Waren gleichbehandeln.** Normalerweise sollten solche Maßnahmen unter gemeinschaftsrechtlichen Gesichtspunkten zulässig sein. Es ist aber möglich, daß sie – beabsichtigt oder unbeabsichtigt – die Einfuhrwaren tatsächlich benachteiligen **(„materielle Diskriminierung").** Auch solche materiellen Diskriminierungen sind gemäß dem Sinn der Art. 30 ff. = 28 ff. neu EGV soweit als möglich hintanzuhalten. Wie der Gerichtshof in seiner für das heutige Verständnis der Art. 30 ff. = 28 ff. neu EGV **grundlegenden „Cassis de Dijon"-Entscheidung** (EuGHE 1979, 649 ff. – RS 120/78, dazu etwa *Odendal,* JA 1996, S. 18 ff.) entwickelt hat, ist die grundsätzliche Regelungsbefugnis der MS im Produktions- und Vermarktungsbereich durch das grundlegende Verbot von MgW **auch im Falle unterschiedsloser Regelungen auf „sinnvolle Maßnahmen" beschränkt,** d. h. auf solche, die **„zwingenden Erfordernissen"** entsprechen. Das sind Regelungen, die in einem eindeutigen Allgemeininteresse liegen und in Abwägung mit der Freiheit des Warenverkehrs von größerem Gewicht sind. Solche „zwingenden Erfordernisse" können als immanente Schranken des Verbotes von MgW nach Art. 30 = 28 neu EGV **auch dann anerkannt werden, wenn sie nicht unter die ausdrücklichen Ausnahmen des Art. 36 = 30 neu EGV** (unten Rz. 1302 ff.) **fallen.** Der EuGH benennt in „Cassis" hierfür eine wirksame steuerliche Kontrolle, den Schutz der öffentlichen Gesundheit, die Lauterkeit des Handelsverkehrs, den Verbraucherschutz, inzwischen auch den Umweltschutz, die Kulturpolitik (EuGHE 1985, 2605 ff. – RS C–60 u. 61/84) und die Erhaltung der Meinungsfreiheit durch Medienvielfalt (EuGHE 1997, I–3689 ff. – RS C–368/95 „Familiapress"). Auf diese Weise erweitert die „Cassis-Rechtsprechung" einerseits das Verbot von MgW in den Bereich formal nichtdiskriminierender Maßnahmen hinein, schränkt es andererseits aber aus Gesichtspunkten vorrangigen öffentlichen Interesses wieder ein. Anders ausgedrückt, **gilt als „Cassis-Philosophie" das „Vertrauensprinzip" zwischen den MSen** in dem Sinne, daß in einem MS rechtmäßig hergestellte und vermarktete Erzeugnisse grundsätzlich auch in anderen MSen zugelassen sind. Ihre Einfuhr darf nicht beschränkt werden, weil im Herstellungsstaat legitime Ziele von Handelsregelungen mit anderen Mitteln verfolgt werden als im Einfuhrstaat (Mitt. *Kommission*, ABl. 1980, C 256/2 ff.). Ausnahmen gelten nur im Falle der o. g. zwingenden nationalen Erfordernisse.

Die „Cassis-Philosophie" **hat die Notwendigkeit harmonisierender Rechts-** **1300**
angleichung in diesem Gebiet erheblich verringert. In der Regel reicht die **gegenseitige Anerkennung** der nationalen Herstellungs- und Vermarktungsregelungen aus (oben Rz. 1306).

Aus „zwingenden Erfordernissen" legitimierte nationale Regelungen setzen im Sinne der **„Cassis-Formel"** voraus:
- Eine **unterschiedslose Geltung** für einheimische Erzeugnisse und diejenigen anderer MSen.
- Das **Fehlen harmonisierender Rechtsangleichung** in dem betreffenden Bereich.
- Den **Nachweis der „zwingenden Erfordernisse"** in dem Sinne, daß die Regelung, auch in Abwägung mit der Bedeutung des freien Warenverkehrs, zur Wahrung vorrangiger Belange (Bsp. Umweltschutz) „notwendig" ist.
- Die **Verhältnismäßigkeit der Regelung** dergestalt, daß nicht eine die Warenverkehrsfreiheit weniger berührende Alternative denkbar gewesen wäre. Dieses Merkmal entspricht der in Art. 36 S. 2 = 30 S. 2 neu EGV erwähnten Untersagung willkürlicher Diskriminierung und verschleierter Handelsbeschränkung (unten Rz. 1306). Die Maßnahme muß „gerechtfertigt" sein.

In Anwendung der Cassis-Formel hat der Gerichtshof in seiner Recht- **1301**
sprechung öfters Einfuhrhindernisse aufgrund unterschiedsloser Regelungen mangels zwingender Erfordernisse für gemeinschaftswidrig erklärt und auf diese Weise **die Öffnung des Binnenmarktes wirksamer gestaltet** (u. a. EuGHE 1980, 3839 ff., RS 27/80, „Fietje" = niederländische Vorschriften zur Etikettierung alkoholischer Getränke, EuGHE 1985, 1201 ff., RS 207/83 = britische Verpflichtungen, das Herkunftsland von Erzeugnissen anzu-

geben, EuGHE 1987, 1227 ff. – RS 178/84 = **deutsches Reinheitsgebot für Bier,** dazu *Rabe,* EuR 1987, S. 253 ff.). Auf der anderen Seite wurden vor allem Gesichtspunkte nationalen Umweltschutzes als „zwingende Erfordernisse" anerkannt (EuGHE 1988, 4607 ff., RS 302/86, „Dänische Pfandflaschenregelung", unten Rz. 2012).

Umweltschutzgesichtspunkte können sogar so „zwingend" sein, daß sie ausnahmsweise eine formal diskriminierende Maßnahme zu rechtfertigen vermögen (EuGHE 1992, I–4431, RS C–2/90 „Abfall in Wallonien", vgl. auch unten Rz. 2012).

Das in der „Cassis-Philosophie" zum Ausdruck gekommene „Vertrauensprinzip" wurde inzwischen über den Warenverkehr hinaus **auch bei der Verwirklichung des freien Personenverkehrs zur Anwendung gebracht** (gegenseitige Anerkennung von Prüfungszeugnissen, unten Rz. 1620).

c) *Ausnahmen vom Verbot von Maßnahmen gleicher Wirkung: Art. 36 = 30 neu EGV*

1302 Art. 36 = 30 neu EGV läßt im Sinne einer **Ausnahme** von den Verboten mengenmäßiger Beschränkungen und MgW solche Ein- und Ausfuhrbeschränkungen und damit auch MgW zu, die gerechtfertigt sind:

- aus Gründen der **öffentlichen Sicherheit und Ordnung** (d. h. hoheitliche Grundregeln innerhalb eines MS im Einklang mit seiner Wertordnung, aber in gemeinschaftsrechtlichen Grenzen, EuGHE 1979, 3795 ff. – RS 34/79 „Henn"; wirtschaftliche Schwierigkeiten reichen nicht aus, EuGHE 1961, 693 ff. – RS 7/61 st. Rspr.)
- aus Gründen der **öffentlichen Sittlichkeit** (d. h. der aktuell in einem MS geltenden Moralvorstellungen, z. B. im Falle eines Pornographieverbotes, EuGHE 1986, 1007 ff. – RS 121/85)
- zum Schutz der **Gesundheit und des Lebens von Menschen** (d. h. grundsätzlicher Verweis auf das nationale Gesundheitsrecht in den allgemeinen Grenzen des Vertrages, insbesondere „im Rahmen der Erforderlichkeit", EuGHE 1991 I–4151 ff. – RS C–176/90 st. Rspr., *Nussbaum,* RIW 1988, S. 488 ff.). Die Ausnahmemöglichkeit ist besonders für das nationale Arzneimittel- und Lebensmittelrecht von Bedeutung *(Eckert,* EFLR 1991, S. 313 ff.; *Schroeder,* EuZW 1994, S. 78 ff.). Der EuGH verlangt jedoch eindeutige Nachweise für die Notwendigkeit gesundheitsschützender Regelungen (vgl. EuGH v. 28.4.1998, RS C–120/95 „Brillenkauf")
- zum Schutze von **Tieren und Pflanzen** (d. h. grundsätzlicher Verweis auf das nationale Veterinär- und Pflanzenschutzrecht, wiederum in den Grenzen des Vertrages)

1303 – zum Schutze des **nationalen Kulturguts von künstlerischem, geschichtlichem oder archäologischem Wert** (d. h. insbesondere nationale Regelungen zur Verhinderung oder Beschränkung der Abwanderung nationalen Kulturerbes). Diese Ausnahme steht mittlerweile im Einklang mit Art. 128 Abs. 4 = 151 Abs. 4 neu EGV, wonach die EG bei ihrer Tätigkeit allgemein den kulturellen Aspekten Rechnung tragen muß (näher unten Rz. 1973). Andererseits darf der Handel mit Kunstwerken im Binnenmarkt nicht übermäßig behindert werden *(Uhl,* Der Handel mit Kunstwerken im europäischen Binnenmarkt, 1993). Die Gemeinschaft sucht die notwendigen Kompromisse über rechtsangleichende Maßnahmen zu erreichen *(Plehwe,* ELRev 1995, S. 431 ff. und unten Rz. 1988).

1304 Beim **Buchhandel** legitimiert Art. 36 = 30 neu EGV nicht die Festsetzung eines festen Endverkaufspreises für eingeführte Bücher (EuGHE 1986, 2253 ff. – RS 95/84, st. Rspr.), wohl aber **Buchpreisbindungen auf nationaler Ebene** wie in Deutschland (§ 16 GWB), vgl. EuGHE 1987, 995 ff. – RS 168/86 st. Rspr. und *Everling,* Buchpreisbindung im deutschsprachigen Raum und Europ. Gemeinschaftsrecht, 1997. (Zur deutsch-österreichischen Buchpreisbindung unten Rz. 1987). In diesen Zusammenhängen ist gleichzeitig das EG-Wettbewerbsrecht einschlägig (oben Rz. 1031).

– **zum Schutze des gewerblichen und kommerziellen Eigentums** (d. h. Verweis auf das nationale Patent-, Warenzeichen-, Urheber-, Muster/Modelle- und Sortenschutzrecht, dagegen nicht auf den unlauteren Wettbewerb, Herkunftsangaben und Ursprungsbezeichnungen, die seit der Cassis-Rspr. im Rahmen des Art. 30 = 28 neu EGV unter Gesichtspunkten des Verbraucherschutzes und lauteren Wettbewerbs geprüft werden, (zu dieser komplexen Ausnahme, welche die Rspr. des EuGH vielfältig beschäftigt hat, näher *Matthies/v. Borries,* in: Grabitz/Hilf, EUV/EGV-Komm. (1996), Art. 36, RdNr. 19 ff. und *Martin/Ehlers,* JA 1994, S. 108 ff.). Die **Grundfrage** geht dahin, wieweit der Einfuhrschutz aus den geistigen Eigentumsrechten i. S. von Art. 36 = 30 neu EGV **„gerechtfertigt" (= verhältnismäßig,** unten Rz. 1308) ist. Dabei muß zwischen dem Ausschließlichkeitsrecht, das aus dem geistigen Eigentum legitimerweise fließt, und der EG-Warenverkehrsfreiheit jeweils abgewogen werden. Hierbei ist die vom EuGH entwickelte Unterscheidung zwischen dem schützenswerten **„Bestand" der gewerblichen Schutzrechte** und ihrer im Einzelfall diskutablen **„Ausübung"** von besonderer Bedeutung (EuGHE 1974, 1147 ff. RS 15/74 „Sterling Drug" st. Rspr., vgl. auch zur parallelen Prüfung unter den wettbewerblichen Gesichtspunkten der Art. 85 ff. = 81 ff. neu EGV oben Rz. 1087 ff.). – Soweit **Rechtsangleichung** erfolgt ist (Gemeinschaftsmarke, oben Rz. 1092), hat sich die Anwendung des Art. 36 = 30 neu EGV mangels nationaler Regelung erledigt. 1305

Insgesamt gesehen trägt Art. 36 = 30 neu EGV dem Umstand Rechnung, daß die Herstellung des freien Warenverkehrs innerhalb der EG der Rücksichtnahme auf spezifische nationale Regelungen bedarf, die aus **legitimen öffentlichen Interessen der MS** seit geraumer Zeit bestehen und deren Angleichung in demselben Maße Zeit braucht, wie dies für sonstige Fortschritte auf dem Wege zur Europäischen Union gilt. Die durch Art. 36 = 30 neu EGV legitimierten Verbote oder Beschränkungen dürfen jedoch nach Satz 2 weder ein Mittel zur willkürlichen Diskriminierung noch eine verschleierte Beschränkung des Handels zwischen den MS darstellen. Sie müssen also unterschiedslos für einheimische und eingeführte Erzeugnisse gelten (EuGHE 1988, 1245 ff. – RS 434/85, st. Rspr.). Ratio für die Aufrechterhaltung unterschiedlicher nationaler Regelungen im Sinne des Art. 36 = 30 neu EGV sind **Tatbestände nichtwirtschaftlicher Art,** die in engem Zusammenhang mit zentralen Aspekten des **innerstaatlichen ordre public** stehen *(Ehlermann,* EuR 1973, S. 1 ff.). 1306

Das bedeutet jedoch nicht, daß die in Art. 36 = 30 neu EGV zunächst einmal anerkannten Unterschiedlichkeiten der nationalen Rechtsordnungen endgültige Beschränkungen des freien Warenverkehrs darstellen müßten. Grundsätzlich bleibt es eine **Aufgabe der EG-Rechtsangleichung,** das innerstaatliche Recht auch in seinen Kernbereichen zu harmonisieren, soweit es das grundlegende Gebot der Herstellung des Gemeinsamen Marktes ver- 1307 langt. Das erfordert zunächst, daß die Ausnahmetatbestände des Art. 36 = 30 neu EGV als Abweichung von Grundgedanken des Gemeinschaftsrechts **„eng und abschließend auszulegen sind"** (EuGHE 1981, 1625 ff. – RS 113/80). Soweit Art. 36 = 30 neu EGV dann noch einschlägig ist, bleibt die Aufgabe der Rechtsangleichung gestellt. Ist die Harmonisierung durchgeführt, können sich die MS zum Schutz der in Art. 36 = 30 neu EGV angesprochenen Rechtsgüter nicht mehr auf diese Schutzklausel berufen (EuGHE 1977, 1555 ff. – RS 5/77 „Denkavit" st. Rspr.).

1308 Aber auch vor der Durchführung entsprechender Rechtsangleichungsmaßnahmen muß jede nationale Gesetzgebung in den Vorbehaltsbereichen des Art. 36 = 30 neu EGV **den Rechtsgedanken des Art. 36 S. 2 = 30 S. 2 neu EGV beachten,** d. h. die Gesichtspunkte des freien EG-Warenverkehrs im konkreten Einzelfall mit denjenigen des nationalen Ordre Public abwägen **(Verhältnismäßigkeitsprinzip,** EuGHE 1987, 2525 ff. – RS 406/85 st. Rspr.). Die mitgliedstaatlichen Regelungen müssen zur Verfolgung im öffentlichen Interesse liegender Ziele jeweils **notwendig** sein, um **„gerechtfertigt"** zu sein, d. h. um die Priorität gegenüber dem Grundgebot der EG im Sinne der Herstellung des freien Warenverkehrs zu erheischen (vgl. EuGHE 1984, 1633 ff. – RS 50/83, wo z. B. ein Verbot der Einfuhr von mehr als 7 Jahren alten Autobussen nicht durch nationale Erfordernisse der Sicherheit des Straßenverkehrs als gerechtfertigt angesehen wurde). Bei aller Bedeutsamkeit der Gesichtspunkte des mitgliedstaatlichen Ordre Public, von denen Art. 36 = 30 neu EGV angesichts des bisher begrenzten Zusammenwachsens der nationalen Rechtsordnungen innerhalb der Gemeinschaft ausgeht, beansprucht die EG ihrerseits aus dem Gedanken der Einheit des Gemeinschaftsrechts heraus die **grundsätzliche Kontrolle über die Praktizierung der Ordre-Public-Vorbehalte** des Art. 36 = 30 neu EGV als Gemeinschaftsnorm (EuGHE 1985, 3731 ff. – RS 182/84 „Genever" – Insgesamt, auch zum Verhältnis zwischen der „Rechtfertigung" bei Art. 36 S. 1 = 30 neu S. 1 EGV zu Satz 2 *Müller-Graff,* in: GTE, Komm. EU-/EGV, 5. Aufl. 1997, Art. 36 RdNr. 161 ff.).

IV. Nichtdiskriminierende Umformung staatlicher Handelsmonopole

Literatur: *Kaiser,* Staatliche Handelsmonopole in der Dynamik des Gemeinsamen Marktes, EuR 1967, S. 1 ff.; *Van Ginkel,* La notion juridique de monopole national présentant un caractère commercial dans l'article 37 du traité CEE, RMC 1970, S. 248 ff.; *Deringer,* Die staatlichen Handelsmonopole nach Ablauf der Übergangszeit, EuR 1971, S. 193 ff.; *Pappalardo,* Die Umformung der staatlichen Han-delsmonopole (Art. 37 EWGV), WuW 1971, S. 235 ff.; *Mégret,* L'aménagement des monopoles français en exécution de l'art. 37 instituant la CEE, RTDE 1972, S. 558 ff.; *Knoop,* Das Tabakmonopol in Frankreich und Italien im Prozeß der Umformung nach Art. 37 EWGV, 1973; *Noell,* Die staatlichen Handelsmonopole im Gemeinsamen Markt nach dem Ablauf der Übergangszeit, 1977; *Gudin,* Les monopoles nationaux à caractère commercial dans le droit de la CEE, 1977; *Béraud,* L'aménagement des monopoles nationaux prévu à l'article 37 du traité CEE à la lumière des récents développements jurisprudentiels, RTDE 1979, S. 537 ff.; *Zuleeg,* Die Umformung der Handelsmonopole, in: Fuß (Hrsg.), Der Beitrag des Gerichtshofes der EG zur Verwirklichung des Gemeinsamen Marktes, 1981, S. 29 ff.; *Cruz Gomez,* El proceso de adaptacion del monopolio de petroleos a la normativa comunitaria, Gaceta juridicia de la CEE 1987, S. 247 ff.; *Horn,* Das deutsche Branntweinmonopol unter EWGV und GG, 1987; *Müller,* Dienstleistungsmonopole im System des EWGV, 1989; *Allkemper,* Fragen zur Anwendung von Art. 36 und Art. 37 des EWGV, EWS 1993, S. 131 ff.; *Matthies/v. Borries,* in: Grabitz/Hilf (Hrsg.) EUV/EGV-Komm. (1996), Art. 37.

Zu den nationalen Gegebenheiten, mit denen sich die Gemeinschaft bei **1309** der Herstellung des freien Warenverkehrs im Sinne der Art. 30 ff. = 28 ff. neu EGV auseinanderzusetzen hatte, gehörte **das Vorhandensein staatlicher Handelsmonopole** in den meisten Mitgliedstaaten.

Als solche galten bzw. gelten z. B. in Deutschland das Branntwein- und ursprünglich auch das Zündwarenmonopol. Frankreich kennt Handelsmonopole u. a. für Alkohol, Erdöl und Tabak, Italien u. a. für Bananen, Erdöl und Salz, Griechenland und Spanien für Erdöl (Spanien auch für Tabak), Österreich für Alkohol und Tabak, Schweden für Alkohol (Vollständige Liste bei *Matthies/v. Borries,* in: Grabitz/Hilf (Hrsg.) EUV/EGV-Komm. (1996), Art. 37, RdNr. 12.) Wirtschaftlich bedeutsam sind besonders die Erdöl- und Tabakmonopole.

1. Umformungsgebot während der Übergangszeit und in der Endphase

Solche Monopole verfügen über vielfältige Einflußmöglichkeiten auf den **1310** Warenverkehr in ihrem jeweiligen Produktbereich. Soweit es sich um Produktionsmonopole handelt, ist z. B. ein natürliches Konkurrenzverhältnis zwischen den eigenen Waren und solchen aus anderen MS gegeben, die sie in ihr eigenes Handelssystem aufnehmen sollen. Art. 37 Abs. 1 = 31 Abs. 1 neu EGV statuierte daher in Ergänzung der Art. 30 ff. = 28 ff. neu EGV ein **Umformungsgebot** dergestalt, daß die staatlichen Handelsmonopole am Ende der Übergangszeit **jede Diskriminierung in den Versorgungs- und Absatzbedingungen zwischen den Angehörigen der MS auszugleichen hätten.**

Entsprechende Regelungen enthalten Art. 44 Beitrittsakte Dänemark/Großbritannien/Irland, Art. 40 Beitrittsakte Griechenland, Art. 48, 208 Beitrittsakte Spanien/Portugal, Art. 74 Beitrittsakte Österreich. Sämtliche Übergangsfristen sind inzwischen (1998) ausgelaufen. EuGHE 1997, I – 5909 ff. – RS C–189/95 hat das schwedische Alkoholmonopol als gesundheitsschützende Einrichtung im Einzelhandel für vereinbar mit Art. 37 = 31 neu EGV erklärt, jedoch Verstöße gegen die Warenverkehrsfreiheit nach Art. 30 ff. = 28 ff. neu festgestellt.

Art. 37 Abs. 2 = 31 Abs. 2 neu EGV enthält außerdem eine mit dem Inkrafttreten des EG-Vertrages wirksame **Standstillklausel,** mit der neue, dem freien Warenverkehr abträgliche Regelungen im Rahmen dieser Monopole untersagt werden. Der Gerichtshof hat diese Standstillklausel für unmittelbar anwendbar erklärt (EuGHE 1964, 1252 ff. – RS 6/64 „Costa/ENEL“ st. Rspr.). Die sonstigen Übergangsregelungen für die Zeit bis 1970 (Art. 37 Abs. 3, 5–6 und Abs. 4, letzter Satz EGV) sind mit dem Amsterdamer Vertrag 1997 aufgehoben worden.

1311 Um dem **Umformungsgebot** des Art. 37 Abs. 1 = 31 Abs. 1 neu EGV **mit dem Ende der Übergangszeit** (1.1.1970) volle Wirkung zu verleihen, sprach der Gerichtshof ihm **die unmittelbare Anwendbarkeit** zu (EuGHE 1976, 91 ff. – RS 59/75 st. Rspr., näher *Matthies/v. Borries,* in Grabitz/Hilf (Hrsg.), EUV/EGV-Komm. (1996) Art. 37, RdNr. 32). Danach kann sich der einzelne Marktbürger jederzeit darauf berufen, daß eine diskriminierende Behandlung durch staatliche Handelsmonopole gemeinschaftsrechtlich untersagt ist *(Béraud,* RTDE 1979, S. 537 ff.). Dies betrifft insbesondere ausschließliche Ein- und Ausfuhrrechte eines solchen Monopols, unterschiedliche Vermarktungsregelungen u. ä. (EuGHE 1979, 935 ff – RS 119/78).

Letztlich stellt sich die Frage, ob sich aus dem unmittelbar geltenden Umformungsgebot des Art. 37 Abs. 1 = 31 Abs. 1 neu EGV i. V. m. dem Diskriminierungsverbot des Art. 90 Abs. 1 = 86 Abs. 1 neu EGV für öffentliche Unternehmen (oben Rz. 1053) nicht **eine allmähliche Auflösungspflicht** für die entsprechenden Handelsmonopole ergibt. Der Gerichtshof hat dies zwar grundsätzlich verneint (EuGHE 1983, 1955 ff. – RS 78/82), sofern die Einhaltung der Grundregel des freien Warenverkehrs bei den betreffenden Monopolwaren gewährleistet ist. Genau dies ist aber die tatsächliche Frage. Art. 37 Abs. 1 = 31 Abs. 1 neu EGV enthält die Verpflichtung zur Abschaffung aller diskriminierenden Funktionen und tatsächlichen Praktiken der staatlichen Handelsmonopole. Soweit dies nur durch die Beseitigung des Monopols möglich ist, ergibt sich aus dem Umformungsgebot letztlich die Auflösungspflicht. Fortdauernd legitime Monopolfunktionen (z. B. fiskalischer Natur bei Tabak und Alkohol) wären in einem solchen Fall in gemeinschaftsrechtlich unanfechtbare Formen umzuwandeln (z. B. Verbrauchsteuern, vgl. *Noell,* Die staatlichen Handelsmonopole im Gemeinsamen Markt nach Ablauf der Übergangszeit, 1977).

2. Handels- und Finanzmonopole

1312 Der Charakter eines nationalen Monopols als **Finanzmonopol** im Sinne des Art. 90 Abs. 2 = 86 Abs. 2 neu EGV (oben Rz. 1055) schließt seine Behandlung als **Handelsmonopol** im Sinne des Art. 37 Abs. 1 = 31 Abs. 1 neu EGV nicht aus. Die Aufhebung der Handelsdiskriminierungen durch ein solches Monopol im Interesse der Herstellung des freien Warenverkehrs ist eine selbständige gemeinschaftsrechtliche Verpflichtung, die grundsätzlich unabhängig von der mehr oder weniger eingeschränkten Geltung der Wettbewerbsregeln nach Art. 90 Abs. 2 = 86 Abs. 2 neu EGV besteht. Art. 90 Abs. 2 S. 2 = 86 Abs. 2 S. 2 neu läßt dies ausdrücklich erkennen (vgl. auch EuGHE 1997, I – 5699 ff. – RS C–157/94). – Dagegen fallen Monopole im Dienstleistungshandel nicht unter Art. 37 = 31 neu EGV (EuGHE 1988, 2479 ff. – RS 30/87).

V. Ausblick: Vollendung des Binnenmarktes

Literatur: *EG-Kommission* (Hrsg.), Vollendung des Binnenmarktes. Weißbuch der Kommission an den Europäischen Rat, 1985; *Steindorff,* Gemeinsamer Markt als Binnenmarkt, ZHR 1986, S. 687 ff.; *Ehlermann,* The internal market following the Single European Act, CMLRev 1987, S. 361 ff.; *Schwarze* (Hrsg.), Der Gemeinsame Markt, 1987; *Behrens,* Das Wirtschaftsrecht des Europäischen Binnenmarktes, JURA 1989, S. 561 ff.; *Seidel,* Die Vollendung des Binnenmarktes der EG als Rechtsetzungsprozeß, FS Steindorff, 1990, S. 1455 ff.; *Capelli,* Die Vollendung des Europäischen Binnenmarktes, EuR-Beiheft 1/1992, S. 11 ff.; *Heine,* Schwarzbuch EG-Binnenmarkt. Die vergessenen Kosten der Integration, 1992; *Trumpf,* Vom Binnenmarkt zur Politischen Union, 1992; *Narjes,* Vom Rohbau zum Ausbau – Bemerkungen zum Europäischen Binnenmarkt nach dem 31.12.1992, FS Deringer, 1993, S. 110 ff.; *Weidenfeld* (Hrsg.), Der vollendete Binnenmarkt – eine Herausforderung für die EG, 1993; *Steindorff,* Unvollkommener Binnenmarkt, ZHR 1994, S. 149 ff.; *Ehlermann,* Compétition entre systèmes réglementaires, RMC 1995, S. 57 ff.; *Jickeli,* Der Binnenmarkt im Schatten des Subsidiaritätsprinzips, JZ 1995, S. 57 ff.; *Monti,* Der Binnenmarkt und das Europa von morgen, 1997; *Wägenbaur,* Der Binnenmarkt: die Kommission zieht Bilanz, EuZW 1997, S. 66 f.; *DIW* (Hrsg.), Wirkung und Wirksamkeit der EU-Binnenmarktmaßnahmen, 1998.

Die **Herstellung eines Gemeinsamen Marktes** mit der Durchsetzung des **1313**
Prinzips des freien Warenverkehrs als Kernstück war von Anfang an gemäß Art. 2, 3 a) – b) EWGV 1958 grundlegende Aufgabe der Integration. Mit der Abschaffung der Binnenzölle, zollgleicher Abgaben, mengenmäßiger Beschränkungen und Maßnahmen gleicher Wirkung sowie mit der Einführung des Gemeinsamen Zolltarifs und einer gemeinsamen Handelspolitik nach außen wurde diese Zielsetzung der Zollunion im wesentlichen erreicht.

Damit war indessen der Gemeinsame Markt **im Sinne eines vollendeten Binnenmarktes** noch nicht vollständig hergestellt. Beim **Abbau der MgW** nach Art. 30 ff. EWGV hatte sich rasch herausgestellt, daß ohne umfangreiche Maßnahmen der Rechtsangleichung im harmonisierenden oder mindestens gegenseitig anerkennenden Sinne zahlreiche technische Schranken des freien Warenverkehrs bestehen blieben *(Meier,* NJW 1987, S. 537 ff.). Weiterhin bestanden in Gestalt der **unterschiedlichen nationalen Steuersysteme,** deren Auswirkungen z. T. an den Binnengrenzen der EG ausgeglichen werden mußten, „Steuergrenzen" im Gemeinsamen Markt (oben Rz. 1177 ff.). Die **Freiheit des Personenverkehrs** war vor allem bei den Selbständigen noch nicht abschließend geregelt (unten Rz. 1608 ff.). Ebenso bedurfte es im **Dienstleistungsmarkt,** im öffentlichen Auftragswesen, **Kapitalverkehr** und in der industriellen Zusammenarbeit noch einer erheblichen Gemeinschaftsaktion, um die Situation getrennter nationaler Teilmärkte effektiv zugunsten eines echten gemeinsamen Binnenmarktes zu überwinden. Im Zuge der EG-Reform, die zur Einheitlichen Europäischen Akte 1986 führte (oben Rz. 41 f.), und anschließend mit dem Maastrichter EUV 1992 wurden diese großen verbleibenden Aufgaben unter dem neuen Stichwort der **„schrittweisen Verwirklichung des Binnenmarktes" der Gemeinschaft bis Ende 1992** angesprochen.

1314 Als Ziel wurde ein **„Raum ohne Binnengrenzen"** proklamiert, in dem der freie Verkehr von Waren, Personen, Dienstleistungen und Kapital gewährleistet sein soll (Art. 7 a = 14 neu EGV). Damit setzte sich die Gemeinschaft 1987/92 ein noch umfassenderes binnenwirtschaftliches Integrationsziel als 1958.

Aus der Erklärung der Schlußakte zur EEA 1986 zu Art. 8 a EWGV (= Art. 7 a = 14 neu EGV) geht hervor, daß unter **„Binnenmarkt"** über Art. 7 a Abs. 2 = 14 Abs. 2 neu EGV hinaus damals die Gesamtheit der 282 Maßnahmen zu verstehen war, die im Weißbuch der Kommission 1985 in allen Binnenbereichen (insbesondere technische Handelshemmnisse, öffentliches Auftragswesen, Telekommunikation, Grenzkontrollen, Kapital- und Dienstleistungsverkehr, Verkehr und Steuern) zur Verabschiedung bis Ende 1992 vorgeschlagen worden waren. Dies ist u. a. für das Verständnis des Art. 100 a = 95 neu EGV von Bedeutung (oben Rz. 1212). In derselben Erklärung wurde festgehalten, **daß die Festsetzung des Termins 31.12. 1992 keine automatische rechtliche Wirkung mit sich bringe.** Diese Feststellung bezieht sich sinngemäß sowohl auf den Erlaß der Maßnahmen durch die EG als auch auf die Umsetzung durch die MSen (vgl. auch *Lenz,* in: Lenz (Hrsg.), EGV-Komm. 1994, Art. 7 a Rz. 4 ff.). Die Frist stellte sich letztlich als eine rechtspolitische Absichtserklärung dar (z. T. für unmittelbare Rechtswirksamkeit *Nicolaysen,* Die rechtliche Bedeutung des Schlußtermins zur Errichtung des Binnenmarktes, 1991). Gleichwohl waren Anfang 1993 die allermeisten Rechtsakte des Binnenmarktprogrammes in Brüssel verabschiedet und zum großen Teil bereits umgesetzt worden (Ratsentschließung v. 7.12.1992, ABl. C 334/1 ff. und oben Rz. 42).

1315 Auch wenn daher seit 1993 in einem weitgehenden Sinne von der „Vollendung des Binnenmarktes" gesprochen werden kann *(Eur. Kommission* (Hrsg.), Der Binnenmarkt, 1995), bedeutet dies nicht, daß das Werk der Binnenintegration bereits abgeschlossen ist. In verschiedenen Bereichen wie z. B. beim Wegfall der Steuergrenzen (oben Rz. 1177 ff.) oder beim Abbau der Waren- und Personenverkehrskontrollen an den EG-Binnengrenzen (unten Rz. 1554) besteht noch Nachholbedarf *(Narjes,* FS Deringer, 1993, S. 110 ff.). Anderwärts, wie etwa bei der Durchsetzung des Verbotes von MgW nach Art. 30 ff. EGV, handelt es sich angesichts der Tätigkeit der nationalen Gesetzgeber um eine permanente Aufgabe der EG (oben Rz. 1289 ff.). Die rechtlichen Instrumente zur weiteren Perfektionierung des Binnenmarktes – insbesondere Art. 100 a = 95 neu EGV – stehen auch ab 1993 zur Verfügung. Insgesamt handelt es sich auch zur Jahrhundertwende noch um einen „unvollkommenen Binnenmarkt" *(Steindorff,* ZHR 1994, S. 149 ff.).

Die *Europäische Kommission* hat in einer **Binnenmarktbilanz** aufgrund von 38 sektorbezogenen Studien und Unternehmensbefragungen 1997 einerseits **wesentlich positive Auswirkungen** der in den 80er und 90er Jahren getroffenen Maßnahmen festgestellt (Steigerung des Binnen- und Außenhandels, der Investitionstätigkeit und der Einkommen, Rückführung der Inflation u. a., *Monti,* Der Binnenmarkt und das Europa von morgen, 1997). Auf der anderen Seite werden **erhebliche Defizite** aufgelistet (Arbeitslosigkeit, bisheriges Verfehlen der Gemeinschaftsziele in Bereichen wie insbesondere Steuern, Gesellschaftsrecht, Energie, öffentliche Dienstleistungen). Auch hat die **starke Betonung des Subsidiaritätsprinzips durch verschiedene MSen** die Kommission zu Zurückhaltung bei der Ausarbeitung neuer Rechtsetzungsvorschläge veranlaßt *(Jickeli,* JZ 1995, S. 57 ff.).

Mit der **Einführung der Währungsunion 1999** (oben Rz. 1004 ff.) ist ein besonders wichtiger Schritt zur „Krönung des Binnenmarktes" erfolgt. Die einheitliche Währung wird die Binnenmarkttransaktionen in vielfältiger Weise erleichtern. Je mehr sich allerdings die Wirtschaftsunion mit dem Binnenmarkt als Kern vollendet, bedarf es eines annähernd vergleichbaren Aufbaues der **politischen Seite der Europäischen Union.** Der Amsterdamer Vertrag 1997 ist trotz einiger Ansätze hinter diesem Auftrag weit zurückgeblieben. Bis der politische Einigungsprozeß aufgeholt hat, stehen Binnenmarkt und Wirtschaftsunion in der Gefahr, durch auseinandergehende allgemeinpolitische Vorstellungen in den MSen wieder beschädigt zu werden (*Weidenfeld* (Hrsg.), Der vollendete Binnenmarkt – eine Herausforderung für die EG, 1993). 1316

§ 19. Energiepolitik

Literatur: *Müller/Michaelis,* Die Integration der westeuropäischen Energiemärkte, 1968; *Börner,* Das Zusammentreffen der nationalen und supranationalen Rechte im Energiebereich, Kölner Schriften zum Europarecht 11 (1971), S. 586 ff.; *Alting v. Gesau* (Hrsg.), Energy in the European Communities, 1975; *Michaelis,* Energiemarkt und Energiepolitik in einer Europäischen Union, 1976; *Cartou,* La politique de l'énergie, RTDE 1983, S. 523 ff.; *Green,* The legal basis of a Community Energy Policy, ELRev 1983, S. 52 ff.; *Lucas,* Western European Energy Policies, 1985; *Lukes* (Hrsg.), Ein EWG-Binnenmarkt für Elektrizität, 1988; *EG-Kommission* (Hrsg.), Der Binnenmarkt für Energie, 1989; *Baur,* Leistungsgebundene Energie und der gemeinsame Markt, 1990; *EG-Kommission* (Hrsg.), Energy for a new century: The European perspective, 1990; *Carmoy/Brondel,* L 'Europe de l'énergie, 1991; *Gentile,* Diritto nazionale e politica europea dell'energia, RDE 1991, S. 819 ff.; *Mac Dougall/Wäldle,* European Community Energy Law, 1994; *Tettinger,* Vertragswerk von Maastricht und Energierecht, 1994; *Lukes,* Energierecht, in: Dauses (Hrsg.), Hdb. EG-Wirtschaftsrecht (1995); *M. Schröder,* Der Euratom-Vertrag, JA 1995, S. 728 ff.; *Jarrass,* Europäisches Energierecht, 1996; *Pauger,* Marktwirtschaft durch EU-Recht-Deregulierung am Beispiel der Elektrizitätswirtschaft, 1996; *Baur* (Hrsg.), Die Energiewirtschaft im Gemeinsamen Markt, 1998.

1317 Einen Sonderfall des freien Warenverkehrs innerhalb der EG stellt der **Verkehr mit Energiestoffen** von der Kohle über das Öl bis zur Kernenergie dar, um nur einige zu nennen. Eine ausreichende Versorgung der Gesamtwirtschaft mit Energie zu tragbaren Preisen ist **eine der wichtigsten Voraussetzungen für das Florieren der Wirtschaft** überhaupt. Es ist daher verständlich, daß die Mitgliedstaaten diesem Bereich in ihrer nationalen Wirtschaftspolitik stets besondere Aufmerksamkeit gewidmet haben und daß die Bereitschaft zur Vergemeinschaftung bisher Begrenzungen unterlag. Hinzu kam, daß die Energiewirtschaft in ihrer historischen Entwicklung der vergangenen Jahrzehnte von der Kohle bis zur Kernenergie und neuerdings alternativen Energien **einem ständigen Wandel unterlag.** Er fand auf europäischer Ebene in sehr unterschiedlichen Regelungen Niederschlag, die eine übergreifende wirkliche Gemeinsame Energiepolitik stark erschweren *(Tettinger,* FS Everling, 1995, S. 1529 ff.).

1318 So beruhte die zunächst starke **Vergemeinschaftung der Kohle** in der EGKS 1951 ff. teils auf allgemeinpolitischen Erwägungen, teils auf der damaligen Knappheit und Begehrtheit dieses Rohstoffes (oben Rz. 19). Die zweite große Gemeinschaftsmaßnahme, die europäische Option zugunsten der **friedlichen Nutzung der Kernenergie** in Gestalt von *Euratom* entsprang einer technologisch/politischen Vision auf der Grundlage des Berichtes der „Drei Weisen“ *(Armand/Etzel/Giordani,* Ziele und Aufgaben für *Euratom,* 1957). Mehr oder weniger außenwirtschaftlich/national vollzog sich dagegen seit dem Ende der fünfziger Jahre die **Ablösung der Kohle durch das Erdöl** (bald i. V. m. dem Erdgas) als primärer Energiequelle. Diese neue Konkurrenzsituation löste erste Überlegungen zu einer kohärenten, gemeinsamen EG-Energiepolitik bei der Kommission aus („1. Orientierung für eine Gemeinsame Energiepolitik“, 1968). Aber erst die durch die OPEC-Politik 1973 ff. ausgelöste **Ölkrise** setzte das Thema der Gemeinsamen Energiepolitik dauerhaft auf die Tagesordnung der EG-Institutionen.

1319 Der **Maastrichter EUV** hat zwar in Art. 3 lit. t = u neu EGV **„Maßnahmen im Bereich Energie“** unter die Vertragsziele aufgenommen und an einigen Stellen Regelungen angekündigt (Art. 129 b)–d) = 154–156 neu EGV: Transeuropäische Netze in der Energieinfrastruktur, unten Rz. 1472 und Art. 130 s) = 175 neu EGV: umweltpolitische Maßnahmen in der Energiewahl, unten Rz. 2036). Die Frage der Einführung eines **Vertragstitels Energie** sollte nach der Erklärung Nr. 1 zur Schlußakte des EUV auf der Regierungskonferenz „Maastricht II" 1996/97 geprüft werden. Diese Absicht wurde nicht verwirklicht. Von einer kohärenten Europäischen Energiepolitik kann bis auf weiteres nicht gesprochen werden. Die Aktion der Gemeinschaft beschränkt sich auf **Einzelmaßnahmen** auf der Grundlage des energierechtlichen „Flickenteppichs" der drei Verträge *(Lukes,* Energierecht, in: Dauses (Hrsg.), Hdb. EG-Wirtschaftsrecht (1995), Rz. 1322 ff. 1 ff., 3 ff.). – Außenwirtschaftlich wirkte die EG/EU seit 1991 auf den Abschluß einer **„Europäischen Energiecharta"** Ende 1994 mit den osteuropäischen Staaten hin (ABl. 1994, L 380/3, Änderungen). Sie dient einem gesamteuropäischen Energieverbund (unten Rz. 1346).

Unbestritten ist, daß im Energiebereich nicht wie anderenorts die Herstellung eines freien gemeinsamen Marktes ausreichend sein kann. **1320**

Eine gewisse **Steuerung von Angebot und Nachfrage** unter Berücksichtigung langfristiger Entwicklungsperspektiven durch die öffentliche Hand der Mitgliedstaaten und durch die EG erscheint in diesem Bereich unumgänglich, um eine gesicherte und preislich hinreichend stabile Energieversorgung der Bevölkerung und der Wirtschaft zu gewährleisten. Dies kann durch das freie Spiel der Kräfte in der Marktwirtschaft nicht erreicht werden, weil die einzelnen Verbraucher und Unternehmen danach streben, möglichst billige, gegenwärtig gerade verfügbare Energiequellen in Anspruch zu nehmen, ohne durch Forschung und Entwicklung und die Errichtung von Kapazitäten **weitblickende Vorsorge** zu treffen, die für eine stetige Entwicklung ohne dramatische und krisenhafte Sprünge und ohne zu starke Drittlandsabhängigkeit erforderlich ist. Energiepolitik ist so in der einen oder anderen Form immer die „hohe Schule des Interventionismus" *(Hans Peter Ipsen)* geblieben.

Energiepolitik ist zugleich eine **„Basispolitik"**, da durch sie erst die existenznotwendige Voraussetzung jeglicher industrieller Produktion geschaffen wird. Da bei den unterschiedlichen **Energieträgern (Primärenergien: Kohle, Erdöl, Erdgas, Kernenergie; Sekundärenergien: Elektrizität, Gas)** die Ausgangsbedingungen der Gewinnung und Verwertung unterschiedlich sind, bestehen national und europäisch sehr verschiedenartige Regelungen. Da jeder einzelne MS an seiner nationalen Energiepolitik als Grundlage der wirtschaftlichen Entwicklung essentielles Interesse nimmt, ist die **europäische** Energie"politik" im Gegensatz zu intensiven Regelungen in den MS bis heute **schwach ausgeprägt** und ohne geschlossenes System. Im Rahmen des europäischen Binnenmarktes seit 1993 ist dieser Zustand bedenklich, weil sich hieraus in einem essentiellen Basisbereich der Gesamtwirtschaft immer wieder divergierende Einflüsse auf das Funktionieren des Gemeinsamen Marktes ergeben können. **1321**

I. Rechtsgrundlagen Gemeinsamer Energiepolitik in den drei Verträgen

Literatur: *Woodcliffe,* North Sea oil and gas – the EC-connection, CMLRev 1975, S. 7 ff.; *EG-Kommission* (Hrsg.), 25 Jahre Gemeinsamer Markt für Kohle 1953 bis 1978, 1978; *EG-Kommission* (Hrsg.), Die nukleare Sicherheit in der EG, 1985; *Amarzit,* Essai d'une politique pétrolière européenne, 1986; *Michaelis* (Hrsg.), Handbuch der Kernenergie, 2 Bde, 1986; *EG-Kommission* (Hrsg.), Die Kernenergie in der EG, 1987; *Seidel,* Die Elektrizitätswirtschaft im System des Gemeinschaftsrechts, ECR 1988, S. 129 ff.; *Stewing,* Gasdurchleitung nach Europäischem Recht, 1989; *Scheuing,* Grenzüberschreitende atomare Wiederaufarbeitung im Lichte des europäischen Gemeinschaftsrechts, 1991; *Schütze,* Europäischer Stromverbund und EG-Recht, 1992; *Baur/Bergmann* (Hrsg.), Die EG und das Recht der leitungsgebundenen Energie, 1993; *Mestmäcker,* Natural Gas in the Internal Market, 1993; *Pluge,* Die Politik der Europäisierung auf dem Gebiet der Gas- und Wasserwirtschaft, 1993; *Ress,* Funktion und Bindungswirkung von Grundnormen des EURA-TOM-Vertrages, 1993; *Schwabe,* Die deutsche Stromversorgungsstruktur und der EWG-Vertrag, 1993; *Stewing,* Die Richtlinienvorschläge der EG-Kommission zur Einführung eines Third Party Access für Elektrizität und Gas, EuR 1993, S. 41 ff.; *Tettinger* (Hrsg.), Legal problems of energy supply within the EC, 1993; *Diekmann,* Rechtsfragen der atomaren Endlagerung, insbesondere unter Berücksichtigung des Rechts der EG, 1994; *Burchard,* Natural Gas and EU energy law, 1995; *Klaus,* EG-Binnenmarkt: Die Zeit der Strom-Monopole geht zu Ende, EG-Magazin 9/1996, S. 18 f.; *Seidel,* Service public im europäischen Energierecht – zur Problematik des Art. 90 Abs. 2 EGV, 1996; *Britz,* Elektrizitätsbinnenmarkt-Richtlinie und Umsetzung ins deutsche Recht, EuZW 1997, S. 334 ff.; *Dietze,* Europarecht und nationale Regulierung des deutschen Elektrizitätsmarktes, 1998; *Schwintowski,* Ordnung und Wettbewerb auf deregulierten Erdgasmärkten, 1998;

1322 Die EG-Energiepolitik ist **auf die drei Verträge aufgespalten.** Im **EGKSV** ist der **Kohlesektor,** im **EAGV** die **Nuklearpolitik** geregelt. Im Hinblick auf die **übrigen Energieträger** wird die Energiepolitik auf den **EGV** gestützt. Diese historisch bedingte Zersplitterung – soweit Regelungen vorhanden sind, weisen sie kaum Verbindungen zueinander auf – ist alles andere als sachgerecht. Erschwerend kommt hinzu, daß sich die **energiepolitische Situation** seit der Entstehung dieser Regelungen (insbesondere des EGKSV in den fünfziger Jahren) **grundlegend gewandelt** hat. Schließlich bestehen **auf nationaler Ebene,** bedingt durch Unterschiede hinsichtlich der Energiereserven, der Nachfragestruktur, der Wirtschaftsentwicklung und staatlich/gesellschaftlicher Traditionen sehr **unterschiedliche Energiekonzepte,** die eine „Europäisierung" hemmen. Insbesondere in Frankreich und in den südlichen EG-Staaten liegt die Energiewirtschaft unmittelbar in staatlicher Hand, während sie in Deutschland (dazu *Emmerich,* JZ 1982, S. 496 ff.) und anderen MS zwar auch unter starkem Staatseinfluß, aber insgesamt „gemischtwirtschaftlich" mit Privatisierungstendenzen betrieben wird. Angesichts dieser nationalen Besonderheiten kommt dem **Subsidiaritätsprinzip** des Art. B EUV/Art. 3 b EGV = Art. 2 neu EUV/Art. 5 neu EGV im Energiebereich besondere Bedeutung zu (*Jarass,* Europ. Energierecht, 1996, S. 63 ff.).

1. Die Kohlewirtschaft im EGKS-Vertrag

Im Bereich der **Kohlewirtschaft** sind die Gemeinschaftskompetenzen besonders **weitreichend und ausführlich** geregelt. Dies erklärt sich daraus, daß der Energiebedarf der MS in den fünfziger Jahren ganz überwiegend (ca. 90 %) durch die Kohle gedeckt wurde und daß bis 1957 die Nachfrage das Angebot überstieg, während sich anschließend rasch ein Überangebot bildete, das zu Umstrukturierungen („Gesundschrumpfen") nötigte. Grundsätzlich geht der EGKSV (Art. 2) vom Modell eines **freien Kohlebinnenmarktes** aus, der insbesondere die Bildung von Kartellen und wettbewerbsverfälschendes Verhalten der MS (Diskriminierungen, staatliche Subventionen u. ä., vgl. Art. 4 EGKSV) ausschließt. Jedoch soll dieser Markt ein „geordneter" sein, in dem die Gemeinschaft bestimmte wünschenswerte Ziele, z. B. bei Beschäftigung, Lebenshaltung, Versorgung, Preisen u. a. m. (vgl. Art. 2–3 EGKSV) verfolgt. Daher wurden der Gemeinschaft weitgehende, aus dem innerstaatlichen Rechtsinstrumentarium bereits bekannte **Interventionsbefugnisse** (Art. 3) und Interventionsmittel (Art. 5) eingeräumt, die es ihr ermöglichen, die Marktsituation mitzugestalten: 1323

a) Preispolitik

Art. 60–64 EGKSV geben der Gemeinschaft die Befugnis zur **Preisüberwachung,** insbesondere zur Unterbindung unlauterer und diskriminierender Preispraktiken (Art. 60, 63, 64) und zur Festsetzung von Höchst- oder Mindestpreisen (Art. 61). 1324

b) Wettbewerbspolitik

Art. 65 dient der näheren (wenn auch nicht abschließenden) Umschreibung des in Art. 4 d) ausgesprochenen **Verbots einschränkender Praktiken,** die auf eine Aufteilung oder Ausbeutung der Märkte abzielen (Kartelle, Zusammenschlüsse, Marktbeherrschungs-Mißbrauch) und regelt die entsprechenden **Informations-, Kontroll- und Sanktionsrechte der Gemeinschaft** (§ 3–5). Speziell um eine Marktbeherrschung durch Unternehmenszusammenschluß oder Beteiligung zu verhindern, läßt Art. 66 derartige Maßnahmen grundsätzlich nur unter dem **Vorbehalt ihrer Genehmigung** zu (vgl. auch oben Rz. 1067). Aufgrund dieser Vorschrift wurde beispielsweise 1969 der Zusammenschluß fast aller Ruhrkohleunternehmen in der Ruhrkohle-AG durch die Kommission genehmigt. – **Art. 67, 68 und 70** wenden sich gegen **wettbewerbsverzerrendes Verhalten der MS** (Art. 4 c) und verpflichten diese, jede Maßnahme, die eine **fühlbare Auswirkung auf die Wettbewerbsbedingungen** in der Kohle- und Stahlindustrie haben kann, der Kommission mitzuteilen (Art. 67, 68 § 4). Falls solche Maßnahmen sich nachteilig auf Unternehmen innerhalb dieses MS auswirken, kann die Kommission **Beihilfegewährungen** genehmigen. Bei negativen Auswirkungen auf die Unternehmen anderer MS kann sie diesen **Gegenmaßnahmen** empfehlen (Art 67 § 2).

c) Allgemeine Betätigungsrechte der Kommission

Art. 46–48 sollen als Grundlage der marktregelnden Tätigkeit der EGKS einen möglichst umfassenden **Informationsaustausch** mit den Regierungen und sonstigen Beteiligten (Unternehmer, Arbeitnehmer, Verbraucher und deren Verbände) ermöglichen. Sie geben der Kommission das Recht zu **Konsultationen,** zur Einholung von **Auskünften,** zu **Nachprüfungen** und **Vorausschätzungen** und zur Aufstellung von **Programmen** und **allgemeinen Zielen.**

d) Interventionsbefugnisse

Art. 57–59 regeln die **Interventionsbefugnisse** der Gemeinschaft in **konjunkturellen Krisenlagen,** insbesondere die Möglichkeit, bei Nachfragerückgang ein **Erzeugungsquotensystem** einzuführen (Art. 58) und bei Mangellage ein **Verteilungssystem** (Art. 59).

e) Finanzielle Befugnisse

Art. 53, 54 gewähren der Gemeinschaft begrenzte **investitionspolitische Befugnisse,** vor allem die Möglichkeit, unter gewissen Voraussetzungen Unternehmen **durch Kredite oder Bürgschaften Investitionshilfe** zu leisten. Die Gemeinschaft kann **Forschungsförderung** betreiben (Art. 55), bei Entlassungen sozialpolitisch motivierte **Anpassungsbeihilfen** leisten (Art. 56) oder sogar in die **Lohnfestsetzung** eingreifen (Art. 68).

f) Sozial- und Verkehrspolitik

Ferner sieht der EGKSV die **Freizügigkeit der Kohle- und Stahlfacharbeiter** vor (Art. 69) und untersagt die Verbraucher diskriminierende Transporttarife (Art 70).

g) Handelspolitik

Obwohl die EGKS eigentlich nur eine **interne Freihandelszone** für Kohleerzeugnisse darstellt (Verbot der Binnenzölle/mengenmäßige Beschränkungen nach Art. 4 a) EGKSV) und die **Außenzollhoheit** grundsätzlich bei den MS beließ (Art. 71 Abs. 1), wurde in der EGKS-Praxis von der Möglichkeit der Außenzollharmonisierung nach Art. 72 soweit Gebrauch gemacht, daß man inzwischen von einer weitgehenden **„Kohle-Zollunion"** ähnlich wie beim EGV (oben Rz. 1285) sprechen kann.

1325 Dieses kunstvoll erdachte und ausformulierte System des EGKSV, das man als europäische **„Kohleplanwirtschaft mit liberalen Grundzielen"** bezeichnen könnte, blieb im Kohlebereich (zum Stahl oben Rz. 957 f.) angesichts des „Umkippens" des Kohlemarktes ab 1958 von einem gesuchten Energieträger zu einem problematischen Überflußprodukt **zu wesentlichen Teilen auf dem Papier stehen.** Hinzu kam, daß die in wichtigen MS (Frankreich, Großbritannien) **nationalisierte Kohleindustrie** dem Vertragsregime nur begrenzt unterlag. Der schwierige, immer noch andauernde **Anpassungs („Schrumpfungs")prozeß des Kohlebergbaues** vollzog sich so weiterhin national unter einer gewissen Gemeinschaftskontrolle, für welche die Instrumente des EGKSV öfters wenig sinnvoll waren (*Matthies,* WiD 1983, S. 543 ff.). So kam in Deutschland Anfang der 60er Jahre eine sachgerechte **Ruhrkohleverkaufsorganisation** angesichts des Kartellverbotes des Art. 65 EGKSV erst nach schwierigen rechtlich/gerichtlichen Auseinandersetzungen zustande. Der Praxis von **Stillegungsbeihilfen** stand Art. 4 EGKSV entgegen, bis durch das „Protokoll betreffend die Energiefragen" vom 21.4.1964 (ABl. S. 1099) ein rechtlich nicht zweifelsfreier Ausweg gefunden wurde. Seit Mitte der 60er Jahre erfolgten regelmäßig Einigungen über **Gemeinschaftsregelungen für Maßnahmen zugunsten des Kohlebergbaues** (vgl. E 3632/93/EGKS v. 28.12.1993, ABl. L 329/12), über die nationale Beihilfen (z. B. für Kokskohle und Koks zugunsten der Eisen- und Stahlindustrie) genehmigt werden können. So ergehen z. B. jährliche Beihilfegenehmigungen für Deutschland (näher *Lukes,* in: Dauses (Hrsg.), Hdb. EU-Wirtschaftsrecht (1995), M., Rz. 18). Immerhin ist es eine der Lehren der Ölkrise seit 1973 und der Debatte um die Akzeptanz der Kernenergie seit den 80er Jahren gewesen, daß die EG in ihrer mittelfristigen energiepolitischen Planung die Kohle im Rahmen des grundsätzlichen „Energiemixes" (unten Rz. 1347) weiterhin als einen der wesentlichen Energieträger betrachtet (Grünbuch 1995 und Weißbuch 1996 zur Energiepolitik, dazu EuZW 1996, S. 419 f.). Andererseits wird die **umweltpolitische Problematik** der fossilen Energie (Kohlendioxyd-Emissionen) betont. Die Pläne der Beschränkung dieser Energieart durch eine europäische „Öko-Energiesteuer" ließen sich bisher nicht verwirklichen (oben Rz. 1198 f.). – Ohne eine **radikale Revision des EGKSV** (die nicht in Sicht ist) kann die Gemeinschaft allerdings in diesem Energiebereich rechtlich nicht wieder ernsthaft handlungsfähig werden, sondern muß sich in fragwürdiger Weise „hindurchwursteln".

2. Die Energieregelung im EG-Vertrag

Der EGV enthält im Gegensatz zu EGKSV und EAGV **nur wenige speziell auf die Energiepolitik oder bestimmte Energiequellen bezogenen Vorschriften.** Seit 1992 gehören zu den Zielen des Vertrages nach Art. 3 lit. t = u neu EGV **„Maßnahmen im Bereich Energie".** Nach Art. 129 b = 154 neu EGV gehören zu der Gemeinschaftsaufgabe des Auf- und Ausbaues transeuropäischer Netze (unten Rz. 1471 ff.) solche der **Energieinfrastruktur,** im Rahmen eines Systems offener und wettbewerbsorientierter Märkte. Art. 130 s Abs. 2 = 175 Abs. 2 neu EGV kennt unter den einstimmig zu treffenden Umweltmaßnahmen der EG solche, „welche die Wahl eines MS zwischen verschiedenen Energiequellen und die **allgemeine Struktur seiner Energieversorgung** erheblich berühren" (unten Rz. 2016 ff., vgl. auch oben Rz. 1319 und näher *Jarass,* Europäisches Energierecht, 1996, S. 14 ff.). Im übrigen finden **grundsätzlich die allgemeinen Vorschriften des EGV** (insbesondere über den freien Warenverkehr, Wettbewerb und die Handelspolitik) Anwendung. Unter den EGV fallen insbesondere **Erdöl und Erdgas** sowie als Sekundärenergien **Elektrizität und Gas.** 1326

Dies bedeutet, daß die „EG-Energiearten" grundsätzlich der **Binnenmarktfreiheit** unterliegen, im Verhältnis zu Drittstaaten über die **Gemeinsame Handelspolitik** geregelt werden und ebenso prinzipiell dem **Wettbewerbsregime** des EGV unterstellt sind. Jedoch kennt der freie Warenverkehr in diesem Bereich wegen der überall gegebenen mitgliedstaatlichen Ingerenz (Bsp. Französisches Erdölmonopol, nationale Gestaltung der Elektrizitätswirtschaft über Staatsunternehmen in Frankreich/Italien, deutsche kommunale Gasversorgung u. a. m.) Grenzen. Es gibt in der Energiewirtschaft keine Vielzahl frei entscheidender, privater Unternehmen, sondern eine begrenzte Anzahl öffentlicher oder öffentlich beeinflußter „Energiewirtschaftsträger", die oft unter mittel- und langfristigen Perspektiven (nationale) Energiepolitik betreiben (*Börner,* Energiewirtschaft- 1327 liche Tagesfragen 1978, S. 676 ff.). Hieraus ergeben sich in der Anwendung des allgemeinen Gemeinschaftsrechts immer wieder schwierige Probleme.

a) Erdöl/Erdgas

1328 Am ehesten lassen sich noch **Erdöl und Erdgas** wie sonstige Waren in das Regime der Marktfreiheit einfügen. Das Erdöl hatte sich in den 60er Jahren zum **wichtigsten Energieträger** in Ersetzung der Kohle entwickelt, bis die Ölkrise 1973 ff. zu einer gewissen Änderung der nationalen Energiepolitiken unter europäischer Koordinierung (unten Rz. 1344 ff.) führte. Grundsätzlich ist der Binnenverkehr mit Erdöl und Erdgas frei, was vor allem wegen des britischen Nordseeöls von praktischer Bedeutung ist *(Woodcliffe,* CMLRev 1975, S. 7 ff.). Es erfolgt ferner eine **freie Drittlandseinfuhr** (GZT-Nullzölle für die wesentlichen Erdöldrittlandseinfuhren).

Angesichts der Abhängigkeit der EG-Gesamtwirtschaft von einer ausreichenden Ölversorgung hat die Gemeinschaft gleichzeitig eine **Reihe vorsorglicher beobachtender u. ä. Maßnahmen im Ölbereich** getroffen. Auch wenn es sich dabei meist nur um koordinierend/empfehlende Regelungen handelt, spiegelt sich in der Regelmäßigkeit und Häufigkeit dieser Gemeinschaftstätigkeit das elementare, seit 1973 voll bewußt gewordene Interesse von EG und MS am Ölenergiesektor als einem bis auf weiteres **unverzichtbaren Bestandteil der Energieversorgung der Gemeinschaft** (ähnlich EuGHE 1986, 559 ff. – RS 174/84 „Bulk Oil"). Gleiches gilt in begrenzterem Ausmaß für die Versorgung mit **Erdgas,** bei der die Gemeinschaft über eine wesentliche Inlandsproduktion verfügt (Niederlande). – Die erwähnten Maßnahmen umfassen u. a. eine **Mindestbevorratungspflicht** der EG-MS an Erdöl und Erdölerzeugnissen, vorsorgliche Regelungen zur Einschränkung des Energieverbrauchs bei Öl-Versorgungsengpässen und zur gleichzeitigen gleichmäßigen Versorgung zwischen den MS, Registrierung der Einfuhren, regelmäßige Preisbeobachtungen mit Konsultationen, Einschränkung des Einsatzes von Erdöl/Erdgas in Kraftwerken. EIB-Darlehen für Erdgasleitungen, o. a. m. (einschlägige Rechtsgrundlagen im Fundstellennachweis des geltenden Gemeinschaftsrechts 12.10 und 12.50–60, vgl. auch *Amarzit,* Essai d'une politique pétrolière européenne, 1986).

Im **Erdgasbereich** wird über die erwähnten vorsorglichen Maßnahmen hinaus von der Gemeinschaft die **Errichtung eines möglichst liberalisierten (Erd)Gasbinnenmarktes** betrieben *(Rügge,* Zur Deregulierung des europäischen Erdgasmarktes, 1995 und unten Rz. 1330). In diesen Zusammenhang gehören die RL 91/296 über den Transit von Erdgas über große Netze (ABl. 1991, L 147/37) und die VO 736/96 über die Mitteilung von Investitionsvorhaben von gemeinschaftlichem Interesse auf dem Erdöl-, Erdgas- und Elektrizitätssektor (ABl. 1996, L 102/1). Diese Bemühungen stehen immer noch in den Anfängen. Das eigentliche Problem bei der Liberalisierung des Erdgasbinnenmarktes liegt wie bei den anderen leitungsgebundenen Energien (Elektrizität/Gas) in der **Schaffung von Zugangsrechten Dritter** in die bisher monopolisierten **Leitungssysteme.** (Näher unten Rz. 1329).

b) Elektrizität/Gas

1329 Bei der Elektrizität ergeben sich im Hinblick auf einen **„Gemeinsamen Elektrizitätsmarkt"** schwierige gemeinschaftsrechtliche Fragen. Rein tatsächlich besteht zwar ein europaweiter „Stromverbund" *(Schweitzer,* Der grenzüberschreitende Stromverbund in Europa, 1984). Jedoch regeln sich Stromerzeugung und Stromverbrauch bisher weithin national. Dies hängt mit der **nationalen oder regionalen Organisationsstruktur der Elektrizitätswirtschaft** zusammen, die in einer Reihe von MS (vgl. die französische EDF oder die italienische ENEL) einem einzigen Staatsunternehmen anvertraut ist, in anderen MS (z.B. deutsche Elektrizitätswerke als AG, aber unter dominierendem öffentlichen Einfluß) öffentlicher Lenkung unterliegt.

Der Gerichtshof (EuGHE 1964, 1251 ff. – RS 6/64 „Costa/Enel“ hat Elektrizität erkennbar **als Ware im Sinne der Art. 30 ff. = 28 ff. neu EGV** angesehen. Daraus würde sich die grundsätzliche **Marktfreiheit des Strombezuges** ergeben und der unmittelbar anwendbare Art. 37 = 31 neu EGV (oben Rz. 1311) die Öffnung der „Monopolnetze für den gemeinschaftsweiten Stromverkehr nahelegen bzw. aus wettbewerbsrechtlichen Gründen sich die Frage der Umformung einschränkender Regelungen bei privatrechtlich organisierten Elektrizitätsgesellschaften stellen. Andererseits ist in diesem Zusammenhang angesichts der öffentlich/energiepolitischen Bedeutung gesicherter Elektrizitätsversorgung die **Ordre-Public-Klausel des Art. 36 = 30 neu EGV** (oben Rz. 1302) mit zu bedenken. Sowohl öffentliche als auch privatrechtlich organisierte, unter starkem öffentlichem Einfluß stehende Elektrizitätsgesellschaften sind ferner öffentliche **Unternehmen im Sinne von Art. 90 Abs. 2 = 86 Abs. 2 neu EGV,** die mit Dienstleistungen von allgemeinem wirtschaftlichem Interesse betraut sind und bei denen daher ihre besonderen öffentlichen Aufgaben wettbewerblich berücksichtigt werden müssen (oben Rz. 1053 und EuGHE 1997, I 5699 ff. RS C–157/94 st. Rspr.). Wiederum ist aber zu bedenken, daß weder Art. 36 = 30 neu EGV (gemäß seinem Satz 2!, vgl. oben Rz. 1302 ff.) noch Art. 90 Abs. 2 = 86 Abs. 2 neu EGV (ebenfalls gemäß seinem Satz 2!) einen Freibrief dahingehend enthalten, daß in ihrem Anwendungsbereich freier Warenverkehr ausgeschlossen sein soll (ähnlich EuGHE 1984, 2727 ff. – RS 72/83).

Auch Art. 3 lit. t = u neu EGV weist in die Richtung eines gemeinsamen Energiebinnenmarktes. – Wollte man Elektrizität nicht für eine Ware halten, sondern die Bereitschaft der Elektrizitätserzeuger zur Stromlieferung als **Dienstleistung im Sinne des Art. 59 = 49 neu EGV begreifen** *(Seidel,* Die Elektrizitätswirtschaft im System des Gemeinschaftsrechts, 1988), ergäbe sich in Verbindung mit Art. 85 ff., 90 Abs. 2 = 81 ff., 86 Abs. 2 neu EGV nicht viel anderes, nämlich die grundsätzliche Verpflichtung zur Herstellung der Dienstleistungsfreiheit im Binnenmarkt (unten Rz. 1580 ff.).

Die Kommission hat im Rahmen ihrer allgemeinen Grundsätze und Programme zur Energiepolitik (z. B. Vollendung des Binnenmarktes für Elektrizität und Gas, 1992) auf der Grundlage des weit verstandenen Art. 100 a = 95 neu EGV bereits einige konkrete Maßnahmen in dem besonders wichtigen **Teilbereich Elektrizität** durchgesetzt (insbesondere die RL 90/547 v. 29.10.1990, ABl. L 313/30 über den Transit von Elektrizitätslieferungen über große Netze, näher *Pluge,* RdE 1993, S. 171 ff.). Dies war die erste Phase eines „Drei-Phasen-Konzeptes“ der Kommission (näher *Jarass,* Europäisches Energierecht, 1996, S. 30 ff.), mit dem der Strombinnenmarkt vor allem über einen grundsätzlichen **Netzzugang Dritter** („Third Party Access“) vollendet werden sollte. Angesichts zähen Widerstandes großer Stromoligopole und -monopole in MS wie u. a. Frankreich wurde die Binnenmarktrichtlinie für Strom (RL 96/92 v. 19.12.1996, ABl. 1997, L 27/20) erst Ende 1996 in Form einer komplizierten **schrittweisen Marktöffnung für Großkunden** mit weitgehender Automatik verabschiedet *(Britz,* EuZW 1997, S. 334 ff.). Sie wurde in Deutschland Ende 1997 mit einer Novellierung des Energierechts vollzogen *(Börner,* RiW 1997, S. 374 ff.).

Beim **Gasbinnenmarkt** zeichnet sich in zeitlicher Folge zum Strommarkt eine 1330
parallele Liberalisierung ab. Der Erdgas-Transitrichtlinie von 1991 (oben Rz. 1328) folgte eine allgemeine Liberalisierungsrichtlinie (RL 98/30 v. 22.6.1998, ABl. L 204/1; *Lukes,* FS Mestmäcker, 1996, S. 643 ff.).

Trotz aller Verzögerungen und vorläufigen Halbheiten ist die zunehmende Wirksamkeit der allgemeinen Vertragsregeln, besonders der Art. 30 ff. = 28 ff. neu EGV, im „EG-Energiesektor“ unverkennbar. Eine stärker wettbewerbsmäßig orientierte „Marktwirtschaft durch EU-Recht“ *(Dietmar Pauger)* entwickelt sich allmählich. Mit ihr tritt an die Stelle nationaler und regionaler Abschottungen ein gemeinsamer Binnenmarkt für Elektrizität und Gas. Das schließt die hinreichende Berücksichtigung legitimer öffentlicher Gesichtspunkte wie Energiesicherheit über Art. 90 Abs. 2 = 86 Abs. 2 neu EGV grundsätzlich nicht aus (EuGHE 1994, 1477 ff., RS C–93/92, „Almelo"; *Baur,* FS Everling, 1995, S. 69 ff.).

3. Die Kernenergiewirtschaft des EURATOM-Vertrages

1331 Die besondere Bedeutung, die in der Gründungsphase der 50er Jahre der damals neuen Kernenergiewirtschaft beigemessen wurde, zeigte sich daran, daß sie in der besonderen Organisation EURATOM auf der Grundlage des EAG-Vertrages geregelt wurde. Ziel von EURATOM war und ist die gemeinschaftliche Erschließung einer praktisch unerschöpflichen Energiequelle durch die **friedliche Nutzung der Kernenergie** aus Gründen der europäischen Energiesicherheit *(EG-Kommission* [Hrsg.], Die Kernenergie in der EG, 1987). Der Aufbau eines völlig neuen und derart forschungs- und investitionsaufwendigen Energiezweigs erschien ohne Unterstützung durch die öffentliche Hand unter Verwendung **planwirtschaftlicher Elemente** nicht möglich. Deshalb wurde der Gemeinschaft ein besonders komplexes Instrumentarium zur Bewältigung der ihr gestellten Aufgaben (Art. 2 EAGV) zur Verfügung gestellt. Der eigentliche Bau der Kernkraftwerke und ihr wirtschaftlicher Betrieb bleibt jedoch Angelegenheit der MS. Für die Güter und Erzeugnisse der Kernenergiewirtschaft (Aufzählung in Anhang IV des EAGV) wurde ähnlich wie im EGV ein **Gemeinsamer Markt** begründet.

Die Aufgaben von EURATOM überschneiden sich vielfältig mit den Kernenergietätigkeiten im nationalen Bereich und der Tätigkeit einer Reihe **anderer internationaler Organisationen,** namentlich der **Europäischen Kernenergie-Agentur (ENEA), der OECD und der Internationalen Atomenergie-Agentur (IAEA).** Die **militärische Nutzung der Kernenergie** bleibt Angelegenheit der einzelnen MS (gegenwärtig Frankreichs und Großbritanniens).

a) Grundstruktur des EAG-Vertrages

1332 Der Erste Titel des EAG-Vertrages (Art. 1 bis 3) enthält die **programmatischen Grundsätze** zu den Aufgaben der Gemeinschaft. Im Zweiten Titel (Art. 4 bis 106) sind in zehn Kapiteln die einzelnen Sachgebiete geregelt, auf denen die Gemeinschaft tätig wird (unten Rz. 1333 ff.). Von besonderer Bedeutung ist das **sechste Kapitel (Versorgung),** über dessen seit längerem geplante Überarbeitung (vgl. Art. 76 Abs. 2) jedoch bislang keine Einigung erzielt werden konnte *(Allen,* CMLRev 1983, S. 494 ff.).

Um Kapitel VI EAGV hatte es in der zweiten Hälfte der 60er Jahre eine **Krise** gegeben, da Frankreich und Italien unter Berufung auf die Nichteinhaltung der Revisionsprozeduren nach Art. 76 EAGV zeitweilig von der Rechtsansicht ausgegangen waren, die Versorgungsregelungen des EAGV seien obsolet und nationale Versorgung ohne Einschaltung der EAG-Agentur zulässig. Der von der Kommission angerufene Gerichtshof bestätigte jedoch deren Auffassung, daß Art. 52 ff. EAGV trotz gewisser praktischer Schwierigkeiten bis zu einer erfolgten Revision des Kapitels VI anwendbar bleiben (EuGHE 1971, 1003 ff. – RS 7/71 „Versorgungsagentur").

Die Vorschriften über die **Organe** der Gemeinschaft sind im Dritten Teil (Art. 107 bis 170) zusammengefaßt. Die Organe sind mit denjenigen der EG und der EGKS fusioniert. Die **Rechtshandlungen** (VOen, RLen, Een, Art. 161 EAGV) entsprechen denjenigen des Art. 189 = 249 neu EGV. Gleiches gilt für den **Rechtsschutz** (Art. 136 ff. EAGV). Nach Art. 232 Abs. 2 = 305 Abs. 2 neu EGV ist das EG-Recht subsidiär anwendbar. EG- und EAG-Recht sind ein **einheitliches Integrationsrecht** (*Schröder,* JA 1995, S. 728 ff.).

Der Vierte Titel (Art. 171 bis 183) enthält die **Finanzvorschriften** und der Fünfte Titel (Art. 184 bis 208) allgemeine Vorschriften.

b) Aufgaben von EURATOM

Im einzelnen wurden EURATOM vor allem folgende Aufgaben und 1333
Rechte zugewiesen, die sich allerdings nur auf die **primäre Kernenergie,** nicht auf die mit ihrer Hilfe erzeugte Elektrizität beziehen:

aa) Versorgung mit Brennstoffen

EURATOM hat gemäß Art. 2 d) EAGV für die regelmäßige und gerechte Versorgung aller ihrer Benutzer mit Erzen und Kernbrennstoffen Sorge zu tragen **(gemeinsame Versorgungspolitik, Art. 52–76).** Diese – bislang weitgehend problemlos bewältigte – Verteileraufgabe (EURATOM-Versorgungsagentur, Jahresbericht 1985) wird von einer finanziell autonomen **Versorgungsagentur mit eigener Rechtspersönlichkeit** (Art. 53–56, Satzung ABl. 1958, S. 534 ff., Änderungen) wahrgenommen, die unter der Aufsicht der Kommission steht. Sie hat ein **Bezugsrecht** im Hinblick auf die von den MS geförderten Erze und Ausgangsstoffe **(Art. 57–63).** Alle Hersteller solcher Stoffe aus der Gemeinschaft müssen sie der Agentur anbieten. Sie ist im Grundsatz ausschließlich berechtigt, über diese Stoffe Lieferverträge mit Drittländern abzuschließen **(Art. 64–66, Alleinimportrecht).** Diese Befugnis ist vor allem deshalb bedeutsam, weil der Abhängigkeitsgrad der Gemeinschaft von Importen gegenwärtig bei über 70 % liegt. Wegen des Überangebotes an Brennstoffen macht die Agentur jedoch seit 1960 keinen Gebrauch von ihrem Bezugsrecht und überläßt den Bezug direkt den Verbrauchern. Der Agentur obliegt auch die **Vermittlung zwischen Verbrauchern und Erzeugern (Art. 60).** Dieses Beschaffungs- und Verteilungsmonopol der Agentur dient nie zuletzt der Sicherheit und Überschaubarkeit des Verkehrs mit diesen gefährlichen Stoffen. 1986 wurden z. B. von der Agentur 135 Verträge über die Lieferung von Uran, besondere Spaltstoffe und Anreicherungsdienste geschlossen (*Bertone,* Nuclear Energy Law, 1986. S. 397 ff.).

bb) Gemeinschaftseigentum an spaltbaren Stoffen

Alle besonderen spaltbaren Stoffe im Bereich der Gemeinschaft sind **deren Ei-** 1334
gentum (Art. 86); nach h. L. handelt es sich dabei um **echtes zivilrechtliches Eigentum;** *Haedrich,* FS Ophüls, 1965, S. 51 ff.). MS, Unternehmen und sonstige Benutzer erhalten im Rahmen der gemeinsamen Versorgungspolitik lediglich **Nutzungs- und Verbrauchsrechte** am spaltbaren Material **(Art. 87).**

cc) Preisbildung

Die **Preisbildung** soll sich grundsätzlich nach Angebot und Nachfrage vollziehen **(Art. 67).** Allerdings kann auch der Rat auf Vorschlag der Kommission durch einstimmigen Beschluß die Preise festsetzen **(Art. 69).**

dd) Investitionen/Gemeinsame Unternehmen

1335 **Art. 70–72 EAGV** geben der Kommission das Recht, sich an Schürfungsvorhaben in den MS finanziell zu beteiligen, den MS über steuer- oder bergrechtliche Regelungen Empfehlungen zu erteilen und für Krisenfälle Sicherungsreserven anzulegen. Daneben werden auch regelmäßig von der Kommission **Investitionsprogramme** veröffentlicht **(Art. 40–44).** Art. 45–52 geben die Möglichkeit zur Gründung **gemeinsamer Unternehmen** (zu den einzelnen Projekten Fundstellennachweis des geltenden Gemeinschaftsrechts, 12.40.20). Bekannte Beispiele sind der 1978 gegründete **Joint European Torus (JET) in Culham/England,** der zu Versuchszwecken bei der Kernfusion dient *(EG-Kommission* [Hrsg.], JET und die Kernfusion, 1982) oder der – eingestellte – Schnelle Brüter in Kalkar/D. Gemeinsame Unternehmen können auch nur von einem MS i. V. m. der EAG gegründet werden, falls ein Gemeinschaftsinteresse besteht. EURATOM kann die Gemeinsamen Unternehmen finanziell unterstützen und steuerliche Vergünstigungen beschließen.

ee) Gemeinsamer Markt

1336 Für die dem EAGV unterfallenden Güter und Dienstleistungen sehen die **Art. 92–100** ähnlich dem EGV einen **Gemeinsamen Markt** mit vergleichbaren Freizügigkeitsregelungen vor. Er ist seit den sechziger Jahren verwirklicht.

ff) Außenbeziehungen von EURATOM

1337 **Art. 101–106 EAGV** sollen es der Gemeinschaft ermöglichen, auch nach außen als Einheit aufzutreten, insbesondere **mit Drittstaaten Abkommen zu schließen.** Von dieser Möglichkeit wurde insbesondere im Zusammenhang mit dem **Import von Kernmaterial** Gebrauch gemacht (vgl. die Abkommen der EAG im Fundstellennachweis des geltenden Gemeinschaftsrechts 12.40). Die Außenkompetenz der EAG ist **eingehender und stärker** als diejenige der EG geregelt. Die EAG kann sowohl völkerrechtliche Verträge mit Drittstaaten/Organisationen (IAEA, ENEA, CERN) abschließen, als auch privatrechtliche Verträge mit Einzelpersonen (Art. 101, 102, 104 EAGV). Die Kommission schließt hier die Verträge mit Zustimmung des Rates und kann auch Einwendungen gegen Verträge der MS erheben.

gg) Kernforschung/Verbreitung der Kenntnisse

1338 Ein besonderer Schwerpunkt der gemeinschaftlichen Tätigkeit auf dem wissenschaftlich und technisch noch jungen Gebiet liegt in der **Kernforschung,** die in diesem Bereich von der Gemeinschaft besonders intensiv gefördert wird **(Art. 4 ff.;** dazu unten Rz. 1943, 1953). Organisatorisch vollzieht sich die EAG-Kernforschung (und inzwischen weitere Forschung) über die **Gemeinsame Forschungsstelle (GFS)** und der EG mit Anstalten in Mol/Belgien, Ispra/Italien, Karlsruhe/Deutschland und Petten/Niederlande (oben Rz. 453). Dabei werden neben der Förderung und Koordinierung der Kernforschung in den MS (Art. 4–6) auch eigene Forschungs- und Ausbildungsprogramme verwirklicht (Art. 4, 7–9), wobei nicht zuletzt das JET-Projekt mit der Kernfusions-Versuchsanlage in Culham weltweite Aufmerksamkeit erlangt hat (oben Rz. 1335). Notwendiges Gegenstück zur Forschung ist die **Verbreitung der Kenntnisse (Art. 12 ff.),** die vor allem durch die Erteilung von Lizenzen und den Austausch von Forschungsergebnissen erfolgt. In der EAG-Forschung wird der Akzent immer mehr auf die Verbesserung der nuklearen Sicherheit gesetzt (Ratsbeschluß v. 26.4.1994, ABl. L 115/31).

hh) Gesundheitsschutz und Nukleare Sicherheit

1339 Angesichts der technischen Risiken der friedlichen Nutzung von Kernenergie (Reaktorunfall in Tschernobyl 1986) kommt den Bemühungen der Gemeinschaft um **Strahlenschutz und Reaktorsicherheit** besondere Bedeutung zu *(EG-Kommission,* [Hrsg.], Nukleare Sicherheit: die EG nach Tschernobyl, 1989).

Auf der **Grundlage der Art. 30–39 EAGV** hat EURATOM mittlerweile eine umfassende Kompetenz zur Gewährleistung des Schutzes vor radioaktiver Strahlung begründet. In diesen Zusammenhang gehören der Erlaß gemeinschaftsrechtlicher Richtlinien **(„Grundnormen")** zum Schutz der Bevölkerung vor ionisierender Strahlung, die Festlegung von Grenzwerten für Radioaktivität in Lebensmitteln, handelspolitische Beschränkungen kontaminierter Einfuhren aus Drittstaaten, Regelungen zum Transport und zur Entsorgung nuklearer Abfälle u. a. m. (näher *Schröder,* JA 1995, S. 730 ff.). Im Zusammenhang mit den unterschiedlichen nationalen Standards zur nuklearen Sicherheit stellen sich hier zahlreiche heikle Fragen zum Geltungsbereich des EAG-Rechts, die noch nicht sämtlich befriedigend gelöst sind. Dabei überschneiden sich Gesichtspunkte des EAG-Gesundheits- mit denjenigen des **EG-Umweltschutzes** (unten Rz. 1993 ff.). Von besonderer Bedeutung ist daher auch für den EAG-Bereich die **„Verstärkungsklausel"** des Art. 130 t = 176 neu EGV, die grundsätzlich strengere nationale Maßnahmen zuläßt (str., vgl. auch *Lukes,* in: Dauses (Hrsg.), Hdb EG-Wirtschaftsrecht (1995), Rz. 26 und EuGHE 1992, I–6153 ff., RS C–76/90). – Umstritten und unausgetragen ist die Frage geblieben, ob (inzwischen eingestellte) **französische Atomwaffenversuche** auf dem pazifischen Mururoa-Atoll 1995 als gesundheitlich besonders gefährliche Versuche nach Art. 34 Abs. 2 EAGV der Zustimmung der Kommission bedurft hätten *(Schröder,* FAZ v. 23.08.1995, S. 11).

Insgesamt hat EURATOM seit seiner Gründung 1958 einen wesentlichen Aufgabenwandel vollzogen. Unter dem Eindruck oftmaliger Kritik und Skepsis an der Nutzung der Kernenergie, besonders seit 1986 (Tschernobyl), steht nicht mehr ihre Förderung im Vordergrund der EAG-Aktivitäten, sondern Gesundheits- und Umweltschutz vor radioaktiver Strahlung („nukleare Sicherheit"). 7 von 15 EAG-Mitgliedstaaten verzichten auf die friedliche Nutzung der Kernenergie. Deutschland schließt sich seit Ende 1998 dem allmählichen „Ausstieg" aus dieser Engergieart an.

4. „Europäische" Energiepolitik?

Die angesprochenen konzeptionell unterschiedlichen Regelungen im 1340
EGKS-, EGV- und EAG-Vertrag bieten **kaum eine Basis oder wirksame Rechtsgrundlage einer übergreifenden europäischen Energiepolitik.** Sie sind eine Art „Flickenteppich", dessen Einzelteile zu verschiedenen Zeiten mit jeweils unterschiedlichen Zielsetzungen entstanden. Bis zur Fusion der drei Gemeinschaftsexekutiven 1967 ergaben sich auch organisatorische Schwierigkeiten der Abstimmung. Dennoch besteht gerade im Energiebereich ein hoher Bedarf europäisch koordinierten Handelns und Planens *(Jarass,* Europäisches Energierecht, 1996, S. 13 ff.). Welche gesamtwirtschaftlichen, allein auf nationaler Ebene kaum lösbaren Probleme ein auch nur vorübergehender Energiemangel schaffen kann, hat die **Ölkrise 1973/74** belegt. Seitdem brach sich die Erkenntnis etwas stärker Bahn, daß es durch ein effektives Zusammenwirken in der Gemeinschaft möglich sein könnte, den übernationalen, längerfristigen Aspekten der Energiepolitik größeres Gewicht zu geben, nicht zuletzt, um auf internationaler Ebene die Interessen der EG als größtem Energieimporteur der Welt gegenüber den Anbietern (insbes. OPEC, Erdgaslieferanten, USA) und anderen Abnehmern (Japan) von Energie wirkungsvoller zu vertreten *(Krämer,* Die EG und die Ölkrise, 1974). Daher hat sich im Bereich der Außenbeziehungen, aber auch

in EG-interner Abstimmung seit den 60er Jahren in begrenzten Formen eine **energiepolitische Gemeinschaftspraxis** herausgebildet, die ihrerseits in weitergreifende internationale Bemühungen (insbesondere im Rahmen der OECD und der ihr eng verbundenen Internationalen Energie-Agentur IEA (oben Rz. 129) eingebettet ist (vgl. etwa *Eur. Kommission,* Gesamtbericht 1995, (1996), S. 157 ff.). Insofern läßt sich in einem begrenzten Sinne seit den 60er Jahren von einer EG-Energiepolitik sprechen, mit den Jahren 1973/74 als Zäsur.

II. EG-Energiepolitik bis zur Ölkrise 1973/74

Literatur: *Burgbacher/Wessels/Müller,* Die Energiewirtschaft im Gemeinsamen Markt, 1963; *Von der Groeben,* Die energiepolitische Konzeption der EG, 1965; *Regul,* Allgemeine Ziele für Energie und Koordinierung der Energiepolitik in der EG, in: Kaiser (Hrsg.), Planung I, 1965, S. 283 ff.; *Blondell/Spinelli,* L'énergie dans l'Europe des six, 1966; *Burchard/Müller/Michaelis,* Europas Energiestruktur im Wandel, 1967; *EG-Kommission* (Hrsg.), Erste Orientierung für eine gemeinschaftliche Energiepolitik, 1968; *Bukow,* Eine gemeinsame Energiepolitik in der EWG, Die öffentliche Wirtschaft, 1969, S. 20 ff.; *Haferkamp,* Grundzüge einer Energiepolitik in der EG, EA 1969, S. 115 ff.; *Krämer,* Zur Energiepolitik in der EG, Die Weltwirtschaft 1973, S. 128 ff.; *Krämer,* Die EG und die Ölkrise, 1974; *Emmerich,* Deutsche Energiepolitik in den letzten 25 Jahren, JZ 1982, S. 496 ff.; *Spierenburg/Poidevin,* Histoire de la Haute Autorité de la CECA, 1993.

1341 Die Europäische Energiepolitik war seit ihrem Beginn in der EGKS 1953 bis heute **starken Wandlungen** unterworfen, vor allem, weil sich die Struktur von Angebot und Nachfrage bei den verschiedenen Energieträgern (insbesondere Kohle, Erdöl und Kernenergie) im Laufe der Zeit stark veränderte.

1. Zu den grundsätzlichen Optionen einer EG-Energiepolitik

Jede europäische Energiepolitik sieht sich ähnlich wie nationale Maßnahmen vor dem **Dilemma zweier grundlegender Optionen:** Einerseits ist die **Einführung billiger Energie** (insbesondere Erdöl und Erdgas, aber auch Uran) kurz- und mittelfristig für die Gemeinschaft gesamtwirtschaftlich sinnvoll. Sie schafft aber eine Importabhängigkeit, deren Gefahren sich in den 70er Jahren deutlich gezeigt haben. Zudem führt diese Option zu Nachteilen für die einheimischen Energieträger (insbesondere für die Kohle) und zu entsprechenden sozialen Problemen. Daher erscheint auf der anderen Seite die **primäre Nutzung der heimischen Energieträger (insbesondere Kohle)** sozial wünschenswert und im Sinne einer größeren energiepolitischen Autarkie der Gemeinschaft bedenkenswert. Dieser Weg führt jedoch zu verteuerten Energiekosten und damit zu einer die nationalen Volkswirtschaften belastenden Verschlechterung der Konkurrenzfähigkeit Europas auf dem Weltmarkt. Innerhalb der Gemeinschaft tendieren Frankreich und Italien eher in die erste Richtung, während die Bundesrepublik und Großbritannien mehr die zweite Option betonen.

Weiterhin muß jede Energiepolitik berücksichtigen, daß gegenwärtig weniger rentable heimische Kapazitäten für den Fall einer **künftigen Energiekrise** neuen Wert gewinnen können (Kohle als „Reserve-Energie"). Daneben bedarf die Entwicklung neuer Energien und energiesparender Techniken wegen der Endlichkeit von Kohle und vor allem Erdöl **langfristig angelegter Planung und Förderung.** Seit den achtziger Jahren muß europäische Energiepolitik die **Abneigung relevanter politischer Kräfte in verschiedenen MSen gegen die Kernenergie (Ausstiegsszenarien)** in Rechnung stellen.

2. Die „mittlere Linie" der gemeinschaftlichen europäischen Energiepolitik

Die EG suchte, seit es ab 1964 zögernde Anfänge von Gemeinsamkeit gab (Protokoll eines Abkommens über die Energieprobleme vom 21.4.1964, ABl. S. 1099), zunächst in einer **mittleren Linie** diese extremen Optionen auszubalancieren, nachdem Ende 1957 die „Kohle-Ära" durch den Umschlag vom Mangel zum Überfluß ihrem Ende entgegenging und die „Öl-Ära" begann. Der Anteil des Öls am Gesamtverbrauch stieg von 1 % 1952 auf 58 % 1976. **1342**

a) Zum Konzept des Abkommens von 1964

Als Hauptziele wurden 1964 im Protokoll neben **billiger und sicherer Energieversorgung** ein **angemessener Wettbewerb** zwischen den Energieträgern und eine möglichst **freie Wahl der Verbraucher** genannt. Ein Kernpunkt dieser „mittleren" Politik war die **Lösung der Probleme des Steinkohlebergbaues.** Hierzu sollten vor allem die langsame Verminderung des Kohleabbaues und -verbrauchs (hauptsächlich über die nationale Gesetzgebung) und die Verstromung der Kohle (durch eine großzügigere Wettbewerbspolitik der EG) beitragen, was aber die ständige „Kohlekrise" nicht zu beseitigen vermochte.

Gleichzeitig wurde die Versorgung mit **Erdöl und Erdgas** zu niedrigen Preisen (weitgehend durch Drittlandeinfuhren) durch Nullzölle und eine gemeinsame Lagerhaltungspolitik von den MS forciert, wodurch eine immer stärkere Ölabhängigkeit entstand. Die Förderkapazität des Steinkohlebergbaues sank von 1957 bis 1972 um 41 % nämlich von 228 auf 144 Mio. Tonnen. Schließlich sollte der Aufbau der **Kernenergiewirtschaft** in den MS über Investitionshilfen und die Förderung von Forschungsvorhaben beschleunigt werden. Angesichts der niedrigen Ölpreise entwickelte sich die Nuklearenergie aber wesentlich langsamer als geplant. Die EAG spielte so zunächst eine viel geringere Rolle, als bei ihrer Gründung 1958 gedacht war. Dies lag auch an den unterschiedlichen nationalen Konzeptionen, die z. T. (Frankreich, Großbritannien) die militärische Nutzung der Kernenergie miteinbezogen und die friedliche Komponente unterschiedlich forcierten. Daher kam es Ende der 60er Jahre zu einer Krise der EAG (*Bähr,* EA 1970, S. 81 ff.).

b) Die Kommissionsinitiativen seit 1968

Das zweite wesentliche energiepolitische Dokument der EG war die **Erste Ausrichtung für eine gemeinschaftliche Energiepolitik** (*Bull,* EG, Beilage 12/68), die dem Rat von der kurz vorher vereinigten Kommission im Dezember 1968 vorgelegt wurde (*Haferkamp,* EA 1969, S. 115 ff.). Zu dieser Zeit ergingen auch **erste gemeinschaftsrechtliche Maßnahmen zur Sicherung der Energieversorgung.** Daß **1343** man bereits vor der Ölkrise im Hinblick auf die instabile politische Lage im Nahen Osten die Gefahr vorübergehender Versorgungsengpässe sah, zeigte die (auf Art. 103 EWGV gestützte) RL 68/414/EWG vom 20.12.1968 (ABl. L 308/14), in der die MS verpflichtet wurden, ihre Bestände an Erdölerzeugnissen ständig auf einem Stand zu halten, der einem Durchschnittsverbrauch von mindestens 65 Tagen (seit 1972 90 Tage) entspricht. Aus ähnlichen Motiven erging am 18.5.1972 die VO 1055/72/EWG über die Mitteilung der Einfuhr von Kohlenwasserstoffen an die Kommission (ABl. L 120/3), um einen Überblick über die Entwicklung von Angebot und Nachfrage zu ermöglichen. Am 24.7.1973 erging die RL 73/238/EWG über Maßnahmen zur Abschwächung der Auswirkungen von Schwierigkeiten bei der Versorgung mit Erdöl und Erdölerzeugnissen (ABl. 228/1), die sich bereits wenige Monate später bei der Bewältigung der Versorgungskrise ab Oktober 1973 durch eine enge Zusammenarbeit der MS bewähren sollte (*Lukes,* Energierecht, in: Dauses (Hrsg.), Hdb. EU-WirtschR. (1995), M, RdNr. 56).

Abgesehen von solchen wenigen Maßnahmen vorausschauender Art blieben die Initiativen der EG-Kommission für eine stärkere europäische Konzertierung der Energiepolitik (nach der „Ausrichtung" von 1968 vor allem weitere Vorschläge 1972) jedoch ohne Erfolg. Das Europäische Parlament stellte noch 1971 fest, **daß es keine europäische Energiepolitik gäbe.** Schließlich legte die Kommission im Jahre 1973 auf Veranlassung der Pariser Gipfelkonferenz der Staats- und Regierungschefs 1972 nochmals ein Memorandum über „Orientierung und vordringliche Maßnahmen auf dem Gebiet der gemeinschaftlichen Energiepolitik" vor. Auch diese Initiative folgte der „mittleren Linie" einer Verbindung billiger Öleinfuhren (einschließlich des o. g. vorsorglichen Krisenmanagements) mit gewisser Unterstützung des Steinkohlebergbaues und Förderung der Kernenergie (*Krämer,* Die Weltwirtschaft 1973, S. 128 ff.).

III. EG-"Energiestrategien" seit der Ölkrise 1973/74

Literatur: *Spaak,* Une stratégie européenne de l'énergie, Reflets et Perspectives de la vie économique,1974, S. 297 ff.; *Emmerich,* „Wettbewerbsordnung" für den europäischen Energiemarkt, AWD 1975, 88 ff.; *Bywater,* La politique énergétique commune, RMC 1977, S. 409 ff.; *Brunner,* Europäische Energiepolitik unter weltwirtschaftlichen Aspekten, EA 1979, S. 583 ff.; *Gabel,* Die Energiewirtschaft in der EG – Zehn Jahre nach der ersten Krise, Glückauf 1984, S. 520 ff.; *d'Herbès,* L'Europe et la coopération internationale dans le domaine énergétique, 1984; *Audland,* Energiepolitische Ziele für 1995, 1986; *EG-Kommission* (Hrsg.), Der Ölmarkt der Gemeinschaft, 1986; *Goletti,* Energy research and environment in the EC, RivDirEur 1986, S. 13 ff.; *Grunwald,* Tschernobyl und das Gemeinschaftsrecht, EuR 1986, S. 315 ff.; *Michaelis,* Ausstieg aus der Kernenergie und Europäische Integration, FS v. d. Groeben, 1987, S. 231 ff.; *EG-Kommission* (Hrsg.), Nukleare Sicherheit: die EG nach Tschernobyl, 1989; *Ehlermann,* EG-Binnenmarkt und Energiewirtschaft, EuZW 1992, S. 689 ff.; *Lukes,* Die Europäische Energiecharta, EuZW 1992, S. 401 ff.; *Lyons,* EC Energy Policy, 1992; *Scholz/Langer,* Europäischer Binnenmarkt und Energiepolitik, 1992; *Grawe,* Umweltschutz und Energiepolitik, in: Rengeling (Hrsg.), Umweltschutz und andere Politiken der EG, 1993, S. 87 ff.; *Schwarze,* European Energy Policy in Community Law, in: Mestmäcker (Hrsg.), International Energy and Resources Law and Policy Series, 1993, S. 153 ff.; *Kommission,* Weißbuch zur Energiepolitik 1995 = Dok KOM (95) 682 endg., dazu EuZW 1996,

S. 419 f.; *Kommission,* Globale Sicht der Energiepolitik und des energiepolitischen Handelns, 1997 = Dok KOM (97) 167 endg.; *Wolf,* Liberalisierung der europäischen Energiemärkte, BB 1998, S. 1433 ff.;

Der **OPEC-„Ölschock"** 1973/74 im Gefolge der Nahostkrise (der Ölpreis 1344
stieg um das Vierfache, um sich später 1979/80 nochmals zu verdreifachen) und die durch ihn bedingten Auswirkungen in Europa (Wirtschaftliche Stagnation, erhöhte Arbeitslosigkeit) führten zu einem **Wendepunkt in der EG-Energiepolitik,** die im Bewußtsein gemeinsamer Gefahren von außen seitdem zu einer etwas stärkeren Konzertierung übergegangen ist. In seinen **Entschließungen zur neuen energiepolitischen Strategie vom 17.9. 1974 und zu den Zielen der gemeinschaftlichen Energiepolitik für 1985 vom 17.12.1974** (beide ABl. 1975, C 153/1 ff.) gab der Rat seinem Willen Ausdruck, nunmehr eine Energiepolitik auf EG-Ebene auszuarbeiten und durchzuführen. Diese Bemühungen führten allerdings zu **keiner verpflichtenden rechtlichen Verfestigung.** Der **nationalen Ebene** kommt nach wie vor die **primäre Bedeutung** zu.

Die Kommission entwickelte seit der Ölkrise aufgrund ihres Informationspotentials zunächst **„EG-Energiestrategien"** bis 1985, dann bis 1995 und wiederum bis 2002. Rechtlich waren dies amtliche Mitteilungen und Zielvorgaben an die MS, über die im Rat ein lockeres politisches Einvernehmen hergestellt wurde. Inzwischen hat die Kommission am 13.12.1995 ein **Weißbuch zur Energiepolitik** verabschiedet (Text in: Bull.EG 12/1995). In ihm werden aktualisierte politische Zielsetzungen und ein Arbeitsprogramm mit Zeitplan entwickelt, das die energiepolitische Lage seit dem Inkrafttreten des Maastrichter EUV berücksichtigt. Die Mitteilung der Kommission „Globale Sicht der Energiepolitik und des energiepolitischen Handelns" von 1997 setzte diese Bemühungen um Kohärenz in der europäischen Energiepolitik fort.

1. „Strategien" seit den achtziger Jahren

Der **Grundgedanke** der seit 1974 in verschiedenen Ratsentschließungen 1345
(u. a. v. 16.09.1986 über neue energiepolitische Ziele der Gemeinschaft für 1995 und die Konvergenz der Politik der Mitgliedstaaten, ABl. C 341/1 ff.; *Audland,* Energiepolitische Ziele für 1995, 1986) **formulierten EG-Energiestrategie war die Verringerung der Abhängigkeit von Energieimporten, insbesondere Erdöl.** Ihr dienten einerseits **Energiesparmaßnahmen** und **Maßnahmen der Förderung der Forschung zugunsten erneuerbarer Energieträger** (RL 93/76 v. 13.09.1993 zur Begrenzung der Kohlendioxyd-Emissionen durch eine effizientere Energienutzung („SAVE", ABl. L 235/28 ff. und ALTENER-Programm zur Förderung der erneuerbaren Energieträger in der Gemeinschaft, Ratsentscheidung v. 13.09.1993, ABl. L 235/41 ff.). Ebenso gehörten hierzu der **Ausbau der Kernenergie,** an dem auch nach dem Reaktorunglück von Tschernobyl 1986 entschieden festgehalten wurde (*EG-Kommission* (Hrsg.), Spezifisches Programm für Forschung„Erhaltung des Ökosystems", 1998). Jedoch wurde dabei ein noch stärkerer Akzent als

bisher auf die Reaktorsicherheit gesetzt *(EG-Kommission* (Hrsg.), Nukleare Sicherheit: die EG nach Tschernobyl, 1989). Die Beteiligung an der Fortentwicklung der Kernenergie war von MS zu MS unterschiedlich.

Im Rahmen dieser Strategie gelang es tatsächlich, den Anteil von Drittlandsölimporten am Energieverbrauch innerhalb der EG erheblich zu senken (zwischen 1973 und 1985 von 62 % auf 31 %, wobei die Erschließung des britischen Nordseeöls hilfreich war, *Woodcliffe,* CMLRev 1975, S. 52 ff.). Ebenso werden in den neunziger Jahren ca. 35 % des Strombedarfs innerhalb der Gemeinschaft durch die friedliche Nutzung der Kernenergie gedeckt.

Die wesentlichen Rechtsakte der Gemeinschaft im Rahmen der „Strategien" seit den achtziger Jahren im Fundstellennachweis des geltenden Gemeinschaftsrechts, 12.10).

1346 Neben diese sog. **„horizontalen" (die einzelnen Energieträger betreffenden) Ziele** trat die für alle Energieträger gemeinsame Zielsetzung, **den Energiebinnenmarkt soweit als möglich durchzusetzen.** Sie fand im Maastrichter Unionsvertrag 1992 mit dem neuen Vertragsziel des Art. 3 lit. t = u neu EGV Ausdruck, Maßnahmen im Energiebereich zu treffen. Hierzu gehören nicht nur die verschiedenen Anläufe, insbesondere einen **gemeinsamen Elektrizitäts- und Gasmarkt** schrittweise herzustellen (oben Rz. 1329 f. und *Ehlermann,* EuZW 1992, S. 689 ff.). Ebenso rechnen hierher Maßnahmen zur **Verbesserung der Versorgungssicherheit** (Vorratshaltung, Diver-sifizierung der Energiequellen und der Lieferländer), Maßnahmen des **Umweltschutzes** (z. B. gemeinsame Normen für bleifreies Benzin) und die energiepolitische Förderung benachteiligter Regionen, etwa durch Beihilfen für die Umstellung und Modernisierung des Kohlesektors *(Bywater,* RMC 1977, S. 333 ff.). Außenwirtschaftlich diente der Abschluß der **„Europäischen Energiecharta"** 1994 (Sitz: Brüssel) mit osteuropäischen Staaten der Schaffung eines gesamteuropäischen Energieverbundes *(Lukes,* EuZW 1992, S. 401 ff.).

2. Perspektiven zur Jahrhundertwende

1347 Mit dem **Weißbuch 1995 der Kommission zur Energiepolitik** (oben Rz. 1325), das grundsätzlich vom Rat gebilligt wurde (ABl. 1995, C 327/3)) und der Mitteilung 1997 ist die bisherige Strategie in der gemeinschaftlichen Energiepolitik über die Jahrtausendwende fortgeschrieben worden. **Zentrale Zielsetzungen** bleiben die Herstellung eines gemeinsamen Energiemarktes, die Bewältigung der Einfuhrabhängigkeit sowie eine dauerhafte Energieversorgung durch Förderung der Energietechnologien und der Energieforschung (Weißbuch zur Energiepolitik, EuZW 1996, S. 419 ff.). Mit den Zielsetzungen des Weißbuches sollen andererseits keine weitergehenden Maßnahmen ausgeschlossen werden, die im Zuge von Reformen der Gemeinschaftsverträge zugunsten einer weiteren Vergemeinschaftung der Energiepolitik beschlossen werden könnten. Vorläufig sind solche grundsätzlichen Fortschritte jedoch nicht in Sicht. Der Amsterdamer Vertrag 1997 klammerte die Energiepolitik aus.

Wie schon die Strategien 1985/1995, geht auch die weitere EG-Energiepolitik unbeschadet unterschiedlicher Akzentuierungen in den MSen von der Vorstellung aus, daß nur ein **„Mix“ der vier Primärenergien Erdgas, Erdöl, Kernkraft und Kohle** den EG-Energiebedarf mittelfristig in einer wirtschaftlich tragfähigen Weise decken kann. Erneuerbare („alternative“) Energiearten sollen gefördert werden. Nach bisherigem Erkenntnisstand vermögen sie jedoch die bisherigen Hauptenergiearten nur in einem sehr geringen Umfang zu ersetzen *(Michaelis,* FS v. d. Groeben, 1987, S. 231 ff.).

IV. Ausblick: Fortbestehende Defizite der EG-Energiepolitik

Literatur: *EG-Kommission* (Hrsg.), Neue Energien für die Gemeinschaft, 1980; *Cassette/Mailette,* L'énergie en Europe: La vision de la Commission et celles des européens, RMC 1986, S. 243 ff.; *Guilmot* u.a., Energy 2000. A reform projection and alternative outlook for the EC and the world to the year 2000, 1986; *EG-Kommission* (Hrsg.), Fortführende Politik der effizienten Energienutzung in der Gemeinschaft, 1987; *Mosar,* La politique de l'énergie dans la CE: 'Un état de l'Union', Revue de l'énergie 1987, Nr. 389, S. 1 ff.; *Maillet,* A la recherche de l'introuvable politique énergétique européenne, RMC 1988, S. 504 ff.; *Metzenthin,* Kommunen und der EG-Binnenmarkt für Energie, EuR 1990, S. 70 ff.; *Palinkas,* Die Europäische Energie-Charta und die Revision der EG-Verträge im Energiebereich, 1992; *Steinberg/Britz,* Die Energiepolitik im Spannungsfeld nationaler und europäischer Regelungskompetenzen, DÖV 1993, S. 313 ff.; *Tettinger,* Energierecht in Europa – Kritische Randbemerkungen, FS Everling, 1995, S. 1529 ff.; *Oesterwind,* Wettbewerb in der Energiewirtschaft, Orientierungen 69 (1996), S. 29 ff.; *Weissel,* Wettbewerbspolitik im Energiesektor, ZRVgl. 1998, S. 152 ff.

Der Gemeinschaft fehlen infolge der unglücklich disparaten Vertrags- **1348**
lage (oben Rz. 1322) im Bereich der Energiepolitik nach wie vor die rechtlichen Instrumente, um im selben Umfang wie etwa im Handels- und Agrarbereich eine stringente gemeinsame Politik zu betreiben. Die Energiepolitik wird daher **auch künftig in erster Linie eine nationale Angelegenheit** (mit der Gefahr erheblicher Divergenzen unter den MS) bleiben, die durch flexible **Maßnahmen und Empfehlungen der EG in einzelnen Bereichen ergänzt und koordiniert wird.** Seit dem Maastrichter Unionsvertrag 1992 wird auch in der Energiepolitik der **Grundsatz der Subsidiarität** verstärkt eingefordert *(Jarass,* Europ. Energierecht, 1996, S. 157). Als Folge der Ölkrise haben die MS immerhin erkannt, daß auf Gemeinschaftsebene ein gewisses Maß an Abstimmung und Konsens erforderlich ist, um den langfristigen Problemstellungen innerhalb Westeuropas in diesem Bereich gerecht zu werden *(Cassette/Maillet,* RMC 1986, S. 243 ff.). Dabei darf das Element der Zusammenführung der nationalen „Energiephilosophien“ über die sammelnde, ordnende, zum Teil auch inspirierende Aktion der Kommission, die den Energieministerrat beeinflußt, nicht zu gering angesetzt werden. Ferner ge-

winnt die Gemeinschaft über die Möglichkeiten **finanzieller Mithilfe** (EAG-Darlehen u. a. oben Rz. 863) und über die **Forschungs- und Technologiepolitik** der EG an Einfluß. Letztere erhielt seit 1986 über ihre Institutionalisierung in der Einheitlichen Europäischen Akte (Art. 130 ff. = 157 ff. neu EGV) einen Schub (unten Rz. 1947 ff.), der nicht zuletzt der Energiepolitik zugute kam. Gemeinschaftsrechtliche Kompetenzen für eine wirklich europäische Energiepolitik brachte die Einheitliche Europäische Akte 1986 bezeichnenderweise jedoch nicht.

Der Maastrichter Unionsvertrag 1992 und der Amsterdamer Vertrag 1997 haben hieran praktisch nichts geändert. Energiepolitik bleibt bis auf weiteres im wesentlichen eine gemeinschaftlich koordinierte und nicht eine gemeinsame Politik der EG (*Steinberg/Britz,* DÖV 1993, S. 313 ff.).

§ 20. Landwirtschaft (mit Fischerei)

Literatur: Die Literatur zur EG-Agrarpolitik ist mittlerweile in ihrem Umfang nahezu unüberschaubar. Eine umfangreiche Zusammenstellung bei *Gilsdorf,* in: Grabitz/Hilf (Hrsg.), EUV/EGV-Komm. (1994), vor Art. 38 EGV und zur Fischerei bei *Fischer,* a. a. O. (1996), nach Art. 47 EGV.

Einige Gesamtdarstellungen: *Brunet,* La politique agricole commune de la CEE, 1964; *Götz,* Zum Recht der Gemeinsamen Agrarpolitik der EWG, NJW 1968, S. 1545 ff.; *Mégret,* La politique agricole commune, RTDE 1971, S. 457 ff.; *Gottsmann,* Der Gemeinsame Agrarmarkt, 1973 ff. (Losebl.); *v. d. Groeben/Möller,* Die agrarwirtschaftliche Integration Europas, 1979; *Priebe,* Die deutsche Agrarpolitik und die EG, EA 1979, S. 537 ff.; *Wörlen,* Agrarrecht in Europa, 1983; *EG-Kommission,* Perspektiven für die Gemeinsame Agrarpolitik, KOM (85) 333 endg. („Grünbuch"), 1985; *Hrubesch,* 30 Jahre Agrarmarktsystem, Aus Politik und Zeitgeschichte 18/1987, S. 34 ff.; *Snuder,* Droit de la politique agricole commune, 1987; *Usher,* Legal aspects of agriculture in the EC, 1988; *Ehlermann,* Europäisches Agrarrecht als Instrument der Gemeinschaftspolitik, AgrR 1989, II, S. 113 ff.; *EG-Kommission* (Hrsg.), Die Gemeinsame Agrarpolitik der EG zu Beginn der 90er Jahre, 1990; *Götz/Hudault,* Harmonisierung des Agrarrechts in Europa, 1991; *Olmi,* Politique Agricole Commune (Comm. Mégret, Bd. 2) 2. Aufl. 1991; *Pikalo/Weimar/Winkler* (Hrsg.), Agrarrecht in Europa, 1991; *Priebe,* Wie „subsidiär" kann die Gemeinsame Agrarpolitik sein?, EuZW 1993, S. 425; *Steding,* Landwirtschaft – wichtiger Bereich des EG-Rechts, WiR 1993, S. 144 ff.; *Urff,* Der Agrarhandel in der Uruguay-Runde des GATT, Integr. 1993, S. 80 ff.; *Barents,* The agricultural law of the EC, 1994; *Borchert,* Agrarpolitik in der EU ist Politik für die deutsche Landwirtschaft, in: Borchert u. a. (Hrsg.), Europäische Integration als deutsches Interesse, 1994, S. 17 ff.; *Gavin,* The implications of the Uruguay-round-agreements for the Common Agricultural Policy, 1994; *Trozman,* Agricultural Policy management, CMLRev 1995, S. 1380 ff.; *Europ. Kommission,* Die Gemeinsame Agrarpolitik im Wandel, 1996; *Schmitt,* Agrarpolitik, in: Klemmer (Hrsg.), Hdb. Europ. Wirtsch.Pol. 1998, S. 141 ff.

Vorbemerkung: Landwirtschaft – administrierter Problembereich des Binnenmarktes

Der Gemeinsame Markt **umfaßt auch die Landwirtschaft** und den Handel mit landwirtschaftlichen Erzeugnissen (Art. 38 Abs. 1 = 32 Abs. 4 neu EGV). Mit dieser Grundentscheidung wird das Bekenntnis zu einer umfassenden Wirtschaftsunion über den gewerblich/industriellen Bereich hinaus entscheidend bekräftigt. Im Gegensatz zu anderen Wirtschaftsorganisationen (Bsp. EFTA, oben Rz. 135) verfolgt die EG im Sinne ihrer allgemeinpolitischen Zielsetzungen (oben Rz. 912 ff.) eine möglichst vollständige Einigung der Volkswirtschaften der MS und kann daher auch einen solchen, durch mancherlei „Besonderheiten" charakterisierten, regelmäßig stark in der jeweiligen nationalen Wirtschaftsordnung verankerten Bereich wie die Landwirtschaft nicht aussparen. **1349**

Praktisch jeder MS hatte 1957/58 und z. T. noch später sein eigenes Agrarsystem mit einer Fülle marktordnender Maßnahmen (Preis- und Abnahmegarantien, Beihilfen, Schutzzölle nach außen u. a. m., näher *Priebe/Scheper/Urff,* Agrarpolitik **1350** in der EG, 1984). Dabei waren die **grundsätzlichen Ziele der nationalen Agrarpolitiken durchaus unterschiedlich.** Neben ausfuhrorientierten Systemen mit Niedrigpreispolitik (z. B. Frankreich, Niederlande) standen protektionistisch und hochpreislich ausgerichtete Politiken (Deutschland, vor dem Hintergrund der „Reichsnährstandspolitik" vor 1945) oder auf größere traditionelle Importe orientierte Agrarordnungen wie diejenigen Großbritanniens. Kleinbetrieblichen Strukturen (Italien, z. T. Deutschland) standen größere Betriebe in anderen MS gegenüber *(Hrubesch,* 30 Jahre EG-Agrarmarktsystem, APUZ 18/1987, S. 34 ff.).

1351 Wegen dieser nationalen Besonderheiten war es nicht möglich, die Landwirtschaft einfach in den freien Warenverkehr der Zollunion (oben Rz. 1267 ff.) aufzunehmen, sondern mit der Entwicklung und dem Funktionieren des Gemeinsamen Marktes für landwirtschaftliche Erzeugnisse mußte die Gestaltung einer **gemeinsamen Agrarpolitik** (GAP) Hand in Hand gehen. Sie umfaßt gleichzeitig eine gemeinsame **Fischereipolitik** (Art. 3 lit. e, 38 Abs. 4 = 32 Abs. 4 neu EGV). Ihre Grundlinien wurden in den Art. 39–47 = 33–38 neu EGV abgesteckt, die durch den Amsterdamer Vertrag 1997 in eine bereinigte Fassung gebracht wurden. Im wesentlichen war die GAP durch sekundäres Gemeinschaftsrecht zu verwirklichen, unter dem die **großen Marktordnungen für die einzelnen landwirtschaftlichen Produkte** herausragen (unten Rz. 1376 ff.). Es war ein bemerkenswerter Vorgang, daß es in den 50er und 60er Jahren tatsächlich gelang, trotz der schwierigen Ausgangslage in den MS diese gemeinsame Agrarpolitik in einem Umfang zu verwirklichen, daß sie nicht selten als **„Eckpfeiler des europäischen Einigungswerkes"** o. ä. bezeichnet wurde. Kritisch wird allerdings längst von einer **„Agrarlastigkeit"** der EG gesprochen, etwa mit dem Hinweis, daß ungefähr zwei Drittel des jährlichen EG-Haushaltes auf den Landwirtschaftssektor verwendet werden (oben Rz. 840) oder daß sich der ganz überwiegende Teil der Rechtsetzungstätigkeit der Gemeinschaft (mehrere Tausend meist ephemere Durchführungsregelungen jährlich, vgl. Fundstellennachweis des geltenden Gemeinschaftsrechts, 0.3–0.4 = ca. 380 Seiten!) auf den Agrarbereich bezieht. Zeitgeschichtlich/politisch gesprochen, kann man die rasche, erfolgreiche Entwicklung der EG-Agrarpolitik als die Einlösung jenes großen **Kompromisses zwischen den Agrar- und Industrieinteressen** bestimmter MS (vor allem Frankreichs einerseits, Deutschlands andererseits) bezeichnen, auf dem der Inhalt des EWG-Vertrages 1957/58 wesentlich beruhte *(Marmulla/Brault,* Europäische Integration und Agrarwirtschaft, 1958). Nicht unwesentlich war ferner, daß die EWG-Kommission 1958 mit *Sicco Mansholt* über eine bedeutende Persönlichkeit verfügte, die der EG-Agrarpolitik ein „Gesicht" verlieh.

1352 Die **Entwicklung der Gemeinsamen Agrarpolitik** (GAP) begann mit der in Art. 43 Abs. 1 EWGV vereinbarten Konferenz der MS in **Stresa** 1958. Ihre Ergebnisse (ABl. 1958, S. 281) führten zu den Kommissionsvorschlägen 1959 ff. **(„1. Mansholt-Plan"),** die bis 1962, zuletzt im „ersten Agrarmarathon", verabschiedet wurden und die Grundlage der ganzen folgenden Agrarpolitik darstellten. Es handelte sich um die **Verabschiedung der ersten europäischen Marktordnungen und die Begründung des Prinzips der gemeinsamen Finanzierung.** Dabei wurde der gemeinsame Preis zum regulierenden Grundinstrument in einem freien Agrarbinnenmarkt gewählt, der nach außen durch eine Abschöpfungsregelung vom Weltmarkt abgeschottet wurde. In den 60er Jahren fielen dann eine Reihe weiterer wichtiger Entscheidungen, wie die Festsetzung des **gemeinsamen Getreidepreises** 1964, nach Überwindung der EG-Krise 1965/66 die abschließende Regelung der Agrarfinanzierung *(Hallstein,* Das „Rats-Marathon" zur Agrarfinanzierung (1966), in: Europäische Reden, 1979, S. 628 ff.), Preisfestsetzungen und Marktordnungen für weitere Produkte, Zug um Zug mit der Herstellung der Binnenmarktfreiheit. 1968 suchte der **„2. Mansholt-Plan"** (Kommissionsmemorandum „Landwirtschaft 1980") neben der Marktordnungspolitik, die **Agrarstrukturpolitik** im Sinne einer wettbewerbsfähigen Modernisierung der landwirtschaftlichen Betriebe zu entwickeln – mit begrenztem Erfolg.

In den 70er Jahren folgte die **Ausdehnung der Marktordnungssysteme** auf die 1353
noch verbleibenden landwirtschaftlichen Erzeugnisse bis mittlerweile zur Einbeziehung von über 90 % dieser Produkte in die Vergemeinschaftung *(v. d. Groeben/Möller,* Die agrarwirtschaftliche Integration Europas, 1979). Außerdem mußte ab 1973 die Landwirtschaft Dänemarks, Großbritanniens und Irlands in das europäische System integriert werden *(Alvensleben/Koester/Storck,* Agrarwirtschaft und Agrarpolitik in einer erweiterten Gemeinschaft, 1981). Mit dem Beitritt dieser maritim interessierten MS aktualisierte sich das Problem der in Art. 38 = 32 neu EGV bereits grundsätzlich angesprochenen **gemeinsamen Fischereipolitik.** Sie fand in den Art. 98 ff. Beitrittsakte 1973 ihre eigentliche Rechtsgrundlage. Die Geburt des **„blauen Europas"** gestaltete sich jedoch schwierig. 1976 nahm der Rat im Zuge der internationalen Seerechtsentwicklung *(Vitzthum,* AöR 1986, S. 33 ff.) eine Wirtschafts(Fischerei)zone von 200 sm ab Küste als „EG-Meer" in Anspruch (oben Rz. 189). Seitdem tritt die EG in den internationalen Fischereibeziehungen im wesentlichen als Einheit auf. Andererseits bestanden vor allem die Engländer auf den „historischen Fischereirechten" vor ihrer Küste, deren Sicherung ihnen beim Beitritt übergangsweise zugestanden worden war. Erst 1983 konnte die schon 1970 begonnene Fischereiordnung im Kern vollendet und der **Grundsatz einer EG-weiten gemeinsamen Fischereizone** – mit wesentlichen Ausnahmen zugunsten „historischer Rechte" (unten Rz. 1403) verankert werden. Der Beitritt Griechenlands 1981 und Spaniens (mit der größten Fischereiflotte eines MS) sowie Portugals 1986 schuf erneute Übergangsprobleme bis in die neunziger Jahre. Weltweit steht die EG nunmehr im Fischfang an 3. Stelle.

Bei den landwirtschaftlichen Erzeugnissen erbrachte die GAP in den 70er und 1354
80er Jahren aufgrund des Prinzips der (preis)garantierten Abnahme der wesentlichen Produkte unbestreitbare Erfolge, die freilich bald ihre Kehrseite zeigten. Durch **erhebliche Produktionsausweitung** wurde der Selbstversorgungsgrad der EG z. T. dramatisch gesteigert (Bsp. Getreide bis 1984 auf 105 %, Zucker 123 %, Fleisch 102 %, Butter 147 %, Milchpulver 317 %; *EG-Kommission,* Die GAP der EG, 1986, S. 6). Die Gemeinschaft trat damit neben den USA als der zweite große **Agrarexporteur im Welthandel** auf und leistete im Rahmen ihrer Entwicklungspolitik (unten Rz. 1832 f.) **Nahrungsmittelhilfe** in bedürftige Staaten der Dritten und Vierten Welt. Daneben blieb die EG der weltweit größte Importeur anderer, insbesondere tropischer Agrarerzeugnisse. Das **Preissystem der Marktorganisationen** mit der jährlichen „europäischen" Preisfestsetzung durch den Rat (unten Rz. 1386) führte zu zeitweilig positiven Entwicklungen der landwirtschaftlichen Einkommen bei relativ stabilen, wenn auch international gesehenen hohen Verbraucherpreisen.

Vor allem in den achtziger Jahren überschatteten jedoch die **Fehlent-** 1355
wicklungen der Gemeinsamen Agrarpolitik immer mehr ihre Erfolge *(Constantinides/Mégret,* La politique agricole commune en question, 1982).

Angebot und Nachfrage gerieten vor allem durch die Abnahmegarantie bei den wichtigsten Produkten aus dem Gleichgewicht, was zu **exzessiven öffentlichen Lagerbeständen** führte („Butterberge und Weinseen"), deren Gemeinschaft und MS nur unter nochmaligem finanziellem Einsatz mittels verbilligtem Export auf dem Weltmarkt, über Sonderaktionen („Weihnachtsbutter") oder letztlich durch Vernichtung („Denaturierung") kostspielig halbwegs Herr zu werden vermochten. 1981–1986 verdoppelten sich die Agrarkosten von 11 auf 22 Mia. ECU. Seit dem Ende der 80er Jahre wurde eine Fortsetzung der GAP in der bisherigen Form als nicht mehr tragbar angesehen. In zwei größeren Reformschritten 1989 und vor allem 1992 kam es zu einem gewissen Umsteuern der GAP in Richtung einer **Stärkung der Agrarstrukturpolitik** und einer **Begrenzung der Garantiefinanzierungen.**

1356 Nachdem die Einheitliche Europäische Akte 1987 in den neuen Art. 130 a ff. = 158 ff. neu EGV die **Struktur- und Regionalpolitik** im Sinne eines umfassenden Ansatzes reformiert hatte (oben Rz. 968 ff.), wurde u. a. der **Agrarfonds** in die gemeinsame Aktion der „Strukturfonds" (Art. 130 b = 159 neu EGV) einbezogen und auf diese Weise seit 1989 die **Agrarstrukturpolitik** mit einer Reihe neuer Maßnahmen (Modernisierungsinvestitionen, Beihilfen für Stillegung, Extensivierung und Umstellung, unten Rz. 1408 ff.) aus ihrer bisher „stiefmütterlichen" Rolle neben der Marktordnungspolitik herausgeführt (unten Rz. 1413). Der **Schwerpunkt der Agrarreform** vor allem mittels der „Mac Sharrey-Reformen von 1992" lag im gleichzeitigen Umbau dieser Marktordnungspolitiken mit dem hauptsächlichen Ziel, die unerträgliche **Expansion der Preisgarantie-Zahlungen** (1987 62,6 % des Gemeinschaftshaushaltes!) einzugrenzen *(Priebe,* EuZW 1992, S. 506 ff.). Nachdem erste Maßnahmen in den 80er Jahren (Mitverantwortungsabgabe Getreide 1986, verschiedene Interventionsbegrenzungen, Quotenregelung bei Milch, Abbauverbote bei Wein, Einführung von Preisstabilisatoren) keinen durchgreifenden Erfolg gezeitigt hatten, wurde die „Produktion für die Intervention" 1992 vor allem bei Getreide durch ein Absenken des Stützpreisniveaus um 30 % entmutigt. Um die Einkommensverluste der Bauern auszugleichen, wurden **erzeugungsunabhängige Ausgleichsregelungen** (direkte Zahlungen i. V. m. Flächenstillegungen und weitere begleitende Maßnahmen) eingeführt. – Zu dieser grundsätzlichen Umsteuerung der GAP trug gleichzeitig der Abschluß der **GATT- Uruguay-Runde** 1993 bei, in die erstmals der Weltagrarhandel einbezogen worden war. In dem nach schwierigen Verhandlungen zustandegekommenen **„Agreement on Agriculture"** (ABl. 1994, L 336/22 ff.) verpflichtete sich die EG auf Druck der großen Agrarexportländer (USA, Cairns-Gruppe) zur **„Tarifizierung"** ihres Außenschutzes binnen 6 Jahren, der damit für die Drittländer berechenbarer wird. Die EG muß wie die anderen GATT/WTO-Vertragsparteien in dieser Zeit einen 36 %igen „Tarifabbau" bewerkstelligen, verschiedene interne Stützungsmaßnahmen verringern und auch die Exportbeihilfen wesentlich abbauen *(Schrömbges,* ZfZ 1996, S. 2 ff., 40 ff. und unten Rz. 1390).

1357 Insgesamt gesehen hat die Gemeinschaft mit den eigenen Reformen von 1992 und den Verpflichtungen aus dem WTO-Agrarabkommen 1994 eine **Wende der Gemeinsamen Agrarpolitik** eingeschlagen. Sie geht in Richtung einer stärkeren **Marktorientierung der GAP,** die sich mit einer gewissen Liberalisierung des Agraraußenhandels verbindet. Es bleibt jedoch noch viel zu tun. „Reformen der Reform" zeichnen sich bereits in Gestalt von

Auseinandersetzungen um den Agrarteil der **„Agenda 2000"** der Europäischen Kommission ab (unten Rz. 1416).

I. Grundlagen der Gemeinsamen Agrarpolitik

Literatur: *Mégret,* Principes du régime applicable à l'agriculture dans le Marché Commun, RMC 1964, S. 267 ff.; *Ries/Guida,* L'application des règles de concurrence du Traité CEE à l'agriculture, CDE 1968, S. 60 ff.; *Scherer,* Die Agraraußenhandelsunion der EWG, NJW 1973, S. 2129 ff.; *Lux,* Zollkontingente und Zollaussetzungen für Marktordnungswaren, ZfZ 1981, S. 34 ff.; *Monaco,* Politica agricola comune, mercato agricolo nazionale e nuovo piano agricolo italiano, RivDirEur 1985, S. 109 ff.; *Herranz-Saez,* El sector forestal en la comunidad economica, Revista de Est. agro-sociales 1986, S. 41 ff.; *E. U. v. Weizsäcker,* Elemente einer europäischen Agrar-Umweltpolitik, FS Priebe, 1987, S. 273 ff.; *Karpenstein,* Zur Frage eines Notgesetzgebungsrechts der Kommission im Rahmen der Gemeinsamen Agrarpolitik, GS Geck, 1989, S. 405 ff.; *Gottschewski,* Wechselwirkungen zwischen der Gemeinsamen Agrarpolitik und anderen Politikbereichen, Europ. Integr.-Mitteilungen 16, 1989, S. 3 ff.; *Ventura,* Politique agricole commune et réalisation du marché unique, RMC 1990, S. 122 ff.; *Gaster,* Die Überwachung des Agrargemeinschaftsrechts durch die Mitgliedstaaten, 1990; *Corcelle,* Agriculture et environnement, RMC 1991, S. 180 ff.; *Priebe,* Einigung des Rates über die Agrarreform, EuZW 1992, S. 506 ff.; *Blumann,* La réforme de la Politique Agricole Commune, RTDE 1993, S. 243 ff.; *Götz,* Agrarumweltrecht in der EG, in: Rengeling (Hrsg.), Umweltschutz und andere Politiken der EG, 1993, S. 173 ff.; *Mahé,* La réforme de la Politique Agricole Commune, RMC 1993, S. 222 ff.; *Priebe/Mögele,* Agrarrecht, in: Dauses (Hrsg.), Hdb. EU-WirtschR. (1993), G; *Gilsdorf/Priebe/Booss,* Landwirtschaft, in: Grabitz/Hilf (Hrsg.), EUV/EGV-Komm. (1994), Art. 38 ff. EGV; *Heine,* Währungsfragen der Agrarpolitik (1994), in: Grabitz/Hilf (Hrsg.), EUV/EGV-Komm., Anhang B nach Art. 47 EGV; *Grimm,* Agrarrecht, 1995; *Gilsdorf,* Der Grundsatz der Subsidiarität und die GAP, GS Grabitz, 1995, S. 77 ff.; *Becker/Celik,* EG-Marktordnungsrecht im Konflikt mit den GATT-Vorschriften und deutschem Verfassungsrecht, 1996; *Thiele,* Das Recht der Gemeinsamen Agrarpolitik der EG, 1997;

Die Grundlinien der Gemeinsamen Agrarpolitik (GAP) sind über die **1358**
Art. 38 ff. = 32 ff. neu EGV vorgezeichnet. Sie lassen den politischen Entscheidungen des Rates als Gemeinschaftsgesetzgeber einen verhältnismäßig weiten Spielraum.

1. Der Agrarmarkt als Teil des Gemeinsamen Marktes

Wenn Art. 38 Abs. 1 = 32 Abs. 1 neu EGV die Landwirtschaft und den Handel mit landwirtschaftlichen Erzeugnissen in den Gemeinsamen Markt einbezieht, bedarf es zunächst der **Definition des agrarischen Bereichs.** Dies unternimmt Art. 38 Abs. 1 S. 2 i. V. m. Art. 38 Abs. 3 = 32 Abs. 1 S. 2 i. V. m. 32 Abs. 3 neu EGV.

a) Zum Begriff der Landwirtschaft

Landwirtschaftliche Erzeugnisse sind danach die Erzeugnisse des Bodens, der Viehzucht und der Fischerei („Urproduktion") sowie die mit diesen in unmittelbarem Zusammenhang stehenden Erzeugnisse der 1. Verarbeitungsstufe (Bsp. Margarine). Diese Definition hat jedoch nur den Wert einer Grundaussage. Entscheidend dafür, was als landwirtschaftliches Erzeugnis im Sinne des Art. 38 = 32 neu EGV angesehen wird, ist nach Art. 38 Abs. 3 = 32 Abs. 3 neu EGV die konstitutiv wirkende **Aufnahme in die „Positivliste" des Anhanges II zum EGV** (abgedruckt u. a. bei *Kummer,* in: GTE, Komm. EWGV, 4. Aufl. 1991, hinter Art. 38). Diese Liste konnte definitiv (EuGHE 1974, 607 ff. – RS 185/73) nur bis Ende 1959 ergänzt werden. Bei neuartigen landwirtschaftlich geprägten Verarbeitungserzeugnissen sind gelegentlich Agrarregeln mit Hilfe des Art. 235 = 308 neu EGV angewendet worden (näher *Gilsdorf/Priebe,* in: Grabitz/Hilf (Hrsg.), EUV/EGV-Komm. (1994), Art. 38, RdNr. 9). Praktisch gehören so alle klassischen Agrarerzeugnisse wie Getreide, Fleisch, Obst, Gemüse, Tabak, Fisch etc. sowie die bekannten Verarbeitungserzeugnisse wie z. B. Butter, Mehl, Öl, Zucker, Wein, Alkohol usw. zum Anwendungsbereich der Art. 38 ff = 32 ff. neu EGV.

Nicht unter Anhang II und Art. 38 ff = 32 ff. neu fallen z. B. Holz (str., a. A. EG-Kommission, die sich um eine **EG-Forstpolitik** bemüht), Baumwolle und Seide (näher *Gilsdorf/Priebe,* a. a. O., Art. 38, RdNr. 11–14).

b) Gemeinsame Agrarpolitik und allgemeine Vertragsregelungen

1359 Für diese landwirtschaftlichen Erzeugnisse gilt die Grundaussage des Art. 38 Abs. 2 = 32 Abs. 2 neu EGV, **daß die Vorschriften des Gemeinsamen Marktes Anwendung finden,** soweit in den Art. 39 bis 46 = 33 bis 38 neu, die sich mit dem Aufbau der spezifischen gemeinsamen Agrarpolitik befassen, nichts anderes bestimmt ist. In der näheren Anwendung dieses Grundsatzes ist es gelegentlich nicht einfach zu bestimmen, inwieweit die Setzung sekundären Agrarrechts auf die Rechtsgrundlagen der Art. 39 ff. = 33 ff. neu, insbesondere auf Art. 43 = 37 neu EGV zu stützen ist oder auf die entsprechenden Befugnisse in den allgemeinen Vertragskapiteln, z. B. bei Maßnahmen der Agrarrechtsangleichung auf Art. 100 ff. = 94 ff. neu EGV.

1360 Eindeutig ist, daß die **Grundfreiheiten des Waren-, Personen- und Kapitalverkehrs auch für den Agrarmarkt gelten.** So dürfen im Binnenmarkt weder Zölle/zollgleiche Abgaben noch mengenmäßige Beschränkungen/MgW i. S. der Art. 9 ff., 30 ff. = 23 ff., 28 ff. neu EGV (oben Rz. 1275 ff.) bestehen (EuGHE 1978, 927 ff. – Verb. RS 80 u. 81/77 st. Rspr.). Andererseits können an der Außengrenze der Zollunion über Art. 43 = 37 neu EGV neben oder anstelle des GZT für agrarische Erzeugnisse spezifische Instrumente wie Abschöpfungen („Gleitzölle", unten Rz. 1378) eingeführt werden. Probleme ergaben sich öfters, ob Agrarrechtsangleichung auf Art. 100 ff. oder 43 = 94 ff. oder 37 neu EGV, Agraraußenhandelspolitik auf Art. 110 ff. oder Art. 43 = 131 ff. oder 37 neu EGV gestützt werden sollte. Grundsätzlich bleibt bei diesen Fragen zu bedenken, daß Art. 38 = 32 neu EGV (wie z. B. auch Art. 42 = 36 neu hinsichtlich des Wettbewerbs erkennen läßt) eine **möglichst umfassende Geltung der allgemeinen Vertragsregeln im Agrarbereich** anstrebt. (aA EuGHE 1988, 855 ff. – RS 68/86 st. Rspr., der in Verkennung des Regel/Ausnahmeverhältnisses des Art. 38 Abs. 2 = 32 Abs. 2 neu EGV von einer **grundsätzlichen Priorität der Agrarregelungen** ausgeht.) Zur Heranziehung der daher eher zurückhaltend auszulegenden Sonderregelungen der Art. 38 ff. = 32 ff. neu EGV bedarf es jeweils einer überzeugenden „agrarspezifischen" Begründung. In diese Richtung weist auch die sog. **„Intensitätsmethode"** *(Ehlermann),* wonach jeweils diejenigen Bereichsvorschriften im konkreten Fall anwendbar sein sollen, die dem **sachlichen Schwergewicht der Maßnahme** am nächsten stehen. So werden z. B. allgemeine lebensmittelrechtliche Regelungen auf Art. 100 = 94 neu EGV gestützt, dagegen das Veterinär- und Pflanzenschutzrecht inzwischen auf Art. 43 = 37 neu EGV. Der zeitweilige Kompromiß, kumulativ beide Rechtsgrundlagen heranzuziehen, wurde vom EuGH (EuGHE 1988, 855 ff. – RS 68/86 st. Rspr.) zugunsten Art. 43 = 37 neu in den Fällen entschieden, die Erzeugung/Vermarktung landwirtschaftlicher Waren betreffen und zur Erreichung der Ziele der GAP im Sinne des Art. 39 = 33 neu EGV beitragen. Gegenüber Art. 100a = 95 neu EGV ist Art. 43 = 37 neu für den Bereich der Art. 38 ff = 32 ff. neu grundsätzlich lex specialis (EuGHE 1989, 3743 ff. – RS C–131/87). – Im **Agraraußenhandel** ergeben sich schwierige Abgrenzungsfragen zwischen der Abstützung auf Art. 43 bzw. Art. 113 = 37 bzw. 133 neu EGV. Einerseits hat der Grundsatz der Gemeinschaftspräferenz (unten Rz. 1367) als Bestandteil der Agrarregelungen handelspolitische Auswirkungen. Auf der anderen Seite ist der Handel der Agrargütern gleichzeitig Außenhandel, so daß die Art. 110 ff. = 131 ff. neu EGV materiell (Bekenntnis zur weltoffenen Handelspolitik!) und prozedural zu berücksichtigen sind. Die uneinheitliche Gemeinschaftspraxis richtet sich nur begrenzt nach der o. g. „Intensitätsmethode", sondern folgt eher **machtpolitischen Kompromissen innerhalb der Kommission und des Rates** (z. B. Vernachlässigung der handelspolitischen Gesichtspunkte bei der Ausgestaltung der EG-Bananenmarktordnung 1993, unten Rz. 1391 ff.). Der Gerichtshof hat diese Kompromisse regelmäßig unbeanstandet gelassen, da er ein weites Ermessen der EG-Organe anerkennt (EuGHE 1982, 2745 ff., RS 245/81 – „Edeka", st. Rspr.). Fischereiabkommen, bei denen es meist um Fangrechte und nicht um Handelsaustausch geht, werden i. d. R. auf Art. 43 = 37 neu EGV gestützt (näher zum Außenhandel *Gilsdorf/ Priebe,* in: Grabitz/Hilf (Hrsg.), EUV/EGV-Komm. (1994), Art. 38 Rz. 16–17).

Ähnlich schwierige Abgrenzungsfragen ergeben sich z. B. in der Wirtschafts- **1361** und Konjunkturpolitik, Steuer-, Sozial- und Umweltpolitik (näher *Gilsdorf/Priebe* a. a. O., Art. 38 RdNr. 15 ff.). Das **Wettbewerbsrecht** der Art. 85 ff. = 81 ff. neu EGV findet auf den Agrarbereich gemäß Art. 42 = 36 neu EGV nur nach Maßgabe besonderer Vorschriften Anwendung, die in Gestalt der VO Nr. 26 v. 4. 4. 1962 (ABl. S. 993 ff.) ergingen (dazu oben Rz. 1064 und EuGHE 1994, I–5671 ff. – RS C–250/ 92). In der **Umweltpolitik** (unten Rz. 1993 ff.), die in sachlich besonders enger Verbindung zur Agrarpolitik steht, legt Art. 130 r Abs. 2 S. 3 = 174 Abs. 2 S. 3 neu EGV fest, daß die Erfordernisse des Umweltschutzes in die Gestaltung und Durchführung der GAP einbezogen werden müssen. Insgesamt steht das EG-Agrarumweltrecht jedoch noch in seinen Anfängen (näher *Götz,* Umweltschutz und Landwirtschaft, in: Rengeling (Hrsg.), Umweltschutz und andere Politiken der EG, 1993, S. 173 ff.). Es bleibt auch bei der Sicht der Art. 39 ff = 33 ff. neu EGV als eng zu verstehende Ausnahmevorschriften deren praktisches Gewicht für die Gestaltung der GAP angesichts ihres weitgehenden und hinreichend eindeutigen Inhalts bedeutsam genug.

Diese Abgrenzungsfragen zwischen dem Titel Landwirtschaft und dem **1362** allgemeinen Regime des EG-Vertrages haben nicht nur rechtstechnisches Interesse. Sie können vielmehr von Bedeutung für die **Art der Entscheidungsfindung** (Einstimmigkeits- oder Mehrheitsentscheidung im Rat, Einschaltung des Parlaments u. a.) sein, und nicht zuletzt dafür, mit welchem **vertragspolitischen „Geist"** die Regelungen zu erfüllen sind. So hat etwa die „weltoffene" Zielsetzung des Art. 110 = 131 neu EGV (unten Rz. 1733) grundsätzliche Bedeutung für die Ausrichtung des Agraraußenhandels, wenngleich sie hier mit den Zielen des Art. 39 = 33 neu EGV (unten Rz. 1364) auszugleichen bleibt. In der Gemeinschaftspraxis ist dies oftmals nur über schwierige und langwierige interne Kompromißfindungen möglich. Die Entstehung des WTO-Agrarabkommens 1994 innerhalb des Verhandlungsprozesses der GATT-Uruguay-Runde war ein bekanntes Beispiel hierfür *(Urff,* Integr. 1993, S. 80 ff.).

1363 Für das **Subsidiaritätsprinzip** des Art. 3 b = 5 neu EGV (oben Rz. 513 ff.) bleibt angesichts der Verpflichtung der MSen zur Gestaltung einer Gemeinsamen Agrarpolitik nach Art. 38 Abs. 4 = 32 Abs. 4 neu EGV nur ein geringer Spielraum, insbesondere soweit gemeinsame Marktorganisationen nach Art. 40 = 34 neu EGV entwickelt worden sind. Relevant für die GAP ist jedoch Art. 3 b Abs. 3 = 5 Abs. 3 neu EGV in dem Sinne, daß die GAP sich auf das für die Erreichung der Ziele des Art. 39 = 33 neu Erforderliche zu beschränken hat (*Scherer*, DVBl. 1993, S. 281 ff.).

2. Ziele und Prinzipien der Gemeinsamen Agrarpolitik

a) Ziele

1364 Die **inhaltlichen Ziele der GAP** sind in einem umfassenden Katalog in Art. 39 = 33 neu EGV niedergelegt. Abs. 1 benennt die Produktivitätssteigerung in der Landwirtschaft, mit der einkommenssichernden Folge einer angemessenen bäuerlichen Lebenshaltung, ferner Marktstabilisierung, Versorgungssicherheit und als letztes die Belieferung der Verbraucher zu angemessenen Preisen. Nach Art. 39 Abs. 2 = 33 Abs. 2 neu ist bei dieser Zielverfolgung zugleich die besondere Eigenart der landwirtschaftlichen Tätigkeit und die Verflechtung der Landwirtschaft mit der Gesamtvolkswirtschaft zu berücksichtigen.

Es liegt auf der Hand, daß die – in sich bereits sehr allgemeinen – Vorstellungen dieses **„magischen Fünf- (oder Sieben)ecks“** vielfältig in einem gegenseitigen Spannungsverhältnis stehen (Bsp. Bäuerliches Einkommen/Verbraucherpreise) und nur im Rahmen eines **weiten gesetzgeberischen Ermessens** konkretisiert werden können, das gemäß der Rechtsprechung des Gerichtshofes zum weiten Wirtschaftsermessen der Gemeinschaftsorgane (z. B. EuGHE 1994 I, 4973 ff. – RS C–280/93 „Bananen“) nur einer lockeren gerichtlichen Kontrolle unterliegt.

Art. 39 = 33 neu EGV enthält jedoch **Rechtsnormen,** deren Anwendung prinzipiell der Überprüfung durch den EuGH unterfällt und auf die sich gegebenenfalls auch der einzelne EG-Bürger berufen kann (*Pabsch,* AgrR 1988, S. 186 ff. und EuGHE 1988, 2647 ff. – RS 84/57).

Zu betonen ist jedenfalls, daß die **Gesamtheit der Ziele des Art. 39 = 33 neu EGV** im Rahmen der GAP verfolgt werden muß. Unzulässig wäre, eine oder mehrere der erwähnten Zielsetzungen zugunsten anderer auf längere Zeit oder überhaupt außer Acht zu lassen (EuGHE 1981, 3211 ff. – Verb. RS 197–200, 243, 245 u. 247/80 st. Rspr.). In einer Rückschau auf die tatsächliche GAP seit 1958 läßt sich sagen, daß die EG (ähnlich wie ihre MS) insgesamt den **bäuerlichen Interessen** gegenüber denjenigen der Verbraucher eine gewisse Priorität eingeräumt hat.

b) Prinzipien

1365 In der Gemeinschaftspraxis seit 1958 haben sich die Ziele des Art. 39 = 33 neu EGV im sekundären Agrarrecht – vor allem in den Marktordnungen –

öfters in bestimmten **„Prinzipien des EG-Agrarrechts“** niedergeschlagen, die z. T. ihrerseits dem Vertrage entnommen werden *(Mégret,* RMC 1964, S. 267 ff.). In diesem Zusammenhang sind vor allem die Grundsätze des Marktprinzips, der Gemeinschaftspräferenz und der Gemeinschaftsfinanzierung zu erwähnen *(Gilsdorf,* in: Grabitz/Hilf (Hrsg.), EUV/EGV-Komm (1994) vor Art. 38, RdNr. 7–10). Auch in diesem Zusammenhang spiegelt sich die besondere Akzentuierung der landwirtschaftlichen Interessen durch die Gemeinschaft wider. Bei den einzelnen Konsequenzen aus den Prinzipien ist die Grenze zwischen der Verankerung im Primärrecht und der agrarpolitischen Festlegung lediglich in den Marktordnungen nicht immer einfach zu ziehen.

aa) **Marktprinzip:** Dieser Grundsatz enthält im wesentlichen zwei Gedanken. **1366** Zum einen bekennt sich die GAP im Sinne des EGV zur **„Markteinheit“**, d. h. zum freien Agrarwarenverkehr im Binnenmarkt, mit Beseitigung der Zölle, MgW usf., sowie einer gemeinsamen Agraraußenhandelspolitik. Gleichzeitig beruht die GAP in Gestalt der Marktordnungen, die insoweit im Gleichklang mit dem gewerblichen Bereich stehen, auf dem wirtschaftspolitischen Konzept, daß die Bauern ihr Einkommen **aus ihren Verkäufen auf dem Markt erzielen** und nicht in erster Linie öffentliche Subventionsempfänger sind. Die öffentliche Lenkung der GAP durch die Gemeinschaft konzentriert sich auf die Administration der Preise. Der Verbraucher und nicht der Steuerzahler soll primär das landwirtschaftliche Einkommen garantieren. Seit den Reformen der 90er Jahre (oben Rz. 1356 f.) befindet sich diese politische Konsequenz aus dem Marktprinzip in der Abwandlung.

bb) **Gemeinschaftspräferenz:** Sie ist zwar im Vertrage (früher Art. 44 Abs. 2 **1367** EGV, in Amsterdam 1997 gestrichen, Prot. Nr. 16 Beitrittsakte 1973) nur beiläufig erwähnt, stellt aber die Konsequenz aus dem Prinzip der Markteinheit (oben Rz. 1366) dar und ist seit längerem vom Gerichtshof anerkannt (seit EuGHE 1968, 125 ff. – RS 5/76 „Beus“ st. Rspr.). Gemeint ist der **grundsätzliche Schutz des Agrarbinnenmarktes** gegen Niedrigpreiseinfuhren und Weltmarktschwankungen durch einen entsprechend ausgestalteten Außenschutz. Dieses Prinzip ist freilich nur **„Grundsatz“** in dem Sinne, daß es jeweils mit anderen Zielsetzungen wie der Wahrung der preislichen Verbraucherinteressen und der in Art. 110 = 131 neu EGV angesprochenen liberalen Handelspolitik der EG auszubalancieren bleibt (oben Rz. 1364).

cc) **Gemeinschaftsfinanzierung:** Eine gemeinsame finanzielle Solidarität ist ih- **1368** rerseits Folge der Markteinheit und Gemeinschaftspräferenz. Wenn die Agrarpolitik eine gemeinsame sein soll, bedingt dies auch die Vergemeinschaftung der betreffenden Einnahmen und Ausgaben. Zu diesem mindestens rechtspolitischen Prinzip haben sich Gemeinschaft und MS seit 1962 (VO Nr. 25 v. 4. 4. 1962, ABl. 991 ff.) in Gestalt der **Gründung des Europäischen Ausrichtungs- und Garantiefonds für die Landwirtschaft (EAGFL)** verstanden, der in Art. 40 Abs. 4 = 34 Abs. 4 neu EGV angelegt war und inzwischen Bestandteil des Gemeinschaftshaushalts ist (unten Rz. 1381 ff.). Gewisse „Renationalisierungen“ der Agrarfinanzierungen sind möglich, solange das Prinzip der Markteinheit nicht angetastet wird.

Bei den Zielen und Prinzipien der GAP bleibt, wie bereits erwähnt, zu **1369** bedenken, daß sie zwar Spezialregelungen im Verhältnis zu den allgemeinen Zielen des Vertrages (Art. 2 und 3 EGV) darstellen, ohne diese jedoch vollständig zu verdrängen. Der Einbeziehung der Landwirtschaft in den

Gemeinsamen Markt (Art. 38 Abs. 1 = 32 Abs. 1 neu EGV) entspricht, **daß die allgemeinen Ziele neben die Agrarziele des Art. 39 = 33 neu treten** und bei deren Anwendung mitzubedenken sind (ähnlich *Ipsen,* EGR, 1972, S. 831 ff.).

3. Vertragliche Rechtsgrundlagen der Gemeinsamen Agrarpolitik

1370 Zur Verwirklichung der Ziele des Art. 39 = 33 neu in verbindlicher Form enthalten Art. 40–47 = 34–38 neu EGV ausführliche vertragliche Rechtsgrundlagen. Insbesondere gibt Art. 43 = 37 neu EGV dem Rat eine **umfassende Rechtsetzungskompetenz im Agrarbereich** unter Einschluß aller Rechtsinstrumente und mit der Möglichkeit einer Beschlußfassung mit qualifizierter Mehrheit.

Die **Übergangsregelungen** der früheren 44–45, 47 EGV (u. a. Mindestpreise) waren schon länger obsolet und wurden mit dem Amsterdamer Vertrag 1997 aufgehoben.

a) Mittel und Formen der Agrarmarktorganisation

Zur Verwirklichung der in Art. 39 = 33 neu EGV niedergelegten Ziele der GAP legt Art. 40 Abs. 2 = 34 Abs. 1 neu EGV eine grundsätzliche Verpflichtung der Gemeinschaft fest, eine **gemeinsame Organisation der Agrarmärkte** zu schaffen. Hierzu werden nach Art. 40 Abs. 2 = 34 Abs. 1 neu drei Organisationsformen unterschiedlichen Intensitätsgrades zur Verfügung gestellt, nämlich gemeinsame Wettbewerbsregeln, eine bindende Koordinierung der einzelstaatlichen Marktordnungen oder eine Europäische Marktordnung *(Rahn,* RIW 1980, S. 262 ff.).

aa) **Gemeinsame Wettbewerbsregeln:** Diese – praktisch kaum angewendete – Form hätte nationale Marktordnungen fortbestehen lassen und sich auf die Beseitigung von Wettbewerbsverzerrungen in Anwendung des Art. 42 = 36 neu EGV beschränkt.

bb) **Koordinierung nationaler Marktordnungen:** Sie geht weiter als die Einrichtung gemeinsamer Wettbewerbsregeln, würde aber die nationalen Marktordnungen (mit z. B. unterschiedlichen Preisen) grundsätzlich (unter EG-Kontrolle) bestehen lassen. Auch diese schwer überschaubare Zwischenform ist von der Gemeinschaftspraxis so gut wie nicht angenommen worden.

cc) **Europäische Marktordnung** (in der Gemeinschaftspraxis meist **„Gemeinsame Marktordnung"** oder **„Gemeinsame Marktorganisation"** genannt): Seit den 60er Jahren ist die GAP fast ausschließlich mittels dieser in der Vergemeinschaftung am weitesten reichenden Organisationsform durchgeführt worden (unten Rz. 1376 ff.). Es handelt sich dabei um eine **Gesamtheit rechtlicher Regelungen** für das betreffende Erzeugnis, gewöhnlich in einem **einheitlichen Rechtsakt** vorgenommen, mittels dessen Produktion und Vermarktung umfassend „europäisch" geregelt werden (Preisregelungen, Abnahmegarantie, Regelung des Drittlandshandels u. a. m., vgl. Art. 40 Abs. 3–4 = 34 Abs. 3–4 neu EGV). Die Europäischen Marktordnungen werden regelmäßig als unmittelbar geltende **Verordnungen** erlassen.

1371 Die Marktorganisation muß sich nach Art. 40 Abs. 3 = 34 Abs. 3 neu auf die Verfolgung der Ziele des Art. 39 = 33 neu EGV beschränken. Das schließt aber die Mitberücksichtigung der allgemeinen Vertragsziele nicht aus (oben

Rz. 1369), zumal Art. 39 Abs. 2 c) = 33 Abs. 2 c) neu selbst die enge Verflechtung der Landwirtschaft mit der Gesamtvolkswirtschaft betont. Ferner schließt Art. 40 Abs. 3 = 34 Abs. 3 neu die **Diskriminierung zwischen Erzeugern und Verbrauchern** innerhalb der Marktordnungen aus. Der Gerichtshof hat in einer ausgedehnten Rechtsprechung dieses Diskriminierungsverbot als einen spezifischen Ausdruck des allgemeinen, vor allem in Art. 6 = 12 neu EGV niedergelegten Gleichheitssatzes des EG-Vertrages im Sinne des **Willkürverbotes** begriffen und umfassend anzuwenden gesucht (EuGHE 1977, 1753 ff. – Verb. RS 117/76 und 16/77 – „Ruckdeschel" st. Rspr., näher hierzu *Gilsdorf/Priebe,* in: Grabitz/Hilf (Hrsg.) EUV/EGV-Komm. (1994), Art. 40, RdNr. 71 ff.).

Um die Ziele der Marktorganisation wirksam erreichen zu können, sieht **1372**
Art. 40 Abs. 4 = 34 Abs. 4 neu EGV in diesem Zusammenhang die Möglichkeit der Schaffung von **Ausrichtungs- und Garantiefonds für die Landwirtschaft** auf europäischer Ebene vor. Mit dieser Norm, von der in der Marktordnungspraxis seit 1962 (Errichtung des EAGFL, unten Rz. 1381 ff.) umfassend Gebrauch gemacht wurde, ergab sich eine folgenreiche finanzrelevante „Krönung" der gemeinsamen Marktorganisationen, womit der EG-Haushalt im Laufe der Jahre in eine vehemente Ausgabenexpansion gezwungen wurde („Agrarlastigkeit" des Haushalts, oben Rz. 840).

b) Möglichkeiten der Agrarstrukturpolitik

In Art. 41 und 42 = 35 und 36 neu EGV wurden neben der gemeinsa- **1373**
men Organisation der Agrarmärkte (Art. 40 = 34 neu EGV) die vertraglichen Rechtsgrundlagen für **die Agrarstrukturpolitik** (unten Rz. 1408 ff.) geschaffen *(Zissimopoulos,* RHDI 1984, S. 85 ff.).

Art. 41 = 35 neu EGV sieht zur Erreichung der Ziele des Art. 39 = 33 neu als zusätzliche Maßnahmen der GAP eine Koordinierung der Bestrebungen auf dem Gebiet der **Berufsausbildung,** bei Forschung und Verbreitung landwirtschaftlicher Fachkenntnisse und im Bereich der **Absatzförderung** vor. Auch hier ist die Finanzierung gemeinsamer Vorhaben und Einrichtungen vorgesehen.

Art. 42 = 36 neu enthält die spezifische Einbeziehung des **Wettbewerbsregimes** in den Agrarsektor (oben Rz. 1360). In diesem Zusammenhang wird insbesondere die mögliche Genehmigung von Beihilfen zum Schutz strukturell benachteiligter Betriebe oder im Rahmen wirtschaftlicher Entwicklungsprogramme angesprochen.

Anders als bei der grundsätzlichen Verpflichtung in Art. 40 Abs. 2 = 34 Abs. 2 neu EGV, eine gemeinsame Organisation der Agrarmärkte zu schaffen, besteht keine gleichartige Maßgabe zum Ausbau einer europäischen Agrarstrukturpolitik. Diese ist auch in der Gemeinschaftspraxis in ihrer Bedeutung lange hinter den Marktregelungen zurückgeblieben und wird erst in den 90er Jahren verstärkt betrieben (unten Rz. 1412 f.).

c) Rechtsetzungskompetenzen für die Gemeinsame Agrarpolitik

Wesentlich mitentscheidend für den umfangreichen Ausbau der GAP seit **1374**
den 50er Jahren wurde, daß der EG-Vertrag in Art. 43 = 37 neu die Gemeinschaft mit einer **umfassenden Rechtsetzungskompetenz** in diesem Zusam-

menhang ausstattete. Kern des Art. 43 = 37 neu ist Unterabsatz 3 des Abs. 2, wonach der Rat inzwischen mit qualifizierter Mehrheit auf Vorschlag der Kommission und nach Anhörung des Parlaments Verordnungen, Richtlinien und Entscheidungen, unbeschadet etwaiger Empfehlungen erlassen kann.

Art. 43 = 37 neu Abs. 1 und Abs. 2 UA 1–2 enthalten die inzwischen abgeschlossene Prozedur zur ursprünglichen Konzipierung der GAP und Abs. 3–4 ihrerseits weitgehend obsolet gewordene Regelungen anläßlich der Ersetzung der nationalen durch europäische Marktordnungen.

Sowohl im Zusammenhang mit dem Aufbau der GAP seit über 30 Jahren als auch bei ihrer Fortentwicklung, die eine ständige Aufgabe der EG darstellt (unten Rz. 1414 ff.), ist die Rechtsetzungskompetenz des Art. 43 = 37 neu EGV zur in der Praxis **am meisten ausgenützten EG-Zuständigkeit** geworden. Auf dieser Grundlage ergehen in mehreren Stufen (Grundver-ordnungen, mehr exekutiv-verwaltungsmäßige Grundregeln, Durchführungsregelungen aufgrund von Ermächtigungen in den „höheren" Verordnungen) jährlich **Tausende von Rechtsakten des Rates und der Kommission.**

1375 Im Fundstellennachweis des geltenden Gemeinschaftsrechts umfaßt das Agrarrecht ein gutes Drittel sämtlicher jeweils geltender EG-Rechtsakte. Sehr viele Agrarregelungen (Preisregelungen u. ä.) **gelten nur ganz kurzfristig** und werden durch nachfolgende Rechtsakte fortlaufend ersetzt. Vgl. auch den von der *EG-Kommission* laufend herausgegebenen Recueil des actes agricoles (nur französisch), *Gottsmann,* Der Gemeinsame Agrarmarkt, 1973 ff. (Loseblattwerk) oder *Barents,* The agricultural Law of the EC, 1994.

Nicht selten wird diese **„Normenflut" des EG-Agrarrechts** als Spiegelbild der bürokratisierten Hypertrophie der GAP gedeutet *(Möschel* u. a., The CAP is destroying the EEC, Economic Affairs 1985, Nr. 4, S. 1 ff.; *v. Hippel,* ZfPol 1986, S. 272 ff.).

Obwohl die Gemeinschaftszuständigkeit für die GAP in Art. 43 = 37 neu eine umfassende ist, bedeutet das nicht, daß agrarrelevante Akte ausschließlich und in jedem Falle auf Art. 43 = 37 neu zu stützen wären. Insofern gelten die **Grundsätze über das Verhältnis der GAP zu den allgemeinen Vertragsregeln,** die gelegentlich zu anderen Rechtsgrundlagen oder auch zu kumulativer Begründung von Agrarrechtsakten führen können (oben Rz. 1360 f.).

II. Gemeinsame Organisation der Agrarmärkte

Literatur: *Ebeling,* Die Rechtsnatur der im Gemeinsamen Markt erhobenen Abschöpfungen, 1965; *Ortmann,* Die Errichtung des europäischen Ausrichtungs- und Garantiefonds für die Landwirtschaft, 1966; *Johannsen,* Zum Begriff der landwirtschaftlichen Marktordnung im EWGV, RdLandw. 1969, S. 90 ff.; *Olmi,* Les décisions du 21 avril 1970 sur le financement de la politique agricole commune, RMC 1970, S. 202 ff.; *Rahn,* Ausfuhrabgaben nach EWG-Recht, RIW 1977, S. 481 ff.; *Zur Hausen,* Die Rechtsstellung der Interventionsstellen nach Gemeinschaftsrecht, 1977; *Neri,* La jurisprudence de la Cour de Justice des CE relative à l'application de la législation agricole communautaire, CDE 1982, S. 507 ff.; *Karpenstein,* Die Finanzierung der Agrarpolitik der EG, 1985; *EG-Kommission* (Hrsg.), Der europäische Ausrichtungs- und Garantiefonds für die Landwirtschaft, 1986; *Karpenstein,* Zum Rechtsschutz im Bereich der gemeinsamen Marktorganisation, in: Schwarze (Hrsg.), Der Gemeinsame Markt, 1987, S. 85 ff.; *Weinstock,* Der zu hoch festgesetzte Getreidepreis und die Folgen, FS Priebe, 1987, S. 63 ff.; *Priebe,* Maßnahmen der EG zur Beseitigung landwirtschaftlicher Überschüsse, FS Zeidler, 1987, S. 1729 ff.; *Eiden,* Die Agrarmarktordnungen der EG, DVBl. 1988, S. 1087 ff.; *Blumann,* Politique agricole commune – Politique des marchés: poursuite de l'effort de limitation des garanties, RTDE 1989, S. 721 ff.; *Eckert,* Perspektiven der Le-bensmittelrechtsharmonisierung in Europa, EFLR 1990, S. 27 ff.; *Mattera,* La libre circulation des produits alimentaires à l'intérieur de la Communauté et la mise en œuvre du principe de la reconnaissance mutuelle, EFLR 1990, S. 72 ff.; *Ziekow,* Das Verbot mitgliedstaatlicher Maßnahmen im Bereich gemeinsamer Marktorgani-sationen, EuZW 1990, S. 505 ff.; *Petit,* La révision du système agrimonétaire, RMC 1995, S. 510 ff.; *Schrömbges* u. a., Ausfuhrerstattungen (CMA-Hdb.), 1995; *Eichenberg,* Die Instrumente der gemeinsamen Marktorganisationen zur Steuerung der Einfuhr von landwirtschaftlichen Drittlandserzeugnissen in die Gemeinschaft, 1997; *Mögele,* Die Behandlung fehlerhafter Ausgaben im Finanzierungssystem der Gemeinsamen Agrarpolitik, 1997; *Pünder,* Rechtsfragen der Europäischen Marktordnungen, DVBl. 1998, S. 771 ff.;

Literatur zur EG-Bananenmarktordnung unten bei 1. d).

Unter den verschiedenen Möglichkeiten, die Art. 40 = 34 neu EGV zur **1376**
gemeinsamen Organisation der Agrarmärkte zur Verfügung stellt (oben Rz. 1370), stehen in der europäischen Agrarpraxis die **Errichtung gemeinsamer Marktordnungen** i. S. des Art. 40 Abs. 2 c) = 34 Abs. 2 c) neu im Vordergrund.

1. Die Europäischen Marktordnungen

Mittlerweile sind für über 94 % der landwirtschaftlichen Erzeugnisse gemeinsame Marktorganisationen eingeführt worden. Sie unterscheiden sich allerdings nicht unwesentlich von Produkt zu Produkt. Am weitesten in der Verfolgung von Marktprinzip, Gemeinschaftspräferenz und Gemeinschaftsfinanzierung (oben Rz. 1366 ff.) gehen die **Marktordnungen mit Marktsicherung** (Bsp. Getreide, Reis, Milch, Zucker), bei denen die Binnensicherung durch garantierte Preise i. V. m. staatlichem Aufkauf mit einer effektiven Außensicherung über binnenpreisorientierte Abschöpfungen kombiniert werden. Daneben gibt es **Marktordnungen ohne perfekte Marktsicherung** (Bsp. Obst und Gemüse), bei denen es kein geregeltes Binnenpreisniveau mit Intervention gibt, wohl aber einen Außenschutz. Bei manchen Erzeugnissen bestehen lediglich Handelsregelungen (Bsp. Blumen). Besonders umstritten ist die **Bananenmarktordnung,** bei welcher der Außenschutz für ein im wesentlichen „nichteuropäisches" Agrarerzeugnis im Vordergrund steht (unten Rz. 1391 ff.).

Die wichtigsten Marktordnungen wurden bereits in den sechziger Jahren **1377**
erlassen und inzwischen novelliert. Zu ihnen gehören insbesondere:

- Gemeinsame Marktorganisation für **Fette,** VO 136/66 v. 22. 9. 1966, ABl. S. 3025 (Stark interventionistische Ordnung).
- Gemeinsame Marktorganisation für **Milch und Milcherzeugnisse,** VO 804/68 v.

27. 6. 1968, ABl. L 148/13 ff. (Voll ausgestaltete Marktsicherung, inzwsichen Einschränkungen über Quotenregelung, *Nies,* AgrarR 1993, S. 101 ff.; *Holzheuser,* AgrarR 1994, S. 249 ff.).

– Gemeinsame Marktorganisation für **Rindfleisch,** VO 805/68 v. 27. 6. 1968, ABl. L 148/24 ff. (Begrenzte Interventionsregelung).
– Gemeinsame Marktorganisation für **Rohtabak,** VO 2075/92 v. 30. 6. 1992, ABl. L 215/70 (Beschränkte Interventionen, *Gellert/Wilhelm,* ZfZ 1994, S. 136 ff.).
– Gemeinsame Marktorganisation für **Obst und Gemüse,** VO 1035/72 v. 18. 5. 1972, ABl. L 118/1 ff. (Referenzpreissysteme, Marktrücknahmen u. a.).
– Gemeinsame Marktorganisation für **Getreide,** VO 1766/92 v. 30. 6. 1992, ABl. L 181/21 (Voll ausgestaltete Marktsicherung, inzwischen Mitverantwortungsabgabe und Garantiemenge, *Toepfer International* (Hrsg.), Die Getreidemarktordnung der EWG, 1986/87, vgl. auch unten Rz. 1385 f.).
– Gemeinsame Marktorganisation für **Schweinefleisch,** VO 2759/75 v. 29. 10. 1975, ABl. L 282/1 ff. (Begrenzte Intervention).
– Gemeinsame Marktorganisation für **Eier und Geflügel,** VOen 2771/75 und 2777/75 v. 29. 10. 1975, ABl. L 282/49 ff. (Abschöpfungsregelungen).
– Gemeinsame Marktorganisation für **Reis,** VO 3072/95 v. 22. 12. 1995, ABl. L 329/18 (Voll ausgestaltete Marktsicherung).
– Gemeinsame Marktorganisation für **Zucker,** VO 1785/81 v. 30. 6. 1981, ABl. L 177/4 ff. (Voll ausgebaute Marktsicherung, inzwischen Produktionsquoten, *Dünnweber,* ZfZ 1994, S. 199 ff.).
– Gemeinsame Marktorganisation für **Wein,** VO 822/87 v. 16. 3. 1987, ABl. L 84/1 ff. und VO 829/87, ABl. L 84/59 (Qualitätswein) – (Orientierungs- und Referenzpreise, Interventionen (Distillationen), Bezeichnungsregelungen u. a. *Paul,* Weinmarkt in der EG, Wirtschaft und Statistik 1986, S. 594 ff.).
– Gemeinsame Marktorganisation für **Bananen,** VO 404/93 v. 13. 2. 1993, ABl. L 47/1 (Marktsicherungssystem zugunsten EG/AKP-Bananen, Kontingent für Drittlandsbananen, *Kuschel,* RiW 1995, S. 218 ff.).

(Vgl. auch die ausführlichere Zusammenstellung der Marktorganisationen bei *Gilsdorf/Priebe,* in: Grabitz/Hilf (Hrsg.), EUV/EGV-Komm. (1994), Anhang zu Art. 40 und die jeweils geltende **Fülle der Marktorganisationsregelungen,** die z. T. ständig wechseln, in Fundstellenverzeichnis des geltenden Gemeinschaftsrechts, 03.60 – Zu jeder der o. g. Grundordnungen bestehen für das jeweilige Produkt eine große Anzahl zusätzlicher **Einzel- und Durchführungsregelungen).**

a) Grundzüge des Marktordnungssystems

1378 Eines der wichtigsten Instrumente in den **Marktordnungen** sind die **gemeinsamen Preissysteme** (vgl. näher zur Getreidemarktordnung unten Rz. 1385 ff.s). Ihr Grundgedanke ist ein i. d. R. durch staatlichen Ankauf **garantiertes,** d. h. einkommenssicherndes einheitliches **Preisniveau** im Inneren des Gemeinsamen Marktes. Bei manchen Produkten wird mit „weicheren" **Orientierungs-** oder **Referenzpreisen** gearbeitet. Um den Preis gegenüber dem i. d. R. niedrigeren Weltmarktpreis halten zu können, werden an der Außengrenze **Abschöpfungen** („Gleitzölle") erhoben, die den Preisvorteil des Weltmarktes variabel „abschöpfen" und so den EG-Binnenmarkt wirksam abschirmen. Die Abschöpfungen sollen gemäß dem WTO-Agrarabkommen 1994 künftig wieder durch Zölle ersetzt werden („Tarifizierung", oben Rz. 1356). Zur Überwachung der Warenbewegungen werden **Ein- und Ausfuhrlizenzen** gefordert, die mit **Kautionen** versehen sind. Besondere

Schutzklauseln können bei Marktstörungen in Anspruch genommen werden *(Ehlermann,* EuR 1966, S. 305 ff.). – Um den Export bestimmter EG-Erzeugnisse auf den Weltmarkt zu ermöglichen, werden **„Erstattungen“** (Beihilfen) aus der Gemeinschaftskasse gezahlt, die ein „Hinunterschleusen“ solcher Exporte auf das niedrigere Weltmarktpreisniveau ermöglichen *(Mögele,* EWS 1993, S. 305 ff.). Da die Interventionskosten bei bestimmten Produkten, deren Herstellung durch das System angereizt wurde, sich allmählich dramatisch erhöhten (oben Rz. 1355 ff.), wurden inzwischen in bestimmte Marktordnungen Maßnahmen zu einer **begrenzenden Regulierung** des betreffenden Produktes eingebaut (z. B. Produktionsquoten, Mitverantwortungsabgaben bei Milch, dazu EuGHE 1979, 713 ff. – RS 138/78 und *Tiedemann,* AgrarR 1992, S. 349 ff., Getreideabgabe, zu ihr EuGHE 1990, I–3509 ff. – RS C–203/89, u. a.). Seitens der Strukturpolitik (unten Rz. 1408 ff.) wird diese Tendenz durch weitere Regelungen, wie Flächenstillegungen, ergänzt.

Bei anderen Marktordnungen gibt es eine große Zahl **weiterer interventionistischer Instrumente** (Erzeuger-, Verbraucher- und andere **Beihilfen,** Qualitätsregelungen, Bezeichnungsregelungen, Handelsregelungen bei Ein- und Ausfuhr, Rücknahmeverpflichtungen, Wettbewerbsregeln u. a., vgl. *Ehlermann,* Integr. 1969, S. 294 ff. und *Tiedemann,* EuR 1980, S. 219 ff.).

b) Verwaltung und Finanzierung der Marktordnungen

aa) Agrarverwaltung

Die fortlaufende Durchführung der Marktordnungen erfordert einen **erheblichen verwaltungsmäßigen Aufwand.** 1379 In den „Grundverordnungen“, durch welche die Marktordnungen eingerichtet wurden, ist lediglich das Grundsätzliche einschließlich organisatorischer Fragen geregelt. Um das Marktgeschehen bei den betreffenden Produkten im Sinne der Marktordnungsziele zu beeinflussen, bedarf es einer **Fülle von Einzelregelungen,** beispielsweise preislicher Art oder in den täglichen Entscheidungen, die beim Außenschutz getroffen werden müssen. Diese Durchführungsmaßnahmen, meist in Gestalt von „Durchführungsverordnungen“, können nicht vom Rat getroffen werden, sondern sind im Sinne von Art. 155 = 211 neu EGV der Kommission übertragen, welche dabei von **Verwaltungsausschüssen** nationaler Beamter für das betreffende Produkt (Bsp. Verwaltungsausschuß für Getreide) unterstützt wird (zu diesem Verwaltungsausschußverfahren näher oben Rz. 347 und *Gleiss/Wolff,* AWD 1971, S. 366 ff.).

In der EG-Agrarpraxis spielt die Tätigkeit dieser landwirtschaftlichen Verwaltungsausschüsse eine große Rolle. Jährlich finden **mehrere Hundert solcher Ausschußsitzungen** in Brüssel statt, in denen für die Einzelregelungen der Konsens zwischen den Vorstellungen der Kommission und der MS zu finden ist. Auch innerhalb der Kommission bedarf es in diesen Zusammenhängen oft der Entscheidungsdelegation auf ein Kommissionsmitglied oder einen Generaldirektor (Kommissionsregelung v. 3. 4. 1968, ABl. L 89/13 ff.).

1380 Die weitere verwaltungsmäßige Durchführung der Marktordnungen obliegt gemäß der allgemeinen organisatorischen Zuständigkeitsregelung zwischen EG und MS (oben Rz. 636 ff.) den hierfür bestimmten **Behörden in den MS** (*Mögele,* Agrarrecht, in: Dauses (Hrsg.), Hdb. EU-WirtschR. (1993), G, RdNr. 149 ff.). In Deutschland ist dies die **Bundesanstalt für Landwirtschaft und Ernährung (BLE),** ferner Zollbehörden für den Agrardrittlandshandel. In der BLE sind die früheren Einfuhr- und Vorratsstellen für die einzelnen Agrarerzeugnisse aufgegangen (vgl. auch das Gesetz zur Durchführung der Gemeinsamen Marktorganisationen i. d. F. v. 20. 9. 1995, BGBl. I, S. 1147). Die MSen unterliegen bei der Anwendung des EG-Agrarrechts der Aufsicht durch die Kommission nach Art. 155, 169 = 211, 226 neu EGV (*Gaster,* Die Überwachung der Anwendung des Agrargemeinschaftsrechts durch die MSen, 1990). Für Fehler bei der nationalen Ausführung des gemeinsamen Agrarrechts haften grundsätzlich die MS (EuGHE 1984, 3581 ff. – RS 109/83).

bb) Gemeinsame Agrarfinanzierung

1381 Der Grundsatz, daß die gemeinsame Organisation der Agrarmärkte zu einer **gemeinsamen finanziellen Solidarität** in den Agrarausgaben und -einnahmen führen müsse, war bereits bis zu einem gewissen Grade in Art. 40 Abs. 4 = 34 Abs. 4 neu EGV angelegt, der die Gründung entsprechender Agrarfonds als Möglichkeit vorsah. 1962 kam es in Verbindung mit der Errichtung der ersten Marktordnungen zur Gründung des **Europäischen Ausrichtungs- und Garantiefonds für die Landwirtschaft (EAGFL),** in dessen Tätigkeit sich das Prinzip der Gemeinschaftsfinanzierung (oben Rz. 1368) inzwischen verkörpert. Wie es Art. 2 Abs. 2 der (heute noch geltenden) VO Nr. 25 über die Finanzierung der gemeinsamen Agrarpolitik v. 4. 4. 1962 (ABl. S. 991 ff.) formuliert: „Da in der Endphase des Gemeinsamen Marktes einheitliche Preissysteme und eine gemeinschaftliche Agrarpolitik bestehen, sind die hieraus erwachsenden finanziellen Folgen von der Gemeinschaft zu tragen".

1382 Der EAGFL hatte 1962–1969 eine **wechselvolle Vorgeschichte,** in der er zunächst als selbständiger Fonds organisiert war und nach Beitragsschlüsseln im Rahmen des Art. 200 EWGV finanziert wurde (*Seelmäcker,* Die Agrarfinanzierung der EWG, 1969). 1965/66 führte der Streit um die Agrarfinanzierung i. V. m. den Haushaltsrechten des Europäischen Parlaments zur von Frankreich ausgelösten EWG-Krise (oben Rz. 29). In Verbindung mit der Ersetzung der Beiträge der MS durch eigene EG-Einnahmen (oben Rz. 831 ff.) 1970 ff. wurde der EAGFL **in den Gemeinschaftshaushalt als ein unselbständiger Teil desselben eingegliedert** (*Karpenstein,* Die Finanzierung der Agrarpolitik der EG, 1985). Der Fonds wird somit nach Maßgabe des allgemeinen Haushaltsrechts finanziert. Damit ergibt sich eine grundsätzliche Begrenzung der Einnahmen im Rahmen des jährlichen Budgets. Da andererseits die EG-Zahlungsverpflichtungen aus den Marktordnungen keiner prinzipiellen Begrenzung unterliegen (unten Rz. 1383), ergeben sich aus der Funktionsweise des EAGFL öfters schwierige Haushaltsprobleme für die Gemeinschaft. Mit jährlichen Agrarausgaben von immer noch der annähernden Hälfte des EG-Haushalts (oben Rz. 840) ist der Fonds seit langen Jahren das **bedeutendste**

Finanzierungsinstrument der Gemeinschaft (EAGFL-Jahresbericht 1996). Seit der EG-Agrarreform 1987/88 sucht man durch **feste Begrenzungen der jährlichen Steigerungsraten des EAGFL** (jährliche „Agrarleitlinie") i. V. m. verschiedenen Stabilisierungs- und Strukturmaßnahmen (Garantiemengen, Flächenstillegungen u. a.) das ungehemmte Wachstum der EAGFL-Ausgaben unter Kontrolle zu bringen (oben Rz. 1355 und näher *Gilsdorf/Priebe,* in: Grabitz/Hilf (Hrsg.), EUV/EGV-Komm. (1994) Art. 40, RdNr. 98 ff.). Die maßgebliche Rechtsgrundlage für den EAGFL ist inzwischen die VO Nr. 729/70 über die Finanzierung der Gemeinsamen Agrarpolitik v. 21. 4. 1970 (ABl. L 94/13 ff.; Änderungen).

Der Fonds gliedert sich in die beiden Abteilungen **Garantie** (Finanzie- 1383
rung der Erstattungen bei Agrardrittlandsausfuhren sowie der Interventionen zur Regulierung der Agrarmärkte) und **Ausrichtung** (Finanzierung der Agrarstrukturpolitik, unbeschadet von Maßnahmen der Europäischen Investitionsbank und des Europäischen Sozialfonds). In der Agrarpraxis stehen die Garantieausgaben (z. B. für Ankäufe durch Interventionsstellen, Lagerkosten, direkte Einkommensbeihilfen, Subventionen zur Vermarktung sowie die Ausfuhrerstattungen) ganz im Vordergrund. Sie betrugen z. B. 1992 annähernd 33 Mia. ECU, während für die Abteilung Ausrichtung ca. 3 Mia. ECU veranschlagt wurden, die durch nationale Strukturbeihilfen ergänzt wurden. Im Rahmen der Reform der Strukturfonds (oben Rz. 969) sind die Mittel der Abteilung „Ausrichtung" etwas erhöht worden. Für die Garantieausgaben gilt das (in der Praxis etwas modifizierte) **Prinzip der integralen indirekten Finanzierung durch die Gemeinschaft,** wobei der EAGFL grundsätzlich den nationalen Zahlstellen, an welche die Zahlungsanträge zu richten sind, monatlich die notwendigen Beträge vorfinanziert. So sind die MSen gegenüber den Antragstellern aktiv/passiv legitimiert. Der EAGFL ist zu strikter formaler Anwendung des Gemeinschaftsrechts verpflichtet und wird dabei durch eine rigide Rechtsprechung des Gerichtshofes unterstützt, der für Fehler bei der Rechtsanwendung grundsätzlich die MS verantwortlich macht (näher *Gilsdorf/Priebe* a. a. O.). Dennoch kommt es im Rahmen des gemeinschaftsweit dezentralisierten EAGFL-Verfahrens immer wieder zu **betrügerischen Praktiken** in erheblicher Höhe. Sowohl die durch Art. 209 a = 280 neu EGV verpflichteten MSen als auch die EG selbst entwickeln Strategien, durch bessere Überwachung und Kontrollen diesen Übelstand einzudämmen (oben Rz. 853).

Exkurs: Das Währungsproblem in der Agrarpolitik

Da die gemeinsame Agrarpolitik wesentlich auf **gemeinsamen EG-Preisen** be- 1384
ruht, die den Operationen des EAGFL zugrundeliegen, bestand seit dem Beginn der Gemeinschaftsfinanzierung ein starkes Bedürfnis nach einer **gemeinsamen währungsmäßigen Berechnungsgrundlage im Agrarbereich.** Ursprünglich wurde eine **agrarische Rechnungseinheit** (RE) 1962/63 geschaffen, die an den Dollar angelehnt war („Grüner Dollar", VOen 113 und 129/62, ABl. 1962, S. 1953 ff., 2553 ff.). Infolge des allmählichen Verfalls des „alten" Weltwährungssystems mit festen Wechselkursen in der zweiten Hälfte der 60er Jahre und dem Übergang der MS zu flexiblen Wechselkursen („Floating") im Zuge der Reform des Internationalen Währungsfonds 1971/72 (oben Rz. 989) kam es ab 1971 bei der Agrarfinanzierung zu einem **System von Währungsausgleichsbeträgen,** um Preisunterschiede auszuglei-

chen, die durch Paritätsänderungen einzelner Währungen verursacht wurden (VOen 1676–1678/85, ABl. 1985, L 164/1 ff.). Obwohl dieses komplizierte System tendenziell dem freien Agrarhandel entgegenwirkte, wurde es vom EuGH toleriert, EuGHE 1978, 297 ff. – RS 80 u. 81/77 st. Rspr.; *Schmidt/Lossberg,* Kontrolldichte im EG-Wirtschaftsrecht, 1992). Infolge des Wegfalls der Grenzkontrollen mit der Herstellung des Binnenmarktes zum 1. 1. 1993 wurde das System des Währungsausgleichs an der Grenze unbrauchbar. An seine Stelle trat die **Neuregelung über den landwirtschaftlichen Umrechnungskurs (LUK)** (VO 3813/92, ABl. 1992, L 387/1, zu weiteren Regelungen Fundstellenverzeichnis des geltenden Gemeinschaftsrechts, 03.40.20). Danach ist der ECU (oben Rz. 993) allgemein zur Rechnungseinheit der GAP erhoben worden. Um die Beträge in Währungen der MSen umzurechnen, bedient sich die Kommission „landwirtschaftlicher Umrechnungskurse" (LUK). Diese „grünen Kurse" werden soweit möglich der sich tagtäglich ändernden währungsmäßigen Realität angepaßt. Angesichts wiederkehrender Spannungen im EWS war auch dieses System nicht perfekt und führte zu **gelegentlichen Turbulenzen,** die durch vorübergehende Ausgleichsmaßnahmen überwunden werden sollten (näher *Heine,* Währungsfragen und Agrarpolitik, in: Grabitz/Hilf (Hrsg.), EUV/EGV-Komm., Anhang B nach Art. 47 EGV). Eine wirkliche Lösung der agromonetären Probleme ist erst mit der Europäischen Währungsunion nach 1999 zu erwarten.

c) Die Gemeinsame Marktorganisation für Getreide als Beispiel einer Europäischen Marktordnung

1385 Als **Prototyp der europäischen Marktordnung** gilt die Regelung für Getreide, die 1962 als erste konzipiert wurde und nach vielerlei Änderungen und Entwicklungen nunmehr in der VO Nr. 1766/92 v. 30. 6. 1992 über die gemeinsame Marktorganisation für Getreide (ABl. L 181/21, Änderungen) zusammengefaßt ist. Wie bei den anderen Produkten wird auch beim Getreide diese Grundverordnung von einer großen Zahl weiterer Rechtsakte des sekundären Gemeinschaftsrechts „umrahmt" (Fundstellenverzeichnis des geltenden Gemeinschaftsrechts, 03.60.51). An diesem voll ausgebauten Marktordnungssystem lassen sich die Techniken der gemeinsamen EG-Agrarpolitik in einem grundsätzlichen Sinne gut ablesen. (Eingehend *Gilsdorf/Priebe,* in: Grabitz/Hilf (Hrsg.), EUV/EGV-Komm. (1994), Art. 40, RdNr. 11 ff.). Durch die **Agrarreform von 1992** (oben Rz. 1356) und das **WTO-Agrarabkommen von 1994** (oben Rz. 1356) wurde bei der Getreidemarktordnung wie bei anderen wichtigen Marktordnungen eine Wende eingeleitet. Sie soll im Binnenhandel vor allem eine Begrenzung der gemeinschaftlichen Finanzierungskosten bewirken und im Außenhandel eine gewisse Liberalisierung (unten Rz. 1386 ff.).

aa) Interventionen zur Regulierung des europäischen Getreidebinnenmarktes

1386 Basis für die Aufrechterhaltung der **EG-internen Getreidepreisniveaus** ist der gemeinsame **Interventionspreis** (näher Art. 4, VO Nr. 1766/92). Er wird jährlich vor Beginn des Wirtschaftsjahres (1. August) vom Ministerrat für die Standardqualitäten einzelner Getreidearten in ECU festgelegt. Die **erstmalige europäische Preisfestsetzung 1964** bedeutete einen „historischen Kompromiß" zwischen dem (höheren) deutschen und dem französischen Getreidepreis. Diese Entscheidung für einen verhältnismäßig hohen Getreidepreis bedeutet mit ihrem Anreiz zur Produktionssteigerung eine folgenreiche Weichenstellung zugunsten einer finanziell kostspieligen EG-Agrarpolitik *(Weinstock,* RMC 1987, 150 ff.).

Der Interventionspreis, der für Ormes (Frankreich), den Ort mit den größten Überschüssen bei sämtlichen Getreidearten, bestimmt wird, **gilt einheitlich für das gesamte Gebiet der Gemeinschaft.** Alle staatlichen Interventionsstellen – in der Bundesrepublik die Bundesanstalt für Landwirtschaft und Ernährung – sind verpflichtet, das ihnen angebotene, in der Gemeinschaft geerntete Getreide zu diesem **garantierten Mindestpreis** abzunehmen (unter Berücksichtigung saisonal, entsprechend dem Marktangebot gestaffelter Zuschläge und Übergangsvergütungen für Restbestände). Diese Aufkaufverpflichtung hat zur Folge, daß sich der tatsächliche Marktpreis in der Regel über dem Interventionspreis einpendelt, ihn jedoch praktisch nicht unterschreitet, da die Interventionsregeln ein sicheres „Abnahme-“ und Preis-Fangnetz“ ausbreiten.

Selbstverständlich darf die Verwertung der aufgekauften Marktüberschüsse durch die staatlichen Interventionsstellen nicht wieder zu Marktstörungen führen. Das Getreide muß daher **eingelagert** und nach Beruhigung der Marktlage zu bestimmten, über den Interventionspreisen liegenden Mindestbeträgen auf dem Binnenmarkt abgesetzt oder zu „heruntergeschleusten“ Preisen zum Export ausgeschrieben werden. Die Denaturierung von backfähigem Getreide zu Futtermittel gehört seit 1976 nicht mehr zu den zulässigen Interventionsinstrumenten. Es erscheint sinnvoller, solche Überschüsse für die Durchführung von Aktionen für **kostenfreie Nahrungsmittelhilfen zugunsten der Entwicklungsländer** zu verwenden (unten Rz. 1832). In der Praxis seit den 60er Jahren führte dieses System eines europäischen Getreidebinnenmarktes zu **erheblicher Produktionssteigerung.** In den 70er Jahren wandelte sich die EG von einem Getreideimportraum (1970/71: 22 Mio. Tonnen Getreideeinfuhr) zu einem großen Exporteur (1985/86: 18,5 Mio. Tonnen Getreideausfuhr). Gleichzeitig stiegen die Interventionsausgaben der Gemeinschaft so dramatisch, daß **Einschränkungen** trotz allen agrarischen Widerstandes unvermeidlich wurden. Nachdem sich erste Intrumente wie 1986 eine **Mitverantwortungsabgabe der Erzeuger** und 1988 eine **Begrenzung der Garantiemenge** innerhalb der EG nicht als hinreichend wirksam erwiesen hatten, wurden sie bei der Reform 1992 (VOen 1766/92 und 2780/92, ABl. 1992, L 181/21, L 281/5) durch **flächenbezogene Ausgleichszahlungen** und gleichzeitig **Flächenstilllegungen** (unten Rz. 1413) i. V. m. einer gestuften **Absenkung der Interventionspreise** um 30 % ersetzt. Auf diese Weise soll die Intervention allmählich an Bedeutung verlieren und die notwendige Unterstützung der Landwirte stärker über die Agrarstrukturpolitik erfolgen. Durch höhere Hektarerträge werden gleichwohl nach 2000 weiter steigende Getreideüberschüsse in der EG erwartet. 1387

bb) Lenkung des Getreideaußenhandels

Zum Schutz des auf Großhandelsebene hoheitlich festgelegten EG-Binnenpreisniveaus müssen Ausgleichsmechanismen zur Regelung des **Getreidehandels mit Drittländern** eingeführt werden *(Eichenberg,* Die Instrumente der gemeinsamen Marktorganisationen zur Steuerung der Einfuhr von landwirtschaftlichen Drittlandserzeugnissen in die Gemeinschaft, 1997). 1388

Zum einen müssen, da die Getreidepreise der Gemeinschaft über denen des Weltmarktes liegen, für den **Export** den einheimischen Erzeuger **Ausfuhrerstattungen (Exportsubventionen)** gewährt werden, da sie sonst international nicht konkurrenzfähig wären (Art. 13 VO 1766/92). Die Gemeinschaft wird zum (fakultativen) Mittel der Ausfuhrerstattungen insbesondere dann greifen, wenn auf dem Binnenmarkt ein Überangebot besteht, das zu einem Preisverfall führen könnte. (Zur Funktion der Ausfuhrerstattungen EuGHE 1973, 963 ff. – RS 12/73).

Sollten – ausnahmsweise – die Weltmarktpreise über denen der Gemeinschaft liegen, so kann durch die Erhebung variabler Ausfuhrzölle, der **Ausfuhrabgaben,** verhindert werden, daß die einheimischen Erzeugnisse, den Marktgesetzen folgend, exportiert werden und dadurch die Versorgung der Gemeinschaftsbürger nicht mehr gewährleistet ist.

1389 Zum zweiten muß zur Sicherung der internen Preisplanziele vermieden werden, daß **billigere Getreideimporte aus Drittstaaten** auf dem Binnenmarkt zu einem Preisverfall führen – was zur Folge hätte, daß praktisch die gesamte einheimische Produktion den Interventionsstellen zum Kauf angeboten würde. Da dies die Stabilität des Getreidemarktes gefährden könnte und auch dem Grundsatz der Gemeinschaftspräferenz widerspräche, müssen gleich teuere oder billigere Importe durch ein **System variabler Schutzzölle („Abschöpfungen")** auf das Preisniveau der Gemeinschaft „hinaufgeschleust" werden (Art. 10 VO 1766/92). – Zum Rechtscharakter der Abschöpfungen vgl. EuGHE 1977, 1291 ff. – RS 6/77 st. Rspr. und *Kalbe,* AgrR 1973, S.250 ff.; 1974, S.152 ff.

Grundlage für die Bemessung der Abschöpfungen ist nicht der einheitliche Interventionspreis, der ja unter dem auf dem freien Getreidemarkt erzielbaren Preis angesetzt wird, sondern der auf der Großhandelsstufe im Gebiet der Gemeinschaft mit dem größten Zuschußbedarf (Duisburg) für jede Getreideart angestrebte Marktpreis, der sog. **Richtpreis.** Auf der Basis dieser ebenfalls vom Rat festgesetzten Richtpreise werden, unter Abzug der anteiligen Kosten für die Umladung des Getreides und den Transport nach Duisburg sowie einer pauschalen Vermarktungsspanne, die Mindesteinfuhrpreise, die sog. **„Schwellenpreise",** für den Einfuhrhafen Rotterdam bestimmt, auf deren Niveau die Einfuhren hinaufgeschleust werden müssen. (Zur Notwendigkeit der Schwellenpreise EuGHE 1968, 173 ff. – RS 30/67). Der Schwellenpreis liegt um der Gemeinschaftspräferenz willen erheblich über dem Richtpreis. Zur Berechnung der jeweiligen Abschöpfungsbeträge wird dabei nicht der im Einzelfall vereinbarte – manipulierbare – Kaufpreis herangezogen, sondern grundsätzlich von der jeweils günstigsten Einkaufsmöglichkeit auf dem Weltmarkt ausgegangen. Die Abschöpfung stellt somit die rechnerische Differenz zwischen Schwellenpreis und (pauschal errechnetem) cif-Preis für Rotterdam dar. (Zur pauschalierten Bestimmung der Schwellenpreise und Abschöpfungen EuGHE 1973, 919 ff. – RS 11/73). Die zu erhebenden Abschöpfungen werden täglich neu festgesetzt, was eine **permanente Agrarrechtsetzungstätigkeit der Gemeinschaft** bedeutet. Angesichts des effektiven Außenschutzes durch das Abschöpfungssystem konnte auf Außenzölle und MgW im Agraraußenhandel grundsätzlich verzichtet werden.

1390 Das Abschöpfungssystem bewirkte in der flexiblen Anpassung an die jeweiligen Weltmarktpreise einen **perfekten Außenschutz** und verhinderte praktisch Getreideeinfuhren in die EG. Es war daher den sonstigen großen Produzenten (USA, Cairns-Gruppe) ganz besonders ein Dorn im Auge. Mit dem **WTO-Landwirtschaftsabkommen 1994** im Rahmen der GATT-Uruguay-Runde (oben Rz. 1356) wurde die Umwandlung der Abschöpfungen und anderer Einfuhrhemmnisse wie mengenmäßige Beschränkungen oder Mindestpreise in **Zolltarife** unter gleichzeitiger Senkung der Zollsätze bis 2001 beschlossen **(„Tarifizierung").** Da aus den Abschöpfungen normale Zollsätze des GZT (oben Rz. 1285) werden, können Verbilligungen der Weltmarktpreise wieder einfuhrfördernd wirken. Bei Getreide und anderen Produkten wird diese Wirkung jedoch durch die **Variabilität dieses Zolls** zum guten Teil aufgehoben. Ohnehin grundsätzlich über eine 55 %ige Erhöhung des Getreide-Interventionspreises berechnet, wird der Getreidezoll auf der Grundlage der Weltmarktpreise regelmäßig neu festgelegt (Art. 10 VO 1766/92). So nähert sich der variable Zoll in seinem Charakter wieder der Abschöpfung. Außerdem können bei nachhaltigen Störungen des Weltmarktpreisgefüges **zusätzliche Einfuhrzölle** erhoben werden. Damit dürfte sich die Liberalisierung des Getreideaußenhandels über das WTO-Abkommen in Grenzen halten.

Ein **mit Kautionsstellung verbundenes Lizenzsystem** (Art. 12 VO 2727/75) erleichtert den Gemeinschaftsorganen die Überwachung des gesamten Drittlandshandels und sichert durch die Androhung des Kautionsverfalls die tatsächliche Durchführung der angemeldeten Warengeschäfte. (Zur Rechtmäßigkeit des Lizenzsystems EuGHE 1970, 1125 ff. – RS 11/70 st. Rspr.).

Die Kommission kann mit Hilfe dieses Kontrollsystems eventuelle „ernstliche" Marktstörungen schneller erkennen und, gestützt auf die **spezielle Schutzklausel der Marktordnung** (Art. 20 VO 2727/75), geeignete Maßnahmen ergreifen. (Zum Ermessensspielraum der Kommission hierbei EuGHE 1976, 19 ff. – RS 55/75 st. Rspr.).

Zusammenfassend gesehen hat der Mechanismus der Getreidemarktordnung in einer für viele Marktordnungsprodukte typischen Weise durch die relativ hohe Preisfestsetzung und grundsätzliche Abnahmegarantie bei perfektem Außenschutz seit den 60er Jahren zu **steigenden Produktionsüberschüssen** geführt, deren finanzielle und tatsächliche Bewältigung immer problematischer geworden ist.

d) Die Gemeinsame Marktordnung für Bananen als Beispiel für das Spannungsverhältnis zwischen Gemeinsamer Agrar- und Handelspolitik

Literatur: *Hahn,* Zum Verstoß von gemeinschaftlichem Sekundärrecht gegen das GATT – Die gemeinsame Marktorganisation für Bananen vor dem EuGH, EuR 1993, S. 263 ff.; *Van de Vliet,* Trade reform – banana wars, World Link 1993, S. 34 ff.; *Berrisch,* Zum „Bananen"-Urteil des EuGH vom 5. 10. 1994, EuR 1994, S. 461 ff.; *Manservi,* Die gemeinsame Marktordnung für Bananen, EuZW 1994, S. 209 ff.; *Dony,* L'affaire des Bananes, CDE 1995, S. 461 ff.; *Kuschel,* Die Bananenmarktordnung der EU, RIW 1995, S. 218 ff.; *Pache,* Das Ende der Bananenmarktordnung?, EuR 1995, S. 95 ff.; *Everling,* Will Europe slip on Bananas?, CMLRev 1996, S. 401 ff.; *Kuschel,* Wie geht es weiter mit der Bananenmarktordnung?, EuZW 1996, S. 645 ff.; *Huber,* Die Bananenmarktordnung und das Grundgesetz, EuZW 1997, S. 517 ff.; *Meier,* WTO-Revisionsentscheidung zur EG-Bananenmarktordnung, EuZW 1997, S. 719 ff.; *Petersmann,* Darf die EG das Völkerrecht ignorieren?, EuZW 1997, S. 325 ff.; *Weber,* Die Bananenmarktordnung unter Aufsicht des BVerfG?, EuZW 1997, S. 165 ff.; *Stein,* „Bananen-Split"?, EuZW 1998, S. 261 ff.; *Cascante/Sander,* Der Streit um die EG-Bananenmarktordnung, 1999;

Bananen wurden erst 1993 in eine Gemeinsame Marktorganisation einbezogen (VO 404/93 v. 13. 02. 1993, ABl. L 4/1 ff., Änderungen und Folgeregelungen, vgl. Fundstellenverzeichnis des geltenden Gemeinschaftsrechts 03.60.54 – *Kuschel,* RIW 1995, S. 218 ff.). Da dieses Produkt zu weniger als 20 % des Verbrauchs in der Gemeinschaft erzeugt wird, war es lange bei national getrennten Märkten geblieben. Deutschland verfügte seit 1958 gemäß dem Bananen-Protokoll zum EWGV über ein zollfreies Einfuhrkontingent für Drittlandsbananen, hauptsächlich aus Mittelamerika, das jährlich dem deutschen Bedarf angepaßt wurde. Grundsätzlich entsprach die Schaffung eines gemeinsamen Bananenmarktes über die Marktordnung von 1993 der Logik des Binnenmarktes im Sinne von Art. 7 a = 14 neu EGV und der GAP gemäß Art. 38 ff. = 32 ff. neu EGV. Da es sich bei der Banane im wesentlichen um ein **Drittlandsprodukt** handelte, kam jedoch gleichzeitig den **Grundsätzen der Gemeinsamen Handelspolitik** im Sinne von Art. 110 ff. = 131 ff. neu EGV wesentliche Bedeutung zu (Präambel VO 404/93, gegen Ende). 1391

1392 In der Regelung der VO 404/93 **begünstigte die BananenmarktO in erster Linie die Erzeugung und den Absatz von in der EG produzierten „Gemeinschaftsbananen“.** Daneben werden Präferenzen für die traditionellen Einfuhren aus den AKP-Staaten (unten Rz. 1814) geschaffen **(„AKP-Bananen“).** Dagegen wurden die starken traditionellen Einfuhren aus sonstigen Drittländern (sog. **„Dollarbananen“)** im Vergleich zu der früheren Lage **erheblich benachteiligt.** Die BananenmarktO enthält Qualitäts- und Vermarktungsnormen sowie die Einführung von Erzeugerorganisationen und Beihilferegelungen zugunsten der Gemeinschaftserzeugung. Bei der Handelsregelung für Drittlandseinfuhren wird nach jährlicher Bedarfsschätzung ein **Kontingent** mit ermäßigtem Zollsatz (100 ECU/Tonne) eröffnet (Zollsatz bei traditionellen und nichttraditionellen AKP-Einfuhren: 0). Außerhalb des Kontingents besteht ein prohibitiver Zollsatz (850 ECU/Tonne bei „Dollarbananen“ und 750 ECU/Tonne bei AKP-Bananen). In der Praxis wird das Kontingent (bisher ca. 2,5 Mio. Tonnen jährlich) so festgesetzt, daß eine **deutliche Gemeinschaftspräferenz** entsteht, die zum Bezug von Gemeinschafts- und traditionellen AKP-Bananen anreizen soll. Infolge der Verbrauchergewohnheiten in den hauptsächlichen Einfuhrländern wie D und besserer Wettbewerbsfähigkeit der „Dollarbananen“ ist dieser Effekt kaum eingetreten. Jedoch hat sich die Einfuhr der Drittlandsbananen verteuert. Ferner hatte die BananenmarktO den traditionellen Bananenhandel mit Drittländern dadurch benachteiligt und geschädigt, daß sie diesen Importeuren lediglich 2/3 der **Einfuhrlizenzen** zuteilte, während das übrige Drittel den Händlern mit Gemeinschafts- und traditionellen AKP-Bananen gegeben wurde. In der Praxis hatte sich hieraus nicht die erhoffte Integration des Gemeinschaftshandels entwikkelt, sondern ein teurer Verkauf der Lizenzen seitens der „Gemeinschaftshändler“ an die klassischen Importeure von Drittlandsbananen. Auch hieraus ergab sich eine Verteuerung des Preises für Drittlandsbananen.

1393 Wirtschaftspolitisch erweist sich die BananenmarktO auf diese Weise als ein **Beispiel für den kostspieligen Fehlschlag dirigistischer Regeln, welche die Gesetze freihändlerischer Marktwirtschaft mißachten** *(Everling,* CMLRev 1996, S. 401 ff.). **Gemeinschaftsrechtlich** begegnete vor allem die Diskriminierung der klassischen Bananenmarktimporteure starken Bedenken und ebenso die zu starke Agrargemeinschaftspräferenz (Art. 39 = 33 neu EGV) zu Lasten der handelspolitischen Vertragsgrundsätze (Art. 110 = 131 neu EGV) und der völkerrechtlichen Verpflichtungen der EG als Mitglied der Welthandelsorganisation GATT/WTO. Dennoch wies der EuGH seit 1994 verschiedene Klagen, u. a. von D, gegen die BananenmarktO zurück (insbesondere EuGHE 1994, I–4973 ff., RS 280/93 „Bananen“, dazu *Everling,* aaO). Der Gerichtshof hat dabei einerseits auf das **weite Ermessen der Gemeinschaftsorgane** im Vertrage bei der Abwägung zwischen den Agrar- und Handelsinteressen abgestellt. Außerdem hat der EuGH nicht überzeugend eine Berufung von MSen und Einzelpersonen auf das frühere GATT-Recht vor dem EuGH abgelehnt, wobei er diesem Recht den Charakter „echten“ Rechts absprach und es mehr oder weniger zu einer Art „Soft law“ herabstufte.

1394 In der Welthandelsorganisation (WTO, unten Rz. 1798) hatte nach einer ersten Schieds(„Panel“)entscheidung 1994 *(Stoll/Ress,* EWS 1996, S. 37 ff.) die Berufungsinstanz („Appelate Body“) 1997 in einem anderen Verfahren den **Verstoß von Teilen der BananenmarktO gegen WTO-Prinzipien** (insbesondere die nichtdiskriminierende Inländergleichbehandlung) festgestellt *(Meier,* EuZW 1997, S. 719 ff.).

Da die EG als formelles WTO-Mitglied seit 1995 den Vorrang ihrer universalen Rechtspflichten im Verhältnis zum „regionalen" EG-Recht nicht mehr in Abrede stellen konnte (*Petersmann,* Int.Pol. 4/1997, S. 29 ff.), **kam es 1998 zu einer gewissen Revision der VO 404/93** (unten Rz. 1396). Dazu trug bei, daß auch EuGHE 1998 I – 973 ff., 1023 ff. – RS C–122/95, C–364-365/95 „Part" über ein EG-Rahmenabkommen mit mittelamerikanischen Erzeugerstaaten in der Lizenzregelung einen Verstoß gegen das **gemeinschaftsrechtliche Diskriminierungsverbot** als „elementarem Grundsatz" sahen.

– In **Deutschland** ist die normative Kraft der unglücklichen BananenmarktO nicht nur mit Blick auf das GATT-Recht, sondern auch auf **deutsche Grundrechte (Eigentum, Berufsfreiheit)** i. V. m. dem durch das Bundesverfassungsgericht (BVerfGE 89, 155 ff. – „Maastricht") in Anspruch genommenen Grundrechtsschutz gegenüber sekundärem Gemeinschaftsrecht in verschiedenen Verfahren vor deutschen Gerichten auf die Probe gestellt worden (*Kuschel,* EuZW 1995, S. 689 ff.). Obwohl EuGHE 1996, I–6065 ff., RS C–68/95 „Port" aufgrund einer Vorlage des VGH Kassel seine Alleinzuständigkeit zur Auslegung der EG-Bananenregelung prozedural und materiell bekräftigt hatte, rief VG Frankfurt a.M. (EuZW 1997, S. 182 ff., kritisch *Weber,* EuZW 1997, S. 165 ff.) das BVerfG u. a. wegen Nichtgewährung des unabdingbaren deutschen Grundrechtsstandards durch den EuGH an. Die Bananenmarktordnung wird so möglicherweise zu einem problematischen Testfall für die Reichweite der von BVerfGE 89, 155 ff. reklamierten „Kooperation" mit dem EuGH im Grundrechtsschutz (oben Rz. 624 und *Stein,* EuZW 1998, S. 261 ff.). **1395**

Mit der **teilweisen Reform der VO 404/93 im Jahr 1998** wurde durch eine verbesserte Lizenzregelung und eine Neugestaltung der Einfuhrquoten in komplizierter Weise ein Kompromiß zwischen den EG-MSen erreicht. Ob er WTO-konform ist, bleibt ungewiß. **1396**

Die Gemeinsame Marktordnung für Bananen hat sich ausweislich der vielfältigen wirtschaftspolitischen und rechtlichen Kritik als Konfliktfeld dafür erwiesen, **in welchem Ausmaß die Ziele der Gemeinsamen Agrarpolitik nach Art. 39 EGV = 33 neu EGV als Spezialregelungen zu Lasten anderer allgemeiner Vertragsziele** – hier einer weltoffenen Handelspolitik im Sinne des Art. 110 EGV = 131 neu EGV – **einseitig in den Vordergrund geschoben werden dürfen** (oben Rz. 1369). Wenn die Gemeinschaft insoweit die notwendige Balance verfehlt, kann dies zu Lasten der grundsätzlichen Akzeptanz des Gemeinschaftsrechts in den MSen und des Respekts vor der Rule of Law in den Welthandelsbeziehungen gehen.

e) Ergänzende Marktregelungen (Rechtsangleichung)

Der durch die gemeinsame Organisation der einzelnen Agrarmärkte grundsätzlich erstrebte freie Agrarbinnenhandel innerhalb der Gemeinschaft wird durch **ergänzende Marktregelungen** möglichst vollkommen zu sichern gesucht. In diesen Zusammenhang gehört insbesondere die **umfängliche Rechtsangleichung im Agrarbereich** (oben Rz. 1240). Im Futtermittelrecht, Pflanzenschutz, Veterinärwesen und Tierzucht, Saat und Pflanzengut sowie jenseits des eigentlichen Agrarrechts im Lebensmittelrecht sind seit den 60er Jahren eine große Anzahl von Richtlinien und z. T. auch von Verordnungen auf der Grundlage von Art. 100 = 94 neu und neuerdings zuneh- **1397** mend Art. 43 = 37 neu EGV (oben Rz. 1222) ergangen. Art. 100 a = 95 neu EGV tritt zurück, da nach Auffassung des EuGH (E 1989, 3743 ff. – RS C–131/87) Art. 43 = 37 neu EGV insoweit lex specialis ist.

Zusammenstellungen in Fundstellennachweis des geltenden Gemeinschaftsrechts, 03.50 und 13.30.14 sowie bei *Gilsdorf/Priebe,* in: Grabitz/Hilf (Hrsg.), EUV/EGV-Komm. (1994), Art. 38, RdNr. 18.

1398 Die grundsätzliche Zielrichtung der Agrarrechtsangleichung geht dahin, die primären und sekundären Agrarerzeugnisse **in ihrer Beschaffenheit so vergleichbar zu machen,** daß sich keine Bedenken mehr gegen ihren gemeinschaftsweiten Freiverkehr ergeben können und – mit anderen Worten – Art. 36 = 30 neu EGV (oben Rz. 1302) insoweit gegenstandslos wird. Die Rechtsangleichungspolitik der EG ist zu einem guten Teil ein essentieller Bestandteil der gemeinsamen Agrarpolitik geworden.

Die Bedeutung effektiv gewährleisteter gemeinsamer Standards bei Agrarerzeugnissen ist anhand **des Krisenfalles des „Rinderwahnsinns"** (BSE = bovine spongiform Enzephalopathie) offenkundig geworden. Da Großbritannien seit den 80er Jahren die auf Art. 43 = 37 neu EGV gestützten veterinärrechtlichen BSE-Regelungen nachlässig gehandhabt hatte, kam es nach Krankheitsfällen in verschiedenen MSen Mitte der 90er Jahre zu einem Zusammenbruch des Freiverkehrs mit britischem Rindfleisch durch einseitige nationale Einfuhrverbote, die durch die Kommissionsentscheidung 96/239 (ABl. 1996, L 78/47) legalisiert wurden. Der Gerichtshof hat diese Entscheidung 1998 bestätigt (EuGHE 1998, I – 2211 ff. – RS C-157/96).

Das EP warf der Kommission mangelhafte Kontrolle des einschlägigen Veterinärrechts vor. Die notwendige Verbesserung dieser Rechte durch Rechtsangleichung (Rindfleischetikettierung/Lebendviehkennzeichnung) möchte das EP entgegen der bisherigen Rechtspraxis (oben Rz. 1397) auf Art. 100 a = 95 neu EGV und nicht mehr auf Art. 43 = 37 neu EGV stützen, da ihm so stärkere Mitwirkungsrechte zustünden.

2. Gemeinsame Fischereipolitik

Literatur: *Hiester,* The legal position of the EC with regard to the conservation of the living resources of the sea, Legal issues of Europ. Integr. 1976, S. 55 ff.; *Hofmann,* Zur Rspr. des EuGH in Fischereifragen, ZaöRVR 1981, S. 808 ff.; *Apollis,* L'Europe bleue élargie, RMC 1986, S. 449 ff.; *Diez Patier,* Historia de la politica pesquera comunitaria, Rev. de Est. agro-sociales 1986, S. 147 ff.; *EG-Kommission* (Hrsg.), Die gemeinsame Fischereipolitik, 1986; *Vitzthum,* Die EG und das Internationale Seerecht, AöR 1986, S. 32 ff.; *Charles-Le-Bihan,* La politique commune de la pêche; La 3e génération de normes, RTDE 1988, S. 481 ff.; *Schneider,* Die gemeinsame Fischereipolitik der EG, 1988; *Nonnenmacher,* Das EG-Fischereiregime als supranationale Ressourcenordnung, EuR 1989, S. 30 ff.; *Howarth,* The single European market and the problem of fish movements, ELR 1990, S. 34 ff.; *Nonnenmacher,* Die gemeinsame Fischereipolitik der EWG, 1990; *Watson,* Visserij en vrijheid van vestiging, SEW 1990, S. 904 ff.; *Fitzmaurice,* Common market partici-pation in the legal régime of the Baltic Sea fisheries, GYIL 1991, S. 214 ff.; *Drexl.* Was Sir Francis Drake a Dutchman? – British supremacy of Parliament after Factortame, AJCompL 1993, S. 551 ff.; *Europ. Kommission,* Die neue gemeinsame Fischereipolitik, 1994; *Holden,* The Common Fisheries Policy: Origin, Evaluation and Future, 1994; *Wolfrum,* Die EG als Partner seerechtlicher Verträge, AVR 1994, S. 317 ff.; *Davies,* The EC/Canadian Fisheries Dispute in the Northwest Atlantic, ICLQ 1995, S. 927 ff.; *Proutière-Maulion,* De la gestion de stocks à l'aménagement des pêcheurs, RMC 1995, S. 314 ff.; *Fischer,* Die gemeinsame Fischereipolitik, in: Grabitz/Hilf (Hrsg.), EUV/EGV-Komm. (1996), nach Art. 47 EGV (mit weit. Lit.);

Die **Fischerei und sonstige Gewinnung von lebenden Schätzen des Meeres** rechnet als „Urproduktion" grundsätzlich zur Landwirtschaft im weiteren Sinne und ist Bestandteil der Gemeinsamen Agrarpolitik. Art. 3 Abs. 1 lit. e) EGV erwähnt die Fischerei neben der Landwirtschaft ausdrücklich unter den Vertragszielen. Seit dem Beitritt Dänemarks, Großbritanniens und Irlands sind jedoch neben den Art. 38 ff. = 32 ff. neu EGV die Art. 98 ff. Beitrittsakte 1973 bei der Gestaltung der Gemeinsamen Fischereipolitik (GFP) zu beachten. Insbesondere Art. 102 Beitrittsakte enthält im Hinblick auf den Schutz der Fischbestände und die Erhaltung der biologischen Schätze des Meeres eine neben Art. 43 = 37 neu EGV bestehende ausschließliche Ratskompetenz (EuGHE 1976, 1279 ff. Verb. RS 3, 4, 6/76 „Kramer" und EuGHE 1979, 2345 ff. – Verb. RS 185–204/78 „van Dam", näher *Fischer,* Die GFP, in: Grabitz/Hilf (Hrsg.), EUV/EGV-Komm. (1996), nach Art. 47 EGV, RdNr. 1 ff.). 1399

Seit 1986 sind ferner die beiden großen Fischereinationen Portugal und Spanien hinzugetreten. Spanien hat die weitaus größte Fischereiflotte in Europa. Die Zahl der Fischer hat sich seit 1986 in der EG verdoppelt und die Fangmenge um 30 % vergrößert (*Apollis,* RMC 1986, S. 449 ff.). Inzwischen ist die schwierige Integration der spanisch-portugiesischen Fischwirtschaft in die Gemeinsame Fischereipolitik im wesentlichen abgeschlossen (Zu den Übergangsregelungen Art. 154 ff., 346 ff. Beitrittsakte 1985). Dagegen stellte der Beitritt Finnlands und Schwedens 1995 (Art. 88 ff., 115 ff. Beitrittsakte 1994) keine vergleichbaren Probleme im Fischereisektor. 1400

Die Entwicklung der gemeinsamen Fischereipolitik vollzog sich vor allem infolge des **britisch/dänisch/irischen Beitrittes 1973** schwierig (oben Rz. 1353). Während die ursprünglichen sechs MS in Anerkennung des allgemeinen Diskriminierungsverbots des Art. 7 EWGV im Jahre 1970 sich die **Gleichberechtigung ihrer Fischer** in den jeweiligen nationalen Hoheitsgewässern eingeräumt hatten, erreichten die Beitrittsstaaten, vor allem auf englisches Verlangen, in den Art. 98 ff. Beitrittsakte 1973 entgegen dem Prinzip der Übernahme des „acquis communautaire" bemerkenswerte **Ausnahmeregelungen zugunsten der Fangrechte ihrer Fischer** in den jeweiligen eigenen Küstengewässern (6/12 sm). Diese Ausnahmen blieben auch nach der Verabschiedung der GFP 1983 (unten Rz. 1403) in abgemilderter Form für 10 Jahre (mit Verlängerungsmöglichkeit für weitere 10 Jahre) erhalten. In der Zwischenzeit 1973–83 war es vor allem einer entschiedenen Rspr. des Gerichtshofes (Zusammenfassung bei *Hofmann,* ZaöRVR 1981, S. 808 ff.) und der hierdurch gestärkten Position der Kommission zu verdanken, daß im Bereich der Fangrechte und des Schutzes der Fischbestände **gewisse Gemeinschaftspositionen gewahrt wurden** (Theorie der MS „als Treuhänder der Gemeinschaft" i. V. m. Kommissionserklärung v. 27. 7. 1981, ABl. 1401

C 224/1 ff.). Insgesamt ist die Geschichte des allmählichen Aufbaus einer GFP (*Holden,* The Common Fisheries Policy, 1994) diejenige einer langsamen Begrenzung und Überwindung eines ziemlich hemmungslosen nationalen Egoismus einzelner MS.

a) Inhalt und Besonderheiten der Gemeinsamen Fischereipolitik

1402 Obwohl der Landwirtschaft zugerechnet, weist der Fischereisektor **wesentliche tatsächliche Besonderheiten** im Vergleich zur sonstigen Agrarpolitik auf, die bei den rechtlichen Regelungen berücksichtigt werden mußten.

aa) Tatsächliches

Das Wirtschaftsgut der GFP, der Fischbestand, ist in seiner **Entstehung und Vermehrung** viel unabhängiger von „landwirtschaftlichen" Maßnahmen als Landagrarerzeugnisse. Andererseits sind diese Fischbestände infolge der sehr wirksamen modernen Fangmethoden heute ständig gefährdet **(Problem des „Überfischens").** Es besteht in der GFP eine Knappheits- und nicht Überproduktionslage. Die Marktregelungen müssen daher Fragen des Bestandsschutzes und der Verteilung von Fangrechten lösen, bevor die typischen Marktordnungsfragen (Preise, Vermarktung, Außenhandel) sinnvoll angegangen werden können.

Ferner ist für die Seefischerei die **fehlende Bindung der Produzenten an einen Ort** typisch. Fischerei kann grundsätzlich im gesamten Weltmeer betrieben werden, wobei für die GFP gemäß den Regeln des internationalen Seerechts

UN-Seerechtsübereinkommen v. 10. 12. 1982, seit dem 16. 11. 1994 in Kraft (Text u.a. BGBl. 1994 II, S. 1798 = Sart. II Ziff. 350) Vgl. auch oben Rz. 189.

verschiedene Meeresregimes unterschieden werden müssen, nämlich insbesondere

- **Küstengewässer,** (i. d. R. 12 sm) mit starken Souveränitätsrechten des Uferstaates;
- **200-sm-Wirtschaftszone,** in der die Küstenstaaten u. a. die Fischereirechte für sich beanspruchen können. Seit 1976 (Ratsresolution v. 3. 11. 1976, ABl. C 105/1 ff., vgl. oben Rz. 189) nimmt die Gemeinschaft eine solche 200-sm-Zone als „EG-Meer" in Atlantik, Nord- und Ostsee (nicht Mittelmeer) in Anspruch;
- **Hohe See,** in der vorbehaltlich allgemeiner Schonregelungen frei gefischt werden darf.

Auf diese Weise kann EG-Fischfang sowohl innerhalb des EG-Meeres als auch außerhalb der Gemeinschaft auf der Hohen See bzw. gemäß vertraglichen Abmachungen in den Wirtschaftszonen dritter Staaten (Bsp. USA, Kanada) betrieben werden. Den **Außenregelungen einer GFP** kommt daher besondere, über den Außenhandel hinausgehende Bedeutung zu (unten Rz. 1407 ff.s).

bb) Zugang zu den Fischereigründen und Bestandserhaltung

1403 Die primäre Grundfrage einer gemeinsamen Fischereipolitik geht demnach zunächst dahin, **wo von wem gefischt werden darf** und welche **be-**

grenzenden Maßnahmen erforderlich sind, um die Fischbestände im allgemeinen Interesse dauerhaft zu erhalten. Nach langen Auseinandersetzungen (*Yandkis,* CDE 1979, S. 158 ff.) wurde der **gleichberechtigte Zugang aller MSen** und ihrer Fischereifahrzeuge zu den Ressourcen in der VO 101/76 v. 19. 01. 1976 (ABl. L 20/19) niedergelegt. Dieser Grundsatz wurde jedoch über Art. 100 Beitrittsakte 1972 i. V. m. der VO 3760/92 v. 20. 12. 1992 (ABl. L 389/1) vorläufig bis zum 31. 12. 2002 dahingehend eingeschränkt, daß MSen ihre Küstengewässer bis zu 12 sm ihren eigenen dort fischenden Staatsangehörigen sowie traditionell in diesen Gebieten tätigen Fischern anderer MSen vorbehalten können („historische Rechte"): Die Gültigkeit solcher nationalen Sonderrechte ist gegenüber dem Diskriminierungsverbot des Art. 6 = 12 neu EGV zweifelhaft (*Boos,* RMC 1983, S. 404 ff.).

Für die **Erhaltung und Bewirtschaftung der Fischbestände** wurden eine **1404**
Reihe detaillierter Maßnahmen getroffen, die sich zugleich als **Maßnahmen marinen Umweltschutzes** (unten Rz. 2003, 2028) verstehen (*Schneider,* RIW 1989, S. 873 ff.). Die Grundregeln finden sich inzwischen in der VO 3760/92 v. 20. 12. 1992 (ABl. L 389/1) zur Einführung einer gemeinschaftlichen Regelung für die Fischerei und die Aquakultur. Hierzu rechnen u. a. (näher *Fischer,* Die GFP a a O. (1996), RdNr. 23 ff).

- Jährliche Festsetzung der **zulässigen Gesamtfänge** (TAC) durch den EG-Ministerrat bei allen durch Überfischung gefährdeten Arten und **Festsetzung von Quoten auf die einzelnen MS.** In diesem Zusammenhang können sich nach Art. 52 = 43 neu EGV Fischer eines MSes in einem anderen niederlassen (z. B. Spanier in England), um an den dortigen Fangquoten zu partizipieren (EuGHE 1991, I–3905 ff. – RS C 221/89 „Factortame II", *Drexl,* AJCompL 1993, S. 551 ff.).
- **Technische Bestandserhaltungsmaßnahmen:** Beschränkung der Fischerei in bestimmten Gebieten sowie Regelungen über die Art der Fischerei (Bsp. Mindestmaschenweiten von Netzen u. ä.).
- **Überwachungsmaßnahmen:** Kontrollen in den Häfen u. ä., Verpflichtung zur Führung von Fischereilogbüchern. Die Kontrollen werden von den MS unter Aufsicht eines Inspektionsdienstes der EG-Kommission durchgeführt (VO 2847/93, ABl. 1993, L 261/1).

Diese Grundregeln werden zur Erhaltung und Bewirtschaftung der Fischbestände durch eine große Zahl immer wieder ergänzter und veränderter **Durchführungsmaßnahmen** zur Anwendung gebracht (Fundstellenverzeichnis des geltenden Gemeinschaftsrechts 04.10.30). Prinzipiell ist die EG-GFP trotz Widerständen der großen Fischerei-MSen (Spanien, Frankreich, Großbritannien) bestrebt, den Fischfang im „EG-Meer" zur Erhaltung der bedrohten Bestände zu reduzieren. 1997 wurde eine **grundsätzliche Einschränkung bis 2001 um 30 %** beschlossen.

cc) Gemeinsame Marktorganisation für Fischereierzeugnisse

Nach früheren Regelungen von 1970 und 1981 wird die handelsmäßige **1405**
Seite der GFP durch die **gemeinsame Marktorganisation für Fischereierzeugnisse und Erzeugnisse der Aquakultur** (VO 3759/92 v. 17. 12. 1992, ABl. L 388/1, Änderungen) festgelegt. Sie bestimmt im wesentlichen die Vermarktung, Preise, die Intervention und den Außenhandel.

Als Voraussetzung für die **Vermarktung** von Fischerei werden Größen-, Aufmachungs-, Verpackungs- und Qualitätsnormen der EG festgesetzt. Preislich setzt der Rat jährlich **Orientierungspreise** fest, ferner etwas niedrigere **Rücknahmepreise.** Für aus dem Markt genommene Ware erhalten die Erzeuger (i. d. R. in **Erzeugerorganisationen** zusammengeschlossen) eine Entschädigung aus dem EAGFL. Der Fonds unterstützt auch sonst die GFP.

Das **Außenhandelsregime** für Fischereierzeugnisse gewährt einen gewissen **Binnenmarktschutz** (Zölle, sowie Ausgleichsabgaben, wenn Drittlandseinfuhren einen Referenzpreis unterschreiten, umgekehrt Erstattungen zugunsten des Exports in Drittländer). Ferner können bei ernsten Störungen Schutzmaßnahmen getroffen werden.

Auch dieses Marktordnungssystem bedingt eine ständige Setzung von sekundärem Durchführungsrecht (Preisfestsetzungen, Beihilfen usf. Fundstellenverzeichnis des geltenden Gemeinschaftsrechts, Kapitel 04.10.20).

dd) Fischereistrukturmaßnahmen

1406 Die verminderten Fangmöglichkeiten aufgrund der Entwicklung des Internationalen Seerechts (oben Rz. 1402) und der Überfischungen schufen ein Bedürfnis, den Fischereisektor **in einem modernisierenden Sinne umzustrukturieren,** um ihn wettbewerbsfähiger zu machen. Seit den siebziger Jahren werden daher eine größere Zahl von **Maßnahmen der Fischereistrukturpolitik** getroffen. Sie ist in weiterem Sinne Teil der Agrarstrukturpolitik (unten Rz. 1408 ff.). Maßgeblich ist besonders die VO 4028/86 v. 18. 12. 1986 (ABl. L 376/7) über Gemeinschaftsmaßnahmen zur Verbesserung und Anpassung der Strukturen im Bereich der Fischerei und der Aquakultur. Auch hier bestehen zahlreiche Einzelregelungen (Fundstellenverzeichnis des geltenden Gemeinschaftsrechts 04.10.10). Auf diese Weise wird der Fischereiwirtschaft eine **vielfältige Strukturhilfe** zuteil (näher *Fischer,* Die GFP a a O. (1996), RdNr. 84 ff.).

Zu erwähnen sind **Abwrackprämien** oder Hilfen für zeitweilige Stillegungen von Fahrzeugen oder umgekehrt für den **Bau moderner Fischereifahrzeuge.** Ferner werden **Aquakulturvorhaben zur Verbesserung der Fischereibestände** unterstützt. Andere Strukturmaßnahmen betreffen Versuchsfischereivorhaben oder die Gründung gemeinsamer Unternehmen mit Drittlandfischern (Bsp. Nord- und Westafrika) zur gemeinsamen Nutzung bestimmter Fischgründe. EIB, Regional- und Sozialfonds sind ihrerseits in die gemeinsame Fischereistrukturpolitik eingeschaltet.

b) Gemeinsame Außenbeziehungen in der Fischereipolitik

1407 Mit der **Schaffung des „EG-Meeres"** 1976 durch den Rat (oben Rz. 189), das Fischereischiffen dritter Staaten ohne Zulassung seitens der Gemeinschaft verschlossen ist (EuGHE 1982, 3819 ff. – RS 138 u. 139/80 „Maticorena-Otazo"), ergab sich die Gemeinschaftszuständigkeit (im wesentlichen über Art. 43 = 37 neu EGV und Art. 102 Beitrittsakte 1973 wahrgenommen, EuGHE 1976, 1279 ff. – Verb. RS 3, 4, 6/76 „Kramer") **zur Regelung der Fischereiaußenbeziehungen mit Drittstaaten.** Dabei geht es zum einen um die Wahrnehmung der **multilateralen Beziehungen** in Gestalt entsprechender Konventionen und der Teilnahme an internationalen Fischereiorganisationen, zum anderen um die **bilateralen Beziehungen** mit bestimmten, ihrerseits am Fischfang beteiligten Drittstaaten *(Wolfrum,* AVR 1994, S. 317 ff.).

aa) **Multilaterale Beziehungen:** In einer Reihe von Verträgen und Organisationen (Bsp. Nordwest- und Nordostatlantische Fischereiorganisationen, Übereinkommen über die Erhaltung der lebenden Meeresschätze der Antarktis, Internationale Walfangkommission, vgl. Fundstellenverzeichnis des geltenden Gemeinschaftsrechts, 04.20.10) ist die EG inzwischen Vollmitglied oder nimmt neben den MS als Beobachter an den Arbeiten teil.

bb) **Bilaterale Beziehungen:** Hier geht es insbesondere um **Gegenseitigkeitsabkommen** mit bestimmten Staaten (Bsp. Norwegen) zur beiderseitigen Einräumung von Fischereirechten oder um einen sonstigen Vorteilsausgleich (Bsp. USA oder Kanada, wo Fischereirechte gegen Zollzugeständnisse „eingetauscht" wurden, *Barry,* Rev. Integr. Europ. 1985, 9/5 ff.). Schließlich hat die EG mit **Entwicklungsländern** (Bsp. Guinea-Bissau, Senegal, Madagaskar) Abkommen geschlossen, die den EG-Fischern Fangrechte gewähren, während die Gemeinschaft diesen Staaten finanzrelevante entwicklungspolitische Maßnahmen zusagt. (Die Abkommen in Fundstellenverzeichnis des geltenden Gemeinschaftsrechts, 04.20.20).

Insgesamt ist die Gemeinschaft vor allem seit dem Beitritt der beiden großen Fischereistaaten Spanien und Portugal 1986 zu einem der **weltweit größten Vertragspartner** in den internationalen Fischereibeziehungen mit einem entsprechenden Verhandlungsgewicht geworden. Das „blaue Europa" hat auch nach außen Gestalt gewonnen (näher *Fischer,* Die GFP a. a. O. (1996), RdNr. 62 ff.).

III. Agrarstrukturpolitik

Literatur: *Ehlermann,* Kompetenzen der EWG im Bereich der Agrarstrukturpolitik, AgrR 1972, S. 261 ff.; *Anz,* Die Richtlinien des Rates der EG zur Reform der Landwirtschaft vom 17. April 1972, AgrR 1973, S. 141 ff.; *Olmi/Bourgeois,* Les directives sur la réforme de l'agriculture dans la Communauté, CDE 1973, S. 511 ff.; *Wirth,* Die Finanzierung der EWG-Agrarstrukturpolitik, ZfZ 1973, S. 65 ff.; *Balz/Meinberg/Schöpe,* Die Agrarstrukturpolitik in den Ländern der EG, 1981 ff.; *EG-Kommission* (Hrsg.), Eine neue gemeinsame Agrarstrukturpolitik, 1981; *Kouloussi,* Vers une politique commune des structures agricoles, RMC 1982, S. 89 ff.; *Zissimopoulos,* Les fondements juridiques de la politique commune des structures agncoles dans le traité de la CEE, RHDI 1984, S. 85 ff.; *Bublot/Sallets-Defou,* Les impacts familiaux de la politique agricole commune, RMC 1987, S. 596 ff.; *Priebe,* Le droit communautaire des structures agricoles, CDE 1988, S. 3 ff.; *Schrader,* Agricultural and regional Policy, Intereconomics 1989, S. 167 ff.; *EG-Kommission* (Hrsg.), Die EG und die ländliche Entwicklung, 1991; *Wagner,* Ländliche Räume und der EG-Binnenmarkt, in: Ott (Hrsg.), Politik für die ländlichen Räume Europas, 1991, S. 11 ff.; *Mögele,* Das integrierte Verwaltungs- und Kontrollsystem für Beihilfen im Bereich der Landwirtschaft, EWS 1993, S. 305 ff.; *Niels,* Produktionsbeschränkungen in der Landwirtschaft, AgrarR 1994, Beil. I, S. 2 ff.; *Poggensee,* Die Flächenstillegungsprogramme der EG, 2. Aufl. 1994; *Ott,* Die landwirtschaftlichen Kooperativen in der EG, 1996;

1. Funktion und Aufgaben der Agrarstrukturpolitik

1408 Mit dem Funktionieren und der Entwicklung des Gemeinsamen Marktes für landwirtschaftliche Erzeugnisse muß gemäß Art. 38 Abs. 4 = 32 Abs. 4 neu EGV **die Gestaltung einer gemeinsamen Agrarpolitik** der Mitgliedstaaten Hand in Hand gehen. Der EG-Vertrag gibt in den Art. 39 = 33 ff. neu insbes. in Art. 39 Abs. 1 a) und b) = 33 Abs. 1 a) und b) neu sowie in Art. 41 und 42 Abs. 2 = 35 und 36 Abs. 2 neu Anhaltspunkte für die Ausgestaltung einer solchen über markt- und preispolitische Mechanismen hinausgehenden, strukturell orientierten Agrarpolitik. Die insoweit nötige Beschlußkompetenz der Gemeinschaftsorgane ist, wie der Wortlaut des Art. 43 Abs. 2 1. UA = 37 Abs. 1 1. UA neu EGV zeigt, nicht auf den nur beispielhaften Maßnahmekatalog des Art. 41 = 35 neu EGV beschränkt, sondern erstreckt sich auf alle im notwendigen Zusammenhang mit der Verwirklichung der Ziele der gemeinsamen Agrarpolitik stehenden Regelungen *(Ehlermann,* AgrR 1972, S. 261 ff.).

1409 Zentraler Bestandteil der gemeinsamen Agrarpolitik ist die **Agrarstrukturpolitik,** die nach dem 1. Mansholt-Plan von 1959 in einem ausgewogenen Verhältnis zur Marktpolitik stehen sollte. Das Fehlen einer flankierenden Strukturpolitik hatte, wie sich in der Vergangenheit mehrfach zeigte, unmittelbare Auswirkungen auf die Stabilität der Märkte und auf die Einkommensverteilung innerhalb der landwirtschaftlichen Bevölkerung. Da die Preismechanismen auf rentabel wirtschaftende Betriebe mit einer bestimmten Mindestnutzfläche zugeschnitten wurden, mußten – ohne einen strukturellen Ausgleich – kleinere und standortmäßig benachteiligte Betriebe oftmals zur Aufgabe gezwungen werden. **Modernisierung leistungsfähiger Betriebe** und die **Förderung der Einstellung unrentabler Höfe** sind so zentrale Aufgaben einer richtig angesetzten Strukturpolitik.

In der Praxis war die Agrarstrukturpolitik lange das **Stiefkind der Agrarpolitik der Gemeinschaft.** Die Ausgaben für Strukturmaßnahmen im weitesten Sinne aus der Abteilung „Ausrichtung“ des EAGFL betrugen geraume Zeit nicht einmal 5 % der Garantie-Aufwendungen des EAGFL (1985 z. B. 700 Mio. ECU gegenüber 20 Mia. für die Marktpolitik). Erst die Agrarreformen 1988 und 1992 haben hier einen gewissen Wandel geschaffen.

2. Entwicklung der Gemeinsamen Strukturpolitik

a) Koordinierungsphase bis zum Ende der 60er Jahre

1410 Die Notwendigkeit einer breitgefächerten strukturellen Ergänzung der Marktordnungspolitik war von der EG an sich von Anfang an anerkannt worden *(Dams,* Regionale Wirtschaftspolitik und Agrarstrukturpolitik 1966, S. 71 ff.). Bereits am 4. 12. 1962 hatte der Rat eine Entscheidung über die Koordinierung der Agrarpolitik (ABl. S. 2892) erlassen, die im wesentlichen die Einsetzung eines ständigen Agrarstrukturausschusses, die regelmäßige Vorlage von Strukturberichten durch die Kommission und Informationspflichten zur Koordinierung der einzelstaatlichen Maßnahmen vorsah. Die

VO 17/64 vom 5. 2. 1964 (ABl. S. 586) setzte sodann u. a. Rahmenbedingungen für die Beteiligung des EAGFL an Projekten zur Strukturverbesserung fest, z. B. für Verbesserungen der Produktionsbedingungen, für die Anpassung und Ausrichtung der landwirtschaftlichen Erzeugung, für die Verbesserung der Vermarktung und für die Absatzförderung landwirtschaftlicher Erzeugnisse. Wegen Untätigkeit des Rates in den folgenden Jahren im strukturellen Sektor kam es jedoch nicht zur Verabschiedung umfassender Gemeinschaftsprogramme, sondern nur zu einigen sektoriell begrenzten individuellen Aktionen zur Ergänzung und Entlastung der Marktordnungspolitik, insbesondere zur Beseitigung von Marktüberschüssen (z. B. durch Prämien für die Schlachtung von Milchkühen, die Nichtvermarktung von Milch, die Rodung von Obstbäumen u. a. m.).

Im wesentlichen beschränkte sich die Tätigkeit der Gemeinschaft in dieser ersten Phase auf die **finanzielle Beteiligung (i. d. R. 25 %) an ausgewählten nationalen Vorhaben.** Während der Geltungsdauer der VO 17/64 wurden so für ca. 5000 einzelstaatliche Projekte Kapitalzuschüsse verteilt. Von einer konzeptionell gemeinsamen Strukturpolitik konnte unter einem solchen System noch kaum die Rede sein.

Daneben handelte es sich um eine **Phase der Bestandsaufnahme** und der Orientierung (Durchführung von Strukturerhebungen, Bildung eines Informationssystems landwirtschaftlicher Buchführung seitens der EG u. a. m.).

b) Der 2. Mansholt-Plan 1968

Ende der 60er Jahre fühlte die Kommission sich in der Lage, ein **Konzept europäischer Agrarstrukturpolitik** vorzulegen. In ihrem Memorandum „Landwirtschaft 1980“ von 1968 (Sonderbeilage zum Bull. EG 1/1969), bald nach dem bekannten niederländischen Agrarkommissar „2. *Mansholt-Plan*“ genannt, wurde mittelfristig gemeinschaftsweit eine erhebliche **Reduzierung der landwirtschaftlichen Nutzfläche** und eine allmähliche **Halbierung der Zahl der landwirtschaftlich Erwerbstätigen** vorgesehen *(Mansholt,* u. a., RMC 1969, S. 587 ff.). Das Konzept wurde wegen seiner Entschiedenheit und auch infolge der damit verbundenen hohen Strukturkosten vom Rat zunächst nur recht begrenzt akzeptiert. Immerhin kam es 1972 mit den Richtlinien 72/159–161 zu **ersten grundsätzlichen Rechtsakten im Bereich der Strukturpolitik** *(Anz,* AgrR 1973, S. 141 ff.). 1411

c) Wachsende Bedeutung der Agrarstrukturpolitik seit den achtziger Jahren

In den 80er Jahren wurde die Reform der Agrarstrukturpolitik vor allem in Verbindung mit der **Globalisierung der Strukturpolitik insgesamt** über die Regelung der mit der EEA 1987 eingeführten neuen Art. 130 a–e = 158–162 neu EGV (Wirtschaftlicher und sozialer Zusammenhalt, oben Rz. 968 ff.) intensiviert. Dies führte vor allem zu einer **verbesserten Ausstattung des Agrarfonds** für Strukturzwecke seit dem Ende der 80er Jahre *(EG-* 1412

Kommission, Die EG und die ländliche Entwicklung, 1991). **Eine weitere Stärkung der Strukturpolitik brachten die Agrarreformen 1992** mit ihrer Zielsetzung, die Expansion der Preisgarantiezahlungen einzugrenzen (oben Rz. 1356). In ihren vielen buntscheckigen Formen und Instrumentarien (Fundstellenverzeichnis des geltenden Gemeinschaftsrechts 03.20.20 und 03.30) ist die Rechtslage in der Agrarstrukturpolitik im Laufe der Zeit jedoch immer unübersichtlicher geworden (ausführlich *Gilsdorf/Priebe,* in: Grabitz/Hilf (Hrsg.), EUV/EGV-Komm. (1994), Art. 39, RdNr. 43 ff.). Eine wichtige Grundtendenz liegt in der **Verzahnung zwischen Agrarstruktur- und Umweltpolitik** der EG (unten Rz. 1994 ff.).

1413 **Schwerpunkte der Agrarstrukturpolitik in den 90er Jahren** sind die Modernisierung landwirtschaftlicher Tätigkeit, Förderungen der Einstellung landwirtschaftlicher Tätigkeit, Qualifizierung in der Landwirtschaft tätiger Personen, Förderung einer umweltbewußten Landwirtschaft, **Stillegung von Anbauflächen** *(Poggensee,* Die Flächenstillegungsprogramme der EG, 2. Aufl. 1994) sowie die Verbesserung der Verarbeitungs- und Vermarktungsbedingungen in enger Verbindung mit der Marktordnungspolitik, u. a. durch Förderung von Erzeugerzusammenschlüssen *(Ott,* Die landwirtschaftlichen Kooperativen in der EG, 1995). Insgesamt vollzieht sich die Agrarstrukturpolitik stärker als die Marktordnungspolitik als eine **gemischt gemeinschaftlich-mitgliedstaatliche Politik** (u. a. Prinzip der Kofinanzierung und nicht einer vollständigen Gemeinschaftsfinanzierung). **Wichtige Rechtsgrundlagen** sind die VO 4256/88 (ABl. 1988, L 374/25, Änderungen) zum agrarstrukturellen Einsatz der EAGFL, die VO 866/90 (ABl. 1990, L 91/1, Änderungen) zur Verbesserung der Verarbeitungs- und Marktbedingungen, die VO 950/97 (ABl. 1997, L 142/1) zur Verbesserung der Effizienz der Agrarstruktur und die VOen 2078–2079/92 (ABl. 1992, L 215/85) für umweltgerechte und den natürlichen Lebensraum schützende landwirtschaftliche Produktionsverfahren und für die Einführung einer gemeinschaftlichen Beihilferegelung für den Vorruhestand in der Landwirtschaft.

Durch die Reformen seit Ende der achtziger Jahre ist die Agrarstrukturpolitik **allmählich aus ihrer früheren Rolle als Stiefkind der GAP herausgetreten.** Das **finanzielle Gesamtvolumen der Strukturmaßnahmen** ist schwer abzuschätzen, da es teilweise über die Abteilung Garantie des EAGFL abgewickelt wird. Es erreicht aber inzwischen einen substantiellen Teil der Gesamtausgaben der Gemeinschaft und wird durch die Kofinanzierung der MSen weiter aufgestockt. Neben die allgemeine treten außerdem bestimmte **regionale** (z. B. für Berggebiete oder für Randgebiete der EG) oder **sektorielle** Strukturpolitiken (z. B. Fischereistrukturpolitik, oben Rz. 1406).

IV. Ausblick: Bilanz und Reform der Gemeinsamen Agrarpolitik

Literatur: *Müller-Armack,* Die Dauerkrise der europäischen Agrarpolitik, Aus Politik und Zeitgeschichte 17/1970, S. 19 ff.; *Hotze,* Skandal Europa, 1982; *Kronberger Kreis* (Hrsg.), Für eine neue Agrarordnung, 1984; *Maillet,* Quelle politique agricole pour demain?, RMC 1985, S. 470 ff.; *Priebe,* Die subventionierte Unvernunft, 1985; *Schmitt,* Renationalisierung der gemeinsamen Agrarpolitik – ein Ausweg aus der Krise?, Zeitschr. f. Wirtsch. U. Soz.Wiss. 1986, S. 253 ff.; *Burtin,* Die gemeinsame Agrarpolitik und ihre Reform, 4. Aufl. 1987; *Mansholt,* Beschränkung der landwirtschaftlichen Produktion, ein Problem der EG-Politik, EA 1987, S. 429 ff.; *Priebe.* Im Widerstreit um die Ausrichtung der Gemeinsamen Agrarpolitik, FS v. d. Groeben, 1987, S.315 ff.; *Weinschenck,* The economic or the ecological way? Basic alternatives for the EC's agricultural policy, EuRevAgrEcon 1987, S. 49 ff.; *Koester/Terwitte,* Durchbruch in der Agrarpolitik oder weiteres Politikversagen?, WiD 1988, S. 130 ff.; *Schmitt,* Landwirtschaft – ein Ausnahmebereich?, ORDO 1990, S. 219 ff.; *Eiden,* Zur Neuausrichtung der EG-Agrarpolitik, FS Bleckmann, 1993, S. 29 ff.; *Anderson* u. a., EG Agricultural Policy for the 21st Century, 1994; *Schmitt,* Durch eine Reform der Reform zur Rettung der EG-Agrarpolitik?, Orientierungen 62 (1994), S. 56 ff.; *Comes,* Die Agrarpolitik der EU und die Osterweiterung, Akt. Kurzanalyse Nr. 13, Forsch. Inst. DGAP (1995); *Koester,* Die europäische Agrarpolitik – Eine Reform ohne Ende?, APUZ B 33–34/1995, S. 25 ff.; *Hartenstein/Priebe/Köpke* (Hrsg.), Braucht Europa seine Bauern noch?, 1997; *Urff,* Zur Weiterentwicklung der EU-Agrarpolitik, 1997; *Fischler,* Wir müssen Europas Agrarpolitik reformieren, FAZ 25. 6. 1998; *Pezaros,* Agenda 2000: Reforming the Common Agricultural Policy Further, EIPASCOPE 1998/1, S. 22 ff.;

Alles in allem bleibt das Bild von vier Jahrzehnten gemeinsamer Agrarpolitik **zwiespältig.** In einem grundsätzlichen Sinne stellt das erreichte Maß an europäischer Vergemeinschaftung in einem Wirtschaftsbereich, der sonst allerorten zum Kernbestand nationaler Politik zählt, eine der **erstaunlichsten Leistungen der EG** dar. Sie wurde durch den politischen Interessenausgleich zwischen agrar- und industrieinteressierten MS mehr oder weniger erzwungen. Vor allem in der Marktpolitik ist so ein nach innen und außen geschlossenes System europäischer Marktorganisation erreicht worden, das mit Recht als **„Europäische Agrarunion“** bezeichnet worden ist (*Scherer,* NJW 1973, S. 2129 ff.). Mit dem System garantierter Preise, Kernstück der gemeinsamen Agrarpolitik wurde eine **Stabilisierung der Agrarmärkte** erreicht, ebenso bei vielen Produkten ein früher nie gekannter **Selbstversorgungsgrad** innerhalb der EG dadurch, daß die Produktivität erheblich gesteigert wurde. Dies versetzt die Gemeinschaft u. a. in die Lage, im Rahmen ihrer **Entwicklungspolitik** gegenüber Ländern der Dritten und Vierten Welt bei Hungersnöten als Lieferant grundsätzlich kostenloser Nahrungsmittelhilfe lindernd einzugreifen (unten Rz. 1832). 1414

1. Agrarpolitische Fehlentwicklungen

Dieser mit Recht immer wieder betonten positiven Seite der EG-Agrarpolitik steht aber seit einer Reihe von Jahren eine **fundierte Kritik** gegenüber, die immer heftiger geworden ist und sich in Stichworten wie „subventionierte Unvernunft“ (*Hermann Priebe*) artikuliert. Der einst gefeierte „Eckpfeiler des europäischen Einigungswerkes“ wird immer öfter als **die größte Belastung der EG** empfunden, als eine Politik, welche die Gemeinschaft insgesamt diskreditiert. Selbst die Landwirte, die eigentlich die Begünstigten des Milliardenaufwandes der gemeinsamen Agrarpolitik sein sollten, empfinden sich vielerorts als die Opfer von „Brüssel“. Wesentliche Ursachen für diese negativen Entwicklungen lagen lange in dem **(hohen) Preisgarantiesystem,** das immer mehr Angebot und Nachfrage bei den betreffenden Produkten aus dem Gleichgewicht geraten ließ. Milch und Getreide waren die 1415 kostspieligsten Beispiele *(Hrubesch,* 30 Jahre EG-Agrarmarktsystem, APUZ 18/1987, S 43 ff.). **Übermäßiger Produktionsanreiz**, der über die Abnahmegarantie zu **exzessiven Lagerbeständen** („Butterberge und Weinseen") und zu **überbordenden finanziellen Belastungen des EAGFL** führte, waren die unmittelbare Folge *(Bublot/Bertrand,* RMC 1986, S. 322 ff.).Die **Verstärkung der Agrarstrukturpolitik** seit 1989 aufgrund der Einheitlichen Europäischen Akte (oben Rz. 1356) und die **Änderungen in der Marktordnungspolitik** durch die Reformen von 1992 mittels Abbaues des Stützpreisniveaus und erzeugungsunabhängigen Ausgleichsregelungen (oben Rz. 1412 und *Rawert/Schay,* Integr. 1993, S. 119 ff.) haben zwar einige der schlimmsten Auswüchse gemildert. Es kann aber nicht von einer endgültigen Reform der GAP gesprochen werden *(Schmitt,* Orientierungen 62 (1994), S. 56 ff.). Ebenso tragen die im WTO-Agrarabkommen 1994 beschlossene Tarifizierung des Außenschutzes i. V. m. einem gewissen Tarifabbau (oben Rz. 1356) dazu bei, die **handelspolitischen Konflikte der EG** mit anderen großen Agrarexportländern wie den USA zu vermindern und zu versachlichen. Auch hier stellt das Abkommen von 1994 jedoch lediglich den ersten Schritt in die Richtung stärkerer Marktorientierung und Liberalisierung der GAP dar *(Knaster-Sanchez,* CEPS-Review 1/1996, S. 8 ff.). Schließlich wird neben der Überschuß- und der Haushaltsproblematik auch die **Umweltproblematik** einer sich immer mehr intensivierenden und spezialisierenden Landwirtschaft sichtbar. Die Produktionserfolge, die preismäßig den Landwirten nur begrenzt zugutekommen, werden mit Umweltschäden erkauft.

2. Reform der Reformen?

1416 An **Reformvorschlägen für eine grundsätzliche Kurskorrektur** der gemeinsamen Agrarpolitik fehlt es seit Jahren nicht *(Urff,* Zur Weiterentwicklung der EU-Agrarpolitik. Synopse und Bewertung von Reformvorschlägen, 1997). Angesichts des vielfältigen Interessengeflechts, das in die bisherige GAP eingebunden ist und der in den einzelnen MS sehr unterschiedlichen agrarpolitischen Lage bleibt ein **entschiedener Systemwechsel**

etwa zu marktwirtschaftlichen Konzepten einer „neuen Agrarordnung" *(Kronberger Kreis* (Hrsg.)/*Krause,* Für eine neue Agrarordnung, 1984; *v. d. Groeben,* FS Priebe, 1987, S. 41 ff.).

politisch äußerst schwierig. Vielmehr zeichnet sich um die Jahrhundertwende ein **längerer Prozeß des allmählichen Umsteuerns** vom bisherigen Konzept einer nach außen stark geschützten Agrarunion mit hohem Binnenpreisniveau als wesentlicher Einkommensquelle für die Landwirtschaft zu einem international wettbewerbsfähigerem System ab, welches den Landwirten mit anderen Maßnahmen ein angemessenes Einkommen sichern möchte. Im Vordergrund stehen Vorschläge der Europäischen Kommission, die vom Rat erbeten worden waren (Weißbuch zur Agrarreform 1995 und insbesondere **Agrarteil der 1997 vorgelegten „Agenda 2000 – Eine stärkere und erweiterte Union"**, dazu *Pezaros,* EIPASCOPE 1998/1, S. 22 ff.).

Die „Agenda 2000“ soll keine Radikalreform mit sofortiger Abschaffung der Preis- und Marktstützung mit sich bringen, sondern **die Reformen von 1989–1992 in allmählich sich verstärkender Tendenz fortführen.** Dazu gehören die Ausweitung der bisherigen Maßnahmen auf weitere Produktmärkte, eine Fortsetzung der stufenweisen Senkung der staatlichen Stützungspreise, um mittelfristig auf Exportsubventionen verzichten zu können, und direkte Beihilfen zum Ausgleich von Einkommensverlusten. Diese können von **Umweltauflagen** und anderen „sozialen Erwägungen“ begleitet werden. Mit diesem systemimmanenten Reformprozeß möchte die EG sich gleichzeitig auf künftige **WTO-Landwirtschaftsrunden** nach 1999 vorbereiten.

Eine große Herausforderung für die GAP bedeutet die künftige **Osterweiterung der Gemeinschaft** um stark agrarisch ausgerichtete Staaten wie u. a. Polen, Tschechien und Ungarn. Eine einfache Fortschreibung der GAP auch in ihrer bisher begrenzt reformierten Gestalt würde nach verschiedenen Schätzungen einen **zusätzlichen Finanzbedarf für Marktordnungen und Strukturfonds** in einer jährlichen Größenordnung von ungefähr 30 Mia. DM mit sich bringen. Da ein solches Volumen als Zusatzfinanzierung innerhalb der Gemeinschaft schwer aufbringbar erscheint, stellt der Agrarteil künftiger Ost-Beitrittsverhandlungen i. V. m. der 1999 anstehenden EG-Finanzreform (oben Rz. 881) ein besonders schwieriges Kapitel im Rahmen der Osterweiterung dar. 1417

Mit den hohen finanziellen Anforderungen der bisherigen Agrarpolitik an den Gemeinschaftshaushalt, die sich bei einer Osterweiterung noch erheblich verschärfen müßten und mit der im Rahmen der Welthandelsorganisation WTO fortschreitenden Globalisierung des Landwirtschaftshandels **bestehen erhebliche Sachzwänge zugunsten des Fortschreitens der „Reform der Reformen“** (*Koester,* APUZ B 33–34/1995, S. 25 ff.). Gleichwohl sind die **Beharrungskräfte der etablierten Agrarinteressen** in vielen MSen nach allen bisherigen Erfahrungen so stark, daß die Reform der Gemeinsamen EG-Agrarpolitik auch nach 2000 auf der Tagesordnung der Gemeinschaftspolitik verbleiben dürfte. 1418

Die gemeinsame Agrarpolitik wird wegen der **Besonderheiten des Agrarsektors** (u. a. Produktion lebenswichtiger Güter, Beitrag zur Landschaftsgestaltung) auch in Zukunft schwierige Probleme aufwerfen. Die bisherige jahrzehntelange Erfahrung hat jedoch gezeigt, daß die gelegentliche Empfehlung einer **„Renationalisierung der Agrarpolitik“** (*Schmitt,* Zeitschr. f. Wirtsch. u. Soz.Wiss. 1986, S. 253 ff.) keinen wirksamen Ausweg aus der Dauerkrise verheißt. Trotz aller Schwierigkeiten hat die **Vergemeinschaftung der EG-Agrarpolitik** in Praktizierung der Art. 38 ff. = 32 ff. neu EGV inzwischen einen Umfang und eine Intensität erreicht, mittels deren der landwirtschaftliche Bereich zu einem integralen Bestandteil des Gemeinsamen Marktes geworden ist, der sich aus ihm nicht mehr herauslösen läßt, ohne daß das Ganze wesentlichen Schaden erlitte.

§ 21. Verkehr

Literatur: Die Literatur zur vielverästelten EG-Verkehrspolitik ist kaum überschaubar. Eine ausführliche Zusammenstellung bei *Basedow/Dolfen,* Verkehrs- und Transportrecht, in: Dauses (Hrsg.) Hdb EG-Wirtschaftsrecht (1993), L.

Müller-Hermann, Die Grundlagen der Gemeinsamen Verkehrspolitik in der EWG, 1963; *Debois/Baeyens,* Les transports dans la CECA, ETL 1966, S. 28 ff., 178 ff.; *Despicht,* The transport policy of the European Communities, 1969; *Wijfels/Stabenow/van Huffel,* Gemeinsamer Markt und Verkehr, 1969; *Willeke,* Möglichkeiten und Grenzen einer Gemeinsamen Verkehrspolitik der EG, ZVerkWiss 1976, S. 63 ff.; *Dousset,* La politique commune des transports, FS Schaus 1977, S. 152 ff.; *Schaus,* Les transports dans le cadre de l'intégration européenne, 1977; *Weinstock,* Einige Gedanken zur Gemeinsamen Verkehrspolitik: vom Legalismus zum Pragmatismus, ZVerkWiss 1980, S. 200 ff. (= GS Sasse 1981, I, S. 511 ff.); *Basedow* (Hrsg.) Europäische Verkehrspolitik; 1987; *Whitelegg,* Transport policy in the EEC 1988; *Hort,* Verkehrspolitik in Europa EA 1989, S. 703 ff.; *Slingerland,* La préparation du marché unique dans le domaine des transports, RMC 1990, S. 147 ff.; *Busch,* Die Verkehrspolitik der EG unter dem Einfluß der Binnenmarktvollendung, 1991; *Greaves,* Transport Law of the EC, 1991; *Carl,* Der Verkehr im europäischen Binnenmarkt, TR 1992, S. 81 ff.; *EG-Kommission* (Hrsg.), Europäische Verkehrspolitik in den 90er Jahren, 1993; *Reh,* Die Verkehrspolitik der EG, APUZ B 5/1993, S. 34 ff.; *Rogge,* Verkehr, in: Lenz (Hrsg.), EG-Hdb, 2. Aufl. 1994, S. 727 ff.; *Weyand,* Verkehrspolitik, in: Oppermann/Moersch (Hrsg.) Profi-Hdb Wirtschaftsraum Europa, 3. Aufl. 1994, S. 213 ff.; *Ewers/v. Stackelberg,* Verkehrspolitik in: Klemmer (Hrsg.) HdB Europ. Wirtsch. Pol., 1998, S. 1151 ff..

1419 Zum Gemeinsamen Markt gehört der Bereich des Verkehrs notwendig in einem doppelten Sinne hinzu. Er ist gleichzeitig Instrument und Gegenstand der Integration *(Frohnmeyer,* in: Grabitz/Hilf (Hrsg.) EUV/EGV-Komm. (1994) vor Art. 74 RdNr. 1 ff.). Insbesondere ein freier Waren- und Personenverkehr wäre ohne Güter- und Personenbeförderung auf dem Lande und Binnenschiffahrtsstraßen sowie auf der See und in der Luft nicht denkbar. Gleichzeitig stellt die **Verkehrswirtschaft** mit ca. 7 Millionen in ihr Beschäftigten und einem Anteil am EG-Bruttosozialprodukt von 6–7 % einen beachtlichen Bestandteil der Gesamtwirtschaft dar. Von den öffentlichen Investitionen entfällt regelmäßig ein hoher Prozentsatz auf die **Verkehrsinfrastruktur** (Straßen, Schienen- und Wasserwege usf.).

Der EGV sieht demgemäß in Art. 3 lit. f i. V. m. Art. 74 ff. = 70 ff. neu eine **gemeinsame Politik auf dem Gebiet des Verkehrs** vor, die einen integralen Bestandteil der Errichtung des Gemeinsamen Marktes nach Art. 2 EGV darstellt.

1420 Demgegenüber haben die **Verkehrsvorschriften des EGKSV** (Art. 70) nur die **Annexfunktion,** wettbewerblich vertragskonforme Beförderungskosten für die Montangüter zu gewährleisten. Gemäß Art. 232 = 304 neu EGV gehen sie auf ihrem Gebiet als lex specialis vor und modifizieren insoweit Art. 74 ff. = 70 ff neu EGV (oben Rz. 232 und näher *(Erdmenger,* GTE, Komm. EWGV, 4. Aufl. 1991, Vorbem. Art. 74 ff. RdNr. 21). **Der EAGV kennt keine besondere Verkehrsregelung.** Wirtschaftlich machen die Montangüter einen erheblichen Teil des Landverkehrsaufkommens aus (Zur Rechtsetzung im EGKS-Bereich Fundstellenverzeichnis des geltenden Gemeinschaftsrechts, 07.20.60).

Trotz dieser Bedeutung des Verkehrs für den Gemeinsamen Markt vollzog sich die Entwicklung der Gemeinsamen Verkehrspolitik (GVP) in der Gemeinschaftspraxis lange **schleppender als in anderen Vertragsbereichen** (unten Rz. 1436 ff.) Das lag bereits an der **Ausgangslage** beim Abschluß des EWGV. Von Anfang an interessiert am wirksamen Aufbau einer GVP waren im wesentlichen nur die **Niederlande,** die sich seit langem aufgrund ihrer geographischen Schlüsselposition (Rheinmündungshäfen) als **„Fuhrleute Europas"** verstehen (inzwischen u. a. Beförderung von ca. 70 % der EG-Import- und 40 % der Export-Tonnage im grenzüberschreitenden Straßengüterverkehr mit niederländischen Fahrzeugen). Vor allem Deutschland und Frankreich waren an einer raschen und umfassenden Entwicklung der GVP weniger interessiert. Erst die Unterlassungsklage des EP gegen den Rat 1983 (EuGHE 1985, 1513 ff. RS 13/83, vgl. auch unten Rz. 1428) wegen dessen Untätigkeit in der GVP brachte eine Wende. Obwohl der EuGH der Klage nur begrenzt stattgab, ergaben sich politische Anstöße. Hinzu trat der **Binnenmarktprozeß seit 1985,** in den die Kommission den Verkehrsbereich entschlossen einbezog (Weißbuch Kommission 1992 über die GVP). Auch wenn ein großes übergreifendes Konzept bisher nicht verwirklicht werden konnte, gewinnt der Verkehrsbinnenmarkt in Gestalt vieler Einzelmaßnahmen zunehmend Profil. *(Reh,* Die Verkehrspolitik der EG, APUZ B 5/1993, S. 34 ff.). 1421

I. Grundlagen der Gemeinsamen Verkehrspolitik

Literatur: *Schaus,* Fragen der Auslegung und Anwendung des Vertrages zur Gründung der EWG auf dem Gebiet des Verkehrs, 1960; *Wägenbaur,* Rechtsfragen der Stillhalteverpflichtungen des EWGV auf dem Gebiete des Verkehrs, SEW 1964, S. 91 ff.; *Stabenow,* Die gemeinschaftliche Rechtsordnung für den Verkehr, RLT 1966, S. 75 ff.; *Wägenbaur,* Die Ermächtigung des Rates zum Erlaß zweckdienlicher Vorschriften" auf dem Gebiete des Verkehrs, ZHR 1968, S. 217 ff.; *Stabenow,* Das rechtliche Instrumentarium der europäischen Verkehrsintegration, ETL 1969, S. 241 ff.; *Scheuner,* Fragen des internationalen Verkehrs in der EG, FS Jahrreiß 1974, S. 209 ff.; *Grabitz,* Ermessen des Rates: zum Urteil des EuGH in Sachen Verkehrspolitik, Integr. 1985, S. 103 ff.; *Zuleeg,* Verkehrspolitische Außenbeziehungen der EG, in: Basedow (Hrsg.), Europäische Verkehrspolitik, 1987, S. 59 ff.; *Lenz,* Die Verkehrspolitik der EG im Lichte der Rechtsprechung des Gerichtshofes, EuR 1988, S. 158 ff.; *Nossowitch,* La libre prestation des services de transport, DPCJ 1989, S. 75 ff.; *Dolfen,* Der Verkehr im europäischen Wettbewerb, 1991; *Meidhart,* Der neue EG-Führerschein, ROW 1991, S. 336 ff.; *Lukes,* Zur Geltung der Vertragsbestimmungen über den freien Dienstleistungsverkehr im Verkehrsbereich nach der EuGH-Rechtsprechung, FS Börner 1992, S. 1995 ff.; *Müller-Graff,* Grundelemente des Gemeinschaftsrahmens für Verkehrsdienstleistungen, FS Nirk 1992, S. 715 ff.; *Hailbronner,* EG-Verkehrspolitik und Umweltschutz, in: Rengeling (Hrsg.) Umweltschutz und andere Politiken der EG, 1993, S. 149 ff.; *Schmitt,* Die Harmonisierung der Wettbewerbsbedingungen in der EG-Binnenverkehrspolitik, EuZW 1993, S. 305 ff., *Hentschel,* Teilumsetzung der „Zweiten EG-Führerscheinrichtlinie durch VO vom 19.6.1996, NJW 1996, S. 2764 ff.

1. Gemeinsame Verkehrspolitik und allgemeine Regelungen des EG-Vertrages

1422 Während Art. 3 lit. f EGV als allgemeines Ziel analog wie bei der Landwirtschaft von **einer gemeinsamen Politik auf dem Gebiet des Verkehrs** spricht, erklärt Art. 74 = 70 neu EGV zurückhaltender als Art. 38, daß die MS im Titel IV des EGV die Vertragsziele im Rahmen einer GVP verfolgen. Es ist nicht ausdrücklich gesagt, daß der Gemeinsame Markt auch den Verkehr umfasse. Hieraus und aus Art. 61 Abs. 1 = 51 Abs. 1 neu EGV suchte ursprünglich eine enge Auffassung *(Wohlfahrt/Everling/Glaesner/Sprung,* Komm. EWGV, 1960, Art. 74, RdNr. 4, z. T. auch frühere französische Auffassung) die These von der ausschließlichen Geltung des Titels IV für den Verkehr abzuleiten, d. h. den Ausschluß der übrigen Vertragsbestimmungen, soweit nicht der Rat nach Art. 75 = 71 neu EGV Regelungen getroffen habe. Inzwischen hat sich jedoch die Art. 3 lit. f EGV und dem Sinn des Vertragsgefüges besser entsprechende Auffassung von der **universellen Vertragsgeltung auch im Verkehrsbereich** durchgesetzt (EuGHE 1974, 359 ff. – RS 167/73 und etwa *Frohnmeyer,* in: Grabitz/Hilf (Hrsg.), EUV = EGV Komm. (1994) vor Art. 74 (Rz. 9 ff m. w. N.). Danach gelten die allgemeinen Regeln des EWGV auch im Verkehrsbereich, soweit nicht in den Art. 74 ff. = 70 ff. neu EGV einschließlich des aufgrund Art. 75 erlassenen sekundären Verkehrsrechts spezielle Regelungen enthalten sind. Dieser Grundsatz gilt auch für die Bereiche Seeschiffahrt und Luftfahrt, die zwar nach Art. 84 Abs. 2 = 80 Abs. 2 neu EGV den Verkehrsregeln solange entzogen sind, bis der Rat einschlägige Vorschriften erlassen hat, im übrigen aber dem allgemeinen Vertragsregime unterliegen, z. B. den Wettbewerbsregeln der Art. 85 ff. = 81 ff. neu EGV, da das Wettbewerbsziel des Art. 3 lit. g EGV gemäß Art. 74 = 70 neu auch für den Verkehr gilt (EuGHE 1986, 1425 ff. – Verb. RS 209–213/84 „Nouvelles Frontières" und *Adkins,* Air Transport and EC Compitition Law, 1994, vgl. auch oben Rz. 1065).

1423 Einen richtigen Kern enthält die **Theorie von den „Besonderheiten des Verkehrs"** allerdings insofern, daß Art. 74 = 70 neu EGV, der lediglich ganz allgemein die „Ziele des Vertrages" als Leitlinie für die gemeinsame Verkehrspolitik benennt und keine Art. 39 = 33 neu EGV vergleichbaren verkehrsspezifischen Zielnormen kennt, dem Rat bei ihrer Ausgestaltung über die Kompetenz des Art. 75 = 71 neu ein **besonders weites Ermessen** zuerkennt.

Auch dieses Ermessen wird man jedoch **nicht als völlig unbegrenzt ansehen dürfen.** Zwar ist im Verkehrsbereich infolge seiner besonders starken Gemeinwohlfunktionen der ordnend-intervenierende Eingriff der öffentlichen Hand auf Gemeinschaftsebene nicht anders als im nationalen Recht der MS öfters vonnöten als anderwärts (zur etatistischen Sicht des Verkehrssektors *Ipsen,* EGR 1972, S. 860 f. m. w. N.). Die GVP ist im weiteren Sinne jedoch **eingebettet in die allgemeine Wirtschaftspolitik der EG,** die als offene Wirtschaftsverfassung auf marktwirtschaftlichen Grundlagen zu begreifen ist (oben Rz. 928 ff.). Bei aller Gestaltungsfreiheit des Rates im Rahmen des Art. 75 = 71 neu darf diese Grundausrichtung nicht völlig untergehen. Andererseits hat der Gerichtshof in seinem „Untätigkeitsurteil"

(EuGHE 1985, 1513 ff. – RS 13/83) betont, daß die Pflicht zur Gestaltung einer GVP in Art. 74 ff. = 70 ff. neu EGV nicht hinreichend konkretisiert und daher nur soweit justiziabel ist, als der Vertrag bestimmte Teilziele (z. B. Dienstleistungsfreiheit und Kabotage) näher anspricht. Ansonsten bleibt Untätigkeit des Rates in der GVP **keine einklagbare Vertragsverletzung** (*Basedow,* in: Basedow (Hrsg.), Europäische Verkehrspolitik, 1987, S. 19 ff.).

Insgesamt bietet der EGV **die Voraussetzungen für weitgehende und inhaltlich intensive Ausgestaltungen einer GVP.** Zu ihrer Realisierung bedarf es jedoch politischen Willens von Kommission und Rat, der nach Art. 75 = 71 neu EGV im Wege des Mitentscheidungsverfahrens nach Art. 189 b = 251 neu EGV entscheidet (Oben Rz. 269).

2. Vertragliche Rechtsgrundlagen der Gemeinsamen Verkehrspolitik

a) Ziele der Gemeinsamen Verkehrspolitik

Die eben erwähnte (oben Rz. 1422 f.) „Zielungenauigkeit" der GVP in **1424** Art. 74 = 70 neu EGV, die dort lediglich auf die allgemeinen Vertragsziele abstellt, wird auch in den Art. 75 ff. = 71 ff. neu nur wenig präzisiert. Art. 75 = 71 neu läßt sich immerhin entnehmen, daß der die EG überschreitende internationale Verkehr ein Gegenstand der GVP sein soll und ebenfalls die Zulassung von Verkehrsunternehmen in „fremden" MS sowie Maßnahmen zur **Verbesserung der Verkehrssicherheit**. Durch den EUV 1992 ist fernder der Aus- und Aufbau **transeuropäischer Verkehrsnetze** Bestandteil der GVP geworden (Art. 129 b)-d) = 154–156 neu EGV und unten Rz. 1471 ff.). Im übrigen zeigt besonders Art. 75 Abs. 1 = 71 neu EGV mit der Ratskompetenz für **„alle sonstigen zweckdienlichen Vorschriften"**, daß das Gestaltungsermessen der Gemeinschaftsorgane sehr weit gedacht ist. Allerdings ist seit 1993 das **Subsidiaritätsprinzip** des Art. 3 b Abs. 2 = 5 neu EGV mitzubedenken (*Frohnmeyer,* a. a. O., Art. 75, Rz. 33). Inhaltlich läßt sich den Art. 75 ff. = 71 ff. neu in einer Gesamtschau indirekt entnehmen, daß bei der GVP eine gewisse **Mischung aus marktwirtschaftlichen und staatlich lenkenden Maßnahmen** vorausgesetzt wird (vgl. einerseits die Diskriminierungsverbote des Art. 79 = 75 neu sowie die wettbewerbsfreundlichen Regelungen bei Frachten und Beförderungsbedingungen in Art. 80 = 76 neu, andererseits die mannigfachen Erwähnungen der Legitimität schützender, sozialer o. ä. Gesichtspunkte in den Art. 75–82 = 71–78 neu EGV). Über derartige, sehr allgemeine Indikationen hinaus läßt sich dem Vertrage eine nähere Zielsetzung der GVP nicht entnehmen.

b) Verkehrsrechtliche Kompetenzen der Gemeinschaft

Die Gestaltungsmöglichkeiten der EG in der GVP sind, wie vor allem **1425** Art. 75 = 71 neu EGV ausweist, beträchtlich, wenn sich bei Kommission, EP und Rat über ein Konzept Konsens erzielen läßt. Dies gilt sowohl für die Aktionsfähigkeit der Gemeinschaft im Verkehrsbinnenmarkt als auch für die Verkehrsaußenkompetenz.

1426 *aa) Verkehrsbinnenkompetenzen*

Verfahrensmäßig gibt Art. 75 = 71 neu dem Rat die Zuständigkeit, **„Regeln, Bedingungen, Maßnahmen und Vorschriften“** zu erlassen. Der Sinn dieser undeutlichen Terminologie ist, daß der Rat alle Rechtsakte im Sinne von Art. 189 = 249 neu (Verordnungen, Richtlinien, Entscheidungen usf., oben Rz. 535 ff.s und auch Beschlüsse sui generis) setzen kann *(Erdmenger,* GTE Komm. EWGV, 4. Aufl. 1991, RdNr. 3 ff.). Er beschließt dabei im Mitentscheidungsverfahren des Art. 189 b = 251 neu EGV und nach Anhörung von WSA und AdR. Art. 83 = 79 neu EGV sieht außerdem zur Unterstützung der Kommission die Gründung eines **Beratenden Ausschusses für Verkehrsfragen** aus nationalen Sachverständigen vor (Satzung v. 27.11.1958, ABl. S. 509 ff.).

Bei den **„Leitlinien“**, mit denen gemäß Art. 129 c = 155 neu EGV der Auf- und Ausbau transeuropäischer Verkehrsnetze verfolgt werden soll, handelt es sich dagegen nicht notwendig immer um rechtsverbindliche Beschlüsse, sondern auch um Orientierungen politischer Bedeutsamkeit (unten Rz. 1474).

1427 Bei Ausnützung seiner Kompetenzen hat der Rat allerdings nach Art. 75 Abs. 1 = 71 Abs. 1 neu EGV ausdrücklich die **„Besonderheiten des Verkehrs“** zu berücksichtigen. Hier besteht ein Einfallstor für interventionistisch ordnende Bestimmungen, die sich z. B. aus der Abhängigkeit des Verkehrs vom Vorhalten von Verkehrswegen, aus der spezifischen Mobilität dieses Bereiches oder seinen internationalen Verflechtungen ergeben. Art. 75 Abs. 1 = 71 Abs. 1 neu EGV muß allerdings als **Ausnahmevorschrift** in deutlichen Grenzen verstanden werden und kann nicht zur beliebigen Ausschließung marktwirtschaftlich/wettbewerblicher Verkehrsregelungen verwendet werden *(Frohnmeyer,* in: Grabitz/Hilf (Hrsg.), EUV/EGV-Komm. (1994), Art. 75, Rz. 23 f.).

1428 **Inhaltlich** stellen die Art. 75 ff. = 70 ff. neu EGV ein ziemlich undeutlich und beliebig aneinandergereihtes **Sammelsurium von Einzelaspekten einer denkbaren GVP** dar *(Stabenow,* ETL 1969, S. 241 ff.). Es werden angesprochen der Eingangs-, Ausgangs- und Durchgangsverkehr in und zwischen den MS einschließlich Drittlandsverkehr (Art. 75 Abs. 1 = 71 Abs. 1 a neu und die Zulassung dort nicht ansässiger Ausländer am Binnenverkehr eines MS (Art. 75 Abs. 1 b) = 71 Abs. 1 b neu i. V. m. Art. 61 Abs. 1 = 51 Abs. 1 neu, der hier für den freien Dienstleistungsverkehr den Vorrang des Verkehrstitels betont. Art. 75 Abs. 1 e = 71 Abs. 1 c erwähnt seit 1992 gesondert den Erlaß von Maßnahmen zur Verbesserung der Verkehrssicherheit. Art. 75 Abs. 3 = 71 Abs. 3 neu bringt in diesen Zusammenhängen bestimmte soziale Aspekte der Verkehrsordnung zur Sprache, bei denen weiterhin Einstimmigkeit im Rat gilt. Sie sind interpretativ recht weit auslegungsfähig.

Die Vorschriften nach Art. 75 Abs. 1 a) und b) sollten eigentlich schon während der Übergangszeit erlassen werden. Da dies in weitem Umfang nicht geschah (unten Rz. 1438), kam es 1983 zur **Untätigkeitsklage des EP gegen den Rat,** die aber mit gewissen Ausnahmen (oben Rz. 1423) das weite Handlungs- (einschl. Untätigkeits)ermessen des Rates bestätigte (EuGHE 1985, 1513 ff. – RS 13/83). Die „angemessene Frist", die der EuGH dem Rat im Sinne von Art. 176 EWGV auferlegte, ist schwer zu bestimmen.

Weitere inhaltliche Aspekte der Verkehrsbinnenkompetenz der EG sind **wettbewerblicher Art.** Art. 76 = 72 neu EGV erlegt den MS eine **„Standstillverpflichtung"** auf, wonach sie ihre nationalen Verkehrsvorschriften im Rahmen des Art. 75 Abs. 1 = 71 Abs. 1 neu nicht in einem Sinne verändern dürfen, welche Verkehrsunternehmen aus anderen MS diskriminieren würde. Die Standstillklausel wurde vom Gerichtshof (EuGHE 1992, I–3141 ff. RS C–195/90 „Deutsche Schwerverkehrsabgabe") rigoros in dem Sinne ausgelegt, daß der Abstand, der zwischen der Rechtslage ausländischer und inländischer Verkehrsunternehmer 1958 bestand, bis zum Erlaß von Vorschriften gemäß Art. 75 = 71 neu EGV starr beizubehalten sei (zur Kritik *Nicolaysen,* Europarecht II, 1996, S. 446). Art. 77 = 73 neu EGV erlaubt in Abweichung von Art. 92 Abs. 1 = 87 Abs. 1 neu EGV (oben Rz. 1104) im Verkehrsbereich bestimmte **Beihilfen,** die der Verkehrskoordinierung oder der Leistungsabgeltung von bestimmten öffentlichen Diensten dienen. – Art. 79 = 75 neu statuiert ein weiteres **Diskriminierungsverbot im Güterverkehr** zwischen den MS bei sog. „identischen Transporten", d. h. solchen, bei denen Verkehrsgüter auf denselben Verkehrsverbindungen unterschiedlichen Frachten und Beförderungsbedingungen unterworfen wird, je nachdem aus welchem Herkunftsland das Gut stammt bzw. in welches Bestimmungsland es geht. Art. 79 Abs. 2–4 = 75 Abs. 2–4 neu gibt Rat und Kommission in diesem Bereich noch besondere Zuständigkeiten. – Wettbewerblicher Natur ist weiterhin das **Verbot von Unterstützungsmaßnahmen** nach Art. 80 = 76 neu EGV. Hiermit sind staatliche Frachttarife und sonstige Beförderungsbedingungen angesprochen, die in einer spezifisch unterstützenden Höhe zugunsten bestimmter Unternehmen festgesetzt werden und so den fairen Wettbewerb im Verkehrswesen verfälschen. Allerdings kann die Kommission nach gewissen Kriterien, die in Art. 80 Abs. 2 = 76 Abs. 2 neu umrissen sind (Standortpolitik, Bedürfnisse unterentwickelter Gebiete der Gemeinschaft, Probleme durch politische Umstände wie z. B. die Folgen der deutschen Teilung schwer betroffener Gebiete) durch Entscheidung **bestimmte Unterstützungsmaßnahmen genehmigen.** Auch sog. **Wettbewerbstarife,** durch welche Verkehrsgut von einem Verkehrsträger auf den anderen verlagert werden soll (z. B. von der Straße auf die Schiene), fallen nach Art 80 Abs. 3 = 76 Abs. 3 neu nicht unter das Verbot des Abs. 1. – Art. 81 = 77 neu EGV enthält Maßstäbe für die **wettbewerblich richtige Bemessung von Abgaben oder Gebühren,** die gewerbliche Güterverkehrsunternehmer beim Grenzübergang in Rechnung stellen. – Art. 82 = 78 neu EGV erlaubt Ausnahmeregelungen im Verkehrsbereich für deutsche Maßnahmen, welche die wirtschaftlichen Nachteile von der Teilung Deutschlands besonders betroffener Gebiete auszugleichen suchen. Neben der ähnlichen „Teilungsklausel" im Beihilfenrecht (Art. 92 Abs. 2 c = 87 Abs. 2 c) kommt dem Art. 82 = 78 neu nur geringe praktische Bedeutung zu. – In einer weiteren allgemeinen Klausel, die der Schärfe der sonstigen wettbewerblichen Aussagen gegensteuert, ver- 1429 langt Art. 78 = 74 neu EGV, daß Maßnahmen bei den Beförderungsentgelten und -bedingungen stets der **wirtschaftlichen Lage der Verkehrsunternehmer** Rechnung tragen müssen. Mit dieser preispolitischen Leitlinie der Gemeinschaft wird die EG verpflichtet, die Unternehmensbelange als solche und nicht nur gemeinwirtschaftliche Aspekte zu berücksichtigen.

1430 Zusammenfassend gesehen, kann man in den Art. 75–83 = 71–79 neu EGV eine Anzahl von **speziellen „Indikationen"** dafür erblicken, welche Fragen (vornehmlich wettbewerblicher Natur) im Rahmen der GVP von der Gemeinschaft zu regeln sind. Teilweise ist dies auch durch Akte des sekundären Gemeinschaftsrechts geschehen (unten Rz. 1436 ff.). Dennoch kann man nicht sagen, daß die Art. 75 ff. = 71 ff. neu ein inhaltliches Konzept der GVP erkennen ließen, und sei es auch nur als „Bruchstücke einer großen Konfession". Wichtigste Norm für die GVP bleibt vielmehr Art. 75 Abs. 1 d) = 71 Abs. 1 d) EGV i. V. m. Art. 74 = 70 neu, wonach der Rat **„alle sonstigen zweckdienlichen Vorschriften"** erlassen kann und dabei als Leitlinie lediglich die allgemeinen Ziele des Vertrages vorgegeben erhält. Anders ausgedrückt, enthält der Vertrag für die Erarbeitung einer GVP weithin nur eine **Blankettkompetenz,** deren nähere Ausgestaltung dem gemeinschaftspolitischen Willen von Kommission und Rat anheimgegeben wird *(Dousset,* FS Schaus, 1977, S. 152 ff.).

bb) Verkehrsaußenkompetenz

1431 Der Verkehrsbereich ist, auch wenn man ihn von der EG-Ebene her sieht, von der Natur der Sache her wie wenig andere „internationalisiert" in dem Sinne, daß vielfach vernünftige Regelungen sich nicht auf den EG-Raum beschränken können, sondern über ihn hinausgreifen müssen **(„internationaler Verkehr").** Bei Seeschiffahrt und Luftfahrt ist das ganz offensichtlich. Aber auch der Personen- und Güterverkehr zu Lande oder die Binnenschiffahrt in Europa kann ohne bestimmte Drittlandsregelungen (Bsp. Transitverkehr durch die Schweiz, den Balkan oder die internationalisierte Rheinschiffahrt) nicht sinnvoll funktionieren. Art. 75 Abs. 1 a) = 71 Abs. 1 a) neu EGV faßt daher diesen internationalen Verkehr als Gegenstand der GVP zu Recht mit ins Auge. Dabei stellt sich notwendig die Frage, inwieweit die EG rechtlich dafür gerüstet ist, mit den Drittstaaten oder den hier wesentlichen **internationalen Verkehrsorganisationen**

insbesondere Wirtschaftskommission der VN für Europa-ECE, Europäische Verkehrsministerkonferenz-CEMT (oben Rz. 134) oder Zentralkommission für die Rheinschiffahrt-ZKR; vgl. näher *Frohnmeyer,* in Grabitz/Hilf (Hrsg.), EUV/EGV-Komm. (1994), vor Art. 74, Rz. 36 ff.

offiziell zu verkehren und für die Gemeinschaft Verträge abzuschließen **(Verkehrsaußenkompetenz).** Insbesondere über die Rspr. des Gerichtshofes ist seit den siebziger Jahren eine solche Verkehrsaußenkompetenz aus dem Vertrage entwickelt worden *(Zuleeg,* Verkehrspolitische Außenbeziehungen der EG, in: Basedow (Hrsg.), Europäische Verkehrspolitik, 1987, S. 59 ff.). Dabei ergaben sich zugleich allgemeine Erkenntnisse über die Außenkompetenz der Gemeinschaft insgesamt (unten Rz. 1674 ff.).

1432 An sich ließ sich aus Art. 75 Abs. 1 a) = 71 Abs. 1 a) EGV eine ausdrückliche Außenkompetenz nur für **einseitige Maßnahmen** ablesen. In der Praxis lassen sich jedoch interne Regelungskompetenz und externe Vertragsschlußkompetenz oft gar nicht sinnvoll trennen, da der völkerrechtliche Vertrag mit normativem Inhalt der Transformation in Gemeinschaftsrecht bedarf, wenn die GVP berührt ist. Aus solchen Erwägungen erkannte der Gerichtshof im Falle des Europäischen Übereinkommens über die Arbeit der im internationalen Straßenverkehr beschäftigten Fahrzeugbesatzungen (AETR) **der EWG die Befugnis zur Regelung der einschlägigen Außenbeziehungen zu,** weil nur so eine Konkordanz zwischen dem AETR-Abkommen und bereits geltenden EG-Regelungen erreicht werden konnte (EuGHE 1970, 263 ff. – RS 22/70 „AETR"). Der EuGH stützte sich dabei vor allem auf die Rechtspersonalität der EG aus Art. 210 = 281 neu EGV (oben Rz. 153), in der Sache aber im Grunde auch auf Art. 75 = 71 neu. Über Art. 113 = 133 neu EGV hätte sich die Kompetenz in solchen Fällen nicht begründen lassen, da es hier einer hinreichend breiten Konnexität zwischen verkehrspolitischen Fragen mit der EG-Handelspolitik bedarf. Das zunächst vieldiskutierte und auch als Richterrecht kritisierte **AETR-Urteil** *(Waelbroeck,* Integr 1971 S. 79 ff.) ist inzwischen weithin akzeptiert. Es wurde mehrfach ausgebaut (u. a. EuGHE 1976, 1279 ff. – Verb. RS 3, 4 u. 6/ "Kramer" und EuGHE 1977, 741 ff. – Gutachten 1/76 „Stillegungsfonds Binnenschiffahrt", wo die Verkehrsaußenkompetenz als „stillschweigend" externe Ermächtigung aus Art. 74 f. EWGV abgeleitet wurde). Mit den späteren Gutachten 1/94 „WTO" und 2/92 „OECD" (EuGHE 1994 I–5267 ff. bzw. EuGHE 1995, I–521 ff. ist der Gerichtshof jedoch insoweit auf die ursprüngliche AETR-Doktrin zurückgekommen, daß erst die **tatsächliche Ausnutzung der internen EG-Zuständigkeit** vorliegen muß, um die Außenkompetenz der Gemeinschaft entstehen zu lassen. Dies kann u. U. zu geteilten Zuständigkeiten EG/MSen führen, so im Verkehrsbereich beim See- und Luftverkehr (Unten Rz. 1457 ff.)

Die auf diese Weise fortentwickelte **„AETR-Doktrin" des Gerichtshofes** mit ihrem Kerngedanken einer „Parallelitat der Innen- und Außenkompetenzen der EG" *(Albert Bleckmann)* wurde im wesentlichen anhand der GVP entwickelt, hat aber inzwischen Gültigkeit für die Außenkompetenz der Gemeinschaft insgesamt (unten Rz. 1703 f.).

c) Anwendungsbereich der Verkehrsbestimmungen des EG-Vertrages

Wie sich aus den Art. 74 ff. = 70 ff. neu EGV deutlich erkennen läßt, 1433
umfaßt der Anwendungsbereich des Verkehrstitels des Vertrages alle klassischen Verkehrsarten wie den **Straßen-, Schienen- (Eisenbahn-) und Binnenschiffahrtsverkehr** (Art. 84 Abs. 1 = 80 Abs. 1 neu EGV. Auch **Seeschiffahrt und Luftfahrt** befinden sich mittelbar im Anwendungsbereich des Titels Verkehr. Es bedarf jedoch der Beschlüsse des Rates, welche die Einbeziehung dieser beiden Bereiche näher aktualisieren (Art. 84 Abs. 2 = 80 Abs. 2 neu EGV). Der Rat entscheidet seit der Einheitlichen Europäischen Akte 1986 mit qualifizierter Mehrheit, allerdings unter Berücksichtigung der Modifikationen in Art. 75 Abs. 1, 3 = 71 Abs. 1, 3 neu. Seit 1979 hat der Rat zunehmend von Art. 84 Abs. 2 = 80 Abs. 2 neu EGV Gebrauch gemacht (unten Rz. 1457 ff.). – Seit 1993 ist der Auf- und Ausbau **transeuropäischer Eisenbahnverkehrsnetze** Bestandteil der GVP (Art. 129 b)–d) = 154–156 neu EGV, *Menges,* Integr. 1995, S. 245 ff. und unten Rz. 1471 ff.). – Andere Tätigkeiten, die man an sich ebenfalls als verkehrsmäßig ansehen kann, fallen nach Art. 84 EGV, der insoweit abschließend ist, nicht unter die Regeln der Gemeinsamen Verkehrspolitik.

1434 So gelten insbesondere für den **Rohrleitungsverkehr** (Pipelines usf.) nicht die Art. 74 ff. = 70 ff neu, sondern die allgemeinen Vertragsvorschriften, neuerdings die TEN-Regeln der Art. 129 b–d = 154–156 neu EGV (*Faller,* Gemeinsamer Markt und Verkehr, 1969, S. 263 ff.). Auch der **Nachrichten (Telekommunikations)verkehr** ist nicht Gegenstand des Titels Verkehr des EGV. – Dagegen hat der Rat eine – allerdings auf Art. 100 EWGV gestützte – Richtlinie (ABl. 1980, L 205/17 ff., Folgerichtlinien) zur **Regelung der Sommerzeit** erlassen, die wegen Sachnähe meist verkehrspolitisch begriffen wird. Auf Art. 75 EGV wurde die (2.) Richtlinie über den **Führerschein** 91/439 (ABl. 1991, L 237/1, Änderungen) nach einheitlichem EG-Muster gestützt. Sie wurde in D durch VO v. 19.6.1996 (BGBl. I 885) – noch nicht vollständig – umgesetzt (*Hentschel,* NJW 1996, S. 2764 ff.) – Der **Fremdenverkehr** (Sonderbericht EUROP. RH 3/1996 zur Fremdenverkehrspolitik) ist eine komplexe Materie, die nur zum geringsten Teil (Gestaltung der Beförderungstarife, Verbesserung der Verkehrsinfrastruktur) der Verkehrspolitik zurechenbar ist. Der **Fremdenverkehr ist** in Art. 3 lit. u EGV als gesondertes Vertragsziel benannt. Die **Schaffung und Unterhaltung der Verkehrswege** (Straßen, Schiene usf.) steht in engem sachlichem Zusammenhang mit der GVP (unten Rz. 1448).

1435 Soweit es sich um Verkehr im Sinne des Art. 84 = 80 neu EGV handelt, ist sowohl der **Personen- wie der Güterverkehr** umfaßt. Das meint den **gewerblichen Verkehr,** aber auch den **individuellen Personenverkehr.** Beim Güterverkehr unterfällt grundsätzlich auch der Werkverkehr den Art. 74 ff. = 70 ff. neu, mit dem Unternehmen auf eigene Rechnung ihren eigenen Verkehr erbringen (RL 80/49 v. 20.12.1979, ABl. 1980, L l8/23 ff.). Auch der sog. **kombinierte Verkehr** aus mehreren klassischen Verkehrsarten (z. B. Schiene/Straße) unterfällt der GVP (Bsp. RL 130/75 v. 17.2.1975, ABl. L 48/31 ff. über die Festlegung gemeinsamer Regeln für bestimmte Beförderungen im kombinierten Güterverkehr Schiene/ Straße).

Im übrigen ist noch einmal daran zu erinnern, daß die Art. 74 ff. = 70 ff. neu EGV für ihren Bereich **kein ausschließliches Verkehrssonderregime** einführen, sondern daß die allgemeinen Vertragsregeln (Bsp. Wettbewerb usf.) gelten, soweit nicht im Verkehrstitel spezielle Bestimmungen eingreifen (oben Rz. 1422). Das gilt auch für den **Umweltschutz** (*Lösch,* Umweltschutz und Verkehrspolitik in: Rengeling (Hrsg.), Umweltschutz und andere Politiken der EG, 1993, S. 133 ff.). Zum Verhältnis GVP und **freier Dienstleistungsverkehr und Art. 61 Abs. 1 = 51 Abs. 1 neu EGV** *Lukes,* FS Börner, 1992, S. 195 ff.

II. Entwicklung der Gemeinsamen Verkehrspolitik

Literatur: *Pinay,* L'exercice du pouvoir réglementaire dans la CEE à propos de l'élimination des discriminations en matière de transport, AFDI 1960, S. 828 ff.; *Wägenbaur,* Unterstützungstarife, Regionalpolitik und Wettbewerb im Gemeinsamen Markt, ZHR 1965, S. 180 ff.; *Lemmers,* Les discriminations en matière des prix et conditions de transport et les tarifs de soutien dans le Traité de Rome, ETL 1969, S. 321 ff.; *Zuleeg,* EWGV und Rheinregime, in: Verkehr und Gemeinsamer Markt, 1972, S. 25 ff.; *Blonk,* Die Binnenschiffahrt im Rahmen der Verkehrspolitik der Gemeinschaft, RLT 1972, S. 56 ff.; *Seton,* L'harmonisation sociale dans les transports,

RLT 1977, S. 139 ff.; *Müller-Herrmann,* Europäische Bemühungen zur Sanierung der Eisenbahn, Int. Verkehrswesen 1979, S. 271 ff., 356 ff.; *Pabst,* Rheinregime und EWGV, Int. Verkehrswesen 1981, S. 406 ff.; *Schiller,* Erleichterungen von Kontrollen und Verwaltungsformalitäten im Güterverkehr, RIW 1985, S. 865 ff.; *Wacker-Theodorakopou,* Die Derregulierungsanstöße im Güterfernverkehr durch die EG, WiD 1988, S. 373 ff.; *Hornung,* Europäische Abwrackaktion in der Binnenschiffahrt, Rechtspfleger 1990, S. 445 ff.; *Janott,* Die Reichweite der Dienstleistungsfreiheit im Güterkraftverkehr der EG, 1991; *Lammich,* Die Vereinbarkeit der Preisbildung im Güterkraftverkehr und in der Binnenschiffahrt mit EG-Wettbewerbsrecht, RIW 1991, S. 538 ff.; *Basedow,* Zulässigkeit und Vertragsstatut der Kabotagetransporte, ZHR 1992, S. 413 ff.; *Bidinger,* Die neuen Vorschriften für den grenzüberschreitenden Personenverkehr mit Omnibussen in der EG, NZV 1993, S. 289 ff.; *Bour,* Les relations entre la CEE et la Commission Centrale pour la navigation du Rhin, FS W. Müller 1993, S. 61 ff.; *Heselhaus,* Gemeinschaftsrechtliche Vorgaben für Straßenbenutzungsgebühren für den Schwerverkehr, EuZW 1993, S. 311 ff.; *Gronemeyer,* Die neue EG-Kabotage-VO und ihre Auswirkungen auf das deutsche Güterkraftverkehrsrecht, EuZW 1994, S. 523 ff.; *Magiera,* Bundesbahnreform und EG, in: Blümel (Hrsg.), Verkehrswegerecht im Wandel, 1994, S. 35 ff.; *Mückenhausen,* Die Harmonisierung der Abgaben auf den Straßengüterverkehr in der EG, EuZW 1994, S. 519 ff.; *Idot,* L'ouverture des transports ferroviaires à la concurrence, CDE 1995, S. 263 ff.; *Schweitzer,* Alpentransit und Europäische Verkehrspolitik, 1995; *Epinay,* Die Beziehungen der Schweiz zur EU: dargestellt am Beispiel des Alpentransits, 1996. *Hof,* Straßenverkehrsabgaben und Europarecht, 1998.

1. Zur Gesamtentwicklung der Verkehrspolitik seit 1958

Obwohl Kommission und Rat in den Art. 74 ff. = 70 ff. neu EGV ein **1436** umfangreiches Instrumentarium zur Gestaltung der GVP besaßen, bis hin zu der Generalklausel des Art. 75 Abs. 1 lit. d) zum Erlaß „aller sonstigen zweckdienlichen Vorschriften“, ist es trotz mehrfacher Anläufe der Kommission im Gegensatz etwa zur Agrarpolitik noch nicht gelungen, **ein geschlossenes Gesamtkonzept der GVP** zu verwirklichen. Dies hatte seine Gründe in den sich im Rat artikulierenden divergierenden Interessen der MS (oben Rz. 1421) und auch in mancherlei schwierigen „Besonderheiten des Verkehrs“ mit seinen Verästelungen in die verschiedenen Verkehrsarten, die z. T. nach unterschiedlichen Grundsätzen organisiert sind und verwaltet werden *(Stabenow,* ES Schaus, 1977, S. 133 ff.). Zwar hat die EG seit den 50er Jahren auch im Verkehrsbereich eine umfangreiche sekundäre Rechtsetzung betrieben (im einzelnen: Fundstellennachweis des geltenden Gemeinschaftsrechts, 07.05–07.40). Man kann aber nicht sagen, daß es sich dabei um ein geschlossenes System einer GVP mit durchgehenden gemeinsamen Prinzipien für die Regelungsmechanismen bei den einzelnen Verkehrsträgern handelt. Vielmehr sind immer wieder aus der Situation heraus **punktuelle Einzelregelungen** bedeutsamer oder auch marginaler Art getroffen worden, so daß die GVP bisher das Bild eines schwer überschaubaren, vielgestaltigen „Flickenteppichs“ darbietet.

Immerhin lassen sich aufgrund der Anstrengungen der Kommission **drei** **1437** **Phasen der Bemühung um die Gemeinsame Verkehrspolitik** unterscheiden (Eingehend *Frohnmeyer,* in Grabitz/Hilf (Hrsg.), EUV/EGV-Komm.

(1994), Art. 74, Rz. 17 ff.). Die **erste Phase** reicht bis ungefähr 1973 und zeichnet sich durch einen marktwirtschaftlich/wettbewerblichen Ansatz aus. In der **zweiten Phase,** die man bis etwa 1983/85 datieren kann, wurde der Akzent bei grundsätzlicher Beibehaltung des Marktprinzips stärker auf die Förderung der Verkehrsinfrastruktur und andere Begleitmaßnahmen gesetzt (Kommissionsmemorandum zur GVP v. 11.2.1983, ABl. C 154 ff.). In der Mitte der achtziger Jahre anhebenden **dritten Phase** wird die **Globalität der GVP** betont (Einbeziehung Seeschiffahrt/Luftfahrt). Zugleich gaben die Untätigkeitsklage des EP gegen den Rat und die Vollendung des Binnenmarktes zusätzliche marktöffnende Impulse für Fortschritte der GVP. Sieht man die vielen unübersichtlichen Einzelregelungen zusammen, kann inzwischen festgestellt werden, daß die **Liberalisierung des Verkehrsbinnenmarktes** bei den verschiedenen Verkehrsträgern in den 90er Jahren im großen und ganzen erreicht worden ist. *(Carl,* TR 1992, S. 81 ff.).

a) Marktwirtschaftliches Kommissionskonzept 1961–72

1438 In der **Denkschrift der Kommission über die Grundausrichtung der GVP 1961** (Dok. KOM VII/KOM (61) 50 endg.) und dem hierauf basierenden **Memorandum über das Aktionsprogramm für die 2. Stufe 1962** wurde das Leitbild eines liberalisierten Verkehrsmarktes entwickelt, in dem redlicher Wettbewerb herrscht. Gleichbehandlung der Unternehmen, Freizügigkeit der Verkehrsdienstleistungen, freie Wahl der Verkehrsnutzer, Margentarife, Übergang von bilateralen zu Gemeinschaftskontingenten waren einige der wesentlichen Stichworte des Konzeptes der Kommission mit ihrem luxemburgischen „Verkehrskommissar" *Lambert Schaus.* Der Rat übernahm dieses Konzept indessen nicht insgesamt, sondern erließ lediglich bestimmte konkrete Normen auf Vorschlag der Kommission. An übergreifenden Regelungen gehörten dazu u. a. die Beseitigung von Frachten- und Beförderungsdiskriminierungen **(VO Nr. 11,** ABl. 1960, S. 1121 ff.), die Einführung eines **Konsultationsverfahrens** für den Erlaß neuer nationaler Verkehrsvorschriften (Ev. 3.4.1962, ABl. S. 720 ff.), die **„Harmonisierungsentscheidung"** über bestimmte Wettbewerbsvorschriften im Land- und Binnenschiffahrtsverkehr (E 65/721, ABl. 1965, S. 1500 ff.), die Durchführung einer **Enquête über die Wegekosten** in diesem Bereich (Ev. 22.6. 1964, ABl. S. 1598 ff.), über die **Organisation des Verkehrsmarktes** (Ratsentschließung v. 20.10.1966), der **Erlaß von Wettbewerbsregeln** für den Land- und Binnenschiffahrtsverkehr (VO 1017/68, ABl. 1968, L 175/1 ff. = Ersetzung der VO Nr. 17, die insoweit durch die VO Nr. 141 für den Verkehr nicht angewendet wurde, näher oben Rz. 1104) und eine **Beihilfenregelung** für Land- und Binnenschiffahrtsverkehr (VO 1107/70, ABl. 1970, L 130/1 ff.). (Eine Gesamtübersicht über die Regelungen dieser 1. Phase der GVP bei *Frohnmeyer,* in: Grabitz/Hilf (Hrsg.), EUV/EGV-Komm. (1994), Art. 74, Rz. 18 ff.).

b) Infrastrukturelle Phase 1973–82

1439 In einer gewissen Kursänderung unternahm die Kommission nach der Pariser Gipfelkonferenz 1972 eine Überprüfung des bisherigen Standes der GVP und entwickelte neue Vorstellungen in der **Mitteilung über die weitere Entwicklung der GVP** v. 25.10.1973 (Bull. EG, Beilage 16/1973). Zwar wurde das Marktprinzip nicht aufgegeben, im Lichte der Erfahrungen jedoch zunächst eine **Intensivierung gemeinsamer Verkehrsinfrastrukturpolitik** für erforderlich gehalten (Strukturverbesserungen, Sanierung der Eisenbahnen, soziale und sicherheitsmäßige Harmonisierungen, Kostensenkungen u. a.). Nach dem Beitritt von Dänemark, England und Irland wurde erstmals die Entwicklung einer See- und Luftschiffahrtspolitik angemahnt. Auch in dieser 2. Phase übernahm der Rat das Kommissionskonzept nicht insgesamt, sondern setzte den Erlaß punktueller Regelungen fort, die sich mehr oder weniger in das Gesamtbild einfügten. *(Rodiére,* RTDE 1979, S. 698 ff.). Nennenswert sind etwa (Gesamtübersicht bei *Frohnmeyer,* a. a. O. Rz. 41 ff.) die Festlegung gemeinsamer Regeln im **kombinierten Verkehr Schiene/Straße** (RL 75/130, ABl. 1975, L 48/31 ff.), die Einführung eines Beratungsverfahrens und Gründung eines Ausschusses für **Verkehrsinfrastruktur** (E 78/174, ABl. 1978, L 54/16 ff.), die Einführung eines Modells für einen **europäischen Führerschein** (1. RL 80/1263, ABl. 375/1 und die „begrenzte Aktion" auf dem Gebiet der **Verkehrsinfrastruktur** (VO 3600/82, ABl. 1982, L 376/10 = erstmaliger Einsatz von EG-Haushaltsmitteln für Verkehrsinvestitionen).

c) Entwicklung eines umfassenden Verkehrsbinnenmarktes seit 1983

Nachdem der Rat in den 70er und frühen 80er Jahren immer wieder wesentliche Kommissionsvorschläge zur Weiterentwicklung der GVP verzögert hatte (näher *Erdmenger,* EG unterwegs – Wege zur GVP, 1981), faßte die Kommission in ihrem Memorandum „Fortschritte auf dem Wege zu einer GVP" 1983 (Dok. KOM (83) 58 endg.) ihre Vorstellungen ein weiteres Mal zusammen. Gleichzeitig schloß sie sich 1983 als Streithelferin einer **Untätigkeitsklage des Europäischen Parlamentes** an, mit welcher dieses den Rat zu stärkerer verkehrspolitischer Aktivität zwingen wollte (Erdmenger, EuR 1985, S. 375 ff.). Der Gerichtshof (EuGHE 1985, 1513 ff. – RS 13/83) lehnte es jedoch im wesentlichen ab, die (Nicht)tätigkeit des Rates nach Art. 74 ff. als justiziabel zu erklären (näher *Basedow* (Hrsg.), Europäische Verkehrspolitik, 1987 und oben Rz. 1423). Immerhin brachten diese spektakulären Schritte politisch wieder **Bewegung in die Verkehrsaktivitäten des Rates** *(Maury,* RTDE 1984 S. 247 ff.). Sie liefen zudem parallel zur Ausarbeitung der EEA 1986. Im neuen Art. 7 a EGV wurde im Zusammenhang des Zieles der Vollendung des Binnenmarktes Art. 84 ausdrücklich mitbenannt, d. h. der **gemeinsame Verkehrsbinnenmarkt** als ein wesentlicher Bestandteil dieses Vertragszieles begriffen. Dies führte zu neuen Anläufen in der GVP bis 1993, die sich seither fortsetzen. Im **Landverkehr** wurde 1988 (VO 1841/88, ABl. 1988 L 163/1) der Wegfall aller Kontingente im grenzüberschreitenden Güterverkehr ab 1993 vereinbart. Ebenso wurden hier die Kabotagezulassungen schrittweise erweitert und zum 1.7.1998 die völlige Liberalisierung der Kabotage im Güterkraftverkehr beschlossen (VO 3118/93, ABl. 1993, L 279/1). Der Rat erklärte damit **den Verkehrsbinnenmarkt für die 5 klassischen Verkehrsträger für vollendet.** Weitere Maßnahmen betrafen u. a. die Harmonisierung der Voraussetzungen für den Führerschein 1991 (oben Rz. 1434), die Besteuerung von Güterkraftfahrzeugen und die Erhebung von Maut- und Benutzungsgebühren (RL 93/89, ABl. 1993, L 279/32), ein Aktionsprogramm für die Verkehrsinfrastruktur und erste Schritte zum Aus- und Aufbau transeuropäischer Netze (unten Rz. 1471 ff.) und insgesamt näher *Frohnmeyer* a. a. O., Rz 78 ff.) – Auch im **See- und Luftverkehr** hat der Rat seit 1986 bzw. 1987 fortschreitend auf der Grundlage des Art. 84 Abs. 2 = 80 Abs. 2 neu EGV Regelungen erlassen, mit denen der Verkehrsbinnenmarkt für diese Verkehrsträger im Laufe der 90er Jahre nahezu vollständig verwirklicht wird *(Pernice,* FS Deringer 1993, S. 135 ff.; *Baumann,* Die Luftverkehrspolitik der EU, 1995 und unten Rz. 1465 ff.). – Von allgemeiner Bedeutung auch für den Verkehr war die **Aufhebung der Grenzkontrollen,** der MSen im Straßen- und Binnenschiffahrtsverkehr (VO 4060/89 ABl. 1989 L 390/18). 1440

2. Straßenverkehr

a) Bedeutung des Straßenverkehrs

1441 Der grenzüberschreitende Personen- und Güterverkehr auf der Straße **ein Schwerpunkt gemeinschaftlicher Regelungen** im Rahmen der GVP. Dies ist verständlich, stellt doch der individuelle und gewerbliche Straßenverkehr mit den davon abhängigen Gewerbeunternehmen (Automobilproduktion, Straßenbau usf.) in jedem Mitgliedstaat der Gemeinschaft einen **Wirtschaftsfaktor ersten Ranges** dar. Hinzu kommt, daß wegen der relativen Ungebundenheit der Transportmittel und der mittelständischen Strukturen einer Vielzahl von Transportunternehmen in den MS sich in diesem Sektor Probleme stellten, die – auch unter dem Aspekt der Dienstleistungsfreiheit – einer überstaatlichen Regelung besonders bedurften.

Im Konkreten suchten die Ansätze zu einer GVP im Straßenverkehrsbereich vor allem rechtliche und verwaltungsmäßige Hindernisse zu beseitigen, insbesondere im Sinne einer **Liberalisierung der grenzüberschreitenden Verkehrskapazitäten.** Ferner standen die Harmonisierung von Wettbewerbsbedingungen und der Verkehrsinfrastruktur im Vordergrund.

b) Ordnung der Binnenverkehrsmärkte im Straßenverkehr

1442 Ein gemeinsamer Straßenverkehrsbinnenmarkt setzt die Freiheit der Verkehrsunternehmer in den MS voraus, **grenzüberschreitenden Verkehr,** insbesondere Güterverkehr, zu betreiben. Dies schließt die **Kabotage** ein, d. h. das Recht zu Transporten innerhalb eines anderen MS als demjenigen, in dem der Unternehmer ansässig ist. In einer schrittweisen Politik ist inzwischen die Liberalisierung dieses wichtigen Sektors im wesentlichen erreicht worden.

aa) Zulassung und Kabotage

Zum einen ist ab 1993 die frühere **Kontingentierung** der Zulassungen für den grenzüberschreitenden Güterverkehr weggefallen und in schrittweiser Erweiterung auch die völlige Liberalisierung der **Kabotage** im Güterkraftverkehr zum 1.7.1998 festgelegt worden (VOen 1841/88 und 3118/93, oben Rz. 1440 und *Gronemeyer,* EuZW 1994, S. 523 ff.). Der Zugang zum grenzüberschreitenden Güterkraftverkehrsmarkt ist grundsätzlich frei, sofern der in der EG niedergelassene Bewerber die Voraussetzungen der **Gemeinschaftslizenz** nach der VO 881/92 (ABl. 1992 L 95/1) erfüllt. Im Personenverkehr mit Kraftomnibussen wurden vergleichbare Liberalisierungen getroffen. *(Bidinger,* NVZ 1993, S. 289 ff. und VO 12/98, ABl. 1998, L 4/10 zur Zulassung zum Personenkraftverkehr in „fremden" MSen). Damit ist ein **Kernstück der GVP** nach jahrzehntelangen Verhandlungen weitgehend etabliert.

bb) Preisbildung

Während die frühere Begrenzung des Wettbewerbs im Güterverkehr mittels Kontingentierung preispolitische Lenkungsmaßnahmen (Gemeinschaftstarife u. ä.) nach sich zog, wurde i. V. m. dem Wegfall der Kontingentierung die **freie Preisbildung** im grenzüberschreitenden Güterkraftverkehr zwischen MS eingeführt (VO 4058/89, ABl. 1989, L 390/1).

c) Harmonisierung der Wettbewerbsbedingungen

Die Verkehrsmarktordnungsregelungen (oben Rz. 1442) werden abgerundet und in ihrer Wirkung verstärkt durch eine Reihe struktureller Maßnahmen, die auf **Harmonisierung der einzelstaatlichen Regeln der Wirtschaftsführung im Transportbereich** abzielen. Sie sollen sicherstellen, daß alle Verkehrsunternehmen unter möglichst gleichartigen Bedingungen den Wettbewerb aufnehmen können *(Schmitt,* EuZW 1993, S. 305 ff.). Unter den vielgestaltigen Maßnahmen in diesem Zusammenhang *(Basedow/Dolfen,* in: Dauses (Hrsg.), Hdb EU-Wirtschaftsrecht (1993), L, Rz. 183 ff.) werden hier nur einige Schwerpunkte benannt. 1443

aa) Ausschaltung wettbewerbsverzerrender Eingriffe

Wie schon erwähnt (oben Rz. 1429), zielen Art. 76 ff. = 72 neu EGV wesentlich auf die **Beseitigung von Wettbewerbsverfälschungen im Verkehrsbereich.** In näherer Ausführung dieser vertraglichen Rechtsgrundlagen wurden im Zuge der GVP verschiedentlich Bestimmungen erlassen, die solche **staatliche Interventionen ausschalten sollen,** welche den Wettbewerb verfälschen könnten. Während nach der allmählichen Einführung einer gemeinsamen Ordnung der Binnenverkehrsmärkte Diskriminierungen durch nationale Frachten- und Kapazitätsregelungen im grenzüberschreitenden Straßenverkehr an Bedeutung zurücktraten (Art. 79 = 75 neu EGV), können sich aus **indirekten verkehrsrelevanten Regelungen** wie Steuern, Beihilfen usf. weiterhin Wettbewerbsprobleme ergehen. Die Gemeinschaft versucht hier im Sinne von Art. 77 = 73 neu EGV durch Eingrenzung von Ausnahmetatbeständen und ständige Überwachung der einzelstaatlichen Maßnahmen den protektionistisch wirkenden nationalen Unterstützungstarifen gegenzusteuern. In diesen Zusammenhang gehört vor allem die **„Verkehrswettbewerbsverordnung"** 1017/68 (ABl. 1968, L 175/1 ff., Änderungen; *Dolfen,* Der Verkehr im europäischen Wettbewerbsrecht, 1991). Sie sorgt durch verkehrsspezifische Wettbewerbsregeln dafür, daß die Marktsituation über die große Zahl erlaubter Ausnahmen hinaus nicht auch noch durch mißbräuchliche **kartellmäßige Absprachen** verzerrt wird (oben Rz. 1104). Dennoch bleibt die Verkehrswettbewerbspolitik immer wieder ein schwieriges Terrain im Spannungsfeld zwischen dem grundsätzlichen **Diskriminierungsverbot** und den **Harmonisierungsgeboten** für das Verkehrsbegleitrecht. Ein wichtiger Regelungsbereich ist hier die Festlegung der gemeinschaftsrechtlichen Grundsätze der **Besteuerung von Güter-Kfz** sowie für die Erhebung von nationalen **Maut- und Benutzungsgebühren** gemäß der RL 93/89 (ABl. 1993, L 279/32; *Heselhaus,* EuZw 1993, S. 311 ff.). Sie sucht das Prinzip der Nichtdiskriminierung zwischen den Verkehrsteilnehmern gemeinschaftsweit auf der Grundlage der von EuGHE 1992, 1–3141 ff. C 195/90 „Deutsche Schwerverkehrsabgabe" gesetzten Maßstäbe zu verwirklichen. In diesem Rahmen hat z. B. Österreich 1997 Autobahngebühren („Pickerl") eingeführt. 1444

Exkurs: Alpentransit.

Seit den 70er Jahren stellte der **alpenquerende Gütertransit** die EG im Verhältnis zu den Alpenstaaten Frankreich/Schweiz/Österreich/Slowenien vor ein großes verkehrspolitisches Problem. Angesichts des stark steigenden Transitverkehrs, vor allem auf der Straße, ergab sich ein immer größeres Umweltproblem, dem von den betroffenen Staaten unterschiedlich mit Maßnahmen zur Verbesserung des Eisenbahn- und kombinierten Verkehrs sowie mit umweltbetonten Abgabenlösungen begegnet wurde *(Kahl,* EuZW 1992, S. 538 ff.). Die EG war Teil dieses Problems, weil dieser Verkehr wesentlich zwischen Italien und nördlichen EG-Staaten wie D erfolgte. **Hauptbetroffener „Transitstaat" ist Österreich,** zumal die Schweiz eine restriktive Transitpolitik verfolgt. 1445

Als Österreich vor 1995 noch Drittstaat war, kam es 1992 im Rahmen der EWR-Regelungen (oben Rz 137 ff.) zu einem **Transitabkommen EG-Österreich** (ABl. 1992, L 373/6). Sein Kernpunkt war ein **„Ökopunktesystem"**, nach dem transitierende LKW entsprechend ihrer Schadstoffemission die Durchfahrt bezahlen mußten (näher *Schweitzer,* Alpentransit und österreichische Verkehrspolitik, 1995). Beim Beitritt 1995 gelang es Österreich, den wesentlichen Inhalt des Abkommens als **Protokoll Nr. 9 zur Beitrittsakte** (ABl. 1994 C 241/361) bis 2003 in primäres Gemeinschaftsrecht umzuwandeln. Damit sind die im Verhältnis zur allgemeinen EG-Verkehrspolitik bestehenden **wettbewerblichen Bedenken** zunächst immunisiert, da das Protokoll lex specialis zu Art. 74 ff. = 70 ff. neu EGV ist *(Seidl-Hohenveldern,* LKW-Transit durch Österreich und die EG, 1996). Allerdings sind zwischenzeitliche Anpassungsverhandlungen vorgesehen. – **Mit der Schweiz traf die EG 1992 ebenfalls ein bis 2005 geltendes Transitabkommen (ABl. 1992, L 373/28).** Es regelt insbesondere die Zulassung Von EG-Fahrzeugen zum Transit in bestimmten Grenzen (28 t-Limit, Sonntags- und Nachtfahrverbote, Schwerverkehrsabgaben), sowie die Förderung des Eisenbahn- und kombinierten Verkehrs mit EG-Hilfe und den Bevölkerungs- und Umweltschutz. (*Epiney,* Die Beziehungen der Schweiz zur EU, dargestellt am Beispiel des Alpentransits, 1996). Mit einem Anpassungsabkommen 1998 EU/Schweiz erklärte sich die Schweiz nach 2000 grundsätzlich zu gewissen Erleichterungen des Alpentransits bereit, insbesondere durch Zulassung der EU-üblichen „Euro-Brummis" (40-Tonnen-Lastzüge). Im Gegenzug darf die Schweiz höhere Benutzungsgebühren erheben, die unter Berücksichtigung der Umweltbelastung berechnet werden („leistungsabhängige Schwerpunktabgaben"). Mit dem neuen Abkommen erhoffen sich die Beteiligten sowohl eine Entlastung des Verkehrs über den Brenner als auch Verlagerungen auf die Schiene.

bb) Sozialpolitische Maßnahmen

1446 Zur Schaffung gleicher Startbedingungen sind ferner im Sinn der Art. 117 ff. = 136 neu EGV **sozialpolitische Maßnahmen** notwendig, wie sie bereits die Harmonisierungsentscheidung v. 13.5.1965 (oben Rz. 1438) vorgezeichnet hatte. Die in der VO 543/69 (ABl. 1969, L 77/49 ff., Änderungen, vgl. auch EuGHE 1977, 29 ff. – RS 65/76 und 1978, 2311 ff. – RS 97/78) erstmals enthaltenen Vorschriften über die Zusammensetzung und Ausbildung des Fahrpersonals, über **Lenk- und Ruhezeiten,** über das Verbot von Prämien für bestimmte Fahrtstrecken oder Gütermengen u. ä. sollen gleiche Ausgangschancen für den europäischen Wettbewerb garantieren und dienen zugleich der Verkehrssicherheit (inzwischen VO 3820/85, ABl. 1985, L 370/1 ff.; dazu *Wann,* Lenk- und Ruhezeiten im Straßenverkehr, 1987). (Zu den im Drittlandsverkehr geltenden Sozialvorschriften vgl. VO 2829/77, ABl. 1977, L 334/11 ff. über die Inkraftsetzung des im Rahmen des ECE ausgearbeiteten AETR-Abkommens). Daß trotz strenger Kontroll- und Sanktionsvorschriften, die u. a. auch den Einbau von **„europäischen Fahrtenschreibern"** vorsehen (VO 3821/85, ABl. 1985, L 370/8 ff.; s. auch EuGHE 1979, 419 ff. – RS 128/78), die gemeinschaftsrechtlichen Bestimmungen bisher nicht in allen MS einheitlich angewandt und auf ihre Einhaltung überwacht werden, nimmt ihnen bedauerlicherweise vorläufig einen Teil ihrer Wirkung.

cc) Technische Angleichung, Verkehrssicherheit, Umweltschutz

1447 Der Verkehrsbereich ist zugleich ein wichtiges Anwendungsfeld der **Rechtsangleichung technischer Normen** (oben Rz. 1239). Diese Maßnahmen haben sowohl eine Motivation der **Verkehrssicherheit** als auch diejenige einer wirtschaftlich gemeinten **europäischen Normung** im Sinne der Förderung des freien Warenverkehrs im Gemeinsamen Markt. Die Verbesserung der Verkehrssicherheit ist vor dem Hintergrund von jährlich ungefähr 50 000 Verkehrstoten und 1,5 Millionen Verletzten in der EG ein erstrangiges Ziel im Rahmen der GVP (Ratsent-schließung v. 19.12.1984 auf dem Gebiet der Sicherheit im Straßenverkehr, ABl. C 341/1 ff.). Seit 1993 verfügt die EG nach Art. 75 Abs. 1 lit. c) = 71 neu EGV über eine spezielle Zuständigkeit zur

Verbesserung der Verkehrssicherheit. Angesichts der hochgradigen Technisierung der modernen Verkehrsmittel bleibt die Harmonisierung der technischen Normen gleichwohl ein sehr schwieriges und nur langsam zu verwirklichendes Unternehmen. Immerhin wurde über die RL 143/77 (ABl. 1977, L47/47 ff.) die technische Überwachung von Kraftfahrzeugen und Fahrzeuganhängern einer gewissen Angleichung unterworfen. Ein weiterer wichtiger Schritt nach 20jährigen Vorarbeiten war die Richtlinie 85/3 (ABl. 1985, L 2/14 ff.) über erste gemeinsame Normen für die Abmessung und das Höchstgewicht von Nutzkraftfahrzeugen sowie das „RL-Bündel" vom 23.3.1991 (ABl. L 103/1 ff. – weitere Angleichungen bei *Basedow/Dolfen,* Verkehrsrecht, in: Dauses (Hrsg.), Hdb EU-Wirtschaftsrecht (1993), L, Rz. 183 ff.). Man kann auch die Schritte in Richtung der Einführung eines EG-Führerscheins (oben Rz. 1434) oder **umweltpolitisch inspirierte Maßnahmen** (obligatorischer Verkauf von bleifreiem Benzin, Verringerung der Luftverschmutzung durch Kfz u. a.) in diesen Zusammenhang stellen. (*Jahns/Böhm/Breier,* EuZW 1991, S. 523 ff.). Die Kommission bemüht sich ferner – bisher ohne Erfolg – um EG-weite **Geschwindigkeitsbegrenzungen** im Straßenverkehr (Mitteilung an den Rat, 1987).

d) Harmonisierung der Verkehrsinfrastruktur

Eine wahrhaft „europäische" Aufgabe stellt sich der Gemeinschaft schließ- 1448
lich im Bereich des grenzüberschreitenden Ausbaues der **Verkehrsinfrastruktur.** Ihr Schwerpunkt liegt im **Ausbau der Verkehrswege,** insbesondere des Fernstraßenverkehrs und des Schienennetzes nach gemeinschaftsweit entwickelten und definierten Kriterien. Zwar bleibt die Planung, Finanzierung und Durchführung des Verkehrswegeausbaues im wesentlichen Angelegenheit der MS. Jedoch liegt es nahe, daß besonders bei der **Planung und Erstellung neuer Verkehrswege** dem Gemeinschaftsinteresse eines EG-weiten Verkehrsverbundes Rechnung zu tragen ist. Hier liegt eine genuine Aufgabe der Gemeinschaft im Rahmen der Art. 74 ff. = 70 ff. neu EGV und seit 1993 auch über die neue Kompetenz des Auf- und Ausbaues transeuropäischer Verkehrsnetze nach Art. 129 b)–d) = 154–156 neu EGV (unten Rz. 1471 ff.). Seit den 70er Jahren hat sich daher eine – bisher noch begrenzte – **gemeinsame Verkehrsinfrastrukturpolitik** innerhalb der GVP entwickelt.

So erfolgt eine Abstimmung der einzelstaatlichen Regelungen seit Ende der 70er 1449
Jahre in dem damals geschaffenen **Verkehrsinfrastrukturausschuß** der EG (E 78/174, ABl. 1978, L 54/16 ff. zur Einführung eines Beratungsverfahrens und zur Schaffung eines Ausschusses auf dem Gebiet der Verkehrsinfrastruktur). Den MS obliegen Verpflichtungen zur rechtzeitigen Mitteilung ihrer Wegeplanungen. Dem schließt sich allmählich eine mittelfristige Planung und Finanzierung gemeinschaftsrelevanter Infrastrukturinvestitionen an (VO 3600/82, ABl. 1982, L 376/10 ff. über eine begrenzte Aktion auf dem Gebiet der Verkehrsinfrastruktur = **erste Gemeinschaftsfinanzierung in diesem Sektor,** inzwischen Folgeverordnungen wie z. B. VO 4048/88 (ABl. 1988, L 356/5 ff.). Seit 1970 verfügt die EG auch bereits über ein Durchführungssystem zur **Ermittlung der Wegekosten** im Eisenbahn-, Straßen- und Binnenschiffahrtsverkehr, VO 1108/70, ABl. 1970, L 130/4 ff.). Nach der neueren Konzeption der Wegekostenanlastung (Verkehrsweißbuch der Kommission 1992), mit der eine „gerechte" Verteilung dieser Kosten auf die Verkehrsträger und -unternehmen erreicht werden soll, wird auch die Einbeziehung von Allgemeinkosten wie für den Schutz der Umwelt vor Verkehrsschäden gefordert. Trotz erster Ansätze in der RL 93/89 (oben Rz. 1440) ist die praktische Umsetzung einer europäischen Wegekostenanlastung noch nicht weit gediehen.

Mit zwei **Verkehrsinfrastruktur-Aktionsprogrammen** 1990/93 (VO 3359/90, ABl. 1990, L 326/1 bzw. VO 1738/93, ABl. 1993, L 161/4) wurde die Praxis der o. g. Adhoc-Maßnahmen zugunsten einer mehrjährigen Rahmenplanung und Mitfinanzierung wichtiger **gemeinschaftsrelevanter Straßen,** Eisenbahnen, Flughäfen, Fährverbindungen, Häfen über die EG-Strukturfonds fortentwickelt. Allmählich sollen auch diese Formen der Verkehrsinfrastruktur in das übergreifende Konzept des Auf- und Ausbaues der **transeuropäischen Netze** überführt werden (Unten Rz. 1471 ff.).

3. Schienenverkehr

a) Besonderheiten des Schienenverkehrs

1450 Während es im Bereich des Straßenverkehrs möglich war, durch Aufhebung protektionistischer Schranken und durch Harmonisierung einzelner Wettbewerbsbedingungen zumindest das Fundament für einen freien Binnenmarkt der Verkehrsunternehmen zu schaffen, erscheint die **Entwicklung einer gemeinsamen EG-Eisenbahnpolitik** schon im Ansatz sehr viel schwieriger. Die einzelstaatlichen Eisenbahnunternehmen (Deutsche Bahn AG, französische Société Nationale des Chemins de Fer, British Railways usf.) sind mehr oder weniger **Monopolgesellschaften** und werden – mittelbar oder unmittelbar – **vom Staat beherrscht.** Die bisherigen nationalen Bemühungen um gewisse Privatisierungen und Deregulierungen des Bahnwesens (z. B. deutsche Bahnreform der 80er und 90er Jahre im Sinne des neuen Art. 87 e GG, *Seitz,* EuZW 1994, S. 33) sind bislang begrenzt geblieben. Lange bekannte Probleme wie die öffentlichen Haushalte belastende Defizite der Bahnen, systemfremde Lastentragungen (Infrastruktur, unrentable Strecken) oder die Konkurrenz der Straße bestehen weithin fort. Infolge gesteigerten öffentlichen Umwelt- und Energieeinsparungsbewußtseins haben die Bahnen jedoch wieder einen höheren Stellenwert unter den Verkehrsträgern gewonnen.

b) Erste Ansätze zu einer Gemeinsamen Eisenbahnpolitik

1451 Infolge der erwähnten Besonderheiten war die Einbeziehung der Eisenbahnen in ein Globalkonzept der Gemeinsamen Verkehrspolitik sehr schwierig. Ebensowenig gelang es bisher, eine gemeinsame Eisenbahnpolitik der Gemeinschaft zu entwickeln, die den EG-Eisenbahnverkehr in nennenswertem Umfang einem gemeinsamen Regime und einem einheitlichen Konzept in der Konkurrenz mit anderen Verkehrsträgern unterworfen hätte. Lange Zeit bestand die EG-Eisenbahnpolitik lediglich aus einer **Reihe wenig kohärenter Einzelmaßnahmen sekundärer Bedeutung.** Erst seit den 80er Jahren bemühen sich Kommission und Rat um übergreifende Konzepte.

Im überschaubaren **Verkehr mit Kohle und Stahl** kam es früh zur Einführung von **EGKS-Eisenbahntarifen** auf der Grundtage des Abkommens vom 21.3.1955 (ABl. S. 701 ff.). Österreich und die Schweiz wurden hierin einbezogen. Im EWG-Bereich begann die Gemeinschaft damit, Vorarbeiten dafür zu treffen, daß **wettbewerbsverzerrende Auflagen** für den Eisenbahnverkehr entweder abgeschafft werden sollten oder daß der jeweilige MS die entsprechenden Lasten übernahm.

Letzteres war die Regel in der Praxis. Ferner bemühte sich die EG um eine **Transparenz der mitgliedstaatlichen Leistungen an die Bahnen** mit dem Ziel allmählicher Angleichung (VOen 1191 und 1192/69, ABl. 1969, L 156/1 ff. über die mit dem Begriff des öffentlichen Dienstes verbundenen Leistungen im Eisenbahn-, Straßen- und Binnenschiffahrtsverkehr sowie über gemeinsame Regeln für die Normalisierung der Konten der Eisenbahnunternehmen; VO 1107/70, ABl. 1970, L 130/4 ff. über Beihilfen im Eisenbahn-, Straßen- und Binnenschiffahrtsverkehr). Grundsätzlich ging das Bestreben der EG dahin, **die betriebliche Eigenständigkeit und kaufmännische Verantwortlichkeit der Eisenbahnunternehmen zu stärken.**

c) Stärkung der EG-Eisenbahnpolitik seit den 80er Jahren

Mit der Denkschrift der Kommission vom 12.12.1980 zur Eisenbahn- **1452**
politik der Gemeinschaft und der sie positiv aufnehmenden Ratsentschließung vom 15.12.1981 (ABl. 1982, C 157/1) kam es allmählich zu einer **gewissen übergreifenden EG-Eisenbahnpolitik.** Sie setzt zum einen auf die **Stärkung der internationalen Eisenbahnzusammenarbeit,** andererseits auf die **Schaffung eines Binnenmarktes im Schienenverkehr.** Das äußert sich in Maßnahmen zur allmählichen Umwandlung der Eisenbahnverwaltungen in Dienstleistungsunternehmen und zur Einführung von **Wettbewerb auf dem Schienennetz.**

Nach der Reihe vorbereitender Rechtsakte zur Harmonisierung der Eisenbahnstrukturen seit den 70er Jahren (Kontennormalisierung, Vergleichbarkeit der Rechnungsprüfung, einheitliche Grundsätze für die Kostenrechnung, Preisbildung im grenzüberschreitenden Güterverkehr u. a. vgl. oben Rz. 1439, 1451 und *Frohnmeyer,* in: Grabitz/Hilf (Hrsg.), EUV/EGV-Komm. (1994), Art. 74 Rz. 112 ff. erließ der Rat 1991 die **RL 91/440 (ABl. L 237/25) zur Entwicklung der Eisenbahnunternehmen der Gemeinschaft.** Mittels unabhängiger Geschäftsführung der Eisenbahnunternehmen, einer rechnerischen Trennung von Infrastruktur und Verkehrsleistungen, Sanierung der Finanzstrukturen und Zulassung internationaler Eisenbahngruppierungen zu den nationalen Eisenbahnnetzen soll das europäische Eisenbahnwesen wirtschaftlich effizient gemacht und dem Wettbewerb geöffnet werden *(Idot,* CDE 1995, S. 263 ff.). Regelungen über die nichtdiskriminierende Zuweisung von Fahrwegkapazität und die entspr. Berechnung von Wegeentgelten ergänzen diese Liberalisierungspolitik (RL 95/18–19, ABl. 1995, L 143/70 ff.) In Deutschland läuft die fortschreitende Privatisierung und Deregulierung der Bahn mit dieser EG-Linie konform *(Schulz,* Das Eisenbahnwesen des Bundes und die Stellung der deutschen Bahnen auf dem Europäischen Binnenmarkt, 1995).

Auch die EG-Eisenbahnpolitik ist in die Entwicklung der transeuropäischen Verkehrsnetze nach Art. 129 b = 154 neu EGV eingebunden (unten Rz. 1471 ff.). Hier steht der Aufbau eines **europäischen Hochgeschwindigkeitsnetzes** über die Jahrtausendwende hinaus im Vordergrund (ein deutscher Teil hiervon ist z. B. die begonnene Neubaustrecke Köln-Rhein/Main). Manche Maßnahmen, wie die Vollendung des **„Eurotunnels“** Folkestone-Calais 1994, erfolgen autonom in bilateraler und privater Zusammenarbeit.

Trotz solcher positiven Ansätze ist der durchgreifende Erfolg einer Gemeinsamen EG-Eisenbahnpolitik vor allem infolge der **verschärften Konkurrenz mit der Straße** nicht gesichert (Europäischer Bahnanteil an der Personenverkehrsleistung 1996 noch 7 %, am Güterverkehr 15 %). Es bedarf einer erheblichen Kombination unternehmerischer Initiative und öffentlicher Förderung, diese Entwicklung zu beenden und bis zu einem gewissen Grade umzukehren.

4. Binnenschiffahrtsverkehr

a) Zur Situation in der Binnenschiffahrt

1453 Die Binnenschiffahrt ist nach Straßen- und Eisenbahnverkehr der **dritte große Bereich. des sog. Landverkehrs.** Sie spielt in der EG eine wesentliche Rolle, da hier neben sonstigen Flüssen und Kanälen verschiedene große Wasserverkehrswege bestehen, unter denen **der Rhein und seine Nebenflüsse** hervorragen *(Däniken,* FS W. Müller, 1993, S. 49 ff.). Insbesondere **Massengüter der Schwerindustrie** werden auf dem Wasserwege gerne befördert.

Die Gemeinsame Verkehrspolitik erstreckt sich nach Art. 84 Abs. 1 = 80 Abs. 1 neu EGV auch auf den Binnenschiffahrtsverkehr. Es war das grundsätzliche Bestreben der Gemeinschaft, **für den gesamten Landverkehr soweit wie möglich einheitliche Regelungen aufzustellen.** So gelten die grundlegenden Vorschriften über die Harmonisierung bestimmter Wettbewerbsvorschriften (E 65/271, ABl. 1965, S. 1500 ff.) über die Anwendung der Wettbewerbsregeln (VO 1017/68, ABl. 1968, L 175/1 ff.), über die Verkehrsbeihilfen (VO 1107/70, ABl. 197C, L 130/1 ff) und über den Abbau der Grenzkontrollen (VO 4060/89, ABl. 1989, L 390/18) jeweils für alle drei Landverkehrsarten. Im übrigen sind die jahrzehntelangen Bemühungen um eine gemeinsame Binnenschiffahrtspolitik, deren Grundproblem seit den 60er Jahren ein **struktureller Kapazitätsübergang** ist, noch nicht vollendet. Das hat seinen Grund nicht zuletzt darin, daß für das Rheinregime als Schwerpunkt des europäischen Binnenschiffahrtsverkehrs in Gestalt der **Mannheimer Akte von 1868** eine über die EG hinausreichende vertragliche Regelung besteht, deren Harmonisierung mit der GVP sich als recht schwierig erweist (dazu unten Rz. 1455 ff.).

1454 Abgesehen von den Rheinschiffahrtsfragen beschränkten sich die EG-Binnenschiffahrtsregelungen lange auf eine **verwaltungsmäßige und technische Normierungen** (RL 76/175, ABl. 1976, L 21/10 ff. über die gegenseitige Anerkennung von Schiffsattesten; RL 80/1119, ABl. 1980, L 339/30 ff. zur staatlichen Erfassung des Binnenschiffahrtsverkehrs; RL 82/174, ABl. 1982, L 301/1 ff., RL 91/672, ABl. 1991, L 373/29 über die gegenseitige Anerkennung von Schifferpatenten). Die Kommission arbeitet in der Binnenschiffahrt mit einem von ihr durch Beschluß v. 9.10.1980, ABl. C 297/28 gegründeten **Paritätischen Ausschuß für die Binnenschiffahrt** zusammen. Schließlich ist der Zugang zum **Beruf des Unternehmers** im Binnenschiffahrtsgüterverkehr gemeinschaftsweit angeglichen worden (RL 87/540, ABl. 1987, L 322/20 ff.).

– Eigentliche Schwerpunkte der GVP in der Binnenschiffahrt sind über den Binnenmarktprozeß inzwischen zum einen die **Zulassung des Kabotageverkehrs auf allen Wasserstraßen der EG** (VO 3921/91, ABl. 1991 L 373/1) in Ausdehnung der entsprechenden Regelung der Mannheimer Akte. Allerdings verbleiben erhebliche Ausnahmen *(Rogge,* Verkehr, in: Lenz (Hrsg.), EG-Hdb, 2. Aufl. 1994, S. 747 f.). – Andererseits wurden mit den Strukturbereinigungs-VOen 1101–1102/

89 (ABl. 1989, L 116/25 ff., Änderungen) Kapazitätsbeschränkungen in Gestalt einer Abwrackaktion in Gestalt von 4 Fonds in Belgien, Deutschland, Frankreich und Holland in die Wege geleitet *(Hornung,* Rechtspfleger, 1990, S. 445 ff.). Eine ähnliche größere Lösung auf dem Rhein zusammen mit der Schweiz in Gestalt eines europäischen Stillegungsfonds war dagegen aus rechtlichen Gründen gescheitert (EuGHE 1977, 741 f. – Gutachten 1/1976).

b) Gemeinsame Verkehrspolitik und Rheinschiffahrtsregime

Der Binnenschiffahrtsverkehr auf dem Rhein ist seit langem durch die 1455
besonderen Regelungen der **Revidierten Rheinschiffahrtsakte v. 17.10.1868 – „Mannheimer Akte"** – i. d. dt. Fassung v. 11.3.1969 (BGBl. 1969 II S. 597, Änderungen, Text u. a. Sart. II, Ziff. 340) bestimmt. Außer EG-MS ist auch die Schweiz Signatarstaat der Mannheimer Akte (MA). Die Akte begründet ein **liberales Regime der Schiffahrtsfreiheit auf dem Rhein** für Fahrzeuge aller Nationen, der grundsätzlichen **Abgabenfreiheit** und der **Gleichbehandlung** der rheinfahrenden Schiffe. Es gilt das Prinzip der Einheitlichkeit des Rheinregimes *(Pabst,* Internationales Verkehrswesen 1981, S. 406 ff.) An sich blieb die MA als „altes" Recht nach Art 234 Abs. 1 = 307 Abs. 1 neu EGV von den Art 74 ff. = 70 ff. neu EGV unberührt (unten Rz. 1709) Gemäß Art. 234 Abs. 2 = 307 Abs. 2 neu EGV sind jedoch gemeinsame Anstrengungen der MS zur Behebung von Unvereinbarkeiten zwischen der allmählichen Gestaltung der GVP aufgrund des EGV und der MA erforderlich. In der Praxis seit den 60er Jahren hat sich jedoch diese **Harmonisierung GVP/MA** als überaus schwierig erwiesen, da die Vorstellungen innerhalb der Gemeinschaft über die inhaltliche Gestaltung der GVP divergierten (oben Rz. 1421) und verschiedene MS, insbesondere Holland, aber auch die Schweiz den Fortbestand des freizügigen Rheinregimes nicht einer dirigistischeren GVP opfern wollten (näher *Bour,* FS W. Müller, 1993, S. 61 ff.).

Die Fortentwicklung der Beziehungen zwischen der EG und der MA vollzieht 1456
sich in Verhandlungen mit der **Zentralkommission für die Rheinschiffahrt (ZKR)** in Straßburg, dem Hauptorgan der MA. Die EG-Kommission hat hier Beobachterstatus. Seit 1978 hat die Kommission den **Beitritt der EG zur MA** vorgeschlagen; der Rat hat indessen im Zusammenhang mit der letzten Revision der MA (Zusatzprotokolle Nr. 2 und 3 v. 17.10.1979) eine **abgestufte Annäherung** vorgezogen. Ziel ist die jeweilige Abstimmung zwischen EG und allen Signatarstaaten der MA. Inhaltlich geht es dabei insbesondere um die Probleme, welche die **Rheinschiffahrt** nach Fertigstellung der Rhein-Main-Donau-Wasserstraße sowohl für die MA als auch für die EG aufwirft. Ferner geht es um die Gleichbehandlung der EG-MS, die nicht der ZKR angehören, besonders bei der **Kabotage** (Beförderungsrechte von Verkehrsunternehmen außerhalb des MS, in dem sie ansässig sind). In gleichzeitiger Abstimmung mit der Schweiz (näher *Frohnmeyer,* in: Grabitz/Hilf (Hrsg.), EUV/EGV-Komm. (1994), vor Art. 74, Rz. 36 ff.) hat die Gemeinschaft auf der Grundlage des Art. 75 EGV für sich die Kriterien festgelegt, nach denen ein Schiff der Rheinschiffahrt zuzurechnen ist („lien réel") und so in den Genuß der Freiheiten aus der MA kommt, vgl. VO 2919/85 (ABl. 1985, L 280/4 ff.).

Grundsätzlich geht die Politik der Gemeinschaft dahin, **das sekundäre Verkehrsgemeinschaftsrecht** (Diskriminierungsverbot, Wettbewerb, Beihilfen u. a., näher *Frohnmeyer,* in: Grabitz/Hilf (Hrsg.), EUV/EGV-Komm. (1994), vor Art. 74, Rz. 23 ff.) **auch auf die Rheinschiffahrt zu erstrecken,** soweit nicht Bestimmungen der MS im Wege stehen, die nach Art. 234 Abs. 2 = 307 Abs. 2 neu EGV anzupassen wären. Angesichts der besonderen Bedeutung der Rheinschiffahrt innerhalb der EG-Binnenschiffahrt habennämlich Normen nur beschränkte praktische Bedeutung, welche die Rheinschiffahrt ausklammern. Eine durchgreifende Klärung des komplizierten Beziehungsgeflechts zwischen EGV und MA kann erst nach einem Beitritt der EG zur MA erwartet werden.

5. Seeschiffahrt und Luftfahrt

Literatur: *Erdmenger,* Die Anwendung des EWGV auf Seeschiffahrt und Luftfahrt, 1962; *Rehm,* EG und Luftfahrt, FS A. Meyer, 1975, S. 187 ff.; *Necker,* Die Seeschiffahrt im Europarecht, FS Luther, 1976, S. 113 ff.; *Ipsen,* EWG über See, FS Stödter 1979, S. 167 ff.; *Schiernig,* Liner Code und EG-Schiffahrtspolitik, APol 1979, S. 182 ff.; *Bentzien,* Der europäische Luftverkehr und der EWGV, ZLW 1981, S. 258 ff.; *Vermote,* Le code de conduite des conférences maritimes et le compromis de Bruxelles, Droit européen des transports 1986, S. 3 ff.; *Guillaume,* L'arrêt de la CJCE du 30 avril 1986 sur les transports aëriens et ses suites, RFDA 1987, S. 13 ff.; *Estienne-Henrotte,* L'application des règles générales du traité de Rome au transport aërien, 1988; *Werner,* Die Wettbewerbsordnung der EWG für den Seeverkehr, NJW 1988, S. 2159 ff.; Balfour, Freedom to provide air transport services in the EEC, ELRev 1989, S. 30 ff.; *Giemulla/Schmid,* Europäisches Luftverkehrsrecht (Losebl.) 1990; *Close,* External relations in the air transport sector: Air Transport Policy or the Common Commercial Policy? CMLRev 1990, S. 107 ff.; *Dagtoglou,* Luftverkehr und europäisches Recht, 1990; *Churchill,* EC-Law and the nationality of ships and crews, ETL 1991, S. 591 ff.; *Clough/Randolph,* Shipping and EC Competition Law, 1991; *Mendes de Léon,* Le cabotage aërien dans les Communautés Européennes, RMC 1992, S. 631 ff.; *Wenglorz,* Die Deregulierung des Linienluftverkehrs im Europäischen Binnenmarkt, 1992; *Aussant,* Cabotage and the liberalization of the maritime services, ETL 1993, S. 347 ff.; *Böckstiegel,* Rahmenbedingungen für einen zukünftigen Luftverkehr auf dem Marktplatz EG, ZLuftR 1993, S. 117 ff.; *Lübben,* Das Recht auf freie Benutzung des Luftraums, 1993, *Wassenbergh,* External aviation relations of the EC 1993; *Rittner,* Zur Neuordnung der Bodenverkehrsdienste auf den Flughäfen der EU, NVWZ 1994, S. 429 ff.; *Baumann,* Die Luftverkehrspolitik der EU, 1995; *Eisermann,* Die Luftfahrtaußenkompetenzen der Gemeinschaft, EuZW 1995, S. 331 ff.; *Grard,* Le marché unique des transports aëriens au 1er janvier 1993; REDP 1995, S. 287 ff.; *Lechner,* Die Seehäfen im Recht der EU, 1997; *Rittner,* Flughafengebühren und Marktzugang zu den Bodenabfertigungsdiensten und Gemeinschaftsrecht, EUZW 1998, S. 651.

1457 Einen **Sonderbereich innerhalb der Gemeinsamen Verkehrspolitik bilden Seeschiffahrt und Luftverkehr.** Dies hat seinen Sachgrund darin, daß diese beiden Verkehrssektoren kraft Natur der Sache eher **weltweit** als europäisch ausgerichtet und entsprechend in die internationale Verkehrsordnung eingebunden sind, nämlich die Seeschiffahrt vor allem in die **Internationale Schiffahrtsunion (IMO)** und die Luftfahrt in die **Internationale Zivilluftfahrtorganisation (ICAO).**

a) Besondere Einbeziehung in die Gemeinsame Verkehrspolitik

Aus diesen Gründen sieht Art. 84 Abs. 2 = 80 Abs. 2 neu EGV vor, **daß der Rat mit qualifizierter Mehrheit darüber entscheidet,** ob, inwieweit und nach welchen Verfahren geeignete Vorschriften für die Seeschiffahrt und Luftfahrt zu erlassen sind.

Art. 84 Abs. 2 = 80 Abs. 2 neu ist durch die EEA 1986 insoweit geändert worden, als nunmehr der Rat nicht mehr wie vorher einstimmig entscheidet. Außerdem finden nach S. 2 des Art. 84 Abs. 2 = 80 Abs. 2 neu die Verfahrensvorschriften des Art. 75 Abs. 1 und 3 = 71 Abs. 1, 3 neu Anwendung, d.h. es gilt das Mitentscheidungsverfahren des Art. 189 b = 251 neu EGV mit Anhörung von WSA und AdR und die ausnahmsweise Beschlußfassung des Rates mit Einstimmigkeit im Rahmen des Art. 75 Abs. 3 = 71 Abs. 3 neu (oben Rz. 1428).

Art. 84 Abs. 2 = 80 Abs. 2 neu EGV schließt auf diese Weise bei Seeschif- 1458
fahrt und Luftfahrt die **Anwendung des Titels Verkehr** aus, soweit der Rat nicht im eben erwähnten Sinne Beschlüsse gefaßt hat. Dagegen gelten nach inzwischen gefestigter Rspr. des Gerichtshofes (EuGHE 1974, 359 ff. – RS 167/73 „Kommission/Frankreich"; EuGHE 1986, 1425 ff. – Verb. RS 209-213/84 „Nouvelles Frontieres", oben Rz. 1422) die **allgemeinen Vertragsregelungen** (z. B. die Wettbewerbsregeln, Sozialvorschriften, Freizügigkeit u. a., (*Mückenhausen,* in: Lenz (Hrsg.), EGV-Komm. 1994, Art. 84, Rz. 3) grundsätzlich **auch für den See- und Luftbereich.** Auch der **freie Dienstleistungsverkehr,** für den Art. 61 Abs. 1 = 51 Abs. 1 EGV auf den Titel Verkehr verweist, ist im See- und Luftverkehr fortschreitend zu verwirklichen (ähnlich EuGHE 1985, 1513 ff. – RS 13/83). – Nachdem der Gerichtshof in der „Untätigkeitsklage" 1985 (EuGHE 1985, 1513 ff. – RS 13/83) von Ausnahmen abgesehen eine Bindung des Ratsermessens bei der Rechtsetzung in der GVP grundsätzlich verneint hat, ist von einer solchen Ermessensfreiheit ganz besonders bei dem sehr offen formulierten Art. 84 Abs. 2 = 80 Abs. 2 neu EGV auszugehen, zumal hier anders als bei Art. 75 = 71 neu EGV inhaltliche Leitlinien überhaupt nicht vorgegeben werden. Allerdings ist Art. 84 = 80 neu **nunmehr ausdrücklich in Art. 7 a = 14 neu EGV einbezogen worden.** Das Gebot der Verwirklichung des **Binnenmarktes** gilt auch für Seeschiffahrt und Luftverkehr. Es ist inzwischen in erheblichem Maße realisiert worden näher *Frohnmeyer,* in Grabitz/Hilf (Hrsg.), EUV/EGV-Komm. (1994), Art. 84, Rz. 1 ff.).

b) EG-Seeverkehrspolitik

Von der **tatsächlichen Seite** lag es eigentlich nahe, die Seeschiffahrt der 1459
EG-MS in die **Konzipierung einer Gemeinsamen (See-)Verkehrspolitik** einzubeziehen. Schon seit dem Beitritt Griechenlands 1981 umfaßt die zusammengerechnete Tonnage der unter der Flagge von EG-MS fahrenden Handelsflotten **(„EG-Handelsflotte")** auch nach wirtschaftlich bedingten Schrumpfungen ungefähr **20 % der Welthandelstonnage.** Damit ist die EG-Handelsflotte die größte der Welt, selbst wenn man die unter „billigen Flaggen" fahrenden Schiffe nicht einrechnet, die EG-Reedereien gehören. Annähernd 90 % des Außenhandelsverkehrs der EG und ein Fünftel des Binnenverkehrs werden über See durchgeführt. Daß die Seeschiffahrt dennoch vom Vertrage so stiefmütterlich wie in Art. 84 Abs. 2 = 80 Abs. 2 neu

EGV behandelt wurde, lag an der bereits erwähnten traditionellen internationalen und nicht europäischen Ausrichtung dieses Verkehrszweiges (*Power,* EC Shipping Law, 1992).

Allmählich ergab sich jedoch vor allem aus der schärferen Konkurrenz der EG-Schiffahrt mit den Flotten der Dritten Welt seit den 70er Jahren ein **gewisser Sachzwang zur Gemeinschaftsaktion** über Art. 84 Abs. 2 = 80 Abs. 2 neu EGV (*Pearson,* Transports 1980, S. 215 ff.). Erleichternd wirkte für die Konzipierung einer EG-Seeverkehrspolitik, daß die MS sich in ihrem gemeinsamen weltwirtschaftlichen Interesse an möglichster **Aufrechterhaltung und Entwicklung weltweiter Schiffahrtsfreiheit** einig waren (*Ipsen,* FS Stödter 1979, S. 167 ff.).

1460 So kam es in einer **ersten Phase der EG-Seeverkehrspolitik** zunächst zur Errichtung eines regelmäßigen **Konsultationssystems** für die Beziehungen zu Drittstaaten und Internationalen Organisationen im Seeverkehr, nicht zuletzt mit dem Ziel weltweiter Abstimmung, nötigenfalls aber auch konzertierter Gegenmaßnahmen (E v. 13.9.1977, ABl. L 239/23 ff. und E v. 26.10.1983, ABl. L 332/37 ff.). Der Beitritt zum UN-Verhaltenskodex für **Linienkonferenzen** wurde abgestimmt (VO 954/79, ABl. 1979, L 121/1 ff., dazu *Schiernig,* APol 1979, S. 182 ff.) und Maßnahmen gegen **Wettbewerbsverfälschungen** seitens der Staatshandelsländer getroffen (E v. 19.9.1978, ABl. L 258/35 ff.). Außerdem konzentrierte sich die EG-Seeverkehrspolitik in ihren Anfängen regelmäßig auf Maßnahmen zur Verbesserung der **Sicherheit im Seeverkehr** (Nachweise in: Fundstellenverzeichnis des geltenden Gemeinschaftsrechts, 07.30.30). Sie wurden nicht zuletzt durch die umweltschädigenden großen **Tankerunfälle** veranlaßt.

Im Jahre 1985 leitete die EG-Kommission mit ihrer umfassenden Mit-
1461 teilung **„Fortschritte zu einer gemeinsamen Verkehrspolitik – Seeverkehr“** (Bull. EG 1985, Beilage 5) eine konzeptionell geschlossenere zweite Phase der EG-Seeverkehrspolitik ein. Seitdem wird insbesondere die **Vertretung der Handels- und Schiffahrtsinteressen der Gemeinschaft** auf der Grundlage der gemeinsamen marktwirtschaftlichen Ausrichtung gegenüber wettbewerbswidrigem Verhalten von Drittstaaten und deren Reedereien als wichtige seeverkehrspolitische Aufgabe der EG begriffen. Damit einher geht eine nichtdiskriminierende Behandlung der Reedereien der Gemeinschaft untereinander gemäß **gemeinsamen Wettbewerbsregeln.** Außerdem bleibt die Thematik der **Sicherheit im Seeverkehr** einschließlich ihrer umweltschützenden Aspekte infolge der vielerorts immer größeren Dichte des Seeverkehrs fortlaufend gestellt. Dabei spielt der Gedanke des **„Port state control“** (Kontrolle der Schiffe gemäß den IMO-Normen, soweit sie EG-Häfen benutzen) eine besondere Rolle (EG-Memorandum von Paris 1982). 1989 wurde ein europäisches Schiffahrtsregister („Euros“) vorgeschlagen. Nach längerer Vorbereitung gelang es 1986, auf der Grundlage der Mitteilung von 1985 erste wesentliche **Rechtsakte einer kohärenten EG-Seeverkehrspolitik** zu verabschieden.

In der VO 4055/86 (ABl. 1986, L 378/1 ff.) werden wesentliche Teile der Niederlassungs- und Dienstleistungsfreiheit (Art. 55 ff., 62 = 45 ff. neu EGV) auf den Seeverkehr für anwendbar erklärt, soweit er zwischen MS sowie zwischen MS und

Drittstaaten verläuft. Die Kabotage (oben Rz. 1440) blieb noch ausgeklammert. – Die VO 4056/86 (ABl. 1986, L 378/4 ff.) bringt die **seeverkehrsspezifische Anwendung des EG-Wettbewerbsregimes der Art. 85 ff. = 81 ff neu EGV.** Dabei ist auf den UN-Verhaltenskodex für Linienkonferenzen (VO 954/79, oben Rz. 1460) Rücksicht zu nehmen, sowie auf die in diesen Konferenzen zwischen den Reedereien getroffenen Absprachen (*Vermote,* Droit Européen des Transports, 1986,S. 3 ff.). Grundsätzlich sollen jedoch die Art. 85 ff. = 81 ff. neu EGV auch für den Seeverkehr gelten (*Rabe,* AvR 1994, S. 422 ff.). – Für die Bekämpfung **unlauterer Preispraktiken** seitens Drittlandreedereien und den Schutz des **freien Zuganges zu Ladungen** gilt die VO 4057/86 (ABl. 1986, L 378/14 ff.) sowie die VO 4058/86 (ABl. 1986, L 378/21 ff.). – EuGHE 1991, T–5889 ff. RS C–179/90 hob mit einer allgemein wichtigen Wettbewerbsentscheidung das alte Monopol der Genueser Hafenbetriebsgesellschaften auf (*Nussbaum,* Das Ende eines alten Hafenmonopols, 1996).

Mit der **Einbeziehung der Seeschiffahrt in den Binnenmarktprozeß** über Art. 7 a = 14 neu EGV ergaben sich weitere Impulse zur näheren Ausgestaltung der EG-Seeverkehrspolitik in den 90er Jahren. Schwerpunkte waren neben dem Ausbau der See-Wettbewerbsordnung die grundsätzliche Zulassung der **Seekabotage** 1992 und eine weiter zunehmende Tätigkeit der Gemeinschaft zur Verbesserung der Sicherheit im Seeverkehr und im **marinen Umweltschutz** (*Erdmenger,* AvR 1994, S. 477 ff.). Dagegen ließ sich die Vision **einer einheitlichen europäischen Handelsflotte** mit eigener Flagge und Gemeinschafts-Schiffsregister bisher nicht verwirklichen. Die Kommission hat ihre entsprechenden Vorschläge (*„EUROS"*) 1996 zurückgezogen. Dagegen wird allmählich eine **EG-Seehafenpolitik** angestrebt (*Rabe,* FS Everling 1995, S. 1157 ff.). 1462

Wettbewerblich wurden in der Binnenmarktphase die Ausnahmen näher ausgestaltet, die sich aus den Besonderheiten der weltweiten Seeschiffahrt bei Art. 85 ff. = 81 ff. neu EGV nahelegen (Trampdienste, weithin die Linienkonferenzen und über die VO 479/92 (ABl. 1992, L 55/3) die Seeunternehmenskonsortien (*Pernice,* FS Deringer 1993, S. 135 ff.). – Ein wichtiger Schritt der EG-Seeverkehrspolitik war die **grundsätzliche Zulassung der Seekabotage** innerhalb der EG durch die VO 3577/92 (ABl. 1992, L 364/7). Sie kennt allerdings ein System gestufter Ausnahmen bis zum Jahre 2004 (*Basedow,* TR 1994, S. 85 ff.). Die **Sicherheit im Seeverkehr und der marine Umweltschutz** erhielten nach spektakulären Unglücken durch ein Aktionsprogramm der Kommission 1993 und durch die Ratsentschließung v 8.6.1993 (ABl. 1993 C 271/1) neue wichtige Anregungen. Es kam zum Erlaß verschiedener Richtlinien (*Lagoni,* AvR 1994, S. 382 ff.; zum Umweltschutz unten Rz. 1993 ff.). Sie betrafen u. a. eine intensivere Schiffsüberprüfung, höhere Sicherheitsstandards und eine Verbesserung der Ausbildung von Seeleuten. (Fundstellenverzeichnis des geltenden Gemeinschaftsrechts 07.30.30). 1463

Eine **Seeschiffahrtsaußenpolitik der EG/EU** ist bisher nur ansatzweise verwirklicht (*Nemitz,* AvR 1994, S. 358 ff.). Grundsätzlich bemüht sich die Kommission i. V. m. den MSen um die Schaffung weltweit gleicher Wettbewerbsbedingungen für die „EG-Flotte" und sucht seehandelspolitische Interessen der Gemeinschaft zu wahren. Das kann gemäß den Zuständigkeiten der Gemeinschaft nach Art. 84 Abs. 2 = 80 Abs. 2 neu EGV („lex specialis"-Außenkompetenz) und u. U. ergänzend zu Art. 113 = 133 neu EGV in der Sicht des Urteils EuGHE 1971, 263 ff. – RS 22/70 „AETR" und des Gutachtens EuGHE 1994, I–5267 ff., Gutachten 1/94 „WTO", (vgl. unten Rz. 1703 f.) durch einseitige Maßnahmen wie die VOen von 1986 (oben 1464

Rz. 1461) und durch Abschluß von Verträgen mit Drittstaaten geschehen. Angesichts der Haltung wichtiger MSen, in diesem Bereich weiter vorzugsweise national handeln zu wollen, sind die maritimen Außenbeziehungen der EG bisher rudimentär geblieben (*Didier,* ETL 1993, S. 347 ff.). In den mit Fragen des Seeverkehrs befaßten internationalen Organisationen (IMO, OECD, WTO, UNCTAD) nimmt die Kommission als Beobachter und z. T. auch als Vertreter der Gemeinschaft deren Interessen wahr.

Wenn auch noch nicht von einer umfassend nach eigenständigen Grundsätzen gestalteten EG-Seeverkehrspolitik gesprochen werden kann, ist doch seit 1985 allmählich der Weg frei geworden für eine **seepolitische Anwendung des Art. 84 Abs. 2 = 80 Abs. 2 neu EGV in breiterem Stil.** Dabei werden die ersten Umrisse gemeinsamer Seeverkehrspolitik auf der Grundlage des Basiskonsenses der MS zugunsten einer marktwirtschaftlich geprägten Schiffahrtsfreiheit sichtbar.

c) EG-Luftfahrtpolitik

1465 Trotz gewisser Ähnlichkeiten (weltweit ausgerichtete Verkehrsart) ist die rechtliche Grundsituation im **grenzüberschreitenden Luftverkehr** von der Seeschiffahrt verschieden. Während auf der See trotz aller Einschränkungen des modernen internationalen Seerechts das Prinzip der Schiffahrtsfreiheit insbesondere auf der Hohen See aufrechterhalten wird, ist für die Luftfahrt seit jeher das **Prinzip der nationalen Luftsouveränität** der Ausgangspunkt (Zivilluftfahrtsabkommen von Chicago v. 17.12.1944). Die sog. „Luftfreiheiten" sind vertraglich ausgehandelte und grundsätzlich rücknehmbare Regelungen, die auf **zwischenstaatlichen Vereinbarungen und Abmachungen zwischen den Fluggesellschaften** beruhen. Bei letzteren handelt es sich besonders in Europa neben privaten Gesellschaften regelmäßig um staatliche oder öffentlich kontrollierte Linienfluggesellschaften, da viele EG-MSen seit dem Beginn der Luftfahrt die Neigung haben, selbst Luftverkehr zu betreiben (Air France usf.). International erfolgen Abstimmungen in der **Internationalen Zivilluftfahrtorganisation (ICAO)** und in dem weltweiten Zusammenschluß der Fluggesellschaften **„International Air Transport Association" (IATA).**

Die sinnvolle Aufgabe einer EG-Luftfahrtpolitik in Anwendung von Art. 84 Abs. 2 = 80 Abs. 2 neu EGV war angesichts dieses weltweiten und regionalen Regelungsgeflechtes nicht einfach zu definieren.

1466 Erst 1978 beschloß der Rat erstmals eine **Prioritätenliste für den Luftverkehr** (Bull. EG 5/79, S. 28 ff.). Sie umfaßte Erleichterungen für den Luftfrachtverkehr, verschiedene technische Normen, Anerkennung von Befähigungsnachweisen, Arbeitsbedingungen, Niederlassungsrecht, Verbesserungen im Regionalverkehr und Unfallhilfe (*Folliot,* RFDA 1978, S. 137 ff.). In einem **1. Memorandum zum Luftverkehr** von 1979 (Bull. EG, 5/79, Beilage) sprach sich die Kommission sodann für leistungsmäßige und preisliche Verbesserungen im innergemeinschaftlichen Luftverkehr aus, verbunden mit einer **Stärkung der Eigenwirtschaftlichkeit der Gesellschaften** unter Wahrung der sozialen Interessen der in der Luftfahrt Beschäftigten.

Ähnlich wie im Seeverkehr war ein **marktwirtschaftlicher Grundansatz** unverkennbar, der sich hier allerdings vor allem auf den Binnenluftverkehr innerhalb der EG richtete *(Bentzien,* ZLW 1981, S. 258 ff.). Es kam aber zunächst nur zur Verabschiedung weniger Rechtsakte, aus denen sich ein Gesamtbild einer kohärenten EG-Luftverkehrspolitik noch nicht ablesen ließ.

Prozedural war die E 80/50, ABl. 1980, L 18/24 ff. über die Einrichtung eines **Konsultationsverfahrens** für die Luftverkehrsbeziehungen zwischen EG-MS und Drittstaaten von gewisser Bedeutung, ferner die RL 83/416, ABl. 1983, L 237/19 ff. über die **Genehmigung des interregionalen Luftverkehrs.**

Ähnlich wie beim Seeverkehr kam es Mitte der 80er Jahre im Zusammen- 1467
hang mit den Vorbereitungen zur EEA und der Vollendung des Binnenmarktes bis 1993 allmählich zu einer zusammenhängenderen Konzeption der EG-Luftfahrtpolitik. In ihrem **2. Memorandum von 1984 „Fortschritte auf dem Weg zu einer gemeinschaftlichen Luftverkehrspolitik“** (ABl. 1984, C 182/1 ff.) entwickelte die Kommission ein **Gesamtbild für eine EG-Luftfahrtpolitik.** Leitgedanke war dabei eine gleichzeitige Verbesserung der **Qualität** des Luftverkehrs wie des **Wettbewerbes** in diesem Verkehrssektor im Interesse der Luftverkehrsnutzer. In diesem Zusammenhang machte 1986 der Gerichtshof mit seiner wichtigen Entscheidung EuGHE 1986, 1425 ff. – Verb. RS 209-213/84 „Nouvelles Frontières“ *(Lenz,* FS Börner 1992, S. 179 ff.) den Weg frei, indem er die Anwendbarkeit der EWG-Wettbewerbsregeln auf den Luftverkehr im Sinne der Kommission bestätigte (oben Rz. 1422). Schließlich gelang es Ende 1987, die **ersten Grundentscheidungen für eine gemeinsame Luftfahrtpolitik** festzulegen („Dezemberpaket 1987“).

Insgesamt konnte von einem **begrenzten Konzept zur Liberalisierung des euro-** 1468
päischen Luftverkehrs gesprochen werden *(Reimer,* ZLW 1986, S. 183 ff.). Wettbewerblich werden über die VOen 3975 und 3976/87 (ABl. 1987, L 374/1 ff., Änderungen) im internationalen Luftverkehr zwischen EG-Flughäfen die Art. 85 ff. = 81 ff. neu EGV mit gewissen Modifikationen für anwendbar erklärt. Damit wird allmählich eine **wettbewerbsfreundlichere Gestaltung** der den EG-Luftverkehr regelnden bi- und multilateralen Vereinbarungen angestrebt. Gruppenfreistellungen im Sinne von Art. 85 Abs. 3 = 81 Abs. 3 neu EGV (oben Rz. 1032) wurden mit den VOen 2671–73/88 (ABl. 1988, L 239/9 ff.) vorgenommen. Ferner wird mit der RL 87/601 und der E 87/602 (ABl. 1987, L 374/12 ff.) eine **kundenfreundlichere Tarifgestaltung** durch Flexibilisierungen der Tarife, eine bessere Kapazitätsaufteilung in der Personenbeförderung und ein **erweiterter Marktzugang** für Luftverkehrsunternehmen innerhalb der EG angestrebt. Die **Überlastungen** des europäischen Flugverkehrs sollen durch bessere Koordination im Rahmen von *Euro-Control* verbessert werden (Ratsentschließung, ABl. 1989, C 189/3 f.)

Die Dynamik des Binnenmarktprozesses führte in Gestalt eines **„zweiten Luftverkehrspaketes“** v. 24.7.1990 *(Ebke/Wenglorz,* RIW 1990, S. 468 ff.) sowie eines **„dritten Maßnahmebündels“** v. 23.7.1992 *(Jestaedt/Hohenstatt,* EuZW 1992, S. 115 ff.) dann zu einer bemerkenswerten Verwirklichung des Binnenmarktes im Luftverkehr. Sie bezog sich insbesondere auf die **Tarifliberalisierung,** den **Zugang** zum innergemeinschaftlichen Fluglinienverkehr, die innergemeinschaftliche **Luftkabotage** („Open skies") und auf die Weiterentwicklung des **Luft-Wettbewerbsrechts.** Eine Reihe weiterer Regelungen (Fundstellenverzeichnis des geltenden Gemeinschaftsrechts 07.40) ergänzen dieses Bild einer binnen eines Jahrzehntes **intensiv ausgestalteten EG-Luftverkehrspolitik** *(Baumann,* Die Luftverkehrspolitik der EU, 1995).

1469 Aus dem **zweiten Luftverkehrspaket 1990** sind insbesondere die VOen 2342–2344/90 (ABl. 1990, L 217/1 ff.) über Tarifregelungen und den Unternehmenszugang zum innergemeinschaftlichen Fluglinienverkehr hervorzuheben, verbunden mit weiteren wettbewerbsrechtlichen Regelungen. Den entscheidenden **Durchbruch zum Binnen-Luftverkehrsmarkt** brachte das **dritte Maßnahmebündel 1992** in Gestalt der 5 VOen 2407–2411/92 (ABl. 1992 L 240/1 ff.). Hiermit wurden die Luftfahrtunternehmen der Gemeinschaft ab 1.4.1997 vollständig zu allen Flughäfen der Gemeinschaft zugelassen **(Kabotage),** unter gewissen gemeinwirtschaftlichen Verpflichtungen und unter der Reserve von Schutzmaßnahmen. Der Luftbinnenmarkt basiert grundsätzlich auf **freien Marktpreisen.** Im Wettbewerbssystem wird die ursprünglich größere Zahl der Gruppenausnahmen nach Art. 85 Abs. 3 = 81 Abs. 3 neu EGV allmählich reduziert. Regelungen zu Überbuchungen und für die Zuweisung von Landezeitnischen („Slots") sowie Sicherheitsbestimmungen gelten sonstigen wichtigen Problemen des freien Flugverkehrs auf Gemeinschaftsebene. *(Eisermann,* Grundlagen des Gemeinsamen Europäischen Luftverkehrsmarktes, 1995). Mit der VO 2027/97 (ABl. 1997, L 285/1) wurde die **Unfallhaftung der Flugunternehmen** innergemeinschaftlich im Sinne der Aufhebung der Haftungsgrenzen vereinheitlicht.

1470 Infolge der weltweiten Ausrichtung des Flugverkehrs stellt sich die Frage nach der **Luftfahrtaußenkompetenz der Gemeinschaft** *(Eisermann,* EuZW 1995, S. 331 ff.) und ihres Verhältnisses zu den Außenbefugnissen der MSen in der Praxis noch dringlicher als in der Seeschiffahrt (oben Rz. 1464). Es bestehen hier Gegensätze zwischen der Auffassung der Europäischen Kommission und derjenigen der MSen. Nach Klarstellungen durch die Rechtsprechung des Gerichtshofes (EuGHE 1971, 263 ff. – RS 22/70 „AETR" in der Präzisierung durch EuGHE 1994, I–5267 ff. – Gutachten 1/94 „WTO") ist die These der Kommission von einer ausschließlichen aus Art. 113 = 133 neu EGV abgeleiteten EG-Luftfahrtaußenkompetenz nicht haltbar. Wie bei der Seeschiffahrt **ergibt sich die Luftverkehrs-Außenzuständigkeit der Gemeinschaft unmittelbar aus Art. 84 Abs. 2 = 80 Abs. 2 neu EGV.** Unter Berücksichtigung der Praxis, die weiterhin bilaterale Verträge der MSen mit Drittstaaten kennt, wird man sie als **konkurrierend** in dem Sinne zu begreifen haben, daß erst die „Besetzung" eines Bereiches mittels Erlasses von internem EG-Luftverkehrsrecht die nationale Außenkompetenz verdrängt. Allerdings dürfen nationale Abkommen den erreichten inneren Liberalisierungsstand und das Funktionieren des Luftverkehrs-Binnenmarktes nicht unterlaufen (Ähnlich *Nicolaysen,* Europarecht II, 1996, S. 460 f.). Der EG-Wettbewerbskontrolle (oben Rz. 1081) unterliegen die **„Luftfahrtallianzen"** zwischen europäischen und insbesondere US-Luftlinien.

Ähnlich wie im Seeverkehr ist somit seit den 80er Jahren die Entwicklung einer EG Luftfahrtpolitik in Bewegung geraten. In ihrer **grundsätzlich wettbewerblich-marktwirtschaftlichen Ausrichtung** befindet sie sich im

Einklang mit der GVP in anderen Sektoren *(Balfour,* MLRev 1994, S. 1025 ff.). Der weitere Ausbau der EG-Luftverkehrspolitik erfolgt im Rahmen des **Aktionsprogrammes 1994 „Die Zivilluftfahrt in Europa auf dem Weg in die Zukunft“** (Dok.-KOM (94) 218).

6. Exkurs: Transeuropäische Netze

Literatur: *Vinois,* Les réseaux transeuropéens, RMUE 1993, S. 93 ff.; *Europäische Kommission* (Hrsg.), Transeuropäische Netze, 1994; *Fraser,* Le lancement des grands projets, 1994; *Gellner,* Transeuropaische Netze, Arbeitgeber 1994, S. 533 ff.; *Frybourg,* Les réseaux transeuropéens aus sens du titre XII du traité de Maastricht, Transport 1995/369, S. 44 ff.; *Reynaud,* Le cheminement des réseaux transeuropéens, Transport 1995/371, S. 157 ff.; *Roth,* Die Finanzierung transeuropäischer Verkehrsnetze, 1995; *König,* EURO/ISDN, Hdb Telekommunikation 4/1996; *Zippel,* Transeuropäische Netze, 1997; *Gottschewski,* Zur rechtlichen Durchsetzung von europäischen Straßen, 1998;

Seit dem Maastrichter EUV 1992 ist ein neuer Titel XII (Art. 3 lit. n, 129 **1471**
b–d) = Titel XV (Art. 3 lit. O, 154–156 neu EGV **„Transeuropäische Netze“ (TEN)** in den EGV eingefügt worden. Die damit angesprochene Entwicklung der **europaweit übergreifenden Infrastruktur in den Bereichen Verkehr/Telekommunikation und Energie** war schon seit dem Ende der 80er Jahre ein vorrangiges Ziel der Gemeinschaft. „Transeuropäisch“ weist auf die Notwendigkeit des Mitbedenkens der gesamteuropäischen Zusammenhänge bei der EG-Netzpolitik hin. Art. 129 c Abs. 3 = 155 Abs. 3 neu EGV weist der Gemeinschaft daher eine Zuständigkeit zur Zusammenarbeit mit Drittstaaten zu.

Die Entwicklung der z. T. bereits vorhandenen TEN (z. B. Autobahnen, Hochgeschwindigkeitsstrecken der Eisenbahn) soll das **räumliche Zusammenwachsen des Binnenmarktes fördern und den wirtschaftlich/sozialen Zusammenhalt der EG** im Sinne des Art. 130 a = 158 neu EGV (oben Rz 969) stärken. Erhofft wird eine Verbesserung der Wettbewerbsfähigkeit der Wirtschaft und die Schaffung von Arbeitsplätzen *(Menges,* Integr. 1995, S. 245 ff.).

a) System des Titels Transeuropäische Netze

Trotz mancher Unklarheiten und Widersprüche der Art. 129 b ff. = **1472**
154 ff. neu EGV *(Rambow,* in: Lenz (Hrsg.), EGV-Komm. 1994, vor Art. 129 b Rz 3) lassen sich über die bisherige Gemeinschaftspraxis die Umrisse des neuen Titels einigermaßen bestimmen. Art. 129 b = 154 neu EGV legt die Ziele des Auf- und Ausbaues der TEN in Verkehr/Telekommunikation/Energie fest. In der Praxis **stehen die Verkehrsnetze (Straße, Bahn) im Vordergrund.** Doch ist auch der **Bereich Telekommunikation (mit Telematik)** (z. B. ISDN-Netze) von wesentlicher Bedeutung. Im *Energiebereich* geht es um die europäischen Rohrverbindungen (Gas/Erdgas) und den transeuropäischen Elektrizitätsverbund (oben Rz 1328 ff., 1434). – In Art. 129 c = 155

neu EGV wird das **Instrumentarium der TEN-Politik** umrissen (Leitlinien, gemeinsame Vorhaben, Aktionen, finanzielle Unterstützung) und in Art. 129 d = 156 neu EGV wird die Rechtsform der Gemeinschaftsaktion bei den TEN festgelegt.

1473 **Ziel der TEN-Politik** der EG ist nach Art. 129 b = 154 neu EGV die o. g. **Stärkung des Binnenmarktes und der wirtschaftlich-sozialen Kohäsion** im Interesse aller Wirtschaftsbeteiligten. Dabei wird besonders auf die Förderung europäischen Verbundes und der Interoperabilität der einzelstaatlichen Netze sowie des Netzzuganges abgestellt. Das Leitbild eines Systems offener und wettbewerbs-orienter Märkte („offene Marktwirtschaft", oben Rz 928 ff.) gilt auch hier. Die Einbindung von EG-Randgebieten ist ein spezielles Ziel. **Instrumentarium des Auf- und Ausbaues der TEN** ist gemäß Art. 129 c Abs. 1 = 155 neu EGV die Aufstellung von „Leitlinien" als eine besondere Art von Rechtsakten durch den Rat (unten Rz 1474). In ihnen werden die TEN-Projekte näher identifiziert sowie die Prioritäten und die geplanten Aktionen ausgewiesen. Die EG unterstützt die finanziellen Anstrengungen der MSen bei solchen gemeinsamen Vorhaben mit eigenen Durchführbarkeitsstudien, Anleihebürgschaften oder Zinszuschüssen, auch über den Kohäsionsfonds. Die EG-TEN-Politik erweist sich so als ein Beispiel **subsidiärer Tätigkeit der Gemeinschaft.** In der Praxis soll sich die EG-Beteiligung grundsätzlich auf 10 % begrenzen. Bis Ende 1999 umfaßt die Gemeinschaftsbeteiligung an den TEN bisher gut 3 Mia. ECU *(Roth,* Die Finanzierung transeuropäischer Verkehrsnetze, 1995). Es soll eine ständige Koordinierung der TEN- Politik zwischen den MSen und der Kommission stattfinden.

1474 Die **Leitlinien als Rechtsinstrument des TEN-Ausbaues** werden vom Rat und EP nach Art. 129 d = 156 neu EGV im Mitentscheidungsverfahren des Art. 189 b = 251 neu EGV nach Anhörung von WSA und AdR festgelegt. Nach der Gemeinschaftspraxis seit 1993 können Leitlinien als **politische Festlegungen** ergehen, aber auch als **förmliche Rechtsakte** (RLen, Een, vgl. z. B. E 2717/95 (ABl. 1995, L 282/16) und Fundstellenverzeichnis des geltenden Gemeinschaftsrechts 13.60). Wegen ihrer starken geographischen Bezogenheit bedürfen Leitlinien und Vorhaben von gemeinsamem Interesse, die das Hoheitsgebiet eines MSes betreffen, zusätzlich dessen Billigung. **Übrige Maßnahmen der TEN-Politik** im Sinne des Art. 129 c = Abs. 1 = 155 neu EGV werden nach Art. 129 d Abs. 3 = 156 Abs. 3 neu EGV im Zusammenarbeitsverfahren des Art. 189 c = 252 neu EGV erlassen. Dabei kann es sich auch um VOen handeln (z. B. die „Gemeinschaftszuschuß" – VO 2236/95, ABl. 1995, L 228/1). Teilweise besteht noch Auslegungsstreit über das mögliche rechtliche Instrumentarium bei Art. 129 c) – d) = 155, 156 neu EGV *(Frohnmeyer,* in: Grabitz/Hilf (Hrsg.), EUV/EGV-Komm. (1995), Art. 129 c Rz. 2 ff. und restriktiver *Rambow,* in: Lenz (Hrsg.), EGV-Komm. 1994, Art. 129 c, Rz. 2 ff.)

1475 Für den Auf- und Ausbau transeuropäischer Netze stellt der Titel XII = XV neu des EGV grundsätzlich eine **lex specialis zu den Regelungen für die Sachpolitiken (Verkehrs- und Energiepolitik)** dar. Andererseits ist die Sonderregelung der TEN-Politik in sich begrenzt und läßt Raum für ihre Einbindung in die jeweilige Sachpolitik. So ist die Politik zugunsten der Verkehrsnetze letztlich Bestandteil der Gemeinsamen Verkehrspolitik im Sinne der Art. 74 ff. = 70 ff. neu EGV. Auch bei Unklarheiten der Art. 129 b) – d) = 154–156 neu EGV greifen im Zweifel die Sachbereichsregelungen ergänzend ein (ähnlich *Frohnmeyer,* a. a. O.).

b) Entwicklung des Auf- und Ausbaues transeuropäischer Netze seit 1993

Die TEN-Politik der EG befindet sich im wesentlichen noch in einer **Aufbau- und Planungsphase.** Einige wesentliche Rechtsgrundlagen wurden erlassen. Das hohe Finanzvolumen, das vor allem von den MSen aufzubringen wäre (die Ende 1994 gebilligten 14 prioritären Verkehrsprojekte binden alleine 173 Mia. DM) bremst auf seine Weise die planerische Euphorie auf Gemeinschaftsebene. Der (Europäische) Rat hat mehrfach Vorstellungen der Kommission und des EP in den Verfahren nach Art. 129 c) = 155 neu EGV eingegrenzt. 1476

Mit der **VO 2236/95** (ABl. 1995, L 228/1) über die **Grundregeln für die Gewährung von Gemeinschaftszuschüssen** für transeuropäische Netze ist eine übergreifende Regelung für die finanzielle Seite der TEN-Politik ergangen (Definition der zuschußwürdigen Vorhaben, Formen der Zuschüsse, Höchstbeteiligung der EG (10 % bei Vorhaben, 50 % bei Finanzierung von Studien).

aa) Verkehr: Entscheidungen und Richtlinien für **Leitlinien** des Aufbaues eines transeuropäischen Verkehrsnetze befinden sich im Rechtsetzungsverfahren. *(Kom/Eib* (Hrsg.), Infrastruktur für das 21. Jahrhundert, 1996). Es wird zwischen **prioritären und übrigen Projekten** unterschieden. Der Europäische Rat billigte Ende 1994 14 prioritäre Verkehrsprojekte, zu deren Finanzierung die EG aufgrund der Gemeinschaftszuschuß-VO beiträgt. In einer Entschließung vom 18.9.1995 befürwortete der Rat den Einsatz von **Telematik im Straßenverkehr** (ABl. 1995, C 264/1 und 1997 C 194/5). – Finanziell fließt der Löwenanteil der EG-Mittel in den Verkehrsbereich. 1477

bb) Telekommunikation/Telematik: Die Kommission verfolgt eine allgemeine Strategie für Telekommunikationsnetze. Ziel ist die möglichst weitgehende **digitale Vernetzung des EG-Raumes** und seiner weltweiten Kommunikationsverbindungen sowie der Aufbau transeuropäischer Telematikverbunde insbesondere im Verkehr. Die Durchführung obliegt hier weithin **öffentlichen und privaten Unternehmen** in den MSen. Auf der Grundlage der Ratsentscheidung 94/445 (ABl. 1994, L 183/42) hat die Kommission bereits über eine große Zahl von Vorschlägen zu Telematiknetzen entschieden. – Mit der E 95/489 EP/Rat (ABl. 1995, L 282/16) wurden Leitlinien zur Entwicklung des „EURO-ISDN" (Integrated Service Digital Network) zu einem TEN beschlossen. – Die Arbeiten im Telekommunikationsbereich sind für die Entstehung einer **„europäischen Informationsgesellschaft"**, von großer Bedeutung, die sowohl in der Massenkommunikation (Rundfunk/Fernsehen) als auch in der Individualkommunikation transeuropäisch vernetzt wird. 1478

cc) Energie: Die TEN-Politik bezieht sich auf **Rohrleitungen** zum Transport von Gas oder flüssigen Brennstoffen und auf die **Elektrizitätsleistungen.** Die Kommission hat auch in diesem Bereich Leitlinien sowie eine E zur Schaffung günstiger Rahmenbedingungen vorgeschlagen. Die TEN-Politik ist hier besonders eng mit der allgemeinen Energiepolitik verbunden (oben Rz. 1317 ff.).

Der Auf- und Ausbau transeuropäischer Netze stellt ein **besonders faszinierendes Kapitel des europäischen Einigungsprozesses** dar, weil er den Binnenmarkt und die Gemeinschaft über konkrete Projekte (Straßen, Schienenwege, digitale und elektrische Netze, Rohrleitungen) augenfällig macht. Die Rolle der EG ist dabei in enger Verbindung mit den MSen diejenige des **intelligenten Inspirateurs und begrenzten Mitfinanziers.** Sie muß das aufgeklärte Eigeninteresse der MSen zu wecken verstehen, die notwendigen erheblichen Mittel für die Entwicklung dieser materiellen Infrastruktur Europas zur Verfügung zu stellen.

III. Ausblick: Der Verkehrsmarkt im Binnenmarkt

Literatur: *Clinton,* L'Europe des transports prise maintenant au sérieux, Transports 1987, Nr. 321, S. 5 ff.; *Erdmenger,* Die Gemeinsame Binnenverkehrspolitik der EG nach dem Gerichtshofurteil vom 22. Mai 1985, in: Basedow (Hrsg.), Gemeinsame Verkehrspolitik, 1987, S. 83 ff.; *Halbmayer,* Verkehrsprobleme, in: Vollendung des Binnenmarktes in der EG, 1987, S. 135 ff.; *Kösters/Lammers,* Verkehrspolitische Implikationen des gemeinsamen EG-Binnenmarktes, WiD 1987, S. 192 ff.; *Seidenfus,* Der europäische Verkehrsmarkt nach 1992, WiD 1988, S. 622 ff.; *Basedow,* Wettbewerb auf den Verkehrsmärkten, 1989; *Doorten,* L'aviation civile dans la Communauté après 1992, RMC 1989, S. 243 ff.; *Zobel,* Liberalisierung in der Verkehrspolitik in Richtung 1992 – Fluch oder Segen, 1989; *EG-Kommission* (Hrsg.), Die europäische Verkehrspolitik in der Perspektive 1992, 1990; *van Miert,* Le transport atteint sa maturité politique, RAE 1992, S. 43 ff.; *Schmitt,* The problems and prospects of a Common Transport Policy, in: Pijpers (Hrsg.) The EC at the crossroads, 1992, S. 37 ff.; *Button* (Hrsg.) Europäische Verkehrspolitik – Wege in die Zukunft, 1992; *Klimke,* Verkehrspolitik im zusammenwachsenden Europa, ZVerkWiss 1995, S. 66 ff.

1479 Der **Aufbau einer Gemeinsamen Verkehrspolitik** hat sich aus mancherlei, nicht zuletzt politischen Gründen (oben Rz. 1421) seit den 50er Jahren schwieriger gestaltet als in anderen Sachbereichen der Verträge. Es wurde von der GVP als dem „ironischen Kapitel" des Vertrages *(Walter Hallstein)* gesprochen. Seit dem Ende der 70er Jahre wurden verschiedene neue Initiativen der Gemeinschaft entwickelt (u. a. in Seeschiffahrt und Luftfahrt). Dennoch fehlte trotz mancher planerischen Bemühung der Kommission ein **allseits akzeptiertes Gesamtkonzept der GVP.** Ihre Ergebnisse wirkten punktuell. Ausdruck des allgemeinen Unbehagens am Stand der Verwirklichung der Art. 74 ff. EWGV war 1983 die **Untätigkeitsklage des Europäischen Parlamentes gegen den Rat,** der sich die Kommission in wesentlichen Punkten anschloß (oben Rz. 1440). Obwohl der Gerichtshof in seiner Entscheidung EuGHE 1985, 1513 ff. – RS 13/83 an der verkehrspolitischen Ermessensfreiheit des Rates keine wesentlichen Abstriche machte *(Grabitz,* Integr. 1985, S. 103 ff.), brachte diese große politische Aktion wieder neue Bewegung in die GVP. Dies hing auch damit zusammen, daß die mit der EEA 1986 abgeschlossene EG-Verfassungsreform mit ihrer „Vision" der Vollendung des europäischen Binnenmarktes bis 1993 auch für den Verkehrssektor eine neue grundlegende Zielsetzung mit sich brachte *(Seidenfus,* WiD 1988, S. 622 ff.).

Nachdem Art. 7 a = 14 neu EGV den **gemeinsamen Verkehrsmarkt** als wesentlichen Bestandteil des Binnenmarktes einbezogen hatte, ergaben sich bis zum 1.1.1993 und seither in den verschiedenen Bereichen des Land-, See- und Luftverkehrs die geschilderten **bemerkenswerten Fortschritte zur Europäisierung des Verkehrswesens** *(Button* (Hrsg.), Europäische Verkehrspolitik – Wege in die Zukunft, 1992). Wenngleich von einem perfekten Verkehrsbinnenmarkt noch nicht gesprochen werden kann, hat die gemeinsame Verkehrspolitik in den verschiedenen Bereichen doch Gestalt angenommen und den früheren Rückstand zu anderen Gemeinschaftspolitiken wesentlich aufgeholt. Inzwischen werden in den Gemeinschaftsinstitutionen die Verkehrskonzepte über das Jahr 2000 hinaus entworfen und erörtert (*Klimke,* ZVerkWiss 1995, S. 66 ff.). Einen wesentlichen Bestandteil bildet die weitere Entwicklung der durch den Maastrichter Unionsvertrag 1992 eingeführten Politik des Auf- und Ausbaues transeuropäischer Netze.

§ 22. Kapital- und Zahlungsverkehr

Literatur: *Lipfert,* Geld und Kapital im Gemeinsamen Markt, 1962; *Börner,* Die 5. Freiheit des Gemeinsamen Marktes: der freie Zahlungsverkehr, FS Ophüls, 1965, S. 19 ff.; *Troquet,* Le développement d'un marché commun des capitaux, RMC 1967, S. 565 ff.; *Maestripieri,* La libre circulation des capitaux dans la CEE, 1975; *Gleske,* Liberalisierung des Kapitalverkehrs und Integration der Finanzmärkte, FS v. d. Groeben, 1987, S. 131 ff.; *Seidel,* Rechtliche Grundlagen eines einheitlichen Kapitalmarktes der EG, FS Lukes 1989, S. 575 ff.; *Assmann/Buck,* Europäisches Kapitalmarktrecht, EWS 1990, S. 110 ff, 190 ff., 221 ff.; *Gesellschaft zur Förderung der Wiss. Forschung über D. Spar- und Girowesen* (Hrsg.), Kreditinstitute im europäischen Binnenmarkt, 1993; *Usher,* The Law of Money and Financial Services in the EC, 1994; *Assmann,* Kapitalmarkt in Europa, 1995; *Seidel,* Recht und Verfassung des Kapitalmarktes als Grundlage der Währungsunion, GS Grabitz, 1995, S. 763 ff.; *Hübner,* Banken- und Versicherungsrecht, in: Dauses (Hrsg.), Hdb EU-Wirtschaftsrecht (1996), E IV; *Kimms,* Die Kapitalverkehrsfreiheit im Recht der EU, 1996; *Odendahl,* Die Grundfreiheiten des Waren-, Kapital- und Zahlungsverkehrs, JA 1996, S. 221 ff.; *Honrath,* Umfang und Grenzen der Freiheit des Kapitalvekrehrs, 1998.

Vorbemerkung: Bedeutung des freien Geldverkehrs für den Binnenmarkt

1480 Bei der Herstellung eines Binnenmarktes kommt dem **freien Geldverkehr zwischen den MS** eine zentrale Bedeutung zu. Nur mit Hilfe einer Liberalisierung des Kapital- und Zahlungsverkehrs können die grundlegenden Freiheiten des Waren-, Dienstleistungs- und Personenverkehrs voll verwirklicht werden. Beim **Zahlungsverkehr,** d.h. denjenigen Zahlungen, die sich unmittelbar auf den Warenaustausch, die Erbringung von Dienstleistungen und sonstige Leistungen im Personenverkehr beziehen, ist dieser Zusammenhang ganz offensichtlich. Ohne die grenzüberschreitende Bezahlung von Warenlieferungen usf. würde kein freier Warenverkehr stattfinden. Der freie Zahlungsverkehr ist auf diese Weise gelegentlich als **„fünfte Freiheit des Gemeinsamen Marktes"** *(Bodo Börner)* bezeichnet worden.

1481 Aber auch der **freie Kapitalverkehr,** d. h. selbständige finanzielle Transaktionen von einem in den anderen MS, stellt eine essentielle Vorbedingung eines Binnenmarktes dar, da nur auf diese Weise eine ungehinderte Standortverteilung der Produktion erfolgen kann. Auch zwischen der tatsächlich freien Niederlassung von Unternehmen (unten Rz. 1586) und freiem Kapitalverkehr bestehen enge Zusammenhänge. – Andererseits bleibt zu bedenken, daß die Liberalisierung des Kapital- und Zahlungsverkehrs in der EG solange einer gewissen Gefährdung unterliegt, als die MS der Gemeinschaft im Kern weiterhin eine nationale **Währungs- und Devisenpolitik** betreiben und sich insoweit lediglich bis zu einem gewissen Grade harmonisieren (oben Rz. 1006). Aus den Schwankungen im Werte der Währungen, die sich aus dem unterschiedlichen Erfolg nationaler Wirtschaftspolitiken ergeben, resultieren Probleme für die ständige Aufrechterhaltung eines ge-meinschaftsweit konvertiblen Geldverkehrs *(Assmann,* Kapitalmarkt in Eu-ropa, 1995).

In Erkenntnis dieser Zusammenhänge erklären Art 3 lit. c) und Art. 7 a = 14 neu EGV **die Gewährleistung des freien Kapitalverkehrs zu einem zen-**

tralen Bestandteil des Binnenmarktes. Die Freiheit des **Zahlungsverkehrs** ist als eine notwendige Voraussetzung inbegriffen. Art. 73 b–73 g = 56–60 neu EGV definieren die Liberalisierung dieser beiden Freiheiten mit Wirkung vom 1.1.1994 näher auf der vertraglichen Ebene.

Die **früheren Art. 67–73 und 106 EWGV,** welche die stufenweise Liberalisierung des Kapital- und Zahlungsverkehrs 1958–1993 regelten, sind durch Art. 73 a)–g) = 56–60 neu EGV ersetzt worden. (Unten Rz. 1489). Bis zum Beginn der Europäischen Währungsunion (oben Rz. 1017 ff.) ermöglichen Art. 109 h–i = 119–120 neu EGV für den Fall der Zahlungsbilanzkrise in einem MS noch Schutzmaßnahmen im Zusammenspiel zwischen diesem MS und der Gemeinschaft.

Mit Recht hat der Gerichtshof die Freiheit des Kapital- und Zahlungs- **1482**
verkehrs als **„eine der Grundfreiheiten der Gemeinschaft“** bezeichnet (EuGHE 1981, 2595 ff – RS 202/80 „Casati“). Art. 52 EGKSV und Art. 99 f. EAGV, die noch von der Begrenzung des innergemeinschaftlichen Geldverkehrs ausgehen, sind spätestens seit 1994 obsolet geworden.

Schließlich muß im Bereich des freien Geldverkehrs berücksichtigt wer- **1483**
den, daß die Gemeinschaft und ihre MS schon bei ihrer Gründung 1958 in ein **internationales System verbindlicher Regeln für die Freiheit des Kapital- und Zahlungsverkehrs** eingebunden waren. Es ergab sich vor allem aus den Bemühungen des **Internationalen Währungsfonds (IWF)** um die Liberalisierung der Zahlungen für laufende Transaktionen und der Annahme des **OEEC/OECD**-Kodex von 1959 zur Liberalisierung des Kapitalverkehrs durch die EG-Mitgliedstaaten (oben Rz. 123, 128 und näher *Kiemel,* in: GTE, Komm. EGV, 4. Aufl. 1991, vor Art. 67, Rz. 100 ff.). Die verschiedentlichen Krisen im europäisch/internationalen Finanzsystem seit den sechziger Jahren mit wiederholten **Ab- und Aufwertungen** verschiedener Währungen und dem **Übergang im IWF 1971/72 von festen zu flexiblen Wechselkursen** brachten notwendig Probleme für den freien EG-Geldverkehr mit sich. Seit 1978 wirkt die **Gründung des EWS** (oben Rz. 991 ff.) als stabile Währungszone innerhalb Westeuropas grundsätzlich positiv zugunsten der Verwirklichung des freien Kapital- und Zahlungsverkehrs innerhalb der Gemeinschaft. Die für 1999 projektierte **Europäische Währungsunion** vollendet innergemeinschaftlich für ihre Mitglieder zwangsläufig den freien Geldverkehr. Die seit 1994 geltenden Art. 73 a–g = 56–60 neu EGV nehmen diese Entwicklung bereits weitgehend vorweg. Tatsächlich ist der freie Geldverkehr einschließlich der devisenrechtlichen Seite seit dieser Zeit (zuletzt Griechenland 1994) zwischen allen EG-MSen hergestellt, grundsätzlich auch gegenüber Drittstaaten. Zum Binnenmarkt gehört ein **einheitlicher „europäischer Finanzraum“** (*Servais,* Ein europäischer Finanzraum, 3. Auflage 1995).

I. Liberalisierung des Kapital- und Zahlungsverkehrs bis 1994

Literatur: *EG-Kommission* (Hrsg.), Der Aufbau eines europäischen Kapitalmarktes („Segré-Bericht"), 1966; *Louis,* Free movement of tourists and freedom of payment in the Community: The Luisi-Carbone Judgment, CMLRev 1984, S. 625 ff.; *Harz,* Die Schutzklauseln des Kapital- und Zahlungsverkehrs im EGWV, 1985; *EG-Kommission* (Hrsg.), Ein europäischer Finanzraum: Die Liberalisierung des Kapitalverkehrs, 1988; *Lelakis,* La libération complète des mouvements de capitaux au sein de la Communauté, RMC 1988, S. 441 ff.; *Akmann,* Die EG-Eigenmittelrichtlinie, ZfdgKrdW 1990, S. 186 ff.; *Gaddum,* Harmonisierung der Bankenaufsicht in der EG, in: Duwenday (Hrsg.), Europa-Banking 1990, S. 111 ff; *Grundmann,* Nationales Währungsrecht und EG-Kapitalverkehrsfreiheit, EWS 1990, S. 214 ff.; *Hoffmann,* Banken- und Börsenrecht in der EWG 1990; *Kluge,* Die Mindestharmonisierung des Bankenrechts, ZfdgKrdW 1990, S. 182 ff.; *Kollias,* Les dimen-sions financières du marché intérieur, RMC 1990, S. 154 ff.; *Norton,* The convergence of Banking Laws and Standards in the EC, FS Gold, 1990; *Arnold,* Bankenwettbewerb und Bankenaufsicht, 1991; *Schlemmer-Schulte,* Eigenkapital, Bankrechtsharmonisierung und EG-Binnenmarkt, 1991; *Schneider,* Europäische und internationale Harmonisierung des Bank-Vertragsrechts, NJW 1991, S. 1985 ff.; *Boos,* Die EG-Richtlinie über die Beaufsichtigung von Kreditinstituten auf konsolidierter Basis, EuZW 1992, S. 406 ff.; *Favre/Bulle,* Le droit communautaire du paiement électronique, 1992; *Follak,* Der europäische Kapitalmarkt und die Harmonisierung des Bankenrechts, in: Gramlich (Hrsg.), Auf dem Wege zur Europäischen Währungsunion, 1992, S. 73 ff.; *Hellenthal,* Das Bankenaufsichtsrecht der EG, 1992; *Pohl,* Die Behandlung innovativer Finanzinstrumente im europäischen Bankenaufsichtsrecht, EuZW 1992, S. 203 ff.

1484 Von 1958 bis 1994 waren die **Art. 67–73 EWGV** die maßgebliche Vertragsregelung über die **Liberalisierung des Kapitalverkehrs,** während **Art. 106 Abs. 1–3 und Art. 67 Abs. 2 EWGV den freien Zahlungsverkehr** bestimmten. Während die Art. 67 ff. die Liberalisierung des Kapitalverkehrs flexibel regelten („soweit es für das Funktionieren des Gemeinsamen Marktes notwendig ist"), enthielt Art. 106 Abs. 1 EWGV beim Zahlungsverkehr eine als unmittelbar anwendbar verstandene Freiheitsverpflichtung. Sie stand jedoch ihrerseits unter dem Vorbehalt von Einschränkungsmöglichkeiten bei Zahlungsbilanzschwierigkeiten- und krisen (Art. 106 Abs. 4).

1. Liberalisierung des europäischen Kapitalverkehrs

1485 **Die Freiheit des Kapitalverkehrs als 4. Freiheit des EWGV** war im Vertrag wegen der noch weithin national bestimmten Währungs- und Zahlungsbilanzpolitik in Art. 67 ff. **behutsam angesprochen worden** *(Gleske,* FS v. d. Groeben, 1987, S. 131 ff.). Art. 67 wurde zunächst nicht als unmittelbar anwendbar angesehen (EuGHE 1981, 2595 ff. – RS 203/80 „Casati"). Es ging um eine schrittweise Beseitigung der Beschränkungen, wobei im Falle von Störungen im Kapitalmarkt Schutzklauseln eingreifen konnten (Art. 69, 73 Abs. 1, 107–109 EWGV). Im Verhältnis zu **Drittländern** sprach sich Art. 70 EWGV ebenfalls grundsätzlich für Liberalisierung aus (Bemühungen um ein „Höchstmaß an Liberalisierung"). Tatsächlich wurde der Kapitalverkehr mit Nicht-MSen im großen und ganzen in gleichem Maße liberalisiert wie EG-intern (zuletzt Art. 7 RL 88/361 (ABl. 1988, L 178/5).

Sekundärrechtlich wurden die Art. 67 ff. EWGV zunächst durch **2 Richtlinien 1960/62** näher ausgefüllt. Sie schrieben im wesentlichen den damals schon erreichten Liberalisierungsstand fest. Infolge verschiedentlicher **Wirtschafts- und Währungskrisen in den 60er und 70er Jahren** kam es zur gelegentlichen Inanspruchnahme der Schutzklauseln durch einige MSen (u. a. Frankreich, Italien, näher *Ress,* in: Grabitz (Hrsg.), Komm EWGV 1983 ff., Art. 67, RdNr. 24 ff.). Erst im Zuge des Binnenmarktprozesses der 80er Jahre, der zu stärkerer wirtschaftlicher Konvergenz zwischen den MSen führte, gelang mit der o. g. RL 88/361 im Jahre 1988 der **grundsätzliche Durchbruch zum freien europäischen Kapitalmarkt.** Art. 67 Abs. 1 EWGV wurde i. V. m. der RL 88/361 nunmehr als unmittelbar anwendbar angesehen (EUGHE 1995, II–362 ff. – Verb. RS C–358 u. 416/93 „Aldo Bordessa"). Gleichzeitig wurde zur Stabilisierung des wieder erreichten Liberalisierungsstandes ein **System mittelfristigen finanziellen Beistandes** zwischen den MSen zur Unterstützung der Zahlungsbilanzen vereinbart (VO 1969/88, ABl. 1988, L 178/1). 1486

Die vor allem durch die RL 88/361 von 1988 erreichte Freiheit des Kapitalverkehrs stand Pate bei der **Änderung der vertraglichen Grundlagen in Maastricht 1992.** Art. 73 a–h = 56–60 neu EGV schreiben nunmehr im wesentlichen diesen nach 1988 sekundärrechtlich erreichten Liberalisierungsstand auf der primärrechtlichen Ebene des Vertrages fest.

2. Freiheit des Zahlungsverkehrs

Die frühe **Verwirklichung des freien Zahlungsverkehrs als „5. Freiheit des Gemeinsamen Marktes"** war Voraussetzung für die Verwirklichung und Aufrechterhaltung des freien Waren-, Personen-, Dienstleistungs- und auch Kapitalverkehrs (EuGHE 1978, 2247 ff. – RS 7/78 „Thompson") Art. 106 EWGV gewährleistete daher von Anfang an die **selbständige Liberalisierung des Zahlungsverkehrs,** zumindest soweit, wie jeweils die Liberalisierung der Sachbereiche vorangeschritten war *(Zuleeg,* in: GBTE, 3. Aufl. 1983, Art. 106 Rz 2). In die Liberalisierung waren nach Art. 106 Abs. 3 die sog. **„unsichtbaren Transaktionen"** (z. B. Zahlungen für private Reisen) gemäß Anhang III des EWGV eingeschlossen (Text in GBTE, Komm. EWGV 3. Aufl. 1983, hinter Art. 106). 1487

Da Art. 106 Abs. 1 EWGV als **unmittelbar anwendbare Norm** verstanden wurde, bedurfte es zum Zahlungsverkehr kaum der Setzung von Sekundärrecht. 2 Konsolidierungsrichtlinien ergingen 1963.

Wegen des noch unvollkommenen Standes der Vergemeinschaftung der Währungspolitik (oben Rz. 982 ff.) bedurfte es ungeachtet der grundsätzlichen Liberalisierungsverpflichtungen beim Zahlungsverkehr der **Schutzklausel des Art. 106 Abs. 4 EWGV.** *(Harz,* Die Schutzklauseln des Kapital- und Zahlungsverkehrs im EWGV, 1985). Mit ihr sollten Schwierigkeiten oder Krisen in den Zahlungsbilanzen von MSen „im Bedarfsfall" möglichst gemeinschaftsfreundlich bewältigt werden. Ein solcher „Bedarfsfall" wurde vor allem in der Gefahr gesehen, daß die Währung eines MS inkonvertibel zu werden drohte. In der Praxis wurden die Krisen der 60er und 70er Jahre mit den Schutzklauseln des Kapitalverkehrs (Art. 107–109 EWGV, oben Rz. 1485) bewältigt, die sich mit Art. 106 Abs. 4 wesentlich überschnitten.

3. Rechtsangleichende Begleitmaßnahmen zur Verwirklichung des freien Kapital- und Zahlungsverkehrs

1488 Seit den 60er Jahren nahm sich die EG parallel zu den Liberalisierungsschritten **zahlreicher rechtsangleichender und verwaltungsmäßiger Begleitmaßnahmen** an, mit denen die Freiheit vor allem des Kapitalverkehrs erst vollständig zu verwirklichen war. Diese inzwischen auf breiter Front eingeschlagene Harmonisierung im **Bank-, Börsen-, Wertpapier- und Gesellschaftsrecht** hat sich zu einem bedeutsamen Sektor der EG-Rechtsangleichung (oben Rz. 1245 und unten Rz. 1617) entwickelt und ist von dauernder Bedeutung auch unter der neuen Rechtslage ab 1994 (unten Rz. 1499 ff.). Erst durch die Kombination der Liberalisierungs- mit den Begleitmaßnahmen kann der erstrebte einheitliche Finanzraum geschaffen werden.

II. Freier EG-Geldverkehr seit 1994

Literatur: *Weber,* Kapitalverkehr und Kapitalmärkte im Vertrag über die Europäische Union, EuZW 1992, S. 561 ff.; *Grottke,* Die EG-Wertpapierdienstleistungs-Richtlinie, EuZW 1993, S. 440 ff.; *Hahn/Follak,* Kapital- und Zahlungsverkehr, in: Dauses (Hrsg.), Hdb EU-Wirtschaftsrecht (1993), F II; *Hartmann,* Organisation und Abwicklung des Zahlungsverkehrs im Europäischen Binnenmarkt, WM 1993, S. 982 ff.; *Immenga,* Europäisches Bank- und Versicherungsaufsichtsrecht, in: Staat und Unternehmen aus der Sicht des Rechts, 1993, S. 225 ff.; *Rädler,* Einheitlicher europäischer Kapitalmarkt und Besteuerung, FS Beusch, 1993, S. 675 ff; *Tietmeyer,* Perspektiven für einen europäischen Bankenmarkt 1992 und danach, FS Werner, 1993, S. 122 ff.; *Assmann,* Harmonisierung des Kapital- und Börsenrechts in der EG, Schriftenreihe der bankrechtlichen Vereinigung 5 (1994), S. 61 ff.; *Buck,* Drittländerbehandlung auf dem europäischen Kapitalmarkt, in: Graf Vitzthum (Hrsg.), Europäische und internationale Wirtschaftsordnung aus der Sicht der Bundesrepublik Deutschland, 1994, S. 113 ff.; *Dassesse/Isaac/Penn,* EC Banking Law, 2. Aufl. 1994; *Hartmann,* Einheitlicher grenzüberschreitender Zahlungsverkehr in Deutschland? WM 1994, S. 11 ff.; *Horn,* Entwicklungslinien des europäischen Bank- und Finanzdienstleistungsrechts, 1994; *Strub,* Bankdienstleistungen im Binnenmarkt, 1994; *Weber,* Kapitalmarkt-, Börsen- und Investmentrecht, in: Dauses (Hrsg.), Hdb EU-Wirtschaftsrecht (1994), F III; *Ohler,* Die Kapitalverkehrsfreiheit und ihre Schranken, WM 1996, S. 1801 ff.; *Europ. Kommission,* Mitteilung über bestimmte rechtliche Aspekte von Investitionen innerhalb der EU, ABl. 1997, C 230/15; *Freitag,* Mitgliedstaatliche Beschränkungen des Kapitalverkehrs und Europäischen Gemeinschaftsrecht, EWS 1997, S. 186 ff.; *Juillard,* Lecture critique des Art. 73 B, 73 C et 73 du Traité CE, FS Hahn, 1997, S. 177 ff.; *Köndgen,* Mindestharmonisierung im europäischen Bankrecht, 1997; *Everling,* Einlagensicherung der Banken im Europäischen Binnenmarkt, ZHR 1998, S. 403 ff.; *Klenke,* Börsendienstleistungen im Europ. Binnenmarkt, 1998.

1489 Seit 1994 statuieren **Art. 73 b)–g) = 56–60 neu EGV nunmehr gemeinsam die Freiheit des Kapital- und Zahlungsverkehrs** (näher *Ress/Ukrow,* in: Grabitz/Hilf (Hrsg.), EUV/EGV-Komm. (1995), Art. 73 a) – 73 h). Seit 1995 gelten diese Normen für alle 15 MSen. Sie ersetzen gemäß Art. 73 a) EGV (inzwischen aufgehoben) die früheren Art. 67–73 EWGV. Begrenzt bleiben die alten Art. 67 ff. EWGV i. V. m. der nicht aufgehobenen RL 88/

361 (ABl 1988, L 178/5) für die Vertragsauslegung von Bedeutung, da die Neuregelung auf ihrem Stande weithin aufbaut *(Ress/Ukrow* a. a. O., Art. 73 a), Rz. 3 ff.). Bis zum Beginn der Europäischen Währungsunion gelten ferner die **Schutzregelungen der neuen Art. 109 h–i = 119, 120 neu EGV** für den Fall von Zahlungsbilanzkrisen in einem MS. Die Wahl des 1.1.1994 für den Rechtswechsel erklärt sich aus dem Zusammenhang mit dem gleichzeitigen Beginn der 2. Stufe der Europäischen Wirtschafts- und Währungsunion (oben Rz. 1011 ff.).

Die nunmehrige Zusammenfassung des Kapital- und Zahlungsverkehrs in den Art. 73 b ff. = 56 ff. neu EGV legt, soweit möglich und sinnvoll, eine **gemeinsame Auslegung nahe („in dubio pro idem“).**

1. Freier europäischer Kapitalmarkt

Gemäß der Zentralnorm des Art. 73 b Abs. 1 = 56 Abs. 1 neu EGV sind 1490
alle Beschränkungen des Kapitalverkehrs zwischen den MSen sowie zwischen MSen und dritten Ländern verboten. Wie schon Art. 67 Abs. 1 i. V. m. der RL 88/361 seit 1988 (oben Rz. 1486) gilt Art. 73 b Abs. 1 = 56 Abs. 1 neu **unmittelbar** und kann vom Einzelnen geltend gemacht werden (str. ist, ob Art. 73 b Abs. 1 = 56 Abs. 1 neu auch eine **Drittwirkung gegen private Kapitalverkehrsbeschränkungen** enthält (zust. *Usher,* The law of money and financial services in the EC 1994, S. 24 ff., abl. *Ress/Ukrow,* a. a. O. Art. 73 b Rz. 14). Mit der endgültigen Sicherung der 4. Grundfreiheit ist eine entscheidende Voraussetzung für einen freien europäischen Kapitalmarkt geschaffen und ein wesentlicher Schritt zur Europäischen Wirtschafts- und Währungsunion getan worden.

Das **Vorstellungsbild vom Kapitalverkehr ist weit zu fassen,** eine verbindliche 1491
Definition fehlt (eingehend *Ress/Ukrow* a. a. O., Art. 73 b Rz. 7 ff.). Der Verkehr mit **Banknoten/Münzen** fällt unter Art. 73 b ff. = 56 ff. neu EGV und nicht unter Art. 30, 59 = 28, 49 neu EGV (EuGHE 1995 1–361 ff. – Verb RS C–358 u. 416/93 „Aldo Bordessa“ st. Rspr.).

Die Kapitalverkehrsfreiheit kann auch seit 1994 nicht schrankenlos sein *(Ohler,* WM 1996, S. 1801 ff.). Trotz des unmittelbaren Verbotes in Art. 73 b Abs. 1 = 56 Abs. 1 neu EGV sind ähnlich wie beim Warenverkehr („Cassis-de-Dijon-Doktrin“ oben Rz. 1299 ff.) **ungeschriebene nationale Schranken des freien Kapitalverkehrs** gegeben und aktualisierbar, soweit sie sich aus **zwingenden Erfordernissen des Allgemeininteresses** ergeben (z. B. Bekämpfung der Geldwäsche) und insoweit unerläßlich sind (EuGHE 1993, I–487 ff. – RS C–148/91 „Veronica“). Daher ist z. B. eine Anmeldepflicht bei der Ausfuhr von Banknoten zulässig, aber keine Genehmigungspflicht (EuGH „Aldo Bordessa“ a. a. O.).

Außerdem ermöglicht Art. 73 d = 58 neu EGV aus ähnlichen Gründen des Allgemeininteresses ausdrücklich **nationale Ausnahmen vom Verbot der Beschränkungen des Kapital- und Zahlungsverkehrs aus Gründen legitimer steuerrechtlicher Ungleichbehandlungen** (zu den Grenzen dieser Ausnahmen Erklärung Nr. 7 zur EUV-Schlußakte), zur Respektierung der innerstaatlichen Rechtsordnung und öffentlichen Sicherheit und Ordnung sowie vertragskonformer Niederlassungsbeschränkungen (eingehend *Ress/Ukrow* a. a. O., Art. 73 d, Rz. 4 ff.) Wie bei Art. 36 = 30 neu EGV dürfen diese Ordre-Public-Klauseln nicht zu willkürlichen Diskriminierungen oder verschleierten Beschränkungen mißbraucht werden (Art. 73 d Abs. 3 = 58 Abs. 3 neu EGV).

Einschränkungen der Freiheit des Kapital- und Zahlungsverkehrs können sich ferner vorläufig im Falle von **Zahlungsbilanzschwierigkeiten** eines MSes ergeben; Die früheren **Schutzklauseln** der Art. 108 f EWGV sind in **Art. 109 h)–i) = 119, 120 neu EGV** übernommen worden. Das Verfahren ist gemeinschaftsorientiert bis hin zur Möglichkeit eines gegenseitigen Beistandes aufgrund von Ratsbeschlüssen mit qualifizierter Mehrheit. Die Geltung der Art. 109 h)–i) = 119, 120 neu EGV endet notwendig für alle MSen, die sich an der 3. Stufe der Währungsunion voll beteiligen (Art. 109 h)–i) Abs. 4 = 119, 120 Abs. 4 neu EGV und oben Rz. 1017 ff.).

1492 Art. 73 b) = 56 neu EGV statuiert das grundsätzliche Verbot der Beschränkungen des Kapital- und Zahlungsverkehrs **gleichermaßen für den EG-internen Geldverkehr wie für denjenigen mit Drittländern.** Dies erklärt sich aus der inzwischen erreichten **weltweit engen Verflechtung der Kapital- und Geldmärkte.** Mit Blick auf die schwer überschaubare Zukunft der globalen Entwicklung gehen die Einschränkungsmöglichkeiten beim Drittlands-Geldverkehr jedoch etwas weiter als gemeinschaftsintern *(Seidel,* GS Grabitz, 1995, S. 772 ff.).

Für den **Kapitalverkehr** sieht Art. 73 c = 57 neu EGV die Fortgeltung von Drittlandsbeschränkungen bei Direktinvestitionen, Immobilienanlagen, Finanzdienstleistungen und Wertpapierzulassungen vor, wie sie am 31.12.1993 bestanden. Auch für die Zukunft kann der Rat auf Vorschlag der Kommission derartige Beschränkungen beschließen (Art. 73 c Abs. 2 = 57 Abs. 2 neu EGV). Ferner eröffnet Art. 73 f) = 59 neu EGV Schutzmaßnahmen, falls Kapitalbewegungen nach oder aus dritten Ländern das **Funktionieren der Wirtschafts- und Währungsunion** schwerwiegend stören. Hiermit sollen unerwünschte Kapitalzu- und -abflüsse beim Aufbau der EWU verhindert werden. Jedoch sind diese Schutzmaßnahmen zu befristen.

Schließlich ermöglicht Art. 73 g) = 60 neu EGV gleichermaßen einschränkende Sofortmaßnahmen im **Kapital- und Zahlungsverkehr als Instrument von Wirtschaftssanktionen** gegenüber Drittstaaten im Rahmen der GASP im Sinne von Art. 228 a = 301 neu EGV (unten Rz. 1778 ff.). 1993/94 beteiligte sich die EG auf diese Weise an UN-Sanktionen gegenüber Haiti. Aus dringenden politischen Gründen kann ein MS vorläufig einseitig solche Sanktionen verhängen (zur Auslegung der „GASP-Klausel" näher *Vaucher,* RTDE 1993, S. 39 ff.)

Insgesamt sind die verschiedenen Regelungen, die **Ausnahmen** von der prinzipiell durch Art. 73 Abs. 1 = 56 Abs. 1 neu EGV festgelegten **europäischen Kapitalverkehrsfreiheit** (und z. T. auch von der Freiheit des Zahlungsverkehrs) ermöglichen, **so restriktiv und gemeinschaftsorientiert gefaßt,** daß in den erreichten Stand der Freiheit des Kapitalverkehrs nicht dauerhaft und fühlbar eingegriffen wird *(Weber,* EuZW 1992, S. 561 ff). Ein Erfolg der Europäischen Währungsunion dürfte ein übriges tun, die 4. Grundfreiheit des Binnenmarktes abzusichern.

2. Freiheit des Zahlungsverkehrs

1493 Nachdem der freie Zahlungsverkehr als Voraussetzung für die Verwirklichung anderer Grundfreiheiten schon vor 1994 weitgehend gewährleistet war (oben Rz. 1487), sind nunmehr gemäß Art. 73 b Abs. 2 = 56 Abs. 2 neu EGV **alle Beschränkungen des Zahlungsverkehrs** zwischen den 15 MSen und dritten Ländern **primärrechtlich verboten** *(Hartmann,* WM 1993, S. 982 ff.). Die **„5. Freiheit"** des **Binnenmarktes** ist damit verselbständigt und gleichberechtigt neben die Kapitalverkehrsfreiheit gestellt. Wie schon der frühere Art. 106 Abs. 1 EWGV (EuGHE 1984, 377 ff. – RS 286/82 u. 26/83 „Luisi und Carbone") **gilt Art. 73 Abs. 2 = 56 Abs. 2 neu EGV unmittelbar.** Erfaßt sind sowohl die Erfüllung geldlicher Verbindlichkeiten **(„Zahlung")** als auch die grenzüberschreitende Verbringung von Geld und anderen körperlichen Zahlungsmitteln **(„Transfer"),** sowie alle Überweisungsarten (z. B. auch der moderne elektronische Zahlungsverkehr). Die **verbotenen Beschränkungen** sind wegen der Binnenmarktrelevanz **weit zu verstehen** (insbesondere Genehmigung von Zahlungen, Devisenzuteilungen u .a. aber auch Meldeverfahren, vgl. Art. 73 d, lit. b) = 58 Abs. 1, lit. b) neu EGV). Dennoch sind im Bereich des Zahlungsverkehrs gewisse **Beschränkungsmöglichkeiten** unvermeidlich.

Zu den gleichermaßen für Kapital- und Zahlungsverkehr geltenden Einschränkungsmöglichkeiten der Art. 73 d), g) = 58, 60 neu EGV vgl. bereits oben Rz. 1491. Auch die **Bekämpfung der Geldwäsche** kann Maßnahmen beim Zahlungsverkehr rechtfertigen (RL 91/308, ABl. 1991, L 166/77). Die allgemeinen Schutzklauseln der Art. 109 h)–i) = 119, 120 neu EGV (oben Rz. 1491, 1017 ff.) gehören ihrerseits vorläufig in diesen Zusammenhang.

Die grundsätzliche **Gleichstellung der Liberalisierung des EG-internen und globalen** Zahlungsverkehrs in Art 73 b Abs. 2 = 56 Abs. 2 neu EGV erklärt sich wie beim Kapitalverkehr aus der heutigen tatsächlichen Internationalisierung der Geldmärkte.

3. Rechtsangleichende Begleitmaßnahmen

Schon seit den 60er Jahren hat sich die Gemeinschaft bemüht, die Libe- 1494
ralisierung des Zahlungs- und insbesondere des Kapitalverkehrs **durch begleitende Rechtsangleichungsmaßnahmen zu perfektionieren** (Beginn mit dem „Segré-Bericht" 1966, vgl. auch oben Rz. 1488). Seit dieser Zeit ist die harmonisierende Angleichung der **zahlreichen rechtlich/verwaltungsmäßigen Hindernisse,** die der vollen Verwirklichung der „4. und 5. Freiheit des Binnenmarktes" im Wege stehen, zu einem der **wichtigsten Felder des EG-Rechtsangleichungsprozesses** geworden *(Assmann,* Kapitalmarkt in Europa, 1995, auch oben Rz. 1488). Hier geht es zum einen um Angleichungen des nationalen Börsen-, Wertpapier- und Gesellschaftsrechts. Von besonderer Bedeutung ist die Herstellung der **Niederlassungs- und Dienstleistungsfreiheit für Kreditinstitute und andere finanzielle Einrichtungen** einschließlich der Harmonisierung des Bankenrechts *(Dettmann,* Die Vollendung des Binnenmarktes für Kreditinstitute, 1991). Weiterhin sind bestimmte Fortschritte bei der Steuerharmonisierung (oben Rz. 1175 ff., 1241) Vorbedingung eines wirklich gemeinsamen Kapitalmarktes. – Im Hinblick auf die Freiheit des **Zahlungsverkehrs** bedarf es Vereinheitlichungen im Bereich des

elektronischen Zahlungsverkehrs. Schließlich bestehen mancherlei Zusammenhänge mit der Verwirklichung des Projektes **Europäische Währungsunion** (oben Rz. 1004 ff.).

Retardierende Elemente dieses für die Schaffung des **Europäischen Finanzraumes** notwendigen Angleichungsprozesses ergeben sich aus eingewurzelten Unterschiedlichkeiten der nationalen Systeme, aber auch aus mancherlei Eigeninteressen von MSen (Bsp. Aufbau des **„Finanzplatzes Luxemburg"** oder z. B. das Bestreben Österreichs, sein seit 1819 bestehendes „anonymes Sparbuch" aufrechtzuerhalten).

1495 Im **Börsen- und Wertpapierrecht** sind seit den 70er Jahren verschiedene Koordinierungs-Richtlinien über die Art und Weise der Zulassung von Wertpapieren an den Börsen ergangen, sowie über weitere damit zusammenhängende Fragen (u. a. 1989 für Insidergeschäfte, *Hopt,* ZUGR 1991, S. 17 ff.). Diese Arbeiten gehen weiter (eingehender Überblick mit den Nachweisen, auch zu den nationalen Durchführungsmaßnahmen bei *Ress/Ukrow,* in: Grabitz/Hilf (Hrsg.), EUV/EGV Komm. (1995), Art. 73 b, Rz. 54 ff.). – Die allgemeine **Gesellschaftsrechtsangleichung** (oben Rz. 1243 ff.) wirkt sich ihrerseits günstig auf die Kapitalmarktfreiheit aus (näher *Assmann/Buck,* EWS 1990, S. 118 ff.).

1496 Zentral für die tatsächliche Kapitalverkehrs- und Zahlungsfreiheit ist die **gemeinschaftsweite Betätigungsmöglichkeit der Kreditinstitute** und anderer finanzieller Einrichtungen vermittels der **Herstellung der Niederlassungs- und Dienstleistungsfreiheit** durch Liberalisierung und Harmonisierung. Hier ist Wesentliches seit den 70er Jahren erreicht worden. Besonders wichtig ist die **„2. Banken-Richtlinie 89/646"** (ABl. 1989, L 346/1). Sie ermöglicht, daß eine in einem MS nach dessen Vorschriften zugelassene Bank ohne weitere Genehmigungen EG-weit tätig werden darf. Hier hat ein weiteres Mal die **„Cassis-de-Dijon-Philosophie"** (oben Rz. 1299 ff.) im Sinne gegenseitiger Anerkennung der nationalen Systeme Pate gestanden, verbunden lediglich mit **„Minimum-Harmonisierung"** (zu diesem „EG-Grundgesetz" für die Banken *Bader,* EuZW 1990, S. 117 ff.). – Andere Regelungen im Bankensektor betreffen die Liberalisierungsgebote bei Niederlassung und Dienstleistung, die Bankenaufsicht, die Eigenmittel der Kreditinstitute, Solvabilitätskoeffizienten für Kreditinstitute oder Einlagensicherheitssysteme (Übersicht und Nachweise bei *Ress/Ukrow* a. a. O., Rz. 35 ff.). In diese Zusammenhänge gehört ferner die RL 91/308 (ABl. 1991, L 166/77) zur Verhinderung der Nutzung des Finanzsystems zum Zweck der Geldwäsche *(Carl,* EWS 1991, S. 341 ff.). Ihre Effektivität ist zweifelhaft, **zumal sie das Bankgeheimnis ausklammert.**

1497 Die **kapitalmarktbezogene Steuerharmonisierung** hat bisher mit der Abschaffung der Wertpapiersteuer durch die RL 69/335 (ABl. 1969, L 249/25) nur begrenzte Fortschritte gemacht (zu weiteren Absichten *Assmann/Buck,* EWS 1990, S. 225 ff.). In einem weiteren Sinne wirkt sich die allgemeine Steuerharmonisierung nach Art. 99 = 93 neu EGV (oben Rz. 1175 ff.) günstig auf die Kapitalverkehrsfreiheit aus. Der Auftrag des Art. 220 = 293 neu EGV, die Doppelbesteuerung innerhalb der EG gemeinschaftsweit durch ein multilaterales Abkommen zu beseitigen, ist bisher noch nicht verwirklicht worden *(Hertzig/Dautzenberg,* DB 1992,S. 2519 ff.).

Obwohl die **Freiheit des Zahlungsverkehrs** tatsächlich verwirklicht und über Art. 73 b Abs. 2 = 56 Abs. 2 neu EGV EG-intern und gegenüber Drittländern abgesichert ist (oben Rz. 1493), besteht auch in diesem Bereich ein Bedürfnis nach angleichenden Maßnahmen, vor allem in Verbindung mit modernen Techniken des Zahlungsverkehrs. Seit dem Ende der 80er Jahre sucht die Kommission die privaten und öffentlichen Träger des grenzüberschreitenden Zahlungsverkehrs durch Mitteilungen, Empfehlungen u. ä. z. B. über neue **Kartenzahlungssysteme** oder über einen **Verhaltenskodex im Bereich des elektronischen Zahlungsverkehrs** zur Vereinheitlichung ihrer Zahlungssysteme zu bewegen und hat gewisse Erfolge erreicht (näher *Ress/Ukrow,* in: Grabitz/Hilf (Hrsg.), EUV/EGV-Komm. (1995), Art. 73 b, Rz. 82 ff.).

In einem allgemeinen Sinne können auch die Maßnahmen zur evtl. **Stützung von Zahlungsbilanzen von MSen** im Zuge der Vorbereitung der Währungsunion (oben Rz. 1008 ff.) als Begleitmaßnahmen zur Sicherung der Kapital- und Zahlungsverkehrsfreiheit begriffen werden.

Insgesamt hat die Harmonisierung des kapitalmarktrelevanten Rechtes zugunsten der grenzüberschreitenden Aktivitäten im Binnenmarkt **erhebliche Deregulierungen und Modernisierungen** für das Recht der MSen mit sich gebracht. Diese Rechtsangleichung trägt wesentlich zum allmählichen Aufbau **eines europäischen Kapitalmarktes** über die reine Liberalisierung hinaus bei *(Assmann,* Kapitalmarkt in Europa, 1995, S. 40 ff.).

III. Ausblick: Ein Europäischer Finanzraum als Teil des Binnenmarktes

Literatur: *EG-Kommission* (Hrsg.), Schaffung eines europäischen Finanzraumes, Bull. EG 1988, S. 7 ff.; *Curie,* Deux idées de l'Europe: L'espace financier européen et l'union monétaire, Événement européen 1989/7, S. 59 ff.; *EG-Kommission* (Hrsg.), Auf dem Weg zu einem großen Binnenmarkt für finanzielle Dienstleistungen, 1992; *Knebel,* Europäischer Finanzbinnenmarkt: Auf dem Weg in ein neues Finanzzeitalter, EuZW 1992, S. 149 ff.; *Servais,* Ein europäischer Finanzraum, 3. Aufl. 1995; *Smits,* Freedom of payments and capital movements under EMU, FS Hahn, 1997, S. 245 ff.; *Monti,* Die Integration des europäischen Finanzsektors, WM 1998, S. 1762 ff.

Nachdem bis zum Anfang der 90er Jahre die Freiheit des Kapital- und **1498**
Zahlungsverkehrs noch nicht geschlossen verwirklicht war, hat die Neuregelung der Art. 73 a–h = 56–60 neu EGV durch den Maastrichter Unionsvertrag 1992 diese beiden Grundfreiheiten des Binnenmarktes im wesentlichen vollendet und gesichert. Das Tor in das „neue Finanzzeitalter" *(Knebel,* EuZW 1992, S. 149 ff.) **eines gemeinsamen europäischen Finanzraumes** ist aufgestoßen. Die Liberalisierung nach innen ist abgeschlossen und auch EG-extern grundsätzlich im Gleichklang gesichert. Zur endgültigen Stabilität des europäischen Finanzraumes bedarf es zum einen noch weiterer Fortschritte bei den rechtsangleichenden Begleitmaßnahmen *(Servais,* Ein europäischer Finanzraum, 3. Aufl. 1995). Dies betrifft besonders verbliebene oder sogar ausgebaute **„Steueroasen" in der EG.** Den Schlußstein freien europäischen Geldverkehrs soll die Verwirklichung der **Europäischen Währungsunion** mit sich bringen. Mit ihr werden innergemeinschaftlich für ihre Teilnehmer die noch verbliebenen ausdrücklichen und ungeschriebenen Schutzklauseln (oben Rz. 1489, 1491 f.) obsolet, so daß die „scheue Gattung Kapital und Geld" keine Veranlassung mehr hätte, innerhalb der Gemeinschaft ihr Terrain zu wechseln.

Vierter Abschnitt. Binnenmarkt II: Personenverkehr und Soziales

§ 23. Freizügigkeit der Arbeitnehmer, Unionsbürgerschaft und allgemeine Regelungen des Personenverkehrs

Literatur: *Grabitz,* Europäisches Bürgerrecht zwischen Marktbürgerschaft und Staatsbürgerschaft, 1970; *Brüggemann,* Die Freizügigkeit der Arbeitnehmer im Bereich der EG, 1972; *Mazziotti,* La libre circulation des travailleurs dans les pays de la CEE, 1974; *Nelhaus,* Die Freizügigkeit der Arbeitnehmer in Europa, 1975; *Hailbronner,* Die Freizügigkeit im Spannungsfeld zwischen Staatsraison und europäischem Gemeinschaftsrecht, DÖV 1978, S. 857 ff.; *Cerexhe,* Le droit européen, la libre circulation des personnes et des entreprises, 1982; Hailbronner u. a. (Hrsg.), Freizügigkeit von Arbeitnehmern und Niederlassungsfreiheit von Unternehmen in Europa, 1986; *Burrows,* Free movement in European Community Law, 1987; *Magiera,* Die EG auf dem Wege zu einem Europa der Bürger, DÖV 1987, S. 221 ff.; *Zuleeg,* Ausländerrecht und Ausländerpolitik in Europa, 1987; *Gramlich,* Europäische Inländer? Ausländerintegration und Gemeinschaftsrecht, BayVBl. 1991, S. 417 ff.; *Schweitzer,* Grundzüge der Personenverkehrsfreiheit in der EWG, ZRVgl. 1991, S. 82 ff.; *Magiera,* Die neuen Entwicklungen der Freizügigkeit für Personen: Auf dem Wege zu einem europäischen Bürgerstatut, EuR 1992, S. 434 ff.; *Bertelsmann-Stiftung* (Hrsg.) Innere Sicherheit im Europäischen Binnenmarkt, 1993; *Hobe,* Die Unionsbürgerschaft nach dem Vertrag von Maastricht, Staat 1993, S. 225 ff.; *Conlan,* Arbeitnehmerfragen, in: Oppermann/Moersch (Hrsg.), Profi-Hdb Wirtschaftsraum Europa, 3. Aufl. 1994, S. 133 ff.; *Ruzie,* Citoyenneté et nationalité dans l'Union Européenne, 1994; *Sieveking/van Lindert,* EU- and Non-EU-Nationals in Germany 1994, 1995; *Hailbronner,* Freizügigkeit, in: Dauses (Hrsg.) Hdb EU-Wirtsch. Recht (1996) D I; *Odendahl,* Arbeitnehmerfreizügigkeit, Nieder-lassungs- und Dienstleistungsfreiheit, JA 1996, S. 309 ff.; *Bürbach,* Die Zusammenarbeit der Mitgliedstaaten der EU auf dem Gebiet Inneres und Justiz, 1997; *Mandt,* Bürgernähe in der EU, ZfPol 1997, S. 1 ff.; *Hailbronner* (Hrsg.), 30 Jahre Freizügigkeit in Europa, 1998; *La Torre,* European Citizenship, 1998.

1499 Zu der Herstellung der Grundlagen eines gemeinsamen Binnenmarktes im Sinne der Verträge gehört auch der EG-weite freie Verkehr der Personen. Er hat nicht nur eine wirtschaftliche, sondern in erheblichem Maße auch eine soziale und allgemeinpolitische Bedeutung. Die Verträge unterscheiden zwischen der **Freizügigkeit der unselbständigen Arbeitnehmer** (Art. 48 ff. = 39 ff. neu EGV) und der **Niederlassungs- und Dienstleistungsfreiheit der Selbständigen** (Art. 52 ff., 59 ff. = 43 ff., 49 ff. neu EGV). Über die Ansätze einer gemeinsamen **Sozialpolitik**, Ausbildungskooperation und weitere, Maßnahmen sucht die Gemeinschaft die Freizügigkeit in einem umfassenden Sinne auszubauen. Seit den achtziger Jahren, insbesondere seit der Einheitlichen Europäischen Akte (1986) und dem Maastrichter Unionsvertrag (1992) ist der **nichtwirtschaftliche Personenverkehr** grundsätzlich in die Freizügigkeit einbezogen worden. Zentrales Recht der in Maastricht geschaffenen **Unionsbürgerschaft** (unten Rz. 1548 ff.) ist nach Art. 8 a Abs. 1 = 18 neu EGV das **freie Bewegungs- und Aufenthaltsrecht** im Hoheitsgebiet aller MSen. Ein besonders sichtbares Bemühen geht in diesem Zusammenhang auf die **Abschaffung der Grenzkontrollen** durch die **Schengener Abkommen** hin (unten Rz. 1553 ff.s). Über die Arbeitnehmer und Selbständigen hinaus ist die Freizügigkeit seit 1990 auf alle übrigen Personen erstreckt worden (unten Rz. 1515, 1548 ff.). Die Unionsbürgerschaft gewährt gemäß Art. 8 a–e = 18–22 neu EGV weitere Rechte (Kommunalwahlrecht, diplomatischer Schutz, Petitionsrecht), die den Freizugigkeitsstatus abrunden. Schließlich ist auch der „3. Pfeiler" der EU, die **Polizeilich-justitielle Zusammenarbeit in Strafsachen (PJZ)** gemäß Art. K. ff = 29 ff. neu EUV vor allem auf die Verwirklichung des Freizügigkeitszieles ausgerichtet (oben Rz. 311 und unten Rz. 1575 ff.). Insgesamt soll auf diese Weise ein **„Europa der Bürger"** entstehen *(Magiera,* DÖV 1987, S. 222 ff.).

Leitgedanke der Verträge beim gesamten freien Personenverkehr ist die **1500** möglichste **Gleichbehandlung der EG-Angehörigen** in allen MS auf der Linie des Art. 6 = 12 neu EGV (EuGHE 1980, 1445 ff. – RS 110/79 st. Rspr.). Dem dienen sowohl **Liberalisierungsmaßnahmen** als auch die allmähliche **Angleichung** des unterschiedlichen nationalen Rechts.

Tatsächlich gesehen weisen die EU-MSen einen **beachtlichen Ausländeranteil** auf. Annähernd 20 Millionen Menschen leben in den EU-Staaten, die nicht die Staatsangehörigkeit ihres Gastlandes besitzen (ca. 5 % der EU-Gesamtbevölkerung). Darunter befinden sich nur eine Minderheit von 5 Millionen Unionsbürgern. In Deutschland leben über 7 Millionen Ausländer, davon 25 % aus EU-Staaten. Die Hauptaufnahmeländer sind Deutschland, Frankreich und Großbritannien.

I. Das Freizügigkeitskonzept der Art. 48 ff. = 39 ff. neu EGV

Literatur: *Lyon-Caën,* Le régime définitif de la libre circulation des travailleurs, RTDE 1969, 592 ff.; *Ter Heide,* The free movement of workers in the final phase, CMLRev 1969, S. 466 ff.; *Edens/Patin,* The scope of the EEC-system of free movement of workers, CMLRev 1972, S. 332 ff.; Winkel, Der Ausbau der Freizügigkeit des Marktbürgers durch die Rspr. des EuGH, NJW 1975, S. 1057 ff.; *Wägenbaur,* La libre circulation des personnes et des services, 1980; *Neri,* Le champ d'application du droit communautaire en matière de libre circulation des travailleurs, 1982; *Lichtenberg,* Die Freizügigkeit der Arbeitnehmer in der EG Rechtliche und soziale Probleme, in: Sozialpolitik in der EG, 1986, S. 117 ff.; *O'Keefe,* Equal rights for migrants, YbEL 1986, 593 ff.; *Stein/Thomsen,* The status of the Member States Nationals under the law of the EC, in: Frowein/Stein (Hrsg.), Die Rechtsstellung von Ausländern nach staatlichem Recht und Völkerrecht, 1987, S. 1775 ff.; *Zuleeg,* Die Bedeutung des europäischen Gemeinschaftsrechts für das Ausländerrecht, NJW 1987, S. 2193 ff.; *Hailbronner,* Die neuere Rechtsprechung zum EG-Freizügigkeitsrecht, ZAR 1988, S. 3 ff.; *Straubhaar,* International Labour migration within a Common Markte: Some aspects of EC-experience, JCMS 1988, S. 45 ff; *Hilf,* Europäisches Gemeinschaftsrecht und Drittstaatsangehörige, FS Doehring, 1989, S. 339 ff.; *Conlan,* Die Bedeudung der EG-Freizügigkeit für Irland 1991; *Hailbronner,* Die soziale Dimension der EG-Freizügigkeit – Gleichbehandlung und Teritorialitätsprinzip. EuZW 1991, S. 171 ff.; *Benjes,* Die Personenfreiheiten des EWGV und ihre Auswirkungen auf das deutsche Verfassungsrecht, 1992; *Seché,* Berufsausübung im Gemeinsamen Markt, 1995; *Nettesheim,* Die europäischen Grundrechte auf Mobilität (Art. 48, 52 EGV), NVWZ 1996, S. 342 ff.; *Schieffer,* Die neue Freizügigkeitsverordnung/EG, NVwZ 1998, S. 31 ff.;

1. Grundgedanke

1501 Die in Art. 48 ff., 52 ff., 59 ff. = 39 ff., 43 ff., 49 ff. neu EGV niedergelegten Freiheiten – die Freizügigkeit der unselbständigen Arbeitnehmer (FA) sowie das Niederlassungsrecht und der freie Dienstleistungsverkehr der Selbständigen – sind neben den Freiheiten des Waren- und Geldverkehrs weitere „Grundlagen der Gemeinschaft". Während der freie Warenverkehr zwischen den MS die ungehinderte Ein- und Ausfuhr von Gütern gewährleistet und der freie Kapital- und Zahlungsverkehr die in diesem Zusammenhang nötigen finanziellen Transaktionen garantiert, soll die Freiheit des Personenverkehrs den wirtschaftlich tätigen Marktbürgern **die freie, d. h. von der Staatsangehörigkeit unabhängige Standortwahl für die Ausübung ihrer Tätigkeit** ermöglichen. Auf diese Weise soll die Beseitigung der Hindernisse für den freien Personenverkehr (Art. 3 c EGV) der Errichtung eines Gemeinsamen Marktes und einer Wirtschafts- und Währungsunion im Sinne von Art. 2 EGV dienen.

1502 Unter den in Titel III des EGV genannten Freiheiten ist die **Freizügigkeit der Arbeitnehmer** die wichtigste. Dies ergibt sich nicht nur aus der formalen Stellung am Anfang dieses Titels, sondern vor allem aus ihrer wirtschaftlichen und sozialen Bedeutung für die Europäische Integration. Für die Schaffung eines wirklichen Binnenmarktes ist nicht nur der ungehinderte Warenaustausch, sondern gerade auch die grundsätzlich unbeschränkte örtliche Wahl des Arbeitsplatzes eine Grundvoraussetzung. Das gemäßigt liberale Wirtschaftsmodell, das dem EG-Vertrag zugrundeliegt (oben Rz. 928 ff.), strebt die **Mobilität des Produktionsfaktors Arbeit** an. Die Arbeitskräfte sollen sich zu den Produktionsstätten in den MS begeben können, um für eine optimale Auslastung der Unternehmen zu sorgen und dadurch zu einer positiven Wirtschaftsentwicklung beizutragen. Daher ist die Freizügigkeit in Art. 48 = 39 neu EGV als eine Art **„Grundrecht auf Mobilität"** des Arbeitnehmers ausgestaltet *(Nettesheim,* NVwZ 1996, S. 342 ff.) Es garantiert Gleichbehandlung (Art. 48 Abs. 2 = 39 Abs. 2 neu EGV) und eine Reihe von Begleitrechten (unten Rz. 1536 ff.).

1503 In diesem räumlich-wirtschaftlichen Sinne ist Freizügigkeit eine Grundnorm, deren große Bedeutung auch aus nationaler bundesstaatlicher Entwicklung, wie z.B. in Deutschland, bekannt ist. So legte Art. 3 der Verfassung des Deutschen Reiches von 1871 das **„gemeinsame Indigenat"** aller Angehörigen der Bundesländer im Sinne der Inländergleichbehandlung ganz ähnlich wie Art. 48 = 39 neu EGV fest.

Die Bedeutung der Freizügigkeit als Grundprinzip der Europäischen Verträge zeigt sich an den erwähnten Millionenzahlen von Ausländern, die in den einzelnen EG-MSen leben. Unter ihnen befindet sich ein großer Prozentsatz von „EU-Bürgern", die sich auf der Suche nach einem Arbeitsplatz in einen anderen MS begeben haben (oben Rz. 1500). Diese Zahlen verdeutlichen auch die **soziale und politische Dimension,** die das Freizügigkeitsrecht in sich birgt. Da die Wanderungsbewegung zumeist von wirtschaftlich schwächeren MS als Herkunftsländern (z. B. Süditalien, Irland,

Griechenland, Portugal, Spanien) in andere, wirtschaftlich stärkere MS als typische Aufnahmeländer (z. B. Deutschland, Frankreich, Großbritannien) erfolgt, bestanden seit den Anfängen der EG unterschiedlich starke Interessen der MS an der Realisierung der FA. Es waren vor allem die **Abwanderungsländer,** die politischen Druck zur vollständigen Verwirklichung der Freizügigkeitsregeln, einschließlich ihrer familiären Konsequenzen, ausübten, um auf diese Weise wirtschaftlich/soziale Probleme, vor allem der Arbeitslosigkeit, zu Hause anzugehen. Inzwischen hat sich allerdings die innergemeinschaftliche Wanderungsbewegung aus verschiedenen Gründen (u. a. wegen sich anbahnender Annäherung der Lebensverhältnisse) verlangsamt.

Viele Wanderarbeitnehmer kehren nicht mehr in ihr Heimatland zurück, **1504**
sondern bleiben auf Dauer in Ausnutzung ihres Verbleiberechts (Art. 48 Abs. 3 d = 39 Abs. 3 d neu EGV – unten Rz. 1540) im aufnehmenden MS. Die Frage nach der **langfristigen sozialen und politischen Eingliederung** dieser Arbeitnehmer schiebt sich deshalb zunehmend in den Vordergrund der EG-Freizügigkeitspolitik *(Hailbronner,* DÖV 1978, S. 857 ff.). Aus diesen Gründen, aber auch infolge des seit dem Maastrichter EUV 1992 verfolgten Aufbaues einer Politischen Union mit **Unionsbürgerschaft** (Art. 8 = 17 neu EGV) hat sich die Freizügigkeitspolitik der EG/EU allmählich von ihrer wirtschaftlichen Anbindung gelöst. Zielvorstellung ist nunmehr ein allgemeinpolitisch begriffenes **„Europa der Bürger“** (unten Rz. 1548 ff.).

2. Vorrang des Arbeitsmarktes der Gemeinschaft

Ähnlich den Zoll- und Agrarpräferenzen (oben Rz. 1285 ff., 1367) besteht **1505**
innerhalb des Gemeinsamen Marktes grundsätzlich eine **Freizügigkeitspräferenz zugunsten der EG-Arbeitnehmer** vor Drittlandsarbeitnehmern *(Oliver,* YbEL 1986, S. 57 ff.). Art. 48 Abs. 2 = 39 Abs. 2 neu EGV und Art 1 Abs. 1 VO Nr. 1612/68 (ABl. 1968, L 257/2 ff.) beziehen sich auf die der MS.

Zum besonderen Status **türkischer Arbeitnehmer** in der EG aufgrund des Assoziationsabkommens von 1963 unten Rz. 1513.

Nur gegenüber den EG-Arbeitnehmern und ihren Familienangehörigen (Art. 10 ff. VO Nr. 1612/68) besteht die Pflicht zur Inländergleichbehandlung in bezug auf die Arbeitsbedingungen. Nach Art. 1 Abs. 2 VO Nr. 1612/68 hat der EG-Angehörige Zugang zu den verfügbaren Stellen in allen MS wie inländische Staatsangehörige. So benötigen die Arbeitnehmer aus EG-Staaten im Gegensatz zu Zuwanderern aus Drittländern keine Arbeitserlaubnis (z. B. in Deutschland § 19 Abs. 1 S. 1, III AFG). Sie erhalten eine Aufenthaltsgenehmigung für jeweils 5 Jahre, die – selbst nach dem Eintritt in den Ruhestand – automatisch verlängert wird [Art. 61 Abs. 1 g RL 68/360 (ABl. 1968, L 257/13 ff.) und Art. 6 Abs. 1 c VO Nr. 1251/70 (ABl. 1970, L 142/24 ff.)]. Im übrigen werden Stellenangebote grundsätzlich erst dann an Angehörige von Drittstaaten weitergeleitet, wenn sich innerhalb bestimmter Fristen kein Angehöriger eines MS um diese Stelle beworben hat. So ist der Vorrang des Arbeitsmarktes der Gemeinschaft vielfältig rechtlich abgesichert *(Fachi,* DrSoc 1971, S. 16 ff.).

1506 Wie in der Handelspolitik beabsichtigt die EG aber auch auf dem Gebiet der Freizügigkeit keine „Abschottung" ihres Marktes, sondern ist um **grundsätzliche Offenheit nach außen** bemüht. Eine Politik der „personalen Autarkie" müßte nicht nur zu politischen Schwierigkeiten mit Drittstaaten führen, sondern liefe auch den wirtschaftlichen Interessen der hauptsächlichen Aufnahmeländer entgegen, zumal für viele Beschäftigungen gar nicht genügend EG-Wanderarbeitnehmer zur Verfügung stehen. Ungefähr 75 % der Ausländer in EG-MS stammen aus Drittländern (oben Rz. 1500). Dementsprechend strebt die EG im Prinzip gleiche Lebens- und Arbeitsbedingungen für alle Zuwanderer, ungeachtet ihrer Herkunft, an [Entschließung des Rates vom 9.5.1985 über „Leitlinien für eine Wanderungspolitik der Gemeinschaft", insbes. Nr. 4 j (ABl. 1985, C 141/462 ff.) und *Hilf,* FS Doehring, 1989, S. 339 ff.].

3. Rechtsgrundlagen

1507 Das Freizügigkeitsrecht der Arbeitnehmer **ist im EG-Vertrag vor allem in den Art. 48–51 = 39–42 neu EGV verankert.** Sie regeln den Freizügigkeitsanspruch der Arbeitnehmer aus EG-MS für alle Tätigkeiten umfassend, während die **Spezialregelungen** der Art. 69 EGKSV und Art. 96, 97 EAGV die Freizügigkeit für bestimmte Gruppen von Arbeitnehmern (anerkannte Kohle- und Stahlfacharbeiter bzw. qualifiziert Beschäftigte auf dem Kerngebiet) gewährleisten. Vorrangig beinhaltet die Freizügigkeitsregelung des Art. 48 = 39 neu EGV in Abs. 2 „die Abschaffung jeder auf der Staatsangehörigkeit beruhenden unterschiedlichen Behandlung der Arbeitnehmer der MS in bezug auf Beschäftigung, Entlohnung und sonstige Arbeitsbedingungen".

Diese Forderung nach **Inländergleichbehandlung** konkretisiert das in Art. 6 = 12 neu EGV niedergelegte allgemeine Diskriminierungsverbot, welches nur dann zur Anwendung kommt, wenn kein anderes besonderes Diskriminierungsverbot (hier Art. 48 Abs. 2 = 39 Abs. 2 neu) eingreift. Art. 48 Abs. 3 = 39 Abs. 3 neu EGV statuiert vor allem **Begleitrechte des Arbeitnehmers,** die seiner Gleichbehandlung bezüglich der Arbeitsbedingungen notwendigerweise vorangehen müssen, wie das Recht auf Zugang zur Beschäftigung und sein Einreise- und Aufenthaltsrecht (unten Rz. 1536 ff.). Diese Rechte stehen unter dem Vorbehalt der aus Gründen der öffentlichen Ordnung, Sicherheit und Gesundheit gerechtfertigten Beschränkungen (unten Rz. 1530 ff.). Zusätzlich zu diesem Vorbehalt enthält Art. 48 Abs. 4 = 39 Abs. 4 neu eine weitere Beschränkung dahingehend, daß die Freizügigkeitsvorschriften auf die Beschäftigung in der öffentlichen Verwaltung keine Anwendung finden (unten Rz. 1533 ff.). Zur fortschreitenden Herstellung des Freizügigkeitsrechts werden auf der Grundlage der Art 48 Abs. 3d, 49 und 51 = 39 Abs. 3 d, 40 und 42 neu EGV **Richtlinien und VOen erlassen.**

1508 Die **zentralen Akte dieses Sekundärrechts** sind die **zwei „großen" Freizügigkeitsverordnungen,** nämlich die VO Nr. 1612/68 (ABl. 1968, L 257/2 ff., Änderungen) für die Herstellung der Freizügigkeit und die VO Nr. 1408/71 (ABl. 1971, L

14912 ff., Änderungen) für die soziale Sicherheit der Wanderarbeitnehmer. Die VO Nr. 1612/68 hat zusammen mit der RL 68/360 (ABl. 1968, L 257/13 ff.) die FA und ihrer Familienangehörigen endgültig verwirklicht. Eine Revision der VO Nr. 1612/68 wird vorbereitet (*Schieffer*, NVwZ 1998, S. 31 ff.). Als weitere Begleitnormen sind noch besonders zu nennen die Verbleibe-VO Nr. 1251/70 (ABl. 1970, L 142/24 ff.), die ein Verbleiberecht des Arbeitnehmers im Hoheitsgebiet eines MS nach Beendigung der Beschäftigung gewährleistet, und die RLen 64/221 (ABl. 1972, L 121/32 ff.) und 72/194 (ABl. 1964, L 56/850 ff.), welche die Sondervorschriften der MS für die Einreise und den Aufenthalt von Ausländern koordinieren. Die RL 77/486 (ABl. 1977, L 199/32 ff.) regelt die schulische Betreuung der Kinder von Wanderarbeitnehmern (vgl. im übrigen Fundstellenverzeichnis des geltenden Gemeinschaftsrechts, 05.10).

Neben seiner Funktion als **zentrale Ermächtigungsgrundlage für Frei- 1509
zügigkeits-Rechtsakte des Rates** zählt Art. 49 = 40 neu EGV noch beispielhaft einzelne Maßnahmen zur fortschreitenden Herstellung der Freizügigkeit auf, wie die Zusammenarbeit der Arbeitsverwaltungen und die Abschaffung diskriminierender Verwaltungsverfahren und -praktiken. Der mittelbaren Stärkung der FA dient Art. 50 = 41 neu EGV, der die **Förderung des Austausches junger Arbeitskräfte** durch die MS im Rahmen eines gemeinsamen Programmes vorsieht. Hierdurch soll allgemein das Gefühl der Gemeinschaftszugehörigkeit geweckt werden, aber auch die Be-reitschaft, später in einem anderen MS zu arbeiten (*Erhardt* in Lenz (Hrsg.), EGV-Komm. 1994, Art. 50). Inzwischen sind mehrere Austauschprogramme im Sinne des Art. 51 = 42 neu EGV beschlossen worden, die von der Kommission finanziell unterstützt werden (z.B. Programm *Petra* v. 23.7.1991, ABl. L 214/1).

Art. 51 = 42 neu EGV ist schließlich die parallele Ermächtigungsnorm zu Art. 49 = 40 neu für den Bereich der **sozialen Absicherung der Wanderarbeitnehmer,** die inzwischen vor allem durch die VO 1408/71 verwirklicht wurde (unten Rz. 1544 ff.)

II. Inhalt der Freizügigkeit der Arbeitnehmer

Literatur: *Lyon-Caën,* La réserve d'ordre public en matière de liberté d'établissement et de libre circulation, RTDE 1966, S. 693 ff.; *Hanau,* Die Entwicklung der Gleichbehandlung ausländischer Arbeitnehmer in der BR Deutschland, EuR 1974, S. 197 ff.; *Bongen,* Schranken der Freizügigkeit aus Gründen der öffentlichen Ordnung und Sicherheit im Recht der EWG, 1975; *Fresia,* La libre circulation des personnes et le principe de non-discrimination dans la jurisprudence de la Cour de Justice des Communautés, RMC 1975, S. 550 ff.; *Wittkop,* Wirtschaftliche Freizügigkeit und Nationalstaatsvorbehalte, 1977; *Riegel,* Zum Anwendungsbereich der Art. 48 ff. EWGV, NJW 1978, S. 468 ff.; *Hubeau,* L'exception d'ordre public et la libre circulation des personnes en droit communautaire, CDE 1981, S. 207 ff.; *Papastamkos,* Die Erweiterung der EG-Freizügigkeit auf griechische Arbeitnehmer, 1983; *Reitmaier,* Inländerdiskriminierung nach dem EWGV, 1984; *Pickup,* Reverse discrimination and freedom of movement for workers, CMLRev 1986, S. 135 ff.; *Cristofanelli,* La clausola limitativa dell'ordine pubblico nella libera circolazione intracomunitaria, AffSocInt 1987, S. 77 ff.; *van der Woude/Mead,* Free movement of the tourist in Community law, CMLRev 1988, S. 117 ff.; *Schröder,* Sport und Europäische Integration, 1989; *Everling,* Zur Rspr. des EuGH über die Beschäftigung von EG-Ausländern in der öffentlichen Verwaltung, DVBl. 1990, S. 225 ff.; *Hochbaum,* Die Liberalisierung des Öffentlichen Dienstes im Binnenmarkt, Staat 1990, S. 577 ff.; *Ohler,* Die Rspr. des EuGH zur Koordinierung der Familienleistungen für Wanderarbeitnehmer nach Europäischem Gemeinschaftsrecht, 1991; *Rumpf,* Freizügigkeit der Arbeitnehmer und Assoziation EG-Türkei, RIW 1993, S. 214 ff.; *Fischer,* EG-Freizügigkeit und Sport, Sport und Recht 1994, S. 174 ff.; *Schotten,* Die Auswirkungen des europäischen Gemeinschaftsrechts auf den Zugang zum öffentlichen Dienst in der Bundesrepublik Deutschland, 1994; *Oppermann,* Berufsbeamtentum: In Deutschland und Europa noch zeitgemäß?, 1995; *Rumpf,* Zur Ausweitung der Freizügigkeit türkischer Arbeitnehmer durch die Rspr. des EuGH, RIW 1995, S. 764 ff.; *Burgi,* Freier Personenverkehr in Europa und nationale Verwaltung, JUS 1996, S. 958 ff.; *Gutmann,* Die Assoziationsfreizügigkeit türkischer Staatsangehöriger, 1996; *Heyer,* Diskriminierungs- und Beschränkungsverbot im Rahmen der gemeinschaftsrechtlichen Arbeitnehmerfreizügigkeit, 1996; *Hobe/Tietje,* Europäische Grundrechte auch für Profisportler, JUS 1996, S. 486 ff.; *Vandamme,* La CE et le sportif professionnel, RMC 1996, S. 353 ff.; *Westermann,* Erste praktische Folgen des „Bosman"-Urteils für die Organisation des Berufsfußballs, DZWiR 1996, S. 82 ff.; *Lackhoff/Raczinski,* Umgekehrte Diskriminierungen, EWS 1997, S. 109 ff.; *A. Fikentscher,* Nationalmannschaften als Teil des Wirtschaftslebens, FS Fikentscher, 1998, S. 635 ff..

1. Unmittelbare Geltung des Freizügigkeitsgebots

1510 Seit 1970 sind die Freizügigkeitsregelungen des Art. 48 = 39 neu EGV, soweit sie das Prinzip der Inländergleichbehandlung beinhalten, **unmittelbar anwendbar geworden.** Diese unmittelbare Wirkung gilt auch im **Verhältnis zwischen Privatpersonen** *(Nettesheim,* NVwZ 1996, S. 342 ff.).

Durch diese Bestimmungen wird den MS eine eindeutige Verpflichtung auferlegt, „die zu ihrer Wirksamkeit keiner weiteren Maßnahme der Gemeinschaftsorgane oder der MS bedarf und letzteren bei der Durchführung keinen Ermessensspielraum überläßt" (EuGHE 1974, 1337 ff. [1347] – RS 41/74 „van Duyn"; EuGHE 1974, 359 ff. [360] – RS 167/73 Kommission/Französische Republik" st. Rspr.). Da die wesentlichen Vorschriften zur Herstellung des Freizügigkeitsrechts, insbesondere die VO Nr. 1612/68, bereits vor dem Ende der Übergangszeit (31.12.1969) erlassen wurden, ist die unmittelbare Wirkung des Art. 48 = 39 neu EGV bisher nur selten von praktischer Bedeutung gewesen. Dementsprechend zog der EuGH in den genannten Entscheidungen gleichzeitig auch Normen des Sekundärrechts, nämlich die RL 64/221 und die VO Nr. 1612/68, heran.

1511 Art. 48 ff. = 39 ff. neu EGV finden keine Anwendung auf **rein innerstaatliche Sachverhalte** (z. B. wenn ein Unionsbürger sein FreizR niemals ausübt, EuGHE 1992, 189 ff. – RS C–332/90 st. Rspr.). Zwar können sich so Schlechterstellungen von Inländern gegenüber EG-Angehörigen ergeben **(„Inländerdiskriminierungen").** Diese können jedoch über nationales Recht (z. B. Art. 3 GG) ausgeglichen werden *(Hailbronner,* Freizügigkeit, in: Dauses (Hrsg.) Hdb EG-WirtschR (1996), D I, Rz. 2 a).

2. Geltungsbereich der Freizügigkeit

a) Persönlicher Geltungsbereich

Persönlich ist die Anwendung der Freizügigkeitsregelung grundsätzlich auf Arbeitnehmer aus EG-MS beschränkt (Art. 48 Abs. 2 = 39 Abs. 2 EGV, Art. 1 Abs. 1 VO Nr. 1612/68). Arbeitnehmer aus Drittstaaten, aber auch Staatenlose und Flüchtlinge einschließlich Asylbewerber, die in einem MS wohnen, fallen nicht unter diesen Personenkreis. Die beiden letztgenannten Gruppen sind allerdings in den Geltungsbereich der VO über die soziale Sicherheit der Wanderarbeitnehmer einbezogen (Art. 2 VO Nr. 1408/71). 1512

Problematisch ist der Freizügigkeitsstatus der in der EG tätigen **türkischen Arbeitnehmer,** von denen sich ca. 85 % (= annähernd 2 Millionen) in Deutschland aufhalten. In dem Assoziationsabkommen EWG-Türkei von 1963 (ABl. 1964, S. 3687, vgl. auch unten Rz. 1891), das grundsätzlich auf einen späteren Beitritt der Türkei zur EG angelegt ist, war zunächst nur eine allgemeine Formulierung enthalten, wonach sich die Partner von der EWG-Freizügigkeitsregelung „inspirieren" lassen wollten (Art. 12). Dagegen legte Art. 36 des späteren Zusatzprotokolles zum Abkommen vom 23.12.1970 (ABl. 1972, L 293/1 ff.) fest, daß die Freizügigkeit der Arbeitnehmer im Assoziationsverhältnis **bis zum 1.12.1986 schrittweise hergestellt werden sollte.** Art. 36 hat aber keinen unmittelbar anwendbaren, sondern **Programmcharakter** (EuGHE 1987, 3719 ff. RS 12/86 „Demirel"; ebenso BVerwGE 78, 192 ff.). Die hierzu nötigen Regelungen müssen **vom Assoziationsrat einstimmig festgelegt werden.** Dazu ist es noch nicht gekommen. 1513

Allerdings hat der **Assoziationsratsbeschluß 1/80** v. 9.9.1980 (Amtl. Nachr. BAA 1981, S. 2) festgelegt, daß türkische Arbeitnehmer in einem EG-MS nach 4 Jahren „ordnungsgemäßer Beschäftigung" freien Zugang zu jeder anderen Beschäftigung in diesem MS besitzen. Dies setzt eine „gesicherte und nicht nur vorläufige Position auf dem Arbeitsmarkt" voraus. Inzwischen hat der Gerichtshof in einer „effet-utile"-orientierten Rspr. über das als Teil des EG-Rechts begriffene Assoziationsrecht dem Beschluß 1/80 z. T. unmittelbare Wirkung zugesprochen und aus dem o. g. **beschäftigungsrechtlichen** Anspruch der türkischen AN ihnen unter bestimmten Umständen ein **Aufenthaltsrecht** zugesprochen (EuGHE 1990, I–3461, RS C–192/89 „Sevince", ergänzt insbes. durch EuGHE 1994, I–5113 ff. RS C–355/93 „Eroglu" mit der Erstreckung dieser Rechte auf Familienangehörige, st. Rspr., vgl. *Mallmann,* JZ 1995, S. 916 ff.) Hierdurch ist der aufenthaltsrechtlich restriktiveren dt. Rspr. (BVerwGE 78, 192 ff.; BVerfGE 76, 1 ff., VGH BW InfAuslR 1991, S. 221 ff., dazu *Nachbaur,* JZ 1992, 351 ff.; NVWZ 1995, S. 344 ff.) die Grundlage entzogen worden. Dennoch bleiben diese Rechte der türkischen Arbeitnehmer und ihrer Angehörigen in der EG im o. g. Sinne begrenzt und umfassen nicht den vollen EG-Freizügigkeitsstatus im Sinne der Art. 48 ff. = 39 ff. neu EGV (Näher *Hailbronner,* in: Dauses (Hrsg.) Hdb EG-WirtschR (1996), D I, Rz. 60 ff.). Auch in sonstigen Abkommen der EG mit **osteuropäischen oder Mittelmeerstaaten** werden nur einzelne Berechtigungen und nicht ein grundsätzlicher Freizügigkeitsstatus gewährt.

Die Auslegung des **Begriffes „Arbeitnehmer"** ist nach Gemeinschafts- 1514
recht und nicht nach den nationalen Rechtsordnungen vorzunehmen

[EuGHE 1964, 379 ff. (383) – RS 75/63 „Unger“; EuGHE 1982, 1035 ff. (1049) – RS 53/81 „Levin“ st. Rspr.). Die Freizügigkeitsvorschriften erfassen alle unselbständig Tätigen, während die Regeln über die Niederlassungs- und Dienstleistungsfreiheit (Art. 52, 59 ff. = 43 ff., 49 ff. neu EGV unten Rz. 1580 ff.) für die selbständigen Erwerbstätigen gelten. Grundsätzlich ist der Arbeitnehmerbegriff weit und großzügig auszulegen, weil mit ihm der persönliche Anwendungsbereich einer wichtigen Grundfreiheit des Vertrages festgelegt wird (EuGHE 1986, 1741 ff. – RS 139/85 st. Rspr.). Vorbehaltlich des Art. 48 Abs. 4 EGV (unten Rz. 1533 ff.) können auch **öffentliche Bedienstete** (einschl. Beamte) Arbeitnehmer im Sinne des Art. 48 Abs. 1 EGV sein.

Es zählen alle Personen dazu, die eine **„Tätigkeit im Lohn- oder Gehaltsverhältnis“** (Art. 1 Abs. 1 VO Nr. 1612/68) **ausüben** oder nach Beendigung einer solchen Beschäftigung im Hoheitsgebiet eines MS verbleiben (Art. 48 Abs. 3 d = 39 Abs. 3 d neu EGV). – Das wesentliche Merkmal des Arbeitsverhältnisses besteht darin, daß jemand während einer bestimmten Zeit für einen anderen **nach dessen Weisungen Leistungen erbringt,** für die er als Gegenleistung eine Vergütung erhält (EuGHE 1989, 1621 ff. – RS 344/87 „Bettray“, st. Rspr.). Dabei spielt es keine Rolle, ob das einzelne Einkommen zur Deckung des Lebensbedarfes ausreicht oder unter dem vom Aufenthaltsstaat festgelegten Mindesteinkommen liegt [EuGHE 1982, 1035 ff. (1049) – RS 53/81 „Levin“].

1515 Über den „klassischen Arbeitnehmer“ hinaus hat seit den achtziger Jahren die Kommission in Verbindung mit kühner Rechtsprechung des Gerichtshofes (EuGHE 1985, 606 ff. – RS 293/83 „Gravier“, unten Rz 1908) begonnen, eine **umfassende EG-Personenfreizügigkeit** im Gemeinschaftsrecht festzulegen. Nach problematischem richterrechtlichen Beginn, der besonders auf das Diskriminierungsverbot des Art. 6 = 12 neu EGV abstellte, brachten seit 1990 drei Richtlinien über das Aufenthaltsrecht für **Studenten** (RL 93/96, ABl. 1993, L 317/59), für **aus dem Erwerbsleben ausgeschiedene Arbeitnehmer und Selbständige** (RL 90/365, ABl. 1990, L 180/28) und für **sonstige Nichterwerbstätige** (RL 90/364, ABl 1990, L 180/26) den Durchbruch. Dabei handelte es sich jedoch nicht um eine Übertragung des Arbeitnehmer-Freizügigkeitsstatus im Sinne von Art. 48 ff. = 39 ff. neu EGV auf diese zusätzlichen Personen, sondern um die allgemeine Verwirklichung des Freizügigkeitsgedankens über seinen wirtschaftlichen Ursprung hinaus in Richtung auf ein „Europa der Bürger“. Für diese Personengruppen gelten jeweils spezifische Regelungen. Näher unten Rz. 1552.

1516 Neben den Arbeitnehmern der MS wird auch deren **Familienangehörigen** zwar nicht im EG-Vertrag selbst, aber in der VO Nr. 1612/68, Art. 10–12 ein von der Stellung des Wanderarbeitnehmers abgeleitetes Recht auf Freizügigkeit eingeräumt. In diesem Falle steht auch Angehörigen von Drittstaaten, die Familienangehörige eines Wanderarbeitnehmers aus einem MS sind, ausnahmsweise ein solches Recht nach dem Europäischen Gemeinschaftsrecht zu. Ein Arbeitnehmer, der niemals in einem anderen MS gewohnt oder gearbeitet hat und dies auch nicht beabsichtigt, kann sich zu Hause allerdings nicht auf die Freizügigkeitsvorschriften berufen, „um sich der Anwendung der Rechtsvorschriften seines eigenen Landes zu widersetzen" [EuGHE 1984, 2539 ff. (2548) – RS 180/83 „Moser"]. Die Art. 48 ff. = 39 ff. neu EGV sind nicht auf Sachverhalte anwendbar, die einen MS rein intern betreffen, d. h. denen jeglicher Bezug zu irgendeinem der Tatbestände fehlt, die das Europäische Gemeinschaftsrecht regelt [EuGHE 1979, 1129 ff. (1135) – RS 175/76 „Saunders", st. Rspr. vgl. oben Rz. 1511].

b) Sachlicher Geltungsbereich

Der sachliche Anwendungsbereich der Freizügigkeitsvorschriften bezieht 1517 sich auf den **gesamten Anwendungsbereich der Verträge.** Damit sind primär die wirtschaftlichen Aufgaben und Tätigkeiten der Gemeinschaft im Sinne von Art. 2, 3 EGV angesprochen. Dabei ist jedoch zu bedenken, daß dort zugleich die engere Beziehung zwischen den in der Gemeinschaft zusammengeschlossenen Staaten genannt wird. Im Sinne des **„Europas der Bürger"** wird daher der sachliche Anwendungsbereich der Personenfreiheit weit verstanden. Wenn es sich um eine unselbständig ausgeübte Beschäftigung handelt, die für einen Auftraggeber nach dessen Weisungen gegen Entgelt ausgeübt wird, greifen Art. 48 ff. = 39 ff. neu EGV ein, auch wenn die Tätigkeit nicht direkt wirtschaftlicher Art ist, sondern z. B. **künstlerischen oder sportlichen Charakter hat.**

Insbesondere fällt die Ausübung des **Sports** insoweit unter die Freizügigkeit im 1518 Sinne der Art. 48 ff. = 39 ff. neu EGV und überhaupt unter das Gemeinschaftsrecht, als sie zum Wirtschaftsleben im Sinne des Vertrages gehört (EuGHE 1974, 1405 ff. (1418) – RS 36/74 „Walrave" st. Rspr.). Dies gilt u. a. für **Fußballprofis oder -halbprofis,** da sie eine unselbständige Tätigkeit ausüben oder Erbringer von entgeltlichen Dienstleistungen sind (EuGHE 1995, I–4921 ff. (4924) – RS C–415/93 **„Bosman"**, dazu *Hilf/Pache,* NJW 1996, S. 1169 ff.). Als grundlegende Freiheit untersagt Art. 48 = 39 neu EGV hier auch diskriminierende Regelungen von Sportverbänden über sog. Ablösesummen bei Vereinswechsel des Spielers und über die Begrenzung der Zahl der Spieler bei einem Verein, die Unionsbürger sind. Dagegen können Nationalmannschaften auf Staatsangehörige des betr. MSes begrenzt werden, da insoweit der nichtwirtschaftliche Charakter überwiegt (insgesamt *Europ. Kommission* (Hrsg.), Die EU und der Sport, 1996).

Auch die Art der aufzuhebenden Beschränkung braucht nicht unmittelbar wirtschaftlich zu sein, beispielsweise eine Diskriminierung bei der Gewährung von Ausbildungsförderung bei Gastarbeiterkindern (EuGHE 1974, 773 ff. – RS 9/74 „Casagrande").

c) Räumlicher Geltungsbereich

Was den **räumlichen Anwendungsbereich** anbelangt, sind die Freizü- 1519 gigkeitsvorschriften auf sämtliche Rechtsbeziehungen anwendbar, „die aufgrund des Ortes, an dem sie entstanden sind oder an dem sie ihre Wirkungen entfalten, einen räumlichen Bezug zum Gebiet der Gemeinschaft aufweisen" [EuGHE 1974, 1405 ff. (1420) – RS 36/74 „Walrave"; ebenso EuGHE 1984, 3153 ff. (3162) – RS 237/83 „Prodest". So können auch bestimmte Tätigkeiten außerhalb der EG oder andererseits bei engem Bezug zum Recht nur eines MS unter Art. 48/1 EGV fallen (näher *Hailbronner,*

Freizügigkeit in: Dauses (Hrsg.) Hdb EU-WirtschR, DI (1996), Rz. 39 a–b). Ausgenommen sind nur interne Maßnahmen eines MS ohne jeden Bezug auf die Gemeinschaft (EuGHE 1984, 2539 ff. – RS 180/53 „Moser" st. Rspr.).

3. Inländergleichbehandlung

1520 **Inhaltlich** gewährt die FA den Begünstigten vor allem in Art. 48 Abs. 2 = 39 Abs. 2 neu EGV ein **Recht auf Inländergleichbehandlung.** Daneben stehen nach Art 48 Abs. 3 das Einreise- und Aufenthaltsrecht sowie das Recht auf Zugang zum Arbeitsmarkt (unten Rz. 1527, 1537).

a) Diskriminierungsverbot des Art 48 Abs. 2 = 39 Abs. 2 neu EGV

Art. 48 Abs. 2 = 39 Abs. 2 neu EGV verbietet jede auf der Staatsangehörigkeit beruhende unterschiedliche Behandlung der Arbeitnehmer der MS in bezug auf Beschäftigung, Entlohnung und sonstige Arbeitsbedingungen. Ähnlich wie die Art. 52 Abs. 2 und 60 Abs. 3 = 43 Abs. 2 und 50 Abs. 3 neu EGV für die Bereiche der Niederlassungs- und Dienstleistungsfreiheit, von denen sich die FA durch den begünstigten Personenkreis unterscheidet, stellt Art 48 Abs. 2 = 39 Abs. 2 neu EGV ein **spezifisches Diskriminierungsverbot** auf *(Lenz,* in: Lenz (Hrsg.) EGV-Komm. 1994, Art. 6, Rz. 5).

1521 Die Vorschrift konkretisiert das **allgemeine, in Art. 6 = 12 neu EGV aufgestellte Diskriminierungsverbot** [EuGHE 1976, 1333 ff. (1339) – RS 13/76 „Dona"; *O'Keefe,* YbEL 1986, S. 93 ff.]. Es sichert dessen „Verwirklichung im besonderen Bereich der Arbeitsbedingungen", indem es dort jede Unterscheidung nach der Staatsangehörigkeit untersagt. Soweit Art. 48 Abs. 2 = 39 Abs. 2 neu eingreift, ist für eine gesonderte Anwendung des Art. 6 = 12 neu EGV kein Raum. Er dient aber in einem solchen Falle als **Auslegungshilfe** für die jeweilige besondere Bestimmung und wird deshalb neben dieser genannt [EuGHE 1979, 1129 ff. (1134f.) – RS 175/78 „Saunders"]. Art. 6 = 12 neu EGV kann nur dort eine eigenständige Bedeutung haben, wo Freizügigkeitsbereiche betroffen sind, die keinem spezifischen Diskriminierungsverbot unterliegen [EuGHE 1983, 2323 ff. (2336) – RS 152/82 „Forcheri"; EuGHE 1985, 606 ff. RS 293/83 „Gravier", näher *v. Bogdandy* in: Grabitz/Hilf (Hrsg.), EUV/EGV Komm. (1994), Rz. 2).

Art. 48 Abs. 2 = 39 Abs. 2 neu EGV erfaßt neben offensichtlichen Diskriminierungen aufgrund der Staatsangehörigkeit auch **versteckte Ungleichbehandlungen** (EuGHE 1993 I–4309 ff. RS 259/91 „Fremdsprachenlektoren"). – Danach sind Ungleichbehandlungen verboten, die nicht unmittelbar auf die Staatsangehörigkeit abstellen, aber tatsächlich zu dem gleichen Ergebnis führen, daß Angehörige der anderen MS z. B. von einer angebotenen Stelle ferngehalten werden (Art. 3 Abs. 1, 2. Alt. der VO Nr. 1612/68). Dies kann z. B. bei Anknüpfungen an den Wohnort der Fall sein [EuGHE 1974, 153 ff. (164f.) – RS 152/73 „Sotgiu"] oder bei der steuerlichen Behandlung von Grenzpendlern (EuGHE 1995, I–225 II. RS C--279/93 „Schumacker", *Dautzenberg,* BB 1995, S. 2397 ff.).

1522 Das Gleichbehandlungsgebot gewährt nicht nur das Recht auf gleiche Behandlung wie Inländer, sondern verbietet umgekehrt in seinem Anwendungsbereich grundsätzlich auch die **Schlechterstellung von Inländern gegenüber EG-Ausländern** [EuGHE 1974, 359 ff. (372) – RS 167/73 „Kommission/Französische Republik"; EuGHE 1979, 399 ff. (409) – RS 115/78 „Knoors" st. Rspr.; *Reitmaier,* Inländerdiskriminierungen nach dem EWG-Vertrag, 1984). Jedoch ist diese **„umgekehrte Diskriminierung"** (discrimination à rebours) nur insoweit untersagt, wie der Inländer in ähnlicher Weise wie ein EG-Ausländer von Freizügigkeitsrechten Gebrauch macht (z. B. Verwendung eines ausländischen Diploms), nicht aber generell, da der Inländer zunächst einmal seiner nationalen Gesetzgebung unterworfen ist (EuGHE 1982, 3723 ff. – RS 35/82; näher *Randelzhofer* in: Grabitz/Hilf (Hrsg.), EUV/EGV Komm. (1992) Art. 48 Rz. 27).

b) Drittwirkung des Diskriminierungsverbots

Dem Gebot der Inländergleichbehandlung unterliegen sowohl **staatliche Akte** als auch „sonstige Maßnahmen, die eine **kollektive Regelung im Arbeits- und Dienstleistungsbereich** enthalten" [EuGHE 1974, 1405 ff. (1419) – RS 36/74 „Walrave"]. Anderenfalls wäre es möglich, daß privatrechtliche Vereinigungen oder Einrichtungen kraft ihrer rechtlichen Autonomie die den Staaten untersagten Beschränkungen beibehielten oder herstellten. Da die Regelung der Arbeitsbedingungen im übrigen je nach MS unterschiedlich durch Rechtsakte des Staates oder Vereinbarungen der Tarifparteien erfolgt, gebietet ferner die einheitliche Anwendung des Europäischen Gemeinschaftsrechts die **Drittwirkung des Diskriminierungsverbotes** [EuGHE 1976, 1333 ff. (1341) – RS 13/76 „Dona"]. Dementsprechend regelt Art. 7 Abs. 4 der VO Nr. 1612/68 die Nichtigkeit aller gegen den Gleichbehandlungsgrundsatz verstoßenden Bestimmungen in Tarif- oder Einzelarbeitsverträgen oder sonstigen Kollektivvereinbarungen. Auch Regelungen von Sportverbänden unterliegen dem Diskriminierungsverbot (EuGHE 1995, I–4921 ff. – RS C 415/93 „Bosman", *Palme,* JZ 1996, S. 238 ff.). 1523

Außer den in Art. 48 Abs. 2 = 39 Abs. 2 neu EGV gesondert aufgezählten Fragen der Entlohnung und Beschäftigung zählen zu den „Arbeitsbedingungen" **alle Vergünstigungen, die mit dem Arbeitsverhältnis in Beziehung stehen,** unabhängig davon, ob sie aufgrund einer gesetzlichen oder vertraglichen Verpflichtung erfolgen oder ob sie freiwillig erbracht werden [EuGHE 1974, 153 ff. (164) – RS 152/73 „Sotgiu"]. Art. 7 Abs. 2 der VO Nr. 1612/68 erweitert diesen Kreis dahingehend, daß der Wanderarbeitnehmer auch die **gleichen sozialen und steuerlichen Vorteile** wie der Inländer genießt. Hierfür genügt, daß die Vergünstigungen, ob sie an einen Arbeitsvertrag anknüpfen oder nicht, den inländischen Arbeitnehmern hauptsächlich wegen deren objektiver Arbeitnehmereigenschaft oder einfach wegen ihres Wohnsitzes im Inland gewährt werden und deren Ausdehnung zur Integration des Wanderarbeitnehmers und seiner Familie beiträgt [EuGHE 1982, 33 ff. (44) – RS 65/81 „Reina" – Gewährung von Gebiets- oder Familiengründungsdarlehen; EuGHE 1985, 2681 ff. – RS 137/84 „Mutsch" – Sprachenregelung vor Gericht st. Rspr.). 1524

c) Das sekundäre Freizügigkeitsrecht der VO 1612/68

Art. 48 = 39 neu EGV erschöpft sich aber nicht in der Regelung eines Diskriminierungsverbotes. In Art. 48 Abs. 3 = 39 Abs. 3 neu werden dem Wanderarbeitnehmer weitere Rechte eingeräumt. Nach Art. 48 Abs. 3 a = 39 1525

Abs. 3 a neu hat er das Recht auf Zugang zu einer Beschäftigung (unten Rz. 1527 f.). Art. 48 Abs. 3 b und c = 39 Abs. 3 b und c neu gewähren ihm ein Einreise- und Aufenthaltsrecht, und in Abs. 3 d wird für den Wanderarbeitnehmer ein Verbleiberecht im Aufnahmeland nach Beendigung seiner Beschäftigung statuiert (unten Rz. 1537 ff., 1540 f.).

Auf der Grundlage von Art. 49 = 40 neu EGV wurden diese Rechte vor allem in der **Freizügigkeits-VO Nr. 1612/68** (ABl. 1968, L 257 ff., Änderungen = Sart. II Ziff. 180) näher geregelt. Die VO Nr. 1612/68 enthält nähere Normen und Aussagen über das Freizügigkeitsrecht insgesamt. Bereits in den Begründungserwägungen wird die Freizügigkeit als „ein **Grundrecht der Arbeitnehmer und ihrer Familien“** bezeichnet und die Notwendigkeit betont, alle Hindernisse zu beseitigen, die sich der Mobilität der Arbeitnehmer entgegenstellen. Hierauf greift der EuGH bei seinen Entscheidungen zur FA häufig im Interesse einer möglichst integrationsfreundlichen Auslegung der Art. 48 ff. = 39 ff. neu zurück [u. a. EuGHE 1973, 457 f. (464) – RS 76/72 „Michel S.“).

1526 Teil 1 der VO Nr. 1612/68 **(„Die Beschäftigung und die Familienangehörigen der Arbeitnehmer“)** gestaltet die in Art. 48 Abs. 2 und 3 a = 39 Abs. 2 und 3 a enthaltenen Rechte des Wanderarbeitnehmers auf Inländergleichbehandlung und auf Zugang zur Beschäftigung näher aus und räumt den Familienangehörigen gewisse Rechte ein. Teil 2 der VO Nr. 612/68 **(„Zusammenführung und Ausgleich von Stellenangeboten und Arbeitsgesuchen“)** regelt die technische Seite der Verwirklichung der Freizügigkeitsrechte. In ihrem 3. Teil **(„Organe** zur Herbeiführung einer engen Zusammenarbeit zwischen den MS auf dem Gebiet der Freizügigkeit und der Beschäftigung der Arbeitnehmer“) wird hierfür der erforderliche institutionelle Rahmen geschaffen.

4. Zugang zur Beschäftigung

1527 Das Recht auf Zugang zur Beschäftigung wird in Art. 1–6 der VO Nr. 1612/68 vor allem dahingehend konkretisiert, daß der EG-Angehörige mit dem gleichen Vorrang Anspruch auf **Zugang zu den verfügbaren Stellen wie die eigenen Staatsangehörigen** hat (Art. 1 Abs. 2 der VO Nr. 1612/68). Im übrigen läßt sich aus Art. 2 („Stellenangebote und Arbeitsgesuche“) ableiten, daß der EG-Angehörige sich von sich aus um Stellen bemühen darf und nicht auf Bewerbungen für ausgeschriebene Stellen angewiesen ist. Dabei ist ihm dieselbe Hilfe wie Inländern zu gewähren (Art. 5). Ferner verbietet Art. 4 die Anwendbarkeit von Quotenregelungen, welche die Beschäftigung von Ausländern zahlen- und anteilmäßig regeln, in bezug auf EG-Ausländer.

1528 In Art 7–9 der VO Nr. 1612/68 wird das Gleichbehandlungsgebot des Art. 48 Abs. 2 = 39 Abs. 2 neu EGV weiter dahingehend ausgelegt, daß es neben den Beschäftigungs- und Arbeitsbedingungen wozu die berufliche Wiedereingliederung oder Wiedereinstellung (Art. 7 Abs. 1) gezählt werden, auch den Genuß gleicher sozialer und steuerlicher Vergünstigungen (Art. 7 Abs. 2) einschließlich der **Inanspruchnahme von Berufsschulen und Umschulungszeiten** (Art. 7 Abs. 3) erfaßt. Dabei ist für die Anwendbarkeit des Art. 7 Abs. 2 die Anknüpfung an Vergünstigungen aus einem Arbeitsvertrag nicht erforderlich. Es genügt vielmehr, daß die fragliche Vergünstigung hauptsächlich wegen der Arbeitnehmereigenschaft oder wegen eines Wohnsitzes im Inland gewährt wird [EuGHE 1975, 1085 ff. (1095) – RS 32/75 „Cristini", st. Rspr.). Art. 8 bestimmt die **gewerkschaftliche Gleichstellung** des EG-Ausländers. Sie gilt auch bei Berufskammern (EuGHE 1994, I–1891 ff. – RS C–118/92).

Art. 9 dehnt das Diskriminierungsverbot auf den **privaten Bereich der Miete, des Erwerbs und der Suche nach einer Wohnung** aus.

Im 2. Teil der VO Nr. 1612/68 ist schließlich die Einführung eines **Ausgleichsverfahrens** (Art. 15 ff.) von Bedeutung, wonach die Stellenangebote, die in einem MS nicht befriedigt werden können, den anderen MS mitgeteilt werden (Art. 16 Abs. 1 der VO Nr. 1612/68, sog." SEDOC-System" = Europäisches System zur Übermittlung von Stellen- und Bewerberangeboten im internationalen Ausgleich).

5. Rechte der Familienangehörigen

Zusätzlich zu den Wanderarbeitnehmern werden auch deren **Familienangehörige** in der VO Nr. 1612/68 begünstigt (Art. 10–12, *Ziekow,* DÖV 1991, S. 354 ff.). In dieser Regelung zeigt sich der nicht ausschließlich wirtschaftliche, sondern zugleich soziale und in Richtung eines „Europas der Bürger" tendierende Sinn der EG-Freizügigkeit. In Art. 10 wird den Familienangehörigen das Recht eingeräumt, beim Zuwanderer Wohnung zu nehmen, und Art. 11 ermöglicht auch ihnen die Ausübung einer Tätigkeit im Lohn- oder Gehaltsverhältnis. Art. 11 eröffnet aber den Familienangehörigen kein eigenes, sondern ein von der Stellung des Wanderarbeitnehmers abgeleitetes Freizügigkeitsrecht (näher zum Familienbegriff *Hailbronner,* Freizügigkeit, in: Dauses (Hrsg.) Hdb EU-WirtschR D I (1996), Rz. 42 ff.). 1529

Art. 12 gewährleistet die Teilnahme der **Kinder des Wanderarbeitnehmers** am allgemeinen Unterricht sowie an der Lehrlings- und Berufsausbildung (näher unten Rz. 1542 f.). Er zielt dabei nicht nur auf die Zulassungsbedingungen, sondern auch auf die allgemeinen Maßnahmen (z. B. Ausbildungsförderung) ab, welche die Teilnahme am Unterricht erleichtern sollen [EuGHE 1974, 773 ff. (779) – RS 9/74 „Casagrande" st. Rspr.). Dies betrifft aber z. B. nicht solche **Studenten** o. ä., die sich selbständig zu Ausbildungszwecken in einen anderen MS begeben (EuGHE 1984, 2631 ff. – RS 238/83).

6. Öffentliche Ordnung, Sicherheit und Gesundheit als Grenzen der EG-Freizügigkeit

Das Freizügigkeitsrecht der Arbeitnehmer steht unter einem **Ordre-Public-Vorbehalt.** Die Freizügigkeit kann Beschränkungen unterliegen, die aus Gründen der öffentlichen Ordnung, Sicherheit und Gesundheit gerechtfertigt sind. Nach Art. 48 Abs. 3 = 39 Abs. 3 neu EGV erfaßt dieser Vorbehalt aber nur die in diesem Absatz enthaltenen Aufenthaltsrechte, nicht den in Art. 48 Abs. 2 = 39 Abs. 2 neu niedergelegten Gleichbehandlungsgrundsatz. 1530

Bei den Begriffen der **öffentlichen Ordnung, Sicherheit und Gesundheit** handelt es sich um **gemeinschaftsrechtliche Begriffe,** die als Ausnahmen von dem wesentlichen Grundsatz der FA **eng auszulegen** sind, weshalb ihre Tragweite nicht von jedem MS einseitig ohne Nachprüfung durch die Organe der Gemeinschaft bestimmt werden darf [EuGHE 1974, 1337 ff. (1350) – RS 41/74 „van Duyn" st. Rspr.; *Stein,* NJW 1976, S. 1553 ff.).

1531 Zwar steht jedem einzelnen MS nach seinen Bedürfnissen ein Beurteilungsspielraum zu, inwieweit er von den erlassenen nationalen Rechtsvorschriften zur Aufrechterhaltung der öffentlichen Ordnung und Sicherheit Gebrauch macht. Doch ist eine Beschränkung der Freizügigkeit nur **„gerechtfertigt",** wenn im Verhalten des EG-Angehörigen außer der Störung der öffentlichen Ordnung, die jede Gesetzesverletzung darstellt, „eine tatsächliche und hinreichend schwere Gefährdung" liegt, „die ein **Grundinteresse der Gesellschaft"** berührt [EuGHE 1975, 1219 ff. (1231) – RS 36/75 Rutili" EuGHE 1977, 1999 ff. (2013) – RS 30/77 „Bouchereau" st. Rspr.; *Hailbronner,* ZAR 1985, S. 108 ff.). Dieses kann auch in einer organisierten politischen Betätigung von Ausländern liegen, die national gesehen unerwünscht ist (EuGHE 1974, 1337 ff. – RS 41/74).

Auszugehen ist dabei stets vom **persönlichen Verhalten der betreffenden Personen** (Art. 3 Abs. 1 und 2 der RL 64/221, ABl. 1964, S. 850), weshalb z. B. eine Ausweisung aus Gründen der Generalprävention (Abschreckung aus wirtschaftlichen Gründen) unzulässig ist {EuGHE 1975, 297 ff. (307) – RS 67/74 „Bonsignore"; EuGHE 1986, 1573 ff. – RS 131/85 „Emir Gul"; so inzwischen auch BVerwGE 49, 60f.; 57, 61 ff., in Abwendung von seiner früheren Rspr. vgl. BVerwGE 42, 133 ff. (139f.). Dementsprechend ist die Ausweisung von EG-Angehörigen, die wegen einer Straftat verurteilt werden, in der Regel unzulässig, wenn die Strafe zur Bewährung ausgesetzt wurde (BVerwGE 57, 61 ff.).

1532 Ebenso bietet allein der **Verstoß gegen ausländerrechtliche Meldevorschriften** keinen ausreichenden Grund, einen EG-Ausländer auszuweisen, da für ihn eine Aufenthaltsberechtigung bereits nach den Freizügigkeitsregeln besteht und daher die Anmeldung nach den nationalen Vorschriften rein deklaratorisch ist [EuGHE 1976, 497f. (512) – RS 48/75 „Royer"; EuGHE 1980, 2171 ff. (2185) – RS 157/79 „Pieck"). Eine weitere Konkretisierung haben die Begriffe der öffentlichen Ordnung, Sicherheit und Gesundheit in der RL 64/221 (ABl. 1964, 850 ff.) gefunden (unten Rz. 1541). In Deutschland besteht inzwischen eine umfangreiche verwaltungsgerichtliche Rspr. über den Ordre-Public-Vorbehalt des Art. 48 Abs. 3 = 39 Abs. 3 neu EGV (näher *Hailbronner,* Freizügigkeit, in: Dauses (Hrsg.) Hdb EU-WirtschR D I (1996) Rz. 48 ff.).

7. Beschäftigung in der öffentlichen Verwaltung als Freizügigkeitsausnahme

1533 Die Vorschriften über die FA sind gemäß Art. 48 Abs. 4 = 39 Abs. 4 neu EGV nicht auf die **Beschäftigung in der öffentlichen Verwaltung** anwendbar *(Karpenstein,* GS Constantinesco, 1983, S. 377 ff.). Auf diese Weise will man diejenigen Stellen eigenen Staatsangehörigen vorbehalten, „die eine unmittelbare oder mittelbare Teilnahme an der Ausübung hoheitlicher Befugnisse und an der Wahrung solcher Aufgaben mit sich bringen, die auf die

Wahrung der allgemeinen Belange des Staates oder anderer öffentlicher Körperschaften gerichtet sind" [EuGHE 1980, 3881 ff. (3900) – RS 149/79 „Kommission/Belgien" st. Rspr.]. Die Beschäftigung auf derartigen Stellen setzt nämlich eine **besondere Verbundenheit des Stelleninhabers mit dem Staat** durch das Staatsangehörigkeitsband voraus (EuGHE, a. a. O.). Diese Rechtsprechung zu Art. 48 Abs. 4 = 39 Abs. 4 neu stellt so zugleich einen wichtigen Beitrag z ur Lehre von den „eigentlichen Staatsaufgaben" dar (*Everling,* DVBl. 1990, S. 225 ff.).

Schwierige Abgrenzungsfragen entstehen dadurch, daß die öffentlich Bediensteten in den einzelnen MS häufig Aufgaben wahrnehmen, die nicht mehr zur öffentlichen Verwaltung im engeren obigen Sinne gehören. Es würde eine weitgehende Einschränkung der Freizügigkeitsgrundsätze bedeuten, wollte man alle diese Tätigkeiten gemäß deren jeweiligem nationalem Recht unterschiedslos unter den Vorbehalt des Art. 48 Abs. 4 = 39 Abs. 4 neu EGV subsumieren, zumal es von der Organisation und dem Belieben der einzelnen MS abhängt, inwieweit bestimmte Bereiche wirtschaftlicher, sozialer oder kultureller Art von privater oder öffentlicher Seite wahrgenommen werden. 1534

Der Begriff der öffentlichen Verwaltung erfährt somit eine in der Gemeinschaft einheitliche Auslegung und Anwendung, indem er auf die **spezifischen Tätigkeiten der öffentlichen Verwaltung** beschränkt wird, die „mit der Ausübung hoheitlicher Befugnisse und mit der Verantwortung für die Wahrung der allgemeinen Belange des Staates betraut sind" [EuGHE 1980, 3881 ff. (3901) – RS 149/79 „Kommission/Belgien"; EuGHE 1986, 1725 ff. – RS 307/84 st. Rspr.; eingehend *Fischer/Strempel,* JURA 1995, S. 357 ff.]. Dementsprechend kann das Grundprinzip der Freizügigkeit von den MS nicht einfach dadurch eingeschränkt werden, daß Personen **in ein Beamtenverhältnis berufen werden** [EuGHE 1986, 2121 ff. – RS 66/85 „Lawrie-Blum"). In der schlichten Hoheitsverwaltung fallen i. d. R. nur leitende Kontrollfunktionen unter Art. 48 Abs. 4 = 39 Abs. 4 neu EGV. Vor allem die **Lehrberufe** sowie Gesundheits-, Post-, Verkehrs- und Versorgungsverwaltung unterliegen der EG-Freizügigkeit (EuGHE 1991, I–5627 ff. RS C–4/91; EuGHE 1996, I–3207 ff. RS 473/93 „Luxemburg"; *Kathke,* ZBR 1994, S. 233 ff.). In Deutschland ist inzwischen nach § 7 BBG bzw. § 4 BRRG das Beamtenverhältnis grundsätzlich für Unionsbürger geöffnet worden (*Schotten,* DVBl. 1994, S. 567 ff.) Ähnlich geht der Aktionsplan des Rates gemäß der E 92/481 (ABl. 1992, L 286/65) zugunsten eines zwischenstaatlichen **Austausches von Beamten,** die mit Binnenmarktaufgaben befaßt sind, in die Richtung der Europäisierung des öffentlichen Dienstes **(„Programm Karolus").** 1535

III. Begleitrechte zur Freizügigkeit

Literatur: *Kranz,* Die Freizügigkeit nach dem EWGV und das nationale Ausländer- und Melderecht, DÖV 1977, S. 111 ff.; *Steindorff,* Ausbildungsrechte im EG-

Recht, NJW 1983, 51231 ff.; *Hailbronner,* Die Einreise und der Aufenthalt von EG-Angehörigen, ZAR 1984,S. 176 ff.; *Rogalla/Neuhaus,* Die Unvereinbarkeit von Personenkontrollen von Marktbürgern an den EG-Binnengrenzen mit dem EWGV, EuR 1984, S. 203 ff.; *Hailbronner,* Aufenthaltsbeschränkungen gegenüber EG-Angehörigen, ZAR 1985, S. 108 ff.; *Fastenrath,* Zur Erteilung einer unbefristeten Aufenthaltserlaubnis oder Aufenthaltsberechtigung an EG-Auslander ZAR 1986, 551 ff.; *Koopmans,* Personencontrole, SEW 1986, S. 620 ff.; *Forch,* Freizügigkeit für Studienreferendare, NVwZ 1987, S. 27 ff.; *Oppermann,* Europäisches Gemeinschaftsrecht und deutsche Bildungsordnung, 1987; *Oppermann,* Von der EG-Freizügigkeit zur gemeinsamen europäischen Ausbildungspolitik?, 1988; *Séché,* Freizügigkeit in der EG – Einreise und Aufenthalt, 1989; *Fischer,* Zur Einreise- und Aufenthaltsfreiheit von EG-Ausländern, NVwZ 1990, S. 1150 ff.; *Wittkowski,* Die Rspr. des EuGH zur Freizügigkeit und Gleichbehandlung von Angehörigen der EG-MSen hinsichtlich des Besuchs von Ausbildungsstätten und deren Auswirkung auf die BR Deutschland, 1991; *Joppich,* Die Position der Lehramtsanwärter an deutschen öff. Schulen im Hinblick auf ihre Freizügigkeit als Arbeitnehmer gemäß Art. 48 EWGV, 1992; *Eriksen,* Die Anwendbarkeit des Art. 48 EWGV auf den deutschen juristischen Vorbereitungsdienst, NVwZ 1995, S. 1061 ff. (Zu den Bildungsrechten vgl. insbesondere die Literaturnachweise unten § 24 II. und § 29 I.).

1536 Neben den unter II behandelten **„Hauptrechten“** sind für die Wanderarbeitnehmer und ihre Angehörigen einige **„Begleitrechte“** für die effektive Wahrnehmung der Freizügigkeit von entscheidender Bedeutung. Ohne ungehinderte Einreise und Aufenthalt im anderen EG-MS, was Art. 48 = 39 neu EGV unmittelbar gewährt, wäre die Freizügigkeit entwertet (EuGHE 1980, 2171 ff. – RS 157/79 „Pieck“ st. Rspr.). Diese Begleitrechte sind gleichzeitig für die selbständig Tätigen im Rahmen der Niederlassungs- und Dienstleistungsfreiheit nahezu identisch ausgestaltet worden (unten Rz. 1622 ff.).

1. Reise-, Aufenthalts- und Verbleiberechte

a) Einreise, Aufenthalt und Ausreise

1537 Einzelheiten über das **Reise- und Aufenthaltsrecht** der Wanderarbeitnehmer und ihrer Familienangehörigen enthält die RL 68/360 (ABl. 1968, L 257/13 Änderungen = Sart. II Ziff. 180 c; *Fischer,* NVWZ 1990, S. 1150 ff.). Sie wurde im deutschen Recht mittels Gesetz über Einreise und Aufenthalt von Staatsangehörigen von MS der EWGV (AufenthG/EWG) i. d. F. v. 31.1.1980 (BGBl. I, S. 116, Änderungen = Sart. 1, Ziff. 560) verwirklicht.

Die Richtlinie 68/360 gewährt den Wanderarbeitnehmern zunächst die Ein- und Ausreisefreiheit, ohne sie vom Vorliegen eines Sichtvermerks oder dergleichen abhängig zu machen (Art. 2, 3). Die Familienangehörigen des Wanderarbeitnehmers genießen dieselben Rechte, bis auf diejenigen, die nicht die Staatsangehörigkeit eines MS besitzen. Für ihre Einreise kann die Vorlage eines Sichtvermerks verlangt werden (Art. 3 Abs. 2).

1538 Die nach Art. 4 Abs. 2 zu erteilende Bescheinigung über die **„Aufenthaltserlaubnis** für Angehörige eines MS der EWG“ hat lediglich **deklaratorische Wirkung** und kann einer allgemeinen Aufenthaltserlaubnis für sonstige Ausländer nicht gleichgestellt werden [EuGHE 1977, 1495 ff. (1504 f.) – RS 58/77 „Sugulo"; *Fastenrath,* ZAR 1986, S. 51 ff.). In Deutschland sind Arbeitsuchende nach § 8 Abs. 1 AufenthG/EWG vom Erfordernis einer Aufenthaltshescheinigung für die ersten 3 Monate befreit (dazu EuGH 1991, I–745 ff. – RS C–292/89). **Die Gültigkeitsdauer der Aufenthaltserlaubnis darf 5 Jahre nicht unterschreiten** (Art. 6 Abs. 1 b). Sie darf auch nicht bei Arbeitsunfähigkeit oder unfreiwilliger Arbeitslosigkeit entzogen werden (Art. 7). Im übrigen bleibt es den MS unbenommen, die Einhaltung der in der RL 68/ 360 vorgesehenen Formalitäten, z. B. die Verpflichtung, nach Art. 4 Abs. 2 eine Aufenthaltsbescheinigung zu besitzen, in ihrem Hoheitsgebiet sicherzustellen und deren Nichteinhaltung angemessen zu ahnden (vgl. § 12 a AufenthG/EWG). Ebenso dürfen den EG-Angehörigen Meldepflichten auferlegt (vgl. Art. 8 Abs. 2 RL 68/360) und an deren Nichteinhaltung Sanktionen geknüpft werden, die sich allerdings im Rahmen der Verhältnismäßigkeit halten müssen [EuGHE 1976, 1185 ff. (1198f.) – RS 118/75 „Watson + Belman").

Zur Freizügigkeit gehört auch das Recht **auf Ausreise in einen anderen MS,** 1539
um dort tätig zu werden (EuGHE 1992, I–4265 ff. RS C–370/90 „Singh"; EuGHE 1995, I–4921 ff. RS C–415/93 „Bosman" st. Rspr.

Den **selbständig Tätigen** (unten Rz. 1623) wurde in der RL 73/148 (ABl. 1973, L 172/14 ff.), welche die ursprüngliche RL 64/220 (ABl. 1964, 845 ff.) ablöste, ein der RL 68/360 **inhaltlich entsprechendes Einreise- und Aufenthaltsrecht eingeräumt.**

Eine Besonderheit besteht darin, daß nach Art. 4 der RL 73/148 die Aufenthaltsberechtigung im Rahmen der Niederlassungsfreiheit **unbefristet** ist, während sie bei der Dienstleistungsfreiheit für den Leistungserbringer und Leistungsempfänger auf die Dauer der Leistung beschränkt wird.

b) Verbleiberecht

Die Voraussetzungen, unter denen der Freizügigkeitsberechtigte von sei- 1540
nem Verbleiberecht (Art. 48 Abs. 3 d = 39 Abs. 3 d neu EGV) Gebrauch machen kann, sind in der VO Nr. 1251/70 (ABl. 1970, L 142/24 ff.) festgelegt. Mit der Gewährung des Verbleiberechts nähert die EG ihren Freizügigkeitsstatus bemerkenswert dem **allgemeinen, aus der Staatsangehörigkeit fließenden Bürgerrecht** an. Zu den Voraussetzungen des Verbleiberechts zählen grundsätzlich ein bestimmter Mindestaufenthalt (i. d. R. 3 Jahre) oder eine bestimmte Beschäftigungsdauer (Art. 2). In diesem Falle steht das Verbleiberecht auch den Familienangehörigen des Wanderarbeitnehmers, selbst nach dessen Tode, zu (Art. 3). Nach Beendigung der Beschäftigung hat der Betreffende 2 Jahre Zeit, sein Recht auszuüben. Das Verbleiberecht gilt bisher entgegen dem Wortlaut des Art. 48 Abs. 3 b = 39 Abs. 3 d neu („im Hoheitsgebiet **eines** MS") nur für den MS, in dem der Arbeitnehmer seine Beschäftigung beendet *(Wölker,* GTE Komm. EWGV, 4. Aufl. 1991, Rz. 85). Ebenso wie nach Art. 4 Abs. 2 der RL 68/360 kommt der in Art. 6 Abs. 1 VO 1251/70 geforderten Aufenthaltsbescheinigung nur deklaratorische Bedeutung zu [EuGHE 1977, 1495 ff. (1504f.) – RS 8/77 „Sugulo" zu RL 68/360).

1541 Neben Einreise und Aufenthalt wird den **Selbständigen auch das Verbleiberecht gewährleistet** (RL 75/34 – ABl. 1975, L 14110 ff.). Mangels einer ausdrücklichen Ermächtigung wie in Art. 48 Abs. 3 d = 39 Abs. 3 d neu stützte sich die RL auf Art. 235 = 308 neu EGV. Das Ziel der RL ist es, die berechtigten selbständigen Erwerbstätigen (Art. 2) und ihre Familienangehörigen genauso zu behandeln wie inländische Selbständige, die keine Erwerbstätigkeit mehr ausüben.

In der RL 64/221 (ABl. 1964, S. 850 ff.) wurden die aus Gründen der öffentlichen Ordnung, Sicherheit oder Gesundheit gerechtfertigten **Sonderregeln für die Einreise und den Aufenthalt von Ausländern** koordiniert. Mittels RL 72/194 (ABl. 1972, L 121/32 ff.) und RL 75/35 (ABl. 1975, L 14/14 ff.) wurden diese Regelungen auf das Verbleiberecht ausgedehnt. Die **Koordinierung** geschah sowohl im Hinblick auf die Ausübung einer unselbständigen oder selbständigen Erwerbstätigkeit als auch in bezug auf die Dienstleistungsfreiheit.

2. Bildungsrechte

1542 Zu einer inländergleich ausgestalteten EG-Freizügigkeit gehören auch gleiche soziale Rechte für den Wanderarbeitnehmer und seine Familie. Dabei spielt der **Bildungszugang** eine wichtige Rolle. Zur Verbesserung der Bedingungen, vor allem hinsichtlich der Aufnahme im Gastland und der Ausbildung ihrer Kinder, dient die RL 77/486 (ABl. 1977, L 199/ 32 ff.) über die **schulische Betreuung der Kinder von Wanderarbeitnehmern.** Die Zusammenhänge zwischen Bildungschancen und Freizügigkeit werden hier deutlich. Maßnahmen im Bereich des Bildungswesens sollen die Mobilität der Wanderarbeitnehmer und damit die Freizügigkeit fördern. Hierzu dienen ferner Vorschriften wie Art. 7 Abs. 3 und 12 der VO Nr. 1612/68, wonach den **Wanderarbeitnehmern selbst das Recht auf gleichen Zugang zu Berufsschulen und Umschulungszentren** bzw. ihren Kindern die Teilnahme am allgemeinen Unterricht sowie an der Lehrlings- und Berufsausbildung unter den gleichen Bedingungen wie den Staatsangehörigen des Gastlandes ermöglicht wird (*Steindorff,* NJW 1983 S. 1231 ff.).

1543 Diese Regelungen stellen zugleich Ansätze zur **Begründung einer EG-(Aus)Bildungspolitik** dar (unten Rz. 1903 ff.). Der Zugang zum und die Teilnahme am Unterricht im Bildungswesen (Lehrlingsausbildung und sonstige Berufsausbildung) zählen zum Anwendungsbereich des Gemeinschaftsrechts i. S. des Art. 6 = 12 neu EGV (EuGHE 1983, 2323 ff. RS 152/82 „Forcheri“; EuGHE 1985, 606 ff. – RS 293/83 „Gravier“ st. Rspr.). Seit 1992 enthalten Art. 126 f. EGV eine begrenzte ausdrückliche Gemeinschaftszuständigkeit in der allgemeinen und beruflichen Ausbildung (unten Rz. 1912 ff.). **Berufsausbildung** ist hier vor dem Hintergrund der Freizügigkeit Unselbständiger und Selbständiger weit zu verstehen und schließt auch Hochschulausbildung ein (näher *Oppermann,* Europäisches Gemeinschaftsrecht und deutsche Bildungsordnung, 1987). Im einzelnen sieht die RL 77/486 ferner die Unterweisung der Kinder in der Sprache des Aufnahmestaates im Rahmen eines kostenlosen Einführungsunterrichts und die Förderung ihrer Unterrichtung in der Muttersprache und der heimatlichen Landeskunde vor.

Es bestehen weitere „Begleitrechte" zum Recht auf Freizügigkeit, insbesondere in Gestalt der gegenseitigen Anerkennung von Prüfungszeugnissen u. ä. (vgl. die Rechtsgrundlagen im Fundstellennachweis des geltenden Gemeinschaftsrechts, 05.10). So gilt die RL 89/48 (ABl. 1989, L 19/16 ff.) über die gegenseitige Anerkennung der Hochschuldiplome auch für abhängig Beschäftigte (zu ihr unten Rz. 1620 ff.).

IV. Soziale Sicherheit der Wanderarbeitnehmer

Literatur: *von Borries,* Die vorläufigen Europäischen Abkommen über soziale Sicherheit, BArbBI. 1957, S. 322 ff.; *Tantaroudas,* La protection juridique des travailleurs migrants de la CEE en matière de Sécurité Sociale et la Jurisprudence de la Cour des Communautés, 1976; *Oppermann,* Sozialrechtlicher Generalbericht zum VI. Internationalen Kongreß für Europarecht, in: La Jurisprudence Européenne après vingt ans d'expérience communautaire, 1976 (KSE Band 24); *EG-Kommission* (Hrsg.), Praktisches Handbuch über die soziale Sicherheit der Arbeitnehmer und deren Familien, die innerhalb der Gemeinschaft zu- und abwandern, 1979; *Watson,* Social Security Law for the European Communities, 1980; *O'Keefe,* The scope and conntent of social security regulation in EC-Law, in: Essays in European Law and Integration, 1982, S. 105 ff.; *Wickenhagen,* Internationales Sozialversicherungsrecht, 2. Aufl. 1980; *Wiegand,* Das europäische Gemeinschaftsrecht in der Sozialversicherung – Die EWG-VOen Nr. 1408/ 71 und 574/ 72, 1983; *Bauer/Hannemann/Kinzel,* VOen Nr. 1408/71 und 574/72 aus der Sicht der Rentenversicherung, 10. Aufl. 1984; *Wanders,* Freizügigkeit statt Sozialunion – Zur Kompetenz der Sozialrechtsintegration in der Gemeinschaft, EuR 1985, S. 138 ff.; *Just/Groth* (Hrsg.), Wanderarbeiter in der EG, 2 Bde., 1985; *Lang,* Soziale Sicherheit und Freizügigkeit im EWGV, 1986; *Streil,* Der Beitrag des Gerichtshofs der EG zur Entwicklung des Sozialrechts in Europa, in: Lichtenberg (Hrsg.), Sozialpolitik in der EG, 1986, S. 95 ff.; *White,* Free movement of workers and social security, ELRev 1987, S. 147 ff.; *Morgan,* A review of the case law of the Court of Justice on migrant workers and social security, CMLRev 1987, S. 483 ff.; 1988, S. 391 ff.; *Watson,* Free movement of workers and social security, ELRev 1989, S. 346 ff.; 415 ff.; *Maydell,* Das Recht der EG und die Sozialversicherung, ZVersWiss 1990, S. 1 ff.; *Hailbronner,* Die soziale Dimension der EG-Freizügigkeit, EuZW 1991, S. 171 ff.; *Clever,* Soziale Sicherheit im Recht der Europäischen Integration, DAngVers 1992, S. 296 ff.; *Kirschbaum,* Soziale Sicherheit in der EG, 1992; *Biebach,* Diskriminierungs- und Behinderungsverbote im europäischen Sozialrecht, GGb 1994, S. 301 ff.; *Eichenhofer,* Europarechtliche Probleme der sozialen Pflegeversicherung, VSSR 1994, S. 223 ff.; *Eichenhofer,* Der EuGH und das europäische Sozialrecht, FS Everling, 1995 I, S. 297 ff.; *Waltermann/Janke,* Arbeitnehmerfreizügigkeit und Leistungen bei Arbeitslosigkeit in Europa, DB 1998, S. 1030 ff.; (Weitere Literaturnachweise bei § 25).

1. Grundgedanken

Um eine ungehinderte Ausübung des Freizügigkeitsrechts der Wanderarbeitnehmer zu ermöglichen, ist es notwendig, ihre **soziale Gleichstellung mit den inländischen Arbeitnehmern** umfassend zu verwirklichen. Diesem 1544

Ziel dient einerseits die VO Nr. 1612/68, insbesondere deren Art. 7 Abs. 2, der durch die Rechtsprechung des EuGH eine weite Auslegung erfahren hat (oben Rz. 1528). Andererseits sieht Art. 54 die Herstellung eines Systems zur **EG-weiten gegenseitigen Anrechnung der Sozialversicherungsansprüche** vor. Die FA bliebe nämlich Stückwerk, wenn ein Wanderarbeitnehmer durch den Wechsel in einen anderen MS die Ansprüche auf Berücksichtigung seiner Beschäftigungszeiten verlöre oder wegen der Unterschiedlichkeit der nationalen Sozialversicherungssysteme keine oder nur beschränkte Leistungen erhielte und dadurch in eine ungünstigere Lage käme, als wenn er seine gesamte berufliche Laufbahn in einem einzigen MS zurückgelegt hätte. Dies zu verhindern, soll mit Art. 51 = neu EGV und den auf seiner Grundlage ergangenen VOen erreicht werden [EuGHE 1983, 583 ff. (596) – RS 232/ 82 „Baccini"]. Ziel des durch einstimmigen Rechtsbeschluß herzustellenden Systems der Sicherstellung der sozialversicherungsrechtlichen Ansprüche und Leistungen ist somit die Realisierung der Freizügigkeit und nicht die Schaffung einer perfekten „Sozialunion" (*Wanders,* ELRev 1985, S. 138 ff.). Es geht um die **Koordinierung der weiterhin nationalen Versicherungssysteme** und nicht um ihre Harmonisierung (EuGHE 1986, 1 ff.- RS 41/84).

2. Rechtsgrundlagen und System

1545 Ausgangsvorschrift für die Schaffung eines **„europäischen Sozialversicherungsrechnungssystems"** (näher *Borchardt,* Sozialrecht, in: Dauses (Hrsg.) Hdb EU-WirtschR (1997), D II, Rz. 64 ff.), ist Art. 51 = 42 neu EGV der selbst **zwei Grundbedingungen für ein solches System** aufstellt, nämlich die Gewährleistung der Zusammenrechnung sämtlicher Beschäftigungszeiten und die Sicherstellung von Zahlungen auch an Personen, die in anderen MS wohnen. Dies wurde in der „Sozial-VO" 1408/71 (ABl. 1971, L 149/2 ff., Änderungen, Konsolidierte Fassung ABl. 1992, 325/1 ff. = Sart. II Ziff. 185) und der zu ihrer Durchführung erlassenen VO 574/72 (ABl. 1972, L 74/1 Konsolidierte Fassung ABl. 1992, 325/96 ff.) getan, welche die bereits 1958 erlassenen VOen Nr. 3 und 4 (ABl. 1958, Nr. 30/561, ABl. 1958, Nr. 30/ 597) ersetzten [EuGHE 1983, 583 ff. (596) – RS 232/82 „Baccini"). Diese Regelung gilt inzwischen über die VO 1390/81 (ABl. 1981, L 143/1 ff.) auch für Selbständige sowie deren Familienangehörige. Ferner können u. U. **Berufssoldaten** unter die VO 1408/71 fallen (EuGHE 1994, I-1101 ff. – RS C–71/93). Es sollen die bestehenden innerstaatlichen Rechtsvorschriften über die soziale Sicherheit koordiniert werden. Grundsätzlich gilt das **Gleichbehandlungsgebot** (Art. 3 VO 1408/71). Jedoch wird den EG-Angehörigen kein einheitlicher Leistungsanspruch zugesprochen, sondern dem Leistungsempfänger werden **selbständige Leistungsansprüche gegen die Versicherungsträger der MS** aufgrund der innerstaatlichen Rechtsvorschriften gewährt, erforderlichenfalls durch EGR ergänzt [EuGHE 1967, 307 ff. (315) – RS 9/67 „Colditz".] Bei deren Berechnung werden die in den anderen MS zurückgelegten Versicherungszeiten entsprechend berücksichtigt.

1546 In Ermangelung eines gemeinsamen Sozialversicherungssystems ist es möglich, daß **Wanderarbeitnehmer günstiger stehen können** als die Bürger des Beschäftigungslandes, die ihren Leistungsanspruch nur in diesem MS erworben haben [EuGHE 1971, 885 ff. (891) – RS 27/71 „Keller"]. Art. 46 Abs. 3 der VO Nr. 1408/71 sieht eine Begrenzung solcher Kumulierungen vor. Der Leistungsberechtigte soll nicht mehr erhalten als er erhielte, wenn er seine gesamten Versicherungszeiten in dem Land erbracht hätte, nach dessen Rechtsvorschriften sich der höchste Sozialversicherungsanspruch ergäbe. In diesem Falle seien die Leistungen anteilmäßig zu kürzen. Diese Kürzungsmöglichkeit verstößt jedoch nach Ansicht des EuGH [EuGHE 1975, 1149 ff. (1160f.) – RS 24/75 „Petroni", st. Rspr.] gegen Art. 51 = 42 neu EGV. „Der Zweck der Art. 48–51 würde verfehlt, wenn die Arbeitnehmer, die von ihrem Recht auf Freizügigkeit Gebrauch gemacht haben, Vergünstigungen der sozialen Sicherheit verlören, die ihnen jedenfalls die Rechtsvorschriften eines einzigen MS sichern."

Folge dieser Rechtsprechung, die zum Teil heftig kritisiert wurde *(Zacher,* Methodische Probleme des Sozialrechtsvergleichs, 1977, S. 162) war, daß in einigen MS (mit dem EGR vereinbare) **innerstaatliche Kürzungsklauseln** eingeführt wurden [Beispiele in EuGHE 1977, 1699 (1708) – RS 22/77 „Mura"].

Bei der Auslegung der Vorschriften der VO Nr. 1408/71 orientiert sich der EuGH **1547**
hauptsächlich an den **Vertragsvorschriften über die Freizügigkeit,** denn Art. 48–51 = 39–42 neu EGV sind „Grundlage, Rahmen und Grenzen der VOen über die soziale Sicherheit der Wanderarbeitnehmer" [EuGHE 1975, 1149 ff. (1160) – RS 24/75 „Petroni" u. a.]. Dies ermöglicht ihm, sich über nationale Unterschiede in den Sozialversicherungssystemen hinwegzusetzen und eine weitgehende Anwendung der Regelungen auch bezüglich besonderer und neuer Formen sozialer Leistungssysteme zu gewährleisten [vgl. EuGHE 1972, 457 ff. (466f.) – RS 1/72 „Frilli" – sachlicher Anwendungsbereich; EuGHE 1968, 707 ff. (718) – RS 19/68 „de Cicco" – persönlicher Anwendungsbereich]. Die Schwierigkeiten, die aus der bestehenden nationalen Selbständigkeit der Versicherungssysteme für Wanderarbeitnehmer entstehen, werden dadurch abgemildert bzw. ausgeglichen. – Andererseits gelten die Grundfreiheiten des Warenverkehrs (Art. 30, 36 = 28, 30 neu EGV, oben Rz. 1267 ff.) auch im Bereich der sozialen Sicherheit (EUGHE 1998, T-1831 ff. - RS C-120/95 „Decker"). – Sachverhalte, die keine Berührungspunkte mit Tatbeständen aufweisen, auf die das EGR abstellt, fallen nicht unter die VO 1408/71 (EuGHE 1987,5511 ff. – RS 147/87; zur Rspr. das EuGH insgesamt *Eichenhofer,* JZ 1995, S. 1047 ff.).

Institutionell werden die Fragen der sozialen Sicherheit der Wanderarbeitnehmer von einer bei der Kommission eingesetzten **Verwaltungskommission** behandelt. Sie praktiziert auf Gemeinschaftsebene die sich aus der VO 1408/71 ergebenden Fragen (Art. 80 ff.).

Insgesamt ist durch das System der VO 1408/71 die **Mobilität der EG-Arbeitnehmer** im Sinne der Art. 48 ff. = 39 ff. neu EGV durch die Gewährleistung ihrer sozialen Sicherheit im gesamten EG-Raum **entscheidend gestärkt worden.**

V. Von der Freizügigkeit zum „Europa der Bürger"

Literatur: *Grabitz,* Europäisches Bürgerrecht zwischen Marktbürgerschaft und Staatsbürgerschaft, 1970; *Much/Séché,* Les droits de l'étranger dans la CE, CDE

1975, S. 251 ff.; *Tomuschat,* La libre circulation et le statut politique des ressortissants communautaires, CDE 1976, S. 58 ff.; *Bieber;* „Besondere Rechte" für die Bürger der EG, EuGRZ 1978, S. 203 ff.; *van den Berghe/Huber,* European Citizenship, GS Sasse, Bd. II, 1981, S. 755 ff.; *Bleckmann,* Die Personenverkehrsfreiheit im Recht der EG. Vom Gleichheitssatz zur Verankerung absoluter Grundrechte, DVBl. 1986, S. 69 ff.; *EG-Kommission* (Hrsg.), Das Wahlrecht der Bürger der MS der Gemeinschaft bei Kommunalwahlen, Bull. EG 1986, Beilage 7; *Forwood/Clough,* The Single European Act and free movement, ELRev 1986, S. 383 ff.; *Magiera,* Politische Rechte im Europa der Bürger, ZRP 1987, S. 331 ff.; *Oppermann,* Vom Marktbürger zum EG-Bürger?, Ipsen-Symposion 1988, S. 87 ff.; *Niedobitek,* Pläne und Entwicklung eines Europas der Bürger 1989; *Magiera* (Hrsg.) Das Europa der Bürger in einer Gemeinschaft ohne Binnengrenzen 1990; *Everling,* Von der Freizügigkeit der Arbeitnehmer zum Europäischen Bürgerrecht? EuR 1990, S. 81 ff. (Beih. 1); Die „richtige" Rechtsgrundlage der Richtlinie über das Aufenthaltsrecht der Studenten, EuR 1990, S. 393 ff.; *Hailbronner,* Europa 1992 – Freizügigkeit für Studenten und Auszubildende in der EG, JUS 1991, S. 9 ff.; *Solbes Mira,* La citoyenneté européenne, RMC 1991, S. 168 ff.; *Everling,* Die Stellung des Bürgers in der EG, ZRVgl. 1992, S. 241 ff.; *Fischer,* Die Unionsbürgerschaft, EuZW 1992, S. 506 ff.; *Khan,* Zur unmittelbaren Anwendbarkeit der EG-Richtlinien über die allgemeine Personenfreizügigkeit, ZAR 1992, S. 161 ff.; *Constantinesco,* La citoyenneté de l'Union, in: Schwarze (Hrsg.), Vom Binnenmarkt zur EU, 1993, S. 25 ff.; *Flory,* Étudiants d'Europe, 1993; *Wiethoff,* Zur Bürgernähe in der EG, FS Bleckmann, 1993, S. 319 ff.; *Hrbek* (Hrsg.), Bürger und Europa, 1994; *Bauer/Kahl,* Europäische Unionsbürger als Träger von Deutschen Grundrechten? JZ 1995, S. 1077 ff.; *Hardy de Beaulieu* (Hrsg.), Du déficit démocratique à l'Europe des citoyens, 1995; *Huber,* Das Schengener Durchführungsabkommen und seine Auswirkungen auf das Ausländer- und Asylrecht, NVwZ 1996, S. 1069 ff.; *Schelter,* Innenpolitische Zusammenarbeit zwischen Maastricht und Regierungskonferenz 1996, APUZ B 1–2/1996, S. 19 ff.; *Taschner,* Schengen, 1997.

1. Vom Marktbürger zum Unionsbürger

a) Wirtschaftliche, soziale und politische Seite der Freizügigkeit

1548 Die Freizügigkeitsvorschriften des Vertrages sollen primär dazu beitragen, die **wirtschaftliche Integration der MS** voranzutreiben. Mittels der Mobilität der Arbeitnehmer soll die Auslastung der Produktionsstätten optimiert und damit der Wohlstand gefördert werden. Der Wanderarbeit-nehmer wird deshalb von den Vertragsvorschriften vorrangig in seiner Funktion als „Produktionsfaktor Arbeit" gesehen.

Die Einräumung des Rechts auf Inländergleichbehandlung in bezug auf die Arbeitsbedingungen ermöglichte den Wanderarbeitnehmern jedoch die **dauerhafte Eingliederung in die Arbeitswelt des Aufnahmelandes.** Der Marktbürger richtete sich seßhaft im Gastland ein, da er dort die besten Voraussetzungen für die Schaffung und Erhaltung seiner materiellen Lebensgrundlage fand. Je mehr die Wanderungsbewegungen zum Stillstand kamen, und die Freizügigkeitsberechtigten auf Dauer im aufnehmenden MS blieben, desto mehr rückte der Wanderarbeitnehmer als Unionsbürger und nicht mehr nur als „Marktbürger" ins Blickfeld.

1549 Zusätzlich zu seiner Gleichstellung im beruflichen Bereich strebt man seine **Integration auf gesellschaftlichem und allgemein-politischem Ge-**

biet an. Die Gemeinschaft soll zu einem „Europa der Bürger" werden, in welchem der einzelne die EG aufgrund konkreter Erfahrungen als „seine Sache" begreifen kann *(*Hrbek, (Hrsg.) Bürger und Europa, 1994). So löste der EuGH den Begriff der „sozialen Vergünstigung" in Art. 7 Abs. 2 der VO Nr. 1612/68 von einer notwendigen Verbindung mit einem Arbeitsvertrag. Ebenso räumte die VO Nr. 1612/68 in Art. 10 ff. neben den Wanderarbeitnehmern auch ihren Familienangehörigen gewisse Rechte ein (oben Rz. 1529).

Diese Entwicklung führte zum einen zu einer stärkeren Betonung des **sozialen Fortschrittes** neben den wirtschaftlichen Zielsetzungen (Präambel EGV, Art. 117 = 136 neu, 130 a = 158 neu EGV). Darüber hinaus hat der Maastrichter EUV 1992 mit der Einführung der **gemeinsamen Unionsbürgerschaft** für die Staatsangehörigen der MSen deren Status sowohl im Hinblick auf die Freizügigkeit als auch mit weiteren politischen Rechten angereichert *(Everling,* ZRVgl, 1992 S. 241 ff.). Der Bourgeois hat sich auch in Europa allmählich zum Citoyen fortentwickelt *(Rudolf Smend).*

b) Vom Freizügigkeitsstatus des Arbeitnehmers zur Unionsbürgerschaft

Die Bestrebungen, die Arbeitnehmerfreizügigkeit der Art. 48 ff. = 39 ff. 1550
neu EGV zum „Europa der Bürger" zu erweitern, gehen bis in die siebziger Jahre zurück.

Aufgrund des Pariser Gipfeltreffens 1974 wurde erstmals eine Arbeitsgruppe eingesetzt, die prüfen sollte, welche **„besonderen Rechte als Angehörige der Gemeinschaft"** den Bürgern der MSen zuerkannt werden sollten (Kommunalwahlrecht, Zugang zu öffentlichen Ämtern, Versammlungs- und Vereinigungsrecht, Paßunion u. a.) Die Kommission schlug 1979 eine auf Art. 235 EWGV gestützte Richtlinie vor, die allen EG-Bürgern ein von Erwerbstätigkeit **unabhängiges Aufenthaltsrecht** in der ganzen Gemeinschaft gewähren sollte. – 1984 setzte der europäische Rat im Zuge der Vorbereitung der Einheitlichen Europäischen Akte einen **Ad-hoc-Ausschuß „Europa der Bürger" (Adonnino-Ausschuß)** ein. Er regte u. a. den Abbau der Grenzformalitäten, gegenseitige Anerkennung von Diplomen und Prüfungszeugnissen, verstärkten Kultur-, Jugend- und Sportaustausch an. Obwohl diese Vorschläge nicht in die EEA eingingen, wurden sie in der Vorbereitung der Unionsbürgerschaft in den 90er Jahren zum guten Teil wieder aufgegriffen.

Ein wichtiges Stück „Europa der Bürger" wurde 1990/93 mit der Verab- 1551
schiedung von **drei Aufenthaltsrichtlinien** verwirklicht, welche das Aufenthaltsrecht nunmehr weitgehend lückenlos für alle EG-Bürger gewährleisten (unten Rz. 1552).

In den gleichen Zusammenhang gehörten die bereits 1981/82 unternommenen Schritte zu einer **„Paßunion"** (unten Rz. 1553) sowie zum schrittweisen Abbau der Kontrollen an den gemeinsamen Grenzen durch die beiden **„Schengener Abkommen" 1986 und 1990** zunächst zwischen den Benelux-Staaten, Frankreich und Deutschland (unten Rz. 1554).

Schließlich fand dieses „Europa der Bürger" mit der Einführung der **Unionsbürgerschaft** im Sinne der in Maastricht 1992 neu geschaffenen Art. 8–8e = 17–22 neu EGV seinen vorläufigen Abschluß *(Hobe,* Staat, 1993, S. 225 ff.). Die Summe der hiermit vorgesehenen Rechte und Pflichten kann zwar nicht als eine „EG-Angehörigkeit" im Sinne einer Staatsangehörigkeit angesehen werden. Unionsbürger ist, wer die Staatsangehörigkeit eines MS besitzt (Art. 8 Abs. 1 = 17 Abs. 1 neu EGV). Die Unionsbürgerschaft ist aber so ansehnlich, daß ihr Träger neben den MSen als **unmittelbares Mitglied der Gemeinschaft** angesprochen werden kann (oben Rz. 210 ff.s und *Fischer,* FS Winkler, 1997, S. 237 ff.).

2. Inhalt der Unionsbürgerschaft

Literatur: Umfangreiche Zusammenstellung der kaum mehr überschaubaren Literatur zur Unionsbürgerschaft bei *Hilf,* in: Grabitz/Hilf (Hrsg.), EUV/EGV-Komm. (1998), Art. 8.

Denza, Le passeport européen, RMC 1982, S. 489 ff.; *de Lobkowicz,* Ein europäisches Kommunalwahlrecht für alle EG-Bürger, DÖV 1989, S. 519 ff., *Papier,* Kommunalwahlrecht für Angehörige anderer Mitgliedsstaaten der EG, in: Magiera (Hrsg.), Europa der Bürger in der Gemeinschaft ohne Binnengrenzen, 1990, S. 27 ff.; *Taschner,* Schengen oder die Abschaffung der Personenkontrollen an den Binnengrenzen der EG, 1990; *Schütte,* Schengen, CMLRev 1991, S. 549 ff; *Alexander,* Free movement of Non-EC nationals, EJIL 1992, S. 53 ff.; *Hailbronner,* Asyl- und Einwanderungsrecht in der EG, 1992; *Bieber,* Die Abkommen von Schengen über den Abbau der Grenzkontrollen, NJW 1993, S. 294 ff.; *Goldstein,* Die Kompetenzen der EG zur Regelung des Asylrechts 1993; *Hailbronner,* Die Rechtsstellung der de-facto-Flüchtlinge in den EG-Staaten, 1993; *Weber,* Die Harmonisierung der europäischen Einwanderungs- und Asylpolitik, ZRP 1993, S. 170 ff.; *Wehner,* Europäische Zusammenarbeit bei der polizeilichen Terrorismusbekämpfung aus rechtlicher Sicht, 1993; *Bäumler,* Schengener Abkommen und Wirtschaftskriminalität, CR 1994, S. 487 ff.; *Fischer,* Die Zusammenarbeit in den Bereichen Justiz und Inneres, EuZW 1994, S. 747 ff.; *Pitschas,* Integrationsprobleme des Polizeirechts in Europa, NVwZ 1994, S. 625 ff.; *Achermann/Bieber/Epiney/Wehner,* Schengen und die Folgen, 1995; *Beinhofer,* Europäischer Abbau der Grenzkontrollen und polizeiliche Aufgabenerfüllung, BayVbl. 1995, S. 193 ff.; *Engelken,* Einbeziehung der Unionsbürger in kommunale Abstimmungen (Bürgerentscheide, Bürgerbegehren)?, NVwZ 1995, S. 432 ff.; *Hailbronner,* Privilegierte Drittstaatsangehörige in der EU, FS Everling, 1995, S. 399 ff.; *Müller-Graff,* Die europäische Zusammenarbeit in den Bereichen Justiz und Inneres, FS Everling, 1995, S. 925 ff; *Taschner,* Das Schengener Übereinkommen von 1990 – Theorie und Praxis, 1996; *Magiera,* Die Beseitigung der Personenkontrollen an den Binnengrenzen der EU, FS Stern, 1997, S. 1317 ff.; *Werner,* Schengen und Europol, CR 1997, S. 34 ff.; *Frowein/Krisch,* Der Rechtschutz gegen Europol, JZ 1998, S. 589 ff.; *Schmidt-Jortzig,* Die Zukunftsperspektiven von Europol, ZEUS 1998, S. 7 ff.; *Wielsch,* Die europ. Gefahrenabwehr, 1998.

1552 Die Unionsbürger verfügen über die **im EGV vorgesehenen Rechte und Pflichten** (Art. 8 Abs. 2 = 17 Abs. 2 neu EGV). Unter ihnen sind besonders hervorzuheben:

a) Gleichbehandlung und allgemeines Aufenthaltsrecht

Fundamental für den Unionsbürgerstatus ist das **Verbot jeder Diskriminierung aus Gründen der Staatsangehörigkeit** im Anwendungsbereich des EGV (Art. 6 Abs. 1 = 12 Abs. 1 neu EGV).

Zu diesem Grundrecht bereits oben Rz. 1520 ff.. Auch die weiteren in der Rspr. des EuGH entwickelten Gemeinschaftsgrundrechte (oben Rz. 489 ff.) stehen jedem Unionsbürger zu.

Eine wichtige Konsequenz des Gleichbehandlungsgebotes war die **Ausdehnung des Aufenthaltsrechtes** über den Kreis der Arbeitnehmer und selbständig Erwerbstätigen hinaus mit der Verabschiedung der drei Richtlinien (Sart. II Ziff. 180 f)–h) über das **Aufenthaltsrecht** (RL 90/364, ABl. 1990, L 180/26), über das **Aufenthaltsrecht der aus dem Erwerbsleben ausgeschiedenen Arbeitnehmer und selbständigen Erwerbstätigen** (RL 90/365, ABl. 1990, 180/28) sowie über das **Aufenthaltsrecht der Studenten** (RL 93/96, ABl. 1993, L 317/59).

Während die beiden ersten RLen auf Art. 235 EWGV = 308 neu EGV gestützt wurden, einigte man sich bei der Studenten-RL schließlich auf eine Anwendung der Nichtdiskriminierungskompetenz des Art. 7 Abs. 2 EWGV (inzwischen Art. 12 Abs. 2 neu EGV (näher *Klein/Haratsch,* JUS 1995, S. 7 ff.). – Mit den drei Richtlinien ist nunmehr das Aufenthaltsrecht praktisch lückenlos für alle Unionsbürger gewährleistet, die über das notwendige Existenzminimum verfügen und nicht dem Gaststaat finanziell zur Last fallen. Damit ist eine wichtige Voraussetzung für einen nicht nur wirtschaftlich gemeinten Binnenmarkt mit freiem Personenverkehr erfüllt.

Mit **Art. 8 a Abs. 1 = 18 neu EGV** ist dieses allgemeine Aufenthaltsrecht seit 1992/93 auf **Vertragsebene** verankert worden. Es gilt vorbehaltlich der Modalitäten des Vertrages. Seine Ausübung kann aber durch sekundäres Gemeinschaftsrecht gemäß Art. 8 a Abs. 2 = 18 Abs. 2 neu EGV weiter erleichtert werden (näher *Koenig/Pechstein,* Die EU, 1995, S. 174 ff).

b) Paßunion, Wegfall der Grenzkontrollen („Schengen") und Polizeikooperation („Europol")

Mit der seit 1974 in die Wege geleiteten **Angleichung der äußeren Form** 1553
der Pässe der MSen („lila Europapaß") soll das „Europa der Bürger" mittels eines äußerlichen Details sinnfällig gemacht und technisch die Freizügigkeit erleichtert werden *(Denza,* RMC 1982, S. 489 ff). Diese **„Paßunion"** wurde durch zwei Ministerratsbeschlüsse v. 23.6.1981 und 30.6.1982 (ABl. 1981, C 141/1 und ABl. 1982, C 179/1) festgelegt und in Deutschland am 19.2.1986 verwirklicht (BGBl. 1986 1, S. 537 ff).

In der Logik des freien Personenverkehrs im Binnenmarkt gemäß Art. 7 a 1554
Abs. 2 = 14 Abs. 2 neu EGV liegt als wesentliche praktische Erleichterung des freien Aufenthaltes der **Wegfall der Personenkontrollen** an den EG-Binnengrenzen. Solche Maßnahmen berühren allerdings mit Blick auf die Kriminalitätsbekämpfung und auf den Aufenthalt einer großen Zahl von Angehörigen dritter Staaten innerhalb der MSen elementare nationale Sicherheitsinteressen. Der Verzicht auf polizeiliche Kontrolle an den Binnengrenzen der Gemeinschaft muß einhergehen mit einer **verstärkten Kooperation der Polizei** zwischen den MSen. Da es um sensible Bereiche nationaler Souveränität geht, gestaltet sich die Vergemeinschaftung schwierig.

Nachdem verschiedene MSen (besonders England, Irland und die nordischen 1555
MSen) Gemeinschaftslösungen ablehnten, suchten die anderen die Grenzöffnung auf dem Wege gesonderter **völkerrechtlicher Vereinbarungen.** Am 14.6.1985 schlos-

sen D, F und die Benelux-Länder am luxemburgischen Grenzort Schengen ein erstes Übereinkommen über den schrittweisen Abbau der Kontrollen an den gemeinsamen Grenzen (GMBl. 1986, S. 79 – **„Schengen I“).** Es wurde am 19.6.1990 durch ein Durchführungsabkommen (BGBl. 1993 II, 1013 – „Schengen II“ = Sart. II Ziff. 280) wesentlich weiterentwickelt. Die tatsächliche Verpflichtung zum Abbau der Grenzkontrollen und zu gleichzeitigen polizeilichen Ausgleichsmaßnahmen finden sich in „Schengen II“ *(Bieber,* NJW 1993, S. 294 ff). Schengen II gilt inzwischen für 10 MSen (neben den o. g. 5 „Gründerstaaten“ Italien, Spanien, Portugal, Griechenland und Österreich). Es bestehen aber noch manche Vorbehalte und Vollzugsdefizite („Erprobungsphasen“ u. ä., 2 Durchführungsbeschlüsse ABl. 1997, L 281/1 u. 26). Zentraler Inhalt von „Schengen“ ist einerseits das Prinzip, daß die **Binnengrenzen überall ohne Personenkontrollen überschritten werden dürfen.** Andererseits stellt die Kontrolle an den **Außengrrenzen** eine gemeinsame Angelegenheit der Beteiligten nach einheitlichen Grundsätzen dar (Art. 2 ff Sch. II). Für die Außenkontrollen ist in Straßburg eine zentrale polizeiliche Datei eingerichtet **(„Schengener Informationssystem = SIS“;** *Scheller,* JZ 1992, S. 904 ff.)

1556 Als Ausgleichsmaßnahmen für den Wegfall der Binnenkontrollen ist eine **verstärkte Zusammenarbeit der Polizeibehörden vorgesehen** (Art. 29 neu EUV i. V. m Art. 39 ff Sch II). Das hierbei geplante grenzüberschreitende Tätigwerden begegnet jedoch vielfachen Schwierigkeiten. Zur Sammlung von Informationen und deren Übermittlung an die MSen im Bereich der Schwerkriminalität (u. a. Drogenhandel) ist im Rahmen der Polizeilich-Justitiellen Zusammenarbeit in Strafsachen (oben Rz. 311) nach Art. 30 neu EUV das **Übereinkommen über ein Europäisches Polizeiamt** (ABl. 1995, C 316/1 **„Europol“)** ausgearbeitet worden. Europol ist keine Gemeinschaftseinrichtung, sondern ein mit Rechtspersönlichkeit ausgestattetes Instrument intergouvernementaler Kooperation, *(Zieschang,* ZRP 1996, S. 427 ff.). Sitz ist Den Haag. Jedoch können MSen sich einverstanden erklären, daß Regelungen des Abkommens dem EuGH zur Vorabentscheidung vorgelegt werden. Obwohl das Übereinkommen erst 1998 in Kraft trat, hat die Europol-Drogenstelle im Haag schon seit 1994 ihre Arbeit aufgenommen. – D hat das Europol-Übereinkommen 1997 trotz gewisser Bedenken gegen ein Protokoll (ABl. 1997, C 221/1) ratifiziert, mit welchem den Europol-Bediensteten bei ihrer Sammlungstätigkeit **Immunität** gewährt wird *(Hailbronner,* JZ 1998, S. 283 ff.).

c) ***Exkurs:*** *Politik gegenüber Staatsangehörigen dritter Länder, insbesondere europäische Zuwanderungs-, Flüchtlings- und Asylpolitik*

1557 Staatsangehörige von Drittstaaten außerhalb der EU, die sich innerhalb der Gemeinschaft aufhalten **(„EU-Ausländer“),** verfügen nicht über die Rechte der Unionsbürgerschaft. Für sie gelten neben dem nationalen Recht des jeweiligen MSes (z. B. deutsches Ausländergesetz v. 9.7.1990, BGBl I, S. 1354, Änderungen = Sart. I, Ziff. 565) besondere Regelungen des Gemeinschaftsrechts *(Costa/Tomuschat* u. a., REDP 1995, S. 527 ff). In der Sache stellen sich neben der allgemeinen Zuwanderung von EU-Ausländern in die Gemeinschaft besondere Probleme bei den Flüchtlingen und Asylsuchenden. Es handelt sich um einen **beträchtlichen Personenkreis, wobei Deutschland Hauptaufnahmeland ist** (z. B. 1992 ca. 1,4 Mio. Zuwanderung von EU-Ausländern, davon 1,1 Mio. nach D; 1993 ca. 400 000 Asylanträge, davon ca. 320 000 in D).

1558 Bisher ist die Politik der MSen gegenüber EU-Ausländern kaum vergemeinschaftet, sondern im Rahmen der **intergouvernementalen Zusammenarbeit in Justiz/Inneres** gemäß Art. K ff. EUV im Interesse der Freizügigkeit eine **Angelegenheit von gemeinsamem Interesse.** Dabei werden die Asylpolitik, die Kontrolle der EU-Außengrenzen, die Einwanderungspolitik und allgemein die Politik gegenüber Staatsangehörigen dritter Länder benannt *(Bunz/Neuenfeld,* APUZ B 48/1994, S. 37 ff). Ferner sieht Art. 42 EUV für die EU-Ausländerpolitik im Sinne des Art. 29 EUV den Übergang zu Gemeinschaftsverfahren aufgrund einstimmigen Ratsbeschlusses vor.

In der **Visapolitik** wurden einige rechtsangleichende Maßnahmen auf der Grundlage von Art. 100 c EGV (in Amsterdam 1997 aufgehoben, oben Rz. 1217) getroffen (VOen 1683/95 und 2317/95, ABl. 1995, L 164/1 und 234/1 zur einheitlichen Visagestaltung und zur Bestimmung der visapflichtigen Drittländer).

Bisher ist auf dieser höchst komplizierten Rechtsgrundlage die **gemeinschaftliche EU-Ausländerpolitik der MSen** nur sehr stückweise und ohne kohärentes Konzept vorangekommen Mit der **Asylrechtskonvention von Dublin 1990** (BGBl. 1994 II, 792 = Sart. II Ziff. 285; *Gerlach,* ZRP 1993, S. 164 ff.) soll i. V. m. „Schengen II" (oben Rz. 1555) im Sinne des gemeinschaftsweiten Vertrauensprinzips die gegenseitige Anerkennung der nationalen Asylentscheidungen sichergestellt werden. Im Rahmen der Flüchtlings- und Asylpolitik *(Hailbronner,* ZAR 1995, S. 3 ff.) hat der Rat ferner einen gemeinsamen Standpunkt über die Definition des **Begriffs Flüchtling** im Sinne der Genfer Flüchtlingskonvention 1951 beschlossen (ABl. 1996, L 63/1) und einen Beschluß über ein **Warn- und Dringlichkeitsverfahren zur Lastenverteilung** bei der Vertriebenenaufnahme gefaßt (ABl. 1996, L 63/3). In langjähriger Vorbereitung befindet sich ein **Übereinkommen über das Überschreiten der Außengrenzen,** das die Personenkontrollen vereinheitlichen und eine gemeinsame europäische Visapolitik einführen soll. Verabschiedet wurde bereits u. a. eine gemeinsame Maßnahme des Rates zur Regelung des **Transits auf Flughäfen** (ABl. 1996, L 63/8) und gemäß Art. K. 1 EUV a. F. eine Entschließung zur **Rechtsstellung von Staatsangehörigen dritter Länder, die in EU-MSen auf Dauer aufhältig** sind (ABl. 1996, C 80/2). Mit ihr soll die Integration dieser „privilegierten Drittlandsangehörigen" in den Gastländern verbessert werden *(Hailbronner,* FS Everling, 1995, S. 399 ff.).

Ungeachtet dieser und weiterer Einzelmaßnahmen bleibt der **Anachronismus** einer noch weithin nationalen EU-Ausländerpolitik nach außen in einem nach innen geöffneten Binnenmarkt vorläufig bestehen. Leidtragende dieses unbefriedigenden Zustandes sind vor allem für Drittstaatsangehörige attraktive Aufnahmeländer wie D. Die **„neue Völkerwanderung nach Westeuropa"** *(Kay Hailbronner)* bedarf eines verläßlich harmonisierten Regimes an den EU-Außengrenzen, wenn der Grenzabbau im Binnenmarkt für alle MSen dauerhaft erträglich bleiben soll. **1559**

d) Kommunalwahlrecht und Wahlrecht zum Europäischen Parlament

Zum Status des Unionsbürgers gehört mittlerweile auch das Recht, bei Wohnsitz in einem MS, dessen Staatsangehörigkeit er nicht besitzt, das aktive und passive Kommunalwahlrecht wahrzunehmen (Art. 8 b Abs. 1 = 19 Abs. 1 neu EGV **(„EU-Auslanderkommunalwahlrecht").** Seine Anerkennung stellt eine wichtige Bestätigung dafür dar, daß die Unionsbürgerschaft nicht nur wirtschaftlich, sondern ebenso sozial und politisch gemeint ist. Die Grundsätze des Art. 8 b Abs. 1 = 19 Abs. 1 neu EGV wurden durch die **Richtlinie 80/94** (ABl. 1994, L 368/38, *v. Lennep,* Stadt und Gemeinde 1994, S. 249 ff.) in den Einzelheiten konkretisiert. Dabei wurden verschiedene **Ausnahmeregelungen** zugelassen. **1560**

Hiermit hat sich das bereits seit den siebziger Jahren in der EG kontrovers diskutierte EU-Ausländerkommunalwahlrecht durchgesetzt. In Deutschland waren **1561**

1990 Versuche in Hamburg und Schleswig-Holstein gescheitert, ein allgemeines Ausländerkommunalwahlrecht einzuführen, da BVerfGE 83, 37 ff., 60 ff. unter „Volk" im Sinne von Art. 20 Abs. 2 GG, von dem die gesamte Staatsgewalt ausgeht, **das deutsche Staatsvolk** verstand. Das Gericht hielt jedoch gleichzeitig eine Verfassungsänderung für möglich, die das Kommunalwahlrecht für den engeren Kreis der Unionsbürger legitimierte. Diese erfolgte 1992 in Gestalt einer entspr. **Klarstellung in Art. 28 Abs. 1 GG.** Damit war in D der Weg frei für die **Umsetzung der RL 90/94 in das Länderkommunalrecht** (z. B. bad.-württ. G über die Teilnahme von Unionsbürgern an kommunalen Wahlen und Abstimmungen v. 13.11.1995, BWGBl. 1995, S. 761). Dabei wurde die Frage unterschiedlich geregelt, ob den Unionsbürgern über die Wahlen hinaus auch die Teilnahme an **kommunalen Plebisziten** ermöglicht werden sollte und ob sie auch für die Wahl als Leiter kommunaler **Exekutivorgane** wie Bürgermeister oder Landräte passiv wählbar sein sollten (*Engelken,* NVWZ 1995, S. 432 ff.). Der Wortlaut des Art. 8 b Abs. 1 = 19 neu EGV und Art. 5 Abs. 3 RL 94/80 ermöglichte insoweit restriktive Auslegungen, die z. B. in Bayern wahrgenommen wurden. Auch andere MSen wie F regelten dies ähnlich zurückhaltend.

Obwohl das EU-Ausländerkommunalwahlrecht angesichts von ca. 15 Millionen Unionsbürgern, die in einem anderen MS als in ihrem Heimatland leben, einen nicht unbeträchtlichen Personenkreis erfaßt, wird es nach bisherigen Erfahrungen von den Begünstigten nur zögerlich ausgeübt.

1562 Eine zweite sehr verständliche wahlrechtliche Konsequenz aus der Unionsbürgerschaft geht nach Art. 8 b Abs. 2 = 19 Abs. 2 neu EGV dahin, den in einem „fremden" MS wohnenden Unionsbürgern bei **Wahlen zum Europäischen Parlament** in ihrem Wohnsitzstaat das aktive und passive Wahlrecht zu den gleichen Bedingungen wie den Angehörigen des betreffenden MS zu ermöglichen. Hiermit wurden die Europawahlen konsequent europäisiert, wenngleich die praktische Auswirkung der Regelung begrenzt ist. Einzelheiten sind in der Richtlinie 93/109 (ABl. 1993, L 329/1) festgelegt.

e) Sonstige Rechte aus der Unionsbürgerschaft

1563 Ein weiteres nichtwirtschaftliches Recht aus der Unionsbürgerschaft liegt in der **Europäisierung des diplomatischen Schutzes** gemäß Art. 8 c = 20 neu EGV. In Drittstaaten genießt jeder Unionsbürger, dessen Heimatstaat dort nicht diplomatisch/konsularisch vertreten ist, den diplomatischen und konsularischen Schutz jedes anderen EG-MS unter denselben Bedingungen wie dessen eigene Staatsangehörige. Einzelheiten über die Ausübung dieser Schutzrechte sind im Beschluß der im Rat vereinigten Vertreter der Regierungen der MSen v. 19.12.1995 (ABl L 314/73) niedergelegt.

Danach umfaßt der europäisierte diplomatische Schutz Hilfen bei Todesfällen, Unfällen, Krankheit, Festnahmen, Gewaltverbrechen oder sonstigen Notfällen von Unionsbürgern (Art. 5 Beschl. 19.12.1995).

Obwohl Art. 8 c = 20 neu EGV angesichts des weit ausgebauten Standes der diplomatischen Beziehungen in seiner Auswirkung begrenzt ist, kann er insbesondere Angehörigen kleinerer MSen verbesserten Schutz außerhalb der EU bieten.

1564 Ferner besitzt jeder Unionsbürger gemäß Art. 8 d = 21 neu EGV das **Petitionsrecht beim Europäischen Parlament** (Art. 138 d = 194 neu EGV) und kann sich an den Bürgerbeauftragten des EP (Art. 138 e = 195 neu EGV) wenden (oben Rz. 259). In der Gemeinschaftspraxis wird von diesen Rechten zunehmend Gebrauch gemacht.

Der **Amsterdamer Vertrag 1997** ergänzt die Unionsbürgerschaft um zwei 1565
weitere Rechte Nach Art. 21 Abs. 3 neu EGV hat der Unionsbürger das Recht, sich **schriftlich in jeder Gemeinschaftssprache (oben Rz. 179 ff.) an alle EG-Einrichtungen zu wenden** und eine Antwort in derselben Sprache zu erhalten. Die Regelung soll die Bürgernähe der EU (Art. A = 1 neu EUV) in einem praktisch wichtigen Punkt fördern. Ebenso erhält der Unionsbürger nach Art. 191 a = 255 neu EGV den grundsätzlichen Anspruch, **Zugang zu Dokumenten** des EP, des Rates und der Kommission zu erhalten.

Alle 3 Jahre erstattet die Kommission dem EP, dem Rat und dem WSA einen **Bericht über die Fortentwicklung der Unionsbürgerschaft** (Art. 8 e = 22 neu EGV). Der Rat kann zur Ergänzung der Bürgerrechte auf Vorschlag der Kommission einstimmig Bestimmungen erlassen, die er den MSen zur Annahme empfiehlt. Im übrigen bietet die Polizeilich-Justitielle Zusammenarbeit der MSen in Strafsachen (oben und unten Rz. 311, 1575 ff.) vielfältige Möglichkeiten, die Rechte und Pflichten der Unionsbürger fortzuentwickeln (*Müller-Graff,* CMLRev 1994, S. 493 ff.).

3. Sinn und Grenzen einer „Unions-Angehörigkeit"

Vieles spricht dafür, daß die personelle Assimilierung und Integration 1566
auch innerhalb einer sich verhältnismäßig „nahestehenden" Regionalgemeinschaft wie der EG/EU ein **langfristiger, über eine Generation hinausreichender Prozeß** ist. Die Entwicklung vom Marktbürger zum Unionsbürger stellt eine notwendige Konsequenz des Aufbaues der Europäischen Union dar. Der Ausbau des Freizügigkeitsstatus zur EG-Bürgerschaft bedarf aber ebenso sehr der Geduld und des politischen Augenmaßes der Gemeinschaftsorgane wie ihrer Beharrlichkeit. Die sich in den MS verkörpernden **alten Nationen Westeuropas mit ihrer ethnischen, geschichtlichen, kulturellen und sprachlichen Identität** werden auch langfristig die konstituierenden Elemente einer Europäischen Union bleiben (*Ruzié,* Citoyenneté et nationalité dans l'Union Européenne, 1994). **„Schmelztiegellösungen"** wie in den USA sind für die Zukunft der Union nicht zu erwarten. Die Unionsbürgerschaft des Art. 8 = 17 neu EGV ist sinnvoll nur als Zusammenfassung eines weiter angereicherten „europäischen Status" der Einzelpersonen über, nicht anstelle der nationalen Staatsangehörigkeiten denkbar. Die Unionsbürgerschaft mag eines künftigen Tages vielleicht kraft Gemeinschaftsrecht vermittelt werden und nicht – wie heute – indirekt über die Staatsangehörigkeit eines MS. Staatsbürger seines Heimatlandes wird der Unionsbürger im Sinne des primären Anknüpfungspunktes seiner Lebensverhältnisse für die voraussehbare Zukunft bleiben (*Oppermann,* FS Doehring, 1989, S. 713 ff.).

VI. Umgestaltung des EG-Personenverkehrs durch den Amsterdamer Vertrag 1997

Literatur: *Gündisch,* Die EU als Rechtsgemeinschaft – Recht und Inneres im Amsterdamer Vertrag, AnwBl. 1998, S. 170 ff.; *Harings,* Die Zusammenarbeit in den Bereichen Justiz und Inneres EUR 1998, Beil. 2, S. 81 ff.; *Lang,* Das Gemeinschaftsrecht der Drittstaatsangehörigen, 1998; *Reermann,* Verhinderung illegaler Einreise und Verantwortlichkeit für Asylbewerber nach den Abkommen von Dublin, ZFSH/SGB 1998, S. 323 ff.; *Schieffer,* Die Zusammenarbeit der EU-Mitgliedstaaten in den Bereichen Asyl und Einwanderung, 1998;

1567 Die Verwirklichung des Binnenmarktes als Raum ohne Binnengrenzen mit freiem Personenverkehr (Art. 7 a Abs. 2 = 14 neu EGV) war mit Schwierigkeiten verbunden. Sie erklärten sich insbesondere aus der **fehlenden Vergemeinschaftung des „Schengen-Systems"** (oben Rz. 1553 ff.) und der unvollkommenen Abstimmung der Zuwanderungs-, Flüchtlings- und Asylpolitik zwischen den MSen an den **EU-Außengrenzen.** Der **Amsterdamer Vertrag vom 2.10.1997 (AV)** bemüht sich, durch eine erhebliche Umgestaltung und Ergänzung dieser Regelungen im Sinne stärkerer Europäisierung Fortschritte im Interesse wirksamer Freizügigkeit im Inneren bei gleichzeitig hinreichender Kontrolle nach außen zu erreichen. Mit dem neuen Titel IV „Visa, Asyl, Einwanderung und andere Politiken des freien Personenverkehrs" (Art. 61–69 neu EGV) soll ein **„Raum der Freiheit, der Sicherheit und des Rechts"** aufgebaut werden. Mit einem neuen Protokoll (ABl. 1997, C 340/93 **wird der „Schengen-Besitzstand" in den Rahmen der EU einbezogen.** Ferner wird die bisherige Zusammenarbeit in den Bereichen Justiz und Inneres (ZJI) durch eine umfassende Revision des Titels VI des EUV (= Art. 29–42 neu EUV, bisher Art. K–K. 9 EUV, vgl. oben Rz. 311) intensiviert und nunmehr als **„Polizeiliche und Justitielle Zusammenarbeit in Strafsachen" (PJZ)** bezeichnet. Da es hier um Bereiche der inneren Sicherheit geht, die zum Kern staatlicher Souveränität gehören, ist die Vergemeinschaftung des Personenverkehrs durch den AV insgesamt jedoch halbherzig ausgefallen und hat zu einer **sehr komplizierten Neuregelung** geführt. England, Irland und Dänemark sind weitgehende Ausnahmen zugestanden worden. Die Funktionsfähigkeit des „Amsterdamer Systems" ist nicht über Zweifel erhaben.

1568 Das Inkrafttreten des Amsterdamer Vertrages ist **nicht vor 1999** zu erwarten. In weitem Umfang verweist die Neuregelung des Personenverkehrs auf den Erlaß sekundären Gemeinschaftsrechts oder anderer Maßnahmen innerhalb von **5 Jahren nach Inkrafttreten des AV,** also bis ungefähr Mitte des 1. Jahrzehnts des 21. Jahrhunderts. Die bisher geltenden Regelungen, wie sie oben dargestellt worden sind, behalten daher bis auf weiteres ihre Gültigkeit. Der Rat hat zunächst die Prioritäten für die Zusammenarbeit im Bereich Justiz und Inneres ab 1998 bis zum Inkrafttreten des Amsterdamer Vertrages festgelegt (Entschließung v. 18.12. 1997, ABl. 1998, C 11/1).

1. Neuregelungen zum freien Personenverkehr, Visapolitik, Asylrecht und Einwanderung

a) Mit einem **neuen Titel IV** („Visa, Asyl, Einwanderung und andere Politiken des freien Personenverkehrs" **= Art. 61–69 neu EGV)** hat der Amsterdamer Vertrag grundsätzlich einen **bemerkenswerten Schritt der Vergemeinschaftung im Bereich des EG-Personenverkehrs** vollzogen. Art. 67 neu EGV verleiht dem einstimmig entscheidenden Rat eine neue Gemeinschaftszuständigkeit. In den ersten 5 Jahren nach Inkrafttreten des AV entscheidet er auf Vorschlag der Kommission oder – neuartig – auf Initiative eines MS und nach Anhörung des EP. Später soll dieses Initiativrecht entfallen und die Position des EP gestärkt werden In Sonderfällen entscheidet der Rat mit qualifizierter Mehrheit. **1569**

Zur Vergemeinschaftung der Regelung des EG-Personenverkehrs gehört ferner die in Art. 68 neu EGV ausdrücklich niedergelegte **Zuständigkeit des EuGH,** gemäß Art. 177 = 234 neu EGV im Wege der Vorabentscheidung Rechtskontrolle auszuüben, allerdings mit der bemerkenswerten Ausnahme von Maßnahmen zur Aufrechterhaltung der öffentlichen Ordnung/inneren Sicherheit. Jedoch können Rat, Kommission und MSen nach Art. 68 Abs. 3 neu EGV dem Gerichtshof in einer Ausweitung des Vorabentscheidungsverfahrens Fragen der Auslegung des neuen Titels IV vorlegen (Dazu das deutsche EuGHE-Gesetz, BGBl 1998 I, 2035).

b) **Inhaltlich** enthalten die Art. 61 ff. neu EGV im wesentlichen keine unmittelbar wirksamen Maßnahmen, sondern **eine Art Pactum de contrahendo.** Der geplante **„Raum der Freiheit, der Sicherheit und des Rechts" (Art. 61 neu EGV)** soll binnen 5 Jahren nach Inkrafttreten des AV durch Maßnahmen des Rates aufgrund des Art. 67 neu EGV schrittweise aufgebaut werden. Die neue Gemeinschaftskompetenz bezieht sich nach Art. 61–63, 65–66 neu EGV vor allem auf folgende Bereiche: **1570**

- Kontrolle der Außengrenzen (mit Visapolitik)
- Asylpolitik
- Einwanderungspolitik
- Justitielle Zusammenarbeit in Zivilsachen
- Zusammenarbeit der Verwaltungen der MSen
- Polizeilich/justitielle Zusammenarbeit in Strafsachen mit dem Ziel eines hohen Maßes an Sicherheit

c) Das Ziel, in diesen wichtigen Bereichen der Innenpolitik Gemeinschaftspolitiken zu entwickeln, wird allerdings durch **verschiedene Sonder- und Ausnahmeregelungen** durchbrochen. **1571**

Einerseits soll nach einer Konferenzerklärung durch die neue Gemeinschaftspolitik im Personenverkehr **mindestens dieselbe Sicherheit wie aufgrund des „Schengen-Besitzstandes" von 1990** (oben Rz. 1553 ff., unten Rz. 1573 f.) gewährleistet sein. Andererseits enthält Art. 58 neu EGV einen grundsätzlichen **Vorbehalt für die Zuständigkeiten der MSen zur Aufrechterhaltung von Recht und Ordnung/innere Sicherheit** und eine Notlageregelung. – In einem **besonderen Proto-**

koll zur Asylpolitik wird die Zuständigkeit der MSen zum Abschluß von gemeinschaftskonformen Übereinkünften mit Drittstaaten festgehalten. Nach Erklärungen zur Schlußakte dürfen solche Übereinkünfte auch zur Einwanderungspolitik abgeschlossen werden. In diesen Bereichen bleiben „außenpolitische Überlegungen" der MSen ausdrücklich vorbehalten. – Schließlich sind **England, Irland und Dänemark** aufgrund von Protokollen zum AV berechtigt, sich an der Gemeinsamen Politik beim Personenverkehr grundsätzlich nicht zu beteiligen. Allerdings können diese MSen jeweils erklären, daß sie sich an bestimmten Maßnahmen beteiligen oder sogar ab einem bestimmten Zeitpunkt nicht mehr unter die Sonderprotokolle zu fallen wünschen (Irland, Dänemark).

1572 Insgesamt ist mit der komplizierten Regelung des neuen Titels IV des EGV zwar ein **grundsätzlicher „Durchbruch" zur Vergemeinschaftung des EG-Personenverkehrs** im Sinne des Binnenmarktprinzips des Art. 7 a Abs. 2 = 14 neu EGV erfolgt. Mit den zahlreichen Modifikationen und Ausnahmen ist er jedoch so **halbherzig** ausgefallen, daß die Schaffung eines wirklichen „Raumes der Freiheit, der Sicherheit und des Rechts" ein hohes Maß künftigen integrationspolitischen Konsenses unter den MSen voraussetzt.

2. Einbeziehung des „Schengen-Besitzstandes" in den Rahmen der EU

1573 Eine weitere wichtige Entscheidung des Amsterdamer Vertrages zur Vergemeinschaftung des EG-Personenverkehrs ist die **Einbeziehung des „Schengen-Besitzstandes" in den Rahmen der EU** gemäß einem Protokoll zum EUV/EGV (ABl. 1997, C 340/93).

Damit sind nach dem Anhang zum Schengen-Protokoll des AV die beiden Schengen-Übereinkommen von 1985 und 1990 (oben Rz. 1554) mit Begleitprotokollen sowie die Beschlüsse und Rechtsakte des Schengen-Exekutivausschusses gemeint.

Das Schengen-Protokoll ist damit eine **Spezial-Regelung** zu den o. g. Art. 61 ff. neu EGV. Ähnlich wie dort wird im Protokoll zwischen 13 EG-MSen (ohne England und Irland) die **Einbeziehung des Schengen-Besitzstandes in das EG-System** und seine unmittelbare Anwendbarkeit vereinbart. An die Stelle des intergouvernementalen Schengen-Exekutivausschusses tritt der **Rat.** Er kann mit einstimmigen Beschlüssen gemäß den Bestimmungen der Verträge den Schengen-Besitzstand fortentwickeln. Bis zum Erlaß solchen sekundären Gemeinschaftsrechts gilt der bisherige Schengen-Besitzstand als intergouvernementale Rechtsakte im Rahmen der Polizeilich-justitiellen Zusammenarbeit in Strafsachen (unten Rz. 1575 ff.). Das künftige „Schengen-Gemeinschaftsrecht" unterliegt vorbehaltlich der Bereiche Aufrechterhaltung von Recht und Ordnung/innere Sicherheit der **Rechtskontrolle des EuGH.**

1574 Die komplizierten Regelungen des Schengenprotokolls sind auf diese Weise mit vielerlei Auslegungsproblemen behaftet. Hinzu treten wie bei den Art. 61 ff. neu EGV verschiedene **Sonderregelungen.**

England und Irland sind durch das Schengen-Protokoll nicht gebunden, können aber jederzeit beantragen, daß Regelungen des Schengen-Besitzstandes auf sie Anwendung finden. Andererseits werden **Island und Norwegen** aufgrund besonderer Übereinkommen bei der Durchführung des Schengen-Besitzstandes assoziiert. – Schließlich hat sich **Dänemark** in einer Sonderregelung des Schengen-Protokolls die Möglichkeit reserviert, nicht über seine bisherigen Verpflichtungen im Rahmen der Schengen-Abkommen hinausgehen zu müssen.

Auf diese Weise bedeutet das Schengen-Protokoll ähnlich wie der o. g. neue Titel IV des EGV insgesamt zwar eine **gewisse Stärkung der Gemeinschaftskompetenz** bei den Maßnahmen zum Wegfall der Binnengrenzen und zu einem abgestimmten Verhalten der MSen bei der Kontrolle der EU-Außengrenzen Das Protokoll ist jedoch mit so vielen Modifikationen, Sonder- und Ausnahmeregelungen behaftet, daß sich seine praktische Anwendung nicht einfach gestaltet.

3. Polizeilich-Justitielle Zusammenarbeit in Strafsachen

Als dritte größere Neuregelung des Amsterdamer Vertrages im Bereich des EG/EU-Personenverkehrs sind die bisherigen Bestimmungen über die Zusammenarbeit in den Bereichen Justiz und Inneres (ZJI) gemäß Art. K–K.9 EUV (oben Rz. 311) **in den Art. 29–42 neu EUV einer umfassenden Neuregelung unterzogen worden.** Sie wird nunmehr als **„Polizeilich-Justitielle Zusammenarbeit in Strafsachen" (PJZ)** bezeichnet. Die PJZ wird stärker als bisher in den Dienst des freien Personenverkehrs (Schaffung eines „Raumes der Freiheit, der Sicherheit und des Rechts") gestellt. Sie verbleibt zwar grundsätzlich im **intergouvernementalen Rahmen des EUV.** Andererseits enthalten die neuen Art. 29–42 EUV mancherlei **Annäherungen an das Gemeinschaftssystem des EGV.** 1575

Nach Art. 29 EUV gilt die PJZ unbeschadet der Befugnisse der EG (Art. 61 ff. neu EGV, oben Rz. 1569 f.). Art. 40 neu EUV ermöglicht ferner im Sinne der Amsterdamer „Flexibilitätsregelung" (Art. 43–45 neu EUV, oben Rz. 531 ff.) eine **engere Zusammenarbeit einzelner MSen in der PJZ.** Durch diese verschiedenen „Verschachtelungen" **ist die polizeilich/justitielle Zusammenarbeit in hohem Maße kompliziert geraten.** Ohne den gemeinsamen Willen zu einer pragmatischen Handhabung dieses unübersichtlichen Regelwerkes in einem wirklichen Geiste der Zusammenarbeit dürfte die Funktionsfähigkeit des freien EG-Personenverkehrs im Sinne des Amsterdamer Systems nicht gewährleistet sein.

a) Die **neue PJZ der Art. 29 ff. neu EUV** charakterisiert sich durch ein gewisses Maß an Vergemeinschaftung im Rahmen einer grundsätzlich intergouvernementalen Zusammenarbeit. Nach Art. 34 neu EUV vollzieht sie sich im **Rat,** der auf Initiative eines MSes oder der Kommission **verschiedene Arten von Maßnahmen** ergreifen kann, nämlich 1576

– **gemeinsame Standpunkte**
– **Rahmenbeschlüsse,** die ähnlich wie EG-Richtlinien, aber keinesfalls unmittelbar wirksam, Rechtsangleichung vorsehen
– **andere Beschlüsse und Übereinkommen** zwischen den MSen.

Wie schon die Gemeinsamen Standpunkte und Gemeinsamen Maßnahmen im

Sinne der bisherigen Zusammenarbeit in den Bereichen Justiz und Inneres (ZJI – Art. K ff. EUV) werden diese Rechtsakte der PJZ im **Amtsblatt EG L (= „Leges")** veröffentlicht. Dennoch handelt es sich bei diesem **„sekundären PJZ-Recht"** nicht um Europäisches Gemeinschaftsrecht i. e. S. Rahmenbeschlüsse und andere Beschlüsse sind gemäß Art. 34 EUV nicht unmittelbar wirksam. Während Rahmenbeschlüsse die MSen wie RLen zur Umsetzung verpflichten, kann der Rat zu den anderen Beschlüssen mit qualifizierter Mehrheit zur Durchführung „auf Unionsebene" weitere Beschlüsse fassen. Unter Berücksichtigung der Anhörung des EP (Art. 40 neu EV) und der nach Art. 35 EUV möglichen Kontrolle des EuGH (unten Rz. 1577) stellt sich das sekundäre PJZ-Recht als eine besondere **„Mischung" aus supranationalen und völkerrechtlichen Elementen** dar (vgl. auch die ähnliche, noch stärker völkerrechtlich orientierte Regelung bei der GASP, unten Rz. 1688 ff.). Die Praktikabilität dieses komplizierten Systems muß sich noch erweisen.

1577 Im gleichen Sinne vorsichtiger Vergemeinschaftung **eröffnet Art. 35 neu EUV dem Gerichtshof bestimmte Zuständigkeiten:**

Vorabentscheidung über die Auslegung der o. g. Rechtsakte, wenn ein MS dies anerkennt (Dt. EUGH-Gesetz, BGBl 1998 I, 2035); **Überprüfung der Rechtmäßigkeit der o. g. Rechtsakte** ähnlich wie bei Art. 173–230 neu EGV auf Klage eines MSes oder der Kommission.

Damit wird der EuGH erstmals im Rahmen des EUV in nennenswertem Maße zuständig. Die vorbereitende Arbeit im Rahmen der PJZ obliegt nach Art. 36 neu EUV wie schon bei der ZJI einem **Koordinierungsausschuß hoher Beamter,** an dessen Arbeiten die Kommission beteiligt ist.

Auch im Verhältnis zu Drittstaaten und im sonstigen internationalen Bereich bleiben grundsätzlich die MSen in der PJZ zuständig, handeln aber bis zu einem gewissen Grade gemeinsam (Art. 37 f neu EUV).

1578 b) **Inhaltlich** erstreckt sich die PJZ im Amsterdamer Sinne gemäß Art. 30 f neu EUV

- in der **polizeilichen Zusammenarbeit** auf eine in Art. 30 neu EUV enthaltene **Liste gemeinsamen operativen Vorgehens.** In diese Zusammenarbeit ist das **Europäische Polizeiamt (Europol)** (oben Rz. 1556) eingeschaltet, dessen Befugnisse innerhalb von 5 Jahren nach Inkrafttreten des AV ausgebaut werden sollen.
- auf eine **Vertiefung der justitiellen Zusammenarbeit** gemäß Art. 31 neu EUV (Verbesserung der gerichtlichen Kooperation, Erleichterung von Auslieferungen zwischen den MSen u.a.)

1579 Die Aufrechterhaltung von **Recht und Ordnung** und die Gewährleistung der **inneren Sicherheit** verbleibt nach Art. 33 neu EUV **in der Zuständigkeit der MSen.** Damit bleibt innerhalb der PJZ ein schwer im voraus abgrenzbarer Bereich nationaler Handlungsmöglichkeiten erhalten. Insgesamt charakterisiert sich die neue PJZ im Amsterdamer Sinne ähnlich wie die o. g. anderen Regelungen des freien EG-Personenverkehrs als eine **halbherzige Konstruktion.** Die MSen möchten vorläufig die polizeilich/justitielle Zusammenarbeit in ihren Händen behalten, sie gleichzeitig jedoch bis zu gewissen Vergemeinschaftungen vorantreiben. Ob dieser „Zwitter" seine praktische Bewährungsprobe besteht, bleibt offen. Wie an anderen Stellen, lassen die Amsterdamer Regelungen über den freien EG-Personenverkehr erkennen, daß die EG/EU von ihrem Versprechen des Art. 7 a Abs. 2 = 14 neu EGV, im Binnenmarkt **vollständig freien Personenverkehr zu gewährleisten, noch ein Stück entfernt ist.** Die wirkliche Verge-meinschaftung der Polizei- und Gerichtsgewalt bedeutet einen weitgehenden Transfer essentieller staatlicher Befugnisse auf die Gemeinschaft, vor dem die MSen bisher zurückschrekken.

§ 24. Niederlassungsfreiheit und freier Dienstleistungsverkehr

Literatur: Die Literatur zur EG-Niederlassungs- und Dienstleistungsfreiheit ist in ihrer Fülle nahezu unüberschaubar geworden. Umfangreiche Zusammenstellungen bei *Troberg,* in: Groeben/Thiesing/Ehlermann (Hrsg.), Komm. EWGV, 4. Aufl. 1991, Bd. 1, S. 903 ff = Kommentierung Art. 52 ff. EWGV und bei *Randelzhofer,* in: Grabitz/Hilf (Hrsg.) EUV/EGV Komm. (1992), vor Art. 52.

Grundsätzliches: Everling, Das Niederlassungsrecht im Gemeinsamen Markt, 1963; *van Gerven,* Le droit d'établissement et la libre prestation des services, 1969; *Bronkhorst,* Freedom of establishment and freedom to provide services under the EEC-Treaty, CMLRev 1975, S. 245 ff.; *Goose,* Die Niederlassungsfreiheit im Gemeinsamen Markt, RIW 1975, S. 36 ff.; *Jerrentrup,* Die Niederlassungsfreiheit im Gemeinsamen Markt unter besonderer Berücksichtigung der Rspr. des EuGH, 1976; *Stadler,* Die Berufsfreiheit in der EG, 1980; *Loewenheim/Wilmowski,* Niederlassungsfreiheit und freier Dienstleistungsverkehr in der EG, IWB 1982, S. 319 ff.; *Wendling,* La liberté' d'établissement et la libre prestation des services dans la CEE, RMC 1982, S. 132 ff.; *Gormley,* Freedom of establishment. Freedom to provide services, ELRev 1983, S. 45 ff., 355 ff.: *Riegel,* Zur Bedeutung der Niederlassungsfreiheit im Europäischen Gemeinschaftsrecht, NJW 1986, S. 2999 ff.; *Everling,* Vertragsverhandlungen 1957 und Vertragspraxis 1987 – dargestellt an den Kapiteln Niederlassungsfreiheit und Dienstleistungsfreiheit, FS v. d. Groeben, 1987, S. 111 ff.; *Reich,* Die Freiheit des Dienstleistungsverkehrs als Grundfreiheit, ZHR 1989, S. 571 ff.; *Kewenig,* Niederlassungsfreiheit, Freiheit des Dienstleistungsverkehrs und Inländerdiskriminierung JZ 1990, S. 20 ff.; *Everling,* Das Niederlassungsrecht in der EG, DB 1990, S. 1853 ff.; *Wägenbaur,* Inhalt und Etappen der Niederlassungsfreiheit, EuZW 1991, S. 427 ff.; *Carl,* Die Niederlassungsfreiheit im europäischen Binnenmarkt, Internat. Wirtsch. Briefe 1993, S. 1017 ff.; *Eiselstein,* Niederlassungsrecht und Dienstleistungsfreiheit, in: Oppermann/Moersch (Hrsg.), Profi-Hdb Wirtschaftsraum Europa, 3. Aufl. 1994, S. 97 ff.; *Pertek,* L'Europe des diplômes et des professions 1994; *Trautwein,* Dienstleistungsfreiheit und Diskriminierungsverbot im Europäischen Gemeinschaftsrecht, JURA 1995, S. 191 ff.; *Odendahl,* Arbeitnehmerfreizügigkeit, Niederlassungs- und Dienstleistungsfreiheit, JA 1996, S. 309 ff.; *Everling,* Das Niederlassungsrecht in der EG als Beschränkungsverbot, GS Knobbe-*Keuk,* 1997, S. 607 ff..

1580 Wie die Freizügigkeit der Arbeitnehmer sind die **Niederlassungsfreiheit (NLF) als Freizügigkeit der Selbständigen und die Freiheit des Dienstleistungsverkehrs (DLV) als vorübergehende Ausübung selbständiger Erwerbstätigkeiten** außerhalb des Heimatstaates unverzichtbarer Bestandteil für die Schaffung eines wirklichen Binnenmarktes zwischen den MS (*Hailbronner/Nachbaur,* WuVerw 1992, S. 57 ff.). Während die Art. 48–51 = 39–42 neu EGV die Stellung von Arbeitnehmern aus EG-Staaten im aufnehmenden MS regeln, erfassen die Art. 52–58 = 43–48 neu und 59–66 = 49–55 neu EGV die selbständig erwerbstätigen EG-Angehörigen und die in den MS gegründeten Gesellschaften.

Die NLF betrifft dabei die auf **Dauer,** die Freiheit des DLV dagegen als Typfall die **vorübergehend** in einem anderen MS ausgeübte selbständige Erwerbstätigkeit (vgl. Art. 60 Abs. 3 = 50 Abs. 3 neu EGV). Daneben zählen zu der Dienstleistungsfreiheit (DLF) noch die Fälle der sog. **„passiven DLF“,** in denen sich der Dienstleistungsempfänger in den MS des Dienstleistungserbringers begibt, und solche, in denen allein die Dienstleistung die Grenze überschreitet, während Empfänger und Erbringer ihren Standort beibehalten.

Obwohl die NLF und die DLF für die meisten Tätigkeitsbereiche inzwischen verwirklicht worden ist, kam es bisher bei den Selbständigen **nicht zu „Wanderungsbewegungen" größeren Ausmaßes.** Bei den Ärzten praktizieren z. B. ca. 3 000 in anderen MS. Gleichwohl ist die Möglichkeit der Standortverlegung innerhalb des Gemeinsamen Marktes sowie diejenige der freien Gründung von Filialen, Tochtergesellschaften u. ä. von großer Bedeutung für die Unternehmen und das Florieren des Marktes überhaupt. Mit der **Vollendung des Binnenmarktes** und dem damit verbundenen Abbau von innergemeinschaftlichen Hindernissen ist die praktische Bedeutung der NLF weiter gewachsen. – Entsprechend der allgemeinen Wirtschaftsentwicklung kommt vor allem dem **Dienstleistungssektor** eine immer zunehmende Bedeutung zu. Über 60 % der zivilen Erwerbstätigen sind hier gemeinschaftsweit beschäftigt. Auch wenn der Dienstleistungsbegriff des EGV und der ökonomische sich nicht decken, nimmt die DLF im Sinne des Vertrages an dieser Entwicklung Anteil. Die Auseinandersetzung z. B. um das „Fernsehen ohne Grenzen" (unten Rz. 1598 ff.) oder die Entwicklung im Versicherungswesen oder bei den öffentlichen Bauaufträgen (unten Rz. 1619) sind wichtige Beispiele für die dynamischen Ausweitungen bei der Realisierung der Art. 59 ff. = 49 ff. neu EGV über die ursprünglichen Vorstellungen der „Väter des Vertrages", hinaus (*Wetzel,* Die DLF nach den Artikeln 59–66 des EWGV, 1992). **1581**

Mit der Freizügigkeit der Arbeitnehmer haben die NLF und DLF gemeinsam, daß auch sie sich weitgehend auf eine **Gleichstellung der EG-Angehörigen bzw. EG-Gesellschaften mit Inländern** beschränken (*Trautwein,* JURA 1995, S. 191 ff.). Zusätzlich wurden die Sondervorschriften für die Einreise und den Aufenthalt von Ausländern, soweit sie aus Gründen der öffentlichen Ordnung, Sicherheit oder Gesundheit gerechtfertigt sind, sowohl in bezug auf die selbständigen als auch die unselbständigen Erwerbstätigkeiten in der RL 64/221 gemeinsam koordiniert (oben Rz. 1541). Dementsprechend steht auch dem Niederlassungsberechtigten und dem von der DLF begünstigten Personenkreis ein **Reise- und Aufenthaltsrecht** im jeweiligen MS zu (vgl. RL 73/148, ABl. 1973, L 172/14), das in der RL 75/34 (ABl. 1975, L 14/10) zu einem **Verbleiberecht** der selbständigen Erwerbstätigen von anderen MS nach Beendigung ihrer Tätigkeit ausgedehnt wurde (oben Rz. 1541). Die VO Nr. 1408/71 (oben Rz. 1545) über die Anwendung der **Systeme der sozialen Sicherheit** gilt ebenfalls sowohl für die Arbeitnehmer als auch für Selbständige. Wegen der Differenziertheit des Rechts der selbständigen Berufe, für die vom Handwerk bis zu den freien Berufen bestimmte Befähigungsnachweise, Prüfungen, Hochschuldiplome u. ä. verlangt werden, welche von MS zu MS unterschiedlich ausgestaltet sind, stößt die tatsächliche Verwirklichung des Rechts auf NLF und DLF mancherorts auf **größere rechtliche Schwierigkeiten** als die der Freizügigkeit der Arbeitnehmer. **1582**

I. Das Konzept der Verträge

Literatur: *Platz,* EWG-Niederlassungsrecht und individuelle Rechtspositionen, 1966; *Kahlert,* Niederlassungsfreiheit, Bedürfnisprüfung und Art. 12 GG, 1970; *Scheuing,* Das Niederlassungsrecht im Prozeß der Integration, JZ 1975, S. 151 ff.; *Steindorff,* Dienstleistungsfreiheit im EG-Recht, RIW 1983, S. 831 ff.; *Goerlich,* Das Dienstleistungsrecht der EWG, DVBl. 1986, S. 1192 ff.; *Riegel,* Das Recht der Unternehmen und die Niederlassungsfreiheit im Europäischen Gesellschaftsrecht, RIW 1986, S. 667 ff.; *Roth,* Die Harmonisierung des Dienstleistungsrechts in der EWG, EuR 1986, S. 340 ff., 1987, 57 ff.; *Cath,* Freedom of establishment of companies, YbEL 1987, S. 247 ff.; *Pisuisse,* De bevoegheid van de EG met betrekking tot de liberalisatie van dienstverlening, SEW 1987, S. 179 ff.; *Seidel,* Das Grundmodell des grenzüberschreitenden Dienstleistungsverkehrs im EWGV, ZVersWiss 1987, S. 175 ff.; *Roth,* The EEC's law on services: harmonisation, CMLRev 1988, 535 ff.; *Sperber,* Dienstleistungen im EWG-Raum: Bedeutung und Perspektiven, WiD 1988, S. 157 ff.; *Everling,* Der Gegenstand des Niederlassungsrechts in der EG, 1990; *Loussouran,* Le droit d'établissement des sociétés, RTDE 1990, S. 229 ff.; *Völker,* Passive Dienstleistungsfreiheit im Europäischen Gemeinschaftsrecht, 1990; *Kuschel,* Die Niederlassungsfreiheit für Unternehmen der EG in den Europaabkommen der EG mit der CSSR, Ungarn und Polen, EuZW 1992, S. 571 ff.; *Reindl,* „Negative Dienstleistungsfreiheit" im EWG-Vertrag: Die Rechtsstellung der Nichterwerbstätigen als Empfänger von Dienstleistungen gem. Art. 59 ff. EWGV, 1992; *Vigneron/Smith,* Le fondement de la compétence communautaire en matière de commerce international de services, CDE 1992, S. 515 ff.; *Bundesministerium für Wirtschaft* (Hrsg.) Akademische Berufe im EG-Binnenmarkt, 1994; *Schütze,* Ausländische Unternehmen in der EG, in: Coing u. a. (Hrsg.), Staat und Unternehmen aus der Sicht des Rechts, 1994, S. 295 ff.; *Mulas,* Freizügigkeit freier Berufe im europäischen Binnenmarkt, 1995.
(Die Spezialliteratur zum grenzüberschreitenden Rundfunk unten Ziff. 2 = vor Rz. 1598).

1583 Die Art. 52 ff. = 43 ff. neu, 59 ff. = 49 ff. neu EGV enthalten ein **geschlossenes und umfassendes Konzept,** mittels dessen die Freizügigkeit der Selbständigen innerhalb der Gemeinschaft grundsätzlich ebenso vollständig herzustellen war wie für die Arbeitnehmer. Dieses Programm ist seit 1958 größtenteils, aber noch nicht abschließend verwirklicht worden.

Die NLF der Art. 52 ff. = 43 ff. neu und die DLF der Art. 59 ff. = 49. ff. neu gilt mangels besonderer Regelungen im EGKSV auch im **Montanbereich.** Für EURATOM sind die Spezialregelungen der Art. 96, 97 EAGV bei der NLF zu beachten. Auch für die DLF sind verschiedene Tatbestände im EAGV gesondert geregelt (näher *Troberg,* in: GTE, Komm. EWGV, 4. Aufl. 1991, Vorbem. Art. 59–66, RdNr. 23 ff.).

Außerhalb der EG-Verträge bemühen sich das im Rahmen des Europarats abgeschlossene Europäische Niederlassungsabkommen v. 13.12.1955 (BGBl. 1959 II, S. 997, oben Rz. 68) sowie die klassischen bilateralen Handels-, Sehiffahrts- und Freundschaftsverträge um die Erweiterung der NLF Soweit sich hier EG-MS und Drittstaaten vertraglich die **Meistbegünstigung für die Ausübung selbständiger Erwerbstätigkeit** einräumen, bedeutet das wegen des Charakters der EG als umfassender Wirtschaftsunion nicht die Verpflichtung zur Weitergabe aller EG-Rechte an Drittstaatsangehörige *(Everling,* The Right of Establishment in the Common Market, 1969, RdNr. 28 ff.).

1. Grundgedanken

Was die Freizügigkeit der Arbeitnehmer auf dem Gebiet der unselbständigen Beschäftigungen verwirklicht, sollen die NLF und die Freiheit des DLV für die selbständig Erwerbstätigen gewährleisten, nämlich vor allem die **freie Standortwahl** innerhalb der EG, um auf diese Weise die beste Ausnutzung wirtschaftlicher Ressourcen und Verhältnisse zu ermöglichen. Dagegen gelten NLF und DLF nicht für Sachverhalte, die sich ausschließlich **innerhalb eines MS** abspielen (EuGHE 1988, 2029 ff. – RS 204/87, St. Rspr., ähnlich BGH NJW 1990, S. 108 ff.). **1584**

a) Begünstigte

Begünstigte der Art. 52–58 = 43–48 neu bzw. der Art. 59–66 = 49–5 neu EGV sind die **natürlichen EG-Angehörigen.** Nach Art. 52 Abs. 1 S. 1 = 43 neu sind die Beschränkungen der freien Niederlassung gegenüber allen Staatsangehörigenanderer MSen verboten, unabhängig davon, ob sie ihren Wohnsitz innerhalb oder außerhalb der Gemeinschaft haben. Demgegenüber beschränken die Art. 52 Abs. 1 S. 2 = 43 neu und Art. 59 Abs. 1 = 49 neu EGV die Rechte zur Gründung von Agenturen, Zweigniederlassungen oder Tochtergesellschaften bzw. die Ausübung der DLF auf EG-Angehörige, die in einem anderen MS ansässig sind. Staatsangehörige von Nichtmitgliedstaaten kommen, ähnlich wie bei der Freizügigkeit der Arbeitnehmer, nur als Familienangehörige eines Begünstigten in den Genuß von Reise- und Aufenthaltsrechten nach der RL 73/148. **1585**

Die NLF und die DLF gelten auch im Hinblick auf alle beigetretenen MS, zuletzt seit 1995 für Finnland, Österreich und Schweden (näher *Randelzhofer,* in: Grabitz/Hilf (Hrsg.) EUV/EGV-Komm. (1992), vor Art. 52 RdNr. 29 ff.); von der in Art. 59 Abs. 2 = 49 Abs. 2 neu enthaltenen Ermächtigung, die DLF auch auf Staatsbürger eines Drittstaates auszudehnen, hat der Rat bisher keinen Gebrauch gemacht.

Dem natürlichen EG-Angehörigen stehen nach Art. 58 Abs. 1 = 48 Abs. neu bzw. Art. 66 = 55 neu EGV unter bestimmten Voraussetzungen **Gesellschaften** gleich (näher *Troberg,* in: GTE Komm. EWGV, 4. Aufl. 1991, zu Art. 58, RdNr. 2 ff.). Diese müssen nach den Rechtsvorschriften eines MS gegründet worden sein und ihren satzungsmäßigen Sitz, ihre Hauptverwaltung oder ihre Hauptniederlassung innerhalb der Gemeinschaft haben. Gleichgültig ist, wer die Kontrolle über die Gesellschaft ausübt (EuGHE 1974, 1201 ff. – RS 32/74). Gesellschaften, die lediglich einen fiktiven Sitz in einem MS haben, können sich auf die Vertragsvorschriften nur berufen, wenn ihre Tätigkeit in **tatsächlicher und dauerhafter Verbindung mit der Wirtschaft eines MS** steht (Allgemeines Niederlassungsprogramm, ABl. 1962, 36 ff. (36)). Ausreichend ist nach Art. 58 Abs. 2 = 48 Abs. 2 neu, daß die genannten Personenvereinigungen einen Erwerbszweck verfolgen, d. h. am allgemeinen Wirtschaftsleben teilnehmen (*Everling,* Das Niederlassungsrecht im Gemeinsamen Markt, 1963, S. 34). Gewinnerzie- **1586** lungsabsicht ist nicht erforderlich, sondern es genügt wie bei natürlichen Personen die **Einheitlichkeit der Wirtschaftstätigkeit** der Gesellschaft. Dies ergibt sich u. a. aus der Erwähnung von Genossenschaften und juristischen Personen des öffentlichen Rechts in Art. 58 Abs. 2 = 48 Abs. 2 neu die ansonsten ausgeschlossen wären.

1587 In sinngemäßer Auslegung erfaßt Art. 58 Abs. 2 = 48 Abs. 2 neu EGV neben den rechtsfähigen auch **nichtrechtsfähige Gesellschaften,** wie z. B. die BGB-Gesellschaft nach deutschem Recht (vgl. § 705 BGB). Er ist auch nicht auf Handelsgesellschaften beschränkt.

Mit der Schaffung einer **Europäischen Aktiengesellschaft** („Societas Europaea"), wie sie die Kommission dem Rat vorschlug (ABl. 1991, C 176/1), könnte die Mobilität der Gesellschaften angesichts der erheblichen Unterschiede im nationalen Gesellschaftsrecht erheblich verbessert werden. Die Verwirklichung dieses Projektes ist aber noch nicht abzusehen (oben Rz. 1246). Dagegen erfreut sich die seit 1985 geschaffene **Europäische Wirtschaftliche Interessenvereinigung (EWiV)** (oben Rz. 1246) bei transnationaler Niederlassung zunehmender Beliebtheit.

b) Ziel der Niederlassungs- und Dienstleistungsfreiheit

1588 Die **Herstellung der Inländergleichbehandlung** ist der Kern der Vertragsvorschriften (*Bleckmann,* WuVerw 1987, S. 119 ff.). Die von der NLF und der DLF Begünstigten sollen unter den gleichen Voraussetzungen wie Inländer ihr Recht auf freie Niederlassung ausüben bzw. ihre Dienstleistungen erbringen dürfen (Art. 52 Abs. 2, = 43 Abs. 2 neu, 60 Abs. 3 = 50 Abs. 3 neu EGV). Darüber hinaus wirkt das Niederlassungsrecht öfters als ein **Beschränkungsverbot** (EuGHE 1995, I – 4165 ff. – RS C–55/94 „Gebhard"; *Everling,* GS Knobbe-Keuk, 1997, S. 607 ff.)

Anders als in der Regel bei Arbeitnehmern sind für die Berufsausübung von Selbständigen oftmals verschiedene **Befähigungsnachweise, Prüfungen, Diplome** u. a. Voraussetzung, z. B. Großer Befähigungsnachweis für Handwerksmeister, Approbation für Ärzte in Deutschland, die sich von MS zu MS erheblich unterscheiden. Dem trägt der EG-Vertrag Rechnung. Art. 54 Abs. 2 = 44 Abs. 1 neu bzw. Art. 63 Abs. 2 = 52 Abs. 1 neu sehen für die Verwirklichung dieser Freiheiten den **Erlaß von Richtlinien** also Zielsetzungen vor, bei denen den MS die innerstaatliche Umsetzung vorbehalten bleibt (oben Rz. 547 ff.). Die formale Inländerbehandlung der Niederlassungs- bzw. Dienstleistungswilligen in Art. 52 = 53 neu und Art. 59 Abs. 1 = 41 Abs. 1 neu wird deshalb ergänzt von abgestuften **Liberalisierungs-** (Art. 54 = 44 neu und 63 = 52 neu) und Harmonisierungsvorschriften (Art. 57 = 47 neu und 66 = 55 neu).

1589 Zunächst hat der Rat nach Art. 54 Abs. 1, 63 Abs. 1 EWGV a. F. im Jahre 1961 für die Gemeinschaftsorgane bindende **Allgemeine Programme** erlassen (vgl. Allgemeines Programm zur Aufhebung von Beschränkungen des freien DLV v. 18.12. 1961 (ABl. 1962, 32 ff.) und Allgemeines Programm zur Aufhebung der Beschränkungen der NLF v. 18.12.1961 (ABl. 1962, 36 ff., unten Rz. 1608). Sie legten innerhalb der Übergangszeit für jede Art von unselbständiger Tätigkeit die allgemeinen Voraussetzungen und den Zeitplan für die Beseitigung der Beschränkungen fest. Ausgehend davon wurden die Programmpunkte in RLen verwirklicht (unten Rz.

1609 ff.). Mit Ablauf der Übergangszeit (31.12.1969) wurden Art. 52 und 59 EWGV (= 43 und 49 neu EGV) soweit sie den Grundsatz der Inländerbehandlung enthalten, **unmittelbar anwendbar** (EuGHE 1974, 631 ff. (652) – RS 2/74 „Reyners" zur NLF und EuGHE 1974, 1299 ff. (1311 f.) – RS 33174 „van Binsbergen" zur DLF). Aufgrund dieser Rechtsprechung entfielen auch in denjenigen Tätigkeitsbereichen die noch bestehenden Beschränkungen, die bis dahin auf der Grundlage der Allgemeinen Programme noch nicht geregelt worden waren. Als Liberalisierungsregeln verloren die Allgemeinen Programme danach ihre Bedeutung. Niederlassungs- und Dienstleistungsbeschränkungen sind seit 1970 verboten.

Stattdessen trat die **Harmonisierung und Koordinierung der nationalen** 1590 **Rechtsvorschriften** nach den Art. 54 Abs. 3 g, 57 und 66 = 44 Abs. 2 g, 47 und 55 neu EGV in den Vordergrund. Auf der gegenseitigen Anerkennung inhaltlich anzugleichender Diplome, Prüfungszeugnisse und sonstiger Befähigungsnachweise liegt seither der Schwerpunkt der Gemeinschaftstätigkeit in diesem Bereich (unten Rz. 1612 ff.). Solange jeder MS berechtigt ist, die Ausübung einer selbständigen Erwerbstätigkeit in seinem Hoheitsgebiet von der Vorlage seiner eigenen nationalen bzw. national anerkannten Fähigkeitsnachweise abhängig zu machen, bleibt die europäische Mobilität der selbständig Erwerbstätigen beschränkt. Die Inländerbehandlung der EG-Angehörigen verbietet ein solches staatliches Vorgehen nicht. Angesichts erheblicher nationaler Unterschiede des Berufsrechts kam die Angleichung der staatlichen Berufszulassungsregeln lange Zeit nur langsam voran (unten Rz. 1164 ff.). In neuerer Zeit geht man in Analogie zu der **„Cassis-Dijon-Philosophie"** beim freien Warenverkehr (oben Rz. 1299 ff.) im Sinne des „Prinzips des gegenseitigen Vertrauens" stärker zur unmittelbaren gegenseitigen Anerkennung der Befähigungsnachweise usf. ohne Harmonisierung über. Leitidee ist dabei die Erwägung, daß ein Qualifikationsstandard, den ein MS für sich selbst als ausreichend erachtet, auch anderenorts in der Gemeinschaft genügen sollte (*Wägenbaur,* EuR 1987, S. 113 ff. und unten Rz. 1612 ff., 1620 f.).

c) Inhalt der Niederlassungsfreiheit

Nach Art. 52 Abs. 2 = 43 Abs. 2 neu EGV umfaßt die NLF die **Aufnah-** 1591 **me und Ausübung selbständiger Erwerbstätigkeiten** sowie die Gründung und Leitung von Unternehmen nach den Bestimmungen des Aufnahmestaates für seine eigenen Angehörigen. Dazu zählt auch die sog. **sekundäre NLF,** nämlich die Gründung von Agenturen, Zweigniederlassungen oder Tochtergesellschaften (Art. 52 Abs. 1 S. 2 = 43 neu hierzu EuGHE 1984, 2971 ff. (2989 f.) RS 107/83 „Klopp"). Demnach haben die Niederlassungsbegünstigten das Recht, unter den gleichen Bedingungen, wie sie für Inländer bestehen, eine Tätigkeit selbständig und auf Dauer in einem anderen MS auszuüben. Eine offene oder versteckte Unterscheidung aus Gründen der Staatsangehörigkeit zwischen EG-Angehörigen ist dem Aufnahmestaat verboten (*Steindorff,* EuR 1988, S. 19 ff.). Seit Ablauf der Übergangszeit (31.12. 1969) ist **Art. 52 = 43 neu EGV unmittelbar anwendbar,** d.h. er kann von den Angehörigen der MS gegenüber dem Aufnahmestaat unmittelbar geltend gemacht werden (EuGHE 1974, 631 ff, (652) – RS 2/74 „Reyners").

Auch Staatsangehörige eines MS, die aus dem EG-Ausland „nach Hause" zurückkehren möchten, können sich auf Art. 52 = 43 neu berufen (EuGHE 1979, 399 ff. – RS 115/78).

d) Inhalt der Dienstleistungsfreiheit

1592 Die Dienstleistungsfreiheit beinhaltet nach Art. 60 Abs. 1 = 50 neu EGV im Verhältnis zu den anderen Freiheiten des Europäischen Gemeinschaftsrechts einen **„Auffangtatbestand"** *(Seidel,* GS Sasse, Bd. 1, 1981, S. 351, Fn. 1), der sicherstellen soll, daß jede gegen Entgelt geleistete Tätigkeit, die nicht unter den freien Waren- und Kapitalverkehr und unter die Freizügigkeit der Personen fällt, i. S. des Art. 59 = 49 neu EGV liberalisiert wird (EuGHE 1984, 377 ff. (401) – RS 286/82 und 26/83 – „Luisi u. Carbone"). Der Grundsatz der Inländerbehandlung wird auf **zeitlich beschränkte, grenzüberschreitende Leistungen,** insbesondere gewerblicher, kaufmännischer, handwerklicher und freiberuflicher Art ausgedehnt. Kennzeichnendes Kriterium für den speziellen Begriff „Dienstleistung" (DL), der nicht mit seiner volkswirtschaftlichen Bedeutung gleichzusetzen ist, ist dabei vor allem das Vorliegen eines entgeltlichen grenzüberschreitenden Tatbestandes *(Goerlich,* DVBl. 1986, S. 1192 ff.). Hierbei sind drei mögliche Fallgestaltungen zu unterscheiden:

- der Typfall des Art. 60 Abs. 3 = 50 Abs. 3 neu EGV, wenn sieh der **Leistende** vorübergehend in den Staat des DL-Empfängers begibt, um dort seine Leistung zu erbringen (Bsp.: Ein Rechtsanwalt begibt sich zu einer Beratung in einen anderen MS);
- die Konstellation, daß sich der **Empfänger einer DL** in das Land des Leistenden begibt **(„passive DLF";** Bsp.: Ein Patient läßt sich in einem anderen MS von einem dortigen Arzt behandeln);
- schließlich die Möglichkeit, daß Empfänger und Leistender ihren Standort beibehalten und **nur die DL** die Grenze überschreitet (Bsp.: Grenzüberschreitender Rundfunk).

Die Kommission hat 1993 in einer **erläuternden Mitteilung** den Dienstleistungsbegriff im Sinne der Rspr. des Gerichtshofes näher dargestellt (ABl. 1993, C 334/3).

1593 *aa) Normalfall der Dienstleistungsfreiheit*

Im ersten Falle stellt sich die Frage der Abgrenzung der DLF von der NLF. Beide Freiheiten gelten nur für selbständige Tätigkeiten. Art. 60 Abs. 3 = 50 neu EGV trifft die Unterscheidung **nach dem zeitlichen Moment.** Demnach werden von der DLF nur „vorübergehende" Tätigkeiten erfaßt, während die Niederlassung schon vom Wortlaut her eine dauerhafte Einrichtung im anderen MS verlangt (Zur Abgrenzung DL/NL EuGHE 1995, I–4165 ff. – RS 55/94). Innerstaatliche Vorschriften, die für den Erbringer einer DL das Erfordernis eines ständigen Aufenthalts im Hoheitsgebiet des Staates aufstellen, in dem die Leistung zu erbringen ist, verstoßen grundsätzlich gegen Art. 59 = 49 neu EGV, der gerade die Beseitigung der Beschränkungen der DLF für EG-Angehörige bezweckt. Solche Anforderungen sind nur dann mit dem Europäischen Gemeinschaftsrecht vereinbar, wenn sie sich aus der Anwendung **durch das Allgemeininteresse gerecht-**

fertigter Berufsregelungen – namentlich der Vorschriften über Organisation, Befähigung, Berufspflichten, Kontrolle und Verantwortlichkeit und Haftung – ergeben und für alle im Gebiet des Staates, in dem die Leistung erbracht wird, ansässige Personen verbindlich sind (EuGHE 1974, 1299 ff. (1309) – RS 33/74 „van Binsbergen"). Im Einzelfall ist ähnlich wie bei der Anwendung des Art. 36 = 30 neu EGV beim Warenverkehr (oben Rz. 1302 ff..) anhand des **Erforderlichkeitskriteriums** zu prüfen, ob solche Regelungen „gerechtfertigt" sind. Dabei ist stets zu berücksichtigen, daß die Art. 59 ff. = 49 ff. neu EGV ein umfassendes Gebot der Beseitigung offener und versteckter Diskriminierungen im DLV enthalten (EuGHE 1982, 223 ff. – Verb.RS 62 u. 63/81).

bb) Passive Dienstleistungsfreiheit

Seit der Entscheidung des Gerichtshofes in der RS „Luisi und Carbone" **1594** (EuGHE 1984, 377 ff. – RS 286/82 und RS 26/83) ist anerkannt, daß auch **die sog. passive oder negative DLF** – der DL-Nehmer begibt sich zum Leistenden – in den Anwendungsbereich der Art. 59 ff. = 49 ff. neu EGV fällt (näher *Hailbronner/Nachbaur,* EuZW 1992, S. 105 ff.). Bereits in Art. 1 RL 73/148 (ABl. 1973, L 172/14) ordnete der Ministerrat die Aufhebung der Reise- und Aufenthaltsbeschränkungen auch für EG-Angehörige an, die sich als Empfänger einer DL in einen anderen MS begeben wollen. Entsprechend gilt die Koordinierungs-RL 64/221 (ABl. 1964, S. 850) unter anderem für Staatsangehörige eines MS, die Dienstleistungen in einem anderen MS entgegennehmen (vgl. Art. 1 RL 64/221).

Hierauf gestützt, sprach der EuGH aus, „daß der freie Dienstleistungsverkehr die Freiheit der Leistungsempfänger einschließt, sich zur Inanspruchnahme einer DL in einen anderen MS zu begeben, ohne durch Beschränkungen und zwar im Hinblick auf Zahlungen – daran gehindert zu werden ..." (EuGHE 1984, 377 ff. (403) RS 286/ 82 und 26/83 – „Luisi und Carbone"). Als solche Empfänger von Dienstleistungen zählte der EuGH in der genannten Entscheidung beispielhaft auf: Touristen/Personen, die eine medizinische Behandlung in Anspruch nehmen und solche, die Studien- oder Geschäftsreisen unternehmen (Näher *Völker,* Die passive Dienstleistungsfreiheit im Europäischen Gemeinschaftsrecht, 1990). Ärztliche Behandlungen (z. B. einer Luxemburgerin in D) dürfen nicht von besonderen Genehmigungen abhängig gemacht werden (EuGH 1998, I – 1931 ff. – RS C–158/96 „Kohll").

Bei dieser weiten Sicht der passiven DLF stellt sich die Frage, ob hiermit **1595** das **allgemeine Freizügigkeitsrecht der Europäer** verwirklicht worden ist (oben Rz. 1552 ff.). Es ist nämlich kaum vorstellbar, daß ein einreisender EG-Ausländer im Gastland keinerlei Dienstleistungen in Anspruch zu nehmen gedenkt. Zumindest könnte er dies plausibel ohne jede realistische Widerlegungsmöglichkeit behaupten.

Eine derart weite Auslegung des Rechts auf DLF würde jedoch der Systematik der Vertragsvorschriften widersprechen, wonach die Freizügigkeit nur für bestimmte Gruppen von Marktteilnehmern vorgesehen ist. Die Art. 48 ff. = 39 ff. neu EGV würden „jeden Sinns" beraubt werden (Schlußanträge Generalanwalt *Trabucchi,* EuGHE 1976, 1185 ff. (1203 f.) – RS 118/

75 „Watson und Belman“) Andererseits ist nicht zu verkennen, daß derartige Weiterungen auf der Linie einer Europäischen Union und eines „Europas der Bürger liegen. Sie sind seit 1992 mit der Unionsbürgerschaft im Sinne von Art. 8 a = 18 neu EGV primärrechtlich anerkannt (oben Rz. 1548 ff.).

1596 Von passiver DLF, die unter Art 59 ff. = 49 ff. neu EGV einzuordnen ist, kann jedenfalls derzeit nur dort die Rede sein, wo sie ihre Qualifikation als grenzüberschreitender **Wirtschaftsvorgang** nicht verliert. Es muß sich in der Regel um die **Inanspruchnahme einer entgeltlichen Dienstleistung** handeln, also um eine Geschäftstätigkeit mit dem Ziel der Kostendeckung und der Gewinnerzielung (Schlußanträge Generalanwalt *Slynn* v. 16.1.1985 – RS 293/83 „Gravier“; *Hübner*, JZ 1987, S. 330 ff.). Staatliche Ausbildungsleistungen erfüllen diese Voraussetzungen grundsätzlich nicht. Dementsprechend wurden Studenten auch in der Entscheidung des EuGH in der RS „Gravier“ (EuGHE 1985, 593 ff. – RS 293/83) nicht als Dienstleistungsempfänger i. S. des Art. 59 = 49 neu EGV eingestuft (vgl. aber unten Rz. 1908 ff.).

Öffentliche Leistungen, wie z. B. Rundfunksendungen, sind jedoch nicht per se dem Anwendungsbereich der Art. 59 ff. = 49 ff. EGV entzogen (EuGHE 1974, 409 ff. – RS , 155/73 „Sacchi“; EuGHE 1980, 833 ff. – RS 52/79 „Debauve“; EuGHE 1982, 3381 ff. – RS 262/81 „Coditel II“., unten Rz. 1598 ff.). Vielmehr ist im Einzelfall das **Vorliegen eines unternehmerischen Aspektes zu prüfen.**

Im übrigen darf auch im Rahmen der passiven DLF der Dienstleistungsempfänger seine **Eigenschaft als Gebietsfremder** nicht aufgeben. Ansonsten würde ein Leistungsaustausch zwischen zwei gebietsanssässigen Wirtschaftspartnern vorliegen, der allenfalls den Regeln über die Freizügigkeit der Arbeitnehmer oder die Niederlassungsfreiheit, nicht aber denen über die Dienstleistungsfreiheit unterfiele. In diesem Falle könnte nicht mehr von einem für die DLF charakteristischen **grenzüberschreitenden Vorgang** gesprochen werden. Deshalb ist das Merkmal der zeitlichen Beschränkung nicht nur für die Erbringung einer Dienstleistung in einem anderen MS (Art. 60 Abs. 3 = 50 Abs. 3 neu EGV), sondern auch für auswärtige Inanspruchnahme einer solchen Leistung kennzeichnend. Der EG-Angehörige, der sich in einen anderen MS als Dienstleistungsempfänger begibt, genießt nur solange die DLF, als er sich dort vorübergehend, nicht dauerhaft, aufhält, d. h. solange er im anderen Land nicht ansässig wird *(Steindorff,* RIW 1983, S. 831 ff.).

cc) Grenzüberschreitung nur der Dienstleistung

1597 Eine zeitliche Beschränkung der Dienstleistung kann dagegen entfallen, wenn sowohl der Dienstleistungsnehmer als auch der Erbringer der Dienstleistung ihren Aufenthaltsort beibehalten und nur die **Dienstleistung als solche die Grenze überschreitet.** Dann ist hierin bereits der grenzüberschreitende Wirtschaftsvorgang zu sehen, der für die Anwendbarkeit der Art. 59 ff. = 49 ff. neu EGV kennzeichnend ist. Diese „Grundform“ der Dienstleistungsfreiheit kann deshalb **dauerhaft** erbracht werden.

Abgrenzungsprobleme können sich hier mit der Freiheit des Warenverkehrs (Art 30 ff. = 28 ff. neu EGV) ergeben. Hierzu hat der EuGH für den Bereich des grenzüberschreitenden Rundfunks entschieden, daß **Fernsehsendungen** in Ermangelung ausdrücklicher entgegenstehender Vertragsbestimmungen ihrer Natur nach als **Dienstleistungen** anzusehen sind, dagegen der **Handel mit sämtlichen Materialien,** Tonträgern, Filmen und sonstigen Erzeugnissen, die für die Ausstrahlung von Fernsehsendungen benutzt werden, den Bestimmungen über den **freien Warenverkehr** unterliegt (EuGHE 1974, 409 ff. (428) – RS 155/73 „Sacchi"). Auch transnationale **Telefonwerbung** fällt unter die DLF (EuGHE 1995 I–1141 ff. RS C–384/93).

Auch die Freiheit des DLV im Sinne der Art. 59 ff. = 49 ff. neu stellt in all ihren Ausprägungen seit dem Ende der Übergangszeit (31.12.1969) eine **unmittelbar und unbedingt anwendbare Norm** dar, auf die sich der Einzelne berufen kann (EuGHE 1981, 3305 ff.- RS 279/80 „Leiharbeit", st. Rspr.).

Exkurs: EG-Rundfunk(Medien)ordnung zwischen Dienstleistungsfreiheit, Meinungsbildung und Kulturförderung

Literatur: Die EG-Rundfunkliteratur ist Legion. Im Folgenden eine Auswahl wesentlicher Titel:

Jarass, EG-Recht und nationales Rundfunkrecht, EuR 1986, S. 75 ff.; *Schwartz,* Broadcasting and the EEC-Treaty, ELRev 1986, S. 7 ff. (= RMC 1986,S. 387 ff.); *Scherer,* European Telecommunications Law: The Framework of the Treaty, ELRev 1987, S. 354 ff.; *Wenger,* Fernsehen in Europa zwischen Kommerz und Kultur, EA 1987, S. 361 ff.; *Betz,* Die EG-Fernsehrichtlinie, MP 1989, S. 677 ff.; *Engel,* Außenhandel mit Rundfunk: Rundfunkrichtlinie der EG versus Fernsehkonvention des Europarats, RuF 1989, S. 203 ff.; *Mestmäcker* u. a., Der Einfluß des europäischen Gemeinschaftsrechts auf die deutsche Rundfunkordnung, 1990; *Vandersanden,* L'Espace audiovisuel Européen, 1992; *Schwartz,* Rundfunk, EG-Kompetenzen und ihre Ausübung, ZUM 1991, S. 155 ff.; *de Nanclares,* Die Fernsehrichtlinie, 1991; *Kugelmann,* Der Rundfunk und die Dienstleistungsfreiheit des EWG-Vertrages, 1991; *Doll/Heun/Lohmann,* Europäisches Telekommunikationsrecht im Vergleich, CR 1992, S. 416 ff., 492 ff., 561 ff.; *Jungbluth,* Das Niederlassungsrecht der Rundfunkveranstalter in der EG, 1992; *Salvatore,* Quotas on TV Programmes and EEC Law, CMLRev 1992, S. 967 ff.: *Eberle,* Das europäische Recht und die Medien am Beispiel des Rundfunkrechts, AfP 1993, S. 422 ff.; *Thorn,* Fernsehen ohne Grenzen – Plädoyer für eine europäische Rundfunkordnung, FS Deringer 1993, S. 585 ff.; *Fechner,* Telekommunikation, Rundfunk, audiovisuelle Medien, in: Oppermann/Moersch (Hrsg.) Profi-Hdb Wirtschaftsraum Europa, 3. Aufl. 1994, S. 69 ff.; *Müller,* Die Revision der EG-Fernsehrichtlinie, AfP 1994, S. 26 ff.; *Petersen,* Rundfunkfreiheit und EG-Vertrag, 1994; *Schwartz,* Europäisches Medienrecht, in: Schiwy/Schütz (Hrsg.), Medienrecht, 3. Aufl. 1994, S. 92 ff.; *Curwen,* Telecommunications Policy in the EU, JCMS 1995, S. 331 ff.; *Dörr,* Europäische Perspektiven der dualen Rundfunkordnung, ZUM 1995, S. 264 ff.; *Holznagel,* Rundfunkrecht in Europa, 1996; *Dörr,* Multimedia und die Rundfunkfreiheit des Art. 10 EMRK, FS Kriele 1997, S. 1417 ff.; *Europ. Kommission,* Grünbuch zur Konvergenz der Branchen Telekommunikation, Medien und Informationstech-nologie, Dok. KOM (97) 623 endg., 1997; *Jarass,* Fernsehwerbung im deutschen und europäischen Recht, ZUM 1997, S. 769 ff.; *Schmid,* Der Europäische Fernsehkulturkanal ARTE, 1997; *Zuleeg,* Die Medienfreiheit und ihre Grenzen in Europa, ZUM 1997, S. 778 ff.; *Sandberg,* Unzulässiger Protektionismus in der europäischen Medienpolitik? 1998; *Schmitt-Vockenhausen,*

Revision der EG-Fersehrichtlicnie, ZUM 1998, S. 377 ff.; *Weirich,* Programmarkt Europa, Zeus 1998, S. 47 ff.;

a) Grundsätzliches

1598 Seit den 80er Jahren hat die EG Zuständigkeiten im Rundfunkbereich und darüber hinaus allgemein für Medien und Telekommunikation für sich in Anspruch genommen. Hauptsächlicher Ansatzpunkt war die Anerkennung **genzüberschreitenden Rundfunks** als Dienstleistung besonderer Art ohne Ortswechsel von Erbringer und Empfänger (EuGHE 1974, 409 ff. – RS 155/73 „Sacchi" st. Rspr. oben Rz. 1597). 1984 legte die Kommission ein Grünbuch **„Fernsehen ohne Grenzen"** (Dok/KOM (84), 300 endg.) vor, in dem Umrisse einer EG-Rundfunkordnung entworfen waren. Bald erweiterten sich diese Pläne zu einer allgemeinen europäischen Medien- und Telekommunikationsordnung *(EG-Kommission* (Hrsg.), Auf dem Wege zu einem großen europäischen Markt der Audiovision, 1988). Außer der Dienstleistungsfreiheit der Art. 59 ff. = 49 ff. neu EGV wurden in diesem Zusammenhang zunehmend die EG-Kompetenzen aus Art. 30 ff. = 28 ff. neu EGV (Handel mit Rundfunkmaterialien, oben Rz. 1597), Art. 85 ff., 92 ff. = 81 ff., 87 ff. neu EGV (Kulturförderung im audiovisuellen Bereich) ins Spiel gebracht (näher *Dörr,* Europäische Medienordnung und -politik, Intern. Hdb. Hörfunk/Fernsehen 1996/97 S. 35 ff.).

1599 Neben den EG-Medienaktivitäten gehören zur **Europäischen Medienordnung i. w. S.** auch das im Rahmen von **Europarat/EMRK** (oben Rz. 52 ff.) durch völkerrechtliche Verträge und die Rspr. des EuGHMR entwickelte transnationale Medienrecht. Zu ihm rechnet insbesondere das **Europäische Übereinkommen über das grenzüberschreitende Fernsehen** v. 5.5.1989 (BGBl. 1994 II, 638), näher *Engel,* TRP 1988, S. 240 ff), das 1993/94 (für einen Teil der Unterzeichnerstaaten) in Kraft getreten ist. Das EG-Medienrecht, insbesondere die EG-Fernseh-Richtlinie 1989 (unten Rz. 1604 ff.), haben Vorrang gegenüber dem Europaratübereinkommen (Art. 27 Abs. 1 Übereinkommen). Inhaltlich besteht weite Übereinstimmung zwischen beiden Regelungen. – Ferner hat der EuGHMR in **wegweisender Rspr. besonders zur Rundfunkfreiheit des Art. 10 EMRK** (näher *Schwartz,* Europäisches Medienrecht, in Schiwy/Schütz (Hrsg.) Medienrecht, 3. Aufl. 1994, S. 92 ff.), die Liberalität der europäischen Rundfunkordnung maßgeblich beeinflußt. Art. 10 EMRK ist über Art. F Abs. 2 = 6 Abs. 2 neu EUV und die Rspr. des EuGH (oben Rz. 491 ff.) gleichzeitig ein Gemeinschaftsgrundrecht *(Astheimer,* Rundfunkfreiheit, 1990).

Zur europäischen Medienordnung im weiteren Sinne gehört auch der von Deutschland und Frankreich errichtete **Europäische Fernsehkulturkanal ARTE** („Association Relative à la Télévision Européenne"). Der in Straßburg ansässige binationale Fernsehsender wurde durch Vertrag zwischen F und den deutschen Bundesländern v. 2.10.1990 (Text u.a. bad.-württ. GBl. 1991, 745) und gesellschaftsrechtlich als Europäische Wirtschaftliche Interessenvereinigung (EWIV, oben Rz. 1246) gegründet und sendet seit 1992 ein europäisch und kulturell ausgerichtetes Programm (näher *Oppermann,* GS Grabitz, 1995, S. 483 ff.).

1600 Dieser „Zugriff des Europäischen Rechts" *(Eberle,* FS Thieme 1993, S. 939 ff.) auf Rundfunk und Telekommunikation löste insbesondere in Deutschland **Abwehrreaktionen** aus, die sich auf die politische und kulturelle Dimension des Rundfunks als Massenmedium beriefen, die in der Obhut der MSen (in Deutschland im wesentlichen der Bundesländer) geblieben sei. Inzwischen setzt sich mehr und mehr eine **vermittelnde Auffassung** durch (vgl. etwa *Dörr* a. a. O.). Die wirtschaftlich/wettbewerblichen Befugnisse der EG sind auch für den Mediensektor anerkannt. Andererseits besteht Einigkeit, daß beim Rundfunk die inhaltliche Seite, die geistiger und gesellschaftlich/politischer Natur ist, als Ausdruck der jeweiligen nationalen und kulturellen Identität jeden MSes (Art. F Abs. 1 = 6 Abs. 3 neu EUV, Art. 128 = 151 neu EGV) in nationaler Zuständigkeit verblieben ist. Wegen der verfassungsmäßigen Bedeutsamkeit der Rundfunkfreiheit (Art. 10 EMRK und nationale Verfassungen, wie Art. 5 Abs. 1 GG) verbleibt die **Programmhoheit im Rundfunk** auf diese Weise weithin bei den Veranstaltern.

Ursprüngliche **maximale Positionen** der einen und der anderen Seite **haben sich nicht durchgesetzt.** Das gilt einerseits für die Thesen, die der Gemeinschaft mit Verweis auf den geistig/kulturellen Schwerpunkt der Rundfunktätigkeit mehr oder weniger jede Betätigung in diesem Bereich verwehren wollten *(Ossenbühl,* Rundfunk zwischen nationalem Verfassungsrecht und EGR, 1986, bes. S. 55 ff.). Dies war angesichts der unbestreitbaren EG-Kompetenzen aus der Dienstleistungsfreiheit und den anderen o. g. (Rz. 1598) Zuständigkeiten nicht haltbar. Inzwischen hat auch BVerfGE 92, 203 ff. (241) („Fernseh-Richtlinie") die Rspr. des EuGH zum Dienstleistungscharakter grenzüberschreitender Rundfunksendungen übernommen. Ebensowenig wie bei Buchhandel und Presse gibt es beim Rundfunk **einen generellen „Kulturvorbehalt"** zugunsten der MSen *(Rudolph,* AfP 1986, S. 106 ff.). Das gilt seit der Einfügung des Art. 128 = 151 neu EGV ganz offensichtlich. Ausnahmen wie Beschränkungen zugunsten nationalen Kulturgutes in Art. 36 = 30 neu EGV sind angesichts der „fundamentalen Bedeutung der Dienstleistungsfreiheit" eng auszulegen (EuGHE 1981, 3305 ff. (3325) – RS 279/80 „Webb"). Auch das deutsche Verständnis von **Rundfunk als „öffentliche Aufgabe"** (BVerfGE 12, 205 ff. st. Rspr.) rechtfertigt angesichts seiner gleichzeitigen wirtschaftlichen Elemente und einer seit den 80er Jahren gemeinschaftsweit entstandenen dualen Rundfunkordnung keinen allgemeinen Ausschluß von der Anwendbarkeit des europäischen Rechts *(Deringer,* ZUM 1986, S. 627 ff.). Rundfunk ist nicht „mit der Ausübung öffentlicher Gewalt" im Sinne von Art. 55 Abs. 1 = 45 neu EGV verbunden. 1601

Andererseits ist die **EG-Kompetenz im Rundfunk- und Medienwesen** entgegen manchen Ausweitungsversuchen *(Schwartz,* ZUM 1989, S. 389 ff.) nicht absolut, sondern **deutlich begrenzt.** Sowohl nach dem Prinzip der begrenzten Einzelzuständigkeit, als inzwischen auch unter Berücksichtigung des Subsidiaritätsprinzips des Art. 3 b = 5 neu EGV ergibt sich keine allgemeine Rundfunk- und Medienzuständigkeit der Gemeinschaft, sondern ihre **Begrenzung auf den jeweiligen, meist wirtschaftlich geprägten Kompetenzbereich** (Dienstleistungsfreiheit, Wettbewerb usf.). Auch der „Kulturartikel" 128 = 151 neu EGV eröffnet der EG lediglich eine Unterstützung der Tätigkeit der MSen im audiovisuellen Bereich. Dieser verbleibt („Kulturen der MSen") ausdrücklich in nationaler Zuständigkeit, wobei die EG die nationale und regionale Vielfalt fördert. Im Hinblick auf die politische Seite des Rundfunks bleibt gleichzeitig die Achtung der nationalen Identität der MSen zu beachten, auf welche die Union nach Art. F Abs. 1 = 6 Abs. 3 neu EUV verpflichtet ist. Auf diese Weise verbleibt die **Programmtätigkeit** als eigentlicher Auftrag des Rundfunks und auch seine **Finanzierung** unter der Obhut der MSen, wie es u. a. Absatz 13 der Präambel der EG-Fernsehrichtlinie 89/552 v. 3.10.1989 ABl. 298/23 ausdrücklich feststellt. Der **Amsterdamer Vertrag 1997** hat in einer **Protokollerklärung zum EGV** (ABl. 1997, C 340/109) seinerseits die unmit- 1602 telbare Verknüpfung des öffentlich-rechtlichen Rundfunks **„in den MSen"** mit den demokratischen, sozialen und kulturellen Bedürfnissen jeder Gesellschaft festgehalten und daraus die grundsätzliche Finanzierungskompetenz der MSen für den öffentlich-rechtlichen Rundfunk abgeleitet.

1603 Im Sinne der vermittelnden Auffassung hat der Gerichtshof in ständiger Rspr. betont, daß die grundsätzliche Einbeziehung der Rundfunksendungen in die DLF der Art. 59 ff. = 49 ff. neu EGV aus **zwingenden Gründen des Allgemeininteresses eingeschränkt werden kann,** solange das nationale Rundfunkrecht nicht EG-weit harmonisiert ist. Die Beschränkungen müssen jedoch nicht-diskriminierend sein, d. h. gleichermaßen für in- und ausländische Rundfunktätigkeit gelten. Als solche zwingenden Gründe des Allgemeininteresses sind u. a. **nationale Urheberrechte** (EuGHE 1980, 881 ff. (903) – RS 62/79 „Coditel I", st. Rspr.) **nationale und gesellschaftlich/kulturpolitische Zielsetzungen** z. B. zugunsten eines pluralistisch/nichtkommerziellen Rundfunksystems anerkannt worden (EuGHE 1993, I–487 ff. RS C–148/91 „Veronica"; EuGHE 1994, I–4795 ff. RS C–23/93 „TV 10" st. Rspr.). Auch das griechische öffentliche Fernsehmonopol ist unter bestimmten Voraussetzungen mit Art. 30 ff., 59 ff. und 85 ff. EWGV aus im öffentlichen Interesse liegenden Gründen nichtwirtschaftlicher Art für vereinbar erklärt worden (EuGHE 1991, I–2925 ff. RS C–260/89 „ERT"); anders dagegen EuGHMR EuGRZ 1994, S. 549 ff., der das österreichische öffentliche Rundfunkmonopol mangels zwingender Gründe mit Art. 10 EMRK unvereinbar hielt.

b) Europäische Harmonisierung des Rundfunkrechts (u. a. EG-Fernseh-Richtlinie)

1604 Zum Abbau solcher bislang zu rechtfertigenden nationalen Beschränkungen des Rundfunkmarktes bietet sich die **Angleichung des nationalen Rundfunkrechtes** an. In diesem Sinne erging 1989 gegen mancherlei Widerstände die **erste EG-Fernseh-Richtlinie 89/552** (ABl. 1989, L 298/23 ff., zu ihr *de Nanclares,* Die Fernsehrichtlinie, 1991). Gestützt auf die Dienstleistungszuständigkeiten der Art. 57 Abs. 2, 66 = 47 Abs. 2, 55 neu EGV wird mit der RL **grundsätzlich der EG-weite Fernsehempfang gewährleistet,** sowie Regelungen über Fernsehwerbung, Sponsoring, Jugendschutz und Gegendarstellungsrecht getroffen. Eine gewisse **Förderung „europäischer Werke"** (Art. 4 ff.) bei der Ausstrahlung im EG-Raum ist nur im Rahmen flexibler Klauseln vorgesehen.

Auf diese Weise wurde die Austragung der Rechtsfrage vermieden, ob sich die EG mit einer **stringenten „Quotenregelung"** unzulässig in die Programmhoheit der MSen und Rundfunkveranstalter eingemischt hätte (so BVerfGE 92, 203 ff. und *v. Bogdandy,* EuZW 1992, S. 9 ff.) oder ob eine Verpflichtung, majoritär „europäische Werke" zu senden, aus handelspolitischen Gründen bzw. im Sinne einer Kulturförderung nach Art. 128 = 151 neu EGV denkbar gewesen wäre (in dieser Richtung *de Nanclares* a. a. O., S. 120 ff.). Problematisch wäre auch die GATT/WTO-Konformität einer stringenten Quotenregelung *(Seelmann-Eggebert,* Internationaler Rundfunkhandel im Recht der WTO und der EG, 1998).

1997 ist die Fernseh-Richtlinie 1989 durch eine **Ergänzungsrichtlinie** (RL 97/36, ABl. 1997, L 202/60, *Schmitt-Vockenhausen,* ZUM 1998, S. 377 ff.) erweitert worden. Neben der Sendefreiheit wird nunmehr die **gemeinschaftsweite Empfangsfreiheit** ausdrücklich festgehalten. Die wichtigste Neuerung besteht in der Regelung des Art. 3 a, wonach die MSen eine Liste von **„Ereignissen mit herausragender Bedeutung für die Gesellschaft“** (z. B. große Sportereignisse) aufstellen können, die nach nationalem Recht im „Freien Fernsehen“ (Free-TV) gezeigt werden müssen, d. h. nicht dem Zahlfernsehen (Pay-TV) überlassen werden dürfen. Die Liste wird von der Kommission auf ihre Konformität mit dem Gemeinschaftsrecht überprüft. 1605

Ähnlich wie bei der Quotenregelung (oben Rz. 1604) wird durch die **fakultative Fassung des Art. 3 a („kann“)** der Rechtsstreit darüber entschärft, ob es sich hier um eine gemeinschaftsrechtlich zulässige Beschränkung der Dienstleistungsfreiheit aus zwingenden Gründen des Allgemeininteresses handelt oder ob bereits unzulässig in die nationale Sende- und Programmhoheit eingegriffen wird. Deutschland (Bundesländer) wird von Art. 3 a vorläufig keinen Gebrauch machen, sondern das grundsätzlich begrüßte Ziel durch freiwillige nationale Regelungen verfolgen.

Mit der Ergänzungsrichtlinie wird ein **Kontaktausschuß** aus Vertretern der MSen unter Vorsitz der Kommission eingerichtet, der die künftige Entwicklung im Anwendungsbereich der RL beratend begleitet.

c) Auf dem Wege zur europäischen Medien- und Telekommunikationsordnung?

Die bisher nur in Fragmenten wie der Fernseh-Richtlinie erreichte EG-Rundfunkordnung ist ihrerseits Teil einer denkbaren allgemeinen EG-Medien- und Telekommunikationsordnung. Diese Entwicklung zur sog. Informationsgesellschaft ist auf Gemeinschafts- wie auf nationaler Ebene weithin im Fluß *(Europ. Kommission* (Hrsg.) Die Informationsgesellschaft, 1996). 1606

Vgl. für Deutschland die Bundesregelungen des Telekommunikationsgesetzes 1996 und des Teledienste- („Multimedia“) Gesetzes 1997 einerseits, des Rundfunkstaatsvertrages 1991/96 und des Mediendienste-Staatsvertrages der Bundesländer andererseits. *(Scheurle/Lehr/Mayen* (Hrsg.) Telekommunikationsrecht, 1997).

In der EG ist vor allem das **Wettbewerbsrecht der Art. 85 ff., 92 ff. = 81 ff., 87 ff. neu EGV** zum Ansatzpunkt einer gemeinschaftsweiten Telekommunikationsordnung mit bemerkenswerter Liberalisierungskraft geworden *(Tettenborn,* EuZW 1997, S. 462 ff. und oben Rz. 1058).

„Telekommunikation“ versteht sich in diesen Zusammenhängen am ehesten als Oberbegriff zu Massenkommunikation (Rundfunk und Mediendienste) einerseits und Individualkommunikation („Alt“ und neu-Teledienste oder „Multimedia“) andererseits. Die Begrifflichkeiten sind noch nicht sehr ausgebildet *(Pieper,* ZUM 1995, S. 552 ff.).

Vor allem über die Ministerratsentschließungen v. 22.12.1994 (ABl. C 379/4) über die Grundsätze und den Zeitplan für die Liberalisierung der Telekommunikationsinfrastrukturen und vom 18.9.1995 (ABl. C 258/1) zur

Entwicklung des künftigen ordnungspolitischen Rahmens für die Telekommunikation wird die **Öffnung, Deregulierung und Privatisierung der wirtschaftlich-technischen Seite** der Telekommunikation („Infrastrukturen") ab 1998 betrieben (oben Rz. 1058). – Über **Rechtsangleichungsmaßnahmen** werden z. B. gemeinschaftsweit einheitliche technische Fernsehnormen angestrebt.

1607 Ferner stellt die **Entscheidungspraxis der Kommission** und die **Rechtsprechung des Gerichtshofes** in Wettbewerbs- und Beihilfesachen (oben Rz. 1058) zunehmend die überkommenen Strukturen der nationalen Medienordnungen auf den Prüfstand des europäischen Rechts. In diesen Zusammenhängen bleibt es Aufgabe der Gemeinschaftsinstanzen, insbesondere im Rundfunkbereich i. e. S., jeweils im Einzelfall den Ausgleich zwischen dem **Wettbewerbsprinzip** des Vertrages (Art. 3 lit. g) EGV), dem grundsätzlich gleichrangigen **Kulturprinzip** (Art. 3 lit. p = lit. q neu EGV) und den vom Gerichtshof hervorgehobenen **zwingenden Gründen des Allgemeininteresses** herzustellen, die in der Achtung der nationalen Identität der MSen durch die Union (Art. F Abs. 1 = 6 Abs. 3 neu EUV) ihre Grundlage finden. Gewiß ist ein so stark auf übernationale Kommunikation angelegtes wirtschaftsrelevantes Medium wie der Rundfunk grundsätzlich in die Freiheiten des Binnenmarktes einbezogen. Als **Massenmedium politisch/gesellschaftlicher und kultureller Dimension** bleibt der Rundfunk jedoch primär unter der Obhut der Mitgliedstaaten gemäß deren verfassungsrechtlicher Regelung. Die Gesetze des Marktes sind in diesem Grenzbereich „zwischen Geist und Kommerz" auf Gemeinschaftsebene nicht anders als national nur beschränkt anwendbar.

II. Verwirklichung der Niederlassungs- und Dienstleistungsfreiheit

Literatur: (Zu den einzelnen Berufstätigkeiten gibt es jeweils eine **umfängreiche Spezialliteratur**).

Everling, Niederlassungsfreiheit und freier Dienstleistungsverkehr in der EWG. Die Allgemeinen Programme zur Aufhebung der Beschränkungen, BB 1961, S. 1257 ff.; *Oppermann,* Die Durchführung der EWG-Niederlassungsrechts- und Dienstleistungsprogramme seit 1961, BB 1964, S. 563 ff.; *De Crayencour,* Le droit d'établissement des architectes, RMC 1968, S. 570 ff.; *De Crayencour,* Le droit d'établissement des ingénieurs, RMC 1969, S. 299 ff.; *Kalbe,* Vorschläge zur Verwirklichung der Freizügigkeit für die freien wirtschaftsberatenden Berufe in der EWG, AWD 1970, S. 487 ff.: *Lahusen,* Presseberufe im Gemeinsamen Markt, 1972; *Kessler,* Die Filmwirtschaft im Gemeinsamen Markt, 1976; *Touffait,* De la liberté d'établissement d'un exploitant agricole en droit communautaire, Recueil Dalloz 1976, 833 ff.; *Wägenbaur,* La libre circulation des médecins dans la CFE, CDE 1976, S. 707 ff.; *Wägenbaur,* L'Europe des Vétérinaires, RTDE 1979, S. 653 ff.; *Blaurock,* Das Bankwesen im Gemeinsamen Markt, 1981; *Immenga/Schäfer,* Die Schaffung eines europäischen Bankmarktes, WM 1985, S. 2 ff.; *Goujet,* Europäischer Versicherungsmarkt: Die Dienstleistungsfreiheit nach dem Urteil des EuGH, Die Versicherungspraxis, 1987, S. 1 ff., 17 ff; *Berr,* Droit européen des assurances: la directive du

23 juin 1988, RTDE 1988, S. 655 ff.; *EG-Kommission* (Hrsg.), Die EG und die berufliche Anerkennung der Diplome, 1989; *Scott,* La deuxième directive de coordination bancaire, RMC 1989, S. 45 ff.; *Roth,* Grundlagen des gemeinsamen europäischen Versicherungsmarktes, RabelsZ 1990, S. 63 ff.; *Berscheid/Kirschbaum,* Freie Berufe in der EG, 1991; *Feuerich,* Die Umsetzung der Diplom-Anerkennungsrichtlinie durch das Einigungsprüfungsgesetz für die Zulassung zur Rechtsanwaltschaft, NJW 1991, S. 144 ff.; *Ress/Ukrow,* Niederlassungsrecht von Apothekern in Europa, 1991; *Schneider,* Europäische und internationale Harmonisierung des Bankvertragsrechts, NJW 1991, S. 1985 ff.; *Adamson,* Free movement and establishment of Lawyers in Europe, 1992, *Geiger,* Der Schutz der Versicherten im europäischen Binnenmarkt, 1992; *Gündisch,* Der Anwalt im Binnenmarkt, AnwBl. 1992, S. 342 ff.; *Hannemann/Sagert,* Öffentliche Aufträge im EG-Binnenmarkt, 1993; *Hohlfeld,* Die Zukunft der Versicherungsaufsicht nach Vollendung des Binnenmarktes, VersR 1993, S. 144 ff.; *Beckmann,* Zulassung eines deutschen Rechtsanwalts als „Avocat" in Frankreich, EuZW 1994, S. 337 ff.; *Fetzer,* Der Binnenmarkt für Banken und Versicherungen, in: Oppermann/Moersch (Hrsg.), Profi-Hdb Wirtschaftsraum Europa, 3. Aufl. 1994, S. 39 ff.; *Gärtner,* EG-Versi-cherungsbinnenmarkt und Versicherungsvertragsrecht, EWS 1994, S. 114 ff.; *Kotios,* Das öffentliche Auftragswesen im Binnenmarkt, in: Oppermann/Moersch (Hrsg.), Profi-Hdb Wirtschaftsraum Europa, 3. Aufl. 1994, S. 155 ff.; *Pertek,* L'Europe des diplômes et des professions, 1994; *Priess,* Das öffentliche Auftragswesen in der EU, 1994; *Priesemann,* Überblick zum aktuellen Stand des europäischen Bankenaufsichtsrechts, WM 1994, S. 1155 ff.; *Glaesner/Wegen/Metzlaff,* Die anwaltliche Praxis im Gemeinschaftsrecht, 1995; *Mc Gee/Heisel,* Rechtsfragen bei Versicherungen im Europäischen Binnenmarkt, 1995; *Merle,* Freizügigkeit für Rechtsanwälte in der EU, 1995; *Schneider,* Die Anerkennung von Diplomen in der EG, 1995; *Hergeth,* Europäisches Notariat und Niederlassungsfreiheit nach dem EG-Vertrag, 1996; *Brenner,* Der Ausschluß von Wettbewerbern als Sanktion im öffentlichen Auftragswesen vor dem Hintergrund der EG-Richtlinien, 1997; *Brenner,* Neuere Entwicklungen im Vergaberecht der EU, 1997; *Boesen,* Deutsches Vergaberecht auf dem Prüfstand des Gemeinschaftsrechts, EuZW 1997, S. 713 ff.; *Weber,* Die Anerkennung beruflicher Hochschuldiplome im Recht der EG, WissR 1997, S. 20 ff.; *Dreher,* Die Kontrolle der Anwendung des Vergaberechts in Europa, EuZW 1998, S. 197 ff.; *Klenke,* Börsendienstleistungen im Europ. Binnenmarkt, 1998;

Für die Verwirklichung der Freizügigkeit der Selbständigen sah der EWGV **1608** 1958 ein **zweistufiges Verfahren** vor. Auf der Grundlage Allgemeiner Programme sollte das eigentliche Gemeinschaftsrecht in Gestalt von Richtlinien gesetzt werden. Seit 1970 gelten die Garantien gemeinschaftsweiter freier Niederlassung und freien Dienstleistungsverkehrs **unmittelbar aus Art. 52, 59 = 43, 49 neu EGV.** Beschränkungen „sind verboten".

1. Die Allgemeinen Programme

Gestützt auf Art. 54 Abs. 1 und 63 Abs. 1 EWGV stellte der Rat am 18.12.1961 **Allgemeine Programme** zur Aufhebung der Beschränkungen der NLF und des freien DLV auf (ABl. 1962, 36 ff. u. 32 ff.; näher *Everling,* Das Niederlassungsrecht im Gemeinsamen Markt, 1963). Hierin wurde der von diesen Freiheiten begünstigte Personenkreis im einzelnen genannt, die Arten der aufzuhebenden Beschränkungen umrissen, sowie ein Zeitplan zur Verwirklichung des Rechts auf NLF bzw. DLF für einzelne Tätigkeitsbereiche bis zum Ende der Übergangszeit aufgestellt. Gleichzeitig wurde die jeweils parallele Prüfung angeordnet, inwieweit zur Durchführung der Liberalisierung im Sinne der Allgemeinen Programme die gegenseitige Anerkennung der Diplome und sonstiger Befähigungsnachweise sowie weitere Koordinierungen des nationalen Berufsrechts der MS nach Art. 57 bzw. Art. 66 EWGV erforderlich seien. Ihrer Rechtsnatur nach waren die Allgemeinen Programme eine (sanktionslose) **Selbstbindung von Kommission und Rat** zur fristgerechten Verwirklichung der NLF und DLF.

Nach Art. 54 Abs. 2 bzw. 63 Abs. 2 EWGV sollten die Allgemeinen Programme als **Vorstufe von RLen** dienen, mit deren Hilfe insbesondere die einzelnen Schritte des Zeitplanes zur Aufhebung diskriminierender Beschränkungen rechtlich verbindlich gemacht werden sollten (zu den Anfängen *Oppermann,* BB 1964, S. 563 ff.).

2. Erlaß von Richtlinien bis 1970

1609 Es wurden seit 1961 **zahlreiche Richtlinien erlassen,** die die Gewährleistung der NLF oder der DLF bei den einzelnen Erwerbstätigkeiten regelten (Stand im Fundstellennachweis des geltenden Gemeinschaftsrechts, 06.20). Als **Liberalisierungsrichtlinien** nach Art. 54 Abs. 2 bzw. 63 Abs. 2 und als **Koordinierungsrichtlinien** gemäß Art. 57 bzw. 66 i. V. m. 57 EWGV sind insbesondere zu erwähnen:

a) **Handel:** Die NLF und DLF für den **Groß- und Einzelhandel** und verwandte Tätigkeiten ist weitgehend hergestellt. (RLen 64/222–224 (ABl. 1964, S. 857 ff., 863 ff., 869 ff.) zur Liberalisierung bei Großhandel und Vermittlertätigkeiten; RLen 68/ 363–364 (ABl. 1968, L 260/1 ff., 6 ff.) zur Liberalisierung beim Einzelhandel und insgesamt: Fundstellennachweis des geltenden Gemeinschaftsrechts, 06.20. 30). Nach 1970 insbesondere Erlaß der Koordinierungsrichtlinie für selbständige **Handelsvertreter** v. 18.12.1986 (ABl. L 382/17 ff.) und Reisegewerberichtlinie v. 16.6.1975 (ABl. L 167/29 ff.). Nationale Ladenschlußregelungen bleiben weiterhin zulässig (EuGHE 1996, I–2975 ff. Verb.RSen C 418/93 u. a.).

b) **Industrie und Handwerk:** Weitgehende Verwirklichung der NLF und DLF durch RLen 64/427–429 (ABl. 1964, S. 1863 ff., 1871 ff., 1880 ff.) bei den meisten selbständigen Tätigkeiten im be- und verarbeitenden Gewerbe. Anschließend verschiedene Spezialrichtlinien, z. B. für das Nahrungs- und Genußmittelgewerbe, die Erdöl- und Erdgasgewinnung u. a. (Fundstellenverzeichnis des geltenden Gemeinschaftsrechts, 06.20.10.20, vgl. auch *Klinge,* WuVerw 1987 S. 137 ff.)

c) **Dienstleistungen:** Auch im Dienstleistungsverkehr (im ökonomischen Sinne) wurde die NLF und DLF in wichtigen Bereichen verwirklicht Dies gilt für den **Verkehr,** für den nach inzwischen herrschender Auffassung die Art. 52 ff. = 43 ff. neu EGV gelten (oben Rz. 1422), während es nach Art. 61 Abs. 1 = 51 Abs. 1 neu EGV hier zur Herstellung der DLF gesonderter Regelungen gemäß Art. 74 ff. = 70 ff. neu EGV bedarf. Ferner wurden Regelungen zugunsten einer Liberalisierung der **Immobiliengeschäfte,** der **Filmwirtschaft, Telekommunikation** und verschiedener persönlicher Dienstleistungen erlassen (Fundstellenverzeichnis des geltenden Gemeinschaftsrechts 06.20.20–60). – Zu den besonders wichtigen Dienstleistungen im **Banken-** und **Versicherungssektor** unten Rz. 1617.

d) **Landwirtschaft:** Die NLF und die DLF für die selbständigen Tätigkeiten in der **Landwirtschaft, Forstwirtschaft und im Gartenbau** ist im wesentlichen verwirklicht (Seit dem Erlaß der RLen 63/261 (ABl. 1963, S. 1323 ff.), 65/1 (ABl. 1965, S. 1 ff.) und einer Reihe von Folgevorschriften (Fundstellenverzeichnis des geltenden Gemeinschaftsrechts 06.20.10.10, *Touffait,* Recueil Dalloz, 1976, S. 33 ff.).

e) **Sonstiges:** Zu den Tätigkeitsbereichen der **Freien Berufe,** der **Banken und Versicherungen** sowie des **öffentlichen Auftragswesens** unten Rz. 1612 ff.. Alles in allem hat die Gemeinschaft zur Herstellung der NLF und DLF bisher **über 300** Richtlinien verabschiedet, darunter 35 Liberalisierungsrichtlinien. Diese sollen nach einem Vorschlag der Kommission (ABl. 1996, C 115/1) ohne inhaltliche Änderungen in einer einzigen **Sammel-RL** zusammengefaßt werden.

Trotz des Erlasses der zahlreichen Richtlinien war die Liberalisierung **1610** bis zum Ende der Übergangszeit (31.12.1969) **nicht auf allen Gebieten gleich weit fortgeschritten.** Während die NLF und die DLF in Handel, Handwerk und Industrie sowie in der Landwirtschaft weitgehend durchgesetzt war, wurden die in den Programmen enthaltenen Zeitpläne vor allem für die freiberuflichen Tätigkeiten und für das Kredit- und Versicherungsgewerbe nicht eingehalten. Dies lag an den differenzierten und unterschiedlichen Zulassungs- und Berufsausübungsregelungen in den MS, welche die nötige Harmonisierung und Koordinierung schwierig machten. Lediglich 6 Richtlinien wurden auf der Grundlage von Art. 57 EWGV bis zum Ablauf der Zeitpläne der Allgemeinen Programme erlassen.

Ein anderer Verzögerungsfaktor ergab sich aus der Notwendigkeit der **Umsetzung der Richtlinien in das nationale Recht der MS.** In vielen Fällen setzte dies gesetzgeberische Maßnahmen voraus, die sich z. T. langwierig gestalteten. Der Gerichtshof betonte in seiner Rechtsprechung verschiedentlich die Verpflichtung der MS, die Anwendung der RLen in ihrem Recht **vollständig und dauerhaft zu gewährleisten,** insbesondere auch dann, wenn zur Durchführung keine Gesetze erlassen, sondern Verwaltungsmaßnahmen ergriffen wurden (EuGHE 1985, 1661 ff. RS 29/84, st. Rspr.). In Deutschland wurde u. a. das Gesetz v. 16.8.1980 (BGBl. I, S. 1453) zur Umsetzung der NL- und DL-Richtlinien der EG erlassen.

3. Unmittelbare Geltung des Liberalisierungsgebotes seit 1970

Während zunächst der Schwerpunkt der Maßnahmen zur Verwirklichung **1611** der NLF und DLF auf dem Abbau der Ausländerdiskriminierungen im eigentlichen Sinne lag und die Harmonisierung/Koordinierung gemäß Art. 57 = 47 neu EGV demgegenüber zurücktrat, änderte sich dies mit Ablauf der Übergangszeit. Zum einen waren bis 1970 bereits diejenigen Bereiche liberalisiert, deren Berufsrecht keiner differenzierten Angleichungsmaßnahmen bedurfte (oben Rz. 1609). Andererseits machte der Gerichtshof ab 1974 durch seine Rechtsprechung weitere Liberalisierungsrichtlinien überflüssig.

Mit den **Rechtssachen „Reyners“ und „van Binsbergen“** erklärte der EuGH Art. 52 bzw. 59 und 60 Abs. 3 = 43, 49, 50 Abs. 3 EGV mit Ablauf der Übergangszeit als grundlegende Rechtsvorschriften der Gemeinschaft **für unmittelbar anwendbar,** soweit sie den Grundsatz der Inländerbehandlung regeln (EuGHE 1974, 631 ff. (652) RS 2/74 „Reyners“ zur NLF und EuGHE

1974, 1299 ff. (1311 f.) – RS 33/74 „van Binsbergen" zur DLF, st. Rspr.). Dadurch wurden weitere RLen zur Verwirklichung des Grundsatzes der Inländerbehandlung entbehrlich. Dementsprechend zog die EG-Kommission Ende 1974 nach Erlaß jener Urteile elf Richtlinien-Vorschläge, die bestehende Beschränkungen der NLF oder DLF auf verschiedenen Gebieten aufheben sollten, zurück.

Seitdem ist der Einzelne berechtigt, sein grundsätzliches Recht auf NLF und DLF in allen Tätigkeitsbereichen im Falle von Beschränkungen vor den nationalen Gerichten und gegebenenfalls im Wege eines Vorabentscheidungsverfahrens gemäß Art. 177 = 234 neu EGV beim EuGH geltend zu machen.

4. Die Anerkennungs- und Koordinierungsaufgabe

1612 Gleichwohl ist der Erlaß weiterer RLen zur Durchführung der NLF und DLF in wesentlichen Tätigkeitsbereichen geboten. Es bleibt der wichtige Auftrag der **gegenseitigen Anerkennung der Ausbildungszeugnisse** u. a. sowie die **Koordinierung der einschlägigen Rechts- und Verwaltungsvorschriften** nach Art. 57 und 66 = 47, 55 neu EGV, ohne deren Lösung NLF und DLF in vielen Fällen nur auf dem Papier gewährt wären. Diese Aufgabe wurde durch die genannten Entscheidungen des Europäischen Gerichtshofes zur Liberalisierung nicht berührt. Selbst wenn es den MS untersagt ist, im Rahmen der NLF oder DLF nach der Staatsangehörigkeit oder dem Aufenthalt des EG-Angehörigen zu differenzieren, bestehen in wesentlichen Bereichen tatsächliche Beschränkungen für die Ausübung dieser Freiheiten, die sich insbesondere aus der Unterschiedlichkeit nationaler Berufsausübungs- und -zulassungsregeln sowie allgemeinen Ausbildungsvorschriften ergeben. Vor allem bei differenzierten Berufstätigkeiten „höherer Art wie den **freien Berufe** (*Mulas,* Mitteil. dt. Patentanwälte 1996, S. 289 ff.) aber etwa auch im **Bank- und Versicherungswesen,** wirft die gegenseitige Anerkennung der Diplome, Prüfungszeugnisse und sonstigen Befähigungsnachweise sowie die Koordinierung der Rechts- und Verwaltungsvorschriften der MS über die Aufnahme und Ausübung dieser Tätigkeiten große Probleme auf. Trotz terminologischer Entsprechungen existieren zwischen den nationalen „Berufsbildern erhebliche Unterschiede, sowohl was die **Art der Ausübung** des jeweiligen Berufes anbelangt als auch hinsichtlich der **ausbildungsmäßigen Voraussetzungen** für die Berufszulassung.

1613 Art. 57, 66 = 47, 55 neu EGV geben Kommission und Rat die **notwendigen Richtlinienbefugnisse,** um diese Anerkennungs- und Koordinierungsaufgabe zu bewältigen. In einzelnen Fällen, wie bei den Ärzten, ist dies auch bis zu einem gewissen Grade gelungen. Insgesamt hat sich aber nach jahrzehntelangen Anstrengungen gezeigt, daß die für eine wirklich effektive NLF und DLF innerhalb der Gemeinschaft nötige Harmonisierung des auf eingewurzelten nationalen Traditionen beruhenden Berufsrechtes der MS eine

Jahrhundertaufgabe darstellt, deren Abschluß selbst bei entsprechender Kompromißbereitschaft längere Zeit erfordern würde. Ähnlich wie bei der „Cassis-de-Dijon"-Rspr. im Bereich des freien Warenverkehrs (oben Rz. 1299 ff.) brach sich daher auch hier in den achtziger Jahren die Überzeugung Bahn, soweit als möglich an die Stelle einer komplizierten Angleichung des Berufsrechtes die auf dem **Prinzip des gegenseitigen Vertrauens** in einen EG-weit ungefähr vergleichbaren Standard der nationalen Berufsordnungen basierende **gegenseitige Anerkennung der mitgliedstaatlichen Regelungen** zu setzen, so wie sie sind (*Wägenbaur,* EuR 1987, S. 113 ff.). Auf diese Weise ergaben sich neue Impulse zur abschließenden Herstellung der NLF und DLF auch in den „schwierigen" Tätigkeitsbereichen (näher unten Rz. 1620).

a) Medizinische Berufe

Am weitesten fortgeschritten ist die Harmonisierung bei den **medizinischen Berufen.** Hier ist sie auch Voraussetzung für die Liberalisierung (Art. 57 Abs. 3 = 47 Abs. 3 neu EGV). Sowohl für **Ärzte, Zahnärzte, Tierärzte, Apotheker** als auch für **Krankenschwestern, Krankenpfleger und Hebammen** wurden RLen für die gegenseitige Anerkennung von Befähigungsnachweisen und zur Koordinierung der einschlägigen nationalen Regelungen der ärztlichen Ausbildung im Sinne von Mindeststandards erlassen (vgl. für die Ärzte die RL 93/16 (ABl. 1993 L 165/1, Änderungen). Sie sehen insbesondere die Einsetzung beratender Ausschüsse auf EG-Ebene und die Angleichung der Ausbildungsgänge und gegenseitige Anerkennung der Abschlußzeugnisse vor (näher *Wägenbaur,* CDE 1976, S. 707 ff. und *Ress/Ukrow,* NLR von Apothekern in Europa, 1991). Beispielsweise wird die Tätigkeit als Zahnarzt nach der RL 78/687 zur Koordinierung der Rechts- und Verwaltungsvorschriften für die Tätigkeiten des Zahnarztes (ABl. 1978, L 233/10 ff.) einheitlich von einer mindestens 5jährigen theoretischen und praktischen Ausbildung abhängig gemacht (a. a. O., Art. 1 Abs. 2). Um den besonderen Verhältnissen in den einzelnen MS gerecht zu werden (Beispiele: Italien setzt für den Zahnarztberuf eine volle humanmedizinische Ausbildung voraus oder die Bundesrepublik Deutschland verlangt für die Zulassung als Kassenzahnarzt die Ableistung einer Assistenzarztzeit), enthalten die RLen auch Übergangsvorschriften (z. B. RL 78/686 für die gegenseitige Anerkennung der Diplome, Prüfungszeugnisse und sonstiger Befähigungsnachweise des Zahnarztes und für Maßnahmen zur Erleichterung der tatsächlichen Ausübung der NLF und des Rechts auf freien DLV (ABl. 1978, L 233/1 ff.). **1614**

Für den Beruf des **Tierarztes** sprach der EuGH bereits aus, daß Richtlinienvorschriften über die gegenseitige Anerkennung von Tierarztdiplomen **unmittelbare Wirkung haben** und auch von den berufsständischen Kammern zu beachten sind. Im übrigen muß die Pflicht zur Mitgliedschaft in einer berufsständischen Kammer oder Körperschaft mit den wesentlichen Grundsätzen des Europäischen Gemeinschaftsrechts, namentlich dem der Nichtdiskriminierung, übereinstimmen (EuGHE 1983, 2727 ff. (2744 f.) RS 271/82 „Auer"; EuGHE 1983, 4233 ff. (4235) – RS 5/83 „Rienks"). Die medizinische NLF einschränkende Vorschriften des Aufnahmestaates müssen stets „aus sich heraus" gerechtfertigt sein (EuGHE 1986, 1475 ff. – RS 96/85).

Diese Grundsätze sind auf die entsprechenden Verhältnisse in den anderen freien Berufen übertragbar. Angesichts der noch bestehenden Unterschiede zwischen den nationalen Gesundheitssystemen ist die weitere Koordinierung des ärztlichen Berufsrechts auch zukünftig nur schrittweise möglich. Immerhin bestehen in den medizinischen Berufen inzwischen praktische Möglichkeiten für die Ausnutzung der NLF und DLF (*Blumenwitz,* NJW 1989, S. 621 ff.).

b) Rechtsberatende Berufe

1615 Der EG-Vertrag fordert die NLF und DLF auch für **Rechtsanwälte und andere rechtsberatende Berufe.** Der eng zu verstehende Art. 55 Abs. 1 = 45 neu EGV ist auf die prinzipiell freie Advokatur nicht anwendbar (*Tomuschat,* ZaöRVR 1967, 553 ff.) Dagegen ist die Tätigkeit des **Notars** wegen ihrer öffentlichen Dokumentationsfunktion mit der Ausübung öffentlicher Gewalt verbunden und so von der NL- und DLF ausgenommen (*Hergeth,* Europäisches Notariat und NLF nach dem EGV, 1996).

Nach anfänglichen Schwierigkeiten ist die Europäisierung der Anwaltstätigkeit vorangekommen. Mit der RL zur Erleichterung der tatsächlichen Ausübung des freien DLV der Rechtsanwälte (RL 77/249, ABl. 1977, L 78/17; *Raczinski/Rogalla,* AnwBl. 1989, S. 583 ff.) ist es einem RA erlaubt, die mit der Vertretung oder Verteidigung eines Mandanten zusammenhängenden Tätigkeiten in jedem MS unter denselben Bedingungen wahrzunehmen, wie sie für dort niedergelassene RAe gelten, einschl. des dortigen Standesrechts (*Brangsch,* NJW 1981, S. 1177 ff.). Die **freie Niederlassung für Anwälte innerhalb der EG** (zur **Abgrenzung NL/DL** EuGHE 1995, I–4165 ff. RS C 55/94) wird durch die ausbildungsmäßige Einbindung in eine nationale Rechtsordnung erschwert. Nach ersten Fortschritten durch die Rspr. des Gerichtshofes (EuGHE 1977, 765 ff. (777) – RS 71/76 „Thierry": NLR bei Anerkennung des ausländischen Diploms als gleichwertig; EuGHE 1984, 2971 ff. – RS 107/83 „Klopp": Zulässigkeit einer Zweitkanzlei in anderen MSen) brachte 1988 die auf dem Prinzip des gegenseitigen Vertrauens basierende Diplom-RL 89/48 (unten Rz. 1620) i. V. m. der unmittelbaren Geltung des Art. 52 = 43 neu EGV den **Durchbruch zu gewissen Niederlassungsmöglichkeiten.** Hiernach (für D vgl. das Umsetzungsgesetz SaBl. 1990 S. 1839 i. V. m. Landesgesetzgebung) muß sich der im Heimatstaat ausgebildete RA im Aufnahmestaat einer Zusatzausbildung mit Eignungsprüfung unterziehen (*Oberheim,* NJW 1994, S. 1846 ff.) Trotz noch bestehender Schwierigkeiten (vgl. EuGHE 1991 I–2357 ff. – RS C–340/89 „Vlassopoulou") werden damit praktische Möglichkeiten der NL eröffnet (*Rabe,* ZEuP 1996, S. 1 ff.). Mit einer **eigenen Niederlassungs-RL für Anwälte** (RL 98/5, ABl. 1998, L 77/1; *Sobotta/Kleinschnittger,* EuZW 1998, S. 645) ist die Liberalisierung weiter verstärkt werden. Drei Jahre im Aufnahmestaat „effektiv und regelmäßig" tätig gewesene RAe sollen ohne Eignungsprüfung inländergleich zugelassen werden können. Grundsätzlich bedürfen Beschränkungen des Aufnahmestaates bei NL/DL ähnlich wie bei den medizinischen Berufen **einer aus der Sache heraus überzeugenden Begründung.** (EuGHE 1988, 11233 ff. – RS 427/85 betr. deutsches Standesrecht).

Die Harmonisierung und Koordinierung des Berufsrechts der **freien wirtschaftsberatenden Tätigkeiten** (Steuerberater, Wirtschaftsprüfer u. a., *Pohl,* Mitteil. Wirtschaftsprüferkammer 1989, S. 9 ff.) steckt noch in den Anfängen. (Zur NL des Wirtschaftsprüfers EuGHE 1992, I–3375 RS C–106/91 m. Anm. *Bach,* DZWiR 1992, S. 379.

c) Architekten, Ingenieure

1616 Die gegenseitige Anerkennung von Diplomen, Befähigungsnachweisen usf. für **Architekten** ging angesichts Unterschiedlichkeiten bei den Ausbildungsgängen in den MS lange Zeit nur schleppend voran (*de Crayencour,* RMC 1968, S. 570 ff.). 1985 wurde endlich eine erste Richtlinie 85/384 (ABl. L 223/15 ff., zu ihr betr. die Einbeziehung deutscher Fachhochschuldiplome: EuGH 1992 I–117 ff. RS 310/90) verabschiedet, die u. a. den freien DLV ab 1988 vorsieht. Angesichts ihrer wirtschaftlichen Bedeutung ist das Fehlen von Regelungen bei **selbständigen Ingenieurtätigkeiten** bedauerlich (*de Crayencour,* RMC 1969, S. 299 ff.). Grundsätzlich gilt auch bei Architekten/Ingenieuren die NLF und DLF unmittelbar aus Art. 52, 59 = 43, 49 neu EGV.

d) Banken und Versicherungen

Die Liberalisierung der Niederlassung von **Banken und Versicherungsunternehmen** und ganz besonders ihr freier Dienstleistungsverkehr innerhalb des Gemeinsamen Marktes sind angesichts der **zentralen Bedeutung dieser Sektoren für die Gesamtwirtschaft** von besonderer Bedeutung. Andererseits bestehen hier spezifische Schwierigkeiten für Harmonisierung und Koordinierung der nationalen Vorschriften. Sie resultieren besonders aus der **Verschiedenartigkeit der einzelstaatlichen Aufsicht** über das Bank- und Versicherungswesen und der dabei jeweils angewendeten Standards *(Hellenthal,* Das Bankenaufsichtsrecht der EG, 1992; *Priesemann,* WM 1994, S. 1155 ff.). So muß z. B. der Schutz der Sparer und Versicherungsnehmer gegenüber EG-ausländischen Instituten wie gegenüber inländischen gewährleistet sein. In diesem Zusammenhang ist auch Art. 61 Abs. 2 = 51 Abs. 2 neu EGV zu beachten, nach dem die Liberalisierung der mit dem Kapitalverkehr verbundenen Dienstleistungen der Banken und Versicherungen im Einklang mit der schrittweisen Liberalisierung des Kapitalverkehrs durchgeführt wird (oben Rz. 1484 ff.). 1617

Im **Bankensektor** wurden **einige wesentliche Harmonisierungsschritte** unternommen: RLen 73/183 (ABl. 1973, L 194/1 ff.) – Aufhebung bestimmter nationaler Beschränkungen, 77/780 (ABl. 1977, L 322/3o ff.) Einstieg in die Harmonisierung des Aufsichtsrechts 89/646 (ABl 1989 L 386/1 ff.) – Zweite Koordinierungsrichtlinie 89/647 (ABl. 1989 L 386/14 ff.). – Solvabilitätskoeffizienten-RL (ABl. 1993, L 29/1 – Großkredite) – RLen 93/6 + 22 (ABl. 1993 L 141/1, 27 – Eigenkapitalausstattung Kreditinstitute/Wertpapierdienstleistungen – RL 94/19 (ABl. 1994 L 135/5 – Einlagensicherungssysteme, vgl. weiter Fundstellenverzeichnis des geltenden Gemeinschaftsrechts, 06.20.20 und *Strub,* Bankdienstleistungen im Binnenmarkt, 1993). Trotz dieser **allmählichen Fortschritte** bei der Liberalisierung und Harmonisierung des Bankensektors bleiben noch manche Hindernisse aufgrund unterschiedlicher Rechtsvorschriften bestehen, zumal das komplizierte Regelwerk der EG-RLen in den MSen nur zögerlich umgesetzt wird. 1997 waren 28% der einschlägigen Vorschriften noch nicht in allen MSen in Kraft.

Im **Versicherungswesen** wurde der Weg zum **gemeinsamen europäischen Versicherungsmarkt** (jährliches Prämienaufkommen von 200 Mia. DM) ähnlich mit einer Reihe spezieller Harmonisierungsschritte in den einzelnen Versicherungssparten eingeschlagen *(Wulf-Henning,* NJW 1993, S. 3028 ff.). In der **Rückversicherung und Retrozession** wurden mit der RL 64/225 (ABl. 1964, S. 878 ff.) Beschränkungen aufgehoben. Verschiedene Harmonisierungsregeln betrafen die **Direktversicherung (ohne Lebensversicherung) sowie die Lebensversicherung,** so vor allem die RLen 73/239–240 (ABl. 1973, L 228/3 ff., 20 ff., erstere insbesondere ergänzt durch die RL 88/357 (ABl. 1988, L 172/1 ff.) und eine Reihe weiterer RLen 1990–1993. Weitere Regelungen bezogen sich auf die Mitversicherung, Rechtsschutzversicherung, Kfz-Haftpflichtversicherung und die NLF und DLF **selbständiger Versicherungsagenten/Makler** (vgl. Fundstellenverzeichnis des geltenden Gemeinschaftsrechts Kap 06.20.20.10; dazu *Mc Ghee/Heisel,* Rechtsfragen bei Versicherungen im Europäischen Binnenmarkt, 1995). Schrittmacherdienste **bei der Verwirklichung der DLF im Versicherungswesen leistete die Rspr. des Gerichtshofes,** der mit verschiedenen Urteilen im Jahre 1986 (EuGHE 1986, 273 ff. – RS 270/83 EuGHE 1986 3663 ff. – RS 222/83 EuGHE 1986, 3755 ff. – RS 205/84 st. Rspr – dazu *R. Schmidt,* VersR 1987 S. 1 ff) den **Zugang zu den nationalen Versicherungsmärkten** (besonders zum deutschen) **erleichterte** (näher *Schwintowski,* NJW 1987 S. 521 ff.) So ist besonders die Niederlassungspflicht für Versicherungsunternehmen aus anderen MS, die DLen erbringen mit Art. 59 = 49 neu EGV nicht vereinbar – Insgesamt ist die Europäisierung der Versicherungsmärkte aber **noch nicht abgeschlossen** *(Hübner/Matusche-Beckmann,* EuZW 1995, S. 263 ff.) Ein wichtiger Liberalisierungsschritt war der Wegfall bestimmter Monopolrechte bei öffentlichen Versicherern (z. B. deutsche Gebäudebrandversicherung) Anfang der 90er Jahre. 1618

e) Öffentliche Aufträge

1619 Die Gleichstellung aller EG-Unternehmen bei der **Vergabe nationaler öffentlicher Bau- und Lieferauftrage** ist eine Aufgabe von **erstrangiger wirtschaftlicher Bedeutsamkeit.** *(Priess,* Das öffentliche Auftragswesen in der EU, 1994; *Bovis,* EC Public Procurement Law, 1997). Öffentliche Auftrage machen in Gestalt des gesamten Volumens öffentlicher Beschäftigung ungefähr 10 % des Bruttoinlandprodukts der Gemeinschaft aus (unter Einbeziehung der öffentlichen Unternehmen sogar 15%). Die tatsächliche Öffnung des öffentlichen Auftragswesens war ein **wichtiger Schritt bei der Vollendung des Binnenmarktes bis 1992.** NLF und freier DLV sind in diesem Zusammenhang nur ein Teilaspekt, das Verbot von Maßnahmen mit gleicher Wirkung wie mengenmäßige Beschränkungen (oben Rz. 1298 ff.) spielt seinerseits eine wichtige Rolle.

Die gemeinschaftsweite Öffnung der Märkte für öffentliche Aufträge wird jedoch nur i. V. m. **umfangreichen Koordinierungs- und Rechtsangleichungsmaßnahmen** nach Art. 57 Abs. 2, 66 = 47 Abs. 2, 55 neu EGV bzw. Art. 100 ff. = 94 ff. neu EGV effektiv *(Carl,* EuZW 1994, S. 173 ff.).

Bei den öffentlichen Aufträgen unterscheidet man Liefer-, Bau- und Dienstleistungsaufträge. Die EG-weite **Liberalisierung** des öffentlichen Auftragswesens ergibt sich aus der **unmittelbaren Geltung** der Freiheit des Warenverkehrs, der Dienstleistungsfreiheit und des allgemeinen Diskriminierungsverbotes (Art. 30 ff. = 28 ff. neu EGV, Art. 59 ff. = 49 ff. neu EGV, Art. 6 = 12 neu EGV, vgl. oben Rz. 1611). Für die **Koordinierung/Rechtsangleichung** gelten seit 1992/93 Kodifikationen des vorher erlassenen sekundären Gemeinschaftsrechts:
- Lieferkoordinierungs-RL 93/36 (ABl. 1993, L 199/1)
- Baukoordinierungs-RL 93/37 (ABl. 1993, L 199/54)
- Dienstleistungs-RL 92/50 (ABl. 1992, L 209/1)
- Änderungs-RL (der 3 o. g. RLen) 97/52 (ABl. 1997, L 328/1)

Für einige besonders sensible Bereiche ist als Spezialregelung die **„Sektoren-RL“** 93/39 (ABl. 1993, L 199/84) zur Koordinierung der Auftragsvergabe bei Wasser, Energie, Verkehr und Telekommunikation erlassen worden. Ferner verpflichtet die **„Rechtsmittel-RL“** 89/665 (ABl. 1989/L 395/33, *Schmittmann,* EuZW 1990, S. 536 ff. und *Steindorff,* EWS 1995, S. 393 ff.) und die spezielle **Sektorenrechtsmittel-RL** 92/13 (ABl. 1992 L 76/14, für die o. g. Sektoren) die MSen dazu, innerstaatliche Verfahren zu schaffen, die bei Verstößen gegen das EG-Auftragsrecht Gegenmaßnahmen wie Aufhebung von Een oder Entschädigung ermöglichen (vgl. in D §§ 57 a – 57 c HaushaltsgrundsätzeG i. V. m. der VO v. 22.2.1994, BGBl. I, S. 324, *Rogmans,* NJW 1994, S. 3134 ff.). – Vgl. im übrigen näher Fundstellenverzeichnis des geltenden Gemeinschaftsrechts 06.30.

Aus praktischen Gründen gelten die Regelungen nur für **größere Aufträge** ab einem bestimmten Volumen (5 Mio. ECU bei Bauaufträgen, 200.000 ECU bei Liefer- und Dienstleistungsaufträgen, 400.000–600.000 in den o. g. speziellen Sektoren). Darunter bleibt es bei den nationalen Verfahren (in D VOB/VOL, *Nicolaysen,* FS Börner, 1992, S. 345 ff.). Hauptregelungsbereiche der RLen sind die Angleichung der verschiedenen Vergabeverfahren, insbesondere die **gemeinschaftsweite Ausschreibung im ABl. Gem. Ausgabe S** und über EDV *(Schabel,* BauR 1992, S. 574 ff.). Bei der Vergabe gilt zentral das Prinzip der Gleichbehandlung der Anbieter gemäß objektiven Kriterien (niedrigster Preis bzw. wirtschaftlich günstigstes Angebot, *Hailbronner,* WUVerw 1994. S. 173 ff.). Der Gerichtshof hat in einer umfänglichen Rspr. die Durchsetzung der RLen zu fördern gesucht *(Schabel/Zellmeiser-Neunteufel,* BauR 1993, S. 557 ff.; *Hailbronner,*. FS Heiermann, 1995, S. 93 ff.). Dennoch ergeben sich immer noch Schwierigkeiten bei der Umsetzung des EG-Regelwerks in das Recht der MSen (für D vgl. näher kritisch *Brenner,* EuR 1996, Beih. 1, S. 23 ff. und EuGHE 1995, I–2303 ff. RS C–433/93).

Gegenüber **Anbietern aus Drittstaaten** ergeben sich Liberalisierungspflichten aus dem im Rahmen der GATT-Uruguay-Runde von der EG und den MSen 1994 abgeschlossenen „Agreement on Government Procurement" *(Gramlich,* RIW 1995, S. 793 ff.).

f) Allgemeine Regelung zur Anerkennung von Diplomen und sonstigen amtlichen Befähigungsnachweisen

Die Versuche, insbesondere bei den freien Berufen durch eingehende **Koordinierungs(angleichungs)regelungen** zu einer gegenseitigen Anerkennung der Diplome und Prüfungszeugnisse im Sinne des Art. 57 = 47 neu EGV zu kommen, erwiesen sich in der Gemeinschaftspraxis als außerordenlich **schwierig und zeitraubend.** **1620**

Dies hatten die Erfahrungen vor allem bei den medizinischen Berufen (oben Rz. 1614) gelehrt, wo es z. B. bei den Apothekern einer Arbeit von 18 Jahren bis zu einer ersten Einigung bedurfte. Die Gründe lagen u. a. in den traditionell oft unterschiedlichen Ausbildungssystemen der MS, die sich allein zugunsten der EG-NLF nur schwer umstellen ließen. Inspiriert besonders durch die vereinfachende Entwicklung beim freien Warenverkehr durch die „Cassis-de-Dijon"-Rspr. (oben Rz. 1299 ff.) regte der vom Europäischen Rat 1984 zugunsten des „Europas der Bürger" gegründete *Adonnino*-Ausschuß (oben Rz. 1550) 1985 für dieses die Freizügigkeit insgesamt stark berührende Problem an, daß ein **„allgemeiner Lösungsansatz"** gesucht werden sollte, der die gegenseitige Anerkennung der Diplome usf. ohne vorherige Harmonisierung der Ausbildungsgänge vorsehen sollte (Bull. EG 1985, Beilage 7, 59 ff.). Der neue Ansatz sollte im Sinne des **„Prinzips des gegenseitigen Vertrauens"** von der **grundsätzlichen Gleichwertigkeit der Ausbildungsgänge unter den EG-MS** ausgehen.

In diesem Sinne erging 1988 die **Richtlinie 89/48** (ABl. 1989, L 19/16; *Mittelsteiner,* DStR 1993, S. 1425 ff.), sog. „erste Diplom-Richtlinie" über die Anerkennung der Hochschuldiplome, die eine mindestens **dreijährige Berufsausbildung** abschließen (d. h. in D einschl. der Fachhochschulausbildung, str. für die Berufsakademien). Sie wurde 1992 durch eine zweite Richtlinie 92/51 (ABl. 1992, L 209/25) zur Anerkennung **beruflicher Befähigungsnachweise** ergänzt *(Zimmermann,* Soziale Sicherheit 1993, S. 337 ff.). Die Kommission hat 1996 den Vorschlag für eine dritte Richtlinie vorgelegt, mit der in Bündelung bereits bestehender Einzel-RLen die gegenseitige Anerkennung der **Befähigungsnachweise für Handwerker** allgemein geregelt werden soll.

Die 1. RL 89/48 bezieht sich auf die **Hochschuldiplome,** die 2. RL auf berufliche Befähigungsnachweise **unterhalb der Hochschulebene,** nämlich im wesentlichen mindestens einjährige Ausbildungsgänge nach dem Sekundarabschluß (Abitur u. ä.), z. B. Zahntechniker, Augenoptiker u. a. m. Bei den **Handwerkern** soll in Fortführung der bisherigen Praxis neben der gegenseitigen Anerkennung von Befähigungsnachweisen diesen eine drei- bis sechsjährige Berufserfahrung in selbständiger Position für das Niederlassungsrecht gleichgesetzt werden.

Die Anerkennungsrichtlinien gehen zwar im Sinne des „Vertrauensprinzips" von der grundsätzlichen **Gleichwertigkeit der Ausbildungen** zwischen den MSen aus. Bei größeren Unterschieden sind jedoch **Anpassungsinstrumente** vorgesehen. Bei einer um ein Jahr und mehr kürzeren Ausbildungsdauer im Herkunftsland kann der Aufnahmestaat den **Nachweis von Berufserfahrung** verlangen. Bei sonstigen erheblichen Unterschieden (z. B. bei Rechtsanwälten unterschiedliche nationale Rechtsordnungen, oben Rz. 1615) kann der Besuch von **Anpassungslehrgängen** oder die Ablegung einer **Eignungsprüfung** verlangt werden. (Näher *Schneider,* Die Anerkennung von Diplomen in der EG, 1995) Die RLen werden in den MSen gesetzlich umgesetzt (für D vgl. *Leibrock,* EuZW 1993, S. 634 ff. und oben Rz. 547 ff.). Neben den beiden allgemeinen RLen gelten die früher ergangenen **speziellen**

Koordinierungs- und Anerkennungs-RLen für die einzelnen Berufe (Ärzte, Architekten usf. oben Rz. 1614 ff.) als leges specialis weiter. Sie sollen künftig in eine Gesamtregelung einbezogen werden.

Die o. g. Regelungen zur gegenseitigen Anerkennung von Diplomen und sonstigen beruflichen Befähigungsnachweisen gelten **allgemein für die Freizügigkeit,** nicht nur für die NLF und die DLF. Sie haben jedoch hier ihren Schwerpunkt. Insgesamt handelt es sich bei diesem Regelwerk um einen bemerkenswerten Akt **gemeinsamer (Aus-) Bildungspolitik der EU- Staaten** (unter Rz. 1903 ff.).

1621 Zusammenfassend gesehen, ist die **Anerkennungs- und Koordinierungsaufgabe,** die nach der unmittelbaren Geltung der Liberalisierungsgebote der EG als hauptsächlicher Auftrag bei der NLF und DLF verbleibt, von Tätigkeitsbereich zu Tätigkeitsbereich bisher **unterschiedlich weit gelöst.** Gerade bei den wirtschaftlich besonders relevanten Bereichen (Banken, Versicherungen, öffentliche Aufträge) verbleiben noch nennenswerte Defizite hinsichtlich der nötigen Rechtsangleichung. Die Impulse zur Vollendung des Binnenmarktes haben aber auch hier zu neuen Anstrengungen und teilweisen Erfolgen – wie im Falle der Diplom-RL – geführt.

III. Begleitrechte und Grenzen der Niederlassungs- und Dienstleistungsfreiheit

Literatur: *Desmedt,* Les deux directives du conseil de la CEE concernant la police des étrangers, CDE 1966, S. 55 ff.; *Laguette,* Essai d'une application de l'article 55 du Traité CEE à une profession libérale: la profession d'avocat, RTDE 1966, S. 242 ff.; *Tomuschat,* Der Vorbehalt der Ausübung öffentlicher Gewalt in den Berufsfreiheitsregelungen des EWGV und die freie Advokatur im Gemeinsamen Markt, ZaöRVR 1967, S. 53 ff.; *Wittkop,* Wirtschaftliche Freizügigkeit und Nationalstaatsvorbehalte, 1977; *Ipsen,* Grenzen der Dienstleistungsfreiheit, EuR 1978, S. 199 ff.; *Klinge,* Die Begriffe „Beschäftigung in der öffentlichen Verwaltung" und „Ausübung öffentlicher Gewalt" im Gemeinschaftsrecht, 1980; *Hubeau,* L'exception d'ordre public et la libre circulation des personnes, CDE 1981, S. 207 ff.; *Kranz,* Die Ausübung öffentlicher Gewalt durch Private nach dem Europäischen Ge-meinschaftsrecht, 1984; *Bleckmann,* Die Ausnahmen der Dienstleistungsfreiheit nach dem EWGV, EuR 1987, S. 28 ff.; *Sieverking,* Das EG-Aufenthaltsrecht für Niederlassungsberechtigte und ihre Familienangehörigen, WuVerw 1987, S. 193 ff.; *Weber,* Die Dienstleistungsfreiheit nach den Art. 59 ff. EGV – Einheitliche Schranken für alle Formen der Dienstleistung? EWS 1995, S. 292 ff.; *Everling,* Remailing und Europäisches Gemeinschaftsrecht, EuR 1996, S. 58 ff.; *Kort,* Schranken der Dienstleistungsfreiheit im europäischen Recht, JZ 1996, S. 132 ff.

(Vgl. auch die Literaturhinweise oben § 23, II (= vor Rz. 1510 und § 23, III (= vor Rz. 1536).

1622 Genau wie bei der Herstellung der Freizügigkeit der Arbeitnehmer bedarf es zur Verwirklichung der Niederlassungs- und Dienstleistungsfreiheit der **Gewährung bestimmter „Begleitrechte".** Dies gilt vor allem für Einreise und Aufenthalt der Selbständigen in andere MS sowie für Regelungen aus Gründen der öffentlichen Ordnung, Sicherheit und Gesundheit, die dort auf sie anwendbar sind. Wegen der Gleichartigkeit der Probleme sind die entsprechenden EG-Regelungen weithin gemeinsam für Arbeitnehmer und Selbständige erlassen worden (oben Rz. 1530 ff., 1536 ff.).

1. Reise, Aufenthalt und Verbleib

Den Selbständigen und ihren Familienangehörigen wird Einreise, Aufenthalt, Ausreise und Verbleib durch den EG-Vertrag und näher insbesondere nach Maßgabe der folgenden Regelungen gewährt: **1623**

- Richtlinie 64/221 – „Koordinierung der Sondervorschriften für die Einreise und den Aufenthalt von Ausländern, soweit sie aus Gründen der öffentlichen Ordnung, Sicherheit oder Gesundheit gerechtfertigt sind" (ABl. 1964, 850 ff., oben Rz. 1541) i. V. m. RL 75/35 (ABl. 1975, L 14/14).
- Richtlinie 73/148 – „Zur Aufhebung der Reise- und Aufenthaltsbeschränkungen für Staatsangehörige der MS innerhalb der Gemeinschaft auf dem Gebiet der NLF und des DLV" (ABl. 1973, L 172/14 ff.).
- Richtlinie 75/34 – „über das Recht der Staatsangehörigen eines MS, nach Beendigung der Ausübung einer selbständigen Tätigkeit im Hoheitsgebiet eines anderen MS zu verbleiben" (ABl. 1974, L 14/10 ff.).
- Richtlinie 90/365 – über das Aufenthaltsrecht der aus dem Erwerbsleben ausgeschiedenen Arbeitnehmer und selbständig Erwerbstätigen (ABl. 1990, L 180/28).

In der Sache bringen diese Regelungen im wesentlichen die Übernahme des Status, **wie er auch für die unselbständig Beschäftigten gilt** (oben Rz. 1536 ff.) und *Sieveking,* WuVerw 1987, S. 193 ff.).

2. Grenzen der öffentlichen Ordnung, Sicherheit und Gesundheit

Der „Ordre-public"-Vorbehalt des Art. 56 Abs. 1 = 46 Abs. 1 neu EGV stimmt mit demjenigen **bei der Freizügigkeit der Arbeitnehmer** in Art. 48 Abs. 3 = 39 Abs. 3 neu EGV überein. Das dort Gesagte (oben Rz. 1530 ff.) gilt entsprechend für Beschränkungen der NLF aus Gründen der öffentlichen Ordnung, Sicherheit und Gesundheit gemäß Art 56 Abs. 1 = 46 Abs. 1 neu EGV bzw. der DLF nach Art. 66 = 55 neu EGV. **1624**

3. Ausschluß der mit der Ausübung öffentlicher Gewalt verbundenen Tätigkeiten

Über den Ordre-Public-Vorbehalt hinaus sind von der NLF und der DLF nach Art. 55 = 45 neu bzw. Art. 66 = 55 neu EGV Tätigkeiten ausgeschlossen, die in einem MS dauernd oder zeitweise **mit der Ausübung öffentlicher Gewalt verbunden sind** *(Kranz,* Die Ausübung öffentlicher Gewalt durch Private nach dem EGR, 1984). Dieser Vorbehalt ähnelt demjenigen in Art. 48 Abs. 4 = 39 Abs. 4 neu EGV, wonach die Freizügigkeitsvorschriften nicht auf die Beschäftigung in der öffentlichen Verwaltung anwendbar sind (oben Rz. 1533 ff.). Die beiden Vorbehalte sind aber nicht inhaltsgleich. Vielmehr ist die Beschäftigung in der öffentlichen Verwaltung weiter gefaßt als die „Ausübung öffentlicher Gewalt". In der RS 149/79 (EuGHE 1982, 1845 ff. (1851) – „Kommission/Belgien") hat der EuGH für die „öffentliche Verwaltung" verlangt, daß sie neben der Ausübung öffentlicher Gewalt mit der Verantwortung für die Wahrung der allgemeinen Belange des Staates **1625** betraut sein muß. Diese Wahrung allgemeiner Belange entfällt bei Art. 55 Abs. 1 = 45 neu. Die Ausnahme vom Grundsatz der NLF und DLF ist daher im Interesse größtmöglicher Verwirklichung der Freizügigkeit strikt auf diejenigen Tätigkeiten zu beschränken, die für sich genommen eine **unmittelbare und spezifische Teilnahme an der Ausübung öffentlicher Gewalt** einschließen (EuGHE 1974, 631 ff. (655) – RS 2/74 „Reyners"; EuGHE 1988, 1637 ff.- RS 147/86 st. Rspr.)

Die Aufgaben eines **Rechtsanwaltes** zählen in der Regel nicht dazu, auch wenn er in einem weiteren Sinne „Organ der Rechtspflege" ist (§ 1 BRAO; EuGH, a. a. O.), dagegen aber die Tätigkeit solcher „beliehenen" Privaten, denen Teile der öffentlichen Gewalt zur Ausübung überlassen wurden, z. B. **Gerichtsvollzieher und Notare** (*Hergeth,* Europäisches Notariat und NLF nach dem EGV, 1996).

Zwar obliegt es den MS, die Bereiche der „Ausübung öffentlicher Gewalt" festzulegen. Zu berücksichtigen ist aber, daß den anerkannten Ausnahmen vom Grundsatz der Niederlassungsfreiheit durch Art. 55 = 45 neu EGV **gemeinschaftsrechtliche Grenzen** gesetzt sind, durch die verhindert werden soll, daß der Vertrag durch einseitige Maßnahmen der MS seiner Wirksamkeit beraubt wird (EuGH, a. a. O.). Eine Regelung nach Art. 55 Abs. 2 = 45 Abs. 2 neu EGV wurde vom Rat bisher nicht beschlossen.

1626 Neben Art. 55 = 45 neu EGV bestehen noch einige weitere, die normale Herstellung der NLF und DLF **modifizierende Regelungen** (*Bleckmann,* EuR 1987, S. 28 ff.) Nach Art. 61 Abs. 1 = 51 Abs. 1 gelten für den freien DLV auf dem Gebiet des Verkehrs die Bestimmungen des Titels über den Verkehr (oben Rz. 1419 ff.). Art. 61 Abs. 2 = 51 Abs. 2 neu verbindet die Liberalisierung der Dienstleistungen der **Banken und Versicherungen** mit der Liberalisierung des Kapitalverkehrs (oben Rz. 1484 ff.). Nach Art. 52 Abs. 2 = 43 Abs. 2 neu EGV gehen die Vorschriften über den Kapitalverkehr (Art. 73 B ff. = 56 ff. neu EGV) der NLF vor; für die DLF Art. 60 Abs. 1 = 50 Abs. 1 neu EGV.

4. Einschränkungen aus „zwingenden Gründen des Allgemeininteresses"

1627 Ähnlich wie bei der Freiheit des Warenverkehrs (oben Rz. 1299 ff.) hat die Rechtsprechung Gerichtshofes

EuGHE 1995, I–1141 ff. – RS C–384/93 „Alpine Investments BV" st. Rsp. (dazu *Kort,* JZ 1996, S. 132 ff.) über die o. g. ausdrücklichen Grenzen der NLF/DLF hinaus **ungeschriebene „zwingende Gründe des Allgemeininteresses"** zur Einschränkung insbesondere der DLF anerkannt. So z. B. den „guten Ruf des nationalen Finanzsektors", der ein nationales Verbot nicht erbetener Telefonwerbung über die Grenzen hinweg **(„cold calling")** rechtfertigt. Jedoch muß die Beschränkung zur Wahrung des Allgemeininteresses geeignet und erforderlich **(verhältnismäßig)** sein. – Umstritten ist, ob das von der Deutschen Post AG reklamierte **Verbot des „Remailing"** unter Berufung auf Art. 25 Weltpostvertrag (= Verbot für deutsche Unternehmen, aus anderen MSen mit billigerem Porto nach D und anderwärts zu versenden) sich auf einen solchen zwingenden Grund des Allgemeininteresses stützen kann, etwa auf die Verpflichtungen der Post zur Gewährleistung der Universaldienste (bejahend *Everling,* EuR 1996, S. 58 ff.; z. T. a. A. EuGE v. 16.9.1998, RS – T–133/204/95).

In weiterem Sinne gehört in diesen Zusammenhang auch die Problematik der RL 96/71 (ABl. 1997, L 18/1) über die Entsendung von Arbeitnehmern im Rahmen der Erbringung von Dienstleistungen **(„Entsende-RL"**, vgl. auch unten Rz. 1649) Danach ist ein „harter Kern" von Arbeits- und Beschäftigungsbedingung (z. B. Mindestlöhne) den aus dem Staat des Dienstleistungserbringers entsandten Arbeitnehmern (z. B. portugiesische Bauarbeiter in D) gemäß dem Recht des Staates des Dienstleistungsem-pfängers garantiert. Faktisch wird auf diese Weise die Erbringung der DL aus Gründen eines bestimmten sozialen Schutzstandards erschwert. Auch in diesem Zusammenhang muß die Verhältnismäßigkeitsfrage gestellt werden.

IV. Freizügigkeit der Selbständigen im „Europa der Bürger"

Literatur: *Ottow,* An internal Insurance Market before the Turn of the Century? CMLRev 1992, S. 511 ff.; *Jarass,* Die Niederlassungsfreiheit in der EG. Ein Kernelement der Freiheit selbständiger wirtschaftlicher Betätigung, RIW 1993, S. 1 ff.; *Wackie/Eysten,* The legal profession in Europe: officium nobile et mobile, EuZW 1993, S. 721 ff.; *Hailbronner,* Die Vergabe öffentlicher Aufträge nach europäischem Gemeinschaftsrecht, WuVerw 1994, S. 173 ff.; *Schnichels,* Reichweite der Niederlassungsfreiheit, 1995; *Rabe,* Binnenmarkt für Rechtsanwälte, ZEuP 1996, S. 1 ff.; *Dörr,* Europäische Medienordnung und Politik, Int. Hdb. für Hörfunk und Fernsehen, 1996, S. 35 ff.; *Rabe,* Liberalisierung und Deregulierung im Europäischen Binnenmarkt für Versicherungen, 1997; Vgl. im übrigen die Literaturhinweise zu § 23 V (vor Rz. 1548).

Was über die **Entwicklung vom Marktbürger zum Unionsbürger** hin- 1628
sichtlich der Arbeitnehmer gesagt wurde (oben Rz. 1548 f.), gilt genauso für die Selbständigen, die sich in einem anderen MS niederlassen oder in ihm vorübergehend Dienstleistungen erbringen. Auch sie gehören zu jenem „Europa der Bürger", das nicht mehr nur auf den homo oeconomicus abstellt, sondern im Sinne des Weges zur Europäischen Union (oben Rz. 992 ff.s) über den Binnenmarkt den EG-Bürger auf der Gemeinschaftsebene zunehmend mit politischen und gesellschaftlichen Rechten ausgestattet sieht. Die **Ausprägung eines solchen europäischen Bürgerrechts,** wie Paßunion, allgemeines Aufenthaltsrecht und Kommunalwahlrecht (oben Rz. 1553 ff.), betreffen und interessieren den Selbständigen in gleicher Weise wie den Arbeitnehmer.

In gewissem Sinne ist die Mobilität und grenzüberschreitende Integration der Unternehmer und Unternehmen in Industrie, Handwerk und Handel, von Banken und Versicherungen, Ingenieuren und Angehörigen freier Berufe usf. sogar **von besonderer Bedeutung für das europäische Einigungswerk.** Niederlassungs- und Dienstleistungsfreiheit stehen angesichts der geringen Zahlen nicht so im Vordergrund des politischen Interesses wie die

Millionenbewegung der Wanderarbeitnehmer. Auch ist transnationale Mobilität für diese „Eliten“ oft ein traditioneller Aspekt ihrer beruflichen Tätigkeit, zu der sie nicht erst der Garantien der Römischen Verträge bedurften. Gleichwohl ist die **Verbreiterung des Freizügigkeitsrechts** auf die Gesamtheit der Selbständigen und seine unbedingte Gewährleistung durch die Verträge ein wichtiger Faktor für die Verankerung der Gemeinschaft im öffentlichen Bewußtsein. Neben den staatlichen Funktionsträgern der öffentlichen Dienste der MS, die sich in den Institutionen der EU fortlaufend begegnen oder als „Europabeamte“ in den Dienst der Gemeinschaft unmittelbar integriert sind (oben Rz. 775 ff.), stellen die Selbständigen eine **zweite große Gruppierung** dar, die kraft ihres Leistungspotentials entscheidenden Einfluß auf das politisch-gesellschaftliche Leben innerhalb der MS ausübt. Ihre **„Europäisierung“ durch die Wahrnehmung der Freizügigkeit** bedeutet eine Art tägliches Plebiszit zugunsten der Gemeinschaft. Politische Theorie seit *Ernest Renan* hat hierin eine ganz wesentliche Voraussetzung für die Entstehung eines dauerhaften Sozialverbundes gesehen.

§ 25. Sozialpolitik

Literatur: Die Literatur zum EG-Arbeits- und Sozialrecht ist uferlos. Zusammenstellungen bei *Langenfeld/Jansen,* in: Grabitz/Hilf (Hrsg.), EUV/EGV Komm. (1995) vor Art. 117; *Borchardt,* Sozialrecht, in: Dauses (Hrsg.) Hdb. EU-WirtschR (1997), D. II.

Heise, Sozialpolitik in der EWG, 1966; *Kapteyn* (Hrsg.) The social policy of the European Communities, 1977; *Ribas,* La politique sociale des Com-munautés Européennes, 1979; *Philip,* Droit social européen, 1985; *Wellner/Schmich,* Europäische Sozialpolitik, 1986; *Tomuschat,* Solidarität in Europa, FS Pescatore, 1987, S. 729 ff.; *Schuler,* Das Internationale Sozialrecht der BR Deutschland 1988; *Kotios/Schäfers,* Soziale Dimension und Kohäsion: Ergänzung oder Widerspruch? WiD 1990, S. 200 ff.; *v. Maydell* (Hrsg.), Soziale Rechte in der EG, 1990, *Watson,* The Community Social Charter, CMLRev 1991, S. 37 ff.,; *Mäder,* Sozialrecht und Sozialpolitik in der EG, 1992; *Pitschas,* Die soziale Dimension der EG, DÖV 1992, S. 277 ff.; *Zuleeg,* Der Schutz sozialer Rechte in der Rechtsordnung der EG, EuGRZ 1992, S. 329 ff.; *G. u. A. Lyon/Caën,* Droit social international et européen, 8 Aufl. 1993; *Watson,* Social Policy after Maastricht, CMLRev 1993, S. 481 ff.; *Balze,* Die sozialpolitischen Kompetenzen der EU, 1994; *Eichenhofer,* Einführung in das Europäische koordinierende Sozialrecht anhand der wichtigsten Fälle, JURA 1994, S. 11 ff.; *Fuchs* u.a. (Hrsg.) *Nomos*-Kommentar zum europäischen Sozialrecht, 1994 ff. (Losebl.); *Junker,* Arbeits- und Sozialrecht in der EU, JZ 1994, S. 277 ff.; *Coen,* Abgestufte soziale Integration nach Maastricht, EuZW 1995, S. 50 ff.; *Kuhn,* Die soziale Dimension in der EG 1995; *Oetker/Preis,* EAS-Europäisches Arbeits- und Sozialrecht, 1995 ff. (Losebl.); *Schulz,* Maastricht und die Grundlagen einer europäischen Sozialpolitik, 1996; *Arl,* Sozialpolitik nach Maastricht, 1997; *Moussis,* Access to Social Europe, 1997; *Ringler,* Die Europäische Sozialunion, 1997; *Schmähl/Rische* (Hrsg.), Europäische Sozialpolitik, 1997; *Waltermann,* Einführung in das Europäische Sozialrecht, JUS 1997, S. 7 ff.; *Berthold,* Sozialpolitik, in Klemmer (Hrsg.), Hdb. Europ. Wirtsch. Pol. 1998, S. 945 ff.; *Novak,* EG-Grundfreiheiten und Europ. Sozialrecht, EuZW 1998, S. 366 ff..

Sozialpolitik im Sinne der Summe der Bemühungen, die Arbeits- und **1629**
Lebensbedingungen der Bürger durch öffentliche Maßnahmen zu verbessern, ist **Bestandteil der Anstrengungen der Gemeinschaft zur Schaffung des Binnenmarktes** und darüber hinaus einer Europäischen Union. So zeigte sich etwa bei der Herstellung der Freizügigkeit der Arbeitnehmer die Notwendigkeit, bestimmte Maßnahmen zu treffen, um die Wanderarbeitnehmer gemeinschaftsweit in die Systeme der sozialen Sicherheit zu integrieren (Art. 51 = 42 neu EGV, oben Rz. 1544 ff.). Im Montanbereich sieht Art. 56 EGKSV soziale Anpassungshilfen bei Wiederbeschäftigungsproblemen vor. Über solche speziellen Verbindungen zum Personenverkehr hinaus stellen die **Unterschiede in den Sozialordnungen** der MS im Zusammenhang mit der Öffnung der Binnengrenzen **einen wirtschaftlich-sozialen Faktor ersten Ranges** dar, an dem die Verträge nicht vorbeigehen konnten. Die Art. 117 ff. EWGV enthielten daher bereits 1958 einen **Titel Sozialpolitik,** in dem neben der Festlegung bestimmter Sozialvorschriften ein Europäischer Sozialfonds errichtet wurde (Art. 123 ff. EWGV).

1630 Die Einheitliche Europäische Akte betonte 1986 mit dem neuen Titel **„Wirtschaftlicher und sozialer Zusammenhalt"** (Art. 130 a EWGV = 158 neu EGV) ähnlich wie Art. 2 EGV die soziale Dimension der Gemeinschaft im Sinne ihrer „harmonischen Entwicklung". Bei der Errichtung der EU in Maastricht 1992 und ihrer Fortentwicklung in Amsterdam 1997 wurde trotz mancher Widerstände die soziale Seite der Union verstärkt. In Maastricht mußten 1992 die neuen Sozialregeln wegen der Ablehnung durch England zunächst in einem gesonderten **Abkommen und Protokoll über die Sozialpolitik** zwischen elf (seit 1995 14) MSen niedergelegt werden *(Clever,* Perspektiven Europäischer Sozialpolitik nach dem Maastrichter Vertrag, 1994). In **Amsterdam 1997** konnten dann die Regeln des Sozialprotokolls noch einmal fortentwickelt und nunmehr in Geltung für alle MSen in die neuen Art. 136 ff. EGV übernommen werden, welche die bisherigen Art. 117 ff. EGV ersetzen. In dieser Genese der EG-Sozialnormen spiegelt sich die allgemeine Entwicklung des europäischen Einigungsprozesses. Eine sich über das Wirtschaftliche hinaus politisch solidarisch empfindende Gemeinschaft und Union muß die **allmähliche Verringerung sozialer Ungleichheiten** als ihre Aufgabe ansehen *(Schulte/Mäder* (Hrsg.), Die Regierungskonferenz Maastricht II. Perspektiven für die Sozialge-meinschaft, 1996). Allerdings gehen die Auffassungen in der EG von ihren Anfängen bis heute erheblich darüber auseinander, auf welchem Wege und mit welchen Mitteln ein soziales Europa am besten gefördert werden kann *(Isensee,* VSSR 1996, S. 169 ff.). Dies beginnt mit der Frage, in welchem Umfang der Gemeinschaft mit den neuen Art. 136 ff. EGV und sonstigen sozial relevanten Befugnissen wie bei der Rechtsangleichung (oben Rz. 1242) ein Auftrag zur Entwicklung einer eigenständigen EG-Sozialpolitik erteilt worden ist.

I. Gemeinsame oder koordinierte Sozialpolitik?

1. Die sozialpolitische „Philosophie" der Verträge

1631 Von Anfang an gab es innerhalb der Gemeinschaft **wesentliche Meinungsverschiedenheiten** darüber, ob die Errichtung des Gemeinsamen Marktes eine umfangreiche Angleichung der Sozialkosten zwischen den MS durch gezielte Gemeinschaftsaktion voraussetzte oder ob sich die unbestrittene Notwendigkeit der „harmonischen Entwicklung" innerhalb der EG (Art. 2, 130 a = 158 neu EGV) allmählich über das **Spiel der Marktkräfte** von selbst einstellen solle. Dieser wirtschaftswissenschaftliche Theorienstreit *(Wohlfarth/Everling/Glaesner/Sprung,* Die EWG (Komm.), 1960, Vorbem. vor Art. 117) wurde im Vertrage durch einen **Kompromiß** beigelegt.

Ursprünglich *(Spaak*-Bericht 1956) sollte der EWGV kein besonderes Kapitel Sozialpolitik enthalten, nachdem schon der EGKSV (Art. 68) die Löhne und Sozialleistungen in den MS grundsätzlich unberührt gelassen hatte. Vor allem von französischer Seite wurde jedoch die „große" soziale Harmonisierung gefordert, weil die Kosten eines modernen Sozialsystems (Arbeitszeitregelung, Familienlasten, Lohngleichheit Mann/Frau u. a.) **„künstliche" Kosten** darstellten, die um der Wettbewerbsgleichheit willen „nach oben" zu harmonisieren seien. Die deutsche Seite sah demgegenüber die Sozialkosten als **standortbedingt („natürlich")** an und bestritt ihre endgültige Wettbewerbsrelevanz. Letztlich setzte sich die deutsche Auffassung 1957/58 mit gewissen Abstrichen durch. Es wurde zwar in den Art. 117 ff. = 136 ff. neu ein Kapitel Sozialpolitik geschaffen, das sich aber im wesentlichen mit einer gewissen **Koordinierung der nationalen Sozialpolitiken** begnügte *(Miller,* in: Bülck (Hrsg.), Zur Stellung der MS im Europarecht, 1967, S. 182 ff.)."Philosophisch" kam es zu dem **Kompromiß des Art. 117 Abs. 2 EWGV,** wonach sich die fortschrittlich-sozialpolitische Angleichung innerhalb der Gemeinschaft sowohl aus dem eine Abstimmung der Sozialordnungen begünstigenden **Wirken des Gemeinsamen Marktes** als auch aus der **Angleichung der Rechts- und Verwaltungsvorschriften** ergeben sollte. Diese Formel hat sich unverändert bis in Art. 136 Abs. 3 neu EGV in der Amsterdamer Fassung 1997 erhalten. Zunächst machten die Verträge aber nur in Art. 119 = 141 neu EGV (Gleiches Entgelt für Männer und Frauen), mit der Errichtung des Europäischen Sozialfonds nach Art. 123 ff. = 146 ff. neu und über die Anwendbarkeit der Art. 100 ff. = 94 ff. neu zur sozialen Rechtsangleichung gemäß Art. 117 Abs. 2 = 126 Abs. 3 neu Ernst mit gemeinschaftsrechtlich „greifenden" Sozialnormen. Im übrigen blieb das sozialpolitische Instrumentarium weithin auf unverbindliche Untersuchungen, Stellungnahmen u. ä. der Kommission beschränkt, besonders in der Generalklausel des alten Art. 118 EWGV.

In der weiteren Entwicklung der EG seit den siebziger Jahren zeigte sich allerdings, daß der Gedanke gemeinschaftlichen sozialpolitischen Vorgehens parallel zur wirtschaftlichen Integration im Sinne der **Schaffung einer „Sozialunion"** (unten Rz. 1672 ff.) gemeinschaftspolitisch immer wieder Schubkraft erhielt. Über die Pariser Gipfelkonferenz 1972 kam es zum **sozialpolitischen Aktionsprogramm des Rates von 1974** (ABl. C 13/1 ff.), in welchem die Einbeziehung sozialer Gesichtspunkte bei allen Tätigkeiten der Gemeinschaft im Sinne einer Gesamtkonzeption gefordert wurde *(Thiele,* NJW 1973, S. 930 ff.). Mangels spezieller Kompetenzen seien gegebenenfalls allgemeine Handlungsermächtigungen wie Art. 100 ff., 155, 235 EWGV heranzuziehen (ähnlich dann EuGHE 1968, 1 ff. – RS 28/66; EuGHE 1976, 455 ff. – RS 43/75 „Defrenne II"). Aufgrund dieses neuen Anlaufes ergingen eine Reihe sozialpolitischer Maßnahmen, nicht zuletzt institutioneller Art (Europäisches Zentrum für Berufliche Bildung 1975 und Europäische Stiftung zur Verbesserung der Lebens- und Arbeitsbedingungen 1976, oben Rz. 459). 1632

Die weitere Entwicklung der EG-Sozialnormen über die Vertragsrevision der **Einheitlichen Europäischen Akte 1986,** des **Maastrichter Unionsvertrages 1992** und des **Amsterdamer Vertrages 1997** waren durch eine vorsichtige Stärkung der Gemeinschaftskompetenzen gekennzeichnet, ohne daß der Kompromiß von 1957/58 aufgegeben worden wäre *(Borchardt,* Sozialrecht, in: Dauses (Hrsg.) Hdb. EU-Wirtsch-R. (1997), D II). 1633

Die EEA 1986 wies der EG neue Zuständigkeiten im Arbeitsschutz und im Dialog der Sozialpartner zu (Art. 118 a, b EWGV) und brachte den Europäischen Sozialfonds (unten Rz. 1667 ff.) in den Zusammenhang der vereinheitlichten Strukturpolitik im Sinne des **„wirtschaftlichen und sozialen**

Zusammenhalts" (Art. 130 a = 158 neu EGV). Sozialpolitik sollte sich weiter primär über die wirtschafts- und sozialpolitische Zusammenarbeit der MSen und nicht über zwingende Rechtsakte der Gemeinschaft verwirklichen. Gleichzeitig verstärkten sich jedoch im Zuge des Binnenmarktprozesses Aktivitäten zugunsten dessen sozialer Dimension. Am 9.12.1989 verabschiedete der Europäische Rat (ohne England) eine **„Gemeinschaftscharta der sozialen Grundrechte der Arbeitnehmer"** (Text: Ztschr. für soz. Europa 1990, S. 52 ff.; *Cova,* RMC 1990, S. 108 ff.) Als nicht rechtsverbindliche „Feierliche Erklärung" enthielt sie Zielvorgaben für Rechte auf Freizügigkeit, freie Berufswahl, angemessene Entlohnung, Verbesserung der Arbeitsbedingungen, sozialen Schutz, Koalitionsfreiheit, Berufsausbildung, Gleichbehandlung Mann/Frau, Mitwirkungsrechte u. a. bei Massenentlassungen, Gesundheits-, Kinder- und Jugendschutz, Lebensstandard im Alter.

Es blieb zweifelhaft, ob die Gemeinschaftscharta, verglichen mit der **Europäischen Sozialcharta 1961** des Europarates (oben Rz. 66), Fortschritt mit sich brachte.

Die Kommission suchte die Charta durch ein **Aktionsprogramm 1989** (Kom (89) 568 endg.) mit Leben zu erfüllen *(Guery,* L'Europe sociale, 1990).

1634 Bei der Verabschiedung des **Maastrichter Unionsvertrages 1992** kam es infolge britischen Widerstandes zu keiner Revision der Sozialvorschriften des EGV. Jedoch einigten sich die übrigen elf (seit 1995: 14) MSen auf ein **Abkommen und Protokoll zur Sozialpolitik,** das die Gemeinschaftsbefugnisse im Sozialbereich erweiterte und ein Vorangehen ermöglichte *(Schuster,* EuZW 1992, S. 178 ff.). Über ein Weißbuch zur Europäischen Sozialpolitik (1994) und das **Sozialpolitische Aktionsprogramm 1995–1997** (KOM (95) 134 endg.) suchte die Kommission die Sozialpolitik auf den neuen Rechtsgrundlagen zu intensivieren. Stärker als früher trat im Zeitalter der Globalisierung dabei das Spannungsverhältnis zwischen Erhaltung des europäischen Wohlfahrtsmodelles und wirksamen Maßnahmen zur Bekämpfung der Arbeitslosigkeit zutage *(Kliemann,* Die europäische Sozialintegration und Maastricht 1997). Gleichzeitig entwickelte sich das **Subsidiaritätsprinzip** des Art. 3 b = 5 neu EGV zu einem neuen Instrument der MSen zugunsten der Wahrung ihrer Sozialzuständigkeiten *(Kahil,* Europäisches Sozialrecht und Subsidiarität, 1996).

1635 Der **Amsterdamer Vertrag 1997** brachte dank des Einlenkens Englands eine Vereinfachung und gleichzeitig nochmalige Anreicherung der EG-Sozialvorschriften, ohne den Kompromiß von 1957/58 grundsätzlich in Frage zu stellen. Das Maastrichter Sozialprotokoll wurde aufgehoben und mit gewissen Änderungen zugunsten der Gemeinschaftskompetenzen (unten Rz. 1639) **als neue Art. 136 – 145 EGV in den Vertrag integriert.** Die bisherigen Art. 117 – 122 EGV entfielen auf diese Weise. Unverändert blieben die Regeln über den **Europäischen Sozialfonds** (Art. 123–125 = 146–148 neu EGV, unten Rz. 1667 ff.). Von wesentlicher sozialpolitischer Bedeutung ist der in Amsterdam in Verbindung mit der Wirtschafts- und Währungspolitik neu vereinbarte Titel VIII des EGV über die **Beschäftigung (Art. 125–130**

neu EGV, näher oben und unten Rz. 981, 1638). Die Förderung der Beschäftigung als Angelegenheit gemeinsamen Interesses der MSen und die Betonung des hohen Beschäftigungsniveaus als Vertragsziel (Art. 2 EGV) sind auf ihre Weise Ausdruck der sozialen Dimension der Gemeinschaft. – Insgesamt hat der Amsterdamer Vertrag 1997 das sozialpolitische Instrumentarium der EG nicht unerheblich fortentwickelt (unten Rz. 1636 ff.).

Es bleibt jedoch bei der grundsätzlichen „Vertragsphilosophie", **daß Sozialpolitik primär Angelegenheit der MSen bleibt,** die von der Gemeinschaft „unterstützt und ergänzt" wird (Art. 137 neu EGV, vgl. auch schon EuGHE 1987, 3697 ff. – RS 126/86). Die allmähliche Annäherung der nationalen Sozialordnungen wird weiterhin ebenso aus dem „Wirken des Gemeinsamen Marktes" wie von Aktionen der EG erwartet (Art. 136 Abs. 3 neu EGV).

2. Sozialpolitische Rechtsgrundlagen seit dem Amsterdamer Vertrag 1997

Im Rahmen der o. g. Grundsätze hat die Sozialpolitik in der Rechts- **1636**
gestalt des Amsterdamer Vertrages 1997 einen **ansehnlichen Platz** unter den Aktivitäten der EG gefunden. Ihre Bedeutung wird durch einen zweimaligen Verweis (Präambel EUV, Abs. 4; Art. 136 neu Abs. 1 EGV) auf **die grundrechtliche Fundierung der Sozialpolitik** in der Europäischen Sozialcharta 1961 des Europarates und der Gemeinschaftscharta der sozialen Grundrechte der Arbeitnehmer 1989 (oben Rz. 1633) unterstrichen. Hieraus werden als **soziale Ziele der EG/EU** in Konkretisierung des Art. 3 j EGV insbesondere ein angemessenes und weiter auszubauendes Maß an sozialem Schutz über die Förderung der Beschäftigung im Interesse eines dauerhaft hohen Beschäftigungsniveaus, die Verbesserung der Lebens- und Arbeitsbedingungen, die Gleichstellung von Männern und Frauen, der soziale Dialog und die Bekämpfung von Ausgrenzungen benannt (Art. B = 2 neu EUV, Art. 2, 127 neu, Art. 136 Abs. 1 neu EGV). In diesen Zusammenhängen wird die **Gleichstellung von Männern und Frauen** dadurch besonders hervorgehoben, daß Art. 3 Abs. 2 neu EGV sie in Gestalt einer „Querschnittsklausel" zu einer Aufgabe erklärt, die bei allen Vertragszielen zu beachten ist.

Neben den zentralen Sozialnormen der Art. 136 ff. neu EGV wird die soziale **1637**
Dimension der EG in anderen Vertragsbereichen betont *(Schulte/Clever/Tiemann/Mäder,* Die soziale Dimension der EU, in: Schulte/Mäder (Hrsg.), Bürger Europas, 1995, S. 62 ff.). Über die koordinierte Tätigkeit der Strukturfonds einschl. des Europäischen Sozialfonds (oben Rz. 976 ff.) soll der **„Soziale Zusammenhalt"** im Sinne von Art. 130 a = 158 neu EGV gefördert werden. Ein unentbehrliches Element bei der Verwirklichung der Freizügigkeit der Arbeitnehmer im Sinne von Art. 48 ff. = 39 ff. neu EGV ist die **Harmonisierung der Systeme sozialer Sicherheit** gemäß Art. 51 = 42 neu EGV, insbesondere in Gestalt der VOen 1408/71 und 574/72 (oben Rz. 1544 ff.).

Zur Förderung der Beschäftigten im Interesse eines hohen Niveaus hat der Am- **1638**
sterdamer Vertrag 1997 in Art. 125 neu – Art. 130 neu EGV **einen neuen Titel Beschäftigung** in den EGV aufgenommen. Obwohl systematisch eher in Verbindung mit der Wirtschafts- und Währungspolitik eingeordnet (oben Rz. 991 und *Wolter/*

Hasse, WiD 1997, S. 386 ff.), ist der enge sachliche Zusammenhang mit der Sozialpolitik unübersehbar, die ihrerseits in Art. 136 Abs. 1 neu EGV die Förderung der Beschäftigung zu einem Sozialziel erklärt. **Art. 125 ff. neu EGV, die als leges speciales zu Art. 136 ff. neu EGV** gelten müssen, erklären die Förderung der Beschäftigung zu einer Angelegenheit von gemeinsamem Interesse der MSen und richten hierfür verfahrensmäßige Sonderregelungen ein (näher unten Rz. 1647). Im **Montanbereich** verfolgen Art. 46 ff EGKSV (Erleichterung der Weiterbeschäftigung, Verbesserung der Lebens- und Arbeitsbedingungen), Art. 55 f. (Betriebssicherheit, soziale Anpassungsmaßnahmen) und Art. 68 (Gewährleistung angemessener Löhne) soziale Ziele. Auch im **Agrar- und Verkehrsbereich** sind soziale Gesichtspunkte im EGV festgehalten (Art. 39 Ziff. 1 b = 33 neu Ziff. 1 b EGV, Art. 75 = 71 neu EGV). Im **EAGV** haben besonders Art. 30 ff. über den Gesundheitsschutz sozialpolitische Schutzfunktion. – Zusammenfassend wird öfters definiert, daß die EU mittlerweile eine **„Sozialunion"** anstrebe *(Däubler,* EuZW 1993, S. 272 ff.; vgl. aber auch kritisch *Donges* u. a. („Kronberger Kreis"), Sozialunion für Europa?, 1996).

1639 An die Stelle der bisherigen Art. 117–122 EGV hat der Amsterdamer Vertrag 1997 **die Art. 136–145 neu EGV als zentrale Sozialnormen** gesetzt. Sie entsprechen mit gewissen Änderungen und Ergänzungen den Art. 1–7 des Sozialprotokolls des Maastrichter Unionsvertrages 1992, das gleichzeitig aufgehoben wird (oben Rz. 1634 f.). Die Art. 137 ff. neu EGV gelten damit auch für England.

In Art. 137 neu EGV wird zur Verfolgung verschiedener Sozialziele des Art. 136 neu im Sinne der Unterstützung und Ergänzung der Tätigkeit der MSen **eine Gemeinschaftszuständigkeit begründet.** In bestimmten Bereichen (u. a. Verbesserung der Arbeitsumwelt und Arbeitsbedingungen, Unterricht/Anhörung der Arbeitnehmer, Eingliederung aus dem Arbeitsmarkt ausgegrenzter Personen, Chancengleichheit Männer und Frauen auf dem Arbeitsmarkt und Gleichbehandlung am Arbeitsplatz) Bekämpfung sozialer Ausgrenzung) kann der Rat im Mitentscheidungsverfahren des Art. 189 b = 251 neu EGV, d. h. mit qualifizierter Mehrheit **durch Richtlinien Mindestvorschriften erlassen.** In anderen wichtigen Bereichen (Soziale Sicherheit/Schutz, Kündigungsschutz, kollektives Arbeitsrecht einschl. Mitbestimmung, finanzielle Förderung der Beschäftigung u. a.) bedarf es eines einstimmigen Ratsbeschlusses. Regelungen über Arbeitsentgelt/Koalitionsrecht/Streik und Aussperrung bleiben von Art. 137 neu ausgenommen.

In Art. 138–140 neu EGV werden die **Aufgaben der Kommission und der Sozialpartner** festgelegt. Vor Ausübung ihres Vorschlagsrechtes (Art. 189 a = 250 neu EGV) hört die Kommission die Sozialpartner an und gibt ihnen Gelegenheit zur Stellungnahme. In einem bemerkenswerten Akt **autonomer „Mit-Rechtsetzung"** (Art. 139 neu EGV) können die Sozialpartner von ihnen getroffene Vereinbarungen im Rahmen des Art. 137 neu durch Beschluß des Rates auf Vorschlag der Kommission durchführen lassen. Allerdings bestehen hierzu gewisse Eingrenzungen (Erklärung zu Art. 139 Abs. 2 neu EGV). – Eine **zweite Aufgabe der Kommission** besteht in der Förderung der Zusammenarbeit zwischen den Mitgliedstaaten zur Erreichung der Ziele des Art. 136 neu durch Studien, Stellungnahmen und Konsultationen (Art. 140 neu EGV). Der Rat kann die Kommission einstimmig mit der Durchführung gemeinsamer Maßnahmen beauftragen (Art. 144 neu EGV).

Zur **Gleichstellung Männer und Frauen,** insbesondere durch gleiches Entgelt (Art. 141 EGV) unten Rz. 1660 ff..

Die Kommission erstattet jährlich einen Bericht über die Verwirklichung der Sozialpolitik und widmet ihr in ihrem Jahresbericht an das EP ein besonderes Kapitel (Art. 143, 145 neu EGV).

Ein wichtiges Instrument der EG-Sozialpolitik ist weiterhin der **Europäische Sozialfonds** (Art. 123–127 = Art. 146–148 neu EGV, näher unten Rz. 1667 ff.). Er dient der Verbesserung der Beschäftigungsmöglichkeiten und damit der Hebung der Lebenshaltung durch finanzielle Unterstützung vor allem zugunsten einer Förderung der beruflichen Verwendbarkeit und damit der Freizügigkeit der Arbeitskräfte. Er ist neben Agrar- und Regionalfonds einer der „Strukturfonds" im Rahmen der **Politik des wirtschaftlichen und sozialen Zusammenhalts** (Art. 130 a = 158 neu EGV). Ein Kerngedanke ist dabei die **regionale Angleichung** (oben Rz. 976), die als wichtige sozialpolitische Aufgabe begriffen wird. 1640

Alles in allem sind die sozialpolitischen Rechtsgrundlagen der Verträge in ihrer verschlungenen Entstehungsgeschichte **kompliziert und unübersichtlich.** Da die Gemeinschaft die sozialpolitische Tätigkeit der MSen unterstützt und ergänzt (Art. 137 neu EGV), ist die Wirksamkeit der Gemeinschaftsaktion in diesem Bereich weithin vom Willen der MSen zu gleichgerichtetem politischen Handeln abhängig.

II. Sozialpolitische Tätigkeit der EG

Literatur: *Steinberg,* Der europäische Tarifvertrag, RdA 1971, S. 18 ff.; *Pipkorn,* Die Bedeutung der Rechtsvergleichung für die Harmonisierung sozialrechtlicher Normen in der EG, in: Zacher (Hrsg.), Sozialrechtsvergleich im Bezugsrahmen nationalen und supra-nationalen Rechts, 1978; *Holloway,* Social Policy Haronisation in the EC, 1981; *Wyatt,* The direct effect of Community social law, ELRev 1983, S. 241 ff.; *Betten,* The right to strike in Community law, 1985; *Nowak,* Die EWG-Richtlinie über die Unterrichtung und Anhörung der Arbeitnehmer, 1985; *Schweitzer/Hummer,* Der Beitrag des Gerichtshofs der EG zur Entwicklung eines Europäischen Sozialrechts, 1987; *Milano,* Le revenu minimum garanti dans les pays de la CEE, DrSoc 1988, S. 523 ff.; *Kolvenbach,* Mitbestimmungsprobleme im Gemeinsamen Markt, 1991; *Baldwin/Daintith*, Regulating Workplace Health and Safety in the EC, 1992; *Birk,* die Gesetzgebungszuständigkeit der EG im Arbeitsrecht, RdA 1992, S. 68 ff.; *Coen,* EG und Tarifautonomie, BB 1992, S. 2068 ff.; *Lindl,* Die EG-Richtlinie zur Angleichung der Rechtsvorschriften der Mitgliedstaaten für Maschinen, 1992; *Meier-Schatz,* Grundprobleme der Arbeitsverfassung der EG aus rechtlicher Sicht, AuWi 1993, S. 439 ff.; *Giesen,* Pflegeversicherung und europäisches Gemeinschaftsrecht, SG 1994, S. 63 ff.; *Balze,* Die Richtlinie über die Arbeitszeitgestaltung, EuZW 1994, S. 205 ff.; *Dienel,* Familienpolitik und Armutsbekämpfung in den 12 Ländern der EG, APUZ 7/1994, S. 22 ff.; *Lörcher,* Die Arbeitszeitrichtlinie der EU, ArbuR 1994, S. 49 ff.; *Schaub,* Der Rechtsschutz im Arbeitsrecht vor dem Gerichtshof der EGen, NJW 1994, S. 81 ff.; *Eichenhofer,* Neuere Rspr. des EuGH zum Europäischen Sozialrecht, JZ 1995, S. 1047 ff.; *Hanau,* Lohnunterbietung („Sozialdumping") durch Europarecht, FS Everling, 1995, S. 415 55.; *Heinze,* Zum Einfluß des Europäischen Rechts auf das deutsche Arbeits- und Sozialrecht, FS Everling, 1995, S. 433 ff.; *Masch*, Die Time-Sharing-Richtlinie, EuZW 1995, S. 8 ff.; *Pipkorn,* Europäische Aspekte der Informations- und Mitwirkungsrechte der Arbeitnehmer, FS Everling, 1995, S. 1113 ff.; *Schiefer,* Der EuGH und seine Definition vom Betriebsübergang, MDR 1995, S. 330 ff.; *Waas,* Richtlinienvorschlag zum Betriebsübergang, EuZW 1995, S. 52 ff.; *Davies/Lyon-Caën/Simitis/Sciarra* (Hrsg.) Principles and Perspectives on EC Labour Law,

1996; *Eur. Kommission,* Aus- und Weiterbildung, 1996; *Grimm,* EuGH und nationale Arbeitsgerichte aus verfassungsrechtlicher Sicht, RdA 1996, S. 66 ff.; *Krimphove,* Europäisches Arbeitsrecht, 1996; *Rademacher,* Der Europäische Betriebsrat, 1996; *Birk,* Vereinbarungen der Sozialpartner im Rahmen des Sozialen Dialogs und ihre Durchführung, EuZW 1997, S. 453 ff.; *Heinze* (Hrsg.), Arbeitsförderung in Europa, 1997; *Koenigs,* Arbeitnehmer-Entsendegesetz und EG-Entsenderichtlinie, DB 1997, S. 225 ff.; *Lüdtke-Handjery/Zender,* Europas soziale Sicherungssysteme auf dem Weg ins neue Jahrtausend, ZFSH/SGB 1997, S. 259 ff.; *Mäder,* Europäische Arbeitsmarktpolitik, ZFSH/SGB 1997, S. 3 ff.; *Mozet,* Vereinbarung über Europäische Betriebsräte, DB 1997, S. 477 ff.; *Schulte,* Soziale Sicherheit in der EG, 3. Aufl. 1997; *Wolter/Hasse,* Gemeinsame Beschäftigungspolitik, WiD 1997, S. 386 ff.; *Bergmann,* Europ. Beschäftigungspolitik, Punkt 27/1998, S. 3 ff.; *Schiek,* Europ. Arbeitsrecht, 1998;

(Die Literatur zur sozialpolitischen Gleichstellung von Mann und Frau unter Ziff. 3 = vor Rz. 1660).

1. Allgemeine Entwicklung

1641 Angesichts des beschränkten vertraglichen Fundamentes für eine EG-Sozialpolitik hält sich die **tatsächliche Aktion der Gemeinschaft** in diesem Bereich trotz vielfältiger Bemühungen der Kommission und mehrfacher grundsätzlicher Bekundungen des Rates zugunsten der „Sozialunion" bisher in Grenzen. In den sechziger Jahren konzentrierte sich die EG-Sozialpolitik vor allem auf die Verwirklichung der **sozialen Sicherheit der Wanderarbeitnehmer** im Rahmen der Freizügigkeit, vor allem durch die „Sozial-VO" 1408/71 (oben Rz. 1544 ff.).

Im übrigen erhielt die EG-Sozialpolitik durch eine sich regelmäßig fortsetzende Reihe **programmatischer Pläne, Stellungnahmen u. ä. der Gemeinschaftsorgane** ihre allgemeine Gestalt. Auf der Grundlage dieser Ankündigungen ergingen in den einzelnen Sozialbereichen (unten Rz. 1644 ff.) in unterschiedlicher Intensität verbindliche Rechtsakte. Auf diese Weise ergab sich angesichts der öfters auseinandergehenden sozialpolitischen Vorstellungen eine Art „Flickenteppich" der sozialpolitischen Gemeinschaftsmaßnahmen *(Schmähl/Rische* (Hrsg.) Europäische Sozialpolitik, 1997).

1642 Unter den **Grundsatzdokumenten** sind hervorzuheben:

- Abschlußerklärung der Pariser Gipfelkonferenz 1972 (Verbindung der sozialpolitischen Aktion mit der Errichtung der Wirtschafts- und Währungsunion)
- Sozialpolitisches Aktionsprogramm des Rates v. 21. 1. 1974 (ABl. C 13/1 ff.) (Erster sozialpolitischer Maßnahmekatalog, u. a. Gründung des CEDEFOP 1975, Bekenntnis zum sozialen Dialog im Sinne des „Tripartismus" Regierungen/Sozialpartner)
- Programm zur Bekämpfung der Armut v. 30. 7. 1975 (ABl. L 199/34)
- Schlußfolgerungen des Rates über ein mittelfristiges Aktionsprogramm der Gemeinschaft im Sozialbereich v. 22. 6. 1984 (ABl. C 175/1) (Akzentuierung beschäftigungsfördernder Maßnahmen)
- Arbeitsprogramm 1988 der Kommission zur Verwirklichung des Binnenmarktes 1992 (Kom (Hrsg.), Soziales Europa, 1988, Sondernummer) (Vorlage von 47 sozialpolitischen Vorschlägen)
- Gemeinschaftscharta der sozialen Grundrechte der Arbeitnehmer 1989 (oben Rz. 1633)

- Aktionsprogramm der Kommission zur Anwendung der Gemeinschaftscharta (Dok. Kom(89) 568 endg.)
- Grünbuch der Kommission über die europäische Sozialpolitik v. 17. 11. 1993 (Bestandsaufnahme)
- Weißbuch der Kommission zu Wachstum, Wettbewerbsfähigkeit und Beschäftigung 1993 (Dok. Kom (93) 700 endg.) Sog. „2. Delors-Plan", oben Rz. 43.
- Weißbuch der Kommission zur Europäischen Sozialpolitik 1994 (Dok. Kom (94) 333 endg.) (Plädoyer für die Erhaltung des hohen europäischen Schutzniveaus im Binnenmarkt)
- Ratsentschließung v. 6. 12. 1994 (ABl. C 368/6) (Beitrag zur wirtschaftlich/sozialen Konvergenz in der Union)
- Sozialpolitisches Aktionsprogramm 1995–1997 der Kommission, 1995 (Dok. (KOM) 134 endg.) Pläne zur Verbesserung der Beschäftigungslage, sozialpolitische Mindeststandards, Chancengleichheit Männer und Frauen)
- Europa verwirklichen durch die allgemeine und berufliche Bildung (Bericht der Kommission), 1997
- Sozialpolitisches Aktionsprogramm 1998 – 2000 der Kommission, 1998 (Dok. (KOM) (98/259 endg.) – Erneuerung der Sozialpolitik in der sich verändernden Welt.

  (Vgl. im übrigen Fundstellenverzeichnis des geltenden Gemeinschaftsrechts 05.20).

Eine Sonderentwicklung erfolgte bei Art. 119 = 141 neu EGV. Hier 1643
konnte die Gemeinschaft die **Gleichstellung von Männern und Frauen im Arbeitsleben** (und darüber hinaus) wirksam beeinflussen, nachdem der Gerichtshof die unmittelbare Wirksamkeit dieser Norm seit 1976 festgestellt hatte (unten Rz. 1660 ff.).

Nachdem seit den 80er Jahren die **Massenarbeitslosigkeit** gemeinschaftsweit ein immer ernsteres wirtschafts- und sozialpolitisches Problem geworden war (annäherend 20 Mio. Arbeitslose in der EG Mitte der 90er Jahre), richtete sich das Augenmerk der EG-Sozialpolitik immer stärker auf die **Förderung der Beschäftigung.** Durch die Einfügung eines Beschäftigungskapitels in den EGV in Amsterdam 1997 (oben Rz. 1638 und unten Rz. 1648) sind diese Aktionsmöglichkeiten verstärkt worden. Insgesamt hat die praktische EG-Sozialpolitik trotz der verschiedenen Vertragsrevisionen (oben Rz. 1633 ff.) und des Strebens der o. g. Planungen, Aktionsprogramme u. ä. nach einer sozialpolitischen Gesamtaktion nicht ein mit anderen Tätigkeitsbereichen (z. B. Freier Warenverkehr oder Agrarpolitik) vergleichbares kohärentes Profil gewinnen können. Die MSen sind infolge ihrer unterschiedlichen sozialpolitischen Grundvorstellungen bisher nicht bereit, die Gemeinschaftskompetenz entsprechend auszubauen.

2. Sozialpolitische Aktionen

Ungeachtet des im Ganzen begrenzten Bildes der EG-Sozialpolitik sind 1644
in einzelnen Bereichen eine Reihe **wichtiger Einzelmaßnahmen** im Interesse der sozialen Flankierung des gemeinsamen Marktes erfolgt.

a) Beschäftigung

Beschäftigungspolitik im Sinne gezielter öffentlicher Maßnahmen zur Sicherung eines möglichst hohen Beschäftigungsstandes bzw. der Bekämpfung der Arbeitslosigkeit *(Engelen-Käfer,* Beschäftigungspolitik, 1976) war bereits in Art. 118 EGV a. F. als ein Thema der Zusammenarbeit zwischen den MS in sozialen Fragen aufgeführt. Aufgrund der **hohen Arbeitslosenzahlen** innerhalb der Gemeinschaft seit den siebziger Jahren, mit den besonderen Problemfeldern Jugend- und Frauenarbeitslosigkeit, ist die Sorge um ausreichende Beschäftigung in den meisten MS zu einem besonderen Schwerpunkt sozialpolitischer Tätigkeit geworden. Die Zuständigkeit der Gemeinschaft zu aktiver Beschäftigungspolitik war jedoch bis zum Amsterdamer Vertrag 1997 im Sinne des Art. 118 EGV deutlich beschränkt. Immerhin wurden schon seit dem Aktionsprogramm des Rates von 1974 (oben Rz. 1632) **eine Reihe beschäftigungspolitischer Initiativen auf Gemeinschaftsebene** unternommen (näher *Langenfeld/Jansen,* in: Grabitz/Hilf (Hrsg.), EUV/EGV Komm. (1995), Art. 118 Rz. 10 ff.).

Zu unterscheiden ist zwischen **mittelbarer und unmittelbarer Beschäftigungspolitik.** Zur ersten rechnen insbesondere die beschäftigungsfördernden Maßnahmen der Berufsbildungspolitik nach Art. 126 f. = 149 f. neu EGV (unten Rz. 1650, 1912 ff.) oder die Tätigkeit des Europäischen Sozialfonds zur Verbesserung der beruflichen Verwendbarkeit von Arbeitskräften gemäß Art. 123 = 146 neu EGV. Daneben stehen direkt auf eine Besserung der Beschäftigungslage zielende Gemeinschaftsaktionen.

1645 Schon 1970 wurde ein erster **ständiger Ausschuß für Beschäftigungsfragen** bei der EG eingerichtet. Seit der mehrfachen Bekräftigung der Bekämpfung der Arbeitslosigkeit als eine „Hauptaufgabe" der Gemeinschaft durch den Europäischen Rat in den 80er und 90er Jahren kam es zu zahlreichen Aktionen, meist in Gestalt von **Akten des EG-"Soft Law"** (Ratsentschließungen, Erklärungen, Leitlinien u. ä., vgl. Fundstellenverzeichnis des geltenden Gemeinschaftsrechts 05.20. 30). Mit der Richtlinie 75/129 (ABl. 1975, L 48/29 ff.), jetzt RL 98/59 (ABl. 1998, L 225/16) zur Angleichung der Rechtsvorschriften der MSen über Massenentlassungen *(Mepple,* CMLRev 1977, S. 489 ff.) und dem Beschluß des Rates v. 20. 12. 1996 zur Einsetzung eines **Ausschusses für Beschäftigung und Arbeitsmarkt** (ABl. 1997, L 6/32) ergingen zwei verbindliche, freilich begrenzte Maßnahmen. Trotz der Vielfalt der Initiativen war die Wirksamkeit der gemeinschaftlichen Beschäftigungspolitik begrenzt, da Art. 118 EGV keine normativen EG-Kompetenzen enthielt (näher *Mäder,* ZFSH/SGB 1997, S. 3 ff., 71 ff.).

1646 Nachdem die Vorbereitung der Europäischen Währungsunion den MSen in den 90er Jahren eine stringente Stabilitätspolitik auferlegte (oben Rz. 1008 ff.), hielten einige MSen, insbesondere Frankreich, eine soziale Flankierung der Wirtschafts- und Wirtschaftspolitik in Gestalt verstärkter Gemeinschaftsbefugnisse für Beschäftigungsmaßnahmen für geboten. Im **Amsterdamer Vertrag 1997** kam es auf diese Weise zur Einfügung eines **neuen Titels Beschäftigung** (Art. 125–130 neu EGV, oben Rz. 1638). Er ist zwar vertragssystematisch mit der Wirtschafts- und Währungspolitik in Verbindung gebracht und in Art. 3 lit. i neu EGV sogar als gesondertes Vertragsziel ausgewiesen, enthält aber in der Sache im wesentlichen eine sozialpolitische Motivation. Entsprechend erklärt auch Art. 136 Abs. 1 neu EGV die Förderung der Beschäftigung nunmehr ausdrücklich zu einem der Sozialziele der Gemeinschaft. Aus wirtschaftsordnungspolitischer Sicht ist die Wirksamkeit des neuen „Zwitter-Titels" zur Bekämpfung der Arbeitslosigkeit umstritten *(Wolter/Hasse,* WiD 1997, S. 386 ff.).

Auch nach dem Amsterdamer Vertrag 1997 hält sich die beschäftigungspolitische **1647**
Zuständigkeit der Gemeinschaft in den Grenzen der Entwicklung einer **„koordinierten Beschäftigungsstrategie"** durch die MSen und die Gemeinschaft mit dem Ziel eines hohen Beschäftigungsniveaus (Art. 125 neu, 127 neu EGV). Dabei werden die o. g. Aspekte mittelbarer Beschäftigungspolitik (Qualifizierung, Ausbildung u. ä.) besonders betont.

Die Beschäftigungspolitik ist nach Art. 126 neu EGV eine **Angelegenheit von gemeinsamem Interesse.** Primär liegt die Verantwortung für die Beschäftigung weiterhin bei den MSen. Sie stimmen sich im Europäischen Rat und im Rat regelmäßig ab. Der Rat hat nach Art. 128 neu EGV die Zuständigkeit, auf Vorschlag der Kommission und nach Anhörung von EP, WSA, AdR und des nunmehr in Art. 130 neu EGV vertraglich verankerten beratenden Beschäftigungsausschusses **mit qualifizierter Mehrheit Leitlinien festzulegen,** welche die MSen „berücksichtigen".

Darüber hinaus kann der Rat nach Art. 129 neu EGV im Mitentscheidungsverfahren und nach Anhörung von WSA und AdR **„Anreize", auch finanzieller Art** im Rahmen der Beschäftigungspolitik beschließen. Damit sind Initiativen verschiedener Art gemeint, insbesondere mittels Pilotprojekten innovative Ansätze zu fördern, jedoch keine Rechtsharmonisierung. Um diese „Anreize" nicht zu einem neuen Einfallstor umfänglicher Gemeinschaftsfinanzierung werden zu lassen, muß die Notwendigkeit der jeweiligen Maßnahme „objektiv" begründet werden, ist ihre Geltungsdauer auf höchstens 5 Jahre begrenzt und muß eine Obergrenze der Finanzierung festgelegt werden. Die Finanzierung muß aus bereits verfügbaren EG-Mitteln erfolgen (Schluß-Akte AV 1997, Erklärungen 23./24.). Der Rat beschließt bei finanzrelevanten Anreizen einstimmig (Art. 137 neu Abs. 3 EGV).

Der Europäische Rat prüft jährlich auf der Grundlage eines Berichtes von Rat/ Kommission die Beschäftigungslage und nimmt hierzu „Schlußfolgerungen" an, die Grundlage der o. g. Leitlinien werden. Diese ungewöhnliche regelmäßige Verankerung der Beschäftigungspolitik auf der Ebene der Staats- und Regierungschefs soll ihren **besonderen Rang unter den Gemeinschaftsaufgaben** widerspiegeln.

Auf dem **ersten „Beschäftigungsgipfel" 1997** und anschließend im Rat wurden Leitlinien zur Bekämpfung der Jugend- und Langzeitarbeitslosigkeit sowie zur beruflichen Wiedereingliederung von Erwerbslosen verabschiedet (ABl. 1998, C 30/ 1). Dabei zeigte sich der Europäische Rat selbst skeptisch über die realen Möglichkeiten der EG, für Beschäftigung zu sorgen. **Beschäftigungspolitik bleibt in erster Linie Aufgabe der MSen** und in ihnen vor allem die Verantwortung der Aktion der Sozialpartner *(Europ. Kommission,* Die nationalen Aktionspläne für Beschäftigung, 1998). Die EG-Wirtschaftsverfassung (oben Rz. 926 ff.) ist durch die Einfügung des Titels Beschäftigung **konfliktträchtiger geworden.** Zwischen den grundlegenden Zielen einer „offenen Marktwirtschaft mit freiem Wettbewerb", der Preisstabilität (Art. 3a = 4 neu EGV) einerseits und der Förderung eines hohen Beschäftigungsniveaus (Art. 2, 127 neu, 136 neu EGV) andererseits besteht ein Spannungsverhältnis, das durch Maßnahmen der praktischeren Politik aufgelöst werden muß. Juristisch ist die Wahl zwischen marktkonformen und interventionistischen Maßnahmen seit dem Amsterdamer Vertrag 1997 offener geworden.

b) Arbeitsschutz

1648 Die Verbesserung der Arbeitsbedingungen im Interesse des Schutzes der Arbeitnehmer war von Anfang an Gegenstand der EG-Sozialpolitik. In diesem Sinne wird öfters von **Arbeitsschutz in einem allgemeinen Sinne** gesprochen. Der Begriff ist **mehrdeutig.** Zum einen geht es dabei um die Arbeitsbedingungen i. e. S. am Arbeitsplatz (Sicherheit, Hygiene, Gesundheitsschutz u. a.). In einem weiteren Sinne kann Arbeitsschutz aber auch eine Stärkung der Rechte der Arbeitnehmer in den Unternehmen z. B. in Sondersituationen wie Betriebsübergang, Zahlungsunfähigkeit des Arbeitgebers oder auch durch Mindestvorschriften zur Lohnhöhe u. ä. bedeuten.

Die **Verbesserung der Arbeitsbedingungen i. e. S. am Arbeitsplatz** wird von der Gemeinschaft seit langem verfolgt *(Wank,* Deutsches und europäisches Arbeitsschutzrecht, 1992). Bereits 1974 wurde ein **Beratender Ausschuß für Sicherheit, Arbeitshygiene und Gesundheitsschutz am Arbeitsplatz** eingerichtet (ABl. 1974, L 185/15). 1975 wurde aufgrund Art. 235 EWGV die **Europäische Stiftung zur Verbesserung der Lebens- und Arbeitsbedingungen** in Dublin gegründet (VO 1365/75, ABl. 1975, L 139/1). Sie fördert und verbreitet Kenntnisse zur Schaffung besserer Lebens- und Arbeitsbedingungen und arbeitet den Gemeinschaftsorganen zu *(Graf,* EG-Magazin 1991, S. 32 f.). 1994 errichtete die EG zusätzlich in Bilbao eine **Europäische Agentur für Sicherheit und Gesundheit am Arbeitsplatz** (VO 2062/94, ABl. 1994, L 216/1).

Die **Rechtsetzung der Gemeinschaft** in diesem Bereich erfolgte einerseits in Gestalt von nicht verbindlichem, aber als „halbrechtliche" Leitlinie relevantem **„EG-Soft Law"** nach dem früheren Art. 118 EGV **(Ratsempfehlungen** zum Grundsatz der 40 Stunden-Woche 1975, zu Jahresurlaub, Arbeitszeit, Altersgrenzen, Jugendarbeitsschutz u. a. m. (Fundstellennachweis des geltenden Gemeinschaftsrechts 05.20.20). Auch die Absichtserklärung der MSen nach Art. 120 = 142 neu EGV gehört hierher, die bestehende Gleichwertigkeit der Ordnungen über die bezahlte Freizeit (Feiertage, Jahresurlaub) beizubehalten.

Seit der EEA 1986 und dem Sozialprotokoll 1992 konnte die Gemeinschaft (im wesentlichen ohne England) nach Art. 118 a EGV, Art. 2 Protokoll **verbindliche Mindestvorschriften** zur Verbesserung der Arbeitsumwelt u. a. erlassen (z. B. die **Rahmen-RL 89/391** (ABl. 1989, L 183/1) über Maßnahmen zur Verbesserung der Sicherheit und des Gesundheitsschutzes am Arbeitsplatz. Aufgrund dieses **„Grundgesetzes des Europäischen Arbeitsschutzes"** wurden zahlreiche Einzel-Rlen erlassen, z. B. die RL 94/33 über den Jugendarbeitsschutz (ABl. 1994, L 216/12). Ferner ergingen Rlen zur Angleichung der Rechtsvorschriften für Maschinen, eine Arbeitszeitrichtlinie *(Balze,* EuZW 1994, S. 205 ff.), die von EuGHE 1996, I–5755 ff. RS C-84/94 trotz britischer Klage aufrechterhalten wurde, eine Time-Sharing-RL *(Masch* EuZW 1995, S. 8 ff.) u. a. m., vgl. Fundstellenverzeichnis des geltenden Gemeinschaftsrechts 05.20.20 und *Langenfeld/Jansen,* in: Grabitz/Hilf (Hrsg.) EUV/EGV Komm. (1995) Art. 118 a Rz. 20 ff.). Mit dem Amsterdamer Vertrag 1997 sind diese EG-Zuständigkeiten in Art. 136, 137, 140 neu EGV mit Geltung nunmehr für alle MSen gültig geworden. Insgesamt hat die Gemeinschaft mit ihrer langjährigen behutsamen Rechtssetzung eine **gemeinschaftsweite Tendenz zum Ausbau der Arbeitsschutzregelungen** im Sinne der Verbesserung der Bedingungen am Arbeitsplatz in die Wege geleitet.

1649 In einem hierüber hinausgehenden weiteren Verständnis des Arbeitsschutzes sucht die EG außerdem eine **Stärkung der Rechte der Arbeitnehmer** in ihren Unternehmen in bestimmten Situationen zu erreichen. Sie empfing dabei des öfteren Unterstützung durch Rechtsprechung des Gerichtshofes. Die wirtschafts- und sozialpolitischen Ergebnisse dieser Gemeinschaftssektion sind teilweise umstritten.

In diesen Zusammenhang gehören insbesondere die Richtlinie 98/59 (ABl. 1998, L 225/16) zur Angleichung der Rechtsvorschriften der MSen über **Massenentlassungen**, die Richtlinie 80/987 (ABl. 1980, L 283/23) über die Angleichung der Rechtsvorschriften der MSen über den Schutz der Arbeitnehmer bei **Zahlungsunfähigkeit des Arbeitgebers,** die Richtlinie 77/187 (ABl. 1977, L 61/26) zur Angleichung der Rechtsvorschriften der MSen über die Wahrung von Ansprüchen der Arbeitnehmer **beim Übergang von Unternehmen, Betrieben oder Betriebstellen** *(v. Alvensleben,* Die Rechte der AN bei Betriebsübergang im Europäischen Gemeinschaftsrecht, 1992) sowie die RL 96/71 (ABl. 1997, L 18/1 = Sart. II Ziff. 181) über die **Entsendung von Arbeitnehmern** im Rahmen der Erbringung von Dienstleistungen **(„Entsende-RL"**, *Koenigs,* DB 1997, S. 225 ff.). Problematisch wurde bei manchen dieser Gemeinschaftsmaßnahmen die Frage, ob über die in Art. 117 ff. = 136 ff. neu EGV der EG zugewiesene Aufgabe der Schaffung sozialer Mindeststandards in Richtung einer vollharmonisierten gemeinsamen Sozialpolitik hinausgegangen wurde *(Schlecht,* FAZ 28.6.1995, S. 15). Aufsehen erregte EuGHE 1994, I–1311 RS C 392/92 „Christel Schmidt", dazu *Louven,* JUS 1995, S. 677 ff.), wo der Gerichtshof durch ein überaus weites Verständnis des **Betriebsüberganges** im Sinne der RL 77/187 den Kündigungsschutz dehnte. Inzwischen wurde diese Rspr. z. T. korrigiert *(Köhler,* Forum International 1996, S. 149 ff.). Mit der **„Entsende-Richtlinie"** 96/71 (zur Umsetzung in D *Selmayr,* ZFA 1996, S. 615 ff.) soll ein „harter Kern" von Schutzbestimmungen, darunter Mindestlohnsätze, bei entsandten Arbeitnehmern im Gastland nach dessen nationalen Vorschriften zwingend angewandt werden, um „Sozialdumping" zu vermeiden *(Däubler,* EWS 1997, S. 613 ff.). Ordnungspolitische Kritik sieht hierin nationale „sozialpolitische Abschottung", die der Grundaussage der Art. 117 ff. = 136 ff. neu EGV widerspreche, die Volkswirtschaften nach Maßgabe komparativer Kostenvorteile zu integrieren.

c) Berufsausbildung

Einen wichtigen Bestandteil der sozialpolitischen Gemeinschaftsaktion **1650**
stellen Maßnahmen zugunsten der **beruflichen Ausbildung und Weiterbildung** dar. Zum einen ist Berufsausbildung die Voraussetzung jeder qualifizierten Beschäftigung. Sie fällt gleichzeitig als Maßnahme mittelbarer Beschäftigungspolitik (oben Rz. 1644) in den Bereich der **Beschäftigungsförderung**. Dabei wird die klassische Berufsausbildung in der Zeit „lebenslangen Lernens" immer stärker durch Maßnahmen der Weiterbildung, Umschulung, Mobilitätsförderung u. ä. erweitert *(Europ. Kommission* (Hrsg.), Aus- und Weiterbildung. Zwei Wege aus der Arbeitslosigkeit, 1996). Andererseits ist die Berufsausbildung eng mit der **allgemeinen Bildung** verknüpft. Der EGV verwendet einen **weiten Berufsausbildungsbegriff**, der über die spezielle Berufsbildungsvorstellung des deutschen Rechts hinaus unabhängig vom Ausbildungsniveau jede Form der Ausbildung umfaßt, die für Berufe qualifiziert (EuGHE 1985, 593 ff. – RS 293/85 „Gravier" st. Rspr.). In diesem Sinne kann auch **Hochschulausbildung** Berufsausbildung sein.

Im Kapitel **Sozialpolitik** spricht lediglich Art. 140 neu EGV berufliche Ausbildung und Weiterbildung im Rahmen der Zielsetzungen des Art. 136 neu EGV an. Die Kommission fördert auch insoweit die Zusammenarbeit der MSen durch Untersuchungen, Stellungnahmen u. ä.

Die eigentliche Gemeinschaftszuständigkeit zum Erlaß verbindlicher Maßnahmen im Rahmen einer **Politik der beruflichen Bildung** findet sich seit dem Maastrichter Unionsvertrag 1992 in Art. 127 = 150 neu EGV. Sie steht dort in engem Zusammenhang mit den EG-Kompetenzen bei der **allgemeinen Bildung** nach Art. 126 = 149 neu EGV (unten Rz. 1912 ff.).

Bereits in Verbindung mit dem früheren Auftrag der Gemeinschaft nach dem damaligen Art. 128 EWGV, allgemeine Grundsätze für die Berufsausbildung aufzustellen, hatte die EWG 1975 aufgrund Art. 235 EWGV (VO 337/75, ABl. 1975, L 39/1 ff.) das **„Europäische Zentrum zur Förderung der Berufsausbildung (CEDEFOP)** gegründet, bis 1993 in Berlin, seitdem in Saloniki. Ähnlich wie die Dubliner Stiftung (oben Rz. 459) unterstützt CEDEFOP die Kommission konzeptionell in Fragen der Berufs- und Weiterbildung und betreibt in diesem Zusammenhang Öffentlichkeitsarbeit (Zeitschrift IN-CEDEFOP, vgl. ferner *Europ. Kommission* (Hrsg.) Le Magazine – Allgemeine und berufliche Bildung und Jugend in Europa). Finanziell wird berufliche Bildung und Weiterbildung auf Gemeinschaftsebene durch den **Europäischen Sozialfonds** gefördert (unten Rz. 1667 ff.).

Wegen ihrer engen Verbindung mit der allgemeinen Bildung wird die Berufsbildungszuständigkeit der Gemeinschaft nach Art. 127 = 150 neu EGV (unten Rz. 1912 ff.) im Zusammenhang mit der EG-Bildungspolitik behandelt.

d) Soziale Sicherheit und Bekämpfung sozialer Ausgrenzung (Armut)

1651 Art. 137 Abs. 3, 140 neu EGV (ähnlich früher Art. 118 EGV) nennen als weiteren Gegenstand der sozialen Zusammenarbeit zwischen den MS die **soziale Sicherheit** *(Lüdtkettandjery/Zender,* ZFSH/SGB 1997, S. 259 ff.). Es kann sich nur um einen „Restbereich" handeln, denn der auf EG-Ebene wichtigste Aspekt sozialer Sicherheit, nämlich die für die Herstellung der Freizügigkeit notwendigen Maßnahmen im Bereich der sozialen Sicherungssysteme sind bereits in Art. 51 = 42 neu EGV gesondert geregelt (oben Rz. 1544 ff.).

Umfassende Rechtsangleichungsmaßnahmen bei den Systemen der sozialen Sicherheit in spezifisch sozialpolitischer Zielsetzung sind über Art. 100 ff. = 94 ff. neu EGV nicht zu verwirklichen, da diese Regelungen den unmittelbaren Bezug auf das Funktionieren des Gemeinsamen Marktes voraussetzen, also wettbewerbsbezogen sind. (Oben Rz. 1209 ff. und *van Raepenbusch,* CDE 1986, S. 475 ff.). Ursprüngliche Pläne einer **globalen Sozialrechtsangleichung** wurden inzwischen aufgegeben. Ziel bleibt eine lockere „Konvergenz" der MSen bei der sozialen Sicherheit (Empfehlungen 91 u. 92/441 des Rates, ABl. 1992, L 245/46). Verbindliche Umformungsverpflichtungen für das nationale Recht enthalten die RL 79/7 und 86/378 (ABl. 1979, L 6/24 ff. bzw. ABl. 1986, L 225/40 ff), mit denen der Grundsatz der Gleichbehandlung von Männern und Frauen im Bereich der sozialen Sicherheit einschließlich der betrieblichen Systeme durchgesetzt werden soll. Im übrigen ermöglicht Art. 137 Abs. 2, 3 neu EGV lediglich den Erlaß von **Mindestvorschriften,** wobei der Rat im Bereich der sozialen Sicherheit einstimmig auf Vorschlag der Kommission und nach Anhörung von EP, WSA und AdR entscheidet.

Als einen spezifischen Aspekt sozialer Sicherheit hat die Gemeinschaft seit Mitte der siebziger Jahre den **Kampf** gegen **soziale Ausgrenzung (Armut)** ausgewählt. Mit verschiedenen Programmen (zuletzt Aktionsprogramm „Progress“ 1994–2000 (Dok. KOM (93) 435 endg.) werden mit finanzieller Unterstützung der EG gezielte Maßnahmen zur Bekämpfung der Armut gefördert (z. B. Vorhaben zur Hilfe an benachteiligte Stadtteile, verarmte ländliche Gebiete, Langzeitarbeitslose, ältere Menschen, näher **EG-Kommission** (Hrsg.), Die Gemeinschaft im Kampf gegen die soziale Ausgrenzung, 1992). Es handelt sich grundsätzlich um Personenkreise, deren Einkommen **unter der Hälfte des durchschnittlichen Pro-Kopf-Einkommens** in dem betreffenden MS lag. Die Gesamtheit dieser Personen wird in der EG auf über 30 Millionen geschätzt. Die Gemeinschaftsprogramme können nur als Initiativen verstanden werden, die von den MS weiter aufgenommen werden müssen (*Geisen*, EG-Magazin 12/1991, 523 ff.). Ebenso kam es zu verschiedenen vom Sozialfonds unterstützten Gemeinschaftsaktionen zur **Wiedereingliederung von Behinderten** in die Gesellschaft und zugunsten ihrer Beschäftigung (z. B. Programm „Helios II“ 1993–1996, ABl. 1993, L 56/30). 1652

Mit dem **Amsterdamer Vertrag 1997** ist die Gemeinschaftszuständigkeit zur Bekämpfung sozialer Ausgrenzung verstärkt worden, z. T. i. V. m. der Beschäftigungspolitik (Art. 136, 137 neu EGV). Der Rat kann nach Art. 137 neu EGV im Mitentscheidungsverfahren **Mindestvorschriften** zur beruflichen Eingliederung aus dem Arbeitsmarkt ausgegrenzter Personen (Langzeitarbeitsloser) erlassen, ferner verschiedene organisatorische Maßnahmen zur Bekämpfung sozialer Ausgrenzung treffen. – Insgesamt bleibt die Aktionsmöglichkeit der EG im Bereich der sozialen Sicherheit – abgesehen von Art. 51 = 42 neu EGV – jedoch weiterhin begrenzt. 1653

e) Gesundheitsschutz

Art. 137, 140 neu EGV sehen ähnlich wie früher Art. 118, 118 a EGV den **Gesundheitsschutz bei der Arbeit** als weiteren Tätigkeitsbereich der sozialpolitischen Zusammenarbeit zwischen MSen und Gemeinschaft vor (*EG-Kommission* (Hrsg.) Sicherheit und Gesundheitsschutz am Arbeitsplatz, 1992). Er steht in engem Zusammenhang mit der Gemeinschaftsaktion zugunsten des Arbeitsschutzes im allgemeinen (oben Rz. 1648 f.). Auch beim Arbeitsgesundheitsschutz kann der Rat nach Art. 137 Abs. 2 neu EGV (früher Art. 118 a EGV) durch Richtlinien Mindestvorschriften erlassen. 1654

Seit 1989 ist die Rahmen-RL 89/391 (oben Rz. 1648) mit ihren zahlreichen Einzel-RLen als „Grundgesetz des Europäischen Arbeits- und Gesundheitsschutzes“ von besonderer Bedeutung (*Rondorf/Wittroch*, BArbBl. 1992/12 S. 8 ff.). Mit Unterstützung eines auf EG-Ebene eingesetzten **Beratenden Ausschusses für Sicherheit, Arbeitshygiene und Gesundheitsschutz am Arbeitsplatz** (ABl. 1974, L 185/15 ff.) kam es zum Erlaß zahlreicher Richtlinien sowohl im EG- als auch im EGKS- und EAG-Bereich über den Schutz gegen ionisierende Strahlen, zur Sicherheitskennzeichnung am Arbeitsplatz, gegen die Gefährdung durch chemische, physikalische und biologische Arbeitsstoffe u. a. m. (Fundstellenverzeichnis des geltenden Gemeinschaftsrechts, 05.20.20 und 05.20.40). In der Öffentlichkeit besonders anerkannt wurde 1982 die sog. **„Seveso-Richtlinie“** (ABl. 1982, L 230/1 ff.), mittels derer die Gemeinschaft schweren Unfällen bei bestimmten, insbesondere chemischen Industrietätigkeiten vorzubeugen trachtet. Anlässe wie das Seveso-Unglück, aber auch andere übernationale Herausforderungen im Gesundheitsbereich (AIDS, Drogenmißbrauch u. a.) machten seit den 80er Jahren immer deutlicher, daß der Gemeinschaft über das Arbeitsleben hinaus wichtige Aufgaben des Gesundheitsschutzes zuwuchsen. Im **Maastrichter Unionsvertrag 1992** wurde hieraus die Konsequenz gezogen und in Art. 129 EGV ein **neuer Titel Gesundheitswesen** geschaffen. Hiernach leistet die EG in Zusammenarbeit mit den MSen einen Beitrag zur Sicherstellung eines hohen Gesundheitsschutzniveaus *(Mäder,* Integrations- und Gesundheitspolitik der EG, 1994). 1997 wurde diese Regelung im **Amsterdamer Vertrag** in Gestalt des Art. 152 neu EGV zugunsten erweiterter Gemeinschaftszuständigkeiten verstärkt. Näher zur allgemeinen Gesundheitspolitik der EG unten Rz. 2050 ff..

f) Arbeitsrecht (mit Koalitionsrecht und sozialem Dialog)

1655 Unter die in Art. 117 ff. EGV i. V. m. dem Sozialprotokoll = Art. 136 ff. neu EGV angesprochenen Gebiete sozialpolitischer Zusammenarbeit zwischen MSen und Gemeinschaft gehört auch das **Arbeitsrecht.** Bisweilen wird hierunter in einem weitgefaßten Sinne ein Großteil der Freizügigkeitsregelungen der Art. 48 ff. = 39 ff. neu EGV und der hier (oben Rz. 1644 ff.) als sozialpolitische Aktion der EG zusammengefaßten Betätigungen verstanden (So z. B. *Eichenhofer,* Arbeitsrecht, in: Dauses (Hrsg.) Hdb EU-WirtschR (1993) D III). **Arbeitsrecht im Sinne des EGV** kann man aber eher als die Zusammenfassung bestimmter im Vertrage benannter Schwerpunkte begreifen:

- **Sozialer Dialog** der Sozialpartner (Art. 136, 138–139 neu EGV)
- **Arbeitsbedingungen,** Unterrichtung und Anhörung der Arbeitnehmer, Schutz der Arbeitnehmer bei Beendigung des Arbeitsvertrages und Vertretung und kollektive Wahrnehmung der Arbeitnehmer- und Arbeitgeberinteressen einschließlich der **Mitbestimmung** (Art. 137 neu EGV, mit den Ausnahmen des Art. 137 Abs. 6)
- **Koalitionsrecht** und Kollektivverhandlungen zwischen Arbeitgebern und Arbeitnehmern (Art. 140 neu EGV)
  Daneben erwähnt Art. 140 neu EGV noch einmal pauschal „Arbeitsrecht und Arbeitsbedingungen“.

Aufgrund der verschlungenen Entstehungsgeschichte der Normen ist eine klare Begriffsbildung kaum möglich.

1656 Wesentlich ist vor allem die **Verteilung der Zuständigkeiten zwischen MSen und EG** innerhalb des Arbeitsrechts *(Reichel,* Die Kompetenzbegrenzung zwischen europäischem und nationalem Arbeitsrecht, 1995). Trotz gewisser Entwicklungen bleibt auch mit dem Amsterdamer Vertrag 1997 die Gemeinschaftszuständigkeit deutlich begrenzt. Vorherrschend ist das Konzept der **Kooperation EG-MSen,** wobei die Gemeinschaft in **unterstützender und ergänzender Funktion** tätig wird (Art. 137 neu EGV).

Art. 136 Abs. 2 neu EGV betont allgemein, daß die Maßnahmen den **„einzelstaatlichen Gepflogenheiten“** Rechnung tragen.

In den einzelnen Bereichen des Arbeitsrechts ergibt sich folgendes Bild:

aa) **Sozialer Dialog:** Entsprechend der Lage in den MSen setzt auch die EG im Arbeitsrecht stark auf die **Selbstregulierung** vieler Probleme durch Einigung der Sozialpartner (*Reding* u. a. Der soziale Dialog in Europa, 1996 = 6. Bonner Europa-Symposion). Die Kommission versichert sich bei der Vorbereitung von Gemeinschaftsmaßnahmen der Auffassung der Sozialpartner (Art. 138 Abs. 2–3 neu EGV). Diese haben die Möglichkeit, anstelle des EG-Rechtsetzungsverfahrens über den „Prozeß des Art. 139 neu EGV" ihre **eigenen vertraglichen Vereinbarungen** zu setzen (Art. 139 Abs. 1–2 neu EGV). Im Bereich der normativen EG-Zuständigkeiten (Art. 137 neu EGV) bedarf es jedoch zur Durchführung der Vereinbarungen eines Ratsbeschlusses auf Vorschlag der Kommission (Art. 139 Abs. 2 neu EGV, Beispiel: RL 96/36 (ABl. 1996, L 145/4) über Elternurlaub). Diese komplizierte Möglichkeit für die Sozialpartner, selbst Recht zu schaffen, war bereits durch das Abkommen/Protokoll über die Sozialpolitik 1992 vorgesehen (näher *Birk*, EuZW 1997, S. 453 ff.). 1657

bb) **Arbeitsbedingungen usf.** (Bereich des Art. 137 neu EGV): Die Gemeinschaft verfügt über die Zuständigkeit, im Rahmen des Art. 137 neu EGV **arbeitsrechtliche Mindestvorschriften** für Arbeitsbedingungen, Unterrichtung und Anhörung der Arbeitnehmer (Art. 137 Abs. 1 neu), Schutz der Arbeitnehmer bei Beendigung des Arbeitsvertrags und im kollektiven Arbeitsrecht einschl. der Mitbestimmung (Art. 137 Abs. 3 neu) zu erlassen, jedoch mit Ausnahme von Regelungen des Arbeitsentgelts, des Koalitionsrechts sowie des Streik- und Aussperrungsrechts (Abs. 6). Während für diese Richtlinien grundsätzlich das Mitentscheidungsverfahren (oben Rz. 269) gilt, bedarf es bei Abs. 3 abschließend eines einstimmigen Ratsbeschlusses. Auf diese Weise sollen die nationalen Rechte in den sensiblen Bereichen gewahrt bleiben. Angesichts der höchst komplizierten Aufgliederung der Materien erscheinen Zuständigkeitskonflikte vorprogrammiert. 1658

Die Möglichkeit des Erlasses von RLen als Mindestvorschriften war bereits im Abkommen/Protokoll zur Sozialpolitik 1992 vorgesehen. Auf dieser Grundlage erging 1994 die Richtlinie 94/45 über die Einsetzung eines **Europäischen Betriebsrates** (ABl. 1994, L 254/64, deutsches DurchfG v. 28. 10. 1996, BGBl. I 1548). Sie soll angesichts der zahlreichen grenzüberschreitenden Unternehmenszusammenschüsse u. ä. die Unterrichtungs- und Anhörungsrechte der Arbeitnehmer gemeinschaftsweit sichern (*Gaul*, NJW 1995, S. 228 ff., 1996, S. 3378 ff.). Darüber hinaus sucht die Kommission seit längerem die Informations- und Mitwirkungsrechte der Arbeitnehmer zu stärken (*Pipkorn*, FS Everling, 1995, S. 113 ff.). Jedoch gehen die Wirtschafts- und sozialpolitischen Anschauungen in den MSen noch stark auseinander. Zwar hat sich die Gemeinschaft verschiedentlich zum **Partizipations- und Mitbestimmungsprinzip** bekannt, doch herrscht über das Ausmaß weiterhin Streit. Er hat insbesondere bisher die Verabschiedung des **Statuts der Europäischen Aktiengesellschaft** verhindert (oben Rz. 1246 und *Kolvenbach*, EuZW 1996, S. 229 ff.) – Die Möglichkeit der Vereinbarung **Europäischer Tarifverträge** ist durch den Ausschluß des Arbeitsentgelts aus der EG-Kompetenz nach Art. 137 Abs. 6 neu EGV) praktisch nicht gegeben (hierzu *Daubler*, EuZW 1992, S. 329 ff.). Solche Einschränkungen sind vor dem Hintergrund der „Vertragsphilosophie" zu sehen, die Wettbewerbsfähigkeit der Wirtschaft der Gemeinschaft nicht zuletzt auch in Gestalt **„sozialer Standortvorteile"** zu erhalten (dazu Art. 136 Abs. 2 neu EGV und *Windbichler*, RdA 1992, S. 74 ff.).

cc) Für die **gesamte Breite des Arbeitsrechts** einschl. Arbeitsbedingungen, Koalitionsrecht und Kollektivverhandlungen verbleibt es gemäß Art. 140 neu EGV bei der bisherigen Regelung des Art. 118, daß die Kommission durch Untersuchungen, Stellungnahmen u. ä. die Zusammenarbeit zwischen den MSen fördert. Eine Rechtsetzungszuständigkeit der EG besteht insoweit nicht. 1659

„Unter dem Strich" ist die bisherige **verbindliche Arbeitsrechtsangleichung** innerhalb der Gemeinschaft **gering.** Das gilt auch unter Einbeziehung der Bemühungen des Gerichtshofes, das vorhandene Gemeinschaftsrecht durch teilweise extensive Auslegung zu entfalten *(Zuleeg,* RdA 1996, S. 71 ff.). Diese Rspr. ist in ihren nationalen Auswirkungen umstritten („Schwarze Serie", *Junker,* NJW 1994, S. 2527 ff.). Wirkliche Fortschritte in der Annäherung des nationalen Arbeitsrechts bedürfen längerer Führung des sozialen Dialogs i. S. Art. 138 f. neu EGV und der Politik sozialer Kohäsion (Art. 130a = 158 neu EGV), um die **„Vielfalt der einzelstaatlichen Gepflogenheiten"** (Art. 136 Abs. 2 neu EGV) allmählich abzubauen. Ein ähnliches Sozialklima bleibt Voraussetzung für die Akzeptanz rechtlicher Bindungen auf Gemeinschaftsebene *(Hauschka,* RIW 1990, S. 81 ff.).

3. Gleichstellung von Mann und Frau, insbesondere in der Sozialpolitik

Literatur: *Hooldrige,* Equal pay, sex discrimination and EG-Law, CMLRev 1979, S. 1 ff.; *Zuleg,* Gleicher Zugang von Mann und Frau zum Arbeitsleben als europarechtliches Problem, 1985; *Foglia,* La parità di trattamento uomo-donna nel diritto comunitario, DirCom 1986, S. 271 ff.; *Prondzynski,* Implementation of the equality directives, 1987; *Remuet-Alexandrow,* Das Gemeinschaftsrecht und die Frauen, 1987; *Buckley/Anderson,* Women equality and Europe, 1988; *Colneric,* Gleichberechtigung von Mann und Frau im Europäischen Gemeinschaftsrecht, BB 1988, S. 968 ff.; *Prechal,* Gelijke behandeling retrospectief, SEW 1988, S. 78 ff.; *Langenfeld,* Die Gleichbehandlung von Mann und Frau im Europäischen Gemeinschaftsrecht, 1990; *Erhart,* Pensionsgleichstellung von Männern und Frauen, Economy 1991, S. 235 ff.; *Shaw,* Pregnancy discrimination in sex discrimination, ELR 1991, S. 313 ff.; *Csillag/Eichinger,* Frauennachtarbeitsverbot und Gleichbehandlung im EG-Raum, ZArbSozR 1992, S. 17 ff.; *Listl-Knopik,* Aspekte zur Gleichbehandlung von Mann und Frau als Teil europäischer Sozialpolitik, ZRP 1992, S. 181 ff.; *EG-Kommission,* Gleiche Chancen für Frauen in der EG, 1993; *Waas,* Zur mittelbaren Diskriminierung von Frauen in der Rspr. von EuGH und deutschen Gerichten, EuR 1994, S. 97 ff.; *Verwilghen/Prondzynski* (Hrsg.), Sex equality in the EG 1994 ff. (Buchserie); *Kokott,* Zur Gleichstellung von Mann und Frau – Deutsches Verfassungsrecht und europäisches Gemeinschaftsrecht, NJW 1995, S. 1049 ff.; *Löffler* (Hrsg.) Förderprogramme für Frauen in der EU, 1995; *Bieback,* Die Kontrolle nationalen Sozialrechts in der neueren EuGH-Rspr. zur indirekten Diskriminierung des Geschlechts, EuR 1996, S. 399 ff.; *Piepenschneider* (Hrsg.), Frauenpolitik in der EU, 1996; *Schiek,* Kalanke und die Folgen, ArbuR 1996, S. 128 ff.; *Oetker/Preis* (Hrsg.), Recht der Gleichbehandlung von Frauen und Männern in der EG, 1996 ff. (Losebl.); *Trautwein,* Art. 2 RL 76/207/EWG: Gleichbehandlung von Männern und Frauen, JA 1996, S. 192 ff.; *Worzalla,* Die Haftung des Arbeitgebers wegen geschlechtspezifischer Diskriminierung bei Einstellung nach der neueren Rspr. des EuGH, NJW 1997, S. 1809 ff.; *Lenz,* Zum Urteil 'Marschall' des EuGH, NJW 1998, S. 1619 ff.; *Suhr,* Zur Vereinbarkeit von Frauenquoten mit Gemeinschaftsrecht, EuGRZ 1998, S. 121 ff;

1660 Während viele sozialpolitische Regelungen des EGV eher „weicher" Natur sind, stellt der bisher in Art. 119 EGV (vgl. auch Art. 6 Sozialprotokoll) enthaltene **„Grundsatz des gleichen Entgelts für Männer und Frauen bei gleicher Arbeit" eine unmittelbar geltende Gemeinschaftsnorm grundrechtlichen Charakters** dar (EuGHE 1976, 455 ff. – RS 43/75 „Defrenne II" st. Rspr.). Der Einzelne kann sich vor innerstaatlichen Gerichten hierauf berufen. – Die ursprünglich auf die Lohndiskriminierung begrenzte Sonderbestimmung (so noch EuGHE 1978, 1365 ff. – RS 149/77 „Defrenne III") hat sich allmählich im Zuge der allgemeinen Erstarkung des Gleichberechtigungsgedankens auf nationaler und europäischer Ebene über sekundäres Gemeinschaftsrecht und die Rspr. des Gerichtshofes in die Richtung eines **allgemeinen Gebotes entwickelt, die Gleichstellung von Männern und Frauen zu fördern.** Mit dem **Amsterdamer Vertrag 1997** ist diese Erweiterung des Art. 119 EGV im Vertrag verankert worden. Tatsächlicher Hintergrund dieser Entwicklung war insbesondere die **zunehmende Frauenerwerbstätigkeit** seit den siebziger Jahren. Inzwischen sind unter den 20-50-jährigen Frauen innerhalb der EG ungefähr zwei Drittel berufstätig. Ihre arbeits- und sozialrechtliche Stellung ist in mancherlei Beziehung schwächer ausgebildet als diejenige der männlichen Erwerbstätigen.

a) Lohngleichheit von Mann und Frau (Art. 119 = 141 neu EGV) und ihre Erweiterung

Art. 141 neu EGV **verstärkt** das bisher in Art. 119 EGV i. V. m. Art. 6 **1661**
Sozialprotokoll enthaltene Gleichstellungsgebot erheblich und weitet zugleich den Anwendungsbereich der Norm aus.

Jeder MS stellt die Anwendung des Grundsatzes des gleichen Entgelts für Männer und Frauen bei gleicher und gleichwertiger Arbeit sicher (Art. 141 Abs. 1 neu EGV). In Abs. 2 wird wie bisher näher festgelegt, was „Entgelt" und Nichtdiskriminierung in diesem Zusammenhang bedeutet.

Mit Art. 141 Abs. 3 neu EGV hat der Amsterdamer Vertrag eine **zusätzliche Rechtsetzungszuständigkeit der EG** im Mitentscheidungsverfahren (Art. 189 b = 251 neu EGV) geschaffen. Sie geht über den Anwendungsbereich des Abs. 1 (Lohngleichheit) hinaus und bezieht sich allgemein auf Maßnahmen zur Anwendung des **Grundsatzes der Chancengleichheit und der Gleichbehandlung** von Männern und Frauen in Arbeits- und Beschäftigungsfragen, einschließlich des Grundsatzes des gleichen Entgelts bei gleicher und gleichwertiger Arbeit. Die Gemeinschaft verfügt damit über eine **umfassende Handlungsmöglichkeit** zur Förderung der Gleichstellung der Geschlechter im Sozialbereich. Art. 141 Abs. 3 neu überdeckt die weiterhin nach Art. 137 neu Abs. 1, 2 EGV (ähnlich schon Art. 2 Sozialprotokoll) gegebene EG-Kompetenz zum Erlaß von Mindestvorschriften durch RLen zur Herstellung von Chancengleichheit von Männern und Frauen auf dem Arbeitsmarkt und Gleichbehandlung am Arbeitsplatz. Diese begrenztere Zuständigkeit dürfte angesichts Art. 141 Abs. 3 neu weithin entbehrlich geworden sein.

Über Art. 141 neu EGV und das Kapitel Sozialpolitik hinaus erhebt der **1662**
Amsterdamer Vertrag 1997 die Gleichstellung von Männern und Frauen zu einem **grundlegenden Ziel des Vertrages.** Zum einen ist dieses Gebot in die allgemeinen Aufgaben des EGV in Art. 2 aufgenommen worden. Außerdem legt der neue Art. 3 Abs. 2 EGV im Sinne einer „Querschnittklausel"

fest, daß die Gemeinschaft in allen Tätigkeitsbereichen des Art. 3 darauf hinwirkt, Ungleichheiten zu beseitigen und die Gleichstellung von Männern und Frauen zu fördern. In diesem Zusammenhang bleibt zu beachten, daß die Union nach Art. F = 6 neu EUV die Grundrechte der **Europäischen Menschenrechtskonvention** (oben Rz. 94 ff.) beachtet und sich ebenso an die **Europäische Sozialcharta** (oben Rz. 66) gebunden fühlt, die beide vom Prinzip der Geschlechtergleichheit ausgehen (dazu EuGHE 1986, 1651 ff. – RS 222/84 „Marguerite Johnston"). Insgesamt stellt sich der Grundsatz der Lohngleichheit des Art. 141 neu EGV als **„harter Kern"** des Gleichstellungsgedankens dar, der im Sinne eines Förderungsprinzips im gesamten Vertragsbereich Geltung gewonnen hat.

b) Gleichstellung, insbesondere Lohngleichheit im sozialen Dialog (Drittwirkung)

1663 Die Durchsetzung vieler Gleichstellungsmaßnahmen, insbesondere die Lohngleichheit im Sinne des Art. 119 = 141 neu EGV ist nur zum Teil durch staatliche Maßnahmen möglich. In erster Linie sind die **Sozialpartner** über Maßnahmen des sozialen Dialogs (Tarifverträge u. a. m.) gefordert. **Art. 119 = 141 neu EGV hat insoweit Drittwirkung** d. h. er bindet auch im Verhältnis zwischen Arbeitgebern und AN (EuGHE 1985, 427 ff. – RS 143/83 st. Rspr und *Höfer,* NJW 1996, S. 297 ff.) Dabei wird Art. 119 = 141 neu EGV grundsätzlich **betriebsbezogen** und nicht gesamtwirtschaftlich verstanden. Da sich der soziale Dialog (oben Rz. 1657) nicht nur auf die Lohngleichheit, sondern ratione materiae auf die ganze Breite der EG-Sozialpolitik beziehen kann, muß das Prinzip der Gleichstellung von Mann und Frau in der Erweiterung des Amsterdamer Vertrages im sozialen Dialog durchweg beachtet werden.

c) Gleichstellung im sekundären Gemeinschaftsrecht und in der Rechtsprechung des Gerichtshofes

1664 Schon seit den 70er Jahren hat die Gemeinschaft den im alten Art. 119 EWGV enthaltenen Grundsatz der Lohngleichheit zunächst über ihre Zuständigkeiten zur Rechtsangleichung (Art. 100 ff. EWGV) und auch aus Art. 235 EWGV durch Setzung sekundären Gemeinschaftsrechts extensiv in Richtung auf die **allgemeine sozialpolitische Gleichstellung** fortzuentwickeln gesucht (*Van Overbeek,* Hdb der Gleichbehandlung von Männern und Frauen in der EG, 1995). Es ergingen eine Reihe von **verbindlichen Richtlinien** sowie eine große Anzahl von Akten des **„EG-soft law"** (Empfehlungen, Entschließungen u. ä. vgl. insgesamt Fundstellenverzeichnis des geltenden Gemeinschaftsrechts unter 05.20).

Hervorzuheben sind: (vgl. auch Sart. II, Ziff. 187–187 d)
- RL 75/117 (ABl. 1975, L 45/19): Rechtangleichung zu Art. 119 EWGV
- RL 76/207 (ABl. 1976, L 39/40): **wichtigste RL,** zur Gleichbehandlung beim Zugang zur Beschäftigung, Berufsbildung, beruflicher Aufstieg, Arbeitsbedingungen. Zu ihrer Umsetzung erging in D 1980 **§ 611 a BGB,** der bei Verletzun-

gen **Schadensersatz** vorsieht. Zur RL 76/207 erging reichhaltige Rspr. des EuGH (unten Rz. 1665).

- Beschluß 82/43 (ABl. 1982, L 20/35, geändert durch Beschluß 95/420, ABl. 1995, L 249/43): Einsetzung eines **Beratenden Ausschusses für die Chancengleichheit von Frauen und Männern.**
- RL 86/378 (ABl. 1986 L 225/40): Gleichbehandlung bei betrieblichen Systemen der sozialen Sicherheit
- RL 86/613 (ABl. 1986 L 359/56): Gleichbehandlung bei selbständiger Erwerbstätigkeit/Mutterschutz
- RL 92/85 (ABl. 1992 L 348/1): Schutzmaßnahmen für schwangere Arbeitnehmerinnen u. ä.
- Beschluß 95/593 (ABl. 1995, L 335/37): Aktionsprogramm der Gemeinschaft für die Chancengleichheit von Männern und Frauen 1996–2000
- RL 97/80 (ABl. 1998, L 14/6) über die Beweislast bei Diskriminierung aufgrund des Geschlechts.

Die Rechtsprechung des Gerichtshofes zu Art. 119 EWGV und den primärrechtlichen Nachfolgenormen sowie zum Sekundärrecht (insbes. RL 76/207) ist umfänglich. *(Darmon/Huglo,* RTDE 1992, S. 1 ff.: „Un univers en expansion") Sie ist im allgemeinen dynamisch-arbeitnehmerfreundlich geprägt und sucht über die Entwicklung des Instituts der **mittelbaren oder faktischen Diskriminierung** (seit EuGHE 1981, 911 ff. – RS 96/80 *„J.P. Jenkins"* st. Rspr.; *Bieback,* Die mittelbare Diskriminierung wegen des Geschlechts, 1997) über eine formale Betrachtungsweise hinaus zum **Abbau tatsächlicher Benachteiligungen von Frauen** beizutragen. Bisweilen schießt der EuGH über das Ziel hinaus („Schwarze Serie", vgl. bei *Junker,* NJW 1994, S. 2527, u. a. EuGHE 1992, I–3589 ff. – RS C 360/90 *„Bötel"*: Betriebsratsvergütung bei Teilzeitkräften). **1665**

Der EuGH hat unzulässige mittelbare Diskriminierungen u. a. in Fällen von Niedriglöhnen bei Teilzeitbeschäftigten oder bei übertariflichen Löhnen festgestellt, sowie z. B. in unterschiedlichen Festsetzungen des Rentenalters oder in der betrieblichen Altersversorgung. Eine Diskriminierung wird regelmäßig angenommen, wenn sich die unterschiedliche Behandlung nicht durch **objektive Faktoren** (z. B. Mutterschutz) rechtfertigen läßt *(Rating,* Mittelbare Diskriminierung der Frau im Erwerbsleben nach Europäischem Gemeinschaftsrecht 1994). Art. 119 = 149 neu EGV gilt auch für öffentlich-rechtliche Dienstverhältnisse (EuGHE 1997, I–5253 ff. – RS C–1/95 „Hellen Gerster").

Andererseits hat EuGHE 1995, I–3051 ff. – RS C-450/93 *„Kalanke",* insbes. von weiblichen Autoren kritisiert, z. B. *Schmidt,* NJW 1996, S. 1724 ff.) das in Art. 119 EGV, Art. 2 Abs. 1 RL 76/201 ebenfalls grundrechtlich enthaltene **Verbot der Diskriminierung des Mannes** aufgrund des Geschlechts hervorgehoben. Es verbietet trotz Art. 2 Abs. 4 der RL 76/201 einen „automatischen" Vorrang gleichqualifizierter Frauen bei einer Beförderung in Bereichen, in denen Frauen bisher numerisch unterrepräsentiert sind (Bremer Landesgleichstellungsgesetz 1990). Inzwischen hat EuGHE 1997, I – 6363 ff. – RS C–409/95, „Marschall" anhand des nordrh.-westf. BeamtenG 1981/95 klargestellt, daß die Anforderungen an die „Automatik" im Sinne der Kalanke-Entscheidung nicht übersteigert werden dürfen.

Insgesamt ist die Gleichstellung von Mann und Frau in der Arbeitswelt **1666**
derjenige Teil der EG-Sozialpolitik (neben der Tätigkeit des Sozialfonds), in dem die EG aufgrund der normativen Ausgangslage des Art. 119 = 149

neu EGV, aber auch infolge steter sozialpolitischer Bemühung am stärksten zu einer Angleichung der mitgliedstaatlichen Sozialordnungen beigetragen hat *(Classen* u. a. L'influence du droit communitaire sur égalité hommes/femmes dans les Etats membres, in: Dubouis (Hrsg.) Droit communitaire et Protections des Droits fondamentaux dans les Etats membres, 1995, S. 21 ff.). Unter den erweiterten Möglichkeiten des Amsterdamer Vertrages 1997 dürfte sich diese Entwicklung fortsetzen.

III. Tätigkeit des Europäischen Sozialfonds

Literatur: *Händler,* Die Reform des ESF, BArBl. 1971, S. 238 ff.; *Séché,* Le nouveau fonds social européen, CDE 1974, S. 78 ff.; *Stabenow,* The European Social Fund, CMLRev 1977, S. 435 ff.; *Medusa,* Der Zugang Italiens zum ESF, Berufsbildung 1979, S. 10 ff.; *Stabenow,* Die Förderung der beruflichen Bildung durch den ESF, RdJB 1980, S. 429 ff.; *Tessier,* La CE face au chômage des jeunes, RMC 1980, S. 304 ff.; *Collins,* The operation of the European Social Fund, 1983; *Gruber,* Le fonds social européen à la veille d'un bilan, RTDE 1982, S. 251 ff.; *Laffan,* The European Social Fund as a case study, JCMS 1983, S. 389 ff.; *Vandamme,* Le Fonds Social Européen révisé et la lutte contre le chômage dans la CE, RIT 1984, S. 183 ff.; *EG-Kommission* (Hrsg.), Der Europäische Sozialfonds 1986; *Vandamme,* La CEE à la recherche de ses emplois, RMC 1986, S. 330 ff.; *Conrad,* Der Europäische Sozialfonds, ZFSH/SGE 1994, S. 409 ff.; *Herrmann,* Der Europäische Sozialfonds, in: Clever/Schulte (Hrsg.), Bürger Europas, 1995, S. 146 ff.

1667 Unter den Instrumenten der EG-Sozialpolitik kommt dem in Art. 123–125 = 146–148 neu EGV eingerichteten **Europäischen Sozialfonds** (ESF) eine besondere Bedeutung zu. Er ermöglicht der Gemeinschaft, durch aktive finanzielle Hilfen in bestimmtem Umfang **die Beschäftigungspolitik innerhalb der MS zu unterstützen sowie den industriellen Wandel durch Förderung der Berufsbildung** zu erleichtern und damit zur Hebung der Lebenshaltung beizutragen. Er gehört zu den **Strukturfonds der EG** (Art. 130 b = 159 neu EGV, oben Rz. 976 f.), in deren koordinierte Aktion der ESF eingebunden ist.

1. Entstehung und Entwicklung des Sozialfonds

Der ESF hat seit seiner Gründung 1958 erhebliche Wandlungen durchgemacht, insbesondere durch Reformen 1971, 1983, 1986 und 1992. Seine grundsätzliche Funktion bestand von Anfang an besonders darin, weniger entwickelte Gebiete der Gemeinschaft bei ihren beschäftigungspolitischen Problemen zu unterstützen. So hatte sich beim Vertragsschluß Italien über das **Protokoll betr. Italien** zum EWGV (BGBl. 1957 II S. 988) eine besondere Berücksichtigung im Rahmen seiner wirtschaftlichen Entwicklungspläne für Süditalien zusichern lassen.

a) „Alter" Sozialfonds 1958–1971

1668 Die ursprünglichen Aufgaben des ESF waren in Art. 125 EWGV definiert und stellten eine **50 %-Beteiligung an nationalen Kosten** für die Berufsumschulung, an Zuschüssen zu Umsiedlungsbeihilfen und an Zuschüssen dar, die Unternehmen bei der Umstellung auf neue Produktionsziele gewährt wurden. Über diese Hilfen sollte die **berufliche Verwendbarkeit** und die **Freizügigkeit der Arbeitskräfte** im Sinne des Art. 123 gefördert werden. Die Einzelheiten dieser Förderung waren in der VO Nr. 9 v. 25. 8. 1960 (ABl. S. 1189 ff.) geregelt. Jedoch erfüllte die Tätigkeit des ESF in den sechziger Jahren nicht die Erwartungen.

Schwächen der damaligen Regelung waren die lediglich rückwirkende Erstattungsmöglichkeit und die Tatsache, daß Staaten mit geringerer Bedürftigkeit, aber einer effizienten Arbeitsverwaltung – wie z. B. Deutschland – entgegen den entwicklungspolitischen Absichten der Verträge zeitweilig überproportional an den Leistungen des Fonds teilhatten. – Finanziert wurde der in den Gemeinschaftshaushalt integrierte Fonds ursprünglich aus **Finanzbeiträgen der MS** nach dem besonderen Schlüssel des Art. 200 Abs. 2 EWGV, der vor allem Italien Erleichterungen gewährte.

b) „Neuer" Sozialfonds seit 1971

Art. 126 EWGV hatte bereits eine Revision der Fondstätigkeit am Ende **1669**
der Übergangszeit vorgesehen. Sie erfolgte durch den Ratsbeschluß v. 1. 2. 1971 (ABl. L 28/15 ff.) und der dazugehörigen Durchführungsverordnung 2396/71 (ABl. 1971, L 249/54 ff.). Dieser **seit 1972 operierende „neue" ESF** wurde aufgrund der Erfahrungen mit der gemeinschaftsweit in den siebziger Jahren steigenden Arbeitslosigkeit durch den Ratsbeschluß v. 17. 10. 1983 (ABl. L 239/38 ff.) einer zweiten Reform unterzogen. Über das mit der Einheitlichen Europäischen Akte 1986 geschaffene Konzept des **Wirtschaftlichen und sozialen Zusammenhalts** (Art. 130 a ff. = 158 ff. neu EGV, oben Rz. 969) wurde der ESF zusammen mit dem **Agrar- und Regionalfonds** gemäß den VOen 2052/88 sowie 4255/88 (ABl. 1988, L 185/9; L 374/21, letztere idF der VO 2084/93, ABl. 1993, L 193/39) in die **koordinierte Aktion der Strukturfonds** einbezogen. Im Maastrichter Unionsvertrag 1992 erfuhr die Aufgabenstellung des ESF in Art. 123 = 146 neu EGV eine Erweiterung auf die Förderung der industriellen Wandlungsprozesse (unten Rz. 1671). Zur Entwicklung des ESF *Herrmann,* Der ESF, in: Clever/Schulte (Hrsg.) Bürger Europas, 1995, S. 146 ff.). Der Amsterdamer Vertrag 1997 brachte beim ESF keine Änderungen.

2. Heutige Tätigkeit des Sozialfonds

a) Organisation

Der ESF ist ein **unselbständiger Teil des Gemeinschaftshaushalts** **1670**
(Art. 199 = 268 neu EGV). Seit dem Übergang der EG-Finanzierung auf das System der Eigenmittel (oben Rz. 831 ff.) wird der ESF aus dem **allgemeinen Gemeinschaftshaushalt** mitfinanziert.

Die Verwaltung des ESF obliegt nach Art. 124 Abs. 1 = 147 Abs. 1 neu EGV der **Kommission.** Sie wird dabei von einem **dreigliedrigen Ausschuß** aus Regierungsvertretern und Sozialpartnern unterstützt (Art. 124 Abs. 2 = 147 Abs. 2 neu EGV und Beschluß 85/517, ABl. 1985, L 289/42 ff.). Die Kommission hat jedoch die ausschließliche Verwaltungszuständigkeit. Sie entscheidet über die Anträge und leistet die Zahlungen (*Lafan,* JCMS 1983, S. 389 ff.). Die Kommission schreibt jährlich **Leitlinien für die Verwaltung des ESF** für einen Zeitraum von drei Jahren fort.

Die dem ESF zur Verfügung stehenden **Mittel** sind im Laufe der Zeit **erheblich gesteigert worden,** insbesondere durch die Beitritte 1973, 1981 und 1986, die verschiedene sozialpolitisch entwicklungsbedürftige MS (Irland, Griechenland, Portugal) umfaßten. Außerdem sind die ESF-Mittel **nicht-obligatorische Ausgaben** im Sinne von Art. 203 Abs. 8, 9 = 272 Abs. 8, 9 neu EGV, auf deren Höhe das EP Einfluß nehmen kann (oben Rz. 845 ff.). Das **Ausgabenvolumen des Fonds** umfaßt Ende der 90er Jahre über 4 Mia. ECU. Entsprechend dem Sinn des ESF als vorbundesstaatlicher Finanzausgleich soll ein „juste retour" der Mittel nach Maßgabe der Aufbringung in den MS vermieden werden. Zu den **Hauptempfängern** des ESF gehören die südlichen MSen, England/Nordirland und Irland, sowie seit der Wiedervereinigung 1990 auch Deutschland im Hinblick auf die neuen Bundesländer.

b) Aufgaben

1671 Grundaufgabe des ESF ist gemäß Art. 123 = 146 neu EGV die **Verbesserung der Beschäftigungsmöglichkeiten der Arbeitskräfte im Binnenmarkt.** Dabei liegt der Akzent auf der Förderung der beruflichen Verwendbarkeit und Mobilität durch Mitfinanzierung von Maßnahmen der **Berufsbildung und Umschulung.** Seit 1992 wird in Art. 123–146 neu EGV die **Anpassung an die Industriellen Wandlungsprozesse** und an Veränderungen der Produktionssysteme besonders hervorgehoben. Die Einbeziehung des ESF in die allgemeine Strukturpolitik im Sinne der Art. 130 a ff. = 158 ff. neu EGV (oben Rz. 976 f.) führt zu einer Staffelung der Aktion gemäß allgemeinen **„Zielen"** (z. B. Ziel 1 = Förderung von Regionen mit besonderem Entwicklungsrückstand). Während der ESF sich grundsätzlich mit 50 % an den zuschußfähigen Ausgaben in den MSen beteiligt, kann die Quote in Vorranggebieten bis 60 % steigen. Grundsätzlich bleibt der ESF auf diese Weise an die nationale Beschäftigungspolitik angebunden (EuGHE 1992, I–3525 ff. RS C-157/90).

Im Einzelnen unterliegen die Tätigkeitsbedingungen des ESF einem häufigen Wandel. Öfters werden bestimmte **Gemeinschaftsinitiativen** (z. B. ADAPT zur Anpassung der Arbeitskraft an den industriellen Wandel) besonders unterstützt (Näher zur Tätigkeit des ESF *Herrmann,* Der ESF, in: Clever/Schulte (Hrsg.), Bürger Europas, 1995, S. 149 ff.).

Rechtsbeziehungen einschließlich einer Haftung zwischen dem Fonds und begünstigten Fällen in den MSen sind grundsätzlich denkbar (EuGHE 1982, 1855 ff. – RS 44/81).

IV. Ausblick: Soziale Flankierung des Binnenmarktes

Literatur: *Schulz,* Europäischer Sozialraum, BArbl. 1986/11, S. 16 ff.; *Wellner/ Schmich,* Europa auf dem Wege zur Sozialunion, 1988; *Rentmeister,* Die „Soziale Dimension" des Binnenmarktes, EA 1989, S. 627 ff.; *Schulte,* „Konvergenz" statt „Harmonisierung". Perspektiven europäischer Sozialpolitik, ZfSozRef 1990, S. 273; *Szyszcak,* L 'espace social européen: Reality, dreams or nightmares? GYIL 1991, S. 284 ff.; *Vogel-Polsky/Vogel,* L'Europe sociale: illusion, alibi ou réalité?, 1991; *Windbichler,* Arbeitsrecht und Wettbewerb in der europäischen Wirtschaftsverfassung, RdA 1992, S. 74 ff.; *Bieback,* Marktfreiheit in der EG und nationale Sozialpolitik vor und nach Maastricht, EuR 1993, S. 150 ff.; *Däubler,* Die EG auf dem Weg zur Sozialunion? EWS 1993, S. 272 ff.; *Telo/Gobin,* Quelle union sociale européenne? 1994; *Clever,* u. a., Der EUV und seine Auswirkungen auf die deutsche Wirtschafts- und Arbeitsverfassung, 1996; *Europ. Kommission,* Für ein soziales Europa, 1996; *Kronberger Kreis* (Hrsg.), Sozialunion für Europa? 1996; *Schulte/Mäder* (Hrsg.) Die Regierungskonferenz Maastricht II. Perspektiven für die Sozialgemeinschaft, 1996; *Kliemann,* Die europäische Sozialintegration nach Maastricht, 1997; *Schulte,* Europ. Sozialpolitik und die Zukunft des Sozialstaats in Europa, 1998;

Auch nach den Ergänzungen durch die EEA 1986, den Maastrichter **1672**
Unionsvertrag 1992 und den Amsterdamer Vertrag 1997 bleiben die sozialpolitischen Gestaltungsmöglichkeiten der Gemeinschaft nach Art. 136 ff. neu EGV **begrenzt.** (Oben Rz. 1636 ff.). Die seit 1958 geltende „Kompromißphilosophie" wurde in Art. 136 Abs. 3 neu EGV bekräftigt, daß nämlich der soziale Fortschritt ebenso aus dem Wirken des Gemeinsamen Marktes wie aus der gemeinschaftsrechtlichen Angleichung der Sozialordnungen erwartet wird. Primär sind die MSen zu sozialpolitischer Aktivität berufen, welche durch die EG **auf bestimmten Gebieten „unterstützt und ergänzt"** wird (Art. 137 neu EGV). Im übrigen wird der soziale Dialog der Setzung von Gemeinschaftsrecht vorgezogen (oben Rz. 1657).

In diesen Grenzen hat sich die sozialpolitische Rolle der EG seit den **1673**
achtziger Jahren verstärkt. In dem durch die EEA 1986 begründeten **Vertragsziel des wirtschaftlichen und sozialen Zusammenhalts** nach Art. 130 a = 158 ff. neu EGV, das Leitlinie für die allgemeine Wirtschaftspolitik ist, klingt etwas von der **„Sozialunion"** an, welche die Staats- und Regierungschefs schon 1972 in Paris als Zielvorstellung entwickelten *(André,* BArBl. 1973, S. 481 ff.). Den begrenzten Gemeinschaftsbefugnissen entspricht allerdings besser die Bezeichnung von einem **„europäischen Sozialraum"** *(Ress/ Stein,* Europäischer Sozialraum, 1995) oder die Wendung von der **„sozialen Dimension des Binnenmarktes"** *(Delors).*

Grundgedanke ist dabei, daß zur Vollendung eines nicht nur wirtschaftlich zu verstehenden Binnenmarktes die Verbesserung der Lebens- und Arbeitsbedingungen, die Förderung eines hohen Beschäftigungsstandes und die soziale Begleitung der Freizügigkeit im Interesse des „Europas der Bürger" gehört. In diesen Zusammenhang fügt sich u. a. der in Amsterdam 1997 neu beschlossene **Beschäftigungstitel** des EGV (Art. 125 ff. neu) und die **grundrechtliche Fundierung der Sozialpolitik** mit der Europäischen Sozialcharta 1961 und der Gemeinschaftscharta 1989 (Art. 136 neu EGV) ein. Der Kommission verbleibt die schwierige Aufgabe, mit den begrenzten EG-Kompetenzen wirksam und sinnvoll auf die nationalen Sozialpolitiken einzuwirken, um die soziale Kohäsion innerhalb der Gemeinschaft zu fördern (vgl. etwa *Europ. Kommission,* Gesamtbericht 1996 (1997), S. 235 ff.). Limitiert wird die Tragweite solcher Gemeinschaftsaktionen nach wie vor durch eine nationale Wirtschaftspolitik z. B. in Großbritannien und bis 1998 in Deutschland, die in einem ordnungspolitischen Sinne das unterschiedliche Sozialniveau in den MSen öfters als begrüßenswerten Wettbewerbsfaktor begreift *(Kronberger Kreis* (Hrsg.), Sozialunion für Europa?. 1996). In dieser Sicht wird die allmähliche Besserung und gemeinschaftsweite Angleichung des Sozialniveaus von einem **Wettbewerb der Systeme** und nicht von gesetzlichem Harmonisierungszwang erhofft. Insgesamt wird es weiterhin stark von der wirtschafts- und sozialpolitischen Willensbildung auf nationaler und EG-Ebene abhängen, welche „Philosophie" bei der praktischen Handhabung der kompromißhaften Art. 136 ff. neu EGV sich jeweils durchsetzt *(v. Maydell/Schulte,* Zukunftsperspektiven des Europäischen Sozialrechts, 1995).

Fünfter Abschnitt. Außenbeziehungen

§ 26. Außenkompetenz

Literatur: Die Literatur zu den Außenbeziehungen der EG/EU in ihren verschiedenen Aspekten ist in ihrer Fülle nahezu unüberschaubar geworden. Im Folgenden eine Auswahl wichtiger Titel. Umfangreiche Liste bei *Burghardt/Tebbe,* GTE, Komm. EU/EGV, 5. Aufl. 1997, Bd. 5, S. 891 ff.

De Soto, Les rélations internationales de la CECA, RdC 1956, II, S. 29 ff.; *Pescatore,* Les relations extérieures des Communautés Européennes, RdC 1961, II, S. 1 ff.; *Sasse,* Die auswärtige Gewalt der EWG, EuR 1971, S. 208 ff.; *Bothe,* Die Stellung der EG im Völkerrecht, ZaöRVR 1977, S. 122 ff.; *Pescatore,* External relations in the case-law of the Court of Justice of the European Communities, CMLRev 1979, S. 615 ff.; *Schwarze,* Die EWG in ihren völkerrechtlichen Beziehungen, NJW 1979, S. 456 ff.; *Vedder,* Die auswärtige Gewalt des Europas der Neun, 1980; *Groux/Manin,* Die EG in der Völkerrechtsordnung, 1984; *Bourgeois,* Les relations extérieures de la CE et la règle de droit, FS Pescatore, 1987, S. 59 ff.; *Hilf/Tomuschat* (Hrsg.) EG und Drittlandsbeziehungen nach 1992, 1991; *Bourrinet/Torelli,* Les relations extérieures de la CEE, 4. Aufl. 1992; *v. Arnim,* Aktuelle Entwicklung der Außenbeziehungen der EG, 1993; *Müller-Graff,* EPZ und GASP, Integr. 1993, S. 147 ff.; *Krenzler/Schneider,* Die GASP der EU, EuR 1994, S. 144 ff.; *Lecheler,* Die Pflege der auswärtigen Beziehungen in der EU, AVR 1994, S. 1 ff.; *Burghardt/Tebbe,* Die GASP der EU, EuR 1995, S. 1 ff.; *Mac Leod/Hendry/Hyett,* The external Relations of the EC, 1996; *Petersmann,* The Foreign Policy Constitution of the EU: a Kantian Perspective, FS Mestmäcker, 1996, S. 433 ff.; *MacGoldrick,* The international relations law of the EU, 1997; *Hoffmeister,* Menschenrechts- und Demokratieklauseln in den vertraglichen Außenbeziehungen der EG, 1998.

Vorbemerkung: EG und EU – zwei Facetten europäischer Außenkompetenz

Seit ihrer Gründung in den fünfziger Jahren spielt die Europäische Gemeinschaft und Union als ein **großes, eigenständiges Rechtssubjekt** in den internationalen Beziehungen eine immer stärkere Rolle. Die EG (im Sinne der faktisch weitgehend fusionierten drei Gemeinschaften EGKS/EG/EAG, oben Rz. 153) ist ein im Rahmen ihrer vertraglichen Zuständigkeiten gegenüber der Außenwelt handlungsfähiges Völkerrechtssubjekt *(Bothe,* ZaöRVR 1977, S. 122 ff.). Auch in diesem Zusammenhang bleibt zu beachten, daß die Gemeinschaft mehr als eine Internationale Organisation im überkommenen völkerrechtlichen Sinne ist, nämlich ein **staatsnahes Gebilde besonderer Art,** eben eine **„Gemeinschaft“** (Staatenverbund). 1674

Seit dem Maastrichter Unionsvertrag 1992 und seiner Fortentwicklung in Amsterdam 1997 ist dieses Gebilde in Gestalt der **Europäischen Union** als „Dach“ über den drei Säulen der Gemeinschaft(en) (EG/EGKS/EAG), der Gemeinsamen Außen- und Sicherheitspolitik (GASP) und der polizeilich-justiziellen Zusammenarbeit in Strafsachen (PJZ) (Bis 1997 „Zusammenarbeit in den Bereichen Justiz und Inneres" (ZJI)) **noch komplexer geworden.** (Oben Rz. 919 ff.). In einem rechtsförmlichen Sinne (vgl. z. B. die Mitgliedschaft der „Europäischen Gemeinschaften" in der WTO) sind zwar weiterhin nur die drei Gemeinschaften Völkerrechtssubjekte *(Pechstein/Koenig,* EuZW 1997, S. 225). EG und EU verschmelzen jedoch insbesondere über die in Amsterdam 1997 weiter der EG angenäherte GASP in erheblichem Maße bei der Wahrnehmung der Außenkompetenz. Dabei bedarf die Union der EG-Organe, um handlungsfähig zu sein.

1675 Grundsätzlich ist weiterhin die wirtschaftlich geprägte **Gemeinschaftsaußenkompetenz der EG** von der allgemeinen **Gemeinsamen Außenpolitik (einschl. Sicherheitspolitik)** der MSen innerhalb der EU zu unterscheiden *(Lecheler,* AVR 1994, S. 23 ff.). Während die EG-Außenzuständigkeiten voll in die Gemeinschaftsrechtsordnung einbezogen sind, bleibt die GASP auch nach Amsterdam 1997 trotz gewisser Einfügung von Gemeinschaftselementen im Kern intergouvernemental.

Die Außenkompetenz der EG manifestiert sich einerseits **wirtschafts- und handelspolitisch** in zahlreichen ausdrücklichen Befugnissen mit den Art. 110 ff. = 131 ff. neu EGV als Zentralnormen. Darüber hinaus hat der Gerichtshof in einer bahnbrechenden Rechtsprechung (EuGHE 1971, 263 ff. – RS 22/70 „AETR", st. Rspr.) der EG überall dort **stillschweigend mitgeschriebene Außenzuständigkeiten** zuerkannt, wo Innenkompetenzen bestehen *(Sasse,* EuR 1979, S. 208 ff.)

1676 Neben dieser EG-Gemeinschaftsaußenkompetenz steht die seit Amsterdam 1997 in Art. 11-28 EUV geregelte **Gemeinsame Außen- und Sicherheitspolitik (GASP) der EU.**

Ihr Vorläufer war die **Europäische Politische Zusammenarbeit** (EPZ) seit 1970, die seit 1986 in Art. 30 EEA festgelegt war. Die GASP wurde 1992 mit dem Maastrichter Unionsvertrag (Art. J. 1–J.18 EUV) gegründet *(Burg-hardt/Tebbe,* EuR 1995, S. 1 ff.).

Die GASP trägt den über die Wirtschaft hinauszielenden Ansprüchen der EG/EU Rechnung („We are in Politics, not only in Economics"). Über die GASP sucht die EU nach **gemeinsamen europäischen Standpunkten und Handlungen** in den allgemeinen Fragen der Außenpolitik (z. B. Nahost, Jugoslawien). Ziel ist die Stärkung der **Identität und Unabhängigkeit Europas,** um Frieden, Sicherheit und Fortschritt in Europa und in der Welt zu fördern (Präambel und Art. B = 2 neu EUV).

1677 Auf diese Weise ist die EG/EU im Laufe der Jahrzehnte zu einem in den weltpolitischen Beziehungen **immer stärker beachteten Faktor** geworden. Vor allem in der Weltwirtschaft ist die Gemeinschaft ungeachtet aller Unvollkommenheiten ihres Entwicklungsstandes in der Sicht ihrer Partner neben den USA und Japan zu **einem der drei großen „westlichen" Wirtschaftsräumen** geworden. Die Gemeinschaft unterhält mittlerweile mit ca. 130 Staaten sowie mit zahlreichen internationalen Organisationen **diplomatische Beziehungen.** Multilateral ist sie vor allem als Mitglied der Welthandelsorganisation WTO (unten Rz. 1799 ff.) einer der wichtigsten Partner. Sie beteiligt sich an Arbeiten der Vereinten Nationen und ihrer Sonderorganisationen, des Europarates und der OECD (oben Rz. 52 ff., 122 ff.). Der Kommissionspräsident repräsentiert die EG auf den seit 1975 regelmäßig stattfindenden westlichen „Weltwirtschaftsgipfeln". In Europa gehören zu den Schwerpunkten der EG-Außenwirtschaftsbeziehungen die Kontakte zum EWR und zu den mittel- und osteuropäischen Staaten sowie die Beteiligung an der OSZE (oben Rz. 143 ff.).

Wichtigstes Rechtsinstrument zur Gestaltung der Außen(wirtschafts)politik der Gemeinschaft ist der **völkerrechtliche Vertrag** (unten Rz. 1700 ff.). Die EG hat inzwischen rund 40 multilaterale Übereinkommen und mit über 130 Ländern bilaterale Verträge abgeschlossen, teils alleine, teils zusammen mit ihren Mitgliedstaaten *(Europ. Kommission,* Annotated Summary linking the Communities with non-member countries (Jährlich). Im multilateralen Bereich entfaltet die Gemeinschaft seit ihren Anfängen besondere Anstrengungen in der **Entwicklungspolitik** („Lomé-Politik", unten Rz. 1814 ff.), im Sinne eines grundlegend gewandelten Erbes früherer kolonialer Beziehungen zum afrikanisch-asiatisch-karibischen Raum. Dennoch bleibt bis auf weiteres die **(Außen) handelspolitik** die wichtigste Thematik der EG-Außenbeziehungen. Die Europäische Gemeinschaft nimmt mit knapp 20 % am Welthandel noch vor den USA (18 %) und Japan (10 %) **Platz 1 unter den Welthandelspartnern** ein. Hieraus erklärt sich ihr fundamentales Interesse an einer prinzipiell **offenen („liberalen") Weltwirtschaftsordnung** *(Eiselstein,* Die EG in der Weltwirtschaft, 1986). 1678

Trotz solch starker Entwicklung ihrer Außenkompetenz seit den fünfziger Jahren ist die Gemeinschaft in diesem Bereich ebensowenig „souverän" wie in den Binnenbeziehungen. Die **Rolle der Mitgliedstaaten** bei der Gestaltung sowohl der Außenwirtschaftspolitik und noch mehr in der allgemeinen Außenpolitik bleibt vorläufig sehr stark *(Hilf,* EuZW 1995, S. 7 ff.). Teilweise „vergemeinschaftet" sie sich wie bei der Konzipierung der Handelspolitik über die Entscheidungen des Ministerrats (unten Rz. 1732). Auch hier gehen jedoch die **ordnungspolitischen Grundauffassungen** großer Mitgliedstaaten nicht selten auseinander und behindern eine profilierte Position der Gemeinschaft gegenüber der Außenwelt, von mannigfachen Unterschieden auf der Ebene der tagtäglichen „kleinen" Außenwirtschaftspraxis zu schweigen. In der **EG-Vertragsschließungspraxis** wird der direkte Einfluß der Mitgliedstaaten auf die Mitgestaltung der EG-Politik in dem nicht seltenen Verlangen sichtbar, daß die Gemeinschaft **„gemischte" Abkommen** (d. h. unter formaler Mitbeteiligung der MS) abschließt (unten Rz. 1711 ff.). Die GASP sucht zu **gemeinsamen europäischen Strategien, Standpunkten und Aktionen** zu gelangen, bleibt jedoch wesentlich vom politischen Willen der MSen zur Zusammenarbeit abhängig (unten Rz. 1688 ff.). 1679

Auch mit diesen notwendigen Einschränkungen ist die **Gesamtposition der Europäischen Gemeinschaft und Union** in der Welt kraft der Entwicklung ihrer Außenkompetenz in fünf Jahrzehnten beeindruckend genug *(Kühnhardt/Pöttering,* Weltpartner EU, 1994). Zunehmend haben die Mitgliedstaaten nach mancherlei Erfahrungen erkannt, daß es letztlich ihrem Eigeninteresse entspricht, der Gemeinschaft in einer Welt verstärktes Gewicht zu verleihen, die seit dem Ende des Zweiten Weltkrieges immer mehr von **„Supermächten" kontinentalen Ausmaßes,** großen Wirtschaftsregionen und sonstigen politischen Zusammenschlüssen charakterisiert und beherrscht wird. Auch in ihrer äußeren Rechtsgestalt hat sich die EG auf diese Weise zur wirklichen „Gemeinschaft" entwickelt, d. h. zu einem **be-** 1680

eindruckenden Zwischengebilde, das an Kohärenz die üblichen Internationalen Organisationen weit übertrifft, ohne daß die außenpolitische Geschlossenheit eines Bundesstaates bisher ernsthaft in Sichtweite wäre (oben Rz. 919).

I. Grundlagen der Außenkompetenz der EG und EU

Literatur: *Colombo,* La personalità giuridica internazionale della Comunità europee, DirCom 1965, S. 23 ff.; *Costonis,* The treaty making power of the EEC, CMLRev 1967/68, S. 421 ff.; *Petersmann,* Auswärtige Gewalt, Völkerrechtspraxis und Völkerrechtsbindungen der EWG, ZaöRVR 1975, S. 213 ff.; *Geiger,* Außenbeziehungen der EWG und auswärtige Gewalt der Mitgliedstaaten, ZaöRVR 1977, S. 640 ff.; *Groux,* Le parallélisme des compétences internes et externes de la CEE, CDE 1978, S. 3 ff.; *Raux,* Le recours à l'art. 235 du traité CEE en vue de la conclusion d'accords externes, FS Teitgen 1984, S. 407 ff.; *Pispers* u. a., European political cooperation in the 1980s, 1988; *Vedder,* A survey of principal decisions of the ECJ pertaining to International Law, EJIL 1990, S. 365 ff.; *Flaesch/Mogin,* Le traité de Maastricht et les compétences externes de la CE: à la recherche d'une politique externe de l'Union, CDE 1993, S. 351 ff.; *Trieber,* The role of Parliaments in External Relations, in: Flintermann u. a. (Hrsg.) The evolving role of Parliaments in Europe, 1994; *v. Bogdandy/Nettesheim,* Die Verschmelzung der EGen in der EU, NJW 1995, S. 2324 ff.; *Burghardt/Tebbe,* Die GASP der EU, EuR 1995, S. 1 ff.; *Joop,* Die Reform der GASP, Integr. 1995, S. 133 ff.; *Ress/Schwarze/Stein,* Die Organe der EU im Spannungsfeld zwischen Gemeinschaft und Zusammenarbeit, EuR 1995/Beih. 2; *Lange,* Die GASP der EU, JZ 1996, S. 422 ff.; *Pechstein/König,* Rechtspersönlichkeit für die EU? EuZW 1997, S. 225 ff.; *Schröder,* Von der EPZ zur GASP, Integr. 1997, S. 189 ff.; *Kaufmann-Bühler,* GASP, in: Grabitz/Hilf (Hrsg.), EUV/EGV-Komm. (1998), Vor Art. J EUV;

1681 Die rechtlichen Grundlagen der Außenkompetenz der EG/EU ergeben sich teils aus allgemeinem Völkerrecht, teils aus ausdrücklichen Festlegungen der drei Gemeinschaftsverträge und des Unionsvertrages.

1. Völkerrechtsfähigkeit der Gemeinschaft(en)

Die **völkerrechtliche Rechts- und Handlungsfähigkeit der EG** (förmlich gesehen der drei durch gemeinsame Organe u. a. zusammengewachsenen Gemeinschaften EGKS/EG/EAG, näher oben Rz. 153 ff.) steht in der Gemeinschafts- und Völkerrechtspraxis seit langem außer Zweifel. Art. 6 EGKSV, Art. 210 f. = 281 f. neu EGV und Art. 184 f. EAGV nehmen sowohl diese Völkerrechtsfähigkeit nach außen wie die Privatsrechtsfähigkeit der EG in den Mitgliedstaaten („internationale juristische Person") kraft Willens der Mitgliedstaaten in Anspruch. Die von über 130 Staaten über Eröffnung des diplomatischen Verkehrs förmlich, von anderen indirekt ausgesprochene **Anerkennung der EG als Völkerrechtssubjekt** tat ein Übriges, die durch die Gründung erfolgte „Inter se-Existenz" der Gemeinschaft im internationalen Leben weltweit zu etablieren (näher oben Rz. 157 ff.). Entgegen Anregungen (Irische Ratspräsidentschaft 1996) ist jedoch auch in Amsterdam 1997 der EU keine eigene Rechtspersönlichkeit verliehen worden. Sie bleibt „Dach" über ihren drei „Säulen" (oben Rz. 151) und partizipiert ratione materiae gegebenenfalls an der Rechtssubjektivität der EG.

Für das **Ausmaß** dieser Völkerrechtsfähigkeit der EG sind deren ausdrückliche und sonstige **Außenzuständigkeiten gemäß den Verträgen** maßgebend (unten Rz. 1691 ff.). Hierzu rechnen u. a. die Vorrechte und Befreiungen der EG und die Haftung der Gemeinschaft (oben Rz. 159 ff.). Dagegen kann die Gemeinschaft nicht solche Völkerrechtsbefugnisse für sich beanspruchen, die an wesentlich staatliche Merkmale anknüpfen. Das gilt vor allem weithin – trotz erster Ansätze einer Unionsbürgerschaft – für die Ausübung der **Personalhoheit**, welche an die Staatsangehörigkeit anknüpft (oben Rz. 200 ff.). Bei einer fortschreitenden Entwicklung zum „Europa der Bürger" (oben Rz. 1548 ff.) mögen künftig gewisse Änderungen eintreten. Das gilt nicht zuletzt dann, wenn auf Gemeinschaftsebene „europäische juristische Personen" wie z. B. eine Europäische AG entstehen sollten (dazu EuGHE 1977, 2229 ff. – RS 65/77). **1682**

Schließlich betont auch die **unbegrenzte zeitliche Geltung der Gemeinschaft** (insbesondere Art. 240 = 312 neu EGV, die ihre Auflösung zumindest praktisch gesehen nahezu undenkbar macht (näher oben Rz. 215 ff.), auf ihre Weise die besonders gefestigte, objektive Personalität der EG in den internationalen Beziehungen.

2. Rechtsgrundlagen der Außenkompetenz von EG und EU

Der **Umfang der EG-Außenkompetenz** ergibt sich nach dem auch hier gültigen Prinzip der begrenzten Einzelermächtigung (oben Rz. 513 ff.) aus den konkreten Festlegungen in den Verträgen. Allerdings muß berücksichtigt werden, wie vor allem die Rechtsprechung des Gerichtshofes (unten Rz. 1701 ff.) dargetan hat, daß zwischen Vergemeinschaftung im Innern und Ausmaß der EG-Außenkompetenz Sachzusammenhänge bestehen, die zu einer dynamischen, allmählichen **Erweiterung der Außenbefugnisse** im Wege der Auslegung geführt haben. **1683**

Dieser wirtschaftlich-handelspolitischen Gemeinschaftsaußenkompetenz steht die **allgemeine Gemeinsame Außenpolitik** (mit Sicherheitspolitik) (GASP) gegenüber, die in einem **mehr völkerrechtlichen Sinne** mit gewissen Annäherungen an die Gemeinschaftskonstruktion in Art. 11–28 EUV niedergelegt ist.

a) Die Gemeinschaftsaußenkompetenz der EG

Besonders im EGV, begrenzter im EAGV und EGKSV sind wesentliche Außenbefugnisse der Gemeinschaft ausdrücklich oder stillschweigend niedergelegt. **1684**

aa) **Handelspolitik:** Da die Gemeinschaft bisher im Schwerpunkt eine **Zoll- und Wirtschaftsunion** ist, liegt ein besonderer Akzent der EG-Außenkompetenz in der **(Außen)Handelspolitik**. Sie ist nach Art. 3 b, Art. 110–115 = 131–134 neu EGV Gegenstand einer Gemeinsamen Politik der Gemeinschaft (näher unten Rz. 1732 ff.). Besonders hervorzuheben sind Art. 110 = 131 neu EGV, der eine Absichtserklärung zugunsten eines **weltoffenen („liberalen") Charakters** dieser Handelspolitik enthält und Art. 113 = 133 neu EGV, der den Inhalt der Handelspolitik umreißt und ihre grundsätzliche Vergemeinschaftung seit dem Ende der Übergangszeit betont. Ähnlich enthält der EAGV in seinen Art. 101–106 (ferner Art. 10, 29, 64–66 EAGV) ein handelsmäßiges Außenregime für den nuklearen Bereich. Dagegen kennt der ältere EGKSV in seinen Art. 71–75 für den Montanbereich nur begrenzte Gemeinschaftsbefugnisse zur schrittweisen Koordinierung der Handelspolitik der MS. – Vor allem für den EG-Bereich hat der Gerichtshof in ständiger Rechtsprechung die Notwendigkeit einer **dynamischen und extensiven Auslegung** der handelspolitischen Kompetenzen betont.

1685 bb) **Assoziierung/Entwicklungspolitik:** Auf der Grundlage der 1958 noch lolonialen Verbindung überseeischer Länder und Hoheitsgebiete mit bestimmten MS (besonders Frankreich) stellten Art. 131–136 a = 182–188 neu EGV das Ziel einer „Assoziierung" dieser Gebiete mit der Gemeinschaft auf. Hierdurch soll deren wirtschaftliche und soziale Entwicklung gefördert werden. Seit der Unabhängigkeit der meisten dieser ehemaligen Kolonien beschränkt sich diese „Entwicklungsassoziierung" auf wenige überseeische Territorien von Mitgliedstaaten (unten Rz. 1747 ff.). An ihre Stelle trat die auf Art. 113, 238 = 133, 310 neu EGV gestützte handels- und entwicklungspolitisch geprägte Vertragskooperation EG-AKP-Staaten (Afrika/Karibik/Pazifik) im Zuge der sog. **„Lomé-Politik"** (unten Rz. 1814 ff.). Art. 238 = 310 neu dient ferner als **„Beitrittsassoziierung"** (Griechenland/Türkei) der Vorbereitung oder einem Ersatz für den Beitritt zur EG (unten Rz. 1878 ff.). Der Maastrichter Unionsvertrag 1992 schuf ferner in Art. 3 q, 130 u-Y = 3 r, 177–181 neu EGV die Rechtsgrundlagen für eine **Gemeinschaftspolitik der Entwicklungszusammenarbeit** in Ergänzung der nationalen Entwicklungspolitik außerhalb der „Lomé-Politik".

1686 cc) **Beitritt:** Art. O = 49 neu EUV begründen eine gemischte Außenzuständigkeit der EG/EU und ihrer Mitgliedstaaten für die Regelung des Beitritts zur Union. Er steht grundsätzlich allen europäischen Staaten offen und ist nur gleichzeitig zum EUV und den drei Gemeinschaftsbeiträgen möglich (unten Rz. 1841 ff.).

dd) **Sonstige bereichsmäßige Außenzuständigkeiten:** Auch andere Sachbereiche der Verträge weisen ausdrücklich oder sachnotwendig eine **Außendimension des gemeinschaftlichen Handelns** auf. So begründen Art. 40 Abs. 3 i. V. m. Art. 43 = 34, 37 neu EGV, Art. 102 Beitrittsakte 1972 Außenkompetenzen für die Agrar- und Fischereipolitik (oben Rz. 1407), Art. 73 b ff. = 56 ff. neu EGV für den Kapitalverkehr mit Drittstaaten (oben Rz. 1492) und Art. 75 ff. = 71 ff. neu EGV für den Verkehr einschließlich See- und Luftverkehr (oben Rz. 1455, 1457). In der Forschungs- und Technologiepolitik begründet Art. 130 m = 170 neu EGV und in der Umweltpolitik Art. 130 r Abs. 4 = 174 neu EGV eine EG-Außenkompetenz (unten Rz. 2015). Bei Einführung der Europäischen Währungsunion (oben Rz. 1004 ff.) dürfte die **EG-Außenkompetenz im Währungsbereich** nach Art. 109 = 111 neu EGV bedeutsam werden. Ferner sprechen Art. 126 = 149 neu, Art. 128 = 151 neu und Art. 129 = 152 neu EGV auswärtige Befugnisse der Gemeinschaft in den Bereichen Bildung, Kultur und Gesundheit an (unten Rz. 1914, 1974, 2053). – Über diese ausdrücklichen Befugnisse hinaus hat der Gerichtshof seit Anfang der siebziger Jahre in seiner **„AETR-Rechtsprechung"** (insbesondere EuGHE 1971, 263 f. – RS 22/70 „AETR"; EuGHE 1976, 1279 ff. – Verb. RS 3, 4 und 6/76 „Kramer", st. Rspr.) den sachlogisch plausiblen Grundsatz durchgesetzt, daß die EG über die ausdrücklichen Außenzuständigkeiten hinaus auch dort über **stillschweigend mitgeschriebene Kompetenzen nach außen** verfügen muß, wo eine Innenkompetenz dergestalt gegeben ist, daß auch nach außen nur noch die Gemeinschaft als solche sinnvollerweise auftreten kann (näher *Bleckmann,* EuR 1977, S. 109 ff.). Die EG verfügt in diesem Sinne über **„implied powers"**, mit denen im Interesse der Durchsetzung der Ziele der Gemeinschaft der nötige **Gleichklang zwischen Innen- und Außenkompetenz** hergestellt werden kann. In **jüngerer Rechtsprechung** (Gutachten 2/91 „IAO" = EuGHE 1993, I–1061 ff.; EugHE 1994, I–3641 ff. RS C-327/91

„Wettbewerbsabkommen KOM/USA"; Gutachten 1/94 und 2/92 „WTO" bzw. „OECD" = EuGHE 1994, I–5267 ff. bzw. EuGHE 1995, I–521 ff.; Gutachten 2/94 „Beitritt EG zur EMRK" = EuGHE 1996, I–1739 ff.) hat der EuGH allerdings die Konturen der „AETR-Doktrin" im Interesse der Rechte der MSen **etwas strikter gezogen** (kritisch *Geiger,* JZ 1995, S. 973 ff.). Es wurde die Ratskompetenz zum Abschluß von EG-Abkommen nach Art. 228 = 300 neu EGV betont. Eine Außenkompetenz der Gemeinschaft ist im Sinne einer *„gelockerten AETR-Doktrin"* erst dann gegeben, **wenn die interne EG-Zuständigkeit tatsächlich ausgenützt worden ist.** Zwischen der EG und den MSen **geteilte Zuständigkeiten,** die durch „gemischte Abkommen" (unten Rz. 1711 ff.) ausgenützt werden, sind möglich. In diesem Fall verlangt Art. 5 = 10 neu EGV eine enge Zusammenarbeit EG/MSen. Aus Art. 235 = 308 neu EGV läßt sich die EG-Außenkompetenz kaum erweitern. – Auch in diesen präziseren Grenzen bleibt die AETR-Doktrin für den Umfang der EG-Außenkompetenz bedeutsam genug *(Gilsdorf,* EuR 1996, S. 145 ff.)

ee) **Zuständigkeitsregelungen mit Außenbezug:** Vor allem für den **Abschluß** 1687
völkerrechtlicher Verträge der EG, wichtigstes Rechtsinstrument zur Wahrnehmung von Außenkompetenzen, trifft Art. 228 = 300 neu EGV die grundlegende Zuständigkeitsregelungen zwischen den Gemeinschaftsorganen [Aushandlung durch die Kommission – Abschluß durch den Rat – Beteiligung des Europäischen Parlamentes (vgl. unten Rz. 1700 ff.)]. Art. 228 a = 301 neu EGV verleiht der EG **Sanktionsmöglichkeiten** gegenüber Drittstaaten, wenn solche aufgrund der Tätigkeit der GASP vonnöten sind (unten Rz. 1688 ff.). Ferner weist Art. 229 = 302 neu EGV der Kommission die Aufgabe zu, soweit zweckdienlich, Beziehungen zu den Vereinten Nationen und ihren Sonderorganisationen zu unterhalten. Art. 230, 231 = 303, 304 neu EGV betonen noch einmal besonders die Zusammenarbeit mit dem Europarat und der OECD (*Tietje,* in: Grabitz/Hilf (Hrsg.), EUV/EGV-Komm. (1998), vor Art. 229 EGV).

Zusammenfassend gesehen, verfügt die Gemeinschaft auf diese Weise in den ursprünglichen, wesentlich wirtschaftsbezogenen Vertragsbereichen kraft ausdrücklicher Zuweisung oder mittels implied powers über ein **umfassendes Ausmaß an Außenbefugnissen,** welches praktisch überall dort ein gemeinsames Handeln der EG ermöglicht, wo es der Stand der Vergemeinschaftung im Inneren nahelegt.

b) Die Gemeinsame Außen- und Sicherheitspolitik (GASP) der EU

Trotz ihres beträchtlichen Umfanges ist die in den Verträgen ursprüng- 1688
lich vorgesehene EG-Außenkompetenz im Sinne des Prinzips der begrenzten Einzelzuständigkeit **grundsätzlich begrenzt.** Die Verträge lassen bisweilen sogar ausdrücklich erkennen, daß klassische Materien der allgemeinen Außenpolitik nicht in ihren Anwendungsbereich fallen sollten.

So klammert etwa Art. 223 = 296 neu EGV die Waffenproduktion und den Waffenhandel im Zusammenhang mit der Wahrung der **„wesentlichen Sicherheitsinteressen"** der Mitgliedstaaten aus.

Andererseits wurde es mit den Fortschritten der vertraglichen Integration ungefähr seit dem Ende der sechziger Jahre immer schwieriger, die Bereiche der EG-Außenkompetenz von jener **„allgemeinen" Außenpolitik** zu trennen, welche die MS sich vorbehalten wollten. Insbesondere die Handelspolitik ist in vielfältiger Weise mit der „großen Politik" verbunden, so daß sich auch dort die Notwendigkeit eines mindestens abgestimmten Verhaltens der

Mitgliedstaaten immer dringlicher stellte. Hinzu kam, daß seit dem Eintritt der EG in ihre damals so genannte „Endphase" 1970 die allgemeinpolitischen Ziele der europäischen Einigung mit Blickrichtung auf eine auch politisch gemeinte **Europäische Union** immer stärker betont wurden. Auf diese Weise wurde über die zunächst 1970 begonnene und später in Gestalt von Art. 30 EEA 1986 vertiefte Europäische Politische Zusammenarbeit (EPZ) 1997 in Maastricht eine **Gemeinsame Außen- und Sicherheitspolitik (GASP)** als „zweite Säule" der EU gegründet (Art. J.1-J.18 EUV; *Burghardt/Tebbe,* EuR 1995, S. 1 ff.). In Amsterdam 1997 wurde diese GASP im Sinne einer gewissen Verstärkung ihrer Gemeinschaftselemente fortentwickelt (Nunmehr Art. 11-28 neu EUV). Wie bereits die fortbestehende Einordnung in den EUV erkennen läßt, bleibt die GASP außerhalb der Gemeinschaftskonstruktion des EGV. Sie ist weiterhin im Kern **völkerrechtlich-intergouvernemental** strukturiert.

1689 Nach Art. 11 neu EUV erarbeitet und verwirklicht die **Union** eine Gemeinsame Außen- und Sicherheitspolitik, die sich auf **alle Bereiche** erstrekt. Die GASP hat die Wahrung gemeinsamer Werte (Demokratie, Rechtsstaatlichkeit, Menschenrechte), die Stärkung der Sicherheit und Unabhängigkeit der Union, Friedenswahrung und internationale Zusammenarbeit zum Ziel (Art. 11 Abs. 1 neu EUV). Insbesondere ist die **Sicherheit der Union** einschließlich der schrittweisen Entwicklung einer **gemeinsamen Verteidigungspolitik** Ziel der GASP. Der Europäische Rat kann ihre Fortentwicklung zu einer **gemeinsamen Verteidigung** beschließen (Art. 17 neu EUV). (Zur **gemeinsamen Sicherheitspolitik** näher unten Rz. 2064 ff.). Die MSen unterstützen nach Art. 11 Abs. 2 neu EUV die Außen- und Sicherheitspolitik der Union vorbehaltslos im Geiste der Loyalität und der gegenseitigen Solidarität. Trotz dieser Betonungen der Gemeinsamkeit wird die GASP weiterhin nicht in die Gemeinschaftskonstruktion des EGV einbezogen, sondern erfährt im EUV eine besondere, noch stark intergouvernemental/völkerrechtlich geprägte **Sonderorganisation** (vgl. auch oben Rz. 304 ff.). Die Grundsätze und allgemeinen Leitlinien der GASP werden vom **Europäischen Rat** bestimmt (Art. 13 neu EUV). Er konkretisiert sie in „gemeinsamen Strategien", die vom Rat in Gestalt der erforderlichen Entscheidungen durchzuführen sind (Art. 13 Abs. 3 neu EUV). Dabei hat der Rat gegenüber dem Europäischen Rat eine Empfehlungskompetenz für die **gemeinsamen Strategien,** die er nach Annahme durch den Europäischen Rat in Gestalt operativer **gemeinsamer Aktionen** (Art. 14 neu EUV, *Münch EuR 1996, 415 ff.) oder* über konzeptuelle **gemeinsame Standpunkte** (Art. 15 neu EUV) durchführt. Es handelt sich um **„sekundäres GASP-Recht",** welches im Amtsblatt im Teil L („Leges") publiziert wird. Jedoch entfalten diese GASP-Beschlüsse keine unmittelbare Wirkungen. Wie Art. M = 47 neu EUV erkennen läßt, ist das GASP-Recht (noch) **kein Gemeinschaftsrecht ieS, sondern im Kern Völkerrecht.** So sind die Gemeinsamen Aktionen für die MSen, nicht für die Gemeinschaft verbindlich (Art. 14 Abs. 3 EUV). Eine Kontrolle durch den EuGH findet nicht statt. Die gemeinsame Vertretung und Durchführung der GASP obliegt der jeweiligen **Präsidialmacht im Rat („Vorsitz")** (Art. 18 neu EUV). Der Vorsitz wird vom Generalsekretär des Rates als **„Hoher Vertreter für die GASP"** oder auch durch einen vom Rat ernannten Sonderbeauftragten für besondere politische Fragen unterstützt (Art. 18, 26 neu EUV). Außerdem arbeitet das **Politische Komitee** der politischen Direktoren der Außenministerien dem Rat in Angelegenheiten der GASP zu (Art. 25). Die **Kommission** wird zwar nach Art. 18 Abs. 4, 27 neu EUV „in vollem Umfang" an der GASP beteiligt und hat nach Art. 22 gegenüber dem Rat ein Vorschlagsrecht (nicht im formellen Sinne des EGV). Ferner hört der Vorsitz das EP zu den grundlegenden Fragen der GASP an und achtet auf eine „gebührende Berücksichtigung" der Auffassungen des Parlamentes (Art. 21 neu EUV). Auch finden die allgemeinen Organisationsregelungen des EGV über Parlament, Rat und Kommission innerhalb der GASP Anwendung (Art. 28 neu EUV). Die GASP-Finanzierung geht (mit Ausnahme militärischer Ausgaben) zu Lasten des Gemeinschaftshaushaltes. Trotz dieses unverkennbaren Bemühens in der Amsterdamer Neufassung des EUV, **die Gemeinschaftselemente innerhalb der GASP etwas zu stärken,** bleibt die eigentliche Beschlußfassung gemäß den Spezialregeln des EUV **dem Rat vorbehalten.** Dieser beschließt grundsätzlich **einstimmig,** in begrenzten Durchführungsbereichen mit qualifizierter Mehrheit (Art. 23 neu EUV). In diesem Bereich der Mehrheitsabstimmung können Ratsmitglieder „aus wichtigen Gründen der nationalen Politik" die Abstimmung über einen Mehrheitsbeschluß verhindern (Art. 23 Abs. 2, Ende neu EUV).

Insgesamt spiegeln die kompliziert und unübersichtlich geratenen **1690**
Art. 11–28 neu EUV das **grundsätzliche Dilemma des Maastrichter und Amsterdamer Vertragsschlusses wieder,** zwar auf der einen Seite die GASP im Geiste einer Politischen Union als gemeinsame Politik fortentwickeln zu wollen, andererseits jedoch die echte Vergemeinschaftung im Sinne der Konstruktion des EGV zu vermeiden. Auch künftig setzen Fortschritte bei der Europäisierung der allgemeinen Außenpolitik den **politischen Konsens im (Europäischen) Rat** voraus. Nach den bisherigen Erfahrungen der neunziger Jahre (z. B.: Jugoslawienproblem 1991 ff., *Jagow,* Integr. 1993, S. 225 ff. oder Irakkrise 1998) läßt sich diese politische Willensübereinstimmung angesichts unterschiedlicher Interessenlagen zwischen den MSen nur in Grenzen herstellen. Die EG/EU-Außenkompetenz ist zwar mittlerweile in einem bereichsmäßigen Sinne **inhaltlich allumfassend** geworden. Zur Herstellung einer **bundesstaatsähnlichen „europäischen Auswärtigen Gewalt",** welche die EG/EU weltpolitisch geschlossen handlungsfähig machen würde, fehlen jedoch immer noch wesentliche politische und auch rechtliche Voraussetzungen (*Schröder,* Integr. 1997, S. 189 ff.).

Zur umfänglichen Beschlußpraxis (Gemeinsame Standpunkte u. ä.) **des Rates in der GASP** seit dem Maastrichter EUV 1992, vgl. Fundstellenverzeichnis des geltenden Gemeinschaftsrechts, Kapitel 18. Das Themenspektrum umfaßt den Balkankonflikt, die Unterstützung des Wandels in Südafrika, die EU-Politik gegenüber Ruanda, die Unterstützung des Friedensprozesses im Nahen Osten und zahlreiche andere Fragen der Weltpolitik.

II. Formen der EG/EU-Außenkompetenz

Literatur: *Lörcher,* Der Abschluß völkerrechtlicher Verträge nach dem Recht der drei Europäischen Gemeinschaften, 1965; *Bot,* Negotiating Community agreements, CMLRev 1970, S. 286 ff.; *Hermann,* Das Abschlußverfahren völkerrechtlicher Verträge der EWG, 1973; *Meessen,* The application of rules of Public

International Law within Community Law, CMLRev 1976, S. 485 ff.; *Krück*, Völkerrechtliche Verträge im Recht der EG, 1977; *Sauvignon*, Les Communautés Européennes et le droit de légation actif, RMC 1978, S. 176 ff.; *Dauses*, Die Beteiligung der EG an multilateralen Völkerrechtsübereinkommen, EuR 1979, S. 138 ff.; *Rosenbach*, Status und Vertretung der EG in Internationalen Organisationen, 1979; *Bebr*, Gemeinschaftsabkommen und ihre mögliche unmittelbare Wirksamkeit, EuR 1983, S. 128 ff.; *Pescatore*, Die Rechtsprechung des EuGH zur innergemeinschaftlichen Wirkung völkerrechtlicher Abkommen, FS Mosler 1983, S. 661 ff.; *Tomuschat*, Zur Rechtswirkung der von der EG abgeschlossenen Verträge in der Gemeinschaftsrechtsordnung, GS Constantinesco, 1983, S. 801 ff.; *Tagaras*, L'effet direct des accords internationaux de la Communauté CDE 1984, S. 15 ff.; *Stein*, Der gemischte Vertrag im Recht der Außenbeziehungen der EWG, 1986; *Jakob*, Sanktionen gegen vertragsbrüchige Mitgliedstaaten der EG (EWG), 1988; *Oehmichen*, Die unmittelbare Anwendbarkeit der völkerrechtlichen Verträge der EG, 1992; *Stadler*, Die EGen in den Vereinten Nationen, 1993; *Jagow*, Krisenmanagement der EG/Zwölf: der Fall Jugoslawien, Integr. 1993, S. 225 ff.; *Weiss*, Succession of States in respect of Treaties concluded by the EC, SEW 1994, S. 661 ff.; *Geiger*, Vertragsschlußkompetenzen der EG und auswärtige Gewalt der Mitgliedstaaten, JZ 1995, S. 973 ff.; *Hilf*, EG-Außenkompetenz in Grenzen, EuZW 1995, S. 7 ff.; *Sack*, Die EG als Mitglied internationaler Organisationen, GS Grabitz, 1995, S. 631 ff.; *Weidenfeld* (Hrsg.) Europa und der Nahe Osten, 1995; *Dörr*, Die Entwicklung der ungeschriebenen Außenkompetenzen der EG, EuZw 1996, S. 39 ff.; *Gilsdorf*, Die Außenkompetenz der EG im Wandel, EuR 1996, S. 145 ff.; *Kort*, Zur europarechtlichen Zulässigkeit von Abkommen der Mitgliedstaaten untereinander, JZ 1997, S. 640 ff.; *Rilinger*, Partielles engeres Zusammenwirken einzelner MSen, ZRP 1997, S. 400 ff.

1691 In der Handhabung der EG/EU-Außenkompetenz, vor allem im vergemeinschafteten Bereich, lassen sich die Gestaltung der **laufenden internationalen Beziehungen** zu dritten Staaten und Internationalen Organisationen und die Ausübung der völkerrechtlichen **Vertragsschließungskompetenz** der Gemeinschaft und Union („Treaty making power") unterscheiden. Außerdem gibt es eine Reihe grundlegender **völkerrechtlicher Rechte und Pflichten** der EG, die sich nach allgemeinem Völkerrecht aus ihrem Charakter als Völkerrechtssubjekt ergeben.

1. Laufende Beziehungen

1692 Im Bereich der laufenden internationalen Beziehungen, die sich völkerrechtlich vor allem durch die Inanspruchnahme des **passiven und des aktiven Gesandtschaftsrechts** charakterisieren, ist nach heutigem Stand des Völkerrechts allgemein anerkannt, daß Internationale Organisationen und ganz besonders so intensive, staatsnahe Verbindungen wie die EG/EU die Fähigkeit besitzen, solche offiziellen Kontakte zu dritten Staaten und anderen Internationalen Organisationen zu unterhalten, wie sie zur Erfüllung ihrer Aufgaben erforderlich sind *(Sauvignon*, RMC 1978, S. 176 ff.). Die EG hat diese in ihrer Völkerrechtsfähigkeit wurzelnden Befugnisse seit langem wahrgenommen. Sie verfügt sowohl über das u. a. in Art. 17 PrVorrB vorausgesetzte passive Gesandtschaftsrecht als auch über dessen aktive Seite, d. h. die Möglichkeit der **Entsendung von Vertretern der EG zu dritten Staaten und Organisationen** (näher oben Rz. 157).

a) Beziehungen zu dritten Staaten:

Heute unterhalten **mehr als 130 Staaten** mit der EG offizielle diplomatische Beziehungen und haben in Brüssel diplomatische Vertretungen errichtet. Auch die längere Zeit stagnierende Anerkennung der Gemeinschaft (oben Rz. 157) durch die Staaten Mittel- und Osteuropas hat sich seit der politischen Wende 1989–91 vollzogen. 1693

Die **Akkreditierung der ausländischen Diplomaten** bei der Gemeinschaft erfolgt seit 1966 **gleichzeitig beim Rat und der Kommission,** denen identische Beglaubigungsschreiben zugehen. Vorher hatte die Kommission alleine dieses Recht in Anspruch genommen und mit einem gewissen Zeremoniell („roter Teppich) verbunden. Bei der Beilegung der EG-Krise 1965 über die Luxemburger Vereinbarung (oben Rz. 29) bestand das gaullistische Frankreich darauf, daß der Rat an dieser „staatsoberhauptlichen" Funktion beteiligt werden müsse. In der kleinen Kontroverse spiegelte sich etwas von der unterschiedlichen Vision, welche manche Mitgliedstaaten von der Zukunft der Gemeinschaft hatten und haben.

Für die Aufnahme diplomatischer Beziehungen und auch für das Agrément einer bestimmten Person als diplomatischer Vertreter eines Drittstaates bei der EG bedarf es der **Einstimmigkeit im Rat.** Analoges muß für den Abbruch diplomatischer Beziehungen u. ä. gelten.

Auch das **aktive Gesandtschaftsrecht der EG** bei Drittstaaten wird in der Gemeinschaftspraxis nicht mehr bestritten. Schon 1955 errichtete die EGKS eine Ständige Vertretung in London. 1960 billigte der Rat das aktive Gesandtschaftsrecht der Gemeinschaften im Grundsatz. 1972 errichtet die Kommission eine Vertretung in Washington, der von den USA diplomatischer Status zuerkannt wurde. Inzwischen unterhält die EG in **über 100 Drittstaaten** Delegationen verschiedener Art, sowohl mit offiziellem diplomatischem Status als auch inoffiziellere Informations- und Verbindungsbüros. Wichtig für die EG-Entwicklungspolitik (unten Rz. 1814 ff.) sind die **Vertretungen in den AKP-Staaten,** die mit der Durchführung der Lomé-Abkommen befaßt sind. Sie werden jeweils von einem Vertreter der Kommission geleitet. Im allgemeinen sind diese EG-Vertreter in den Drittstaaten den Diplomaten im Sinne des internationalen Diplomatenrechts gleichgestellt. In der Rangordnung werden sie i. d. R. am Ende der örtlichen Diplomatenliste aufgeführt. 1694

Eine weitere EG-Repräsentanz, insbesondere im Rahmen der GASP, findet in Drittstaaten über die **örtlichen Botschafter der EU-MS** statt. Sie konsultieren sich regelmäßig, und der Botschafter der halbjährig wechselnden Ratsmacht nimmt in bestimmten Zusammenhängen die Funktion des Repräsentanten der Gemeinschaft wahr (näher *Sauvignon,* RMC 1978, S. 179 ff.).

Im **Rahmen der GASP** legt Art. 20 neu EUV die regelmäßige Abstimmung zwischen den diplomatisch/konsultarischen Vertretungen der MSen und den Delegationen der Kommission in dritten Ländern ausdrücklich fest.

b) Beziehungen zu Internationalen Organisationen und sonstige multilaterale Beziehungen

Neben den Beziehungen zu dritten Staaten ist für die Gemeinschaft kraft ihrer Aufgabenstellung der Aufbau von **Beziehungen zu anderen Internationalen Organisationen,** vor allem wirtschaftlicher Aufgabenstellung, von 1695 großer Bedeutung *(Frid,* The relations between the EC and International Organisations, 1995). Gleiches gilt für die **Beteiligung an großen internationalen Verhandlungsprozessen** wie z. B. an dem Nord-Süd-Dialog oder am OSZE-Prozeß seit den siebziger Jahren (oben Rz. 147 ff.). Das passive und das aktive Gesandtschaftsrecht der EG (oben Rz. 1693 f.) erstreckt sich grundsätzlich auch auf die Möglichkeit, Beziehungen zu anderen internationalen Organisationen aufzunehmen. Inwieweit diese ihrerseits ermächtigt sind, Vertretungen bei der EG einzurichten, bestimmt sich nach ihrem jeweiligen Organisationsrecht. In der Praxis spielt in diesem Bereich das aktive Gesandtschaftsrecht der EG/EU die Hauptrolle.

1696 Zum Teil sehen die Verträge **ausdrücklich** die Zweckdienlichkeit regulärer Beziehungen der EG zu bestimmten Internationalen Organisationen vor. So sprechen Art. 229 = 302 neu EGV, 199 EAGV die Zusammenarbeit mit dem GATT an, Art. 230 = 303 neu EGV, Art. 200 EAGV und Art. 94 EGKSV diejenige mit dem Europarat und Art. 231 = 304 neu EGV, Art. 201 EAGV und Art. 93 EGKSV das engere Zusammenwirken mit der OECD (vgl. oben Rz. 52, 122). Art. 93 EGKSV erwähnt darüber hinaus die Beziehungen zu den Vereinten Nationen *(Stadler,* Die EGen in den VMen, 1993). Von besonderer Bedeutung ist jedoch die **Generalklausel der Art. 229 Abs. 2 = 302 Abs. 2 neu EGV, 199 Abs. 2 EAGV,** wonach die Gemeinschaft, soweit zweckdienlich, **Beziehungen zu allen internationalen Organisationen unterhält.** Damit steht die Völkerrechts- und Handlungsfähigkeit der EG auch in diesem Bereich außer Frage. **Für die GASP** legt Art. 19 neu EUV eine **Koordinierungspflicht** der MSen in internationalen Organisationen und auf internationalen Konferenzen fest. In den **Vereinten Nationen** stimmen sich die MSen, die Mitglieder des Sicherheitsrates sind, untereinander ab. Die MSen, die ständige Mitglieder des Sicherheitsrates sind (Frankreich und England), setzen sich dort für die Standpunkte und Interessen der EU ein. Die gelegentlich geforderte „Europäisierung“ dieser beiden ständigen Sitze ist im EUV nicht vorgesehen.

1697 In der Praxis hat die Gemeinschaft den Ausbau dieser multilateralen Beziehungen seit den sechziger Jahren **ebenso tatkräftig vorangetrieben** wie die Beziehungen zu Drittstaaten *(Karl,* EuZW 1991, S. 363 ff). Seit 1964 besteht in Genf eine von der Schweiz diplomatisch anerkannte Ständige EG-Delegation, welche die Beziehungen zur WTO, zur IAO, ECE, zur UNCTAD und anderen dort ansässigen Internationalen Organisationen wahrnimmt. Ähnliches gilt für die EG-Vertretung bei den Vereinten Nationen in New York, die seit 1976 diplomatischen Status besitzt, für die Pariser Vertretung bei OECD und UNESCO und die Wiener Vertretung, welche besonders für die EAG-Beziehungen zur Internationalen Atomenergie-Agentur (IAEA) von Bedeutung ist. Diese Organisationsbeziehungen werden von EG-Seite über die **Kommission** wahrgenommen und bestehen vor allem zu den internationalen Sekretariaten der anderen Organisationen. Von ihnen ist die **Wahrnehmung bestimmter „Sachbeziehungen“** zu unterscheiden, wie z. B. die Vertretung der EG-Position in den Zollrunden von GATT/WTO. Sie richtet sich je nach Sachverhalt nach den einschlägigen Regeln der Wahrnehmung der EG-Außenkompetenz im Sinne von Art. 113, 228 = 133, 300 neu EGV (unten Rz. 1714 ff.). In der Praxis kommt es dabei z. T. zu komplizierten Konstruktionen **einheitlicher** oder **„zweiköpfiger“**

EG-Delegationen (Rat/Kommission). Ferner ist hier öfters die Wahrnehmung der EG-Repräsentanz durch die diplomatische Vertretung der jeweiligen **EG-Ratsmacht** bei der Internationalen Organisation von Bedeutung.

Die **Fülle und Dichte** der mittlerweile erreichten internationalen Organisationsbeziehungen der EG ist kaum noch überschaubar. Schwerpunkte liegen gemäß den Aufgaben der Gemeinschaft in der **Handelspolitik** (insbesondere WTO-Beziehungen, unten Rz. 1799 ff.) und in der Beteiligung an der **wirtschaftlichen Tätigkeit der UNO und ihrer Sonderorganisationen** wie ECOSOC, IWF und IBRD (*Stadler,* Die EGen in den VNen, 1993). Es gibt aber darüber hinaus kaum sonstige wirtschaftsrelevante Internationale Organisationen, die mit der Gemeinschaft nicht in der einen oder anderen Weise in Berührung stünden (zum rechtlichen Niederschlag dieser Beziehungen Fundstellenverzeichnis des geltenden Gemein-schaftsrechts, 11.30. – In der **Intensität** können diese Organisationsbeziehungen der EG nach Sachlage von einer **Mitgliedschaft** in der anderen Organisation (z. B. WTO) über einen **Beobachterstatus** (UNO) bis zu sonstigen Formen **organisierter Mitarbeit** reichen. Soweit es für die Erfüllung von EG-Aufgaben notwendig ist, **sind die Mitgliedstaaten verpflichtet,** die angemessene Beteiligung der EG an und in der Internationalen Organisation sicherzustellen (EuGHE 1976, 1279 ff. – RS 3, 4 und 6/76 „Kramer“, st. Rspr.). **1698**

Die Fähigkeit der EG, Beziehungen zu Internationalen Organisationen zu unterhalten, wird auch auf die Möglichkeit ihrer Beteiligung an mehr oder weniger längerfristigen institutionalisierten **Verhandlungsprozessen, Konferenzen** u. ä. multilateraler Art auf internationaler Ebene erstreckt (*Dauses,* EuR 1979, S. 138 ff.). So war die Gemeinschaft beispielsweise an der Internationalen Seerechtskonferenz der UNO beteiligt, die in die Konvention 1982 ausmündete (*Ederer,* Die EG und die Seerechtskonferenz der Vereinten Nationen, 1986) oder am OSZE-Prozeß vor und nach Helsinki 1975 (oben Rz. 143 ff.). Die Beteiligung der EG an solchen internationalen Verhandlungsprozessen ist einerseits gemäß ihren Sachzuständigkeiten begrenzt, andererseits **in dem Ausmaß zwingend,** wie die Mitgliedstaaten ihre Befugnisse zugunsten der Gemeinschaft aus der Hand gegeben haben. **1699**

2. Völkerrechtliche Vertragsschließungskompetenzen

Unter gemeinschaftsrechtlichen Gesichtspunkten spielt im Rahmen der EG-Beziehungen zu Drittstaaten und Internationalen Organisationen die Frage eine besondere Rolle, in wieweit sich die Gemeinschaft als solche **nach außen vertraglich wirksam binden kann.** Es ist dies die Frage nach der völkerrechtlichen **Vertragsschließungskompetenz („Treaty making power“) der EG.** Soweit diese Kompetenz zwischen EG und MSen geteilt ist, ergibt sich die Möglichkeit, die Gemeinschaftskompetenz durch den Abschluß **„gemischter Verträge“** mit der Treaty making power der MSen zu ergänzen (unten Rz. 1711 ff.). **1700**

a) Ausdrückliche und stillschweigend mitgeschriebene („AETR“) Vertragsschließungskompetenzen der EG

aa) Ausdrückliche Vertragsschließungskompetenzen

Die Kompetenz, völkerrechtliche Verträge mit Drittstaaten und Interna- **1701** tionalen Organisationen zu schließen, wird der EG in den Gründungsverträgen an verschiedenen Stellen **ausdrücklich zuerkannt.** Besonders wichtig ist. Art. 113 = 133 neu EGV, welcher der Gemeinschaft die Zuständigkeit zum Abschluß von **Handelsabkommen** im außenwirtschaftlichen Bereich verleiht. In diesem Zusammenhang gehört auch die **Fischereipolitik** (Art. 43 = 37 neu EGV i. V. m. Art. 102 Beitrittsakte 1972, oben Rz. 1407). Die handelspolitischen Kompetenzen sind wegen der wachsenden Bedeutung der Gemeinsamen Handelspolitik (unten Rz. 1732 ff.) grundsätzlich weit und dynamisch zu verstehen (EuGHE 1978, 2151 ff. – RS 1/78). Ferner ist die **Assoziierungskompetenz** des Art. 238 = 310 neu EGV wesentlich. Nach richtiger Auffassung gibt sie i. V. m. Art. 113 = 133 neu EGV der Gemeinschaft die eigentliche Rechtsgrundlage für ihre weitgespannte **Entwicklungspolitik** mit den AKP-Staaten (unten Rz. 1814 ff.). Auch Art. 229–231 = 302–304 neu EGV enthalten eine Vertragsschlußkompetenz im Rahmen der dort genannten laufenden Beziehungen zu Internationalen Organisationen (*Pescatore,* RdC 103 (1961 II), S. 200). Neuerdings enthalten Art. 130 m, 130 r Abs. 4 = 170, 174 neu EGV EG-Außenzuständigkeiten in **Forschung und Technologie** und **Umweltschutz.** Art. 109 = 111 neu EGV begründet EG-Außenzuständigkeiten in der **Währungspolitik** nach Inkrafttreten der Währungsunion, Art. 126 = 147 neu, Art. 128 = 151 neu und Art. 129 = 152 neu EGV solche in Bildung, Kultur und Gesundheit. Eine **allgemeine Kompetenzklausel für die Treaty making power** enthält der EGV dagegen nicht. Sie kann auch nicht mit Hilfe von Art. 235 = 308 neu EGV entwickelt werden, da dies dem Prinzip der begrenzten Einzelzuständigkeit widerspräche. In der Sicht des Gerichtshofes (Gutachten 2/94 „Beitritt zur EMRK" = EuGHE 1996, I–1739 ff.) dürfte Art. 235 = 308 neu EGV allenfalls ganz begrenzt im Außenbereich anwendbar sein. – Art. 228 = 300 neu EGV ist lediglich Verfahrensnorm.

1702 Für den **Bereich der GASP** ist im Art. 24 neu EUV eine **spezielle Vertragsschließungskompetenz der EU** geschaffen worden. Anders als in Art. 228 = 300 neu EGV werden hier die Verhandlungen vom Ratsvorsitz aufgrund eines Mandates des Rates geführt. Die Kommission unterstützt den Vorsitz. Die Übereinkünfte werden dann auf Empfehlung des Vorsitzes vom Rat vorbehaltlich verfassungsrechtlicher Erfordernisse einstimmig geschlossen. Diese Außenkompetenz des Art. 24 neu EUV gilt auch für die **polizeiliche und justizielle Zusammenarbeit in Strafsachen** (Art. 24 Abs. 2 neu EUV).

Eine allgemeine **Außenkompetenzklausel,** die die Fähigkeit zum Vertragsschluß einschließt, enthalten dagegen für ihren Bereich Art. 6 Abs. 2 EGKSV und Art. 101 EAGV. Für die EGKS-Handelspolitik wird Art. 6 Abs. 2 allerdings durch die Spezialregelungen der Art. 71 ff. EGKSV eingeschränkt. Auch der EAGV enthält in den Art. 10, 29, 64, 66 verschiedene gegenüber Art. 101 zu beachtende Sonderregelungen.

Für sich gesehen begründen die **ausdrücklichen Zuweisungen** so lediglich eine **begrenzte Treaty making power** der EG in bestimmten Sachbereichen, während andere, wie z. B. die Personenfreizügigkeit, ausgespart bleiben.

bb) Stillschweigend mitgeschriebene Vertragsschließungskompetenzen („AETR-Doktrin")

In der Frühzeit der EG herrschte die Auffassung vor, die Treaty making **1703**
power stünde der EG wegen des Prinzips der begrenzten Einzelzuständigkeit nur insoweit zu, als ihr die entsprechenden Kompetenzen ausdrücklich zugewiesen wurden (so noch *Pescatore,* RdC 103 (1961 II), S. 87 ff.). Aufgrund der fortschreitenden Vergemeinschaftung von Sachbereichen, für welche die EG eine Binnenkompetenz besaß, stellte sich aber zunehmend die Notwendigkeit heraus, eine **grundsätzliche Parallelität zwischen EG-Binnen- und Außenkompetenz** herzustellen, um sinnvolle Fortentwicklungen in solchen Bereichen zu ermöglichen. Anfang der siebziger Jahre verhalf der Gerichtshof mit seiner Leitentscheidung EuGHE 1971, 263 ff. – RS 22/70 – der **„AETR-Doktrin"** zum Durchbruch, daß die Befugnis zum Eingehen völkervertragsrechtlicher Verpflichtungen sich nicht nur aus einer ausdrücklichen Erteilung durch den Vertrag ergibt, sondern auch aus anderen Vertragsbestimmungen und in ihrem Rahmen ergangenen EG-Rechtsakten. Damit war auf die jeweilige **Binnenkompetenz** und ihre Ausnutzung verwiesen (näher *Bleckmann,* EuR 1977, S. 109 ff.). Die „AETR-Doktrin" ist in wichtiger **Folgerechtsprechung des EuGH** weiter verfeinert und präzisiert worden (oben Rz. 1686). Mit einer Erklärung in der Schlußakte des Maastrichter Unionsvertrages 1992, die auf die „Grundsätze des AETR-Urteils" verweist, ist diese Rspr. **authentische Vertragsauslegung** geworden (Art. 31 Abs. 2 lit. a WVRK).

Der Gerichtshof hat in den 90er Jahren einen gewissen „Schwenk" zu- **1704**
gunsten stärkerer Wahrung des nationalen Vertragsschließungsrechts der MSen vollzogen **(„gelockerte AETR-Doktrin").** Zunächst sah EuGHE 1976, 1279 ff. – Verb. RS 3, 4, 6/76 „Kramer" die EG-Treaty making power noch unabhängig von der Ausübung der Binnenkompetenz der Gemeinschaft. Danach waren EG-Abkommen auch dann bereits möglich, wenn die Gemeinschaft ihre Binnenkompetenzen noch nicht ausgenützt hatte. Mit den beiden Gutachten 1/94 „WTO" und 2/92 „OECD" (EuGHE 1994, I–5267 ff. bzw. EuGHE 1995, I–521 ff.) knüpft der EuGH jedoch die stillschweigend mitgeschriebene (implizite) EG-Außenzuständigkeit nunmehr an die zusätzliche Bedingung, daß die Gemeinschaft **mit einem Rechtsakt die Binnenkompetenz bereits wahrgenommen hat.**

Eine Ausnahme im Sinne der alten „Kramer-Doktrin" soll nur gelten, wenn der Abschluß des EG-Abkommens mit Dritten für die Verwirklichung der Binnenkompetenz **„unabdingbar sei".** Diese mäanderartige Fortentwicklung der AETR-Doktrin durch den EuGH ist mit einer „Echternacher Springprozession" verglichen worden *(Bourgeois,* CMLRev. 1995, S. 669 ff.). Die Lockerung der AETR-Doktrin seit dem Gutachten 1/94 kompliziert das Verhältnis zwischen Binnen- und Außenkompetenz der EG, da sie den MSen wieder einen größeren Spielraum zum Vertragsschluß beläßt (daher kritisch *Geiger,* JZ 1995, S. 973 ff.). Andererseits liegt der Sachverstand bei wichtigen Materien wie z. B. dem geistigen Eigentum in besonderem Maße bei den MSen. Ihre Mitwirkung kann daher in der Sache förderlich sein, solange sie im Geiste der Gemeinschaftstreue des Art. 5 = 10 neu EGV erfolgt *(Hilf,* EuZW 1995, S. 7 ff.).

In weiten Bereichen der EG-Binnenkompetenz ist das sekundäre Gemeinschaftsrecht **inzwischen gesetzt worden,** so daß die EG-Außenkompetenz auch im Sinne der gelockerten AETR-Doktrin gesichert ist. Die **tatsächliche Wahrnehmung der Treaty making power der Gemeinschaft** ist mittlerweile in ihrer Vielfalt kaum noch überschaubar (vgl. Fundstellennachweis des geltenden Gemeinschaftsrechts 11.30–11.40 und die halbjährlichen „Annotated Summaries" der Europäischen Kommission über die Abkommen mit Drittländern).

Auch unter Berücksichtigung der AETR-Doktrin gilt das Prinzip der begrenzten Einzelermächtigung (Art. E = 5 neu EUV) für die EG/EU-Vertragsschließungskompetenz. **Neben ihr besteht die Treaty making power der MSen fort.** Es bedarf daher ihrer Abgrenzung mit derjenigen der Gemeinschaft.

b) Vertragsschließungskompetenzen der EG/EU und der Mitgliedstaaten

1705 Bei aller Bedeutsamkeit der Treaty making power der EG/EU, wie sie sich insbesondere über die AETR-Doktrin herausgebildet hat, bleibt grundlegend zu beachten, daß die europäische Außenkompetenz wegen des Prinzips der begrenzten Einzelzuständigkeit **ihrem Wesen nach begrenzt bleibt.** Die eigentliche **„Außensouveränität"** ist bis auf weiteres bei den Mitgliedstaaten verblieben. Allerdings haben sich diese dann, wenn sie im völkerrechtlichen Bereich außerhalb der EG/EU-Zuständigkeiten handeln, am Prinzip der **Gemeinschaftstreue** im Sinne von Art. 5 = 10 neu EGV zu orientieren (*Kort,* JZ 1997, S. 640 ff.). Die Entwicklung der AETR-Doktrin einerseits (oben Rz. 1703 f.), die gewisse Stärkung der allgemeinen EU-Außenpolitik über die GASP des Maastrichter und Amsterdamer Vertrages 1992/97 andererseits zeigen, daß die Verteilung der Treaty making power zwischen EG/EU und MSen **keine feststehende Größe ist,** sondern sich dem Fortgang der Integration in Richtung auf die Politische Union anpaßt.

1706 Grundsätzlich ist zunächst festzustellen, inwieweit Außenzuständigkeiten zum Vertragsabschluß nach dem Vertrage als **ausschließliche EG-Kompetenzen** zu verstehen sind. Das ist bei verschiedenen ausdrücklichen Zuständigkeiten, aber nicht bei allen der Fall. Stillschweigend mitgeschriebene Treaty making power der EG erstarkt im Sinne der gelockerten AETR-Doktrin (oben Rz. 1704) erst aus einer potentiellen in eine **„nachträglich" ausschließliche Gemeinschaftszuständigkeit,** wenn die Binnenkompetenz von der EG wahrgenommen worden ist. Bis dahin verbleibt die Vertragsschließungsmöglichkeit in den Grenzen der Gemeinschaftstreue bei den MSen, u. U. in der Form gemischter Abkommen (unten Rz. 1711 ff. und näher *Geiger,* JZ 1995, S. 973 ff.). Die Feststellung, ob eine anfängliche oder nachträglich ausschließliche EG-Zuständigkeit vorliegt, ist u. a. für die Anwendung des **Subsidiaritätsprinzips** nach Art. 3 = 5 neu EGV von Bedeutung (oben Rz. 513 ff.).

Ausschließliche Vertragsschließungszuständigkeiten der Gemeinschaft bestehen seit dem Ende der Übergangszeit vor allem für die Abkommen im Rahmen der seither vergemeinschafteten **Handelspolitik** im Sinne der Art. 110 ff = 131 ff. neu EGV, ferner nach Art. 43 = 37 neu EGV i. V. m. Art. 102 Beitrittsakte 1972 in der **Fischereipolitik** und im Rahmen der EAG bei der Versorgung mit **Kernbrennstoffen** (Art. 52 ff. EAGV). Dagegen hat der Gerichtshof im WTO-Gutachten 1/94 (EuGHE 1994, I–5267 ff.) in Präzisierung des Begriffes der Handelspolitik (unten Rz. 1738) die EG-Zuständigkeit aus Art. 113 = 133 neu EGV auf den Abschluß der **„multilateralen Handelsübereinkünfte"** eingeschränkt und beim **Dienstleistungshandel** des GATS sowie bei den handelsbezogenen Aspekten **geistigen Eigentums** (TRIPS-Übereinkommen) eine Teilung dieser Kompetenz zwischen Gemeinschaft und MSen angenommen. Der durch den Amsterdamer Vertrag 1997 neu eingefügte Art. 113 Abs. 5 = 133 Abs. 5 neu EGV ermöglicht es, die Anwendung des Art. 113 = 133 neu EGV durch **einstimmigen Ratsbeschluß** auf Vorschlag der Kommission und nach Anhörung des EP auszudehnen. Auf diese Weise kann die komplizierte Teilung im konkreten Fall durch Überführung in die Gemeinschaftszuständigkeit ersetzt werden.

Soweit eine ausschließlich gemeine Treaty making power der EG festzustellen ist, kann grundsätzlich **nur noch die Gemeinschaft** völkerrechtliche Verträge mit Drittstaaten usf. schließen. Allerdings kann die EG die MS ermächtigen, derartige Befugnisse bis auf weiteres für sie auszuüben (EuGHE 1976, 1921 ff. – RS 41/6 „Donkerwolke", st. Respr.).

Ist die (ausdrücklich oder stillschweigend mitgeschriebene) EG-Zuständigkeit dagegen nicht ausschließlich gemeint, besteht insoweit grundsätzlich eine **konkurrierende Zuständigkeit zwischen EG und MS.** Nach Grundsätzen der Sachlogik können die MS in diesem Bereich ähnlich wie im Inneren auch nach außen ihre Treaty making power so lange weiterhin ausüben, bis die EG die ihre tatsächlich wahrnimmt. Allerdings unterliegen sie dabei dem grundlegenden Gebot des Art. 5 Abs. 2 = 10 Abs. 2 neu EGV alle Maßnahmen zu unterlassen, welche die Verwirklichung der Vertragsziele gefährden könnten. Diese Pflicht zum **„gemeinschaftsfreundlichen" Mitbedenken** bei der Ausübung der mitgliedstaatlichen Treaty making power hat der Gerichtshof verschiedentlich betont (EuGHE 1977, 741 ff. – Gutachten 1/76 „Rheinschiffahrt"; EuGHE 1978, 2151 ff. RS 1/78 „Euratom"; EuGHE 1994, I–5267 ff. Gutachten 1/94 „WTO", st. Rspr.). 1707

Statt einer konkurrierenden kann im Falle nicht ausschließlicher EG-Zuständigkeit ausnahmsweise auch eine **parallele Zuständigkeit zwischen EG und MS** in dem Sinne vorliegen, daß die MSen auf Dauer neben der EG zum Vertragsschluß befugt bleiben (z. B. bei humanitärer Hilfe zugunsten eines Drittstaates, EuGHE 1993 I, 3685 ff. – RS C 181/91). Dies ist im Einzelfall zu prüfen. Bei paralleler Zuständigkeit sind MSen wie EG zur gegenseitigen **Gemeinschaftstreue** verpflichtet, andererseits ist das **Subsidiaritätsprinzip** anwendbar. 1708

Einer besonderen Regelung bedürfen die von den MS **vor 1958** mit Drittstaaten abgeschlossenen völkerrechtlichen Verträge, die in den EG-Bereich fallen (**„Vorgemeinschaftliche" Abkommen oder „Altverträge"**). Gleiches gilt für Verträge, die nach 1958 der EG/EU beigetretene MSen vor ihrem Beitritt mit Drittstaaten abgeschlossen haben. Hier stellt Art. 234 = 307 neu EGV im Sinne des allgemeinen Völkerrechts (Pacta sund servanda = Art. 26 WVRK) klar, daß die Rechte und Pflichten aus solchen Übereinkünften **durch den EGV nicht berührt werden** (ähnlich 1709

Art. 105 f. EAGV). Das gilt ganz besonders für die Rechte der Drittstaaten und die Pflichten der MS. Bei nicht mehr gemeinschafskonformen Rechten der MS aus Altverträgen ist dagegen ein **Verzicht des MS** um der Erfüllung seiner EG-Verpflichtungen willen anzunehmen (EuGHE 1980, 2787 ff. – RS 812/79 „Burgoa"). In diese Richtung weist auch Art. 234 Abs. 2 = 307 Abs. 2 neu EGV, der die MS bei der Anwendung der Altverträge darauf festlegt, dem Umstand Rechnung zu tragen, daß der EGV die Errichtung einer supranationalen Wirtschaftsunion anstrebt, deren innergemeinschaftliche, von MS zu MS gewährten Vorteile nicht beliebig nach außen weitergegeben werden können. Dies betraf besonders die **Meistbegünstigungsklausel des GATT,** die auf die spezifischen internen Rechte einer Zollunion nicht anwendbar ist (so auch Abs. XXIV GATT).

Bei unvermeidlichen **Kollisionen** zwischen den Altverträgen und dem EGV verpflichtet Art. 234 Abs. 2 = 307 Abs. 2 neu EGV den betreffenden Mitgliedstaat, diese Unvereinbarkeiten zu beheben. Damit sind **Verhandlungen** mit den Partnern der Altverträge gemeint, die im Falle einer ausschließlichen Gemeinschaftkompetenz von der EG zu führen wären *(Vedder,* in Grabitz/Hilf (Hrsg.), Komm. EUV/EGV). (1986), Art. 234 RdNr. 7). Bei multilateralen Abkommen kann der **Beitritt der Gemeinschaft zum Altvertrag** neben oder anstelle der MS die geeignete Anpassungsmaßnahme sein.

In der **Gemeinschaftspraxis** ist Art. 234 EWGV insbesondere für die Position der Gemeinschaft im GATT, in den Brüsseler Zollabkommen von 1950, in der Europäischen Menschenrechtskonvention (EMRK) von 1950, bei verschiedenen ILO-Konventionen u. a. m. von Bedeutung gewesen (näher *Petersmann,* in GTE, Komm., EU/EGV, 5. Aufl. 1997, Bd. 5. S. 566 ff.). Vor allem im GATT hat die Gemeinschaft weitgehend aufgrund ihrer handels- und zollpolitischen Befugnisse die früheren Rechte und Pflichten der MS übernommen und nimmt sie mit deren Willen und dem Einverständnis der Drittstaaten wahr. Die EG war so nach 1958, besonders seit 1970 eine Art **de facto-Vertragspartei des GATT** geworden (EuGHE 1972, 1219 ff. – Verb.RS 21–23/72 „International Fruit Company", st. Rspr., vgl. auch unten Rz. 1799 ff.). Mit dem Inkrafttreten des WTO-Übereinkommens 1995, welches das „GATT 1994" einschließt, sind die EGen neben ihren MSen förmlich WTO-Mitglied geworden. Bei der EMRK ist aus der gemeinsamen Mitgliedschaft aller MS der Schluß gezogen worden, daß ihr Inhalt gemeinsame Verfassungstradition der MS sei und **allgemeine Rechtsgrundsätze des Gemeinschaftsrechts** widerspiegele (EuGHE 1974, 491 ff. – RS 4/73 „Nold"; jetzt Art. 7 = 6 neu EUV). Insgesamt ist mit Hilfe des Art. 234 = 307 neu EGV und z. T. weitergehender Erwägungen die Integrierung der mitgliedstaatlichen Altverträge in die Gemeinschaftsordnung inzwischen zufriedenstellend gelungen (zu den verschiedenen Einzelproblemen in diesem Zusammenhang *Petersmann,* a. a. O.; *Vedder,* a. a. O, m. w. N.). Dem Sinn des Art. 234 = 307 neu EGV entspricht es, ihn analog auf Verträge anzuwenden, welche die MS gemeinschaftsrechtlich zulässigerweise **nach 1958** abgeschlossen haben *(Bernhardt,* EuR 1983, S. 199 ff.).

1710 Soweit die Vertragsschließungsbefugnis der MSen fortbesteht, sind sie nicht nur zum Abschluß von Verträgen mit Drittstaaten befugt, sondern auch **untereinander.** Art. 220 = 293 neu EGV, der dies zum Ausdruck bringt, ist nicht abschließend gemeint. Solche völkerrechtlichen Anreicherungen der Gemeinschaftskonstruktion unterliegen dem Prinzip der Gemeinschaftstreue. Als wünschenswerte Ergänzung „im Dunstkreis" der EG können sie ihrerseits ein Stück praktizierte Gemeinschaftstreue darstellen (näher *Kort,* JZ 1997, S. 640 ff. und oben Rz. 1705).

Insgesamt erweist sich die geschilderte Abgrenzung der Treaty making power der Gemeinschaft von derjenigen der MS in der Gemeinschaftspraxis als kompliziert und führt nicht selten zu **Streitigkeiten** zwischen der EG, insbesondere der Kommission, und den MS. Besonders im EAG-Bereich birgt das Verfahren des Art. 103 EAGV leicht Stoff zu derartigen Auseinandersetzungen. Hiernach müssen die MS der Kommission EAG-relevante Abkommen mit Drittstaaten zur Prüfung auf ihre Vereinbarkeit mit dem EAGV vorlegen. Die Abkommen können bei Bedenken der Kommission nur über ein zustimmendes **Gutachten der EuGH** geschlossen werden (Art. 103 Abs. 2 EAGV, dazu etwa EuGHE 1979, 2871 ff. – Gutachten 1/78). Ähnliches gilt im Bereich des Art. 75 EGKSV. – Im Bereich des EGV werden Meinungsverschiedenheiten über die gegenseitige Treaty making power gelegentlich dadurch praktisch überbrückt, daß ein sog. **„gemischtes Abkommen“** geschlossen wird.

c) Gemischte Abkommen

Der Typus der gemischten Abkommen, bei denen auf der „europäischen Seite“ eine **gleichzeitige Beteiligung der EG und ihrer MS** stattfindet, ist in der Gemeinschaftspraxis aus den eben erwähnten politischen Gründen (ohne Rz. 1710), z. T. aber auch rechtlich zwingend, von großer Bedeutung geworden (umfassend *O'Keefe/Schermers* [Hrsg.], Mixed Agreements, 1983). Für den EAG-Bereich sind sie in Art. 102 EAGV ausdrücklich erwähnt und einem besonderen Verfahren unterworfen worden. Vor allem im EG-Bereich spielen die gemischten Abkommen in zentralen Bereichen der **Handels- und Entwicklungspolitik** eine große Rolle, wobei man an der zwingenden Notwendigkeit der Beteiligung der MS öfters zweifeln kann. Sie ist manchmal eine Art psychologischer Ersatz für den nationalen Kompetenzverlust infolge der teilweisen Vergemeinschaftung der Außenbeziehungen. 1711

Bekannte Beispiele für gemischte Abkommen sind die **„Lomé-Verträge“** der EG mit den AKP-Staaten über eine Entwicklungspartnerschaft (*Wolf,* Integr. 1997, S. 160 ff. und unten Rz. 1814 ff.). 1994 wurde die Umwandlung des GATT 1947 in die **neue Welthandelsorganisation WTO** gemischt abgeschlossen (ABl. 1994, L 336/3 ff. bzw. BGBl. 1994 II, 1439 ff., *Oppermann,* RIW 1995, S. 919 ff. und unten Rz. 1799 ff.). Die MSen sind nicht selten an **Kooperationsverträgen** der EG mit Drittstaaten beteiligt (z. B. Maghreb-Kooperationsabkommen v. 20. 10. 1978, ABl. L 295/35 ff.) Auch für **Rohstoffabkommen** wird diese Form öfters gewählt (z. B. Naturkautschukabkommen, ABl. 1980, L 213/1 ff., dazu EuGHE 1979, 2871 ff.-Gutachten 1/78).

An sich sind gemischte Abkommen nicht aus den eben genannten „Prestigegründen“, sondern nur dann zulässig, wenn die Abkommensmaterie **sowohl Zuständigkeitsbereiche der EG als auch ihrer MS betrifft.** Wann und inwieweit das der Fall ist, kann angesichts der Weite vieler Abkommenstexte leicht Gegenstand rechtlicher Auseinandersetzung sein, welche dann mit der Kontruktion des gemischten Abkommens „geschlichtet“ wird (*Bleckmann,* EuR 1976, S. 301 ff.). Ein wesentlicher Grund für die mitglied- 1712 staatliche Beteiligung z. B. bei Rohstoffabkommen liegt darin, daß im Rahmen des Abkommens **Finanzierungen** erfolgen sollen, die von den MS zu leisten sind. Zuständigkeitsmäßig bleibt im Sinne der „gelockerten AETR-Doktrin" seit dem WTO-Gutachten 1/94 (EUGHE 1994, I–5267 ff., oben Rz. 1704) zu beachten, **daß sich an der Kompetenzteilung zwischen EG und MSen durch den Abschluß des gemischten Abkommens nichts ändert.** Die EG aktualisiert hiermit nicht eine etwa gegebene Binnenkom-petenz und würde damit ihre Außenkompetenz erweitern. Dies geschieht nur durch die Setzung von Binnenrecht. So bleibt die Kongruenz zwischen Außen- und Binnenkompetenz am besten gewahrt *(aA Geiger,* JZ 1995, S. 973 ff.). Bei Dienstleistungshandel/geistigen Eigentumsrechten erleichtert Art. 113 Abs. 5 nF = 133 neu EGV (oben Rz. 1706) die Herstellung solcher Kongruenz.

1713 Kompliziert gestaltet sich die **Aushandlung von gemischten Abkommen.** Während bereits nach den EG-Vertragsschließungsverfahren gemäß Art. 228 = 300 neu EGV (unten Rz. 1714 ff.) mehrere Abstimmungsprozeduren zwischen der konzipierenden und später verhandelnden Kommission einerseits, dem ermächtigenden Rat andererseits notwendig sind, vergrößert sich dieser prozedurale Aufwand durch den Hinzutritt der MS nochmals. Der Logik der gemischten Abkommen entspricht es, daß die EG-Seite durch eine **gemeinsame Delegation aus Vertretern der Kommission und der MS** repräsentiert wird. Sie können „bicephal" (Kommission und Ratspräsidialmacht) oder „multicephal" (Kommission und alle MS) zusammengesetzt sein. Nach außen kann die Kommission dann Sprecherin für das gesamte Abkommen sein („Rom-Formel"), nachdem die MS sich intern für ihren Bereich abgestimmt haben. Solche Formen sind besonders bei den Assoziierungs- und Kooperationsabkommen sowie bei Rohstoffabkommen üblich. Denkbar sind auch **reine Kommissionsdelegationen** (Bsp. UN-Seerechtskonferenz). Können aus besonderen Gründen **nur Vertreter von MS** auftreten (Bsp. ILO) müssen diese treuhänderisch die EG-Interessen wahrnehmen (näher zu den komplizierten Vertretungskonstruktionen in der Gemeinschaftspraxis *Vedder,* in: Grabitz/Hilf (Hrsg.) Komm. EUV/EGV, (1986), Art. 228, RdNr. 29 m. w. N.) – Im allgemeinen hat sich eingebürgert, daß zunächst die MS das ausgehandelte gemischte Abkommen bindend abschließen und anschließend die EG abschließt. Auf diese Weise werden am ehesten unvollständige Abschlüsse vermieden.

Gemäß dem allgemeinen Völkerrecht (vgl. auch Art. 228 Abs. 7 = Art. 300 Abs. 7 neu EGV) sind bei gemischten Verträgen **alle Partner, hier also EG und MS, an den gesamten Vertragsinhalt gebunden** *(Arnold,* AVR 1981, S. 419 ff.). Dieser Grundsatz dient besonders der Rechtssicherheit dritter Vertragspartner, die sich nicht die schwierige interne Kompetenzverteilung zwischen der Gemeinschaft und ihren MS entgegenhalten zu lassen brauchen. Anderes kann bei einer nach außen offenkundigen Trennung zwischen mitgliedstaatlichen und EG-Bereich im konkreten Abkommen gelten.

d) Vertragsschließungsverfahren

aa) EG

1714 **Prozedurale Grundnorm** für das Verfahren des Vertragsschlusses bei den **normalen Abkommen** der Gemeinschaft mit Drittstaaten oder Internationalen Organisationen ist Art. 228 = 300 neu EGV. Er wurde gegenüber dem ursprünglichen Art. 228 EWGV durch die **Maastrichter und Amsterdamer Verträge 1992/97 wesentlich fortentwickelt.** Für die GASP enthält Art. 24 neu EUV eine Spezialregelung (oben Rz. 1702).

Im EGKSV fehlt eine entsprechende Norm, hier ist von Art. 6 Abs. 4 i. V. m. Art. 8 EGKSV auszugehen. Für den EAG-Bereich enthält Art. 101 EAGV die Art. 228 = 300 neu EGV entsprechende Regelung, die jedoch andere Wege geht (unten Rz. 1717).

Art. 228 = 300 neu EGV enthält selbst keine Vertragsschließungskompetenz der Gemeinschaft, sondern setzt diese an anderer Stelle im Vertrage voraus (**„Soweit dieser Vertrag...“**, dazu oben Rz. 1687). Die wichtigsten Fälle, die auf diese Weise mit Art. 228 = 300 neu zusammengesehen werden müssen, sind die **Handelsabkommen** nach Art. 113, = 133 neu EGV und die **Assoziierungsabkommen** gemäß Art. 238 = 310 neu EGV (unten Rz. 1879).

Das **Verfahren des Art. 228** = 300 neu EGV ist durch eine nicht ganz 1715
einfach zu handhabende Kompetenzverteilung zwischen Kommission und Rat charakterisiert, an der außerdem bis zu einem gewissen Grade das Europäische Parlament beteiligt ist. Ferner kann der Gerichtshof zur nötigen Klärung der vertraglichen Zuständigkeitsverteilung eingeschaltet werden (*Wellenstein,* CMLRev 1979, S. 407 ff.). Im einzelnen muß zwischen den **verschiedenen Phasen der Vertragsaushandlung** unterschieden werden.

Grundsätzlich handelt die **Kommission** die Gemeinschaftsabkommen aus (Art. 228 Abs. 1 = 300 Abs. 1 neu EGV – **„Verhandlungsphase“**). Sie legt dem Rat hierfür Empfehlungen vor. Der Rat ermächtigt die Kommission zur Einleitung der Verhandlungen **(„Mandatserteilung“).** Die Kommission führt diese Verhandlungen im Benehmen mit einem besonderen Ratsausschuß nach Maßgabe von Richtlinien, die ihr der Rat erteilen kann. Der Rat hat auf diese Weise schon in der Verhandlungsphase das letzte Wort. Jedoch kann die Kommission über ihr Empfehlungsrecht und mit Verhandlungsgeschick eine eigenständige Position erlangen. Die Kommission kann die Verhandlungsphase mit einer **Paraphierung** durch ihren Verhandlungsführer beenden (Textfeststellung ohne weiteres Engagement).

Die **Unterzeichnung** des Abkommens, u. U. i. V. m. einem Beschluß über die vorläufige Anwendbarkeit, wird vom **Rat auf Vorschlag der Kommission** beschlossen. Der Rat beschließt hier und überhaupt im Rahmen des Art. 228 Abs. 1 = 300 neu Abs. 1 EGV grundsätzlich mit qualifizierter Mehrheit, jedoch einstimmig, wenn für die Annahme interner Vorschriften Einstimmigkeit vorgesehen ist, sowie bei Assoziierungsabkommen nach Art. 238 = 310 neu EGV.

Mit Ausnahme von Handelsabkommen im Sinne von Art. 113 = 133 neu EGV erfolgt vor dem Abschluß der Abkommen eine **Anhörung des Europäischen Parlaments** (Art. 228 Abs. 3 = 300 Abs. 3 neu EGV). Bei Assoziierungsabkommen im Sinne von Art. 238 = 310 neu EGV sowie bei Abkommen, die institutionell/finanziell u. ä. eine besonders intensive Verbindung mit der EG begründen, bedarf es der **Zustimmung des EP** (Art. 228 Abs. 3 UA 2 = 300 Abs. 3 UA 2 EGV). In bestimmten anderen Fällen (Aussetzung von Abkommen, Festlegung von EG-Standpunkten in Assoziationsräten u. ä. wird das EP unverzüglich und umfassend **unterrichtet** (Art. 228 Abs. 2 UA 2–3 = 300 Abs. 2 UA 2–3 EGV).

Rat, Kommission oder ein MS können vor Abschluß nach Art. 228 Abs. 6 = 300 Abs. 6 neu EGV ein **Gutachten des Gerichtshofes** über die Vereinbarkeit des

Abkommens mit dem Vertrag einholen (*Sinagra,* FS Monaco, 1977, S. 695 ff.). Hierdurch soll gesichert werden, daß die **Zuständigkeiten zwischen Gemeinschaft und MSen,** aber auch zwischen den Gemeinschaftsorganen gewahrt bleiben (vgl. z. B. Gutachten 1/94 „WTO", *EuGHE* 1994 I–5267 ff.). Diese Gutachtenpraxis hat ständig zugenommen. Ist das Gutachten ablehnend, bedarf es zum Abschluß einer Vertragsänderung nach Art. N = 48 neu EUV. – Vertragsänderungen sind in jedem Falle vor dem Abschluß des Abkommens durchzuführen (Art. 228 Abs. 5 = 300 Abs. 5 neu EGV).

Nach Beendigung dieser Prozeduren wird das Abkommen **vom Rat mit Beschluß abgeschlossen.** (Art. 228 Abs. 2 = 300 Abs. 2 neu EGV). Wie bei der Unterzeichnung beschließt der Rat grundsätzlich mit qualifizierter Mehrheit, in bestimmten wichtigen Fällen einstimmig (oben Rz. 286 ff.). Er kann die Kommission zur Billigung späterer Änderungen des Abkommens ermächtigen (Art. 228 Abs. 4 = 300 Abs. 4 neu EGV). Der Abschluß-Beschluß des Rates ist seitens der Gemeinschaft der **völkerrechtliche Ratifikationsakt.** Die Abkommen treten nach der konkreten Vereinbarung der Parteien in Kraft, ansonsten mit dem Austausch der Abschlußakte.

bb) EGKS

1716 Im Vergleich zum Vertragsschließungsverfahren des EGV ist dasjenige **im Rahmen der EGKS** rudimentär. Es gibt keine Spezialnorm für den Vertragsschluß. Art. 6 Abs. 4 EGKSV bestimmt lediglich allgemein, daß die Montanunion durch ihre Organe „im Rahmen ihrer Befugnisse" vertreten wird. Damit wird im Sinne von Art. 8 EGKSV auf **die Kommission** verwiesen, die grundsätzlich auch für die Gestaltung der EGKS-Außenbeziehungen verantwortlich ist. Jedoch ist die EGKS-Außenkompetenz sehr begrenzt, so daß für Vertragsabschlüsse seitens der Kommission wenig Raum bleibt.

Die **Handelspolitik im Kohle/Stahlbereich** ist nach Art. 71 ff. EGKSV grundsätzlich bei den MS verblieben (unten Rz. 1730). Art. 93, 94 EGKSV macht der Montanunion zur Aufgabe, über die Hohe Behörde zweckdienliche Verbindungen zur UNO und OECD zu unterhalten sowie durch ein Zusatzprotokoll die Verbindung zwischen den EGKS-Organen und dem Europarat sicherzustellen. In Art. 6 dieses ZP ist festgelegt, daß diese Zusammenarbeit u. a. durch den Abschluß von Abkommen geregelt werden kann. – Ferner hat das nach Art. 85 EGKSV von den MS abgeschlossene Übergangs-Zusatzabkommen der Kommission gewisse Zuständigkeiten eröffnet, als gemeinsame Beauftragte der MS Verhandlungen mit Drittstaaten **über die Wirtschafts- und Handelsbeziehungen im Bereiche Kohle/Stahl** zu führen. Die Kommission handelt dabei im Rahmen einstimmiger Weisungen des Rates.

cc) EAG

1717 Das **Vertragsschließungsverfahren des EAG-Vertrages** war dem ursprünglichen Art. 228 EWGV angeglichen. Jedoch ist die **Stellung der Kommission im Euratom-Bereich stärker.** Sie handelt nicht nur die Abkommen nach Richtlinien des Rates aus, sondern schließt sie auch mit Zustimmung des Rates ab, der dabei mit qualifizierter Mehrheit beschließt (Art. 101 Abs. 2 EAGV). Soweit der Rat zur Durchführung eines Abkommens nicht erforderlich ist, kann die Kommission den Vertrag sogar alleine aushandeln und abschließen und braucht den Rat lediglich hierüber unterrichtet zu halten (Art. 101 Abs. 3 EAGV). Ferner enthält Art. 102 EAGV eine ausdrückliche

Regelung der „gemischten Verträge" (oben Rz. 1711 ff.). Auch Assoziierungsabkommen können von der EAG nach Art. 206 EAGV abgeschlossen werden. Das EP bleibt hier auf ein Anhörungsrecht beschränkt.

Insgesamt spiegelt das EG-Vertragsschließungsverfahren die **grundlegende Verteilung der Treaty making power zwischen den Gemeinschaftsorganen** wider. Von kleineren Ausnahmen abgesehen, wird der Inhalt der Abkommen, welche die EG mit Drittstaaten schließt, **im Grundsätzlichen vom Rat bestimmt.** Andererseits ist die **Rolle der Kommission als Unterhändler der EG** trotz aller Bindungen an den Rat in der Praxis nicht zu unterschätzen. Zunächst einmal obliegt es ihr, aufgrund eigener Vorschläge das oft disparate Meinungsbild im Rat in eine kohärente, nach außen präsentable Gemeinschaftsofferte umzuwandeln („arg. Art. 113 Abs. 2 = 133 Abs. 2 neu EGV"). Ferner weist die komplexe Verhandhandlungssituation, bei der die Vorstellungen der „anderen Seite" jeweils mitbedacht werden müssen, dem Verhandlungsführer eine starke Position zu. So kann man das Gesamtverhältnis zwischen Rat und Kommission beim Vertragsschließungsverfahren nicht nur juristisch, sondern auch tatsächlich als ein **partnerschaftliches** bezeichnen, bei dem die fundamentale Ausrichtung zwar dem Rat obliegt, die Kommission aber ihren gewohnten Part als initiierender und vielfältig mitbestimmender Juniorpartner (oben Rz. 330) wahrnimmt.

e) Bindungswirkungen der Gemeinschaftsverträge

Zur Bindungswirkung der nach dem EG-Vertragsschließungsverfahren (oben Rz. 1714 ff.) gültig zustande gekommen und in Kraft getretenen Gemeinschaftsabkommen, stellt Art. 228 Abs. 7 = 300 Abs. 7 neu EGV fest, daß sie **für die Organe der Gemeinschaft und für die Mitgliedstaaten verbindlich sind** *(Manin,* FS Teitgen, 1984, S. 289 ff.). In diesem Zusammenhang muß die **völkerrechtliche Verbindlichkeit** der Verträge im Verhältnis zu den dritten Partnern und ihre **interne Rechtswirkung** und Rang im Gemeinschaftsrecht unterschieden werden. Richtiger Auffassung nach enthält Art. 228 Abs. 7 = 300 Abs. 7 neu EGV in beiden Richtungen die entscheidenden Aussagen *(Tomuschat,* in: GTE, Komm. EU/EGV, 5. Auflage. 1997, Bd. 5, S. 496 ff.). 1718

Völkerrechtlich ergibt sich die Bindung der EG an ihre Abkommen auch ohne Art. 228 = 300 neu aus dem auch für die Gemeinschaft gültigen **allgemeinen Rechtsgrundsatz „Pacta sunt servanda"** (vgl. auch Art. 26 WVRK). Gleiches gilt für die Bindung der MS, soweit bei den gemischten Abkommen deren Kompetenzen im Spiel sind (oben Rz. 1711 ff.). 1719

Die eigentliche Bedeutung von Art. 228 Abs. 7 = 300 neu liegt in der Bindungswirkung der EG-Abkommen **innerhalb der Gemeinschaftsordnung** *(White,* ELRev 1976, S. 402 ff.). Insoweit gilt, daß ein rechtsgültig zustande gekommenes Abkommen „einen integrierenden Bestandteil der Gemeinschaftrechtsordnung" bildet (EuGHE 1974, 460 ff. – RS 181/73 „Haegemann/Belgien"). Mit der Feststellung, daß die Abkommen für die Organe der Gemeinschaft verbindlich sind, verbindet sich notwendig die Konsequenz, daß die Gemeinschaftsabkommen **Vorrang** vor dem von denselben Gemeinschaftsorganen erlassenen sekundären Gemeinschaftsrecht beanspruchen müssen (statt vieler *Krück*, Völkerrechtliche Verträge im Recht der EG, 1977, S. 170 m. w. N.). Der Gerichtshof nimmt dementsprechend die Befugnis in Anspruch, die Vereinbarkeit des Sekundärrechts mit den Abkommen zu überprüfen (EuGHE 1972, 1219 ff. – Verb. RS 21–24/72 „International Fruit Company"). Am sinnvollsten erklärt sich der Vorrang der Gemeinschaftsabkommen innerhalb des EGR aus ihrer völkerrechtlichen Qualität, die im Sinne eines **monistischen Verhältnisses zwischen Völkerrecht und EGR** dem Recht des weiteren Verbandes den natürlichen Vorrang sichert. Art. 228 Abs. 7 = 300 Abs. 7 neu EGV bekräftigt, so gesehen, dieses grundsätzliche Verhältnis.

1720 Wenn die Gemeinschaftsabkommen einen integrierenden Bestandteil der Gemeinschaftsrechtsordnung darstellen, ist nach den allgemeinen Kriterien die Möglichkeit gegeben, daß sie **unmittelbare Wirkungen gegenüber Privatpersonen** entfalten und sich der einzelne auf solche Bestimmungen berufen kann. Dies hängt im wesentlichen davon ab, ob die betreffende Norm diese Möglichkeit vorsieht und ihrem Charakter nach zur Direktwirkung geeignet ist, z. B. hinreichend bestimmt ist. Anhand solcher und ähnlicher Kriterien hat der Gerichtshof jeweils im einzelnen die Frage der Direktwirkung entschieden (verneinend z. B. EuGHE 1972, 1228 ff. – RS 21–24/72 „GATT"; bejahend z. B. EuGHE 1976, 129 ff. – RS 87/75 bei der Abschaffung von Zöllen und zollgleichen Abgaben in Assoziierungsabkommen). Nicht überzeugend hat EuGHE 1994, I–4973 ff., RS 280/93 „Bananen" sogar **die Klage eines MS (D)** aufgrund Art. 173 Abs. 2 = 230 Abs. 2 neu EGV wegen eines angeblichen „soft law"-Charakters des früheren GATT-Rechts zurückgewiesen. Gegenüber dem inzwischen „gehärteten" WTO-Recht erscheint diese „Kleinschreibung" des Art. 228 Abs. 7 = 300 Abs. 7 neu EGV noch weniger vertretbar *(Everling,* CMLRev 1996, S. 401 ff. und oben Rz. 1393 f.).

1721 Auf jeden Fall ist eine **gerichtliche Kontrolle der Abkommen durch den Gerichtshof** in vollem Umfang möglich, da der Abschluß „Handeln des Organs" im Sinne von Art. 173, 177 = 230, 234 neu EGV ist (EuGHE 1974, 449 ff. – RA 181/73 „Haegemann/Belgien", st. Rspr.: *Groux,* RTDE 1983, S. 203 ff.)

Unter Verletzung von Vertragsvorschriften abgeschlossene Abkommen (**„kranke Verträge"**) sind im Sinne von Art. 46 WVRK nach dem Prinzip des völkerrechtlichen Vertrauensschutzes – abgesehen von evident sichtbaren Verletzungen – **als gültig anzusehen.** Die EG wird auch hier ähnlich wie ein Staat behandelt und die Anwendung der für Internationale Organisationen entwickelten Ultra-Vires-Lehre abgelehnt *(Bothe,* ZaöRVR 1977, S. 122 ff. [136]).

3. Grundlegende völkerrechtliche Rechte und Pflichten der Gemeinschaft und Union

1722 Aus der grundsätzlichen Völkerrechtsfähigkeit der EG (Rechts- und Handlungsfähigkeit, oben Rz. 155 ff.), welche die Grundlage ihrer Außenkompetenz darstellt, ergibt sich für die Gemeinschaft die Kompetenz, daß sie **grundlegende völkerrechtliche Rechte** verschiedener Art wahrnimmt und andererseits entsprechenden **völkerrechtlichen Pflichten** unterliegt. Dies folgt bereits aus den Regeln des allgemeinen Völkerrechts, wo von den sog. **„Grundrechten und Grundpflichten" der Staaten** gesprochen wird *(Folz,* FS Verdross 1980, S. 403 ff.).

Zwar ist die EG/EU kein Staat, verfügt aber als staatsähnliche „Gemeinschaft" sui generis (oben Rz. 887) über ein solches Ausmaß selbständiger Befugnisse, daß sich in diesem Zusammenhang oftmals eher die Analogie zu staatlichen Völkerrechtsgrundsätzen nahelegt als zu denjenigen, die für die Internationalen Organisationen als abgeleitete und vielfältige in der Hand der Staaten befindliche Völkerrechtssubjekte gelten. Andererseits bleibt **Grenze** für solche Analogien das **Prinzip der begrenzten Einzelzuständigkeit** (oben Rz. 513 ff.), welches die Gemeinschaft vom (relativ) „souveränen" Staatswesen unterscheidet. Völkerrechtliche Rechte und Pflichten können sich für die EG/EU nur innerhalb der hinreichend vergemeinschafteten Sachbereiche ergeben. 1723

So kann die Gemeinschaft im Rahmen ihrer handelspolitischen Kompetenzen aus Art. 110 ff. = 131 ff. neu EGV beispielsweise außenwirtschaftlichen Sanktionspflichten unterliegen, welche im Rahmen der UNO beschlossen werden (unten Rz. 1781). Als eine nichtmilitärische Organisation kann die EG dagegen nicht zu militärischen Beistandspflichten aus dem System der kollektiven Sicherheit der Vereinten Nationen herangezogen werden. Dementsprechend ergibt sich der militärisch-operationelle Einsatz von Truppen der EU-Staaten auf dem Balkan (Ex-Jugoslawien) 1991 ff. trotz des Bestehens der GASP bisher aus ihrer NATO-Mitgliedschaft i. V. m. Art. 52 ff. UNCh (unten Rz. 2081).

a) Rechte

Die EG/EU ist zwar kein Staat und so auch kein UN-Mitglied. Die besonders in Art. 2 UNCh niedergelegten **staatlichen Grundrechte und Grundsätze** finden damit nicht unmittelbar auf die Union Anwendung. Für die „Staatsnähe" der EG/EU ist jedoch kennzeichnend, daß die Union im Rahmen der GASP (Art. 11 neu EUV) als deren Ziele ausdrücklich die Wahrung der gemeinsamen Werte und die Friedenswahrung **„im Einklang mit den Grundsätzen der Charta der Vereinten Nationen"** benennt. Die EU betrachtet sich damit im Sinne einer Selbstverpflichtung an die UN-Prinzipien gebunden. 1724

Zwar ist die Gemeinschaft nicht **„souverän"** im Sinne von Art. 2 UNCh *(Bleckmann,* AVR 1985, S. 450 ff.). Gewisse Konsequenzen hieraus z. B. im Sinne der **äußeren Immunität vor Behörden und Gerichten in Drittstaaten** sind aber für die EG und ihre Bediensteten relevant *(Ress,* ZaöRVR 1980, S. 217 ff.). Ähnliches gilt für das aktive und passive **Gesandtschaftsrecht,** einschließlich der **Vorrechte und Befreiungen,** die ausdrücklich im Protokoll von 1965 geregelt sind (oben Rz. 157 ff.). Ebenso ist das Prinzip der **Staatengleichheit** im Sinne der grundlegenden Rechtsgleichheit der Völkerrechtssubjekte für die Gemeinschaft im Rahmen ihres Verkehrs mit Drittstaaten und Internationalen Organisationen von wesentlicher Bedeutung *(McKean,* Equality and Discrimination under International Law, 1983). Ähnliches gilt für den grundlegenden **Anspruch auf Achtung und Ehre** im internationalen Verkehr, auf **Nichteinmischung in die inneren Gemeinschaftsangelegenheiten** u. a. m. Aus dem Bereich der wirtschaftlichen Grundprinzipien 1725 kann z. B. auf die sich aus dem Territorialitätsprinzip ergebende **ständige Souveränität über die Bodenschätze und sonstige Wirtschaftsgüter** hingewiesen werden *(Hossain/Chowdhury* (Hrsg.), Permanent Souvereignty over Natural Resources in International Law, 1984), die z. B. auch das **Prinzip des Schutzes des geistigen Eigentums** einschließt *(Oppermann,* FS Hahn, 1997, S. 447 ff.). Auch solche Grundsätze sind je nach Sachverhalt für die Gemeinschaft oder ihre Mitgliedstaaten relevant.

b) Pflichten

1726 Für die sog. **völkerrechtlichen Grundpflichten** gilt Entsprechendes. Sie sind oftmals nur die Kehrseite der o. g. Rechte, beispielsweise das Verbot der Intervention (Art. 2 Ziff. 4 UNCh) die Konsequenz aus dem Anspruch auf Nichteinmischung in innere Angelegenheiten. Auch insoweit ergibt sich aus der konkreten Kompetenzverteilung zwischen der EG/EU und ihren Mitgliedstaaten, ob und inwieweit solche ursprünglich für die Staaten als primäre Völkerrechtssubjekte entwickelten Prinzipien auf die Gemeinschaft (mit) übergegangen und von ihr zu respektieren sind.

Hierzu rechnet etwa die Pflicht zur **Achtung der Souveränität von Drittstaaten** einschließlich der Respektierung der Eigenständigkeit ihrer Rechtsordnung, was z. B. bei der Frage der extraterritorialen Wirkung des EG-Wettbewerbsrechts von Bedeutung ist (oben Rz. 1080). Hiermit berührt sich eng das **allgemeine Interventionsverbot,** das über Art. 2 Ziff. 4 UNCh hinaus einen Satz des universalen Völkergewohnheitsrechts darstellt (IGH, ICJ Reports 1986, 14 ff., Ziff. 205). Freilich können dabei auch die allgemein anerkannten **Ausnahmen** vom Interventionsverbot für die EG relevant werden. Dies gilt z. B. für **wirtschaftliche Kollektivinterventionen (Sanktionen),** wie sie die Vereinten Nationen in den sechziger Jahren gegen Rhodesien und später gegen Südafrika und den Irak *(Oppermann,* Intervention, EPIL II (1995), S. 1436 ff.). Die EG hat solchen Pflichten durch entsprechende Rechtsakte Rechnung getragen (z. B. Beschluß vom 27. 10. 1986 über die Aussetzung neuer Direktinvestitionen in der Republik Südafrika, ABl. L 305/45 ff.). Ähnliches mag für die allmähliche Entwicklung neuer Völkerrechtspflichten in einem anhebenden **Internationalen Wirtschaftsrecht der Zusammenarbeit und Solidarität** (Art. 1 Ziff. 3, 44 UNCh; *Scheuner,* FS Menzel, 1975, S. 251 ff.), der guten Nachbarschaft (Art. 74 UNCh; *(Oppermann,* FS Kutscher, 1981, S. 301 ff.) oder der Entwicklungskooperation gelten, für die besonders die Deklaration der UN-Generalversammlung vom 24. 10. 1970 über die freundschaftlichen Beziehungen und die Zusammenarbeit der Staaten (GA-Res. 2625 (XXV) Maßstäbe gesetzt hat *(Frowein,* EA 1973, S. 70 ff.).

Andere wesentliche Grundpflichten der EG bestehen in der **völkerrechtlichen Haftung für Delikte ihrer Organe,** u. U. i. V. m. ihren MS (oben Rz. 162) sowie in dem allmählichen Eintritt in vertragliche Bindungen der MS auf Gebieten der Gemeinschaftskompetenz, wofür Art. 234 = 307 neu EGV die Grundnorm darstellt (oben Rz. 1709).

Alles in allem spiegelt sich auch in dem weithin denkbaren Eintritt der Union und Gemeinschaft in grundlegende völkerrechtliche Rechte und Pflichten, deren Adressaten ursprünglich die Mitgliedstaaten waren, etwas von der **Breite und Tiefe der EG-Außenkompetenz.**

III. Ausblick: Europäische Außenpolitik?

Literatur: *Dupuy,* Du caractère unitaire de la CEE dans ses relations extérieures, AFDI 1963, S. 779 ff.; *Louis,* Droit et politique des relations extérieures des Communautés Européennes, CDE 1971, S. 3 ff.; *Rummel/Wessels,* Die EPZ, Struktur und Leistungsvermögen, 1977; *Wellenstein,* 25 years of European Community external relations, CMLRev 1979, S. 407 ff.; *Charpentier* (Hrsg.), L'Europe dans les relations internationales, 1982; *Stein,* European Political Cooperation (EPC) as a component of the European foreign affairs system, ZaöRVR 1983, S. 49 ff.; *Ehlermann-Jensen,* How can Europe find its own place in the world?, Europ. Affairs 1987, S. 40 ff.; *De Vree* (Hrsg.), Towards European Foreign Policy. Legal, economic and political dimension, 1987; *Axt,* Auf dem Weg zur gemeinsamen europäischen Außenpolitik?, NPL 1988, S. 2 ff.; *Ederer,* Die EWG und die Seerechtskonvention der Vereinten Nationen von 1982, 1988; *Stadler,* Die Zusammenarbeit der 12 in der Generalversammlung der vereinten Nationen in den achtziger Jahren, EA 1988, S. 181 ff.; *Perrakis,* Les relations extérieures de la CE après l'acte unique européen, RMC 1989, S. 488 ff.; *Pöttering,* Eine europäische Außen- und Sicherheitspolitik – Illusion oder Wirklichkeit? 1991; *Zoller,* La politique étrangère et de securité commune en Europe, 1993; *Fink-Hoojer,* The Common Foreign and Security Policy of the EU, EJIL 1994, S. 173 ff.; *Kühnhardt/Pöttering,* Weltpartner EU 1994; *Penza,* Groping towards Europe's Foreign Policy, FS Schermers 1994 II, S. 575 ff.; *Jürgens,* Die GASP, 1995; *Krenzler,* Die EU braucht eine starke Außenvertretung, EU-Magazin 8/1996, S. 18 ff.; *Van den Broek,* Why Europe needs a Common Foreign and Security Policy, EFA REv 1996, S. 1 ff.; *Van den Broek, Kinkel* u. a. Außenpolitik der EU – Rechtliche Möglichkeiten und politische Chancen, Verh. 61. Dt. Juristentag 1996, Q 7 ff.; *Merlini,* Europäische Außenpolitik und nationale Souveränität, Int. Pol. 1997, S. 63 ff.; *Ischinger,* Die GASP nach Amsterdam – Praxis und Perspektiven, 1998;

Blickt man zurück auf die seit den fünfziger Jahren weit getriebene Verge- **1727**
meinschaftung der EG-Handels- und Entwicklungspolitik (unten Rz. 1730 ff.), auf die „Beitrittspolitik" der Gemeinschaft und Union in den verschiedenen Erweiterungsrunden (unten Rz. 1841 ff.) und auf den Beginn der Abstimmung der allgemeinen Außenpolitik zwischen den MSen seit den siebziger Jahren in Gestalt von EPZ und GASP (oben Rz. 1688 ff.), ist unverkennbar, daß die **Gestaltung einer umfassenden und kohärenten europäischen Außenpolitik** Fortschritte gemacht hat. Aus der Intensivierung der Binnenbeziehungen der EG/EU ergaben sich immer wieder neue Sachzwänge für die Union, auch nach außen als „Weltpartner EU" *(Kühnhardt/Pöttering)* aufzutreten *(Van den Broek,* EFA Rev 1996, S. 1 ff.).

„Vater" des Konzeptes einer gemeinsamen europäischen Außenpolitik war insbesondere der frühere belgische Premierminister *Leo Tindemans.* In seinem Bericht für die Umwandlung der Gesamtheit der Beziehungen der MSen in eine Europäische Union sah er als essentielles Kennzeichen einer solchen Union das **gemeinsame Auftreten nach außen** in allen wichtigen Bereichen der Außenbeziehungen an. Aus diesen und anderen Impulsen ergab sich zunächst 1986 die Formalisierung der EPZ in der Einheitlichen Europäischen Akte (Präambel, Art. 1 ff. und insbesondere Art. 30 EEA, näher *Mischo,* FS Pescatore 1987, S. 441 ff.). Im Maastrichter Unionsvertrag 1992 würden diese Ansätze in Gestalt der **Gemeinsamen Außen- und Sicherheitspolitik** (GASP, Art. J. 1 ff. EUV, *Burghardt/Tebbe,* EuR 1995, S. 1 ff.) weiter ausgebaut und institutionalisiert. Das Bemühen des Amsterdamer Vertrages 1997 geht dahin, aufgrund der Erfahrungen mit der GASP seit Anfang der neunziger Jahre ihre Kohärenz weiter zu stärken (Art. 11 ff. neu EUV, oben Rz. 1690).

1728 Auf diese Weise ist die Außenpolitik der EG/EU von ihren vergemeinschafteten Teilen bis zur GASP **allumfassend** geworden („Alle Bereiche der Außen- und Sicherheitspolitik", Art. 11 neu EUV). Ihre wirkliche Vergemeinschaftung im Sinne einer „Europäischen Auswärtigen Gewalt" ist jedoch bisher nicht erfolgt. Selbst in den der Gemeinschaftskonstruktion des EGV unterworfenen Bereichen der Handels- und Entwicklungspolitik gemäß Art. 110 ff., 130 und ff. = 131 ff., 177 ff. neu EGV besteht keine vollständige Gemeinschaftsgewalt, sondern wegen der Geltung des Prinzips der begrenzten Einzelzuständigkeit eine **Teilung der auswärtigen Gewalt** zwischen EG und MSen (oben Rz. 1683 und unten Rz. 1738). Die GASP ist ungeachtet ihrer Bezeichnung („Gemeinsam") und der Anreicherung mit Elementen aus dem Arsenal der Gemeinschaftskonstruktion in Maastricht und Amsterdam 1992/97 im Kern eine **völkerrechtlich/intergouvernementale Veranstaltung** geblieben, die sich nach den Sonderregeln der Art. 11 ff. neu EUV vollzieht (*Van den Broek, Kinkel* u. a. Außenpolitik der EU, Verh. 61. Dt. Jur.Tag 1996, Q 7 ff.).

1729 Dieser besondere Status der GASP kann nicht überraschen, wenn man sich auf die **Rechtsgestalt der EG/EU insgesamt** besinnt, wie sie aus dem komplizierten Geflecht des Unionsvertrages und der Gemeinschaftsverträge in ihrer Amsterdamer Fassung sichtbar wird. Die EG/EU ist kein Staat, auch kein Bundesstaat, sondern eine **staatsnahe Gemeinschaft („Staatenverbund") sui generis** (oben Rz. 887 ff.). Ihre MSen haben bemerkenswerte Teile ihrer Rechtsetzungsgewalt vor allem im wirtschaftlichen Bereich sowie die analoge Justizgewalt überstaatlich zusammengeschlossen. Mit der Vergemeinschaftung der Währung soll diese Wirtschaftsunion vollendet werden. Bei den **essentiellen Staatsfunktionen** zum Schutz nach außen und innen, darunter Außen- und Sicherheits-(Verteidigungs)politik zögern die MSen bisher trotz gewisser Ansätze mit der vollen Vergemeinschaftung. Wahrscheinlich ist dies nicht als Ausdruck rückwärtsgewendeten Nationaldenkens zu bewerten, sondern entspringt Sachgründen. Bundesstaaten wie Deutschland oder die USA weisen im Innern ein Ausmaß kultureller, sprachlicher und sozialer Homogenität auf, von dem die alten Nationalstaaten Europas noch entfernt sind. Die Schaffung einer einheitlichen Auswärtigen Gewalt Europas sowie der Vergemeinschaftung der Militär- und Polizeigewalt wäre der Schritt über den Rubikon in den Europäischen Bundesstaat, mit anderen Worten der Übergang der Souveränität von den MSen auf die Union (*Merlini,* IntPol 1997, S. 63 ff.). Hierzu fehlen auf absehbare Zeit entscheidende tatsächliche Voraussetzungen und daher der politische Wille in den MSen. **Europäische Außenpolitik** ist aller Voraussicht nach vorläufig nur in der **Zwitterform integrierten Handelns im Wirtschaftsbereich und einer möglichst engen Zusammenarbeit in der allgemeinen Außen- und Sicherheitspolitik** zu erwarten (*Oppermann,* St. Thomas Law Review 1992, S. 141 ff.). Das schließt allmähliche Fortschritte nicht aus, aber ebensowenig gelegentliche Rückschläge.

§ 27. Handelspolitik und Entwicklungspolitik

Literatur: Die Literatur zur Gemeinsamen Handelspolitik und EG-Entwicklungspolitik ist in ihrer Vielgestaltigkeit und Fülle nahezu unüberschaubar. Umfangreiche Zusammenstellung insbesondere bei *Arnold,* Außenhandelsrecht, in: Dauses (Hrsg.) Hdb. EG-Wirtschaftsrecht, K I, S. 1 ff. (1994) und bei *Grabitz/v. Bogdandy/ Nettesheim,* Europäisches Außenwirtschaftsrecht, 1994, S. 639 ff.);

Everling, Rechtsprobleme der Gemeinsamen Handelspolitik in der EWG, 1965; *D'Orville,* Die rechtlichen Grundlagen für die gemeinsame Zoll- und Handelspolitik der EWG, 1973; *Coffey,* The external economic relations of the EEC, 1976; *Ehlermann,* Neuere Entwicklungen im Außenhandel der EG, 1984; *Schoo,* European Com-munity´s trade relations with developing countries, 1986; *Eiselstein,* Die EG in der Weltwirtschaftsordnung, 1987; *Ernst,* Wechselwirkungen zwischen Handelspolitik und Integration, FS v. d. Groeben, 1987, S. 93 ff.; *Draeger-Stiftung* (Hrsg.), Die EG in der Weltwirtschaft, 1988; *Lebullinger,* La politique communautaire de coopération au développement, RTDE 1988, S. 123 ff.; *Hailbronner/Bierwagen,* Neuere Entwicklungen im Außenwirtschaftsrecht der EG, NJW 1989, S. 1385 ff.; *Lux,* Europäisches Außenwirtschaftsrecht, ZfZ 1990, S. 194 ff.; *Bourrinet,* La politique commerciale de la CEE, 1991; *v. Bogdandy,* Die Handelspolitik der EWG, JURA 1992, S. 407 ff.; *Petersmann,* National Constitutions, Foreign Trade Policy and EC-Law, EJIL 1992, S. 1 ff.; *v. Bogdandy/Nettesheim,* Strukturen des gemeinschaftlichen Außenhandels, EuZW 1993, S. 465 ff.; *EG-Kommission,* Die EG und die dritte Welt, 1993; *Petersmann,* Constitutional Principles governing the EEC´s Commercial Policy, in: Maresceau (Hrsg.) The EC´s Commercial Policy after 1992, 1993, S. 34 ff.; *Grabitz/v. Bogdandy/Nettesheim,* Europäisches Außenwirtschaftsrecht, 1994; *Krenzler,* Recht und Politik der Außenwirtschaftsbeziehungen der EG, 1994; *Langer,* Grundlagen einer internationalen Wirtschaftsverfassung, 1995; *Kappel,* Europäische Entwicklungspolitik im Wandel, 1996; *Kinder,* Die Außenindustriepolitik der EG, 1996; *Weber,* Wirtschaftsabkommen im System der EG – Die Rspr. des EuGH, AVR 1997, S. 295 ff.; *Bender,* Entwicklungspolitik und *Kösters,* Handelspolitik, in: Klemmer (Hrsg.), Hdb Europ. Wirtsch. Pol. 1998, S. 519 ff., 799 ff..

Kernstück der EG-Außenbefugnisse im vergemeinschafteten Sinne stellt **1730**
die **Gemeinsame Handelspolitik** (GHP) dar, wie sie insbesondere in der Präambel, Art. 3 b und Art. 110–115 = 131–134 neu EGV konzipiert und seit 1958 in einer **kaum mehr überschaubaren Fülle autonomen und vertraglichen Gemeinschaftsrechts** verwirklicht wurde.

Der EAGV enthält seinerseits vor allem in den Art. 101–106 Regelungen über die **Außenbeziehungen von EURATOM** im Hinblick auf die Versorgung mit Kernbrennstoffen. Im Sinne von Art. 232 Abs. 2 = 305 Abs. 2 neu EGV (oben Rz. 232 ff.) bleiben daneben Art. 110 ff. = 131 ff. neu EGV ergänzend anwendbar. – Dagegen beläßt Art. 71 EGKSV die **handelspolitische Zuständigkeit für den Montanbereich** grundsätzlich bei den Regierungen der MS, soweit nicht die Art. 71 ff. etwas anderes bestimmen. In der Praxis hat aber auch hier eine weitgehende Harmonisierung der Handelspolitik stattgefunden (unten Rz. 1745).

Die Gemeinsame Handelspolitik ist nach Art. 113 = 133 neu EGV als **1731**
eine **echte gemeinsame Politik** ausgebildet. Im Grunde erzwingt bereits die **Errichtung der Zollunion** mit ihrem Gemeinsamen Zolltarif (oben Rz. 1285 ff.) eine im wesentlichen einheitliche Zoll- und Handelspolitik nach

außen. Sie ist, anders ausgedrückt, die notwendige Konsequenz aus der Errichtung des freien Binnenmarktes nach innen. Auch bei anderen gemeinsamen Politiken wie besonders der **Agrar- und Verkehrspolitik** bedarf die einheitliche Regelung im Binnenbereich der Ergänzung durch ein gemeinsames Regime nach außen. Darüber hinaus lassen die Präambel des EGV (6. Absatz) und Art. 110 = 131 neu erkennen, daß der Vertrag der gemeinsamen Handelspolitik in einem grundsätzlichen Sinne **eine weltoffene Prägung auferlegt,** die zu einer harmonischen Entwicklung des Welthandels und dem Abbau von Zoll- und anderen Handelsschranken beitragen soll. Die Vollendung des Binnenmarktes bis 1993 i. V. m. den GATT/WTO-Verpflichtungen der EG (unten Rz. 1799 ff.) hat diese Verpflichtung der Gemeinschaft zu einer partnerschaftlichen Position in den Weltwirtschaftsbeziehungen neu unterstrichen *(Oppermann,* RiW 1995, S. 919 ff.). Eng verbunden mit der Handelspolitik betreibt die EG von Anfang an eine **Entwicklungspolitik** (EP) die sich im Laufe der Zeit immer mehr ausgedehnt hat (unten Rz. 1812 ff.). Sie stützte sich ursprünglich auf die „Entwicklungsassoziierung" ehemals kolonialer Gebiete bestimmter MS mit der Gemeinschaft gemäß Art. 136, 238 = 187, 310 neu EGV, ist aber inzwischen längst hierüber hinausgewachsen und hat in Ausnutzung der allgemeinen handelspolitischen Kompetenzen aus Art. 113 = 133 neu und auch des Art. 235 = 308 neu EGV **weltweiten Charakter** angenommen. Die Entwicklungskomponente durchdringt inzwischen vielfältig das handelspolitische Instrumentarium, beispielsweise in den Handelsabkommen der EG, in Gestalt autonomer Maßnahmen der Gemeinschaft (Allgemeine Entwicklungspräferenzen) oder über die Gewährung wirtschaftlicher, finanzieller und technischer Hilfe. Seit dem Maastrichter Unionsvertrag 1992 hat die EG-EP in Art. 130 u-v = 177–181 neu EGV eine zentrale Rechtsgrundlage erhalten (vgl. auch Präambel EGV, Abs. 7 und Art. 3 r neu EGV – *Frisch,* Die Entwicklungspolitik der EU, 1995).

Zusammen mit den USA und Japan bildet die EG mittels ihrer Handels- und Entwicklungspolitik **einen der drei großen „Handelsblöcke",** die das weltwirtschaftliche Geschehen entscheidend beeinflussen („Triade", *Krenzler,* Recht und Politik der Außenwirtschaftsbeziehungen der EG, 1994).

I. Grundlagen der Gemeinsamen Handelspolitik und der EG-Entwicklungspolitik

1. Gemeinsame Handelspolitik

Literatur: *Kovar/Leonard/Simon,* La mise en œuvre de la politique commerciale commune, RTDE 1971, S. 107 ff.; *Weissenberg,* Die Kompetenz der EWG zum Abschluß von Handels- und Kooperationsabkommen gemäß Art. 113 EWGV, 1978; *Ehlermann,* The scope of Art. 113 of the EEC-Treaty, FS Teitgen, 1984, S. 145 ff.;

Hilf/Petersmann (Hrsg), GATT und EG, 1986; *Usher,* The single market and goods imported from third countries, YbEL 1987, S. 159 ff.; *Gilsdorf,* Grenzen der Gemeinsamen Handelspolitik, 1988; *Vollbrecht,* Warenverkehrslenkung nach dem Außenwirtschaftsgesetz im Rahmen des Europäischen Gemeinschaftsrechts, 1988; *Rabe,* Rechtsschutz im Außenwirtschaftsrecht der EG. EuR 1991, S. 236 ff.; *Winter,* Die Suche nach gemeinsamer Außenwirtschaftspolitik, Orientierungen 1991, S. 64 ff.; *Dehove,* Le commerce extérieur de la communauté et la Préférance communautaire, RAE 1994, S. 33 ff.; *Winter,* Interdependenzen zwischen Industriepolitik und Handelspolitik der EG, 1994; *Hilf,* EG-Außenkom-petenz in Grenzen, EuZW 1995, S. 7 ff.; *Oppermann,* Die EG und Union in der Welthandelsorganisation (WTO), 1995; *Werner,* Aktuelle Entwicklungen in der Handelspolitik der EU, in: AK Europarecht Osnabrück (Hrsg.), Wirtschaftsrecht und Wirtschaftspolitik in Europa, 1995, S. 75 ff.; *Gilsdorf,* Die Gemeinsame Handelspolitik – Eine ausschließliche Kompetenz der Gemeinschaft? ZfV 1996, S. 793 ff.; *Ott, Gatt* und *WTO* im Gemeinschaftsrecht, 1997; *Krenzler/Da Fonseca-Wollheim,* Die Reichweite der gemeinsamen Handelspolitik nach dem Vertrag von Amsterdam, EuR 1998, S. 223 ff..

Bei der Entfaltung der Gemeinsamen Handelspolitik konnte die Gemein- **1732**
schaft in den Art. 110 ff. = 131 ff. neu EGV auf Rechtsgrundlagen zurückgreifen, die eine Gemeinschaftsaktion im vollen Sinne des Wortes zum Ziele hatten.

a) Handelspolitik im EG-Vertrag

aa) Umfassender Charakter der Handelspolitik

Der Wille des Vertrages, eine **„gemeinsame Handelspolitik"** zu gestalten, geht aus verschiedenen grundlegenden Aussagen (Präambel, 6. Absatz, Art. 3 lit. b), Art. 110 Abs. 2 = 131 Abs. 2 neu und Art. 113 = 131 neu EGV eindeutig hervor. Allerdings spricht Art. 113 Abs. 1 = 131 Abs. 1 neu EGV von einer Gestaltung der GHP **„nach einheitlichen Grundsätzen"** und deutet damit an, daß nach dem Ende der Übergangszeit nicht jegliche Aktivität der MS in diesem Felde von vornherein untersagt ist (unten Rz. 1741 ff.). Andererseits darf Art. 113 Abs. 1 = 133 Abs. 1 neu EGV nicht dahingehend mißverstanden werden, daß die EG in der Handelspolitik auf den Erlaß von allgemeinen Grundsätzen beschränkt wäre und nicht Einzelregelungen erlassen dürfte. Die oben genannten Grundbestimmungen lassen deutlich erkennen, daß die EG in Ausübung der ihr vor allem in Art. 113 = 133 neu EGV übertragenen Befugnisse in der Vergemeinschaftung der GHP im einzelnen so weit gehen kann, **wie sie dies für zweckdienlich erachtet** (ähnlich EuGHE 1973, 908 – RS 8/73 „Massey-Ferguson").

bb) Selbstverpflichtung zur grundsätzlich weltoffenen Handelspolitik

Die Ausübung der Gemeinschaftbefugnisse nach Art. 113 = 133 neu EGV **1733**
sind allerdings nicht nur formal in dessen Grenzen zu halten, sondern haben sich gleichzeitig an den **inhaltlichen Leitlinien** zu orientieren, welche der Vertrag vor allem in Art. 110 = 131 neu EGV für die GHP aufstellt.

Bereits die **Präambel,** 6. Abs. zum EGV bringt zum Ausdruck, daß die GHP „zur fortschreitenden Beseitigung der Beschränkungen im zwischenstaatlichen Wirtschaftsverkehr" beitragen soll. Bei der **Handhabung des Gemeinsamen Zolltarifs** soll die Kommission nach Art. 29 Ziff. a) = 27 Ziff. a) neu EGV von der

Notwendigkeit ausgehen, den Handelsverkehr zwischen den MS) und dritten Ländern zu fördern. Art. 110 Abs. 1 = 131 Abs. 1 neu EGV bekräftigt sodann als **grundlegende Eingangsnorm des Kapitels Handelspolitik** die Absicht der MS, „im gemeinsamen Interesse zur harmonischen Entwicklung des Welthandels, zur schrittweisen Beseitigung der Beschränkungen im internationalen Handelsverkehr und zum Abbau der Zollschranken beizutragen".

Eine Zusammenschau dieser Vertragsbedingungen nach Wortlaut und Sinn läßt erkennen, daß damit nicht ein unverbindliches Programm formuliert wird, sondern eine **selbstverpflichtende Gemeinschaftszielbestimmung,** welche die Gemeinschaft jedenfalls „im Zweifel" dazu veranlassen soll, bei der Ausgestaltung ihrer Handelspolitik nach **weltoffenen („liberalen") Lösungen** zu suchen und protektionistischen Versuchungen („Festung Europa") zu widerstehen.

Dies schließt nicht aus, daß die EG in konkreten Entscheidungen auch Regelungen treffen kann, die bestimmten legitimen Gemeinschaftsinteressen **Schutz gegenüber Außeneinflüssen** zusprechen.

Ein klassischer Bereich hierfür ist das vom Grundsatz der Gemeinschaftspräferenz durchdrungene Außenregime der **Agrarpolitik** (oben Rz. 1376 ff.), wo die Spezialnormen der Art. 39, 40 Abs. 3 = 33, 34 Abs. 3 neu EGV auch im Rahmen der prinzipiell prägenden handelspolitischen Zentralnorm des Art. 110 = 131 neu EGV mit zu beachten sind. Allerdings gilt auch umgekehrt, daß bei Regelungen des Agraraußenhandels wie z. B. der Gemeinsamen Bananenmarktordnung 404/93 v. 13. 2. 1993 (ABl. L 4/1 ff., oben Rz. 1391 ff.) ein **tragbarer Ausgleich** zwischen der Agrargemeinschaftspräferenz und der Verpflichtung aus Art. 110 = 131 neu EGV zu einer liberalen Handelspolitik hergestellt werden muß. Dies hat auch das Ermessen des Gemeinschaftsgesetzgebers zu respektieren. EuGHE 1994, I–4973 ff. (RS C-280/93) „Bananen" hat die Prüfung dieser Ausgleichsverpflichtung versäumt. (Zur Kritik *Everling,* CMLRev 1996, S. 401 ff.).

1734 Entscheidend bleibt, daß nach den oben genannten vertraglichen Leitlinien der GHP **die jeweilige Schutzmaßnahme einer besonderen Rechtfertigung bedarf,** während die weltoffene Zielsetzung den Regelfall darstellt. Auch der Gerichtshof hat in seiner Rechtsprechung (EuGHE 1981, 1095 ff. – RS 112/80 „Dürbeck"; EuGHE 1982, 2745 ff. – RS 245/81 „EDEKA") ähnlich festgestellt, daß Art. 110 = 131 neu EGV der Gemeinschaft „nicht jegliche" schützende Maßnahme verbietet und ist damit indirekt von einem rechtlich relevanten Charakter dieser Norm ausgegangen (so auch *Bourgeois,* in: GTE Komm. EWGV, 4. Aufl. 1991, Art. 110 Rz. 8; *Müller/Ibold,* in: Lenz (Hrsg.) EGV-Komm. 1994, Art. 110 Rz. 3). **Drittstaaten** können allerdings aus der Selbstverpflichtung des Art. 110 = 131 neu

im Gegensatz zu vertraglichen/gerichtlichen Ansprüchen gegen die Gemeinschaft, z. B. aus dem WTO-Übereinkommen (unten Rz. 1799 ff.) i. V. m. mit dessen Rechtsschutzsystem („Dispute Settlement Understanding"/DSU).

keine Ansprüche herleiten (so auch *Vedder,* in: Grabitz/Hilf (Hrsg.), EuV/EGV-Komm. (1986), Art. 110, RdNr. 1). Ähnliches gilt praktisch für den einzelnen Marktbürger angesichts des breiten Ermessensspielraumes der Gemeinschaftsorgane in diesem Zusammenhang (EuGH a. a. O.). Ungeachtet solcher Einschränkungen behält das grundlegende Bekenntnis des Vertrages zu einem möglichst freien Welthandel für die Position der Gemeinschaft im bi- und multilateralen Welthandelssystem **erstrangige Bedeutung.** Materiell gesehen läuft es mit den Interessen der EG als größtem außenhandelsorientiertem Raum (und in ihm mit denjenigen Deutschlands als besonders ausfuhrabhängigem MS) parallel.

cc) Instrumentarium und Umfang der Handelspolitik

Handelspolitische Maßnahmen kann die Gemeinschaft einerseits **einseitig („autonom")** durch entsprechende Rechtsakte gemäß Art. 113, Abs. 1, 2, 4 = 133 Abs. 1, 2, 4 auf Vorschlag der Kommission vom Rat mit qualifizierter Mehrheit in allen Rechtsformen des Art. 189 = 249 neu EGV beschließen. **1735**

Daneben ist denkbar, daß bestimmte handelspolitische Regelungen insbesondere im Zoll-, Agrar- und Verkehrsbereich aufgrund dortiger **Spezialzuständigkeiten** ergehen (Art. 9 i. V. m. Art. 28 = 23, 26 neu EGV beim GZT, Art. 43 = 37 neu EGV für den Agraraußenhandel und Art. 75 = 71 neu EGV im Verkehrsbereich).

Andererseits gestaltet die Gemeinschaft ihre GHP **zwei- und mehrseitig durch den Abschluß von Handelsabkommen** u. ä., im Verfahren der Art. 113 = 133 neu und auch 238 = 310 neu EGV (Dazu schon oben Rz. 1700 ff.). **1736**

Von zentraler Bedeutung in diesem Zusammenhang ist die Frage, welche Materien im einzelnen unter den **Sachbereich der Gemeinsamen Handelspolitik** im Sinne der Art. 110 ff. = 131 ff. neu EGV fallen und daher dem Instrumentarium unterworfen sind. Art. 113 = 133 neu selbst zählt auf, daß „insbesondere"

die Änderung von Zollsätzen, der Abschluß von Zoll- und Handelsabkommen, die Vereinheitlichung der Liberalisierungsmaßnahmen, die Ausfuhrpolitik und die handelspolitischen Schutzmaßnahmen, zum Beispiel im Falle von Dumping und Subventionen, hierher gehören. Art. 112 = 132 neu EGV läßt sich entnehmen, daß zur Ausfuhrpolitik die gemeinschaftliche Behandlung der Ausfuhrbeihilfen rechnet.

Diese Aufzählungen sind aber für die Bestimmung des Gesamtumfanges der GHP **nicht abschließend** (*Ehlermann,* FS Teitgen, 1984, S. 145 ff.; EuGHE 1979, 2871 ff. – Gutachten 1/78 „Naturkautschukübereinkommen"). In einem z. T. komplizierten Theorienstreit insbesondere zwischen Rat und Kommission ist seit längerem um eine **allgemeine Definition der GHP** gerungen worden. **1737**

Während der Rat mehr **„finalistisch"** nur solche Maßnahmen einbeziehen möchte, welche auf die Beeinflussung des Handelsvolumens oder der Handelsströme „abzielen", ging die Kommission weiter und sah **„instrumental"** als handelspolitische Maßnahmen alle diejenigen an, die unter Berücksichtigung ihres besonderen Charakters als Instrument zur Regelung des internationalen Handels angesehen werden müssen (näher *Gilsdorf,* Die Grenzen der GHP, 1988, bes. S. 5 ff. m. w. N.).

Es ist fraglich, ob die Fülle des hier relevanten äußeren Wirtschaftsgeschehens wirklich in einer ein für allemal gültigen Definition eingefangen werden kann. Grundsätzlich bleibt vor allem zu bedenken, daß die GHP gemäß dem dynamischen Charakter der inneren Integration (Vollendung des Binnenmarktes) **keine feststehende Größe sein kann,** sondern sich ihrerseits in einem Prozeß der Entfaltung befindet. Von dieser Vorstellung geht bereits seit längerem die „"AETR-Doktrin""des Gerichtshofes aus (oben Rz. 1703 f.), welche die Außenkompetenz der Gemeinschaft grundsätzlich mit ihren Binnenkompetenzen kongruent sieht.

1738 Auf der anderen Seite läßt sich aus der enumerativen Behandlung der Handelspolitik in Art. 113 = 133 neu EGV i. V. m. dem Prinzip der begrenzten Einzelzuständigkeit der Wille des Vertrages erkennen, die MSen nicht gänzlich aus der Handelspolitik auszuschließen. In diesem Sinne hat der Gerichtshof allmählich eine **vermittelnde Auffassung** über den Umfang der GHP entwickelt, auf die sich die Gemeinschaftspraxis einstellt. Zum einen wird an der **offen/dynamischen Sicht der GHP festgehalten,** die sich nach tatsächlichen Entwicklungen, u. a. bei Inanspruchnahme von Binnenkompetenzen durch die EG („gelockerte AETR-Doktrin", oben Rz. 1704) künftig noch erweitern kann. Auch soll es den MSen nicht freistehen, nach eigenen außen- oder sicherheitspolitischen Bedürfnissen den Geltungsbereich der GHP beliebig abzustecken (EuGHE 1995, I–3189 ff. – RS C-70/94 „Dual Use"). **Handelspolitik im Sinne der vermittelnden Auffassung** sind die außenwirtschaftlichen Maßnahmen, die eine **spezifische Regelung des Handelsverkehrs mit Drittstaaten darstellen,** darunter insbesondere solche, welche die Handelsströme oder das Handelsvolumen beeinflussen (ähnlich *Müller/Ibold,* in: Lenz (Hrsg.) EGV-Komm. 1994, Art. 110, Rz 5 m. w. N.). Auf der anderen Seite hat der Gerichtshof neuerdings im „WTO-Gutachten 1/94" (EuGHE 1994, I–5267 ff.) bestimmte **Grenzen der Gemeinsamen Handelspolitik** im Sinne des EGV präzisiert *(Hilf,* EuZW 1995, S. 7 ff.). Generell bleiben die MSen konkurrierend zuständig, solange die EG noch keine internen Regelungen durch Ausnutzung ihrer Binnenkompetenzen getroffen hat. Das ist beim **Dienstleistungshandel** (z. B. beim GATS innerhalb des WTO-Übereinkommens) für diejenigen Dienstleistungen der Fall, die einen grenzüberschreitenden Ortswechsel des Erbringers/Empfängers bedingen. Auch im Bereich des **Geistigen Eigentums** (z. B. TRIPS-Abkommen innerhalb der WTO) sind die Zuständigkeiten zwischen EG und MSen geteilt. Angesichts der begrenzten Binnenkompetenz der EG auf diesem Gebiet (unten Rz. 1740) bleiben hier neben konkurrierenden parallele Außenzuständigkeiten der MSen erhalten. Gleiches gilt bei **humanitärer Hilfe zugunsten Drittstaaten** (EuGHE 1993, I–3685 ff. – RS C-181/91). Auch in den Bereichen **Freizügigkeit/Niederlassung** und **Sozialpolitik** können die MSen bisher weiter nach außen tätig werden. In allen Fällen geteilter Zuständigkeit sind Gemeinschaft und MSen zur gegenseitigen **Gemeinschaftstreue** aus Art. 5 = 10 neu EGV verpflichtet (EuGHE 1994, I–5267 – Gutachten 1/94 „WTO" st. Rspr.), um ein harmonisiertes Auftreten nach außen zu ermöglichen. In der Praxis ergeben sich dennoch öfters komplizierte Kompetenzstreitigkeiten EG/MSen (vgl. etwa EuGHE

1996, I–1195 ff. RS C-360/93 „Dienstleistungen“ und EuGHE 1996, I-1469 ff. RS C-25/94 „FAO“).

Für den Bereich Dienstleistungen/Geistiges Eigentum ermöglicht der 1997 **neu eingefügte Art. 113 Abs. 5 = 133 Abs. 5 neu EGV,** die Gemeinschaftskompetenz durch einstimmigen Ratsbeschluß auf Vorschlag der Kommission und nach Anhörung des EP auch auf die parallelen Zuständigkeiten der MSen auszudehnen, um eine geschlossene europäische Position sicherzustellen *(Krenzler/Da Fonseca-Wollenstein*, EuR 1998, S. 223 ff.)

Nicht alle wirtschaftlichen Außenkompetenzen der EG sind handelspolitischer Art. Art. 130 y = 181 neu EGV enthält eine ausdrückliche Außenzuständigkeit für die **Entwicklungspolitik** (unten Rz. 1753). Regelungen des **Agraraußenhandels** können über Art. 43 = 37 neu EGV getroffen werden (EuGHE 1994, I–4973 ff. – RS C-280/93 „Bananen“). Internationale **Verkehrsabkommen** fallen unter die internationale Verkehrspolitik nach Art. 75 = 71 neu EGV (EuGHE 1995, I–521 ff. – Gutachten 2/92 „OECD“). Ähnliches gilt für den **Niederlassungsbereich.** Es bestehen jedoch oftmals in diesen Bereichen Überlappungen mit handelspolitischen Gesichtspunkten. Daher ist auch hier die weltoffene Grundausrichtung im Sinne des Art. 110 = 131 neu EGV zu beachten (oben Rz. 1733 ff.). **1739**

Mit all den o. g. Eingrenzungen **bleibt die Gemeinsame Handelspolitik nach Art. 113 = 133 neu EGV umfänglich genug** *(Gilsdorf,* ZfV 1996, S. 793 ff.). Neben der ausdrücklichen Aufzählung im Art. 113 = 133 neu EGV (oben Rz. 1736) ergibt sich insbesondere aus EuGHE 1994, I–5267 ff. Gutachten 1/94 „WTO“, daß zur GHP **multilaterale Handelsübereinkünfte allgemeiner Art** unter Einschluß von EAG/EGKS-Waren, landwirtschaftlichen Produkten, Regeln über technische Handelshemmnisse und gesundheits- und pflanzenschutzrechtliche Maßnahmen fallen können. Auch der **Großteil des Dienstleistungsaußenhandels** fällt in die EG-Kompetenz, nämlich die sog. Korrespondenzdienstleistungen (ohne Grenzübertritt von Personen), die dem Warenverkehr „nicht unähnlich“ sind (u. a. im Bereich Banken, Versicherungen, audiovisuelle Medien, Telekommunikation). Beim **geistigen Eigentum** rechnen bisher insbesondere die Regelungen zur Einfuhr nachgeahmter Waren zur EG-Außenkompetenz. – Der Bereich der GHP bleibt im Sinne von Art. 113 = 133 neu EGV (arg. „insbesondere“ i. V. m. der gelockerten AETR-Doktrin (oben Rz. 1704) **erweiterungsfähig,** vor allem bei Ausnutzung der Binnenkompetenzen. **1740**

Im Wege dieser mühseligen Entwicklung der Gemeinschaftspraxis („Echternacher Springprozession“: *Bourgeois,* CMLRev 1995, S. 669 ff.) hat sich die handelspolitische Zuständigkeit der Gemeinschaft inzwischen **beachtlich entwickelt und verfestigt.** Auf der anderen Seite ist deutlich geworden, daß es nicht Sinn des Vertrages ist, die MSen aus diesem Bereich gänzlich zu verdrängen.

b) Handelspolitische Befugnisse der EG und der Mitgliedstaaten

Genau so, wie grundsätzliche Merkmale der fortschreitenden Integration für ein großzügiges und dynamisches Verständnis der GHP sprechen, führen umgekehrt prinzipielle Gesichtspunkte des Verhältnisses zwischen der **1741**

Gemeinschaft und ihren MS im Außenbereich dazu, **die handelspolitischen Zuständigkeiten zum Teil als zwischen EG und MS geteilte (konkurrierend bzw. parallel zu begreifen** (*Geiger,* JZ 1995, S. 973 ff.).

Wie schon bei der Vertragsschließungskompetenz festzuhalten war (oben Rz. 1705 ff.), ist die Gemeinschaftskompetenz auch nach außen wegen des **Prinzips der begrenzten Einzelzuständigkeit** ihrem Wesen nach begrenzt. Die **„Außensouveränität“** verbleibt, wenngleich in einem mit dem Aufbau der GASP abnehmenden Sinne, dem Prinzip nach bis auf weiteres bei den MS. Andererseits bleibt auch im handelspolitischen Bereich der andere Grundsatz des **Vorranges des Gemeinschaftsrechts** (oben Rz. 615 ff.) zu beachten. Konkurrierende handelspolitische Zuständigkeit bedeutet daher notwendig das Zurücktreten der mitgliedstaatlichen Zuständigkeit überall dort, wo die EG autonom oder vertraglich ihre Kompetenz wahrgenommen hat. Daher müssen die im **„Kern der GHP“**, wie er in Art. 113 Abs. 1 = 133 Abs. 1 neu EGV ausdrücklich angesprochen ist, liegenden Gemeinschaftsbefugnisse als **ausschließliche** begriffen werden. Dies schließt grundsätzlich das Verbot neuer nationaler Rechtsetzung ein (EuGHE 1981, 1045 ff. – RS 804/79 st. Rspr.). Es besteht allerdings die Möglichkeit der Ermächtigung der MS seitens der EG, handelspolitische Befugnisse bis auf weiteres auszuüben.

1742 Im Sinne der gelockerten „AETR-Doktrin“ (oben Rz. 1704) sind ferner die potentiellen Außenkompetenzen der EG (handelspolitischer und anderer Art) dort, wo sie über Binnenkompetenzen verfügt, als **nachträglich ausschließlich** zu begreifen. Nimmt die EG nach Beanspruchung der Binnenkompetenz auch die Außenkompetenz wahr, erwächst diese in Ausschließlichkeit (EuGHE 1993, I–1061 ff. – Gutachten 2/91 „IAO“ st. Rspr., *Gilsdorf,* EuR 1996, S. 145 ff.). Solange dies nicht der Fall ist, bleiben die MSen in den Grenzen der Gemeinschaftstreue zum Handeln nach außen befugt. Schließlich verbleiben den MSen auf Dauer **parallele Außenzuständigkeiten** auch im handelspolitischen Bereich dort, wo die Binnenkompetenz der EG begrenzt gemeint ist (z. B. bei bestimmten Aspekten des Geistigen Eigentums, oben Rz. 1738). Hier ist gleichzeitig besondere Rücksichtnahme auf die Gemeinschaftsbelange (Art. 5 = 10 neu EGV) geboten, aber andererseits auch Raum für die Anwendung des **Subsidiaritätsprinzips** im Sinne des Art. 3 b = 5 neu EGV (oben Rz. 513 ff.). Die Ausbalancierung kann nur im Sinne einer einzelfallgerechten Prüfung erfolgen.

1743 In der Praxis besteht ferner noch eine erhebliche, in den Bereich des Art. 113 = 133 neu EGV hineinreichende **„Neben-Außenhandelspolitik“** (*Hailbronner/Bierwagen,* NJW 1989, S. 1385 ff.) **der MS** mit Schwerpunkten in Sektoren wie Automobile und Elektronik. Dabei spielen die verschiedenen Formen von **Selbstbeschränkungsabkommen** mit staatlicher Beteiligung oder auch Industry-to- Industry-Arrangements eine erhebliche Rolle. Gemeinschaftsrechtlich wird diese Praxis teilweise notdürftig über die Schutzklausel des Art. 115 = 134 neu EGV (unten Rz. 1770 ff.) von den Gemeinschaftsbehörden legalisiert. Es besteht aber auch eine nicht unerhebliche „Grauzone“ der Tolerierung vertragswidrigen Verhaltens. Dieser Zustand ist nicht zuletzt ein Signal dafür, die Lehre von der ausschließlichen EG-Zuständigkeit in der Handelspolitik nicht zu überspannen.

c) Handelspolitik im EAG- und EGKS-Bereich

Der gleichzeitig mit dem EWGV 1956/58 entstandene EAGV ist in seiner handelspolitischen Grundstruktur dem EGV nicht unähnlich. Vor allem Art. 101–106 EAGV i. V. m. Art. 64 ff., 92 ff. EAGV **enthalten für den nuklearen Bereich ein den Art. 110 ff. = 131 ff. neu EGV vergleichbares Außenregime.** Die Gemeinschaft ist nach außen vertraglich handlungsfähig, wobei in Art. 101 ff. die **Rolle der Kommission** besonders betont wird. Soweit noch Lücken bestehen, finden im Sinne von Art. 232 Abs. 2 = 305 Abs. 2 neu EGV die handelspolitischen Regelungen der EG, also Art. 110 ff. = 131 ff. neu EGV, und die in ihrem Rahmen ergangenen Rechtsakte auch auf **Kongruenz** zwischen der EG- und EAG-Handelspolitik. 1744

Dagegen enthielt der ältere EGKSV in seinen Art. 71–75 für Kohle und Stahl nur **begrenzte Gemeinschaftsbefugnisse** und beließ die handelspolitischen Zuständigkeiten zunächst grundsätzlich bei den Regierungen der MS, soweit der EGKSV nichts anderes bestimmt. 1745

Dies ist aber nur bei einigen punktuellen Regelungen (Festlegung von Mindest- und Höchstsätzen für Zölle, Dumping, Subventionen und Schutzmaßnahmen) der Fall (*Ehlermann,* Neuere Entwicklungen im Außenhandelsrecht der EG, 1984, S. 3). Dies führt in der Praxis insbesondere dazu, **daß Abkommen über EGKS-Erzeugnisse i. d. R. immer noch von den MS abgeschlossen werden können.** Dieser Zustand erscheint jedoch spätestens seit dem Ende der EWG-Übergangszeit 1970 anachronistisch und befindet sich auch in **Abbau zugunsten der Gemeinschaftskompetenz.**

Es läßt sich mit guten Gründen die Ansicht vertreten, daß die EGKS durch die spätere Gründung der EWG ihre handelspolitische Kompetenz im Montanbereich in den **umfassenden Art. 113** = 131 neu EGV eingebracht hat (*Ehlermann,* FS Teitgen, 1984, S. 145 ff.). Auch der Gerichtshof hat bereits betont, daß Art. 71 EGKSV nicht den Art. 113, 114 EWGV ihre Wirksamkeit nehmen wolle (EuGHE 1975, 1365 – Gutachten 1/1975). In der Praxis ist die Stahlvereinbarung USA/EWG/EGKS von 1982 (ABl. L 307/1 ff.) für die EWG-Waren auf Art. 113 EWGV, für die EGKS-Waren auf die Lückenklausel des Art. 95 EGKSV gestützt worden, während die MS nicht beteiligt waren. Ferner hat die EGKS schon in den siebziger Jahren durch Empfehlungen an die Regierungen **eine teilweise Einbeziehung ihrer Handelspolitik in den Gemeinschaftsrahmen** erreicht. Außerdem wurde tatsächlich ein im EGKSV nicht vorgesehener EGKS-Zolltarif nach außen im Wege von Beschlüssen der im Rat vereinigten Vertreter der MS aufgestellt. Art. 232 Abs. 1 = 305 Abs. 1 neu EGV, auf den die MS zugunsten ihrer handelspolitischen Befugnisse im EGKS-Bereich verweisen, ist somit gelegentlich bereits flexibel verstanden worden (näher *Petersmann,* in: GTE, Komm. EU/EGV, 5. Aufl. 1997, Bd. 5, S. 550 ff.).

Insgesamt gesehen, erweisen sich so die Art. 110 ff. = 131 ff. neu EGV als der eigentliche Schwerpunkt der handelspolitischen EG-Befugnisse.

2. EG-Entwicklungspolitik

Literatur: *Oppermann,* „Eurafrika“ – Idee und Wirklichkeit, EA 1960, S. 697 ff.; *Taylor,* Die EG als Verhandlungspartner im Nord-Süd-Dialog, EA 1977, S. 721 ff.;

Gerth/Willmann, Die „Lomé-Politik" der EG, 1984; *Köhler,* Die Entwicklungspolitik der EG, EA 1987, S. 709 ff.; *Lister,* The EC and the developing world, 1988, *Lucron,* Méditerrannée, Lomé: des politiques globales? RMC 1988, S. 321 ff.; *Mc Mahon,* The renegotiation of Lomé, ELRev 1989, S. 140 ff.; *EG-Kommission,* Humanitäre Hilfe der EG, 1992; *Langguth,* Die EG und die Dritte Welt, EA 1992, S. 222 ff.; *Schudziarra/Dittmann,* Umweltschutz und Entwicklungspolitik, in: Rengeling (Hrsg.), Umweltschutz und andere Politiken der EG, 1993, S. 209 ff.; *Kesper/Lauth/Schwersensky,* Europäische Entwicklungspolitik nach dem Vertrag von Maastricht, APol 1993, S. 403 ff.; *Brune,* Europas Entwicklungspolitiken, APUZ B 29/1995, S. 30 ff.; *Frisch,* Die Entwicklungspolitik der EU, 1995; *Kaltefleiter,* Die Entwicklungshilfe der EU, 1995; *Pellens,* Entwicklungshilfe Deutschlands und der EU, 1995; *Hilpold,* Das neue Allgemeine Präferenzschema der EU, EuR 1996, S. 98 ff.; *Menck,* Die Förderung regionaler Zusammenarbeit zwischen den Entwicklungsländern durch die EU, APUZ B 12/1996, S. 18 ff.; *Rhein,* Die neue Mittelmeerpolitik der EU, Int.Pol. 1996, S. 15 ff.; *Holtz,* Die Zukunft von Lomé, Entwicklung und Zusammenarbeit 1997, S. 188 ff.; *Lister,* The EU and the south, 1997; *McMahon,* The development co-operation policy of the EC, 1998; *Tietje,* Die Assoziierung der ÜLG, in: Grabitz/Hilf (Hrsg.), EUV/EGV-Komm. (1998), Art. 131 ff.;

Fortlaufende Berichtserstattung über die EG-Entwicklungspolitik in der Zeitschrift „LE COURRIER" (Hrsg. *EG-Kommission).*

1746 Neben ihrer Gemeinsamen Handelspolitik und in mancherlei Verbindung mit ihr verfolgt die Gemeinschaft seit ihren Anfängen eine **Entwicklungspolitik (EP),** vornehmlich gegenüber den Ländern der Dritten Welt *(Kappel,* Europäische EP im Wandel, 1996). Ihre primären Rechtsgrundlagen sind zum einen die in Art. 3 f (früher q), Art. 130 u–y = 177–181 neu EGV seit dem Maastrichter Unionsvertrag 1992 verankerte **Politik auf dem Gebiet der Entwicklungszusammenarbeit** in Ergänzung der entsprechenden Politik der MSen, zum anderen die seit 1958 in der Präambel Abs. 7, Art. 3 s (früher r), sowie in den Art. 131–136 a = 182–188 neu EGV niedergelegte **Assoziierung der überseeischen Länder und Hoheitsgebiete (ÜLG).** Diese beschränkt sich inzwischen auf eine begrenzte Zahl kleinerer Territorien und Inseln (unten Rz. 1820 ff.). Einen Sonderfall (Art. 130 w Abs. 3 = 179 Abs. 3 neu EGV) stellt die multilaterale privilegierte Zusammenarbeit der EG mit einer Gruppe von 71 **afrikanisch-karibischen-pazifischen (AKP) Staaten** dar (im wesentlichen frühere französische/englische Kolonien), über die sog. **„Lomé-Abkommen"** seit 1975 (z. Zt. „Lomé IV" seit 1989 (unten Rz. 1814 ff.).

a) Entstehung Europäischer Entwicklungspolitik seit 1958

1747 Beim EWG-Vertragsschluß 1957/58 verfügten wichtige MSen, insbesondere Frankreich, über **beträchtlichen Kolonialbesitz,** an dessen Entwicklung sie vor und nach der Unabhängigkeit interessiert waren. Die **„Europäisierung" dieser Verantwortlichkeit** war 1958 besonders aus französischer Sicht eine der Geschäftsgrundlagen beim Zustandekommen der EWG *(Gonidec,* AFDI 1958, S. 593 ff.). Beitrittskandidaten wie Großbritannien dachten später nicht anders. So kam es zunächst 1958 zur „konstitutionellen" Assoziierung aller außereuropäischen Kolonien der ursprünglichen sechs MSen nach Art. 131 ff. EWGV. Nach der Dekolonisierung wandelte sie sich in eine **vertragliche Assoziierung** der unabhängig gewordenen AKP-Staaten mit der Gemeinschaft auf der Grundlage von Art. 238 = 310 neu EGV um *(Everling,* ZaöRVR 1964, S. 472 ff.). Diese Abkommen wurden jeweils befristet abgeschlossen und in Erweiterung der Teilnehmer und des Inhalts erneut (Yaunde I (1963), II (1969), Lomé I /1975, Lomé II (1979), Lomé III (1984) und das bis 2000 geltende Abkommen Lomé IV (1989, 1995 in Mauritius revidiert, näher *Zimmermann,* in: GTE, Komm. EU/EGV, 5. Aufl. 1997, Art. 130 u, RdNr. 5 ff.). Lomé V wird vorbereitet.

Neben der „Lomé-Politik" wurde der **Mittelmeerraum** aus naheliegen- **1748**
den geographischen Gründen früh ein weiteres Feld gezielter vertraglicher EG-Entwicklungspolitik auf der Grundlage von Art. 113 und Art. 238 EWGV. Die Beitritte Griechenlands 1981, Spaniens und Portugals 1986 zur EG intensivierten diese „globalisierte" (Globalkonzept 1972 der Kommission) EG-Handels- und Entwicklungspolitik gegenüber den nicht der EG angehörigen Mittelmeeranrainerstaaten des **Maghreb** (Marokko, Algerien, Tunesien) und des **Mashrek** (Ägypten, Jordanien, Libanon, Syrien). Es wurden zahlreiche bilaterale Kooperationsabkommen geschlossen. Politisch suchte die EG die oft schwierigen Beziehungen zum arabischen Raum seit den siebziger Jahren durch die Konsultationen des **„Euro-Arabischen Dialogs"** zu pflegen *(Bourrinet,* Le dialogue Euro-Arabe, 1979). Enge wirtschaftliche Beziehungen nahm die Gemeinschaft seit 1964 mit **Israel** auf (Freihandelsabkommen 1975/1996, Kooperationsabkommen 1978, insgesamt eine Assoziationsverbindung, *Oppermann,* Tel Aviv Univ. Studies in Law 1997, S. 9 ff.). In der multilateralen Barcelona-Konferenz 1995 wurde das Ziel einer Mittelmeer-Freihandelszone bis 2010 aufgestellt *(Rhein,* EFA Rev 1996, S. 79 ff). In der Praxis hält sich die allgemeine Marktöffnung im Mittelmeerraum bisher in Grenzen (unten Rz. 1823).

Die privilegierte Lomé- und Mittelmeerpolitik der EG war weltwirtschaft- **1749**
lich wegen des Meistbegünstigungsprinzips des Art. I GATT nicht zweifelsfrei. Gleichzeitig entwickelten sich seit den sechziger Jahren mehr und mehr Tendenzen einer **weltweiten Entwicklungspolitik.**

Gründung der UNCTAD 1964, GATT-Reform 1966 (neuer Teil IV GATT zugunsten der Entwicklungsländer), Nord-Süd-Dialog der 70er Jahre u. a. in der UNO.

Die Gemeinschaft mußte sich diesen Forderungen stellen und ihrerseits eine **globale EG-Entwicklungspolitik** konzipieren *(Köhler,* EA 1987, S. 709 ff.). Sie fand ihren konkreten Ausdruck insbesondere in dem **Allgemeinen Präferenzsystem (APS),** mit dem die EG seit den siebziger Jahren grundsätzlich allen Entwicklungsländern Zollpräferenzen gewährte (unten Rz. 1828 ff.). Ein weiterer Schwerpunkt wurde die **humanitäre Hilfe** der Gemeinschaft in Notfällen, insbesondere als **Nahrungsmittelhilfe** (unten Rz. 1832 f.). Über den Ratspräsidenten und die Kommission beteiligte sich die EG an den internationalen Gesprächen und Verhandlungen über verbesserte Nord-Süd-Kooperationen.

1750 Die Zuständigkeit der Gemeinschaft zu solcher globaler EP wurde in der Praxis ursprünglich nicht zweifelsfrei aus den Art. 110 ff. EWGV oder nötigenfalls auch über Art. 235 EWGV abgeleitet. Der Maastrichter Unionsvertrag 1992 schuf daraufhin mit dem **neuen Titel „Entwicklungszusammenarbeit"** (Art. 130 u–y = Art. 177–181 neu EGV) eine ausdrückliche Gemeinschaftskompetenz und grenzte sie von den Befugnissen der MSen ab. Daneben blieb die alte Regelung über die **Assoziierung der ÜLG** (Art. 131–136 a = 182–188 neu EGV) unverändert bestehen. Der **Amsterdamer Vertrag 1997** änderte an dieser Rechtslage praktisch nichts.

b) Rechtsgrundlagen der EG-Entwicklungspolitik nach dem Maastrichter Unionsvertrag 1992

1751 Art. 3 r (früher q und Art. 136 u = 177 neu EGV verleihen der EG die Zuständigkeit für eine **Politik auf dem Gebiet der Entwicklungszusammenarbeit,** die eine Ergänzung der entsprechenden Politik der MSen darstellt (*Kesper/Lauth/Schwersensky,* APol 1993, S. 403 ff.).

aa) Grundsätzliches

Partner der Politik nach Art. 130 u ff. = 177 neu EGV sind die **Entwicklungsländer (EL),** hauptsächlich in Afrika/Asien/Lateinamerika. Die Kriterien eines EL (Niedriges Pro-Kopf-Einkommen u. a.) übernimmt die EG vom Development Assistance Committee (DAC) der OECD (*Hecker,* in Lenz (Hrsg.) EGV-Komm. 1994, Art. 130 u, RdNr. 1 ff.). Besondere Bemühung gilt den **„am meisten benachteiligten EL"** (Least Developed Countries/LDC, jeweils aktualisierte Liste, vgl. Anhang IV) (VO 3831/90, Abl. 1990, L 370/1 ff.).

Aus allgemeinen wirtschaftlich/politischen Gründen betrachtet die EG die **mittel- und osteuropäischen Staaten (MOES)** einschl. Rußlands nicht als EL, sondern als „Länder, die den Übergang zur Marktwirtschaft anstreben" (zu ihnen unten Rz. 1893).

Bei Art. 130 u = 177 neu EGV geht es um partnerschaftliche Entwicklungs**zusammenarbeit,** zu der beide Seiten beitragen, nicht um einseitige Entwicklungs**„hilfe"**. Grundmotiv ist die internationale Solidarität im Kampf gegen Armut. Hierdurch sollen zugleich im Interesse der Friedenssicherung Konflikte und Gewaltanwendung abgebaut werden. EG-EP dient ferner der gemeinsamen Verantwortung für den weltweiten Schutz der Umwelt.

1752 Art. 130 u = 177 neu EGV **definiert diese Ziele näher.** Es geht um die Förderung der nachhaltigen wirtschaftlichen Entwicklung in den EL, besonders in den LDC´s. Damit ist die von den UN seit der Rio-Konferenz 1992 übernommene Zielsetzung eines **„Sustainable Development"** (nachhaltig und umweltverträglich) angesprochen (*Schusdziarra/Dittmann,* in: Rengeling (Hrsg.), Umweltschutz und andere Politiken der EG, 1993, S. 209 ff.). Dies ist eng verbunden mit der **schrittweisen Eingliederung der EL in die Weltwirtschaft.** Hierzu rechnen u. a. die Unterstützung des Aufbaues einer **Privatwirtschaft und Zivilgesellschaft** im demokratisch/rechtsstaatlichen Sinne, die Art. 130 u Abs. 2 = 177 neu Abs. 2 EGV besonders anspricht. Die EG darf daher bei Entwicklungsabkommen nach Art. 130 y = 181 neu EGV die **Achtung von Menschenrechten und Demokratie** zur Grundlage der Zusammenarbeit machen (EuGHE 1996, I–6177 ff. RS C-268/94 „Koop. Abk. Indien"); dazu auch der GASP-Standpunkt zu den Menschenrechten in Afrika, ABl. 1998, L 158/1). Ferner benennt Art. 130 u = 177 neu EGV die **Bekämpfung der Armut** ausdrücklich als Ziel der EP. (Zu den einzelnen Zielen näher *Hecker* a. a O., RdNr. 4 ff.).

In Art. 130 u Abs. 3 = 177 neu Abs. 3 EGV wird die Erfüllung der von EG und MSen **international eingegangenen Entwicklungszusagen** und die Berücksichtigung der entsprechenden Zielsetzungen noch einmal als **gemeinsame gemeinschaftsrechtliche Pflicht** bekräftigt. Dies schließt die immer noch nicht erreichte Zielsetzung ein, **0,7 % des BSP der MSen** für Entwicklungszwecke aufzuwenden, die in den UN aufgestellt wurde.

Die EG-Politik auf dem Gebiet der Entwicklungszusammenarbeit stellt nach Art. 130 u Abs. 1 = 177 Abs. 1 neu EGV eine **„Ergänzung" der entsprechenden Politiken der MSen** dar. Art. 130 x-y = 180–181 neu EGV konkretisieren dies im Sinne beiderseitiger Koordinierung und Kooperation. Nationale und Gemeinschaftspolitik sollen ein kohärentes Ganzes bilden. **Dabei fällt den MSen die primäre Rolle zu.** Die EG hat jedoch die eigenständige Aufgabe, die übergreifende europäische Linie zu ziehen („Ergänzung") und verfügt dafür über die entsprechenden eigenen Mittel (ähnlich EG-Leitlinien zur Entwicklungszusammenarbeit, ABl. 1998, C (97/1). Finanziell sind ca. 1/3 der Entwicklungshilfemittel „europäisiert", 2/3 werden national vergeben.

bb) Instrumente der EG-Entwicklungspolitik

Nach Art. 130 w Abs. 1 = 179 neu EGV erläßt der Rat im Mitent- 1753
scheidungsverfahren des Art. 189 b = 251 neu EGV die für die EP erforderlichen Maßnahmen, u. a. in Form von Mehrjahresprogrammen. So können **alle Rechtsakte i. S. des Art. 189 = 249 neu EGV** ergehen (*Zimmermann,* in: GTE Komm EU/EGV, 5. Aufl. 1997, Art. 130 w, RdNr. 9 ff.). Ferner verfügt die Gemeinschaft nach Art. 130 y = 181 neu EGV über eine **Vertragsschließungskompetenz** mit Drittstaaten in der Entwicklungszusammenarbeit. Sie ist im Sinne einer parallelen Zuständigkeit zu derjenigen der MSen zu verstehen (EuGHE 1996, I–6177 ff., RS C-268/94 „Ind.Kop.Abk." und näher *Zimmermann* a. a. O. Art. 130 y RdNr. 1 ff.). Die fortbestehende Außenkompetenz der MSen in der EP wird in Art. 130 y Abs. 2 = 181 Abs. 2 neu EGV ausdrücklich festgehalten.

Ein wichtiger Träger der EG-EP ist die **Europäische Investitionsbank** im Rahmen ihrer Satzung (Art. 130 w Abs. 2 = 179 Abs. 2 neu EGV und oben Rz. 431 ff.).

cc) Der Sonderfall der Partnerschaft EG-AKP-Staaten

Nach Art. 130 w Abs. 3 = 179 Abs. 3 neu EGV berührt dieser Artikel nicht 1754
die Zusammenarbeit der EG mit den AKP-Staaten **(„Lomé-Politik").** Diese **lex specialis** sichert den Fortbestand eines historischen Sonderfalles der europäischen EP. Die „Lomé-Verträge" werden auch künftig als gemischte

Abkommen auf der Grundlage des Art. 238 = 310 neu EGV d. h. einstimmig abgeschlossen und der Europäische Entwicklungsfonds (oben Rz. 856) wird außerhalb des EU-Haushalts direkt aus den nationalen Haushalten finanziert (näher *Zimmermann,* a. a. O. Art. 130 w, RdNr. 17 f.). Zur „Lomé-Politik" im Einzelnen unten Rz. 1814 ff..

dd) Assoziierung der Überseeischen Länder und Hoheitsgebiete (ÜLG)

1755 Bisher unberührt von allen Änderungen und Entwicklungen der europäischen Entwicklungspolitik regelt sich die Assoziierung der überseeischen Länder und Gebiete (ÜLG) seit 1958 über die Art. 131–136 a = 182–188 neu EGV. Ursprünglich Ausgangspunkt der europäischen EP, sind inzwischen Gegenstand dieser sog. **„konstitutionellen Assoziierung"** nach Abschluß des Dekolonisierungsprozesses nur noch 20 über die ganze Welt verstreute **kleinere Territorien und Inseln** mit insgesamt ca. 900.000 Einwohnern, welche die „Mutterländer" (besonders England und Frankreich) als dauernde nichtkoloniale Bestandteile ihres Staatswesens ansehen („Überseeische Gebiete und Departements"). Trotz dieser offiziellen „Integrationsphilosophie" werden die ÜLG von der Gemeinschaft inzwischen im wesentlichen **entwicklungspolitisch in Parallelität zur „Lomé-Politik"** – mit gewissen Privilegierungen – behandelt *(Zimmermann,* a. a. O. Vorbem. Zu Art. 131 ff., RdNr. 1 ff.).

Im Amsterdamer Vertrag 1997 wird in einer **Erklärung zu den ÜLG** die Revisionsbedürftigkeit der Art. 131 ff. = 182 ff. neu EGV festgestellt und der Rat zu einer Überprüfung bis Februar 2000 (Abschluß von „Lomé V", unten Rz. 1814, 1819) mit dem Ziel wirksamerer Förderung der ÜLG aufgefordert. Näher zur derzeitigen Assoziierung der ÜLG unten Rz. 1820 ff. und bei *Tietje,* Assoz. ÜLG, in: Grabitz/Hilf (Hrsg.), Komm. EUV/EGV (1998), Art. 131, RdNr. 13 f.).

II. Praxis der Gemeinsamen Handelspolitik und der EG-Entwicklungspolitik

1756 Auf den unter I. geschilderten Grundlagen hat sich seit den Anfängen der Gemeinschaft Ende der fünfziger Jahre eine **fortlaufende Praxis** der Handels- und Entwicklungspolitik der EG herausgebildet, die in ihrem Umfang und in ihrer Intensität nur begrenzt überschaubar ist, selbst wenn man nur die **Grundlinien** nachzuzeichnen sucht.

1. Praxis der Gemeinsamen Handelspolitik

Literatur: *Beseler,* Die gemeinsame Ausfuhrregelung der EWG, AWD 1970, S. 109 ff.; *Lefèvre,* Staatliche Ausfuhrförderung und das Verbot wettbewerbsverfälschender Beihilfen im EWGV, 1977; *König,* Mengenmäßige Einfuhrkontingente der EG, 1981; *Nicolaysen,* Autonome Handelspolitik der EWG, FS Schlochauer 1981, S. 855 ff.; *Lauwaars,* Scope and exclusiveness of the Common Commercial Policy, in: Schwarze (Hrsg.), Discretionary powers of the member states, 1988, S. 73 ff.; *Saake,* Die gemeinsamen Einfuhrregelungen der EWG, 1992; *Marauhn,* Strategische Ausfuhrbeschränkungen gegenüber Drittstaaten im Lichte des Gemeinschaftsrechts, ZaöRVR 1994, S. 779 ff.; *Thietz/Bartram,* Vereinbarkeit strafbewehrter Ausfuhrbeschränkungen mit dem Recht der EU, RIW 1994, S. 839 ff.; *Jestaedt/v. Behr,* Die EG-VO zur Harmonisierung der Exportkontrollen von zivil und militärisch verwendbaren Gütern, EuZW 1995, S. 137 ff.; *Reuter,* Außenwirtschafts- und Exportkontrollrecht EU, 1995; *Reuter,* Die neue Dual Use-VO der EU, NJW 1995, S. 2190 ff.; *Tietje,* Die Meistbegünstigungsverpflichtung im Gemeinschaftsrecht, EuR 1995, S. 398 ff.; *Egger,* „Dual Use"-Waren: Exportkontrolle und EGV, 1996; *Europ. Kommission,* Eine Marktöffnungsstrategie der EU, 1997; *Karpenstein,* Europ. Exportkontrollrecht für Dual-Use-Güter, 1998.

Die Praxis der Gemeinsamen Handelspolitik läßt sich grundlegend danach unterscheiden, ob die EG und gegebenenfalls auch ihre MS handelspolitische Maßnahmen **einseitig (autonom)** treffen oder ob diese **vertraglich** mit den jeweiligen Partnern ausgehandelt werden. Im zweiten Falle stehen die zahlreichen **bilateralen** Handelsabkommen u. ä. der **multilateralen** EG-Handelspolitik gegenüber, die sich teilweise in Internationalen Organisationen wie besonders in der WTO vollzieht. Die Gemeinschaft ist als WTO-Mitglied (Art. XI ÜWTO) völkerrechtlich verpflichtet, ihre Handelspolitik WTO-konform zu gestalten (*Petersmann,* Int. Pol. 4/1997, S. 29 ff.). **1757**

a) Autonome Handelspolitik (Einfuhr, Ausfuhr)

Soweit die Gemeinschaft ihre GHP autonom gestaltet, stützt sie sich auf **1758** **die allgemeine Zuständigkeit nach Art. 113** = 133 neu EGV, soweit nicht Spezialnormen wie z. B. Art. 38 ff. = 32 ff. neu EGV einschlägig sind (*Nicolaysen,* FS Schlochauer, 1981, S. 855 ff.). Nach Art. 113 Abs. 2 = 133 Abs. 2 neu EGV kann die Kommission dem Rat grundsätzlich Vorschläge in allen Formen der Rechtsakte nach Art. 189 = 249 neu EGV vorlegen, über die der Rat nach Art. 113 Abs. 4 = 133 Abs. 4 neu EGV mit qualifizierter Mehrheit beschließt. In der Gemeinschaftspraxis ergeht das handelspolitische Sekundärrecht der EG **vorwiegend in Gestalt von Verordnungen.**

Wichtige handelspolitische Entscheidungen sind **Änderungen des Gemeinsamen Zolltarifs** (GZT, oben Rz. 1285 ff.). Grundsätzlich wird hierüber vom Rat auf Vorschlag der Kommission nach Art. 28 = 26 neu EGU entschieden. Soweit eine autonome Zolltarifänderung jedoch handelspolitisch begründet ist – was in der Praxis meistens der Fall ist – erfolgt die Entscheidung über Art. 113 Abs. 1 = 133 Abs. 1 neu EGV, der die Änderung von Zollsätzen ausdrücklich anspricht. Nachdem durch die Einheitliche Europäische Akte 1986/87 bei der Ratsentscheidung über Art. 28 = 26 neu EGV wie in Art. 113 = 133 neu die qualifizierte Mehrheit vorgesehen ist (früher Einstimmigkeit), kommt der Wahl zwischen diesen beiden Rechtsgrundlagen allerdings nur noch formale Bedeutung zu. **1759**

Gelegentlich können handelspolitisch relevante Regelungen außerhalb des Art. 113 = 133 neu EGV getroffen werden. Ein bekanntes Beispiel ist die „milde" Quotenregelung in der Fernseh-Richtlinie 89/552 (oben

Rz. 1604 f.). Auf Art. 113 = 133 neu EGV werden dagegen **handelspolitische Ergänzungsregelungen** wie z. B. über die **Statistiken** des Warenverkehrs zwischen der Gemeinschaft und Drittstaaten gestützt (VO 1172/95, ABl. 1995, L 118/10).

In den Grundverordnungen zur GHP wird die Kommission häufig zum Erlaß von weiteren Durchführungsvorschriften und Einzelentscheidungen ermächtigt. So bildet sich eine Art von **handelspolitischem „Tertiärrecht"** *(Christoph Vedder)*.

Dieses autonome, sekundäre und tertiäre EG-Außenhandelsrecht ist insgesamt eine **höchst komplexe und vielfältig mit dem nationalen Außenwirtschaftsrecht verwobene Materie** (Nachweis über Fundstellenverzeichnis des geltenden Gemeinschaftsrechts, 11.60). Im folgenden werden die wichtigsten Sachbereiche umrissen.

aa) Einfuhrregelung

1760 Bei der Gestaltung ihres **Einfuhrregimes gegenüber Drittländern** gemäß Art. 113 Abs. 1 = 133 Abs. 1 neu EGV ist die Gemeinschaft zwar in einem grundlegenden Sinne frei. Sie hat aber zum einen gemeinschaftsrechtlich die **prinzipielle Selbstverpflichtung zu einer weltoffenen Handelspolitik** aus Art. 110 = 131 neu EGV zu beachten, die auch in Art. 29 a) = 27 a) neu EGV anklingt (oben Rz. 1733 ff.). Ferner unterliegt die EG den Bindungen, die sie **vertraglich gegenüber Dritten** eingegangen ist (unten Rz. 1783 ff.). Hier spielen die GATT -Verpflichtungen der Gemeinschaft und ihrer MS eine besondere Rolle.

Die EG-Einfuhrregel wurde schon seit längerem im Sinne des Prinzips der unbeschränkten Einfuhrmöglichkeit grundsätzlich liberal gestaltet *(Saake,* Die gemeinsamen Einfuhrregelungen der EWG, 1992). Die Vollendung des Binnenmarktes 1993 und der Abschluß der Uruguayrunde des GATT 1994, der die Gemeinschaft zum Mitglied der neuen WTO machte, verstärkte diesen Trend. Maßgebliche Rechtsgrundlage für die EG-Einfuhren ist inzwischen die **VO 3285/94, ABl. 1994, L 349/53, Änderungen, über die gemeinsame Einfuhrregelung.** Sie steht im Zusammenhang mit der **VO 520/94, ABl. 1994, L 66/1 ff. zur gemeinschaftlichen Verwaltung mengenmäßiger Kontingente.** Für alle Einfuhren, die nicht Sonderregelungen unterfallen, gilt der **Grundsatz der Einfuhrfreiheit** (Art. 1 VO3285/94). Alle nationalen Kontingente gegenüber Drittstaaten wurden ersatzlos aufgehoben (VO 519/94, ABl. 1994, L 67/89 ff.). Der Logik des Binnenmarktes entsprechen als handelspolitische Schutzinstrumente der EG neben Zöllen nur noch Gemeinschaftskontingente. Damit ist Art. 115 = 134 neu EGV, der Schutzmaßnahmen bei Verkehrsverlagerungen aufgrund nationaler Maßnahmen ermöglichte (unten Rz. 1777), seines Sinnes beraubt. Obwohl er noch im EGV steht, ist grundsätzlich kein Raum mehr für seine Anwendung.

1761 **Sondereinfuhrregelungen** gelten weiterhin auf der Grundlage der Art. 38 ff. = 32 ff. neu EGV für **Agrareinfuhren** (Art. 25 VO 3285/94). Hier besteht bemerkenswerter Außenschutz (oben Rz. 1367). Auch das **Allgemeine Präferenzsystem** (APS) der EG gegenüber Entwicklungsländern (unten Rz. 1828 ff.) ist eine Spezialregelung. Für **Textilwaren** gilt die Einfuhrregelung der VO 517/94, ABl. 1994, L 67/1 ff. – Die früheren nationalen Maßnahmen gegenüber **Staatshandelsländern** wurden z. T. durch deren Transformation in die Marktwirtschaft obsolet und im übrigen großenteils durch die VO 519/94 aufgehoben. Gegenüber der **VR China** bestehen Überwachungsmaßnahmen und Gemeinschaftskontingente gemäß der VO 520/94.

Vor allem kann die Gemeinschaft durch **vertragliches Handeln** mit Drittstaaten die autonome Einfuhrregelung modifizieren. Dieses Völkerrecht ist integrierender Bestandteil des Gemeinschaftsrechts und beansprucht Vorrang gegenüber der autonomen Regelung. Dies gilt insbesondere für das weltweite internationale Handelsrecht von GATT/WTO (zur Meistbegünstigung *Tietje,* EuR 1995, S. 398 ff. und unten Rz. 1799 ff.). Protektionistische Gefahren für die Einfuhrfreiheit können sich aus **„Grauzonenmaßnahmen"** ergeben (Selbstbeschränkungsabkommen der EG und der MSen oder von „Industry to Industry", Orderly marketing u. ä., vgl. *Beise/Oppermann/Sander,* Grauzonen im Welthandel, 1998). Sie unterliegen WTO- und gemeinschaftsrechtlich Bedenken, treten aber immer noch in der Handelspraxis auf (unten Rz. 1776).

Bei drohender Schädigung der Gemeinschaftsproduktion durch Dritt- 1762
landseinfuhren kann die EG eine **Überwachung dieser Einfuhren** vornehmen (Art. 11 ff. VO 3285/94). Der Rat kann schließlich „geeignete Maßnahmen" beschließen, insbesondere die Einführung von **Gemeinschaftskontingenten** gemäß der VO 520/94. Diese Maßnahmen müssen jedoch gleichzeitig die Voraussetzungen des WTO-Rechts erfüllen. – Besonderen Einfuhrverboten unterliegen zum Schutze geistigen Eigentums **nachgeahmte Waren und Raubkopien** (VO 3295/94, ABl. 1994, L 341/8 ff.). Solche Waren können aus dem Marktkreislauf genommen und u. U. vernichtet werden. Auch insoweit muß die WTO-Konformität gesichert sein (TRIPS-Abkommen 1994 der WTO, unten Rz. 1804).

Nationale Schutzmaßnahmen der MSen sind seit Vollendung des Binnenmarktes weitestgehend ausgeschlossen. Enge Ausnahmen beläßt Art. 24 VO 3285/94 zum Schutz derselben Rechtsgüter, die innergemeinschaftlich dem Vorbehalt des Art. 36 = 30 neu EGV unterliegen (oben Rz. 1302 ff.).

Eine in der Praxis wichtige Einschränkung bestimmter Dritthandelseinfuhren stellt die **Abwehr von Dumpingpraktiken durch Anti-Dumping-Zölle** oder bei Gewährung bestimmter **Ausfuhrsubventionen** der Drittländer durch die Gemeinschaft dar (unten Rz. 1771 ff.).

bb) Ausfuhrregelung und Ausfuhrförderung

aaa) Ausfuhrregelung

Wie beim Einfuhrregime ist die Gemeinschaft auch bei der handelspoli- 1763
tischen Gestaltung ihrer Ausfuhrregelung **in einem grundsätzlichen Sinne „souverän"**, allerdings wiederum unter Beachtung der Leitlinien des Art. 110 = 131 neu EGV und der vertraglichen Verpflichtungen der EG gegenüber der Außenwelt, vor allem im Rahmen der WTO. In diesem Sinne und im Einklang mit den grundlegenden Interessen der Gemeinschaft als großer Welthandelsmacht hat die EG sich in der maßgeblichen **Grundverordnung 2603/69 zur Festlegung einer gemeinsamen Ausfuhrregelung**

v. 20. 12. 1969 (ABl. I. 324/25 ff., dazu Änderungen und Ergänzungsregelungen, vgl. Fundstellenverzeichnis des geltenden Gemeinschaftsrechts, 11.60.30.30, sowie *Beseler,* AWD 1970, S. 109 ff.) zum **Prinzip der Ausfuhrfreiheit für alle Waren** mit Ausnahme einer kleinen Zahl in einer Negativliste zusammengefaßter Waren aus bestimmten MS bekannt (z. B. Rohöl, dazu EuGHE 1986, 559 ff. – RS 174/84 „Bulk Oil"). Von diesem in Art. 1 der VO festgehaltenen Liberalisierungsgrundsatz gibt es nur ganz bestimmte Ausnahmen.

Nach Art. 2, 6 f. der VO können Ausfuhrbeschränkungen grundsätzlich nur von der Gemeinschaft (in Eilfällen nach Art. 8 vorläufig durch die MS) getroffen werden. Legitimes Motiv sind insoweit **außergewöhnliche Marktentwicklungen,** insbesondere eine „Krise" bei der Versorgung mit lebenswichtigen Gütern. Gelegentlich werden Ausfuhrbeschränkungen auch aus handelspolitischen Gründen (**Selbstbeschränkung** o. ä.) vertraglich vereinbart, wie z. B. die Stahlvereinbarungen EG/USA.

1764 Die Ausfuhr und die Exportkontrolle von **militärischen Gütern** bleiben nach Art. 223 Abs. 1 b) = 296 neu EGV in nationaler Zuständigkeit *(Gilsdorf,* RMC 1994, S. 17 ff.). Diese Rüstungsgüter sind in einer Liste v. 15. 4. 1958 aufgezählt, die der Rat auf Vorschlag der Kommission ändern kann (Art. 296 Abs. 2 neu EGV). 1998 wurde ein **„Verhaltenskodex" für Waffenexporte der MS** als GASP-Entscheidung nach Art. J. 8 Abs. 3 EUV erlassen. Er setzt EU-weite Standards für diese Ausfuhren. Dagegen unterliegt der Drittlandshandel von **„Gütern mit doppeltem Verwendungszweck" (dual use)** d. h. solchen, die zivilen und militärischen Zwecken dienen können (z. B. bestimmte Elektronik, Lasertechnik, Chemieanlagen) seit dem 1.7.1995 nach der VO 3381/94, ABl. 1994, L 367/1 ff. *(Reuter,* NJW 1995, S. 2190 ff.) grundsätzlich der Gemeinsamen Handelspolitik nach Art. 113 = 133 neu EGV als **ausschließliche EG-Zuständigkeit** (EuGHE 1995, I–3189 ff. RS C-70/94). Der Rat hatte diese Einbeziehung militärischer Aspekte in die GHP durch einen GASP-Beschluß nach Art. J.3 EUV (ABl. 1994, L 367/8) legalisiert. Für die dual use-Waren gibt es eine einheitliche EG-Kontrolliste. Über den EG-Kontrollstandard hinaus ermächtigt die VO 3381/94 zu nationalen Ergänzungsregeln *(Egger,* „Dual-Use"-Waren: Exportkontrolle und EGV, 1996).

Soweit mitgliedstaatliche Ausfuhrverbote **nach Art. 36 = 30 neu EGV** im innergemeinschaftlichen Handel noch zulässig sind (oben Rz. 1302 ff.) gilt dies auch für den Drittlandshandel. Dies betrifft u. a. die Ausfuhr von **Kulturgütern** in dritte Länder nach der VO 3911/92, ABl. 1992, L 395/1 ff.; *Fechner,* DöV 1992, S. 609 ff. und unten Rz. 1988).

Von diesen Ausnahmen abgesehen, besteht in der Gemeinschaftspraxis tatsächlich eine **umfassende Ausfuhrfreiheit,** die sowohl den gewerblichen wie den Agrarbereich einschließt.

bbb) Ausfuhrförderung

1765 Die der Interessenlage der Gemeinschaft entsprechende positive Einstellung zur Ausfuhr zeigt sich ferner darin, daß die EG selbst inzwischen im Rahmen des Art. 113 Abs. 1 = 133 neu EGV **Ausfuhrförderungspolitik („Ausfuhrpolitik")** betreibt beziehungsweise die ursprünglich in Art. 112 = 132 neu EGV vorgesehene Vereinheitlichung innergemeinschaftlich wettbewerbsverfälschender Beihilfesysteme für die Drittlandsausfuhr weiterhin in einer Weise betreibt, welche die **grundsätzliche handelspolitische Legimität solcher Ausfuhrförderungssysteme** anerkennt.

Nachdem die Verpflichtung des Art. 112 Abs. 1 EWGV zur Vereinheitlichung dieser Beihilfensysteme bis zum Ende der Übergangszeit (1970) nicht eingelöst werden konnte, ist nach vorherrschender Auffassung (EuGHE 1975, 1355 ff. – Gutachten 1/75 „Lokale Kosten"; *Lefèvre,* Staatliche Ausfuhrförderung und das Verbot wettbewerbsverfälschender Beihilfen, 1977, S. 67 ff. m. w. N.) **die Ausfuhrförderungspolitik Teil der GHP nach Art. 113 = 133 neu EGV geworden.** Dabei sind allerdings die grundlegenden inhaltlichen Gedanken des Art. 112 = 132 neu, d. h. die Vereinheitlichungsverpflichtung und die Ausnahme des Abs. 2 zugunsten bestimmter Zoll- und Steuerrückvergütungen weiterhin gültig (ähnlich *Müller-Ibold,* in: Lenz (Hrsg.) EGV-Komm. 1994, Rz. 2ff). Gemäß Art. 113 = 133 neu EGV kann die Ausfuhrpolitik der EG seit dem Ende der Übergangszeit **in allen Rechtsformen** (einschließlich VOen) betrieben werden.

Die Gemeinschaftskompetenz zur Ausfuhrförderungspolitik aus Art. 113 i. V. m. **1766**
Art. 112 = 133 i. V. m. 132 neu ist eine **Sondervorschrift im Verhältnis zu dem grundlegenden, innergemeinschaftlichen Beihilfeverbot** der Art. 92 ff. = 87 ff. neu EGV, wie Art. 92 Abs. 1 S. 1 = 87 Abs. 1 S. 1 neu EGV (... "soweit in diesem Vertrag nicht etwas anderes bestimmt ist") deutlich erkennen läßt (str. wie hier u. a. *Vedder,* in: Grabitz/Hilf (Hrsg.) Komm. EUV/EGV (1986), Art. 112, RdNr. 8 m. w. N., A. A. insbes. die Praxis der Beihilfenaufsicht der EG-Kommission (vgl. auch oben Rz. 1105 und *Wenig,* EuZW 1990, S. 314 ff.). Es bleibt die **Grundauffassung des Vertrages** zu beachten, die aus der Lex specialis des Art. 112 Abs. 1 = 132 Abs. 1 neu EGV ablesbar ist, angesichts der Realitäten des Welthandels **finanzielle Ausfuhrförderungspolitik** in einem ordnungspolitischen Sinne **grundsätzlich für zulässig zu erachten.** Eingrenzungen ergeben sich dabei innergemeinschaftlich aus der fortbestehenden Verpflichtung zur Angleichung der nationalen Systeme im Interesse eines fairen Wettbewerbs zwischen den Unternehmen der Gemeinschaft (Art. 112 Abs. 1 = 132 Abs. 1 neu EGV). Nunmehr setzt das **WTO-Agrarabkommen 1994** (oben Rz. 1356 und *Thomson,* EFA Rev 1996, S. 169 ff.) der EG-Agraraußenhandelsförderung im Interesse eines „Fair and Market-oriented Agricultural Trading System" völkerrechtliche Grenzen.

Da das **Agrar-Außenregime** primär unter Berücksichtigung der Besonderhei- **1767**
ten der Art. 38 ff. = 32 ff. neu EGV zu regeln ist, zu denen der Grundgedanke des Art. 42 = 36 neu EGV gehört (Ausschluß der allgemeinen Wettbewerbsregeln, vgl. oben Rz. 1103), finden Art. 112, 113 = 132, 133 neu EGV auf die bedeutsame EG-Agrarausfuhrförderung im System der Agrarmarktorganisationen (Erstattungen, vgl. oben Rz. 1378) keine Anwendung. Die Ausgestaltung dieses besonderen gemeinschaftseigenen Ausfuhrbeihilfesystems unterliegt gemeinschaftsrechtlich nur den in Art. 39 = 33 neu EGV und in den Agrar-VOen selbst gezogenen Grenzen (oben Rz. 1103). Handelspolitisch sind die **umfangreichen EG-Agrarsubventionen** insbesondere auf Betreiben der USA im GATT seit 1986 im Rahmen der „Uruguay-Runde" ein wesentliches Thema geworden. Bis zu einer solchen Vereinheitlichung stehen sie unter der Verpflichtung des Art. 92 = 87 neu EGV, den innergemeinschaftlichen Wettbewerb vor Verfälschungen zu schützen. Soweit dieser beeinträchtigt wird, gelten Art. 92 ff = 87 ff. neu EGV auch im Bereich der Ausfuhrförderung nach Art. 112 = 132 neu EGV (EuGHE 1990, I–959 ff. RS C-142/87 „Belgien/KOM").

Völkerrechtlich wird die Freiheit der EG und ihrer MSen, Ausfuhrförderung zu betreiben, durch **internationale Vereinbarungen** eingegrenzt. Insbesondere das **WTO-Übereinkommen** über Subventionen und Ausgleichsmaßnahmen (ABl. 1994, L 356/156 ff.) und das **OECD-Arrangement** über Exportkredite (dazu Ratsbeschluß 93/112, ABl. 1993, L 44/1 ff.) setzen einem hemmungslosen weltweiten Subventionswettlauf Grenzen.

1768 In der Praxis der **Vereinheitlichung der nationalen Exportsubventionssysteme** sowie einer **gemeinsamen Ausfuhrpolitik** als Bestandteil der GHP ist die EG bisher weder vor 1970 auf der Grundlage des Art. 112 = 132 neu EGV noch seither gemäß Art. 113 i. V. m. 112 = 133 i. V. m. 132 neu EGV nennenswert vorangekommen (vgl. die wenigen, z. T. prozeduralen Rechtsakte in: Fundstellenverzeichnis des geltenden Gemeinschaftsrechts, 11.60. 30.40 und *Müller-Ibold* in: Lenz (Hrsg.) EGV-Komm. 1994, Art. 112, Rz. 4f). Das Interesse des MS, in diesem Bereich (in Deutschland besonders die Ausfuhrgarantien der **HERMES-Kreditversicherungs-AG,** dazu *Christopeit,* Hermes-Deckungen, 1968) weiterhin eigenständig handeln zu können, ist nach wie vor groß.

1769 Die Gemeinschaft betreibt ihrerseits mit Haushaltsmitteln **„Trade Promotion"** (z. B. bei Messen, vgl. auch die VO 2728/94 ABl. 1994, L 293/1ff. über einen Garantiefonds für Maßnahmen in den Außenbeziehungen) und eine **Marktöffnungsstrategie** *(Europ. Kommission,* Eine Marktöffnungsstrategie der EU, 1997; *Ratsbeschluß* 98/552 ABl. 1998, L 265/31).

b) Handelspolitische Schutzmaßnahmen der Gemeinschaft

Literatur: *Krenzler,* Exportselbstbeschränkungen, EuR 1977, S. 177 ff.; *Weber,* Die Bedeutung des Art. 115 EWGV für die Freiheit des Warenverkehrs, EuR 1979, S. 30 ff.; *Werner,* Selbstbeschränkungsabkommen im Außenhandel, 1984; *Hilf/Rolf,* Das „Neue Instrument" der EG, RIW 1985, S. 297 ff.; *Weber,* Das Verwaltungsverfahren im Antidumpingrecht der EG, EuR 1985, S. 1 ff.; *Hailbronner/v. Heydebrand,* Der gerichtliche Rechtsschutz im Antidumping- und Antisubventionsrecht der EWG, RIW 1986, S. 889 ff.; *Landsittel,* Dumping im Außenhandel- und Wettbewerbsrecht, 1987; *Werner,* Anti-Dumping im Seeverkehr, RIW 1987, S. 715 ff.; *Buhart,* Le régime communautaire de l'antidumping: 20 ans de l'expérience, RTDE 1988, S. 253 ff.; *v. Bael,* Anti-Dumping Enforcement, EJIL 1990, S. 118 ff.; *Devolve,* Le respect des droits de la défense dans les procedures antidumping, antisubventions, Droit et prat. du commerce int. 1991, S. 226 ff.; *Grossfeld/Junker,* Das CoCom im Internationalen Wirtschaftsrecht, 1991; *Lux,* Die Rspr. des EuGH im Antidumpingrecht, RIW 1991, S. 828 ff.; 1992, S. 34 ff.; *Preusse,* Voluntary Export Restraints, JWTL 1991, S. 5 ff.; *Priess,* Der Schutz des Außen- und Binnenhandels der EG vor Dumping und Subventionen, JUS 1991, S. 629 ff.; *Wenig,* Neue Entwicklungen in der Antidumpingrechtsprechung, EuZW 1992, S. 279 ff.; *Castillo de la Torre,* The EEC New Instrument of Trade Policy, CMLRev 1993, S. 687 ff.; *Egger,* The Principle of Proportionality in Community Anti-Dumping Law, ELRev 1993, S. 367 ff.; *Mavroidis,* Handelspolitische Abwehrmechanismen der EWG und der USA und ihre Vereinbarkeit mit den GATT-Regeln, 1993; *Müller,* Das neue Antidumpingrecht der EG, EWS 1995, S. 146 ff.; *Rudo,* Die neue Welthandelsorganisation und die Grauzonen der Selbstbeschränkungsabkommen, Orientierungen 1/1995, S. 60 ff.; *Bierwagen,* Die neue Antidumpingverordnung nach dem Abschluß der Uruguay-Runde, EuZW 1995, S. 231 ff.; *Bierwagen,* 10 Jahre „Neues" handelspolitisches Instrument (Man.), 1995; *Sanchez Rydelski,* Das handelspolitische Schutzinstrument der Antisubventions-VO, EuZW 1996, S. 423 ff.; *Beise/Oppermann/Sander,* Grauzonen im Welthandel, 1998.

1770 Auch die grundsätzlich über Art. 110 = 131 neu EGV dem weltweiten Freihandel verpflichtete Gemeinschaft kommt in der Wirklichkeit des Internationalen Außenwirtschaftsverkehrs nicht ohne den **gelegentlichen Rückgriff auf handelspolitische Schutzmaßnahmen** im weitesten Sinne aus. Art.

113 Abs. 1 = 133 neu EGV setzt ihre Existenz ausdrücklich voraus. Dabei erweist es sich gelegentlich als notwendig, durch einseitiges **Vorgehen** „das Recht in die eigenen Hände zu nehmen". Andererseits bergen getroffene Schutzmaßnahmen durch den Gewöhnungseffekt an sie die ernste Gefahr des **Hineingleitens in protektionistische Formen der Handelspolitik** in sich *(Müller-Huschke,* Eine Festung Europas?, 1991). Sie sollten daher i. d. R. vorübergehend ausgestaltet sein.

Die **Formen der EG-Schutzmaßnahmen** sind vielfältig (näher *Grabitz/v. Bogdandy/Netteshein,* Europäisches Außenwortschaftsrecht, 1994, S. 187 ff.). Im Vordergrund steht die Bekämpfung unfairer Preispraktiken durch **Anti-Dumping und Antisubventionsmaßnahmen** sowie das **Schutzregime** bei der allgemeinen Ein- und Ausfuhrregelung mit den speziellen Ergänzungen besonders im Agrarbereich (oben Rz. 1763). Seit 1984 ist als ergänzender Schutzmechanismus das **„Neue handelspolitische Instrument"** der EG hinzugetreten. Eine schwierige, aber zunehmend wichtige Thematik ist der Versuch des Schutzes über die sog. **„Grauzonenmaßnahmen" der Selbstbeschränkung** u. ä. Dagegen ist die früher von den MSen oft in Anspruch genommene **Schutzklausel des Art. 115 = 134 neu EGV** seit der Vergemeinschaftung der Handelspolitik i. V. m. der Vollendung des Binnenmarktes 1993 so gut wie unanwendbar geworden. Keine Schutzmaßnahmen, sondern Instrumente außenpolitischer Druckausübung auf Drittstaaten aus nichtwirtschaftlichen Erwägungen sind **Handelsverbote** (Sanktionen, „Embargo", unten Rz. 1778).

aa) Antidumping- und Antisubventionsmaßnahmen

Art. 113 Abs. 1 = 133 neu EGV spricht handelspolitische Schutzmaßnahmen 1771
„zum Beispiel im Falle von Dumping und Subventionen" als Gegenstand der GHP ausdrücklich an. (Innergemeinschaftliches Dumping ist spätestens seit dem Binnenmarkt ausgeschlossen. Art. 91 EGV wurde mit dem Amsterdamer Vertrag 1997 aufgehoben. Vgl. auch oben Rz. 1093.) Angesichts der natürlichen Interessengegensätze der Welthandelspartner gehört der Dumping. bzw. Subventionsvorwurf zu den meistgebräuchlichen Einwänden im internationalen Außenhandelsverkehr. Im Grundsatz kann seine Legitimität vor dem Hintergrund des **Prinzips eines wettbewerblich unverfälschten Welthandels** nicht bestritten werden. Zu beachten bleibt aber, daß D. und S. nicht schlechthin, sondern nur im Falle der **Schädigung des Handelspartners** unzulässig sind. Dies ist ein zentraler Punkt sowohl des weltweiten **GATT/WTO-Antidumping- und Antisubventionsrechts,** das für die EG und ihre MS verbindlich ist (Art. VI, XVI, XXIII GATT 1994; WTO-Antidumping und Antisubventionsübereinkommen v. 15. 4. 1994 (ABl. 1994, L 336/103 ff., 157 ff.; *Didier,* CDE 1994, S. 251 ff.; 1995, S. 679 ff.), als auch für das **EG-Antidumping- und Antisubventionsrecht,** welches die GATT-Regeln im Sinn der Völkerrechtskonformität des EGR aufnimmt. Dieser Bereich des handelspolitischen EG-Sekundärrechts hat sich wegen seiner **großen praktischen Bedeutung** sowohl für die staatlichen und EG-Instanzen als auch für die EG-Wirtschaft und die Drittlandsexporteure seit den siebziger Jahren zu einer **immer komplexeren Rechtsmaterie** entwickelt, nicht zuletzt über die Erkenntnisse aus den zahlreichen Verfahren bei der EG-Kommission und vor dem EuGH. Antidumping- und Antisubventionsrecht wird mehr und mehr zum **Kernstück des „Internationalen EG-Wettbewerbsrechts".** Wesentliche **Rechtsgrundlage** sind in Anpassung an das GATT/WTO-Regime 1994 nunmehr die **AntisubventionsVO 2026/97, ABl. 1997, L 288/1** (ersetzt

die VO 3284/94) und die **Antidumping-VO 384/96, ABl. 1996, L 56/1** *(Sanchez-Rydelski,* EuZW 1996, S. 423 ff.; *Bierwagen,* ZFschr. f. Verw. 1997, S. 710 ff.). In Ausführung dieser Grundregelungen erging und ergeht fortlaufend eine **große Zahl von Spezial-VOen,** mit denen vor allem **konkrete Antidumpingzölle** festgesetzt werden (Fundstellenverzeichnis des geltenden Gemeinschaftsrechts, 11.60. 40.20; vgl. auch die Jahresberichte der EG-Kommission zum Antidumping- und Antisubventionsbereich seit 1983).

1772 In der Praxis stehen die **Antidumpingfälle** im Vordergrund. Waren gelten als **Gegenstand eines Dumpings,** wenn ihr Ausfuhrpreis nach der EG niedriger ist als der Normalwert gleichartiger Waren. Werden sie eingeführt, kann ein **Antidumpingzoll** erhoben werden, wenn eine **Schädigung** vorliegt (Art. 1 VO 384/96). Entsprechend können **Ausgleichszölle** im Falle **schädigender Drittlandssubventionen** festgesetzt werden (Art. 1 VO 2026/97). Die Einleitung von **Verfahren** zur Klärung entsprechender Vorwürfe kann von natürlichen und juristischen Personen, auch Verbänden bei der Kommission beantragt werden (Art. 5 bzw. 7 der VOen). Gegebenenfalls setzen die Kommission und auch der Rat **vorläufige oder endgültige Antidumping- bzw. Ausgleichszölle durch VO fest** (Art. 9 bzw. 11 der VOen). Gegen diese Maßnahmen ist **Rechtsschutz** beim Gericht 1. Instanz (EuG, oben Rz. 376 ff.) nach Art. 3 Ratsbeschluß 88/591 gegeben. Da durch die Antidumping-VOen sowohl Drittlandsexporteure oder -hersteller als auch die vorher antragstellenden EG-Hersteller bzw. ihre Verbände im Sinne von Art. 173 Abs. 4 = 230 Abs. 4 neu EGV von den VOen unmittelbar und individuell betroffen sein können (EuGHE 1979, 1185 ff. – RS 113/77) „Kugellager/Tokyo"; EuGHE 1983, 2913 ff. – RS 191/82 „FEDIOL", st. Rspr., *Happe,* JZ 1993, S. 292 ff.), ergab sich inzwischen eine **umfangreiche Rechtsprechung des EuGH** in diesem Bereich, welche bereits viele Begrifflichkeiten des materiellen und prozeduralen EG-Antidumping- und Antisubventionsrechts klärte und insgesamt die rechtsstaatliche Kontrolle der EG-Instanzen in objektiver Abwägung der divergierenden Interessen der privaten Beteiligten ernstnimmt *(Priess,* Jus 1991, S. 629 ff.). In den Novellierungen der Grundregelungen (oben Rz. 1771) wurde diese Rechtsprechung des Gerichtshofes öfters gesetzlich umgesetzt. Die Rechtsprechung betont besonders das weite Ermessen der Gemeinschaftsorgane bei der Festsetzung von Antidumping- und Ausgleichszöllen (EuGHE 1990 I–1269 ff. – RS C-109/88 „Cartonobien").

Das Antidumping- und Antisubventionsrecht der Gemeinschaft erstreckt sich auf den **gewerblichen** und mit gewissen Modifikationen (Art. 25 bzw. 24 der VOen) auch ergänzend auf den **Agrarbereich.** Grundsätzlich besteht bei Antidumping- und Antisubventionsmaßnahmen die Gefahr des **Mißbrauchs zu Protektionismus.** Bei den Gemeinschaftsverfahren wirkt dem das Antragserfordernis der Betroffenen entgegen. Die Kommission kann so kaum strategische „Antidumpingpolitik" betreiben *(Krenzler,* FAZ, 7.3.1996). Insgesamt sind weniger als 1 % der EG-Einfuhren von Antidumpingmaßnahmen betroffen.

bb) Schutzregime der allgemeinen EG-Einfuhr und Ausfuhrregelungen

1773 Wie bereits dargestellt (oben Rz. 1760 ff.) enthält die VO 520/94 zur gemeinschaftlichen Verwaltung mengenmäßiger Kontingente i. V. m mit der VO 3285/94 über die **gemeinsame Einfuhrregelung** sowie einigen Sonderregelungen einerseits, die **allgemeine Ausfuhr-GrundVO 2603/69,** andererseits mit Sonderregelungen (insbes. Dual-Use-Güter) **gesonderte Schutzregelungen bei ernsthaften Marktstörungen** u. ä. aus anderen Gründen als Dumping oder Subventionen. Ihre Anwendung wird von den MSen oder der Kommission und nicht von Privaten veranlaßt.

cc) Handelspolitisches Instrument 1984/94

1774 In Reaktion vor allem auf das immer effektiver ausgebaute **Schutzsystem der US-Handelsgesetzgebung** (jetzt **„Omnibus" Trade Act** 1988, vor allem Sec. 301

und „Super 301") entwickelte die EG zunächst 1984 mit der VO 2641/84 *(Hilf/Rolf,* RIW 1985, S. 297 ff.) ein **„Neues Handelspolitisches Instrument"** (NHI) auf der Grundlage von Art. 112 und 235 EWGV. Es ermöglichte im gewerblichen und landwirtschaftlichen Bereich subsidiär zu den sonstigen Schutzmöglichkeiten einerseits „defensiv" die **Abwehr unerlaubter Handelspraktiken** von Drittstaaten, andererseits „offensiv" die **Wahrnehmung der internationalen Handelsrechte der EG** gegenüber störendem Verhalten von Drittstaaten. In der Praxis wurde 1984–94 vom NHI lediglich in fünf Fällen Gebrauch gemacht.

Beim Abschluß der GATT-Uruguay-Runde 1994 wurde das NHI überprüft und verbessert. Es gilt nunmehr als **VO 3286/94, ABl. 1994, L 349/71 ff.** Das revidierte Handelspolitische Instrument (revHI) verfolgt drei Ziele: (1.) Die Beseitigung von Handelshemmnissen **auf dem Gemeinsamen Markt** (2.) Den Angriff auf Handelshemmnisse für die EG-Industrie **auf dritten Märkten** und (3.) Die **Durchsetzung internationaler Handelsregelungen** z. B. über Einleitung eines WTO-Streitschlichtungsverfahrens (unten Rz. 1800 f.). Das revHI findet sowohl beim Waren- als auch beim Dienstleistungshandel und im Bereich des geistigen Eigentums Anwendung. Es bedarf jeweils der substantiierten Behauptung einer **bedeutenden Schädigung** im Gemeinsamen Markt bzw. **handelsschädigender Auswirkungen** auf dritten Märkten. Beschwerdeberechtigt ist der entspr. Wirtschaftszweig der EG (Ziel (1.)) bzw. einzelne Unternehmen (Ziel (2.)). Die Kommission setzt das Verfahren in Gang, das in Beschlüsse der Kommission oder des Rates über geeignete Maßnahmen gegenüber dem Drittland einmünden kann. Es ist **Rechtsschutz** ähnlich wie bei den Anti-Dumpingverfahren vor dem EuG gegeben (oben Rz. 1772).

Das revHI stellt mit seinen Zielen (2.) und (3.) ein Instrument im Rahmen der **allgemeinen Marktöffnungsstrategie** dar, welche die Kommission seit 1995 zugunsten der EG-Ausfuhren verfolgt (Dok. KOM 5 (96) final, näher *Vanderschueren/Luff,* EFA Rev 1996, S. 211 ff.) – Insgesamt macht die EG von ihrem handelspolitischen Schutz- und Offensivinstrumentarium im Sinne des revHI einen **behutsameren und weniger aggressiven Gebrauch** als die USA im Falle der Sec. 301 und „Super 301" ihres Trade Act 1988.

dd) Spezielle EG-Schutzmaßnahmen

Ähnlich „offensiv" wie bei den Zielen (2.) und (3.) hat sich die Gemeinschaft in **1775**
der 2. Bankenrichtlinie 89/646 (ABl. 1989, L 386/1 ff.; oben Rz. 1617) ein außenwirtschaftliches Instrument **zur Wahrnehmung der EG-Bankeninteressen gegenüber Drittstaaten** geschaffen. Nach dem in der RL verankerten **Grundsatz der Gegenseitigkeit („Reziprozität")** kann die Kommission Verhandlungen mit Drittstaaten fordern, wenn EG-Banken in dem betreffenden Staat nicht die gleichen Zutritts- und Geschäftschancen gewährt erhalten, wie sie niedergelassene Banken dieses Staates in der EG genießen.

Ferner hat die Gemeinschaft inzwischen **weitere spezielle Schutzregelungen** erlassen, wie die VO 3842/86 (ABl. 1986, L 357/1 ff.), zur **Abwehr von Warenzeichenverletzungen bei Drittlandseinfuhren** sowie die VO 385/96, ABl. 1996, L 56/21 gegen **unlautere Preisbildungspraktiken in der Seeschiffahrt.**

Wenn auch der Kampf gegen Bankendiskriminierung, „Markenpiraterie" und „Preisdumping" solche Schutzregelungen rechtfertigen mögen, könnte eine immer weiter ausufernde Einführung besonderer handelspolitischer Protektionismen durch die EG in einer Gesamtsicht die **Gefahr allmählicher Abkehr von den Freihandelsprinzipien des Art. 110 = 131 neu EGV** mit sich bringen.

ee) „Grauzonenmaßnahmen" der Selbstbeschränkung

Vor allem seit der Rezession nach dem „Ölschock" der siebziger Jahre kam es **1776**
u. a. auch innerhalb der EG handelspolitisch zu Neigungen eines **„neuen Protektionismus"** *(Balassa,* JWTL 1978, S. 409 ff.). Sie brachten in rechtlich sehr zweifel-

hafter Umgehung von GATT-Regeln (vor allem Art. XI, XIX) eine **„Grey Area Trade Policy“** (*Ernst-Ulrich Petersmann)* mit sich, die sich in handelshemmenden **Grauzonenmaßnahmen“, wie Voluntary Export Restraint Agreements** (VERAS), **Orderly Marketing Arrangements** (OMAS), **Gentlemen´s Agreements, Administrative Guidance** äußerten (umfassend *Estrella Faria,* Selbstbeschränkungsabkommen im GATT und im EWG-Wettbewerbsrecht, 1989, m. w. N.). Obwohl formal meist **vertragliche oder vertragsähnliche Abmachungen der Selbstbeschränkung** (gelegentlich auch einseitige der exportierenden Seite) zwischen den öffentlichen Handelspartnern oder von Industrie zu Industrie, war ihr Zustandekommen **von „Freiwilligkeit“ meist weit entfernt.** Der Anstoß zu Grauzonenmaßnahmen kam regelmäßig von der importierenden Seite, u. a. nicht selten von der EG und ihren MS oder Industriezweigen *(Krenzler,* EuR 1977, S. 166 ff.) Die VERAS, OMAS u. s. f. kommen auf diese Weise **quasi-autonomen Schutzmaßnahmen** sehr nahe, mit denen die exportierende Seite aufgrund wirtschaftlich/politischen Druckes der Importseite zusagt, ihre Ausfuhren in bestimmter Weise einzuschränken. Beim **Abschluß der GATT-Uruguay-Runde 1994** wurden mit den **WTO-Übereinkommen vom 15. 4. 1994 über Schutzmaßnahmen** (ABl. 1994, L 336/184 ff.) die Anforderungen an die Inanspruchnahme der Schutzklausel des Art. XIX GATT 1994 präzisiert und verschärft. Ferner wurden durch das **WTO-Übereinkommen über Textilwaren und Bekleidung v. 15. 4. 1994** (ABl. 1994, L 336/50 ff.) die früheren Möglichkeiten des Welttextilabkommens 1973 zum Abschluß von Selbstbeschränkungsabkommen in diesem sensiblen Bereich eingeschränkt und zeitlich limitiert. Nach 10 Jahren soll der Textilbereich vollständig in das allgemeine Regime des GATT 1994 übernommen werden. – Trotz dieser begrüßenswerten Anstrengungen von GATT/WTO, die Grauzonenmaßnahmen durch Stärkung der multilateralen WTO-Disziplin einzudämmen, spielen die Formen der Selbstbeschränkung in der internationalen Handelspraxis auch der EG vorläufig weiterhin eine wichtige Rolle, mit Schwerpunkten bei Automobilen, Elektronik und Stahl, regional besonders mit Japan *(Beise/Oppermann/Sander,* Grauzonen im Welthandel, 1998).

ff) Abwehr wirtschaftlicher Schwierigkeiten aus unterschiedlichen handelspolitischen Regelungen (Art. 115 = 134 neu EGV)

1777 Bis zur Vollendung des Binnenmarktes 1993 und der damit verbundenen abschließenden Vergemeinschaftung der Einfuhrregelung in die EG (oben Rz. 1760) spielte die Schutzklausel des Art. 115 = 134 neu EGV in der handelspolitischen Praxis der Gemeinschaft eine wichtige Rolle. Art. 115 = 134 neu ermöglichte Einschränkungen des freien Warenverkehrs **innerhalb der EG** infolge unterschiedlicher Einfuhrregimes in einzelnen MSen, die aufgrund von Verkehrsverlagerungen zu wirtschaftlichen Schwierigkeiten führen konnten. Mit der Vergemeinschaftung des EG-Einfuhrregimes hat diese aus der Sicht des Binnenmarktes schon immer **„ungeliebte Schutzklausel“** ihre Berechtigung verloren und bleibt praktisch unangewendet. Es ist nicht einsichtig, weshalb Art. 115 als Art. 134 neu EGV bei der Revision des EGV in Amsterdam 1997 im Vertrage verblieben ist.

Näher zur Regelung des Art. 115 = 134 neu *Weber* EuR 1979, S. 30 ff. und die 1. Auflage dieses Buches Rz 1967–1769.

c) Wirtschaftssanktionen (Embargo-Maßnahmen)

Literatur: *Schröder,* Wirtschaftssanktionen der EG gegen Drittstaaten, GYIL 1980, S. 111 ff.; *Bruha,* Handelsembargo gegen Argentinien durch EG-VO?, DVBl. 1982, S. 674 ff.; *Meng,* Die Kompetenz der EWG zur Verhängung von Wirtschaftssanktionen gegen Drittländer, ZaöRVR 1982, S. 780 ff.; *Kissler,* Die Zulässigkeit von Wirtschaftssanktionen der EG gegenüber Drittstaaten, 1984; *Mestmäcker/En-*

gel, Das Embargo gegen Irak und Kuwait, 1991; *Bohr,* Sanctions by the UN Security Council and the EC, EJIL 1993, S. 256 ff.; *Kadelbach,* Haftung für Embargoschäden, JZ 1993, S. 1134 ff.; *Ress,* Entschädigung für Wirtschaftsboykottmaßnahmen der EG? FS Bleckmann 1993, S. 219 ff.; *Sturma,* La participation de la CE à des sanctions internationales, RMC 1993, S. 250 ff.; *Vaucher,* L'évolution récente de la pratique des sanctions communautaires à l'encontre des Etats tiers, RTDE 1993, S. 39 ff.; *Fink-Hooser,* The Sanctions Policy of the EU, CFSP Forum Newsletter 4/ 1994, S. 4 ff.; *Schneider,* Komment. Art. 228 a EGV in: Grabitz/Hilf (Hrsg.) EUV/ EGV-Komm. (1995); *Stein,* Außenpolitisch motivierte (Wirtschafts)Sanktionen der EU – nach wie vor eine politische Grauzone? FS Bernhardt 1995, S. 1129 ff.; *Meng,* Streitigkeiten über Wirtschaftssanktionen zwischen EU und USA, 1997; *Stern,* Einseitige Wirtschaftssanktionen, Helms-Burton, D'Amato und die Europäer, IntPol 1997, S. 7 ff.; *Thun-Hohenstein,* Handelsbeschränkungen durch UN-Beschlüsse und Ratsbeschlüsse im Rahmen der GASP, ihre Wirkungen für die EG und Österreich, ZRVgl. 1997, S. 238 ff.; *Osteneck,* Die völkerrechtliche Verpflichtung der EG zur Umsetzung von UN-Sanktionen, ZEUS 1998, S. 103 ff.;

Von den handelspolitischen Schutzmaßnahmen sind die **Wirtschaftssanktionen** zu unterscheiden. Diese sog. **Embargo-Maßnahmen** werden nicht zum Schutze der eigenen Wirtschaft ergriffen, sondern stellen **außenpolitisch motivierte vollständige oder teilweise Handelsverbote** gegenüber einem Drittstaat dar, auf den Druck ausgeübt werden soll oder dem aus solchen Gründen eine Schädigung zugefügt werden soll. **Völkerrechtlich** sind solche Sanktionen zulässig, solange sie sich unterhalb des Interventionsverbotes halten *(Bryde,* FS Schlochauer, 1981, S. 227 ff., vgl. auch Art. 41 UNCh); unter Umständen können sie auch als Repressalie ergehen. 1778

Gemeinschaftsrechtlich stehen Wirtschaftssanktionen an der Schnittstelle zwischen der gemeinsamen **EU-Außenpolitik (GASP),** den **handelspolitischen Kompetenzen** der EG und verbliebenen **mitgliedstaatlichen Zuständigkeiten** (Art. 223, 224 = 296, 297 neu EGV). Mit dem Maastrichter Unionsvertrag wurde seit 1993 eine ausdrückliche **EU/EG-Sanktionszuständigkeit in Art. 228 a = 301 neu EGV** geschaffen *(Schneider,* Wirt-schaftssanktionen im Europa- und Völkerrecht, 1996). 1779

Bis 1993 kannten die EG eine Sanktionspraxis auf der Grundlage einer Einigung der Außenminister im Rahmen der damaligen Europäischen Politischen Zusammenarbeit (EPZ), die durch anschließende **VOen nach Art. 113 EWGV** gemeinschaftsrechtlich in Kraft gesetzt wurden *(Meng,* ZaöRVR 1982, S. 780 ff.). In dieser Weise reagierte die EWG u. a. auf das Kriegsrecht in Polen 1981, im Falklandkonflikt Großbritannien/Argentinien 1982, im Golfkrieg mit Irak 1991 und in den Anfängen des Jugoslawienkonfliktes 1991 ff. Teilweise erfolgte diese EWG-Sanktionspraxis aufgrund vorausgegangener Beschlüsse des UN-Sicherheitsrates.

In Art. 228 a = 301 neu EGV wurde die Sanktionspraxis der EU und EG fortentwickelt und erweitert (eingehend *Schneider,* in: Grabitz/Hilf (Hrsg.) EUV/EGV Komm. (1995) Art. 228 a, RdNr. 1 ff.). Auslöser für eine Gemeinschaftssanktion/Embargo ist ein **gemeinsamer Standpunkt oder eine gemeinsame Aktion des Rates** im Rahmen der GASP nach Art. J 2 Abs. 2, J 3 = 14, 15 neu EUV, vgl. oben Rz. 307). Der Rat entscheidet hier **einstimmig** (Art. J 8 Abs. 2 = 23 neu EUV). Sollen die Wirtschaftsbeziehungen zu Drittländern ausgesetzt oder eingeschränkt werden, **beschließt der EG-Rat anschließend die erforderlichen Sofortmaßnahmen** (meist VOen) auf Vorschlag der Kommission **mit qualifizierter Mehrheit** (z. B. VO 1901/98 ABl. 1998, L 248/1 – Flugverbot EU/Jugoslawien).

1780 Art. 228 a = 301 neu EGV stellt eine **Nahtstelle zwischen GASP und EG** dar, wobei entsprechend dem Wesen der Wirtschaftssanktion der Außenpolitik der Primat gebührt. Wenn der GASP-Rat beschlossen hat, muß die Kommission einen entsprechenden Vorschlag erlassen (arg. Art. 152 = 208 neu EGV). Als Norm des EGV unterliegt Art. 228 a = 301 neu der **Kontrolle des EuGH.**

Die **weite Formulierung („Wirtschaftsbeziehungen")** umfaßt auch Dienstleistungen und ermöglicht rein außenpolitisch motivierte Sanktionen (VG Frankfurt a. M. NVWZ 1995, S. 619 f., gegenüber Nigeria 1995 wegen Menschenrechtsverletzungen). Art. 73 g Abs. 1 = 60 neu EGV ermöglicht als lex specialis zu Art. 228 a = 301 neu Sanktionen im Bereich des Kapital- und Zahlungsverkehrs. Die nationalen Zuständigkeiten im **Sicherheitsbereich und in Notstandsfällen** (Art. 223, 224 = 296, 297 neu EGV) bleiben neben Art. 228 a = 301 neu EGV bestehen. Jedoch können sich Embargen der EG auch auf den Waffenhandel erstrecken. Eine Umsetzung der EG-VOen in das deutsche Außenwirtschaftsrecht ist nicht erforderlich, auch nicht wegen der Strafbewehrung (näher *Schneider* a. a. O., RdNr. 16 und BGH NJW 1994, S. 858 ff.).

Da Sanktionsmaßnahmen regelmäßig in bestehende Vertragsverhältnisse eingreifen, können sich **komplexe Entschädigungsfragen** zwischen den betroffenen Privatpersonen (Unternehmen) und der EG sowie evtl. den MSen aus Enteignungsgesichtspunkten ergeben (ablehnend für D wegen der EG-Zuständigkeit BGH a.a.O.; haftungsfreundlich *Mestmäcker/Engel,* Das Embargo gegen Irak und Kuwait, 1991).

1781 In der **Gemeinschaftspraxis** haben Sanktionsmaßnahmen parallel zu dem allmählichen Aufbau einer gemeinsamen EU-Außenpolitik über die EPZ zur GASP (oben Rz. 1688 ff.) seit den achtziger Jahren eine **zunehmende Rolle** gespielt (oben Rz. 305 ff.). Dabei handelt die EU/EG oftmals gemäß Beschlüssen des UN-Sicherheitsrates *(Osteneck,* ZEUS 1998, S. 103 ff.). Unter dem Regime des Art. 228 a = 301 neu EGV standen seit 1993 Maßnahmen gegen Libyen 1993, Haiti 1994 und vor allem im Bereich des ehemaligen Jugoslawiens im Anschluß an die seit 1991/92 begonnene Praxis im Vordergrund *(Schneider* a.a.O., RdNr. 23 ff.).

Da Art. 228 a = 301 neu EGV eine ausschließliche Gemeinschaftskompetenz darstellt, sind **nationale Embargen,** wie die zeitweilige Sperrung der Grenze zu Mazedonien durch Griechenland 1994 **unzulässig** *(Hummer,* FS Everling, 1995, S. 511 ff.).

Das im „Kalten Krieg" wichtige **NATO-Handelsembargo** gegenüber dem Ostblock für sicherheitsrelevante Waren (**„CoCom-Liste"**, *Junker,* Das CoCom im Int. Wirtschaftsrecht, 1991) ist nach dem Zusammenbruch des Kommunismus 1995 aufgehoben worden.

1782 Eine besondere Abwehrmaßnahme der EG stellt die VO 2771/96, ABl. 1996, L 309/39 ff. **(„Blocking Helms-Burton Act")** dar. Mit diesem „Blocking Statute" wird die Möglichkeit geschaffen, die extraterritorialen **Auswirkungen** von in Drittländern erlassenen Rechtsakten im EU-Gebiet abzuwehren. Die VO 2771/96 war eine Reaktion der EG auf **US-Gesetzgebung („Helms-Burton-Act und D'Amato-Act" 1996),** mit denen ausländischen Unternehmen zivilrechtliche Strafsanktionen in den USA bei bestimmtem Handel mit Kuba und Libyen angedroht wurden. Die

EG-VO untersagt Rechtswirkungen dieser völkerrechtlich höchst fragwürdigen US-Gesetzgebung im EU-Gebiet und gewährt „Opfern" dieser US-Gesetze einen **gemeinschaftsrechtlichen Schadensersatzanspruch** („Clawback-Claim") gegen die schadensverursachenden Personen *(Meng,* Streitigkeiten über Wirtschaftssanktionen zwischen EU und USA, 1997). Bisher wurde die Auseinandersetzung um „Helms-Burton", die von der EG auch vor die WTO-Streitbeilegung gebracht wurde, durch politische Kompromisse entschärft (EU/US-Memorandum of Understanding, ILM 1997, S. 529 ff.).

Im wachsenden Umfang der EU/EG-Wirtschaftssanktionen spiegeln sich eindrucksvoll die **engen Zusammenhänge zwischen der EG-Handelspolitik und der „allgemeinen" Außenpolitik der GASP.** Zunehmend engagiert sich die EU nicht nur wirtschaftlich als Handelsmacht, sondern nutzt ihr Gewicht zu „rein" außenpolitischem Handeln mittels ihres handelspolitischen Instrumentariums *(Thun-Hohenstein,* ZRVgl. 1997, S. 238 ff.).

d) Bilateral-regionale EG-Handelspolitik (Handels-, Kooperations- und Assoziierungsabkommen)

Literatur: *v. Arnim,* Der Stand der Assoziationsverhältnisse der EWG mit außereuropäischen Staaten, ZaöRVR 1970, S. 428 ff.; *Luchaire,* Les associations à la CEE, RDC 1975 I, S. 241 ff.; *Jackson,* US-EEC Trade relations, CMLRev 1979, S. 453 ff.; *Erhardt,* Die EG im Netz ihrer bilateralen Abkommen, APol 1980, S. 371 ff.; *Friedrich,* Die Freihandelsabkommen der EG mit den EFTA-Staaten, NJW 1983, S. 1237 ff.; *Ehlermann,* Außenwirtschaftliche Probleme in Beziehungsfeld EG-USA-JAPAN, 1985; *Le Lièvre/Houben,* EC versus Japan: The Community´s legal weapons, CMLRev 1987, S. 427 ff.; *Ortiz de Zevallos,* Common market law and its influence in the Latin American Andean Region, FS Pescatore, 1987, S. 843 ff.; *Pierre-Caps,* Aspects juridiques des relations commerciales de la CEE avec les États d'Amérique latine, RTDE 1987, S. 421 ff.; *Veelken,* Die unmittelbare Anwendbarkeit der Freihandelsverträge der EG mit den sog. Rest-EFTA-Staaten, RIW 1988, S. 112 ff.; *Devuyst,* The US and Europe 1992, World Competition 1989, S. 29 ff.; *Mols,* EG-ASEAN, Integr. 1989, S. 127 ff.; *Tanaka,* The EC and Japan, JRIA 1989, S 213 ff.; *EG-Kommission,* Die EG und Lateinamerika, 1991; EG-Kommission. Die EG und die Mittelmeerländer, 1991; *EG-Kommission,* Die Beziehungen zwischen der EG und ASEAN, 1991; *Erdmann-Kiefer,* Agrarhandelskonflikte EG-USA, 1991; *Ranchod,* South Africa and the EC's, 1991; *Wieback,* The EEC-Code of Conduct for companies with interest in South Africa. 1992; *Chen,* Das Recht der Handelsbeziehungen zwischen der EWG, der Republik China und der Volksrepublik China nach Vollendung des Europäischen Binnenmarktes, 1993; *Einhorn,* Rhe role of the Free Trade Agreement between Israel and the EEC, 1994; *Preisinger-Monloup,* Japan und die EU, EA 1994, S. 373 ff.; *Christe,* Die USA und der EG-Binnenmarkt, 1995; *Europ. Kommission,* Die EU und Asien, 1995; *Meyer,* Relations UE-Afrique du Sud, Developpement et Coorpération 5/1995, S. 12 ff.; *Hirsh,* The 1995 Trade Agreement between the EC´s and Israel, EFARev 1995, S. 87 ff.; *Krenzler/Schomaker,* A new Transatlantic Agenda, EFARev 1996, S. 9 ff.; *Serradell,* The Asia-Europe Meeting (ASEM), EFARev 1996, S. 185 ff.; *Timmermann,* Die EU und Rußland, Integr. 1996, S. 195 ff.; *Oppermann,* Cooperation, Association, Accession: Reflections on the legal options for the European-Israeli Relationship, Tel Aviv Univ. Studies in Law 1997, S. 9 ff.; *Niedobitek,* Die EU und Rußland, EuR 1997, S. 107 ff.; *Weise* u. a., Wirtschaftliche Verflechtung zwischen EU und GUS, 1997; *Samtleben,* Das Recht des Mercosur – wichtig für Europa?, EuZW 1998, S. 65;

Gemäß Art. 113, 228, 238 = 133, 300, 310 neu EGV verfügt die Gemeinschaft in der GHP über eine **weitgespannte Vertragsschließungskompetenz** 1783 (oben Rz. 1701, 1714). Die EG hat diese Zuständigkeiten über den Abschluß zahlreicher **zwei- und mehrseitiger handelspolitischer Verträge** mit Drittstaaten, sowie durch eine weltweite, **multilaterale vertragliche Handelspolitik,** oftmals im Rahmen internationaler wirtschaftlicher Organisationen (unten Rz. 1799) umfassend wahrgenommen. Ebenso wie bei den autonomen Maßnahmen gilt auch für vertragliche GHP der weit zu verstehende **dynamische Begriff der Handelspolitik** im Sinne der äußeren Wirtschaftspolitik, der gelegentlich zu umfassenden Kooperationsverträgen führt (oben Rz. 1736 ff.). Teilweise ergibt sich die Notwendigkeit, **gemischte Abkommen** abzuschließen, bei denen auf EG-Seite die Gemeinschaft und ihre MS beteiligt sind (oben Rz. 1711).

aa) Fortgeltung früherer Abkommen der Mitgliedstaaten

1784 Mit dem Aufbau der GHP in den sechziger Jahren und auch mit dem Ende der Übergangszeit 1970 traten die bis dahin abgeschlossenen **handelspolitischen Verträge der MS** (Handelsabkommen, Freundschafts-, Handels- und Schiffahrtsverträge), die z. T. seit Jahrhunderten galten, nicht automatisch außer Kraft (Art. 234 = 307 neu EGV). Eine solche Unterbrechung handelspolitischer Beziehungen wäre sinnwidrig gewesen. Für die EG bestand die Aufgabe bei der Entwicklung der GHP vielmehr darin, hinsichtlich des Abschlusses **neuer Abkommen** anstelle der MS zum künftigen Vertragspartner zu werden und andererseits solche Regelungen der mitgliedstaatlichen Verträge durch gemeinschaftliche Abkommen zu ersetzen, die der GHP im Wege standen.

In diesem Sinne wurde bis zum Ende der Übergangszeit (1969) gemäß Art. 111 EWGV die **Laufzeit noch von den MS abzuschließender Abkommen begrenzt** und ein Konsultationsverfahren über alle Abkommen der MS beim Rat eingeführt (E 69/494 v. 16. 12. 1969, ABl. L 326/39). Nach Art. 3 dieser E werden seither in regelmäßigen Abständen die alten handelspolitischen Verträge der **MS für bestimmte Fristen verlängert,** soweit sie der GHP nicht im Wege stehen (vgl. etwa die E 97/351 v. 2. 6. 1997, ABl. L 151/24). – Grundsätzlich besteht jederzeit die Möglichkeit, ihrer Ersetzung durch Gemeinschaftverträge, doch scheut sich die EG mit Recht, den handelspolitischen Goodwill, der hinter diesen teilweise **„historischen“ Verträgen** (z. B. Englisch-amerikanischer Handelsvertrag von 1815!) steht, ohne Not anzutasten. – Eine andere Problematik besteht darin, daß die MS weiterhin beanspruchen, über die Handelspolitik hinausreichende, sie aber gleichzeitig berührende **„Kooperationsabkommen“** abzuschließen, die neben handelspolitischen Regelungen i.e.S. eine allgemeine wirtschaftspolitische, z. T. auch industrie- oder forschungspolitische Komponente aufweisen. Für sie ist seit 1974 ebenfalls ein **Konsultationsverfahren** bei der Gemeinschaft eingerichtet worden, in denen ihre EG-Konformität überprüft werden kann (E Rat von 22.7.1974, ABl. L 208/23 ff.). Inzwischen hat die **Gemeinschaft** ihrerseits begonnen, Kooperationsabkommen mit Drittstaaten abzuschließen (Rz. 1787).

bb) Handels- und Kooperationsabkommen der Gemeinschaft

1785 Seit dem Ende der Übergangszeit hat die EG in Ausnutzung ihrer handelspolitischen Vertragsschließungskompetenz eine kaum noch überschaubare Anzahl **zweiseitiger Handeslabkommen** und seit Mitte der siebziger Jahre auch **Kooperationsabkommen** mit Staaten in aller Welt abgeschlossen

(Nachweise im Fundstellenverzeichnis des geltenden Gemeinschaftsrechts, 11.40, ferner *Europ. Kommission,* Analyse synthétique des accords qui lient les Communautés à des pays tiers (fortlaufend)). Der Abschluß dieser Abkommen vollzieht sich gemäß den allgemeinen Regeln des Gemeinschaftsrechts (Art. 113, 228 = 133, 300 neu EGV vgl. oben Rz. 1714 ff.), d. h., sie werden von der Kommission gemäß den Richtlinien des Rates und in Verbindung mit dem „113er Ausschuß" ausgehandelt und paraphiert und vom Rat namens der Gemeinschaft abgeschlossen. Im wesentlichen lassen sich in diesem Zusammenhang die erwähnten **zwei Vertragstypen** unterscheiden, nämlich das eigentliche Handelsabkommen im Sinne des Art. 113, 228 = 133 neu EGV und der über die Handelspolitik hinausreichende Kooperationsvertrag, bei dem Art. 235 = 308 neu oder entwicklungspolitisch Art. 130 y = 181 neu EGV als ergänzende Rechtsgrundlage herangezogen werden muß.

aaa) Die **eigentlichen bilateralen Handelsabkommen** enthalten meist **Zoll-** 1786
regelungen (Senkung/Erhöhung Zollsätze, Zollkontingente, Zollaussetzungen, Zollvorteil u. ä.), u. U. kann auch eine **Zollunion** oder **Freihandelszone** zwischen der Gemeinschaft und dem (den) dritten Staat(en) vereinbart werden, wie dies z. B. bei den **Freihandelsabkommen mit den EFTA-Staaten und dem EWR-Abkommen 1992** (oben Rz. 135 ff., unten Rz. 1788) der Fall war. Ist das Verhältnis in einem grundlegenden und umfassenden Sinne geregelt, wie z. B. bei der „Lomé-Politik" (unten Rz. 1814 ff.), ist es als Assoziierung im Sinne von Art. 238 = 310 neu EGV (unten Rz. 1879) zu begreifen. Ferner können Handelsabkommen im Sinne von Art. 113 = 133 neu EGV Regelungen über nichttarifäre Handelsbeschränkungen, Ursprungs- und Veredelungsbestimmungen sowie eine Regelung der Ein- und Ausfuhr einschließlich Selbstbeschränkungsmaßnahmen enthalten. Oftmals wird ein gemischter Ausschuß zur Überwachung des Abkommens und der Förderung seiner Ziele eingesetzt. Neben dem Regeltyp des globalen Handelsabkommens stehen **sektorale Verträge** über bestimmte Waren/Warengruppen. Bei den globalen Abkommen ist die turnusmäßige Verlängerung üblich.

bbb) Im Gegensatz zu den eigentlichen Handelsabkommen zielen die **moder-** 1787
nen wirtschaftlichen „Kooperationsabkommen" auf Gemeinschaftsebene wie bei den MS (oben Rz. 1784) auf eine gleichzeitig umfassendere wie auch zeitlich dauerhaftere wirtschaftlich/handelspolitische Verbindung zwischen den Partnern. Über die handelspolitischen Aspekte i.e.S. (oben Rz. 1786) hinaus enthalten die Kooperationsabkommen je nach Lage des Falles Regelungen über eine **allgemeine wirtschaftspolitische und industriepolitische Zusammenarbeit,** über Forschungskooperation, Energiepolitik und auch über eine entwicklungspolitische Zusammen-arbeit. Obwohl die Kooperationsabkommen weithin unter den weiten Begriff der Handelspolitik als äußere Wirtschaftspolitik (oben Rz. 1736 ff.) fallen, werden sie in der Gemeinschaftspraxis neben Art. 113 = 133 neu auch mit Art. 235 = 308 neu EGV oder entwicklungspolitisch auf Art. 130 y = 181 neu EGV gestützt *(Letemendia,* RJE 1982, S. 145 ff.). Dies erklärt sich aus der Auffassung der MS, ihrerseits Kooperationsabkommen mit Drittstaaten abschließen zu können, da ihre Materie teilweise über die Gemeinsame Handelspolitik hinausreiche (näher *Sachs,* EG-Handelspolitik und zwischenstaatliche Kooperationabkommen 1986).

Solche Handelspolitik über bilaterale Handels- und Kooperationsabkommen betreibt die EG in jeweils der Situation angepaßter Weise mit einer großen Zahl von Staaten und Staatengruppen. Die Abgrenzung zwischen dem klassischen Handelsabkommen, dem Kooperationsabkommen, das gelegentlich als das „moderne Handelsabkommen" begriffen wird, sowie zu der vertieften Assoziationskooperation über Art. 238 = 310 neu EGV gestaltet sich in der Praxis gelegentlich schwierig.

1788 – Im Zentrum der **europäischen Handelspolitik** der Gemeinschaft standen seit den siebziger Jahren die **Beziehungen zu den EFTA-Staaten und inzwischen zum EWR.** Zunächst schloß die EG ab 1972 **Freihandelsabkommen** über Art. 113 EWGV mit den damaligen 6 EFTA-Staaten (oben Rz. 136). Die so entstandene Freihandelszone EG/EFTA entwickelte sich mit der Vollendung des EG-Binnenmarktes durch das **EWR-Abkommen 1992** zu einem Assoziationsverhältnis im Sinne des Art. 238 = 310 neu EGV fort *(Streit,* NJW 1994, S. 555 ff.). Inzwischen ist die EFTA durch verschiedene Beitritte zur EG zur „Rest-EFTA" zusammengeschmolzen. Der EWR (=EG + EFTA) ist seinerseits die **größte Wirtschaftszone der Welt** (näher oben Rz. 137 ff.).

1789 Daneben hat die Gemeinschaft zusammen mit den MSen seit der weltpolitischen „Wende" 1989/91 mit den mittel- und osteuropäischen Staaten (Polen/Ungarn/Tschechien/Slowakei/Bulgarien/Rumänien/Slovenien/baltische Staaten) **„Europa-Abkommen"** abgeschlossen *(Maresceau/Montaguti,* CMLRev 1995, S. 1327 ff.). Auf Art. 238 = 310 EGV gestützt, zielen sie nicht nur auf eine vertiefte wirtschaftliche Assoziation der MOE-Staaten mit der Gemeinschaft, sondern zugleich auf die **allgemeinpolitische Wiedereingliederung** dieses Raumes in das westliche Europa nach Beendigung der Spaltung des Kontinents. Die Europa-Verträge haben beitrittsvorbereitenden Charakter (zu ihnen näher unten Rz. 1868).

Stärker im Sinne einer handelspolitischen und allgemeinen Partnerschaft sind die Beziehungen der EG/EU zu den weiten Staaten Osteuropas orientiert, insbesondere zur **Russischen Föderation** und zur **Ukraine.** Es kam zum Abschluß verschiedener Abkommen (u. a. ABl. 1997, L 327/1, vgl. auch *Timmermann,* Integr. 1996, S. 195 ff.). Mit dem **TACIS-Programm** (VO 2157/91, ABl. 1991, L 201/2) leistet die EG in den GUS-Raum technische Hilfe.

Die früheren handelspolitischen Beziehungen mit dem **ehemaligen Jugoslawien** sind im Zusammenhang mit den politischen Bemühungen der EG/EU seit 1991, den Bürgerkrieg auf dem Balkan einzudämmen, durch Vereinbarungen über **Aufbauhilfe** mit den Nachfolgestaaten abgelöst worden. *(Djindjic,* Serbiens Zukunft in Europa, 1998).

1790 – Im **Mittelmeerraum** hat die EG seit 1972 im Zuge ihrer **globalisierten Mittelmeerpolitik"** vertragliche Beziehungen zu nahezu allen Anrainerstaaten aufgenommen. In den einschlägigen **Handels- und Kooperationsverträgen** wird das Element der Entwicklungszusammenarbeit stark betont, so daß sie hier bei der regionalen Entwicklungspolitik behandelt wurden (vgl. Rz. 1748).

– Insbesondere wegen der Erdöleinfuhren ist die Region der **arabischen Golfstaaten** für die Gemeinschaft von wichtigem handelspolitischem Interesse. Nach einem organisatorischen Abkommen mit dem Golf-Kooperationsrat (1982) hat die EG 1984 ein nichtpräferentielles, Entwicklungszusammenarbeit einschließlich Kooperationsabkommen mit der **Arabischen Republik Yemen** geschlossen *(EG-Kommission* (Hrsg.), Die EG und der Kooperationsrat der Golf-Staaten (GCC), 1985).

1791 – Mit **Nordamerika** unterhält die EG unterschiedlich strukturierte Handelsbeziehungen. Mit den **USA** wurde bisher kein bilaterales globales Handelsabkommen geschlossen, so daß hier nur die **multilateralen Regeln der WTO** gelten. Einige spezielle Fragen EG/USA wurden gelegentlich vertraglich geregelt (Stahlvereinbarungen 1982/85, Wettbewerbsabkommen 1991/95 (oben Rz. 1082), Abkommen öffentliches Beschaffungswesen 1993). Kennzeichnend für das handelspolitische

Verhältnis dieser beiden großen Wirtschaftsräume sind öfters **einseitige Schutzmaßnahmen,** welche die USA wie die EG mit ihrem jeweiligen Instrumentarium treffen (oben Rz. 1770 ff.). Ein Beispiel war 1996 der Konflikt um den exterritorial ausgreifenden **„Helms-Burton-Act"** der USA (oben Rz. 1782 und *Lowenfeld,* AJIL 1996, S. 419 ff.). Besonders im Agrarbereich kam es angesichts der Konkurrenz EG/USA auf dem Weltmarkt immer wieder zu **„Handelskriegen"** *(Erdmann-Keefer,* Agrarhandelskonflikte EG-USA, 1991). Ein gewisser Interessenausgleich erfolgte in den großen „GATT-Runden", zuletzt in der Uruguay-Runde 1986–1993 (unten Rz. 1799 und *Christe,* Die USA und der EG-Binnenmarkt, 1995). – Mit **Kanada** hat die EG 1976 ein umfassendes Handels- und Kooperationsabkommen geschlossen, das eine industrielltechnische Zusammenarbeit ermöglicht, ferner 1995 ein Abkommen EAG/Kanada über Kernfusion.

In den neunziger Jahren war die Idee einer **transatlantischen Freihandelszone** zwischen EG und NAFTA (USA/Kanada/Mexiko), sog. TAFTA, verschiedentlich im politischen Gespräch, wurde jedoch bisher nicht verwirklicht. 1998 wurde eine lockere „Transatlantische wirtschaftliche Partnerschaft" zwischen EU und USA vereinbart.

Seit den sechziger Jahren bemüht sich die Gemeinschaft um die Pflege eines **1792**
europäisch-lateinamerikanischen Dialogs *(EG-Kommission,* Die EG und Lateinamerika, 1991. Der Beitritt Spaniens und Portugals zur EG 1986 hat diese Beziehungen weiter intensiviert. In ihnen mischen sich Handels- und Entwicklungspolitik. **Bilaterale Verträge** der EG bestehen mit Brasilien (1995 – Kooperationsabkommen), Argentinien (1990, Chile (1990), Mexiko (1997) und Uruguay (1991). Daneben bestehen **multilaterale Abkommen** mit den Staaten des Andenpaktes (Bolivien/Kolumbien/Ecuador/Peru/Venezuela), seit 1983) und mit dem Zentralamerikanischen Gemeinsamen Markt (Belize/El Salvador/Guatemala/Honduras/Costa Rica/Nicaragua/Panama, seit 1985). Inzwischen gibt es Bemühen um eine **Europäisch-Lateinamerikanische Freihandelszone EG-Mercosur** (Argentinien/Brasilien/Paraguay/Uruguay) gemäß der Joint Declaration *EU/Mercosur* 1994 (ABl. 1994, C-377/1) – Außerdem sind eine Reihe lateinamerikanischer Staaten Partner der **EG-Entwicklungspolitik,** insbesondere über die VO 443/92 (ABl. 1992, L 52/1, unten Rz. 1826). Guayana, Surinam und karibische Staaten sind Mitglieder des Lomé-Abkommens (unten Rz. 1814 ff.).

Ähnlich schwierig wie zu den USA gestalten sich die Handelsbeziehungen der **1793**
EG zur **dritten großen Welthandelsmacht Japan.** Trotz verschiedener Anläufe kam es noch nicht zu einem globalen Handelsabkommen. Zwischen der EG und Japan gelten die **multilateralen Regelungen von GATT/WTO.** Das Hauptproblem der europäisch-japanischen Handelsbeziehungen liegt in dem langjährigen hohen Ausfuhrüberschuß Japans in die Gemeinschaft (1994 : 49 Mia. ECU Ausfuhren Japans in die EG gegenüber 27 Mia. ECU EG-Ausfuhren nach Japan). Es kommt öfters zu „Grauzonenmaßnahmen" (oben Rz. 1776) zur Eindämmung dieses Defizits. Bei den **japanischen Automobilausfuhren** wurde 1991 ein bis 1999 laufendes Selbstbeschränkungsabkommen („Monitoring") geschlossen, das die japanische Einfuhr auf ca. 10 % des EG-Bedarfs orientiert. Ferner sollen japanische Marktöffnungsmaßnahmen und industrielle Kooperation EG/Japan den Handel stärker ins Gleichgewicht bringen *(Ghaussy,* Japan and the EU, 1998).

– Bis auf ein Selbstbeschränkungsabkommen für Textilwaren (1987) sind die **Handelsbeziehungen EG-(Süd)Korea** noch vertraglich ungeregelt *(EG-Kommission* (Hrsg.), Die EG und die Republik Korea, 1986).

– Die Beziehungen der Gemeinschaft zu den weiteren großen Handelsräumen **1794**
Asiens sind durch eine Politik des Abschlusses nichtpräferentieller allgemeiner Handels- und Kooperationsabkommen bestimmt. Daneben treten Selbstbeschränkungsabkommen insbesondere im Textilbereich. Ferner können diese Staaten die

Vorteile des Allgemeinen Präferenzsystems der EG für Entwicklungsländer (APS, unten Rz. 1828 ff.) wahrnehmen. Auch über die VO 443/92 (ABl. 1992, L 52/1, unten Rz. 1826) und über das Programm „European Community Investment Partners“ (ECIP) findet entwicklungspolitische Zusammenarbeit EG/Asien statt *(Europ. Kommission,* Die EU und Asien, 1995). **Bilateral** besteht mit der **Volksrepublik China** ein entwicklungspolitisch geprägtes Kooperationsabkommen (1985). Die EG unterstützt die Bestrebungen Chinas um Aufnahme in die WTO. **Hongkong,** mit dem Selbstbeschränkungsabkommen getroffen wurden, wurde 1997 als „Sonderwirtschaftszone“ China eingegliedert. Ein bedeutender Handelspartner ist **Nationalchina/Taiwan.** Mangels Anerkennung bestehen hier keine vertraglichen Beziehungen, jedoch eine beiderseits einseitige „Selstbeschränkungspolitik“ *(Chen,* Das Recht der Handelsbeziehungen zwischen der EWG, der Republik China und der Volksrepublik China nach Vollendung des Europäischen Binnenmarktes, 1993). Über Kooperationsabkommen mit **Indien** (1971/1981), **Sri Lanka** (1995), **Pakistan** (1976/1985) und **Bangla Desh** (1976) ist der **indische Subkontinent** in die gemischt handels- und entwicklungspolitische Zusammenarbeit mit der EG einbezogen. Dabei soll die industriell-technologische und wissenschaftliche Zusammenarbeit einschließlich Investitionen gefördert werden.

1795 **Multilateral** sucht die EG ihre Beziehungen zu der **südostasiatischen ASEAN-Gruppe** (Brunei, Daressalam, Indonesien, Malaysia, Philippinen, Singapur, Thailand, Vietnam) durch regelmäßige Kontakte auszubauen *(EG-Kommission,* Die Beziehungen zwischen der EG und ASEAN, 1991; *Eminent Persons Group ASEAN-EU,* Report, 1996). – Auf Regierungsebene finden regelmäßige **Begegnungen EU/Asien** statt, in denen ein **Gesamtrahmen** der europäisch-asiatischen Handelsbeziehungen abgesteckt werden soll **(ASEM I** Bangkok 1995, **ASEM II** London 1998).

1796 Im **pazifisch-ozeanischen Raum** regeln sich die handelspolitischen Beziehungen der EG zu **Australien** und **Neuseeland** ähnlich wie zu den USA und Japan (oben Rz. 1791, 1793) ohne globales Abkommen über die **multilateralen WTO-Regeln.** Im agrarischen Bereich bestehen daneben einige Sonderregelungen teils selbstbeschränkender, teils präferentieller Art, die mit der früheren Vorzugsbehandlung dieser Länder durch England im Rahmen des Commonwealth zusammenhängen.

1797 Für die Staaten **Schwarzafrikas** gilt ebenso wie für bestimmte Staaten der **Karibik** und im **Pazifik** die besondere Entwicklungskooperation im Rahmen der multilateralen **Lomé-Abkommen** (unten Rz. 1814 ff.), soweit nicht der noch „EG-nähere“ Status einer überseeischen Landes oder Gebietes **(ÜLG,** unten Rz. 1820 ff.) gegeben ist. Mit **Südafrika** wurde nach dem Ende der Apartheid 1994 ein Kooperationsabkommen geschlossen *(Meyer,* Development et Coopération 5/1995, S. 12 ff.). – Ferner trifft die EG bilaterale Abmachungen mit afrikanischen Staaten (Marokko, Angola u. a.) über Fischereifragen. Im Rahmen der GASP beteiligt sich die EU an internationalen humanitären Aktionen in afrikanischen Problemgebieten (Ruanda-Burundi).

Insgesamt umspannt auf diese Weise das „Netz“ bilateraler vertraglicher Zusammenarbeit (mit gewissen „Regionalisierungen“), welches unter maßgeblicher Initiative der Gemeinschaft entstanden ist, **die meisten handelspolitisch relevanten Staaten der Welt.** Sowohl in der quantitativen Ausdehnung als auch in der vom jeweiligen Partner abhängigen qualitativen Stufung zwischen klassischer Handelspolitik und Entwicklungszusammenarbeit spiegelt sich darin die **besondere außenhandelspolitische Rolle und Verantwortung,** die der Gemeinschaft als größtem Handelsraum der Erde in der sich immer enger verpflechtenden Weltwirtschaft zufällt *(Eiselstein,* Die EG in der Weltwirtschaftsordnung, 1987).

e) Weltweite, multilaterale EG-Handelspolitik (WTO, Rohstoffhandel)

Literatur: *Steenbergen,* The status of GATT in Community Law, JWTL 1981, S. 337 ff.; *Ernst,* International Commodity Agreements, 1982; *Barents,* The EC and the Commodity Organisations, Legal Issues of European Integration, 1984, S. 77 ff.; *Timmermans,* Common Commercial Policy (Art. 113 EEC) and International Trade in Services, FS Pescatore, 1987, S. 675 ff.; *Estrella Faria,* Selbstbeschränkungsabkommen im GATT und im EWG-Wettbewerbsrecht, 1989; *Oppermann/Molsberger* (Hrsg.), A new GATT for the Nineties and Europe '92, 1991; *Brückner,* The EC and the UN, EJIL 1990, S. 174 ff.; *Zehetner,* Ist der GATT-Subventionskodex wirklich „unmittelbar anwendbar"? ÖZW, 1991, S. 81 ff.; *Berrisch,* Der völkerrechtliche Status der EWG im GATT, 1992; *Urff,* Der Agrarhandel in der Uruguay-Runde des GATT, Integr. 1993, S. 80 ff.; *Didier,* Le code Anti-Dumping du Cycle de l'Uruguay: Impact dans la Communauté, CDE 1994, S. 251 ff.; *Berrisch,* Die Umsetzung der multilateralen Handelsabkommen der Uruguay-Runde, 1995; *Europ. Kommission,* Die EU und der Welthandel, 1995; *Kuijper,* The new WTO Dispute Settlement System – The Impact on the EC, JWTL 1995, S. 6 ff.; 49 ff.; *Kuijper,* Conclusion and Implementation of the Uruguay Round-Results by the EC, EJIL 1995, S. 222 f.; *Meng,* Gedanken zur Frage der unmittelbaren Anwendung von WTO-Recht in der EG, FS Bernhardt, 1995, S. 1063 ff.; *Oppermann,* Die EG und Union in der Welthandelsorganisation (WTO), RIW 1995, S. 919 ff.; *Becker-Celik,* EG-Marktordnungsrecht im Konflikt mit den GATT-Vorschriften und deutschem Verfassungsrecht, 1996; *Beneyto,* The EU and the WTO, EuZW 1996, S. 295 ff.; *Jackson,* Appraising the Launch and Functioning of the WTO, GYIL 1996, S. 20 ff.; *Kuijkwish,* The ECJ and the GATT-Dilemma, 1996; *Ott,* GATT und WTO im Gemeinschaftsrecht, 1997; *Petersmann,* Darf die EG das Völkerrecht ignorieren? EuZW 1997, S. 325 ff.; *Senti/Conlan,* WTO, 1998; *Schroeder/Selmayr,* Die EG, das GATT und die Vollzugslehre, JZ 1998, S. 344 ff.;

Neben ihren weitgespannten vertraglichen Aktivitäten in der bilateralen 1798
und regionalen Handelspolitik (oben Rz. 1785 ff.) ist die Gemeinschaft im Rahmen ihrer Zuständigkeit aus Art. 113 = 133 neu EGV seit dem Aufbau der GHP in den sechziger Jahren zunehmend in die **weltweite, multilaterale Handelspolitik** eingeschaltet, wie sie sich nach dem Zweiten Weltkrieg in Abkehr von der Autarkie der dreißiger Jahre vor allem über den **Abschluß des GATT 1947 ff.** und dessen Entwicklung **zur umfassenden Welthandelsorganisation (WTO)** entfaltete *(Petersmann,* EJIL 1995, S. 161 ff.). Einen zweiten Impuls empfing die globalisierte Handels- und Wirtschaftspolitik 1964 durch die Gründung der ständigen **Handels- und Entwicklungskonferenz der UN** (UNCTAD). Sie wurde zum Vorboten des von den Entwicklungsländern seit 1974 über die UN initiierten **„Nord-Süd-Dialoges".** Er sollte nach deren Vorstellungen zur Vereinbarung einer stark planwirtschaftlichen **„Neuen Weltwirtschaftsordnung"** führen *(Oppermann,* FS Carstens, 1984, S. 449 ff.). Diese Verhandlungen scheiterten jedoch seit Anfang der achtziger Jahre am Widerstand der Industriestaaten und wurden nach der weltpolitischen Wende 1989–91 mit dem Durchbruch zur Weltmarktwirtschaft schlechthin obsolet. Die berechtigten entwicklungspolitischen Forderungen in diesem Zusammenhang wurden 1992 in der **UN-Konferenz über Umwelt und Entwicklung** in Rio (UNCED) multilateral aufgegriffen und im Konzept der **„Nachhaltigen Entwicklung" (Sustainable**

development) mit der Förderung globalisierten Umweltschutzes verbunden *(Schröder,* Sustainable Development and Law, 1996). Auch das WTO-Übereinkommen 1994 (unten Rz. 1799) berücksichtigt vielfältig Belange der Entwicklungsländer. – Die EG beteiligte sich neben ihren MSen ständig an diesen Prozessen einer weltweiten Verbindung von Handels-, Entwicklungs- und Umweltpolitik. Ein weiterer Aspekt weltweiter Handels- und Entwicklungspolitik besteht im Abschluß und in der Fortentwicklung **internationaler Rohstoffabkommen,** woran die UNCTAD besonders beteiligt war (unten Rz. 1808).

Spätestens seit dem Ende der Übergangszeit 1970 unterfiel die multilaterale Handelspolitik weithin dem Art. 113 = 133 neu EGV, so daß die **Gemeinschaft** in der laufenden Arbeit von Organisationen wie GATT und UNCTAD **mehr und mehr die MS ersetzte,** beziehungsweise bei Neuabschlüssen an die Stelle der MSen oder neben sie trat (insbesondere EG-Mitgliedschaft in der WTO neben den MSen).

aa) Die Europäische Gemeinschaft in der Welthandelsorganisation (WTO)

1799 Die durch Übereinkommen v. 15. 4. 1994 (ÜWTO – Abl. 1994, L 336/3 ff.; z. T. auch BGBl. 1994 II, 1441 ff.) ab 1995 errichtete **Welthandelsorganisation (WTO)** mit Sitz in Genf ist das umgegründete und erweiterte Allgemeine Zoll- und Handelsabkommen **(GATT)** von 1947 *(Jackson GYIL* 1996, S. 20 ff.).

Die Umwandlung des alten „GATT 1947" erfolgte mit dem Abschluß der **„GATT-Uruguayrunde"** 1993/94 *(Cottier* (Hrsg.), GATT-Uruguay-Round, 1995). Diese war die 8. der regelmäßigen multilateralen Zoll- und Handelsverhandlungen („Runden"), mittels deren sich das GATT seit 1947 aus bescheidenen Anfängen zu einem Zentrum der internationalen Handelspolitik mit ca. 130 Mitgliedern und 85 % Welthandelsanteil entwickelt hatte. Die WTO hat ihrerseits bereits über 130 Mitglieder, darunter nunmehr die **Europäischen Gemeinschaften** (Art. IX, XI ÜWTO) neben ihren MSen. Das ÜWTO ist ein komplexes Vertragswerk von über 26.000 Seiten. Neben dem **institutionellen Grundübereinkommen** enthält es in den Anhängen u. a. die Zollregelungen des reformierten **„GATT 1994"** und Übereinkommen über die Landwirtschaft (oben Rz. 1356), Textilwaren, Antidumping, Subventionen, Schutzmaßnahmen sowie die besonders wichtigen Übereinkommen über den **Dienstleistungshandel (GATS),** über **handelsbezogene Aspekte des geistigen Eigentums (TRIPS)** und ein gerichtsähnliches **Streitbeilegungsabkommen (DSU).** Gemäß dem Prinzip des **Einheitsabkommens** („Single agreement spproach") muß jedes Mitglied das gesamte WTO-Vertragswerk übernehmen. Die WTO ist auf diese Weise neben Weltwährungsfonds und Weltbank zum dritten Pfeiler der **realen Weltwirtschaftsordnung** geworden. Neben Japan und den USA gehört die EG zu den drei großen Handelsräumen, welche die Welthandelspolitik in besonderer Weise beeinflussen *(Stoll,* Die WTO, ZaöRVR 1994, S. 241 ff.; *Oppermann,* Die EU in der WTO, RIW 1995, S. 919 ff.).

1800 **Organe der WTO** sind die zweijährige Ministerkonferenz, der Allgemeine WTO-Rat und das Sekretariat mit dem WTO-Generaldirektor an der Spitze (Art. IV–VI ÜWTO). Darunter gibt es gesonderte GATT-, GATS und TRIPS-Räte. In der **Entscheidungsfindung** knüpft die WTO an die konsensualen „GATT-Gewohnheiten" an. **Die EG** verfügt über die Gesamtzahl der Stimmen ihrer MSen (z. Zt. 15). Je nach Stimmabgabe dürfen EG und ihre MSen nie mehr als 15 Stimmen abgeben (Art. IX Abs. 1 ÜWTO). Bemerkenswert ist die Stärkung des **WTO-Streitbeilegungssystems** (Dispute Settlement Understanding = DSU, ABl. 1994, L 336/234 ff.) beim Übergang vom GATT zur WTO (*Petersmann,* The GATT/WTO Dispute Settlement System, 1997).

Das DSU gilt für den **gesamten WTO-Bereich,** insbesondere für GATT 1994, GATS und TRIPS. Es handelt sich um ein **gerichtsähnliches Streitbeilegungsverfahren** mit zwei Instanzen. Der Allgemeine WTO-Rat ist zugleich **Dispute Settlement Body (DSB),** Art. IV : 3 ÜWTO). Er setzt **„Panels"** ein (Art. 6, 7 DSU). Ein Einsetzungsantrag kann nur noch durch Konsens des DSB abgelehnt werden. Auch die Annahme des Panel-Bereiches im DSB kann nur im Konsens verweigert werden (Nicht mehr „Veto-Recht" Betroffener! (Art. 16:4 DSU). Die Streitparteien können anschließend ein „Ständiges Berufungsgremium" mit 7 Mitgliedern **(Standing Appelate Body = AB)** anrufen, dessen Berufungsbericht seinerseits vom DSB nur durch Konsensentscheidung abgelehnt werden kann (Art. 17 DSU). Es besteht eine **Rechtspflicht** der WTO-Mitglieder einschließlich der EG, als vertragswidrig erkannte Maßnahmen aufzuheben (Art. 17:14, 21 DSU). Als **Sanktionen** kommen Entschädigungen (Kompensationen) und die Aussetzung vertraglicher Zugeständnisse in Frage (Art. 22 DSU). – Das DSU bedeutet auf diese Weise die **Anerkennung der Rule of Law** in den Beziehungen zwischen den WTO-Mitgliedern. In der WTO-Praxis wird von den Möglichkeiten des DSU-Streitbeilegungsverfahren seit 1995 bereits **lebhafter Gebrauch gemacht** (Liste bei *Petersmann* a.a.O., S. 285 ff.). 1801

Materiellrechtlich hat die WTO aus dem GATT 1947 die in ihm enthaltenen **Prinzipien** („Grundgesetz des Welthandels") vor allem in Gestalt des **GATT 1994** übernommen. 1802

Zu den GATT-Prinzipien gehören insbesondere die **allgemeine Meistbegünstigung** bei Zöllen und anderen Einfuhr- und Ausfuhrbelastungen und der **Gegenseitigkeitsgrundsatz** (Präambel, Art. I), der **Nichtdiskriminierungsgrundsatz** (u. a. Art. III, XIII), sowie die **Beseitigung mengenmäßiger Beschränkungen** („Tariffs only") und der **fortschreitende Zollabbau** (Präambel, Art. XI, XXVIII bis). Seit 1966 können durch die Einfügung des **Teil IV GATT** (Art. XXXVI –XXXVIII) **Entwicklungsländern** Handelsvorteile unter Verzicht auf Gegenseitigkeit gewährt werden. 1979 wurden so die **„UNCTAD-Präferenzen"** durch GATT-Vereinbarung eingeführt. Die EG erfüllt diese durch ihr Allgemeines Präferenzsystem (APS) gegenüber den EL (unten Rz. 1828 ff.). Ausnahmeregeln ermöglicht allgemein die umstrittene **Schutzklausel des Art. XIX.** Unter der WTO wird ihre Anwendung durch das Abkommen über Schutzmaßnahmen eingegrenzt. Die WTO hat den **Umweltschutz** als neues Allgemeinprinzip hinzugefügt (Präambel u. a.).

„Zweite Säule" der WTO ist das **Übereinkommen über den Dienstleistungshandel** (GATS, ABl. 1994, L 336/190 ff.). Es bringt erste tastende Liberalisierungsschritte in einem Handelsbereich, der inzwischen ca. ein Drittel des totalen Welt-Güterhandels umfaßt (*Barth,* EuZW 1994, S. 455 ff.). 1803

Das GATS ist weithin ein **Pactum de contrahendo,** welche durch auszuhandelnde Abkommen in den einzelnen Dienstleistungsbereichen (z. B. Banken/Versicherungen, Bauwirtschaft, Verkehr, Kommunikation, Beratungswesen, Computerprogramme, Tourismus u. a.) näher verbindlich gemacht wird. Über das GATS sollen die o. g. GATT-Prinzipien auf den Dienstleistungsbereich erstreckt werden. Die Verwirklichung freien Dienstleistungshandels ist ein langwieriger Prozeß *(Senti,* Die neue Welthandelsordnung für Dienstleistungen, 1994). Er wird durch Ausnahmewünsche (z. B. der EU im audiovisuellen Bereich: „Kulturelle Ausnahme") belastet. 1996/97 kam es zu GATS-Abkommen über Finanz- und Telekommunikationsdienstleistungen sowie zum Handel mit Produkten der Informationstechnologie.

1804 **„Dritte WTO-Säule"** ist das **Übereinkommen über handelsbezogene Aspekte des Rechtes des geistigen Eigentums** *(TRIPS,* ABl. 1994, L 336/213 ff.; *Oppermann/Baumann,* ORDO 1993, S. 121 ff.). TRIPS verbessert und erweitert den geistigen Eigentumsschutz über die von der WIPO verwalteten klassischen Konventionen zum Gewerblichen und Urheberrechtsschutz hinaus und sucht der „Produktpiraterie" entgegenzuwirken.

Ähnlich wie im GATS bringt das TRIPS-Abkommen die GATT-Prinzipien (oben Rz. 1802) im Bereich des Geistigen Eigentums zum Tragen. Außerdem werden die Mitglieder auf die Einhaltung der Pariser und Berner Konventionen zum Gewerblichen Rechtsschutz und Urheberrecht (PVÜ/RBÜ) verpflichtet. Ziel des TRIPS-Abkommens ist die allmähliche Einführung einer **weltweit vergleichbaren nationalen Gesetzgebung** zum Schutz der geistigen Eigentumsrechte. Neben den USA ist die EG als Hüterin geistigen Eigentums in Europa (oben Rz. 1247) an der Durchführung des TRIPS-Abkommens besonders interessiert.

1805 Die EG, die neben den MSen seit 1995 Mitglied der WTO ist,

Die EG-Mitgliedschaft ergibt sich vor allem aus der **handelspolitischen Zuständigkeit der Gemeinschaft** für das GATT 1994 mit Nebenverträgen, während bei GATS und TRIPS die Zuständigkeiten zwischen der EG und ihren MSen geteilt sind (EuGHE 1994, I–5267 ff. – Gutachten 1/94 „GATS/TRIPS", oben Rz. 1738).

ist **wie diese grundsätzlich an das WTO-Recht gebunden** (*Petersmann,* EuZW 1997, S. 325 ff.). Davon zu unterscheiden ist die **unmittelbare Anwendbarkeit** der WTO-Regelungen im EG-Raum, die von der EG ähnlich wie von den USA meist abgelehnt wird *(Herdegen,* Int. Wirtschaftsrecht, 2. Aufl. 1995, S. 121 ff., differenzierender *Becker-Celik,* EWS 1997, S. 12 ff.). Die Gemeinschaft hat sich bisher mit der **Geltung und dem Vorrang des WTO-Rechts** insbesondere im Zusammenhang mit dem Streit um die EG-Bananenmarktordnung 1993 (oben Rz. 1391 ff.) schwer getan. Sie wird sich dieser Konsequenz jedoch auf Dauer nicht entziehen können *(Ott,* GATT und WTO im Gemeinschaftsrecht, 1997).

1806 Die EG hatte bereits die „alten" GATT-Regeln als **„integrierenden Bestandteil des Gemeinschaftsrechts"** anerkannt (EuGHE 1972, 1219 ff. – Verb. RS 21–23/72 „International Fruit Company" st. Rspr.). Das bedeutete die Rechtspflicht der EG gegenüber dem GATT, das Gemeinschaftsrecht GATT-gemäß auszugestalten *(Petersmann,* CMLRev 1983, S. 397 ff.). Jedoch suchte der EuGH später in seiner problematischen „Bananen-Entscheidung" EuGHE 1994, I–4973 ff. Rs C-280/93, oben Rz. 1393), die noch zum alten GATT-Recht erging, dieses zu einer Art „Soft Law" herunterzustufen, das nicht unbedingte Verfolgung erheische, sondern nur Verhandlungspflichten auslöse. Gegenüber dem seit 1995 „gehärteten" WTO-Recht läßt sich diese schon früher zweifelhafte Sicht nicht aufrechterhalten. **Das übergreifende WTO-Recht genießt Vorrang gegenüber dem EG-Recht** genau so wie gegenüber den nationalen Rechten *(Everling,* CMLRev 1996, S. 401 ff.). Nachdem die Berufungsinstanz (AB) des WTO-Streitbeilegungssystems 1997 bestimmte Aspekte der EG-Bananenmarktordnung als WTO-widrig eingestuft hat, faßt die EG eine WTO-konforme Revision dieser Marktordnung ins Auge.

Welthandelspolitisch ist die EG mit jeweils ca. 20 % Ausfuhr- und Ein- 1807
fuhranteil am gesamten Welthandel ungefähr gemeinsam mit den USA und vor Japan **einer der drei großen Welthandelspartner** innerhalb der WTO, die deren Praxis in besonderem Maße beeinflussen *(Europ. Kommission,* Die EU und der Welthandel, 1995). Gemeinschaftsrechtlich ist die EG in ihrer WTO-Politik als Bestandteil der Gemeinsamen Handelspolitik nach Art. 113 = 133 neu EGV wie sonst an die **Selbstverpflichtung aus Art. 110 = 131 neu EGV** zugunsten einer weltoffenen Handelspolitik gebunden (oben Rz. 1733). Im allgemeinen, z. B. in der GATT-Uruguay-Runde 1986–93 ist die EG diesen Ansprüchen gerecht geworden. Gelegentliche Neigungen zu einem **EG-Protektionismus („Festung Europa")** bleiben in bestimmten Bereichen (Agrarhandel, audiovisueller Bereich) allerdings nicht aus.

bb) Organisation des Weltrohstoffhandels

Zweites wesentliches Tätigkeitsfeld der EG in der weltweiten, multilate- 1808
ralen Handelspolitik, in dem sich Handels- und Entwicklungspolitik verschränken, sind die **internationalen Rohstofforganisationen.** Seit den siebziger Jahren haben sie sich vielfach im Zuge der Verhandlungen um eine „Neue Weltwirtschaftsordnung" aus ursprünglichen einfachen Verträgen institutionell zu **Spezialorganisationen** verfestigt *(Pelikahn,* Internationale Rohstoffabkommen, 1990). Ihr entwicklungspolitischer Grundgedanke geht dahin, eine **stabile Regulierung des Welthandels** mit bestimmten Rohstoffen zu angemessenen Preisen zu ermöglichen, die u. a. durch **finanzierte Ausgleichslagerungen** („Buffer Stocks") die Interessen der Ausfuhrländer an hinreichenden Exporterlösen und der Einfuhrländer an gesicherter Versorgung ausbalancieren sollen. Die **weltwirtschaftliche Erfahrung** hat allerdings immer wieder gezeigt, daß sich der Dirigismus der Rohstofforganisationen gegenüber den Kräften des Weltmarktes nur sehr begrenzt durchsetzen läßt.

Das neue Konzept weltweiter Rohstofforganisationen war in dem **Integrierten** 1809
Rohstoffprogramm der UNCTAD von 1976 enthalten, welches stark von den Entwicklungsländern beeinflußt war. Es umfaßte alle wesentlichen im Welthandel befindlichen Rohstoffe einschließlich landwirtschaftlicher Produkte und sah als Kernstück einen **Gemeinsamen Fonds für Rohstoffe** vor, aus dem vor allem die Ausgleichslager („Buffer Stocks") für die Preisstabilisierung und Verbesserungen der Produktion bezahlt werden sollten. Durch ein Übereinkommen von 1980 (ABl. 1990, L 182/1 ff.) wurde der Fonds mit einer von den Vertragsparteien zu gewährleistenden, begrenzten Finanzausstattung (ca. 400 Mio. Dollar) grundsätzlich beschlossen. Er soll **Dachinstrument für die einzelnen Produktübereinkommen** sein (näher *Stecher,* EA 1981, S. 57 ff.). Zu ihnen gehören u. a. das Naturkautschukabkommen (1979/1989), (zu ihm EuGHI 1979, 2871 ff. – Gutachten 1/78), das Juteabkommen (1989), die Abkommen über tropische Hölzer (1983), Kaffee (1994),

Getreide (1995), Kakao (1993), Olivenöl (1986) und das Zuckerabkommen (1992). (Insgesamt Fundstellenverzeichnis des geltenden Gemeinschaftsrechts, 11.30.20). Die Abkommen werden auf begrenzte Zeit geschlossen. Mit jeweils einem Rat/Exekutivausschuß und Exekutivdirektorium verfügen die Abkommen über **organisatorische Infrastrukturen.** Die EG ist regelmäßig Partei der Abkommen, wegen in ihnen enthaltener nichthandelspolitischer Aspekte öfters auch die MS. Weitere Abkommen (z. B. Kupfer, Zinn) sind ausgelaufen, werden neu verhandelt oder **funktionieren einfach nicht,** wobei sich schwierige internationale Haftungsfragen ergeben können. Von GATT/WTO her gesehen handelt es sich bei den Rohstofforganisationen um **sektorale Spezialregelungen,** die über Teil IV des GATT (oben Rz. 1802) zugunsten der EL zugelassen sind.

1810 Da die Rohstoffabkommen trotz ihrer entwicklungspolitischen Aspekte **Lenkungsinstrumente des Welthandels** sind, fallen sie vom EGV her gesehen grundsätzlich unter die GHP des Art. 113 = 133 neu (EuGHE 1979, 2871 ff. – Gutachten 1/78; *Barents,* Legal Issues of European Integration, 1984, S. 77 ff.). Aus besonderen Gründen (z. B. des Umweltschutzes bei den tropischen Hölzern) kann eine Mitbeteiligung der MS geboten sein, ebenso wenn die MS die Abkommen unmittelbar finanzieren. Bei manchen Abkommen (Olivenöl) ist inzwischen nur noch die EG Vertragspartei. Im Zuge ihrer „Lomé-Politik" (unten Rz. 1814 ff.) hat sich die Gemeinschaft inzwischen bereit gefunden, in diese besondere Entwicklungskooperation Systeme der Rohstoffstabilisierung (STABEX, SYSMIN) aufzunehmen, die in manchem dem UNCTAD-Programm von 1976 nachempfunden sind. Insgesamt wächst jedoch nach den jahrzehntelangen Erfahrungen mit der internationalen Rohstoffverwaltungswirtschaft auch innerhalb der Gemeinschaft die **Skepsis,** ob ein besonderes Engagement in diesem Bereich multilateraler Handels- und Entwicklungspolitik die gewünschten Erfolge für die Rohstoffhandelspartner mit sich bringt *(Herdegen,* Int. Wirtschaftsrecht, 2. Aufl. 1995, S. 127 A).

cc) Sonstige multilaterale EG-Handelspolitik

1811 Grundsätzlich ist Art. 113 i. V. m. Art. 229 Abs. 2 = 133 i. V. m. 302 Abs. 2 neu EGV offen für weitere Beteiligungen der Gemeinschaft an weltweiter multilateraler Handelspolitik. Bis zu einem gewissen Grade spielen z. B. handelspolitische Gesichtspunkte bei der **multilateralen Harmonisierung des Zollrechts** im Brüsseler Zollrat (oben Rz. 1288) eine Rolle. – Im allgemeinen Bereich der **Vereinten Nationen,** wo im Sinne von Art. 55 ff. UnCH in den Erörterungen der Generalversammlung welthandelspolitische Gesichtspunkte eine wichtige Rolle spielen, konzertiert sich die EG wegen des Charakters der Uno als Staatenorganisation mit ihren MSen. Der Ratsvorsitz vertritt besonders die EG-Interessen *(Brückner,* ESIC 1990, S. 174 ff.). Auch mit den **UN-Sonderorganisationen können im Sinne von Art. 229 Abs. 1** = 302 Abs. 1 EGV handelspolitische Beziehungen bestehen (oben Rz. 1693 ff.). Bei den sog. Weltwirtschaftsgipfeln der wichtigsten Industriestaaten **(„G7/G8-Gruppe")** ist die EG/EU über den Kommissionspräsidenten vertreten *(Krenzler,* Integr. 1993, S. 68 ff.).

2. Schwerpunkte der EG-Entwicklungspolitik

Literatur. *Everling,* Die Neuregelung des Assoziationsverhältnisses zwischen der EWG und den afrikanischen Staaten und Madagaskar, sowie den überseeischen Ländern und Hoheitsgebieten, ZaöRVR 1964, S. 472 ff.; *Albrecht,* Das neue Assoziationsabkommen von Jaunde, VRÜ 1970, S. 201 ff.; *Meyer,* Die 2. Konvention von Lomé, EA 1980, S. 11 ff.; *Schumacher,* Die Nahrungsmittelhilfe der EG, 1981; *Johansen/Sorensen,* Grönlands Austritt aus der EG, EA 1983, S. 399 ff.; *Elkin,* Droit et Pratique des Préferences géneralisées, 1985; *Frisch,* Lomé III, EA 1985, S. 57 ff.; *EG-Kommission,* Das Stabex-System, 1988; *Bachmann,* Die Präferenzregelungen der EG, ZfZ 1989, S. 12 ff.; *Cova,* Lomé IV, RMC 1990, S. 1 ff.; *Kuschel,* Das neue Lomé-Abkommen zwischen der EG und den AKP-Ländern, EA 1990, S. 333 ff.; *Oestreich,* Menschenrechte als Element der 3. AKP-EWG-Konvention von Lomé, 1990; *Addo,* A critical Analysis of the perennial International Economic Law-Problems of the EEC-ACP relationship, GYIL 1991, S. 37 ff.; *Martin,* Le Sysmin, instrument de la coopération minière ACP-CEE et la convention de Lomé, RMC 1991, S. 26 ff.; *EG-Kommission,* Humanitäre Hilfe der EG, 1992; *Brigaldino,* Neue Konturen der Zusammenarbeit zwischen der EU und den AKP-Staaten, APUZ B 20/1994, S. 26 ff.; *Frisch,* Zur Zukunft des Lomé-Abkommens, afrika-spectrum 1996, S. 57 ff.; *Hilpold,* Das neue Allgemeine Präferenzschema der EU, EuR 1996, S. 98 ff.; *Lingnau,* Perspektiven der Lomé-Kooperation, Int. Afrikaforum 1996, S. 255 ff.; *Rhein,* Europe and the Mediterranean, EFARev 1996, S. 79 ff.; *Wolf,* Begrenzter Erfolg der Lomé-Abkommen, 1996; *Europ. Kommission,* Die EU und ihre Partnerländer im Mittelmeerraum, 1997; *Nienhaus,* Euro-mediterraner Freihandel, APUZ B 39/1997, S. 12 ff.; *Wolf,* Die EU und die AKP-Staaten, Integr. 1997, S. 160 ff.; *Frisch,* Jenseits von Lomé IV, Entwicklung und Zusammenarbeit 2/1998, S. 95 ff.; *Sanchez-Rydelski,* The future of the Lomé Convention and its WTO compatibility, EuZW 1998, S. 398 ff.;

Die **Gemeinsame Handelspolitik** und die **EG-Entwicklungspolitik** las- 1812
sen sich infolge ihrer **gemeinsamen außenwirtschaftlichen Zielsetzung** nicht rein voneinander unterscheiden (oben Rz. 1746). Ganz besonders ist dies bei den **praktischen Maßnahmen** schwierig, wo autonom wie vertraglich handels- und entwicklungspolitische Elemente sich oftmals miteinander verbinden. Immerhin unterscheidet der Vertrag die handelspolitische von der entwicklungspolitischen Tätigkeit der EG (Art. 110 ff. = 131 ff. neu EGV bzw. Art. 130 u ff. = 177 ff. neu EGV, oben Rz. 1731). So lassen sich einige wesentliche Tätigkeitsfelder der Gemeinschaft feststellen, bei denen der entwicklungspolitische Zweck deutlich überwiegt. Zu diesen **„Entwicklungsschwerpunkten"** der EG-Politik gehören **regional** die historisch begründete besondere Entwicklungspartnerschaft EG-AKP-Staaten („Lomé-Politik") und als ihr Annex die konstitutionelle „Restassoziierung" der ÜLG, ferner die Mittelmeerpolitik der EG und der weitere Regionalschwerpunkt Asien/Lateinamerika (ALA). Bei der **globalen Ent-wicklungszusammenarbeit** stehen das Allgemeine Präferenzsystem für Entwicklungsländer (APS) sowie die humanitäre Hilfe (Nahrungsmittelhilfe und andere Soforthilfe) im Vordergrund. Ferner gibt es einige sonstige Spezialformen der EG-Entwicklungszusammenarbeit.

Viele Maßnahmen, welche die Gemeinschaft seit 1989/91 zur Förderung der **mit-** 1813
tel- und osteuropäischen Staaten einschließlich Rußlands (MOES) unternommen hat, weisen der Sache nach entwicklungspolitische Elemente auf. Wegen des

besonderen politisch/ wirtschaftlichen „Naheverhältnisses" der MOES zur EG und wegen dauerhafter Assoziierungs- und Beitrittsperspektiven bezieht sich die EG-Entwicklungspolitik jedoch nicht auf diese Staatengruppe. Sie werden in den EG-Außenbeziehungen als **„Länder, die den Übergang zur Marktwirtschaft anstreben"** besonders behandelt (Fundstellenverzeichnis des geltenden Gemeinschaftsrechts 11.50 und unten Rz. 1893).

a) Die „Lomé-Partnerschaft" der Gemeinschaft mit den Staaten Afrikas, der Karibik und des Pazifik (AKP)

1814 Die inzwischen auf vertragliche Grundlage gestellte besondere Entwicklungszusammenarbeit der EG mit den AKP-Staaten stellt eine der geschichtlichen Entwicklung (Dekolonisierung) Rechnung tragende Fortentwicklung der ursprünglich 1958 in den Art. 131 ff. EWGV begründeten konstitutionellen Assoziierung der damaligen Kolonien mit der Gemeinschaft dar (oben Rz. 1747). Die lex specialis des Art. 130 w Abs. 3 = 179 Abs. 3 neu EGV ermöglicht weiterhin den Abschluß der sog. **„Lomé-Abkommen"**

Die meisten dieser Verträge („Lomé I-IV", oben Rz. 1747) wurden in der togolesischen Hauptstadt Lomé unterzeichnet (Skizze der Entwicklung Lomé I-IV in Sart. II, Ziff. 161)

als gemischte Abkommen EG/MSen mit den AKP-Staaten auf der Grundlage des Art. 238 = 310 neu EGV (oben Rz. 1711 ff.). Bis zum Jahr 2000 gilt das **Vierte AKP-EWG-Abkommen** v. 15. 12. 1989 mit Zusatzregelungen (ABl. 1991, L 229/1 ff.), wie es am 4.11.1995 in **Mauritius** revidiert wurde **(„Lomé IV** rev. Konsolidierter Text, ABl. 1998, L 156/1). Mit 369 Artikeln und zahlreichen Anhängen übertrifft dieses Vertragswerk zwischen der EG und ihren 15 MSen einerseits, 71 AKP-Staaten andererseits an Umfang den EGV und stellt den **bedeutendsten Bestandteil der EG-Entwicklungszusammenarbeit** dar *(Kuschel,* ZfIP 1990, S. 333 ff. und *Frisch,* afrika spectrum 1996, S. 57 ff.). Ab 1998 sind Verhandlungen über „Lomé V" vereinbart, welches im Jahre 2000 Lomé IV ablösen soll *(Wolf,* Integr. 1997, S. 160 ff.).

aa) Lomé IV rev – Allgemeines

1815 Mit 87 Signataren (71 AKP-Staaten, EG und ihre 15 MSen) umfaßt die Lomé-Partnerschaft einen großen Teil der internationalen Staatenwelt. Die AKP-Staaten sind zumeist ehemalige französische, englische, belgische, italienische, niederländische, portugiesische und spanische Kolonien mit Schwerpunkt in **Schwarzafrika.** Aber auch selbständige Staaten wie Äthiopien und Liberia gehören dazu. Südafrika soll hinzutreten (Art. 364 Lomé IV rev). Die AKP-Staaten haben sich durch das **Georgetown-Abkommen von 1975** untereinander organisatorisch abgestimmt, empfinden sich aber sonst kaum als regionale Einheit.

Im Kern ist die Lomé-Partnerschaft eine **„Einbahn-Freihandelszone"** zugunsten der AKP-Staaten (unten Rz. 1818). In der Entwicklung bis Lomé IV hat sich die Zusammenarbeit immer mehr verbreitert. Dabei hat der Entwicklungs- gegenüber dem Handelsaspekt an Gewicht gewonnen. Ein zentraler Bestandteil der Lomé-Partnerschaft ist die **Finanzhilfe** der Gemeinschaft an die AKP-Staaten über den **Europäischen Entwicklungsfonds** (EEF, oben Rz. 856 ff. und unten Rz. 1818). Politisch bekennen sich die Mitglieder zum **Respekt der Menschenrechte, zu demokratischen Prinzipien und zum Rechtsstaat** (Art. 5 Lomé IV rev). Auch eine begrenzte **kulturelle und soziale Zusammenarbeit** ist vorgesehen.

Neben dem Lomé-Vertrag bestehen zwischen der EG und einzelnen AKP-Staaten eine größere Zahl **bilateraler Abkommen,** besonders zu Fischereifragen (Fundstellenverzeichnis des geltenden Gemeinschaftsrechts, 11.40.30).

bb) Lomé IV rev – Organe, Verfahren und Recht

Ministerrat, Botschafterausschuß und Paritätische Versammlung sind die ständigen Organe der Lomé-Partnerschaft (Art. 29 ff. 338 ff. Lomé IV rev). Streitfälle sollen, falls nicht politisch beigelegt, einem **Verfahren guter Dienste** zugeführt werden (Art. 352). 1816

Tragende Verfahrensgrundsätze von Lomé IV rev sind die **„Bilateralität" und Parität zwischen der EG/EU-Seite und den AKP-Staaten** (Art. 2 Lomé IV rev). Im Ministerrat und Botschafterausschuß sind die EG-Ratsmitglieder und die Kommission einerseits, die Vertreter der AKP-Staaten andererseits vertreten. Beide Seiten äußern sich im gegenseitigen Einvernehmen (Art. 338 Lomé IV rev). Die parlamentsähnliche Paritätische Versammlung setzt sich zu gleichen Teilen aus Mitgliedern des Europäischen Parlaments und parlamentarisch bestimmten AKP-Vertretern zusammen (Art. 32 Lomé IV rev). Die Versammlung hat beratende Befugnisse *(Chabot,* RMC 1985, S. 154 ff.). Ministerratsbeschlüsse im Rahmen des Vertrages sind für die Parteien verbindlich (Art. 342). Sie treffen die nötigen Durchführungsmaßnahmen (GeschO MinRat ABl. 1997, L 220/58).

Trotz dieser institutionellen Verfestigungen ist die Lomé-Partnerschaft **keine internationale Organisation,** da ihr die Rechtsfähigkeit fehlt. Als Assoziierungsregelungen im Sinne von Art. 238 = 310 neu EGV ist das Lomé-Recht ähnlich wie das GATT/WTO-Recht **„integrierender Bestandteil der Gemeinschaftsrechtsordnung"** (EuGHE 1974, 449 ff. – RS 181/73 „Haegeman"). Als Völkerrecht geht es einschließlich seiner sekundärrechtlichen Teile dem sekundären EGR und kollidierendem deutschen Recht vor (EuGHE 1982, 1331 ff. RS 17/81). Lomé IV kann Bestimmungen enthalten, auf die sich der Einzelne vor nationalen Gerichten berufen kann (EuGHE 1995, I–4533 ff., RS C-469/93).

Die Lomé-Partnerschaft ist grundsätzlich beitrittsoffen (Art. 358 Lomé IV rev).

cc) Lomé IV rev – Inhalt

Der Vertrag betont zum einen die grundsätzliche **Souveränität der AKP-Staaten** (Art. 3), zum anderen den Willen zur wirtschaftlichen, kulturellen und sozialen **Zusammenarbeit in Solidarität** (Art. 1). Im Vergleich zu den früheren Lomé-Verträgen *(Oestereich,* Menschenrechte als Alement von Lomé, 1990) ist in Art. 5 Lomé IV rev auf Verlangen der EU-Seite nunmehr das Bekenntnis zum **Respekt der Menschenrechte, demokratischer Prinzipien und des Rechtsstaates** als „essentielles Element" des Vertrages niedergelegt. 1817

Der Schwerpunkt des Lomé-Vertragswerkes liegt im **wirtschaftlich/finanziellen Bereich** unter jederzeitiger Betonung des **Entwicklungsaspektes.** Lomé IV rev knüpft dabei vielfältig an die früheren Verträge an.

1818 – Bei der **landwirtschaftlichen Zusammenarbeit** (einschließlich Dürreprobleme, Fischerei u. a., Art. 42 ff., 58 ff.) steht die Erhöhung der Ernährungssicherheit mit dem Ziel der Selbstversorgung im Vordergrund *(Bourrinet,* RMC 1986, S. 22 ff.).
– Ein besonderer Titel (Art. 33 ff.) ist in Lomé IV dem **Umweltschutz** gewidmet.
– Eine Vielzahl von Maßnahmen (Schaffung von Arbeitsplätzen, Förderung der Klein- und Mittelindustrie, Technologietransfer u. a.) gilt der **industriellen Entwicklung** (Art. 69 ff.). Für sie wird ein besonderer Ausschuß für industrielle Zusammenarbeit eingesetzt (Art. 87). Weiterhin sind Maßnahmen im Bereich des Bergbaues, der Energiepolitik und in der Unternehmensentwicklung vorgesehen (insgesamt *Eussner,* JCMS 1986, S. 51 ff.).
– Von besonderer Bedeutung ist das Regime zur **Entwicklung des Handels und der Dienstleistungen** (Art. 114 ff., 135 ff., 167 ff.). Wie in den früheren Verträgen handelt es sich bei Lomé IV rev um eine **„Einbahn-Freihandelszone“.** Die Ausfuhr aus den AKP-Staaten in die EG ist von Zöllen und mengenmäßigen Beschränkungen befreit, in gewissen Grenzen bei Agrarwaren. Die AKP-Staaten garantieren der Gemeinschaft lediglich die Meistbegünstigung und Nichtdiskriminierung zwischen den EG-MSen. Die EG kann in bestimmten Situationen **Schutzmaßnahmen** ergreifen (VO 1317/87, ABl. 1987, L 125/1 ff.). Die Privilegierung der AKP-Staaten gegenüber anderen EL rechtfertigt sich in GATT/WTO über den Teil IV des GATT (oben Rz. 1802), zumal APS und andere Globalmaßnahmen der Gemeinschaft (unten Rz. 1827 ff.) diese Diskriminierung begrenzen (str., vgl. *Luchaire,* RDC 1975 I, S. 245 ff.).
– Ferner enthält Lomé IV rev in allgemeinen Formen Regelungen über eine **kulturelle und soziale Zusammenarbeit** der Lomé-Partner (Art. 139 ff.) und über eine **regionale Zusammenarbeit** der AKP-Staaten (Art. 156 ff.).
– Eine besondere Unterstützungsmaßnahme ist das **System zur Stabilisierung der Exporterlöse bestimmter Agrarprodukte** mittels Finanzhilfen *(„Stabex“,* Art. 186 ff., *Melnik,* RMC 1992, S. 34 ff.). Es steht ebenso wie die ähnliche finanzielle **Stützung bestimmter Bergbauproduktionen** *(„Sysmin“,* Art. 214 ff., *Martin,* RMC 1991, S. 26 ff.) im Zusammenhang mit den weltweiten Bemühungen besonders der UNCTAD seit 1976 um die Stabilisierung des Rohstoffhandels (oben Rz. 1808 ff.). Durch das **Zuckerprotokoll** von 1975 hat sich die EG auf unbestimmte Zeit verpflichtet, bestimmte Mengen von Rohzucker aus AKP-Staaten zu kaufen und einzuführen (Art. 213 Lomé IV rev. *Hirsch,* RMC 1986, S. 241 ff.).
– Ein Kernstück von Lomé IV wie schon der Vorabkommen stellt die **finanzielle und technische Zusammenarbeit** zwischen EG und AKP-Staaten dar (Titel III = Art. 220 ff. Lomé IV rev). Die **Finanzhilfe** der Gemeinschaft für bestimmte Investitionsvorhaben, Programme, technische Zusammenarbeit, Stabex, Sysmin u. a. *(Vernier,* Le Courrier Nr. 154/1996, S. 11 ff.) wird in fünfjährigen Abständen neu festgesetzt und ist regelmäßig erhöht worden, zuletzt für die Periode 1995–2000 auf 14,6 Mia. ECU. Sie wird unmittelbar aus den Haushalten der EG-MSen finanziert und vom (8.) **Europäischen Entwicklungsfonds (EEF)** i. V. m. der Europäischen Investitionsbank (EIB) als besondere Gemeinschaftsfinanzierung außerhalb des regulären EU-Haushaltes verwaltet.
– Stärker gegenseitige Aspekte enthalten die Regelungen zugunsten der **Förderung privater Investitionen** in den AKP-Staaten (Art. 258 ff., *Juillard,* RMC 1986, S. 217 ff.), für Garantien für **laufende Zahlungen und Kapitalverkehr** (Art. 273) und für die beiderseitige **Freiheit der Niederlassung und des Dienstleistungsverkehrs** (Art. 274).

– Besondere Vergünstigungen erhalten die **am meisten benachteiligten AKP-Staaten** (LDC's) und bestimmte Binnen- und Inselstaaten (Art. 328 ff.).

Das wirtschafts- und entwicklungspolitische **Gesamturteil über die Lomé-Partnerschaft bleibt zwiespältig** (*Wolf,* Begrenzter Erfolg der Lomé-Abkommen, 1996). Trotz gewisser Erfolge gehören die meisten AKP-Staaten immer noch zu den ärmsten Ländern der Erde. Durch die globale Handelsliberalisierung im Rahmen von GATT/WTO (oben Rz. 1799 ff.) verlieren die Lomé-Präferenzen an Bedeutung. Die politische Entwicklung in einer Reihe afrikanischer Staaten (z. B. Somalia, Liberia, Ruanda-Burundi, Kongo) ist so negativ, daß hier weite Teile der Lomé-Regelungen mehr oder weniger auf dem Papier stehen. So ist innerhalb der EU z. T. eine wachsende Skepsis hinsichtlich der Zukunft der Lomé-Partnerschaft zu beobachten (*Neundorfer,* FAZ 23.9.97). Andere MSen, insbesondere Frankreich, setzen sich für die Fortsetzung ein. Die Kommission hat 1996 in einem Grünbuch (Dok KOM(96) 570 endg.) Vorschläge für die Fortentwicklung der EU/AKP-Beziehungen nach 2000 gemacht, aus dessen Diskussion 1997 Leitlinien für „Lomé IV" entwickelt wurden. Die AKP-Staaten haben ihrerseits Interesse an der Fortsetzung der Lomé-Zusammenarbeit einschließlich ihrer finanziellen Aspekte. 1998 ist der Beginn von Verhandlungen über ein „Lomé V-Abkommen für die Zeit ab 2000 vorgesehen, das möglicherweise im Vergleich zu den Vorgängern Wandlungen mit sich bringt (*Wolf,* Integr. 1997, S. 160 ff.). 1819

b) Assoziierung der überseeischen Länder und Gebiete (ÜLG)

Ausgangspunkt der europäischen EP war die sog. **„konstitutionelle Assoziierung"** der Art. 131–136 a EWGV gewesen. Mit ihr wurden 1958 ursprünglich alle außereuropäischen Kolonien der anfänglichen sechs EG-MS der Gemeinschaft assoziiert. Nach der Dekolonisierung beschränkt sich die konstitutionelle Assoziierung auf die unselbständig verbliebenen **„überseeischen Länder und Hoheitsgebiete" (ÜLG)** bestimmter, in Art. 131 = 182 neu EGV aufgeführter MS (oben Rz. 197). Man spricht von einer „Restassoziierung". (Näher *Tietje,* Assoz. ÜLG, in: Grabitz/Hilf (Hrsg.), EUV/EGV-Komm. (1998), Art. 131 ff.). 1820

Die ÜLG sind in Anhang IV zum EGV bzw. In der jeweiligen Durchführungsregelung nach Art. 136 Abs. 2 = 187 Abs. 2 neu EGV **konstitutiv aufgezählt** (Art. 1 Beschluß 91/482, ABl. 1991, L 263/1 ff.). Faktisch handelt es sich noch um **kleinere Territorien und Inseln Frankreichs** (z. B. Neukaledonien, Mayotte, St. Pierre und Miquelon), der **Niederlande** (z. B. Curacao) und **Großbritanniens** (z. B. Falklandinseln, St. Helena). Ein Sonderfall ist **Grönland,** das 1985 ÜLG-Status erhielt, nachdem es vorher als Teil Dänemarks zur Gemeinschaft gehört hatte (Art. 136 a = 188 neu EGV i. V. m. Spezialregelungen, näher *Ehlermann,* EuR 1984, S. 113 ff. und oben Rz. 198). Keine ÜLG sind die französischen überseeischen **Departements** (DOM), wie z. B. Martinique, Guayana oder Réunion, sowie die Azoren, Madeira und die Kanarischen Inseln. Auf diese **„Gebiete in äußerster Randlage"** findet grundsätzlich der EGV nach Art. 227 Abs. 2 = 299 Abs. 2 neu unmittelbar Anwendung. Mit dem Amsterdamer Vertrag 1997 ist jedoch die Möglichkeit geschaffen worden, daß der Rat auf Vorschlag der Kommission und nach Anhörung des EP „spezifische Maßnahmen" beschließt, die den besonderen geographischen Gegebenheiten dieser Gebiete Rechnung tragen, ohne die Kohärenz des Gemeinschaftsrechts auszuhöhlen (vgl. auch oben Rz. 197).

1821 Für die ÜLG gelten als Grundlage der konstitutionellen Assoziierung die Art. 131 ff. = 182 ff. neu EGV, **deren grundsätzliche Ziele nach Art. 136** = 187 neu EGV in einem **mehrjährigen Rhythmus durch „Durchführungsabkommen näher bestimmt werden.** Sie enthalten in der Praxis ähnliche Regelungen wie die gleichzeitig abgeschlossenen „großen" Entwicklungsverträge mit den unabhängigen AKP-Staaten („Lomé IV"). Diese „Abkommen" werden nach Art. 136 Abs. 2 = 187, Abs. 2 neu EGV durch einstimmigen Ratsbeschluß festgelegt (Beschlüsse 91/482, ABl. 1991, L 263/1 ff. und ABl. 1997, L 329/50). Diese Beschlüsse übertragen die jeweilige Lomé-Partnerschaft im wesentlichen auf die ÜLG. Trotz ihrer Beziehungen zu den „Mutterländern" befinden sich die ÜLG grundsätzlich im Verhältnis zur EG **in der gleichen Lage wie Drittländer** (EuGHE 1979, 2871 – Gutachten 1/78).

In einer gewohnheitsrechtlichen Änderung sind für die Beziehungen EG-ÜLG heute in erster Linie **die Regelungen der Beschlüsse nach Art. 136 Abs. 2 = 187 neu EGV** und nicht mehr der materielle Inhalt der Art. 131 ff. = 182 neu EGV maßgeblich *(Gilsdorf/Zimmermann,* in: GTE, Komm EU/EGV 5. Aufl. 1997, Vorbem. Zu Art. 131 ff.; RdNr. 5).

Unter diesen Umständen ist die **Rahmenregelung** für die ursprüngliche Assoziierung der ÜLG mit der Gemeinschaft (Art. 132–135 = 183–186 neu EGV) nur noch sehr begrenzt von rechtlicher Bedeutung. An ihrer Stelle gelten die Regelungen des Ratsbeschlusses 91/482, die sich weithin an „Lomé IV" orientieren (oben Rz. 1815 ff.). Wesentlich ist weiterhin die grundsätzlich aus Art. 132 Ziff. 3 = 183 neu Ziff. 3 EGV zu entnehmende „konstitutionelle" Verpflichtung der EG, den ÜLG **Finanzhilfe** zu gewähren. Großzügiger wie die AKP-Staaten werden sie aufgrund eines Internen Finanzabkommens (ABl. 1991, L 288/1 ff.) aus dem EEF bedacht (näher *Gilsdorf/Zimmermann* a. a. O., Art. 132, RdNr. 3 f.). Insgesamt besteht auf diese Weise auch zwischen EG und ÜLG eine **„Einbahn-Freihandelszone"** einschließlich der sonstigen „Lomé-Regelungen" (oben Rz. 1818).

In die Unabhängigkeit entlassene ÜLG haben aus dem Dauercharakter der Art. 131 ff. = 182 ff. neu EGV ein Recht, in das System der Lomé-Abkommen einzutreten (Art. 362 Lomé IV rev).

1822 In der Rückschau ist das ursprünglich kolonial geprägte System der Art. 131 ff. = 182 neu EGV seit den 60er Jahren zum Ausgangspunkt der vertraglichen Entwicklungspartnerschaft im Sinne der Lomé-Verträge geworden. Bei dem Prozeß **„vom Abhängigkeitsverhältnis zur Partnerschaft"** *(Jürgen Becker)* hat das inhaltliche Konzept der konstitutionellen Assoziierung zunächst eine bedeutsame Rolle gespielt. Später haben die Neuerungen der gleichberechtigten Lomé-Partnerschaft umgekehrt prägende Kraft für die Fortsetzung der Assoziierung EG-ÜLG entfaltet. Auch künftig dürfte die konstitutionelle Assoziierung der ÜLG weithin von der Zukunft der „Lomé-Politik" abhängig bleiben (oben Rz. 1819).

c) Die Mittelmeerpolitik der Gemeinschaft

Neben dem AKP-Raum stellten die nicht zur EG gehörenden **Mittelmeeranrainerstaaten des arabischen Raumes** eine Gruppierung dar, mit der die Gemeinschaft seit den siebziger Jahren aus Gründen enger geographischer und historischer Verbundenheit eine gezielte vertragliche Entwicklungspolitik betrieb (oben Rz. 1748). Während es mit Staaten wie Griechenland, der Türkei, Malta und Zypern z. B. schon seit den sechziger Jahren zu Beitrittsassoziationen oder stark handelspolitisch geprägten Arrangements kam (unten Rz. 1889 ff.), folgten die seit den siebziger Jahren mit dem **Maghreb** (Algerien, Marokko, Tunesien, dazu *Ghozali,* Rev. Algér. Rel. Int. 1986, S. 57 ff.) und dem **Mashrek** (Ägypten, Jordanien, Libanon und Syrien) auf der Grundlage der globalisierten EG-Mittelmeerpolitik (oben Rz. 1748) zahlreich geschlossenen und mehrfach erneuerten Abkommen und sonstigen Abmachungen 1823

Texte über Fundstellenverzeichnis des geltenden Gemeinschaftsrechts, 11.40. 10.20 und 11.40.20.

einem **entwicklungspolitischen „Grundschema“** *(Maurice Flory),* welches als eine Form **dauerhafter Handels- und Wirtschaftskooperation** bezeichnet werden kann, welche im Vergleich zur Lomé-Politik etwas einfachere Formen aufweist.

Hier werden mittlerweile im gewerblichen Bereich eine **nahezu vollständige Zollfreiheit** und Befreiung von mengenmäßigen Beschränkungen einseitig von der EG garantiert. Im **Agrarbereich** werden ebenfalls Vorteile gewährt, die aber wegen der unmittelbaren Konkurrenzsituation mit der Landwirtschaft der südlichen EG-Staaten besonders seit dem Beitritt Griechenlands, Spaniens und Portugals begrenzt sind *(Pomfret,* Mediterranean Policy of the EC, 1986). Angehörigen der Maghreb-Länder, die in der EG tätig sind, wird **arbeits- und sozialrechtliche Inländerbehandlung** zugesichert. Ferner wird eine gewisse Liberalisierung des Zahlungsverkehrs vereinbart und eine **technisch-wirtschaftliche Zusammenarbeit** mit finanzieller EG-Unterstützung über besondere Finanzprotokolle mit den einzelnen Staaten festgelegt. 1824

Die Ausgestaltung der **fünfjährigen Finanzprotokolle** wird durch die VO 1762/92 und 1763/92 (ABl. 1992, L 181/1 ff.) geregelt (1991–96 4,4 Mia. ECU EG-Strukturhilfe für die Mittelmeerländer). Die laufende Zusammenarbeit erfolgt über Kooperationsräte, die in den verschiedenen Abkommen eingerichtet werden.

Von besonderer Qualität und Intensität sind die Beziehungen der EG zu **Israel** und neuerdings auch zur **palästinensischen Autonomieregion.** Mit Israel besteht in Erweiterung früherer Regelungen ein **Interimsabkommen über Handel und Handelsfragen** v. 22. 12. 1995 (ABl. 1996, L 71/1) im Vorgriff auf ein am 20.11.1995 unterzeichnetes **Assoziierungsabkommen** EG/ISRAEL *(Oppermann,* Tel Aviv Univ. Studies in Law 1997, S. 9 ff.). Zwischen der EG und Israel besteht vollständiger Freihandel. – Mit der **palästinensischen Autonomieregion** wurde 1997 ein vorläufiges Assoziierungsabkommen unterzeichnet. Die EG unterstützt den **Aufbau Palästinas** mit Finanzhilfen. 1825

Seit Mitte der neunziger Jahre unternimmt die Gemeinschaft gemeinsam mit den Mittelmeerstaaten Anstrengungen, die Gesamtheit ihrer Beziehungen auf eine multilaterale Grundlage zu stellen. In der **„Erklärung von**

Barcelona" 1995 zum Ende einer Konferenz der EU mit 12 südlichen Mittelmeerstaaten wurde die Vision einer **gemeinsamen Freihandelszone** bis zum Jahre 2010 aufgestellt („Euro-mediterrane Partnerschaft", *Rhein,* IntPol 2/1996, S. 15 ff.). Bisher sind diese Vorstellungen, die eine substantielle Aufstockung der EG-Finanzhilfe für den Mittelmeerraum einschließen sollen, über die politische Planung nicht hinausgekommen (Kritisch *Nienhaus,* APUZ B39/1997, S. 12 ff.). Treibende Kraft hinter solchen Bemühungen ist die Befürchtung der Mittelmeeranrainer, daß künftig die „Südpolitik" der EU unter ihrer „ostpolitischen" Unterstützung der mittel- und osteuropäischen Staaten bei deren Reformpolitik zu kurz kommen könne (unten Rz. 1868, 1889). Aufgrund der besonderen geographischen Nähe und historischer Bindungen zur EU und ihren MSen werden die südlichen und östlichen Mittelmeerländer jedoch aller Voraussicht nach dauerhaft ein privilegierter Raum der EG-Entwicklungspolitik bleiben (La Méditerranée. Espace de coopération? = FS M. Flory, 1994).

d) EG-Entwicklungspolitik in Asien und Lateinamerika (ALA)

1826 Obwohl es sich um zwei große, vielgestaltige Kontinente handelt, verfolgt die EG gegenüber einer Reihe von Staaten **Asiens und Lateinamerikas (sog. ALA-Raum)** eine regionalisierte EP mit gemeinsamen Grundsätzen. Die EG hat zahlreiche bilaterale Abkommen ohne Finanzprotokolle abgeschlossen *(Zimmermann,* in: GTE Komm EU/EGV 5. Aufl. 1997, Art. 130 c, RdNr. 25 ff.).

Fundstellenverzeichnis des geltenden Gemeinschaftsrecht 11.40.50–60.

Andererseits wird den 66 ALA-Ländern eine gewisse finanzielle und technische Hilfe auf der Grundlage der VO 443/92 (ABl. 1992, L 52/1) in Bereichen wie Landwirtschaft, Umwelt, Familienplanung, Wirtschaftsstrukturen, regionale Zusammenarbeit gewährt (1991–96 2,75 Mia. ECU). Im Vergleich mit der Lomé-Partnerschaft und der Mittelmeerpolitik ist die regionale Zusammenarbeit mit den ALA-Ländern **punktueller und beschränkter.** Häufig tritt der entwicklungspolitische hinter dem handelspolitischen Aspekt zurück.

e) Globale EG-Entwicklungspolitik (APS, Nahrungsmittel- und Humanitäre Hilfe)

1827 Neben der **regional** ausgerichteten EG-Entwicklungspolitik zugunsten des AKP-, Mittelmeer- und ALA-Raumes betreibt die Gemeinschaft seit den sechziger Jahren eine **weltweite (globale) Entwicklungszusammenarbeit** (oben Rz. 1749 f.). Seit dem Maastrichter Unionsvertrag 1992 dienen ihr vor allem die Art. 130 u ff. = 177 ff. neu EGV als Rechtsgrundlage. Der langfristige Entwicklungsaspekt vermischt sich nicht selten mit handels-, agrarpolitischen u. ä. Erwägungen wie auch mit den Geboten der Humanität. Wichtigste Bestandteile dieser globalen EG-EP sind das Allgemeine Präferenzsystem für Entwicklungsländer (APS) sowie die Humanitäre (Sofort)hilfe der Gemeinschaft, einschließlich der Nahrungsmittelhilfe.

aa) Allgemeines Präferenzsystem für Entwicklungsländer (APS)

Seit den sechziger Jahren war die Gemeinschaft bei ihrer Politik der Entwicklungsassoziierung mit den ehemaligen Kolonien von EG-MS dem Vorwurf der **Diskriminierung der übrigen Entwicklungsländer** ausgesetzt. Diese Vorstellungen führten in Verbindung mit Forderungen der Dritten Welt im Nord-Süd-Dialog (UNCTAD II, 1968) zur Bereitschaft der EG, ab 1971 zusammen mit anderen Industriestaaten durch autonome, grundsätzlich rücknehmbare Maßnahmen ein **„Allgemeines Präferenzsystem für Entwicklungsländer“** (APS, häufig englisch GSP) zu schaffen, mit dem in Abweichung von den GATT-Grundsätzen der Gegenseitigkeit und Meistbegünstigung (oben Rz. 1802) der **Gesamtheit der Entwicklungsländer** (EL) einseitige Zollvorteile gewährt werden sollten *(Gross,* EA 1972, S. 129 ff.). 1828

GATT-rechtlich wurde das APS grundsätzlich über **Teil IV GATT** (oben Rz. 1802) und speziell seit 1979 durch eine im Rahmen der Tokyo-Runde getroffenen **Vereinbarung über die Vorzugsbehandlung von EL** legalisiert (Text u. a.: *Kunig/Lau/Meng,* International Economic Law, 2. Aufl. 1993, S. 577 ff., näher *Borgsmidt,* Nord. TSkr. f. Int. Ret. 1985, S. 33 ff.).

Das APS wird **gemeinschaftsrechtlich** seit 1971 durch **Verordnungen** geregelt, deren Rechtsgrundlage Art. 113 = 133 neu, bei Agrarwaren Art. 43 = 37 neu EGV als Ausdruck einer **Neukonzeption der internationalen Handelsbeziehungen** unter Mitbedenken des Entwicklungsaspektes ist (EuGHE 1987, 1493 ff. – RS 45/86). Die Präferenzen werden aufgrund mehrjähriger Schemen in immer wieder erneuerten VOen gewährt (Fundstellenverzeichnis des geltenden Gemeinschaftsrechts 11.70.30, z. B. VO 3281/94, ABl. 1994, L 348/1 ff. (Industrieprodukte), VO 3282/94, ABl. 1994, L 348/57 ff. (Agrarwaren) und Beschluß 92/625, ABl. 1992, L 410/1 (Textilien), näher *Hilpold,* EuR 1996, S. 98 ff.). Die häufige Neufestsetzung hat den Grund, die Ausgestaltung der Präferenzen **handels- und entwicklungspolitisch überprüfen zu können** (z. B. Rücknahmen bei Schwellenländern = NIC's wie z. B. Südkorea oder Verbesserungen bei den am meisten benachteiligten EL = LDC's wie etwa in der Sahel-Zone).

Inzwischen wird das **APS ungefähr 130 EL** und darunter ca. 40 LDC's 1829
gewährt, auch den UdSSR-Nachfolgestaaten, ferner 20 abhängigen Gebieten, die jeweils in Listen zu den VOen aufgezählt sind. (Näher *Zimmermann,* in: GTE, EU/EGV-Komm., 5. Aufl. 1997, Art. 130 u, Rz. 33 ff.). Unter ihnen befinden sich auch Staaten und Gebiete, die bereits durch die Lomé-Verträge und die Mittelmeerpolitik (oben Rz. 1814 ff., 1823 ff.) Zollvorteile erhalten. Diese werden jedoch nicht auf die APS-Begünstigungen angerechnet, so daß das APS voll den sonstigen EL zugute kommt.

Die **Vorteile des APS** bestehen im wesentlichen aus der Gewährleistung von Zollfreiheit, von Zollpräferenzen und in der Eröffnung von Gemeinschaftszollkontingenten. Der **Umfang der gewährten Präferenzen** staffelt sich einerseits nach den vier Sektoren gewerbliche Güter, Textilerzeugnisse, Agrarwaren und EGKS-Güter sowie andererseits nach dem Entwicklungsstand des begünstigten Landes („Normales“ EL, NIC, LDC). **Das APS-System wird laufend angepaßt** *(Elkin,* Droit et pratique des préferences généralisées, 1985). Die Verwaltung der APS-Zollkontingente erfolgt inzwischen grundsätzlich durch die EG ohne nationale Teilquoten, um Handelsverzerrungen zu vermeiden (EuGH v. 27. 9. 1988, RS 51/87, ABl. 1988, C 284).

1830 Das APS-System, in dem sich Handels- und Entwicklungspolitik eng verbinden, stellt eine konkrete Bemühung der EG dar, in ihrer Entwicklungspolitik neben dem regionalen den **globalen Aspekt** nicht zu vernachlässigen. Mittels einer immer weitgehenden Verfeinerung des APS bemüht sich die Gemeinschaft, anfängliche Schwächen abzustellen, wie z. B. die zeitweilige faktische Konzentration auf nur wenige „starke" NIC's, die den Löwenanteil der Präferenzen für sich ausnutzen. Der **Umfang der angebotenen Vorteile wurde stark ausgeweitet** (z. B. bei gewerblichen Waren von 2,8 Mia. ECU Wert 1971 auf 19 Mia. Im Jahre 1987, bei Agrarwaren eine Verdreifachung *(Wockenfoth,* AgrR 1984, S. 94 f.). Dennoch bleibt die **tatsächliche Ausnutzung des APS-Systems** durch die Entwicklungsländer aus verschiedenen Gründen **begrenzt.** Dabei spielt die Fähigkeit der begünstigten Länder eine Rolle, attraktive Waren liefern zu können. Die EG sucht weiterhin durch eine Politik der Differenzierung zwischen den begünstigten Ländern das APS so weit als möglich effektiv zu gestalten.

bb) Humanitäre Hilfe, einschließlich Nahrungsmittelhilfe

1831 Zu einem wichtigen Bestandteil kurzfristiger Entwicklungspolitik der EG hat sich ihre **humanitäre Hilfe** entwickelt (Eingehend Sonderbericht 2/97 des Rechnungshofes über die humanitären Hilfen der EU 1992–1997, ABl. 1997, C-143/1 ff.). Sie ist aus der schon in den sechziger Jahren begonnenen **Nahrungsmittelhilfe** hervorgegangen, umfaßt aber mittlerweile weitere Aspekte (**Soforthilfe** für Opfer von Naturkatastrophen oder kriegerischen Konflikten und langfristige **Flüchtlingshilfe).** Rechtsgrundlage der humanitären Hilfe waren ursprünglich Art. 43 EWGV (Nahrungsmittel) i. V. m. Art. 235 EWGV. Seit dem Maastrichter Unionsvertrag 1992 fällt sie unter die **Entwicklungskompetenz** der Art. 130 u ff. = 177 ff. neu EGV. Es bestehen insoweit parallele Zuständigkeiten der EG und ihrer MSen (EuGHE 1993, I–3685 ff. – RS C-181/91. Damit ist das **Subsidiaritätsprinzip** des Art. 3 b = 5 neu EGV anwendbar (oben Rz. 513 ff.). Bei der Humanitären Hilfe verbindet sich der Entwicklungsgedanke mit **allgemeinen Geboten der Humanität.** Unter den häufig wechselnden Rechtsgrundlagen des Sekundärrechts

näher Fundstellenverzeichnis des geltenden Gemeinschaftsrechts 11.70.20.10

sind die VO 1257/96, ABl. 1996, L 163/1 ff. über die humanitäre Hilfe, die VO 1292/96, ABl. 1996, L 166/1 ff. über die Nahrungshilfepolitik und die VO 2258/96, ABl. 1996, L 306/1 ff. über Rehabilitations- und Wiederaufbaumaßnahmen zugunsten der EL hervorzuheben. Organisatorisch wird die EG-Hilfe seit 1992 vom **Europäischen Amt für humanitäre Hilfe** (EC Humanitarian Office = ECHO) verwaltet, einem Sonderdienst der Kommission.

Infolge ihres allgemein humanitären Charakters gewährt die EG Humanitäre Hilfe nicht nur EL, sondern auch **sonstigen Not- und Krisengebieten** (z. B. Nahrungsmittelhilfe 1992 an Rußland, humanitäre Hilfen 1991 ff. im Balkankonflikt oder zugunsten der Palästinenser).

Ausgangspunkt der Humanitären Hilfe der Gemeinschaft war die **Nahrungsmittelhilfe.** (*Schumacher,* Die Nahrungsmittelhilfe der EG, 1981). Sie hat sich seit dem Ende der sechziger Jahre zunehmend entwickelt. 1832

Nahrungsmittelhilfe gewährt die EG **vertraglich und autonom.** Bei ihr verbinden sich Elemente der Gemeinsamen Agrarpolitik (Abbau von Überschüssen) mit humanitär/entwicklungspolitischen Aspekten („Right to food" als sog. „Menschenrecht der 3. Generation"). Die Nahrungsmittelhilfe wird bilateral und über internationale Einrichtungen (u. a. Internationales Getreidehandelsübereinkommen 1995, näher *Zimmermann,* in: GTE, EU/EGV Komm. 5. Aufl. 1997, Art. 130 u, RdNr. 18 ff.) verteilt. Empfänger sind in erster Linie EL mit strukturellem Nahrungsmittelmangel (z. B. Sahel-Zone) oder in Notsituationen. Insgesamt verteilt die EG inzwischen jährlich Nahrungsmittel für ca. 500 Mio. ECU.

Als zweiten Aspekt humanitärer Hilfe hat die Gemeinschaft vor allem in den neunziger Jahren die **Soforthilfe für Opfer von Naturkatastrophen** (z. B. Erdbebenkatastrophe im Iran 1990) oder in **kriegerischen Konflikten** (z. B. Kurdenrettungsaktion 1991) entwickelt. Sie wird unmittelbar oder über humanitäre Organisationen (z. B. UNICEF oder Rotes Kreuz) vergeben. 1833

Die Verteilung der Mittel seitens der EG erfolgt grundsätzlich aus dem **Gemeinschaftshaushalt** in Verwaltung der Kommission (ECHO). Hier ist noch manches verbesserungsbedürftig (Sonderbereich 2/97 Rechnungshof, ABl. 1997, C. 143/1 ff.).

Die Gemeinschaft gewährt **langfristige Flüchtlingshilfe** (z. B. seit den siebziger Jahren in Südostasien, am Horn von Afrika, in Afghanistan und in Palästina). Die Gemeinschaft leistet dabei meist Sachhilfen (Ausstattung für die Unterbringung, medizinische und Nahrungs-Soforthilfe). Die EG arbeitet vielfältig mit den UN (UNCHR, UNRWA) zusammen.

Insgesamt gehört die Gemeinschaft zusammen mit der entsprechenden Hilfe ihrer MSen zu den **größten Gebern humanitärer Hilfe** (z. B. in Afrika über 25 %). Ungeachtet gewisser Probleme (Neue Abhängigkeiten bestimmter EL durch „Gewöhnungseffekte") ist die Humanitäre Hilfe inzwischen zu einem der wichtigsten und anerkanntesten Bestandteile der europäischen Entwicklungspolitik geworden.

cc) Sonstige Instrumente der EG-Entwicklungspolitik

Die Entwicklungspolitik schafft immer wieder neue Herausforderungen für die Gemeinschaft, der sie mit der Entwicklung veränderter Instrumente gerecht werden möchte. Hierzu rechnen z. B. die Förderung privater Investitionen in EL durch das Finanzinstrument „EC Investment Partners" (ECIP) mit der VO 319/92, ABl. 1992, L 35/1 ff. oder verschiedene Hilfsmaßnahmen bei der Lösung von Schuldenproblemen von EL (näher *Hecker,* in: Lenz (Hrsg.) Komm EGV, Art. 130 v, RdNr. 5). Ferner unterstützt die EG die Bevölkerungspolitiken in den Entwicklungsländern (VO 1484/97, ABl. 1997, L 202/1). 1834

III. Ausblick: „Festung Europa“ oder Partner in einem offenen Welthandelssystem?

Literatur: *Tarullo,* The US-EC trade relationship and the Uruguay round, CMLRev 1987, S. 411 ff.; *Volker* (Hrsg.), Protectionism and the EC, 1987; *Barbet,* La CEE face à la montées des protectionismes, RMC 1988, S. 532 ff.; *Simmonds,* The Community and the Uruguay Round, CMLRev 1988, S. 95 ff.; *Krenzler,* Zwischen Protektionismus und Liberalisierung – Europäischer Binnenmarkt und Drittlandsbeziehungen, EA 1988, S. 241 ff.; *Montag,* Die Außendimension des Binnenmarktes, EuZW 1990, S. 112 ff.; *Oppermann/Beise,* Auf dem Weg zur Weltmarktwirt-schaft?, EA 1990, S 493 ff.; *Müller-Huschke,* Eine Festung Europa? 1991; *Streit/Vogel,* Die Handelspolitik der EG aus weltwirtschaftlicher Perspektive, in: Wildenmann (Hrsg.) Staatswerdung Europas? 1991; *Duijm/Winter,* Für eine neue Dimension der Handelspolitik, WiD 1992, S. 374 ff.; *Krenzler,* Die Rolle der EG beim Weltwirtschaftsgipfel, Integr. 1993, S. 68 ff.; *Lal,* Trade Blocs and multilateral Free Trade JCMS 1993, S. 349 ff.; *Marescеau* (Hrsg.) The EC's Commercial Policy after 1992, 1993; *Graf Vitzthum* (Hrsg.), Europäische und Internationale Wirtschaftsordnung aus der Sicht der Bundesrepublik Deutschland, 1994; *Morawitz,* Die neueste Entwicklung der Handelspolitik der EU als Folge der Vollendung des Binnenmarktes, FS Everling, 1995, S. 885 ff.; *Weidenfeld/Turek,* Standort Europa, 1995; *Rhein,* Herausforderung der Globalisierung. Europa vor neuen Aufgaben, IntPol 1997, S. 55 ff.; *Krenzler/Da Fonseca-Wollheim,* Die Reichweite der gemeinsamen Handelspolitik nach dem Vertrag von Amsterdam, EuR 1998, S. 223 ff.

1835 Die **grundsätzliche Frage,** die sich für die Gemeinsame Handelspolitik und auch für die EG-Entwicklungspolitik, wie sie im Vorangehenden näher dargestellt wurden, immer wieder stellt, läuft auf ihre **tendenzielle Ausrichtung** hinaus. Art. 110 = 131 neu EGV enthält eine gemeinschaftsrechtlich relevante Selbstverpflichtung zu einer **grundsätzlich weltoffenen Handelspolitik** (oben Rz. 1733). **EG-Entwicklungspolitik** bedeutet per se eine Öffnung der Gemeinschaft dritten Staaten gegenüber in Anerkennung ihrer besonderen wirtschafts- und handelspolitischen Probleme (oben Rz. 1746). Derlei interne oder vertraglich übernommene Verpflichtungen ergeben sich für die Gemeinschaft nicht von ungefähr. Mit der **Schöpfung von ca. 20 % des Bruttosozialproduktes der Welt** (USA: 30 %, Japan 10 %) **ist die EG einer der größten Produktivräume der Erde.** Vor allem aber nimmt sie **mit knapp 20 % Anteil am Welthandel** (USA: 18 %, Japan 10 %) **den ersten Platz unter den großen Welthandelspartnern ein** (oben Rz. 1678). Angesichts der seit dem Zweiten Weltkrieg und ganz besonders seit dem Auftreten der Dritten und Vierten Welt in der Folge des Dekolonisierungsprozesses seit den fünfziger Jahren sich immer mehr verstärkenden Globalisierung der Weltwirtschaft erwächst der Gemeinschaft wie ihren großen Welthandelspartnern aus diesem relativen industriellen Reichtum und aus der besonderen Handelskraft Westeuropas eine spezifische **Mitverantwortung für das Funktionieren der Welthandelsordnung** im Sinne eines zum Nutzen aller Partner florierenden Güteraustausches. Es liegt sowohl im **Eigeninteresse der EG** als eines auf Ausfuhr angewiesenen Handelsraumes als auch im **mondialen Gesamtinteresse** der Herstellung und Wahrung eines weltweiten wirtschaftlichsozialen Mindeststandards, durch eine aktive, weltoffene

Handelspolitik zum **Wachstum des Welthandels** beizutragen *(Rhein,* IntPol 1997, S. 55 ff.).

Die permanenten Verhandlungen und Beschlüsse über die **Fortentwicklung der WTO** (oben Rz. 1799) als weltweiter multilateraler Handels- und Wirtschaftsorganisation bieten der Gemeinschaft Gelegenheit, den Freihandel zu fördern. Seit der weitgehenden Vollendung des EG-Binnenmarktes 1993 und der förmlichen EG-Mitgliedschaft in der WTO 1995 sind alle Voraussetzungen gegeben, daß die Gemeinschaft als einheitlicher Wirtschaftsraum auf globaler Ebene **Handelsliberalisierung fördert** und sich der vielfältigen Versuchungen eines Euro-Protektionismus enthält *(Weidenfeld/Turek,* Standort Europa, 1995). 1836

Trotz vielfältiger offizieller Äußerungen im Geiste des Art. 110 = 131 neu EGV (z. B. *Europ. Kommission,* Die EU und der Welthandel, 1995) sind in der EG ebenso wie im Falle ihrer großen Handelspartner USA und Japan bei genauerem Hinsehen mancherlei **Neigungen zu Schutz- und Abwehrmaßnahmen** feststellbar. Über das reguläre Schutzinstrumentarium hinaus, auf das z. B. in Gestalt von Antidumping, allgemeinen Schutzklauseln u. ä. (oben Rz. 1770 ff.) keine Handelsordnung verzichten kann, setzte die EG bereits mit dem „Neuen Handelspolitischen Instrument" und vor allem über ihre Beteiligung an zahlreichen „Grauzonenmaßnahmen" der Selbstbeschränkung (oben Rz. 1776) Zeichen, die in der Praxis leicht in die Richtung selbstgenügender Abschließung führen können. *(Müller/Huschke,* Eine „Festung Europa"?, 1991). Die Art. 110 = 131 neu EGV diametral entgegengesetzte EG-Bananenmarktordnung 1993 gehört ebenso in diesem Zusammenhang wie Bestrebungen im Rahmen des GATS, für den audiovisuellen Bereich an einer „kulturellen Ausnahme" zugunsten der EU festzuhalten, oder der Fortbestand von Selbstbeschränkungsvereinbarungen bei der Automobileinfuhr *(Morawitz,* FS Everling, 1995, S. 885 ff.). Freilich spielen Reziprozitätsgesichts-punkte bei der Ausrichtung der EG-Handelspolitik eine wesentliche Rolle. 1837

Dennoch bleibt zu hoffen, daß die Gemeinschaft in der **Gesamtausrichtung ihrer Handels- und Entwicklungspolitik** sowohl im Sinne ihrer gemeinschafts- und vertragsrechtlichen Engagements als auch in objektiver Einschätzung ihres eigenen längerfristigen Vorteils **einen hinreichend liberalen Kurs einhält.** Das **deutsche Interesse** geht innerhalb der EG ganz besonders in diese Richtung. Die Exportabhängigkeit der BR Deutschland ist unter den EG-MS am stärksten ausgeprägt (D 40 % des EG-Exportvolumens; England 16,2 %, Italien 12,7 %, Frankreich 11,6 %; näher *Schumann/Mehl,* APuZ 1989, B 24–25, S. 36 ff.). So wie 1958 auf deutsches Betreiben Art. 110 = 131 neu EGV der europäischen Handelspolitik als Leitmotiv vorangestellt wurde, wird es auch künftig die besondere Aufgabe des ersten Exportlandes unter den MS bleiben, für eine beständige Einlösung dieser Zielbestimmung zu sorgen. 1838

§ 28. Beitritt und europäische Assoziierung

Literatur: Umfängliche Nachweise zum Schrifttum über den Beitritt bei Vedder, in: Grabitz/Hilf (Hrsg.), EUV/EGV-Komm. (1998), Art. O EUV.

Much, Rechtliche Grundsatzfragen zur Erweiterung der EG, EuR 1972, S. 324 ff.; *Ehlermann,* Mitgliedschaft in der EG, EuR 1984, S. 113 ff.; *Schumann,* Dänemark in der Gemeinschaft, 1985; *Blankart,* Zum Begriff der EG-Beitrittsfähigkeit, FS Schindler 1989, S. 511 ff.; *Hummer,* Österreichs Integration in Europa 1948–1989, 1990; *Kreidler-Pleuss,* Der EG-Beitritt Portugals, 1990; *Arnold,* Die EG zwischen Vertiefung und Erweiterung, EA 1991, S. 318 ff.; *Fischer,* Neutralität und Beitritt zu den EGen, 1991; *Osmundsen/Sorlie,* La Norvège, un partenaire enfin européen? RMC 1991, S. 688 ff.; *Schindler,* Vereinbarkeit von EG-Mitgliedschaft und Neutralität, EuZW 1991, S. 139 ff.; *Andreosso,* Apercu sur les relations CE-Bulgarie, RMC 1993, S. 516 ff.; *Meri,* Das Baltikum – Prüfstein für die Union Europas, 1993; *Schön,* Der rechtliche Rahmen für Assoziierungen der EG, 1994; *Schweitzer,* Modelle der Integration der südosteuropäischen Staaten in die EG, Südosteuropa aktuell 1994, S. 9 ff.; *Skouris,* Die rechtliche Bewältigung von EG-Beitritt und EG-Mitgliedschaft: Das Beispiel Griechenlands, FS Schambeck, 1994, S. 1027 ff.; *Truyol y Serra,* Spanien in Europa 1994; *Charriot,* La Turquie: un difficile partenaire pour la UE, RMC 1995, S. 430 ff.; *Weidenfeld* (Hrsg.), Mittel und Osteuropa auf dem Weg in die EU, 1995; *Cullen,* Die Stellung Großbritanniens in der EU, 1996; *Franzmeyer/Weise* (Hrsg.), Polen und die Osterweiterung der EU, 1996; *Petsche,* Der Weg Ungarns in die EU, 1997; *Stern* (Hrsg.) Zukunftsprobleme der EU-Erweiterung nach Osten, 1998.

1839 Einen besonderen Aspekt der EU-Außenbefugnisse stellt die in Art. O = 49 neu EUV für jeden europäischen Staat vorgesehene Möglichkeit dar, **der Europäischen Union als neues Mitglied beizutreten.** Ferner wurde von dem Instrument der **Assoziierung** nach Art. 238 = 310 neu EGV = Art. 206 EAGV nicht nur in einem entwicklungspolitischen Sinne Gebrauch gemacht (oben Rz. 1685). Innerhalb Europas diente diese gleichzeitig dauerhaft und flexibel einsetzbare Form der Verbindung mit der EG verschiedentlich dazu, als **„Beitrittsassoziierung"** eine Vollmitgliedschaft vorzubereiten oder als **„Beitrittsersatz"** eine verhältnismäßig intensive und auf unbestimmte Zeit gemeinte Beziehung zur Gemeinschaft herzustellen.

1840 Nach dem Umbruch in der DDR 1989 ist 1990 der **Beitritt der DDR zur BR Deutschland nach Art. 23 GG** erfolgt. Für die EG ergab sich hieraus die **beitrittsähnliche Situation** der **Eingliederung eines Drittstaates (DDR) in einen EG-Mitgliedstaat (BRD).** Nach dem völkerrechtlichen Grundsatz der beweglichen Vertragsgrenzen müßte sich in einem solchen Falle eine **Erweiterung des Geltungsbereiches der Gemeinschaftsverträge** ergeben, da im Sinne von Art. 227 Abs. 1 = 299 Abs. 1 neu EGV die BR Deutschland ohne nähere geographische Festlegung MS ist (oben Rz. 185). In einem praktischen Sinne bedurfte eine derartige Einbeziehung der DDR in die EG des Konsenses der übrigen **MS im Wege eines beitrittsähnlichen Verfahrens,** welches sich an Modalitäten des damaligen Art. 237 EWGV orientierte (näher oben Rz. 187).

I. Beitritt

Literatur: *Soldatos/Vandensanden,* L'admission dans la CEE, CDE 1969, S. 674 ff.; *Haak,* Zur Übernahme der von der EWG geschlossenen völkerrechtlichen Verträge durch die beitretenden Staaten, EuR 1971, S. 119 ff.; *Puissochet,* L'élargissemet des CE, 1974; *Meier,* Die rechtlichen Grenzen für einen Beitritt zu den EGen, EuR 1978, S. 12 ff.; *Glaesner,* Die Süderweiterung der EG, 1985; *Granell,* Les périodes transitoires de diffèrents élargissements de la CE, RMC 1986, S. 95 ff.; *Wölker,* Rechtsprobleme nach dem Eintritt Spaniens und Portugals in die EG, JZ 1988, S. 140 ff.; *Keogh,* Ireland and the challenge of European Integration, 1989; *Missir di Lusignano,* Réfléxions sur l'adhésion de la Turquie aux communautés européennes, Riv. D. Studi Pol. Int. 1989, S. 230 ff.; *Chavagnac,* Le programme PHARE d'appui aux réformes économiques dans les PECO, RMC 1993, S. 569 ff.; *Köck,* Österreichs „immerwährende" Neutralität: Ein Mythos geht zu Ende, JRPol 1993, S. 210 ff.; *Perczynski,* La collaboration subrégionale dans le cadre du groupe de Visegrad, RMC 1993, S. 541 ff.; *Cede,* Österreichs Neutralität und Sicherheitspolitik nach dem Beitritt zur EU, ZRVgl. 1995, S. 142 ff.; *Comes,* Die Gemeinsame Agrarpolitik der EU und die Osterweiterung, List-Forum 21/1 (1995), S. 53 ff.; *Neuhold,* Perspectives of Austria's membership in the EU, GYIL 1995, S. 9 ff.; *Zemanek,* Österreichs Neutralität und die GASP, 1995; *Czaplinski,* Rechtliche Probleme des Europaabkommens und des Beitritts Polens zur EU, 1996; *Dauses,* Osterweiterung der EU: MOE-Staaten ante portas, EuZW 1996, S. 353 ff.; *Bruha/Vogt,* Rechtliche Grundfragen der EU-Erweiterung, VRÜ 1997, S. 477 ff.; *Mayer/Scharrer,* Osterweiterung der EU, 1997; *Türk,* Österreich im Spannungsfeld von Neutralität und kollektiver Sicherheit, 1997; *Richter,* Die Erweiterung der EU unter besonderer Berücksichtigung der Beitrittsbedingungen, 1997; *Axt,* Zypern vor dem EU-Beitritt, IntPol 1/1998, S. 23 ff.; *Ronge* (Hrsg.), Die baltischen Staaten auf dem Weg in die EU, 1998;

1. Beitrittskonzept des EU-Vertrages

Gemäß Art. O = 49 neu EUV kann **jeder europäische Staat,** der die 1841
Grundsätze des Art. 6 Abs. 1 EUV (Freiheit, Demokratie, Achtung der Menschenrechte sowie der Rechtsstaatlichkeit) achtet, **Mitglied der Union** werden. Durch die Plazierung der Beitrittsregelung in den EUV ist klargestellt, daß ein Beitritt nur zur Union insgesamt, also gleichzeitig zu den drei Gemeinschaften (EG, EAG, EGKS) möglich ist. Die Beschränkung der Beitrittsmöglichkeit auf „europäische" Staaten betont den Charakter der EU als **beschränkt offene Einheit.**

Art. O = 49 neu EUV hat seit 1993 die vorher getrennten Beitrittsregelungen der Art. 237 EWGV, 205 EAGV, 98 EGKSV ersetzt. Nach ihnen waren bei der Norderweiterung 1973 und bei der Süderweiterung 1981/86 formal getrennte Beitritte zu EWG/EAG/EGKS erfolgt. Die „EFTA-Erweiterung" 1995 vollzog sich bereits nach Art. O EUV.

Die Beitrittsregelung des Art. O = 49 neu EUV ist gemeinschaftspolitisch die Konkretisierung des in den **Präambeln des EUV (Abs. 2) und des EGV (Abs. 8)** bekundeten politischen Willens, die Teilung des europäischen Kontinents überwinden zu wollen, verbunden mit der Aufforderung an die anderen Völker Europas, die sich zu dem Ziel der Wahrung von Frieden und Freiheit durch Zusammenschluß ihrer Wirtschaftskräfte bekennen, sich diesen Bestrebungen anzuschließen. Hieraus wird zum einen deutlich, daß die EU sich tendenziell dynamisch im Sinne des **allmählichen Hineinwachsens in ein „größeres Europa"** versteht. Schon entstehungsgeschichtlich gab es in den fünfziger Jahren starke Bestrebungen, die Gemeinschaft von Anfang an umfassender anzulegen (oben Rz. 19 ff.). Andererseits ist diese grundsätzliche Offenheit der EG aber nicht unbegrenzt. Abgesehen von der **geographischen Beschränkung auf Europa** bedeutet Beitritt zur EG die **Eingliederung eben in eine Union und Gemeinschaft,** d. h. in einen Integrationsraum sui generis (oben Rz. 887). Eine Erweiterung ist nur unter Wahrung der **„grundlegenden Identität und Finalität" der Gemeinschaft** möglich *(Werner Meng)*. Auf diese Weise haben sich in der Praxis teilweise über den Wortlaut des Art. O = 49 neu EUV hinaus einige politisch-wirtschaftliche **Beitrittsvoraussetzungen ungeschriebener Art** ergeben, die von wesentlicher Bedeutung sind („Kopenhagener Kriterienkatalog 1993").

1842 Auch bei Vorliegen aller dieser Voraussetzungen gibt es **keinen rechtlichen „Anspruch auf Beitritt".** Die Beitrittsentscheidung ist ein Akt freien politischen Ermessens insbesondere des Rates, des Europäischen Parlamentes und der MS, die sich in diesem Zusammenhang als „Herren der Verträge" erweisen (oben Rz. 218, ähnlich EuGHE 1978, 2203 ff. – RS 93/78 „Mattheus/Doego"). Allerdings darf sich die Union gegenüber der grundsätzlichen „Offenheit" der Präambel von EUV/EGV nicht blind stellen, sondern muß sich ihres **Charakters als Keimzelle eines größeren Europas** bewußt sein. Dies mag man als letzte Willkürgrenzen bei der Beitrittsentscheidung deuten *(Dagtoglou,* EuR 1980, S. 1 ff.). In der Beitrittspraxis gab es zwar gelegentlich eine exzessive Wahrnehmung dieser Entscheidungsfreiheit jedes einzelnen MS (Erzwingung des Abbruches der britischen Beitrittsverhandlungen durch Frankreich 1963). Im allgemeinen wuchs jedoch eher die politische Bereitschaft, die Kriterien für eine Mitgliedschaft im Interesse der Erweiterung aus allgemeinen Erwägungen nicht zu streng zu handhaben (z. B. um der Stabilisierung der Demokratie in Griechenland, Spanien und Portugal willen, 1981/86).

a) Geschriebene und ungeschriebene Beitrittsvoraussetzungen

1843 Der Beitrittsantrag kann nach Art. O = 49 neu EUV von **„jedem europäischen Staat"** gestellt werden. Dies schließt einerseits Internationale Organisationen u. ä. als EG-Mitglieder aus, die jedoch über die Assoziierung des Art. 238 = 310 neu EGV (unten Rz. 1876 ff.) in eine dauerhafte Verbindung mit der Gemeinschaft treten können *(Soldatos/Vandersanden,* CDE 1968, S. 674 ff.). Um einen „europäischen" Staat im Sinne von Art. O = 49 neu EUV handelt es sich bereits, wenn er nur mit einem **kleineren Teil seines Gebietes in Europa liegt.** Dieses nicht ganz unproblematische Verständnis ist zwingend, seit die Gemeinschaft in der Präambel (Absatz 4) des Assoziierungsabkommens mit der Türkei 1963 diesem Staat die Möglichkeit des Beitritts grundsätzlich eröffnet hat. Auch Inseln, die sich in einer Randlage zum europäischen Kontinent befinden (Island, Malta, Zypern) wird in der Gemeinschaftspraxis die Beitrittsfähigkeit nicht abgesprochen. Problematisch ist dagegen der „europäische" Charakter von Staaten, die zwar sozialökonomisch europäisch geprägt sind, geographisch jedoch vollständig einem anderen Kontinent zugehören (z. B. Israel, vgl. *Oppermann,* Tel Aviv Univ. Studies in Law 1997, S. 9 ff.). In dem Wort „europäisch" und ebenso in der Erwähnung des Art. 6 EUV in Art. 49 EUV seit dem Amsterdamer Vertrag 1997 schwingen ferner einige **politisch-wirtschaftliche Beitrittsvoraussetzungen** mit, die in einem grundlegenden Sinne gegeben sein müssen, wenn ein Drittstaat in eine Union und Gemeinschaft eintreten will, die grundsätzlich sowohl über eine **allgemeinpolitische Identität** wie auch über eine Art **Wirtschaftsverfassung** verfügt (oben Rz. 926 ff.). Auch insoweit besteht bei der Aushandlung der Beitrittsbedingungen ein beträchtlicher Ermessensspielraum, der jedoch nicht unbegrenzt ist (ähnlich *Vedder,* in: Grabitz/Hilf (Hrsg.), Komm. EUV/EGV (1998), Art. O EUV, RdNr. 7 ff. m.w.N.).

aa) Freiheitlich-demokratische Staatsform

Die EU ist eine **Gemeinschaft von Demokratien** (oben Rz. 240 ff.). Der **1844**
mit dem Amsterdamer Vertrag 1997 in Art. O = 49 neu EUV aufgenommene Verweis auf **die Grundsätze des Art. 6 Abs. 1 EUV** (Freiheit, Demokratie, Achtung der Menschenrechte und Grundfreiheiten sowie der Rechtsstaatlichkeit) stellt nunmehr ausdrücklich klar, daß ein Beitrittskandidat demokratisch und rechtsstaatlich verfaßt sein muß. Erfüllt ein MS diese zentrale Voraussetzung nicht mehr, wäre ähnlich wie bei der Assoziierung Griechenlands 1967 mindestens eine Suspension der Mitgliedschaft („Einfrieren") analog Art. 234 = 297 neu EGV denkbar.

bb) Volle Unionsmitgliedschaft (Neutralitätsprobleme)

Mitgliedschaft in der EU über Art. O = 49 neu EUV bedeutet nicht nur **1845**
die Zugehörigkeit zu den drei wirtschaftlich geprägten Gemeinschaften (EG/EAG/EGKS), sondern auch die Übernahme der politischen Pflichten, wie sie der EUV im Sinne der beiden anderen „Säulen" der Union aufstellt **(Gemeinsame Außen- und Sicherheitspolitik** (GASP, Art. J. 1 ff. = 11 ff. neu EUV) und **Polizeiliche und Justitielle Zusammenarbeit in Strafsachen** (PJZ, Art. K. 1 ff. = 29 ff. neu EUV). Besonders im Falle der GASP, die eine **gemeinsame Verteidigung** anstrebt (unten Rz. 2077 ff.) können sich Probleme für solche Staaten ergeben, die sich in der einen oder anderen Form zu einer **dauernden Neutralität** bekennen. Die Beitrittspraxis der EU hat jedoch seit der politischen Wende in Europa 1989/91 einen derartigen Neutralitätsstatus nicht mehr für schlechthin unvereinbar mit der EU-Mitgliedschaft gehalten, sofern die betr. Staaten grundsätzlich bereit sind, in der GASP mitzuarbeiten. Irland wurde bereits 1973 Mitglied der Gemeinschaft, obwohl es nicht NATO-Mitglied war. Finnland, Österreich und Schweden traten 1995 der EU ungeachtet ihres Neutralitätsstatus bei, nachdem sie sich für fähig erklärt hatten, in der GASP mitzuwirken. Rußland kam dabei nicht mehr auf die frühere Haltung der Sowjetunion zurück, die insbesondere im Falle Österreichs dessen „immerwährende" Neutralität für unvereinbar mit einer EG-Mitgliedschaft gehalten hatte. Politisch bedeutet die EU-Mitgliedschaft mindestens einen gewissen Wandel des bisherigen „Neutralitätsmythos"

(Heribert Köck). In seinem Beitrittsantrag von 1989 hatte Österreich seine Neutralitätspolitik als „spezifischen Beitrag" zur Friedenssicherung definiert, später jedoch seine Bereitschaft zu allfälligen Anpassungen der Rechtslage signalisiert (näher *Zemanek,* Österreichs Neutralität und die GASP, 1995).

cc) Wirtschaftsordnung:

1846 Da die Gemeinschaft dem Grundsatz einer offenen Marktwirtschaft mit freiem Wettbewerb verpflichtet ist (Art. 3a = 4 neu EGV, oben Rz. 928 ff.), muß ein Beitrittskandidat kraft seiner eigenen Wirtschaftsordnung fähig sein, sich einem solchen, von den **Grundprinzipien der Marktfreiheit und des Wettbewerbs** geprägten System anschließen zu können. Angesichts der Unterschiede zwischen den mitgliedstaatlichen Wirtschaftsordnungen dürfen die Anforderungen insoweit allerdings nicht zu streng gesehen werden. Im Falle der Wirtschafts- und Währungsunion (oben Rz. 1008 ff.) ist Großbritannien und Dänemark in Maastricht 1991 das Recht zugesprochen worden, sich an der Währungsunion nicht beteiligen zu müssen. Ähnliche Sonderregelungen müssen auch für Beitrittskandidaten denkbar sein. Bei den mittel- und osteuropäischen Staaten (MOES), die Beitrittsanträge an die EU gerichtet haben, hat die Kommission 1997 bei der Prüfung dieser Anträge die marktwirtschaftliche Leistungsfähigkeit zu einem maßgeblichen Beurteilungskriterium erhoben (unten Rz. 1872).

dd) „Acquis communautaire":

1847 Es handelt sich bei Art. O = 49 neu EUV um den Beitritt zu einer **bestehenden Union,** deren Identität grundsätzlich unverändert bleiben soll. Das schließt eine Neuverhandlung aus, bei welcher die **Integrationsverträge und ihr Folgerecht („Acquis communautaire")** wesentlich zur Disposition stünden. Art. O Abs. 2 = 49 neu Abs. 2 EUV spricht denn auch lediglich von „Aufnahmebedingungen" und erforderlich werdenden „Anpassungen" des Vertrages. Obwohl rechtlich weiterreichende Umgestaltungen im Wege der Vertragsänderung über Art. N = 48 neu EUV möglich wären, hat die Beitrittspraxis 1973, 1981/86 und 1995 neben den notwendigen technischen Anpassungen (geänderte Mitgliederzahlen in Organen u. ä.) grundsätzlich nur zu **Übergangsregelungen** geführt, mittels deren die neuen Mitglieder für die allmähliche Eingliederung in die unangetastete Gemeinschaftsrechtsordnung mehrjährige Fristen zuerkannt erhielten.

b) Beitrittsverfahren

1848 Über den Wortlaut des Art. O = 49 neu EUV hinaus hat sich in der Beitrittspraxis der EG seit dem ersten britischen Antrag 1961 ein **geregeltes Beitrittsverfahren** entwickelt, das im Laufe der Zeit gewisse Entwicklungen durchmachte *(G. Miller/Maislinger/Reindl,* Fundamentale Rechtsgrundlagen einer EG-Mitgliedschaft, 1991). Dabei hat sich vor allem die Position der EG-Kommission im Beitrittsverfahren verstärkt. Die Verfahrensgrundsätze sind inzwischen in einem **Ratsbeschluß v. 9. 6. 1970 über das Beitrittsverfahren** zusammengefaßt (Text: EA 1970, D 350 ff.).

1849 Erste Verfahrensvoraussetzung ist der einseitige **Antrag auf Beitritt** seitens des Bewerberstaates an den Rat (Art. O Abs. 1 = 49 neu EUV). Er ist bis zur abschließenden Ratifikation rücknehmbar (Norwegen 1972 und 1994!). Daraufhin erstattet die Kommission zunächst eine **vorläufige Stellungnahme („Avis")** an den Rat, in der sie über das Vorliegen der geschriebenen und ungeschriebenen Beitrittsvoraussetzungen urteilt **(„Recevabilité" des Antrages,** *Blankart,* FS Schindler 1989, S. 511 ff.). Daraufhin **beschließt der Rat** erstmals über die Aufnahme von Verhandlungen.

Seit dem Beschluß vom 9. 6. 1970 werden Beitrittsverhandlungen von der **Gemeinschaft** unter Vorsitz des Ratspräsidenten und unter maßgeblicher Beteiligung der Kommission geführt, die zu allen relevanten Fragen Vorschläge erarbeitet und auch z. T. Verhandlungsführerin sein kann.

Bei den ersten britischen Beitrittsverhandlungen 1961–63 wurden diese **durch die MS unter Teilnahme der Kommission** geführt. Faktisch war aber deren Stellung kraft ihres Sachverstandes schon damals stark.

Am Ende der Verhandlungen holt der Rat eine **endgültige Stellungnahme der Kommission** über den Beitritt ein, an die der Rat allerdings nicht gebunden ist. 1850

Dies ist die seit der Neufassung des Art. 237 EWGV 1987 so genannte **„Anhörung"** der Kommission gemäß Art. O Abs. 1 = 49 neu Abs. 1 EUV (vorher: „Stellungnahme").

Der Rat muß nach Art. O Abs. 1 = 49 neu Abs. 1 EUV ferner die vorherige **Zustimmung des Europäischen Parlamentes** mit der absoluten Mehrheit seiner Mitglieder einholen, das damit über eine echte Mitentscheidungsbefugnis beim Beitritt verfügt (oben Rz. 270).

Vor 1987 sah Art. 237 Abs. 1 EWGV **keine Mitwirkung des EP** vor. Faktisch wurde das Parlament über die Verhandlungen laufend informiert und „billigte" die Beitritte Griechenlands, Spaniens und Portugals 1980/85 durch selbstgewählte, rechtlich folgenlose Beschlüsse.

Danach **beschließt der Rat** nach Art. O Abs. 1 = 49 neu Abs. 1 EUV 1851 **einstimmig über den Beitrittsantrag,** d. h., ob er ihm stattgibt. Dies ist der eigentlich konstitutive Rechtsakt der Gemeinschaft im Beitrittsverfahren.

Angesichts der fundamentalen Bedeutung eines Beitritts für die Gesamtstruktur der Gemeinschaft **sind auch die MS und ihre Parlamente** als Herren der Verträge in das Beitrittsverfahren eingeschaltet. Nach Art. O Abs. 2 = 49 neu Abs. 2 EUV werden die Aufnahmebedingungen und Vertragsanpassungen durch ein **besonderes Beitrittsabkommen** geregelt, das zwischen den MS und dem antragstellenden Staat geschlossen wird. Es wird parallel in den Beitrittsverhandlungen (oben Rz. 1849) ausgehandelt und muß in den MS sowie vom Bewerberstaat parlamentarisch ratifiziert werden. Mittels dieses Beitrittsvertrages wird der Bewerberstaat **Mitglied der Europäischen Union einschließlich der drei Gemeinschaften EG/EAG/EGKS.** Beitrittsregelungen sind grundsätzlich **beitrittsfreundlich** auszulegen und zu praktizieren (EuGHE 1988, 1037 ff. – VerbRSen 194 und 241/85).

Insgesamt spiegelt sich in dem kompliziert geratenen Beitrittsverfahren des Art. O = 49 neu EGV auf EG-Seite etwas von dem **politischen Gewicht der Beteiligten,** wobei das „letzte Wort" bei den MS verbleibt, während der Schwerpunkt der Sacharbeit in den Verhandlungen bei der Kommission liegt.

c) Wirkungen des Beitrittes

1852 Die **grundsätzliche Wirkung des Beitritts** besteht darin, daß die beitretenden Staaten Mitglieder der Union und Vertragsparteien der EUV/EGV/EAGV/EG-KSU mit den gleichen Rechten und Pflichten wie die bisherigen Mitglieder werden. An der (den) Gemeinschaft(en) ändert sich dadurch grundsätzlich nichts (*Much,* EuR 1972, S. 324 ff.).

Die wichtigste Folgerung hieraus besteht in der Verpflichtung der beitretenden Staaten, grundsätzlich das **gesamte Gemeinschaftsrecht** (Primär- und Sekundärrecht in seinen näheren Ausformungen, sog. „Acquis communautaire") **als für sich sofort verbindlich zu übernehmen** (EuGHE 1982, 4261 ff. – RS 259/81: „Grundsatz der sofortigen vollständigen Anwendung des Gemeinschaftsrechts auf die neuen MS").

1853 Im Grunde ergibt sich dieses **„Übernahmeprinzip"** bereits aus der Existenz der besonderen Beitrittsklausel des Art. O = 49 neu EUV neben der Möglichkeit der Vertragsänderung gemäß Art. N = 48 neu EUV. Beitritt setzt die grundsätzliche Bereitschaft des neuen MS voraus, in die EG, so wie sie besteht, einzutreten. **Neuverhandlungen über das Gemeinschaftsgefüge** haben über Art. N = 48 neu EUV zu erfolgen. Sie sind angesichts des Verfassungscharakters der Verträge praktisch **nur in sehr engen Grenzen denkbar.** Art. N Abs. 2 EUV sah eine solche Vertragsrevision als Ergänzung des Maastrichter Unionsvertrages 1992 ausdrücklich vor. Sie wurde 1996/97 vollzogen („Maastricht II" bzw. Amsterdamer Vertrag 1997, oben Rz. 46).

Dieser **Grundsatz der Gleichheit der MS vor dem Gemeinschaftsrecht** (EuGHE 1979, 419 ff. – RS 128/78) ist im einzelnen **weit zu verstehen.** Unter ihn fallen die Regelungen der Verträge, allgemeine ungeschriebene Rechtsgrundsätze (oben Rz. 482 ff.), das sekundäre Gemeinschaftsrecht in den Formen des Art. 189 = 249 neu EGV (oben Rz. 510 ff.), aber auch sonstige Rechtsakte sui generis, wie etwa die Beschlüsse der im Rat vereinigten Vertreter der Regierungen der MS (oben Rz. 584 f.) – Auch die von der EG geschlossenen Abkommen mit Drittstaaten (oben Rz. 1714 ff.) sind nach dem Grundsatz der beweglichen Vertragsgrenzen für die neuen MS sofort verbindlich (*Haak,* EuR 1971, S. 119 ff.). Gemischten Abkommen (oben Rz. 1711 ff.) müssen die neuen MS ihrerseits mit beitreten. (Näher zum Übernahmeprinzip etwa *Meng,* in: GTE, Komm. EU/EGV 5. Aufl 1997, Bd. 5, S. 1169 ff.).

1854 Modifikationen vor allem hinsichtlich des jeweiligen Zeitpunktes erfährt das Übernahmeprinzip durch die **Übergangsregelungen,** die in den jeweiligen **Beitrittsabkommen** mit den neuen MS gemäß Art. O Abs. 2 = 49 neu Abs. 2 EUV enthalten sind. Abgesehen von den notwendigen technischen Anpassungen der Verträge (Größe der Organe usf.) ist die EG in ihrer Beitrittspraxis erfolgreich bestrebt gewesen, **Änderungen am Acquis communautaire kaum zuzulassen.** Die Übergangsregelungen können zwar materielles Gemeinschaftsrecht enthalten, das als lex specialis dem allgemeinen EG-Recht vorgeht. Diese Fälle beschränken sich jedoch in aller Regel auf vorübergehende Ausnahmeregelungen, vor allem auf die **Übergangsfristen,** mit denen die Übernahmepflicht in bestimmtem Zusammenhang und Ausmaß auf einen Zeitpunkt nach dem Wirksamwerden des Beitritts hinausgeschoben wurde.

So wurde Spanien und Portugal eine **allgemeine Übergangszeit von sieben Jahren** nach ihrem Beitritt gewährt, also vom 1. 1. 1986 – 31. 12 1992, die in bestimmten sensiblen Sektoren sogar 10 Jahre beträgt. Beim Beitritt Finnlands, Österreichs und Schwedens am 1. 1. 1995 betrug die Übergangsfrist **i. d. R. 4 Jahre** (ABl. 1994, C-241/27 ff.).

Insgesamt ist die Gemeinschaft auf diese Weise bestrebt, bei Beitritten **1855**
ihre bisherige Identität weitmöglichst zu wahren und vor allem die Kontinuität der Gemeinschaftsrechtsordnung zu sichern. Auf einem anderen Blatt steht, daß neue MS nach ihrem Beitritt als Mitglieder gleichen Rechtes die Politiken der EG mitgestalten und auf diese Weise sich die erweiterte Gemeinschaft auf mittlere Sicht **innerlich wandeln kann.** So hat etwa der Beitritt eines weltweit engagierten MS wie Großbritannien seit 1973 die Handels- und Entwicklungspolitik der EG mitgeprägt. Die Süderweiterung der Gemeinschaft in den achtziger Jahren hat der EG-Regionalpolitik und der Mittelmeerpolitik (oben Rz. 1823 ff.) wesentliche Anstöße gegeben. In seinem gesamten Willensbildungsprozeß ist das heutige „Europa der Fünfzehn“ **eine andere Art politischer Einheit** als die ursprüngliche „Sechsergemeinschaft“ der sechziger Jahre, wenn auch viele grundlegenden Entscheidungen im „Acquis communautaire“ bis heute fortwirken. Die für die Zeit nach 2000 anstehende Osterweiterung wird das Gesicht der EU abermals nachhaltig ändern (*Pechstein,* ZRVGl. 1996, S. 108 ff.).

2. Bisherige Beitrittspraxis

Aus der Rückschau läßt sich sagen, daß die Gemeinschaft insgesamt in **1856**
ihrer Beitrittspraxis der Aufforderung der Präambeln des EUV/EGV gerecht geworden ist, daß die EU **grundsätzlich offen für das Hinzutreten neuer MS** sein soll, die sich politisch und wirtschaftlich zu den Zielen der europäischen Integration bekennen. Dies gilt vor allem seit den siebziger Jahren, nachdem die Gemeinschaft mit dem Aufbau ihrer inneren Strukturen während der Übergangszeit genügend eigenes Schwergewicht gewonnen hatte, um sich der Wahrung ihrer Identität in Beitrittsverhandlungen sicher zu fühlen.

In **bisher vier großen „Beitrittsrunden“,** nämlich 1970–1972 mit Großbritannien, Dänemark und Irland, anfänglich auch mit Norwegen, 1975–81 mit dem bereits seit 1962 assoziierten Griechenland (unten Rz. 1890), 1977–86 mit Spanien und Portugal und 1993–1994 mit Finnland, Österreich und Schweden (wiederum letztlich vergeblich mit Norwegen) **entstand aus der Sechser- die Fünfzehnergemeinschaft.** Mit 370,5 Millionen Bürgern und einer gesamtwirtschaftlichen Leistung (Bruttoinlandsprodukt) von rund 11 Billionen DM **bildet die Europäische Union den größten Binnenmarkt der**

Welt. Nimmt man die freihandelszonenmäßige Verbindung mit dem EWR und der „Rest-EFTA" hinzu (oben Rz. 135 f.), hat sich die enge wirtschaftliche Verflechtung Westeuropas vollendet. Allerdings nicht als „großer Brükkenschlag EG/EFTA", wie Ende der fünfziger Jahre teilweise gewünscht (oben Rz. 28). Vielmehr haben sich EG/EU als eine mit staatsähnlichen Methoden „integrierte" **Wirtschaftsgemeinschaft mit politischer Finalität („Europäische Union"**, oben Rz. 919 ff.) als der Kristallisationskern des europäischen Einigungsprozesses erwiesen. Zu Beginn des 21. Jahrhunderts steht der EU mit der **Osterweiterung** eine neue große Herausforderung hervor, die zusammen mit anderen Beitritten (Malta, Zypern, gewünscht auch von der Türkei) im Laufe der Zeit zu einer Gemeinschaft von 20–30 Mitgliedstaaten führen könnte *(Kinsky,* Erweiterung und Vertiefung der EU, 1997).

a) Norderweiterung um Großbritannien, Dänemark und Irland

1857 Nachdem die postgaullistische V. Französische Republik unter *Pompidou* Ende der sechziger Jahre die EG-Mitgliedschaft vor allem Englands politisch akzeptiert hatte, war der Weg frei für die **verhältnismäßig kurzen, erfolgreichen Beitrittsverhandlungen** 1970–72 mit dem **Vereinigten Königreich, Dänemark und Irland.**

Die Verhandlungen mit **Norwegen** kamen ebenfalls zu einem erfolgreichen Ende, jedoch sprach sich dort 1972 eine knappe Mehrheit der Bevölkerung in einem Referendum gegen den Vollzug des Beitrittes aus. Norwegen zog darauf seinen Beitrittsantrag zurück.

Die Norderweiterung wurde mit dem **Beitrittsvertrag vom 22. 1. 1972** (ABl. L 73/1 ff., umfassend hierzu *Puissochet,* L'élargissement des Communautés européennes, 1974) abgeschlossen und der Beitritt der drei neuen MS nach den nationalen Ratifikationen zum 1. 1. 1973 vollzogen. Nach dem Regierungswechsel *Heath/Wilson* verlangte Großbritannien 1974 **fundamentale Neuverhandlungen,** ohne damit wesentlich durchzudringen. 1975 wurde die britische Mitgliedschaft national durch ein erfolgreiches britisches Referendum endgültig besiegelt *(Irving,* EL Rev 1975, S. 3 ff.).

1858 Die Beitritte vollzogen sich auf der Grundlage des **Übernahmeprinzips** (oben Rz. 1853 f.). Die **allgemeine Übergangsfrist** betrug beim Nordbeitritt **5 Jahre** (näher *Nass,* EuR 1972, S. 103 ff.). Im besonders neuralgischen **Fischereibereich** bestanden 10jährige Ausnahmeregelungen, die sich wesentlich auf die Gestaltung der Gemeinsamen Fischereipolitik der EG auswirkten (oben Rz. 1399 ff.). – In der Praxis vermochte **Großbritannien** seine Interessen insbesondere in der Entwicklungspolitik durch die bald anhebende „Lomé-Politik" (oben Rz. 1814 ff.) zu wahren, ähnlich auch in der Regionalpolitik über die Handhabung der Regionalfonds (oben Rz. 975 f.). Eine lange schwierige Hypothek des britischen Beitritts lag in der Unzufriedenheit Englands mit der Höhe seiner Beitragszahlungen an den EG-Haushalt (oben Rz. 869). Allmählich erreichte Großbritannien hier gewisse Erleichterungen. Fortdauernde Probleme hat die ehemalige „unbesiegte" Weltmacht Großbritannien, im Sinne der **„Philosophie" supranationaler europäischer Integration** über die Wirtschaft hinaus die politische Zielsetzung der Europäischen Union einschließlich der dazu nötigen Souveränitätsverluste (Bsp. Währungsunion) anzunehmen. So erreichte England im Maastrichter Unionsvertrag 1992 das Recht, an der Währungsunion nicht teilnehmen zu müssen („Opting out"). Andererseits zieht die EG **viel Gewinn** aus der Mitgliedschaft einer großen Handels- und Wirtschaftsnation mit weltweiten Perspektiven *(Cullen,* Die Stellung Großbritanniens in der EU, 1996).

Dänemark hat ähnliche Probleme wie England (und Norwegen), sich dem europäischen Gedanken über das Wirtschaftliche hinaus anzuschließen *(Schumann,* Dänemark in der Gemeinschaft, 1985), ist aber grundsätzlich ein loyales EG-Mitglied geworden. Zur Währungsunion verfügt Dänemark wie England über ein „Opting-out"-Recht. – Für **Irland** ist die Mitgliedschaft in der Gemeinschaft einerseits eine Chance, die schwierige wirtschaftlich/soziale Lage zu verbessern und sich in gewisser Lösung vom übermächtigen britischen Nachbarn in eine größere Gruppierung einzugliedern. Andererseits bringen die **Neutralitätspolitik Irlands** und das ungelöste **Nordirlandproblem** gewichtige Fragen mit sich, die dem vorbehaltlosen Anschluß an eine engere politische Integration Irlands in „Europa" (die notwendig ein engeres Zusammengehen mit Großbritannien bedeutete) im Wege stehen *(Miller,* Rechtsprobleme der Mitgliedschaft Irlands in der EG, 1986). – Rechtlich bedeutet die Verankerung vor allem Englands und Irlands im **Common Law-Raum** manche Herausforderung für die Fortbildung des Europäischen Gemeinschaftsrechts, etwa bei der Rechtsangleichung (oben Rz. 1202). **1859**

b) Süderweiterung um Griechenland, Spanien und Portugal

Griechenland hatte im wesentlichen aus wirtschaftlichen Gründen nicht **1860** von vorneherein am westeuropäischen Einigungsprozeß teilgenommen *(Dagtoglou,* EuR 1980, S. 1 ff.). Andererseits war es als **„Wiege der europäischen Kultur"** gewissermaßen ein natürliches EG-Mitglied. Schon 1959 stellte Griechenland als erster Staat den Antrag auf Assoziierung an die Gemeinschaft gemäß Art. 238 EWGV. 1961 wurde der umfassende Assoziierungsvertrag, eine Art „EWG-Vertrag in vereinfachter Form" abgeschlossen.

Zum **Inhalt des Assoziierungsabkommens,** das in seinem Art. 72 bereits auf einen späteren Beitritt Griechenlands zur Gemeinschaft abzielte, *Oppermann,* ZaöRVR 1962, S. 486 ff. und unten Rz. 1890). – Zu der besonderen geistigen Verbindung Europas mit Griechenland als Ursprung seiner Kultur *Hallstein,* Assoziierung Griechenlands (Rede anläßlich der Unterzeichnung des Assoziierungsabkommens in Athen am 9. 7. 1961, in: Europäische Reden 1979, S. 287 ff.).

In der Zeit der griechischen Militärdiktatur 1967–74 ruhte die Assoziierung in ihren wesentlichen Grundlagen (u.a. Finanzhilfe) kraft Entscheidung der Gemeinschaft „bis zur Rückkehr zu einem normalen demokratischen Leben". Nach der Wiedererrichtung der Demokratie stellte die Regierung *Karamanlis* 1975 den **Beitrittsantrag,** dem die Gemeinschaft sich aus politischen Gründen nicht länger verschloß. Als erster Schritt der Süderweiterung wurde der Beitrittsvertrag am 28. 5. 1979 mit Wirkung zum 1. 1. 1981 unterzeichnet (ABl. 1979, L 291/1 ff., dazu *Zuleeg,* Hellenic Review of International Relations 1980/81, S. 357 ff.).

Für den Beitritt galt auch hier das **Übernahmeprinzip** (EuGHE 1982, 593 ff. – **1861** Verb. RS 39–88/81) dergestalt, daß eine **allgemeine Übergangsfrist** zur Eingliederung in die Gemeinschaftsordnung **von wiederum 5 Jahren** vorgesehen wurde, mit z. T. etwas längeren Fristen in sensiblen Bereichen *(Ott/Wenturis* (Hrsg.), Griechenland vor dem Beitritt in die EG, 1979).

Ähnlich wie bei Großbritannien kam es in Griechenland bald nach dem Beitritt zum Regierungswechsel *Karamanlis/Papandreou* und damit zu Forderungen, den Beitritt rückgängig zu machen. Sie verstummten allmählich, insbesondere nachdem es Griechenland in geschickter Politik gelang, **erhebliche Finanzbeiträge der Gemeinschaft** zu gewinnen, u.a. beim Integrierten Mittelmeerprogramm (oben Rz. 1823 ff.). So eröffnen sich für Griechenland als EG-Mitglied **mittelfristig gute Aussichten** *(Wenturis,* Griechenland und die EG, 1990). Vorläufig bleibt Griechenland jedoch infolge des wirtschaftlich-sozialen Entwicklungsstandes ein nicht selten schwieriges EG-Mitglied, auch bei der Ausführung des Gemeinschaftsrechtes.

1862 Mit der Annahme des griechischen Beitrittsantrages durch die EG 1975 ff. war zugleich eine politische Vorentscheidung über die weiteren Beitrittsanträge gefallen, die **Portugal und Spanien 1977** nach der Wiederherstellung der Demokratie in diesen beiden Staaten an die Gemeinschaft richteten. Da die politisch Ausgangslage ähnlich wie bei Griechenland war und zumindest Spanien wirtschaftlich noch eher „beitrittsfähig" erschien als Griechenland, konnte sich die EG der Vollendung der Süderweiterung nicht verweigern *(Stadlmann,* EA 1986, S. 129 ff.).

Die **langen Verhandlungen** 1978/79 bis zur Unterzeichnung der Beitrittsverträge am 12. 6. 1985 (ABl. L 302/1 ff., dazu *Gilsdorf/Poensgen,* Am Vorabend des Eintritts Spaniens und Portugals in die EG, 1986) und der Wirksamkeit des Beitritts ab 1. 1. 1986 legten allerdings Zeugnis davon ab, daß sich die Gemeinschaft mit der 3. Beitrittsrunde nicht leicht tat. Abgesehen davon, daß es sich um zwei Staaten mit weltweiten politischen und wirtschaftlichen Beziehungen, aber auch mit deutlichen Entwicklungsproblemen handelte, darunter einer (Spanien) von der Statur eines „großen" Mitgliedstaates, bedeutet das Hinzutreten jedes neuen MS **Komplizierungen des institutionellen Gefüges** *(Wölker,* JZ 1988, S. 140 ff.). Außerdem betrieb die Gemeinschaft parallel zu den Beitrittsverhandlungen ihre eigene Verfassungsreform in Gestalt der Einheitlichen Europäischen Akte. Die schwierigen Konkurrenz der „EG-Südstaaten" von Portugal bis Griechenland vor allem im Agrarbereich untereinander konnte nur durch eine erhebliche finanzielle Stärkung der Regionalpolitik in Gestalt des Integrierten Mittelmeerprogrammes aufgelöst werden.

1863 Inhaltlich folgte der spanisch/portugiesische Beitritt in der Grundstruktur dem **Muster der beiden ersten Beitrittsrunden** *(Fröhlingsdorf,* RIW 1986, S. 100 ff.). Auch diese beiden neuen MS übernahmen den Acquis communautaire (oben Rz. 1847) in einer **allgemeinen Übergangszeit von hier sieben Jahren** (bis Ende 1992), die in bestimmten Bereichen (vor allem Landwirtschaft und Fischerei) auf zehn Jahre (Ende 1995) ausgedehnt wurde. Wesentlich von den EG-Regelungen ausgenommen sind besondere Gebiete wie Gibraltar, Andorra, Ceuta, Melilla und die Kanarischen Inseln *(Santaolalla/Gadea,* CMLRev 1986, S. 11 ff.).

Insgesamt hat sich die Gemeinschaft durch die Süderweiterung trotz aller mit ihr einhergehenden Probleme **in einer natürlichen Weise vervollständigt.** Wie Griechenland ist auch die Iberische Halbinsel geschichtlich, kulturell und soziologisch **Europa auf das engste verbunden** und hat ihm seit Mittelalter und Renaissance lange seinen Stempel aufgedrückt. Beide iberischen Staaten haben die EU-Mitgliedschaft inzwischen zu einem **gro-**

ßen Modernisierungsschub genutzt *(Kreidler-Pleuss,* Der EG-Beitritt Portugals 1990. – *Truyol y Serra,* Spanien in Europa, 1994). Spanien ist dabei zum größten Netto-Empfänger von EU-Mitteln geworden. Mit einer gewissen Distanz betrachten Portugal/Spanien wie andere Mittelmeer-MSen die bevorstehende **Osterweiterung der EU** (unten Rz. 1868 ff.), da sie um die privilegierte Position des Mittelmeerraumes bei der EG-Regional- und Entwicklungspolitik fürchten.

c) „EFTA-Erweiterung" um Finnland, Österreich und Schweden

Solange Europa durch den „Kalten Krieg" und seine Nachwehen geteilt 1864 war, sahen sich neutrale Staaten wie Finnland, Österreich und Schweden mit Rücksicht auf die Sowjetunion politisch oder auch rechtlich gehindert, der EG/EU beizutreten.

Insbesondere bei **Österreich** hatte die Sowjetunion als Signatarmacht des Staatsvertrages 1955 offiziell bedeutet, daß die EG-Mitgliedschaft eines immerwährend neutralen Staates (öst. Neutralitätserklärung 1955) nicht möglich sei. Von österreichischer Seite war dies seit langem bestritten worden *(Fischer,* Neutralität und Beitritt zu den EGen, 1991, oben Rz. 1845).

Diese Staaten waren daher zunächst EFTA-Mitglied geworden (oben Rz. 135 f.). Nach dem Zusammenbruch des Kommunismus 1989/91 in Osteuropa kam Rußland auf die früheren Vorbehalte der Sowjetunion nicht mehr zurück. Damit war der Weg frei für die Beitrittsanträge Österreichs (1989) sowie Finnlands und Schweden (1991). Die anschließenden Beitrittsverhandlungen vom 1. 2. 1993 bis zum 12. 4. 1994 waren die kürzesten der Gemeinschaftsgeschichte. Darin spiegelte sich die politische und wirtschaftliche Beitrittsfähigkeit der drei EFTA-Staaten, die ohne die Neutralitätsprobleme wahrscheinlich schon früher MSen der Gemeinschaft geworden wären. Die Verhandlungen wurden nach Art. O EUV mit der Union insgesamt geführt.

Als vierter EFTA-Staat hatte **Norwegen** einen erneuten Beitrittsantrag gestellt, 1865 nachdem sein Versuch, bei der **ersten Norderweiterung** Mitglied zu werden (oben Rz. 1857) 1972 durch die Ablehnung der Bevölkerung in einem Referendum gescheitert war *(Osmundsen/Sorlie,* RMC 1991, S. 688 ff.). Aber auch im zweiten Anlauf lehnten 1994 52 % der norwegischen Wahlberechtigten den bereits ausgehandelten Beitrittsvertrag in einem Referendum ab. Norwegen bleibt jedoch über den EWR (oben Rz. 137 ff.) der EU eng verbunden.

Nachdem die Bevölkerung Österreichs und Finnlands deutlich und die- 1866 jenige Schwedens den Beitritt zur EU in Referenden 1994 knapp gebilligt hatten, traten die Beitrittsverträge (ABl. 1994, C-241 ff., 1995 L 1/1) zum 1. 1. 1995 nach der Ratifikation in Kraft und die EG/EU wandelte sich zur „15er-Gemeinschaft". Institutionell ließen sich die drei neuen MSen noch einmal durch Fortschreibung der bisherigen Grundsätze in die Gemeinschaftsorgane integrieren (zu Österreich *Schäfer,* ÖstZfÖrVöR 1996, S. 4 ff.).

Auch inhaltlich folgte der „EFTA-Beitritt" den Prinzipien der früheren Beitritts- 1867 runden, insbesondere mit der Übernahme des Acquis communautaire. Infolge der hohen „Beitrittsreife" der drei Staaten konnte die **allgemeine Übergangszeit auf vier Jahre** (bis Ende 1997) begrenzt werden (näher EU-Informationen, 1/1995).

Allgemeinpolitisch und -wirtschaftlich trug der „EFTA-Beitritt" zur inneren Festigung der EU bei. Finnland, Österreich und Schweden sind traditionsreiche Demokratien. Österreich ist aufgrund der **jahrhundertealten übernationalen Traditionen** seiner Geschichte sogar ein besonders prädestiniertes Mitglied einer suprantionalen Gemeinschaft *(Öhlinger,* FS Everling 1995, S. 1017 ff.). Die allmähliche Einbeziehung der drei Staaten in die Sicherheitsstrukturen und -garantien der EU (unten Rz. 2077 ff.) bedeutet für sie trotz mancher Probleme viel *(Jakobson,* Sicherheit für Europa aus der Sicht Finnlands, 1995). Wirtschaftlich liegen Österreich und Schweden oberhalb des EG-Durchschnitts und sind „Nettozahler", Finnland liegt knapp darunter (zu Österreich *Hummer* (Hrsg.), Die EU und Österreich, 1997). Auch im Hinblick auf die zu erwartende weitere Ausdehnung der EU nach Mittel- und Osteuropa bringen Finnland, Österreich und Schweden mannigfache Erfahrungen ein.

d) Weitere Beitrittsanträge, insbesondere Osterweiterung der EU

1868 Schon seit etlichen Jahren liegen der EU drei weitere Beitrittsanträge aus dem **Mittelmeerraum** vor (Türkei, Malta, Zypern). Vor allem aber hat seit der politisch-wirtschaftlichen Wende in Europa 1989/91 der Prozeß der Annäherung einer größeren Zahl von **mittel- und osteuropäischen Staaten (MOES)** an die Gemeinschaft begonnen. Diese „Länder, die den Übergang zur Marktwirtschaft anstreben", werden von der EU als eine besondere Staatengruppe angesehen, mit der zunächst sog. **„Europa-Abkommen"** (unten Rz. 1873, 1893) abgeschlossen wurden. Sie tragen beitrittsvorbereitenden Charakter und sollen einer **EU-Osterweiterung** Anfang des 21. Jahrhunderts den Weg ebnen. Verschiedene Beitrittsanträge von MOES liegen bereits vor. Aus der Sicht der Gemeinschaft bereitet jedoch die Bestimmung der Beitrittsfähigkeit unter den verschiedenen MOES Schwierigkeiten. Ferner bestehen innerhalb der EU Befürchtungen, daß die Handlungsfähigkeit einer sich über 20 Mitglieder hinaus erweiternden Gemeinschaft ohne eine durchgreifende institutionelle Reform der EG/EU gefährdet sei. An **„Integrationstiefe"** dürfe nicht verlorengehen, was an **„Integrationsbreite"** gewonnen werde. Die Amsterdamer Regierungskonferenz 1997 hat noch nicht die Kraft zur institutionellen EU-Reform aufgebracht, sondern sie auf den Zeitpunkt verschoben, wenn die EU-Mitgliederzahl zwanzig übersteigt. – Still geworden ist es um frühere Beitrittswünsche der verbliebenen **„Rest-EFTA- und EWR-Staaten"** (Schweiz u. a.).

1869 aa) 1987 hat die **Türkei** einen Beitrittsantrag an die Gemeinschaft gerichtet. Sie kann sich dabei auf die **Präambel, Abs. 4 und Art. 28 des Assoziierungsvertrages EWG/Türkei** von 1963 berufen (unten Rz. 1891), in dem die Möglichkeit des späteren Beitritts von der EG grundsätzlich in Aussicht gestellt wird. Die Gemeinschaft hat damit zugleich entschieden, daß sie die Türkei als „europäischen" Staat im Sinne von Art. O = 49 neu EUV ansieht. Dem entspricht im übrigen auch die

Mitgliedschaft der Türkei im Europarat (oben Rz. 53). Auch aus der NATO-Mitgliedschaft der Türkei ergeben sich wichtige politische Argumente für ihren EG-Beitritt (*Kramer,* Integr. 1987, S. 157 ff.). Auf der anderen Seite wirken die **kulturell/religiöse Verschiedenheit als islamisches Land,** der Entwicklungsstand der türkischen Wirtschaft einschließlich des hohen türkischen Freizügigkeitspotentials (oben Rz. 1513) und der Dauergegensatz zu Griechenland als **hemmende Faktoren** gegen einen türkischen EG-Beitritt. Gleiches gilt für **Menschenrechtsprobleme** in der Türkei (u. a. Kurdenfrage). Aus diesen Gründen ist das türkische Beitrittsgesuch bisher dilatorisch behandelt worden *(Charriot,* RMC 1995, S. 430 ff.). Ein Ausgleich wird dem wichtigen Mittelmeerpartner der EU durch die Vereinbarung über die Durchführung der **Endphase der Zollunion EG/Türkei** geboten, die seit 1996 in Kraft ist (Beschluß 1/95 AssozRat EG-Türkei v. 22. 12. 1995, ABl. L 35/1 ff., *Rumpf,* RIW 1997, S. 46 ff.). Hiermit werden die 1963 begonnenen Assoziationsbeziehungen EG-Türkei vollendet, ohne eine konkrete Beitrittsperspektive zu eröffnen *(Bahadir,* APUZ 11–12/1997, S. 33 ff. und unten Rz. 1891). Außerdem kann die Türkei Mitglied der „Europa-Konferenz" der beitrittswilligen Staaten und der EU (unten Rz. 1874) werden.

bb) Ein 1987 von **Marokko** wegen seiner Schlechterstellung durch den spani- **1870**
schen Beitritt 1986 im Agrarbereich gestellter Beitrittsantrag wurde von der Gemeinschaft nicht behandelt, da Marokko weder geographisch noch sozialökonomisch **„europäischer Staat"** ist.

cc) 1990 haben **Malta und Zypern** Beitrittsanträge gestellt. Beide Länder sind **1871**
bereits seit 1970 bzw. 1972 mit der Gemeinschaft assoziiert (unten Rz. 1892). Die Kommission hat beiden Mittelmeerstaaten 1993 unter bestimmten Voraussetzungen die „Beitrittsreife" bestätigt. Es wird erwartet, daß zeitgleich mit den MOE-Staaten (unten Rz. 1874) Beitrittsverhandlungen mit Malta und Zypern aufgenommen werden. Im Falle **Zypern** ergeben sich Probleme aufgrund der faktischen Teilung der Insel durch die türkische Besetzung Nordzyperns und den dort einseitig errichteten Separatstaat *(Droutsas,* EuZW 1997, S. 641). **Malta** würde mit 360.000 Einwohnern noch hinter Luxemburg der kleinste EU-MS.

dd) Seit dem Umbruch in Mittel- und Osteuropa 1989/91 und dem dort einge- **1872**
leiteten Übergang zu Demokratie und Marktwirtschaft sieht sich die EU mit dem Wunsch von bisher **10 MOE-Staaten** (Polen, Tschechien, Slowakei, Ungarn = sog. Visegrad-Staaten, Bulgarien, Rumänien, Slowenien, Estland, Lettland, Litauen) auf Beitritt konfrontiert *(Mayer/Scharrer* (Hrsg.) Osterweiterung der EU, 1997). Nachdem die Gemeinschaft sich seit ihren Anfängen in den 50er Jahren (oben Rz. 32 ff.) immer als **Keimzelle des größeren Europas** verstanden hat, kann sie sich dieser historischen Herausforderung nicht entziehen. Deutschland erwächst hierbei geographisch und politisch/historisch eine besondere Aufgabe. Dabei ist die Integration Mittel- und Osteuropas mit rund 100 Millionen Bürgern in die EU rechtlich und wirtschaftlich eine **Herkulesaufgabe.** Sie setzt sowohl in den MOE-Staaten wie in der EU die Bereitschaft und Fähigkeit zu **tiefgehenden Reformen** voraus *(Pechstein,* ZRVgl. 1996, S. 108 ff.). Maximal wäre bei Erfüllung aller geäußerten Beitrittswünsche in Osteuropa und im Mittelmeer eine **EU von annähernd 30 MSen** zu erwarten. Eine solche Verdoppelung der 15er-Gemeinschaft erscheint in voraussehbarer Zeit politisch unrealisitsch. Aber auch die anfangs des 21. Jahrhunderts ins Auge gefaßte Osterweiterung um **zunächst 5 MOE-Staaten** (unten Rz. 1874) stellt die EU vor große Probleme.

In einer **ersten Vorbereitungsphase der Osterweiterterung** hat die EU mit den **1873**
MOE-Staaten seit Anfang der 90er Jahre eine Reihe von Vereinbarungen getroffen, um sie durch Verbesserung ihrer sozialökonomischen Lage allmählich „beitrittsfähiger" zu machen *(Steppacher,* Die EU vor einer neuen Erweiterungsrunde, 2. Auflage 1997). Hierzu rechnete zunächst das **Programm PHARE** (Poland Hungary Assistance for Restructuring the Economy = VO 3906/89; ABl. 1989, L 375/11 ff.,

Änderungen, *Kiethe/Schwab,* EuZW 1993, S. 180 ff.). Hiermit wurden nicht rückzahlbare Beihilfen zur Wirtschaftstransformation zunächst an Polen und Ungarn, bald auch an die übrigen MOE-Staaten geleistet (ca. 1 Mia. ECU jährlich). Außerdem gewährte die EG mannigfache sonstige Finanzhilfen, Lebensmittellieferungen u. ä. (Fundstellenverzeichnis des geltenden Gemeinschaftsrechts. 11.50.20). – Wichtigste Maßnahmen der Beitrittsvorbereitung sind der Abschluß der sog. **„Europa-Abkommen"** mit den MOE-Staaten *(Maresceau,* RMC 1993, S. 507 ff.). Es sind gemischte Abkommen zwischen den EGen und ihren MSen einerseits und dem jeweiligen MOE-Staat andererseits *(Gärtner,* ROW 1993, S. 332 ff.). Die EG schließt sie als Assoziierungsabkommen nach Art. 238, 228 Abs. 2 = 310, 300 Abs. 2 neu EGV, die durch **wirtschaftliche Liberalisierungen** und die Schaffung eines **ständigen politischen Dialogs** einen späteren Beitritt vorbereiten sollen. Institutionell werden jeweils ein Assozitationsrat und ein parlamentarischer Assoziationsausschuß errichtet. Die EG und ihre MSen haben Europa-Abkommen mit Polen (1991), Ungarn (1991), Tschechien und der Slowakei (1994), Rumänien (1994), Bulgarien (1994), Estland, Lettland, Litauen (1995), Slovenien (1996) abgeschlossen (vgl. Fundstellenverzeichnis des geltenden Gemeinschaftsrechts, 11.40.10.30). Trotz ihres beitrittsvorbereitenden Charakters ergibt sich aus den Europa-Abkommen kein Beitrittsanspruch oder ein fester Zeitplan für einen späteren Beitritt *(Becker,* Integr. 1996, S. 69 ff.). Über die Europaabkommen hinaus schließt die EU zur Intensivierung der Beitrittsvorbereitung sog. **„Beitrittspartnerschaften"** ab (VO 622/98, ABl. 1998 L 85/1 i. V. m. Ratsbeschlüssen).

1874 **Beitrittsverhandlungen** mit einigen der MOE-Staaten haben 1998 begonnen, nachdem die EU mit dem Vertrag von Amsterdam 1997 ihre inneren Reformen jedenfalls vorläufig abgeschlossen hat. Der Europäische Rat hat Ende 1997 den Beginn des Beitrittsprozesses mit den 10 MOE-Staaten und Zypern grundsätzlich beschlossen *(Lippert,* Integr. 1998, S. 12 ff.). Konkrete Beitrittsverhandlungen werden zunächst bilateral mit Estland, Polen, Tschechien, Ungarn und Zypern begonnen. Daneben tritt eine „Europa-Konferenz" der 15 EU-Staaten mit den 11 Bewerberländern sowie der Türkei sowie möglicherweise den restlichen EWR/EFTA-Staaten. Bulgarien, Lettland, Litauen, Rumänien und die Slowakei können als „Kandidaten der 2. Phase" durch Beschleunigung ihrer Reformen zum Kreis der „vorderen Fünf" aufschließen.

Die ersten Beitritte von MOE-Staaten werden frühestens ungefähr 2002 erwartet. Die wirtschaftliche Lage der meisten MOE-Staaten wirft sehr ernsthafte Probleme bei der Verwirklichung des Beitrittes auf *(Weise,* Integr. 1997, S. 175 ff.). Bei einer vollen Einbeziehung der MOE-Staaten in die gemeinsamen EG-Politiken, insbes. in die Agrar- und Regionalpolitik kommen **neue finanzielle Lasten** auf die Gemeinschaft zu. Sie wurden von der Kommission 1997 auf ca. 150 Mia. DM bis zum Jahre 2006 geschätzt. Da gleichzeitig MSen (u. a. D) Wünsche auf Entlastung beim EU-Haushalt angemeldet haben (oben Rz. 881 ff.) sieht sich die EG-Finanzreform 1999 mit schwerwiegenden Problemen konfrontiert. Voraussichtlich bedürfen die MOE-Staaten längerer Übergangsfristen bis zur vollen Einbeziehung in die Gemeinschaft *(Wulf-Mathies,* IntPol 1997, S. 62 ff.). Nachdem die gleichzeitigen **institutionellen Probleme** der Osterweiterung (Entscheidungsfindung im Ministerrat, Größe der künftigen Kommission und des EP) in Amsterdam 1997 nicht gelöst wurden, bedarf es hierfür einer weiteren Regierungskonferenz bald nach 2000. Trotz solcher großen Schwierigkeiten scheint die Osterweiterung als **Vollendung des „großen Europas"**, zu dem die Gemeinschaft sich immer bekannt hat, eine zwingende Notwendigkeit zu sein *(Randzio-Plath/Friedmann,* Unternehmen Osteuropa – Eine Herausforderung für die EG, 1994).

1875 ee) Norwegen und andere **EWR-Staaten** (oben Rz. 137 ff, 1865) verfolgen nach früherem Scheitern bis auf weiteres keine Beitrittsperspektiven. Dagegen spielt die **Schweiz** gelegentlich mit dem Gedanken eines offiziellen Beitrittsgesuches, nachdem sie durch die Ablehnung des EWR seitens des Schweizervolkes 1992 im Herzen Europas in eine selbstgewählte Isolation geraten ist *(Thürer/Weber/Zach,* Schweiz und Europa, 1993). Voraussetzung wäre jedoch ein absehbarer Wandel der Bevölkerung zugunsten eines Beitrittes in einem allfälligen Referendum.

Insgesamt hat der historische Umbruch in Mittel- und Osteuropa 1989/91 erstmals nach dem zweiten Weltkrieg eine Lage geschaffen, in der die Vision einer **gesamteuropäischen Gemeinschaft und Union** zu Beginn des 21. Jahrhunderts im wesentlichem Umfang Wirklichkeit werden könnte. Die EU-Beitrittspolitik hat sich dieser Herausforderung grundsätzlich gestellt *(Weidenfeld* (Hrsg.), Europa öffnen, 1997).

II. Europäische Assoziierung

Literatur: *Oppermann,* Die Assoziierung Griechenlands mit der EWG, ZaöRVR 1962, S. 486 ff.; *Wockenfoth,* Das Abkommen über die Assoziierung der Türkei mit der EWG, AWD 1963, S. 298 ff.; *Evrigenis,* Considération sur la notion de l'association, RMC 1966, S. 395 ff.; *Saclé,* L'association dans le Traité de Rome, RTDE 1968, S. 1 ff.; *Petersmann,* Struktur und aktuelle Rechtsfragen des Assoziationsrechts, ZaöRVR 1973, S. 266 ff.; *Hermann,* Das Institut der Assoziierung im Recht der EG, 1976; *Antoniou,* L'union douanière entre la CEE et Chypre: une nouvelle expérience en vue, RMC 1987, S. 607 ff.; *Gilsdorf,* Assoziierungsabkommen der EWG, 1990; *Van Scherpenberg,* Der Vertrag über den EWR, EA 1991, S. 710 ff; *Thürer,* Verfassungsrechtliche Leitprinzipien der Europäischen Integrationspolitik in der Schweiz, AuWi 1991, S. 519 ff.; *Inotai,* Assoziierungsabkommen: Schritte zur Reintegration ostmitteleuropäischer Staaten, Integr. 1992, S. 25 ff.; *Gärtner,* Zu Inhalt und unmittelbarer Anwendbarkeit der Europa-Abkommen der EG mit den ostmitteleuropäischen Staaten, ROE 1993, S. 322 ff.; *Koller,* Die Schweiz und Europa, EA 1993, S. 413 ff.; *Müller-Graff,* East Central European States and the ECs, 1993; *Rohde/Kaltenborn,* Neuere Entwicklungen im Assoziationsrecht der EG, FS Bleckmann, 1993, S. 237 ff.; *Drolshammer/Walter,* Die Schweiz und die Gestaltung ihrer Beziehungen zur EG nach dem 6. 12. 1992, EuZW 1994, S. 549 ff.; *Kuschel,* Die Europa-Abkommen der EG mit den mittel- und osteuropäischen Ländern, List-Forum 20/2 (1994), S. 197 ff.; *Fischer,* Das Assoziationsrecht der EG, 1994; *Skubiszewski,* Poland's political dialogue with the EC, FS Zemanek, 1994, S. 401 ff.; *Maresceau/Montanguti,* The relations between the EU and Central und Eastern Europe, CMLRev 1995, S. 1327 ff.; *Becker,* Von den Europa-Abkommen zum Beitritt, Integr. 1996, S. 69 ff.; *Rumpf,* Die Zollunion EU-Türkei, RIW 1997, S. 46 ff.; *Vörös/Droutsas,* Die Europa-Abkommen, ZfV 1998, S. 1 ff.

Art. 238 = 310 neu EGV sieht die **„Assoziierung** mit gegenseitigen Rechten und Pflichten, gemeinsamem Vorgehen und besonderen Verfahren", als ein **besonders vertragliches Instrument** der Verbindung eines Staates (oder auch einer Staatenverbindung oder Internationalen Organisation) mit der Gemeinschaft vor.

Art. 206 EAGV enthält eine weitgehend identische Regelung, von der noch nie **1876** Gebrauch gemacht wurde. Der EGKSV kennt zwar keine Assoziierungsregelung, doch hat die EGKS aus ihrer allgemeinen Außenkompetenz (oben Rz. 1681) in der Praxis eine Assoziierungskompetenz abgeleitet und z. B. 1954 ein inzwischen obsoletes Assoziierungsabkommen mit Großbritannien abgeschlossen (BGBl. 1955 II, S. 838). Ähnlich wie beim Beitritt sieht die Gemeinschaftspraxis **Assoziierun-**

gen meist gleichzeitig zu EG und EGKS vor. Nachdem die EGKS-Regelungen lange Zeit in Parallelabkommen zu der jeweiligen EWG-Assoziierung geregelt wurden, erfolgte 1984 der Abschluß des 3. Lomé-Abkommens (oben Rz. 1814) in Gestalt eines einzigen, auf Art. 238 EWGV und den EGKSV gestützten Abkommens.

1877 Grundsätzlich ist die Assoziierung im Sinne des EG-Rechtes eine Form der Verbindung mit der Gemeinschaft, die zwar **unterhalb des Beitrittes** liegt, aber andererseits **umfassender und dauerhafter gemeint ist als diejenige über ein Handels- oder auch Kooperationsabkommen gemäß Art. 113** = 133 neu EGV *(Schön,* Der rechtliche Rahmen für Assoziierungen der EG, 1994). In diesem Rahmen kann die Assoziierung vertraglich je nach den Sachbedürfnissen **sehr vielgestaltig geregelt sein** („Assoziierung = Zwischen Handelsabkommen plus 1 % und Mitgliedschaft minus 1 %" lautet eine öfters verwendete Formel).

Ursprünglich wollte der EWG-Vertrag die Assoziierung der überseeischen Länder und Hoheitsgebiete nach Art. 131 ff. = 310 neu EGV „konstitutionell" regeln, während **die vertragliche Assoziierung des Art. 238 = 310 neu EGV entstehungsgeschichtlich „europabezogen"** im Sinne der Möglichkeit von Verbindungen europäischer Nachbarstaaten und -organisationen mit der Gemeinschaft gedacht war. Assoziierungen sollen **politische Substanz"** haben *(Jürgen Becker).* Aufgrund des Dekolonisierungsprozesses ist Art. 238 = 310 neu EGV mittlerweile zum vielgebrauchten Instrument vertraglicher Entwicklungsassoziierung geworden, insbesondere in der „Lomé-Politik" (oben Rz. 1814 ff.). Daneben bleibt die Gemeinshaft bemüht, interessierte und geeignete **europäische Nachbarstaaten** im Sinne des ursprünglichen Konzeptes über eine vertragliche Assoziation dauerhaft und eng mit der Gemeinschaft zu verbinden. Je nach Lage der Umstände können solche Assoziierungen Vorstufe zu einem späteren Beitritt sein **(„Beitrittsassoziierung"** – Bsp. Griechenland 1962/81 oder die Europa-Abkommen" 1991 ff. mit den MOE-Staaten) oder aber auch an die Stelle eines nicht gewünschten oder möglichen Beitritts treten **(„Beitrittsersatzassoziierung"** – z. B. bestimmte MOE-Staaten).

1. „Philosophie" und Regelung Europäischer Assoziierung

1878 Bei den bisherigen europäischen Assoziierungen (Griechenland, Türkei, Malta, Zypern, Europa-Abkommen) sind Geist und Regelungsgehalt des Art. 238 = 310 neu EGV, **„besondere und privilegierte Beziehungen"** zwischen der Gemeinschaft und einem Drittstaat aufzunehmen (EuGHE 1987, 3719 ff. – RS 12/86 „Demirel"), in klarer Weise verwirklicht worden.

Assoziierung mit Staatenverbindungen oder Internationalen Organisationen, die Art. 238 = 310 neu EGV ebenfalls vorsieht, sind noch nicht zustandegekommen.

a) „Philosophie" der Assoziierung

Das gilt insbesondere hinsichtlich des **Grundprinzips der vertraglichen Assoziierung,** den assoziierten Staat zwar in einem weiteren Sinne in das

„Gemeinschaftssystem" partiell einzubeziehen, aber **keinerlei Mitgliedschaft** oder mitgliedschaftsähnliche Verhältnisse zu begründen. Assoziierung bleibt die dauerhafte Verbindung eines **außerhalb der Gemeinschaft stehenden Staates** mit der in ihrem Bestand und insbesondere in ihren Organen unberührten Gemeinschaft *(Ulrich Everling)*. Die „Assoziation" – z. B. EG – Türkei – ist auf diese Weise ein intensives und dauerhaftes völkerrechtliches Vertragsverhältnis eigener Art mit besonderen Assoziationsorganen, das gleichwohl nach allgemeiner Auffassung *(Fischer,* Das Assoziationsrecht der EG, 1994) nicht die Qualität einer eigenständigen Internationalen Organisation erreicht. Kennzeichnend ist insbesondere das **Prinzip der Bilateralität und formalen Parität** zwischen der EG einerseits und dem assoziierten Staat andererseits, wenngleich die materiellen politisch-wirtschaftlichen Gewichte ungleich zugunsten der EG verteilt bleiben. Diese grundsätzliche „Philosophie" der **gemeinschaftsrechtlichen Assoziierung**

An sich ist die Assoziierung ein **Institut des Völkerrechts** und meint dort oft den beschränkten Sonderstatus in einer internationalen Organisation oder die abhängige Verbindung eines Staates mit einem anderen. Es gibt keinen allgemeingültigen Rechtsbegriff der Assoziierung (näher *Mosler,* ZaoRVR 1958, S. 275 ff.).

muß bei den einzelnen Merkmalen, die Art. 238 = 310 neu EGV erwähnt, jeweils berücksichtigt werden.

b) Die Assoziierungsmerkmale des Art. 238 = 310 neu EGV

Art. 238 = 310 neu EGV benennt als **ausdrückliche Assoziierungsmerkmale** gegenseitige Rechte und Pflichten, ein gemeinsames Vorgehen und besondere Verfahren. Schon so gesehen wird etwas von der grundsätzlichen **Intensität und Stabilität der Assoziierungsbeziehung** deutlich, die sie über die handelsvertragliche o. ä. Verbindung hinausheben soll. In der Praxis verwischen sich diese Abgrenzungen allerdings gelegentlich, besonders beim Vergleich mancher ehrgeizigen Kooperationsabkommen nach Art. 113 = 133 neu EGV mit einfacheren Formen der Assoziierung. **1879**

aa) Gegenseitige Rechte und Pflichten

In dem hier erwähnten Gegenseitigkeitsprinzip sind die eben (Rz. 1878) angesprochenen **Grundsätze der Bilateralität und Parität** zwischen den Assoziationspartnern verankert *(Evrigenis,* RMC 1966, S. 395 ff.). Die Assoziierung begründet ein System von Rechten und Pflichten, das prinzipiell **ausgewogen** sein soll. Das schließt angesichts der i. d. R. ungleichen materiellen Position der Partner bei der europäischen und besonders bei der Entwicklungsassoziierung die Gewährung einseitiger Handelsvorteile (meist seitens der EG) nicht aus. **1880**

bb) Gemeinsames Vorgehen:

Dieses Merkmal deutet an, daß die Assoziationspartner mittels ihrer Verbindung zumindest ein **gewisses Maß abgestimmten Verhaltens** in ihrer Politik innerhalb der Assoziation und wohl auch in ihrem Auftreten nach außen beabsichtigen. Die innere Konvergenz ergibt sich mehr oder weniger aus den vereinbarten materiellen Regelungen des Assoziierungsvertrages, also dem „Programm" der Assoziierung, das durchzuführen ist. Nach außen wird man angesichts der begrenzten Kohäsion der Assoziation wohl nicht mehr, als eine grundsätzliche **gegenseitige Rücksicht-** **1881**

nahme der Assoziierungspartner aufeinander bei ihrem Auftreten gegenüber Drittstaaten u. s. f. erwarten können.

cc) Besondere Verfahren:

1882 Hier wird die **Bildung gemeinsamer Assoziationsorgane** (Assoziationsräte, parlamentarische Versammlungen, gerichtliche Organe) angesprochen und damit in Verbindung die Möglichkeit der **Setzung von „Assoziationsrecht“.** Die Organbildung geht über die in Handelsabkommen übliche Bildung gemischter Ausschüsse hinaus und lehnt sich in vereinfachter Form an die Institutionen der EG an. Das Assoziationsrecht (Abkommen und auf seiner Grundlage gesetzte Rechtsakte) wird wegen seiner besonderen „Nähe“ zur Gemeinschaftsordnung als deren **„integrativer Bestandteil“** angesehen, so daß z. B. Vorlagen nach Art. 177 = 234 neu EGV zum EuGH denkbar sind (EuGHE 1987, 3719 ff. – RS 12/86 *„Demirel“* und *Vedder,* EuR 1994, S. 202 ff.). Die „besonderen Verfahren“ betonen auf ihre Weise die **Dauerhaftigkeit des Assoziierungsverhältnisses.**

c) Regelungsbereich von Assoziierungsabkommen

1883 Art. 238 = 310 neu EGV spricht den **möglichen Regelungsbereich von Assoziierungsabkommen** nicht ausdrücklich an. Streit herrscht, ob sich die Gemeinschaft insoweit im **Rahmen ihrer sonstigen materiellen Gesamtkompetenzen** halten muß („Ratsmeinung“) oder ob Art. 238 = 310 neu EGV eine eigenständige, gegenständlich dann kaum weiter begrenzte **„Assoziierungskompetenz“** der EG begründet („Kommissionsmeinung“). Die stärkeren Argumente sprechen für die erste Auffassung, der auch die Gemeinschaftspraxis entspricht, indem die Assoziierungsverträge i. d. R. als **gemischte Abkommen** (oben Rz. 1711 ff.) geschlossen werden, wobei die damit eingebrachten mitgliedstaatlichen Zuständigkeiten fehlende EG-Kompetenzen ergänzen. Die Streitfrage hat allerdings in dem Ausmaß an Bedeutung verloren, in dem die Gemeinschaft über die „AETR-Doktrin“ nebst Folgerechtsprechung (oben Rz. 1701 ff.) sowie über das umfassende Verständnis von Handelspolitik als äußerer Wirtschaftspolitik im Zuge der fortschreitenden Integration ihre Zuständigkeiten angereichert sah.

1884 Gemäß dem **fundamentalen Grundsatz der begrenzten Einzelzuständigkeit** (oben Rz. 513 ff.), der das Gemeinschaftsrecht wie überall so auch bei Art. 238 = 310 neu EGV beherrscht, ist mangels jedes auslegungsfähigen Hinweises in Art. 238 = 310 neu EGV eine über die sonstigen Regelungsmöglichkeiten der Gemeinschaft in unbestimmter Weise hinausgehende **„Assoziierungsgewalt“ o. ä. nicht sichtbar.** (Ähnlich neben der tatsächlichen Gemeinschaftspraxis etwa *Meesen,* EuR 1980, S. 36 ff. – Die in der Literatur vorherrschende, die Kommissionsauffassung stützende Gegenauffassung umfassend bei *Vedder,* in: Grabitz/Hilf (Hrsg.), Komm. EUV/EGV (1987), Art. 238, RdNr. 8 ff. m. w. N. Sie betont systematische Gesichtspunkte der Art. 236 ff. EWGV und den besonders beim Rechtsschutz einheitlichen Charakter des Assoziationsrechts). –In der Praxis treffen Assoziierungsabkommen mittlerweile Regelungen in mehr oder weniger **allen wesentlichen Politikbereichen der Gemeinschaftsverträge** (Warenverkehr, Landwirtschaft, Verkehr, Handelspolitik, freier Personenverkehr, Wettbewerb, Wirtschaftspolitik, Umweltpolitik u. s. f.). In weitestem Umfang fallen diese Materien mittlerweile unter die Gemeinschaftskompetenz. Die **Mitwirkung der MS** im Rahmen gemischter Verträge ist vor allem bei einer **gesonderten Mitfinanzierung** bestimmter Vorhaben im Assoziierungsverhältnis durch sie erforderlich. Werden diese Mittel in den Gemeinschaftshaushalt eingestellt, ergibt sich aber auch hier eine EG-Zuständigkeit (EuGHE 1979, 2871 ff. —Gutachten 1/78 „Naturkautschuk"). – Rein tatsächlich sind die MS aus **Prestigegründen** bestrebt, ihren politisch und materiell wesentlichen Beitrag zum Zustandekommen von Assoziierungen durch vertragliche Mitbeteiligung nach außen zu dokumentieren. Dieser Gesichtspunkt ist rechtlich irrelevant, spiegelt aber etwas vom „Grundverhältnis" EG/MS wider.

d) Assoziierungsverfahren

Im Gegensatz zum Beitrittsverfahren (oben Rz. 1848 ff.) ist das Verfahren **1885**
zum Abschluß eines Assoziierungsvertrages nach Art. 238 = i. V. m. 228 = 310 neu i. V. m. 300 neu EGV als **reines Gemeinschaftsverfahren** ausgestaltet. In der Praxis sind allerdings i. d. R. die MS neben der EG beteiligt (oben Rz. 1883), so daß der Abschluß in der Form eines **gemischten Abkommens** erfolgt.

Art. 238 = 310 neu EGV erwähnt nicht den offiziellen **Antrag** des interessierten Staates auf Assoziierung, der sich aber in der Praxis aus der Natur der Sache ebenso von selbst versteht, wie die anschließende **gemeinschaftsinterne Prüfung** der Frage, ob Verhandlungen aufgenommen werden sollen.

Eine grundsätzlich **positive „Assoziierungsbereitschaft" der EG** entspricht wie beim Beitritt der grundlegenden Aufforderung in der Präambel EGV, Abs. 8.

Die Verhandlungen werden nach Art. 228 Abs. 1 = 300 Abs. 1 neu EGV **1886**
von der Kommission geführt, bei gemischten Abkommen u. U. in Verbindung mit Vertretern der MS. Die Kommission verhandelt wie bei Handelsabkommen **auf der Grundlage eines Ratsmandates,** da der Rat das Abkommen abschließend billigen muß. Die Kommission kann aber ihrerseits kraft Sachverstandes den Inhalt des Mandates bei der Vorbereitung wesentlich mit beeinflussen. Bei zentralen Fragen werden die Verhandlungen gelegentlich auf **Ministerebene** geführt, d. h., daß sich auf der EG-Seite der Rat einschaltet.

Nach der **Unterzeichnung** (auf EG-Seite i. d. R. durch Rat und Kommission) muß gemäß Art. 228 Abs. 3 u. A. 2 = 300 Abs. 3 u. A. 2 neu EGV zunächst die **Zustimmung des Europäischen Parlaments** eingeholt werden. Es reicht die einfache Mehrheit der anwesenden Mitglieder (vgl. andererseits Art. O = 49 neu EUV beim Beitritt).

Nach der Zustimmung des Parlaments kann der Rat nach Art. 228 Abs. 2 **1887**
= 300 neu Abs. 2 EGV das Assoziierungsabkommen **einstimmig beschließen.** Dies geschieht in Gestalt einer VO, der das Abkommen beigefügt ist. Auf diese Weise tritt der Text **gemeinschaftsintern** in Kraft, während es zur **völkerrechtlichen Verbindlichkeit** gegenüber dem Assoziierungspartner noch des Austausches bzw. Der Hinterlegung der Ratifikationsurkunden bedarf. Handelt es sich um einen gemischten Assoziierungsvertrag, ratifiziert die EG üblicherweise erst, wenn die MS ihre Verfahren abgeschlossen haben.

Etwa nötige Anpassung des EGV werden nach Art. O = 49 neu EUV behandelt (Art. 228 Abs. 5 = 300 neu Abs. 5 EGV). Vgl. ferner Art. 300 neu Abs. 2 EGV zur provisorischen Anwendbarkeit von Assoziierungsabkommen.

1888 Die Assoziierungsregelungen (z. B. Assoziierungsvertrag EG – Türkei v. 12. 9. 1963, ABl. 1964, S. 3687 ff.) sind i. d. R. ein **komplexes Normenwerk,** das neben dem Hauptabkommen eine größere Anzahl von Protokollen, Anhängen, Erklärungen u. ä. zu umfassen pflegt, die meist in einer Schlußakte zusammengefaßt werden. Gleichzeitig regeln **interne Abkommen** zwischen den EG-MS insbesondere die Verfahrensweise der EG-Seite in den Assoziationsorganen, die aufgrund des Prinzips der Bilateralität und Parität (oben Rz. 1878) dort mit einer Stimme sprechen muß. – Mit dem Abschluß werden die Abkommen für die Gemeinschaft wirksam und damit **integrierender Bestandteil der Gemeinschaftsrechtsordnung** (EuGHE 1974, 449 ff. – RS 181/83 „Haegeman" und *Bebr,* EuR 1983, S. 128 ff.). – Vor der WTO müssen sich die privilegierten Assoziierungsbeziehungen als **Zollunion** oder **Freihandelszonen** rechtfertigen (oben Rz. 1799 ff.).

2. Praxis Europäischer Assoziierung

1889 Wenngleich das Schwergewicht der Assoziierungspraxis inzwischen auf der überseeischen Entwicklungsassoziierung liegt, hat sich eine zwar begrenzte, aber gefestigte und anscheinend dauerhafte **Praxis europäischer Assoziierungen** ergebe. Gemeinsam ist ihr, daß es sich um eine **„Südassoziierung"** (Griechenland, Türkei, Malta und Zypern) mit gewissen Entwicklungsaspekten handelt. Die Assoziierungen sollen z. T. den **Beitritt zur EG vorbereiten,** mindestens aber ein enges, dauerhaftes **„Näheverhältnis"** zur Gemeinschaft begründen.

Für die Beziehungen zu den nicht der EG/EU angehörenden **westeuropäischen Staaten** hat sich dagegen die Assoziierung zumindest in der Form nicht als das geeignete Rechtsinstrument erwiesen. Für diese Beziehungen erwiesen sich das EWR-Abkommen beziehungsweise besondere Vertragsformen mit den „Rest-EFTA-Staaten" als passend (oben Rz. 137 ff.).

Die „Europa-Verträge" mit verschiedenen **mittel- und osteuropäischen Staaten** als Vorbereitung zu einem künftigen Beitritt (Rz. 1893) weisen dagegen in der Sache weitgehend Assoziierungselemente auf, ohne daß der Begriff ausdrücklich verwendet wird.

a) Assoziierung Griechenlands (1962–80)

1890 Griechenland stellte 1959 als erster Staat einen Antrag auf vertragliche Assoziierung. Am 9. 7. 1961 wurde das Abkommen als gemischter Vertrag in Athen unterzeichnet und trat 1962 in Kraft (ABl. 1963, S. 294 ff.). Es handelte sich um eine **umfassende wirtschaftliche Verbindung Griechenlands mit der Gemeinschaft in Gestalt einer Zoll- und Wirtschaftsunion,** die u. a. die Landwirtschaft, Freizügigkeit, Wettbewerbsregeln, Steuerharmonisierung, Handelspolitik u. a. einschloß, ebenso eine Finanzhilfe *(Oppermann,* ZaöRVR 1962, S. 486 ff.). Man sprach von einem **„EWGV in vereinfachter Form",** der stufenweise realisiert werden sollte. Grundgedanke war eine **„Beitrittassoziation"** in dem Sinne, daß Griechenland der

EWG beitreten sollte, sobald das Funktionieren des Assoziierungsabkommens eine solche Aussicht gestattete (Art. 72 Ass. Abk.). Institutionell wurde die Assoziation durch einen bilateral ausgestalteten **Assoziationsrat** geregelt. – Tasächlich kam der sehr detaillierte Assoziierungsvertrag nur begrenzt zum Tragen, da die Gemeinschaft während der Errichtung der Militärdiktatur in Griechenland 1967–74 die Assoziation **faktisch suspendierte („einfror").** Nach der Rückkehr zur Demokratie stellte Griechenland 1975 den Beitrittsantrag, dem aus politischen Gründen stattgegeben wurde (oben Rz. 1860). Mit dem Ablauf des Jahres 1980 endete das Assoziierungsverhältnis, und Griechenland wurde EG-MS. Trotz dieses unbefriedigenden Verlaufes der Assoziierung wurde der Griechenland-Vertrag zum **wichtigsten Modell** der nachfolgenden vertraglichen Assoziierungen in Europa und darüber hinaus.

b) Assoziierung der Türkei

Kaum später als Griechenland beantragte die Türkei ihrerseits 1959 den 1891
Assoziierungsstatus. Für die EG stellte sich das Grundproblem, einerseits Griechenland und die Türkei, die traditionell rivalisierten und verfeindet waren, grundsätzlich **gleich zu behandeln,** andererseits der **noch schwierigeren wirtschaftlich-sozialen Lage der Türkei** Rechnung zu tragen. In diesem Sinne wurde der am 12. 9. 1963 in Ankara unterzeichnete (gemischte) Assoziierungsvertrag EWG – Türkei (ABl. 1964, S. 3687 ff.) zwar ebenfalls als **Beitrittsassoziation** ausgestaltet, die Aussicht auf den späteren Beitritt aber **zurückhaltender formuliert** (nach der Präambel, 4. Absatz soll die Assoziierung einen späteren Beitritt „erleichtern", und die Gemeinschaft wird später gegebenenfalls die Möglichkeit eines Beitritts „prüfen", Art. 28 Ass. Abk.). In den materiellen und institutionellen Regelungen ist das Türkeiabkommen **als Zollunion und Wirtschaftsunion** im großen dem Griechenland-Abkommen nachgestaltet, doch in einer **wesentlich vereinfachten und inhaltsärmeren Form** *(Wockenfoth,* AWD 1963, S. 298 ff.). Über verschiedene Phasen (5 Jahre Vorbereitungsphase / 12 Jahre Übergangsphase / unbefristete Endphase) sollte die Türkei allmählich beitrittsfähig werden. Insbesondere **größere EG-Finanzhilfen** sollen hierzu beitragen. Dieser Zeitplan konnte aus wirtschaftlichen und politische Gründen nicht eingehalten werden. Mit dem **Zusatzprotokoll v. 23. 11. 1970** (ABl. L 293/3 ff.) wurde verspätet die grundsätzlich 12jährige Übergangsphase begonnen, die vor allem die schrittweise Errichtung der Zollunion im gewerblichen Bereich und daneben einige sonstige Maßnahmen vorsah. Als besonders (u. a. für Deutschland) schwierig erwies sich die Herstellung der **Freizügigkeit für türkische Arbeitnehmer,** die bisher noch nicht assoziationsrechtlich gewährleistet ist (oben Rz. 1513). – Nach der zeitweiligen Machtübernahme durch die Militärs in der Türkei wurde die Assoziation ähnlich wie im Falle Griechenlands **1980–86 suspendiert.** Auch nach ihrer Wiederbelebung *(Akagül,* RMC 1987, S. 3 ff.) blieb die Vertragsdurchführung vielfältig im Rückstand. Mit ihrem **Beitrittsantrag von 1987** (oben Rz. 1869) trat die Türkei die „Flucht nach vorne" an. Aus wirtschaftlichen und politischen Gründen (oben Rz. 1869) bleibt die Beitrittsperspektive für die Türkei jedoch weiterhin ungewiß. Als vorläufiger Ersatz wurde die **Endphase der Zollunion EG/Türkei** beschlossen (Beschluß 1/95 AssozRat EG-Türkei v. 11. 12. 1995, ABl. L 35/1 ff.; *Rumpf,* RIW 1997, S. 46 ff.). Sie ist seit 1996 in Kraft und ermöglicht über den freien Warenverkehr hinaus eine sekundärrechtliche Annäherung der Türkei an die EG in der Handelspolitik, beim Wettbewerb und in weiteren Vertragsbereichen. Ausgeklammert bleibt weiterhin die Freizügigkeit. Institutionell regelt ein „Gemischter Ausschuß" die Belange der Zollunion EG-Türkei. Ferner sind weitere Finanzhilfen vorgesehen.

c) Assoziierung von Malta und Zypern

Sowohl das Assoziierungsabkommen mit Malta v. 5. 12. 1970 (ABl. 1971, L 61/2 1892
ff.) als auch dasjenige mit Zypern v. 19. 12. 1972 (ABl. 1973, L 133/2 ff., dazu

Tsardanidis, JCMS 1983/84, S. 351 ff.) sind wesentlich von **Entwicklungsgesichtspunkten** geprägt. Sie sind nur mit der EWG abgeschlossen worden, sehen die **stufenweise Errichtung einer Zollunion** vor, befassen sich aber nicht mit einem späteren Beitritt. Durch **Zusatz- und Finanzprotokolle seit 1976** wurde statt der stokkenden Zollunionsverwirklichung der Akzent auf Finanzhilfe, industrielle Kooperation und einseitige Präferenzbehandlung seitens der EG gelegt, d. h. Malta und Zypern weithin in die globale Mittelmeerpolitik der EG (oben Rz. 1823 ff.) einbezogen *(Antoniou,* RMC 1987, S. 607 ff.). Beide Staaten waren mit diesem „Beitrittsersatz" jedoch nicht zufrieden und stellten 1990 **Beitrittsanträge** (oben Rz. 1871). Nachdem die Kommission 1993 Malta und Zypern unter gewissen Voraussetzungen die „Beitrittsreife" bestätigt hat, werden ihre Anträge parallel mit denjenigen der MOE-Staaten bei der Osterweiterung behandelt. Daneben setzt die EG die technisch/finanzielle Kooperation fort.

d) „Europaabkommen" mit den mittelosteuropäischen Staaten („Ostassoziierung")

1893 Nach dem Wandel zu Demokratie und Marktwirtschaft in den mittel- und osteuropäischen Staaten suchen 10 dieser sog. MOE-Staaten den Beitritt der EU zu erreichen. Ähnlich wie in früheren Fällen bereitet die Gemeinschaft diese in ihrer wirtschaftlich/sozialen Entwicklung noch unterstützungsbedürftigen Länder durch Begründung **bilateraler Assoziierungsverträge** auf der Grundlage von Art. 238, 228 Abs. 2 = 310, 300 Abs. 2 neu EGV auf einen späteren Beitritt vor. Von 1991–96 sind solche **„Europa-Abkommen"** mit allen 10 MOE-Staaten abgeschlossen worden (zu ihnen oben Rz. 1873 und *Maresceau,* RMC 1993, S. 507 ff.). Ihr Charakter ist gleichzeitig wirtschaftlich finanziell und politisch im Sinne der Überwindung der Spaltung Europas durch den Kalten Krieg. Die Europa-Abkommen enthalten jedoch **keine feste Beitrittszusage.** Je nach dem Verlauf der Beitrittsverhandlungen zur Osterweiterung der EU (oben Rz. 1874) bleibt möglich, daß die Assoziation mit der EG über Europa-Abkommen für manche der MOE-Staaten während einer längeren Zeit die Verbindung mit der Gemeinschaft bleibt *(Becker,* Integr. 1996, S. 69 ff.).

e) EWR-Assoziierung der „Rest-EFTA-Staaten"

1894 Seit Finnland, Österreich und Schweden 1995 der EU beitraten (oben Rz. 1864), sind in Westeuropa (abgesehen von einigen „Mikro-Staaten", oben Rz. 1864) nur noch **Island, Norwegen und die Schweiz sowie Liechtenstein** nicht Mitglied der EU. Sie bilden mittlerweile die **„Rest-EFTA"** (oben Rz. 135 f.). Diese Staaten sind an sich beitrittsfähig, haben es jedoch aus unterschiedlichen „eigenbrötlerischen" Gründen bisher vorgezogen, außerhalb der EU zu bleiben. In Norwegen und der Schweiz steht vor allem der verschiedentlich in Referenden zum Ausdruck gekommene Volkswille einem Beitritt im Wege.

Island, Liechtenstein und Norwegen sind durch das **EWR-Abkommen 1992/1993** (Text u. a. Sart. II Ziff. 310, *Streit,* NJW 1994, S. 555 ff.) durch ein **Assoziationsverhältnis in Gestalt einer vertieften Freihandelszone** mit der EG verbunden (oben Rz. 137 ff.). An ihm sind die EG-MSen beteiligt (gemischter Vertrag). – Die **Schweiz** hat sich 1992 in einem Referendum dem Beitritt zum EWR verweigert. Sie sucht nach bilateralen Arrangements mit der EG *(Drolshammer/Walter,* EuZW 1994, S. 549 ff.).

III. Ausblick: Möglichkeiten und Gefahren künftiger Erweiterungen der Europäischen Union

Literatur: *Wessels,* Deepening or widening-Debate on the Shape of EC-Europe in the Nineties, AuWi 1991, S. 157 ff.; *Korowkin,* Zerfall der Sowjetunion und EG, Integr. 1992, S. 36 ff.; *Lansing/Bye,* New Membership and the Future of the EC, World Competition 1992, S. 59 ff.; *Deubner/Kramer,* Die Erweiterung der EU nach Mittel- und Osteuropa: Wende oder Ende der Gemeinschaftsbildung? APUZ B 18–19/1994, S. 12 ff.; *Meissner,* Die Außenpolitik der GUS-Staaten und ihr Verhältnis zu Deutschland und Europa, 1994; *Welfens,* Osterweiterung: Vollendung oder Zerfall der EU? Orientierungen 63 (1995); *Janning,* Am Ende der Regierbarkeit? Gefährliche Folgen der Erweiterung der EU, ZfP 1993, S. 645 ff.; *Pechstein,* Osterweiterung und Zukunftsperspektiven der EU, ZRVgl. 1996, S. 108 ff.; *Weidenfeld* (Hrsg.), Neue Ostpolitik-Strategie für eine gesamteuropäische Erweiterung, 1996; *Kinsky,* Erweiterung und Vertiefung der EU, 1997, *Weidenfeld* (Hrsg.), Europa öffnen. Anforderungen an die Erweiterung, 1997; *Zohlnhöfer,* Perspektiven der Osterweiterung und Reformbedarf der EU, 1998;

Nach einer **Nord-, Süd- und EFTA-Erweiterung,** die zu einer Vergrö- **1895**
ßerung der EG/EU von 6 auf 15 MSen und zur Bildung eines Handelsraumes von 370 Millionen Unionsbürgern führte, hat die EU eine **Größenordnung** erreicht, die aus verschiedenen Gründen nicht einfach mittels weiterer Beitritte „fortgeschrieben" werden kann. Es gibt gewichtige Gründe, die eine beliebige Erweiterung der Gemeinschaft jedenfalls dann als **schwierig erscheinen lassen,** wenn die EU über das Wirtschaftliche hinaus ihre politischen Einigungsziele weiter verfolgen möchte.

Wirtschaftlich vergrößert jeder weitere Beitritt zwar den EG-Binnenmarkt, **1896**
aber nicht notwendig die Ressourcen der EG. Die MOE-Staaten bedürfen über eine schwer abschätzbare Zeit hinaus im Falle des Beitrittes **regional- und strukturpolitischer Unterstützung** erheblichen Ausmaßes im Sinne der Wahrung des wirtschaftlichen und sozialen Zusammenhaltens (Art. 130 a = 158 neu EGV). Die bisherigen EG-Empfängerländer, vor allem um das Mittelmeer befürchten, daß dies zu ihren Lasten gehen könne. Gleichzeitig strebt u. a. Deutschland eine Verminderung seiner Nettozahlerposition an. Aus einer solchen Gesamtsituation ergibt sich ein Spannungspotential, das einer neuen Erweiterung entgegenwirkt.

Allgemeinpolitisch stellt sich bei jedem weiteren Beitritt die Frage, ob hierdurch die **„Verwirklichung einer immer engeren Union der Völker Europas"** (Art. A = 1 neu EUV) möglich bleibt. Verbreiterung und Vertiefung der EU stehen in einem notwendigen Spannungsverhältnis. U. a. bringt die Aufnahme verschiedener MSen, die sich mehr oder weniger stark einem **neutralitätspolitischen Kurs** verpflichtet fühlen, bereits für die 15er-EU die Frage mit sich, ob die Union eines Tages über die GASP wirklich außen- und sicherheitspolitisch mit einer Stimme sprechen kann. Schließlich stellt sich **institutionell** das Problem, daß eine künftige nach Osten erweiterte EU von 20–30 MSen nicht mehr nach denselben Regeln handlungsfähig bleiben kann, die sich bisher noch zur Not aus einer additiven Fortschreibung der institutionellen Struktur der ursprünglichen Sechsergemeinschaft ergaben. Der **Amsterdamer Vertrag 1997** hat die Probleme um die künftigen Formen der Entscheidungsfindung im Rat, die Größe der Europäischen Kommission und des Europäischen Parlamentes noch einmal auf den Zeitpunkt der Aufnahme eines 21. MS vertagt. Ohne ihre rechtzeitige Lösung liegt hier ein offensichtliches Hemmnis für die weitere Vergrößerung der Union.

1897 Trotz dieser schwerwiegenden Probleme künftiger Beitritte zur Gemeinschaft erscheint es allgemeinpolitisch schwer vorstellbar, daß sich die Europäische Union ausgerechnet ihrer größten Erweiterung in die östliche Himmelsrichtung verschließt. Ähnlich wie bei der Süderweiterung in den achtziger Jahren um Spanien und Portugal ergeben sich aus dem Übergang von Diktatur zur Demokratie und von der Staats- zur Marktwirtschaft sowie aus der „historischen Bedeutung der Überwindung der Teilung des europäischen Kontinents" (Präambel EUV) **faktische „Beitrittszwänge"**, welche die wirtschaftlichen und politischen Probleme der Osterweiterung letztlich überspielen dürften. Freilich verbleibt für die EU die Gefahr, **Opfer ihres eigenen Erfolges** zu werden, d. h. als eine Gemeinschaft von 20–30 MSen in eine Größenordnung hineinzuwachsen, die nach allen Erfahrungen internationaler Organisationsbildung ein **Nachlassen der inneren Konsistenz** mit sich bringt (*Janning,* ZfIP 1993, S. 645 ff.).

1898 Auch künftig wird sich die Frage stellen, wo die **endgültigen Grenzen des EU-Europas** liegen (*Frankenberger,* Int. Pol 6/1998, S. 21 ff.). Schwer vorstellbar erscheint aus Gründen des inneren Gleichgewichts der EU ein künftiger Beitritt **Rußlands und der anderen europäischen GUS-Staaten** (Ukraine, Weißrußland u. a.). Auf dem **Balkan** könnten sich nach dem Ende der Bürgerkriegszustände Beitrittsfragen mit Blick auf die Nachfolgestaaten Jugoslawiens stellen. Slowenien gehört bereits zu den Kandidaten der Osterweiterung (*Schweitzer,* Südosteuropa aktuell 1994, S. 9 ff.).

Bei jeder künftigen Erweiterung der EU bedürfte es einer steten Rückbesinnung auf die **historischen Ziele des europäischen Einigungsprozesses** (oben Rz. 12 ff.), wenn nicht die Vergrößerung mit einer schleichenden Erosion des inneren Zusammenhaltes der Gemeinschaft einhergehen soll.

Sechster Abschnitt.
Entwicklungen

§ 29. Ausweitung und Offenheit der Gemeinschaftsaktion (Bildung – Forschung und Technologie – Kultur – Umwelt – Verbraucherschutz – Gesundheit)

Vorbemerkung: Zum dynamischen Fortgang der europäischen Einigung

Die Europäische Gemeinschaft und Union ist als institutionelle Form des seit dem Ende des 2. Weltkrieges eingeschlagenen Prozesses der europäischen Einigung (oben Rz. 12 ff.) **keine feste und abgeschlossene Größe.** Die Integrationsverträge bilden den rechtlichen Rahmen für die **ständige Fortführung dieses Prozesses,** der sich förmlich gesehen weithin in der Setzung sekundären Gemeinschaftsrechts und politischer Willensbekundung äußert. 1899

Je weiter die EG auf ihrem Wege zur Europäischen Union im Sinne von Art. A = 1 neu EUV fortschreitet (oben Rz. 44 ff.), **um so umfangreicher und vollständiger wird die Gemeinschaftsaktion.** Fortschritte in einem Bereich, beispielsweise bei der Freizügigkeit der Arbeitnehmer, bedingen ab einem bestimmten Zeitpunkt aus der Natur der Sache heraus Konsequenzen in hiermit zusammenhängenden anderen Sektoren (z.B. hinsichtlich der Bildungsrechte der Familie des EG-Arbeitnehmers). Die amerikanische **Theorie des Funktionalismus** *(Deutsch, Haas* u. a., für die EG besonders von *Hans Peter Ipsen* fruchtbar gemacht, oben Rz. 910) glaubte sogar, daß sich die Vereinigung Europas mittels der **„spill-over"-Effekte** einer mehr oder weniger „automatisch" fortschreitenden sektoralen Teilintegration zwangsläufig vollenden werde. Nachdem ein „Point of no return" passiert worden sei, würden die integrativen Sachzwänge den Rest besorgen.

Die Erfahrung der Jahrzehnte hat inzwischen gezeigt, daß ein so weitgehendes Vertrauen in „automatische" Entwicklungen des Integrationsprozesses nicht gerechtfertigt ist. Vor allem „große" Fortschritte wie z.B. die Einführung der Direktwahlen zum EP, die Schaffung des Europäischen Währungssystems und einer Währungsunion oder eine Erweiterung der Gemeinschaftszuständigkeit in die Innen-, Außen- und Sicherheitspolitik hinein entstehen nicht aus Sachzwängen, sondern bedürfen **des sich immer wieder erneuernden politischen Willens der MS,** was eine Abhängigkeit des Erfolges der europäischen Einigung von einer Vielzahl im einzelnen nicht voraussehbarer politischer und sonstiger Faktoren bedingt. Erfolge der Integration benötigen ihren **günstigen Zeitpunkt** („Kairos"), der sich kaum planen läßt. 1900

In einem begrenzteren Sinne hat die funktionalistische Theorie dagegen recht. Über die Verträge und nachfolgende Entscheidungen ist der Integrationsprozeß in einer größeren Zahl von Teilsektoren mehr oder weniger unabhängig voneinander in Gang gekommen. Ab einem bestimmten Entwicklungsstand egribt sich **Handlungsbedarf in den „Zwischenzonen" zwischen diesen Teilbereichen,** die mehr du mehr zusammenwachsen. Die Notwendigkeit von Gemeinschaftsentscheidungen zu Bildung und Forschung als unverzichtbare Voraussetzungen für fruchtbare Gemeinschaftsaktion ist ein wichtiges Beispiel hierfür. Es kann sich aber auch um das **Aufkommen neuer Problemfelder** handeln, welche bei Entscheidungen in „klassischen" Gemeinschaftsbereichen mitzubedenken sind. Dies gilt z.B. für die immer stärker notwendige Einbeziehung von Umweltaspekten bei Regelungen des freien Warenverkehrs und anderwärts (unten Rz. 2006, 2036 ff.).

1901 Die Verträge boten von Anfang an **Art. 235 = 308 neu EGV** als Instrument zur Bewältigung derartiger Ausweitungen der Gemeinschaftsaktion an. Vor allem seit der großzügigeren Handhabung dieser Norm in den siebziger Jahren (oben Rz. 523) wurden und werden viele der neuen Herausforderungen auf dieser Grundlage einer gemeinschaftsrechtlichen Regelung zugeführt. Inzwischen ergaben sich die über die Einheitliche Europäische Akte 1986, den Maastrichter Unionsvertrag 1992 und den Amsterdamer Vertrag 1997 für wichtige dieser „neuen Bereiche" (Forschung/Technologie, Umwelt, Bildung, Kultur, Verbraucherschutz und Gesundheit) **neue vertragliche Rechtsgrundlagen.** Im übrigen war und ist auch der **Gerichtshof** in seinem Selbstverständnis als Förderer des Einigungsprozesses (oben Rz. 384 f.) öfters bemüht, durch **extensive Auslegungen vorhandener Gemeinschaftskompetenzen** Lücken in diesen „Zwischenzonen" zu schließen. Ein wichtiges Beispiel war seine Bildungsrechtsprechung in den 80er Jahren, die zum Vorläufer entsprechender Vertragsergänzungen im EUV 1992 wurde (unter Rz. 1908).

1902 Mögen solche Bemühungen, im Sinne des „spill-over-Effektes" die EG-Zuständigkeiten zu „dynamisieren", auch gelegentlich über das Ziel hinausschießen, entsprechen sie grundsätzlich dem Ziel der EU, eine **„immer engere" Union der Völker Europas** zu verwirklichen (Art. A = 1 neu EUV). Andererseits hat die EG/EU mit ihren verschiedenen Kompetenzzuwächsen in der EEA, dem EUV und Amsterdamer Vertrag mittlerweile einen Reifegrad erreicht, bei dem es jeweils sorgfältig abzuwägen gilt, inwieweit neue zusätzliche Zuständigkeiten der Gemeinschaft für das gute Funktionieren der Union sachdienlich sind. Das in Maastricht 1992 in den EGV eingefügte **Subsidiaritätsprinzip** des Art. 3 b EGV (oben Rz. 513 ff.) verlangt bereits bei der Setzung sekundären Gemeinschaftsrechts in nicht ausschließlich der EG zugewiesenen Bereichen die vorherige Prüfung, ob die verfolgten Ziele **„besser auf Gemeinschaftsebene erreicht werden können".** Noch gewichtiger stellt sich dieselbe Frage, wenn es um Vertragsergänzungen geht, welche der EG neue Befugnisse zuweisen sollen. In den Bereichen Bildung, Forschung und Technologie, Kultur, Umwelt, Verbraucherschutz und Gesundheit ist diese Frage seit den 80er Jahren mehrfach im Sinne der ausdrücklichen Legitimierung gewisser Ausweitungen der Gemeinschaftsaktion durch Änderungen des EGV bejaht worden.

I. Bildung

Literatur: Die Literatur zu den EG-Bildungszuständigkeiten ist nahezu unüberschaubar geworden, insbesondere seit 1992 (Maastrichter Unionsvertrag) – Umfassende Aufstellungen in den beiden ausführlichen Kommentierungen zu Art. 126 f. = 149 f. neu EGV bei *Blanke,* in Grabitz/Hilf (Hrsg.) EUV/EGV Komm. (1995), vor Art. 126, 127 EGV und *Classen,* in: GTE EU/EGV Komm. 5. Aufl. 1997, Vorbem. Zu Art. 126, 127 EGV. – Die Kommission gibt monatlich die „European University News" heraus.

Gallwas, Bildungsföderalismus in der EG unter rechtlichen Aspekten, Verantw. Und Leistung 1990, S. 1 ff.; *Schröder,* Europäische Bildungspolitik und nationale Ordnung, 1990; *Engler,* Die Kulturhoheit der deutschen Länder im System der EG, Pol. Studien 1991, S. 345 ff.; *Kas,* Bildungsgemeinschaft Europa, 1991; *Schäfer,* Die EG und das Bildungswesen, 1991 (Bibliographie); *Schweitzer/Herzog,* Bildungspolitik und EWGV, ZfRVgl. 1991, S. 14 ff.; *Sparr,* Kulturhoheit und EWGV, 1991; *Weber,* Die Bildung im europäischen Gemeinschaftsrecht und die Kulturhoheit der deutschen Bundesländer, 1993; *Blanke,* Europa auf dem Wege zu einer Bildungs- und Kulturgemeinschaft, 1994; *Cludius,* Die Kompetenzen der EG für den Bereich der Bildungspolitik, 1995; *Hilpold,* Bildung in Europa, 1995; *Fechner,* Kultur und Bildung im Europarecht, RdJB 1996, S. 35 ff.; *Uebersohn,* Europarechtliche Entwicklungen im Bildungsrecht und in der Bildungspolitik, RdJB 1998, S. 267 ff..

Bildungsfragen haben seit langem im europäischen Einigungsprozeß eine **1903**
Rolle gespielt. Ursprünglich ergab sich vor allem aus der Herstellung der **Personenfreizügigkeit** kraft Sachzusammenhangs die Notwendigkeit der Regelung bestimmter Bildungsfragen (z. B. Schulstatus von Gastarbeiterkindern, Gleichwertigkeit von Hochschuldiplomen bei Niederlassung und Dienstleistungen, oben Rz. 1542 f.). In den 80er Jahren betonte der Gerichtshof in st. Rspr. in Anwendung des **Nichtdiskriminierungsgrundsatzes des Art. 6 (urspr. 7) = 12 neu EGV,** daß Zugang und Teilnahme besonders an der Berufsausbildung „nicht außerhalb des Gemeinschaftsrechts" stünden (EuGHE 1985, 593 ff. – RS 293/83 „Gravier"). Seit dem Maastrichter Unionsvertrag 1992 und dem Amsterdamer Vertrag 1997 verfügt die EG über **ausdrückliche, wenngleich deutlich begrenzte Zuständigkeiten im Bildungswesen.** Die MSen sind „entschlossen, durch umfassenden Zugang zur Bildung und durch ständige Weiterbildung auf einen möglichst hohen Wissensstand ihrer Völker hinzuwirken" (Präambel EGV, 8. Absatz). Dementsprechend umfaßt die Tätigkeit der Gemeinschaft „einen Beitrag zu einer qualitativ hochstehenden allgemeinen und beruflichen Bildung in den MSen" (Art. 3 q) EGV). Vor allem kann die EG nach Art. 126 = 149 neu EGV als Beitrag zur Entwicklung der europäischen Dimension im Bildungswesen **„Fördermaßnahmen"** erlassen und nach Art. 127 = 150 neu EGV im Rahmen einer ergänzenden Politik der beruflichen Bildung **„Maßnahmen"** beschließen. Eben dort wird gleichzeitig die fortbestehende **Ver-**

antwortung der MSen für die Inhalte und die Gestaltung des Bildungssystems ausdrücklich betont. Insgesamt sucht der Vertrag auf diese Weise gleichermaßen der Vielfalt der nationalen Bildungskulturen, ihren europäischen Gemeinsamkeiten und den praktischen Anforderungen eines Binnenmarktes mit freiem Verkehr der Unionsbürger gerecht zu werden *(Fechner,* RdJB 1996, S. 35 ff.).

1904 In Deutschland ist die Gewöhnung an solche EG-Bildungszuständigkeiten ein schwieriger Prozeß. Die **deutschen Bundesländer,** bei denen verfassungsrechtlich die Schul- und Hochschulhoheit weithin liegt (Art. 30, 70 ff.; 83 ff. GG) sind gewohnt, ihre Bildungskompetenzen gegen Eingriffe des Bundes zu verteidigen. Nunmehr beansprucht auch die EG in diesem Bereich Rechtsetzungshoheit. Das ändert nichts daran, daß die o. g. Zuständigkeiten der EG im Bildungsbereich der Gemeinschaft mit dem EGV in seiner Maastrichter und Amsterdamer Form von Deutschland insgesamt übertragen worden sind, d. h. je nach der internen verfassungsrechtlichen Zuständigkeit vom Bund bzw. von den Ländern. In diesem Zuständigkeitsverhältnis sind nunmehr Bund bzw. Länder **an die Bildungs-Rechtsakte der EG genau so gebunden** wie in anderen Sachbereich des Vertrages. Dies schließt den Anwendungsvorrang des Gemeinschaftsrechts (oben Rz. 632 ff.) ein *(Sparr,* Kulturhoheit und EWG-Vertrag, 1991).

1. Entwicklung der Bildungszuständigkeiten der Gemeinschaft bis 1992

Literatur: *Krenzler,* Die Zusammenarbeit auf dem Gebiet der Bildungspolitik in der EG, EA 1975, S. 237 ff.; *Hochbaum,* Die Hochschulpolitik der EG, WissR 1986, S. 206 ff.; *Hochbaum,* Politik und Kompetenzen der EG im Bildungswesen, BayVBl. 1987, S. 481 ff.; *Oppermann,* Europäisches Gemeinschaftsrecht und deutsche Bildungsordnung, 1987; *Oppermann,* Von der EG-Freizügigkeit zur gemeinsamen europäischen Ausbildungspolitik?, 1988; *Lenz,* Die Rechtsprechung des EuGH im Bereich des Bildungswesens, EA 1989, S. 125 ff.; *Wägenbaur,* Die deutsche Universität und die EG, Mitte. HV 1989, S. 138 ff.; *Amt für Amtl. Veröff. EG,* Erklärung zur europäischen Bildungspolitik-Rat der EGen, 1990; *Classen,* Bildungspolitische Förderungsprogramme der EG, EuR 1990, S. 10 ff.; *Müller-Solger,* Bildungspolitische Zusammenarbeit der EG in Europa, ZPäd. 1990, S. 805 ff.; *Hochbaum,* Weiterbildung in der EG, Wirtschaft und Berufserziehung 1991, S. 361 ff.; *Weberling,* Die Rechtsprechung der Europäischen Gerichtshöfe zum Wissenschaftsrecht in den Jahren 1989 und 1990, WissR 1991, S. 123 ff.; *Wittkowsky,* Die Rechtsprechung des EuGH zur Freizügigkeit und Gleichbehandlung von Angehörigen der EG-MSen hinsichtlich des Besuchs von Ausbildungsstätten und deren Auswirkung auf die BRD, 1991; *Hailbronner,* Freizügigkeit für Studenten und Auszubildende in der EG, JUS 1991, S. 9 ff.; *Hochbaum,* Die europäische Bildungspolitik von Rom bis Maastricht, RdJB 1992, S. 505 ff.; *Oppermann,* Die deutsche Länderkulturhoheit und EG-Aktivitäten in Bildung, Forschung und technologischer Entwicklung, in Vogel/Oettinger (Hrsg.), Föderalismus in der Bewährung, 1992, S. 75 ff.; *Thiele,* Die Rechtsprechung des Gerichtshofes der EGen zum Recht auf Gleichbehandlung von EG-Ausländern beim Zugang von Bildungseinrichtungen und auf Studienfinanzierung, ZRVgl. 1994, S. 185 ff.

1905 Es ist zu beachten, daß der EGV von einem **eigenen gemeinschaftsrechtlichen Bildungsbegriff** ausgeht, der sich nicht durchweg mit den nationalen Begrifflichkeiten deckt.

a) Der Bildungsbegriff des EG-Vertrages

Der Bildungsbegriff des Vertrages wird allgemein und in Art. 126 f. = 149 f. neu **weit verstanden.** Im deutschen Kultusrecht werden meist Bildungs- und Schulwesen zusammengesehen, dagegen die Hochschulen in „Humboldtscher Tradition" einem hiervon unterschiedenen Wissenschaftsbereich zugeordnet *(Oppermann,* Kulturverwaltungsrecht, 1969, S. 31). Der EGV faßt dagegen in Art. 126 f. = 149 f. **„allgemeine und berufliche Bildung"** und Jugend zusammen. Dies bezieht sich auf alle öffentlichen und privaten Bildungseinrichtungen vom Kindergarten über das Schul- und Hochschulwesen bis zur Weiterbildung *(Classen,* GTE Komm. EU/EGV, 5. Aufl. 1997, Art. 126, RdNr. 2). Stilbildend ist in diesem Zusammenhang eine weitgefaßte Vorstellung der **Berufsausbildung,** die jede Form der Ausbildung umfaßt, die auf eine Qualifikation für einen bestimmten Beruf oder eine bestimmte Beschäftigung vorbereitet. Hierunter fallen allgemein- und berufsbildender **Schulunterricht** ebenso wie jede irgendwie berufsbezogene **Lehre an den Hochschulen** (EuGHE 1985, 593 ff. – RS 293/83 „Gravier", st. Rspr.; *Classen* a.a.O., Art. 127, RdNr. 3).

Zu den Abgrenzungsfragen zwischen der „Bildung" des Art. 126 = 149 neu EGV von der „beruflichen Bildung" des Art. 127 = 150 neu EGV (unten Rz. 1912 ff.). Die Förderung des **Sports,** die ebenfalls in diesen Zusammenhang gehört, fällt „gemischt" unter die Bildungszuständigkeit der Art. 126 f. = 149 f. neu EGV und die Kulturkompetenz des Art. 128 = 151 neu EGV (unten Rz. 1978 ff.).

Nicht zum Bildungsbereich gehört dagegen nach der gemeinschafts- **1906**
rechtlichen Abgrenzung **Forschung und technologische Entwicklung,** die sich nach Art. 130 f ff. = 163 ff. neu EGV regeln (unten Rz. 1941 ff.). Im Hochschulbereich können sich aus dieser besonderen gemeinschaftsrechtlichen Aufteilung gelegentlich Abgrenzungsprobleme ergeben, die mit Blick auf den jeweiligen Schwerpunkt der Regelung (Forschung oder Lehre) zu lösen sind. Im gesamten Kulturbereich gilt, daß die Zuständigkeit der EG immer nur eine **unterstützende und ergänzende** im Verhältnis zu der fortbestehenden **„Grundzuständigkeit" der MSen** ist. Diese Verantwortung der MSen ist „strikt zu beachten" (Art. 126 f. = 149 f EGV).

b) EG-Bildungsaktivitäten bis zum Maastrichter Unionsvertrag 1992

Die Befassung der Gemeinschaft mit Bildungsfragen entwickelte sich aus **1907**
den praktischen Bedürfnissen der ursprünglichen Wirtschaftsgemeinschaft. (Eingehend *Blanke,* in Grabitz/Hilf (Hrsg.) EUV/EGV-Komm. (1995), Vorbem. Art. 126, 127, RdNr. 8 ff.). Der frühere Art. 128 EWGV hatte der Gemeinschaft die Kompetenz zur Aufstellung „Allgemeiner Grundsätze" zur Durchführung einer gemeinsamen Berufsausbildungspolitik übertragen. Seit 1963 hat der Rat diese Zuständigkeit durch Beschlüsse und zahlreiche andere Rechtsakte *(Blanke* a.a.O.) wahrgenommen. In diesem Zusammenhang gehört die 1975 erfolgte Gründung des **Europäischen Zentrums für die Förderung der Berufsbildung** (CEDEFOP) in Saloniki (bis 1993 Berlin), seit 1990 durch die Europäische Stiftung für Berufsbildung in Turin ergänzt (oben

Rz. 459). Praktische EG-Bildungspolitik kraft Sachzusammenhangs erfolgte insbesondere seit 1968 gemäß Art. 48 ff. EWGV über die VO 1612/68 (ABl. 1968, L 257/2, Änderungen) bei der **Arbeitnehmerfreizügigkeit** mit Folgerechten (insbes. RL 77/486, ABl. 1997, L 199/32 ff. **über die schulische Betreuung der Kinder von Wanderarbeitnehmern).** Hiermit wurden inländergleiche Zugangsrechte zum allgemein- und berufsbildenden Schulwesen eröffnet (oben Rz. 1542). Ähnlich machte die effektive Herstellung der **Niederlassungsfreiheit und des freien Dienstleistungsverkehrs** nach Art. 52 ff., 59 ff. EWGV seit 1961 Regelungen über die **gegenseitige Anerkennung der Diplome, Prüfungszeugnisse und sonstigen Befähigungsnachweise nach Art. 57 EWGV** notwendig, die u. a. den Hochschulbereich betrafen (inzwischen insbes. RL 89/48, ABl. 1989, L 19/16 ff. und RL 92/51, ABl. 1992, L 209/25 ff. über die Hochschuldiplome und beruflichen Befähigungsnachweise, näher oben Rz. 1620).

1908 Die Ausnutzung dieser Bildungskompetenzen wurde der EG bis 1992/93 durch eine **dynamische Bildungs-Rechtsprechung des EuGH** erleichtert. Durch eine extensive Anwendung des Diskriminierungsverbotes des damaligen Art. 7 EWGV in den Freizügigkeits- und in den seinerseits weit verstandenen Berufsbildungsbereich hinein ergeben sich subjektive Rechte der Betroffenen auf Inländergleichbehandlung im Bildungswesen auf allen Stufen von der Grund- bis zur Hochschule (zu dieser Rspr. mit der Leitentscheidung EuGHE 1985, 593 ff. RS 293/83 „Gravier", näher *Thiele,* ZfRVgl. 1994, S. 185 und *Blanke* a. a. O., RdNr. 34 ff. m. w. N).

1909 Einen weiteren Anschub erhielt die EG-Bildungspolitik in den achtziger Jahren durch die im Zuge des Binnenmarktprogrammes entwickelte Idee des **„Europas der Bürger"** (oben Rz. 1548 ff.). Mit ihr sollte der Freizügigkeitsgedanke über seine wirtschaftliche Wurzel hinaus (Arbeitnehmer, selbständig Berufstätige) auf alle EG-Bürger ausgedehnt werden. Dies beförderte u. a. die **Mobilität im Hochschulbereich** durch die sog. „Studenten-Richtlinie" 93/96, ABl. 1993, L 317/59 ff., mit der jungen EG-Bürgern das Studium gemeinschaftsweit aufenthaltsrechtlich garantiert wird (oben Rz. 1515). Ungefähr gleichzeitig intensivierte die EG ihre Bildungspolitik im Sinne des „Europas der Bürger" durch die Auflegung von Aktionsprogrammen im Bereich allgemeiner und beruflicher Bildung sowie des Jugendaustausches **(„Bildungsprogramme").** Mit ihnen soll die gemeinschaftsweite Mobilität im Bildungsbereich finanziell gefördert werden. Besonders bekannt wurde unter diesen Programmen (zu ihnen näher unten Rz. 1930 ff.) das **ERASMUS-Programm von 1987** (ABl. 1987, L 166/20, Fortsetzungen). Mit ihm sollte die Zahl der Studierenden erhöht werden, die ein integriertes Studium in einem anderen MS wahrnehmen. Diese finanzrelevanten EG-Rechtsakte wurden kühn auf der Grundlage des Art. 128 EWGV erlassen, der nach seinem Wortlaut lediglich den Erlaß „allgemeiner Grundsätze" der Berufsausbildung mit einfacher Ratsmehrheit vorsah. In einer „Kompetenzauslegung praeter legem" *(Hermann-Josef Blanke)* legalisierte EuGHE 1989, I–1425 ff. RS 242/87 „ERASMUS" und EuGHE 1991, I–2757 ff. Verb. RS C-

51, 90, 94/89 „COMETT II" diese fragwürdige Kompetenzausgreifung, ohne den Rückgriff auf Art. 235 EWGV für erforderlich zu halten *(Classen,* EuR 1990, S. 10 ff.).

Begleitet wurden diese verschiedenen Akte einer praktischen, am Grundziel der Personenfreizügigkeit ausgerichteten EG-Bildungspolitik seit den 70er Jahren von einer Fülle offizieller Akte der EG-Instanzen, die bildungspolitisch oder im Sinne eines „Soft Law" gemeint waren (näher *Seidel/Beck,* JURA 1997, S. 393 ff.). **1910**

Hierzu rechnen etwa die **„Allgemeinen Leitlinien"** des Rates über ein gemeinschaftliches Tätigkeitsprogramm auf dem Gebiet der Berufsausbildung (ABl. 1971, C 81/5 ff.), die **Entschließung** der im Rat Vereinigten Minister für das Bildungswesen über die Zusammenarbeit im Bereich des Bildungswesens (ABl. 1974, C 98/2 ff.) und das bis zum Maastrichter Unionsvertrag zentrale **Aktionsprogramm im Bildungsbereich** des Rates und der im Rat Vereinigten Bildungsminister (ABl. 1976, C 38/1 ff. Mit dieser **„gemischten" Formel** aus Ratsbeschluß und völkerrechtlicher Vereinbarung sollte sichergestellt werden, daß diese Beschlüsse trotz der begrenzten Zuständigkeit der EG auf einer gesicherten Kompetenzgrundlage beruhten *(Staudenmayer,* BayVBl. 1995, S. 322 ff.). Das Aktionsprogramm wurde durch die Einrichtung eines **Ständigen Ausschusses für Bildungsfragen** aus Vertretern der MSen und der Kommission ergänzt. Das Aktionsprogramm benannte bildungspolitische Schwerpunkte der EG-Aktion, die in der Folgezeit durch zahlreiche weitere Ratsbeschlüsse präzisiert wurden (Übersicht bei *Blanke* a. a. O., RdNr. 19 ff.). Richtungsweisend wurden 1989 die **Schlußfolgerungen** des MSen im Rat über die Gemeinschaftspolitik im Bildungswesen (ABl. 1989, C 277/5 ff.) und die **Ratsentschließung** 1993 über Berufsbildung in den 90er Jahren (ABl. 1993, C 186/3 ff.). – Inhaltlich wurde die Ausrichtung dieser EG-Bildungspolitik wesentlich durch **Untersuchungen und Initiativen der EG-Kommission** beeinflußt, die nach 1976 eine spezielle **„Task-Force" Humanressourcen, allgemeine und berufliche Bildung, Jugend** einrichtete. Dabei wird Bildung stark als Wirtschaftsfaktor begriffen („Human-Kapital"). Die Kommission sieht sich selbst als „Koordinator und Katalysator" der EG-Bildungspolitik, in Anlehnung an ihre „motorische Rolle" (oben Rz. 330, 353 ff.) . Hervorzuheben sind das **Memorandum zur Hochschulbildung** in der EG von 1991 (Dok. KOM (91) 349 endg.), das **Grünbuch 1993 über die europäische Dimension des Bildungswesens** (Dok. KOM (93), 457 endg.) und das **Weißbuch 1995 Lehren und Lernen** (Dok. KOM (95) 590 endg.). Hier und in zahlreichen weiteren Äußerungen und Initiativen (näher *Blanke* a.a.O., RdNr. 28 ff.) versteht die Kommission ihre wirtschaftlich-zweckrationale Sicht der Bildung als Beitrag zu Stärkung des wirtschaftlich/sozialen Zusammenhaltes der Gemeinschaft im Sinne von Art. 130 a = 158 neu EGV **(„Kohäsion"**, oben Rz. 969 ff.). – Auch das Europäische Parlament beteiligt sich seit den 80er Jahren mit Entschließungen an der Entwicklung einer EG-Bildungspolitik *(Seidel/Beck,* JURA 1997, S. 394).

Insgesamt stellt die seit den 60er Jahren aus den EG-Zuständigkeiten für Freizügigkeit und Berufsausbildung heraus mehr und mehr entfaltete EG-Bildungspolitik ein typisches Beispiel für die Ausweitung der Gemeinschaftsaktion im Sinne fortschreitender sektorieller Teilintegrationen dar. Seit dem Maastrichter Unionsvertrag 1992 sind diese „gewachsenen" Ansätze durch die **Einfügung der Art. 126 f. = 149 f. neu EGV** konstitutionaliert worden *(Nowoczyn,* Bildungspolitische Kompetenzen der EG nach Maastricht, 1996). **1911**

2. EG-Bildungszuständigkeiten nach 1992

Literatur: *Berggreen,* Das Bildungswesen in Europa nach Maastricht, RdJB 1992, S. 436 ff.; *Dittmann/Fehrenbacher,* Die bildungsrechtlichen Harmonisierungsverbote (Art. 126 Abs. 4, 127 Abs. 4 EGV) und ihre Bedeutung für die nationale „Bildungshoheit", RdJB 1992, S. 478 ff.; *Dohms,* Die Kompetenzen der EG im Bereich der allgemeinen Bildung nach Art. 126 EGV, RdJB 1992, S. 451 ff.; *Feuchthofen/Brackmann,* Berufliche Bildung im Maastrichter Unionsvertrag, RdJB 1992, S. 468 ff.; *Hochbaum,* Kohäsion und Subsidiarität – Maastricht und die Länderkulturhoheit, DÖV 1992, S. 285 ff.; *Konow,* Bildungspolitik nach „Maastricht", RdJB 1992, S. 428 ff.; *Bohr/Albert,* Die EU – Das Ende der eigenständigen Kulturpolitik der Bundesländer?, ZRP 1993, S. 61 ff.; *Dittmann,* Bildungshoheit nach Maastricht, in: Bücking u. a. (Hrsg.), Zur Zukunft der Berufsbildung, 1994, S. 9 ff.; *Feuchthofen,* Die Neuordnung der europäischen Bildungspolitik, RdJB 1994, S. 326 ff.; *Habitzel,* Subsidiarität und Bildungskompetenzen im Vertrag über die EU, 1994; *Hrbek* (Hrsg.), Europäische Bildungspolitik und die Anforderungen des Subsidiaritätsprinzips, 1994; *Lenaerts,* Education in European Community Law after „Maastricht", CMLRev 1994, S. 7 ff.; *Staudenmayer,* Mittelbare Auswirkungen des Gemeinschaftsrechts auf das Bildungswesen, WissR 1994, S. 249 ff.; *Hochbaum,* Die Lektoren-Urteile des EuGH, Das Hochschulwesen 1995, S. 82 f.; *Staudenmayer,* Europäische Bildungspolitik – vor und nach Maastricht, BayVBl. 1995, S. 321 ff.; *Nowoczyn,* Bildungspolitische Kompetenzen der EG nach Maastricht, 1996; *Opolka* (Hrsg.), Bildung und Wissenschaft im Prozeß der europäischen Einigung (DFG-Koll.), 1997; *Ohler,* Die Anerkennung ausländischer Hochschulen in Deutschland als Problem des Gemeinschaftsrechts, WissR 1998, S. 170 ff.;

a) Allgemeine und berufliche Bildung und Jugend (Art. 126 f. = 149 f. neu EGV)

1912 Art. 126 = 149 neu EGV, der die Zielsetzung des Art. 3 p = q neu EGV aufgreift, begründet eine begrenzte Mitzuständigkeit der Gemeinschaft für die „Entwicklung einer **qualitativ hochstehenden Bildung"** sowie des Jugendaustausches. Bildung ist dabei in dem erwähnten weiten Sinne einschl. Hochschulbildung zu verstehen (oben Rz. 1905). Daneben weist die spezielle Regelung des Art. 127 = 150 neu EGV der Gemeinschaft in der **beruflichen Bildung** besondere Zuständigkeiten zu. Es besteht kein Zweifel mehr, daß Bildung und Berufsbildung im Anwendungsbereich des Vertrages liegen, so daß das **Diskriminierungsverbot des Art. 6 =12 neu EGV** umfassend anwendbar ist.

Andererseits **begrenzen** Art. 126 Abs. 1 = 149 Abs. 1 neu und Art. 127 Abs. 1 = 150 Abs. 1 neu EGV die Bildungszuständigkeiten der EG auf Förderung und Zusammenarbeit zwischen den MSen und eine Unterstützung und Ergänzung der fortbestehenden nationalen Grundzuständigkeit im Rahmen des Erforderlichen. Die „strikte Beachtung" der Verantwortung der MSen für die Lehrinhalte und die Gestaltung des Bildungssystems, für die Vielfalt ihrer Kulturen und Sprachen sowie für die berufliche Bildung wird besonders hervorgehoben *(Dittmann/Fehrenbacher,* RdJB 1992, S. 478 ff.). Aus dieser primären Zuständigkeit der MSen ergibt sich zugleich die Beachtung des **Subsidiaritätsprinzips des Art. 3 b = 5 neu EGV** in diesem Zusammenhang *(Hrbek* (Hrsg.), Europäische Bildungspolitik und die Anforderungen des Subsidiaritätsprinzips, 1994). Dieses stellt allerdings keine „Einbahnstraße" zugunsten der MSen dar, sondern kann auch im konkreten Fall Handlungsgebote zugunsten der EG enthalten (oben Rz. 518 ff.).

Die Tätigkeit der EG im Bildungswesen begrenzt sich nach Art. 126 Abs. 2 = 149 Abs. 2 neu EGV auf **bestimmte „europarelevante" Ziele.** 1913

Mit der Entwicklung der **„europäischen Dimension" im Bildungswesen** besonders durch Sprachenvereinbarung soll das „Europabewußtsein" der Bevölkerung insgesamt gefördert werden. Die **Förderung der Mobilität** von Lehrenden und Lernenden im akademischen Bereich bedeutet eine indirekte Stützung der EG-Freizügigkeit. Hier wird gleichzeitig deutlich, daß Bildung i. S. des Art. 126 = 149 neu EGV Hochschulbildung einschließt. Speziellere Ziele werden mit der Förderung der Zusammenarbeit zwischen den Bildungseinrichtungen, mit Ausbau- und Erfahrungsaustausch und der Förderung der Entwicklung der Fernlehre angesprochen. Die Förderung des **Ausbaus des Jugendaustausches** und seiner Betreuer verdeutlicht, daß im weiteren Sinne auch die Jugendarbeit zur EG-Bildungskompetenz gerechnet wird.

Art. 126 Abs. 3 = 149 Abs. 3 neu EGV eröffnet Gemeinschaft und MSen die Möglichkeit, mit dritten Ländern und internationalen Bildungsorganisationen, bes. dem Europarat zusammenzuarbeiten. Damit wird der EG im Rahmen ihrer o. g. Bildungszuständigkeiten eine **Außenkompetenz** eröffnet, die den Rückgriff auf Art. 235 = 308 neu EGV erübrigt (oben Rz. 523), näher *Classen,* GTE Komm. EG/EGV, 5. Aufl. 1997, Art. 126, Rd Nr. 15). 1914

Ihr eigentliches Gewicht erhält die EG-Bildungszuständigkeit aus Art. 126 Abs. 4 = 149 Abs. 4 neu EGV. Danach kann der Rat nach dem Mitentscheidungsverfahren des Art. 190 b = 251 neu EGV (oben Rz. 269) und nach Anhörung von WSA und AdR **„Fördermaßnahmen"** erlassen. In diesem Zusammenhang ist jedoch jegliche Harmonisierung der Rechts- und Verwaltungsvorschriften der MSen ausgeschlossen. 1915

Der Begriff der „Fördermaßnahme" ist undeutlich gehalten. Dem Sinne nach soll er das Instrumentarium zur Verwirklichung der Ziele des Art. 126 Abs. 2 = 149 Abs. 2 neu EGV bereitstellen d. h. die Zusammenarbeit zwischen den MSen ergänzend fördern. Die Bezeichnung als „Maßnahme" und der Verweis auf das Mitentscheidungsverfahren legen nahe, daß grundsätzlich die Rechtsformen des Art. 189 = 249 neu EGV gewählt werden können, ohne daß sog. „unbenannte" Rechtsakte, vor allem verbindliche „Beschlüsse" (oben Rz. 580) ausgeschlossen wären. In der Gemeinschaftspraxis sind bisher solche Beschlüsse vorherrschend. Die Begrenzungen der Gemeinschaftskompetenz liegen darin, daß es sich nur um **„Förder"**maßnahmen d. h. vor allem finanzrelevanter Natur handeln darf, und daß rechtsangleichende Maßnahmen „strikt" (arg. Art. 126 Abs. 1 = 149 Abs. 1 neu EGV) ausgeschlossen sind (str., z. T. enger *Blanke* in Grabitz/Hilf (Hrsg.) Komm. EUV/EGV (1995) Art. 126 RdNr. 43 m. w. N.; wie hier u. a. *Classen* a. a. O. Art. 126 RdNr. 22). – Ferner kann der Rat nach Art. 126 Abs. 4 = 149 neu Abs. 4 EGV auf Vorschlag der Kommission **Empfehlungen zur Bildungszusammenarbeit** mit qualifizierter Mehrheit aussprechen. Insgesamt kommt der allgemeinen EG-Bildungszuständigkeit aus Art. 126 = 149 neu EGV mit Blick auf die vorangegangenen „gewachsenen" Bildungsaktivitäten der Gemeinschaft seit 1992 eine grundlegende **Legalisierungsfunktion** zu *(Dittmann/Fehrenbacher,* RdJB 1992, S. 478 ff.).

Die ebenfalls mit dem Maastrichter Unionsvertrag in Fortentwicklung des früheren Art. 128 EWGV begründete **EG-Berufsbildungszuständigkeit gemäß Art. 127 = 150 neu EGV** ist im wesentlichen der Regelung des Art. 126 1916

= 149 neu EGV nachmodelliert. Infolge der stärkeren Wirtschaftsnähe der Berufsbildung ist die Gemeinschaftskompetenz etwas stärker ausgebildet.

Der EG ist der Auftrag zur Durchführung einer **Politik der beruflichen Bildung** erteilt. Auch bei ihr handelt es sich jedoch um eine Unterstützung und Ergänzung der mitgliedstaatlichen Verantwortung für Inhalt und Gestaltung der beruflichen Bildung, die strikt zu beachten ist. Der Berufsbildungsbegriff ist im Sinne der weiten Auslegung durch den Gerichtshof einschließlich des tertiären Bereiches zu verstehen (oben Rz. 1905 ff. und *Classen* a.a.O., Art. 127 RdNr. 2 ff.). Wie bei Art. 126 = 149 neu EGV ist die EG-Berufsbildungszuständigkeit nach Art. 127 Abs. 2 = 150 Abs. 2 neu EGV auf **bestimmte Ziele** ausgerichtet. Das Verständnis dieser Ziele darf jedoch nicht zu eng verstanden werden, da die EG nach Abs. 1 eine kohärente **Politik der beruflichen Bildung** entwickeln soll. Angesichts der Arbeitsmarktprobleme in der EG (oben Rz. 1644) kommt einer qualifizierten Berufsbildung wesentliche Bedeutung zu.

1917 Die EG soll durch Bildung/Umschulung die **Anpassung an die industriellen Wandlungsprozesse** erleichtern, die berufliche Erstausbildung und Weiterbildung zwecks Eingliederung in den Arbeitsmarkt verbessern, die Aufnahme beruflicher Bildung und die Mobilität von Ausbildern und Auszubildenden erleichtern, sowie die Zusammenarbeit zwischen Unterrichtsanstalten und Unternehmen fördern und den Informations- und Erfahrungsaustausch unter den MSen ausbauen. – Insgesamt sollen so die Absolventen beruflicher Bildung **berufsfähig gemacht und erhalten werden,** sowohl in ihrem persönlichen als auch im gesamtwirtschaftlichen Interesse.

Art. 127 Abs. 3 = 150 Abs. 3 neu EGV eröffnet der Gemeinschaft und den MSen eine **Außenkompetenz** in gleicher Weise wie bei Art. 126 Abs. 3 = 149 Abs. 3 neu EGV (oben Rz. 1914).

1918 Die **EG-Rechtsetzungskompetenz** in der Berufsbildung umfaßt weitergehend als im Falle von Art. 126 Abs. 4 = 149 Abs. 4 neu EGV den Erlaß von **„Maßnahmen"** des Rates im Mitentscheidungsverfahren des Art. 189 b = 251 neu EGV (seit dem Amsterdamer Vertrag 1997) nach Anhörung von WSA und AdR (Art. 127 Abs. 4 = 150 Abs. 4 neu EGV).

Mit **„Maßnahmen"** werden sowohl das Instrumentarium des Art. 189 = 249 neu EGV als auch unbenannte Rechtsakte, insbesondere Beschlüsse ermöglicht (hM, vgl. *Blanke* a.a.O., Art. 126, 127, RdNr. 47 m w. N.). Die Begrenzung auf fördernde Maßnahmen entfällt bei der Berufsbildung. Jedoch ist wie bei Art. 126 = 149 EGV jegliche Harmonisierung der Rechts- und Verwaltungsvorschriften der MSen ausgeschlossen. So besteht auch die Berufsbildungskompetenz der Gemeinschaft nur in deutlichen Grenzen.

Trotz der deutlichen Eingrenzungen der allgemeinen Bildungs- und der Berufsbildungszuständigkeit der Gemeinschaft in Art. 126 f. = 149 f. neu EGV ist ihre ausdrückliche Aufnahme in den Vertrag ein unübersehbares Zeichen dafür, daß sich die Gemeinschaft auf dem Wege in die Europäische Union über das Wirtschaftliche hinaus in **allgemeinere politische Dimensionen entwickelt** *(Cludius,* Die Kompetenzen der EG für den Bereich der Bildungspolitik 1995).

b) Besondere Bildungsregelungen im EG-Vertrag

Neben der in Maastricht 1992 geschaffenen allgemeinen (Berufs)Bildungszuständigkeit der Gemeinschaft nach Art. 126 f. = 149 f. neu EGV finden sich seit den Anfängen der Gemeinschaft im ganzen Verträge verstreut **besondere Bildungsregelungen.** Mit ihnen wurden im Zuge des Aufbaues der Wirtschaftsgemeinschaft seit 1958 konkrete Bildungsfragen gelöst, insbesondere im Zusammenhang mit der Herstellung der Personenfreizügigkeit. Diese Bildungs-Sonderkompetenzen der Gemeinschaft gehen gemäß dem Grundsatz der Spezialität der Lex generalis der Art. 126 f. = 149 f. EGV grundsätzlich vor. Gelegentlich ergänzen sich die Regelungen im konkreten Sachverhalt. Das Bildungswesen stand von Anfang an „nicht außerhalb des Gemeinschaftsrechts" (EuGHE 1985, 593 ff. – RS 283/93 „Gravier"), auch wenn es schwerpunktmäßig bis heute unter der Obhut der MSen verblieben ist. Angesichts der verschlungenen Vertragsentwicklung in den vergangenen Jahrzehnten und einer öfters kühn vorpreschenden Bildungs-Rechtsprechung des Gerichtshofes ist es nicht möglich, die Gesamtheit der Bildungsregelungen des Vertrages in ein wohlgeordnetes System zu bringen. Die öfters zu unterschiedlichen Zeitpunkten und aus verschiedenartiger Motivation in den Vertrag aufgenommenen Regelungen müssen aber durch nachträgliche Auslegung in einen halbwegs praktikablen Bezug zueinander gesetzt werden *(Fechner,* in: Lassahn/Offenbach (Hrsg.) Bildung in Europa, 1994, S. 17 ff.). 1919

aa) Allgemeines Diskriminierungsverbot (Art. 6 = 12 neu EGV)

Spätestens seit der ausdrücklichen Anerkennung der Bildung als Gegenstand von Gemeinschaftszuständigkeiten in Art. 126 f. = 149 f. neu EGV 1920

Zur richterrechtlichen Aktivierung des damaligen Art. 7 EWGV durch den EuGH im Bildungsbereich bereits vor 1992 oben Rz. 1903 und *Thiele,* ZfRVgl. 1994, S. 185 ff.

gehört die Bildung zum Anwendungsbereich des Vertrages im Sinne von Art. 6 = 12 neu EGV. Daher ist das **Verbot unmittelbarer und mittelbarer Diskriminierungen aus Gründen der Staatsangehörigkeit** im Gesamtbereich des Bildungswesens relevant. Hierunter fallen alle den Zugang zu Bildungseinrichtungen für EG-Ausländer und ihre Nutzung erschwerenden Regelungen.

Nicht in den Anwendungsbereich des Vertrages im Sinne von Art. 6 = 12 neu EGV fallen nach der Rspr. Des Gerichtshofes bestimmte sozialpolitische Maßnahmen der **Ausbildungsförderung** (EuGHE 1988, 3161 ff. (3195) RS 39/86 „Lair" st. Rspr.). Ob diese Einschränkung nach der Ausdehnung der Freizügigkeit durch den EUV 1992 im gleichen Umfang Bestand hat, ist zweifelhaft, *Staudenmayer,* WissR 1994, S. 249 ff.

bb) Bildungspolitische Konsequenzen der Personenfreizügigkeit

Seit der Herstellung der Freizügigkeit der Arbeitnehmer nach Art. 48 ff. = 39 ff. neu EGV und der Selbständigen nach Art. 52 ff., 59 ff. = 43 ff., 49 1921 ff. neu EGV (Niederlassungsrecht, Dienstleistungsfreiheit) in den sechziger Jahren werden in diesem Sachzusammenhang Probleme des **nichtdiskriminierten Bildungsstatus dieses Personenkreises** innerhalb der Gemeinschaft („Bildungsinländer") aufgrund der Vertragskompetenzen insbesondere aus Art. 49 = 40 neu und Art. 57 = 47 neu EGV durch Setzung sekundären Gemeinschaftsrechts geregelt (näher oben Rz. 1542). Hier geht es um „negative" (diskriminierungsfreie) Integration, während Art. 126 = 149 neu EGV „positiv" Europäisierungen der Bildungsstrukturen ansatzweise fördern möchte.

Der Unterricht im öffentlichen Bildungswesen einschließlich Hochschulen ist mangels Entgeltscharakter **keine Dienstleistung i. S. des Art. 60 = 50 neu EGV,** EuGHE 1993 I–6447 ff. RS C-109/92 „Max Wirth". Anderes gilt für den Unterricht an privaten Hochschulen.

cc) Sozial- und beschäftigungspolitische Regelungen mit Bildungsrelevanz

1922 Seit die EG mit Art. 127 = 150 neu EGV über eine allgemeine Zuständigkeit zum Erlaß berufsbildender Maßnahmen verfügt (oben Rz. 1916), sind verschiedene ähnliche, wenig koordinierte **Spezialregelungen sozial- und beschäftigungspolitischer Art mit Bildungsrelevanz**

- Art. 125 neu EGV: Förderung der Qualifizierung, Ausbildung und Anpassungsfähigkeit der Arbeitnehmer durch EG und MSen im Rahmen der **Beschäftigungspolitik.**
- Art. 137 Abs. 2 neu, Art. 140 neu EGV: Ratsmaßnahmen zur Verbesserung des Wissensstandes, Kommissionszuständigkeit zur beruflichen Ausbildung und Fortbildung in der **Sozialpolitik** (vgl. auch oben Rz. 1650).

nur noch von geringer praktischer Bedeutung. Dagegen kann die Kommission wichtige finanzielle Berufsbildungsförderung im Rahmen ihrer **Verwaltung der Strukturfonds** (Regional, Agrar- Sozial und Kohäsionsfonds, oben Rz. 976) betreiben (näher *Blanke* a.a.O. vor Art. 126, 127 EGV, RdNr. 23 ff.). Insbesondere der **Sozialfonds** (oben Rz. 1667 ff.) hat nach Art. 123 = 146 neu EGV die ausdrückliche Aufgabe, die berufliche Verwendbarkeit und Mobilität der Arbeitskräfte zu fördern und die Anpassung an die industriellen Wandlungsprozesse durch berufliche Bildung und Umschulung zu erleichtern *(Falke* RdJB 1992, S. 521 ff.). Die Ziele dieser Strukturpolitik lassen sich weithin als Maßnahmen im Sinne des Art. 127 = 150 neu EGV begreifen *(Classen,* a.a.O., Art. 127, RdNr. 20).

dd) Sonstige punktuelle Bildungsregelungen

1923 Art. 41 = 35 neu EGV ermöglicht im Rahmen der gemeinsamen Agrarpolitik (oben Rz. 1379) Koordinierungsmaßnahmen bei **landwirtschaftlicher Berufsausbildung.** Nach Art. 130 g lit. d) = 164 lit. g) neu EGV kann die Gemeinschaft ergänzende Maßnahmen zur Förderung der **Ausbildung und Mobilität der Forscher** im Zusammenhang mit der Forschungs- und Technologiepolitik (unten Rz. 1949) treffen. Art. 56 EGKSV sieht bei Bedarf die **Finanzierung von Umschulungsprogrammen** durch die Kommission in der Kohle- und Stahlindustrie vor. Nach Art. 4, 9 EAGV führt die Kommission **Ausbildungsprogramme** zur Förderung des Fortschritts in der Kernenergie durch und kann **Schulen zur Ausbildung von Fachkräften** gründen.

Zur Gründung einer „Anstalt im Range einer Universität" nach Art. 9 Abs. 2 EAGV, unten Rz. 1926.

ee) Abrundung der EG-Bildungszuständigkeiten über Art. 235 = 308 neu EGV?

1924 Nachdem seit 1992 allgemeine (Berufs)Bildungszuständigkeiten der Gemeinschaft nach Art. 126 f. = 149 f. EGV in bestimmter und bewußter Eingrenzung ausdrücklich geschaffen worden sind, besteht für die „Kompetenzabrundungsklausel" des Art. 235 = 308 neu EGV (oben Rz. 523 ff.) im Bildungsbereich **nur noch wenig Raum.** Vor einer allfälligen Anwendung dieser Norm, etwa bei der Verfolgung anderer Vertragsziele, die den Bildungsbereich berühren, ist außerdem die Wirkung des **Subsidiaritätsprinzips** nach Art. 3 b Abs. 2 = 5 neu Abs. 2 EGV mit zu bedenken (näher *Blanke* a.a.O., Art. 126, RdNr. 52,55 mit den Schlußfolgerungen des Rates in Edinburgh 1992 hierzu).

3. Europäische Schulen, Europäisches Hochschulinstitut und andere EG-externe Bildungseinrichtungen

Literatur: *Sasse,* Das Europäische Hochschulinstitut, EuR 1976, S. 354 ff.; *Schneider,* Die Europäische Wissenschaftsstiftung, WissR 1977, S. 156 ff.; *Ruzie,* L'office franco-allemand pour la jeunesse, 1990; *Sauer,* Vom Kloster zur EG-Denkfabrik, DUZ 5/1992, S. 34 ff.; – Über das Europäische Hochschulinstitut unterrichtet regelmäßig die EUI Review.

1925 Neben der Entwicklung von Bildungszuständigkeiten der Gemeinschaft aufgrund des Vertrages sind „am Rande der EG" Bildungseinrichtungen geschaffen worden, meist auf **völkerrechtlicher Grundlage.** Aus dem praktischen Bedürfnis der Erziehung von Kindern der EG-Bediensteten, aber auch aus allgemeinen europapolitischen Gesichtspunkten sind seit den fünfziger Jahren **Europäische Schulen** und seit 1976 das **Europäische Hochschulinstitut in Florenz** errichtet worden. Es handelt sich hierbei um eigenständige Einrichtungen, die aber in der Sache eng mit der EG verbunden sind und aus ihr letztlich ihre Rechtfertigung ableiten.

Die **Europäischen Schulen** entstanden seit den fünfziger Jahren als ein „Schulsystem besonderer Art" (Präambel Satzung, *Heusch,* AVR 1959, S. 71 ff.). In ihnen werden Kinder des EG-Personals unterrichtet und nach Möglichkeit weitere Schüler aufgenommen. Rechtsgrundlage ist inzwischen die **Vereinbarung über die Satzung der Europäischen Schulen** v. 17. 6. 1994 (ABl. L 212/3 ff.), die zwischen den EGen (auf der Grundlage von Art. 235 EGV) und den MSen geschlossen wurde. Die einzelnen Schulen (u. a. in Luxemburg, Brüssel, Culham, Karlsruhe, Mol, München, Varese) haben

Rechtspersönlichkeit und werden durch gemeinsame Organe (Art. 7 Satzung: insbes. Oberster Rat und Generalsekretär) zu einem **Gesamtsystem** mit internationaler Rechtspersönlichkeit zusammengeführt *(Riegel,* EuR 1995, S. 147 ff.). Der Unterricht führt vom Kindergarten bis zum **einheitlichen europäischen Abitur,** das in den EG-Staaten amtlich anerkannt wird (zur Verklammerung mit der EG EuGHE 1986, 29 ff. – RS 44/84 „Europäische Schule").

1926 Das **Europäische Hochschulinstitut (EHI)** in Florenz hat die Aufgabe, zur Entwicklung des kulturellen und wissenschaftlichen Erbes Europas beizutragen. Es stellt die begrenzte Verwirklichung jener **„Europäischen Universität"** dar, die Art. 9 Abs. 2 EAGV als Gemeinschaftseinrichtung vorgesehen hatte *(Hallstein,* Die Europäische Universität (1958), in: Europäische Reden, 1979, S. 60 ff.). Das EHI wurde schließlich durch selbständigen Vertrag v. 19. 4. 1972 der EG-MS (Text u. a.: ABl. 1976, C 29/1 ff.) als eine **unabhängige Rechtsperson „am Rande der EG-Verträge"** gegründet. Seit 1976 findet dort ein europäisch geprägtes Postgraduiertenstudium und Forschung in Geschichte, Sozial-, Politik-, Rechts- und Wirtschaftswissenschaft statt. Es bestehen mannigfache **Verbindungen mit der Gemeinschaft,** die das EHI mit finanziell fördert. Zum EHI gehören u. a. eine Adademie für Europäisches Recht und ein Forschungszentrum Robert Schumann. Ein europäisches Postgraduiertenstudium bietet ferner das **Europakolleg in Brügge** an. Bilateraler Jugendaustausch wird seit 1963 durch das mit dem „Elysee-Vertrag" (oben Rz. 27) gegründete **Deutsch-Französische Jugendwerk** gefördert *(Ruzie,* L'office franco-allemand pour la jeunesse, 1990).

4. Gemeinschaftspraxis im Bildungswesen

Literatur: *Beutler,* „Soft Law" oder Gemeinschafts"recht". Zur rechtssystematischen Einordnung gemeinschaftlicher Ausbildungsprogramme, RdJ 1992, S. 175 ff.; *Beckendorf/Henze,* Neuere Entwicklungen in der Bildungspolitik der EG, NVwZ 1993, S. 125 ff.; *Müller-Solger/Czysz/Leonhard/Pfaff,* Bildung und Europa – Die EG-Fördermaßnahmen, 1993; *European Study Service* (Hrsg.) Higher Education in the EU – The legislation, 1994 ff. (Losebl.); *Glaser,* Von Erasmus zu Socrates – ein europäischer Holzweg, FuL 1994, S. 559 ff.; *Klein/Haratsch,* Das Aufenthaltsrecht der Studenten, die Unionsbürgerschaft und intertemporales Gemeinschaftsrecht, JUS 1995, S. 7 ff.; *Maurer,* Socrates, Erasmus und Comenius. Die Reform der Bildungsprogramme der EU, Integr. 1995, S. 117 ff.; *Wächter,* Weiterbildung auf europäisch, DUZ 13/1995, S. 22 f.; *Dolezal,* Das ERASMUS-Programm als Teil von SOKRATES, FuL 1996, S. 416 ff.; *Puvogel,* Wettbewerb zwischen Regierungen und berufliche Bildung in der EU, 1996; *Wächter,* Bildungsinformation für Europa, DUZ 8/1996, S. 22 ff.; *Europäische Kommission,* Europa verwirklichen durch allgemeine und berufliche Bildung (Bericht), 1997; *Groos,* Sokrates – Erfolgsgeschichte oder der Anfang vom Ende? DUZ 1/1997, S. 17 ff.; *Seidel/Beck,* Rechtliche Aspekte der Bildungspolitik der EG, JURA 1997, S. 393 ff.; *Veser,* EU-Programm TEMPUS, DUZ 15–16/1997, S. 28 ff.; *Müller-Solger,* Fördermaßnahmen für die Bildung. Die nächste Generation der EU-Bildungsprogramme, 1998

1927 Auf der Grundlage der Bildungszuständigkeiten gemäß Art. 126 f. = 149 f. neu EGV hat die Gemeinschaft seit 1992/93 ihre Tätigkeit im Bildungswesen **verstärkt fortgesetzt.** Sie konnte dabei an die vorherige Praxis (oben Rz. 1907 ff.s) weithin anknüpfen, die nunmehr „legalisiert" worden war. Gleichzeitig hatten die Art. 126 f. = 149 f. neu EGV die **Grenzen der EG-Bildungsaktivität** als eine die Bildungspolitik der MSen unterstützende und ergänzende Kompetenz definiert und eine Rechtsharmonisierung in diesem Bereich ausgeschlossen.

Die Gemeinschaft nutzt ihren Handlungsspielraum im Bildungswesen vor allem durch **programmatische Festlegungen** auf der politischen Ebene der Gemeinschaftsorgane (Rat, Kommission, Europäisches Parlament), durch den Erlaß **gemeinschaftlicher Aktionsprogramme („Bildungsprogramme")** mit finanzieller Förderung und durch **weitere punktuelle Maßnahmen.**

a) Bildungsprogrammatik der Gemeinschaftsorgane

Wie vor 1992/93 verstehen sich vor allem Rat und Kommission, daneben 1928
auch das Europäische Parlament als Inspiratoren europäischer Bildungspolitik. In Gestalt einer größeren Zahl unbenannter Akte, meist ohne strikt rechtsverbindlichen Charakter (Entschließungen, Schlußfolgerungen, Erklärungen u. a.) sucht besonders der Rat durch gemeinsame Meinungsbildung, Empfehlungen u. ä. Einfluß auf Bildungsprobleme zu nehmen, die nach seiner Auffassung europarelevant sind und durch ein harmonisiertes Vorgehen gefördert werden könnten.

Beispiele solcher **„EG-Bildungsprogrammatik"** sind etwa die Schlußfolgerungen des Rates v. 1. 6. 1992 zur Beurteilung neuer Gemeinschaftsprogramme im Bereich Bildung und Ausbildung (ABl. 1992, C 151/3), die Empfehlung des Rates v. 30. 6. 1993 über den Zugang zur beruflichen Weiterbildung (ABl. 1993, L 181/37) oder die Entschließungen des Rates über die frühzeitige Vermittlung der Sprachen der EU über die Bewertung der Qualität der Schulbildung v. 16. 12. 1997, ABl. 1998, C 1/2) und die Ratsempfehlung v. 24. 9. 1998 zur europ. Zusammenarbeit zur Qualitätssicherung in der Hochschulbildung, ABl. 1998, L 270/56). Vgl. im übrigen Fundstellennachweis des geltenden Gemeinshaftsrechts 16.30.

Die **Kommission** sucht ihrerseits die EG-Bildungspolitik durch **pro-** 1929
grammatische Vorgaben für spätere Rechtssetzung zu beeinflussen. Hierzu gehört etwa der bildungspolitische Teil des Weißbuches Wachstum, Wettbewerbsfähigkeit, Beschäftigung („Delors II") von 1993 (Bull. EG, Beilage 6/1993, S. 129 ff.), ihr Grünbuch 1993 über die europäische Dimension des Bildungswesens (Dok. KOM (93), 457 endg.) und das Weißbuch 1995 Lehren und Lernen (Dok. KOM (95), 590 endg.). Dabei hält die Kommission an ihrem schon früher entwickelten Verständnis der Bildung im Vertrage als wichtigem Wirtschaftsfaktor im Sinne von „Humankapital" fest (vgl. oben Rz. 1910). Wichtige amtliche Äußerungen der Kommission werden dem Rat offiziell mitgeteilt, der seinerseits in „Schlußfolgerungen" dazu Stellung nimmt (z. B. Schlußfolgerungen des Rates v. 22. 9. 1997 zur Mitteilung des Weißbuches Lahren und Lernen, ABl. 1997, C 303/8 ff.). Auf diese Weise erhält die Kommission Orientierungen über die Aufnahme späterer Rechtsetzungsvorschläge beim Rat.

b) Gemeinschaftliche Aktionsprogramme („Bildungsprogramme")

1930 Ihr eigentliches Profil hat die EG-Bildungspolitik schon seit den 80er Jahren in der **Entwicklung finanzrelevanter gemeinschaftlicher Aktionsprogramme („Bildungsprogramme")** gefunden. Ihr Grundgedanke ist die Förderung der Europäisierung der nationalen Bildungssysteme durch gemeinschaftsweite Mobilität und die Entwicklung europäisch wesentlicher Qualifikationen wie z. B. der Erlernung von Fremdsprachen. Mit den Programmen soll gleichermaßen dem grenzfreien Binnenmarkt, dem „Europa der Bürger" und der Beschäftigung (Bildung als Wachstumsmaßnahme) gedient werden *(Classen,* EuR 1990, S. 10 ff.).

Nachdem die Förderprogramme anfänglich auf der problematischen, wenn auch vom Gerichtshof bestätigten Rechtsgrundlage der Art. 128, 235 EWGV ergingen (oben Rz. 1909), steht seit 1992 die hierfür maßgeschneiderte Zuständigkeit aus Art. 126 f. Abs. 4 = 149 f. Abs. 4 neu EGV zum Erlaß von Fördermaßnahmen bzw. Maßnahmen durch die Gemeinschaft zur Verfügung.

Die **Grundstruktur der verschiedenen Programme ist ähnlich.** Die EG tritt im Wesentlichen als Anreger, rahmensetzender Organisator und insbesondere **finanzieller (Mit)Förderer** auf. Die Umsetzung erfolgt über die Einrichtung der nationalen Bildungspolitik (In D z. B. DAAD). Deren Inhalte bleiben im Sinne der Harmonisierungsverbote nach Art. 126 f. = 149 f. neu EGV grundsätzlich unangetastet.

1931 Zunächst wurden in den 80er Jahren eine größere Zahl von **„Bildungsprogrammen der ersten Generation"** neben- und nacheinander durch Ratsbeschlüsse nach Art. 128 und z. T. 235 EWGV erlassen (zur Problematik der Rechtsgrundlage oben Rz. 1909). Dabei ergibt sich aus der **Abkürzung der englischen Titel der Programme** jeweils eine sinnfällige Benennung (z. B. ERASMUS = „European Community Action Scheme to the Mobility of University Students").

Zu den **Programmen der ersten Generation** rechneten insbesondere EURYDICE (1980 – bildungspolitisches Informationsnetz), COMETT I, II (1986/89 – Zusammenarbeit Hochschule/Wirtschaft in der Technologie), das **„EG-Flaggschiff" ERASMUS** (1987, mehrere Fortsetzungen – Förderung der Mobilität von Studenten), PETRA (1987 – Berufsbildung Jugendlicher), YES = „Jugend für Europa" (1988 – kurzfristiger Jugendaustausch), HELIOS (1988, mehrere Fortsetzungen – Förderung der Behindertenausbildung), LINGUA (1989 – Förderung von Fremdsprachenkenntnissen), EUROTECNET (1989 – Förderung von Innovationen in der Berufsausbildung), TEMPUS I, II (1990/93 – Förderung des Austausches mit den Hochschulen der mittelosteuropäischen Staaten), FORCE (1990 – Berufliche Weiterbildung), MATTHAEUS (1991, Fortsetzung – Aus- und Fortbildung von Zollbeamten). Auch die AKTION JEAN MONNET (seit 1989 – Universitäre Ausbildungs- und Lehrangebote einschl. „Jean-Monnet-Lehrstühle") gehört hierher.

1932 Insgesamt bewegte sich das **Bildungsbudget aller EG-Programme 1986 – 1992 bei knapp 1 Milliarde ECU,** wobei die Aufwendungen für ERASMUS im Vordergrund standen. Vergleichen mit den potentiellen Antragstellern in der EG und auch mit den tatsächlichen Anträgen konnte dies finanziell nur ein „Tropfen auf dem heißen Stein" bedeuten. Dennoch bewirkten die Programme wichtige Anstöße europaweiter Mobilität und Initiative. An ERASMUS beteiligten sich 1992/93 5 % der Studierenden in der EG (Ziel: 10 %). Im Sinne der „Ergänzungsphilosophie" der Art. 126 f. = 149 neu EGV sollen die EG-Programme grundsätzlich nur Teile der betr. Kosten decken und neben die nationalen Maßnahmen treten (Gesamtüberblick zu den EG-Bildungsprogrammen in EG-Informationen 6/1992 und EU-Informationen 3/1994).

Seit 1994 sind viele der o. g. Programme ausgelaufen.

Vor dem Hintergrund der neu geschaffenen Art. 126 f. = 149 f. neu EGV 1933
erfolgte 1995 eine **Umstrukturierung des Programmangebotes** zunächst für die Zeit bis 2000 **(„Bildungsprogramme der zweiten Generation").** In Anlehnung an die primären Rechtsgrundlagen wurde der bisherige „Wildwuchs" in **zwei „Super-Programmen"** für den **Hochschulbereich** (im wesentlichen Art. 126 = 149 neu EGV) und für die **Berufsausbildung** (Art. 127 = 150 neu EGV) zusammengefaßt. Daneben bleibt der **außerschulische Jugendaustausch** gesondert geregelt.

Maßgebliches **Hochschulprogramm** ist das für 1995–99 geltende **Aktionsprogramm SOKRATES,** das sich auf Art. 126 f. – Art. 149 f. neu EGV stützt (ABl. 1995, L 87/10 ff., *Maurer,* Integr. 1995, S. 117 ff.). Unter seinem „Dach" sind die Programme ERASMUS zur Studentenmobilität *(Dolezal,* FuL 1996, S. 416 ff.), COMENIUS (Schulbildung), sowie LINGUA, EURYDICE und ARION (Fremdsprachenkenntnisse, bildungspolitisches Informationsnetz, Erfahrungsaustausch) und die Förderung offenen Unterrichts und der Fernlehre eingeordnet. – SOKRATES ist für seine 5 Jahre Laufzeit mit 850 Mio. ECU ausgestattet, von denen 55 % für ERASMUS bestimmt sind.

„Super-Programm" zur **EG-Berufsbildungspolitik** ist das gleichfalls für 1995–1999 konzipierte **Aktionsprogramm LEONARDO DA VINCI,** das auf Art. 127 = 150 neu EGV gestützt ist (ABl. 1994, L 340/8 ff., *Blanke* a.a.O., vor Art. 126, 127, RdNr. 72 ff.). LEONARDO führt die Aktionen der bisherigen Programme PETRA, EUROTECNET, FORCE und Teile von LINGUA fort (oben Rz. 1931). Ferner ist das COMETT-Programm (oben Rz. 1909, 1931) in LEONARDO integriert. Der Schwerpunkt liegt auf der Unterstützung von Verbesserungen bei Berufsbildungssystemen und Maßnahmen, auf dem Ausbau von Sprachkenntnissen und Kenntnissen über Berufsbildung. – Die Ausstattung für LEONARDO für die Periode 1995–99 beträgt 620 Mio. ECU. SOCRATES und LEONARDO **werden von der Kommission verwaltet.** Eine Mitwirkung der MSen besteht jeweils über einem **Ausschuß** auf nationalen Vertretern unter Vorsitz der Kommission.Bei Dissens zwischen Ausschuß und Kommission wird der Rat eingeschaltet, der mit qualifizierter Mehrheit entscheidet.

Das bildungspolitische Urteil über die Wirksamkeit der beiden Program- 1934
me, insbesondere von SOKRATES/ERASMUS, ist **zwiespältig.** Obwohl die Anstoßfunktion im Interesse gemeinschaftsweiter Mobilität und Aktion unbestreitbar ist, werden gleichermaßen Bürokratisierung und unübersichtliche Beliebigkeit der Entscheidungen der im „fernen Brüssel" verwalteten Programme beklagt *(Gross,* DUZ 1/1997, S. 16 ff.). Auch nach der Erhöhung der Mittel in der Periode 1995–1999 erlaubt die finanzielle Ausstattung angesichts eines hohen Antragvolumens nur bescheidene Hilfen. Bei ERAS-

MUS deckt das Stipendium des einzelnen Studenten nur einen Bruchteil seiner Mobilitätskosten („Taschengeld"). Die Verantwortung für solche Probleme liegt zum guten Teil bei den nationalen Bildungsverwaltungen, die ERASMUS und andere Programme zum Vorwand des Rückzuges aus der nationalen Förderung nehmen, ohne den Ergänzungscharakter der EG-Maßnahmen in Rechnung zu stellen *(Glaser,* FuL 1996, S. 253 ff.).

1935 Im Bereich des **außerschulischen Jugendaustausches** wird das selbständige Programm **„Jugend für Europa"** (YES) seit 1995 in einer 3. Phase fortgeführt (ABl. 1995, L 87/1 ff.). Es stützt sich auf Art. 126 = 149 neu EGV (früher Art. 235 EWGV). Hiermit soll der Jugendaustausch neben den sonstigen Instrumenten verstärkt werden. Hierfür stehen 1995–99 126 Mio. ECU zur Verfügung. Die Abwicklung erfolgt ähnlich wie bei SOKRATES und LEONARDO.

1936 Trotz aller Probleme ist die positive Auswirkung der europäischen Bildungsprogramme unübersehbar. Sie liegt weniger im materiellen Gehalt der Aktion als in der psychologischen Auswirkung. Durch ERASMUS hat sich beispielsweise die Zahl der in anderen MSen Studierenden seit den 80er Jahren vervielfacht. Durch die Erstreckung verschiedener Programme über die EU-Grenzen hinaus (SOKRATES und LEONARDO stehen Angehörigen aus EFTA/EWR-Staaten offen, TEMPUS bezweckt Förderung und Austausch zugunsten der mittelosteuropäischen Hochschulen) leisten die EG-Bildungsprogramme ferner einen Beitrag im Sinne des „größeren Europas". Die Gemeinschaft bemüht sich mittels fortlaufender **Evaluierung der Programme** (zu SOKRATES EuzW 1997, S. 579 f.) um die Verbesserung ihrer Effizienz. Nach 2000 ist eine neue Generation der Programme zu erwarten *(Müller-Solger,* Fördermaßnahmen für die Bildung. Die nächste Generation der EU-Bildungsprogramme, 1998).

c) Weitere punktuelle EG-Bildungsmaßnahmen

1937 Sowohl die allgemeinen Bildungszuständigkeiten der Gemeinschaft nach Art. 126 f. = 149 f. neu EGV als auch die sonstigen besonderen Bildungsregelungen des EGV (oben Rz. 1919 ff.) ermöglichen neben dem im Vordergrund stehenden Erlaß und der Abwicklung der Aktionsprogramme **eine Reihe sonstiger punktueller Bildungsmaßnahmen.**

aa) Auf den **bildungspolitischen Einsatz der Strukturfonds,** besonders des Sozialfonds, wurde bereits hingewiesen (oben Rz. 1922).

In diesem Zusammenhang erfolgt oftmals ein Zusammenwirken zwischen der Förderung durch die Fonds und durch die verschiedenen Bildungsprogramme. Angesichts der gemeinsamen Verwaltung durch die Kommission sind sinnvolle Bündelungen möglich (näher *Blanke* in Grabitz/Hilf (Hrsg.) EUV/EGV Komm. (1995), vor Art. 126, 127, RdNr. 23 ff.; 126, 127, RdNr. 33 ff.).

bb) Zur Gewinnung zuverlässiger Daten für gemeinsame Aktionen fördert die EG die **Bildungsstatistik** in der EU (Entschließung des Rates v. 5. 12. 1994, ABl. C 374/4: *Eurostat* (Hrsg.) Bildung in der EU 1996: Datum und Kennzahlen).

cc) In jüngerer Zeit beginnt die EG die **bildungspolitische Außenkompetenz** wahrzunehmen, die ihr seit 1992 durch Art. 126 Abs. 3, 127 Abs. 3 = 149 Abs. 3, 150 Abs. 3 neu EGV verliehen worden ist. 1995 hat die Gemeinschaft mit den USA und Kanada jeweils ein **Kooperationsabkommen im Bereich der Hochschul- und Berufsbildung** (ABl. 1995, L 279/13 ff. bzw. L 300/19 ff.) abgeschlossen. Sie umfassen bestimmte Partnerschaftsprojekte und ergänzende Maßnahmen einschließlich Stipendienvergaben. **1938**

dd) Bei anderen Aktivitäten der Gemeinschaft ist die Zuordnung zum Bildungsbereich undeutlicher. So dürfte die zunehmend an Bedeutung gewinnende **Sportförderung seitens der EG** (u. a. Programm EURATHLON seit 1995) zwar auch bildende und jugendpolitische Aspekte aufweisen (Fortbildungsprogramme, Sportaustausch). Schwerpunktmäßig sind diese Maßnahmen jedoch eher der **kulturellen Aktion** der EG nach Art. 128 = 151 neu EGV zuzuordnen (**„Körperkultur"**, unten Rz. 1978 ff.). **1939**

5. Ausblick: Sinn und Grenzen der Gemeinschaftsaktion im Bildungswesen

Literatur: *Klein,* Hochschulpolitik nach Maastricht, Mitt. HV 1992, S. 262 ff.; *Schleicher* (Hrsg.) Zukunft der Bildung in Europa, 1993; *Lassahn/Ofenbach* (Hrsg.) Bildung in Europa 1994; *Timmermann* (Hrsg.) Bildung in der EU, 1995; *Wägenbaur,* Auf dem Wege zur Bildungs- und Kulturgemeinschaft, GS Grabitz, 1995, S. 851 ff.; *Böck,* Deutsches Bildungsverwaltungsrecht und Europa, 1996;

Insgesamt ist die Betätigung der Gemeinschaft im Bildungswesen von ihren begrenzten Anfängen in den sechziger Jahren bis zur Legalisierung einer sich aus den Sachnotwendigkeiten vor allem der Freizügigkeit immer mehr verstärkenden Aktion durch die Bildungszuständigkeit der Art. 126 f. = 149 f. neu EGV im Maastrichter Unionsvertrag 1992 ein eindrucksvolles Beispiel für die **Ausweitung der Gemeinschaftsaktion kraft fortschreitender sektorieller Teilintegration.** Sie dient inzwischen nicht mehr nur wirtschaftlich gemeinter Zweckrationalität, sondern mit Blick auf die Politische Union zugleich der **Förderung des Europabewußtseins** *(Lassahn/Ofenbach* (Hrsg.) Bildung in Europa, 1994). Gleichwohl bleibt die Gemeinschaftsaktion im Bildungswesen **eine begrenzte Maßnahme** in einem Sachbereich, welcher aus mannigfachen Gründen politischer und kultureller Vielfalt innerhalb Europas **primär unter der Obhut der MSen verbleibt.** Das braucht künftige Stärkungen der EG-Befugnisse im Zuge des fortschreitenden wirtschaftlich/sozialen Einigungsprozesses im Sinne der „Kohäsion" der Gemeinschaft nicht auszuschließen. Die Vorstellung einer europaweit gänzlich vereinheitlichten Schul- und Hochschulbildung erscheint jedoch auch auf längere Sicht lebensfremd und nicht wünschenswert *(Timmermann* (Hrsg.), Bildung in der EU, 1995). **1940**

II. Forschung und Technologie

Literatur: Umfassende Liste des Schrifttums bei *Glaesner/Fischer-Dieskau,* in: Grabitz/Hilf (Hrsg.) EUV/EGV-Komm. (1998), vor Art. 130 f. EGV.

Standke, Europäische Forschungspolitik im Wettbewerb, 1970; *Maas,* Die Forschungspolitik der EG, 1980; *Curien,* L'Europe dans l'espace, 1986; *Starbatty/Vetterlein,* Die Technologiepolitik der EG, 1990; *Ullrich,* Forschungs- und Technologiepolitik, in: Dauses (Hrsg.), Hdb EU-Wirtschaftsrecht (1993), N; *Zacher,* Forschungsfreiheit und Forschungsförderung in Europa, FS Jahr, 1993, S. 199 ff.; *Europäische Kommission,* Wissenschaft und Technologie in der Zukunft, 1994; *Classen,* Forschungsförderung durch die EG und Freiheit in der Wissenschaft, WissR 1995, S. 97 ff.; *Starbatty/Vetterlein,* Forschungs- und Technologiepolitik der EU, APUZ 24/1995, S. 3 ff.; *Keller/Maurer,* Hochschul- und forschungspolitische Herausforderungen der EU, Integr. 1996, S. 180 ff.; *Grabert,* Europäische Forschungsförderung, FuL 1998, S. 18 ff; *Starbatty/Vetterlein,* Forschungs- und Technologiepolitik in: Klemmer (Hrsg.), Hdb Europ. Wirtsch. Pol. 1998, S. 665 ff.;

1941 Während der Bildungsbereich erst 1992/93 mit dem Maastrichter Unionsvertrag als umfassender Sachbereich in den EGV aufgenommen wurde (oben Rz. 1903, 1912 ff.), sind **Forschung und technologische Entwicklung (FTE)** bereits durch die **Einheitliche Europäische Akte seit 1987 als Vertragspolitik** verankert worden. Der **Maastrichter Unionsvertrag 1992** hat die FTE-Förderung durch die EG noch weiter ausgebaut *(Starbatty/Vetterlein,* APUZ B 24/1995, S. 3 ff.). Der **Amsterdamer Vertrag 1997** hat hieran so gut wie nichts geändert. Zu den Zielsetzungen der Gemeinschaft gehört seither die **Förderung der Forschung und technologischen Entwicklung** (Art. 3 a EGV) nach näherer Maßgabe der Art. 130 f ff. = 163 ff. neu EGV. Damit hat eine tatsächliche Entwicklung ihren vorläufigen Abschluß gefunden, mittels der seit den sechziger Jahren und besonders seit 1974 die getrennten Forschungsregelungen der drei Verträge gebündelt wurden *(Ulrich,* Forschungs- und Technologiepolitik, in: Dauses (Hrsg.) Hdb EU-Wirtsch.Recht (1993), N). Motiv dieser gezielten Förderung des FTE-Bereiches war die Auffassung, daß grundlegende Aufgaben der Gemeinschaft wie eine nachhaltige Entwicklung des Wirtschaftslebens, ein hoher Grad von Wettbewerbsfähigkeit und auch die Solidarität zwischen den MSen (Art. 2, 130 n = 158 neu EGV) ohne eine Forschungs- und Entwicklungspolitik auf Gemeinschaftsebene nicht erfüllt werden könnten. Ein wesentlicher Gesichtspunkt war in diesem Zusamemnhang, daß die EG in ihrer wirtschaftlichen Wettbewerbsfähigkeit nicht hinter andere große Wirtschaftsräume wie die USA und Japan zurückfallen dürfe, die ihrerseits FTE-Förderung in großem Stil betrieben. Aus dieser Optik ergab sich die Forderung nach der „Technologiegemeinschaft“. EG-Forschungspolitik ist weithin Förderung anwendungsfähiger („nützlicher“) Projekte und unterscheidet sich auf diese Weise von nationaler Wissenschaftspolitik, die sich ebenso sehr der Pflege von Grundlagenforschung widmet *(Trute/Gross,* WissR 1994, S. 203 ff.). Die FTE-Förderung steht aus der Sicht des Vertrages in engem Zusammenhang mit der **Industriepolitik** von Gemeinschaft und MSen im Sinne von Art. 130 = 157 neu EGV (oben Rz. 947 ff.), deren Ziel ebenfalls die Wettbewerbsfähigkeit der Industrie der EG ist.

Auch in dieser Begrenzung hat sich die EG-Forschungspolitik seit den achtziger Jahren zu einem wichtigen und in seiner Bedeutung immer noch zunehmenden Faktor der sich ausweitenden Gemeinschaftsaktion entwikkelt *(Konow,* WissR 1993, Beitr. 11, S. 40 ff.). Nicht zuletzt läßt sich dies am **finanziellen Ausmaß der Forschungsgemeinschaftsfinanzierung** ablesen, das die entsprechenden Anstrengungen im Bildungsbereich weit übertrifft.

1. Rechtsgrundlagen und Gemeinschaftspraxis bis 1987

Literatur: *Dumoulin,* L'Europe des nouvelles technologies, Annales du Marché Commun 1984, S. 9 ff.; *Ellis,* Coopération européenne dans le domaine de la recherche scientifique et technique, RMC 1985, S. 319 ff.; *Möschel,* Die EG-Gruppenfreistellungsverordnung für Forschungs- und Entwicklungsgemeinschaf-ten RIW 1985, S. 261 ff.; *Maillet,* Communauté Européenne et technologie, RMC 1986, S. 565 ff.; *Oppermann/Conlan/Klose/Völker,* Rechtsgrundlagen von Technologiepolitik, ORDO 1987, S. 209 ff.; *Sharp/Shearman,* European technological collaboration, 1987

a) Konzept der drei Verträge

Ursprünglich war die forschungs- und technologiepolitische Tätigkeit 1942
der EG **gemäß den Entscheidungen der drei Verträge zersplittert.** Der EGKSV enthält in seinen Aufgaben und Zielen gemäß Art. 1–6 forschungsrelevante Ansätze (z. B. die „rationellste Verteilung der Erzeugung auf dem höchsten Leistungsstand" in Art. 2 Abs. 2 EGKSV). Art. 55 EGKSV überträgt der Kommission (Hohe Behörde) gewisse Forschungsförderungsbefugnisse im Montanbereich, aufgrund deren die EGKS seit den sechziger Jahren **begrenzte gemeinschaftsfinanzierte Forschungsprogramme für Kohle und Stahl** auflegt.

Zur eigentlichen **Keimzelle der gemeinsamen EG-Forschungspolitik** wurde der EAGV, dessen Art. 2 als erste Aufgabe von EURATOM die **Entwicklung der Forschung** und Sicherstellung der Verbreitung der technischen Kenntnisse im Nuklearbereich definiert (oben Rz. 1338). Als Instrument hierfür sah Art. 7 EAGV mehrjährige gemeinschaftsfinanzierte Forschungs- und Ausbildungsprogramme vor. Außerdem war ein besonderes Kapitel (Art. 12 ff. EAGV) der Verbreitung der Kenntnisse gewidmet. In Ausführung dieses Auftrages verabschiedete die EAG seit längerem **eigene Forschungs- und Ausbildungsprogramme** (Bsp.: ABl. 1985, L 83/20 ff.). Organisatorisch stützte sich die EAG-Nuklearforschung ursprünglich auf die nach Art. 8 EAGV errichtete **Gemeinsame Kernforschungsstelle** mit verschiedenen ausgegliederten Anstalten (oben Rz. 1338). Sie wurde inzwischen im Zuge der Erweiterung der EG-Forschungspolitik (unten Rz. 1947 ff.) zur **Gemeinsamen Forschungsstelle (GFS)** umgegründet, die über den Nuklearbereich hinausreichende Zuständigkeiten hat. Inzwischen umfassen die EG-Forschungsanstalten über 2000 Mitarbeiter. Das Urteil über die tatsächlichen Erfolge der nuklearen Gemeinschaftsforschung fällt indessen differenziert aus. Öfters wird eine große Bürokratisierung beklagt *(Schmidt-Assmann,* FS Everling, 1995, S. 1281 ff.).

Im EWGV sah lediglich Art. 41 eine **Koordinierung der Agrarforschung** und der Verbreitung landwirtschaftlicher Fachkenntnisse mit der Möglichkeit von Gemeinschaftsfinanzierungen vor (VO v. 27. 6. 1974, ABl. 182/1 ff.; *Cherry,* Koordinierte Agrarforschung in der EG, 1985).

b) Gemeinsame Forschungs- und Technologiepolitik seit 1974

1943 Seit den sechziger Jahren setzte sich in der Gemeinschaft zunehmend die Auffassung durch, daß die in den drei Verträgen zersplitterten Forschungszuständigkeiten nicht ausreichten und in dieser Form keine wirksame Gemeinschaftspolitik ermöglichten *(Standke,* Europäische Forschungspolitik im Wettbewerb, 1970). Die Staats- und Regierungschefs sprachen sich auf ihren Gipfelkonferenzen in Den Haag 1969 und Paris 1972 für eine **allgemeine EG-Forschungs- und Technologiepolitik** im Sinne der Koordinierung der nationalen Politiken sowie mittels Gemeinschaftsaktionen aus. Auf diese Weise kam es 1974 zur **„Wende"** in diesem Bereich, als der Rat mittels Entschließungen vom 14. 1. 1974 die Ziele und Durchführung einer gemeinsamen Wissenschafts- und Technologiepolitik festlegte (ABl. C 7/1 ff. und *Schuster,* Die neue gemeinsame Forschungs- und Technologiepolitik der EG, 1976).

1944 Inhaltlich wurde als Kriterium der nunmehr übergreifend verstandenen gemeinsamen Forschungs- und Technologiepolitik (GFTP) bestimmt, daß ihre Maßnahmen sich im **Rahmen der allgemeinen Ziele der Gemeinschaft** zu halten hätten. Damit war die grundsätzlich „nützlich"-begrenzte Rolle der GFTP definiert. Institutionell erfolgte die **Gründung verschiedener Ausschüsse,** welche die Kommission bei der Entwicklung der GFTP beratend unterstützten (CREST = Comité de la Recherche Scientifique et Technique, ein Ausschuß hoher nationaler Forschungsbeamter bei der EG; CODEST = Council for Development in European Science and Technology, beraterkreis hochqualifizierter Wissenschaftler; IRDAC = Industrial Research and Development Association Council, Beraterkreis von Wissenschaftlern aus der Industrieforschung sowie der schon seit 1971 bestehende Ausschuß COST = Coopération Scientifique et Technique, ein Regierungsgremium der EG und westeuropäischer Nachbarstaaten zur Vorbereitung gemeinsamer Forschungsprojekte). – In diesem Zusammenhang gehörte auch die **Reorganisation der Gemeinsamen Forschungsstelle** (oben Rz. 1338, 1942). Sie ermöglichte **eigenständige Gemeinschaftsforschung,** insbesondere in den Forschungsanstalten Ispra/Italien, Geel/Belgien, Karlsruhe/Deutschland, Petten/Holland und Sevilla/Spanien der GFS. Diese Forschung wird voll aus dem EG-Haushalt finanziert **(„Direkte Aktion").** Daneben stand die vor allem über die Gemeinschaftsprogramme verwirklichte **„indirekte Aktion",** bei der im Wege der Vertragsforschung die Gemeinschaft sich an den Kosten (i. d. R. zur Hälfte) beteiligt. Ferner gibt es sog. konzertierte Aktionen, bei denen die EG sich auf Koordinierung und Kenntnisaustausch beschränkt.*(Maillet,* RMC 1986, S. 565 ff.).

1945 Wichtiges Instrument der seit 1974 anhebenden Gemeinsamen Forschungs- und Technologiepolitik wurden ähnlich wie im Bildungsbereich (oben Rz. 1930 ff.) **die gemeinschaftsfinanzierten Forschungsprogramme.**

Sie ergingen zunächst regelmäßig auf der Rechtsgrundlage des (seit 1972 großzügiger ausgelegten) Art. 235 EWGV. Die ersten nichtnuklearen Programme von 1976 betrafen Umweltforschung und die Entwicklung gemeinsamer Referenzmaterialien (ABl. L 74/36 ff.). Sie standen bereits im Rahmen eines **ersten EG-Arbeitsprogrammes (1974–76).** In rascher Folge ergingen 1974–84 ungefähr 40 Forschungsprogramme unterschiedlicher Größenordnung und Bedeutung, mit denen sich die GFTP als ein fester Bestandteil der Gemeinschaftsaktion etablierte *(Narjes,* La politique communautaire de la recherche et de la technologie, 1985).

Unter diesen ersten Programmen, die z. T. noch fortgeführt werden, waren u. a. hervorzuheben (näher *Oppermann/Conlan/Klose/Völker,* ORDO 1987, S. 209 ff.):

EURONET DIANE (1975 ff. – Europäisches Datenbanksystem)

FAST (1978 ff. mehrere Programme – Prognostische Untersuchung der Rolle neuer Technologien für das Wirtschaftswachstum).

ESPRIT (European Strategic Programme for Research and Development) 1984 ff.; mehrere Programme – Vorwettbewerbliche Förderung besonders zukunftsträchtiger Technologien (Mikroelektronik, Informationsverarbeitung u. a.).

ESPRIT ist mit einem Volumen von bald 2 Mia. ECU das **bei weitem größte EG-Einzelprogramm** („Flaggschiff der Gemeinschaftsforschung").

BRITE (1985 ff. – Förderung sektorübergreifender Basistechnologien für traditionelle Industrien).

RACE (1985 – Förderung von Kommunikationstechnologie).

Bis 1984 betrug das finanzielle Gesamtvolumen für die Programme 3,75 Mia. ECU. Der Schwerpunkt der Förderung bezog sich auf Energieforschung und industrielle Innovation.

1983 verabschiedete der Rat mittels einer auf Art. 235 EWGV und Art. 7 **1946**
EAGV gestützten Entschließung das **1. Rahmenprogramm der Gemeinschaft im Bereich Forschung, Technologie und Demonstration** für die Jahre 1984–87 (ABl. 1983, C 208/1 ff.). Hiermit wurden die bisherigen Einzelprogramme im Sinne der Entschließung v. 14. 1. 1974 (oben Rz. 1943) in den **Zusammenhang einer Gesamtpolitik** gebracht, die an die allgemeinen Ziele der Verträge anknüpft. Für den Erlaß eines Gemeinschaftsprogrammes wird vorausgesetzt, daß es im Vergleich zu den einzelstaatlichen Aktivitäten Vorteile für die Gemeinschaft mit sich bringt **(„Subsidiaritätsprinzip",** *EG-Kommission* (Hrsg.), Auf dem Wege zum Europa der Wissenschaft und Forschung, 1983). Das Programm stellt bestimmte „Schlüsselbereiche" für die Forschungsaktivitäten der EG in den Vordergrund (näher *Gerold,* WissR 1987, S. 64 ff.).

2. Forschungs- und Technologiepolitik auf der Grundlage der Einheitlichen Europäischen Akte und des Maastrichter Unionsvertrages

Literatur: *Sälzer,* Die Einheitliche Europäische Akte: Die neuen Vertragsartikel Forschung und technische Entwicklung, Integr. 1986, S. 121 ff.; *Gerold,* Die Zusammenarbeit in Forschung und Technologie im Rahmen der EG, WissR 1987, S. 64 ff.; *Narjes,* Europäische Technologiepolitik – Ein Verstoß gegen die Marktwirtschaft? FS v. d. Groeben, 1987, S. 267 ff.; *Bujard,* Brauchen wir eine europäische Forschungspolitik?, 1988; *Colliard,* Eureka ou une coopération technologique européenne, RTDE 1988, S. 1 ff.; *Krüger,* die europarechtlichen Kompetenzen im Bereich von Forschung und Technologie, WissR 1989, S. 201 ff.; *Gonzales Sanchez,* Troisième programme-cadre de recherche et de developpment technologique, (1990–1994), RMC 1990, S. 454 ff.; *Jürgensmann/Naujoks,* Der neue Ratgeber zur EG-Förderung, 1990 ff. (Losebl.); *Grunwald,* Das Forschungsrecht der EG, 1991; *Erhardt,* Die Kulturhoheit der Länder als Kern der Eigenstaatlichkeit und EG-Aktivitäten auf den Gebieten von Erziehung, Ausbildung und Forschung, in: Vogel/Oettinger (Hrsg.) Föderalismus in der Bewährung, 1992, S. 85 ff.; *Konow,* Zur Europäischen Forschungspolitik nach Maastricht, FS Müller, WissR 1993, Beih. 11, S. 40 ff.; *Reger/Kuhlmann,* Europäische Technologiepolitik in Deutschland, 1993; *Europäische Kommission,* Der 4. Rahmenplan, 1994; *Max-Planck-Gesellschaft* (Hrsg.), European Research Structures, 1994; *Trute/Gross,* Rechtsvergleichende Grundlagen der europäischen Forschungspolitik, WissR 1994, S. 203 ff.; *Eichhorn/Greiling,* Die europäische Industriepolitik zur Förderung von Forschung und technologischer Entwicklung, APUZ 24/1995, S. 18 ff.; *Schäfer, Eureka,* APUZ 24/1995, S. 26 ff.; *Schmidt-Assmann,* Organisationsfragen der europäischen Forschungspolitik, FS Everling, 1995, S. 1281 ff.; *Eisermann,* Gemeinschaftsrechtliche Beihilfenkontrolle bei staatlich unterstützten Forschungs- und Entwicklungsvorhaben, EuZW 1996, S. 683 ff.; *Europäische Kommission,* Die Forschungsprogramme der Gemeinschaft. Ein Leitfaden für Antragsteller, 4. Aufl. 1996; *Sturm* (Hrsg.), Europäische Forschungs- und Technologiepolitik und die Anforderungen des Subsidiaritätsprinzips, 1996; *Wolfrum/Genius,* Rechtliche Perspektiven für die Forschung in Europa, FuL 1998, S. 288 ff.

1947 Als die EG-Verfassungsreform Anfang der achtziger Jahre initiiert und in Gestalt der Einheitlichen Europäischen Akte 1986/87 durchgeführt wurde (oben Rz. 39 ff.), war die GFTP bereits so sehr integraler Bestandteil der Gemeinschaftsaktion geworden, daß sich ihre ausdrückliche Aufnahme in die ergänzte Fassung des EWG-Vertrages nahelegte. Auf diese Weise kam es zunächst 1986/87 zur **Einfügung der Art. 130 f – 130 q EWGV als neuer Titel VI „Forschung und technologische Entwicklung“** unter die Politiken der Gemeinschaft (*Krüger,* WissR 1989, S. 202 ff.). Obwohl die spezifischen Forschungszuständigkeiten des EGKSV und EAGV unverändert blieben, **ist die eigentliche Forschungszuständigkeit der EG seitdem als generelle Regelung im EGV begründet.** Mit dem Maastrichter Unionsvertrag 1992/93 wurden die Art. 130 f ff. EWGV noch einmal revidiert und dabei die **Gemeinschaftskompetenz im Bereich FTE erweitert und gestärkt (Art. 130 f – p = 163 – 173 neu EGV).** Der Amsterdamer Vertrag 1997 ließ diese Regelung praktisch unangetastet. Mit dieser Verankerung der GFTP im Vertrag ist der Rückgriff auf Art. 235 = 308 neu EGV weithin entbehrlich geworden.

a) Das Konzept des Vertrages seit 1986/92

1948 Die Forschungsregelung der Art. 130 f = 163 neu EGV baut wesentlich auf der Praxis der GFTP bis 1987 auf (oben Rz. 1942 ff.).

Art. 130 f = 163 neu EGV definiert **die Ziele im FTE-Bereich** wirtschaftsbezogen als **Stärkung der wissenschaftlich/technologischen Grundlagen der Industrie der Gemeinschaft und der Entwicklung ihrer internationa-**

len Wettbewerbsfähigkeit. Dabei gilt die FTE-Förderung im Sinne der 130 f ff. = 163 ff. neu EGV als eine abschließende Sonderregelung des Vertrages (Art. 130 f Abs. 1, 3 = 163 Abs. 1, 3 EGV). Gleichwohl ist die Anwendung des Rechtsangleichungsinstrumentariums der Art. 100 ff. = 94 ff. neu EGV (oben Rz. 1208 ff.) im FTE-Bereich nicht ausgeschlossen *(Ullrich,* in: Dauses (Hrsg.) Hdb EU-Wirtschaftsrecht (1993) N, RdNr. 3 ff.). In unübersichtlicher Weise benennt Art. 130 f Abs. 2 = 163 Abs. 2 neu EGV **Unternehmen** (insbesondere auch die KMU), **Forschungszentren und die Hochschulen** als Adressat der FTE-Maßnahmen und eine Reihe denkbarer EG-Aktivitäten wie die Öffnung des einzelstaatlichen Auftragwesens und die Festlegung gemeinsamer Normen.

Als **Maßnahmen** zur Verwirklichung dieser Ziele nennt Art. 130 g = 164 neu EGV 1949

- die Durchführung von **Gemeinschaftsprogrammen für FTE.**
- Förderung der Zusammenarbeit mit Drittländern und Internationalen Organisationen.
- Verbreitung und Auswertung der Ergebnisse.
- Förderung der Ausbildung und der Mobilität der Forscher aus der EG (oben Rz. 1923).

Obwohl nicht ausdrücklich erwähnt, gehört hierzu auch die Tätigkeit der **reformierten Gemeinsamen Forschungsstelle** (GFS) im nuklearen und nichtnuklearen Bereich (Ratsentschließung über die künftigen Tätigkeiten der GFS v. 27. 7. 1988, ABl. C 197/4 ff.). – Gemeinschaftsforschung wird auch durch **gemeinsame Unternehmen** nach Art. 45 ff. EAGV, 130 n = 171 neu EGV wie z. B. den *Joint European Torus (JET)* betrieben.

Bei alledem gilt für die GFTP das **Subsidiaritätsprinzip** in dem Sinne, daß die EG-Maßnahmen die Aktionen der MSen ergänzen (Art. 130 g = 164 neu EGV). Es findet eine Koordinierung der europäischen und nationalen Tätigkeiten im Interesse einer kohärenten Gesamtpolitik statt, wobei der Kommission eine besondere Rolle zufällt (Art. 130 h = 165 neu EGV). EG-Initiativen rechtfertigen sich nur, wenn über die nationale Aktion hinaus ein **„europäischer Mehrwert“** *(Hanns Ullrich)* zu erwarten ist. 1950

Vorrangiges Instrument für die Durchführung der GFTP sind die **EG-Forschungsprogramme** (Art. 130 i – m = 166–170 neu EGV, näher *Ullrich* a.a.O., RdNr. 3 ff.). 1951

Alle Aktionen der EG werden in einem **mehrjährigen (i. d. R. vierjährigen) Rahmenprogramm** zusammengefaßt (Art. 131 i, Abs. 1–2 = 166 neu EGV). Die Durchführung des Rahmenprogramms erfolgt durch **spezifische Programme** innerhalb jeder einzelnen Aktion (Art. 130 i, Abs. 3–4 = 166 Abs. 3–4 neu EGV). – Es werden zur Durchführung des Rahmenprogramms die Regeln für die Beteiligung der Unternehmen, Forschungszentren und Hochschulen sowie für die Verbreitung der Forschungsergebnisse festgelegt (Art. 130 j = 167 neu EGV). Ferner können bei der Durchführung des Rahmenprogramms **Zusatzprogramme** beschlossen werden, an denen nur bestimmte MSen teilnehmen (Art. 130 k = 168 neu EGV), sowie **Beteiligungen** an Programmen mehrerer MSen (Art. 130 l = 169 neu EGV) und eine **Zusammenarbeit einschließlich Abkommen** mit dritten Ländern und internationalen Organisationen (Art. 130 m = 170 neu EGV).

Die **Rahmenprogramme** werden vom Rat einstimmig im Rahmen des Mitentscheidungsverfahrens nach Art. 189 b = 251 neu EGV beschlossen (Art. 130 i Abs. 1 = 166 Abs. 1 neu EGV). Damit ist ähnlich wie bei den Bildungsprogrammen nach Art. 126 f. = 149 f. neu EGV (oben Rz. 1930 ff.) klargestellt, daß es sich um einen besonderen **verbindlichen Rechtsakt** handeln soll.

Inhalt des Rahmenprogramms sind die wissenschaftlich/technologischen **Ziele** der GFTP im betreffenden Zeitraum, die Grundzüge der **Maßnahmen** und der **Gesamthöchstbetrag** der Gemeinschaftsfinanzierung nebst weiteren Einzelheiten der finanziellen Beteiligung. Das Rahmenprogramm kann während der Laufzeit angepaßt und ergänzt werden.

Die **spezifischen Programme** werden ihrerseits als ein besonderer verbindlicher Rechtsakt vom Rat auf Vorschlag der Kommission und nach Anhörung von EP/WSA mit qualifizierter Mehrheit beschlossen (Art. 130 i, Abs. 4 = 166 Abs. 4 neu EGV). Hier werden für jede Aktion die Einzelheiten der Durchführung einschließlich der Finanzierung geregelt. Die spezifischen Programme dürfen insgesamt den Finanzrahmen des Rahmenprogrammes nicht überschreiten.

Zur Durchführung der weiteren Maßnahmen im Rahmen der GFTP (Beteiligung der Unternehmen, Zusatzprogramme etc., oben Rz. 1949) verfügt der Rat nach Art. 130 o Abs. 2 = 172 Abs. 2 neu EGV über eine **weitgefaßte Rechtsetzungskompetenz** im Sinne des Mitentscheidungsverfahrens nach Art. 189 b = 251 neu EGV. Er kann ferner auf Vorschlag der Kommission und nach Anhörung von EP/WSA die in Art. 130 n = 171 neu EGV vorgesehenen **gemeinsamen Unternehmen** gründen und „Strukturen" zur Durchführung der Programme schaffen (Art. 130 o Abs. 1 = 172 Abs. 1 neu EGV).

1952 Die Kommission unterbreitet dem Rat einen **jährlichen Bericht** über den Stand der GFTP (Art. 130 p = 173 neu EGV) – Insgesamt ist die Gemeinschaft durch die Einheitliche Europäische Akte und den Maastrichter Unionsvertrag 1986/1992 mit **beträchtlichen Zuständigkeiten** und einem wirksamen Instrumentarium zur Gestaltung einer GFTP ausgestattet worden. Gleichzeitig wird jedoch der **subsidiäre Ergänzungscharakter** dieser Gemeinschaftspolitik im Verhältnis zu den nationalen Forschungspolitiken deutlich betont (*Sturm* (Hrsg.), Europäische Forschungs- und Technologiepolitik und die Anforderungen des Subsidiaritätsprinzips, 1996).

b) Praxis der Gemeinsamen Forschungs- und Technologiepolitik seit 1986/92

1953 Die Gemeinschaft hat seit 1986/92 ihre GFTP auf der erweiterten Rechtsgrundlage der Art. 130 f ff.= 163 ff. neu EGV **erheblich ausgebaut.** Neben der **Gemeinschaftsforschung** in der GFS mit ihren Anstalten („Direkte Aktion")

Schwerpunkte sind hier industrielle Technologien, Meß- und Prüfverfahren, Umwelt, nichtnukleare und nukleare Energien, gesellschaftspolitische Schwerpunktforschung sowie Unterstützung bestimmter Gemeinschaftspolitiken. Die GFS verfügt 1994–98 über ein Budget von 900 Mio. ECU.

1954 verwirklichte sich die GFTP vor allem im **2.–4. Rahmenprogramm** („Indirekte Aktion").

2. Rahmenprogramm 1987–1991 (ABl. 1987, L 302/1 ff.; *Krüger* WissR 1989, S. 215 ff.). Gesamtvolumen 5,4 Mia. ECU.

3. Rahmenprogramm 1990–1994 (ABl. 1990, L 117/28 ff., *Pandolfi,* EU-Information 2/1992, S. 4 ff.). Gesamtvolumen 5,7 Mia. ECU.

Einen quantitativen und qualitativen „Sprung" bedeutete das auf der Grundlage des Maastrichter EUV verabschiedete

4. Rahmenprogramm 1994–1998 (ABl. 1994, L 126/1 ff., *Europ. Kommission,* Das 4. Rahmenprogramm, 1995). Sein Finanzvolumen erhöhte sich auf 12,3 Mia. ECU. Die hauptsächlichen **Ziele** sind die Förderung der wissenschaftlich-technischen Grundlagen der europäischen Industrie im Interesse ihrer Wettbewerbsfähigkeit auf dem Weltmarkt, die Verbesserung der Koordinierung der Forschungspolitik zwischen den MSen und der EG, bessere Verwertung und Vermarktung von Forschungsergebnissen u. a. im Interesse der mittelständigen Wirtschaft und die technologische Flankierung der EU-Politik besonders bei Verkehr, Umwelt und Soziales.

Die Ziele des 4. Rahmenprogramms werden in ca. **15 spezifischen Programmen** näher durchgeführt. In ihnen setzen sich u. a. einige der o. g. (Rz. 1945) älteren Einzelprogramme fort (z. B. ESPRIT oder RACE). Insgesamt handelt es sich um eine für den Nichtspezialisten schwer überschaubare „Förderungslandschaft" *(Europ. Kommission,* Die Forschungsprogramme der Gemeinschaft. Ein Leitfaden für Antragsteller, 4. Aufl. 1996). **1955**

Die **spezifischen Programme** des 4. Rahmenprogramms beziehen sich auf Informationstechnologie (am stärksten geförderter Bereich)/Telematik/Kommunikationstechnologie/Industrie- und Werkstofftechnologie/Normung, Meß- und Prüfverfahren/Umwelt und Klima/Meereswissenschaften und -technologien/Biotechnologie/Biomedizin und Gesundheit/Agrarindustrielle Forschung/Saubere und effiziente Energietechnologien/Sicherheit bei Kernspaltung/Kontrollierte Kernfusion/Verkehrsforschung/Gesellschaftspolitische Schwerpunktforschung. – Der **anwendungsbezogene („nützliche") Charakter der GFTP** ist unübersehbar.

Für die Periode 1998–2002 ist ein **5. Rahmenprogramm** mit 15 Mia. ECU in Vorbereitung. Bei grundsätzlicher Beibehaltung der bisherigen Linie soll der Aspekt der Wettbewerbsfähigkeit der europäischen Industrie noch stärker im Zentrum stehen. **1956**

Die spezifischen Programme sind **strikt übernational ausgerichtet.** Die EG-Forschungsförderung kennt im Gegensatz zu anderen EG-Fonds **keine nationalen Quoten.** Die Projekte müssen grenzüberschreitend sein, d. h. es müssen sich Wissenschaftler aus mehr als einem MS beteiligen. Die Kommission stützt sich bei den Auswahlverfahren auf das sachverständige Urteil von Wissenschaftlern aus dem jeweiligen Sachgebiet. Hierzu wurde u. eine beratende „Europäische Wissenschafts- und Technologieversammlung" (ESTA) gebildet (ABl. 1994, L 98/34 ff.; *Winnacker,* FuL 1998, S. 284 ff.).

In der **Praxis** ist die Durchführung der Brüsseler GFTP öfters **Kritik ausgesetzt.** **1957**
In sachverständigen Untersuchungen wurde u. a. der hohe **bürokratische Aufwand** für Antragsteller bemängelt, der kleineren Unternehmen eine Beteiligung praktisch unmöglich mache. Von nationalen Wissenschaftsorganisationen (z. B. DFG) wird eine nicht seltene **Politisierung des Auswahlverfahrens** beanstandet, in dem die Stimme der Scientific Community nur wenig Gehör findet *(Frühwald,* DUZ 1–2/1995, S. 31 ff.). Von wirtschaftswissenschaftlicher Seite erfolgt **ordnungspolitische Kritik** an einer GFTP, die sich unter Vernachlässigung der Marktkräfte „Wissen anmaßt" und so Ressourcen vergeudet *(Starbatty/Vetterlein,* APUZ 24/1995, S. 13 ff.). Dagegen wird eine Antastung der **Wissenschaftsfreiheit** weniger befürchtet *(Classen,* WissR 1995, S. 97 ff.). Die Kommission sucht dieser Kritik durch Fortentwicklung der Programme im Lichte der Erfahrungen zu steuern.

c) Europäische Forschungsförderung außerhalb der EG (EUREKA, ESA u. a.)

1958 Forschungsförderung auf europäischer Ebene wird nicht nur im Maßstab der EG betrieben. Forschung und Forschungserfolge sind als unabhängige geistige Schöpfungen nur sehr begrenzt auf einen bestimmten Staat oder auch auf eine Einheit wie die Gemeinschaft lozierbar. Andererseits besteht bei bestimmten modernen Forschungen – insbesondere in den Naturwissenschaften und in der Medizin sowie in der angewandten Technologieforschung – ein unabweisbarer **großer Bedarf an öffentlicher finanzieller Unterstützung.** Unter diesen Voraussetzugen ist es nicht erstaunlich, daß sich gerade im Forschungsbereich neben den Aktivitäten der EG (oben Rz. 1947 ff.) weitere **organisatorische Zusammenschlüsse des „größeren" Europas** ergeben haben. Ihre Forschungsförderung ergänzt die GFTP der Gemeinschaft und bewirkt damit ein Konkurrenzverhältnis, das von der Sache her zu begrüßenswerten stimulierenden Effekten führt.

Als Zusammenschlüsse dieser weitergehenden europäischen Forschungspolitik sind vor allem EUREKA und ESA entstanden.

1959 aa) **EUREKA („European Research Coordination Action")**

Im Jahre 1985 wurde als eine **„europäisch-zivile" Antwort** auf das in erster Linie militärisch ausgerichtete amerikanische SDI-Programm auf französische Initiative durch gemeinsame Regierungsvereinbarung die **EUREKA-Aktion** als ein lockeres über die EG hinausgreifendes **gemeinsames Vorgehen von inzwischen über 20 europäischen Staaten** (EG-MS, EFTA- und EWR-MSen, MOE-Staaten und Türkei), ferner die EG-Kommission) ins Leben gerufen *(Riesenhuber,* EA 1986, S. 185 ff.). Über verschiedene Ministerkonferenzen wurde die Zielsetzung von EUREKA dahingehend definiert, eine verstärkte industrielle, technologische und wissenschaftliche Zusammenarbeit von Unternehmen und Forschungsinstituten aus mindestens zwei europäischen Ländern zu erleichtern. Es werden **zivile Projekte zur gemeinsamen finanziellen Förderung ausgewählt,** die auf die Entwicklung von Produkten, Systemen und Dienstleistungen mit einem weltweiten Marktpotential ausgerichtet sind und auf Hochtechnologien aufbauen (EUREKA-Dokumentation 1994). Seit 1985 ist die EUREKA-Forschungskooperation immer stärker angelaufen und erfaßt bereits ca. **800 Projekte** mit einem Gesamtvolumen von ca. 15,3 Mia. ECU *(Schäfer,* APUZ 24/1995, S. 26 ff.). Größtes Projekt ist JESSI (Joint European Submicron Silicon), mit dem Europa den Wettbewerb mit Japan und den USA in der Mikroelektrik verbessern möchte. Zwischen EUREKA und der gemeinsamen Forschungs- und Technologiepolitik der EG besteht auf diese Weise eine unmittelbare Konkurrenz. Die Abwicklung von EUREKA erfolgt über ein **eigenes Sekretariat in Brüssel.**

1960 bb) **ESA („European Space Agency")**

1975 wurde die ESA als eine gesonderte **internationale Organisation für die Weltraumforschung** mit Sitz in Paris in Zusammenfassung der vorherigen ELDO und ESRO gegründet. Sie umfaßt mittlerweile 11 westeuropäische Mitgliedstaaten und 2 assoziierte Mitglieder (u. a. BR Deutschland, Frankreich, Großbritannien, vgl. *Madders,* ESA, EPIL 6 (1983), S. 203 ff.), d. h. insbesondere diejenigen europäischen Staaten, die aufgrund ihrer eigenen technologischen Entwicklung eine **aktive Rolle in der Raumfahrt** zu spielen vermögen. Frankreich nimmt ein besonderes Interesse am Erfolg dieser Organisation. Die ESA war zeitgeschichtlich gesehen die Antwort auf die Gründung und Aktivität der amerikanischen Weltraumbehörde NASA *(Micklitz/Reich,* Legal aspects of European space activities, 1989). Über die

ESA wird die europäische Raumfahrt programmatisch in **gemeinsamen Aktionen** gebündelt und für diese eine **gemeinsame Finanzierung** beschlossen. Im Rahmen der ESA-Langzeitprogramme wurden und werden bedeutsame europäische Projekte wie die verschiedenen Raketen ARIANE, der Raumtransporter HERMES und die bemannte Weltraumkabine COLUMBUS konzipiert und durchgeführt *(Lüst,* Space Policy, 1987, S. 2 ff.). Aufgrund finanzieller Probleme wird das bis 2010 reichende Programm der ESA seit den neunziger Jahren eingeschränkt und gestreckt. – Ohne die ESA wäre Europa in der Raumfahrt neben den USA und Rußland überhaupt nicht präsent.

Obwohl EUREKA nur begrenzt und ESA nicht mit der EG-Forschungs- **1961** organisation verbunden ist, hat sich die Forschungskooperation auf der Ebene dieser beiden Spezialorganisationen **bisher erfolgreich angelassen.** Insbesondere EUREKA bedeutet eine Schmälerung der Handlungsmöglichkeiten der Gemeinschaft. Art. 130 m = 170 neu EGV trägt dieser Entwicklung insoweit Rechnung, daß er die **Beteiligung der EG** an EUREKA- und wohl auch ESA-Projekten ermöglicht (Dazu Rechtsentschließung v. 25. 3. 1996, ABl. C 110/1 ff.). Existenz und Erfolg solcher europäischer Forschungskooperation auf einer über die Gemeinschaft hinausreichenden Ebene lassen erkennen, daß bestimmte Forschungsbereiche aufgrund ihrer technologisch/finanziellen Größenordnung heute nicht mehr national betreut werden können. Ihre **möglichst breite Europäisierung** entspricht dem inzwischen erreichten Entwicklungsstand *(Turner,* APol 1989, S. 184 ff.).

3. Exkurs: Europäischer Schutz des geistigen Eigentums

Literatur: *Krieger,* Das Luxemburger Abkommen über das Gemeinschaftspatent, BB 1976, S. 672 ff.; *Singer,* Das neue europäische Patentsystem, 1979; *EG-Kommission* (Hrsg.), Auf dem Wege zu einem Europa der Patente und Marken, 1981; *Beier/Haertel/Schricker,* Europäisches Patentübereinkommen – Münchener Gemeinschaftskommentar, 1984 ff.; *Deringer,* Wandlungen des Urheberrechtes unter dem Einfluß des europäischen Gemeinschaftsrechts, NJW 1985, S. 513 ff.; *Hohmann,* Warenzeichenrecht und Europäisches Gemeinschaftsrecht, JA 1985, S. 381 ff.; *Bonet,* Propriétés intellectuelles, RTDE 1986, S. 281 ff., RTDE, 1987, S. 313 ff., RTDE 1988, S. 633 ff.; *Haertel,* Die Luxemburger Konferenz über das Gemeinschaftspatent 1985 und ihre wesentlichen Ergebnisse, GRUR Int. 1986, S. 293 ff.; *Krieger,* Harmonisierung oder Angleichung des Urheber- und Urhebervertragsrechts in der EG, ArchPresseR 1986, S. 101 ff.; *Krasser* (Hrsg.), Deutscher und Europäischer Patent- und Markenschutz: The Luxembourg Patent Convention, the best option for the internal market, JCMS 1987, S. 193 ff.; *Koenigs,* Rechtsfolgen der Einheitlichen Europäischen Akte für den Gewerblichen Rechtsschutz, FS Preu, 1988, S. 267 ff.; *Singer,* Europäisches Patentübereinkommen, 1989; *Hilf/Oehler* (Hrsg.), Der Schutz des geistigen Eigentums in Europa, 1991; *Schricker,* Urheberrecht zwischen Industrie- und Kulturpolitik, GRUR 1992, S. 242 ff.; *Kreile,* Das Urheberrecht im Europäischen Binnenmarkt, EuZW 1993, S. 24 ff.; *Vogel,* Harmonisierung des Urheberrechts in Europa, 1994; *Berlit,* Das neue Markenrecht, 1995; *Walter,* Die europäische Harmonisierung des Urheberrechts, in: Tomu-schat/Kötz/Maydell (Hrsg.), Europäische Integration und nationale Rechtskulturen, 1995, S. 123 ff.; *Lindner/Schrell,* Die Gemeinschaftsmarke im Überblick, EWS 1996, S. 7 ff.; *Schricker/Bastian/Dietz* (Hrsg.), Konturen eines europäischen Urheberrechts, 1996, *Berlit,* Die Gemeinschaftsmarke und das Markenrechtsänderungs-gesetz 1996, EWS 1997, S. 9 ff.; *Ellins,* Copyright Law, Urheberrecht und ihre Harmonisierung in der

EG, 1997; *Schricker/Bastian/Albert* (Hrsg.), Die Neuordnung des Markenrechts in Europa, 1998;

1962 Bis zu einem gewissen Grade gehört das **Prinzip des Schutzes geistigen Eigentums** (Patente, Marken, Warenzeichen, Urheberrechte u. a.) **auf europäischer Ebene** in den Zusammenhang der Entwicklung einer gemeinsamen Forschungs- und Technologiepolitik *(Koenigs,* FS Preu, 1988, S. 267 ff.). Erfindungen und sonstige geistige Persönlichkeitsrechte sind im Kern **Hervorbringungen des forschenden menschlichen Geistes.** In einer Gemeinschaft, die EG-weite übereinstimmende Standards für die Rechte und Pflichten der beteiligten Individuen bei ihrer beruflichen Betätigung herzustellen sucht, ergibt sich die Aufgabe, den Schutz des geistigen Eigentums so zu gestalten, **daß die Rechtsinhaber europaweit einander gleichgestellt sind** (EuGHE 1993, I–5145 ff. – Verb. RS 92 und 326/92 „Phil Collins"). Andererseits bleibt bei der Ausgestaltung der gewerblichen Schutzrechte unter den Auspizien eines vollendeten Binnenmarktes zu beachten, daß sich aus der Geltendmachung solcher Rechte **wettbewerbshindernde Auswirkungen** ergeben können. Dies gilt vor allem, wenn die gewerblichen Schutzrechte national unterschiedlich bleiben. Auf diese Weise steht der europäische Schutz des geistigen Eigentums ständig vor dem **unausweichlichen Dilemma,** gleichzeitig den legitimen Schutzansprüchen der Inhaber der geistigen Schutzrechte gerecht zu werden, andererseits wirtschaftlich gesehen sie als „gewerbliche" Schutzrechte unter den Gesichtspunkten des Wettbewerbs und des freien Warenverkehrs kritisch zu überprüfen, um Abschottungen nationaler Märkte mit Hilfe des grundsätzlich über Art. 36 und 222 = 30 und 295 neu EGV legitimierten „gewerblichen und kommerziellen Eigentums" möglichst hintanzuhalten *(Graz,* Propriété intellectuelle et libre circulation des marchandises, 1988). Am ehesten lassen sich diese beiden widerstreitenden Gesichtspunkte über **EG-Rechtsangleichung** im Sinne der **Schaffung europäischer Patente und Marken** sowie durch eine **Angleichung des Urheberrechtes** miteinander versöhnen.

1963 – Die EG hat schon in den fünfziger Jahren diese Problematik erkannt und sowohl auf dem Wege über Art. 100 ff. = 94 ff. neu EGV als auch in Gestalt der Erarbeitung völkerrechtlicher Verträge die **Angleichung der nationalen gewerblichen Schutzrechte** zu fördern gesucht (näher oben Rz. 1247 ff.). Erfolge wurden vor allem beim **Patentrecht** erzielt (Europäisches Patentübereinkommen 1973, Gemeinschaftspatentübereinkommen 1975, Errichtung des Europäischen Patentamtes in München; Luxemburger Vereinbarung 1989, *Krieger,* FS Everling, 1995, S. 701 ff.; vgl. auch oben Rz. 462 und 1248). Mit der VO 40/94 wurde 1994 die **Gemeinschaftsmarke** geschaffen, die seit 1996 vom Europäischen Markenamt in Alicante/Spanien verwaltet wird *(Pagenberg/Munzinger,* Leitfaden Gemeinschaftsmarke, 1996). Auch die **Europäisierung des Urheberrechts** hat seit den achtziger Jahren über eine Reihe von Rechtsakten wesentliche Fortschritte gemacht *(Beseler,* ZUM 1995, S. 437 ff.). Dabei ergeben sich schwierige Abwägungen zwischen den mehr merkantil und den mehr persönlichkeitsrechtlich ausgeprägten nationalen Systemen des Urheberrechts (oben Rz. 1250).

1964 – Bis zur hinreichenden Angleichung des geistigen Eigentums in Gestalt der gewerblichen Schutzrechte auf EG-Ebene hat die Gemeinschaft die **Gesichtspunkte**

der Freiheit des Warenverkehrs im Gemeinsamen Markt vor allem über die **Anwendung der Wettbewerbsregeln** der Art. 85 ff. = 81 ff. neu EGV auf das gewerblich/kommerzielle Eigentum im Rahmen des Art. 36 = 30 neu EGV zur Geltung zu bringen gesucht (näher oben Rz. 1087 ff.). Dabei hat die Rechtsprechung des Gerichtshofes den Kompromiß zwischen der legitimen Schutzfunktion der „Intellectual Property Rights" und den Erfordernissen des Warenverkehrs in der Unterscheidung zwischen dem absolut geschützten **„Bestand" der Schutzrechte** und der Reichweite ihrer **„Ausübung"** gesucht, die im einzelnen gemeinschaftsrechtlich näher zu bestimmen ist (EuGHE 1966, 322 ff. – Verb. RS 56 u. 58/64 „Consten/Grundig", st. Rspr. *Ebenroth/Parche,* GRUR Int. 1989, S. 738 ff.).

Unter **forschungspolitischen Gesichtspunkten** besteht hinsichtlich des wünschenswerten Ausmaßes geistigen Eigentumsschutzes ein vergleichbares Dilemma *(Meusel,* NJW 1986, S. 233 ff.). Die Berechtigung eines auch wirtschaftlich zu verstehenden **Schutzes spezifischer geistiger Hervorbringungen** ist persönlichkeits- und eigentumsrechtlich nicht zu bestreiten. Andererseits lebt der **„freie Forschungsverkehr"** über die Grenzen hinweg im Interesse wissenschaftlichen Fortschrittes elementar vom möglichst ungehinderten geistigen Austausch *(Beier/Ullrich,* Forschungsförderung und Patentschutz, 1985). Das setzt Veröffentlichung und freie Benutzbarkeit „fremder" Forschungsergebnisse voraus. Gemeinsame Forschungs- und Technologiepolitik ist daher tendenziell an einem **möglichst großen Bestand ungeschützten allgemeinen Wissens** und an einer Beschränkung des gewerblichen Rechtsschutzes auf denjenigen Bereich interessiert, in dem die Qualität der individuellen geistigen Leistung so stark hervortritt, daß die Versagung eines zeitweiligen Bestands- und Verwertungsschutzes eindeutig ungerecht erscheinen würde. **1965**

III. Kultur

Literatur: Umfassende Schrifttumsliste bei *Ress/Ukrow,* in Grabitz/Hilf (Hrsg.), EUV/EGV-Komm. (1998), Art. 128).

Brugmans, Towards a European Cultural Policy, 1978; *Piazolo,* Europäische Kulturgemeinschaft, Integr. 1984, S. 79 ff.; *Häberle,* Europa in kulturverfassungsrechtlicher Perspektive, JÖR 1985, S. 9 ff.; *Hahn,* Europäische Kulturpolitik, 1987; *EG-Kommission,* Die EG und die Kultur, 1988; *Sieger,* Kunst ohne Grenzen? Kulturelle Identität und Freizügigkeit in Europa, ZUM 1988, S. 483 ff.; *Konow,* Bildungs- und Kulturpolitik in der EG, RdJB 1989, S. 118 ff.; *Fiedler,* Impulse der EG im kulturellen Bereich, in: Magiera (Hrsg.), Das Europa der Bürger in einer Gemeinschaft ohne Binnengrenzen, 1990, S. 147 ff.; *Weidenfeld* u. a., Europäische Kultur: das Zukunftsgut des Kontinents, 1990; *Mohn,* Die Rolle der Kommunikationsmedien in der Kulturpolitik eines geeinten Europas, 1991; *Ress,* Kultur und Europäischer Binnenmarkt, 1991; *Flesch,* Was kann Kultur für Europa leisten? EG-Informationen 10/1992, S. 1 ff.; *Niedobitek,* Kultur und europäisches Gemeinschaftsrecht, 1992; *Roberts,* Cultural Policy in the EC, Texas Int. Law Journal 1993, S. 191 ff.; *Seiler-Albring,* Das neue Kulturkonzept der EG, FS Köckritz 1993, S. 139 ff.; *Baur,* Kultur Europasache? FS Deringer, 1993, S. 13 ff.; *Blanke,* Europa auf dem Weg zu einer Bildungs- und Kulturgemeinschaft, 1994; *Schwarz,* Literaturpolitik in der EU, EuR 1994, S. 470 ff.; *Fechner,* Kultur und Bildung im Europarecht, RdJB 1996,S. 470 ff.; *Häberle,* Europäische Rechtskultur, 1997; *Mickel,* Kulturelle Aspekte und Probleme der europäischen Integration, APUZ 28/1997, S. 14 ff.; *Lamnek/Tinnefeld* (Hrsg.), Globalisierung und informationelle Rechtskultur in Europa, 1998.

Vorbemerkung: Regionale, nationale und europäische Kultur

1966 Neben ihren Zuständigkeiten in Bildung und Forschung (oben Rz.1903 ff., 1941 ff.) verfügt die Gemeinschaft seit dem Maastrichter Unionsvertrag 1992 in Art. 128 = 151 neu EGV über **begrenzte Betätigungsmöglichkeiten im kulturellen Bereich.**

Schon vor dieser ausdrücklichen Normierung hatte die EG aufgrund mancher kulturrelevanter Gemeinschaftskompetenzen (unten Rz. 1976 ff.s) seit den sechziger Jahren eine Reihe kulturpolitischer Aktivitäten entfaltet (näher *Hochbaum* BayVBl. 1997, S. 644 ff.).

Dabei ist der gemeinschaftsrechtliche Kulturbegriff enger als beispielsweise im deutschen Verständnis *(Oppermann,* Kulturverwaltungsrecht, 1969, S. 17 ff.) im Sinne jenes besonderen Bereiches zu verstehen, der über Bildung und Forschung hinaus durch die öffentlich-gesellschaftlichen Berührungen mit der Welt des Geistes gekennzeichnet ist **(Literatur, Schöne Künste, Architektur, Massenmedien, Kulturaustausch, Erhaltung des kulturellen Erbes und der kulturellen Identität u. a. m.,** vgl. auch Art. 128 Abs. 2 = 151 neu Abs. 2 EGV und *Blanke,* Europa auf dem Wege zu einer Bildungs- und Kulturgemeinschaft, 1994, S. 6). Abgesehen von diesem Ausschluß von Bildung/Forschung versteht sich der gemeinschaftsrechtliche Kulturbegriff jedoch umfassend im Sinne der Gesamtheit geistiger Hervorbringung (EuGHE 1994, I–4795 ff., RS C-23/93 „TV 10").

Die Vorstellung des Vertrages von **europäischer Kultur** ist **ambivalent.** Im Wesentlichen gehört das Kulturelle zum **nationalen oder auch regionalen Bereich.** Art. 128 Abs. 1 = 151 Abs. 1 neu EGV spricht von den „Kulturen der MSen" und ihrer nationalen und regionalen Vielfalt, zu deren Entfaltung die Gemeinschaft einen Beitrag leistet. In der Kultur drückt sich die nationale Identität der MSen aus, welche die EU nach Art. F Abs. 1 = 6 Abs. 3 neu EUV achtet.

1967 Andererseits ist die **Existenz einer übergreifenden europäischen Kultur,** die mehr ist als eine Summe der Nationalkulturen, in Architektur, Literatur, Musik und sonstigen Künsten seit Jahrhunderten vielfältig belegt. Art. 128 Abs. 1 = 151 Abs. 1 neu EGV benennt dies als **„gemeinsames kulturelles Erbe",** dessen Hervorhebung Aufgabe der Gemeinschaft ist. Diese europäische Kultur umfaßt freilich größere geographischen Dimensionen als die Gemeinschaft und kann nicht zu einer „EG-Kultur" reduziert werden. Die seit der Antike entstandene „Idee Europa" (oben Rz. 4 ff.) hat wesentlich gesellschaftlich-kulturelle Wurzeln. Ein erfolgreicher und dauerhafter Abschluß des europäischen Einigungswerkes ist überhaupt nur denkbar dank der gemeinsamen kulturellen Traditionen der Mitgliedstaaten, die eine definitive Assimilation aufgrund ihrer geistigen Nähe möglich erscheinen lassen. So versteht sich wohl auch das bekannte Wort von JEAN MONNET: „Wenn ich es noch einmal zu tun hätte, würde ich mit der Kultur beginnen."

Als **gründender Grund der Gemeinschaft** ist die Kultur letztlich „stärkste Form der Politik und stärkste politische Kraft auf dem Wege zu einem Gesamteuropa" *(Richard v. Weizsäcker)*.

1. Rechtsgrundlagen gemeinschaftlicher Kulturpolitik

Literatur: *Moltke,* Die europäische Wissenschaftsstiftung, WissR1977, S. 67 ff.; *Pohl,* Zum Begriff der „Kulturindustrie" im europäischen Medienrecht, Musikforum 1988, S. 14 ff.; *Vogelaar/Wermuth,* Legal aspects of Community action in the field of culture, SEW 1988, S. 321 ff.; *Roth,* Grundfreiheiten des Gemeinsamen Marktes für kulturschaffende Tätigkeiten und kulturelle Leistungsträger, ZUM 1989, S. 101 ff.; *Ress,* Die neue Kulturkompetenz der EG, DÖV 1992, S. 944 ff.; *Bohr/Albert,* Die EU – Das Ende der eigenständigen Kulturpolitik der deutschen Bundesländer? ZRP 1993, S. 65 ff.; *Cornu,* Compétences culturelles en Europe et principe de subsidiarité, 1993; *Schwartz,* Der neue Titel Kultur, AfP 1993, S. 409 ff.; *Slot,* State Aids in the cultural sector, 1994; *Berggreen-Merkel,* Die rechtlichen Aspekte der Kulturpolitik nach dem Maastrichter Vertrag, 1995; *Niedobitek,* Die kulturelle Dimension im Vertrag über die EU,EuR 1995, S. 349 ff.; *Oppermann,* ARTE – ein Experiment in europäischer Kultur, GS Grabitz, 1995, S. 483 ff.; *Morte,* L'art. 128 del Trattato di Maastricht e la distribuzione delle competenze in materia culturale tra Comunità e Stati membri, RivItalDirPubCom 1996, S. 65 ff.; *Schmahl,* Die Kulturkompetenz in der EG, 1996; *Wemmer,* Die neuen Kulturklauseln des EGV, 1996; *Hochbaum,* Der Begriff der Kultur im Maastrichter und Amsterdamer Vertrag, BayVBl. 1997, S. 641 ff., 680 ff.; *Schmid,* Der Europäische Fernsehkulturkanal ARTE, 1998;

Die Gemeinschaft besitzt einerseits in Art. 128 = 151 neu EGV eine **1968**
bestimmte allgemeine Kulturzuständigkeit *(Fechner,* in: GTE, Komm. EU/EGV, 5. Aufl. 1997, zu Art. 128). Andererseits berühren **sonstige EG-Kompetenzen** z. B. bei Warenverkehr, Dienstleistungsfreiheit oder Wettbewerbspolitik auch den kulturellen Bereich. Schon vor dem Maastrichter Unionsvertrag kannte der Vertrag **keinen allgemeinen „Kulturvorbehalt"** oder eine „Bereichsausnahme Kultur", welche die Gemeinschaftsaktion hier grundsätzlich ausgeschlossen hätte. Die Kommission spricht gelegentlich nicht sehr glücklich von **„Kulturwirtschaft"**, die der Regelung durch die EG offenstehe. Bei der Wahrnehmung solcher kulturrelevanter Gemeinschaftszuständigkeiten muß freilich der Grundentscheidung des Art. 128 = 151 neu EGV Rechnung getragen werden, daß Kultur in der Sache weithin **Angelegenheit der MSen** geblieben ist. Für die Aktion der Gemeinschaft ist daher Zurückhaltung angesagt.

Ähnlich wie bei Bildung und Forschung (oben Rz. 1925, 1958) wird europäische Kulturpolitik nicht nur mit dem Instrumentarium des EGV betrieben, sondern auch über **zwei- oder mehrseitige** Initiativen auf völkerrechtlicher oder auch privater Grundlage verfolgt.

a) Allgemeine Kulturzuständigkeit der Gemeinschaft

Sinn des im Maastrichter Unionsvertrag neu geschaffenen Titels IX Kul- **1969**
tur = Art. 128 = 151 neu EGV war, den bis 1992 faktisch gewachsenen

„kulturellen Acquis communautaire“ auf eine feste Rechtsgrundlage zu stellen und dabei über die Kulturkompetenzen von Gemeinschaft und MSen Klarheit zu schaffen. Nach der Zielvorstellung des Art. 3 p) = q) neu EGV und Art. 128 Abs. 1 = 151 Abs. 1 neu EGV leistet die Gemeinschaft einen **„Beitrag“ zur Entfaltung der Kulturen der MSen** unter Wahrung ihrer nationalen und regionalen Vielfalt sowie unter gleichzeitiger Hervorhebung des gemeinsamen kulturellen Erbes. Damit wird zum einen die primäre Zuständigkeit und Verantwortung der MSen für die Kultur hervorgehoben. Kultur in Europa ist vor allem anderen Nationalkultur oder auch Regionalkultur. Andererseits verschließt sich der Vertrag mit der Erwähnung des gemeinsamen kulturellen Erbes nicht der Vorstellung einer **übergreifenden europäischen Kultur.**

Eine ausdrückliche Erwähnung „europäische Kultur“ unterblieb in Art. 128 = 151 neu EGV, um die unrichtige Vorstellung einer einheitlichen „Eurokultur“ zu vermeiden *(Ress,* DÖV 1992, S. 944 ff.). Das „gemeinsame kulturelle Erbe“ knüpft demgegenüber an den geschichtlich gewachsenen Charakter **gewisser kultureller Gemeinsamkeiten zwischen den MSen** an.

1970 aa) Dementsprechend zwiefältig ist die kulturelle EG-Zuständigkeit in Art. 128 = 151 neu EGV zu begreifen. Zum einen leistet die Gemeinschaft „Beiträge“ zur Entfaltung der Kulturen der MSen. Dabei ist in diesem sensiblen Bereich das Subsidiaritätsprinzip des Art. 3 b = 5 neu EGV besonders zu beachten. Die EG verfügt in Art. 128 = 151 neu EGV lediglich über eine „kulturelle Komplementärfunktion“ *(Wemmer,* die neuen Kulturklauseln des EGV, 1996) und hat anders als in Art. 127 = 150 EGV bei der Berufsbildung (oben Rz. 1916) kein Mandat, eine gemeinsame EG-Kulturpolitik in umfassendem Sinne zu entwickeln. Die EG fördert vielmehr die kulturelle Zusammenarbeit zwischen den MSen und unterstützt deren Tätigkeit (Art. 128 Abs. 2 = 151 Abs. 2 neu EGV).

Andererseits sieht Art. 128 Abs. 2 = 151 Abs. 2 neu EGV auch eine **„Ergänzung“** der nationalen Kulturpolitiken durch die EG vor. Damit sind eigene Konzepte der Gemeinschaft nicht ausgeschlossen, soweit diese nicht der Kulturpolitik der MSen widersprechen *(Engelhard* in: Lenz (Hrsg.) EGV-Komm. 1994, Art. 128 RdNr. 3). Dies gilt insbesondere in den Bereichen des gemeinsamen kulturellen Erbes.

1971 bb) In Art. 128 Abs. 2 = 151 Abs. 2 neu EGV wird die kulturelle Gemeinschaftsaktion auf **bestimmte Handlungsfelder** begrenzt:

- Verbesserung der Kenntnis und Verbreitung der Kultur und Geschichte der europäischen Völker
- Erhaltung und Schutz des kulturellen Erbes von europäischer Bedeutung
- nichtkommerzieller Kulturaustausch
- künstlerisches und literarisches Schaffen, einschließlich im audiovisuellen Bereich.

Diese Zusammenstellung ist nach dem Wortlaut abschließend gemeint *(Ress,* DÖV 1992, S. 944 ff.), aber so umfassend formuliert, daß mehr oder weniger Raum für eine Betätigung der Gemeinschaft im **gesamten Kultur-**

bereich i. e. S. d. h. außerhalb von Bildung und Forschung (oben Rz. 1905) verbleibt (str., enger *Hochbaum* Bay VBl. 1997, S. 649).

cc) Beinahe wortgleich mit der Regelung im Bildungsbereich nach Art. 126 Abs. 4 = Art. 149 Abs. 4 neu EGV (oben Rz. 1915) erhält der Rat im Kulturbereich die Zuständigkeit, nach dem Mitentscheidungsverfahren des Art. 189 b = 251 neu EGV (oben Rz. 269) und nach Anhörung des AdR unter Ausschluß jeglicher Harmonisierung der Rechts- und Verwaltungsvorschriften der MSen **„Fördermaßnahmen"** zu erlassen. Der Rat beschließt hier **einstimmig.** 1972

Wie im Bildungsbereich (oben Rz. 1915) wird man angesichts der unbestimmten Formulierung des Begriffes „Fördermaßnahme" grundsätzlich die Wahl der Rechtsformen des Art. 189–249 neu EGV nicht ausschließen müssen. Im Vordergrund stehen jedoch im Kulturbereich ganz besonders **Beschlüsse über Förderprogramme** im Sinne von verbindlichen unbenannten Rechtsakten (oben Rz. 580). Sonstiger Rechtsetzung steht sowohl die Beschränkung auf **„Förder"**maßnahmen als auch der Ausschluß jeglicher Rechtsharmonisierung in Art. 128 Abs. 5 = 151 Abs. 5 neu EGV entgegen. Der Rat kann ferner im Kulturbereich einstimmige **Empfehlungen** auf Vorschlag der Kommission aussprechen.

dd) Ähnlich wie in anderen Bereichen (z. B. Gesundheit, Umwelt) verpflichtet die **„Querschnitt- oder Kulturverträglichkeitsklausel"** des Art. 128 Abs. 4 = 151 Abs. 4 neu EGV die Gemeinschaft dazu, den kulturellen Aspekten bei ihrer sonstigen Tätigkeit Rechnung zu tragen. Dies betrifft nicht nur die sonstigen kulturrelevanten Zuständigkeiten der EG (unten Rz. 1976), sondern die Gesamtheit ihrer Tätigkeit. Die Gemeinschaft darf nirgendwo „kulturblind" handeln. Die Kulturverträglichkeitsklausel ist, wenn sie ernstgenommen wird, für viele Aspekte der Gemeinschaftsaktion (z. B. wettbewerbliche und steuerliche Behandlung des Warenverkehrs mit Büchern) von außerordentlicher Bedeutung. (*Ress/Ukrow,* in: Grabitz/Hilf (Hrsg.), EUV/EGV-Komm. (1998), Art. 128, RdNr. 56 ff.). 1973

Der Gerichtshof hat im **Medienbereich** Einschränkungen des freien Kapital- und Dienstleistungsverkehrs im Sinne **kulturpolitischer Berufsregelungen** gutgeheißen, mit denen ein pluralistisches, nichtkommerzielles Rundfunksystem geschaffen werden soll. Er begreift solche kulturellen Aspekte als **„unerläßliche, zwingende Forderungen des Allgemeinwohls"** (EuGHE 1993, I–487 ff., RS C-148/91 „Veronica", st. Rspr., vgl. auch *Hochbaum,* BayVBl. 1997, S. 684).

ee) Wiederum wortgleich mit der Regelung im Bildungsbereich (Art. 126 Abs. 3 = 149 Abs. 3 neu EGV, oben Rz. 1914) spricht Art. 128 Abs. 3 = 151 Abs. 3 neu EGV die Förderung der Zusammenarbeit von Gemeinschaft und MSen mit Drittländern und Internationalen Organisationen im Kulturbereich an, insbesondere mit dem Europarat. Dies bedeutet die Anerkennung einer **kulturpolitischen Außenkompetenz** der EG im Rahmen ihrer o. g. begrenzten Kulturzuständigkeit. Abgesehen von ihr bleiben die MSen grundsätzlich für die auswärtige Kulturpolitik zuständig (*Konow,* RDJB 1992, S. 432.). In der Praxis regelt die EG in ihren **Kooperationsabkommen** mit Drittstaaten einzelne Fragen kultureller Relevanz. 1974

1975 ff) **Insgesamt** setzt Art. 128 = 151 neu EGV der allgemeinen Kulturzuständigkeit der Gemeinschaft im Sinne fortbestehender primärer Verantwortung der MSen **klare Grenzen.** Andererseits **begründet** er ausdrücklich eine solche Gemeinschaftsmitzuständigkeit, die einen Beitrag zur Entfaltung der Kulturen der MSen leisten soll. Richtig verstanden zielt die komplexe Regelung des Art. 128 = 151 neu EGV nicht auf möglichste Abgrenzung und Trennung zwischen nationaler und europäischer Kulturverantwortung, sondern auf **Zusammenarbeit im Interesse der „Entfaltung des Kulturlebens"** in den MSen (Art. 3 p = q neu EGV; *Niedobitek,* EuR 1995, S. 349 ff.).

b) Sonstige kulturrelevante Gemeinschaftszuständigkeiten

1976 Da der Vertrag **keine generelle „Bereichsausnahme Kultur"** kennt (oben Rz. 1968), finden die Zuständigkeiten der Gemeinschaft grundsätzlich auch im Falle von Sachverhalten Anwendung, **die von kultureller Relevanz sind.** Dabei ist durch die „Kulturverträglichkeitsklausel" des Art. 128 Abs. 4 = 151 Abs. 4 neu EGV (oben Rz. 1973) klargestellt, daß die EG bei der Anwendung dieser sonstigen, meist wirtschaftlich geprägten Zuständigkeiten den **„kulturellen Aspekten"** Rechnung tragen muß. Die Welt des Geistes und diejenige der Wirtschaft stehen nicht selten in einem Spannungsverhältnis zueinander. Die Anwendung der Kulturverträglichkeitsklausel führt dazu, bei solchen konfligierenden Situationen nach Lösungen zu suchen, bei denen die Prinzipien der Wirtschaftsgemeinschaft in einen tragbaren Ausgleich mit den oftmals national geprägten Kulturzielen gebracht werden. Z. T. berücksichtigt der Vertrag über Art. 128 Abs. 4 = 151 Abs. 4 neu EGV hinaus diese kulturellen Aspekte ausdrücklich.

1977 Unter den **kulturrelevanten sonstigen Gemeinschaftszuständigkeiten** sind besonders hervorzuheben:

– Die Regelungen zum **freien Warenverkehr** (Art. 30 ff. = 28 ff. neu EGV, oben Rz. 1267 ff.). Der Warenverkehr bezieht sich auch auf Gegenstände kultureller Art, wie insbesondere **den Handel mit Büchern und sonstigen Presseerzeugnissen** *(Roth,* ZUM 1989, S. 101 ff.). Ihnen kann der Warencharakter nicht abgesprochen werden, auch wenn sie gleichzeitig „Kulturgut" sind (EuGHE 1985, 17 ff. – RS 229/83 „Leclerc"). In diesem Bereich ist bei Gemeinschaftsmaßnahmen jedoch die Kulturverträglichkeitsklausel des Art. 128 Abs. 4 = 151 Abs. 4 neu EGV stets mitzubedenken.

- Von spezifischer kultureller Relevanz ist das **„nationale Kulturgut von künstlerischem, geschichtlichem oder archäologischem Wert",** bei dem Art. 36 = 30 neu EGV ausdrücklich nichtdiskriminierende nationale Beschränkungen für möglich hält. Inzwischen hat die EG diesen Kulturgüterschutz weithin gemeinschaftsrechtlich geregelt (unten Rz. 1988).

- Beim **freien Personenverkehr** betrifft insbesondere die Niederlassungs- und Dienstleistungsfreiheit (Art. 52 ff. = 43 ff. neu EGV) auch die kulturellen Berufe und Tätigkeiten, soweit nicht die Ausnahmen der Art. 48 Abs. 4, 55 = 39 Abs. 4, 45 neu EGV eingreifen. So sind etwa das **Filmwesen, die**

literarische und künstlerische Betätigung oder die Architektentätigkeit in die Niederlassungs- und Dienstleistungsfreiheit von Anfang an einbezogen worden. **Rundfunk- und Fernsehsendungen** werden als grenzüberschreitende Dienstleistungen angesehen (EuGHE 1974, 409 ff. – RS 155/73 „Sacchi" st. Rspr., oben Rz. 1598 ff.). Dies betrifft jedoch nur die technische Seite des Rundfunks, während die kulturell geprägte Programmhoheit im Sinne der Art. F Abs. 1 = 6 Abs. 3 neu EUV und Art. 128 = 151 neu EGV weithin bei den MSen und den nationalen Veranstaltern verblieben ist (So auch **Amsterdamer Protokollerklärung zum öffentlich-rechtlichen Rundfunk 1997,** oben Rz. 1602).

– Auch das **Wettbewerbsrecht** (Art. 85 ff., 92 ff. = 81 ff., 87 ff. neu EGV kennt keine allgemeine Kulturausnahme. Bei bestimmten Regelungen wie z. B. der **deutschen Preisbindung für Bücher** ist jedoch die Kulturrelevanz bei der Beurteilung im Sinne der Art. 85 ff. = 81 ff. neu EGV zu berücksichtigen (unten Rz. 1987). Gegenüber dem grundsätzlichen Beihilfeverbot ermöglicht Art. 92 Abs. 3 d) = 87 Abs. 3 d) neu EGV im Sinne des Art. 128 = 151 neu EGV die Genehmigung von **Beihilfen zur Förderung der Kultur und der Erhaltung des kulturellen Erbes** (oben Rz. 1135).

– **Maßnahmen der Rechtsangleichung** (Art. 100 ff. = 94 ff. neu EGV, einschließlich der Steuerrechtsangleichung nach Art. 99 = 93 neu EGV) wie etwa die Harmonisierung von Mehrwertsteuersätzen auf den Verkehr mit Büchern und Kunstwerken beziehen Kulturgüter ein. Bei ihrer näheren Ausgestaltung sind die kulturellen Aspekte zu berücksichtigen.

c) Exkurs: Sport und Kultur

Im Zuge der sektoral weiter voranschreitenden Integration wird das Sport- 1978
wesen allmählich stärker in die Gemeinschaftsaktion einbezogen. Mit der **Sporterklärung des Amsterdamer Vertrages 1997** wird erstmals auch auf Gemeinschaftsebene die gesellschaftliche Bedeutung des Sports für Identitätsfindung und Begegnung grundsätzlich festgehalten und eine Beteiligung der Sportverbände an sie betreffenden Fragen ins Auge gefaßt. Die Einordnung des Sports in die Gemeinschaftstätigkeit ist bisher noch nicht abschließend geklärt. Neben **Bildungsaspekten** (z. B. schulischer Sportunterricht) weist der Sport als gesellschaftliches Massenphänomen mit agonaler Ausrichtung Verbindungen mit der weit zu verstehenden **Kultur** im Sinne des Art. 128 = 151 neu EGV auf („Körperkultur"), sofern man ihn nicht als Bereich sui generis begreifen möchte.

Die Europäische Kommission hat seit 1995 ein **Programm zur Förderung des** 1979
Sports („EURATHLON") entwickelt (ABl. 1994, C 297/7 ff.), welches jährlich neu aufgelegt wird (z. B. EURATHLON 1998, ABl. 1997, C 220/7 ff.). Das Programm fördert auf Antrag Sportprojekte europäischer Dimension. Die Kommission stellt EURATHLON in den Rahmen ihrer Informations- und Kommunikationspolitik, die ihrerseits kulturpolitische Bezüge aufweist (unten Rz. 1989). Das Programm wird aus dem Gemeinschaftshaushalt finanziert, nimmt jedoch nicht auf Art. 128 Abs. 5 = 151 Abs. 5 neu EGV Bezug, so daß es am ehesten als die Inanspruchnahme einer nicht zweifelsfreien Fondskompetenz der Gemeinschaft zu verstehen ist.

1980 Soweit beim Sport die **wirtschaftliche Seite** im Vordergrund steht (z. B. Transfer professioneller Fußballspieler von einem MS in den anderen), gelten die einschlägigen EG-Zuständigkeiten (Freizügigkeit nach Art. 48 ff. = 39 ff. neu EGV, näher oben Rz. 1518).

d) Kulturpolitische Aktivitäten außerhalb des EG-Vertrages

1981 Ähnlich wie im Bildungsbereich „am Rande des EGV" europäische Bildungseinrichtungen auf völkerrechtlicher Ebene geschaffen wurden (Europäische Schulen u. a., oben Rz. 1925), ergänzt sich die EG-Kulturpolitik schon seit längerer Zeit durch Initiativen, die völkerrechtlicher oder auch privater Initiative entsprangen, sachlich aber in engem Zusammenhang mit dem europäischen Einigungsprozeß stehen.

Schon 1954 wurde die **European Cultural Foundation** (ECF) als gemeinnützige Privatorganisation niederländischen Rechts mit Sitz in Amsterdam gegründet. Sie wird vom niederländischen Königshaus unterstützt und finanziert sich aus niederländischen Lotto- und Totomitteln sowie über Forschungs- und Dienstleistungsverträge der Zentren und Institute der Stiftung in verschiedenen EG-Staaten (Regelmäßiger „Newsletter" der ECF).

1982 wurde ferner eine **Europäische Kulturstiftung** durch zwischenstaatlichen Vertrag gegründet (*Massart-Pièrard,* RMC 1986, S. 34 ff.). In diesen Zusammenhang gehört ferner der **Europäische Fernsehkulturkanal ARTE,** der 1990 mit Sitz in Straßburg durch deutsch-französischen Vertrag gegründet und gesellschaftrechtlich als Europäische wirtschaftliche Interessenvereinigung (EWIV) ausgestaltet wurde (oben Rz. 1599).

Auch die vielfältige **kulturelle Tätigkeit des Europarates** gehört in diesen Zusammenhang.

2. Kulturpolitische Praxis der Gemeinschaft

Literatur: *Borchardt,* Europa und die Bibliotheken, Bibliotheksdienst 1989, S. 498 ff.; *Mähring,* Europäische Informationsgesellschaft, EuZW 1991, S. 748 ff.; *Fechner,* Die Vorhaben der EG zum Kulturgüterschutz, DÖV 1992, S. 609 ff.; *Siehr,* Handel mit Kulturgütern in der EWG, NJW 1993, S. 2206 ff.; *Uhl,* Handel mit Kunstwerken im europäischen Binnenmarkt, 1993; *Reichelt,* Europäischer Kunstmarkt, ÖJZ 1994, S. 339 ff.; *Schwarze,* Der Schutz nationaler Kulturgüter im europäischen Binnenmarkt, JZ 1994, S. 111 ff.; *Voudouri,* Circulation et protection des biens culturels dans l'Europe sans frontières, RDP 1994, S. 479 ff.; *Geissler,* Staatliche Kunstförderung nach GG und Recht der EG, 1995; Informationsgesellschaft, EU-Informationen 2/1995, S. 1 ff.; *Mussgnug,* Überlegungen zur Umsetzung der neuen EG-Vorschriften über den Verkehr mit Kulturgütern, FS Bernhardt, 1995, S. 1225 ff.; *Seidl/Hohenveldern,* Kulturgüterschutz durch die EU versus Warenverkehrsfreiheit, in: Fechner/Oppermann/Prott (Hrsg.), Prinzipien des Kulturgüterschutzes, 1996, S. 113 ff.; *Dörr,* Die Rolle des öffentlich-rechtlichen Rundfunks in Europa, 1997; *Everling,* Buchpreisbindung im deutschsprachigen Raum und Europäisches Gemeinschaftsrecht, 1997 (Man.); *Hailbronner/Weber,* Möglichkeiten zur Förderung der europäischen Kultur in Rundfunk und Frnsehen anhand der Fernsehrichtlinie der EG, DÖV 1997, S. 561 ff.; *Oppermann,* Deutsche Rundfunkgebühren und europäisches Beihilferecht, 1997; *Zischke,* Die Ausfuhr von Kulturgütern in der EU, 1997

Schon vor der Einfügung des Art. 128 = 151 neu EGV durch den Maastrichter Unionsvertrag hatte die Gemeinschaft seit den sechziger Jahren **vielfältige kulturpolitische Aktivitäten** entfaltet. Sie waren zunächst weitgehend programmatischer Art. Allmählich folgten erste kulturpolitische Einzelmaßnahmen sowohl spezifischer Art als auch in Verbindung mit kulturrelevanten EG-Zuständigkeiten. Die Einfügung des Art. 128 = 151 neu EGV durch den Maastrichter Unionsvertrag 1992 stellte die kulturpolitische Gemeinschaftsaktion auf gesicherte Rechtsgrundlagen. 1982

a) Programmatische Kulturpolitik der Gemeinschaftsorgane

Ausgangspunkt für die kulturpolitische Tätigkeit der Gemeinschaft war das seit den sechziger Jahren immer stärker empfundene Unbehagen über die Wirtschaftslastigkeit des europäischen Einigungswerkes. Zu einer umfassenden Europäischen Union, wie sie seit der Haager Gipfelkonferenz 1969 (oben Rz. 31) angestrebt wurde, mußte auch die Kultur als geistige Grundlage der Integration gehören. 1983

Schon die – nicht ausgeführten – französischen „FOUCHET-Pläne" (oben Rz. 27) 1962 über ein Statut für die Gründung der EU wollten dieser u. a. eine gemeinsame Kulturpolitik zuweisen.

Seit den siebziger Jahren kam es auf diese Weise zu einer **ständigen Beschäftigung von Rat und Kommission** mit dem Konzept einer europäischen Kulturpolitik (näher *Hochbaum,* BayVBl. 1997, S. 644 ff.). Auch das EP beteiligte sich hieran. Dabei wurde in den verschiedenen **Äußerungen des Rates** (u. a. Kopenhagener Dokument 1973 über die Europäische Identität, Feierliche Erklärung des Europäischen Rats 1983 in Stuttgart) die erhaltenswerte **Vielfalt der europäischen Nationalkulturen** betont, der die kulturelle Gemeinschaftsaktion zu dienen hätte. Die **Kommission** stellte dagegen seit ihrer 1. Mitteilung über die Aktion der Gemeinschaft im kulturellen Bereich 1977 (ABl. 1978, C 34/2 ff.) das Konzept der **„Kulturwirtschaft"** in dem Sinne in den Vordergrund, daß diese Aktion keine Kulturpolitik i. e. S. sei, sondern die Wahrnehmung der allgemeinen wirtschaftlichen EG-Kompetenzen auch im kulturellen Sektor. Seit 1988 wurde mit dem **Ratsausschuß für Kulturfragen** (ABl. 1988, C 197/1) ein ständiges Forum zur Vorbereitung einer gemeinsamen Kulturprogrammatik der Organe mit Hilfe von Entschließungen des Rates eingerichtet. Aus diesem fortgesetzten Dialog entwickelten sich die Vorstellungen, die anläßlich des **Maastrichter Unionsvertrages 1992** zur Begründung einer begrenzten Kulturzuständigkeit der Gemeinschaft unter Betonung des weiterbestehenden kulturpolitischen Primates der MSen im Sinne von Art. 128 = 151 neu EGV führten (oben Rz. 1969). Mit dieser Regelung ist der **Rat der Kulturminister** im Sinne des Art. 128 Abs. 5 = 151 Abs. 5 neu EGV offiziell für die gemeinsame Kulturpolitik in den Grenzen dieser Norm zuständig geworden. Die **Kommission** und das **Europäische Parlament** sind hieran über ihr Vorschlagsrecht und das Mitentscheidungsverfahren beteiligt (Die kulturpoliti- 1984 schen Beschlüsse der Gemeinschaftsorgane im Fundstellenver-zeichnis des geltenden Gemeinschaftsrechts 16.40).

1985 In der Praxis konzentrieren sich die Beschlüsse des Rates seit 1992/93 stärker als früher auf die **programmatische Vorbereitung konkreter kulturpolitischer Einzelmaßnahmen** (z. B. Ratsentschließungen zum Bereich Kultur und Multimedia (ABl. 1995, C 247/1 ff.), über die Einbeziehung der kulturellen Aspekte in die Tätigkeit der Gemeinschaft (ABl. 1997, C 36/4 ff.) oder den Beschluß über die künftige europäische Tätigkeit im Kulturbereich (ABl. 1997, C 305/1). Die Kommission legte mit ihrer Mitteilung über die Aktion der EGen zugunsten der Kultur (ABl. 1994, C 324/5 ff.) Entwürfe für die beiden ersten **kulturellen Förderprogramme** im Sinne des Art. 128 Abs. 5 = 151 Abs. 5 neu EGV *(Kaleidoskop, Ariane,* unten Rz. 1991) vor.

Für die einzelnen MSen ist die nationale verfassungsmäßige Positionierung der Kultur bei ihrem europäischen kulturpolitischen Engagement von großer Bedeutung. **Deutschland** ist bei seiner Willensbildung infolge der grundsätzlichen **Kulturhoheit der deutschen Bundesländer** in einer schwierigen Lage. Hier müssen die komplizierten Willensbildungsprozesse nach Art. 23 GG (oben Rz. 651 ff.) beachtet werden. Infolge der dabei innerstaatlich oft auftretenden Divergenzen ist D in der europäischen Kulturpolitik leicht ein lediglich reagierender und wenig aktiv mitgestaltender Partner.

Ungeachtet der Verstärkung der kulturpolitischen Gemeinschaftsaktion seit 1992/93 bleibt sie im Gesamtrahmen der EG-Aktivitäten **deutlich begrenzt.** 1994 betrug z. B. der EG-Kulturhaushalt ca. 15 Mio. ECU = weit unter 1 % des Gesamthaushaltes.

b) Einzelne kulturpolitischen Maßnahmen

1986 aa) Bereits **vor dem Maastrichter Unionsvertrag 1992** hatte die Gemeinshaft mit Billigung ihrer Organe auf ungesicherter Rechtsgrundlage mit einigen **spezifisch kulturpolitischen Handlungen** begonnen, deren europäische Dimension offensichtlich war. Die EG stützte sich dabei u. a. auf eine Art geduldeter **„Fondskompetenz“,** die ihr die Finanzierung von Maßnahmen ermöglichte.

So unterstützten Kommission und Europäische Investitionsbank seit Anfang der achtziger Jahre die **Erhaltung wichtiger Baudenkmäler europäischen Ranges** (u. a. Dogenpalast in Venedig, Parthenon in Athen, Convento de Christo in Portugal, insgesamt eine größere Zahl von Modellvorhaben). Diese Aktion wurde aufgrund einer Ratsentschließung v. 13. 11. 1986 (ABl. C 320/1 ff.) mehrfach erweitert und führte in wechselnder Schwerpunktsetzung zur jährlichen Unterstützung von jeweils über 50 Pilotvorhaben in der ganzen EG (z. B. Kommissionsbeschluß, ABl. 1994, C 283/7 ff.).

Europäischer Bewußtseinsfindung dient seit 1985 die jährliche Benennung einer europäischen Stadt als **„Kulturstadt Europas“** durch Beschluß der EG-Kulturminister (zum Verfahren ABl. 1992, C 336/3 ff.). Diese Wahl verpflichtet die jeweilige Stadt (1997 Thessanoliki, 1998 Stockholm, 1999 Weimar) zu einem europäisch ausgerichteten Gesamtprogramm während des Benennungsjahres, welches die Gemeinschaft finanziell mit unterstützt. – Ähnlich werden europäisch bedeutsame **Festivals** gelegentlich unterstützt.

Seit 1989 betreibt die Kommission **„Literaturpolitik“** *(Schwarz,* Literaturpolitik in der EU im Lichte des Subsidiaritätsprinzips, 1994) im Sinne einer **Förderung**

des Buches (Gutenberg-Programm 1993, Zuschüsse zur Übersetzung zeitgenössischer Literatur, ABl. 1995, C 46/9 ff.).

bb) Neben diese spezifisch kulturpolitische Aktion treten seit längerem **1987**
indirekt kulturfördernde Maßnahmen durch eine „kulturfreundliche" Anwendung sonstiger EG-Zuständigkeiten. Seit 1992 wird dies durch die Querschnittklausel des Art. 128 Abs. 4 = 151 Abs. 4 neu EGV ausdrücklich gefordert (oben Rz. 1973).

Hierzu gehört die gemeinschaftsrechtliche Anerkennung der **deutschen Preisbindung für Bücher** (§ 16 Abs. 1 Ziff. 2. GWB), des mit bestimmten Gebietsmonopolen versehenen Vertriebssystems des **Presse-Grosso** *(Ipsen,* GS Geck, 1989, S. 348 ff.) sowie der **Mehrwertsteuervergünstigungen** für Bücher, Zeitungen und Zeitschriften in verschiedenen MSen unter den Gesichtspunkten des freien Warenverkehrs und der europäischen Wettbewerbspolitik (Art. 30 ff. = 28 ff. neu Art. 85 ff. = 81 ff. neu EGV). Das „Kulturargument" der Erhaltung eines vielfältigen qualifizierten Buch- und Presseangebotes haben diese begünstigenden Sonderregelungen bisher i. d. R. europäisch legitimiert (zur Buchpreisbindung EuGHE 1988, 4457 ff. – RS 254/87 und Ratsbeschluß v. 22. 9. 1997, ABl. C 305/2). Allerdings prüft die Kommission 1998 die **deutsch-österreichische grenzüberschreitende Buchpreisbindung** unter dem Gesichtspunkt des Kartellverbots nach Art. 85 = 91 neu EGV. Das hierfür bisher anerkannte „Kulturargument" im Sinne von Art. 128 Abs. 4 = 151 neu Abs. 4 EGV (Quersubventionisierung einer Titelvielfalt wertvoller Literatur) begegnet neuerdings Bedenken aus einer verstärkten Betonung des Wettbewerbsprinzips (Überzeugend hiergegen *Everling,* Buchpreisbindung im deutschsprachigen Raum und Europäisches Gemeinschaftsrecht, 1997). – Ähnlich ist bei der Harmonisierung des **Urheberrechts** (oben Rz. 1250) eine „kulturschonende" Ausrichtung angesagt.

Beim Warenverkehr spielen kulturelle Aspekte beim **Kunsthandel,** u. a. **1988**
in Verbindung mit dem **Schutz nationalen Kulturgutes** durch Ausfuhrverbote eine besondere Rolle. Hieran sind MSen mit reichem archäologischen Kulturgut (Griechenland, Italien) besonders interessiert *(Uhl,* Der Handel mit Kunstwerken im europäischen Binnenmarkt, 1993). Art. 36 = 30 neu EGV erlaubt insoweit nichtdiskriminierende Ein- und Ausfuhrbeschränkungen der MSen. Um die Rücküberstellung von Kulturgütern zu ermöglichen, die im weitgehend kontrollfreien Binnenmarkt unrechtmäßig aus einem MS in einen anderen verbracht wurden, hat die Gemeinschaft die RL 93/7 (ABl. 1993, L 74/74 ff. erlassen *(Schwarze,* JZ 1994, S. 111 ff.; zur Durchführung in D: Kulturgutsicherungsgesetz v. 15. 10. 1998, BGBl. I. 3162). Die VO 3911/91 (ABl. 1992, L 395/1 ff.) sucht eine einheitliche Kontrolle der Ausfuhr von Kulturgütern an den Außengrenzen der EG sicherzustellen *(Mussgnug,* FS Bernhardt, 1995, S. 1225 ff.). Insgesamt wird hier als legitimes Bestreben der MSen anerkannt, bestimmte Zeugnisse ihres kulturellen Lebens im eigenen Lande zu behalten.

Kulturelle Gesichtspunkte erheischen ferner Beachtung bei dem komple- **1989**
xen Vorgang des Aufbaues einer **Europäischen Informationsgesellschaft**

(*Mohn,* Die Rolle der Kommunikationsmedien in der Kulturpolitik eines geeinten Europas, 1991). Sie fließen vor allem in die **EG-Wettbewerbspolitik** (Art. 85 ff. = 81 ff. neu, Art. 92 ff = 87 ff. neu eGV) ein, beispielsweise bei der Genehmigung von **Kulturbeihilfen** im Sinne Art. 92 Abs. 3 lit. d) = 87 Abs. 3 lit. d) neu EGV (*Slot,* State Aids in the cultural sector, 1994), der beihilferechtlichen Beurteilung von **Rundfunkgebühren** (*Oppermann,* Deutsche Rundfunkgebühren und europäisches Beihilferecht, 1997, oben Rz. 1135) oder bei Kulturförderung durch die **EG-Fernsehrichtlinie** (oben Rz. 1604 f.; *Hailbronner/Weber,* DÖV 1997, S. 561 ff.). In diesen Zusammenhängen hat insbesondere die Rechtsprechung des Gerichtshofes zur Anerkennung kulturpolitischen Erwägungen als **„zwingende Anforderungen des Gemeinwohls"** die Berücksichtigung kultureller Aspekte in Abwägung mit sonstigen Prinzipien des Vertrages ernst genommen (EuGHE 1991, I–4069 ff., RS C-353/89 „Medienwert", st. Rspr.). Im Falle des Rundfunks geht die **Amsterdamer Protokollerklärung zum öffentlich-rechtlichen Rundfunk** in die gleiche Richtung (*Eberle,* EBU-diffusion, autum 1997, S. 49 ff. und oben Rz. 1602).

1990 Die **Filmpolitik** wird von der Gemeinschaft in nicht glücklicher Weise im wesentlichen als **Industriepolitik** gemäß Art. 130 = 157 neu EGV (oben Rz. 947 ff.) behandelt. Dabei bleibt die Filmproduktion als solche Sache der MSen, während die EG deren Umfeld (Vermarktung u. a.) zu stärken sucht. Mit den industriepolitischen Programmen MEDIA I (1991–95) und MEDIA II (1996-2000, ABl. 1995, L 321/25 ff.) sowie dem Projekt eines Europäischen Garantiefonds zur Förderung der Film- und Fernsehproduktion stellt die EU bis 2000 über 300 Mio. ECU für die Vermarktung des europäischen Films zur Verfügung. In diesen Zusammenhang gehört auch die von der EG-Fernsehrichtlinie (oben Rz. 1604) eingeführte Verpflichtung der Sender zum mehrheitlichen Angebot „europäischer Werke". Dennoch bleibt zweifelhaft, ob solche auch kulturpolitisch gemeinte Schutzmaßnahmen die vorherrschende Stellung des amerikanischen Films in Europa wirksam zu begrenzen vermögen.

1991 cc) Sichtbarstes der kulturpolitischen Gemeinschaftsaktion seit 1992 sind die **kulturellen Förderprogramme,** welche die EG parallel zu entsprechenden Maßnahmen im Bildungs- und Forschungssektor (oben Rz. 1930 ff., 1951 ff.) gemäß Art. 128 Abs. 5 = 151 neu Abs. 5 EGV erlassen hat. Auf dieser Grundlage hat die EG insbesondere die Programme KALEIDOSKOP, ARIANE und RAPHAEL ins Leben gerufen (weitere Aktivitäten bei *Ress/Ukrow,* in: Grabitz/Hilf (Hrsg.), EUV/EGV-Komm. (1998), Art. 128, RdNr. 84 ff.).

Mit KALEIDOSKOP (ABl. 1996, L 99/20 ff.) werden zunächst 1996–98 verschiedene **künstlerische und kulturelle Aktivitäten europäischer Bedeutung** gefördert (Kulturveranstaltungen und besondere Maßnahmen wie z. B. die Förderung der Europäischen Kulturstadt (oben Rz. 1986)). ARIANE (ABl. 1997, L 291/26 ff.) ist ein Förderprogramm im Bereich **Buch und Lesen einschließlich Übersetzung.** Mit RAPHAEL (ABl. 1997, L 305/31 ff.) werden die seit den achtziger Jahren laufenden Maßnahmen zur **Erhaltung des kulturellen Erbes** (oben Rz. 1971) gebündelt und weiterentwickelt. Die Mittel dieser Programme sind deutlich begrenzt. RAPHAEL als größtes Programm verfügt 1997–2000 über 30 Mio. ECU. Im Sinne der „Philosophie" des Art. 128 = 151 neu EGV verstehen sich diese Maßnahmen als Unterstützung und Ergänzung entsprechender Aktivitäten der MSen.

3. Sinn und Grenzen europäischer Kulturpolitik

Wie im Falle der Bildung (oben Rz. 1940) ist die begrenzte Anerkennung **1992**
einer **Rolle der EG in der Kulturpolitik** Ausdruck der sich allmählich über das Wirtschaftliche hinaus in sonstige Politikbereiche abrundenden Gemeinschaftsaktion. Die Initiativen der EG in diesem sensiblen und weithin national und regional verwurzelten Sektor finden am ehesten Akzeptanz, wenn sie nicht in einen wenig sinnvollen Wettbewerb mit den Bemühungen der MSen eintreten, sondern im Geiste des Art. 128 = 151 neu EGV deren übergreifende kulturelle Gemeinsamkeiten behutsam zu bündeln versuchen. Auf diese Weise lassen sich am ehesten Zeugnisse jener **gemeinsamen europäischen Kultur** sichtbar machen und fortentwickeln, deren seit der Antike herrührende Existenz dem europäischen Einigungsprozeß erst volle Sinnhaftigkeit verleiht. In erster Linie bleiben freilich **die Kulturschaffenden selbst** aufgerufen, europäischen kulturellen Gemeinsinn als „geistige Grundfarbe seiner Völker" *(Hugo von Hofmannsthal)* zu entwickeln.

IV. Umwelt

Literatur: Die Literatur zum EG-Umweltrecht ist mittlerweile uferlos. Eine umfangreiche Zusammenstellung bei *Grabitz/Nettesheim,* in: Grabitz/Hilf (Hrsg.), EUV/EGV-Komm. (1992) vor Art. 130 r. und über die Angaben in: *Rengeling* (Hrsg.), Hdb zum europäischen und deutschen Umweltrecht, I, 1998.

Toulemon, La problématique d'une politique européenne de l'environnement, RMC 1974, S. 229 ff.; *Riegel,* Die Kompetenz der EG im Umweltschutz, BayVBl. 1979, S. 97 ff.; *Montag,* Umweltschutz, freier Warenverkehr und die Einheitliche Europäische Akte, RIW 1987, S. 935 ff.; *Zuleeg,* Vorbehaltene Kompetenzen der Mitgliedstaaten der EG auf dem Gebiete des Umweltschutzes, NVwZ 1987, S. 280 ff.; *Scheuing,* Umweltschutz auf der Grundlage der Einheitlichen Europäischen Akte, EuR 1989, S. 151 ff.; *Pernice,* Europäischer Binnenmarkt und Umweltrecht, NVwZ 1990, S. 201 ff.; *Breier,* Umweltschutz in der EG, NUR 1993, S. 457 ff.; *Breuer,* Entwicklungen des europäischen Umweltrechts, 1993; *Freestone,* Environmental protection in European Community Law, 1993; *Kahl,* Umweltprinzip und Gemeinschaftsrecht, 1993; *EG-Kommission* (Hrsg.), Gemeinschaftsrecht im Bereich des Umweltschutzes, 7 Bände, 1993; *Zuleeg,* Umweltschutz in der Rechtsprechung des Europäischen Gerichtshofs, NJW 1993, S. 31 ff.; *Kahl,* Der EuGH als „Motor des europäischen Umweltschutzes"?, Thür.VBl. 1994, S. 225 ff., 256 ff.; *Krämer,* EU, Schutz der Umwelt und Recht, 1994; *Macrory/Hollins,* A Source Book of EC Environmental Law, 1994; *Nettesheim,* Das Umweltrecht der EG, JURA 1994, S. 317 ff.; *Salter,* European Environmental Law, 1994, *Storm/Lohse,* EG-Umweltrecht (Losebl.S), 1994 ff.; *Caspari,* Die Umweltpolitik der EG, 1995; *Krämer* (Hrsg.), Umweltrecht der EG (Texts.) 2. Aufl. 1995; *Rengeling,* Zum Umweltverfassungsrecht der EG-Überlegungen zur „Europäischen Umweltunion", FS Heymanns Verlag 1995, S. 469 ff.; *Thiel,* Umweltrechtliche Kompetenzen in der EU, 1995; *Europ. Kommission,* Was trägt die EU zum Umweltschutz bei?, 1996; *Versteyl* (Hrsg.), Umweltrecht der EU (Entsch.S.), 1996; *Epiney,* Umweltrecht in der EU, 1997; *Albert,*

Die umweltpolitische Handlungsfähigkeit der EU, Integr. 1998, S. 32 ff.; *Europ. Kommission,* Die EU und die Umwelt, 1998; *Rengeling* (Hrsg.), Hdb europ. und deutsches Umweltrecht, 1998.

1993 Neben dem geistig-kulturellen Bereich gehört die **Umweltpolitik** zu den Aktionsfeldern, in denen die Gemeinschaft nicht von Anfang an, sondern erst zu einem späteren Zeitpunkt tätig wurde. Beim Abschluß der Gemeinschaftsverträge in den fünfziger Jahren war die Notwendigkeit eines umfassenden Umweltschutzes mittels regulierender Maßnahmen der öffentlichen Hand noch nicht ins allgemeine Bewußtsein gedrungen. Daher erwähnten die Verträge die Umweltpolitik unter den Zielen der Gemeinschaft damals nicht ausdrücklich. Erst als seit dem Ende der sechziger Jahre **Umweltbelästigungen und Umweltschäden** vor allem mittels industriell-technologischer Betätigungen der Wirtschaft gerade in Westeuropa allmählich zu einem Politikum ersten Ranges wurden, stellte sich für die EG wie für ihre MS die dringliche Aufgabe, diesen Störungen und Gefahren mittels einer zu konzipierenden Politik gegenzusteuern. Erste umweltrelevante Rechtsakte der gemeinschaft besonders im Automobilsektor auf der Grundlage von Art. 100 EWGV lassen sich bereits für jene Zeit nachweisen *(Scheuing,* EuR 1989, S. 154 f.). Die **Geburtsstunde einer kohärenten EG-Umweltpolitik** schlug 1972/73 anläßlich der Pariser Gipfelkonferenz, die ihrerseits durch die **erste UN-Umweltkonferenz in Stockholm 1972** inspiriert worden war (näher *Grabitz/Nettesheim,* in: Grabitz/Hilf (Hrsg.) EuV–EGV–Komm. (1992), vor Art. 130 r, RdNr. 1 ff.). In der Stockholmer Schlußerklärung wurden grundrechtsähnlich formulierte Rechte jedes Menschen auf angemessene Umweltbedingungen sowie seiner Verpflichtung zum Umweltschutz in feierlicher Weise deklariert.

1. Anfangsphase der EG-Umweltpolitik 1972–1987

1994 Die Staats- und Regierungschefs der Gemeinschaft forderten in ihrer Pariser Schlußerklärung v. 20. 10. 1972 (Bull. EG 1972, 10/15 ff.) zur **Ausarbeitung eines umweltpolitischen Aktionsprogrammes** einschließlich eines Zeitplanes auf.

Seit 1970 hatten bereits die EG-Kommission und das Europäische Parlament gewisse **Vorarbeiten** geleistet, insbesondere den Entwurf der Kommission v. 24. 3. 1972 über ein Umweltschutzprogramm der EG (ABl. 1972, C 52/1 ff., *Scheuer,* RMC 1975, S. 441 ff.).

a) Rechtsgrundlagen der EG-Umweltpolitik vor 1987

1995 Die rechtlichen Grundlagen der so zu entwickelnden EG-Umweltpolitik wurden durch **„drei juristische Entdeckungen“** *(Dieter H. Scheuing)* gelegt. Seit dem 1. EG-Aktionsprogramm für den Umweltschutz von 1973 (unten Rz. 1998) bestand Übereinstimmung, daß eine sinngemäße Auslegung der **Präambel des EWGV** (Abs. 3: „...Vorsatz, die stetige Besserung der Lebens- und Beschäftigungsbedingungen ihrer Völker...anzustreben“; Abs. 5: „...Bestreben, ihre Volkswirtschaften zu einigen und deren harmonische Entwicklung zu fördern") sowie des **Art. 2 EWGV** („Aufgabe der Gemeinschaft ist es, ...eine harmonische Entwicklung des Wirtschaftslebens innerhalb der Gemeinschaft, eine beständige und ausgewogene Wirtschaftsausweitung" zu fördern) **auch den Umweltschutz als wesentliches Ziel der EG postulierte.** Ohne eine wirksame Bekämpfung der Umweltverschmutzung und der Umweltbelastungen, ohne eine Verbesserung der Lebensqualität und ohne Umweltschutz seien die in der Präambel und in Art. 2 formulierten Zielsetzungen der Gemeinschaft unter den heutigen Bedingungen nicht mehr erreichbar (Erklärungen des Rates und der im Rat vereinigten Regierungsvertreter v. 22. 11. 1973, ABl. C 112/1 ff., ähnlich inzwischen auch EuGHE 1985, 531 ff. – RS 240/83; Umweltschutz als „wesentliches Ziel" der Gemeinschaft).

Als Zweites wurde die **Rechtsangleichungszuständigkeit des Art. 100** **1996**
EWGV (oben Rz. 1209 ff.) **umweltpolitisch nutzbar gemacht.** Bei der zur Beseitigung von Handelshemmnissen notwendigen Angleichung unterschiedlicher Umweltstandards der MS ergab sich in Gestalt des hierbei festzulegenden EG-Umweltstandards die Möglichkeit, ein Stück eigener EG-Umweltpolitik zu formulieren (näher *Scheuing,* EuR 1989, S. 154 m. w. N.). Dabei wurde die „Unmittelbarkeit" der Auswirkung der anzuwendenden Vorschriften auf den Gemeinsamen Markt im Interesse des Umweltschutzes großzügig ausgelegt (EuGHE 1980, 1099 ff. – – 91/79 „Detergentien" st. Rspr.).

Schließlich wurde **Art. 235 EWGV** im Sinne der von den Staats- und **1997**
Regierungschefs in Paris 1972 empfohlenen breiteren Anwendung (oben Rz. 523) auch umweltpolitisch nutzbar gemacht *(Behrens,* DVBl. 1978, S. 462 ff.). Für die bei Art. 235 EWGV erforderliche Verwirklichung eines EG-Zieles konnte auf das erwähnte erweiterte Verständnis der Präambel und des Art. 2 EWGV zurückgegriffen werden. Zahlreiche EG-Umweltrichtlinien ergingen fortan auf der doppelten Grundlage von Art. 100 und Art. 235 EWGV, einige wurden nur auf Art. 235 gestützt. Gelegentlich zog man auch andere Vertragsnormen wie Art. 43, 74, 92, 113 EWGV mitheran.

Durch diesen dreifachen gemeinschaftsrechtlichen Grundkonsens wurde die Gemeinschaft in den siebziger Jahren mehr und mehr in den Stand gesetzt, **europäisches Umweltrecht in nennswertem Umfang zu erlassen** *(Grabitz/Sasse,* Umweltkompetenzen der EG, 1977). In diesem Zusammenhang war für die Kommission die Bereitschaft der MS sehr wesentlich, die Gemeinschaft über geplante nationale Umweltschutzmaßnahmen vorab zu unterrichten (Vereinbarung v. 5. 3. 1973, ABl. C 9/1 ff.; sog. „Gentlemen's Agreement").

b) Entwicklung des EG-Umweltrechts bis 1987

Als Orientierungsrahmen für die Kompetenz der EG-Umweltpolitik dien- **1998**
ten seit 1973 **vier Umweltaktionsprogramme.** Die beiden ersten wurden noch in der Verbindung eines Ratsbeschlusses mit der Vereinbarung der im Rat vereinigten Regierungsvertreter erlassen, seit dem 3. Programm 1983 haben die Programme die Form einer **Ratsentschließung.**

Sinn der Programme ist es, den Rahmen und die **grundsätzliche Zielrichtung** der gesondert zu erlassenden eigentlichen Umweltrechtsakte (Richtlinien) abzustecken. Das 1. Programm von 1973, das 1973–76 galt (ABl. 1973, C 112/1 ff.) und das 2. Programm von 1977 mit Gültigkeit 1977–81 (ABl. 1977, C 139/1 ff.) suchten diese Rahmen in sehr detaillierter Weise festzulegen. Als leitende Grundsätze wurden dabei das **Prinzip des vorbeugenden Umweltschutzes,** das **Verursacherprinzip** (zu ihnen *Düren,* RMC 1987, S 144 ff.) sowie der Grundsatz der **Suche nach der bestgeeigneten Aktionsebene** festgehalten. Mit der „Reifung" der EG-Umweltpolitik beschränkt man sich seit dem 3. Programm von 1983, das 1982–86 galt (ABl. 1983, C 46/1 ff.) weitgehend auf die Formulierung solcher Grundsätze und auf die Festlegung der Prioritäten bei der Umsetzung. In diesem Zusammenhang wird zunehmend die Notwendigkeit betont, daß umweltschützende Gesichtspunkte jederzeit in alle Gemeinschaftspolitiken einzufließen haben **(Integration des Umweltschutzes").** Ferner spielt die tatsächliche Durchführung der EG-Umweltrichtlinien in den EG-MS und die **Kontrolle dieser Umsetzung** durch die Kommission eine besondere Rolle. Das 4. Programm von 1987–92 hat die neue Grundlinie des 3. Programmes verstärkt fortgesetzt (ABl. 1987, C. 328/5 ff.).

1999 Im Rahmen der jeweiligen Programme entfaltete die Gemeinschaft schon vor dem Inkrafttreten der Einheitlichen Europäischen Akte 1987 eine **umfängliche Rechtsetzungstätigkeit.** Es ergingen über 200 verbindliche Rechtsakte, meist Richtlinien (Fundstellenverzeichnis des geltenden Gemeinschaftsrechts, 15.10). Sie betreffen im wesentlichen neben einigen allgemeinen Maßnahmen Regelungen, welche die Beseitigung oder Verminderung von Umweltbelastungen oder den Schutz des Lebensraumes und natürliche Ressourcen zum Gegenstand haben. Ferner hat die EG auch im Umweltbereich im Sinne der AETR-Doktrin (oben Rz. 1703 f.) eine **Außenkompetenz** wahrgenommen und sich auf diese Weise in die internationale Umweltzusammenarbeit eingeschaltet.

2000 – **Allgemeine Maßnahmen:** Von besonderer Bedeutung ist die RL v. 27. 6. 1985 über die **Umweltverträglichkeitsprüfung** bei bestimmten öffentlichen und privaten Projekten (ABl. L 175/40 ff.; *Cupei,* DVBl. 1985, S. 513 ff.). Es geht hier um die Prüfung der Umweltfolgen bestimmter Projekte in einem systematischen Verfahren, an dessen Ende die Zulässigkeitsentscheidung steht *(Coenen/Jörissen,* UVP in der EG, 1989). – Im Rahmen der Forschungs- und Entwicklungspolitik (oben Rz. 1951) wurden **mehrjährige Programme der Umweltforschung** aufgelegt (Ratsbeschluß v. 10. 6. 1986, ABl. L 159/31 ff.). – Vgl. ferner die VO 2247/87 über gemeinschaftliche Umweltaktionen (ABl. 1987, L 207/8 ff.).

2001 – **Beseitigung und Verminderung von Umweltbelastungen:** Aus der großen Zahl der in diesem Bereich ergangenen Richtlinien ist auf den **Gewässerschutz** als einen besonderen Schwerpunkt hinzuweisen (seit der RL 75/440 v. 16. 6. 1975, ABl. L 194/34 ff., *Lausch,* Europäische Umweltpolitik auf dem Gebiet des Gewässerschutzes, 1986) ferner auf die Maßnahmen zur **Lufteinhaltung** (seit der RL v. 20. 3. 1970, ABl. L 76/1 ff, über Autoabgase, später u. a. Kontrolle großer Industrie- und Großfeuerungsanlagen, Einführung bleifreien Benzins, näher *Offermann-Clas,* NJW 1986, S. 1388 ff.). Auch das **Abfallrecht** der EG seit der RL v. 20. 3. 1978 über toxische und gefährliche Abfälle (ABl. L 84/43 ff, insgesamt *Offermann-Clas,* DVBl. 1981, S. 1125 ff.) gehört hierher, ferner die Maßnahmen zur Verhütung **umweltgefährdender schwerer Unfälle** durch die sog. „Seveso-RL" v. 24. 6. 1982 (ABl. L 230/1 ff.) und die Beschränkungen des Inverkehrbringens **gefährlicher Stoffe** seit der RL v. 27. 7. 1976, L 262/201 ff., näher *Raum-Degreve.* Die Politik der EG zur Bewirtschaftung gefährlicher Abfälle, 1987).

– **Schutz des Lebensraumes und natürliche Ressourcen:** Grundgedanken sind insoweit möglichst frühe, präventive Maßnahmen des Schutzes von Fauna und Flora im weitesten Sinne. In diesem Zusammenhang gehören z. B. die RL v. 2. 4. 1979 über die Erhaltung der **wildlebenden Vogelarten** (ABl. L 103/1 ff.), die VO v. 20. 1. 1981 über die Einfuhr von **Walerzeugnissen** (ABl. L 39/1 ff.) und die besonders von Deutschland aufgrund der hier bestehenden besonderen Gefährdungen vorangetriebenen Regelungen gegen das **Waldsterben** (u. a. VO v. 17. 11. 1986 über den Schutz des Waldes in der Gemeinschaft gegen Luftverschmutzung, ABl. L 326/2 ff.). 2002

– **Internationale Maßnahmen:** Im Sinne des bekannten Stichwortes „Ecology knows no boundaries" bedarf wirksamer Umweltschutz in ganz besonderem Maße **vielseitiger internationaler Maßnahmen.** In diesem Sinne beteiligt sich die EG seit den siebziger Jahren an einer größeren Zahl von **multilateralen Umweltverträgen,** deren Inhalt den EG-Raum betrifft *(Mastellone,* ICLQ 1981, S. 104 ff.). So ist die Gemeinschaft u. a. Signatar der Konvention über den Schutz des Rheins gegen chemische Verunreinigungen („Bonn-Konvention", ABl. 1977, L 240/77 ff.). Im **marinen Umweltschutz** erfolgte der Beitritt zu der Konvention über den Schutz des Mittelmeeres gegen Verschmutzung („Barcelona Konvention", ABl. 1977, L 240/3 ff.), der Konvention über die Fischerei und den Schutz der lebenden Ressourcen in der Ostsee und den Belten (ABl. 1983, L 237/5 ff.) und des Übereinkommens zur Zusammenarbeit bei der Bekämpfung der Verschmutzung der Nordsee durch Öl und andere Schadstoffe („Übereinkommen von Bonn", ABl. 1984, L 188/9 ff.). Bei den Maßnahmen zur **Lufteinheitung** hat sich die EG dem Übereinkommen über weiträumige grenzüberschreitende Luftverunreinigung (ABl. 1981, L 171/13 ff.) angeschlossen, ferner dem UN-Übereinkommen zum Schutz der Ozonschicht von 1985. – Beim **Artenschutz** trat die Gemeinschaft den beiden Übereinkommen zur Erhaltung der wandernden wildlebenden Tierarten und der europäischen wildlebenden Pflanzen und Tiere und ihrer natürlichen Lebensräume bei (ABl. 1982, L 38/3 ff. und L 210/1 ff.). – **(Gesamtliste der internationalen Umweltvertragspraxis der EG** in: Fundstellenverzeichnis des geltenden Gemeinschaftsrechts, 15. 10.40). Die **Gemeinschaft ist so zu einer der wichtigsten internationalen Umweltorganisationen geworden,** die u. a. enge Beziehungen zum Umweltprogramm der UN in Nairobi (UNEP) unterhält *(Kilian,* Umweltschutz durch internationale Organisationen, 1987, S. 278, 282). 2003

Insgesamt gesehen war auf diese Weise schon vor dem Inkrafttreten der Einheitlichen Europäischen Akte 1987 in Gestalt sekundären Gemeinschaftsrechts und völkerrechtlicher Verträge ein zwar unübersichtliches, aber in seinem Umfang insgesamt **bedeutsames EG-Umweltrecht** entstanden (*Umweltbundesamt* (Hrsg.), Rechtsakte der EG auf dem Gebiet des Umweltschutzes, 1989). Dennoch konnte nicht gesagt werden, daß mit diesen Maßnahmen die europäische Umweltprobleme bereits wirksamen Lösungen zugeführt worden wären *(EG-Kommission* (Hrsg.), Die Lage der Umwelt in der EG, 1987). Das Umweltgemeinschaftsrecht gab nicht selten bei der Wahl des europäischen Schutzstandards **Kompromisse auf dem kleinsten gemeinsamen Nenner** wieder. Ferner wurde die **Langsamkeit des EG-Entscheidungsprozesses** oft beklagt *(Haigh,* Was lange währt..., in: Gündling/Weber (Hrsg.), Dicke Luft in Europa 1988, S. 117 ff.). – Die Wahl der Richtlinie als regelmäßig bevorzugtes Rechtsinstrument der EG-Umweltpolitik war wegen des verstreuten Charakters des umzusetzenden nationalen Umweltrechts verständlich. Andererseits ergaben sich bei der **Durchfüh-** 2004

rung der Richtlinien infolge des noch unterschiedlich entwickelten nationalen Umweltbewußtseins und aus anderen Gründen öfters **erhebliche Verzögerungen** *(Krämer,* RMC 1988, S. 22 ff.). Im Umweltbereich waren ständig eine sehr große Zahl von Vertragsverletzungsverfahren gegen MS wegen mangelnder Umsetzung von RL anhängig. Angesichts solcher Schwierigkeiten setzten sich bei der **Ausarbeitung der EEA 1985/86** Bestrebungen durch, den Gedanken des Umweltschutzes **noch eindeutiger im Vertrag zu verankern** *(Vandermeersch,* ELRev 1987, S. 407 ff.).

Bei der Umwandlung des EWGV in den EGV durch den Maastrichter Unionsvertrag 1992 wurden die Umweltregelungen des EGV weiter ausgebaut *(Nettesheim;* JURA 1994, S. 337 ff.). Der Amsterdamer Vertrag 1997 hat sie (nunmehr Titel XX = Art. 130 f ff. = 174 ff. neu EGV) praktisch unverändert gelassen.

2. EG-Umweltpolitik auf der Grundlage der Einheitlichen Europäischen Akte, des Maastrichter Unionsvertrages und des Amsterdamer Vertrages 1997

Literatur: *Beyer,* Gemeinschaftsrecht und Umweltschutz nach der Einheitlichen Europäischen Akte, JUS 1990, S. 962 ff.; *Corelle,* La dimension „Environnement" du marché unique, RMC 1990, S. 125 ff.; *Purps,* Umweltpolitik und Verursacherprinzip im europäischen Gemeinschaftsrecht unter besonderer Berücksichtigung der EEA, 1991,; *Jahns-Böhm/Breier,* Die umweltrechtliche Querschnittsklausel des Art. 130 r II 2, EuZW 1992, S. 49 ff.; *Palme,* Nationale Umweltpolitik in der EG, 1992; *Everling,* Umsetzung des EG-Rechts im Bereich des Umweltschutzes, NVwZ 1993, S. 209 ff.; *Rengeling* (Hrsg.), Umweltschutz und andere Politiken der EG, 1993; *Middeke,* Nationaler Umweltschutz im Binnenmarkt, 1994; *Pernice,* Kriterien der normativen Umsetzung von Umweltricht-linien der EG im Lichte der Rechtsprechung des EuGH, EuR 1994, S. 325 ff.; *Zils,* Die Wertigkeit des Umweltschutzes in Beziehung zu anderen Aufgaben der EG, 1994; *Kahl,* Der Vollzug des europäischen Umweltrechts, DÖV 1995, S. 860 ff.; *Klein/Kimms,* Die Kompetenz der EG zum Abschluß umweltreleanter Verträge, Jb Umwelt- und Technikrecht 1996, S. 53 ff.; *Lübbe-Wolf* (Hrsg.), Der Vollzug des europäischen Umweltrechts, 1996; *Ruffert,* Subjektive Rechte im Umweltrecht der EG, 1996; *Karl,* Umweltpolitik, in: Klemmer (Hrsg.), Hdb Europ. WirtschPol. 1998, S. 1001 ff.; *Kraak/Pehle/Zimmermann-Steinhart,* Europa auf dem Wege zur integrierten Umweltpolitik? APUZ 25–26/ 1998, S. 26 ff.;

2005 Mit der EFA 1986 und ihren Ergänzungen in Maastricht 1992 und Amsterdam 1997 ist die Europäische Umweltpolitik als ein **besonderer Titel XX „Umwelt"** (Art. 130 r–t = 174–176 neu EGV) unter die Politiken der Gemeinschaft aufgenommen worden. Entsprechend erwähnt Art. 3 k = l neu EGV unter den **Vertragszielen** „eine Politik auf dem Gebiet der Umwelt" und Art. 2 spricht von einem „hohen Maß an Umweltschutz und Verbesserung der Umweltqualität" als Aufgaben der Gemeinschaft.

Einen wirtschaftsfreundlichen Gegenakzent setzt andererseits der mit dem Amsterdamer Vertrag 1997 eingefügte Art. 6 neu EGV. Hiernach müssen die Erfordernisse des Umweltschutzes bei den Gemeinschaftspolitiken im Sinne des Art. 3 EGV zur Förderung einer nachhaltigen (umweltverträglichen) Entwicklung einbezogen werden. – Mit diesen umfassenden Umweltzuständigkeiten bleibt für den weiteren Rückgriff auf Art. 235 = 308 neu EGV praktisch kein Raum mehr (str., vgl. *Scherer/Heselhaus,* Umweltrecht, in Dauses (Hrsg.), Hdb EU-WirtschR. O (1994), RdNr. 46).

a) Konzept des EG-Vertrages im Umweltbereich

Wenn der EGV nunmehr an verschiedenen Stellen, insbesondere in den **2006**
Art. 130 r ff. = 174 ff. neu ausdrücklich den Begriff „Umwelt" verwendet, ergibt sich aus den Zusammenhängen einschließlich des früheren Sekundärrechts, daß hiermit eine **sehr weite, entwicklungsoffene Vorstellung** verbunden wird. Sie schließt über die natürliche Umwelt hinaus das ganze sozio-ökonomische Umfeld des Menschen mit ein **(„Bestmöglicher Umweltschutz",** *Wiegand,* DVBl. 1993, S. 533 ff.).

aa) Die umweltpolitischen Ziele der EG

Art. 130 r Abs. 1 = 174 Abs. 1 neu EGV benennt zunächst mit Erhal- **2007**
tung, Schutz und Verbesserung der Umwelt, dem Schutz der menschlichen Gesundheit, der umsichtigen und rationellen Verwendung der natürlichen Ressourcen und der Förderung von Maßnahmen auf internationaler Ebene zur Bewältigung regionaler oder globaler Umweltprobleme **vier grundlegende umweltpolitische Ziele der Gemeinschaft** im Sinne von Aufgabenumschreibungen. Es wird damit an die frühere Praxis angeknüpft. Die Ausfüllung dieser Zielsetzungen obliegt auch künftig in erster Linie den **umweltpolitischen Aktionsprogrammen der EG** (oben Rz. 1998). Bei aller Unbestimmtheit **sind die Ziele des Art. 130 r Abs. 1 = 174 Abs. 1 neu als verbindlich anzusehen** *(Grabitz/Nettesheim,* in: Grabitz/Hilf (Hrsg.) EUV/EGV-Komm. (1992), Art. 130 r, Rz. 10). In ihrer Anwendung bedürfen sie freilich der **jederzeitigen Abwägung mit anderen zielweisenden Regelungen** des Vertrages insbesondere im wirtschaftlichen oder im Agrarbereich (z. B. Art. 39 = 33 neu EGV, *Schröder,* NuR 1995, S. 117 ff.). Grundsätzlich sind Zielregelungen in den Verträgen gleichrangig und müssen im Einzelfall konkretisiert werden. Generell darf es weder eine „Wirtschaftslastigkeit" der Umweltpolitik *(Lothar Gündling)* geben noch ihr Gegenteil. Allerdings sichert die „Querschnittklausel" (unten Rz. 2012) dem Umweltschutz bei solchen Abwägungen eine starke Position *(Breier,* NuR 1992, S. 174 ff.).

Die MS haben in einer Erklärung zu Art. 130 r Abs. 1 = 174 Abs. 1 neu festgestellt, daß die EG-Umweltpolitik **„sich nicht störend auf die einzelstaatliche Politik der Nutzung der Energieressourcen auswirken darf".** Diese inhaltlich weitreichende Aussage ist zwar nicht i. e. S. rechtsverbindlich, aber doch eine bei der Gestaltung der Umweltpolitik zu beachtende Auslegungsregel (näher *Toth,* CMLRev 1986, S. 803 ff.). Sie wirkt im Energiebereich der „Querschnittklausel" entgegen.

bb) Die maßgeblichen Gestaltungsprinzipien der Umweltpolitik

In Art. 130 r Abs. 2 = 174 Abs. 2 neu EGV werden in Anlehnung an die **2008**
bisherige Praxis (oben Rz. 1998 ff.) die für die Gestaltung der Umweltpolitik

maßgeblichen **Grundprinzipien** im Sinne bindenden Rechtes festgeschrieben *(Pernice,* DV 1989, S. 1 ff.). Die EG-Umweltpolitik zielt unter Berücksichtigung regionaler Gegebenheiten auf ein hohes Schutzniveau ab. Sie unterliegt den Grundsätzen, Umweltbeeinträchtigungen vorzubeugen **(„Vorbeugungsprinzip“),** sie nach Möglichkeit an ihrem Ursprung zu bekämpfen **(„Ursprungsprinzip“)** und dem **Verursacherprinzip.** Ferner legt Art. 130 r Abs. 2 S. 3 = 174 Abs. 3 neu fest, daß die Erfordernisse des Umweltschutzes bei der Festlegung und Durchführung anderer Gemeinschaftspolitiken einbezogen werden müssen **(„Querschnittsklausel“).** In den Aktionsprogrammen hatte die Gemeinschaft darüber hinaus bereits eine Reihe weiterer Grundsätze entwickelt, denen jedoch nicht wie den hier formulierten Prinzipien Vertragsrang zukommt (näher *Scherer/Meselhaus,* Umweltrecht, in: Dauses (Hrsg.) Hb EU-Wirtschaftsrecht (1994), o. Rz. 9 ff.).

2009 Das **Vorbeugungsprinzip,** das bei allen öffentlichen Planungsüberlegungen die rechtzeitige Einbeziehung der Umweltfolgen anmahnt, war seit dem 1. Aktionsprogramm Grundsatz der EG-Umweltpolitik. Ein wichtiges Instrument zur Verwirklichung des Vorbeugungsprinzips ist die 1985 auf Gemeinschaftsebene eingeführte **Umweltverträglichkeitsprüfung** (oben Rz. 2000).

2010 Das **Ursprungsprinzip** steht in enger Beziehung zur Prävention, ist aber ein eigenständiger Grundsatz. Er beinhaltet die frühestmögliche Bekämpfung von Umweltgefahren, um Beeinträchtigungen entweder von vornherein auszuschließen oder sie mindestens so gering wie möglich zu halten (Bsp.: Entwicklung umweltfreundlicher Produkte, *Burgi,* NuR 1995, S. 11 ff.).

2011 Das **Verursacherprinzip („Pollueur-Payeur“,** *Krämer,* EuGRZ 1989, S. 353 ff.), Eckstein jeglicher Umweltpolitik, wird auch auf EG-Ebene finanziell als Kostentragungsgrundsatz verstanden, der im Sekundärrecht weitgehend zum Tragen kommen sollte. In der Gemeinschaftspraxis ist man von der allfälligen Durchsetzung des Verursacherprinzips allerdings noch weit entfernt. Bekämpfung und Beseitigung vieler Umweltbeeinträchtigungen fallen immer noch der Allgemeinheit zur Last **(„Gemeinlastprinzip“,** das Art. 130 r Abs. 2 = 174 Abs. 2 neu nicht benennt). Nur im Abfallreht wurde gelegentlich auf das Verursacherprinzip zurückgegriffen *(Duren,* RMC 1987, S. 146 ff.). Zu seiner Konkretisierung soll die Ratsempfehlung v. 3. 3. 1975 über die Kostenzurechnung und die Intervention der öffentlichen Hand bei Umweltschutzmaßnahmen (ABl. 1975, L 194/1 ff.) dienen.

2012 Eine wichtige Neuerung von großer Tragweite bringt die **Querschnittklausel („Interdependenzklausel“),** wonach der Umweltschutz bei der Festlegung und Durchführung anderer Gemeinschaftspolitiken einbezogen werden muß *(Kahl,* BayVBl. 1993, S. 335 ff.). Hierdurch wird der **Gedanke des Umweltschutzes als ein überall und ständig mitzubedenkender Grundsatz** besonders aufgewertet. Hieraus können sich im Rahmen der Verträge mannigfache Konsequenzen ergeben, u. a. i.V.m. der Zulassung mitgliedstaatlicher Schutzverstärkung nach Art. 130 t = 176 neu EGV (unten Rz. 2019 f.). Der Umweltschutz zählt inzwischen zu den zwingenden Gründen im Sinne der „Cassis-de-Dijon-Philosophie“ (oben Rz. 1299 ff.), durch die das Verbot von Maßnahmen gleicher Wirkung wie mengenmäßige Beschränkungen nach Art. 30 = 28 neu EGV modifiziert werden kann (EuGHE 1988, 4607 ff. – RS 302/86 „Dänische Pfandflaschen“). Die Anwendung des Ursprungsprinzips (Art. 130 r Abs. 2 = 174 Abs. 2 neu EGV) kann sogar diskriminierende Maßnahmen im freien Warenverkehr rechtfertigen (EuGHE 1992 I–4431 ff., RS C 2/90 „Wallonisches Abfallagerungsverbot“). Interdependenzen von umweltpolitischen Erwägungen mit anderen Politiken können sich mannigfach ergeben, etwa mit der Agrar-, Wirtschafts-, Wettbewerbs-, Industrie-, Energie-, Verkehrs- und Regionalpolitik *(Kahl,* BayVBl. 1993, S. 335 ff.). Auf ihren Kern zurückgeführt, bestimmt die Querschnittklausel, daß es nur noch umweltfreundliche Agrarpolitik usf. geben darf. Gelegentlich wird die Querschnittklausel zu einem **Grundsatz des bestmöglichen Umweltschutzes** weiterentwickelt *(Wiegand,* DVBl. 1993, S. 533 ff.). Andererseits gilt auch und gerade im Umweltschutz das **Subsidiaritätsprinzip** des Art. 3 b = 5 neu EGV (oben Rz. 518 ff.). Bis 1992 war es speziell im früheren Art. 130 r Abs. 4 EWGV verankert *(Brinkhorst,* EurEnvLaw 1993, S. 8 ff.).

Mit den **„Berücksichtigungsgeboten"** des Art. 130 r Abs. 3 = 174 Abs. 3 **2013**
neu EGV wird die EG darauf festgelegt, bei Umweltmaßnahmen die verfügbaren wissenschaftlichen und technischen Daten heranzuziehen, regionale und allgemeine wirtschaftlich-soziale Entwicklungsaspekte der Gemeinschaft zu beachten, sowie die Vorteile und die Belastung aufgrund der Maßnahmen bzw. ihrer Unterlassung zu berücksichtigen.

In diesen unscharfen Formulierungen spiegeln sich unterschiedliche **Bedenken verschiedener MS** (u. a. England, Italien, Griechenland) gegen zu weitgehende und zu kostspielige Umweltvorhaben. Mit dem Verlangen nach „Berücksichtigung" dieser Aspekte wird im Grunde eine Selbstverständlichkeit ausgesprochen, nämlich im Sinne des Verhältnismäßigkeitsgedankens nur solche Maßnahmen zu ergreifen, deren umweltpolitische Vorteile eindeutig erwiesen sind und nicht in einem krassen Mißverhältnis zu dem nötigen Aufwand stehen. Solche Abwägungen dürfen aber nicht ausschließlich unter finanziellen Aspekten getroffen werden.

cc) Finanzierung und Durchführung von EG-Umweltmaßnahmen

Zur **Finanzierung und Durchführung der Umweltmaßnahmen** legt Art. **2014**
130 Abs. 4 = 175 Abs. 4 neu EGV fest, daß unbeschadet bestimmter Maßnahmen gemeinschaftlicher Art **grundsätzlich die MS hierfür verantwortlich sind.** Indirekt liegt hierin die Ablehnung eines gelegentlich vorgeschlagenen allgemeinen Umweltfonds der EG. Die **verwaltungsmäßige Durchführung der EG-Umweltregelungen** obliegt den MS wie in den meisten sonstigen Fällen, da die Gemeinschaft über keine Verwaltungszuständigkeiten verfügt (oben Rz. 636).

Die ausnahmsweise denkbare **Gemeinschafts(mit)finanzierung von Umweltmaßnahmen** betrifft insbesondere Forschungsprojekte im Umweltbereich, die unter bestimmte Gemeinschaftsprogramme der Forschungs- und Technologiepolitik fallen können (oben Rz. 1930, 1951). Ferner enthält die VO über gemeinsame Umweltaktionen v. 23. 7. 2987 (ABl. L 207/8 ff.) die Möglichkeit der finanziellen Unterstützung bestimmter Umwelt-Demonstrationsvorhaben und von Vorhaben mit Anstoßcharakter. Im Rahmen ihrer **Beihilfenpolitik** (oben Rz. 1098 ff.) steht die EG Umweltschutzbeihilfen in Ausnahme vom grundsätzlichen Subventionsverbot aufgeschlossen gegenüber. Seit 1974 gibt es einen „Gemeinschaftsrahmen" für staatliche Umweltschutzbeilhilfen (EG-Kommission in: Bull, EG 1986, H. 12).

dd) Zur Außenkompetenz im Umweltbereich

Zu den **Außenkompetenzen der EG im Umweltschutzbereich** betont Art. **2015**
130 r Abs. 4 = 174 Abs. 4 neu EGV in ziemlich unklaren Formulierungen die Existenz entsprechender Befugnisse sowohl bei der EG wie auch bei den

MS. Dabei wird sowohl auf die Fähigkeit der Gemeinschaft hingewiesen, im Sinne von Art. 228 = 300 neu EGV Abkommen mit dritten Parteien schließen zu können, als auch auf die analoge Vertragsschließungskompetenz der MS. Sinnvoll wird man diese mißverständlichen Selbstverständlichkeiten nur so verstehen können, **daß auch im Umweltbereich die allgemeinen Regeln über die EG-Außenkompetenz** und ihr Verhältnis zu derjenigen der MS gelten (oben Rz. 1674 ff., so auch *Scheuing,* EuR 1989, S. 173).

In diese Richtung geht auch die Erklärung der MS zu dem damaligen Art. 130 r Abs. 5 UA 2 EWGV anläßlich der Verabschiedung der EEA, daß diese Regelung **„die sich aus dem AETR-Urteil des Gerichtshofs ergebenden Grundsätze nicht berührt“.**

Im Kern bedeutet das, daß die EG in der Umweltpolitik wie sonst in dem Umfang, in dem sie nach innen Umweltrecht gesetzt hat oder setzen könnte, über die entsprechenden Außenkompetenzen verfügt. Für die **Grenzen der EG-Kompetenz** sind in diesem Zusammenhang das Subsidiaritätsprinzip des Art. 3 b Abs. 2 = 5 neu EGV und auch die „Verstärkungsbefugnis“ der MS gemäß Art. 130 t = 176 neu EGV (oben Rz. 2012) bzw. unten Rz. 2019 f.) zu beachten. Angesichts der Kompliziertheit der Gesamtregelung des Art. 130 r = 174 neu dürfte es in der Praxis in vielen Fällen auf ein **gemeinsames Handeln von EG und MS** hinauslaufen. Auf jeden Fall hat sich Art. 130 r Abs. 4 = 174 Abs. 4 neu EGV für eine konkurrierende und nicht ausschließliche EG-Zuständigkeit entschieden (oben Rz. 518), so daß für die MS grundsätzlich Handlungsspielraum im Außenbereich verbleibt *(Sola,* RMC 1992, S. 793 ff.).

ee) Rechtsetzungszuständigkeiten im Umweltbereich

2016 Nach dem **in Maastricht 1992 und Amsterdam 1997 neugefaßten Art. 130 s = 176 neu EGV** beschließt der Rat mit qualifizierter Mehrheit gemäß dem Mitentscheidungsverfahren des Art. 189 b = 251 neu EGV (oben Rz. 269) und nach Anhörung des WSA und AdR über das Tätigwerden der Gemeinschaft im Rahmen des Art. 130 = 174 neu EGV. Abweichend hiervon und „unbeschadet des Art. 100 a = 95 neu EGV“ erläßt der Rat jedoch auf Vorschlag der Kommission und nach Anhörung von EP, WSA und AdR in bestimmten Bereichen (Steuern, Raumordnung/Bodennutzung/Wasserressourcen und Energieversorgung) einstimmig die Vorschriften und Maßnahmen (Art. 130 s Abs. 2 = 175 Abs. 2). Auch hier kann er nach dem Verfahren des Abs. 1 auf eine Beschlußfassung mit qualifizierter Mehrheit „umschalten“. – In anderen Bereichen beschließt der Rat nach dem Mitentscheidungsverfahren des Art. 189 b = 251 neu EGV und nach Anhörung der WSA und AdR **allgemeine Aktionsprogramme,** in denen die vorrangigen Ziele der Umweltpolitik festgelegt werden (Art. 130 s Abs. 3 = 175 Abs. 3 neu EGV).

2017 **Die Finanzierung und Durchführung der Umweltpolitik** erfolgt grundsätzlich durch die MSen. Bei Maßnahmen, die für bestimmte MSen unverhältnismäßig kostspielig sind, können Ausnahmeregelungen und/oder eine Gemeinschaftsfinanzierung aus dem Kohäsionsfonds (oben Rz. 977) beschlossen werden (Art. 130 s Abs. 5 = 175 Abs. 5 neu). Ungeachtet der unnötigen Kompliziertheit der Gesamtregelung stellt Art. 130 s = 175 neu EGV der Gemeinschaft eine **breite Generalklausel** zur Verfügung, mittels deren die EG grundsätzlich im gesamten Umweltbereich des Art. 130 r = 174 neu handeln kann. Dabei stehen ihr **alle Rechtsakte im Sinne des Art. 189 = 249 neu EGV** einschließlich der VO zur Verfügung.

Dennoch ist Art. 130 s = 175 neu EGV **nicht als abschließende Kompetenznorm der EG für umweltpolitische Maßnahmen** zu begreifen (Näher *Nettesheim,* JURA 1994, S. 337 ff.). Vor allem ist die **Abgrenzung zur Binnenmarktrechtsangleichung nach Art. 100 a = 95 neu EGV** von Bedeutung, die ausweislich Art. 100 a Abs. 3 = 95 Abs. 3 neu EGV umweltbezogene Normen einschließen kann. Angesichts der unterschiedlichen Verfahren in Art.100 a/130 s = 95, 175 neu EGV ist diese Unterscheidung praktisch relevant. Theorie und Rechtsprechung sind sich mittlerweile weitgehend einig, daß **allgemeine Umweltstandards** (z. B. Wasserqualität) schwerpunktmäßig dem eigentlichen Umweltschutz nach Art. 130 s = 175 neu zuzurechnen sind. **Produktnormen** wie z. B. die Regelung über den Bleigehalt des Benzins weisen dagegen einen starken Bezug zum Binnenmarkt auf und regeln sich daher gemäß Art. 100 a = 95 neu EGV. Schwieriger ist die Zuordnung bei Normen, welche die Ausgestaltung des Produktionsprozesses von Unternehmen zum Gegenstand haben, z. B. die Behandlung der Abfälle der Titanoxydindustrie **(„Produktionsnormen")**. Wegen der besonderen Bedeutsamkeit unverfälschter Wettbewerbsbedingungen für den Binnenmarkt (arg. Art. 2, 3 EGV) möchte EuGHE 1991, I–2867 ff.; RS C-300/89 „Titanoxyd" auch in diesen Fällen auf Art. 100 a = 95 neu EGV zurückgreifen. Da Wettbewerbsbeeinflussungen meist gegeben sein werden, könnte Art. 130 s = 175 neu EGV bei dieser Auslegung obsolet werden. Bei produkttechnischen Regelungen aus Umweltgründen empfiehlt sich eher die Anwendung des Art. 130 s = 175 neu EGV (näher *Nettesheim* JURA 1994, S. 339 m. w. N.). 2018

Schließlich kommen auch andere **umweltbezogene Spezialkompetenzen** wie insbesondere Art 99 = 93 neu EGV im Falle der Umweltabgaben vorrangig sowohl gegenüber Art. 100 a = 95 neu als auch Art. 130 s = 175 neu EGV zur Anwendung.

Insgesamt ist die Gemeinschaft mit den beiden Generalzuständigkeiten über Art. 130 s = 175 neu und Art. 100 a = 95 neu sowie den weiteren Spezialkompetenzen seit 1986 für die **ganze Breite denkbaren Umweltschutzrechts mit Rechtsetzungskompetenz ausgestattet.** Es bedarf daher nicht mehr eines Rückgriffs auf Art. 235 = 308 neu EGV.

ff) Befugnis der Mitgliedstaaten zu verstärktem nationalen Umweltschutz

Bisher genießt der Umweltschutz trotz grundsätzlicher Bejahung als wichtige Staatsaufgabe auf nationaler Ebene noch einen **unterschiedlichen Stellenwert bei der Abwägung mit anderen öffentlichen Interessen.** Da EG-Umweltschutzmaßnahmen sowohl über Art. 130 s Abs. 1 = 175 Abs. 1 neu als auch nach Art. 100 a Abs. 4 ff. = 95 Abs. 4 ff. neu EGV (oben Rz. 1212) mit Mehrheit getroffen werden können, bestand die Gefahr, daß auf diese Weise strenge Umweltschutzstandards in bestimmten MS abgebaut werden könnten. Um dies zu verhindern, gestattet es Art. 130 t = 136 neu EGV solchen MS, **eigene verstärkte „Schutzmaßnahmen"** im Falle einer „milde- 2019 ren" Gemeinschaftsmaßnahme nach Art. 130 s = 174 neu beizubehalten oder neu zu ergreifen. Die gleiche Möglichkeit eröffnet Art. 100 a Abs. 4 = 95 Abs. 4 neu EGV bei Umweltschutzrechtsangleichung *(Palme,* Nationale Umweltpolitik in der EG, 1992).

2020 Der Umweltschutz ist damit als ein im Rahmen des Art. 30 ff. = 28 ff. neu EGV, insbesondere im Sinne des Art. 36 = 30 neu EGV und der „Cassis-de-Dijon-Philosophie" (oben Rz. 1299 ff.) zu beachtendes **Schutzgut** bestätigt worden, das gewisse handelshemmende Auswirkungen zu legitimieren vermag, sofern sie nicht willkürliche Diskriminierungen bzw. verschleierte Handelsbeschränkungen darstellen (EuGHE 1985, 531 ff. – RS 240/83 st. Rspr.). Allerdings muß die Maßnahme im Sinne des Art. 36 = 30 neu EGV **erforderlich („gerechtfertigt")** sein. Dazu bedarf es des Nachweises sonst drohender spürbarer Umweltschädigungen. Außerdem stellt Art. 100 a Abs. 4 ff. = 95 Abs. 4 ff. neu EGV noch nähere Verfahrensvoraussetzungen für solche „Alleingänge" eines MS aus *(Pechstein,* JURA 1996, S. 176 ff.).

Voraussetzung für die Anwendbarkeit dieser **Schutzverstärkungsklauseln"** ist, daß auf Gemeinschaftsebene eine Harmonisierung stattgefunden hat, von der im verstärkenden Sinne abgewichen wird. Hat die EG noch nicht gehandelt, ist im Rahmen der Subsidiaritätsklausel (oben Rz. 518 ff.) zu entscheiden, ob MS weiterhin nationales Umweltrecht setzen können (näher *Middeke,* Nationaler Umweltschutz im Binnenmarkt, 1994). Auch in solchen Fällen sind handelsbeschränkende Wirkungen des nationalen Rechtes nach den Maßstäben des Art. 36 = 30 neu EGV und der „Cassis-de-Dijon-Philisophie" zu beurteilen *(Zuleeg,* NVwZ 1987, S. 280 ff.).

b) Praxis der EG-Umweltpolitik seit 1987

Literatur: Die Literatur zur EG-Umweltpraxis ist Legion. Viele Nachweise in: *Rengeling* (Hrsg.), Hdb zum europ. und deutschen Umweltrecht, I, 1998.

Jachtenfuchs, The EC and the Protection of the Ocone Layer, *JCMS* 1990, S. 261 ff.; *Hilf,* Umweltabgaben als Gegenstand von Gemeinschaftsrecht und Gemeinschaftspolitik, NVWZ 1992, S. 105 ff.; *Roller,* Der „Blaue Engel" und die „Europäische Blume", EuZW 1992, S. 499 ff.; *Vitzthum/Imperiali,* La protection régionale de l'environnement marin. Approche européenne, 1992; *Willmowsky,* Abfälle und freier Warenverkehr, EuR 1992, S. 414 ff.; *Engel,* Akteneinsicht und Recht auf Information über umweltbezogene Daten: Die Informationsrichtliie der EG im Vergleich zur bundesdeutschen Rechtslage, 1993; *Kiethe/Schwab,* EG-rechtliche Tendenzen zur Haftung für Umweltschäden, EuZW 1993, S. 437 ff.; *Petersmann,* Freier Warenverkehr und nationaler Umweltschutz in EWG und EWR, Außenwirtschaft 1993, S. 107 ff.; *Winter,* Trinkwasserqualität und Gemeinschaftsrecht, Bundesgesundheitsblatt 1993, S. 425 ff.; *Bock,* Umweltrechtliche Prinzipien in der Wettbewerbsordnung der EG, EuZW 1994, S. 47 ff.; *Quick,* Der Gemeinschaftsrahmen für staatliche Umweltschutzbeihilfen, EuZW 1994, S. 620 ff.; *Winter,* Die neue Abfallverbringungs-VO der EG, UPR 1994, S. 161 ff.; *Schottelius,* Das EG-Umwelt-Audit als Gesamtsystem, BB 1995, S. 1549 ff.; *Schröder,* Die Berücksichtigung des Umweltschutzes in der gemeinsamen Agrarpolitik der EU, NUR 1995, S. 117 ff.; *Wasmeier,* Umweltabgaben und Europarecht, 1995; *Wendenburg,* Die Umsetzung des europäischen Abfallrechts, NVWZ 1995, S. 833 ff.; *Wägenbaur,* Energie und Umweltschutz in Europäischer Perspektive, Europ. Gemeinschaftsbericht 1996, S. 45 ff.; *Dolde,* Die EG-Richtlinie über die integrierte Vermeidung und Verminderung der Umweltverschmutzung, NVwZ 1997, S. 313 ff.; *Krieger,* Die Empfehlungen der Kommission über Umweltvereinbarungen, EuZW 1997, S. 648 ff.; *Wieberneit,* Europarechtlicher Ordnungsrahmen für Umweltsubventionen, 1997; *Zacker,* Abfall im gemeinschaftlichen Umweltrecht, 1997; *Engels,* Grenzüberschreitende Abfallverbringung nach EG-Recht, 1998; *Grewlich,* Umweltschutz durch „Umweltvereinbarungen" nach nationalem Recht und Europarecht, DÖV 1998, S. 54 ff.; *Lienemeyer,* Europaweite Abgaben zur Reduzierung von Treibhausgasemissionen, EuR 1998, S. 478 ff..

Die ausdrückliche und umfängliche Verankerung des Umweltschutzgedankens als Gemeinschaftspolitik im Rahmen der EEA und des EUV **hat sich auf die Setzung von EG-Umweltrecht seit 1987** (für die vorangehende Zeit oben Rz. 1995 ff.) **stimulierend ausgewirkt.** Die einzelnen Maßnahmen ergehen nunmehr im Rahmen des **5. Umweltaktionsprogrammes der Gemeinschaft** (ABl. 1993, C 138/1), welches seit 1993 maßgeblich ist. **2021**

Diese Programme bilden einen Rahmen für die Aktion der Gemeinschaft, sind aber bisher nicht rechtsverbindlich abgefaßt. Nach Art. 130 s Abs. 3 = 175 Abs. 3 neu EGV wäre dies inzwischen möglich. Als verbindliche Einzelmaßnahmen im Sinne des Programmes ergehen Rechtsakte gemäß Art. 100 a oder 130 s = 95 oder 175 neu EGV. Viele Regelungen stellen sich als eine intensivierte Fortsetzung der bereits vor 1987 eingeschlagenen Umweltpolitik dar. Insgesamt sind bis Ende der 90er Jahre über 500 Umweltrechtsakte der EG ergangen.

Überlicherweise unterscheidet man Maßnahmen des **Allgemeinen** und des **Medienspezifischen Umweltrechts.**

(1) Allgemeines Umweltrecht

Ungefähr seit den achtziger Jahren hat die Gemeinschaft zunehmend allgemeine **Organisations- und Verfahrensvorschriften** entwickelt, um die auf europäischer Ebene behandelten Umweltprobleme effektiv anzugehen. Da die EG beim Vollzug ihrer Umweltvorschriften auf die MSen angewiesen ist, sucht sie diese und deren Öffentlichkeit durch verschiedene Techniken und Maßnahmen zu aktivieren. **2022**

(a) Europäische Umweltagentur: Ihre Gründung wurde 1990 beschlossen (VO 1210/90, ABl. 1990, L 126/1). 1993 wurde Kopenhagen als Sitz festgelegt (ABl. 1993, C 323/1). Die Agentur hat eigene Rechtspersönlichkeit (oben Rz. 459). Ihre Aufgabe liegt zunächst in amtlicher Sammlung, Austausch und Bewertung von Umweltdaten.

(b) Umweltstatistik: Die Gemeinschaft ist bemüht, für eine Hebung des Umweltbewußtseins durch eine besondere Betonung des Umweltaspek-tes in den gemeinschaftlichen Statistiken günstige Voraussetzungen zu schaffen (Entwicklungsprogramm 1994–97, Entscheidung 94/808, ABl. 1994, L 328/58).

(c) Umweltfinanzierung: Mit der Schaffung eines Finanzierungsinstruments für die Umwelt (LIFE) durch die VO 1973/92 (ABl. 1992, L 206/1) können Umweltprojekte in MSen und u. U. auch in Drittstaaten sowie

Umweltaktivitäten über internationale Konventionen gefördert werden. LIFE ist bisher finanziell bescheiden ausgestattet.

(d) Umweltinformationen: Mit der Richtlinie 90/313 (ABl. 1990, L 158/56, zu ihr *Engel,* NVwZ 1992, S. 111 ff.) soll ein Jedermannsrecht auf Zugang zu behördlichen Umweltinformationen geschaffen werden. Es findet seine Grenze in legitimen Geheimhaltungsinteressen des Staates. Die RL ist seit Ende 1992 in Kraft und in D durch das **Umweltinformationsgesetz** (UIG), (BGBl. 1994, I, 1490; *Meyer-Rutz,* Das neue Umweltinformationsgesetz, 1995) verspätet umgesetzt worden. Bei Lücken der Umsetzung ist die RL meist unmittelbar anwendbar (str., *Röger,* NUR 1994, S. 125 ff.).

2023 **(e) Umweltverträglichkeitsprüfung (UVP):** Sie wurde bereits durch die RL 85/337 (ABl. 1985, L 175/40 ff.) eingeführt, die 1988 in Kraft getreten ist (näher oben Rz. 2000). In D wurde sie 1990 gesetzlich umgesetzt (BGBl. 1990, I. 205, 1080; *Schink/Erbguth,* DVBl. 1991, S. 413). Auch vor dem 3. 7. 1988 beantragte Projekte sind entgegen einer Ausnahmeregelung im UVP-G der Prüfung zu unterziehen (EuGHE 1994, I–3717, RS C 396/92).

2024 **(f) Umweltzeichen:** Nach längeren Vorarbeiten *(Scherer,* RIW 1990, S. 908 ff.) führte die EG mit der VO 880/92, ABl. 1992, L 99/1 ff. ein EG-Umweltzeichen ein („Europäische Blume"). Es wird für Produkte (außer Lebens- und Arzneimitteln) vergeben, die **geringere Auswirkungen auf die Umwelt als konkurrierende Waren** haben. Während die Kommission einschlägige Produktgruppen und Kriterien für die Vergabe des Zeichens bestimmt, obliegt die konkrete Vergabe nationalen Stellen. Die Kommission wird benachrichtigt. Wenn das Produkt ein kurzes Gemeinschaftsverfahren positiv durchläuft, kann das Zeichen endgültig vergeben werden *(Roller,* EuZW 1992, S. 499 ff.). Das Zeichen kann zu Werbezwecken dienen. Nationale Umweltzeichen (Deutscher „Blauer Engel") bestehen vorläufig weiter.

2025 **(g) Öko-Audits:** Mit der VO 1836/93, ABl. 1993, L 168/1 hat die Gemeinschaft ein **„Öko-Audit-System"** eingeführt *(Köck,* JZ 1995, S. 643 ff.). Sein Ziel ist, Betriebe dazu zu veranlassen, **ihre innere Organisation umweltorientiert einzurichten.** Die Teilnahme am Öko-Audit-System ist freiwillig. Übernimmt ein Betrieb das System, muß er jedoch alle Erfordernisse der VO erfüllen (u. a. Festlegung einer betrieblichen Umweltpolitik, Schaffung eines Umweltinstrumentariums, Umweltbetriebsprüfungen, Abgabe einer behördlich kontrollierten Umwelterklärung, die veröffentlicht wird (näher *Ensthaler* u. a., Umweltauditgesetz/EG-Öko-Audit-Verordnung, 1996). Der Betrieb darf dann ein **ÖKO-AUDIT-Zeichen** führen.

(h) Sonstiges: Es besteht eine Reihe weiterer Maßnahmen des allgemeinen Umweltrechts, die schwer klassifizierbar sind und kein übergreifendes System erkennen lassen, wie z. B. Bemühungen um eine Europäisierung der **Umwelthaftung** oder die Richtlinie 96/61 über die integrierte **Vermeidung und Verminderung der Umweltverschmutzung,** ABl. 1996, L 257/26.

(2) Medienspezifisches Umweltrecht

Neben dem allgemeinen Umweltrecht stehen besondere Regelungen, die sich auf **bestimmte „Umweltmedien" (Wasser, Luft usw.) beziehen.** Sie werden meist als medienspezifisches Umweltrecht bezeichnet. Es handelt sich um eine umfangreiche, schwer überschaubare und in ständiger Fortentwicklung befindliche Rechtsmasse (Fundstellenverzeichnis des geltenden Gemeinschaftsrechts, 15.10.20–15.10.30). 2026

(a) Naturschutz: Die EG-Regelungen zum Naturschutz bezwecken **Artenschutz** (Bsp.: RL 79/409, ABl. 1979, L 103/1, Änderungen, über die Erhaltung wildlebender Vögel und damit in engem Zusammenhang **Flächenbewirtschaftung** (Bsp.: RL über den Schutz der natürlichen und naturnahen Lebensräume, sog. „Habitat-Richtlinie", ABl. 1993, L 309/3). Die Umsetzung verschiedener Regelungen zum Naturschutz gestaltet sich in den MSen mühselig, da mancherlei Interessen, z. B. der Jägerei, entgegenwirken *(Bader/May,* EG und Naturschutz, 1992). Vierschiedentlich beteiligt sich die EG an internationalen Übereinkommen auf diesem Gebiet wie z. B. dem Übereinkommen über die biologische Vielfalt v. 22. 5. 1992, vgl. ABl. 1993, L 309/1). 2027

(b) Gewässerschutz: Maßnahmen zum Schutz von Gewässern (Binnengewässer, Grundwasser und Meerwasser) gehören zu den wichtigsten umweltpolitischen Betätigungen der EG. Seit Mitte der siebziger Jahre hat die Gemeinschaft in zahlreichen Richtlinien ein umfängliches Regelungswerk geschaffen. Seine Umsetzung in den MSen stößt auf mancherlei Schwierigkeiten. Man ist jedoch auf dem Weg zu gemeineuropäischen Standards vorangekommen (Überblick bei *Scherer/Heselhaus,* in: Dauses (Hrsg.), Hdb des EU-Wirtschaftsrechts (1994), O, RdNr. 90 ff.). Beim EG – Gewässerschutz sind hervorzuheben: 2028

– **Qualitätsnormen für Gewässer** je nach ihrer Nutzungsart (Trinkwasser, Badegewässer usf.). Bedeutsam sind die RL 75/440 über die Qualitätsanforderungen an Oberflächengewässer für die Trinkwassergewinnung (ABl. 1975, L 194/34, Änderungen), sowie die Trinkwasserrichtlinie 80/778 (ABl, 1980, L 229/11, Änderungen, zu ihr *Winter,* Bundesgesundheitsblatt 1993, S. 425 ff.). Die Umsetzung der Trinkwasserrichtlinie bereitete u. a. in Deutschland Probleme *(Demmke,* Umsetzung und Vollzug der Trinkwasserrichtlinie, 1994). Oft wird den MSen im Sinne der Verstärkungsklausel des Art. 130 t = 176 neu EGV der Erlaß strengerer nationaler Werte ermöglicht.

– **Emissionsnormen und Produktstandards:** Mit ihnen werden Richtwerte für die Ableitung gefährlicher Stoffe in Gewässer vorgegeben, beziehungsweise Standards für Produkte, die abwasserbelastete Stoffe enthalten. Die Regelungen orientieren sich meist am Verursacherprinzip. Wichtige Rechtsgrundlagen sind die RL 76/464 über die Verschmutzung infolge der Ableitung bestimmter gefährlicher Stoffe in die Gewässer der Gemeinschaft (ABl. 1976, L 129/23, Änderungen), die RL 80/68 zum Schutz des Grundwassers (ABl. 1980, L 20/43, Änderungen) sowie die RL 91/271 über die Behandlung von kommunalen Abwässern (ABl. 1991, L 135/40).

– **Meeresumweltschutz:** Die Vorsorge gegen Meeresverschmutzung und ihre Verringerung wird einerseits durch Gemeinschaftsrechtsakte betrieben (Bsp.: RL 79/116 über Mindestanforderungen an Tankschiffe (ABl. 1979, L 33/33), vor allem aber durch Beteiligung der EG neben den MSen an den **internationalen Abkommen zum Schutz der Meere.** Sie beziehen sich meist auf bestimmte Regionen (Bsp.: Barcelona-Abkommen zum Schutz des Mittelmeeres, ABl. 1977, L 240/1; *Vitzthum/Imperiali,* La protection régionale de l'environnement marin, 1992). Ebenso ist die Gemeinschaft einer Reihe von **Abkommen zum Schutz der Binnengewässer** beigetreten (Bsp.: Berner Rheinschutzkonvention 1963, ABl. 1977, L 240/51 – eine Liste der verschiedenen Abkommen bei *Scherer/Heselhaus* a. a. O., RdNr. 90 ff.).

2029 **(c) Luftreinhaltung:** Neben dem Gewässerschutz ist die Luftreinhaltung seit dem Beginn des EG-Umweltschutzes in den siebziger Jahren ein vorrangiges Betätigungsfeld *(Jahns-Böhm,* Umweltschutz durch Europäisches Gemeinschaftsrecht am Beispiel der Luftreinhaltung, 1994). Die zahlreichen Regulierungen greifen meist punktuell wichtige Probleme heraus und folgen keinem systematischen Gesamtkonzept (kritisch *Caspari,* Die Umweltpolitik der EG, 1995). Es lassen sich insbesondere folgende Bereiche unterscheiden:

– **Bekämpfung des Waldsterbens und des Abbaues der Ozonschicht:** Beim Waldsterben beschränkt sich die EG bisher auf Datenerhebungen über das Schadensausmaß (VO 3528/86, ABl. 1986, L 326/2, Änderungen). Die Erdatmosphäre ist von der Gemeinschaft als Umweltschutzgut anerkannt, vgl. die RL 92/72 über die Luftverschmutzung durch Ozon (ABl. 1992, L 297/1).

– **Luftqualitätsnormen:** In verschiedenen Richtlinien hat die Gemeinschaft Grenz- und Leitwerte für luftgefährdende Stoffe festgelegt (z. B. Schwefeldioxyd, Schwebstaub, Stickstoffdioxyd und Blei). Die Umsetzung in den MSen ist teilweise noch unzureichend.

– **Emissionsnormen:** Sie sind zur Bekämpfung des luftverschmutzenden Schadstofftransportes besonders wichtig. Seit der ersten RL 70/220 (ABl. 1970, L 76/1, Änderungen) ist die EG bemüht, mit einem vielgestaltigen Regelungswerk die Emissionen von Kraftfahrzeugen einzugrenzen. Angesichts der Wirtschaftsinteressen der Autoindustrie sind dabei nur langsame Fortschritte möglich. Andere Richtlinien zielen auf Emissionen aus Industrieanlagen, insbesondere Großfeuerungsanlagen. Der Erlaß von Emissionsnormen befindet sich in ständiger Entwicklung.

– **Stoffbezogene Regelungen:** Sie werden erlassen, um die Luftverunreinigung an der Quelle zu bekämpfen, nämlich bei der Einwirkung bestimmter Stoffe auf die Luftqualität. Von besonderer Bedeutung ist hier die RL 85/210 (ABl. 1985, L 96/25, Änderungen), über den zulässigen Blei- und Benzolgehalt von Benzin. Sie bewirkte die gemeinschaftsweite Verfügbarkeit bleifreier Benzins und ermöglicht MSen ein Verbot verbleiten Benzins. Andere Maßnahmen betreffen die Verwendung von Asbest oder die Reduzierung/Eliminierung von FCKW und Halonen gemäß internationalen Vereinbarungen (VO 3322/88, ABl. 1988, L 297/1, *Jachtenfuchs,* JCMS 1990, S. 261 ff.).

(d) Lärmschutz: Bei der Eindämmung umweltschädlichen Lärms ging die Gemeinschaft vor allem mittels der Entwicklung zulässiger Lärmpegel für eine Reihe neuer Produkte vor (z. B. Kraftfahrzeuge, Baumaschinen, Rasenmäher und Haushaltsgeräte). Diese Maßnahmen stehen in engem Zusammenhang mit der Beseitigung technischer Handelshemmnisse im Interesse des freien Warenverkehrs (oben Rz. 1291 ff.). Außerdem wird die Verringerung nächtlichen Fluglärms angestrebt (Überblick zum Lärmschutz bei *Scherer/Heselhaus,* a.a.O., O, RdNr. 147 ff.). **2030**

(e) Abfallrecht: Seit den 70er Jahren sucht die EG eine europäische Politik der Abfallentsorgung zu entwickeln (Ratsentschließung über eine Gemeinschaftsstrategie für die Abfallbewirtschaftung, ABl. 1997, C 76/1 ff.). Hierbei ergeben sich Schwierigkeiten infolge der unterschiedlichen Standards des nationalen Abfallrechts. Seit den 90er Jahren geht die Gemeinschaft bei ihren Maßnahmen von den **drei Grundprinzipien der Vermeidung, der Verwertung (Rückgewinnung) und der Entsorgung (einschließlich Verbrennung) des Abfalls** aus *(Dieckmann,* Das Abfallrecht der EG, 1994). Angestrebt wird eine Entsorgungsautarkie der Gemeinschaft in ihrer Gesamtheit, aber auch die Vermeidung eines „Abfalltourismus" innerhalb der EG in die MSen mit den geringsten Entsorgungsanforderungen. Abfall gilt zwar als Ware im Sinne des Vertrages (EuGHE 1992, I–4431, RS C 2/90, „Abfall in Wallonien"; dazu *Krämer,* EuGRZ 1995, S. 45 ff.). Er ist jedoch eine Ware besonderer Art, bei der aus übergeordneten Umweltgesichtspunkten (z. B. Prinzip der Ursprungsbekämpfung) im Sinne der Doktrin der „zwingenden Erfordernisse" bei Art. 30 = 28 neu EGV (oben Rz. 1299 ff.) Einschränkungen des freien Warenverkehrs gerechtfertigt sein können. – Insgesamt ist die Abfallpolitik eine der wichtigsten und am weitesten entwickelten Tätigkeitsfelder der EG beim Umweltschutz. In dem weitverzweigten Regelungswerk lassen sich als Schwerpunkte erkennen: **2031**

– **Behandlung bestimmter Abfälle:** Die Rahmen-RL 91/156 (ABl. 1991, L 78/32, Änderungen) definiert den Abfallbegriff und legt die Grundregeln für die Beseitigung fest. Es gilt ein Vorrang der Verhütung/Verringerung vor der Abfallverwertung und das Ziel der Entsorgungsautarkie der Gemeinschaft und möglichst jedes MSes. Ausgenommen von der RL sind gefährliche Abfälle, z. B. radioaktiver oder gasförmiger Art. Für sie bestehen Sondervorschriften.

– **Abfalltransport:** Angestoßen durch die „Seveso-Affäre" (oben Rz. 2001) sind grenzüberschreitende Abfalltransporte inzwischen durch die VO 259/93 (ABl. 1993, L 30/1, Änderungen, zu ihr *Dieckmann,* Ztschr.UmwR 1993, S. 109 ff.) mittels eines intensiven Gesamtsystems für den Export und Import von Abfällen geregelt („Marktordnung mit minimaler Freiheit" – *Schröder,* NVwZ 1996, S. 833 ff.). Die VO hält sich im Rahmen des Basler Übereinkommens über den Transport gefährlicher Abfälle, dem die EG 1993 beitrat. Sie ermöglicht den MSen auch Verbote der Abfallverbringung. Grundsätzlich ist die Ausfuhr in Drittstaaten verboten (Ausnahme: EFTA-Staaten).

– **Abfallagerung/Beseitigung:** In der Rahmen-RL 91/156 und in weiteren spezialrechtlichen Regelungen (u. a. für Siedlungsmüll und für gefährliche Abfälle) werden die Standards für Abfallagerung und Beseitigung gemeinschaftsrechtlich definiert (*Schink,* DÖV 1994, S. 357 ff.). Abfallverbrennung ist grundsätzlich zulässig, unterliegt aber bestimmten Emissionswerten und Genehmigungserfordernissen für neue Verbrennungsanlagen. Vorschläge für die Schaffung bestimmter Kategorien von Abfalldeponien wurden noch nicht in Kraft gesetzt.

– **Abfallvermeidung/Wiederverwertung:** Nachdem verschiedene MSen divergierende abfallvermeidende Regelungen eingeführt hatten (u. a. dänische Pfandflaschenregelung, *Rengeling/Heinz,* JUS 1990, S. 613 ff. und deutsche VerpackungsVO 1991, zu ihr *Thome-Kozmiensky,* Die VerpackungsVO, 1994) erließ die EG 1994 die harmonisierenden RL 94/62 (ABl. 1994, L 365/10) über Verpackungen und Verpackungsabfälle. Hiernach hat die Vermeidung Vorrang vor der Verwertung, bei welcher die Verbrennung ultima ratio bleibt. Mittels eines umfänglichen Regelungssystems sollen bestimmte Wiederverwertungsquoten der Verpackungsabfälle erreicht werden.

– **Haftung für durch Abfälle verursachte Schäden:** Einschlägige Kommissionsvorschläge, die ähnlich wie bei der Produkthaftung (oben Rz. 1253) eine Gefährdungshaftung vorsehen, wurden noch nicht verabschiedet.

2032 **(f) Biotechnologie/Gentechnik:** Seit den 80er Jahren haben die modernen Möglichkeiten der Biotechnologie, insbesondere der Gentechnologie, zu neuartigen Spannungslagen zwischen den Prinzipien des freien Warenverkehrs und des Umweltschutzes innerhalb der EG geführt. Die Schaffung gentechnisch veränderter Organismen pflanzlicher, tierischer und menschlicher Art sowie chemisch/pharmazeutischer Produkte verursachte einerseits vielerorts einen wirtschaftlich/industriellen „Biotechnologie-Boom“. Andererseits wuchs die Besorgnis sowohl vor gesundheitlichen Risiken als auch vor ethischen Folgen des Eingriffs in den humanen Bereich. Die Auffassungen in den MSen gingen auseinander, wobei in Deutschland die Besorgnisse besonders in den Vordergrund traten. Die EG suchte 1990 durch die RLen 90/219 (ABl. 1990, L 117/1, Änderungen – sog. „Systemrichtlinie“) und 90/220 (ABl. 1990, L 117/15, Änderungen – sog. „Freisetzungsrichtlinie“) gentechnisch veränderte Organismen einer nach der Gefährlichkeit abgestuften behördlichen Risikobewertung zu unterwerfen, bevor sie industriell verwendet werden bzw. in den Handel gelangen dürfen (*Schenek,* Das Gentechnikrecht der EG, 1995, bes. S. 148 ff.). Diese in Deutschland durch das Gentechnikgesetz 1990 (i. d. F. 1993, BGBl. I, 2066) umgesetzten Regelungen haben in der ständigen Auseinandersetzung zwischen Wirtschafts- und Handelsfreiheit und ethisch inspiriertem Umweltschutz noch keine endgültige Gestalt gefunden (*Wahl/Melchinger,* JZ 1994, S. 973 ff.). Grundsätzlich gelten die beiden Vertragsziele nach hM als gleichrangig, so daß bei der Einzelregelung eine praktische Konkordanz herzustellen ist (EuGHE 1991, I–883 ff. – RS C 57/89).

(g) Industrielle Risiken/Gefahrstoffe: Über den Sonderfall der Biotechnologie hinaus befaßt sich die EG-Umweltpolitik schon seit den 60er Jahren mit besonderen Risiken industrieller Tätigkeit. Sie gehen von „gefährlichen Stoffen" aus, vornehmlich chemischer Herkunft und einschließlich des Transports solcher Stoffe (Dioxin-Katastrophe von Seveso 1976). Durch Regelungen zur Einstufung, Verpackung und Kennzeichnung gefährlicher Stoffe (RL 67/548, ABl. 1967, L 196/1, Änderungen) wie z. B. Asbest oder Benzol sollen die Vertragsziele des freien Warenverkehrs und des Umweltschutzes ausgeglichen werden (*Wagner,* Der technisch-industrielle Umweltnotfall im Recht der EG, 1992). 2033

(3) Beteiligung der EG an internationaler Umweltpolitik

Nachdem sich die Gemeinschaft bereits bis 1987 an zahlreichen internationalen Umweltmaßnahmen beteiligt hatte (oben Rz. 2003), wurde ihr durch die EEA und den EUV in Art. 228 Abs. 4 = 300 Abs. 4 neu EGV eine ausdrückliche **Außenkompetenz in Umweltfragen** verliehen. Die EG arbeitet dabei mit den MSen zusammen und schließt Abkommen nach Art. 228 = 300 neu EGV, meist als gemischte Verträge gemeinsam mit den MSen. Aus der Vertragsschließungspraxis der EG seit 1987 (Fundstellenverzeichnis des geltenden Gemeinschaftsrechts 15.10.40) sind im **Gewässerschutz** die Vereinbarung über die Internationale Kommission zum Schutz der Elbe (ABl. 1991, L 321/24), das Donauschutzübereinkommen (ABl. 1997, L 342/18), das Übereinkommen zum Schutz und zur Nutzung grenzüberschreitender Wasserläufe und internationaler Seen (ABl. 1995, L 186/42) und die beiden Übereinkommen über den Schutz der Meeresumwelt in der Ostsee und im Nord-Ost-Atlantik (ABl. 1993, L 267/22 und ABl. 1994, L 073/20) hervorzuheben. Bei der **Luftreinhaltung** ist es der Beitritt zum UN-Rahmenübereinkommen über Klimaveränderungen (ABl. 1994, L 033/13). Weiterhin ist das ebenfalls im Zuge der UN-Umweltkonferenz in Rio 1992 ausgearbeitete Übereinkommen über die biologische Vielfalt (ABl. 1993, L 309/1) von wesentlicher Bedeutung. Ferner ist die EG am Übereinkommen zum Schutz der Alpen beteiligt (ABl. 1996, L 61/31). Bei weiteren völkerrechtlichen Umweltabkommen steht die Beteiligung der Gemeinschaft bevor. Insgesamt sind die EG und ihre MSen auf regionaler und globaler Ebene zu aktiven Partnern beim internationalen Umweltschutz geworden. 2034

(4) Umweltabgaben

Seit Anfang der 90er Jahre von der Kommission verfolgte Pläne, auf der Grundlage von Art. 99 und Art. 130 s = 13 und 175 neu EGV Umweltpolitik auf Gemeinschaftsebene durch Umweltabgaben in die Wege zu leiten, sind aus rechtlichen und wettbewerblichen Bedenken bisher nicht zum Tragen gekommen (oben Rz. 1198 f. und *F. Kirchhof,* Umweltabgaben in: *Rengeling,* (Hrsg.) Hdb europ. und dt. Umweltrecht, 1998, Bd. I, § 38) 2035

(5) Einbeziehung des Umweltschutzes in andere Gemeinschaftspolitiken

2036 Gemäß Art. 130 r Abs. 2 = 174 Abs. 2 neu EGV müssen die Erfordernisse des Umweltschutzes bei der Festlegung und Durchführung anderer Gemeinschaftspolitiken einbezogen werden. Die Kommission sucht diesem schwierig handhabbaren „Querschnittsgebot" in ihrer Politikplanung („Grünbücher") und anschließender Durchführung in Bereichen wie Regionalpolitik, Wettbewerbspolitik *(Wiebe,* NJW 1994, S. 289 ff.), Energiepolitik *(Wägenbaur,* EuZW 1996, S. 545), Landwirtschaft *(Schröder,* NUR 1995, S. 117 ff.) und Entwicklungshilfe *(Vonessen,* Europäische Entwicklungshilfe und Umweltschutz, 1996) gerecht zu werden (vgl. auch oben Rz. 2012).

3. Ausblick

2037 Insgesamt läßt sich sagen, **daß die EG-Umweltpolitik seit ihren Anfängen 1972 ff. (oben Rz. 1994 ff.) an Kohärenz gewonnen hat** und bei allen noch vorhandenen Unterschieden im Umweltbewußtsein der MS mittlerweile in vielen Feldern **wichtige gemeinschaftsweite Umweltstandards** aufgestellt hat *(Caspari,* Umweltpolitik der EG, 1995, auch kritisch). Die Erfahrung hat gezeigt, daß diese EG-weiten Einigungen keineswegs immer auf dem kleinsten gemeinsamen Nenner erfolgten. Der Rechtfertigungszwang in der Erörterung auf Gemeinschaftsebene sorgte nicht selten dafür, daß Standards vereinbart wurden, die vorher z. T. auf mitgliedstaatlicher Ebene noch nicht durchsetzbar waren (Bsp.: Reinheitsanforderungen an das Trinkwasser seit 1980). Es wird daher bereits von einer **„Tendenz zu einem mittleren gemeinsamen Nenner"** gesprochen *(Ludwig Krämer).* Verglichen mit der Gesamtheit der immer noch zunehmenden ökologischen Problematik steht die EG-Umweltpolitik freilich immer noch in einer **Frühphase.** Sie wird sich noch stärker in den Vordergrund der Gemeinschaftsaktivitäten schieben müssen. Dabei dürfte der EG-Umweltpolitik zu Hilfe kommen, daß demoskopische Untersuchungen immer wieder gezeigt haben, daß im Gegensatz zu anderen Politikfeldern die europäische Ebene im Umweltschutz im Urteil der Bevölkerung als **bestgeeignete Handlungsebene** angesehen und akzeptiert wird. Voll effektiv kann europäischer Umweltschutz allerdings nur sein, wenn seine Maßnahmen über die EG-Staaten hinaus vom „weiteren Europa" mit übernommen werden.

Problematisch bleibt die **Durchführung und Kontrolle des EG-Umweltrechts.** Nach dem Subsidiaritätsprinzip des Art. 3 b = 5 neu EGV sind im wesentlichen die MS mit dem Vollzug betraut. Die Kommission sucht ihre Wächteraufgabe nach Art. 155, 169 = 211, 226 neu EGV auf diesem Gebiet schon im Vorfeld der Vertragsverletzungsverfahren effektiv zu gestalten, steht aber vor großen Schwierigkeiten, wie es die hohe Zahl der Verfahren gegen praktisch alle MS wegen mangelhafter Umsetzung von RL oder deren Verletzung beweist *(Engelsberger,* Der Vollzug europarechtlicher Vorschriften auf dem Gebiet des Umweltschutzes, 1998).

V. Verbraucherschutz

Literatur: *Bittermann,* Gemeinsamer Markt und Verbraucher, APUZ 1971, B 42/14 ff.; *Rambow,* Möglichkeiten und Grenzen der Verbraucherpolitik im Gemeinsamen Markt, EuR 1981, S. 240 ff.; *Davis,* 10 Jahre Verbraucherpolitik der Gemeinschaft, 1985; *Kohte,* Verbraucherschutz im Lichte des Europäischen Wirtschaftsrechts, EuZW 1990, S. 150 ff.; *Leisner,* Der mündige Verbraucher in der Rechtsprechung des EuGH, EuZW 1991, S. 498 ff.; *Lawlor,* Das Ziel der Ver-braucherpolitik im Binnenmarkt '92, 1992; *Micklitz/Reich,* Verbraucherschutz im Vertrag über die EU, EuZW 1992, S. 593 ff.; *Köhler,* EG-Recht, nationales Wett-bewerbsrecht und Verbraucherschutz, JUS 1993, S. 447 ff.; *Bernhardt,* La politique communautaire des consommateurs, EIPASCOPE 1994/1, S. 8 ff.; *Reich,* Zur Theorie des Europäischen Verbraucherrechts, ZEuP 1994, S. 381 ff.; *Delfino,* La protection du consommateur selon les lois de la CE, RIDC 1995, S. 261 ff.; *Kaltner,* Die Verbraucherfunktion-eine neue EG-Marktfunktion? EWS 1995, S. 12 ff.; *Schnyder/Heiss/Rudisen,* Zur Behandlung von Verbraucherschutzproblemen in der EG, 1995; *Lauses/Sturm,* Rechtliche Aufgaben des Verbraucherschutzes im EU-Binnenmarkt, ZfRVgl. 1996, S. 134 ff.; *Davis,* Mehr Schutz für den europäischen Verbraucher? EuZW 1996, S. 449; *Europ. Kommission,* Welche Rechte habe ich als Verbraucher?, 1996; *Heiss,* Verbraucherschutz im Binnenmarkt: Art. 129 a EGV und die wirtschaftlichen Verbraucherinteressen, ZEuP 1996, S. 625 ff.; *Reich,* Europäisches Verbraucherrecht, 3. Aufl. 1996; *Howells/Wilhelmsson,* EC Consumer Law, 1997; *Lecheler,* Verbraucherschutz, in: Dauses (Hrsg.) Hdb EU-WirtschR (1997), H. V.; *Zischka,* Die Rechtsetzungskompetenzen der EG auf dem Gebiet des Verbraucherschutzes, 1997; *Bröcker,* Verbraucherschutz im europ. Kollisionsrecht, 1998;

In der modernen Industriegesellschaft mit ihrem immer differenzierteren Waren- und Dienstleistungsangebot kommt dem **Schutz des „Verbrauchers" dieser Angebote durch die öffentliche Hand** eine immer größere Bedeutung zu. Die Vielfalt des Angebotes und der damit verknüpften Bedingungen läßt den Verbraucher ohne entsprechende Informationen und sonstige Hilfe oft ratlos. Er möchte seine Interessen vertreten sehen, was zur **Bildung von Verbraucherverbänden** geführt hat. 2038

Verbraucherpolitik im Sinne von Verbraucherschutz ist daher seit längerem in den EG-MSen üblich (*v. Hippel,* Verbraucherschutz, 3. Aufl. 1986). Mit dem Auf- und Ausbau des Europäischen Binnenmarktes in Gestalt von freiem Warenverkehr und Dienstleistungsfreiheit ergab sich auch für die **Gemeinschaft** die Notwendigkeit, in einer Ausweitung der Gemeinschaftsaktion – zunächst ohne gesicherte Rechtsgrundlagen – den **Verbraucherschutz als eine Querschnittaufgabe auf Gemeinschaftsebene zu begreifen.**

Der Rat verabschiedete ein **erstes Verbraucherschutzprogramm** bereits 1975 (ABl. C 290/1 ff.). Hier wurden **fünf grundlegende Verbraucherrechte** aufgestellt, die in der Folgezeit maßgeblich blieben (1. Auf Gesundheitsschutz und Sicherheit. 2. Auf Schutz der wirtschaftlichen Interessen. 3. Auf Schadenswiedergutmachung. 4. Auf Unterrichtung und Bildung. 5. Auf kollektive Interessenvertretung). 2039

Bis Anfang der 90er Jahre suchten Rat und Kommission über eine Reihe programmatischer Entschließungen, Aktionspläne u. ä. (näher *Lecheler,* Verbraucherschutz, in: Dauses (Hrsg.), Hdb EU-Wirtsch.R. (1997) H. V.) die EG-Verbraucherpolitik als eigenständige Gemeinschaftsaktion zu etablieren. In diesem Zusammenhang ergingen bereits eine Reihe von Einzelmaßnahmen, häufig in Gestalt von Rechtsangleichung (unten Rz. 2041 f., 2045 ff.). Institutionell sind die zuständigen Dienststellen der Kommission seit 1995 in einer **Generaldirektion Verbraucherpolitik-Verbrauchergesundheit** zusammengefaßt. Beratung erfolgt über einen **Verbraucherausschuß** (ABl. 1995, L 162/37 ff.), in dem die nationalen und europäischen Verbraucherorganisationen vertreten sind.

Seit 1992 ist Verbraucherschutz in Art. 129 a EGV als eine auch der EG zufallende Aufgabe **im Vertrag verankert worden.** In seiner Fassung als **Art. 153 neu EGV durch den Amsterdamer Vertrag 1997** wurden die Gemeinschaftskompetenzen im Verbraucherschutz noch einmal wesentlich gestärkt (*Zischka,* Die Rechtsetzungskompetenzen der EG auf dem Gebiet des Verbraucherschutzes, 1997).

1. Vertragliche Rechtsgrundlagen der EG-Verbraucherpolitik

2040 Ähnlich wie bei anderen jüngeren Ausweitungen der Gemeinschaftsaktion gründet sich EG-Verbraucherpolitik inzwischen einerseits auf die **allgemeine Zuständigkeit zum Verbraucherschutz nach** Art. 129 a = 153 neu EGV, andererseits auf verschiedene **sonstige Gemeinschaftskompetenzen,** insbesondere zur Rechtsangleichung, die auch zu Zwecken des Verbraucherschutzes herangezogen werden können.

a) Allgemeine EG-Verbraucherschutzzuständigkeit

Zu den Aufgaben der Gemeinschaft gehört es gemäß Art. 3 s = t neu EGV, einen **Beitrag zur Verbesserung des Verbraucherschutzes zu leisten.** Art. 153 neu EGV definiert diese Aufgabe in Neufassung des früheren Art. 129 a **in Anlehnung an die grundlegenden Verbraucherrechte von 1975** („KENNEDY-Rechte", oben Rz. 2039) als Förderung der Verbraucherinteressen und Gewährleistung eines hohen Verbraucherschutzniveaus durch Schutz der Gesundheit, der Sicherheit und der wirtschaftlichen Interessen der Verbraucher sowie zur Förderung ihrer Rechte auf Information, Erziehung und Bildung von Interessenvereinigungen.

Ähnlich wie bei Kultur oder Umweltschutz (oben Rz. 1973, 2012) wird auch der Verbraucherschutz nach Art. 153 Abs. 2 neu EGV als **Querschnittaufgabe** definiert. Ihm ist bei der Festlegung und Durchführung der anderen Gemeinschaftspolitiken und -maßnahmen Rechnung zu tragen.

2041 Mit der Neufassung des Art. 153 Abs. 3–5 EGV 1997 sind der EG **spezifische Zuständigkeiten** zur Leistung eines Beitrages zur Erreichung der Ziele im Sinne des Art. 153 Abs. 1 übertragen worden. Die EG kann zum einen verbraucherschützende Maßnahmen über **Rechtsangleichung** im Sinne des Art. 100 a = 95 neu EGV erlassen. Dabei ist von einem **hohen Schutzniveau** des Verbraucherschutzes auszugehen (Art. 110 a Abs. 3 = 95 Abs. 3 neu EGV). Daneben kann sie ganz allgemein **Maßnahmen** zur Unterstützung, Ergänzung und Überwachung der Verbraucherschutzpolitik der MSen beschließen. Diese Maßnahmen werden im Mitentscheidungsverfahren des Art. 189 b = 251 neu EGV (oben Rz. 269) beschlossen. Damit ist klargestellt, daß der Gemeinschaft im Verbraucherschutz die **Wahl der Rechtsakte** im Sinne des Art. 189 = 249 neu EGV freisteht.

Nach Art. 129 a Abs. 3 = 153 Abs. 5 neu EGV können die MSen **vertragskonforme strengere Verbraucherschutzmaßnahmen** beibehalten oder ergreifen **(„Verstärkungsklausel“).** Die Kommission ist zu unterrichten.

Insgesamt vermag die Gemeinschaft mit den ihr in Art. 153 EGV verliehenen Befugnissen einen wirksamen Beitrag zum Verbraucherschutz zu leisten, den der Vertrag primär immer noch als Angelegenheit der MSen begreift.

b) Sonstige verbraucherschutzrelevante EG-Zuständigkeiten

Schon vor der ausdrücklichen Verankerung des Verbraucherschutzes im **2042**
EGV 1992 enthielt der Vertrag eine Reihe besonderer **Zuständigkeiten und Regelungen,** aus denen sich Verbraucherschutz als eine Zielsetzung der Gemeinschaft punktuell ablesen ließ.

Vor allem konnten Verbraucherschutzgesichtspunkte in die **EG-Rechtsangleichung** nach Art. 100 ff. = 94 ff. neu EGV einfließen, was in weitem Umfang geschah (unten Rz. 2044 ff.). Art. 100 a Abs. 3 = 95 Abs. 3 neu EGV bekennt sich dabei zu einem hohen Verbraucherschutzniveau. Zu den Zielen der **Gemeinsamen Agrarpolitik** gehört nach Art. 39 Abs. 1 e = 33 Abs. 1 e neu EGV die Belieferung der Verbraucher zu angemessenen Preisen. Die **EG-Wettbewerbspolitik** kennt nach Art. 85 Abs. 3 = 81 Abs. 3 neu EGV Gruppenfreistellungen vom Kartellverbot, wenn solche Vereinbarungen eine angemessene Verbraucherförderung mit bezwecken (oben Rz. 1032, 1037 f.).

Auch nach der Begründung der allgemeinen EG-Verbraucherschutzzuständigkeit in Art. 129 a = 153 neu EGV (oben Rz. 2040) ergänzen diese zusätzlichen Regelungen die Möglichkeiten der EG-Verbraucherpolitik. Die Rechtsangleichungskompetenz wird in Art. 153 Abs. 3 a neu EGV als integraler Bestandteil des europäischen Verbraucherschutzes ausdrücklich erwähnt.

c) Verbraucherbegriff – Verbraucherschutz als „zwingendes Erfordernis des Allgemeininteresses“

Seit längeren hat die **Rechtsprechung des Gerichtshofes** zentrale Aspekte **2043**
des vertraglichen Verbraucherschutzes näher definiert *(Dauses,* EuZW 1995, S. 425 ff.).

Im Interesse eines tragbaren Ausgleiches zwischen den Erfordernissen des freien Warenverkehrs und des Verbraucherschutzes u. a. bei Werberegelungen (unten Rz. 2047) orientiert sich der Gerichtshof am **„Leitbild“ eines kritischen mündigen Verbrauchers,** der Informationen aufnehmen und eigenverantwortlich handeln kann (u. a. EuGHE 1995, I–1923 ff. – RS C 470/93 „Mars“; *Everling,* ZLR 1994, S. 221 ff.).

Von diesem Ansatz her hat der Gerichtshof in st. Rspr. (z. B. EuGHE 1997, I–3843 ff. Verb. RS C 34–36/95 „KO“) im Sinne seiner „Cassis-de-Dijon-Philosophie“ (oben Rz. 1299 ff.) zwingende Erfordernisse der **Lauterkeit des Handelverkehrs und des Verbraucherschutzes** als Kriterien anerkannt, die das Verbot von Maßnahmen gleicher Wirkung im Sinne des Art. 30 = 28 neu EGV unter bestimmten Voraussetzungen entfallen lassen. Damit wurde zugleich die **„Labelling Theory“** ermöglicht. Wenn ein Produkt die Gesundheit und Sicherheit des Verbrauchers nicht gefährdet, sondern „nur“ Qualitätserwartungen enttäuscht, kann dem Verbraucherschutz durch eine Etikettierungspflicht hinreichend Rechnung getragen werden. Diese inzwischen gefestigte Spruchpraxis des EuGH zum Verbraucherschutz als einem **zwingenden Erfordernis des Allgemeininteresses** ist inzwischen über den Warenverkehr hinaus auch bei der **Dienstleistungsfreiheit** im Sinne von Art. 59 ff. = 49 ff. neu EGV zur Anwendung gebracht worden (*Lecheler* a.a.O., RdNr. 38 ff.).

Ausgehend von dem – nicht immer konturenscharfen – „Verbraucherleitbild" einer mündigen, sich informierenden Person sieht die Gemeinschaftspraxis in der **Verbraucherinformation** das vorrangige Instrument des Verbraucherschutzes, welches zwingenden Normen und Eingriffen grundsätzlich vorzuziehen ist (*Kemper,* Verbraucherschutzinstrumente, 1994). Der Gerichtshof spricht von einem „Grundrecht" des Verbrauchers auf angemessene Unterrichtung (EuGHE 1990, I–667 ff., RS C 362/88).

2. Praxis des EG-Verbraucherschutzes

Literatur: *Taschner,* Produkthaftung, 1986; *Scholz,* Schwerpunkte der EG-Verbraucherkreditrichtlinie, MDR 1988, S. 730 ff.; *Borrmann/Michaelis,* Lebensmittel im europäischen Binnenmarkt zwischen Verbraucherschutz und Wettbewerb, 1990; *Schotthöfer,* Das Recht der Werbung in Europa, 1990; *Everling,* Die Einwirkungen der Grundfreiheiten des EWG-Vertrages auf das Werberecht der Mitgliedstaaten, 1992; Lebensmittelrecht und Verbraucherschutz, EG-Informationen 7/1992; *Stein,* Gemeinschaftsregeln für den Werbemarkt und ihre Grenzen nach Gemeinschaftsrecht und Grundrechten, 1992; *Grimm,* Das neue Verbraucherkreditgesetz, 1993; *Kessler,* Produktsicherheit im europäischen Binnenmarkt, EuZW 1993, S. 751 ff.; *Damm,* Europäisches Verbrauchervertragsrecht und AGB-Recht, JZ 1994, S. 161 ff.; *Dauses,* Tabakrauch und Werbeverbot, EuZW 1994, S. 545; *Kekevordes,* Tabakwerbung und Tabaketikettierung im deutschen und europäischen Recht, 1994; *Dauses,* Die Rspr. des EuGH zum Verbraucherschutz und zur Werbefreiheit im Binnenmarkt, EuZW 1995, S. 425 ff.; *Stein,* Freier Wettbewerb und Werbeverbote in der EU, EuZW 1995, S. 435 ff.; *Wägenbaur,* Werberecht und Werbeverbote, EuZW 1995, S. 431 ff.; *Europ. Kommission,* Leitfaden für den europäischen Verbraucher im Binnenmarkt, 2. Aufl. 1996; *Krüger,* Die Zulässigkeit vergleichender Werbung aufgrund gemeinschaftsrechtlicher Vorgaben, 1996; *Taschner* u. a., Mindestharmonisierung im Binnenmarkt, 1996; *Perau,* Werbeverbote im Gemeinschaftsrecht, 1997; *Reichenbach,* Die neue Politik der Kommission zur Lebensmittelsicherheit und zum Schutze der Verbrauchergesundheit, EuZW 1997, S. 673; *Martinek,* Verbraucherschutz im Fernabsatz, NJW 1998, S. 207 ff.; *Reher/Schöner,* Das Werbeverbot für Tabakerzeugnisse, EWS 1998, S. 294 ff.; *Wägenbaur,* Vergleichende Werbung in der EU, EuZW 1998, S. 34

2044 Ähnlich wie in anderen Bereichen findet sich in der Gemeinschaftspraxis zum Verbraucherschutz eine **ständige programmatische Aktion der Gemeinschaftsorgane.** Sie gibt die „große Linie" der EG-Verbraucherpolitik vor. Daneben stehen die **konkreten Schwerpunkte** der EG-Verbraucherschutzpolitik, die durch Rechtsakte des sekundären Gemeinschaftsrechts gesetzt werden.

a) Verbraucherschutzprogrammatik der Gemeinschaftsorgane

Seit dem **1. Programm** des Rates für eine Politik zum Schutz und zur Unterrichtung der Verbraucher v. 14. 4. 1975 (ABl. C 290/1 ff.) haben die Gemeinschaftsorgane in immer neuen Entschließungen, Aktionsplänen u. ä.

den Verbraucherschutz im Sinne eines umfassenden sozialen Schutzprogrammes zu entfalten gesucht (Zusammenstellung dieser Programmatik in Fundstellenverzeichnis des geltenden Gemeinschaftsrechts 15.20). Dabei sucht die Kommission durch einschlägige Publikationen der Verbraucherinformation als dem besonders wichtigen Instrument des Verbraucherschutzes (oben Rz. 2043) zu dienen *(Europ. Kommission,* Leitfaden für den europäischen Verbraucher im Binnenmarkt, 2. Aufl. 1996).

In jüngerer Zeit wurden mit den **„Verbraucherpolitischen Prioritäten 1996–1998“** der Kommission (Dok. KOM (95) 519 endg.) und einem **Grünbuch** zum Rechtszugang für Verbraucher und zur Beilegung von Verbraucherstreitigkeiten (Dok KOM (96) 576 endg.) neuerliche Aktionen angekündigt. Insgesamt reicht die Verbraucherschutzprogrammatik der Gemeinschaftsorgane inzwischen weit über die Binnenmarktaspekte i. e. S. hinaus und sucht die Verbraucherschutzrechte im Sinne des Art. 153 neu EGV in der ganzen Breite der **„fünf grundlegenden Rechte“** (oben Rz. 2039) zu etablieren. Notwendigerweise ergeben sich dabei immer wieder Konflikte zwischen den sozial gemeinten Verbraucherschutzinteressen und den Erfordernissen der Marktöffnung.

b) Schwerpunkte des EG-Verbraucherschutzes

Praktische Maßnahmen des EG-Verbraucherschutzes sind inzwischen **2045**
direkt oder mittelbar in einer **kaum noch überschaubaren Fülle** getroffen worden. Ihre Kategorisierung folgt üblicherweise (vgl. etwa *Lecheler* a.a.O., RdNr. 41 ff.) den fünf grundlegenden Verbraucherrechten, wie sie u. a. in Art. 153 neu EGV benannt sind. Einer solchen Einteilung haftet eine gewisse Beliebigkeit an, da die o. g. Aspekte sich öfters überschneiden (z. B. Werberegelungen, die gleichzeitig dem Gesundheitsschutz und der Verbraucherinformation dienen). Immerhin läßt sich auf diese Weise ein gewisser Überblick gewinnen.

aa) Schutz der Gesundheit und Sicherheit der Verbraucher:

In diesen Zusammenhang gehören viele Maßnahmen im Zusammenhang mit **2046**
der Angleichung des **Lebensmittelrechts** (Zusammensetzung, Verwendung von Zusatzstoffen, Aufmachung und Kennzeichnung, Angabe der Lebensmittelpreise, Qualitätsvorschriften), Regelungen über die **Anwendung von Arzneispezialitäten,** über den zulässigen **Teergehalt von Zigaretten,** über allgemeine **Produktsicherheit** (RL 92/59, ABl. 1992, L 228/24; *Kullmann,* ZRP 1996, S. 436 ff.), über einen Europäischen **Feuerwaffenpaß** u. a. m. (Fundstellenverzeichnis des geltenden Europäischen Gemeinschaftsrechts, 15.20.40). – Im Zusammenhang mit der BSE-Krise („Rinderwahnsinn“) wurden die Prinzipien zugunsten des Gesundheitsschutzes der Verbraucher fortentwickelt und verstärkt *(Reichenbach* EuZW 1997, S. 673).

bb) Schutz wirtschaftlicher Interessen:

In diesem Zusammenhang gehören eine **größere Zahl unterschiedlicher Rege- 2047
lungen,** z. B. über Produktkennzeichnungen (u. a. bei Textilien), über mißbräuchliche Klauseln in Verbraucherverträgen (RL 93/13, ABl. 1993 L 95/29; *Schmidt-Salzer,* BB 1995, S. 1493 ff.); über Haustürgeschäfte RL 85/577, ABl. 1985, L 372/31); über Verbraucherschutz im Fernabsatz (RL 97/7, ABl. 1997, L 144/19; *Reich,* EuZW 1997, S. 581 ff.), über Time-Sharing (RL 94/57, ABl. 1994, L 280/83; *Masch,* EuZW 1995, S. 8 ff.); über Pauschalreisen (RL 90/314, ABl. 1990, L 158/59; zu den Haftungs-

fragen wegen verspäteter Umsetzung dieser RL in D, oben Rz. 176 ff.); über Verbraucherkredit (RL 87/102, ABl. 1987, L 42/48); *Bülow,* DZWiR 1998, S. 89 ff.).

Von besonderem Umfang und Bedeutung sind **Regelungen der Werbung** *(Wägenbaur,* Die Praxis der Kommission auf dem Gebiete des Werberechts, 1992). Hier gehen Gesichtspunkte des Schutzes wirtschaftlicher Verbraucherinteressen oft mit anderen Motivationen Hand in Hand, insbesondere des Gesundheitsschutzes. Wichtige Aspekte sind der Schutz gegen **irreführende Werbung** (RL 84/450, ABl. 1984, L 250/17 ff.; *Reich,* RabelsZ 1992, S. 444 ff.). Andererseits wird **vergleichende Werbung** innerhalb gewisser Schranken im Interesse besserer Verbraucherinformation EG-weit zugelassen (RL 97/55, ABl. 1997, L 290/18, die bis April 2000 durchzuführen ist; *Wägenbaur* EuZW 1998, S. 34).

Gesundheitsschützenden Charakter haben die Regelungen zur **Beschränkung der Tabakwerbung** (RL 89/622, ABl. 1989, L 359/1) über die Etikettierung von Tabakerzeugnissen *(Kirchhof/Frick,* AfP 1991, S. 677 ff.) . 1998 wurde mehrheitlich nach längeren Vorarbeiten ein umfassendes **Verbot** direkter und indirekter Werbung für Tabakerzeugnisse durch eine binnen 3–8 Jahren durchzuführende RL beschlossen (RL 98/43, ABl. 1998, L 213/9). Die Abstützung dieser gesundheitspolitischen Regelung auf Art. 100 a = 95 neu EGV ist zweifelhaft. Auch ob ein Werbeverbot das Rauchen einschränkt, ist umstritten *(Wägenbaur,* EuZW 1998, S. 33 ff.). – Insgesamt steht Werbung als wichtiges Element der Verbraucherinformation (unten Rz. 2049) unter dem Schutz der Freiheiten des Binnenmarktes. Die **grundsätzliche Werbefreiheit** darf im Sinne der „Cassis-de-Dijon-Philosophie" (oben Rz. 1299 ff.) nur aus **zwingenden Gründen des Allgemeininteresses** (Lauterkeit des Handelsverkehrs, Gesundheitsschutz und andere Aspekte des Verbraucherschutzes) in verhältnismäßiger Weite eingeschränkt werden. Dies hat die Rspr. des Gerichtshofes ständig betont (EuGHE 1991, I–4151 ff., Verb. RS C 1/90 u. 176/90, „Aragonesa de Publicidad Exterior"; *Dauses,* EuZW 1995, S. 425 ff.).

cc) Wiedergutmachung von Schäden

2048 In diesen Zusammenhang gehört vor allem die Regelung der **Produkthaftung** im Interesse der Verbraucher. Damit ist die Haftung des Herstellers für Folgeschäden aus der bestimmungsgemäßen Benutzung des Produktes gemeint. Die **Produkthaftungsrichtlinie** v. 25. 7. 1985 (ABl. L 210/29, in D durch das ProdHaftG 1990 durchgeführt) etabliert die Produkthaftung als schuldunabhängige Haftung für Körper- und Sachschäden *(Taschner,* NJW 1988, S. 1432 ff.; zum dt. Gesetz *Michalski,* JURA 1995, S. 505 ff.; vgl. auch oben Rz. 1253).

dd) Verbraucherinformationen, -erziehung u. ä.

2049 Der Verwirklichung dieser „Grundrechte des Verbrauchers" dienen eine Vielzahl von Maßnahmen, z. B. hinsichtlich **Preisangaben** (RLen 79/581 und 88/314, ABl. 1979, L 158/19 und 1988, L 142/19, Änderungen; *Lecheler* a. a. O., RdNr. 44 ff.), der Produktkennzeichnung, sowie auch Werberegelungen. Hier bestehen weithin Überschneidungen mit den Gesichtspunkten des Schutzes wirtschaftlicher Interessen und des Gesundheitsschutzes (oben Rz. 2046). Im weiteren Sinne gehören Aktionen der EG **„Zugangs des Verbrauchers zum Recht"**, d. h. zugunsten der Information der Verbraucher über ihre Rechtsschutzmöglichkeiten in diesen Zusammenhang (Ratsentschließung ABl. 1987, C 176/2; *Micklitz/Reich* (Hrsg.) Public interest litigation before European Courts, 1996). Durch eine RL soll der Verbraucherrechtsschutz in den MSen harmonisiert und dabei ein Klagerecht bestimmter **Verbraucherschutzorganisationen** festgelegt werden *(Lecheler* a. a. O., RdNr. 117 ff.). In diese Richtung geht die RL 98/27 (ABl. 1998, L 166/51) über Unterlassungsklagen zum Schutz der Verbraucherinteressen.

In ihrer Gesamtheit stellen sich diese konkreten EG-Verbraucherschutzregelungen als **kohärentes Bemühen der Gemeinschaft** dar, die Warenverkehrs- und Dienstleistungsfreiheit „kundenfreundlich" zu gestalten. Mit der

Neufassung des Art. 153 EGV durch den Amsterdamer Vertrag 1997 sind die Handlungsmöglichkeiten der EG weiter gestärkt worden.

VI. Gesundheit

Literatur: *Hermans/Casparie/Paelinck* (Hrsg.), Health care in Europe after 1992, 1992; *Neal,* The EC's Health and Safety Legislation, 1992; *Schwanenflügel,* Die neuen Kompetenzen der EGen im Bereich der Gesundheitspolitik, JZ 1993, S. 551 ff.; *Pitschas,* Inhalt und Reichweite des Mandats der EG auf dem Gebiet der Gesundheitspolitik, Ztschr. F. Sozialreform 1993, S. 468 ff.; *Stein,* Gesundheitspolitik in der EG auf der Grundlage des Vertrages über die EU und nach Vollendung des Binnenmarktes, Ztschr. F. Sozialreform 1993, S. 486 ff.; *Mäder,* Inte-grations- und Gesundheitspolitik der EG, in: Nelde (Hrsg.), Bausteine Europas, 1994; *Marhold,* Europäischer Wettbewerb im Gesundheitswesen, in Tomuschat/Kötz/v. Maydell (Hrsg.) Europäische Integration und nationale Rechtskulturen, 1995, S. 451 ff.; *Schmidt am Busch,* in: Grabitz/Hilf (Hrsg.) EUV/EGV-Komm. (1995) zu Art. 129 (Gesundheitswesen); *Berg,* Gesundheitsschutz als Aufgabe der EU, 1997; *Schwanenflügel,* Gesundheit in Europa, EuR 1998, S. 210 ff.;

Der EWG-Vertrag enthielt bis 1992 keine ausdrückliche Zuständigkeit **2050**
der Gemeinschaft für den Gesundheitsbereich. Jedoch mußte die EG im Zusammenhang mit anderen Aktionen – z. B. bei der Rechtsangleichung im Lebensmittel- und Veterinärrecht in der Gemeinsamen Agrarpolitik (oben Rz. 1397) – oftmals Rechtsakte mit gesundheitspolitischen Auswirkungen verabschieden. Seit den 80er Jahren weitete sich die Gemeinschaftsaktion auf **gesundheitspolitische Aktionsprogramme, Erklärungen u. ä.** aus.

Zuletzt etwa Aktionsplan 1991-93 „Europa gegen Aids" (ABl. 1991, L 175/26) und Erklärung über die Bekämpfung des Dopings im Sport (ABl. 1991, C 170/1). Angesichts der ungesicherten Rechtsgrundlage ergingen solche Beschlüsse „gemischt" durch den Rat und die in ihm vereinigten Gesundheitsminister.

Mit dem Maastrichter Unionsvertrag 1992 wurde mit Blick auf die Nütz- **2051**
lichkeit einer europaweiten Krankheitsverhütung eine **Mitzuständigkeit der EG im Gesundheitswesen** vertraglich anerkannt. Art. 3 lit. o = p neu EGV nennt als Vertragsiel einen Beitrag der Gemeinschaft zur Erreichung eines hohen Gesundheitsschutzniveaus. Hierzu wurde ein eigener Titel X = XIII neu **„Gesundheitswesen"** des Vertrages mit Art. 129 = 152 neu als Zentralnorm geschaffen. In der Umgestaltung durch den Amsterdamer Vertrag 1997 mittels des Art. 152 neu wurde dieser EG-Politikbereich noch etwas weiter ausgebaut. Die EG-Zuständigkeit ist jedoch im Verhältnis zur Gesundheitspolitik der MSen als **„ergänzende"** konzipiert und beschränkt sich im wesentlichen auf die Gesundheitsprävention. Die Verantwortung der MSen für die Organisation des Gesundheitswesens und die medizinische Versorgung bleibt in vollem Umfang gewährt (Art. 152 neu Abs. 5 EGV). Trotz dieser ähnlich wie in den anderen „Ausweitungsbereichen" Bildung, Kultur und Verbraucherschutz (oben Rz. 1903, 1966, 2038) gezogenen Eingrenzungen ist die Notwendigkeit bestimmter gemeinschaftsweiter Koordinierungen der

nationalen Gesundheitspolitiken und ihrer Ergänzung durch Beiträge der EG nunmehr anerkannt (*Berg*, Gesundheitsschutz als Aufgabe der EU, 1997). – Ähnlich wie beim Verbraucherschutz ergeben sich öfters unvermeidliche Überschneidungen zwischen der gesundheitspolitischen Gemeinschaftsaktion und anderen Politikfeldern. Auch die Gesundheitspolitik wird daher als **Querschnittaufgabe** der EG begriffen (Art. 152 neu Abs. 1 EGV).

1. Gesundheitswesen als EG-Politikbereich

2052 Zuständigkeitsmäßig ist zwischen der **Generalnorm** für das Gesundheitswesen (Art. 129 = 152 neu EGV) und einer Reihe **sonstiger gesundheitsrelevanter Gemeinschaftskompetenzen** zu unterscheiden, die bereits vor 1992 bestanden (*Schwanenflügel*, JZ 1993, S. 551 ff.).

a) Allgemeine EG-Gesundheitszuständigkeit

Das Konzept des Art. 129 = 152 neu EGV geht vor. Einerseits soll über die Querschnittklausel des Art. 152 neu Abs. 1 EGV die **Sicherstellung eines hohen Gesundheitsschutzniveaus** bei allen Gemeinschaftspolitiken erreicht werden.

Ähnlich spricht sich Art. 100 a Abs. 3 = 95 Abs. 3 neu bei der Binnenmarktrechtsangleichung für ein hohes Schutzniveau bei der Gesundheit aus.

2053 In gleichem Sinne begründen Art. 152 neu Abs. 1–4 eine **begrenzte EG-Mitzuständigkeit in der Gesundheitspolitik** und statten die Gemeinschaft hierfür mit Handlungsmöglichkeiten aus (unten Rz. 2055).

Auf der anderen Seite wird in Art. 152 neu Abs. 5 EGV noch deutlicher als z. B. bei Bildung, Kultur und Verbraucherschutz betont, daß die **mitgliedstaatliche Verantwortung** für die Organisation des Gesundheitswesens und die medizinische Versorgung „in vollem Umfang" gewahrt bleibt. Dies ist vor dem Hintergrund der Unterschiede der Gesundheitssysteme der MSen zu begreifen, die ihrerseits weithin Bestandteile der nationalen Sozialordnungen darstellen, die wesentlich in mitgliedstaatlicher Zuständigkeit verbleiben (oben Rz. 1631 ff. und *Pitschas*, ZfSozialreform 1993, S. 468 ff.). Die Regelung des Art. 152 neu EGV ist insgesamt im Sinne des **Subsidiaritätsprinzips** des Art. 3 b = 5 neu EGV ausgestaltet. Bei der Überlegung im konkreten Einzelfall über die Möglichkeit eines Engagements der EG im Gesundheitsbereich muß jeweils überzeugend darlegbar sein, daß die Gemeinschaftsaktion einer Verbesserung der Gesundheit im Sinne von Art. 152 neu Abs. 1 U. A. 2 dienlich ist bzw. eine wünschenswerte Förderung der mitgliedstaatlichen Zusammenarbeit nach Art. 152 Abs. 2 neu EGV darstellt.

Art. 152 Abs. 1 U. A. 2 neu EGV begrenzt die EG-Gesundheitszuständigkeit inhaltlich. Die Tätigkeit der EG richtet sich insbesondere auf die **Verhütung und Bekämpfung von Humankrankheiten** (insbesondere weitverbreiteter schwerer Krankheiten) und auf die **Beseitigung von Ursachen** für die Gefährdung der menschlichen Gesundheit. Auch Gesundheitsinformation und -erziehung gehört hierher. Damit bleibt der große Bereich der **gesundheitlichen Behandlung** (u. a. im Rahmen der nationalen sozialen Sicherungssysteme und der gesetzlichen Krankenersicherung) voll in mitgliedstaatlicher Zuständigkeit, wie es auch der Vorbehalt des Art. 152 neu Abs. 5 klarstellt (zu weiteren Abgrenzungen *Schmidt am Busch* in: Grabitz/hilf (Hrsg.) EUV/EGV-Komm. (1995), Art. 129, RdNr. 11 ff.).

Bei den Maßnahmen der MSen zur **Verringerung drogenkonsumbedingter Gesundheitsschäden** verfügt die Gemeinschaft über eine ergänzende Zuständigkeit (Art. 152 neu Abs. 1 U. A. 3 EGV). Neben der begrenzten eigenen Gesundheitskompetenz ist es Aufgabe der Gemeinschaft, **die Zusammenarbeit der MSen in diesem Bereich zu fördern** (Art. 152 neu Abs. 2 EGV). Dabei fällt der Kommission eine initiierende Rolle zu. Ebenso wie bei Bildung und Kultur (oben Rz. 1914, 1974) verfügt die EG nach Art. 152 neu Abs. 3 EGV über eine Kompetenz zur Zusammenarbeit mit **dritten Ländern und den internationalen Gesundheitsorganisationen** (WHO, Europarat u. a.). Dies schließt im Sinne der AETR-Doktrin (oben Rz. 1703 f.) die Befugnisse zum Abschluß internationaler Verträge ein. 2054

EG-intern umfassen die Zuständigkeiten der EG im Rahmen der Ziele des Art. 152 neu seit dem Amsterdamer Vertrag 1997 gemäß Art. 152 neu Abs. 4 EGV den **Erlaß von Maßnahmen** zur Festlegung hoher Qualitäts- und Sicherheitsstandards für bestimmte Organe und Substanzen menschlichen Ursprungs (mit Verstärkungsklausel), sowie in Abweichung von der Agrarpolitik gesundheitsrelevante Maßnahmen im Veterinärwesen und Pflanzenschutz. Außerdem kann die EG generell **Fördermaßnahmen** zum Schutz und der Verbesserung der Gesundheit erlassen. Die Gemeinschaft trifft diese Maßnahmen, bei denen ihr die Wahl der Rechtsakte im Sinne des Art. 189 = 249 neu EGV freisteht (bis auf Fördermaßnahmen) im **Mitentscheidungsverfahren** des Art. 189 b = 251 neu nach Anhörung von WSA und AdR (näher *Mäder* ZFSH/SGB 1993, S. 449 ff. zur Rechtslage gemäß dem Maastrichter EUV). – Im präventiven Gesundheitsbereich ist die Gemeinschaft auf diese Weise mit **nennenswerten Aktionsmöglichkeiten** neben den nationalen Gesundheitspolitiken ausgestattet worden. 2055

b) Sonstige gesundheitsrelevante EG-Zuständigkeiten

Bereits vor dem Erlaß der allgemeinen Gesundheitszuständigkeit in Art. 129 = 152 neu EGV 1992 konnte die Gemeinschaft aufgrund einer Reihe **potentiell gesundheitsrelevanter Einzelzuständigkeiten** bestimmte Einzelaktionen im Gesundheitsbereich initiieren (näher *Schmidt am Busch* a. a. O., RdNr. 3 ff.). 2056

Hierzu rechnet vor allem die Zuständigkeit zur **Rechtsangleichung im Binnenmarkt** nach Art. 100 a = 95 neu EGV). Sie kann, wie es Art. 100 a Abs. 3 = 95 neu Abs. 3 EGV mit der Förderung nach einem hohen Schutzniveau bei der Gesundheit erkennen läßt, gesundheitsbezogen eingesetzt werden. Seit der Begründung der allgemeinen Gesundheitskompetenz nach Art. 129 = 152 neu EGV können sich **Abgrenzungsfragen** zwischen den beiden Zuständigkeiten bei solchen Maßnahmen ergeben, die sowohl den freie Warenverkehr betreffen als auch gesundheitspolitische Ziele verfolgen. In Analogie zur gleichen Problematik im Umweltrecht (oben Rz. 2018, EuGHE 1991, I–2867 ff., RS C 300/89 „Titanoxyd") ist in aller Regel Art. 100 a = 95 neu EGV als Rechtsgrundlage heranzuziehen, es sei denn, die Maßnahme entbehre des Bezuges zum Binnenmarkt. Bei der binnenmarktrelevanten Rechtsangleichung sind anders als bei Art. 129 = 152 neu EGV Maßnahmen in der vollen Breite der Gesundheitspolitik möglich.

2057 Gesundheitsrelevante Regelungen können ferner im Rahmen der **Sozialpolitik** erlassen werden (Art. 118 = 137 neu, Art. 140 neu EGV, oben Rz. 1654), beim **Verbraucherschutz** (Art. 129 a = 153 neu EGV) im Rahmen der **Umweltpolitik** (Art. 130 r = 174 EGV, oben Rz. 2005 ff.). Neben den dortigen ausdrücklichen Erwähnungen des Gesundheitsschutzes sind Maßnahmen im Interesse der Wahrung der Gesundheit auch aufgrund **allgemeiner Zuständigkeiten der EG** in anderen Bereichen denkbar (z. B. Harmonisierung der Medizinerausbildung nach Art. 57, 66 = 47, 55 neu EGV zugunsten der **Niederlassungs- und Dienstleistungsfreiheit,** oben Rz. 1614 oder Förderung medizinischer Forschung über die **Forschungs- und Technologiepolitik** gemäß Art. 130 f = 163 neu EGV, oben Rz. 1953 ff.). Rechtsangleichung dient oft gleichzeitig gesundheits- und **agrarpolitischen Zielen** (z. B. im Lebensmittelrecht, oben Rz. 1397. Diese verschiedenen gesundheitsrelevanten EG-Zuständigkeiten sind Ausdruck der **Querschnittsklausel** des Art. 153 Abs. 2 neu EGV (*Stein,* Ztschr. f. Sozialreform 1993, S. 486 ff.). Bei nicht ausschließlich gesundheitspolitisch motivierten Maßnahmen ist auch nach 1992 der Rückgriff auf **Art. 235 = 308 neu EGV** nicht ausgeschlossen (str., vgl. aber VO 2309/93, ABl. 1993, L 2114/1).

2. Praxis der EG-Gesundheitspolitik

Literatur: *Van Overbeek/Macedo,* Aids/MIV Infection and the free Movement of Persond within the EEC, CMLRev 1990, S. 791 ff.; *Mäder,* Gesundheitspolitische Aktionen der EG, ZFSH/SGB 1993, S. 449 ff.; *Behaghel/Braun,* Die Förderung der Gesundheitsforschung durch die EU, 1994; *Ringel,* Das deutsche und gemeinschaftliche Lebensmittelrecht als Sicherheitsrecht, 1996; *Europ. Kommission,* Die EU und die Drogenbekämpfung, 1997; *Tettinger,* Die Dopingproblematik im Lichte der europ. Grundrechtsdiskussion, in: Vieweg (Hrsg.), Doping, 1998, S. 89 ff.;

2058 Bei der Praxis der EG-Gesundheitspolitik läßt sich wie im Falle anderer Ausweitungen der Gemeinschaftsaktion (z. B. Bildung, Kultur, Verbraucherschutz, oben Rz. 1930 ff., 1983 ff., 2044) eine grundlegende Gesundheitsprogrammatik der Gemeinschaftsorgane von konkreten Maßnahmen der EG-Gesundheitspolitik unterscheiden.

a) Gesundheitsprogrammatik der Gemeinschaftsorgane

Schon vor der Begründung der allgemeinen EG-Gesundheitskompetenz in Art. 129 = 152 neu EGV in Maastricht 1992 hatten der Rat und die in ihm vereinigten Gesundheitsminister in unterschiedlichen **unbenannten Beschlüssen** u. ä. bestimmte grenzüberschreitend wichtige Aspekte des Gesundheitswesens zu einem gemeinschaftsweiten Konsens gebracht.

Hierher gehören etwa die **Aktionsprogramme** „Europa gegen Kebs" aus den 80er Jahren, zuletzt ABl. 1994, C 15/1 oder „Europa gegen Aids" (ABl. 1991, C 175/26 und 1994, C 15/4, *Van Overbeek/Macedo,* CMLRev 1990, S. 791 ff.) oder die Erklärung über die Bekämpfung des Dopings im Sport (ABl. 1991, C 170/1). – Nach 1992 erarbeitete die Kommission größere **Studien** (z. B. über die Erfordernisse des

Gesundheitsschutzes in den Gemeinschaftspolitiken und über den Gesundheitszustand in der EG, beide 1995). Der Rat erließ 1998 eine „Schlußfolgerung" über die Einbeziehung des Gesundheitsschutzes in die Gemeinschaftspolitiken (ABl. 1998, C 169/1).

b) Maßnahmen der EG-Gesundheitspolitik

2059 Derartige **tatbestandlich-klärende und richtungsweisende Tätigkeiten der Gemeinschaftsorgane** i. V. m. dem MSen wurden zur Grundlage für die Konzeption **spezifischer Gesundheitsmaßnahmen der Gemeinschaft** in Ausnutzung der seit 1992 geschaffenen EG-Zuständigkeiten. Diese verbindliche EG-Gesundheitspolitik steht noch in den Anfängen. Sie muß sich in den Grenzen des Art. 129 = 152 neu EGV halten und begegnet nicht selten der Neigung der MSen, ihre nationalen Kompetenzen möglichst ungeschmälert zu erhalten. Andererseits tragen Vorfälle wie das Auftreten des „Rinderwahnsinns" (BSE) in der Agrarpolitik (oben Rz. 1398) dazu bei, das Verständnis für die Notwendigkeit gemeinschaftsweiten Gesundheitsschutzes zu wecken.

2060 Die Kommission hat 1994 auf der Grundlage der Förderkompetenz des Art. 129 EGV Vorschläge für verschiedene konkrete **Aktionsprogramme** vorgelegt. Hiervon wurde das **Aktionsprogramm für Gesundheitsberichterstattung (1997–2001),** ABl. 1997, L 193/1, verabschiedet. Es sieht den Aufbau eines EG-weiten Gesundheitsberichterstattungssystems vor. Andere Vorschläge betreffen Aktionspläne und -programme zur Krebsbekämpfung, zur Prävention von Aids und der Drogenabhängigkeit *(Europ. Kommission,* Die EU und die Drogenbekämpfung, 1997) sowie zur Gesundheitsförderung, Aufklärung, Erziehung und Ausbildung. 1992 verabschiedete der Rat einen **Antidoping-Verhaltenskodex im Sport** (ABl. C 44/1). Daneben stehen die sehr zahlreichen gesundheitsrelevanten Maßnahmen der Gemeinschaft, die bereits seit den siebziger Jahren auf der Grundlage der speziellen Kompetenzen außerhalb des Art. 129 = 152 neu EGV im Sinne der **„Gesundheitsquerschnittpolitik"** ergehen (oben Rz. 2056 f., zu ihr Nachweise in Fundstellenverzeichnis des geltenden Gemeinschaftsrechts 15.20.30).

Alles in allem ist insbesondere seit dem Maastrichter Unionsvertrag 1992 die Einsicht in die **Nützlichkeit** europäisch koordinierter und von der Gemeinschaft unterstützter Gesundheitsmaßnahmen gewachsen. Zu einer abgestimmten, kohärenten EG-Gesundheitspolitik ist es angesichts der Zurückhaltung der MSen über einige programmatische Ansätze hinaus noch nicht gekommen.

VII. Ausblick: Zur Offenheit der Gemeinschaftsaktion Datenschutz, Katastrophenschutz, Frauenpolitik, Tierschutz u. a. m.

Literatur: *Spannowsky,* Deutscher Datenschutz und Datenschutz der EG, EuZÖffR 1991, S. 31 ff.; *Wurst,* Auf dem Weg zu einem einheitlichen Datenschutzrecht der EG, JUS 1991, S. 448 ff.; *Baltes-Löhr/Vechtel,* Frauenpolitik in der EU, Integr. 1995, S. 183 ff.; *Rüpke,* Aspekte zur Entwicklung eines EU-Datenschutzrechts. ZRP 1995, S. 185 ff.; *Weber,* EG-Datenschutzrichtlinie, CR 1995, S. 197 ff.; *Maier* Entwicklung der Frauenerwerbstätigkeit in der EU, APUZ B 52/1997, S. 15 ff.); *Rudolf,* Datenschutzkontrolle in Deutschland und die europ. Datenschutzrichtlinie, FS Stern 1997, S. 1347 ff.). *Brühann,* Datenschutz und EG, AfP 1998, S. 345 ff..

2061 Die **Ausweitungen der Gemeinschaftsaktion** in den Bereichen Bildung, Forschung und Technologie, Kultur, Umwelt, Verbraucherschutz und Gesundheit, die sich in fortschreitender Teilintegration **sachnotwendig ergaben** und über die Einheitliche Akte 1986, den Maastrichter Unionsvertrag 1992 und über den Amsterdamer Vertrag 1997 zu förmlichen Ergänzungen der Gründungsverträge führten, bedeuten keinen Abschluß dieses Prozesses. Auf dem Wege zur Vollendung der Europäischen Union können sich **weitere Notwendigkeiten für Vergemeinschaftungen** ergeben.

2062 Bisher ohne Verankerung auf der Ebene der Verträge – jedoch teilweise mit sekundärrechtlicher Regelung über Rechtsangleichungsmaßnahmen – entwickelt sich ein **EG-Datenschutzrecht** *(Rüpke,* ZRP 1995, S. 185 ff.). Eine erste EG-Datenschutzrichtlinie wurde verabschiedet (Weber, CR 1995, S. 185 ff.). – Der **Katastrophenschutz** ist als Aufgabe der EG in Art. 3 t = u neu EGV festgehalten und wird im Rahmen verschiedener Politikfelder der Gemeinschaft (u. a. bei der Beihilfepolitik nach Art. 92 Abs. 2 lit. b = 87 Abs. 2 lit b neu EGV) praktiziert (vgl. auch RatsE über ein Aktionsprogramm für den Katastrophenschutz, ABl. 1998, L 8/20). – Mit der Verstärkung des Grundsatzes der Chancengleichheit und Gleichbehandlung von Männern und Frauen in Arbeits- und Beschäftigungsfragen im neuen Art. 141 EGV = ex-Artikel 119 (oben Rz. 1660 ff.) ergeben sich erste Ansätze für eine **EU-Frauenpolitik** *(Piepenschneider* (Hrsg.) Frauenpolitik in der EU, 1996). Sie zielt allgemein auf eine frauenfreundliche Politik in der EG und in den MSen. – Seit der Rechtsangleichungsrichtlinie 86/609 (ABl. 1986, L 358/1) zum Schutz der für Versuche und andere wissenschaftliche Zwecke verwendeten Tiere ist der **Tierschutz** eine im sekundären Gemeinschaftsrecht öfters verfolgte Zielsetzung (u. a. Vermeidung tierquälerischer Aufzucht, Einfuhrverbote für bestimmte Pelze, vgl. Fundstellenverzeichnis des geltenden Gemeinschaftsrechts 15.40).

Mit dem **Tierschutzprotokoll des Amsterdamer Vertrages 1997** (ABl. 1997, C 340/10) wird die Berücksichtigung des Tierschutzes ein Querschnittsaspekt der Binnenmarktpolitik, insbesondere bei Landwirtschaft, Verkehr und Forschung.

2063 In diesen und anderen Zusammenhängen ist vom **politischen Willen der Mitgliedstaaten,** auszugehen, „den Prozeß der Schaffung einer immer engeren Union der Völker Europas ... weiterzuführen" (Präambel EUV, letzter Absatz).

Vor diesem Hintergrund ergibt sich die **grundsätzliche Legitimität weiterer Ausweitungen der Gemeinschaftsaktion** (oben Rz. 1902), soweit sie sich in diesen Rahmen einpassen. Wie weit und in welcher Weise die EG/EU jeweils nach ihren grundsätzlich begrenzten Kompetenzen rechtlich fähig ist, sich solchen neuen Herausforderungen zu stellen, kann nur konkret beurteilt werden.Die bisherige Erfahrung bei solchen Prozessen hat gezeigt, daß in den Fällen eines **allseitig anerkannten Bedürfnisses nach zusätzlichen Feldern der Europäisierung** regelmäßig Mittel und Wege gefunden wurden, solchen politischen Sachzwängen Rechnung zu tragen.

§ 30. EU-Sicherheits- und Verteidigungspolitik

Literatur: Umfassende Zusammenstellung der überbordenden Literatur bei *Burghardt/Tebbe,* GASP, in: GTE, Komm. EUV/EGV, 5. Aufl. 1997, Bd. 5, S. 891 ff. (zugleich ausführliche Darstellung);

Holst, Verteidigungsplanung und europäische Sicherheitspolitik, EA 1978, S. 281 ff.; *Barre,* De la securité en Europe, Défense nationale 1987, S. 15 ff.; *Weidenfeld,* Neuorganisation der Sicherheit Europas, EA 1987, S. 257 ff.; *Mahncke,* Sicherheitspolitik in Europa, Integr. 1989, S. 23 ff.; *Hartwig,* Sicherheitspolitik und Verteidigung der EG, 1991; *Delors,* Braucht Europa eine Sicherheitspolitik? EG-Informationen 3/1991, S. 6; *Poettering,* Eine europäische Außen- und Sicherheitspolitik-Illusion oder Wirklichkeit? 1991; *Smyser,* Der dritte Anlauf zu einer europäischen Friedensordnung, EA 1991, S. 289 ff.; *Forndran/Pohlmann,* Europäische Sicherheit nach dem Ende des Warschauer Paketes, 1993; *Philips/Lavkoff,* Europäische Sicherheitspolitik, 1993; *Zanghi,* Il difesa europea dall' UEO à Maastricht, RDE 1993, S. 211 ff.; *Bohr,* Zuständigkeit der Mitgliedstaaten zu autonomen Handeln gemäß Art. 224 EWGV, 1994; *Jopp,* Gemeinsame Verteidigungspolitik, EA 1994, S. 405 ff.; *Jürgens,* Die gemeinsame europäische Außen- und Sicherheitspolitik, 1995; *Meimeth* (Hrsg.), Die EU auf dem Weg zu einer Gemeinsamen Sicherheits- und Verteidigungspolitik, 1997; *Reiter* (Hrsg.), Europas Sicherheitspolitik im globalen Rahmen, 1997; *Tomuschat* (Hrsg.), Rechtsprobleme einer europäischen Sicherheits- und Verteidigungspolitik, 1997; *Semrau,* Die GASP der EU, 1998.

Vorbemerkung: Europäisierung der Sicherheits- und Verteidigungspolitik?

Ihre Rechtsnatur nach ist die Europäische Gemeinschaft und Union eine **2064** intensive neuartige Form zwischenstaatlicher Verbindung im Sinne einer **staatsähnlichen Superstruktur** über den bis auf weiteres fortbestehenden Staatlichkeiten ihrer Mitglieder („Staatenverbund", oben Rz. 887 ff., 905, 922). In ihrer Rechtsgestalt beim Übergang vom 20. ins 21. Jahrhundert), aber nach mancherlei Anzeichen wohl auch künftig **ist die EU kein (Bundes)Staat.** Dazu fehlen der Gemeinschaft einige essentielle Attribute öffentlicher Gewalt zur Erledigung elementarer Aufgaben, die nach weit verbreiteter Auffassung erst Staatlichkeit konstituieren.

Mit der Schaffung der **Europäischen Währungsunion,** welche die wirt- **2065** schaftliche Integration unwiderruflich machen soll, werden allerdings zur Jahrhundertwende nach der Übertragung wichtiger Teile der nationalen **Rechtsetzungs- und Gerichtsgewalt** 1953/58 zum zweiten Mal bisher essentiell staatliche Befugnisse der Gemeinschaft überantwortet. Dennoch bleibt die EU von souveräner Staatlichkeit noch ein gutes Stück entfernt. Zu ihr rechnet vor vielem anderen die Fähigkeit eines Gemeinwesens, **Recht, Ordnung und Sicherheit, mit anderen Worten: Frieden nach innen und außen zugunsten seiner Angehörigen zu gewährleisten und durchzusetzen.** Das Vorhandensein von **Polizei, Militär und anderen Exekutivorganen** ist nach allen Erfahrungen hierfür Voraussetzung.

In diesen Kernbereichen der Staatlichkeit hat sich die Vergemeinschaftung bisher in deutlichen Grenzen gehalten. Im EG-Binnenbereich haben der Maastrichter EUV 1992 und der Amsterdamer Vertrag 1997 mit den Neuregelungen der Zusammenarbeit in den Bereichen Justiz und Inneres einschließlich der Einbeziehung des „Schengen-Besitzstandes" in den Rahmen der EG/EU die **Ansätze einer „EU-Innenpolitik"** etwas vorangetrieben (oben Rz. 1533 ff., 1575 ff.).Auch in der **„klassischen" Außenpolitik** sind die Instrumentarien des Gemeinshaftsrechts in den 90er Jahren in die grundsätzlich weiterhin **intergouvernementale GASP** verstärkt eingeführt worden (oben Rz. 1688 ff.).

2066 Ähnliches gilt für die **Gemeinsame Sicherheitspolitik** in ihrem politisch-diplomatischen Sinne ebenso wie für ihre militärische Komponente als **europäische Verteidigungspolitik** mit dem Ausblick auf eine **vergemeinschaftete Verteidigung.** Die Notwendigkeit einer gemeinsamen Sicherheitspolitik als zweites Element der GASP und essentieller Bestandteil der neben der Wirtschafts- und Währungsunion zu entwickelnden Politischen Union ist seit Maastricht 1992 (*Delors,* Braucht Europa eine Sicherheitspolitik? EG-Information 3/1991, S. 6) und Amsterdam 1997 grundsätzlich unbestritten. Dennoch herrscht in diesem neuralgischen Souveränitätsbereich weiterhin der **zwischenstaatliche Lösungsansatz** vor und die echte Europäisierung von Sicherheit und Verteidigung beschränkt sich auf einige sekundäre Elemente (*Rees,* EFARev 1996, S. 231 ff.). Neben dem hier schwächer ausgeprägten „Europawillen" der MSen hängt dies auch damit zusammen, daß die Verteidigungsfähigkeit des EG-Raumes gegen eine äußere Bedrohung seit 1949 nicht europäisch, sondern wesentlich in Gestalt der **Atlantischen Allianz** garantiert wird. Erst seit der Einheitlichen Europäischen Akte 1986 beginnt sich die Gemeinschaft ihres sicherheits- und verteidigungspolitischen Defizits bewußt zu werden. Vor allem durch eine sich allmählich verstärkende Verbindung zwischen der EU und der **Westeropäischen Union (WEU)** im Rahmen der GASP soll die sicherheits- und verteidigungspolitische Identität der Gemeinschaft entwickelt werden. Öfters artikulierte Vision ist in diesem Zusammenhang eine künftige europäische Verteidigung, die in die EG/EU integriert ist und zum **„zweiten Pfeiler"** der Atlantischen Allianz neben dem amerikanischen wird (*Jacques Delors*). Als Zwischenmaßnahmen auf diesem Wege wird eine **verstärkte bilaterale militärische Zusammenarbeit** insbesondere zwischen Deutschland und Frankreich begriffen. Sie erweckt jedoch mancherorts Sorge als „Spaltpilz für das Atlantische Bündnis" (*Kamp,* EA 1992, S. 445 ff.). Retardierend für den Aufbau einer **„Europäischen Sicherheits- und Verteidigungsidentität" (ESVI)** wirkt seit dem Zusammenbruch des europäischen Kommunismus 1989/91 das weitverbreitete Gefühl, daß die EG/EU nicht mehr akut militärisch bedroht sei (Auflösung des Warschauer Paktes 1991). Andererseits führen die **vielfältigen Konflikt- und Bürgerkriegssituationen außerhalb der Gemeinschaft** in Südost- und Osteuropa Gefahren vor Augen, denen eine weiterhin sicherheitspolitisch aufgesplitterte

Union eines Tages ausgesetzt sein könnte. Alles in allem tun sich die EU-MSen vorläufig noch schwer, die Gemeinschaft über ihren Charakter als „Zivilmacht" hinaus sicherheits- und verteidigungspolitisch mit gemeinsamen Befugnissen auszustatten und damit eines Tages möglicherweise doch noch den Rubikon der Bundesstaatlichkeit zu überschreiten.

I. Ansätze und Hemmnisse einer europäischen Sicherheits- und Verteidigungspolitik

Literatur: *Kielmannsegg,* Der Vertrag über die Gründung der Europäischen Verteidigungsgemeinschaft, EA 1952, S. 5009 ff.; *De la Vallée Poussin,* Das Rüstungskontrollamt der WEU, EA 1961, S. 681 ff.; *Imbert,* L'Union de l'Europe Occidentale, 1968; *Noack,* Das Scheitern der Europäischen Verteidigungsgemeinschaft, 1976; *Ukrow,* Sicherheitspolitik, Europäische Integration und Neutralität, 1990; *Glaesner,* Gemeinschaftsrecht und dauernde Neutralität, FS Börner 1992, S. 89 ff.; *Wörner,* Die Atlantische Allianz und die europäische Sicherheit, EA 1992, S. 1 ff.; *Zadra,* L'intégration européenne et la discussion nucléaire après la guerre froide, 1992; *Brock,* The Eurovision Defence Contest, 1993; *Bussière* (Hrsg.), Securité européenne et réalités internationales, 1993; *Subedi,* European Neutral States and the EG, ICLQ 1993, S. 238 ff.; *Nolte,* Die „neuen" Aufgaben von NATO und WEU, ZaöRVR 1994, S. 95 ff.; *Jakobson,* Sicherheit für Europa aus der Sicht Finnlands, 1995; *Schweitzer,* GASP und dauernde Neutralität Österreichs, FS Everling 1995, S. 1379 ff.; *Bail,* Die Perspektive einer transatlantischen Verantwortungsgemeinschaft, EuZW 1996, S. 321; *Voigt,* Die Osterweiterung der NATO, APUZ 5/1996, S. 21 ff.; *Lenzi,* The WEU between NATO and EU, 1998;

Wenn jemals die Möglichkeit der raschen Verwirklichung eines die Ver- 2067
teidigung einschließenden (west)europäischen Bundesstaates bestand, war dies in den frühen fünfziger Jahren der Fall. Das Gefühl der Bedrohung durch Stalins Sowjetunion trieb noch vor der Gründung des Gemeinsamen Marktes die **Pläne für eine Europäische Verteidigungsgemeinschaft (EVG)** und eine Europäische Politische Gemeinschaft (EPG) weit voran (oben Rz. 17, 21). Ihr Scheitern bedeutete den Beginn der Abkehr vom föderal-staatlichen Weg zur europäischen Einigung.

1. Anfänge seit den fünfziger Jahren (EVG, WEU)

Der Ausbruch des Koreakrieges 1950 hatte zunächst der schon bei der Grün- 2068
dung der NATO 1949 empfundenen Notwendigkeit den letzten Anstoß gegeben, dem sowjetischen Expansionsdrang auch in Europa durch gemeinsame europäische Verteidigungsanstrengungen zu widerstehen. Es lag nahe, hierfür den gleichzeitig mit der Gründung der Montanunion 1950 erstmals eingeschlagenen Weg der supranationalen westeuropäischen Integration zu wählen (oben Rz. 19). Auf diese Weise sollte zugleich eine politisch tragbare Form für die Wiederbewaffnung des kürzlichen Kriegsgegners Deutschland gefunden werden. Vor allem der französische Ministerpräsident *René Pleven* initiierte in diesem Sinne 1950–52 die **Ausarbeitung des Vertrages über die EVG** zwischen den sechs gleichzeitig die EGKS gründenden Staaten Belgien, BR Deutschland, Frankreich, Italien, Luxemburg und Niederlande.

2069 Der 1952 unterzeichnete EVG-Vertrag (BGBl. 1954 II, S. 343 ff.) sah für Verteidigungssektor eine **ähnliche Integrationsgemeinschaft wie die Montanunion** mit Ministerrat, Kommission, Versammlung und Gerichtshof vor (die beiden letztgenannten Einrichtungen identisch mit den EGKS-Organen, näher *Kielmannsegg,* EA 1952, S. 5009 ff.). Kernstück war die **„Europaarmee"**, die auf nationalen Grundeinheiten von Divisionsstärke aufbauend in der EVG integriert und der Aufsicht der NATO unterstellt sein sollte. Die EVG beruhte auf dem Prinzip der kollektiven Sicherheit, war durch Sonderabkommen mit Großbritannien eng verbunden und als eine Art **kollektives Mitglied der NATO** konzipiert. Wie die EGKS sollte die EVG 50 Jahre bestehen.

Während 5 Vertragsstaaten den EVG-Vertrag 1954 bereits ratifiziert hatten, erwies sich dieses Souveränitätsopfer in einem Kernbereich der Staatlichkeit für Frankreich letztlich als zu groß. Eine heterogene Mehrheit in der französischen Nationalversammlung, insbesondere aus Gaullisten einerseits, Kommunisten andererseits, verweigerte die Ratifizierung *(Volle,* EA 1954, S. 7115 ff.).

2070 Als Alternativlösung wurde kurz darauf 1954/55 auf britische Initiative der **direkte Beitritt der BR Deutschland zum Atlantikpakt** gefunden, verbunden mit dem Beitritt Deutschlands und Italiens zum westeuropäischen Brüsseler Verteidigungsvertrag von 1948, der in die **„Westeuropäische Union" (WEU)** umgewandelt wurde. In der WEU, der zunächst 7 Mitglieder (Belgien, BR Deutschland, Frankreich, Italien, Luxemburg, Niederlande und Vereinigtes Königreich) angehörten, vereinigten sich seither diejenigen europäischen Verteidigungsanstrengungen, die nicht unmittelbar in der NATO erbracht werden.

Die **Regelungen über die WEU** (BGBl. 1955 II, S. 256 ff.) änderten den ursprünglich zwischen England und Frankreich gege eine neuerliche deutsche Aggression geschlossenen Dünkirchen-Pakt von 1947 (EA 1947, S. 635 f.) und dessen Erweiterung 1948 im Brüsseler Vertrag (EA 1948, S. 1263 ff.) im Sinne eines **westeuropäischen Vertrages kollektiver Sicherheit,** der sich in die europäische Integration einfügt und Ergänzungsfunktionen im Verhältnis zur NATO besitzt *(Imbert,* L' Union de l'Europe occidentale, 1968). Organe der WEU sind Rat und Sekretariat (in London) sowie die Versammlung und das Amt für Rüstungskontrolle (in Paris). Die wichtigsten verteidigungspolitischen Regelungen der WEU-Verträge sehen **Begrenzungen der Land- und Luftstreitkräfte** der Partner in Europa (u. a. der Bundeswehr) vor sowie die vor allem Deutschland betreffende Verpflichtung, bestimmte **Waffen- und Kriegsmaterialbegrenzungen** einzuhalten. Diese Pflichten und das von der Bundesrepublik einseitig erklärte Engagement, keine atomaren, bakteriologischen und chemischen Waffen herzustellen, werden vom **Amt für Rüstungskontrolle der WEU** überwacht *(De la Vallée Poussin,* EA 1961, S. 681 ff.). Ursprünglich weitergehende soziale und kulturelle Befugnisse der WEU gingen 1959/60 auf den Europarat über (oben Rz. 73). Seit dem Beitritt Großbritanniens zur EG 1973 verlor die WEU ihre Bedeutung als Scharnier zwischen der Sechser-EG und England. Im Verhältnis zur NATO blieb die Rolle der WEU lange gering. Die europäischen NATO-Partner, die zunächst nicht alle WEU-Mitglieder waren, stimmten sich innerhalb der Allianz innerhalb der informellen **„Euro-Group"** der europäischen Verteidigungsminister ab.

2071 Bis weit in die achtziger Jahre blieb die WEU auf diese Weise ein **„Bündnis im Schatten"** *(Peter Schell),* nämlich der NATO. Aufgrund von verteidigungspolitischen Meinungsverschiedenheiten zwischen den USA und ihren europäischen Verbündeten (SDI-Pläne der USA, Raketennachrüstung) wurde die WEU 1984 im Rom politisch reaktiviert. Dies führte zu dem vor allem von Frankreich entwickelten Konzept, die WEU allmählich stärker mit der EG/EU zu verbinden und zum **„europäischen Pfeiler" der NATO** auszubauen. Diese Pläne nahmen in Maastricht 1992 und in Amsterdam 1997 im Sinne des GASP-Pfeilers der EU (Art. J ff. = 11 ff. neu EUV) eine gewisse Gestalt an (näher unten Rz. 2077 ff.).

2. Zur Problematik einer eigenständigen europäischen Verteidigung

Schon in dieser wechselvollen Frühgeschichte des Aufbaus westeuropäischer Verteidigungsstrukturen in den fünfziger Jahren wurden die **objektiven Schwierigkeiten** sichtbar, die sich seither bei allen Versuchen wiederholten, die EU um eine sicherheits- und verteidigungspolitische Komponente zu ergänzen und so den Bundesstaat Europa in greifbare Nähe zu rücken. **2072**

Das **Dilemma gemeinsamer europäischer Verteidigung** ergibt sich vor allem aus **zwei politischen Grundfaktoren:** der Notwendigkeit eines amerikanischen nuklearen Verteidigungsbeitrages und aus der Sonderlage bestimmter EU-Staaten (Neutrale, Deutschland.)

a) Nordamerikanischer Verteidigungsbeitrag

Nachdem 1945 ff. die nuklear bewaffneten Supermächte USA und Sowjetunion die bestimmenden Kräfte der globalen und auch der europäischen Sicherheit geworden waren, **blieb eine glaubwürdige Verteidigung Westeuropas ohne die Beteiligung der USA nicht denkbar.** Die Gründung der NATO 1949 unter maßgeblicher Beteiligung der USA war daher in der Lage des Kalten Krieges zwingend. Auch nach dem Eintritt Großbritanniens und Frankreichs in den Kreis der Atommächte blieb angesichts deren begrenzten Potentials die amerikanische Nukleargarantie im Sinne von Art. 5 NATO-Vertrag und in Verbindung mit ihr eine größere amerikanische Truppenpräsenz für die Sicherheit Westeuropas unverzichtbar. Eine westeuropäische verteidigungspolitische Souveränität wäre nur in Gestalt des Aufbaues einer mit der EG verbundenen **„Nuklearmacht Westeuropa"** theoretisch denkbar gewesen. Der hierfür nötige gemeinsame politische Wille war jedoch zu keinem Zeitpunkt sichtbar. Zum einen schlossen die starken Reflexe nationaler militärischer Souveränität in Frankreich und England („Das Nukleare teilt sich schwer" – *Charles de Gaulle)* den Gedanken an eine wirkliche europäische Verteidigungsgemeinschaft aus, nicht zuletzt mit dem Blick auf die Eventualität deutscher atomarer Teilhabe. Aber auch in den nichtatomaren EG-Mitgliedstaaten begegnete der Gedanke des **Ausbaues der EG zu einer Sicherheitsunion** wegen ihrer Außenwirkungen auf das „größere Europa" meist Ablehnung. **2073**

– Auch nach der Auflösung des Warschauer Paktes 1991 blieb die amerikanische militärische Präsenz in Europa über die NATO nach vorherrschender europäischer Auffassung erwünscht. Die Allianz wandelte sich in den 90er Jahren über die Einrichtung eines „Euro-Atlantischen Partnerschaftsrates" mit 28 Staaten meist Mittel- und Osteuropas sowie seit 1997 eines „NATO-Rußlandsrates" zur **„neuen NATO"**, die den europäsichen Frieden ebensosehr durch ständige Konsultationen wie durch militärische Abschreckung dient *(Nolte,* ZaöRVöR 1994, S. 95 ff.). In diesen Zusammenhang gehört auch die Erweiterung der NATO auf 19 Mitglieder durch Aufnahme Polens, Tschechiens und Ungarns 1998. Andererseits zeigten der Abschluß des Friedensvertrages von Dayton 1995 und das anschließende Engagement der NATO unter maßgeblicher amerikanischer Beteiligung auf dem Balkan, daß die militärischen Aufgaben der Allianz in Europa fortbestehen und daß in diesem Zusammenhang das Gewicht der USA vorläufig unersetzlich bleibt. Die GASP der EU trägt dem **notwendigen Fortbestand der atlantischen Sicherheits- und Verteidigungspolitik** Rechnung. Nach Art. 17 Abs. 1 U. A. 3 neu EUV „achtet" sie die besonderen Verpflichtungen der NATO-Mitglieder der EU (näher *Burghardt/Tebbe,* in: GTE Komm. EU/EGV, 5. Aufl. 1997, S. 5/955 f.).

b) Sonderlage bestimmter EU-Staaten (Neutrale, Deutschland)

2074 Neben der sicherheitspolitischen Rolle der USA in Europa steht die mehr oder weniger ausgeprägte **Neutralität einiger EU-MSen** (Finnland, Irland, Österreich und Schweden) der Entwicklung einer europäischen Sicherheits- und Verteidigungsidentität hemmend entgegen *(Subedi,* ICLQ 1993, S. 238 ff.). Zwar stehen die selbstgewählten oder vertraglichen Neutralitätspflichten dieser Staaten nach inzwischen vorherrschender Auffassung ihrer EU-Mitgliedschaft und Beteiligung an der GASP nicht mehr grundsätzlich entgegen. Jedoch ist mit Rücksicht auf die prinzipiell nicht widerrufene Neutralität dieser Staaten in Art. 17 Abs. 1 U. A. 3 neu EUV eine **„salvatorische Klausel"** *(Burghardt/Tebbe)* aufgenommen worden, die es ihnen ermöglicht, etwaige Besonderheiten ihrer Sicherheits- und Verteidigungspolitik auch innerhalb der GASP beizubehalten. Möglicherweise deckt die Klausel auch Berufungen **Großbritanniens und Frankreichs** auf ihren Nuklearstatus und als ständige Mitglieder des UN-Sicherheitsrates. – Das **wiedervereinigte Deutschland** unterliegt seit 1990 den Verpflichtungen aus Art. 3 des sog. 2+4-Vertrages (BGBl. 1990 II, S. 1317 = Sart. II Ziff. 610) (ABC-Waffenverzicht, Begrenzung der Personalstärke der Bundeswehr). Sie behalten auch innerhalb der GASP Gültigkeit. Hier schwingt die Erinnerung an den 2. Weltkrieg nach. Dagegen sind die früheren verfassungsrechtlichen Zweifel an der Möglichkeit von Bundeswehreinsätzen außerhalb des NATO-Gebietes („out of area") inzwischen entfallen (BVerfGE 90, 286 ff.). Deutschland ist insoweit auch im Rahmen der GASP handlungsfähig.

Zwar sieht die „Salvatorische Klausel" des Art. 17 Abs. 1 U. A. 3 neu EUV lediglich vor, daß der Aufbau einer Europäischen Sicherheits- und Verteidigungsidentität über die GASP die Sonderlagen der erwähnten EU-Staaten nicht „berührt". In der Sache schwingt darin jedoch eine **notwendige Rücksichtnahme** auf eine nicht geringe Zahl von EU-MSen mit, die auf weitreichende Pläne zur Vergemeinschaftung des Verteidigungsbereiches bremsend wirken dürfte.

II. EU-Sicherheits- und Verteidigungspolitik

Literatur: *Schmidt,* Deutsch-französische Zusammenarbeit in der Sicherheitspolitik, EA 1987, S. 303 ff.; *Gnebali,* Le rôle de la CE dans le processus des la CSCE, RMC 1991, S. 8 ff.; *Haglund,* Franco-German military cooperation and the European pillar of Defence, 1991; *Seidelmann,* Perspective for a new European Security Order after the end of the cold war, RIE 1991, S. 103 ff.; *Kamp,* Das deutsch-französische „Eurokorps", EA 1992, S. 445 ff.; *Collet,* Le traité de Maastricht et la défense, RTDE 1993, S. 225 ff.; *Neuhold,* Konflikte und Konfliktregelung im „neuen“ Europa, 1993; *Seeler,* Neue Wege einer europäischen Sicherheits- und Verteidigungspolitik, EA 1993, S. 12 ff.; *Soell,* Die zukünftige Rolle der WEU, 1993; *Stein,* Die GASP der Union unter besonderer Berücksichtigung der Sanktionsproblematik, 1993; *Bloed,* The changing function of the WEU, 1994; *Schwarz,* Die Aufgaben von WEU und KSZE, ZfP 1994, S. 1 ff.; *Frowein,* Die EU mit WEU als Sicherheitssystem, FS Everling, 1995, S. 315 ff.; *Schrempp,* Industrielle und technologische Voraussetzungen einer GASP, 1995; *Hagleitner,* Financing the Common Foreign and Security Policy, Newsletter of the Institut für Europäische Politik (Bonn) 2/1995, S. 6 f.; *Schneider,* Der KSZE-Prozeß als Interaktionsfeld der EU, Integr. 1995, S. 144 ff.; *Fleuss,* Die operationelle Rolle der WEU in den neunziger Jahren, 1996; *Rees,* Constructing a European Defence Identity, EFARev 1996, S. 231 ff.; *Schlotter,* Konfliktprävention und Krisenmanagement durch die OSZE, APUZ 5/1996, S. 27 ff.; *Schneider,* Das Vertragswerk von Dayton als Herausforderung für Europa, Integr. 1996, S. 1 ff.; *Meimeth* (Hrsg.), Die EU auf dem Weg zu einer gemeinsamen Sicherheits- und Verteidigungspolitik, 1997; *Frölich,* Der Ausbau der europ. Verteidigungsidentität zwischen WEU und NATO, 1998; *Nugelmann,* Die GASP, EuR 1998, Beih. 2. S. 99 ff.; *Piller,* Europ. Rüstungsmarkt – Fiktion oder Vision?, 1998;

Ungeachtet der durch die Existenz der NATO und Sonderlagen einiger MSen komplizierten Sicherheitslage des EU-Raumes (oben Rz. 2072 ff.) haben die seit den 50er Jahren immer wieder erneuerten Anstrengungen zugunsten des Aufbaues einer **„Europäischen Sicherheits- und Verteidigungsidentität (ESVI)** über die Einheitliche Europäische Akte 1986, den Maastrichter Unionsvertrag 1992 und den Amsterdamer Vertrag 1997 in Gestalt der GASP zu nennenswerten Ansätzen geführt. Dazu trugen die gelegentlich zwischen den USA und Westeuropa auseinandergehenden Sicherheitsinteressen bei (SDI-Initiative und Raketenstationierung der 80er Jahre, Golfkrieg 1991 u. ä.). Gleichzeitig suchte vor allem Frankreich seit der Errichtung der V. Republik durch *De Gaulle* 1958 seine und der Gemeinschaft verteidigungspolitische Unabhängigkeit von den USA mittels eigener Rüstungsanstrengungen und des Aufbaues eines europäischen „Verteidigungspfeilers“ zu stärken. 2075

1. Französische Sicherheitsdoktrin und bilaterale, insbesondere deutsch-französische Verteidigungspolitik

Geistiger Ursprung dieser Entwicklung waren die gaullistischen Vorstellungen der 60er Jahre von einem **unabhängigen „Europa der Vaterländer“** (oben Rz. 26) im Sinne eines kontinentalen Westeuropas, das militärisch in fester Koalition mit der BR Deutschland von Frankreich geführt werden sollte. In Deutschland wurden diese Pläne wegen der Rückwirkungen auf das deutsch-amerikanische Verhältnis z. T. kritisch betrachtet. Sie fanden aber in der praktischen Politik bilateraler militärischer und Rüstungskoope-ration eine gewisse Resonanz (*Helmut Schmidt,* EA 1987, S. 303 ff.). 2076

Deutschland war zwar 1963 nicht bereit, den deutsch-französischen-Elyséevertrag (oben Rz. 27) im Sinne einer einseitigen sicherheitspolitischen Anlehnung an Frankreich zu instrumentalisieren. Dennoch ergab sich allmählich ein gewisses Maß **gemeinsamer deutsch-französischer Verteidigungspolitik.** 1988 wurden zwei Zusatzprotokolle zum Elyseevertrag unterzeichnet (BGBl. 1988 II, S. 1150), mit denen u. a. ein **deutsch-französischer Verteidigungsrat** eingerichtet wurde. Der

Vorsitz liegt bei den beiden Staats- und Regierungschefs. Hier soll eine gemeinsame Militärstrategie unter Einbeziehung der französischen Nuklearstrategie entwikkelt werden. Zu den praktischen Maßnahmen in diesem Zusammenhang gehört neben verschiedenen, oft schwierigen Rüstungskooperationen die Aufstellung einer deutsch-französischen Brigade, die unter Einbeziehung belgischer, luxemburgischer und spanischer Einheiten seit 1992 zum **„Eurokorps"** erweitert wurde *(Kamp,* EA 1992, S. 445 ff.). Das Korps wurde inzwischen der WEU zugeordnet. – Für Irritationen in dieser Zusammenarbeit sorgte die französische Neigung zum Alleingang in der Nuklearpolitik, z. B. bei den einseitig und ohne europäische Einbindung im Sinne des EAG-Vertrages 1995 vorgenommenen **Atomwaffenversuchen im Südpazifik** (oben Rz. 1339).

Seit dem Aufbau der GASP, zunächst über Art. 30 EEA 1986 und inzwischen in Gestalt der Art. 11 ff. neu EUV wird diese zwei- und mehrseitige Verteidigungszusammenarbeit (weitere Beispiele bei *Burghardt/Tebbe,* in: GTE Komm. EU/EGV, 5. Aufl. 1997, S. 5/956 f.) als parallele und die GASP unterstützende Aktion nach **Art. 17 Abs. 4 neu EUV** ausdrücklich europäisch anerkannt.

2. EU-Sicherheits- und Verteidigungspolitik im Rahmen der GASP

2077 Nach den Anfängen seit den fünfziger Jahren (oben Rz. 17) datiert der eigentliche Beginn gemeinsamer europäischer Sicherheits- und Verteidigungspolitik im Rahmen der EG/EU mit der Einheitlichen Europäischen Akte 1987.

Art. 30 Ziff. 6 a EEA stellte erstmals in der EG-Geschichte Fragen der Sicherheit in den Gemeinschaftsrahmen. Lit. c stellte fest, daß eine engere Zusammenarbeit in Sicherheitsfragen im Rahmen von WEU und NATO „zwischen Einigen Hohen Vertragsparteien" möglich sei. Die durch Art. 30 EEA ermöglichte Aufnahme sicherheitspolitischer Themen in die Europäische Politische Zusammenarbeit (EPZ) wurde allerdings in der Gemeinschaftspraxis nach 1988 zunächst wenig ausgenutzt *(Pöttering* (Hrsg.), Sicherheit in Freiheit für Europa, 1988). Doch war die Sicherheits- und Verteidigungspolitik seit der EEA fest in die Agende der außenpolitischen Zusammenarbeit aufgenommen.

2078 Mit dem Maastrichter EUV 1992 (Art. J–J.11) wurde eine **Gemeinsame Außen- und Sicherheitspolitik (GASP)** unter Einschluß verteidigungspolitischer Aspekte zusammenhängend konzipiert (oben Rz. 1688 ff.). Motiv für die nunmehr erreichten Fortschritte war insbesondere der **Aufbau einer Politischen Union** parallel zur Wirtschafts- und Währungsunion. Hinzu trat im Zusammenhang mit dem Umbruch in Osteuropa und der Wiedervereinigung Deutschlands 1989/90 der Wunsch nach einer festen Einbindung des größeren Deutschlands in die EU-Strukturen, was mit der deutschen Politik übereinstimmte *(Burghardt/Tebbe* a.a.O., S. 5/902 f.). Im **Amsterdamer Vertrag** wurde die GASP 1997 in Gestalt der **nunmehr maßgeblichen Art. 11–28 neu EUV** weiter ausgebaut, ohne ihren grundsätzlichen intergouvernementalen Charakter zu verlieren *(Regelsberger/Jopp,* Integr. 1997, S. 255 ff.).

2079 Die **Sicherheitspolitik** wird in der Präambel, Abs. 10 und den Art. 11 ff. neu EUV als 2. Aspekt der GASP neben der allgemeinen Außenpolitik durchgängig betont.

– Zur allgemeinen Außenpolitik und zur **institutionellen Seite der GASP** vgl. bereits oben Rz. 305, 1688 –

Grundsätzliches Ziel ist die **Stärkung der Sicherheit der Union in allen ihren Formen** im Sinne der Friedenswahrung und Stärkung der internationalen Sicherheit (Art. 11 neu EUV). Dabei wird auf die Grundsätze der UN-Charta, der KSZE-Schlußakte von Helsinki 1975 und der Charta von Paris 1990 (oben Rz. 144, 149) Bezug genommen. Die Leitlinien der Sicherheitspolitik mit ihren verteidigungspolitischen Bezügen und im näheren gemeinsamen verbindlichen Strategien werden vom **Europäischen Rat** festgelegt (Art. 13 neu EUV).

Die zentrale Regelung der EU-Sicherheitspolitik findet sich in Art. 17 **2080**
neu EUV. Sie regelt das **Verhältnis zwischen EU und WEU,** die als „integraler Bestandteil der Entwicklung der Union" begriffen wird, ohne daß es zu der insbesondere von Deutschland und Frankreich angestrebten Einbeziehung der WEU in die EU als deren „Verteidigungspfeiler" gekommen wäre. Die WEU bleibt bis auf weiteres eine eigenständige Organisation. Sie hat sich jedoch mit einer **Erklärung v. 22. 7. 1997** zu ihren Beziehungen zur EU und zur Atlantischen Allianz (ABl. 1997, C 340/125) als politisch-militärisches Organ zur Konfliktverhütung und Krisenbewältigung **in die Dienste der EU gestellt.** EU und WEU bilden gemeinsam die Europäische Sicherheits- und Verteidigungsidentität (ESVI). Gleichzeitig gehört die WEU weiterhin zur Atlantischen Allianz als der Grundlage kollektiver Verteidigung in Europa. Die Möglichkeit einer **Integration der WEU in die EU** durch Beschluß des Europäischen Rates wird ausdrücklich offengehalten (Art. 17 Abs. 1, U. A. 2 neu EUV).

Im Einzelnen sind die Europäische Sicherheitspolitik, die eine schrittweise Fest- **2081**
legung einer gemeinsamen Verteidigungspolitik mit dem Ausblick auf eine gemeinsame Verteidigung einschließt, ihr Verhältnis zur WEU und deren Zwitterstellung zwischen EU und NATO im Art. 17 neu EUV und in der WEU-Erklärung vom 22. 7. 1997, (= Amsterdamer Erklärung zur WEU) wortreich ausformuliert worden („Multiples Vetosystem" – *Regelsberger/Jopp).* Grundsätzlich obliegt die Konzipierung der Sicherheitspolitik im politischen Sinne dem Europäischen Rat der EU, während sich die WEU (der heute alle EU-Staaten angehören) als das ausführende, operative Organ der EU versteht. Die WEU verfügt insbesondere über die operative Kapazität im militärischen Sinne zur Durchführung sicherheits- und verteidigungspolitischer Maßnahmen der Konfliktverhütung und Krisenbewältigung. Sie führt insbesondere Aufgaben im Sinne der **Petersberger Erklärung 1992** durch (Humanitäre Aufgaben und Rettungseinsätze = Friedenserhaltende Aufgaben („Peace keeping") – Kampfeinsätze zur Wiederherstellung des Friedens („Peace making", vgl. Art. 17 Abs. 2 neu EUV)). – Insgesamt ist die ESVI zwischen EU und WEU in ihrer Amsterdamer Form dem Anspruch, „europäischer Pfeiler der NATO" zu werden, ein Stück nähergekommen *(Frowein,* FS Everling, 1995, S. 315 ff. = Zur Rechtslage nach dem EUV 1992). In der **Praxis** haben sich die MSen der EU seit 1992 sicherheits- und verteidigungspolitisch bei der Bewältigung verschiedener Konflikt- und Krisensituationen insbesondere im **ehemaligen Jugoslawien** i. V. m. mit WEU und der im Auftrag der VN handelnden NATO zu gemeinsamen Standpunkten und Aktionen zusammengefunden (Die Rechtsakte in Fundstellenverzeichnis des geltenden Gemeinschaftsrechts, Kapitel 18). Dennoch macht der intergouvernementale, wesentlich auf dem Einstimmigkeitsprinzip basierende Charakter der gemeinsamen Sicherheitspolitik ein wirklich gemeinschaftliches und wirksames Handeln der Europäer oft schwierig. Auf dem Balkan bedurfte es ab 1995 des Eingreifens der USA (Frieden von Dayton), um erste wichtige Fortschritte zur Beendigung des Bürgerkrieges zu erreichen, wozu die Autori-

tät der zersplitterten EU-Staaten nicht ausgereicht hatte. Auch in der Irakkrise 1998 kam es nicht zu einer gemeinsamen europäischen Sicherheitshaltung.

2082 Die gemeinsame Sicherheitspolitik soll auch im Rahmen **zuständiger Internationaler Organisationen** (NATO, UNO) koordiniert und im Sinne gefundener gemeinsamer Standpunkte vertretn werden (Art. 19 neu EUV). Im **UN-Sicherheitsrat** sollen die nichtständigen und ständigen Mitglieder sich für die Standpunkte und Interessen der Union einsetzen (Art. 19 Abs. 2 neu EUV). Die gelegentlich politisch geforderte „Europäisierung" des britischen und französischen ständigen Sicherheitsratssitzes ist bisher nicht ernsthaft in Angriff genommen worden.

Insgesamt bleibt die gemeinsame Sicherheitspolitik wie die gesamte GASP als besondere „2. Säule" der EU trotz aller Annäherungen an die Gemeinschaftskonstruktion **außerhalb des Gemeinschaftsrechts.** Ihre Beschlüsse sind noch im Kern völker- und nicht europarechtlicher Natur. Sie unterliegen grundsätzlich nicht der Kontrolle des Gerichtshofes.

3. EU-Sicherheitspolitik und gesamteuropäische Sicherheit im Rahmen der OSZE

2083 Zur Komplexität der Sicherheitslage in Europa gehört, daß die EU-Sicherheitspolitik nicht nur in einem komplizierten Mechanismus über die WEU ausgeführt wird („Europäische Sicherheits- und Verteidigungsidentität") und letztlich die größeren Zusammenhänge der atlantischen Sicherheitspolitik der NATO zu achten hat (Art. 17 Abs. 1 U. A. 2 neu EUV). Sie hat sich weiterhin in den Rahmen der Streitschlichtungsmechanismen der **Organisation für Sicherheit und Zusammenarbeit in Europa** (OSZE) einzufügen (zur OSZE oben Rz. 143 ff.).

Art. 11 Abs. 1 neu EUV spricht in diesem Sinne ausdrücklich die 1990 beschlossene „Charta von Paris für ein neues Europa" (EA 1990, D 656 ff.) an, mit welcher die OSZE (damals noch: KSZE)-Staaten ihren politischen Konsens über eine Art gemeinsamer Verfassungsgrundlage des postkommunistischen Gesamteuropas bekräftigten. Jedoch beschränkt sich die Aufgabe der OSZE auf die Suche nach politischen Lösungen für regionale und subregionale Konflikte innerhalb Europas (*Schlotter,* APUZ 5/1996, S. 27 ff.). Sie ist keine friedenssichernde Organisation i. e. S. wie die NATO oder die ESVI (EU/WEU), sondern eine Art oberstes Forum innerhalb Gesamteuropas unter Einschluß der USA und Rußlands, welches gegebenenfalls friedenssichernde Aufträge in europäischen Krisengebieten erteilen kann, in denen sich die Vereinten Nationen nicht unmittelbar engagieren möchten. Über die Entsendung beobachtender Friedensmissionen hinaus sind ihre Möglichkeiten der Konfliktregulierung begrenzt. Bei der Suche nach einer **„Gemeinsamen Sicherheit" innerhalb Gesamteuropas** vermag die OSZE nützliche Dienste zu leisten. Die unmittelbare Friedenserhaltung oder Friedensschaffung bleibt sicherheits- und verteidigungspolitisch in einem operativen Sinne tätigen Organisationen überlassen. Hierzu rechnet neben der NATO in einem stärkeren Sinne als früher die EU in ihrer engen

Zusammenarbeit mit der WEU als Europäische Sicherheits- und Verteidigungsidentität (EVSI). Auch mit dem Amsterdamer Vertrag 1997 ist die ESVI zwar noch nicht zu einem 2. Pfeiler der Europäischen Union geworden, der strukturell mit der Wirtschafts- und Währungsunion der EG vergleichbar wäre. Falls die Amsterdamer Stärkungen der GASP in der EU-Praxis genutzt werden, darf jedoch auf eine verbesserte Handlungsfähigkeit der Union in diesem neuralgischen Sektor gehofft werden.

Die Europäische Union wäre damit sicherlich noch kein Bundesstaat, aber in einem vertieften Sinne jene **Gemeinschaft** oder „Staatenverbund", die seit einem halben Jahrhundert zum Nukleus einer **dauerhaften gesamteuropäischen Friedensordnung** geworden ist.

Sachverzeichnis

Die Zahlen beziehen sich auf die Randziffern im Lehrbuch; Hauptfundstellen sind fett gedruckt.